U0840526

摄影 / 李军

2019 中共山西年鉴

中　共　山　西　省　委　主办
中共山西省委党史研究院　编

中　央　文　献　出　版　社

《中共山西年鉴》编审委员会

《中共山西年鉴》编辑委员会

省市篇编委

省 委 篇	史晨鸣	曹　进	高一钧
政 府 篇	胡安平	杨锦耀	郭宏伟
太 原 市	王素红	乔大江	张晓茜
大 同 市	蔚连生	史　波	王树鑫
朔 州 市	王加关	刘向前	贾尚福
忻 州 市	崔建新	蔚宏民	赵　芳
吕 梁 市	李小明	许少东	王　斌
晋 中 市	鹿建平	李新文	杜晓凤
阳 泉 市	赵俊明	郭玉珠	刘玉林
长 治 市	刘卓良	刘海峰	常惠军
晋 城 市	李靖芳	李　超	
临 汾 市	韩振钢	陈波轶	屈　波
运 城 市	乔登州	骆新爱	张建国

2018年6月7日，中共山西省委书记骆惠宁在吕梁市临县三交镇田家山村与村民们拉家常、话生计，听取意见建议。

2018年10月10日，中共山西省委副书记、省长楼阳生在晋中市左权县麻田镇泽城村调研督导脱贫攻坚。

2018年5月31日，山西省政协主席黄晓薇(前排左二，2016年9月至2018年3月任中共山西省委副书记)在忻州市静乐县段家寨乡永安镇村调研脱贫攻坚。

2018年5月8日，中共山西省委常委、常务副省长高建民(左三)在临汾市山西华翔集团股份有限公司调研。

2018 年 6 月 25 日，中共山西省委常委、省纪委书记、省监委主任任建华（前排左二）在晋中市左权县辽阳镇调研检查“三基建设”。

2018 年 9 月 18 日，中共山西省委常委、常务副省长林武（中）在运城市永济凯通印染有限责任公司督导检查企业运营和重点项目建设。

2018 年 9 月 28 日，中共山西省委常委、太原市委书记罗清宇（右四）在娄烦县娄烦镇四家坪村田间调研当地农情。

2018 年 4 月 2 日，中共山西省委常委、组织部部长吴汉圣（前排右二）在长治市华光半导体科技有限公司调研高素质专业化技术人才队伍建设。

2018年9月10日，中共山西省委常委、统战部部长徐广国（前排右一）出席山西社会主义学院新校区首次开学典礼。

2018年5月21日，中共山西省委常委、大同市委书记张吉福（前排右二）在灵丘县花塔村调研产业扶贫。

2018 年 10 月 29 日，中共山西省委常委、宣传部部长廉毅敏（右二）在长治市山西快游农村物流有限公司调研。

2018 年 12 月 27 日，中共山西省委常委、政法委书记商黎光（右三）在晋中市榆次区乌金山镇调研。

2018年9月6日，中共山西省委常委、秘书长胡玉亭（前排右三）在忻州市宁武县移民扶贫产业园调研脱贫攻坚。

2018年11月23日，中共山西省委常委、省军区司令员韩强（中）在太原市娄烦县娄烦镇三元村看望慰问困难群众。

编 辑 说 明

《中共山西年鉴》于2006年创办，是中共山西省委主办的一部大型资料工具书，按年度连续出版，及时跟进、准确记录和全面反映中共山西省委召开的重要会议、发布的重要文件、举行的重大活动、开展的重要工作和全省各市县、省直各部门党的建设及其他重要工作情况，为领导干部科学决策、指导工作提供借鉴，同时为广大读者了解山西、研究山西、建设山西提供服务。

《中共山西年鉴(2019)》以习近平新时代中国特色社会主义思想为指导，记录中共山西省委在2018年1月1日至12月31日的工作实践。所收资料采用分类编排法，共设置17个栏目。全书资料主要由省委办公厅、各部门党委办公室和各市县委提供，部分转载自《山西日报》，省委常委调研照片均由常委所在部门或省委办公厅提供。附录部分由省市统计部门供稿。“中央领导关注山西”专栏内容排序按照中央政治局常委在前、其他中央领导按时间先后顺序编排。省直各部门工作概况中统计数字和领导人员名单以各部门所报资料为准。全书内容由省国家保密局予以保密审查，自《中共山西年鉴(2019)》起暂停收录驻晋部队党委工作概况。

《中共山西年鉴(2019)》内容涉及面广，加之编辑水平所限，所收资料难免有疏漏之处，恳请广大读者批评指正。

卷首语

刚刚过去的2018年，是砥砺奋进的一年，也是成果丰硕的一年。我们持续深入贯彻习近平总书记视察山西重要讲话精神和党的十九大精神，坚持“一个指引、两手硬”，以改革带动整体工作水平提升，推动全省各项事业始终沿着正确方向扎实前行。我们坚持把供给侧结构性改革和转型综改试验区建设结合起来，作为经济工作主线，坚定不移推动转型发展，坚持丰富“三条基本经验”，实现了经济稳步向好、结构持续优化、动能加快转换。我们以实际行动庆祝改革开放40周年，推动改革开放再出发，加大重点领域改革力度，在全面深化改革中打造山西新优势新动力新形象。我们在防范化解重大风险、精准脱贫、污染防治三大攻坚战上取得重要突破，实现民生福祉明显改善，人民群众的获得感幸福感安全感进一步增强。我们推动全面从严治党向纵深发展，反腐败斗争取得压倒性胜利，良好政治生态的土壤进一步培厚，广大党员干部干事创业的精气神日益充沛。山西在经历了极不平常的重大转折后，又在“两转”基础上拓展了新的局面，尽管前进道路上还面临许多困难和挑战，我们对山西发展的光明前景更加充满信心。

——2019年1月30日骆惠宁在山西省第十三届人民代表大会第二次会议闭幕会上的讲话(节录)

目　录

深入贯彻落实习近平总书记视察山西重要讲话精神

中央领导关注山西

中共山西省委工作概况

省委书记骆惠宁调研考察记录

新闻媒体采访(发表)省委书记骆惠宁报道和文章

重要会议

一、十一届省委全体会议

二、省委常委会议

三、省委中心组会议

四、全省性会议

重要文献

山西纪念改革开放40周年

转型综改和供给侧结构性改革

能　源　革　命

生态环境保护

扫黑除恶专项斗争

脱贫攻坚

党政机构改革

省委工作部门工作概况

省人大常委会党组工作概况

省政府党组工作概况

省政协党组工作概况

省纪律检查委员会、省监察委员会工作概况

省高级人民法院党组工作概况

省人民检察院党组工作概况

省政府厅局党组（党委）工作概况

省直属事业单位党组（党委）工作概况

群团组织党组工作概况

省管国有企业党委工作概况

中央驻晋单位党组（党委）工作概况

高等院校党委工作概况

市、县（市、区）委工作概况

人　　物

大事记

附　录

深入贯彻落实习近平总书记视察山西重要讲话精神

一、牢记殷切教导 书写时代答卷

认真学习贯彻落实习近平总书记视察山西重要讲话精神综述

历史,总是在一些重要时间节点上更让人铭记和难忘。

3700万三晋儿女永远不会忘记,2017年6月21日至23日,习近平总书记踏上这片他深情牵挂的黄土地考察指导工作,瞻仰革命纪念馆、看望革命老战士,深入农村察真贫、走进企业话创新……处处体现了对山西这块红色土地的深厚感情,对山西人民的深切关怀。习近平总书记对山西经济社会发展取得的成绩和各项工作给予充分肯定,指出山西政治生态已经由"乱"转"治",山西发展已经由"疲"转"兴"。习近平总书记对山西工作提出总体要求和五项重大任务,明确了今后发展大方向和大格局,为山西把握大局、抓好重点、继续前进提供了根本遵循,是我省在经历重大转折后开创新局面的科学指南。

殷殷嘱托、绵绵厚望,三晋儿女时刻牢记在心,转化为无坚不摧的信念和力量。一年来,在以习近平同志为核心的党中央坚强领导下,省委牢记嘱托和使命,团结带领全省各级党组织和广大干部群众,把学习贯彻习近平总书记视察山西重要讲话精神与学习贯彻习近平新时代中国特色社会主义思想和党的十九大精神结合起来,持续推动重大任务的落实和突出问题的解决,努力实现党内政治生态持久的风清气正、经济转型发展持久的强劲态势,在谱写新时代中国特色社会主义山西篇章中展现新作为。

一年砥砺奋进,一年春华秋实。深化改革有条不紊全面铺开、"六最"营商环境全面打造、开发区改革稳步推进、新兴产业亮点纷呈、乡村振兴具体擘画、脱贫攻坚首战首胜、民生画卷渐次写实、美丽山西绿意渐浓、监察体制改革试点不断深化、群众身边腐败问题着力整治……三晋大地的变化令人振奋,一个风清气正、干事创业的崭新山西,在新时代开局之年精彩起步,一份沉甸甸的时代答卷奋笔书写。

虔诚执着,至信深厚。三晋儿女带着责任和感情学习宣传重要讲话,铸根塑魂、固本培元,深刻感受到真理的光芒和实践的力量

2017年9月新学年开学首日,山西大学马克思主义学院53名研究生上了特别的"开学第一课",系统学习习近平总书记视察山西重要讲话精神。同日,"开学第一课"覆盖全省大中小学500余万学子,习近平总书记重要讲话如涓涓细流滋润莘莘学子。

习近平总书记重要讲话不仅走进校园,还走进企业、农村、机关、社区、军营。2017年初秋,陵川县金隅水泥厂生产一线,晋城市理论宣讲骨干用通俗易懂的语言,为基层员工宣讲习近平总书记重要讲话精神;迎泽区老军营街道桃园南路二社区,全体党员和工作人员每周都学习习近平总书记重要讲话……右玉农民李四红感慨地说:"习近平总书记说得好,绿水青山就是金山银山!"

砥砺前行,首在把舵导航;攻坚克难,更需思想引领。为把全省干部群众的认识和行动统一到习近平总书记重要讲话精神上来,深刻认识“两转”后奋进向上的使命任务,在不断解决问题中推动各项事业取得更大进步,省委明确提出“治”不忘“危”、“兴”不忘“忧”,坚持以习近平新时代中国特色社会主义思想和视察山西重要讲话精神统揽全省工作大局,与学习贯彻党的十九大精神结合起来,努力以“两转”基础上的更大发展与进步,回报习近平总书记的关怀和厚望。

先学一步、学深一步。习近平总书记视察山西后,省委常委带头学习,连续召开常委扩大会议、全省干部大会和省委全会,深入学习、深刻领会。省委常委会认为,办好山西的事情,最根本的就是要认真学习贯彻习近平总书记重要讲话精神,不断增强履行职责的政治自觉、思想自觉和行动自觉。

省委以上率下推动学习宣传,强化工作举措,把学习活动不断引向深入。举办两轮共10期省管干部培训班,全省轮训县处级领导干部30318人次。召开了全省第二次学用习近平新时代中国特色社会主义思想经验交流会。把学习贯彻习近平总书记视察山西重要讲话纳入2017年4月以来在全省开展的“维护核心、见诸行动”主题教育。编印《习近平总书记视察山西重要讲话精神应知应记要点》,传达到广大党员干部。开展“习近平总书记视察山西讲话进基层”主题宣讲3万余场,直接受众300余万人次。组织媒体开展了“学好讲话、维护核心、讲好故事”主题采访报道,刊播原创类新闻近万篇……持续而深入学习,全省形成学用习近平总书记重要讲话精神大格局。

虔诚而执着,至信而深厚。全省不断掀起学习宣传习近平总书记重要讲话精神热潮,广大干部群众在学思践悟上狠下功夫,学习习近平总书记重要讲话提出的重大工作要求,感悟讲话体现的人民至上的宗旨情怀、抓住关键带动全局的科学方法、贯通古今放眼中外的宏大视野、把握事物发展规律的战略思维、求真务实的工作作风和对党的事业高度负责的担当精神,全省党员干部对习近平新时代中国特色社会主义思想的信仰不断增强,并不断转化为深入践行的思想自觉、党性观念和有力行动。采访中,党员干部群众普遍说,越是深入学习践行,越深刻感受到习近平总书记重要讲话的真理光芒和实践力量,感受到讲话对山西工作的根本性长远性指导意义。

学习宣传一锤接着一锤敲。党的十九大后,我省迅速掀起学习贯彻落实热潮,把学习贯彻习近平总书记视察山西重要讲话精神与学习贯彻习近平新时代中国特色社会主义思想和党的十九大精神结合起来,组织开展各类宣讲20多万场次,持续在融会贯通、学以致用、全面覆盖上下功夫,推动习近平新时代中国特色社会主义思想在党员干部群众中入心入脑。

学而深信,内化于心。全省上下学用习近平新时代中国特色社会主义思想的政治觉悟进一步强化,“四个意识”树得更加牢固,习近平总书记的领袖和核心地位在干部群众心中深深扎根,维护核心的坚定信念和社会氛围全面形成。全省各级党员领导干部的政治素质得到增强、精神境界得到提升、能力本领得到拓展、作风品质得到锤炼,想发展、谋发展的氛围日益浓厚。

今年省“两会”期间,千余名人大代表、政协委员联系我省近年来发生的历史性变化,充分表达了对习近平总书记和党中央的由衷拥戴和感激。大家一致认为:“是习近平总书记和党中央挽救了山西!”“是习近平总书记引领山西走进了新时代!”

对表对标,砥砺前行。以习近平总书记重要讲话为行动指南,找准定位、解决问题,在新的历史起点和更高层次上完善工作思路和举措

学之愈深,知之愈明,行之愈笃。习近平总书记视察时提出的总体要求和五项重大任务,为山西明确了方向,传授了方法,是在新的历史起点和更高层次上找准山西定位、解决山西问题、推动山西发展的行动指南。

对表对标,完善思路。习近平总书记视察时提出“山西要把握大势、善抓机遇、找准定位,以更加开放的心态奋起直追,主动对接‘一带一路’建设,打造内陆地区对外开放新高地”。省委立说立行,聚焦“打造内陆地区对外开放新高地”,高起点谋划,高标准设计。听取国家部门领导和专家意见建议,借鉴沿海发达兄弟省市开放经验,邀请国家发改委和商务部进行研讨……几易其稿、不断完善,形成《山西构建内陆地区对外开放新高地实施意见》,从7个方面提出34项综合措施,对建设开放型经济体系作出新部署。专家点评说,这是山西不折不扣贯彻落实习近平总书记重要指示,进一步确立开放的观念、目标和举措。

总体要求,牢记在心;五项任务,念念于心。学思践悟,整体谋划。省委出台《关于深入学习贯彻习近平总书记视察山西重要讲话精神的实施意见》和《关于深入学习贯彻习近平总书记在深度贫困地区脱贫攻坚座谈会上重要讲话精神的实施意见》,分别提出了36条、21条落实措施,明晰了落实总体要求和五项重大任务的时间表、路线图。对每一条贯彻落实意见,都明确了牵头单位和配合单位,压实了工作责任。专家评论说,两个《意见》在党和国家工作大局中谋划和推进山西发展,进一步明确了山西的时代坐标、前进方向和战略重点。按照这样的部署认真抓下去,一定能够推动山西各项事业实现新发展。

纲举目张,执本末从。立足当前、面向未来,不断完善思路、目标,细化实化任务和举措,确保习近平总书记视察山西重要讲话精神落地生根、开花结果。

——按照习近平总书记关于充分用好转型综改试验区这一机遇,“加快先行先试,努力探出新路子”的要求,制定贯彻落实国务院《关于支持山西省进一步深化改革促进资源型经济转型发展的意见》行动计划,进一步凸显了转型综改试验区的战略牵引作用,把转型发展的战略部署变成实际行动。不当煤老大,争当排头兵。按照习近平总书记的要求,制定打造全国能源革命排头兵行动方案,开启煤炭大省能源革命新征程。“示范区”“排头兵”“新高地”三个行动方案,统筹

推进我省稳增长、促改革、调结构、惠民生、防风险各项工作，引领经济高质量发展。

——按照习近平总书记关于“必须坚持把解决好农业、农村、农民问题作为全党工作重中之重”的要求，着力推进发展现代农业、增加农民收入、建设社会主义新农村三大任务，出台实施乡村振兴战略、加快有机旱作农业发展等实施意见，农业农村改革发展进一步深化。

——按照习近平总书记关于“在抓好脱贫攻坚这个第一民生工程的同时，要统筹做好各项民生的保障和改善工作”的要求，出台攻坚深度贫困10条意见，强化21条政策举措，出台深度贫困县“一县一策”等，扎实做好就业、社保、医疗卫生及下岗职工安置等方面民生工作，让人民群众有更多的获得感、公平感和幸福感。

——按照习近平总书记关于“采取超常举措，全方位、全地域、全过程开展生态环境保护”的要求，出台城乡环境综合治理条例、生态文明建设目标评价考核办法等法规和政策，开展多个治污专项行动，初步构建起生态文明制度框架。

——按照习近平总书记关于严肃党内政治生活、运用好国家监察体制改革试点这一改革成果、努力实现党内政治生态持久的风清气正的要求，以加强政治建设为统领，始终坚持思想从严、管党从严、执纪从严、治吏从严、作风从严、反腐从严，从8个方面深化监察体制改革试点，在全国率先出台《关于加强党对反腐败工作全过程领导常态化制度化长效化的实施意见》，更好地使制度优势转化为治理效能，把全面从严治党进一步引向纵深。省委还特别向全省各级领导干部强调指出，越是煤炭产量和煤炭价格稳定在一定水平，越要重视煤矿安全生产，越要严格生态环保倒逼，越要警惕腐败现象抬头。

从“排头兵”到“新高地”、到“示范区”，从“三农”工作到振兴乡村，从国企国资改革到开发区改革，从“放管服”改革到打造“六最”营商环境，从铁腕治污到环境综合治理，从落实管党治党主体责任到深化党内政治文化建设，从“三基建设”到深化监察体制改革……省委对习近平总书记在讲话中提出的重大思想观点、重大工作要求和需要破解的重大课题，逐一进行梳理研究、深刻领悟，并提出相应政策举措。一年来，省委常委会研究涉及五项重大任务议题169个，审议出台各类政策性制度性文件53个，引领全省工作明显提升，有的进入全国前列。

思想的力量，总能穿透迷雾，标定前行的方向。以习近平总书记视察山西重要讲话精神为指引，全省在事关全局和长远的重大问题上形成高度共识，对省情和发展规律的认知和把握达到新的高度，学习贯彻过程成为形成新思路、新举措、新制度的过程，成为推动工作上台阶、让人民感受真理力量的过程。

用非常之举，行非常之力。崇尚实干、狠抓落实，采取督查督办、述职考核等硬举措，持续推动重大任务落实和突出问题解决

习近平总书记强调：“崇尚实干、狠抓落实是我反复强调的。如果不沉下心来抓落实，再好的目标、再好的蓝图，也只是镜中花、水中月。”贯彻落实好习近平总书记视察时提出的总体要求和五项重大任务，必须坚持“崇尚实干、狠抓落实”。

狠抓落实，在督查督办上下功夫。5月5日，由省委常委和省人大、省政府、省政协负责同志带队，从省直单位抽调骨干力量参加的11个督导组，对各市和部分省直部门贯彻落实习近平总书记视察重要讲话精神开展督查，使习近平总书记视察重要讲话精神在山西持续生根、开花结果。

关键时期，用非常之举；推动落实，行非常之力。如此大规模、集中式、长时间的督查活动，在我省多年来是第一次。11个组协调解决环保、规划、土地、用电、交通、医疗等方面的具体问题197个。省委常委会专题研究督导检查方案并听取督导检查情况综合报告，对抓好整改工作作出具体部署。开展这次督导检查活动，是贯彻落实习近平总书记视察山西重要讲话精神、推动全省党的建设和党的事业开拓发展的重要举措。

空谈误国，实干兴邦。贯彻落实习近平总书记视察讲话精神必须用非常之力、恒久之功，以钉钉子精神坚持不懈抓下去。习近平总书记视察后，我省建立五项重大任务落实台账，一件一件抓落实，一项一项抓兑现。去年9月，省委派出3个调研组，对习近平总书记视察点进行回访；10月，对各市和36个省直部门贯彻落实情况进行重点督查和明察暗访。成立省委脱贫攻坚督察组、省委省政府生态环保督察组，常年在基层督察。从省市县三级机关事业单位选派万名年轻干部到乡镇挂职，帮助推进扶贫工作。

用实劲真抓、用狠劲敢抓、用巧劲善抓、用韧劲常抓。去年11月，一场历时50天的省市县万名干部大调研启动。省市县三级22082名领导干部，走进工厂、农村、工地，把实地检查和推动五项重大任务落实作为重要内容。吕梁山是脱贫攻坚主战场。11月21日至23日，省委书记骆惠宁翻山越岭深入山区贫困县，进农户家中、到田间地头，指导干部群众脱贫攻坚。在临县寨上村调研时，骆惠宁住在农家，踏着夜色走访贫困户，召集村民座谈，研究脱贫路子。像这样深入贫困县住村调研，骆惠宁一共进行了3次。

这样推动落实的事例举不胜举。大原客专项目是国家“八纵八横”高速铁路网中呼南通道和京昆通道的重要组成部分。省长楼阳生来到铁路一线，现场协调解决项目建设中遇到的困难和问题……光明日报撰文说，去年初冬的三晋大地，虽然气温一日寒过一日，但干部群众落实习近平总书记视察重要讲话精神的激情却越发高涨。大调研推动落实收获满满，省级领导领衔调研19个课题，共解决基层反映问题13031个。人民日报记者胡健说，对标重点任务，破解发展难题，实打实抓落实，在山西已经形成一种风气。

落实五项重大任务，山西各级领导干部勇当“施工队长”，在突破重点上下功夫。太原市建立了市委常委、副市长对接产业项目工作制度，亲自领办散煤清洁治理、市区铁路沿线周边环境整治等环保整改事项；忻州市级领导领办改革事项168项……一年来，省委召开41次推进会和现场会，精

准发力推进供给侧结构性改革、综改试验区建设与经济转型升级、国资国企改革、开发区改革与发展、创优营商环境、发展有机旱作农业、攻坚深度贫困、生态保护修复、环境污染治理、国家监察体制改革试点等工作，着力破解制约发展进步的突出矛盾和问题。省委书记、省长带头，全省县以上党政主要负责人每人直接抓一批重大改革，领办解决突出环境问题555项。

述职考核是指挥棒和紧箍咒。市委书记、党(工)委书记围绕五项重大任务向省委全会述职并接受评议，建立贫困县县委书记向省委全会述职制度、省委集体约谈贫困县较多的市和贫困县党政“一把手”……进一步压实了抓五项重大任务落实的领导责任，让地方和部门“一把手”把抓落实责任扛起来。

不忘“为山九仞”的风险，拿出“咬定青山不放松”的气概。我省各地各部门全力贯彻落实五项重大任务，政治生态“两转”局面进一步巩固发展，严肃党内政治生活的成果转化为干事创业的持续动力，经济转型呈现强劲态势，全省工作在“两转”基础上实现了新发展新进步。

实现新作为，书写新篇章。落实讲话精神取得重大阶段性成效，巩固“两转”态势，努力实现“两个持久”，回报习近平总书记的厚爱和关怀

历史进程的宏大叙事，往往以看似寻常最奇崛的细节为注脚。

盛夏之际，行走在三晋大地，欣喜地看到习近平总书记视察点发生的新变化：晋绥边区革命纪念馆一年来有40.8万人次参观学习，通了直达省城太原的火车，红色精神不断绽放时代光芒。岢岚赵家洼村的王三女、杨娥子老人们喜迁新居，有了稳定收入。忻州完成了包括赵家洼村在内的530个村的搬迁安置，数量为全省第一；宋家沟村“住新居、换新业、树新风”三措并举，成立8个专业合作社带领乡亲奔小康。太重打造全球最先进铁路车轮生产线，太钢全力挺进国内领先、世界一流碳纤维产业基地。

从太行山到吕梁山，从雁门塞外到河东盆地，处处涌动着项目建设浪潮：大同市“能源革命尖兵”十大工程次第开工、忻州市236个项目集中开工、黄河长城太行三大板块旅游公路部分建设项目在五县同时开工……春风化雨花千树，奔跑在新时代新征程上的山西，围绕转型发展、“三农”工作、脱贫攻坚、生态保护等开启了新一轮项目建设。截至4月底，全省已开复工转型项目2478个，总投资12092亿元，其中本年度计划投产1285个，进一步夯实了发展基础。

转型发展疾，改革动力劲。习近平总书记视察后，山西扣响国资国企改革发令枪，迈入全面施工阶段，省属国有企业公司制改革全面完成。改革促转型，改革增活力。今年一季度，省属企业利润同比增长4.65倍，负债率自去年实现10年来首次下降后又下降2.3个百分点。“改革决不能落后”。我省增强“补考”“赶考”责任感和紧迫感，去年推开6个领域135项改革事项，今年又推出7个领域314项改革事项，全面发力、多点突破、纵深推进，一批改革进入全国前列，一举扭转了我省改革长期滞后的局面，以改革促转型、促民生、促党建、促全面工作的氛围更加浓厚。

全省干部群众以时不我待、只争朝夕的历史担当，奋发有为，攻坚克难，凝聚起干事创业的强大合力。“既没有耽误办事，还少跑了路，真是为企业提供了贴心服务！”位于榆次区的瑞光热电公司工作人员赞叹地说。晋中市政务大厅勇于担当，允许公司在领取证照时将3个材料一并补交，为产品进入市场赢得了时间。吉县2000名党员干部进村助农解决卖果难；运城盐湖区干部队伍走出去大招商大引资；黄河岸上的奇奇里村村民积极发展认养农业、民宿休闲、乡村旅游等，去年底整村脱贫摘帽……去年6月30日，“中国共产党的故事全面从严治党——山西省委的实践风清气正、奋发有为”专题宣介会在京举行。山西上下奋发有为、干事创业的新气象新风貌，深深感染了400余名外宾，大家频竖大拇指，称赞连连。

新时代开启新征程，新使命呼唤新作为。习近平总书记提出的“紧紧抓住机遇，勇于改革创新，果敢应对挑战，善于攻坚克难”要求，大大激发了三晋儿女干事创业的积极性创造性，落实五项重大任务呈现出百舸争流、千帆竞发的喜人态势——

一年来，“煤老大”争当能源革命排头兵，连续两年煤炭去产能全国第一，突破高端碳纤维、石墨烯等关键技术，新能源汽车产业实现跨越式发展，高新技术企业首次突破千家，全省十万创客大军正在形成，积极参与“一带一路”建设等国家战略，率先实施企业投资项目承诺制改革试点，供给侧结构性改革取得新成效、转型综改开创新局面。

一年来，新建农民专业合作社示范社16758个、实现农村劳动力转移就业40.21万人，特色农产品出口产值增长68%，特色农业产值占比提升至75%，开创了“三农”工作新局面。

一年来，实施超常举措，集中力量攻坚，下足绣花功夫，2017年摘帽15个贫困县、退出2557个贫困村、脱贫75万人口，贫困发生率从2016年的5.9%下降到3.9%。同时，扎实做好教育、就业、收入、社保、医疗卫生、住房及下岗职工安置等民生工作，去年全省民生支出占一般公共预算支出81.4%，今年前5月达到82.2%，人民群众有了更多获得感、公平感和幸福感。

一年来，建设美丽山西稳步前行，形成铁腕治污常态化工作机制，加强环境污染综合治理，加大自然生态保护修复力度，狠抓资源集约节约利用，完善生态文明制度体系等。2017年查处四类典型环境违法案件1851件，是上年的2.15倍，取缔“散乱污”企业7400多家，淘汰燃煤锅炉1.1万台，完成113万户“煤改电”“煤改气”，启动太行山吕梁山和“七河”生态保护修复，地下水位稳步回升，汾河流水哗啦啦不再是梦想。

一年来，以永远在路上的执着，推动全面从严治党向纵深发展。既做好刮骨疗毒、重振旗鼓的工作，又做好修复生态、培植土壤的工作，持续狠抓管党治党各项举措的落实，持续深化监察体制改革试点工作，着力整治群众身边腐败问题等，全面构建良好政治生态取得新的重要进展。仅今年1月

至5月，全省问责党组织122个，党员干部841人，其中“一把手”415人，保持力度不减、节奏不变、尺度不松；全省纪检监察机关立案9199件，同比增长45.9%，运用监督执纪“四种形态”处理25909人次，同比增长88.5%；查处违反中央八项规定精神问题752件、处理995人，其中处分774人。

知行合一，善作善成。今年5月3日，国务院办公厅发布通报，对2017年落实有关重大政策措施真抓实干成效明显地方予以督查激励，我省化解煤炭过剩产能等多项工作得到奖励。统计数字也显示，今年一季度我省经济迎来近5年来最好开局，同比增长6.2%。战略性新兴产业增速达到17.2%，煤炭生产对GDP增长的拉动为负0.21个百分点，山西经济开始从对煤炭过度依赖中走了出来，山西的内生动力、发展态势和总体形象发生新的深刻变化。

凡是过往，皆为序章。书写时代答卷仍将持续，但山再高，往上攀，总能登顶；路再长，走下去，定能到达。我们要更加紧密地团结在以习近平同志为核心的党中央周围，高举习近平新时代中国特色社会主义思想伟大旗帜，在省委坚强领导下，始终保持“治”不忘“危”、“兴”不忘“忧”的清醒和自觉，以非常之力、恒久之功落实好习近平总书记视察山西重要讲话精神，努力实现党内政治生态持久的风清气正、经济转型发展持久的强劲态势，奋力谱写新时代中国特色社会主义山西篇章。

（赵向南）

努力实现经济转型发展持久的强劲态势

——贯彻落实习近平总书记视察山西重要讲话精神之推进经济发展方式转变篇

弹指一挥，盛夏又至。

一年前，习近平总书记视察山西的谆谆教诲，犹如领航灯塔照亮了山西发展前景，为山西迈向高质量转型发展指明了“金光大道”。

资源型地区经济转型是世界难题，山西转型尤为如此。冰冻三尺非一日之寒，化冰解冻也非一日之功。山西作为资源型地区，经济转型发展始终为党中央深深“牵挂”。

一年来，在省委坚强领导下，全省上下牢记习近平总书记嘱托，坚持用新发展理念引领转型发展，抓住发展由“疲”转“兴”的良好机遇，紧扣建设“资源型经济转型发展示范区”、打造“能源革命排头兵”和构建“内陆地区对外开放新高地”三大目标，通过整体谋划、重点突破、强化考核、督查督办，扎实推进经济发展方式转变，坚定不移加快高质量发展步伐。只争朝夕、久久为功，横下一条心，坚定不移地走转型发展之路，努力实现经济转型发展持久的强劲态势。

在这个挥汗如雨、埋首耕耘的时节，行走在生机盎然、希望无限的三晋大地，到处能听到这片红色土地上奋力开创新时代转型发展新境界的铿锵之音。

以深化转型综改试验区建设为牵引，向先行先试要活力，努力推动经济高质量发展

5月10日，中科院山西煤炭化学研究所投资8000万元新建“碳一化合物催化转化关键技术研发平台”向山西转型综合改革示范区政务服务中心提交备案申请。第二天，企业便拿到了盖有管委会行政审批专用章的备案证。“目前备案申请我们保证两天内发证，下一步实现网上审批后会更快。”窗口工作人员王彦鑫自豪地说，这就是山西转型综改示范区的速度。

推进经济发展方式转变、实现高质量发展，在山西的主要任务和根本路径就是要努力破解资源型经济转型发展难题。习近平总书记在2009年视察山西时，亲自推动实现建设国家资源型经济转型综合配套改革试验区，为山西发展指明了“金光大道”。去年，习近平总书记视察山西时又进一步对试验区建设提出新的要求。

一年来，山西牢记习近平总书记嘱托，在新时代历史背景和方位下全力推进转型综改试验区建设，以新发展理念和高质量发展要求为其提供科学指导，以供给侧结构性改革为其赋予新的内涵，以改革创新、先行先试为其注入新的动力，以全面构建良好政治生态为其营造社会环境，在工作指导、领导体制、目标定位、主攻方向、要素配置、政策落实上全面构建“四梁八柱”，在推进实践中坚持以改革促转型、以开放带转型、以创新引转型、以环保逼转型，推动转型综改试验区建设进入了新境界。

山西整合太原、晋中8个园区，成立转型综合改革示范区，在产业转型、创新驱动、体制改革、投资环境等方面为全省作出示范，形成创新引领、配套齐全、集群化发展、占据产业链高端的战略性新兴产业和高新技术产业体系。山西转型综改示范区，为深化转型综改而来，为开发区二次创新创业而来。

从去年2月综改示范区党工委、管委会正式挂牌，到4月首批71个项目开工，再到今天初步形成电子信息及其装备制造、新能源汽车、新材料等新兴产业集群；从完成“1+2+26”体制机制政策制度体系设计，到率先实施政府服务承诺+企业信用承诺“双承诺制”构建全新审批模式，再到打造“三个一”管理服务模式走在全国前列。一年来，山西转型

综改示范区"跑"出"山西气魄",我省扎实推进经济发展方式转变、深化转型综改试验区建设,跨入了高质量发展新征程。

一年来,按照习近平总书记指明的方向,"真正走出一条产业优、质量高、效益好、可持续的发展新路",在转型综改试验区建设的战略牵引下,山西着力推动"三去一降一补",打开经济转型发展新局面;加快推进能源革命,推动煤炭产业走"减""优""绿"之路;横下一条心发展新兴产业,加快构建现代产业体系;大力实施创新驱动战略,培育发展新动能;全面构建推动转型发展的体制政策体系,不断改善营商环境;持续推动观念革命和能力提升,不断扩大对外开放。

一年来,山西经济稳中向好,增长方式发生了积极变化。2017 年在一季度走出困境、上半年达到全国水平的基础上,全年 GDP 增长 7%,今年又创近 5 年来一季度新高,增速回归合理区间的同时,效益、结构、动能同步向好。2017 年全省一般公共预算收入增长 19.9%,规上工业实现利润增长 3.5 倍,创 2012 年以来最好水平,今年一季度增速又分别达到 23.4%和 37.4%。2017 年新动能经济总量约占 GDP 的 48%,比 2015 年提高 9.3 个百分点,今年一季度战略性新兴产业增速达到 17.2%。

特别是经统计部门核算,2017 年煤炭生产对 GDP 增长的拉动为 0.53 个百分点,今年一季度为负拉动 0.21 个百分点。可以说,山西经济开始从对煤炭的过度依赖中走出来了!

以供给侧结构性改革为抓手,向结构调整要助力,生产要素向优质高效领域持续流动

5 月上旬,三晋大地再传喜报!

国务院办公厅发布通报,对 2017 年落实有关重大政策措施真抓实干成效明显地方予以督查激励。我省化解煤炭过剩产能、优化营商环境、深化创新驱动、易地扶贫搬迁等工作榜上有名。

推进供给侧结构性改革是以习近平同志为核心的党中央科学认识发展大势、深刻把握发展规律、主动引领经济发展新常态的重大战略部署。我省坚持去产能与发展先进产能相结合,与产业结构调整优化升级相结合,与解决重组整合遗留问题相结合,有力改善了全国煤炭供求关系,煤炭产业走上"减""优""绿"发展之路,在实践中形成了煤炭去产能的"山西经验"。

坚决去产能。继 2016 年关闭煤矿 25 座、退出煤炭产能 2325 万吨后,2017 年全省再关闭煤矿 27 座、退出产能 2265 万吨,煤炭去产能总量全国排名第一,多次受国务院通报表扬。今年,我省计划再关闭退出 35 座煤矿,化解产能 2240 万吨,而这也将是我省连续 3 年化解煤炭产能 2000 万吨以上。到年底,全省先进产能占比将超过五成。

与此同时,我省有效去库存、稳步去杠杆、多措降成本、持续补短板,在全力推动"三去一降一补"中,做供给侧结构性改革的坚定实践者。

一年来,朔州市化解煤炭过剩产能 2460 万吨,提前完成"十三五"目标任务;阳泉市煤炭优质产能达 5040 万吨,占比达 64.12%;长治市商品房库存消化周期由 29.6 个月下降到目前的 8 个月;吕梁市成功化解联盛重大金融风险;晋中市规上工业企业每百元主营业务收入成本同比减少 4.4 元……

从塞北到河东、从太行到吕梁,全省上下坚持"去""降""补"协调用力,坚持综改与供改有机结合,进一步将转型综改的工作重点聚焦到了构建现代产业体系上来。经济发展稳步向好,产业结构逐步升级,发展动力不断转换,山西打开经济转型发展新局面。

优先发展制造业,紧紧围绕"中国制造 2025"战略,大力培育轨道交通、电力装备、重型机械、节能环保等先进装备制造业和新材料、新能源汽车、大数据、通用航空等产业集群,2017 年全省装备制造业增长 13.9%,今年一季度达到 23.9%,其中新能源汽车产业实现跨越式发展,2017 年和今年一季度分别增长 1.8 倍和 1.3 倍。

省委明确要求,今年各市在煤炭产量基本稳定的同时,通过加快发展新兴产业,使煤炭占规上工业比重下降 1 个百分点。用 5 年时间,推动制造业替代煤炭成为山西工业第一大产业,实现我省工业历史性"结构反转"。从今年一季度来看,全省制造业增长 12.7%,煤炭工业同比下降 1.8%,"一升一降"显示出全省工业结构反转初现端倪。

我省推动现代服务业提质增效,出台支持现代服务业发展 107 条政策措施,去年服务业增长 7.8%,占 GDP 比重 53.5%,拉动经济增长 4.2 个百分点;创建国家全域旅游示范区,打造黄河长城太行 3 大旅游新板块,去年旅游总收入增长 26.21%,今年 1 月至 5 月同比增长 26.18%;物流、会展、金融等对实体经济和居民生活的服务作用不断显现,养老服务业 10 大重点工程全面实施。

一年来,加快发展新兴产业的举措在项目建设上得到充分印证。目前全省在建转型项目 2481 个,总投资 1.3 万亿元。积极培育新的支柱产业、补齐非煤产业短板、生产要素持续向优质高效领域流动,我省多点产业支撑、多元优势互补、多极市场承载、内在竞争力充分的现代产业体系轮廓初显。

以打造能源革命排头兵为重点,向科技创新要动力,弥补短板经济增长含金量大幅提升

打开阀门,清亮的油品从管道缓缓流出。2017 年 12 月 31 日,我省转型综改重大标杆工程——潞安 180 万吨/年高硫煤清洁利用油化电热一体化示范项目全流程打通,从"吨煤"到"升油"再到"克化学品"的嬗变和价值提升中,山西打造"能源革命排头兵"正在从愿景走向现实。

低值煤闪氢快速裂解技术试车成功,超高效异质结电池组件光电转化效率处于世界领先水平,针对"三高煤"的"晋华炉"引领世界水煤浆气化技术发展方向等一批能源革命关键核心技术重大专项获得突破,正是山西深入贯彻落实习近平总书记"以创新驱动推动经济转型发展"要求,砥砺前行的一个缩影。

"不当煤老大""争当排头兵",是我省推动转型发展的重大思路。作为山西能源领域一场全方位、深层次、历史性的革

命，我省在统筹推进“四个革命”和“一个合作”上，处处可见创新的光芒——

供给革命方面，通过减量置换和减量重组、改造升级，煤炭先进产能占比今年将达到50%。截至5月底，新能源占全省电力装机的27.8%。消费革命方面，推动节能降耗，2017年全省单位GDP综合能耗超额完成年度目标任务。全省城市（含县城）热电联产集中供热率达到64%。技术革命方面，启动山西能源革命关键核心技术重大专项。体制革命方面，电力体制改革逐步深化，国网经营区内第一家股份制交易机构正式运营，输配电价改革坚实落地，独立输配电价机制初步建立。探索股权联结跨省区电力合作新模式，出台煤层气体制改革实施方案，2017年全省煤层气产量占全国66.7%。对外合作方面，太原能源低碳发展论坛和中国（太原）国际能源产业博览会正成为有国际影响力的品牌。潞安集团煤制油项目净化气化装置成功引进美国AP公司投资8亿美元。

推进山西经济转型升级，根本靠改革、关键靠创新。

去年以来，围绕“示范区”“排头兵”“新高地”三大目标，我省把创新作为引领发展的第一动力，统筹部署创新链、产业链、价值链，密集制定出台推动科技创新政策20多项。省财政科技资金加大投入力度及时调整方向，从过去的煤基低碳领域拓展至战略性新兴产业和能源革命领域。2017年度扶持科技重点攻关和产业化示范项目中，战略性新兴产业项目比例占到85%以上。

围绕新一代信息技术、智能制造、生物医药、新能源汽车、节能环保、新材料等重点转型领域，我省新实施了46个重大和重点项目，借助“煤基低碳联合基金”引入全国资源解决山西的问题，600度超临界用钢、高铁、核电用钢、煤制油、煤制高端化学品、镁铝合金宽厚板、石墨烯超级电容、石墨烯电池等一大批关键核心技术取得突破。

我省多措并举推动大众创业、万众创新不断走向深入。去年以来，全省新增12个省级双创示范基地、2个国家地方联合工程研究中心、10个省级工程研究中心，山西转型综合改革示范区“学府产业园”入选国家级“双创”示范基地；新建省级以上重点实验室、工程技术研究中心17家，新建8个省级科技创新团队和10个科技基础条件平台。“科技红娘”山西省科技成果转化和知识产权交易服务平台上线，2017年交易额达256亿元。

一季度，山西省规模以上工业中，高技术产业增加值增长25.5%，较上年全年加快17.9%；工业战略性新兴产业增长17.2%，较上年全年加快7.2%。高技术产业、战略性新兴产业持续快速发展，山西经济增长含金量大幅提升。

以落实“国发42号文件”为纲领，向全面深化改革要合力，一批制度成果转化为实践成效

过去的一年对山西来说，意义极为重大。

习近平总书记视察山西之后不久，国务院正式印发了《关于支持山西省进一步深化改革促进资源型经济转型发展的意见》（以下简称“国发42号文件”），提出了支持我省进一步深化改革促进资源型经济转型发展的指导思想、基本原则、主要目标和六大重点任务，并对加强组织领导，完善工作保障措施作出部署，形成了多点支持、以点带面、全面系统的工作和政策体系。

这是继2010年国家确定山西建设资源型经济转型综合配套改革试验区、2012年批复总体方案以来，在新形势下，党中央国务院对山西转型发展的又一次顶层设计和强力推动，也是党的十八大以来国务院第一次专门发文就一个省的经济社会发展给予全面指导和支持，力度空前、非同凡响。

党中央对山西的支持既是红利更是动力。文件发布后，我省第一时间出台《行动计划》，将任务分解、分工，细化形成234项推进举措。紧扣“六大任务”，我省迅速出台了《山西打造全国能源革命排头兵行动方案》《山西构建内陆地区对外开放新高地实施意见》《强化实施创新驱动发展战略进一步推进大众创业万众创新深入发展实施意见》《山西省支持现代服务业发展政策措施》《关于建设省级大众创业万众创新示范基地的实施意见》《山西省推进价格机制改革实施方案》等政策措施。

同时，我省积极开展政策解读。组织多种形式专题培训，利用新媒体广泛宣传解读，选派领导干部进行政策宣讲，组织知名学者和相关部门共同完成《国发42号文政策解读资料汇编》，形成贯彻落实的浓厚氛围；加强省部对接。积极配合国家发改委出台了重点任务国家部委分工方案，各相关部门在分管省领导带领下，与国家部委进行多轮对接；加强督查督办。省政府将《行动计划》推进举措全部纳入“13710”电子督办平台，实现了全程电子台账管理。

截至目前，行动计划确定的234项推进举措已有82项办结。长治市成功列入全国首批产业转型升级示范区；煤炭采矿权范围内的地面煤层气开发项目备案下放至我省管理、外送电通道配套电源落实等50多项重大事项得到国家相关部委倾斜支持。

改革创新、先行先试，是整个“国发42号文件”的灵魂，是导向鲜明并一以贯之的主线，通过改革促转型是其最大特色和亮点。

“发展前进一步，就需要改革前进一步。”我省认真落实“国发42号文件”要求，坚持以改促转、先行先试，部署了供给侧结构性改革、电力体制改革、投资审批改革、国企国资改革、开发区改革、科技体制改革、人才体制改革等一批重点领域和关键环节的改革，进一步形成了与转型发展相适应的制度安排和政策体系。

一年来，国企国资改革、开发区改革、科技计划管理体制改革、人才体制改革等进展喜人，改革“四梁八柱”主体框架进一步确立，一些重要领域和关键环节改革取得突破性进展，一批制度成果转化为实践成效，一批与群众利益密切相关的改革红利加快释放，发展活力和动力明显增强。

艰难困苦，玉汝于成。山西将坚定转型综改的战略定力，在贯彻新发展理念上再用力！

牢记使命,不负重托。面向未来,3700万三晋儿女将坚定地以习近平总书记视察山西重要讲话精神为指引,全面做好稳增长、促改革、调结构、惠民生、防风险各项工作,扎实推进经济发展方式转变,努力实现经济转型发展持久的强劲态势,奋力书写好资源型地区转型发展的“山西答卷”。

(张临山　常慧忠)

田野上盛开希望之花

——贯彻落实习近平总书记视察山西重要讲话精神之做好“三农”工作篇

初夏时节,河东大地麦浪翻滚。

6月5日,在运城市盐湖区东郭镇下段村记者看到,村庄两边的麦地里,金黄的麦子随风起伏,远远近近几台收割机在麦地往来穿梭,空气中弥漫着麦草特有的清香味儿。这些天,运城市的许多村庄和下段村一样,收割机的轰鸣声、老百姓的欢笑声绘成了一幅幅喜悦的麦收图。

“三农”工作是全党工作的重中之重。一年来,我省牢记习近平总书记嘱托,认真贯彻落实习近平总书记视察山西重要讲话精神,以实施乡村振兴战略为总抓手,深化农业供给侧结构性改革和农村各项改革,推动全省功能农业、有机旱作农业实现新突破,农民增收增添新动力,乡村振兴迈出新步伐。

以农业供给侧结构性改革为主线,打好特色优势牌

6月的塞外,阳光明亮而热烈。紫荆山脚下,3600亩的苜蓿一望无际。朔州市畜牧兽医中心主任兰世和告诉记者,朔州是全国唯一“粮改饲”试点市,今年种草面积将达到85万亩,粮经饲的比例优化为44:22:34。事实上,“粮改饲”对于朔州来说,改变的不仅是种植结构,更是全产业链的优化和调整。

一年来,我省遵循习近平总书记提出的“山西的现代农业发展,要打好特色优势牌”的重要指示要求,立足资源禀赋,以农业供给侧结构性改革为主线,大力实施特色农业提质增效工程,持续优化区域布局、产业结构和产品结构,启动创建6个特色农产品优势区和20个现代农业产业园,着力打造畜牧、杂粮、蔬菜、干鲜果等特色产业,全面构建现代特色优势产业体系。

忻州市是我省杂粮种植面积最大的产区。6月8日,在忻州市“中国杂粮之都”产业融合园区建设筹备处,记者遇到了副市长裴峰,“忻州作为我省首批特色农产品优势区,规划布局了红芸豆、糜黍杂豆、杂交谷子、藜麦等14个优势区及主产地,眼下正在推进创建国家特色农产品优势区和国家杂粮产地交易市场。”省农科院玉米研究所所长邵林生告诉记者,省农科院正在与忻州市合作共建山西杂粮研究中心,将在品种选育、农机农艺、有机旱作技术集成等方面提升杂粮产业发展水平。

特色农业发展势头正劲,数字最有说服力。2017年,我省特色农业产值占比提升至75%,特色农产品出口产值同比增长36.7%;农产品安全检测合格率稳定在98%以上;功能食品相关产业生产总值约100亿元,规模以上农产品加工企业同比增长7%;“三品一标”获证产品数量增长36.6%,创历史最高水平;岚县马铃薯、沁州黄小米、大同黄花闯入全国区域公用品牌百强。

“有机旱作是山西农业的一大传统技术特色。要坚持走有机旱作农业的路子,完善有机旱作农业技术体系,使有机旱作农业成为我国现代农业的重要品牌。”习近平总书记去年在我省视察时为山西现代农业发展指明了方向。一年来,我省出台了《加快有机旱作农业发展的实施意见》和《2018年行动计划》,划定了首批有机旱作农业示范县和封闭示范区,整建制推进长治市和娄烦、山阴、神池、兴县、陵川5个县以及30个有机旱作封闭示范片建设。吕梁、忻州、大同、朔州、临汾、晋城等市已经出台有机旱作农业实施意见。当前,全省正在谋划实施耕地质量提升、农水集约增效、旱作良种攻关、农技集成创新、农机配套融合、绿色循环发展六大工程,探索具有山西特色的有机旱作技术体系。大力发展有机旱作农业,全面进军功能农业,打造特色农业强省的山西现代特色农业发展之路正式开启。

山西农谷“一城三园”目标基本实现,国家现代农业产业科技创新中心、农业部数字农业试点落户农谷;雁门关农牧交错带示范区一批肉羊、奶牛等产业集聚区和标准化养殖场建成,牛羊草食畜养殖量占到全省60%以上;山西省农产品出口服务中心正式挂牌,运城农产品出口检验检疫平台建成,创建20个国家级和16个省级出口农产品安全示范区,运城和临汾水果出口量同比增长79%,占全省水果出口量的88%……这一切意味着山西农谷、雁门关农牧交错带示范区和运城农产品出口平台三大省级战略打造新引擎、培育新动能的步伐正在加快。

实践证明,山西现代农业的出路不在大而在特,不在规模而在功能的理念,正在让山西农业的劣势转变为独特的发展优势。

以一二三产业融合发展为抓手，多途径增加农民收入

统计部门数字显示，2017 年我省农村居民人均可支配收入增长 7.0%，高出城镇居民收入增幅 0.5 个百分点。今年一季度，全省农村居民人均可支配收入同比增长 8.3%，高于 GDP 和城镇居民收入增速 2.1 和 0.3 个百分点。贫困地区农村居民人均可支配收入比上年同期增长 11.7%，增速居中部六省首位。

成绩来之不易。

号称“老晋城民俗印象基地，新晋城美食旅游地标”的司徒小镇近年来声名鹊起，小镇通过农业与现代服务业、旅游文化产业等融合发展，以铁文化、创意农业、山西民俗等主题活动带动了司徒村及周边村民 695 人就业，人均年收入 2 万余元。

张世英是阳曲县泥屯镇松树村村民，村集体今年流转土地 2600 亩发展果树搞采摘，他家以前种玉米的 20 亩地全部栽了樱桃：“以前种玉米收入也就万把块，现在光承包费就 6000 元，过两年樱桃树种好了在家门口就能赚钱。”而对于太原市晋源区寺底村村民赵涛来说完全是脱胎换骨，这个曾经围着锅台转的家庭妇女如今成了梅芝园艺公司花卉种植基地的员工，月收入 3000 多元。

城郊农业、乡村旅游、休闲农业等新产业新业态的蓬勃兴起，拓展了农民增收渠道。去年 10 月，我省出台了《关于壮大新产业新业态加快城郊农业发展的意见》，拿出 1.5 亿元支持城郊农业结构调整领域的基础设施重点项目建设，着力打造一批城郊农业快速发展先行区、示范区，构建生态休闲农业产业带、现代都市休闲农业圈。运城花海、阳城农业嘉年华、岚县土豆节等一批乡村旅游品牌风起云涌，去年全省休闲农业和乡村旅游年收入达 300 亿元，同比增长 30%。

“今天和家政公司签订了就业合同，马上就要去北京就业了，工资每月 3500 元到 4000 元。”6 月 10 日，39 岁的天镇县逯家湾镇砖窑村妇女李改鲜参加完母婴培训后，与北京管家家政公司签订就业合同。与李改鲜一同签约的还有 24 名学员。北京管家家政公司负责人表示，他们看中的就是“天镇保姆”这个品牌。

农村劳动力培训转移就业越来越成为增加农民收入的重要渠道。去年培育各类农业新型经营主体 6.5 万人次，组织农民工职业技能提升培训 42.95 万人、建档立卡贫困农村劳动力免费职业技能培训 6.9 万人。今年全民技能提升工程开始实施，目前 8.44 万进城务工人员接受就业技能培训，3720 人实现就业。“天镇保姆”“吕梁山护工”等特色劳务品牌为越来越多的农民赚回了丰厚的收入。统计数字显示，今年一季度，农村居民工资性收入占到可支配收入的 50.9%。

与此同时，强农惠农政策和社会保障制度不断完善，农村各项改革稳步推进，随着《山西省推进农村集体产权制度改革实施方案》《关于完善支持政策促进农民持续增收的实施意见》等政策措施的落地，全省农民收入稳定向好。

以改善农村人居环境为重点，建设美丽新家园

初夏的风，湛蓝的天，满眼的绿。

曲沃县史村镇西海村，绿树红莲，菜香满园。这几年西海村在农村基础设施建设上舍得投入，全村大街小巷全部硬化，降氟改水工程让自来水管直接安装到户，“生活真是大变样！”成为村民们由衷的赞叹。

和西海村一样，越来越多的农村改变了模样。我省出台《农村人居环境整治三年行动实施方案》，基础设施和公共服务进一步向农村延伸，农村环境面貌焕然一新，农村居民有了更多实实在在的获得感和幸福感。去年农村人居环境集中整治行动 3 个月共投入各类资金 87.4 亿元，拆除违建 22.6 万处，全省 61%的行政村实施了农业面源污染治理行动，80%的行政村实现垃圾定点收集，畜禽规模养殖场粪污处理设施配套率达到 70%以上，比国家要求高出 10 个百分点。20 万户农村饮水安全得到巩固提升，595 个村气化和 2.5 万座卫生厕所完成改造……

乡村环境整治行动顺应了广大农民群众追求幸福生活的殷切期盼，唤起了广大群众建设美好家园的内生动力。

阳泉市郊区杨家庄村民王新民可自豪了：“我们村的人现在把瓜皮、菜叶、树枝变成有机肥料还田，酒瓶、铁皮、废纸箱卖给收购站，城里都难实施的垃圾分类，现在在我们这儿家家都做起来了。”运城市改善农村人居环境工作站站长藏延生深有感触：“现在的农村，乱扔垃圾的少了，主动清扫街道的多了，生态环保意识越来越深入人心。”

留住乡土味道，感受乡村美好。让农村人居环境“望得见山，看得见水”，关系到农民群众的切身福祉和农村社会的文明和谐。

大同市涌现出一批特色鲜明的生态休闲、历史文化名村，晋城市去年建成 6 个省级、20 个市级美丽宜居示范村和 2 个集中连片示范区……省农业厅人居处处长岳继和告诉记者，他们正在起草《山西省美丽宜居乡村建设规范》，建立山西美丽宜居乡村标准。坚持典型打造与集中连片创建、整县推进相结合，形成了省市县三级联创的良好局面，宜居示范村示范引领作用正在显现。

更加令人欣喜的是，在三晋大地上，一支“懂农业、爱农村、爱农民”的“三农”干部队伍迅速成长，“加强作风建设，做懂农业、爱农村、爱农民的优秀干部”专项活动进一步提升了基层干部的工作能力，农村本土人才回归工程吸引了一大批晋商晋才返乡创业回报家乡，省市县选派近万名优秀干部赴乡镇挂职……刚刚参加了为期一个月的“三农”领域“沉下去、实调研、真服务”活动的临县大禹乡府底村第一书记贾彬良说出了大多数农业干部的心里话：“农村是一片广阔的天地。只要扑下身子真正为农民着想，解农民所难，就一定会大有作为，也一定会得到农民群众的信任。”

“务农重本，国之大纲”。十九大报告吹响了乡村振兴的号角，“产业兴旺、生态宜居、乡风文明、治理有效、生活富裕”的总要求擘画了“三农”的美好未来。眼下，我省《关于推进乡

村振兴战略的实施意见》已经出台,"三农"发展新的生长力正孕育而出。相信不久的将来,在这片生机勃勃的黄土高原上,农业更绿,农民更富,农村更美。

(康梅芗)

书写美好生活新答卷

——贯彻落实习近平总书记视察山西重要讲话精神之脱贫攻坚和民生保障篇

2017年6月,习近平总书记亲临山西视察,不辞辛苦专程前往吕梁山集中连片特困地区考察指导,勉励乡亲们要同党中央一起撸起袖子加油干,让好日子芝麻开花节节高。

谆谆嘱托,重如千钧;殷殷期望,铭刻心间。

一年来,我省按照习近平总书记指示要求,聚焦深度贫困,落实精准方略,把好现行标准,采取超常举措,使2017年下半年以来成为我省攻坚深度贫困力度最大、效果最为明显的时期,有力带动了扶贫工作整体水平的提升。

这一年,山西民生保障交出亮丽答卷,幸福故事一个个上演。

这一年,山西脱贫攻坚奏出时代强音,贫困堡垒一个个击破。

一个方向更加明确

以"超常之举"攻克"贫中之贫"

把深度贫困地区作为区域攻坚重点,是习近平总书记站在全局和战略高度,提出的重要战略思想。

锁定新目标,开启新征程。一年来,我省聚焦最困难的地方,紧盯最困难的人群,扭住最急需解决的问题,坚持先难后易,以超常之举攻克深度贫困。

聚焦难点,精准施策——

2017年6月,省委出台《关于聚焦深度贫困集中力量攻坚的若干意见》,瞄准10个深度贫困县、3350个深度贫困村、28.47万深度贫困群体,提出10项超常措施,狙击深度贫困。

2018年5月,又出台《关于"一县一策"集中攻坚深度贫困县的意见》,提出10条共享政策和10条专项政策,为10个深度贫困县注入了新的政策动力,以点的突破,带动面的活跃。

整村搬迁是解决深度贫困的有效路径。采取搬迁对象签订协议、新区安置配套、旧村拆除复垦、生态修复整治、产业就业保障和社区治理跟进"六环联动"办法,统筹解决"人钱地房树村稳"7个问题,确保搬迁群众融入新社区,开启新生活。

借助整村搬迁,岢岚县赵家洼村贫困户曹六仁与过去的自己挥手作别。

土路、土房、土墙,门前是望不到边的一座座土山坡,这是老曹曾经的家;干净、明亮、温馨,公共设施一应俱全的小区,这是老曹的新家。对比今昔让老曹感慨:"简直就是天上和地下。坐在舒适的房间里,时常想起以往的生活。没料到,老了老了却享福了!"

加大投入,优先布局——

在资金支持方面,2017年,全省财政专项扶贫资金的30.5%、扶贫周转金的22.6%,投向10个深度贫困县;2018年,拿出中央和省财政扶贫资金的30.3%,共14.4亿元投向10个深度贫困县,10个深度贫困县扶贫再贷款增加3亿元,统筹整合使用的7大类、56项资金向深度贫困县倾斜。

在项目建设布局方面,退耕还林、造林绿化、经济林提质增效等项目继续向深度贫困县倾斜,国家新增生态护林员岗位全部落实到深度贫困县;光伏扶贫3年规划总规模的43%、危房改造总任务的37.6%安排到深度贫困县。

尽锐出战,汇聚合力——

一年来,我省压实领导联系、单位包村、县际结对、企县合作、专业人才挂职、学校医院对口的"六个帮扶"责任制,强化一线攻坚力量,筑牢攻坚前沿堡垒。

奇奇里村是永和县黄河岸边一个小山村,既偏又穷。2015年,26岁的郭若桥成为村里的第一书记。那一年,全村700多口人中有323人是贫困户。几年时间,郭若桥带领全村干部群众一起引进项目、发展旅游、激发内生动力……小山村气象一新。2017年底,全村奇迹般地整村脱贫。

如今在全省脱贫攻坚一线,活跃着11652名各级包村领导、13985支派驻工作队、40180名工作队员以及10009名村党支部第一书记。他们推动各项攻坚措施落实落地,如同星星之火一般点燃了贫困群众的脱贫之梦。

省扶贫办主任刘志杰说,向深度贫困宣战,必须进一步优化、深化、实化帮扶措施,引导资源要素向深度贫困地区聚焦,打一场攻坚拔寨的合围战、歼灭战。

一个路径更加清晰

在"一个战场"打赢"两场战役"

在全面建成小康社会的征程中,统筹生态治理和脱贫攻坚这两场"战役"是一大时代课题。

按照习近平总书记"绿水青山就是金山银山"的"两山"理念,我省创造性地将生态治理与脱贫攻坚相结合,探索"一个战场"同时打赢生态治理与脱贫攻坚"两个战役"。

非常之目标,当有非常之举措。

一年来,我省通过综合实施"退耕还林、荒山绿化、森林管护、经济林提质增效和特色林产业”五大项目，带动51.9万贫困人口增收。

一年来，在造林机制、资产性收益、技术服务等领域大胆创新，提升贫困户生态建设的参与度。同时，开拓新型生态产业，发展林业循环经济，让每一片林地资源都成为“绿色银行”。去年，58个贫困县2257个造林合作社共造林277万亩，带动5.4万贫困劳动力人均增收8700元。

吕梁市深度贫困区和生态脆弱区高度重合。长期以来，二者相互交织、互为因果，面临着生态建设和脱贫攻坚的双重压力。

重压之下，吕梁市把二者有机结合，以合作社造林为抓手，有效串联起生态文明建设和脱贫攻坚两个战场。一年来，绿色面积不断扩展，贫困范围渐渐收缩。

岚县是吕梁市生态扶贫的先行者。2017年，全县实施造林工程13.87万亩，全部由102个造林专业合作社承接实施，涉及贫困人口5155人，收入达2000万元。

王建生是岚县界河口镇东口子村村民，40岁还没钱成家。因70多岁的父母身体多病，一直不能外出务工，仅靠几亩薄地维持生计，生活越过越紧。去年，王建生当上了护林员，每天上半天班，一年能挣1万元，日子终于“过开了”。他说，在家门口打工，挣钱顾家“两不误”。眼下自己最大的心愿就是“脱单”！

一人护林、全家脱贫。在58个贫困县，有2.28万贫困劳动力像王建生一样当上了护林员，年人均增收6700元。

路子对了，机制活了，生态扶贫的改革效应也频频释放。

大宁县在试水“资产性收益扶贫”中，看到了新机遇，拓展了新空间。

作为一个深度贫困县，大宁通过“企业+合作社+农户”的方式，鼓励县域龙头企业成立专业合作组织，群众以个人拥有的林地经营权、林木所有权以及财政补助资金折股量化，以股权的形式入股合作社，让“冷资源”变成了“热财富”。目前，全县共有2个合作社与221户群众签订入股合作协议，涉及建档立卡贫困户130户。

“作为两大攻坚战的交集，生态扶贫具有双重意义，但也面临‘成长烦恼’。在实践中，必须创新机制体制。”大宁县委书记王金龙说，大宁县计划用3年左右时间投资1.6亿元，实现20万亩荒山荒坡造林绿化全覆盖，带动3529户9881人脱贫。

一个理念更加明显

让“民生清单”成为“幸福账单”

悠悠万事，民生最重。

如何让“以人民为中心”的发展理念落地？一年来，省委省政府狠抓民生实事，扎实做好就业、社保、医疗卫生及下岗职工安置等方面的工作，交出一份沉甸甸的民生答卷：城乡低保、养老、基本医疗保险等政策标准持续提高；就业、文化、医疗卫生等公共服务水平稳步提升……

财政支出，牵引民生之变。两年来，我省在财力紧张的情况下，坚持财政资金配置向民生领域倾斜。2017年，全省民生支出占一般公共预算支出的81.4%，今年1月至5月达到82.2%。去年，吕梁市民生支出259.9亿元，占预算支出的82.5%。

补齐短板，让发展更均衡。

奔小康，盼健康。我省针对因病致贫、因病返贫难题，专门出台了农村贫困人口医疗保障帮扶方案，省级每年投入11.7亿元，合力构建“三保险、三救助”政策体系，35种特殊慢性病门诊目录内费用按限额100%报销；实行乡村干部、医生与贫困户健康扶贫“双签约”，落实“先诊疗后付费”制度，全省惠及23.74万人次，总费用实际报销比例90%以上。

偏关县楼沟乡小村的孙长青，身患糖尿病10余年，长期依靠药物治疗。这几年出现视网膜病变、糖尿病性酮症后，多次住院治疗，大额医药开支让其家庭不堪重负，是典型的因病致贫人员。去年8月，老孙享受到“双签约”服务后，住院11天，花费3828.25元，个人只承担547.35元。老孙高兴地说，健康扶贫就是好，看病医生管，报销干部帮，省心又省钱！

就业是最大的民生，是百姓的饭碗。我省适时出台了农村贫困劳动力转移就业意见，建立组织领导、宣传发动、技能培训、就业服务和政策支持“五大体系”，去年省级安排1.8亿元专项资金，完成农村贫困劳动力免费职业培训7.2万人，转移就业9万人；2018年，按照“人人持证、技能社会”的总体思路，投入10亿元左右，对100万人进行大规模职业技能培训。

得益于“吕梁山护工”培训，中阳县武家庄镇留慈村农民许连红迎来人生“蝶变”。

“我在北京就业，照料一对老年夫妇，每月收入5200元。在北京我去了长城、故宫等好多地方，眼界开阔了，整个人也自信了。”许连红高兴地说。“丈夫有病、孩子读书，家里条件不好。”说起以往的生活，许连红直皱眉头。2017年年初，她参加护理护工培训后，在京城当起了保姆。时隔一年，观念变了，钱袋鼓了！

“护工给了贫困农民一个就业机会，政府就是要通过系统的技能培训给农民一个稳定的支点。”吕梁市市长王立伟表示，民生工作涉及千家万户，要优先保障、优先投入、优先解决，让百姓充分享受改革发展的成果。

民生改善没有终点。在生产安全、教育、下岗职工安置及住房等领域，一年来，我省的进步同样明显。

数据显示：与2012年相比，2017年全省安全生产事故起数和死亡人数分别下降42.15%、41%；2016年、2017年去产能分流的51370名职工得到再就业安置，连续两年受到国务院表扬；建立教育扶贫个人自主账户，去年资助贫困家庭大学生、中高职生5.2万人，发放生源地助学贷款23.4亿元，受助学生37万人；2017年改造危房7.79万户、危险土窑洞2.76万户，完成1121个贫困村安全饮水工程。

摆脱贫困，奔向小康。三晋儿女正以昂扬奋发的姿态阔步向前，以民生为底色，书写人民美好生活的时代答卷。

（赵建军）

用生态文明托起美丽山西

——贯彻落实习近平总书记视察山西重要讲话精神之生态文明建设篇

“坚持绿色发展是发展观的一场深刻革命。要从转变经济发展方式、环境污染综合治理、自然生态保护修复、资源节约集约利用、完善生态文明制度体系等方面采取超常举措,全方位、全地域、全过程开展生态环境保护。”一年前,习近平总书记视察山西时指出了生态文明建设的根本出路。

一年来,省委坚决贯彻落实习近平总书记讲话精神,从3700万山西人民的切身利益出发,把生态文明建设摆在全局工作的突出位置。全省上下拧成一股绳、铆足一股劲,铁腕治污再加力,绿色发展乘东风,转变经济发展方式,完善环保制度建设,以环保升级倒逼产业结构升级,在美丽山西建设的推进过程中,全省社会经济发展迎来了一场真正的洗礼。

将铁腕治污铁到底,以超常举措彻底打破阻碍绿色发展的坛坛罐罐

不破不立,只有彻底打破落后的发展模式,新的发展形态才会随之确立。面对生态文明的时代课题,山西的回答是:坚决不要带污染的GDP!坚决摒弃以牺牲环境换取一时一地经济增长的做法!

比认真更重要的是决心,比方法更重要的是担当。领导包案、高位推动,无疑是山西环境治理的一大特色。

2017年4月,中央环保督察组进驻山西,为加强督察反馈问题整改,我省成立了省委书记、省长“双组长”领导机构。省委、省政府领导率先垂范,各市领导奋力争先,亲力亲为,立行立改。省委书记骆惠宁多次深入基层现场检查,并亲自领办太原市黑臭水体治理、太原市“煤改电”“煤改气”工程两项环保重点工作以及中央环保督察组转办的太原市晋祠宾馆污水排放农田等3项事项。省长楼阳生亲自领办了临汾市区规划区内清洁供暖工程、临汾市汾河城区段生活污水处理两项环保重点工作和中央环保督察组交办的霍州市58户副食品加工燃煤替代等3项事项。

由于集生态脆弱和增长粗放于一体,我省生态文明建设可谓任重道远,任何一点成绩的背后往往是巨大付出和超常举措。

根据我省推进生态文明建设的重大决策部署,2017年下半年,省委政法委、省环保厅、省高级人民法院、省人民检察院、省公安厅联合开展打击环境污染犯罪专项行动,开启了在全省范围环保与司法联合打击环境污染违法犯罪的大幕。

2017年,我省在全国率先启动省级环保督察,率先实现对各市环保督察全覆盖,率先开展省级环保督察“回头看”。一年来,是我省环境治理措施最严、力度最大的时期,是近年来查办各类环境违法行为和违法企业案件最多的一年。全省查处四类典型环境违法案件1851件,是2016年的2.15倍,查处案件同比增长79%。特别是去年10月份以来,我省在全省范围内实施秋冬季大气污染综合治理攻坚行动,完成113万户“煤改电”“煤改气”,2017年淘汰燃煤锅炉1.1万台。同时,推进重点行业深度治理,2017年底,单机30万千瓦以上火电机组全部实现超低排放改造,提前一年完成国家任务要求。不断加大“散乱污”企业排查力度,全省共排查“散乱污”企业8155家,其中列入淘汰范围的7400多家已全面取缔。

采访中,太原市环保志愿者协会会长张强深有感触地告诉记者:“政府环境治理力度超出了我们想象,今天,太原市建成区基本实现无煤化,全市百姓都用上清洁能源,黑臭水体已全部得到治理,空气质量明显改善,汾河公园已经贯穿了整个城市,8条城市内河治理即将完工,我们这座城市的街道、河流、绿地、公园正在变得越来越干净,越来越漂亮。”

一年来,长治市围绕“定人、定责、履责、问责”建立形成了市县乡村四级网络化监管格局,成立环保公安联合执法办公室,对环保违法违规案件处罚力度空前加大。该市市民郭效充满自豪地告诉记者,我们的城市宜居指数越来越高,老百姓的获得感越来越强。长治这颗上党明珠真是越来越靓了。

制度体系建设日趋完善,全方位、全地域、全过程大环保格局初步形成

良好的生态是最普惠的民生福祉,是关系党的使命的重大政治问题,只有用最严格的制度、最严密的法制,才能为生态文明建设提供可靠的保障。

从“煤都黑”到“大同蓝”。2017年12月,大同市被评为“全国美丽山水城市”,是华北地区唯一获此殊荣的城市。该市环保志愿者王东龙谈起自己的家乡分外自豪,他向记者介绍说,以前大同市空气质量比较差,常常是晴天一身灰,雨天一身泥,随着治理力度不断加大,今天,“大同蓝”已经成为这座塞外古城的特有名片。

记者在大同市采访时发现,该市的所有重要决策,都要求环保部门参与政策制定的全过程,突出环保在全市决策中的前瞻性。同时,在考核体系制定中,增加生态文明指标考核权重,出台《大同市党政领导干部生态环境损害责任追究实施细则(试行)》,对生态环保工作发生重大问题的单位实行年度目标责任考核“一票否优”和责任追究。

和大同市一样，今日山西，生态环境保护已经融入社会经济发展的全过程。

治污先治吏，督企先督政。“党政同责、一岗双责、权责一致、失职追责”是我省环境保护机制体系建设的一项突破。由过去环保部门开展督促、检查，转变为上级党委、政府对下级党委、政府对环保工作进行督察，使环保督察对象、督察层面、督察内容发生根本变化，从制度层面上为环保“一票否决制”的落实奠定了基础。

晋中市完善环保、公安联合执法和典型案件移送司法机制、监控处置机制，成立大气污染防治综合指挥中心，实现监管信息化、智能化。长治市发放了全国第一张排污许可证。吕梁市出台《生态文明体制改革实施方案》《党政领导干部和企业法人领办突出环境问题工作制度》等38项制度文件，明确各级政府、部门和乡镇的环保职责。

目前，我省正积极推进生态保护红线划定，已经形成《山西省生态保护红线划定方案（征求意见稿）》。同时，着力推进环境污染治理联防联控，将太原、阳泉、长治、晋城4市纳入京津冀大气污染传输通道城市，将晋中、吕梁、临汾、运城纳入汾渭平原大气污染防治重点区域，并积极探索建立以太原为中心、辐射吕梁、晋中部分市县的太原及周边地区大气污染联防联控体系。

以环保升级倒逼产业升级，让绿色成为美丽山西的底色

生态兴则文明兴，生态衰则文明衰。绿水青山就是金山银山，保护生态环境就是保护生产力。

前不久，记者在高平市采访时发现，作为重要煤炭产地，该市煤企“黑转绿”“地下转地上”已蔚然成风。该市寺庄镇伯方村十九大代表毕腊英为响应环保号召，主动关闭了自己辛苦经营多年的养猪场，此举虽然给她带来经济损失，但她却说，宁要绿水青山，不要金山银山，看到我们身边的居住环境越来越好，就觉得值得。

太钢所在地曾是太原污染最重的地区，近年来，企业在环保规划上坚持高于国家环保标准，从而实现了钢厂与城市的价值趋同。以前由于生产污染严重，烟尘废气让小区居民苦不堪言，现在的太钢已建设成一个公园式企业，当地居民深感天蓝了、水清了，烦恼也烟消云散了。

坚持绿色发展是发展观的一场深刻革命，而转变经济发展方式则是生态环境保护的根本出路。

2017年，我省单位地区生产总值能耗同比下降3.37%，超额完成年度下降3.2%的目标任务。太钢、广灵金隅、朔州润臻、孝义盛世富源4家企业获批绿色制造示范，孝义金晖兆隆可降解聚酯塑料产品列入国家绿色制造名单，绿色技术与高新产品研发不断推广，以环保升级倒逼产业升级初见成效。2017年12月，我省印发《关于加强环境保护促进开发区绿色发展的实施意见》，明确提出优化布局、促进产业结构调整、推动产业绿色发展。

在转变发展观的同时，右玉精神在我省不断弘扬，坚持“功成不必在我”和“功成必定有我”的理念，汾河流域“七河”生态修复工程、太行吕梁“两山”保护修复工程、59个采煤沉陷区治理项目扎实推进。2017年，全省完成水土流失治理面积553万亩，23个矿山被评为国家级绿色矿山，完成营造林419万亩，创历史新高。圆满完成58个贫困县承担退耕还林任务，得到国家发改委、国家林业和草原局等部门的充分肯定和高度评价。

统计数字显示，从去年10月1日至今年3月秋冬季大气污染防治综合治理攻坚期间，全省PM2.5、二氧化硫平均浓度同比下17.2%和48.7%，大气环境质量稳定改善；实行饮用水、地下水、流域水、黑臭水、污废水“五水同治”，建设175项水污染防治工程，四级河长制、湖长制体系基本建立，所有县级及以上城镇污水处理设施全部达一级A排放标准。

今日三晋大地，塞外“大同蓝”，晋南花果香，太行山水壮，吕梁添绿装，那个“人说山西好风光”的美丽山西正大步走来。

（贾力军）

全面构建良好政治生态取得新的重要进展

——贯彻落实习近平总书记视察山西重要讲话精神之严肃党内政治生活篇

由“乱”转“治”，“治”不忘“危”。

习近平总书记视察山西时指出，山西政治生态已经由“乱”转“治”，并针对山西一度时期系统性塌方式腐败的沉痛教训，强调要“彻底消除系统性塌方式腐败的危害和影响”，“既要做好刮骨疗毒、重振旗鼓的工作，又要做好修复生态、培植土壤的工作”，努力实现党内政治生态持久的风清气正。铭记谆谆教导，不负殷殷期望。

一年来，全省各级党组织牢记嘱托，认真贯彻落实新时代党的建设总要求和习近平总书记有关全面从严治党的重要讲话精神，在强化领导、标本兼治、惩治腐败、抓早抓小、向下延伸、全面从严等方面采取一系列措施，交出了一份实实在在的成绩单——监察体制改革试点为制定监察法提供了

实践经验,带动了全省反腐败工作整体水平的提升,严肃党内政治生活、全面构建良好政治生态取得新的重要进展,广大党员干部群众的精神状态和内生动力进一步激发,想发展、谋发展、抓发展的氛围日益浓厚,全省上下展现出新时代的昂扬风貌。

坚决扛起主体责任 严肃党内政治生活

党要管党,才能管好党;从严治党,才能治好党。

履行管党治党主体责任,就是要坚决贯彻党中央关于全面从严治党的战略部署,把主体责任落实在具体行动上。省委深入分析我省管党治党阶段性特征,提出要在新起点上深入推进管党治党,交上全面构建良好政治生态的山西答卷。省委常委会多次围绕政治建设、基层党建、正风肃纪、干部队伍等全面从严治党重点任务精准发力。每次省委全会都会对管党治党进行具体安排,提出明确要求。

省委以上率下,示范全省——一年来,省委常委会39次研究全面从严治党工作。层层传导管党治党压力,对主体责任弱化的严肃问责。省市县三级均成立了以党委书记为组长的反腐败领导小组,党委书记既当“总揽领导”,又当“一线指挥”。省委直接指导重大典型案件的查处,推动管党治党从“宽松软”走向“严紧硬”。

今年1月至5月,全省问责党组织122个,党员干部841人,其中“一把手”415人,同比分别增长139.22%、71.28%、62.11%。对交城县柰林村换届拉票贿选暴露出的县乡村三级主体责任和监督责任缺失等管党治党不力问题,及时查处问责并通报全省。

省委立了标杆、树了榜样。全省各级党委(党组)认真落实省委《关于加强党对反腐败工作全过程领导常态化制度化长效化的实施意见》,通过细化清单、完善制度、听取汇报、严格问责等,切实担负起管党治党主体责任,把全面从严治党进一步引向纵深。

“要坚决扛起主体责任,把全面从严治党的任务落到实处。”朔州市委书记陈振亮表示,要对标省委,躬身实践,努力实现政治生态持久的风清气正。

严肃党内政治生活、严格执行党章党规党纪,是全面从严治党的题中应有之义。省第十一次党代会明确,要着力增强党内政治生活的政治性、时代性、原则性、战斗性。省委坚决把政治建设摆在首位,严明政治纪律和政治规矩,要求对党中央作出的决策部署,各级党委都要不折不扣贯彻落实。

在做决策、抓工作中,省委始终自觉以贯彻习近平总书记重要指示和党中央决策部署为前提。全省各市各部门严格执行各项制度规定,党内政治生活制度化、规范化水平普遍提高。

一些党员领导干部违反党的纪律和政治规矩的典型案件被通报,忠诚老实、公道正派、实事求是、清正廉洁等价值观被大力弘扬,德才兼备者走到了干事创业的前列。

太原市供水集团党委因2017年度专题民主生活会形式化、随意化问题,被市委严肃问责,给广大党员干部敲响了警钟。

“既明责,更担责。”省社科院马克思主义研究所所长庞丽峰表示,一年来,省委认真贯彻落实习近平总书记视察山西重要讲话精神,自觉扛起管党治党主体责任,持续狠抓管党治党各项举措的落实,严肃党内政治生活、全面构建良好政治生态的大环境已经形成。

知为行始,行乃知成。

省委常委带头,把学习贯彻习近平总书记视察山西重要讲话精神作为首要政治任务,与学习贯彻党的十九大精神统筹结合,坚持用党的最新理论成果武装头脑、指导实践、推动工作。省委书记、省人大常委会主任骆惠宁为省管干部学习贯彻习近平新时代中国特色社会主义思想和党的十九大精神学习班首批学员上了第一堂课。

“近几年山西之所以能发生历史性转折,根本在于有习近平总书记为我们掌舵领航。只要我们一以贯之地沿着习近平新时代中国特色社会主义思想指引的方向和路子走下去,就一定能够取得新的更大的胜利。”省财政厅厅长武涛参加学习后感触很深。

一年来,省委深入推进“两学一做”学习教育常态化制度化、开展维护核心见诸行动主题教育,省委全会全面部署,省委中心组带头学习,省委常委带头参加24项活动,全省上下推动学用系列重要讲话不断向广度和深度拓展,全省干部群众维护核心的思想自觉和行动自觉不断加强。

一年来,全省各地各部门纷纷开展培训轮训班,以深入学习习近平总书记视察山西重要讲话精神为重点,结合学习党的十九大精神和《习近平谈治国理政》等著作,再次掀起学习新高潮。

新设立的太行干部学院、右玉干部学院,是我省颇具特色的党性教育基地,分别培训党员干部19234人次、13306人次。4月底,参加学习的学员高文莲表示,一定通过学思践悟把学习成果转化为改造主观世界、做好实际工作的具体行动。

一年来,我省策划拍摄的电视剧《于成龙》在央视主要频道热播,以历史廉政文化为主题的专题片、图书、剧目等,在全省乃至全国范围传播展演。

闻喜县礼元镇裴柏村,绿荫匝地的裴晋公祠走廊,带河东口音的讲解几乎每天都会响起,这是裴氏谱系文化传承人裴建民在讲解裴氏家训。裴建民说,我要按照习近平总书记的嘱托,积极弘扬中华优秀传统文化,倡导注重家庭、注重家教、注重家风。这也是我们裴氏家风文化一直提倡的。

切实履行主体责任、严格党内政治生活、夯实理想信念基石——省委将“责任”二字贯穿始终,把政治建设摆在首位,强化学懂弄通学以致用,全省上下形成了以责任促担当的氛围,强化了党的政治建设的统领地位,夯实了全面从严治党的思想基础。

深化监察体制改革 持续正风肃纪反腐

我省认真落实习近平总书记山西“在国家监察体制改革试点上下了很大功夫,制度优势正在转化为治理效能,要运用好这一改革成果”的重要指示,认真贯彻落实党的十九大及中央纪委二次全会的新部署,制定深化监察体制改革试点实施方案，省市县党委书记毫不松懈当好“施工队长”，推动改革向强化党的统一指挥转化、向精准有序开展监察工作转化、向推进监察权高效顺畅运行转化、向提升基层治理水平转化、向有效制衡监察权转化、向建设政治过硬本领高强的专业化纪检监察队伍转化，更好发挥“试验田”作用。

6月5日，省纪委监委公开曝光7起违纪违法典型问题。大同市广灵县南村镇赵家坪村村委会主任赵云因贪污扶贫款问题受到党内严重警告处分。这是我省打通“神经末梢”，探索监察职能向村居延伸的典型案例。

一年来，山西保持惩治腐败高压态势，着力减存量、遏增量，形成强烈震慑效应，推动反腐败斗争从压倒性态势向压倒性胜利转变。今年1月至5月，全省纪检监察机关立案9199件、同比增长45.9%，给予纪律处分和组织处理17375人、同比增长78.8%，移送司法机关282人、同比大幅增长。

严厉惩治、形成震慑的同时，注重关口前移、抓早抓小。今年1月至5月，全省纪检监察机关运用监督执纪“四种形态”处理25909人次、同比增长88.5%，做到了强化监督有态度、执纪问责有力度、治病救人有温度。

一年来，我省认真贯彻中央巡视工作方针和条例，坚守政治巡视职责定位，自觉承担“两个维护”重大责任，巡视利剑高悬，震慑效应常在。

一年来，我省严肃查纠“四风”隐形变异行为，坚决防止反弹回潮。所有县级以上党组织都制定修订贯彻落实中央八项规定精神实施细则。今年1月至5月，全省共查处违反中央八项规定精神问题752件、处理995人，其中处分774人。以党员干部严重违纪违法案为反面典型，加强了警示教育。

一年来，我省着力整治群众身边腐败问题，增强人民群众获得感、幸福感、安全感。集中整治2个月来，全省已查处侵害群众利益案件共涉及3117人，给予重处分323人，移送司法97人；查处扶贫领域腐败案件共涉及1192人，给予重处分87人，移送司法24人；深挖彻查黑恶势力“保护伞”，严惩涉黑涉恶腐败，一批公职人员被立案调查。省纪委监委分6批公开曝光41起41人。行动得到广大人民群众广泛支持和普遍好评。

制度优势不断转化为治理效能、高压反腐力度不减、监察体制改革向基层延伸——我省深化标本兼治，持之以恒正风肃纪，坚定不移反腐惩恶，推动反腐败斗争从压倒性态势向压倒性胜利转变。

加强基层组织建设　营造良好从政环境

好干部是选出来的，更是管出来的。

以重视基层的鲜明导向和风清气正的政治生态为基础，省委制定实施干部政治素质评价的具体标准和办法，完善干部专业素养考察评价方法，着力营造良好从政环境。全省深入落实省委出台的激励干部担当作为干事创业、支持干部改革创新合理容错两个办法，既鼓励改革创新，又要求依法守纪。

省委坚持新时期好干部标准，配强省直经济管理部门、开发区、省管骨干企业等转型综改主战场的领导班子。贫困县党政正职不脱贫不调整、不摘帽不调离。实现与京津冀等省市和中央国家机关互派干部挂职交流和定向培训。从省外引进6名省管干部，从国内知名高校引进8名高层次人才到我省高校挂职副校长，首次为民办高校集中选派7名党委书记。

各级各部门严格落实省委提出的“不干净的干部不能用、不干事的干部也不能用”和“五个倡导、五个反对”的要求，各市普遍出台激励干部担当作为干事创业、支持干部改革创新合理容错、干部能上能下的实施办法或规定，努力推动广大党员干部精准干事、激情干事、开拓干事。

晋中市在全省率先出台《晋中市干部政治素质考察办法（试行）》，对干部的政治忠诚、政治定力、政治担当、政治能力、政治自律进行考察。从全市“80后”正科级干部中选拔的30名后备干部，通过三个阶段历练后得到提拔重用。

“这是落实习近平总书记的重要指示要求和党的十九大提出的‘突出政治标准，选拔重用好干部’要求的具体举措。”晋中市委书记王成表示，这个办法力求把干部的政治表现考准考实，真正把政治上强、有执行力的好干部选出来、用起来。

我省制定干部选拔任用工作监督检查和责任追究实施办法，完善预防监督与查处追责并重的制度链条，严管干部的发条越拧越紧，依法用权、干净办事成为广大干部的自觉，一批批敢担当、善作为的干部走上领奖台受到褒奖，一些不作为、慢作为的干部被敲了警钟。

夯实基础才能行稳致远。

为落实习近平总书记“必须把抓基层、打基础作为长远之计和固本之策”的重要指示要求，省委结合实际，提出加强基层组织、基础工作、基本能力“三基建设”的战略部署，作为推进“两学一做”学习教育常态化制度化的特色载体和重要抓手。省委出台25条措施，坚持问题导向、改革精神、法治思维，针对全省基层基础建设薄弱存在的突出问题，提出一系列鼓励和引导政策措施。

全省各级党委（党组）认真落实省委25条措施和年度任务，紧抓“三基”不放松，党员干部积极参与全省万名干部大调研活动，重视基层、大抓基层的导向日益鲜明，人往基层走、钱往基层投、政策往基层倾斜的大环境逐步形成。

省林业厅党组以强化基层组织建设为突破口，扎实推进“有一个好班子、有一套好制度、有一个好机制、有一个好场所、有一套好档案”标准化支部建设；大同市选派792名优秀干部到乡镇挂职，落实党建促脱贫项目1130个，党的执政基础得到夯实；临汾市持续加大基层投入力度，今年年底努力实现集体经济收入5万元以上的村达到55%以上；阳泉市积极组建联村党组织，推进全市农村“抱团”发展，优化了基层组织设置，被中组部确定为“城市基层党建示范市”。

……

既刮骨疗毒、重振旗鼓，又修复生态、培植土壤——省委认真贯彻落实习近平总书记视察山西重要讲话精神，认真落实新时代党的建设的总要求，持续狠抓管党治党各项措施的落实，使习近平总书记“严肃党内政治生活、全面构建良好政治生态”的期望和要求不断深入落实。

山西,在新起点上深入推进管党治党,严肃党内政治生活、全面构建良好政治生态取得新的重要进展,内生动力、发展态势和总体形象发生新的深刻变化。山西,将沿着习近平总书记指引的方向,以永远在路上的执着,乘势而上,坚劲向前,不断增强党自我净化、自我完善、自我革新、自我提高的能力,为推进持久的风清气正、构建海晏河清的政治生态不懈努力。

(尚慧辉)

高举旗帜　迈上山西新征程

骆　惠　宁

我们着力解决管党治党、意识形态、转型发展、深化改革、脱贫攻坚、生态治理、民生改善等问题,取得了明显阶段性成效。山西政治生态已经由“乱”转“治”,山西发展已经由“疲”转“兴”,各方面建设迈上新的征程

习近平新时代中国特色社会主义思想,是党的十八大以来党和国家事业取得历史性成就、发生历史性变革的根本理论指引。这次宪法修改,从最高法律意义上确立习近平新时代中国特色社会主义思想在国家政治和社会生活中的指导地位,体现了党的主张和人民意志的统一,高扬起了引领中华民族伟大复兴的光辉旗帜。

山西一度面临治理系统性塌方式腐败和经济断崖式下滑两大课题。为把握山西工作的正确方向,省委明确提出,要以习近平总书记重要思想作为办好山西事情的根本指引,做到构建良好政治生态和推动经济稳步向好“两手硬”,极大统一了全省干部群众的思想。我们在“融会贯通、学以致用、全面覆盖”上下功夫,着力解决管党治党、意识形态、转型发展、深化改革、脱贫攻坚、生态治理、民生改善等方面的突出问题,取得了明显阶段性成效。我们连续两年召开全省学用习近平总书记重要思想交流会,去年开展“维护核心、见诸行动”主题教育,在党的十九大前,山西已全面形成了学用习近平总书记系列重要讲话精神的大格局。党的十九大后,我们把学习贯彻十九大精神与深入贯彻习近平总书记视察山西重要讲话精神结合起来,强调要再来一场大学习,来一场深刻的思想革命。

去年6月,习近平总书记视察山西时指出,山西政治生态已经由“乱”转“治”,山西发展已经由“疲”转“兴”,各方面建设和发展迈上新的征程。在经历了极不平常的重大转折和政治考验后,山西干部群众对习近平新时代中国特色社会主义思想有深切的政治认同、理论认同和情感认同,大家坚定地认为在习近平新时代中国特色社会主义思想的指引下,我们一定能够战胜风险与挑战,夺取全面建设社会主义现代化强国的伟大胜利。

(2018年3月13日《人民日报》“两会·声音2018”专栏刊发)

二、加强督导　推动落实

以过硬作风狠抓贯彻落实　用实际成效回报殷殷嘱托

——山西省委督导推动全省贯彻落实习近平总书记视察山西重要讲话精神情况综述

初夏三晋,满目葱茏。3700多万三晋儿女不会忘记,2017年6月21日至23日,习近平总书记亲临山西视察指导工作:访农户、察真贫,进企业、话创新,瞻仰革命旧址、看望老战士……处处体现了对山西这块红色土地的深厚感情。亲民为民的情怀、求真务实的作风、夙夜在公的精神,历历在目,镌刻在老区人民心中!

省委牢记嘱托和使命，团结带领全省各级党组织和广大干部群众，把学习贯彻习近平总书记视察山西重要讲话精神与学习贯彻习近平新时代中国特色社会主义思想和党的十九大精神结合起来，持续推动重大任务的落实和突出问题的解决，全省各项工作呈现新气象、迈出新步伐。

对表对标，砥砺前行。在习近平总书记视察山西近一年之际，省委精心组织开展督导检查活动，旨在按照习近平总书记对山西工作提出的总体要求和五项重大任务，着力解决存在的问题和不足，巩固发展全省政治生态由“乱”转“治”、发展由“疲”转“兴”态势，进一步激发广大干部群众干事创业的积极性创造性，努力实现党内政治生态持久的风清气正、经济转型发展持久的强劲态势。

目标导向与问题导向相统一

“治”不忘“危”、“兴”不忘“忧”。省委清醒认识到，贯彻落实习近平总书记视察山西重要讲话精神，使讲话精神在山西持续生根开花结果是长期的政治任务，必须下硬功夫，以钉钉子精神坚持不懈抓下去。

2018年4月18日，省委常委会研究决定，派11个督导检查组，用10天时间，对各市和部分省直部门贯彻落实习近平总书记视察山西重要讲话精神开展督查，重点是依照省委两个实施意见和省委十一届四次、五次全会等部署，检查重大举措的落实情况。督导组由省委常委和省人大、省政府、省政协负责同志带队，从省直单位抽调骨干力量参加，每个组督导一个市和一个省直部门。参与督导的省委办公厅工作人员说，如此大规模、集中式、长时间的督查活动，在我省多年来是第一次。5月5日，各督导组轻车简从，上吕梁、入太行，赴塞上、下河东，奔赴各地。

省委书记骆惠宁对这次督导检查高度重视，亲自安排部署、亲自研究督导方案，明确提出“要从政治和全局高度认识这次督导检查，做到标准要严格、方法要务实、问题要找准、对策要谋好。”他还担任第一督导组组长，身体力行深入太原市和省商务厅督导检查。督导期间，骆惠宁主持召开各督导组组长碰头会，交流工作，交换意见，集思广益，把督导工作引向深入。

目标就是方向，问题就是声音。督查开展前，省委制定了《对全省贯彻落实习近平总书记视察山西重要讲话精神情况进行督导检查的工作方案》，省委办公厅专门发出通知，要求各市和省直部门对照习近平总书记视察山西重要讲话及省委两个实施意见认真进行自查。同时，安排省委两个实施意见牵头和配合部门根据平时掌握的情况，结合区域经济转型升级、脱贫攻坚、目标责任等方面的考核结果，对各市五项重大任务的工作成效、差距不足提出评议意见；各市对相关厅局也提出评议意见。省委对自查和评议不到位的市和省直部门，责成重新查找分析问题。省委办公厅还印发了《督导检查学习资料汇编》，做到督导组人手一册。

各督导组出发前，重温了习近平总书记视察山西重要讲话，全面把握督导工作要求，阅看各地各部门自查报告，做到心中有数；各督导组分别召开碰头会，进一步细化方案、确定分工、严明要求，为有的放矢搞好督导检查做了充分准备。参与这项工作的同志普遍认为，这次督查活动，谋划之深、安排之细、举措之实，充分体现了省委不折不扣贯彻落实习近平总书记重要讲话精神的政治自觉。

深入督查与具体指导相结合

身入基层、心入一线，掌握一手情况。检查阳泉市为群众办的6件实事，看到资料不充分，督导组从下午3点一直工作到晚上8点多，仔细询问经办人员，直至弄得清清楚楚；在古交市马兰镇召开的座谈会别开生面，会前不出题目，请来15位工人、农民、教师、民警、电商、种植户和社区居民，让他们即席各讲“1到3件最满意”和“1到3件最不满意”的事，督导组用这种方法听到了基层群众最真实的声音。各督导组到工业园区看转变发展方式、在施工现场看转型项目、去生产车间看国企改革、翻山过梁看植树造林、深入偏僻乡镇看“三农”工作、随机访农家看扶贫效果……在一线实地察看，了解情况、听取意见。同时，召开见面会听取重点工作情况汇报，查验资料逐项核实工作举措，与班子成员进行个别谈话，听取市级老同志意见。10天时间，共实地检查425个基层单位和建设项目，随机抽查或暗访189个单位，召开92次座谈会和专题研究分析会，个别谈话402人。

“督导督导”，既督查，又指导。一场“会诊”太原发展的专题研究分析会耳目一新。近年来，太原市经济社会发展总体保持良好势头，但放到中部省会城市中比较，经济总量不大、产业不强等问题突出。督导组针对太原如何缩小与中部省会城市差距，召集省委组织部、省发改委、省经信委、省环保厅、省商务厅、省统计局等部门和太原市主要负责同志，从城市定位到产业规划、从对外开放到引进人才、从创新驱动到构建现代产业体系，共同为太原把脉支招，直面问题、剖析原因，有针对性地提出建议。太原市的干部说：专题研究分析会直击我市加快转型发展的要害，抓住关键，切中肯綮，既有战略层面的谋划，又有具体工作的指导，非常及时、非常管用。各督导组都针对被督导市县和省直部门存在的突出问题，以不同形式，给予有力有效指导。

督导后，各组深入进行总结分析，所形成的督查报告，紧紧围绕落实习近平总书记视察山西提出的总体要求和五项重大任务，既讲举措成效、又讲问题不足、还提对策建议，既作定性分析，又作定量分析，做到了用事实说话，用数据说话，体现了全面、辩证、客观。同时，对督导过程中发现的具体问题，现场提出整改要求；对应由省里协调解决的重大问题，带回来作进一步研究。这样的督导，基层干部群众十分认可：“是真正传导压力，是真正为民办事。”

推动落实与转变作风相促进

力戒形式主义、官僚主义，坚决摒弃“看盆景、走走场、露露脸”，五加二、白加黑是常态。各督导组安排密集，行程紧凑，白天下县入企、进村入户，实地调研，晚上召开碰头会，总结工作、分析问题,完善次日计划。临汾市委督查室工作人员张鹏说,督导组几乎每天深夜都打电话过来,不是核数字,就是要材料。不搞清楚不收工,发现问题不放过。被督导的市县都反映,督导组无论是查阅资料,还是问询谈话,或是现场了解情况,都要弄明白每一件事的来龙去脉。

真正"讲认真"、敢于"动真格"。省委要求各督导检查组要真督实查、敢督严查、深督细查。太原西中环有一片建筑垃圾裸露,风起尘扬,督导组路过,立即责令有关部门遮盖好;天镇县永嘉堡村古堡旅游资源丰富,但未能有效利用,村民守着金饭碗过穷日子,督导组当面对有关人员提出建议和要求;不提前通知、直入现场,对临汾市15个部门进行了暗访……这种随机检查、不打招呼的督查,现场解决问题,每个组都不时进行。大同、吕梁、运城等市的同志说,督导组面对问题敢亮剑,看到不足就指出,发现错误善批评。

不提前踩点、不带随行记者、不搞层层陪同、不搞迎送、不听一般性工作汇报、不违反规定安排食宿,是省委对这次督查提出的"六不要求"。晋中市委办公厅副主任高杰说,督导组严守中央八项规定精神和省里实施办法,严于律己,给下面做出了榜样。高科华烨董事长李建明对督导组的做法深感意外,"进厂前20分钟,我才接到电话通知,没有市委书记和市长到场,没有新闻记者跟随。"督导组内部还规定了"六个严禁":严禁违反八项规定精神、严禁以督谋私、严禁跑风漏气、严禁隐瞒问题、严禁擅自表态、严禁擅离职守。一位督导组的同志说,实地督查不要市县党政主要领导陪同,是为了不影响当地正常工作。

一些市的乡村振兴战略总体规划和专题规划编制进展不快,督导组现场介绍其他地区好做法予以鞭策;某村党支部学习工作粗糙,当场要求改进……各组既督任务、督进度、督成效,又查认识、查责任、查作风,在抓落实中促进作风转变,通过转变作风推动落实。此次督查,共协调解决环保、规划、土地、用电、交通、医疗等方面的具体问题197个。一位外省企业投资方激动地说,在督导组干部身上,立说立行、"马上就办"的理念得到了充分体现。

提振信心与增强压力相贯通

督导检查情况表明,全省各地各部门铭记习近平总书记提出的"紧紧抓住机遇,勇于改革创新,果敢应对挑战,善于攻坚克难"指示精神,撸起袖子加油干,落实五项重大任务呈现良好态势,取得重要阶段性成效。

"煤老大"争当能源革命排头兵,我省连续两年煤炭去产能全国第一,突破高端碳纤维、石墨烯等关键技术,高新企业首次突破千家,非煤产业增加值对工业增长贡献率达到76.2%;开发区加快实施"三化三制";分解74项任务234条举措,先行先试推进转型综改试验区建设;"改革决不能落后",去年实行40项改革,今年又推出43项改革;眼睛向外、登高望远,打造"内陆地区对外开放新高地"。建农民专业合作社示范社16758个,去年农村劳动力转移就业40.21万人,特色农业产值占比提升至75%。"打不赢脱贫攻坚战,就对不起这块红色土地",去年摘帽15个贫困县、退出2557个贫困村、脱贫75万人口,全省民生支出占一般公共预算支出81.4%。"绿水青山就是金山银山",铁腕治污常态化,查处环境违法案件6505件,启动吕梁山太行山和"七河"生态保护修复。以永远在路上的执着推进全面从严治党,严肃党内政治生活,深入推进正风肃纪反腐,用好监督执纪"四种形态",加强党内政治文化建设,持续深化监察体制改革试点,全面构建良好政治生态的成果不断扩大,风清气正、干事创业的大格局进一步形成……

是什么让山西内生动力、发展态势和总体形象发生重大变化?"因为我们有习近平新时代中国特色社会主义思想的指导,有习近平总书记视察山西重要讲话精神领航引路"。"新时代讲习快车"宣讲员结合身边变化,用朴实语言道出了三晋儿女的心声。广大党员干部纷纷说,"习近平总书记在视察中提出总体要求和五项重大任务,是对山西实际与发展特征的深刻洞察,是对未来发展大势的战略前瞻,是引领我省奋力前行的方向和动力。"

随着习近平总书记重要讲话精神的贯彻落实,老百姓有了越来越多的获得感。"煤矿关闭了,我也转行了,当网约车司机不比井下收入少。"40岁滴滴师傅张建军说,去产能关矿井那会儿,不知以后咋生活,现在矿上增了效,我也增加了收入,大家日子都好过。"玩有公园,乐有舞台,住有新瓦房,行有硬化路,医有诊疗所,购有小超市,这日子就和城市一样舒服。"夏县庙前镇西村村民王志忠说。"党的扶贫政策好,日子还要红火。"娄烦县白刁岭村张忠生说,党派来了扶贫好干部,吃住在村里,帮买种羊、指导养殖,教种油用牡丹,40多只羊让我脱了贫。

从督导检查组到基层干部群众都深切感到,越是深入学习践行,越感到习近平总书记重要讲话的真理光芒和实践力量,越感到肩上沉甸甸的使命和责任。督导检查发现,工作落实中还存在不平衡不深入不到位的地方。差距是压力,更是动力,必须保持定力和韧劲,持之以恒抓落实、打基础、增后劲。大家表示,要高举习近平新时代中国特色社会主义思想伟大旗帜,按照党的十九大部署,在省委坚强带领下,坚定信心,攻坚克难,开拓进取,在贯彻落实习近平总书记视察山西重要讲话精神上取得更大成效,决不辜负习近平总书记的谆谆教诲,决不辜负党中央的殷切期望!

(姚晋平　赵向南)

省委对全省贯彻落实习近平总书记视察山西重要讲话精神情况开展督导检查

4月18日，省委书记骆惠宁主持召开省委常委会议研究决定，由省委常委和省人大、省政府、省政协负责同志带队，组成11个省委督导检查组，于5月5日至15日对全省贯彻落实习近平总书记视察山西重要讲话精神情况开展集中全面的督导检查。这次督导检查，是促进工作落实、转变领导作风，推动全省党的建设和党的事业开拓发展的重要举措，是坚定维护以习近平同志为核心的党中央权威和集中统一领导的具体行动。

省委常委会指出，2017年6月21日至23日，习近平总书记亲临山西视察并发表重要讲话，在山西发展史上具有重要里程碑意义。近一年来，省委团结带领全省各级党组织和广大干部群众，认真贯彻落实习近平总书记对山西工作提出的总体要求和五项重大任务，持续推动重大问题的解决，取得阶段性成效。同时要看到，工作中还存在不平衡不深入不到位的问题。这次督导检查，就是要着力解决工作中存在的差距和问题，推动各级各部门进一步贯彻落实习近平总书记提出的总体要求和五项重大任务，巩固发展全省政治生态由“乱”转“治”、发展由“疲”转“兴”的良好态势，努力实现党内政治生态持久的风清气正、经济转型发展持久的强劲态势；进一步落实习近平总书记提出的“紧紧抓住机遇，勇于改革创新，果敢应对挑战，善于攻坚克难”要求，激发广大干部群众干事创业的积极性创造性，在谱写新时代中国特色社会主义山西篇章中实现新作为。

按照省委要求，督导检查组将紧紧围绕贯彻落实习近平总书记视察山西重要讲话精神和党的十九大精神，依照省委两个实施意见和省委十一届四次、五次全会等重要会议文件的部署，通过听取汇报、查验资料、现场查看、召开座谈会、个别访谈、进行暗访、第三方评估等方式，在全面督导检查的基础上，突出督导检查重大举措的落实情况。督导检查中坚持目标导向和问题导向相结合，真督实查、敢督严查、深督细查，对督导检查中发现的问题将督促有关地区和单位及时整改解决，对需要省里协调解决的问题将转省有关部门研究并及时反馈。省委要求各督导检查组要严格遵守中央八项规定精神和我省实施办法，力戒形式主义、官僚主义，不提前踩点，不带随行记者，不搞层层陪同，不搞迎送，不听一般性工作汇报，不讲虚话套话，不违反规定安排食宿，以严明纪律和过硬作风确保督导检查取得实效。省委还强调，督导检查活动不安排市县党政主要负责同志陪同，督导检查组开展工作不影响当地党政正常工作安排。

此前，按照省委要求，各市和省直有关部门对照习近平总书记视察山西重要讲话精神及省委两个实施意见，进行了认真的自查和互评。

骆惠宁、楼阳生等省领导率省委督导检查组对全省贯彻落实习近平总书记视察山西重要讲话精神情况进行实地督导检查

5月5日至15日，省委派出的11个督导检查组，分别对各市和部分省直部门贯彻落实习近平总书记视察山西重要讲话精神情况进行了实地督导检查。省委书记、省人大常委会主任骆惠宁任第一督导检查组组长，深入太原市和省商务厅进行了督导检查。省委副书记、省长楼阳生，省政协主席黄晓薇等省领导分别深入其他市和省直部门进行了督导检查。

这次督导检查，紧紧围绕习近平总书记视察山西重要讲话精神及省委两个实施意见提出的重大举措，坚持标准要严格、方法要务实、问题要找准、对策要谋好的要求，深入基层一线了解情况，面对面听取干部群众意见，具体掌握大量第一手材料。各督导检查组共实地检查425个基层单位和建设项目，随机抽查或暗访189个单位，召开92次座谈会和专题研究分析会，个别谈话402人。同时，听取了汇报、查验了资料，与有关负责同志和离退休干部进行了个别谈话或座谈。督导检查过程中，协调解决具体问题197个，对各市提出的有关政策性问题带回交省直有关部门研究解决。

从督导检查情况看，近一年来，全省上下把学习贯彻习

近平总书记重要讲话精神作为首要政治任务,与学习贯彻党的十九大精神结合起来,在融会贯通、学以致用、解决问题上下功夫,取得重要阶段性成效。各地各部门围绕落实习近平总书记提出的五项重大任务,持续推进供给侧结构性改革、综改试验区建设与经济转型升级、国资国企改革、开发区改革与发展、创优营商环境、发展有机旱作农业、攻克深度贫困、生态保护修复、环境污染治理、严肃党内政治生活、国家监察体制改革试点、正风肃纪反腐、加强"三基"建设等工作的落实,一些方面取得突破性进展,一些短板弱项得到加强,一些领域改革扭转了滞后局面,全省工作在政治生态由"乱"转"治"、发展由"疲"转"兴"基础上实现了新发展新进步。全省各级党员领导干部在学习践行习近平总书记重要讲话过程中,政治素质得到增强、精神境界得到提升、能力本领得到拓展、作风品质得到锤炼,进一步形成了奋发进取的总体态势。全省干部群众更加深刻地感受到习近平总书记重要讲话的真理光芒和实践力量,更加感受到习近平总书记重要讲话对山西工作的根本性长远性指导意义。

各督导检查组坚持目标导向和问题导向相结合,重在对标检验、发现典型、解决问题、改进工作。坚持带头遵守中央八项规定精神和我省实施办法,实地督导检查不带记者、不作报道、不搞层层陪同,不给基层增加负担,不影响当地正常工作,加强了随机抽查和暗访,传导了责任和压力。坚持既督任务、督进度、督成效,又查认识、查责任、查作风,听真话察实情,用事实和数据说话。对督导检查中发现的问题和基层反映的问题,各督导检查组分别责成有关市县和省直部门研究解决,并将持续跟踪督促。

省委将在总结近一年来贯彻落实习近平总书记视察山西重要讲话精神情况的基础上,围绕深入落实五项重大任务,着力推动解决一些地方一些领域不平衡不深入不到位的问题,进一步巩固发展全省"两转"后继续奋力爬坡的良好态势,始终保持"治"不忘"危"、"兴"不忘"忧"的清醒与自觉,努力实现党内政治生态持久的风清气正、经济转型发展持久的强劲态势,以非常之力,下恒久之功,使习近平总书记视察山西重要讲话精神在山西持续生根开花结果。

省委常委会议听取关于对各市和部分省直部门贯彻落实习近平总书记视察山西重要讲话精神督导检查情况的综合报告

5月24日,省委书记骆惠宁主持召开十一届省委第72次常委会议。会议听取了关于对各市和部分省直部门贯彻落实习近平总书记视察山西重要讲话精神督导检查情况的综合报告。指出,这次督导检查达到了预期目的,既看到了贯彻落实工作中的成效,又发现了贯彻落实工作中的短板。会议对做好督导反馈及问题整改工作作了部署。强调,各市和省有关部门要根据省委督导检查组的反馈意见,抓紧制定整改工作方案,扎扎实实抓好整改,着力解决督导中发现的问题。各督导检查组要持续跟进,深入了解情况,继续加强督导,不断巩固和拓展督导检查成果。

省委对全省贯彻落实省委十一届六次全会精神及系列专项部署情况开展督导检查

10月中旬,省委再次派出11个督导检查组,由省委常委和省人大、省政府、省政协负责同志带队,对全省贯彻落实省委十一届六次全会精神及系列专项部署情况开展督导检查。省委书记、省人大常委会主任骆惠宁任第一督导检查组组长,深入忻州市进行督导检查。省委副书记、省长楼阳生等省领导分别深入其他市进行督导检查。

这次督导检查是省委学习贯彻习近平总书记视察山西重要讲话精神的实际行动和深化举措。省委十一届六次全会作出山西正处于"两转"基础上全面拓展党的建设和党的事业新局面关键时期的重大判断,强调要把学习贯彻习近平总书记视察山西重要讲话精神作为长期重大战略任务来抓,并从五个方面作出进一步部署。这次全会,对于全省上下坚定方向、把握大局,统一认识、开拓前行,把学习贯彻习近平总书记视察山西重要讲话精神推向新高度,巩固和发展全省来之不易的工作大局具有重要意义。近一个时期,省委省政府多次召开工作会、推进会和现场会,在去年省委制定的深入学习贯彻习近平总书记视察山西重要讲话精神两个实施意见的基础上，进一步细化了具体举措，并持续推动落实。开展这次督导检查，就是要通过对省委十一届六次全会精神及系列专项部署落实情况的督导检查，对5月份省委督导检查反馈意见落实情况进行“回头看”，进一步把思想统一到省委十一届六次全会的部署要求上来，推动各级各部门凝心聚力抓落实，对完成全年目标任务进行有力督促，全力推动习近平总书记视察山西重要讲话精神的贯彻落实。

省委要求，这次督导检查以习近平新时代中国特色社会主义思想和党的十九大精神为指导，按照省委十一届六次全会的部署，以深入贯彻落实习近平总书记视察山西重要讲话精神为主线，以贯彻国发〔2017〕42号文件、管党治党、转型发展、全面深化改革为重点，同时把中央巡视整改任务落实情况作为重要内容，进一步压实各级抓中央巡视整改的政治责任。督导检查中，要确立问题导向，坚持真督实查，做到标准要严格，方法要务实，问题要找准，对策要谋好。对不落实问题和工作中的差距要及时指出，有关单位要立行立改。所有被督导单位都要增强自我革命精神，积极主动整改督导检查指出的问题。对突出问题，督导检查组和市委要加大协调力度，督导检查期间能解决的要尽力解决。同时，要注意总结基层好的经验。要严格遵守中央八项规定精神和我省实施办法，严格执行“十不、六严禁”，力戒形式主义、官僚主义，主要看工作实绩，以严明纪律和过硬作风确保督导检查取得实效，使督导检查的过程成为增强党性观念、狠抓工作落实的过程，成为激励担当作为、推动事业发展的过程。省委强调，督导检查不安排市县党政主要负责同志陪同，不搞层层陪同，不影响基层正常工作。年底前集中抓好这次督导检查，省直各部门原则上不再开展涉及市县级党委和政府以及本系统全省性的业务督查检查考核。

此前，按照省委安排，各市和省直各部门对照省委十一届六次全会精神及系列专项部署进行了自查。省委督导检查组各专项小组进行了查验资料、现场查看、随机暗访等工作。

（尚慧辉）

省委常委等省领导对全省贯彻落实省委十一届六次全会精神及系列专项部署情况进行实地督导检查

10月中旬至11月初，省委督导检查组对全省11个市贯彻落实省委十一届六次全会精神及系列专项部署情况实地进行了集中全面督导。省委书记、省人大常委会主任骆惠宁率领第一督导检查组对忻州市进行了集中全面督导。省委副书记、省长楼阳生等省委、省人大、省政府、省政协领导同志分别对其他市进行了集中全面督导。

这次督导检查，围绕深入学习贯彻习近平总书记视察山西重要讲话精神，重点检查了贯彻落实省委十一届六次全会精神是否作出具体部署并取得初步成效，管党治党责任是否全面履行，推动转型发展是否取得重要进展，全面深化改革是否有新突破，今年5月省委督导检查反馈意见是否有效整改落实。同时，把中央巡视整改任务落实情况、中央环保督察整改落实情况以及党的宗教方针贯彻落实情况作为重要内容。各督导检查组采取谈心谈话、查验资料、现场查看、随机暗访等方式，掌握了大量第一手材料，协调解决了不少基层单位反映的问题，发现了一些好的典型，推动了各级各部门凝心聚力抓落实，并向省委报送了督导检查报告和协调解决问题清单、转省直有关部门研究解决问题清单。

各督导检查组既真督实查、传导压力，又与基层同志一起克服面临的困难，把着力点放在发现和解决问题上。督导检查中力戒形式主义、官僚主义，主要看工作实绩，不听一般性工作汇报、不搞迎送、不提前踩点、不搞层层陪同、不带随行记者、不要求被检查单位过度提供资料、不作一般性概念化评价、不提可操作性不强的意见建议、不影响基层正常工作、不违反规定安排食宿。这次督导检查是增强党性观念、狠抓工作落实的过程，是激励担当作为、推动事业发展的过程。

省委将专题研究督导检查情况，提出下一步工作举措，进一步推动省委十一届六次全会精神的落实，把学习贯彻习近平总书记视察山西重要讲话精神推向新高度，在“两转”基础上全面拓展党的建设和党的事业新局面。

（赵向南）

三、牢记习近平总书记嘱托 谱写新时代山西新篇章

高质量转型发展路上亮点频闪

关闭煤矿27座、退出产能2265万吨,600度超临界用钢、核电用钢、煤制高端化学品等一大批关键核心技术取得突破,企业投资项目承诺制在全省域推开,国企国资改革、开发区改革等一批重点领域和关键环节改革取得重大进展……一年来,全省上下牢记习近平总书记嘱托,坚持以改革促转型、以开放带转型,呈现出经济平稳发展、结构持续优化、效益持续改善、市场预期稳定向好的总体特征,高质量转型发展亮点频闪。

以深化供给侧结构性改革推动经济转型发展。我省始终坚持做供给侧结构性改革的坚定实践者,坚决去产能、有效去库存、稳步去杠杆、多措降成本,取得明显成效。2016年以来,国务院多次对我省煤炭供给侧结构性改革提出通报表扬。今年5月3日,国务院办公厅发布通报,对我省化解煤炭过剩产能工作予以督查激励。

同时,我省坚持去产能与发展先进产能相结合,与产业结构调整优化升级相结合,与解决重组整合遗留问题相结合,在有力带动全国煤炭供求关系改善的同时,煤炭产业走上"减""优""绿"发展之路,形成了煤炭去产能的"山西经验",推动了经济发展稳步向好、产业结构逐步升级、发展动力不断转换,打开了经济转型发展新局面。

以创新驱动推动经济转型发展。围绕"示范区""排头兵""新高地"三大战略目标,我省把创新作为引领发展的第一动力,密集制定出台推动科技创新政策20多项。一批具有地方特色的政策措施上升为法规条文,科技管理正在向创新服务转变。

围绕新一代信息技术、智能制造、新能源汽车、新材料等重点转型领域,我省新实施了46个重大和重点项目,借助"煤基低碳联合基金"引入全国资源解决山西的问题。从调整产业结构到完善创新服务平台,从扶持企业提升自主创新能力到加强科技创新人才建设,通过构建起创新驱动的大平台,各类要素正向创新主体集聚,创新驱动正逐渐成为山西转型发展的最强引擎。

以营造良好营商环境推动经济转型发展。以深化"放管服效"改革为主线,以全面推开企业投资项目承诺制改革试点为牵引,我省大力推进政务服务供给侧结构性改革,努力营造"六最"营商环境,推动营商环境进入全国第一方阵。

作为全国首家,我省今年在全省域推开企业投资项目承诺制改革试点。在试点基础上,进一步简化审批、优化流程,推行统一清单告知、统一平台办理、统一流程再造、统一多图联审、统一收费管理"五统一"办理模式。在山西转型综改示范区等5个国家级开发区,今年我省率先开展"证照分离"改革试点。以山西转型综改示范区和高平市为试点,我省展开深化相对集中行政许可权改革,探索用"一颗印章"管好审批。

以全面深化改革推动经济转型发展。我省通过全面深化改革着力破解"五个难题"和制约转型发展的结构性、体制性、素质性矛盾,部署了供给侧结构性改革、电力体制改革、投资审批改革、国企国资改革、开发区改革、科技体制改革、人才体制改革等一批重点领域和关键环节的改革,进一步形成了与转型发展相适应的制度安排和政策体系。

坚持以改促转、先行先试,我省全力推动"国发42号文件"落地,将文件细化为74项任务、234条推进举措,截至4月底已办结81条。我省出台了《2018年转型综改先行先试任务清单》,确定了省级智能制造试点示范、"煤电铝镁材"一体化改革、煤层气勘查区块退出机制等33项先行先试事项,正在全力推进。

(常慧忠)

坚定不移地推动全面从严治党向纵深发展

习近平总书记视察山西并发表重要讲话,在山西发展史上具有重要里程碑意义。省委以永远在路上的定力和决心,坚决扛起全面从严治党主体责任,一以贯之、坚定不移地推动全面从严治党向纵深发展。山西由一度政治生态退化的受害者,变为全面从严治党的受益者。全省内生动力和外部形象都发生了深刻变化,真正实现了党的建设和党的事业互促

共进。

一年来,全省上下把学习贯彻习近平总书记重要讲话精神作为首要政治任务,与学习贯彻党的十九大精神结合起来,在融会贯通、学以致用、解决问题上下功夫,取得重要阶段性成效,推动了习近平新时代中国特色社会主义思想在三晋大地转化为生动实践。省委举办10期省管干部培训班,全省轮训县处级干部30318人次,开展"党的十九大精神进基层"主题宣讲活动,使党的创新理论成果深入人心。干部们纷纷表示,这是一次强筋壮骨的精神"补钙",也是一次触及内心的灵魂洗礼。通过这次学习研讨,大家进一步明确了举什么旗、走什么路、实现什么样的奋斗目标、以什么样的精神状态、担负什么样的历史使命、掌握什么样的工作方法等重大问题。

各级党委和组织部门扛起选人用人责任,全面加强对干部的选育用管,更加重视依事择人,围绕脱贫攻坚,为沿黄贫困地区选配了一批熟悉农业、林业、水利的专业干部,为贫困县选派了挂职科技副县长、挂职金融副县长,实现贫困县与金融机构干部双向挂职全覆盖;干部选拔视野更为开阔,一方面统筹市县、省直、企业、高校以及其他事业单位干部资源,另一方面加大了从中央国家机关选调专业人才力度。我省组织省市县万名干部大调研,聚焦谋转型、强党建、转作风、抓落实,扑下身子、沉到一线、服务群众。

在监察体制改革中,山西是先期试点省市之一。我省不断增强深化改革的自觉,敬终如始深耕细作"试验田",一步一个脚印推动试点往深处做、细里做。省委出台"深化方案",把着力点和落脚点放在加强党对反腐败工作全过程领导常态化制度化长效化上,健全了分析研判本地政治生态状况、听取重大案件情况报告等机制。省市县三级都成立以党委书记为组长的反腐败领导小组,党委书记既当"总揽领导"又当"一线指挥",着力强化各级党委的主体责任,支持和保障各级纪委监委履行监督责任,确保监察权规范高效顺畅运行。

今年以来,我省深化监察体制改革,坚持力度不减、关口前移、向下延伸、标本兼治,监察体制改革制度优势正在转化为治理效能。我省加强市县派驻监察和乡镇监察工作,着力整治群众身边腐败问题,突出抓好整治民生领域腐败、扶贫领域腐败、涉黑涉恶腐败三项重点工作,依纪依法从严监督乡村、街道等基层所有行使公权力的公职人员,让人民群众从深化监察体制改革中增强获得感幸福感安全感。

当前山西正处于"两转"后的爬坡上升阶段,全省党员干部"治"不忘"危"、"兴"不忘"忧",正以更勤勉的工作、更务实的举措巩固发展来之不易的良好态势,努力实现党内政治生态持久的风清气正,努力实现经济转型发展持久的强劲态势。

(陈俊琦)

山西省农业供给侧结构性改革破浪前行

6月4日,在山西省农科院小麦研究所洪堡示范推广基地,专家们对"抗旱强筋小麦新品种晋麦92号"进行现场实收测产。专家组认为,在今年"倒春寒"严重发生的情况下,这里的小麦采取常规生产措施,折合单产为420.3公斤/亩,实现了旱地小麦高产稳产,证明该品种具有抗寒抗旱性强、适应性广的特点。这也说明我省夏粮今年有望获得较好收成。一年来,我省着力构建现代特色优势产业体系,农业供给质量明显提高。把推进城郊农业作为调整农业区域结构的突破口,出台《壮大新产业新业态加快城郊农业发展的意见》,从2017年地方政府债务资金中安排1.5亿元,支持城郊农业结构调整领域的基础设施建设,通过生产+科技+加工+流通,建设162个高标准现代农业园区。按照全域打造、全产业链开发,实施玉米替代五大行动,发展杂粮、鲜干果、蔬菜、中药材、饲草作物等特色产业,粮经饲、种养结构更加优化,特色农业产值占农林牧渔业总产值比例提升至75%。在优化产品结构方面,大力开发功能食品,全省有60家企业被许可为保健品生产企业,相关产业生产总值约100亿元。实施农业标准化战略,去年"三品一标"获证产品数量年增幅达到36.6%,农产品质量安全监测合格率总体稳定在98%以上,岚县马铃薯、沁州黄小米、大同黄花被评为全国百强区域公用品牌。

实施三大省级战略,打造农业创新驱动新引擎。我省加快建设山西农谷,今年围绕基础设施、科技、人才、财政、金融等十个方面,研究细化了26项具体任务,切实推动山西农谷建设成为深化农村改革的试验区、科技创新的示范区、实施乡村振兴战略的先行区;建设雁门关农牧交错带示范区,我省大同、朔州等5市36县列入全国北方农牧交错带建设范围,按照1/3耕地种草、1/3种粮、1/3种经济作物和"农牧结合、种养平衡"的原则,瞄准打造全国北方农牧交错带样板区的目标,大力发展粮经饲、草牧业,建设了一批肉羊、奶牛等产业集聚区和标准化养殖场;建设运城农产品出口平台,积极对接"一带一路"战略,举办山西(运城)国际果品交易博览会,扩大农产品出口,出台促进农产品对外合作实施意见,制定标准化果园技术规程,建成运城农产品出口检验检疫平台,创建20个国家级和16个省级出口农产品质量安全示范区。

强化要素保障,农业供给条件有效改善。我省把"补短板"作为农业供给侧结构性改革的重要内容,重点在基础设施建设、农业科技创新、财政金融支持、市场体系建设等方面下功夫。近3年累计投资12.55亿元,完成高效节水灌溉面积近 100 万亩，全省高标准农田达 1050.69 万亩，全省农作物耕种收综合机械化率达到 68.1%，超出全国平均水平约 2.1 个百分点。创建 3 个国家级、16 个省级农业科技示范园区，组建科技创新联盟，年形成生物新品种 50 余个，产生新专利、新产品、新工艺 100 余项。在金融支持方面，通过设立基金、担保、贴息等途径，引导和吸引金融资本、工商资本投入农业农村，逐步形成政府投资与社会资金协同投入“三农”的格局。同时深化农业农村改革，扎实推进土地确权、“三权分置”、集体产权等各项改革举措落地生根。

（王秀娟）

山西省脱贫攻坚和民生保障健步前行

“我两亩地流转收入 1500 元。每年有四五个月在振东集团的药田里打工，每月收入 2000 多元，年收入将近 1 万元，日子一下子就宽裕了不少。”6 月 11 日，青羊镇路家口村村民王爱玲给记者算了一笔脱贫账。据了解，平顺县中药材种植面积达到 54.56 万亩，直接带动贫困人口 3.5 万人，年人均增收 3600 元。

一年来，我省以前所未有的力度推进脱贫攻坚和民生保障工作，一项项惠民政策接连出台，一笔笔民生支出相继落地，推动改革成果更广泛、更直接地惠及广大人民群众。

实施五大项目，助推生态脱贫。我省坚持脱贫攻坚与生态建设相结合，各部门配合林业部门实施退耕还林奖补、荒山绿化投工、森林管护就业、经济林提质增效和特色林产业增收“五大项目”，广泛吸纳贫困户参与，带动 51.9 万贫困人口增收。

统筹七个问题，助力整村搬迁。我省采取精准识别对象、新区安置配套、旧村拆除复垦、生态修复整治、产业就业保障和社区治理跟进“六环联动”办法，统筹解决好“人钱地房树村稳”等七个问题，确保搬得出、稳得住、能致富。国家发改委表扬激励易地扶贫搬迁省份，我省榜上有名。

培育特色产业，打造致富靠山。我省因地制宜，突出抓好特色农业、光伏、电商和乡村旅游扶贫，以完善利益联结机制为重点，推进特色产业扶贫到村到户。拿特色农业扶贫来说，通过建立村有产业、有带动企业、有合作社，户有项目、有技能的“五有”脱贫机制，带动 34.4 万贫困人口增收。

拓展技能培训，提升就业能力。一年来，实施贫困人口就业优先战略，完善公共服务就业体系，促进高校毕业生、复转军人、农村转移劳动力、城镇就业困难人员就业创业。全省城乡统一平等的人力资源市场建成，职业培训全覆盖计划和农民工技能提升计划使农村贫困劳动力实现稳定就业。

完善医疗保障，化解“因病返贫”。我省以县乡一体化改革为契机，提升县级医疗集团医疗服务能力，构建起“大病救治及时、慢病综合防控、中医服务延伸”的省市县、县乡村联动协作的医疗卫生服务体系，缓解了群众看病难看病贵的难题。针对农村贫困人口推行健康扶贫“双签约”，每年投入 11.7 亿元实施“三保险、三救助”，贫困群众住院目录内费用县、市、省级医院个人自付费用分别不超过 1000 元、3000 元、6000 元，超过部分基本医保兜底报销。

加强城乡规划，人居环境向好。城镇规划体系初步建立，城市建设管理持续加强，累计开工建设各类保障性安居工程 105.61 万套，建成 102.26 万套，分配公租房 39.88 万套，超过 300 万城镇居民的住房条件得到改善。加快农村危房和危险土窑洞改造，累计完成 51.5 万户，10 个深度贫困县和 2017 年 15 个拟脱贫县“四类对象”存量危房基本消除。

在教育、文化等领域，我省也是频频出招。2017 年资助贫困大学生 7347 人、中高职生 44534 人，生源地助学贷款 23.39 亿元资助 37 万人；教育扶贫个人资助账户率先在 10 个深度贫困县铺开，定额资助高三在读贫困生。

（李全宏）

气、水、土壤治理综合施策 污染防治攻坚战成效显著

从 2017 年习近平总书记视察山西以来，我省大气污染防治工作力度不断加大，圆满完成国家《大气污染防治行动计划》考核目标。数据显示，从 2017 年 10 月 1 日至 2018 年 3 月 11 日，全省 PM2.5 平均浓度为 72 微克 / 立方米，同比下降 17.2%，二氧化硫平均浓度为 61 微克 / 立方米，同比下降 48.7%，大气环境质量稳定改善。

2017 年，习近平总书记视察山西后，省环保厅出台了进一步加强环境保护工作推进环境质量改善的实施方案，提出 6 个方面 20 项具体工作措施，明确任务分工、时间进度和责任单位，实行任务督办机制，进展调度对账，推动各项任务落地见效。

一年来，全省大气污染防治工作力度不断加大，特别是

2017年10月份以来，我省在全省范围内实施秋冬季大气污染综合治理攻坚行动，打出一系列组合拳，围绕重点污染源、重点污染时段，对症下药，精准治污，完成113万户"煤改电""煤改气"，累计淘汰燃煤锅炉3万多台，8个市完成"禁煤区"建设，其余3个市按高污染燃料禁燃区要求实行严格管理。推进重点行业深度治理，组织开展工业企业无组织排放管理，钢铁、焦化等重点行业在稳定达标排放的基础上实施深度治理；2017年底单机30万千瓦以上火电机组全部实现超低排放改造。不断加大"散乱污"企业排查力度，全省共排查"散乱污"企业8155家，其中列入淘汰范围的7400多家已全面取缔。进一步淘汰老旧车和黄标车4.5万辆，实施新能源汽车推广计划，全省现有55.98%的公交车和21.26%出租车为新能源汽车。

在推进污染治理的同时，我省持续加大环保执法力度。2017年全省立案处罚5502件，罚款约5.8亿元。2017年10月起，我省按月对所辖11个地级市空气质量改善情况实施奖优罚劣，对当月监测结果差于考核基数的城市，进行资金扣罚；对当月监测结果好于考核基数的城市，给予资金奖补。2018年4月份，11市共计扣罚资金5759.95万元，共计获得奖励金4607.96万元。

从2017年6月以来，按照我省推进生态文明建设的重大决策部署，配合"美丽山西"环境质量改善攻坚行动，依法惩治污染环境犯罪行为，省委政法委牵头省高级人民法院、省人民检察院、省公安厅、省环保厅开展了山西省打击环境污染犯罪专项行动，开启了在全省范围环保与司法联合打击环境污染违法犯罪的大幕。

综合施策下，全省环境空气质量从上年以来改善效果明显。2017年，我省PM2.5平均浓度为59微克/立方米，比2013年下降23.4%，超额完成了国家"大气十条"下达的目标任务。2017年，国家考核我省的58个断面中，优良水质断面34个，占监测断面总数的58.6%，与2016年相比上升10.3个百分点；劣V类水质断面12个，占监测断面总数的20.7%，与2016年相比下降6.9个百分点。两项指标均达到国家考核要求。土壤污染防治方面，编制出台《山西省土壤污染防治工作实施方案》，重点推进土壤污染详查，编制《山西省土壤污染治理与修复规划》并推进8个修复试点示范项目，开展全省煤矸石、粉煤灰环境污染治理大检查和危险废物规范化核查。经查，我省土壤达标率为97.57%，土壤环境质量相对保持稳定，好于全国83.9%的平均水平。

2018年，我省继续严格按照习近平总书记视察山西重要讲话的要求，进一步深入推进生态文明建设和环境保护工作，继续坚持以改善环境质量为核心，坚决打好气、水、土壤污染防治攻坚战，为建设好山清水秀、天蓝地绿的美丽山西作出新贡献。

（程国媛）

整村搬迁　搬出百姓好日子

家住代县滨河移民集中安置住宅区的韩虎生，一年来好事连连。6月14日，他高兴地对记者说："先是全家从偏僻的赤水掌自然村搬到了县城，后是二儿子学会了焊接技术，在城里找到了一份工作。"和韩虎生一样，去年赤水掌村20户32名贫困人口全都住进了新房，摆脱了贫困，过上了幸福的日子。

整村搬迁是解决深度贫困的有效办法。一年来，我省聚焦3350个深度贫困自然村，出台《关于深度贫困自然村整体搬迁的实施意见》，采取精准识别搬迁对象、新区安置配套、旧村拆除复垦、生态修复整治、产业就业保障和社区治理跟进"六环联动"办法，统筹解决"人钱地房树村稳"等问题，确保搬迁工作规范有序，搬迁群众稳定脱贫。截至目前，已有1271个村完成搬迁，1496个村正在进行搬迁入住，583个村的安置点工程已全部启动，2019年底前搬迁群众将全部入住新居。

强化资金统筹，实现群众应搬尽搬。精准识别是搞好整村搬迁工作的前提，我省各地根据搬迁户的住房安全、户籍情况、在村居住等3方面6种情形，分类制定补助标准，结合贫困人口动态调整，精准识别搬迁对象，解决"人"的问题，实现应搬尽搬。在资金筹措方面，严把政策标准，严控建筑成本和安置房档次，合理控制集中安置费用，在保持渠道不乱、性质不变的前提下，各县强化项目拼盘，统筹整合交通、卫生、水利、电力等财政涉农资金，加大集中安置点基础设施和公共服务设施投入，降低贫困群众自筹，解决"钱"的问题，确保了整村搬迁工程进度。

突出权益保障，确保群众生活安稳。我省在整村搬迁的实践中，规定旧村承包地、宅基地、还林地所有权仍归原村集体，经营权、收益权继续由原承包人所有；坚持住新房、拆旧屋，逐户落实搬迁安置与旧房拆除双签协议，建立旧村宅基地腾退拆除奖补机制，包括同步搬迁人口在内，人均补助1.5万元；搬迁村树木、林地属集体所有的，收益由集体成员共享，属于农户的，颁发林权证，仍由农户所有和经营；按照"就近并""重新组""自然销"原则，进行村庄销号、行政村撤销。搬迁村撤并后，"两委"成员待遇不变，作为村民小组的独立经济单元性质不变，脱贫攻坚期内原转移支付继续保留。这些措施的落实解决了搬迁村的"地、房、树、村"等问题，维护了搬迁群众的权益，保障了贫困群众在新安置点稳定生活。

重组产业结构，确保群众能稳步致富。我省易地扶贫搬迁涉及贫困人口 37.9 万人，其中整村搬迁贫困人口占 39.8%。在解决搬迁群众后续产业接续上，我省根据搬迁户的具体情况采取“一户一业”或“一户多业”的方式，安置点在农村的，突出小杂粮、光伏、电商、乡村旅游等特色产业，以“一村一品一主体”为载体，以完善利益联结机制为重点，推进特色产业扶贫到村到户；安置点在城镇的，与当地劳动密集型产业园区建设相结合，积极发展二、三产业，统筹安排搬迁户数与就业岗位。

（李全宏）

生态扶贫　绿了山川富了百姓

这些天，岚县界河口镇东口子村村民李贵珍、王巧莲老两口都是早出晚归，因为他们忙着在合作社里为新栽的沙棘苗锄草。说起扶贫攻坚造林专业合作社，老两口脸上笑开了花：“去年我们跟着合作社挣了 1.6 万元，这生活再也不发愁了。”他们所说的合作社是岚县森生财扶贫攻坚造林专业合作社。合作社牵头人郑二小告诉记者：“合作社 36 户社员有 33 户是贫困户，去年完成了 1000 亩造林任务，参与造林的贫困村民人均增收 5000 元。今年春天又栽了 1500 亩沙棘，我们今年的收入也不会差。”

岚县是吕梁山生态脆弱区治理重点县，也是我省生态扶贫造林试点县。近年来，他们积极创新大胆探索，组建发展扶贫攻坚造林专业合作社，合作社 60%以上的社员为贫困户，在收益分配上，造林项目总投入的 45%以上用于劳务支出，利润的 60%根据社员投劳进行分配。为了充分调动参与者的积极性，规定所栽植的林木权属归原承包人所有。造林工程坚持统一规划设计，并由第三方进行验收。岚县林业局局长王志平介绍，目前全县共有 102 个造林合作社，覆盖建档立卡贫困户 1751 户，去年实施的 13.87 万亩造林工程全部由造林专业合作社承接，贫困人口人均增收 4500 元。

吕梁山区沟壑纵横、土壤贫瘠，生态脆弱与深度贫困高度重叠。如何在一个战场打赢生态治理与脱贫攻坚两大战役？近年来，我省牢固树立“绿水青山就是金山银山”的理念，立足生态保护修复，把脱贫攻坚与生态建设紧密结合，统筹增绿增收互促双赢，协调生态生计全面发展，创新市场化造林机制，走出一条生态脱贫新路。我省先后出台了《山西省林业生态建设扶贫行动方案》《关于扶持发展扶贫攻坚造林专业合作社的指导意见》等，编制了合作社造林的专项规划和行动方案，规范和明确了合作社的运作程序和管理办法，各地积极探索保证贫困群众利益的运作机制，将造林成效与群众利益直接挂钩，扶贫攻坚造林专业合作社在全省各地如雨后春笋，贫困群众参与造林脱贫已经成为全省脱贫攻坚的一大亮点。省林业厅林改处邢俊华告诉记者，全省发展扶贫攻坚造林专业合作社 3153 个，吸纳贫困人口 6.6 万人。去年一年，58 个贫困县组建的 2783 个合作社承揽了造林任务 277 万亩，涉及的 5.4 万名贫困社员共获得劳务收入 4.7 亿元，人均增收 8700 元。其中，河曲、柳林、大宁等 26 个县贫困社员人均收入超过万元。今年合作社承担人工造林任务 280 万亩，目前已完成人工造林 191 万亩。

为了实现贫困群众长期持续增收，我省不断完善造林合作社的运行机制，鼓励合作社由单一造林向造林、管护、经营一体化方向发展，并全面推行林业循环经济模式，增加经营性、资产性收益。引导支持合作社承担干果经济林提质增效、森林资源管护等林业生态建设任务，让贫困社员获得更多的劳务收益。实践证明，在生态环境脆弱区把脱贫攻坚同生态建设有机结合起来，既是脱贫攻坚的好路子，也是生态建设的好路子。2017 年 9 月 25 日，全国林业扶贫现场观摩会在吕梁召开。随后，山西的做法在全国推广。

（张丽媛）

太钢抢占市场竞争制高点

世界最宽软态 0.02mm 不锈钢箔材实现批量供货；高端不锈钢焊带市场占有率超 80%；双相不锈钢批量用于全球最大、技术要求最高的不锈钢化学品船制造，首艘船用 2500 吨双相不锈钢板已顺利交付；超纯铁素体不锈钢成功应用于世界最大的整体不锈钢金属屋面工程，实现不锈钢材料在我国大型公共建筑屋面的首次应用……太钢这些特色高精尖产品像一把把利刃，撬开市场的大门，其背后是创新力量的支撑。

创新是引领发展的第一动力。深入贯彻习近平总书记视察山西重要讲话精神，太钢强化自主创新、深化供给侧结构性改革，大幅度调整优化钢铁产品结构，全力增品种、提质量、创品牌，一批高技术、高难度、高附加值的特色新产品正在发力,成为太钢抢占市场竞争制高点的突破口。

目前,太钢已经形成了以不锈钢为核心,包括冷轧硅钢、铁路用钢、高强韧钢的高效、节能、长寿产品集群,高端和特色产品占到钢材总量的80%以上,21个产品国内市场占有率第一,16个产品国内市场独有。今年以来,在全行业钢材出口下降16%的形势下,太钢不锈钢出口逆势增长。

太钢坚持在创新上保持战略定力,把创新融入一切工作始终,明确提出"闻新则喜、闻新则动、以新制胜"的创新理念和"鼓励创新、宽容失败、反对守成"的创新文化,着力创新,沉下心来创新,矢志不移创新,以强烈的使命和责任担当,加速弥补中国制造的短板,在创新上发挥主力军和示范带动作用,当好创新的"国家队",推动企业从"红海"走向"蓝海"。

为敏锐发现市场,敏捷满足用户,太钢对原有的营销体系进行改革,加速构建起以市场为导向的"产学研用"战略经营机制,由为用户"提供产品"向"提供一揽子解决方案"转变,由材料生产商向材料服务商转变。

太钢鼓励科研人员大胆探索、主动创新,激发了科技创新的动力活力;加大激励力度,重奖有突出贡献的优秀创新人才和创新团队。今年,太钢安排8000万元,对科技质量人员和技术团队进行重奖,充分激发全员的创新热情。目前,太钢职工创新工作室达到30多个,拥有以不锈钢为核心的系列专有技术800多项。

技术创新推动太钢加速向新产业新领域进军。现在,太钢高端碳纤维二期工程已经建成投产,关键设备实现了百分之百国产化,掌握核心制备技术,加速推动了太钢高端碳纤维产品的系列化,对国家未来需求的保障能力显著提高。同时,加快培育铝镁合金、镍基合金、钛合金、非晶带材等新材料以及钢材深加工产业集群,实现钢铁主业与新兴产业"双轮驱动",培育壮大新的增长极。今年6月1日,太钢与西山煤电签署战略合作框架协议,打造煤电铝材一体化项目正式启动,这对优化太钢产业结构,扩展太钢产业发展空间,加快太钢转型升级具有重要意义。太钢正在加紧细化工作方案,加快项目建设,把这一项目打造成传统产业升级的样板工程。同时,以新一轮水处理项目、绿色物流项目为标志的绿色发展升级版正在全面构建,太钢绿色发展将跃上新水平。

"太钢将坚决贯彻落实以习近平同志为核心的党中央的战略部署,以改革创新为引领,以质量变革为主题,以效率提升为主线,以动力转换为基础,加紧实现新时代太钢的高质量发展。"太钢党委书记、董事长、总经理高祥明信心满满。

(张　毅)

太重打造高端装备制造业

绿树阴浓夏日长,满架蔷薇一院香。

整装一新的厂房内,轨道交通齿轮箱车间完成搬迁入园工作,新开发的适用于时速350公里中国标准动车组的高铁牵引齿轮箱样机,正在进行生产制造。

万里之遥的英国,太重高端客车轮首探欧洲市场,在城际列车上磨合运转,全球轮轴市场的供应格局正被太重逐渐改变。

繁忙的京津线上,一列列"复兴号"高速动车呼啸而过,太重生产的350k/h中国标准动车组轮轴应用其上,带着四面八方的乘客向远方奔驰。

2017年6月,习近平总书记视察太重轨道交通设备有限公司时寄予企业殷殷期许。一年来,牢记嘱托,再接再厉,转型高质量发展稳步推进。"高铁名片""质量之光""创新标杆"……转型发展、自主创新带来的收获与6月的阳光相辉映,绽出灼灼光华,交出满意答卷,惊艳着世界。

6月20日,在轨道交通设备有限公司车轮二厂的车间,公司经理闫耀洲向记者介绍了技术最先进、生产效率最高的高铁车轮生产线,他说:"在高度垄断的高铁核心技术领域,企业必须在技术创新上创出一条自己的路。"

自去年6月以来,轨道交通设备有限公司全体干部职工以"提质增效、转型升级"为目标,持续强化创新能力建设,转型发展迎来全新局面,公司工作呈现出转型升级初见成果、国际化取得新进展、品牌价值逐步提升这3大良好态势。

"以市场和用户为中心,公司大力推进以提升科技创新效果和效益为导向的激励机制,积极营造鼓励创新的工作环境",太重集团技术中心主任申昌宏表示,整个集团以国际先进技术和工艺为标杆,加大了产品的智能化、信息化开发投入,强化先进设计手段应用,产品的技术水平得到进一步提升。

自去年6月以来,太重集团钢轮月产量突破4万片,创造了历史新高;万吨压机项目按照"补短板"要求,明确了钢轮钢锭重大项目,年产量突破6万吨;天津滨海基地完善了码头的内外贸资质,吞吐量突破200万吨;液压园区精密铸造线以液压铸件和汽车铸件为主要产品,月产量突破了一千吨。

企业的发展与全省创新环境的提升息息相关。近年来,我省大力实施创新驱动战略,把创新作为引领发展的第一动力,统筹部署创新链、产业链、价值链,为发展新兴产业、培育发展新动能提供了强有力的支撑。2017年,全省技术改造专项安排项目为190个,带动完成技改投资617.2亿元,增长14.9%,今年一季度技改投资进一步增长32%。

(冷　雪)

汾河流域生态修复初见成效

6月9日,在太原市上兰村西南,汾河水从峡谷出山口奔涌而出,顺河道蜿蜒而下,碧绿的河水与两岸青山融汇成一幅赏心悦目的山水画。而在不远处的汾河一坝综合治理工程工地上,挖掘机正在紧张作业,装载车来回穿梭,工人们正在加紧河道内的工程施工。现场负责人柴向斌说:“汾河一坝综合治理工程是由蓄水工程、水电站、堤岸加固及河道疏浚等组成,工程完工后将把汾河一坝打造成集引水、供水、发电、教学示范、休闲观光为一体的全省水利生态修复综合治理示范工程。”

习近平总书记去年在我省视察时特别关心汾河流域的生态治理,要求“一定要高度重视汾河的生态环境保护,让这条山西的母亲河水量丰起来、水质好起来、风光美起来”。一年来,我省牢记习近平总书记嘱托,坚持“问题导向、建管并重”的原则,突出重点,狠抓落实,全面推进汾河流域的生态修复治理。《山西省汾河流域生态修复与保护条例》正式实施,《汾河流域生态修复组织机构工作规则指导意见》《汾河流域生态修复项目投融资指导意见》和《汾河流域生态修复管理工作指导意见》等出台,进一步健全完善了汾河流域生态修复与保护长效机制。纵贯6市27县绵延716公里的汾河干流上全面掀起了汾河流域生态修复工作的新高潮。

为了让汾河水量丰起来,我省坚持治标与治本兼顾、近期与远期结合。2017年10月,汾河中游核心区干流蓄水工程15座蓄水闸坝的土建主体工程完工,并开始蓄水运行,标志着汾河流域生态修复工作取得阶段性成果。依托大水网骨干工程,实施“五水济汾”向汾河调引客水5亿立方米;严格控制流域内地下水开采,加快流域重点泉域保护区和河源保护区内煤与非煤矿山企业的有序退出,全省年压减地下水开采1.23亿立方米;把节水优先放在首位,在汾河流域内新增高效节水灌溉面积18.4万亩。围绕改善汾河水质,我省统筹上下游、左右岸,强化治污与增水并重,环保、住建、农业、水利等部门联动,打响了全流域“黑臭水体”歼灭战,并通过汾河水库、汾河二库联合调度,向汾河河道补充生态基流。2017年12月,汾河清水复流北赵联接段工程通水,实现了黄河与汾河再牵手,在从根本上解决西范、北赵两个大型灌区农业灌溉水源问题的同时,向汾河下游实施生态补水,改善了河道水质。汾河水量在增加,汾河水质在改善,汾河两岸的风光也在美起来。如今,全省沿汾河城市水面景观和绿化工程建设持续推进,太原城区三期汾河治理、古交城区段、临汾汾河两岸、稷山城区段汾河美化和湿地建设均已取得阶段性成果,文水、祁县、平遥、介休、尧都等县区堤外湿地项目陆续开工建设。

眼下,汾河流域生态修复工程正在持续推进。下一步,我省将以河长制为抓手,坚持“短安排”和“长打算”相结合,实施控污、增湿、清淤、绿岸、调水“五策并举”,饮用水、地下水、流域水、黑臭水、污废水“五水同治”,推动汾河流域水生态环境的整体改善,让汾河水量丰起来、水质好起来、风光美起来。

(范 珍)

小杂粮产业有了大发展

6月6日,在忻州市忻府区董村镇刘家山村的有机谷子基地,村民刘国英正在锄草,大约一拃高的小苗迎风摇曳。刘国英告诉记者:“这块地是5月24日种的,谷子主打有机牌,采用的是穴播技术。”刘家山村全村种着400多亩谷子,现在正是锄草时节,谷子地里随处可见农民的身影。

忻州市是我省最大的杂粮产地,也是我省今年确定的6个特色农产品优势区之一。一年来,他们紧紧围绕小杂粮这一资源优势,出台了《关于抓好杂粮产业振兴工程的实施意见》,大力实施“杂粮产业振兴工程”,打造以“一薯、三麦、四米、五豆”为特色的小杂粮产业。为了实现杂粮全产业链融合发展,他们还出台了《关于推进中国杂粮之都全产业链融合发展的总体实施方案》《忻州市中国杂粮之都产业园区建设总体策划方案》等,努力将产业融合园区打造成全国一流的杂粮市场交易中心、杂粮科技创新推广中心、杂粮产品文化展示中心和杂粮产品质检中心。去年,忻州市杂粮种植面积达到了342.6万亩,总产达到68万吨。其中渗水地膜机械化穴播谷子技术,使项目区38万亩谷子平均亩产达到375公斤左右,高产地块可达500公斤以上,平均亩增产100公斤左右,亩增收250元以上,带动5.8万余贫困户增收脱贫。

一年来,我省积极构建现代特色优势产业体系,推进杂粮、干鲜果、草牧业、中药材等特色产业发展,重点培育谷子、荞麦、燕麦、红芸豆、绿豆、专用高粱、马铃薯、专用玉米等8

种特色优势产业。今年确定创建的首批6个特色农产品优势区和20个现代产业园涉及运城苹果、忻州杂粮、朔州雁门关草食畜、吕梁核桃、晋西北沙棘、长治太行有机小米等。目前,杂粮基地建设、杂粮主要品种区域化、规模化种植已具雏形。沁县、汾阳、广灵、神池、偏关等地的谷子基地,平鲁、左云、寿阳、和顺等地的荞麦基地,右玉、山阴、宁武等地的燕麦基地,岢岚、五寨等地的红芸豆基地,怀仁、大同等地的绿豆基地,左云、岚县、娄烦、五寨等地的马铃薯基地,忻府、定襄、原平、五寨等地的专用玉米(甜糯)基地,清徐、汾阳等地的酿造高粱基地等逐渐形成。据不完全统计,全省杂粮规模以上加工企业超过150家,年加工量为全省杂粮总产的1/5以上,加工企业销售收入约为350亿元。沁县沁州黄小米、广灵东方亮小米,汾阳杏花村汾酒、竹叶青酒,太谷明泉宝老陈醋、清徐水塔老陈醋、清徐东湖老陈醋、清徐紫林老陈醋、太原益源庆老陈醋等被认定为中国驰名商标。岢岚县已成为全国最大的红芸豆出口示范基地,年均出口红芸豆达1万吨以上。

为了进一步提升杂粮品质,我省致力于杂粮科技集成技术的研究与应用推广,目前谷子免间苗渗水地膜技术涵盖了农业新品种、新产品、新工艺,不仅实现了良种配良法,还实现了与农机农艺的有效结合,铺膜播种一次完成,效率大幅提高。晋谷21号因米质优良获得全国农博会金奖、银奖。小米深加工方面产业优势明显,以沁州黄小米为主要原料的谷之爱营养小米粉系列产品填补了国内小米加工的空白,获得了国家两项专利,提高了产品附加值,带动了更多的农民增收致富。

(王秀娟)

有机旱作农业发展扎实推进

6月5日,顶着炎炎烈日,省种子总站种业发展科张建民一行来到娄烦县四家坪梁马铃薯有机旱作示范片,给村民们进行现场技术指导。村民王小明告诉记者:“现在我们这里从耙地、起垄播种、培土、收获都全程实现了机械化作业,提高了效率,降低了成本,还有专家现场指导,真是太好了。”

习近平总书记去年在我省视察时指出,要坚持走有机旱作农业的路子,完善有机旱作农业技术体系,使有机旱作农业成为我国现代农业的重要品牌。我省认真贯彻落实习近平总书记指示精神,制定出台了《关于加快有机旱作农业发展的实施意见》和《2018年行动计划》,确定了“绿色发展、生态和谐,立足实际、因地制宜,市场导向、主体运作,政策推动、示范引领”的思路,成立了全省有机旱作农业发展领导组和专家指导组,全面推进“耕地质量提升、农水集约增效、旱作良种攻关、农技集成创新、农机配套融合、绿色循环发展”六大工程,着力推进1个示范市,5个示范县30个封闭示范片创建。去年10月17日,全省在忻州市召开了有机旱作农业现场推进会。

目前,全省有机旱作农业扎实推进,长治市以县为单位,按照地理条件、流域规模、突出区域优势、特色产业,依托龙头企业和农民合作社等新型经营主体,在郊区、潞城市、长治县等12个县市区,按照“一年起步封闭示范、两年推广初见成效、三年辐射全面发展”的路径,每个县规划创建1个集中连片、规模在1–3万亩、符合“有稳定区域、有成熟技术、有生产标准、有注册品牌”“四有要求”的绿色有机旱作农业农产品原料标准化生产基地;临汾市明确要继续推进西山以水果、杂粮为主,东山以中药材、杂粮为主,沿汾河平川县以粮食、蔬菜、水果为主,以尧都区、侯马市、霍州市为中心的城郊农业等四大特色农业板块建设,促进特色有机旱作农业向优势区域集中,集成一批有机旱作农业技术模式,创建一批优质特色品牌,并提出“要把临汾打造成全国有影响力的黄土高原有机旱作农业引领区”;忻州市多年来探索出了以地膜覆盖、节水灌溉、测土配方、机械化旱作、秸秆还田和保护性耕作等相结合的有机旱作农业发展模式,今年着力开展“1个示范县、5个示范片”建设,神池县创建全省有机旱作农业示范县,创建忻府区辣椒、繁峙县杂粮、静乐县藜麦、五寨县甜糯玉米、岢岚县红芸豆5个省级有机旱作农业封闭示范片。

今后几年,我省将布局雁门关、吕梁山、太行山、上党盆地、汾河平原、城郊农业等六大区域,统筹资源禀赋和产业发展基础,重点抓好六大工程20项重点任务建设,着力构建具有鲜明区域特色的有机旱作技术体系、产业体系、生产体系、经营体系,走出一条生产生态和谐相融、特色产业高效发展的有机旱作农业道路,力争把我省有机旱作农业打造成全国现代农业的重要品牌。

(王秀娟)

牢记嘱托永奋进　勇担重任再出发

——不断推进习近平总书记视察山西重要讲话精神持续生根开花结果

谆谆教导,引领前进方向;殷殷嘱托,激发无穷力量。

2017年6月,习近平总书记带着对山西这块红色土地和老区人民的深厚感情,带着对山西改革发展的殷切厚望,踏上三晋大地视察指导工作并发表重要讲话。一年来,在习近平新时代中国特色社会主义思想和视察山西重要讲话精神指引下,省委团结带领全省各级党组织和广大干部群众铭记教导,学以致用,勇于改革,狠抓落实,山西政治生态由“乱”转“治”、发展由“疲”转“兴”局面进一步巩固发展,严肃党内政治生活的成果转化为干事创业的持续动力,全省上下呈现出风清气正、奋发有为的良好态势。

回望昨天,夯实发展之基,收获丰硕成果;展望明天,信心更加坚定,前景更加光明!

站在新的历史起点上,我们更要以高度的政治责任和历史担当,树牢“四个意识”,坚定“四个自信”,牢记殷殷嘱托,奋力担当作为,始终保持“治”不忘“危”、“兴”不忘“忧”的清醒与自觉,以非常之力、恒久之功抓好习近平总书记对山西提出的总体要求和五项重大任务的贯彻落实,进一步巩固发展“两转”良好态势,进一步推进高质量发展,进一步提高党的建设质量,努力实现党内政治生态持久的风清气正、努力实现经济转型发展持久的强劲态势,不断推进习近平总书记视察山西重要讲话精神持续生根开花结果。

在贯彻新发展理念上再用力,不断在高质量发展上取得新突破

习近平总书记在山西视察时,就转变经济发展方式作出重要指示,为山西迈向高质量转型发展指明了方向。一年来,全省上下坚持用新发展理念引领转型发展,通过整体谋划、重点突破、强化考核、督查督办,扎实推进经济发展方式转变,坚定不移加快高质量发展步伐,经济结构出现了积极的令人惊喜的变化,经济发展稳步向好、产业结构逐步升级、发展动力不断转换。

“发展前进一步,就需要改革前进一步。”我省通过全面深化改革着力破解制约转型发展的结构性体制性素质性矛盾。改革四梁八柱主体框架进一步确立,一些重要领域和关键环节改革取得突破性进展,一批制度成果转化为实践成效,一批与群众利益密切相关的改革红利加快释放,发展活力和动力明显增强。在坚定转型、深度转型的同时,山西的经济增速在2017年一季度走出困境、上半年达到全国水平的基础上,今年又创近5年来一季度新高。习近平总书记视察山西之后不久,国务院印发了《关于支持山西省进一步深化改革促进资源型经济转型发展的意见》,这是在新形势下,党中央国务院对山西转型发展给予的全面指导和支持,力度空前、非同凡响。经济转型发展可谓天时地利人和。

面向未来,我们转型的信心更加坚定,我们转型的脚步将更加有力。

在贯彻新发展理念上再用力,就是要坚定转型综改战略定力,紧紧围绕中央要求山西在2020年基本建立支撑资源型经济转型的体制机制、2030年基本完成资源型经济转型任务的目标,以建设国家“资源型经济转型发展示范区”、打造全国“能源革命排头兵”、构建“内陆地区对外开放新高地”为抓手,聚焦“三大目标”,落实好“三个行动方案”,不断在高质量发展上取得新突破。

只要我们坚决贯彻新发展理念,认真落实习近平总书记关于扎实推进经济发展方式转变的要求,进一步坚定提升经济转型发展的思想自觉,只争朝夕、久久为功,横下一条心,就一定能够真正走出一条产业优、质量高、效益好、可持续的发展新路,开创资源型地区经济转型发展新境界。

在实施乡村振兴战略上再用力,奋力开创“三农”工作新局面

把解决好农业、农村、农民问题作为全党工作重中之重。一年来,我省牢记习近平总书记嘱托,大力实施乡村振兴战略,把“三农”工作摆在更加突出的位置,现代农业稳步发展,农民收入持续增长,“三农”发展势头良好。

成绩来之不易,使命任重道远。在实施乡村振兴战略上再用力,就必须进一步贯彻落实习近平总书记关于扎实做好“三农”工作的指示精神,认真落实我省《关于推进乡村振兴战略的实施意见》《农村人居环境整治三年行动实施方案》,走出具有山西特色的有机旱作农业路子,扎实走好城乡融合发展之路、共同富裕之路、质量兴农之路、乡村文化兴盛之路、乡村善治之路。要以构建现代农业产业体系、生产体系、经营体系为抓手,加快推进农业现代化。要通过发展现代农业、提升农村经济、增强农民工务工技能、强化农业支持政策、拓展基本公共服务、提高农民进入市场的组织化程度,多途径增加农民收入。要深入推进社会主义新农村建设,推动公共服务向农村延伸,全面改善农村生产生活条件。要完善

农村工作领导体制机制，建设一支懂农业、爱农村、爱农民的干部队伍。

相信不久的将来，在三晋大地这片生机勃勃的土地上，农业更绿，农民更富，农村更美。

在攻坚深度贫困和保障改善民生上再用力，夺取脱贫攻坚战全面胜利

把深度贫困地区作为区域攻坚重点，是习近平总书记站在全局和战略高度提出的重要战略思想。一年来，我省把脱贫攻坚作为发展头等大事和第一民生工程来抓，始终以"打不赢脱贫攻坚战，就对不起这块红色土地"的态度和决心，聚焦最困难的地方，紧盯最困难的人群，扭住最急需解决的问题，坚持先难后易，以一系列超常举措，推动攻坚深度贫困取得了关键进展，带动全省脱贫攻坚整体格局发生了重大变化。深度贫困攻坚战连战连胜，贫困堡垒被一个个击破。

在攻坚深度贫困和保障改善民生上再用力，就要深入学习贯彻习近平扶贫思想和习近平总书记视察山西重要讲话精神，把思想和行动坚决统一到省委关于脱贫攻坚的决策部署上来，进一步强化组织领导，推动脱贫攻坚责任落实、政策落实、工作落实。要牢牢抓住主要矛盾、聚焦深度贫困，采取更加有效的举措，做到焦点不散、靶心不变，持续用力、尽锐出战。要强化精准用力举措。进一步实现增绿增收、生态生计有机统一。要加强组织领导。各级领导干部要时刻站在一线，挑最重的担子、啃最硬的骨头，亲力亲为、身先士卒、以上率下，以"功成不必在我""功成必定有我"的责任和担当，不放松不停顿不懈怠，坚决打赢脱贫攻坚战。要瞄准先进，对标一流，不断提高脱贫攻坚的成色质量。要狠抓反腐不停步，全力推动扶贫领域实现持久的风清气正。

打赢脱贫攻坚战其势已成，其时已至。只要我们坚定信心、顽强奋斗，咬定目标、万众一心，就一定能攻克坚中之坚，夺取脱贫攻坚战全面胜利，与全国同步如期全面建成小康社会！

民生事情比天大。一年来，我省牢记习近平总书记的嘱托，以高度的政治自觉，时不我待、只争朝夕，交出一份沉甸甸的民生答卷，幸福故事一个个上演。

民生改善没有终点。只要我们在精准施策上下更大功夫，以务实举措推动政策创新，以大力度夯实基层基础，以优良作风确保工作实效，坚决反对形式主义、官僚主义，把各项工作做细做实，注重实际效果和群众体验，党的惠民政策就会真正落地见效，山西人民就一定会过上更加幸福美好的生活！

在建设美丽山西上再用力，为人民提供更多优质生态产品

"绿水青山就是金山银山。"一年来，我省认真贯彻落实习近平总书记关于"把生态文明建设摆在全局工作的突出位置"的指示要求，把打好污染防治攻坚战作为关系全省人民切身利益的大事，作为建设美丽山西的必然选择，坚定实施环保倒逼转型的方针，采取超常规举措推进生态环境保护。这一年是我省环境治理措施最严、力度最大的一年，生态环境保护的地位、作用和效果都发生了重大而积极的变化。

"人说好风光"的美丽山西正大步走来，绿色多起来、山川美起来、生活质量高起来，正一步步变为眼前现实。

建设美丽山西，不能毕其功于一役。在建设美丽山西上再用力，我们必须始终牢记习近平总书记嘱托，切实增强生态文明建设的责任感紧迫感。必须扎实抓好推动形成绿色发展方式和生活方式重点任务，从转变发展观念开始建设生态文明，全方位、全地域、全过程开展生态环境保护。我们必须进一步贯彻落实好全国生态环境保护大会精神，加大环保倒逼转型力度，巩固和扩大中央环保督察整改成效，深化"两山""七河"治理，坚决打赢污染防治攻坚战。我们必须大力学习和弘扬右玉精神，牢固树立为人民谋利益的发展观、政绩观。

汾河流水哗啦啦，太行吕梁绿起来……只有我们努力还旧账，坚决不欠新账，既只争朝夕，又久久为功，就一定能为全省人民提供更多优质生态产品，不断增强人民群众生态福祉。

在构建良好政治生态上再用力，努力实现政治生态持久的风清气正

"既要做好刮骨疗毒、重振旗鼓的工作，又要做好修复生态、培植土壤的工作。"一年来，全省各级党组织认真贯彻落实新时代党的建设总要求和习近平总书记有关全面从严治党的重要讲话精神，在强化领导、标本兼治、惩治腐败、抓早抓小、向下延伸、全面从严等方面采取一系列措施，监察体制改革试点为制定监察法提供了实践经验，带动了全省反腐败工作整体水平的提升，严肃党内政治生活、全面构建良好政治生态取得新的重要进展，广大党员干部群众的精神状态和内生动力进一步激发，想发展、谋发展、抓发展的氛围日益浓厚，全省上下展现出新时代昂扬向上的风貌。

政治生态仍在"大病初愈"后的"康复治疗"阶段，还远未到大功告成的时候。我们要时刻警醒"代价不能白付、教训必须牢记"，在构建良好政治生态上再用力，毫不松懈地把全面从严治党长期坚持下去。我们要认真落实习近平总书记关于严肃党内政治生活的指示精神，准确把握十九大关于新时代全面从严治党的战略部署，贯彻落实新时代党的建设总要求，始终坚定扛起管党治党的责任。坚持以党的政治建设为统领，全面推进党的各项建设，推动全面从严治党向纵深发展，锲而不舍抓好作风建设，突出抓好整治民生领域腐败、扶贫领域腐败、涉黑涉恶腐败三项重点工作，充分发挥巡视"利剑"作用，进一步深化监察体制改革，进一步鲜明树立重实干重实绩的用人导向，引导激励干部有担当有作为。

只要我们沿着习近平总书记指引的方向，以永远在路上的执着，乘势而上，坚劲向前，不断增强党自我净化、自我完善、自我革新、自我提高的能力，山西就一定能推进持久的风清气正、构建海晏河清的政治生态、实现党的建设和党的事业互促共进。

山西的发展空间广阔，面临的机遇前所未有。有习近平

新时代中国特色社会主义思想的指引，有习近平总书记对山西提出的总体要求和五项重大任务的指引和激励，有从严治党向纵深发展、政治生态持续向好的态势，有产业结构逐步升级、发展动力不断转换奠定的基础，特别是在从严治党和改革中干部群众焕发出了从未有过的精气神，我们坚信在逐梦全面建成小康社会的征程中，山西必定能以更加豪迈的情怀，更加矫健的步履，开启新的时代，再铸新的辉煌！一定能战胜前进道路上的一切风险挑战，更好地把伟大梦想、伟大斗争、伟大工程、伟大事业在山西实践好！

昨天的奋斗已载入史册，美好的未来需要我们不懈奋斗！

（姚晋平）

中央领导关注山西

赵乐际参加山西代表团审议时强调 更加科学 更加严密 更加有效推进管党治党工作 努力取得更大战略性成果

3月8日上午，十三届全国人大一次会议山西代表团举行全体会议，审查计划报告和预算报告。中共中央政治局常委、中央纪委书记赵乐际来到山西代表团与代表们一同审议。

中共中央政治局委员、中央财经领导小组办公室主任刘鹤参加审议。山西代表团团长骆惠宁，第一副团长楼阳生，副团长任建华，代表李秋喜、郭凤莲、刘予强、王立伟、武涛、郑连生、张宏祥等先后发言。

代表们认为，计划报告和预算报告以习近平新时代中国特色社会主义思想为指导，全面贯彻党的十九大精神，坚持和加强党的全面领导，坚持稳中求进工作总基调，按照高质量发展的要求，统筹推进稳增长、促改革、调结构、惠民生、防风险各项工作，重点安排措施得力，财力支出体现了优化结构、保障重点、过紧日子的思想。大家对两个报告一致表示赞同。

听取代表们发言后，赵乐际指出，要深入贯彻习近平新时代中国特色社会主义思想和党的十九大精神，自觉坚持党的十八大以来全面从严治党经验，按照新时代党的建设总要求，更加科学更加严密更加有效推进管党治党工作，努力取得更大战略性成果，为打赢决胜全面建成小康社会三大攻坚战、实现高质量发展提供坚强保证。要坚定不移正风反腐，不松劲不停步，“老虎”露头就要打，“苍蝇”乱飞也要拍，加大群众身边腐败问题整治力度，凡是群众反映强烈的问题都要严肃认真对待，凡是损害群众利益的行为都要坚决纠正，持续开展扶贫领域腐败和作风问题专项整治，坚决查处民生领域严重违纪违法行为，让人民群众在全面从严治党中增强获得感。

骆惠宁在主持会议时说，赵乐际同志的重要讲话，是对我们的鼓舞和鞭策。我们要在以习近平同志为核心的党中央正确领导下，以坚持全面从严治党为保障，进一步把山西的事情办好。

工信部部长苗圩、财政部副部长张少春等国家机关有关负责人到会听取意见。副团长郭迎光、高建民、卫小春参加审议。

（尚慧辉　杨　文）

刘鹤参加山西代表团审议宪法修正案草案

3月7日上午，十三届全国人大一次会议山西代表团举行全体会议，会议主要议程是审议宪法修正案草案。山西团代表、中共中央政治局委员、中央财经领导小组办公室主任刘鹤和代表们一起审议。代表团团长骆惠宁主持并发言，代表团第一副团长楼阳生发言。

刘鹤在审议时说，完全赞成王晨同志对宪法修正案草案的说明，拥护对宪法部分内容所作的修改。宪法第七十九条第三款的修改，实质是使国家主席任期同党的总书记、中央军委主席任期的规定保持一致，有利于维护以习近平同志为核心的党中央权威和集中统一领导，有利于加强和完善国家领导体制。这是符合我国国情、保证党和国家长治久安的重要举措，是新时代坚持和发展中国特色社会主义的需要，是进一步推进全面建成小康社会、实现“两个一百年”奋斗目标的需要,同时也是由我国的历史、文化背景和特定国情所决定的。

在审议宪法修正案草案时,大家一致表示,宪法是国家的根本法,是治国安邦的总章程,是党和人民意志的集体体现。宪法修改是以习近平同志为核心的党中央从新时代坚持和发展中国特色社会主义全局和战略高度作出的重大决策,是推进全面依法治国、推进国家治理体系和治理能力现代化的重大举措。把党的十九大确定的重大理论观点和重大方针政策特别是习近平新时代中国特色社会主义思想载入国家根本法,是时代必然、实践必要、法治必需。我们坚决拥护和完全赞同宪法修正案,将准确把握党中央确定的宪法修改工作总体要求和原则,把宪法修正案审议好。

代表团副团长郭迎光、高建民,代表刘志宏、王润梅、姜四清、王俊飚、丛斌、刘宏新、王娟玲等分别发言。副团长任建华、卫小春参加审议。中央财办副主任尹艳林,中央财办、国家发展改革委、财政部、国家能源局等相关部门负责人到会听取审议意见。

(尚慧辉)

王晨率大气污染防治法执法检查组在山西检查时强调以更大力度和更实措施打赢蓝天保卫战

中共中央政治局委员、全国人大常委会副委员长王晨5月15日至17日率全国人大常委会大气污染防治法执法检查组在山西开展执法检查时强调,要深入学习贯彻习近平新时代中国特色社会主义思想,特别是关于生态文明建设和打好污染防治攻坚战、确保3年时间明显见效的重要指示精神,全面实施大气污染防治法,以更大力度和更实措施推进大气污染防治,为增强人民群众蓝天幸福感提供法治保障。

王晨率执法检查组先后到太原、晋中、阳泉等地进行检查,听取了山西贯彻实施大气污染防治法的情况汇报。在太原市杏花岭区,查看了空气质量智能化监管平台运行情况,对运用大数据和认知计算等高新技术对大气污染进行精细化监控和防治予以肯定,强调要充分发挥科学技术在大气污染防治中的支撑作用。在平定县冠山镇石板坪村,入户走访查看散煤治理情况,看望积极支持冬季清洁取暖"煤改气"工程的村民。在太原钢铁(集团)公司、山西瑞光热电公司、吉利集团山西公司、太原长风商务区电动出租车充电站、阳泉公交总公司、阳煤集团二矿和奥伦胶带公司等企业,分别查看了脱硫脱硝设备运行、挥发性有机污染物治理、锅炉清洁能源改造、新能源汽车推广使用等情况,要求进一步调整能源结构,减少煤炭消费,增加清洁能源使用,实施超低排放改造,鼓励企业在大气污染防治中当排头兵。

王晨指出,山西大力推进能源结构优化,推行煤炭消费减量和清洁化利用,加强重点行业和"散乱污"工业企业治理,加大机动车污染防治工作力度,大气污染防治取得积极进展。同时要看到煤炭占山西一次能源消费的比重为80%以上,明显高于全国,二氧化硫、氮氧化物、烟粉尘等排放总量均在全国前列,大气污染防治形势依然严峻,任务艰巨。必须坚定不移推动资源型经济转型发展,把污染防治放在各项工作重要位置,科学制定发展规划,大力调整产业结构、能源结构和运输结构。要切实贯彻好新修订的大气污染防治法,加大执法力度,坚持违法必究,运用法治的力量打赢蓝天保卫战。

省委书记、省人大常委会主任骆惠宁主持汇报会,就积极配合执法检查工作,并以此为契机进一步贯彻好党中央关于生态文明建设和环境保护的决策部署做了简要发言。

(陈俊琦)

孙春兰在山西调研时强调精准施策　注重实效做好健康扶贫教育扶贫工作

中共中央政治局委员、国务院副总理孙春兰8日至10日在山西调研时强调,深入学习贯彻习近平新时代中国特色社会主义思想,认真落实党中央、国务院决策部署,扎实推进健康扶贫和教育扶贫工程,聚焦深度贫困地区和特殊贫困群体,采取精准有效帮扶措施,切实保障贫困人口基本医疗和受教育水平,为打好打赢脱贫攻坚战、决胜全面建成小康社会作出应有贡献。

山西吕梁是集中连片特困地区,是脱贫攻坚的"坚中之坚",健康扶贫任务十分艰巨。孙春兰深入吕梁市临县、兴县的医院、乡镇卫生院、村卫生室和贫困户,走访看望大病患者、因病致贫群众和医务人员,详细了解健康扶贫工作情况,并主持召开座谈会听取地方政府、医疗机构和基层干部群众的意见建议。她强调,解决因病致贫返贫问题是脱贫攻坚的"硬骨头",要分类施策、精准帮扶,尽力而为、量力而行,发挥基本医保、大病保险、补充医疗保险的叠加效应,拓展大病集中救治病种范围,完善兜底保障机制,降低贫困人口医疗负担。贯彻大卫生、大健康理念,广泛开展爱国卫生运动,强化健康教育和健康促进,做实家庭医生签约服务,注重实际效果和服务质量。大力推进县乡村医疗卫生机构标准化建设,加强基层卫生人才培养培训,通过医联体建设、远程医疗等措施提升基层服务能力，促进形成基层首诊、双向转诊的良好就医秩序。

孙春兰在考察职业技术学校、农村中小学和幼儿园时指出，教育扶贫肩负着阻断贫困代际传递的重要使命。要完善义务教育控辍保学机制，加强乡村小规模学校和寄宿制学校建设，大力发展普惠性学前教育，努力让孩子们接受公平有质量的教育。强化地区间协作和对口帮扶，支持贫困地区、革命老区加快发展职业教育，紧贴当地产业发展和社会需求，多种形式开展技术技能培训，拓宽贫困人口就业渠道，增强自我发展能力。孙春兰强调，健康扶贫和教育扶贫要坚持以人民为中心的发展思想，力戒形式主义、官僚主义，求真务实、真抓实干，推动惠民政策落地见效，增强群众获得感和幸福感。

（新华社太原4月10日电）

中共山西省委工作概况

省委书记　骆惠宁

2018年，在以习近平同志为核心的党中央坚强领导下，山西省委高举习近平新时代中国特色社会主义思想伟大旗帜，深入学习贯彻党的十九大和十九届二中、三中全会精神，深入学习贯彻习近平总书记视察山西重要讲话精神，统筹推进“五位一体”总体布局，协调推进“四个全面”战略布局，坚持稳中求进工作总基调，坚持“一个指引、两手硬”，团结带领全省党员干部群众锐意进取、戮力奋斗，抢抓机遇、应对挑战，在“两转”基础上推动全省党的建设和党的事业取得新进步。

坚持树牢“四个意识”，坚定“四个自信”，坚决做到“两个维护”，确保山西工作始终沿着党中央指引的方向前进。进一步增强思想自觉。先后举办10期省管干部学习贯彻习近平新时代中国特色社会主义思想和党的十九大精神专题培训。省委中心组举行11次专题学习研讨，数次重温习近平总书记视察山西重要讲话精神。全省轮训县处级以上干部3.25万人次，开展宣讲20余万场，直接受众700余万人次。进一步增强政治自觉。作重大决策部署，都以贯彻落实习近平总书记指示和党中央决策精神为前提。重大工作及时向中央报告，重大问题及时向中央请示。进一步增强行动自觉。全年召开两次省委全会、51次常委会，及时传达学习习近平总书记最新重要讲话和中央重要精神，结合山西实际创造性贯彻落实。

坚持把学习贯彻党的十九大精神与学习贯彻习近平总书记视察山西重要讲话精神紧密结合起来，作为首要政治任务，统揽全省大局，不断引向深入。坚持在总体把握上深化。省委十一届六次全会作出山西正处于“两转”基础上全面拓展党的建设和党的事业新局面关键时期的重大判断，强调要把学习贯彻习近平总书记视察山西重要讲话精神作为长期重大战略任务来抓，在学以致用、解决问题上下功夫。坚持在硬化举措上深化。围绕习近平总书记视察山西提出的总体要求和五项重大任务，召开一系列工作会、推进会和现场会，就纪检监察、组织、宣传思想、转型项目建设、国企改革、开发区改革创新发展、生态环保、攻坚深度贫困、支持民营企业发展、实施乡村振兴战略、扫黑除恶专项斗争等采取新举措，拓展了贯彻落实的广度深度。坚持在督导推动上深化。由省委常委和省人大、省政府、省政协负责同志带队，对全省贯彻落实习近平总书记重要讲话精神情况开展了两次督导检查，现场推动解决和转有关部门研究解决问题838个。省委常委会专题研究督导方案，听取督导情况综合报告，完善了抓落实长效机制。

坚持高扬新时代改革开放旗帜，树立“改革不能落后，改革必须先行”的鲜明导向，在全面深化改革中打造山西新优势新动力新形象。持续部署推进。将省委深改小组改为全面深化改革委员会，全年召开8次会议，就重点领域和关键环节的改革作出部署。省委十一届六次全会从增强紧迫意识、强化责任担当、营造浓烈氛围3方面，对纵深推进改革作出部署。中央庆祝改革开放40周年大会后，召开省委十一届七次全会，从坚持改革开放正确方向、抓好改革开放战略重点、弘扬全社会的创新精神、增强改革开放方法本领、筑牢改革开放政治保证等5个方面作出部署。持续狠抓落实。完善主要负责同志亲力亲为抓改革工作机制，压实省领导分工负责制。实现了对各市重点改革任务督查全覆盖，将改革落实成效纳入年度目标责任考核。坚持用“三个三”工作法抓改革，构建具有“四梁八柱”性质的改革主体框架，有效推进7方面、43个重大改革任务和314项改革事项，进一步营造了以改革促转型、促民生、促社会治理、促党建、促全面工作的氛围。持续解放思想。先后两批共选派120余名厅处级干部到天津、江苏、浙江、山东、广东、深圳等发达地区挂职。省委书记率团，组织各市和部分省直部门、省级开发区、国有企业负责人及民营企业家代表，赴广东、港澳考察，学习借鉴先进经验和创新举措。部署开展“改革创新、奋发有为”大讨论，聚焦破除僵化保守、破除因循守旧、破除封闭狭隘、破除资源依赖、破除随遇而安、破除慵懒散漫，推动思想再解放、改革再深入、创新再发力、开放再提质、工作再抓实。

一年来，习近平新时代中国特色社会主义思想日益深入人心，广大党员干部的“四个意识”明显增强、“两个维护”更加自觉；重点领域和关键环节改革取得突破，转型综改试验区的战略牵引作用更加彰显，经济增长平稳、结构优化、效益提高，改革开放呈现再出发态势；“三大攻坚战”取得新突破，乡村振兴战略深入实施，民生明显改善，各项事业全面进步，社会大局和谐稳定；全面从严治党向纵深推进，良好政治生态进一步巩固发展，广大党员干部群众创业创新活力增强，展现出良好精神面貌。山西内生动力、发展态势和总体形象持续发生重大而深刻的变化。

一、聚焦重点领域持续发力，全面深化改革和对外开放取得重要进展

坚持在重点改革上攻坚深化。深入推进供给侧结构性改革，落实“三去一降一补”重点任务。坚定不移推进去产能，退出煤炭产能3090万吨，退出生铁粗钢产能225万吨。全省商品房待售面积、库存消化周期实现“双下降”。加大减税降费力度。脱贫攻坚、基础设施、科技创新、社会民生、生态环保等方面投资力度进一步加大。把国企改革转型作为决定山西转型前途的关键一招，省属国企混改、专业化重组、“三供一业”分离移交、清收企业应收账款等取得重大突破。开发区“5+2”重点任务取得突破性进展，省级以上开发区由40家增加至64家。进一步深化国家监察体制改革，省市县三级成立由党委书记任组长的反腐败领导小组，对公权力和公职人员的监督实现全覆盖、增强有效性，充分发挥了新体制的治理效能。按照中央部署扎实推进党政机构改革，省级党政机构改革基本到位，机构总数减少3个，职能配置进一步优化。深化“放管服效”改革，全省域推开企业投资项目承诺制改革试点受到国务院通报表扬。县乡医疗卫生机构一体化改革形成可复制的“山西模式”。

进一步拓展了打造内陆地区对外开放新高地的理念、举措和影响力。主要领导带队，对德国、葡萄牙和毛里求斯等国进行友好访问，深化了山西与欧洲、非洲国家之间的经贸合作和人文交流；赴广东、港澳学习考察，有力推动招商引资，提升了山西的影响力。落实《参与“一带一路”建设三年(2018–2020年)滚动实施方案》，开展山西品牌丝路行、中华行系列活动。全年外贸进出口总额增长17.8%。具备条件的69项国家自贸区改革试点经验全部在我省推广落地。成功举办2018年太原能源低碳发展论坛和中国(太原)国际能源产业博览会。积极争取国家发改委出台《关于支持山西省与京津冀地区加强协作实现联动发展的意见》，推动我省与京津冀地区联动发展上升为国家区域战略。

二、着力提高经济发展质量，推动经济运行稳中向好

面对复杂外部环境和繁重转型任务，进一步加强对经济工作的领导。在煤炭价格处于合理区间的情况下，不盲目扩大煤炭生产，大力培育新兴产业，始终保持转型发展的定力与恒心。全年地区生产总值增长6.7%。山西经济在走出困境、由“疲”转“兴”的基础上，实现了转型发展呈现强劲态势的重大转折。

深入推进转型综改试验区建设，认真贯彻国发〔2017〕42号文件精神，行动计划确定的234项具体举措，目前已基本完成120项，政策红利持续释放。扎实开展“转型项目建设年”，转型项目投资占到62.2%，实现了全省固定资产投资总量和结构双提升。制定《山西打造全国能源革命排头兵2018–2019年行动计划》，积极向国家争取在我省开展能源革命综合试点，坚定不移走煤炭“减”“优”“绿”之路。加快传统产业绿色化、智能化、高端化改造，全省技改投资增长超过20%。制定《山西省制造业十二大领域发展(招商)图谱》，全年战略性新兴产业、高技术产业增加值分别增长14%和16.3%。三产引领作用凸显，全省第三产业增加值增长8.8%，快于第二产业4.3个百分点，占GDP比重达到53.4%。出台《关于推进乡村振兴战略的实施意见》和《山西省乡村振兴战略总体规划(2018–2022年)》。大力发展有机旱作、城郊农业，加快推进特色农业转型升级，粮食总产达到137亿公斤，又是一个丰收年。召开全省支持民营企业发展大会，出台《关于支持民营经济发展的若干意见》，提出30条含金量高的政策举措。深入推进大众创业万众创新，全年登记各类市场主体增长12%左右，高新技术企业数量增长近30%。金融机构分类处置不良贷款。全省政府债务率持续低于全国平均水平。优化调整区域经济转型升级考核评价指标体系。非煤工业增速大幅快于煤炭。按可比口径，煤炭占规上工业增加值比重下降1个百分点以上，装备制造业占比提高2个百分点以上，工业内部结构“反转”迈出坚实步伐。

深入学习贯彻习近平生态文明思想，召开全省生态环境保护大会，出台了三年行动计划。着力抓好中央环保督察反馈问题整改，认真配合保障中央环保督察“回头看”，在全国率先开展省级环保督察“回头看”。开展查处违法排污“百日行动”，推进打击破坏生态环境违法犯罪专项行动，形成了依法打击环境违法行为的高压态势。深入实施大气、水、土壤污染防治三大行动计划。完成清洁取暖改造94万户，淘汰燃煤锅炉4766台，整治黑臭水体54条。出台实施《太行山吕梁山生态系统保护和修复重大工程总体方案》《以汾河为重点的“七河”流域生态保护与修复总体方案》。造林510万亩，比上年增加42万亩。全省环境空气质量综合指数同比改善10.8%，优质水断面超过国家要求，土壤环境质量保持稳定，各项环保约束性指标基本完成，初步实现了经济运行和生态环保同向好转。

三、加大脱贫攻坚力度，统筹做好各项民生工作

深入学习贯彻习近平总书记对打赢脱贫攻坚战三年行动的重要批示精神，出台《关于坚决打赢全省脱贫攻坚战三年行动的实施意见》，完善了责任体系、工作体系和投入体

系。出台《关于"一县一策"集中攻坚深度贫困县的意见》《关于开展消费扶贫促进精准脱贫若干措施》，以改革思维解决突出问题。组建扶贫造林(种草)专业合作社,在一个战场同时打赢脱贫攻坚和生态治理"两个攻坚战"。创新设立产业扶贫周转金,促进了贫困村有产业、有带动企业、有合作社和贫困户有项目、有技能"五有机制"的落实。深入开展贫困村创业致富带头人培训。全省贫困地区农民人均可支配收入8250元,同比增长12.6%。经评估26个贫困县摘帽、65万贫困人口脱贫,贫困发生率下降到1.1%。

统筹抓好各项民生工作。实施就业优先战略和积极就业政策，全省城镇新增就业55.7万人，农村劳动力转移就业40.9万人;城镇登记失业率3.26%,完成年度控制目标。多措并举提高居民收入水平,城乡居民人均可支配收入,分别增长6.5%和8.9%。加快棚户区住房改造和公租房分配,有效改善城镇中等及以下收入住房困难家庭居住条件。出台农村人居环境整治三年行动实施方案,在全省启动农村改厕等五个专项行动,开展"千村示范、万村整治"活动,农村人居环境和整体面貌进一步改善。行政区划调整实现重大突破,全省市辖区行政区域面积增加24%，推动了城乡区域协调发展。统筹城乡社会救助体系建设,形成多层次综合救助格局。我省全域通过国家义务教育发展基本均衡县督导评估认定,县域义务教育均衡发展向优质均衡迈进。建立北京大学、清华大学对口帮扶山西大学、太原理工大学机制,深化拓展与高水平大学的战略合作。基本公共卫生服务均等化持续推进,家庭医生签约服务惠及全省1810万城乡居民。

四、发展社会主义民主政治,建设法治山西和平安山西

按照中央批准的方案,圆满完成省人大、省政府、省政协换届。坚持和完善人民代表大会制度,支持人大及其常委会依法履行职能。出台地方性法规16件，立法质量进一步提高。省人大常委会在全国率先听取和审议省监委专项工作报告,组织开展监察法执法检查,就监察工作中有关问题提出询问,取得监察体制改革试点的新经验。支持政协系统围绕中心履行职能、提质增效。实现了对委员的全员培训,健全了对委员的管理服务机制,加强了与港澳委员的联系。省政协围绕16个议题开展专题协商议政和民主监督，围绕各界关切、群众关心的20个专题开展调查研究,提出高质量的意见建议。

认真做好新形势下统战工作,筑牢共同奋斗的思想政治基础。全面贯彻党的宗教工作基本方针,出台加强基层宗教工作三级网络和两级责任制的意见。进一步做好对口援疆工作,加强我省与新疆、兵团的高层交流对接。召开军民融合发展推进大会,军民融合深度发展呈现新局面。深化群团改革,加强对群团工作的领导。全面支持国防和军队改革建设,有力支持武警部队履行使命。

把扫黑除恶专项斗争作为重大政治任务,制定《在扫黑除恶专项斗争中深挖彻查"保护伞"严惩涉黑涉恶腐败的工作方案》。全省共打掉涉嫌黑恶势力犯罪团伙1007个,抓获犯罪嫌疑人8349人；纪检监察机关共立案查处涉黑涉恶腐败、"保护伞"、失职失责问题及推动不力问题591件，处理1406人。我省扫黑除恶专项斗争受到中央领导同志和中央政法委充分肯定,公安部在太原召开现场推进会。学习推广新时代"枫桥经验",促进全省城乡基层社会治理水平提升。深入推进平安乡村建设,深化基层综治中心建设,加强网格化服务管理。推动领导干部大走访活动,全省信访形势平稳可控、持续向好。出台《关于进一步加强退役军人服务管理工作的实施方案》,解决了一些多年积累的问题。出台贯彻《地方党政领导干部安全生产责任制规定》的实施细则,层层压实安全生产责任制。事故起数和死亡人数同比分别下降12.72%、12.39%。

五、牢牢把握意识形态工作主动权,宣传思想工作呈现新气象

召开全省宣传思想工作会议,围绕强领导、举旗帜、聚民心、育新人、兴文化、展形象、建队伍作出部署。严格落实意识形态工作责任制,修订了《党委(党组)意识形态工作责任制实施细则》和《意识形态工作领导小组工作规则》。对各市委和省直工委、省高校工委、省国资委党委及36所高校意识形态工作责任制落实情况进行了专项督查和检查。围绕庆祝改革开放40周年、太原论坛和能博会等组织重大宣传活动,鼓舞了全省人民,展示了山西形象。召开全省网络安全和信息化工作会议,进一步理顺省级网信工作体制。媒体融合发展深入推进,"省级中央厨房"初步建成运行。深化群众性精神文明创建活动,推动社会主义核心价值观落细落小落实。推出一批哲学社会科学研究新成果。

着眼于打造文化旅游强省,召开全省旅游工作会议和旅游发展大会,出台《黄河长城太行三大板块旅游发展总体规划》,建设一批特色景区、旅游综合体、文旅小镇等引领市场的好项目。《右玉和她的县委书记们》《一代名相陈廷敬》等影视作品产生热烈反响。指导举办2018第二届平遥国际电影展。举办首届山西非遗博览会。开展"送戏下乡一万场"等文化惠民活动,推进"文明守望工程"。开展"全国网络媒体山西行""看山西"等系列外宣活动。加快筹备"二青会"。成功举办第十五届省运会。

六、全面落实新时代党的建设总要求,全面从严治党取得重大成果

认真贯彻落实习近平总书记重要批示精神,坚持政治建设在党的建设总体布局中的统领地位，引导党员干部树牢"四个意识",增强"四个自信",严守政治纪律和政治规矩,以正确的认识和行动带头践行"两个维护",持续推进"两学一做"学习教育常态化制度化,巩固拓展"维护核心、见诸行动"主题教育成果。指导县以上单位党员领导干部开好民主生活会,要求被谈话函询干部在会上作出说明或检查。严格执行"三会一课"制度,组织开展"新时代新担当新作为"主题党日

活动，推进基层党组织政治生活规范化、常态化。加强党内法规制度建设，印发《党内法规制定工作五年规划（2018—2022年）》。

认真贯彻中央纪委二次全会精神特别是习近平总书记重要讲话精神，召开省纪委十一届三次全会，提出要做到“四个坚决摒弃”，在强责任、抓经常、严监管上下更大功夫，在践忠诚、转作风、打基础上下更大功夫，在减存量、遏增量、强高压上下更大功夫，反腐败斗争取得压倒性胜利，党内政治生态展现新气象。加强对各级党组织履行全面从严治党责任情况的监督检查，加大管党治党追责问责力度。持续纠正“四风”，部署开展集中整治形式主义、官僚主义工作。坚持无禁区、全覆盖、零容忍，坚持重遏制、强高压、长震慑，坚持受贿行贿一起查，对不收敛不收手的新账老账一起算，始终保持惩治腐败高压态势。更加注重“四种形态”的精准运用，监督执纪由“惩治极少数”向“管住大多数”逐步拓展。省市县三级成立了整治群众身边腐败问题领导小组，聚焦扶贫领域腐败、民生领域腐败、涉黑涉恶腐败三项重点开展集中整治。成立中央巡视反馈意见整改工作领导小组，推动整改工作取得明显阶段性成效。印发《十一届山西省委巡视工作规划》，建立巡视巡察上下联动监督网。

认真贯彻全国组织工作会议精神特别是习近平总书记重要讲话精神，召开全省组织工作会议，坚持党管干部原则，严格执行新时期好干部标准，重视使用勇于担当、改革创新、实绩突出的干部。开展县委书记队伍考察调研、人岗不相适干部调整、选人用人问题“回头看”等专项行动。出台《关于进一步激励广大干部新时代新担当新作为努力建设高素质专业化干部队伍的实施意见》，就进一步激励干部奋发进取作出制度化安排。在全省选树了一批敢于担当、奋发有为的领导干部典型并大力进行宣传，营造了干事创业的浓厚氛围和鲜明导向。出台《关于适应新时代要求大力发现培养选拔优秀年轻干部的实施意见》，配套制定《大力发现培养选拔优秀年轻干部三年行动计划》。启动八路军纪念馆、右玉展览馆等爱国主义教育基地网上全景展馆建设，太行、右玉两所干部学院共培训 4.4 万余人次。持续深化人才发展体制机制改革，部署推出“三晋英才”支持计划，推动全省人才工作迈上新台阶。深入推进“三基建设”，13 项重点任务取得明显成效，在“一年解决突出问题，初见成效”基础上，实现了“两年不断深化拓展、显著改观”的年度目标，“三基建设”对全省工作的支撑作用愈益明显。

（任兆宇）

附一:

中国共产党山西省第十一届委员会组成人员名单

(2018.1.1–2018.12.31)

书　记: 骆惠宁

副书记: 楼阳生　黄晓薇(女,3月离职)

常　委: 高建民(5月离职)　任建华　林　武(5月任职)
罗清宇　吴汉圣(12月离职)　徐广国(3月任职)
张吉福　廉毅敏　商黎光　王　赋(1月离职)
胡玉亭(1月任职)　韩　强(12月任职)

委　员: (按姓氏笔画为序)
马彦平(11月终止)　王　亚　王　成　王　宏
王　纯　王　赋(1月离职)　王　震(8月任职)
王一新　王立业　王立伟　王宇燕(8月离职)
王安庞　王利波　王秀文　王建明　王联辉
卢建明　白秀平　师　帅　朱先奇　任建中
任建华　向二牛　刘　杰　刘予强　刘志宏
刘志杰　刘润民　闫喜春　关建勋　江　涛(8月离职)
许大纯(8月离职)　孙大军　孙海潮　李凤岐
李正印　李建刚　李俊明　李晓波　李福明
杨　司　吴汉圣(12月离职)　吴俊清　汪　凡(8月任职)
张　葆(女)　张九萍(女)　张文栋　张吉福　张安顺(8月任职)
张志川　张金旺　张建欣(女)　张瑞鹏　陈永奇
陈学东　陈振亮　武　涛　武宏文　林　武(5月任职)
罗清宇　岳普煜　郑连生　赵建平　赵雁峰
胡玉亭　胡苏平(女)　贺天才　骆惠宁　耿彦波
徐广国(3月任职)　高建民(5月离职)　郭长青
郭迎光　郭保民　郭海刚　席小军　黄晓薇(女,8月离职)
盛佃清　符惠明(8月任职)　商黎光　董一兵
韩　强(8月任职)　楼阳生　廉毅敏　翟振新(8月任职)
薛延忠　薛维栋　霍红义(8月任职)

候补委员: (按得票多少为序,得票相同的按姓氏笔画为序)
吴海平(8月离职)　姜四清　阎俊生　翟　红
刘宏新　李中元　李晋平　王创民　郭　健
薛永辉

附二：

中国共产党山西省第十一届纪律检查委员会组成人员名单
（2018.1.1–2018.12.31）

书　记： 任建华

副书记： 陈学东　郝　权　孟　萧　曾庆勇（1月任职）

常　委： 李吉山（3月离职）　何　青　高金喜　王帅红
王成禹（3月离职）　孙京民　刘东光（3月任职）
王晓鹏（3月任职）

委　员： （按姓氏笔画为序）

马　彪	王　珍	王帅红	王建成	王晓鹏	王增信
牛榆生	朱晓东	任建华	刘东光	刘英魁	那志茂
孙京民	李　政	李吉山	李江龙	李曾贵	杨　宏
吴纪平	吴跃平	何　青	宋文斌	张晓永	张晓玲（女）
张稳科	陈学东	范晋昌	周计伟	周培斌	孟　萧
赵建平	赵建华	郝　权	荣　彰	荣奋刚	相里岩
姚安政	党志峰	高向新	高金喜	郭英杰	康吉仁
曾庆勇	董赤凡				

附三：

2018年山西省党员队伍建设情况和党组织情况

党员队伍建设情况。 截至2018年底，全省共产党员总数2471720名，比上年净增24722名。其中，妇女党员606017名，占党员总数24.52%；大专以上文化程度党员1145215名，占党员总数46.33%；35岁及以下党员483618名，占党员总数19.57%。从职业分布上看，党政机关党员198408名，占党员总数8.03%；企事业单位党员798884名，占党员总数32.32%；社会组织单位党员7643名，占党员总数0.31%；农牧渔民党员770186名，占党员总数31.16%；军人、武警党员3133名，占党员总数0.12%；学生党员32162名，占党员总数1.30%；离退休党员513006名，占党员总数20.76%；其他职业党员148298名，占党员总数6.00%。2018年，全省申请入党人数104.75万人，其中被党组织确定为入党积极分子的25.03万名，列为发展对象的6.27万名。

党组织情况。 山西省党的各级地方委员会共有129个，其中省级党委1个，市级党委11个，县（市、区）党委117个。基层党组织共有130428个，其中党委5289个，党总支6682个，支部118457个。城市街道基层党组织5063个，其中党委182个，党总支296个，支部4585个；乡镇基层党组织34840个，其中党委1295个，党总支818个，支部32727个；国有企业基层党组织31764个，其中党委1798个，党总支2016个，支部27950个；非公经济组织基层党组织14332个，其中党委195个，党总支308个，支部13829个；事业单位基层党组织25242个，其中党委820个，党总支1602个，支部22820个；机关基层党组织19488个，其中党委757个，党总支1529个，支部17202个；社会组织基层党组织3721个，其中党委42个，党总支67个，支部3612个；其他基层党组织35881个，其中党委1677个，党总支1160个，支部33044个。

省委书记骆惠宁调研考察记录

骆惠宁在朔州调研时强调

层层传导全面从严治党压力　着力整治群众身边腐败问题

3月26日至28日，省委书记骆惠宁深入朔州市进行调研，并主持召开整治群众身边腐败问题专题座谈会。他强调，要深入贯彻落实党的十九大精神和全国“两会”精神，在新时代展示新作为。各级党委(党组)要坚决扛起主体责任，层层传导压力，推动全面从严治党向基层延伸，以解决群众身边腐败问题的实际成效取信于民。

整治群众身边的腐败问题，是骆惠宁此次调研的主题。他来到怀仁县海北头乡，就基层管党治党、推动惠民政策落实、加强“三基建设”等进行调研。随后，骆惠宁在海北头村主持召开座谈会，围绕整治群众身边腐败问题，与基层干部群众深入交流，听大家谈变化、讲问题、提建议。骆惠宁指出，发生在群众身边的腐败问题，啃食的是群众获得感和党的执政基础，与党的初心和使命背道而驰，与人民群众的利益水火不容。近年来省委着力解决“微腐败”问题，推动了全面从严治党向基层延伸。但是，群众身边的腐败问题仍客观存在，侵害群众利益的问题时有发生，必须下大力气加以解决。一要加强党的领导，压紧压实责任。把思想行动统一到中央要求和省委部署上来，落实加强党对反腐败工作全过程领导常态化制度化长效化的要求，自觉把整治群众身边腐败问题作为重大政治责任，县委书记要当好一线总指挥，把压力传导到每一个基层单位，把责任压实到每一个基层党组织负责人。二要突出工作重点，加大惩治力度。紧盯扶贫领域，持续开展扶贫领域腐败和作风问题专项整治；严惩涉黑腐败，坚决惩治放纵包庇黑恶势力甚至充当“保护伞”的党员干部；聚焦民生领域，部署开展专项整治，切实把党的惠民政策落到实处。三要创新工作机制，扎牢制度“笼子”。把整治群众身边腐败问题与加强“三基建设”、后进村整顿结合起来，建立健全确保惠民政策落实的配套制度，加强健全基层监督制度。四要强化教育引导，净化政治生态。充分运用“四种形态”，抓早抓小，有针对性开展法治宣传、廉政教育、警示教育，引导干部牢固树立宗旨意识、群众观念，加强党性修养，弘扬优良作风，把全面从严治党覆盖到“最后一公里”，加快构建“三不”长效机制，增强人民群众获得感幸福感安全感。骆惠宁强调，要始终保持正风肃纪反腐高压态势，挖掘总结宣传优秀基层党员干部典型，实现政治生态持久的风清气正，营造干事创业良好氛围。

调研期间，骆惠宁在朔州经济开发区考察新兴产业项目落地情况，深入中煤华昱能源公司、古城乳业、优尊陶瓷、金沙滩羔羊肉业和华元医药等企业，就培育新兴产业、煤炭产业走“减”“优”“绿”发展之路、带动农民增收、加强非公企业党建等提出具体要求。在中煤华昱公司与井下带班矿长现场通话，向一线矿工表示问候，在怀仁县走访农户了解发展养殖业和增收情况。

骆惠宁听取了朔州市工作汇报，对朔州各项工作取得的积极成效给予肯定，希望朔州提高工作标准，坚持问题导向，继续转变作风，进一步把中央和省委的各项决策部署贯彻落实好。要在推动改革开放上有新的作为，着力转变观念、深化改革、扩大开放。要在推动转型发展上有新的作为，在构建现代产业体系、加快转型项目建设、提高经济发展质量上下大力气。要在抓好“三农”工作和脱贫攻坚上有新的作为，加快农牧交错带示范区建设，抓住春耕时机大力推进农业供给侧结构性调整，加快推动城乡融合发展。要在生态文明建设上有新的作为，统筹推进生态系统修复治理，坚决打好污染防治攻坚战，强化资源节约集约综合利用。要在从严管党治党上有新的作为，层层落实主体责任，保持反腐败高压态势，集中整治群众身边腐败，着力抓好“三基建设”，进一步弘扬右玉精神，推动管党治党和党领导的各项事业不断取得新进步。

骆惠宁在吕梁太原贫困县调研时强调

抓春耕调结构发展现代农业　提质量求精准打好脱贫攻坚战

4月9日至10日，省委书记骆惠宁深入吕梁市临县、方山、岚县和太原市娄烦等地调研。他强调，要抓好春耕生产，调整种植结构，深入推进农业供给侧结构性改革。强化质量导向，坚持综合施策，抓好易地扶贫搬迁，推进产业扶贫，坚决打好精准脱贫攻坚战。

人勤春来早，田间劳作忙。在全省大面积春耕生产启动时节，骆惠宁深入农村和农业生产一线，调研指导工作。岚县上明乡官桥村依托专业合作社，流转土地1300亩发展大田蔬菜，已成为全县的菜篮子。娄烦县云昇昌专业合作社通过发展大棚设施农业，取得良好效益。在官桥村，农户正在田里搭棚架。骆惠宁下到田间地头，察看苗情墒情。大伙纷纷围拢上来，骆惠宁与大家聊起田间管理、栽培技术、市场销售、收益分红。大家说，有了合作社，年底有分红，种植蔬菜很有干头。骆惠宁充分肯定村党支部引领、合作社运营、贫困户参与、产业化发展的模式。他说，官桥村有地有水，发展设施蔬菜有基础、有条件。要加快大棚建设，发展城郊农业，努力在建设现代农业中走在前列。在云昇昌专业合作社，骆惠宁进入大棚考察南方水果立体种植，指出，我省各类合作社达到10.08万个，数量大，但运行质量亟待提高。要创新机制，规范运作，组织农民参与管理，使合作社真正发挥作用。要强化支农资金撬动作用，提高财政资金使用绩效。

当前我省农业部门正在开展“沉下去、实调研、真服务”活动，农业干部、技术人员分赴各地帮助解决问题。他对随行的分管同志说，下去的干部要到田头、到户头、到炕头，听民意，讲政策，搞服务，推广先进适用技术，帮助农民开展春耕生产和结构调整。各级党委政府要把“三农”工作摆上突出位置，扎实做好实施“乡村振兴战略”第一春工作。

易地扶贫搬迁是解决深度贫困的重大举措。全省3350个深度贫困村或自然村，2180个已搬迁或正在搬迁，剩余1170个的安置点工程将于4月份全部启动。临县城庄镇“五和居”社区是对5个自然村进行整村搬迁安置的移民新村。骆惠宁进村入户，了解旧村房地处置、服务设施配套、就业保障等情况，来到搬迁群众中间，听取意见建议。他说，大家搬入新居，环境改善了，下一步要大力发展后续产业。社区党支部、居委会要发挥作用，服务群众，加强管理，开展培训，广开就业门路，让乡亲们感到新家就是心中期盼的家、团结群众的家、带领大家共同过好日子的家。贴心的话语，激起大伙热烈掌声。随后，骆惠宁听取全省易地扶贫搬迁集中安置点建设情况汇报，指出，要继续抓好“六环联动”，有效做好易地扶贫搬迁全过程工作。要高度重视安置点设计理念和建筑风貌提升，把安置点规划建设与实施乡村振兴战略，开展农村人居环境整治结合起来，抓好村庄规划设计，突出依山就势、错落有致，再现田园风光、乡土风情，切实解决有新房无新村、有新村无新貌的问题。村庄规划建设要听取群众意见，不能建成排排坐的“兵营”，不能再留下历史的遗憾。

产业扶贫是稳定脱贫的根本之策。骆惠宁来到方山县麻地会乡水沟湾村，调研肉牛养殖带动群众脱贫增收情况，强调注重发展规模养殖，培育全循环产业链。在岚县，骆惠宁就打造马铃薯全产业链进行考察。在康农薯业公司，骆惠宁观看马铃薯脱毒种薯繁育系列品种，要求进一步推广脱毒马铃薯优良品种，优化地膜覆盖时间，取得最大保墒效果。在宜芳食品公司了解马铃薯加工转化情况后，骆惠宁勉励企业在深加工上下功夫，提升档次，扩大规模，提高附加值，进一步提高竞争力。在考察娄烦双万亩油松基地时，骆惠宁鼓励企业进一步为生态建设、脱贫攻坚做贡献。

调研途中，骆惠宁还随机停车到娄烦县下静游村，入农家，听民声。省领导罗清宇、胡玉亭、陈永奇参加有关活动。

骆惠宁在长治调研时强调

深化改革　优化环境　迅速掀起转型项目建设热潮

4月28日至29日，省委书记骆惠宁深入长治市进行调研，了解转型项目建设年工作有关情况。他强调，各级党委政府要在吃透市场需求、加强政策引导、优化工作服务上下功夫，进一步激发各类市场主体创造性，重点围绕构建现代产业体系，迅速掀起转型项目建设热潮，促进高质量发展。

今年是省委省政府确定的“转型项目建设年”。考察转型项目引进落地建设情况，是骆惠宁此次调研的重点之一。在潞安集团，骆惠宁了解新兴产业发展，观看光伏太阳能电池片生产线、2GW 高效单晶太阳能电池智能生产项目工地。年产 3000 万片深紫外 LED 芯片项目，依托中科院半导体所研究成果，进行自主知识产权芯片、杀菌设备等生产，在食品、医疗、生化检测等领域应用广泛、潜力巨大。骆惠宁肯定企业、科研单位、政府一体化合力推动的模式，希望加快主导产品项目建设步伐，引进相关配套企业，实现园区化、集群化发展。

潞宝集团积极推动焦炉煤气、焦化粗苯、煤焦油等焦化产品转化利用，发展现代精细煤化工。骆惠宁来到中央控制室、项目工地，考察焦化苯生产己内酰胺项目，肯定企业循环发展的理念。他说，发展现代煤化工要坚持高端化、差异化、国际化方向，持续深加工，提高附加值。骆惠宁高度关注企业环保情况，实地察看污水处理、监测、回用设施装置及运行，询问用水节水情况，得知企业利用荒山沟地补充项目用地，并实现污水零排放，废气超低排放，他给予了肯定，鼓励企业强化环保、安全生产意识，争当绿色发展排头兵。

实施企业投资项目承诺制改革试点，是我省优化营商环境的重大举措。位于长治高新区的立讯精密工业公司是专业生产数据信号线、连接线等产品的企业，负责人介绍，管委会提供全方位先期服务，项目从引进到投产仅用了 42 天，创造了“山西速度”，企业正在谋划扩大生产规模。骆惠宁说，实行先建后验，关键是政府服务要前移。要以改革带动政府部门转变职能、转变作风，努力打造“六最”营商环境，这样才能有效激发市场主体活力，提高投资的有效性。

骆惠宁十分重视发挥专业技术人才作用。康宝生物制品公司引进高端创业创新人才，开发多种原创性生物制药，取得重大突破。骆惠宁深入了解血液制品等自主研发新药情况，与专家技术团队亲切交谈，观看即将建设的现代化生产线，希望公司继续坚持自主创新，瞄准国际前沿，把握市场需求，占领生物制药领域制高点。在成功汽车制造公司调研时，骆惠宁勉励企业抢抓新能源汽车的发展窗口期，加快管理和技术人才队伍建设，通过改革降低融资成本，加快做大做强。针对劳动密集型科技产业缺乏技术熟练工人的问题，骆惠宁强调，人社部门、开发区和企业要建立紧密合作关系，围绕主导产业开展订单培训，为新兴产业发展提供技术人才支撑。骆惠宁还考察了中德集团铝镁合金产品、振东集团中药文化园。

调研期间，骆惠宁主持召开座谈会，听取长治工作情况汇报后，对长治各项工作取得的积极成效给予肯定。他希望长治市结合实际，认真贯彻中央及省委决策部署，推动各项工作进一步上水平。一是转型力度要再加大，紧紧围绕构建现代产业体系抓好转型项目建设年工作。要以被列为全国首批产业转型升级示范区为契机，以更高标准和要求，着力构建具有鲜明特色的多元化中高端现代产业体系，再造老工业城市和资源型城市发展新优势，打造山西重要的增长极。二是改革开放要再发力，推动形成以改革促转型、以开放带转型的总体格局。要在国企国资改革、开发区改革、创新驱动、军民深度融合发展等方面加大力度，力争有一批改革进入第一方阵。要以更加开放的心态，主动走出去、引进来，围绕产业链关键项目，开展系统定向精准招商，发展开放型经济。三是管党治党要再深化，全力推动政治生态持久的风清气正。旗帜鲜明讲政治，坚定理想信念，压实两个责任，树好用人导向，狠抓“三基建设”，着力锻造优良党风政风。党委要加强对反腐败工作的全过程领导，同时要支持保障纪委监委行使好监督执纪问责和监督调查处置职责，“两个为主”的做法必须坚持。四是太行精神要再光大，拿出当年老八路的决心和勇气做好各项工作，打好三大攻坚战。注重保障和改善民生，做好安全生产、社会稳定各项工作，不断增强人民群众获得感幸福感安全感。

李晓波一同调研。

骆惠宁到生产建设一线慰问劳模职工青年工人并调研群团改革时强调

继续推动群团改革创新　弘扬劳动和奋斗精神
在转型发展主战场建功立业

“五一”国际劳动节、“五四”青年节前夕，省委书记骆惠宁深入企业和基建项目工地，看望慰问劳动模范、一线职工和青年突击队员，了解指导深化工青妇改革工作，向全省劳动模范和先进工作者致以崇高敬意，向全省各条战线的劳动者、共青团员和广大青年，致以诚挚的问候和节日的祝福。

“五一”表彰送奖到基层，是我省深化群团改革、转变作风的具体举措。淮海工业集团的前身为黄崖洞兵工厂，隶属于中国兵器工业集团。全国“五一劳动奖章”获得者、淮海集团科技带头人龚建玲长期奋战在科研一线，带领团队完成多项国家级军工科研设计项目和发明专利。骆惠宁来到龚建玲所在的仿真实验室，了解科研情况，观看仿真动态视频演示，亲自为龚建玲戴上奖牌、送上证书，希望她及实验室团队立足科研事业，永葆创新激情，为国防军工事业再立新功。他说，劳动最光荣，创造最伟大。要在全社会大力学习弘扬劳模精神、劳动精神，激励劳动者在新时代创造新业绩。随后，骆惠宁深入企业车间，看望一线工人，与大家亲切交谈。看到车间多数是女工，骆惠宁关心地询问企业工会女工委开展工作、维护女工权益的情况，听大家讲心里话，希望深化基层妇联改革，更好团结女工们发挥“半边天”作用，展现新时代巾帼女性美丽风采。真情温暖的话语让大家深受鼓舞。

正在建设中的太原至焦作城际铁路是我省东南部的出省大通道，地质条件复杂，施工难度大，全线桥涵比达到74%。骆惠宁来到中铁四局承建的第8标段隧道建设工地，了解项目规划、施工条件、工程进度，希望在确保安全的前提下，科学组织力量，继续攻坚克难，确保如期建成。他还就创新思路，通过工程建设与沿线开发相结合等方式解决融资难题与施工方作了探讨。

在老顶山施工隧道口，骆惠宁与建筑工人一一握手，了解工作生活情况，向“五一”期间仍坚守岗位的劳动者致以节日问候和崇高敬意。他说，中铁四局是行业标杆企业，是一支很有战斗力的队伍，大家辛苦了。希望为打造优质精品工程继续努力。

在天桥隧道进口，“青年突击队”的旗帜高高飘扬，一支年轻的队伍整齐排列。这支30多名团员青年组成的战斗队，多次承担工程“急、难、险、重、新”任务。望着围拢过来的一张张洋溢着青春活力的面孔，骆惠宁深情回顾自己年轻时在突击队的火热生活，动情地说，“五四”青年节就要到了，祝大家节日快乐。铁路工人四海为家，常年在荒山野外作业，难得享受家人亲友的陪伴，你们艰苦创业的精神值得广大青年学习。我们都要像你们一样，永远保持青年人的奋斗精神。热情的鼓励激起热烈掌声，大家高举拳头，“感谢骆书记，我们一定好好干！”坚定的声音回荡在山谷。

调研中，骆惠宁分别听取工会、共青团、妇联改革创新情况汇报，指出，按照中央决策及省委部署，我省群团改革顺利推进，取得了明显阶段性成效，部分工作走在前列。在这一过程中，一批群团组织负责人表现出较高的政治自觉和责任担当。他强调，我省工会、共青团、妇联等群团组织要以习近平新时代中国特色社会主义思想为指引，坚定不移继续深化改革，不断强“三性”、去“四化”、促创新，进一步在显功能、转作风、强基层上下功夫，更好团结引领和服务工人、青年和妇女群众，使群团组织在党的事业中更好发挥作用。要把群团组织去机关化与转变作风结合起来，县以上群团机关干部都要沉到基层、深入一线，与工作对象在一起奋斗，增强凝聚力和话语权。各级党委政府要为群团组织发挥作用创造条件，尤其在改善民生、文明创建等工作中要发挥好工青妇等群团组织的优势和作用。

高卫东参加有关活动。

骆惠宁到山区小学与留守儿童共庆“六一”调研学前教育和义务教育均衡发展时强调

努力让每个少年儿童都能享有公平而有质量的教育

“六一”国际儿童节即将到来之际，省委书记骆惠宁5月30日来到晋中市榆社县河峪中心学校看望山区留守儿童，参加少先队主题队日活动，与孩子们共庆“六一”，向全省广大少年儿童致以节日祝福，并就学前教育和义务教育均衡发展进行调研。他强调，要深入贯彻落实党的十九大精神，坚持以人民为中心的发展思想，着力提高学前教育的普惠性和办园质量，着力推动义务教育优质均衡发展，办人民满意的教育。

坐落在榆社县城西20公里山区的河峪中心学校，共有来自附近27个行政村的487名学生，其中留守儿童有41人，实行寄宿制办学。一入校园，“今日之教育，静待明日之花开”的墙体标语映入眼帘，骆惠宁赞许学校有办学自信。在“留守儿童之家”，同学们正在开展“我手写我心”活动，骆惠宁与孩子们围坐在一起，亲切地祝贺“六一”节日快乐，了解他们在校学习和生活情况，并询问“长大了想干什么”。慈祥的目光、暖心的话语，使孩子们一个个激动得小脸红扑扑的，争先恐后说出了未来的理想。“当军人”“当老师”“当医生”……稚嫩而响亮的声音充满了自豪。骆惠宁连连夸赞孩子们有志向。在与石笑羽小朋友的妈妈通电话时，骆惠宁说学校的理念是“爱心助成长、留守不孤单”，请家长安心在外打工。随后，骆惠宁与留守儿童合影留念。骆惠宁还到幼儿园大班了解学前教育寓教于乐等情况。一年级的小朋友即将加入少先队，骆惠宁应邀参加“争做新时代好队员”主题队日活动暨新少先队员入队仪式，询问学校少先队建设情况，祝贺孩子们光荣入队，并语重心长地说，戴上红领巾，是理想的启航，是人生的洗礼。他对孩子们提出了树立远大理想、塑造良好品格、培养创新思维、锻炼健壮体魄等殷切期望。

调研中，骆惠宁与部分幼儿园园长、教师、幼儿家长代表、有关教育部门负责人等进行座谈，指出，在各级党委政府的重视和支持下，经过全省幼教战线的不懈努力，我省学前三年毛入园率提前实现了国家教育规划纲要确定的2020年目标，走在了前列。进入新时代，要在稳定提高入园率的同时，更加注重提高普惠性，更加注重提高办园质量。各级党委政府要按照中央确定的学前教育管理体制认真履职，省市两级要落实好统筹责任，县级要发挥主体作用。要坚持改革精神和市场化办法，建立多元投入机制，鼓励和吸引社会力量投入和支持学前教育发展。要增加普惠性资源供给，着力解决城乡幼儿“入优质园难”问题。要把幼儿教师作为办好学前教育第一资源，强化师德师风建设，提高教师职业素养，依法保障幼儿教师地位和待遇。要加强幼儿园管理，健全细化办园标准和监管措施,为幼儿营造安全适宜的成长环境。要深化幼儿园教育改革,尊重幼儿成长规律,以游戏为基本活动,坚决克服"小学化"倾向,实现科学保教。

骆惠宁十分重视义务教育均衡发展。近年来,我省先后有110个县(市、区)通过了义务教育基本均衡发展国家督导评估认定,还剩9个县区将在今年接受评估认定。在河峪中心学校调研结束已过中午,骆惠宁顾不上吃午饭,直接赶到河峪乡政府召开义务教育均衡达标工作座谈会,在听取9县区负责同志汇报后指出,要对标国家要求,抓紧补齐短板,确保通过国家督导评估认定。各地各有关部门要扎实推动义务教育均衡发展,在实现基本均衡的基础上,通过深化改革,扩大优质教育资源覆盖面,整体提升义务教育质量,推动义务教育由基本均衡向优质均衡迈进。要认真贯彻党中央国务院关于全面深化新时代教师队伍建设改革的意见精神,深入调研,找准差距,抓紧研究制定我省实施意见。要全面加强教师队伍建设特别是乡村教师队伍建设,完善教师管理制度,增强教师获得感,为义务教育均衡发展提供坚实师资保障。

胡玉亭、张复明参加有关活动。

骆惠宁在吕梁临县调研并主持召开座谈会时勉励全省村党支部第一书记

牢记历史使命　投身农村基层　在打赢脱贫攻坚战中担当作为

6月7日至8日,省委书记骆惠宁在临县就发挥基层党组织在脱贫攻坚中的战斗堡垒作用进行调研,期间主持召开全省村党支部第一书记座谈会。他强调,要建强农村基层党组织和村党支部第一书记队伍,为打赢脱贫攻坚战、实现乡村振兴提供坚强保障。村党支部第一书记要牢记使命、服务群众,在新时代有新担当新作为,不辜负村党支部第一书记这个光荣的称谓。

省委高度重视农村基层党组织建设和村党支部第一书记队伍建设,2016年下半年在全省启动了"三基建设"工程,同年11月对村党支部书记队伍进行了大幅度优化调整,形成了选派、管理、保障、发挥作用的系统工作机制,目前全省共有10009名村党支部第一书记奋战在基层一线。临县是骆惠宁的扶贫联系县。今年以来,县委持续大力加强农村党建工作,充分发挥村党组织和"第一书记"作用,推动脱贫攻坚取得新的进展。

沿途沟壑纵横,一路翻山越岭,这是近两年来骆惠宁第6次踏上这片土地。在三交镇田家山村、玉坪乡李家坡底村,骆惠宁与村党支部第一书记、驻村扶贫工作队员、村"两委"干部进行交流,深入到村民中倾听意见,吃住在山区学校,把深深的牵挂留在老区人民心中。在田家山村,骆惠宁向村党支部第一书记、扶贫工作队了解工作情况。得知他们帮助修路绿化搞养殖,村里实现安全使用自来水、种上经济林,村集体有了收入,骆惠宁给予充分肯定,并就科学安排农时、推广地膜覆盖保墒与大家探讨。听说省委书记来了,村民们纷纷围拢上来。骆惠宁与大家拉家常、话生计,听取意见建议。他说,老区人民历来有自立自强的优良传统,只要我们始终保持这股精气神,就一定能够打赢脱贫攻坚战。大家深受鼓舞,掌声、笑声回荡在山村。骆惠宁还入户看望了因病因学致贫的李芝平夫妇。在李家坡底村,骆惠宁听取村党支部第一书记王城乡介绍村里实施扶贫孝心资金工程引导子女孝敬父母、评选文明户倡导文明乡风等情况,指出要把扶贫与扶志扶智结合起来,激发贫困户脱贫的内生动力。该村返乡企业家投资500万元,领办了种养合作社。骆惠宁说,随着乡村振兴战略的实施,要鼓励更多的能人返乡创业,回报桑梓。骆惠宁还向村"两委"委员了解党支部建设、村民自治、村民监督等工作,他说,乡村振兴、脱贫攻坚必须有坚强的党组织,要充分发挥村党支部的战斗堡垒作用、党员的模范带头作用,带领群众打赢脱贫攻坚这场硬仗。

调研中,骆惠宁主持召开座谈会,听取临县脱贫攻坚最新情况汇报,来自全省的5名村党支部第一书记和村党支部书记作了交流发言。骆惠宁指出,村党支部第一书记是一个紧要的岗位、光荣的称谓。实行村党支部第一书记制度,是在我国农村大批青壮年进城务工的大背景下,确保党的事业长治久安的必然选择。选派大家任村党支部第一书记,是加强基层党组织建设的需要,是强化一线扶贫力量的需要,是培养选拔后备干部的需要。

骆惠宁充分肯定广大村党支部第一书记的努力和贡献。指出从总体上看,在脱贫攻坚、乡村振兴主战场,"第一书记"抓党建、聚人才、强产业、促和谐,用心用情用力,是一支敢于拼搏、乐于奉献的队伍,是一支能打硬仗、成绩卓著的队伍,是一支本领过硬、可堪大任的队伍。他希望全省所有村党支部第一书记都成为基层党建的引领者、精准扶贫的践行者、和谐稳定的维护者、优良传统的弘扬者、乡村善治的探索者。

骆惠宁强调,各地党委和派出单位对村党支部第一书记这支队伍既要严格管理,又要关心爱护,激励大家干事创业。对受表彰的优秀村党支部第一书记,要跟踪培养,及时提拔使用。县乡两级对村党支部第一书记要加强培训指导,支持他们的工作。"第一书记"能下乡,使用单位应家访,挽心留人,共谋事业。

骆惠宁对临县脱贫攻坚取得的新进展新进步,特别是加强基层党组织建设、发挥村党支部第一书记作用、以改革促扶贫、推进"两线合一"等做法和成效给予肯定,要求始终坚持目标和问题导向，坚持以脱贫攻坚统揽经济社会发展全局，坚决如期实现脱贫攻坚目标，与全省一道步入全面小康。

座谈会前，骆惠宁亲切接见了2016年以来受省级表彰的在职村党支部第一书记和派驻临县村党支部第一书记代表，并与大家一起合影留念。调研中，骆惠宁还了解了吕梁市开发区改革发展的有关情况。胡玉亭一同调研。

骆惠宁在太原看望慰问基层党员时强调

更好发挥“三基建设”的支撑作用

中国共产党成立97周年纪念日来临之际，6月29日，省委书记骆惠宁来到太原市，看望慰问老党员、生活困难党员，并检查“三基建设”情况，出席全省推进“三基建设”座谈会并讲话。他强调，各地各部门党委党组要持续加强对“三基建设”的领导，坚持问题导向，提高工作标准，按照“两年不断深化拓展、显著改观”，“三年实现整体提升、全面进步”目标，持续深入抓好“三基建设”。

百岁老党员杨焕炳是参加过长征的老红军。骆惠宁来到杨焕炳家中，亲切询问杨焕炳的身体生活情况，一起追述了难忘的革命经历。骆惠宁拉着老人家的手说，您的一生是奋斗的一生、光荣的一生。“七一”就要到了，我代表省委向您表示敬意和感谢，同时也向全省老红军、老革命、老党员表示敬意和感谢。在看望80多岁的困难党员闫静茹时，骆惠宁充分肯定她持续关心党的事业的精神风貌，仔细了解其面临的困难，叮嘱地方和社区工作的同志一定要帮助纾难解困。骆惠宁强调，全省广大党员要不忘初心、牢记使命，继承优良传统，持续艰苦奋斗，努力在新时代有新担当新作为。

在小店区坞城东社区服务大厅，骆惠宁与工作人员亲切交谈，了解社区加强基层党建、真情服务居民情况。骆惠宁说，社区处于服务群众的第一线，是“三基建设”重要支点，要持续加强党支部建设，提高工作人员专业化素养，夯实网格化管理基础，探索与有关单位联建办法，不断提升服务水平。

在随后召开的座谈会上，骆惠宁指出，“三基建设”是确保党的路线方针政策在山西全面正确有效贯彻落实的重大举措。省第十一次党代会以来，省委认真贯彻党中央有关决策部署，确立了“三基建设”在全局工作中的战略地位，持续采取重大举措加以推进。全省各级党组织认真落实省委部署安排，上下协同联动，解决突出问题，“三基建设”取得明显的阶段性成效，实现了“一年解决突出问题、初见成效”目标，得到广大干部群众特别是基层干部群众的高度认可和衷心拥护，对全省工作发挥了越来越有力的支撑作用。从全省总体态势上看，基层组织建设成效明显，基础工作建设已经起步，基本能力建设尚待补课；市县乡镇整体好于省直单位，省直行业系统重点部门好于其他厅局。我们在肯定成绩的同时，必须正视不足，扎扎实实继续抓下去。

骆惠宁强调，各级各部门党委党组主要负责人要坚持“三基建设”战略摆位，分析工作形势，紧盯薄弱环节，有针对性地加强组织领导。要突出工作重点、统筹推动落实，围绕强化政治功能、提升组织力，深入推进基层组织建设；围绕解决底数不清、规范不明、效率不高等突出问题，深入推进基础工作建设；围绕建设高素质专业化干部队伍，深入推进基本能力建设。要坚持高标准抓“三基建设”，推行精细化管理，自觉地对标一流、找准差距、补齐短板，努力创造一流业绩。要在“三基建设”中强化改革思维，完成好改革任务；强化依法办事理念，提升各项工作制度化、法治化水平。要紧密联系岗位职责抓“三基建设”，深化全员参与，选树先进典型，营造良好氛围，不断开创“三基建设”新局面。

罗清宇、吴汉圣参加有关活动。在座谈会上，省委组织部汇报了全省“三基建设”推进情况，省财政厅、省国土厅、运城市、阳曲县、五台县神西乡、阳泉市城区上站街道德胜社区作了交流发言。

骆惠宁在防汛一线调研考察时强调

扎实做好防汛度汛工作 确保群众生命财产安全

7月15日我省将全面进入“七下八上”主汛期。13日下午，省委书记骆惠宁到晋中市寿阳县潇河流域防汛一线调研考察。他强调，要认真贯彻落实习近平总书记防汛减灾救灾重要指示精神，始终把人民群众生命财产安全放在心中，防止麻痹思想，加强系统研究，强化能力训练，紧盯重点部位，层层落实责任，扎实做好防汛减灾工作，确保全省安全度汛。

受冷暖空气共同影响,自6月1日入汛以来,我省经历了5次较大范围降雨过程。特别是7月9日起发生入汛以来最强降雨过程。据国家防总和气象部门研判,今年我省汛期降雨量较常年偏多2–5成,黄河中游发生较大洪水的概率偏高。

潇河是汾河第二大支流,位于潇河干流的松塔水库,是沿线县区、村镇、农田防洪安全的重要保障。骆惠宁来到水库坝顶,实地察看水位变化、泄洪道等配套设施,听取雨情汛情介绍,了解全省水库除险加固、重要河段防洪、防汛责任和保障措施落实等情况。随后,骆惠宁考察了为潇河、潇河大坝提供报汛服务的芦家庄水文站,了解水文监测情况,询问潇河历年流量变化和全省主要河流水质,勉励监测站的同志们认真履责,为防汛减灾、改善河流水质发挥积极作用。骆惠宁指出,我省即将进入主汛期,气象部门预测未来几天还会有强降雨过程,防汛形势比较严峻。他强调,一要狠抓部署落地。省防指要抓紧对地方干部的培训,有针对性开展防汛实战演练,推动防汛部署落到实处。要坚决打掉麻痹思想,防止作风飘浮,提高各级防汛应急处置能力。二要紧盯重点部位。黄河山西段、汾河等省内大河、大中型水库、淤地坝的安全是重点,要提高工作标准。还要强化预警工作,注意防范山体滑坡、泥石流等地质灾害,保障人民群众生命财产安全。三要严格落实责任。加强雨情汛情会商研判,强化指挥调度,严格应急值班和巡查值守,有效应对各类突发险情。骆惠宁强调,水利等部门要运用大数据技术加强全流域降水和全河流、水库水位涨落关联度的研究,提高全省防汛联动管理信息化水平。

胡玉亭、陈永奇一同调研考察。

骆惠宁在运城检查工作时强调

狠抓转型项目建设　促进经济结构调整

8月1日至2日,省委书记骆惠宁深入运城市企业和农村进行调研,检查省委转型发展决策部署落实情况。他强调,要把握科技和产业变革趋势,发挥市场主体作用,不断策划和建设转型项目,切实加快经济结构调整步伐。

盛夏河东,转型正忙。此次调研的中条山集团、山西建龙、银光华盛镁业,都正在推进技术改造和转型项目建设,谋求企业新的发展。成立于1956年的中条山集团是我国大型铜业企业,但由于长期满足于初加工,企业发展不快。近年他们转变观念,谋划布局了尾矿制备建筑陶瓷、年处理铜精矿150万吨综合回收、5万吨高精度铜板带铜箔和200万平方米覆铜板三大转型项目。骆惠宁听取了企业负责人汇报,实地考察了正在建设的尾矿制备建筑陶瓷项目,仔细了解新开发产品的经济技术和环保性能指标,与企业干部职工交流。他说,中条山集团要坚定地走循环经济发展之路,在资源综合利用和深加工上下功夫,在弘扬艰苦奋斗精神上见优势,让老企业焕发出新生机。山西建龙对原海鑫集团实施重组后,产品结构从建筑钢材向工业建材转变,去年产值突破百亿元,今年将突破200亿元。骆惠宁听取企业发展规划介绍后,又到1500mm卷板生产车间考察,他希望企业用好产业结构调整基金,牵头打造精品钢产业园区,大力发展生产性服务业。银光华盛镁业公司是全国镁及镁合金标准制定参与者,综合实力居同行业前列。骆惠宁认真察看合金、板材、高铁型材等镁深加工产品,与企业负责人探讨镁合金产品应用及市场潜力,希望加快新产品标准化、产业化步伐,不断提高市场竞争力。

农业结构调整是发展现代农业的内在要求。绛县山楂、大樱桃种植面积分别达到10万亩、3万亩,是全国最大的山楂基地县、华北最大的大樱桃种植基地。骆惠宁在维之王食品公司观看了果汁、果酱、保健酒等系列山楂制品的生产和样品,询问产品研发、市场销售和品牌推广情况,鼓励企业围绕山楂深加工,进一步发展功能食品,发挥龙头企业作用,带动更多农民增收。按照去年骆惠宁在运城调研时提出的要求,运城开展了大规模农民职业技能培训。骆惠宁来到绛县东录村樱桃大田,与果农亲切交谈,了解种管技术、成本收益等。村民们纷纷讲到,现在家家种樱桃,每亩收入在万元以上,骆惠宁十分高兴。他指出,要进一步深化农业科技服务改革,加快培育现代职业农民,实现质量兴农。

在夏县宇达集团,骆惠宁考察青铜文化创意产品研发生产情况,勉励企业挖掘山西深厚的文化底蕴,把文化与科技、艺术结合起来,进一步打造知名品牌,壮大山西文化创意产业。

平陆县今年将争取摘掉贫困县帽子。如何巩固扩大脱贫成果是骆惠宁关注的问题。张店镇张郭村通过"党建+",以基层党建助力脱贫攻坚,去年实现整村脱贫。骆惠宁来到村里,与正向客商售卖的桃农交流,到地头察看玉米长势,了解促进农民进一步增收的措施。村文化活动中心的小广场上,骆惠宁与村民们围坐在一起,驻村工作队队长薛彩霞和村党支部书记景向林介绍,村里党员带着贫困户成立了蔬菜种植合作社,正盖蔬菜大棚,建起扶贫车间,正组织农民加工装化肥用塑料编织袋,还打算依托国家非物质文化遗产地窨院和打铁花来发展乡村旅游,今年可多渠道增加农民收入。其他村民你一言我一语也争着发言,述说今年的打算,表达对帮扶工作队的肯定和不舍之情,气氛融洽热烈。骆惠宁说,大家脱贫后帮扶政策还会继续。最重要的是把后续产业抓上来,把党支部、村委会建设好，打造“不走的工作队”。一席话说到了群众的心坎上，广场上响起热烈掌声。

调研期间，骆惠宁对运城市今年工作取得的进步给予肯定，嘱咐要进一步贯彻好省委对运城工作的总体要求，贯彻好今年以来省委召开的省属国有企业深化改革转型发展推进会、开发区改革创新发展推进会、全省攻坚深度贫困现场推进会、全省推进“三基建设”座谈会、整治群众身边腐败问题推进会、全省扫黑除恶专项斗争推进会、贯彻落实中央巡视工作规划推进会等一系列部署，在解决问题上下功夫，以重点工作的突破，带动各方面工作水平的提升。

骆惠宁调研指导扫黑除恶斗争并主持召开推进会

提高政治站位　强化工作举措　把扫黑除恶专项斗争引向深入

在全省扫黑除恶专项斗争的关键时期，8月2日下午至3日，省委书记骆惠宁在运城市对扫黑除恶专项斗争开展情况进行调研，并主持召开全省扫黑除恶专项斗争推进会。他强调，要深入贯彻落实习近平总书记重要指示精神和中央部署，提高工作标准，强化工作举措，扫黑除恶反腐一起抓，全面推向深入，形成专项斗争更强声势、更好成果。

我省扫黑除恶专项斗争开展以来，在省委坚强领导下，取得明显阶段性成效，截至7月底，全省公安机关共打掉涉嫌黑恶势力犯罪团伙466个。运城市以查办“6·03”系列案件为突破，形成扫黑除恶高压态势。在闻喜县南城社区，骆惠宁听取治安网格化管理汇报，走访网格员了解履行责任情况，观摩无人机巡防古墓区实景图像，强调要坚持人技物相结合，加强智能化安防体系建设，做到监控无死角、全覆盖。在薛店镇沟渠头村，骆惠宁来到村民中间，了解群众对打击黑恶势力的感受。村民们争相表示，“打得好，现在不怕坏人了。”骆惠宁肯定大家的参与和支持。他说，有党中央的坚强领导，坚持专群结合，就一定能够打赢扫黑除恶这场硬仗。现场响起热烈的掌声。在闻喜县公安局，骆惠宁听取“6·03”专案组扫黑除恶、打击文物犯罪汇报，亲切接见部分参战干警。他说，“同志们不顾个人安危，挺身站在一线，坚决打击黑恶犯罪团伙和黑保护伞，有力带动了全省扫黑除恶反腐斗争。你们打出了法治的尊严、打出了人民的期盼、打出了党的威望。”他代表省委省政府向扫黑英雄们，向战斗在一线的政法战线、公安战线的同志们表示敬意，希望大家按照省委部署，齐心协力，乘胜追击，向党和人民交一份满意的答卷。公安干警深受鼓舞。骆惠宁还考察了夏县重点文保单位、闻喜酒务头古墓群，要求加强全方位监管，把文物安全保护各项措施落到实处。

调研期间，骆惠宁主持召开全省扫黑除恶专项斗争推进会。会上，商黎光分析了全省扫黑除恶专项斗争态势，并对各市取得的战果和存在的问题进行了点评，部分市政法委书记就克服工作薄弱环节作了发言。骆惠宁在讲话中侧重就深化扫黑除恶专项斗争作出进一步部署。他指出，要进一步提高政治站位，从关系国家政权安危的高度认识这场斗争的极端重要性，坚决彻底打好这场硬仗，务求全胜。要进一步强化组织领导，主要领导要亲自站到一线，把握斗争态势，有针对性解决问题，防止压力层层递减。要进一步充分发动群众，通过多种方式宣传，做面对面的工作，使知情群众打消思想顾虑，更加自觉地参与专项斗争。要进一步加强对问题线索的深挖和处置，各部门各单位都要对黑恶犯罪线索认真梳理排查，抓紧分类处置。要进一步强化薄弱地区的工作，工作相对滞后的市抓紧整改，全省补齐农村地区扫黑除恶短板。要进一步强化依法严惩，对重大案件要提级管辖、异地用警，打准打狠打出战果。要进一步深挖彻查涉黑涉恶腐败问题，各地纪检监察机关要把查办保护伞案件作为当前反腐的一个重点，政法机关要刀刃向内、整肃队伍、清理门户。要进一步加强工作联动，领导小组成员单位要主动沟通，政法系统内各有关单位要密切配合，提高办案效率。要进一步强化源头治理，坚持前端监管、末端处置同向发力，扫黑除恶、反腐和加强基层组织建设协同推进，铲除黑恶势力滋生土壤。要进一步提高办案质量，坚持依法办事，所有案件必须办成铁案，经得起历史和法律的检验，实现政治效果、法律效果、社会效果的统一。

骆惠宁在部署时以工作中存在的问题为导向，紧盯提高工作标准，进行多层次剖析，多角度阐述，既提出明确要求，又提出工作举措，为全省进一步深化扫黑除恶专项斗争绘制了“施工图”。

商黎光、刘新云参加调研和出席座谈会。

骆惠宁在山医大一院看望慰问医师代表并主持召开座谈会时强调

大力弘扬卫生健康崇高精神　在全社会营造尊医重卫良好氛围

在我国首个医师节来临之际,8月17日,省委书记骆惠宁来到山西医科大学第一医院,亲切看望慰问医务人员,主持召开医师代表座谈会,强调要认真贯彻习近平总书记对首个“中国医师节”作出的重要指示,并代表省委省政府向全省23万医务工作者表示诚挚的节日问候,对广大卫生与健康工作者寄予殷切期望。

2017年11月3日,国务院决定自2018年起,将每年8月19日设为“中国医师节”。今年医师节活动以“尊医重卫,共享健康”为主题。

成立于1957年的山医大一院近年不断提高医疗服务质量,取得丰硕成果。骆惠宁来到医院门诊楼远程会诊中心,与正在进行远程会诊的医务人员一一握手,同对口帮扶的大宁县医疗集团视频连线,向大家送上节日的关怀和祝福。在听取医院对口帮扶情况介绍后,骆惠宁说,我省贫困地区医疗资源仍然比较匮乏,要进一步密切与县级医疗集团的合作关系,提升基层医疗服务水平,让贫困偏远地区群众也能公平享受优质健康服务。随后,骆惠宁来到山医大一院住院楼看望医师,观摩手术机器人智能辅助诊疗演示,勉励他们不断提高医疗技术和服务水平,树立良好医德医风,守护群众健康,以实际行动诠释卫生健康崇高精神,为推进健康山西建设多作贡献。骆惠宁还与患者及家属深入交流,他说,我们要通过深化医改,探索用医保撬动商业保险,提高医疗保障水平。医师要用心服务患者,患者要理解尊重医师,大家共同努力,构建和谐医患关系。现场响起热烈掌声。

调研中,骆惠宁主持召开医师代表座谈会。来自省市县乡医院一线的医师代表谈体会、话改革、提建议,气氛热烈。骆惠宁认真倾听,不时与大家互动交流,探讨了深化医改的有关问题。骆惠宁充分肯定全省医务工作者的付出和贡献。他说,长期以来,全省广大医师和医务人员牢记党和人民的重托,恪尽职守、辛勤工作,以实际行动践行了“敬佑生命,救死扶伤,甘于奉献,大爱无疆”的崇高精神,为保护和增进人民健康作出了重要贡献,涌现出了一大批医德高尚、医术精湛的医师和医务工作者,赢得了人民群众的充分信赖和广泛赞誉。

骆惠宁指出,“中国医师节”的设立,充分体现了以习近平同志为核心的党中央对卫生健康工作的高度重视,对广大医师和医务人员的亲切关怀,对于提升广大医师和医务人员的职业荣誉感,在全社会更好形成尊医重卫的良好氛围,具有重要意义。他勉励全省广大医师和医务人员,以“中国医师节”的设立为动力,坚持以人民健康为中心,坚持患者至上,提供全方位、全生命周期的健康服务,推动党的卫生健康政策在本职岗位上落地惠民;追随医学进步,坚持终身学习,不断提高专业技能,努力满足人民群众日益增长的健康需求;大力弘扬优良传统,修医德、重品行,在临床实践、教学研究、宣传倡导中,切实履行社会责任,自觉维护职业荣耀和尊严,当好守护人民健康的忠诚卫士。

骆惠宁强调,增进全民健康,就必须全面深化医药卫生体制改革。我省医改正处于全面深化的关键时期,广大医师要充分发挥主力军作用,更好支持医疗、医保、医药“三医”联动改革,在提升人民健康水平中不断体现医师作用,更好实现医师价值。各级党委政府和卫生健康部门要从建设健康山西的高度,进一步加强医师队伍建设,关心和关爱医务工作者,为广大医师和医务工作者创造良好的工作环境。要强化宣传舆论引导,让广大群众更好地了解医疗卫生工作和医务人员,推动全社会形成尊医重卫的良好氛围。

胡玉亭、曲孝丽参加调研慰问。

骆惠宁在临汾调研时强调

深入贯彻省委十一届六次全会精神
激情干事抓落实　全面拓展新局面

9月20日至21日,省委书记骆惠宁在临汾市浮山县、洪洞县、霍州市调研。他强调,要深入贯彻习近平总书记视察山西重要讲话精神,按照省委十一届六次全会和一系列部署要求,坚持问题导向,提升工作水平,把中央和省委重大决策落到实处,努力在“两转”基础上全面拓展党的建设和党的事业新局面。

在浮山县威盛达通公司,骆惠宁考察回乡创业人才创办的高端防火门项目,要求当地大力发展新兴产业和现代农业,提升县域经济水平。在考察中汽商用汽车公司新能源车项目时,骆惠宁指出,山西以环保倒逼转型,为节能环保产业的发展创造了巨大的市场空间,要抓住这一历史性机遇。洪洞县秦壁村、浮山县北王乡臣南河村以“党支部+合作社”模式带动农村发展,取得明显成效。骆惠宁在臣南河村考察了加强“三基”建设、壮大集体经济、村民公共卫生服务、易地扶贫搬迁等,与群众面对面交流。秦壁村在党支部带领下,创出了蔬菜品牌,建起了沼气池,合作社牵头办起了生态旅游园,骆惠宁肯定了他们的做法,强调要发挥先进典型引领作用,加快乡村振兴步伐。

骆惠宁深入基层单位就扫黑除恶边督边改进行调研指导。在霍州市公安局,骆惠宁了解宣传发动、线索摸排、处置流程,查看台帐资料,听取正在侦办的2个涉黑团伙案件汇报,要求依法办成铁案。他指出,要通过以案说法等方式,使发动群众工作更深入更有效。骆惠宁亲切接见专案组公安干警,勉励大家坚持依法行使职权。骆惠宁来到涉嫌黑社会性质犯罪首犯所在的村庄,听取村民的意见。大家纷纷讲到,通过扫黑除恶,村里环境好了,我们坚决支持专项斗争。

调研中,骆惠宁听取了临汾市委市政府工作汇报,对临汾各项工作取得新进展给予肯定。他指出,习近平总书记视察山西一年多来,我省的内生动力、发展态势和总体形象都进一步发生了积极而深刻的变化。省委十一届六次全会是我省发展关键时期召开的一次关键性会议,全会提出了在“两转”基础上全面拓展党的建设和党的事业新局面的重大论断和重大部署。深入贯彻落实好省委六次全会和一系列决策部署,是当前各地各部门的重要政治任务。

围绕进一步贯彻省委重大决策部署,把临汾的事情办好,骆惠宁提出四点要求。一是充分认识省委十一届六次全会的重要意义,全面把握全会部署的五项重大任务,尤其要把深入学习贯彻习近平总书记视察山西重要讲话精神作为长期的战略任务来抓,把气力用在学以致用、解决问题上。二是坚持问题导向,认真解决好生态环保形势严峻、产业转型任务艰巨、城乡区域发展差距大、党建进展不平衡等方面的突出问题。三是以重点突破带动各项工作水平提升,改革开放要全面加快,着力推动已出台改革方案的落地见效,坚持先行先试,善于用改革办法破解难题。产业转型和生态环保要互促共进,以环保倒逼转型,催生环保产业,大力发展新兴产业,加快构建现代产业体系。城乡和区域要协调发展,进一步完善新型城镇化推进机制,大力实施乡村振兴战略和农村人居环境整治,因地制宜发展县域经济。党的建设要持续深化,把握好党的建设总要求,以党的政治建设为统领,全面加强思想建设、组织建设、作风建设、纪律建设,把制度建设贯穿其中,深入开展反腐败斗争,真正把管党治党这个主体责任立起来。四是全面提升干部队伍能力。所有市县领导干部都要成为党建和党的事业的“促进派”、“实干家”。要在实践中不断提高领导力和执行力,尤其要提高把握大局能力、学习思考能力、贯彻执行能力和处理敏感问题能力。

骆惠宁强调,当前山西改革发展稳定和党建各方面任务都十分繁重,各地贯彻省委决策部署,关键是把本地思路理清、问题找准、举措谋实,实行清单式管理,责任到人,盯住任务不放;在贯彻方式上可以结合实际自主把握,坚持求真务实,不要求每个会议都层层再开一遍。省检查各地的贯彻情况,不能机械地看是否开了会发了文,而主要看贯彻的实际效果。

调研期间,骆惠宁还在洪洞县信访服务中心,亲自接待了3名上访群众,指导依法按规处理诉求事宜。

胡玉亭、岳普煜参加有关活动。

骆惠宁调研平遥国际电影展并与电影工作者座谈时强调

贴近大众创新模式面向未来　打造具有独特影响力的国际电影展

第二届平遥国际电影展正在隆重举行。近日,省委书记骆惠宁来到展会现场调研,并与电影工作者座谈交流。他强调,要坚持贴近大众,创新模式,面向未来,打造具有独特影响力的国际电影展,促进山西全面对外开放,带动文旅产业融合发展。

平遥电影宫内异彩纷呈,现代艺术与古城文化交相辉映。骆惠宁考察了票证中心、露天影院、论坛空间、放映厅、文创产品店和书店等,这些充满现代艺术气息的场馆设施由企业老厂房改造而来。骆惠宁听取电影展活动策划、运作模式、带动就业创业情况介绍,与工作人员亲切交流,对他们的办展理念和模式创新给予肯定。平遥国际电影展创始人、著名导演贾樟柯介绍,本届影展以“电影回归市集”为主题,由展映活动、学术活动、教育活动和交易活动等四大板块构成,注重交流互动,共有来自25个国家和地区的55部影片入围展映,98%入围影片中国首映,40%以上全球首映。骆惠宁指出,扎根大众、服务大众、赢得大众,是电影生命的源泉所在。影展从主题到各个板块的设计,都很好地展现了这一理念。在考察电影艺术衍生品展示时,骆惠宁勉励他们进一步融合山西文化元素，开发更多创意产品。

随后，骆惠宁与出席电影展的国内外嘉宾座谈交流，代表省委省政府向贾樟柯导演及运营团队、向关心支持平遥国际电影展的各界人士表示感谢。骆惠宁说，平遥国际电影展贴近大众，富有青春活力，专业水准高，具有国际性，特别是“政府指导、影人主办、市场运作”的运营模式好，是我国电影节、电影展的一种创新模式，为新人新作品成长提供了孵化器，是山西深化全面对外开放的一张新名片，有力带动了山西文旅产业的融合发展，具有强大生命力。骆惠宁强调，从广义上讲，电影展的未来，是让优秀文化更好地启迪人们的心灵。这体现了全人类对精神世界的追求，也体现了电影人的价值追求。希望大家共同努力，把平遥国际电影展办得越来越好。省市县要进一步给予关心与支持。会场气氛轻松热烈，骆惠宁的讲话引起大家强烈共鸣，发自内心的掌声不时响起。

座谈会上，平遥国际电影展创始人、著名导演贾樟柯，平遥国际电影展艺术总监、意大利著名艺术家马可·穆勒，上影集团董事长、党委书记任仲伦，著名演员、柏林国际电影节最佳男演员奖得主廖凡，乌迪内远东电影节主席赛布丽娜·巴雷切蒂，上海大学温哥华电影学院常务院长刘海波，英国电影学院副院长桑德拉·希伯伦，著名导演刘苗苗，东京银座电影节主席市山尚三，无限自在文化传播有限公司总裁朱玮杰等中外电影界的知名人士先后发言。大家对平遥国际电影展给予高度评价，认为平遥电影展是可以逛着看的影展、是可以交流互动的影展、是长年举办的影展，前景广阔、潜力无限，希望更多人参与到影展中来，通过影展让世界更多了解中国、了解山西，让山西更好融入世界，走向美好未来。

省领导廉毅敏、胡玉亭参加调研座谈。

骆惠宁率山西省党政代表团在新疆学习考察

坚决贯彻中央治疆方略　着力提高援疆工作质量

10月14日至16日上午，省委书记骆惠宁率山西省党政代表团赴新疆学习考察。在山西省·新疆维吾尔自治区及新疆生产建设兵团对口支援工作座谈会上，中共中央政治局委员、新疆维吾尔自治区党委书记陈全国介绍了全疆大局稳定、不断向好的大形势，他对山西援疆工作给予高度评价。骆惠宁指出，要进一步深入学习贯彻习近平总书记关于新疆工作和对口援疆工作的重要指示精神，强化政治责任，着力提高援疆工作质量，为新疆社会稳定和长治久安作出积极贡献。

省委省政府把做好对口援疆工作作为重大政治任务，从思想、机制、实践三个层面部署推动，形成了体现中央要求、富有山西特色的对口援疆工作大格局。新一轮对口援疆工作以来，共投入援疆资金19.39亿元，实施援疆项目213个，选派计划内干部人才459名，各类柔性干部人才2385人次，有力促进了受援地稳定发展，得到各族干部群众的广泛赞誉。

14日下午，两省区及兵团对口支援工作座谈会在乌鲁木齐举行。陈全国代表自治区党委和政府及全区各族人民对山西省党政代表团表示热烈欢迎，对山西省长期以来给予新疆工作的大力支持和无私支援表示衷心感谢。陈全国说，山西省委和省政府及全省广大干部群众，深入学习贯彻习近平总书记视察山西时的重要讲话精神，各项事业取得了令人瞩目的新成就，三晋大地呈现出勃勃生机。我们表示由衷的祝贺。

陈全国指出，山西省委和省政府坚决落实以习近平同志为核心的党中央决策部署，把对口援疆工作作为重大政治责任，以项目实施为基础、民生改善为根本、产业发展为重点、交流交往为主线、智力人才为支撑，全方位对口支援昌吉回族自治州和兵团第六师、第十二师，为新疆社会稳定和长治久安作出了重要贡献。全疆各族人民将永远铭记。陈全国表示，在以习近平同志为核心的党中央坚强领导下，自治区党委和政府团结带领全区各族干部群众，坚决贯彻党中央治疆方略，聚焦总目标、打好组合拳，全区呈现出大局稳定、形势可控、趋势向好的态势。我们将认真贯彻落实习近平新时代中国特色社会主义思想和党的十九大精神，树牢“四个意识”，坚定“四个自信”，坚决维护习近平总书记的核心地位、坚决维护党中央权威和集中统一领导，认真学习借鉴山西的好经验好做法，发挥援疆优势，全力保持社会和谐稳定，贯彻新发展理念，推动高质量发展，打好三大攻坚战，大力保障改善民生，巩固发展民族团结，加强生态环境保护，推进全面从严治党，以建设中国特色社会主义新疆的优异成绩，让以习近平同志为核心的党中央放心，回报山西人民的无私支援。

骆惠宁在讲话中说，这次山西省党政代表团来到新疆，旨在向新疆学习，听取意见，着力提高我省对口援疆工作质量，进一步发展与新疆的全面合作关系，以实际行动落实好党中央治疆方略。他指出，新疆在党和国家全局工作中具有特殊重要的战略地位。我们深切感受到，新疆维吾尔自治区党委坚定地贯彻习近平新时代中国特色社会主义思想，坚定地贯彻党中央治疆方略，团结带领新疆各方面坚持“一个总目标”，把握“两个关键点”，健全“一个好机制”，打好“一套组合拳”，实现了社会大局稳定、经济健康发展、人民生活改善、兵团改革开拓，新疆各方面都发生了巨大变化，为祖国边疆的繁荣、各民族的团结、国家的安全作出了重要贡献。骆惠宁指出，全力做好新时代对口援疆工作是山西义不容辞的政治责任。我们将以习近平新时代中国特色社会主义思想为指导，深入贯彻党中央治疆方略，围绕社会稳定和长治久安总目标，把提高对口援疆工作质量作为主线贯穿全过程各方面，坚决完成好党中央赋予的重大任务。一是对标要求，完善援助规划。二是把握精准，深化援助内容。三是丰富手段，创新援助方式。四是提升能力，强化援助保障。骆惠宁强调，晋疆资源禀赋相近、产业结构相似、文化经贸相通，合作渊源深厚、基础坚实。我们期望在进一步做好对口援疆工作的同时，全面深化和拓展与新疆在各领域的紧密合作，共同推动两省区优势互补、互利共赢迈向新阶段。

座谈会上，播放了山西省对口支援新疆工作汇报专题片。自治区党委副书记李鹏新和自治区副主席、兵团司令员彭家瑞分别介绍了自治区、兵团稳定发展情况，山西省委常委、常务副省长林武介绍了山西经济社会发展情况。座谈会后，代表团现场观摩了自治区维稳指挥部。

两天时间里，带着山西人民的深情厚谊，骆惠宁穿越茫茫戈壁，深入边陲牧场，考察我省援建项目，看望新疆少数民族群众。在我省参与援建的阜康市人民医院，骆惠宁了解“组团式”医疗援疆、开展远程会诊等情况，强调要在完善硬件的同时，进一步在提高医疗服务水平上下功夫。在考察阳煤集团投资建设的新疆国泰新华现代煤化工项目时，骆惠宁指出，在发展高端煤化工的过程中，要注意培养地方技术和管理人才，带动当地群众就业和增收。地处中蒙边境的北塔山牧场，是兵团第六师最偏远、最贫困的少数民族聚居团场。在我省大力援助下，牧场面貌发生了深刻变化。骆惠宁听取我省在第六师五家渠市及北塔山牧场实施的兴边富民工程介绍，在医疗义诊现场与哈萨克群众交流，参加救护车辆捐赠仪式，考察牧场双语学校，到哈萨克牧民家中走访，带去祖国大家庭的温暖。骆惠宁说，大家为祖国屯边守境作贡献，我们有责任全力做好援疆工作。他祝哈萨克兄弟日子越过越红火。身着民族服装的哈萨克群众载歌载舞欢迎山西亲人，哈萨克小朋友用汉语唱起《我爱北京天安门》。大家说，山西的援建帮助我们喝上了干净水，住上了楼房，场里通了路，家里通了电。对山西亲人的无私援助和真诚奉献，我们永远铭记在心。

每到一处，骆惠宁都要看望慰问我省援疆干部人才和工人，与大家亲切交谈，询问工作生活情况，勉励大家牢记习近平总书记的重要嘱托，高标准、严要求，把援疆作为服务的过程，作为向自治区干部群众、兵团干部战士学习的过程，以实际行动为家乡人民争光。期间，我省文化援疆精品剧目《生命如歌》在阜康市举行慰问演出。骆惠宁接见演职人员时，强调要大力讴歌太行精神、兵团精神，弘扬无私奉献、爱疆建疆的正能量。

林武先后到阜康市甘河子镇、十二师二二二团、六师五家渠市、昌吉州山西省援疆前方指挥部，考察棚户区改造、群众文化活动中心、文化产业服务中心、幼儿园、图书馆、中学等我省援建项目，走访棚户区居民，在医院参加救护车捐赠活动，看望慰问援疆干部、支边援疆教师医生。

自治区和兵团领导沙尔合提·阿汗、吉尔拉·衣沙木丁、李新明参加有关活动。

骆惠宁在忻州调研时强调

以锐意进取拓展新局面

深秋的晋北大地，一派丰收景象。在带队完成对忻州的督导检查后，11月2日至3日，省委书记、省人大常委会主任骆惠宁又深入神池、宁武和忻府区，就脱贫攻坚、转型发展、机构改革等进行调研，并听取了市委市政府工作汇报。他强调，要深入贯彻省委十一届六次全会精神及系列专项部署，坚持问题导向，提高工作标准，增强能力素质，锐意开拓进取，在“两转”基础上全面拓展忻州工作新局面，推动学习贯彻习近平总书记视察山西重要讲话精神取得更大成效。

在神池晋神五和畜牧公司，骆惠宁了解优种羊扩繁带动贫困户增收情况，在神池曦晟源饮料公司观看沙棘产品加工生产。他强调，要把产业扶贫摆在突出位置，发挥龙头企业带动作用，提高农产品深加工水平，使特色产业带动更多农民群众脱贫与增收。在宁武县西马坊乡榆木桥村，骆惠宁考察基层党建工作，看望贫困户，并与村民们亲切交谈。他指出，要大力推广秋季覆膜保墒技术，并要求县乡干部深入田头指导，与群众一起干。骆惠宁高度关注忻州转型发展情况。中科晶电信息材料公司生产的5G芯片产品已部分下线，整个微波芯片及集成电路项目将在明年上半年全部建成。骆惠宁鼓励企业坚持国际一流标准，把握住国产高端芯片及集成电路发展的历史机遇，成为山西信息技术产业的领跑者。金宇科林科技公司利用煤矸石生产煅烧高岭土，是行业领军企业。骆惠宁考察了企业技术中心，指出山西煤矸石总量大，要通过科技创新加快综合利用步伐。在宁武管涔山下，骆惠宁强调要把汾河源头的生态保护好。骆惠宁还考察了忻州古城保护修复活化项目，希望忻州把文化旅游业打造成新支柱产业。

在忻府区播明镇，骆惠宁主持召开座谈会，就乡镇机构改革和综合行政执法体制改革听取意见建议。他强调要通过深化改革，构建简约高效的基层管理体制，提高执法效率和规范化水平。骆惠宁先后来到忻州军分区、武警忻州支队，了解战备和改革训练情况，希望军分区扎实推进民兵调整改革,希望武警官兵持续履行好职责使命。

11月3日,骆惠宁听取了忻州市委市政府工作汇报,随机检查了3位县委书记抓改革的情况。他对忻州市近年来的工作以及贯彻落实省委十一届六次全会精神取得的新成效给予肯定。他在讲话中指出,忻州在“两转”基础上全面拓展新局面,必须把握正确方向,坚持问题导向,协调推进工作,着力抓好落实,锐意开拓,持续奋斗,以重点突破带动整体工作水平不断提高。一要在加快转型发展上下功夫,力争产业结构调整取得重大突破。要把转型发展摆在战略位置来抓,各级领导干部要担当起转型发展的历史使命,在实战中不断提升领导转型发展的能力。要坚持把产业结构调整作为主攻方向,农业要优化种植养殖结构、提升加工业水平,打响“中国杂粮之都”品牌;工业要横下一条心加快发展新兴产业,努力形成若干产业集群,同时要下气力抓好传统产业改造升级,不断培育新动能。全市上下都要抓好转型项目的谋划与建设,真正走出一条产业优、质量高、效益好、可持续的发展新路。二要在提高脱贫质量上下功夫,力争促进乡村振兴取得重大突破。要把提高脱贫质量放在首位,不折不扣完成三年脱贫攻坚任务,坚决防止为脱贫而脱贫,更好地以脱贫攻坚带动农业农村全面进步。每个县都要在脱贫攻坚过程中形成主导产业,使县域经济有新的提升。要把脱贫攻坚与改善农村人居环境有机结合起来,使群众生产条件和精神风貌都有大的提升。三要在增强拓展新局面的动力活力上下功夫,力争全面深化改革取得重大突破。要围绕破解制约发展的体制机制障碍,进一步深化重点改革,更加有效地以改革促转型、促各项事业进步。领导干部抓改革既要挂帅更要出征,对本地区本单位的重点改革一定要底数清、目标明、措施实、带头干。要认真学习领会习近平总书记在民营企业座谈会上的重要讲话精神,切实解决影响民营企业发展的突出问题,大力支持民营企业发展壮大。四要在扎实推进党的建设上下功夫,力争建设高素质专业化干部队伍取得重大突破。要坚持党的全面领导,各级党委(党组)要自觉做到“两个维护”,切实扛起把方向、管大局、作决策、保落实的责任。要坚持全面从严治党,毫不动摇地把从严管党治党向纵深推进。各级领导干部要自觉适应新形势新任务的要求,提高工作标准,切实转变作风,学习再学习、深入再深入、苦干再苦干,在实践中不断提升能力与本领。要充分发挥右玉县委书记群体的楷模力量,党员领导干部要比党性,比境界,比贡献,在任内创造无愧于党和人民的业绩。

李俊明、张瑞鹏、曾友成参加有关活动。

骆惠宁在太原检查环保整改事项时强调

盯住突出问题 做到边督边改

11月9日,省委书记骆惠宁对太原市小店区北张退水渠黑臭水体治理工程和群众反映的清徐潇河南侧生活垃圾及工业固废堆积问题,进行实地检查,对认真整改提出明确要求。他强调,各级各部门要全力配合中央环保督察“回头看”,紧盯不落实问题和群众反映强烈的问题,坚持边督边改、真改实改、实事求是地改,以整改的实际成效取信于民。

根据省委要求,太原市从去年5月到今年5月,实施了“八河一沟”综合治理工程,现已基本完工,将有效避免和减少城市洪水与内涝,有效改善居民的工作和生活环境。骆惠宁听取了工程汇报,要求继续抓好后续环境美化和配套建设,打造城市生态景观廊道。骆惠宁来到北张退水渠,了解黑臭水体治理工程进展情况。他要求继续抓好沿线管网、污水处理厂建设,确保年底厂网基本建成,明年上半年全部运营,实现城市污水全收集、全处理,黑臭水体全消灭,使水生态和城市环境质量有一个大的提升。

清徐县王答乡同戈村潇河南侧堆存大量生活垃圾,中央环保督察组暗访指出问题后,太原市、清徐县连夜部署整改,所堆存垃圾已清运至合规填埋场。该地块同时堆放着历史上多年形成的工业固废,存在安全隐患,太原市、清徐县对此正一并进行处理。在清理现场,数十台清运车辆忙碌作业。骆惠宁察看整改清运情况,登上渣土山了解固废堆积后对周边环境的影响。他要求查明生活垃圾是谁堆放的、应负什么责任;对固废山严格按固体废物污染环境防治法等有关规定作出处理;对于垃圾和固废对周边水、土壤等造成的影响,要取样评估后提出处理措施;现场清理后要进行必要的生态修复,为居民营造良好的生活环境。

骆惠宁强调指出,要建立环保督察整改清单和工作台账,有关地区和单位主要领导干部要领办包办重点整改项目,对突出问题要跟踪督办、限时解决,以实际行动支持配合中央环保督察“回头看”,以整改为契机改善生态环境、推动绿色发展。

现已查明,该地生活垃圾主要是清徐昊森环境工程公司倾倒储运垃圾形成的。太原市委市政府立即贯彻省委指示精神,作出相应处理决定。一是责令清徐县政府终止与涉事企业的服务合同,该公司不得再从事清徐县垃圾清运处理经营活动。二是根据相关规定由清徐县环境卫生行政主管部门依法对该企业违规倾倒垃圾行为处以5万元罚款。三是由市环保局、市环卫局分别约谈清徐县相关部门主要负责人。四是举一反三,全面排查,彻底整改。清徐县要加快清运处理积存工业固废,并进行无害化科学处置,防止发生次生污染。要加强监管，坚决杜绝再次发生此类行为。清徐县要加快垃圾中转站和填埋场等基础设施建设，从源头上彻底解决工业固废和生活垃圾污染问题。目前整个整改工作仍在进行中。

罗清宇、胡玉亭参加。

骆惠宁率山西省党政代表团赴广东学习考察

改革开放再出发　两省合作谱新章

在庆祝改革开放40周年之际，11月28日至12月1日，省委书记骆惠宁率山西省党政代表团赴广东学习考察。这是我省贯彻落实习近平总书记关于高举新时代改革开放旗帜、把改革开放不断推向深入的重要指示精神，推动全省改革开放再出发的重要举措，是一次鲜活的现场培训和深刻的思想解放，学到了真经，拓宽了视野，促进了合作，为我省在“两转”基础上全面拓展新局面注入新动力。中央政治局委员、广东省委书记李希，广东省委副书记、省长马兴瑞，省委副书记、省长楼阳生，广东省委常委、深圳市委书记王伟中等出席座谈会并参加考察。

11月28日，两省工作交流座谈会在广州举行。李希代表省委省政府对山西长期以来给予广东改革发展的大力支持表示感谢。他说，山西认真贯彻落实习近平新时代中国特色社会主义思想和党的十九大精神，全面贯彻习近平总书记视察山西重要讲话精神，坚定不移推进全面从严治党，加快经济转型发展，坚持不断改善民生，推动经济社会发展不断取得新成绩。当前，广东正深入学习贯彻习近平新时代中国特色社会主义思想和党的十九大精神，认真学习贯彻习近平总书记视察广东重要讲话和对广东一系列重要指示精神，深化“大学习、深调研、真落实”工作，进一步优化完善提升“1+1+9”工作部署，把总书记重要指示要求一项一项落到实处，奋力开创改革发展新局面。我们将认真学习借鉴山西的好经验好做法，努力把广东工作做得更好。李希强调，要坚持以习近平新时代中国特色社会主义思想为指引，进一步深化粤晋全面交流合作，不断提升合作发展水平。一是在学习贯彻习近平新时代中国特色社会主义思想上加强交流、互学互鉴，增强“四个意识”、坚定“四个自信”、践行“两个维护”，共同推动习近平新时代中国特色社会主义思想落地生根、结出丰硕成果。二是加强高质量发展的对接合作。聚焦科技创新和产业变革，共同推动协同创新，强化能源化工、高端装备、新材料等产业对接，深化文化旅游开发合作，实现更高水平的互利共赢发展。三是在深化改革开放方面加强合作。在全面深化体制机制改革上加强沟通、相互启发、增进协同，紧紧抓住“一带一路”建设和粤港澳大湾区建设等重大历史机遇，实现双方优势互补、资源共享，强化互联互通、双向投资和经贸往来，推动国家重大战略落地落实。

骆惠宁对广东长期以来给予山西经济社会发展的大力支持表示感谢。他说，广东是改革开放的排头兵、先行地、实验区，在改革开放和社会主义现代化建设进程中取得了令人瞩目的发展成就。在习近平新时代中国特色社会主义思想指导下，广东以新担当新作为取得了各项事业新进步。山西正处于“两转”基础上全面拓展新局面的关键时期，我们要认真学习广东敢闯敢试、敢为人先的改革精神，在全省上下增强不断改革创新的紧迫感。骆惠宁说，晋粤两省交往源远流长，文化各具特色，经济互补性强，在改革开放再出发的大背景下，要在更宽领域更深层次开展交流合作。一要从新时代高度把握粤港澳大湾区对内地的辐射带动作用，以务实举措积极融入，借鉴移植广东自贸区特别是前海蛇口片区的创新经验，深化山西转型综改试验区建设，带动经济转型升级，实现“三大战略目标”。二要发挥各自优势，促进区域协同创新，山西将全面培育创新生态，推动更多创新成果在晋转化。支持两省企业在能源革命、新兴产业、文化旅游等方面加强合作，欢迎广东企业在晋建立生产基地。三要坚持高层务实推动，把加强与广东的合作摆到战略位置，建立省级部门间交换信息合作机制，拓展形成全方位多渠道交流合作格局。面对新形势新挑战，深化改革、扩大开放至关重要，对标一流、提高标准至关重要，不断创新、开拓市场至关重要，我们要在晋粤战略合作中，进一步提高山西改革开放的质量和水平。

马兴瑞、楼阳生分别介绍了本省经济社会发展情况。

在我省与深圳市的交流座谈会上，王伟中介绍了深圳市经济社会发展情况，骆惠宁就学习借鉴深圳的先进经验和创新举措，加强互利合作提出意见。这次学习考察，山西与广东省及深圳市在完善协作机制、建设创新体系、推动经贸合作、拓展人文交流、选派干部挂职等方面达成高度共识，开启了晋粤战略合作的新篇章。

代表团先后赴广州、东莞、深圳等地，在前海蛇口自贸片区、广州南沙自贸区，考察以制度创新引领全面深化改革的举措；在东莞松山湖高新区，了解政府部门全链条跟踪服务、完善创新体系的做法；在广东智能机器人研究院、中科院深圳先进技术研究院，了解产研一体、集聚人才情况；在广州无线电集团、大族激光科技公司、华为公司、腾讯公司、柔宇科技公司、研祥智能科技公司、华侨城集团，学习企业适应和引领市场需求，以研发和人才优势占领国际产业高端的经验；在东塔国际金融中心听取广州经济社会发展和城市规划管理情况介绍。代表团在深圳举办了山西省招商引资项目推介会及六场专题对接活动，楼阳生作了主旨推介讲话。推介会上,共签约项目25个,总金额567亿元,涉及先进装备制造、新一代信息技术、节能环保等领域。代表团还参观了"大潮起珠江——广东改革开放40周年展览"。

参加考察的各市和部分省直部门、省级开发区、国有企业负责人及民营企业家代表,边考察、边思考、边对接。大家一致认为,这次在改革开放最前沿学习考察,触动很大,收获很大,一定要以新姿态新理念和担当进取、敢为人先的精神,加快建设"示范区""排头兵""新高地",把新时代山西改革开放不断推向深入。

广东省领导林少春、张硕辅、陈良贤,广州市市长温国辉、深圳市市长陈如桂,山西省领导王一新、贺天才、李晓波、张瑞鹏参加有关活动。

骆惠宁率山西代表团在香港考察

招商推进务实交流合作　提升全面开放水平

滔滔香江,日丽风和。继圆满结束在广东的学习考察招商活动后,12月2日至4日上午,省委书记骆惠宁率山西代表团在香港考察招商。期间,骆惠宁与香港特别行政区行政长官、中央驻港联络办主任进行会谈,走访香港世界500强企业,广泛接触香港工商界代表人士、驻港中资企业负责人,连续主持召开合作恳谈会,推动晋港务实交流合作取得重要成果。

12月3日上午,骆惠宁与香港特别行政区行政长官林郑月娥举行会谈。林郑月娥说,山西与香港的交往日趋频繁,经贸关系密切,双方合作未来亦有很大的发展空间。她表示香港作为国际金融中心,愿为山西企业提供"引进来"和"走出去"平台。骆惠宁指出,在新的历史条件下,香港在助力国家全面开放中仍具有不可替代的独特作用。山西是把晋港友好合作放在战略位置来看待的。在介绍山西近年来发生的深刻变化和经济转型发展的战略目标后,骆惠宁指出,晋港之间有着良好的合作基础和广阔的合作空间,两地应加强高层推动,深化务实合作。他表示,山西要更好地利用香港的资本市场、专业服务和科创成果,推动经济转型和高质量发展。双方就鼓励香港企业赴晋投资、深化旅游合作和人文交流、为香港青年赴内地深度学习提供体验基地等达成共识。

在会见香港中联办主任王志民时,骆惠宁说,目前,山西正在深入学习贯彻习近平总书记视察山西重要讲话精神,努力实现"三大战略目标",要用好香港这个窗口和平台,借助香港的金融优势、创新优势、服务优势,推动晋港共同繁荣发展。希望香港中联办继续发挥桥梁纽带作用,促进香港与山西的交流合作。王志民感谢山西省委省政府对香港工作和中联办工作的大力支持,表示晋港两地交流合作呈现互惠互利、共赢发展的好势头,希望山西继续充分用好香港国际化平台,助力全省新一轮对外开放和高质量发展,扩大两地人文交流,推动两地青少年互动交流。中联办将继续做好晋港两地交流合作的协助和推动工作。

提升山西与香港的经贸合作水平是骆惠宁此行的重要任务。山西省与香港工商界人士合作恳谈会会场内,气氛热烈,嘉宾云集,近70位香港工商界代表人士出席。香港中华总商会会长蔡冠深在会上致辞,15位香港工商界代表人士积极踊跃发言,表达了继续办好在晋企业,积极助力山西转型发展的意愿。骆惠宁与大家互动交流,他表示,山西将以实际举措支持香港工商界人士更多更好地在晋投资兴业。继续办好在晋企业是最好的招商名片,要对目前香港在晋企业的投资经营情况全面梳理,本着积极支持的态度,尽快解决营商环境方面的问题。骆惠宁希望大家把握机遇,积极参与山西基础设施建设、国企混改、能源革命、高端制造业发展、传统产业改造升级、现代服务业壮大、文化旅游业崛起、城乡建设等。骆惠宁说,山西政治生态已经发生了根本性变化,整体风清气正,大家可以放心考察、寻求商机、投资兴业、开展合作。多位工商界人士谈到,山西省委书记率团来港招商引资,是近20年里第一次。此次恳谈会别开生面,不是简单开发布会,而是面对面对接交流;不是泛泛推介,而是有重点地推介合作产业和项目,体现了针对性、专业化和务实精神,进一步看到了投资商机,增强了合作信心。

在香港中资企业合作恳谈会上,华润集团、中国海外集团、招商局集团、香港中旅等13位企业负责人先后发言,介绍了主营业务、在山西投资合作情况,给予山西这次招商引资积极评价,表示愿意为山西转型发展发挥积极作用,并就借助香港平台融资、帮助引进战略投资者等提出建议。近40位香港中资企业负责人出席了恳谈会。骆惠宁欢迎香港中资企业投资山西,他就推进山西和香港中资企业深度合作提出三点希望,一是进一步助力山西经济转型发展和社会进步,更多地投资山西的重点发展领域;二是进一步助力山西企业进入香港资本市场,为家族资产提供资产管理服务;三是进一步助力山西企业参与"一带一路"建设,帮助山西产品、装备、服务提升国际竞争力。骆惠宁重点介绍了山西争当能源革命排头兵的重大举措,他说,能源革命是世界潮流、发展前沿,也是改革制高点。这方面山西有发言权也有影响力,我们要把煤炭的比较优势进一步转化为能源革命的比较优势和构建现代产业体系的比较优势。恳谈会前,骆惠宁分别会见了华润集团董事长傅育宁、太平集团董事长罗熹,就进一步扩大在晋投资做了友好商谈。

在与工商界人士和企业负责人的交流中，骆惠宁指出，在祖国的开放中，香港一直有着非常重要的地位和作用。时至今日，香港仍然是一座“金矿”。他介绍了山西当前发展态势，并对大家的合作建议给予回应。他说，山西打造“示范区”“排头兵”“新高地”三大战略目标，为晋港合作提供了重要机遇和平台。我们有责任努力为投资者提供良好营商环境特别是法治环境，推动外来投资在山西实现持续发展。

骆惠宁还考察了香港交易所，听取负责人关于业务运营、制度创新情况介绍，就帮助山西企业赴港上市融资、建立常态沟通合作机制等进行深入对接。

副省长王一新一起访问。省直有关部门、部分国有企业、民营企业负责人参加有关活动。

访问期间，山西有关部门和企业与香港工商界、中资企业积极主动对接，具体商谈合作，取得众多成果，涉及清洁能源、节能环保、文化旅游、医疗健康、国企混改等方面。

此次访问在香港各界引起强烈反响，特别行政区政府网站发布消息，多家香港媒体给予关注和报道，对代表团务实合作给予高度评价，进一步扩大了山西影响。

骆惠宁率山西代表团在澳门考察

深化晋澳务实合作 推动两地共同发展

12月4日下午至5日，省委书记、省人大常委会主任骆惠宁率山西省代表团赴澳门考察访问，开展招商活动。期间，骆惠宁会见澳门特别行政区行政长官、中央驻澳联络办负责人，与澳门工商界代表人士恳谈交流，出席两地系列协议签约仪式，有力推动晋澳深度务实交流合作。

4日下午，骆惠宁与澳门特别行政区行政长官崔世安举行会谈，就推动晋澳务实合作进行交流。崔世安欢迎骆惠宁率团来澳访问考察，并介绍了近年澳门发展情况、中央政府对澳门的发展定位。他表示相信，依托融入国家的发展机遇，有利于澳门与山西省加强交流合作。骆惠宁指出，山西是把加强与港澳地区合作、积极融入粤港澳大湾区建设作为发展战略来对待的。在简要介绍山西历史文化和当前发展情况后，骆惠宁就把握中央对澳门的发展定位，进一步加强与澳门的务实合作，提议两地在发展文化旅游产业、促进中医药科研成果转化利用、推动中小企业发展、发挥澳门葡语国家商贸合作服务平台作用四个方面加强合作。崔世安赞同骆惠宁关于两地务实合作的提议，表示澳门政府将指定相关部门与山西对口联系，细化合作内容，推动澳晋务实合作、共同发展。

在会见澳门中联办负责人时，骆惠宁对澳门中联办给予的大力支持表示感谢，并希望澳门中联办继续发挥桥梁纽带作用，促进山西深化与澳门的交流合作，助力山西全面对外开放。张荣顺说，山西历史文化资源深厚，能够与澳门优势互补、合作共赢。他表示愿为推进澳门与山西的交流合作、互利互惠做好服务、多办实事。

这是近20年来，山西高层次代表团首次赴澳门考察招商，得到澳门特别行政区政府、工商界的高度重视。在5日上午举行的山西省与澳门工商界代表人士合作恳谈会上，澳门特别行政区代理行政长官、澳门经济财政司司长梁维特，澳门特别行政区政府有关机构负责人、澳门工商界代表人士70余人参加并踊跃建言。骆惠宁与大家面对面交流，听取意见建议。澳门工商界代表人士刘艺良、傅建国、施家伦、张明星、何富强、马志毅、何敬麟、陆惠德、何海明、黄华强，几内亚比绍驻澳门代表马立文先后发言，大家对骆惠宁与崔世安加强晋澳四个方面务实合作的共识给予鲜明支持，并就两地工商界具体合作事项提出意见建议。在听取发言后，骆惠宁对澳门工商界发挥经贸合作主体作用，做出新贡献提出三点意见。一是把握历史机遇。骆惠宁指出，随着国家改革开放再出发，随着粤港澳大湾区建设的积极实施，港澳在国家深化开放大局中所具有的不可替代的独特作用会更加明显。山西按照国家战略布局，正在建设资源型地区转型发展示范区、打造能源革命排头兵、构建内陆地区对外开放新高地，这些都为双方共同提升合作水平提供了历史机遇。山西坚定地把加强与港澳的合作放到战略地位来考虑，希望大家从历史的高度看问题，共同再出发。二是推动务实合作。把澳门的资本优势、世界旅游休闲中心优势、中国与葡语国家商贸合作服务平台优势与山西经济转型升级、社会全面进步更好结合起来，在投资、贸易、会展、旅游等领域具体商谈，进一步挖掘潜力、拓展商机、用心推动，实现合作共赢。三要发挥纽带作用。骆惠宁希望澳门工商界社团领袖、人大代表、政协委员在促进双方务实合作方面更好发挥纽带桥梁和带动作用。他诚邀大家到山西考察对接。骆惠宁强调，山西正在努力打造良好营商环境。我们将坚持问题导向，通过不断解决问题，使山西营商环境的制度设计能够体现最好效果。我们要坚持依法按规矩办事，坚决依法保护投资者的合法权益，这对投资者来说是最重要、最可持续的。坦诚务实的讲话引起与会者强烈共鸣，会场响起热烈掌声。

恳谈会后举行了签约仪式，山西文旅集团与澳门中旅公司、山西关公文化研究会与澳门传承关公文化协会、山西省贸促会与澳门会议展览业协会分别签署合作协议。

葡萄牙、安哥拉、佛得角、几内亚比绍、莫桑比克、圣多美和普林西比等葡语国家驻澳门代表也参加了恳谈会。

中央驻澳联络办副主任姚坚出席恳谈会。副省长王一新一同访问。省直有关部门、部分国有企业、民营企业负责人参加有关活动。

在澳期间，代表团随行企业与澳门企业进行深入对接，取得积极成果。近年来，澳门与我省人员往来、经贸合作、文化交流合作不断深化。今年前10个月，两地进出口同比增长翻番，太原至澳门航线执行航班、运输旅客同比分别增长45.92%、94.46%。

新闻媒体采访(发表)省委书记骆惠宁报道和文章

央视《新闻联播》关注山西省转型发展

发力重大改革　谋划发展新格局

骆惠宁强调,改革正处在“施工高峰期”,我们要认真落实习近平总书记思想再解放、改革再深入、工作再扎实的要求,党委书记当好改革“施工队长”,先行先试、善作善成,确保中央各项改革部署在山西生根见效

2月2日,央视《新闻联播》系列报道“在习近平新时代中国特色社会主义思想指引下——新时代新气象新作为”,报道了正处在转型发展关键期的山西,在习近平新时代中国特色社会主义思想指引下,瞄准前进路上最重的担子,最难啃的骨头,在多项重大改革上全面发力。

党的十九大报告指出,要增强改革创新本领,保持锐意进取的精神风貌。正值隆冬,为期50天的全省干部大调研让三晋大地一片火热。省市县三级3万余名干部开展全覆盖式的调研,深入一线摸实情,寻找改革发力点,谋划发展新格局。以习近平新时代中国特色社会主义思想为指引,山西在这场大调研中,要求全省干部不回避问题,不回避难题。

省委书记骆惠宁指出,山西经历重大转折,奋力开创新局,根本在于有习近平新时代中国特色社会主义思想的指引,三个多月来,我们把学习贯彻十九大精神不断转化为三晋大地的生动实践,坚持以全面深化改革,促进了各项事业的全面进步。

山西因煤而兴,也曾经受煤所累。瞄准发展目标,山西在深化供给侧结构性改革上发力。2018年,煤炭先进产能占比将由2015年的10%提高到50%。深化供给侧结构性改革,山西把打造国家转型综改试验区作为重要抓手。为在新兴产业上谋求突破,营商环境上的一系列配套改革正在加速跟进。在山西转型综改示范区内,企业投资项目审批已经由26个公章,简化为一枚审批专用章。目前已吸引了62个项目落地,总投资额近千亿元。

瞄准发展目标,山西在监察体制改革上动真格、重实效。十九大后,在加强党对反腐败工作统一领导等8个方面,都推出相应改革举措,为全省转型发展营造良好政治生态。去年末,山西向乡镇派驻监察员,打通了全面从严治党向基层延伸的“最后一公里”,群众身边的腐败问题明显地变少,该项举措得到了干部群众的好评。

瞄准发展目标,山西一系列民生领域改革也向纵深推进。十九大后,全省119个县级医疗集团全部挂牌运行,住房租赁市场展开试点,环境容量指标实现应用。2018年,山西推出30多项改革试点清单,努力用改革创新打开转型发展新天地。

省委书记骆惠宁强调,今年是改革开放40周年,改革正处在“施工高峰期”,我们要认真落实习近平总书记思想再解放、改革再深入、工作再扎实的要求,党委书记当好改革“施工队长”,先行先试、善作善成,确保中央各项改革部署在山西生根见效。

(2018年2月3日《山西日报》“中央媒体关注山西”专栏刊发)

骆惠宁就资源型经济转型发展接受《人民日报》记者采访

3月9日上午,十三届全国人大一次会议山西代表团举行媒体开放日,全国人大代表、省委书记、省人大常委会主任骆惠宁就资源型经济转型发展接受了人民日报记者的采访。

人民日报记者:我们注意到,山西经济已经走出困境、走上转型发展之路。请问骆书记,山西确立的转型发展目标是什么?如何来实现?

骆惠宁:资源型地区转型发展在全国有一定的普遍意义,感谢您关心这个问题。大家知道,近年来经过努力,山西经济实现了从断崖式下滑到走出困境、再到转型发展呈现强劲态势的重大转折,但深层次的结构性体制性素质性矛盾尚没有根本得到解决,转型发展正处在攻坚克难的关键时期。按照高质量发展的要求,奋力建设国家资源型经济转型综合配套改革试验区,是我们肩负的重大历史使命。

近年来,山西经济之所以能够由"疲"转"兴",根本在于我们坚定地贯彻落实了习近平新时代中国特色社会主义经济思想。省委认识到,我国经济进入新常态后,新发展理念和高质量发展要求为转型综改试验区建设提供了科学指导,供给侧结构性改革为转型综改试验区建设赋予了新的内涵,改革创新、先行先试为转型综改试验区建设注入了新的动力,政治生态由"乱"转"治"、总体风清气正为转型综改试验区建设营造了良好环境,转型综改试验区建设已站到了一个新的历史起点上,应当鲜明地确立具体战略目标,更好引领新时代山西转型发展。正是在这样的背景下,我们按照党中央、国务院的新要求,明确了建设"资源型经济转型发展示范区"、打造"能源革命排头兵"和构建"内陆地区对外开放新高地"的三大目标,计划用5年时间打好转型发展基础,到2030年基本完成转型任务,上述发展目标是符合党中央对我国建设社会主义现代化强国战略部署精神的。

下一步,我们要全面贯彻落实党的十九大精神,推动转型综改试验区建设进入新境界。一是注重目标引领。以"三大目标"牵引转型发展"牛鼻子",确立山西在全国经济发展格局中的战略地位,彰显在市场经济条件下吸引聚集各种生产要素的比较优势。二是强化以改促转。推动转型综改试验区建设,关键靠改革。我们要继续深化涉及转型发展的一系列重大改革,落实好国发〔2017〕42号文件,勇于和善于先行先试,用改革创新打开转型发展新天地。三是奋发干事创业。我们要持续全面从严治党,不断营造风清气正的干事氛围和创业环境,努力建设一支高素质专业化的干部队伍,造就一支宏大的企业家队伍,激发蕴藏在群众中的创造力,使转型发展成为全省人民的共同事业,让干事创业成为全省上下的鲜明标志。

我们也深知,资源型经济转型发展是一个世界性难题,是一个长期的过程。任何一蹴而就、毕其功于一役的想法都是不现实的,任何畏艰畏难、消极观望的心态都是不正确的。我们将以"功成不必在我"的境界,用非常之力、下恒久之功,走好山西转型综改的金光大道。

(2018年3月10日《山西日报》报道)

在深化国家监察体制改革中勇当开路先锋

——专访山西省委书记骆惠宁

党的十九大后,国家监察体制改革已由试点工作转向全国推开。山西作为先行试点省市之一,将如何推动改革向纵深发展?新华社记者就此采访了山西省委书记骆惠宁。

记者:作为先行试点省,山西是如何推进改革的,取得了哪些成效?

骆惠宁:山西坚持把监察体制改革作为牢固树立"四个意识"的实际行动,在以习近平同志为核心的党中央坚强领导下,在中央深化国家监察体制改革试点工作领导小组及办公室有力指导下,省委全面扛起主体责任,省市县三级党委书记当好"施工队长",按照党中央确定的蓝图精细组织施工。经过转隶组建、建章立制、评估深化三个阶段,着力推动机构整合和人员融合,加强纪法衔接、法法衔接,实现顺畅高效运行,高质量完成了改革目标任务,制度优势正在转化为治理效能。

一是强化了党对反腐败工作的统一领导。从组织形式、职能定位、办案程序上实现由"结果领导"走向"全过程领导",保证了党对反腐败工作的决策权、审批权、监督权,促进了依法治国与依规治党的有机统一。二是建立了集中统一、权威高效的监察体系。纪委与监委合署,党内监督与国家监察互补,监察机关权威性、独立性明显增强。监察程序与司法程序有序对接,监察机关与司法执法机关既相互配合又相互制约,形成监察权有效运行机制。山西三级监委成立以来,12项调查措施全部得到规范使用,全省移送案件,检察机关审查逮捕、审查起诉用时均远少于法律规定的时限。三是实现了对行使公权力的公职人员监察全面覆盖。改革后,全省各级纪委监委监督监察对象增加了18.74%,实现了由监督"狭义政府"到监督"广义政府"的转变。四是提升了区域治理能力和治理水平。改革有力促进了全面从严治党及反腐败斗争向纵深发展,全省内生动力和外部形象都发生了深刻变化,呈现出党的建设和党的事业互促共进的良好局面。

记者:下一步山西如何继续深化探索,更好发挥"试验田"作用?

骆惠宁:从山西来讲,前期成效只是长征第一步,试点全面推开对我们提出了新要求,必须树立问题导向,继续先行先试,不断补"短板"、填"漏洞"、疏"堵点"、解"难题",敬终如始深耕细作"试验田",探索创造可借鉴经验,把改革成果更好转化为治理效能。我们出台了《山西省进一步深化监察体制改革试点工作实施方案》,对持续深化改革作出了部署。总的安排是以今年9月中央全面总结试点工作倒排工期,分"三步走":第一步聚焦拓展延伸,重在为制定监察法和修改相关法律进一步提供实践支撑;第二步聚焦依照监察法开展监察,重在对表对标,推进纪检监察工作法治化进程和水平;第三步聚焦对监察法实施后的工作进行"回头看",重在全面分析和提高质量。

我们提出着力在加强党对反腐败工作的统一领导,继续抓好对有关问题的探索实践,推进执纪与执法协调衔接、制约制衡,推动监察机关全面履行职能职责,完善内控机制、加强自身建设,解决改革试点发展不平衡问题,以信息化手段提高监察效率,激励创新探索、注重学习借鉴等八个方面做足"深化"文章。目前,各项工作正有序深入推进。

记者:山西如何在深化改革中进一步完善党领导反腐败工作常态化制度化长效化?

骆惠宁:加强党对反腐败工作全过程领导常态化制度化长效化,是坚持党对一切工作领导的本质要求,是标本兼治推进反腐败斗争的客观需要。我们在深入研究基础上,制定了实施意见。我们将以习近平新时代中国特色社会主义思想为指导,贯彻新时代党的建设总要求,把推进"三化"作为政治建设的重要内容,着力健全横向到边、纵向到底的主体责任体系,着力构建统一领导、分工负责、齐抓共管的工作格局,着力提高各级党组织和党员领导干部履行管党治党责任的政治觉悟和能力,把反腐败领导权牢牢抓在手上。

省市县三级成立反腐败领导小组,组长由党委书记担任,下设领导小组办公室和国际追逃追赃工作办公室,健全各级党委每年对全面从严治党进行集中统一部署、各级党委常委会及书记专题会不定期研究党风廉政建设和反腐败工作、各级党委反腐败领导小组不定期研究反腐败工作、各级党委常委会定期听取党风廉政建设和反腐败斗争情况、各级党委常委会每年听取同级人大政府政协法院检察院党组和纪委监委全面从严治党情况报告、下级党委主要负责人向上级党委全委会述职述廉、实行反腐败专项重点工作备案制度、实行反腐败工作重要事项报告和批准制度、实行对被巡视巡察党组织政治生态定量定性评估制度、实行反腐败形势民意调查制度等十项工作机制。各级党委书记要扛起首责主责全责,确保全过程挂帅、全方位领导,以永远在路上的韧劲,努力实现山西政治生态持久的风清气正。

(2018年3月19日新华社"在习近平新时代中国特色社会主义思想指引下——新时代新气象新作为·省部长高端访谈"专栏刊发)

维护核心见诸行动 高举旗帜不懈奋斗

——访山西省委书记骆惠宁

近日,就山西如何深入贯彻落实党的十九大精神和习近平总书记考察山西重要讲话精神,实现政治生态由"乱"转"治"、发展由"疲"转"兴",进一步用改革开放打开转型综改试验区建设新局面,在深化国家监察体制改革中勇当开路先锋,记者专访了山西省委书记骆惠宁。

记者:山西把贯彻落实习近平总书记考察山西重要讲话精神与贯彻落实党的十九大精神结合起来,步步引向深入。请谈谈这方面的主要举措。

骆惠宁:习近平总书记2017年6月考察山西并发表重要讲话,要求我们抓好扎实推进经济发展方式转变、扎实做好"三农"工作、扎实推进脱贫攻坚和民生保障、扎实推进生态文明建设、严肃党内政治生活五项重大任务,在山西发展史上具有重要里程碑意义。

党的十九大后,我们把学习宣传贯彻十九大精神和深入贯彻习近平总书记考察山西重要讲话精神结合起来,持续在融会贯通、学以致用、全面覆盖上下功夫,推动习近平新时代中国特色社会主义思想在三晋大地转化为生动实践。举办4期省管干部专题研讨班,对县处级以上干部进行集中轮训,开展"党的十九大精神进基层"主题宣讲活动,使党的创新理论成果深入人心。出台《关于坚决维护党中央集中统一领导的规定》,开展弘扬"红船精神"主题党日活动,引导党员干部牢固树立马克思主义政治观,把对党忠诚、为党分忧、为党尽责、为民造福作为根本政治担当。围绕谱写新时代中国特色社会主义山西篇章,明确了山西在新时代的前进方向和战略重点。组织省市县万名干部大调研,聚焦谋转型、强党建、转作风、抓落实,扑下身子、沉到一线、服务群众。近期由省委常委带队,就习近平总书记对山西工作重大要求落实情况进行全面督导检查,以办好山西事情的实际成效与党中央保持高度一致。

记者:习近平总书记考察山西时充分肯定山西实现了“两转”。您对此有怎样的感受?

骆惠宁:近年来,在以习近平同志为核心的党中央正确领导下,山西省委坚定以习近平新时代中国特色社会主义思想为指引,做到构建良好政治生态、推动经济稳步向好“两手硬”,团结带领全省干部群众战胜了系统性塌方式腐败和经济断崖式下滑,全省内生动力、发展态势和总体形象发生深刻变化。山西的重大转折和进步,根本原因在于有习近平新时代中国特色社会主义思想的科学指引,根本保证在于有习近平总书记领航掌舵。当前山西正处于“两转”后的爬坡上升阶段,我们告诫全省党员干部保持清醒头脑和定力,“治”不忘“危”、“兴”不忘“忧”,以更勤勉的工作、更务实的举措巩固发展来之不易的良好态势,努力实现党内政治生态持久的风清气正,努力实现经济转型发展持久的强劲态势。

记者:您提出要把以改革促转型、以开放带转型作为新时代山西转型综改试验区建设的最强音,对此该如何理解?

骆惠宁:山西这几年坚决贯彻新发展理念,用供给侧结构性改革赋予转型综改新的时代内涵,从解决制约转型发展的体制机制瓶颈入手,狠抓重大工作的顶层设计、总体布局、统筹协调、整体推进,有效构筑起促进和保障转型发展的体制政策“四梁八柱”,正推动转型发展过程成为高质量发展的过程。我们深知,山西发展相对滞后,主要是改革开放相对滞后。中央要求山西在2020年基本建立支撑资源型经济转型的体制机制,2030年基本完成资源型经济转型任务,时不我待。我们必须进一步增强转型发展的紧迫感和自觉性,狠抓国发42号文件的落实,用好国家赋予的先行先试政策,抓实抓好“转型项目建设年”工作,推动国企国资、开发区、人才、科技管理体制、企业投资项目承诺制等重大改革往深里走,完善打造内陆地区对外开放新高地的理念、内涵和举措,使“以改革促转型”成为基本路径,使“以开放带转型”成为活力源泉,奏响新时代山西转型综改试验区建设的最强音。

记者:党的十九大后,国家监察体制改革试点工作向全国推开。山西作为先期试点省市之一,如何推动改革向纵深发展?

骆惠宁:山西前期改革试点成效只是长征第一步,我们要不断增强深化改革的自觉,敬终如始深耕细作“试验田”,一步一个脚印推动试点往深处做、细里做。山西省委出台“深化方案”,把着力点和落脚点放在加强党对反腐败工作全过程领导常态化制度化长效化上,健全了分析研判本地政治生态状况、听取重大案件情况报告等机制。

目前,省市县三级都成立以党委书记为组长的反腐败领导小组,党委书记既当“总揽领导”又当“一线指挥”,着力强化各级党委的主体责任,支持和保障各级纪委监委履行监督责任,确保监察权规范高效顺畅运行,不断使制度优势转化为治理效能。试点全面推开至今年3月,全省共运用“四种形态”处理27999人次、同比增长49.6%,组织处理和纪律处分19211人、同比增长58.1%,移送审查起诉250人、同比增长163.2%,实现办案数量和质量“双提升”。根据监察法有关规定,山西省十三届人大常委会第二次会议依法听取和审议了省监察委员会的专项工作报告,进一步凝聚了支持监察体制改革的共识。加强市县派驻监察和乡镇监察工作,着力整治群众身边腐败问题,突出抓好整治民生领域腐败、扶贫领域腐败、涉黑涉恶腐败三项重点工作,依纪依法从严监督乡村、街道等基层所有行使公权力的公职人员,让人民群众从深化监察体制改革中增强获得感幸福感安全感。

(2018年5月13日《人民日报》“在习近平新时代中国特色社会主义思想指引下——新时代新作为新篇章·高端访谈”专栏刊发)

以更有力的行动推动民营经济健康发展

——专访山西省委书记骆惠宁

当前,全国各地都在认真学习贯彻习近平总书记在民营企业座谈会上的重要讲话精神。作为国家资源型经济转型综合配套改革试验区,山西在推动民营经济发展方面有哪些新政策新举措?记者采访了山西省委书记骆惠宁。

问:围绕学习贯彻习近平总书记在民营企业座谈会上的重要讲话精神,山西采取了哪些行动?

骆惠宁:习近平总书记在民营企业座谈会上发表重要讲话,发出了新时代大力支持民营经济发展壮大的最强音,对于解决当前突出问题、推动党和国家事业长远发展都具有指导意义,是山西在政治生态由“乱”转“治”、发展由“疲”转“兴”的基础上开创新局面的重要遵循。

我们在贯彻落实中把握了三条。一是提高政治站位,从捍卫我国基本经济制度出发,自觉把“民营企业和民营企业家是我们自己人”的要求落到实处,着力营造各类所有制企业公平竞争环境。二是解决实际问题,针对制约民营经济发展的观念、政策、营商环境等,有的放矢、综合施策,增强民营企业家的获得感。三是激励干部担当作为,要求省级领导带头构建亲清新型政商关系,进一步营造良好社会氛围。

抓贯彻落实,关键是具体行动。11月8日,山西省委中心组进行专题学习研究,15日召开支持民营经济发展座谈会,22日省委常委会审议通过了《关于支持民营经济发展的若干意见》。11月26日,召开了支持民营企业发展大会,包括民营企业家在内的近千人参加。会上,宣介了"若干意见",公布了省领导联系民营企业的制度和名单,表彰了100名山西省优秀中国特色社会主义事业建设者。当天下午,举行了省属国企首批面向民营企业的混改项目推介会和晋商民营联合投资公司揭牌仪式。这一系列行动,充分表明了山西持续支持民营经济发展的坚定态度,在民营企业家中引发热烈反响,全省上下形成支持民营经济发展的热潮。

民营经济强、山西经济才能强,民营经济转、山西经济才能转,民营经济活、山西经济才能活。我们将以习近平总书记民营企业座谈会和视察山西重要讲话精神为指导,站在"两个维护"的政治高度,坚守"三个没有变"立场,始终坚决贯彻中央及省委支持民营经济发展的政策举措,紧紧抓住新的窗口期和机遇期,不断增强责任感紧迫感,真正肩负起推动民营经济发展壮大的历史使命。

问:这次山西推出支持民营经济发展的"若干意见",受到各方面广泛关注,请问如何看待这个文件的特色和亮点?

骆惠宁:这次我省出台的"若干意见"共计30条。在文件制定过程中,我们主要把握了三点。一是体现正确导向。围绕习近平总书记提出的6个方面的政策举措,结合山西实际,着力引导民营企业稳定预期,提升素质,加快创新,实现高质量发展。二是强化政策创新。回应民企期盼,在市场开放、要素配置、财税支持、信贷融资等方面提出许多改革举措。三是突出执行效果,在文件制定中部署了一系列专项行动,建立了相应保障机制,提高了各项政策的操作性和有效性。

这30条,将有力地解决民营企业发展中一些突出问题。有的能直接为企业发展提供"真金白银"。比如,今年山西为各类企业减免税收预计将超过500亿元,明年将进一步为民营企业减免税费275亿元。针对融资难融资贵等问题,筹资50亿元组建民营企业政策性纾困救助基金,建立50亿元的接续还贷周转资金。省级融资再担保资本金明年将增至25亿元,省财政以后5年每年还将拿出3亿元作为资本金。

有的能为企业发展营造良好发展环境。文件进一步从妥善处理涉案民企、依法兑现政府承诺、优化行政审批效率、强化涉企服务、完善干部联系企业制度等方面,提出了新的具体化举措,有助于让民营企业家安心创业、便捷创业、规范创业、激情创业。文件在参与国企混改、政府采购、"标准地"出让、公平竞争审查、电力市场化交易、转型升级激励机制等方面提出了一些支持政策,将进一步拓展民营经济的发展空间。

有的能促进民营企业家健康成长。文件提出要将培育民营企业家队伍与全省经济社会发展同步谋划、同步推进,加强对民营企业家特别是年轻一代民营企业家的理想信念教育,引导民营企业家拥护党的领导,积极履行社会责任,诚实守信、守法经营、依法纳税、投身公益。

问:推动好的政策落地,引导民企健康发展,山西在组织领导上有哪些要求与举措?

骆惠宁:政策的生命在于执行。我们要把支持民营经济发展作为激励全省广大干部新时代新担当新作为的重要检验,从省领导做起,在狠抓政策落地上聚焦聚神聚力,把省委和省政府对民营企业的关心支持落实落细落深。一是夯实政策落实的责任,要求各级各部门主要负责同志提高政治站位,按照职责分工,带头扛起抓政策落实的政治责任。完善配套举措和行动计划,加强对政策落实情况的检查评估,注意听取民营企业家的感受,让抓落实更有的放矢。二是讲究政策执行的方式,坚持求真务实原则,强化分类指导、精准施策,避免简单化、机械化,坚持具体问题具体分析,在执行政策上下"绣花功夫"。三是强化政策实施的担当,对"若干意见"中提出的政策,要求各级各部门打破藩篱、坚持创新,说到做到、认真兑现,防止在贯彻执行过程中调门高、行动差。

民营经济发展壮大,根本在于党的领导。我们将进一步加强和改进对民营经济的领导,在政治引领、把好方向、稳定预期、完善机制上有新的作为。当前,要把依法保护民营企业合法权益、营造良好的法治环境作为工作重点。要依法保护民营企业物权、债权、股权、知识产权等财产权,依法保护民营企业家的生命健康、名誉等人身权,保障民营企业和企业家合法财产不受侵犯,合法经营不受干扰。要妥善处理民营企业涉纪涉法案件,对一些民营企业历史上曾经有过的一些不规范行为,要以发展的眼光看问题,按照罪刑法定、疑罪从无的原则处理,让企业家卸下思想包袱、轻装前进。要坚持公平公正文明执法,全面推行行政裁量权基准制度,执法过程避免简单化、一刀切,强化对行政执法的监督。

新时代民营经济发展的集结号已经吹响,山西省委和省政府将以更大的决心、更优的政策、更好的环境,支持发展壮大民营经济,努力在"两转"基础上全面拓展新局面。

(2018年11月28日《人民日报》"支持民营企业在行动"专栏刊发)

重要会议

一、十一届省委全体会议

中共山西省委十一届六次全体会议　坚持把习近平新时代中国特色社会主义思想和习近平总书记视察山西重要讲话作为根本遵循，坚定方向、把握大局，统一认识、开拓前行，在“两转”基础上全面拓展党的建设和党的事业新局面　审议通过《中共山西省委关于进一步激励广大干部新时代新担当新作为努力建设高素质专业化干部队伍的实施意见》

8月24日至25日，中国共产党山西省第十一届委员会第六次全体会议在太原召开。会议由省委常委会主持。省委书记骆惠宁讲话。会议以习近平新时代中国特色社会主义思想和党的十九大精神为指导，总结一年多来学习贯彻习近平总书记视察山西重要讲话精神情况，结合分析上半年经济形势、抓好中央第十五巡视组反馈意见整改工作，就进一步贯彻落实习近平总书记视察山西重要讲话精神作出部署，推动全省各项工作沿着正确方向前进，全力争取“两转”基础上的更大进步。

出席会议的省委委员66人，候补委员15人。

会议指出，一年多来，省委以习近平新时代中国特色社会主义思想和视察山西重要讲话精神统揽全省工作大局，与学习贯彻党的十九大精神结合起来，在学习宣传、科学谋划、重点突破、督查考核上狠下功夫，聚焦五项重大任务持续发力，推动全省各项工作取得明显成效。全省上下对山西发展方向和工作重点的认识不断深化，信念进一步坚定；对资源型地区转型发展规律的认识不断深化，定力进一步增强；对加强党的全面领导、深入推进全面从严治党的认识不断深化，履职进一步自觉；对全面深化改革内涵要求的认识不断深化，力度进一步加大；对提高工作标准、争创一流业绩的认识不断深化，干劲进一步提升，山西内生动力、发展态势和总体形象不断发生重大而深刻的变化。

会议指出，山西正处于政治生态由“乱”转“治”、发展由“疲”转“兴”基础上全面拓展党的建设和党的事业新局面的关键时期。之所以“关键”，就在于经历重大转折和迈上新征程后，更需要全省上下坚定方向、把握大局，统一认识、开拓前行。此时把握好了，未来就大有希望。要坚持讲话指引，把习近平新时代中国特色社会主义思想和习近平总书记视察山西重要讲话作为根本遵循，开展一切工作都要以贯彻落实习近平总书记指示要求和党中央决策部署为前提。要保持高度清醒，坚持“治”不忘“危”、“兴”不忘“忧”，决不能因为成绩而懈怠，决不能因为困难而退缩。要增强战略定力，立足新的时代方位，继续坚持和不断完善“一个指引、两手硬”思路要求和“以改革促全面工作水平提升”等部署。要锤炼本领作风，充分认识新征程是抢抓机遇、改革创新的过程，是爬坡过坎、攻坚克难的过程，是自我革命、应对挑战的过程，以崭新姿态担当干事、激情干事、开拓干事。

会议强调，要坚持把深入学习贯彻习近平总书记视察山西重要讲话精神作为长期重大战略任务，持续抓细抓实抓出成效。习近平总书记视察山西重要讲话具有根本性长远性指导意义，是我们战胜一切困难险阻的制胜法宝和不竭动力。全省各级党组织对讲话的学习贯彻要抓得更实，加强组织领导，更好地统揽工作大局、指导决策部署、坚定信仰信念；对讲话的核心要义要悟得更深，树立一个好的学风，结合实际反复研学、常学常新，做到学思践悟相统一，汲取砥砺奋进的智慧和力量；对讲话的落地见效要用力更大，把学习成效体现在思想政治素养的全面提升上，体现在改革发展的深入推进上，体现在从严管党治党的不断加强上，更好运用这一思想武器研究解决我省改革发展党建中的重大问题。要把学习贯彻讲话精神作为衡量各级党委（党组）工作、评价党委（党组）书记履职的根本依据。省委定期对贯彻落实讲话精神情况进行督导检查。

会议指出，要履行好转型综改试验区建设的重大使命，在扎实推进经济发展方式转变上取得更大进展。继续坚定不移地把“供改”与“综改”紧密结合起来，在煤炭“减”“优”“绿”和传统产业改造升级上有大的推进，在发展新兴产业特别是先进制造业上有大的作为，坚决实现工业的结构性反转和构建多元产业支撑，如期完成国家赋予山西的资源型经济转型目标任务。一要立足当前，推动经济持续稳步向好，为转型发展提供坚实基础。坚持稳中求进、稳中向好，精准施策、强化责任，确保经济运行在合理区间，打好“三大攻坚战”，全面完成全年发展预期目标。二要抓住根本，完善支持转型发展的体制政策体系，横下一条心加快发展新兴产业。要进一步抓体制机制的创新和完善，全面落实省委省政府关于供给侧结构性改革、国企国资改革、开发区改革创新发展、生态文明体制改革、企业投资项目承诺制改革、审批服务便民化改革等任务。聚焦能率先破题的领域加大改革力度，谋划推出一批新的试点项目。要进一步抓政策举措的实施和谋划，组织谋划一批重大转型项目，围绕激活市场主体、创优平台载体、强化人才支撑、完善支持政策、坚持环保倒逼、营造良好环境等方面进一步构建体制政策体系。三要突出特色，坚持煤炭“减”“优”“绿”三字方针，推动能源革命在全国率先破题。山西省“争当能源革命排头兵”最具比较优势和区域特色，力求迅速在多点上突破，推进能源供给革命、消费革命、技术革命、体制革命和能源对外合作取得新进展，形成争当排头兵的强劲态势，使能源革命成为转型综改的一个品牌。

会议指出，要站在时代高度推动全面深化改革，不断激发内生动力、创造新的优势。要确保中央部署的改革全面落地见效，整体改革在全国不落后，一批有特色的改革走在前列，形成山西品牌和亮点，不断增强全省人民改革获得感，在深化改革中打造山西新优势新动力新形象。要在把握大势中增强向纵深推进改革的紧迫意识，坚决扛起“补考”的历史责任，坚决担好“赶考”的时代使命，培养和重用一批在改革上有见识、有担当、有作为的领导干部和各方面优秀人才，不断推出一批各类型的改革先进典型。要在攻坚克难中强化向纵深推进改革的责任担当，领导干部要带头抓改革，各部门要认真推改革，改革工作机构要深入谋改革。要在思想解放中营造向纵深推进改革的浓烈氛围，围绕创新观念、增强能力、提升标准、促进全面深化改革开展大讨论，着力解决改革意识不强、改革能力不足、改革标准不高的问题。

会议指出，要坚定不移地扎实推进党的建设，进一步激励广大干部担当作为。一要坚持把党的政治建设摆在首位。领导干部必须牢牢把准政治方向、坚持政治领导、夯实政治根基、涵养政治生态、防范政治风险、永葆政治本色、提高政治能力，对党的政治建设要持之以恒、常抓不懈。二要持续强化全面从严治党主体责任。各级党委（党组）特别是“一把手”，务必把管党治党作为最根本的职责立起来，勇于担起组织领导之责、维护党纪之责、统一指挥之责、从严管理之责、支持保障之责。坚决克服松口气、歇歇脚的想法，始终保持正风肃纪反腐高压态势。三要充分激发干部队伍的积极性主动性创造性。从考准政治素质、注重人岗相适、激励爱岗敬业、突出业绩评价等方面发力，从提高考核准确性、强化差异化考核、加强考核结果运用等方面发力，从建立容纠并举会商机制、落实关心关爱政策、帮助犯过错误的干部等方面发力，从实施精准培训、强化实践锻炼、统筹选调优秀年轻干部等方面发力，着力解决担当作为、增强本领中存在的突出问题。各级党员领导干部都要自觉加强党性锤炼、政德涵养和个人修为，使状态和素质与担负的职责相匹配。

会议强调，要强化抓落实的政治职责，通过树立重实干重实绩的用人导向、强化岗位能力培训、加强督查督办、一线工作法推进抓落实，确保党中央决策部署在山西得到全面正确有效贯彻。各级党委（党组）书记一定要把握好工作大局，善于“弹钢琴”，善于把“一班人”的作用发挥好，善于用清单管理抓落实，善于在高处引领、低处托底。抓好中央巡视整改工作是全省各级党组织的共同政治责任，要把巡视整改作为持续解决问题、更好推进工作的重大机遇，上下联动抓整改，确保高效率、高质量、高标准完成整改任务。

《中共山西省委关于进一步激励广大干部新时代新担当新作为努力建设高素质专业化干部队伍的实施意见》认真贯彻中央的部署要求，紧密结合山西实际，从担当作为和增强本领的结合上，提出 7 个方面 27 条举措要求，就进一步激励干部队伍积极作为、奋发进取作出整体性部署和制度化安排。会议印发了《关于中组部反馈我省 2016、2017 年度干部选拔任用工作民主评议结果的通报》。

会议期间，楼阳生同志对上半年各市经济运行情况进行了点评。

会议对深入开展扫黑除恶专项斗争作出进一步部署，要求各地各有关部门继续贯彻省委“十个进一步”要求，求深入、扩战果、办铁案、强综治、除隐患，不夺全胜，决不收兵。

会议按照党章和《中国共产党地方委员会工作条例》的规定，批准黄晓薇、王宇燕、江涛、许大纯 4 名同志辞去省委委员职务，吴海平同志辞去省委候补委员职务；递补符惠明、汪凡、张安顺、翟振新、霍红义、王震 6 名同志为中共山西省第十一届委员会委员。

会议强调，在“两转”基础上全面拓展党的建设和党的事业新局面，必须准备付出更为艰辛的努力。对山西来之不易的良好局面，要十分珍惜；对面临的困难挑战，要十分清醒；对确定的目标任务，要十分执着。会议号召，更加紧密地团结在以习近平同志为核心的党中央周围，高举习近平新时代中国特色社会主义思想伟大旗帜，团结一切可以团结的力量，调动一切可以调动的积极因素，以贯彻落实习近平总书记视察山西重要讲话精神的新成效，不断谱写新时代中国特色社会主义山西篇章。

不是省委委员、省委候补委员的现职省级领导同志，省军区、武警山西总队主要负责同志；省委副秘书长，省政府正、副秘书长，“两办”副主任；省纪委常委；省直各部门和中央驻晋单位主要负责同志；各市市委书记、市长，各县（市、区）委书记、县（市、区）长；省人大、省政协各专门委员会和工作机构主要负责同志;省管本专科院校和省管国有企业主要负责同志;省级以上开发区主要负责同志;部分在晋党的十九大基层代表,省第十一次党代会基层代表列席会议。

中共山西省委十一届七次全体会议 对深入学习贯彻习近平总书记在庆祝改革开放40周年大会重要讲话精神作出总体部署 审议通过《关于开展"改革创新、奋发有为"大讨论的实施方案》听取讨论省委常委会工作报告

12月28日至29日,中国共产党山西省第十一届委员会第七次全体会议在太原召开。会议由省委常委会主持,省委书记骆惠宁讲话。会议深入学习贯彻习近平总书记在庆祝改革开放40周年大会重要讲话精神,动员全省党员干部群众把新时代改革开放大力推向前进。会议听取和讨论了骆惠宁受省委常委会委托作的工作报告。

出席会议的省委委员70人,候补委员8人。

会议充分肯定省委常委会一年多来的工作。指出,省委十一届五次全会以来,省委常委会高举习近平新时代中国特色社会主义思想伟大旗帜,深入学习贯彻党的十九大和十九届二中、三中全会精神,深入学习贯彻习近平总书记视察山西重要讲话精神,统筹推进"五位一体"总体布局,协调推进"四个全面"战略布局,坚持稳中求进工作总基调,坚持"一个指引、两手硬",团结带领全省干部群众锐意进取、戮力奋斗,抢抓机遇、应对挑战,在"两转"基础上推动全省党的建设和党的事业取得新进步。

会议指出,习近平总书记在庆祝改革开放40周年大会重要讲话,是一篇闪耀着马克思主义真理光芒的纲领性文献,是我们党理论创新的又一重要成果,是指引新时代改革开放的行动指南。各级党委(党组)要把学习宣传贯彻习近平总书记重要讲话精神作为当前和今后一个时期的重要政治任务,加强组织领导,扎实有效推进,在全省兴起学习宣传贯彻习近平总书记重要讲话精神热潮。会议强调,要深刻学习领会习近平总书记重要讲话精神,把新时代改革开放旗帜高扬起来。深刻领会关于改革开放历史地位的重要论述,从战略高度、历史深度、全局角度,充分认识改革开放对实现中华民族伟大复兴的伟大意义,增强深入推进我省改革开放的思想和行动自觉。深刻领会关于改革开放巨大成就的重要论述,引导全省干部群众从改革开放的历史画卷和奋斗赞歌中汲取前进的力量,坚定"四个自信"和增强民族自豪感。深刻领会关于改革开放宝贵经验的重要论述,倍加珍惜,把握真谛,并自觉以其指导我省新的改革开放实践。深刻领会关于新时代推进改革开放重大要求的重要论述,坚持改革方向不变、道路不偏、力度不减,在新的起点上,将改革开放进行到底。

会议指出,改革开放40年来,在党中央的坚强领导下,省委团结带领全省人民,高举中国特色社会主义伟大旗帜,坚定不移推进改革开放,山西各项事业焕发空前活力、取得巨大成就。山西实现了从传统计划经济向社会主义市场经济、从农村改革向全面深化改革、从相对封闭向全方位开放的历史性转变,实现了人民生活水平从温饱不足向小康富裕的历史性转变,实现了从建设国家能源基地向建设国家转型综改试验区和争当能源革命"排头兵"的历史性转变。党的十八大以来,在以习近平同志为核心的党中央坚强领导下,山西经历了一次极不平常的重大转折,各级党组织和广大干部经历了一场极不平常的政治考验,政治生态由"乱"转"治",发展由"疲"转"兴",各方面建设和发展迈上新的征程。学习习近平总书记重要讲话,回顾山西40年的改革开放历程,我们进一步深化了对改革开放是"重要法宝""必由之路""关键一招"的认识,积极应变、主动求变的斗志更加旺盛。山西要彻底摆脱资源依赖,跟上科技革命和产业变革步伐,缩小与全国发展水平的差距,出路在改革开放,关键在加快改革开放,决不能有丝毫迟疑懈怠,要更加努力跋山涉水。要牢记习近平总书记"紧紧抓住机遇,勇于改革创新,果敢应对挑战,善于攻坚克难"的嘱托,不断强化问题意识、时代意识、战略意识,把困扰我们的陈旧观念彻底根除,把束缚我们的各种羁绊全部冲破。要进一步提高改革的本领和能力,勇于和善于用好"先行先试"政策,在新时代开辟改革开放新天地,在中国特色社会主义这条康庄大道上迈出铿锵的山西步伐。

会议指出,要把握新时代改革开放要求,在"两转"基础上全面拓展山西党的建设和党的事业新局面。一要坚持改革开放正确方向。坚持党的基本理论、基本路线、基本方略,善于从政治上认识和判断形势、观察和处理问题,确保中央改革开放大政方针在山西全面正确有效实施,使人民群众在改革中有更多、更直接、更实在的获得感、幸福感、安全感。二要抓好改革开放战略重点。坚定不移把"供改"与"综改"紧密结合起来,作为经济工作的主线,贯彻好"巩固、增强、提升、畅通"八字方针,培育山西的新动能、打造山西的新引擎。转型综改试验区是山西新时代改革开放必须紧紧抓住的战略牵引,"示范区""排头兵""新高地"是山西新时代改革开放必须实现的战略目标。全面深化经济、政治、文化、社会、生态文明体制和党的建设制度改革,不断解放和发展社会生产力、解放和增强社会活力。树立内陆和沿海同处开放一线的观念,全方位扩大对外交流合作。三要弘扬全社会的创新精神。坚决破除僵化保守、因循守旧、封闭狭隘、资源依赖、随遇而安、慵懒散漫等不合时宜的思想观念和做法,大力建设创新文化、营造创新氛围。构建高质量发展创新体系,形成创新源泉充分涌流的生动局面。四要增强改革开放方法本领。增强战略思维、辩证思维、创新思维、法治思维、底线思维,更新知识观念,树立世界眼光,提高改革开放的领导水平和实际成效。五要筑牢改革开放政治保证。树牢"四个意识"、坚定"四个自信",坚决做到"两个维护"。不断提高各级党委把方向、谋大局、定政策、促改革的能力和定力,把党的领导贯彻和体现到各个领域各项工作中。认真落实新时代党的建设总要求,履行好管党治党主体责任,以政治建设为统领,全面推进党的建设。持之以恒正风肃纪反腐,努力实现党内政治生态持久的风清气正,为新时代改革开放提供坚强的政治和组织保

障。会议强调,各级领导干部要以求真务实作风贯彻落实中央及省委的决策部署,坚决反对任何形式主义、官僚主义,坚决整治不担当、不作为、慢作为、假作为,把敢不敢扛事、愿不愿做事、能不能成事作为识别干部的重要标准,在导向上发力,在监督上强化,在作风上引导,形成激浊扬清、支持干事的良好生态。主要领导干部要作出表率,在急难险重面前主动担责,成为带领干部群众开拓前进的主心骨。

会议指出,在全省广大党员干部群众中开展"改革创新、奋发有为"大讨论,是贯彻落实习近平总书记关于改革开放再出发和新时代新担当新作为指示精神的重大举措。总体要求是,坚持以习近平新时代中国特色社会主义思想为指导,深入学习贯彻党的十九大精神、习近平总书记视察山西重要讲话精神,高举新时代改革开放旗帜,紧密结合"两转"基础上全面拓展新局面的使命任务和广大党员干部群众思想工作实际,突出目标导向、问题导向、实践导向,增强改革决不能落后的信心,增强创新驱动发展的理念,增强勇于担当作为的自觉,推动思想再解放、改革再深入、创新再发力、开放再提质、工作再抓实,为全面提升改革开放质量和水平,谱写新时代中国特色社会主义山西篇章提供强大动力、营造良好氛围。

全会对深入推进党政机构改革、谋划安排好明年经济工作、开好省市县三级"两会"、抓好重要工作和事项的整改落实以及做好元旦春节期间有关工作作出部署。

全会表决通过《关于开展"改革创新、奋发有为"大讨论的实施方案》。

全会表决通过《关于确认省委常委会给予马彦平同志留党察看二年处分决定的决议》。

全会号召,要更加紧密地团结在以习近平同志为核心的党中央周围,高举习近平新时代中国特色社会主义思想伟大旗帜,统一思想、凝聚共识,改革创新、奋发有为,继续全面深化改革、全面扩大开放,以新时代新担当新作为谱写改革开放新篇章,以优异成绩迎接新中国成立70周年。

不是省委委员、省委候补委员的现职省级领导同志,省军区、武警山西总队主要负责同志;省委副秘书长,省政府正、副秘书长,"两办"副主任;省纪委常委;省直各部门和中央驻晋单位主要负责同志;各市市委书记、市长,各县(市、区)委书记、县(市、区)长;省人大、省政协各专门委员会和工作机构主要负责同志;省管本专科院校和省管国有企业主要负责同志;省级以上开发区主要负责同志;部分在晋党的十九大基层代表,省第十一次党代会基层代表列席会议。

二、省委常委会议

省委召开常委扩大会议　传达贯彻习近平总书记在中央政治局民主生活会上的重要讲话和中央通报　对进一步贯彻落实十九大精神和开好我省县以上单位党员领导干部民主生活会作出部署

1月16日上午,山西省委召开常委扩大会议,传达习近平总书记在中央政治局民主生活会上的重要讲话和中央政治局民主生活会情况通报。省委书记骆惠宁主持会议,并就贯彻提出明确要求。

会议认为,党的十九大后中央政治局首次民主生活会,主题鲜明,从严从实,为全党带了好头、作了表率。习近平总书记的重要讲话,思想深邃、立意高远、语重心长,充分体现了不忘初心、牢记使命的政治担当,彰显了党要管党、全面从严治党的坚定决心,为新时代加强党的建设提供了重要遵循,为进一步把十九大精神落到实处指明了方向。

会议指出,要深刻领会习近平新时代中国特色社会主义思想是全党全军全国各族人民坚不可摧的精神支柱和取之不竭的力量源泉,是引领中国特色社会主义新时代的纲领、旗帜和灵魂。要把学习贯彻这一思想与学习马克思主义基本原理结合起来,与把握十九大提出的新部署新任务新举措结合起来,与落实习近平总书记视察山西重要讲话结合起来。要着力从充分认识重大意义、准确把握丰富内涵、坚持做到学以致用、切实改造主观世界、突出抓住"关键少数"、有效实现全面覆盖上,推动学习贯彻习近平总书记重要思想往深里走、往实里走、往心里走。领导干部要带头吃透精髓要义,在学懂上求高度、在弄通上求深度、在做实上求力度,做到融会贯通、学思践悟,从中找方向找方法找力量,把学习贯彻过程作为增强"四个自信"、锤炼世界观人生观价值观的过程,把学习贯彻成效体现到推进改革发展稳定和党的建设各个方面。

会议强调,要坚决维护习近平总书记在党中央和全党的核心地位,坚决对以习近平同志为核心的党中央赤胆忠心,坚持核心的唯一性,襟怀坦荡,表里如一,真正做政治上的明白人、老实人、过硬人。要坚持站在党和国家根本利益的高度来维护核心、着眼全党工作大局来维护核心、立足坚决贯彻党中央决策部署来维护核心、通过发自内心的敬仰和忠诚来维护核心、勇于挺身而出同各种错误言行作斗争来维护核心,把拥戴核心、追随核心体现在履职过程中、落实到具体行动上,做到态度非常鲜明、立场非常坚定、行动非常自觉。

会议强调,要进一步提高政治站位,从更高层次把握贯彻十九大精神的要求,深化对一以贯之坚持和发展中国特色社会主义、一以贯之推进党的建设新的伟大工程、一以贯之增强忧患意识防范风险挑战等事关党和国家前途命运根本性问题的理解,不断提高领导水平和工作本领。要力行真抓实干,大兴调研之风,善于破解难题,勇于担当尽责,以"信念过硬、政治过硬、责任过硬、能力过硬、作风过硬"的标准,时不我待、只争朝夕地投入工作,切实让党的十九大部署变成山西发展的成果、变成全省人民的获得感、幸福感、安全感。要树立廉洁自律的“风向标”,严格约束和管好自己,增强政治定力、道德定力,注重身心修为,面对各种诱惑和“围猎”,心不妄动、行不逾矩,不搞特权,不搞例外。要讲求党内上下关系、人际关系、工作氛围的团结和谐和纯洁健康,坚决清除非法利益关系对党内政治生活的干扰和影响,勤于检视言行,做到光明磊落、正气充盈,永葆共产党人的政治本色。

会议要求,要以习近平总书记重要讲话和中央通报精神为指导,以中央政治局民主生活会为标杆,开好我省县以上单位党员领导干部民主生活会。各级党员领导干部要围绕这次民主生活会的主题把自己摆进去,按照省委确定的八个环节,深刻进行自我检查和党性分析,找准突出问题,深挖思想根源,严肃认真开展批评和自我批评,明确整改方向和措施,确保民主生活会开出高质量、开出新气象。

省委常委,省人大、省政府、省政协负责同志,省法检“两长”;省直各单位、省属本科院校、省管国有企业党组(党委)书记;各市市委书记和市人大常委会、政府、政协党组书记共216人参加会议。

省委召开常委会议　听取省人大常委会党组、省政府党组、省政协党组、省法院党组、省检察院党组工作汇报　讨论拟提请省十三届人大一次会议、省政协十二届一次会议审议的各项工作报告(送审稿)　部署进一步做好省“两会”筹备工作

1月16日至17日,省委书记骆惠宁主持召开十一届省委第56次常委会议,听取省人大常委会党组、省政府党组、省政协党组、省法院党组、省检察院党组2017年度工作情况汇报,听取拟提请省十三届人大一次会议、省政协十二届一次会议审议的各项工作报告(送审稿)汇报,部署进一步做好省“两会”筹备工作。

会议指出,近年来,省委常委会定期听取省人大党组、省政府党组、省政协党组、省法院党组、省检察院党组总体工作汇报,对党组全面履职和自身建设情况进行审议,这是省委认真履行对本地区一切工作领导职责的重要制度性安排。2017年,在省委的坚强领导下,5家党组坚持以习近平新时代中国特色社会主义思想为指引,树立“四个意识”,围绕工作全局履职尽责,保证了党中央和省委重大决策部署贯彻落实,推动各项工作取得了新进展新成效,为全省各项事业发展作出积极贡献。同时,5家党组认真贯彻民主集中制,自觉履行管党治党主体责任,加强党组自身建设,坚持不懈正风肃纪,在全面从严治党上发挥了表率作用。

会议指出,党的十八大以来,习近平总书记和党中央推动党和国家事业发展取得历史性成就、发生历史性变革,其中首要的就是党的领导得到全面加强。这是了不起的成就,这是决定性的变革。要清醒认识到,坚持党的领导首先是坚持党中央集中统一领导。进入新时代,肩负新使命,必须进一步增强“四个意识”,把维护党中央权威和集中统一领导作为最高政治原则和根本政治规矩来执行。近年来,省委坚定贯彻落实习近平总书记和党中央作出的各项重大决策部署,以及对山西工作的重要指示精神,把维护党中央权威和集中统一领导落实到各项决策和工作部署中,有效履行领导职责,推动山西党的建设和党领导的各项事业发生重大转折。这从一个区域证明了在以习近平同志为核心的党中央领导下,毫不动摇坚持和完善党的领导,毫不动摇把党建设得更加坚强有力的极端重要性。

会议分析了全省各级党委(党组)建设取得的进步和存在的问题。强调今年要进一步组织学习贯彻习近平新时代中国特色社会主义思想和党的十九大精神,把党的政治建设摆在首位,始终在政治立场、政治方向、政治原则、政治道路上同以习近平同志为核心的党中央保持高度一致,确保令行禁止、政令畅通。要坚持稳中求进工作总基调,大兴调查研究之风,以锐意进取、奋发有为的精神状态推动党中央大政方针及省委决策部署落地生根。要带头贯彻党章等党内法规,贯彻省委《关于坚决维护党中央集中统一领导的规定》,带头执行中央八项规定及我省实施办法,严守政治纪律和政治规矩,瞄准薄弱环节,有针对性地抓好党委(党组)自身建设。“一把手”要带头锻造过硬本领,督促班子成员履行“一岗双责”,推动全面从严治党向纵深发展。

会议指出,过去的一年,在省委的领导下,省人大常委会、省政府、省政协、省法院、省检察院深入贯彻落实党的十九大精神和习近平总书记视察山西重要讲话精神,依法按章履职,为全省实现重大转折、全面开创新局作出了积极贡献。会议指出,在成绩面前一定要保持清醒,看到我们面临的矛盾问题和风险挑战还很多,全省党员干部一定要始终保持迎难而上、开拓进取的良好精神状态。会议强调,省委十一届五次全会、省委经济工作会议等会议对贯彻落实十九大精神、做好今年各项工作已作出安排部署,下一步的关键是抓好落实。5家党组及领导班子成员要带头真抓实干,为谱写好新时代中国特色社会主义山西篇章不懈努力。会议原则同意各项工作报告(送审稿),要求修改完善后按程序提请省“两会”审议。

会议强调,省“两会”是全省人民政治生活中的大事,特别今年是省人大、省政府、省政协换届之年,开好省“两会”意义重大。要继续精心做好各项筹备工作,确保会议顺利进行、圆满成功。会议决定成立省“两会”协调小组。

会议还研究了其他事项。

省委召开常委扩大会议　传达学习习近平总书记在党的十九届二中全会上的重要讲话精神

1月21日,省委书记骆惠宁主持召开省委常委扩大会议,传达学习习近平总书记在党的十九届二中全会上的重要讲话精神,就贯彻落实作出安排。

会议指出,习近平总书记在十九届二中全会上的重要讲话,丰富和发展了习近平新时代中国特色社会主义法治思想,是指导宪法修改工作的根本遵循和科学指南,对于我们党在新时代坚定不移走中国特色社会主义法治道路具有重

要指导意义。

会议指出，十八大以来，以习近平同志为核心的党中央以前所未有的力度推进全面依法治国进程，采取一系列有力措施加强宪法实施和监督工作，社会主义法治国家建设取得了历史性成就。我们要深入贯彻习近平新时代中国特色社会主义法治思想，自觉维护宪法权威、保证宪法实施，进一步把全面依法治国这一党领导人民治理国家的基本方略在山西坚持好、贯彻好、落实好。

会议指出，这次宪法修改，是党中央从新时代坚持和发展中国特色社会主义全局和战略高度作出的重大决策，是推进全面依法治国、推进国家治理体系和治理能力现代化的重大举措。这次宪法修改，高举中国特色社会主义伟大旗帜，把党的十九大确定的重大理论观点和重大方针政策特别是习近平新时代中国特色社会主义思想载入国家根本法，体现了党和国家事业发展的新成就新经验新要求，为新时代坚持和发展中国特色社会主义、实现"两个一百年"奋斗目标和中华民族伟大复兴的中国梦提供了有力宪法保障，具有坚实的思想基础、实践基础、法理基础和群众基础，具有重大而深远的意义。

会议指出，宪法的生命在于实施，宪法的权威也在于实施。要以这次宪法修改为契机，深入开展尊崇宪法、学习宪法、遵守宪法、维护宪法、运用宪法的宣传教育活动，不断增强人民群众宪法意识。全省各级国家工作人员特别是领导干部要增强宪法观念，依照宪法法律行使职权、履行职责、开展工作。要在以习近平同志为核心的党中央坚强领导下，按照党中央关于依法治国、依宪治国的部署要求，把法治山西建设提高到一个新水平。

省委召开常委会议　学习贯彻习近平总书记在十九届中央纪委二次全会上的重要讲话和中纪委工作部署　传达贯彻全国组织部长会议和全国宣传部长会议精神　举行省委常委班子民主生活会专题学习研讨

同日，省委书记骆惠宁主持召开十一届省委第58次常委会议，学习贯彻习近平总书记在十九届中央纪委二次全会上的重要讲话和中纪委工作部署，传达全国组织部长会议、全国宣传部长会议精神，研究我省贯彻落实意见，举行省委常委班子民主生活会专题学习研讨。

会议指出，经过持续努力，当前我省反腐败斗争压倒性态势已经形成并巩固发展，政治生态由"乱"转"治"。但一些地方和部门管党治党责任还需进一步压紧压实，一些领域"四风"问题还需进一步斩草除根，反腐败在减存量、遏增量、强高压上还需进一步加大力度。要把贯彻习近平总书记在这次全会上的重要讲话和全会精神作为重大政治任务，进一步提高政治站位，强化责任担当，做到重整行装再出发。要认真总结近年来我省全面从严治党取得的显著成效，增强规律性认识。要深入分析我省全面从严治党面临的形势，清醒看到依然存在的突出问题。要进一步深化监察体制改革试点工作，更好地把制度优势转化为治理效能。要全面落实中央纪委全会工作部署，一刻不停歇地推动山西全面从严治党向纵深发展。会议决定，2月上旬召开省纪委十一届三次全会。

会议听取了关于全国组织部长会议精神的汇报。指出，2017年全省组织战线围绕省委工作大局，从严从实选干部、配班子、抓基层、强党建、揽人才，做了大量富有成效的工作。省委常委会原则同意省委组织部提出的贯彻意见。强调要按照全国组织部长会议部署，坚持以习近平新时代中国特色社会主义思想为指导，旗帜鲜明地把讲政治摆在第一位，着力抓好各级领导班子和干部队伍政治建设，抓好党章、准则的贯彻落实，为改革发展稳定提供坚强组织保证。要精准科学地选准人用对人管好人，根据既要政治过硬、也要本领高强的标准，改进干部选拔、培训、管理、监督、考核工作，更好适应新时代全面加强党的建设和推进党的事业发展的需要，进一步营造风清气正、干事创业社会环境。要在深入推进"三基建设"上下功夫，目前"三基建设"已开了个好头，但还有一批基层组织依然薄弱，基础工作和基本能力建设尚有大量事情要做，必须持续用力、引深拓展，从根子上抓实抓细抓到位。要充分发挥已出台的人才政策效应，开展对执行情况的全面检查，加快实现人才战略的新突破。各级党委要加强对组织工作的全面领导，把方向、强指导、破难题，不断提高领导党的建设和组织工作的科学化水平。

会议听取了关于全国宣传部长会议精神的汇报。指出，2017年全省宣传思想文化战线紧紧围绕党中央及省委重大决策部署，把握"两个巩固"，组织开展"两提一创"主题活动，各项工作取得了新进展新成效。省委常委会原则同意省委宣传部提出的贯彻意见。强调要按照全国宣传部长会议精神，进一步向高举旗帜聚焦用力，推动学习宣传贯彻习近平新时代中国特色社会主义思想往深里走、往实里走、往心里走。要压紧压实意识形态工作责任制，善于从政治上分析研判，强化对意识形态领域的管理，做好互联网建设管理运用工作。要切实提高舆论引导水平，深化重大主题宣传，严格把控热点，精心策划选题，讲好"山西故事"，为促进风清气正、转型发展营造浓厚氛围，更加有效地服务大局。要不断深化文化体制改革，倾心打造精品力作，发展壮大文化产业，全面提升文化产品和文化服务层次。要下气力解决媒体融合创新发展、精神文明建设到基层到户到人等方面存在的不足，切实把党的领导体现到党管宣传、党管意识形态、党管媒体之中，牢牢掌握主动权。

常委同志着眼于开好民主生活会，围绕深刻领会习近平新时代中国特色社会主义思想，深刻领会习近平总书记在中央政治局民主生活会上的重要讲话和中央通报精神，联系实际进行了学习研讨。会议指出，要按照中央要求，进一步把学习研讨引向深入，做好召开民主生活会各个环节工作，打牢思想基础，确保省委常委班子民主生活会开出高质量、开出新气象。

会议还研究了其他事项。

省委召开常委会议　传达贯彻十九届中央第一轮巡视工作动员部署会、中央政法工作会议、全国扫黑除恶专项斗争电视电话会议、全国统战部长会议精神　审议《省委常委会2018年工作要点》、省纪委十一届三次全会文件和《关于推进乡村振兴战略的实施意见》

2月8日，省委书记骆惠宁主持召开十一届省委第62次常委会议，传达十九届中央第一轮巡视工作动员部署会、中央政法工作会议、全国扫黑除恶专项斗争电视电话会议和全国统战部长会议精神，研究我省贯彻落实意见。审议通过《省委常委会2018年工作要点》、省纪委十一届三次全会文件和《关于推进乡村振兴战略的实施意见》。

会议传达学习了中央第一轮巡视工作动员部署会精神。指出，要深入学习贯彻习近平总书记巡视工作思想，进一步明确新时代巡视巡察工作方向。要坚决贯彻落实中央巡视工作方针和巡视工作五年规划，更好发挥巡视巡察利剑作用，推动全面从严治党向纵深发展、向基层延伸。要聚焦党的政治建设，以“四个意识”为政治标杆，坚决维护党中央权威和集中统一领导。坚持人民立场，人民群众痛恨什么、反对什么，就重点巡视什么、纠正什么，加大惩治群众身边腐败问题的力度。坚持党性原则和斗争精神，发挥好巡视工作的震慑作用。强化整改落实和成果运用，推动改革、促进发展，发挥标本兼治综合效应。要把中央巡视工作五年规划学习好贯彻好，抓紧修改完善我省巡视巡察工作五年规划。要坚定不移深化政治巡视，盯住关键少数，查找政治偏差，从严从实开展政治监督。要坚持有形覆盖和有效覆盖相统一，发现问题、形成震慑全覆盖，落实管党治党责任全覆盖，增强党的意识、严明党的纪律全覆盖。抓紧制定我省建立巡视巡察上下联动监督网指导意见。

会议传达学习了中央政法工作会议和全国扫黑除恶专项斗争电视电话会议精神。指出，过去一年，全省政法战线按照中央及省委部署要求，认真履职尽责，为维护全省改革发展稳定大局作出了积极贡献。2018年要认真学习贯彻习近平总书记重要批示精神和中央政法工作会议精神，推动我省政法工作进一步取得新成效。要提高政治站位，深入学习贯彻习近平新时代中国特色社会主义政法思想，毫不动摇把坚持党的绝对领导作为新时代政法工作最高原则，全面加强政法队伍建设，确保“刀把子”牢牢掌握在党和人民手中。要打好维稳攻坚战，坚持把维护国家安全和社会稳定作为新时代政法工作首要任务，努力建设更高水平的平安山西。要坚持改革创新，以深化司法体制综合配套改革为抓手，增强改革的系统性、整体性、协同性，深化与监察体制改革试点的衔接配合工作，深化政法智能化建设。要用好法治方式，统筹推进依法治省各项工作，把政法工作做到老百姓心坎上，进一步构建良好法治环境。各级党委要加强和改进对政法工作的领导，支持政法各单位依法履行职责。

会议强调，在全国开展扫黑除恶专项斗争，是以习近平同志为核心的党中央作出的重大决策。要深刻领会习近平总书记重要指示精神，认真贯彻中央决策部署，进一步加强领导，进一步深挖细查，进一步依法治理，坚决打赢扫黑除恶专项斗争攻坚仗。要坚持依法严惩和打早打小相结合，坚持露头就打、除恶务尽，形成压倒性态势。要坚持扫黑除恶和反腐败斗争、基层“拍蝇”相结合。要坚持铲除黑恶势力滋生土壤和加强基层组织建设相结合，加大综合整治力度，建立健全从源头上遏制黑恶势力滋生蔓延的长效机制。要坚持加强组织领导和发动人民群众相结合，各级党委政府要把扫黑除恶专项斗争摆到突出位置，充分发动和依靠群众，打一场扫黑除恶的人民战争。

会议传达学习了全国统战部长会议精神。指出，过去一年，全省统一战线围绕省委中心工作，组织实施“六大行动”，实现了各领域工作创新发展，在凝心聚力、服务大局上取得了明显成效。2018年要按照全国统战部长会议部署，进一步贯彻《中国共产党统一战线工作条例》，努力把我省统战工作提高到新水平。要把握新时代对统战工作的新要求，发挥新时代统一战线联系面更广泛的优势，调动海内外一切可以调动的积极因素助力山西发展。要抓准重要工作的着力点，加强各民主党派思想、组织、制度特别是领导班子建设，引导民主党派提高参政议政质量；持续构建“亲”“清”政商关系，有效引导非公经济代表人士特别是年轻一代投身转型发展；全面贯彻党的宗教工作基本方针，注重加强依法管理宗教事务；创新理念和方式，加强党外知识分子和新的社会阶层人士工作；进一步拓宽联系面，扎实做好港澳台海外工作。要抓好统战干部思想政治教育和业务培训，增强做好统战工作的本领。各级党委要加强对统战工作的领导，主要负责同志要亲自做统战工作，努力构建大统战工作格局。

会议还研究了其他事项。

省委召开常委会议　审议《中共山西省委全面深化改革领导小组2018年工作要点及责任分工》《中共山西省委党建工作领导小组2018年工作要点》听取全省扶贫领域不正之风和腐败问题专项治理工作情况汇报

2月22日，省委书记骆惠宁主持召开十一届省委第64次常委会议，审议通过《中共山西省委全面深化改革领导小组2018年工作要点及责任分工》《中共山西省委党建工作领导小组2018年工作要点》，听取全省扶贫领域不正之风和腐败问题专项治理工作情况汇报。

会议同意今年改革工作要点及责任分工安排。强调指出，2018年是改革开放40周年，要以习近平总书记全面深化改革重要思想为根本遵循，按照习近平总书记“思想再解放、改革再深入、工作再抓实”的要求，进一步强化以改促转、以改促各项工作的鲜明导向，增强改革的系统性、整体性、协同性，统筹推进“五位一体”和党的建设各领域改革，着力补齐重大制度短板，着力抓好改革任务落实，着力巩固拓展改革成果，着力提升人民群众获得感，使更多改革跻身全国第一方阵。要认真贯彻国发42号文件精神，坚持供改与综改相结合，发挥转型综改试验区建设的战略牵引作用，聚焦“三大目标”，通过改革破除体制机制障碍，激发转型动力。对今年先行先试清单列出的重点任务，有关责任单位要切实抓在手上，不断取得突破。各级党委和深改领导小组要始终把改革摆在全局工作的突出位置，加强对改革工作的领导，党政主要负责同志要强化改革担当，亲力亲为抓改革、扑下身子抓落实，推动全面深化改革在新起点上实现新突破。

会议同意2018年全省党建重点工作安排。强调指出，各级各部门要以习近平新时代中国特色社会主义思想为指导，学习贯彻党的十九大精神，全面把握和认真贯彻新时代党的建设总要求，坚持和加强党的全面领导，坚持党要管党、全面从严治党，以党的政治建设为统领，全面推进党的政治建设、思想建设、组织建设、作风建设、纪律建设，把制度建设贯穿其中，深入推进反腐败斗争，努力提高党的建设质量，为全面推进党领导的各项事业、谱写新时代中国特色社会主义山西篇章提供坚强保证。要牢固树立“四个意识”，坚决维护以习近平同志为核心的党中央权威和集中统一领导。要坚持问题导向，紧紧围绕党建工作中存在的问题抓落实，下大力气破解深层次问题，及时研究解决新情况新问题，不断克服薄弱环节，增强党建工作的针对性和实效性。各级党组织都要扛起责任，认真抓好工作要点重点任务的推进落实。

会议指出，我省扶贫领域不正之风和腐败问题专项治理工作先行一步，扎实推进，省市县三级同向发力，取得了阶段性成效。要紧盯发现的问题，持续深入推动整改，一件都不放过，做到件件见成效。要把强化日常监督和开展集中治理结合起来，形成长期抓的工作机制。要把扶贫领域反腐败与扫黑除恶结合起来，与基层“拍蝇”结合起来，既正风肃纪又反腐惩恶，既雷厉风行又久久为功，推动脱贫攻坚各项部署更好落地，确保脱贫攻坚成效经得起历史和人民检验。

会议还研究了其他事项。

省委召开常委扩大会议　传达学习党的十九届三中全会精神

3月1日，省委书记骆惠宁主持召开省委常委扩大会议，传达学习习近平总书记在十九届三中全会上受中央政治局委托作的工作报告、习近平总书记在十九届三中全会第二次全体会议上的讲话和《中共中央关于深化党和国家机构改革的决定》，结合我省实际提出贯彻落实意见。

会议指出，党的十九大以来，以习近平同志为核心的新一届中央领导集体紧紧围绕新时代坚持和发展中国特色社会主义的时代主题，以学习贯彻习近平新时代中国特色社会主义思想为主线，把加强党的全面领导贯穿到治国理政各方面，统筹推进“五位一体”总体布局，协调推进“四个全面”战略布局，工作标准更高、要求更严、措施更实、力度更大，打开了新局面，创造了新成就，中国特色社会主义展现新的气象，赢得了全党全国人民一致拥护和国际社会高度评价。中央政治局高度重视自身建设，为全党作出了表率，带领全党提升了党的建设和党的事业的境界和水平。在以习近平同志为核心的党中央领导下，全省各级党组织认真贯彻落实党的十九大精神，推动各项事业迈出新步伐，全省人民在谱写新时代中国特色社会主义山西篇章中焕发出昂扬向上的精神风貌。

会议指出，深化党和国家机构改革是推进国家治理体系和治理能力现代化的一场深刻变革，是以习近平同志为核心的党中央从党和国家事业发展全局和战略高度作出的重大政治决策。这次改革以加强党的全面领导为统领，以国家治理体系和治理能力现代化为导向，以推进党和国家机构职能优化协同高效为着力点，力度规模之大、涉及范围之广、触及利益之深前所未有，既有当下“改”的举措，又有长久“立”的谋划，具有很强的系统性、整体性和重构性，充分彰显了以习近平同志为核心的党中央的非凡魄力。各级党委和政府要充分认识深化党和国家机构改革的重大意义，全面把握改革的指导思想、目标、原则和任务，切实把思想和行动统一到中央关于深化党和国家机构改革的决策部署上来。要增强“四个意识”，坚定“四个自信”，带头拥护改革、支持改革、参与改革，不折不扣抓好党中央决策部署贯彻落实。要加强领导、落实责任，按照中央关于合理设置地方机构的要求，制定改革方案和实施意见，主要负责同志要当好第一责任人，各级党委书记当好“施工队长”，精心抓好机构改革谋划和组织实施，确保改革有条不紊进行。要加强宣传引导，凝聚改革力量，为推进改革营造良好社会环境和舆论氛围。

会议强调，当前我省面临的工作任务十分繁重，要按照省委作出的部署，加强组织领导，加强统筹协调，加强督查落实，确保全省工作有序有效推进。全国“两会”召开在即，我省的人大代表、政协委员要以大局观念专心致志开好会，高度负责履好职。要认真落实中央第十五巡视组巡视山西工作动员会议精神，积极支持配合中央巡视组开展工作。党员领导干部要以高度的政治自觉和使命担当，把巡视作为一次全面政治体检，作为一次党性教育和思想洗礼，切实增强主动接受巡视监督的自觉性和坚定性。要恪守党性原则，坚持刀刃向内，以自我革命精神，认真查找存在的问题，扎实推进整改工作。各级领导干部要以奋斗担当、开拓进取的姿态，扎实做好党建和改革发展稳定各项工作，在狠抓落实上下功夫，巩固发展全省来之不易的良好局面。

省级党员领导干部出席会议。

省委召开常委会议　研究部署开展民生领域腐败和不正之风专项整治、引深扫黑除恶专项斗争　审议通过《2018年法治山西建设工作要点》《政协山西省委员会2018年度协商工作计划》审定2017年度目标责任考核结果及2018年度考核指标设置

3月29日，省委书记骆惠宁主持召开十一届省委第68次常委会议，审议《关于开展民生领域腐败和不正之风专项整治的工作方案》，对引深全省扫黑除恶专项斗争作出部署，审议《2018年法治山西建设工作要点》《政协山西省委员会2018年度协商工作计划》《省委中心组2018年理论学习计

划》，听取全省文物安全暨打击文物犯罪、2017年度目标责任考核等次评定及2018年度考核指标体系设置建议汇报。

会议同意开展民生领域腐败和不正之风专项整治的工作方案。指出，整治民生领域腐败和不正之风，是贯彻中央纪委二次全会精神和赵乐际同志在全国人代会山西代表团讲话精神的重大举措，是省委和省纪委三次全会部署的今年党风廉政建设重点工作。要把这项工作作为深入开展反腐败斗争的重要内容，摆在突出位置，加强组织领导。各级党委(党组)主要负责同志要亲自抓，县委书记要当好一线指挥。涉民生部门要把自己摆进去，查找问题，抓好整改，推动工作。要坚持标本兼治，凡是群众反映强烈的问题都要严肃对待，凡是损害群众利益的行为都要坚决纠正。在严厉惩治、形成震慑的同时，要加强制度建设，加强基层组织建设，加强党员干部的党性教育，加大改革创新力度，推动全面从严治党向基层延伸。要把整治民生领域腐败与整治扶贫领域腐败、涉黑腐败结合起来，统筹扎实推进，让人民群众在全面从严治党中不断增强获得感、幸福感、安全感。

会议指出，我省部署扫黑除恶行动以来，迅速掀起斗争高潮，已取得明显阶段性成效。要按照中央及省委部署要求，进一步加强组织领导，充分发动人民群众，把扫黑除恶斗争持续引向深入。要坚持靶向治疗，公安机关要冲锋在前，检察院、法院要提前介入，坚决铲除黑恶势力。纪检监察机关要同步深挖保护伞，组织部门要跟进加强基层党建和政权建设，宣传部门要不断营造良好舆论环境，各部门都要积极支持配合，切实形成合力。要进一步加强公安政法队伍建设，确保这支队伍全面过硬。对扫黑除恶斗争中涌现出的先进典型和英模人物要表彰奖励。

会议同意2018年法治山西建设工作要点。指出，要坚持全面依法治国基本方略，加强党对法治建设的领导，抓住具有较强牵引性的工作，持续推动落实，不断取得阶段性成效。要加强宪法的学习宣传实施。要扎实推进科学立法、严格执法、公正司法、全民守法，为全省经济社会发展提供法治保障。要加强对要点落实情况的督促检查，好的要表扬，差的要批评，以过硬举措推动全省法治建设水平的提升。

会议同意省政协2018年度协商工作计划。指出，省委常委会审定省政协年度协商计划，是坚持和加强党对人民政协全面领导、推进人民政协协商民主建设的重要制度性安排。省政协要把习近平新时代中国特色社会主义思想作为统揽政协工作的总纲，在更好发挥政协独特优势、服务山西改革发展上展现新作为。要组织好各项协商议政和专项视察监督活动，提出高质量的意见和建议，确保年度协商计划有序推进、取得实效。各级党委要加强对政协工作的领导，各级政府及职能部门要大力支持政协工作，下功夫抓好协商议政成果的办理反馈和转化落实，使各方面在协商中出办法、出共识、出感情、出团结、出力量。

会议同意省委中心组2018年理论学习计划。指出，省委中心组要紧紧围绕学用习近平新时代中国特色社会主义思想，在融会贯通、学以致用、解决问题上下功夫。要把学习研讨、专题讲座、调研活动结合起来，打牢思想理论基础，在研究解决重大理论和实际问题上取得新成效，为全省各级中心组作出表率。

会议同意关于2017年度目标责任考核结果及2018年度考核指标设置的建议。指出，年度目标责任考核是省委省政府推动工作、考核干部的有效抓手和制度保障。要高标准严要求，充分体现考核工作的严肃性和约束力。要深入调查研究，不断探索完善，增强目标责任考核的科学性和实效性，更好发挥"指挥棒"作用。要把坚决防止和克服形式主义、官僚主义贯穿于目标责任考核的各个环节，带动领导干部作风转变和工作落实。

会议听取了关于文物安全暨打击文物犯罪情况的汇报，同意召开全省电视电话会议作出相应部署。

会议还研究了其他事项。

省委召开常委会议　传达贯彻孙春兰同志在山西调研讲话精神　研究部署健康扶贫教育扶贫工作　分析一季度经济形势部署下一步经济工作　听取2017年脱贫攻坚工作成效考核情况及整改方案汇报

4月18日，省委书记骆惠宁主持召开十一届省委第69次常委会议，传达中共中央政治局委员、国务院副总理孙春兰在山西调研健康扶贫教育扶贫时的讲话精神，研究贯彻落实意见。分析一季度全省经济形势，研究部署下一步经济工作。听取2017年脱贫攻坚工作成效考核情况及整改方案的汇报。

会议指出，孙春兰同志深入我省吕梁山区调研健康扶贫教育扶贫，体现了党中央、国务院对山西的关怀。我省健康扶贫教育扶贫取得明显成效，同时面临的任务仍然十分艰巨。要坚持以习近平新时代中国特色社会主义思想为指引，认真贯彻落实孙春兰同志讲话精神，在精准施策上下更大功夫，持续提升贫困人口基本医疗保障水平；多措并举提升服务能力，使贫困人口看病就医更方便、更放心；加大防病工作力度，推进健康乡村建设；提升基础教育质量，阻断贫困代际传递；加快职业教育发展，增强贫困劳动力脱贫致富能力。会议强调，要以高标准落实精准要求，以务实举措推动政策创新，以大力度夯实基层基础，以优良作风确保工作实效，坚决反对形式主义、官僚主义，把各项工作做细做实，注重实际效果和群众体验，使党的惠民政策真正落地见效。

会议听取了省政府党组关于一季度经济形势汇报。指出，今年一季度我省经济起步较好，呈现出经济平稳发展、结构持续优化、效益持续改善、市场预期稳定向好的总体特征，高质量转型发展迈出坚实步伐。同时，我们也要高度重视当前一些突出问题，经济稳中向好的基础还不牢固，工业和服务业增速环比均有回落，固定资产投资增速滑坡，必须采取有力对策。当前，我省正处于巩固"两转"成果、实现"两个持久"的重要节点，我们一定要保持清醒和定力，树立底线思维和忧患意识，治不忘危、兴不忘忧，切实增强做好经济工作的责任感和紧迫感。要进一步坚持以“三大目标”为牵引，以转型综改的新定位新内涵新要求带动全局工作，着力构建现代产业体系；进一步抓住结构调整这个关键，横下一条心发展新兴产业；进一步以改革促转型、以开放带转型，真正使改革开放成为新时代山西转型综改试验区建设的最强音；进一步把“三农”工作摆在突出位置，在实现乡村“五个振兴”上争取好的开端；进一步在发展中保障和改善民生，不断提升基本公共服务水平，做好安全生产、社会稳定各项工作；进一步调动各方面干事创业的积极性，在增强各级转型紧迫感、营造干事创业环境、提升干部能力、培养企业家队伍、推动“双创”等方面持续发力。会议强调，要把握转型方向，坚持长短结合，以投资结构调整带动经济结构调整，特别是推动能源革命，推动工业“结构反转”，推动开放型经济发展，推动基础设施建设。会议强调，要认真贯彻落实习近平总书记在中央财经委员会第一次会议上的重要讲话精神，打好防范化解金融风险攻坚战，提高统筹防范风险能力，落实风险处置责任；打好脱贫攻坚战，聚焦深度贫困进一步找准问题、聚焦短板、精准施策；打好污染防治攻坚战，结合我省实际打几场具有标志性的重大战役，落实好源头防治的治本措施。会议强调，要进一步加强各级党委对经济工作的组织领导，加强对党中央重大部署和省委工作安排的督促检查，加强形势研究，提升观念能力，牢牢掌握经济工作的主动权。

会议指出，2017 年，省委省政府坚决贯彻落实习近平总书记扶贫开发重要战略思想，年度减贫目标任务圆满完成。但要看到，脱贫攻坚在责任落实、政策落实、工作落实上还存在一些问题和短板。要提高认识、保持警醒，各级各部门尤其是领导干部要对表中央要求，针对问题深刻反思，增强使命感紧迫感。要举一反三、用力整改，聚焦考核发现的问题，制定整改方案，建立问题清单、责任清单、整改清单，拿出真招实招硬招。要突破难点、压实责任，深入开展脱贫攻坚作风建设年活动，结合整治群众身边腐败问题，深入驻村调研，解决突出问题。市县党委政府必须强化“军令状”意识，贫困县必须以脱贫攻坚统揽全局，党政“一把手”必须亲自上手，专项扶贫“双组长”制必须落到实处。要强化考核结果运用，加大督查巡查力度，严格执纪问责，确保脱贫攻坚整体工作取得新进展新突破。

会议还研究了其他事项。

省委召开常委会议　传达贯彻全国网络安全和信息化工作会议精神　研究贯彻落实《地方党政领导干部安全生产责任制规定》　审议通过《十一届山西省委巡视工作规划》《2018 年政党协商计划》　对在环保领域开展相关专项活动作出部署

4 月 26 日，省委书记骆惠宁主持召开十一届省委第 70 次常委会议，传达贯彻全国网络安全和信息化工作会议精神、中央巡视工作领导小组贯彻落实《中央巡视工作规划（2018—2022）》推进会精神，审议通过《十一届山西省委巡视工作规划》《2018 年政党协商计划》，对贯彻落实《地方党政领导干部安全生产责任制规定》、在环保领域开展相关专项活动作出部署。

会议指出，党中央专门召开会议研究部署新时代网信工作，在我们党的历史上尚属首次。习近平总书记的重要讲话，站在人类历史发展与党和国家事业发展全局高度，科学分析了信息化变革趋势和我们肩负的历史使命，全面总结了十八大以来网信事业取得的历史性成就和历史性变革，深刻阐述了网络强国战略思想，系统回答了一系列重大理论和实践问题，是指导新时代网络安全和信息化发展的纲领性文献。为贯彻好全国会议精神，要立即在全省开展网信工作集中调研。调研中要始终坚持正确方向，认真学习、深刻领会习近平总书记网络强国战略思想，切实把思想和行动统一到中央关于网信工作的战略部署上来，自觉从全局高度谋划推进网信工作。要精准把握工作重点，围绕加强网上正面宣传、维护网络安全、推动信息领域核心技术突破、发挥信息化对经济社会发展的引领作用、加强网信领域军民融合等重大课题，把发展变化分析透彻，把问题差距找出来，把应对措施谋划好。要不断强化改革创新，把握信息化发展趋势，加快发展互联网 +、智能制造等新产业新业态新模式，推动互联网、大数据、人工智能和实体经济深度融合，充分发挥信息化对转型发展的驱动引领作用。要大力强化责任担当，把调研的过程作为推动加强领导的过程，各级党委（党组）要把网信工作摆到更加突出的位置，各级领导干部要强化互联网思维，提高互联网条件下领导水平，加强网信队伍建设，开创新时代山西网信事业新局面。

会议听取了一季度全省安全生产形势分析汇报。会议强调，中办和国办印发的《地方党政领导干部安全生产责任制规定》，是我国安全生产领域第一部党内法规，是习近平总书记关于安全生产重要思想的具体化、制度化，是推进安全生产领域改革发展的重要制度性安排，是新时期全面从严治党的一项重大举措。要从省委常委做起，逐项逐条对表，全面履行好安全生产责任制。一要提升政治站位，以坚决贯彻执行党中央大政方针的高度自觉全力抓好安全生产工作。认真学习贯彻习近平总书记关于安全生产重要思想，增强“四个意识”，牢固树立发展决不能以牺牲安全为代价的红线意识，切实承担起“促一方发展、保一方平安”的政治责任。二要突出工作摆位，及时组织研究解决安全生产工作中的重点难点问题。把安全生产纳入党委重要议事日程，把安全生产工作情况纳入各级党委全会和政府工作报告内容，把落实安全生产责任制情况纳入各市党委书记、党（工）委书记述职内容。三要列出职责清单，督促落实安全生产“一岗双责”制度。按照党政同责、一岗双责、齐抓共管、失职追责的要求，组织制定省委常委会及其成员安全生产职责清单和省政府领导干部年度安全生产重点工作责任清单，落实好党委常委分管安全生产工作制度。四要抓好队伍建设，统筹协调各方面重视支持安全生产工作。结合地方党政机构改革，切实加强安全生产监管部门领导班子建设、干部队伍建设和机构建设。党委常委会其他成员要按照职责分工，协调有关单位支持保障安全生产工作，人大、政协要有效开展专题检查、履职评议、专题调研工作。五要严格考核考察，进一步压实安全生产责任。把安全生产作为衡量经济发展、社会治安综合治理、精神文明建设成效的重要指标和领导干部政绩考核的重要内容，加大安全生产指标考核权重，把党政领导干部落实安全生产责任制情况纳入党委和政府督察督办重要内容，加快建立健全省委省政府安全生产巡查工作制度。六要强化宣传教育，在全省营造安全生产浓厚氛围。大力弘扬生命至上、安全第一的思想，普及安全知识，曝光非法违法行为，凝聚安全发展共识。建立安全生产学习制度，将安全生产方针政策和法律法规纳入党委中心组学习和领导干部培训内容。根据规定内容，抓紧制定我省实施细则。各级党委政府要以落实规定为契机，进一步加强安全生产组织领导，强化安全属地管理，完善安全监管体制机制，全面提高全省安全生产工作整体水平，维护安全稳定大局，为全省各项事业发展营造良好环境。

会议指出，中央巡视工作领导小组贯彻落实《中央巡视工作规划(2018—2022年)》推进会，对于我们深刻理解中央巡视工作规划精神，准确把握新一轮巡视政治定位，加强和改进涉及巡视工作的监督检查，把中央巡视工作的要求落到实处，具有很强的指导意义，要认真贯彻落实。要提高政治站位，认真贯彻习近平总书记巡视工作重要思想，切实增强贯彻落实规划的责任感使命感，省委要一以贯之扛起主体责任，市县党委要层层压实责任，各级党委书记要自觉当好“第一责任人”，把贯彻规划工作紧紧抓在手上，抓出实实在在的成效。要坚守政治定位，以贯彻落实规划为契机推动巡视巡察工作深化发展，把坚决维护以习近平同志为核心的党中央权威和集中统一领导作为政治巡视的根本任务，聚焦“六围绕一加强”加强巡视巡察监督，建立巡视巡察上下联动的监督网，把巡视巡察的利剑直插基层。要强化政治担当，各级党组织要负起主体责任，领导小组要负起组织实施责任，加强对巡视巡察相关工作的监督管理，拿出硬招实招，确保规划在山西得到全面落实。市县党委要抓紧制定修订本地区巡察规划。

会议指出，政党协商是中国共产党领导的多党合作和政治协商制度的重要内容，是社会主义协商民主体系的重要组成部分。要贯彻落实习近平总书记关于加强政党协商工作的重要思想，扎实做好我省2018年政党协商工作，加强协商意见办理，提升建言献策质量，推进政党协商制度化、规范化、程序化，为全省经济社会发展凝聚更多正能量。

会议审议通过《关于在全省开展查处违法排污百日行动的工作方案》《关于开展打击生态环境违法犯罪专项行动的工作方案》等。

会议还研究了其他事项。

省委召开常委会议　审议《关于“一县一策”集中攻坚深度贫困县的意见》　听取关于2018年政府债券分配意见汇报

5月11日，省委书记骆惠宁主持召开十一届省委第71次常委会议，审议通过《关于“一县一策”集中攻坚深度贫困县的意见》，听取关于2018年政府债券分配意见的汇报。

会议指出，2017年以来，省委省政府聚焦深度贫困，采取超常举措，集中力量攻坚，全省攻坚深度贫困取得阶段性成效，但推动深度贫困县如期脱贫摘帽，面临的任务依然艰巨。实施一县一策攻坚深度贫困县，是攻坚深度贫困新的重大举措，是体现精准扶贫、精准脱贫基本方略的实际行动。会议强调，要深入贯彻落实习近平总书记在深度贫困地区脱贫攻坚座谈会上的重要讲话精神，以改革思维实施一县一策，用更有针对性的举措解决突出问题，推进深度贫困地区脱贫攻坚取得更大突破。

会议指出，意见下发后，各市特别是深度贫困县党委政府要负起主体责任，抢抓政策机遇，主动沟通对接；省直有关部门要按照职责分工，主动加强服务，共同推动新出台政策落地见效。

会议听取省政府党组关于2018年政府债券分配意见的汇报。会议指出，今年国家安排政府债券资金对我省实行了倾斜，我们要认真贯彻中央政策规定，围绕促进经济转型发展、促进民生事业进步、促进脱贫攻坚、促进化解政府债务风险，合理安排债券资金用途，加强跟踪指导和监管，确保债券资金依规高效使用。会议要求，结合省本级拟安排政府债券计划，制定2018年度预算调整方案，按程序报省人大常委会审查批准。

会议还研究了其他事项。

省委召开常委会议　传达全国生态环境保护大会精神　研究我省贯彻落实意见　听取关于对各市和部分省直部门贯彻落实习近平总书记视察山西重要讲话精神督导检查情况的综合报告　审议通过《山西省党务公开实施细则(试行)》《省人大常委会2018年重点立法项目》等文件和事项

5月24日，省委书记骆惠宁主持召开十一届省委第72次常委会议。会议传达了全国生态环境保护大会精神，研究了我省贯彻落实意见。指出，全国生态环境保护大会是我国进入新时代后党中央召开的一次十分重要的会议。习近平总书记的重要讲话是建设美丽中国的纲领性文献。我们要以习近平生态文明思想为指导，以高度的政治责任感和历史使命感推动山西走出一条绿色发展之路。要坚决贯彻中央作出的重大部署，全力打好污染防治攻坚战。深化改革创新，充分发挥制度和法治的刚性约束作用；推进专项行动，集中力量解决突出环境问题；统筹抓好绿色发展，努力实现保护与发展的“双赢”。各级党委政府要坚决担负起生态文明建设的政治责任，绝不再走“先污染、后治理”老路，绝不减弱“铁腕治污”高压态势，绝不降低环保倒逼转型的标准和力度，努力为广大人民群众提供更多优质生态产品。会议决定近期召开全省生态环境保护大会，对贯彻落实全国生态环境保护大会精神作出全面部署。

会议听取了关于对各市和部分省直部门贯彻落实习近

平总书记视察山西重要讲话精神督导检查情况的综合报告。指出，这次督导检查达到了预期目的，既看到了贯彻落实工作中的成效，又发现了贯彻落实工作中的短板。会议对做好督导反馈及问题整改工作作了部署。强调，各市和省有关部门要根据省委督导检查组的反馈意见，抓紧制定整改工作方案，扎扎实实抓好整改，着力解决督导中发现的问题。各督导检查组要持续跟进，深入了解情况，继续加强督导，不断巩固和拓展督导检查成果。

会议审议通过《山西省党务公开实施细则（试行）》。指出，全省各级党组织要把推进党务公开作为重大政治责任，牢牢把握党务公开的基本原则、内容范围、程序和方式，推动党务公开工作有序开展。要结合实际抓好实施细则的贯彻落实，以公开促落实、促监督、促改进，全面加强党内监督，提高党的执政能力和领导水平。

会议审议通过《省人大常委会2018年重点立法项目》。指出，要坚持以习近平新时代中国特色社会主义思想为指导，确保年度立法项目与省委工作要点紧密衔接，注重发挥省人大及其常委会在立法中的主导作用，做到科学立法、民主立法、依法立法。

会议还研究了其他事项。

省委召开常委会议　学习贯彻习近平总书记对打赢脱贫攻坚战三年行动的重要批示　传达贯彻全国省区市纪检监察工作座谈会和中组部新时代激励干部新担当新作为暨加强改进选调生工作座谈会精神　研究我省贯彻落实意见

6月14日，省委书记骆惠宁主持召开十一届省委第75次常委会议，学习贯彻习近平总书记对打赢脱贫攻坚战三年行动的重要批示，听取全省脱贫成效考核发现问题整改工作情况汇报，传达全国省区市纪检监察工作座谈会、中组部新时代激励干部新担当新作为暨加强改进选调生工作座谈会精神，研究我省贯彻落实意见。

会议指出，习近平总书记对打赢脱贫攻坚战三年行动的重要批示，深刻阐述了打赢脱贫攻坚战的重大意义，对进一步做好脱贫攻坚工作提出明确要求。我们要以习近平总书记重要批示精神为指导，坚持抓落实、促攻坚，坚持目标标准，贯彻精准方略，确保焦点不散、靶心不变，坚决打赢三年脱贫攻坚战。会议认为，我省脱贫成效考核发现问题整改工作总体进展良好、成效明显，但也存在排查不彻底、整改不得力等问题。要进一步坚持问题导向，强化整改责任，坚持精准发力，把握时间节点，把存在的问题全部分类解决好，补齐短板，持续深化整改落实，以整改促脱贫攻坚工作整体提升。要进一步加大督查问效力度，对思想不重视、主观不努力、群众有意见、造成坏影响的严肃问责。会议决定，近期召开省委攻坚深度贫困现场推进会。

会议指出，全国省区市纪检监察工作座谈会以习近平新时代中国特色社会主义思想为指导，就提高新时代纪检监察工作质量和水平作出重要部署，对于我省做好当前和今后一个时期纪检监察工作具有重要指导意义。认真贯彻落实这次座谈会精神，既是我省各级纪委监委的重大任务，也是我省各级党委的重大责任。要坚决把“两个维护”作为根本政治任务，有效落实在具体工作中；要把稳中求进作为基本工作方针，更加科学、更加严密、更加有效地做好纪检监察工作；要坚持不懈以改革为先导、为动力，推动新时代纪检监察工作实现高质量发展。要深入贯彻中纪委二次全会及这次全国省区市纪检监察工作座谈会部署，深入贯彻省纪委三次全会及近期省委有关系列部署，坚持党对反腐败工作集中统一领导，推动全面从严治党不断向纵深发展，为夺取反腐败斗争由压倒性胜利向全面胜利转变，实现我省政治生态持久的风清气正不懈奋斗。

会议指出，习近平总书记关于激励干部担当作为、加强改进选调生工作的重要论述，为进一步做好新时期干部工作指明了努力方向，要深入学习领会并贯彻到实际工作中。中组部召开的新时代激励干部新担当新作为暨加强改进选调生工作座谈会，宣示性、政策性、指导性都很强，要认真贯彻落实。近年来，省委就落实“三个区分开来”，主动探索、认真实践，制定实施干部能上能下“实施细则”，制定激励干部干事创业、合理容错纠错两个办法，树立正确用人导向，并体现到干部工作中，取得阶段性成效。下一步，要深入学习贯彻习近平总书记关于激励干部担当作为的重要思想，认真抓好中办印发意见的贯彻落实。要进一步鲜明树立重实干重实绩的用人导向，大力选拔敢于负责、勇于担当、善于作为、实绩突出的干部，把关心关爱干部的各项措施落到实处，引导激励干部有担当有作为。要大力宣传、充分发挥先进典型的示范引领作用。要坚持严管厚爱结合、激励约束并重，既要为敢于担当的干部担当、为敢于负责的干部负责，又要对不担当不作为的干部及时进行调整，使能上能下成为常态。既要激发和保护干部干事创业的积极性主动性创造性，又要准确把握政策界限和适用情况，防止混淆问题性质，拿容错当“保护伞”，搞纪律“松绑”。会议指出，要从战略和长远高度，继续加强和改进选调生工作，不断形成和拓展干部培养选拔的“源头活水”。会议审议通过了《关于推荐转型综改先进单位和示范项目的工作方案》《关于推荐敢于担当、奋发有为先进典型的工作方案》。

会议还研究了其他事项。

省委召开常委会议　学习贯彻中央外事工作会议精神 听取全省转型项目建设年进展和整治非法违法采矿工作情况汇报　审议通过《关于深入贯彻落实党的十九届三中全会精神深化全省党政机构改革的实施意见》《关于深化全省群众性精神文明创建活动的实施意见》

6月28日，省委书记骆惠宁主持召开十一届省委第76次常委会议，传达学习中央外事工作会议基本精神，研究我省贯彻落实意见，听取全省转型项目建设年进展情况、整治非法违法采矿工作情况汇报，审议通过《关于深入贯彻落实党的十九届三中全会精神深化全省党政机构改革的实施意见》《关于深化全省群众性精神文明创建活动的实施意见》。

会议指出,这次中央外事工作会议最重要的成果,就是确立了习近平外交思想的指导地位。习近平外交思想科学回答了什么是中国特色大国外交、如何开展中国特色大国外交等重大问题,是以习近平同志为核心的党中央治国理政思想在外交领域的重大理论成果,我们要认真学习、全面把握,将其转化为指导实践、推动工作的强大力量,坚决把认识和行动统一到中央对外大政方针上来,确保全省外事工作沿着正确方向前进。会议强调,地方外事工作是党和国家对外工作的重要组成部分,要全面提升对外工作水平,服务好中央对外战略部署、服务好我省经济社会发展。要深刻领会当前和今后一个时期的国际形势,不断增强做好我省外事工作的时代性和针对性。要牢牢把握历史交汇期对外工作重点任务,依照国家总体外交战略,整合省内外事资源,发挥比较优势,更好服务国家外交大局。要切实加强党委对外事工作的领导,把外事工作摆在重要位置,着力加强外事部门党的建设,扎实推进党对地方外事工作领导体制改革。各级领导干部要从政治和全局高度认识把握外事工作,树立正确的历史观、大局观、角色观,不断提高做好外事工作的意识和本领,不断开创全省外事工作的新局面。

会议传达了中央深化地方机构改革推进会和省级机构改革方案拟定工作专题培训研讨班精神,听取省委深化党政机构改革领导小组办公室近期工作情况汇报,研究了我省实施意见,指出,深化党和国家机构改革是推进国家治理体系和治理能力现代化的一场深刻变革,要认真贯彻中央关于深化党和国家机构改革的决定、方案和关于地方机构改革有关问题的指导意见,抓好我省实施意见的学习宣传与贯彻。各级各部门要把机构改革摆在突出位置,在省委的统一领导下,党委(党组)主要负责同志牵头挂帅、靠前指挥,细化任务要求,明确责任分工,确保各项改革任务全面落实。要抓紧省级机构改革方案编制和组织实施工作,确保省市县机构改革有机衔接,统筹机构改革和其他各方面改革。要切实加强党对深化党政机构改革工作的领导,各有关部门要服从大局,严明纪律,加强协调,密切配合,确保改革平稳有序推进。

会议指出,今年我省转型项目建设年总体进展顺利,全省上下呈现出抓项目促转型的良好态势。但也要看到,目前在建转型项目在数量和质量等方面仍有差距,推进项目建设在服务和保障上仍有差距。会议强调,要坚持把抓转型发展落到项目建设上,针对存在的问题,进一步研究针对性举措,坚持以改革精神和开放视野抓转型项目,牵好"牛鼻子",努力推进全省高质量转型发展。要抓好推进工作机制在县级层面落地,强化项目要素保障,营造"六最"营商环境,加强项目谋划储备,再掀转型项目建设高潮。要运用督导检查、定期研判等制度,协调解决重大问题,督促各地各部门落实领导责任,以项目建设年的深化提质,带动全省固定资产投资结构优化和整体质量提升。

会议指出,非法违法采矿对生态破坏极大、安全隐患极大、社会影响极大。必须以坚决态度、强力举措和持久韧劲,做到责任到位、监管到位、打击到位、追究到位,坚决铲除非法违法采矿这个"毒瘤"。要坚持防查并举、标本兼治,釜底抽薪、强力治本,坚决遏制变相违法开采,规范矿山企业采矿行为,提高矿政管理服务水平,构建长效管理机制。市县乡党委政府要高度重视,切实履行好属地领导责任。各有关部门都要负起管理责任。要发动群众群防群治,加强社会监督。

会议指出,群众性精神文明创建活动是提升全民素质和社会文明程度的有效途径。近年来,我省贯彻落实中央有关部署,在推动群众性精神文明创建方面做了不少工作,取得阶段性成效,但仍存在不少短板。要坚持以习近平新时代中国特色社会主义思想为指导,把群众性精神文明创建放在战略位置,以培育和践行社会主义核心价值观为根本,加强思想道德建设,弘扬中华优秀传统文化,继承革命文化,发展社会主义先进文化,不断提高全省人民思想觉悟、道德水准、文明素养,为谱写新时代中国特色社会主义山西篇章提供强大精神力量。要全面推进文明城市、文明村镇、文明单位、文明家庭、文明校园等各项创建活动,丰富精神文明建设载体,拓展精神文明建设阵地。要用好正反典型,在全社会形成扬善惩恶的浓厚氛围。会议要求,深化群众性精神文明创建活动,各级党委要承担起主体责任,投入足够精力,做到真抓会抓,充分发挥群众性精神文明创建对全局工作的推动作用。要坚持改革创新、与时俱进,反对形式主义,动员社会力量广泛参与,不断增强群众性精神文明创建活动吸引力感染力。要加强群众性精神文明创建干部队伍建设。

会议还研究了其他事项。

省委召开常委会议　分析上半年全省经济形势　部署下半年经济工作

7月26日,省委书记骆惠宁主持召开十一届省委第79次常委会议,分析上半年全省经济形势,部署下半年经济工作,研究乡村振兴、中央环保督察整改、扫黑除恶等工作。

会议充分肯定上半年全省经济工作。会议指出,上半年,全省经济运行保持了稳中向好的态势,地区生产总值增长6.8%,增速与全国持平,速度、效益、结构、动能"四个维度"指标的协调性不断增强,战略性新兴产业增加值增长15.4%,制造业增加值增速快于煤炭产业11个百分点,新兴产业投资、规上工业企业利润、一般公共预算收入、用电量、市场主体快速增长,深化国企国资改革、加快开发区改革创新发展、开展转型项目建设年活动等重大举措成效逐步显现,全省经济发展正向着高质量方向迈进。

会议指出,要准确把握全省经济运行态势和影响下一步走势的因素,认真分析当前影响我省经济运行的积极因素和制约因素,高度重视、积极应对经济运行中面临的一些新情况新问题,全力抓好下半年经济运行和转型发展重点工作。要强化改革创新思维,保持转型发展战略定力,善于趋利避害,勇于自我加压,以更精准有力的举措,不断巩固和扩大经济平稳健康发展态势,向实现全年经济社会发展主要预期目标冲刺。

会议指出,下半年我省面临的经济社会发展任务仍然十分艰巨繁重,全省上下必须以习近平新时代中国特色社会主义思想为指导，坚决贯彻党的十九大和习近平总书记视察山西重要讲话精神，按照中央要求和省委部署，坚持稳中求进工作总基调，进一步把深化供给侧结构性改革和转型综改试验区建设紧密结合起来，充分发挥转型综改试验区建设的战略牵引作用，抓住主要和突出矛盾，对症下药，做好稳定经济运行基本面、扭转固定资产投资下滑局面、推进工业"结构反转"、提高金融服务实体经济能力和效率、保持房地产市场稳定、加大环保倒逼转型力度、保障和改善民生等重点工作，并研究制定了相关政策与举措。

会议强调，各级党委要加强对经济工作的领导，抓落实、压责任、强服务、重预警、稳预期，全面贯彻落实中央和省委经济工作部署，努力在经济社会发展主战场体现新担当新作为。

会议传达全国实施乡村振兴战略工作推进会精神，听取有关情况汇报，审议通过《山西省乡村振兴战略总体规划(2018-2022年)》，强调要坚持规划引领，以正确的思想方法和工作方法，重示范、补短板、强弱项、讲实效，抓好农村人居环境改善，推动乡村全面振兴。

会议审议了《山西省开发区综合发展水平考核评价办法(试行)》，指出要科学考核评价全省开发区改革创新和经济发展状况，推动开发区实现高质量发展。

会议听取中央环保督察整改情况及在环保领域开展专项行动情况汇报，指出要以真抓实干的态度，严格标准，促进整改做实，坚决打赢污染防治攻坚战。

会议审议通过省委、省政府《关于全面加强生态环境保护坚决打好污染防治攻坚战的实施意见》。

会议研究了扫黑除恶专项斗争有关工作。

会议还研究了其他事项。

省委召开常委会议　传达贯彻中央领导同志关于宗教工作重要批示精神　审议通过关于进一步加强全省网信工作的实施意见　听取第三轮巡视情况汇报和第四轮巡视安排建议　听取第二届全国青年运动会筹备情况汇报　决定近期召开省委十一届六次全会

8月15日，省委书记骆惠宁主持召开十一届省委第80次常委会议，传达中央领导同志关于宗教工作的重要批示精神，研究我省贯彻落实意见，审议通过《关于进一步加强全省网络安全和信息化工作的实施意见》，听取十一届省委第三轮巡视情况汇报，审定第四轮巡视方案，听取省委十一届六次全会方案、第二届全国青年运动会筹备情况汇报。

会议指出，中央领导同志关于宗教工作的重要批示，进一步增强了我们全面贯彻党的宗教工作基本方针，更加注重依法管理宗教事务，持续解决宗教领域突出问题的责任感和紧迫感。会议围绕加强党对宗教工作的领导，深入贯彻全省宗教工作会议部署，研究了加强薄弱环节工作的重大举措。

会议审议通过了《关于进一步加强全省网络安全和信息化工作的实施意见》，强调要深入学习贯彻习近平总书记关于网络强国的重要论述，把网信工作摆在更加突出的位置，着力加强网上正面宣传，维护网络安全，推动信息领域核心技术创新，充分发挥信息化对经济社会发展的驱动引领作用。会议决定近期召开全省网络安全和信息化工作会议。

会议指出，第三轮巡视认真贯彻落实中央及省委关于巡视工作的新精神新要求，坚持政治巡视定位，加强组织领导，取得较好效果。巡视情况表明，我省反腐败斗争压倒性态势已经形成并巩固发展，但形势依然严峻复杂，全面从严治党永远在路上。全省要保持"治"不忘"危"、"兴"不忘"忧"的清醒和自觉，保持永远在路上的战略定力和耐力，坚定不移推动全面从严治党向纵深发展。被巡视党组织特别是主要负责同志要坚定扛起巡视整改的主体责任，班子成员要履行"一岗双责"，带头抓好整改，扎实做好巡视"后半篇文章"，以整改的实际成效体现对党的忠诚。要综合运用巡视成果，深化标本兼治，使整改的过程成为推动全面从严治党、带动各项工作迈上新台阶的过程。会议决定，第四轮巡视的对象是省属高校。强调要坚定践行"两个维护"、深化政治巡视，高质量开展第四轮巡视工作。要以贯彻习近平总书记关于教育工作的重要论述为重点，深入监督检查高校落实党的路线方针政策、落实中央及省委重大决策部署情况，深入监督检查高校改革发展、思想政治建设、基层党组织建设、师资队伍建设情况，深入了解高校集聚人才、探索创新、服务和促进全省经济社会发展情况。紧盯重点人、重点事、重点问题，强化监督制约，进一步营造风清气正政治生态环境。

会议决定，8月下旬召开中共山西省委十一届六次全会，对全省一年多来贯彻落实习近平总书记视察山西重要讲话精神情况进行总结，结合分析上半年经济形势，落实中央巡视整改工作，对进一步贯彻落实习近平总书记视察山西重要讲话精神作出部署。会议讨论了《关于进一步激励广大干部新时代新担当新作为努力建设高素质专业化干部队伍的实施意见》，决定提请全会审议。

会议指出，明年将在我省举办的"二青会"，是新中国成立以来我省举办的规模最大、规格最高的全国综合性体育赛事。要进一步加强统筹协调，各地各单位要通力合作，全面做好各项筹备工作，确保"二青会"取得圆满成功。要以此为契机，提升承办城市整体风貌，推动精神文明建设，带动全民健身运动，策划全方位宣传，充分展示山西"两转"后奋发向上的良好形象，为推动各项事业发展增添新动力。

会议还研究了其他事项。

省委召开常委会议　审议通过《关于适应新时代要求大力发现培养选拔优秀年轻干部的实施意见》《关于贯彻〈中国共产党党内功勋荣誉表彰条例〉的实施办法》　听取《山西省十三届人大常委会五年立法规划(2018-2022年)》起草情况汇报　研究全省旅游业改革发展、高等教育改革发展、人才工作、扫黑除恶专项斗争等

8月22日，省委书记骆惠宁主持召开十一届省委第81

次常委会议,审议通过《关于适应新时代要求大力发现培养选拔优秀年轻干部的实施意见》《关于贯彻〈中国共产党党内功勋荣誉表彰条例〉的实施办法》,听取《山西省十三届人大常委会五年立法规划(2018-2022年)》起草情况汇报,研究部署全省旅游业改革发展、高等教育改革发展、人才工作、扫黑除恶专项斗争等。

会议指出,大力发现培养选拔优秀年轻干部,是全党的重大任务,对山西更具有战略性和紧迫性。要贯彻落实新时代党的组织路线,落实好干部标准,广开进贤纳才之路,增强培养锻炼实效,完善适时选拔机制,全面从严管理监督,建设高素质专业化年轻干部队伍,为谱写新时代中国特色社会主义山西篇章提供充足干部储备和人才保证。

会议指出,党的十八大以来,我省地方立法工作有序推进。《山西省十三届人大常委会五年立法规划(2018-2022年)》,是我省未来五年法治建设的重要指导性文件。抓好立法规划实施,要把党的领导贯彻到立法工作的全过程和各方面,充分发挥人大及其常委会的立法主导作用,进一步提高立法质量,分年度有序推进。

会议指出,近年来,在省委省政府的支持推动下,全省旅游业战略地位进一步确立,重大举措进一步强化,整体效果进一步显现,进入新的发展阶段。要乘势而上,以建设国家全域旅游示范区为牵引,以推动文化旅游深度融合为基本路径,以深化文旅体制机制改革为动力,以加快文旅重大项目建设为抓手,全力实现建设富有特色的文化旅游强省的战略目标。会议要求筹备开好全省旅发大会。

会议指出,省第十一次党代会以来,省委省政府对高等教育给予前所未有的重视和支持,推动高等教育改革发展进入新阶段,但我省高等教育整体水平仍亟待提高。进一步加快我省高等教育发展,一要提高摆位,发挥高等教育先导作用。进一步从政策、措施、投入等方面强化支持。二要加强党建,确保高校正确发展方向。强化阵地意识,抓紧抓实思政工作。三要深化改革,激发高等教育内生动力。破除体制机制障碍,使高校拥有更大办学自主权。四要加强外联,带动办学水平提升。落实北京大学、清华大学对口帮扶山西大学、太原理工大学协议,扩大和深化与C9高校的多方位合作。

会议指出,人才是第一资源。近年来,省委省政府以先进理念、有力举措,大力实施人才强省战略,深化人才发展体制机制改革,推动全省人才工作取得阶段性成效。围绕解决制约人才工作的突出问题,要重点抓好三方面工作。一要优化政策设计。处理好引进高端人才与关注人才"金字塔"中部的关系,处理好引进与培养的关系,处理好"所有"与"所用"的关系。二要强化工作推进。全面梳理、落实各项人才改革政策举措,疏通"节点"、打通"堵点",强化我省已出台人才政策的宣传,加强人才工作督查考核。三要营造社会氛围。各级领导干部要切实增强人才工作的紧迫感,各专门工作机构要强化人才服务保障,在全社会营造识才、爱才、敬才的良好氛围,形成凝聚各方面优秀人才创新创业的强大合力。省委人才工作领导小组要进一步发挥好协调作用。

会议听取全省扫黑除恶专项斗争推进会精神贯彻落实情况汇报,对下一步深化专项斗争提出指导意见。

会议还研究了其他事项。

省委召开常委会议 传达贯彻习近平总书记在全国宣传思想工作会议上的重要讲话精神

8月27日下午,省委书记骆惠宁主持召开十一届省委第82次常委会议,传达全国宣传思想工作会议和习近平总书记重要讲话精神,研究我省贯彻落实意见。审议通过《关于上半年落实意识形态工作责任制情况报告》《关于加快构建中国特色社会主义哲学社会科学的实施意见》《以汾河为重点的"七河"流域生态保护与修复总体方案》。

会议指出,全国宣传思想工作会议是党中央召开的一次十分重要的会议。习近平总书记的重要讲话,深刻回答了一系列方向性、根本性、全局性、战略性重大问题,是指导新形势下党的宣传思想工作的纲领性文献。我们要认真学习领会,抓好贯彻落实。一要准确把握习近平总书记关于宣传思想工作的重要论述,把"九个坚持"作为做好宣传思想工作的根本遵循,以高度政治自觉指导工作实践。二要清醒认识新形势新坐标,与时俱进做好宣传思想工作。三要努力践行使命任务,坚定不移举旗帜、聚民心、育新人、兴文化、展形象,努力在"两转"基础上全面拓展新局面。四要全面加强党的领导,各级党委要真正负起政治责任和领导责任,加强分析、研判和统筹,完善大宣传格局,不断提高领导和驾驭宣传思想工作的能力水平。会议决定近期召开全省宣传思想工作会议,对贯彻落实作出具体安排部署。

会议指出,意识形态工作是为国家立心、为民族立魂的工作。近年来,全省意识形态战线自觉把"两个巩固"作为根本任务,坚持"两论立部",大力弘扬主旋律、汇聚正能量,意识形态工作取得明显进步。要进一步强化意识形态工作责任制,压实压紧各级党委(党组)的主体责任,持续引深学习贯彻习近平新时代中国特色社会主义思想,着力做大做强正面宣传,牢牢掌握意识形态工作领导权。

会议指出,繁荣发展哲学社会科学,是做好新形势下意识形态工作的内在要求。近年来,我省广大哲学社会科学工作者在围绕中心、服务大局、述学立论、建言献策等方面发挥了积极作用。下一步,要坚持马克思主义在哲学社会科学领域的指导地位,以增强全省哲学社会科学总体实力、核心竞争力和影响力为目标,以建设具有山西特色的哲学社会科学体系为重点,全面提升理论武装、决策服务、学术创新、文化传承等能力水平。各级党委(党组)要高度重视哲学社会科学,加强政治领导和工作指导,大力推动"实施意见"落地,加强省社科院自身建设,不断推出具有前瞻性、战略性、实效性的研究成果。

会议指出,实施以汾河为重点的"七河"流域生态保护与修复,是推进山西生态文明建设的重大战略举措。要深入贯彻落实习近平总书记视察山西重要讲话精神,坚持节约优先、保护优先、自然恢复为主的方针,推进水污染防治、河流生态补水、河流源头保护、河湖水系综合整治、地下水超采治理和岩溶大泉保护、节约用水等重大工程。要加强统筹协调，夯实市县责任，用好市场机制，强化政策支持，坚决实现分阶段治理目标，把这件事关山西长远发展和根本利益的大事办好。

会议研究了党政机构改革有关事项。

会议还研究了其他事项。

省委召开常委会议　传达贯彻全国教育大会精神　审议通过《党委（党组）意识形态工作责任制实施细则》《中共山西省委党内法规制定工作五年规划（2018–2022）年》　研究配合保障中央扫黑除恶督导组和全省边督边改工作

9月17日，省委书记骆惠宁主持召开十一届省委第83次常委会议，传达全国教育大会精神，研究我省贯彻落实意见，审议通过《党委（党组）意识形态工作责任制实施细则》《中共山西省委意识形态工作领导小组工作规则》《中共山西省委党内法规制定工作五年规划（2018–2022年）》，听取配合保障中央扫黑除恶督导组工作情况汇报和全省边督边改情况汇报。

会议指出，教育是国之大计、党之大计。这次全国教育大会，是党中央召开的一次具有里程碑意义的历史性会议。习近平总书记的重要讲话，是指导做好新形势下教育工作、办好人民满意教育的纲领性文献。要迅速组织传达学习，深刻领会习近平总书记提出的重要论断、鲜明方向、关键措施、根本目标和大会部署的各项教育改革发展任务。要全面贯彻党的教育方针，坚持优先发展教育事业，建立更高水平的人才培养体系，加强教师队伍建设，深化教育体制改革，办好人民满意的教育，培养德智体美劳全面发展的社会主义建设者和接班人。各级党委要加强对教育工作的全面领导，把教育改革发展摆上重要位置，加强学校党建和思想政治工作，营造全社会关心支持教育的良好氛围。会议强调，要在已有工作基础上，解决好影响我省教育健康发展的重大问题，深入开展调研，提出针对性举措。会议同意适时召开全省教育大会，对贯彻落实全国教育大会精神作出部署。

会议指出，意识形态工作是党的一项极端重要的工作。落实意识形态工作责任制，是加强党对意识形态工作领导的重大举措。近年来，全省意识形态领域发生了积极转变，但仍存在责任制落实不到位的问题。各级党委（党组）要把做好意识形态工作作为重大政治责任，认真落实中央实施办法和我省实施细则，进一步明责、履责、问责，确保中央和省委各项部署落到实处。省委意识形态工作领导小组要认真履行职责，县以上党委要完善自身工作规则，牢牢掌握意识形态工作的领导权。

会议指出，中央扫黑除恶第二督导组进驻我省后，省委高度重视，各级各部门扎实工作，配合保障有力，边督边改抓得紧，推动了扫黑除恶专项斗争进一步深入开展，一些突出问题逐步得到解决，专项斗争整体态势是好的。要认真贯彻督导组要求和省委部署，对照督导组指出的问题，按照省委“十个进一步”要求和“求深入、扩战果、办铁案、强综治、除隐患”的部署，坚持边督边改、立行立改，不断取得新的成果。要在抓落实上下功夫，及时研究事关全局的重要问题，坚持把方向、把大局、把政策，坚决支持政法机关发挥主力军作用，坚决清除政法系统的害群之马，处理好开展专项斗争和推动全面工作的关系，确保各项工作有序有力进行，确保专项斗争健康深入开展。

会议听取全省党内法规制度建设情况汇报，指出，要进一步强化制度治党、依规治党意识，提升党内法规工作摆位，加强党内法规工作领导，不断提升立规质量。要抓好省委党内法规制定工作的统筹协调，完善党的组织法规、领导法规、自身建设法规、监督保障法规，推动全面从严治党向纵深发展。要认真落实各级各类党组织执规主体责任，各级领导干部要带头尊规、学规、守规、用规，加强党内法规贯彻落实情况的监督检查，确保法规真正发挥作用。

会议还研究了其他事项。

省委召开常委会议　传达贯彻国家推进“一带一路”建设工作5周年座谈会和全国归侨侨眷代表大会精神　审议通过《关于进一步深化小微企业金融服务缓解融资难融资贵的意见》《山西省焦化产业打好污染防治攻坚战推动转型升级的实施方案》　听取调整优化区域经济转型考核评价指标体系汇报

9月26日，省委书记骆惠宁主持召开十一届省委第84次常委会议，传达国家推进“一带一路”建设工作5周年座谈会精神和第十次全国归侨侨眷代表大会精神，研究我省贯彻落实意见，审议通过《关于进一步深化小微企业金融服务缓解融资难融资贵的意见》《山西省焦化产业打好污染防治攻坚战推动转型升级的实施方案》，听取调整优化区域经济转型升级考核评价指标体系汇报。

会议指出，习近平总书记在推进“一带一路”建设工作5周年座谈会上的重要讲话，提出一系列重大论断，对于推动我国对外开放，改善全球经济治理体系，促进全球共同发展繁荣具有重要指导意义。近年来，我省积极融入“一带一路”建设，在健全体制机制、搭建国际经贸合作平台、开展人文交流、完善保障体系等方面做了大量工作，取得阶段性成效。下一步，要争取我省重大事项和项目纳入国家规划，落实好《山西省参与“一带一路”建设三年滚动实施方案（2018—2020年）》，以深度参与“一带一路”建设新成效，有力牵引全省打造内陆地区对外开放新高地。

会议指出，归侨侨眷和海外侨胞是实现中国梦的重要力量，侨联工作是党领导的重要群团工作。去年侨联换届以来，侨联改革扎实推进，侨联工作取得了新的进展。要认真贯彻第十次全国归侨侨眷代表大会精神，结合我省实际，坚持拓展侨源，抓住重点，创新方式，建好组织，深化改革，支持各级侨联组织发挥作用，有效服务全省发展大局。各级党委政府要加强对侨联工作的领导，为侨联开展工作创造良好条件。

会议听取缓解小微企业融资难融资贵情况汇报。指出，省委省政府高度重视小微企业融资工作，在完善政策措施、创新金融服务、推进减费让利等方面推出一系列针对性举措，取得积极成效。要强力推进意见贯彻执行，加强沟通对接，创新激励机制，支持引导金融机构进一步提升小微企业金融服务水平。要完善财政扶持投入方式，加强政府性融资担保体系建设，持续优化金融生态环境。要加大培训力度，引导小微企业加强自身管理，不断培育成长性好的小微企业。

会议指出，焦化行业是蓝天保卫战的重点战场，也是我省工业升级的重点领域。要坚持环境保护倒逼产业转型，优化焦化产业布局，明确产业升级标准，加强环保治理监管，推动绿色化发展和资源循环利用。要坚持政府引导，综合运用市场、环保、节能、法制等手段，坚持循序渐进，防止“一刀切”，稳步推进焦化产业污染防治、转型升级。要抓好方案落实，加强对重点地区的工作指导。

会议指出，近年来，省委省政府积极探索完善转型发展考核体系，有效发挥引导和激励作用，推动全省呈现出创新驱动转型升级的积极态势。根据实践发展，对区域经济转型升级考核评价指标体系进行调整优化，精简考核指标，优化权重分配，有利于进一步强化对转型升级的引导，更好发挥“指挥棒”和“风向标”作用。省考核办要运用调整优化后的评价指标体系组织年终考核，各地要尽快掌握调整优化方案，以此为牵引抓好重点工作，推动经济转型发展。

会议还研究了其他事项。

省委召开常委会议　传达贯彻全国县域综合医改现场会精神　审议通过《关于建立省人民政府向省人大常委会报告国有资产管理情况制度的意见》《省管企业领导人员管理规定》　听取干部教育培训工作和省委党校工作情况汇报

10月9日，省委书记骆惠宁主持召开十一届省委第85次常委会议，传达全国县域综合医改现场会精神，研究我省贯彻落实意见，审议通过《关于建立省人民政府向省人大常委会报告国有资产管理情况制度的意见》和《省管企业领导人员管理规定》，听取干部教育培训工作和省委党校工作情况汇报。

会议指出，在我省召开的全国县域综合医改现场会，是国家卫健委组建以来召开的第一次全国性医改经验推广会。我省县乡医疗机构一体化改革是从山西基层医疗卫生服务水平薄弱的实际出发实施的重大举措，抓住了深化医改的关键和基础。要认真贯彻现场会精神，进一步深化县域综合医改，确保此项工作继续走在全国前列，发挥示范引领作用。要以县乡医改牵动整体医改，在分级诊疗制度、现代医院管理制度、全民医保制度、药品供应保障制度、综合监管制度建设方面取得新的突破，进一步提升全省整体医疗卫生服务能力。各级党委政府都要像抓县乡医改一样抓整体医改工作，加强部门联动、政策联动、业务联动，推动各项医改举措更好见效。

会议指出，建立政府向本级人大常委会报告国有资产管理情况制度，是党中央作出的重要决策部署，是加强国有资产治理体系建设的重大改革。近两年，我省就加强国有资产管理工作进行了一系列新的探索，取得阶段性成效。人大监督是国有资产有效管理的有力保障，对于增加国有资产管理公开透明度、提升国有资产管理公信力、加强人大依法履职等具有重大意义。省人大常委会要坚持依法监督，推动省级国有资产监管规范化程序化进行。要按照分年度工作目标，指导各市县人大常委会抓好意见落实。

会议指出，近年我省干部教育培训和党校建设取得了积极成效。要深入贯彻全国党校工作会议精神，按照全国干部教育培训五年规划的要求，坚持问题导向，以提高培训和教学质量为重点，全面加强干部教育培训工作和党校建设。要把握干部培训需求，围绕进一步提高培训质量，深入开展调研，进一步提高工作标准，坚持以改革的思路和办法解决问题，结合实际制定我省干部教育培训五年规划，不断提高党校建设水平。会议决定适时召开全省干部教育培训工作会议。

会议指出，《省管企业领导人员管理规定》是我省深化国企改革的又一项重要举措，旨在为建设高素质专业化省管企业领导人员队伍提供制度保障。要认真贯彻规定精神，坚持党管干部原则，注重运用市场机制，做到导向鲜明、管理科学、监督到位、富有活力，切实把省管企业领导班子建设好，更好发挥省属国企在全省经济转型发展中的引领作用。

会议审议通过《关于推进政府性融资担保机构进一步发挥作用的意见》和《关于推进政府投资基金更好发挥作用的意见》。

会议还研究了其他事项。

省委召开常委会扩大会议　传达中共中央办公厅、国务院办公厅《关于印发〈山西省机构改革方案〉的通知》　审议《山西省机构改革实施方案(送审稿)》

10月18日上午，山西省委召开常委会扩大会议，传达中共中央办公厅、国务院办公厅《关于印发〈山西省机构改革方案〉的通知》，审议《山西省机构改革实施方案(送审稿)》《山西省机构改革动员大会方案(送审稿)》和全省机构改革动员大会讲话。省委书记骆惠宁主持会议并讲话。

会议强调，深化机构改革，事关全局，责任重大。召开省委常委会扩大会议，主要是在省级领导和省委委员层面深化认识，强化责任，形成合力，从观念上、工作上、组织上，为即将实施的全省机构改革工作打下好的基础。

会议取得了重要成果。一是深化了对机构改革这场深刻变革重大意义的认识。大家一致认为，这次深化党和国家机构改革，是以习近平同志为核心的党中央从党和国家事业发展全局高度作出的重大政治决策，是推进党和国家治理体系和治理能力现代化的深刻变革。地方机构改革是深化党和国家机构改革的重要内容。必须强化推动全省机构改革工作的责任意识和使命担当，切实把思想和行动统一到中央及省委的部署要求上来。二是深化了对省委坚决扛起机构改革重大政治责任的认识。大家一致认为，省委认真学习贯彻习近平总书记关于深化党和国家机构改革的重要论述和三中全会决定精神，牢牢把握在“两转”基础上全面拓展新局面的时代特征，加强对我省机构改革工作的组织领导，科学制定方案，周密组织实施，为全面准确贯彻落实党中央决策部署提供了坚强保证。三是深化了对全省机构改革重大部署的认识。大家一致认为，经党中央批准的我省机构改革方案，把加强党的全面领导作为首要任务，遵循中央顶层设计，突出山西地方特色，坚持优化协同高效，坚持在法治下推进改革，解决了许多长期想解决而没能解决的难题，理顺了不少领域多年想理顺而没有理顺的体制，必将为决胜全面建成小康社会、谱写新时代中国特色社会主义山西篇章提供有力的体制机制保障。四是深化了对自觉接受机构改革重大考验的认识。大家一致认为，这一轮机构改革是对各级各部门特别是领导干部的一次重大政治考验，一定要在省委统一领导部署下，坚决服从大局，严明政治规矩，履行应尽职责，有组织、有步骤、有纪律推进，切实抓好我省深化机构改革各项任务落实。

会议强调，省委将召开全省机构改革动员大会，我省深化机构改革工作即将进入操作实施阶段。相关负责同志直接承担着组织实施的重要职责，要做到靠前指挥，按要求、按时限把机构、职责、队伍等调整到位，确保改革期间各项工作连续稳定，确保机构改革有序顺利推进。其他同志也要以实际行动拥护改革、支持改革，引导党员干部凝聚改革共识，为推动全省机构改革作出积极贡献。

会议强调，树牢“四个意识”必须体现在行动中。全省各级各部门和领导干部要坚决维护以习近平同志为核心的党中央权威和集中统一领导，勇于担当，扎实工作，全面完成好机构改革各项任务，向党中央和全省人民交出一份满意答卷。

省委常委，省人大、省政府、省政协负责同志，省法检“两长”，省委委员，省委深化党政机构改革领导小组成员参加会议。

省委召开常委会议　传达贯彻中央脱贫攻坚专项巡视工作动员部署会精神　分析前三季度全省经济形势　研究部署下一步经济工作　听取国发 42 号文件贯彻落实情况汇报

10 月 18 日，省委书记骆惠宁主持召开十一届省委第 87 次常委会议，传达中央脱贫攻坚专项巡视工作动员部署会精神，研究我省贯彻落实意见，分析前三季度全省经济形势，研究部署下一步经济工作，听取省委常委会上半年经济分析中所涉重点工作任务落实情况汇报和关于贯彻落实国发〔2017〕42 号文件情况汇报，审议通过《山西省生态环境损害赔偿制度改革实施方案》。

会议指出，开展脱贫攻坚专项巡视是贯彻党中央打赢脱贫攻坚战决策部署的重大举措，是深化政治巡视的创新实践，是巡视工作围绕中心、服务大局的具体行动。各级党组织要认真贯彻中央对地方党委开展脱贫攻坚巡视巡察的部署要求，自觉对照专项巡视盘点自己的工作，在落实主体责任、监督责任上持续发力。要持续抓好扶贫领域不正之风和腐败问题专项治理，把脱贫攻坚纳入巡视巡察，把握要求，找准定位，精准发力，确保会议精神全面落实到位。

会议指出，今年前三季度全省 GDP 增长 6%以上，经济保持了平稳增长、结构优化、效益提高、动力增强的特征和态势。这个成绩是在坚持转型升级的大方向下实现的，是在外部经济环境趋紧的背景下实现的，也是在强化环保约束的条件下实现的，来之不易，应当珍惜。实践证明，省委对经济工作的总体部署和重大举措是正确有力的，省政府及各地各部门的工作是扎实有效的。会议强调，做好全年经济工作，努力完成今年主要预期目标任务，要继续坚持稳中求进工作总基调，坚持转型发展主旋律。要清醒看到，当前经济运行中存在的问题是长期积累矛盾的持续反映，同时也具有阶段性运行特征，解决问题既要综合施策，又要重点突破。会议强调，一要坚持环保倒逼，不断培育绿色生产方式。保持战略定力，处理好环保倒逼和经济发展的关系，坚持环保倒逼不动摇，同时不搞一刀切，做到精准施策，全力实现环保形势比上年明显好转。要坚持绿色发展，加大技改力度，加快招商引资项目落地，持续在发展新兴产业上发力。二要突出抓好固定资产投资，为持续优化经济结构增强后劲。认真落实省委省政府转型项目建设年工作部署，合理安排冬季施工，全力实现全年固定资产投资预期增长目标。组织工作专班，强化对重大项目的谋划。三要积极贯彻中央促进消费政策，大力加快服务业发展。四要深化国企国资改革，支持民营企业发展，落实领导干部联系民营企业制度，营造“亲”“清”氛围，不断增强市场主体活力。会议指出，在做好四季度经济工作的同时，要着手谋划好明年经济工作。进一步关注宏观经济形势发展，准确把握中央重大经济政策举措。通过集中督导发现问题、解决问题，推动重大目标任务落实。对区域转型升级的考核要进一步硬起来，把推进转型综改的重大政治责任压实到每个干部、每个企业、每个单位。会议强调，省委常委会上半年经济分析中提出的重大工作举措得到积极落实，取得初步成效。要结合省委常委会分析前三季度全省经济形势的安排部署，进一步列出任务清单，明确牵头部门责任，继续抓好贯彻落实。

会议指出，在省委省政府的强力推动下，经各方面共同努力，我省贯彻国发 42 号文件取得阶段性成效。要进一步强化落实，各部门要加强配合、协同推进。要进一步创新政策举措，注重先行先试，推动重大改革破题。要进一步做好谋划，完善实现“三大目标”的体制机制和政策举措，最大程度释放文件政策红利。要进一步加强宣传，总结成功经验，选树先进典型，发挥示范引领作用。

会议指出，建立健全生态环境损害赔偿制度，是生态文明制度体系的重要组成部分。要实行最严格的生态环境保护制度，抓好实施方案落地见效，强化污染者环境保护法律责任，筑牢生态环境安全底线。各级各部门要树立大局意识，强化协同配合，形成大环保格局。

会议研究了机构改革有关事项。

会议还研究了其他事项。

省委召开常委会议　听取对各市贯彻落实省委十一届六次全会精神及系列专项部署督导检查情况的综合汇报　审定中央扫黑除恶督导整改工作方案　研究加强基层宗教工作

11月8日，省委书记骆惠宁主持召开十一届省委第90次常委会议，听取对各市贯彻落实省委十一届六次全会精神及系列专项部署督导检查情况的综合汇报，审定《中央扫黑除恶第2督导组督导山西省反馈意见整改工作方案》，研究《关于加强基层宗教工作三级网络和两级责任制建设的意见》。

会议指出，为了把贯彻落实习近平总书记视察山西重要讲话精神引向深入，省委对各市贯彻落实省委十一届六次全会精神及系列专项部署情况进行了督导检查。督导检查内容聚焦、方法科学、成效明显，力戒形式主义、官僚主义，既传导了压力，又提振了信心，既严肃指出问题，又推动解决问题，并发现总结了一批好的做法和经验。从督导检查情况看，省委十一届六次全会精神及系列专项部署贯彻落实取得阶段性成效，5月份督导检查反馈意见的整改落实总体较好，各项重点工作有了新进展，全省上下干事创业、锐意开拓的氛围日益浓厚。但一些地方和单位还存在贯彻落实不够扎实、不够深入、不够到位的问题。会议强调，我省正处于“两转”基础上全面拓展新局面的关键时期，省委围绕贯彻落实习近平总书记视察山西重要讲话精神提出一系列具体举措，关键是要持续深入地抓好落实。要重视解决一些干部斗志松懈不作为、作风飘浮不实为、本领所限不善为的问题，引导广大干部学习再学习、深入再深入、苦干再苦干，形成强本领、重实效、争一流的导向。要运用和拓展好督导检查成果，推动各级强化抓落实的政治职责，推动各市在抓整改上狠下功夫，推动转型发展、脱贫攻坚、生态环保、全面深化改革、管党治党等重点工作取得新突破，确保完成全年目标任务。

会议指出，我省深入贯彻党中央决策部署，扫黑除恶专项斗争取得重大战果。要深入贯彻全国扫黑除恶专项斗争推进会精神，按照省委“十个不断强化”的部署，围绕三年为期工作目标，以督导整改为契机，进一步把扫黑除恶专项斗争引向深入。在整改过程中，要坚持问题导向，防止松懈思想，紧盯薄弱环节，加强协调联动，坚持标本兼治，做到组织领导更加有力，推进机制更加健全，工作措施更加精准。要深入学习贯彻习近平总书记关于加强政法队伍建设的一系列重要指示，研究进一步加强政法队伍建设的思路和举措，支持政法机关、政法干警依法履行职责，确保政法队伍纯洁坚强，把政法队伍的建设和管理提高到新水平。

会议指出，加强基层宗教工作三级网络和两级责任制建设，是加强和改进新形势下宗教工作的有力举措。要提高政治站位，严格落实基层宗教工作责任制，形成宗教工作属地化和网格化管理新格局，不断巩固党的宗教工作基础，确保全省宗教和睦、社会和谐稳定。

会议还研究了其他事项。

省委召开常委会议　传达贯彻中国工会十七大、中国妇女十二大和全国干部教育培训工作会议、“枫桥经验”纪念大会精神　强调深入推动秋冬季大气污染综合治理，继续做好中央环保督察“回头看”整改工作，研究支持民营企业发展相关文件

11月22日，省委书记骆惠宁主持召开十一届省委第92次常委会议，研究全面贯彻中国工会第十七次全国代表大会精神、中国妇女第十二次全国代表大会精神、全国干部教育培训工作会议精神、纪念毛泽东同志批示学习推广“枫桥经验”55周年暨习近平总书记指示坚持发展“枫桥经验”15周年大会精神的意见，听取秋冬季大气污染综合治理情况汇报，部署继续做好中央环保督察“回头看”整改工作，审议《关于支持民营经济发展的若干意见》和深入开展领导干部联系民营企业工作的实施意见等文件，决定近期召开山西省支持民营企业发展大会。

会议指出，要全面贯彻中国工会十七大、中国妇女十二大精神，深入学习贯彻习近平总书记同全总新一届领导班子成员、同全国妇联新一届领导班子成员集体谈话时的重要讲话精神，牢牢把握工会和妇联工作的正确方向。会议对一年来全省工会、妇联工作给予充分肯定。指出，要深化工会、妇联改革，在更好发挥功能作用上下功夫，组织广大职工、妇女围绕全省工作大局建功立业。要树立大抓基层的鲜明导向，到群众中去、到服务对象中去、到基层去，在一线调查研究、指导工作、解决问题，以转变作风带动各项工作开拓进取。要加强党对工会、妇联工作的领导，加强工会和妇联党的工作，强化思想政治引领。各级党委要定期听取群团组织工作汇报，研究解决重点问题，政府部门要为群团组织开展工作创造条件。

会议指出，做好新时代干部教育培训工作，要在旗帜鲜明讲政治上下功夫，始终把提高政治素质作为第一位的要求，把学习贯彻习近平新时代中国特色社会主义思想作为首要任务，确保干部队伍在政治上过得硬。要在突出精准施训上下功夫，抓好领导干部这个关键，坚持按需施训，提升专业素养，促进人岗相宜，进一步增强针对性和实效性。要在着力破解难题上下功夫，加强师资力量建设，用好信息化手段，制定全省干部教育培训五年规划，明确不同干部培训机构的分工定位，不断提高干部教育培训工作的系统性和整体质量。

会议指出，要深刻把握“枫桥经验”的精神实质，充分依靠人民群众，完善基层治理体系，切实将矛盾纠纷化解在最基层，筑牢社会稳定的坚强防线。要坚持试点带动，把推广“枫桥经验”与“三基建设”结合起来，探索基层现代综合治理模式。

会议指出，省委省政府高度重视秋冬季大气污染综合治理工作，采取有力举措，解决突出问题，空气质量明显改善。要将铁腕治污和精准治污统一起来，既要纠正“不作为”，又要杜绝“一刀切”，争取今年环保形势比上年明显好转，牢牢把握工作主动权。要坚持标本兼治，全面推进“六个绿色”重

点任务，在环保倒逼转型上下功夫，协同推动经济高质量发展与生态环境高水平保护。会议强调，中央生态环境保护督察组去年对我省开展督察和今年进行“回头看”以来，整改工作取得明显成效，群众获得感不断增强。要高度重视“回头看”整改工作，紧盯中央督察组交办的问题线索，抓住重点整改事项，严格工作责任，立行立改、真改实改、实事求是地改，继续配合好中央环保督察“回头看”，通过整改的实际成效给人民群众带来更多生态福祉。

会议审议并原则通过了《关于支持民营经济发展的若干意见》和深入开展领导干部联系民营企业工作的实施意见等文件，要求会后修改完善，公布实施。

会议还研究了其他事项。

省委召开常委(扩大)会议　听取全省重大项目谋划情况汇报　强调以项目谋划建设带动转型发展社会进步

11月27日，省委书记骆惠宁主持召开十一届省委第93次常委(扩大)会议，听取全省重大项目谋划情况汇报，对进一步做好项目谋划、加快项目建设作出部署。

会议听取全省重大项目谋划整体情况汇报，17个省直部门按基础设施、产业、社会民生等板块分别汇报相关领域重大项目谋划情况，各市分别汇报本地重大项目谋划情况。

会议认为，时近年末，省委常委会用一整天时间，听取省有关部门和各市项目谋划情况汇报，充分体现了省委对项目谋划建设的高度重视，对明年经济工作的深度谋划和科学安排，是在“两转”基础上开创新局面的重要举措。转型发展、社会进步说到底要落到项目上。省委省政府把今年确定为转型项目建设年，年中召开全省转型项目建设现场会进行推进，近期聘请国家级机构团队组织谋划重大项目，旨在发挥投资的关键作用，着力补短板，带动形成明天的高质量发展，把握领导工作主动权。

会议认为，转型项目建设年活动已取得明显成效。省有关部门和各市对项目谋划高度重视，全省形成了谋项目、抓项目、促转型、求进步的大氛围，成果好于预期，干部抓项目的能力有新提升，为高质量发展奠定了坚实基础，对山西未来发展有长远意义。同时要看到，喜中也有忧，项目结构、谋划深度等还存在差距，省有关部门各市工作进展也不平衡。

会议强调，要认清形势，把握国家宏观政策机遇、产业变革和科技革命趋势，进一步加强重大项目谋划工作。一要抓住国家增大基础设施领域补短板力度的机遇，聘请高端团队，谋深谋透具有重大支撑作用的基础设施项目，争取更多项目纳入国家规划盘子。加强太原都市区、山西中部盆地基础设施和公共服务一体化建设项目的谋划。要把项目谋划与深化政府资产管理改革、增强融资能力结合起来考虑。二要加强实施能源革命、发展新兴产业、推进企业技改等重大产业项目的谋划，充分发挥园区和企业的主体作用，开展“对接行业龙头企业行动”，加大招商引资力度，进一步谋划一批具有先导性和牵引作用的产业项目，努力培育一批千亿元新兴产业集群。三要同步抓好生态环保、社会发展、改善民生等其他重大项目的谋划工作。

会议强调，要进一步加强对项目谋划工作的领导，各市各部门都要实行主要领导负责制，集中力量谋划项目，既要加强政府统筹指导又要发挥市场主体作用，抓大项目也不放弃小项目，充分调动各方面项目谋划与建设积极性。会议决定，明年一季度，常委会将再次听取省级重大项目安排情况汇报，并决定明年在全省开展深化转型项目建设年活动。

汇报采用PPT形式，相关负责同志借助大屏幕列数据、晒图表、述规划，介绍总体思路、主要工作、重点项目及下步打算，集中展示了各级各部门贯彻省委省政府决策部署谋项目抓项目情况。

省委常委，副省长，省政协有关负责同志，省直有关部门负责人，各市市长参加会议。

省委召开常委会议　审议通过《关于人大预算审查监督重点向支出预算和政策拓展的实施意见》　对统筹实施“三晋英才”支持计划作出部署

12月7日，省委书记骆惠宁主持召开十一届省委第95次常委会议，审议通过《关于人大预算审查监督重点向支出预算和政策拓展的实施意见》，听取人才工作情况汇报，部署实施“三晋英才”支持计划。

会议指出，人大预算审查监督重点向支出预算和政策拓展，是党中央部署的一项重大改革。我省实施意见细化了人大对支出预算和政策开展全口径审查和全过程监管的具体内容，使人大预算审查监督从“事后”监督为主向“事前”环节延伸，加大了“事中”环节的监督力度，有利于提高人大预算审查监督的针对性和有效性，有利于促进依法行政、依法理财，提高财政资金使用绩效和政策实施效果。各级党委要加强组织领导，支持和保证人大依法行使监督权。各级人大要切实担负起主体责任，准确把握人大预算监督的总体要求、主要内容、程序方法和组织保障，有效实施监督，更好为全省大局服务。各级政府要大力支持、密切配合，主动接受本级人大及其常委会的监督，财政、审计等部门和各预算单位要积极做好落实改革措施的具体工作。省人大常委会要加强对市县人大落实改革措施的工作指导，确保这项重大改革平稳有序推进，收到预期效果。

会议指出，为更好地发挥人才工程的牵引作用，决定对省级各项人才工程进行整合，统筹实施“三晋英才”支持计划，分别对“高端领军人才”“拔尖骨干人才”“青年优秀人才”给予支持，建立人才津贴制度。会议指出，要积极引进高端人才，注重激励现有骨干人才，加强培养未来人才，处理好“塔尖”“塔身”“塔基”三级人才梯队的关系，更好为各项事业发展汇聚智力资源。会议强调，实施“三晋英才”支持计划要坚持条件，公开透明，规范运作，强化绩效考核，实行动态管理，加强宣传引导，充分发挥政策激励作用，增强人才队伍的生机和活力。

会议还研究了其他事项。

省委召开常委扩大会暨中心组学习会　传达学习中央经济工作会议精神　深入学习习近平总书记在庆祝改革开放40周年大会上的重要讲话精神　决定近期召开省委十一届七次全会和省委经济工作会议

12月24日,省委书记、省人大常委会主任骆惠宁主持召开十一届省委第97次常委扩大会暨省委中心组学习会,传达习近平总书记、李克强总理在中央经济工作会议上的重要讲话精神,深入学习习近平总书记在庆祝改革开放40周年大会上的重要讲话精神,研究部署我省贯彻落实工作,听取省委十一届七次全会、省委经济工作会议方案汇报。省委副书记、省长楼阳生出席并作交流发言。

会议指出,习近平总书记在中央经济工作会议上的重要讲话,阐述了一系列关乎我国经济发展的重大理论和实践问题,具有很强的政治性、战略性和指导性,进一步丰富了习近平新时代中国特色社会主义经济思想,充分体现了引航把舵、指挥若定的领袖风范。李克强总理的重要讲话,对明年经济工作作出全面安排。会议强调,要把学习贯彻中央经济工作会议精神作为重要任务,深刻把握今年经济工作取得的成绩和规律性认识,深刻把握当前形势和我国发展的重要战略机遇期,深刻把握明年经济工作的总体要求、主要目标、政策取向和重点任务,深刻把握提高党领导经济工作能力和水平的要求。

会议指出,做好我省明年经济工作的总体要求是:以习近平新时代中国特色社会主义思想为指导,全面贯彻党的十九大和十九届二中、三中全会精神,统筹推进“五位一体”总体布局,协调推进“四个全面”战略布局,深入贯彻习近平总书记视察山西重要讲话精神,按照中央经济工作会议部署,进一步加强和改进对经济工作的领导,坚持稳中求进工作总基调,坚持新发展理念,坚持推动高质量发展,坚持把供给侧结构性改革和转型综改试验区建设相结合作为经济工作主线,坚持深化市场化改革、扩大高水平开放;以“三大目标”为牵引,坚持和发展“三条基本经验”,着力激活微观主体活力,释放市场需求潜力,推动能源革命综合改革,加快构建现代产业体系,继续打好三大攻坚战,统筹推进稳增长、促改革、调结构、惠民生、防风险工作;进一步稳就业、稳金融、稳外贸、稳外资、稳投资、稳预期,提振市场信心,保持经济运行在合理区间,增强人民群众获得感、幸福感、安全感,保持经济持续健康发展和社会大局稳定,推动全省经济在由“疲”转“兴”基础上拓展转型发展新局面,为全面建成小康社会收官打下决定性基础,以优异成绩迎接中华人民共和国成立70周年。

会议指出,12月18日,党中央召开庆祝改革开放40周年大会,习近平总书记发表了重要讲话。学习、宣传和贯彻好习近平总书记重要讲话精神,是当前的一项重要政治任务,也是对改革开放40周年的最好庆祝。一要深刻把握习近平总书记重要讲话的重大意义。讲话深情回顾40年光辉历程,全面总结改革开放的伟大成就和宝贵经验,明确提出把新时代改革开放继续推向前进的目标要求,再次深化了我们党对“三大规律”的认识,是一篇马克思主义的纲领性文献,对于鼓舞和激励全党全国各族人民继续推进改革开放、为实现“中国梦”不懈奋斗具有重大现实意义和深远历史意义,对人类社会发展进步也必将产生重大影响。二要充分认识改革开放40年取得的伟大成就。讲话用“十个始终”高度概括了改革开放这个“伟大革命”为中国带来的“伟大飞跃”,描绘了党引领亿万人民砥砺奋斗的光辉历程和创造的人间奇迹。要紧密联系山西40年来发生的巨大变化,联系近年来山西实现“两转”、开启新征程的重大转折,深刻认识到现在拥有的一切不是从天上掉下来的,都是拼出来、干出来的,充分激发广大干部群众的积极性、主动性、创造性,以礼敬自豪的奋进姿态投身改革开放伟大实践,在新时代新征程中谱写好山西篇章。三要全面领会改革开放40年的宝贵经验和继续前进的目标要求。讲话提出的“九个必须坚持”,来源于改革开放的伟大实践,科学揭示了我国取得巨大成就的根本原因,对前进道路上坚持和发展中国特色社会主义作出了“总设计”,明确了新时代改革开放的奋斗目标和具体要求,为“再出发”指明了方向。要从历史与现实、理论与实践、省内与省外的结合上,全面系统把握,坚持和运用好这些宝贵经验。要大力弘扬敢闯敢试、敢为人先的改革精神,在“赶考”“补考”中奋力前行,推动新时代山西改革开放蹄疾步稳、走得更好,为山西党的建设和各项事业发展提供不竭动力。

会议决定,近期召开中共山西省委十一届七次全会,就学习贯彻习近平总书记在庆祝改革开放40周年大会上的重要讲话精神,推动我省新时代改革开放再出发作出部署。2019年1月上旬召开省委经济工作会议,对贯彻落实中央经济工作会议精神,做好2019年经济工作作出部署。

省领导林武、廉毅敏、胡玉亭作交流发言。省委常委,省人大常委会、省政府、省政协负责同志,省法院党组书记、省检察院检察长出席会议,省直有关部门负责同志列席会议。

省委召开常委会议　讨论“十三五”规划《纲要》实施情况中期评估报告　研究部署推荐奖励担当作为先进典型、军民融合发展、干部教育培训工作　研究拟提请省委十一届七次全会审议的有关文件

12月26日,省委书记骆惠宁主持召开十一届省委第98次常委会议,研究《山西省“十三五”规划〈纲要〉实施情况中期评估报告》,审定《推荐奖励担当作为先进典型工作方案》《关于贯彻落实〈军民融合发展战略纲要〉的实施意见》《2018—2022年全省干部教育培训规划》,讨论拟提请省委十一届七次全会审议的省委常委会工作报告稿、《关于开展“改革创新、奋发有为”大讨论的实施方案》等文件。

会议指出,我省“十三五”规划《纲要》确定的各项重点任务进展顺利,取得阶段性成效,尤其是经济结构调整深入推进,质量效益不断提升,新动能不断积聚,转型发展呈现强劲态势。评估情况表明,我省经济社会发展的总体思路和部署

是正确的。同时，发展中还存在一些短板和薄弱环节。要总结拓展《纲要》实施中的好做法，有针对性地强化政策措施，在实践中进一步拓展《纲要》内容。要坚持贯彻新发展理念，坚持以供给侧结构性改革和转型综改试验区建设为经济工作主线，在构建现代产业体系、持续改善民生、加强生态文明建设、实现廉洁安全发展等方面下功夫，推动"示范区""排头兵""新高地"建设取得更大进展。

会议审议通过《推荐奖励担当作为先进典型工作方案》。指出，推荐奖励担当作为先进典型，是省委进一步激励广大干部新时代新担当新作为的重要举措，有利于树立重实干重实绩的工作导向和用人导向。要结合开展"改革创新、奋发有为"大讨论，搞好推荐奖励工作。要坚持评选标准，严格评选程序，严肃评选纪律，做好审核把关工作，确保评选出的先进典型经得起实践和群众检验。对先进典型要大力宣传，激励广大干部见贤思齐，在全社会营造干事创业、争先创优的浓厚氛围。

会议审议通过《关于贯彻落实〈军民融合发展战略纲要〉的实施意见》。指出，近年来，省委全面落实中央决策部署，把军民融合发展摆上重要战略位置，高起点谋划、大力度推进，组织领导、项目合作、金融支持、协同创新、空间拓展等方面呈现许多新亮点。山西军民融合发展有基础、有优势、有潜力。要深入落实《军民融合发展战略纲要》，在产业集群发展、骨干企业培育、创新成果转化、军工央企与地方合作等方面实现更多突破，加快形成全要素、多领域、高效益的军民融合深度发展格局。

会议审议通过《2018-2022 年全省干部教育培训规划》。指出，干部教育培训工作在培养造就忠诚干净担当的高素质专业化干部队伍上具有重要作用。要把学习贯彻习近平新时代中国特色社会主义思想作为中心内容，结合学习贯彻习近平总书记视察山西重要讲话精神，在学以致用上下功夫、见成效。要坚持长短班结合，针对不同类别、岗位的干部开展专业化精准培训。要加强各级党校、行政学院、干部学院主阵地主渠道建设，发挥各部门开展学习培训的优势和积极性，做到理论教育更加深入，党性教育更加扎实，专业化能力培训更加对路，知识培训更加有效，干部教育培训体系改革更加深化，为建设高素质专业化干部队伍夯实基础。

会议决定将省委常委会工作报告稿、《关于开展"改革创新、奋发有为"大讨论的实施方案》等文件提请省委十一届七次全会审议。

会议还研究了其他事项。

三、省委中心组会议

省委中心组举行(扩大)学习报告会　中央网信办政策法规局局长、中国网络空间研究院院长杨树桢作专题报告

4 月 27 日，省委中心组举行(扩大)学习报告会。省委书记骆惠宁，省长楼阳生，省政协主席黄晓薇，省委常委，省人大、省政府、省政协负责同志，省检察院检察长出席会议。省委常委、宣传部长廉毅敏主持会议。中央网信办政策法规局局长、中国网络空间研究院院长杨树桢作了题为"学习习近平总书记网络强国战略思想"的专题报告。

报告会上，杨树桢讲解了习近平总书记网络强国战略思想的实践基础和形成过程、主要内涵和核心要义、科学定位和重大意义，重点从习近平总书记的网络世界观、网络宣传观、网络安全观、网络发展观、网络国际观、网络治理观、网络历史观等 7 个方面，深入阐释了习近平总书记网络强国战略思想的总体框架和基本内容。报告主题鲜明、深入浅出，既有理论性又有实践性，使大家对习近平总书记网络强国战略思想有了更深层次的理解。

廉毅敏在主持会议时说，要按照省委要求，立即在全省开展网信工作集中调研，通过调研切实把思想和行动统一到中央关于网信工作的战略部署上来，自觉从全局高度谋划推进网信工作。要精准把握工作重点，围绕加强网上正面宣传、维护网络安全、发挥信息化对经济社会发展的引领作用等重大课题，找准问题、拿出对策。要不断强化改革创新，把握互联网发展的新趋势，充分发挥信息化对转型发展的驱动引领作用。要大力强化责任担当，各级党委(党组)要把网信工作摆到更加突出的位置，不断开创新时代山西网信事业新局面。

省直各部门和中央驻晋单位负责同志，驻太原本科院校、省管国有骨干企业主要负责同志参加会议。

省委中心组举行(扩大)学习报告会　中央财经委员会办公室副主任、全国政协经济委员会副主任杨伟民作专题报告

5 月 29 日，省委中心组举行(扩大)学习报告会。省委书记骆惠宁，省长楼阳生，省委常委，省人大、省政府、省政协负责同志，省法检两长出席会议。省委常委、宣传部长廉毅敏主持会议。中央财经委员会办公室副主任、全国政协经济委员会副主任杨伟民作了题为"加快生态文明体制改革建设美丽中国"的专题报告。

报告会上，杨伟民结合学习领会全国生态环境保护大会的主要精神，深刻阐释了当代中国生态文明观的产生背景、重大意义、核心内涵，介绍了生态文明建设和生态文明体制改革的任务，并联系山西实际提了很多建设性意见。报告旁征博引、深入浅出，具有很强的针对性和指导性。大家表示获益匪浅、很受启发，对深入学习领会习近平总书记在全国生态环境保护大会上的重要讲话精神，把握精髓要义，自觉践行

运用,进一步推动以改促转、以绿兴晋具有十分重要的意义。

廉毅敏在主持会议时说,要按照省委要求,以习近平新时代中国特色社会主义思想为指导,以高度的政治责任感和历史使命感推动山西走出一条绿色发展之路。要坚决贯彻中央作出的重大部署,全力打好污染防治攻坚战。深化改革创新,充分发挥制度和法治的刚性约束作用;推进专项行动,集中力量解决突出环境问题;统筹抓好绿色发展,努力实现保护与发展的“双赢”。各级党委政府要按照省委要求,坚决担负起生态文明建设的政治责任,绝不再走“先污染、后治理”老路,绝不减弱“铁腕治污”高压态势,绝不降低环保倒逼转型的标准和力度,努力为广大人民群众提供更多优质生态产品,推动我省生态文明建设迈上新台阶。

省直各部门和中央驻晋单位负责同志,驻太原本科院校、省管国有骨干企业主要负责同志参加会议。

省委中心组举行(扩大)学习报告会　国务院应急管理专家组组长、国家减灾委专家委员会副主任闪淳昌作专题报告

7月26日,省委中心组举行(扩大)学习报告会。国务院应急管理专家组组长、国家减灾委专家委员会副主任闪淳昌作了题为“公共安全与应急管理”的报告。省委中心组成员出席会议,省委常委、宣传部长廉毅敏主持会议。

报告会上,闪淳昌结合一系列多领域发人警醒的案例,从公共安全和应急管理工作的回顾与启示、态势与特点、实践与思考等方面,深刻阐述了习近平总书记关于安全生产和应急管理的重要思想,对于我省加强安全生产和应急管理意识,提升安全生产和应急管理能力,推动安全生产领域改革发展,切实落实安全生产责任制规定,维护安全稳定大局具有很好的指导作用,必将会进一步促进我省安全生产和应急管理工作。

廉毅敏在主持会议时说,省委和省政府就安全生产和应急管理工作作出了一系列的工作部署,要求要提升政治站位,以坚决贯彻执行党中央大政方针的高度自觉全力抓好安全生产工作;要突出工作摆位,及时组织研究解决安全生产工作中的重点难点隐患问题;要列出职责清单,督促落实安全生产“一岗双责”制度;要抓好队伍建设,统筹协调各方面重视支持安全生产工作;要严格考核考察,进一步压实安全生产责任;要强化宣传教育,在全省营造安全生产浓厚氛围。各级党委和政府要按照省委和省政府相关决策部署,扎扎实实担起责任、抓好落实,为全省安全生产和应急管理工作作出新贡献。

省直各部门和部分中央驻晋单位负责同志,省管国有骨干企业主要负责同志,省安监局处级以上干部参加会议。

省委中心组举行《中国共产党纪律处分条例》专题学习会

9月17日,省委书记骆惠宁主持召开十一届省委中心组专题学习会,集中学习领会新修订的《中国共产党纪律处分条例》。骆惠宁指出,这次条例修订是贯彻落实习近平新时代中国特色社会主义思想的重要体现,是将《党章》等党内法规要求细化具体化的重要举措,是坚持问题导向、扎紧制度笼子的具体行动,为深入推动全面从严治党提供了重要纪律保证。各级党组织要认真学习、全面把握条例的内容和要求,牢固树立“四个意识”,自觉做到“两个维护”,担负起全面从严治党的政治责任,以新修订的条例为遵循,经常性分析影响政治生态建设的重大问题,使管党治党的思路举措更加科学、更加严密、更加有效。要扎实抓好条例的学习宣传和贯彻落实,将其纳入党委(党组)中心组学习内容和干部培训教育课程,作为党支部“三会一课”的重要内容,持续加大监督执纪问责力度,让铁规发力、禁令生威,使党的纪律真正转化为党员干部的自觉遵循,充分发挥纪律建设标本兼治的利器作用。

省委中心组举行专题学习会　深刻学习领会习近平总书记在民营企业座谈会上的重要讲话精神

11月8日,十一届省委举行第27次中心组学习会,深刻学习领会习近平总书记在民营企业座谈会上的重要讲话精神,围绕大力支持民营经济发展壮大,对抓好贯彻落实作出安排。省委书记骆惠宁主持并讲话。

骆惠宁在学习会上指出,习近平总书记的重要讲话,充分肯定了我国民营经济的重要地位和作用,深刻阐述了我们党支持民营经济发展的一贯方针,提出“三个没有变”和6个方面重大政策举措等新论断新部署。讲话鲜明回答了新时代我们党对民营经济怎么看、怎么支持民营经济发展的问题,对于进一步坚持我国基本经济制度、促进经济高质量发展,对于推动新一轮深化改革、扩大开放,对于新时代加强和改进党对民营经济的领导、巩固党的执政基础,具有十分重大的意义。学习贯彻习近平总书记重要讲话精神是当前一项重大政治任务,对于推动我省转型发展尤具紧迫性。一要在深入学习领会精神实质上下功夫,切实把思想和行动统一到讲话精神上来。各级党委要通过常委会、中心组等认真组织学习讨论,联系实际学而思、学而行,深入思考思想观念、政策举措、工作机制、考核导向等是否符合讲话精神,对存在的差距要切实改进。要做好政策解读,宣传好做法好经验,进一步凝聚支持民营经济发展的广泛共识,激发广大企业家的信心和决心。二要抓紧制定贯彻落实意见,让民营经济创新活力充分迸发。对照习近平总书记重要讲话精神,系统梳理我省民营经济面临的困难和问题,针对性拿出过硬的政策举措,进一步优化营商环境,帮助民营企业排忧解难,在减轻企业税费负担、解决民营企业融资难融资贵等方面取得突破,充分发挥民营企业在转型发展中的生力军作用,为民营企业发展壮大创造良好条件。三要构建亲清新型政商关系,大力弘扬企业家精神。各级领导干部要深入民营企业摸情况、听诉求,靠前服务、多办实事,让民营企业家卸下思想包袱,轻装前进,在转型创新的实践中建功立业,为山西在“两转”基础上全面拓展新局面贡献力量。同时要引导民营企业家聚精会神办企业、遵纪守法搞经营。要把支持民营企业发展纳入各级各部门和领导干部考核考察范围。近期要召开全省支持民营企业发展大会作出全面部署,对优秀中国特色社会主义事业建设者进行表彰,省市县都要建立领导干部联系民营企业制度。

中心组还学习了宗教工作有关政策法规。骆惠宁指出，要坚持以习近平总书记关于宗教工作的重要讲话精神为遵循,全面贯彻党的宗教工作基本方针,着力在“导”之有方、有力、有效上下功夫,牢牢把握宗教工作的正确方向。要切实提高宗教工作法治化水平,深入学习宗教事务条例等宗教法律法规,增强依法管理宗教事务的能力。要加强对宗教工作的领导,推动形成齐抓共管的工作格局,不断夯实宗教基层基础工作,进一步提升全省宗教工作水平。

吴汉圣、徐广国、廉毅敏、商黎光作交流发言。省委常委,省人大、省政府、省政协负责同志,省法院党组书记、省检察院检察长出席会议,有关负责同志列席会议。

四、全省性会议

省委经济工作会议

1月2日至3日,省委经济工作会议在太原召开。省委书记骆惠宁作重要讲话,学习贯彻习近平新时代中国特色社会主义经济思想和中央经济工作会议精神，总结2017年全省经济工作,分析当前经济形势,部署2018年乃至今后一个时期的经济工作。省委副书记、省长楼阳生作具体安排,并作了总结讲话。

会议深刻阐述以新发展理念为主要内容的习近平新时代中国特色社会主义经济思想的重大意义,要求全省各级党组织和领导干部一定要不断增强学习宣传贯彻习近平新时代中国特色社会主义思想的自觉性和坚定性。

会议认为,2017年是山西发展进程中极不平常的一年,是山西经历重大转折、奋力开创新局的一年。一年来,我们坚持以习近平新时代中国特色社会主义思想为指引,坚决贯彻中央经济工作会议部署和习近平总书记视察山西重要讲话精神,践行新发展理念,把握稳中求进工作总基调,进一步加强和改进对经济工作的领导，团结带领全省人民攻坚克难,推动经济发展由“疲”转“兴”,形成了强劲的转型态势。经济增长进入合理区间,经济结构发生积极变化,发展动能加快转变,民生保障全面提升,生态环保倒逼开始发力,风险防控成效显著。

会议指出,过去五年,山西经济由断崖式下滑,到稳步向好,再到由“疲”转“兴”,走过了很不平凡的历程,经历了一场波澜不惊的革命。正是在解决山西发展重大问题的过程中,省委形成了富有时代精神的工作思路和重大举措,有力推动了山西转型发展的实践进程。主要可概括为三条:一是全面贯彻党的基本路线、狠抓发展第一要务,准确把握山西经济工作的方向、主线和目标,对转型发展的宏观指导发生了重要积极变化。二是坚持以改革促转型,正确处理煤与非煤的关系,构筑新体制政策“四梁八柱”,推动转型发展的制度建设发生了重要积极变化。三是坚持把全面构建良好政治生态体现到推动转型发展上,不断营造风清气正的干事氛围和创业环境,对转型发展的政治保障发生了重要积极变化。以上三条,是在实践中形成并经过实践检验的基本经验。山西转型发展已经开了一个好头,山西转型之路依然任重道远。要在解决问题的新实践中,不断丰富和发展三条基本经验。同时也要清醒看到，全省经济社会发展还面临不少困难和问题,要高度重视,进一步采取有力举措。

会议强调,资源型经济转型是十分艰巨的任务,也是一个长期的过程。只要我们深刻汲取山西发展正反两方面经验,努力把握发展规律,不动摇、不折腾、不懈怠,以功成不必在我的境界,不断拓宽视野、提升能力、改进作风,用非常之力,下恒久之功,就一定能够走出一条具有山西特色的资源型经济转型发展新路。

会议指出,2018年是贯彻党的十九大精神的开局之年,是改革开放40周年,是决胜全面建成小康社会的关键一年,做好经济工作意义重大。要科学认识宏观形势,跟上新时代步伐,牢牢把握今年经济工作的总体要求和重大原则。总体要求是,全面贯彻党的十九大精神,以习近平新时代中国特色社会主义思想为指导,加强党对经济工作的领导,坚持稳中求进工作总基调,坚持新发展理念,紧扣社会主要矛盾变化,按照高质量发展的要求,统筹推进“五位一体”总体布局和协调推进“四个全面”战略布局,坚持把深化供给侧结构性改革与深化转型综改试验区建设结合起来,作为经济工作的主线,充分发挥转型综改试验区建设的战略牵引作用,围绕建设“示范区”“排头兵”“新高地”,统筹推进稳增长、促改革、调结构、惠民生、防风险各项工作,大力推进改革开放,推动质量变革、效率变革、动力变革,在打好防范化解重大风险、精准脱贫、污染防治的攻坚战方面取得扎实进展,引导和稳定预期,加强和改善民生,促进经济社会持续健康发展。做好2018年全省经济工作，要把高质量发展的根本要求贯穿始终;要坚持稳中求进工作总基调;要打好防范化解重大风险、精准脱贫、污染防治三大攻坚战;要长短结合谋划好未来五年发展。到2022年,转型发展取得突破性进展,综合经济实力大幅提升、现代产业体系见到雏形、改革开放氛围更加浓厚、创新驱动能力显著增强、生态环境质量明显改善、人民生活水平不断提高，为2030年全面完成转型发展任务打下坚实基础。

会议指出,要坚持高质量发展,把“供改”与“深改”结合起来作为经济工作的主线,聚焦“三大目标”集中发力。一是建设“示范区”,要把构建现代产业体系作为主攻方向。构建现代产业体系,前提是要明晰发展方向,一产要坚持特色化、精细化、功能化方向,二产要全面优化升级,三产要向智能、绿色、健康、安全方向转变。关键是横下一条心发展新兴产业,以高端化、智能化、绿色化为方向,推动制造业快速健康发展,努力打造制造强省。核心是顺应融合发展的时代潮流,推动“两化”融合、服务业与制造业融合、军民融合。省委、省政府把今年确定为“转型项目建设年”,要抓紧建设一批大项目好项目。二是打造“排头兵”,要不断深化能源供给侧结构性改革。必须从根本上提高能源供给体系质量,坚定不移按照市场化、法治化原则推进煤炭钢铁电力去产能,推进煤炭行业坚定走“减”“优”“绿”之路,推动清洁高效安全发展,促进新能源产业提质发展。必须下大力气深化能源体制改革,当前重点是深化电力体制综合改革试点。必须同步推动能源消费、技术革命和对外合作。三是构建“新高地”,要进一步确立开放的观念、目标和举措。要推动观念革命,弘扬开放文化、激活开放基因,整体上转过身来,眼睛向外,登高望远。要打造制度建设、营商环境和服务创新高地,拿出有力有效的重大举措。

会议指出,要改革创新引领,激发市场主体活力,促进区域经济协调发展。一要突出基础性改革,着力激发转型发展内生动力。经济领域改革要“补考”“赶考”一起抓,努力跻身全国第一方阵。财税体制改革要全面推进,国企国资改革要全面发力,开发区改革要全面提质,“放管服”改革要全面提效,民营经济要全面加速转型。要用先行先试打开转型发展新天地。二要突出创新驱动,着力培育转型发展新动能。牢牢把握当今科技革命和产业变革趋势,加快推动科技创新成果转化,进一步深化科技体制机制改革,大力促进大众创业万众创新上水平。三要突出金融助推,坚决防范化解金融风险。深入贯彻党的十九大和全国金融工作会议精神,切实做好服务实体经济、深化金融改革、防控化解金融风险工作,进一步提高金融服务转型的质量和效率。四要突出区域协调,增强协同性、联动性和整体性。统筹资源枯竭城市、采煤沉陷区、环境极度脆弱区治理和发展,认真落实“人”字形城镇化发展战略,实施好太原都市区规划。加强“两山”与平川地区基础设施的互联互通、产业发展的互补互促、生态建设的互利互惠。

会议指出,要推动乡村振兴和脱贫攻坚,深化住房制度改革,加快民生事业和生态文明建设。一要全面实施乡村振兴战略,打好精准脱贫攻坚战。牢固树立农业农村优先发展的思想,因地制宜,一步一个脚印地把中央乡村振兴战略贯彻好落实好。要坚定“打不赢脱贫攻坚战,就对不起这块红色土地”的态度和决心,进一步抓好责任落实、政策落实和工作落实,继续推进深度贫困攻坚重点突破,带动面上扶贫工作的全面提效。二要提升基本公共服务水平,全面保障和改善民生。准确把握需求结构、社会结构变化给民生领域带来的新问题,列出清单、精准施策,一件接着一件办,一年接着一年干,扎实抓好就业和增收、义务教育、医疗卫生、社会保障、食品药品安全等方面民生工作,让群众看得到变化、感受到实惠。越是煤炭价格稳定在合理水平,越要重视煤矿安全生产,越要严格生态环保倒逼,越要警惕腐败现象抬头。加快打造共建共治共享的社会治理格局。坚持总体安全观,确保人民群众生命财产安全和社会稳定。三要加快建立多主体供给、多渠道保障、租购并举的住房制度。积极推进住房制度改革,加快培育和发展住房租赁市场,继续加大棚户区改造力度,不断完善住房保障和供应体系,多渠道解决群众住房问题。促进房地产市场平稳健康发展。四要加快建设美丽山西,为全省人民提供更多优质生态产品。加强环保倒逼转型发展,全力完成中央环保督察反馈问题整改任务,推进“铁腕治污”常态化。继续强化大气、水和土壤保护力度。加强生态系统治理修复,加大国土绿化行动力度,以“两山七河”生态修复工程为重点,加快形成完备高效的生态安全屏障。严厉打击各类违法违规行为。加强生态文明体制改革。

会议对今年重点经济工作进行了具体部署。要求在统筹做好各项工作的基础上,突出抓好十个方面关键工作。一是推动高质量发展的关键要坚持深化供改与深化综改相结合。必须把着力点放在实体经济转型升级上,全力构建现代产业体系,推动产业向开发区集聚,打造优势产业集群,以“小升规”为突破口加快培育各类市场主体,大力发展民营经济和县域经济,增强金融服务实体经济能力,以质量标准改革助力产业提质升级。必须发挥“三去一降一补”治本良方作用,加快建立多主体供应、多渠道保障、租购并举住房制度,降低实体经济成本,补齐新兴服务业短板。必须着力深化重点领域改革,深化开发区改革、国企国资改革,统筹推进投融资体制、商事制度、电力体制等领域改革。二是建设现代化经济体系的关键要依靠创新驱动培育新动能。强化企业创新主体地位,深化科技体制改革,全面完成省属科研院所改制工作,促进科技成果转化,大力开展双创活动,促进军民融合向纵深发展。要完善激励机制,加强招才引智,搭建人才平台,调整优化高校学科专业结构,打造科研人才、优秀企业家和高质量专业技能人才队伍。三是资源型经济转型发展示范区建设的关键要抓好项目建设。要扎实推进转型项目建设年各项重点工作,抓好项目策划包装和招商,做深项目前期,建立健全常态化工作机制,务实高效推动项目落地建设。四是争当能源革命排头兵的关键要构建现代能源体系。推进煤炭绿色低碳高效开发利用,发挥电力优势,加快煤层气和新能源发展,不断优化能源结构。五是构建内陆地区对外开放新高地的关键要打造平台、创设制度、培育主体。要深度融入国家开放“大战略”,建设“大都市”,构建“大通道”,打造“大平台”,培育外贸“新主体”。六是实施乡村振兴战略的关键要推进农业农村现代化。坚持科学规划先行,完善现代农业体系和服务体系,加快建设美丽文明乡村,深化农村改革,开展典型引路,强化政策支持和培训工作,特别要全力打好脱贫攻坚战,实现连战连胜。七是把文化旅游业打造成战略性支柱产业的关键要锻造黄河长城太行三大板块。围绕三大旅游板块,在旅游公路建设、精品景区建设和重大旅游活动举办等方面取得实质性突破,打好康养产业特色牌。八是办好民生实事的关键要共建共享、全面发展。办好人民满意教育,促进高质量充分就业,拓宽居民增收渠道,提升全民健康水平,筑牢社会救助保障网，全力保障和改善民生。九是生态文明建设的关键要保护、修复、治理、恢复。落实国土空间规划，大力推进“两山七河”生态治理，坚决打赢三大污染防治攻坚战。十是保持社会安全稳定的关键要防控风险、守住底线、提高水平。打好防范化解重大风险攻坚战，坚持不懈抓好安全生产工作，加强和创新社会治理，严守安全底线。要大力开展“六最”营商环境建设年活动，以全省域推行企业投资项目承诺制为牵引，全面深化“放管服效”改革，充分激发各类市场主体活力。会议还就做好年末岁初工作进行了安排。

会议强调，要坚持和加强党对经济工作的领导，不断提高促转型促发展的能力和水平。要进一步健全完善党领导经济工作的体制机制，不折不扣落实中央各项决策部署，落实主体责任，确保令行禁止。重点加强对市县转型发展的指导，采取扩大扩权强县范围等措施，让县一级更有压力、更有动力、更有活力。要进一步加强人才队伍建设和企业家培养。要进一步加强干部队伍能力建设，解决好推动转型的能力不足、本领不强、作风不硬的问题，培育造就一支高素质专业化干部队伍，坚持在转型主战场考察和识别干部。要进一步磨炼抓落实的过硬作风，确保省委各项决策部署落地生根。继续坚持“五倡导五反对”，引导各级干部比境界、比贡献、比作风，激情干事、精准干事、开拓干事。要大兴调查研究之风，拓展万名干部大调研成果，推动形成长效机制。各级各部门主要负责同志要以身作则、以上率下，狠纠“四风”特别是反对形式主义、官僚主义。省人大、省政府、省政协换届在即，要强化换届纪律教育和检查，增强工作连续性和开拓性，确保井然有序、风清气正。

会议号召，全省各级党组织和党员干部要更加紧密地团结在以习近平同志为核心的党中央周围，锐意进取、埋头苦干，扎扎实实做好各项工作，确保开好局、起好步，不断开创全省转型发展新局面，把新时代中国特色社会主义在山西推向前进。

省委常委，省人大常委会、省政府、省政协负责同志，省军区、武警山西总队主要负责同志，省法、检两长，省有关部门、中央驻晋单位、各市县主要负责同志，省管本专科院校、国有企业、省级以上开发区、部分非公有制企业主要负责人，在晋“两院”院士、科技领域专家学者、重点科研院所负责同志等参加会议。

全省企业家大会

1月3日，全省企业家大会在太原召开。省委书记骆惠宁出席并讲话。他强调，要深入贯彻落实党中央决策部署，在全省进一步营造企业家健康成长环境，弘扬优秀企业家精神，形成一支在国内外有重要影响力的三晋企业家队伍，共同为谱写好新时代中国特色社会主义山西篇章不懈奋斗。省委副书记、省长楼阳生主持。

骆惠宁指出，企业家是经济活动的重要主体，是改革创新的主力军，肩负着推动我省转型发展的历史重任。企业家兴盛则山西兴盛。近年来，省委坚定不移贯彻落实习近平新时代中国特色社会主义思想，全省形成了总体上风清气正、干事创业的大氛围，也为各类企业发展和企业家成长营造了良好环境。我们推动供给侧结构性改革，加快转型综改试验区建设，深化国资国企改革，支持民营经济发展，开展万名干部入企服务并形成常态化机制等，激发了各类实体经济活力。全省企业家们也紧跟时代步伐，抢抓发展机遇，施展转型身手，精神风貌明显提升，经营状况明显好转，自身结构明显改善，一个新晋商群体正在形成中。

骆惠宁强调，培育造就一支宏大企业家队伍，是促进山西转型发展的一项重大战略任务。抓好这项重大战略任务，需要我们坚持目标引领和问题导向，强化顶层设计，从环境建设、政策扶持、要素配套等方面全力支持。要重点抓好六个方面工作。一是加强激励引导，让企业家勇于担当、投身转型。党委政府要引导和激励企业家积极投身“示范区”“排头兵”“新高地”建设，加快改革创新，在转型发展主战场上干事创业、大展宏图，通过技术升级、产品升级、企业升级，推动我省建立起体现高质量发展要求的，支撑多元、布局合理、链条高端的现代产业体系。二是营造法治环境，让企业家放心经营、放手发展。党委政府要依法保护企业家的财产权、人身权、创新权益。各级政府要认真履行依法依规作出的承诺和协议，建立企业家维权服务平台，甄别纠正一批社会反映强烈的产权纠纷案件。三是维护市场秩序，让企业家公平竞争、诚信经营。切实保障各类企业家公平竞争权益，全面实施市场准入负面清单制度，为各类企业家平等使用生产要素营造公平竞争环境。切实加强市场信用体系建设，严厉打击不正当竞争行为。四是创优政府服务，让企业家便捷办事、减轻负担。深化“放管服”改革，全面推广投资项目审批承诺制，着力打造“六最”营商环境，打通服务企业发展的绿色通道。要切实减轻企业负担，坚持依法减税治税，清理规范涉企收费，降低营商成本。要加快联合执法改革，健全万名干部入企服务常态化机制。五是弘扬时代精神，让企业家提升境界、开拓创新。山西企业家永远要继承和弘扬晋商优良传统，使之在新时代焕发出新的生机活力。党委政府要加强优秀企业家培育，组织实施企业家培训工程，弘扬爱国敬业遵纪守法艰苦奋斗的精神，弘扬创新发展专注品质追求卓越的精神，弘扬履行责任敢于担当服务社会的精神。六是营造社会氛围，让企业家自豪自信、激情干事。要强化正向激励，坚持“三个区分开来”，对国有企业负责人在改革探索中出现的过错过失，给予更多宽容理解。要创新激励机制，在国有企业中探索股权期权激励，推广职业经理人试点，实行绩效奖励。要从政治上关心民营企业家。要营造良好的舆论环境，树立和宣传一批各类所有制优秀企业家典型，让企业家群体有尊严有豪情，意气风发地为社会创造更多的财富和价值。

骆惠宁指出，刚刚结束的省委经济工作会议，对做好今年和今后一段时间经济工作进行了安排部署，推出一系列重要政策举措。这些对企业来说都是重大利好消息，必将为企业发展和企业家健康成长带来实实在在的帮助。希望企业家们认真研究这些思路和政策，牢牢抓住机遇，在山西转型发展中发挥更重要的作用，争取更大成绩。

骆惠宁强调,省委省政府即将出台关于营造企业家健康成长环境、弘扬优秀企业家精神、更好发挥企业家作用的文件,要抓好落实。各级党委要进一步加强对企业家队伍建设的领导,全面指导企业党建工作。各级政府要大力宣传各类涉企政策,并推动落实。要分级建立领导干部联系企业和企业家制度,不断提升服务企业的能力和水平。今后省委省政府每两年召开一次企业家大会,下次大会要表彰优秀企业家。骆惠宁希望企业家们加强学习、紧跟时代,把握方向、找准定位,改革创新、与时俱进。他说,我们的目标是,到2030年,也就是山西转型历史任务完成之时,形成一支在国内外有重要影响力的三晋企业家队伍,再展新时代晋商雄风。

骆惠宁要求,各位企业家要提高政治站位,立雄心壮志、展人生价值、尽社会责任。各级领导干部也要学习优秀企业家精神,懂得市场经济、关注企业发展、帮助解决问题。大家多一点共同语言、多一点亲清交往,共同为谱写好新时代中国特色社会主义山西篇章不懈奋斗。

楼阳生在主持会议时对贯彻落实大会精神提出要求。王一新宣读了《关于表彰山西优秀企业的决定》。会议对全省优秀国有企业、驻晋央企、民营企业和科技创新企业进行了表彰。太钢集团、晋西工业集团、江铃重汽、亚宝药业、中科同昌信息技术集团负责人作了发言。

省委常委,省政协主席,省人大常委会主持日常工作的副主任,副省长;省有关部门、中央驻晋单位,各市县,省管本专科院校、国有企业,省级以上开发区负责同志;受表彰优秀企业负责人;各市企业代表参加会议。

省政协十二届一次会议

1月24日,省政协十二届一次会议在太原隆重开幕。

省委书记、省人大常委会主任骆惠宁,省委副书记、省长楼阳生到会祝贺,并在主席台前排就座。

省政协十二届一次会议主席团常务主席、第一次全体会议执行主席黄晓薇、薛延忠、刘滇生、王宁、张友君、张璞、姜新文、李正印、阎根生在主席台前排就座。

大会由朱先奇主持。

薛延忠代表政协第十一届山西省委员会常务委员会向大会作工作报告,对十二届省政协工作提出建议。

1月30日,省政协十二届一次会议在圆满完成各项议程后胜利闭幕。会议号召,全省政协组织、各参加单位和广大委员,要紧密团结在以习近平同志为核心的中共中央周围,在中共山西省委坚强领导下,凝心聚力,开拓创新,团结奋进,为谱写新时代中国特色社会主义山西篇章作出新的更大贡献!

闭幕大会由省委副书记、省政协主席黄晓薇主持。省政协副主席李正印、李晓波、张瑞鹏、席小军、李武章、李青山、谢红、李思进,秘书长赵光国在主席台前排就座。十一届省政协领导同志薛延忠、朱先奇、刘滇生、王宁、张友君、张璞、姜新文在主席台就座。会议通过了政协第十二届山西省委员会第一次会议关于常务委员会工作报告的决议、政协第十二届山西省委员会提案委员会关于省政协十二届一次会议提案审查情况的报告、政协第十二届山西省委员会第一次会议政治决议。

省十三届人大一次会议

1月25日,省十三届人大一次会议在省城山西大剧院隆重开幕。500余名省人大代表肩负全省人民的重托出席盛会,认真履行宪法和法律赋予的神圣职权。

大会的指导思想是:在中共山西省委领导下,高举习近平新时代中国特色社会主义思想伟大旗帜,全面贯彻党的十九大精神,认真落实省第十一次党代会精神和省委重大决策部署,坚持党的领导、人民当家作主、依法治国有机统一,围绕推动形成“政治生态持久的风清气正,转型发展持久的强劲态势”,奋力建设“资源型经济转型发展示范区”、打造“能源革命排头兵”、构建“内陆地区对外开放新高地”,坚决打赢“防范化解重大风险”“精准脱贫”“污染防治”三大攻坚战,认真履行宪法和法律赋予的职责,团结和动员全省人民,改革创新,砥砺前行,为谱写新时代中国特色社会主义山西篇章而努力奋斗。

大会执行主席、主席团常务主席骆惠宁主持会议并在主席台前排就座。大会执行主席、主席团常务主席胡苏平、张建欣、周然、张茂才、田喜荣、刘杰、郭迎光、卫小春、李悦娥、高卫东、岳普煜、李俊明、李仁和在主席台前排就座。

省领导楼阳生、薛延忠、黄晓薇等出席大会并在主席台就座。

省长楼阳生代表省人民政府向大会作工作报告。

会议表决通过了省十三届人大一次会议通过省十三届人大各专门委员会组成人员名单的办法,省十三届人大法制委员会、内务司法委员会、财政经济委员会组成人员名单。在大会主席团的组织下,通过的各专门委员会组成人员进行了宪法宣誓。会议审查了省人民政府关于山西省2017年国民经济和社会发展计划执行情况与2018年国民经济和社会发展计划草案的报告,关于山西省2017年全省和省本级预算执行情况与2018年全省和省本级预算草案的报告。

1月30日,省十三届人大一次会议举行第四次全体会议。骆惠宁当选省十三届人大常委会主任,郭迎光、卫小春、李悦娥、高卫东、岳普煜、李俊明当选省十三届人大常委会副主任,李仁和当选省十三届人大常委会秘书长;楼阳生当选省人民政府省长,高建民、王一新、张复明、贺天才、刘新云、曲孝丽、陈永奇当选省人民政府副省长;任建华当选省监察委员会主任;邱水平当选省高级人民法院院长;杨景海当选省人民检察院检察长。

1月31日,省十三届人大一次会议举行第六次全体会议,在圆满结束各项议程后,大会闭幕。大会执行主席、主席团常务主席骆惠宁主持会议并讲话。会议表决通过了关于省人民政府工作报告的决议、关于山西省2017年国民经济和社会发展计划执行情况与2018年国民经济和社会发展计划的决议、关于山西省2017年全省和省本级预算执行情况与2018年全省和省本级预算的决议、关于省人大常委会工作报告的决议、关于省高级人民法院工作报告的决议、关于省人民检察院工作报告的决议。

省十一届纪委三次全会

2月9日上午，中共山西省十一届纪委第三次全体会议在太原召开，省委书记、省人大常委会主任骆惠宁在会上作重要讲话。他强调，要深入贯彻党的十九大关于全面从严治党战略部署，认真落实习近平总书记在中央纪委二次全会上的重要讲话和全会精神，清醒认识我省管党治党面临的形势，“治”不忘“危”、“兴”不忘“忧”，持之以恒地推进全面从严治党，为决胜全面建成小康社会、谱写新时代中国特色社会主义山西篇章提供坚强保证。

省委副书记、省长楼阳生，省委副书记、省政协主席黄晓薇，省委常委高建民、罗清宇、吴汉圣、张吉福、廉毅敏、商黎光、胡玉亭出席会议。省委常委、省纪委书记、省监委主任任建华主持会议。

骆惠宁指出，习近平总书记在中央纪委二次全会上发表的重要讲话，彰显了新时代中国共产党人初心不改、矢志不渝、砥砺奋进的政治品格，是我们党勇于自我革命的宣言书，是推动全面从严治党向纵深发展的动员令。我们要准确把握党的十九大关于新时代全面从严治党的战略部署、准确把握党的十八大以来管党治党的重要经验、准确把握党中央对全面从严治党形势的科学判断、准确把握当前和今后一个时期管党治党的总体要求和主要任务，以永远在路上的执着把全面从严治党引向深入，奋力开创山西管党治党新局面。

骆惠宁指出，2014年9月以来，省委认真落实以习近平同志为核心的党中央对山西工作的重要指示，加强党的全面领导，忠诚履行主体责任，毫不动摇惩治腐败，持之以恒正风肃纪，标本兼治打出了精准有力的“组合拳”，不断推动管党治党由“宽松软”走向“严紧硬”。我们坚持以连续集中教育夯实思想基础，以严肃党内政治生活锤炼政治能力，以正确选人用人导向引领从政风气，以深化监察体制改革提升治理效能，构建了“六个从严”的大格局，全面从严治党不断取得新成效，实现了政治生态由“乱”转“治”，推动山西各方面建设和发展迈上新的征程。经过持续努力、深耕细作，山西从一度政治生态退化的受害者，变为全面从严治党的受益者，广大党员干部“四个意识”的自觉性坚定性不断增强，全面从严治党的制度保障更加有力，反腐败压倒性态势全面形成并巩固发展，基层基础薄弱状况有效改善，全省内生动力和外部形象都发生了深刻变化，总体上形成了风清气正的大环境。

骆惠宁强调，目前我省管党治党取得了显著阶段性成效，但还远未到大功告成的时候。一些地方和单位在履行“两个责任”上仍有差距，一些党员干部在忠诚担当廉洁上还有不足；一些深层次问题尚未完全解决，新情况新问题也在不断出现。要时刻警醒“代价不能白付、教训必须牢记”，既做好刮骨疗毒、重整旗鼓的工作，又做好修复生态、培植土壤的工作，毫不松懈地把全面从严治党长期坚持下去。要对标全面从严治党新部署，在强责任、抓经常、严监管上下更大功夫；对标新时代赋予的新使命，在践忠诚、转作风、打基础上下更大功夫；对标夺取反腐败斗争压倒性胜利的新要求，在减存量、遏增量、强高压上下更大功夫。要排除一切错误思想干扰，坚决摒弃自我满足心理，切忌有松口气、歇歇脚的想法，更加自觉地保持坚韧和执着，持之以恒，把管党治党的“螺栓”拧得更紧，善作善成；坚决摒弃等待观望心理，切忌个人利益当先、党性原则丢后，明哲保身、爱惜羽毛，不惹人、不招事，更加自觉地增强党性与担当，对标中央、立说立行，以自我革命的勇气不达目标不罢手；坚决摒弃反腐换挡心理，切忌把转型发展、干事创业与正风肃纪反腐割裂开来，进一步严肃党内政治生活，更加自觉地构建亲清新型政商关系，让风清气正成为发展环境的“名片”；坚决摒弃适可而止心理，切忌自觉不自觉地为违纪违法行为开方便之门，更加自觉地把纪律挺在前面，始终保持正风肃纪反腐的高压态势，坚决夺取压倒性胜利。

骆惠宁强调，做好今年工作，一要坚持以党的政治建设为统领，坚决维护习近平总书记核心地位和党中央权威。严格落实省委关于坚决维护党中央集中统一领导的规定，坚持核心的唯一性，不折不扣贯彻落实党中央决策部署，更加自觉地学习党章、遵守党章，始终与以习近平同志为核心的党中央保持高度一致。时刻警惕“七个有之”，不断提高思想境界和政治觉悟，对党忠诚老实，始终在政治上站得稳靠得住、做明白人。二要严肃党内政治生活，全面净化政治生态。各级党委（党组）要肩负起管党治党政治责任，各级纪委监委（纪检组）要强化严格执纪监督责任，用严明的纪律管党治党。深入落实《准则》，认真开好各级民主生活会和组织生活会。旗帜鲜明反对庸俗腐朽政治文化，不断培厚良好政治生态的土壤。维护党内团结和谐和纯洁健康，防止非法利益关系对党内政治生活的干扰和影响。严把选人用人政治关、廉洁关、品行关，以选人用人风清气正，促进政治生态山清水秀。三要进一步深化监察体制改革，更好发挥“试验田”作用。围绕省委在全国推开试点后进一步制定的实施方案，按照“三步走”安排，补短板、填漏洞、疏堵点、解难题，把着力点和落脚点放在加强党对反腐败工作统一领导的常态化、制度化、长效化上，推动改革往深里做、细里做，不断使制度优势转化为治理效能。各级监察委员会要严格执行宪法和监察法，健全相关法规制度，努力提高反腐败工作法治化水平。四要深入落实中央八项规定精神，锲而不舍抓好作风建设。认真贯彻习近平总书记关于进一步纠正“四风”、加强作风建设的重要批示精神，拿出恒心和韧劲，继续在常和长、严和实、深和细上下功夫，管出习惯，化风成俗。领导干部要身体力行，把自己摆进去，发挥“头雁效应”。密切关注“四风”隐形变异、改头换面等新动向，紧盯时间节点，扭住不放、寸步不让。用好万名干部大调研成果，制定深入纠正“四风”的行动方案，根据实际重新修订本地本单位落实八项规定精神的举措。坚决破除“官本位”思想，把保持党同人民群众血肉联系这个作风建设的根本牢牢抓住。五要坚持标本兼治，巩固发展反腐败斗争压倒性态势。坚持无禁区、全覆盖、零容忍，坚持强高压、长震慑，坚持受贿行贿一起查，更加有力地遏制增量，更加有效地减少存量，推动反腐败斗争压倒性态势向压倒性胜利转化。

通过改革和制度创新,加强对权力运行的制约和监督,切断利益输送链条,铲除领导干部被“围猎”这个腐败污染源。重点查处政治问题和经济问题相互交织形成利益集团的腐败案件,对有政治、组织、廉洁问题反映的必查必核。合理运用“四种形态”,特别是第一种形态,防止小病拖成大病。对借用信访刻意造谣诬陷的,要坚决依法按纪查处。六要全面加强巡视巡察工作,进一步彰显利剑作用。认真总结上几轮巡视成功经验,对照新修订的巡视工作条例,进一步完善相关制度。深化政治巡视,重点加强对贯彻党章和党的十九大精神情况的监督检查,着力提升巡视的力度、强度和实效。探索完善巡视巡察联动机制,建立上下联动的监督网。创新方式方法,实行组合式巡视,推进机动式巡视,发挥“游动哨”的威慑力,当好“守更人”。强化巡视巡察成果综合运用,深挖问题背后的深层次原因,健全整改督查制度。全面配合好中央巡视组的工作,自觉接受监督,以此为契机提高管党治党的境界和水平。七要严厉整治发生在群众身边的腐败问题,推动全面从严治党向基层延伸。以侵害群众利益的“蝇贪”为重点,深入开展民生领域专项整治,切实把党的惠民好政策落实到群众心里。继续深化扶贫领域不正之风和腐败问题专项治理,为打赢脱贫攻坚战提供有力保障。把扫黑除恶同反腐败结合起来,同基层“拍蝇”结合起来,严厉打击村霸和宗族恶势力,坚决查处涉黑腐败和后面的“保护伞”,把全面从严治党覆盖到“最后一公里”,增强百姓的获得感、幸福感、安全感。八要践行忠诚干净担当,打造一支让党放心、人民信赖的纪检监察铁军。全省纪检监察机关要牢固树立“四个意识”,以对党绝对忠诚的高度自觉和责任担当,做到政治强、站位高、谋大局、抓具体,坚守职责定位,强化监督、铁面执纪、严肃问责,履行好党和人民赋予的光荣使命。深化纪检监察机关内部改革,不断创新理念思路、运行机制和方式方法,以更优的治理体系做好工作。适应监察体制改革后执纪执法贯通的新要求,加强学习和培训,全面提高思想政治水平和履职能力。认真执行监督执纪工作规则和相关法律法规,健全内控机制,强化自我监督,确保执纪者必先守纪、律人者必先律己。

任建华在主持会议时指出,骆惠宁同志的重要讲话,坚持以习近平新时代中国特色社会主义思想为指导,全面总结我省管党治党取得的重大成效,深刻分析面临的形势,提出当前和今后一个时期全面从严治党的主要任务,充分体现了省委坚定不移扛起主体责任的政治担当、一以贯之正风肃纪反腐的坚强决心。全省各级党组织要按照骆惠宁同志的部署要求,进一步增强政治定力、保持清醒冷静、增强决心信心,持续精准发力,狠抓工作落实,切实把全面从严治党、党风廉政建设和反腐败斗争引向深入,实现政治生态持久的风清气正。

省人大、省政府、省政协负责同志,省法院院长、省检察院检察长在主会场出席会议。省纪委委员、省监委委员;省直各部门、省政府驻外办事处主要负责同志;省委巡视机构副厅级以上干部;驻太原本科院校、省属国有企业主要负责同志;中央驻晋主要新闻媒体负责人在主会场参加会议。大会在省、各市设分会场。

省委政法工作会议和全省扫黑除恶专项斗争电视电话会议

2月10日,省委政法工作会议和全省扫黑除恶专项斗争电视电话会议先后在太原召开。会议认真学习贯彻省委书记骆惠宁同志在省委常委会上对做好全省政法工作和扫黑除恶专项斗争提出的重要要求。

骆惠宁指出,去年以来,全省政法战线认真贯彻中央及省委决策部署,认真履职尽责,为维护全省改革发展稳定大局作出了积极贡献。骆惠宁要求,各级政法机关要深入学习贯彻习近平新时代中国特色社会主义政法思想,提高政治站位,打好维稳攻坚战,坚持改革创新,用好法治方式,不断推动政法工作取得新成效。各级党委要加强和改进对政法工作的领导,为做好新时代政法工作提供有力保障,切实肩负起保一方平安的政治责任。骆惠宁强调,要深刻认识开展扫黑除恶专项斗争的重大意义,进一步加强领导,进一步深挖细查,进一步依法治理,坚决打赢扫黑除恶专项斗争这场攻坚仗。

省委常委、政法委书记商黎光出席会议并讲话。他要求,要认真学习贯彻中央政法工作会议和全国扫黑除恶专项斗争电视电话会议精神,贯彻落实骆惠宁同志要求精神,深入贯彻总体国家安全观,强化底线思维,增强忧患意识,坚决捍卫政治安全;要全面加强和创新社会治理,深入开展扫黑除恶专项斗争,健全社会治安防控体系,打造共建共治共享社会治理格局,进一步提升平安山西建设水平;要深入推进司法体制综合配套改革,进一步完善产权保护制度,改进执法司法方式,努力营造公正、透明、可预期的法治环境;要切实加快政法智能化建设,坚持基础设施、实战应用、机制创新一体化推进,提升政法工作现代化水平;要认真贯彻新时代党的建设总要求,以思想政治建设为统领,强化纪律作风,提升能力素质,打造一支既政治过硬又本领高强的新时代政法铁军。

省政府副省长、省公安厅厅长刘新云主持会议,省法院院长邱水平、省检察院党组书记杨景海、省军区副政委傅永国出席,省纪检、组织和政法单位领导同志在扫黑除恶电视电话会议上发言。

省委政法工作会议授予邢如灏等10名同志“杰出政法干警”荣誉称号,授予杨春光等10名同志“优秀政法干警”荣誉称号,授予吕梁市中级法院民事审判第二庭等40个集体“严格执法公正司法先进集体”荣誉称号。

省委常委班子2017年度民主生活会

按照中央统一部署,2月11日,省委常委班子召开2017年度民主生活会。会议以中央政治局民主生活会为标杆,以认真学习领会习近平新时代中国特色社会主义思想、坚定维护以习近平同志为核心的党中央权威和集中统一领导、全面贯彻落实党的十九大各项决策部署为主题,对照党章,对照中国共产党人的初心和使命，联系思想和工作实际，进行自我检查、党性分析，开展批评和自我批评，研究改进措施，明确努力方向，开出了高质量，开出了新气象。省委书记骆惠宁主持会议并作总结讲话。

省委认为，习近平总书记主持召开十九大后中央政治局首次民主生活会，为全党各级领导班子开好民主生活会树立了标杆、作出了表率。习近平总书记的重要讲话，立意十分高远、思想十分深刻，为我们学习领会习近平新时代中国特色社会主义思想、坚定维护以习近平总书记为核心的党中央权威和集中统一领导、全面贯彻落实党的十九大各项决策部署进一步提供了遵循，为我们加强党性锻炼、做到"五个过硬"进一步指明了方向。

省委常委会扎实做好民主生活会准备工作。通过发放征求意见表、座谈访谈、设置意见箱、网络征询等方式征求了各方面意见。召开常委扩大会议和专题学习研讨会，深刻领会习近平总书记在中央政治局民主生活会上的重要讲话和中央通报精神，交流体会、研究问题、深化认识，为开好民主生活会奠定了扎实思想基础。骆惠宁同志与班子成员谈心谈话，主持常委班子对照检查材料起草工作，审阅常委个人发言提纲，常委同志相互之间开展谈心谈话。省委常委班子对照检查材料和个人发言均征求了省纪委意见，体现了省委主动接受同级纪委监督。民主生活会上，通报了2016年度省委常委班子民主生活会整改措施落实情况和2017年度省委常委班子民主生活会征求意见情况。骆惠宁代表省委常委班子作对照检查，重点从学用习近平新时代中国特色社会主义思想和贯彻落实党的十九大精神、认真执行党中央决策部署坚持请示报告制度和对党忠诚老实、担当负责攻坚克难和以钉钉子精神抓落实、履行全面从严治党责任和执行党的干部政策、纠正"四风"不止步和身体力行以上率下、严格执行廉洁自律准则和带头落实中央八项规定等方面查摆了问题和不足，深刻剖析了原因，提出努力方向和整改措施。骆惠宁同志带头，常委同志逐一进行对照检查，报告个人廉洁自律情况和重要事项，开展批评和自我批评。民主生活会自始至终突出了政治站位，贯彻了从严要求，弘扬了斗争精神，体现了奋发进取，常委同志的发言认识深刻、体会真切、意见坦诚，达到了统一思想、凝聚力量、增进团结的目的，使省委常委班子建设进一步得到加强。

大家在发言中联系近年来山西在习近平总书记和党中央坚强领导下，实现政治生态由"乱"转"治"、发展由"疲"转"兴"的重大转折和重大进步，更加深刻地认识到，"是习近平总书记和党中央挽救了山西"，"是习近平总书记引领山西走进了新时代"。要不断增强"四个意识""四个自信"和"四个服从"，严守政治纪律和政治规矩，把维护习近平总书记在党中央和全党的核心地位、维护党中央权威和集中统一领导作为第一位的政治要求，把对党忠诚、为党分忧、为党尽责、为民造福作为根本政治担当，在政治立场、政治方向、政治原则、政治道路上同党中央保持高度一致。要提升政治站位，坚持以习近平新时代中国特色社会主义思想为指导，对标十九大精神，聚焦习近平总书记视察山西重要讲话中提出的五项重大任务，坚持"一个指引、两手硬"思路和要求，确保中央各项决策部署在山西得到全面正确有效贯彻落实。要勤政务实为民，坚持以人民为中心的发展思想，把人民对美好生活的向往作为奋斗目标，零容忍严查严处"四风"问题，大兴调研之风，推动各级干部崇尚实干、精准发力，让改革发展稳定各项任务落下去，让惠及百姓的各项工作实起来，运用好万名干部大调研成果，形成求真务实、勤勉实干的良好风气。要带头廉洁自律，以身作则、以上率下，带头执行中央八项规定和实施细则，切实履行好管党治党主体责任，在模范遵守党章党规、严肃党内政治生活、践行"三严三实"要求、自觉接受党内监督和各方监督等方面作出示范和表率，积极营造风清气正的党内政治生态。要增强忧患意识，知危图安，勇于担责，切实加强全省各级领导班子和干部队伍建设，更加清醒地投身具有许多新的历史特点的伟大斗争，团结带领全省人民有效应对重大挑战、抵御重大风险、克服重大阻力、解决重大矛盾，不断推动山西各项事业迈上新台阶。

骆惠宁在总结讲话中指出，这次民主生活会，是贯彻落实党的十九大精神开局之年的一次重要党内生活。通过这次民主生活会，大家经受了一次深刻的党性教育和灵魂洗礼，进一步增强了做好山西工作的责任心和紧迫感。开好生活会是对党性的检验和锤炼，抓好整改措施的落实更是对党性的检验和锤炼。要按照中央要求，以高度负责的精神抓好整改工作，以更高更严的要求加强常委班子自身建设。要建立整改台账，细化整改措施、时间表，有一项改一项，改一项成一项。条件具备的立即整改，难度大的重点攻坚，长期性工作要分阶段推进，涉及面广的问题要从制度机制层面进行整改。对整改工作要进行督查，接受党员和群众监督。

中央第十五巡视组巡视山西省工作动员会

根据中央关于巡视工作的统一部署，2018年2月23日下午，中央第十五巡视组巡视山西省工作动员会召开。会前，中央巡视工作领导小组成员姜信治主持召开与山西省委书记骆惠宁、省长楼阳生的见面沟通会，会议传达了习近平总书记关于巡视工作的重要讲话精神。会上，中央第十五巡视组组长刘实就即将开展的巡视工作作了讲话，姜信治就配合做好巡视工作提出要求。骆惠宁主持会议并作表态讲话。

中央第十五巡视组副组长及有关同志，山西省省委常委和省人大、省政府、省政协党组成员，省法院院长、省检察院检察长出席会议，其他在职副省级以上领导干部和各市市委书记，省纪委监委、省委组织部班子成员，省委、省政府有关副秘书长和办公厅副主任，省委巡视办主任和各巡视组组长，省委工作部门及有关机构、省政府组成部门及直属机构、省直属事业单位、群团组织、中央驻晋单位、驻太原省属本科院校、省管国有企业主要负责同志列席会议。

姜信治指出，党的十九大把习近平新时代中国特色社会主义思想确立为党必须长期坚持的指导思想，对新时代坚持和发展中国特色社会主义的一系列重大理论和实践问题阐明了大政方针，是我们党在新时代开启新征程、续写新篇章的政治宣言和行动纲领。深入学习贯彻党的十九大精神是当前和今后一个时期的首要政治任务。山西省委和各级党员领导干部,要牢固树立“四个意识”,坚定“四个自信”,旗帜鲜明坚持以习近平新时代中国特色社会主义思想为指导,用以武装头脑、指导实践、推动工作;旗帜鲜明维护习近平总书记党中央的核心、全党的核心地位,维护党中央权威和集中统一领导;旗帜鲜明坚持和加强党的全面领导,坚持党要管党、全面从严治党,勇于自我革命,坚定不移推动全面从严治党向纵深发展。山西省委要深刻领会党的十九大关于全面从严治党的战略部署,准确把握全面从严治党形势任务,坚决落实管党治党政治责任,保持战略定力,以永远在路上的韧劲和执着,不断把全面从严治党引向深入。

姜信治强调,巡视是全面从严治党的重大举措,是党内监督的战略性制度安排,根本目的是为了夯实党长期执政的政治基础、始终保持党同人民群众的血肉联系,实现党自我净化、自我完善、自我革新、自我提高。习近平总书记始终高度重视巡视工作,多次发表重要讲话、作出重要指示,形成了习近平巡视工作思想,为做好新时代巡视工作提供了根本遵循。党的十九大对巡视工作提出新的更高要求,党章专列一条对巡视巡察制度作出规定,党中央制定并印发中央巡视工作五年规划,确定了十九届巡视工作的“路线图”和“任务书”。山西省委和各级党员领导干部要深刻认识巡视工作重要意义,提高政治站位和政治觉悟,恪守党性原则,增强自觉接受监督的政治意识,坚决支持配合中央巡视组工作,加强对巡视组的监督,共同完成好党中央交给的巡视任务。

刘实指出,巡视是党章赋予的重要职责,中央巡视组将牢牢把握政治巡视定位,贯彻巡视工作方针,坚持以习近平新时代中国特色社会主义思想为指导,以“四个意识”为政治标杆,突出问题导向,盯住关键少数,查找政治偏差,聚焦坚持和加强党的全面领导、新时代党的建设总要求、全面从严治党,以党的政治建设为统领,把坚决维护以习近平同志为核心的党中央权威和集中统一领导作为根本政治任务,围绕党的政治建设、思想建设、组织建设、作风建设、纪律建设和夺取反腐败斗争压倒性胜利等方面,深入检查被巡视党组织学习贯彻习近平新时代中国特色社会主义思想情况,贯彻落实党章和党的十九大精神情况,落实意识形态工作责任制情况,选人用人和基层党组织建设情况,执行中央八项规定精神和整治“四风”情况,党规党纪执行情况,领导干部廉洁自律和整治群众身边腐败问题情况,以及十八届中央巡视整改落实等情况。通过开展巡视监督,发现问题、形成震慑,推动改革、促进发展,发挥标本兼治战略作用,为全面从严治党提供有力支撑。

骆惠宁表示,在全省上下深入学习贯彻党的十九大精神和习近平总书记视察山西重要讲话精神的重要时刻,中央第十五巡视组对我省进行巡视,体现了以习近平同志为核心的党中央对山西的关爱。这次巡视对我们是难得的发现问题、解决问题的机会,也是难得的加强党性锻炼、提高工作水平的机会。我们诚请中央巡视工作领导小组和中央巡视组加强对山西工作的指导,指出我们工作中存在的问题和不足。全省各级党组织和党员干部要切实把思想和行动统一到中央精神上来,以“四个意识”为政治标杆,深入贯彻落实十九大精神和习近平总书记视察山西重要讲话精神,坚定维护以习近平同志为核心的党中央权威和集中统一领导,全面贯彻落实新时代党的建设总要求,坚决支持配合好中央巡视组的工作。一要切实提高思想认识。党中央对山西进行巡视,是对我省坚持党的全面领导、从严管党治党的全面政治检视,必将有力促进我省党建和改革发展工作。我们要提高政治站位,深刻认识接受监督是永葆肌体健康的必要条件,切实增强主动接受巡视监督的自觉性。二要全力配合中央巡视组工作。要严守政治纪律和政治规矩,本着对党负责、对人民负责的态度,如实反映和提供情况,勇于自我革命,主动查找自身存在的问题,畅通信访渠道,落实好中央巡视组提出的要求,为巡视工作顺利进行提供必要的保障。三要认真落实整改主体责任。对中央巡视组指出的问题,要从主观上找原因、从工作上补短板、从制度上查漏洞,以最坚决的态度、最有力的举措、最严格的标准,主动整改、真实整改、彻底整改。四要有力带动全面从严治党和改革发展。以巡视为契机和动力,使接受巡视的过程,成为不断增强“四个意识”和“四个自信”的过程,成为不断解决问题、推动全面从严治党向纵深发展的过程,成为提高从政治上把握大局、全面促进山西各项事业发展进步的过程。

中央巡视组将在山西省工作3个月(2月23日—5月23日)。

省委农村工作暨脱贫攻坚会议

(会议内容见本书《脱贫攻坚》栏目)

省管干部学习贯彻习近平新时代中国特色社会主义思想和党的十九大精神学习班

2月25日,省管干部学习贯彻习近平新时代中国特色社会主义思想和党的十九大精神学习班在省委党校开班。省委书记、省人大常委会主任骆惠宁在开班式上强调,要深入学习贯彻习近平总书记今年1月5日在新进中央委员会的委员、候补委员和省部级主要领导干部研讨班上重要讲话精神,抓住省管干部这个“关键少数”,在事关根本问题上保持高度清醒和自觉,带动全省上下切实把思想和行动统一到习近平新时代中国特色社会主义思想上来,把智慧和力量凝聚到党的十九大确定的目标任务上来,不断把新时代中国特色社会主义在山西推向前进。

省委副书记、省长楼阳生主持开班式。省委副书记、省政协主席黄晓薇出席。

骆惠宁在讲话中指出,习近平总书记“1·5”重要讲话,立足中华民族的千秋伟业,着眼百年大党的使命担当,以马克思主义政治家的大格局、大气度、大情怀,从历史和现实相贯通、国际和国内相关联、理论和实际相结合的宽广视角,就坚持和发展中国特色社会主义要一以贯之,推进党的建设新的伟大工程要一以贯之,增强忧患意识、防范风险挑战要一以贯之等重大问题进行了深入阐述,站位很高、思想很深,落地很实、要求很严，是一堂触动灵魂的主题党课，是一篇马克思主义的光辉文献，对于我们坚持以习近平新时代中国特色社会主义思想为指导，深入贯彻落实党的十九大精神具有重大而深远的意义。

骆惠宁指出，习近平总书记关于“坚持和发展中国特色社会主义要一以贯之”的重大论述，深刻揭示了中国特色社会主义的历史必然性、科学真理性和强大生命力，让我们受到了一次全面系统的科学社会主义历史发展、基本原理、光明前景的再教育，感受到了前所未有的思想力量。我们要实现中华民族伟大复兴的中国梦，必须把中国特色社会主义旗帜高高举起。要树立历史眼光，把中国特色社会主义放在世界社会主义演进历程中把握其形成和发展脉络，放在中国革命、建设和改革的伟大实践中来比较和分析，紧密联系山西的时代变迁和发展变化，从历史逻辑中得出正确结论，坚定理想信念，做到“虔诚而执着、至信而深厚”。要牢牢把准方向，深入学习贯彻习近平新时代中国特色社会主义思想，着力解决浅尝辄止、悟得不透、学用“两张皮”等问题，切实以党的创新理论指导实践，坚定维护习近平总书记的核心地位，坚持核心的唯一性，坚决维护党中央权威和集中统一领导，不折不扣地贯彻落实党中央决策部署，把山西工作放在全国大局中审视与谋划，确保沿着中国特色社会主义方向奋力前行。要弘扬革命精神，继承先烈遗志，传承红色基因，时刻不忘初心，始终忘我工作，决不能停留于一般状态，决不能只求按部就班，以革命加拼命的精神和状态去开拓奋斗，一往无前地把伟大社会革命进行到底，为建成社会主义现代化强国作出“山西贡献”。

骆惠宁指出，习近平总书记关于“推进党的建设新的伟大工程要一以贯之”的重大论述，立足于中国共产党人的崇高使命，蕴含着强烈的使命意识和担当精神，彰显了大国大党领袖的胸襟格局，体现了马克思主义执政党的自我革命勇气与政治自觉。要进一步增强自我革命意识，牢固树立全面从严治党永远在路上的理念，把从严从紧从实体现到党的建设全过程，不断进行自我净化、自我完善、自我革新、自我提高，使全省各级党组织和党员干部队伍永葆生机与活力。要深入贯彻省纪委十一届三次全会精神，牢记“四个坚决摒弃”，把落实好会议精神作为履行主体责任的重要体现，主要领导亲自抓，班子成员各负其责，毫不动摇地推进管党治党向纵深发展，以解决问题的实际行动来检验自我革命的勇气和成效。要对照习近平总书记提出的“五个过硬”要求，认真照镜子、量尺子，补短板、提水平，始终守住底线，不断追求“高线”，做到在信念上坚定不移、练就“金刚身”，在政治上绝对忠诚、当好“明白人”，在责任上敢于担当、成为“实干家”，在能力上持续提升、磨砺“铁肩膀”，在作风上以上率下、树起“高标杆”，交出新时代的合格答卷。

骆惠宁指出，习近平总书记关于“增强忧患意识、防范风险挑战要一以贯之”的重大论述，体现了强烈的忧患意识，彰显了深邃的洞察力，展示了高超的领导艺术，使我们受到了一次形势判断、风险防范、底线思维的强化训练。要增强居安思危的自觉。清醒认识我省在改革发展、社会稳定、意识形态、安全生产、公共安全、自然灾害等方面存在的风险隐患，做到“治”不忘“危”、“兴”不忘“忧”，坚持底线思维，从最坏处着眼，作最充分准备，朝好的方向努力，争取最好结果。要提升防范化解风险的水平。对领导干部来讲，看不到风险挑战不算担当，应对不了风险挑战也算不了担当。必须保持“眼明心亮”，能够对本地本部门各种风险心中有数；善于“釜底抽薪”，能够源头化解各类风险；精于“破旧立新”，能够提出破解复杂矛盾的新举措；注重“建章立制”，能够健全完善预警机制、处置化解机制、长效应对机制；坚持“抓早抓小”，能够把风险管控在萌芽状态。要全面推动各项工作。防风险不是孤立的，而是要统筹谋划、综合施策。要按照中央精神和省委部署，拿出时不我待的紧迫感、只争朝夕的精气神、舍我其谁的责任心，进一步明确工作目标，完善工作思路，细化工作举措，开拓进取、苦干实干，切忌表态好、落实差，调门高、行动少，以钉钉子精神，让各项部署变成发展成果，变成全省人民的获得感、幸福感、安全感。

骆惠宁强调，习近平总书记全面系统阐述三个“一以贯之”，是有很深考虑的，是有的放矢的，抓到了根子上。三个“一以贯之”紧密联系、相互贯通、有机结合，是对十九大精神更高层面、更深层次、更宽视野的解读，分别针对的是道路方向、政治保证、思维方式，进一步明确了举什么旗、走什么路、实现什么样的奋斗目标、以什么样的精神状态、担负什么样的历史使命、掌握什么样的工作方法等重大问题。如果在这三大问题上出了差错，“四个自信”就难以树立，中华民族伟大复兴的宏伟目标就难以实现。三个“一以贯之”是习近平新时代中国特色社会主义思想的新发展，是重大理论创新。全省党员干部一定要悉心领会，真正弄通悟透。只有解决好了这三大问题，才能更好地认清我们党从哪儿来、往哪儿去，是什么、干什么，从而把“时代是出卷人，我们是答卷人，人民是阅卷人”牢记心上，在关系党和国家前途命运的根本问题上，保持高度的思想清醒和行动自觉，更加有力地把党的十九大精神在我省贯彻好落实好。

楼阳生在主持开班式时指出，省委书记骆惠宁的讲话，对于全省党员领导干部在事关根本的问题上始终保持清醒和自觉，坚定地以习近平新时代中国特色社会主义思想为引领，全面推动党的十九大精神在山西落地见效，具有重要指导意义。学习贯彻好习近平新时代中国特色社会主义思想和党的十九大精神，是一项重大的政治任务，也是党员领导干部的重大责任。作为“关键少数”，要增强学员意识，端正学习态度，保持良好学风，遵守管理规定，努力在学懂弄通、学以致用上下功夫，不断提升政治站位、理论素养、思想境界和能力水平，把学习成效转化为谋划工作的科学思路、推进落实的有效办法、破解难题的实际成果，更好地展现新作为、新气象。

省委常委，省人大、省政府、省政协领导班子成员，省法院院长、省检察院检察长出席开班式。各市市委书记、市长，各县（市、区）委书记，省直单位主要负责同志，本科院校党委书记、院(校)长,省管国有骨干企业党委书记、董事长、总经理参加学习班。

山西省传达贯彻全国“两会”精神会议

3月22日,我省召开传达贯彻全国“两会”精神会议。省委书记、省人大常委会主任骆惠宁主持会议并讲话。他强调,要以习近平新时代中国特色社会主义思想为指引,全面贯彻落实全国“两会”精神,锐意进取,扎实工作,按照省委安排部署,在贯彻落实党的十九大精神开局之年开好局、起好步,推动山西各项事业再上新台阶。

上午,与会同志分组学习了习近平总书记在全国“两会”期间的重要讲话精神,赵乐际、刘鹤参加山西代表团审议时的讲话精神,大家认真领会,深入思考,提高了思想认识。下午,省领导楼阳生、黄晓薇、任建华、郭迎光、邱水平、杨景海就贯彻修改后的宪法和修订后的全国政协章程,落实“两会”有关报告,实施监察法等,结合我省已有工作部署分别作了发言。

骆惠宁指出,这次全国“两会”,对于动员全党全国各族人民紧密团结在以习近平同志为核心的党中央周围,坚持以习近平新时代中国特色社会主义思想为指导,全面贯彻党的十九大和十九届一中、二中、三中全会精神,决胜全面建成小康社会、夺取新时代中国特色社会主义伟大胜利,具有重大而深远的意义。

骆惠宁就贯彻落实全国“两会”精神提出七个方面要求。一要深入学习贯彻习近平总书记重要讲话精神,持续在武装头脑、指导实践、推动工作上下功夫。习近平总书记在全国“两会”期间,就全局性、根本性、重大性问题发表了一系列重要讲话,在参加政协联组会和部分人大代表团审议时,就一些重大工作作出重要指示、提出明确要求。这些重要讲话,是习近平新时代中国特色社会主义思想的重要组成部分,对于做好贯彻十九大精神开局之年各项工作具有重大指导意义。要把学习贯彻习近平总书记“两会”期间的重要讲话精神,与学习贯彻习近平新时代中国特色社会主义思想和党的十九大精神结合起来,与贯彻落实习近平总书记视察山西重要讲话精神结合起来,确保党中央决策部署在山西全面正确有效贯彻落实。要结合省委重要会议部署,进一步提高认识、完善思路、强化举措,扎实做好发展社会主义民主政治、深化改革开放、推动经济高质量发展、走创新驱动发展道路、实施乡村振兴战略、打赢脱贫攻坚战、加强生态环境保护建设、创新社会治理体系、形成风清气正政治生态等方面工作,推动山西各项事业取得新成效。要认真总结我省“维护核心、见诸行动”主题教育成效,按照中央统一部署组织开展好“不忘初心、牢记使命”主题教育。要全面督导检查,进一步推动习近平总书记视察山西和在太原主持召开的深度贫困地区脱贫攻坚座谈会上的重要讲话精神,在三晋大地生根见效。召开全省第三次学习贯彻习近平总书记重要思想经验交流会,进一步提高全省县处级以上干部学以致用、解决问题的能力。坚持在习近平新时代中国特色社会主义思想指引下,把山西各项工作全面推向前进。

二要充分认识修改宪法的重大意义,认真抓好宪法学习宣传和贯彻实施。十三届全国人大一次会议通过的宪法修正案,把党的十九大确定的重大理论观点和重大方针政策特别是习近平新时代中国特色社会主义思想载入国家根本法,这是时代必然、实践必要、法治必需,充分反映了全党全国人民的共同意愿。要深刻理解、准确把握宪法修改的重大意义,着眼于党和国家的根本利益和长治久安,不断增强拥护宪法维护宪法的思想自觉和行动自觉。要认真抓好宪法学习宣传教育,增强广大干部群众的宪法意识,使遵守宪法成为全体人民的自觉行动。要切实加强宪法实施和监督工作,各级党组织和领导干部要对宪法法律保持敬畏之心,带头维护宪法和法律权威,自觉坚持依宪治国、依宪执政观念,始终坚持在宪法法律范围内活动,自觉运用法治思维和法治方式深化改革、推动发展、化解矛盾、维护稳定。各级政协要全面贯彻、严格遵守新的政协章程,把中国特色社会主义政党制度在山西坚持好、发展好、完善好。

三要认真落实党中央关于深化党和国家机构改革的重大部署,确保我省机构改革顺利有序进行。深化党和国家机构改革是以习近平同志为核心的党中央着眼党和国家事业发展全局作出的重大改革部署。要提高认识,深刻领会深化党和国家机构改革的重大意义,增强推动改革的使命感和紧迫感,切实把思想统一到中央要求上来。要加强领导,明确目标原则,明确改革任务,明确时间进度,明确责任主体,谋划和组织实施好我省机构改革,各地要按照中央精神和省委方案抓好贯彻落实,党政主要负责同志要当好推动改革的第一责任人。要严明各项纪律,坚持党性原则和大局观念,加强监督和执纪问责,做到步调统一、令行禁止,严格按照中央和省委统一部署推动改革。各地各部门党委(党组)要切实负起责任,引导广大党员干部积极拥护改革、支持改革、参与改革,确保改革期间思想不乱、工作不断、干劲不减。

四要落实中央和省委经济工作部署,坚定不移推动转型发展。牢牢把握建设转型综改试验区新的时代背景和历史方位,坚定不移加快推进,推动转型综改试验区建设进入新境界。要进一步突出以改促转,认真落实2018年全面深化改革工作要点和责任分工方案,特别是对其中的先行先试事项要迅速动起来,力争尽快取得突破。认真开展好改革开放40周年宣传推动等工作,营造改革开放浓厚氛围。要进一步抓好重大部署落实,围绕“三大目标”,加快转型综改试验区建设,实施好已出台的三个行动方案,进一步采取有力措施推动“转型项目建设年”各项工作,有针对性地走出去组织办好若干重点招商引资活动,推动建设一批有重要牵引作用的军民融合项目,建设好维护好公平透明的营商环境。要坚持问题导向,及时研究解决经济运行中存在的具体困难,采取有效措施进一步促进经济持续向好。越是主要经济指标稳定向好,越要坚定不移加快转型,把强力推动经济转型作为最鲜明的导向,进一步发挥目标考核的“指挥棒”作用。

五要认真贯彻“两会”有关报告精神,推动山西民主政治建设和法治建设。全省各级人大及其常委会要善于从政治上把握、在大局下行动，把坚持党的集中统一领导体现在人大工作各方面和全过程，忠于宪法、遵守宪法、维护宪法，行使好人民赋予的权力，推动人民代表大会制度不断完善，切实担负起宪法和法律赋予的神圣使命。要深入抓好宪法的学习宣传实施，不断提高立法工作质量和水平，切实增强监督实效，着力加强自身建设。各级政协必须旗帜鲜明讲政治，必须以人民为中心履职尽责，必须求真务实提高协商能力水平，着力做好思想引导、汇聚力量、议政建言、服务大局各项工作，全面增强履职本领。各级法检系统要始终坚持党的绝对领导，努力提高政治站位、加强自身建设，全面依法履行审判、司法监督职责，扎实推进司法体制综合配套改革，为打赢三大攻坚战、扫黑除恶、整治群众身边腐败等重点工作提供有力司法保障，为全省改革发展稳定营造良好法治环境。各级党委要切实加强领导，为人大、政协、法检系统依法行使职权、开展工作提供有力保证。

六要坚持以党的政治建设为统领，全面推进党的各项建设，以永远在路上的执着，推动全面从严治党向纵深发展，努力实现政治生态持久的风清气正。要认真贯彻落实省委《关于加强党对反腐败工作全过程领导常态化制度化长效化的实施意见》，加强党对反腐败工作集中统一领导，构建权威高效反腐败运行机制。要持续保持惩治腐败的高压态势，坚持无禁区、全覆盖、零容忍，坚持重遏制、强高压、长震慑，更有效地遏制增量、更有力地削减存量，巩固反腐败斗争压倒性态势、夺取压倒性胜利。要加大力度整治群众身边腐败，抓住扶贫领域、涉黑腐败、民生领域三个重点，重拳出击、集中整治，让人民群众在全面从严治党中不断增强获得感、幸福感和安全感。要以国家监察法颁布为契机，扎实做好深化国家监察体制改革试点各项工作，继续做足改革“深化”文章，更好发挥“试验田”作用，更好把制度优势转化为治理效能。

七要狠抓工作落实，以过硬作风创造经得起历史和人民检验的业绩。各级党委和领导干部都要牢固树立正确政绩观，既要做让老百姓看得见、摸得着、得实惠的实事，也要做为后人作铺垫、打基础、利长远的好事，真正经得起实践、人民和历史的检验，特别是在抓重大民生工程时，要科学规划、务实推进，对正在实施的重大民生工程进行跟踪评估，确保民生工程得民心、有实效。要强化担当精神，各级各部门要责无旁贷地担负起推动山西党的建设和党的事业发展的历史使命，各级党政主要负责同志要身先士卒、率先垂范，把各项工作抓紧抓实、抓出成效。要提高工作标准，对照中央和省委部署要求，对照发达地区和我省先进典型的好做法好经验，对照人民群众期盼，看看我们的工作还有哪些不足，找准薄弱环节，明确改进举措，切实把各方面短板补起来，深入实施党政领导干部履职能力提升工程，推动干部在思想观念、本领素质、工作方法等方面来一次大的革命。坚持典型引路这个基本工作方法，带动全面工作。要坚决克服形式主义和官僚主义，坚持“五倡导五反对”，严厉查处各种顶风违纪违规问题，深刻剖析深层次原因，从制度机制上解决问题，各级党政主要负责同志要发挥“关键少数”作用，在重大工作上当好“施工队长”，形成“头雁效应”。

省委常委，省人大、省政府、省政协负责同志，省法检两长出席会议。各市市委书记、市长，省委工作部门及有关机构，省政府组成部门及直属机构，省属事业单位，群团组织，省属本科院校、省管国有企业主要负责同志，中央驻晋单位主要负责同志参加会议。

省委贯彻落实中央巡视工作规划推进会

5月23日，省委贯彻落实中央巡视工作规划推进会在太原召开。省委书记骆惠宁强调，要深入学习贯彻习近平巡视工作思想，牢牢把握“维护习近平总书记核心地位、维护党中央权威和集中统一领导”这个新时代巡视工作的“纲”和“魂”，坚守政治巡视职责定位，认真贯彻中央巡视工作规划精神，全面实施省委巡视工作规划部署，坚定扛好党委主体责任，进一步推动巡视巡察工作向纵深发展，为统筹推进“五位一体”总体布局、协调推进“四个全面”战略布局提供坚强保障。

骆惠宁指出，近年来，省委坚决贯彻中央巡视工作方针，扛起主体责任，深化政治巡视，推动全省巡视巡察不断取得新进展新成效。当前，我省工作正处于“两转”后的奋力爬坡阶段，省委明确提出了“治”不忘“危”、“兴”不忘“忧”的重大要求。我们要不断提高在山西坚持和发展新时代中国特色社会主义的水平，要不断提高在我省管党治党的水平，就必须始终重视发挥巡视巡察利剑作用。

骆惠宁强调，开展政治巡视巡察，最根本的就是要担负“两个维护”的重大政治责任。各级党委和巡视巡察机构要不断增强“两个维护”的高度自觉，并坚定地落实到具体实践之中，确保巡视巡察工作沿着正确方向推进。“两个维护”是具体的而不是抽象的，不是口号，必须体现在行动上、落实到工作中。要及时了解掌握学习贯彻习近平新时代中国特色社会主义思想和党的十九大精神情况，贯彻党章和新形势下党内政治生活若干准则、关于加强和维护党中央集中统一领导的若干规定精神情况，落实党的路线方针政策和决议情况，贯彻落实习近平总书记视察山西重要讲话精神情况，落实省委重大决策部署情况，完善和落实民主集中制各项制度情况，贯彻落实中央八项规定精神及省委实施办法情况，尤其要严明政治纪律和政治规矩，及时发现“七个有之”、搞两面派、做两面人，以及破坏党内政治生态等问题。

骆惠宁指出，做好当前和今后我省巡视巡察工作，要把握以下三点。一是做到全覆盖与高质量的有机统一。要把完成全覆盖作为硬性任务，加强统筹安排，科学确定时间频次，优化配置工作力量，立足一届5年，常态化、制度化开展。要统筹安排常规、专项、“机动式”巡察和“回头看”，打好“组合拳”。要坚持问题导向，精准发现问题，如实客观报告问题，实事求是研判分析问题性质，依规依纪依法开展工作。二是加强巡视巡察的上下联动。要将巡视利剑直插基层，人民群众反对什么、痛恨什么，就重点巡视巡察什么、整改什么，着力发现和推动解决人民群众反映强烈、侵蚀党的执政基础的突出问题。三是坚持发现问题与整改落实并重。既要严肃发现问题,又要加大整改落实力度,要把督促巡视整改落实作为日常监督重要内容,加大督促督查力度。当前,各级各部门要把严肃处置中央第十五巡视组移交的问题线索和下一步反馈指出问题的认真整改作为重中之重,以"不贰过"的态度,确保问题得到解决、整改见到成效。

骆惠宁要求,各级党委要把巡视巡察工作列入党委常委会年度工作要点,摆在突出位置,制定工作规划,认真落实高质量全覆盖要求。要抓好对下级党委巡察工作的督促指导,形成一级抓一级、层层抓落实的工作格局。党委书记要牢固树立"抓好巡察工作是本职,抓不好是失职,不抓是渎职"的观念,决不能当"甩手掌柜"。各级巡视巡察工作领导小组及其办公室要认真履责,积极发挥作用。要加强巡视巡察队伍建设,保持政治定力,提高履职能力,从严监督管理,注重关爱培养,努力建设一支过硬的"政治部队"和"纪律部队"。

任建华就贯彻落实中央巡视工作规划作了具体部署,要求各级巡视巡察机构要在深化政治巡视巡察、推进高质量全覆盖、推动整改落实和成果运用、建立巡视巡察上下联动监督网、加强机构队伍规范化建设等方面下功夫求实效。吴汉圣主持会议,并就贯彻落实工作提出具体要求。省委巡视工作领导小组成员,省纪委监委领导班子成员,各市纪委书记、组织部长、巡察办主任,各县(市、区)纪委书记、巡察办主任等参加会议。

全省攻坚深度贫困现场推进会

(会议内容见本书《脱贫攻坚》栏目)

全省开发区改革创新发展推进会

为进一步贯彻习近平总书记视察山西重要讲话精神,全面研判全省开发区工作,进一步对标一流、明确重大要求,增强使命担当、奋力攻坚克难,推动开发区改革创新发展取得更大突破,有力带动全省经济加快转型发展,7月10日,我省召开开发区改革创新发展推进会,省委书记骆惠宁出席会议并讲话。他强调,要用非常之力,下恒久之功,努力把开发区打造成引领转型发展的载体、创新体制机制的先锋、扩大招商引资的主体、培育现代产业的引擎、创优营商环境的窗口、激发干事创业的平台。省委副书记、省长楼阳生主持第一次全体会议并作总结讲话。

骆惠宁在讲话中指出,2016年12月,全省开发区大会拉开"二次创新创业"大幕。省委省政府坚持把开发区改革创新发展作为推动综改试验区建设、加快创新驱动、全面转型升级的重大战略举措,高起点谋划布局,深层次展开变革,作出一系列重大决策部署,构建起新的政策制度体系,推动开发区改革创新发展沿着正确方向前行,进入到一个新阶段。

骆惠宁强调,当下我们所处的时代,是新一轮大发展大变革大调整时代,全国开发区发展态势发生了重大变化,政策体制机制的集成创新成为制胜的关键,环境服务要素的集合优势成为比拼的法宝,产业人才研发的集聚效应成为核心竞争力。在千帆竞过、百舸争流的大背景下,我省开发区改革创新发展能不能站在时代潮流的前头,楫桨奋进,将决定着开发区"二次创业"的命运。全省上下必须把握大势,用足非常之力,注重解决突出问题,加快"赶考"中"补考",以深层变革实现后来居上。

骆惠宁指出,要准确把握开发区战略调整发生的积极变化,着力破解制约空间布局优化的突出矛盾,进一步发挥战略载体作用。一年多来,全省开发区整合设立扩区调规取得突破性进展,但在发展布局规划、用地供给保障、土地开发利用、基础设施建设等方面还存在一些突出问题,必须长短结合,统筹治理。着眼长远,要坚持"一县一个开发区"的总体布局,逐步推进。立足当前,要集中力量抓好41个省级及以上开发区建设。要强化规划引领管控,严禁擅自改变规划、扩区和调整区位,严防规划落空。要加强用地供给保障,切实打通开发区用地"绿色通道"。要厉行土地集约利用。建立健全土地集约利用评估和奖惩制度,坚持合理、节约、集约、高效开发利用土地。要加快基础设施建设,鼓励市场主体参与开发区基础设施建设,让一切有利于生产力发展的要素活力竞相迸发。

骆惠宁指出,要准确把握开发区深化改革发生的积极变化,着力破解制约体制机制创新的突出症结,进一步激发内生发展活力。一年多来,我们全面推进简政放权、选人用人、薪酬分配、管理模式等改革,但还存在市县下放权限不够规范、"三制三化"改革仍需深入的问题。要进一步推进依法授权,按照省人大向山西综改示范区授权的精神,将依法授权的经验在省级及以上开发区推广,加快《山西省开发区条例》立法进程。要进一步规范目标绩效管理,明确开发区年度发展目标,根据目标来确定年度绩效工资总量,年底考核兑现,奖惩两手并用。要坚持以目标倒逼,市县和开发区都要签订责任书,立下军令状。要建立动态进退机制,根据考核结果,实行开发区等级进退和管委会班子成员行政级别同步升降。要进一步创新管运模式,推进开发区管理与运营分离,面向市场引入专业化管理团队,确定一批开发区,由在晋央企、省属国企或民企组建运营团队来负责经营。开展管委会班子部分成员市场化选聘工作,加快全员岗位社会化选聘进程,探索特岗特薪、特职特聘。要进一步深化开发区机构改革,合理设置内设机构,整合优化派驻机构,鼓励推行"一门式"集中办理,最大限度激发市场主体的活力。

骆惠宁指出,要准确把握开发区招商引资发生的积极变化,着力破解制约现代产业培育的突出短板,进一步增强集聚辐射效应。一年多来,全省开发区招商引资和新兴产业发展呈现积极态势,但也存在谋划能力欠缺、招商方式不优、利用外资较少等问题。要围绕构建现代工业体系招商引资,用好招商图谱,围绕12个产业集群,开展系统定向精准招商,既要眼睛向外,也一定不要忽视现有企业的技术改造与升级项目。要努力创新招商引资方式,注重顶层式招商,瞄准领军企业、科研单位引其入晋;注重股份式招商,运用出让企业产权、产业基金投入等手段引入重点项目;注重穿越式招商,通过提供项目用地和支持市场销售等与发达地区合作引其在晋扩产;注重融合式招商,通过联合招商、共同投资、协同管理等方式引进军工转移转化项目。要加大招商引资配套支撑力度，加快土地存量盘活，优化土地增量供给。引导各类环保基金，鼓励设立政府性融资担保机构。定向提前进行入企员工培训。依法保障在开发区工作的省外境外人才享有基本公共服务政策。加快优质中小企业培育孵化，推动民营企业创新发展，为招商引资夯实实体经济基础，增强开发区“磁吸力”，使之成为投资创业的沃土。

骆惠宁指出，要准确把握开发区营商环境发生的积极变化，着力破解制约政务效能提升的突出瓶颈，进一步夯实支撑保障基础。一年多来，我们改革审批方式、加快先行先试，着力打造“六最”营商环境。唱好“人说山西好环境”，还需加快提升政务服务效能、政策要素集成优势和法治化治理水平。要深化“放管服”改革，省、市两级政府要求部门下放的管理权限必须尽快下放。深化“互联网＋政务服务”改革，提升“一张网”水平，推动实现“全程网办”和“一网通办”。创新新型监管机制，营造开发区公平有序的市场环境。要着力降低土地、用电和金融等要素成本。要强化政策和人才支撑，狠抓已出台的优惠政策落地见效，坚持人才配置的市场导向、人才引进的高端导向、人才培养的专业导向、人才发展的国际导向、人才服务的精准导向，深化人才发展体制机制改革。要加快诚信体系建设，构建信用信息共享平台，健全权益诉求渠道和投诉工作机制，加强知识产权保护，甄别纠正一批社会反映强烈的开发区产权纠纷案件，让投资者放心发展、放手创业。

骆惠宁指出，要准确把握开发区发展氛围发生的积极变化，着力破解制约干事创业活力的突出问题，进一步凝聚攻坚克难合力。一年多来，我们强化组织领导，突出开发区在发展全局中的战略地位，持续推动二次创业，但领导不力现象依然存在，发展不平衡问题突出。打赢开发区改革创新发展这场硬仗，是对各级党委、政府领导能力的现实检验，也是各级领导干部是否担当作为的试金石。要加强对开发区工作的领导，强化开发区党组织建设，狠抓党风廉洁建设，提升开发区干部队伍能力素质，大力加强各项基础工作，全面构建“亲”“清”新型政商关系。要营造良好社会环境，各市县党委政府要支持开发区做好征地拆迁、信访维稳等群众工作，坚决依法打击破坏开发区建设发展的黑恶势力和“保护伞”，积极宣传开发区改革创新发展的新进展、新成效，选树一批先进开发区、优秀企业和示范项目，让一切致力于改革发展的实干家和创新创业的投资者在开发区大有作为，受到尊重。

骆惠宁强调，实现开发区二次创业，意义重大、任务艰巨。全省上下要奋力攻坚，力争到2020年，“三制”改革和“三化”建设成效彰显，开发区工业增加值占全省工业增加值的比重达到46%以上，战略性新兴产业产值占全省战略性新兴产业产值的比重达到70%以上，整体创新力竞争力带动力明显增强，为全面实现开发区发展战略定位打下坚实基础。上述目标经过努力是可以实现的，我们要坚定地为之努力奋斗！

楼阳生对贯彻落实会议精神提出要求。他强调，要进一步引深学习贯彻习近平总书记视察山西重要讲话精神，切实把思想和行动统一到省委、省政府关于开发区改革创新发展的决策部署上来，围绕开发区三年总体发展目标，强化规划引领，严格落实主体功能区要求，推进“多规合一”，做到一张蓝图绘到底；要严格把握省级开发区的设立，坚持标准、合理布局，成熟一个、批复一个，真正让开发区成为践行新发展理念的典范；要强化精准招商，既注重引进龙头企业和重大项目，又注重引进配套企业和特色项目，加快培育现代产业集群；要强化体制机制创新，深化“三化三制”改革，鼓励开发区复制推广自贸区经验做法，在投资贸易便利化、法治化、国际化等方面先行先试；要以企业投资项目承诺制试点为抓手，全面推进审批服务便民化，率先在开发区落实“六最”营商环境的任务要求；要强化责任落实和考核督查，引导和激励全省上下用非常之力、下恒久之功，不断提升开发区发展水平，引领全省高质量转型发展开创新局面。

副省长王一新主持第二次全体会议。会上，集中观看了全省开发区改革创新发展巡礼片，省国土厅、山西转型综改示范区、长治市、晋中市、左云经济技术开发区负责人分别作大会发言。与会人员观看了全省开发区改革创新发展情况展板。

省委常委，省人大、省政府、省政协有关负责同志出席会议。省开发区建设工作领导小组、省招商引资工作领导小组成员单位负责人，相关省直部门、省管国有企业、驻晋金融单位主要负责同志，省政府驻外办事处负责人；各市市委书记、市长，分管市领导和相关部门负责人；设有省级以上开发区的县（市、区）委书记、县（市、区）长；省级以上开发区管委会主要负责人；部分企业代表参加会议。

全省生态环境保护大会

（会议内容见本书《生态环境保护》栏目）

省委常委班子巡视整改专题民主生活会

8月18日，省委常委班子召开巡视整改专题民主生活会。会议坚持以习近平新时代中国特色社会主义思想为指导，认真学习贯彻党的十九大精神和习近平总书记关于巡视工作重要指示精神，深入贯彻落实习近平总书记视察山西重要讲话精神，自觉提高政治站位，聚焦巡视反馈问题，认真对照检查，深刻剖析原因，明确整改措施，强化政治责任，狠抓整改落实，以整改成效体现对党的忠诚，推动全省党的建设和各项事业沿着党中央指引的正确方向不断前进。省委书记骆惠宁主持会议并作总结讲话。中央纪委、中央组织部、中央巡视办派员全程指导。

省委对开好这次专题民主生活会高度重视，将其作为做好巡视“后半篇文章”的重要举措。会前，召开省委常委（扩大）会议深入学习习近平总书记关于巡视工作的重要讲话精神，省委中心组重温了习近平总书记视察山西重要讲话精神。通过书面征询、召开座谈会等方式，广泛征求了各方面的意见建议。骆惠宁同志与每位常委都进行了深入交流，主持常委班子对照检查材料起草工作，审阅常委个人发言提纲，常委之间普遍开展了谈心谈话，从各个方面做了充分准备。

会议通报了征求意见情况。骆惠宁同志代表省委常委班子作了对照检查，针对中央巡视组反馈指出的问题，重点从领会贯彻习近平新时代中国特色社会主义思想、领会贯彻新时代党的建设总要求、领会贯彻新发展理念、领会贯彻以人民为中心的发展思想、领会贯彻“抓铁有痕、踏石留印”要求5个方面认真查找了差距,深刻剖析了原因,提出了整改措施。骆惠宁同志带头,常委同志逐一进行对照检查,以勇于自我革命的精神,对照巡视反馈意见,主动认领问题,深刻反思剖析,认真开展了批评与自我批评。本次专题民主生活会突出了政治站位,坚持了问题导向,体现了整风精神,激发了担当作为,增强了党内政治生活的政治性、时代性、原则性、战斗性,推动了常委班子的自身建设特别是政治建设,达到了预期效果。

常委同志一致表示,要认真学习贯彻习近平总书记关于巡视工作的重要思想,自觉肩负起全面从严治党的主体责任,把巡视整改作为贯彻中央部署要求、推动整体工作的有力抓手,抓紧抓好、抓出成效。要加强政治建设,增强“四个意识”,坚定“四个自信”,严明政治纪律和政治规矩,坚持理论联系实际,把学用习近平新时代中国特色社会主义思想提升到新水平。要扛起主体责任,层层压实责任,保持反腐高压态势,加强巡视巡察工作,扎实推进“三基”建设,彻底肃清腐败分子流毒影响,以永远在路上的执着和坚韧,把全面构建良好政治生态提升到新水平。要树立正确导向,认真贯彻落实新时代党的组织路线,坚持好干部标准,严格执行干部任用条例,加强干部教育管理监督,大力发现培养选拔优秀年轻干部,进一步激励干部新时代新担当新作为,解决好人岗不相宜问题,把选人用人工作提升到新水平。要牢固树立新发展理念,加快转型综改区建设,大力推动能源革命,保持战略定力,决不盲目扩张煤炭生产,加快转型项目建设步伐,着力构建现代产业体系,把转型发展提升到新水平。要抢抓历史机遇,全面深化改革,加大开放力度,创优营商环境,把改革开放提升到新水平。要增强忧患意识,着力防范化解风险,攻坚深度贫困,加大生态环保力度,把“三大攻坚战”提升到新水平。要坚持从严从实,严格执行中央八项规定精神,坚决反对“四风”,大力弘扬革命精神,把作风建设提升到新水平。

骆惠宁在总结讲话中指出,专题民主生活会后,关键是狠抓整改落实。省委常委班子要把巡视整改作为践行“两个维护”的实际行动,作为全面从严治党的重要抓手,作为在“两转”基础上开创新局面的重要契机,带头贯彻落实省委整改工作方案和生活会提出的整改措施,坚持以上率下,真改实改,举一反三,标本兼治,坚持把全面整改和重点整改结合起来,把“当下改”与“长久立”结合起来,把清新账与还旧账结合起来,实施台账管理,逐条“对账”销号,确保高效率、高质量、高标准完成整改任务,以实际成效推动山西党的建设和各项事业迈上新的台阶。要提高标准抓整改,对表中央精神,对标先进省份,对照高标杆自加压力,决不能一般化整改、低水平修补。要盯住要事抓整改,围绕省委重大工作部署,善于抓住主要矛盾和矛盾的主要方面,注重抓住关键和要害推动重大部署落地见效。要下沉一级抓整改,加强对分管领域工作的调查研究,加强对下级整改工作的督促指导,及时研究解决工作中遇到的具体问题,一级带着一级干,充分发挥以巡视整改带动全局工作的战略作用。要从常委班子和各位常委做起,坚持旗帜鲜明讲政治,坚持把抓好整改作为重要的政治责任和政治任务,采取扎实有效的举措确保中央巡视反馈意见全面彻底整改到位,向党中央和全省人民交上一份满意的答卷。

全省网络安全和信息化工作会议

8月20日,全省网络安全和信息化工作会议在太原召开,省委书记骆惠宁出席第一次全体会议并讲话。他强调,要坚持以习近平新时代中国特色社会主义思想为指导,深入学习贯彻全国网信工作会议精神和习近平总书记关于网络强国的重要论述,对标一流、抢抓机遇、攻坚克难,牢牢掌握网络意识形态工作主动权,筑牢网络安全屏障,发挥信息化驱动引领作用,奋力建设网络强省。省委副书记、省长楼阳生主持会议。

骆惠宁指出,习近平总书记在全国网信工作会议上的重要讲话,科学分析了信息化变革趋势和肩负的历史使命,全面总结了党的十八大以来网信事业取得的历史性成就,深刻阐述了关于网络强国的战略思想,系统回答了事关我国网信事业发展的一系列重大理论和实践问题,为做好新时代网信工作指明了方向。我们一定要提高政治站位,顺应时代潮流,切实把党中央关于网信工作的决策部署贯彻好、落实好。

骆惠宁指出,近年来,我省自觉把网信工作摆在重要位置,采取一系列措施,取得了明显成效。网信工作顶层设计基本完成,网络意识形态安全有效维护,网络安全管理体系初步确立,信息化驱动引领作用开始凸显。但也某种程度存在认识不深刻、能力不适应、机制不完善、发展不平衡、支撑不到位等问题。全省上下要充分认清网信事业代表着新的生产力和新的发展方向,积极抢占制高点,精准施策,持续发力,向着跻身全国第一方阵、建设网络强省的目标迈进。

骆惠宁指出,要大力弘扬改革创新精神,抓住关键点和着力点,推动我省网信事业加快发展。一是在防范网络意识形态风险上要有新举措。加强网络综合治理,持续用习近平新时代中国特色社会主义思想和党的十九大精神、习近平总书记视察山西重要讲话精神凝聚网民;主动设置议题,讲好山西故事,压实互联网企业主体责任,着力解决网上传播力不强、管网治网水平不高等问题,推动形成多方主体参与、多种手段结合的综合治网格局。要加快推进媒体深度融合,力戒等待观望心理,创新体制机制,引导平台终端、人才队伍、管理服务等向移动端倾斜,把省级“中央厨房”建好用好,打造一批优质终端产品;加强与中央媒体、先进省份、知名企业技术合作,加大对现有人员培训,着眼5G技术发展,做好前瞻性布局。要构建网上网下同心圆,净化网络空间,传播更多正能量。二是在网络安全防护上要有新提升。紧盯关键信息基础设施,克服重发展轻安全、重建设轻防护等错误思想,在头脑中真正筑起“防火墙”。相关行业、企业要承担起主体防护责任,主管部门要履行好监管责任。要加大网络犯罪打击力度,依法严厉打击网络黑客、电信网络诈骗、侵犯个人隐私等违法行为，切断其利益链条，强化全省数据安全协调管理，规范互联网企业及机构对党政机关、事业单位和个人信息的采集使用。要提升网络空间防护能力，主动适应大数据、云计算、人工智能发展趋势，研究掌握一批核心技术，做好网络安全产业统筹规划布局，培育一批有较强竞争力和影响力的网络安全企业。三是在信息化驱动引领上要有新作为。落实“宽带山西”战略，做好 IPv6 规模部署相关工作，推动 5G 网络技术应用，努力建成高速、移动、安全、泛在的新一代互联网基础设施。要加快数字经济发展，一头抓传统产业数字化，利用互联网技术对我省传统优势产业进行全方位改造，支持“企业上云”，推进“互联网 + 先进制造业”，推动有条件的企业实现生产设备智能化、生产过程自动化、企业管理信息化、供应链条网络化；一头抓数字产业化，加快建设大型数据中心，重点围绕信息安全、传感器、人工智能等发展特色数字产业，依托太原等中心城市建设数字经济产业园区、大数据产业示范基地，为转型发展注入新动能。要加快社会治理信息化步伐，积极做好各类数据的收集、整理和使用工作，整合政务信息资源，破解“碎片化治理”难题，探索实施“互联网 + 群众路线”，提高社会治理智能化水平。要加快网信军民融合发展，抓好需求对接，加快项目建设，强化人才智力合作，共同服务国防建设和全省经济社会发展。要加快实施网络惠民，打造区域性信息消费创新应用高地，深化智慧城市建设，推广“互联网 + 民生”，持续推进网络扶贫五大工程，让群众有更多获得感。

骆惠宁强调，要全面加强党对网信工作的领导，确保各项任务部署落到实处。要在层层压实责任上下功夫，认真落实网络意识形态工作责任制和网络安全工作责任制，把网信发展纳入重点工作计划和重要议事日程，不断加强对新情况新问题的研究。要在健全工作机制上下功夫，结合党政机构改革，加强各级网信机构建设，建立常态化的沟通协同、信息互通、行动配合等机制，形成高效顺畅、齐抓共管的工作格局。要在提升运用能力上下功夫，结合“三基建设”，加强网信知识培训，引导党员干部学网懂网用网，避免被动地让网络牵着鼻子走，更好适应信息化发展需要。要在打造人才队伍上下功夫，选好配强网信领导班子，实施网信领域人才发展工程，探索建立符合网信工作特点的人事薪酬制度，完善学科建设，加强与互联网企业合作培养，为网信事业发展提供有力支撑。

楼阳生在主持会议时指出，要认真贯彻全国网信工作会议精神，按照这次会议的部署和要求，聚焦重点任务，以严格问责保证责任落实，以实际成效检验工作机制，以培训和锻炼提升运用能力，以专业化为目标吸引人才集聚，牢牢掌握网信工作主动权，切实在防范网络意识形态风险上做到守土尽责，在网络安全防护上筑牢“铜墙铁壁”，在信息化驱动引领上实现重大突破。

会议以电视电话会议形式开到市一级。省军级领导罗清宇、张吉福、廉毅敏、商黎光、胡玉亭、韩强、岳普煜、李俊明、王一新、刘新云、李正印、李晓波出席会议。省委网络安全和信息化领导小组成员单位、省直部门、驻太原省管国有企业、驻太原省管本科院校主要负责同志及分管负责同志，省直重点新闻网站及相关单位主要负责同志；省委宣传部、省经信委班子成员；省军区机关负责同志；各市市委宣传部长、分管信息化工作的副市长、网信办主任分别在省主会场、省分会场参加会议。各市市委书记、市长，各县（市、区）委书记、县（市、区）长、宣传部长，驻地省管国有企业、驻地省管本科院校分管负责同志在各市分会场参加会议。

全省推进转型项目建设现场会

（会议内容见本书《转型综改和供给侧结构性改革》栏目）

全省组织工作会议

8 月 28 日，全省组织工作会议在太原召开，省委书记骆惠宁出席第一次全体会议并讲话。他强调，要坚持以习近平新时代中国特色社会主义思想为指导，深入贯彻全国组织工作会议精神，认真践行新时代党的组织路线，奋力开创新时代山西党的建设和组织工作新局面。

骆惠宁指出，习近平总书记在全国组织工作会议上的重要讲话，统揽伟大斗争、伟大工程、伟大事业、伟大梦想，创造性提出了新时代党的组织路线，深刻阐述了新时代党的建设和组织工作的方向目标、重大任务，是对十八大以来党建成功实践的理性升华，是指引新时代党的建设和组织工作的纲领性文献。全省各级党组织及组工战线要认真学习领会，不断增强对马克思主义执政党建设规律的把握，扎实推动会议精神在山西落地生根。

骆惠宁指出，近年来，省委认真贯彻习近平总书记关于党的建设和组织工作的重要论述，坚持和加强党的全面领导，全省政治建设的力度和成效发生了重大变化；坚持从严治吏，全省选人用人风气发生了重大变化；不断强化教育引导，全省广大干部的精气神发生了重大变化；狠抓“三基”建设，全省强基固本的态势发生了重大变化；全力引才育才用才，全省人才制度机制和发展环境发生了重大变化；深入推进全面从严治党，全省反腐败工作局面发生了重大变化。同时也要看到，冰冻三尺非一日之寒，化冰解冻也绝非一日之功。站在新的历史起点，必须保持“治”不忘“危”、“兴”不忘“忧”的清醒与自觉，进一步增强信心和定力，不断提高党的建设质量，不断开辟组织工作新境界。

骆惠宁指出，当前，山西正处于“两转”基础上全面拓展党的建设和党的事业新局面的关键时期。当前和今后一段时期，全省组织工作的总体要求是，深入贯彻习近平总书记关于党的建设和组织工作的重要论述，坚持新时代党的组织路线，坚持以政治建设为统领，着力加强党的组织体系建设，着力培养忠诚干净担当的高素质干部，着力激发人才创新创造创业活力，着力推动组织工作提质提速提效，为在“两转”基础上全面拓展新局面、谱写新时代中国特色社会主义山西篇章提供可靠组织保证。

骆惠宁指出，要加强党的组织体系建设，切实把各级党组织从整体上锻造得更加坚强有力。全省各级党组织作为党的组织体系的组成部分，必须担负起职责使命。要全面履行《地方党委工作条例》《党组工作条例》赋予的作出重大决策、管理使用干部、加强党的建设等职责,始终做到中央有要求、山西见行动,忠实践行“两个维护”,确保党中央大政方针的贯彻落实,坚决杜绝出现有令不行、有禁不止的状况。要善于吃透上情、摸准下情,创造性地开展工作;善于抓住全局性主要矛盾,以重点突破带动面上工作;善于坚持问题导向,通过解决突出问题推动事业进步;善于统筹调动各方面资源,为本地本单位发展营造有利的大环境。

骆惠宁指出,要注意纠正“三基”建设只是组织部门的事、只是基层的事等错误认识。要把基层组织建设放在“三基”建设的整体布局中来抓,聚焦提升组织力、增强政治功能,推动基层党组织全面进步、全面过硬,以建强基层组织来促进脱贫攻坚、乡村振兴、扫黑除恶、依法管理宗教等重点任务;要针对一些地方和单位工作标准不规范、基础台账不准确、制度建设有欠缺等问题,全面提升基础工作的质量和水平;要通过加强培养专业素养提升基本能力,努力让每个人都成为行家里手。在一年初见成效基础上,确保两年、三年目标的如期实现。

骆惠宁指出,在加强我省地方组织体系建设时,一定要按照党章等党内文件规定,坚持民主集中制原则,正确处理上下级组织之间的关系。下级组织对上级组织要充分尊重和坚决服从,也要正确地反映意见和呼声;上级组织对下级组织要加强领导和实施监督,也要给予应有的支持和帮助。要坚持信任与监督并重。领导自然包括监督,在社会主义市场经济条件下,没有严格的监督,难以防止权力失控与滥用;没有充分的信任,党组织的整体战斗力也会受到削弱和递减。支持是最大信任,既注意解决监督不够的问题,也注意解决支持不够的问题,努力营造既有民主、又有集中,既有监督、又有信任,既有约束、又有激励的生动活泼、团结战斗的党内政治生活局面。

骆惠宁指出,要进一步树立鲜明选人用人导向,着力建设忠诚干净担当的高素质专业化干部队伍。全面落实省委实施意见,抓紧健全素质培养、知事识人、选拔任用、从严管理、正向激励五大体系。近期要着力抓好对干部担当作为情况开展评议,健全厅局主要负责人述职制度,举办市、县委书记研修班,强化对国有企业、开发区负责人的激励与约束四件事。要贯彻“惩前毖后、治病救人”方针,注重做好受到纪律处分和组织处理干部的工作。

骆惠宁指出,在新的起点上推进高素质专业化干部队伍建设,既要以更加开放的心态引进异地优秀干部,更要注重培养用好本地成长起来的优秀干部。干部工作决不能以“交流的”“本地的”划线。

骆惠宁指出,要大力实施人才强省战略,最大限度地激发人才创新创造创业活力。坚持党管人才原则,深化人才发展体制机制改革,以重大人才工程为抓手,加强服务管理,厚植人才成长沃土,推进人才队伍建设,打一场人才工作翻身仗。针对人才工作中存在的问题,要优化政策设计,改进工作方法,加大引进培养力度;打通制度“堵点”,强化宣传督查,加快政策落地;深化教育引导,营造社会氛围,让人才引得进、留得住、发展好。

骆惠宁指出,要以更加宽广的视野和有力的举措,大力发现培养选拔优秀年轻干部。拓宽视野思路,多渠道多领域发现优秀年轻干部,加大选调生工作力度,严把入口关,确保把真正的好苗子发现、推荐上来。要加强培养锻炼,采取个性化培养措施,实行动态管理,不断提升年轻干部的综合素质。要完善选任机制,破除论资排辈、平衡照顾、求全责备等观念,不拘一格、大胆使用有培养前途的优秀年轻干部。年轻干部要踏踏实实做人、专心致志做事,绝不能搞自我包装、自我欣赏、自我设计。要用好各年龄段干部,统筹做好女干部、少数民族干部、党外干部培养选拔工作,充分发挥所有干部的正能量。

骆惠宁强调,各级党委(党组)要全面落实新时代党的建设总要求,加强对党的建设和组织工作的领导,扛起主责、抓好主业、当好主角。党委(党组)书记要切实肩负起党建第一责任人责任,并层层传导压力;要支持组织部门按规矩、按制度、按程序办事。各级组织部门要做政治坚定、公道正派、业务精湛、作风过硬的表率,努力建设“讲政治、重公道、业务精、作风好”的模范部门。

省委常委、组织部长吴汉圣在总结讲话中指出,要按照全国组织工作会议精神和省委部署要求,全面落实党的建设和组织工作的各项任务,切实加强组工干部队伍建设。他就组织工作任务做了具体安排。

会议以电视电话会议形式开到市一级。省委常委、省委党建领导小组副组长任建华、徐广国、廉毅敏、商黎光、胡玉亭在主会场出席会议,省委常委罗清宇、张吉福分别在太原、大同分会场参加会议。省直部门主要负责同志、省管本科院校和省管国有企业党委主要负责同志及分管负责同志、各市市委组织部长、省委组织部和省直部门有关负责同志在省主会场或省分会场参加会议。各市市委书记、各县(市、区)委书记、驻地省管本科院校和省管国有企业党委主要负责同志在各市分会场参加会议。

山西省军民融合发展推进大会

9月27日上午,山西省军民融合发展推进大会在太原召开,来自军民融合领域的中央单位、科研院所、高等院校和科技企业嘉宾齐聚太原煤炭交易中心,共商深入推进军民融合、助推山西转型发展之策,签署合作协议。省委书记骆惠宁代表省委省政府省军区致辞,省委副书记、省长楼阳生作主旨推介讲话,工信部副部长、国防科工局局长张克俭讲话。

骆惠宁指出,这次大会是我省深入学习贯彻习近平总书记关于军民融合发展重要论述和视察山西重要讲话精神的重大行动,对山西深入实施军民融合发展战略,破解资源型地区和内陆欠发达省份转型难题,走出高质量发展新路具有重要意义。近年来,我省把军民融合发展摆上重要战略位置,鲜明提出要在“融”字上做文章、求突破、见实效,2017年军工主要经济指标实现两位数增长,今年继续保持良好发展态势。骆惠宁强调,当下,山西正处于“两转”基础上全面拓展党的建设和党的事业新局面的关键时期,军民融合发展也处在深入推进、勇攀高峰的重要关口。我们将深化改革、先行先试，积极探索体制机制创新、政策制度创新、发展模式创新，全力实施“民参军”规模倍增计划。我们将科学规划、优化布局，打造全国重要的国防科技工业科研生产基地。我们将对标先进、创优服务，从“双拥”共建、资本投入、协同创新、产业配套等方面，全方位打造有利于军民融合发展的优质“生态环境”。我们的目标是，将山西省打造成特色鲜明、要素富集、领域贯通、效益优先的军民融合发展省，为国防建设和经济社会发展作出新的更大贡献。

楼阳生在作主旨推介时说，山西是我党军工事业的主要发源地之一，红色基因和军工底蕴深厚，国防科技工业基础坚实，军工科研生产门类齐全。近年来，省委、省政府深入实施军民融合发展战略，初步构建起统一领导、军地协调、顺畅高效的军民融合发展组织管理体系，在先进装备制造、大数据、新能源、新材料、网络安全等领域谋划实施一批重大项目，加大金融支持力度，促进军民融合产业集群集聚集约发展，鼓励在晋军工科研院所和企业深化改革、开展协同创新，军民融合深度发展呈现良好势头。他期望中央有关部门一如既往给予山西有力指导，支持我省在军民融合体制机制创新上先行先试，通过需求牵引支持我省企业深度融入“民参军”。诚邀中央军工企业集团、高等院校和科研机构来晋深化合作，充分发挥军地双方资源、资金、技术、人才、市场等优势，深化产学研合作，加强项目共建共享，携手推动我省高质量转型发展。我们将为军民融合深度发展提供全方位、多层次、立体式服务和支持，让更多军民融合大项目、好项目、新项目在山西落地见效，形成军地相互支撑、共同发展、加快转型的生动局面。

张克俭代表国家国防科技工业局对会议举办表示热烈祝贺，对山西省委、省政府给予国防科技工业的大力支持表示衷心感谢。他指出，国防科技工业作为国家战略性产业，肩负着富国强军的双重使命，是落实军民融合发展战略的主战场和排头兵。近年来，在党中央的坚强领导下，在各地区的积极参与下，国防科技工业军民融合向更高层次更宽领域更大范围发展，融合理念进一步增强，融合要素进一步聚集，融合效益进一步显现。山西军工具有悠久的传统和深厚的根基，山西省委、省政府全面贯彻中央有关决策部署，把军民融合摆在战略位置，作为转型发展的重要支撑，整合各种资源要素、聚焦关键领域、谋划实施了一批军民融合重大项目，为我国军民融合发展探索新路径积累了经验。希望军工集团在晋军工企业、军工院所、军工高校以大会召开为契机，积极寻找与山西军民融合发展的交汇点，进一步深化同山西各领域的合作，努力实现互利互惠、共同发展。国防科工局将一如既往地支持山西的发展，营造更加开放更具活力的政策、制度环境，推动军工经济与山西经济进一步融合，推进山西军民融合发展战略落地生根，开花结果。

中央军民融合办协调局局长尹卫军讲话，希望山西抓住历史机遇，在军民融合发展道路上走得更快更好。兵器工业集团董事长温刚，中国电科集团总经理吴曼青，中国电子集团总经理张冬辰，中船重工集团副总经理钱建平，中信集团副总经理蔡希良，海军勤务学院副院长韦灼彬等先后发言，介绍各自军民融合发展的最新成果，从共建军民融合产业基地、落实协议各项任务、共同打造精品工程和龙头企业、推进军民融合产业战略布局、发挥金融优势助推军民融合发展、加强军队院校与山西企业科研院所合作等进行交流。大家表示，将充分发挥各自优势，进一步拓展合作领域，与山西省开展深度合作，为山西开创军民融合新局面，加快经济转型升级作出新的贡献。

会上，签署了山西省人民政府与中国电子科技集团公司项目合作协议，山西转型综改示范区、部分地方、企业与有关中央军工企业、高校院所等签约，共签约重大项目15个，涉及先进装备制造、新能源汽车、轨道交通、通用航空、节能环保、新一代信息技术等产业及股权合作。

随后，骆惠宁、楼阳生、张克俭、尹卫军共同为山西省军民融合协同创新研究院、山西省军民融合科技成果转化和知识产权交易服务（太原）平台、山西太行军民融合产业股权投资合伙企业（有限合伙）、山西股权交易中心“军民融合板”揭牌。

省党政军领导林武、韩强、李晓波、谢红、曾友成等参加大会，王一新主持大会。来自中央企业、国内知名科研院所、高等院校、科技企业代表；我省省直相关部门负责同志，各市市长、分管副市长和相关部门主要负责同志，各市双创基地、孵化器等平台主要负责同志，省管国有企业主要负责同志及分管科研工作负责人，驻并省管本科院校主要负责人及学科带头人，省内各级开发区负责同志及分管招商工作负责人，各市军分区（警备区）主要负责同志，省内驻企（地区）军代表，重点非军工科研院所主要负责同志及科研项目负责人，驻晋军工企事业单位、民口协作配套单位主要负责同志及分管科研工作负责人，重点金融机构主要负责人，共约700人参加大会。

本次大会以“开放·融合·创新·发展”为主题，旨在聚合优势资源，在更高层次、更大范围、更深程度上开创山西军民融合发展新局面。会后，还将举办武器装备采购论坛、山西省军民融合科技成果交易洽谈会以及企业科技类项目、高校类及中船重工项目等一系列路演、推介、展示。

全省机构改革动员大会

（会议内容见本书《党政机构改革》栏目）

山西省支持民营企业发展大会

11月26日，山西省支持民营企业发展大会在太原召开。会议进一步深入学习贯彻落实习近平总书记重要讲话精神，对支持我省民营经济发展工作进行全面部署，宣介支持民营经济发展的若干意见，公布省领导联系民营企业制度和名单，对山西省第四届优秀中国特色社会主义事业建设者进行表彰，充分表明省委省政府持续支持民营经济发展的坚定态度。省委书记骆惠宁出席会议并讲话。他强调，要以习近平总书记民营企业座谈会和视察山西重要讲话精神为指导，紧紧抓住新的窗口期和机遇期，不断增强责任感紧迫感，以更大的决心、更优的好政策、更好的环境,真正肩负起推动民营经济发展壮大的历史使命,为山西在“两转”基础上全面拓展新局面贡献力量。省委副书记、省长楼阳生主持会议。

骆惠宁在讲话中指出,习近平总书记主持召开民营企业座谈会并发表重要讲话,发出了新时代大力支持民营经济发展壮大的最强音。讲话导向鲜明、思想深刻,全面阐述了我们党坚持我国基本经济制度、坚持“两个毫不动摇”的一贯方针,有力回答了在新的历史背景下如何看待民营经济、如何支持民营经济发展壮大的时代课题,对于解决当前突出问题、推动党和国家事业长远发展都具有指导意义,是山西在“两转”基础上开创新局面的重要遵循。我们一定要深刻领会、准确把握讲话的时代背景、重大意义、立场观点和方法举措,站在党和国家全局的高度,以更有力的行动,推动我省民营经济不断发展壮大。

围绕贯彻落实习近平总书记重要讲话精神,结合我省出台的文件,骆惠宁从五个方面提出要求。第一,在思想认识上再深化,进一步扛起支持民营经济发展的历史重任。在深刻阐述习近平总书记重要讲话提出的重大思想观点后,骆惠宁强调,全省上下一定要站在“两个维护”的政治高度,坚守“三个没有变”立场,坚定不移鼓励、支持、引导非公有制经济发展,旗帜鲜明反对任何否定、怀疑、动摇我国基本经济制度的言行,用发展的办法解决前进中的问题,坚决落实好习近平总书记强调的6个方面政策举措,实施好我省出台的“若干意见”,让民营经济加速健康发展,让全社会创造活力充分迸发。他阐述了近年来省委省政府发展壮大民营经济的政策举措,推动民营经济发展态势发生的深刻变化,分析了我省民营经济发展与先进地区存在的差距。指出,在我省改革发展的不同历史阶段,山西民营经济都发挥了重大作用。在我省实现“两转”的历程中,民营企业家和领导干部一样经受了重大考验,民营经济和国有经济一样做出了积极贡献。在全面建成小康社会、推进资源型经济转型、实现高质量发展的新征程中,我省民营经济只能壮大、不能弱化,不仅不能“离场”,而且要走向更加广阔的舞台。要坚信,民营经济强、山西经济才能强,民营经济转、山西经济才能转,民营经济活、山西经济才能活。要坚信,在山西实现“两转”的历程中,民营经济与国有经济一样功不可没,在山西开创新局的征途上,民营经济与国有经济同样还将大有作为!

第二,在政策支持上再给力,进一步提高民营企业的政策获得感。骆惠宁指出,这次制定政策时,省委省政府紧紧围绕习近平总书记指出的问题,全面贯彻落实中央精神,提出了一系列支持举措,形成了具有山西特点的支持民营经济发展壮大的政策创新,进一步在民营企业迫切期待的市场开放、简政放权、要素配置、财税支持、信贷融资、人才引进、降低运行成本等方面实现了新的突破。他强调,政策的生命力在执行,各级各部门要夯实政策落实的责任,讲究政策执行的方式,强化政策实施的担当。这次“若干意见”提出的政策中,有的直接为企业发展提供“真金白银”,如扩大财政奖补类项、实行普惠性税费优惠政策、合理降低保险缴费负担、组建政策性纾困救助基金、建立接续还贷周转资金、增加省级融资再担保资本金等,要说到做到、认真兑现。有的是为民营企业拓展发展空间,如支持参与国企混改、政府采购支持、“标准地”出让、公平竞争审查、电力市场化交易、转型升级激励机制等,要打破藩篱、坚持创新。

第三,在优化环境上再突破,进一步激发民营企业创新创业的热情和活力。骆惠宁指出,这次出台的文件坚持“补考”“赶考”一起抓,借鉴先进地区的经验,在已出台相关措施的基础上,进一步从妥善处理涉案民企、兑现政府承诺、提高行政审批效率、强化涉企服务、完善干部联系企业制度等方面又提出了新的具体化举措,就是要以一流的法治环境、政务环境、市场环境和社会环境孕育一流的民营企业。他强调,要依法保护企业家人身和财产安全,让民营企业家安心创业;切实提高政务服务效率,让民营企业家便捷创业;构建“亲”“清”新型政商关系,让民营企业家规范创业;营造良好社会氛围,让民营企业家激情创业。我们要在全社会弘扬“爱国、敬业、创新、诚信、守法、贡献”的优秀中国特色社会主义建设者精神,让优秀民营企业家在社会上更有尊严,干事创业更加意气风发。

第四,在晋商精神上再发展,进一步造就一支勇立潮头的民营企业家队伍。骆惠宁指出,我们决不能忽视长期以来粗放发展方式和一段时期政治生态恶化,对民营企业家健康成长造成的影响和伤害。这次出台的“若干意见”,又从加强思想教育和政治引领、做好非公企业党建工作、注重培养培训、建立现代企业制度等方面提出了具体要求和支持举措,将有助于引导和帮助企业家实现自我变革与健康成长。他强调,各级各部门要把“民营企业和民营企业家是我们自己人”的重大观点和要求,贯穿到支持民营经济发展的全过程。要求各级各部门围绕畅通民主监督、建言献策的渠道,围绕民营企业家素质提升,围绕民营企业自身制度创新,围绕健全民营企业协同发展机制,做好相关工作。同时,骆惠宁希望广大民营企业家认真践行习近平总书记的殷切期望,加强自我学习、自我教育、自我提升,做爱国敬业、守法经营、创业创新、回报社会的典范。到2030年山西转型历史任务完成之时,形成一支在国内外有重要影响力的三晋企业家队伍。这是省委的殷切期盼,相信也会成为广大非公经济人士的历史担当。

第五,在组织领导上再加强,进一步为民营经济发展提供坚强政治保障。骆惠宁强调,进入新时代,各级各部门要深入学习贯彻习近平总书记重要讲话精神,以高度的政治自觉、思想自觉和行动自觉,努力在加强和改进对民营经济的领导上有新作为。要把好方向,鼓励支持民营经济投身转型发展主战场。要稳定预期,引导民营企业坚定信心、科学决策。要政治引领,做好非公经济领域党建工作。要完善机制,形成各方支持民营经济发展的合力。骆惠宁的讲话深深打动与会人员,会场多次响起热烈掌声。

楼阳生对贯彻落实会议精神提出要求。他强调,全省各级各部门要持续深入学习贯彻习近平总书记在民营企业座谈会上的重要讲话精神,迅速学习传达骆惠宁书记讲话要求，切实把思想和行动统一到党中央、国务院决策部署和省委、省政府工作要求上来，坚定不移地鼓励、支持、引导非公有制经济健康发展。要狠抓政策落地，对省委、省政府出台的30条支持民营经济发展政策措施，逐条制定落实方案，加快完善配套举措，加大解读宣传力度，多渠道、多形式推动政策入企，让民营企业有真真切切的政策获得感。要全面深化"放管服效"改革和审批服务便民化改革，巩固"3545"专项改革成果，深化企业投资项目承诺制改革试点工作，着力打造"六最"营商环境。要深入推动各级领导干部联系民营企业，加快构建亲清新型政商关系，依法依规兑现政府承诺，完善民营企业涉法维权机制，让民营企业家安心创业、便捷创业、规范创业、激情创业。要加强指导考核，建立完善支持民营企业发展的相关工作机制，进一步健全我省民营经济发展考核评价办法，形成支持全省民营企业发展的浓厚氛围，推动我省民营经济发展步入快车道、迈上新台阶。

省委常委、常务副省长林武作《关于支持民营经济发展的若干意见》的说明；省委常委、统战部长徐广国宣读《关于表彰山西省第四届优秀中国特色社会主义事业建设者的决定》；省委常委、秘书长胡玉亭宣读《关于深入开展领导干部联系民营企业工作的通知》。

大会举行颁奖仪式。100位非公经济人士荣获"优秀中国特色社会主义事业建设者"称号。

省委常委，副省长，省人大常委会、省政协相关负责同志，省法院党组书记、省检察院检察长；省直有关部门、银行保险机构、中央驻晋单位主要负责同志；各市市委书记、市长、市委统战部长、市工商联党组书记；民营企业家代表；省级以上开发区有关机构负责人；各市有关部门负责人；省直有关部门行政执法单位负责人；省第四届优秀建设者评选表彰领导小组及办公室成员等近千人参加会议。前来我省考察访问的京津冀优秀青年企业家代表团也前来参加会议。

重 要 文 献

政府工作报告

——2018年1月25日在山西省第十三届人民代表大会第一次会议上

楼阳生

各位代表：

现在，我代表省人民政府向大会报告工作，请予审议，并请省政协委员和列席人员提出意见。

一、过去五年工作回顾

刚刚过去的五年，是我省发展进程中极不寻常、浴火重生的五年。五年来，面对经济断崖式下滑的严重困难局面，我们迎难而上、砥砺前行。特别是2014年9月，党中央对省委领导班子进行改组式的重大调整以来，我们坚持以习近平新时代中国特色社会主义思想为指引，在党中央、国务院和省委坚强领导下，改革创新、攻坚克难，实现政治生态由"乱"转"治"，发展由"疲"转"兴"，同全国人民一道迈入了中国特色社会主义新时代！

——供给侧结构性改革取得新成效。认真落实"三去一降一补"重点任务，退出煤炭产能4590万吨，淘汰炼铁产能82万吨、炼钢产能325万吨；率先实施煤炭减量化生产，为改善全国煤炭市场供求关系作出了重要贡献。加大房地产去库存力度，全省商品房待售面积、库存消化周期实现"双下降"。多措并举降低国有企业负债率，2017年同比下降1.7个百分点。全面落实国家和我省降低实体经济成本的政策措施，2017年全省规上工业企业每百元主营业务收入成本比2012年下降3.31元。加大脱贫攻坚、基础设施、科技创新、社会民生、生态环保等薄弱环节投资力度，加快补齐发展短板。

——转型综改开创新局面。贯彻落实中央支持资源型地区经济转型发展的决策部署，抓住国务院42号文件出台这一重大政策机遇，打出转型综改"组合拳"。开辟转型综改主战场，稳步推进开发区整合改制扩区调规，成立转型综改示范区，批准新设15个省级开发区，推行"专业化、市场化、国际化"的管理运行机制和"领导班子任期制、全员岗位聘任制、绩效工资制"改革。打造"六最"营商环境，率先实施企业投资项目承诺制改革试点，开展加快招商引资项目落地、入企服务常态化等9大专项行动。制定实施区域经济转型升级考核评价办法。制定实施深化国企国资改革指导意见和系列配套文件，21项重大举措有效实施，省属国有企业公司制改革全面完成，成功组建山西国投公司、文旅集团、交控集团、云时代、大地公司、航空产业集团。农村集体经营性建设用地入市、电力体制、金融、财税、高速公路管理体制等改革取得重大进展。

——动能转换取得新突破。加快发展大数据、高端装备制造、新材料、新能源汽车等战略性新兴产业。推进能源革命，改造提升传统产业。加快金融、现代物流、康养等现代服务业发展。促进文化旅游融合发展，包装重点项目，引进战略合作者，培育经营主体，完成149个景区所有权、经营权分离改革。实施"十大创新行动"，大力开展"双创"活动。深化人才发展体制机制改革，制定实行以增加知识价值为导向分配政策的14个配套文件。2017年，战略性新兴产业、非煤产业增加值占规上工业增加值比重分别达到9%、51.3%；服务业占GDP比重达到53.5%；旅游总收入由1813亿元增加到5360.2亿元，年均增长24.2%；高端碳纤维、笔尖钢、高铁轮轴钢等一批关键技术取得新突破，高新技术企业由290家增加到

1117家。

——对外开放取得新进展。实施“东融南承西联北拓”战略，积极参与“一带一路”建设，主动融入京津冀和环渤海经济圈。实施晋商晋才回乡创业创新工程，与国内外一批行业龙头企业开展深度合作，推进招商引资体制机制改革，2017年招商引资到位资金4938亿元。开展山西品牌中华行、丝路行活动。新增国际友好城市7对，举办低碳论坛、平遥国际摄影大展、国际电影展等重大对外交流活动。复制推广自由贸易试验区改革试点经验，启动山西自由贸易试验区申报，成功开通中欧、中亚班列，全省进出口总额达到1162亿元。2017年，太原武宿机场年旅客吞吐量首次突破1000万、达到1200万人次，进入全国繁忙机场行列。

——“三农”工作取得新成果。五年出台50项强农富农惠农政策，粮食综合生产能力稳定在130亿公斤左右。以省级战略推动山西农谷、雁门关农牧交错带示范区、运城农产品出口平台建设，实施特色现代农业增效工程，农业供给侧结构性改革迈出坚实步伐。落实脱贫攻坚责任制，全力推进精准扶贫八大工程20项行动，易地扶贫搬迁、特色产业扶贫和健康扶贫扎实开展，生态扶贫、光伏扶贫工作走在全国前列，实施“基本医疗保险+大病保险+补充医疗保险”和“参保缴费救助+辅助器具免费适配救助+特殊困难帮扶救助”等举措，攻坚深度贫困。累计退出4800个贫困村，275万贫困人口脱贫，贫困发生率从13.6%下降到3.9%，贫困地区农民人均可支配收入由3967元增加到7330元，年均增长13.1%。脱贫攻坚首战首胜、再战再胜！

——城乡面貌发生新变化。全省城镇化率年均提高1.22个百分点，2017年达到57.34%。城乡人居环境改善四大工程顺利实施。推动“五规合一”，修编太原都市区规划，启动大同、长治行政区划调整。狠抓“铁、公、机”“岸、港、网”等基础设施建设，五年全省铁路营运里程由3774公里增加到5293公里，公路里程由13.8万公里增加到14.3万公里，高速公路里程由5011公里增加到5335公里，建成打通高速公路出省口10个。大同、运城、五台山航空口岸开放和中鼎物流园区建设加快推进。固定互联网宽带用户增长67.2%，4G电话用户占移动电话用户比重达到61.5%。

——文化建设实现新发展。弘扬社会主义核心价值观和优秀传统文化，深入开展思想道德教育，持续推进国有文化单位改革。公共文化服务体系不断完善，公共图书馆、文化馆、美术馆全部实现免费开放。建成广播电视直播卫星户户通257万户。山西文化云、文化保税区、文化产业园等重点产业项目加快推进。编纂出版《山西文华》。科幻小说《三体》获雨果奖。舞剧《粉墨春秋》等一批优秀成果获“文华大奖”等国家级奖项。实施重大文化传承工程。竞技体育蓬勃发展，全民健身日益普及。

——人民生活水平实现新提高。始终把民生改善作为一切工作的出发点和落脚点，各级财政累计投入1.38万亿元用于民生福祉，占财政支出的八成以上。深化教育改革，扎实推进义务教育标准化建设工程和农村薄弱学校改造计划，推进高中阶段教育普及，持续改善职业教育办学条件，实施高等教育“1331工程”和“双一流”建设，新增6所本科院校，实现设区市本科层次教育和高等职业学校全覆盖。全面加强就业工作，突出抓好重点群体就业，实现零就业家庭动态清零，五年累计新增城镇就业252.6万人、转移农村劳动力186.9万人。拓宽居民增收渠道，城乡居民人均可支配收入年均增长7.6%、8.8%，农村居民收入增速持续快于城镇居民。深化医药卫生体制改革，县乡医疗卫生机构一体化改革成为全国典型。覆盖城乡居民的社会保障体系基本建成。省政府每年办好一批重点民生实事。平安山西建设扎实推进，安全生产形势持续好转，社会保持和谐稳定。与2012年相比，2017年全省安全生产事故起数和死亡人数分别下降42.15%、41%。稳妥处置重大金融风险案件，守住了不发生区域性金融风险的底线。

——生态环境质量实现新改善。开展大气、水、土壤污染防治三大战役，与2013年相比，2017年环境空气质量综合指数下降8.3%，细颗粒物(PM2.5)浓度下降23.4%，完成国家下达的“大气十条”目标任务。全面推行河长制，实施饮用水、流域水、地下水、黑臭水、污废水“五水同治”。地表水优良断面比例比2012年上升7.5个百分点，重度污染断面比例下降4.3个百分点。实施“两山七河”生态治理工程，五年完成营造林2205.8万亩，治理水土流失面积1.32万平方公里，以汾河谷地为中心的地下水位连续10年回升。狠抓节能降耗，推进燃煤机组超低排放改造，万元地区生产总值能耗预计累计下降19%。

——政府自身建设得到新加强。严格落实政府系统全面从严治党主体责任，深入推进反腐败斗争。坚持依法行政，扎实推进法治政府建设，严格执行人大及其常委会的决议决定，主动接受人大、政协监督，五年共办理人大代表建议4133件、政协提案4020件；省政府向人大常委会提请审议地方性法规(草案)42件，出台省政府规章28件。省市县三级行政机构权力清单、责任清单公布运行。“放管服效”改革有力有效，累计取消、下放和调整省级行政审批等事项543项；对省政府49个工作部门的232项行政审批中介服务事项进行清理规范，对保留的47项实行清单管理；商事制度改革成效明显，企业数量达到52.5万户，比改革前的2013年增长87.1%；省市两级政务服务“两平台、一张网”建成运行；覆盖省市县乡四级政府的“13710”信息督办系统建成运行，构建起横向到边、纵向到底的抓落实体系。

五年来，民族、宗教、外事、侨务、港澳、对台、科普、档案、史志、参事等工作取得新进展，妇女、儿童、青少年、老龄、残疾人、红十字、慈善等事业取得新进步，对口援疆工作取得新成绩，国防动员、双拥、人民防空工作扎实推进，各项事业呈现新气象。

各位代表，回顾过去五年的历程，全省经济社会发展最深刻的变化是，2016年6月以来，按照省委“一个指引、两手硬”的思路和要求，深入贯彻落实省第十一次党代会决策部署，实现了主攻方向的调整和战略重点的转移，开始坚定走上转型综改、创新驱动之路，全省转型发展的趋势性、转折性、结构性变化明显增多。2016年下半年开始逐步走出困境，

2017年上半年追平全国增速、迈入合理区间，第三季度经济增长超过全国平均水平，全年地区生产总值14973亿元、增长7%，规模以上工业增加值增长7%，固定资产投资增长6.3%，社会消费品零售总额增长6.8%，一般公共预算收入增长19.9%，城镇、农村居民人均可支配收入分别增长6.5%、7%，达到29132元、10788元。约束性指标中，细颗粒物(PM2.5)浓度下降比例和设区市城市空气质量优良天数比例未达到预定目标，但完成了国家"大气十条"考核要求。除此之外，2017年经济社会发展各项预期性和约束性指标均完成或超额完成，实现了从断崖式下滑到走出困境、再到转型发展呈现强劲态势的重大转折！

各位代表，五年的砥砺奋进，五年的成绩收获，根本上靠的是以习近平同志为核心的党中央的英明领导，靠的是习近平新时代中国特色社会主义思想的科学指引，是省委坚强领导，省人大、省政协和社会各界有效监督、大力支持，全省上下勠力同心、拼搏奋进的结果！在此，我代表省人民政府，向全省人民，向各民主党派、工商联和无党派人士，向各位人大代表、政协委员，向驻晋部队、公安民警和中央驻晋单位，向所有关心支持山西改革发展的各界朋友，表示崇高的敬意和衷心的感谢！

在肯定成绩的同时，我们也清醒地认识到，我省发展仍面临不少困难和挑战，政府工作还有不少问题和不足。集中表现为：发展不平衡不充分问题比较突出，距离人民日益增长的美好生活需要还有不小差距，长期积累的结构性体制性素质性矛盾远未从根本上解决。实体经济质量效益不高，传统产业不强，新兴产业不大。市场主体发育不充分，国企竞争力不强，民营经济实力不足。科技和人才要素支撑不够，整体创新能力不强。开放型经济水平不高，营商环境亟待改善。生态环境问题突出，可持续发展短板较多。"三农"基础薄弱，脱贫攻坚任务艰巨。民生社会事业欠账较多，安全生产基础不牢，社会治理面临一系列新挑战新要求。政府职能转变还不到位，"放管服效"改革亟待深化，少数干部乱作为、慢作为、不作为，甚至消极腐败，等等。对此，我们一定本着对人民高度负责的态度，采取有力举措，切实加以解决。

各位代表，五年极不寻常的经历给了我们许多深刻的启示。谱写新时代山西篇章，必须坚持以习近平新时代中国特色社会主义思想为指导，全面贯彻党的十九大精神，坚定不移推动中央各项决策部署在山西落地见效；必须坚持把发展作为兴晋富民的第一要务，作为解决山西一切问题的基础和关键；必须坚持稳中求进工作总基调，全面贯彻落实新发展理念，牢牢把握高质量发展的根本要求，保持战略定力、毅力和耐力，横下一条心、培育新动能，加快建设现代化经济体系，用非常之力、恒久之功推动转型发展；必须坚持改革与发展高度融合、供改与综改紧密结合，以改革促转型，坚决破除制约转型发展和全面小康建设的难点、痛点、堵点，形成富有活力的体制机制；必须坚持以人民为中心的发展思想，把增进民生福祉作为发展的根本目的，让人民在共建共享发展中有更多获得感；必须坚持底线思维，增强忧患意识，健全各方面风险防控化解机制，确保经济平稳运行、社会和谐稳定，严防"黑天鹅""灰犀牛""蝴蝶效应"影响全面小康和振兴崛起进程；必须坚持党对经济工作的领导，切实发挥市场在资源配置中的决定性作用，更好发挥政府作用，不断提高政府抓经济、促转型的能力和水平。

山西人民永远不会忘记，在我们从塌方式腐败和经济断崖式下滑中走出来的关键时刻，去年6月，习近平总书记亲临山西视察并发表重要讲话，对我省新时代改革发展和现代化建设作出了全方位擘画指导。我们坚信，只要高举习近平新时代中国特色社会主义思想伟大旗帜，沿着习近平总书记指明的金光大道，坚定走下去、坚实走出来，就一定能够实现全面小康、振兴崛起的宏伟目标，不断夺取新时代中国特色社会主义山西篇章的新胜利！

二、今后五年工作总体安排

当前，山西已进入深化转型发展的关键阶段。综观国内外形势，我省面临的机遇与挑战并存，机遇大于挑战，总体上看，山西正处于可以大有作为的重要战略机遇期。伴随着新时代新征程的前进步伐，山西2020年要与全国同步全面建成小康社会，2030年要基本完成经济转型任务，2035年要与全国同步基本实现社会主义现代化，这是山西现代化进程中三个重要的历史节点。

今后五年工作的总体要求是：全面贯彻党的十九大精神，以习近平新时代中国特色社会主义思想为指导，在省委坚强领导下，坚持稳中求进工作总基调，坚持新发展理念，紧扣社会主要矛盾变化，按照高质量发展的要求，统筹推进"五位一体"总体布局和协调推进"四个全面"战略布局，坚持把深化供给侧结构性改革与深化转型综改试验区建设结合起来，作为经济工作的主线，充分发挥转型综改试验区建设的战略牵引作用，围绕建设"示范区""排头兵""新高地"，统筹推进稳增长、促改革、调结构、惠民生、防风险各项工作，大力推进改革开放，推动质量变革、效率变革、动力变革，在打好防范化解重大风险、精准脱贫、污染防治的攻坚战方面取得扎实进展，引导和稳定预期，加强和改善民生，促进经济社会持续健康发展。

总体目标是：综合经济实力大幅提升，经济发展质量效益明显改善，创新驱动能力切实增强，改革开放广度和深度不断拓展，文化软实力显著提升，人民生活水平普遍提高，社会事业全面进步，生态环境质量明显改善，政府治理体系和治理能力现代化水平进一步提高。到2022年，制造业增加值占GDP比重由12%提高到15%，煤炭产业增加值占GDP比重由15%下降到11%，文化旅游产业增加值占GDP比重由8%提高到11%，开发区增加值占GDP比重由15%提高到35%，民营经济增加值占GDP比重由49%提高到54%。综合科技创新水平指数位次前移，研究与试验发展经费占GDP比重达到全国平均水平，战略性新兴产业增加值占规上工业增加值比重由9%提高到16%。森林覆盖率达到23.5%以上。主要约束性指标完成国家下达任务。城乡居民收入与经济增长同步，现行标准下的农村贫困人口到2020年全部脱贫。

按照上述目标要求，抓好以下重点工作。

（一）深化供给侧结构性改革。坚持供改与综改相结合这一主线，把握供给侧结构性改革赋予转型综改的时代内涵，发挥供给侧结构性改革的治本良方作用和转型综改的战略牵引作用，深化“三去一降一补”，破除无效供给，培育新动能，降低实体经济成本，着力促改革、调结构、增动能，着力推进具有“四梁八柱”性质的重大改革，破解资源型地区创新发展难题、结构性矛盾突出地区协调发展难题、生态脆弱地区绿色发展难题、内陆地区开放发展难题、欠发达地区共享发展难题，在产业转型、要素配置、创新驱动、生态环境保护、营商环境等领域推出一批先行先试重大改革事项，构建促进转型发展、高质量发展的指标体系、政策体系、标准体系、统计体系、绩效评价体系，形成一批制度性成果。

（二）建设资源型经济转型发展示范区。落实国务院42号文件各项任务，率先走出资源型地区转型升级、创新驱动发展的新路。把构建现代产业体系作为主攻方向，促进实体经济、科技创新、现代金融、人力资源协同发展，推动新一代信息技术、高端装备制造、新能源汽车、新材料、新能源、节能环保、生物医药、通用航空、煤层气、现代煤化工等新兴产业集群集聚集约发展。基本形成新兴产业快速成长、装备制造业强力支撑、文化旅游业成为支柱、建筑业规模扩大、现代服务业成为重要增长极、新产品新业态新模式加速涌现、传统产业更具竞争力的现代产业格局。

（三）打造能源革命排头兵。加快建设国家清洁能源基地，构建现代能源体系，实现从“煤老大”到“全国能源革命排头兵”的历史性转变。坚持节能优先，实施能源消费总量和强度双控行动，推行能效领跑者制度。优化能源结构，淘汰落后产能，大力提升新能源、清洁能源、可再生能源比重。推进煤炭绿色低碳高效开发利用，坚定走淘汰落后、减量置换、优化升级、清洁利用之路。深化电力体制改革，增强电力产业优势。推动煤层气生产方式、管理体制变革，下大力气打造我省能源体系中新的支柱产业。推进碳交易和矿业权市场化配置。瞄准国际科技前沿，积极开展煤炭清洁转化、煤层气勘探开发利用、移动能源、低碳技术等关键共性技术攻关。扩大能源领域开放，推进产能、技术、装备国际合作。

（四）构建内陆地区对外开放新高地。深度融入国家开放“大战略”，扩大与“一带一路”沿线国家和地区的交流合作，主动融入京津冀协同发展，差异化承接发达地区产业梯度转移，加大与中部和周边地区合作交流。弘扬开放文化，激活开放基因，提高产业发展外向度，强化引资引技引智，建设内畅外联大通道，打造对外开放大都市、大平台，构建开放型经济新体制，在地方立法、优惠政策、规则标准方面形成优势，营造国际化、法治化、便利化开放环境，打造制度建设、营商环境和服务创新高地，加快形成宽领域、多层次、高水平全面开放新格局。

（五）实施乡村振兴战略。坚持“三农”重中之重地位，坚持农业农村优先发展，推动农业农村现代化。坚持以工补农、以城带乡，调整城乡关系，清除要素下乡障碍，完善农村基础设施和基本公共服务体系，推进城乡融合发展。巩固和完善农村基本经营制度，保持土地承包关系稳定并长久不变，第二轮土地承包到期后再延长30年，逐步壮大集体经济，促进共同富裕。深化农业供给侧结构性改革，大力发展有机旱作农业、功能农业，推进农村一二三产业融合发展，构建现代农业产业、生产、经营和服务体系，推进质量兴农。改善农村人居环境，推进乡村绿色发展。传承发展提升农耕文明，注重传统村落保护，推进乡村文化兴盛。加强乡村干部能力和素质培训。健全自治、法治、德治相结合的乡村治理体系。

（六）打赢三大攻坚战。着眼经济社会持续健康发展，突出抓好防范化解金融风险，强化高负债企业举债约束，严格政府债务管理，重视解决政府隐性债务，加强金融薄弱环节监管，打击违法违规金融活动，打赢防范化解重大风险攻坚战。着眼到2020年脱贫攻坚决战完胜，聚焦深度贫困，着力解决区域性整体贫困，建立贫困地区和脱贫人口持续发展长效机制，提高脱贫质量和成效，打赢精准脱贫攻坚战。着眼解决人民群众反映强烈的突出环境问题，继续打好蓝天保卫战、黑臭水体歼灭战、土壤污染防治持久战，提高污染防治法治化、市场化、专业化水平，切实打赢污染防治攻坚战。

（七）深化“放管服效”改革。加快转变政府职能，打造“六最”营商环境，激发市场活力。深化简政放权，完善政府权责清单，深化行政审批制度改革，推动政府向市场放权、向社会放权、向基层放权。加强事中事后监管，改革监管体制，创新监管方式，提高监管效能。大力推进“互联网+政务服务”，让数据“多跑路”，让群众和企业少跑腿。严格行政问责问效，加强和创新督查工作，推动工作落实，提高政府公信力、执行力。

各位代表，今后五年中，我们一项光荣而神圣的使命，就是到2020年全面建成小康社会、如期实现第一个百年奋斗目标。我们要对标全面小康要求，着力推动经济高质量发展，持续扩大经济总量，不断提高核心竞争力，夯实全面小康的物质基础；要着眼提升全面小康水平，推动社会各项事业全面进步，优先发展教育事业，促进文化繁荣兴盛，提高就业质量和收入水平，加强社会保障体系建设，实施“健康山西”战略，完善住房供应和保障体系，提供更多优质生态产品，推进民主法治建设，提升公共安全水平，维护社会和谐稳定，让人民群众有更多获得感、幸福感、安全感。这是新一届政府的历史性任务，我们要只争朝夕、真抓实干，坚定扛起这一历史重任，完成这一历史使命！

三、2018年经济社会发展的主要任务

2018年是贯彻落实党的十九大精神的开局之年，是改革开放40周年，是决胜全面小康、实施“十三五”规划承上启下的关键一年，是新一届省政府依法履职的起步之年。

全省经济社会发展的主要预期指标是：地区生产总值增长6.5%，全社会固定资产投资增长9%，社会消费品零售总额增长7%，一般公共预算收入增长6.5%，城乡居民人均可支配收入分别增长6.5%和6.5%以上，居民消费价格涨幅控制在

3%左右,城镇新增就业45万人,城镇登记失业率控制在4.2%以内。

约束性指标是:万元地区生产总值能耗下降3.2%,万元地区生产总值二氧化碳排放量下降3.9%,万元地区生产总值用水量下降3.9%。环境质量改善指标和主要污染物总量减排指标,完成国家下达年度目标任务。农村贫困人口脱贫61万人,棚户区住房改造12.52万套。

以上目标是按照高质量发展要求,立足我省全面小康和转型发展阶段性特点确定的,综合考虑了速度、效益、结构、动能四个维度的同步协调、相互支撑,同时为转型发展留足空间。重点抓好以下工作。

(一)全力构建现代产业体系

打造优势产业集群。大力发展战略性新兴产业。贯彻落实《中国制造2025》"1+X"规划体系和山西实施纲要,加快建设全国重要的现代制造业基地。以实施大数据战略为牵引,以信息安全、传感器、人工智能等为重点,打造新一代信息技术产业集群,重点建设省级政务云平台、阳泉智能物联网应用基地、吕梁华为山西大数据中心、山西北斗数据中心、中电科创新产业园等项目。以轨道交通、智能制造、能源装备、重型机械、通用航空等为重点,打造先进装备制造业集群,争取国家智能制造试点示范,加快创建智能制造创新中心和技术联盟,打造一批智能工厂和数字化车间,推进华翔增材制造项目开工建设,推动中铁磁浮轨道交通产业园、大同通用航空产业基地等项目落地。以新型金属材料、无机非金属材料、化工材料、前沿新材料等为重点,打造新材料产业集群,推动太原、运城铝镁合金材料基地、太原第三代半导体材料研制基地、大同新成石墨烯产业化基地等重点项目建设,加快太钢高端碳纤维二期项目达产达效。以扩大整车和关键零部件生产能力为重点,加快布局推进整车设计组装、高储能电池等重点项目,打造新能源汽车产业集群。推动新能源、节能环保、生物医药等产业集群发展。促进军民融合向纵深推进,加快建设军民融合产业示范园和重大示范项目,支持长治建设全国军民融合发展示范区。推动传统产业高端化智能化绿色化改造。实施减量重组、减量置换,提高煤炭先进产能占比,退出煤炭过剩产能2300万吨、钢铁过剩产能190万吨,淘汰煤电机组100万千瓦以上。以煤-电-铝(镁)-材、煤-焦-化(钢)等一体化发展为方向,打造传统优势产业集群。推动钢铁、有色、焦炭、食品、轻工、纺织等产业向中高端突破。以乘用车、全铝汽车应用为突破口,实现铝镁材料链条向高端延伸。增加太行产业投资基金政府引导资金25亿元,安排省级技改专项资金20亿元。加快发展现代服务业。大力发展咨询服务、现代物流、会展经济、科技服务、金融服务等生产性服务业。加大对咨询服务业的政策创设和支持力度,积极引进国内外著名咨询机构,鼓励引导创办咨询服务企业,培育本土咨询品牌,加快智库建设。完善物流网络,建设大型物流园区,推广多式联运,积极发展供应链物流、智慧物流、冷链物流,降低企业物流成本。培育会展主体,打造会展品牌,推进大型会展场馆建设和市场化运营。推动生活性服务业提质,促进消费升级。大力推进"互联网+"。聚焦新技术、新产品、新业态、新模式,推动"互联网+先进制造+现代服务业"融合发展,推动生产、流通、消费模式深刻变革,积极发展数字经济、分享经济、创意经济等新业态。

大力发展民营经济和县域经济。认真落实支持非公经济发展政策,实施市场准入负面清单,破除各种隐性障碍。完善产权保护措施,清理规范不利于产权保护的法规文件,支持司法机关甄别纠正一批社会反映强烈的产权纠纷案件。开展常态化入企服务,帮助企业解决发展难题。构建"亲""清"新型政商关系,健全企业家参与涉企政策制定机制。完善扩权强县机制,有序扩大县域管理权限,探索省直管县财政管理体制机制,今年在6个县(市)开展改革试点,增强县域经济发展内生动力。按照"个转企、小升规、规改股、股上市"的路径,加快培育各类市场主体。加强分类指导、财税支持、精准帮扶,力争新培育小微企业5万户以上、"小升规"企业300户以上。

增强金融服务实体经济能力。稳步扩大社会融资规模。积极稳妥发展供应链金融,支持金融机构创新融资服务。加快多层次资本市场建设,发挥山西股权交易中心作用,推动企业上市、挂牌培育和上市公司再融资。培育引进产业投资基金和股权投资基金,发挥太行产业投资基金作用,支持民间资本联合设立投资基金。创新险资入晋机制,发挥保险促进转型的独特优势。完善地方金融体系,发挥山西金控集团等机构作用,加快农信社改制化险,壮大政策性担保机构,支持符合条件的省属法人金融机构增资扩股、引进战略投资者。推动大同、晋城两个金融改革试验区落地。完善金融监管体制机制,稳妥处置金融风险,营造良好金融生态。

以质量标准改革助力产业提质升级。推进国家标准化工作综合改革试点省建设,在装备制造、工业制成品、农产品、工程建设、服务业等领域开展质量提升行动和对标达标专项行动,注重对老字号、地理标志的开发、保护和利用,加强全面质量监管,全面提高供给质量,打造山西制造、山西建造、山西服务优质品牌。

各位代表,省委、省政府着眼于高质量发展、加快培育新动能,确定今年为转型项目建设年。我们要以开发区为主战场,抓好项目策划包装和招商、做深项目前期,建立健全并联审批机制、职能部门责任机制、项目化管理机制、协调调度机制、省市县三级联动机制和督查考核机制,聚力扩大有效投资,聚焦优化投资结构,为山西经济转型、构建现代化经济体系夯实基础、积蓄力量!

(二)全力推进重点领域改革

深化开发区改革创新。今年开发区改革的重点是"三制"改革全部到位,"三化"改革深化推进,努力在先行先试、招商引资、引领转型上有新的突破。抓好起步区建设。坚持"一次规划、滚动开发",有序推进土地转用和征收审批,完善基础设施,做好"九通一平",确保入区项目熟地供应。抓好招商引资引智。实施精准招商、专业招商、以商招商,围绕龙头企业,引进研发机构和配套企业,完善产业链条。以项目为载体,引进领军人才和优秀团队。促进园区产业集聚集约发展。围绕产业链安排创新链、配置供应链、保障要素链、制定政策链。拓宽土地占补平衡、占优补优渠道,保障开发区项目用地。优先在开发区布局产业转型项目,工业项目一律入园进区。强化投入产出效益考核,促进土地、资金、技术等集约利用,提高产业项目投资强度、单位面积产出和税收贡献。支持转型综改示范区加快发展、先行先试。加快推进重大项目开工建设,保障项目无障碍施工,确保如期建成达产达效。支持区内企业深化技改、扩大再生产,实施提质增量。率先在转型综改示范区复制推广自贸区试点经验。向全省开发区推广、复制示范区改革试点做法,努力再形成一批新的制度创新成果,形成示范区牵引开发区、开发区带动全省域转型综改、高质量发展的生动局面。

深化国企国资改革。优化国资布局,实施"腾笼换鸟",促进国有资本向前瞻性、战略性、中高端、优势产业集中。引入战略投资,推进专业化重组,打造一批行业龙头企业。鼓励省属企业与央企开展战略合作。鼓励引导民营企业有效参与混改。开展科技类子企业员工持股试点。有效化解国企历史包袱,全面完成"三供一业"移交,分离企业办市政、社区职能,分类改革企业办消防、教育和医疗机构,基本完成省属企业厂办大集体改革。降低省属企业负债率,推动企业开展直接融资,推进市场化法治化债转股、资产价值重估,探索开展资产证券化试点,优化企业资产结构。加快"僵尸企业"退出,摸清底数,制定退出计划,妥善做好人员分流安置,依法处置债权债务。深化国有资产管理体制改革,推动"管资产"向"管资本"转变。推进市场化选人用人改革。

深化电力体制改革。深化输配电价改革,有序扩大市场化交易电量规模,积极推进国家增量配电业务试点、局域电网项目建设。建好用好跨省输电通道,配置好电源点,按照资产置换、股权合作的思路,加强与受电省市协作,扩大晋电外送市场。

深化财税体制改革。坚持"紧日子、保基本、调结构、保战略",调整优化财政支出结构,研究推进省以下财政事权和支出责任划分,完善支持转型升级的财政税收运行机制。健全地方税体系,开展水资源税改革试点。落实减税降费政策,继续清理规范涉企收费,加大对乱收费的查处和整治力度。

各位代表,当前发展和改革高度融合,发展前进一步,就需要改革前进一步。我们要用好先行先试这个"尚方宝剑","补考""赶考"一起抓,积极布局和推进一批基础性、牵引性的重大改革,着力破除影响转型发展的体制机制障碍,推动一些关键领域改革跻身全国"第一方阵"!

(三)全力实施创新驱动战略

推进科技创新。强化企业技术创新主体地位,引导企业加大研发投入,支持规上工业企业设立或并购研发机构,推进高新技术企业"倍增计划",建立科技型中小企业和高新技术企业培育库。鼓励企业、高校、科研院所联合建立新型研发机构、产业联盟、协同创新中心、产业研究院等各类创新平台,促进产学研深度融合。改革科研项目立项、成果评价、成果转化管理办法,建立市场导向的科研组织方式和运行机制。释放高校、科研院所科技创造力,调动企业开发和购买科技创新成果的积极性,完善科技成果转化和知识产权交易平台,在新能源、新材料、先进装备等优势产业领域新建3-5个中试基地,推动市县建立科技成果转化引导基金,让科技成果更多地转化为现实生产力。

推动双创上水平。营造创新生态,培育创新文化,支持各类服务机构开展创业项目开发、风险评估、创业指导、融资服务、跟踪扶持等"一条龙""一帮一"服务,对正在成长的小微企业包容审慎监管。新培育省级双创基地20家以上、省级双创示范基地10家以上,努力创建国家级双创示范基地。加强专业化众创空间和科技企业孵化器建设。举办好创客山西、"五小"竞赛等活动。

强化人才支撑。全面落实以增加知识价值为导向的分配政策,更加重视解决人才的基础性、制度性问题。健全高校学科专业结构优化调整机制,建好优势专业、新增急需专业、削减需求适应度低的专业。因院施策、一所一策,全面完成省属科研院所转企改制任务,调动科研人员创新创业积极性。落实高校、公立医院、科研院所等用人、职称评审、工资分配"三项自主权"。搭建创业创新平台,创建碳纤维、铝镁合金、信息安全等省级制造业创新中心,支持院士工作站、博士后工作站和流动站、专家服务基层基地等平台建设。组织实施企业家培训工程,培养引进造就一支有眼光、善创新、敢担当、乐奉献的优秀企业家队伍。高度重视招才引智,继续实施晋商晋才回乡创业工程,下大力气解决人才住房问题,在设区市和省级开发区筹建高端人才公寓,建立人才购房租房货币补贴制度。培育高质量专业技术人才队伍,加快建设知识型、技能型、创新型劳动者大军,让各类人才尽展其能,创新活力竞相迸发!

(四)全力扩大对外开放

建设对外开放"大都市"。加快建设高品质城市,支持太原率先发展,提高太原都市区国际化、现代化、智能化水平,充分发挥其对外开放的"龙头"作用。按照"一主一副一区多组团"架构,拉开城市框架,完善基础设施,构建科技、金融、信息、人才服务公共平台,努力将太原都市区打造成开放程度较高的区域性金融、商业、文化、科教中心。其他设区市也要加快国际化、现代化、智能化建设步伐,提升开放能级,打造"龙头引领、多极支撑"的区域对外开放新格局。支持大同打造融入京津冀桥头堡。高起点规划建设城市,围绕"一核一圈三群"总体布局,全面启动2035年城乡总体规划修编,选取部分重点城市开展"城市双修"。大力推进创新城市、智慧城市、绿色城市、海绵城市、人文城市建设,完善城市道路、地下综合管廊等基础设施,提升城市承载力和城市品质,提高统筹城乡、开放带动水平。推进国际友城交流合作。

构建对外开放"大通道"。推进大张、太焦、大原、阳大等重点铁路项目建设,实现大西高铁原平—太原段通车,加快雄安至忻州高铁项目前期工作,开展太原至延安高铁项目前期研究。打通高速公路出省口、断头路和省内重要连接线。开通太原至北美、欧洲、澳洲等国际航线,加快朔州支线机场和芮城、阳城等通用机场建设,开展太原武宿机场三期改扩建工程前期研究。加快推进千兆级无线接入网建设,超前布局5G基站,积极争取国家5G网络试点,力争将太原增设为国家级互联网骨干直联点,积极推动太原建设国际互联网数据专用通道。

打造对外开放“大平台”。加快太原铁路口岸建设,完善多式联运和中欧、中亚班列运行机制。实现大同航空口岸正式开放,加快推进运城航空口岸正式开放和五台山航空口岸临时开放。开展航空货运直接进出口业务,拓展国际旅游、货运包机等直航业务。发挥中鼎物流园、方略保税物流中心、山西兰花保税物流中心、太重(天津港)重件码头等作用,建设大同、阳泉等国际陆港。推进国际邮件互换局和国际邮件交换处理中心建设。完善海关监管区功能,打造跨境电商平台。深化通关一体化改革,加快国际贸易“单一窗口”建设。

培育对外贸易“新主体”。实施外贸主体培育工程。支持中小外贸企业和外贸综合服务、跨境电子商务等新兴业态健康发展。做大做强先进装备、新材料、小杂粮、干鲜果等出口品牌,鼓励出口企业设立“海外仓”。加强高技术装备、关键零部件和优质消费品进口。扩大服务贸易。

各位代表,改革开放即将走过40个春秋,作为改革开放第一个中外合作项目的诞生地,我们要以更加开放包容的姿态,传承晋商精神,厚植开放文化,融入国家开放大战略,为转型发展开拓更加广阔的空间!

(五)全力抓好乡村振兴重点工作

科学制定战略规划。按照“产业兴旺、生态宜居、乡风文明、治理有效、生活富裕”的总要求,坚持农民主体地位、乡村全面振兴、城乡融合发展、人与自然和谐共生,因地制宜、循序渐进,体现“多规合一”,科学规划主导产业、乡村风貌、文化特色、基础设施建设、基本公共服务、支撑政策体系,为我省全面实施乡村振兴战略描绘蓝图、指明路径。今年省级财政安排15亿元支持乡村振兴战略实施。

大力发展有机旱作农业。加强农业综合生产能力建设,扎实推进农田水利基本建设和高标准农田建设,实施耕地质量提升、农水集约增效、旱作良种攻关、农技集成创新、农机配套融合、绿色循环发展工程。减少化肥农药使用,到2020年实现零增长。支持长治市和五个县整建制建设有机旱作农业封闭示范区。推进有机旱作农业标准化生产和品牌建设,发展杂粮、中药材、草牧业、干鲜果等特色优势产业,重点开发功能食品和药食同源产品,支持忻州建设优质杂粮示范区和国家级杂粮产地交易市场。

加快构建现代农业产业体系、生产体系和经营体系。推动粮食生产功能区划定,保障粮食安全。抓好特色农产品优势区和现代农业产业园创建。培育壮大一批新型农业经营主体,发展适度规模经营,扶持一批家庭农场、种养大户、合作社和农业企业。提高供销社、农信社、城联社服务“三农”水平。推进雁门关农牧交错带示范区建设,支持运城农产品出口平台建设。依托开发区发展农产品加工业,重点培育功能食品龙头企业。加快农村一二三产业融合发展,助推休闲农业、创意农业、乡村旅游发展。推进“互联网+现代农业”,扶持发展农村电商、物流配送和农业信息化平台,提升特色农产品竞争力。

全面深化农村改革。落实农村土地所有权、承包权、经营权“三权分置”办法,全面完成农村承包地确权登记颁证,促进土地有序流转。探索农村宅基地集体所有权、农户资格权、宅基地及农房使用权“三权分置”具体实现形式,抓好泽州县农村集体经营性建设用地入市改革试点。全面开展集体资产清产核资、集体成员身份确认,加快推进集体经营性资产股份合作制改革,抓好3个国家级和11个省级试点县农村集体产权制度改革。推动资源变资产、资金变股金、农民变股东,发展股份合作等多种形式的合作与联合,探索农村集体经济新的实现形式和运行机制。深化林权、水权制度改革。

推进美丽宜居乡村建设。推进“四好农村路”建设,新改建农村公路1万公里。建立健全农村生活垃圾收运处置体系,科学规划建设农村污水处理设施,推进农村“厕所革命”,探索粪污有效处理或资源化利用的途径方法,建立村庄人居环境长效管护机制,推动城镇基础设施和公共服务向农村延伸。加强传统村落保护和农村风貌管控,继承发扬乡村优秀历史文化,打造“看得见山,望得见水,记得住乡愁”的幸福家园和美丽宜居乡村。

高标准建设山西农谷。围绕农谷功能定位和主导产业,实施一批科技创新项目,打造一批科技创新平台,建立一批示范基地,推进一批农业产业化项目。加快推动太谷国家现代农业科技创新中心和国家现代农业产业园建设。实施山西农谷园艺产业发展规划。完善提升园区基础设施。支持农谷与国内外一流科研机构和企业加强合作,加快推进中国食品发酵工业研究院科技平台、台湾产业园等项目落地。支持农谷与山西农大、省农科院深度融合,在技术示范、体制机制创新等方面形成可复制的经验模式,引领全省乡村振兴。

各位代表,乡村要振兴,贫困一定要攻克!要持续落实好精准扶贫方略,分类指导,精准发力,集中攻坚深度贫困县,打造脱贫特色县,巩固提升摘帽县。扎实抓好易地扶贫搬迁,铺开剩余15.93万贫困人口、6.61万同步人口搬迁任务,当年项目全部开工,竣工率达到60%以上;深入推进生态脱贫,完善“五大项目”联动机制,重点实施新一轮退耕还林和贫困县干果经济林提质增效,鼓励林业新型经营主体与林农开展股份合作经营;大力实施贫困村产业扶贫提升工程,突出抓好深度贫困县脱贫主导产业发展,提高特色农业、光伏、电商、乡村旅游等产业带贫增收能力;扶贫与扶志扶智相结合,引导贫困人口转变观念、掌握技能、提升素质,实现8万建档立卡贫困劳动力转移就业。以退出贫困村为重点集中实施整村提升工程。跟进完善保障性扶贫举措,落实好教育扶贫资助政策、“三保险”“三救助”制度,实施覆盖全省农村贫困人口的24种大病集中救治工程,继续提高农村低保标准,稳定实现农村低保和国家扶贫标准有效衔接。完善脱贫攻坚考核机制。确保实现17个国定贫困县和9个省定贫困县摘帽、2200个左右贫困村退出、61万贫困人口脱贫,实现脱贫攻坚连战连胜!

（六）全力打造文化旅游战略性支柱产业

锻造黄河长城太行三大旅游板块。立足黄河、长城、太行独有的山水风光禀赋和历史文化底蕴，举全省之力锻造新的三大旅游板块，建设国内一流、国际知名的全域旅游目的地。编制全面、科学、系统的三大旅游板块专项规划。实施旅游公路率先突破。以"快旅慢游深体验"现代旅游交通理念为导向，创新融资建设模式，全面启动黄河一号、长城一号、太行一号3条旅游干线建设，建成黄河干线吕梁碛口、临汾乾坤湾试验段以及太行干线陵川试验段，构建"城景通、景景通"的全省旅游公路网。

全面提升景区品质。在继续做优做强五台山、云冈石窟、平遥古城等旅游品牌的基础上，按照黄河、长城、太行三大板块的设计定位、文化内涵和地域特色，精选一批景区景点，创新投融资机制，吸引国内外战略投资，加快景区改造、提升、完善，优化产品线路设计，推动壶口瀑布、太行山大峡谷八泉峡、洪洞大槐树等景区创建国家5A级旅游景区，创建一批4A级精品景区。加强景区基础设施建设，推进景区"厕所革命"。念好"安、顺、诚、特、需、愉"六字要诀，强化旅游市场综合监管，加快旅游诚信体系建设，打造优质旅游服务环境。精心策划举办大河文明国际旅游论坛、港澳青少年长城研学游、太行旅游养生体验季等大型旅游活动。

推动文化旅游融合发展。按照全域旅游理念和"旅游+""+旅游"的思路，选择一批文化、文物、旅游密集带开展文旅融合发展试点。加大文物活化利用，加快推动非遗和演艺进景区，打造高品质文化旅游演艺产品。推进文明守望工程和乡村文化记忆工程。推动文化创意产业与旅游业融合发展，培育文化创意、数字出版等新业态。推进文化保税区、省文化产业园等项目建设。

实施康养产业带动。发挥山西气候清凉、海拔适中、饮食多样、医养资源丰富的优势，加快打造康养山西、夏养山西品牌，以康养拉动旅游全产业链发展，优化旅游供给结构，带动深度旅游，促进全域旅游，全面提升山西旅游的竞争力和影响力。以养心、养生、养老为发展方向，开发全生命周期康养产品，发展融旅游、居住、康养、医疗、护理为一体的产业集群。重点发展乡村康养、森林康养、温泉康养、中医药康养和康养地产等新业态。加快建设一批康养旅游城市、康养小镇、康养产业园、康养度假区。

各位代表，黄河之魂在山西、长城博览在山西、大美太行在山西。灿烂的历史文化、壮美的山河风光，赋予山西旅游无限魅力。我们要加快把文化旅游业培育成战略性支柱产业，续写"华夏古文明、山西好风光"的新篇章！

（七）全力抓好民生社会事业

优先发展教育事业。实施"1331"工程，统筹推进"双一流"建设。支持山西大学和太原理工大学率先发展。实施"学前教育第三期行动计划"，所有县（市、区）通过义务教育基本均衡国家评估认定，推动县域内城乡义务教育一体化发展，着力解决中小学课外负担重、"择校热""大班额" 等突出问题。提升高中阶段教育，推进县级职教中心达标建设。稳妥实施高考改革。加强贫困地区"控辍保学"，建立完善大中小幼全覆盖的学生资助体系。支持和规范民办教育。

促进就业增收。加快建设人人持证的技能社会，提升劳动者素质和就业能力。做好高校毕业生、农村转移劳动力、城镇就业困难人员、退役军人等重点群体就业工作，做好去产能和国企改革中职工分流安置工作，加强对零就业家庭等困难群体的就业援助。深化收入分配制度改革，加强企业工资分配宏观指导，实行以增加知识价值为导向的分配政策；引导土地承包经营权、林权有序流转，增加农民经营性和财产性收入。

提升全民健康水平。健全"三医联动"长效机制，推动医改进入全国先进行列。深化县乡医疗卫生机构一体化改革，推动县级医疗集团持续健康运行，健全科学合理的分级诊疗制度，做好家庭医生签约服务。巩固取消药品加成和医疗服务价格改革成果，健全完善公立医院现代管理运行新机制。实施"136"兴医工程，打造在国内有影响力的重点专科和综合医院。实施国家基本和重大公共卫生服务项目，深入开展爱国卫生运动。完善全面两孩配套政策。鼓励规范社会办医，加快发展中医药事业。推动全民健身和全民健康深度融合。

保障人民群众住有所居。坚持"房子是用来住的、不是用来炒的"定位，完善住房供应和保障体系，建立租购并举的住房制度。大力发展住房租赁市场特别是长期租赁。完善我省住房租赁管理相关政策，出台租赁住房具体标准和规范。加快住房租赁交易监管和服务平台建设，支持专业化、机构化住房租赁企业发展。选择太原市开展住房租赁试点。对各类需求实行差别化调控政策，满足首套刚需、支持改善需求、遏制投机炒房，促进房地产市场平稳健康发展。加大保障性住房建设力度，构建多层次满足中低收入家庭住房基本需求的供应体系。实施农民安居工程，推进农村危房改造。

加强社会保障。实施全民参保计划，推进机关事业单位编制内人员参加养老保险，继续提高城镇退休人员基本养老金、城乡居民基础养老金最低标准，健全被征地农民基本养老保险制度，推进失业、工伤、生育保险覆盖规定职业人群，实现社会保障由制度全覆盖到法定人群全覆盖。加快养老保险、医疗保险省级统筹步伐，扩大跨省异地就医直接结算范围，完善大病保险制度，推动医疗和生育保险合并实施，健全工伤保险制度体系。保障困难群众基本生活，逐步提高城乡低保标准。落实经济困难高龄失能老人和困难重度残疾人"两项补贴"，健全农村留守儿童和妇女、老年人关爱服务体系。

提升公共文化服务水平。培育和践行社会主义核心价值观，深入实施公民道德建设工程。加快构建现代公共文化服务体系。开展公共文化机构法人治理结构改革试点。推动国家级公共文化服务体系示范区和基层综合性文化服务中心建设。深入实施文化惠民工程，继续开展文化科技卫生"三下乡"、农村公益电影放映。加大政府购买公共文化服务力度，促进文化消费。推动哲学社会科学繁荣创新，加强文化遗产和文物保护利用，加强文艺精品创作，打造"文化晋军"。加快推进省市县方志年鉴全覆盖。启动全国首家省域文化生态保护实验区建设。举办首届山西非物质文化遗产博览会。办好第十五届全省运动会,筹备第二届全国青运会。

各位代表，人民对美好生活的向往就是我们的奋斗目标。今年省政府将在2017年的基础上,继续办好六件民生实事,将残疾预防重点干预和残疾儿童抢救性康复项目实施规模由3.5万名扩大到4万名,在36个国定贫困县将免费“两癌”检查服务由建档立卡农村妇女扩大到全部农村妇女,继续为怀孕妇女提供免费产前筛查与诊断服务，再新建600个农村老年人日间照料中心,继续免费送戏下乡一万场。特别是要按照“人人持证、技能社会”的工作要求,把“建档立卡农村贫困劳动力免费职业培训”拓展为“全民技能提升工程”,对广大农村转移劳动力、城镇失业人员、企业在岗职工进行职业技能培训,并取得相应技能等级证书,提高劳动者就业能力,实现一技在身、一证在手、一条致富成才路在脚下铺就!

(八)全力推进生态文明建设

落实国土空间规划。开展全省域资源环境承载能力和国土空间开发适宜性评价,合理划定城市开发边界、永久基本农田、生态保护“三条红线”和城镇、农业、生态“三类空间”。做好国土空间规划修编和文本报批工作,开展新一轮土地利用总体规划修编前期工作,修编各市县城乡总体规划。

推进“两山七河”生态修复治理。坚持山水林田湖草系统治理,实施太行山、吕梁山生态保护修复工程,完成450万亩营造林、525万亩水土流失治理、195万亩退耕还林任务。全面推进“七河”生态修复治理,重点抓好汾河治理,“控污、增湿、清淤、绿岸、调水”五策并举,早日让母亲河“水量丰起来、水质好起来、风光美起来”。全面落实河长制、湖长制,“一河一湖一策”推进全流域生态修复与保护。加快黄河古贤水利枢纽前期工作。完成大水网后续扫尾工程,推进小水网工程建设,改进水利工程运行调度,保证河道生态基流。加强自然保护区建设和管理。推进采煤沉陷区综合治理和矿区生态修复治理。

下大力气治理环境污染。深化大气污染防治行动,严格控制散烧燃煤污染,积极稳妥推进清洁取暖工程。加大道路交通污染治理力度。对重点污染行业开展大气污染物特别排放限值改造,深入开展秋冬季大气污染综合治理攻坚,强化区域联防联控联治,推动细颗粒物浓度持续下降。开展清水行动,推进“五水同治”,全面实施175个水环境治理重点工程,开展“控源头、保清流”专项行动,全面排查入河排污口,落实治污主体责任，加快城镇污水处理厂和配套管网建设,尽快消除太原市等主要城市建成区黑臭水体。推进净土行动,实施农用地土壤环境分类管理,加强城乡垃圾分类处置,建设垃圾焚烧发电厂。

推进能源资源集约节约利用。严控新上高耗能高排放项目,大力推进矿产资源综合利用。推进工业、建筑、交通等领域节能。坚持以水定城、以水定产,优化水资源全域化配置。抓好工业固废减量化、资源化、再利用,积极推进朔州国家级区域工业绿色转型发展试点城市、全国工业固废综合利用示范基地建设。

加快完善生态文明体制机制。在确保环境质量稳定达标前提下,在省域内科学合理配置环境容量。健全自然资源资产产权制度,开展自然资源资产负债表编制工作。研究建立市场化、多元化生态补偿机制。统筹推进环保信用评价、信息强制性披露、环境污染第三方治理、生态环境损害赔偿制度改革等工作。继续抓好省级环保督察,逐步推行市级环保督察。探索在禁止开发区域建立国家公园体制。

各位代表,绿水青山就是金山银山,我们要以最坚定的决心、最严格的制度、最有力的措施,像保护生命一样保护生态环境,早日重现山清水秀、天蓝地绿的美好风光!

(九)全力营造“六最”营商环境

在全省域推行企业投资项目承诺制试点。在总结开发区试点经验的基础上,进一步简化审批、优化流程,按照政府靠前服务、企业信用承诺的方式,推行“五统一”,即统一清单告知,统一平台办理,统一流程再造,统一多图联审,统一收费管理,变先批后建为先建后验,变事前审批为事中事后监管服务,进一步确立企业投资主体地位,释放企业投资兴业活力。

推进“证照分离”改革试点。深化商事制度改革,在转型综改示范区等五个国家级开发区开展“证照分离”改革试点,并适时在全省推广。对涉及工商登记前后的各种“证”进行全面梳理,分类采取取消审批、审批改为备案、实行告知承诺等方式,把除涉及重大公共利益外,能与营业执照相分离的许可证都分离出去，切实减少领取营业执照后的办证事项,让企业用营业执照一把钥匙,打开“准入”和“准营”两扇大门。

深化相对集中行政许可权改革。抓好转型综改示范区和高平市改革试点。按照“集中许可、审管分离”原则,将分散在各部门的行政许可权,依法划归行政审批局统一行使,健全“联审联勘”等审批运行机制，完善集约便民的审批服务体系,用“一颗印章”管好审批。

加强事中事后监管。构建“大数据+政府监管”平台,加快政务信息整合共享,深化市县综合行政执法体制改革,全面推行“双随机、一公开”监管。推进诚信体系建设,拓展省信用信息共享平台功能，完善守信联合激励和失信联合惩戒机制,建立以信用为核心的监管模式。

推行“互联网+政务服务”。完善拓展“两平台、一张网”功能,推进入驻大厅的审批事项“全程网办”。完善提升政务服务电子监察系统和咨询投诉举报平台功能,实行审批事项和公共服务、中介服务清单管理,建立涉审中介机构“红黑名单”制度。支持国地税开展“一门办税”服务。

各位代表,营商环境事关转型综改成败。我们要下大力气开展“六最”营商环境建设年活动,进一步对表中央要求,具体对标发达地区先进经验,有效对接国际投资贸易通行规则,全力营造审批最少、流程最优、体制最顺、机制最活、效率最高、服务最好的营商环境,充分释放改革红利、激发市场活力,开创转型综改新境界!

(十)全力维护社会安全稳定

坚持共建共治共享,提高社会治理社会化、法治化、智能化、专业化水平。健全公共安全体系,完善安全生产、食药安全、治安防控、金融安全、网络安全、应急救援"六大体系"。提高预警、应急和依法处置能力，严防大规模群体性事件、突发环境事件、重大食品药品安全事故、重大交通事故等重大公共安全事件发生，做好重大自然灾害的防灾减灾和救灾工作。深化平安山西建设，推进社会治安防控"六网覆盖"工程，开展扫黑除恶专项斗争，严厉打击违法犯罪活动。加强预防和化解社会矛盾机制建设，有效调处化解过剩产能、深化国企改革、征地拆迁等重点领域的矛盾纠纷，维护和解决好群众合理合法利益诉求。加强网络空间治理，净化网络环境。推动社会治理重心向基层下移，推进社区、社会组织、社会工作"三社联动"。

各位代表，安全生产是山西必须牢牢守住的底线。我们要坚持以铁的担当尽责、铁的手腕治患、铁的心肠问责、铁的办法治本。压实安全责任，实施问题隐患整改、重大隐患挂牌督办、追责问责、联合惩戒等"四个清单"制度，确保安全责任、投入、培训、管理、应急救援"五到位"。深化煤矿、道路交通、危化品、建筑施工、特种设备等重点行业领域专项整治，重点加强对重组整合矿井、千人矿井以及瓦斯、水害、顶板等重灾害矿井的治理监管执法力度，坚决杜绝重特大事故，有效遏制较大事故，努力减少一般事故，确保人民生命财产安全、社会和谐稳定！

各位代表，我们的事业是全面发展的事业，是全省人民同心共建的事业。要支持工会、共青团、妇联等群团组织开展工作，发展妇女、儿童、老龄、慈善和红十字会等事业，加强气象、地震、人防、科普、政策咨询、经济普查、档案、参事等工作，做好民族宗教、外事、侨务、港澳、对台等工作，支持国防建设和军队改革，加强双拥工作，继续做好对口援疆工作，为我省改革发展凝聚起社会各界、方方面面的正能量和强大合力！

四、建设人民满意的服务型政府

新时代新使命对政府自身建设提出新要求。要以政治建设为统领，坚持以人民为中心的发展思想，努力建设人民满意的服务型政府。

加强政治建设。树牢"四个意识"，增强"四个自信"，自觉维护以习近平同志为核心的党中央权威和集中统一领导，始终在政治立场、政治方向、政治原则、政治道路上，同以习近平同志为核心的党中央保持高度一致。全面落实党的建设新的伟大工程各项任务。深入推进"两学一做"学习教育常态化制度化，扎实开展"不忘初心、牢记使命"主题教育。

坚持依法行政。严格执行人大及其常委会的决议决定，认真办理人大代表建议、政协提案，主动接受人大的法律监督和工作监督、政协的民主监督、司法监督、群众监督和舆论监督。坚持依法决策，完善重大决策制度，出台重大行政决策后评估办法。强化行政执法监督，做好行政复议和行政应诉工作。加强政府立法，以开发区建设、生态环保、新兴产业发展、"六最"营商环境等领域为重点，推动制定或修订一批地方性法规和政府规章。全面推进政务公开，保障人民群众的知情权、参与权、表达权、监督权。加强审计监督，在各级政府及其工作部门全面推行内审制度。发挥好政府法律顾问作用。

转变政府职能。适应"放管服效"改革要求，推进各级政府特别是职能部门尽快从审批、发证、收费中转过身来，把工作重心转移到深入调查研究、制定战略规划、创设政策制度、提供标准规范、强化公共服务、创新社会治理、加强市场监管上来。深化政府机构改革，加快推进事业单位分类改革，完成生产经营类事业单位改革。整治"红顶中介"，着力解决中介组织垄断经营、乱收费、效率低等问题。

提升履职本领。着力解决"不会为"问题，增强"善作为"能力，拓展各级干部特别是领导干部的知识视野，提升驾驭市场经济的能力、招商引资的能力、服务市场主体的能力、发展新兴产业的能力、推进项目建设的能力、应对复杂局面和防范化解风险的能力、依法行政的能力和狠抓落实的能力。结合"三基建设"，加强公务员培训。在专业性技术性强的岗位推行聘任制公务员制度。

加强作风建设。深化标本兼治，深入推进政府系统党风廉政建设和反腐败斗争。严格执行中央八项规定实施细则及我省实施办法。坚决纠正"四风"突出问题，重点整治形式主义、官僚主义新表现，坚决纠正表态多调门高、但行动少落实差的行为，查处懒政怠政、推诿扯皮等行为，破除"中梗阻"，增强执行力，引导各级干部走到招商引资的最前沿，沉到项目建设第一线，蹲到老百姓的地头间，面对面、心贴心、实打实，做好群众工作，解决发展难题。全面深化、拓展、延伸"13710"信息化督办制度。认真落实省委激励干部担当作为干事创业办法、支持干部改革创新合理容错办法，旗帜鲜明为敢于担当、踏实做事、不谋私利的干部撑腰鼓劲，激发全省上下投身转型综改事业的强大动力。

各位代表，中国特色社会主义已经进入新时代，山西已经踏上转型综改、创新驱动、全面小康、振兴崛起的新征程。让我们更加紧密地团结在以习近平同志为核心的党中央周围，在省委的坚强领导下，同心同德、团结奋进，开拓创新、攻坚克难，为决胜全面建成小康社会、开拓转型综改新局面、谱写新时代中国特色社会主义山西篇章而努力奋斗！

中共山西省委　山西省人民政府《山西省营造企业家健康成长环境弘扬优秀企业家精神更好发挥企业家作用的若干措施》

(2018 年1月9日)

企业家是经济活动的重要主体。营造企业家健康成长环境、弘扬优秀企业家精神、更好发挥企业家作用,对促进我省走出一条转型升级、创新驱动发展新路,实现资源型经济转型实质性突破具有重要意义。为贯彻落实《中共中央、国务院关于营造企业家健康成长环境弘扬优秀企业家精神更好发挥企业家作用的意见》,结合我省实际,提出以下措施。

一、营造依法保护企业家合法权益的法治环境

1.依法保护企业家财产权。全面落实党中央、国务院关于完善产权保护制度依法保护产权的意见,建立依法平等保护各种所有制经济产权的长效机制,平等保护各类市场主体。对改革开放以来各类企业尤其是民营企业因制度不完善、管理不严格、经营不规范所引发的问题,要严格遵循罪刑法定、疑罪从无、法不溯及既往、从旧兼从轻等原则,公正稳妥处置,对确属事实不清、证据不足、适用法律错误、侵犯企业合法财产权的案件,依法予以甄别纠正并赔偿当事人损失,兑现财产保护政策。总结宣传依法有效保护产权的好经验、好案例。

2.依法保护企业家人身权。严厉打击危害企业家人身安全和黑恶势力敲诈勒索、寻衅滋事以及村霸、行霸、市霸在企业建设发展或市场竞争过程中危害企业家人身安全等违法犯罪行为。坚决防止和纠正刑讯逼供、非法取证、滥用强制措施等侵害企业家人身权利的违法行为,依法保护民营企业在生产、经营、融资活动中的经济行为。

3.依法保护企业家创新权益。加强知识产权保护,探索在现有法律法规框架下以知识产权的市场价值为参照确定损害赔偿额度,提高侵权成本。探索运用简易程序审理简单的侵犯知识产权案件,完善诉讼证据规则、证据披露以及证据妨碍排除规则等审理机制。推进侵犯知识产权行政处罚案件信息公开。强化知识产权行政执法与刑事司法衔接,严厉打击不正当竞争行为,依法加强对企业家创新权益的保护力度。探索建立非诉行政强制执行绿色通道,提高行政强制执行效率。

4.研究建立企业家权益补偿救济机制。各级政府要认真履行依法依规作出的政策承诺和签订的各类合同、协议,不得以政府换届、相关责任人更替等理由毁约。因国家利益、公共利益或其他法定事由需要改变政府承诺和合同约定的,要通过权益补偿救济机制,对相关企业和投资人的财产损失依法予以补偿。

5.建立健全企业家维权机制。整合现有企业家维权服务平台和维权电话专线,畅通企业家维权渠道,实现维权服务平台与司法服务无缝衔接,使企业家的合法诉求得到公正、合理、及时解决。依法保护企业家自主经营活动,规范行业协会商会、各类中介机构服务行为。

二、营造促进企业家公平竞争诚信经营的市场环境

6.保障企业家公平竞争权益。实施市场准入负面清单制度,保障各类市场主体依法平等进入负面清单以外的行业、领域和业务。全面落实《山西省人民政府关于在市场体系建设中建立公平竞争审查制度的实施意见》(晋政发〔2017〕2号),依法清理、废除妨碍统一市场公平竞争的各种规定和做法,为企业家平等使用生产要素、干事创业营造公平竞争环境。

7.健全守信联合激励和失信联合惩戒机制。全面落实《山西省建立完善守信联合激励和失信联合惩戒制度加快推进社会诚信建设实施方案》(晋政发〔2017〕3号),建立企业家诚信承诺制度,督促企业家诚信守约、依法经营。通过山西省信用信息共享平台,整合工商、财税、金融、司法、环保、安监、行业协会商会等部门和领域的企业及企业家信息,完善企业家个人信用记录和诚信档案。强化企业家信用宣传,推动守信联合激励和失信联合惩戒措施有效落实。

8.全面实施"双随机、一公开"。进一步完善随机抽查系统,确保监管公平公正。及时公开企业违法违规信息和执法检查结果,接受群众监督。建立省市县三级标准统一、互联互通的"双随机、一公开"抽查信息监管系统。

9.加强协同监管。加快推进食品药品、公共卫生、文化旅游、商贸流通、城乡建设、城市管理、资源环境、交通运输、安全生产、农林水利等领域综合行政执法体制改革,提高综合执法效率。推进市县两级工商、质监、食品药品监管等三部门联合设置市场监管机构改革试点。

10.落实税收优惠政策。按照"复制推广一批、积极争取一批"的思路,落实国家自主创新示范区、转型综改示范区等的税收优惠政策。实施税收优惠政策目录清单管理、公示制度,落实政策执行反馈制度,定期开展政策执行情况检查,加强政策跟踪问效评估,确保税收优惠政策落实到位。

三、营造尊重和激励企业家干事创业的社会氛围

11.构建新型政商关系。各级党政机关干部要坦荡真诚同企业家交往，树立服务意识，落实各级领导干部联系企业制度，帮助解决企业实际困难。要规范政商行为，构建“亲”“清”新型政商关系。畅通企业家反映问题、解决问题渠道，建立健全解决企业家诉求长效机制，完善责任明确、部门联动的新型政府服务体系。

12.树立对企业家的正向激励导向。创新激励机制，对经营业绩优异的企业家实行绩效奖励。探索建立国有企业管理团队和科技创新团队股权、期权激励机制。开展优秀企业家评选表彰活动，总结我省优秀企业家典型案例，宣传优秀企业家成功经验。适当增加企业家在各级党代表、人大代表、政协委员中的名额，注重推荐优秀企业家参加劳动模范评选等各类表彰活动，给予一定的社会荣誉，形成支持鼓励企业家干事创业的良好社会氛围。

13.营造鼓励创新、宽容失败的社会氛围。对企业家合法经营中出现的失误、失败给予更多理解、宽容、帮助。对国有企业家以增强国有经济活力和竞争力等为目标，在企业发展中大胆探索、锐意改革所出现的失误，只要不属于有令不行、有禁不止、不当谋利、主观故意、独断专行等情形，要予以容错。在国有企业中开展职业经理人试点。

14.积极营造良好的舆论环境。按照相关规定召开企业家大会，研究总结企业家成功经验，探索企业家人才的发展规律。加强对优秀企业家先进事迹和突出贡献的宣传报道，树立和宣传一批在我省经济转型升级中引领改革、勇于创新、担当作为的企业家典型，展示优秀企业家精神，凝聚崇尚创新创业正能量，引导企业家比发展、比担当、比创新、比贡献。

四、弘扬企业家爱国敬业遵纪守法艰苦奋斗的精神

15.引导企业家树立崇高理想信念。引导企业家特别是年轻一代企业家坚定理想信念，践行社会主义核心价值观。坚持用习近平新时代中国特色社会主义思想及山西厚重文化传统、晋商精神教育企业家，引导企业家树立正确的世界观、人生观、价值观，增强使命感和责任感，把个人理想融入山西振兴崛起的伟大实践。

16.强化企业家自觉遵纪守法意识。加大法治宣传教育的力度和广度，增强企业家遵纪守法观念。企业家要自我学习、自我教育、自我提升，坚持以法律为准绳，自觉在法律允许的框架内开展经营活动，依法依规办企业，诚信守约搞经营。

17.鼓励企业家保持艰苦奋斗精神风貌。大力弘扬太行精神、吕梁精神、右玉精神，鼓励企业家艰苦奋斗、勤俭创业，培育和保持健康向上的生活情趣。引导企业家树立竞争意识、忧患意识，居安思危、奋发图强。

五、弘扬企业家创新发展专注品质追求卓越的精神

18.支持企业家创新发展。落实我省鼓励企业家创新和发展的相关政策措施，稳定企业家创新预期，激发企业家创业激情、创造潜能、创新活力。依法保护企业家拓展创新空间，持续推进产品创新、技术创新、商业模式创新、管理创新、制度创新。

19.发挥企业家在推动科技成果转化中的重要作用。鼓励高等院校、科研院所与企业合作，实现科研攻关能力与产业化能力优势互补，加速科技成果转化。鼓励驻晋军工单位推动军工技术向国民经济领域转移转化，实现产业化发展。通过自荐、推荐、邀请等方式增加一批具有创业经验和社会责任感的成功企业家进入科技专家库，参与评审、论证、咨询等第三方服务。

20.强化企业家以质取胜意识。建立健全质量激励制度，实施质量和品牌提升等重点工程。开展山西省质量奖和山西省名牌产品评选，加大地理标志产品保护和有机产品认证的宣传力度，发挥名牌引领作用。深入开展质量提升行动，实施质量改善工程，加快标准提档升级，加强质量监管。

21.引导企业家弘扬工匠精神。鼓励企业建立首席技师制度，着力培养技术精湛、技艺高超的高技能人才。支持企业设立“技能大师工作室”，发挥优秀高技能人才在带徒传技、技能攻关、技艺传承等方面的作用。对入选“三晋首席技师培养计划”的高技能人才和批准设立的国家级及省级技能大师工作室，由财政给予奖励和资助。

22.激发“老字号”企业企业家改革创新发展意识。充分认识保护和促进“老字号”发展的重要性和紧迫性，坚持保护与发展并重、继承与创新并举的原则，为“老字号”企业发展营造有利的政策环境，保护“老字号”传统文化遗产。激励“老字号”企业企业家在振兴发展中创造更多的社会、经济和文化价值。

23.支持企业家追求卓越。大力弘扬超越自我、追求卓越、争创一流的拼搏精神，支持企业家紧紧抓住山西资源型经济转型发展的历史机遇，锐意进取，努力打造一流产品、一流技术、一流品牌，一流文化、一流管理、一流服务，争创具有国际竞争力的一流领军企业。

六、弘扬企业家履行责任敢于担当服务社会的精神

24.增强企业家履行社会责任的荣誉感和使命感。设立企业家履行社会责任光荣榜，支持企业家奉献爱心，参与光彩事业、公益慈善事业、精准扶贫行动、应急救灾活动等。大力宣传企业家在构建和谐劳动关系、促进就业、关爱员工、依法纳税、节约资源、保护生态等方面的典型事迹。

25.国有企业家要自觉做履行政治责任、经济责任、社会责任的模范。要建立和完善国有企业党建工作考核评价机制，引导国有企业家履行政治责任。要把提高企业效益、增强企业竞争力、实现国有资产保值增值作为考核国有企业家履行经济责任、社会责任的重要标准。党员企业家要旗帜鲜明讲政治，不忘初心、牢记使命，模范遵守党的政治纪律、组织纪律、廉洁纪律、群众纪律、工作纪律、生活纪律。

26.引导企业家积极投身重大战略。建立企业家参与重大战略实施机制，鼓励企业家积极投身“一带一路”建设，参与国企国资改革，参与军民融合发展，参与基础设施和公共服务领域建设。鼓励企业家干事担当，积极投身山西转型综改试验区、能源革命排头兵、国家新型综合能源基地、世界煤基科技创新成果转化基地、全国重要的现代制造业基地、内陆地区对外开放新高地建设，为山西振兴崛起贡献力量。

七、加强对企业家优质高效务实服务

27.深化“放管服效”改革。做好国务院取消行政许可事项等的落实承接工作,持续精简省级行政审批项目。对行政审批前置申请材料进行全面清理规范,切实解决企业办事难等突出问题。探索建立企业投资项目承诺制。建立重大项目落地“零距离”服务机制,为省级重大项目审批提供全程服务。设立行政效能监督窗口,不定期邀请人大代表、政协委员、政风行风监督员、新闻媒体和其他社会各界对窗口单位的政务服务进行监督。落实服务企业常态长效制度,围绕建体系、建机制、建平台、建制度,推动建立全省自上而下、横向拓展的“1+N”工作体系,畅通企业问题受理渠道,上下联动、部门协同,分级分类高效协调解决企业问题。开展“兑现政府对民营企业的承诺”专项行动,完善民营经济综合服务窗口工作机制,打造长效服务平台。

28.切实减轻企业负担。全面清理规范涉企收费。坚持依法治税,减少自由裁量权,增加透明度。全面落实“营改增”减税降负政策,落实《全省税务系统优化税收营商环境服务经济转型发展实施意见》,持续释放更大改革红利,激励企业家干事创业。巩固和完善政府性基金和行政事业性收费目录清单管理制度,合理降低企业税费负担和融资成本;优化营商环境,明显降低制度性交易成本、能源成本和物流成本;企业“五险一金”缴费占工资总额的比例合理降低,人工成本上涨得到有效控制。

29.优化面向企业和企业家服务项目的办事流程。积极打造审批最少、流程最优、体制最顺、机制最活、效率最高、服务最好的“六最”营商环境,及时动态调整省政府部门(单位)权责清单并向社会公开。加快推进网上申报办理,加速建设省级“互联网+政务服务”平台,实行线上线下一体化运行,实现政务服务事项“一号申请、一窗受理、一网通办”。

30.健全重大政策向企业家问计求策机制。积极探索建立政府与企业家双向沟通的常态化机制,建立政府重大经济决策主动向企业家征求意见建议的程序性规范。吸收企业家加入政府或政府部门专家委员会,为企业家参与重大经济政策、规划、法规制定提供制度保证。出台企业家参与涉企政策制定具体办法,明确条件、程序、保障措施等,将企业家参与涉企政策制定落到实处。

31.完善涉企政策和信息公开机制。充分利用省政务服务中心、网上政务平台、移动客户端、自助终端、服务热线等线上线下载体,将政府涉企权力事项清单、行政审批事项清单和审批流程等进行公开,接受企业监督。

32.强化涉企政策落实责任考核。认真梳理、层层分解涉企责任,逐项明确责任落实的路线图、任务书、时间表。加强对涉企政策责任落实的过程管理,完善考核内容,改进考核方式,狠抓工作落实。充分吸收行业协会商会等第三方机构参与政策后评估,推进各项涉企政策更趋完善。

八、加强优秀企业家培育

33.加强企业家队伍建设规划引领。研究制定我省加强企业家队伍建设规划,遵循企业家成长规律,将培养企业家队伍与贯彻落实国家重大战略以及我省经济社会建设同步谋划、同步推进。依托国内外一流大学,针对性培养我省企业家队伍的领军人才。在实践中培养一批具有全球战略眼光、市场开拓精神、管理创新能力和社会责任感的优秀企业家。

34.强化优秀企业家精神研究。支持高等院校、科研院所与行业协会商会合作,对具有山西特色的企业家精神进行深度挖掘,总结提炼富有山西特色、顺应时代潮流的新晋商精神,营造崇尚企业家精神、尊重优秀企业家的社会氛围。制定切实有效措施,解决我省企业家队伍建设中存在的结构性、体制性、素质性问题,激发和释放企业家投身转型发展的活力。

35.加强企业家教育培训辅导。加快建立我省企业家培训体系,组织实施企业家培训工程,积极构建组织调训、联合培训、专题研修、网络培训和业务培训“五位一体”培训格局。研究制定我省企业家培训规划。注重对青年企业家和“双创型”小微企业企业家的培养,依托党校、行政学院、社会主义学院、重点高校和有实力的培训机构,开展精准化的理论培训、政策培训、科技培训、管理培训、法规培训。

九、加强党对企业家队伍建设的领导

36.全面加强国有企业党建工作。全面落实习近平总书记关于加强国有企业党建工作的重要指示精神,坚持党对国有企业的领导。国有企业党组织要发挥领导作用,把方向、管大局、保落实,依照相关规定讨论和决定企业重大事项。将党的领导贯穿到国有企业改革全过程,坚持党的建设和国有企业改革同步谋划,坚持和完善双向进入、交叉任职,明确党组织参与企业重大决策的内容、程序和规则。将党的建设纳入国有企业章程。

37.加强党对企业家队伍的领导。增强国有企业家坚持党的领导、主动抓企业党建工作的意识,发挥党组织对国有企业选人用人的领导和把关作用,推进选人用人制度改革,加强后备干部、年轻干部培养。各级党委要切实加强对非公企业党建工作的领导,坚持服务企业发展与推进党建工作相结合的原则,教育引导民营企业家拥护党的领导,支持企业党建工作,确保非公企业党组织充分发挥作用。

38.发挥党员企业家先锋模范作用。强化对党员企业家日常教育管理基础性工作,加强国有企业党委班子成员的教育管理,加强非公企业党员的教育培训。教育党员企业家牢固树立政治意识、大局意识、核心意识、看齐意识,严明政治纪律和政治规矩,坚定理想信念,坚决执行党的基本路线和各项方针政策,用实际行动彰显党员先锋模范作用。

各级各部门要充分认识营造企业家健康成长环境、弘扬优秀企业家精神、更好发挥企业家作用的重要性,统一思想,按照省委“一个指引、两手硬”思路和要求,对标一流,加大面向企业家的政策宣传和培训力度,狠抓贯彻落实。省经信委要会同有关方面分解工作任务,对落实情况定期督察和总结评估。各市、县政府与山西转型综改示范区、各经济技术开发区要把落实措施作为转型升级、创新驱动的重要突破口,确保各项举措落到实处、见到实效。

中共山西省委　山西省人民政府
《关于推进乡村振兴战略的实施意见》

（2018 年3月31日）

为深入贯彻落实《中共中央、国务院关于实施乡村振兴战略的意见》，进一步明确任务，强化措施，落实责任，根据我省实际，提出如下实施意见。

党的十八大以来，省委、省政府高度重视"三农"工作，认真贯彻落实党中央"三农"工作部署特别是习近平总书记视察山西重要讲话精神，紧紧扭住发展现代农业、增加农民收入、建设社会主义新农村三大任务，扎实推进农业供给侧结构性改革，农业农村发展取得了重大成就。5年来，现代特色农业加快发展，农村改革不断深化，粮食综合生产能力稳定在130 亿公斤左右；农民收入持续增长，农民人均可支配收入达到10788元；脱贫攻坚取得决定性进展，农村民生得到显著改善；农村人居环境整治成效突出，乡村治理和乡风文明建设扎实推进，农村社会和谐稳定。

放眼未来，我省要与全国同步全面建成小康社会、实现社会主义现代化，短板在"三农"。当前，城乡发展不平衡、农村发展不充分已经成为我省经济社会的突出矛盾。主要表现在：农业产业结构层次偏低，农业质量和效益亟待提高；农村基础设施和环境治理欠账较多，乡村生态环境亟待修复；文明村镇建设相对滞后，乡风文明亟待提振；农村"三基"建设薄弱，乡村治理体系和治理能力亟待强化；农民增收渠道不宽，农村资源资产亟待盘活；脱贫攻坚任务十分艰巨，脱贫质量和成色亟待提升；农村自我发展能力弱，城乡要素合理流动机制亟待健全。实施乡村振兴战略顺应了时代要求和人民期盼，是我省转型发展的应有之义，是我省现代化进程的必然选择。

实施乡村振兴战略的总体要求是：以习近平新时代中国特色社会主义思想为指导，全面贯彻落实党的十九大精神和习近平总书记视察山西重要讲话精神，加强党对"三农"工作的领导，坚持稳中求进工作总基调，牢固树立新发展理念，落实高质量发展要求，坚持"三农"重中之重地位，坚持农业农村优先发展，按照产业兴旺、生态宜居、乡风文明、治理有效、生活富裕的总要求，建立健全城乡融合发展体制机制和政策体系，统筹推进农村经济建设、政治建设、文化建设、社会建设、生态文明建设和党的建设，加快推进乡村治理体系和治理能力现代化，加快推进农业农村现代化，走出中国特色社会主义乡村振兴道路山西路径，实现农业全面转型升级、农村全面繁荣进步、农民全面富裕发展。到2020年，乡村振兴取得重要进展，制度框架和政策体系基本形成，与全国同步建成小康社会。到2022年，乡村振兴取得阶段性进展，制度框架和政策体系基本成熟。到2035年，乡村振兴取得决定性进展，与全国同步基本实现农业农村现代化。到2050年，乡村全面振兴，农业强、农村美、农民富全面实现。

一、打好特色优势牌，提升农业发展质量

乡村振兴，产业兴旺是重点。要坚持质量兴农、绿色兴农，以农业供给侧结构性改革和农业转型综改为主线，加快构建我省现代农业产业体系、生产体系、经营体系，推动特色农业大省向特色农业强省转变。

（一）加快构建现代特色产业体系。统筹推进汾河谷地、上党盆地、雁门关、太行山、吕梁山和城郊农业六大区域发展，全面推动杂粮、畜牧、果业、蔬菜、中药材、酿造业、农产品加工业、休闲观光农业等产业高质量发展。认真落实粮食安全生产省长负责制，发展粮食产业经济，保障粮食安全。扎实推进高标准农田建设，建立粮食生产功能区，2018年全面开展粮食生产功能区划定工作，2019年基本完成划定任务。坚持市场导向、质量导向、效益导向，以特色农产品优势区和现代农业产业园为抓手，重点实施杂粮、畜牧、蔬菜、水果、干果、中药材、酿造等特色产业提质增效工程，实施全产业链开发，打造优势产业集群。大力扶持创建一批特色农产品优势区和"生产+加工+科技+营销"的现代农业产业园，聚焦产业、企业、企业家，引导项目入区入园。继续推进雁门关农牧交错带示范区建设，打造全国北方农牧交错带样板区。加大运城农产品出口平台建设力度，推动优质水果出口，打造"中国果都"。支持忻州建设优质杂粮示范区和国家级杂粮产地交易市场，打造"中国杂粮之都"。推动长治上党中药材中国特色农产品优势区建设，打造中药材现代化产业基地。

（二）大力发展有机旱作农业。推动落实我省《关于加快有机旱作农业发展的实施意见》，实施耕地质量提升、农水集约增效、旱作良种攻关、农技集成创新、农机配套融合和绿色循环发展六大工程，建立完善具有山西特色的有机旱作技术体系，逐步把有机旱作农业打造成全国现代农业的重要品牌。着重培育一批有机旱作农业示范典型。建设山西优质小米绿色有机基地，推进长治市创建全国绿色有机旱作农业示范市。

（三）全产业链推进功能农业（食品）。立足我省特色资源优势，大力发展功能农业（食品）。推动落实《山西省功能食品产业发展规划（2018—2020年）》，创建功能农业标准化体系。

积极推进新食品原料申报工作。大力开发功能性食品和药食同源产品。推动建设功能农业研究院、功能食品研究院、功能农产品质量检验监测中心和农业设施装备研究中心。深化与国内外知名大学、行业领军企业战略合作,培育功能食品龙头企业和终端营销企业,打造功能食品知名品牌。

(四)积极发展城郊农业。加大城郊区域结构调整力度,调减城郊粮食作物特别是籽粒玉米种植面积,着力发展高端高效农业、休闲观光农业、鲜活农产品物流业、现代农业服务业、城郊绿色生态农业,不断提升城郊农业综合效益和竞争力。加快培育新产业新业态,重点布局"一圈四片",打造太原—晋中省域中心城市现代都市农业圈和晋北、晋东、晋东南、晋南城郊农业片区。扶持建设一批特色村镇、田园综合体、高端休闲观光采摘园、农业旅游重点景区、高端民宿聚集区。

(五)以一二三产业融合推动县域经济发展。坚持"县域突破",推进差异化、特色化、集群化特色县域经济发展,培育壮大一批经济实力强、发展质量高的县。充分发挥区域经济转型升级考核评价的指挥棒和风向标作用,实施农村一二三产融合发展整县推进示范工程,延伸产业链、打造供应链、提高附加值,拓宽农民增收空间,推进县域经济转型升级。实施农产品加工业提升行动,大力发展特色农产品产地初加工、精深加工、主食加工和加工废弃物综合利用,打造一批产加销一体的全产业链企业集群。发展壮大"山西小米"产业联盟企业。创新流通方式和流通业态,完善农产品流通骨干网络,加快构建冷链物流体系,提高冷链物流标准化、信息化水平。积极发展连锁经营、电子商务等新型流通业态,深入开展农商互联,打造农产品销售公共服务平台。大力开发农业多种功能,推进农业与旅游、教育、文化、健康养生、传统手工业等产业深度融合,积极培育特色消费、现代供应链、共享经济、体验服务等新增长点。

(六)大力发展新型经营主体。实施新型农业经营主体培育工程,培育发展家庭农场、合作社、龙头企业、社会化服务组织和农业产业化联合体。积极构建完善科技、金融、流通、人才、政策五位一体的社会化服务体制机制,培育多种形式的农业经营性服务组织。加快我省农业生产性服务业发展,把农业生产托管作为主推服务方式。充分发挥新型经营主体的带动作用,发展多样化的联合和合作,完善订单带动、利润返还、股份合作等利益联结机制,开展农超对接、农社对接,帮助小农户对接市场,促进小农户和现代农业发展有机衔接,提升小农户组织化程度和抗风险能力。

(七)实施质量兴农战略。加快实施农业标准化和品牌建设工程,完善特色农产品质量和食品安全标准体系。抓好农业标准化生产,推进"三品一标"认证,建立省级标准化示范基地。实施食品安全战略,建立健全监管体制机制,加强农业投入品和农产品质量安全追溯体系建设,建设一批农产品质量安全县、绿色食品示范县和有机农产品示范区。加强品牌建设,建立品牌创建激励保护机制,注重对老字号和地理标志开发、保护和利用,整合品牌资源,提升山西小米、山西陈醋、运城苹果等区域公用品牌知名度和市场占有率,打造一批全国知名的企业品牌和产品品牌。实施"优质粮食工程",打造"山西好粮油"。继续办好农博会和北京展销周,在全国重点区域开展品牌展销活动,加大农业品牌展示展销和宣传推介力度。

(八)加快推进农业机械化。推进农机装备产业转型升级,加强农机农艺融合、农机化技术集成及前沿技术研究,研发推广标准化、智能化、信息化和集成化农机产品,推动农机服务全过程拓展。充分发挥农机购置补贴政策的导向作用,推进粮经饲作物全面全程机械化,重点抓好林果业、蔬菜、畜牧业、设施农业及农产品产后处理和初加工机械化。示范推广轻便耐用、经济实惠、环保低耗等先进适用农业机械,提升丘陵山区农业机械化发展水平。加强农机具场库棚、机耕道等基础设施建设。

(九)加快推进"互联网+现代农业"。大力发展数字农业,实施智慧农业工程,推动各类信息技术在农业农村应用,逐步消除城乡"数字鸿沟"。加快建设山西农业基础性数据库,扩大农业物联网区域试验示范项目范围,开展农业农村大数据建设试点,在现代农业示范区、产业园、科技园率先取得突破。充分利用山西农业云计算平台,建设优势特色农产品终端营销平台。提高农村电子商务发展水平,深入开展电商进农村综合示范,加快县乡村三级物流服务网络和节点建设,促进城乡商品双向流通。建立健全农业农村信息化网络体系,实施信息进村入户工程,加快建设"益农信息社",到2020年实现行政村基本覆盖。支持"互联网+农业社会化服务"平台建设,鼓励支持各类市场主体,发展分享农业、众筹农业等新型产业模式。加快山西中药材电子交易中心及国家级杂粮电子交易中心建设。

(十)高标准建设山西农谷。围绕农谷功能定位和主导产业,实施一批科技创新项目,打造一批科技创新平台,建立一批示范基地,推进一批农业产业化项目。加快推进农谷科创城、国家现代农业科技创新中心和国家现代农业产业园建设。实施山西农谷园艺产业发展规划。支持农谷与国内外一流科研机构和企业加强合作,加快推进中国食品发酵工业研究院科技平台、台湾产业园等项目落地。支持农谷与山西农大、省农科院深度融合。支持农谷创建国家级农业高新技术产业示范区。申办全国(山西农谷)农村改革论坛。

二、推进乡村绿色发展,打造山清水秀生态宜居的乡村环境

乡村振兴,生态宜居是关键。良好的生态环境是农村最大优势和宝贵财富。要守住生态保护红线,推动生态治理修复,让良好生态成为美丽乡村的底色。

(一)大力实施太行山吕梁山生态修复工程。编制《太行山吕梁山重大生态修复工程总体方案》。全面提升吕梁山水土保持功能、太行山中部水源涵养功能和燕山—长城沿线防风固沙功能,建设生态安全屏障。实施六大林业工程,制定林业工程三年滚动计划。加快推进国土绿化进程,加强对未成林造林地管护。到2020年,全省森林覆盖率达到23.5%;到2025年,全省现有宜林荒山绿化率达到95%以上,森林覆盖率达到26%以上。推进天然林资源保护，争取将符合国家级公益林区位要求的退耕还生态林纳入国家级公益林范围，享受森林生态效益补偿政策。启动省级公益林生态效益补偿。加快编制《永久性生态公益林保护实施方案》，加大对永久性生态公益林保护力度。

（二）扎实推进“七河”生态修复与保护。坚持“控污、增湿、清淤、绿岸、调水”五策并举，全面实施以汾河流域为重点的七河生态修复治理，创新七河生态修复治理市场化运作机制，在汾河中游核心区先行先试，加强干流两岸交通设施建设，打造沿汾生态走廊。全面落实河长制、湖长制，创新河湖管护体制机制，“一河一湖一策”推进全流域生态修复与保护。着力推进与大水网配套的县域小水网工程建设，优化水资源的全域化配置，发挥大小水网的协同效应。2020年建成县域小水网的“水盆子”项目，2022年县域小水网规划项目基本建成，县域供水体系基本健全，供水供给侧改革取得阶段性成果。加快编制《山西省黄土高原地区沟壑区固沟保塬综合治理方案》，全面推进吕梁山、太行山等水土流失综合治理，推动重要水源地生态清洁小流域建设。落实最严格水资源管理制度，严格水资源开发利用控制、用水效率控制、水功能区限制纳污“三条红线”管理。加快水权交易市场建设，探索建立滹沱河、桑干河等跨省流域横向生态保护补偿机制。

（三）加强农村突出环境问题综合治理。加强农业面源污染防治，开展农业绿色发展行动，实现投入品减量化、生产清洁化、废弃物资源化、产业模式生态化，推动全省特色农业绿色发展。推进有机肥替代化肥、畜禽粪污处理、农作物秸秆综合利用、废弃农膜回收、病虫害绿色防控。2020年实现化肥农药使用零增长，基本解决大规模畜禽养殖场粪污处理和资源化利用问题。继续加大采煤沉陷区综合治理力度。深入开展净土行动，推进重金属污染耕地防控和修复，打赢土壤污染防治持久战。加强农村环境监管能力建设，落实县乡两级农村环境保护主体责任。

（四）持续改善农村人居环境。以农村垃圾、污水治理和村容村貌提升为重点，实施农村人居环境集中整治三年行动计划。全面推进农村生活垃圾治理，梯次推进农村污水治理。坚持不懈推进农村“厕所革命”，立足不同地域生活方式和习惯，合理选择改厕模式，因地制宜制定农村改厕实施方案，加大政策和资金保障，确保2020年实现农村无害化卫生厕所普及率达到85%。大力开展村容村貌整治，扎实推进人员队伍、清扫保洁、垃圾收集处理、村容整饰、长效管理机制“五个全覆盖”。编制《山西省美丽宜居乡村建设规划》，采取以奖促治方式，点面结合打造一批美丽宜居乡村。继续实施农村公共浴室试点示范工程，解决农民洗澡难题。大力实施乡村绿化美化工程，积极创建森林城市、森林小镇和生态文化村。

（五）增加农业生态产品和服务供给。依托黄河、长城、太行三大旅游板块，开展农林文旅康产业融合发展试点。建设一批具有历史、地域特点的特色生态旅游村镇和乡村旅游示范村。发展一批中医保健、功能食品、康复疗养、避暑养生、森林康养等休闲旅游、康体健身产业示范基地。创建一批特色生态旅游精品线路和生态旅游产业链。以养心、养生、养老为发展方向，开发康养产品，打造康养山西、夏养山西品牌。

三、繁荣兴盛农村文化，焕发乡风文明新气象

乡村振兴，乡风文明是保障。要坚持物质文明和精神文明一起抓，提振农民精神风貌，培育文明乡风、良好家风、淳朴民风，不断提高乡村社会文明程度。

（一）加强农村精神文明建设。以社会主义核心价值观为引领，坚持教育引导、实践养成、制度保障三管齐下，深入开展中国特色社会主义和中国梦宣传教育，大力弘扬太行精神、吕梁精神、右玉精神。广泛开展文明村镇、星级文明户、文明家庭等群众性精神文明创建活动，2020年全省60%以上的乡镇和50%以上的行政村均达到县级以上文明村镇标准。加强农村基层公共文化体育设施建设，健全完善广播电视村村通、乡镇综合文化站、农村电影放映、农家书屋、文化活动室、室外活动场所等重点乡村文化体育设施。采取政府购买服务、项目补贴、定向资助等方式，支持社会各类文化组织和机构参与农村公共文化服务。将农村精神文明建设工作纳入年度目标责任考核，加大督查力度，确保工作落实。

（二）传承弘扬优秀乡土文化。实施乡村文化记忆工程，挖掘抢救优秀乡土文化资源，力争到2022年，在传统村落、历史文化名镇名村、非遗项目乡村站点普遍建立文化档案和数据库。制定出台《山西省传统村落保护发展管理办法》，实施传统村落保护工程，加大对古镇、古村落、古建筑、农业遗迹等物质文化遗产的保护力度。探索传统村落遗产保护与文化传承新业态、新模式、新路径，建立传统村落保护利用示范区。推进文旅村镇发展，深入挖掘山西农耕文化，培育一批特色文化旅游村落。抓好农村业余文化骨干队伍建设，传承发展民间音乐、地方戏曲、民间舞蹈、地方曲艺。大力发展具有浓郁山西乡土特色的民间艺术和传统手工技艺，形成具有一定影响力的地方品牌，提升传统乡村文化附加值。实施振兴传统手工业行动计划。

（三）开展移风易俗行动。推动各地农村修订完善村规民约，引导和组织农民成立红白理事会、村民议事会、道德评议会、禁毒禁赌会，遏制大操大办、厚葬薄养、人情攀比、封建迷信等陈规陋习。2018年全省50%的行政村建立“一约四会”，2020年全省80%的行政村建立“一约四会”。继续开展文化科技卫生“三下乡”，深入推进“戏曲进乡村”工程，2018年免费送戏下乡一万场。

四、加强农村“三基”建设，构建乡村治理新体系

乡村振兴，治理有效是基础。坚持把夯实农村“三基”作为固本之策，建立健全党委领导、政府负责、社会协同、公众参与、法治保障的现代乡村社会治理体制，坚持自治、法治、德治相结合，确保乡村社会充满活力、和谐有序。

（一）加强农村基层党组织建设。强化农村基层党组织领导核心地位，创新组织设置和活动方式，扩大组织覆盖和工作覆盖。严格落实农村基层党建责任制。全面建立向贫困村、软弱涣散村和集体经济薄弱村党组织选派第一书记工作长效机制，持续整顿软弱涣散村党组织，稳妥有序开展不合格党员处置工作。推进"并村简干提薪招才建制",引导高校毕业生、农民工、机关企事业单位优秀党员干部到村任职。注重从农村致富带头人、农民专业合作组织负责人、复员退伍军人、大学生村官、外出务工返乡创业人员中培养选拔村干部,选优配强村党组织书记。加强农村后备干部队伍建设。加大从优秀村党组织书记中考试录用乡镇公务员和招聘乡镇事业编制人员力度,择优选拔进入乡镇领导班子。加大在优秀青年农民中发展党员力度。坚持把乡镇和村级组织运作经费列入财政预算,确保县域内村级组织运作经费平均不低于9万元,按不低于上年度当地农民人均可支配收入两倍标准兑现村"两委"主干基本报酬。加强村级组织活动场所建设,发展壮大村级集体经济。加强对农村基层干部队伍的监督管理,推行村级小微权力清单制度,严厉整治惠农项目资金、集体资产管理、土地征收等领域侵害农民利益的不正之风和腐败问题。

(二)深化村民自治实践。推动村党组织书记通过选举担任村委会主任。不断深化和拓展"四议两公开"制度,积极推进村务监督委员会建设。依托村民会议、村民代表会议、村民议事会、村民理事会、村民监事会等,形成民事民议、民事民办、民事民管的多层次基层协商格局。积极发挥新乡贤作用。加强农村社区治理创新。创新基层管理体制机制,整合优化公共服务和行政审批职责,打造"一门式办理""一站式服务"的综合服务平台。在村庄普遍建立网上服务站点,逐步形成完善的乡村便民服务体系。大力培育服务型、公益性、互助性农村社会组织,积极发展农村社会工作和志愿服务。

(三)建设法治乡村。健全维护农民权益、规范市场运行、"三农"支持保护、化解农村社会矛盾等方面的地方法规,完善村级事务决策、公开、监督等方面的制度机制,将政府涉农各项工作纳入法治化轨道。以"法律进乡村"为载体,深入开展面向农民群众的法治宣传教育,广泛开展法治乡村创建活动。深入推进涉农综合执法改革,加强涉农部门执法规范化建设,推进涉农执法力量下沉。健全乡村公共法律服务体系,扩大基层法律工作者队伍,落实"一村(社区)一法律顾问"制度,以村(社区)法律顾问微信群建设为重点,实现"一村(社区)一法律顾问"的有效覆盖。鼓励有条件的地方在村(居)委会或当地社区服务中心建立公共法律服务工作室。建立健全乡村调解、县市仲裁、司法保障的多元矛盾纠纷调处机制,推进法律援助工作联系点向农村辐射。逐步优化乡镇机构设置,理顺乡镇管理体制,坚持乡村共建、以乡带村,推动乡村法治建设平衡发展、协调推进。

(四)提升乡村德治水平。充分发挥德治礼序、乡规民约在农村治理中的作用,坚持崇德重礼和遵纪守法相结合,引导农民爱党爱国、向上向善,孝老爱亲、重义守信、勤俭持家。建立道德激励约束机制,广泛开展好媳妇、好儿女、好公婆等评选表彰活动,开展寻找最美乡村教师、医生、村官、家庭等活动。深入宣传道德模范、身边好人的典型事迹,发挥道德评议和社会舆论的力量,弘扬真善美,传播正能量。

(五)建设平安乡村。加快完善农村治安防控体系,健全落实社会治安综合治理领导责任制,严格落实"属地管理""谁主管谁负责",不断提升基层党政领导的责任意识。深入开展扫黑除恶专项行动,严厉打击农村黑恶势力、宗族恶势力,严厉打击黄赌毒盗拐骗等违法犯罪活动。依法加大对农村非法宗教活动和境外渗透活动打击力度,依法制止利用宗教干预农村公共事务,继续整治农村乱建庙宇、滥塑宗教造像,切实做好农村宗教工作;完善县乡村三级综治中心功能和运行机制;加强农村警务、消防、安全生产工作,坚决遏制重特大安全事故。探索以网格化管理为抓手、以现代信息技术为支撑,实现基层服务和管理精细化精准化。

五、全面深化农村改革,促进农民持续增收

乡村振兴,生活富裕是根本。要以完善产权制度和要素市场化配置为重点,加快深化农村改革,盘活农村资源资产,激发农村发展活力,拓宽农民增收渠道,让广大农民尽快富裕起来。

(一)巩固和完善农村基本经营制度。落实农村土地承包关系稳定并长久不变政策,衔接落实好第二轮土地承包到期后再延长30年的政策,让农民吃上长效"定心丸"。2018年全面完成土地承包经营权确权登记颁证工作,实现承包土地信息联通共享。完善农村承包地"三权分置"制度,在依法保护集体土地所有权和农户承包权前提下,平等保护土地经营权。健全完善县乡农村产权流转交易市场体系,引导土地经营权有序流转,发展多种形式的适度规模经营。农村承包土地经营权可以依法向金融机构融资担保、入股从事农业产业化经营。

(二)深化农村土地制度改革。系统总结泽州集体经营性建设用地入市等试点经验,完善农村土地利用管理政策体系。扎实推进房地一体的农村集体建设用地和宅基地使用确权登记颁证。完善农民闲置宅基地和闲置农房政策,探索宅基地集体所有权、农户资格权、宅基地及农房使用权"三权分置"具体实现形式。适度放活宅基地和农民房屋使用权,不得违规违法买卖宅基地,严格实行土地用途管制,严格禁止下乡利用农村宅基地建设别墅大院和私人会馆。在全省开展闲置宅基地整治盘活利用工作,启动凋敝村宅基地整治利用,推进空心村、无人村复垦整治。在符合土地利用总体规划前提下,允许县级政府通过村土地利用规划,调整优化村庄用地布局,有效利用农村零星分散的存量建设用地;预留部分规划建设用地指标用于单独选址的农业设施和休闲旅游设施等建设。对利用收储农村闲置建设用地发展农村新产业新业态的,给予新增建设用地指标奖励。

(三)深入推进农村集体产权制度改革。全面开展农村集体资产清产核资、集体成员身份确认以及集体资产监管平台建设。将集体资产按照资源性、经营性、非经营性分类清查登记,实行台账管理,切实摸清集体家底,保护用好资源性资产,盘活用好经营性资产,管护用好非经营性资产。县级要明确集体经济组织成员政策界线,在群众民主协商基础上制定确认集体经济组织成员的具体程序、标准和管理办法。按照科学确定量化资产、合理计量资产价值、明细资产折股方式、确定成员分类享有份额、资产折股量化到人、股份确权到户等程序，加快推进农村集体经营性资产股份合作制改革。2018年基本完成3个国家级和11个省级试点县农村集体产权制度改革任务。力争在2019年底前全省全面完成农村集体资产清产核资，2021年全省基本完成农村集体产权制度改革任务。维护进城落户农民土地承包权、宅基地使用权、集体收益分配权，引导进城落户农民依法自愿有偿转让上述权益。全面深化供销社综合改革，深入推进集体林权、水利设施产权、农业水价等领域改革。

（四）扎实推进农村“三变”改革。以发展农民股份合作制经济为导向，推动资源变资产、资金变股金、农民变股东，探索建立符合市场经济要求的集体经济运行新的实现形式和运行机制，通过增量带存量、存量促增量，推动农村“三变”改革，让农村闲置的资源活起来，分散的资金聚起来，城乡的要素动起来。重点是将村集体预期可带来收益的资源性资产充分利用转变为经营资产，折股量化到本集体组织成员入股经营主体；将财政投入到农业农村的生产发展类扶持资金形成的资产，具备条件的，折股量化为村集体或农民持有的股金入股经营主体。通过制度创设，打造“股份农民”，在“耕者有其田”的基础上，实现“耕者有其股”。

（五）以农村“双创”推动农民转移就业。建立覆盖城乡的公共就业创业服务体系，健全公共就业创业服务提供机制和农村人口就业援助机制，推广“互联网+公共就业创业服务”。加快建设人人持证的技能社会，提升农村劳动者素质和就业能力。实施农民工职业技能提升行动，大规模开展职业技能培训和职业能力评价，力争持证就业率达60%以上。实施乡村就业创业创新促进行动。培育壮大环境友好型产业集群和龙头企业，提供更多就业岗位。加大对发展潜力大、吸纳农业转移人口多的县城和重点镇用地计划指标倾斜力度，为农村劳动者就地就近转移就业创造空间。深化户籍制度改革，促进有条件、有意愿、有稳定就业和住所的农业转移人口在城镇有序落户。

（六）完善农业支持保护制度。优化农业供给政策，完善以绿色生态为导向的农业补贴制度。落实和完善对农民直接补贴制度，提高补贴效能。继续制定完善省级强农惠农富农政策，提高政策的导向性、精准性、实效性。加快农险产品升级改造，进一步扩大农作物保险覆盖面，逐步将杂粮、鲜干果、蔬菜、草食畜、中药材以及大中型农业机械等纳入省级政策性保险范围，加大保险保费补贴力度。落实国家农业再保险体系和大灾风险分散机制。积极开展天气指数保险、农产品价格和收入保险、“保险+期货”、农田水利设施保险、贷款保证保险等试点。

六、打好精准脱贫攻坚战，增强贫困群众获得感

乡村振兴，摆脱贫困是前提。要坚持精准扶贫精准脱贫基本方略，把提高脱贫质量放在首位，建立贫困地区和脱贫人口稳定脱贫持续发展长效机制，坚决打好精准脱贫攻坚战。

（一）集中力量攻坚深度贫困。深入落实省委、省政府攻坚深度贫困各项政策举措，支持10个深度贫困县深化改革先行先试，分县打包，一县一单制定优惠政策，集中力量解决制约发展的突出问题。“六环联动”有序推进深度贫困村整体搬迁，确保搬得出、稳得住、逐步能致富。对有劳动能力的贫困人口，强化产业就业扶持，实施贫困村产业扶贫提升工程，突出抓好规划引领、组织带动、科技服务和利益联结，提高特色农业、光伏、电商和乡村旅游等产业带贫增收能力；加强技能培训，抓好劳务对接，打造劳务品牌，提高劳务输出的组织化程度；积极承接符合当地实际的劳动密集型产业，促进就近就地就业增收。对无劳动能力的贫困人口，跟进完善“三保险三救助”、教育扶贫、农村低保、农村养老等保障性扶贫举措。动态调整农村低保标准，稳定实现农村低保和国家扶贫标准有效衔接。做好农村最低生活保障工作精细管理，符合条件的建档立卡贫困老年人、贫困残疾人和重病患者全部纳入农村低保范围。

（二）加强分类指导精准施策。落实中央打好精准脱贫攻坚战三年行动指导意见，制定出台我省行动方案。加强分类指导，精准施策，提高脱贫攻坚的针对性和实效性。集中攻坚深度贫困县，以重大扶贫工程和到村到户帮扶为抓手，发挥政策叠加效应，促进贫困地区加快发展增强后劲，支持贫困人口提高能力增收脱贫。打造脱贫特色县，对标脱贫退出标准，补短板强弱项创特色，在培育带贫产业、壮大村集体经济、改善基础设施公共服务等方面筑牢硬支撑。巩固提升“摘帽”县，按照摘帽不摘责任、不摘政策、不摘帮扶、不摘监管的原则，明确具体支持政策，巩固脱贫成果、提升发展能力，稳定脱贫持续发展奔小康。统筹用好各类帮扶资金和帮扶政策，重视非贫困县、非贫困村脱贫攻坚，确保脱贫不留死角、不留盲区。

（三）着力补齐基础设施公共服务短板。抓好增强贫困地区长远发展后劲的基础设施和公共服务重大项目，重点加强农村公路、安全饮水、电网、物流、互联网等设施建设，改善义务教育基本办学条件，加强妇幼、老年人、残疾人等重点人群健康服务，确保贫困地区基本公共服务主要领域指标接近全国平均水平。以户为基、以村为体、以县作战，加大投入和政策支持力度，对整村搬迁以外的贫困村，集中实施贫困村提升工程，改善生产生活条件，改进乡村治理，改善村容村貌、户容户貌，提升精神面貌，夯实稳定脱贫基础支撑，既让贫困户受益，也让非贫困户分享区域发展成果。

（四）激发贫困人口内生动力。扶贫与扶智扶志扶德相结合。以“三基建设”为抓手，采取案例教学、现场学习、外出培训等方式，加大培训力度，提高基层干部攻坚能力，关心关爱一线干部，激励带领群众脱贫攻坚的积极性创造性。坚持正向激励，改进帮扶方式，帮扶措施与脱贫主体参与相挂钩，救急纾困和内生脱贫相结合，采用生产奖补、劳务补助、以工代赈等办法，教育引导贫困群众自强自立，争先脱贫。

（五）强化脱贫攻坚责任和监督。坚持省负总责、市县抓落实、乡村具体实施的工作机制，强化党政一把手负总责的责任制。“双签”脱贫攻坚责任书，用好一线工作法，深入基层调研发现问题，协调推动解决问题。强化县级党委作为全县

脱贫攻坚总指挥部的关键作用,脱贫攻坚期内县级党政正职保持稳定。发挥省委督导组作用,较真碰硬倒逼责任落实、政策落实和工作落实。深入开展扶贫领域腐败和作风问题专项治理,解决责任不落实、作风不扎实、工作不到位等问题,切实克服形式主义、官僚主义等"四风"问题,坚决防止数字脱贫、虚假脱贫;加强扶贫资金管理,对挪用和贪污扶贫款项等腐败现象严惩不贷。完善脱贫攻坚督查巡查、考核评估办法,除党中央、国务院统一部署的考核评估和我省年度脱贫成效考核评估、满意度交叉检查外,各部门一律不再组织其他形式的考核评估,切实减轻基层负担。

七、推动城乡融合,构建城乡要素合理流动新机制

乡村振兴,城乡融合发展是必由之路。要按照抓重点、补短板、强弱项的要求,推动资源要素向农村流动,加快形成工农互促、城乡互补、全面融合、共同繁荣的新型工农城乡关系。

(一)优先发展农村教育事业。统筹推进县域内城乡义务教育一体化改革,2018年所有县(市、区)通过义务教育基本均衡国家评估认定,2020年城乡基本公共教育服务均等化目标基本实现。统一城乡义务教育经费保障机制,提高寄宿制学校和小规模学校保障水平。全面改善薄弱学校办学条件。实施农村义务教育营养改善计划试点。建立完善义务教育控辍保学制度,确保乡村学生不因上学不便而辍学。保障特殊群体接受义务教育。大力发展农村学前教育。实施高中阶段教育普及攻坚计划,努力推进所有高中阶段学校办学条件达到国家及省定标准。分类推进中等职业教育免除学杂费,实施职业教育实训基地建设工程,到2020年省级以上骨干专业实训基地覆盖率达到80%。实施乡村教师发展计划,推行乡村教师"县管校聘"。加强乡村学校信息化基础设施建设,高质量完成"三通"工程,构建教学资源共建共享平台,为乡村学校提供优质课程资源和微课资源。

(二)推动农村基础设施提档升级。加快推进公路、供水、供气、环保、电网、物流、信息、广播电视等基础设施建设向农村延伸,推进城乡基础设施共建共享、互联互通。实施农村公路"畅返不畅"路段提质改造和"窄路基路面"拓宽改造。加快建设黄河、长城、太行三大旅游板块干线及主要景点支线旅游公路。加大成品油消费税转移支付资金用于农村公路养护力度。2020年底前全面实现"四好农村路"建设目标。推进农村饮水安全巩固提升工程。实施高效节水灌溉和重大农业节水工程,加快大型灌区现代化升级改造和中型灌区节水改造,不断提高灌溉水利用率。加快新一轮农村电网改造升级。提升气象为农服务能力,建立农村气象灾害监测预警与联动响应机制,推进互联网、大数据等技术在气象为农服务中的应用。

(三)建立健全农村社会保障体系。完善统一的城乡基本医疗保险制度和大病保险制度,逐步提高城乡居民医保财政补助标准,全面使用全省统一的城乡居民医保信息系统,开展委托商业保险经办城乡居民医保业务试点工作,做好农民重特大疾病救助工作。完善城乡居民基本养老保险制度,建立城乡居民基础养老金正常调整机制和刚性约束机制。构建多层次农村养老保障体系,创新农村老年人日间照料中心多元化照料服务模式。统筹城乡社会救助体系,完善最低生活保障制度。将进城落户农业转移人口全部纳入城镇住房保障体系。健全农村留守儿童和妇女、老年人以及困境儿童关爱服务体系。加强和改善农村残疾人服务。

(四)推进健康乡村建设。推进县乡医疗卫生机构一体化改革,巩固完善乡村医疗卫生机构运行机制。提高农村人均基本公共卫生服务经费,推进基本公共卫生服务精细化管理。加强基层医疗卫生服务体系建设,支持乡镇卫生院和村卫生室改善条件,确保基本医疗卫生服务覆盖全体农村居民。加强乡村中医药服务,大力推进基层医疗卫生机构中医综合服务区(中医馆)建设。做好家庭医生签约服务,逐步提高农村居民健康生活水平。加强慢性病综合防控,大力推进农村地区精神卫生、职业病和重大传染病防治。加强妇幼、老人、残疾人等重点人群健康服务。深化出生缺陷综合防治工作,提高人口素质。加快全省农村生活饮用水、农村环境卫生监测体系和监测点建设,加强农村病媒监测和病媒生物防制,建立完善健康村指标评价体系,推进省级健康村试点建设。

(五)强化乡村振兴人才支撑。实施新型职业农民培育工程,加强职业农民教育培训体系、师资体系、教材体系建设,实施现代青年农场主、新型经营主体带头人、职业经理人和农业生产技能提升四个培育计划,加快推进认定管理,完善扶持政策。开展职业农民职称评定试点。加强农村专业人才队伍建设,建立县域专业人才统筹使用制度,提高农村专业人才服务保障能力。继续实施"三支一扶"、特岗教师计划,组织实施高校毕业生基层成长计划。扶持培养一批农业职业经理人、经纪人、乡村工匠、文化能人、手工艺人、非遗传承人等。发挥科技人才支撑作用,全面建立高校、科研院所等事业单位专业技术人员到乡村和企业挂职、兼职和离岗创新创业制度,健全农业领域科研人员研究成果分配政策,全面实施农技推广服务特聘计划,允许农技人员通过提供增值服务合理取酬。建立社会各界投身乡村建设激励机制,研究制定公职人员回乡任职管理办法。建立乡村人才自主培养与人才引进相结合,学历教育、技能培训、实践锻炼等多种方式并举的乡村人力资源开发机制,建立城乡、区域、校地之间人才培养合作与交流机制。全面建立城市医生教师、科技文化人员等定期服务乡村机制,研究制定鼓励城市专业人才参与乡村振兴的政策。

(六)强化乡村振兴投入保障。建立健全实施乡村振兴战略财政投入保障制度,公共财政更大力度向"三农"倾斜,加快建立涉农资金统筹整合长效机制,推进行业内、行业间涉农资金统筹整合,确保财政投入力度不断增强,总量持续增加。2018 年新增15亿元支持乡村振兴战略实施。通过政府和社会资本合作、政府购买服务、贷款贴息、财政奖补、设立产业发展基金等有效方式,充分发挥财政资金的引导作用,撬动更多金融和社会资本投向乡村振兴。全面推进省市县三级农业信贷担保体系建设,发挥省农业信贷担保公司信用平台作用,推动"新农贷"试点工作,打造"政银担"三方联动担保机制。扎实推进农村承包土地的经营权和农民住房财产权抵押贷款试点工作。积极推动各类涉农产业基金以及政府专项债券等加大对新型农业经营主体、乡村振兴公益性项目的支持力度。在土地出让收入、耕地占补平衡所得收益等使用上，加大对乡村振兴倾斜与支持，将新增耕地指标和城乡建设用地增减挂钩节余指标跨区域调剂形成的收益，全部用于巩固脱贫攻坚成果和支持实施乡村振兴战略。研究制定金融服务乡村振兴的实施意见。着力引导农村金融机构回归本源。加大涉农贷款投放规模，重点对农村基础设施建设、农业龙头企业中长期项目等重大工程和项目予以支持。积极稳妥推进农信社改革，发挥农信社（农商行）“三农”金融服务主力军作用。适度降低村镇银行准入门槛，大力发展村镇银行等小微涉农金融机构，做实“三农”金融基层网点。加快信贷产品创新和优化升级，搭建政、证、银、企对接平台，促进涉农项目融资对接。加强优质农业龙头企业上市挂牌培育工作，推动涉农企业进入多层次资本市场。制定金融机构服务乡村振兴考核评估和奖励办法。

（七）引导工商资本和社会各界参与乡村建设。研究探索鼓励引导工商资本参与乡村振兴战略政策措施，落实完善融资贷款、配套设施建设补助、税费减免、用地等扶持政策。明确资本下乡投向，建立项目库，通过政府提供周转金、财政贴息、奖补等措施，为工商资本下乡创造有利条件。发挥工会、共青团、妇联、科协、残联等群团组织的优势和力量，发挥各民主党派、工商联、无党派人士等的积极作用，鼓励社会各界投身乡村建设。实施“乡村青年双争双兴工程”和“乡村振兴巾帼行动”。

八、坚持和完善党对“三农”工作的领导

办好农村的事，关键在党。各级党委和政府要提高对实施乡村振兴战略重大意义的认识，真正把实施乡村振兴战略摆在优先位置，把党管农村工作的要求落到实处。

（一）完善党的农村工作领导体制机制。坚持党委统一领导、政府负责、党委农村工作综合部门统筹协调的领导体制。充实完善省委农村工作领导小组及其办公室。切实加强各级党委农村工作部门建设，做好党的农村工作机构设置和人员配置工作。建立落实乡村振兴战略责任制，坚决贯彻省负总责、市县抓落实、乡村具体实施的工作机制，党政一把手是第一责任人，五级书记抓乡村振兴。县委书记要下大力气抓好“三农”工作，当好乡村振兴“一线总指挥”。各部门要按照职责，加强工作指导，强化资源要素支持和制度供给，做好协同配合，形成乡村振兴工作合力。各市党委和政府每年要向省委、省政府报告推进实施乡村振兴战略进展情况。建立市、县党政领导班子和领导干部推进乡村振兴战略考核制度，将考核结果作为衡量干部实绩的重要依据。

（二）加强“三农”工作队伍建设。加强“三农”工作干部队伍的培养、配备、管理、使用，把到农村一线锻炼作为培养干部的重要途径，形成人才向农村基层一线流动的用人导向，培养造就一支懂农业、爱农村、爱农民的“三农”工作队伍。各级党委和政府主要领导干部要懂“三农”工作、会抓“三农”工作，分管领导要真正成为“三农”工作行家里手。拓宽县级“三农”工作部门和乡镇干部来源渠道，优先选派熟悉“三农”的干部进入各级党委和政府领导班子。制定并实施乡村振兴“三农”干部全覆盖培训计划，整合培训资源、创新培训方式、明确培训经费，按照省、市抓好乡村基层干部培训教育示范培训、县级抓好乡村基层干部和涉农干部轮训、乡镇抓好全员培训的要求，突出实地培训、现场培训、示范培训，全面提升“三农”干部队伍能力和水平。

（三）强化乡村振兴规划引领。以“20字方针”为引领，着力构建乡村振兴战略规划体系。制定全省乡村振兴战略规划（2018—2022年），编制产业兴旺、生态宜居、乡风文明、治理有效、生活富裕和体制机制创新“5+1”六个专项规划。要与国民经济和社会发展规划、土地利用规划、城乡建设规划、生态保护规划等相衔接。要尊重农村发展规律和村庄变迁的趋势，注重当前和长远相结合。明确时间节点和任务要求，细化实化工作重点和政策措施，部署若干重大工程、重大计划、重大行动。要建立健全城乡融合发展的体制机制和政策体系，支持阳泉市建设城乡融合发展示范市。各级各部门要编制乡村振兴地方规划和专项规划或方案。加强各类规划的统筹管理和系统衔接，形成城乡融合、区域一体、多规合一的规划体系，一张蓝图抓到底。

（四）营造乡村振兴良好氛围。创新宣传形式，广泛宣传乡村振兴相关政策和生动实践，营造乡村振兴良好氛围。建立乡村振兴专家决策咨询委员会，健全运行保障机制，加强理论研究和制度创设。积极发挥示范引领和典型带动作用，总结各地丰富实践，选树一批好的典型。充分尊重农民群众意愿，切实发挥农民在乡村振兴中的主体作用，激发乡村振兴内生动力，通过汇聚广大农民群众的力量和智慧，形成全省人民群策群力、共建共享的乡村振兴局面。

让我们更加紧密地团结在以习近平同志为核心的党中央周围，以习近平新时代中国特色社会主义思想为指导，在省委、省政府的坚强领导下，攻坚克难，埋头苦干，开拓进取，扎实推进乡村振兴战略，为决胜全面建成小康社会、谱写新时代中国特色社会主义山西篇章而努力奋斗！

中共山西省委　山西省人民政府《关于开展质量提升行动的实施意见》

(2018 年7月7日)

为深入贯彻党的十九大及省第十一次党代会精神,全面落实《中共中央、国务院关于开展质量提升行动的指导意见》,大力实施质量强省战略,广泛开展质量提升行动,推动我省经济社会转向高质量发展阶段,现提出如下实施意见。

一、总体要求

以习近平新时代中国特色社会主义思想为指导,坚持新发展理念,紧扣社会主要矛盾变化,围绕统筹推进"五位一体"总体布局和协调推进"四个全面"战略布局,按照高质量转型发展的要求,坚持把深化供给侧结构性改革与深化转型综改试验区建设结合起来,牢固树立质量第一的强烈意识,聚焦"示范区""排头兵""新高地"三大目标,全面实施质量强省战略,持续提高产品、工程、服务的质量水平、质量层次和品牌影响力,推动我省经济发展质量变革、效率变革、动力变革,走出一条产业优、质量高、效益好、可持续的发展新路。

到2020年,通过深入开展质量提升行动,全省产品、工程、服务质量有效提升,产业发展质量稳步提高,区域质量水平整体跃升,质量基础设施效能充分发挥,供给质量明显改善,建设质量强省取得显著成效,更好地实现人民群众对美好生活的向往。

——产品质量。主要农产品质量安全抽检合格率稳定在97%以上,出口食品、农产品检验合格率保持在98%以上,建成国家级出口食品、农产品质量安全示范区25个左右,建成高标准农田1937万亩。食品药品安全风险分级覆盖率达到100%,食品质量抽检合格率达到97%以上,基本药物抽验合格率达到98%以上。传统工业产品质量合格率稳步提高,战略性新兴产业主要产品质量大幅提升、达到或接近国内先进水平,制造业产品质量合格率达到95%以上,制造业质量竞争力指数达到中等竞争力阶段,全要素生产率达到全国中等偏上水平。名牌产品达到1000个,新增工业企业品牌培育试点15 个,地理标志产品达到30个,争创中国质量奖5个。

——工程质量。国家重点工程质量达到国际先进水平,省级重点工程质量达到全国先进水平,城市规划区内房屋建筑与市政基础设施工程质量监督覆盖率达到100%,竣工验收合格率达到100%,施工图纸审查备案率达到100%,新增中国建设工程鲁班奖(国家优质工程)8项。设计年限内高速公路总体技术状况(MQI)大于92,MQI优等路率达到90%以上;普通国省道总体技术状况(MQI)达到80以上,MQI优良路率达到80%以上。大中型水利工程项目一次验收合格率达到100%,小型水利工程项目一次验收合格率达到98%以上。

——服务质量。全面实现服务质量的标准化、规范化和品牌化,建成一批国家级综合服务业标准化试点,培育20个左右在国内具有较强影响力和竞争力的服务业品牌。以质量提升助力文化旅游业成长壮大为全省战略性支柱产业。生产性服务业顾客满意度、生活性服务业顾客满意度和公共服务质量满意度均达到80以上。服务业增加值占GDP的比重达到50%以上。

——产业质量。增加农产品优质供给,"三品一标"获证产品数量年增幅保持在6%以上,煤、焦、冶、电等传统产业逐步向价值链中高端延伸,高端装备制造、新一代信息技术、新材料、新能源、新能源汽车、生物医药、节能环保、文化旅游等战略性新兴产业质量效益特征更加明显,高新技术企业数量达到全国平均水平,服务业提质增效进一步加快,形成一批质量效益一流的国家级产业集群。

——区域质量。以质量提升助推区域经济发展,区域主体功能定位和产业布局更加合理,资源优势、环境容量、产业基础充分利用,涌现一批区域质量品牌。将山西转型综改示范区打造成为中西部质量提升的新高地。各类开发区建设成为区域经济发展的核心载体,成为带动区域发展质量和效益稳步提高的加速器。创建全国知名品牌示范区15个。

——质量基础设施。质量基础设施对高质量发展的支撑更加有力。建设一批国家级、省级产业计量测试中心,社会公用计量标准在现有1500项的基础上年递增不小于5%,量传溯源体系的覆盖率达到95%以上,建成处于国内领先地位的最高计量标准15项。主导或参与制修订国家标准100项、行业标准150项,围绕传统优势产业和战略性新兴产业制修订地方标准500项、团体标准100项,创建国家级标准化示范试点项目50个、省级100个,企业产品标准自我声明公开率达80%以上。围绕主导产业建设国家级重点实验室、国家级质检中心20家。建设国家检验检测认证公共服务平台示范区(检验检测高技术服务业集聚区)3家以上。探索建立重点突出、优势互补、资源共享的质量技术基础综合服务平台和质量创新基地。

二、重点行业领域

(一)装备制造

积极推进装备制造业标准化和质量提升行动,实施工业强基、智能制造、绿色制造质量提升工程。在新能源汽车、高档数控机床、轨道交通装备、工程机械、化工装备、大型成套技术装备、通信设备、农业机械、电力装备、智能终端，以及基础零部件、电子元器件等重点产品领域组织实施工艺优化和关键共性质量技术攻关。在工具、量具、模具、基础零部件、电子元器件等基础类装备，以及重点通用类装备等领域，试点建立产品质量分级制度。加强计量传感技术、远程测试技术、仪器仪表核心零部件、核心控制技术的研究与应用。重点推广可靠性设计、试验与验证、可制造性设计等质量工程技术，提高产品可靠性、安全性等关键质量特性水平。

（二）清洁能源及原材料

打造能源革命排头兵。逐步减少并全面禁止劣质散煤直接燃烧，大力推进工业锅炉、工业窑炉等治理改造。建立健全煤炭质量管理机制，加强煤炭清洁储运管理，强化煤炭质量全过程监督管理。鼓励洗煤企业积极采用先进生产工艺和技术，提高煤炭洗选加工比例。完善电动汽车及充电设施技术标准，加快推广普及应用。积极推进绿色矿山和绿色矿业发展示范区建设，鼓励矿产资源综合勘查、综合评价、综合开发、综合利用，全面提升开采回采率、选矿回收率、综合利用率。加快焦炭、钢铁、水泥、电解铝等传统产业转型升级。加快推进先进金属材料、新型化工材料、新型无机非金属材料、高性能复合材料等新材料产业向高端化、规模化和集约化方向发展。

（三）消费品

推动消费品工业增品种、提品质、创品牌，满足民众消费升级需求。构建政府主导制定标准与市场自主制定标准协同发展、协调配套的标准制修订工作机制，建立系统完备的新型消费品标准体系。巩固传统产业的优势地位，促进产品供给向“产品+服务”转变。围绕日用陶瓷、日用玻璃、绿色造纸、洗涤产品、化妆品，完善标准体系，提升产品质量和档次。鼓励新型家具设计和开发，打造“晋作”家具，延伸服务链条，支持企业提供家居装饰装修整体解决方案。发展塑料管材、塑料型材、塑料农地膜、食品用塑料、工程塑料等产品，防止有毒有害物质超标。鼓励和引导服装服饰家纺产品生产企业注重发挥本土优势，发展特色高端纺织品，规范纺织工业健康发展。加快推进文体用品质量保障体系建设，引导生产企业加强新材料、新技术研发和应用，强化妇幼、老年人和残疾人用品功能设计和安全标准化，全面提升产品品质。加强对中华老字号、地理标志产品等传统文化产品的品牌培育，加大对漆艺、晋绣、堆锦、澄泥砚等工艺类传统优势品种的传承保护和创新，推动传统文化产品产业化、规模化发展。

（四）农产品和食品药品

健全农产品质量标准体系，实施农业标准化战略。加大耕地保护力度，加快高标准农田建设。严格规范农药、抗生素、激素类药物和化肥等投入品使用，加大土壤修复力度，推行种养殖清洁生产。以有机旱作农业为引领，围绕蔬菜、干鲜果、杂粮、食用菌、畜产品等特色产业，大力发展农产品初加工和精深加工，提高绿色有机产品供给比重。推进出口食品、农产品质量安全示范区建设。打造“山西小米”“运城苹果”等区域公共品牌。扶持功能农产品生产企业，培育产业新优势。

完善食品药品安全监管体制，推动食品安全标准与国际标准对接，加快提升营养健康标准水平。提升发展传统食品、特色食品、现代食品三大食品产业。指导帮扶乳制品、食醋、白酒、肉制品等重点食品生产企业，推行建立以二维码为追溯标识的信息化追溯体系。加强餐饮安全监管，服务餐饮品牌建设，促进餐饮集约化经营。实施药品、医疗器械标准提高行动计划，全面提升药物质量水平，提高中药质量稳定性和可控性。推进仿制药质量和疗效一致性评价。

（五）建设工程

大力提升工程建设质量和运行管理质量，塑造工程品牌形象。提高城乡道路交通设施、供热供水设施、排水与污水处理设施质量水平。加快海绵城市建设和地下综合管廊建设。严格执行重大项目基本建设程序，坚持科学论证决策，保证工程项目投资效益。严格工程质量终身责任制，全面落实工程参建各方主体责任、质量责任和建设单位首要责任。扎实推进工程质量管理标准化，建立从规划设计、建材及部品生产加工、建筑工程施工安装到运营管理的全流程质量管理体系，加快推动管理体系升级。健全工程质量监督管理机制，加强工程质量监督队伍建设。开展建筑部品、绿色产品、绿色建筑认证和相应检验检测，完善绿色建材标准，促进绿色建材生产和应用。推广工程建设新技术，组织编制并逐步推行新建建筑75%节能标准，不断提高建筑能效。大力发展装配式建筑，推动建筑产业转型升级。

（六）服务业

开展服务业质量提升行动，提升标准化水平和服务质量。健全以诚信评价、行政监管、风险监测、认证认可等制度为核心的服务质量治理体系。实施服务标杆引领计划，培育山西服务品牌。总结可复制、可推广的优秀服务模式和先进质量管理经验，扩大服务质量升级试点企业覆盖范围，引领服务业质量稳步提升。

提高生活性服务业品质。完善养老服务、健康服务、居民和家庭服务体系。创建家政企业服务品牌，完善家政服务标准规范。发展大众化餐饮，引导餐饮企业建立集中采购、统一配送、规范化生产、连锁化经营的生产模式。推广实施优质服务标识和管理制度。

促进生产性服务业专业化发展。加强多式联运基础设施规划和建设，推进多式联运信息共享，提升运输安全保障和服务质量。推进物流业智慧发展，围绕能源矿产品、农产品、大宗工业品、生活日用品等，培育现代物流企业集团，加快构建立体式现代物流产业格局。依托中国（太原）煤炭交易中心等行业电子商务平台，规范发展集交易、信息、物流、金融、信用评估等服务于一体的第三方电子商务综合服务平台。促进会展业发展，培育知名会展品牌。推进金融服务业创新发展，构建与实体经济发展相适应的现代金融服务体系。大力加强公共法律服务体系建设，努力为群众提供普惠性、公益性、可选择的公共法律服务。

（七）文化旅游

开展文化旅游服务质量提升专项行动。鼓励引导黄河、长城、太行三大文化旅游板块产业集聚、品牌塑造,办好重大旅游节庆活动,集中开工建设一批重点旅游项目,积极引进战略投资者,推动更多优质战略资本落户山西。全面提升景区品质,继续做优做强五台山、云冈石窟、平遥古城等旅游品牌。加快景区改造、提升、完善,优化产品线路设计,创建一批旅游精品景区。推动文化旅游融合发展,按照全域旅游理念和“旅游+”“+旅游”的思路,选择一批文化、文物、旅游密集带开展文旅融合发展试点。加快打造康养山西、夏养山西品牌,以康养拉动旅游全产业链发展,优化旅游供给结构,带动深度旅游,促进全域旅游,全面提升山西旅游的竞争力和影响力。在景区、饭店和旅行社等领域打造一批服务质量标杆单位,建设一批旅游服务质量升级试点单位,推动一批旅游景区参与全国知名品牌示范区建设。念好“安、顺、诚、特、需、愉”六字要诀,强化旅游市场综合监管,加快旅游诚信体系建设,打造优质旅游服务环境。

(八)社会治理和公共服务

加快推进行政审批标准化建设,推广“互联网+政务服务”,深化“放管服效”改革,打造“六最”营商环境。创新城市治理方式,提高智慧化、数字化、精细化程度,促进城市治理体系和治理能力现代化。发展高质量的普惠性学前教育,推进义务教育均衡优质发展,促进普通高中教育多样化特色发展,推进一流大学和一流学科建设,建设具有山西特色的现代职业教育体系。推进民办学校深化教育教学改革,提高办学质量。健全公共就业创业服务体系,发挥社会各类培训资源作用,建立覆盖对象广泛、管理运作规范、保障措施健全的职业培训机制,实施全民技能提升工程,实现更高质量和更充分就业。提升社会救助、社会福利、优抚安置等保障水平。

提高优质公共服务供给能力,聚焦医疗卫生、公共文化、供电、供气、供热、供水等公共服务领域,提高公共服务质量,推动公共服务标准化,优化资源配置,改善供给结构,提升突发事件的应急处置能力,提高安全保障水平。构建覆盖全省的公共服务质量监测网,开展公共服务质量监测,切实提升公共服务质量水平。

(九)对外贸易

构建内陆地区对外开放新高地。培育以技术、标准、品牌、质量、服务为核心的对外经济新优势。扩大先进装备、新材料、小杂粮、干鲜果等产品出口,提高出口产品的质量档次和附加值,鼓励现有出口产品打造国际品牌。支持企业按照国际标准组织生产和质量检验、开展国际标准认证,加快建设出口商品质量安全示范区。积极申报建设国家自由贸易试验区,推动全省开放平台建设。围绕“铁公机”“岸港网”建设,推进口岸核心能力和动植检规范化建设。加大对国外重大技术性贸易措施的跟踪、研判、预警、评议和应对,提升企业国际市场竞争力。积极推动山西融入区域合作,主动加强与京津冀、“一带一路”沿线地区的质量区域合作。

(十)信息技术

开展信息技术质量提升行动。加快推进物联网、大数据、云计算、3D打印等新一代信息技术研发与应用创新,深化大数据场景下的网络数据对传统产业的改造能力。全面强化虚拟现实、增强现实、全息成像、裸眼三维图形显示(裸眼3D)、交互娱乐引擎开发等新技术对文化创意产业发展能力的提升与促进,全面提升云计算、物联网、移动互联网等重点领域服务牵引、垂直整合与融合发展能力。重点开发电子政务系统、网络监测预警、工业控制安全、加密类信息、信息安全终端及服务器等核心产品。依托新一代信息技术服务的新架构、新应用和新模式,结合ITSS(信息技术服务标准)示范城市创建工作,建成需求引领、企业主体、政产学研用共同推进的信息技术服务标准体系。建设覆盖服务质量评价、数据(信息)保护、运行维护、云计算服务等重点领域标准应用公共服务平台,开展信息技术服务产品测评认定。

三、主要任务措施

(一)推动质量创新攻关

围绕传统产业转型升级和新兴产业战略发展,加强与国际优质产品的质量比对,找准比较优势、行业通病和质量短板,提供解决质量问题的“山西方案”。建立健全技术、专利、标准协同机制,开展对标达标活动,鼓励、引领企业瞄准先进标杆实施技术改造。开展重点行业工艺优化行动,组织质量提升关键技术攻关,推动企业积极应用新技术、新工艺、新材料。推广可靠性设计、试验与验证以及可制造性设计等先进质量工程技术。依托省级科技计划,支持引导行业领军企业联合产业链上下游企业和高等院校、科研院所,建立工程技术研究中心和重点实验室,积极培育高新技术企业及科技型中小企业,建立健全以企业为主体、市场为导向、政产学研用相结合的质量技术创新体系,努力攻克一批影响质量提升的关键共性质量技术。建立质量分级制度,倡导优质优价。聚焦重点产业领域和优势产品,开展新产业、新动能标准领航工程,促进新旧动能转换,加快建立创新攻关与国际同步、产品质量与国际接轨的先进产业体系。完善第三方质量评价体系,开展高端品质认证。积极鼓励质量提升基础研究、应用基础研究、技术发明、技术开发、重大工程建设、推广应用先进成果和高新质量技术产业化等方面的技术成果申报省科学技术奖。

(二)深化全面质量管理

发挥质量标杆企业示范引领作用,加强全员、全方位、全过程质量管理。推动企业建立覆盖产品设计、原料采购、进货验收、生产控制、出厂检验、售后服务等全过程的质量管理体系。广泛开展质量改进、质量风险分析、质量成本控制、质量管理体系升级等活动,提高质量在线监测、在线控制和产品全生命周期质量追溯能力,组织质量培训和会商会诊,广泛开展质量提升小组活动,推广应用精益生产、六西格玛、卓越绩效管理等先进质量管理技术和方法,提升产品质量和服务水平。鼓励中小企业围绕单个产品做精做细,打造一批质量生命力强的“隐形冠军”和“小巨人”企业。以优势企业为纽带,组建质量提升联盟,提高原材料、初级加工及配套生产企业的质量管理能力,促进协同制造和协同创新,实现质量水平整体提升。

(三)加快标准提档升级

将国家标准化综合改革试点建设与转型综改试验区建设深度融合,逐步形成统一管理、市场驱动、社会参与、协同推进的标准化工作格局。改革标准供给体系,鼓励各类组织参与各级标准制修订工作,推动消费品标准由生产型向消费型、服务型转变。进一步完善地方标准体系,培育发展团体标准,加快转化先进适用的国际标准,提升国内外标准一致性程度,积极参与国际标准制修订。开展标准分析、标准比对、标准升级,引领企业主动制定和实施先进标准。全面推行企业标准自我声明公开和监督制度,实施企业标准"领跑者"制度。构建山西制造标准体系,提升山西制造的质量竞争力。大力推进内外销产品同线同标同质工程,逐步消除国内外市场产品质量差距。加快构建与质量兴农、绿色兴农相适应的山西农业标准体系,提升农产品质量安全水平。健全山西民生标准体系,切实提升民生质量。完善山西服务标准体系,提高现代服务业质量水平。完善山西工程标准体系,确保工程质量安全。建立与现代政府治理体系和治理能力相适应的山西治理标准体系,提升政府服务质量。积极开展工业、农业、服务业标准化示范区和宜居城市、美丽乡村、网络安全、行政审批、社会治安综合治理等标准化试点建设。

(四)推进山西品牌建设

以产业集聚区、国家自主创新示范区、高新技术产业园区、国家新型工业化产业示范基地等为重点,开展区域品牌培育,创建质量提升示范区、知名品牌示范区,建设一批优势产品生产基地,带动全省产品质量整体水平提升,着力把山西转型综改示范区打造成为具有广泛影响力的品牌集聚地。通过自主创新、品牌经营、商标注册、专利申请等手段,培育一批市场影响力较强的知名品牌和知名企业。建立和完善品牌建设评价体系,加强对中华老字号、地理标志、生态原产地、山西省名牌产品等品牌培育和保护,探索开展以联盟认证形式推动的"品质山西"自愿性认证,引导企业提升产品和服务附加值,打造一批影响力大、生命力强的产品、工程、服务知名品牌,不断提升"山西品牌"的知名度和美誉度。完善中国质量奖推荐机制,持续开展山西省质量奖和市级质量奖评选活动。建立获奖组织和个人先进质量管理经验的长效宣传推广机制,加大对获奖组织在金融、信贷、项目投资、专项资金扶持等方面的支持力度。

(五)夯实质量基础设施

加强质量基础设施的协同建设、统筹管理,保持省内中央、省、市、县四级国家质量基础设施的系统完整。广泛开展中小企业质量技术服务活动,助推中小企业和产业集聚区全面加强质量提升。构建现代先进测量体系,加快建设具有高精确度、高稳定性、与国际一致性的社会公用计量标准,不断提高量值传递和计量溯源体系的覆盖率,推进社会公用计量标准升级换代。推进计量检测资源军民共享,开展军民融合计量科技协同创新。打造计量科技创新体系和共享服务平台。加快建立一批国家级和省级产业计量测试中心,形成全溯源链、全寿命周期、全产业链的计量检测服务能力。加强标准化基础能力建设,打造标准云平台、标准孵化基地、标准化人才专家库等省级标准化创新服务平台,建设国家标准馆山西转型综改示范区分馆,推动山西转型综改示范区和优势企事业单位创建国家、省级技术标准创新基地。加强检验检测体系建设,深入推进检验检测机构整合。打造一批国内领先的具有品牌效应的检验检测龙头企业,加快建设一批国家级重点实验室、工业产品质量控制和技术评价实验室、国家质检中心。完善认证认可体系,加强检验检测认证公共服务平台示范区、国家检验检测高技术服务业集聚区建设,提升战略性新兴产业检验检测认证支撑能力。支持中国WTO/TBT-SPS国家通报咨询中心山西研究评议基地建设。提高质量基础设施建设和科技研发在我省科技计划项目和创新平台中的部署比例,综合利用大数据、"互联网+",加快推进质量技术基础各要素融合,打造"一站式"公共服务平台。

(六)加强质量人才培养

将质量教育纳入全民教育体系,实施全员质量素质提升工程,坚持培养与引进并重,加速培育一批质量学科带头人和质量科技领军人才。鼓励省内高等院校加强质量相关学科、专业和课程建设,推进高素质质量管理人才培养。加强职业教育技术技能人才培养,推广现代学徒制和企业新型学徒制。推动建立省内高等院校、科研院所、行业协会和企业共同参与的山西质量研究与教育联盟。组织一支质量培训和管理咨询的专家队伍,强化质量管理培训,提升企业内部质量规划、管理和监督水平,提高企业全员质量意识和质量技能。在五一劳动奖章、奖状和工人先锋号评选工作中,设立质量提升专项奖励,努力打造一支对质量精益求精的高水平工匠队伍。在青年岗位能手评选和青年文明号创建工作中,树立质量提升领域的青年典型。加强对一线工人的工艺规程和操作技能培训,建立三晋首席技师制度,拓宽我省技能人才职业发展通道。实施青年职业能力提升计划,加强人才梯队建设。

(七)强化质量安全监管

加强对各个领域、各个环节质量的全方位监管,全面推行"双随机、一公开"监管模式,打造公平竞争的市场环境,保障民生安全。开展质量问题产品专项整治和区域集中整治。严厉打击侵犯知识产权和制售假冒伪劣商品行为。探索并建立分级执法协作机制,完善综合执法体系,进一步明确省、市、县三级的监管职责和执法重点,提高行政执法效能。落实执法责任,建立重大质量违法案件快速反应机制。加强行政执法信息共享,健全质量违法行为记录及公布制度,加大行政处罚等政府信息公开力度。加强执法能力建设,强化跨区域执法协作,促进行政执法与刑事司法衔接,严厉查处质量违法行为。加强进口商品质量安全监管,严守国门质量安全底线。探索建立产品伤害监测体系、第三方质量担保争议处理机制,健全缺陷产品召回行政监管和技术支撑体系。加强对重大危险源的监控,确保危险化学品、特种设备、工程建设等重点行业的质量安全。建立电商产品质量信息公共服务平台、山西重要进出口商品质量信息追溯体系,加快构建网购商品质量监管机制,加强对进出境邮快件、跨境电商等新兴业态的质量监管。

(八)开展质量统计分析

积极探索建立反映高质量发展的指标体系、统计体系,开展山西全要素生产率、制造业质量竞争力指数、公共服务质量满意度等指标研究,积极推动将质量指标纳入国民经济和社会发展统计公报。健全完善质量综合统计分析制度,围绕区域经济、重点行业、主要产品开展质量状况分析,通过信息汇集和大数据技术手段应用,定期形成质量状况分析报告及质量发展建议。推动各市、县(市、区)开展质量状况分析工作,反映区域质量发展水平,为服务高质量发展提供决策参考。实现质量数据信息开放共享,强化数据信息分析运用,建立集信息发布、在线调查、资源共享、沟通交互于一体的质量信息综合服务平台。建立科学完善的产品质量监督抽查体系、产品质量安全事故强制报告制度、产品质量安全风险监控及风险调查制度,动态掌握产品质量状况。实施服务质量监测基础建设工程,推广实行服务质量通告制度,定期向社会公布行业服务监管、服务质量及用户申诉处理情况。

(九)完善质量诚信体系

打通部门"信息孤岛",整合各级、各部门和企业、个人信用信息,推进信息共享、业务协同。完善企业质量信用档案和产品质量信用信息记录,健全质量信用评价体系,推进质量信用分级分类管理,在行政许可、政府采购、招投标、劳动就业、评先评优等行政管理和服务中广泛应用质量信用记录和信用产品。推动企业实施产品质量信息自我披露,公开产品质量承诺,发布质量信用报告。制定实施质量失信"黑名单"制度,对食品药品、生态环境、工程质量、安全生产、消防安全、强制性产品认证等重点领域拒不履行法定义务的严重失信行为实施联合惩戒,大幅提高质量违法和失信成本。加强技术机构诚信建设,增强检验检测数据的可信度和可靠性。发展第三方信用中介服务,支持鼓励信用产品社会化应用,促进公众信用消费。

(十)构建质量共治格局

加强质量地方性法规立法研究,强化对质量创新的鼓励、引导、保护,健全完善与我省质量提升相配套的质量法规体系。积极开展质量知识进社区、进乡村、进学校、进企业活动,推进国家、省级中小学质量教育社会实践基地建设,培养和提升全民质量意识,弘扬诚实守信、持续改进、创新发展、追求卓越的质量精神。建立完善质量信号传递反馈机制,增强行业协(商)会、第三方机构、消费者组织在质量建设中的组织、协调、服务和自律功能,更多激发社会组织活力。积极构建以消费者权益保护为核心的社会质量监督体系,强化质量社会监督和舆论监督,开展质量首负责任制承诺试点,完善消费者投诉、举报和处理机制,强化消费者权益保护。进一步创新质量治理模式,注重社会各方参与,推进以法治为基础的社会多元治理,构建市场主体自治、行业自律、社会监督、政府监管的质量共治格局。

四、加强组织保障

(一)加强党对质量工作领导。健全质量工作体制机制,加强质量发展统筹,建立"党委领导、政府主导、部门联合、企业主责、社会参与"的质量工作格局,由省委副书记、省长担任省质量强省领导小组组长,分管副省长担任副组长,成员由省委、省政府有关部门主要负责人组成。强化省质量强省领导小组质量提升职能,安排部署重要工作和协调解决重大问题。各市、县(市、区)党委、政府将质量工作摆到重要议事日程,并成立相应领导机构。

(二)狠抓督察考核。探索建立质量督察机制,强化政府质量工作考核。将考核结果作为市、县(市、区)党委、政府领导班子及有关领导干部综合考核评价的重要内容,对成绩突出的予以表彰奖励,对工作不力的严肃问责。探索建立质量提升情况报告制度,重点任务、重大改革事项纳入政府督办平台。

(三)加大财政金融扶持力度。完善质量发展经费多元筹集和保障机制,鼓励和引导更多资金投向质量创新攻关、全面质量管理、品牌培育、标准提档升级、质量基础设施建设、质量安全监管等领域。加大省级行业主管部门相关专项资金统筹保障力度,优化支出结构,提高绩效水平。构建质量增信融资体系,探索以质量综合竞争力为核心的质量增信融资制度,将质量水平、标准水平、品牌价值、市场竞争力等纳入企业信用评价指标和贷款发放参考因素。加大产品质量保险推广力度,支持企业运用保险手段促进产品质量提升和新产品推广应用。推动形成优质优价的政府采购机制。将质量、服务、安全等要求贯彻到采购文件制定、评审活动、采购合同签订的全过程,依法限制严重质量违法失信企业参与政府采购活动。建立质量激励政策,加大财政投入,落实标准化支持政策,推动企业提品质创品牌。对首次获得中国质量奖的单位和新获批的国家知名品牌示范区给予一定奖励。

(四)加强宣传动员。大力宣传党和国家质量工作方针政策及我省关于质量工作的决策部署,深入报道质量提升的丰富实践、重大成就、先进典型,利用全国"质量月"、"3·15"消费者权益保护日等主题活动开展质量宣传,依托报纸、广播、电视等传统媒体和网站、微博、微信等新兴媒体加强质量公益宣传,讲好山西质量故事,推介山西质量品牌,塑造山西质量形象。把质量理论纳入各级党校、行政学院和各类干部培训院校教学计划,提高各级领导干部质量发展理念和责任意识。将质量文化作为社会主义核心价值观教育的重要内容,提高全社会质量、诚信、责任意识。丰富质量文化内涵,促进质量文化传承发展。

中共山西省委 山西省人民政府《关于全面深化新时代教师队伍建设改革的实施意见》

（2018 年9月8日）

百年大计，教育为本；教育大计，教师为本。教师承担着传播知识、传播思想、传播真理的历史使命，肩负着塑造灵魂、塑造生命、塑造人的时代重任，是教育发展的第一资源，是国家富强、民族振兴、人民幸福的重要基石。进入新时代，要落实立德树人根本任务，满足人民群众对公平而有质量的教育的迫切需求，关键和根本在教师。

为深入学习贯彻习近平新时代中国特色社会主义思想，全面贯彻落实党的十九大和十九届二中、三中全会精神，认真落实中共中央、国务院《关于全面深化新时代教师队伍建设改革的意见》，加快建设新时代山西高素质专业化创新型教师队伍，到2022年基本实现教师培养培训体系健全、职业发展通道通畅、事权人权财权管理体制相统一、待遇保障有力，队伍规模、结构、素质能力满足各级各类教育发展需要的建设改革目标，2035年实现教师综合素质、专业化水平和创新能力大幅提升，教师管理体制机制科学高效，广大教师在岗位上有幸福感、事业上有成就感、社会上有荣誉感的宏伟目标，为决胜全面建成小康社会、夺取新时代中国特色社会主义伟大胜利、实现中华民族伟大复兴的中国梦奠定坚实基础，结合我省实际，提出如下实施意见。

一、落实立德树人根本任务，加强教师队伍思想政治建设和师德师风建设

1.加强教师党支部和党员队伍建设。将全面从严治党要求落实到每个教师党支部和教师党员，强化教师党员理论武装和思想政治教育工作，强化教师党支部政治功能，加强对党员的直接教育、管理、监督，做好组织、宣传、凝聚、服务群众工作。选优配强教师党支部书记，每年开展1次教师党支部书记集中轮训。严格执行“三会一课”、组织生活、民主评议党员等制度。做好在优秀青年教师、海外留学归国教师中发展党员工作。健全把骨干教师培养成党员，把党员教师培养成教学、科研、管理骨干的“双培养”机制。学校共青团要发挥团组织的助手后备军作用，加强教师队伍团组织建设，积极向党组织推荐优秀青年教师作为党员发展对象。

配齐建强思想政治工作队伍和党务工作队伍。尽快配齐思政工作专门力量，特别是高校辅导员队伍。完善选拔、培养、激励机制，加快专业化职业化建设，形成一支专职为主、专兼结合、数量充足、素质优良的工作力量。把从事学生思想政治教育计入高等学校思想政治工作兼职教师的工作量，作为职称评审的重要依据。

实施教师队伍党建提升计划。按照学校管理隶属关系，省、市、县三级党委要加强所属各级各类学校党组织建设，将所有教师党员纳入党组织教育、管理、监督范围。深入实施高校教师党支部书记“双带头人”培育工程，全面开展中小学教师党组织规范化建设，优化民办学校和各类培训机构教师党组织设置，选优配强党务工作队伍，充分发挥党组织政治核心作用和教师党员在立德树人、做“四有”教师中的先锋模范作用。

2.大力提高教师思想政治素质。教师职业具有公共属性，承担着国家使命和公共教育服务职责，公办中小学教师具有国家公职人员特殊的法律地位。要强化教师的国家责任、政治责任、社会责任和教育责任，加强理想信念教育，健全教师政治理论学习制度，引导广大教师深入学习领会习近平新时代中国特色社会主义思想，带头践行社会主义核心价值观，树立正确的历史观、民族观、国家观和文化观，增强教书育人的责任担当，坚定中国特色社会主义道路自信、理论自信、制度自信、文化自信。

创新教师思想政治工作方式方法，强化社会实践参与，增强针对性实效性。加强中华优秀传统文化和革命文化、社会主义先进文化和山西地方特色文化教育，引导教师了解党情、国情、省情、社情、民情，强化家国情怀，热爱祖国，奉献人民，扎根三晋大地，服务山西教育。要着眼青年教师群体特点，有针对性地采取多种方式加强教育，使思想政治工作接地气、入人心。

3.大力加强师德师风建设。将师德师风作为评价教师队伍素质的第一标准，健全完善高校、中小学幼儿园师德建设体系，完善教师宣誓制度，建设一批师德涵养基地，强化师德实践，推动师德建设常态化长效化。支持鼓励教师开展义务送教下乡等志愿服务活动，开展教师宣传题材作品立项，推出一批反映教师新时代风采作品，引导广大教师把教书育人和自我修养紧密结合，做到以德立身、以德立学、以德施教。

实施师德建设行动计划。建立健全覆盖幼儿园、中小学和高等学校的师德建设体系。从2019年起，各级各类学校在职教师签订师德承诺书，教育管理部门为每名教师建立师德档案。实行师德考核负面清单制度，对师德失范的教师在教师聘任、评优评先、职称评聘等工作中实行一票否决制。定期选树、宣传一批师德建设先进典型，展现新时代教师队伍职业形象和精神风貌，形成强大正能量。

二、立足新时代新要求,提升教师队伍专业素质能力

4.支持师范院校发展,提升教师培养质量。实施教师教育振兴行动计划,建立以山西师范大学等师范院校为主体、其他高水平非师范院校参与的师范教育体系,支持各市采取校地联合、与省外高水平师范院校合作等方式举办师范教育。办好现有幼儿师范高等专科学校,2030年前建设1所本科幼儿师范学校。推进政府、高校、中小学“三位一体”协同育人。加大师范院校建设投入力度,提升师范教育保障水平,将师范专业生均基本支出拨款标准提升到全省平均水平的1.3倍。切实提高生源质量,对符合《普通高校毕业生到山西省内艰苦地区基层单位(岗位)就业学费补偿管理办法》的学生,省财政给予学费补偿,吸引优秀青年踊跃报考师范院校和师范专业。落实国家师范院校建设标准和师范专业办学标准,调整优化师范院校和师范专业布局,深化教师教育课程改革,完善师范生教育实践制度,开展周期性师范类专业认证,提升师范院校办学水平和教师队伍素质。师范院校要坚持以师范教育为主业。加强教师教育师资队伍建设,在专业发展、职称晋升和岗位聘用等方面予以倾斜支持。

提高师范院校生源质量。改革招生制度,高校师范类专业采取提前批次录取或入校后二次选拔方式,选拔有志从教的优秀学生进入师范类专业学习。鼓励地方政府采取多种方式与相关院校联合培养地方急需的教师。完善省属师范院校师范生公费教育政策,扩大省级公费师范生招生规模,履约任教服务期调整为6年。

实施乡村教师培养计划。适应加强农村寄宿制学校和小规模学校发展要求,制定支持地方政府与相关院校定向培养乡村教师政策,引导各地采取定向招生、定向培养、定期服务等方式与省内外高等师范院校联合培养“一专多能”和紧缺学科教师。2019年起,每年面向艰苦偏远山区学校招聘省“特岗教师”1000名。扩大省级公费师范生招生规模,2020年起,太原师范学院、忻州师范学院开始招收省级公费师范生。

加强教师教育学科建设,支持师范院校“教师教育”学科群建设。鼓励高校积极申报教师教育类省级重点学科。加大师范院校博士、硕士学位授予单位及教师教育相关学位授权点建设力度。鼓励有基础的高水平综合性大学成立教师教育学院,设立师范专业,积极参与基础教育、职业教育、高等教育教师培养培训工作以及高等学校教师的继续教育工作。

5.建设高素质专业化的中小学教师队伍。推进教师培养供给侧结构性改革,提高中小学教师培养层次,为义务教育学校培养素质全面、业务见长的本科层次教师,为高中阶段教育学校培养专业突出、底蕴深厚的师范类本科和研究生层次教师。加强紧缺薄弱学科教师、特殊教育教师培养。

开展中小学教师全员培训,促进教师终身学习和专业发展。转变培训方式,实行“互联网+教师发展”工程,实行线上线下相结合的混合式研修,推动信息技术与教师培训有机融合。改进培训内容,推行自主选学,实行学分管理,建立学分银行,强化结果考核,搭建教师培训与学历教育衔接的“立交桥”。建设一批省内外教师培训基地,建立健全市、县(区)教师发展机构,加强专业培训者队伍建设,2022年前基本完成县级教师进修学校、教研、电教等部门有机整合。鼓励教师海外研修访学,鼓励教师在职学习提高。

实施中小学教师素质提升计划。按照中小学幼儿园教师学历新标准,指导各地整合优化队伍资源,制定分年度中小学教师学历提升目标任务。组织实施“国培计划”、信息技术能力提升培训和全员培训项目,适应课程改革深化、信息技术普及和中高考改革对教师队伍新要求,提高培训水平,提升教师专业素质能力。制定新时代教学名师、学科带头人等遴选评价标准,加强骨干优秀教师队伍建设,培养一批骨干教师、卓越教师和教育家型教师。

按照中小学校领导人员管理暂行办法,加强中小学校长队伍建设,提升校长办学治校能力,打造高品质学校。重视校长后备人才梯队建设,解决重选拔、轻培养问题。加大校长培训力度,重点开展校长任职资格、乡村学校骨干校长、校长后备人才和名校长培训培养。支持推广晋中市校长职级制改革。创优校长想干事能干事的环境,营造有利于专家型、教育家型校长成长的环境和氛围。

6.建设高素质善保教的幼儿园教师队伍。提高师范院校学前教育专业教育质量,扩大本科、专科层次专业以及初中毕业起点的五年制专科层次人才培养规模。加强学前教育专业建设,优化培养课程体系,突出保教融合,强化实践性课程,大力培养热爱学前教育事业,幼儿为本、才艺兼备、擅长保教的高水平幼儿教师队伍。

建立幼儿园教师全员培训制度,提升幼儿园教师科学保教能力。加大幼儿园园长和乡村幼儿园、普惠性民办幼儿园教师培训力度。依托高等学校和优质幼儿园,重点采取集中培训与跟岗实践相结合的方式培训幼儿园教师和教研员。鼓励师范院校与幼儿园协同建立教师培养培训基地,鼓励优质园采取集团化、联盟化办园方式,共享教师资源。

7.建设高素质双师型职业院校教师队伍。继续实施职业院校教师素质提高计划。支持应用型高校、优质高职院校与大中型企业共建双师型教师培养培训基地,重点建设1–2个国家级职业教育教师培养培训基地。健全完善职业院校教师定期到企业实践制度。建立企业经营管理者、技术专家、技术能手与职业院校管理者、骨干教师相互兼职制度,职业院校可依法依规自主聘请兼职教师和确定兼职教师薪酬。加强职业院校优秀骨干队伍建设,培养一批青年技能名师,打造一批骨干带头人、教学名师和教学团队、创新团队。完善职业院校教师职业技能大赛制度,造就一批职业素养好、技能水平高、教育理念先进的职业教育领军人物。

实施职业院校技能型双师型教师建设计划。建立符合职业教育特点的教师招聘和管理制度,通过设立流动岗位吸引企业及社会高技能人才担任兼职教师、建立企业高技能人才与职业院校教师相互兼职制度、设立校内特聘岗位、落实教师到企业实践制度、实施职业院校教师素质提升计划等办法和途径,加快职业院校双师型队伍建设步伐。到2020年,全省职业院校双师型教师占专业教师(含实习指导教师)的比例达到60%以上，其中，国家示范骨干学校和重点学校达到85%以上，省级示范和重点学校达到75%以上。高职院校全部建立技能大师工作室。

8.建设高素质创新型高等学校教师队伍。支持高校探索教师发展体制机制改革，设立教师发展中心，提高教师专业能力，推进高等教育内涵式发展。按照每年不低于教师工资总额的1.5%安排教师培训经费，保障教师专业能力提升。加强院系教研室等学习共同体建设，建立完善传帮带机制。完善新教师岗前培训制度和青年教师职业导师制度。健全优秀研究生导师评选制度，落实研究生导师立德树人职责。重视各级各类学校辅导员专业发展。加强高校教学名师和优秀教学团队建设，发挥“万人计划”教学名师、高校黄大年式教学团队的示范引领作用，鼓励高校积极参与学科、专业认证，带动高校教师整体水平提升。结合“一带一路”建设和人文交流机制，有序推动国内外教师双向交流，拓宽教师国际视野。支持孔子学院教师、援外教师成长发展。实施国家公派出国留学地方合作项目，高校设立专项资金支持教师出国开展学术交流活动。

聚焦山西“双一流”建设和“1331工程”，坚持引育并举，加快高校高层次人才队伍建设。完善吸引人才的政策环境，支持高校面向全球“一事一议”引进顶级人才团队，支持高校培养和引进活跃在国内外学术前沿、面向山西重大战略需求的一流科学家、学科领军人物。统筹做好国家和省重大人才项目推选工作，实施“三晋学者”选聘计划等人才项目。赋予高校国家“千人计划”“万人计划”专家和“三晋学者”组建团队自主权，团队成员可采取考核与考察相结合的方式公开招聘。支持高校依托国家和省重点学科、重点实验室等教学、科研创新平台及产学研用创新研发平台，加强团队建设，强化人才储备，增强团队持久竞争力。加强高端智库建设，依托人文社会科学重点研究基地等，汇聚培养一大批哲学社会科学名家名师。高等学校高层次人才遴选和培育中要突出教书育人，让科学家同时成为教育家。

实施高校教师激励引领计划。落实高等学校放管服改革政策和增加知识价值为导向的收入分配政策，扩大高校办学自主权和收入分配自主权，激励高校教师创新创业和开展科技成果转化。指导高校建立教师发展中心，搭建教师专业成长平台，系统组织高校教师研修提高。对接经济社会重大战略需求，统筹做好国家和省各类重大人才项目推选工作，为各类人才发挥才干创造宽松环境。评选一批教学名师、黄大年式教学团队。

三、深化教师管理体制机制改革，激发学校办学活力和教师工作积极性

9.规范和创新中小学编制管理。根据经济社会发展新情况和教育发展新需要，按照省级统筹、市域调剂、以县为主的原则，在现有编制总量内，统筹考虑、合理核定教职工编制，盘活事业编制存量，优化编制结构，向教师队伍倾斜，采取多种形式增加教师总量，优先保障教育发展需要。创新编制管理，加大教职工编制统筹配置和跨区域调整力度，根据公办中小学生源情况等原则上每3年调配一次编制。制定乡村学校和小规模学校编制核定办法，探索制定公办幼儿园教职工编制标准。除用于公办幼儿园以外，严禁以任何形式挤占、挪用、截留中小学编制。严禁在编不在岗和以各种形式“吃空饷”。因培训、病休、生育等造成的教师临时性缺员，支持各地通过政府购买服务方式解决，聘用期限不得超过6个月。核定编制难以满足教学需要的，县级党委政府可通过统筹县域事业编制设立编制“周转池”予以解决，通过政府购买服务等方式依法依规聘用学科教师。对工勤和教辅等可采取政府购买服务方式的岗位，纳入当地政府购买服务指导目录。严禁中小学校私自使用代课教师。

10.优化基础教育教师资源配置。全面实行义务教育教师“县管校聘”管理改革，县级机构编制部门负责核定编制总量，人力资源社会保障部门负责核定岗位总量，教育行政部门在核定的编制和岗位总量内统筹管理教师，学校按岗聘任、聘期管理。立足推动城乡义务教育一体化发展，深入推进县域内义务教育学校教师、校长交流轮岗，切实解决教师结构性超缺编问题，推动优秀教师、校长向乡村学校、薄弱学校流动。坚决调整农村小规模学校和空壳学校富余教师。启动“山西省农村义务教育学校教师特岗计划”，每年为艰苦偏远山区农村寄宿制学校和教学点招聘补充1000名优秀教师。实行学区（乡镇）内短缺学科教师走教制度，县级人民政府根据实际制定走教教师补助政策。实施银龄讲学计划，鼓励乐于奉献、身体健康的退休优秀教师到乡村和基层学校支教讲学。

加强公办幼儿园和普通高中教师配备管理，满足学前教育发展和适应高考改革选课走班及课程改革需要。

实施中小学管理体制改革推进计划。深入推进晋中市中小学校长职级制改革试点，积极推广晋中市中小学校长职级制和“县管校聘”经验，2020年每市至少确定1个县（市、区）开展校长职级制改革试点，2022年所有县（市、区）推行校长职级制改革，激发中小学办学创新活力，努力造就专家型、教育家型校长队伍。2020年，所有县（市、区）全面实行义务教育教师“县管校聘”管理改革。

11.完善中小学教师准入和招聘制度。新入职教师必须取得教师资格。提高新招聘教师学历门槛，逐步将幼儿园教师学历提升至专科，小学教师学历提升至师范专业专科和非师范专业本科，初中教师学历提升至本科，有条件地方将普通高中教师学历提升至研究生。积极探索符合教育行业特点的中小学、幼儿园教师招聘办法，强化对申请入职人员的品德和思想政治素质考察。健全完善教师常态补充机制，教师补充实行公开招聘，由县级以上人民政府教育行政部门组织实施，并接受同级人力资源社会保障部门的指导和监督。

12.深化中小学教师职称和考核评价制度改革。提高中小学中级、高级教师岗位比例，具体由省人力资源社会保障厅制定。完善符合中小学特点的岗位管理制度，实现职称与教师聘用衔接。将中小学教师到乡村学校、薄弱学校任教1年以上的经历作为申报高级教师职称和特级教师的必要条件。

职称评聘向乡村学校教师倾斜,重点关注长期扎根乡村学校工作的乡村学校教师。

进一步完善职称评价标准,建立符合中小学教师岗位特点的考核评价指标体系。实行教师资格定期注册制度,建立完善教师退出机制,加强聘后管理,激发队伍活力。防止形式主义的考核检查干扰正常教学。不得简单用升学率、学生考试成绩等评价教师。加强中小学校长考核评价,树立正确导向,完善优胜劣汰机制。

13.健全职业院校教师管理制度。建立健全岗位管理、教师招聘、绩效考核、人才评价、人才引进等制度,落实职业院校用人自主权。完善职业院校教师资格标准。研究制定中等职业学校教职工编制标准或人员配备规范。推行固定岗和流动岗相结合的教师人事管理制度改革,支持职业院校专设流动岗位,引进行业企业一流人才和吸引具有创新实践经验的企业家、高科技人才、高技能人才等兼职任教。修订完善职业院校教师职称评价标准和考核评价制度,科学评价教师。开辟职业院校招聘引进急需、紧缺高级技能型人才绿色通道,吸引优秀拔尖高技能人才进入职业院校任教。加大对领军人才、具有精湛技艺的专业技能人才等的支持力度。

14.深化高等学校教师人事制度改革。落实高等学校"放管服"改革有关政策,探索实行高等学校人员总量管理。高等学校根据国家及省有关规定,在核定的人员总量内自主制定岗位设置方案,自主制订教师到企业兼职、从事科技成果转化活动的办法和离岗创业办法、科研经费管理细则,自主安排、执行用人计划。严把高等学校教师选聘入口关,实行思想政治素质和业务能力双重考察。优化教师结构,鼓励高等学校加大聘用具有其他学校学习工作和行业企业工作经历教师的力度。配合外国人永久居留制度改革,落实外籍教师资格认证、服务管理等制度。帮助青年教师和引进的高端人才解决住房等困难。

深化高等学校教师职称制度改革,将职称评审权下放至高等学校。条件不具备、尚不能独立组织评审的高等学校可联合评审或委托评审。教育、人力资源社会保障等部门要加强职称评聘事中事后监管。推动高等学校教师职务聘任改革,加强聘期考核,准聘和长聘相结合,做到能上能下、能进能出。深化教师考核评价制度改革,将师德表现作为评聘的首要条件,提高教育教学业绩在评聘中的比重,把教授为本科生上课作为基本制度。坚持正确导向,畅通高端特殊人才、海外高层次人才职称评聘绿色通道,推动高层次人才合理有序流动。

四、进一步提高教师地位待遇,真正让教师成为令人羡慕的职业

15.完善中小学教师待遇保障机制。健全中小学教师工资长效联动机制,核定绩效工资总量时统筹当地公务员实际收入水平,各地在制定机关公务员绩效考核奖励方案时,应根据当地财力统筹考虑中小学教师的绩效工资。同时,要根据实际情况按照不低于500元/月的标准安排中小学班主任津贴专项资金,纳入绩效工资总量管理。确保中小学教师平均工资收入水平不低于或高于当地公务员平均工资收入水平。

16.着力提高乡村教师待遇。深入实施乡村教师支持计划,关心乡村教师生活,全面落实集中连片特困县乡村教师生活补助、乡村教师乡镇工作补贴和绩效工资倾斜等政策,全面落实集中连片特困地区乡村教师生活补助政策,依据学校艰苦边远程度实行差别化补助,鼓励有条件的地方提高补助标准,努力惠及更多乡村教师。依托山西省教育基金会等社会公益组织,设立山西省乡村教师关爱基金,资助因特殊情况导致生活特别困难的乡村教师。加强乡村教师周转宿舍建设,按规定将符合条件的教师纳入当地经济适用房、公共租赁房等住房保障范围,鼓励地方出台乡村教师在城区购房优惠政策。推动地方政府为乡村教师解决网络、电脑、电视、用餐、洗浴等相应设施,关心乡村教师工作生活,巩固乡村教师队伍。培训进修、职称评聘、表彰奖励等向乡村青年教师倾斜。

17.维护民办学校教师权益。完善学校、个人、政府合理分担的民办学校教师社会保障机制,民办学校应与教师依法签订聘任合同,按时足额支付工资,并为教师足额缴纳社会保险费和住房公积金,保障其福利待遇和其他合法权益。鼓励民办学校按规定为教职工建立补充养老保险,鼓励民办学校探索建立患重大疾病教师及家庭经济困难教师救助机制。非营利性民办学校教师享受当地公办学校同等的人才引进政策。依法保障和落实民办学校教师在业务培训、职务聘任、教龄和工龄计算、表彰奖励、科研立项、带薪休假等方面享有与公办学校教师同等权利。

18.改革高等学校教师薪酬制度。落实高校以增加知识价值为导向的收入分配政策,推动各高等学校出台相应实施细则,扩大高等学校收入分配自主权。支持高等学校推进内部薪酬分配改革,高等学校教师依法取得科技成果转化奖励收入和开展社会服务取得的合法收入,不纳入绩效工资。高等学校科研人员依法取得的科技成果转化奖励收入、从事多点教学收入、单位承担的各类财政资助科研项目和横向科研项目的间接费用用于科研人员的绩效支出部分暂不列入绩效工资。鼓励高校在奖励性绩效工资总量内设立绩效奖励专项,向关键岗位、高层次人才、基础岗位、业务骨干、突出贡献人员倾斜。完善适应高等学校教学岗位特点的内部激励机制,对专职从事教学的人员,适当提高基础性绩效工资在绩效工资中的比重,加大对教学型教师的岗位激励力度。

19.提升教师社会地位。加大教师评选表彰力度。按规定开展教师表彰活动,适时对教师世家、教育名家、教学专家、教育慈善家等进行评选表彰。定期开展省级教学成果奖、特级教师评选。做好国家乡村学校从教30年教师荣誉证书颁发工作。建立完善中小学教师体检制度。按照国家相关规定,组织开展全省教育系统先进集体和先进个人评选表彰,各地教师评选表彰活动。鼓励社会团体、企事业单位、民间组织对教师出资奖励,开展尊师活动,营造尊师重教的良好社会风尚。

着力建设现代学校制度,推行中国特色大学章程,充分发挥教师在办学治校中的作用。维护教师职业尊严和合法权益，完善教师人事争议处理制度，关心教师身心健康，克服职业倦怠，激发工作热情。

实施教师地位待遇提升保障计划。探索建立公办幼儿园教职工编制标准，规范幼儿园教师聘用管理，保障公办幼儿园教师待遇。健全中小学教师工资与公务员工资长效联动机制，确保中小学教师平均工资收入水平不低于或高于当地公务员平均工资收入水平。改善乡村教师工作生活条件。定期组织开展教师表彰奖励活动。依法落实高校教师和民办学校教师享有的各项待遇。

五、切实加强党的领导，确保政策措施落地见效

20.加强组织领导。各级党委和政府要从战略和全局高度充分认识教师工作的极端重要性，把教师工作置于教育事业发展的重点支持战略领域，把全面加强教师队伍建设作为重大政治任务和根本性民生工程切实抓紧抓好。要坚持确保方向、强化保障、突出师德、深化改革、分类施策的工作原则，在统筹规划经济社会发展工作中，始终把教育摆在优先发展的战略位置，优先谋划教师工作，优先保障教师工作投入，优先满足教师队伍建设需要。要通过各项政策举措的实施落地，全面提高教师队伍素质，全面提高教育质量。要实行一把手负责制，把教师工作摆上重要议事日程，细化分工，确定路线图、任务书、时间表和责任人。主要负责同志和相关责任人要做到实事求是、求真务实，善始善终、善作善成，把准方向、敢于担当，亲力亲为、抓实工作。

各市、县（市、区）党委常委会要定期研究教师队伍建设工作，各高校党委要经常研究教师队伍建设工作。各市、县（市、区）要建立教师工作联席会议制度，研究解决教师队伍建设的重大问题。针对创新编制管理、加大教师队伍建设投入、提高教师待遇等改革事项，有关责任部门要加强研究，制定具体措施。

21.加强经费保障。各级政府要将教师队伍建设作为教育投入重点予以优先保障，完善支出保障机制，确保党和国家关于教师队伍建设重大决策部署落实到位。优化经费投入结构，优先支持教师队伍建设最薄弱、最紧迫的领域，重点用于按规定提高教师待遇保障、提升教师专业素质能力。加大对师范教育投入力度。各级财政要加大教师培训经费投入力度。健全以政府投入为主、多渠道筹集教育经费的体制，充分调动社会力量投入教师队伍建设的积极性。制定严格的经费监管制度，规范经费使用，确保资金使用效益。

22.强化监督问责。各级党委、政府要将教师队伍建设列入督查督导工作重点内容，作为对下一级政府履行教育职责评价的重点指标，并将结果作为党政领导班子和有关领导干部综合考核评价、奖惩任免的重要参考，确保各项政策措施全面落实到位，真正取得实效。对因工作落实不到位，造成不良社会影响的部门和相关责任人，要严肃问责。

中共山西省委　山西省人民政府
《关于支持民营经济发展的若干意见》

（2018 年11月24日）

为深入学习贯彻习近平新时代中国特色社会主义思想和党的十九大精神，全面落实习近平总书记在民营企业座谈会上的重要讲话精神，着力破解民营经济发展中的问题，促进我省民营经济健康发展，提出如下意见。

一、总体要求

以习近平总书记关于大力支持民营企业发展的重要论述为指导，深刻认识民营经济是我国经济制度的内在要素，民营企业和民营企业家是我们自己人，深刻认识民营经济在我省经济社会发展中的重要地位和作用，深刻认识促进民营经济发展对我省转型发展的重大战略意义，全面落实党中央、国务院各项决策部署，坚持“两个毫不动摇”“三个没有变”，促进“两个健康”，解放思想、直面问题、精准施策，加强领导，推动民营经济在我省“两转”基础上全面拓展新局面进程中实现大发展、作出新贡献。

新时代促进我省民营经济发展，要坚持以下原则：坚持大力营造公平竞争环境，打破“卷帘门”“玻璃门”“旋转门”。坚持持续优化生产要素配置，让民营企业减压降负轻装上阵。坚持全面深化体制机制改革，激发民营企业发展活力。坚持不断提高民营企业创新能力，加快由资源依赖向创新驱动转型。坚持依法保护民营企业合法权益，让民营企业家吃下定心丸。坚持着力构建亲清新型政商关系，全心全意服务民营企业发展。

二、营造公平竞争环境

1. 保障民营企业平等地位。开展隐性障碍清理专项行动，除法律规定和国家决定保留的审批事项外，严禁以任何形式对民营企业设置门槛，做到对民营企业和国有企业一视同仁，对大中小企业平等对待。严格落实公平竞争审查制度，清理废除妨碍统一市场和公平竞争的政策文件，并向社会公布。强化反垄断执法，纠正滥用行政权力排除和限制公平竞争的行为。

2.进一步开放民间投资领域。除法律法规明确禁止的行业和领域外，一律向民间资本开放。修订《山西省鼓励投资政策》,鼓励民间资本投入基础设施、生态环保、脱贫攻坚、文化旅游、民生康养等领域。引导民间资本参与PPP项目，提高民间资本比重。择优选择一批市场前景好的项目开展社会资本投资示范，吸引民间资本参与。

3.促进国有企业与民营企业合作发展。鼓励民间资本参与国有企业混合所有制改革，竞争性领域的国有优质企业、优质资产、优质资源，对民间资本不设准入门槛、不限持股比例、不限合作领域。提高民间资本在混合所有制企业中的比重。建立混合所有制项目发布机制，定期公开发布合作项目。支持民营企业参与军民融合发展，通过我省军民融合科技成果交易平台、军民融合产融对接平台参与军民融合项目，通过山西省股权交易中心“军民融合板”扩大直接融资。对获得国家部委、军委相关部门军民融合项目资金的，按金额的5%给予配套。对年度内新增武器装备科研生产合同或与军工企业配套合同金额1000万元以上的，按新增合同额的5%给予奖励，最高不超过200万元。

4.发挥政府采购支持作用。各级各部门在满足自身运转和提供公共服务基本需求的前提下，应预留年度政府采购项目预算总额的30%以上，专门面向中小微企业采购，其中预留给小微企业的比例不低于60%。实施政府采购融资制度，鼓励中小微企业凭借政府采购合同向合作金融机构申请融资。

三、优化资源要素配置

5.依法兑现政府承诺。各级政府要坚持“新官理旧账”，对过去合法合规的承诺，要认真履约。定期梳理新近在招商引资、拆迁补偿、政府工程款项结算、PPP项目等方面的承诺事项，依法依规及时兑现。

6.减轻税费负担。全面落实国家税费优惠政策，推进增值税等实质性减税，对小微企业、科技型初创企业实施普惠性税收免除，确保国家出台的各项减税降费政策落地。适时降低城镇土地使用税适用税额。对确有特殊困难而不能按期缴纳税款的民营企业，通过依法办理税款延期缴纳等方式，帮助企业缓解资金压力。严格防范逃避税行为，规范税收征管和检查，避免因不当征税导致正常运行的企业停摆。对符合条件且努力稳定就业的参保企业，可通过减费方式返还企业及其职工缴纳的50%失业保险费。对用人单位和职工失业保险缴费比例总和从3%阶段性降至1%的现行政策，2019年4月底到期后可继续延续实施一年。落实国家降低社保费率的政策，稳定缴费方式，确保总体上不增加企业负担，确保企业社保缴费实际负担有实质性下降。合理编制社保费收入预算，严格按预算进行征收。妥善解决在民营企业就业的国有企业下岗人员社保费接续问题。在机构改革中确保社保费现有征收政策稳定，严禁自行对企业历史欠费进行集中清缴。加快推进省定涉企行政事业性收费零收费。规范中介服务，严禁变相提高收费标准。各地要解放思想、挖掘潜力，在2019年全年为民营企业减免税费275亿元以上，提高民营企业的政策获得感。

7.加强土地供给。推进“标准地”出让改革。对符合条件的省重点项目，土地计划指标优先予以保障。对各市确定的优先发展产业且用地集约的工业项目，土地出让底价可按不低于所在地土地等别相对应《全国工业用地出让最低价标准》的70%执行。工业用地可采取长期租赁、先租后让、租让结合、弹性出让等方式供应，采取长期租赁方式供地的，可以调整为出让供地；采取弹性年期出让的，届满符合产业导向的项目，可依法续期；以长期租赁、先租后让、弹性年期出让等方式取得土地使用权的，在使用年期内可依法转租、转让或抵押。支持和鼓励各地建设高标准厂房，可按幢、层等权属界线封闭且具有独立使用价值的空间为不动产登记单元进行登记。涉及不动产转让的，经批准后办理不动产转移登记。在符合规划、不改变用途的前提下，现有工业用地提高土地利用效率和增加容积率的，不再征收土地价款差额。

8.优化环评服务。对未列入国家《建设项目环境影响评价分类管理名录》的建设项目，除未来可能出现的环境影响或环境风险较大的项目，以及涉及自然保护区、风景名胜区、饮用水水源保护区、泉域重点保护区等环境敏感区的项目外，无需履行环评手续。把区域环评纳入政府服务事项，简化区域内项目的评价内容、前置条件、总量管理等。根据园区规划环评的审查意见和结论等要求，项目环评与规划环评可共享环境现状、污染源调查等资料，简化入园项目相应评价内容。研究制定推进环境污染强制责任保险试点工作指导意见，在风险大、污染严重的区域或行业实施强制环境污染责任保险，积极化解民营企业环保责任风险。

9.降低运行成本。平稳调整最低工资标准。规范工程建设领域保证金管理。研究降低水电气暖等价格，确保稳定供应。深化电力体制改革，开展支持民营企业“获得电力”专项行动，积极支持民营企业参与市场化交易，扩大市场交易电量规模，降低获得电力成本。支持符合条件的民营企业天然气用户改“转供”为“直供”。加快“公转铁”运输结构调整，推进高速公路差异化收费，降低企业物流成本。

10.优化营商环境。深化“放管服效”改革，积极推进“六最”营商环境建设。统筹推进企业投资项目承诺制改革试点和工程建设项目审批制度改革，加快推进“3545”专项改革，2018年底前，申请新开办民营企业实现省级3个工作日内完成营业执照办理、涉税办理、公章刻制等事项；查封、抵押、注销登记等不动产登记压缩至5个工作日内完成；一般性工业项目从备案到竣工验收的审批时限压缩至45个工作日内，其他工程建设项目审批时限压减至100个工作日以内。同时，加快“3545”专项改革在市县政务大厅落地。严格落实“大厅之外无审批”和“两集中、两到位”要求，全面推行“一窗通办”模式。加快推开省级“一枚电子印章管审批”，深化市县相对集中行政许可权改革。加快建设全省一体化政务服务平台，推动省市县乡四级全覆盖，实现各级政务服务事项网上办理，推进“最多跑一次”和“一次不用跑”改革落地见效。委托第三方机构开展民营企业发展环境评估，加强评估结果运用。

四、破解融资难融资贵问题

11.防范化解流动性风险。筹资50亿元组建山西省民营企业政策性纾困救助基金，市场化推动解决上市民营企业和重点民营企业的流动性问题，化解上市公司股权质押平仓风险，避免发生企业所有权恶性转移。成立企业债务清理工作小组，开展企业债务清理专项行动，优先清理政府性工程对民营企业的欠款。鼓励银行通过提前续贷审批，提高企业转贷效率。各市县要自筹资金，为本区域内骨干民营企业提供低成本“接续还贷”服务，各市新增应急还贷资金原则上不少于2 亿元，各县（市、区）建立应急还贷资金不少于2000万元，省市县共形成50亿元接续还贷周转资金。加强企业还贷应急资金的使用和管理，在防范风险的同时减免还贷应急资金使用成本。

12.加大信贷支持力度。金融机构要坚决贯彻落实国家和我省关于金融服务实体经济的部署要求，对符合条件但暂时遇到经营困难的企业，要继续予以资金支持，不盲目抽贷、断贷。各银行机构要按照中国银保监会关于民营企业贷款“125”方向性指标要求，在不放松信贷标准的基础上，进一步加大对民营企业的授信支持，力争2019年新增授信800亿元、2020年新增授信900亿元以上。地方法人银行机构要积极开展小微企业金融服务工作，实现单户授信额度1000万元以下（含）小微企业贷款同比增速不低于各类贷款同比增速，有贷款余额的户数不低于上年同期水平，合理控制小微企业贷款资产质量水平和贷款综合成本水平。建立以财政出资为主的小微企业贷款风险补偿机制。开展小微企业融资环境评价，鼓励发展小微企业投融资公共服务平台。推进小微企业应收账款融资，推动政府采购单位和产业链核心大企业确认账款，提高企业应收账款质押融资效率。进一步开展“银税互动”，推动“银政企保”合作。建立健全对民营企业授信业务的尽职免责和容错纠错机制，把银行业绩考核同支持民营经济发展挂钩，激励银行加大对民营企业的信贷支持力度。

13.支持企业直接融资。鼓励民营企业引进各类战略投资者，大力推动企业股份制改造。设立省上市（挂牌）民营企业资源库，组建专家服务队，做好上市（挂牌）民营企业培育工作。力争每年100户中小微民营企业完成股份制改造，100户中小微民营企业在山西股权交易中心“晋兴板”挂牌。2020年省上市（挂牌）民营企业资源库入库企业达到300家，全国股转系统（新三板）挂牌民营企业达到100家，沪深交易所主板（中小板）、创业板和科创板上市民营企业达到20家。对在沪深两地主板、中小企业板、创业板、科创板上市的企业，由省级财政给予200万元的奖励。对在全国股转系统挂牌的企业，由省级财政奖励100万元。对在山西股权交易中心挂牌、进行股份制改造并融资成功的企业，由省级财政奖励20万元。对当年入库中小企业完成股份制改造的，由省级财政奖励50 万元。鼓励产业发展基金、风险投资基金、创业投资引导基金、天使投资引导基金加大对种子期、初创期企业投资项目的金融支持力度。推动民营企业债券融资支持工具在我省试点，重点支持符合条件的优质民营企业发行债券。支持民营企业以市场化、法治化方式开展债转股，鼓励国有产业基金、投资基金等投资参股民营企业。

14.提高融资担保水平。充分发挥山西融资再担保集团的功能，2019年底前资本金增至25亿元，以后5年内每年财政安排3亿元作为资本金，为民营企业、小微企业和“三农”融资担保金额占比达到80%以上。加快全省融资担保体系建设，降低注册资本金要求，推动市县融资担保机构建设。省级财政部门按照不超过上年度小微企业和“三农”业务在保余额的1‰的资金，对满足条件的机构予以风险补偿。各级财政部门要制定对行政区域内融资担保机构保费补贴政策，对融资担保费率低于3%的差额部分给予补贴。完善政府性融资担保机构考评办法，放宽盈利性考核指标。

15.建立“红黑名单”制度。完善守信激励和失信惩戒机制，对进入红名单的民营企业，进一步加大融资支持力度，对贷款利率实行优惠，并为其提供多样化、针对性的金融产品和服务。对严重失信、长期违约、恶意拖欠的企业，要公开曝光，取消已有的荣誉和补贴。

五、推动民营企业转型升级

16.支持民营企业转型创新。鼓励民营企业紧扣“示范区”“排头兵”“新高地”三大目标，加快传统产业改造升级，投资文化旅游、装备制造、新能源汽车、新能源、新材料、现代服务业等战略性新兴产业。支持民营企业牵头或参与国家和省科技重大专项、重点研发计划及各类省级科技（专项基金）计划，建立高水平研发机构，建设研发平台和技术研发中心，发展产业技术创新战略联盟。科技型中小企业实际发生的研发费用，计入当期损益未按75%税前加计扣除，形成无形资产未按175%在税前摊销，在2019年12月31日前允许更正年度纳税申报追溯享受企业所得税前加计扣除。根据省有关规定，对首购首用首台套重大技术装备或重大创新产品的，省财政可按购买价格30%给予补贴、最高不超过100万元。对符合政府采购目录的我省首台套重大技术装备、首版次软件产品、首批次原材料等产品，自2019年1月1日起探索实行政府采购首购首用制度。支持民营企业打造一批有竞争力的质量品牌和技术服务标准，提高山西制造、山西建造、山西服务的竞争力。对获得中国质量奖的企业奖励500万元，获得提名奖的企业奖励200万元；获得山西省质量奖的企业奖励100万元，获得提名奖的企业奖励50万元。加快制定我省首批次创新产品认定标准，对主导制定新标准以及承担省级以上标准化试点示范项目的民营企业，给予经费补助。综合利用差别化用地、用能、价格、信贷、环境权益等措施，倒逼落后和过剩产能退出，促进民营企业转型升级。鼓励民营企业拓展国内外市场，加强“一带一路”产能合作，深化京津冀协作。保持出口信用保险政策的连续性和稳定性，进一步提高出口信用保险的覆盖面。落实企业境外所得税综合抵免政策。

17.支持民营企业引进人才。鼓励民营企业引进“两院”院士等杰出人才、重点技术领域和行业高层次领军人才、青年拔尖人才，民营企业引进的各层次人才享受与国有企业和事业单位引进人才同等政策待遇和津贴。建立人才双向流动机制,允许科技创新人才在高校、科研院所和民营企业间双向兼职。支持符合国家有关规定的退休党政干部、企事业领导干部到民营企业进行帮扶。民营企业开展职工技能培训,可申请政府有关资金支持。对人才培养较好的企业予以适当奖励。研究制定民营企业职称问题相关政策,畅通民营企业职称申报渠道。

18.加快市场主体培育。按照宜大则大、宜精则精的原则,构建"个转企、小升规、规改股、股上市"的梯次培育机制。从2018年起,省级财政对首次上规入统的小微工业企业,上规入统后连续2年未退出规模以上工业企业库的,给予5万元的奖励;连续3年的,再给予10万元的奖励。从2018年起给予"小升规"企业3年的适应调整期,3年内保持税收负担总体不增,可继续享受相关税收优惠政策。支持"晋民投"等民营企业参与国有企业混合所有制改革和开发区建设,参与整合省内金融资源,组建民营银行。推动中小企业"专精特新"发展,培育"小巨人"企业、"单项冠军"企业和"独角兽"企业。

19.促进民营企业家队伍健康成长。将培养民营企业家队伍与贯彻落实国家重大战略以及我省经济社会建设同步谋划、同步推进。强化对民营企业家政治引领,加强对民营企业家特别是年轻一代民营企业家的理想信念教育,引导民营企业家拥护党的领导,加强和改进非公企业党建工作。加强培养培训,引导企业家积极履行社会责任,诚实守信、守法经营、依法纳税。着力加强对新生代、"创二代"企业家的培育,实现薪火相传。

六、构建亲清新型政商关系

20.树立鲜明导向。大力倡导领导干部担当作为、靠前服务,真心实意帮助民营企业经营者解决实际困难;大力倡导领导干部理直气壮、光明磊落,多与民营企业经营者坦荡真诚接触交流;大力倡导领导干部公私分明、心无杂念,与民营企业经营者清白纯洁交往;大力倡导民营企业经营者讲正气、走正道,聚精会神办企业,遵纪守法搞经营;大力倡导民营企业经营者敢讲真话、勇于监督,依规依纪依法维护自身合法权益。

21.加强沟通协调。建立领导干部与民营企业联系制度、政企沟通协调会制度和民营企业直通车制度,定期通报情况、听取意见,及时解决企业反映的问题。健全企业家参与涉企政策制定机制。鼓励各级开发区设立工商联(总商会)组织。探索党政机关干部在民营企业挂职锻炼。

22.弘扬企业家精神。大力弘扬晋商精神,加强对优秀企业家先进事迹和突出贡献的宣传报道,营造崇尚企业家精神、支持企业家发展的社会氛围。制定获得全国、省级以上荣誉称号或百强民营企业的奖励办法,对进入全国民营企业500强的,财政给予100万元奖励;进入山西民营企业100强的,在政治安排和各类评选表彰中优先考虑。

七、依法保护民营企业合法权益

23.保护企业家财产和人身安全。依法保护民营企业物权、债权、股权、知识产权等财产权,依法保护民营企业家的生命健康、名誉等人身权,妥善处理历史形成的产权案件,保障民营企业和企业家合法财产不受侵犯、合法经营不受干扰。严厉打击针对民营企业的不正当竞争行为,对侵犯民营企业商标、专利、商业秘密等知识产权以及损害民营企业商业信誉、商品声誉的违法行为,及时予以纠正,构成犯罪的依法追究刑事责任。严格区分经济纠纷与经济犯罪的界限,坚决防止利用刑事手段干预经济纠纷,保护民营企业的合法权益。严厉打击危害企业家人身安全的违法犯罪行为,坚决防止和纠正刑讯逼供、滥用强制措施等侵害企业家人身权利的违法行为,对构成犯罪的依法追究刑事责任。对民营企业及其经营者的一般违法行为,依法必须采取查封、扣押、冻结措施处置涉案财物的,必须严格区分个人财产和企业法人财产,区分违法所得和合法财产,区分涉案人员个人财产和家庭成员财产,结案后及时解封、解冻非涉案财物。

24.妥善处理民营企业涉纪涉法案件。对积极配合协助案件调查的民营企业经营者,保障其正常生产经营和合法权益。对涉案民营企业经营者,纪委监委、法院、检察院、公安等要完善协作配合工作机制,统一执法尺度,既查清问题,也保障其合法的财产和人身权益。涉及民营企业行贿人、民营企业家的要依法审慎采取强制措施,充分考虑企业发展需要,对符合改变羁押强制措施的及时改变,对符合从宽处理的案件依法从宽处置。严格规范审查调查行为,依法审慎对相关民营企业采取调查措施,确需采取查封、扣押、冻结等措施的,要严格按照法定程序进行,除依法需责令关闭企业情形外,在条件允许情形下,可以为企业预留必要的流动资金和往来账户,最大程度降低对企业正常生产经营活动的不利影响。对一些民营企业历史上曾经有过的一些不规范行为,要以发展的眼光看问题,按照罪刑法定、疑罪从无的原则处理,让企业家卸下思想包袱,轻装前进。

25. 完善民营企业涉法维权机制。建立健全企业涉法维权问题协调工作机制,畅通企业涉法维权问题受理渠道。积极构建多元化矛盾纠纷解决机制,为民营企业提供更多纠纷解决途径和维权选择。对民营企业家提出申诉要求的案件,要及时、优先办理,严格依照法律法规和政策规定提出审查处理意见,确有错误的,坚决依法启动纠错程序,及时依法纠正。

26.坚持公平公正文明执法。全面推行行政裁量权基准制度,细化、量化行政处罚标准。坚持"法定职责必须为、法无授权不可为",全面公开行政执法部门权责清单。按照国家宏观调控方向,在安监、环保等领域微观执法过程中避免简单化,坚持实事求是,执行政策不搞"一刀切",避免"一律关停""先停再说"等简单粗暴做法。对民营企业经营中的一般违法行为,要妥善处理,坚决避免对市场活动的过度干预。加强行政执法监督,坚决制止和纠正各级执法机关和执法人员侵犯民营企业利益的行为。

27.创造良好社会环境。加强民营企业周边治安环境整治,依法严厉打击影响民营企业正常经营的黑恶势力,为民营企业发展创造良好治安环境。加大涉及民营企业生效判决的执行力度,严惩拒执违法犯罪,充分发挥执行联动、公布失信被执行人名单等制度的作用,确保民营企业胜诉权益及时落实兑现。

八、推动政策落地落实

28.加强组织领导。成立山西省促进民营经济发展工作领导小组，定期召开会议，组织协调解决民营企业发展面临的困难和问题。各市县也要成立相应机构，主要领导要亲力亲为、靠前指挥，相关部门要密切配合，形成促进民营企业发展的合力。

29.完善法规制度。加快推动相关地方性法规、政府规章的立改废释，研究出台山西省促进民营经济发展的地方性法规或政府规章，全面清理不利于民营企业发展的地方性法规、规章和规范性文件。

30.狠抓政策落实。各级各部门要切实负起责任，研究出台配套措施和实施细则，加大宣传解读力度，加强政策落实情况的督导考核，适时开展政策执行效果第三方评估。全面落实省委《关于进一步激励广大干部新时代新担当新作为努力建设高素质专业化干部队伍的实施意见》和《山西省支持干部改革创新合理容错办法（试行）》，进一步激励广大干部勇于担当、大胆作为，促进全省民营经济健康发展。

中共山西省委　山西省人民政府《关于全面实施预算绩效管理的实施意见》

（2018 年12月6日）

为深入贯彻党的十九大关于“全面实施绩效管理”的精神，加快建立全面规范透明、标准科学、约束有力的预算制度，进一步提高财政资源配置效率和资金使用效益，根据《中华人民共和国预算法》和《中共中央、国务院关于全面实施预算绩效管理的意见》等有关要求，结合我省实际，现就全面实施预算绩效管理提出如下意见。

一、重要意义

全面实施预算绩效管理是贯彻落实习近平新时代中国色社会主义思想、推进国家治理体系和治理能力现代化的内在要求，是深化财税体制改革、建立现代财政制度的重要内容，是优化财政资源配置、提升公共服务质量的关键举措，也是贯彻落实省委省政府实施创新驱动、转型升级战略决策部署的有效途径。预算绩效管理是政府绩效管理的重要组成部分，是一种以财政支出结果为导向的预算管理模式，目的在于强化政府预算为民服务的宗旨，强调预算支出的责任和效率，要求在预算全过程中更加关注资金的产出和效果，按照“紧日子、保基本，调结构、保战略”原则，优化资源配置效率，提升资金使用效益。全面实施预算绩效管理有利于深化财税领域“放管服”改革，加快建立现代财政制度，提升政府效能；有利于推动财政资金聚力增效，提高公共服务供给质量，增强政府公信力和执行力；有利于促进我省建设资源型经济转型发展示范区，打造能源革命排头兵，构建内陆地区对外开放新高地。

党的十八大以来，我省各级各部门认真贯彻落实党中央、国务院决策部署，财税体制改革加快推进，预算管理制度改革持续完善，财政资金使用绩效不断提升，对我省经济社会发展发挥了重要支持作用。但也要看到，目前，预算绩效管理中仍然存在一些突出问题，主要是绩效理念尚未牢固树立，一些地方和部门存在重投入轻管理、重支出轻绩效的意识；绩效管理的广度和深度不足，尚未覆盖所有财政资金，一些领域财政资金低效无效、闲置沉淀、损失浪费的问题较为突出；预算绩效管理制度不够健全，绩效激励约束作用不强；各地各部门工作进展还不够平衡等。

当前，我省正处于政治生态由“乱”转“治”、发展由“疲”转“兴”基础上全面拓展党的建设和党的事业新局面的关键时期，发挥好财政职能作用，必须按照党中央、国务院的决策部署，全面深化财税改革，建立全面规范透明、标准科学、约束有力的预算制度，以全面实施预算绩效管理为关键点和突破口，解决好绩效管理中存在的突出问题，使财政资金花得其所、用得安全。

二、总体要求

（一）指导思想

以习近平新时代中国特色社会主义思想为指导，深入贯彻落实党的十九大、十九届二中、三中全会精神和习近平总书记视察山西重要讲话精神，坚持和加强党的全面领导，坚持稳中求进工作总基调，坚持新发展理念，紧扣我国社会主要矛盾变化，按照党中央、国务院关于全面实施绩效管理的总体要求，落实省委、省政府的决策部署，紧紧围绕统筹推进“五位一体”总体布局和协调推进“四个全面”战略布局，坚持以供给侧结构性改革为主线，创新预算管理方式，通过建机制、扩范围、抓重点、补短板，力争用3-5年时间基本建成与我省建设“示范区”“排头兵”“新高地”战略目标相适应，注重结果导向、强调成本效益、硬化责任约束的全方位、全过程、全覆盖的预算绩效管理体系，实现预算和绩效管理一体化，着力提高财政资源配置效率和使用效益，改变预算资金分配的固化格局，提高预算管理水平和政策实施效果，为经济社会发展提供有力保障。

（二）基本原则

1.总体设计,统筹兼顾。按照深化财税体制改革和建立现代财政制度的总体要求,统筹谋划我省全面实施预算绩效管理的路径和制度体系。坚持以人民为中心,把实现好、维护好、发展好最广大人民群众的根本利益作为最根本的预算绩效目标,既聚焦解决当前最紧迫问题,又着眼健全长效机制;既关注预算资金的直接产出和效果,又关注宏观政策目标的实现程度;既关注新出台政策、项目的科学性和精准度,又兼顾延续政策、项目的必要性和有效性,使改革发展成果更多惠及全体人民,不断增强人民群众的获得感、幸福感、安全感。

2.全面推进,突出重点。预算绩效管理既要全面推进,将绩效理念和方法深度融入预算编制、执行、监督全过程,构建事前事中事后绩效管理闭环系统,又要突出重点,坚持问题导向,聚焦提升覆盖面广、社会关注度高、持续时间长的重大政策、项目的实施效果。

3.科学规范,公开透明。以提高财政资源配置效率和使用效益为核心,抓紧健全科学规范的管理制度,完善绩效目标、绩效监控、绩效评价、结果应用等管理流程,健全共性的绩效指标框架和分行业领域的绩效指标体系,推动预算绩效管理标准科学、程序规范、方法合理、结果可信。大力推进绩效信息公开透明,引导社会各界有序参与,自觉接受人大和社会各界监督。

4.权责对等,约束有力。按照"花钱必问效、无效低效必问责"要求,建立责任约束制度,明确各方预算绩效管理职责,清晰界定权责边界。健全激励约束机制,实现绩效评价结果与预算安排和政策调整挂钩。增强预算统筹能力,优化预算管理流程,调动各级各部门的积极性、主动性,切实把财政资金管理使用责任落到实处。

三、主要任务

(一)建立健全"全方位、全过程、全覆盖"的预算绩效管理体系

预算绩效管理体系是全面实施预算绩效管理的总纲。全面实施预算绩效管理就是要按照建立现代财政制度的要求,构建事前、事中、事后"三位一体"的全方位、全过程、全覆盖的预算绩效管理体系。

"全方位"就是要构建全方位预算绩效管理格局,将财政预算绩效管理实施对象从项目为主向政策、部门和单位整体支出拓展,从财政支出为主向政府财政运行拓展,形成政府预算、部门和单位预算、政策和项目预算等全方位预算绩效管理格局。一是政府收支预算全面纳入绩效管理,预算收入要实事求是、积极稳妥、讲求质量,必须与经济社会发展水平相适应,严格落实各项减税降费政策,严禁脱离实际制定增长目标,严禁虚收空转、收取过头税费,严禁超出限额举借政府债务;预算支出应当统筹兼顾、勤俭节约、量力而行、讲求绩效、收支平衡,优先保障党中央、国务院及省委、省政府的决策部署和基本民生需求,不得设定过高民生标准和擅自扩大保障范围,确保财政资源高效配置,增强财政可持续性。二是部门和单位预算收支全面纳入绩效管理,赋予部门和资金使用单位更多的管理自主权,围绕部门和单位职责、行业发展规划,以预算资金管理为主线,统筹考虑资产和业务活动,从运行成本、管理效率、履职效能、社会效益、可持续发展能力和服务对象满意度等方面,衡量部门和单位整体及核心业务实施效果,推动提高部门和单位整体绩效水平。三是政策和项目全面纳入绩效管理,建立长效机制,从数量、质量、时效、成本、效益等方面,综合衡量政策和项目预算资金使用效果;对实施期超过一年的重大政策和项目实行全周期跟踪问效,建立动态评价调整机制,政策到期、绩效低下的政策和项目要及时清理退出。

"全过程"就是要建立全过程预算绩效管理链条,将预算绩效管理贯穿到预算编制、执行、监督全过程。一是建立绩效评估机制。各部门各单位要对新出台重大政策、项目开展事前绩效评估;各级财政部门要加强新增重大政策和项目预算审核,必要时可以组织第三方机构独立开展绩效评估,审核和评估结果作为预算安排的重要参考依据。二是强化绩效目标管理。预算编制时,各级政府和各部门各单位要全面设置部门和单位整体绩效目标、政策及项目绩效目标;绩效目标不仅要包括产出、成本,还要包括经济效益、社会效益、生态效益、可持续影响和服务对象满意度等绩效指标,并合理匹配预算资金。各级财政部门要将绩效目标设置作为预算安排的前置条件,加强绩效目标审核。三是做好绩效运行监控。预算执行中,各级政府和各部门各单位要对绩效目标实现程度和预算执行进度实行"双监控",发现问题及时纠正,确保绩效目标如期保质保量实现。各级财政部门要建立重大政策、项目绩效跟踪机制,对存在严重问题的政策、项目要暂缓或停止预算拨款,督促及时整改落实。各级财政部门要按照预算绩效管理要求,加强国库现金管理,降低资金运行成本。四是开展绩效评价和结果应用。预算完成后,通过自评和外部评价相结合的方式,对预算执行情况开展绩效评价。各部门各单位对预算执行情况以及政策、项目实施效果开展绩效自评,评价结果报送本级财政部门。各级财政部门要建立重大政策和项目预算绩效评价机制,逐步开展部门整体绩效评价,对下级政府财政运行情况实施综合绩效评价,必要时可以引入第三方机构参与绩效评价。健全绩效评价结果反馈制度和绩效问题整改责任制,加强绩效评价结果应用。

"全覆盖"就是要完善全覆盖预算绩效管理体系,将一般公共预算、政府性基金预算、国有资本经营预算、社会保险基金预算全部纳入绩效管理,加强四本预算之间的衔接。一是一般公共预算绩效管理,收入方面要重点关注收入结构、征收效率和优惠政策实施效果,支出方面要重点关注预算资金配置效率、使用效益,特别是重大政策和项目实施效果,其中转移支付预算绩效管理要符合财政事权和支出责任划分规定,重点关注促进地区间财力协调和区域均衡发展。同时,要积极开展涉及一般公共预算等财政资金的政府投资基金、政府和社会资本合作(PPP)、政府采购、政府购买服务、政府债务项目绩效管理。二是政府性基金预算绩效管理,要重点关注基金政策设立延续依据、征收标准、使用效果等情况,以及

对政府专项债务的支撑能力。三是国有资本经营预算绩效管理，要重点关注贯彻国家战略、收益上缴、支出结构、使用效果等情况。四是社会保险基金预算绩效管理，要重点关注各类社会保险基金收支政策效果、基金管理、精算平衡、地区结构、运行风险等情况。

（二）建立完善预算绩效目标管理机制

预算绩效目标是预算绩效管理的基础。所有纳入预算管理的资金都要设定绩效目标，并与预算资金同步申报、同步审核、同步批复下达。

1.按照“谁申请资金，谁设定目标”原则，编实预算绩效目标。各部门各单位在编制预算时，要按照政府预算编制的要求和财政部门的安排部署，结合本地区国民经济和社会发展规划、部门职能及事业发展规划，科学、合理的测算资金需求，报送绩效目标。报送的绩效目标要与部门职能范围相一致，与预算资金额度相匹配，能够全面反映预算资金的预期产出和效果。

2.按照“谁分配资金，谁审核目标”原则，加强绩效目标审核。各级财政部门要依据国家相关政策、财政支出方向和重点、部门职能及事业发展规划等对预算部门和单位提出的绩效目标进行审核，重点审核绩效目标与部门职能的相关性、绩效目标实现所采取措施的可行性、绩效指标设置的科学性、实现绩效目标所需资金的合理性等；对于新出台的重大政策、项目的绩效目标，必要时可组织专家或第三方机构进行论证。不按要求编制绩效目标或者绩效目标不合格且不进行修改完善的，不得安排预算。

3.按照“谁批复资金，谁批复目标”原则，将绩效目标随同预算一同批复下达。财政预算经各级人民代表大会审查批准后，财政部门应在批复部门预算时同步批复绩效目标，批复的绩效目标应当清晰、量化，以便在预算执行中予以监控和预算完成后实施绩效评价。

（三）建立完善预算绩效运行监控机制

预算绩效运行监控是全过程预算绩效管理的重要环节，所有纳入预算绩效管理的资金都要开展绩效运行监控。

1.加强预算执行绩效监控。各预算单位要定期采集预算资金绩效运行信息并汇总分析，对绩效目标实现情况和资金支出进度进行跟踪管理和督促检查，及时发现绩效目标运行中存在的问题，分析原因，采取有效措施予以纠正，并将预算绩效运行监控情况上报主管部门和财政部门。财政部门要对重点项目绩效目标实现程度进行监控，对预算执行中可能出现的问题进行预判预警，对偏离预期目标的，要督促预算部门及时整改落实，确保绩效目标的实现。

2.加强绩效监控结果应用。各级财政部门和主管部门要将绩效监控结果作为预算执行和资金拨付的依据，对存在严重问题的项目暂缓或停止预算拨款；对预期无效或低效的项目，按程序提出调整或取消预算的意见。

3.将绩效监控与内控制度建设相结合。各部门和单位要将绩效监控作为内控制度建设的一项重要内容，把内控管理的规范性和预算管理的效益性有机结合起来，相互促进，相得益彰。

（四）建立完善预算绩效评价机制

预算绩效评价是预算绩效管理的重要手段。各级政府和部门要按照全面实施预算绩效管理要求，将绩效评价范围由项目支出评价逐步拓展到部门整体、政策和政府财政运行综合绩效等方面，将事后结果绩效评价逐步扩展到事前评估、事中监控等环节，并不断提高绩效评价质量。

1.积极开展新出台重大政策、项目事前绩效评估。各部门各单位要结合预算评审、项目审批等，以绩效为导向，建立新出台重大政策、项目事前绩效评估论证制度，重点论证立项必要性、投入经济性、绩效目标合理性、实施方案可行性、筹资合规性、预算编制准确性等，投资主管部门要加强基建投资绩效评估，评估结果作为申请预算的必备要件。

2.注重预算绩效中期评价。各级财政部门和预算单位要围绕绩效目标运行情况和资金支付进度，对新出台的重大政策、项目开展事中评价，确保预算绩效目标的实现。

3.强化预算完成结果评价。预算执行结束后，各部门各单位，要以绩效目标为依据，对预算资金产出和结果的经济性、效率性和效益性进行绩效自评价，如实反映财政支出政策和资金绩效情况，提出改进意见和建议。各级财政部门根据管理需要对重大政策、项目及部门和单位整体绩效进行评价，对下级政府财政运行情况实施综合绩效评价，积极引入第三方机构参与绩效评价，不断提高绩效评价的质量和水平。

4.健全预算绩效标准体系。各级财政部门要结合实际，建立健全定量和定性相结合的共性绩效指标框架；各行业主管部门要加快构建分行业、分领域、分层次的核心绩效指标和标准体系，实现科学合理、细化量化、可比可测，动态调整、共建共享，为各部门填报预算绩效目标和开展绩效评价提供依据。绩效指标和标准体系要与基本公共服务标准、部门预算项目支出标准等衔接匹配，突出结果导向，重点考核实绩。要立足多维视角和多元数据，依托大数据分析技术，研究引入成本效益分析、比较法、因素分析法、最低成本法、公众评判法、标杆管理法等方法，提高绩效评估评价结果的客观性和准确性。

（五）建立完善预算绩效评价结果反馈应用机制

绩效评价结果应用是全过程预算绩效管理工作的落脚点，各级各部门要高度重视绩效评价结果的反馈和应用。

1.将绩效评价结果及时反馈给主管部门或预算单位，要求其根据评价结果，制定绩效问题整改方案，抓好整改落实，按照要求报送整改情况。

2.将绩效评价结果作为预算资金安排、政策调整、专项资金竞争性分配的重要依据；将部门和单位整体绩效与预算安排适当挂钩，将下级政府财政运行综合绩效与转移支付安排挂钩，对绩效好的政策和项目原则上优先保障，对绩效一般的政策和项目要督促改进，对交叉重复和碎片化的政策和项目予以调整，对低效无效资金一律削减或取消，对长期沉淀的资金一律收回并按照有关规定统筹用于亟需支持的领域。

3.各级财政部门要逐步将重要绩效评价结果向同级人民政府报告,为政府决策提供参考。

(六)建立完善预算绩效信息公开机制

绩效信息公开是确保预算绩效管理真实、客观、公平、公正的重要手段。各级各部门要按照预算信息公开要求,加大绩效管理信息公开力度,提高预算绩效管理的透明度。

1.公开预算绩效目标。各级财政部门应根据工作推进情况,逐步将重要绩效目标随同预算报送人大审查,并同步向社会公开;各部门各单位应在公开部门和单位预算时公开绩效目标。

2.公开预算绩效评价结果。各预算部门和单位要按照预算信息公开要求,逐步将部门和单位预算绩效管理情况和绩效评价结果随同部门决算向社会公开。财政部门要将重大政策、项目绩效评价结果与决算草案同步报送同级人大,同步向社会公开,自觉接受人大和社会各界监督。

(七)建立完善预算绩效责任约束机制

落实预算绩效责任是全面实施预算绩效管理的重要保障。各级各部门要增强责任意识,将预算绩效管理责任落到实处。

1.压实绩效管理主体责任。各级政府和各部门各单位是预算绩效管理的责任主体,各级党委和政府主要负责同志对本地区预算绩效负责,部门和单位主要负责同志对本部门本单位预算绩效负责,项目责任人对项目预算绩效负责,对重大项目责任人实行绩效终身责任追究制。

2.实施绩效管理激励约束。各级财政部门要抓紧建立绩效评价结果与预算安排和政策调整挂钩机制,将本级部门整体绩效与部门预算安排挂钩,将下级政府财政运行综合绩效与转移支付分配挂钩。

3.强化绩效管理监督问责。各级审计机关要依法对本级各部门和下级政府预算绩效管理情况开展审计监督,财政、审计等部门发现违纪违法问题线索,应当及时移送纪检监察机关,对违纪违法行为追责问责。

四、保障措施

(一)加强组织领导

各级各部门要高度重视,坚持党对全面实施预算绩效管理工作的领导,充分发挥党组织的领导作用,增强把方向、谋大局、定政策、促改革的能力和定力。省财政厅要加强对全面实施预算绩效管理工作的组织协调。各级党委、政府和各部门要加强对本地区本部门全面实施预算绩效管理工作的组织领导,切实转变思想观念、牢固树立绩效意识,结合实际制定实施办法,加强预算绩效管理力量,充实预算绩效管理人员,督促指导有关政策措施落实,确保预算绩效管理延伸至基层单位和资金使用终端。努力构建财政部门牵头组织,主管部门和单位具体实施,人大、监察和审计参与监督的预算绩效管理工作推进机制,形成齐抓共管,多方联动的格局。

(二)加强制度建设

各级财政部门要加强预算绩效管理制度建设,围绕预算管理的主要内容和环节,完善涵盖绩效目标管理、绩效运行监控、绩效评价管理、评价结果应用管理、绩效信息公开等各环节的管理流程,制定预算绩效管理制度和实施细则;建立专家咨询机制,引导和规范第三方机构参与预算绩效管理,严格执业质量监督管理。加快预算绩效管理信息化建设,打破“信息孤岛”和“数据烟囱”,促进各级政府和各部门各单位的业务、财务、资产等信息互联互通。各部门各单位要积极推进专项资金项目预算标准化建设,加强绩效标准与基本公共服务标准、部门和单位预算项目支出标准的衔接;研究制定适合本部门特点的预算绩效管理制度,要把预算绩效管理理念和要求深度融入各项业务管理制度之中,贯穿预算资金管理全过程。

(三)加强工作考核

省政府要把全面实施预算绩效管理纳入对各市政府和省级各部门年度工作目标考核,市县政府也应将全面实施预算绩效管理纳入对各部门的年度工作目标考核。各级财政部门负责对本级部门和预算单位、下级财政部门预算绩效管理工作情况进行考核。建立考核结果通报制度,对工作成效显著的地区和部门给予表彰,对工作推进不力的进行约谈并责令限期整改。各级各部门要将财政预算绩效结果纳入干部政绩考核体系,作为领导干部选拔任用、公务员考核的重要参考,充分调动干部职工履职尽责和干事创业的积极性。

(四)加强宣传培训

各级各部门各单位要充分利用新闻媒体、网络平台,宣传绩效理念、培育绩效文化,增强绩效意识;介绍预算绩效管理工作的好经验、好做法、好案例,促进互相交流、共同提高;引导社会各界了解和支持预算绩效管理,进一步营造全社会“讲绩效、重绩效、比绩效、用绩效”的良好环境和舆论氛围。各级财政部门和预算单位要加强预算绩效管理专业知识的培训,提高工作人员的业务素质和工作水平;积极培育预算绩效管理中介机构队伍,支持、鼓励、规范会计师事务所、资产评估、绩效管理咨询、高校及科研机构、行业协会等第三方组织的发展,更好服务于预算绩效管理。

全面实施预算绩效管理是党中央、国务院作出的重大战略部署,是政府治理和预算管理的深刻变革。各级各部门要更加紧密地团结在以习近平同志为核心的党中央周围,把思想认识和行动统一到党中央、国务院决策部署上来,按照省委、省政府的安排和要求,增强“四个意识”,坚定“四个自信”,提高政治站位,坚持“一个指引、两手硬”的思路和要求、“以改革促全面工作水平提升”等部署,开拓进取,扎实工作,把全面实施预算绩效管理各项措施落到实处,促进山西经济社会持续稳定发展,为决胜全面建成小康社会、夺取新时代中国特色社会主义伟大胜利、实现中华民族伟大复兴的中国梦作出应有贡献。

中共山西省委
《山西省党务公开实施细则(试行)》

(2018 年5月29日)

第一章 总 则

第一条 为了贯彻落实习近平新时代中国特色社会主义思想和党的十九大精神，推动全面从严治党向纵深发展，加强和规范党务公开工作,发展党内民主,强化党内监督,使广大党员更好了解和参与党内事务,动员组织人民群众贯彻落实好党的理论和路线方针政策,提高党的执政能力和领导水平,谱写新时代中国特色社会主义山西新篇章,根据《中国共产党章程》和《中国共产党党务公开条例(试行)》等党内法规和规范性文件,结合山西实际,制定本细则。

第二条 本细则所称党务公开,是指党的组织将其实施党的领导活动、加强党的建设工作的有关事务,按规定在党内或者向党外公开。

第三条 本细则适用于全省党的地方组织、基层组织,党的纪律检查机关、工作机关以及其他党的组织。

第四条 党务公开应当遵循以下原则:

(一)坚持正确方向。坚决维护以习近平同志为核心的党中央权威和集中统一领导,认真贯彻落实习近平新时代中国特色社会主义思想,牢固树立“四个意识”,坚定“四个自信”,把党务公开放到新时代中国特色社会主义伟大实践中来谋划和推进,把坚持和完善党的领导要求贯彻到党务公开全过程和各方面。

(二)坚持发扬民主。保障党员民主权利,落实党员知情权、参与权、选举权、监督权,更好调动全省党的各级组织和广大党员积极性、主动性、创造性,及时回应党员和群众关切,以公开促落实、促监督、促改进。

(三)坚持积极稳妥。注重党务公开与政务公开、厂务公开、村(居)务公开、公共事业单位办事公开等的衔接联动,统筹各层级、各领域党务公开工作,一般先党内后党外,分类实施,有序推进。

(四)坚持依规依法。尊崇党章;依规治党,依法办事,科学规范党务公开的内容、范围、程序和方式,增强严肃性、公信度,不断提升党务公开工作制度化、规范化水平。

(五)坚持注重实效。坚持实事求是的工作态度,弘扬求真务实的优良作风,坚决反对形式主义、官僚主义,确保党务公开扎实有效开展。

第五条 在党中央统一领导下，建立健全省委全面负责,市、县(市、区)党委分级负责,各部门各单位各负其责的党务公开工作领导体制。

第六条 全省党的各级组织应当根据所承担的职责任务,建立健全党务公开的保密审查、风险评估、信息发布、政策解读、舆论引导、舆情分析、应急处置等工作机制。

第二章 公开的内容和范围

第七条 全省党的各级组织贯彻落实党的基本理论、基本路线、基本方略情况,领导经济社会发展情况,落实全面从严治党责任、加强党的建设情况,以及党的组织职能、机构等情况,除涉及党和国家秘密不得公开或者依照有关规定不宜公开的事项外,一般应当公开。

加强对权力运行的制约和监督,让人民监督权力,让权力在阳光下运行。

党务公开不得危及政治安全特别是政权安全、制度安全,以及经济安全、军事安全、文化安全、社会安全、国土安全和国民安全等。

第八条 全省党的各级组织应当根据党务与党员和群众的关联程度合理确定公开范围:

(一)领导经济社会发展、涉及人民群众生产生活的党务,向社会公开;

(二)涉及党的建设重大问题或者党员义务权利,需要全体党员普遍知悉和遵守执行的党务,向所属党员公开;

(三)各地区、各部门、各单位的党务,在本地区、本部门、本单位公开;

(四)涉及特定党的组织、党员和群众切身利益的党务,对特定党的组织、党员和群众公开。

第九条 省、市、县三级党的地方组织应当公开以下内容:

(一)学习贯彻习近平新时代中国特色社会主义思想,贯彻落实党中央和上级组织决策部署,坚决维护以习近平同志为核心的党中央权威和集中统一领导情况;

(二)全面落实习近平总书记视察山西重要讲话精神和对山西工作提出的重要指示要求,做好改革发展稳定和党的建设各项工作情况;

(三)本地区经济社会发展部署安排、重大改革事项、重大民生措施等重大决策和推进落实情况,以及重大突发事件应急处置情况;

(四)履行全面从严治党主体责任,坚持贯彻民主集中制原则,严肃党内政治生活,组织开展巡视巡察工作,全面负责

本地区党的建设情况;

(五)党的代表大会、党委全体会议、常委会会议、党委重要工作会议决议决定事项,党委重要文件,党委领导同志重要活动,重要人事任免情况;

(六)党的地方委员会加强自身建设情况;

(七)其他应当公开的党务。

第十条 全省党的基层组织应当公开以下内容:

(一)学习贯彻习近平新时代中国特色社会主义思想,贯彻落实党中央和上级组织决策部署,坚决维护以习近平同志为核心的党中央权威和集中统一领导情况;

(二)任期工作目标、阶段性工作部署、重点工作任务、向社会公开承诺事项及落实情况;

(三)加强党的政治建设,维护政治生态以及严肃党内问责等情况;

(四)加强思想政治工作和精神文明建设、开展党内学习教育、组织党员教育培训、执行"三会一课"制度等情况;

(五)换届选举、党组织设立及隶属关系调整、发展党员、干部选拔任用、民主评议、考核奖惩、评比表彰、召开民主生活会和组织生活会、保障党员权利、流动党员管理、党费收缴使用管理、党务工作经费使用管理以及党组织自身建设等情况;

(六)防止和纠正"四风"现象,联系服务党员和群众,接待来信来访、排查化解矛盾纠纷,帮扶困难党员群众等情况;

(七)落实管党治党政治责任,加强党风廉政建设,对党员作出组织处理和纪律处分情况;

(八)其他应当公开的党务。

第十一条 党的纪律检查机关应当公开以下内容:

(一)学习贯彻习近平新时代中国特色社会主义思想,贯彻落实党中央大政方针和重大决策部署,坚决维护以习近平同志为核心的党中央权威和集中统一领导,贯彻落实本级党委、上级纪律检查机关工作部署情况;

(二)开展纪律教育、加强纪律建设,维护党章党规党纪情况;

(三)查处违反中央八项规定精神,发生在群众身边、影响恶劣的不正之风和腐败问题情况;

(四)对党员领导干部严重违纪问题进行纪律审查情况以及给予开除党籍处分情况;

(五)对党员领导干部严重失职失责进行问责情况;

(六)加强纪律检查机关自身建设情况;

(七)其他应当公开的党务。

第十二条 全省党的工作机关、党委派出机关、党委直属事业单位和党组应当根据本细则第七条第一款规定,结合实际确定公开内容。

党的工作机关和党委直属事业单位应当重点公开落实党委决策部署、承办上级机关和单位交办事项、开展党的工作情况。

党委派出机关应当重点公开代表党委领导本地区、本领域、本行业、本系统党的工作情况。

党组应当重点公开在本单位发挥领导作用和落实党建工作责任制情况。

第十三条 全省党的各级组织应当根据本细则规定的党务公开内容和范围编制党务公开目录,并根据职责任务要求动态调整。党务公开目录应当报党的上一级组织备案,并按照规定在党内或者向社会公开。

省纪律检查委员会、省委各部门应当加强对本系统本领域党务公开目录编制的指导。

第三章 公开的程序和方式

第十四条 凡列入党务公开目录的事项,全省党的各级组织应当按照以下程序及时主动公开:

(一)提出。党的组织有关部门研究提出党务公开方案,拟订公开的内容、范围、时间、方式等。对应当公开而未提出公开方案的事项,党的组织应当及时要求有关部门提出公开方案。

(二)审核。党的组织有关部门进行保密审查,并从必要性、准确性、合法合规性等方面进行审核。拟公开的内容涉密的,须按有关规定进行脱密处理。

(三)审批。党的组织依照职权对党务公开方案进行审批,重要事项报党的组织主要负责同志审批或者领导班子集体研究决定,超出职权范围和需要报请上一级党的组织审批的,须按程序报批。

(四)实施。党的组织有关部门按照经批准的方案实施党务公开。

全省党的各级组织可以根据工作职责和实际情况,在上述程序的基础上制定更加具体、更加便于操作的党务公开程序。

第十五条 全省党的各级组织应当根据党务公开的内容和范围,选择适当的公开方式。

在党内公开的,一般采取召开会议、制发文件、编发简报、在局域网发布等方式。向社会公开的,一般采取发布公报、召开新闻发布会、接受采访,在报刊、广播、电视、互联网、新媒体、公开栏发布等方式,优先使用党报党刊、电台电视台、重点新闻网站等党的媒体进行发布。

县级以上地方党委以及地方纪律检查机关、地方党委有关工作机关应当建立和完善党委新闻发言人制度,规范发布程序,增加发布频次,逐步建立例行发布制度,及时准确发布重要党务信息。

第十六条 党务公开可以与政务公开、厂务公开、村(居)务公开、公共事业单位办事公开等方面的载体和平台实现资源共享的,应当统筹使用。

有条件的党的组织可以建立统一的党务信息公开平台。

第十七条 注重党务公开相关舆情信息的监测、收集、研判、处置和反馈。在提出公开方案时,应当对可能出现的热点舆情作出预判,制定应对预案。公开后,应当及时收集党员、群众提出的意见和建议,认真研究处理。对于重大事项或者复杂问题,特别是事关党员、群众切身利益的重要事项,应当根据反馈的意见予以完善后,再次公开。对群众反映问题的调查处理情况应当及时反馈,必要时将相关处理结果和落实情况再次公开。对实名反映情况和建议的,应当将处理结果告知反映者本人,并进一步听取其意见和建议。公开后引起重大舆情反应的,应当及时报告。发现有不真实、不完整、不准确的信息,应当及时加以澄清和引导。

第十八条 建立健全党员旁听党委会议、党的代表大会代表列席党委会议、党内情况通报反映、党内事务咨询、重大决策征求意见、重大事项社会公示和社会听证等制度,发展和用好党务公开新形式,不断拓展党员和群众参与党务公开的广度和深度。

第十九条 党务公开应当体现时效性,公开时点与公开内容相适应。具有长期性、稳定性的工作长期公开;年内相对稳定的常规性工作定期公开;动态性、阶段性工作分阶段公开;临时性、应急性工作随时公开。

第四章 监督与追责

第二十条 全省党的各级组织应当将党务公开工作情况纳入向上一级组织报告工作或者抓党建工作专题报告的重要内容。

第二十一条 全省党的各级组织应当将党务公开工作情况作为履行全面从严治党政治责任的重要内容,作为党建工作责任制考核的重要内容,同时对下级组织及其主要负责人进行考核,并加强经常性工作指导。

全省党的各级组织应当每年向有关党员和群众通报党务公开情况,并纳入党员民主评议范围,主动听取群众意见。

第二十二条 全省党的各级组织应当建立健全党务公开工作督查机制,开展经常性检查和专项督查,专项督查可以与党风廉政建设责任制检查考核、党建工作考核等相结合。督查情况应当在适当范围通报。

第二十三条 有下列情形之一的,应当依规依纪追究有关党的组织、党员领导干部和工作人员的责任:

(一)对上级党组织党务公开的部署和要求拒不执行或者不按时执行的;

(二)未按照规定编制党务公开目录并进行动态调整,工作落实不到位的;

(三)未按照规定的内容、范围、程序和方式等实施党务公开,造成不良后果的;

(四)党务公开内容严重失实,欺上瞒下、弄虚作假的;

(五)其他应当追究责任的失职失责情形。

第五章 组织实施

第二十四条 全省党的各级组织要坚持以习近平新时代中国特色社会主义思想为指导,以政治建设为统领,牢牢把握党务公开基本原则,切实增强政治意识、大局意识、核心意识、看齐意识,提高政治站位、坚持问题导向,以钉钉子精神狠抓工作落实,推动党务公开工作有序开展。全省党的各级组织应当把党务公开工作列入党的组织重要议事日程,切实担负起本地区、本部门、本单位党务公开工作责任。党的组织主要负责同志是实施党务公开的第一责任人,应当及时听取党务公开工作汇报,研究解决工作中遇到的困难和问题,确保党务公开工作取得实效。

第二十五条 省、市、县三级地方党委应当建立由党委领导同志负责、办公厅(室)牵头、党的纪律检查机关和党委组织、宣传等有关部门参与的统筹协调机制。省委办公厅承担省委党务公开的具体工作,负责统筹协调和督促指导全省党务公开工作。市、县两级地方党委办公厅(室)承担本级党委党务公开的具体工作,负责统筹协调和督促指导本地区的党务公开工作。党的纪律检查机关和党委组织、宣传等部门应当结合工作职能,做好党务公开监督执纪问责、干部队伍培训、宣传引导等工作。

第二十六条 各地区各部门应当加强党务公开工作机构和人员队伍建设,基层党组织要明确人员负责此项工作,并提供所需的工作条件,为推行党务公开提供有力保障。

第二十七条 全省党的各级组织应当认真抓好《中国共产党党务公开条例(试行)》和本细则的学习培训,使广大党员干部全面准确掌握党务公开的基本原则、主要内容和工作要求。各级党委(党组)理论学习中心组应当组织专题学习,各级党校(干部学院、行政学院)应当将《中国共产党党务公开条例(试行)》和本细则纳入培训课程。综合运用传统媒体和新媒体,加大宣传报道和舆论引导力度,充分调动各地区各部门积极性、主动性、创造性,不断提高全省党务公开工作水平。

第六章 附 则

第二十八条 各地区各部门可以根据本细则,结合工作实际,制定具体实施方案。

第二十九条 本细则由中共山西省委负责解释,具体解释工作由省委办公厅会同省委组织部承担。

第三十条 本细则自印发之日起施行。

中共山西省委《2018—2022年全省干部教育培训规划》

(2018 年12月29日)

为深入贯彻落实新时代党的建设总要求和新时代党的组织路线，发挥好干部教育培训工作在培养造就忠诚干净担当的高素质专业化干部队伍中的重要作用，根据《2018—2022年全国干部教育培训规划》，结合我省实际，制定本规划。

一、总体要求

(一)指导思想

高举中国特色社会主义伟大旗帜，以马克思列宁主义、毛泽东思想、邓小平理论、“三个代表”重要思想、科学发展观、习近平新时代中国特色社会主义思想为指导，全面贯彻党的十九大、十九届二中、三中全会精神和习近平总书记视察山西重要讲话精神，认真落实省委十一届四次、五次、六次、七次全会决策部署，以学习贯彻习近平新时代中国特色社会主义思想为首要任务，以坚决维护习近平总书记的核心地位、坚决维护党中央权威和集中统一领导为最高政治原则，以坚定理想信念宗旨为根本，以全面增强执政本领为重点，突出政治训练、政治历练，把提高政治觉悟、政治能力贯穿全过程，坚持政治统领、服务大局，坚持以德为先、注重能力，坚持精准培训、全员覆盖，坚持改革创新、共建共享，坚持联系实际、从严管理，围绕建立源头培养、跟踪培养、全程培养的素质培养体系深化干部教育培训改革，着力提高培训针对性有效性，高质量教育培训干部、高水平服务山西转型发展，为在“两转”基础上全面拓展党的建设和党的事业新局面，谱写新时代中国特色社会主义山西篇章提供有力保证。

(二)主要目标

——理论教育更加深入，坚持把习近平新时代中国特色社会主义思想作为理论教育的中心内容，使之系统权威进教材、生动有效进课堂、刻骨铭心进头脑，广大干部的马克思主义水平和政治理论素养不断提高，“四个意识”不断增强，“四个自信”进一步坚定，“四个服从”成为普遍自觉，思想行动高度统一。

——党性教育更加扎实，广大干部理想信念、党性观念、宗旨意识进一步强化，思想觉悟、政德修养、品行作风进一步提高，信仰之基、从政之基、廉政之基进一步牢固。

——专业化能力培训更加精准，广大干部适应新时代、实现新目标、落实新部署的能力明显增强，干一行、爱一行、精一行的专业精神进一步提升，推动山西发展的本领显著提高。

——知识培训更加有效，广大干部履职的基本知识体系不断健全、知识结构不断改善、综合素养不断提高，复合型领导干部的培养取得新进展。

——干部教育培训体系改革更加深化，干部素质培养的系统性、持续性、针对性、有效性不断增强，具有先进培训理念、科学内容体系、健全组织架构、高效运行机制的新时代中国特色社会主义干部教育培训体系不断完善，具有山西鲜明特色的干部教育培训工作呈现新气象新作为。

(三)重要指标

1.厅局级、县处级党政领导干部5年内参加党校(行政学院或者行政学校，以下简称行政学院)、干部学院以及干部教育培训管理部门认可的其他培训机构累计3个月或者550学时以上的培训。科级以下干部每年参加培训累计不少于12天或者90学时。不同类别干部每年达到一定的调训率、参训率和人均脱产培训、网络培训学时数。

2.市、县(市、区)党政领导班子成员每2至3年到党校(行政学院)、干部学院至少接受1次系统理论教育和严格党性教育，5年内累计不少于2个月；一般每年参加1次1周左右的专业化能力专题培训。

3.省、市两级党校(行政学院)教学安排中，以习近平新时代中国特色社会主义思想课程为主，理论教育和党性教育的比重不低于总课时的70%。县级党校(行政学校)原则上参照该比例执行，师资力量不足的，可采用线上线下相结合方式开设课程。各级党校(行政学院)、干部学院的主体班次都要设置党性教育课程，1个月以上的班次要安排学员进行党性分析，确保党性教育课程不低于总课时的20%。

4.省、市两级党校(行政学院)、干部学院、社会主义学院主体班次中，领导干部讲课课时不低于总课时的20%，运用研讨式、案例式、模拟式、体验式、辩论式等互动式教学方法的课程比重不低于30%。县级党校(行政学校)原则上参照该比例执行。

二、全面深入开展习近平新时代中国特色社会主义思想教育培训

(一)坚持把学习贯彻习近平新时代中国特色社会主义思想摆在干部教育培训最突出的位置。把习近平新时代中国特色社会主义思想作为党委(党组)理论学习中心组学习主要内容，作为各级党校(行政学院)、干部学院、社会主义学院主课，作为干部学习的中心内容，不分心、不走神、不偏离，长

期坚持、持续发力，精耕细作、不断深化，结合“不忘初心、牢记使命”主题教育，推动学习教育往深里走、往实里走、往心里走。实施“习近平新时代中国特色社会主义思想教育培训计划”，以县处级以上领导干部为重点，坚持集中培训与经常性教育相结合，坚持中长期系统培训与短期专题培训相结合，坚持理论学习与实践锻炼相结合，综合运用多种方式方法，深化习近平新时代中国特色社会主义思想学习培训。把学习贯彻习近平总书记视察山西重要讲话和对山西工作重要指示精神作为学习贯彻习近平新时代中国特色社会主义思想的重要内容，确保习近平总书记重要讲话精神在山西落地生根、开花结果。

（二）在学懂弄通做实上下功夫。组织干部研读习近平新时代中国特色社会主义思想原著，从历史和现实相贯通、国际和国内相关联、理论和实际相结合的宽广视角，深刻把握习近平新时代中国特色社会主义思想的深邃理论源泉、深厚文化底蕴、丰富实践基础、强大真理和人格力量，深刻把握这一重要思想的时代意义、理论意义、实践意义、世界意义，深刻把握“八个明确”“十四个坚持”的科学体系和丰富内涵，深刻把握贯穿其中的马克思主义立场观点方法。坚持理论联系实际，把学习习近平新时代中国特色社会主义思想同落实习近平总书记视察山西重要讲话精神结合起来，同落实省委、省政府重大决策部署结合起来，同正在开展的各项工作结合起来。对照习近平新时代中国特色社会主义思想检视思想言行，真正筑牢理想信念、增强履职本领、提升品行作风，增强“四个意识”，自觉在思想上政治上行动上同以习近平同志为核心的党中央保持高度一致。

（三）着力提升学习培训效果。按照习近平新时代中国特色社会主义思想教学大纲，构建较为完备的课程体系，用好第五批全国干部学习培训教材。加强师资队伍建设，选派骨干教师参加中央党校（国家行政学院）开设的习近平新时代中国特色社会主义思想理论研修班，定期对理论骨干师资进行习近平新时代中国特色社会主义思想专题学习培训。强化对习近平新时代中国特色社会主义思想，特别是习近平总书记视察山西重要讲话精神的教学研究，组织教师分专题分领域开展理论攻关、集体备课，推动研究成果进课堂，着力提高教师用学术讲政治的水平。注重研究式教学，增加自学和研讨时间，列出自学书目，组织学员研读原著、研究问题；在加强自学基础上，组织学员深入研讨，安排教师导读，实现教学相长、学学相长。统筹省内省外资源，努力开发一批我省学习贯彻习近平新时代中国特色社会主义思想的教学案例和现场教学点。深入研究理论教育的特点和规律，搭建理论学习网络平台，不断增强理论学习教育的吸引力感染力说服力。

（四）建立健全学习教育长效机制。坚持和完善干部脱产学习进修制度，制定新一轮领导干部5年脱产进修计划，精心组织选调干部参加党校（行政学院）、干部学院脱产培训，全面系统学习习近平新时代中国特色社会主义思想，对重要岗位的干部实行点名调训。建立健全干部在职自学制度，积极创造条件，鼓励和支持干部加强习近平新时代中国特色社会主义思想的学习。完善理论学习考核激励机制，强化述学、评学、考学措施，把学习贯彻习近平新时代中国特色社会主义思想情况作为考核领导班子和衡量领导干部思想政治素质的重要内容。

三、完善培训内容体系

（一）党的基本理论教育。在大力开展习近平新时代中国特色社会主义思想教育培训的同时，组织广大干部深入学习马克思列宁主义、毛泽东思想、邓小平理论、“三个代表”重要思想、科学发展观，原原本本学习和研读经典著作，学习掌握马克思主义哲学、政治经济学、科学社会主义，学习掌握中国特色社会主义理论体系，学习掌握贯穿其中的马克思主义立场观点方法，不断深化对共产党执政规律、社会主义建设规律、人类社会发展规律的认识，自觉坚持和运用辩证唯物主义和历史唯物主义世界观、方法论分析解决问题，增强战略思维、创新思维、辩证思维、法治思维、底线思维能力，真正做到真学真懂真信真用。

（二）党性教育。加强理想信念教育，教育引导党员干部解决好世界观、人生观、价值观这个“总开关”问题，自觉做共产主义远大理想和中国特色社会主义共同理想的坚定信仰者、忠实实践者。加强党章学习培训，教育引导党员干部自觉尊崇党章、模范践行党章、忠诚捍卫党章，认真履行党员义务，正确行使党员权利。加强党规党纪特别是政治纪律和政治规矩教育，强化廉政教育，开展经常性警示教育，引导干部知敬畏、存戒惧、守底线。加强党的宗旨和作风教育，引导干部始终保持党同人民群众的血肉联系。加强党内政治文化教育，引导干部自觉增强党内政治生活的政治性、时代性、原则性、战斗性。加强党史国史、党的优良传统、党情和世情国情省情教育，结合庆祝改革开放40周年、新中国成立70周年、中国共产党成立100周年等重大活动开展党性教育。开展政德教育。深入开展社会主义核心价值观教育，加强中华优秀传统文化、革命文化和社会主义先进文化学习教育，引导干部树立正确的历史观、民族观、国家观、文化观，不断提升精神境界。结合身边事教育身边人，充分利用太行精神、吕梁精神、右玉精神教育干部，继承红色基因，弘扬革命精神和优良作风，激发调动内生动力。

（三）专业化能力培训。坚持“干什么学什么”“缺什么补什么”，围绕统筹推进“五位一体”总体布局和协调推进“四个全面”战略布局，着眼建设现代化经济体系、发展社会主义民主政治、推动社会主义文化繁荣兴盛、加强和创新社会治理、加快生态文明体制改革和坚定不移全面从严治党等，聚焦贯彻落实新发展理念、供给侧结构性改革、实施“七大战略”、打赢“三大攻坚战”和推动“一带一路”建设等党中央重大决策部署，聚焦习近平总书记对山西工作提出的“五项重大任务”，针对省委、省政府提出的实现“三大目标”等重大决策部署，突出问题导向、实践导向、目标导向，重点加强转型综改、国企国资改革、生态环境保护、脱贫攻坚、乡村振兴等内容的培训。组织开展务实管用的专题培训，引导和帮助干部丰富专业知识、提升专业能力、锤炼专业作风、培育专业精神，不断提高在"两转"基础上全面拓展党的建设和党的事业新局面的能力。实施"干部专业化能力提升计划"。

(四)知识培训。着力培养又博又专、底蕴深厚的复合型干部,使之做到既懂经济又懂政治、既懂业务又懂党务、既懂专业又懂管理。加强党的路线方针政策和宪法法律法规学习培训,开展各方面基础性知识和新知识新技能学习培训,帮助干部完善履行岗位职责必备的基本知识体系,提高科学人文素养。加强形势任务教育,加强省情教育,引导干部统一思想、把握大局,居安思危、坚定信心。

四、优化分类分级培训体系

(一)党政领导班子成员

围绕培养造就信念过硬、政治过硬、责任过硬、能力过硬、作风过硬的执政骨干队伍,以提高政治素质、增强党性修养为根本,以提升专业能力为重点,突出党的群众路线教育,加强各级领导班子成员的培训。

主要措施:(1)省委就关系党和国家工作全局的重大理论和现实问题以及全省中心工作,举办省管主要领导干部专题研讨班,市厅级主要负责人研修班,县(市、区)委书记、县(市、区)长研修班。(2)省委组织部每年安排400名左右厅级领导干部到省级以上干部教育培训机构进行系统理论学习;每年安排400名左右市委、市政府领导班子成员以及省直机关领导班子成员参加1次1周左右的专业化能力专题培训。(3)市、县(市、区)党委组织部按照干部管理权限,统筹制定年度培训计划,每年安排不少于1/5的领导班子成员参加培训。(4)省直各部门按照职责分工,对本系统的市、县(市、区)直属部门单位领导班子成员开展培训。(5)省委统战部统筹各级统战部门加强领导班子中党外干部的教育培训。

(二)机关公务员

围绕建设高素质专业化公务员队伍,以加强思想政治建设、职业道德建设和业务能力建设为重点,准确把握综合管理类、专业技术类、行政执法类等公务员类别特点和不同需求,分级分类加强机关公务员培训。

主要措施:(1)省委组织部每年会同有关部门安排省直机关800名处级以上干部参加专题研修;安排省直机关200名左右处级干部到省级以上干部教育培训机构参加轮训;安排省直机关新任处级领导干部参加任职培训;安排省直机关新录用公务员参加初任培训。(2)省直各单位组织人事部门对本单位处级以下干部开展全员培训,每年安排不少于1/5的干部参加培训。(3)市委组织部抓好市级以下直属机关新录用公务员的初任培训。(4)市、县(市、区)直属部门单位负责抓好本部门本单位科级以下干部的培训。(5)各级组织部门要督促指导同级各部门各单位抓好所属公务员专门业务培训、在职培训等教育培训工作;加强机关党支部书记培训。

(三)企业领导人员

着眼培养造就对党忠诚、勇于创新、治企有方、兴企有为、清正廉洁的国有企业家队伍,以强化忠诚意识、拓展世界眼光、提高战略思维、增强创新能力、锻造优秀品行为重点,加强企业领导人员教育培训,着力培养企业家精神,加快建立健全企业领导人员培训体系。

主要措施:(1)国家出台关于新形势下进一步加强企业领导人员教育培训工作的意见后,研究制定我省实施意见。(2)省委组织部会同省国资委每年安排不少于1/5的省管重要骨干企业、金融企业、文化企业领导班子成员和省国资委党委管理领导班子的省管企业主要负责人,到省级以上干部教育培训机构培训。(3)省国资委抓好省国资委党委管理领导班子的省管企业领导班子成员培训;组织、指导好省管企业中层以上经营管理人员的教育培训。(4)各级组织人事部门、国有资本监管部门和各国有企业根据职责分工,抓好企业党组织书记培训,结合实际开展企业领导人员全员培训。(5)省委统战部组织省工商联领导班子成员、常委、执委中的民营企业主要负责人等培训,省工信厅负责组织中小企业经营管理者培训。(6)省管各企业的党校(企业大学)要加强办学能力建设,充分发挥在企业自主培训中的作用。

(四)事业单位领导人员

着眼建设一支符合新时期好干部标准的高素质专业化事业单位领导人员队伍,突出事业单位公益性、服务性、专业性、技术性特点,遵循事业单位领导人员成长规律,以提高政治觉悟、管理能力、专业水平和职业素养为重点,分类开展事业单位领导人员教育培训,探索建立事业单位领导人员教育培训体系,更好适应新时代中国特色社会主义公益事业发展要求。

主要措施:(1)省委组织部会同有关行业主管部门根据实际,定期举办相关培训班次,每年安排一定数量的事业单位领导人员参加培训;会同省委教育工委每2年举办1次高校党委书记和校长培训班,每年安排一定数量的高校党委书记、校长到省级以上干部教育培训机构参加培训。(2)省委教育工委、省教育厅等部门单位和各市高校主管部门按照干部管理权限,统筹制定年度培训计划,每年安排不少于1/5的高校领导班子成员参加培训。(3)省直单位组织人事部门对所属事业单位领导人员开展全员培训,每年安排不少于1/5的领导人员参加培训。(4)市、县(市、区)党委组织部统筹制定年度培训计划,组织协调本地区事业单位领导人员和基层党组织负责人的培训。(5)各级组织人事部门加强统筹,注重对事业单位其他管理人员进行培训。

(五)专业技术人员

围绕建设规模宏大、结构合理、素质优良、具有竞争力的专业技术人员队伍,突出政治引领,以提升思想政治素质和职业素养、创新创造创业能力为重点,以新理论、新知识、新技术、新方法为主要内容,以高精尖缺和骨干专业技术人才为主要对象,加强专业技术人员培训。

主要措施:(1)省人社厅组织实施专业技术人员继续教育,指导各行业各系统开展全员教育培训;组织实施专业技术人才知识更新工程,每年培训10000人次左右高层次、急需紧缺和骨干专业人才。(2)省委组织部会同有关部门,每年安排50名左右高层次人才到省级以上干部教育培训机构培训。各市委组织部负责各自联系的高层次专家培训。(3)省委宣传部会同有关部门，每年选派500名左右哲学社会科学教学科研骨干、部分新闻和文化工作骨干到省级以上干部教育培训机构培训。各市负责抓好本地区哲学社会科学教学科研骨干、新闻和文化工作骨干的培训。(4)非公有制经济组织、社会组织和基层一线专业技术人员的教育培训，由省人社厅会同有关部门组织实施。(5)省直各部门、各人民团体组织人事部门，各级人力资源和社会保障部门根据行业特点和业务需要，分类分层开展专业技术人员培训。

(六)年轻干部

着眼培养造就忠实贯彻习近平新时代中国特色社会主义思想、符合新时期好干部标准、忠诚干净担当、数量充足、充满活力的高素质专业化年轻干部队伍，突出理想信念宗旨教育、思想道德教育、优良作风教育，加强年轻干部政治训练和实践锻炼。

主要措施:(1)省委组织部每年安排一定数量优秀年轻干部到国家级干部教育培训机构培训；安排不少于300名优秀年轻干部到省委党校(山西行政学院)培训；选派一定数量的优秀选调生参加培训。(2)各级组织人事部门根据优秀年轻干部培养目标，坚持分类培训，有计划地安排年轻干部到党校(行政学院)、干部学院和党性教育基地接受系统理论教育和严格党性教育。实施“年轻干部理想信念宗旨教育计划”。

(七)基层干部

着眼培养守信念、讲奉献、有本领、重品行的高素质专业化基层干部队伍，以提高发展经济、改革创新、依法办事、化解矛盾、做群众工作等能力为重点，加强基层干部特别是乡镇(街道)党政正职、村(社区)党组织书记的培训。

主要措施:(1)省委组织部每年安排100名左右乡镇(街道)党委书记、100名左右基层干部到省级干部教育培训机构参加示范培训；用好送教下乡、在线学习培训、党员干部现代远程网络培训、广播电视培训等形式，推动优质培训资源向基层延伸倾斜。(2)省委组织部和各市委组织部每年安排不少于1/5的乡镇(街道)党政正职参加培训。(3)各市、县(市、区)党委组织部按照职责抓好基层干部培训，确保全覆盖。各地区各部门各单位每年分期分批将党支部书记轮训一遍，加强基层党务干部培训。(4)实行垂直管理的部门负责本系统基层干部的教育培训。

各地区各部门各单位要加大对“一把手”的培训力度，实施“‘一把手’政治能力提升计划”。重视抓好女干部、少数民族干部、党外干部的教育培训。继续支持革命老区、贫困地区干部教育培训工作。实施“贫困地区干部教育培训帮扶计划”，加强精准扶贫、精准脱贫教育培训，推动优质培训资源向贫困地区倾斜。组织实施海外培训“百人计划”和省外培训“千人计划”。加强和改进军地领导干部交叉培训和军队转业干部培训。

五、建强培训保障体系

(一)培训机构建设。立足功能定位，加强各级党校(行政学院)、干部学院主渠道主阵地建设，加强各级社会主义学院建设，坚持以教学为中心，紧扣主责主业，深化教学科研管理改革，突出教师主导作用和学员主体地位，不断提高办学质量。强化上级党校(行政学院)对下级党校(行政学院)的业务指导，加强教学督导、师资培养、质量评估，因地制宜推进市级党校(行政学院)对县级党校(行政学校)教学、师资等的统筹。深化县级党校(行政学校)办学体制改革，实施“县级党校(行政学校)分类建设计划”。按照少而精、突出特色的要求，稳妥推进部门行业干部教育培训机构优化整合。强化干部教育培训高校基地规范管理，增选10所左右学科优势明显的省内外高校作为干部专业化能力培训基地。坚持从严从实，加强现场教学基地建设，出台党性教育基地规范化建设实施意见，有计划、有重点地规划建设反映光荣革命传统的党性教育基地。完善社会培训机构参与干部教育培训机制，开展清单式管理试点。鼓励干部教育培训机构开展交流协作，推动优质培训资源共享。

(二)师资队伍建设。加大名师培养吸收力度，把干部教育培训师资纳入各级人才政策支持范畴，努力造就一批忠诚于马克思主义、在学科领域有影响力的知名专家，定期评聘干部教育名师，给予支持和奖励。省委党校(山西行政学院)统筹实施“名师培养工程”，加强全省各级党校(行政学院)学科带头人培养，市县党校(行政学院)着力培养一批教学骨干。继续实施“骨干教师培养计划”，鼓励教学一线骨干教师到国家级干部教育培训机构参加培训、访学进修，省级干部教育培训机构5年内将市县两级党校(行政学院)、社会主义学院教师培训一遍。建立健全专职教师知识更新机制和实践锻炼制度，每年有计划安排专职教师参加学习培训、调查研究和挂职锻炼，确保专职教师每年累计学习培训的时间不少于1个月。加大对基层师资队伍建设支持力度，省委党校(山西行政学院)每年安排一定数量的师资送教下基层。建立健全符合干部教育培训特点的师资准入和退出机制、师资考核评价体系、职称评定和岗位聘任办法、人才激励机制。加强和改进兼职教师选聘和管理，鼓励符合条件、时间充裕的各行各业优秀人才，特别是党性强、师德好的高等院校和中小学教师参与干部教育培训。选聘先进典型人物担任兼职教师。完善领导干部上讲台实施意见，支持各级领导干部上讲台，鼓励退休干部返聘任教。推进优秀师资共享，动态管理和有效利用省级师资库，建好用好市县两级师资库。

(三)课程教材建设。落实中央组织部组织制定的理论教学和党性教育大纲。开发体现马克思主义中国化最新成果、反映各领域理论和实践创新的精品课程。加强教材建设，开发一批适应干部履职需要和学习特点、具有山西特色的培训教材和基础性知识读本，分批向党员干部推荐学习书目。各地区各部门各单位结合实际，开发各具特色、务实管用、形式多样的培训课程和教材。干部教育培训机构根据形势任务发展变化，及时更新课程教材内容。积极参与全国干部教育培训好课程、好教材的评审推介工作。

(四)培训方式方法创新。根据培训内容要求和干部特点，改进方式方法和组织形式，开展运用研讨式、案例式、模拟式、体验式、情景式等方法的示范培训。推动省级干部教育培训机构案例库建设,鼓励建立市级干部教育培训机构案例库。探索运用访谈教学、论坛教学、行动学习、翻转课堂等方法。鼓励和支持干部运用网络培训、专题讲座等形式开展各方面基础性知识学习。开展干部培训工作评估和干部基本能力测试,检验培训成效,加强结果运用。

(五)干部教育培训和互联网融合发展。统筹整合网络培训资源,建设兼容、开放、共享、规范的全省干部网络培训体系。积极参与国家网络培训标准建设,依据国家干部网络培训标准体系,2022年前实现与各类各级干部网络培训平台资源共建共享、数据互联互通。积极探索适应信息化发展趋势的网络培训有效方式,推行线上线下相结合的培训模式。做好"中国干部网络学院共建共享试点"工作,加强山西干部在线学院建设,充实在线学习精品课程库,打造特色课程资源,迭代开发移动学习平台。严把网络培训的政治关、质量关、纪律关。加快干部教育培训机构"智慧校园"建设。完善干部教育培训信息管理系统。

(六)学风建设。大力弘扬理论联系实际的马克思主义学风,做到学以致用、用以促学、知行合一。落实意识形态工作责任制,把讲政治贯穿教学、科研、管理全过程,严以治校、严以治教、严以治学。坚持艰苦奋斗、勤俭办学。严格教师管理,严肃教师讲课、参加会议、接受采访、发表文章等纪律要求,旗帜鲜明反对和抵制各种错误观点。加强学员管理,严格执行中央组织部《关于在干部教育培训中进一步加强学员管理的规定》。定期开展学风督查。

(七)经费管理。各级政府要将干部教育培训经费列入年度财政预算,保证工作需要。加大基层干部教育培训经费投入力度,地方各级党委可以使用留存的党费组织培训基层党员干部。省级财政加大对革命老区、贫困地区一般性转移支付力度,财政困难地方可以统筹使用自有财力和上级转移支付开展干部教育培训工作。加强干部教育培训经费管理,完善有关规定,厉行勤俭节约,保证专款专用,提高使用效益。

(八)理论研究。加强干部教育培训重大理论和现实问题研究,深入把握干部成长规律和干部教育培训规律。组织开展干部教育培训课题研究,搭建研究交流平台,促进成果转化应用。

六、健全培训制度体系

(一)完善需求调研制度。牢固树立按需培训理念,突出组织需求和岗位需求,开展入学前测试,把需求调研贯穿训前、训中、训后全过程。建立健全干部教育培训与干部选拔、管理、监督部门之间的信息沟通机制,健全完善干部教育培训主管部门与培训机构、干部所在单位之间的协调会商机制,精准把握培训需求,共同制定实施干部培训培养计划。

(二)健全组织调训制度。完善调训计划申报制度,加强统筹协调,严格审核把关,避免和防止多头调训、重复培训、长期不训等问题。严肃调训纪律,建立健全调训情况通报制度,完善点名调训和补训制度。对5年内没有参加党校(行政学院)、干部学院系统理论教育和严格党性教育的领导干部,及时进行补训。探索"错峰"调训和分段式培训,缓解工学矛盾。

(三)健全教学组织管理制度。加强干部教育培训全流程精细化管理。推行培训项目负责制。建立健全培训机构集体备课、教学督导、评价反馈等制度。加强跟班管理。注重发挥学员党支部和班委会作用,强化学员自我管理。加强培训管理队伍建设,注重对跟班联络员、组织员(班主任)的教育管理,建立健全培训管理者培训制度。

(四)建立健全干部教育培训考核评价制度。全面考核评价干部的学习态度和表现、理论知识掌握程度、党性修养和作风养成情况以及解决实际问题的能力等。严格落实国家制定的理论教育和党性教育成效考核办法。运用互联网等手段,开展党的理论、党章党规党纪、履行岗位职责基本知识测试,探索对干部在职自学情况进行考核。加强干部选拔、培养、管理、使用工作的统筹,对中长期主体班次强化跟班考察,通过开展谈心谈话、学员相互评价等方式,了解学员表现,为培养、考察、识别干部提供参考。完善培训情况登记、反馈、跟踪管理等制度。

(五)建立健全干部教育培训质量评估制度。坚持定量与定性相结合,完善质量评估指标体系,全面推进干部教育培训机构办学质量、项目质量、课程质量评估。探索制定山西省干部教育培训机构评估指标体系。2019年开展省市县三级党校(行政学院)办学质量试评估工作,推动办学质量整体提升。2022年前依据国家评估指标体系完成省市县三级党校(行政学院)评估。完善项目质量评估制度,健全由项目委托单位、参训学员、培训机构等共同参与的评估机制。完善课程质量评估制度,健全由学员、教师(或者专家)、跟班管理人员、教学管理部门等多方参与的评估机制。

(六)建立健全干部教育培训工作督查制度。重点围绕中央关于干部教育培训工作的方针政策、重大任务和省委关于干部教育培训工作的具体要求等贯彻落实情况定期开展督促检查和情况通报,发现问题及时整改。将开展干部教育培训工作情况纳入领导班子考核重要内容,开展选人用人工作检查应当注意了解新提拔干部接受教育培训情况。

七、组织领导

各级党委(党组)要认真落实党建主体责任,把干部教育培训工作纳入本地区本部门本单位党的建设整体部署和工作规划,加强领导,统筹安排,要定期召集宣传、党校(行政学院)、人力资源和社会保障、发展改革、教育、财政、国资等部门研究干部教育培训工作。各级党委(党组)主要负责同志要切实履行职责,及时解决干部教育培训工作中的困难和问题。

各级组织部门要在党委领导下切实履行主管职能,加强整体规划、制度建设、宏观指导、协调服务和督促检查。各相关单位要各司其职、密切配合、形成合力。各地区各部门各单位要围绕本规划提出的目标和任务,结合实际制定本地区本部门本单位干部教育培训规划或者实施意见,坚持分类分级,抓好贯彻落实。

省委组织部要对本规划实施情况进行督促检查,开展中期和5年总结评估工作。

中共山西省委办公厅　山西省人民政府办公厅《2018年山西省深化国企国资改革行动方案》

(2018 年4月11日)

2018年为我省国企国资改革深化年。为确保改革工作的顺利推进,制定行动方案如下。

一、总体要求

(一)指导思想

以习近平新时代中国特色社会主义思想为指导,深入贯彻党的十九大精神和省委经济工作会议及省十三届人大一次会议精神,认真贯彻落实国务院《关于支持山西省进一步深化改革促进资源型经济转型发展的意见》,按照省委、省政府《关于深化国企国资改革的指导意见》,坚持一流标准,强化问题导向、目标导向、转型导向和市场导向,蹄疾步稳、精准发力,持续推进我省国企国资改革不断取得新成绩,实现新突破。

(二)基本原则

1.发挥三大动力促进转型。坚持改革推动转型,着力破除制约企业转型的体制性矛盾;科学布局驱动转型,着力破除制约企业转型的结构性矛盾;扩大开放带动转型,着力破除制约企业转型的素质性矛盾。改革推动、布局驱动、开放带动,重点解决转型动力的问题,实现国有企业动力转换,更好承担起在全省率先转型升级的重任。

2.把握三大抓手巩固转型。从面上着力,完善国资监管体制,推进市县改革,强化企业转型统筹;从点上着力,加快解决历史遗留问题,推进"两办"改革,减轻企业转型负担;从根上着力,抓好党建这个"根"和"魂",坚持党的领导,加强党的建设,为企业转型提供保障。

(三)工作目标

以转型升级为导向的业绩考核体系进一步完善,煤炭产业吨煤成本、人均工效持续向好,非煤产业实现减亏增盈,新兴产业公司发展取得一批标志性成果,成交一批"腾笼换鸟"项目,推进专业化重组,完成一批与中央企业和外省企业的股权合作项目,支持民营企业参与国有企业混合所有制改革,分离办社会职能及厂办大集体改革完成阶段性预期目标,现代企业制度建设取得重大突破,适应转型要求的市场经营机制基本形成,通过产融结合有效防控风险,国资监管体制进一步完善,党的建设进一步加强,全省国企国资改革同步推进,在我省转型发展中的主力军作用得到充分彰显。2018年,省属企业经济增加值同比增速高于全省国内生产总值5 个百分点,资产负债率同比下降1.5-2个百分点,发展质量和效益明显提升。

二、重点任务

(一)扎实推进8个方面21项重点改革任务

在2017年的基础上,梯次推进国企国资重大改革,结合实际,进一步梳理明确2018年度重点改革目标,鉴于2017年有些任务已经完成,提出八个方面的目标任务,分层压责、有序展开,以"钉钉子"的精神,分批逐项攻坚。

(二)深入开展三项重点工作

1.深入开展分离办社会改革工作。到2018年底,全面完成省属企业市政、社区职能分离工作,完成消防、教育、医疗分类改革任务,基本完成省属企业厂办大集体改革任务。

2.深入开展瘦身健体"处僵治困"工作。整合各类业务资源,持续压减省属企业多层级企业,清理同类型公司,四级以下公司继续压减一半以上。实行"僵尸企业"出清3年行动计划,在2018年取得突破性进展,特困企业治理取得积极成效。完成化解煤炭过剩产能1600万吨。

3.深入开展风险防控工作。全面梳理排查省属企业风险隐患,严控各类债务风险,持续做好资产负债率管控。严控投资风险,积极化解企业存量风险。密切关注并及时化解上市公司ST风险,坚决防止发生系统性区域性风险。

(三)优化国有资本布局

1.加快转型发展。2017年度新组建的各个集团公司,要深化改革,按照转型发展目标,加快完善内部治理,提高干部工作能力,迅速步入正轨,大力开拓市场,承担起新职能任务。

2.继续推进专业化重组。围绕省委、省政府决策部署,分类推进省属企业改革,加快组建一批基础设施功能公司,着力在重大民生工程、重点项目、重要平台和关键行业上,优化配置国有资源,在全省经济社会发展中发挥重要支撑保障作用。加快完成燃气集团、高端现代煤化工专业公司、水务投资集团、神农集团专业化重组。启动焦化、煤机装备、电力等领域企业重组。

3. 引导鼓励与央企及发达省份国有企业的合作。以煤电、煤焦、煤电铝材等领域为重点,在促进省属企业发展的同时,推动区域合作取得新进展。

4.整合金控类企业。按照省委、省政府《关于深化国企国资改革的指导意见》,对标先进地区,加强国有资本归口聚集,条件成熟时,将山西金融投资控股集团有限公司划归国资系统统一监管,形成国企资本、金融资本两个平台,明确定位,相互配合,形成合力,提高金融资源配置质量和效率,提升山西国有资本综合实力。

(四)全面深化混合所有制改革

1.集团层面继续推进建投集团、汾酒集团混改。在各集团选择5家左右企业推进混改,稳步推进员工持股试点。

2.加快"腾笼换鸟"落地。加快落实两批发布项目落地,加强市场对接,通过让渡股权置换资金,加快发展战略性新兴产业。

3.积极对接资本市场。优化上市公司配置,加强企业上市后备资源培育,力争企业A股上市有新的突破,重点辅导国际能源在H股上市,新增3-5家新三板挂牌企业。引导和支持上市公司利用资本市场再融资,融资规模同比提高30%以上。

(五)完善现代企业制度

1.深入推进"三项制度"改革。在全面完成公司制改革的基础上,加强企业集团和分子公司人事、劳动、分配制度改革,打破职级界限,增加市场化选聘比例,积极稳妥实施干部退出机制,实现公司直接用工同比减少。

2.在现有集团层面出缺和新设公司,开展职业经理人市场化选聘工作。制定国有企业职业经理人管理办法,建立市场化的选聘、考核、薪酬分配和退出机制。

3.完善外部董事制度。完善省属企业专职外部董事薪酬管理办法。进一步细化科技人员激励机制。

(六)提升国资监管水平

1.全面推进"放管服效"改革。采取分类定位,明晰权责边界,授权经营方式,指导股权类和产权类公司规范运营,提高资本回报率。

2."一企一策"签订经营业绩考核目标责任书。突出创新驱动、转型发展、上市公司导向。继续坚持重点考核目标,通过考核,促进省属企业全面升级。出台经营业绩第三方评估办法,建立省属企业负责人经营业绩年中期考核制度,加强考核成果的运用。

3.明确企业主业和辅业目录。出台《山西省国有企业投资风险管理办法》,严格投资监管。全面推行格盟国际能源有限公司先进管理经验。

4.探索省属企业委派总会计师管理工作。强化出资人、外派监事会和审计、巡视协同监管制度。建立国企大数据监管系统。

5.对省属企业继续开展专项审计。

6.完善与强化省国有资本投资运营公司的职责及运作机制。重点在引领战略性新兴产业投资、促进"腾笼换鸟"和"僵尸企业"出清方面发挥作用。

(七)加强党的领导和党的建设

坚持两个"一以贯之",进一步落实党组织在企业法人治理结构中的法定地位。督促检查省属企业落实全国国企党建工作会议精神,推进"四同步""四对接",突出抓好国有企业党建工作40项重点任务的落实。把党建工作责任制考核纳入省属企业领导班子和领导干部综合考核评价体系。推动全面从严治党向纵深发展。

(八)加强对市县国企国资改革的指导

实行企地同责,重点推进企业分离办社会移交工作。

三、落实国家支持国企国资改革优惠政策

贯彻落实国发〔2017〕42号文件精神,参照国家对东北地区国企改革支持政策,积极向国家争取新的国企国资改革优惠政策。

(一)实施国有企业改革振兴计划

1.多措并举促进转型升级。争取中国国有企业结构调整基金和中国国有资本风险投资基金等加大在我省的投资力度。鼓励国有资本与民营资本共同设立山西省振兴产业投资基金,促进产业和产品结构调整、转型升级。支持我省国有企业积极参与创建"中国制造2025"国家级示范区,深化制造业与互联网融合发展,大力推动装备制造、钢铁、建材等传统产业转型升级。推动国有企业加快培育和发展战略性新兴产业,推动工业化与信息化融合发展,积极运用"互联网+",加快发展新一代信息技术、云计算、大数据、物联网产业。积极支持城市地下管网等基础设施改造建设,提升生产运行保障能力。

2.持续加强与中央企业合作。加大我省与中央企业共建产业园区力度,吸引中央企业参与我省产业转型升级示范区和示范园区建设,带动我省配套和相关产业发展。吸引中央企业参与我省基础设施、重点项目建设,支持我省国有企业参与中央财政投资的铁路、公路、机场、水利枢纽等重点项目建设。按照优势互补、互利共赢的原则,可采取产权无偿划转或转让方式,争取中央企业将适合我省管理或由我省管理更利于发展的驻晋子企业交由我省管理。

3.扎实推进"瘦身健体"。推动我省国有钢铁、煤炭、煤电企业有序化解过剩产能。支持省国有企业加快清理低效无效资产,并按规定开展清产核资。全面开展处置"僵尸企业"专项行动,2020年底前全面完成处置"僵尸企业"各项工作。简化清算关闭程序,出台配套政策,加快清算关闭长期无生产经营活动、被依法吊销营业执照的企业。省国有企业处置"僵尸企业"职工安置费用符合有关要求的,可按规定统一申请工业企业结构调整专项奖补资金。

4.加大金融支持力度。引导银行业金融机构加大对我省国有企业信贷支持力度,对有效益、有市场、有竞争力的企业,满足其合理信贷需求,避免"一刀切"式的抽贷、停贷。对暂时遇到困难但仍有发展前景的国有大中型骨干企业,协调相关金融机构积极纾解资金紧张等问题。支持银企双方自主协商,对符合条件的省国有企业和驻晋中央企业子企业按照市场化、法制化原则,推动债转股工作。坚持审慎稳妥原则,允许符合准入条件的我省装备制造类国有企业发起设立金融租赁公司,服务主业发展,同时加强并表监管。鼓励金融机构根据相关政策规定,在风险可控、商业可持续的前提下,探索产业链融资、保理等金融业务支持省国有企业发展的有效模式。支持省国有企业开展债权融资,改善负债结构。对注册地在我省的符合条件的国有企业发行公司债券、资产支持证券给予优先支持。对符合条件的省国有企业申请首次公开发行股票并上市给予优先支持。支持注册地在我省的符合条件的国有企业在全国中小企业股份转让系统挂牌融资，开展并购重组业务。

5.全力支持人才培育交流。加强对省国有企业的人才支持力度，组织开展优秀人才到省国有企业3年挂职（或任职）行动计划。加快培育具有较强创新精神和创新能力的企业科技人才队伍，选拔省国有企业优秀管理人员到其他地区中央企业及经济发达地区地方国有企业挂职锻炼。鼓励省国有企业拿出更多、更高层次岗位吸引国内外一流人才。通过提高市场化选聘比例、建立职业经理人制度等多种方式吸引、留住经营管理人才。

6.完善配套支持政策。有序转让部分省国有企业股权，所得收入用于支付必需的改革成本、弥补社保基金缺口。省困难国有企业职工安置费用等可按规定从土地出让收入中予以安排。对县级以上政府批准改制重组的国有企业，其涉及的原生产经营性划拨土地，可依法以作价出资（入股）方式处置。支持省国有重点企业参与电力市场交易，通过电力企业与大用户直接交易，释放改革红利，促进国有重点企业转型发展。

（二）更大程度更广范围推行混合所有制改革

稳步推进混合所有制改革。支持我省具备条件的大型国有企业开展集团层面的混合所有制改革，加大引进吸收各类资本力度，实现投资主体多元化。除关系国家战略安全和涉及国家核心机密的领域外，鼓励有条件的国有军工企业实施混合所有制改革，支持民营企业进入国防军工产业，实现优势互补。

（三）加快解决历史遗留问题

1.推动国有企业退休人员社会化管理。逐步推动省国有企业退休人员移交社区实行社会化管理，由社区服务组织提供相应服务。做好省国有企业退休人员党组织关系转移工作，相关档案存放在县级组织人事部门。对我省现有国有企业退休人员统筹外费用实行分类处理。

2. 完成国有企业承担的市政、社区管理等职能分离移交。省国有企业管理的面向社会提供公共服务的市政设施移交地方政府管理。有关中央企业或省属国有企业不符合主业发展方向的公共服务企业划转地方管理，地方政府不具备接受条件的，企业可自行关闭撤销或重组改制，也可根据实际情况妥善处理，面向社会开放的可按市场化方式合理收费。已经建立的职工家属区街道办事处等机构、依法选举产生的社区居民委员会与企业完全脱钩，现有办公场所、服务场所及设备设施等可按程序无偿划转。仍未建立管理机构或未依法选举产生社区居民委员会的职工家属区，由企业按区域划片移交县级政府或街道办事处管理。

3.推进厂办大集体改革。中央财政继续按照奖补结合的原则，提高对省国有企业厂办大集体改革的补助比例，对地方国有企业、中央下放地方企业、中央企业兴办的厂办大集体企业净资产不足以支付职工经济补偿金的部分，中央财政分别补助80%、100%、50%。山西省各地可以将自筹资金和中央财政补助资金统筹用于接续职工社会保险关系、解除或终止劳动关系经济补偿等支出，具体范围由各地根据实际情况合理确定，加强省部对接，继续争取中央财政对厂办大集体改革的资金支持。

四、加强组织领导，完善工作保障措施

省委国有企业改革发展和党建工作领导小组办公室要及时协调解决国企国资改革中的重大问题。各成员单位要加强配合、密切协作，确保深化国企国资改革顺利推进；要根据本行动方案，加强统筹协调、明确责任分工、细化目标任务、强化督促落实，切实取得实效；要适时总结并推广重大关键性、标志性改革经验，重大改革进展情况和问题及时上报。

加强和统筹各方宣传力量，利用好传统和新兴媒体，大力宣传国企国资改革正能量，形成全社会支持国企国资改革的舆论氛围，在全社会塑造山西国企国资开放创新、合作共赢、守法诚信的新形象。

中共山西省委办公厅　山西省人民政府办公厅《山西省分类推进人才评价机制改革的实施方案》

（2018 年5月4日）

为全面深入贯彻落实中共中央办公厅、国务院办公厅印发的《关于分类推进人才评价机制改革的指导意见》，改革创新人才评价机制，更好地发挥人才评价指挥棒作用，现就我省分类推进人才评价机制改革制定如下实施方案。

一、总体要求和基本原则

（一）总体要求

全面贯彻党的十九大精神，以习近平新时代中国特色社会主义思想为指导，认真落实党中央、国务院和省委、省政府决策部署，按照统筹推进“五位一体”总体布局和协调推进

“四个全面”战略布局要求，落实新发展理念，围绕实施人才强省战略和创新驱动发展战略，聚焦“示范区”“排头兵”“新高地”三大目标，以科学分类为基础，以激发人才创新创业活力为目的，加快建立导向明确、精准科学、规范有序、竞争择优的科学化社会化市场化人才评价机制。通过3年左右努力，促使科技人才、哲学社会科学和文化艺术人才、教育人才、医疗卫生人才、技术技能人才，以及企业、基层一线和青年人才等重点领域人才评价机制改革取得重大突破和积极进展，在全社会营造人人渴望成才、人人努力成才、人人皆可成才、人人尽展其才的良好社会氛围。

(二)基本原则

坚持党管人才原则。进一步加强党对人才评价工作的领导，将改革完善人才评价机制作为人才工作的重要内容，充分发挥党的思想政治优势、组织优势、密切联系群众优势，管好、用活、激励各类人才资源，在全社会大兴识才爱才敬才用才容才聚才之风，把各方面优秀人才集聚到谱写新时代山西发展新篇章的实践中来。

坚持服务发展原则。围绕我省建设“示范区”、打造“排头兵”和构建“新高地”的需要，充分发挥人才评价正向激励作用，最大限度激发和释放人才创新创业活力，促进人才发展与经济社会发展深度融合。

坚持科学公正原则。遵循人才成长规律，突出品德、能力和业绩评价导向，分类建立体现不同职业、不同岗位、不同层次人才特点，科学客观公正的人才评价机制。

坚持改革创新原则。加快转变政府职能，保障落实用人主体自主权，发挥政府、市场、专业组织、用人单位等多元评价主体作用，营造求真务实、鼓励创新、宽容失败的人才评价氛围和环境。

二、分类建立健全人才评价标准

(三)实行分类评价

注重科学分类，以职业属性和岗位要求为基础，根据不同职业、不同岗位、不同层次人才特点和职责，按照共通性与特殊性、水平业绩与发展潜力、定性评价与定量评价相结合的方式，分类建立健全涵盖品德、知识、能力、业绩和贡献等要素，科学合理、各有侧重的人才评价标准体系。

(四)坚持德才兼备，把品德作为人才评价的首要内容

加强对人才科学精神、职业道德、从业操守等方面的评价考核，倡导诚实守信，强化社会责任，抵制心浮气躁、急功近利等不良风气，从严治理弄虚作假和学术不端行为。完善人才评价诚信体系，建立诚信守诺、失信行为记录和惩戒制度，实行学术造假“一票否决制”。

(五)坚持凭能力、实绩、贡献评价人才，克服唯学历、唯资历、唯论文等倾向

注重考察各类人才的专业性、创新性和履责绩效、创新成果、实际贡献。合理设置论文、专著等评价指标，推行代表作制度，增加技术创新、成果转化、技术推广、决策咨询、公共服务等评价指标的权重，将科研成果取得的经济效益和社会效益作为人才评价的重要内容。着力解决评价标准“一刀切”问题，鼓励人才立足岗位作贡献。

(六)建立评价标准动态更新调整机制

适应新一代信息技术、高端装备制造、新能源汽车、新材料、新能源、节能环保、生物医药、通用航空、煤层气、现代煤化工等新兴产业发展，及时制定相应的人才评价标准。服务传统产业高端化智能化绿色化发展，完善和调整人才评价标准。

三、全面创新人才评价方式

(七)创新多元评价方式

按照社会和业内认可的要求，建立以同行评价为基础的业内评价机制，同时注重引入市场评价和社会评价，发挥多元评价主体作用。基础研究人才以同行学术评价为主，加强国际同行评价。应用研究和技术开发人才突出市场评价，由专家、用户和市场等相关第三方评价。哲学社会科学和文化艺术人才强调社会评价，引入决策咨询使用单位参与评价。

(八)丰富人才评价手段

针对不同人才特点，科学灵活采用考试、评审、考评结合、考核认定、个人述职、面试答辩、实践操作、业绩展示等不同评价方式，提高人才评价的针对性和精准性。

(九)科学设置人才评价周期

遵循不同类型人才成长发展规律，科学合理设置评价考核周期，实行科技计划和工程项目实施周期与评价周期相结合。注重过程评价，重点考察项目实施过程中新技术研发和应用方面的创新突破。突出目标导向，注重结果评价，适当延长基础研究人才、青年人才等评价考核周期，鼓励持续研究和长期积累。实施聘期评价制度，把聘期绩效考核结果作为评价重要内容。

(十)畅通人才评价渠道

打破户籍、地域、身份、档案、人事关系等制约，依托具备条件的行业协会、专业学会、公共人才服务机构等，畅通非公有制经济组织、社会组织、新兴职业等领域人才申报评价渠道。开辟绿色通道，对引进的海内外高层次人才和急需紧缺人才，可根据其专业工作经历、学术技术贡献，直接评审认定相应职称。对有重大发明创造、在经济社会各项事业发展中做出重大贡献的各类人才，破除学历、身份等限制，实行特殊评价。

(十一)促进人才评价和项目评审、机构评估有机衔接

按照既出成果、又出人才的要求，推动人才评价与我省应用基础研究计划、平台基地计划、重点研发计划、科技成果转化引导专项（基金）、科技重大专项等评价评估的有效衔接，完善在重大科研、工程项目实施、急难险重工作中评价、识别人才机制。整合建立统一的人才工程、计划和项目管理平台，优化布局评审事项，简化评审环节，改进评审方式，加强评价结果共享，避免多头、频繁、重复评价人才，减轻人才负担。

四、加快推进重点领域人才评价改革

(十二)改革科技人才评价制度

适应我省深化科技体制改革、加快创新体系建设需要，以转型综改示范区、山西“农谷”和战略性新兴产业培育、能

源产业创新、传统优势产业提质、现代服务业发展、特色现代农业增效、“双创”孵化新产业新业态等领域为重点，建立以科技创新能力、质量、贡献、绩效为导向的科技人才评价体系。重点解决片面将论文、专利、项目和经费数量等与科技人才评价直接挂钩的做法，实行代表性成果评价，突出评价研究成果质量、原创价值和对经济社会发展的实际贡献。对基础研究人才，着重评价其原创提出和解决重大科学问题能力、成果的科学价值、学术水平和影响等。对应用研究和技术开发人才，着重评价其技术创新与集成能力、自主知识产权和重大技术突破、成果转化及对产业发展的实际贡献等。对从事社会公益研究、科技管理服务和实验技术的人才，重在评价考核工作绩效，引导其提高服务水平和技术支持能力。

注重个人评价与团队评价相结合。适应科技协同创新和跨学科、跨领域发展等特点，进一步完善科技创新团队评价办法，实行以合作解决重大科技问题为重点的整体性评价。对创新团队负责人以把握研究发展方向、学术造诣水平、组织协调和团队建设等为评价重点。尊重认可团队所有参与者的实际贡献，杜绝无实质贡献的虚假挂名。

（十三）改进哲学社会科学和文化艺术人才评价制度

按照加快构建中国特色哲学社会科学的总体部署和要求，围绕推动我省哲学社会科学繁荣发展，建设“文化晋军”，根据不同类型哲学社会科学和文化艺术领域的特点和规律，实行人才分类评价。对主要从事基础理论研究的人才，重点评价其在推动理论创新、文明传承、学科建设等方面的能力贡献，在评价方式上以同行专家评价为主。对主要从事应用对策研究的人才，重点评价其围绕统筹推进“五位一体”总体布局和协调推进“四个全面”战略布局，为党和政府决策提供服务支撑的能力业绩，评价重点是应对和解决现实问题的适用性、有效性。对主要从事政策理论宣传的人才，重点评价其在推进意识形态领域引导、培育社会主义核心价值观以及提升公民道德素质等方面的能力业绩，突出巩固、加强和改进意识形态工作方面的贡献，注重理论宣传成果的社会传播度和社会影响力。对主要从事艺术表演创作的人才，重点评价其围绕满足人民精神文化需求，在艺术表演、作品创作方面的能力业绩，评价方式上以社会评价为主，注重在传承创新、推动文化繁荣兴盛等方面的贡献。突出成果的研究质量、内容创新和社会效益，推行理论文章、决策咨询研究报告、建言献策成果、优秀网络文章、艺术创作作品等与论文、专著等效评价。

（十四）健全教育人才评价体系

围绕实施“1331”工程，推进“双一流”建设和支持山西大学、太原理工大学率先发展，深化高校教师评价改革。坚持立德树人，把教书育人作为教师评价的核心内容，坚持思想政治素质和业务能力双重考察、全面考核和突出重点相结合，注重对师德师风、教育教学、科学研究、社会服务、专业发展的综合评价。坚持分类指导和分层次评价相结合，根据不同类型高校、不同岗位教师的职责特点，分类分层次分学科设置评价内容和评价方式。对以教学为主型的教师，着重评价其教学能力、教学效果和教学成果等。对教学科研型的教师，着重评价其专业基础课、专业课的教学水平、科学研究成果等。对科研教学型的教师，在完成一定教学工作量的前提下，着重评价其提出和解决重大科学问题的原创能力、科学研究和科技创新突破、技术成果推广的贡献等。对从事专职辅导员（班主任）的教师，着重评价其对学生工作的责任心、能力和效果等。对从事社会服务与科技成果应用推广的教师，着重评价其提供社会服务、技术支持、技术咨询与科技成果应用推广的能力和业绩。鼓励“山西省高等教育综合改革试点高校”在分类推进人才评价机制改革中大胆探索、先试先行。

围绕实施职业院校教师素质提升计划，建立符合职业教育特点的教师评价体系。按照兼备专业理论知识和技能操作实践能力的要求，完善“双师型”教师评价标准，重点评价其道德培育、教育理念、教学方法、教学实绩等教学能力和专业工作经历、技术研发服务、指导学生实践实训活动等专业实践能力。建立学校、行业、企业、研究机构和其他社会组织共同参与的职业院校教师评价机制，引入企业、行业人才发展标准，发挥校企联合的多元评价主体作用。将各类“职业技能大赛”“教学成果奖”“信息化教学大赛”等纳入职业院校教师评价体系。

建立完善充分体现中小学教师岗位特点的分类评价标准，破除简单用升学率和考试成绩评价中小学教师的方式，更好满足我省基础教育改革发展需要。对基层中小学一线教师要重点评价其教育教学方式、教学实践能力和育人工作成效。对从事学科教学研究的教研人员，重点评价其教育教学理念、教改成果总结推广和专业示范引领作用。对从事教育管理的教师，重点评价其教育教学管理理念、课程建设、师资队伍发展、教育质量提升等方面的能力业绩。

（十五）改进医疗卫生人才评价制度

以建设“健康山西”为目标，以提高人民群众健康水平为核心，围绕实施“136”兴医工程，建立涵盖医德医风、临床实践、科研带教、公共卫生服务等要素的医疗卫生人才评价体系。合理确定不同医疗卫生机构、不同专业和岗位医疗卫生人才评价重点。对主要从事临床工作的医疗卫生人才，重点考察其临床医疗医技水平、实践操作能力和工作业绩，引入临床病历、诊治方案等作为评价依据。对主要从事科研工作的医疗卫生人才，重点考察其创新能力业绩，突出创新成果的转化应用评价。对从事疾病预防控制等公共卫生人才，重点考察其流行病学调查、传染病疫情和突发公共卫生事件处置、疾病及危害因素监测与评价能力，将相关调查、检测报告，参与疫情及公共卫生事件控制成效等作为评价依据。

按照分级诊疗制度要求，根据不同级别的医疗卫生机构所承担的工作任务，对医疗卫生人才实行分层评价。对二级医疗卫生机构以上的医疗卫生人才，着重评价其解决急危重症、疑难复杂疾病和医学科研、技术创新以及对贫困地区的对口支援、培养基层医护人员的能力业绩。按照强基层、保基本的要求，对县级及以下基层医疗卫生机构的医疗卫生人才，着重评价其基层卫生工作实践经验和处理本专业常见病、多发病、慢性病及承担基本卫生服务的能力业绩，将掌握适宜医疗技术及其疗效等作为评价依据，充分利用人才评价的导向作用，鼓励和引导医疗卫生人才服务基层。

按照建立全科医生制度的要求，对全科医生，重点考察其掌握全科医学基础理论知识、常见病多发病诊疗、预防保健和提供基本公共卫生服务能力业绩，将签约居民数量、接诊量、服务质量、群众满意度作为重要评价指标。

探索建立行业主管部门评价、用人单位自主评价与社会评价相结合的医疗卫生人才评价方式。专业评价机构或业内同行对医疗卫生人才学术水平、临床医疗医技水平、实践操作能力评价，与用人单位对医疗卫生人才的医德医风、工作业绩、服务满意度评价相结合，促进人才评价的客观、公正。

(十六)创新技术技能人才评价制度

围绕我省构建现代产业体系、打造优势产业集群目标，结合工程技术人才专业化、标准化程度高、通用性强等特点，分专业领域建立健全工程技术人才评价标准。克服评价标准过于追求学术化倾向，突出解决工程实际问题的能力和成果，重点评价工程技术人才掌握必备专业理论知识和解决工程技术难题、技术创造发明、技术推广应用、工程项目设计、工艺流程设计、规划编制、标准制订、生产和安全管理等实际能力和业绩。修订矿山、建设、交通、机械、电子信息、冶金、地质矿产、环保、质监、水利等工程类评价标准。

坚持以提高人的素质、促进人的全面发展为目标，按照“人人持证、技能社会”总体思路，围绕实施高技能人才振兴计划，培养造就一大批适应山西转型发展需要，具有高超技艺、精湛技能和工匠精神的高技能人才，创新技能人才评价制度。建立以职业能力为导向、以工作业绩为重点、注重职业道德和知识技能水平的技能人才评价体系。加快建立行业企业工种岗位要求、专项职业能力考核规范等职业标准。完善职业资格评价、职业技能等级认定、专项职业能力考核等多元化评价方式，做好评价结果有机衔接。坚持职业标准和岗位要求、职业能力考核和工作业绩评价、专业评价和企业认可相结合的原则，对技术技能型人才突出实际操作能力和解决关键生产技术难题要求，对知识技能型人才突出掌握运用理论知识指导生产实践、创造性开展工作要求，对复合技能型人才突出掌握多项技能、从事多工种多岗位复杂工作要求。完善享受政府津贴高技能人才、“三晋首席技师”、“三晋技术能手”及技能大赛选拔机制和评价标准。打通高技能人才与工程系列专业技术人才评价通道，对取得高级工、技师、高级技师的高技能人才，符合条件的可申报参加助理工程师、工程师和高级工程师评审。

(十七)完善面向企业、基层一线和青年人才的评价机制

围绕激发企业家活力，建设高素质企业家群体，建立与产业发展需求、经济结构相适应的企业人才评价机制。重点考察企业家推动自主创新，转变发展方式，提高管理水平，提升企业竞争力和经济效益的能力和贡献，突出经营业绩、市场开拓、品牌打造等关键指标的评价权重。建立以市场和出资人认可为重要标准的企业经营管理人才评价体系，积极推行经济增加值考核，逐步强化考核指标行业对标，引入第三方专业机构参与评价，实行多维度、开放式的综合评价，全面准确客观地评价经营管理人才的决策和经营管理行为。对业绩贡献突出的优秀企业家、经营管理人才、高层次创新创业人才，可放宽学历、资历、年限等申报条件。建立社会化的职业经理人评价制度，科学设计业绩评价体系，避免职业经理人行为短期化。鼓励上市公司、行业龙头企业设立职业技能鉴定所(站)，自主开展评价和认定工作。

创新基层人才评价激励机制。对长期在基层一线和艰苦边远地区工作的人才，适当放宽科研、论文、奖项、荣誉、学历等条件，加大爱岗敬业表现、实际工作业绩、工作年限等评价权重，着力拓展基层人才职业发展空间。对长期在艰苦边远地区从事教育、医疗卫生、农业技术推广服务等基层专业技术人才，单独制定评价标准，实行“定向评价”“定向使用”的评价方式。结合实施乡村振兴战略以及开展新型职业农民精准培育试点工作，健全以职业农民为主体的农村实用人才评价制度，完善教育培训、认定评价管理、政策扶持“三位一体”的制度体系，开展职业农民职称评审试点。完善社会工作专业人才职业水平评价制度，组织实施好社会工作者职业水平考试，建立考试与评审相结合的高级社会工作师评价制度，加强社会工作者职业化管理与激励保障，提升社会治理和社会服务现代化水平。

完善青年人才评价激励机制。破除论资排辈、重显绩不重潜力等陈旧观念，加大青年人才评价选拔力度。实施“山西省青年拔尖人才支持计划”和“三晋学者支持计划”，重点遴选支持一批有较大发展潜力、有真才实学、堪当重任的优秀青年人才。加大省重大人才工程项目对青年人才支持力度，在我省“百人计划”、科技计划(专项、基金)、高校“1331”工程中设立青年专项，促进优秀青年人才脱颖而出。

五、健全完善人才评价管理服务制度

(十八)保障和落实用人单位自主权

尊重用人单位主导作用，合理界定和下放人才评价权限，支持用人单位结合自身功能定位和发展方向评价人才，促进人才评价与培养、使用、激励等相衔接。进一步推动高校自主评价聘用工作；组织实施大型公立医院自主评价聘用试点推广工作；确定一批人才智力密集的科研院所、文化机构、大型企业、新型研发机构开展自主评价聘用(任)工作。对开展自主评价的单位，人才评价管理部门不再进行资格审批，采用信用机制、第三方评估、检查抽查等方式进行事中事后监管。进一步下放人才评价权限，逐步在工作基础好、条件成熟的市开展中小学教师和基层医疗卫生系列高级专业技术人才评价。探索在部分市人才密集度高、技术优势明显的行业开展工程系列高级专业技术人才评价。

(十九)加快建立健全科学化、社会化、市场化的人才评价服务体系

丰富人才评价主体，充分发挥政府、市场、专业组织、用人单位等多元评价主体的作用，建立权责清晰、管理科学、协调高效的人才评价管理服务体系。推动人才评价管理部门转

变职能、简政放权，强化政府人才评价宏观管理、政策法规制定、公共服务、监督保障等职能。支持行业协会、学会以及具备较强服务能力和水平的专业化人才服务机构，组建社会化评价机构，有序承接政府转移的人才评价职能，推进人才评价社会化。建立人才评价机构综合评估、动态调整机制。加强人才评价文化建设，提倡开展平等包容的学术批评、学术争论，保障不同学术观点的充分讨论，营造有利于人才成长和发挥作用的评价制度环境。

（二十）加强人才评价监督管理

建立政府监管、单位（行业）自律、社会监督的人才评价监管体系。严格规范评价程序，建立健全申报、审核、公示、反馈、申诉、巡查、举报、回溯等制度。加强评价专家数据库建设和资源共享，建立随机、回避、轮换的专家遴选机制，优化专家来源和结构，强化业内代表性。建立评价专家责任和信誉制度，实施退出和问责机制。强化人才评价综合治理，依法清理规范各类人才评价活动和发证、收费等事项，加强考试环境治理，落实考试安全主体责任。发挥社会监督作用，引入社会监督机制，聘请社会监督员对人才评价重点环节进行监督。建立健全评价公示制度，增强人才评价透明度。

六、切实抓好改革任务落实

（二十一）提高思想认识

人才评价是人才发展体制机制的重要组成部分，是人才资源开发管理和使用的前提。当前，我省人才评价机制仍存在分类评价不足、评价标准单一、评价手段趋同、评价社会化程度不高、用人主体自主权落实不够，尤其是对不同人才评价“一把尺子量到底”等突出问题，亟需通过深化改革加以解决。各级各部门要提高思想认识，提高政治站位，充分认识推进人才分类评价机制改革对于树立正确用人导向、促进人才成长、调动人才的创新创业积极性所具有的重大意义，把分类推进人才评价机制改革工作摆上重要议事日程，科学把握总体要求和基本原则，增强工作主动性，提升工作执行力，释放工作正能量。

（二十二）加强组织领导

各级各部门要坚持党管人才原则，把人才评价机制改革工作作为当前一项重要工作，强化领导、健全机构、精心组织，深入调查研究，及时协调解决工作中遇到的问题和困难，全面加强对本地本部门人才评价机制改革工作的统一领导。建立完善联动工作责任制，党委组织部门牵头抓总，人社部门综合管理，有关部门各司其职、协同配合，发挥社会力量重要作用，形成横向到边、纵向到底的责任体系和强大工作合力。

（二十三）狠抓责任落实

各级各部门要加快制定相关配套政策和具体评价标准，以深化职称制度改革为突破口，带动人才评价机制改革顺利推进。各重点领域人才评价机制改革责任单位要按照本方案，抓紧制定操作性强、见效快的具体工作方案，进一步细化改革的目标要求、工作内容、时间节点等，明确“路线图”“时间表”“任务书”，层层传递压力，层层传递责任，稳步推进各项改革措施落地落实。

（二十四）严格督促检查

省委人才办要加强对改革工作的业务指导，明确改革政策各个环节的衔接配合关系，认真组织开展督促检查活动。及时跟踪了解各地区各有关部门贯彻落实本实施方案的进展情况，加强分类指导，并适时进行督促检查和对账盘点，确保改革任务落地见效。

（二十五）搞好政策宣传

充分发挥传统媒体和新兴媒体的作用，通过开展多种形式的宣传报道活动，加强政策解读和舆论引导，及时总结宣传推广典型经验，牢牢把握舆论导向，积极回应社会关切，引导各类人才积极支持和参与改革，为深入推进人才分类评价机制改革营造良好氛围。

中共山西省委办公厅　山西省人民政府办公厅
《关于进一步加强贫困村驻村工作队选派管理工作的实施意见》

（2018年5月5日）

为深入贯彻落实《中共中央办公厅、国务院办公厅印发〈关于加强贫困村驻村工作队选派管理工作的指导意见〉的通知》，着力解决驻村帮扶中选人不优、管理不严、作风不实、保障不力等问题，更好发挥驻村工作队脱贫攻坚生力军作用，现就加强贫困村驻村工作队选派管理工作提出如下实施意见。

一、总体要求

（一）指导思想

全面贯彻党的十九大精神，以习近平新时代中国特色社会主义思想为指导，认真落实党中央、国务院和省委、省政府关于脱贫攻坚决策部署，紧紧围绕统筹推进“五位一体”总体布局和协调推进“四个全面”战略布局，牢固树立和贯彻落实新发展理念，深入实施精准扶贫精准脱贫，以实现贫困人口稳定脱贫为目标，确保贫困村驻村工作队选派精准、帮扶扎实、成效明显、群众满意。

（二）基本原则

坚持因村选派、分类施策。根据贫困村实际需求精准选派驻村工作队,做到务实管用。坚持因村因户因人施策,把精准扶贫精准脱贫成效作为衡量驻村工作队绩效的基本依据。

坚持县级统筹、全面覆盖。县级党委和政府统筹整合各方面驻村工作力量,根据派出单位帮扶资源和驻村干部综合能力科学组建驻村工作队,实现建档立卡贫困村一村一队。驻村工作队长原则上由农村第一书记兼任。

坚持单位包村、多方联动。充分发挥包村领导干部、农村第一书记、驻村工作队员“三位一体”精准帮扶队伍作用。落实单位包村、领导干部包带和驻村工作队到村、党员干部到户、农村第一书记到岗“两包三到”联动帮扶机制。

坚持严管厚爱、有效激励。加强驻村工作队日常管理,建立完善管理制度,从严从实要求,培养优良作风。落实保障激励机制,鼓励支持干事创业、奋发有为。加强培训指导,打造一支懂扶贫、会帮扶、作风硬的驻村帮扶队伍。

坚持聚焦攻坚、真帮实扶。驻村工作队要坚持攻坚目标和“两不愁、三保障”脱贫标准,以户为基、以村为体、以县为战,将资源力量集中用于帮助贫困村贫困户稳定脱贫,用心用情用力做好驻村帮扶工作,以帮扶工作的精准度提升群众的满意度,以帮扶干部的责任感提升群众的获得感。

二、规范人员选派

(一)明确选派要求

坚持因村选人组队,充分发挥派出单位和驻村干部自身优势,帮助贫困村解决脱贫攻坚面临的突出困难和问题。县级以上各级机关、国有企业、事业单位要抽调人员组建驻村工作队,派驻本单位包扶村驻村帮扶。每支驻村工作队一般不少于3人,每期驻村时间不少于2年。干部驻村期间不承担原单位工作,党员组织关系转接到所驻贫困村。

(二)严格人选条件

要重点选派政治素质好、工作作风实、综合能力强、身心健康具备履职条件的人员参加驻村帮扶,优先安排优秀年轻干部和后备干部。省委组织部从驻县省直帮扶单位中抽调1名副厅级干部担任大队长,任期1年,挂职县委副书记或副县长。省直帮扶单位要确定1名处级干部担任单位包村工作队长,挂职乡(镇)党委副书记或副乡(镇)长,同时兼任驻村工作队长,统筹协调本单位各驻村工作队开展帮扶工作。新选派的驻村工作队长一般应为处科级干部或处科级后备干部。

(三)优化工作队布局

要把深度贫困地区贫困村和脱贫难度大的贫困村作为驻村帮扶工作的重中之重。新增帮扶力量派驻脱贫攻坚任务重的地区。未组建驻村工作队的省直机关、国有企业、事业单位、高等院校等单位要组建工作队开展驻村帮扶。脱贫攻坚期内,贫困村退出的,驻村工作队不得撤离,帮扶力度不能削弱。

(四)调整充实力量

坚持政策向基层倾斜,资金向基层整合,人才向基层流动。要精准选派,足额组队,逐村派驻。加强省直单位包村帮扶力量,按照新要求省直帮扶力量不足的,由未承担帮扶任务的省直单位承担。市、县帮扶力量不足的,由市、县结合自身实际自行统筹解决。对脱贫攻坚任务较重的地区,省直帮扶力量适当倾斜。省、市、县三级驻村工作队不能重复派驻。

三、明确主要任务

——宣传贯彻党中央、国务院和省委、省政府关于脱贫攻坚各项方针政策、决策部署、工作措施。

——指导开展贫困人口精准识别、精准帮扶、精准退出工作。协助做好建档立卡贫困人口动态调整工作。参与拟定脱贫规划计划,制定帮扶规划计划。

——参与实施特色产业扶贫、劳务输出扶贫、易地扶贫搬迁、贫困户危房改造、教育扶贫、科技扶贫、健康扶贫、生态保护扶贫等精准扶贫工作。

——推动金融、交通、水利、电力、通信、文化、社会保障等行业和专项扶贫政策措施落实到村到户到人。推动贫困村提升工程和实施乡村振兴战略。

——推动发展村级集体经济,协助管好用好村级集体收入。

——监管扶贫资金项目,推动落实“四议两公开”制度,做到公开、公平、公正。

——注重扶贫同扶志、扶智、扶德相结合,做好贫困群众思想发动、宣传教育和情感沟通工作,激发摆脱贫困内生动力。

——加强法治教育,推动移风易俗,指导制定和谐文明的村规民约。建立爱心救助和孝善敬老长效机制。指导村干部依法办事,及时发现处置苗头性和倾向性问题,有效化解矛盾纠纷,促进和谐稳定。

——做好驻村帮扶基础工作,完善帮扶工作明白卡、帮扶手册、帮扶政策牌、政策宣传栏、帮扶责任书。

——帮助加强基层组织建设,推动落实管党治党政治责任,整顿村级软弱涣散党组织,对整治群众身边的腐败问题提出建议;加强“三基”建设,发展年轻党员,培养贫困村创业致富带头人,吸引各类人才到村创新创业,打造“不走的工作队”。

四、加强日常管理

(一)落实管理责任

各级干部驻村帮扶工作领导小组要切实担负起责任,县级负责统筹协调、培训指导、督查考核,对农村第一书记和驻村工作队员按照属地在编干部进行日常管理;乡镇党委和政府要加强对驻村工作队的具体指导,支持驻村工作队落实精准帮扶政策措施;县乡党委和政府要安排专人具体负责;包村单位党委(党组)要落实管理责任,对包村领导干部、驻县大队长、农村第一书记、驻村工作队员、结对党员干部加强管理指导,主要领导干部要定期走访驻村干部,帮助解决问题。

(二)完善工作制度

驻县大队长要落实单月调研、双月例会、季度汇报、年度述职制度。建立工作例会制度,县干部驻村帮扶工作领导小组每季度至少组织召开1次驻村工作队长会议。驻村工作队要建立台账制度，落实定期报告制度，每半年向所在县（市、区）干部驻村帮扶工作领导小组和派出单位报告思想、工作、学习情况。建立纪律约束制度，促进驻村干部遵规守纪、廉政勤政。建立考勤管理制度，严格落实省委吃住在村，全脱产投入帮扶工作的要求。要防止形式主义，用制度推动工作落实。

（三）加强作风建设

驻村干部要练就过硬作风，把人民群众放在心中，用心交心暖心。广泛开展调查研究，在全心全意为人民服务中提升政治站位、提高工作能力，在真心实意向人民学习中拓展工作视野、丰富工作经验、提高理论联系实际的水平，在倾听人民呼声、虚心接受人民监督中自觉进行自我反省、自我批评、自我教育，在服务人民中不断完善自己，持之以恒克服形式主义、官僚主义，久久为功祛除享乐主义和奢靡之风，做到信念过硬、政治过硬、责任过硬、能力过硬、作风过硬。

五、加强考核激励

（一）强化考核

省脱贫攻坚领导小组出台对省直单位包村帮扶、各市驻村帮扶、驻县大队长统筹帮扶考核办法，每年进行一次考核。市脱贫攻坚领导小组组织相应考核。县干部驻村帮扶工作领导小组每年对驻村工作队进行考核。坚持考勤和考绩相结合，平时考核、年度考核与期满考核相结合，工作总结与村民测评、村干部评议相结合，提高考核工作的客观性和公信力。考核具体内容由各地根据实际情况确定。年度考核结果送派出单位备案。

（二）表彰激励

考核结果作为驻村干部综合评价、评优评先、提拔使用的重要依据。派出单位要加强对驻村干部的关怀激励，结合考核情况，对成绩突出、群众认可的驻村干部，按照有关规定予以表彰；符合条件的，列为后备干部，注重优先选拔使用。

（三）严肃问责

对领导不重视、帮扶成效不明显的单位要进行通报；对帮扶责任落实不到位、驻村干部不作为、帮扶成效差的单位主要负责人要进行约谈，责令限期整改；对群众不满意、不胜任的农村第一书记和驻村工作队员要退回原单位，2 年内不得提拔使用、评先评优；对弄虚作假、失职失责，或者有其他情形、造成恶劣影响的，进行严肃处理，同时依据有关规定对派出单位和管理单位有关负责人、责任人予以问责。

六、强化组织保障

（一）强化组织领导

驻村工作队选派管理工作，由省负总责。市级党委和政府要加大对驻村工作指导和支持力度。县级党委和政府负责统筹配置驻村力量，组织开展具体驻村帮扶工作。各级党组织和组织部门要加强管理，推动政策举措落实到位，为驻村帮扶工作提供有力支持。财政部门要统筹安排，为驻村工作队提供必要的工作经费。有关部门要加强协调配合，积极支持驻村工作队开展工作。包村单位党委（党组）要承担帮扶责任，对所包村的帮扶工作负总责，定期研究驻村帮扶工作，支持驻村干部开展工作。

（二）强化督查检查

省干部驻村帮扶工作领导小组对全省驻村帮扶工作进行调研督查、暗访抽查，通报督查情况，及时纠正突出问题，加强薄弱环节，总结典型经验，完善管理制度，指导工作开展。省委脱贫攻坚督导组不定期对驻村帮扶工作进行专项督导，并督促认真做好问题整改，推动责任落实、政策落实、工作落实。

（三）强化关心爱护

县乡两级党委和政府、派出单位要关心支持驻村干部，为其提供必要的工作条件和生活条件。驻村期间原有人事关系、各项待遇不变。派出单位可利用公用经费等运行经费，以驻村工作队员实际在岗天数给予生活、交通、通信补贴，省直单位选派的按现行差旅费伙食补助标准每人每天 100 元执行，市、县（市、区）选派的按同级差旅费伙食补助标准执行。驻村工作队员因工作需要从驻点村到县（市、区）内其他地点从事公务活动所发生的短途公共交通费用，由派出单位据实按票报销。定期为驻村工作队员安排体检，每年按规定为驻村干部办理人身意外伤害险，对因公负伤的做好救治康复工作，对因公牺牲的做好亲属优抚工作。干部驻村期间的医疗费，由派出单位按规定报销。单位公用经费可以用于帮扶村的帮扶工作，现有车辆要优先保障单位驻村帮扶工作。派出单位可从办公经费中列支用于改善驻村干部住宿条件、租房、取暖的经费。县乡两级党委和政府、派出单位负责人要经常与驻村干部谈心谈话，了解思想动态，激发工作热情。

（四）强化培训宣传

通过专题轮训、现场观摩、经验交流、政策宣讲等方式，加大对脱贫攻坚方针政策、科技知识、市场信息等方面培训力度，帮助驻村干部提升政策理论水平，磨砺“铁肩膀”；增强统筹协调能力，成为“实干家”；培养精细严实作风，树起“高标杆”。省级每年组织驻县大队长、省直包村工作队长进行 2 次示范培训，组织农村第一书记进行 1 次示范培训。各市县开展分级培训，由县级兜底，农村第一书记、驻村工作队员接受系统培训要在 2 次以上。要注重发现驻村帮扶先进事迹、有效做法和成功经验，加大宣传力度，树立鲜明导向，营造驻村帮扶工作良好氛围。

中共山西省委办公厅　山西省人民政府办公厅《山西省农村人居环境整治三年行动实施方案》

(2018 年 5 月 11 日)

为认真贯彻落实中共中央办公厅、国务院办公厅印发的《农村人居环境整治三年行动方案》和省委、省政府《关于推进乡村振兴战略的实施意见》,深入实施《山西省城乡环境综合整治条例》,以更高标准、更大力度改善全省农村人居环境,推进乡村振兴战略,建设美丽宜居乡村,制定本方案。

一、总体要求

(一)指导思想

全面贯彻党的十九大精神,以习近平新时代中国特色社会主义思想为指导,牢固树立新发展理念,坚持农业农村优先发展,坚持绿水青山就是金山银山,紧紧围绕我省建设"示范区""排头兵""新高地"三大目标,深入落实乡村振兴战略总体部署,以美丽宜居乡村建设为导向,以乡村规划为龙头,以农村生活垃圾、污水、厕所粪污治理和村容村貌提升为主攻方向,以"千村示范、万村整治"为载体,建立健全农村人居环境管护长效机制,全面推进农村人居环境整治三年行动,着力补齐农村人居环境突出短板,突出乡村特色风貌,加快建设具有晋风晋韵和现代气息的新农村,为我省全面建成小康社会奠定坚实基础。

(二)基本原则

——因地制宜、分类实施。根据我省不同地区农村经济社会发展水平,分三类县(市、区)实施整治,集中力量解决突出问题,实事求是,量力而行,不搞一刀切。一类县(市、区)为设区市的区和县级市,二类县(市、区)为一般县,三类县(市、区)为贫困县。确定实施易地扶贫搬迁、地质灾害治理搬迁的迁出村、拟调整的空心村和撤并衰退凋敝村庄等不列入整治范围。

——示范引领、统筹推进。在各类县(市、区)中选择基础较好的村庄开展千村示范,探索解决难点的方法和路径,形成可复制、可推广的经验,推动万村整治,引领全省农村人居环境整体提升。加强统筹安排,把三年整治行动与中长期整治规划相结合,一件事情接着一件事情办,一年接着一年干,久久为功,有序推进。防止一哄而上、生搬硬套,避免重复建设,杜绝形象工程、政绩工程。

——注重保护、彰显特色。牢固树立尊重自然、顺应自然、保护自然的理念,统筹兼顾农村田园风貌、传统村落民居、历史文化名镇名村保护和环境整治,塑造具有浓郁传统文化和地方特色的乡村风貌,促进人与自然和谐共生、村庄形态和自然环境相得益彰。

——村民主体、广泛参与。尊重村民意愿,保障村民权益,建立政府、村集体、村民、乡贤等各方共谋、共建、共管、共评、共享的参与模式,提升村民参与人居环境整治的自觉性、积极性、主动性,避免出现"政府干、农民看"的局面。

——健全机制、建管并重。坚持先建机制、后建工程,各县(市、区)建立有制度、有标准、有队伍、有经费、有督查的长效管护机制。积极推进专业化、市场化建设和运行管护,确保各类设施建成并稳定运行。

——强化责任、形成合力。建立省负总责、市县抓落实、乡村具体实施的工作机制,强化地方党委、政府的主体责任,党政"一把手"对本区域农村人居环境整治工作负主要责任。将农村人居环境整治工作纳入各级年度目标责任考核和环保督察范围,形成上下联动、部门协作的推进合力。

二、实施目标

全省确定 3 个省级农村人居环境整治示范县(市,以下简称示范县)。设区市所辖县(市、区)数量在 10 个及以上的,每市确定 2 个市级示范县(市、区);不足 10 个的,每市确定 1 个市级示范县(市、区)。全省确定 1000 个左右农村人居环境整治示范村(以下简称示范村),引领带动 10000 个左右村庄开展人居环境整治(以下简称整治村)。示范村的确定要与美丽宜居示范村、绿色生态村庄深度融合,三位一体,形成合力。一类、二类、三类县(市、区)分别按照本县域内村庄数量的 5%、4%、3%确定示范村数量,同比例扩大确定整治村数量。

到 2020 年,全省农村人居环境明显改善,村民环境与健康意识普遍增强,村庄环境基本实现干净、整洁、有序。90%的村庄生活垃圾得到治理,非正规垃圾堆放点整治基本完成;农村卫生厕所普及率达到 85%以上,厕所粪污得到初步处理;农村生活污水治理率增幅明显高于前三年;村内道路硬化覆盖率进一步提高,村庄特色风貌整治取得明显成效;全面完成县域乡村建设规划编制;示范县全部建立农村人居环境建设管护长效机制。经过三年努力,把示范村建成美丽宜居乡村,引领万村农村人居环境得到有效整治,并把成功经验深化扩大至全省,为下个时期全面改善农村人居环境打好基础。

三、重点任务

(一)推进农村生活垃圾治理

继续按照“户分类、村收集、乡(镇)转运、县处理”的方式,突出以城带乡,将农村生活垃圾纳入城镇垃圾处理体系,推动城乡垃圾一体化处理。要重点加强农村生活垃圾中转站、卫生填埋场和城市垃圾焚烧处理设施的建设,不断提高农村地区垃圾无害化填埋和焚烧处理的比例。对位置偏远、交通不便的村庄,经专项论证后,可采取就近集中处理、就地处理等有效治理模式。到2020年,一类县(市、区)村庄生活垃圾基本得到治理;二类县(市、区)90%的村庄生活垃圾得到治理;三类县(市、区)力争实现85%的村庄生活垃圾得到治理。所有县(市、区)非正规垃圾堆放点整治基本完成。

1.推进农村生活垃圾分类试点。持续推进3个国家级农村生活垃圾分类示范县和18个省级农村生活垃圾分类试点县工作,探索适合我省不同区域农村特点的生活垃圾就地分类减量和资源化利用方式,推进垃圾减量化、分类化、资源化处理,总结经验,逐步推广。

2.提高农村生活垃圾收运处置能力。各县(市、区)加强农村生活垃圾中转站和无害化处理设施建设,提高农村生活垃圾转运和无害化处理能力。未建设生活垃圾焚烧处理设施的设区市,要大力推进焚烧处理设施建设,以城带乡,不断提高对农村生活垃圾焚烧处理的吸纳能力。

3.持续推进非正规垃圾堆放点整治。继续加强台账管理和验收销号制度。全面清理列入台账的农村生活垃圾、建筑垃圾、工业固体废物、农业废弃物堆放点和水库库区垃圾、河湖水面漂浮垃圾,着力解决“垃圾山”、“垃圾围村”、工业污染“上山下乡”等突出问题。禁止城市向农村堆弃垃圾,严控新的非正规垃圾堆放点形成。

4.推进农业废弃物资源化利用。大力推广应用符合国家标准的农膜,积极开展可降解地膜应用示范,建立健全废旧农膜回收利用体系。建立健全秸秆收储运体系,推进秸秆综合利用,严禁秸秆焚烧。探索基于市场机制的回收处理机制,对废弃农药包装物实施无害化处理和资源化利用。引导规模养殖场建设粪污资源化利用设施,推进畜禽粪污综合利用。

5.开展农村生活垃圾治理验收。按照住建部等10部门确定的农村生活垃圾治理验收标准和第三方机构调查方式,对全省所有县(市、区)农村生活垃圾治理工作进行全面验收。确保到2020年,通过国家农村生活垃圾治理验收。

(二)开展厕所粪污治理

各县(市、区)统筹规划农村生活污水管网建设与改厕工作,注重合理衔接。以城郊村、重点流域、水源保护地、主要景区、乡(镇)政府所在地、人口稠密村庄中的示范村为引领,推进农村卫生厕所改造,逐步提高无害化卫生厕所的比例,带动厕所粪污有效治理。探索通过畜禽粪污资源化利用设施,将畜禽养殖粪污、厕所粪污等废弃物一并处理。到2020年,一类县(市、区)农村卫生厕所普及率达到90%以上,二类县(市、区)农村卫生厕所普及率达到85%以上,三类县(市、区)农村卫生厕所普及率达到80%以上。

6.统筹推进农村改厕与农村生活污水治理。按照县域生活污水治理专项规划,选择生活污水管网可覆盖的村庄,示范村先行,协同推进农村生活污水管网建设与改厕工作,实现两者有效衔接。

7.推进农村户用卫生厕所新建改造。综合考虑全省不同地域的气候条件、供水条件、农民生活方式和习惯等因素,合理选择卫生厕所改造模式。围绕重点,示范引领,统筹推进农村改厕工作。易地扶贫搬迁和地质灾害治理搬迁安置点原则上同步配套无害化卫生厕所。其他村庄根据实际加快推进卫生厕所的新建改造。

8. 推进农村公共厕所建设改造。重点开展农村中小学校、乡镇卫生院、社区综合服务中心、集贸市场、乡镇政府机关、村卫生室以及旅游景点等公共服务场所卫生公厕的建设改造。300户以上的村庄根据需要,在村委会、公共活动中心等场所配建公共厕所。

9.探索畜禽粪污和厕所粪污协同处置。选择具备条件的县(市、区),建设厕所粪污贮存、处理、利用设施,实现资源循环利用。探索利用畜禽粪污处理设施协同处置厕所粪污的模式,将厕所粪污、畜禽养殖废弃物一并处理,实现资源化利用。

(三)梯次推进农村生活污水治理

各县(市、区)要按照污水治理专项规划,对本地区农村生活污水治理工作通盘考虑,统筹安排,由城到乡、由大到小、由集中到分散梯次推进。在城郊村、重点镇镇区村、乡(镇)政府所在地村、水源保护地周边村中,选择具备条件的示范村先行开展生活污水治理。抓好2个全国农村生活污水治理示范县工作,将三年农村生活污水治理和中长期治理工作相结合,避免盲目建设。到2020年,一类和二类县(市、区)的农村生活污水治理率增幅明显高于前三年,三类县(市、区)的农村生活污水治理率增幅不低于前三年。

10.推进村庄生活污水治理。加强城镇污水管网建设,将城郊村生活污水纳入城镇污水处理体系集中处理。推进汾河、桑干河流经的重点镇镇区村的污水处理厂和管网建设。其他乡(镇)政府所在地、水源保护地等村庄根据实际情况,选择可行的生活污水处理方式。持续推进2个全国农村生活污水治理示范县工作。

11.统筹推进农村环境综合整治。优先解决农民群众最关心、最直接、最现实的突出环境问题,重点抓好农村饮用水水源地保护、生活垃圾和污水治理、畜禽养殖污染防治,率先开展重要饮用水水源地周边和水质需改善控制单元范围内的村庄整治。

12.加强农村水环境治理。以房前屋后河塘沟渠为重点,实施控源截污、清淤疏浚,通过多渠道补水等措施,改善水动力条件,修复水生态系统,逐步消除农村黑臭水体。加强农村水污染防治,严控乡镇工业废水乱排。

13.加强河湖水体综合整治。将穿村河流、村内湖泊纳入河长制、湖长制管理,推进村级河长、湖长管理机制,加强对水域岸线的整治。

(四)提升村容村貌

遵循乡村发展规律,尊重自然生态和村庄肌理,突出乡村特色风貌,促进人与自然和谐共生;建筑色彩和外观要符合当地整体风貌,体现地域特色,彰显文化传承;避免滥用艳俗色彩,避免在墙体上过度涂画,整治乱搭乱建等行为,整治村庄环境卫生。到 2020 年,示范村乡村特色风貌得到明显提升,建设成为人与自然和谐共生的美丽宜居村庄。整治村基础设施条件明显改善,建筑风貌得到有效管控,实现村庄干净、整洁、有序。

14.突出乡村特色风貌。研究提炼我省不同区域农村民居建筑的色彩和代表元素,突出晋风晋韵和乡土特色。强化对第五立面(屋顶)的整治,避免大面积滥用大红、大黄、大蓝等艳俗色彩,避免在墙体上过度低品质涂画。示范村以特色风貌提升为重点,对村庄出入口、公共空间节点和街道沿线风貌进行重点整治,打造环村风貌景观带,充分体现地域特点和时代特征。整治村以建筑风貌管控为重点,推进基础设施提升,加强环境卫生整治。

15.深入推进农村环境整治专项行动。重点清理乱堆乱放、乱排乱倒,乱圈乱占、乱搭乱建,大力推动拆违还绿,消除房前屋后的粪便堆、杂物堆,不断净化道路两侧、庭院内外环境,美化公共空间,实现村庄周边无垃圾积存、街头巷尾干净通畅、房前屋后整齐清洁,打造干净整洁舒适的乡村环境。

16.推进美丽宜居乡村建设。立足我省农村特色,打造城郊融合、文化旅游、休闲养生、农耕体验、绿色生态等不同类型、不同特点、不同发展模式的美丽宜居示范村。紧密结合乡村旅游发展,由点向面拓展,串点连线成片,放大示范效应,打造一批美丽宜居乡村连片示范区,形成具有山西地域特色和持久生命力的美丽村落。

17.推进村庄绿色生态建设。按照多树种、多层次、多色彩、合理搭配、高低错落、疏密相间的绿化方式,充分利用山体、水系、通道、公园、庭院及闲置土地,组织开展植树造林、湿地恢复等活动。加快推进村庄道路绿化、环村绿化、街巷绿化、庭院绿化、校园绿化和公共绿地建设,开展绿色生态村庄创建。

18.推进传统村落保护和利用。建立全省历史文化名镇名村和传统村落保护信息管理平台,探索建立国家、省、市、县分级保护体系,重点抓好中国传统村落保护项目实施,加强对传统民居的挂牌保护。结合“三大旅游板块”,推进八个传统村落集群保护利用,展现村落与地域环境相融的景观风貌特色。

19.推进村庄道路硬化和亮化。推进“四好农村路”建设,实施农村公路“畅返不畅”路段整治工程、“窄路基路面”拓宽改造工程和养护提质改造工程,不断完善建制村通村公路服务水平。

进一步加快通组道路、入户道路建设,提高村庄道路硬化覆盖率,基本解决村内道路泥泞、村民出行不便等问题。进一步完善村庄公共照明设施建设,在主要街道两侧和公共活动场所推广节能照明设施,提高村庄公共照明使用效率。

20.保障农民基本住房安全。全面完成存量农村困难家庭危房改造,落实农村危房改造质量标准、结构设计、建筑工匠管理、质量检查、管理能力“五个基本”要求,严守质量安全底线。做好易地扶贫搬迁、地质灾害治理搬迁安置等相关工作,不断提高农村住房安全水平。

21.大力整治城乡环境卫生。深入开展城乡环境卫生整洁行动,提升城乡环境卫生规范化和精细化管理水平。推进卫生县城、卫生乡镇等创建工作,发挥典型示范作用,进一步提高农民群众健康卫生水平。积极推动街道、社区、村庄、单位等定期组织开展大清扫、义务劳动等活动,形成全社会广泛参与卫生创建活动的良好格局。

(五)加强村庄规划管理

村庄规划管理重点抓好“两规划”的编制和“两机制”的建立。各县(市)全面完成县域乡村建设规划编制。示范村全面完成“一图一表一说明”的实用性村庄规划编制。建立政府、村委会、村民、技术单位共同参与的乡村规划编制机制。建立示范县乡村规划实施管理机制,确定工作任务承担部门和责任人。其他县(市、区)做到农房建设有管理、村庄整治有安排。加大乡村违法用地和违法建设查处力度。到 2020 年,所有县(市)全部完成县域乡村建设规划编制,逐步实现村庄规划管理基本覆盖。

22.完成县(市)域乡村建设规划编制。在 96 个县(市)全面完成县(市)域乡村建设规划编制。与县(市)乡土地利用总体规划、土地整治规划、村土地利用规划、农村社区建设规划等充分衔接,科学预测乡村人口流动趋势及空间分布,明确乡村建设用地规模和管控要求,鼓励推行“多规合一”。

23.推进实用性村庄规划编制。全面完成 1000 个示范村“一图一表一说明”实用性村庄规划编制,统筹生产、生活、生态三大空间,优化村庄布局,体现乡村特色,符合农村实际,满足农民需要,突出实用功能。在总结经验的基础上,有序推进其他村庄实用性村庄规划编制,不断提高全省实用性村庄规划覆盖率。

24.建立规划编制机制。积极引导村民参与乡村规划编制,在规划中充分体现村民意愿,将乡村规划中需要村民共同遵守的内容纳入村规民约。建立政府组织领导、村委会发挥主体作用、村民广泛参与、技术单位指导的乡村规划编制机制,增强农民群众对乡村规划的认知感和获得感。

25.完善规划实施管理机制。在示范县建立乡村规划实施管理机制,确定工作任务承担部门和责任人,开展乡村建设规划许可管理工作。县(市、区)城乡规划主管部门要围绕许可,加强制度建设,对乡村建设规划许可适用范围、申领程序、监督管理等内容作出具体规定,加强制度宣传,提高村民自觉遵守的意识,总结经验,有序推进。

26.加大乡村违法用地和违法建设查处力度。充分发挥卫片执法检查工作机制作用,利用卫星遥感等手段监测乡村违法用地和违法建设情况,加强巡查报告和前段管控,及时发现制止查处违法用地和违法建设行为。

(六)完善建设和管护机制

按照省负总责、市县抓落实、乡村具体实施的工作机制要求,建立“五有”、“四统一”、依效付费、农户付费、村民承接小型项目、专业化培训、项目审批等七项长效机制。到 2020

年，示范县基本建立农村人居环境管护长效机制，其他县初步建立农村人居环境管护长效机制。

27.建立“五有”机制。强化地方党委和政府“一把手”的主体责任、分管负责同志具体抓的领导责任和相关部门的工作责任，建立有制度、有标准、有队伍、有经费、有督查的村庄人居环境管护长效机制，完善和创新符合农村特点的人居环境管护方式，发挥农村人居环境整治持久效力。

28.建立“四统一”机制。积极推进专业化、市场化建设和运行管护。鼓励专业化企业参与农村人居环境整治项目，采取PPP等模式打包一批综合性环境整治项目。示范县探索推行城乡垃圾污水处理统一规划、统一建设、统一运行、统一管理，总结经验，有序推广。

29.推行环境治理依效付费制度。健全服务绩效评价考核体系，在农村生活垃圾、污水处理项目中，明确绩效目标、考核要求和支付周期，探索建立依据治理效果支付运行服务费的机制。

30.探索建立农户付费制度。鼓励各县(市、区)探索建立农村生活垃圾、污水处理农户付费制度。综合考虑农村生活垃圾、污水处理成本、农民承受能力和财政补贴等因素，合理确定农村生活垃圾、污水处理收费标准，完善财政补贴和农户付费合理分担机制。

31.鼓励村民承接小型项目。各县(市、区)制定支持村级组织、当地农村“工匠”带头人和扶贫攻坚造林专业合作社等承接村内环境整治、建筑风貌整治、村内道路铺砌、植树造林等小型涉农涉林工程项目建设的管理办法。

32.加强专业培训。各县(市、区)围绕村庄基础设施的规划、建设、管理、运营、维护等主要环节，定期组织开展专业化培训，向村民讲解操作要求，把当地村民培养成为村内公益性基础设施运行维护的重要力量。

33.优化项目审批程序。对备案类农村人居环境整治建设项目，积极推进“放管服”改革，按照承诺制要求，简化项目审批和招投标审批程序，实行电子化招标，减少审批环节，提高审批效率。

四、实施步骤

(一)部署启动阶段(2018年3月—5月)

省改善农村人居环境工作领导小组按照实施方案，制定2018年度行动计划，指导3个省级示范县制定专项实施方案，召开会议全面安排部署。各成员单位对口加强对市、县(市、区)方案编制工作的指导，并将市、县(市、区)方案中的实施目标、重点任务、体制机制创新等作为督导评估和安排省级投资的重要依据。各市党委和政府成立组织机构，制定本市农村人居环境整治实施方案，分解落实中央及省级下达的目标任务，建立工作机制，确定市级示范县。各县(市、区)党委和政府制定县级实施方案，要对照本方案提出的目标和六项重点任务，结合自身实际，建立农村人居环境整治工作清单和台账，明确时间表和路线图，制定资金整合计划，确定县域内示范村的名单。各市、县(市、区)要在5月底前完成方案编制工作，并报省住建厅、省环保厅、省发改委备核。

(二)示范推动阶段(2018年6月—12月)

先易后难，示范引领，全面推进农村人居环境整治。省改善农村人居环境工作领导小组办公室全面协调指导整治工作。各成员单位要高度重视，依据职责开展工作，主要负责同志每两月召开一次分析研判会议，统筹提出指导意见；分管负责同志每月深入示范县现场办公，指导存在问题清零；由机关处级干部组成工作联络组，每月到省级示范县、示范村驻村指导；由行业专家组成专家指导组，点对点技术帮扶；推动示范县的经验交流，年底对示范创建工作进行督导、考核、评估。省级集中力量打造3个整治效果明显、乡村特色鲜明的农村人居环境整治示范县。各市根据实施方案，同步组织推进市域农村人居环境整治，抓好市级示范县建设。各县(市、区)认真组织好相关实施工作，抓好1000个左右示范村建设，指导示范村积极推进生活垃圾、污水治理、改厕、特色风貌整治、规划编制和管护长效机制建设6项重点任务。省市县三级都要总结示范经验，为全面推进农村人居环境整治工作打好基础。

(三)全面推进阶段(2019年1月—2020年10月)

省市县三级分类指导，总结示范经验，发挥典型引领作用，积极推广成熟经验做法，推动全省农村人居环境整治工作全面展开。省改善农村人居环境工作领导小组办公室和各成员单位依据各自职责，加强统筹安排，强化工作指导，组织专项督导检查，广泛开展典型宣传，促进工作交流。示范村相关整治项目全面实施，农村人居环境整治长效管护机制基本形成；10000个左右整治村重点抓好生活垃圾治理、改厕和村容村貌提升等整治工作，带动不同区域、不同类型的乡村文化和特色风貌得到充分彰显，村庄环境基本实现干净、整洁、有序，全省农村人居环境整体提升。

(四)总结验收阶段(2020年7月—12月)

省改善农村人居环境工作领导小组依据实施方案，对各市、县(市、区)和各成员单位工作开展情况进行考核验收。做好国家对我省农村人居环境整治验收的准备工作。省、市、县(市、区)三级全面总结经验，提炼适合不同区域、不同类型村庄实施农村人居环境整治的路径和方法，为今后这项工作的深入推进提供示范和经验。

五、发挥村民主体作用

(一)强化基层组织作用

发挥好农村基层党组织核心作用和党员带头作用，带领农村群众推进移风易俗、改进生活方式、提高生活质量。制定保障农民群众参与人居环境整治全过程的办法，充分运用“一事一议”民主决策机制，发挥村民自治、筹工筹劳的作用，提高群众参与度，保障村民的知情权、参与权、决策权、监督权。

(二)建立完善村规民约

将农村环境卫生整治内容纳入村规民约，明确农民维护公共环境责任，庭院内部、房前屋后环境整治由农户自己负责，村内公共空间整治以村民自治组织或村集体经济组织为主。积极推进村务监督委员会建设，鼓励成立农村环保合作社,通过群众评议和党员干部、乡贤监督等方式,褒扬乡村新风,批评督促并纠正不良风气和陋习,深化农民自我教育、自我管理。

(三)提高村民文明健康意识

以社会主义核心价值观为引领,坚持教育引导、实践养成、制度保障三管齐下,提高群众文明卫生意识,使优美的生活环境、文明的生活方式成为农民内在自觉要求。发挥爱卫会等组织作用,鼓励群众讲卫生、树新风、除陋习,摒弃乱扔、乱吐、乱贴等不文明行为,营造和谐、文明的社会新风尚。广泛开展文明村镇、星级文明户、美丽庭院等创建评选活动,以先进典型为引领,弘扬传统美德,激发农民自愿参与农村人居环境整治的内在动力。

六、强化政策支持

(一)加大政府投入

各级政府要建立健全农村人居环境整治财政投入保障制度,积极创新政府支持方式,发挥财政资金的引导作用,鼓励社会资本参与农村人居环境整治。全省现有财政支持力度不变,只增不减,省市县三级财政设立农村人居环境整治专项资金,列入年度预算。县级政府要统筹整合有关资金,集中支持农村人居环境整治项目。市、县(市、区)政府在限额内可安排政府债券资金,用于农村人居环境整治。支持各市、县(市、区)实施城乡建设用地增减挂钩,贫困县可将节余指标在省域范围内流转。农村集体经济组织可通过依法盘活集体经营性建设用地、空闲农房及宅基地等途径,多渠道筹措资金。村庄整治增加耕地获得的占补平衡指标收益,通过支出预算安排一定比例支持当地农村人居环境整治。

(二)加强金融支持

利用好各类金融机构对农村人居环境整治的支持政策,引导省国开行、省农发行等政策性金融机构使用抵押补充贷款等方式加大信贷支持,鼓励省农业银行、省邮政储蓄银行等商业银行扩大贷款投放,发挥农信社和村镇银行等金融机构服务“三农”作用。支持收益较好、实行市场化运作的农村基础设施重点项目开展股权和债权融资。积极争取世界银行、亚洲开发银行和亚洲基础设施投资银行等国际金融组织对农村人居环境整治的贷款支持。全面推进省市县三级农业信贷担保体系建设,推动“新农贷”试点。

(三)发动社会参与

研究制定鼓励引导社会资本参与农村人居环境整治的政策措施,落实完善融资贷款、配套设施建设补助、税费减免、用地等扶持政策。规范推广政府和社会资本合作(PPP)等模式,通过特许经营等方式吸引社会资本参与农村垃圾、污水处理等项目。引导有条件的地区将农村环境基础设施与特色产业、休闲农业、乡村旅游等有机结合,实现农村产业融合发展与人居环境改善互促互进。引导相关部门、社会组织、个人通过捐资捐物、结对帮扶等形式,支持农村人居环境设施建设和运行管护。倡导新乡贤文化,以乡情乡愁为纽带吸引和凝聚各方人士支持农村人居环境整治。

(四)强化技术支撑

省改善农村人居环境工作领导小组各成员单位加强技术指导,完善农村生活垃圾、污水治理和厕所改造等各项技术标准、导则。省市县三级分类指导,从高等院校和规划、设计、科研单位等多个领域邀请专家,深入村庄开展“点对点”技术指导,解决整治过程中的技术问题。各市、县(市、区)要加强对基层农村人居环境项目建设和运行管理人员技术培训,组织企业与县、乡、村对接农村环保实用技术和装备需求。

七、保障措施

(一)加强组织领导

认真落实工作机制,省改善农村人居环境工作领导小组具体负责工作协调、组织推动、政策保障和督导考核。领导小组办公室全面统筹农村人居环境整治的相关工作;省发改委要做好整治项目立项审批工作,积极争取国家专项资金支持;省财政厅要根据我省社会经济发展情况和财力状况,保障农村人居环境基础设施建设和运行资金;其他成员单位按照职责分工,组织具体实施和指导。市级党委和政府加强对市域整治工作的全面领导、技术指导和督促检查,做好上下衔接工作。县级党委和政府要建立主要负责同志负总责,分管负责同志具体抓的领导责任制,制定具体实施计划,统筹推进农村人居环境整治工作。乡镇党委和政府做好具体组织实施。

(二)强化监督考核

建立信息报送制度,各市每月向省改善农村人居环境工作领导小组办公室报送工作推进情况。实行分级考核,省改善农村人居环境工作领导小组制定考核验收标准和办法,引入第三方机构评估,组织对各市的实地督导和年终考核工作,考核结果与省级支持政策直接挂钩,通报市级政府,并以适当形式向社会公布。各市、县(市、区)政府要制定相应考核标准,对所辖县(市、区)和乡镇(街道)严格考核,落实奖惩责任。

(三)健全法治保障

认真落实《山西省城乡环境综合治理条例》和《山西省历史文化名城名镇名村保护条例》。鼓励设区的市在不断总结农村人居环境整治经验的基础上,研究制定农村人居环境整治地方性法规、规章和规范性文件。

(四)营造良好氛围

组织开展农村美丽庭院评选、环境卫生光荣榜等活动,增强农民保护人居环境的荣誉感。充分利用报刊、广播、电视等新闻媒体和网络新媒体,广泛宣传推广各地好典型、好经验、好做法,努力营造全社会关心支持农村人居环境整治的良好氛围。邀请人大代表、政协委员参与督导检查工作,切实加强社会监督。

中共山西省委办公厅　山西省人民政府办公厅
《太行山吕梁山生态系统保护和修复重大工程总体方案》

（2018 年 5 月 18 日）

为认真贯彻落实党的十九大精神，全面创新市场化生态修复机制，切实加快太行山吕梁山生态系统保护和修复步伐，改善生态环境，建设美丽山西，促进全省经济转型高质量发展，制定本方案。

一、重要意义

太行、吕梁山区是著名的革命老区，是拱卫京津冀和黄河生态安全的重要屏障，也是我省生态建设和脱贫攻坚的主战场，生态区位重要，生态环境脆弱，贫困人口集中，脱贫任务艰巨。实施太行山吕梁山生态系统保护和修复重大工程，是省委、省政府牢固树立和践行习近平总书记"绿水青山就是金山银山"重要理念，着眼实现经济转型发展、全面建成小康社会大局作出的重大部署，是依靠体制机制创新引领，加快生态保护修复步伐的重要举措，有利于探索出一条生态脆弱、深度贫困高度重叠资源型地区以创新促增绿、以改革促增收的路子，对改善老区人民生产生活条件，打好打赢生态治理和脱贫攻坚两场战役，服务国家生态安全战略具有重要意义。

（一）机制创新引领，全面加快保护和修复步伐。经过多年努力，太行、吕梁山区生态恶化趋势得到初步扭转，但缺林少绿、生态脆弱的面貌依然没有根本改变。面对繁重艰巨的生态保护修复任务，单纯依靠财政投入很难满足经济转型发展和人民群众对良好生态环境的需求。依靠体制机制创新引领，加快生态保护修复步伐已经成为发展所需、基层所盼、民心所向。通过创新造林绿化置换经营开发、购买式造林、碳汇造林等市场化机制，有利于引导国企、民企、外企、集体、个人、社会组织等各方面资金投入，培育一批专门从事生态保护修复的专业化企业；通过创新集体公益林托管、森林可持续经营等管林营林机制，有利于最大限度地发挥森林资源的综合效益，保障生态安全屏障更加稳固；通过创新国有森林资源资产有偿使用、集体林地流转等经营机制，有利于盘活现有林地资源，培育兴林富民的绿色支柱产业。依靠机制激活和政策引领，有利于构建全社会参与生态保护修复的格局，全面释放改革红利，最大限度地加快生态建设的步伐。

（二）增加森林植被，筑牢维护生态安全的绿色屏障。我省太行山区、晋北长城沿线地处京津冀上风上水区域，是"京津冀生态协同圈"的重要组成部分，也是海河最主要的源头地区之一，发挥着"华北水塔"的重要作用。吕梁山黄土丘陵沟壑区是全国"两屏三带"生态安全格局中"黄土高原—川滇生态屏障"的重要组成部分，对黄河中下游生态安全具有重要影响。目前，吕梁山区年输入黄河泥沙占全省入黄泥沙 2.7 亿吨的 80%以上，北部风沙区沙化土地占区域国土面积的 28%，太行山区 80%以上河流成为季节性或区域性河流，修复治理任务十分艰巨。实施太行山吕梁山生态系统保护和修复重大工程，是贯彻落实中央实施主体功能区战略，恢复和扩大自然生态空间的重要举措，有利于从根本上改善生态环境，提高生态承载能力，推动和保障经济转型发展；有利于保护黄河的生态安全，让母亲河休养生息、造福子孙；有利于维护"华北水塔"的生态安全，减少晋北长城沿线的风沙危害，对构建京津冀西部生态屏障、服务国家生态安全意义重大。

（三）拓宽脱贫路径，促进太行吕梁革命老区全面建成小康社会。全省 58 个扶贫开发重点县、21 个国家连片特困县、10 个深度贫困县集中分布在太行、吕梁革命老区，贫困人口占全省贫困人员的 90%以上，是脱贫攻坚最难啃的"硬骨头"。实施太行山吕梁山生态系统保护和修复重大工程，能够更加紧密地把生态建设与脱贫攻坚结合起来，让贫困群众在参与治山治水、发展生态经济中脱贫致富，把建设绿水青山的过程变成群众增收致富的过程，进一步拓宽贫困群众增收致富的路子，实现生态保护修复与脱贫攻坚统筹推进、互促双赢，加快老区决胜全面建成小康社会的进程。

二、总体要求

（一）指导思想

全面贯彻落实党的十九大精神，以习近平新时代中国特色社会主义思想为指导，统筹推进"五位一体"总体布局，协调推进"四个全面"战略布局，按照省委"一个指引、两手硬"思路和要求，紧紧围绕"塑造表里山河生态美好壮丽形象"目标，坚定不移实施主体功能区战略，牢牢把握高质量发展要求，以机制创新为引领，以贫困区域为重点，坚持扩容增量与提质增效有机结合，生态保护与修复治理协调推进，改善生态与群众增收互促双赢，统筹推进山水林田湖草系统治理，构建形成政策支持、创新引领、政府主导、社会共建的机制创新体系，全面筑牢稳定安全的生态屏障体系，培育群众持续稳定增收的生态经济体系，为全省经济转型发展提供生态支撑和基础保障。

（二）基本原则

改革创新引领。把以创新促增绿作为主线，善于突破，勇于攻坚，全方位激发市场主体活力，弥补机制创新活力不足、市场主体不强的短板,推动生态系统保护修复上水平。

系统综合治理。落实国家主体功能区规划要求,遵循自然规律,坚持乔灌草结合,统筹自然生态各种要素,因地制宜科学布局各类生态系统保护修复工程,实现山水林田湖草整体保护、系统修复、综合治理。

突出重点区域。聚焦生态环境脆弱区和脱贫攻坚重点区,将项目、资金、政策和技术等集中倾斜,在修复生态中推进脱贫攻坚,在推进脱贫攻坚中改善生态,实现生态生计有机统一、增绿增收互促双赢。

加强协调联动。充分发挥各级党委总揽全局、协调各方的领导核心作用,强化地方政府主体责任,调动行业部门履行职责,引领市场社会协同发力,构建合力推进生态保护修复的大格局。

(三)战略定位

——生态修复机制创新试验区。将机制创新作为推进生态保护修复的重要引擎,以改革的思路和创新的办法,在造林绿化、经营管理、产业发展、责任考核等方面大胆探索、积极实践,形成一套推进生态保护修复的新机制、新模式、新体系,打造以体制机制创新推进生态保护修复的试验区。

——山水林田湖草系统治理试验区。尊重自然生态系统的完整性,坚持生态优先,注重自然修复,突出系统治理,科学规划,规模布局,统筹推进荒山造林、水源保护、退耕还林、湿地修复、草食畜牧,在整体保护、系统修复、综合治理上先行先试,构建形成山水林田湖草系统治理的生态保护修复体系。

——"一圈一带"生态修复先导区。拱卫"京津冀生态协同圈"和国家生态安全格局中"黄土高原—川滇生态修复带"生态安全,全面加强生态保护修复,增强生态环境支撑能力,使得晋北长城沿线防风固沙体系稳定牢固,太行山区水源涵养功能更加完善,黄土丘陵沟壑区植被盖度和厚度有效增加,提升"两山"生态承载能力,率先打造维护"一圈一带"生态安全的绿色屏障。

——生态保护修复助推脱贫攻坚先导区。立足太行、吕梁"两山"生态脆弱与连片贫困高度叠加现状,将生态修复作为脱贫攻坚的重要途径,加大生态修复力度,加快脱贫攻坚速度,积极拓宽群众参与生态保护修复的路径,着力走好增绿增收互促双赢之路,率先建成生态保护修复和脱贫攻坚紧密结合的样板。

三、工程建设范围及目标

(一)建设范围

太行山吕梁山生态系统保护和修复重大工程,建设范围81个县(市、区)。重点治理区42个县(市、区),其中吕梁山生态脆弱区涉及太原、忻州、吕梁、临汾4市24县(市、区),京津冀生态屏障区涉及大同、朔州、忻州3市11县(市、区),太行山水源涵养区涉及晋中、长治2市7县(市、区)。

(二)建设目标

分为两个阶段。第一阶段2018年到2020年,第二阶段2021年到2025年。

第一阶段主要目标是,到2020年完成人工造林1100万亩。全省5600万亩永久性生态公益林依法得到保护,自然保护区和湿地保护的面积不断扩大,森林资源综合保护能力显著提高,林业生态扶贫"五大项目"联动实施成效明显,生态建设与脱贫攻坚实现互促双赢。

第二阶段主要目标是,到2025年宜林荒山实现基本绿化,构建起拱卫黄河和京津冀生态安全的绿色屏障;生态保护全面加强,森林质量得到精准提升,林业生态服务功能和价值得到有效发挥;生态经济带动农民增收能力明显提升,生态产品供给更加优质丰富,林业的生态、经济和社会效益实现有机统一。

四、创新生态系统保护修复十大机制

(一)推行造林绿化置换经营开发机制。广泛吸引社会资本参与造林绿化。县级政府制定造林绿化置换经营开发规划,经市级政府批准后,以公开招标方式选择开发主体。中标主体在限定时限至少完成其范围内80%的造林绿化,具体比例由各市县确定。开发土地主要用于森林旅游、森林康养、林下经济、养生养老等经营服务活动的配套设施建设,并依法办理建设用地审批手续。对开发区域已有绿化进行价值评估,由开发主体等价异地造林。

(二)建立森林旅游康养资源置换造林机制。依托现有森林资源开发森林旅游、森林康养,是"康养山西"旅游发展规划的重要组成部分。对森林旅游康养景观资源进行价值评估,鼓励开发主体在异地进行等价造林绿化,以造林绿化置换经营开发权。

(三)推进购买式造林机制。创新造林绿化政府购买服务方式,提升造林绿化质量成效。县级政府组织编制规划设计,根据政府购买服务的有关规定确定承接主体。支持资金实力雄厚的专业化大中型企业承接造林,在同等条件下优先林权权利人自主造林。造林3—5年林木成活保存相对稳定后,经检查验收,一次性支付造林费用。

(四)创新义务植树尽责机制。创新党政机关、事业单位、国有大中型企业以及部队、社会团体等单位职工义务植树形式,积极推进"互联网+义务植树"尽责方式,鼓励公民以捐款方式履行义务,所捐款项由县级林业部门统一安排造林。对义务植树500亩以上的单位和100亩以上的个人,授予绿化冠名权。各级绿化委员会要加强义务植树的组织、宣传、指导、检查,构建人人参与共建绿色山西的格局。

(五)实行集体林地限期绿化机制。依法落实经营权所有人的绿化责任,推进集体林地限期绿化。已分山到户和经营权流转的宜林荒山荒地,经营权所有人必须限期绿化;凡三年内没有开展绿化的,由县级政府统一规划实施造林。

(六)建立造林增汇抵消碳排放机制。根据国家温室气体自愿减排交易管理相关规定,积极推动煤炭、钢铁、水泥、煤电、有色、化工等高碳企业绿色低碳发展。按照国家核定的碳排放总量,制定我省碳排放配额分配方案,建立营造碳汇林抵消碳排量的标准体系,开展造林增汇抵消碳排放试点,对超过碳排放配额、未履行减排义务的部分进行碳中和。鼓励各类社会主体和个人积极营造碳汇林。加快推进林业碳汇项目开发和交易。

（七）探索集体公益林委托管理经营机制。贯彻落实习近平总书记对塞罕坝精神的重要批示，坚持规模化经营的思路，在保证林权权利人利益的前提下，将集体公益林委托给具有经营管理、专业技术和人才队伍优势的国有林场进行经营管理，着力破解集体公益林分散到户、收益周期长、林农缺乏内生动力、生态效益低下等问题，实现森林资源经营管理专业化、规模化、集约化。

（八）推进国有森林资源资产有偿使用机制。坚持保护优先、合理利用的原则，保持国有林业经营单位的森林经营权不变，科学确定森林资源资产有偿使用的范围、方式、期限、条件和程序，吸纳社会资本有偿利用国有森林资源开展森林旅游、森林康养。探索将森林资源的林地林木资产和景观资源资产分别评估、剥离使用，通过租赁、特许经营及森林景观资产作价出资等方式积极推进有偿使用。制定配套用地政策，允许林区内场部、宿舍、管护站、贮木场、加工场等林业辅助设施用地依法变更登记为建设用地。确需新增建设用地的由国有林业经营单位申请办理用地手续，以出租形式保障森林旅游设施建设。

（九）推行生态补偿机制。根据《国务院办公厅关于健全生态保护补偿机制的意见》，按照“谁受益、谁补偿”的原则，对重点功能区和保护生态地区实行跨地区生态补偿。省级生态转移支付资金向汾河等主要河流源头水源地保护区、保护地的县（市、区）倾斜。省内探索建立主要河流中下游受益县（市、区）补偿上游水源地县（市、区）机制。加大对主要河流水源地保护区、保护地生态保护和修复的投入力度。积极协调海河和黄河流域下游相关省份对我省进行资金补偿、产业转移、对口协作、园区共建等横向生态补偿。

（十）建立林业建设成效年度评价机制。省级林业主管部门每年开展营造林综合核查和资源管理检查，着力加强对营造林关键环节的成效调查监测，把年度造林任务完成率、新造林保存率、未成林地管护合格率、人工造林成林率、林地保有量增减率和森林覆盖率增长率等作为主要评价指标，同步考核草食畜牧业发展，衡量市、县政府年度生态保护修复成效，评价结果在全省通报，作为党政领导干部自然资源资产离任审计的重要依据，有效提升工程建设质量效益。

五、科学实施生态保护修复十大工程

坚持“突出重点、合理布局、有机衔接、规模发展”的原则，以改革创新为统领，实施太行山吕梁山生态系统保护修复十大工程，在全面改善“两山”生态环境的同时，统筹推进生态经济产业，最大限度地提升工程建设综合效益。

（一）大规模国土绿化工程。全面推行置换造林、购买式造林、碳汇造林等市场化运作机制，重点抓好吕梁山生态脆弱区、环京津冀生态屏障区、重要水源地植被恢复区、通道沿线荒山绿化区“四大区域”国土绿化，构筑国土绿化生态安全屏障。吕梁山生态脆弱区治理。以修复黄河沿岸森林生态系统为重点，北部以营造水土保持林和防风固沙林为主，中部以营造水土保持林为主，南部以营造水土保持林和生态经济型防护林为主，着力强化水土保持功能，全面提高区域内的森林覆盖水平。环京津冀生态屏障建设。重点抓好太行山北部纵深、晋冀交界、燕山—长城沿线的造林绿化，集中连片营造防风固沙林和水源涵养林，提升太行山区防沙治沙、涵养水源能力，服务京津冀地区经济社会可持续发展。重要水源地植被恢复。涉及我省汾河、桑干河、大清河、滹沱河、漳河、沁河、三川河、昕水河、涑水河九条主要河流源头地区。重点抓好河流及其重要支流源头的水源涵养林建设、干流两侧的护岸林带建设，提升涵养水源的能力，保障我省水资源可持续供给，维护好“华北水塔”生态安全，助力雄安新区建设。通道沿线荒山绿化。重点实施高速公路、一二级国省道、旅游公路两侧目及范围宜林荒山绿化，整体提升通道沿线两侧的生态景观，打造绿色生态走廊。坚持将“造管并重”融入工程建设全过程，整合各类管护项目资金重点用于未成林的管护，启动实施以补植补造为主要内容的未成林造林地管护项目，生态保护修复重点区域全面实施封山禁牧，探索购买社会服务管护机制，有效巩固造林绿化的成果。

（二）退耕还林还草工程。认真贯彻落实国家退耕还林还草政策，坚持巩固成果与扩大规模统筹并进，积极开展陡坡耕地、陡坡梯田、15—25度重要水源地坡耕地和沙化耕地退耕还林还草，如期将补助资金兑现到户，实现应退愿退尽退。国土资源、林业部门协同搞好退耕还林还草地块的上图落界工作。依托退耕还林政策，大力发展经济林，增加群众收入。

（三）森林质量精准提升工程。把精准提升森林质量作为提升生态保护修复成效的有效举措，大力开展森林抚育经营，着力培育健康稳定、功能完备、优质高效的森林生态系统。积极开展中近熟林可持续经营，在全省森林经营方案中编制中近熟林专项规划，作为森林经营单位开展森林经营活动的依据。依托中央财政森林抚育补贴项目，大力推进中幼林抚育，提高森林生态承载力和生态容量。着力实施退化林分改造，重点对晋北及太行山中部集中分布的低质低效人工林进行修复，充分挖掘林地生产潜力，有效遏制人工防护林退化，提升森林生态功能。

（四）生态公益林保护工程。严格落实《山西省永久性生态公益林保护条例》，划定5600万亩永久性生态公益林的保护范围，依法落实管护措施和责任，全面加强保护，确保功能不降低、面积不减少、性质不改变。启动地方公益林生态效益补偿制度，做好划界落地工作，合理确定补偿标准，按照事权划分的原则，加大生态保护投入力度，建立与经济社会发展相适应的动态投入机制，夯实生存发展和生态安全的根基。推进集体公益林托管工作。坚持尊重群众意愿的原则，支持鼓励村集体经济组织或林权权利人将承包的集体公益林托管给国有林场统一经营管理，着力解决现有集体公益林管护责任落实不到位的问题，全面加强集体公益林保护。加强公益林管护能力建设。着力加强林区水、电、路、管护站所等基础设施建设和森林公安、森林防火队伍等管护队伍建设，构建“源头严控、过程严管、后果严惩”的管护体系，有效提升森林资源保护能力。

(五)自然保护区和湿地建设工程。按照主体功能定位,将自然保护区和重要湿地纳入生态保护红线,加强基础设施建设,健全法律法规体系,提高综合保护能力,更好维护典型自然生态系统安全。积极推动有条件的省级自然保护区晋升为国家级自然保护区。开展省级自然保护区规范化建设。在汾河支流源头等重要生态区域新划建自然保护区,扩大自然保护区的面积。建立林业、国土资源、环保等部门联动的自然保护区管理机制,加强执法队伍建设和执法能力建设,全面提高林业自然保护区的管控水平。加快湿地自然保护区、湿地公园建设。坚持生态优先、自然恢复与人工修复相结合的原则,通过采取工程技术和生物技术措施,促进省内退化湿地生物群落、生态系统和生态功能的重建和恢复。对点状分布的小面积自然湿地和具有生态价值的人工湿地实行优先保护和修复,对主要河流两侧滩涂低洼地进行蓄水造湿,形成"珍珠串"状连续湿地,有效扩大湿地面积。完善湿地保护法规制度,建立湿地用途管控机制,规范湿地用途管理,严惩破坏湿地的行为。

(六)干果经济林提质增效工程。紧紧围绕富民增收,积极回应群众期待,重点对低质低效干果经济林进行高接换优、综合管理,通过改良品种、提升品质,实现达产达效。突出抓好红枣、核桃的提质增效,做强叫响"山西红枣""山西核桃"优质品牌。选择示范辐射作用明显的区域,集中连片,整村推进,体现规模效应。鼓励引导群众以经济林经营权价值评估量化入股的方式,与新型林业经营主体开展股份合作经营,推行"企业 + 合作社(村集体)+ 技术服务队 + 农户"的模式,加强产品研发,开展精深加工,发展电商交易平台,让农民分享到全产业链带来的增值收益。

(七)经济林扩容增量工程。坚持生态林与经济林统筹布局,按照市场导向、规模发展、因地制宜、突出特色的原则,在荒山造林和退耕还林中优先选择生态、经济效益兼备的树种,大力发展各类特色经济林,打造富民增收的支柱产业。充分发挥我省沙棘、连翘经济灌木林资源丰富的优势,大力实施"小灌木大产业"战略,坚持新建和改造相结合的办法,走规模化、集约化、专业化路子,变无序采摘为有序管理,变无主林为有主林,打造一批灌木工业原料林基地。要因地制宜,统筹布局,在吕梁山区的中南部发展双季槐、翅果油树、构树、杜仲,在吕梁山的西北部发展文冠果,在太行山区发展油用牡丹、仁用杏、花椒等特色经济林,形成区域特色鲜明、比较优势突出的地理标志产品。

(八)森林旅游和森林康养工程。坚持保护优先、合理利用的原则,将森林资源有形资产和无形资产分别评估,剥离使用,采取市场化运作方式,引入社会投资,大力发展森林旅游和森林康养,满足人们对优美森林生态环境休闲观光、健康养生的需求。森林旅游要依托现有森林景观资源,围绕全省规划的黄河、长城、太行 3 大旅游板块,充分挖掘区域特色和优势,重点建设开发芦芽山、历山、王莽岭、七里峪、蟒河、庞泉沟等一批特色森林旅游景区,加强景区基础设施建设,加大森林旅游宣传推广力度,提升森林旅游服务质量。森林康养要围绕全省打造"夏养山西"康养品牌的战略目标,编制全省森林康养产业发展总体规划,指导全省森林康养产业有序发展。依托省直九大林区良好生态环境和优美自然风景,着力打造 9 大森林康养集群和 100 处森林康养基地。生态休闲要依托城郊森林公园建设,拓展森林生态休闲功能,强化社会公益属性,为广大群众提供更多亲近森林、享受自然、休闲康养的活动场所。支持右玉、左权、太原西山生态文化旅游开发区建设。

(九)草食畜牧业可持续发展工程。坚持宜林则林、宜草则草的原则,把发展现代草牧业作为修复生态环境的重要内容,大力实施天然草地保护和人工草地建设。推动草产业发展。发展一批布局合理的牧草加工企业,大力推进草产品生产加工,大幅提高优质苜蓿生产能力和牧草转化利用率,增加草业经济份额,提升草地畜牧业发展后劲。推进草畜一体化建设。按照"草畜配套、以草定畜"总体要求,选择有条件的草食畜标准化养殖小区、规模化养殖场和集约化养殖园区,配套建设以苜蓿、青贮玉米为主的人工草地,鼓励企业包干收储当地秸秆资源,建设一批草食畜与饲草料资源配套的示范工程。开展畜禽粪污资源化利用。按照源头减量、过程控制、末端利用的思路,坚持种养结合、循环利用,推行标准化规模养殖,在规模养殖场配套建设畜禽粪污收集、贮存、处理和利用设施,针对不同区域特点推广不同畜禽粪污处理模式,改进设施养殖工艺,完善技术装备条件,实现畜禽粪污就近就地还田利用。

(十)林业生态建设扶贫工程。紧扣"一个战场打赢生态治理与脱贫攻坚两场战役",更加紧密地将生态建设与脱贫攻坚结合起来,提升生态保护修复对脱贫攻坚的贡献率。造林绿化务工,以扶贫攻坚造林专业合作社为载体,将贫困县造林任务全部议标给合作社,最大限度地吸纳贫困人口参与,切实提高贫困人口参与度和受益水平。退耕还林奖补,新增退耕还林任务重点安排到贫困县,因地制宜大力发展干鲜果经济林,增加贫困人口退耕还林收入。森林管护就业,依托天保工程、国家级公益林补偿、未成林管护等项目,将 60%以上生态管护岗位落实到建档立卡贫困劳力。中央财政生态护林员,全部吸纳建档立卡贫困劳力,实现就业脱贫。经济林提质增效。推进贫困户干果经济林提质增效工程全覆盖,深入开展技术培训,让贫困群众掌握管理技术,稳定获取收益。林业产业综合增收。引导贫困群众以股份合作的形式,大力发展以经济林、森林旅游、森林康养为主的生态经济产业,推进资源变资产、资金变股金、林农变股东。

六、组织保障

(一)加强组织领导。各级党委、政府要把工程建设纳入经济社会发展全局,做到领导力量到位、工作部署到位、责任落实到位、政策保障到位,真正形成党委统一领导、党政齐抓共管、部门密切协作的工作格局。省政府成立省长任组长的太行山吕梁山生态系统保护和修复重大工程领导小组,协调解决重大问题。各市县政府也要成立相应组织领导机构,不折不扣地落实好省委、省政府推进工程建设的决策部署。发改部门负责工程项目的立项审批，财政部门负责筹措资金，林业部门负责林业生态修复、保护和林业产业发展项目，农业部门负责草牧业可持续发展项目，水利部门负责水生态修复，国土资源部门负责国土规划管控和矿山地质环境保护，扶贫部门负责生态脱贫攻坚的综合协调工作。

（二）落实建设责任。坚持统一部署、统一规划、统一考核的原则，按照工程建设总体方案，将建设目标、主要任务等指标层层细化分解落实到各市县，制定形成推进工程建设的时间表和路线图，实施重大改革举措，推动工程建设任务落地见效。各市县政府对工程负总责，主要负责人为工程建设的第一责任人，分管领导为工程建设的直接责任人，要亲自部署、具体组织、实地督导、一线指挥，从政策制定、工作部署、财力保障等各个环节抓好落实。要把工程实施情况列入对市县政府工作考核的重要内容，严格考核，明确责任，保证落实。

（三）统筹推进实施。按照总体方案，省级有关部门围绕前期集中建设、后期巩固完善的推进思路，科学制定本部门具体实施方案和年度行动计划，明确每年的建设任务和目标。各市县要按照省有关部门计划任务和目标，扎实搞好各项工程项目的对接工作，编制年度实施方案和作业设计，统筹规划布局林业、农业、水利项目，切实做到科学规划、有机衔接，综合治理，形成分工合作、职责明确、协调联动的生态修复合力。

（四）强化科技支撑。贯彻落实科技创新驱动战略，坚持产学研用紧密结合，依托高校、科研院所等科技力量，加快科技创新成果转化和新技术运用普及。围绕困难立地生态修复，加强自然修复与人工治理相结合的生态修复模式研究，全面提高生态修复质量水平。积极引进高科技企业参与工程建设，运用新品种、新技术，培育一批特色农林产品品牌，壮大区域特色产业。创新科技服务机制，鼓励科技人员实行技术承包，加强科技成果和实用技术推广，最大限度地将科技成果转化为现实生产力。

（五）注重宣传引导。依托电视、电台、报纸等传统媒体和网络、微信等新型媒体，开展全方位、大力度、高频次的宣传，重点宣传工程建设的重要意义、总体思路、目标任务、政策措施和美好前景，引导全社会大力弘扬右玉精神、太行精神、吕梁精神，凝聚起建设美丽山西的强大合力。要及时梳理总结推广基层的创新性经验，讲好生态振兴的山西故事，树立生态脱贫的山西样板，传播生态文明的山西经验，发挥好舆论导向作用，整体提升全省生态保护修复水平和绿色发展能力。

中共山西省委办公厅　山西省人民政府办公厅
《山西省党政机关办公用房管理办法》

（2018年6月6日）

第一章　总　则

第一条　为加强党政机关办公用房管理，推进办公用房资源合理配置和节约集约使用，保障正常办公，降低行政成本，促进党风廉政建设和节约型机关建设，根据《党政机关办公用房管理办法》和《山西省机关事务管理办法》等规定，结合本省实际，制定本办法。

第二条　本办法适用于全省党政机关办公用房的权属、配置、使用、维修、处置、物业等管理工作。

本办法所称党政机关，是指全省党的机关、人大机关、行政机关、政协机关、监察机关、审判机关、检察机关，以及工会、共青团、妇联等人民团体和参照公务员法管理的事业单位。

本办法所称办公用房，是指党政机关占有、使用或者可以确认属于机关资产的，为保障党政机关正常运行需要设置的基本工作场所，包括办公室、服务用房、设备用房和附属用房。

第三条　党政机关办公用房管理应当遵循依法合规、科学规划、规范配置、有效利用、集中统一、从严控制的原则。

第四条　县级以上人民政府应当建立健全党政机关办公用房集中统一管理制度，统一规划、统一权属、统一配置、统一处置，推进办公用房大中修和物业服务集中统一管理。

第五条　县级以上机关事务管理部门负责拟定有关办公用房管理的规章制度，主管本级党政机关办公用房管理工作，指导下级党政机关办公用房管理工作，根据职责分工负责本级党政机关办公用房的规划、权属、调剂、使用监管、处置、维修、物业管理等工作；县级以上发展改革、财政部门按照各自职责负责党政机关办公用房相关工作。

各级党政机关是办公用房的使用单位，应当建立健全办公用房内部管理制度，做好本单位占有、使用办公用房的日常维护和安全管理。

第二章　权属管理

第六条　党政机关办公用房的房屋所有权、土地使用权等不动产权利(以下统称办公用房权属),统一登记至本级机关事务管理部门名下。

党政机关办公用房权属未变更至机关事务管理部门名下的,使用单位应当自本办法实施之日起六个月内变更登记至机关事务管理部门名下。因历史资料缺失、权属不清及其它原因等无法登记的,涉及权属备案的单位,应当将相关资料移交机关事务管理部门,由机关事务管理部门协调有关部门进行办公用房权属备案。

党政机关所属垂直管理机构、派出机构办公用房权属应当登记在行政主管部门名下。

县级以上党政机关按照国家统一财务会计制度规定,负责本机关占有使用房屋、土地的账务登记。

第七条 县级以上机关事务管理部门应当建立健全党政机关办公用房清查盘点制度。使用单位应当建立本单位办公用房资产管理分台账,资产信息发生变更的,及时调整更新。县级以上机关事务管理部门应当建立本级党政机关办公用房资产管理总台账,定期组织清查盘点,确保总台账信息与使用单位分台账信息账账相符,与办公用房实际状况账实相符,与权属证书信息账证相符。

第八条 省机关事务管理部门应当建立健全全省党政机关办公用房管理信息统计报告制度,会同有关部门建立党政机关办公用房管理数据库,统筹推进办公用房管理信息系统建设,实现上下一体、互联互通、共享共用、动态管理。

第九条 县级以上机关事务管理部门应当建立健全党政机关办公用房档案管理制度,加强党政机关办公用房档案管理。

第三章　配置管理

第十条 县级以上人民政府编制土地利用总体规划和城乡规划时,应当统筹安排本级党政机关办公用房用地。县级以上党政机关的驻在地人民政府应当有效保障上级党政机关办公用房用地需求。

县级以上机关事务管理部门应当会同有关部门,结合人员编制情况、办公与业务需要等,编制本级党政机关办公用房配置保障规划,逐步推进集中或者相对集中办公。

第十一条 县级以上机关事务管理部门应当优先采取调剂、置换的方式配置办公用房,无法调剂、置换的办公用房可以采用租用、建设的方式配置办公用房。

第十二条 使用单位需要配置办公用房的,应当向同级机关事务管理部门提出申请,由机关事务管理部门优先整合现有办公用房资源调剂解决。

采取置换方式配置办公用房的应当严格履行审批程序。

第十三条 无法调剂或者置换解决办公用房的,可以面向市场租用。租用办公用房的,由使用单位提出申请,经机关事务管理部门审核提出意见,报本级人民政府批准后,由财政部门安排预算;机关事务管理部门也可以统筹本级党政机关办公用房使用需求,制定统一租用方案,报本级人民政府批准后,由财政部门安排预算,统筹安排使用。

第十四条 无法调剂、置换、租用办公用房,或者涉及国家秘密、国家安全等特殊情况的,可以采取建设方式解决,但应当按照国家和省有关政策从严控制,严格履行审批程序。党政机关办公用房建设包括新建、扩建、改建、购置。

省本级党政机关办公用房建设项目,按照国家和省有关规定程序办理。

省直各单位、设区的市党政机关、县本级党政机关办公用房建设项目,由省人民政府审批。

县级党政机关直属单位和乡(镇)级党政机关办公用房建设项目,由省人民政府委托设区的市人民政府审批,并报省人民政府备案。

各级党政机关派出机构、垂直管理机构及其所属参照公务员法管理的事业单位办公用房建设项目,按照主管部门的机构级别,履行前款规定的审批和备案程序。

第十五条 新配置办公用房的党政机关,在搬入新办公用房后一个月内,将超出核定面积的原有办公用房腾退移交同级机关事务管理部门统一调剂使用,不得继续占用或者自行处置,不得自行安排其他单位使用。

第十六条 党政机关办公用房装修应当严格执行国家有关规定,严禁豪华装修,原则上十年内不得重复装修。

第四章　使用管理

第十七条 领导干部办公用房配备情况应当按年度报机关事务管理部门备案,严禁超标准配备、使用办公用房。不得独自占用会客室、会议室等服务用房,休息室和卫生间需严格按照规定配备。

领导干部在不同单位同时任职的,在主要工作部门安排一处办公用房,按规定另行配置办公用房的,应严格履行审批程序。

第十八条 党政机关工作人员工作调动的,由调入部门安排办公用房,原单位办公用房不再保留。工作调动或已办理离退休手续的,原配置使用的办公用房在一个月内腾退并由原单位收回。

第十九条 党政机关超过使用标准的办公室,须按有关规定进行调整或者分隔,暂时无法调整或者分隔后没有使用功能的,应当做出调整计划,报同级机关事务管理部门备案。

第二十条 相对集中的党政机关办公区内设置的大型会议室、活动室等应当共享共用。

独立办公的单位应当提高办公用房利用率,合理设置会议室、活动室等场所。

第二十一条 使用单位应当严格按照有关规定在核定面积内合理安排使用办公用房,不得有下列行为:

(一)擅自改变办公用房使用功能;

(二)将办公用房出租、出借;

(三)将办公用房调整给下属单位或其他单位使用;

(四)未经机关事务管理部门批准,自行处置其使用的办公用房。

第五章　维修管理

第二十二条　党政机关办公用房因使用时间较长、设施设备老化、功能不全，不能满足办公需求的，可以进行维修改造。维修项目要以消除安全隐患、恢复和完善使用功能、降低能源资源消耗为重点。

第二十三条　省机关事务管理部门应当会同有关部门制定党政机关办公用房维修标准，并建立动态调整机制。

第二十四条　党政机关办公用房确需进行大中修的，使用单位应当向同级机关事务管理部门提出申请，由机关事务管理部门组织评估论证、造价审核，统筹编制年度维修计划，报本级人民政府批准后组织实施。所需资金由财政部门结合财力统筹安排。

党政机关所属垂直管理机构、派出机构及其参照公务员法管理的事业单位办公用房的大中修项目，由主管部门按照前款规定的程序，向机关事务管理部门提出申请，经本级人民政府批准后，由主管部门组织实施。

党政机关办公用房的日常检查和维护由使用单位负责，所需资金通过部门预算安排。

第二十五条　党政机关办公用房维修不得改变房屋用途及使用功能。

第六章　处置利用管理

第二十六条　党政机关办公用房有下列情形之一闲置的，可以按照有关规定采取调剂使用、转换用途、置换、出租、拍卖、拆除等方式及时处置利用：

（一）同级党政机关办公用房总量满足使用需求，仍有余量的；

（二）因地理位置、周边环境、房屋结构等原因，不适合继续作为办公用房使用的；

（三）因城乡规划调整等需要拆迁的；

（四）经专业机构鉴定属于危房，且无加固改造价值的；

（五）推进集中办公区建设需处置的；

（六）其他原因导致办公用房闲置的。

处置利用党政机关办公用房涉及权属、用途等变更的，应当依法办理相关手续。

第二十七条　机关事务管理部门可以商有关部门将具备条件的闲置办公用房，报本级人民政府批准后转为便民服务、社区活动等公益场所，或者按照有关规定置换为其他符合政策规定需要的资产。

机关事务管理部门可以通过公共资源交易平台将闲置的办公用房统一招租，租金收益按照非税收入有关规定管理。如有需要，应当及时收回出租的办公用房，统筹调剂使用。

第二十八条　闲置办公用房无法通过调剂使用、转换用途、置换、出租等方式处置利用的，机关事务管理部门应当会同有关部门报本级人民政府批准后，通过公共资源交易平台依法公开拍卖，拍卖收益按照非税收入有关规定管理。

第七章　物业管理

第二十九条　县级以上机关事务管理部门应当建立健全本级党政机关办公用房物业管理制度。逐步推进办公用房物业服务社会化，按照政府购买服务的方式，根据后勤服务项目和标准，选择具有相应资质的社会服务机构承担后勤服务工作。

第三十条　县级以上机关事务管理部门负责制定本级党政机关办公用房物业服务合同示范文本，规范服务合同的订立、变更和解除程序，加强服务合同履约的风险控制。

党政机关应当按照合同示范文本，与社会服务机构签订服务合同，并报同级机关事务管理部门备案。

第三十一条　集中办公区的物业服务应当由本级机关事务管理部门统一组织实施向社会购买服务。

第八章　监督问责

第三十二条　党政机关办公用房使用单位应当建立本单位内部使用管理制度，加强监督检查和责任追究，及时发现和纠正违规问题。

县级以上机关事务管理、发展改革、财政等部门应当根据职责分工，加强办公用房监管，严格履行相关管理程序，对使用单位的办公用房违规管理使用问题及时按照规定移交有关部门和单位查处。

纪检监察机关应当及时受理群众举报和有关部门移送的办公用房违规管理案件线索并严肃查处。

第三十三条　县级以上机关事务管理、发展改革、财政部门会同有关部门建立健全党政机关办公用房巡检考核制度，定期对本级党政机关（含所属垂直管理机构、派出机构）办公用房使用情况以及下级党政机关办公用房管理情况进行专项联合巡检。发现隐患和问题的，应当及时向被检查部门发出限期整改通知，并要求被检查部门报告整改情况。

办公用房专项巡检要与党风廉政建设责任制检查考核、政府绩效考核以及党政领导班子和领导干部年度考核相结合，巡检考核结果作为干部管理监督、选拔任用的依据。

第三十四条　建立党政机关办公用房管理信息公开制度。除依照法律法规和有关要求需要保密的内容和事项外，办公用房建设、使用、维修、处置利用、运行费用支出等情况，要在政府门户网站等公共平台定期公开，主动接受社会监督。

第三十五条　管理部门有下列情形之一的，依纪依法追究相关人员责任：

（一）违规审批项目或者安排投资计划、预算的；

（二）不按照规定履行调剂、置换、租用、建设等审批程序的；

（三）为使用单位超标准配置办公用房的；

（四）不按照规定处置办公用房的；

（五）办公用房管理信息统计报送中瞒报、漏报的；

（六）对发现的违规问题不及时处理的；

（七）有其他违反办公用房管理规定情形的。

第三十六条 使用单位有下列情形之一的,依纪依法追究相关人员责任:

(一)擅自将办公用房权属登记至本单位或者所属单位名下,或者不配合办理权属变更登记和备案的;

(二)未经批准建设或者进行大中型维修办公用房的;

(三)不按规定腾退移交办公用房的;

(四)未经批准租用、借用办公用房的;

(五)擅自改变办公用房使用功能或者处置办公用房的;

(六)擅自安排企事业单位、社会组织等使用机关办公用房的;

(七)为工作人员超标准配备办公用房,或者未经批准配备两处以上办公用房的;

(八)闲置办公用房隐瞒不报的;

(九)对办公用房巡检过程中发现的问题,不按要求及时整改的;

(十)其他违反办公用房管理规定情形的。

第九章 附 则

第三十七条 党政机关本级的技术业务用房以及机关办公区内的技术业务用房,权属统一登记至本级机关事务管理部门名下,从严控制使用范围和用途,原则上不得调整用作办公用房。

党政机关的技术业务用房建设项目以及机关办公区内的技术业务用房建设项目,应当严格按规定履行审批程序。

第三十八条 全省各民主党派机关办公用房管理适用本办法。

不参照公务员法管理的事业单位办公用房管理,按照有关规定执行。

第三十九条 本办法由中共山西省委负责解释,具体解释工作由省机关事务管理局承担。

第四十条 本办法自发布之日起施行。

中共山西省委办公厅 山西省人民政府办公厅《山西省湖长制实施方案》

(2018 年 6 月 11 日)

党的十九大强调,生态文明建设功在当代、利在千秋,要推动形成人与自然和谐发展现代化建设新格局。湖泊是江河水系的重要组成部分,是蓄洪储水的重要空间,在防洪、供水、航运、生态等方面具有不可替代的作用。目前,我省水域面积大于 1 平方公里的湖泊仅有 6 个(不含城市公园内的湖),分别为伍姓湖、硝池、鸭子池、盐池、圣天湖、晋阳湖。其中水域面积大于 10 平方公里的湖泊有 3 个,分别是盐池、伍姓湖、硝池。历史记载,太原、晋中一带曾经遍布湖泊沼泽。随着历史演进和人类活动,导致大部分湖泊湮塞和消亡,造成湖泊面积萎缩、水域空间减少、水质恶化、生物栖息地破坏等问题突出,湖泊功能严重退化。

在湖泊实施湖长制是贯彻党的十九大精神、加强生态文明建设的具体举措,是全面推行河长制的明确要求,是加强湖泊管理保护、改善湖泊生态环境、维护湖泊健康生命、实现湖泊功能永续利用的重要制度保障。为进一步加强我省湖泊保护管理工作,落实属地责任,健全长效机制,根据中共中央办公厅、国务院办公厅印发的《关于在湖泊实施湖长制的指导意见》要求,结合我省实际,制定本方案。

一、指导思想

全面贯彻落实党的十九大精神,以习近平新时代中国特色社会主义思想为指导,紧紧围绕统筹推进“五位一体”总体布局和协调推进“四个全面”战略布局,牢固树立创新、协调、绿色、开放、共享的新发展理念,坚持节水优先、空间均衡、系统治理、两手发力,以湖泊水域空间管控、湖泊岸线管理保护、湖泊水资源保护和水污染防治、湖泊水环境综合整治、湖泊生态治理与修复为主要任务,在全省实施湖长制,健全湖泊执法监管机制,为维护湖泊健康生命、实现湖泊功能永续利用提供制度保障。

二、主要目标

以推动绿色发展、建设美丽山西为总目标,以《山西省全面推行河长制实施方案》为基础,在全省的所有湖泊全面实施湖长制,对湖泊形态、水质、生态和功能保护综合施策,先控源截污、后恢复生态,实现主要湖泊的有序规划、合理开发利用和水生态环境明显改善,增强湖泊的综合功能。

2018 年 6 月底前,市、县、乡制定出台湖长制实施方案,确定湖泊分级名录,明确各级湖长名单,并在主要媒体上公布;7 月底前,结合现有河长制组织体系、相关制度、监督检查和考核评估等,补充湖长制相关要求并印发执行;8 月底前,完成湖长公示牌的设立;10 月底前,完成“一湖一档”“一湖一策”方案的编制;11 月底前,完成省、市、县、乡四级湖长制工作验收,建立健全以党政领导负责制为核心的责任体系,落实属地管理责任。

到 2020 年底,完成湖泊的确权划界,划定湖泊保护范围和控制范围;完成湖泊保护总体规划和生态保护规划,明确湖泊功能定位;重要湖泊水质达标率达到73%以上。

三、组织体系

(一)设立四级湖长

将实施湖长制的领导职责纳入山西省全面推行河长制工作领导小组职责,成员由省发改委、省经信委、省公安厅、省财政厅、省国土厅、省环保厅、省住建厅、省交通厅、省水利厅、省农业厅、省林业厅、省卫计委、省旅发委、省煤炭厅、省法制办、黄河水利委员会山西黄河河务局相关负责人组成。

全面建立省、市、县、乡四级湖长体系。省政府分管水利工作的副省长担任省总湖长。对于跨县级行政区域的湖泊,由市级负责同志担任湖长。同时,湖泊所在市、县、乡要按照行政区域分级分区设立湖长,实行网格化管理,确保湖区所有水域都有明确的责任主体。

各级湖长名单在当地政府网站和主要媒体公布。

(二)湖长职责

总湖长负责全面实施湖长制工作的总督导、总调度。湖泊最高层级的湖长是第一责任人,对湖泊的管理保护负总责,要统筹协调湖泊与入湖河流的管理保护工作,确定湖泊管理保护目标任务,组织制定“一湖一档”和“一湖一策”方案,明确各级湖长职责,协调解决湖泊管理保护中的重大问题,依法组织整治围垦湖泊、侵占水域、超标排污、违法养殖、非法采砂等突出问题。其他各级湖长对在本辖区内的湖泊管理保护负直接责任,按职责分工组织实施湖泊管理保护工作。

(三)湖长制工作机构

由省河长制办公室承担实施湖长制的相关工作,落实省总湖长确定的事项,拟订管理保护制度及考核办法,监督、协调各项任务落实,组织实施考核工作等。各相关部门和单位按照职责分工,协调配合,保障湖长制实施。

四、主要任务

(一)统筹湖泊管理和保护规划

遵循河湖自然生态规律和经济社会发展规律,站在湖泊流域的角度综合研究湖泊如何服务于经济社会各方面,将湖泊管理和保护纳入国民经济和社会发展规划。有关部门和行业的专项规划应与湖泊规划有效衔接,专项规划中应采取有利于湖泊管理和保护的政策措施,加强湖泊资源保护,规范湖泊开发、利用活动,维护湖泊功能。

(二)确定湖泊分级名录

按照事权划分和分级管理的原则,划定省、市、县、乡分级分段湖泊名录。其中省管湖泊的分级分段名录由省水利厅会同有关部门拟定,报省政府确定和公布。市管湖泊和县管湖泊分级分段名录由市、县水行政主管部门会同有关部门拟定,报同级政府确定和公布,并报上级水行政主管部门备案。

(三)严格湖泊水域空间管制

1.依法划定湖泊管理范围。开展湖泊水域岸线登记,严格控制开发利用行为。2020年前完成湖泊管理范围和保护范围划界确权。

2.加强湖泊水域分区管理。将湖泊及其生态缓冲带划为优先保护区,依法落实相关管控措施,严禁以任何形式围垦湖泊、违法占用湖泊水域。

3.严格控制跨湖、穿湖、临湖建筑物和设施建设。确需建设的重大项目和民生工程,要优化工程建设方案,采取科学合理的恢复和补救措施,最大限度减少对湖泊的不利影响。

4.严格湖泊空间问题管控。严格管控湖区围网养殖、采砂等活动,对非法侵占、乱占滥用等突出问题开展清理整治,恢复湖泊生态功能。

5.严格规划及建设项目前置程序。流域、区域涉及湖泊开发利用的相关规划应依法开展规划环评,湖泊管理范围内的建设项目和活动必须符合相关规划并科学论证,严格执行工程建设方案审查、环境影响评价等制度。

(四)强化湖泊岸线管理保护

1.实行湖泊岸线分区管理。依据土地利用总体规划等,合理划分保护区、保留区、控制利用区、可开发利用区,明确分区管理保护要求,强化岸线用途管制和节约集约利用,严格控制开发利用强度,最大程度保持湖泊岸线自然形态。

2.合理布局土地开发及产业。涉湖区域的土地开发利用和产业布局,应与岸线分区要求相衔接,并为经济社会可持续发展预留空间。

(五)加强湖泊水资源保护

1.落实最严格水资源管理制度,强化湖泊水资源保护。严守用水总量控制红线,落实水资源消耗总量,坚持以水定产、以水定城、量水而行、因水制宜,促进水资源可持续利用。

2.坚持节水优先,建立健全集约节约用水机制。严守用水效率控制红线,深入开展节水型社会建设,加强工业、农业、城乡节水改造,促进湖泊水资源集约高效利用,深化体制机制改革创新,确保全省用水量指标符合国家规定。

3.严格湖泊取水、用水和排水全过程管理。控制取水总量,严格水资源论证、控制湖泊资源取用水总量、取水许可、有偿使用、管理保护和统一调度等措施。

4.维持湖泊生态用水和合理水位。科学确定重点湖泊生态水量,强化水资源优化配置,发挥大水网骨干工程和小水网配套工程在湖泊生态补水、改善湖泊水环境中的作用。加大非常规水的利用力度。

5.加强湖泊管理监控能力建设。加快湖泊管理系统和监测系统建设,逐步建立布局合理、功能完善的湖泊水量水质监测网络,完善突发水污染处置应急监测措施。

(六)加强湖泊水污染防治

1.加强入湖排污口设置与监管。落实污染物达标排放要求,严格按照限制排污总量控制入湖污染物总量设置并监管入湖排污口。

2.严格入湖污染物总量控制。超过水功能区限制排污总量的湖泊,应排查入湖污染源,加快实施入湖排污口截污治理,制定实施限期整治方案,明确年度入湖污染物削减量,有效控制湖泊水体污染,逐步改善湖泊水质;水质达标的湖泊,应采取措施确保水质不退化。

3.强化工业和城镇生活等污水治理。严格落实排污许可制度，将治理任务落实到湖泊汇水范围内各排污单位，加强对湖区周边及入湖河流工矿企业污染、城镇生活污染防治。

4.加强农业面源污染防治。加大畜禽养殖污染防治力度，大力推广测土配方施肥技术，合力控制化肥、农药施用量。

5.加快污水处理设施及配套管网建设。加大湖泊汇水范围内城市污水管网建设和合流制排水管网雨污分流改造，提高污水收集处理能力。

6.依法取缔非法设置的入湖排污口，严厉打击废污水直接入湖和垃圾倾倒等违法行为。

(七)加大湖泊水环境综合整治力度

1.强化湖泊水环境整治。按照水功能区区划确定各类水体水质保护目标，限期完成存在黑臭水体的湖泊和入湖河流整治。

2.加强湖泊饮用水源地保护。在作为饮用水水源地的湖泊，开展饮用水水源地安全保障达标和规范化建设，依法取缔违法建筑和排污口，强化饮用水水源应急管理，建设饮用水水源地监测系统，确保饮用水安全。

3.大力实施清洁小流域建设。加强湖区周边污染治理，开展清洁小流域建设，因地制宜、因害设防，形成湖泊水环境保护的生态修复、生态治理和生态保护的三道防线。

4.加大湖区综合整治力度。有条件的地区，在采取生物净化、生态清淤等措施的同时，可结合防洪、供用水保障等需要，因地制宜加大湖泊引水排水能力，增强湖泊水体的流动性，改善湖泊水环境。

(八)开展湖泊生态治理与修复

1.实施湖泊健康评估。加大对生态环境良好湖泊的严格保护，加强湖泊水资源调控，进一步提升湖泊生态功能和健康水平。

2.加强湖泊的修复与保护。积极有序推进生态恶化湖泊的治理与修复，加快实施退田还湖还湿、退渔还湖，逐步恢复河湖水系的自然连通。加强湖泊水生生物保护，科学开展增殖放流，提高水生生物多样性。依法依规推进湖泊生态岸线建设、滨湖绿化带建设、沿湖湿地公园、自然保护区和水生生物保护区建设。

3.加快湖泊生态补水工程建设。加强大水网工程的调度运行，加快推进县域配套小水网工程建设，优化配置水资源，向重要湖泊实施生态补水，逐步恢复湖泊生态。

(九)健全湖泊执法监管机制

1.健全执法监管机制。建立健全湖泊、入湖河流所在行政区域的多部门联合执法机制，完善行政执法与刑事司法衔接机制。

2.加强日常巡查。建立完善湖泊日常监管巡查制度，加快河湖监管信息平台建设，实行湖泊动态监管。

3. 严厉打击涉湖违法违规行为。坚决清理整治围垦湖泊、侵占水域以及非法排污、养殖、采砂、设障、捕捞、取用水等活动。集中整治湖泊岸线乱占滥用、多占少用、占而不用等突出问题。

五、保障措施

(一)加强组织领导

各级党委和政府要切实加强组织领导，确保各项要求落到实处。各市、县要按照全省湖长制实施方案的总体安排，结合实际，抓紧制订出台工作方案，明确工作目标、工作任务和进度安排。各湖泊要逐个明确各级湖长，进一步细化实化湖长职责，层层建立责任制，同时要落实湖泊管理单位，强化部门联动，确保湖泊管理保护工作取得实效。各牵头单位要主动与相关部门沟通协调，形成合力，确保目标任务按期完成。

(二)夯实工作基础

各市、县要尽早谋划，抓紧摸清湖泊基本情况，组织制定湖泊名录，建立“一湖一档”。抓紧划定湖泊管理范围，实行严格管控。同时，要针对不同类型湖泊的自然特性、功能属性和存在的突出问题，因湖施策，科学制定“一湖一策”方案，进一步强化对湖泊管理保护的分类指导。将已建立的河长制会议制度、信息共享制度、工作督察制度、考核问责与激励机制、工作验收制度等相关制度全部运用到湖长制工作中来，有效推进湖长制工作全面完成。

(三)完善监测监控

各市、县要科学布设入湖河流以及湖泊水质、水量、水生态等监测站点，建设信息和数据共享平台，不断完善监测体系和分析评估体系。要积极利用卫星遥感、无人机、视频监控等技术，加强对湖泊变化情况的动态监测。

(四)落实工作经费

各级财政按照规定安排湖泊管理保护经费，重点保障湖泊水质水量监测、规划编制、信息平台建设、划界确权和突出问题整治等工作经费支出，积极探索引导社会资本参与湖泊环境治理与保护，加大实施湖长制有关项目的资金投入。

(五)严格考核问责

各市、县要建立健全考核问责机制，县级及以上湖长负责组织对相应湖泊下一级湖长进行考核，考核结果作为省直部门和地方党政领导干部综合考核评价的重要依据。结合不同湖泊存在的实际问题，实行差异化绩效评价考核，将领导干部自然资源资产离任审计结果及整改情况作为考核的重要参考。实行湖泊生态环境损害责任终身追究制，对因失职、渎职造成湖泊面积萎缩、水体恶化、生态功能退化等生态环境损害的，严格按照有关规定追究相关单位和人员的责任。

(六)加强社会监督

要加大对湖长制的社会监督力度，通过湖长公告、湖长公示牌、湖长APP、微信公众号、社会监督员等多种方式加强社会监督。建立湖泊保护信息发布平台，畅通公众监管渠道。充分发挥媒体舆论引导和监督作用，把实施湖长制宣传纳入公益性宣传范畴，广泛宣传实施湖长制的重要意义，加强对湖泊管理保护先进典型的总结推广，动员和组织全社会力量和广大人民群众踊跃参与,积极营造全社会关心、支持、参与、监督河湖保护工作的良好氛围。

各市党委、政府每年1月5日前将上年度湖长制实施情况报省河长制办公室。

中共山西省委办公厅 山西省人民政府办公厅《山西省环境空气质量改善量化问责办法(试行)》《山西省水污染防治量化问责办法(试行)》

(2018年6月11日)

山西省环境空气质量改善量化问责办法(试行)

第一条 为进一步压实各地党委和政府改善辖区环境空气质量的主体责任,根据《山西省党政领导干部生态环境损害责任追究实施细则(试行)》,制定本办法。

第二条 本办法适用于全省11个设区市及其所辖县(市、区)有关党政领导干部在环境空气质量改善中失职失责行为的问责工作。

第三条 本办法所称环境空气质量指标主要包括PM2.5浓度、环境空气质量综合指数和优良天数比例。

相关数据采用山西省环境监测中心站提供的环境空气质量自动监测数据。发现有数据弄虚作假行为的,按照国家有关规定严肃处理。

第四条 县(市、区)环境空气质量出现下列情形之一的,应当对负有领导责任的副县(市、区)长实施问责。

(一)当月环境空气质量综合指数在全省县(市、区)中排名位列后10位,且PM2.5浓度同比不降反升比例超过20%;

(二)连续3个月环境空气质量综合指数在全省县(市、区)中排名位列后10位,且每个月PM2.5浓度同比不降反升比例超过10%;

(三)年度环境空气质量综合指数在全省县(市、区)中排名位列后10位,且当年累计4个月PM2.5浓度同比不降反升;

(四)年度环境空气质量综合指数在全省县(市、区)中排名位列后10位,且全年PM2.5平均浓度和优良天数比例两项约束性指标中任意一项未完成年度目标。

第五条 县(市、区)环境空气质量出现下列情形之一的,应当对负有领导责任的县(市、区)长实施问责。

(一)当月环境空气质量综合指数在全省县(市、区)中排名位列后10位,且PM2.5浓度同比不降反升比例超过30%;

(二)连续4个月环境空气质量综合指数在全省县(市、区)中排名位列后10位,且每个月PM2.5浓度同比不降反升比例超过15%;

(三)年度环境空气质量综合指数在全省县(市、区)中排名位列后10位,且当年累计5个月PM2.5浓度同比不降反升;

(四)年度环境空气质量综合指数在全省县(市、区)中排名位列后10位,且全年PM2.5平均浓度和优良天数比例两项约束性指标均未完成年度目标。

第六条 县(市、区)年度环境空气质量综合指数在全省县(市、区)中排名位列后10位,且全年PM2.5平均浓度下降目标和优良天数比例两项约束性指标完成率均低于80%或任意一项指标完成率低于70%,应当对负有领导责任的县(市、区)委书记实施问责。

第七条 设区市环境空气质量出现下列情形之一的,应当对负有领导责任的副市长实施问责。

(一)当月PM2.5平均浓度在全省11个设区市中排名位列后3位,且PM2.5平均浓度同比不降反升比例超过15%;

(二)连续3个月环境空气质量PM2.5平均浓度在全省11个设区市中排名位列后3位,且每个月PM2.5浓度同比不降反升;

(三)年度环境空气质量综合指数在全省11个设区市中排名位列后3位,且当年累计4个月PM2.5浓度同比不降反升;

(四)年度环境空气质量综合指数及其改善幅度在全省11个设区市中排名均位列后3位,且PM2.5平均浓度和优良天数比例两项约束性指标中任意一项未完成年度目标。

第八条 设区市环境空气质量出现下列情形之一的,应当对负有领导责任的市长实施问责。

(一)连续4个月PM2.5平均浓度在全省11个设区市中排名位列后3位,且每个月PM2.5浓度同比不降反升;

(二)年度环境空气质量综合指数在全省11个设区市中排名位列后3位,且当年累计5个月PM2.5浓度同比不降反升;

(三) 年度环境空气质量综合指数及其改善幅度在全省11个设区市中排名均位列后3位，且PM2.5平均浓度下降目标和优良天数比例两项约束性指标任意一项完成率低于60%。

第九条 设区市年度环境空气质量综合指数及其改善幅度在全省11个设区市中排名均位列后3位，且PM2.5平均浓度和优良天数比例两项约束性指标中任意一项指标较上年同期恶化的，应当对负有领导责任的市委书记实施问责。

第十条 责任追究方式和程序按照《山西省党政领导干部生态环境损害责任追究实施细则(试行)》执行。

第十一条 被问责处理情况应当在新闻媒体上予以公开。

第十二条 本办法由中共山西省委负责解释。

第十三条 本办法自印发之日起施行。

山西省水污染防治量化问责办法(试行)

第一条 为进一步压实各地党委和政府改善辖区水环境质量的主体责任，根据《山西省党政领导干部生态环境损害责任追究实施细则(试行)》(晋办发〔2017〕39号)，制定本办法。

第二条 本办法适用于全省11个设区市及其所辖县(市、区)有关党政领导干部在水环境质量目标和水污染防治重点工作中失职失责行为的问责工作。

第三条 地表水国考断面水质出现下列情形之一的，应当对国考断面控制单元范围内的相关县(市、区)负有责任的副县(市、区)长实施问责。

(一)全年累计2次单月地表水国考断面水污染物超标2倍以上；

(二)全年累计3次单月地表水国考断面水质同比恶化(不包括达水质目标的断面)；

(三)在年度考核中，国考断面水质未达年度考核目标。

第四条 县(市、区)出现下列情形之一的，应当对负有责任的副县(市、区)长实施问责。

(一)水污染防治年度重点工作(任意一项)未完成；

(二)城市建成区黑臭水体消除比例未达考核要求。

第五条 地表水国考断面水质出现下列情形之一的，应当对国考断面控制单元范围内的相关县(市、区)负有责任的县(市、区)长实施问责。

(一)全年累计2次单月地表水国考断面水污染物超标5倍以上；

(二)全年累计6次单月地表水国考断面水质同比恶化(不包括达水质目标的断面)；

(三)在年度考核中，国考断面水质未达年度考核目标。

第六条 地表水国考断面水质出现下列情形之一的，应当对国考断面控制单元范围内的相关县(市、区)负有责任的县(市、区)委书记实施问责。

(一)全年累计3次单月地表水国考断面水污染物超标5倍以上；

(二)全年累计9次单月地表水国考断面水质同比恶化(不包括达水质目标的断面)；

(三)在年度考核中，连续两年国考断面水质未达年度考核目标。

第七条 设区市域水环境质量目标和水污染防治工作考核出现下列情形之一的，应当对负有责任的副市长实施问责。

(一)在年度考核中，2个国考断面水质未达年度考核目标；

(二)本辖区内3个以上的县(市、区)未完成水污染防治年度重点工作(任意一项)或者设区市未完成水污染防治年度重点工作(任意一项)；

(三)城市建成区黑臭水体消除比例未达考核要求；

(四)水环境质量约束性指标(包括优良水体断面比例和劣五类水体断面比例)未完成。

第八条 设区市水环境质量约束性指标(包括优良水体断面比例和劣五类水体断面比例)未完成，应当对负有责任的市长实施问责。

第九条 设区市连续两年水环境质量约束性指标(包括优良水体断面比例和劣五类水体断面比例)未完成，应当对负有责任的市委书记实施问责。

第十条 责任追究方式和程序按照《山西省党政领导干部生态环境损害责任追究实施细则(试行)》执行。

第十一条 被问责处理情况应当在新闻媒体上予以公开。

第十二条 经济开发区、高新技术产业开发区、工业园区等各类开发区党政领导人员的问责，参照本办法执行。

第十三条 本办法由中共山西省委负责解释。

第十四条 本办法自印发之日起施行。

中共山西省委办公厅　山西省人民政府办公厅
《山西省贯彻落实〈地方党政领导干部安全生产责任制规定〉实施细则》

(2018 年 6 月 15 日)

第一章　总　则

第一条　为了加强全省各级党委和政府对安全生产工作的领导，健全和落实安全生产责任制，树立安全发展理念，根据《中共中央办公厅、国务院办公厅关于印发〈地方党政领导干部安全生产责任制规定〉的通知》、《中共山西省委、山西省人民政府关于推进安全生产领域改革发展的实施意见》等有关规定，制定本实施细则。

第二条　本实施细则适用于县级以上党委和政府领导班子成员(以下简称"党政领导干部")。县级以上各级党委工作机关、政府工作部门及相关机构领导干部，乡镇(街道)党政领导干部，各类开发区管理机构党政领导干部，参照本实施细则执行。

第三条　实行党政领导干部安全生产责任制，必须以习近平新时代中国特色社会主义思想为指导，切实增强政治意识、大局意识、核心意识、看齐意识，牢固树立发展决不能以牺牲安全为代价的红线意识，按照高质量发展要求，坚持安全发展、依法治理，综合运用巡查督查、考核考察、激励惩戒等措施，加强组织领导，强化属地管理，完善体制机制，以铁的担当尽责、铁的手腕治患、铁的心肠问责、铁的办法治本，有效防范安全生产风险，坚决遏制重特大生产安全事故，大力提升整体安全水平，为加快转型发展、决胜全面建成小康社会营造良好稳定的安全生产环境。

第四条　实行党政领导干部安全生产责任制，应当坚持党政同责、一岗双责、齐抓共管、失职追责，坚持管行业必须管安全、管业务必须管安全、管生产经营必须管安全。

全省各级党委和政府主要负责人是本地区安全生产第一责任人，对本地区安全生产工作负总责；县级以上政府原则上由担任本级党委常委的政府领导干部分管安全生产工作，对本地区安全生产工作全面负责；党委常委会其他成员和政府班子其他成员对分管范围内的安全生产工作负领导责任。

第二章　职　责

第五条　县级以上党委常委会安全生产职责主要包括：

(一)省委常委会每半年、市县党委常委会每季度至少专题研究一次安全生产工作，听取安全生产工作情况汇报，研究解决制约本地区安全发展的深层次、根本性问题；

(二)加强安全生产监管机构领导班子建设和干部队伍建设，严格安全生产履职绩效考核和失职责任追究；

(三)强化安全生产宣传教育和舆论引导，发挥人大对安全生产工作的监督促进作用、政协对安全生产工作的参政议政和民主监督作用；

(四)推动组织、宣传、政法、统战、机构编制等部门支持保障安全生产工作，动员社会各界积极参与、支持、监督安全生产工作。

第六条　县级以上党委主要负责人安全生产职责主要包括：

(一)认真贯彻党中央以及上级党委关于安全生产的决策部署和指示精神，安全生产方针政策、法律法规；

(二)把安全生产工作纳入党委议事日程，纳入党委常委会向全会报告工作的内容，纳入下级党委书记向上级党委述职的重要内容，及时组织研究解决安全生产重大问题；

(三)把安全生产纳入党委常委会及其成员职责清单，督促落实安全生产"一岗双责"制度；

(四)加强安全生产监管部门领导班子建设、干部队伍建设和机构建设，支持人大、政协监督安全生产工作，统筹协调各方面重视支持安全生产工作；

(五)推动将安全生产纳入经济社会发展全局，纳入国民经济和社会发展考核评价体系，作为衡量经济发展、社会治安综合治理、精神文明建设成效的重要指标和领导干部政绩考核的重要内容；

(六)大力弘扬生命至上、安全第一的思想，强化安全生产宣传教育和舆论引导，将安全生产方针政策和法律法规纳入党委理论学习中心组理论学习内容和干部培训内容。省委理论学习中心组每年、市县党委理论学习中心组每半年至少安排一次安全生产集体学习。

第七条　县级以上政府主要负责人安全生产职责主要包括：

(一)认真贯彻党中央、国务院以及上级党委和政府、本级党委关于安全生产的决策部署和指示精神，安全生产方针政策、法律法规；

(二)把安全生产纳入政府重点工作和政府工作报告的重要内容，组织制定安全生产规划并纳入国民经济和社会发展规划，纳入政府常务会议重要议事日程，纳入下级政府向上级政府报告工作的重要内容，及时组织研究解决安全生产突出问题；

(三)组织制定本级政府领导干部年度安全生产重点工作责任清单并定期检查考核,在政府有关工作部门“三定”规定中明确安全生产职责;

(四)加强安全生产基础建设和监管能力建设,组织有关部门建立健全安全生产资金投入保障制度,按高于全国平均水平的标准设立安全生产专项资金,列入本级财政预算,并与财政收入保持同步增长,主要用于重大事故隐患和灾害治理、应急救援和安全监管设施装备、安全生产宣传教育培训和安全生产信息化建设等,保障监管执法必需的人员、经费和车辆等装备;

(五)严格安全准入标准,推动构建安全风险分级管控和隐患排查治理预防工作机制,在高危项目审批和城乡规划布局、设计、建设、管理等各项工作中,实行重大安全风险“一票否决”,按照分级属地管理原则明确本地区各类生产经营单位的安全生产监管部门,推行安全生产挂牌责任制,依法领导和组织生产安全事故应急救援、调查处理及信息公开工作;

(六)领导本地区安全生产委员会工作,坚持安全生产委员会会议制度,省政府主要负责人每年、市政府主要负责人每半年、县政府主要负责人每季度至少组织召开一次会议,统筹协调安全生产工作,推动构建安全生产责任体系,组织开展安全生产巡查、考核等工作,加强对同级政府工作部门和下级政府领导干部履行安全生产职责的巡查和考核,推动加强高素质专业化安全监管执法队伍建设。

第八条 县级以上党委副书记安全生产职责主要包括:

(一)支持安全生产监管部门领导班子建设、干部队伍建设和机构建设;

(二)指导有关部门将安全生产教育培训纳入领导干部教育培训的内容,提升领导干部安全生产履职尽责能力;

(三)指导工会等群团组织开展安全生产法律法规、政策措施的宣传教育,开展“安康杯”知识竞赛、“青年示范岗”和安全宣教“七进”(进机关、进企业、进学校、进社区、进农村、进家庭、进公共场所)等活动,提高全民安全意识;

(四)指导工会等群团组织依法维护职工群众的知情权、参与权与监督权;

(五)抓好分管领域范围内的安全生产工作。

第九条 县级以上担任本级党委常委的政府领导干部安全生产职责主要包括:

(一)组织制定贯彻落实党中央、国务院以及上级及本级党委和政府关于安全生产决策部署,安全生产方针政策、法律法规的具体措施;

(二)协助党委主要负责人落实党委对安全生产的领导职责,督促落实本级党委关于安全生产的决策部署。

第十条 县级以上纪委书记、监委主任安全生产职责主要包括:

(一)支持生产安全事故调查工作,依法查处生产安全事故中涉及的失职渎职、以权谋私、权钱交易等违纪违法行为;

(二)会同有关部门对落实生产安全事故责任人员处理意见和执行处分决定的情况进行监督检查;

(三)对下级纪检监察机关参与生产安全事故调查履职情况进行监督指导;

(四)抓好本部门及分管领域范围内的安全生产工作。

第十一条 县级以上党委组织部部长安全生产工作职责主要包括:

(一)加强安全生产监管部门领导班子建设、干部队伍建设和机构建设。把懂安全、懂技术、懂法律、能协调、会管理的优秀干部配备到班子中;按照区域内国民生产总值、企业结构和数量,科学设置安全监管机构,合理配备安全监管人员,畅通安全监管干部与其他部门或企事业单位交流任职的渠道;

(二)将安全生产法律法规和方针政策纳入党政领导干部教育培训内容,每年至少组织一次党政领导干部安全生产培训;

(三)组织制定党政领导干部安全生产责任考核制度,纳入本地区目标责任考核体系,并将考核结果与党政领导干部履职评定挂钩,作为选拔任用党政领导干部的重要依据;

(四)严格落实安全生产“一票否决”制度,对因发生生产安全事故被追究领导责任的党政领导干部,按照有关规定取消评优评先资格,不得晋升职务、级别或重用;

(五)对在承担安全生产专项重要工作、参加抢险救护等工作中作出突出贡献或者在安全生产工作考核中取得优秀成绩的党政领导干部,按照有关规定给予表彰奖励或者记功嘉奖;

(六)抓好本部门及分管领域范围内的安全生产工作。

第十二条 县级以上党委宣传部部长安全生产职责主要包括:

(一)组织协调各级各类新闻媒体,配合安全生产监管部门和相关单位,宣传党和国家的安全生产法律法规、安全生产方针政策,宣传党委和政府安全生产决策部署、工作进展成效和先进典型,开展舆论监督;

(二)支持安全生产监管部门及有关部门及时组织发布安全生产重大政策、重大情况信息;

(三)按照党委和政府统一安排,配合负有安全生产监管职责的部门和相关单位,做好突发生产安全事故的舆论引导工作;

(四)将安全生产工作作为精神文明创建重要指标进行考核,对发生重大及以上生产安全事故的地区和部门实行“一票否决”;

(五)抓好本部门及分管领域范围内的安全生产工作。

第十三条 县级以上党委统战部部长安全生产职责主要包括:

(一)负责向各民主党派和无党派人士传达党和政府关于安全生产工作的方针政策、决策部署,通报安全生产工作情况,反映各民主党派和无党派人士对安全生产工作的意见和建议;

(二)指导协调各民主党派和无党派人士在安全生产工作方面发挥参政议政和民主监督作用;

(三)将企业负责人履行安全生产工作职责情况作为推荐

提名政协委员的重要依据，将安全生产工作情况作为推荐党外人士担任政府及部门或司法机关领导职务的重要依据；

（四）指导民营企业、工商联等有关人民团体做好职责内的安全生产工作；

（五）抓好本部门及分管领域范围内的安全生产工作。

第十四条 县级以上党委政法委书记安全生产职责主要包括：

（一）组织落实安全生产行政执法和刑事司法衔接制度，实现安全生产行政执法和刑事司法无缝对接；

（二）将安全生产工作作为年度综治工作（平安建设）考评重要指标进行考核，对发生重大及以上生产安全事故的地区和部门实行"一票否决"；

（三）组织政法部门依法严厉打击涉及安全生产领域的涉嫌犯罪行为；

（四）抓好本部门及分管领域范围内的安全生产工作。

第十五条 县级以上党委秘书长或分管党委办公厅（室）工作的常委安全生产职责主要包括：

（一）将安全生产工作重大事项提请党委常委会进行研究，督促指导各级各有关部门落实党委常委会关于安全生产工作的决定；

（二）组织调查研究，收集、整理、反馈本行政区域安全生产信息和动态，全面掌握安全生产工作情况，为党委科学决策提供政策性建议；

（三）指导直属机关工作委员会在评优评先中将安全生产工作作为重要依据，对在安全生产工作中作出突出贡献的给予表彰奖励；

（四）抓好本部门及分管领域范围内的安全生产工作。

第十六条 县级以上政府分管安全生产工作的负责人安全生产职责主要包括：

（一）组织制定贯彻落实党中央、国务院以及上级及本级党委和政府关于安全生产决策部署，安全生产方针政策、法律法规的具体措施；

（二）协助政府主要负责人统筹推进本地区安全生产工作，负责领导安全生产委员会日常工作，组织实施安全生产监督检查、巡查、考核等工作，市县政府每月至少召开一次安全生产例会，协调解决安全生产重点难点问题；

（三）组织实施安全风险分级管控和隐患排查治理预防工作机制建设，指导安全生产专项整治、安全生产标准化建设、安全文化建设和联合执法行动，组织查处各类违法违规行为；

（四）加强安全生产应急救援体系建设，依法组织或者参与生产安全事故抢险救援和调查处理，组织开展生产安全事故责任追究和整改措施落实情况评估；

（五）加强安全监管队伍执法能力建设，统筹推进安全生产社会化服务体系建设、信息化建设、诚信体系建设和教育培训、科技支撑等工作。

第十七条 县级以上政府班子其他成员安全生产职责主要包括：

（一）组织分管行业（领域）、部门（单位）贯彻执行党中央、国务院以及上级及本级党委和政府关于安全生产的决策部署，安全生产方针政策、法律法规；

（二）组织分管行业（领域）、部门（单位）健全和落实安全生产责任制，制定安全生产职责清单，将安全生产工作与业务工作同时安排部署、同时组织实施、同时监督检查；

（三）指导分管行业（领域）、部门（单位）把安全生产工作纳入相关发展规划和年度工作计划，从行业规划、科技创新、产业政策、法规标准、行政许可、资产管理等方面加强和支持安全生产工作；

（四）统筹推进分管行业（领域）、部门（单位）安全生产工作，每季度至少召开一次会议，分析安全生产形势，及时研究解决安全生产问题，支持有关部门依法履行安全生产工作职责；

（五）组织开展分管行业（领域）、部门（单位）安全生产专项整治、安全生产标准化、安全文化建设、目标管理、应急管理、查处违法违规生产经营行为等工作，推动构建安全风险分级管控和隐患排查治理预防工作机制。

第三章 考核考察

第十八条 县级以上各级党委和政府要把党政领导干部落实安全生产责任情况和重点工作任务完成情况纳入党委和政府督查督办重要内容，一并进行督促检查。

第十九条 县级以上各级党委和政府要建立健全安全生产巡查工作制度，加强对下级党委和政府的安全生产巡查，推动安全生产责任措施落实。将巡查结果作为对被巡查地区党委和政府领导班子和有关领导干部考核、奖惩、使用的重要参考。

第二十条 县级以上各级党委和政府要健全完善安全生产责任考核制度，加强对下级党委和政府安全生产工作情况的考核，客观公正进行全面评价，并将考核结果与被考核地区党政领导干部履职评定挂钩。

第二十一条 县级以上各级党委和政府在对下级党委和政府领导班子及其成员的年度考核、目标责任考核、绩效考核以及其他考核中，应当考核其落实安全生产责任的情况，并将其作为确定考核结果的重要参考。

县级以上各级党委和政府领导班子及其成员在年度考核中，应当按照"一岗双责"要求，将履行安全生产工作责任情况列入述职内容。

第二十二条 县级以上各级党委组织部门在考察党政领导干部拟任人选时，应当考察其履行安全生产工作职责的情况。

有关部门在推荐、评选党政领导干部作为奖励人选时，应当考察其履行安全生产工作职责的情况。

第二十三条 县级以上各级党委和政府要制定落实安全生产责任巡查、考核结果公开制度，采取通报、主流媒体或政府网站公告等方式公开党政领导干部巡查、考核结果，作为评定先进、优秀、劳模以及职务晋升考量指标之一。

第四章 表彰奖励

第二十四条 在加强安全生产工作组织领导、推动本地区安全生产工作、安全生产预防机制建设、安全生产专项整治、重大灾害治理、城市安全发展、参加抢险救护、创新安全生产机制体制等专项重要工作中作出显著成绩和重要贡献的党政领导干部,上级党委和政府应当按照有关规定给予表彰奖励。

第二十五条 在安全生产工作考核中,党政领导干部一个考核年度被评为优秀等次的,上级党委和政府应当按照有关规定给予通报嘉奖;连续三个考核年度被评为优秀等次的,上级党委和政府应当按照有关规定给予记功。

第五章 责任追究

第二十六条 党政领导干部在落实安全生产工作责任中存在下列情形之一的,应当按照有关规定进行问责:

(一)履行本实施细则第二章所规定职责不到位的;

(二)阻挠、干涉安全生产监管执法或者生产安全事故调查处理工作的;

(三)对迟报、漏报、谎报或者瞒报生产安全事故负有领导责任的;

(四)对发生生产安全事故负有领导责任的;

(五)有其他应当问责情形的。

第二十七条 对存在本实施细则第二十六条情形的责任人员,应当根据情况采取通报、诫勉、停职检查、调整职务、责令辞职、降职、免职或者处分等方式问责;涉嫌职务违法犯罪的,由监察机关依法调查处置。

第二十八条 严格落实安全生产"一票否决"制度,对因发生生产安全事故被追究领导责任的党政领导干部,在相关规定时限内,取消考核评优和评选各类先进资格,不得晋升职务、级别或者重用任职。

第二十九条 对工作不力导致生产安全事故人员伤亡和经济损失扩大,或者造成严重社会影响负有主要领导责任的党政领导干部,应当从重追究责任。

第三十条 对主动采取补救措施,减少生产安全事故损失或者挽回社会不良影响的党政领导干部,可以从轻、减轻追究责任。

第三十一条 对职责范围内发生生产安全事故,经查实已经全面履行了本实施细则第二章所规定的职责、法律法规规定的有关职责,并全面落实了党委和政府有关工作部署的,不予追究有关党政领导干部的领导责任。

第三十二条 党政领导干部对发生生产安全事故负有领导责任且失职失责性质恶劣、后果严重的,不论是否已调离转岗、提拔或者退休,都应当严格追究责任。

第三十三条 实施安全生产责任追究,应当依法依规、实事求是、客观公正,根据岗位职责、履职情况、履职条件等因素合理确定相应责任。

第三十四条 存在本实施细则第二十六条情形应当问责的,由纪检监察机关、组织人事部门和安全生产监管部门按照权限和职责分别负责。

第六章 附 则

第三十五条 各市县党委和政府应当根据本实施细则制定贯彻落实的具体办法。

第三十六条 本实施细则由中共山西省委负责解释,具体解释工作由省政府安委办会同省委组织部承担。

第三十七条 本实施细则自印发之日起施行。

中共山西省委办公厅 山西省人民政府办公厅《山西省深化环境监测改革提高环境监测数据质量实施方案》

(2018年7月10日)

环境监测是保护环境的基础工作,是推进生态文明建设的重要支撑。为切实深化全省环境监测改革,提高环境监测数据质量,根据中共中央办公厅、国务院办公厅《关于深化环境监测改革提高环境监测数据质量的意见》,结合我省实际,制定本方案。

一、总体要求

(一)指导思想

坚持以习近平新时代中国特色社会主义思想为指导,全面贯彻党的十九大精神,紧紧围绕统筹推进"五位一体"总体布局和协调推进"四个全面"战略布局,牢固树立和贯彻落实新发展理念,立足我省生态环境保护需要,坚持依法监测、科学监测、诚信监测,深化环境监测改革,构建责任体系,创新管理制度,强化监管能力,依法依规严肃查处弄虚作假行为,切实保障环境监测数据质量,提高环境监测数据公信力和权威性,促进环境管理水平全面提升。

(二)基本原则

——创新机制,健全法规。改革环境监测质量保障机制,完善环境监测质量管理制度,健全环境监测法规规章和标准规范。

——多措并举,综合防范。综合运用法律、经济、技术和必要的行政手段,预防不当干预,规范监测行为,加强部门协作,推进信息公开,形成政策措施合力。

——明确责任,强化监管。明确市、县级党委、政府以及相关部门、排污单位和环境监测机构的责任,加大对弄虚作假行为的查处力度,严肃问责,形成高压震慑态势。

(三)主要目标

到2020年,建立统一的环境质量监测网络。建设、完善覆盖全省,以城市(含区、县)环境空气自动站点、农村环境空气自动站点、区域背景环境空气自动站点为支撑的环境空气质量监测网络,满足全省环境空气质量状况考核、评价与预警需求。建设、完善覆盖全省主要河流一、二级支流及径流量较大的三级支流、城市河段、湖库等地表水环境质量监测网络,动态反映全省主要水体环境质量现状及变化趋势,满足全省地表水环境质量考核、评价与预警需求。建设、完善覆盖全省所有县(市、区)的土壤环境质量监测网络。

到2020年,通过深化改革,健全完备环境监测数据质量保障责任体系和环境监测质量管理制度,环境监测数据弄虚作假防范和惩治机制健全完善并高效运行,环境监测机构和人员独立公正开展工作,环境监测数据全面、准确、客观、真实。

二、主要措施

(一)坚决防范不当干预

1.明确领导责任。各市、县(市、区)党委和政府按照生态环保"党政同责""一岗双责"要求建立健全防范和惩治环境监测数据弄虚作假责任体系和工作机制,并对防范和惩治环境监测数据弄虚作假负领导责任。建立约谈整改机制,对弄虚作假问题突出的市、县(市、区),省环保厅可公开约谈其政府负责人,责成当地政府查处和整改。被约谈的市、县(市、区),省环保厅对相关责任人依照有关规定提出处分建议,交由所在地党委和政府依纪依法予以处理,并将处理结果报省委、省政府。对于因干扰监测数据而受到生态环境部或省环保厅约谈或通报的市、县(市、区),本年度大气污染综合治理考核结果确定为不合格。

2.明确监管责任。各级环境保护、质量技术监督部门依法对环境监测机构负监管责任,要建立联合监管和检查通报机制。其他相关部门要加强对所属环境监测机构的数据质量管理。各相关部门发现对弄虚作假行为包庇纵容、监管不力以及有其他未依法履职行为的,依照规定向有关部门移送直接负责的主管人员和其他责任人员违规线索,依纪依法追究其责任。

3.强化防范和惩治。研究制定我省领导干部干预环境监测活动责任追究办法,明确责任清单,规范查处程序,细化处理规定。各市、县(市、区)党政领导干部和相关部门工作人员不得利用职务影响指使篡改、伪造环境监测数据,限制、阻挠环境监测监管执法,不得影响、干扰对环境监测数据弄虚作假行为的查处和责任追究,不得给环境监测机构和人员下达环境质量改善考核目标任务等。发现市、县(市、区)党政领导干部和相关部门工作人员存在干预环境监测活动行为的,要依据有关规定,严肃问责。

4.实行干预留痕和记录。环境监测机构和人员有责任和义务对党政领导干部和相关部门工作人员干预环境监测的批示、函文、口头意见等信息进行记录,记录的事项和方式要规范,保证做到全程留痕、依法提取、介质存储、归档备查。对不如实记录或隐瞒不报不当干预行为并造成严重后果的相关人员,应予以通报批评和警告。

(二)大力推进部门环境监测协作

5. 理顺全省环境监测体制和机制。省级环境监测机构负责全省行政区域内生态环境质量监测、调查评价和考核工作,实行生态环境质量全省统一布点、统一监测、统一考核。按照"谁考核谁监测"的原则,省环境监测中心站按照统一要求,加强对大气、水、土壤考核的监测工作,及时通报,公布结果。

6.执行全国统一的监测标准规范。省环保厅会同相关部门统一规划布局,建设覆盖全省的大气、水、土壤、生态的省级环境质量监测网络和污染源排放监控网络。全省各级各类环境监测机构和排污单位要按照生态环境部制定和实施的统一环境监测标准规范开展监测活动,切实解决不同部门同类环境监测数据不一致、不可比的问题。

7.依法统一发布环境监测信息。制定环境监测信息发布清单,建立全省环境监测数据共享机制,规范环境监测信息发布出口、内容、频次和媒介,由环保部门统一发布环境信息。其他相关部门发布信息中涉及环境质量内容的,应与同级环境保护部门协商一致或采用环境保护部门依法公开发布的环境质量信息。

8.健全行政执法与刑事司法衔接机制。环境保护部门查实的篡改伪造环境监测数据案件,尚不构成犯罪的,除依照有关法律法规进行处罚外,依法移送公安机关予以拘留;对涉嫌犯罪的,应当制作涉嫌犯罪案件移送书、调查报告、现场勘查笔录、涉案物品清单等证据材料,及时向同级公安机关移送,并将案件移送书抄送同级检察机关。公安机关应当依法受理,并在规定期限内书面通知环境保护部门是否立案。检察机关依法履行法律监督职责。环境保护部门与公安、检察机关对企业超标排放污染物情况通报、环境执法督察报告等信息资源实行共享。

(三)严格规范排污单位监测行为

9.落实自行监测数据质量主体责任。排污单位要按照法律法规和相关监测标准规范开展自行监测,制定监测方案,保存完整的原始记录、监测报告,对数据的真实性、准确性负责,并按规定公开相关监测信息。对通过篡改、伪造监测数据等逃避监管方式违法排放污染物的,环境保护部门依法实施按日连续处罚。

10.明确污染源自动监测要求。实行重点排污单位自行监测与环境质量监测原始数据全面直传上报制度。重点排污单位应当依法安装使用污染源自动监测设备,严格按照有关规定进行检定或校准,保证正常运行并公开自动监测结果。

自动监测数据要实现全省联网。逐步在污染治理设施、监测站房、排放口等位置安装视频监控设施,并与当地环境保护部门联网。取消环境保护部门负责的有效性审核,重点排污单位自行开展污染源自动监测手工比对,及时处理异常情况,确保监测数据完整有效。自动监测数据可作为环境行政处罚等监管执法的依据。

(四)准确界定环境监测机构数据质量责任

11.建立“谁出数谁负责、谁签字谁负责”的责任追溯制度。环境监测机构及其负责人对其监测数据的真实性和准确性负责。采样与分析人员、审核与授权签字人分别对样品、原始监测数据、监测报告真实性终身负责。对违法违规操作或直接篡改、伪造监测数据的,依纪依法追究相关人员责任。

12.落实环境监测质量管理制度。环境监测机构应当依法取得检验检测机构资质认定证书,要建立覆盖布点、采样、现场测试、样品制备、流转、分析测试、数据传输、评价和综合分析报告编制等全过程的质量管理体系。专门用于在线自动监测监控的仪器设备应当符合环境保护相关标准规范要求。使用的标准物质应当是有证标准物质或具有溯源性的标准物质。

环境监测机构负责人要履行其对质量体系的领导职责和承诺,制定质量方针和质量目标,确保质量管理体系要求融入环境监测全过程,保证质控经费投入。严格执行原始记录和监测报告审核制度,作为监测全程留痕和数据终身负责的依据。

13.强化对社会监测机构的事中事后监管。省环保厅、省质监局联合出台我省加强社会环境监测机构质量管理规定,对社会环境监测机构在全省范围内开展的环境监测实施统一的监督管理,进行监测质量监督检查,并将检查结果向社会公布。对发现违规行为的要采取限期整改、纳入“黑名单”、暂停或取消资质乃至行业禁入等处罚措施。

(五)严厉惩处环境监测数据弄虚作假行为

14.严肃查处监测机构和人员弄虚作假行为。环境保护、质量技术监督部门对环境监测机构开展“双随机”检查,强化事中事后监管。环境监测机构和人员弄虚作假或参与弄虚作假的,环保、质监部门和公安机关依法给予处罚;涉嫌犯罪的,移交司法机关依法追究相关责任人的刑事责任。对实施或参与篡改、伪造自动监测数据、干扰自动监测设施、破坏环境质量监测系统等行为的,依法从重处罚。

环境监测机构在提供环境监测服务中弄虚作假、对造成的环境污染和生态破坏负有责任的,除依法处罚外,检察机关、社会组织和其他法律规定的机关提起民事公益诉讼或者省政府、各市政府及其指定的部门或机构依法提起生态环境损害赔偿诉讼时,可以要求环境监测机构与造成环境污染和生态破坏的其他责任者承担连带责任。

15.严厉打击排污单位弄虚作假行为。对排污单位存在监测数据弄虚作假行为的,环境保护部门、公安机关将依法予以处罚;涉嫌犯罪的,移交司法机关依法追究直接负责的主管人员和其他责任人的刑事责任,并对单位判处罚金;排污单位法定代表人强令、指使、授意、默许监测数据弄虚作假的,依纪依法追究其责任。

16.开展打击环境监测数据弄虚作假行为专项行动。全省各级环境保护部门围绕环境质量监测、机动车尾气监测、社会化服务监测、排污单位自行监测等直接关系人民群众利益、影响环境管理决策的监测领域,从2018年起,连续3年开展打击环境监测数据弄虚作假行为的专项行动,加大对弄虚作假行为的查处力度,严格执法、严肃问责,形成高压震慑态势。

17.推进联合惩戒。环境保护部门负责将依法处罚的环境监测数据弄虚作假企业、机构和个人信息向社会公开,同时将上述违法信息依法纳入山西省信用信息共享平台和国家企业信用信息公示系统(山西),实现一处违法、处处受限。

18.加强社会监督。广泛开展宣传教育,鼓励公众参与,完善举报制度,将环境监测数据弄虚作假行为的监督举报纳入全省“12369”环境保护举报和“12365”质量技术监督举报受理范围。

(六)加快提高环境监测质量监管能力

19.推进全省环境监测能力建设。全面推进全省环境监测能力建设,着力解决全省各级环境监测机构用房、监测资质、监测用车和工作经费等问题,加强人员培训,提高监测队伍专业化水平。省环境监测中心站要具备在全省范围内开展环境监测全过程质控的能力,各市环境监测站要具备水、大气、土壤等全要素、全指标监测能力,适应生态环境质量改善的要求。

20.完善法规制度。严格执行国家有关法律法规,研究制定我省环境监测法规或规章,加大对环境监测数据弄虚作假行为的惩处力度。对侵占、损毁或擅自移动、改变环境质量监测设施和污染物排放自动监测设备的,依法予以处罚。制定环境监测与执法联动办法、环境监测机构监管办法等规章制度。探索建立环境监测人员数据弄虚作假从业禁止制度,研究制定排污单位环境监测数据真实性自我举证制度。推进监测数据采集、传输、存储标准化建设。

21.健全质量管理体系。建设环境监测标准规范实验室,进一步健全全省环境监测质量管理体系。加强省环境监测中心站、各市环境监测站的能力建设,确保有能力承担区域环境质量控制任务。省级环境保护部门应确保环境监测仪器设备和标准物质能够有效溯源到国家计量基准。将全省县级环境空气质量监测事权上收为省级事权,建立统一运维、统一考核、统一发布信息的工作机制,同时推进省控水质断面监测事权上收工作。

22.强化高新技术应用。加强大数据、人工智能、卫星遥感、量子激光雷达、在线监测远程质控系统等高新技术在环境监测和质量管理中的应用,通过对环境监测活动全程监控,实现对异常数据的智能识别、自动报警。开展环境监测新技术、新方法和全过程质控技术研究,加快便携、快速、自动监测仪器设备的研发与推广应用,提高全省环境监测科技水平。

三、保障机制

（一）加强组织领导

将深化环境监测改革提高环境监测数据质量工作列入各级党委和政府重要工作任务，建立以各级党委和政府为主导、环境保护部门组织协调有关部门分工负责、社会力量积极参与的工作机制。各市要积极落实，强化组织领导，明确任务分工、时间节点，健全绩效考核制度，确保本实施方案提出的各项目标任务落到实处。各市要在每年12月份向省环保厅报告本实施方案的落实情况。

（二）完善财政等保障制度

各级党委和政府要结合环保机构监测监察执法垂直管理制度改革，及时研究解决环境监测发展改革、机构队伍建设等问题，保障监测业务用房、业务用车和工作经费。加大财政投入，全面加强环境监测能力建设，提高我省环境监测整体水平。

（三）加强督察和落实

省环保厅要将各市落实本实施方案情况作为我省环境保护督察的重要内容，重大问题要及时报告省委、省政府。省纪委监委机关、省委组织部、省发改委、省财政厅、省质监局等有关部门要统筹落实责任追究、领导干部绩效考核、项目建设、经费保障等方面事项。

中共山西省委办公厅　山西省人民政府办公厅《关于深入推进经济发达镇行政管理体制改革的实施意见》

（2018年7月10日）

为认真贯彻落实中共中央办公厅、国务院办公厅印发的《关于深入推进经济发达镇行政管理体制改革的指导意见》，加快推进新型城镇化，现就深入推进我省经济发达镇行政管理体制改革提出如下实施意见。

一、总体要求

（一）指导思想

高举中国特色社会主义伟大旗帜，全面贯彻落实党的十九大精神，坚持以习近平新时代中国特色社会主义思想为指导，进一步落实习近平总书记视察山西重要讲话精神，按照省委"一个指引、两手硬"思路和要求，以加强基层政权建设、巩固党的执政基础为核心，以扩大经济社会管理权限、完善基层政府功能为重点，以探索建立简约精干的组织架构、务实高效的用编用人制度和适应经济发达镇实际的财政管理模式为保障，构建符合基层政权定位、适应城镇化发展需求的新型行政管理体制，进一步激发经济发达镇发展内生动力，充分发挥其对周边辐射带动作用，为推进基层治理体系和治理能力现代化，提高新型城镇化质量水平，加快实现我省城乡统筹发展提供体制机制保障。

（二）主要目标

在进一步深化介休市义安镇经济发达镇行政管理体制改革试点的基础上，积极推进清徐县徐沟镇、大同市新荣区古店镇、盂县南娄镇、长治县荫城镇、泽州县巴公镇、怀仁县金沙滩镇、繁峙县砂河镇、祁县东观镇、洪洞县赵城镇、运城市盐湖区解州镇、汾阳市杏花村镇等11个经济发达镇改革，力争到2019年底前基本实现改革总体目标，为全省乡镇行政管理体制改革发挥示范带动作用，加快城镇化建设步伐，促进我省经济社会可持续发展。

二、改革任务

（一）扩大经济社会管理权限

根据经济发达镇实际，重点强化发展产业经济、提供公共服务、加强社会管理和城镇规划建设等职能，完善基层政府功能。理顺县（市、区）和经济发达镇的关系，做到权责相称。将基层管理迫切需要且能够有效承接的一些县级管理权限包括行政审批、行政处罚及相关行政强制和监督检查权等赋予经济发达镇，制定目录向社会公布，明确镇政府为权力实施主体。依据《山西省赋予经济发达镇部分县级经济社会管理权限指导目录》（见附件），经济发达镇提出具体下放权力需求清单，县级政府提出拟赋予经济发达镇的权限清单，在对接论证基础上，按法定程序和要求办理。对经济发达镇人民政府因扩大经济社会管理权限作出的具体行政行为不服的，向上一级地方人民政府申请行政复议。暂时不具备条件下放的管理权限，要积极创造条件，成熟一批，赋予一批。加强相关立法，为经济发达镇扩大经济社会管理权限提供法律依据。加强指导培训，落实工作职责，梳理明确工作流程和办事指南，完善权力运行机制，建立并公布行政权力清单和行政权力事项责任清单，明确权力下放后的运行程序、规则和权责关系，健全权力监督机制。县直放权部门加强对经济发达镇的工作指导，确保下放权力接得住、用得好。

重点下放投资项目、城镇规划建设、建设用地、社会治安等方面的管理权限。具体包括：

1.凡符合国家、省、市产业政策，总投资在县级政府审批权限之内的企业、政府、外商或境外投资项目，除法律、法规明确规定必须由县级政府审批、核准之外，由镇自主审批确定，报县级政府主管部门备案。

2.凡规划、城建、环保等方面原由县级政府审批、核准的行政审批事项，放权由镇自主审批、管理或代为发放各种许可证,实行镇政府审批、县有关部门备案。各职能部门实行一次告知制,及时、快捷履行审批手续,减少审批环节,简化办事程序。

3.镇区域发展规划在服从县域总体规划的前提下,规划的编制和管理实施由镇自主负责。在修编土地利用规划时,充分考虑城镇发展的需要,合理布局,统筹安排。

4.在省政府下达的年度计划指标内,根据镇经济社会发展实际,原则上确保镇建设用地需要。镇域内旧城改造、城镇建设、存量土地利用等由镇负责实施。

5.深化户籍制度改革,大力鼓励科研、技术、创业、创新型人才到经济发达镇落户。

(二)构建简约精干的组织架构

遵循精简、统一、效能原则,统筹经济发达镇党委和政府机构设置,建立健全工作机制,强化镇党委领导核心作用,加强镇党委对各级派驻机构及人员力量的工作协调。立足基层工作实际,优化业务流程,减少管理层级,建立扁平高效的基层组织架构。加强行政执法和综合服务等前台机构建设,统一履行直接面对公民、法人的行政审批、公共服务和行政执法职责,提高服务管理效能。整合内部决策、管理、监督、服务职责和工作力量,为前台工作提供支持和保障。

发达镇党委、政府机构统筹设置为6个:党政综合办公室、经济发展办公室、镇村规划建设办公室、社会事务管理办公室(挂社会治安综合治理办公室牌子)、行政审批办公室(挂政务服务中心牌子)、综合执法办公室(挂综合执法局牌子)。

县级行政部门派驻在经济发达镇的机构,除公安、司法、国土、市场监管(工商、质监、食药监)、税务等派驻机构外,统一下放实行属地管理,职能和人员编制相应划入经济发达镇有关事业单位(综合便民服务中心)或综合执法办公室(综合执法局),业务接受县级有关部门指导,现有行政事业人员实行分类管理,统筹合理使用。继续实行派驻体制的,工作考核要以经济发达镇为主,干部任免应当听取所在镇党委和政府意见。发达镇派驻机构的设立要充分尊重发达镇党委、政府意见,根据城镇化和农业现代化以及“三农”工作的实际,由县级以上机构编制部门研究制定派驻机构设立的规范性意见,加强对派驻机构的管理。严格执行机构编制管理法律法规和党内法规,坚决整治上级部门通过项目资金分配、考核督查、评比表彰等方式干预发达镇机构设置、职能配置和编制配备的行为。

设有开发区(园区)的经济发达镇可探索镇区管理机构合一体制,实行一套班子、两块牌子,促进开发区(园区)与经济发达镇融合发展。

(三)推进集中审批服务和综合行政执法

整合基层公共服务和行政审批职责,打造综合、便民、高效的政务服务平台,实行“一门式办理”“一站式服务”。公开办事依据和标准,精简程序和环节,规范自由裁量权。推广首问负责、办事代理、限时办结、服务承诺等经验做法,积极推行行政审批和公共服务网上办理,方便群众办事。发挥社会组织在经济发达镇社会治理创新中的重要作用。

实行综合行政执法,将适宜由乡镇一级行使的行政执法权限交由经济发达镇行使。全面落实行政执法责任制,严格执行行政事业性收费和罚没收入“收支两条线”制度,规范执法程序和行为。推行“双随机、一公开”机制,规范事中事后监管,着力解决当前一些领域存在的执法不严、检查任性、执法扰民等问题。大力推行行政执法公示制度、行政执法全过程记录制度和重大行政执法决定法制审核制度,促进严格规范、公正文明执法。建立健全镇政府与县直部门行政执法协调配合机制,强化监督问责。

(四)建立务实高效的用编用人制度

在地方机构编制限额内,创新用编用人制度,统筹使用各类编制资源,赋予经济发达镇灵活用人自主权。根据工作需要,有关市、县(市、区)可在县域编制总量内为经济发达镇适当调剂增加编制,为承接下放权力提供必要保障。大力推行政府购买服务,凡是适宜通过政府购买服务提供的公共服务和事务性、辅助性工作等,都要引入竞争机制,通过合同、委托等方式实行购买,由花钱养人向花钱办事转变。对急缺人才,鼓励通过聘任制解决,探索以市场化方式引进现代经济人才或团队。选配素质好、能力强的干部到经济发达镇党政领导岗位,对工作业绩突出、表现优秀的党政正职,可在职数规定范围内提拔为上一级领导班子成员并继续兼任现有职务。推进机关公务员职务与职级并行、事业单位管理岗位职员等级晋升制度,拓宽选拔任用渠道,完善人才引进机制,落实基层干部待遇政策,确保基层需要的人才进得来、留得住、干得好。

(五)探索适应经济发达镇实际的财政管理模式

按照事权和支出责任相适应的原则,逐步明确经济发达镇政府事权和支出责任。上级政府对下放给经济发达镇的事权,要给予相应财力支持。应由上级政府承担的支出责任,不得转移给经济发达镇政府承担。结合财税体制改革,完善与经济发达镇相关的财政分成办法。落实支持农业转移人口市民化的若干财政政策,促进基本公共服务均等化。建立财政激励机制,各地可明确一定时期在基建投资以及新增财政收入返还、土地出让金等方面对经济发达镇给予支持,统筹地方政府债券资金用于经济发达镇公益性项目。有条件的地方可安排专项资金对经济发达镇给予支持。鼓励金融机构和各类社会资本在经济发达镇设立分支机构,为城镇建设发展提供金融服务。

1.在项目、资金等方面,省里根据权限对经济发达镇资金配套比例等方面给予一定倾斜。

2.县与经济发达镇财政管理体制原则上实行划分税种、核定收支、超收分成、结余留用的办法。建立财政超收激励机制,以2017年经济发达镇的财税收入为基数,超额部分按县实得财力给予经济发达镇70%比例的全额返还,3年不变。

3.经济发达镇辖区内土地出让金征收使用管理,按照财政部、国土资源部和中国人民银行印发的《国有土地使用权出让收支管理办法》(财综〔2006〕68号)执行。辖区内收取的土地出让收入,全部返还经济发达镇按规定统筹安排使用。

4.经济发达镇辖区内收取的城市基础设施配套费、社会抚养费等规费，全部返还经济发达镇用于基础设施和社会事业建设。

（六）创新基层服务管理方式

落实基层党建工作责任制，加强经济发达镇党委自身思想、组织、制度、作风、廉政建设，强化社区、农村党组织建设。加大非公有制经济组织、社会组织及经营网点、工程项目、服务窗口党建工作力度，落实“三会一课”等党的组织生活制度，加强和改进党员队伍教育管理，健全党员立足岗位创先争优长效机制，充分发挥基层党组织的战斗堡垒作用。以网格化管理、社会化服务为方向，健全基层综合服务管理体系。完善城乡社区治理体制，依法厘清基层政府和基层群众性自治组织权责边界，推进城乡社区服务体系建设，大力发展专业社会工作，建立社区、社会组织、社会工作者联动机制，促进公共服务、便民利民服务、志愿服务有机衔接。通过鼓励社会资本参与城镇公用设施投资和运营，加大对基础设施建设及教育、卫生、文化等社会事业投入。坚持依法治理，加强法治保障，运用法治思维和法治方式化解社会矛盾、解决社会问题。尊重群众知情权、参与权、监督权，健全权益保障和矛盾化解机制，鼓励和支持社会各方参与，促进政府治理和社会自我调节、居民自治良性互动。

三、组织实施

（一）加强组织领导

省编办要会同有关部门成立工作小组，完善协调配合机制，加强督促检查和工作指导，及时研究解决工作中遇到的困难和问题，支持经济发达镇大胆开展体制机制创新，先行先试。经济发达镇所在市、县（市、区）党委要切实履行领导责任，按照省委、省政府的部署和要求，认真做好组织实施工作，确保改革取得实效。经济发达镇改革工作方案由所在县（市、区）党委、政府于2018年8月底前报市级党委、政府审定，9月底前印发并组织实施，同时报省编办备案。经济发达镇所在县（市、区）政府在确定赋权目录基础上，组织制定经济发达镇行使的权力清单和责任清单，于2018年10月底前向社会公布。

（二）注重统筹协调

统筹推进经济发达镇行政管理体制改革和新型城镇化综合改革，赋予相同的土地、建设、金融扶持政策，形成改革合力。加强城镇化宏观管理，完善城镇总体规划、控制性详细规划、发展规划和各类专项规划，提升城镇规划标准，探索“多规合一”，优化城镇化布局和形态，推动经济发达镇与周边城镇、乡村协同发展。符合法定标准，具备行政区划调整条件，且行政管理体制改革成果显著的经济发达镇可稳妥有序推进设立市辖区或县级市工作。经济发达镇要统筹生产、生活、生态三大布局，控制城镇开发强度，提高城镇建设水平，实现生产空间集约高效、生活空间宜居适度、生态空间山清水秀。

（三）强化考核激励

省直相关部门要相互协作、密切配合，加强对改革工作的指导、督促检查和跟踪问效。要充分发挥激励引导作用，研究制定经济发达镇动态管理考核办法，加强年度评估考核，建立能进能出动态淘汰机制，考核不合格的不再享受经济发达镇相关政策。

各级党委、政府在深入推进经济发达镇行政管理体制改革的同时，要注重发挥其示范带动作用，做好改革后备镇的培育工作，以点带面，逐步构建符合基层政权定位、适应城镇化发展需求的新型行政管理体制，为加快实现城乡统筹发展提供体制机制保障。

中共山西省委办公厅　山西省人民政府办公厅
《山西省建立现代医院管理制度实施方案》

（2018年7月13日）

为加快推进我省公立医院（包括县级医疗集团，下同）现代医院管理制度建设，根据《国务院办公厅关于建立现代医院管理制度的指导意见》和《中共山西省委、山西省人民政府关于进一步深化医药卫生体制改革的意见》，制定本方案。

一、总体要求和主要目标

（一）总体要求

以习近平新时代中国特色社会主义思想为指导，全面贯彻党的十九大精神，落实全国卫生与健康大会精神，坚持党的领导，坚持正确的卫生与健康工作方针，坚持公立医院的公益性质，坚持制度创新，坚持发展、改革和管理相结合，坚持社会效益与运行效率相统一，实行政事分开、管办分开、所有权和经营权分开，理顺公立医院管理体制，健全公立医院治理体系，完善公立医院管理制度，推动实现公立医院治理体系和管理能力现代化，更好地满足人民群众看病就医需求，为推进“健康山西”建设奠定坚实基础。

（二）主要目标

2018年，省、市分别选择2-3所公立医院开展公立医院章程试点，现代医院管理制度框架初步建立，县级医疗集团管理体制和运行机制趋于完善，政府办医体制进一步理顺，医院党建工作显著加强，法人治理机制更加健全，医院规范化管理水平和运行效率不断提高。

2019年,全省公立医院完成章程制定,基本形成决策、执行、监督相互协调、相互制衡、相互促进的公立医院治理机制,初步建立维护公益性、调动积极性、保障可持续的公立医院运行新机制,各级各类公立医院管理规范化、精细化、科学化水平进一步增强。

2020年,基本建立权责清晰、管理科学、治理完善、运行高效、监督有力的现代医院管理制度,公立医院医疗服务质量水平、医务人员积极性、社会满意度有效提高,医疗费用增长幅度稳定在相对合理水平,实现健康可持续发展。

二、建立健全公立医院治理体系

(一)理顺政府办医体制

1.进一步明确政府办医组织形式。全省各级公立医院由各级政府举办。各级政府成立和完善公立医院管理委员会,由政府负责同志牵头,编制、发改、财政、人社、卫计、食药监等有关部门负责人组成,统筹协调和履行政府办医职能。委员会办公室设在同级卫生计生行政部门,承担管理委员会日常工作。各级公立医院管理委员会对本级政府负责。县级政府应按照省编办、省卫计委《关于建立完善县级医疗集团法人治理结构的指导意见》建立健全县级医疗集团治理体系。各地应结合县乡医疗卫生机构一体化改革的深入推进,探索公立医院管办分开更加有效的组织实现形式。

2018年9月前,各级政府完成公立医院管理委员会组建,明确机构人员组成,明确统筹履行政府办医的具体职能内容。

2.建立健全公立医院管理委员会运行机制。完善各级公立医院管理委员会及其办公室工作制度。公立医院管理委员会按照规定行使政府对公立医院的举办权、发展权、重大事项决策权、资产收益权等,落实党委和政府的领导责任、保障责任、管理责任、监督责任,审议公立医院章程、发展规划、重大项目实施、收支预算等,按照中央组织部、国家卫生计生委《公立医院领导人员管理暂行办法》(中组发〔2017〕5号)和党委提名意见,履行政府任命公立医院院长、副院长职责,与院长、党组织书记签订任期目标责任书,授权院长与副院长签订任期目标责任书,组织实施公立医院绩效考核工作。委员会在决策过程中,要定期听取人大代表、政协委员以及其他利益相关方意见。

2018年9月前,完成各级公立医院管理委员会及其办公室工作制度制定工作,规范运行规则。2018年12月前,完成与院长签订任期目标责任书工作。

(二)落实政府对公立医院的举办职能

1.优化医疗资源配置。合理控制公立综合性医院数量和规模。从严控制公立医院床位规模、建设标准和大型医用设备配备,严禁举债建设和豪华装修,对超出规模标准的要逐步压缩床位。控制公立医院特需服务规模,提供特需服务的比例不超过10%。

2018年9月前,完成省级区域卫生规划和医疗机构设置规划的制定工作。2018年12月前,完成市、县两级区域卫生规划和医疗机构设置规划的制定工作。

2.落实政府保障责任。改革财政补助方式,全面落实对符合区域卫生规划的公立医院投入政策,细化落实对中医医院的投入倾斜政策,逐步偿还和化解符合条件的公立医院长期债务。加强年度财政预算工作,健全财政补助与公立医院绩效考核结果挂钩的补助机制。逐步建立以成本和收入结构变化为基础的医疗服务价格动态调整机制。充分发挥基本医保的基础性作用,强化医保基金总额预算管理,建立以按病种付费为主,按人头、按床日、按服务单元付费等复合型付费方式。对完成法人登记,具备独立法人资格,集团内各医疗机构的人员、资金、医疗服务等实行统一管理的县级医疗集团实行医保总额打包付费。

2018年12月前,各市完成公立医院财政补助方式改革任务,重点围绕破除以药补医,建立健全公立医院补偿运行新机制;落实医保支付方式改革任务,有效实现“三医联动”。

3.稳步推行备案制管理。2018年6月,启动公立医院编制管理改革试点,在省级选择2-3所公立医院,试行人员总量管理和取消行政级别;在地方现有编制总量内,确定试点公立医院编制总量,逐步实行备案制。落实公立医院用人自主权,进一步改进公立医院招聘工作,对高层次人才、紧缺专业人才可采取直接考察的方式进行招聘或引进。

4.扩大公立医院薪酬制度改革试点。做好阳泉市试点的跟踪评估工作,确保取得成果。其他市和省人民医院、山西医科大学第一医院、山西医科大学第二医院、省儿童医院4所省级试点医院要按照省人社厅、省财政厅、省卫计委《关于扩大公立医院薪酬制度改革试点工作的实施方案》启动试点,力争尽快突破。要稳步提高人员支出占医院业务支出比例,不断提高医院收入分配的科学化、规范化水平。

(三)落实政府对公立医院的监管职能

1.建立综合监管制度,完善多方监管机制。强化卫生计生行政部门医疗服务监管职能。完善机构、人员、技术、装备准入和退出机制。加强医院信息公开,建立定期公示制度。深化医保支付方式改革,充分发挥医保对医疗服务行为和费用的调控引导与监督制约作用,逐步将医保对医疗机构服务监管延伸到对医务人员医疗服务行为的监管。强化对公立医院经济运行和财务活动的会计和审计监督。在县级医疗集团设置监督专员,由县级政府医院管理委员会聘任、派出,向其负责和报告工作。

2018年12月前,制定加强医疗卫生行业综合监管的指导文件。定期组织医疗卫生、医保、财政等职能部门依法依规对医疗机构开展监督执法检查,建立“黑名单”制度和问责机制。审计机关依法开展对国有医疗机构的审计监督。

2.加强政府对公立医院的绩效考核。制定完善公立医院绩效评价指标体系。机构绩效评价应当涵盖社会效益、服务提供、综合管理、可持续发展等内容。负责人绩效评价还应包括职工满意度内容。公立医院管理委员会与公立医院签订绩效管理合同,根据合同约定实施公立医院绩效考核以及院长年度和任期目标责任考核,考核结果与医院财政补助、医保支付、工资总额以及院长薪酬、任免、奖惩等挂钩。探索第三方机构参与考核评价机制。

2018年9月前，各级卫生计生行政部门完成公立医院绩效评价指标体系制定。2018年起，各级公立医院管理委员会都要与所属公立医院签订绩效管理合同或委托经营管理责任书，明确绩效管理目标和考核办法。定期组织对所属公立医院开展综合绩效考核工作，严格兑现奖惩。

（四）落实公立医院经营管理自主权

1.明确公立医院自主运营管理权限。转变政府职能，推进政事分开，按照简政放权要求，落实公立医院独立法人地位，落实内部人事管理、机构设置、中层干部聘任、人员招聘和人才引进、内部绩效考核和薪酬分配、年度预算执行等经营管理自主权。

2018年10月前，各级公立医院管理委员会制定公立医院运营管理权力和责任清单。

2.实行党委领导下的院长负责制。院长是医院法定代表人，在党委领导下，全面负责医疗、教学、科研、行政管理工作，按照法律法规及医院章程规定履行职责。实行院长任期目标责任考核和问责制。逐步取消公立医院的行政级别，各级卫生计生行政部门负责人一律不得兼任公立医院领导职务。

2018年9月前，选择1—2个市开展取消院长行政级别试点，逐步完善院长选拔和任用制度，推行院长聘任制。各县（市、区）积极推进取消县乡医疗卫生机构行政级别；县级医疗集团及其内设机构和分支机构不再确定机构规格。

三、完善公立医院管理制度

（一）制定公立医院章程

完成各级各类公立医院章程制定。明确医院性质、办医宗旨、功能定位、办医方向、管理体制、经费来源、组织结构、决策机制、管理制度、监督机制、文化建设、党的建设、群团建设，以及举办主体、医院和职工的权利义务等内容。章程草案由各级公立医院管理委员会审核通过，按照有关规定备案，并向社会公开。制定公立医院章程时，要明确党组织在医院内部治理结构中的地位和作用。

2018年9月前，省、市分别选择2–3所公立医院开展公立医院章程试点。2019年9月前，各级各类公立医院完成章程制定。

（二）健全医院决策机制

规范医院内部治理结构和权力运行规则。建立健全医院内部管理机构，明确院长办公会议、医院党组织会议议事决策规则。院长办公会议是公立医院行政、业务议事决策机构，对讨论研究事项作出决定。在决策程序上，公立医院发展规划、“三重一大”等重大事项，以及涉及医务人员切身利益的重要问题，要经医院党组织会议研究讨论同意，保证党组织意图在决策中得到充分体现。注重发挥医疗质量安全管理、药事管理等专业委员会在决策中的作用。把党的领导融入公立医院治理结构，医院党组织领导班子成员应当按章程进入医院管理层或通过法定程序进入理事会，医院管理层或理事会内部理事中的党员成员一般应当进入医院党组织领导班子。

2018年9月前，各级各类公立医院完成院长办公会议、医院党组织会议制度和议事规则制定。

（三）健全民主管理制度

健全以职工代表大会为基本形式的民主管理制度。工会依法组织职工参与医院的民主决策、民主管理和民主监督。医院研究经营管理和发展的重大问题应当充分听取职工意见，召开讨论涉及职工切身利益的会议，必须有工会代表参加。推进院务公开，落实职工群众知情权、参与权、表达权、监督权。

2018年9月前，各级各类公立医院结合推行院务公开，完善职工民主管理制度体系。

（四）健全医院内部管理制度

加强公立医院规范化、精细化、科学化管理。以质量、技术、效率为核心，进一步健全医疗质量安全管理、人力资源管理、财务资产管理、绩效考核、人才培养培训管理、科研管理、后勤管理、信息管理等制度，加强医院文化建设，形成制度健全、管理有效、发展持续、充满活力的公立医院运行格局。

2018年9月前，完成医院各项管理规章制度的清理规范工作，初步建立医院内部管理制度框架。建立完善医院内部管理制度体系的长效机制，提高医院运行效率。

（五）加强医疗服务能力建设

全面实施医疗卫生提升工程。各级各类公立医院应根据功能定位和群众健康需求，结合全省提升医疗服务水平行动计划，推进医教研协同发展，加快补齐医疗服务短板，加强人才储备、骨干医生培养和临床重点专科建设，提升医院整体服务水平和核心竞争力。推进院长职业化建设，提升医院管理水平。探索建立以需求为导向，以医德、能力、业绩为重点的人才评价体系。采取多种举措加大人才、技术、先进管理模式引进力度。加强省内外交流合作，融入京津冀医疗卫生协同发展。

2018年6月前，省卫计委制定医疗卫生提升工程实施方案。各级各类公立医院制定医院中长期发展规划和医疗服务能力年度提升工作计划，并抓好落实。

（六）建立医疗质量安全持续改进体系

落实医疗质量安全院、科两级责任制。建立全员参与、覆盖临床诊疗服务全过程的医疗质量管理与控制工作制度，严格落实首诊负责、三级查房、分级护理、手术分级管理、抗菌药物分级管理、临床用血安全等医疗质量安全核心制度。严格执行医院感染管理制度、医疗质量内部公示制度等。加强重点科室、重点区域、重点环节、重点技术的质量安全管理，推进合理检查、用药和治疗。

2018年8月前，各级各类公立医院制定医疗质量持续改进计划，完善院内医疗质量安全管理组织体系和制度体系。2018年9月前，健全省、市两级医疗质量管理与控制体系，进一步充实临床专业，拓展疾病诊断相关组（DRGs）绩效评价等医疗质量管理工具的运用，确保医疗质量安全持续改进。

（七）全面开展便民惠民服务

各级各类医院按要求参加医疗联合体建设,三级公立医院要落实功能定位,发挥引领作用,促进资源共享和人才下沉,帮助基层提升服务能力。配合分级诊疗,加强上下协作,畅通双向转诊机制。持续实施改善医疗服务行动计划,大力推进预约诊疗、检查检验结果互认、日间手术、远程医疗、多学科联合诊疗、异地就医直接结算、优质护理、健康咨询等便民惠民服务。

2018 年 6 月前,规范全省医疗联合体建设,每个市至少建成 1 个有明显成效的医疗联合体;持续推进改善医疗服务行动计划不断取得成效。

四、加强公立医院党的建设

(一)强化公立医院党委领导核心作用

全面加强公立医院党委对医院工作的政治、思想和组织领导。发挥好医院党委把方向作用,自觉在思想上政治上行动上同以习近平同志为核心的党中央保持高度一致,全面贯彻执行党的理论路线方针政策,引导监督医院遵守国家法律法规,维护各方合法权益,确保医院改革发展正确方向。发挥好医院党委管大局作用,坚持在大局下行动,谋全局、议大事、抓重点,统筹推进医院改革发展、医疗服务、医德医风等各项工作,努力建设患者放心、人民满意的现代医院。发挥好医院党委保落实作用,管干部聚人才、建班子带队伍、抓基层打基础,讨论决定医院内部组织机构的设置及其负责人的选拔任用,领导精神文明建设和思想政治工作,领导群团组织和职工代表大会,做好知识分子工作和统一战线工作,加强党风廉政建设,确保党的卫生与健康工作方针和政策部署在医院不折不扣落到实处。

2018 年 9 月前, 制定完善公立医院党建工作的实施意见,推动各级各类公立医院落实管党治党主体责任。

(二)全面加强公立医院基层党建工作

加强和完善公立医院党建工作领导体制和工作机制。合理设置医院党建工作机构,配齐配强党建工作力量,推进党组织和党的工作全覆盖。建立健全医院内设机构党支部,选优配强党支部书记,充分发挥党支部的政治核心作用,把党支部建设成为坚强的战斗堡垒。坚持把党组织活动与业务工作有机融合,积极推进活动创新、思想政治工作内容和载体创新,防止"两张皮"。认真贯彻落实《关于新形势下党内政治生活的若干准则》《中国共产党党内监督条例》,推进"两学一做"学习教育常态化制度化,严格"三会一课"、民主生活会和组织生活会、主题党日等制度。严格发展党员和党员教育管理工作,引导党员充分发挥先锋模范作用。

2018 年 9 月前,建立公立医院党建工作考核评价体系,推进医院党建工作有效落实。

五、工作要求

(一)加强组织领导

各地各部门要将建立现代医院管理制度作为深化医改的重要内容,依据本实施方案进一步列出任务清单、责任清单,确保现代医院管理制度建设各项工作落到实处。各相关部门要按照职能分工,及时调整相关政策,形成工作合力,积极推进公立医院治理体系创新。各级各类公立医院要主动健全完善医院内部管理制度,提高运行效率。

(二)深化改革推进

各级政府要围绕区域服务需求和医疗资源整合,对现代医院管理制度建设进行顶层设计和通盘考虑。各相关部门要强化工作协同,切实破除改革体制性障碍,完善相关配套制度措施。积极探索公立医院资产属地化管理,促进各级各类公立医院主动形成科学定位、错位发展、良性竞争、共同进步的功能整合型医疗服务体系。

(三)强化督导评估

各级政府要将现代医院管理制度建设工作列为重大决策督查事项,加大问责力度,确保按时完成任务。各级卫生计生部门要会同组织、编制、发改、财政、人社等部门建立督办制度,及时反馈实施进展情况和存在问题,督促推进落实。适时组织第三方对公立医院现代医院制度建设情况进行评估。

(四)营造良好氛围

各级各有关部门要做好政策解读和业务培训,及时总结推广典型经验做法,并将成熟经验上升为政策。坚持正确舆论导向,及时回应社会关切,合理引导社会预期,为建立现代医院管理制度营造良好舆论环境。

中共山西省委办公厅　山西省人民政府办公厅《关于深入推进审批服务便民化加快营造"六最"营商环境的实施方案》

(2018 年 8 月 7 日)

为贯彻落实中共中央办公厅、国务院办公厅印发的《关于深入推进审批服务便民化的指导意见》, 深入推进审批服务便民化,加快营造"六最"营商环境,更好推动建设资源型经济转型发展示范区、打造能源革命排头兵、构建内陆地区对外开放新高地，全面提效“放管服”改革，切实增强企业和群众获得感，结合我省实际，制定本实施方案。

一、总体要求

（一）指导思想

深入贯彻落实党的十九大和十九届二中、三中全会精神，以习近平新时代中国特色社会主义思想为指导，坚持对表中央要求、对标发达地区经验、对接国际通行惯例，以企业投资项目承诺制改革试点为突破，以更快更好方便企业和群众办事创业为导向，大力推动审批服务理念、制度、作风全方位深层次变革，着力打造“宽进、快办、严管、便民、公开”的审批服务模式，力争在审批服务领域打造“六最”标杆，加快推动我省营商环境进入全国第一方阵。

（二）基本原则

——坚持以人民为中心。把党的群众路线贯彻到审批服务便民化全过程，用最短的时间、最快的速度把服务企业和群众的事项办理好，让群众成为改革的监督者、推动者、受益者。

——坚持问题导向。聚焦影响制约企业和群众办事创业的难点、审批服务的堵点和痛点，上下协同联动，探索破解难题的途径和方法，构建更加系统完善、科学规范、运行有效的审批服务制度体系，让市场主体、服务对象提出意见建议，引入第三方评估机制，增强改革动力，提高改革效率。

——坚持体制创新。同全面深化改革各项决策部署相呼应，通过改革创新破解体制机制障碍，以改革新成效增强群众获得感。推动政府管理创新与互联网、大数据、云计算、人工智能等信息技术深度融合，推进审批服务扁平化、便捷化、智能化，让“数据多跑路、群众少跑腿”。

（三）工作目标

到2018年底，在审批最少方面，力争成为全国审批事项最少省份之一；在流程最优方面，企业投资项目审批效率进入全国前列，省市县三级一般审批事项审批要件、证明事项平均压减30%以上，平均办理时限压缩50%，力争成为全国审批流程最优省份之一；在效率最高方面，建成贯通省市县乡四级的全省“一张网”，以数据共享为支撑，实现省级政务服务事项85%以上网上办理、市县级达到60%以上，全省网上政务服务能力进入全国第一方阵；审批体制机制创新取得新突破，更好更快更方便的审批服务模式初步建立。

到2019年底，重点领域和高频事项基本实现“一网、一门、一次”；建成覆盖省市县乡村五级的“互联网+政务服务”体系，省级政务服务事项90%以上、市县级政务服务事项80%以上可网上办理，企业和群众到政府办事提供的材料减少60%以上；综合监管体系健全完善，营商环境显著改善，“六最”营商环境目标初步实现。

二、主要任务

（一）持续推进简政放权

1. 全面梳理规范审批服务事项。对省市县三级行政许可、行政确认及其他具有审批性质事项进行全面梳理，实施行政审批标准化、清单式管理。规范大项、子项设置，所有子项全部从大项中打开。加快推动实现省市县三级同一审批事项名称、类型、依据、编码等要素一致，同层级政府同一工作部门的行政审批数量基本相近。将省政府部门权责清单动态管理系统推广应用到市县两级，为行政审批事项规范化运行、动态化管理、网络化办理提供基础支撑。2018年9月底前公布省级行政审批事项清单、省市县三级政府部门行政职权事项标准清单。加快梳理公共服务事项，2018年10月底前公布省市县公共服务事项清单，实行清单化动态管理。

2.全面公布“马上办、网上办、就近办、一次办”事项清单。在梳理公布行政审批事项等政府权责清单和公共服务事项的基础上，因地制宜、因事而宜、分类施策，合法合规的事项“马上办”，一般事项“网上办”，面向个人的事项“就近办”，复杂事项实行帮办（代办）“一次办”，符合法定受理条件、申报材料齐全的原则上一次办结。2018年9月底前，公布省市县三级第一批“四办”事项目录。

3.大幅精简审批事项。对照各省（自治区、直辖市）审批事项清单，对标审批最少省份，大幅压减审批事项。坚持“应放尽放、能放尽放”的原则，将各部门能下放的审批事项一律下放到市县。2018年底前再取消下放一批行政审批事项。通过修改地方性法规逐步取消本省立法设定的审批事项，力争两年内做到审批事项全国最少。

4.进一步推进依法向开发区授权赋权。按照省人大向山西转型综改示范区授权的做法，2018年12月底前将依法授权的经验在省级及以上开发区（园区）推广。按照“能授尽授、能赋尽赋”的原则，加快向开发区（园区）赋权到位。

5.持续开展“减证便民”行动。全面清理烦扰企业和群众的“奇葩”证明、循环证明、重复证明等各类无谓证明，进一步精简盖章、审核、备案、确认、告知等各种繁琐环节和手续。系统梳理法律、行政法规、部门规章和国家规范性文件设定的在我省行政区域内实施的证明事项，逐项提出取消或保留建议。全面清理我省政府规章和规范性文件等设定的各类证明事项，2018年底前全部取消。对地方性法规设定的证明事项，逐一研究，尽可能予以取消。对确需保留的证明事项，编制公布省市县三级证明事项保留清单，逐项列明设定依据、开具单位、办理指南等。严格实行清单式管理，推行“清单之外无证明”。对保留的证明，要加强互认共享，减少不必要的重复举证。

（二）大幅优化审批流程压缩审批时限

6.全省域开展企业投资项目承诺制改革。企业投资项目全面推行并联审批，以供地、开工、竣工投产为节点，按照政府统一服务、企业承诺的方式对报建审批事项进行流程再造，推动项目审批全面提速。事项办理实施“统一清单告知、统一平台办理、统一流程再造、统一多图联审、统一收费管理”。以企业投资项目承诺制改革为抓手，全面推进工程建设项目审批制度改革，通过“减、并、转、调、诺”等措施，力促项目审批全面提速。2018年底前，工程建设项目从立项到竣工验收的审批时限压缩至100个工作日内。完善并联审批、省市县三级联动、职能部门责任、项目化管理、协调调度、监督考核六大常态化机制,保障项目建设顺利推进。

7.探索试点区域评估。选择山西转型综改示范区和部分开发区(园区)开展区域评估,组织编制土地勘测定界、地质灾害危险评估、建设项目压覆矿产资源评估、地震安全性评价、环境影响评价、节能评估、水土保持方案审查、气候论证、文物评估、地价评估、土地复垦方案等区域性专项评估报告,评估报告5年内有效,落户该区域内的项目免费共享,降低企业投资成本。政府在出让土地前,统一组织开展各类中介评估,费用纳入土地出让金,原则上不再对企业建设项目进行重复评估。

8.开展"3545"专项改革。以企业开办、不动产登记、一般性工业项目建设为突破口,大力简环节、减材料、优流程、压时限。2018年底前,申请新开办企业实现省级3个工作日内完成营业执照办理、涉税办理、公章刻制等事项;查封、抵押、注销登记等企业和群众关注度高的不动产登记压缩至5个工作日内,其他不动产登记逐步实现5个工作日内完成;一般性工业项目从立项到竣工验收的审批时限压缩至45个工作日内。

9.继续优化再造审批事项流程。按照国家推行审批服务标准化的有关要求,全面梳理优化审批流程,通过充分授权,最大限度精简审批环节和层级,压缩内部不必要的运行环节。进一步细化审批标准,加快审批进度,提高当场办结率和网上办结率,促进审批提速增效。精简申报材料,能够通过与其他部门信息共享获取的,一律不得要求审批服务对象提供相关申报材料。优化再造后的审批流程全面实现图表化。2018年底前,省市县三级审批事项办理时间平均压缩50%,努力做到全国范围内流程最优。

(三)积极推进审批服务事项集中办理

10.推动实体大厅"多门"变"一门"。严格落实"两集中、两到位"要求,全面优化提升各级政务服务大厅"一站式"功能,推动审批服务事项进驻大厅统一办理,实现企业和群众必须到现场办理的事项"只进一扇门"。根据企业和群众办件频率、办事习惯,不断优化调整窗口设置。通过预约、轮休等办法,为企业和群众办事提供错时、延时服务和节假日受理、办理通道,有条件的地方可探索实行"5+X"工作日模式。减少企业和群众等候时间,便民服务事项排队等候时间一般不超过15分钟。推动将垂直管理部门在本行政区域办理的审批服务事项纳入政务服务大厅集中办理。推行"前台综合受理、后台分类审批、综合窗口出件"工作模式,将部分分设的办事窗口整合为综合窗口,实行一窗受理、集成服务,实现"一窗通办"。除因安全等特殊原因外,原则上不再保留省市县政府部门单独设立的政务服务大厅。对涉及多个部门的事项,建立健全部门联办机制,探索推行全程帮办制。

11.推动政务服务向基层延伸。加强乡镇(街道)便民服务中心、社区便民服务站(点)建设,优化便民服务网点空间布局,推进"一窗受理"改革向基层延伸,推动基于互联网、自助终端、移动终端的政务服务入口全面向基层延伸,打造基层"一站式"综合便民服务平台,打通基层政务服务"最后一公里",进一步提高基层响应群众诉求和为民服务的能力。原则上各市县政府部门不再单独设立便民服务站(点),已设立的逐步整合到综合便民服务中心。有条件的地区可设置村便民服务代办点。

12.深化和扩大相对集中行政许可权改革试点。全力抓好山西转型综改示范区、高平市、灵石县改革试点,建立健全审批服务部门与同级监管部门、上下级部门间的工作协调配合机制。鼓励支持有条件的市县优化整合审批机构和职责,设立统一行使行政审批权的机构,办理的行政许可等事项具有法律效力,原主管部门不得要求企业和群众再加盖本部门印章,杜绝重复盖章。在全省所有开发区(园区)复制推广山西转型综改示范区经验,推行行政审批局模式,实行"综合受理、分类审批、统一出件",实现"一枚印章管审批、一个大厅管服务、一支队伍管执法"。

(四)深入推进审批服务标准化

13.构建审批服务标准体系。严格执行审批服务相关国家标准,全面实施标准化服务和管理,规范窗口服务、网上服务、现场管理、投诉处置等,推动服务指南标准化规范化,促进政务服务标准不断提档升级。抓紧制定审批服务地方标准,2018年底前发布一批审批服务地方标准。研究制定审批服务运行评价标准,建立考核评价机制。

14.推行审批服务事项办理标准化。科学细化量化审批服务标准,压减自由裁量权,完善适用规则,推进同一事项无差别受理、同标准办理,2018年10月底前实现省市县三级审批服务事项"三级四同"。构建和完善形式直观、易看易懂的审批服务事项办理流程图(表),为企业和群众办事提供清晰指引。消除审批服务中的模糊条款,属于兜底性质的"其他材料""有关材料"等应逐一加以明确,不能明确且不会危害国家安全和公共安全的,不得要求申请人提供。上一个审批服务环节已收取的申报材料,不再要求重复提交。在重点领域推行"四减两一"。聚焦不动产登记、市场准入、企业投资、建设工程、民生事务等办理量大、企业和群众关注的重点领域、重点事项,按照减环节、减材料、减时限、减费用的要求,逐项编制工作规程和办事指南,推行"一次告知、一表申请"。

(五)着力提升"互联网+政务服务"水平

15.整合构建全省一体化网上政务服务平台。加强顶层设计,按照"统一建设、分级维护"的原则,统一部署推动省市县乡四级集约化建设。整合各级政府部门分散的政务服务资源和网上服务入口,将市县乡级政务服务大厅和政务服务系统全部接入电子政务外网,推动市县级部门审批业务系统接入市级平台,将省直部门和所有市县的政务服务网整合成全省统一的政务服务网,2018年8月底前建成贯通省市县乡的全省政务服务"一张网",实现政务服务信息系统互联互通。除有特殊保密要求外,各业务部门原则上不再单独建设审批服务业务平台系统。

16.加快推进政务信息数据共享。按照"整合是原则、孤网是例外"的要求,进一步清理整合分散、独立的政务信息系统。将各级各部门非涉密信息系统接入电子政务外网,实现

"网络通"。遵循"一数一源、多源校核、动态更新"原则,持续完善数据资源目录,动态更新政务数据资源,不断提升数据质量,扩大共享覆盖面,完善数据共享责任清单机制,明确各级各部门共享责任,实现"数据通"。按照"统一受理、平台授权"的原则,建立数据共享授权机制。将政府部门的审批服务系统统一接入本级数据共享交换平台,打通数据查询互认通道,开放端口、权限和共享数据,对无条件共享且服务接口不需要管控参数的数据,由平台直接提供,对有条件共享或服务接口需要管控参数的数据,由平台推送给部门受理。各级政务服务机构可通过省政务信息共享网站申请使用已共享数据,用数据后台查询核验替代企业和群众材料提交,实现政务服务便民化。

17.建设电子签章管理系统。完善网上实名身份认证体系,明确电子证照、电子公文、电子印章法律效力,建立健全基本标准规范,实现"一次采集、一库管理、多方使用、即调即用"。

18.完善统一的政务咨询投诉举报平台。进一步完善提升省级政务服务咨询投诉举报平台(96303 热线)功能,增设短信互动、微信服务功能,按照"一号接听、集中受理、分类处置、统一协调、各方联动、限时办结"的模式,对企业和群众的咨询、投诉、举报进行即时有效处理,为社会公众提供优质高效便捷的服务。省市县三级加大非紧急类热线整合力度,除因专业性强、集成度高、咨询服务量大确需保留的热线外,其他热线力争做到"一号响应"企业和群众诉求。以审批智能化、服务自助化、办事移动化为重点,把实体大厅、网上平台、移动客户端、自助终端、服务热线等结合起来,实现线上线下功能互补、融合发展。

(六)创新便民利企审批服务方式

19.推进"证照分离"改革试点。清理规范各类市场准入许可,对涉及工商登记前后的各种"证"进行全面梳理,采取取消审批、审批改备案、实行告知承诺等方式,把除涉及重大公共利益外能与营业执照相分离的许可证都分离出去,切实减少领取营业执照后的办证事项。同步强化配套措施,根据市场准入许可清理规范情况,省直相关部门细化改革举措,确保每一个改革事项可操作、能落地。试点先行并适时推广,在 5 个国家级开发区率先开展"证照分离"改革试点的基础上,完善制度设计和政策构架,推动"证照分离"改革提速扩容,适时在全省全面推开,最大限度让企业用营业执照"一把钥匙"打开"准入"和"准营"两扇大门。

20.加快投资项目在线审批监管平台二期建设。2018 年 10 月底前推动实现投资项目 100%应用平台、100%系统打通、100%网上审批、100%网上申报。

21.提升项目企业市政公用服务水平。最大限度压缩报装时限,优化办理事项,简化资料查验,明确提出各类型供电、供水、供气、供暖等事项办结时间表。将供水、供电、燃气、热力、排水、通信、有线等市政公用基础设施报装提前到项目开工后办理,在工程施工阶段完成相关设施建设,竣工验收后直接办理接入事宜。切实提升用户服务体验,整合优化水电气暖供应企业内部办理流程,落实"三不指定"原则,企业自由选择工程设计、施工、设备材料供应单位,自主组织施工,坚决杜绝"碰口费"等违规重复收费。

22.积极探索移动政务服务。深度开发各类便民应用,推动政务服务向"两微一端"拓展,借鉴先进省市经验,加快探索建立政务服务移动客户端。以公安、民政、教育、卫生、社保、公积金、公用事业等民生领域为重点,加快便民服务事项互联互通、在线可查、异地可办,积极推进覆盖范围广、应用频度高的事项办理向移动端延伸,推动实现更多政务服务事项"掌上办""指尖办",提高政务服务便利化水平。调动社会力量,鼓励开展第三方便民服务应用。运用大数据精准分析和评估审批服务办件情况,有针对性地改进办理流程,推动更多政务服务事项咨询、申请、受理、审查、决定、结果公开、证照制作、缴纳费用等环节全流程在线办理,实现即报即办、即办即得。

(七)深化行政审批中介服务改革

23.开展"红顶中介"专项整治行动。重点解决中介服务事项多、耗时长、收费高及部分中介依靠行政权力承揽业务、垄断服务等问题。加快推进中介服务机构与主管部门脱钩,凡是政府部门所属、主管和举办的中介服务机构一律脱钩改制,斩断利益关联。

24.建立涉审中介服务"三张清单"。各级各部门要清理本部门、本系统行政审批涉及的中介服务事项,清理所属事业单位、主管的社会组织及举办的企业所开展的与本部门行政审批相关的中介服务和收费,清理本部门、本系统设定的中介服务机构资质资格审批、执业限制和限额管理规定,清理机关工作人员(含离退休)在中介服务机构违规兼职(任职)行为。2018 年 10 月底前公布涉审中介服务事项、收费、机构清单。进一步减少不必要的行政审批中介服务事项,无法定依据的一律取消。对已取消的中央指定地方实施行政审批中介服务事项和证明材料,各地不再作为行政审批前置条件。对保留的审批中介服务事项要明确办理时限、工作流程、申报条件、收费标准并对外公开。

25.放宽中介服务市场准入。对导致垄断的行业政策进行合法性合理性审查清理,除法律法规有特别规定外,各部门设定的区域性、行业性和部门间中介服务机构执业限制一律取消,严禁限额管理中介服务机构数量,鼓励支持各类资本进入中介服务行业和领域。建设"中介服务超市",政府部门不得强制指定或变相指定中介服务机构,由企业自主选择。依托政务服务网开发建设中介服务网上交易平台,中介服务机构"零门槛、零限制"入驻,实现网上展示、网上竞价、网上中标、网上评价。各部门在审批过程中委托开展的技术性服务活动,必须通过竞争方式选择服务机构,服务费用一律由部门支付并纳入部门预算。强化中介服务监管,全面开展中介服务信用评价,建立健全中介服务机构退出机制。

(八)切实加强事中事后监管

26.全面推行"双随机、一公开"监管。2018 年 12 月底前建成统一的"双随机、一公开"智慧综合监管平台,实现日常

"双随机"方式全覆盖,及时向社会公布抽查检查情况及查处结果。推动跨部门联合检查,实现"进一次门、查多项事",减少对企业的干扰。推进事中事后监管信息"一网通享"。

27.积极推进综合监管和检查处罚信息公开。推进实施智能化监管,促进监管方式由传统模式向智能化、精准化转变,提高监管的公平性、规范性、简约性。联动推进行政审批制度改革、综合行政执法体制改革和社会信用体系建设,实现"事前管标准、事中管检查、事后管处罚、信用管终身"。推进事中事后监管信息与政务服务深度融合,整合市场监管相关数据资源,加强对市场环境的大数据监测分析和预测预警,推进线上线下一体化监管。按照权责对等、责权一致和"谁审批谁监管、谁主管谁监管"原则,厘清审批和监管权责边界,强化落实监管责任,健全工作会商、联合核验、业务协同和信息互通的审管衔接机制。以"双随机、一公开"为原则,积极推进综合监管和检查处罚信息公开。

28.深入推进社会信用体系建设。加快建立以信用承诺、信息公示为特点的新型监管机制,加强市场主体信用信息归集、共享和应用,推动全国信用信息共享平台和国家企业信用信息公示系统(山西)向各级政府监管部门开放数据,建立健全失信联合惩戒机制,逐步将信用信息应用于政府审批服务、监管处罚等工作。

29.建立健全行政处罚裁量基准制度,细化量化处罚裁量标准。严格执行《山西省重大行政执法决定法制审核办法》(晋政办发〔2017〕167号),探索建立企业执法检查回访制度。梳理完善行政处罚、行政强制、行政征收、行政检查等执法类职权事项程序,推进严格规范、公正文明执法。

30.深入推进综合行政执法体制改革。整合各类执法机构、职责和队伍,大幅减少市县政府执法队伍种类,进一步推动力量下沉、重心下移。整合优化基层治理网格,实现"多网合一、一员多能",提升基层监管执法能力。

三、保障措施

(一)加强组织领导

各级党委、政府要高度重视深入推进审批服务便民化工作,切实履行领导责任,把这项工作列入重要议事日程,研究重大问题,把握改革方向,蹄疾步稳扎实推进。省审批服务便民化推进工作组负责统筹协调、组织推进、督查考核。各市政府、省直各牵头部门要在2018年8月底前制定本地区、本部门工作方案,细化分解任务、明确时间节点、层层压实责任,以非常之力、非常之举抓好各项任务落实。各市政府要指导县级政府制定具体实施办法,将改革任务清单化、项目化,明确施工图、时间表、责任链,确保改革措施落地生效。

(二)注重上下联动

制定统一标准规范,建立健全协作攻关机制,对不动产登记、市场准入、企业投资、工程建设等重点领域改革事项和政务信息共享等重点难点问题,市县两级要组织力量进行集中攻关,尽快实现突破。省级部门要主动服务基层,加强沟通对接,加大工作指导力度,及时总结推广典型经验,为全省改革创新提供及时有效支持。

(三)鼓励先行先试

要站在全省转型综改、创新驱动的高度,以"改革决不能落后"的担当和决心,大胆探索、率先突破,进一步引深"放管服效"改革,为营造我省"六最"营商环境探索行之有效的措施办法。以主动担当的精神,抓住多年想改但进展不快的难点问题,抓住对全省有牵引作用的重要事项,下大力气推动重大改革破题,深入开展重大改革试点。广泛学习借鉴国内外发达地区的经验做法,积极对接学习国家部委的改革试点经验,紧密结合我省实际,形成更多可复制、可推广的激励模式,打造带动全省的创新高地。对基层因地制宜的改革探索建立合理容错机制。

(四)抓好督查落实

将营造"六最"营商环境纳入对各市各部门绩效考核体系,建立逐月考核制度。将深入推进审批服务便民化的相关情况作为党政领导干部综合考核评价的重要参考,列入重点督查事项。建立常态化监管机制,将深入推进审批服务便民化加快营造"六最"营商环境重点任务纳入省政府"13710"信息化督办系统,全程跟踪督办。探索建立"六最"营商环境评价体系,2018年12月底前对11个市营商环境进行评价。适时开展实地督查和明察暗访,建立完善定期通报制度,着力革除"管卡压""推绕拖"和官僚主义、形式主义等"四风"新表现形式。对不作为的,抓住典型,严肃问责。

(五)强化宣传引导

充分利用报纸、广播、电视、网络、新媒体等载体宣传典型经验和做法,加大总结推广力度,促进相互学习借鉴提高。将改革宣传与信息公开、政策解读、社会监督等结合起来,多渠道听取企业群众意见建议,让人民群众评判改革成效。建立健全企业群众满意度评价机制,运用营商环境监测、电子监察、现场和在线评价、统计抽样调查、第三方评估等多种方式开展满意度调查。正确引导社会预期,积极回应社会关切,广泛凝聚社会共识,营造良好改革氛围。

中共山西省委办公厅　山西省人民政府办公厅《山西省开发区发展水平考核办法(试行)》

(2018年8月24日)

第一章　总　则

第一条　为科学考核全省开发区改革创新和经济发展状况,加快推进转型综改战略的实施,推动开发区实现高质量发展,制定本办法。

第二条　省开发区建设工作领导小组办公室负责牵头组织省直有关部门和各市政府,开展全省开发区发展水平考核工作。

第三条　开发区发展水平考核对象为山西省境内经国务院或省政府批准设立的国家级和省级经济技术开发区、高新技术产业开发区、生态文化旅游示范区、现代农业产业示范区(以下统称开发区)。

第四条　实行分类、分级、百分制考核。针对不同类型的开发区,分类、分级设置不同的考核内容、指标体系、年度考核目标值,并按照百分制分配和设定指标体系中各项考核指标的权重。

第五条　对全省开发区分为三大类,设置不同的考核指标体系进行考核:工业类或以工业为主导的综合类开发区、现代农业产业示范区(含农业高新技术产业示范区)、生态文化旅游示范区。

对工业类或以工业为主导的综合类开发区分为三级设置不同的年度考核目标值进行考核:第一级为山西转型综改示范区;第二级为设区市所在地的各市重点建设发展的市管开发区;第三级为设在县(市、区)的县(市、区)管开发区。根据实际情况,可以将有关开发区提升或降低一级进行考核。

第六条　省开发区建设工作领导小组办公室每年第一季度对全省各开发区上一年度发展水平组织考核。

第七条　考核结果纳入对各市目标责任考核体系,作为省委、省政府对开发区实施动态管理、奖惩的重要依据,作为省、市、县(市、区)政府每年审核批准派出的开发区管委会执行绩效工资核定系数的主要依据。考核结果上报省委、省政府,并通报各市委、市政府,作为决策参考。

第二章　考核内容和指标体系

第八条　工业类开发区考核指标体系,包括工业投资增长速度、工业增加值增长速度、非煤产业产值增长速度、(有实质性生产经营活动)入区企业数增长率、高新技术企业增长速度、实际利用外资增长速度等6项指标。

第九条　现代农业产业示范区考核指标体系,包括固定资产投资增长速度、农林牧渔业总产值增长速度、规模化标准化的设施农业种植覆盖率、"三品一标"农产品覆盖率、农作物耕种收综合机械化率、农民合作社示范社数量等6项指标。

第十条　生态文化旅游示范区考核指标体系,包括固定资产投资增长速度、旅游总收入增长速度、年游客接待人次增长速度、当地农民旅游收入增长速度和森林、植被覆盖率等5项指标。

第十一条　省开发区建设工作领导小组办公室于每年底根据国家和省里有关发展目标的强制性规定或同类开发区相同考核指标的平均水平,商省直有关部门和各市政府研究提出考核指标体系中各项考核指标的年度考核目标值,并按照百分制来分配、设定和调整各项考核指标的权重。

第三章　考核指标得分和成绩计算

第十二条　根据各类开发区考核指标体系年度考核目标值和百分制权重,计算各开发区实际完成得分。完成考核指标目标值的得满分,完成60%(含本数)以上的按"实际比例×权重"计算得分,不够60%(不含本数)的不得分。

第十三条　结合实际情况,由省开发区建设工作领导小组办公室商省直有关部门后提出加减分事项及幅度。

对单项考核指标超额完成任务增长幅度较大的,或在体制机制改革中有重大创新突破形成可在全省复制推广的经验,或在某个领域获得国家或省、部级以上嘉奖的,给予加分奖励。总加分不超过10分。

对因行政效能、投资环境产生投诉造成不良影响,或发生安全生产事故、环境污染等突发事件,或违反财政税收及有关规划、债务风险失控,或发生开发区领导班子成员违纪违法受到查处的,视情况在考核中给予不同程度的减分。总减分不超过10分。对发生严重安全生产事故、环境污染等突发事件,造成重大损失和恶劣影响的,实行一票否决制,直接定为考核不合格。

第十四条　考核结果总分值90分以上的为优秀,总分值60分以上的为合格,总分值60分以下的为不合格。

第十五条　各市、县政府综合考虑开发区经济发展状况,根据考核结果核定开发区管委会绩效工资总量。对考核结果为优秀的,在同级政府无收入全额拨款事业单位绩效工资总量的5倍内核定开发区管委会绩效工资总量;对考核结果为合格的,在同级政府无收入全额拨款事业单位绩效工资总量的3倍内核定开发区管委会绩效工资总量;对考核结果为不合格的,在同级政府无收入全额拨款事业单位绩效工资总量的1倍内核定开发区管委会绩效工资总量。

第四章 考核程序

第十六条 考核工作包括四个环节:数据收集、数据核实、量化考核、结果发布。

第十七条 为了保证考核工作的公平公正,每年由省开发区建设工作领导小组办公室及时将考核指标体系、年度考核目标值、加减分事项及幅度通知各市、县和开发区。

全部考核依据的基础统计数据从"山西省开发区建设统计信息系统"平台上提取。逐步完善开发区统计考核一体化平台建设,实现自动提取数据、自动计算、汇总考核分值、自动报出考核结果并对参加考核的开发区进行排队。

第十八条 各开发区要按照《山西省开发区统计报表制度》,通过"山西省开发区建设统计信息系统"认真填报统计数据。对填报的统计数据在考核前要按照数据属性进行分类,协调所在市、县相关部门审核把关后,将上一年统计年报表、统计月报表汇总表经市、县政府盖章后,提交省开发区建设工作领导小组办公室,作为考核采纳统计上报数据的主要依据。

第十九条 省开发区建设工作领导小组办公室组织省直有关部门、各市政府有关人员组成考核组或委托第三方评估机构对各开发区上报数据和发展水平进行审核和量化评估。委托第三方机构进行考核的,省开发区建设工作领导小组办公室应对第三方机构提出的考核结果组织审核把关。

审核的主要内容包括:

(一)上报时效性审核。各开发区应按照规定时间填报考核数据和审核材料。

(二)数据准确性审核。对各开发区通过系统上报的统计数据和证明材料提供的数据进行对比审核,两者应当一致。已对外公布的数据,上报数据应与对外公布的数据一致。

(三)数据逻辑性审核。对开发区上报的考核数据进行数据比对和增速、比例、比率之间的逻辑关系审核。逻辑关系审核超出规定比例的,须提供"异常变化指标说明",列明造成异常的主要企业、项目等具体因素,变动数额、幅度等能有效解释变动情况的数据。若不能提供相应说明,则该项指标得分按0分处理。

(四)方法合理性审核。对考核指标体系年度目标值及权重、赋分方法、加减分、考核结果等进行复核,防止重复计算、错计和漏计等。

第二十条 考核工作结束后,省开发区建设工作领导小组办公室要及时撰写考核分析报告,将考核结果上报省开发区建设工作领导小组,经同意后将考核结果及时通报各市、县和开发区,抄送省考核办和有关部门,并报送省委、省政府。

第二十一条 参与考核工作的所有相关工作人员均需履行保密责任和义务。在报请省开发区建设工作领导小组同意向社会公开考核结果之前,一律不得对外泄露相关信息,不得引用相关考核数据。

第五章 动态管理机制

第二十二条 进一步强化约束和倒逼机制,对开发区实行有进有出、有升有降的动态管理。

从2018年度开发区发展水平考核起,省级开发区连续两年考核优秀且基本达到国家级开发区标准的,推荐升格为国家级开发区。对考核不合格的省级开发区,由省开发区建设工作领导小组办公室进行通报和督促整改;对连续两年考核不合格的省级开发区,予以黄牌警告,特别是对长期圈占土地、开发程度低的开发区,在黄牌警告的同时,提请省政府核减该开发区面积、限制新增土地指标;对连续三年考核不合格的省级开发区,实行退出和淘汰机制,由省政府取消其省级开发区资格,并对其机构建制、行政级别作相应调整。

第二十三条 根据开发区考核结果,对考核合格但排名下降5位以上的,由省开发区建设工作领导小组办公室对开发区管委会主要负责人进行约谈;对考核不合格的开发区,对开发区管委会主要负责人通报批评。对连续两年考核不合格的,按照干部管理权限和规定程序调整领导班子。

鼓励争先创优,对考核合格且排名每前移5位以上的,从省级财政支持开发区建设发展专项资金中奖励300万元;对连续两年考核合格且排名前5位的开发区,从省级财政支持开发区建设发展专项资金中奖励500万元,并在分配年度计划用地指标时,优先予以保障。对于连续三年考核合格且排名前3位的开发区,对管委会主要负责人在组织提拔使用干部时优先推荐。

第六章 附 则

第二十四条 为了减轻各开发区负担,使开发区集中精力搞好建设和发展,原则上省开发区建设工作领导小组办公室牵头组织省直有关部门和各市政府,依据本考核办法对全省开发区组织考核的结果,作为各市、县政府、各级有关部门对各自管辖范围内开发区建设和发展水平进行考核的主要依据。各市、县政府,各级有关部门不再另行单独组织对开发区进行其他考核、评比、排队活动。

第二十五条 本办法由中共山西省委解释,具体解释工作由省开发区建设工作领导小组办公室承担。

第二十六条 本办法自印发之日起施行。

中共山西省委办公厅　山西省人民政府办公厅《关于提高技术工人待遇的实施意见》

(2018 年 8 月 25 日)

为深入贯彻落实中共中央办公厅、国务院办公厅印发的《关于提高技术工人待遇的意见》，弘扬劳模精神和工匠精神，建设知识型、技能型、创新型劳动者大军，结合我省实际，提出如下实施意见。

一、指导思想

全面贯彻党的十九大精神，以习近平新时代中国特色社会主义思想为指导，牢固树立和贯彻落实新发展理念，紧紧围绕省委、省政府的战略部署，坚持全心全意依靠工人阶级的方针，充分发挥政府、企业、社会的协同作用，完善技术工人培养、评价、使用、激励、保障等措施，实现技高者多得、多劳者多得，增强技术工人获得感、自豪感、荣誉感，激发技术工人积极性、主动性、创造性，为建设"示范区""排头兵""新高地"提供坚实的技能人才保障。

二、提高高技能领军人才待遇水平

(一)加强对高技能领军人才的服务保障。我省高技能领军人才包括获得中华技能大奖、全国技术能手、国家或省级劳动模范和五一劳动奖章等荣誉的高技能人才，享受国家及省政府特殊津贴的高级技师，由省政府认定的三晋技术能手、三晋首席技师等"高精尖缺"高技能人才。省、市人社部门要设立高技能领军人才服务窗口，负责协调落实相关待遇政策，准确梳理辖区内各类高技能领军人才情况，建立完善高技能领军人才数据库，重点为在国家经济发展和重大战略实施中作出突出贡献、具有高超技艺技能和一流业绩水平、并长期坚守在生产服务一线岗位的高技能领军人才提供个性化精准化服务。

(二)提高高技能领军人才的政治待遇。将高技能领军人才纳入党委(党组)联系服务专家范围，适度提高高技能领军人才在各级党代会代表、人大代表、政协委员中的比例。根据工作需要，邀请高技能领军人才代表列席重要会议，参加重大节庆活动，参与重大政策宣讲。根据事业需要选拔推荐优秀高技能领军人才到工会等群团组织中挂职和兼职，适当提高高技能领军人才在职工代表大会中的比例。将符合条件的高技能领军人才纳入山西省高层次人才库，享受政府补助，参加政府组织的各类培训、省情国情考察、健康体检等活动。

(三)提高高技能领军人才的经济待遇。鼓励企业参照高级管理人员标准，为高技能领军人才制定职业发展规划和年资(年功)工资制度，科学评价技能水平和业绩贡献，合理确定年资起加点和工资级差。企业可从职工教育经费中列支相关工作室专项经费，设立特聘岗位津贴、带徒津贴等，支持高技能领军人才"师带徒"。鼓励企业设立人才发展专项资金，通过市场竞争引进急需的高技能领军人才，企业引才所需费用可全额列入经营成本。企业引进高技能领军人才后，因其随迁配偶工作暂未落实所发放的生活补贴和代缴的社会保险费，由同级财政补助 50%。

(四)提高高技能领军人才的社会待遇。鼓励各市对重点领域紧缺的高技能领军人才在城市落户、购租住房、子女入学等方面给予支持，对配偶、子女有就业愿望但未就业的，所在地公共就业服务机构要及时将其纳入就业服务范围，优先提供就业指导、职业培训、职业介绍等服务。对于关闭破产企业及民营企业的高技能领军人才，要保障其稳定就业，确保我省高技能领军人才不会流失。

(五)发挥高技能领军人才在技术创新等方面的重要作用。鼓励高技能领军人才开展科研项目、科技攻关活动。支持高技能领军人才参加创新研讨和创新成果评选、展示等活动。鼓励企业对参加技术攻关和技术革新并作出突出贡献的高技能领军人才，从成果转化所得收益中以奖金、股权和期权等多种形式给予相应奖励;对于解决重大技术难题和重大质量问题、获得省部级以上技术创新成果奖项的，可以破格晋升技术等级。将高技能领军人才参加海外交流活动纳入政府出国(境)培训范围，在出国(境)培训计划申报、国家专项资助、项目执行、成果报送等方面优先予以支持，不断提升我省高技能领军人才的业务水平和国际化程度。

三、提高技术工人收入水平

(一)完善符合技术工人特点的企业工资分配制度。鼓励企业增加技术工人的技能等级层次，探索建立企业"首席技师""技能专家""特级技师"等制度，拓宽技术工人晋升渠道。鼓励企业进一步完善收入分配办法，引导建立基于岗位价值、能力素质、业绩贡献的工资分配机制，强化工资收入分配的技能价值激励导向。鼓励企业在工资结构中设置体现技术技能价值的工资单元，有条件的企业可建立技能人才津贴制度，提高技术工人工资待遇。国有企业在优化技能人才工资分配上要发挥好示范带头作用。

(二)建立企业技术工人工资正常增长机制。推动企业建立健全反映劳动力市场供求关系和企业经济效益的工资决定及正常增长机制。认真贯彻落实《山西省企业工资集体协商条例》，将技术工人工资增长和激励机制列为工资集体协商的重要内容,促进技术工人工资水平合理增长。国有企业工资总额分配要向高技能人才倾斜,高技能人才人均工资增幅应不低于本单位管理人员人均工资增幅。

(三)探索技术工人长效激励机制。落实国家有关企业技术工人技能要素和创新成果按贡献参与分配的规定,推动技术工人享受促进科技成果转化的有关政策,对参加科技攻关和技术攻关并发挥重要作用的高技能人才,单位可从成果转化收益中对其进行奖励。鼓励企业对关键技术岗位、关键工序和紧缺急需的技术工人实行协议工资、项目工资、年薪制等分配形式,对高技能人才实行技术创新成果入股、岗位分红、股权期权等激励方式,促进长期稳定提高技术工人收入水平。

(四)建立企业薪酬信息发布制度。推动建立企业薪酬调查与信息发布制度,通过发布不同职业劳动者的工资报酬和行业人工成本信息,引导企业合理确定技术工人工资及增长水平。

四、支持技术工人凭技能提高待遇

(一)加强终身职业技能培训。结合我省产业结构转型实际,大力弘扬劳模精神和工匠精神。根据劳动者不同就业阶段特点,加强职业素质培养,组织实施“全民技能提升工程”,在全省范围开展大规模、多层次职业技能培训,着力解决就业结构性矛盾,促进劳动者凭技能增收。实施失业保险“展翅行动”，充分发挥失业保险基金支持参保职工提升职业技能作用。

(二)深入实施高技能人才振兴计划和开发工程。紧密结合先进制造业、战略性新兴产业、现代服务业发展需要，重点实施国家级、省级高技能人才培训基地、公共实训基地、技师培训等项目。今后5年内，新建省级高技能人才基地16个，建设省级公共实训基地15个。深入实施“三晋首席技师培养计划”，推动具备条件的行业企业建立首席技师制度。加大国家级及省级技能大师工作室、劳模和工匠人才创新工作室、职工创新工作室、青创先锋工作室等建设力度。积极利用培训资源,培养我省急需紧缺的高技能人才,根据我省产业发展的实际需要,每年选拔50—100名年轻优秀的高技能人才到职业技能教育培训发达的省(区、市)或国家(地区)进修学习。

(三)加大校企合作培养技术工人力度。积极推进现代学徒制和企业新型学徒制试点工作。持续扩大学徒制试点范围,对开展学徒制培训的企业按规定给予补贴。推动职业院校(含技工院校,下同)、本科院校与行业企业联动,创新人才培养模式,开发教学资源和培训项目,实现专业设置与产业需求对接、课程内容与职业标准对接、教学过程与生产过程对接,促进校企共同招生招工、共商专业规划、共议课程开发、共组师资队伍、共创培养模式、共建实习基地、共搭管理平台、共评培养质量。支持企业通过直接举办或参股、入股等多种方式参与举办职业院校。鼓励职业院校从行业、企业引进高技能人才、能工巧匠担任专业课、实习实训指导教师。严格落实职业院校教师到企业实践制度,职业院校应在经核定的教职工编制总额中安排一定比例的岗位,用于面向社会或企业聘用高技能人才担任兼职教师。对符合教师资格认定条件的高技能人才,允许其申请认定职业院校教师资格。

五、畅通技术工人成长成才通道

(一)完善技术工人评价工作。引导和支持企业自主开展技能评价并落实待遇。健全技术工人评价选拔制度,在组织技师、高级技师考评中,对在国家级、省级技能大赛中获得优异成绩的,取得省级技术革新、技术发明或省部级及以上科技进步奖成果的技术工人,可突破年龄、学历、资历、身份等限制,促进优秀技术工人脱颖而出。

(二)加大劳动和技能竞赛培养选拔技术工人工作力度。积极参加世界技能大赛全国选拔赛和国家级各类职业技能大赛,对优秀选手及对竞赛工作作出贡献的专家、教练给予奖励和荣誉激励。定期组织开展全省各类职业技能大赛。完善省职业技能竞赛管理办法,建立以企业岗位练兵和技术比武为基础、以省级和行业竞赛为主体、省内竞赛与全国竞赛相衔接的职业技能竞赛体系。支持工会、共青团、妇联等群团组织和行业协会在职业技能竞赛工作中积极发挥作用。

(三)完善技术工人平等享受待遇政策。积极落实职业资格制度,建立职业资格、职业技能等级与相应职称比照认定制度。研究制定省高技能人才参加工程系列职称评审管理办法，打通高技能人才与工程系列专业技术人才评价通道,符合条件的高级工、技师、高级技师可申报参加助理工程师、工程师和高级工程师评审。企业在聘的高级工、技师、高级技师在工资、住房、培训、休假、出国进修以及其他福利方面可分别享受与助理工程师、工程师、高级工程师同等待遇。适时修订省高技能人才评选表彰办法。

(四)落实好技术工人休息休假权利。加强劳动执法监察，督促企业落实《职工带薪年休假条例》和《企业职工带薪年休假实施办法》，确保技术工人休息休假权利。建立完善优秀高技能人才休假疗养制度，对享受国务院及省政府特殊津贴的优秀高技能人才，每年至少组织一次休假疗养活动。

(五)加强新闻宣传和舆论引导。在评选表彰劳动模范、五一劳动奖章、工人先锋号等获得者时,要坚持重心下移、面向基层的原则,加大向苦、脏、累、险一线技术工人倾斜力度,增强在艰苦岗位辛勤工作的技术工人的荣誉感和归属感。利用各类新闻媒体,广泛宣传、大力弘扬工匠精神,展示各行各业优秀技术工人风采。鼓励各地各部门、各行业企业举办形式多样的高技能人才主题活动,为高技能人才参与高新技术开发、同业技术交流、绝技绝活传授和技能成果展示等搭建平台、创造条件。大力开展技术工人和劳模宣传活动,做好“五一”国际劳动节、世界青年技能日、职业教育活动周、优秀技能人才事迹巡回报告会等集中宣传工作,在全社会营造劳动光荣、技能宝贵、创造伟大的社会氛围,使技术工人获得更多职业荣誉感,不断提高技术工人的社会地位。

六、加强组织领导

各地各部门要充分认识提高技术工人待遇的重大意义，将其摆上更加突出的位置，各尽其职、协同配合，深入调查研究，及时研究重点难点问题，尽快出台配套政策措施。要做好政策解读和宣传，在全社会营造劳动光荣的社会风尚和精益求精的敬业风气。要做好督促检查和跟踪分析，加强政策评估，认真总结经验，确保各项政策措施落到实处。

中共山西省委办公厅《山西省贯彻落实〈关于加强公立医院党的建设工作的意见〉的实施办法（试行）》

（2018年8月30日）

第一章 总 则

第一条 为深入贯彻习近平新时代中国特色社会主义思想和党的十九大精神，认真落实习近平总书记视察山西重要讲话精神，根据《中国共产党章程》和《关于加强公立医院党的建设工作的意见》等有关规定，按照省委“一个指引、两手硬”思路和要求，切实加强公立医院党的建设，结合我省实际，制定本办法。

第二条 本办法适用于县级以上人民政府、事业单位、社会团体、国有企业和其他社会组织举办的公立医院。

第二章 发挥公立医院党委的领导作用

第三条 公立医院实行党委领导下的院长负责制。党委等院级党组织发挥把方向、管大局、作决策、促改革、保落实的领导作用。实行集体领导和个人分工负责相结合的制度，凡属重大问题都要按照集体领导、民主集中、个别酝酿、会议决定的原则，由党委集体讨论，作出决定，并按照分工抓好组织实施，支持院长依法依规独立负责地行使职权。院长在医院党委领导下，全面负责医院医疗、教学、科研、行政管理工作。

第四条 健全公立医院党的组织体系。公立医院应按期召开党员大会（党员代表大会），选举产生党的委员会。党的委员会对党员大会（党员代表大会）负责并报告工作。公立医院党的基层委员会每届任期为5年，党的总支部委员会、支部委员会每届任期为3年。公立医院党的委员会一般设委员5至9人，总支部委员会一般设委员5至7人，支部委员会一般设委员3至5人，委员中除院级领导干部外，还可有科（室）和党政工作部门负责人代表。

第五条 将党建工作要求写入公立医院章程。明确公立医院党建工作进章程的基本要求，在章程中要明确党组织是医院内部治理结构的有机组成部分，明确党组织的设置形式、地位作用、职责权限和党务工作机构、经费保障等内容要求，明确党委研究讨论医院重大问题的机制。坚持党建与医院改革发展同谋划、同落实，把党的领导融入医院治理各环节，使党建工作要求得到充分体现。

第六条 公立医院党委的主要职责是：

（一）贯彻落实党的基本理论、基本路线、基本方略，贯彻落实党的卫生与健康工作方针，贯彻落实深化医药卫生体制改革政策措施，坚持公立医院公益性，确保医院改革发展正确方向。

（二）依照有关规定讨论和决定医院改革发展、财务预决算、“三重一大”、内部组织机构设置，医务人员权益保障及人员奖惩等重大问题。

（三）坚持党管干部原则，按照干部管理权限领导医院干部的选拔任用工作，认真做好离退休干部工作。

（四）坚持党管人才原则，讨论决定医院人才工作的政策措施，创新用人机制，优化人才成长环境。

（五）做好思想政治、意识形态和宣传工作，开展社会主义核心价值观教育，弘扬崇高精神，加强医德医风、精神文明和医院文化建设。

（六）完善医院党组织设置和工作机制，提升组织力，增强政治功能，严格党的组织生活，扩大党内基层民主，抓好发展党员和党员教育管理监督服务工作。

（七）履行全面从严治党主体责任，支持纪检监察机构履行监督责任，加强医院党风廉政建设和反腐败工作。

（八）全面落实党的统一战线方针政策，做好统战工作。

（九）领导和支持工会、共青团等群团组织和职工代表大会开展工作。

第七条 建立公立医院党委领导下的院长负责制执行情况报告制度，院党委每年应当向上级党组织报告执行情况。上级党组织要加强检查督导，将执行情况纳入巡视巡察、领导班子和班子成员考核评价、考察、民主生活会、评职评议及年度考核等工作的重要内容，并作为选拔任用和奖惩的重要依据。对违反民主集中制原则，不执行党委决议，或因班子内部不团结而严重影响工作的，应根据具体情况，追究相关人员责任，必要时对班子进行组织调整。

第三章　党委议事决策制度

第八条　党委书记主持党委全面工作,负责组织党委重要活动,协调党委领导班子成员工作,督促检查党委决议贯彻落实,主动协调党委与院长之间的工作关系,支持院长开展工作。党委书记的主要职责是:

(一)组织学习、宣传和执行党的路线方针政策及上级党组织的决策部署。

(二)主持拟订医院领导班子任期目标以及党建工作、干部工作、人才工作、思想政治工作和医德医风建设中长期规划,并组织实施。主持拟订党委年度工作目标任务,并组织实施。

(三)召集和主持党委会议,督促检查党委决议的贯彻落实。

(四)落实与院长会前沟通、重大事项决定前酝酿沟通等制度。

(五)负责医院领导班子自身建设,定期与班子成员谈心谈话,组织党委中心组理论学习,主持召开领导班子党员领导干部民主生活会,带头开展批评和自我批评。

(六)认真履行抓基层党组织建设职责。

(七)带头执行民主集中制,充分发扬民主,善于集中正确意见,自觉接受班子成员的监督。

(八)认真履行党风廉政建设和反腐败斗争第一责任人的职责。

(九)向党委报告党委决议执行情况,向党员大会(党员代表大会)和上级党组织报告党委工作。

(十)履行党章和党内法规赋予的其他职责,完成好上级党组织部署的其他工作。

第九条　公立医院党委会议是医院党委议事决策机构,研究和决定医院重大问题。党委会议的决策范围:

(一)重大事项决策。医院贯彻执行党和国家的路线方针政策、法律法规和上级重要决定的重大措施;党的建设方面的重要工作;医院发展和建设、学科与人才队伍建设等规划以及年度工作目标任务;医院重要规章制度;内部组织机构、人员岗位的设置和重要调整;职工收入分配及福利待遇、奖励和关系职工权益的重要事项;医院年度财务预算方案、决算情况的审定和预算执行与决算审计;医院重要资产处置、重要资源配置;以及其他重大决策事项。

(二)重要干部任免。医院院管干部、内部组织机构负责人以及享受相应待遇的非领导职务人员的任免,推荐后备干部、党代会代表、人大代表、政协委员等人选,以及其他重要干部人事任免事项。

(三)重要项目安排。各级各类重点建设项目,医疗技术交流与合作重要项目,大型医疗设备、大宗物资采购和购买服务,基本建设和大额度基建修缮项目,以及其他重大项目安排事项。

(四)大额资金使用。1000万元(含)以上的专项业务项目经费;500万元(含)以上的医疗器械、医疗设备、药品、医用耗材和大宗办公用品等政府采购项目;公立医院基建项目资金;职工福利待遇等绩效分配资金;涉及单位利益的合资、合作和投资项目资金;超过预算一定限额以上党政领导干部有权调动使用的资金;其他重要项目安排资金。医院可结合实际确定本院大额资金的具体数额和事项。

第十条　党委会议议事规则:

(一)党委会议由党委书记召集并主持,每月召开一至两次,如遇重要情况,可以随时召开。如因工作需要,可以召开扩大会议,扩大范围由党委书记确定。

(二)党委会议议题由党委委员提出,党委书记确定。会议要严格按照预定议题进行,无重大情况不临时动议增减议题。

(三)党委会议必须有半数以上党委委员到会方能召开。讨论决定干部任免等重要事项时,应有三分之二以上党委委员到会方可召开。党委书记和院长一般应当同时参加会议,不是党员的院长要列席会议。不是党委委员的行政领导班子成员可列席会议。会议列席人员由党委书记确定,列席人员没有表决权。

(四)会议在讨论决定重大事项时,每位委员都应充分发表意见,明确表态,充分讨论,党委书记最后发表意见。会议决定多个问题时,应逐项表决。表决可根据讨论事项特点,相应采取口头表决、举手表决、无记名投票的方式进行。表决事项时,以超过应到会党委委员人数的半数同意为通过。

(五)党委会议讨论的问题、表决的形式和通过的决议,均应如实记录,以文件、会议纪要或其他形式,在一定范围内公布。会议决定的事项,按照集体领导、分工负责的原则,由党委委员和分管院领导负责组织实施。

(六)对发生重大突发事件和紧急情况,不能及时召开党委会议研究决定的,经请示报告后,可临机处置,事后应及时在党委会议上报告。

第四章　行政议事决策制度

第十一条　院长在医院党委领导下,一般作为法定代表人,组织实施医院党委有关决议,每年向党委会述职。院长的主要职责是:

(一)组织拟订和实施医院发展规划、基本管理制度、重要行政规章制度、重大医疗教学科研行政管理改革措施等。组织制定和实施具体规章制度、行政班子年度工作目标任务。

(二)加强财务管理和审计监督,管理和保护医院资产。

(三)组织医院依法依规进行经营管理和提供医疗服务,落实公益性任务,把医院办出特色、办出水平。

(四)做好医院安全稳定和后勤保障工作。

(五)组织开展医院对外交流与合作,依法代表医院与各级政府、社会各界和境外机构等签署合作协议,接受社会捐赠。

(六)向党委报告重大决议执行情况,向职工代表大会报告工作,组织处理职工代表大会有关行政工作的提案。

(七)履行法律法规和医院章程规定的其他职责。

第十二条　院长办公会议是医院行政、业务议事决策机构，主要研究提出拟由党委会讨论决定的重要事项方案，具体部署落实党委决议的有关措施，研究处理医疗、教学、科研、行政管理工作。

重要行政、业务工作应当先由院长办公会议讨论通过，再由党委会议研究决定。

第十三条 院长办公会议的讨论与决策范围：

(一)讨论通过拟由党委会讨论决定的重大决策、重大项目安排和大额度资金使用事项的方案；具体部署落实党委会决议的有关措施。

(二)讨论决定职称评聘、人员招用解聘、常规晋升晋级等医院人事工作的重要事项；招生培训、重要人才引进等医院人才培养工作的重要事项。

(三)讨论决定医院医疗、教学、科研和行政管理中其他需要集体决策的事项。

第十四条 院长办公会议议事规则：

(一)会议由院长召集并主持，一般每一至两周召开一次，需要时可随时召开。会议成员一般为医院行政领导班子成员。根据议题需要，与党委书记沟通后，可邀请党委书记、副书记、纪委书记等参加会议。会议列席人员由院长确定。

(二)会议议题由院领导班子成员提出，院长确定。

(三)会议必须有半数以上成员到会方能召开。会议实行一事一议。一般由议题相关部门作简要说明，分管领导作必要补充。院长应在广泛听取与会人员意见基础上，对讨论研究的事项作出决定。所研究的议题，分管领导必须到会，特殊情况未能参会时，会前须有明确意见。

(四)院长办公会议讨论重要事项时，如意见分歧较大，应暂缓作出决定，进一步调查研究、交换意见后再行讨论，必要时可提交党委会议讨论决定。

(五)院长办公会议讨论的问题、表决的形式和通过的决议，均应如实记录，以文件、会议纪要或其他形式，在一定范围内公布，并确保落实到位。

(六)对发生重大突发事件和紧急情况，不能及时召开院长办公会议的，经请示报告后，临机处置，事后应及时向院长办公会议报告。

第五章 协调运行机制

第十五条 党委领导下的院长负责制是一个不可分割的有机整体，必须充分发挥党委的领导作用，保证院长依法行使职权，建立健全党委统一领导、党政分工合作、协调运行的工作机制。

第十六条 党委会议和院长办公会议要坚持科学决策、民主决策、依法决策，坚决防止个人或少数人说了算和议而不决、决而不行。党委会议的重要议题，应在会前听取院长意见；院长办公会议的重要议题，应在会前听取党委书记意见。意见不一致的议题暂缓上会，待进一步交换意见、取得共识后再提交会议讨论。集体决定重大事项前，党委书记、院长和其他党委委员要充分酝酿。不得以党政联席会议代替党委会议。

第十七条 强化领导班子分工负责。合理确定领导班子成员分工，明确工作职责。党政一把手不直接分管干部人事、财务、基建维修工程、物资采购等具体工作，形成决策权、执行权和监督权科学运行的权力制衡机制。领导班子成员要认真执行集体决定，敢于担当，按照分工积极主动开展工作。

第十八条 加强领导班子协调配合。党委书记和院长要相互信任、加强团结。实行党委书记和院长定期沟通制度，党委书记和院长一般应一周沟通一次，及时交流工作情况。党委书记要成为执行民主集中制的表率，作风民主、善于集中、知人善任、敢于担当，支持院长依法行使职权，主动做好团结协调工作。院长要自觉维护党委权威，带头贯彻执行党委决议。党政班子成员要增强全局观念和责任意识，团结共事，相互补台，在研究工作时充分发表意见，决策形成后一抓到底。

第十九条 健全依法决策机制和协调决策机制，把公众参与、专家论证、风险评估、合法性审查、集体讨论决定作为重大决策法定程序。讨论决策重大问题，应在前期调研论证的基础上提出建议方案。对专业性、技术性较强的重要事项，应经过专家评估及技术、政策、法律咨询。对事关职工切身利益的重要事项，应通过职工代表大会或其他方式，广泛听取职工的意见建议。对干部任免建议方案，在提交党委会议讨论决定前，应征求分管领导的意见，并由党委书记、院长、副书记、分管干部人事工作的班子成员和纪委书记组成的人事酝酿小组进行充分酝酿。

对党委会议、院长办公会议决定事项如需变更、调整的，应根据决策程序进行复议。如提出复议，必须有两名以上领导班子成员动议，并在会前征得半数以上应出席会议成员的同意，方可复议。复议一般仍由作出决定的相同会议进行。

第二十条 发挥职工代表大会及群众组织作用，健全职工参与民主管理和监督的工作机制。实行党务公开和院务公开，及时向职工、群众团体，民主党派、离退休老同志等通报医院重大决策及实施情况。

第六章 领导班子建设

第二十一条 根据《事业单位领导人员管理暂行规定》《公立医院领导人员管理暂行办法》，按照干部管理权限和政治强、促改革、懂业务、善管理、敢担当、作风正的标准，选优配强医院党政领导班子成员。着眼于公立医院健康发展，对公立医院党委书记、院长进行优化、选任。

第二十二条 二级及以上的公立医院、市属及以上的公立医院、设党委的公立医院，实行党委书记、院长分设，其他公立医院根据规模大小等实际情况宜兼则兼，宜分则分。党委书记和院长分设的，院长是中共党员的同时担任党委副书记；党委书记和院长由一人担任的，可设立专职副书记，专心专责抓党建。党委班子成员应当按照章程进入医院管理层或通过法定程序进入理事会，医院管理层或理事会内部理事中的党员成员一般应当进入医院党委班子。

第二十三条 实行公立医院领导人员任期制和任期目标责任制，完善领导人员交流制度。党组织领导人员任期按照党内有关规定执行,行政领导人员应与此同步。在任期内调整职务一般不得超过1次。任期届满时,党政领导人员任职满5年的应有计划地交流;在同一岗位连续任职超过10年一般应予交流;在同一医院领导班子连续任职15年以上的一般不再继续担任同一医院领导职务。领导人员任期目标根据领导班子任期目标和岗位职责确定。医院领导人员要正确处理管理工作和个人从事医疗、教学、科研工作的关系,确保有足够时间和主要精力用于医院管理工作,不得兼任临床科室主任。允许实行院长聘任制,推进职业化建设。

第二十四条 强化领导班子思想政治建设。把党的政治建设摆在首位,深入学习贯彻习近平新时代中国特色社会主义思想,自觉把“四个意识”落实到治院兴院各个方面,牢固树立“四个自信”,在思想上政治上行动上同以习近平同志为核心的党中央保持高度一致,坚决维护习近平总书记党中央的核心、全党的核心地位,坚决维护党中央权威和集中统一领导。坚持医院领导班子理论中心组学习制度,定期轮训公立医院领导班子成员,一般每两年轮训一次。坚持领导干部双重组织生活会制度,认真开好民主生活会。落实领导班子成员间谈心谈话制度,党委书记和院长要定期相互谈心,定期同其他领导班子成员谈心。严格落实中央八项规定及其实施细则精神和我省实施办法,坚持不懈整治“四风”,严肃党内政治生活,净化医院政治生态。

第七章 干部队伍和人才队伍建设

第二十五条 公立医院党委按照干部选拔任用有关规定,及时制定完善医院内部组织机构负责人的选拔任用、培养教育、交流锻炼、监督约束和考核评价制度。

第二十六条 公立医院党委集体讨论决定内部组织机构负责人人选,党委组织部门具体负责内部组织机构负责人的选拔、管理、培训和考核工作;党委讨论决定行政、业务内设机构负责人人选前,应充分征求医院行政负责人的意见;严格执行干部任用前书面征询纪检监察部门意见。

第二十七条 党委讨论决定内部组织机构负责人人选后,党群部门负责人由党委任命,行政部门和业务科室负责人由行政聘任。

第二十八条 切实落实党管人才,充分发挥党的政治优势,认真把握用人标准,完善人才使用和引进管理办法;建立医院领导班子成员联系高层次人才制度;建立完善多维度人才评价体系,健全跟踪评价、发展引导、日常管理机制。

第八章 基层党组织建设

第二十九条 加强基层党组织规范化建设。按照《全省基层党组织规范化建设标准(试行)》,健全组织体系,严格党员管理,严肃组织生活,促进作用发挥,夯实工作保障,压实党建责任,确保公立医院党组织成为宣传党的主张、贯彻党的决定、团结动员群众、推动改革发展的坚强战斗堡垒。

第三十条 树立党的一切工作到支部的鲜明导向。医院内设机构党支部在院党委直接领导下开展工作,以提升组织力为重点,突出政治功能,切实担负好直接教育党员、管理党员、监督党员和组织群众、宣传群众、凝聚群众、服务群众的职责,引导支部党员发挥先锋模范作用。内设机构党支部参与科室业务发展、人才引进、物资采购、经济分配、职称晋升等重大问题的决策,保证内设机构行政负责人充分行使职权。严格执行“三会一课”、组织生活会、民主评议党员等制度,经常、认真、严肃地开展批评和自我批评,增强党内政治生活的政治性、时代性、原则性、战斗性,创新活动内容形式,推动党务工作与业务工作深度融合。

第三十一条 推进党组织和党的工作全覆盖。坚持应建尽建,确保党组织全面覆盖医院各内设机构及所属各单位。凡有3名以上正式党员的,应当成立党支部;正式党员不足3名的,可成立联合党支部。党支部党员一般控制在50人以内,党员超过50人、不足100人的,可设立党的总支部。建立持续整顿后进党支部工作机制,每年对后进党支部开展一次摸底整顿、精准提升。

第三十二条 抓好党支部书记选拔培养激励。党支部书记一般应由内设机构主要负责人兼任或由负责人中的党员担任并享受与主要负责人同等的政治、经济待遇,根据实际情况研究明确支部副书记和支部委员的待遇。党支部一般设组织、宣传、纪检委员,党外人士较多的党支部可设统战委员。加强党支部书记培养,新任党支部书记应进行任职培训,每年安排1次党支部书记集中轮训。

第三十三条 做好发展党员和党员教育管理工作。把政治标准放在首位,抓好发展党员工作,注重发展医疗专家、学科带头人、优秀青年医务人员入党。健全常态化联系培养机制,在严格标准、程序的同时,优化、改进考察办法,及时把符合党员条件的“高知”和优秀青年吸收入党。推进“两学一做”学习教育常态化制度化,认真开展“不忘初心、牢记使命”主题教育,每月相对固定1天开展主题党日活动,教育引导党员在日常工作生活中亮身份、立标杆、树形象,带头攻坚克难,引领带动职工积极投身医院改革发展事业,促进医院和谐稳定。

第九章 思想政治工作和医德医风建设

第三十四条 加强思想政治工作。建立常态化的政治理论学习和教育制度,坚持每月开展一次政治理论学习和政治教育,组织医务人员认真学习习近平新时代中国特色社会主义思想,学习党中央、国务院和省委、省政府关于加强卫生健康工作的重大方针政策和法律法规,把思想行动统一到党中央的决策部署上来。做好医务人员经常性的思想政治工作,定期开展谈心活动,把解决思想问题和实际问题结合起来,健全员工关爱帮扶机制,及时帮助医务人员解决工作和生活中的困难,积极维护医务人员合法权益,充分调动广大医务人员的工作积极性。结合“护士节”“医师节”等节日活动以及通过“好医生、好护士”评选等多种形式,宣扬先进事迹、先进典型,增强医务人员职业荣誉感。

第三十五条 加强医院文化建设和行风建设。做好医院文化规划,将医院文化与制度流程、行为规范贯穿融合,凝练文化共识、打造文化载体、传承特色文化，着力培育和塑造医学人文精神，践行和弘扬崇高职业精神，构建和谐医患关系。建立党委主导、院长负责、党务行政工作机构齐抓共管的医德医风工作机制，建立完善医务人员医德考评制度，实行医德“一票否决”制，将医德表现与医务人员晋职晋级、岗位聘用、评先评优和定期考核等直接挂钩。贯彻落实“九不准”巡查工作，将机构、干部、职工贯彻执行“九不准”的情况，作为机构评先评优评等级、个人职称晋升和评先评优的重要依据，并实行重大行风问题“一票否决”制。

第三十六条 抓好精神文明建设、意识形态、统战和群团工作。深入进行社会主义核心价值观教育，以群众性文明创建为主线，广泛开展文明单位、文明站所、文明科室创建和志愿服务活动。落实意识形态工作责任制，建立健全组织领导机构和管理制度，管好医院学术论坛、期刊杂志、课堂教学、新媒体等各类思想文化阵地。健全统战工作制度，加强对医院民主党派基层组织的政治领导，做好党外知识分子工作。健全工会、共青团等群团组织工作制度，完善工作机制，充分发挥群团组织在医院改革发展中的突击队作用。

第十章 组织保障

第三十七条 健全党建工作领导体制。各级党委要把抓好公立医院党建工作作为基层党建重要任务，纳入整体工作部署和党的建设总体规划，每年至少专题研究一次，切实加强领导，帮助解决实际困难和问题。党委组织部门要履行牵头抓总责任，加强政策指导和工作协调。卫生计生行政部门党组织要建立公立医院党建工作指导委员会，确保相应的机构、人员、工作机制落实。卫生计生、教育等部门要加强对所办医院党建工作的指导。纪检监察机关和宣传、统战、机构编制、发展改革、财政、人力资源社会保障等部门要结合职能协同做好工作。

第三十八条 落实党建工作责任制。医院党委承担党建工作主体责任，党委书记是党建工作第一责任人，应当带头建立党建工作联系点，带头深入基层调查研究、指导工作，总结推广先进经验；党政领导班子其他党员成员要严格落实“一岗双责”，经常深入分管领域，发现和解决突出问题。政府办公立医院上级党组织和其他公立医院举办主体党组织对医院党建工作履行领导、指导和监督责任。对责任落实不力、出现严重问题的，依法依规严肃问责，既追究主体责任，又追究领导责任、指导责任和监督责任。

第三十九条 建立公立医院党组织书记抓党建述职评议考核制度。公立医院党委书记每年要向上级党组织述职，公立医院内设机构党支部书记要向院党委述职。上级党组织和公立医院党委对党组织书记抓党建工作情况按“好、较好、一般、差”等四个等次作出综合评价，综合评价为“好”的，年度目标责任考核才能确定为优秀等次；对综合评价为“一般”“差”的，要进行约谈、限期整改，情况严重的要依据《中国共产党问责条例》严肃问责。

第四十条 履行党风廉政建设主体责任和监督责任。公立医院党委履行主体责任，加强党风廉政教育，严明纪律红线，提高拒腐防变能力。医院纪委全面履行监督执纪问责职责，建立健全领导班子和领导干部责任追究制度，加强对党员干部和医务人员严格遵守党的纪律规定和国家有关法律法规情况的监督检查。加强医院纪检机构和纪检干部队伍建设，提高履行职责能力，充分发挥监督职能作用。

第四十一条 建立健全党务工作机构。三级医院一般应单独设立党务工作机构；党员较少、规模较小的医院，党务工作机构可合并设立，也可与行政相应机构合署办公。按照医院职工总数的1%-2%比例，配齐配强专职党务工作人员，并比照医院同级行政管理人员落实相关待遇。

第四十二条 健全县级医疗集团党的建设。加强县级医疗集团党的领导，巩固完善县乡医疗卫生机构一体化改革成果。实行集团党委领导下的院长负责制。医疗集团所属单位的党组织，由集团党委统一领导。县级卫生计生部门党组织要切实履行对医疗集团党建工作的领导、指导和监督责任。

第四十三条 党建工作经费一般按照上年度职工工资总额的1%列入各级公立医院年度经费预算；按照有场所、有设施、有标志、有党旗、有书报、有制度的“六有”标准，加强党员活动场所建设。

第四十四条 推动党务工作队伍专业化职业化建设，探索建立职务职级“双线”晋升办法和保障激励机制，实行职务(职称)评审单列计划、单设标准、单独评审。

第四十五条 省委组织部、省卫生和计划生育委员会党组要通过教育培训、经验交流等方式，加强对公立医院党建工作的指导，宣传和推广好经验好做法，及时研究解决工作中出现的问题，支持公立医院探索创新，不断提高党建工作水平。

第十一章 附 则

第四十六条 各级公立医院应依据本办法，结合实际，制定具体实施细则，细化完善党委会议、院长办公会议的议事决策范围和议事规则，并报上级党组织备案。

第四十七条 本办法由中共山西省委负责解释，具体解释工作由省委组织部、省卫生和计划生育委员会党组承担。

第四十八条 本办法自印发之日起施行。

中共山西省委办公厅　山西省人民政府办公厅《山西省党政机关公务用车管理办法》

(2018 年 9 月 19 日)

第一章　总　则

第一条　为了规范党政机关公务用车管理,有效保障公务活动,促进党风廉政建设和节约型机关建设,根据《党政机关公务用车管理办法》和《山西省机关事务管理办法》等有关规定,结合我省实际,制定本办法。

第二条　我省各级党政机关公务用车的编制、配备、更新、使用、处置等工作适用本办法。

本办法所称党政机关,是指全省党的机关、人大机关、行政机关、政协机关、监察机关、审判机关、检察机关,以及工会、共青团、妇联等人民团体和参照公务员法管理的事业单位。

第三条　本办法所称公务用车,是指党政机关配备的用于定向保障公务活动的机动车辆,包括机要通信用车、应急保障用车、执法执勤用车、特种专业技术用车以及其他按照规定配备的公务用车。

机要通信用车是指用于传递、运送机要文件和涉密载体的机动车辆。

应急保障用车是指用于处理突发事件、抢险救灾或者其他紧急公务的机动车辆。

执法执勤用车是指中央批准的执法执勤部门(系统)用于一线执法执勤公务的机动车辆。

特种专业技术用车是指固定搭载专业技术设备、用于执行特殊工作任务的机动车辆。

第四条　党政机关公务用车管理遵循统一管理、定向保障、经济适用、节能环保的原则。

第五条　县级以上机关事务管理部门是本级党政机关公务用车主管部门(以下简称公务用车主管部门),负责本级党政机关公务用车管理工作,根据职责实行统一编制、统一标准、统一购置经费、统一采购配备、统一更新处置管理;指导监督下级党政机关公务用车管理工作。

县级以上公安、财政、审计等部门按照各自职责负责党政机关公务用车相关工作。

党政机关公务用车的权属单位,负责本单位公务用车的日常管理和运行维护等工作。

第二章　编制管理

第六条　党政机关公务用车实行编制管理,总量控制。机要通信用车、应急保障用车和其他按照规定配备的公务用车编制由公务用车主管部门会同有关部门确定。

执法执勤用车、特种专业技术用车编制由财政部门会同有关部门确定,并送同级公务用车主管部门备案。

公务用车编制标准原则上按照公务用车制度改革时核定的标准执行。

第七条　党政机关人员、机构发生变化的,公务用车主管部门及有关部门应当根据党政机关申请及时调整公务用车编制。

第八条　党政机关通过上级调拨车辆等方式取得的公务用车,占用本单位车辆编制;在取得车辆后,一个月内到同级公务用车主管部门办理相关手续。

未经机构编制部门批准的机构或者经批准成立的非常设机构不核定公务用车编制。

第三章　配备及经费管理

第九条　党政机关配备公务用车应当严格执行以下标准:

(一)机要通信用车配备价格 12 万元以内、排气量 1.6 升(含)以下的轿车或者其他小型客车。

(二)应急保障用车和其他按照规定配备的公务用车配备价格 18 万元以内、排气量 1.8 升(含)以下的轿车或者其他小型客车。确因情况特殊,可以适当配备价格 25 万元以内、排气量 3.0 升(含)以下的其他小型客车、中型客车或者价格 45 万元以内的大型客车。

(三)执法执勤用车配备价格 12 万元以内、排气量 1.6 升(含)以下的轿车或者其他小型客车,因工作需要可以配备价格 18 万元以内、排气量 1.8 升(含)以下的轿车或者其他小型客车。确因情况特殊,可以适当配备价格 25 万元以内、排气量 3.0 升(含)以下的其他小型客车、中型客车或者价格 45 万元以内的大型客车。

(四)特种专业技术用车配备标准由有关部门会同财政部门按照保障工作需要、厉行节约的原则确定。

公务用车配备新能源轿车的,价格不得超过 18 万元。

上述配备标准应当根据公务保障需要、汽车行业技术发展、市场价格变化等因素适时调整。

第十条　党政机关应当配备使用国产汽车,带头使用新能源汽车,逐步扩大新能源汽车配备比例。

第十一条 执法执勤用车应当严格按照国家规定的范围和标准配备，限定在一线执法执勤岗位。

第十二条 党政机关确因工作需要超出规定标准配备公务用车，必须报省公务用车主管部门审批。

党政机关原则上不配备越野车。确因工作需要，按照程序报批后，可以适当配备国产越野车。越野车不得作为领导干部固定用车。

设区的市、县级党政机关配备大中型客车的，应当报省公务用车主管部门审批。

第十三条 党政机关公务用车产权注册登记所有人应当为本机关法人。

公安交通管理部门应当凭公务用车主管部门批准的配备、更新、调剂、划转相关手续，办理机动车注册登记手续。

涉及国家安全、侦查办案等有保密要求的特殊工作用车的注册登记按照国家有关规定执行。

第十四条 公务用车主管部门应当根据公务用车配备更新标准、现状和用车单位需求，于每年7月底前编制下一年度公务用车配备更新计划。

第十五条 县级以上财政部门应当根据年度公务用车配备更新计划，按照预算管理有关规定统筹安排购置经费，列入公务用车主管部门预算。

第十六条 县级以上财政部门应当会同公务用车主管部门制定本级公务用车运行费用定额标准，统筹安排公务用车运行费用，列入党政机关部门预算。

第十七条 公务用车主管部门应当按照政府采购法律法规和国家有关政策规定，统一组织实施公务用车集中采购。

第四章 使用和处置管理

第十八条 党政机关应当加强公务用车使用管理，严格按照规定使用公务用车，严禁公车私用、私车公养，不得既领取公务交通补贴又违规使用公务用车。

第十九条 省公务用车主管部门按照统一标准、统一部署、分类管理、分级实施的要求，组织设区的市、县级公务用车主管部门建设全省公务用车管理信息系统，提高公务用车编制、配备、使用、监督管理信息化水平。

第二十条 党政机关应当推进公务用车标识化管理。

省公务用车主管部门统一全省公务用车标识，负责省直各部门公务用车专用标识的统一制作和发放。

设区的市、县级公务用车主管部门负责本级公务用车标识的制作和发放工作。

涉及国家安全、侦查办案和其他有保密要求的特殊工作用车按照有关规定执行。

第二十一条 党政机关应当建立健全公务用车使用管理制度，严格执行，加强监督。

严格公务用车管理台账制度，加强相关证照档案的保存和管理。

严格公务用车使用登记和公示制度，及时登记公务用车使用时间、事由、地点、里程、油耗、费用等信息并定期公示。

公务用车应当在指定地点停放，节假日期间除工作需要外应当封存停驶。

第二十二条 党政机关应当减少公务用车长途行驶，工作人员到外地办理公务，除特殊情况外，应当乘用公共交通工具。外事接待、会议和集体活动用车主要通过社会租赁方式解决。

第二十三条 党政机关不得对外出租出借公务用车，不得借用、占用下属单位或者其他单位车辆，不得擅自接受企事业单位或者个人捐赠的车辆，不得向企事业单位摊派为自己购买车辆，不得以任何理由将执法执勤、应急、机要通信等公务用车固定个人使用，不得增加高档配置和豪华内饰。

第二十四条 公务用车使用年限超过8年的可以更新；达到更新年限仍能继续使用的，应当继续使用，不得因领导干部职务晋升、调任等原因提前更新。因安全等原因确需提前更新的，应当经相关部门鉴定并严格履行审批手续。

第二十五条 公务用车主管部门负责党政机关公务用车处置工作。公务用车处置应当遵循公开、公平、集中统一、厉行节约的原则。

公务用车按照规定更新后，可以采取拍卖、厂家回收、报废等方式规范处置旧车。处置收入按照非税收入有关规定管理。

第二十六条 公务用车处置后，党政机关应按照资产管理有关规定，办理资产核销或登记变更手续。

第五章 监督问责

第二十七条 党政机关应当建立公务用车配备更新和使用情况统计报告制度，省公务用车主管部门负责统计汇总全省党政机关公务用车配备更新和使用情况。设区的市、县级公务用车主管部门负责统计汇总本市、县（市、区）党政机关公务用车配备更新和使用情况，定期报省公务用车主管部门。

第二十八条 党政机关应当严格执行公务用车配备使用管理各项规定，将公务用车配备更新、使用、处置和经费预算执行等情况纳入内部审计、政务公开和政务诚信建设范围，接受社会监督。

公务用车主管部门应当严格执行公务用车管理有关规定，加强对公务用车配备更新、使用、处置等情况的监督检查，定期通报或者公示相关情况。

财政、审计部门应当加强对公务用车经费预算管理使用情况的监督检查，依法处理、督促整改违规问题，并将涉嫌违纪违法问题移送有关部门查处。

公安交通管理部门应当定期与公务用车主管部门交换公务用车注册登记信息、使用状态等情况。

纪检监察机关应当及时受理群众举报和有关部门移送的公务用车管理问题线索，严肃查处违纪违法问题。

第二十九条 公务用车主管部门应当会同有关部门定期对党政机关公务用车管理使用情况进行专项检查，对发现的隐患和问题,责令被检查单位限期整改。

第三十条 公务用车主管部门、财政部门有下列情形之一的,依纪依法追究相关人员责任:

(一)违规核定公务用车编制的;

(二)违规审批超编制、超标准配备公务用车的;

(三)违规审批未到年限更新公务用车的;

(四)违规安排公务用车经费预算的;

(五)有其他未按规定履行管理监督职责行为的。

第三十一条 党政机关有下列情形之一的,依纪依法追究相关人员责任:

(一)超编制、超标准配备公务用车的;

(二)违反规定将公务用车登记在下属单位、企业或者个人名下的;

(三)公车私用、私车公养,或者既领取公务交通补贴又违规使用公务用车的;

(四)换用、借用、占用下属单位或者其他单位和个人的车辆,或者擅自接受企事业单位和个人赠送车辆的;

(五)挪用或者固定给个人使用执法执勤、机要通信等公务用车的;

(六)为公务用车增加高档配置或者豪华内饰的;

(七)在车辆维修等费用中虚列名目或者夹带其他费用,为非本单位车辆报销运行维护费用的;

(八)违规处置公务用车的;

(九)疏于管理造成公务用车严重损坏的;

(十)有其他违反公务用车配备使用管理规定行为的。

第六章 附 则

第三十二条 本办法所称小型客车、中型客车、大型客车等,依据中华人民共和国公共安全行业标准 GA802-2014《机动车类型术语和定义》界定。

第三十三条 省属垂直管理机构、派出机构、直属机构公务用车由行政主管部门依照本办法进行管理。

各民主党派机关公务用车管理适用本办法。

不参照公务员法管理的事业单位公务用车按照本办法规定的原则管理。

第三十四条 本办法由中共山西省委负责解释,具体解释工作由省机关事务管理局承担。

第三十五条 本办法自印发之日起施行。《山西省行政事业单位小汽车编制核定办法》(晋办发〔2003〕13 号)、《山西省党政机关公务用车配备使用管理实施办法》(晋办发〔2011〕28 号)、《山西省省级党政机关公务用车编制核定办法》(晋办发〔2011〕29 号)和《关于加强党政机关和财政拨款事业单位购置小汽车管理的通知》(晋纪发〔2004〕6 号)同时废止。

中共山西省委办公厅 山西省人民政府办公厅
《以汾河为重点的“七河”流域生态保护与修复总体方案》

(2018 年 9 月 25 日)

为深入贯彻党的十九大关于加快生态文明建设的重大部署,进一步落实好习近平总书记视察山西重要讲话精神和全国生态环境保护大会精神,践行“绿水青山就是金山银山”的理念,加快推进以汾河为重点的“七河”流域生态保护与修复,按照水利部和省政府批复的汾河、桑干河、大清河、滹沱河、漳河、沁河、涑水河流域生态保护与修复规划,制定本方案。

一、重要意义

“七河”流域总面积 11.2 万平方公里、占全省的 72%,其中汾河、沁河、涑水河属黄河流域,桑干河、滹沱河、漳河、大清河(位于雄安新区上游)属海河流域。“七河”流域生态环境既关系山西经济社会发展全局和人民福祉,又关系华北特别是京津冀地区生态环境的改善。20 世纪 80 年代以来,“七河”流域生态环境遭到严重破坏,河流水质污染、地表水量减少、地下水位下降、岩溶大泉水量衰减、森林覆盖率低,已经成为制约我省可持续发展的短板。实施以汾河为重点的“七河”流域生态保护与修复,是省委、省政府贯彻新发展理念、推进生态文明建设的重大决策,是从根本上改变三晋大地山川面貌,提供更多优质生态产品、满足人民日益增长的优美生态环境需要的重大举措,是支撑全省经济转型发展和高质量发展的重大实践,对于推动绿色发展、建设美丽山西具有基础性、战略性、标志性意义。

二、总体要求

(一)指导思想

以习近平新时代中国特色社会主义思想为指导,深入贯彻落实党的十九大精神和习近平总书记视察山西重要讲话精神,坚持节约优先、保护优先、自然恢复为主的方针,紧紧围绕全省经济转型综改和乡村振兴战略,统筹山水林田湖草系统治理,以河长制为抓手,以流域为单元,将“七河”流域生态保护修复与城乡建设、产业发展、生态文化、旅游开发、脱贫攻坚、防洪减灾相结合,政府主导、市场主体、政策扶持、社会参与，控污、增湿、清淤、绿岸、调水“五策并举”，水资源、水生态、水环境、水灾害“四水同治”，逐步实现“水量丰起来、水质好起来、风光美起来”的目标，为建设“示范区”、打造“排头兵”、构建“新高地”创造良好生态环境。

（二）基本原则

省级规划，市县主体。省级负责编制“七河”流域生态保护与修复综合规划，明确分市县、分行业任务书，制定时间表和路线图。市、县政府是“七河”流域生态保护与修复的责任主体，按照规划负责落实辖区内流域生态修复治理任务，各市、县长是第一责任人。

政府主导，市场运作。各级政府要健全规划实施的监管和考核制度，对规划项目实施后的生态指标、水质指标等进行监督和绩效考核。组建流域投资公司，构建开放性的投融资、建设和运营一体化市场主体。市、县政府按照区域发展实际，与流域投资公司建立多种形式的协作关系，统筹推进“七河”流域生态修复与资源开发。

遵循规律，顺应自然。坚持人与自然和谐共生，尊重自然，保护自然，坚持自然恢复为主，工程措施为辅，水岸同治，统筹上下游、左右岸、干支流、堤内外系统治理，遵循和顺应自然规律。

因河制宜，一河一策。根据河流自然特征、水资源条件、治理现状和经济社会发展水平，逐河逐段科学制定治理目标和任务，以汾河流域为重点，合理安排治理任务和建设时序，整体推进，重点突破，全流域系统治理。

改革创新，两手发力。创新建管和投融资机制，创优营商环境，通过政府和市场两手发力，构建上下联动、政府协调、市场运作的长效机制。

（三）主要目标

分为两个阶段。第一阶段2018年到2020年，第二阶段2021年到2030年（具体目标任务详见附件1、2）。

第一阶段主要目标是，到2020年全面实施“七河”干流源头及主要支流源头保护，全面完成河流划界确权，地表水水质优良（达到或优于Ⅲ类）比例达到60%以上，干流和主要支流不断流，地下水采补基本平衡，水资源全域化配置格局基本形成，汾河“水量丰起来、水质好起来、风光美起来”目标初步实现，为全面建成小康社会提供有力支撑和保障。

第二阶段主要目标是，到2030年全面实施流域面积大于100平方公里的河流源头生态保护，地表水水质优良比例达到75%，干流和主要支流生态水量不小于多年平均水量的10%，地下水得到有效涵养，水生态环境质量明显改善，水安全保障能力显著提升，“七河”基本实现“水量丰起来、水质好起来、风光美起来”，为全省经济转型发展提供有力支撑和保障。

通过实施以汾河为重点的“七河”流域生态保护与修复，到2035年，河流源头生态保护全面实施，水生态环境状况全面改善，水资源实现高效配置，节水型社会全面建成，提供更多的优质生态产品以满足人民日益增长的优美生态环境需要。

三、创新六大机制

（一）创新规划机制

以水利部和省政府批复的“七河”规划为基础，按照“多规合一、一河一策”原则，省级统一编制详细规划，突出用足用好黄河水，实现污水资源化，恢复河流自然形态。明确流域内各市县政府、分行业的具体目标任务和项目清单，提出三年滚动计划，编制近期重点项目设计方案。市、县政府根据建设目标要求，制定具体实施方案和年度计划，按法定程序和要求组织项目实施。各级政府要健全规划实施的监管和考核制度，强化对规划实施的监督，确保规划按时有序有效落地。

（二）创新建管机制

“七河”生态保护与修复投资大，单靠财政投入难以满足工程建设需求。为切实解决好“钱从哪里来”的问题，要坚持政府与市场两手发力，不搞政府统贷统还，创新市场化运作机制。发挥省属水务企业重要支撑平台作用，以企引企，引进实力雄厚的战略投资方，流域内各市参股，首先组建汾河流域投资公司，作为流域生态保护与修复的投融资、建设、运营主体。在汾河先行试点的基础上，进一步总结经验，逐步组建其他流域投资公司。流域投资公司以项目为载体，与地方政府合作组建区域公司，开展项目建设及运营管理和产业开发等工作，形成“1+7+N”（“1”指省属水务企业，“7”指7个流域投资公司，“N”指区域公司）的我省生态环境治理的市场化运作体系。流域投资公司以资本为纽带，以股权合作为手段，吸引金融资本和社会资本，推进河流系统治理，通过土地开发、产业发展、资产经营等多种形式实现良性运营。

（三）创新政策机制

发挥财政资金“四两拨千斤”的作用，设立流域生态保护与修复专项资金。省级根据河流生态修复工作实际需求，设立流域生态保护与修复专项资金，支持开展河流生态治理工作；各市、县根据实际任务及自身财力，对河流生态治理工作予以支持。

用活土地资源收益。创新土地供应政策，建立健全多元化土地利用和土地供应模式。在“七河”干流河道水岸线以外原则上不小于100米、支流原则上不小于50米，各县根据实际需求逐步划定生态功能保障线；综合地形地貌特点、保护修复任务、产业开发需要等方面，原则上在生态功能保障线两侧1公里外，合理划定生态限制开发线，严格产业准入管制。各级政府支持流域投资公司开展土地整治，按比例分享土地指标交易收益。流域投资公司参与区域内土地一级开发，获得一定比例的收益。市、县政府提前收储流域生态限制开发线内及毗邻区域可开发地块，流域投资公司可分享土地出让收益和开发运营收益。

盘活经营性资产。鼓励流域投资公司按照我省市政公用事业特许经营管理条例规定，积极参与流域内水库、供水、污水处理、垃圾处理等项目的投资建设、经营管理。

推行政府购买生态服务。鼓励各级政府按照国家和我省的政府购买服务有关政策，结合当地经济和社会发展实际需求，将流域生态修复治理提供的生态产品和服务列入政府购买服务指导性目录。

导入多元产业增强收益。结合我省转型综改、脱贫攻坚、乡村振兴战略实际，流域投资公司优先发展三产融合产业。同时沿线地方政府授予流域投资公司产业招商职能,协同政府以企引企、以商招商等方式,做大做强区域产业增量。

(四)创新奖补机制

以市(县)级行政区为单元,建立区域生态环境综合性指标体系,以前三年平均数据为基数,与当年实际数据比较进行考核,实行奖优罚劣。通过以奖代补、贷款贴息等扶持方式,对生态保护与修复效果好的地区予以资金支持,进一步调动地方积极性,有力推进以汾河为重点的“七河”生态保护与修复工程。

(五)创新补偿机制

各级政府要切实贯彻《关于健全生态保护补偿机制的实施意见》,按照“谁受益、谁付费,谁破坏、谁付费”的原则,完善生态资源开发利用机制,拓宽生态补偿市场化、社会化运作渠道,落实相关措施。在河流源头区、岩溶泉域保护范围、集中式饮用水水源地等重点区域，全面开展生态保护补偿,适当提高补偿标准。补偿资金专项用于当地经济结构调整、生态保护与修复项目建设和社会事业发展,激励当地政府加强生态环境保护。建立河流水量水质断面交接机制。设置各市县行政区交界生态考核断面,统一制定各断面水质水量标准。严格执行边界水质水量标准,省级考核市级断面,市级考核县级断面,建立流域上下游地区有效协商平台和横向生态保护补偿机制。

(六)创新责任机制

市、县政府是“七河”流域生态保护与修复的责任主体，各市、县长是第一责任人,全面负责辖区内流域生态修复治理工作。建立以工作规则、绩效考核、责任追究为主体的工作制度,逐级分解任务,层层压实责任,构建横向到边、纵向到底的省、市、县、乡、村五级责任体系。政府有关部门制定相应制度、标准和奖惩机制,对流域投资公司承担的工作任务进行督促检查、考核奖惩和责任追究。

以河湖长制为抓手,建立“省级抓总、市县抓落实”的河长责任机制。省级河长负责统筹指导,确定目标任务,加强督办考核;市、县级河长负责组织领导相应河湖的生态保护和修复工作,协调解决方案落实中的重大问题,做好部门间协调联动、项目落地实施、资金资源整合等工作,对实施效果负责;乡级河长要做好协调配合工作。推行与“河湖长制”相匹配的“河湖警长制”,建立涉河违法犯罪行为移送公安执法机制和省市县乡四级公安联动机制,依法查处涉河湖违法犯罪行为,营造流域生态保护与修复良好环境。

强化部门行业管理职责。水利部门负责水资源配置、河流水系整治、岩溶大泉修复保护、水土保持及清洁小流域治理;发改部门负责工程项目审批立项和争取国家发展改革委资金支持等工作;公安部门负责落实河湖警长制的相关机制等工作;财政部门负责筹措资金,出台相应管理办法等工作;环保部门负责污染防治和生态保护监督管理等工作;经信部门负责企业搬迁、关停并转等工作;住建部门负责城市、农村生活污水治理及流域内城镇、农村生活垃圾处理、城市建成区黑臭水体治理等工作;国土部门负责土地调整、确权等工作;林业部门负责植树造林、退耕还林、封禁保护等工作;农业部门负责农业面源污染防治、农林牧渔产业结构调整等工作;煤炭部门负责煤矿放顶及配合煤矿关停与采空区治理等工作;扶贫开发部门负责易地扶贫搬迁等工作。

四、实施六大工程

(一)实施水污染防治工程

重点开展工业污染防治、城镇生活污染治理、农业农村污染防治等工作,实现污水资源化。加大城镇污水收集和处理力度,加快治污设施提标改造,重点实施汾河太原城区、晋中城区、太榆退水渠,桑干河支流御河大同城区,涑水河闻喜和临猗城区、姚暹渠盐湖城区水污染治理;强化企业责任,加快技术改造,提高污水处理标准,加大再生水回用,取缔“七河”干流沿岸的污染企业和污染项目,做到人清、设备清、垃圾清、土地清,彻底根除“七河”干流污染隐患;在农村段推进农村生活垃圾治理、厕所粪污治理和农村生活污水治理,严格控制农药使用,推广低毒、低残留农药;在山丘区大力实施清洁小流域建设,促进生态系统良性循环。

(二)实施河流生态补水工程

建立流域内水资源统一调度机制，充分利用引黄水,优化流域内水资源配置方案,保障河流生态水量。重点推进大水网和小水网工程建设,将引黄水和跨流域调水主要作为工业用水,退还流域内被挤占的生态水量,逐步增加河道生态水量。参照《山西省大中型泵站农业灌溉电价水价补贴管理办法》，出台鼓励使用引黄水用于河流生态补水的电价水价优惠政策。在汾河流域,继续实施万家寨引黄南干向汾河生态补水,引沁入汾、禹门口东扩和北赵引黄连接段工程向汾河下游生态补水,中部引黄工程通水后可进一步加大生态补水量。在其他流域,加大万家寨引黄北干向桑干河流域生态补水力度;实施尊村引黄工程和小浪底引黄工程向涑水河生态补水;建设万家寨引黄南干滹沱河连通工程,从南干线输水至滹沱河支流阳武河,向滹沱河流域生态补水。

(三)实施河流源头保护工程

依法划定河流源头保护区,开展国土绿化行动。完成“七河”河流源头保护区划定工作,在汾河流域,重点是干流源头和潇河、文峪河、昌源河等9条主要支流适宜建立保护区的区域;重点抓好河流源头水源涵养林建设、干流两侧的护岸林带建设,提升涵养水源的能力;积极争取大清河(唐河、沙河)纳入雄安新区总体规划统筹实施;继续做好退耕还林、还草、还湿、还滩工作;继续实施水保生态建设,将生态建设与精准脱贫相结合,在“一个战场”打赢生态治理和脱贫攻坚“两大战役”。

(四)实施河湖水系综合整治工程

重点开展河湖管理范围和保护范围划界确权、河道整治、干流两侧蓄水湿地建设。按照第三次全国土地调查工作安排,完成“七河”河湖管理范围和保护范围划界确权。对“七河”干流河段进行综合整治，重点是穿城过乡过村段，其中汾河流域重点建设100公里中游示范区工程，将汾河中游打造成“七河”生态修复示范区；桑干河按照国家批复的永定河治理总体方案，重点建设干流蓄水湿地工程；滹沱河重点建设上游繁峙、代县段生态修复工程。加大堤防两侧和干支流两岸草灌乔相结合的植被建设。

（五）实施地下水超采治理和岩溶大泉保护工程

推进地下水取用总量和水位双控体系建设，通过合理确定地下水与地表水价格比价关系，促进用水结构调整。重点开展地下水超采区水源置换、关井压采及岩溶泉域保护工作。抓住国家将山西纳入全国地下水超采治理范围的机遇，重点实施汾河流域地下水超采区治理，并逐步扩大到桑干河、涑水河等流域。继续实施晋祠泉复流工程，启动兰村、古堆泉复流工程。加强龙子祠泉水源地和洪山泉保护，启动阳泉市娘子关岩溶大泉“老窑水”治理。继续对泉域重点保护区内的煤矿采取禁采措施。

（六）实施节约用水工程

重点开展高效节水灌溉、工业和城镇节水、海绵城市建设、雨水资源利用，实施国家节水行动。推广渠道防渗、管道输水、喷灌、微灌等高效节水灌溉技术，完善灌溉用水计量设施；积极推进海绵城市建设，促进雨水收集、处理和资源化利用，加快节水型城市建设；积极推进合同节水管理，在公共机构、高耗水工业和服务业等领域，建成一批试点工程。

五、保障措施

（一）政策保障措施

以政策释放资源价值。流域投资公司充分挖掘可利用资源，取得资源开发运营收益；通过生态修复提升沿线资源价值，分享增值收益；优先参与生态修复过程中新增经营性项目；积极参与承接政府购买服务，明确政府支出责任，不形成政府债务。用好用足中央和我省有关生态保护修复政策。

（二）管理保障措施

以体制释放机制的灵活性。创新建立“以投资主体一体化带动流域治理一体化”运作机制，流域投资公司统筹干、支流生态修复项目实施；依托河长制组织体系，建立流域生态保护与修复工作省市联席会议制度，由省河长办负责指导、协调、考核各市县流域生态修复工作及流域投资公司等相关事项；建立问责追究机制，理出责任清单，明确部门行业管理职责，强化责任落实；加强立法、执法工作，推进依法治河，用法治力量保证水清流畅，以生态文明倒逼经济转型，落实《山西省汾河流域生态修复与保护条例》，推进其他河流的立法工作。

（三）实施保障措施

按照详细规划，综合考虑干、支流的管理权限和项目经营属性，建立公司与省、市、县政府间的协商机制，采取统规统建、统规共建和统规自建三种方式推进。根据项目经营性、准经营性和公益性的属性，经营性项目由公司实现资金自平衡；准经营性和公益性项目，鼓励各级政府通过奖励、补偿等方式给予补助。

以汾河为重点的“七河”流域生态保护与修复是一项跨区域、跨行业综合治理工程，功在当代，利在千秋。各级党委、政府和有关部门要提高认识，强化组织领导，万众一心，合力攻坚，久久为功，一张蓝图干到底，把“七河”打造成生态长廊、宜居长廊、交通长廊、富民长廊和休闲长廊。

中共山西省委办公厅　山西省人民政府办公厅《山西省生态环境损害赔偿制度改革实施方案》

（2018年11月5日）

为加快推进生态文明建设，深化生态文明体制改革，强化污染者环境保护法律责任，根据中共中央办公厅、国务院办公厅印发的《生态环境损害赔偿制度改革方案》要求，结合我省实际，制定本实施方案。

一、总体要求和目标

以习近平新时代中国特色社会主义思想为指导，全面贯彻党的十九大和十九届二中、三中全会精神，牢固树立创新、协调、绿色、开放、共享的发展理念，通过在全省范围内试行生态环境损害赔偿制度，进一步明确生态环境损害赔偿范围、责任主体、索赔主体和损害赔偿解决途径等，形成相应的环境损害司法鉴定管理和技术体系、资金保障和运行机制，逐步建立生态环境损害的修复和赔偿制度，加快推进我省生态文明建设。

到2020年，初步构建责任明确、途径畅通、技术规范、保障有力、赔偿到位、修复有效的生态环境损害赔偿制度。

二、工作原则

（一）立足省情，改革创新。结合能源资源大省的省情，依托转型综改试验区优势，由易到难、稳妥有序开展生态环境损害赔偿制度改革工作。对法律未作规定的具体问题，通过案例实践，根据需要提出政策和立法建议，完善生态环境损害赔偿相关制度。

（二）环境有价，损害担责。体现环境资源生态功能价值，促使赔偿义务人对受损的生态环境进行修复。生态环境损害无法修复的,实施货币赔偿,用于替代修复。赔偿义务人因同一生态环境损害行为需承担行政责任或刑事责任的,不影响其依法承担生态环境损害赔偿责任。

(三)主动磋商,司法保障。生态环境损害发生后,赔偿权利人组织开展生态环境损害调查、生态环境损害司法鉴定、修复方案编制等工作,主动与赔偿义务人磋商。磋商未达成一致,赔偿权利人可依法提起诉讼。

(四)信息共享,公众监督。实施信息公开,推进政府及其职能部门共享生态环境损害赔偿信息。生态环境损害调查、环境损害司法鉴定、修复方案编制等工作中涉及公共利益的重大事项应当向社会公开,并邀请专家和利益相关的公民、法人和其他组织参与。

三、适用范围

本方案所称生态环境损害,是指因污染环境、破坏生态造成大气、地表水、地下水、土壤、森林等环境要素和植物、动物、微生物等生物要素的不利改变,以及上述要素构成的生态系统功能退化。

(一)有下列情形之一的,按本方案要求依法追究生态环境损害赔偿责任:

1.发生较大及以上突发环境事件的;

2. 在国家及我省主体功能区规划中划定的重点生态功能区、禁止开发区以及泉域重点保护区发生环境污染、生态破坏事件的;

3.在重点生态功能区、禁止开发区及泉域重点保护区范围以外的其他地区造成耕地、林地、绿地、湿地、饮用水水源地和古稀濒危动植物等基本功能丧失或遭受永久性破坏的;

4.在重点生态功能区、禁止开发区及泉域重点保护区范围以外的其他地区导致区域大气、水、土壤、生态等环境质量等级下降的。

(二)涉及人身伤害、个人和集体财产损失要求赔偿的,适用侵权责任法等法律规定,不适用本方案。

四、工作内容

(一)明确赔偿范围。生态环境损害赔偿范围包括为防止污染或破坏扩大、消除污染而采取必要合理措施所产生的清除污染费用、处置突发环境事件的应急监测费用、生态环境修复费用、生态环境修复期间服务功能的损失、生态环境功能永久性损害造成的损失,以及生态环境损害赔偿调查、环境损害司法鉴定等合理费用。经磋商达成一致,由赔偿义务人进行污染清除或生态修复且达到预定修复效果的,污染清除、生态修复费用不再纳入赔偿范围。

(二)明确赔偿义务人。违反法律法规,造成生态环境损害的单位或个人,应当承担生态环境损害赔偿责任,做到应赔尽赔。现行民事法律和资源环境保护法律有相关免除或减轻生态环境损害赔偿责任规定的,按相应规定执行。

(三)明确赔偿权利人。根据国务院授权,省政府和各市政府作为本行政区域内生态环境损害赔偿权利人。省域内跨市的生态环境损害,由省政府管辖;各市政府对本行政区域内的生态环境损害实施管辖。

省、市政府指定自然资源、生态环境、水利、农业农村、林业和草原、住房和城乡建设等部门按各自职责负责生态环境损害赔偿具体工作。生态环境损害赔偿案件涉及两个及以上同级部门的,报同级政府确定办理部门;办理部门应当就全部生态环境损害赔偿一并进行磋商,其他相关部门应当积极配合。省、市政府及其指定的部门或机构均有权提起诉讼。

跨省域的生态环境损害,由省政府与生态环境损害地的相关省级政府协商开展生态环境损害赔偿工作。

对公民、法人和其他组织举报要求提起生态环境损害赔偿的,赔偿权利人及其指定的部门或机构应当及时研究处理和答复。

(四)开展赔偿磋商。经调查发现生态环境损害需要修复或赔偿的,赔偿权利人根据环境损害司法鉴定报告启动赔偿磋商程序,就损害事实和程度、修复启动时间和期限、赔偿的责任承担方式和期限等具体问题与赔偿义务人进行磋商,统筹考虑修复方案技术可行性、成本效益最优化、赔偿义务人赔偿能力、第三方治理可行性等情况,达成赔偿协议。对经磋商达成的赔偿协议,可以依照民事诉讼法向法院申请司法确认。经司法确认的赔偿协议,赔偿义务人不履行或不完全履行的,赔偿权利人及其指定的部门或机构可向法院申请强制执行。磋商未达成一致的,赔偿权利人及其指定的部门或机构应当及时提起生态环境损害赔偿民事诉讼。由生态环境部门会同司法部门研究制定生态环境损害赔偿磋商工作程序,明确索赔启动条件、赔偿程序、赔偿依据、磋商主体、磋商原则、磋商内容等。

(五)完善赔偿诉讼规则。各级法院要按照有关法律规定,依托现有资源,指定专门法庭或者成立环境资源审判庭审理生态环境损害赔偿民事案件;根据赔偿义务人主观过错、经营状况等因素试行分期赔付,探索多样化责任承担方式。各级法院要研究制定符合生态环境损害赔偿需要的诉前证据保全、先予执行、执行监督等制度,可根据试行情况,提出有关生态环境损害赔偿诉讼的立法和司法解释建议。鼓励法定的机关和符合条件的社会组织依法开展生态环境损害赔偿诉讼。

在最高人民法院制定指导意见明确生态环境损害赔偿制度与环境公益诉讼关系后,省、市各有关部门做好生态环境损害赔偿制度与环境公益诉讼之间的衔接工作。

(六)加强生态环境修复与损害赔偿执行情况的监督。赔偿权利人及其指定的部门或机构对磋商或诉讼后的生态环境修复效果进行评估,确保生态环境得到及时有效修复。生态环境损害赔偿款项使用情况、生态环境修复效果要向社会公开,接受公众监督。

(七)加强环境损害司法鉴定能力建设。依托环境损害司法鉴定机构,推动全省环境损害司法鉴定能力建设,组建扩展环境损害司法鉴定专家库,加强环境损害司法鉴定评估专业队伍建设。加强生态环境损害鉴定法律法规、技术方法、标准规范等培训,提高从业人员业务能力和专业素质。进一步完善已有的环境损害司法鉴定管理制度和工作程序,保障独立开展环境损害司法鉴定,并做好与司法程序的衔接。为磋商和诉讼提供鉴定意见的环境损害司法鉴定机构应当具有司法鉴定许可证。

(八)加强生态环境损害赔偿资金管理。经磋商或诉讼确定赔偿义务人的,赔偿义务人应当根据磋商或判决要求,组织开展生态环境的修复。赔偿义务人无能力开展修复工作的,可以委托具备修复能力的社会第三方机构进行修复。修复资金由赔偿义务人向委托的社会第三方机构支付。赔偿义务人自行修复或委托修复的,赔偿权利人前期开展生态环境损害调查、环境损害司法鉴定、修复效果后评估等费用由赔偿义务人承担。

赔偿义务人造成的生态环境损害无法修复的,其赔偿资金作为政府非税收,全额上缴同级国库,纳入预算管理。赔偿权利人及其指定的部门或机构根据磋商或判决要求,结合本区域生态环境损害情况开展替代修复。由财政部门会同生态环境部门制定生态环境损害赔偿资金管理办法,进一步规范和完善生态环境损害赔偿资金的使用和管理。

(九)深入开展生态环境损害赔偿研究。生态环境部门结合全省环境污染损害司法鉴定工作,筛选近年来生态环境损害事件中的典型案例,重点了解和分析损害评估、赔偿范围、赔偿磋商、赔偿诉讼、损害修复等情况,为建立生态环境损害赔偿和修复制度提供基础材料。各市注重做好生态环境损害赔偿案例分析研究和经验总结,对生态环境损害赔偿制度建设提出意见建议。针对环境损害赔偿基线确定、因果关系判定、损害量化等关键环节,鼓励我省环境损害司法鉴定机构与重点高校、科研院所积极合作,开展深入研究。积极开展环境健康损害赔偿探索性研究与实践,特别是对我省汾河等重点河流的生态环境损害赔偿工作开展基础性研究。

五、保障措施

(一)加强组织领导。山西省生态环境损害赔偿制度改革工作领导小组负责统筹推进生态环境损害赔偿制度建设,及时研究、探索和解决工作中出现的困难和问题,确保工作有序推进。领导小组办公室设在省生态环境厅,负责领导小组日常工作。各市党委和政府要加强对生态环境损害赔偿制度改革的统一领导,成立市级生态环境损害赔偿制度改革工作领导小组,及时制定本地区实施方案,明确改革任务和时限要求,确保各项改革措施落到实处。各县(市、区)积极配合开展生态环境损害赔偿工作。各级政府指定的部门或机构要明确有关人员专门负责生态环境损害赔偿工作。

改革过程中要及时总结经验,完善相关制度。自2019年起,每年2月底前将上年度各市生态环境损害赔偿制度改革工作情况报送省生态环境损害赔偿制度改革工作领导小组办公室。

(二)强化分工协作。各部门要按照职责分工,加强协调配合,切实形成工作合力。省法院负责指导有关生态环境损害赔偿的审判工作。省检察院负责指导有关生态环境损害赔偿的检察工作。省发改委负责争取中央预算内生态环境领域相关资金支持。省科技厅负责组织生态环境损害赔偿相关的技术体系、标准体系等课题研究。省公安厅负责指导生态环境损害案件的侦查、取证工作。省司法厅负责指导有关环境损害司法鉴定管理工作,对生态环境污染损害赔偿工作涉及的规范性文件进行合法性审查。省财政厅会同相关部门负责有关生态环境损害赔偿资金管理工作。省生态环境厅会同相关部门负责并指导有关生态环境损害调查、环境损害司法鉴定、修复方案编制、修复效果后评估等业务工作。省卫生健康委、省生态环境厅负责开展环境与健康问题调查研究或指导地方开展调查研究,加强环境与健康综合监测与风险评估。省自然资源厅、省住建厅、省水利厅、省农业农村厅、省林业和草原局负责指导生态环境要素破坏的种类、程度、数据的提供和认定工作,指导、配合生态环境损害调查、鉴定和生态环境修复方案审定及修复效果评估等工作,并在安排项目和专项资金时予以支持和倾斜。

(三)加大责任追究。建立对生态环境损害索赔行为的监督机制,赔偿权利人及其指定的部门或机构的负责人、工作人员在索赔工作中存在滥用职权、玩忽职守、徇私舞弊的,依纪依法追究责任;涉嫌犯罪的,移送司法机关。

(四)做好经费保障。各级生态环境损害赔偿制度改革工作所需经费由同级财政予以安排。

(五)加强舆论引导。利用各类新闻媒体加大生态环境损害赔偿有关法规制度的宣传力度,不断强化“环境有价、损害担责”理念,做好政策解读,为全面推行生态环境损害赔偿制度、加快推进生态文明建设营造良好氛围。

(六)鼓励公众参与。创新公众参与方式,邀请专家和利益相关的公民、法人和其他组织参加生态环境修复或赔偿磋商工作,强化公众意见反馈处理。制定生态环境损害赔偿信息公开办法,依法公开生态环境损害赔偿相关文书、诉讼裁判决定、生态环境修复效果报告等信息,保障公众知情权。

中共山西省委办公厅　山西省人民政府办公厅《关于深化审评审批制度改革鼓励药品医疗器械创新的实施意见》

(2018年11月12日)

为贯彻落实中共中央办公厅、国务院办公厅印发的《关于深化审评审批制度改革鼓励药品医疗器械创新的意见》精神,促进我省药品医疗器械产业结构调整和技术创新,提高医药产业竞争力,现结合实际提出如下实施意见。

一、指导思想

以习近平新时代中国特色社会主义思想为指导,全面贯彻党的十九大精神和习近平总书记视察山西重要讲话精神,坚持"四个最严"要求,按照省委"一个指引,两手硬"思路和要求,围绕"示范区""排头兵""新高地"三大目标和省第十一次党代会提出的做大生物医药产业的要求,以提高药品医疗器械产业竞争力为核心,以鼓励药品医疗器械创新为导向,进一步优化医药领域营商环境,推动我省药品医疗器械产业转型发展、创新发展。

二、提高临床试验管理水平

(一)支持临床试验机构建设。支持医疗机构、医学研究机构、医药高等院校加强临床试验机构建设。鼓励具备条件的医疗机构通过新建、改扩建、功能调整设置等方式增加临床试验资源。将临床试验条件和能力评价纳入医疗机构等级评审,对开展临床试验的医疗机构建立单独评价考核体系,仅用于临床试验的病床不计入医疗机构总病床,不规定病床效益、周转率、使用率等考评指标。鼓励社会力量投资设立临床试验机构。加强政策引导和业务培训,不断提高药物临床试验科研人员业务能力,提升临床试验科研水平,推进形成完善的临床试验研究体系。

(二)支持开展临床试验。支持医疗机构、医学研究机构、医药高等院校开展临床试验。鼓励医疗机构设立专职临床试验部门,配备职业化临床试验研究者。完善单位绩效工资分配激励机制,保障临床试验研究者收入水平,鼓励临床医生参与药品医疗器械技术创新,对临床试验研究者在职务提升、职称晋升等方面与临床医生一视同仁,将临床医生参与药品医疗器械创新成果纳入职称评审、评价要素范围。允许境外企业和科研机构在我省依法同步开展新药临床试验。鼓励我省临床试验机构优先承接省内医药企业开展仿制药一致性评价、药械研发临床试验。

(三)完善伦理委员会机制。临床试验应符合伦理道德标准,保证受试者在自愿参与前被告知足够的试验信息,理解并签署知情同意书,保护受试者的安全、健康和权益。临床试验机构应成立伦理委员会,负责审查本机构临床试验方案,审核和监督临床试验研究者的资质,监督临床试验开展情况并接受监管部门检查。根据需要可设立区域伦理委员会,指导临床试验机构伦理审查工作,可接受不具备伦理审查条件的机构或注册申请人委托对临床试验方案进行伦理审查,并监督临床试验开展情况。卫生健康、药品监管等部门要加强对伦理委员会工作的管理指导和业务监督。

(四)提高伦理审查效率。加强伦理审查管理,注册申请人提出临床试验申请前,应先将临床试验方案提交临床试验机构伦理委员会审查批准。在国内开展多中心临床试验的,经临床试验组长单位伦理审查后,其他成员单位应认可组长单位的审查结论,不再重复审查。

(五)严肃查处临床试验数据造假行为。临床试验委托协议签署人和临床试验研究者是临床试验数据的第一责任人,须对临床试验数据的可靠性承担法律责任,确保提交的研究资料和数据真实、完整、可追溯。加强对非临床研究、临床试验的现场检查和有因检查。对申请人在药品医疗器械注册申请中,提供虚假研制方法、质量标准、药理及毒理试验数据、临床试验结果等情形的,依法予以处罚。

三、提高审评审批效能

(六)简化优化行政审批流程。提高审评审批效率,在药品医疗器械行政审批事项中实行首席代表制,授权药品医疗器械行政审批事项实施串联改并联流程,提高审批审评协同性,提供规范高效的审评审批服务,激发市场活力和医药企业创新能力。

四、促进药品医疗器械创新和仿制药发展

(七)推动技术创新,提高核心竞争力。推进产学研用的医药协同创新平台建设。推动自建企业技术中心,或与高等院校、科研院所共建研发中心和重点实验室,加强原研药、首仿药、中药、新型制剂、高端医疗器械等创新能力建设,优化科技资源配置,打造布局合理、科学高效的科技创新基地。着力整合数据、信息、设备、技术、人才等各类要素,搭建公共服务平台或虚拟平台,为科技研发活动提供场地、设备、咨询、认证和技术指导等服务。推动医药专业研发机构发展,培育服务外包市场。

(八)引导产业布局优化,提升集约发展水平。强化政策引导和统筹布局,以工业园区为载体、重点企业为依托,完善晋北、晋中、晋南三大产业基地布局。晋北原料药基地以大同医药园为载体,以国药威奇达、普德、同药、仟源等骨干企业为依托,空间整合朔州重点医药企业资源,努力打造国内具有优势的化学原料药基地。晋中中成药基地以榆次医药园、太谷医药园为载体,以广誉远、德元堂等骨干企业为依托,空间整合运城、长治、临汾等地重点中成药企业资源,打造经典国药品牌和现代中药基地。晋南新特药基地以亚宝工业园、盐湖工业园、康宝医药园、屯留康庄医药工业园为载体,以亚宝、振东、康宝、太行、海斯等重点企业为依托,空间整合太原、临汾等地关联企业资源以及国内外科研资源,打造生物医药及创新药基地。

(九)发挥企业的创新主体作用,鼓励研制创新型药品医疗器械。鼓励药品医疗器械企业增加研发投入,加强新产品研发和对已上市产品的继续研究。支持科研机构和科研人员在承担相关法律责任的前提下申报临床试验。使用财政拨款开展新药和创新医疗器械研发及相关技术研究并作为职务科技成果转化的,单位可以规定或与科研人员约定奖励和报酬的方式、数额、时限,调动科研人员参与的积极性,促进科技成果转移转化。探索提前介入机制,对我省申报的药品、医疗器械项目实行跟踪服务,加强政策引导和技术指导。

(十)支持新药临床应用。按照国家要求,探索完善医疗保险药品动态调整机制,探索建立医疗保险药品支付标准谈判机制,及时按规定将新药纳入基本医疗保险支付范围,支持新药研发。及时将新药纳入我省公立医院药品集中采购范围,鼓励医疗机构优先采购和使用。

(十一)促进药品仿制生产。根据国家知识产权局发布的专利权到期、终止、无效且尚无仿制申请的药品清单,积极引导我省企业开展药品仿制研发生产,提高公众用药的可及性。建立多部门协调推进机制,突出重点品种,强化服务指导,加快推进仿制药质量和疗效一致性评价,对通过一致性评价的品种给予相应的政策倾斜和资金奖励,纳入山西省药品集中采购直接挂网议价采购范围,各医疗机构优先采购并在临床中优先选用。

(十二)支持中药传承和创新。围绕黄芪、党参、连翘、苦参、黄芩、远志、板蓝根、柴胡等品种,加强山西道地药材标准化研究,推进道地中药材种植基地建设和发展。鼓励运用现代科学技术研究开发中成药,支持挖掘研究经典验方和医疗机构制剂,开发研究中药新药。推进中药临床研究能力,突出以临床价值为导向,促进资源可持续利用。鼓励医疗机构根据临床实际需要配制和使用医疗机构制剂,对医疗机构应用传统工艺配制中药制剂实行备案管理,优化备案管理流程。鼓励医疗机构中药制剂集中委托加工。完善山西省地方药材标准体系,推进特色中药饮片创新发展,鼓励发展高品质中药饮片生产,加强中药质量控制。

(十三)推动医疗器械产业创新发展。利用科研立项和经费支持开展创新医疗器械研发,支持龙头骨干企业积极进行产品创新和升级,加快推进国际一流的功能蛋白为主的3D打印平台和人工心脏、康复设备、医学影像设备、光学分子成像设备、生物工程及体外诊断试剂的上市,形成山西综改示范区医疗器械园区、侯马医疗器械园区和长治医疗器械园区等多个以不同产品为主的医疗器械园区。鼓励创新第二类医疗器械研发,通过设立特别通道,对处于国际领先水平、具有显著临床应用价值和自主知识产权、受到国家及省科技重大专项和重点研发计划支持的创新医疗器械,按照早期介入、专人负责、科学审批的原则,在标准不降低、程序不减少的前提下,予以优先审评审批。

五、加强药品医疗器械全生命周期管理

(十四)落实上市许可持有人法律责任。按照国家统一部署,全面落实药品上市许可持有人制度。药品、医疗器械上市许可持有人须对临床前研究、临床试验、生产制造、销售配送、不良反应报告等承担全部法律责任,确保提交的研究资料和临床试验数据真实、完整、可追溯,确保生产工艺与批准工艺一致且生产过程持续合规,确保销售的各批次产品与申报样品质量一致,确保对上市产品进行持续研究,及时报告发生的不良反应和评估风险情况,并提出改进措施。落实不良反应调查处置工作。

(十五)做好药品注射剂和医疗器械再评价相关工作。鼓励和支持我省企业尽早开展再评价。通过再评价的药品注射剂享受国家及我省仿制药质量和疗效一致性评价的相关鼓励政策。医疗器械上市许可持有人须根据科学发展情况和不良事件评估结果,主动对已上市医疗器械开展再评价。再评价发现产品不能保证安全、有效的,上市许可持有人应及时申请注销上市许可。隐匿再评价结果、应提出注销申请而未提出的,依法进行处理。

(十六)规范药品学术推广行为。加强医药代表管理,药品上市许可持有人须将医药代表名单在药品监管部门指定的网站备案,向社会公开。医药代表的学术推广活动应公开进行,在医疗机构指定部门备案。医药代表违法进行药品经营活动的,依法予以查处。

六、提升技术支撑能力

(十七)提升技术审评能力。加强内部管理,规范审评流程,建立以临床医学专业人员为主,由药学、药理毒理学、统计学等专业人员组成的药品审评团队,由临床医学、临床诊断、临床检验(临床医学检验)、机械、电子、材料、生物医学工程等专业人员组成的医疗器械审评团队,不断优化我省受理、审评、审批工作程序。

(十八)落实相关工作人员保密责任。强化保密意识,参与药品医疗器械受理审查、审评审批、检查检验等监管工作的人员,对注册申请人提交的技术秘密和试验数据负有保密义务,违反保密义务的,依法依纪追究责任。

(十九)严格落实检查责任。按照“双随机、一公开”原则,省级药品监管部门负责检查药品医疗器械生产过程和生产质量管理规范执行情况,组织对药品医疗器械生产企业实施跟踪检查、“飞行”检查。市、县两级药品监管部门负责检查药品医疗器械经营过程和经营质量管理规范执行情况。实施药品经营企业分级分类管理,通过风险研判确定监管重点,加大监管频次,推动市、县两级落实责任。检查发现问题的,应依法依规查处并及时采取风险控制措施,涉嫌犯罪的,移交司法机关追究刑事责任。推动违法行为处罚到人,检查和处罚结果向社会公开。

(二十)建设职业化检查员队伍。依托我省现有资源加快检查员队伍建设,形成以专职检查员为主体、兼职检查员为补充的职业化检查员队伍。实施检查员分级分类管理,强化检查员培训,加强检查装备配备,提升检查能力和水平。

(二十一)加强审评检验检测能力建设。将药品医疗器械审评检验检测纳入政府购买服务范围,大力提高队伍能力素质,提供规范高效服务。建立医疗器械审评质量管理规范,进一步提高第二类医疗器械审评技术水平。加大财政投入,加强药品医疗器械检测能力建设,提高我省药品医疗器械检测检验水平。

(二十二)加快医疗器械审评审批信息化建设。构建"互联网+医疗器械",逐步实现注册申请电子提交、网上受理、网上办理和网上反馈,全程公开审评审批进度,最终实现注册申报信息和审评审批信息电子档案。建立第二类医疗器械上市品种档案。

七、完善保障措施

(二十三)加强组织领导。深化审评审批制度改革,鼓励药品医疗器械创新是党中央、国务院作出的一项重要决策,各地、各有关部门要充分认识此项工作的重要意义,将其作为促进我省转型发展、创新发展的重要内容予以支持,加强统筹协调,健全工作机制,推动我省药品医疗器械产业健康、良性发展。

(二十四)强化协作配合。充分发挥药品医疗器械审评审批制度改革厅际联席会议制度的作用,及时研究解决改革中遇到的矛盾和问题。省药品监督管理局要发挥好牵头作用,协调推进任务落实,各相关部门要依法履职,分工协作,形成改革合力。省发改委要支持医药高科技产品的发展,将临床试验机构建设纳入医疗机构建设发展的重要内容。省科技厅要加强医药科技创新工作,充分利用省级相关科技计划(专项、基金),支持省内相关企业、科研机构开展新药和创新医疗器械技术研发及成果转化。省工业和信息化厅要加强医药产业发展规划和指导,强化临床用药生产保障。省医疗保障局要做好医疗保险政策支持新药发展相关工作。省卫健委要加强对临床试验机构建设的指导,加强对伦理委员会的管理和临床试验研究者的培训,做好中医药创新工作。省知识产权局要做好与专利有关的药品医疗器械知识产权保护工作。

(二十五)做好宣传引导。各地、各有关部门要正面宣传鼓励药品医疗器械创新的重要意义,加强政策解读,及时解答社会各界关注的热点问题,主动回应社会关切,合理引导各方预期,营造良好舆论氛围。

中共山西省委办公厅　山西省人民政府办公厅《关于统筹规范全省督查检查考核工作的若干措施》

(2018年11月16日)

为更好地推动党的十九大精神、党中央大政方针以及省委重大决策部署的贯彻落实,深入推进全面从严治党,进一步改进工作作风,坚决克服形式主义、官僚主义,根据《中共中央办公厅关于统筹规范督查检查考核工作的通知》精神,结合我省实际,现就统筹规范全省督查检查考核工作制定以下措施。

一、把握总体要求

督查检查考核工作是推动党的理论和路线方针政策、党中央决策部署贯彻落实的重要手段,是改进党的作风、激励广大干部担当作为的重要举措。要坚持以习近平新时代中国特色社会主义思想为指导,全面贯彻党的十九大精神,深入贯彻落实习近平总书记视察山西重要讲话精神,牢固树立"四个意识",坚决做到"两个维护"。要按照省委"一个指引、两手硬"思路和要求,围绕"示范区""排头兵""新高地"三大战略目标,不断增强督查检查考核工作的科学性、针对性、实效性,严格控制总量,切实减轻基层负担,进一步激励干部担当作为、崇尚实干、攻坚克难、狠抓落实,在"两转"基础上全面拓展新局面,奋力谱写新时代中国特色社会主义山西篇章。

二、严格控制总量和频次

除党中央、国务院要求外,省委、省政府原则上每年年中开展1到2次综合性督导检查,年底开展1次全省目标责任考核。省直各部门及议事协调机构除党中央、国务院部署和省委、省政府决定以及依法依规开展的督查检查考核外,要严格控制开展业务督查检查考核的数量和频次,不得自行设置以市县党委和政府为对象的督查检查考核项目,不得在部门文件中自行规定全省性督查检查考核事项,确需开展的要一事一报,经省委审批后实施。同一部门开展的多项督查检查考核事项要尽可能整合成1项。同一类事项涉及多部门的要联合组团合并开展。要合理确定督查检查考核时间,避免扎堆开展,更不能工作刚安排就督查检查、刚部署就进行考核。不得为迎接上级督查检查考核,先行对基层开展督查检查考核,防止层层加码。部门督查检查考核不能打着省委、省政府的旗号,日常调研指导工作不能随意冠以督查、检查、巡查、督察、督导等名义。

三、实行计划和审批报备制度

省直各部门要于每年12月20日前将次年拟开展的涉及地方党委和政府以及本系统全省性的业务督查检查考核事项，按照归口管理原则分别报省委办公厅、省政府办公厅研究初审，经省委办公厅审核后统一报省委审批，以年度计划的形式印发执行，并报中央办公厅备案。各市要建立审批报备制度，制定次年的年度计划，于每年12月底前报省委办公厅备案。

省委常委会工作要点、省政府工作报告、省委常委会会议和省政府常务会议等决定事项贯彻落实情况的督查检查，由省委办公厅、省政府办公厅按程序报批后开展。紧急突发事项的督查检查可视情况科学简化程序，经分管省领导同意后实施，同时报省委办公厅备案。在提请省委常委会会议、省政府常务会议及省委、省政府决策议事协调机构有关会议审议的文件稿中，提出开展涉及市县党委和政府以及本系统全省性的督查检查考核时，要事先征得省委办公厅、省政府办公厅同意。

四、认真开展专项清理

省直各部门要对各类督查、督察、督导、检查、巡查、考核、考评等进行全面清理。清理范围包括：以省委、省政府或省委、省政府决策议事协调机构名义开展的，由本部门组织实施的事项；以部门名义开展或作为牵头部门联合开展的事项；部门内设机构及下属单位开展的事项。各部门党组（党委）要严格把关，加强统筹，按照原则上每年开展1次综合性督查检查考核的要求，能撤销的坚决撤销、能合并的坚决合并。各市也要对本市开展的督查检查考核活动进行清理规范，大幅度压缩数量和频次。专项清理后，确保对县乡村和厂矿企业学校的督查检查考核事项减少50%以上。省直各部门清理规范情况归口报省委办公厅、省政府办公厅审核，由省委办公厅统一汇总上报。各市清理规范情况报省委办公厅备案，同时报省政府办公厅备案。清理后保留的事项要实行清单管理，可以公开的公开，接受社会监督，确保执行到位，严防反弹回潮。

五、完善优化评价体系

要进一步完善各类督查检查考核评价体系，注重定量和定性相结合，体现差异化要求，科学合理设计权重，形成客观真实反映工作成效的分析评估报告，为科学决策、推动落实发挥重要作用。经专项清理后，省直各部门确需对市委、市政府进行考核评价的，要统一纳入全省年度目标责任考核指标体系，可进一步将相关指标进行细化量化，作为年度目标责任考核指标体系的附件，与年度目标责任考核一同开展，实现一次综合考核，全面评价工作，成果共用共享。确需对本系统全省性业务考核的，要科学合理设置指标，突出党中央及省委重大决策部署的贯彻执行情况，考核指标要视情况区分城市与乡村、贫困地区与非贫困地区、地方与部门、机关与企事业单位等进行合理设计，避免“一刀切”“一锅煮”，做到客观公平公正。

六、切实改进方式方法

要按照省委提出的“标准要严格、方法要务实、问题要找准、对策要谋好”的要求，切实改进督查检查考核的方式方法。实地督查检查考核前，要科学制定方案，合理组织队伍，开展专题培训，做好充分准备。要针对重点内容设计验证式环节，以核心工作的实际成效检验总体工作情况。实地督查检查考核中，要更多运用个别谈话、专题座谈会、“明查＋暗访”、“四不两直”等方式，个别谈话要科学确定谈话对象，事先研究谈话提纲；专题座谈会要提前告知座谈主题，尽量召开小型座谈会，确保座谈质量；注重明查与暗访结合，可先通过暗访了解掌握真实情况线索，再通过明查核实有关情况，找出问题症结，也可先明查分析存在的问题及原因，再暗访印证真实性；“四不两直”督查检查要不发通知、不打招呼、不听汇报、不用陪同接待，直奔基层、直奔现场。要灵活采用随机抽查、第三方核查评估等方式，充分运用信息化手段，提高督查检查考核的质量和效率。

要加强调查研究，坚持走群众路线，把更多的精力用在平时，加强常态化了解，多到现场看，多见具体事，多听群众说，查实绩、听民意、看成效，关键看政策举措是否落地见效，群众是否真正满意。要坚持问题导向，注重发现落实中存在的差距，了解有关政策需要完善的地方。既到工作开展好的地方总结经验，更要到情况复杂、矛盾突出的地方解决问题。

要严格落实中央八项规定精神和省委、省政府实施办法，减少陪同、简化接待，可安排熟悉工作的有关同志协助引导。省级开展的调研督查检查考核，省委、省政府主要领导同志带队的，所到市陪同人数不超过3人；其他省级领导带队的，不得要求市党政主要负责同志陪同，所到市按对口陪同原则安排1名负责同志陪同。不要求基层单位过度提供资料，不简单以留痕多少评判工作好坏，不影响基层正常工作，不做一般性概念化评价，不提可操作性不强的意见建议，一般不作新闻报道。除省委主要负责同志外，其他省领导带队开展的调研督查检查考核，不听取市级全局性工作汇报，不召开大范围见面、汇报、反馈会议。

七、强化结果分析运用

对督查检查考核中发现的问题，要以适当方式进行反馈，建立整改台账，持续跟踪督办，直至整改落实。对涉及省级层面的政策性建议，要及时报告分管省领导，转有关部门研究解决。对发现的违纪违法问题线索，要转省纪委监委或相关部门处置。要将工作问题和党纪政纪问题区分开来，不能简单以问责代替整改，也不能简单搞终身问责。要鲜明树立重实干重实绩的导向，对政治坚定、奋发有为的干部要褒奖和鼓励，对慢作为、不作为、乱作为的干部要警醒和惩戒。对不落实、慢落实、落实不到位或者执行偏差问题，要责成认真纠正整改、汲取教训。对各种告状信、检举信，经核实有问题的要依纪依法处理，没问题的要及时澄清、公开正名，对诬告陷害的要严肃追究责任，推动形成勇于担当作为、敢于抵制歪风邪气的良好政治生态。

八、加强组织领导

省级层面建立健全省委统一领导,省委督促检查工作领导小组统筹协调,省委办公厅、省政府办公厅具体负责,省直有关部门积极参与的工作机制,加强对全省督查检查考核工作的计划管理和监督实施,实现任务统筹、力量统筹、进度统筹。各市委、省直各部门党组(党委)要强化主体责任,加强组织领导,建立健全统筹协调机制,加强对本地本部门督查检查考核工作的计划管理和监督实施。要加强与人大、政协办公厅的协调配合,形成工作合力,抓好工作落实。人大、政协开展的各类监督活动,人大、政协办公厅要统筹科学合理安排。

中共山西省委办公厅　山西省人民政府办公厅《关于深入开展领导干部联系民营企业工作的通知》

(2018 年 11 月 23 日)

为深入贯彻习近平总书记在民营企业座谈会上的重要讲话精神,省委、省政府决定在全省深入开展领导干部联系民营企业工作。现就有关事宜通知如下。

一、目的意义

在全省深入开展领导干部联系民营企业工作,是牢牢坚持"两个毫不动摇",贯彻落实习近平总书记在民营企业座谈会上的重要讲话精神的具体行动,有利于推动党中央、国务院和省委、省政府各项惠企政策措施的贯彻落实,有利于构建亲清新型政商关系,有利于进一步畅通党委、政府与民营企业的沟通联系,有利于带动全社会形成尊敬民营企业家、关心支持民营企业发展的良好环境,对于促进我省民营企业健康发展,引导和激励全省广大民营企业家积极投身"示范区""排头兵""新高地"三大目标建设,为全省转型发展凝聚力量具有重要意义。

二、主要内容

1.畅通联系渠道。通过加强各级领导干部与民营企业的联系,进一步增强各级领导干部关心民营企业、支持民营经济发展的意识;进一步推动领导干部联系民营企业工作制度化、规范化,使之成为党委、政府了解情况、科学决策、加强联系和沟通的重要渠道。

2.推动政策落实。在联系中及时向企业传达宣传党的方针政策,了解国家和我省支持民营经济发展各项政策措施在企业的贯彻落实情况。近距离感知企业家对政策措施和营商环境的真实感受,保证各项政策和惠企措施真落实、不变形、不走样。

3.扩大联系的覆盖面。以结对企业为桥梁、纽带,进一步转变作风,深入广大民营企业中,树立"亲""清"的鲜明导向,广泛同民营企业家交朋友、听真话,推动亲清新型政商关系落到实处,激发和保护企业家精神,让全省广大民营企业和民营企业家感受到"是自己人",把更多的企业家团结到党和政府周围,凝聚到我省转型发展的进程中来。

4.发现和反映问题。了解民营企业生产经营状况,倾听民营企业发展过程中的困难和诉求,发现发展环境中的突出问题,举一反三,研究行业或民营企业领域共性问题,找准制约民营经济发展的症结,向同级党委、政府和相关方面提出切实可行的意见建议,不直接包办代替。

5.指导民营企业加强党的建设。党员领导干部在联系企业的同时,主动关心、了解企业党建工作,推动党建工作与企业生产经营有效融合,用党建工作促进企业健康发展。

三、有关事项

1.联系的范围为省、市、县(市、区)党委、人大常委会、政府、政协领导班子成员。省级领导干部每人联系 2 家民营企业。市、县级领导干部根据各地实际确定联系民营企业数。各级领导干部联系民营企业一般不重复。

2.联系形式为入企走访调研、与企业负责人谈心、召开座谈会多种形式。

3.省级领导干部走访民营企业每年不少于 2 次,作为贯彻中央"八项规定"精神的重要内容,在班子民主生活会上报告落实情况。

4.严格遵守"八项规定"和有关纪律要求,不参与、不干扰企业正常经营管理活动,不增加企业负担,不搞形式主义。禁止以任何名义、任何形式在企业办私事、谋私利。

5.遇到领导干部工作变动等情况,所在办公厅(室)要及时作出相应调整。

中共山西省委办公厅　山西省人民政府办公厅 转发省委农工办　省农业农村厅《全省万名干部农技人员冬季调研工作方案》和《全省百万农民冬季培训工作方案》

（2018年12月6日）

全省万名干部农技人员冬季调研工作方案

为大力实施乡村振兴战略，扎实推进现代特色农业发展，科学谋划明年农业农村重点工作，经省委、省政府同意，决定利用冬季时间，组织万名干部、农技人员开展“深调研、谋发展、抓落实”进村入户调研活动，特制定本工作方案。

一、总体要求

以习近平新时代中国特色社会主义思想为指导，深入学习贯彻党的十九大精神和习近平总书记视察山西重要讲话精神，全面贯彻落实省委十一届六次全会精神，按照省委、省政府的工作部署，坚持目标导向和问题导向，聚焦全省现代特色农业发展的重点、短板、弱项，大兴调查研究之风，扑下身子，沉到一线，开展全方位、多渠道、深层次的调查研究，进一步摸清实情、查找问题，广泛动员干部群众扎实推进当前工作，科学谋划明年思路，推动现代特色农业高质量发展，把实施乡村振兴战略向纵深推进。

二、调研方法

（一）认真学习领会习近平总书记关于“三农”工作的重要论述。深刻感悟其中的战略思维、人民立场和科学方法，切实用习近平总书记关于“三农”工作的重要论述武装头脑、指导实践、推动工作。要把深入学习贯彻习近平总书记视察山西重要讲话精神作为政治任务，再学习、再领会、再对表、再深化，对讲话的核心要义要悟得更深，结合省情农情实际反复研学，做到学思践悟相统一。要深入学习贯彻落实习近平总书记关于大兴调查研究之风的重要指示精神，不断加强和改进调查研究工作，提升科学决策的能力和水平。

（二）全面深入掌握资料。要多层次、多方位、多渠道调查了解农业农村情况，既要到工作局面好和先进的地方去总结经验，又要到困难较多、情况复杂、矛盾尖锐的地方去发现问题；既要听基层干部意见，又要听群众意见，通过实地查看、走访群众、召开座谈会等多种形式，全面准确了解农业农村情况。要注重深入实际、深入群众、深入基层，走出机关、沉到一线，进田头、入户头、坐炕头，同基层干部交流、同群众座谈，体察群众困难、倾听基层心声，总结基层经验、汲取群众智慧，既要听顺耳话，也要听逆耳言；既要让群众反映情况，也要请群众提出意见，真正能够听到实话、察到实情、取得真经、收到实效。

（三）注重分析研究。要在深入调查的同时，加大调研资料的分析研究力度。对调查资料去粗取精、由表及里，进行深入细致的思考、分析、综合，把零散的认识系统化，把粗浅的认识深刻化，透过现象看本质，形成正确结论。要实事求是，有一是一、有二是二，通过对省情农情的深入调查和分析，既把好经验好做法总结好，更要把问题找准、原因查实，为明年农业农村发展提出针对性、指导性和操作性强的意见和建议，形成科学、有效、清晰的发展思路。

（四）统筹调查研究与工作落实。要把调研成果体现到决策部署中去，转化为工作思路、工作部署。把调查研究与压实责任、宣讲政策、推动工作结合起来，把调研活动转变为推动政策落地、工作落实、本领增强的过程，使广大农业农村干部自觉适应新形势新任务要求，提高工作标准，切实转变作风，在实践中不断提升能力与本领。

三、调研内容

（一）农业结构调整。深入调查农业结构现状，分析特色主导产业布局和粮经饲结构，了解明年群众种植意愿，谋划好种植业结构调整，引导群众合理安排种植品种，在更高标准上推动农业高质量发展。

（二）一二三产业融合。深入调研有机旱作农业、城郊农业、休闲观光农业等发展情况，以及农产品精深加工、农业产业链延伸特别是杂粮全产业链开发情况，谋划好今后全省一二三产业融合发展思路，研究提出针对性的政策建议。

（三）新型经营主体培育。对接龙头企业、家庭农场、农民合作社等新型经营主体，了解发展状况，分析遇到的困难和原因，研究提出明年及今后我省支持和培育新型经营主体，特别是农民合作社和家庭农场两类农业经营主体的思路和政策建议。

（四）发展适度规模经营。调研全省土地流转、农业生产托管、适度规模经营情况，发现小农户和现代农业发展有机衔接的典型经验做法。提出规范土地流转、发展农业适度规模经营、提高农业社会化服务水平的思路,探索提高农民组织化程度的有效途径和形式,调动农民发展现代特色农业的积极性。

(五)农业重大投资项目建设。调研今年以来各地农业招商引资情况,深入农业重大项目、重点工程,了解资金到位、项目落地、开工完工率等情况,了解各地农业招商引资的经验、做法及存在困难和问题,分析梳理今年农业固定资产投资出现的新情况及问题原因,预测完成情况,提出扩大招商引资的政策建议,以更高标准谋划明年农业招商引资和项目建设。

(六)深化农村改革。调研土地承包经营权确权登记颁证工作进展,农村承包地"三权分置"制度完善情况。调研农村集体产权制度改革,加快推进农村集体经营性资产股份合作制改革,推动资源变资产、资金变股金、农民变股东情况。调研各地在探索宅基地"三权分置"具体实现形式方面的做法,了解各地适度放活宅基地和农民房屋使用权、闲置宅基地整治盘活利用等方面的经验。了解各地农村改革存在的困难和问题,提出可行的改革建议和措施。适时召开座谈交流会。

(七)农产品产销对接。调研农产品市场供求和价格情况,分析预测明年主要农产品价格走势和市场需求。了解冬季农产品产销对接情况,探索扩大农产品顺畅销售、促进农民增收的渠道。

(八)完善农业支持保护体系。调研各地强农惠农富农方面出台的政策措施,了解各地统筹用于支持农业生产发展的资金投入,总结推广现代农业发展的好政策好经验好做法。探索完善农业政策性保险、推进农技推广体系改革与建设等方面的做法,为全省现代农业发展提供有力政策保障。

(九)农村人居环境改善。围绕拆违治乱、垃圾治理、污水处理和利用、厕所革命、卫生乡村等五大专项行动,了解农民意愿,提出合理的方式、类型、技术、工艺等,激发群众内生动力。

四、活动开展方式

这次调研活动涉农部门要积极参与,省、市、县、乡、村同步进行,多形式、多层次组织,唯真唯实、高效有序开展。省级要抓总带头,市县要理出思路举措,乡村要列出实施清单。

(一)省级调研。由全面调研和专题调研组成,从省直涉农部门抽调干部、专业技术人员参加。

全面调研:准确把握调研的基本要求和重点任务,做到带头深入调研和指导各地开展调研相结合,要全面了解情况,更要注重发现典型、解剖典型,整体谋划好明年工作思路和工作重点。由省农业农村厅牵头,省水利厅、省农科院和省供销社等部门共同参与,11名厅级干部带队,抽调55名干部和专业技术人员组成11个调研组,分赴11个市,就九个方面的内容进行深入调研。每组深入调研不少于3个县(市、区)。每个县(市、区)要至少深入5个村、10个新型经营主体、20户农户。下乡调研时间不少于20天。

专题调研:农口各单位根据职责自主选题,由厅级干部带队,各内设主要业务部门参与,厅级干部基层调研不少于10天,处级干部不少于15天。

(二)市级调研。各市要制定调研方案,参照省级调研内容选题并组织安排,调研范围要覆盖辖区所有县(市、区),调研人员以市直部门为主,适当抽调有关县乡干部参与,把调研和交流学习结合起来,把指导服务和提升干部基本能力结合起来。市级要由政府分管负责同志和农口部门主要负责同志带头调研,下乡调研时间不少于20天,每人至少完成一篇高质量调研报告。

(三)县级调研。各县(市、区)根据发展实际确定调研主题,分管负责同志领办完成。县级调研要加强调研统筹,调研要覆盖所有乡镇,摸清农情乡情,找到共性问题,理出发展思路,谋划全域工作。县级调研领题领导干部下乡驻村调研时间不少于1个月。

(四)乡镇调研。乡镇要开展大走访、大摸底,深入了解农情村情,真正把各方面情况摸清吃透。乡镇负责同志带头,全员参与,走访到所有村。乡(镇)党委书记、乡(镇)长至少完成一篇调研报告,乡镇干部每人至少写出一篇调研体会。

(五)村级走访。村干部要通过座谈、走访等形式,找出当前急需解决的事项,理出群众反映强烈的问题,明确明年要办的具体实事,列出需要支持的事项清单。

五、具体要求

(一)时间安排。调研活动从2018年12月上旬至2019年2月底。2018年12月上旬,省农业农村厅牵头完成调研人员抽调。12月10日前,省级调研组沉到一线。市、县、乡、村级要根据实际同步开展调研活动。

(二)调研成果。省级各调研课题组和农口其他部门于2019年1月10日前形成中期调研报告报省农业农村厅,2月底前形成完整详尽的调研报告报省农业农村厅。各市调研情况要形成汇总报告,2月底前报省农业农村厅。调研报告问题建议部分不少于报告篇幅的2/3。县、乡调研成果要逐级上报。

(三)严明纪律。严格执行中央八项规定精神,轻车简从,不搞层层陪同,不增加基层负担,不影响调研对象正常工作。要加强调研统筹,不扎堆、不扰民。

全省百万农民冬季培训工作方案

为了培养一支懂农业、爱农村、爱农民的农业干部队伍,造就一批善经营、会管理、有技术的新型职业农民,强化乡村振兴人才支撑,经省委、省政府同意,决定开展百万农民"提素质、强本领、促振兴"冬季培训活动,特制定本工作方案。

一、总体要求

以习近平新时代中国特色社会主义思想为指导，深入贯彻落实党的十九大精神和习近平总书记视察山西重要讲话精神，全面贯彻落实省委十一届六次全会精神，按照省委、省政府工作部署，以实施乡村振兴战略为统领，以引深"三基建设"为抓手，在全省深入开展百万农民"提素质、强本领、促振兴"冬季培训活动，提升全省农业干部适应新时代、实现新目标、落实新部署的能力，提升广大农民群众的职业素养和生产技能，为实施乡村振兴战略提供人才保障和智力支撑。

二、培训内容

(一)习近平总书记关于"三农"工作的重要论述。深刻领会习近平总书记关于"三农"工作的重要论述、习近平总书记视察山西重要讲话精神的丰富内涵，提高用习近平总书记关于"三农"工作的重要论述武装头脑、指导实践、推动工作的觉悟、能力和水平，增强广大农业农村干部做好新时代农业农村工作的使命感和责任感，做"懂农业、爱农村、爱农民"的合格践行者。

(二)省委、省政府关于农业农村工作的重大决策部署。学习贯彻落实省委十一届六次全会精神以及省委农村工作暨脱贫攻坚会议、全省实施乡村振兴战略暨改善农村人居环境现场推进会、全省有机旱作农业现场观摩推进会精神，深入学习省委、省政府《关于推进乡村振兴战略的实施意见》《乡村振兴战略总体规划(2018-2022年)》及实施乡村振兴战略若干政策。学习农村土地制度、农村集体产权制度、农业支持保护制度、现代农村金融制度等农村改革政策。

(三)现代特色农业实用技术。开展有机旱作农业技术体系、杂粮全产业链开发、高产优质高效栽培、特色农产品加工贮运、丘陵山区农业机械化等农业关键技术培训。推广良田、良种、良法、良机、良制配套绿色高质高效集成技术；围绕"控肥增效、控药减害、控水降耗、控膜减污"，全面推行节肥节药节水节膜技术；积极推广全省遴选发布的测土配方施肥、设施蔬菜主要害虫生物防治、耕地土壤污染治理与修复、中药材有机旱作、猪场粪污资源化利用等5大类24项主推技术和12类32个新品种，指导群众熟练掌握技术操作规范，促进先进适用技术快速进村入户到田。加强深化农业供给侧结构性改革培训，研判市场需求，分析供求形势，指导农民合理安排种养结构。加强当前小麦越冬田间管理、冬季设施农业生产、果树中药材越冬管理、冬春季疫病防控、农机冬季保养等农业生产急需急用技术的培训指导。

(四)农民就业创业实用技能。及时发布冬季用工需求信息，加强对农民工转岗就业和临时外出务工人员的就业指导。深入实施"全民技能提升工程"，开展文化旅游、电子商务、手工技能、家政服务、养老护理、物流快递、酒店餐饮等专项就业技能培训，加强农民工岗位安全教育、法律意识、维权意识培训，开展融资信贷、经营销售等指导。

三、培训任务

自2018年12月上旬至2019年2月下旬，培训100万农村干部、农业专业技术人员和农村劳动力。按照"条块结合、分工负责、以县为主"的原则，省级抓示范、市级抓调训、县级抓全员、部门抓系统，分级、分类、分部门、分专题组织实施。

(一)培训农业农村干部3万人。以习近平总书记关于"三农"工作的重要论述及省委、省政府关于农业农村工作的重大决策部署为重点，以增强农业农村干部队伍落实"三农"政策的本领、提高统筹领导本地区农业农村工作能力为目标，加强市、县、乡、村干部培训。

1.培训市县乡干部0.5万人。

培训对象：市、县、乡领导干部，涉农部门干部。

组织分工：省级组织市、县、乡领导干部示范培训1000人；市级组织县乡领导干部、涉农部门干部开展乡村振兴、脱贫攻坚、人居环境改善等专题培训4000人。(省市组织部门牵头，省市涉农部门配合)

2.培训村级干部2.5万人。

培训对象：村党支部书记、村委主任、大学生村官、驻村帮扶工作队员、第一书记。

组织分工：县级组织实施。(县组织部门牵头，县农业、扶贫、民政部门配合)

(二)培训农业专业技术人员2万人。以提高农业专业技术人员服务乡村振兴的专业能力和职业素养为目标，以"全环节"绿色高效技术集成、"全过程"社会化服务体系构建、"全链条"产业融合模式打造、"全县域"绿色发展方式引领为重点，培训市、县、乡农业专业技术人员。

培训对象：市、县、乡农艺、畜牧(兽医)、农机、农经、水利等涉农专业技术人员。

组织分工：省级各部门组织开展有机旱作农业、非洲猪瘟防控、农业生产服务托管、现代信息技术等高级人才培训4000人；市级各部门围绕主导产业发展需求，组织中、高级专业技术人员专题培训5600人；县级各部门分专业组织技术人员培训10400人。(各级农业、科技部门牵头，水利、扶贫、农机、科协等部门，省农科院、山西农大配合)

(三)培训新型农业经营、服务主体10万人。以培养具备现代农民综合素质、具有经营管理、产品营销、品牌建设、安全生产等能力的农业生产经营者队伍为目标，以特色现代农业发展、农产品质量安全、市场营销、农业经济组织经营管理、农业生态环境、一二三产融合发展等相关知识为重点，培训新型农业经营主体、服务主体领办人和返乡创业青年。

培训对象：农业产业化龙头企业负责人、农民合作社理事长、家庭农场主(种养大户)、农业社会化服务组织负责人、返乡创业青年等新型职业农民。

组织分工：省级组织农业职业经理人、现代青年农场主培训1000人；市级组织实施新型经营主体带头人示范培训1000人；县级组织新型农业经营主体、服务主体培训98000人。(各级农业部门牵头，水利、扶贫、农机、科技等部门，省农科院、山西农大配合)

(四)转移劳动力职业技能培训10万人。以培育发展地方特色劳务品牌、提升我省农村劳动力转移就业规模和质量为目标，围绕实施乡村振兴战略、加快脱贫攻坚，以家政服务、养老护理、物流快递、文化旅游、酒店餐饮为重点，组织开展农民职业技能提升培训。

培训对象：农民工、农村转移劳动力。

组织分工：县级组织实施。（县级人社部门牵头，各相关部门、企事业单位配合）

（五）农村实用技术培训75万人次。以提升广大农民专业知识和生产技能为目标，以促进新品种新技术新装备新模式推广应用为重点，分产业分专业培训种、养、加、销、服务等各类实用技术。

培训对象：从事农业生产、加工、流通、服务、电子商务、手工技能等产业的农村劳动力。

组织分工：县级组织实施。（县级农业、扶贫、科技部门牵头，水利、农机、科协、共青团、妇联等部门，省农科院、山西农大配合）

四、考核颁证

为切实提高培训针对性、有效性，对各类参训人员培训情况和学习效果组织考试考核，合格的发放《培训合格证》。

农业农村干部培训计入年度干部教育培训总学时。农业专业技术人员培训，考核合格的由人社部门发放《专业技术人才知识更新工程培训证书》，培训学时计入专业技术人员继续教育学时。

各类新型农业经营主体培训达到新型职业农民认定标准条件的，由当地农业农村部门颁发《新型职业农民证书》（绿色证书）。

农民参加职业技能培训，考核合格的由人社部门统一颁发《山西省全民技能提升工程培训合格证书》。

参训农民所学技术在国家专项职业能力规范目录内的，经职业技能鉴定考评合格的，发放专项职业能力证书。

五、工作要求

（一）提高政治站位。开展百万农民“提素质、强本领、促振兴”冬季培训活动是全省“三农”工作领域深入践行习近平新时代中国特色社会主义思想、把党的十九大精神和习近平总书记视察山西重要讲话精神引向深入的重大举措，是争做懂农业、爱农村、爱农民的农业干部，锤炼工作作风、提升服务本领的具体要求。各级各部门要强化组织领导，全面动员部署，努力作为，真抓实干，为抓好冬季农业生产、谋划推动明年工作奠定良好基础。

（二）强化责任落实。要坚持以上率下，压实责任。各级党委和政府要统筹抓好培训任务和经费的落实工作。各级各部门都要制定工作方案、责任清单、进度清单，明确每项培训工作的目标任务、推进时限和具体责任人。

（三）创新培训方式。坚持集中培训与分散培训相结合、课堂教学与实践操作相结合、线上教学与线下培训相结合，按照“用什么学什么、缺什么补什么”的原则，精准设置培训课程。要注重发挥典型带动和示范引领作用，让农民中的创业创新典型现身说法，多种方式提升培训效果。

（四）营造良好氛围。各地要围绕培训活动开展宣传，重点宣传乡村振兴战略、各项强农惠农政策和农业新品种新技术。要广泛利用广播、电视、报纸、互联网，特别是新媒体平台加强宣传，形成全社会关心、支持、参与乡村振兴的良好氛围。

（五）建立调度制度。各市和省直牵头部门要建立按月调度制度，及时掌握培训进展情况，于每月10日前报省农业农村厅。2月下旬，各市和省直牵头部门将培训任务完成情况、典型做法、经验成效、问题建议等进行全面总结并报省农业农村厅。

中共山西省委办公厅　山西省人民政府办公厅
《山西省安全生产巡查工作制度(试行)》

（2018年12月7日）

为监督安全生产责任任务措施的落实，根据国务院安全生产委员会印发的《安全生产巡查工作制度》和省委办公厅、省政府办公厅印发的《山西省贯彻落实〈地方党政领导干部安全生产责任制规定〉实施细则》等有关规定，结合全省实际，建立安全生产巡查工作制度。

一、总体要求

以习近平新时代中国特色社会主义思想为指导，按照党中央、国务院和省委、省政府关于安全生产的工作部署，通过安全生产巡查，推动下级党委、政府及其有关部门和生产经营单位牢固树立安全发展理念，大力弘扬生命至上、安全第一思想，认真贯彻执行安全生产方针政策和法律法规，坚决守住不发生重大生产安全事故底线，以铁的担当尽责、铁的手腕治患、铁的心肠问责、铁的办法治本，严格落实地方党政领导责任、部门监管责任和企业主体责任，有效防范安全生产风险，不断提升安全工作水平，为加快转型发展、决胜全面建成小康社会、谱写新时代中国特色社会主义山西篇章营造良好稳定的安全生产环境。

二、基本原则

坚持实事求是。坚持从阶段性实际出发，按照客观要求，确定安全生产巡查任务，制定工作计划、实施方案。开展巡查工作，要以解决问题促进工作为目的。

坚持依法依规。严格遵守党内法规、政策和国家法律规定，按照授予的权限和规定的程序、方式、要求开展工作。巡查不应影响被巡查单位正常工作。

坚持问题导向。把常规巡查与机动巡查相结合，将查问题、促整改作为巡查工作的主要任务，聚焦安全生产责任和重点工作任务措施的落实，深入了解掌握真实情况，着力解决制约安全生产的深层次矛盾问题。

坚持注重实效。强化巡查结果运用，把巡查结果纳入安全生产目标责任考核内容，并作为党政领导干部提拔任用的重要参考。

三、组织领导

（一）省委、省政府成立由省安委会主任任组长、第一副主任为第一副组长、常务副主任为副组长，省委、省政府有关部门主要领导为成员的省安全生产巡查领导小组，下设办公室，省安全生产巡查领导小组及办公室与省安委会及办公室两块牌子、一套人马，省安全生产巡查领导小组办公室主任由省安委办主任兼任。

（二）省安全生产巡查领导小组负责安排部署安全生产巡查工作，听取省安全生产巡查领导小组办公室工作汇报，批准巡查工作方案、巡查工作报告，统筹使用安全生产巡查结果。

省安全生产巡查领导小组办公室负责贯彻落实省安全生产巡查领导小组工作决策部署，组织编制巡查工作规划、计划，起草巡查工作方案、文件，提出巡查组工作人员人选建议，组织培训、管理巡查组工作人员，及时向省安全生产巡查领导小组报告巡查工作，提出对巡查结果使用的建议，办理省安全生产巡查领导小组交办的其他事项。

（三）巡查组由组长、副组长及若干工作人员组成，并可按照工作需要聘请专家参加，专家人选从设定的专家库中选用。组长人选由省安全生产巡查领导小组办公室会同省委组织部提出并报省安全生产巡查领导小组领导同意。

巡查组组长由副厅级及以上领导干部担任，巡查组成员以省安全生产监督管理专门机构工作人员为主体，可根据工作需要，抽调其他负有安全生产监督管理职责的部门人员参加巡查。各巡查组人员应当按照规定和巡查任务进行抽调配备，在一个巡查周期内应相对固定。对不适合从事巡查工作的人员，应当及时予以调整。

巡查组成员条件：理想信念坚定，自觉地在思想上政治上行动上同以习近平同志为核心的党中央保持高度一致；坚持原则，作风务实，公道正派，敢于担当，清正廉洁；熟悉安全生产工作和相关政策法规，具有较强发现问题、综合分析和沟通协调能力；身体健康，能胜任工作。

四、巡查对象

（一）各设区的市级党委、政府；

（二）省委、省政府有关部门；

（三）根据工作需要，巡查可延伸或专项巡查县级党委、政府及有关生产经营单位。

五、巡查内容

（一）贯彻落实习近平总书记关于安全生产的重要指示精神和安全生产方针政策、法律法规情况，贯彻落实党中央、国务院和省委、省政府关于安全生产工作的重要决策部署情况；

（二）省委、省政府年度安全生产重点工作和目标任务推进落实情况；

（三）下级党委、政府及有关部门安全生产责任制落实和领导干部安全生产履职情况；

（四）安全生产领域改革发展和体制机制创新工作推进情况；

（五）对上级领导关注、群众反映强烈、社会影响恶劣的安全生产突出问题处理和反馈情况；

（六）省委、省政府及省安委会部署的其他安全生产事项落实情况。

六、巡查实施

（一）工作准备。根据工作计划和阶段性实际需要，省安全生产巡查领导小组办公室制定巡查工作方案，经省安全生产巡查领导小组审定，按有关规定报批后实施；同时做好组织和培训方面的准备，并通知被巡查地区（单位）。

（二）巡查进驻。巡查组进驻被巡查所在地（单位）后，应当向所在地党委、政府（单位）说明巡查工作目的，通报巡查工作任务。同时，在所在地主要新闻媒体公布巡查内容和时间安排，公布联系方式和驻地，受理群众安全生产方面的来信来电。

（三）方式方法。巡查期间，主要采取听取汇报、列席会议、调阅资料、调研座谈、个别谈话、受理举报、明查暗访、随机延伸抽查等方式开展工作。对巡查发现的安全生产突出问题，及时向被巡查地党委、政府（单位）通报，同时报省安全生产巡查领导小组办公室。

（四）巡查报告。巡查组要及时梳理汇总巡查中了解的情况和发现的问题，剖析问题产生的原因，提出有针对性的意见建议，并于巡查结束后10个工作日内形成巡查报告，经组长审定签字把关后报送省安全生产巡查领导小组办公室，由省安全生产巡查领导小组办公室审核后报送省安全生产巡查领导小组会议审定。

（五）情况反馈。巡查报告经省安全生产巡查领导小组审定批准后，于5个工作日内，由巡查组组长向被巡查地党委、政府（单位）进行反馈，反馈主要内容以适当形式向社会公开。

（六）结果运用。巡查结果纳入对被巡查地党委、政府（单位）安全生产工作考核内容，并抄送省纪委监委和省委组织部，作为对被巡查地党政领导班子和有关领导干部考核、奖惩、使用的重要参考。巡查中发现的有关涉嫌违法违规违纪行为问题线索，依据干部管理权限和职责分工，移交有关部门和被巡查地党委、政府依法依规调查处理；对巡查发现的安全生产违法行为,交由负有安全生产监管职责的部门依法处理并监督整改。

(七)整改落实。被巡查地党委、政府(单位)按照巡查组反馈指出的问题和隐患,制定整改方案,并于巡查反馈后20个工作日内报省安全生产巡查领导小组办公室。被巡查地党委、政府(单位)要认真整改发现的问题和隐患,并将整改落实情况向社会公开。

(八)督促检查。对巡查问题的整改情况,省安全生产巡查领导小组办公室采取适当方式,适时组织"回头看",对拒不整改、整改不力的严肃问责。

七、工作要求

(一)提高思想认识。开展安全生产巡查是监督地方安全生产监管责任措施任务落实情况的重要工作方式,各级党政领导干部要提高政治站位,把思想认识统一到习近平总书记关于安全生产系列重要讲话、指示精神上来,认真落实党中央、国务院和省委、省政府安全生产工作部署,压紧压实安全生产责任,切实解决制约安全发展的根本问题、重大问题,推动安全生产水平不断提升。

(二)落实组织保障。巡查组在省安全生产巡查领导小组领导下,在省安全生产巡查领导小组办公室组织下开展工作。省政府安委会成员单位应当为派出工作人员和专家提供必要的支持保障。在参加巡查工作期间,在职人员应当与原单位工作脱钩。巡查工作经费在省安全生产专项经费中列支。

(三)严肃工作纪律。巡查工作要严格遵守国家有关法律、法规、规章和党风廉政规定,严守工作纪律,严格按照省安全生产巡查领导小组赋予的权限、职责,公正、廉洁开展工作。巡查工作人员要如实报告巡查工作情况,不得隐瞒、歪曲、捏造事实,不得利用巡查工作便利谋取私利或者为他人谋取不正当利益,确保巡查工作取得预期成效。

被巡查地党委、政府(单位)要自觉接受巡查。不得隐瞒不报或向巡查组提供虚假情况;不得拒绝或不按照要求向巡查组提供相关文件材料;不得指使、强令有关单位或者人员干扰、阻挠巡查工作;不得诬告、陷害他人;不得无正当理由拒不整改存在的问题或者不按要求整改;不得对反映问题人员进行打击、报复、陷害。违反以上要求的,视情节轻重,依法依规依纪严肃处理。

(四)加强宣传引导。新闻媒体要加大对党中央、国务院和省委、省政府安全生产决策部署宣传力度,强化安全宣传教育和舆论引导,密切关注配合安全生产巡查工作,深入基层群众和生产经营一线,宣传地方安全生产情况和巡查工作开展情况,批评安全生产工作中的消极懈怠现象,及时曝光安全生产非法违法行为,发挥好舆论监督作用,推动巡查工作健康深入开展。

中共山西省委办公厅
《关于人大预算审查监督重点向支出预算和政策拓展的实施意见》

(2018年12月12日)

为贯彻落实中共中央办公厅印发的《关于人大预算审查监督重点向支出预算和政策拓展的指导意见》,加强人大预算审查监督职能,提高依法理财水平,服务全省经济社会发展,根据预算法、监督法等法律规定,结合我省实际,现提出如下实施意见。

一、重要意义

实施人大预算审查监督重点向支出预算和政策拓展,是依法加强和改进人大预算审查监督工作的内在要求,是建立和完善中国特色社会主义预算审查监督制度的重要举措,是提高财政资金使用绩效和政策实施效果的客观需要,也是对预算法、监督法关于人大预算决算审查监督特别是支出预算和政策审查监督规定的细化深化。人大加强对支出预算和政策的审查监督,有利于更好贯彻落实党中央重大方针政策和决策部署,有利于有效发挥财政在国家治理中的基础和重要支柱作用,有利于更好发挥人民代表大会制度支撑国家治理体系和治理能力的根本政治制度作用。

二、总体要求

全省各级人大及其常委会在开展预算审查监督重点向支出预算和政策拓展工作中,要以习近平新时代中国特色社会主义思想为指导,深入学习贯彻习近平总书记关于坚持和完善人民代表大会制度的重要思想,全面贯彻党的十九大精神,坚持党的领导、人民当家作主、依法治国有机统一,准确把握人大监督的政治定位、法律定位,以宪法和预算法、监督法等法律为依据,围绕和服务党中央和全省工作大局,牢固树立以人民为中心的发展思想,结合人大代表和人民群众普遍关心的热点难点问题、审计查出的突出问题、制约发展的关键问题,加强对支出预算和政策的审查监督,保障党中央重大方针政策和决策部署以及省委要求在政府预算编制、预算执行中得到贯彻落实,为促进我省转型发展提供重要支持和保证。

三、主要内容

按照党中央改革部署要求和预算法、监督法规定,人大

对支出预算和政策开展全口径审查、全过程监管。主要内容包括:

(一)支出预算的总量与结构。审查支出预算总量,重点审查预算安排贯彻党中央重大方针政策和决策部署以及省委要求情况;贯彻党中央和本地区确定的年度经济社会发展目标、宏观调控总体要求、国民经济和社会发展相关规划情况;与财政政策基调取向、中期财政规划衔接的情况;支出预算总量可持续性情况等。审查支出预算结构,重点审查功能分类下各项支出预算增幅安排和支出政策体现党中央关于相关领域、行业重大方针政策和决策部署以及省委要求的情况;体现以人民为中心的发展思想,提高保障和改善民生水平,同时不得设定过高民生标准和擅自扩大保障范围,提高财政支出公共性和普惠性的情况;体现支持坚决打好“三大攻坚战”,坚持把深化供给侧结构性改革与深化转型综改试验区建设结合起来,支持优化产业结构、推动经济转型升级、建设现代化经济体系的情况;改变预算资金分配的固化格局,提高财政资金配置效率等情况。

(二)重点支出与重大投资项目。推动政府健全重点支出与重大投资项目决策机制,合理确定重点支出与重大投资项目范围。审查重点支出,主要是审查党中央重大方针政策和决策部署以及省委要求在相应支出政策上的细化落实情况,在相应重点支出预算安排中的贯彻情况;支出绩效目标的设定情况,对实施期超过一年的重大政策和项目实行全周期跟踪问效的情况,政策到期、绩效低下的政策和项目的清理退出情况等。审查重大投资项目,主要是审查符合政府与市场职责边界划分及逐步退出对竞争性领域补助的情况;重大项目和重点工程投资开展事前绩效评估的情况;按照基本建设投资性质定位,审查投资是否主要在基本建设领域,不断优化基建投资结构的情况,加强基建预算管理和监督等情况。

(三)部门预算。重点审查部门预算对党中央重大方针政策和决策部署以及省委要求的落实情况;项目支出预算与支出政策的衔接匹配情况;落实预算管理主体责任是否到位,赋予部门和资金使用单位更多管理自主权的情况;项目绩效目标设立及其科学性、合理性情况,开展绩效评价情况,上年度重点和重大项目支出绩效评价结果与预算安排及政策调整有机衔接的情况;部门预算编制的科学性、完整性情况;部门基本支出保障部门基本履行职能需要的情况;项目库建设情况,项目支出预算实行标准化管理的情况;部门上年结转资金与年度预算统筹使用的情况;部门国有资产配置情况;审计查出问题整改落实情况等。

(四)财政转移支付。重点审查贯彻党中央重大方针政策和决策部署以及省委要求情况,转移支付与财政事权和支出责任划分的匹配情况;转移支付对促进实现各地区财政平衡及基本公共服务均等化情况;转移支付结构优化情况,建立一般性转移支付增长机制情况;专项转移支付的清理整合和整体绩效情况、专项转移支付定期评估和退出机制落实情况;转移支付预计数是否提前下达下级政府的情况;转移支付编入预算的情况;转移支付资金预算安排与绩效评价结果及政策调整有机衔接情况等。

(五)政府债务。根据地方政府债务规模及新增一般债务、专项债务规模,按照债务率、利息负担率、新增债务率等风险评估指标体系,结合债务资金安排使用和偿还计划,综合考虑地方政府隐性债务的化解和风险防控,评价地方政府举债规模的合理性。对地方政府一般债务,要结合债务资金安排使用和还本付息情况,评价新增债务规模和年度一般债券余额限额的科学性和合理性,评价地方财政赤字和政府债务规模的可持续性情况。对地方政府专项债务,应当结合项目总体运营情况,重点审查专项债券的规模安排、使用方向、还本付息等情况,审查年度专项债券总规模、新增专项债券规模的合理性与可持续性。对地方政府隐性债务,要督促政府尽快摸清隐性债务底数、坚决遏制隐性债务增量、积极化解隐性债务存量,依法健全规范地方政府举债融资机制,加大问责力度。

全省各级人大及其常委会要加强对政府预算收入的审查监督。政府预算收入编制,重点审查与经济社会发展预期水平的适应性情况;与财政政策的衔接情况;政府的全部收入编入预算的情况;政府预算收入执行,重点审查收入执行与宏观经济的匹配情况;主要税种与对应的经济指标及税基的协调性情况;财税政策的贯彻落实情况;收入的真实性情况;依法规范非税收入管理情况。政府决算收入,重点审查收入结构优化情况;对收入增加或减少幅度变化较大的项目,审查增减变化的合法性、合理性情况;收入执行结果与对应的经济运行实际指标的匹配情况;财税政策实施情况。

四、程序方法

全省各级人大及其常委会要按照总结、继承、完善、提高的原则,在巩固完善现有程序和方法基础上,进一步探索健全程序,创新方式方法,提高预算审查监督的针对性和有效性。

(一)认真贯彻落实党中央重大方针政策和决策部署以及省委要求。深入学习贯彻习近平新时代中国特色社会主义思想和党的十九大精神,认真学习贯彻党中央和省委重要会议精神,并作出制度性常态化工作安排。通过认真学习,提高政治站位,明确目标任务,掌握部署要求,统筹做好预算审查监督工作。全省各级人大及其常委会开展预算审查监督工作中的重要事项和重要问题要及时向本级党委请示报告。

(二)充分听取意见建议。每年在政府预算草案编制前,应当通过视察、召开座谈会等形式,认真听取本级人大代表、专家学者等社会各界关于重点支出、重大投资项目、重大支出政策等方面的意见建议,并及时将意见建议反馈政府财政等部门,政府财政等部门在编制的预算草案、报告中应当对意见建议认真研究吸收,使预算草案编制更科学、合理和可行。全省各级人大常委会预算工作委员会等工作机构要结合听取意见建议情况,与本级政府财政等部门密切沟通,认真研究提出年度预算分析报告。

(三)深入开展专题调研。坚持问题导向,结合人大代表和人民群众普遍关心的热点难点问题、审计查出的突出问题、制约发展的关键问题,根据人大及其常委会年度工作要点和监督工作计划,听取和审议政府关于重点支出预算和政策专项工作报告。开展重点支出预算和政策专题调研,提出有针对性、前瞻性和可行性的意见建议。

(四)探索就重大事项或特定问题组织调查。根据预算法,各级人大和县级以上各级人大常委会可以就预算、决算中的重大事项或特定问题组织调查。经省人大常委会主任会议专项批准,并报省委同意,省人大常委会预算工作委员会可以对各部门、各预算单位、重大建设项目的预算资金使用和专项资金的使用进行调查,调查结束后,要向省人大常委会提出调查报告。省人大常委会根据调查报告,可以作出相应的决议、决定。省人大常委会要就调查工作向省委请示报告。省政府有关部门和单位应当积极协助、配合调查。全省各级人大及其常委会就重大事项或特定问题组织调查,要向本级党委请示报告。

(五)探索开展预算专题审议。财政经济委员会每年对预算草案进行初步审查时,对有关支出预算和政策开展专题审议。政府有关部门负责人应到会听取意见,回答询问。人大有关的专门委员会和工作委员会可以结合开展执法检查、听取政府专项工作报告等,对联系部门的部门预算或领域的预算资金安排与使用情况开展调查研究,提出意见建议。根据需要,可以引入社会中介机构为人大预算审查监督工作提供服务。

(六)推动落实人大及其常委会有关预算决算决议。全省各级人大常委会预算工作委员会等工作机构应当听取财政、审计等部门关于贯彻落实预算决算决议的工作安排情况通报,并将落实工作安排情况发送本级人大代表。此外,还要通过听取报告、开展专题调研、组织代表视察等形式,跟踪推动政府及其有关部门积极落实人民代表大会及其常务委员会有关预算、决算的决议。

(七)及时听取重大财税政策报告。对于事关本级行政区域内经济社会发展全局、涉及群众切身利益的重大财税政策,全省各级政府在政策出台前应当向本级人大常委会报告。预算执行中,政府财政等部门出台增加收入或者支出、减少收入的政策措施,需要进行预算调整的,应当及时向本级人大常委会预算工作委员会等工作机构通报有关情况,依法编制预算调整方案,报本级人大常委会审查批准。

(八)加快推进预算联网监督工作。要按照全国人大的要求,加快预算联网监督系统建设,丰富系统内容,提升系统动态反映、智能分析、逻辑判断功能。政府有关部门要及时、完整、准确提供有关数据。建立健全数据共享协调工作机制,实现数据交换和传输周期化。研究建立健全运用预算联网监督系统发现问题、反馈处理问题的工作机制。做好预算联网监督系统服务人民代表大会及其常务委员会、人大及其常委会有关工作机构、人大代表履行预算审查监督职责的工作。

五、组织保障

(一)加强党对预算审查监督工作的领导。全省各级党委要进一步提高对推进人大预算审查监督重点向支出预算和政策拓展改革重要性的认识,加强组织领导,把握工作方向,及时研究解决改革中遇到的新情况新问题,支持和保证人大依法行使监督权。全省各级人大常委会党组每年听取预算工作委员会等工作机构关于年度预算审查监督工作情况报告和下年度工作安排建议,部署工作,提出要求,确保党中央和省委关于加强人大预算审查监督职能的重要改革举措落实到位。

(二)健全人大预算审查监督体制机制。党的十八大以来,按照党中央统一部署,围绕贯彻落实“加强人大预算决算审查监督、国有资产监督职能”改革要求,我省相继出台了关于改进审计查出突出问题整改情况向省人大常委会报告的机制、建立预算审查前听取人大代表和社会各界意见建议的机制、建立省政府向省人大常委会报告国有资产管理情况的制度,预算联网监督工作正在积极推进。要将人大预算审查监督重点拓展改革工作与以上重要改革举措紧密结合、统筹推进。同时,认真总结经验,加强实践探索、创新方式方法,深化对中国特色社会主义人大预算审查监督工作规律的认识把握,推进健全完善与人大预算审查监督工作特点相适应的工作机制。

(三)加强沟通配合,形成工作合力。落实人大预算审查监督重点拓展改革工作,全省各级人大及其常委会要担负起主体责任,按照审查必须严格、监督必须有力的要求,紧紧围绕五方面主要内容和八项具体程序方法,把改革工作扎实有效开展起来。抓住重点、聚焦关键,每年围绕一项或几项重点支出、重大项目、重要政策等,扎扎实实开展审查监督重点拓展改革工作。统筹运用各种程序和方法,打好组合拳,发挥每一项程序和方法的特点优势,及时向社会公开对支出预算和政策的有关审查监督情况,实现依法监督、正确监督、有效监督。加强人大预算审查监督工作机构和干部队伍建设,着力培养高素质的预算审查监督工作人才。同时,建立健全与财政、发展改革、税务、审计等部门的沟通协调机制,加强工作联系,通报情况信息,形成推进工作合力。

全省各级政府要主动接受本级人大及其常委会的监督,积极创造条件,认真落实改革措施。积极改进完善预算报告、决算报告和预算草案、决算草案编报工作。预算报告、决算报告应当重点报告贯彻落实党中央重大方针政策和决策部署以及省委要求的主要情况,报告重大支出政策调整变化情况,报告收入、支出安排及赤字、债务规模等财政总量政策与全省及本区域年度经济社会发展目标、宏观调控要求的一致性情况,报告支出预算、决算和政策实施的主要情况,报告重大投资项目的安排和实施情况。支出预算原则上要反映各项支出预算安排的政策依据、标准、支出方向及绩效目标等情况,支出决算要重点报告和反映支出预算调整情况、支出完成预算情况、重大项目的资金使用绩效与政策实施效果情况。支出预算和决算都要列示政府重大投资计划和重大投资项目表。部门决算要就预算与决算差异的合法性、合理性情况作出说明。报告预算执行情况时,应当报告转移支付的预算批复、指标下达、资金拨付、专项转移支付落实重点支出政策、专项转移支付结余结转情况等。细化预算、决算草案中政府债务的内容，要每半年向人大财经委、人大常委会预算工作委员会书面报告政府债务管理情况。进一步加强预算收入预测分析工作，预算报告中应当细化对上年预算收入执行情况分析和对当年收入预测的情况，同时，将预算收入预测的依据和标准，作为预算报告附件一并提交。进一步完善和丰富政府性基金预算、国有资本经营预算和社会保险基金预算的编制。在保持纸质文件提供方式的基础上，探索以电子化方式提供预算文件。全省各级审计机关研究提出下一年度审计监督重点内容和重点项目时，应当征求本级人大常委会预算工作委员会等工作机构的意见建议，形成监督合力。全省各级审计机关应当加强对专项资金绩效和政策执行的审计监督，并在向本级人大常委会报告年度预算执行和其他财政收支的审计工作报告时予以重点反映，为人大常委会开展支出预算和政策审查监督提供支持服务。全省各级政府财政、审计等部门和各预算单位，要积极做好落实改革措施的具体工作，进一步推进预算公开透明，主动接受社会监督。

山西纪念改革开放40周年

山西庆祝改革开放40周年活动综述

一、庆祝改革开放40周年文艺活动

为隆重庆祝改革开放40周年，全面反映我省贯彻落实习近平新时代中国特色社会主义思想和党的十九大精神的生动实践，充分展示我省改革开放的辉煌成就和全省公共文化事业建设的丰硕成果，鼓舞激励全省人民意气风发走进新时代，坚定不移深化改革、扩大开放，努力为建设“示范区”、打造“排头兵”、构建“新高地”凝聚强大力量，按照中央及省委关于庆祝改革开放40周年活动的总体安排，我省深入开展了庆祝改革开放40周年系列文艺活动。

一是组织开展“山西省庆祝改革开放40周年群众文化系列活动”。6月15日，该活动在太原理工大学正式启幕。“唱享黄河长城太行山”首届中部六省（山西）合唱展演、《在太行山上》百人大合唱、“鼓舞山西”锣鼓艺术展演、“乡村振兴 美丽山西”全省农民画优秀作品展、童心筑梦新时代——少儿粉笔画展示、“我眼中的家乡”影像及图片展、文源讲坛繁荣群众文艺系列讲座、三晋风采系列摄影展等多项活动相继开展，充分展示了全省公共文化成果，满足人民群众日益增长的美好生活需要。该活动历时4个月，省市县乡村五级联动，共开展2900余项活动，5万余支群众文化队伍260余万人参与其中，品牌活动400余项，惠及基层群众2600余万人次。

二是组织开展庆祝改革开放40周年优秀文艺作品展映展播展演活动。开展了“庆祝改革开放40周年·奋进新时代 扬帆新征程”电影主题放映活动，精心遴选了一批主题鲜明、内容丰富，弘扬主旋律、反映改革开放发展成就和群众喜闻乐见的优秀影片，在全省广大农村和农村寄宿制学校组织放映。山西广播电视台卫视频道集中安排播出一批反映改革开放重大成就的电视剧和精品纪录片。开展了庆祝改革开放40周年山西省优秀舞台艺术作品展演活动，集中组织我省入选国家舞台艺术精品工程的13部优秀舞台剧进行展演，充分展示了改革开放以来我省舞台艺术发展取得的最高成就。

全省庆祝改革开放40周年文艺活动总体历时8个月，吸引了社会各界群众广泛参与，通过主题鲜明的群众活动、生动的舞台表演、鲜活的实物展示、经典的主旋律影片，带领人们追忆过往、感受当下、憧憬未来，充分展示了改革开放40周年成功实践带给老百姓的巨大精神财富，在全省营造了团结奋进、干事创业的良好氛围，真正发挥了文化凝聚人心、鼓舞干劲的作用。

二、庆祝改革开放40周年宣传报道活动

2018年是我国改革开放40周年。隆重庆祝改革开放40周年，是全面贯彻落实习近平新时代中国特色社会主义思想和党的十九大精神的重要举措，是党和国家政治生活中的一件大事。做好庆祝改革开放40周年宣传报道工作是2018年新闻宣传工作的重要任务。

为纪念改革开放40周年，省委宣传部认真贯彻落实中宣部和省委的部署要求，制定了《山西省庆祝改革开放40周年宣传报道方案》，组织省内主流媒体提高政治站位，加强统筹，抽调精英组成专队，把宣传报道好改革开放40年来辉煌成就和生动实践作为重要任务，精心策划选题，把报道任务落实到具体版面时段和记者人头上，开设专栏专题，运用多种形式，从2018年5月下旬拉开报道序幕到全面发力，积极推进报道持续升温、渐入高潮，整体报道呈现出时间长、体裁广，时效强、形式新和传播快、影响深等特点，为纪念改革开放40周年营造出渐浓渐烈的良好舆论氛围，主流媒体的舆论主阵地作用得以凸显。

一是设置丰富新颖的专栏专题。全省各级新闻媒体统一开设了《壮阔东方潮 奋进新时代》《奋进新时代 谱写新篇章》《庆祝改革开放40年基层行》《改革先锋风采》等专栏，并推出《穿越40年》《见证·40年》《对话四十年》《变迁·印象四十

年》《影像四十年》《我家四十年》《一人一城》《回望三晋“第一”致敬四十征程》《畅行中国改革开放40年全媒体新闻采访活动》《成长40年》《医改有形健康有声》《致敬改革开放40年》等一大批特色专栏,播发报道1000余篇。这些专栏专题多角度展现了改革开放40年来,全省各行各业取得的成就,从不同领域展现了我省改革开放成就和百姓的获得感幸福感。

二是举办有声有色的采风活动。以深入开展“深化走转入、创新出精品”活动为契机,筹备组织庆祝改革开放40周年采风活动,组织中央驻晋媒体、省直媒体、网络媒体和香港媒体驻晋记者开展庆祝改革开放40周年采风活动,分南北两线赴全省各市,深入基层、深入一线,深入到各行各业,挖掘改革开放带来巨大变化的感人故事,通过普通群众亲身感悟反映改革开放40年我省发生的巨大变化,全面反映我省人民群众在新时代坚定不移将改革开放进行到底的决心和实践,先后推出了《官沟村:一座传统村落的美丽传说》《迎着太阳跑出加速度》《渐绿荒山热乎村民心》《左云县上张家坟村群众文化生活越来越丰富》等近300篇有温度、接地气的报道,引发了三晋人民的共鸣,激发出三晋儿女的力量。

三是融合传播成效显著。组织省内媒体充分运用新媒体平台传播技术手段,加强融合传播。山西日报客户端在显著位置开设“庆祝改革开放四十周年”专题,官方微信运用图解、H5等新媒体手段制作一批融媒体产品,通过形式多样、内容丰富、互动性强的稿件推送,体现出主流媒体多向传播的优势。山西卫视融媒体端策划15期原创系列专题《这里是山西》,在国庆节前后推出,阅读量、点赞量和留言数都位居前列。山西卫视官方微博发起8个原创相关话题,总阅读量达282万。融合传播不断提升了主流舆论传播力影响力,吸引广泛受众。

在这次重大主题报道中,各媒体创新理念、内容、形式、手段,增强主题宣传报道的吸引力、感染力、说服力,通过新闻报道、直播活动、朗诵活动、新媒体直播、专题节目等多种形式,形成立体式报道,起到凝聚思想、激励干劲、鼓舞士气的作用,圆满完成庆祝改革开放40周年各项宣传报道工作。

三、庆祝改革开放40周年理论活动

一是组织关于庆祝改革开放40周年理论研讨会论文征集。根据《中央宣传部办公厅关于庆祝改革开放40周年理论研讨会论文征集的通知》要求,印发《关于庆祝改革开放40周年理论研讨会论文征集的通知》,组织评选报送优秀文章。其中,《深刻认识和坚持改革开放的革命性》《改革开放40年马克思主义中国化理论创新的基本经验》两篇文章入选中宣部庆祝改革开放40周年理论研讨会。

二是加强理论研究阐释。紧紧围绕习近平新时代中国特色社会主义思想特别是习近平总书记关于改革开放的重要论述,结合我省实际,组织撰写理论文章持续在山西日报理论周刊刊发,《在“两转”基础上全面拓展新局面:山西有信心》《走出新时代新征程山西改革发展的新步子》等网上转载率较高,收到广泛关注和好评。

四、庆祝改革开放40周年出版活动

2018年,出版图书3583种7325.17万册,《闪耀世界的中国奇迹》《一诺的家风》《老土豆》等20余种图书和电子音像产品入选各类国家项目或奖项;山西教育出版社荣获第四届中国出版政府奖“先进出版单位奖”,山西人民出版社荣获“党的十九大文件及辅导读本出版工作一等奖”。

同时,推出了《中国改革开放全景录(山西卷)》《山西庆祝改革开放40周年丛书》《山西改革开放40年大事纪要》和《党旗下的誓言》(音像产品)等10余种纪念改革开放40周年的图书和电子音像产品;打造了《掷地有声——脱贫攻坚山西故事》等反映我省在脱贫攻坚方面所取得可喜成绩的精品力作;出版了《山西家规家训精选》《中华优秀传统文化教育读本》等150余种优秀传统文化教育普及类图书。《傅山全书》等81种图书、《绝响-国鹏辑近世琴人音像遗珍》等19种音像电子网络出版物获得第二届山西出版奖。《郝经集校勘笺注》等34种121册《山西文华》大型丛书项目高质量出版,累计出版共计373册。建立了山西省重点出版物项目库,《真理的力量:中国共产党的行动指南》等232种选题为首批入库项目。组织召开了《中国学术期刊(光盘版)》电子杂志社、清华大学图书馆、香港大学图书馆、山西大学图书馆、山西省图书馆共同主办,以“协同创新、融合发展”为主题的2018年数字出版与数字图书馆融合发展国际研讨会。

五、庆祝改革开放40周年主题征文活动

为充分展示山西省改革开放40年的光辉历程、辉煌成就和巨大变化,中共山西省委改革办和中共山西省委宣传部、山西日报社共同举办“新时代新作为新篇章——讲好山西故事”主题征文活动。活动期间,共收到来稿3022篇。作品分为三大类,分别是理论类文章、案例类文章、故事类文章,这三类作品虽然体裁不同,但从不同领域、不同角度充分展示了改革开放40年来山西各条战线所取得的喜人成就与发生的翻天覆地的变化,不少文章观点新颖、剖析深刻,富有说服力,具有较强的感染力和可读性。活动中,《山西日报》、《山西工作》、《前进》专门拿出重要版面开设专栏,从中优选出97篇稿件刊发,并在山西门户网站上转发。征文大赛结束后,经过认真细致的评选,评出了117件优秀作品。这次征文活动影响大、效果好,引起了良好社会反响,受到了社会各界的一致好评。

(乔佳伟)

走出新时代新长征山西改革发展的新步子

在庆祝改革开放40周年大会的重要讲话中，习近平总书记全面回顾改革开放的发展进程和深刻变化，科学总结改革开放成功实践的基本经验，明确提出推进新时代中国特色社会主义新发展的根本要求，为将改革开放进行到底，实现中华民族伟大复兴的中国梦提供了行动指南，也为深刻认识处于“两转”基础上走好新时代新长征改革发展新步子的山西经济社会发展提供了科学指导。

40年风雨兼程，是山西沧桑巨变、山河再造的40年

40年前的山西，地区生产总值88亿元，不及今天全省11个市中任何一个；财政一般公共预算收入19.6亿元，相当于2017年省内一个中上水平的县；城镇居民人均可支配收入301元，农村居民人均可支配收入102元，连现在城乡居民低保的水准也达不到……经过改革开放40年的发展，山西在为国家整体发展做出重要贡献的基础上，自身发展也绘就了一幅波澜壮阔、气势恢宏的巨变画卷。

在这幅画卷中，经济体量壮大之快令人惊喜。40年间，全省地区生产总值由88亿元增加到15528.5亿元，增长175.5倍，按可比价格计算，年均增长9.6%；人均地区生产总值由365元增加到42060元；一般公共预算收入由19.6亿元增加到1867亿元；城镇居民人均可支配收入由301元提高到29132元，增长95.7倍；农村居民人均可支配收入由102元增长到10788元，增长104.8倍。

在这幅画卷中，发展方式转变之巨令人感叹。40年间，山西三次产业构成由20.7:58.5:20.8，调整为4.6:43.7:51.7，一、二产业比重分别下降，第三产业比重大幅上升。2017年，战略性新兴产业、非煤产业增加值占规模以上工业增加值比重分别达到9%、51.3%，服务业占GDP比重达到53.5%，产业结构提档升级趋向初步显现，发展方式呈现重大转变。与此同时，综改试验区和国企改革的深度推进，民营经济的乘势发展，让深化改革、创新发展、扩大开放在三晋大地呈现越来越广阔的发展前景。

在这幅画卷中，综合发展基础增强之景令人振奋。40年间，全省交通、水利、生态等基础设施建设突飞猛进，高速公路、高铁从无到有，航线四通八达；到2017年全省公路通车里程14.3万公里、铁路运营里程5121.6公里，分别比1978年增长3.47倍、1.49倍。“山西大水网”工程的推进，基本实现了山西水资源开发利用的重大转变。节能减排、造林绿化和生态治理修复等多方面努力，全省生态环境呈现明显转好趋势。

在这幅画卷中，社会文明进步之势令人欣慰。40年间，全省文化产品和文艺作品精彩纷呈，科技、教育、体育事业不断迈上新台阶，就业、医疗、养老、扶贫、社会保障等民生工程年年都有新进展。1978年至2017年，城乡居民人均消费性支出分别增长339.2倍和91.6倍，恩格尔系数分别由1978年的55.6%和67%降至23.1%和27.4%。2018年，全省有26个贫困县要摘帽，2200个左右贫困村要退出，61万贫困人口要脱贫，全省人民的生活实现了历史性跨越。

在这幅画卷中，干部群众精神状态改观之大令人鼓舞。40年间，人的变化是最大的变化。贯通改革开放全部过程的解放思想、实事求是的思想路线，引导全省干部群众逐步与长期制约山西发展的计划经济、封闭落后、僵化保守的传统思维告别，不甘落后、人心思进，勇于探索、积极作为，已经成为3700万三晋儿女越来越具共识性的价值追求。

40年成功实践，为新时代新山西新长征积累了宝贵经验

40年春华秋实来之不易，40年发展经验尤当汲取。在庆祝改革开放40周年大会重要讲话中，习近平总书记以“九个坚持”的科学概括，全面总结了党领导改革开放实践的成功经验，也全面反映了40年山西改革发展变化的根本原因。

40年宝贵经验告诉我们，始终坚持党的全面领导和人民为本，是改革实践的成功之本。在40年改革实践中，省委坚定贯彻党中央路线方针政策，特别是省第十一次党代会以来，省委在改革发展的每个阶段、每个环节攻坚克难、砥砺前行，明思路、管全局、定计划、抓落实，把中央的部署与山西的实际相结合，把人民群众的意愿体现于实践发展的全过程，促进全省发展既为全国的发展做出重要贡献，又为山西走出转型发展、创新发展、内陆地区开放发展的新路进行了艰辛探索。

40年宝贵经验告诉我们，始终坚持科学理论武装和“四个自信”，是改革实践的发展之基。行动上的自觉源于理论上的清醒。在40年发展中，从真理标准讨论到邓小平视察南方谈话的学习，从破除平均主义“大锅饭”到深化市场体制改革，从能源基地建设到能源革命的转型，从政治生态一段时间内受到破坏到“两转”转折的到来，正反两方面的经验教训都表明，科学理论的指导保证了实践发展的顺利推进，思想认识的迷失会付出沉重的代价。只有坚定“四个自信”，不断把马克思主义中国化的理论成果运用于实践当中，才能不断取得解放思想、实事求是的丰硕成果。

40年宝贵经验告诉我们，始终坚持以发展为第一要务和推进全面深化改革，是改革实践的制胜之法。在改革发展实践中，3700万山西干部群众一遍遍地从切肤之感中体会到，发展才是硬道理，不断深化和扩大改革开放才能实现发展。40年间，山西自身纵向比较能够发生历史性变化的真谛所在，是改革开放的推进和发展带来的“真金白银”；山西与全国其它区域横向比较依然存在的差距，本质上就是发展的差距和改革开放的差距。惟其贯彻落实好第一要务，才能缩小发展的差距；惟其全面深化改革扩大开放，才能与全国同步进入全面小康社会，同步迈向现代化。

40年宝贵经验告诉我们，始终坚持全面从严治党和科学的思想方法，是改革实践的关键之钥。办好中国的事情，关键在党。在领导改革开放伟大社会革命的同时，推进党的自我革命，决定着改革成败得失。同时，“摸着石头过河”和顶层设计相结合，坚持科学的世界观与方法论，增强战略思维、辩证思维、创新思维、法治思维、底线思维，推动问题导向和目标导向相统一、试点先行和全面推进相促进，是改革发展能够跨越一个个沟壑、战胜无数艰难险阻的不二选择。

把改革进行到底，就要在“两转”基础上全面拓展山西发展的新局面

在庆祝改革开放40周年大会重要讲话中，习近平总书记向全党、全国人民发出了将改革进行到底的动员令。走过40年的实践征程，特别是进入政治生态由“乱”转“治”、发展由“疲”转“兴”的历史关口之后，党中央对山西发展的亲切关怀，省第十一次党代会以来对“两转”基础上全面发展的科学部署，山西广大干部群众矢志改革开放、聚力发展创新的内在动力和40年改革奠定的发展基础，都决定了山西在新长征的征程上，有决心、有能力实现“两转”基础上全面拓展党的建设和党的事业新局面。

全面拓展新局面，当首之要是讲政治，增强“四种意识”。正如省委十一届六次全会所揭示的那样，经历“大病初愈”还需“康复治疗”的山西发展，健身强体、负重前行的前提，是以习近平新时代中国特色社会主义思想武装干部群众头脑，以习近平总书记视察山西重要讲话精神为指引，始终与党中央保持高度一致，明确政治方向，坚定政治定力，致力于把党中央决策部署贯彻落实到山西发展的实践中，不打折扣、不留死角。

全面拓展新局面，当务之需是促“两转”，开拓改革开放新局面。有了40年发展的基础，特别是习近平总书记视察山西以来，在省委的坚强领导下，全省反腐倡廉正风肃纪的实践成就，正在向党风政风和社会风气的整体好转转变，综改试验、国企改革、科技创新、发展战略性新兴产业和加快民营经济发展步伐的战略布局，也开始显示出强大的发展后劲。切实把发展信心转换为发展实绩、使改革蓝图变为改革获得，就要加大改革力度、激活改革动力、释放改革活力，使该改的、能改的改得更坚决、更彻底，把不该改的、不能改的坚持得更坚定、更自觉，促进政治生态的根本好转、发展势头的持续常态、转型升级的攻坚突破。

全面拓展新局面，当紧之为是促开放、抓创新。历数影响山西发展的诸因诸由，最紧要的要素在于开放与创新。开放的力度不够、创新能力的不强和发展动能的不足，拉大了山西与全国的发展差距，而省第十一次党代会以来省委依靠改革体制机制、扩大对外开放、强势动能转换取得突出成就的重要原因，也在于开放与创新。同时，促开放、抓创新的为本之道是人才，吸引越来越多的发展创新人才留在山西、用在山西，“两转”新局面的形成指日可待。

全面拓展新局面，当重之举是激励党员干部敢担当、有作为。要抓紧落实省委十一届六次全会关于激励党员干部新时代新担当新作为的一系列部署与举措，从体制机制上为改革的干部撑腰、为创新的干部鼓劲、给守成的干部施压，以党员干部尤其是领导干部担当负责作为的导向，带动广大群众投身改革、奋力作为新态势在三晋大地蔚然成风。

（中共山西省委党校　高建生）

以不断自我革命为推进社会革命提供坚强保障

——改革开放40年山西党的建设回眸与思考

改革开放40年来，山西人民与全国人民一道，以敢闯敢试的创新意识、一往无前的进取精神和波澜壮阔的改革实践，在古老的三晋大地上谱写出了推动中国特色社会主义伟大事业不断高歌猛进的壮丽史诗，经济、政治、文化、社会、生态文明建设等都发生了翻天覆地的巨大变化。总结山西改革开放40年取得成绩的根本原因，就是一以贯之地抓好党的建设新的伟大工程。办好中国事情，关键在党，必须把党领导的社会革命和党本身的自我革命结合起来，始终围绕社会革命开展自我革命，通过自我革命为社会革命提供组织保障。改革开放40年来，中共山西省委在党中央的坚强领导下，坚持不懈推进党的建设新的伟大工程，为山西经济社会的全面发展夯实了组织基础，强化了组织保障。回顾总结改革开放40年来山西党的建设，主要呈现如下显著的成绩和特点：

一、坚持不懈抓好党的政治建设，保证了全省各级党组织与党员干部始终旗帜鲜明讲政治

政治建设是党的建设的统领,政治路线是政治建设的根本。习近平总书记指出:“党的政治路线是党根据自己的性质、宗旨、最高纲领和一定历史阶段的中心任务制定的行动基本准则,是党的各项具体工作路线和具体方针政策的‘纲’。”党的十一届三中全会以来,我们党实现了工作重心的转移,逐步形成、确立了党在社会主义初级阶段的“一个中心、两个基本点”的基本路线。改革开放40年来,山西各级党组织全面贯彻党的基本路线,紧紧围绕党的基本路线推进党的建设,推动党员干部坚决执行党的基本路线,坚决贯彻党的十一届三中全会以来党的路线、方针、政策,确保各项工作都服从和服务于党的基本路线,始终没有偏离党的政治路线,确保全省事业纲举目张。

“保证全党服从中央,坚持党中央权威和集中统一领导,是党的政治建设的首要任务。”改革开放40年来,山西省各级党组织严格遵守党的民主集中制原则,坚决捍卫党的政治纪律和政治规矩,始终与党中央保持高度一致,坚决执行党中央的决策部署。特别是近年来,山西省委着力强化政治建设,认真落实中央对山西工作的重要指示,确立了“一个指引、两手硬”的重要思路,坚决贯彻习近平总书记视察山西重要讲话精神,严格落实党内政治生活准则,开展了“维护核心、见诸行动”主题教育,全面净化政治生态,着力加强党内政治文化建设,引导全省各级党组织和党员干部牢固树立“四个意识”,坚定“四个自信”。全省党员干部“在思想上拥戴核心,在政治上维护核心,在行动上紧跟核心,更加自觉地在思想上政治上行动上与以习近平同志为核心的党中央保持高度一致,不折不扣地把党中央各项决策部署贯彻落实好,不断开创了党的事业和党的建设新境界”。

二、持续深入开展党的思想建设,推动了全省党员干部信仰信念始终坚定

“思想建设是党的基础性建设”。改革开放40年来,山西省始终高度重视党的思想理论建设,把经常性教育和集中性教育结合起来,紧跟理论创新的步伐不断推进理论武装工作。根据形势和任务的需要,各级党组织先后组织开展了大规模的思想政治理论学习活动,组织全省党员干部围绕党的十一届三中全会精神、《关于建国以来党的若干历史问题的决议》、建设有中国特色社会主义理论、邓小平理论、“三个代表”重要思想、科学发展观等党的理论创新成果进行了系统学习,组织全省党员干部对党的各次代表大会重要文件、核心精神和修改通过的党章以及历次全会通过的重大决策和重要文件等进行了深入学习。比如,在十一届五中全会通过《关于党内政治生活的若干总则》后,中共山西省委组织全省各级党组织开展了学习贯彻《总则》的活动,约有92.56万名党员参加了各种形式的教学培训。1992年2月29日中共山西省委根据中央指示发出《关于学习贯彻中发(1992)2号文件的通知》,组织全省广大干部群众对邓小平南方重要谈话精神进行深入学习。山西省委在1994年12月决定用3年时间在全体党员干部中开展学习建设有中国特色社会主义理论和《中国共产党章程》的“双学活动”。根据中共中央下发的《关于在县级以上党政领导班子、领导干部中深入开展“讲学习、讲政治、讲正气”为主要内容的党性党风教育的意见》,中共山西省委从1999年3月开始组织开展了历时两年的“三讲”教育活动。还相继组织开展了学习“三个代表”重要思想和以实践“三个代表”重要思想为主要内容的保持共产党员先进性教育活动,等等。这些理论武装工作的及时跟进,有效解决了党员干部队伍的思想认识问题,确保全省党员干部能够不断解放思想。

党的十八大以来,中共山西省委更加重视思想建设工作。紧紧围绕党中央部署,组织全省10万多个党组织、230多万名党员自上而下分两批深入开展党的群众路线教育实践活动。认真开展了“三严三实”专题教育,深入开展“两学一做”学习教育。2017年4月28日,中共山西省委十一届三次全会对在全省开展推进“两学一做”学习教育常态化制度化、开展维护核心见诸行动主题教育进行动员部署,既保证了“两学一做”的效果,又及时推动全省党员增强了核心意识。与此同时,山西省委专门召开学习习近平系列重要讲话精神推进会,不断推动全省党员干部把学习贯彻习近平系列重要讲话精神引向深入。党的十九大之后,山西省各级党组织迅速掀起学习习近平新时代中国特色社会主义思想和党的十九大精神的热潮,机关、企业、学校、社区、农村各级党组织迅速行动、精心组织,广大党员干部在读原著、学原文、悟原理中学懂弄通了习近平新时代中国特色社会主义思想和党的十九大精神,并在山西全省各项工作中创造性地全面贯彻落实。

三、全面加强党的组织建设,夯实了改革事业健康发展的组织保证

改革开放以来,山西省党的组织建设不断加强,党员数量和基层党组织数量快速增加。截至2016年底,山西全省中国共产党党员总数达243.6万名,党的基层组织总数达12.7万个。改革开放以后,山西省一方面坚持严格党员标准、大力吸收社会优秀分子入党,另一方面不断扩大基层党组织覆盖面,同时还通过各种举措不断提高基层党组织的组织力。从1983年11月到1987年5月,以十二届二中全会通过的《中共中央关于整党的决定》为依据,山西先后分两批对全省129万名党员、8万多个基层党支部,3700多个党委开展整党工作。为了提高基层党组织的战斗力,从2009年11月到2012年11月底,山西省新建扩建了9615个村级组织活动场所,着力推动村级组织活动场所全覆盖,并选派3万多名大学生村干部充实基层力量。党的十八大提出加强基层服务型党组织建设的重大任务后,山西省委随即出台《关于加强农村和社区基层服务型党组织建设的若干意见》,山西省委组织部发出《关于开展在职党员到社区报到服务群众工作的通知》,并开展了对软弱涣散基层党组织的集中整顿,大力推进基层服务型党组织建设。近年来,山西省委更为重视“三基建设”工作,将党建工作纳入巡视巡察内容,全面建立各级党委(党组)书记抓基层党建工作清单制度,着力推动基层组织

工作全面加强。

干部队伍建设是组织建设的重要方面。伴随改革开放之初领导职务终身制的废除和干部队伍革命化、年轻化、知识化、专业化"四化"方针的提出，山西省在 80 年代初大面积选拔了一批德才兼备的中青年领导干部。党的十三大提出了"干部人事制度改革"的任务，《国家公务员暂行条例》《党政领导干部选拔任用工作暂行条例》和《深化干部人事制度改革纲要》等干部人事制度改革的文件和规章先后出台，山西省随之逐步推进干部分类管理并建立了公务员制度。进入新世纪之后，党中央把民主、公开、竞争、择优作为干部人事制度改革的重点，山西干部队伍选拔任用工作在坚持标准的同时不断扩大民主并在逐步引入竞争性选拔方式方面进行了积极探索。十八大之后，山西省委坚决贯彻《党政领导干部选拔任用工作条例》，全面坚持"好干部"标准，坚持"严管厚爱相结合"，坚持干部选用"四必"制度（干部个人报告事项"凡提必核"、干部档案"凡提必审"、信访举报"凡提必查"、纪检监察机关意见"凡提必听"），出台《山西省推进领导干部能上能下实施细则（试行）》《山西省激励干部担当作为干事创业办法（试行）》《山西省支持干部改革创新合理容错办法（试行）》等，选人用人机制进一步完善，选人用人风气得到根本匡正，一大批党和人民需要的优秀干部脱颖而出。

四、坚定不移正风反腐，以良好的党风政风为改革开放保驾护航

邓小平曾经指出："我们要反对腐败，搞廉洁政治。不是搞一天两天、一月两月，整个改革开放过程中都要反对腐败。我们前进的步伐会更稳健，更扎实，更快。"山西在改革开放进程中一直坚定不移正风反腐。1980 年山西省委就制定了《关于领导干部生活待遇的有关规定》对省级领导干部的生活待遇作出了明确规定，全省绝大多数党组织也随后制定了相应的规定。从 1980 年 3 月至 1981 年 6 月，中共山西省委领导各级党委、纪委对部分领导干部利用职权职务铺张浪费、弄虚作假、营私舞弊、以权谋私等歪风邪气进行了普遍检查，查处各类违纪案件 6 千多件。进入 90 年代后，山西省各级党组织重点抓了清房、整顿执法队伍、纠正行业不正之风"三件事"，党员干部中的不正之风得到有效遏制。从 1992 年到 1997 年，山西省委又以"团结、奋斗、廉洁、勤政"为目标全面整治党员干部存在的懒、软、散等工作作风。在 1996 年山西省组织开展了"一整两反"工作（整顿财经纪律、反对铺张浪费、反对官僚主义），共整顿 3 万 8 千多个单位，查出违纪金额 10 多亿元，取缔 500 多个"小金库"。进入 21 世纪后，山西省委在作风建设和反对腐败上的力度进一步加大。"从 2001 年 10 月到 2006 年 9 月，山西全省各级纪检监察机关共受理群众举报 126655 件次，立查案件 44214 件，结案 44928 件（含结转数），处分党员干部 45502 人，其中地厅级干部 55 人，县处级干部 1370 人。"针对资源型领域腐败问题易发多发的问题，从 2008 年 7 月开始山西省又组织开展了煤焦领域反腐败专项斗争。

党的十八大特别是 2014 年 9 月以来，在习近平新时代中国特色社会主义思想的指引下，山西省的正风反腐进入了新的历史阶段。山西省委及各级党组织坚决贯彻落实党中央全面从严治党要求，认真汲取系统性、塌方式腐败的惨痛教训，牢牢扛起管党治党的主体责任，不断强化监督执纪问责力度，不断深化监察体制改革工作，旗帜鲜明反对"四风"及其变异问题，以壮士断腕的决心惩治腐败，全面推动管党治党由"宽松软"走向"严紧硬"，形成并巩固反腐败斗争的压倒性态势，初步实现了政治生态的由"乱"转"治"。党的十九大之后，山西省委全面贯彻党的十九大和中纪委十九届二次全会精神，在正风反腐上"重整行装再出发"，以"狭路相逢勇者胜""越是艰险越向前"的大无畏精神和"以永远在路上的执着"，保持了正风反腐的高压态势，推进反腐败斗争进一步向基层延伸，深入治理扶贫领域腐败和作风问题，认真组织开展扫黑除恶专项斗争，通过不懈的努力强化了不敢腐的震慑、扎牢了不能腐的笼子、增强了不想腐的自觉，使政治生态日益山清水秀。根据山西省纪委监委的通报，"2018 年第一季度，全省纪检监察机关共接受信访举报 20025 件次，同比增长 69.2%；处置反映问题线索 15408 件，同比增长 104.3%；谈话函询 6938 件次，同比增长 134.1%；立案 4509 件，同比增长 36.6%；处分 3904 人（其中党纪处分 3379 人），同比增长 29.7%。处分厅局级干部 15 人，县处级干部 112 人，乡科级干部 614 人，一般干部 662 人，农村、企业等其他人员 2501 人。"

五、持续跟进党内法规制度建设，不断将党的建设新鲜经验及时上升为制度性成果

用制度来管党治党是改革开放以后中国共产党党的建设的鲜明特色。改革开放 40 年来，山西省委和全省各级党组织不断把党的各项建设的成果上升转化为制度成果，党的建设的规范化水平不断提高，管党治党的制度化成果不断积累。比如，为了贯彻落实干部"四化"方针、加强基层组织建设，上世纪 80 年代山西省委陆续出台了《关于选拔培养优秀中青年干部的意见》《关于加强农村基层党组织建设的意见》等制度，对改革开放新时期干部队伍建设和基层组织建设打下了良好的基础。进入 90 年代之后，山西省委又陆续形成了《中共山西省委贯彻 < 中共中央关于加强党同人民群众联系的决定 > 的实施意见》《贯彻〈中共中央关于坚持和完善中国共产党领导的多党合作和政治协商制度的意见〉的实施意见》等制度化成果。改革进入新世纪，山西省委先后出台《中共山西省委贯彻落实〈中共中央关于加强党的执政能力建设的决定〉的实施意见》《中共山西省委贯彻落实〈中共中央关于在全党开展以实践"三个代表"重要思想为主要内容的保持共产党员先进性教育活动的意见〉的实施意见》《关于进一步加强人大工作的意见》《关于贯彻落实〈中共中央关于加强人民政协工作的意见〉的实施意见》等，特别是 2005 年针对干部人事制度改革山西省委出台了《山西省推荐领导干部工作规定》《山西省考察领导干部工作规定》和《山西省讨论决定领导干部工作规定》，2007 年作出的《关于开展向申纪兰

同志学习活动加强党员干部作风建设的决定》《关于加强作风建设狠抓工作落实的决定》《山西省构建和谐社会主要工作及指标考核方案(试行)》等。这些制度建设成果对持续搞好党的建设都起到了积极而重要的作用。

党的十八大以来,以习近平同志为核心的党中央高度重视党内法规制度建设。山西省委以习近平新时代中国特色社会主义思想为根本遵循,把党内法规制度建设作为全面从严治党的重要举措,加大力度推进党内法规建设工作。截至2014年底,山西省共分两个阶段清理党内法规和规范性文件,废止534件、宣布失效476件。与此同时,相继出台了《中共山西省委关于全面贯彻好干部标准树立正确用人导向从严管理干部的决定》《省管干部动议酝酿任免议事规则(试行)》《各级党委(党组)在干部选拔任用工作中严格执行民主集中制的办法(试行)》《关于做好甄别处理一批、调整退出一批和掌握使用一批干部工作的意见》《关于加强县委书记选拔任用和管理监督工作的意见(试行)》《十一届省委常委会工作规则》《十一届省委书记专题会议工作规则》《十一届省委全会工作规则》《中共山西省委关于坚决维护党中央集中统一领导的规定》《关于进一步贯彻落实中央八项规定精神的实施办法》等。这些党内法规和规范性文件的制定、颁布和实施,为山西党的建设"由松转严"、政治生态"由乱转治"提供了科学系统的制度保障。

改革开放40年山西党的建设的实践留下了许多值得总结和发扬的宝贵经验:一是在重心上,必须始终把抓好党建工作作为第一政绩,唯有把搞好党的建设作为各级党委的首要工作,党的建设才能真正与时俱进;二是在方向上,必须始终围绕党的政治路线来开展党的建设,确保党的建设围绕中心工作来展开、促进中心工作发展,从而为中心工作提供坚强组织保障;三是在政治上,必须始终服从党中央集中统一领导,把维护党中央权威作为党的建设的首要任务,确保中央大政方针、决策部署在山西落地生根、开花结果;四是在方法上,必须始终注重协调推进党的建设各项工作,既要针对性解决好特定时期的特定问题,更要始终如一、全面协调地推进党的各项建设,不能有所偏废。总之,没有40年党的领导的坚强有力,就不可能有改革开放40年的丰硕成果。没有40年党的建设的一以贯之,就不可能有改革开放的顺利推进。中国特色社会主义进入新时代,山西各项事业发展进入新征程,"党一定要有新气象、新作为",山西各级党组织既要大力弘扬、持续坚持改革开放以来党的建设的好经验、好做法,也要深入反思、全面纠正这一历程中党的建设的不足和缺点,确保党的建设更加有力有效、党的各级组织更加坚强。

(中共山西省委党校　崔建周　刘巧梅)

改革开放40年山西经济发展

1978年12月,党的十一届三中全会召开,标志着我国进入改革开放和社会主义现代化建设新的历史时期。站在改革开放40周年这个特殊节点上,纵向来看,山西经济发展历程不凡,成就斐然;横向来比,山西经济发展任务艰巨,难点不少;展望未来,深入学习贯彻习近平总书记新时代中国特色社会主义经济思想,山西必须率先走出一条资源型省份创新驱动、转型升级的发展新路。

一、40年经济发展的基本历程

改革开放40年来,山西经济在改革开放和社会主义现代化建设中行进,其历程大致可划分为四个阶段。

第一阶段:1979年~1992年。起步推进农村经济体制改革和试点展开城市经济体制改革,同时在国家的支持下,依托煤炭等资源优势和工业基础,致力于国家能源重化工基地建设。农村经济体制改革,以1980年省委深刻总结农业学大寨经验教训为起点全面推进,到1983年底,全省99%以上的农村都实行了家庭联产承包责任制的新体制。在生产领域推行家庭联产承包责任制改革的基础上,农产品流通领域的改革也逐步推开,1985年取消了长达30多年的农产品统购派购制度,以合同定购和市场收购取而代之。乡镇企业大发展和异军突起,成为搞活农村和县域经济的重要力量。1986年,全省乡镇企业产值占农村社会总产值的比重达57.4%。城市经济体制改革在扩大国有工商企业自主权和推行各种形式的经济责任制试点、鼓励支持集体个体经济发展的基础上,于1985年全面启动。到1988年底,全省国营工业企业普遍实行了所有权与经营权分离的企业经营承包责任制;私营企业从无到有,个体工商户增速发展,成为活跃城乡经济的生力军。1989年开始登记注册私营企业,当年即登记注册私营企业2490多户。"六五""七五"两个五年计划期间,在国家投资的支持下,山西用于煤炭、电力、焦化等能源工业建设的投资达188.5亿元,占全部投资的46.4%。通过大规模的投资,改造、新建了一批煤炭、电力、焦化等工业企业,促进了能源工业的快速发展。1990年全省原煤产量达2.86亿吨、占全国的1/4强,外调煤炭2.02亿吨、占总产量的70%以上;焦炭产量1609.3万吨、占全国1/5以上,外调焦炭820万吨、占总产量1/2以上;发电量314.2亿千瓦时,外送电量64.7亿千瓦时、占总发电量的1/5以上。山西以煤炭、电力、焦炭等为主导产业格局由此形成,在全国确立了能源工业基地大省的地位。此外,对外开放和调整区域经济发展布局也起步实施,其中的重要标志是1984年山西第一家中外合资企业——华杰电子有限公司的成立，在邓小平同志亲自关怀下 1985 年 7 月中美合资的平朔安太堡露天煤矿开工建设。

第二阶段:1992 年 ~2002 年。以建立社会主义市场经济体制为目标方向,全面推进经济体制改革和扩大开放,同时继续推进能源工业基地建设,起步大规模调整经济结构。经济体制改革主要围绕确立企业的市场主体地位、加强和完善政府宏观调控体系、培育和发展市场体系而展开。国有企业改革,对大中型企业以建立现代企业制度改革试点扩面方式推进,对小企业以承包租赁、承包经营、企业联合、股份合作制、产权划转、拍卖出售、兼并破产等方式放开搞活。鼓励支持个体和私营多种经济发展,推进乡镇企业股份合作制改革和产权制度改革。深化农村经济体制改革,推行了延长土地承包期,开展了拍卖农村集体所有的荒山、荒沟、荒丘、荒滩“四荒”的治理致富的实践探索等。加强和完善政府宏观调控,改革结束了长期以来粮食购销与价格的“双轨制”,改革建立了国税和地税体制,推进了专业银行向商业银行的转换改制等。太原市于 1992 年 7 月被国家列入内陆省会对外开放城市,实行沿海开放城市的政策。到 2000 年,先后开辟了遍及全省 10 个地(市)的 15 个国家级和省级高新技术产业开发区和经济技术开发区,成为对外开放的重要窗口。能源工业受 1998 年亚洲金融风暴冲击,一度出现需求不足和企业亏损严重的局势,凸显了经济结构不合理严重问题。基于此,从 1999 年下半年开始,启动了以产业结构为主的经济战略性调整步伐,改革和调控推进了地方国有大中型亏损企业的扭亏脱困。农村“八七”扶贫攻坚和农村达小康建设的持续推进,是这一阶段协调推进区域经济发展的重大实践。

第三阶段:2002 年 ~2012 年。深化改革完善社会主义市场经济体制,大力推进经济结构战略性调整和经济发展方式转变。改革国有资产管理体制,分类推进国有企业改革,大中型企业以公司化改造、兼并重组、股份制、主辅分离和辅业改制、培育发展大企业集团、关闭破产等方式进行,中小型企业以债转股、国有资本退出、破产重组、关闭破产等方式进行,同时启动推进了省直机关直属企业脱钩改革等。到 2011 年,省属国有大型企业由 35 户重组为 21 户，企业规模和实力进一步发展壮大,绝大部分国有中小型企业进行了“政企分开、产权明确、自主经营、自负盈亏”的产权制度改革。扶持个体私营经济发展,推动乡镇企业通过改制、兼并、重组等转变为中小企业和非公有制经济实体。到 2010 年全省个体工商户、私营企业、农民专业合作社组织等非公经济市场主体总量首次突破 100 万户,其中中小企业、民营经济 80 多万户是全省经济特别是县域经济的主体和地方财政收入的主要来源。财政省直管县体制改革进一步扩面,组建了晋商银行及一批小额贷款公司、村镇银行等金融机构,农信社改制农商行起步等。开辟建设的国家级和省级高新技术产业开发区、经济技术开发区、工业园区遍及全省 11 个市。煤炭资源整合、企业重组大力推开。山西煤炭矿井由此前的大小 1 万多座,逐步于 2012 年减少到 1053 座,办矿主体由数千家减少到 130 家。山西煤炭产业由此而进入“大煤炭经济”时代,产业水平实现了跨越提升。尽管受 2008 年世界金融危机爆发的影响,但在市场对煤炭巨大需求的带动下,这一阶段也成为山西煤炭行业十年快速发展的黄金期。此外,这一阶段,房地产市场从小变大,房地产业对改变城乡面貌和推动经济发展的作用愈加明显。

第四阶段:2012 年以来。深入推进产业结构调整和发展方式转变,以转型综改区建设为统领和以供给侧结构性改革为主线全面深化改革,推动经济由“疲”转“兴”。2012 年国家批准赋予我省建设国家资源型经济转型综合配套改革试验区,山西以转型综改区建设为统领,煤炭管理体制改革、国有企业改革、国有资产管理体制改革、金融改革创新、商事制度改革、创新转型综改区建设体制机制、电力体制改革、高速公路管理体制、农村集体经营性建设用地入市改革、集体林权主体改革、农村土地承包经营权确权登记颁证改革等改革持续推进。其中,2014 年底启动的煤焦公路销售体制改革,撤销了多年来遍布全省的煤炭、焦炭公路检查站、稽查点,推动了煤炭市场的统一开放和大市场的形成。2016 年以来,供给侧结构性改革深入推进,取得重要进展。在经济进入“新常态”背景下,本阶段的重点工作是积极应对经济下行的压力,承受经济衰退的阵痛。统筹推进煤炭产业与非煤产业发展,大力推动传统产业升级改造,积极化解过剩产能,努力加快培育工业新兴产业和金融、物流、康养等现代服务业发展,促进文化旅游融合发展。2017 年 6 月 21 日至 23 日,习近平总书记亲临山西视察并发表重要讲话,在山西发展史上具有重要里程碑意义。2017 年 9 月,国务院印发《关于支持山西省进一步深化改革促进资源型经济转型发展的意见》，进一步强化了山西为国家资源型经济转型发展试验区地位,凸显了山西在新时代全国改革发展大格局中的战略地位和对资源型经济转型的示范意义。一年来,全省上下认真贯彻落实习近平总书记在我省的重要讲话精神,五项重大任务取得明显的阶段性成果。一批重大改革举措落地见效,一批专业集团重组加快推进,一批长期积淀的难点症结破题开局,一批转型项目强势推进,一些国企转型发展势头强劲,山西经济增速连续两年持续提升,2017 年增长 7%，较 2016 年提升 2.5 个百分点,经济增长在 2014 年以来首次步入合理区间。

二、40 年经济发展成就斐然,结构性、体制性、素质性矛盾突出

改革开放 40 年来,山西经济发展风雨兼程,在自身发展同时,为国家现代化建设作出了重要贡献,成就斐然。但是,我省也必须加快破解资源型地区创新发展难题、结构性矛盾突出地区协调发展难题、生态脆弱地区绿色发展难题、内陆地区开放发展难题、欠发达地区共享发展难题。

经济规模快速壮大。1978 年全省地区生产总值只有 88 亿元,2017 年增加到 14973.5 亿元,增长 169.1 倍,按可比价格计算,年均增长 9.6%;人均地区生产总值 365 元,增加到 40557 元,增长 110.1 倍。其间,全省地区生产总值 1992 年突破 500 亿、1995 年突破 1000 亿、2002 年突破 2000 亿、2005 年突破 4000 亿、2008 年突破 7000 亿、2011 年突破 10000

亿；人均地区生产总值1998年突破5000元、2004年突破10000元、2008年突破20000元、2011年突破30000元。财政实力不断增强。1978年全省财政一般公共预算收入只有19.6亿元，2017年达到1867亿，增长94.3倍，其间2000年突破100亿元、2011年突破1000亿元、2012年突破1500亿元。近40年经济发展年均增速比全国低0.1个百分点。1978年地区生产总值全国占比为2.4%，排全国第15位；2017年地区生产总值为14973.5亿元，全国占比为1.8%，排全国第24位。2017年我省人均GDP按当年平均汇率计算为6007美元，排全国第26位。

经济结构呈现积极变化。1978年，山西三次产业构成比为20.7:58.5:20.8，呈现出第二产业占主导，第一产业比重偏高，第三产业滞后的“二一三”格局。2017年三次产业构成比调整为5.2:41.3:53.5，与1978年相比，第一产业比重下降15.5个百分点，第二产业比重下降17.2个百分点，第三产业比重大幅上升32.7个百分点。产业结构由以农业、工业为主转变为三次产业协同发展，三次产业内部结构也不断从低级层面向更高一级结构层面转换升级，发展方式呈现重大转变。长期以来全省工业增加值中煤炭产业增加值占比呈上升态势的局面，于2012年开始出现非煤产业增加值占比提升的态势，占比由2012年的39.7%变化为2016年的51.7%。近40年来，我省第一产业占GDP比重下降低全国1.2个百分点；第二产业占比下降高全国10个百分点；第三产业占比上升高全国8.8个百分点。我省城镇化率由1978年的19.1%上升至2017年的54.34%，由高全国1.2个点到低全国4.2个点。

经济发展基础夯实增强。交通、水利、生态等基础设施建设取得长足进步。高速公路、高铁从无到有，民航由小到大，并不断扩展。到“十二五”末，全省规划的“三纵十二横十二环”高速公路网建成高速公路通车里程达5028公里、占规划里程的约70%。到2017年全省公路通车里程14.3万公里，铁路运营里程5121.6公里，分别比1978年增长3.47倍、1.49倍；民用机场建成运营7个，比1978年增加6个。以铁路、公路、民航为主的综合交通运输网络基本形成，有效缓解了全省客货运运力紧张的局面，也提升了山西承东启西、沟通南北的交通枢纽地位。继上世纪90年代万家寨引黄入晋工程开工建设以来，特别是新世纪从“十二五”开始大规模兴建推进的“山西大水网”工程，基本实现了山西水资源开发利用由“水瓶颈”向“水支撑”的重大转变。通过产业升级改造、淘汰落后产能、节能减排、造林绿化和生态治理修复等多方面努力，全省生态环境呈现明显转好趋势，提升了可持续发展能力。人均电力消费从1978年的481.7千瓦时增长至2016年的4893.1千瓦时，是1978年的10倍多，由高于全国234.7千瓦时到高于全国613.1千瓦时；铁路网密度由1978年的1.3公里/百平方公里增加至2016年的3.4公里/百平方公里，增幅达161.5%，而同期全国为0.53公里/百平方公里和1.3公里/百平方公里，增幅为144.3%；航空总客运量由1978年的不足2万人次增长到2016年的1153.4万人次，增长575.7倍，而同期全国为154万人次和10.16亿人次，增长658.7倍。

社会民生事业发展进步。1978年至2017年，城镇居民人均可支配收入由301.4元提高到29132元，增长95.7倍；农村居民人均纯收入由134元提高到农村居民人均可支配收入10788元，增长105.2倍。城镇居民人均消费性支出由275元增加到18404元，增长339.2倍；农民人均生活消费支出由91元增加到8424元，增长91.6倍。城乡居民食品消费占消费支出的比重逐步降低，恩格尔系数分别由1978年的55.5%和67.3%降至23.1%和27.4%。全省城镇非私营单位就业人员平均工资由1978年的632元增长到2016年的53705元，年均名义增长率高达12.4%，而全国同期为615元和67569元，增长率为13.3%。改革开放40年来，全省人民的生活实现了由贫困向温饱、再由温饱向总体和整体达小康、进而向全面小康奋进决战的历史性跨越。

能源支持全国现代化建设贡献巨大。作为改革开放以来国家布局建设的重要能源工业基地，40年来山西是全国最大的煤炭产地和供应地，年产原煤量长期居全国第一、二位，占全国总量的1/4以上，累计产煤160多亿吨，70%以上外输全国；是全国最大的焦炭产地和供应地，年产焦炭量占全国总量长期保持1/4以上，60%左右外输全国；是全国外输电力大省，外输电量长期居全国前列，发电量的1/5—1/4以上外输全国。2006至2015年的“十一五”和“十二五”期间，全省单位GDP能耗分别累计下降22.66%和19.26%，而同期全国单位GDP能耗分别累计下降19.1%和19.71%。全省研发(R&D)投入占GDP的比重由1996年的0.29%上升至2016年的1.03%，排全国第23位，中部六省排第6位，同期全国为0.56%和2.07%。2017年，全省国内专利申请授权量11311项，增长12.4%，排全国第23位。

三、努力开创发展新境界

从更长的发展历史阶段来观察，山西经济因煤而兴，因煤而困，在全国经济排位相对靠前的时期，也是对煤炭依赖相对较小的时期。随着“一煤独大”的形成，结构性、体制性、素质性矛盾和问题突出，经济过度依赖煤炭产业、过度依赖煤炭价格，透支自然资源和环境，是不可持续的。新时代，我们面临着发展动力深度转换、经济结构全面升级的新任务。

全省经济社会发展的阶段性目标是：到2020年与全国同步实现全面建成小康社会目标，到2030年基本完成资源型经济转型任务，到2035年与全国同步基本实现社会主义现代化。

我们对全省基本完成资源型经济转型的预期和展望是：再经过十几年的不懈努力，将基本形成多点产业支撑、多元优势互补、多级市场承载、内在竞争力充分的产业体系，基本建成清洁、安全、高效的现代能源体系，基本完成资源型经济转型任务，“一煤独大”变为“多柱承天”，资源依赖转为创新驱动，大泉复涌、清水复流，荒山秃岭变成绿色宝藏，自然生态之壮美和灿烂文化之华美交相辉映，综合实力和居民收入进入国内中等发达地区行列，山西成为北方有特色的宜居幸福地区之一。

根据上述目标,今后一个时期全省经济发展的主要任务:

一是产业转型要取得重要突破。构建现代化经济体系是我省转型发展的战略目标。以供给侧结构性改革和转型综改试验区建设为主线,推动经济发展质量变革、效率变革、动力变革。打造清洁能源升级版,争当能源革命排头兵,基本建成国家新型能源基地。实施产业转型升级行动,构建新兴产业培育扶持机制,基本建立起支撑资源型经济转型的体制机制。

二是创新驱动要显著增强。突出企业主体地位,激发创新活力。争取国家大科学装置等重大创新基础设施在我省布局,加强战略性新兴产业相关技术研发。开展国家创新型城市、国家科技成果转移转化示范区创建。倡导创新文化,加快培育科技企业,建设山西省国家双创示范基地,打造创新创业平台。

三是生态环境要稳步改善。加快推进国土综合整治,深化拓展矿山生态修复和采煤沉陷区治理,推进山水林田湖草生态保护工程试点,加强黄土高原地区沟壑区固沟保塬工作,开展吕梁山、太行山等水土流失综合治理。创新河湖管护体制机制,加快推进汾河等流域生态修复和系统治理。坚持源头治污,严格执行环境影响评价制度,倒逼经济转型,推进传统产业绿色改造,构建绿色制造体系。

四是全面开放要形成新格局。深入实施东融南承西联北拓的开放战略,积极参与和扩大"一带一路"沿线国家和地区的经济合作和人文交流,深度融入京津冀和环渤海经济区,主动对接服务雄安新区建设。完善口岸、跨境运输、智能物联网等开放基础设施,优化营商环境,强化招商引资,建设好开发区等开放大平台,打造内陆地区全面对外开放的新高地。

五是人民生活要更加殷实。积极响应人民日益增长的美好生活新需求、新期待,守住底线、突出重点,完善制度、引导预期,在幼有所育、学有所教、劳有所得、病有所医、住有所居、弱有所扶等方面取得新进展。民主法治建设不断加强,社会治理能力和水平不断提升。城乡居民收入增长与经济增长同步,与全国同步全面建成小康社会,经济发展水平在全国位次前移。

实践表明,新时代山西经济发展,转型综改试验区建设是巨大牵引力和强大动力源。尽管资源型经济转型是世界难题,但只要以"功成不必在我"的境界,以"治不忘危、兴不忘忧"的清醒和自觉,用非常之力、下恒久之功,新时代山西经济新发展必将在破解资源型经济转型难题的新征程中实现后发崛起,创造出更加美好的未来!

(山西省政协社会法制委员会　李劲民;山西省地方志办公室　冯林平)

改革开放以来山西文化产业发展回顾与展望

文化是民族凝聚力和创造力的重要源泉。2018年8月,习近平总书记在全国宣传思想工作会议上指出,要推动文化产业高质量发展,以高质量文化供给增强人民的获得感、幸福感,要坚定不移将文化体制改革引向深入。改革开放以来,山西文化产业的发展正是一个不断深化改革的过程,一个从传统的资源观到新的资源观,从单一的事业属性向新的产业经济的蜕变过程。

一、改革开放以来山西文化产业发展的三个阶段

改革开放以来,山西的文化产业从萌芽到成长壮大主要经历了三个阶段:

(一)产业萌芽与探索期(1978年—2000年)

在传统的计划经济体制下,我国普遍实行文化事业管理体制,基本不存在文化产业。改革开放之后,国内部分文化事业单位开始推行"以文养文"的收费服务模式,这一模式也成为我省文化产业发展的最初形态。其后,随着市场化改革的推进,文化单位在保持计划体制不变的基础上,开始依托自身资源开展市场化经营,从而形成了计划体制和市场体制并存的双轨期。这一时期,我省文化产业发展主要以两种方式存在,一种是"以文养文"。文化事业单位不改变原单位属性,但开展了文化产品的市场化收费,作为文化经营单位拨款不足的有效补充;一种是"多业助文"。由社会资本承包文化单位的经营场所,以文化企业为主体开展市场化经营,帮助文化事业单位提升经济收益。双轨制阶段是我省文化产业的探索期,主要呈现几个特点:一是一些文化产品开始了规模化生产,报刊、杂志、书籍、音乐带、录像带等大众文化消费品开始出现;二是文化市场不断发育,从书摊、报摊、民间卖艺、文玩的简单市场,向美术、演艺、电影、音像、书刊、艺术品等专业市场过渡;三是文化行业条块分割、行业壁垒较高、文化产业投资主体单一化,制约文化产业进一步发展壮大。

(二)体制机制改革期(2001年—2011年)

2001年—2003年是山西文化体制改革的过渡期,这一时期确定了山西文化产业的改革走向,并规划了下一步改革的目标和路径。标志性的事件主要有:山西文化产业创新与发展研讨会、WTO与山西文化产业发展研讨会等一系列专家论证研讨会在太原召开;2002年,党的十六大报告首次区分文化事业和文化产业,把积极发展文化产业作为市场经济条件下繁荣社会主义文化、满足人民群众精神文化需求的重要途径;2003年,省委省政府出台《山西省建设文化强省规划纲要

2003-2010》。全国范围内开始了大规模、大范围、时间跨度长达十年的文化体制机制改革，山西文化产业也开始迈入快速发展轨道。这一阶段主要呈现几个特点：

一是进入快速发展轨道，产业规模不断壮大，成为拉动全省经济增长的重要动力。第二次全国经济普查数据显示，2008年，山西文化及相关产业实现增加值207.75亿元，比2004年增加124.39亿元，年均增长25.6%，超过同期GDP增速；文化产业增加值占GDP的比重由2004年的2.33%提高到2008年的2.84%，对全省经济增长的贡献率达到3.1%。

二是所有制结构出现显著变化。私营企业成为文化经营单位的主要类型，其中私营独资企业占所有登记注册内资企业的46.91%。一些走在改革前列的文化企业成长为山西文化产业的重要品牌，如山西教育出版社成为全国文教图书市场上一支重要的新生力量，被誉为"文教新六家"之一；《英语周报》《语文报》《童话大王》等报刊成为全国发行市场的佼佼者。

三是文化体制机制改革取得突出成果。截至2011年底，全省488家经营性文化单位全部完成改革任务，核销事业单位编制1.5万余个，120家出版发行单位、154家电影发行放映和电视剧制作单位完成转企改革，163家文艺院团全部完成改革，组建了山西出版传媒集团、山西广电网络集团、山西演艺集团、山西日报传媒集团、山西广电传媒集团、山西影视集团等省级六大文化集团。

(三)产业优化调整与提升期(2013年至今)

经过深入的体制改革，山西文化产业发展的体制障碍得到有效扫除，全省文化产业发展迸发出勃勃活力。2013年以来，我省文化产业继续保持快速增长势头，并呈现出优化、调整、提升的特点。综合看，全省文化及相关产业的平均增速达13.8%，远高于国民经济其他产业的平均增速。截至2015年底，全省文化及相关产业增加值达到268.65亿元，较上一年增长12.11%，占全省GDP的比重上升为2.10%，全省文化法人单位数为1.6万个，其中规模以上文化企业350家；我省文化产业的平均增速高于全国文化产业增速1个百分点，综合发展水平在全国位于第二梯队，我省连续位居中国人民大学发布的文化产业发展驱动力指数前十位。

文化企业发展迅速。组建成立七大国有骨干文化集团，并涌现出太原高新区火炬创意产业联盟、阳城县皇城相府集团、宇达集团等一些知名的民营(集体)文化企业，有10家企业入选国家级文化产业示范基地，总数在全国31个省(市、自治区)中排名第10位；2016年8月，山西首家文化类企业——睿信智达传媒科技股份有限公司在新三板挂牌上市。

文化精品创作取得丰硕成果。说唱剧《解放》、舞剧《粉墨春秋》等8部剧目入选国家舞台艺术精品工程，名列全国前茅。大型广播剧《种树人》、话剧《立秋》等一批优秀文化作品荣获国家"五个一"工程奖；山西剪纸、面塑、漆器、陶瓷等一大批工艺美术作品人选"中国工艺美术百花奖"文化精品；电视剧《于成龙》、大型文化旅游类电视竞演栏目《人说山西好风光》实现收视率与口碑双丰收，成为"现象级"电视作品；平遥国际摄影大展连续举办16届，成为中国最具国际影响力的十大著名节庆之一，2013年、2015年成功举办第一届、第二届山西文化产业博览会。

文化体制改革走在全国前列。省政府设立了文化产业发展投资基金和旅游文化体育产业投资基金；《山西省支持文化产业加快发展的若干措施》《关于深入推进文化金融合作的实施意见》《山西省推进文化创意和设计服务与相关产业融合发展行动计划》《关于支持外贸稳定增长的实施意见》《促进文化与旅游融合发展合作意向书》等一系列促进和支持文化产业发展的专项政策或意见陆续推出，山西文化体制改革"四轮驱动"改革经验在全国推广，连续四次被评为"全国文化体制改革先进地区"。

二、山西文化产业发展的经验与启示

改革开放四十年来，我省文化产业发展与改革的推动始终齐头并进。实践证明，只有坚持改革、不断深化改革，才能建立起符合市场经济规律的文化产业体系；只有坚定改革方向，明确改革目标，才能保持文化事业的持续繁荣，形成山西的文化精神。

(一)认识文化产业的发展规律，处理好文化资源开发与文化创意的关系

文化资源开发不是简单的"挖资源"，文化产业要运用产业化的运营管理手段、技术和制度，通过文化创意将抽象的文化转变为符合人们需求的具体文化产品和服务。发展文化产业决不能用简单的、粗放的方式去"挖"文化资源，而需要资本、人才、技术和市场等基本的产业要素的土壤，更需要文化创意的植入。在我省文化产业的发展实践中，出现过将文物遗迹"圈起来"搞开发、卖门票的产业发展方式。事实证明，这种简单粗暴的资源开发方式与文化产业的经济规律背道而驰，难以在市场中立足。

(二)认识文化产业的产业特点，处理好文化产业与其他产业的关系

文化产业不同于一般的物质生产行业，文化产品的供给对需求起决定性作用，文化产品的属性、类别和形式直接决定消费者的审美偏好、价值取向和消费方式。除了壮大产业自身规模这条途径，文化产业还具有强大的渗透融合效应，能直接推动其他产业升级。只有不断提高文化产品的供给质量，处理好文化产业与其他产业的关系，发挥文化对其他产业的提升作用，才能不断壮大山西文化产业的实力，并推动文化事业不断进步。

(三)认识文化产业的特殊规律，处理好经济效益与社会效益的关系

文化产业发展的市场主体是企业，发展的目标是满足人民群众日益增长的精神文化需求，离开了文化的社会属性，企业经营犹如无源之水。文化企业在经营过程中，一定要把握好社会效益与经济效益的关系：社会效益是基础，经济效益是目标。企业既要运用更新的技术，提供更高质量的产品、更好的服务，获得更高的经济效益，也要承担更高的社会责任。

(四)认识文化产业发展的最终目的，处理好文化产业与

文化事业的关系

文化事业与文化产业的发展目标存在差异，但二者必须有机统一才能共同发展。一方面，文化事业承担公共文化服务职能，其责任主体在政府，要以政府为主体，以财政投入为主，保障人民群众基本的文化权益，建立和完善公共文化服务体系；另一方面，文化产业承担经济职能，主体在市场，要按照产业经济的客观规律办事，发挥市场在资源配置中的决定性作用，发挥文化企业的主体性作用，激发市场创新活力，推动文化产业发展壮大、走向成熟。

三、山西文化产业发展的展望与政策建议

文化产业是山西最具潜力的朝阳产业之一，也是全省摆脱传统经济发展模式、培育新发展动力的源泉之一。下一步，随着文化和旅游管理体制的深化改革，文化和旅游进一步融合，将大大推动山西文化产业的发展。预计到2020年，我省文化产业增加值占GDP的比重将突破5%大关，成为山西国民经济的支柱产业，也将成为全省转型发展的战略支撑。

（一）加快山西文化产业管理体制机制创新

一要继续深化文化事业和文化产业管理体制机制改革。厘清文化意识形态、事业和产业职能分工，加强对山西文化产业发展的规划、指导和管理；成立山西国有文化资产监管委员会，行使全省国有文化资产监管职能，打造全国领先的文化资产运营企业。二要继续深化省属文化企业改革。加大对省属文化企业的绩效考核力度，形成“政治导向”、“效益导向”与“社会导向”三位一体的企业责任体系。鼓励在省属文化企业成立文化研发中心，聚焦文化科技、文化创意大力实施突破创新。三要继续培育和壮大山西民营文化企业。鼓励山西的民营文化企业“走出去”，参与环渤海经济圈、京津冀、长三角、珠三角及“一带一路”文化合作项目，扩大品牌影响力。培育和孵化山西文化创新型中小微企业，鼓励国内外中小微创新型文化企业入驻山西省内的高科技产业园区、大学创业园、文化创意园区、文化保税区等产业集聚区，并给予不低于其他类别企业的相同优惠待遇。

（二）启动实施“山西文化创意工程”

在项目立项、土地供给、财税投入、人才引进、对外宣传等方面出台配套系列政策，重点对文化创意类产品研发、文化创意类企业和文化创意与科技融合项目给予资金扶持和政策倾斜。支持引进全国一流的文化创意公司、动漫设计与制作、影视剧创作团队、会展企业、媒体公关公司、新媒体运营公司以及文化科技类企业，推广“太化工业园”“平遥电影宫”模式，在全省的科技企业孵化园、城市文化中心、大学城、大型文化旅游目的地等地建设文化创意和设计类中小企业创业园，培育山西本土的文化创意类配套服务业，形成中小企业集聚区；加快山西文化传媒、影视剧、软件设计与制作等学科专业发展，整合山西演艺集团、戏曲院校、文化专业院校等资源，建设一批文化类产学研合作基地，加大动漫、3D、视频剪辑、摄影摄像软件、新型印刷等技术类人才引进；鼓励文化创意与设计研发，挖掘山西文化符号，打造一批符合文化资本运营需求和现代消费理念的山西文化IP；鼓励文化企业对山西民间戏曲、文学、音乐、优秀影视剧、舞台剧、节庆活动等进行包装改造，打造全新的山西文化形象。

（三）推动文化产业资本运营

活跃文化产业资本市场。选择长治、晋中等文化产业基础较好的市（县），开展文化产权交易试点，探索具有山西特色的国有文化资产、无形资产、非物质文化遗产的资产入股、专业化运营模式，探索国有与民营文化企业运营与合作新模式；鼓励支持国有及省属银行、金融担保机构、城市银行、村镇银行、证券公司等金融机构开发文化主题类金融产品、创新建设省级文化产权交易市场，鼓励省内各类金融企业、担保公司及大型投资集团开展文化产业的资本运作；加快文化资产证券化进程，开发文化产业信托产品、保险产品、理财产品等金融信贷产品，推动成立文化产业小额贷款机构和文化创意产业融资担保机构。

（四）开展文化产品创新

鼓励企业开展文化产品创新。为省内文化产品专利申请、知识产权登记、文化群团组织设立提供绿色通道和一条龙服务；对文化产业相关的行政收费执行最低标准。发起“山西特色文创产品创新行动”，利用互联网平台和新媒体技术手段，联合省内广播、电视、报纸等传统媒体，定期发布年度、季度山西特色文创产品推荐名录。优化政府公共文化产品采购制度，在公共文化产品等政府采购目录中注重向“文化+”产业融合领域的创新产品倾斜；以“文化+旅游”“文化+农业”“文化+制造业”等领域为重点，建设全省“文化+”产业投资项目库；在对外招商、文化外事交流活动中加大推介山西文创新产品。

（五）鼓励文化消费创新

跟踪研究全国文化消费趋势，推动文化消费创新。以文化产业联盟、文化产业发展论坛、文化产业研究中心、文化研究会为平台，定期发布“山西大众文化消费热点”“山西大众文化消费指南”；加大推荐山西省内博物馆、美术馆、文化馆、歌舞剧、出版物、影视剧目等文化场馆和文化产品的力度；发起“山西文化推广志愿者”活动，鼓励中小企业和公益组织为重点文化场馆及产品提供文化知识服务和相关配套服务。

（六）加快山西文化产业对外开放进程

加快文化保税园区建设，将文化保税区打造成为引领我省文化贸易的龙头、文化产业发展的新引擎；继续深化文化事业单位改革，在部分博物馆、文物单位、文化艺术场馆、工艺美术馆、纪念馆、风景名胜区等文化事业单位开展试点，剥离经营性资产，引进外来投资主体，实行市场化开发、投资和运营；鼓励省内文化企业“走出去”，创新对外传播、交流、贸易合作形式，鼓励和支持我省文化企业与国内外一流文化产业集团开展合作，扩大山西特色文化产品和服务出口，建立山西文化出口重点企业和项目库，培育一批有竞争力的外向型文化企业和中介机构，持续扩大对外文化贸易规模。

（山西财经大学资源型经济转型发展研究院　夏骕鹔）

改革开放40年山西生态环境地方立法回顾与展望

改革开放以来,我国经历了快速工业化、城镇化推进过程,经济社会条件发生了巨大变化。随着生态文明建设的全面推进,生态文明格局稳步形成,生态环境立法逐步加强,我国生态环境恶化趋势得到有效遏制。山西省作为传统资源型地区,生态环境地方立法是国家生态环境保护立法的有益补充,为全国生态文明建设和绿色发展提供了有力的法治保障和经验借鉴。以山西为典型代表的生态环境地方立法虽已取得一定成绩,但与中央"用最严格的制度、最严密的法治,为生态文明建设提供可靠保障"的要求相比,还存在明显不足,用生态环境倒逼转型的力度还不够,资源型地区生态环境保护工作依然"任重而道远"。

一、理念变化

生态环境立法在我国经历了一个从国家到地方、自上而下到地方主动积极开展相关立法的一个显著转变。在转变的前与后,生态环境地方立法工作也呈现了不同的特点、取得了相应的成果。

1、从环境保护到生态环境保护

环境保护理念的发展影响着立法理念。随着世界环境治理经验和理念,以及我国环境治理经验的积累,我国环境保护的指导理念经历了从"末端治理"至"源头控制",到注重"全过程"对环境进行保全,再到"可持续发展"的过程,理念从"弱可持续"到"强可持续"的转变。十八大之后,生态文明建设全面推进,生态环境保护升级转型,"大环境"理念得到彰显。十九大报告更是提出要对作为"生命共同体"的"山水林田湖草"生态系统实施系统性保护,为此,国务院机构改革新设了生态环境部、组建了自然资源部,以加强生态及自然资源的系统性保护。所以,现阶段"生态环境"这一概念是指"生态和环境",实际上是"环境"内涵的深刻变化外化,以"生态环境"彰显"环境"发展的新阶段、新时期、新特点。基于上述分析,本文论及的生态环境立法涉及的具体领域包括但不限于环境污染防治、自然资源保护与管理、生态保护与修复治理、资源节约与综合利用,以及生态环境管理等内容。

2、生态环境保护从国家到地方全面推进

在全面推进生态文明建设之前,我国的环境保护(主要是污染治理)方面的立法主要是自上而下的主导模式,即国家出台相关污染防治法律,各地对应出台省级地方性法规或实施办法。地方从立法到政府对环境污染的治理都是被动的,主动性、积极性不足。十八大之后,在全面推进生态文明建设的过程中,生态环境保护成为了重要的内容,自上而下的压力传导,以及由督察和追责刺激下的地方政府部门生态环境保护思想意识的彻底动摇和转变,导致了生态环境保护的态势发生了显著变化。地方政府开始认真严肃对待相关工作,这也一定程度上激发了地方生态环境立法的积极性。同时,鉴于生态环境有着极强的地域性差异,不同的地形地貌、自然环境、气候特征、产业结构及布局等都会对当地的生态环境造成不同的影响。2015年我国对《立法法》进行了修订,设区的市一级人大及常委会"可以对城乡建设与管理、环境保护、历史文化保护等方面的事项制定地方性法规",这为生态文明建设的全面推进提供了非常及时的立法支撑。全国性的生态环境立法旨在原则性规定全国适用的制度和规范,具体到各省、市,尚需立足实际,依法出台配套的地方性法规和政府规章,切实保护当地生态环境。尤其是在资源型地区,因"路径依赖"使经济发展过分倚重资源开发利用,导致经济结构的"三高"特点突出、生态环境问题严重,因而更加需要赋予地方立法机关灵活立法的权力,使之有针对性地开展生态环境领域的立法,为推进地方层面的生态文明建设提供有力度法制保障和支撑。

二、山西省生态环境地方立法历程及成就

山西省生态环境保护地方立法经历了从无到有、从少到多、从粗到细的发展过程,取得了长足的进步和丰硕的成果。

1、立法概况

新中国成立之后,我国立法权经历了三次下放的过程。随着国家立法权的一次次下放和扩充,山西省地方立法也随之经历了不同的发展阶段。纵观我省生态环境保护立法发展,大致可分为起步阶段、发展阶段、完善阶段、理念升级阶段。目前,我省已经初步形成了"一核四级多领域"、具有地域特点、针对性较强、层次丰富的生态环境保护地方性法规体系。

所谓"一核"是指《山西省环境保护条例》。该条例最初是山西省环境保护的基础规范,是根据《中华人民共和国环境保护法》以及相关法律法规并结合山西省的实际情况制定出的一部地方性环境保护法规,对山西省省域内的设区的市人大及其常委会地方立法和生态环境方面的规章具有指导作用。2014年《中华人民共和国环境保护法》修订后,"推进生态文明建设"入法。在这样的历史背景之下,《山西省环境保护条例》也应当成为在生态环境保护地方立法体系中发挥基础作用的地方性法规。

所谓"四级"是指我省生态环境保护地方性法规的效力层级有四级:第一层级是省人大及其常委会制定的地方性法规;第二层级是省级人民政府制定的政府规章;第三层级设区的市人大及其常委会制定的地方性法规。第四层级是设

区的市的人民政府制定的政府规章。四个层级互相联系、相互配合。不同层级的立法机关在制定地方性法规和政府规章过程中的分工不同，法定的调整领域不同，立法权主体之间的关系也不同。

所谓“多领域”是指以《山西省环境保护条例》为中心，山西省人大常委会围绕环境污染防治、自然资源保护及管理、生态建设和保护、资源节约与综合利用等领域建立起来的生态环境保护地方法规体系。其中，针对传统高污染、高排放行业导致的环境污染问题制定了《山西省减少污染物排放条例》《山西省重点工业污染监督条例》《山西省汾河流域水污染防治条例》等环境污染防治的省级地方性法规；针对山西所处的生态环境脆弱和敏感区进行了生态治理和保护方面的立法有《山西省汾河流域生态修复与保护条例》《山西省水土流失保护条例》《山西省森林公园条例》《山西省永久性生态公益林保护条例》等；针对山西省水资源极度匮乏的现实，在水资源保护和水资源节约利用方面出台了《山西省汾河流域水污染防治条例》《山西省丹河流域水污染防治条例》《山西省水资源管理条例》《山西省泉域水资源保护条例》《山西省汾河中上游流域水资源管理和水环境保护条例》《山西省城市供水和节约用水管理条例》等；在资源节约与综合利用方面出台了《山西省节约能源条例》《山西省促进循环经济条例》《山西省民用建筑节能条例》《山西省节约用水条例》等地方性法规。此外，2015年《立法法》修订后，山西省设区的市人大及其常委会在地方政权建设、城乡建设与管理、环境保护、历史文化保护与法律授权制定等方面将享有立法权。这也在较大程度上丰富了地方立法的层次，凸显了“多领域”的涵义。

2、取得的成就

以典型资源型省份山西为例，山西省地方立法权的启动和发展过程，与我国环境保护工作的起步与发展历程在时间上相吻合。改革开放四十年间，资源型地区的发展呈现出显著的“资源依赖”特点，而资源的开发利用过程中不可避免地会扰动和破坏自然和生态环境。在经济快速发展、生态环境问题日益突出的过程中，生态环境地方立法也在夹缝中艰难发展和完善着。截至2018年1月1日，山西省地方立法已经历了十二届人大，走过了39年的历程。省人大常委会共制定地方性法规291件，其中现行有效190件，废止101件。省十二届人大五年，共制定修改地方性法规58件，废止14件；批准设区的市制定修改地方性法规96件，废止15件。山西地方生态环境立法从无到有、从弱到强、从健全法规体系到突出地方特色，目前已初步形成了“一核四级多领域”、层次内容丰富的生态环境地方法规体系。

作为传统资源型发展的典型省份，山西生态环境保护具有显著的发展特点、是我国生态环境保护发展的一个缩影。山西省生态环境保护方面的立法在地方立法中占有显著的地位，生态环境资源保护领域省级地方立法53件，占省级地方立法的28%，覆盖环境污染防治、生态保护与修复、自然资源保护、资源节约与循环利用、生态环境管理等领域。十八大后“生态文明”写入党章，十九大之后，“生态文明”写入宪法，我国生态文明建设和改革已经迎来了深刻的变革，生态文明法治建设已经步入了快车道。未来生态环境领域的地方立法将成为山西省的立法重点，生态环境保护的力度也将会持续加强。可预见的未来，山西省11个设区的市将集中出台与生态环境保护相关的地方性法规，开启生态环境保护地方立法的新阶段。

三、山西省生态环境地方立法完善路径及展望

山西省生态环境地方立法的成果是显著的，但不可否认，对照十八大以来，特别是十九大提出的生态文明新理念、新思想的要求，作为典型的资源型省份，山西在生态环境地方立法方面尚存在生态环境立法缺乏系统规划、法规体系不完善、沟通系统机制不畅通、宣传教育缺失等问题亟待解决。针对资源型省份生态环境保护地方立法存在的不完善，需要从以下几方面提升地方生态环境立法的质量，为山西生态环境地方立法助力生态文明建设、助力建设美丽山西、助力争当能源革命排头兵提供有效的法治支撑。

1、强化人大立法主导地位，提高立法质量

一要强化人大主导立法。考虑到资源型地区需要有针对性地开展系统的生态环境领域地方立法，立法机关要根据我省经济和社会发展实际情况和需要以及生态环境现状，以问题为导向，建立“大生态”观，拟订生态环境领域的立法规划和计划草案，努力发挥地方立法对改革发展的引领和推动作用，加强生态环境领域立法。二要加强地方立法能力建设。鉴于《立法法》修改后，各资源型省份设区的市将集中在生态环境保护领域取得立法权，且省内享有地方立法权的市的数量迅速扩充，需积极通过各种途径吸纳专业人才充实立法队伍、夯实能力基础。三要创新工作方式，提高立修法效率。资源型省份的省级人大应当积极应对未来省市两级地方生态环境保护立法工作的需要，通过“打包”方式批量修法，提高修法速度和效率，以适应地方法规滞后待修、以及新法待立繁重任务的需要。同时，要加强生态环境立法的立法前、中、后评估，提高生态环境地方立法质量。

2、完善资源型地区生态环境地方法规体系

一是要出台一批地方性法规，填补空白。山西省在水、大气、固废、危废等生态环境领域存在着关乎民生的重大污染问题，亟待出台《山西省生态保护红线条例》《山西省生态补偿条例》《山西省水污染防治条例》《山西省饮用水水源地保护条例》《山西省湿地保护条例》《山西省工业固体废弃物污染防治条例》等一批填补空白的生态环境地方法规，为进一步加大治理力度提供法规支撑。二是要修改一批地方性法规，提高法规适用性。面对十九大提出的生态文明建设目标和任务，以及未来生态环境监管体制改革，紧紧围绕中央和山西省委重大决策部署、谋划生态环境领域立法工作，针对生态环境领域修法滞后的问题，抓紧修订《山西省大气污染防治条例》《山西省循环经济促进条例》《山西省节约能源条

例》等一批生态环境类法规,提高法规的适用性。三是要研究一批地方性法规,突出地方生态环境特色。山西省在推进生态文明建设、争当全国能源革命排头兵的过程中,要适时出台《山西省清洁能源促进条例》《山西省煤矿瓦斯抽采利用管理办法》等一批能够突出地方特色、解决山西现实问题的法规,促进省内各领域更多地使用清洁能源,促进传统能源的绿色转化和低碳利用,大力度地治理能源利用过程中的环境问题,以立法促进能源革命、能源转型工作。

3、建立立法前中后全过程有效沟通协调机制

沟通协调机制主要体现在人大与政府法制办之间的沟通协调、省级人大与设区的市级人大之间的指导协调。一是要加强生态环境立法过程中人大与政府部门、与司法部门之间的沟通协调,针对法规使用和实施过程中出现的新问题、新形势,深入研究、开展调研、及时修法或出台配套设施办法和细则。二是省级人大应当认真研究省级和设区市一级立法机构在立法层级和关系方面协调问题。在城市建设管理、环境保护方面的省级立法和设区的市级立法应当注意区分层次,省级人大要充分发挥省级立法的统筹协调指导的作用,从省级层面进行宏观研究和把握,研究全省生态环境保护立法方面的地方法规体系架构。省级人大还应当注意引导设区的市人大,一定要围绕和针对实现地方“十三五”经济社会发展目标任务过程中遇到的突出生态环境问题立法,突出问题导向,解决实际问题,避免市级立法“为立法而立法”“重复立法、盲目立法、浪费立法资源”。

4、加强全社会生态环境保护宣传教育工作

生态环境保护是一项自下而上、全社会共同参与、协同努力的综合性事业,非一日之功,需久久为功。因此,未来要切实加强生态环境保护的宣传教育,提高全社会保护生态环境的意识。一是要推进生态环境公众参与的地方立法。鉴于国家生态环境保护领域的地方立法中关于公众参与的规定都较为原则,操作性不强,应针对公众参与生态环境保护、生态文明建设制定明确、可供操作和实践的地方性法规,并明确相应的激励机制,鼓励公众参与到生态环境保护监督过程中,鼓励发展壮大省内环保社会组织。二是要高度重视生态环境教育,推进相关立法。生态文明建设、生态环境保护事关全社会每一个公民,尤其幼小学的生态环境教育亟待加强和系统化,要从小培养绿色生活理念、培养保护生态环境的行为习惯和意识。这是一项需要长期坚持的公益事业,需要从立法层面保障此项公益教育的开展。同时,对公民的行为加强规制,如对在景区故意破坏生态环境的行为要进行追责,形成警示作用,切实保护景区生态环境,为重塑全社会生态环境意识和氛围加力。

生态文明建设和生态环境保护需要一以贯之,不可能一蹴而就。立法要解决突出问题和矛盾、与改革决策相衔接。未来山西省生态环境保护地方立法坚持在党的领导下,立足实际,结合未来改革和发展的方向及重点,深入开展调查研究,突出解决资源型地区产业转型升级涉及的生态环境问题,从生态环境立法层面支撑山西省综合配套改革试验区的建设、助力转型升级发展。

(山西省社会科学院　姚　婷)

波澜壮阔四十年　国资国企展新篇

——山西国企改革四十年巡礼

改革开放40年来,山西国企改革攻坚克难、上下求索,走过了一段极不平凡的历程。从1978年改革开放以来实施扩大企业经营自主权,到2018年加快国有企业混合所有制改革和转型发展,山西国有企业改革大致经历了初步探索(1978年—1991年)、制度创新(1992年—2002年)和纵深推进(2003年以后)三个阶段。特别是在党的十八大召开后,山西国有企业改革进一步向“深水区”推进,不断取得新的突破。

一、探索国有企业改革,建设能源重化工基地

1978年,具有划时代意义的十一届三中全会胜利召开,吹响了中国改革开放的号角。这一年,国务院第91号文件《关于实行奖励和计件工资制度的通知》下发,山西省各工交建部门及其他行业开始实行奖励和计件工资制度。1979年,太原钢铁公司率先开展以利润留成形式进行扩大企业经营自主权的试点工作。同年8月,山西省选择山西针织厂、晋华纺织厂、山西机器厂、太原电解铜厂、临汾造纸厂、山西中药厂等66个企业进行扩权改革。从1981年起,此项工作在全省各国营工业企业中全面推开,企业在人财物、产供销等方面拥有了更大的自主权。同时,于1979年开始在工商企业中推行了承包形式的经济责任制,实行独立核算、自负盈亏,减亏包干和利润包干、超额分成,激发了企业领导人员和职工的工作积极性,增加了企业主动改善经营管理、努力增加生产、提高经济效益的动力。从1983年开始,山西推进了以固定工为主体的统包统配用工制度改革,试行了合同用工制。

党的十二大后,国有企业逐步实行了“利改税”改革,理顺了国家、企业和职工个人三者的利益关系,彻底解决了吃“大锅饭”的问题。1984年12月十二届三中全会之后,山西省委、省政府制订《山西省以增强企业活力为中心的经济体制改革实施方案》(以下简称《实施方案》)。从方案制订到1987年10月党的十三大召开,山西国有企业围绕增强企业

活力进行了四项重大改革，即进一步扩大企业自主权、开展横向经济联合、实行厂长（经理）负责制以及劳动制度改革。此外，还对所有权与经营权两权分离和产权制度进行了初步探索。在两权分离方面，主要是进行了承包和租赁试点；在产权制度改革方面，主要是进行了股份制试点和产权有偿转让（拍卖）试点，取得了初步的成效和经验。

1988 年 9 月，中共中央、国务院印发《全民所有制工业企业厂长工作条例》《中国共产党全民所有制工业企业基层党组织工作条例》和《全民所有制工业企业职工代表大会条例》，确立厂长负责制作为企业的基本制度。10 月，少数未实行厂长负责制的大型企业如：太原钢铁公司、第十三冶金建筑公司等，也全部实行了厂长负责制。山西国有企业实现了由单纯生产型向生产经营开拓型的转变，增强了自我改革、自我完善、自我发展的能力，步入了高速发展的快车道。

这一时期，国家确定了山西能源重化工基地的战略地位。从上世纪 80 年代初开始，到 90 年代初邓小平发表“南巡讲话”，大约 13 年时间，国家约 1/10 的重点工程集中在山西，山西工业快速发展壮大。1990 年，山西胜利完成了国民生产总值的第一个翻番，即国民生产总值比 1980 年增长 1.15 倍。

二、引入现代企业制度，推进产业结构调整

1992 年，党的十四大明确了建立社会主义市场经济体制的总目标。省委、省政府从山西实际出发，继续推进国有企业的市场取向转变，同时对计划、金融、价格、财政等宏观调控体系以及行政机构进行了以转变职能为目标的改革并取得积极突破。1992 年，全省国有企业全面推广“三项制度改革”。到年底，全省实行“三项制度改革”的国有大中型企业达到 3000 多家，占到全省国有大中型企业的 1/3。到 1995 年，全省国有企业普遍实行了劳动合同制，促进了企业经营机制的转换，进一步调动了企业职工的积极性。

1992 年 4 月，山西省委召开六届三次全会，决定引入现代企业制度，在有条件的企业内部试行职工持股的股份制，大型企业和企业集团较大的技改项目可以发行债券和股票。省委、省政府成立了推进股份制试点工作领导组，并确定了太原钢铁公司等 5 户国有企业进行股份制改革试点。1994 年 1 月，山西以产权制度改革为中心，对国有企业进行新一轮改革。开始确定了 30 家国有大中型企业进行建立现代企业制度试点，1996 年又扩大为 60 家。截至 1997 年底，在 60 个试点企业中，有 50 家完成了改制。在改制为股份有限公司的 13 家国企中，山西杏花村汾酒厂股份有限公司、山西焦化股份有限公司、大同水泥股份有限公司、山西南风化工集团股份有限公司、山西三维集团股份有限公司等 9 家企业的股票先后上市。同时，500 多家国有中小型企业实施多种形式的产权制度改革，组建了一批有一定规模和实力的企业集团。

1992—1997 年，随着国有企业机制转换和现代企业制度的推行，山西国有企业的经济效益有了提高。全省国有工业企业实现增加值 290.03 亿元，实现利税 72.55 亿元，比 1992 年增长 49.9%。

1996 年以后，全国国有企业普遍出现了大面积亏损。1997 年，党的十五大和十五届一中全会提出：用三年左右的时间，使大多数国有大中型亏损企业摆脱困境，力争到本世纪末大多数国有大中型骨干企业初步建立现代企业制度。山西国有亏损企业三年摆脱困境被作为一项重要的战略决策确立下来。经过不懈努力，到 2000 年，山西国有企业改革取得重大进展，改革脱困的三年目标基本实现，8 大重点煤炭企业 5 个实现盈利。

随着经济的不断发展，山西在计划经济时代和改革开放以来逐步形成的经济结构在市场经济条件下显得日益不相适应，支柱产业单一、产品附加值低、国有经济的比重过大且质量低等结构不合理的矛盾日益突出。从 1999 年下半年开始，我省启动了以产业结构为主的经济战略性调整步伐。2003 年底和 2004 年初，省委、省政府先后出台了《关于实施行业结构调整的意见》《山西省行业结构调整方案》和《山西省行业结构调整实施办法》等文件，经济结构调整进入全面实施阶段。

三、完善国资监管体制，推进国有企业改革

2003 年 3 月，国务院国有资产监督管理委员会成立，《企业国有资产监督管理暂行条例》颁布。2004 年起，山西省国资委和各市国资委陆续组建，初步解决了政企不分、多头管理、出资人不到位、责任不落实等体制性问题，山西国有资产体制改革和国有企业改革进入新阶段。

一是加快推进股份制公司制改革。大同煤业、阳泉煤业、山西焦煤、晋城煤业、汾西矿业、霍州煤电等与中国信达资产管理公司等金融机构签订了债转股协议，涉及债转股金额 447 亿元，省国资委持有 6 户煤炭企业股本上升到 272 亿元，其中 5 户企业由山西省绝对控股。大同煤业、潞安环能、山煤国际、国新能源、阳煤化工等股票在 A 股上市。组织推进全省参与股权分置改革的上市公司完成股权分置改革任务。出台《关于进一步加快推进国有企业改革的意见》（晋政发〔2004〕46 号）及 13 个系列配套文件。推动全省 80%的国有及国有控股工业企业改制为多元股权结构的公司制企业，初步建立了现代企业制度框架。山西省煤炭运销总公司和万家寨引黄管理局完成公司制改制，煤炭运销集团公司和万家寨引黄工程总公司成立。

二是积极开展省属企业兼并重组。省级层面推进山西焦煤重组山西焦化，阳煤重组三维，能投集团重组汽运、物产、能源产业、地方铁路，阳煤重组太化，潞安重组天脊，同煤集团重组漳泽电力，山西焦煤重组运城盐化和焦炭集团，晋煤重组太原煤气化。实施了 8 户资产公司之间的重组。组建太重煤机有限公司。完成国际电力分立重组，组建国际能源，引进国外战略投资者。推进实施了中国重汽集团重组大同齿轮集团，中国医药集团重组省医药集团。煤销集团与国际电力合并重组为晋能集团，煤焦公路运销体制改革完成，晋能、焦煤的煤检站点全部撤消。省直厅局所属企业脱钩改革完成，

27个省直机关所属233户企业正式划转到省国资委，基本实现省级国资监管全覆盖。

三是加快推进国有企业破产退出。在一般竞争性领域的国有企业加大国有资本的退出力度，推动一批国有中小企业实现民营化。破产终结国家政策性关闭破产项目103户，安置职工近30万人，拨付破产补助费用9亿多元。启动厂办大集体改革，争取到国家奖补资金26亿多元。深化委托省直机关管理企业脱钩改革，推进55户劣势企业的破产工作，将45户企业列入破产计划，19户由法院宣告破产。

四是完成主辅分离、辅业改制和分离企业办学校工作。按照国家要求，全省440户省属企业辅业企业实施了主辅分离改制，分流安置职工22万人，支付职工经济补偿金3.3亿元。完成省属企业部分分离办社会工作任务，省属国有企业310所中小学校移交当地政府，妥善解决了全省国企职教幼教退休教师待遇问题。将企业自办公安机构中约20%的人员进行了公务员过渡并纳入了公安编制，移交企业自办林场，大大减轻了企业的负担。

五是建立了企业领导人员业绩考核和薪酬制度。对国有企业负责人实施了年度和任期经营业绩考核，将考核结果与企业负责人收入分配挂钩，建立了以年薪制为主要形式，以岗位绩效工资为过渡形式的新的企业领导人薪酬制度，全面结束了1998年工业主管部门撤消以后企业“自己给自己定目标，自己给自己定薪酬”，企业领导人员激励约束机制不规范的局面，较好地调动了企业领导班子的积极性。

六是进一步推进企业建立完善现代企业制度。大力深化内部三项制度改革，建立了市场导向、突出绩效、外具竞争力、内部重公平的企业劳动人事分配制度。坚持和完善“双向进入、交叉任职”企业领导体制，以董事会建设为重点，完善法人治理结构，促进董事会规范运作。全面开展了企业领导人员任期和年度考核工作，加强了对企业领导干部的监督和奖惩。

七是加强对国有资产的监督管理。初步构建山西国资监管的法规体系。全面开展全省国有企业产权登记。完成省国资委监管企业和省直部门所属企业的清产核资工作。实行国有企业财务预算管理，建立完善企业财务决算报告管理制度。进一步加强了从2001年开始实施的国有企业监事会制度，有效确保了国有资产保值增值。成立山西省产权交易市场，推进省属企业国有产权进场交易，发挥了市场在资源配置中的基础性作用。推进企业法律风险防范机制建设，全面建立企业总法律顾问制度。建立国有资本经营预算制度，设置职能处室并开展了国有资本收益收缴工作。出台了《山西省省属国有企业财务等重大信息公开办法》，在全国率先公开省属企业财务等重大信息。

四、深化国企国资改革，推进国企转型发展

2016年，山西省第十一次党代会召开。大会强调，山西经济发展正处于一个重大历史拐点，到了发展动力深度转换、经济结构全面升级的新阶段。在省委十一届二次全会暨经济工作会议上，省委书记骆惠宁指出，山西国企国资改革已经到了非改不可、不彻底改不行、不抓紧改不行的历史关口，必须下定决心，敢于担当，不能再错过窗口期，不能把问题留给后人，要通过大刀阔斧的改革赢得蓬勃活力和后发优势。省长楼阳生指出，要把国企改革作为转型综改的关键一招，抓住当前深化国企改革的窗口期和机遇期，着力在根上改、制上破、治上立，推动国有企业瘦身健体、固本培元、提质增效，使国有企业真正成为转型升级的主力军。为实现这一目标，省委高规格成立了骆惠宁任组长、楼阳生任第一副组长的国有企业改革发展和党建工作领导小组。省国资委在新一届班子领导下，大动作、大手笔，围绕8个方面任务细化分解为2017年21项和2018年的38项重点工作，全面发力、多点突破、纵深推进，推动国企国资改革正式迈入对照“施工图”全面施工阶段，取得了改革攻坚的初步成效。

一是新旧动能开始转换，新兴产业异军突起。加大谋划和推动一批对转型发展具有战略性、牵引性的重大项目。加快推进转型项目建设，以潞安180煤制油、太钢T800碳纤维、晋能光伏电池、阳煤乙二醇为代表的一批转型项目落地见效。能投集团引进美国新能源汽车合作事宜取得积极进展，国控集团加速布局年产10万台自主可控计算机生产线项目。省属国企“不当煤老大，争当能源革命的排头兵”见诸行动，2017年省属煤炭集团先进产能同比提高10.2个百分点，非煤产业增加值完成893.8亿元，其中新兴产业增加值完成376亿元，占非煤产业比重42%，同比提高3.3个百分点。以煤炭、电力为先导，先后发布两批53个“腾笼换鸟”股权转让项目，以苏晋能源项目合作为标志的“腾笼换鸟”项目全面启动，已落地项目14个。

二是重大重组陆续完成，布局结构不断优化。在全国率先成立省级层面国有资本投资运营公司。通过推动专业化重组、提升管理层级等方式，9户承担山西转型使命的集团公司陆续成立，做强做大交通、燃气、现代化工、文化旅游、航空、大数据、环境治理等战略性新兴产业。2018年成立的山西燃气集团、潞安现代化工集团进一步加快深度重组。按照“一主三辅”要求，省属企业聚焦主业，强化转型，全部高标准研究制定了一年和三年转型发展规划及行动计划。

三是企业混改分层推进，历史遗留问题得到解决。省属国企公司制改制全面完成，为建立现代企业制度打下坚实基础。汾酒集团、建投集团混改试点按计划推进。二级以下公司以及新设公司混改面达到67%。召开混改项目推介大会，向社会资本和民营企业推出账面净值达340亿元的108个混改项目。员工持股试点积极开展。扎实推进瘦身健体“处僵治困”，省属国企压缩管理层级至四级以内，减少法人825户，256户“僵尸企业”处置取得明显进展，43户企业完成改革任务。清理欠薪欠保177.4亿元。推动低效无效资产市场化出清，两年退出落后过剩产能2945万吨。加快推进国有企业分离办社会，全省11个市与省属企业及驻晋央企100%签署“三供一业”剥离移交正式协议，2018年底前完成实质性剥离移交。

四是一企一策考核分配，关键领域稳步推进。省国资委与省属国企签订年度和三年任期目标责任书，压实企业责任，汾酒集团作为改革试点，效益增长明显。探索省属国企经营班子任期制和契约化管理，将科技创新、转型项目纳入经营业绩考核指标体系，引导企业加快转型发展。在集团层面出缺岗位探索引进职业经理人和新设公司大力开展经理层市场化选聘，激发体制机制活力。研究出台外部董事制度，向9户企业派出外部董事，促进省属企业董事会规范运作。深化"三项制度"改革，完善以增加知识价值为导向的分配政策，鼓励企业对科技人员采取更加灵活的薪酬制度。

五是努力推进提质增效，运行质量显著提升。省属企业上市公司积极利用资本市场实现再融资，加大企业发行债券力度，债券融资规模创新高。"山西路桥"取代"山西三维"A股上市，为交控集团发展增添动力。省国资委协调国土、财政等有关厅局启动9户省属企业煤炭及土地资源价值重估，引导省属企业与金融机构签订债转股协议，多措并举降低企业负债率。出台《关于进一步完善省属国有企业科技研发人员激励机制的指导意见》，引导企业加大科技投入，促进科技成果转化。省属企业强化防控化解风险，开展应收账款清缴工作，运行质量明显改善。

六是深化国资监管改革，服务效率明显提高。省国资委在全省首家完成了大处室改制。深化"放管服效"改革，优化机构设置，精简审批事项，既确保放开放手放活，让企业充满活力，又管严管实管住，防止国有资本流失。创新监管方式，建立工作约谈机制，强化协同监管制度。研究制定投资风险监管办法和投资负面清单，从严投资监管，更加注重质量和效益。提出"十个不得"，为企业领导人员在国企改革过程中的行权履职，划出政策红线。

截至2018年10月底，省属国企资产总额达到2.85万亿元，同比增长6.1%；净资产0.68万亿元，同比增长21.2%，资产负债率降至76.21%，同比下降2.96个百分点；其中，煤企负债率78.1%，同比下降3.7个百分点。1–10月，累计实现利润243.3亿元，同比增长122.6%；上交税费770亿元，同比增长12.3%；实现增加值2123.7亿元，同比增长10.6%。10月底，省属国企增加值列全国第3位；资产总额排在4个直辖市之后，列第5位。山西国有企业经济运行创近年来最好水平。

40年改革开放的光辉实践雄辩地证明，国有企业是山西省转型跨越的中坚力量和重要保障，国资系统是一支省委、省政府靠得住、调得动、打得赢的队伍。40年国有企业快速发展的巨大成就，证明其价值不仅在于实现国有资产保值增值，更在于对国家、对社会、对百姓的特殊重大贡献。全面客观地反映国有企业改革发展历程，系统总结改革开放的经验教训，不断探求发展内在规律，认真分析各种主客观条件和因素，对于在今后的工作中正确把握形势，因势利导，趋利避害，改革创新，不断扩大有利因素，克服不利因素，努力把国家政策带来的机遇转化为加快国有企业科学发展的现实生产力，实现国有企业快速协调安全发展，具有十分重要的现实意义和长远意义。我们完全有理由相信，在省委、省政府的正确领导下，省属国有企业的百万职工一定能够同心同德、脚踏实地，抢抓机遇、乘胜前进，奋力开创国企工作新局面，谱写国企改革发展更加灿烂的篇章。

（山西省国资委）

转型综改和供给侧结构性改革

2018年山西省转型综改试验区建设工作综述

建设国家资源型经济转型综合配套改革试验区，是党中央国务院赋予山西的重大使命。2018年，省委坚持把深化供改与综改紧密结合起来作为经济工作的主线，充分发挥转型综改试验区建设的战略牵引作用，把全面推动国发〔2017〕42号文件落实作为核心任务，把先行先试作为突破口，以改革创新精神建设“示范区”“排头兵”“新高地”，全省上下积极行动、主动作为，构建有力推进机制，扎实推进各项任务，不断开创转型综改新局面。

一是坚定正确方向，不断提高转型综改战略定位和要求。省委深入贯彻落实习近平总书记关于全面深化改革的一系列重要指示精神，坚持从国家战略高度和山西发展阶段性特征出发，努力擦亮转型综改金字招牌，高位谋划推动转型综改试验区建设。省委书记骆惠宁先后8次主持召开转型综改试验区工作委员会会议研究转型综改相关议题，并在省委十一届六次、七次全会、省委经济工作会议等重要会议上，对转型综改试验区建设作出全面部署。转型综改试验区建设的战略地位、推动力度、发展态势前所未有，转型发展实现速度、效益、结构、动能同步向好。

二是统筹谋划布局，持续完善转型综改行动指南和路径。继续落实好国发〔2017〕42号文件和我省配套《行动计划》。制定出台了《2018年改革工作要点及责任分工》，将深改和综改一体部署整体推进，安排推动了7个方面、43个重大改革任务、314项具体改革事项。出台了《2018年转型综改先行先试任务清单》，确定了33项具有先导性突破性带动性的改革事项。紧紧围绕国发〔2017〕42号文件“六大任务”落实，省委先后召开了省属国有企业深化改革转型发展推进会，全省开发区改革创新发展推进会、推进转型项目建设现场会、支持民营企业发展大会、生态环境保护大会，有力推进重大改革事项取得突破性进展。

三是强化亲力亲为，有效改进转型综改工作方式和作风。省委常委会召开会议，专门听取了我省一年来贯彻落实国发42号文有关情况汇报，对下一步工作进行安排，进一步加强了文件落实的针对性和实效性。省政府召开专题会议，对国发42号文落实情况进行一对一点评。加强省部对接工作，骆惠宁同志、楼阳生同志先后9次作出指示，要求各部门主动对接，并亲自带领相关部门多次赴京协调沟通。健全主要负责同志亲力亲为抓改革工作机制，2018年骆惠宁书记亲自抓“深入推进供给侧结构性改革、完善推进能源革命体制机制、深化国企国资改革”等10项重大改革、楼省长亲自抓“深化电力体制改革、深化开发区改革创新、深化财税体制改革”等16项重大改革，各市县主要负责同志也都亲自领题一批重大改革事项。

四是创新工作机制，有力夯实转型综改工作基础和保障。进一步加强对转型综改的组织领导，将省转型综改领导小组与省委深改领导小组合并，实行两个牌子、一套人马，并将省转型综改领导小组改为转型综改试验区工作委员会。不断健全转型综改工作机制，建立改革要点任务台账、33项先行先试改革任务台账，实现了对转型综改推进全程跟踪，全覆盖动态管理和有效推动。建立《行动计划》按月报送制度，将《行动计划》推进举措全部纳入“13710”电子督办平台，实现全程电子台账管理。强化转型综改督察落实，全年省委组织开展2次由省委常委带队的全省域集中督察，把各地各部门落实国发42号文件情况作为重要督导内容。聚焦重点改革任务，开展16次专项督察，有力推动了国发42号文件落实落地。

五是抓好经验总结，努力营造转型综改良好环境和氛围。加强媒体宣传，开展了“以改革促转型”集中宣传活动，山西日报、山西卫视“山西新闻联播”和综合广播“在习近平新时代中国特色社会主义思想指引下——新时代新作为新篇章”专栏内开设“用足非常之力 加快以改促转”专题，连续报道一批鲜活生动的改革典型，营造出推动经济转型的舆论氛围。各级政策研究部门及时跟踪、总结和推广转型发展中形成的好经验好做法，为全国资源型经济转型发展提供可复制可推广的实践经验，向国家发改委报送了深化煤炭供给侧结构性改革、煤层气勘查区块退出机制、企业投资项目承诺制等16条可复制推广的改革经验。

目前，转型综改“四梁八柱”政策体制框架已经形成，全面发力、多点突破、压茬跟进、全省域展开的强劲态势已经形成，推动产业转型和动能转换力度持续加大、创新驱动和开放引领功能持续增强、项目支撑和制度政策效应持续释放、生态环保倒逼转型发展持续深化，有效发挥了转型综改试验区战略牵引作用。

一是能源革命排头兵建设迈出坚实步伐。积极向国家争取能源革命综合试点，力争在全国率先破题。加快推进能源供给革命，通过减量置换、减量重组淘汰落后产能，在过去两年压减煤炭产能4590万吨基础上，2018年又安排退出2330万吨，原煤产量连续两年退居全国第二，推动煤炭产业走“减”“优”“绿”之路。积极推进能源清洁消费，深入实施能源消费“双控”行动，全面执行能耗限额标准，高耗能行业达到国内先进水平。创新地方排放标准，在全国率先完成超低排放改造。11个设区市实现“禁煤区”全覆盖，全面完成城市“散煤”清零任务。推进能源技术革命，启动实施山西省能源革命关键核心技术重大专项，攻克“循环流化床锅炉关键技术”，实现炉内超低排放。深化能源体制改革，电力体制改革14项配套改革方案全部印发执行，增量配电业务13个项目列入国家试点范围。近3年来连续6次降低一般工商业电价、2次降低大工业电价，完成《政府工作报告》提出的“一般工商业电价平均降低10%”的目标。加快推进煤层气体制改革，建立煤层气勘查区块公开竞争出让制度，以招标方式公开出让了10个煤层气勘查区块，在全国首次实现市场化配置煤层气资源。

二是国有企业改革全面深化。把国企改革转型作为决定山西转型前途的关键一招，持续推进8个方面38项重点任务。在全国率先成立了省级层面资本投资运营公司，专业化重组力度持续加大，现代化工、燃气、文旅、大地、云时代、交控、航空等一批战略性支柱产业集团挂牌成立；混合所有制改革深入推进，省属国企公司制改制全面完成，汾酒集团整体上市工作稳步推进，建投集团整体混改方案启动实施，太重集团与装备制造类央企合作重组工作正在开展前期，潞安精蜡化学品公司开展员工持股试点；加快解决历史遗留问题，“三供一业”剥离移交接近收尾，全省国企总体移交率达到98.86%；“一企一策”契约化考核等改革走在全国前列；着力加强党的建设，省属国企集团层面全部完成党建工作总体要求进章程，实现党委书记、董事长“一肩挑”。

三是开发区改革创新持续推进。优化开发区空间布局，稳步推进开发区设区、扩区，全省开发区数量增至64个。创新开展“三化三制”改革，打破身份限制，实行以事定岗、以岗择人、以绩定酬，建立起“岗位、绩效”为核心的人事管理体制，充分激发了开发区发展的主观能动性和积极性。提升开发区行政效能，积极向开发区简政放权，赋予山西转型综改示范区省级行政管理权限33项，在省级以上开发区进行授权经验推广。探索推行行政审批局模式，集中行使审批权限。探索开发区管理和运营分离改革，总共有35家开发区在某些领域实行管运分离引入市场主体74个。山西转型综合改革示范区持续推进集成创新，构建“1+2+26”政策体系，开创一枚印章管审批、一个大厅管服务、一支队伍管执法、一网通办管效能“四个一”新模式，实行“政府服务＋企业信用”双向承诺制。

四是对外开放水平不断提升。制定参与“一带一路”建设三年滚动计划，实施外资企业设立“单一窗口、单一表格”改革，成立环渤海、长三角、珠三角招商局，推行产业链、集群化、园区和企业招商。出台全国首部省级层面国际产能规划，建立国际产能合作项目库。加快融入京津冀协同发展，加快落实国家发改委《关于支持山西省与京津冀地区加强协作实现联动发展的意见》。构建对外开放大通道，打造具有多式联动功能的大型综合物流基地，太原中鼎物流园铁路港正式开通试运营。大同、运城、五台山等机场航空口岸正式开放。国际贸易“单一窗口”和跨境电商平台上线运行，太原国际邮件互换局（兼交换站）投入使用。全省累计开行中欧（中亚）班列50列。实施跨境电子商务“113工程”，太原市成功获批全国跨境电子商务试点，武宿综合保税区进口商品体验展示中心建设建成，并作为跨境电商线下体验平台。

五是生态文明体制改革不断深化。建立铁腕治污常态化工作机制，坚持精准治理，防止和纠正“一刀切”。完善省市县三级党政领导领办、包办重点环保工程和重点环保问题长效机制，狠抓中央环保督察整改。完善省市县三级环境监管体系，在全国率先启动省级环保督察并实现对市环保督察全覆盖。实施大气、水和土壤污染防治三项行动计划，实行饮用水、地下水、流域水、黑臭水、污废水“五水同治”。开展环境损害赔偿制度改革，在全国率先成立省级环境污染损害司法鉴定机构。强化源头治理，实施“两山七河”重大工程。加快生态修复，开展国土绿化行动。省委召开全省生态环境保护大会，出台了《关于全面加强生态环境保护坚决打好污染防治攻坚战的实施意见》和《山西省打赢蓝天保卫战三年行动计划》，就全省加强生态环境保护，坚决打好污染防治攻坚战作出全面部署，开启了全省生态环境保护工作的新征程。

六是重点领域改革加快推进。以要素配置改革为突破口，统筹推进各项配套改革措施。深化“放管服效”改革，率先推行企业投资项目承诺制，省市县乡一体化在线政务服务平台实现“全覆盖”。深入推进“多证合一”改革，实现“三十证合一”。调整优化行政区划，大同、长治各减少1个县级政区，城区、郊区、矿区设置的历史性问题得到解决，怀仁县撤县设市调整填补了我省雁门关以北没有县级市的空白。创新财政金融支持方式，比照西部地区补助标准执行，农村旅游公路建设、生态建设、扶贫开发和社会事业等方面中央预算内投资提高20%。中央对我省资源枯竭城市和独立工矿区转移支付资金增量全国第一。出台推动绿色金融发展指导意见，建立绿色贷款专项统计制度，对金融机构信贷投放实行管理引导，完善对金融机构正向激励和逆向约束机制，探索将绿色信贷发展情况纳入信贷政策导向效果评估指标体系。改革完善土地管理制度，在确权登记颁证基础上，推进农村承包土地经营权、农民住房财产权等农村产权规范流转。在全国率先完成科技计划管理体制改革，全部完成省属转制科研院所改革，引入新型研发机构的新理念新机制新模式，不断完善健全人才发展的体制机制。以“黄河、长城、太行”三大板块建设为支撑，构建山西文旅发展大格局的升级版，推动旅游企业完善股权结构，建立现代企业制度，努力实现市场化、公司化、专业化运营。

下一步，我们将进一步深入学习贯彻习近平总书记在庆祝改革开放40周年大会上的讲话精神和视察山西重要讲话精神，贯彻落实中央经济工作会议精神，按照山西省委十一届六次、七次全会部署，坚定不移把“供改”与“综改”紧密结合起来作为经济工作的主线，改革创新、奋发有为，推动转型综改试验区建设取得更大成效。

（省委政研室　杨昱莅）

2018年山西省深入推进供给侧结构性改革工作综述

一、去产能工作

在山西省钢铁煤炭化解过剩产能实现脱困发展领导小组的统一领导下，省发改委充分发挥组织协调作用，通过建立工作机制、压实目标责任、建立督办机制等措施，统筹抓好产能退出、职工安置、资产处置、债务处置、兼并重组、转型升级、优化布局等重点工作，会同有关部门开展全省钢铁煤炭行业去产能工作。

1、钢铁去产能方面

2018年，山西省完成225万吨粗钢去产能任务。具体为:中钢特材(山西)有限公司1座60吨转炉，退出产能95万吨(长治市)；黎城太行钢铁有限公司1座35吨转炉，退出产能60万吨（长治市)；山西宏达钢铁集团有限公司1座40吨转炉，退出产能70万吨(运城市)。按照国家统一部署要求和省政府工作安排，组织省、市有关部门开展严防“地条钢”死灰复燃专项排查、抽查工作；全力配合国家钢铁行业化解过剩产能防范“地条钢”死灰复燃专项抽查第一组在运城市开展实地核查工作。坚决禁止新增钢铁产能和建设违法违规项目，重点对钢铁、铸造、机械、铁合金等行业未经产能置换变相新增钢铁冶炼工序等五类违法违规情形，开展专项排查“回头看”工作，并纳入长效监管工作体系，严防钢铁重点领域违法违规行为。同时，产品结构逐步优化。太钢集团成功研发生产出合格的笔头钢，并牵头起草《笔头用易切削不锈钢丝》行业标准，填补了国内标准空白。太钢开发的轮轴钢材料成功应用于时速350公里动车组轮轴，推动中国“啃”下了高速动车轮轴国产化这块“最硬的骨头”。山西建龙1500mm热轧卷板项目顺利投产，迈出了建筑用材向工业用材转型的关键一步，成为中西部区域民营钢铁企业中第一家具备热轧卷板生产能力的企业。

2、煤炭去产能方面

坚持去产能与发展先进产能相结合，大力推进煤炭产业走“减”“优”“绿”之路。2016—2018年，三年共退出产能8841万吨，其中，累计关闭退出煤矿88处、产能6920万吨；核减18座生产煤矿生产能力，核减产能1685万吨/年；降低3座建设煤矿建设规模，核减产能236万吨。同时，以推进核准在建项目、未批先建项目为重点，积极实施减量置换，已累计上报并获国家能源局批复35座煤矿(产能1.827亿吨/年)的产能置换方案；落实煤矿减量重组实施意见，重点加快推进60万吨/年以下煤矿的兼并重组，11个市和省属五大集团公司编制上报了减量重组实施方案，相关厅局按流程进行了审查，部分已提出审查意见；加快优质产能释放，已完成5座煤矿产能核增，并积极开展高瓦斯煤矿产能核增试点工作。截至年底，全省煤矿数量已减少到976处，生产及建设矿总规模13.82亿吨。

二、去库存工作

结合省内实际，继续推动非住宅和部分市、县去库存工作。将房地产去库存工作纳入各市目标责任考核体系，督促库存较大的市、县人民政府落实去库存主体责任，提高去库存政策的针对性和有效性。

截至年底，全省商品房待售面积984.8万平方米，比2017年底(1225.7万平米)减少240.9万平方米；消化周期5个月，比2017年底(6.1个月)下降1.1个月。

三、去杠杆工作

2018年9月，省发改委、人行太原中心支行、省财政厅、山西银监局、山西保监局、省国资委和省金融办共同印发了《关于贯彻落实国家发展改革委等五部委2018年降低企业杠杆率工作要点的实施意见》，积极推进相关工作，取得明显成效。一是建立健全企业债务风险防控机制。2018年，省国资委把降低省属企业资产负债率作为全省深化国企国资改革“838重点任务”之一持续推进。截至年底，省属企业资产负债率降至74.9%，同比下降3.2个百分点，连续20个月实现下降。其中，煤炭企业资产负债率76.5%，同比下降3.6个百分点，全部下降到79%以下，超额完成省政府下达的工作目标。二是深入推进市场化法治化债转股。共有8户省属企业与6家金融机构签订债转股协议或达成债转股意向，累计金额1461.25亿元，落地资金281.75亿元。其中，2018年省属企业新签订市场化债转股协议250亿元，新落地47.5亿元。三是盘活企业应收账款存量资金。2018年，全省企业借助“中征应收账款融资服务平台”新增315笔银行融资，金额共计460.01亿元。其中，12月份新增46笔，金额24.72亿元。四是多方式优化企业债务结构。2018年，山西省债券市场融资2992.11亿元，同比多增392.79亿元；股票市场实现融资94.44亿元，同比减少19.89亿元。五是盘活企业存量资产。通过产权市场公开转让企业股权和资产，提高企业运营效率和经营效益。2018年，累计进场交易项目740宗，涉及资产总额93亿元，其中：成交项目153宗，成交额69.8亿元，增值率1.8%。

四、降成本工作

按照省降成本领导小组的统一部署，省发改委积极贯彻晋政发〔2016〕64号文件精神，会同各专业办公室及其他责任部门，围绕降低税费、融资、制度性交易、人工、用能用地、物流和企业挖潜等方面，出台了一系列有力度的降成本举措，为促进全省经济持续明显好转，实现稳步向好发挥了重要作用。

2018年，山西省规模以上工业企业主营业务成本增长10%，增幅低于主营业务收入1.4个百分点；每百元主营业务收入成本79.2元，同比减少1元，比全国平均水平低4.7元。10月，国家发改委召开了全国降成本工作经验交流会，山西省备案类企业投资项目承诺制作为先进经验在会上进行了交流。

五、补短板工作

强力推进投资结构优化。推动非传统行业与传统产业投资“一升一降”，全年制造业投资增长12.3%，采矿业、火电投资分别下降2.6%、30.4%，转型项目投资占比高达62.2%，为历史最高水平。研究制定《进一步激发民间有效投资活力促进经济转型发展若干措施》，大力推广PPP模式，总投资647.4亿元的9个民间资本推介项目，国务院确定予以发布。

六、新旧动能加速转换

以工业结构反转为导向，以重大项目为抓手，全面推进产业多元发展，着力构建现代产业体系。

一是推动制造业发展取得多点突破。深入开展现代化经济体系路径研究，出台《山西省增强制造业核心竞争力三年行动计划》，多措并举、多点支撑，为推动结构反转打开局面。1—11月，全省制造业、工业战略性新兴产业和高技术产业增加值分别增长9.3%、14.2%、16.3%，均超过全国平均水平。推动通航业取得重大突破。编制《山西省通用机场布局规划》《山西省通用航空发展规划》，组织开展山西（深圳）通用航空业专题推介会，有力推动大同、长治等航空产业园加快布局建设，实现“零突破”的历史性跨越。推动构建汽车产业集群。核准山西新能源汽车有限公司调整产品结构跨系分类生产轿车项目，帮助申请轿车生产资质，使其成为山西省第一家具有轿车生产资质的独立法人企业，在国家新政出台前抢抓机遇，为其备案新增18万辆乘用车产能项目。大运、成功、原野等新能源汽车项目相继落地，江铃重卡一期顺利投产，将有力推动形成千亿级汽车产业集群。军民融合深度发展稳步推进。启动军民融合创新示范区创建工作，严格落实国防建设项目相关管理办法，在全国率先出台实施细则等基础性文件，有力推进了军民融合重点领域工作。

二是大力发展现代服务业。发挥全省服务业发展领导小组办公室职能作用，出台《2018年重点工作清单》，落实服务业发展六项机制，保障服务业健康稳定发展。前三季度，全省服务业增加值增长7.7%，对全省经济增长的贡献率达到68.4%，“压舱石”作用得到充分体现。积极支持咨询业加快发展，出台《关于加快咨询业发展的实施意见》，加快推动综改示范区咨询服务业基地建设，推动国内外一流高校、科研、咨询机构入驻。加快旅游业发展，牵头制定加快乡村旅游发展的实施意见，谋划推进22个文旅、康养领域省级重点项目，助推“三大板块”旅游基础设施建设，推动全省旅游总收入同比增长25.6%。积极构建现代物流体系，大同晋北物流园、中鼎物流园等重点物流项目加快推进，大同国际陆港项目一期基本建成。实施“1310”工程，构建“一区两片”康养产业格局。扎实推进国家服务业综合改革试点，指导侯马、文水等市县大型商贸市场标准化，积极支持侯马机场等基础设施建设。

三是深入推进大众创业万众创新。着力打造双创升级版，扎实推进省级双创示范基地建设，新认定支持15个省级双创示范基地、8个省级工程研究中心，申报3家国家地方联合工程研究中心。长治市城区“积极搭建双创平台，推进创新驱动发展”典型做法受到国办通报表扬。众创空间、科技企业孵化器培育力度持续加大，省级及以上众创空间、科技企业孵化器分别增长25.5%、31.9%。成功举办2018年全国双创活动周山西分会场活动，引起全社会广泛关注，营造了浓厚的双创氛围。

（省发展改革委　张晓宇）

国家发展改革委《关于支持山西省与京津冀地区加强协作实现联动发展的意见》

(2018 年 8 月 29 日)

推动京津冀协同发展是党中央、国务院在新的历史条件下作出的重大决策部署,是一个重大国家战略。加快周边地区与京津冀融合发展,是京津冀协同发展的客观要求。山西省与京津冀毗邻,加强山西省与京津冀地区协作联动,有利于增强京津冀对中西部地区的辐射带动作用,是新时代优化区域布局、推进区域协调发展的重要举措。为贯彻落实《京津冀协同发展规划纲要》(中发〔2015〕16 号)和《国务院关于支持山西省进一步深化改革促进资源型经济转型发展的意见》(国发〔2017〕42 号),支持山西省与京津冀地区加强协作实现联动发展,提出以下意见。

一、总体要求

(一)指导思想

以习近平新时代中国特色社会主义思想为指导,全面贯彻党的十九大和十九届二中、三中全会精神,坚持和加强党的全面领导,坚持稳中求进工作总基调,坚持新发展理念,统筹推进“五位一体”总体布局和协调推进“四个全面”战略布局,以供给侧结构性改革为主线,紧紧围绕推动山西省与京津冀地区深度融合,充分发挥山西省资源优势、地缘优势、生态优势、历史文化优势,着力推动生态环境联防联治、清洁能源保障供应、科技创新通力合作、产业发展分工协作、基础设施互联互通、医疗教育资源共享,形成山西省与京津冀协同联动发展、互惠互利共赢新格局,把山西省建设成为京津冀向中西部地区辐射的战略支撑带。

(二)基本原则

坚持服务大局、协同联动。按照京津冀协同发展战略要求,服从服务于京津冀协同发展大局,加强京津冀地区与山西省协同联动支持京津冀相关优质资源和产业向山西辐射扩散,带动山西经济社会发展。

坚持统筹协调、分类对接。加强宏观指导和政策支持,强化山西省主体责任,推动山西省与京津冀地区有组织地开展各层次、各领域分级分类对接,实现资源共享、信息共享,开创区域联动发展新局面。

坚持改革引领、创新驱动。以改革为动力,破除束缚区域合作发展的体制机制障碍,构建山西省与京津冀联动发展新机制。把联动发展的基点放在创新驱动上,筑牢创新理念、营造创新环境、搭建创新平台,形成区域创新发展良好氛围。

坚持政府推动、市场主导。坚持使市场在资源配置中起决定性作用和更好发挥政府作用,强化顶层设计、组织领导和协调服务,消除行政壁垒和市场障碍,充分激发市场活力,促进要素资源合理流动,实现区域资源优化整合。

(三)主要目标

到 2022 年,山西省与京津冀地区联动发展取得阶段性成果,生态环境、清洁能源、科技创新、产业发展、基础设施、医疗教育等重点领域合作取得实质性突破,合作机制基本形成,协作水平进一步提升。

到 2035 年,山西省与京津冀地区联动发展、互利共赢的新局面全面形成,山西省整体发展水平、综合竞争力和可持续发展能力同步提升,区域发展不充分、不平衡的问题得到有效改善。

二、推进生态环境联防联治,共筑区域绿色屏障

(四)完善大气污染联防联控机制。支持山西省全面开展大气污染防治,进一步提升区域精准治霾能力和水平。加大“煤改气”“煤改电”“超低排放热电厂集中供暖”等冬季清洁取暖工程、农村电网升级改造的资金补贴力度。积极支持阳泉、长治、晋城三市申请纳入北方地区冬季清洁取暖试点城市范围。依法依规淘汰钢铁、焦化、水泥、电解铝等高耗能、高排放行业落后产能。

(五)构筑京津冀绿色生态屏障。大力推进“两山七河”生态治理,实施山水林田湖草一体化生态保护修复。加大太行山、吕梁山自然生态保护和恢复力度,支持山西省实施太行山绿化、三北防护林、京津风沙源治理工程。加强国家水土保持重点工程建设、淤地坝除险加固、黄土高原塬面保护、坡耕地水土流失综合治理等。

加快汾河、桑干河、滹沱河、漳河、沁河、涑水河、大清河的综合治理,重点支持永定河上游综合治理与生态修复。落实京津冀三省市永定河生态用水保障措施,协同共建永定河绿色生态河流廊道。

推进地下水超采综合治理工作。建立山西省与京津冀生态环境协同治理长效机制,进一步加大白洋淀上游生态环境保护力度,支持山西省积极申请国家山水林田湖草生态保护修复工程试点。

（六）建立区域生态环境补偿机制。加强山西省与京津冀地区生态补偿合作，完善生态保护市场机制。加大对晋西北生态公益林保护力度，将符合条件的林地纳入国家级公益林范围，享受森林生态效益补偿政策。推动山西省加快构建生态治理多元化投入制度，建立健全环境治理财政投入长效机制，鼓励更多社会资本进入生态环保领域。

三、提升清洁能源保障能力，增进区域能源合作

（七）建设清洁能源基地。加大煤层气资源开发利用力度，加快完善输气管网等基础设施建设，增加对雄安新区及京津冀地区煤层气供应。支持山西省融入京津冀能源协同发展行动，因地制宜发展光伏、风电、地热能、太阳能、生物质能等可再生能源，稳步推进山西大型光伏基地、风电基地和其它分散式清洁能源供应基地建设，增加京津地区对山西省清洁能源的消纳。鼓励山西省探索建立能源清洁高效利用综合补偿机制，支持山西省与京津冀建立能源结构调整基金，重点支持清洁能源开发利用、煤炭清洁高效利用等。

（八）扩大晋电外输规模。支持山西省煤电产业有序发展，在落实受端市场的基础上，结合国家煤电化解过剩产能的情况，协调跨省输电通道及配套电源点建设，优化电力通道布局。通过资本注入、股权置换、兼并重组、股权划转等方式，支持京津冀企业与山西省电力企业开展合作。支持山西省扩大跨省电力市场交易规模，加快在电力现货市场、发用电计划、配售电侧等重点领域和关键环节的改革，扩大对京津冀地区送电规模。

四、加强科技创新合作，提高区域创新能力

（九）增强协同创新能力。支持山西省与京津冀地区开展技术创新合作，支持山西省建设国家可持续发展议程创新示范区。推动山西省科技成果转化和知识产权交易服务平台与京津冀的技术交易市场对接，促进信息共享，在依法依规的前提下扩大交易范围。支持设立能源科技成果转化基金，有序引导京津科技资源向山西集聚，实现能源清洁高效转化利用。加强山西省与京津冀科技人才制度衔接，探索建立跨地区、跨行业、跨体制人才培养和人才流动机制。支持山西省建设国家高新技术产业化基地。

（十）共建创新合作平台。支持建立产业技术创新联盟，以山西省企业为主体，联合京津冀金融机构、高等院校、科研院所和产业上下游企业共建产业协同创新共同体，在新兴产业和关键领域开展联合攻关，深度推进产学研用合作。鼓励山西省与京津冀地区采用异地共建、托管、飞地等方式共建各类园区，支持共同出资与社会资本合作成立产业投资基金，加强园区基础设施和合作平台建设。强化山西省与京津冀国家级科研机构和创新平台的对接，鼓励国家科技重大专项成果在山西省转移转化。研究建立产业转移项目投资共担和收益共享机制。

五、强化资源优势互补，促进产业协调发展

（十一）加强产业分工协作。发挥比较优势，实现资源互补、互利共赢。鼓励京津冀地区优势资源向山西省辐射和扩散，促进山西省新兴产业发展壮大、传统产业转型升级。重点支持山西省发展新一代信息技术、智能制造、增材制造、轨道交通、新能源汽车、新材料、航空航天、生物医药、节能环保等新兴产业。支持山西省发展有机旱作和功能农业，着力推进面向京津冀市场的特色优质农产品供应基地和“中央大厨房”建设。加快山西（阳泉）国际陆港物流园建设，积极融入“一带一路”建设和河北省全国现代商贸物流基地建设，合作共建环渤海区域商贸物流大体系。

（十二）深度推进文化旅游养老合作。进一步完善山西省与京津冀地区旅游合作机制，整合区域旅游资源，共同开发跨省域旅游精品线路，多方位联合推广、合作开发市场，实现旅游产业、旅游市场、旅游信息和旅游管理一体化。发挥山西红色革命传统优势，挖掘红色文化精神内涵，打造革命文化保护传承弘扬区，培育一批有影响力的红色旅游经典景区。支持山西省建立健全有效吸引京津冀大型旅游企业参与黄河、长城、太行三大旅游板块开发的政策机制。鼓励山西省开拓京津冀康养产业市场，支持设立养老服务业发展投资基金，推动大同、忻州等地打造综合康养产业区，支持和指导大同市按程序申报全国居家和社区养老服务改革试点地区。

六、加快基础设施建设，推进区域互联互通

（十三）加快通道规划建设。加快完善覆盖山西省、连接京津冀的交通网络。推进高速公路建设，同步建设山西省榆次—昔阳与河北省赞皇—昔阳高速公路，加快山西省与河北省平远堡、加斗、下滦等出口的省际衔接，推进省际通道互联互通。支持山西省连接京津冀的铁路建设，加快忻州—雄安铁路客运专线前期工作，推进长治经邯郸至聊城高铁规划研究。支持山西省参股京津冀城际铁路发展基金，有效推动连接山西省与京津冀的轨道交通设施建设。支持山西省与京津冀地区开展民航合作，提升太原区域枢纽机场功能推进省内支线机场改扩建工程，构建航空快速运输通道。支持山西省探索开展低空空域改革试点，促进通用航空产业发展。

（十四）推进信息网络一体化。以宽带普及提速和网络融合为重点，统筹规划建设山西省与京津冀地区数字化、智能化、一体化信息基础设施。支持国家级、行业级数据库落户山西，加强山西省基础宽带网络建设，加快互联网骨干节点升级。推动山西（阳泉）智能物联网应用基地试点建设。加快山西省与京津冀数据开放共享提高区域信息资源的利用效率，建立信息一体化发展的长效协同机制。支持山西省融入京津冀信用合作机制，开展跨区域、跨领域联合奖惩，强化信用应用。

七、促进教育医疗联合共建，实现公共服务共享

（十五）加强与京津冀地区教育合作。推进京津两地高等院校与山西省高校合作，引导和推动高等学校优质教学科研

资源共享,支持联合办学、合作招生。支持山西大学、大原理工大学等省属院校加入京津冀高等学校联盟,以师资队伍培训交流、优质课程资源共享、实验实训基地共建等方式开展“点对点”合作,提升高等教育服务水平。加强中小学校际间交流合作,提升基础教育质量。创新职业教育模式,建立面向京津市场需求的职业教育服务机制,做好人力资源保障。

(十六)加强与京津冀医疗资源共享。推动在京优质医疗卫生资源通过对口支援、共建共管、办分院等方式向山西发展,组建医疗联合体或医院集团,支持京津重点医院的专业特色科室入驻山西加强与京津冀地区医疗资源交流互动,推动实施区域内就医一卡通完善门诊通用病例、双向转诊等合作机制。积极与京津冀地区建立高效远程医学咨询网络服务中心及远程医疗系统。加快推动山西与京津冀地区建立完善地方病、重点传染病与突发公共卫生事件联防联控和信息共享机制。发挥优势,共建具有康养一体化功能的医疗机构和综合服务中心。

八、完善工作保障措施,推进区域联动发展

(十七)建立合作机制。强化区域协作,建立省际联席会议、负责同志定期会晤制度等工作协调机制。支持山西省与京津冀地区加强绿色金融合作,服务生态环境联防联治和区域能源合作。推动行业商会(协会)建立跨区域联盟,发挥行业协会、商会等在推进区域合作中的桥梁纽带作用,形成全社会参与、共同促进区域合作的良好局面。

(十八)加强协同联动。山西省加强组织领导,增强自觉性和主动性,统筹推进与京津冀三省市协作联动各项工作。京津冀三省市与山西省共同研究制定行动计划,做好协同配合工作。国务院有关部门按照职能分工,强化指导和支持。

(十九)营造合作共赢环境。加强舆论引导,做好政策解读和宣传,及时公布重大事项进展情况,引导各类市场主体积极参与,形成全社会关心、支持和主动参与山西省与京津冀地区协同联动发展的良好氛围。

全省推进转型项目建设现场会

8月27日上午,全省推进转型项目建设现场会在太原召开,省委书记骆惠宁出席会议并讲话,他强调,各地各部门要认真贯彻落实省委十一届六次全会和一系列推进会精神,在抓落实上下功夫,坚持问题导向,做到事事较真,反对形式主义,以项目建设年的深化提质,为全省转型发展提供强有力的支撑。

今年是我省转型项目建设年。省委省政府把项目建设作为转型发展的硬任务、硬抓手、硬指标,采取有力措施抓落实,今年1至7月开复工项目6815个,完成投资3252.9亿元。会前,骆惠宁与部分参会负责同志现场观摩了太原不锈钢产业园东杰智能装备及工业机器人、综改示范区阳曲产业园银邦铝合金及多金属高端复合材料、明豪汽车整车模具制造等转型项目。

骆惠宁在讲话中充分肯定各地各部门、各开发区和企业推进转型项目建设的努力、取得的进步。他指出,会议运用信息化手段,同步连线各市转型项目现场,是对各地转型项目建设年工作的大检查,是各地展示代表性转型项目的大舞台,也是各地抓转型工作水平的大PK。骆惠宁强调,参加这次推进会收获很大,达到了预期目的。一是看到了转型项目建设的良好态势。随着全省一大批转型项目特别是具有战略性、牵引性转型项目的开工建设,将有力带动全省产业结构的优化,极大增强发展新动能。在转型项目建设年工作中,涌现了一大批担当作为的好干部,诞生了一大批坚持创新发展的好企业,摸索了一套行之有效的好办法,特别是滚动建设了支撑持续抓转型的项目库。二是看到了转型项目建设中存在的问题。具体表现在项目推进不快、储备不足、服务不优等。一定要正视问题,加倍努力,尽快补上短板、缩小差距。三是看到了抓好转型项目建设的主攻方向。围绕实现预期目标,坚持长短结合,一要破难题加快项目建设。各地党政主要负责同志要带队深入企业,深入项目建设现场,组织有关部门联合会审、现场办公,进一步解决好影响项目建设的行政审批、土地供给、金融服务、环评力量、电力保障等问题。二要高起点谋划牵引项目。深入研究产业和科技变革趋势,用好我省《制造业十二大领域发展图谱》,瞄准国内外行业领军企业,下真功夫指导工作,再谋一批好项目尤其是龙头项目。三要强素质持续抓好项目。通过抓转型项目建设年工作,带动思想观念、体制机制、政策执行、营商环境以及干部队伍建设等制约项目建设深层次问题的解决。骆惠宁强调,抓转型项目年建设,各地要努力,各部门要主动,国企要带头。要下一番硬功夫,不能把设计当成果,不能把协议当落地,不能把讲了当抓了。对各市、县党政负责同志抓招商引资、抓转型项目的情况要列出清单,加强督促检查。各地要对各县转型项目建设开展现场检查,向下传导压力。各开发区要认真贯彻开发区改革创新发展推进会部署,发挥转型发展主战场作用。

省委常委、常务副省长林武主持会议,并对各市转型项目建设情况进行点评,提出工作要求。

会议主会场设在明豪模具制造公司项目一线,观看了全省转型项目建设专题片,视频连线各市项目建设现场,听取全市转型项目建设情况汇报,现场连线32个转型项目。

省委、省人大、省政府、省政协负责同志,省法院院长、省

检察院检察长;省转型项目建设年工作领导小组成员单位主要负责同志,省直部分部门主要负责同志参加调研并出席现场会。省直有关部门、驻太原省管国有企业、驻太原省管本科院校主要负责同志;省管新闻媒体、部分中央驻晋新闻媒体、中央驻晋单位主要负责同志;部分在晋党的十九大基层代表、全国人大基层代表、全国劳动模范代表;太原市委、市人大、市政府、市政协,各县(市、区)、市直有关部门主要负责同志;部分重点转型项目单位主要负责同志和一线工人在主会场参加会议。各市市委、市人大、市政府、市政协负责同志,各县(市、区)、市直有关部门主要负责同志,部分重点转型项目单位主要负责同志在分会场参加会议。

(陈俊琦)

山西推进企业投资项目承诺制改革

投资5亿元的长治立讯一期项目,从引进到投产仅用了42天;山西转型综改示范区成立帮办服务中心,坚持企业的诉求在哪里,服务就跟到哪里……

近日,国务院办公厅通报了部分地方优化营商环境典型做法,山西企业投资项目承诺制改革试点作为改革投资审批制度领域的第一项举措,获得肯定表扬。

作为28项优化营商环境的典型做法之一,山西开展企业投资项目承诺制改革试点,备案类企业投资项目报建阶段的28项审批事项中,7项政府承诺供地前服务;3项由政府、企业双向承诺,政府承诺在供地前完成相关服务,企业根据相关标准作出具有法律效力的书面承诺;3项开工前由企业作出信用承诺即可;3项转为政府内部审批流转;12项要求企业开工前完成。

据了解,目前山西企业投资项目报建审批事项缩减约60%,全省11市企业投资项目承诺制改革试点市级层面基本落地,全省试点项目278个,项目落地周期缩短三分之一以上。

山西省发展和改革委员会主任姜四清表示,山西是全国第一家在全省域开展企业投资项目承诺制改革试点的省份,这项改革涉及范围广、改革力度深、社会影响大,对优化山西营商环境、开创转型综改新局面、为全国深化"放管服"改革探索经验都具有重要意义。

近年来,山西营商环境逐步改善,但项目落地难、制度性交易成本高,仍然是市场主体和人民群众反映强烈的突出问题。为此,山西坚持问题导向,开展承诺制改革试点,就是要通过流程再造和机制再构,最大限度优化流程、简化事项、畅通机制、提升效率、创优服务,有效降低制度性交易成本,打造山西的营商环境优势。

2017年,山西企业投资项目承诺制改革试点工作启动,先后在10个开发区和晋中市全域落地,以企业投资项目28项报建审批事项为突破口,以供地、开工、竣工投产为节点,按照政府统一服务、企业承诺的方式对报建审批事项进行流程再造。

经过半年多的实践,山西承诺制改革取得了积极成效,项目落地周期大幅缩短,政府服务更加优质主动,事中事后监管得到加强,企业信用意识有效提升,投资吸引力明显增强,全省各地形成了更为明显的比较优势和竞争优势,直接影响和带动了企业投资上项目的积极性。

改革试点取得的初步成效也获得了国家层面的高度认可。去年年底,国家发改委正式批复《山西省企业投资项目承诺制改革试点方案》,为山西打造审批最少、流程最优、体制最顺、机制最活、效率最高、服务最好的"六最"营商环境、形成新的比较优势奠定了坚实基础。

为了在全省范围内推广改革试点,让更多的企业和项目享受改革红利,山西省委、省政府主要领导以上率下,全力推进承诺制改革试点工作。省委书记骆惠宁专门研究制定改革总体思路,省长楼阳生多次召开专题会议,对各个环节一一把关、作出要求部署。山西省发改委会同省直部门积极与国家发改委等相关部委对接,沟通事项设置和流程操作,反复讨论改革试点方案的具体内容。

今年2月14日,山西省政府正式印发《山西省企业投资项目承诺制改革试点方案》及配套办法,明确2018年在全省推广企业投资项目承诺制改革试点。春节假期后的首个工作日,山西省政府就召开电视电话会议,对转型项目建设年和企业投资项目承诺制改革试点进行动员部署,提出了"服务要优化、效能要提升、监管要加强、履约要严格"的四项要求。

姜四清说,全省企业投资项目承诺制改革试点把握四个突出,一是更加突出政府靠前服务这个根本,用政府部门的"辛苦指数"换取企业的"发展指数";二是更加突出事项流程再造这个核心,事项办理实施统一清单告知、统一平台办理、统一流程再造、统一多图联审、统一收费管理"五统一"管理流程;三是更加突出部门监管服务这个保障,继续探索创新监管方式,健全"互联网+监管"模式,建立透明、规范、高效的投资项目纵横联动协同监管机制;四是更加突出企业信用约束这个基础,部门强化协同监管,企业严守承诺红线,守信践诺。

企业投资项目承诺制改革,提高的是政府行政效率,降低的是制度性交易成本,铲除的是审批寻租空间。随着优化营商环境各项政策举措的逐步见效,山西经济增速在全国的位次大幅前移。今年上半年,山西GDP同比增长6.8%,增速比一季度加快 0.6 个百分点,达到全国平均水平;增速排全国第 17 位,较一季度提升 6 位,这也是山西自 2012 年以来的最高位次。

(杨 珏)

内容最多 量化最深 服务最全
山西转型综改示范区"一网通办"走在全国前列

山西转型综合改革示范区强力打造"六最"营商环境,在已完成一颗印章管审批、一个大厅管服务、一支队伍管执法"三个一工程"改革的基础上,经过一年多的设计、策划、改革,完成了"一网通办"内容设计及信息化系统建设,于 11 月份起全面实施。作为国内首个为企业服务的专业化平台,"一网通办"实现了服务企业内容最多、量化最深、服务最全,走在了全国前列。

示范区"一网通办"具有专业化程度高、覆盖面广、服务层次深、网办率高、量化率高和公开廉洁等特点。其突出示范区主业,网上办理事项涵盖了企业入区、建设、发展全生命周期。承接的 1184 项事权中,除行政处罚、行政强制等事权外,属于政务服务的事权 282 项,首批已实现网上办理 150 项,网上可办率达到 53.2%,网办事项基本实现了量化和标准化。企业入区洽谈流程、"双承诺制"审批流程、建设和竣工验收流程、产业培育标准和流程、政策兑现标准和流程、企业服务流程等全部公开、规范,接受企业和社会监督。主要有以下内容:

在投资审批方面,企业投资项目审批事项包括备案、环评、能评、施工许可、规划许可、竣工验收等 19 项,全部按照"双承诺制"流程并联运行,企业投资项目从立项到竣工验收全流程审批时限由省政府要求的 45 个工作日以内缩短为 33 个工作日以内。

在企业开办方面,包括企业名称预核准、设立登记、申领发票、刻制公章、参保登记等 7 项,与工商、税务等派驻机构联网办理,企业开办时间压缩到 3 个工作日以内。

在政策兑现方面,在全国首创了"一窗受理、一网审核"政策兑现模式,所有政策的申报、公示、审核、拨款等环节全部在网上办理。

在项目管理方面,包括项目对接、考察、分析、会商、环保预审、预选址、合法性审查、尽职调查、评价、议定、签约、"双承诺制"审批服务、竣工联合验收等环节,全流程管控,无缝衔接。

在企业专业化服务方面,不仅为企业提供开办、审批等常规服务,还提供科学仪器共享、科技成果转化、咨询中介等深层次服务,并正在加快搭建金融、商贸法律、人力资源等服务平台。

在招标采购方面,实现了采购预算、计划管控、采购过程、合同签订、供货服务、项目归档、资金支付的全流程电子化。

此外,智慧办公涵盖公文管理、合同审批、用印审批、请销假审批等。公务出行包括公务出行申请、审核、记录、费用计算、数据分析、结算管理等。

经过近两年深度改革创新,示范区实现了经济高速发展。2018 年 1 至 9 月份,地区生产总值同比增长 16.8%,规上工业增加值增长 18%,固定资产投资增长 93.4%,工业投资增长 235.2%。

(杨 彧)

转型发展战正酣

——全省转型项目建设年顺利推进

时间勾画发展年轮,在不经意间留下经典记录。

初秋的三晋大地,塔吊林立、机器轰鸣、车辆穿梭,一座座现代化的厂房拔地而起,一条条生产线迅速投产……全省各地转型项目建设如火如荼。

2018,山西大踏步迈进转型项目建设年。

山西省全面贯彻党的十九大精神和习近平总书记视察山西重要讲话精神,聚焦转型项目建设,构建现代产业体系,推动山西经济发展质量变革、效率变革、动力变革,实现高质量转型发展。

山西扭住转型发展不放松,用非常之力,下恒久之功,掀起了新一轮建设高潮,奏响了产业转型的时代强音。

统筹谋划,全面部署,跑出转型项目建设加速度

项目是经济社会发展的载体,也是转型发展的有效抓

手。2017年11月，在省委十一届五次全会上，省委审时度势，科学研判，将2018年确定为转型项目建设年。这是我省贯彻党的十九大精神、加快转型步伐、夯实发展基础的重大举措和具体实践。扩大有效投资，优化投资结构，以投资结构带动经济结构调整是我省落实新发展理念、构建现代化经济体系的重大决策和必然选择。

春种一粒粟，秋收万颗子。春节后上班第一天，省政府就召开动员大会，对转型项目建设年工作进行全面部署。

时不我待、鼓足干劲、拼搏奋进，成为决策者和建设者的共识与行动。

5月23日，我省首条易拉罐啤酒生产线在太原投产。青岛啤酒太原公司“新增易拉罐生产线”项目从立项到投产，仅用了5个多月时间，创造了青岛啤酒全国同类项目的最快速度。

从太行山麓到汾河两岸，从塞外明珠到河东大地，处处洋溢着转型发展的气息，竞相赶超、干事创业的热潮风起云涌，一幅壮丽宏大的转型项目建设画卷在三晋大地全面铺开。各市和省直有关部门认真贯彻落实，通过紧密对接项目、开展专题活动、全面落实六项机制、加强督查考核，全省上下形成抓项目促转型的良好态势。

作为转型项目建设年创新之举的并联审批、职能部门责任、项目化管理、协调调度、监督考核、三级联动六项机制在省级层面全面运行。由省发改委和省政务中心牵头的并联审批机制，4月初正式上线运行，实现了省级投资项目网上申报、一窗受理、并联审批。项目化管理机制，省旅发委等18个省直部门确定207项挂牌推进重大项目，责任明确，一抓到底。职能部门责任机制，省公安厅等11个省直部门制定了实施细则和审批清单，审批流程持续优化。协调调度机制方面，省交通厅等11个省直部门每月进行基础调度，跟踪项目进展。

与此同时，随着我省在全省域开展企业投资项目承诺制改革试点，项目落地周期较传统审批模式缩短1/3以上。目前试点项目458个，企业办理事项缩减60%，项目落地周期缩减4个月，政府统一服务事项费用全部纳入同级财政预算，企业审批成本大幅下降，日前受到国务院办公厅通报表扬。

要素保障，全力攻坚，打通项目建设堵点痛点难点

坚持问题导向，抓好问题整改，是推动工作落实的有效手段。

围绕项目建设的堵点、痛点、难点问题，省直各部门下决心、动真格、出实招。

省金融办、省发改委、省国资委组织开展政银企对接，为336个重大项目搭建融资对接平台，达成资金合作意向1000多亿元；省发改委、省国土厅召开转型项目土地问题协调会，现场协调119个突出问题；省经信委研究编制制造业十二大领域发展图谱，为精准招商提供重要指引；省商务厅创新招商引资工作机制，重点推动620个重大招商项目；省财政厅安排专项资金支持引进高精尖缺人才，足额配套中央预算内投资项目建设资金，充分发挥财政资金引导作用；省环保厅推动规划与项目环评联动审批，提高规划环评管控作用；省住建厅启动多图联审系统建设，高效整合多部门图审环节……

为保证转型项目建设顺利推进，全省开展了前期手续办理月、集中开工月、进工地到一线解难题、打击恶意阻工扰工等专题活动，持续发力促进项目加快建设。前期手续办理月期间，为1656个项目办理了3092项手续；集中开工月期间，举办21场集中开工活动，有1500多个新建项目开工，总投资5400多亿元；“进工地、到一线、解难题”专题活动现场服务4.4万人次，解决7263个问题。

太原市将转型项目建设年作为头等大事来抓，坚持高位推动，完善工作机制。市委实行了常委、副市长对接服务转型项目坐班及协调例会制度，为投资者协调解决项目建设中的问题近百个。上半年，太原市转型项目完成投资407.2亿元，占固定资产投资比重为76.8%，居全省首位。

长治市集中开工了240个转型项目，总投资达482.4亿元。该市制定完善了固定资产投资项目建设7项常态化工作机制，对全市重大项目实施挂牌推进，以常态化的“进工地、到一线、解难题”，解决企业项目建设中遇到的问题。上半年，全市项目建设再开新局，招商引资签约项目开工率达到72.8%，位居全省前列。

省发改委相关负责人表示，针对项目建设突出问题，将从土地、资金、环保、审批流程优化、政策落地等7个方面展开专项行动，进一步疏通堵点、难点、痛点，为项目建设保驾护航。同时，省转型项目建设年工作领导小组将强化考核激励，对综合评价排名靠后的市县和省直部门，给予通报批评，启动约谈等程序。

项目促转，动能转换，打开经济转型发展新局面

走高质量发展之路，转型项目成为新引擎，山西打开经济转型发展新局面。

初秋时节，山西转型综改示范区潇河园区机声轰鸣，一批高科技项目正快速推进：京东山西亚洲一号项目在亚洲范围自动化程度最高；东风原野新能源项目拥有国内唯一新一代“氢燃料”发动机。以转型综改示范区为牵引，开发区为主战场，全省转型项目建设正全力推进。

截至7月底，全省完成固定资产投资3252.9亿元，其中转型项目完成投资2098.5亿元，占比达到64.5%，投资结构明显优化，投资有效性显著增强。

目前，一批具有战略性、牵引性的重大项目开工建设，新技术、新产业、新模式、新业态迅速发展，促进新动能快速成长，全省上下形成抓项目促转型的良好态势。

高技术产业、战略性新兴产业持续快速发展，山西经济增长含金量大幅提升。

优先发展制造业。我省紧紧围绕“中国制造2025”战略，大力培育轨道交通、电力装备、重型机械、节能环保等先进装备制造业和新材料、新能源汽车、大数据、通用航空等产业集

群。上半年，全省规模以上工业中，制造业增加值增长11.8%,增速较一季度加快2.9个百分点,高技术产业、战略性新兴产业、装备制造业均快速增长。

发展新兴产业。省委明确要求,今年各市在煤炭产量基本稳定的同时,使煤炭占规上工业比重下降1个百分点。用5年时间，推动制造业替代煤炭成为山西工业第一大产业,实现我省工业历史性“结构反转”。从上半年来看,全省规模以上工业中,非煤工业增加值增长10.5%,煤炭工业增加值增长0.8%,非煤工业对规上工业增长贡献率达92.2%,显示出全省工业结构反转初现端倪。

加快发展新兴产业的举措在项目建设上得到充分印证。目前全省建设项目库有转型项目5082个，年度计划投资5690亿元。积极培育新的支柱产业、补齐非煤产业短板、生产要素持续向优质高效领域流动。多点产业支撑、多元优势互补、多极市场承载、内在竞争力充分的现代产业体系轮廓初显。上半年,非煤产业税收完成521.8亿元,占税收收入比重为55%;同比增长27.4%,成为今年税收快速增长的重要支撑力量。

大同市把发展非煤现代产业作为转型发展主攻方向,突出大项目支撑、大平台承载、大招商推动、大服务保障,集中发力。拿出10亿元作为新能源产业扶持资金，谋划启动了“能源革命尖兵”五大行动·十大突破工程,一批转型项目陆续达产,今年1-6月份,该市转型项目完成171.5亿元,占固定资产投资的73.8%,位列全省前列。非煤产业增加值完成88亿元,同比增长14.1%,高出煤炭11.8个百分点,占全市工业增加值比重54.2%,较去年同期上升0.7个百分点。

转型项目建设重在真抓实干、久久为功。

当前,全省上下要以更加饱满的精神状态、更加务实的工作作风,齐心协力,攻坚克难,再掀转型项目建设高潮,以转型项目建设年的深化提质,带动全省投资结构优化和整体质量提升,为山西高质量转型发展夯实基础、积蓄力量,创造出无愧于新时代的新业绩。

(张临山　张　毅)

山西转型综改示范区在全省率先实现政采全流程电子化交易

采购交易线上组织,供应商足不出户在线投标……10月26日,随着第100笔招标采购业务的完成,经过10个多月试运行的山西转型综改示范区政府采购电子智慧平台正式运行。这是我省首个政府采购全流程电子化平台,大大提升了政府采购决策水平、采购效率和透明度,在全国具有领先水平。

围绕打造“六最”营商环境,示范区全面推进“一网通办”改革，加快实施“互联网+政府采购”。2017年12月底，政府采购电子智慧平台试运行以来，率先在全省实现了采购预算、计划管控、采购过程、合同签订、供货服务、项目归档、资金支付的全流程电子化，废除了纸质标书，所有采购全部线上运行。

同时,首创性地实现了与财政预算系统、OA办公系统、资产管理系统、数字档案系统、国库支付系统、品牌产品系统的“六对接”,实现了政府采购“一网通办”“无计划不采购”“不规范不采购”的事前事中监督和事后留痕可溯,同时为优质产品和服务提供了展示平台。

该平台由公共服务、电子交易和行政监督三个子平台组成,满足了政府采购项目、工程、货物、服务等全流程线上电子化交易。

公共服务平台为各交易主体提供招标主体信息注册、招标资讯获取、资料下载、政策法规、企业信誉和交易服务等服务通道。

电子交易平台全面满足示范区所属各单位政府采购的需要,主要包括:公开招标、网上商城、网上竞价、定点协议、竞争性谈判、竞争性磋商等一系列政府采购方式,以及招投标编制工具、电子评标和专家评审客户端等系统。其中,网上商城实现了与京东、苏宁等八大电商系统的对接,汇聚了16大品类、10余万款商品。商城通过运用大数据和云计算技术,实现产品型号、采购价格与市场同步更新，运用第三方价格监测系统,实现商品同质比价。

截至10月26日,平台共完成招标采购业务100项,节约财政资金453.37万元,节约率为5.48%。其中,网上竞价采购61项,节约率为8.77%。

(杨　彧)

坚定不移走好转型发展之路

——一论贯彻落实省委经济工作会议精神

转型发展是一场深刻的革命，是山西的一次浴火重生。这一次重生的思想源头，就是习近平新时代中国特色社会主义经济思想，坚持以新发展理念为指导，打开资源型经济转型发展的新局面。

站在历史和大局的高度，省委经济工作会议充分肯定了我省经济由“疲”转“兴”的重大转折和宝贵经验，再次响亮地提出：坚定不移走好转型发展之路。

2017年是山西经历重大转折、奋力开创新局的一年。要看清这一年对于山西的重大历史意义，必须放到过去5年的大背景中观察，尤其是山西的经济。只有如此，我们对趋势性变化的认识才会更加深刻而理性。

过去5年，山西经济由断崖式下滑，到稳步向好，再到由“疲”转“兴”，走过了很不平凡的历程，经历了一场大刀阔斧的革命。这个过程，是山西经济结构性体制性素质性矛盾再一次充分暴露、集中爆发的过程，也是我们迎难而上、浴火重生的过程。省委坚定不移贯彻落实习近平新时代中国特色社会主义思想，贯彻落实以习近平同志为核心的党中央对山西工作的指示精神，提出并实施了“一个指引、两手硬”思路要求，把握了正确方向，抓住了主要矛盾，转型发展是山西的根本出路。

在解决山西发展重大问题的过程中，省委形成了富有时代精神的工作思路和重大举措，有力推动了山西转型发展的实践进程，总结出了3条基本经验。山西转型发展已经开了一个好头，但山西转型之路依然任重道远。我们要在解决问题的新实践中，不断丰富和发展3条基本经验，走好转型之路。

坚定不移走好转型发展之路，要坚持以改革促转型，正确处理煤与非煤的关系，进一步构筑和完善新体制政策的“四梁八柱”，进一步推动转型发展的制度建设。我们必须破除“煤炭依赖”，必须为构建现代产业体系提供体制和政策支撑。坚持以改促转，着力激发转型发展内生动力，着力培育转型发展新动能，不当“煤老大”，争当能源革命“排头兵”。

坚定不移走好转型发展之路，要从标准、安全、质量、考核等方面强化环保倒逼转型的力度。我们必须清醒地看到，山西长期粗放式发展付出了巨大的生态环境代价，一定要推动形成绿色生产和生活方式，实施铁腕治污。这是一个要长期坚守的方针。

坚定不移走好转型发展之路，要以“转型项目建设年”为重要抓手，推进“三大目标”建设。我们要高度重视能引领带动产业转型的好项目大项目，加强铁公机、岸港网等重大基础设施建设。发挥好投资的关键作用，既要看投资规模，更要看投资结构。

百舸争流千帆竞，借海扬帆奋者先。资源型经济转型是十分艰巨的任务，也是一个长期的过程。任何一蹴而就、毕其功于一役的想法都是不现实的，任何畏艰畏难、消极观望的心态都是不正确的。

全省上下务必按照省委经济工作会议的安排部署，深刻汲取我省发展正反两方面经验，努力把握发展规律，不动摇、不折腾、不懈怠，扭住转型不动摇，扎扎实实往前推。惟如此，山西才能走出一条具有山西特色的资源型经济转型发展新路。

（《山西日报》评论员）

聚焦“三大目标”集中发力

——二论贯彻落实省委经济工作会议精神

省委经济工作会议提出，坚持高质量发展，把供改与综改结合起来作为工作的主线，聚焦“三大目标”集中发力。

建设资源型经济转型发展“示范区”、打造能源革命“排头兵”和构建内陆地区对外开放“新高地”这三大战略目标的确立，标志着我省进入全国改革开放的前沿。把牢主线，充分发挥转型综改的战略牵引作用，实现“三大目标”，意义十分重大。

建设资源型经济转型发展“示范区”，是推进全省开发区改革创新发展的第一突破口。通过先行先试、改革创新，示范区创造的经验，为擦亮转型综改这块金字招牌，走好习近平总书记为山西指明的金光大道，树立标杆，作出示范。

打造能源革命“排头兵”，是要在我省能源领域进行一场全方位、深层次、历史性的革命，进而重塑山西能源结构，提高能源产业核心竞争力。“不当煤老大”“争当排头兵”，是省委推动转型发展的重大思路,必须义无反顾、以更大的决心和勇气实现这个战略转变,统筹推进“四个革命”和“一个合作”,在全国率先破题,发挥引领作用。

构建内陆地区对外开放“新高地”,是习近平总书记视察山西时交给山西的重大任务,是山西转型发展的必由之路。牢记嘱托,不辱使命,就是要着眼国际国内两个市场、两种资源,以更加开放包容的姿态弘扬晋商精神、厚植开放文化,东融南承西联北拓,为转型发展拓展更加广阔的空间。

当前,我省围绕“三大目标”已出台了三个行动方案,关键在于抓好落实。

建设“示范区”,构建现代产业体系是主攻方向。现代产业体系是现代化经济体系的基础和内核,是我省转变经济发展方式、优化经济结构、转换发展动力,如期全面完成转型发展任务的根本支撑。构建现代产业体系,前提是明晰三次产业的发展方向。山西要大力发展新兴产业,横下一条心,培育新动能,真正把创新作为第一动力,强力驱动转型发展。

打造“排头兵”,要不断深化能源供给侧结构性改革,关键是抓好国家清洁能源基地建设,加快构建绿色、低碳、清洁的现代能源体系。我省必须从根本上提高能源供给体系质量,下大力气深化能源体制改革,同步推动能源消费、技术革命和对外合作。

构建“新高地”,首先要推动观念革命,并进一步确立开放的观念、目标和举措。我们必须以世界眼光来把握新一轮开放机遇,瞄准“新高地”,勇立潮头,以开放促改革、促转型,大力培育竞争新优势。

建设转型综改试验区是党中央赋予山西的重大历史使命,供给侧结构性改革赋予转型综改新的时代内涵,“三大目标”赋予转型综改新的目标定位,共同构成了山西经济转型升级的新时代精神。

一路走来,山西经济风雨兼程;环视当下,山西经济稳步向好;展望未来,山西经济大有可为。将高质量发展根本要求贯穿经济发展始终,聚焦“三大目标”集中发力,大力推动质量、效率和动力变革,山西必将走上高质量发展之路。

(《山西日报》评论员)

改革创新引领激发市场主体活力

——三论贯彻落实省委经济工作会议精神

“唯改革者进,唯创新者强,唯改革创新者胜。”

由断崖式下滑,到稳步向好,再到由“疲”转“兴”,山西经济这段不平凡的历程,再次印证了习近平总书记关于改革创新的光辉论断。刚刚闭幕的省委经济工作会议强调指出,要继续坚持以改革创新为引领,激发市场主体活力,促进区域经济协调发展。

那么,如何落实到位呢?

首先要突出基础性改革,着力激发转型发展内生动力。经济领域改革“补考”“赶考”一起抓,积极推进具有基础性、牵引性的重大改革,努力跻身全国改革第一方阵。要全面推进财税体制改革,全面发力国企国资改革,全面提质开发区改革,全面提效“放管服”改革,全面加速民营经济转型。具体而言,财税改革,在减税负、降成本、促转型上出台新举措;国企国资改革要围绕8个方面21项重点改革工作,持续优化国有资本布局结构;开发区“三制”改革要全部到位,“三化”改革积极推进;“放管服”改革,全省积极有序推开企业投资项目承诺制,加快推进“证照分离”;民营经济加速转型,要清理规范不利于产权保护的法规文件,在加快完善公平竞争市场环境上下功夫。

其次要突出创新驱动,着力培育转型发展新动能。继续贯彻落实好省委十一届二次全会部署的11个方面49项任务,着力解决创新人才少、成果少、平台少、企业少的问题,加快创新驱动步伐。要把握科技革命和产业变革趋势,加快推动科技创新成果转化,进一步深化科技体制机制改革,大力促进大众创业万众创新上水平。具体而言,要进一步分类完善政府、国企、科研院所和高校的创新绩效评价考核体系,发挥好风向标、指挥棒作用;建立企业科技需求长效征集机制,支持科技成果就地转化;建立以市场为导向的科研组织方式和运行机制,探索实行股权期权激励,完善以增加知识价值为导向的分配政策;加大“双创”示范基地、众创空间、科技企业孵化器等培育力度。

再次要突出金融助推和区域发展的协同性、联动性和整体性。山西兴金融要先兴、山西转金融要先转、山西稳金融要先稳,要防止资金“脱实向虚”倾向,进一步提高金融服务转型的质量和效率。还要抓紧制定推动省内区域协调发展的指导意见,加大统筹力度,促进区域间基本公共服务逐步均等、基础设施通达程度比较均衡、人民生活水平大体相当。具体而言,要围绕“转型项目建设年”,把更多的金融资源配置到新产业新动能上。进一步扩大信贷投放和债券融资,加快基金业发展。加快地方金融改革,打造地方金融旗舰,积极引进培育各类金融机构和金融服务中介机构,完善地方金融监管体系。区域发展要以主体功能区规划统筹各类规划编制,扩大“多规合一”试点。统筹资源枯竭城市、采煤沉陷区、环境极度脆弱区治理和发展。支持各市立足区位优势,主动参与周边区域合作,在全国区域发展格局中提升定位、发挥作用。

先行先试是以改促转的灵魂和突破口,我们要发挥主观能动性,用好先行先试这个法宝,着力弥补短板,推动我省转型发展不断达到新水平。

改革春风浩荡，创新指引未来。只要我们坚持改革引领、创新驱动不动摇、不懈怠、不折腾，通过改革最大限度地激发所有创新潜能，让各类市场主体依法平等使用生产要素、公平参与市场竞争、同等受到法律保护，不断发展壮大的市场主体，必将支撑起山西转型发展的宏伟大厦。

（《山西日报》评论员）

提升民生事业的高度与颜值

——四论贯彻落实省委经济工作会议精神

2017年我省经济发展由“疲”转“兴”，形成强劲的转型态势，特别是一般公共预算收入的抢眼表现，为推进共享发展、加强和改善民生事业提供了强力支撑。省委经济工作会议提出，在经济发展和共创共享中，要努力给人民群众带来更多获得感、幸福感、安全感。

衙斋卧听萧萧竹，疑是民间疾苦声。民生无小事。2018年，我省确立民生事业路径：在发展中补齐民生短板，依靠改革创新增进民生福祉。那么，民生短板有哪些，从何处入手补短板？我省从四个方面重点突破、全面推进。

一是全面实施乡村振兴战略，打好精准脱贫攻坚战。农业强不强、农村美不美、农民富不富，决定着农民的获得感和幸福感，而底子薄、欠账多、城乡差距大的现实，凸显我省乡村振兴更具现实性和紧迫性。我们要抓住这个重中之重，按照中央确定的总要求和基本路径，落实习近平总书记对山西“三农”工作的重托，制定实施乡村振兴战略的实施意见，因地制宜，一步一个脚印地把中央乡村振兴战略贯彻好落实好。

实施乡村振兴战略，是新时代做好“三农”工作的总抓手，而打好精准脱贫攻坚战，是实施乡村振兴战略首要的重大阶段性任务，是最大的民生工程。“打不赢脱贫攻坚战，就对不起这块红色土地”。这是省委的态度和决心。2018年，要进一步抓好责任落实、政策落实和工作落实。继续推进深度贫困攻坚重点突破，带动面上扶贫工作的全面提效。

二是提升基本公共服务水平，全面保障和改善民生。保障和改善民生，要抓住人民最关心最直接最现实的利益问题，既尽力而为，又量力而行。增强获得感、幸福感、安全感，人民群众有哪些期盼？我省提出，要准确把握需求结构、社会结构变化给民生领域带来的新问题，列出清单、精准施策，一件接着一件办，一年接着一年干，让群众看得到变化、感受到实惠。比如，就业和增收，解决城乡居民收入水平偏低、增速不快的问题，扎实做好特定群体就业创业工作；义务教育，努力实现教育资源优质均衡配置；医疗卫生，继续深化公立医院改革，县乡医疗机构一体化改革提质增效；社会保障，提高退休人员待遇和低保人群保障水平；食品药品安全，提升整体安全水平。坚持总体安全观，确保人民群众生命财产安全和社会稳定。

三是加快建立多主体供给、多渠道保障、租购并举的住房制度。住有所居是人民群众的一项基本生活需求。而我省长期以来的局面是，住房供应主体单一、房源筹集渠道狭窄、租赁市场规模较小，难以满足农业转移人口、新就业高校高职毕业生等群体的住房需求。省委强调，这项改革是战略部署，不只是战略动作。要加快培育和发展住房租赁市场，加大棚户区改造力度，不断完善住房保障和供应体系，多渠道解决群众住房问题。

四是加快建设美丽山西，为全省人民提供更多优质生态产品。美丽山西，是我省生态文明建设的一个具体目标，是新时代一项标志性工程，也是人民群众最为迫切的期盼。我省提出，推动形成绿色生产和生活方式，坚决打好新时代生态环境保护攻坚战，努力提供更多优质生态产品，让绿色成为美丽山西“底色”。推动国土空间规划“多规合一”，推进“两山七河”生态治理，打赢蓝天保卫战，打赢黑臭水体歼灭战，打赢土壤污染防治持久战，这一项项目标任务，就是要从根本上提升美丽山西的“颜值”。我们一定要按照省委的要求，加强环保倒逼转型发展，加强生态系统治理修复，加强生态文明体制改革，让美丽山西早一天与3600万人民牵手相约！

（《山西日报》评论员）

坚持和加强党对经济工作的领导

——五论贯彻落实省委经济工作会议精神

办好中国的事情，关键在党。办好山西的事情，关键在党。习近平总书记多次强调，经济工作是党治国理政的中心工作，党中央必须对经济工作负总责、实施全面领导。

山西经济由“疲”转“兴”，形成了强劲的转型态势，是省委坚持以习近平新时代中国特色社会主义思想为指引，坚决贯彻落实以习近平同志为核心的党中央对山西工作的指示精神，在山西经济几近谷底、前景不明的重要关口，进行科学判断、做出了转型的重大战略决策的结果；是省委准确把握山西经济工作的方向、主线和目标，对转型发展进行宏观指导、推动制度建设、强化政治保障的结果；是省委坚持和加强党对经济工作的领导，带领全省人民团结拼搏、干事创业的结果。

要坚持和加强党对经济工作的领导，须从以下几个方面着力。

进一步健全完善党领导经济工作的体制机制。增强“四个意识”，不折不扣落实中央各项决策部署。继续坚持2016年下半年以来省委全面加强经济工作领导形成的制度性安排，健全对党中央经济决策部署的执行、监督、考评、奖惩等工作机制，落实主体责任，确保令行禁止。重点加强对市县转型发展的指导，采取扩大扩权强县范围等措施，让县一级更有压力、更有动力、更有活力。

进一步加强人才队伍建设和企业家培养。积极推进职业教育资源整合、产教融合，大力推进本科专业设置优化调整，加强省内高校与京津高水平大学的深度合作，构建吸引省内外优秀大学生为晋所用的政策体系。要弘扬优秀企业家精神，营造企业家健康成长环境，造就一支宏大企业家队伍，努力打造新时代的新晋商群体。

进一步加强干部队伍能力建设。当前我省干部干事创业大氛围已经形成，“乱作为”“不作为”问题得到明显扭转，“如何善作为”的问题开始凸显。要解决好推动转型的能力不足、本领不强、作风不硬的问题，培育造就一支高素质专业化干部队伍，更好地适应新时代中国特色社会主义在山西蓬勃发展的需要。坚持在转型主战场考察和识别干部，把敢担当、能创新、善作为、经过考验的干部，大胆选拔到领导岗位，优化班子队伍结构，更好地干事创业。

进一步磨炼抓落实的过硬作风。一分部署，九分落实。抓落实不仅要真抓、敢抓，更要善抓、常抓，确保省委各项决策部署落地生根。继续坚持“五倡导五反对”，引导各级干部比境界、比贡献、比作风，激情干事、精准干事、开拓干事。要大兴调查研究之风，拓展万名干部大调研成果，推动形成长效机制。各级各部门主要负责同志要以身作则、以上率下，狠纠“四风”特别是反对形式主义、官僚主义。

“一万年太久，只争朝夕。”新时代号角催人奋进，新征程发展时不我待。面对高质量发展要求和“三大目标”，面对山西人民日益增长的美好生活需要，全省上下要认真落实好省委经济工作会议安排部署，在省委的坚强领导下，不断提高促转型促发展的能力和水平，迈出新时代的山西步伐，创造无愧于新时代的山西业绩。

（《山西日报》评论员）

山西省煤炭供给侧结构性改革真落实真见效

山西省坚持去产能与发展先进产能相结合、与促进产业结构调整相结合、与行业转型优化升级相结合，推动煤炭产业发展迈出了新步伐、踏上了新征程。随着全省2018年拟关闭的36座煤矿全部通过省级验收，2016年以来全省累计关闭煤矿88座、退出产能6920万吨，煤炭供给侧结构性改革扎实推进，圆满完成了年度煤炭去产能任务。

“不当煤老大，争当排头兵”，是省委推动转型发展的重大思路，是山西省能源领域一场全方位、深层次、历史性的革命。省委按照习近平总书记“以深化供给侧结构性改革推动经济转型发展”的要求，高度重视煤炭去产能工作，注重顶层设计，统筹推进工作。省政府成立了以省长为组长的钢铁煤炭化解过剩产能实现脱困发展领导小组，狠抓工作落实，确保去产能工作真跟进、真落实、真见效。

坚决淘汰落后产能、无效产能，按照法治化、市场化的要求，通过关闭退出灾害严重、资源枯竭、不具备安全生产条件、不符合煤炭产业政策的煤矿，缓解产能过剩矛盾，保障供需平衡，为发展先进产能腾出空间，促进新旧动能转换，推动全省煤炭产业结构调整优化升级。

在化解煤炭过剩产能工作中，与有关市、有关煤炭企业签订了去产能目标责任书，层层细化分解落实责任。有关市县、企业因地制宜编制矿井关闭实施方案，明确时间节点，倒排工作进度。山西省钢铁煤炭化解过剩产能实现脱困发展领导小组煤炭行业办公室科学综合协调，跟踪督促检查，环环有序推进。省直各有关部门主动作为，密切配合，加强指导，积极做好奖补资金、职工安置、债务处置、资产处置、证照注销、关闭验收等有关工作。

2016年至2017年，全省共关闭煤矿52座、退出产能4590万吨，核减生产煤矿产能925万吨/年，煤炭去产能规模为全国第一，两次受到国务院办公厅的通报激励。2018年全省关闭36座煤矿，退出产能2330万吨。山西省在化解煤炭过剩产能工作中进行了积极探索，为全国各产煤省（区）积极稳妥推进去产能工作发挥了重要的示范引领作用。

在推进煤炭去产能工作的同时，山西省加快推进煤矿安全生产标准化建设工作，确定了一批省级和市级试点煤矿，为全面实施新标准化提供可复制、可借鉴、可推广的经验做法。2017年底，全省煤炭先进产能达到39614.4万吨，占到生产总能力的42%，同比提高6个百分点。

山西省始终把职工安置作为化解过剩产能工作的重中之重，坚持企业主体作用与社会保障相结合，细化措施方案，落实保障政策，切实维护职工合法权益。在政府和企业的共同努力下，2016年和2017年去产能职工安置率分别为99.6%和88.6%。

随着煤炭供给侧结构性改革的扎实推进，全省经济呈现出平稳增长、结构优化、效益提高、动力增强的特征和态势，高质量转型发展迈出坚实步伐。1–11月份，全省规模以上工业增加值增长4.0%，其中煤炭工业增长0.2%，非煤工业增长8.1%。11月份当月，煤炭工业增长1.8%；非煤工业增长7.9%。

能源革命必然伴随煤炭自身的革命，化解煤炭过剩产能是一场必须打赢的硬仗。我省围绕深化煤炭供给侧结构性改革这条主线，坚定走“减”“优”“绿”之路，促进了全省经济结构调整、转型升级，正大步迈向“全国能源革命排头兵”。

（张　毅　李　仑）

田野上播洒新希望

——山西省农业供给侧结构性改革进行时（上）

田文祥是和顺县义兴镇西墕村农民。4月23日，记者见到他的时候，田文祥正在地里种雪参，他边忙乎边和记者聊着。提起富硒藜麦他笑得合不拢嘴，“现在人们注重健康，订购藜麦的人可多了，去年我们种的富硒藜麦一斤卖50元呢！到5月中旬，藜麦就能下种了！”他给记者算了一笔账，普通藜麦一斤20元，富硒藜麦一斤50元，自从2016年开始种富硒藜麦，他们公司700多亩藜麦地每年就能多收入几百万。他说，农业供给侧结构性改革的甜头他是尝到了，今年又有一些农民主动要和他签约，他的富硒藜麦种植规模又要扩大了。

春光柔媚，土地芬芳。三晋大地从南到北，春耕生产渐次展开，田野上一派繁忙景象，施肥打药，整地播种……农民们忙碌的身影成了春天乐章里最为生动的音符。

从低效到高效、从过剩向紧缺、从种粮向粮经饲结合，从种植结构调整到生产经营方式创新……连日来，记者奔波在田间地头，记录下了这个春天我省农业变革的新气象。

新选择——让农业特起来 玉米小麦减下来，杂粮蔬菜调上去

种什么？是农民们春天思考最多的问题。不过，对于临汾市尧都区贾得乡贾得村的王金虎来说，这个选择并不难。因为，他们村几年前就找准了自己的发展道路——发展城郊农业设施蔬菜。贾得村距离临汾市只有5公里，村党支部书记安国旺告诉记者：“以前我们村‘割了麦子种棒子’，忙乎一年也挣不下钱。现在我们村的500亩土地都种了蔬菜，收入比以前强多了。”

贾得村充分利用自身区位优势，提供更能满足消费者需求的农产品，同时也让村民们获取了更稳定的收益，这正是农业供给侧结构性改革的题中之义。

山西农业不在大而在特，不在规模而在功能。

4月20日，在晋中市长凝镇西见子村的“丰谷源”黑小米种植基地，丰谷源专业合作社总经理郝卫芳兴奋地说：“我们的黑小米5斤手提袋装在市面上的销售价是86元，5斤礼盒装销售价是128元，实体店和网店都卖得特别好。”村民张卫兵告诉记者，去年他种了10亩富硒黑小米，而且和丰谷源合作社签了约，收益不错。今年要不是因为地要倒茬，他还想种呢。

这几天，山西鑫霏农业开发有限公司总经理张海元正带着小米、红豆、荞麦、燕麦等杂粮在北京参加推介会。公司的种植基地位于山阴县北周庄镇郑庄村黄花梁，如今建成了万亩有机旱作农业基地，产自这里的小杂粮去年通过了英国、韩国等国家农产品出口检验。张海元告诉记者：“现在我们正在新建小杂粮深加工项目及电子商务运营中心，已经与岱岳镇七里沟村、鸳鸯会村等签订了订单农业8600亩。”也许你不知道，普通藜麦20元一斤，富硒藜麦50元一斤；普通荞面7元一斤，富硒荞面25元一斤；普通黑豆8元一斤，富硒黑豆15元一斤。2倍到3倍的差价并没有阻挡住市场对它们的渴求。

优质带来优价，农民们自觉做出了自己的选择。省农业厅种植业处处长冀俊强告诉记者：“我省今年调减冬小麦播种面积至964万亩，春播玉米减少35.4万亩，农民种植意愿更多转向特色优质、符合市场需求的农作物。”

新业态——让农业绿起来走出传统农业圈，融合催生新优势

4月21日，在晋城市城区中心的司徒小镇游人如织，很多人是奔着这里的800种山西各地美食和300多种民俗来的。来自郑州的游客赵岩峰告诉记者：“听说泽州打铁花很有名，想让孩子看看，顺便体验一下农耕生活。”

特色农业不仅为农民增加了收入，也培育壮大了新产业新业态，休闲农业产业带、都市休闲农业圈蓬勃兴起。占地千余亩的司徒小镇，集特色餐饮、休闲娱乐、农耕体验、旅游购物、文化演艺等为一体，号称“老晋城民俗印象基地，新晋城美食旅游地标”，单日游客最高达15万人。山西巨鑫伟业农业科技开发有限公司园区致力于一二三产业融合互动，开设采摘观光园，利用日光温室开展草莓、樱桃、葡萄、甜瓜、西红柿等采摘活动，年接待游客5000余人次，成为全省乡村旅游的典型代表……

功能农业迅速成长，振东集团、国新晋药、广誉远、天之

润枣业等企业累计开发出阿胶红枣汁、苦荞饮料、保健醋等40多个系列数百种功能性产品。全省60家企业被许可为保健食品生产企业,相关产业生产总值约100亿元。

3月15日,我省启动有机旱作农业典型创建,确定长治市为有机旱作农业示范市,娄烦县、山阴县、神池县、兴县、陵川县等5县为有机旱作农业示范县,清徐县清源镇马峪乡葡萄示范片、灵丘县红石塄乡杂粮示范片、忻州市忻府区高城合作社辣椒示范片等30个示范片为有机旱作农业封闭示范片。

今年是农业农村部确定的"农业质量年",我省坚持把绿色发展贯穿农业发展全过程,农业标准化被纳入区域经济转型升级考核体系,200个"千园万村减肥增效+功能农业示范项目"渐次启动。"质量兴农、绿色兴农、品牌强农"理念逐渐深入人心。在夏县胡张乡旱地小麦生产基地,县农委主任温建新告诉记者,基地实现订单生产。胡张乡的高效示范片区,实施了小麦生物有机肥种肥同播技术、小麦病虫害绿色防控技术、测土配方施肥等,实现良种配良法,农机农艺高度融合,今年又增加了10眼机井,实现了旱地小麦高产高效。

从南到北,农业开始从数量发展转向质量优先,质量和绿色成了我省今年春耕的底色。

新动能——让农业强起来新技术、新农民、新模式蓬勃发展

4月15日,在晋城市泽州县渠头村绿油油的麦田里,一架无人机正在喷洒农药。村民王会永高兴地告诉记者:"这无人机可厉害了,不光喷得快,还比我们人工喷洒得均匀,过去人工喷洒一天只能喷几亩地,这个无人机一天能喷500多亩呢。"

农业机械化、智能灌溉控制器、农产品智慧追溯系统、农业大数据等正在走进农业领域。曾经"面朝黄土背朝天"的农业开始走向"玩转股掌间"。山西农谷、雁门关农牧交错带示范区和运城农产品出口平台建设三大省级战略正在搭建深化农业供给侧结构性改革的大平台,成为未来农业发展新动能。

2018年年初,山西省组织专家和农技人员筛选公布了重点推广的农畜品种和集成技术。省农业厅种子站站长阎会平告诉记者:"供给侧改革,科技是先导,种子是源头。结合育种特点和市场需求,我们今年准备在科研试种的基础上,增加一些新品种展示。像现在的彩色功能马铃薯在市场上很受欢迎,价格是普通马铃薯的10倍,今年将重点推广。"

品质好、种得好还要卖得好。为此,山西省在延伸农业产业链、创新农产品流通和销售模式、提高农产品加工转化率和附加值等方面下功夫,实施了农产品现代流通综合试点、大晋中农产品现代流通示范区、跨区域农产品流通基础设施建设等试点项目,引导社会和企业投资30亿元。全省147个农产品批发市场,年成交额943亿元。对重要农产品鼓励多元主体入市收购,打造"15分钟便民商圈"……

农业经营和服务水平要提升,扶持发展新型经营主体刻不容缓。我省作为首批新型职业农民培育整省推进试点省,省财政每年整合不少于1个亿的资金用于新型职业农民培育,累计培训职业农民近40万人。

晋南麦苗壮,晋北青草香。村村备耕忙,三晋春意昂。在这块希望的田野上,正展现出一幅幅春耕备播的繁忙画卷,画幅中有青苗浅浅,有花海如潮,更有2000多万农民心中掩不住的期待和喜悦。

(王秀娟)

大地上书写新篇章

——山西省农业供给侧结构性改革进行时(下)

同样是桃仁,为何别人撒点巧克力粉就摆进国际市场卖高价;同样是苹果,为何有的论斤卖有的却是论个卖……

背后折射着农业供给侧结构性改革的深刻内涵。

"农,天下之本,无莫大焉。"深入推进农业供给侧结构性改革,是"三农"领域的一场深刻变革,关系长远。作为特色农业大省,两年多的实践探索,农业供给侧结构性改革的种子正在三晋大地生根、发芽、勃发。

2018年是实施乡村振兴战略的开局之年。迈进新时代,山西农业供给侧结构性改革何以"迎风起舞"?何以推向纵深而精彩呈现?

结构如何"调"

——以市场需求为导向,调优调高,向绿向好

种什么?怎么种?是农业供给侧结构性改革首要解决的问题。

是继续种蔬菜,还是改种药材?一个费工费力,但相对市场需求大;另一个省时省力,但市场难料。开春之际,阳曲县黄寨镇录古咀村的刘智军有点迷惑。这位种了几十年田的"老把式"感叹:"光药材就有七八个种类,真不知道该种啥。"

同样是种地,永济市栲栳镇东下村村民智龙龙通过农业结构调整,"迎"来新机遇,"转"出新活力。

与老刘一样,智龙龙一直以来以种地为生。去年春耕时,他把种玉米、小麦的土地调整种葫芦。这简单一"调",亩收入从千元变为8000元。

一喜一忧,彰显出的是市场"风向标"的举足轻重。

困扰农民的还不仅仅是种什么。怎么种?也是农民"发愁"的问题。一些种植户告诉记者,知道化肥用多了,地力下降,蔬菜瓜果不好吃,但担心减产不能不用,不敢转变生产方式。

武乡县故县乡十里坡村农民韩登科，这两年从未因为小米的销售而发过愁。他的底气来自小米的品质。多年来，老韩坚持绿色生产，通过施用羊粪等有机肥，生产出远近闻名的绿色小米，网络售价达到每斤十几元。

名气逐渐打开，现在老韩的小米已经销往北京、上海、辽宁等地，一年收入10多万元。

老韩小米的走俏说明，既要围绕市场需求生产，更要引领市场需要。

遗憾的是，在采访中，记者也发现多数地方由政府主导，农民的自主意愿和积极性不高，推进结构调整的难度较大，还有的结构调整停留在做加减法上，引领更高层次的新业态、新产业、新动能还不多。

“对农业来说，难的是如何对接市场需求。让农民调整种植结构，关键得看收益，根子上还是市场说了算。”山西农业大学经济管理学院院长王广斌表示，要建立效益农业，实现高质量发展，应尽快以市场需求和新消费趋势做好产业发展的长远规划，不能为调结构而调结构。

在省委党校政治经济学教研部副主任尹诚民看来，山西农业发展的优势在于“特”，要立足优势，扬长避短，突出“特”字，做大、做精；要培育特色农业和食品品牌，用品牌占领市场和引领生产。

动能怎么“增”

——以改革创新为引擎，优化配置，激活动力

新旧动能转换“青黄不接”，是农业农村发展面临的一大新问题。

潞城市翟店镇小天贡村一度被产业结构单一、农民持续增收难度大等难题所“捆绑”。

一场“农村集体资产股份权能”改革，不仅唤醒村里“沉睡”的资产，而且激活了集体、村民的发展活力。

回头看改革，并不顺利。试点之初，小天贡村的老百姓也是疑虑重重：荒山秃岭还能确权到户、折股量化？啥叫个股份权能改革……

改革破除了发展障碍，如今，小天贡村447名村民全部参与股权分配，成了村股份经济合作的股东，实现了“资源变资产、资金变股金、收益有分红”的“华丽转身”。

可见，唯改革才有出路，唯改革才能激发新动能。

谁扛农业供给侧结构性改革这面大旗？在众专家眼里，实现新型经营主体再造是发挥农业供给侧结构性改革市场力量的重要手段。

对于原平市大牛店镇施家野村养猪户任还林来说，这个“冬天”似乎格外长。

“春节过后，生猪价格下降并不稀奇，但今年跌得比往年还要猛。”在电话中，任还林的声音略有沙哑。一斤猪肉的保本价大约是6.5元，眼下猪肉跌到一斤5元左右，亏本成必然。

怎么办？要么忍痛坚持，要么关门转行，任还林不知所措。

实践印证，一家一户式的分散经营成本高、风险大，很难有产业化的动力，要融入农业供给侧结构性改革的大潮，就必须在视野上、技术上、思维上跳出自己那一亩三分地。

今后农业发展主要比谁的新型经营主体多、发展好。省农业厅科教处处长薛志省认为，在实践中，必须把人力资本开发放在首要位置，大力培育新型职业农民。尤其是要通过创新组织形式、支持方式，促进各类新型农业经营主体蓬勃兴起。

促进一二三产业融合发展也是改革的重要目标。

客观看，当前我省农产品加工转化率偏低，产业链延伸融合程度低、层次浅。数据显示：全省农产品加工产值与农业总产值比为1:1，远低于全国2.2:1的平均水平。

产业链的单一，就好比一条腿走路，终难走出价值链的低端。省农业厅农产品加工局局长李岳峰建议，要夯实产业发展基础，拓展农业多种功能，推动农业与休闲旅游、饮食民俗、文化传承、健康养生等产业融合，促进农业生产全环节升级、全链条增值。

短板怎么“补”

——以夯实基础为重点，完善服务、强化保障

会荣水果种植专业合作社的名头，在运城市盐湖区农村越来越响亮。从创业至今，合作社社长丁会荣痴迷于绿色种养技术、生产富硒有机水果，带领周边16个乡（镇）的农民种植桃、葡萄等经济作物。

今年春天，她又将目光投向了乡村旅游，构想是利用现有的大棚种植，让市民体验农作物采摘，享受农家美味。然而，融资渠道不畅、基础设施薄弱，成为她前进的“拦路虎”。

丁会荣的困难，众多农村创业者都有。由于缺乏技术、资金和人才等要素的支撑，只能在自己的田地里“循规蹈矩”。

“补短板”是农业供给侧结构性改革的关键一环。最直观地看，短在基础设施和公共服务，短在生态环境和人才匮乏。

水资源短缺是山西的一大“短板”，常年平均降水量500毫米左右，耕地亩均水资源183立方米，为全国的11.4%。

短板何以拉长？

把脉问诊。我省打出“有机旱作农业”这张特色牌。专门成立了有机旱作专家指导组，提出了“耕地质量提升、农水集约增效、旱作良种攻关、农技集成创新、农机配套融合、绿色循环发展”六大工程。

有机旱作农业是祖辈传承下来，适应山西特点的生产技术，是我省农业供给侧结构性改革的现实选择。尹诚民认为，发展有机旱作农业，不是走老路，而是要科技兴农、质量兴农，逐步完善具有山西特色的有机旱作技术体系。

融资难、融资贵，是采访中被大家提及最多的话题。主要症结是贷款成本高、办理时间长、使用期限短，尤其是对一些贫困户而言。

解决金融短板，关键在创新探索。

在这方面，山西大象农牧集团有限公司进行了有益的探索。公司推出的“1+1+1+1”即政府牵头、银行支持、企业实施、贫困户参股模式，打开了既是制约产业发展的资金瓶颈，又是农户的增收致富大门。

在省农业厅厅长乔建军看来，“补短板”是农业供给侧结

构性改革的重要内容，重点是在基础设施建设、农业科技创新、财政金融支持、市场体系建设等方面下功夫。

新时代开启新征程。伴随着浓浓春意，一幅以“农业供给侧结构性改革”为画笔、以“民富景美”为色彩的画卷正在三晋大地徐徐展开。

(赵建军)

能 源 革 命

2018 年山西省能源革命工作简述

2018 年，省委、省政府遵循中央顶层设计，突出山西地方特色，对山西省能源管理机构进行了改革，将省煤炭厅行业管理职责，以及省发改委的能源管理职责，省经信委的节能降耗、能源管理等职责整合，组建省能源局，履行全省能源行业管理职责，作为省政府直属机构。2018 年 10 月 27 日，省能源局挂牌成立以来，全局上下统一思想、提高认识，坚持以打造全国能源革命排头兵为目标，以开展能源革命综合改革试点为抓手，积极构建清洁低碳、安全高效的现代能源体系，能源高质量发展迈出新步伐。

一、优化煤炭产能结构

扎实化解煤炭过剩产能。坚决淘汰落后产能、无效产能，按照法治化、市场化要求，关闭退出灾害严重、资源枯竭、不具备安全生产条件、不符合煤炭产业政策的煤矿。山西煤炭去产能总量占全国的比例位居全国第一，连续两年受到国务院通报表扬，在全国发挥了重要的示范引领作用。积极推进减量置换。通过产能置换，倒逼安全无保障、灾害严重、竞争力弱的落后产能加快退出，为优质产能腾出空间。稳妥推进减量重组。在国家减量重组总体政策框架下，山西省率先制定出台了减量重组实施意见，把推进 60 万吨以下煤矿退出和解决资源整合遗留问题作为重点，引导煤炭企业采用市场化、法治化方式减量重组，力争 2020 年底前 60 万吨以下煤矿基本退出。

二、稳步提升电力绿色低碳发展水平

煤炭清洁高效利用水平稳步提高。加大关停淘汰煤电机组电量奖励力度，淘汰拆除 30 万千瓦以下不达标煤电机组数量和容量居全国第一。省内电网结构持续优化。加快推进已核准项目建设，积极组织 2019 年农村电网升级改造前期工作，我省“两年攻坚、三大任务”圆满完成，得到国家能源局通报表扬。外送电保持快速增长。积极争取国家增加我省跨省跨区优先发电计划，跨省跨区市场交易电量增加 127 亿千瓦时。电力体制改革扎实推进。进一步放开电力直接交易市场规模，充分激发市场主体活力，允许售电公司代理电力用户参与所有市场交易，加快推进 13 个增量配电业务试点建设。

三、持续提升新能源可持续发展能力

加快推进风电、光伏等新能源和可再生能源项目建设。风电：晋北风电基地规划项目稳步推进。装机规模同比增加 166 万千瓦。光伏发电：大同二期、寿阳光伏发电应用领跑基地开工建设，长治光伏发电技术领跑基地完成备案，光伏领跑基地装机规模居全国第一，全省能源供给体系初步实现了由单一煤电向光伏、风电等多轮驱动转变。

四、加快推进煤层气产业发展

应急调峰储气设施建设持续推进。研究制定了山西省《天然气（煤层气）储气调峰设施规划（2018-2020 年）》。管网互联互通加快建设。重点推进晋城华港液化工厂增输改造，临长线联络线等项目建设，提高全省气源的统一调配和供应保障能力。煤层气体制机制改革有序推进。认真做好国家下放煤炭采矿权范围内的地面煤层气开发项目备案承接和管理工作，鼓励多种市场主体参与煤层气勘探开发。

（省能源局　邵国荣）

从以煤补气利用不足到清洁能源多重效益

——山西能源革命正破题

太行山下的山西阳城县凤城镇,红太阳建材陶瓷公司车间内正开足马力生产。车间里过去的煤灰不见了,仔细打听,原来是用煤层气来生产陶瓷。总经理乔月亮说:"厂子建于2009年11月,生产线的窑炉最初烧煤,问题就是成本高、煤渣没地方处理,每天桌上和地上落了一层煤灰。使用上煤层气后,不仅更清洁,烧出的瓷器品质也变得更高。"

煤层气,俗称瓦斯,一个意外的火花就可能酿成一场矿难悲剧。近年来,晋煤集团整合煤层气工程技术专家,研发出了区域递进式本煤层抽采等多项技术,大幅提高了煤层气和煤炭同时开采的效率。高浓度煤层气抽取后,通过管输网线为周边两百公里范围内的百万户人家带去清洁能源。

从最初确保安全、不得不抽、以煤补气,到之后效益不高、弃之可惜、利用不足,再到现在清洁能源、能用尽用、多重效益,煤层气的开发过程正是山西能源革命的缩影。

争当能源革命排头兵

不当煤老大,争当能源革命排头兵,是山西的战略抉择。

作为全国重要的煤炭大省和能源基地,从新中国成立至今,山西已生产出170亿吨煤,占全国总产量1/4。未来,作为煤炭主产区和五大综合能源基地之一,山西还将发挥更大作用。作为承接东西的中部省份,山西公路、铁路、输电、输气的立体能源输送管网已经搭建完成,在推动京津冀、中原经济区、长三角协同发展上发挥着重要的区位优势。

此外,经过煤炭业整合和发展,山西成为国家煤炭工业可持续发展政策试点、电力体制改革综合试点省份,目前已形成4个亿吨级、3个五千万吨级以上的煤炭企业。2017年,电力装机容量达到8072万千瓦,煤层气抽采量120亿立方米,占到全国半数以上。集群发展为山西的能源转型奠定了良好产业基础。

能源革命,技术突破需引领先行。山西已经实施了一批能源领域重大科技项目,一些重大关键技术已取得重要进展。阳煤集团在薄煤层智能化开采方面取得重大技术突破,有效减少了资源浪费;太原锅炉集团承担的"超低排放循环流化床锅炉关键技术与装备开发"项目实现了循环流化床锅炉炉内超低排放,通过了国家级技术鉴定。目前,山西正以先进电池及储能、煤层气、智能电网、风火发电等细分产业为重点,分步实施"深部煤层气勘探开发关键技术研究""太阳能电池浆料""低热值煤热解燃烧分级转化分质利用技术研发及工程示范"等重大专项项目。

从供给和消费两端入手

破题,山西从供给和消费两端入手。"减""优""绿",是山西能源供给端改革的关键词。过去两年,山西共压减淘汰过剩产能4590万吨,居全国第一。落后产能的退出,助力煤炭企业兼并重组,优者更优。目前,山西一级安全生产标准化煤矿和特级安全高效矿井占总生产能力的47%。得益于先进产能的标准化、智能化建设,煤炭开采成本更低,安全性、效率却上了新台阶。

2017年,山西光伏建设指标333万千瓦,长治、寿阳等3个光伏发电基地被列入国家光伏领跑技术基地名单;阳城、晋城、西山、柳林、潞安5个年抽采煤层气超过1亿立方米的矿区形成,煤层气产业化基地初步建成……截至2018年6月底,全省新能源装机容量达到2347万千瓦,占全省电力装机容量的28.5%。

刚刚落下帷幕的第六届亚洲粉煤灰及脱硫石膏处理与利用技术大会上,各国专家学者、企业家围绕技术难题和产业痛点进行了对话。本是煤基固废的粉煤灰,经过技术处理焕发第二春,摇身一变成为高档室内墙砖等建材产品。在朔州,目前已建立起粉煤灰及脱硫石膏综合利用的产业集群,年消化工业固废3000多万吨,综合利用率达65%。

供给端改革自然会传导到消费端。供热季即将来临,山西已完成113万户"煤改气""煤改电"和集中供热改造任务,新增清洁取暖面积2.2亿平方米,城镇清洁取暖面积达75%。太原、阳泉、长治等城市划定禁煤区,全面完成城市散煤清零任务。2017年,山西单位GDP能耗下降3.37%,二氧化碳排放下降3.9%,超额完成年度目标。

在阳煤寿阳煤电热铝化材循环经济工业园,劣质煤用于超低排放发电,合适的煤种用于发展现代煤化工,煤炭开采伴生的煤层气用于发电、提纯、氧化铝焙烧,生产的电力通过增量配电网作为化工、铝业直供电。园区内各个产业互为上下游、互为耦合,资源循环利用、综合处理、消耗殆尽、节能环保,产生的是集群效应、规模效益。

体制机制改革提供保障

能源革命,体制机制是保障。晋煤集团煤层气事业部副总经理赵向东说:"技术突破帮我们提升效率,但推动市场化配置煤层气资源、天然气管道运输价格监管等体制机制的一系列变革,才真正有助于我们更快地开拓市场。"

目前，山西在全国首次实现市场化配置煤层气资源，核减煤层气勘查面积1392.4平方公里，完成15家省内管输企业价格成本监审工作。这只是冰山一角，为了推动能源革命，山西通过积极落实电力体制改革14项配套改革方案等，让能源体制机制改革进入快车道。

2018年太原能源低碳发展论坛暨国际能源产业博览会9月16日将拉开序幕。33家世界五百强企业在内的289家企业和政府代表团参会，上百位重要嘉宾覆盖政企学研多领域，预计专业客商人数将超过3万人。

近年来，山西省重点产业国际产能合作发展规划、关于促进外资增长的若干意见陆续出台，从减少外资准入限制、优化外商投资环境等方面提出具体措施，确定了山西省制造业十二大领域发展的招商地图，积极吸引跨国公司来晋投资。

引进来，也要走出去。山西与挪威创新署、挪威国家石油公司、丹麦绿色国度联盟、瑞典环境科学研究院就新能源开发、节能技术、能源装备等领域对接合作，在地热资源开发利用、矿物装备、环境治理等领域达成共识。

（《人民日报》周亚军　乔　栋）

山西奏响能源革命强音

——山西省构建绿色多元能源供给体系取得阶段性成效

时间是伟大的书写者，忠实记录下奋斗者的足迹。

初秋时节，大同市云冈区、左云县接壤的山梁上，一块块太阳能电池板在阳光的照射下熠熠生辉，一座座模块化预制舱式变电站矗立其中，将清洁能源源源不断输向远方；

右玉县杀虎口旁边的山峰上，30多座“大风车”在湛蓝的天空下不停地旋转，这些投资近5亿元的“大风车”每年有效风速时间达1680小时，实际发电量达8000万到1亿千瓦时；

……

如今，山西摁下能源转型“快进键”，绿色多元正成为发展的底色。

山西省以能源革命为引领，用非常之力，下恒久之功，加快推进国家新型综合能源基地建设，能源产业结构不断调整优化，绿色多元能源供给体系加快构建，高质量转型发展步履铿锵。

亮眼的成绩背后，山西转型发展的思路之变、结构之变、动力之变更加意味深长。

谋篇布局，统筹推进，加快构建绿色多元能源供给体系

打开阀门，清亮的油品从管道缓缓流出。2018年1月1日，山西潞安180万吨/年煤制油项目成功试运行并产出合格煤基高端合成油。

继2016年关闭煤矿25座、退出煤炭产能2325万吨后，2017年全省再关闭煤矿27座、退出产能2265万吨。两年退出产能4590万吨的同时，2017年我省煤炭先进产能占比已超过四成。

在吨煤到升油再到克化学品的嬗变和价值提升中，在落后、先进产能一减一增两组数据曲线的升降中，以深化供给侧结构性改革为主线，我省加快构建绿色多元能源供给体系迈出坚实一步。

构建绿色多元能源供给体系，山西省以时不我待的紧迫感谋篇布局：推进煤炭行业坚定走“减”“优”“绿”之路，持续提高先进产能占比，推动清洁高效安全发展；促进新能源产业提质发展，加快晋北风电基地、光伏领跑基地建设；抓住国家赋予山西省煤层气开发重大政策和市场看好双重机遇，统筹布局、提升优势，实现突破性发展。

在省级层面统筹推进的同时，各地市、企业、科研院所也都积极行动起来。4月16日，大同市对包括69个新能源项目在内的上百个项目进行集中开工，“新能源”“薄膜电池”“氢燃料”等成为人们耳熟能详的高频词汇。长治市把握被确定为全国光伏发电技术领跑基地的契机，重点推进潞安2GW高效单晶太阳能电池智能生产线等项目，打造光伏制造产业集群。晋能集团把清洁能源作为产业转型的重点，坚持将科技创新、人才引领和上市融资作为引擎，主动出击，持续发力，大力推进清洁能源产业高质量快速发展。

遍布三晋大地的新能源项目全面开花，山西奏响了能源转型的时代强音。7月份，全省规模以上工业行业中，煤炭工业增加值下降1.8%。截至8月底，山西全网并网新能源总装机容量1745.8万千瓦，占全省总装机容量的20.8%。风电累计发电量132.99亿千瓦时，同比增长40.91%；光伏累计发电量60.44亿千瓦时，同比增长82.76%。

清洁高效，综合利用，传统能源实现“绿色”转型发展

“目前国内有3家电厂能生产食品级二氧化碳，只有我们采用不产生废水、废物的物理工艺捕集排放烟气中所含二氧化碳。”格盟国际所属瑞光热电负责人自豪地说。

格盟国际是全省第一个开展煤电节能减排升级与改造工作的企业，格盟国际采取资产转让+BOT模式，引进专业的环保公司投资27亿元，30万千瓦及以上机组全部完成超

低排放改造,实现了国家倡导的第三方运营。瑞光热电被国家能源局授予"国家煤电节能减排示范电站"称号,在全国800多台同等级机组中唯一获此殊荣。

山西省全力推进燃煤机组超低排放和节能改造工作,促进绿色发展。通过狠抓节能降耗、推进绿色制造、严格脱硫脱硝及控制烟尘排放等,比国家提前一年完成单机30万千瓦及以上燃煤机组超低排放改造;2017年完成燃煤电厂节能改造1800万千瓦,全省燃煤电厂平均供电煤耗达到320克标准煤/千瓦时。

在做好煤炭清洁高效利用的同时,我省在工业固废资源化综合利用方面勠力前行。2017年36个资源综合利用与清洁生产技改项目投入试运行,年可消纳粉煤灰17.4万吨、煤矸石34.1万吨。

在朔州市固废工业园产品展示大厅,记者被眼前的产品深深震撼。如果不是有专人介绍,怎么也不会相信:眼前这些精致漂亮的门、地板、家具,竟然都是用粉煤灰制成的。

朔州市按照技术引领、产业集聚、园区承载的模式,加快推进工业固废资源化综合利用。全市已经建成工业固废综合利用企业145家,形成了煤矸石发电、煤矸石建材、粉煤灰综合利用、脱硫石膏综合利用四大产业集群,年可消化工业固废3400万吨,综合利用率达到64%,工业固废综合利用走在全国前列。

"风""光"劲秀,新能源强劲发力,能源供给质量持续改善

由山西国投运营公司、山西证券、漳泽电力等省属国企联合发起、总规模10亿元的山西国投绿色能源发展基金不久前正式设立。这是山西省首只投向绿色发电项目的市场化产业基金。该基金首单投资已经敲定,与山西国耀新能源有限公司签署投资协议,实现了对这家生物质发电企业的控股。

大力发展清洁能源,推进能源供给革命,是山西省打造"排头兵"的重要内容。作为国家新型综合能源基地,我省大力推进以风电、光伏为主的新能源项目,全省风电、光伏发电装机容量快速发展。山西电网风电装机容量超过930万千瓦,风电发电量113亿千瓦时,风电利用时间达到1239小时。山西电网光伏装机实现4年连续翻番,第二批"阳泉、芮城领跑者项目"和光伏扶贫项目均按时顺利投产。风、光资源丰富的晋北三市各自新能源装机容量已超过本地区年度最大负荷需求,新兴的运城、临汾、长治、晋中等市也呈现出连年翻番的快速增长态势,光伏示范基地、光伏扶贫、分布式光伏、分散式风电等多种开发形式如百花争艳、竞相绽放。

山西省新能源保持快速发展:2017年争取国家下达光伏建设规模指标总数达到333万千瓦,连续第二年获得国家光伏建设规模指标总数排名全国第一。大同二期、晋中寿阳、长治3个光伏发电基地列入国家批复的第三批光伏"领跑技术基地"名单,获批总数及总规模均居全国第一。风电已经成为我省继火电之后的第二大电源。

8月28日,山西电力交易中心在北京组织省内新能源企业,参与北京交易平台2018年9月山西与天津省间发电权交易,无约束成交电量400兆瓦时。这是山西首次参与省间发电权替代交易,也是山西新能源企业首次替代省外燃煤火电企业。

山西省扩大新能源企业准入范围,将具备发电业务许可证的新能源企业全部纳入外送准入,推动山西省成为京津唐、湖北、江苏的新能源电力供应基地,大力推进清洁能源跨省消纳。2018年,首次通过清洁能源替代方式开展省间发电权交易,进一步丰富了晋电外送的品种。

不断加强晋电外送通道建设,促进新能源消纳,实施"煤电并举",是山西在能源革命中的重大举措。截至2018年7月,全省外送电量506.7亿千瓦时,全国排名第3,同比增长21.1%。

山西,正坚定担当起历史使命,以崭新的姿态,稳步行进在绿色清洁的大路上,实现从"煤老大"到"全国能源革命排头兵"的跨越。

(张 毅)

念"减、优、绿"三字经 做能源革命排头兵

——山西煤炭供给侧结构性改革进行时

有"风向标"之称的环渤海5500大卡动力煤价格,已经连续105期稳定在每吨570元左右。煤价持续高位运行,个别煤种甚至一度直追"黄金十年"价位。山西原煤产量非但没有大幅增加,反而连续两年甩掉"煤老大"帽子,主动退居全国第二。

看似"反常"的背后,是山西发展战略的重大调整:不当"煤老大",争当能源革命排头兵,"减、优、绿"成为晋煤转型关键词。

减:坚定不移化解过剩产能

"不能好了伤疤忘了疼,煤价不会只涨不跌,也不可能一直维持高位。"山西潞安集团运销总公司副总经理马晓红说,一两年内,随着在建煤矿产能释放,新建铁路通车,市场可能很快发生变化,去产能仍是当务之急。

坚定不移去产能,是煤炭行业脱困转型的关键。"减"字

当头，就是要彻底告别“发展靠投资、增长靠增量、盈利靠涨价”的粗放发展模式，直面能源革命挑战。

2016 年至 2017 年，山西累计关闭 52 座煤矿、退出过剩产能 4590 万吨，煤炭去产能规模全国第一。

2018 年，山西继续关闭 36 座煤矿，退出过剩产能 2330 万吨，截至 9 月底，已有 20 座煤矿完成井筒封闭。前三季度，山西规模以上原煤产量同比小幅增长 1.2%，煤炭工业增加值同比下降 0.6%。

同时，山西探索市场化、法治化手段，稳步推进产能减量置换，稳妥推进煤矿减量重组。国家已批复山西 32 座新建煤矿产能置换方案，将倒逼退出落后产能 1.13 亿吨；各地市和煤炭企业已上报煤矿减量重组方案，力争在 2020 年底前，实现年产 60 万吨以下煤矿全部退出，单一煤炭企业生产建设规模达到 300 万吨 / 年以上。

优：大力发展先进产能

在山西同煤集团同忻煤矿，随着智能化“无人”采煤技术的应用，全矿 10%的职工贡献了 80%的产量，功效提升四成多。

“点亮全国一半灯，暖热华北一半房。”这是山西煤炭对全国能源贡献的历史写照。

如今，山西不当“煤老大”，不是弱化能源保障能力，而是为了退一步进两步，扭转煤炭行业“大而不强”的困境。

近两年来，山西深入推进“机械化换人、自动化减人”，全省 25 座煤矿 31 个综采工作面开展了自动化和电液控升级改造试点，已有 75 座矿井的 153 个井下变电所、62 个水泵房实现了自动化无人值守，原有的 11 座“千人矿井”单班入井人数控制在 900 人以内。

截至 9 月底，山西煤炭先进产能为 5.82 亿吨，比年初增加 1.86 亿吨，占全省煤炭生产总能力的 57%，比年初提高 15 个百分点。

绿：走绿色低碳清洁高效之路

在山西阳煤集团一矿配煤中心，一辆辆运煤车有序进入煤棚后，开始装车作业。当粉尘达到一定浓度，喷淋系统启动，实现降尘；两道互锁型密闭门彻底阻断了煤尘向外飘散。

这个占地 3900 多平方米的煤棚，是阳泉地区首个全封闭智能气膜结构煤棚。2018 年，阳煤集团投入 15 亿元用于环保治理，这一数字比前两年的总和还要多。

近两年，山西煤炭工业投资持续下降，用于煤炭绿色低碳转化、清洁高效利用的投资则持续增长，部分关键技术取得突破，一批重大项目陆续投产。

2017 年，山西燃煤电厂节能改造 1800 万千瓦；36 个资源综合利用与清洁生产技改项目投入试运行，年可消纳粉煤灰 17.4 万吨、煤矸石 34.1 万吨。

2018 年，山西煤电去产能完成 192.8 万千瓦，超额完成 92.8 万千瓦。不久前，潞安集团年产 180 万吨煤制油项目实现满负荷运行，日均“吃煤”1.5 万吨，产出数千吨高端油品和化学品，煤炭正由“按吨卖”变为“论克卖”。

（新华社太原 11 月 14 日电　于振海　梁晓飞）

山西：基础研究“靶向”能源革命

12 月 25 日，38 项“煤基低碳联合基金”项目总计 4120 万元资助资金开始下达。这是国家自然科学基金委员会和山西省人民政府联合设立的专项基础研究基金第 4 个年度实施阶段。2018 年，山西应用基础研究计划经费预算额度由 1500 万元提高到 3000 万元，实现了翻番。

设立“国家级”基金项目攻关煤基“卡脖子”技术

作为中国重要的能源大省，山西把握世界能源发展潮流，立足山西比较优势和区域特色，在能源供给侧结构性改革、煤炭清洁低碳高效利用、发展可再生能源、能源重点领域改革等方面进行了一系列实践和探索。近年来，山西省委省政府向全世界发出了能源革命的最强音：“不当煤老大，争当全国能源革命排头兵”。

为了引导社会科技资源投入基础研究，吸引和集聚全国一流科技人才，以煤基低碳领域科技创新为重点，加快提升山西科技创新能力和人才队伍建设水平，推动山西发展由资源驱动向创新驱动转变，2015 年，国家自然科学基金委员会和山西省人民政府设立了“煤基低碳联合基金”。针对山西及类似资源型地区经济社会发展需要，重点选择煤炭开采、煤层气、煤化工、煤机装备、新材料、煤电及新能源、节能环保等煤基低碳相关领域的重大科学问题及共性关键技术与工程基础问题，吸引和集聚全国范围的科学家开展基础研究。

“‘煤基低碳联合基金’是国家层面的项目，不仅扩大了资金数额，而且有利于吸引全国乃至全世界的技术人才和技术团队，共同关注山西煤基科研和基础研究。”山西省科技厅基础处负责人说，“今年 38 项‘煤基低碳联合基金’项目资助领域为新材料、节能与环保、煤与煤层气开采、矿区生态修复、煤电及新能源、煤机装备、煤化工。”

为三晋新能源项目提供支撑和活力

2018 年 10 月 26 日，国际顶级学术期刊《科学》杂志在线发表了太原理工大学作为第一单位的研究论文《具有铁—

过氧阴离子位点的金属有机框架物用于乙烷/乙烯分离》。

太原理工大学化学化工学院李晋平教授科研团队在国际上第一次利用氧分子与Fe-MOF材料中的不饱和空位结合,有效阻挡不饱和金属空位与乙烯间的π键相互作用,显著降低乙烯吸附量。李晋平团队的科研设计思路不仅巧妙地实现了“乙烯—乙烯吸附反转”,也制备出迄今最高效的乙烷选择吸附剂,对不同浓度的乙烷/乙烯混合物一步分离得到聚合级乙烯。更重要的是,这种思路可应用于其他MOFs中,为乙烷/乙烯分离吸附剂的选择开辟出一条新途径。

据李晋平介绍,他们的这个科研项目是从山西煤层气产业链中延伸出来的,是2016年度国家自然科学基金项目和山西“煤基低碳联合基金”项目,对山西煤炭清洁利用、煤化工绿色发展具有重大意义。他们的科研成果打破了传统思路和方法,在工业化产业化上有非常好的应用前景和潜在价值,可以大幅度降低煤化工转化工序中的能耗,可以简化优化改进煤化工工艺,进一步提高经济效益。

如今,遍布三晋大地的新能源项目全面开花。2018年1月1日,山西潞安180万吨/年煤制油项目成功试运行并产出合格煤基高端合成油。4月16日,大同市集中开工包括69个新能源项目在内的上百个项目……“新能源”“薄膜电池”“氢燃料”等成为人们耳熟能详的高频词汇。

2019年度山西“煤基低碳联合基金”指南已经编制完成,项目计划在青年科技研究基金中设立了“优秀青年基金项目”,侧重青年人才团队建设,培养基础研究生力军。

国家和省级越来越强有力的对基础研究的支持,成为了山西争当能源革命排头兵的动力支撑和活力之源。

(《科技日报》 王海滨)

山西:多点发力全面推动能源革命

最近几年,山西省认真贯彻习近平总书记关于能源革命的一系列讲话精神和视察山西的重要讲话精神,凝心聚力,以打造全国能源革命排头兵为目标,深入推进能源生产和消费革命,积极构建绿色、多元、安全、高效、低碳的可持续能源发展体系,取得了显著成绩。

推动煤炭清洁高效利用

制定印发《推动煤炭清洁高效利用实施意见》、《现代煤化工产业发展实施方案》、《推动焦化产业转型升级若干措施》、《2018年各市燃煤机组节能改造目标任务通知》,编制实施煤化工、焦化、电力、清洁生产2017年、2018年行动计划。组织召开产学研对接会,推进“煤层气制高端金刚石”、“煤制乙醇”、“煤基甲醇生产碳酸二甲酯”等重大创新成果转化,推进山西潞安180万吨/年煤制油项目、晋煤集团百万吨甲醇制清洁燃料项目、襄矿集团20万吨/年合成气制乙二醇等项目建设进度。2017年,新建成大机焦产能570万吨,省技改资金支持11个焦化脱硫脱硝清洁生产技改项目;推动1800万千瓦燃煤机组完成节能改造,全省燃煤电厂平均供电煤耗达到320克标准煤/千瓦时;率先在全国完成30万千瓦及以上煤电机组超低排放改造任务。相比改造前,全省火电机组二氧化硫、烟尘排放量削减70%,氮氧化物排放量削减50%。

推进资源综合利用

制定印发《山西省资源综合利用与清洁生产2018年行动计划》,推进山阴山西超牌公司年产15万吨煅烧高岭土、朔神新材料公司2万吨精细陶瓷、平鲁晋坤公司年产10万吨超细煅烧高岭土扩建等79个资源综合利用和清洁生产技术改造项目建设。进一步推进朔州市工业固废综合利用基地建设,加大朔州市工业固废综合利用示范园区、怀仁县金沙滩陶瓷工业园区、平鲁区北坪工业园区三个资源综合利用产业集聚区建设。发展粉煤灰制建材和高端替代品、煤矸石制陶瓷、脱硫石膏制高附加值建材等产业产品。今年上半年,全省大宗工业固废综合利用率达到68.2%,达到年度目标时序进度。

推进电力体制改革

加快推进电力市场直接交易,2017年交易电量526亿千瓦时。2018年进一步扩大电力直接交易规模和范围,截至6月底,共组织开展各类交易10批次,成交电量515.9亿千瓦时,占到年度目标规模的85.9%。积极培育售电主体,全省售电公司总数达到139户。组织各市开展社会资本投资增量配电业务试点项目申报,目前13个项目列入国家试点范围,其中5个项目已经确定项目业主,3个项目完成售电公司主体组建。向省电力公司批复《关于参加跨区富余新能源现货交易的批复》,探索推进新能源开展现货交易试点。协调吕梁局域电网启动运营,中润公司一期43万吨合金铝项目正式投产。组建苏晋能源控股公司,开展跨省区电力合作新模式。努力扩大晋电外送规模,2017年全年外送电量774.9亿千瓦时;今年1-6月份,全省外送电量累计完成412亿千瓦时,同比增长23.10%。2018年6月印发《可再生能源电力参与市场交易实施方案》,推动可再生能源电力参与市场交易,促进风电消纳。按照国家发改委、能源局新的要求,继续鼓励有条件的煤炭和电力企业通过资本注入、股权置换、兼并重组、股权划转等方式进行煤矿和电站联营。

深入实施能源消费“双控”工程

落实节能目标责任，制定印发推进能源消耗总量和强度“双控”目标和工业领域节能2018年行动计划，按季度发布各市节能目标完成情况晴雨表，对大同、运城、临汾、阳泉、吕梁等5个一季度单位地区生产总值能耗未达时序进度市进行约谈。抓好重点用能单位节能，实施重点用能单位“百千万”行动，推动重点用能单位能耗“双控”目标分解。强化源头节能，把节能审查作为“双控”重要手段，从严把握企业投资项目节能审查事项办理。2017年共办理节能审查事项11件，2018年前7个月共办理8件。推进能耗在线监测，制定山西省能耗在线监测系统建设实施方案，目前省级平台可研报告已经完成。强化节能监察。制定2018年节能监察工作计划，继续组织做好国家重大工业节能专项监察任务。2018年一季度，全省能源消费总量为4787.91万吨标准煤，单位GDP能耗同比下降3.21%，总体达到年定下降3.2%的时序进度。

加快发展能源大数据产业

统筹数据中心建设，支持带有数据资源、与产业链联动发展的数据中心在要素资源条件良好的地区落户建设。积极争取国家科研院所、大型互联网企业等单位将山西省作为全国或区域性数据存储和灾备基地，实现煤－电－数据链条的转换和延伸。组织召开2018年度大数据领域重点项目推进会，推动重大项目建设，跟踪山西国科晋云先进计算中心、中国(太原)煤炭交易中心大数据平台项目、百度云计算中心等项目进展情况。组织签署山西先进计算中心暨计算科学产业基地项目合作框架协议，推动中晋交能大数据产业园区落户古交。制定印发《促进大数据发展应用专项资金管理办法》《2018–2019年度山西省促进大数据发展应用专项资金申报指南》，支持能源领域大数据创新应用项目，2017年数字矿山综合自动化控制系统产业化等5个与能源相关的大数据项目获得专项资金支持。协调推动太原煤炭交易中心大数据平台启动运行。印发实施《山西省促进大数据发展应用若干政策》，积极推动相关政策落实。建设山西省级政务云平台，推进省直部门政务信息系统迁移，引导山西省煤炭监管信息平台等能源大数据项目向省级政务云平台迁移，通过开展数据共享交换，推动能源大数据项目资源整合、功能完善。支持数据中心全电量优先参加电力直接交易，鼓励风力、光伏发电参与交易，对落地山西省大型数据中心实行电价优惠。推动山西焦煤与中晋交能数据科技公司就中晋交能大数据产业聚集区工程项目签订了战略合作框架协议。中科院先进计算联盟山西先进计算中心、百度云计算中心等数据中心落地山西省。

大力发展新能源汽车产业

山西省抢抓国家支持电动汽车发展的历史机遇，立足山西煤、电、气产业优势，以电动汽车、甲醇汽车、燃气汽车为产业重点，初步构建了创新能力强、产业化水平高、市场应用规模大的新能源汽车产业发展格局。太原、晋城两市获批成为国家新能源汽车推广应用试点城市。截止2017年底，山西省汽车产业企业已发展到39家。具有整车生产资质的企业8家，其中：电动汽车生产企业7家，甲醇汽车生产企业1家，乘用车企业3家，生产客车企业4家，燃气汽车生产企业3家，重型汽车企业2家。专用汽车生产企业16家，汽车发动机生产企业3家。从业人数约2.3万人。2018年制定印发《山西新能源汽车产业发展2018年行动计划》。调整山西省新能源汽车营销补助资金政策。积极推动新能源汽车项目落地投产。吉利晋中基地乘用车、商用车项目均已竣工投产并通过验收，具备甲醇、电动、汽油整车柔性化生产能力。全新研制的3万台/年GE12纯电动汽车去年落户并开工建设，车间主体已完工，预计年内投产。同期，设计规模为年产3000台电动大中型客车、电动物流车技改项目也即将完成。首批40台新能源公交客车已投入榆次至太原901公交线路运营。1–5月，吉利晋中基地生产新能源乘用车8675辆，新能源商用车20辆。吉利项目的顺利实施有效推动山西省新能源汽车产业的发展，为山西产业转型注入了新动能。

推动能源装备制造业发展壮大

加强项目管理，组织各级装备制造企业技术中心、行业龙头企业申报2017年重点技术创新项目，筛选106个项目列入《2017年山西省技术创新重点产品、技术开发项目计划》，着力推进自主研发和系统集成能力的提升。其中，晋煤集团掘进机整体搬运设备研制、太重煤机有限公司MG2×100（65）/450（318）–BWD型交流电牵引采煤机研发项目等7个能源装备企业创新项目列入计划。加强技术中心建设，2017年新认定晋能集团、阳光焦化、孝义鹏飞等6家能源企业技术中心为省级企业技术中心。加大技改资金支持，重点支持太重新能源装备风力发电机组关键零部件智能化工厂(一期工程)、山西潞阳光伏科技高效太阳能电池智能生产等2个能源类智能制造示范项目，安排财政资金2195万元。制定印发《山西省新型工业化产业示范基地管理办法》，支持晋能、潞安太阳能一体化工业园区申报省新型工业化产业示范基地。持续跟进阳煤集团和太原理工大学就煤层气应用开展合作。大力推动太原理工大学“煤层气高效合成金刚石材料”和“煤炭清洁高效利用”科研成果在山西省产业化。推荐晋能光伏申报国家智能制造专项，进一步推动能源装备企业智能化发展。组织召开太原重工新产品市场推广座谈会，推动太原重工风电、盾构、煤化工等新产品的市场化进程。

推动铝工业优化升级

制定印发《山西省有色金属行业转型升级2018年行动计划》，重点建设南部、中部、西部三大铝镁合金材料产业集群，加大汽车车身板、建筑模板、铝合金护围板等铝材的推广应用。严控新增电解铝产能,组织开展清理整顿电解铝违法违规项目专项行动。起草《关于支持山西省建设国内重要的铝镁合金材料产业基地的请示》。制定出台了《山西省钢铁水泥平板玻璃电解铝行业产能置换实施细则》, 召开全省电解铝产能置换政策宣贯会暨产能置换工作推进会,加深了地市及企业对电解铝产能置换政策的理解,为产能指标供需双方搭建了现场对接平台。积极落实国发42号文件支持山西省开展煤电铝材一体化试点的精神,向国家两部委上报《山西"煤-电-铝-材"一体化改革试点实施方案》,并多次赴国家部委进行汇报对接,争取国家支持。推动实现了中铝公司将集团内5省6项目共计43.2万吨电解铝产能向山西省转移,按政策规定公告了项目产能置换方案,完善了项目审批手续,全面解决了项目的合规性问题。推进吕梁兴县铝循环产业园区局域电网运营试点。协调落实中润公司一期项目过渡期电价。经省政府研究,已确定过渡期晋能电力集团对项目供电电价0.26元/千瓦时,其中0.03元/千瓦时由省、市、县三级财政对晋能集团补助。

(《中国工业报》 杨 中)

2018年太原能源低碳发展论坛开幕式暨高峰论坛举行

9月16日上午,2018年太原能源低碳发展论坛开幕式暨高峰论坛在太原召开,来自全球能源领域的中外嘉宾齐聚中国(太原)煤炭交易中心,共襄能源低碳发展之策,展望能源革命广阔前景。全国人大常委会副委员长吉炳轩致辞并宣布"2018年太原能源低碳发展论坛"开幕。省委书记骆惠宁作题为《能源革命、造福人类》的主旨演讲,省委副书记、省长楼阳生主持。商务部党组成员、部长助理任鸿斌,科技部党组成员夏鸣九,国家能源局副局长刘宝华分别致辞。副省长王一新主持高峰论坛。

吉炳轩在致辞时指出,能源利用方式是人类文明的重要标志。随着经济社会的发展、科学技术的进步、资源环境压力的加大,当前全球能源发展正在进入新的转型期。推进能源低碳发展、清洁高效利用,更好地应对气候变化,正日益成为能源转型的主题。习近平主席提出了"四个革命、一个合作"的能源革命方向,并在2015年召开的第21届联合国气候变化大会上,向全世界作出庄严承诺:中国将于2030年左右使二氧化碳排放达到峰值并争取尽早实现。当下中国正在积极推进能源革命,奋力开创中国特色能源发展实践新局面。山西是一个传统的能源大省, 在这里举办能源低碳发展论坛,就是要为国际社会提供一个高端交流对话平台,更好地汇聚全球智慧,凝聚各方力量,破解能源转型难题,促进全球可持续发展。这是一件非常有意义的事情。衷心希望来自国际国内能源领域国际组织和政府机构官员、科研机构和智库专家学者、企业家们在论坛上畅所欲言,交流经验,提出方案,以达成更多的思想共识和合作成果,创造人类社会更为美好的未来。

骆惠宁在主旨演讲中指出,在探讨和推动能源革命进程中,期待大家更加关注世界潮流、关注中国方案、关注山西实践。他就开好高峰论坛、推进能源革命提出三点主张:一是携手打造世界级的能源革命思想交流与合作平台,二是支持山西开展能源领域综合改革试点,三是加快推进全方位、深层次的能源革命国际合作。

国际能源署战略总监大卫·特克, 国际可再生能源署创新和技术中心主任道尔夫·吉伦, 爱尔兰罗斯康芒郡郡长伊凡·康诺顿, 美国西弗吉尼亚州州长特使布莱恩·安德森,东北亚地区地方政府联合会秘书长洪钟庆,波兰西里西亚省委员会副主席米卡尔·格兰玛提卡,外交部原副部长、国务院侨务办公室原副主任何亚非,瑞典环科院副院长迈克·欧萨马,国家发改委能源研究所所长韩文科,国家能源投资集团董事长乔保平等嘉宾先后发表演讲。大家围绕论坛主题,从发挥政府引领作用、强化企业主体地位、完善体制政策体系、加快能源技术进步、推广绿色生产生活模式、深化国际合作等方面,对能源问题进行了深入阐述,交流分享全球能源转型最前沿的思考与实践,为推动能源革命积极建言献策。

省领导林武、罗清宇、张吉福、胡玉亭、郭迎光、岳普煜、李俊明、李正印、李晓波、席小军、谢红出席论坛。来自美国、加拿大、俄罗斯、英国、德国、法国、意大利、荷兰、瑞典、爱尔兰、匈牙利、波兰、乌克兰、澳大利亚、南非、韩国、新加坡、吉尔吉斯斯坦、蒙古、阿富汗、开曼群岛等21个国家和地区,国内11个省区市、8个城市,以及港澳地区的政府政要;国内外院士,高等院校、科研机构专家学者;知名能源企业高管;国际能源组织和商协会代表,约600人参加开幕式和高峰论坛。我省11个市和省直相关部门、主要高校和科研机构、能源及相关企业主要负责人也参加了本次活动。

本次太原论坛主题为"能源革命、造福人类", 将采用"1+6+1"形式进行,即举办1场高峰论坛、6场分论坛、1场国际合作会议,旨在发出能源革命新声音,探索推动山西打造全国能源革命排头兵的新路径,努力构建国际能源交流合作新平台。

(陈俊琦)

2018中国(太原)国际能源产业博览会举办

聚焦能源革命新时代，展示山西发展新形象。9月16日，2018中国(太原)国际能源产业博览会在太原开幕。全国人大常委会副委员长吉炳轩出席开幕式，省委书记、省人大常委会主任骆惠宁宣布开幕。省委副书记、省长楼阳生，国家商务部党组成员、部长助理任鸿斌，科技部党组成员夏鸣九出席。副省长王一新主持开幕仪式。

中国(太原)国际能源产业博览会是经国务院批准，由山西省人民政府和国家商务部、国家科技部共同举办，我省唯一的国家级专业性国际展会。自2007年以来，已成功举办六届，成为我省对外开放的重要交流平台，实施"能源革命排头兵"战略的重要载体。

金秋的太原，硕果飘香，中国(太原)煤炭交易中心嘉宾云集，气氛热烈。9时10分，骆惠宁宣布"2018中国(太原)国际能源产业博览会开幕"。现场响起热烈的掌声。简约而隆重的开幕式结束后，参会领导开始巡馆，先后来到各个展区，与企业代表、参展客商亲切交流，认真观看能源新技术、新产品展示，详细了解世界能源技术发展新趋势，能源国际交流合作新模式，以及我省推进能源革命的新举措、新成效。大家先后来到晋煤集团煤层气开发和利用、潞安集团高端煤化工产品、山西转型综改示范区国内领先的晋华炉、国家能源集团未来光伏城市、英国MMD集团矿用粉碎机、鲁能海西多动能互补清洁能源综合利用、阳煤集团救灾机器人等展台前，仔细听取介绍，询问技术创新亮点，给与高度评价。

本届能源博览会以"低碳引领、智慧能源、创新发展"为主题，以技术成果展示、项目合作为重点，旨在打造国际能源交流与合作的新平台。展区面积3.6万平方米。共设六大展区，分别为能源创新展区、新能源展区、智慧能源展区、国际能源合作展区、能源技术成果交易区、山西展区。与往届相比，本届能源博览会新增了智慧能源展区，主要展示能源与现代信息技术深度融合的技术、成果、设备和项目，以及能源发展智慧化的新产业、新业态，展示能源互联网、能源大数据、分布式能源示范和推广应用等。

据统计，本届能源博览会参展企业和政府组团共289家。其中：世界500强企业33家，中央企业18家，科研院所21家。参展参会企业及客商涉及30个国家和地区。

出席开幕式的外国嘉宾有匈牙利国会议员桑德尔，国际可再生能源署技术创新中心主任道尔夫，意大利曼托瓦省省长贝尼米诺，爱尔兰罗斯康芒郡郡长伊凡，匈牙利索尔诺克州州长米克洛斯，波兰西里西亚省委员会副主席米卡尔，吉尔吉斯斯坦国会议员、国务顾问努尔马托夫，东北亚地区地方政府联合会秘书长洪钟庆，乌克兰尼古拉耶夫州第一副州长兼代州长万切斯拉夫，蒙古中戈壁省省长奥·巴图额尔德尼。

出席开幕式的国内嘉宾有国家能源局副局长刘宝华，云南省委常委、常务副省长宗国英，辽宁省副省长崔枫林，江苏省副省长王江，安徽省副省长何树山，山东省政府党组成员刘强，青海省副省长田锦尘，国家能源投资集团董事长乔保平，中国中煤能源集团董事长李延江，中国工程院院士岳光溪，加拿大工程研究院院士张久俊，中国科学院院士钱逸泰。

省领导林武、罗清宇、张吉福、胡玉亭、郭迎光、岳普煜、李俊明、李正印、李晓波、席小军、谢红出席开幕式。

(杨　文)

能源革命造福人类

——骆惠宁在2018年太原能源低碳发展论坛上的主旨讲话

(二〇一八年九月十六日)

尊敬的吉炳轩副委员长，尊敬的各位嘉宾，女士们，先生们：

大家上午好！

很高兴与各位新老朋友相聚在太原能源低碳发展论坛。本次论坛鲜明确立了"能源革命、造福人类"的主题，体现了国际社会共同的使命担当。同期举办的2018中国(太原)国际能源产业博览会，正开展能源新技术、新产品集中展示和对接交易，我们相信此次论坛和博览会将取得丰硕成果。

能源低碳发展是一场涉及发展理念、国家权益、生产生活方式的全球性革命。在探讨和推动能源革命进程中，期待大家更加关注世界潮流、关注中国方案、关注山西实践。

能源自古以来就是人类社会发展的基石。历史上,每一次能源革命都伴生于大规模的产业革命。但自工业革命以来,日益增长的化石能源消费给地球资源和环境带来巨大压力,也引发了一系列生态问题。伴随着新一轮科技革命和产业变革,全球能源供需格局正在发生重大变化。传统能源开启了绿色、低碳、高效利用的新征程,互联网技术和可再生能源深度融合,成为全球第三次能源革命的重要特征。顺应潮流、深化合作,是我们推动能源革命、造福人类的根本途径。

中国是世界上最大的能源生产国和消费国。习近平主席提出了推进能源消费、供给、技术、体制革命和加强全方位国际合作的能源革命战略方向。推动能源消费革命,就是要坚决控制能源消费总量,有效落实节能优先方针,加快形成能源节约型社会。推动能源供给革命,就是要大力推进煤炭清洁高效利用,着力发展非煤能源,形成煤、油、气、核、新能源、可再生能源多轮驱动的能源供应体系。推动能源技术革命,就是要紧跟国际能源技术革命新趋势,把能源技术及其关联产业培育成带动我国产业升级的新增长点。推动能源体制革命,就是要构建有效竞争的市场结构和市场体系,形成主要由市场决定能源价格的机制。全方位加强国际合作,就是要在立足国内的前提下,在能源各领域加强国际合作,有效利用国际资源。这"四个革命、一个合作",推动中国能源结构正朝着清洁化、低碳化、可再生化的方向发展,为解决全球能源问题提供了中国方案。

山西是中国重要的综合能源基地,有着丰富的煤炭、煤层气资源,储量分别位居全国第三、第一。近年来,按照中央为山西确定的战略目标,我们明确提出要争当中国能源革命"排头兵",得到习近平主席充分肯定。我们制定出台行动方案,在煤炭去产能减产量、提高先进产能占比、推动清洁高效利用、提升新能源装机比重、攻关能源领域关键技术、深化电力和煤层气体制改革、扩大能源领域开放合作等方面进行积极探索,力争在能源革命重点领域率先破题,走在全国前列。在这一过程中,山西得到了国内外各方面的大力支持,在此一并表示感谢!

各位来宾、朋友们,立足论坛主题,结合山西实践,我就办好高峰论坛、推进能源革命提出三点主张:

一是携手打造世界级的能源革命思想交流与合作平台。推进能源革命,需要一个全球性的交流合作平台。希望大家共同努力,共商共建共享,把太原能源低碳发展论坛打造成为具有世界影响力和权威话语权的能源领域高端对话交流平台、科技成果发布平台和国际合作对接平台,进一步交流能源革命思想、破解能源发展难题。

二是支持山西开展能源领域综合改革试点。开展能源领域综合改革试点,山西有基础有条件,也有能力有愿望。国务院去年出台的国发42号文件对山西推进能源革命给予大力支持,我们正在全面落实,并积极谋划一批新的改革事项。希望借鉴国内外成功经验,把国家重要能源改革创新举措放在山西先行先试,以山西的探索和实践,推动我国能源治理体系和能力的现代化。

三是加快推进全方位、深层次的能源革命国际合作。在全球经济一体化和第三次能源革命大背景下,开展能源国际合作前景广阔,本次能博会展区就有许多典范案例。近期我出访德国、葡萄牙等国,与有关方就推动能源领域合作进行了深入交流,深感大有可为。本次论坛期间,山西将与一批国际知名企业和高校达成合作成果。我们愿进一步创造条件,加强与国际能源署、国际可再生能源署等国际和区域组织、各国政府、友好省州的交流合作,也真诚希望全球能源领域企业、高校、研究机构,与我们共谋发展。

各位来宾、朋友们,能源革命任重道远,造福人类永无止境。山西将在争当能源革命"排头兵"的进程中,努力探索走出一条资源型地区转型发展新路,为世界能源革命和转型发展贡献自身力量,也希望得到大家一如既往的关注与支持!

迈上争当能源革命排头兵的新征程

——2018年太原能源低碳发展论坛暨能博会启示与展望

2018年太原能源低碳发展论坛暨中国(太原)国际能源产业博览会圆满落幕,投射未来的智慧之光依然在龙城熠熠闪耀。

短短几天,四海嘉宾汇聚一堂,合作项目纷至沓来。思想碰撞火花四溅,照亮山西能源发展前行方向;科技创新迅猛有力,驱动山西能源革命攻坚破题;项目引领脚踏实地,保障山西转型发展稳步前进。

于16万平方公里的三晋大地而言,透过这数千平方米的会场,人们展望着山西能源发展2020年、2030年乃至更长远的未来,带给我们诸多启示。

启示一:观念指引并成就未来

争当能源革命排头兵与能源低碳发展全球性革命同行

2017年6月,习近平总书记视察我省时,肯定了我省大力实施供给侧结构性改革、大力促进经济转型发展的做法,肯定了我省不当"煤老大"、争当能源革命排头兵的战略抉择。

这是我省深刻总结近几十年发展经验教训发出的时代强音,是省委推动转型发展的重大思路,是我省能源领域一场全方位、深层次、历史性的革命。

加快推进能源革命，打造全国能源革命排头兵，有利于促进供给侧结构性改革，提升经济发展质量和效益，推动经济稳中向好；有利于推动产业转型升级，形成产业多元支撑的结构格局，破解资源型经济困局。

为了实现这个战略转变，我省必须统筹推进能源消费革命、供给革命、技术革命和体制革命“四个革命”和“一个合作”，在全国率先破题，发挥引领作用。

当太原能源低碳发展论坛一路走来，以“国家级、国际性、专业化”的特性吸引着国内外产学研各方的目光之时，人们也关注到从2014年的“低碳发展”到2018年的“能源革命、造福人类”，从聚焦能源发展本身到更加体现国际社会共同的使命担当，山西已将自身发展同能源低碳发展这场全球性革命紧密联系在一起。

论坛上，专家学者对国际国内能源低碳绿色发展的判断高度一致，他们对山西发展提出的多样性建议，其本质也是一致的，那就是：转型，创新，以及寻找自己的优势和位置。

国家能源局副局长刘宝华说：山西的探索和尝试，必将为中国的能源转型升级提供山西经验，贡献山西智慧。

国际可再生能源署创新和技术中心主任道尔夫·吉伦说：找到能够创造就业机会和带来新的经济活动的能源转型机会至关重要。

国际能源署战略总监大卫·特克提出：如果在新能源的某个领域，山西能够做到中国先进水平或是处于领军地位，那么在全球也将是一股重要的新兴力量。

无论是否意识到，这个时代，每个人都身处能源低碳发展这场涉及发展理念、国家权益、生产生活方式的全球性革命中。在2018年太原能源低碳发展论坛上的主旨讲话中，骆惠宁书记寄语嘉宾，在探讨和推动能源革命进程中，更加关注世界潮流、关注中国方案、关注山西实践。

山西正在以更高站位、更宽视野推进着这场能源革命。

启示二：科技引领并创造未来

传统能源蝶变与清洁能源创新并行

2017年，我省出台了《山西打造全国能源革命排头兵行动方案》。在科研领域，以绿色低碳为主攻方向，紧密围绕能源重大技术突破、煤层气勘探开发技术突破、能源颠覆性技术探索等领域，全省启动实施33项能源革命关键核心技术重大专项，借助“煤基低碳联合基金”引入全国资源解决山西问题，加快推进我省能源技术革命，抢占能源领域科技发展制高点。

在高峰论坛的演讲中，瑞典环科院副院长迈克尔·欧萨马高度认可科技在能源革命中的作用。正因为瑞典不惜在环境技术研发方面投入巨资，才能在诸多清洁能源技术领域成为创新领袖，在全球可持续性技术领域获得了巨大的竞争优势。

“由于压裂技术以及其他新兴开采技术，天然气变得既便宜又充足，2016年，天然气首次取代煤炭成为美国电力的最大来源。”美国西弗吉尼亚大学能源研究院院长布莱恩·安德森介绍说，西弗吉尼亚州作为美国的产煤大户，在2006年为美国提供了49%的电力，10年后这一数字已降至30%，与此同时，该州的天然气产量则相应跃升了5倍多。

在传统能源绿色低碳发展方面，我省全力推进燃煤机组超低排放和节能改造工作，比国家提前一年完成单机30万千瓦及以上燃煤机组超低排放改造，2017年完成燃煤电厂节能改造1800万千瓦。

在大力发展清洁能源方面，作为国家新型综合能源基地，我省大力推进以风电、光伏为主的新能源项目，全省风电、光伏发电装机容量快速发展。风电已经成为我省继火电之后的第二大电源，山西电网光伏装机实现4年连续翻番。

在本届能博会现场，广受关注的科研成果印证着科技发展的力量。清华大学研究院带来了煤气化关键共性技术研发平台，阳煤集团展示了晋华炉4.0开发，潞安集团的钴基费托合成技术等等，这些都是我省能源领域重大重点科技项目的研发成果，有的是传统能源的低碳绿色利用，有的是清洁能源的创新发展，或具有自主知识产权的国际领先技术，或应用于全球最大的同类项目，或处于全国一流水平……这些技术在项目上整体运行情况良好、成效明显，对有效解决制约我省传统能源领域发展的重大技术难题，提升产业科技创新能力和发展水平意义重大。

“实践证明，通过创新才能推进能源低碳发展。科技决定能源的未来，科技创造未来的能源。”在分论坛上，中国能源研究会副会长吴吟说。

启示三：项目带动并重构未来

——重大能源产业项目与绿色低碳利用同行

重大项目承载的不单是数十亿元、数百亿元的合作与投资，也并不仅仅代表着某个地区、某个产业就业、税收的增长；在引领和带动的意义上，一个重大项目的落地往往意味着产业整体水平的提升和推进，区域产业优化整合和资源重新配置，相关产业链的崛起，甚至是产业集群的形成与重构，这些都直接而深刻地影响着一个地区未来的经济发展。

2018年能源博览会共有42个重大项目成功签约，其中总投资10亿元以上的项目占到1/3以上。签约的能源产业项目有25个，项目总投资额359.1亿元，占57.4%，大部分是传统能源低碳发展、绿色发展的代表。

金港能源集团与综改示范区合作的铝镁合金全产业链项目总投资超100亿元，成为此次能源合作的最大项目。

这些项目落地之后，将在未来几年、十几年的时间里与前几届能博会落地的项目一起，融入我省打造全国能源革命排头兵的时间表和路线图里，对传统能源和新能源产业起到巨大的带动和引领作用。

在《山西打造全国能源革命排头兵行动方案》中，以2020年、2025年、2030年为三个关键时间节点，提出13项国际先进、国内领先的目标，从煤炭清洁高效利用、优化能源消费结构、促进新能源产业提质等八个方面分别提出26项工程，部署了5项改革任务，确立了3项开放合作内容，这些目标、工程、任务以及合作内容大部分是以重大项目为载体才能够实现和达到的。

2018年是我省项目转型建设年，推进转型项目建设工作，带动了一批思想观念、体制机制、政策执行、营商环境以及干部队伍建设等制约项目建设深层次问题的解决。8月，全省推进转型项目建设现场会的召开引起强烈反响。各地努力，各部门主动，国企带头，成为一批大项目、好项目落地生根、开花结果的重要动力。

目前，我省重点围绕传统产业升级改造、科技创新等转型项目，建立并动态管理全省储备项目库和建设项目库，形成梯度推进态势。储备项目库主要提供今后3年项目，截至7月底，全省已新增储备项目6917个，总投资3.9万亿元。

从落地到成材，从储备库里的种子变为现实的参天大树，其过程艰辛不易；从时间表到路线图，争当能源革命排头兵和走能源低碳绿色发展之路，其过程也任重而道远。

太原能源低碳发展论坛给了山西一个新的起点，只要我们坚定信心，下恒久之功，在全球能源供应与消费的大趋势下明晰“何去何从”，在科技研发浪潮下“既破题又创新”，在推进能源重大项目建设上紧抓不放，山西定能在争当能源革命“排头兵”的进程中，努力探索走出一条资源型地区转型发展新路，为世界能源革命和转型发展贡献自身力量。

（冷　雪）

生态环境保护

2018年山西省生态环境保护工作综述

2018年，全省生态环境系统认真学习贯彻习近平生态文明思想、全国和全省生态环境保护大会精神，按照省委、省政府的决策部署，以改善环境质量为核心，坚决打好污染防治攻坚战，以环保倒逼转型发展，不断加大环境保护督察监管执法力度，全省生态环境质量持续改善，环境空气质量全面好转，PM2.5平均浓度为55微克/立方米，与2015年相比下降1.8%，较2017年下降6.8%；综合指数下降10.8%，重污染天减少3天，PM10下降1.8%、SO_2下降41.1%、NO_2下降4.8%、CO下降16.7%、O_3下降2.2%。全省58个国考地表监测断面中，水质优良断面34个，较国家考核目标多3个断面。全省主要污染物排放量和单位GDP二氧化碳排放量进一步下降，年度目标任务基本完成。主要举措有：

一、精心谋划，以超常举措实现污染防治攻坚战良好开局

持续推进大气污染治理。针对全省环境空气质量综合指数在全国长期倒数第一的实际，紧扣产业、能源、交通、用地四大结构调整，分类整治“散乱污”企业18269家，完成清洁取暖改造96万户，设区市建成区35蒸吨及以下燃煤锅炉基本淘汰，4592台燃煤锅炉完成特别排放限值改造，城市“禁煤区”面积新增585平方公里，达到3473平方公里。将执行大气污染物特别排放限值的范围由重点领域扩展到全省，燃煤机组基本实现超低排放，焦化行业特别排放限值改造率达67%以上，钢铁、水泥等重点行业特别排放限值改造率达94%。开展全省柴油货车和散装物料运输车污染治理联合执法，严格落实建筑工地施工扬尘“六个百分之百”要求。强化对各市空气质量改善情况考核奖惩，全年累计扣罚3.74亿元，奖励2.81亿元。秋冬以来，强化精准治污，科学实施错峰生产，11次下达重污染天气调度令，积极应对重污染天气。

深入推进水污染防治。推进饮用水水源环境保护规范化建设，完成5个市级饮用水源地74个环境问题整治。推动黑臭水体治理，城市黑臭水体消除比例达93.2%，总体整治进度达到国家考核要求。提高工业集聚区废水外排标准，针对山西省国考劣Ⅴ类断面难以达标的实际，安排4亿多元资金对汾河、桑干河等重点流域67个城镇污水处理厂实施扩容提质和保温增效改造。持续实施跨界断面水质考核生态补偿，2018年1—11月，累计扣缴7.23亿元，奖励3.16亿元。

稳步抓好土壤污染防治。推进农用地和重点行业企业用地土壤污染状况详查，完成2个土壤污染修复试点。深刻汲取4·17三维集团违法排污教训，开展固废、危废、涉重金属行业排查整治和煤矸石、粉煤灰环境污染治理大检查，严厉打击固废非法转移违法犯罪。制定煤矸石、粉煤灰省级规范处置标准，坚持把企业固废处理能力作为生产能力的前置条件。

二、顾全大局，以担当作为有序推进生态环保领域改革

认真推进机构改革。顺利完成生态环境厅组建，整合4个部门的职责，统一行使生态和城乡各类污染物排放监管与行政执法职责。编制完成“三定方案”，厅机关内设机构由19个增加为21个。11个市全部挂牌成立生态环境局。配合省委办公厅出台《关于深化生态环境保护综合行政执法改革的实施意见》，垂管改革《实施方案》已经上报，与党政机构改革同步推进。

抓好年度改革任务。已形成《山西省生态保护红线划定方案》。出台《山西省深化环境监测改革提高环境监测数据质量实施方案》，推进全省36个新建水站站房建设和10个已建水站升级改造，904家企业2001个排污点位安装自动监控设施。制定并由省委办公厅、省政府办公厅印发《山西省生态环境损害赔偿制度改革实施方案》。深化“放管服”改革，取消或部分下放审批事项11项，占全省的21.2%，审批时限压减50%

以上,审批要件、证明事项精简幅度达49%。完成全国第二次污染源普查年度任务,排污权交易走在11个试点省前列。

三、强化牵引,以精准举措着力破解生态环境监管困局

强化环保督察。全力推进中央环保督察反馈问题整改,60项整改任务中的755个项目已完成37项292个项目,其余均按序时进度推进。圆满完成中央生态环保督察"回头看"配合保障任务,中央督察组交办的33批2659件案件全部办结,重点督办清徐县王答乡同戈站村堆场环境污染、磁窑河治理工程、高义钢铁违法倾倒堆埋钢渣和高铁沿线环境问题整改。11月24日央视新闻联播以"环保倒逼,加速传统产业转型"为题对山西省的做法进行了报道。分三批完成10个市(除朔州外)的省级环保督察"回头看",走在全国前列。

实施量化问责。制定并由省委办公厅、省政府办公厅印发《山西省环境空气质量改善量化问责办法(试行)》和《山西省水污染防治量化问责办法(试行)》,对全省11个设区市及其所辖县(市、区)党政领导干部在环境空气质量改善和水污染防治工作中失职失责行为作出详细问责规定,实现全省生态环保领域量化问责由阶段性安排向制度化、常态化的深刻转变。2018年先后两次对8个市进行集中约谈,有效传导压力,推动地方党政主要领导主体责任落实。

力推问题曝光。坚持把"主动客观曝光生态环境问题也是正面宣传"的理念落实到实际行动,2018年先后向《山西日报》、山西广播电视台提供污染问题30个。与《科技导报》联合创办《生态山西》周刊,在省生态环境厅"双微"和《生态山西》周刊开设"曝光台",曝光突出环境问题5起。

四、依法行政,以铁腕治污持续强化生态环境执法

加强法治建设。配合省人大常委会完成《山西省大气污染防治条例》修订,修正了《山西省汾河流域水污染防治条例》《山西省重点工业污染监督条例》和《山西省减少污染物排放条例》,制定并由省人大常委会出台《关于促进农作物秸秆综合利用和禁止露天焚烧决定》。《人民日报》以《山西修改多项环保法规"靶向治疗"剑指环保领域顽疾》为题,对山西省健全生态环保地方性法规情况进行了报道。

抓好铁腕治污。在全省环保系统开展了警示教育和查处违法排污"百日行动"。"百日行动"期间累计查处重点排污单位3044家、行政处罚1.25亿元。开展打击生态环境违法犯罪专项行动,摸排违法线索14891条。2018年全省下达行政处罚决定书6905件,处罚金额6.75亿元,同比分别增加8%和15.5%,查处四类典型案件1857件。严格管控环境风险,妥善处置一般突发环境事件15起,未发生重大环境污染事件。

抓实环境信访。坚持将环境信访工作与矛盾排查化解、扫黑除恶相结合。首次开通省级12369环保举报投诉热线,直接受理人民群众环境信访举报。出台《12369环保举报管理工作目标考核细则》。全省12369举报平台共受理案件17351件,办结率100%。全省共排查矛盾纠纷1260项,向公安机关移送涉黑涉恶犯罪线索135件、"保护伞"犯罪线索5条。

(省生态环境厅　齐晓江)

中共山西省委　山西省人民政府
《关于全面加强生态环境保护坚决打好污染防治攻坚战的实施意见》

(2018年7月30日)

为深入学习贯彻习近平总书记关于生态文明建设的重要思想和党的十九大精神,贯彻落实《中共中央、国务院关于全面加强生态环境保护坚决打好污染防治攻坚战的意见》,决胜全面建成小康社会,全面推动绿色发展,不断提升生态文明,加快建设美丽山西,现提出如下实施意见。

一、深刻认识我省生态环境保护面临的形势

近年来,省委、省政府坚持以习近平新时代中国特色社会主义思想为指引,坚决贯彻习近平总书记视察山西重要讲话精神和党中央、国务院决策部署,以生态文明理念统领经济社会发展全局全域,鲜明提出宁可牺牲点GDP,也要把环保指标提上去,以环保倒逼经济转型,全面实施大气、水、土壤污染防治行动计划,不断完善生态文明建设和生态环境保护制度体系,全省生态环境质量明显改善,人民群众的生态获得感明显增强。

同时要清醒看到,我省生态文明建设和生态环境保护面临的形势十分严峻。一些地方和部门对生态环境保护认识不到位、责任落实不到位,产业结构偏重、能源结构偏煤、运输结构和用地结构不合理等粗放发展问题依然突出,重污染天气、黑臭水体、垃圾围城、生态破坏等环境问题依然突出。这些问题,成为民生之患、民心之痛,成为经济社会可持续发展的瓶颈制约,成为全面建成小康社会的明显短板。

当前,生态文明建设、生态环境保护正处于压力叠加、负重前行的关键期,已进入提供更多优质生态产品以满足人民

日益增长的优美生态环境需要的攻坚期，也到了有条件有能力解决突出生态环境问题的窗口期。必须应势而谋、因势而动、顺势而为，刻不容缓地加大力度、加快治理、加紧攻坚，打好标志性的重大战役，为三晋人民创造良好的生产生活环境。

二、深入学习贯彻习近平总书记关于生态文明建设的重要思想

习近平总书记关于生态文明建设的重要思想，深刻回答了为什么建设生态文明、建设什么样的生态文明、怎样建设生态文明等重大理论和实践问题，有力指导生态文明建设和生态环境保护取得历史性成就、发生历史性变革。这一重要思想集中体现为“八个坚持”，具体是：坚持生态兴则文明兴，坚持人与自然和谐共生，坚持绿水青山就是金山银山，坚持良好生态环境是最普惠的民生福祉，坚持山水林田湖草是生命共同体，坚持用最严格制度最严密法治保护生态环境，坚持建设美丽中国全民行动，坚持共谋全球生态文明建设。

习近平总书记视察山西重要讲话明确要求我省扎实推进生态文明建设，针对生态环境的薄弱环节，从转变经济发展方式、环境污染综合治理、自然生态保护修复、资源节约集约利用、完善生态文明制度体系等方面，采取超常举措，全方位、全地域、全过程开展生态环境保护。

全省上下要把学习贯彻习近平总书记关于生态文明建设的重要思想与学习贯彻党的十九大精神、习近平总书记视察山西重要讲话精神紧密结合起来，切实增强政治意识、大局意识、核心意识、看齐意识，树立正确政绩观，把党中央、国务院生态文明建设的重大部署和重要任务落到实处，让良好生态环境成为三晋人民幸福生活的增长点，成为经济社会持续健康发展的支撑点，成为展现表里山河、美丽山西的发力点。

三、全面加强党对生态环境保护的领导

加强生态环境保护，打好污染防治攻坚战是党和国家的重大决策部署。各级党委和政府要坚决扛起生态文明建设和生态环境保护的政治责任，坚决落实党中央、国务院重大政策措施。

（一）落实党政主体责任

落实领导干部生态文明建设责任制，严格实行党政同责、一岗双责。按照管发展、管生产、管行业必须管环保的原则，修订完善《山西省环境保护工作职责规定》，明确各级党委、政府及其有关部门的生态环境保护职责。各级党委和政府对本行政区域的生态环境保护工作及生态环境质量负总责。各级党委和政府主要领导是本行政区域生态环境保护第一责任人，要加强组织领导、调查研究、决策部署，至少每季度研究一次生态环境保护工作。其他有关领导成员在职责范围内承担相应责任。各级各有关部门要切实履行好生态环境保护职责，制定本级本领域生态环境保护年度工作计划、措施和责任清单，细化分解任务，并抓好落实。职能部门主要负责人要及时研究部署、协调督办。各级党委、政府落实生态环境保护工作情况每年向上级党委、政府报告，各有关部门落实生态环境保护工作情况每年向同级党委、政府报告。

（二）强化环保督察

严格环保督察，压紧压实主体责任，健全中央环保督察、生态环境部等有关部门督查反馈问题的整改机制，完善省级环境保护督察体系和环境保护督察工作规程，完善督查、交办、巡查、约谈、专项督察机制，以解决突出生态环境问题、改善生态环境质量、推动高质量发展为重点，推动环境保护督察向纵深发展。开展省级环境保护督察“回头看”，开展重点区域、重点领域、重点行业专项督察，对重点难点问题开展“机动式”“点穴式”督察。逐步推行市级环境保护督察。

（三）严格考核评价

加大绿色考核指标权重，完善生态文明建设考核评价体系。制定对各市党委、人大、政府和省直有关部门污染防治攻坚战成效考核实施细则，对生态环境保护立法执法情况、年度工作目标任务完成情况、生态环境质量状况、资金投入使用情况、公众满意程度等相关方面开展考核。开展领导干部自然资源资产离任审计。考核结果作为领导班子和领导干部综合考核评价、奖惩任免的重要依据，并强化运用。

（四）严格责任追究

严格执行《山西省党政领导干部生态环境损害责任追究实施细则（试行）》《山西省环境空气质量改善量化问责办法（试行）》和《山西省水污染防治量化问责办法（试行）》。对市级党委和政府以及负有生态环境保护责任的省直有关部门贯彻落实党中央、国务院和省委、省政府决策部署不坚决、生态文明建设和生态环境保护责任制执行不到位、污染防治攻坚任务完成严重滞后、区域生态环境问题突出、环保督察反馈问题整改不力的，约谈主要负责人，同时责成其向省委、省政府作出深刻检查。对年度目标任务未完成、考核不合格的市、县，党政主要负责人和相关领导班子成员不得评优评先。对在生态环境方面造成严重破坏负有责任的干部，不得提拔使用或者转任重要职务。对不顾生态环境盲目决策、违法违规审批开发利用规划和建设项目的，对造成生态环境质量恶化、生态严重破坏的，对生态环境事件多发高发、应对不力、群众反映强烈的，对生态环境保护责任没有落实、推诿扯皮、没有完成工作任务的，依纪依法严格问责、终身追责。

（五）加强组织领导

省委、省政府成立山西省污染防治攻坚战领导小组，领导小组办公室设在省环保厅。省直有关部门要根据本实施意见要求，进一步细化工作内容、目标及任务分工等，制定配套政策措施，强化对市、县对口部门的业务指导与监督考核。各市要切实加强组织领导，制定污染防治攻坚战具体实施方案，细化分解目标任务，科学安排指标进度，压实责任，确保各项工作有力有序完成。省污染防治攻坚战领导小组办公室要加强统筹协调，做好调度、通报、督办、考核等工作，定期向省委、省政府报告。

四、总体目标和基本原则

（一）总体目标

到2020年,生态环境质量总体改善,主要污染物排放总量大幅减少,环境风险得到有效管控,生态环境保护水平同全面建成小康社会目标相适应。

具体指标:11个设区市细颗粒物(PM2.5)平均浓度、优良天数比例达到国家要求;国考断面水质优良(达到或优于Ⅲ类)比例达到55.2%以上,劣Ⅴ类比例控制在13.8%以内;二氧化硫、氮氧化物排放量比2015年减少20%以上,化学需氧量、氨氮排放量比2015年减少17.6%、18%以上;受污染耕地安全利用率达到97%左右,再开发利用的污染地块安全利用率达到90%以上;生态保护红线面积占比达到国家审核要求,森林覆盖率达到23.5%以上。

到2035年,节约资源和保护生态环境的空间格局、产业结构、生产方式、生活方式总体形成。生态环境质量根本好转。到本世纪中叶,生态环境治理体系和治理能力现代化全面实现,人与自然和谐共生的美丽山西全面建成。

(二)基本原则

坚持保护优先。严守生态保护红线、环境质量底线、资源利用上线硬约束,坚决以生态环境保护倒逼转型发展,深化供给侧结构性改革,推动形成绿色发展方式和生活方式,坚定不移走生产发展、生活富裕、生态良好的文明发展道路。

强化问题导向。以改善生态环境质量为核心,针对流域、区域、行业特点,聚焦问题、分类施策、精准发力,加快补齐生态环境短板,不断提升人民群众获得感、幸福感、安全感。

突出改革创新。深化生态环境保护体制机制改革,统筹兼顾、系统谋划,强化协调、整合力量,区域协作、条块结合,严格环境标准,完善经济政策,增强科技支撑,强化能力保障,提升生态环境治理的系统性、整体性、协同性。

注重依法监管。完善生态环境保护政策法规体系,健全生态环境保护行政执法和刑事司法衔接机制,依法严惩重罚生态环境违法犯罪行为。

推进全民共治。政府、企业、公众各尽其责、共同发力,政府积极发挥主导作用,企业主动承担环境治理主体责任,公众自觉践行绿色生活。

五、大力推进经济社会绿色发展

坚持节约优先,加强源头管控,转变发展方式,培育壮大新兴产业,推动传统产业智能化、清洁化改造,加快发展节能环保产业,全面节约能源资源,倡导绿色生活方式,协同推动经济高质量发展和生态环境高水平保护。

(一)优化产业空间布局

加快确定生态保护红线、环境质量底线、资源利用上线,制定生态环境准入清单。"三线一单"作为发展与环境综合决策的前提条件,在地方立法、政策制定、规划编制、执法监管中不得变通突破、降低标准,不符合不衔接不适应的于2020年底前完成调整。突出国土空间规划的刚性管控作用,推进多规合一。对重点区域、重点流域、重点行业和产业布局开展规划环评。严格控制重点流域、重点区域环境风险项目。优化河流干流及主要支流沿河两岸产业布局和规模,严禁污染型产业、企业向上游地区转移。调整优化不符合生态环境功能定位的产业布局、规模和结构。

各市根据改善环境质量的刚性要求,优化建成区及周边产业布局,加快城市建成区、重点流域危险化学品企业和重污染企业搬迁改造或关闭退出,2018年底前制定专项计划并向社会公开。推动实施一批水泥、平板玻璃、焦化、低端化工等重污染企业搬迁工程。重点区域城市钢铁企业要切实采取彻底关停、转型发展、就地改造、域外搬迁等方式,推动转型升级。不符合安全和卫生距离的危险化学品生产企业搬迁或改造任务到2020年基本完成。从2019年1月1日起,位于设区的市建成区范围内的钢铁、水泥、平板玻璃、焦化、化工等重污染企业大气污染物许可排放总量在上年基础上定向逐年递减。

(二)加快调整产业结构

促进传统产业优化升级,构建绿色产业链体系。推进工业园区、经济开发区、高新区循环化改造、规范发展和提质增效。加大钢铁、焦化等重点行业落后产能淘汰力度,制定并实施范围更广、标准更严的落后产能淘汰政策,完成国家下达的落后产能淘汰和过剩产能压减任务。继续化解过剩产能,重点区域严禁新增钢铁、焦化、铸造、水泥、平板玻璃等产能,对确有必要新建的必须实施等量或减量置换。

(三)全面节约能源资源

强化能源和水资源消耗、建设用地等总量和强度双控行动,实行最严格的耕地保护、节约用地和水资源管理制度。建设节水型城市,实行用水超计划累进加价制度,鼓励建筑施工、园林绿化、道路冲洗优先使用再生水,到2020年,全省用水总量控制在93亿立方米以内。健全节能、节水、节地、节材、节矿标准体系,大幅降低重点行业和企业能耗、物耗,研究探索生产者责任延伸制度,实现生产系统和生活系统循环链接。深入推进实施打造全国能源革命排头兵行动,加快能源供给转型,构建现代能源体系,到2020年,能源消费总量控制在2.24亿吨标准煤以内。鼓励新建建筑采用绿色建材,大力发展装配式建筑,提高新建绿色建筑比例,全面推进既有居住建筑节能改造。积极应对气候变化,按照国家部署开展重点排放单位碳排放核查、碳交易配额管理分配等相关工作,完成2020年控制温室气体排放行动目标。

(四)发展节能环保产业

构建市场导向,强化产品全生命周期绿色管理。大力发展节能环保产业、清洁生产产业、清洁能源产业,着力引导绿色消费,大力提高节能、环保、资源循环利用等绿色产业技术装备水平,在煤炭、电力、冶金、建材、焦化等行业,全面推进清洁生产改造或清洁化改造。培育发展一批骨干环保企业。大力发展节能和环境服务业,推行合同能源管理、合同节水管理,积极探索区域环境托管服务等新模式。鼓励新业态发展和模式创新。

(五)引导公众绿色生活

全面落实《公民生态环境行为规范(试行)》。加强生态文明宣传教育,倡导简约适度、绿色低碳的生活方式,反对奢侈浪费和不合理消费。倡导使用节能环保家居等产品，分类投放垃圾，减少使用一次性塑料制品，引导绿色餐饮和“光盘”行动，拒绝露天烧烤，不燃放烟花爆竹。开展创建绿色家庭、绿色学校、绿色社区、绿色商场、绿色餐馆等行动。推行绿色消费，积极落实快递业、共享经济等新业态的规范标准，推广环境标志产品、有机产品等绿色产品。提倡绿色居住，节约用水用电，合理控制夏季空调和冬季取暖室内温度。大力发展公共交通，鼓励自行车、步行等绿色出行。

六、坚决打赢蓝天保卫战

全面实施《山西省打赢蓝天保卫战三年行动计划》，以京津冀及周边地区4市（太原、阳泉、长治、晋城）和汾渭平原4市（晋中、临汾、运城、吕梁）等重点区域为主战场，调整优化产业结构、能源结构、运输结构、用地结构，强化区域联防联控和重污染天气应对，进一步明显降低PM2.5浓度，明显减少重污染天数，明显改善大气环境质量，明显增强人民的蓝天幸福感。

（一）加强工业企业大气污染综合治理

全面整治“散乱污”企业及集群，分类实施关停取缔、整合搬迁、整改提升等措施，2018年底前全面完成。坚决关停用地、工商手续不全并难以通过改造达标的企业，限期治理可以达标改造的企业，逾期依法一律关停。强化工业企业无组织排放管理，推进挥发性有机物排放综合整治，开展大气氨排放控制试点。到2020年，挥发性有机物排放总量持续削减。全面实施大气污染物特别排放限值，强化环境总量与排放标准双控。全面完成煤电（含低热值煤）机组超低排放改造，2018年达不到超低排放的燃煤机组停止运行。钢铁企业2020年底前基本完成超低排放改造，其他行业积极开展大气污染物超低排放改造。

（二）大力推进散煤治理和煤炭消费减量替代

加快发展新能源，到2020年，全省新能源电力装机容量占全省电力总装机容量的比例达到30%以上。有效推进清洁取暖，坚持宜电则电、宜气则气、宜煤则煤（超低排放）、宜热则热多能源供暖，确保群众安全取暖过冬。2018年10月底前，11个设区的市城市建成区清洁取暖覆盖率达到100%；2020年10月底前县（市）建成区清洁取暖覆盖率达到100%，农村地区清洁取暖覆盖率力争达到60%以上。到2020年，重点区域平原地区基本完成生活和冬季取暖散煤替代。重点区域实施煤炭消费总量控制，到2020年，全省煤炭在一次能源消费比重下降到80%，京津冀及周边地区4市和汾渭平原4市煤炭消费总量实现负增长，其他城市合理控制煤炭消费总量。开展燃煤锅炉综合整治，2020年10月1日前，京津冀及周边地区4市、汾渭平原4市基本淘汰每小时35蒸吨以下燃煤锅炉。2019年10月1日前，全省每小时65蒸吨及以上燃煤锅炉，以及位于城市（含县城）建成区的燃煤供暖锅炉、生物质锅炉完成节能和超低排放改造。

（三）打好柴油货车污染治理攻坚战

以开展柴油货车超标排放专项整治为抓手，实施清洁柴油车（机）、清洁运输和清洁油品行动，统筹开展车、路、油治理。加快机动车结构升级，2019年7月1日起，重点区域提前实施机动车国六排放标准。严格实施非道路移动机械大气排放标准。严格实施道路运输车辆燃料消耗量限值准入制度，加快国三及以下营运柴油货车及老旧燃气车辆、工程机械和农业机械淘汰。推广使用新能源汽车，加快推进城市建成区新增和更新的公交、环卫、邮政、出租、通勤、轻型物流配送车辆使用新能源或清洁能源汽车，使用比例达80%以上；机场、铁路货场等新增或更换作业车辆主要使用新能源或清洁能源汽车。2020年底前，11个设区的市的城市建成区公交车、出租车、环卫车全部更换为新能源汽车。大幅提升铁路货运比例，推进钢铁、电力、电解铝、焦化等重点工业企业和工业园区货物由公路运输转向铁路运输，到2020年全省铁路货运量比2017年增加30%，其中，京津冀及周边地区大气污染传输通道4市增加40%，汾渭平原4市增加25%。严格监督管理移动源污染，建设“天地车人”一体化的机动车排放监控系统，完善机动车遥感监测网络。组织开展多部门联动的综合执法，严格重型柴油货车和散装物料车辆禁限行管控措施，严格控制城市过境运输车辆输入性污染。严厉打击生产销售不达标车辆、排放检验机构检测弄虚作假等违法行为。严厉打击生产、销售、使用不达标的车用汽柴油行为。坚决取缔黑加油站点。

（四）加强扬尘综合治理

强化城市道路和城市范围内施工工地等扬尘管控，大力推进道路清扫保洁机械化作业，进一步提高道路机械化清扫率。加强道路运输扬尘管控，鼓励引导企业加快发展封闭箱式货车、集装箱运输车，2020年，全省公路散货集装箱运输比例在2017年基础上大幅提高。严格散装物料运输源头装载监督管理。

（五）有效应对重污染天气

强化重点区域联防联控。完善应急预案，明确政府、部门及企业的应急责任，科学确定重污染期间管控措施和污染源减排清单。推进预测预报预警体系建设，2018年底前，省级预报中心具备7天空气质量预报能力并精确到所辖各城市。按照差别化原则，实施秋冬季重点行业错峰生产，重污染期间，对钢铁、焦化、有色、电力、化工等涉及大宗原材料及产品运输的重点企业实施错峰运输。依法严禁秸秆露天焚烧，全面推进综合利用，力争到2020年秸秆综合利用率达到85%以上。强化烟花爆竹禁燃禁放措施。从2018年起，城市建成区和县城全面禁止燃放烟花爆竹，严禁燃煤旺火。

七、着力打好碧水保卫战

以消除城市黑臭水体、地表水国考劣Ⅴ类断面为刚性约束，深入实施水污染防治行动计划，扎实推进河长制湖长制，坚持污染减排和生态扩容两手发力，饮用水源、黑臭水体、工业废水、城镇污水、农村排水“五水同治”推进水污染治理，控污、增湿、清淤、绿岸、调水“五策并举”推进水生态修复，全流域统筹治理污染严重水体和不达标水体。

(一)打好饮用水源地整治攻坚战

加强饮用水源环境保护规范化建设,划定集中式饮用水水源保护区,设立保护区边界标志。全面排查和整治县级及以上城市水源保护区内违法违规问题,于2019年底前完成。一级保护区内关闭或拆除与供水和保护水源无关的设施;二级保护区内全面拆除现有排污口,拆除或关闭工业企业,严格管控其他人为污染水源行为。采取围网或绿化隔离等措施,建设水源地安全防护工程。单一水源供水的地级及以上城市,完成应急水源或备用水源建设。深化地下水污染防治。加强水源水、出厂水、管网水、末梢水的全过程管理。定期监(检)测、评估集中式饮用水水源、供水单位供水和用户水龙头水质状况,县级及以上城市按季度向社会公开。

(二)打好黑臭水体治理攻坚战

全面治理城市黑臭水体,加快推进城市建成区雨污分流、老旧管网改造,采取控源截污纳管、河渠清淤清垃圾、城市初期雨水收蓄等措施消除城市黑臭水体。建设"海绵城市",采用渗、滞、蓄、净、用、排相结合的方式,并减少垃圾、渣土清扫进雨水口等行为,有效减少城市面源污染。加强已经完成整治的黑臭水体日常监管巡查,实现长治久清。到2020年,新增污水收集管网2000公里,11个设区的市建成区基本实现生活污水全收集,城乡结合部实现污水管网全覆盖。县城污水收集率达到90%以上,重点镇基本具备污水收集处理能力。汾河流域各城市全面消除黑臭水体,其余设区城市建成区黑臭水体消除比例达到95%,县级市建成区黑臭水体消除比例达到90%。

(三)深度治理工业废水

深入实施焦化、化工、制药、造纸等重点行业清洁化改造和专项治理。到2018年底前,省级及以上工业集聚区、地表水国考劣Ⅴ类断面控制单元范围内工业企业实施深度治理,外排废水化学需氧量、氨氮、总磷三项主要污染物指标达到地表水Ⅴ类标准,其他区域流域工业企业外排废水达到行业特别排放限值。

(四)提效治理城镇污水

实施城镇污水处理"提质增效"三年行动。汾河、桑干河等重点流域城镇污水处理厂完成保温增效和扩容提质改造,确保化学需氧量、氨氮、总磷三项主要污染物指标全年稳定达到地表水Ⅴ类标准。到2020年,11个设区的市建成区基本实现污水全处理。

(五)加快治理农村排水

优先选择城郊村、重点镇镇区村、乡(镇)政府所在地村、河流流经村、水源保护地周边村庄,因地制宜通过城带村、镇带村、联村等集中治理与分散治理相结合方式,加快沿河村庄直排水治理。农村生活污水、畜禽养殖废水、农副食品加工废水等经处理后,应优先回用于林地、绿地,排入河道的实现达标排放。到2020年,农村生活污水乱排乱放得到有效管控。

(六)全面修复河湖水生态

以河长制湖长制为抓手,实施汾河、桑干河、滹沱河、漳河、沁(丹)河、涑水河、大清河等"七河"水生态修复,开展上下游、左右岸、干支流和岸上岸下系统治理,促进河湖休养生息。加强水功能区监督管理,从严控制地表水体纳污,排查并规范入河排污口,坚决封堵违法入河排污口;全面修复河湖湿地等水生态系统,在主要入河排水口下游、支流入干流处等地,因地制宜建设堤外人工湿地水质净化工程;开展"清河行动",对河道进行清淤、清垃圾;开展河流源头及上游水源涵养林和沿河两岸缓冲隔离生态林带建设;制定和完善全省重点河流湖库水量调度方案,保障河道干流、主要支流和湖泊基本生态用水,重点保障枯水期生态基流。

(七)严格防控水环境风险

加强饮用水源地保护区、重点流域的水生态环境风险隐患排查整治,建立排查整治动态档案。开展太原市汾河水库、临汾市龙祠水源地、大同市墙框堡水库、晋中松塔水库、运城白沙河水库等五个地表水型饮用水源地和汾河、桑干河、滹沱河、漳河、沁(丹)河、涑水河、大清河等"七河"水生态环境风险评估,"七河"干流及主要支流沿岸严禁建设炼焦、化工、农药、有色冶炼等高风险项目和危险化学品仓储设施。推进穿越饮用水源保护区与重点河流的交通道路改线改道或建设防撞护栏、事故导流槽和应急池。禁止危险化学品运输车辆通行,确保水环境安全。

八、扎实推进净土保卫战

全面实施土壤污染防治行动计划,突出重点区域、行业和污染物,有效管控农用地和城市建设用地土壤环境风险。

(一)强化土壤污染管控和修复

加强耕地土壤环境分类管理,以农用地、重点行业企业用地为重点,开展土壤污染状况详查。加强土壤污染源监管,开展重点地区涉重金属与持久性有机物行业排查和整治。完善废旧地膜和包装废弃物等回收处理制度。减少化肥农药使用量,制修订并严格执行化肥农药等农业投入品质量标准,严格控制高毒高风险农药使用,推进有机肥替代化肥、病虫害绿色防控替代化学防治,实现化肥农药使用量负增长。

2018年底前完成全省农用地土壤污染状况详查,2020年底前完成全省耕地土壤环境质量类别划定工作,建立分类清单。对未受污染、轻微污染耕地,划定为优先保护耕地,实行严格保护,确保土壤环境质量不下降。对轻度、中度污染耕地,采取农艺调控、替代种植、轮作、间作等安全利用措施,降低农产品超标风险。组织开展以城市周边污水灌溉耕地为重点的受污染耕地土壤治理与修复,到2020年,全省受污染耕地治理与修复面积达到1万亩;严格管控重度污染耕地,严禁在重度污染耕地种植食用农产品,加强受污染耕地安全利用,到2020年,全省受污染耕地安全利用面积达到4万亩。

2020年底前完成全省重点行业企业用地土壤污染状况调查。严格控制建设用地准入,各市、县建立建设用地土壤污染风险管控和修复名录,列入名录且未完成治理修复的地块不得作为住宅、公共管理与公共服务用地。各市、县要建立污染地块联动监管机制，将建设用地土壤环境管理要求纳入用地规划和供地管理，严格土壤污染重点行业企业搬迁改造过程中拆除活动的环境监管，强化暂不开发污染地块的风险管控。

（二）加快推进垃圾分类处理

加快推进城市（县城）生活垃圾无害化处理设施建设，大力发展城市生活垃圾焚烧发电，实现设区的市城市垃圾焚烧发电设施全覆盖，有条件的市县要跨区域共建共享生活垃圾焚烧处理设施，推进生活垃圾减量化、资源化和无害化处理。到2020年底，实现所有城市和县城生活垃圾处理能力全覆盖，设市城市生活垃圾焚烧处理能力占总处理能力的50%以上。推进非正规垃圾堆放点整治，2020年完成整治。积极推进太原市生活垃圾分类示范工作，构建政府、公共机构、社区、企业和居民协调机制，到2020年，太原市基本建成生活垃圾分类处理系统，基本形成相应的法律法规和标准体系。

（三）强化固体废物污染防治

全面禁止洋垃圾入境，严厉打击走私，大幅减少固体废物进口种类和数量，力争2020年底前基本实现固体废物零进口。制定工业固废处置规范，把处置工业固废能力作为企业生产的前置条件。深入开展“清废”行动，开展重点工业行业危险废物和一般工业固体废物产生、贮存、利用、处置情况调查和评估，建立固体废物产生清单和整治清单。完善和运行山西省固体废物管理信息平台。完善危险废物经营许可、转移等管理制度。开展对全省重点行业危险废物产生、经营单位，重点行业一般工业固废产生单位实施现场检查，严厉打击危险废物非法跨界转移、倾倒等违法犯罪活动。建立区域联防联控，推进有毒有害化学品风险评估和风险管控，严格限制高风险化学品生产、使用、进出口，并逐步淘汰、替代。

九、加快生态保护与修复

坚持自然恢复为主，统筹山水林田湖草建设，塑造绿色生态空间，全面划定并严守生态保护红线，提升生态系统质量和稳定性，全方位全地域系统修复生态环境。

（一）划定并严守生态保护红线

按照应保尽保、应划尽划的原则将生态功能重要区域和生态环境敏感脆弱区域纳入生态保护红线，2018年底前完成生态保护红线的划定工作，2020年完成生态红线勘界定标，形成生态保护红线全省“一张图”，实现一条红线管控重要生态空间。以县级行政区为基本单元建立生态保护红线台账系统，逐步编制生态保护红线保护修复方案。根据生态环境部生态保护红线管理办法，制定实施我省的生态保护红线管理相关规定。依托国家生态红线监管平台，实现互联互通、信息共享，开展生态保护红线监测预警与评估考核。

（二）建立健全自然保护地体系

到2020年，全部完成全省自然保护区范围界限核准和勘界立标。探索建立以国家公园为主体的自然保护地管理机制。整合各类自然保护地统一规范管理。依法依规解决自然保护地和泉域重点保护区内的矿业权合理退出问题。

对生态严重退化地区实行封禁管理，分区分类开展受损生态系统修复，稳步实施退耕还林还草和退牧还草，扩大轮作休耕试点。到2020年，全省禁牧、轮牧、休牧总面积1746万亩，人工种草面积500万亩。加强重点治理区的水土流失治理，到2020年新增水土流失综合治理面积1.75万平方公里。

开展大规模国土绿化行动，重点加强“三北”防护林体系建设、京津风沙源治理、草原保护，增加林草覆盖率，构建生物多样性乔灌草立体绿地体系。实施太行山、吕梁山生态系统保护和修复重大工程。到2020年，吕梁山生态脆弱区、京津冀生态屏障区和太行山水源涵养区完成人工造林1100万亩，全省5600万亩永久性生态公益林依法得到保护。到2020年，实现天然林保护山西全覆盖。开展植被恢复建设，严禁开展破坏沙区植被的营利性活动，推进防沙治沙。在城市功能疏解、更新和调整中，将腾退空间优先用于留白增绿。2020年全省力争城市建成区绿化覆盖率达到41.5%。

强化湿地保护和恢复。到2020年，国家湿地公园达到22处，省级湿地公园达到45处，全省湿地保护率提高到50%以上，初步建立起湿地保护管理体系。恢复湿地2000公顷，初步扭转自然湿地面积萎缩和重要湿地区生态功能退化的趋势。

（三）改善农村生态环境

编制实施生态宜居专项规划。以建设美丽宜居村庄为导向，持续开展农村人居环境整治行动，实现行政村环境整治全覆盖。开展农村饮用水源地水质监测。开展“厕所革命”。推进农村垃圾就地分类、资源化利用和处理，建立农村有机废弃物收集、转化、利用网络体系。加强国家级农村垃圾分类示范县和省级试点县的农村生活垃圾分类试点建设。到2020年，农村人居环境明显改善，村庄环境基本实现干净整洁有序，90%的村庄生活垃圾得到治理，卫生厕所普及率达到85%。坚持种植和养殖相结合，集中就地就近消纳利用畜禽养殖废弃物。全省畜禽粪污综合利用率达到75%以上，规模养殖场粪污处理设施装备配套率达到95%以上。

（四）坚决查处生态破坏行为

2018年底前，县级及以上政府全面排查违法违规挤占生态空间、破坏自然遗迹等行为，制定治理和修复计划并向社会公开。开展危、险、病尾矿库和“头顶库”专项整治。2018年底前，“头顶库”全部完成综合治理工作，达到正常库标准。积极推进露天矿山综合整治，重点区域原则上禁止新建露天矿山建设项目。加强矸石山治理，2019年底前全省矸石山全面达到治理标准。持续开展自然保护区“绿盾”监督检查专项行动，严肃查处各类违法违规行为，建立违法违规问题台账，制定和实施整改方案，限期进行整治修复。

十、强化生态环境治理保障

坚持问题导向，深化生态环境保护管理体制改革，完善生态环境管理制度，加快构建生态环境治理体系，健全保障举措，增强系统性和完整性，大幅提升生态环境治理能力。

（一）完善统一监管体系，全面提升管控水平

强化生态保护修复和污染防治统一监管。整合分散的生

态环境保护职责，建立健全生态环境保护领导和管理体制、激励约束并举的制度体系、政府企业公众共治体系。全面完成省以下生态环境机构监测监察执法垂直管理制度改革。完善农村环境治理体制。

严格生态环境质量管理。编制生态环境保护规划,开展全省生态环境状况评估，建立生态环境保护综合监控平台。生态环境质量只能更好,不能变坏。生态环境质量达标地区要保持稳定并持续改善；生态环境质量不达标地区的市、县级政府,要于2018年底前制定实施限期达标规划,向上级政府备案并向社会公开。

加快建立生态环境监测网络。实施生态环境监测网络建设方案,建立独立权威高效的生态环境监测体系,构建天地一体化的生态环境监测网络,实现区域生态环境质量预报预警和质控,按照适度上收生态环境质量监测事权的要求加快推进有关工作。2018年底前,重点排污单位全部安装自动在线监控设备并同生态环境主管部门联网。到2020年,实现汾河等“七河”干流及主要支流入河排污口监测全覆盖。

加快推行排污许可制度。对固定污染源实施全过程管理和多污染物协同控制,按行业、地区、时限核发排污许可证,全面落实企业治污主体责任,强化证后监管和处罚。在汾河和桑干河流域率先实施入河污染源排放、排污口排放和水体水质联动管理。2020年,将排污许可证制度建设成为固定源环境管理核心制度,实现“一证式”管理。

健全环保信用评价、信息强制性披露、严惩重罚等制度。将企业环境信用信息纳入全国信用信息共享平台和国家企业信用信息公示系统,依法通过“信用山西”网站和国家企业信用信息公示系统向社会公示。监督上市公司、发债企业等市场主体全面、及时、准确地披露环境信息。建立跨部门联合奖惩机制。

(二)健全经济政策体系,全面助力绿色发展

构建环境治理多元投入机制。资金投入向污染防治攻坚战倾斜,坚持投入同攻坚任务相匹配,加大财政投入力度。逐步建立常态化、稳定的财政资金投入机制。积极争取将京津冀及周边地区4市、汾渭平原4市全部纳入中央财政支持北方地区冬季清洁取暖的试点城市范围。国有资本要加大对污染防治的投入。完善清洁取暖价格政策和补贴政策。完善污水处理收费政策和污水处理与财政补贴挂钩的激励政策,要按规定将污水处理收费标准尽快调整到位,原则上应补偿到污水处理和污泥处置设施正常运营并合理盈利,省级财政给予适当支持。落实可再生能源发电全额保障性收购政策。推动清洁低碳能源优先上网。

加大生态补偿转移支付力度,合理确定补偿标准。增加省级财政对生态保护红线区域等生态功能重要地区的转移支付,继续安排省级基本建设资金对重点生态功能区给予支持。完善森林生态效益补偿基金制度,完善空气环境质量和水环境质量改善生态补偿制度。探索地表水型饮用水源地所在区域补偿政策。

完善绿色产业发展的价格、财税、投资等政策。大力发展绿色信贷、绿色债券等金融产品。研究设立省级绿色发展基金。落实有利于资源节约和生态环境保护的价格政策,落实相关税收优惠政策。推动环境污染责任保险发展,在环境高风险领域建立环境污染强制责任保险制度。推行生态环境损害赔偿制度。积极推进排污权交易。

推进社会化生态环境治理和保护。采用直接投资、投资补助、运营补贴等方式,规范支持政府和社会资本合作项目;对政府实施的环境绩效合同服务项目,公共财政支付水平同治理绩效挂钩。鼓励通过政府购买服务方式实施生态环境治理和保护。

(三)健全环境法治体系,依法加强生态保护

依靠法治保护生态环境,增强全社会生态环境保护法治意识。加快建立绿色生产消费的相关法规政策。加快《山西省大气污染防治条例》修订工作,加快制定和修改水污染防治、土壤污染防治、固体废物污染防治、流域、泉域、饮用水源、湿地、生态环境监测、排污许可、资源综合利用、空间规划、碳排放权交易管理等方面的法律法规。鼓励各市在生态环境保护领域先行立法。

建立生态环境保护综合执法机关、公安机关、检察机关、审判机关信息共享、案情通报、案件线索移送制度,完善生态环境保护领域民事、行政公益诉讼工作机制,加大生态环境违法犯罪行为的制裁和惩处力度,形成严厉打击环境违法犯罪行为的合力。

加强涉生态环境保护的司法力量建设。整合组建生态环境保护综合执法队伍,统一实行生态环境保护执法,将生态环境保护综合执法机构列入政府行政执法机构序列,推进执法规范化建设,统一着装、统一标识、统一证件、统一保障执法用车和装备。加强基层执法队伍的能力建设。

(四)强化能力保障体系,不断完善技术支撑

增强科技支撑。开展大气污染成因与治理、水体污染控制与治理、土壤污染防治等重点领域科技攻关,实施重点区域、重点流域环境综合治理重大项目,推进区域性、流域性生态环境问题研究。完成第二次全国污染源普查。开展大数据应用和环境承载力监测预警。开展重点区域、流域、行业环境与健康调查,建立风险监测网络及风险评估体系。

完善生态环境标准。充分发挥生态环境标准的引领、规范、倒逼作用,推进《山西省工业企业挥发性有机物排放标准》《山西省污水综合排放标准》和《山西省煤矸石堆场生态治理技术标准》等标准的制定,建立健全我省地方环保标准体系。

强化环境风险防控与应急。加强对重点区域、重点流域和重点领域的生态环境风险隐患排查，及时排查危险化学品、危险废物、涉氨、放射源、尾矿库等领域的环境风险,把生态环境风险纳入常态化管理。健全跨部门、跨区域环境应急协调联动机制，应用全国统一的环境应急预案电子备案系统。省、市级政府建设环境应急物资储备库,企业环境应急装备和储备物资应纳入储备体系。

强化人才队伍建设。建立生态环境保护人才引进、培训、

培养、使用长效机制，建设规范化、标准化、专业化的生态环境保护人才队伍，打造一支政治强、本领高、作风硬、敢担当，特别能吃苦、特别能战斗、特别能奉献的生态环境保护铁军。按省、市、县、乡不同层级工作职责配备相应工作力量，保障履职需要，确保同生态环境保护任务相匹配。按照国家有关规定表彰对保护和改善生态环境有显著成绩的单位和个人。

强化国际交流合作。自觉融入美丽中国建设大局，积极融入绿色“一带一路”建设，推进生态环境保护国际技术交流和务实合作。太原市积极建设国家可持续发展议程创新示范区。

（五）构建社会行动体系，形成齐抓共管格局

强化生态环境保护教育实践。把生态环境保护纳入国民教育体系和党政领导干部培训体系，推进生态环境教育设施和场所建设，培育普及生态文化。公共机构尤其是党政机关带头使用节能环保产品，推行绿色办公，创建节约型机关。积极开展生态文明示范创建、绿水青山就是金山银山实践创新基地建设活动。

强化信息公开。健全生态环境新闻发布机制，充分发挥各类媒体作用。要依托一报（党报）、一台（电视台）、一网（政府网站），曝光突出环境问题和环境违法行为，报道整改进展和查处情况。完善信息公开制度，加强重特大突发环境事件信息公开，对涉及群众切身利益的重大项目及时主动公开。建立政府、企业环境社会风险预防与化解机制。2020年底前，设区的市符合条件的环保设施和城市污水垃圾处理设施向社会开放，接受公众参观。

强化排污者主体责任。企业应严格守法，规范自身环境行为，落实资金投入、物资保障、生态环境保护措施和应急处置主体责任。实施工业污染源全面达标排放计划。依法公开排污信息。

推动社会公众共建共治。推进环保社会组织和志愿者队伍规范健康发展，引导环保社会组织依法开展生态环境保护公益诉讼等活动。探索建立环保监督员队伍，完善“12369”投诉举报热线等渠道，及时发现和报告违法排污行为等问题。完善公众监督、举报反馈机制，保护举报人的合法权益，鼓励设立举报奖励基金。

新思想引领新时代，新使命开启新征程。我们要更加紧密地团结在以习近平同志为核心的党中央周围，以习近平新时代中国特色社会主义思想为指导，不忘初心、牢记使命，锐意进取、勇于担当，全面加强生态环境保护，坚决在山西战场上打好打赢污染防治攻坚战，为全面建成小康社会、奋力谱写中华民族伟大复兴中国梦的山西篇章不懈奋斗。

山西省人民政府
《山西省打赢蓝天保卫战三年行动计划》

（2018年7月29日）

为认真贯彻落实中共中央、国务院《关于全面加强生态环境保护坚决打好污染防治攻坚战的意见》《国务院关于印发打赢蓝天保卫战三年行动计划的通知》精神，坚决打赢山西省蓝天保卫战，制定本行动计划。

一、总体要求

（一）指导思想

以习近平新时代中国特色社会主义思想为指导，全面贯彻落实党的十九大和十九届二中、三中全会精神，贯彻落实党中央、国务院决策部署及全国生态环境保护大会要求，坚持新发展理念，坚持全民共治、源头防治、标本兼治，以京津冀及周边地区4市（太原、阳泉、长治、晋城）和汾渭平原4市（晋中、临汾、运城、吕梁）等重点区域为主战场，以明显降低细颗粒物（PM2.5）浓度为重点，以大幅减少重污染天气为主攻方向，持续开展大气污染防治行动，综合运用经济、法律、技术和必要的行政手段，大力调整优化产业结构、能源结构、运输结构和用地结构，强化区域联防联控，狠抓秋冬季污染治理，统筹兼顾、系统谋划、精准施策，坚决打赢蓝天保卫战，实现环境效益、经济效益和社会效益多赢。

（二）基本原则

坚持新发展理念。坚决摒弃以牺牲生态环境为代价换取经济一时增长的做法，坚持以生态环境保护倒逼转型发展，坚决不要污染环境、破坏生态的GDP，坚定不移走生产发展、生活富裕、生态良好的文明发展道路，加快形成节约资源和保护环境的空间格局、产业结构、生产方式、生活方式。

坚持党政主体责任。严格实行党政同责、一岗双责。地方各级党委和政府对本行政区域生态环境质量负总责，主要负责人是本行政区域打赢蓝天保卫战的第一责任人，各相关部门要履行好各自职责，做到守土有责、守土尽责、分工协作、共同发力。对损害生态环境的领导干部，真追责、敢追责、严追责，做到终身追责。

坚持问题导向。以空气质量明显改善为刚性要求，突出加强工业、燃煤、机动车、扬尘四类重点污染源治理，聚焦问题、分类施策、精准发力，不断取得新成效，让人民群众有更多获得感。

坚持区域联防联控。按照统一规划、统一标准、统一措施、

统一应急的要求,实施区域应急联动,有效应对重污染天气。

坚持全民共治。政府、企业、公众各尽其责、共同发力。政府积极发挥主导作用,加强环境信息公开和宣传教育,加大环境违法问题曝光力度,动员社会各方力量群防群治;企业主动承担环境治理主体责任;公众自觉践行绿色生活。

(三)工作目标

经过3年努力,大幅减少主要大气污染物排放总量,协同减少温室气体排放,进一步明显降低细颗粒物(PM2.5)浓度,明显减少重污染天数,明显改善环境空气质量,明显增强人民的蓝天幸福感。

到2020年,二氧化硫、氮氧化物排放总量分别比2015年下降20%以上,11个设区市物(PM2.5)平均浓度和优良天数比例完成国家下达目标,重度及以上污染天数比率比2015年下降25%以上。力争二氧化硫平均浓度较2015年下降50%左右。

二、重点任务

(一)调整优化产业结构,推进产业绿色发展

1.优化产业布局。11个设区市完成生态保护红线、环境质量底线、资源利用上线、环境准入清单编制工作,明确禁止和限制发展的行业、生产工艺和产业目录。制订更严格的产业准入门槛,提高高耗能、高污染和资源型行业准入条件。积极推行区域、规划环境影响评价,新、改、扩建钢铁、石化、化工、焦化、建材、有色等项目的环境影响评价,应满足区域规划环评要求。(省环保厅牵头,省发展改革委、省经信委、省国土资源厅等配合,市县政府负责落实。以下均需市县政府落实,不再列出)

加大区域产业布局调整力度。加快城市建成区重污染企业搬迁改造或关闭退出,推动实施一批水泥、平板玻璃、焦化、低端化工等重污染企业搬迁工程。重点区域城市钢铁企业要切实采取彻底关停、转型发展、就地改造、域外搬迁等方式,推动转型升级。2018年底前,并向社会公开。

11个设区市政府制定相应专项工作方案重点区域禁止新增焦化、化工园区,加大现有焦化、化工园区整治力度。各地已明确的退城企业,要明确时间表,逾期不退城的予以停产。从2019年1月1日起,位于设区市建成区范围内的钢铁、水泥、平板玻璃、焦化、化工等重污染企业大气污染物许可排放总量在上年基础上定向逐年递减。(省经信委、省发展改革委、省国资委、省环保厅等按照职责分别负责)

2.严格控制"两高"行业产能。重点区域严禁新增钢铁、焦化、铸造、水泥、平板玻璃等产能;确有必要新建的,要严格执行产能置换实施办法;新、改、扩建涉及大宗物料运输的建设项目,原则上不得采用公路运输。(省经信委、省发展改革委牵头,省环保厅等配合)

加大落后产能淘汰和过剩产能压减力度。严格执行质量、环保、能耗、安全等法规标准。按照国家新修订的《产业结构调整指导目录》,提高重点区域过剩产能淘汰标准。2018年底前制定我省淘汰落后和压减过剩产能实施方案。完成国家下达的落后产能淘汰和过剩产能压减任务。重点区域加大独立焦化企业淘汰力度,京津冀及周边地区4市落实国家"以钢定焦"的总体要求。严防"地条钢"死灰复燃。列入去产能计划的钢铁企业需一并退出配套的烧结、焦炉、高炉等设备。(省发展改革委、省经信委牵头,省环保厅、省财政厅、省安监局、省质监局等配合)

3.强化"散乱污"企业综合整治。全面开展"散乱污"企业及集群综合整治行动。根据产业政策、产业布局规划,以及土地、环保、质量、安全、能耗等要求,制定"散乱污"企业及集群整治标准。实行拉网式排查,建立管理台账。按照"先停后治"的原则,实施分类处置。列入关停取缔类(淘汰类)的,做到"两断三清"(切断工业用水、用电,清除原料、产品及生产设备);列入整合搬迁类的,要按照产业发展规模化、现代化的原则搬迁至工业园区并实施升级改造;列入升级改造类的,树立行业标杆,实施清洁生产技术改造,全面提升改造生产工艺和污染治理设施。建立"散乱污"企业动态管理机制,坚决杜绝"散乱污"企业项目建设和已取缔的"散乱污"企业异地转移、死灰复燃。2018年底前全面完成。(省环保厅、省经信委牵头,省发展改革委、省住房城乡建设厅、省煤炭厅、省国土资源厅、省工商局、省质监局、省安监局等配合)

4.深化工业污染治理。持续推进工业污染源全面达标排放,将烟气在线监测数据作为执法依据,加大超标处罚和联合惩戒力度,未达标排放的企业一律依法停产整治。建立覆盖所有固定污染源的企业排放许可制度,2020年底前,完成排污许可管理名录规定的行业许可证核发。(省环保厅负责)推进重点行业污染治理升级改造。全省二氧化硫、氮氧化物、颗粒物和挥发性有机物(VOCs)全面执行大气污染物特别排放限值。其中,自2018年10月1日起,全省电力(燃煤以外)、钢铁、石化、化工、有色(不含氧化铝)、水泥行业现有企业及在用锅炉执行相应行业大气污染物特别排放限值。焦化行业分步实施特别排放限值改造,2018年10月1日前完成40%的焦化企业改造,2019年10月1日前现有焦化企业全部完成改造。其他行业根据修订后的标准执行大气污染物特别排放限值。未完成超低排放改造的煤电(含低热值煤)机组2018年停止运行。钢铁企业2020年底前基本完成超低排放改造,其他行业积极开展大气污染物超低排放改造。重点区域城市建成区内,焦炉实施炉体加罩封闭,并对废气进行收集处理,于2019年底前完成。鼓励焦化企业对传统湿法熄焦工艺进行改造,燃煤电厂、钢铁企业应进一步采取有效措施减少烟气中可溶性盐、硫酸雾、有机物等。加强工业企业氨排放源控制,完善脱硝系统氨捕集和氨逸散管控。(省环保厅牵头,省经信委配合)

强化工业企业无组织排放管控。开展钢铁、建材、有色、火电、焦化、铸造等重点行业及燃煤锅炉无组织排放排查建立管理台账,对物料(含废渣)运输、装卸、储存、转移和工艺过程等无组织排放实施深度治理,2018年完成。各地可在重点行业工业企业无组织排放环节安装视频监控设备,并与环保部门联网。(省环保厅牵头,省发展改革委、省经信委配合)

推进各类园区循环化改造、规范发展和提质增效。大力推进企业清洁生产。对开发区、工业园区、高新区等进行集中整治,限期进行达标改造。关停与园区规划环境影响评价不符的污染企业,集中整合园区企业,减少工业聚集区污染。完善园区集中供热设施,积极推广集中供热。统筹建设共有工艺设施。有条件的工业集聚区建设集中喷涂工程中心,配备高效治污设施,替代企业独立喷涂工序。(省发展改革委、省经信委、省商务厅、省环保厅、省科技厅按照职责分别负责)

5.大力培育绿色环保产业。壮大绿色产业规模,发展节能环保产业、清洁生产产业、清洁能源产业,培育发展新动能。积极支持培育一批具有国内和国际竞争力的大型节能环保龙头企业,支持企业技术创新能力建设,加快掌握重大关键核心技术,促进大气治理重点技术装备等产业化发展和推广应用。积极推行节能环保整体解决方案,加快发展合同能源管理、环境污染第三方治理和社会化监测等新业态,培育一批高水平、专业化节能环保服务公司。(省发展改革委、省经信委、省环保厅牵头,省科技厅配合)

(二)加快调整能源结构,构建清洁低碳高效能源体系

6.有效推进清洁取暖。坚持从实际出发,宜电则电、宜气则气、宜煤则煤(超低排放)、宜热则热,多能源供暖,确保群众安全取暖过冬。同步实施居民生活用煤清洁能源替代。集中资源推进京津冀及周边地区4市和汾渭平原4市等重点区域散煤治理,优先以乡镇或区县为单元整体推进。2018年10月底前,11个设区市城市建成区清洁取暖覆盖率达到100%;2020年10月底前,县(市)建成区清洁取暖覆盖率达到100%,农村地区清洁取暖覆盖率力争达到60%以上;在保障能源供应的前提下,重点区域平原地区基本完成生活及冬季取暖散煤替代。对暂不具备清洁能源替代条件的山区,积极推广洁净焦、洁净煤和其他洁净燃料及高效清洁环保炉具。各地要切实做好调查摸底和确村确户,科学制定年度实施计划,明确改造数量、改造方式。加强煤层气(煤矿瓦斯)综合利用,实施生物天然气工程。燃气壁挂炉能效不得低于2级水平。(省发展改革委、省财政厅、省经信委、省住房城乡建设厅、省环保厅、省农业厅、省电力公司、晋能集团等按照职责分别负责)

抓好天然气产供储销体系建设。力争2020年天然气占能源消费总量比重达到10%左右。新增天然气量优先用于城镇居民和大气污染严重地区的生活和冬季取暖散煤替代,重点支持京津冀及周边地区4市和汾渭平原4市,实现"增气减煤"。"煤改气"坚持"以气定改",确保安全施工、安全使用、安全管理。有序发展天然气调峰电站等可中断用户,原则上不再新建天然气热电联产和天然气化工项目。限时完成天然气管网互联互通,构建形成全省"外联内畅、互联互通"的大燃气网。加快储气设施建设步伐,2020年采暖季前,地方政府、城镇燃气企业和上游供气企业的储备能力达到量化指标要求。建立完善调峰用户清单,采暖季实行"压非保民"。(省发展改革委牵头,省环保厅、省财政厅、省住房城乡建设厅等配合)

加快农村"煤改电"电网升级改造。制定实施工作方案。电网企业要制定电网发展规划,统筹推进输变电工程建设,满足居民采暖用电需求。鼓励推进蓄热式等电供暖。地方政府对"煤改电"配套电网工程应给予支持,统筹协调"煤改电""煤改气"建设用地,协调解决项目实施过程中出现的问题,确保工程顺利实施。(省发展改革委、省经信委、省电力公司牵头,省环保厅、省国土资源厅配合)

加强"禁煤区"建设。2018年10月1日前,11个设区市均要将城市建成区划定为"禁煤区",并结合空气质量改善要求将城市近郊区纳入"禁煤区"范围,实施联片管控。2020年10月1日前县城建成区均要划定为"禁煤区"。完成以电代煤、以气代煤等清洁能源替代的地区,地方政府应将其划为"禁煤区"。"禁煤区"范围内除煤电、集中供热和原料用煤企业外,禁止储存、销售、燃用煤炭。(省环保厅牵头,省公安厅、省煤炭厅、省工商局配合)

7.加强煤质管控。加强煤炭销售流通环节管控,煤质抽检覆盖率逐年提高,2019年底前,对民用散煤销售企业每月煤质抽检覆盖率达到10%以上,全年抽检覆盖率100%。依法查处销售劣质煤的单位,集中清理、整顿、取缔不达标散煤供应渠道,严厉打击销售使用劣质煤行为,严禁洗煤厂煤泥、中煤进入民用市场,禁止使用硫分高于1%、灰分高于16%的民用散煤。加强农村地区民用洁净煤供应保障。(省煤炭厅、省质监局、省工商局按照职责分别负责)

8.重点区域继续实施煤炭消费总量控制。到2020年,煤炭在一次能源消费中的比重下降到80%,下降幅度领先全国。京津冀及周边地区4市和汾渭平原4市煤炭消费总量实现负增长,其他市采取有效措施合理控制煤炭消费总量。全省新建耗煤项目实行煤炭减量替代。按照煤炭集中使用、清洁利用的原则,重点削减非电力用煤,提高电力用煤比例,2020年全省电煤占煤炭消费比重达到55%以上。继续推进电能替代燃煤和燃油,替代规模达到国家下达的指标要求。(省发展改革委、省经信委牵头,省环保厅配合)

制定专项方案,大力淘汰关停环保、能耗、安全等不达标的30万千瓦以下燃煤机组。对关停机组的装机容量、煤炭消费量和污染物排放量指标,允许进行交易或置换,可统筹安排建设等容量超低排放燃煤机组。重点区域严格控制燃煤机组新增装机规模。(省经信委、省发展改革委牵头,省环保厅、省电力公司、晋能集团等配合)

9.开展燃煤锅炉综合整治。加大燃煤小锅炉淘汰力度。县级及以上城市在完成建成区淘汰每小时10蒸吨及以下燃煤锅炉及茶水炉、经营性炉灶、储粮烘干设备等燃煤设施的基础上,根据空气质量改善要求,进一步加大淘汰力度,原则上不再新建每小时35蒸吨以下的燃煤锅炉,其他地区原则上不再新建每小时10蒸吨以下的燃煤锅炉。2020年10月1日前,重点区域基本淘汰每小时35蒸吨以下燃煤锅炉。其中,2018年10月1日前,11个设区市城市建成区基本淘汰每小时35蒸吨及以下除热电联产以外的燃煤锅炉(含煤粉锅炉)。在取缔淘汰燃煤锅炉的同时,质监部门注销承压锅炉

使用登记证。(省环保厅牵头,省质监局等配合)

推进燃煤锅炉超低排放改造。全省每小时65蒸吨及以上燃煤锅炉,以及位于设区市及县(市)建成区的燃煤供暖锅炉、生物质锅炉于2019年10月1日前完成节能和超低排放改造。燃气锅炉基本完成低氮改造。(省环保厅牵头,省发展改革委、省住房城乡建设厅、省经信委、省质监局配合)

加大对纯凝机组和热电联产机组技术改造力度,加快供热管网建设,充分释放和提高供热能力,淘汰管网覆盖范围内的燃煤锅炉和散煤。在不具备热电联产集中供热条件的地区,现有多台燃煤小锅炉可按照等容量替代原则建设为大容量燃煤锅炉。2020年底前,全省30万千瓦及以上热电联产电厂供热半径15公里范围内的燃煤锅炉和落后燃煤小热电全部关停整合。(省经信委牵头,省环保厅、省住房城乡建设厅配合)

10.提高能源利用效率。继续实施能源消耗总量和强度“双控”行动。健全节能标准体系,大力开发、推广节能高效技术和产品,实现重点用能行业、设备节能标准全覆盖。京津冀及周边地区4市和汾渭平原4市新建高耗能项目单位产品(产值)能耗要达到国际先进水平。因地制宜提高建筑节能标准,加大绿色建筑推广力度,引导有条件地区和城市新建建筑全面执行绿色建筑标准。进一步健全能源计量体系,持续推进供热计量改革,推进既有居住建筑节能改造,重点推动有改造价值的城镇居住建筑节能改造。鼓励开展农村住房节能改造。(省发展改革委、省经信委、省住房城乡建设厅、省质监局按照职责分别负责)

11.加快发展清洁能源和新能源。到2020年,全省新能源电力装机容量占全省电力总装机容量的比例达到30%以上,非化石能源占能源消费比重达到5—8%。有序发展水电,优化风能、太阳能开发布局,因地制宜发展生物质能、地热能等。在具备资源条件的地方,鼓励发展县域生物质热电联产、生物质成型燃料锅炉及生物天然气。加大可再生能源消纳力度,拓展可再生能源电力的本地和外送消纳渠道,基本解决弃水、弃风、弃光问题。(省发展改革委、省电力公司牵头,省经信委、省财政厅配合)

(三)积极调整运输结构,发展绿色交通体系

12.优化调整货物运输结构。制定实施运输结构调整行动计划,大幅提升铁路货运比例。到2020年全省铁路货运量比2017年增加30%,其中,京津冀及周边地区4市增加40%,汾渭平原4市增加25%。(省发展改革委、省经信委、省交通运输厅牵头,省财政厅、省环保厅相关铁路局等配合)

推动铁路货运重点项目建设。加大货运铁路建设投入,加快货运铁路建设。大力提升铁路线煤炭运输量。2020年采暖季前,运往沿海主要港口、唐山港、黄骅港的矿石、焦炭等大宗货物原则上主要改由铁路运输。钢铁、电解铝、电力、焦化、煤炭等重点企业要加快铁路专用线建设,充分利用已有铁路专用线能力,大幅提高铁路运输比例,2020年京津冀及周边地区4市和汾渭平原4市铁路运输比例达到50%以上。(省发展改革委、省交通运输厅、省经信委、相关铁路局牵头,省财政厅、省环保厅等配合)大力发展多式联运。依托铁路物流基地、公路港等,推进多式联运型和干支衔接型货运枢纽(物流园区)建设,加快推进集装箱多式联运。建设城市绿色物流体系,支持利用城市现有铁路、物流货场转型升级为城市配送中心。鼓励甩挂运输等运输组织方式。降低货物运输空载率。(省发展改革委、省交通运输厅牵头,省经信委、省财政厅、省环保厅、相关铁路局等配合)

13.加快机动车结构升级。推广使用新能源汽车。加快推进城市建成区新增和更新的公交、环卫、邮政、出租、通勤、轻型物流配送车辆使用新能源或清洁能源汽车,全省使用比例达到80%;全省机场、铁路货场等新增或更换作业车辆主要使用新能源或清洁能源汽车。加大资金补贴力度,2020年底前,11个设区市城市建成区公交车、出租车、环卫车全部更换为新能源汽车。在物流园、产业园、工业园、大型商业购物中心、农贸批发市场等物流集散地建设集中式充电桩和快速充电桩,为承担物流配送的新能源车辆在城市通行提供便利。(省交通运输厅、省住房城乡建设厅、省经信委牵头,省财政厅、省环保厅、省公安厅、相关铁路局等配合)

加快淘汰老旧车辆。各市采取经济补偿、限制使用、严格超标排放监管等方式,大力推进国三及以下排放标准营运柴油货车提前淘汰更新,加快淘汰采用稀薄燃烧技术和“油改气”的老旧燃气车辆。制定营运柴油货车和燃气车辆提前淘汰更新目标及实施计划。2020年底前,京津冀及周边地区4市和汾渭平原4市完成国家下达的国三及以下排放标准营运中型和重型柴油货车淘汰任务。对达到强制报废标准、机动车所有人逾期未办理注销登记的,公安交管部门应当公告机动车牌证作废,督促告知机动车所有人按规定及时办理注销登记。对属于已注销和已报废的机动车,公安交管部门要加强路面查处。2019年7月1日起,重点区域提前实施机动车国六排放标准。推广使用达到国六排放标准的燃气车辆。(省交通运输厅、省环保厅牵头,省经信委、省公安厅、省商务厅、省财政厅等配合)

14.强化油品质量监管。全省全面供应符合国六标准的车用汽柴油,2018年起禁止销售普通柴油和低于国六标准的车用汽柴油。禁止调和油组分以化工原料名义出售,禁止以化工原料勾兑调和油,严禁运输企业储存使用非标车用油品。加强对油品制售企业质量监督管理,持续开展生产和流通领域车用油品质量抽检,其中对油库(含企业自备油库)抽查比例每月不少于20%,重点区域不少于30%,实现年度全覆盖。严厉打击生产、销售、使用不合格油品和车用尿素行为,并倒查不合格油品和车用尿素来源。情节严重的,依法吊销营业执照、成品油零售许可证;构成犯罪的,依法追究刑事责任。坚决取缔黑加油站点。(省工商局、省质监局、省商务厅、省发展改革委按照职责分别负责)

15.强化移动源污染防治。严厉打击新生产销售机动车环保不达标等违法行为。严格新车环保装置检验,在新车销售、检验、登记等场所开展环保装置抽查,保证新车环保装置生产一致性。公安交管部门要严格机动车注册登记查验,对

不符合国家相关技术标准的，一律不予办理注册登记，严把机动车登记源头关。严格机动车安全技术验监管，对未取得环保检验合格报告的，不予核发检验合格标志。构建全省机动车超标排放信息数据库，溯源超标排放机动车生产和进口企业、注册登记地、排放检验机构、维修单位、运输企业等，实现全链条监管。推进老旧柴油车深度治理具备条件的安装污染控制装置并配备实时排放监控终端，同时与环保等有关部门联网，协同控制颗粒物和氮氧化物排放，稳定达标的可免于上线排放检验。有条件的城市定期更换出租车三元催化装置。（省环保厅、省交通运输厅、省公安厅牵头，省工商局、省质监局等配合）

加强非道路移动机械污染防治。2018年底前，各市划定并公布禁止使用高排放非道路移动机械区域。2019年底前，全省完成非道路移动机械摸底调查，严格管控高排放非道路移动机械。推进排放不达标工程机械清洁化改造和淘汰，机场新增和更换的作业机械主要采用清洁能源或新能源。（省环保厅、省交通运输厅、省住房城乡建设厅、省农机局、省水利厅等按照职责分别负责）

推动靠港飞机使用岸电。加快机场岸电设施建设，推广地面电源替代飞机辅助动力装置，民航机场在飞机停靠期间主要使用岸电。（省交通运输厅牵头，省发展改革委、省财政厅、省环保厅配合）

（四）优化调整用地结构，推进面源污染治理

16.实施防风固沙绿化工程。建设北部沙区生态安全屏障，重点加强“三北”防护林体系建设、京津风沙源治理、太行山绿化、草原保护和防风固沙。推广保护性耕作、林间覆盖等方式，抑制季节性裸地农田扬尘。在城市功能疏解、更新和调整中，将腾退空间优先用于留白增绿。建设城市绿道绿廊，实施“退工还林还草”。大力提高城市建成区绿化覆盖率，2020年力争达到41.5%。（省林业厅、省国土资源厅、省农业厅、省住房城乡建设厅按照职责分别负责）

17.推进露天矿山综合整治。2018年底前，全面完成露天矿山摸底排查。对违反资源环境法律法规、规划，污染环境、破坏生态、乱采滥挖的露天矿山，一经发现依法予以关闭；对生态恢复和污染治理不规范的露天矿山，依法责令停产整治，整治完成并经相关部门组织验收合格后方可恢复生产，对拒不停产或擅自恢复生产的依法强制关闭；对责任主体灭失的露天矿山，当地政府要组织有关部门加强修复绿化，减尘抑尘。重点区域原则上禁止新建露天矿山建设项目。加强研石山治理，2019年底前，全省研石山全面达到治理标准。（省国土资源厅牵头，省煤炭厅、省环保厅、省安监局配合）

18.加强扬尘综合治理。严格施工扬尘监管。2018年底前，各地建立施工工地管理清单。因地制宜稳步发展装配式建筑。将施工工地扬尘污染防治纳入文明施工管理范畴，建立扬尘控制责任制度，治理费用列入工程造价。严格落实施工工地周边围挡、物料堆放覆盖、土方开挖湿法作业、路面硬化、出入车辆清洗、渣土车辆密闭运输“六个百分之百”要求，安装在线监测和视频监控设备，并与当地有关主管部门联网。将扬尘管理工作不到位的不良信息纳入建筑市场信用管理体系，情节严重的，列入建筑市场主体“黑名单”。（省住房城乡建设厅负责）

加强道路扬尘综合整治。大力推进道路清扫保洁机械化作业，进一步提高道路机械化清扫率。2020年底前，大同、朔州、忻州建成区道路机械化清扫率达到70%以上，县城达到60%以上重点区域要显著提高，京津冀及周边地区4市和汾渭平原4市建成区达到75%以上，县城达到65%以上。（省住房城乡建设厅负责）

严格渣土运输车辆规范化管理。新增渣土运输车辆必须为新能源车辆，并采取密闭措施。现有渣土运输车辆全部采用全密闭、全定位、全监控的新型环保渣土车，并符合环保尾气排放标准，取得主管部门核发的《渣土运输许可证》，确需通行限行区域的车辆还需取得公安交管部门核发的《限行道路通行证》，按照规定线路行驶，在指定场所倾倒。密闭不严、车轮带泥的车辆，一律不得驶出工地。不符合要求上路行驶的渣土车辆，一经查处取消渣土运输资格。建立倒查机制，对违法渣土运输车辆同时追溯上游施工工地责任。（省住房城乡建设厅、省公安厅按照职责分别负责）

加强道路运输扬尘管控。鼓励引导企业加快发展封闭箱式货车、集装箱运输车，积极探索重型散装物料货车集装箱运输或硬密闭措施运输。积极推广使用物料表面喷洒覆盖剂等抑尘技术。2020年，全省公路散货集装箱运输比例在2017年基础上大幅提高。对未采取有效封闭措施、存在随意抛洒行为的运输车辆依法依规予以处罚。（省交通运输厅牵头省公安厅配合）

加强露天堆场扬尘整治。全面清理城乡结合部以及城中村拆迁的渣土和建筑垃圾，不能及时清理的必须采取苫盖等抑尘措施。（省住房城乡建设厅负责）

全省实施降尘综合考核，各设区市平均降尘量不得高于9吨/月·平方公里。（省环保厅负责）

19.加强秸秆综合利用和氨排放控制。坚持疏堵结合，加大政策支持，建立完善的秸秆还田、收集、储存、运输社会化服务体系，基本形成布局合理、多元利用、可持续运行的综合利用格局，到2020年秸秆综合利用率达到85%以上。全面加强秸秆禁烧管控，强化市县乡三级政府秸秆禁烧主体责任，建立以村为单位的网格化监管制度，并将秸秆禁烧纳入森林防火体系。强化卫星遥感、无人机等应用，鼓励在重点地区建设秸秆焚烧火点监测监控系统，提高秸秆焚烧火点监测的效率和水平。在夏收和秋收阶段开展秸秆禁烧专项巡查。严防因秸秆露天焚烧造成区域性重污染天气。（省环保厅、省发展改革委、省农业厅、省林业厅、省农机局、省财政厅等按照职责分别负责）

控制农业源氨排放。调整农业生产投入结构，减少化肥农药使用量，增加有机肥使用量，实现化肥农药使用量负增长。提高化肥利用率，2020年全省化肥利用率达到40%以上。加强规模养殖场粪污处理设施建设，改善养殖场通风环境，提高畜禽粪污综合利用率，减少氨挥发排放。（省农业厅

牵头,省环保厅等配合)

20.强化烟花爆竹禁燃禁放措施。从2018年起,城市建成区和县城全面禁止燃放烟花爆竹,其他区域严格控制燃放烟花爆竹安监部门要严格控制核发《烟花爆竹经营(零售)许可证》,取缔城市及其周边的烟花爆竹零售网点。全省《烟花爆竹经营(零售)许可证》核发数量要逐年大幅减少。(省公安厅、省安监局牵头)。

21. 严禁燃煤旺火和露天焚烧垃圾。全省设区市和县(市)建成区严禁燃煤旺火。禁止露天焚烧沥青、油毡、橡胶、塑料、皮革、树叶、垃圾以及其他产生有害烟尘和恶臭气体的物质。(省环保厅、省住房城乡建设厅、省公安厅按照职责分别负责)

(五)实施重大专项行动,大幅降低污染排放

22.开展秋冬季攻坚行动。按照国家统一部署制定并实施秋冬季大气污染综合治理攻坚行动方案,以减少重污染天数为着力点,狠抓秋冬季大气污染防治,聚焦重点领域,将攻坚目标、任务措施分解落实到城市。各市要制定具体实施方案,督促企业制定落实措施。统一调配全省环境执法力量,实行异地交叉执法、驻地督办,确保各项措施全部落实。(省环保厅牵头,省发展改革委、省经信委、省交通运输厅、省住房城乡建设厅等配合)

23.打好柴油货车污染治理攻坚战。制定山西省柴油货车污染治理攻坚战行动方案,统筹油、路、车治理,实施清洁柴油车(机)、清洁运输和清洁油品行动,确保柴油货车污染排放总量明显下降。加强柴油货车生产销售、注册使用、检验维修等环节的监督管理,建立天地车人一体化的全方位监控体系,实施在用汽车排放检验与强制维护制度。各地开展多部门联合执法专项行动,严厉打击柴油货车超标排污和抛洒等违法行为。(省环保厅、省交通运输厅、省财政厅、省质监局牵头,省经信委、省商务厅、省公安厅、省工商局等配合)

24.开展工业炉窑治理专项行动。制定山西省工业炉窑综合整治实施方案。开展拉网式排查,建立各类工业炉窑管理清单,2018年底前完成。严格落实国家行业规范和环保、能耗等标准要求,各设区市可根据空气质量改善要求进一步严格标准。加大不达标工业炉窑淘汰力度,加快淘汰中小型煤气发生炉。鼓励工业炉窑使用电、天然气等清洁能源或由周边热电厂供热。鼓励各市对工业炉窑作业场所安装视频监控,并与环保部门联网。重点区域取缔燃煤热风炉,基本淘汰热电联产供热管网覆盖范围内的燃煤加热、烘干炉(窑)。淘汰炉膛直径3米以下燃料类煤气发生炉,加大化肥行业固定床间歇式煤气化炉整改力度。集中使用煤气发生炉的工业园区,暂不具备改用天然气条件的,原则上应建设统一的清洁煤制气中心,禁止掺烧高硫石油焦。将工业炉窑治理作为环保强化督查的重点任务,凡未列入清单的工业炉窑均纳入秋冬季错峰生产方案。(省环保厅牵头,省发展改革委、省经信委等配合)

25.实施挥发性有机物(VOCs)专项整治。按照国家要求制定我省化工、工业涂装、包装印刷等VOCs排放重点行业和油品储运销综合整治方案,严格落实国家泄漏检测与修复(LDAR)标准要求,编制VOCs治理技术指南。京津冀及周边地区4市和汾渭平原4市禁止建设生产和使用高VOCs含量的溶剂型涂料、油墨、胶粘剂等项目,加大餐饮油烟治理。开展VOCs专项执法行动,严厉打击违法排污行为,对治理效果差、技术服务能力弱、运营管理水平低的治理单位,公布名单,实行联合惩戒,扶持培育VOCs治理和服务专业化规模化龙头企业。完成国家下达的VOCs排放总量削减任务。(省环保厅牵头,省发展改革委、省经信委、省商务厅、省工商局、省质监局等配合)

(六)强化区域联防联控,有效应对重污染天气

26.建立完善区域大气污染防治协作机制。重点推动太原、阳泉、长治、晋城4市融入京津冀及周边地区大气联防联控,推动晋中、临汾、运城、吕梁4市融入汾渭平原大气联防联控,建立太原及周边区域县市(太原全市域,晋中榆次区、开发区、太谷、祁县、平遥、灵石介休,吕梁文水、交城、汾阳、孝义)大气污染联防联控工作机制。(省环保厅牵头)

27.加强重污染天气应急联动。强化空气质量预测预报能力建设,完善空气质量预测预报会商机制,进一步加强环境与气象机理研究,科学判断重污染过程。2018年底,省级预报中心实现以城市为单位的7天预报能力。开展空气质量中长期趋势预测工作。全省统一执行国家重点区域预警分级标准。当预测到出现大范围重污染天气时,统一发布预警信息,各相关城市按照要求,启动相应级别应急响应措施,实施区域应急联动。(省环保厅牵头,省气象局配合)

28.夯实应急减排措施。进一步完善重污染天气应急预案。每年8月底前对重污染天气应急减排清单实施更新,黄色、橙色、红色预警级别污染物减排比例原则上不低于10%、20%、30%,各设区市可进一步提高应急预案中污染物减排比例。细化应急减排措施,落实到企业各工艺环节,实施“一厂一策”清单化管理,确保应急减排措施可操作、可核查。各设区市应急减排清单应向社会公开,接受社会监督。在黄色及以上重污染天气预警期间,对钢铁、建材、焦化、有色、化工、矿山等涉及大宗物料运输的重点用车企业,同步实施应急运输响应。(省环保厅牵头,省交通运输厅、省经信委配合)实施秋冬季重点行业错峰生产。加大秋冬季工业企业生产调控力度,每年9月底前,各设区市要针对钢铁、建材、焦化、铸造、有色、化工等高排放行业,制定错峰生产方案,实施差别化管理。各市要把治理污染与促进绿色文明施工、生产、运输结合起来,优先将污染严重、排放绩效高、位于环境敏感区的企业纳入错峰生产范围,以错峰引导企业加大环保改造力度,体现差异化,避免简单化、绝对化、“一刀切”。错峰生产措施要细化到企业生产线、工序和设备,载入排污许可证。企业未按期完成治理改造任务的,一并纳入当地错峰生产方案,实施停产。属于《产业结构调整指导目录》中限制类的,要提高错峰限产比例或实施停产。(省经信委、省环保厅负责)

(七)健全法规标准体系,完善环境经济政策

29. 完善地方性法规标准体系。根据国家要求及时对

VOCs征收环境保护税。加快《山西省大气污染防治条例》等地方法规立法修订工作。严格执行国家各类环境质量标准和污染物排放标准，加快完善地方环境保护标准体系，制定并实施更严格的污染物排放标准。（省环保厅、省财政厅牵头，省税务局、省法制办、省质监局配合）

30.拓宽投融资渠道。各级财政支出要向蓝天保卫战倾斜，坚持投入与攻坚任务相匹配。积极争取中央大气污染防治专项资金支持，合理安排省本级大气污染防治专项资金投入。环境空气质量未达标市、县要加大本级大气污染防治资金投入，建立常态化、稳定的财政资金投入机制。积极争取将京津冀及周边地区4市和汾渭平原4市全部纳入中央财政支持北方地区冬季清洁取暖的试点城市范围。制定我省清洁取暖资金支持政策。（省财政厅、省发展改革委、省环保厅按照职责分别负责）支持依法合规开展大气污染防治领域的政府和社会资本合作（PPP）项目。鼓励开展合同环境服务，推进环境污染第三方治理。严格落实国家出台的北方地区清洁取暖金融支持政策，争取将我省城市列入试点支持范畴。鼓励政策性、开发性金融机构在业务范围内，对大气污染防治、清洁取暖和产业升级等领域符合条件的项目提供信贷支持，引导社会资本投入。对清洁取暖等重点项目给予省级基本建设投资支持。支持符合条件的金融机构、企业发行债券，募集资金用于大气污染治理和节能改造。将"煤改电"超出核价投资的配套电网投资纳入下一轮输配电价核价周期，核算准许成本。（省财政厅、省发展改革委、省金融办牵头，省环保厅、山西证监局、山西保监局、人行太原中心支行配合）

31.加大经济政策支持力度。建立大气污染防治专项资金安排与地方环境空气质量改善绩效联动机制，进一步调动地方政府大气污染治理积极性。健全环保信用评价制度，实施跨部门联合惩戒。严格执行国家推进储气调峰设施建设的扶持政策、非常规天然气补贴政策。推行上网侧峰谷分时电价政策，延长采暖用电谷段时长至10个小时以上，支持具备条件的地区建立采暖用电的市场化竞价采购机制，采暖用电参加电力市场化交易谷段输配电价减半执行。农村地区利用地热能向居民供暖（制冷）的项目运行电价参照居民用电价格执行。健全供热价格机制，合理制定清洁取暖价格。落实好燃煤电厂超低排放环保电价。全面清理取消对高耗能行业的优待类电价以及其他各种不合理价格优惠政策。建立高污染、高能耗、低产出企业执行差别化电价、水价政策的动态调整机制，在国家政策的基础上进一步大幅提高对限制类、淘汰类企业加价幅度。加大钢铁、焦化、建材等行业超低排放改造支持力度。研究制定"散乱污"企业综合治理激励政策。进一步完善货运价格市场化运行机制，科学规范两端费用。大力支持机场岸基供电，降低岸电运营商用电成本。支持车船和作业机械使用清洁能源。研究完善有机肥生产销售运输等环节的支持政策、利用生物质发电价格政策，支持秸秆等生物质资源消纳处置。（省发展改革委、省财政厅牵头，省经信委、省环保厅、省交通运输厅、省农业厅相关铁路局配合）

加大税收政策支持力度。严格执行环境保护税法，落实购置环境保护专用设备企业所得税抵免优惠政策及其他新出台的国家支持生态环境保护税收优惠政策。对符合条件的新能源汽车免征车辆购置税，继续落实对节能、新能源车船减免车船税的政策。（省财政厅、省税务局牵头，省交通运输厅、省环保厅、省经信委配合）

（八）加强基础能力建设，严格环境执法督察

32.完善环境监测监控网络。加强环境空气质量监测。按照国家要求和技术规范优化调整扩展国控及省控空气质量监测站点，全面反映全省空气质量状况。加强区县空气质量自动监测网络建设，2019年底前，实现监测站点全覆盖，并与中国环境监测总站实现数据直联。高新区、省级开发区、重点工业园区设置空气质量监测站点。加强降尘量监测，2018年底前，全省各区县布设降尘量监测点位。11个设区市开展环境空气质量VOCs监测。京津冀及周边地区4市和汾渭平原4市要同时配合生态环境部建设国家大气颗粒物组分监测网、大气光化学监测网以及大气环境天地空大型立体综合观测网。（省环保厅牵头，省财政厅配合）

强化重点污染源自动监控体系建设。排气口高度超过45米的高架源，以及石化、化工、包装印刷、工业涂装等VOCs排放重点源，纳入重点排污单位名录，安装烟气排放自动监控设施，2019年底前京津冀及周边地区4市和汾渭平原4市基本完成，2020年底前全省基本完成。（省环保厅负责）

加强移动源排放监管能力建设。建设完善遥感监测网络、定期排放检验机构三级联网，构建重型柴油车车载诊断系统远程监控系统，强化现场路检路查和停放地监督抽测。2018年底前，全省建成国家、省、市三级联网的遥感监测系统平台。推进工程机械安装实时定位和排放监控装置，建设排放监控平台，2020年底前基本完成。（省环保厅牵头，省交通运输厅、省科技厅、省公安厅配合）

强化监测数据质量控制。城市和区县以及各类开发区空气质量自动监测站点运维全部上收到省级环境监测部门。加强环境监测和运维机构监管，建立质控考核与实验室比对、第三方质控、信誉评级等机制，健全环境监测量值传递溯源体系，建立"谁出数谁负责、谁签字谁负责"的责任追溯制度。开展环境监测数据质量监督检查专项行动，严厉惩处环境监测数据弄虚作假行为。对地方不当干预环境监测行为的，监测机构运行维护不到位及篡改、伪造、干扰监测数据的，排污单位弄虚作假的，依纪依法从严处罚，追究责任。（省环保厅负责）

强化科技基础支撑。汇聚跨部门科研资源，组织优秀科研团队，配合国家开展京津冀及周边地区、汾渭平原等重点区域大气重污染成因、重污染积累与天气过程双向反馈机制、点行业与污染物排放管控技术、居民健康防护等科技攻坚，加强大气污染防治"一市一策"指导。组织开展打赢蓝天保卫战重点任务环境效益评估，紧密围绕打赢蓝天保卫战需求，以目标和问题为导向，边研究、边产出、边应用，不断补充和完善工作措施。加强区域性臭氧形成机理与控制路径研究，深化VOCs全过程控制及监管技术研发。开展钢铁、焦

化、建材等行业超低排放改造、污染源头控制、货物运输多式联运、内燃机及锅炉清洁燃烧等技术研究。常态化开展重点区域和城市源排放清单编制、源解析等工作,每年进行评估更新,形成污染动态溯源的基础能力。开展氨排放与控制技术研究。加快推进山西省大气污染院士工作站和山西省气象科学研究所院士专家工作站规范化建设,发挥好高端科研人才的引领作用。(省科技厅、省环保厅牵头,相关部门配合)

33.加大环境执法力度。坚持铁腕治污,综合运用按日连续处罚、查封扣押、限产停产等手段,依法从严处罚环境违法行为,强化排污者责任。未依法取得排污许可证、未按证排污的,依法依规从严处罚。加强县级环境执法能力建设。创新环境监管方式,推广"双随机、一公开"等监管。严格环境执法督查,开展重点区域大气污染热点网格监管,依托环境监控平台和环境热点网格平台反映的问题线索开展精准执法。加强工业炉窑、工业无组织排放、VOCs污染治理等环境执法,严厉打击"散乱污"企业。加强生态环境执法与刑事司法衔接,严厉打击环境违法犯罪行为。(省环保厅牵头,省公安厅、省检察院、省法院等配合)严厉打击生产销售排放不合格机动车和违反信息公开要求的行为,撤销相关企业车辆产品公告、油耗公告。开展在用车超标排放联合执法,建立完善环境部门检测、公安交管部门处罚、交通运输部门监督维修的联合监管机制。严厉打击机动车排放检验机构尾气检测弄虚作假、屏蔽和修改车辆环保监控参数等违法行为。严格重型柴油车、散装物料货车禁限行管控措施,严控重型柴油车、散装物料货车进入禁限行区域。(省环保厅、省交通运输厅、省经信委、省公安厅、省质监局按照职责分别负责)

深入开展环境保护督察。将大气污染防治作为中央环保督察反馈问题整改和省级环境保护督察及其"回头看"的重要内容,配合国家对重点区域开展专项督察,实现省级环境保护督察和"回头看"全覆盖,夯实地方党委政府及部门责任。逐步开展市级环境保护督察。针对大气污染防治工作不力、重污染天气频发、环境质量改善达不到时序进度甚至恶化的城市,开展机动式、点穴式环境保护专项督察,强化督察问责。建立完善督查、交办、巡查、约谈、专项督察"五步法"监管机制。(省环保厅负责)

三、保障措施

(一)加强组织领导

有关部门要根据本行动计划要求,按照管发展的管环保、管生产的管环保、管行业的管环保原则,制定本部门落实方案,进一步细化工作内容、目标及任务分工,制定配套政策措施,强化对市县的业务指导与监督考核,落实"一岗双责"。各市县政府要把打赢蓝天保卫战放在重要位置,主要负责人是本行政区域第一责任人,其他有关领导成员在职责范围内承担相应责任,切实加强组织领导,制定具体实施方案,细化分解目标任务,科学安排指标进度,防止脱离实际层层加码,确保各项工作有力有序完成。完善对各级政府及职能部门的责任清单,健全责任体系。各地要建立完善"网格长"制度,压实各方责任,层层抓落实。各市、各有关部门的落实情况,纳入省政府大督查和相关专项督查,对真抓实干成效明显的予以表扬激励,对庸政懒政怠政的严肃追责问责。省环保厅要加强统筹协调,定期调度,及时向省政府报告。(省环保厅牵头,各有关部门配合)

(二)严格考核问责

将打赢蓝天保卫战年度和终期目标任务完成情况作为重要内容,纳入山西省污染防治攻坚战成效考核办法做好考核结果应用。考核不合格的地区,由上级环境保护部门会同监察机关、组织部门等公开约谈地方政府主要负责人,实行区域环评限批,取消授予的有关生态文明荣誉称号。发现篡改、伪造监测数据的,考核结果认定为不合格,并依法依纪追究责任。对工作不力、责任不实、污染严重、问题突出的地区,由省环保厅公开约谈当地政府主要负责人。制定量化问责办法,对重点攻坚任务完成不到位和环境质量改善不到位的实施量化问责。对打赢蓝天保卫战工作中涌现出的先进典型予以表彰奖励。(省环保厅牵头,省纪委监委、省委组织部、省人力资源社会保障厅等配合)

(三)加强环境信息公开

加大环境空气质量信息公开力度。省环保厅每月公布11个设区市和所有县区空气质量排名,各市要定期公布环境保护监管执法信息和超标超量排污的单位名单,及时公开重污染天气应急预案及应急措施清单,及时发布重污染天气预警提示信息。(省环保厅负责)建立健全环保信息强制性公开制度。重点排污单位应及时公布自行监测和污染排放数据、污染治理措施、重污染天气应对、环保违法处罚及整改等信息。已核发排污许可证的企业应按要求及时公布执行报告。机动车和非道路移动机械生产、进口企业依法向社会公开排放检验、污染控制技术等环保信息。(省环保厅负责)

(四)构建全民行动格局

树立"环境治理、人人有责"环保意识。倡导全社会"同呼吸共奋斗",动员社会各方力量,群防群治,打赢蓝天保卫战。鼓励公众通过多种渠道举报环境违法行为。树立绿色消费理念,积极推进绿色采购,倡导绿色低碳生活方式。强化企业治污主体责任,中央及省属企业要发挥模范带头作用,引导绿色生产。(省环保厅牵头,各有关部门配合)积极开展多种形式的宣传教育。普及大气污染防治科学知识,将其纳入国民教育体系和党政领导干部培训内容。各地建立宣传引导协调机制,发布权威信息,及时回应群众关心的热点、难点问题。要充分发挥新闻媒体的监督引导作用,积极宣传大气环境管理法律法规、政策文件、工作动态和经验做法等。通过政府网站、新闻媒体等设立环境问题曝光台,每周曝光突出环境问题,报道整改进展情况,形成打击环境违法行为的浓厚舆论氛围。(省环保厅牵头,省委宣传部、省委组织部等有关部门配合)

全省生态环境保护大会

7月31日，全省生态环境保护大会在太原召开。省委书记骆惠宁出席会议并讲话。他强调，要深入学习贯彻习近平总书记关于生态文明建设的重要思想和全国生态环境保护大会精神，准确把握大势，聚焦突出问题，结合抓好中央环保督察和巡视反馈整改，着力加强生态环境保护，坚决打好污染防治攻坚战，推动我省生态文明建设迈上新台阶。省委副书记、省长楼阳生主持第一次全体会议并作部署讲话。

骆惠宁在讲话中强调，习近平总书记关于生态文明建设的重要思想，深刻回答了十八大以来我国生态文明建设的一系列重大理论和实践问题，是在推动我国生态环境保护发生历史性、转折性、全局性变化的进程中形成的，是建设美丽中国的行动指南。全省上下一定要把学习贯彻习近平总书记关于生态文明建设的重要思想与学习贯彻党的十九大精神、习近平总书记视察山西重要讲话精神紧密结合起来，在学深悟透、融会贯通上下功夫，在知行合一、久久为功上求实效，协同推动经济高质量发展与生态环境高水平保护。

骆惠宁指出，要充分肯定成绩，认清严峻形势，切实增强推进生态文明建设的紧迫感。近年来，省委坚决贯彻习近平总书记关于生态文明建设的重要思想和中央决策部署，牢记习近平总书记视察山西时关于"扎实推进生态文明建设"的指示精神，以生态文明理念统领经济社会发展全局全域，鲜明提出宁可牺牲点GDP，也要把环保指标提上去，坚持铁腕治污、环保倒逼、综合治理、改革创新，解决了一批环保突出问题，扭转了一度被动局面，生态环保总体态势、发展方式与动能、生态环境质量状况、生态文明建设格局正在发生积极变化，初步开启了经济运行和生态环保同向好转态势。成绩来之不易，形势依然严峻。我省全域生态系统脆弱问题、结构性污染问题、环境风险隐患问题依然突出，在思想认识和责任落实上还有较大差距。我省集生态脆弱和结构性污染于一体的矛盾重于全国，解决环保突出问题、补上生态修复短板的任务重于全国，深化生态文明体制改革、推动形成绿色发展方式和生活方式的责任重于全国。在生态脆弱的黄土地上、在传统产业集中的资源型地区搞生态、抓环保，更需要付出加倍努力，来一场深刻革命。我们必须更加坚定地以习近平总书记关于生态文明建设的重要思想为指引，主动把我省生态文明建设纳入全国大格局，将中央部署转化为全省上下的自觉行动，不降标准、不落步子。必须牢牢把握生态文明建设的时代内涵，把经济社会发展同生态文明建设统筹起来，在发展中保护、在保护中发展。必须以干不好就对不起子孙后代的信念和决心，以人一我十的拼劲和韧劲，既着眼长远、持久发力，又着力当前、决胜攻坚，积小胜为大胜，奋力开创我省生态环保工作新局面。

骆惠宁指出，要明确总体目标，坚持改革创新，扎实推进我省生态文明建设各项任务。总体目标是：到2020年，生态环境质量总体改善，主要污染物排放总量大幅减少，环境风险得到有效管控，生态环境保护水平同全面建成小康社会目标相适应。到2035年，节约资源和保护生态环境的空间格局、产业结构、生产方式、生活方式总体形成，生态环境质量根本好转。到本世纪中叶，人与自然和谐共生的美丽山西全面建成。实现这样的宏伟蓝图，关键要持之以恒抓好重点任务的落实。一是聚焦绿色发展，让新动能成为发展主引擎。把绿色发展作为我省生态建设的根本要求和路径，聚焦"三大目标"，着力推动煤炭清洁高效利用和能源结构优化，着力推动制造业与煤炭在5年时间内实现结构反转，着力推动战略性新兴产业和现代服务业做大做强，扶持节能环保产业尽快成长为新的支柱产业，让山西发展包含更多绿色质量。二是强化绿色倒逼，让传统产业焕发生机。采取更为严格的排放标准和总量管控，倒逼落后产能退出，倒逼"两高"企业转型，倒逼传统产业升级，打造绿色低碳循环发展的产业体系，实现生产方式的绿色转变。三是管控绿色空间，让发展不再随意任性。及早研究启动我省"三线一单"（生态保护红线、环境质量底线、资源利用上线和生态环境准入清单）编制工作，切实把山西的生态和发展坐标明晰起来。坚定抓好我省自然保护区内违法违规采矿问题整改，加快我省资源型城市转型提质步伐，把更多空间用于留白增绿，让老百姓享有美好惬意的生活。四是实施绿色工程，让三晋大地重现秀美风光。举全省之力抓好"两山七河"（太行山、吕梁山，汾河、桑干河、滹沱河、漳河、沁河、涑水河、大清河）生态修复重大工程，开展大规模国土绿化行动，切实解决好全省采煤沉陷区治理这个民生之痛，努力重现"人说山西好风光"的生态形象。五是推动绿色富民，让群众最大程度在增绿中增收。鼓励采取购买式造林、吸引社会资本投入等创新举措，充分发挥荒山绿化、森林管护、水土保持等生态项目的带动作用，大力发展有鲜明山西特色的生态农业、生态旅游、健康产业等"生态+"经济，实现生态美、产业兴、百姓富。六是完善绿色制度，让生态文明建设既生机勃勃又规范有序。加快推动我省生态文明体制改革实施方案落地见效，着力抓好具有牵引性重大改革，更多体现生态建设"山西智慧"。健全生态环境保护地方性法规体系，强化执法检查，用法治力量管权治吏、保蓝增绿，为建设美丽山西护航。

骆惠宁指出，要聚焦突出问题，拿出超常举措，坚决打好污染防治攻坚战。以我省位于京津冀及周边、汾渭平原范围的8个市为重点区域，集中力量攻克老百姓身边的突出生态环境问题。一要着力破解大气污染源头治理难题，坚决打赢蓝天保卫战。以解决城内重化工企业集中、煤炭采暖污染、重柴油货车排放和抛洒污染、城市扬尘和露天焚烧燃放污染等问题为重点，抓好污染源治理，加强重污染天气应对。明年全国第二届青年运动会在我省举行，要当好东道主，办成绿色青运。二要着力破解地表水污染治理难题，坚决打好碧水保卫战。严格执行国家污水排放标准，深入实施重点行业清洁化改造和工业废水深度治理，认真实施城镇污水处理“提质增效”三年行动，开展城市黑臭水体歼灭战，大力减少污染严重水体和不达标水体，确保群众喝上干净水、安全水。三要着力破解工业固废历史堆存和垃圾处理难题，坚决打好净土保卫战。抓紧拿出治理煤矸石和粉煤灰的省级规范处置标准，坚决减存量、遏增量。加快设区市垃圾焚烧发电设施全覆盖，大力提升生活垃圾减量化、资源化、无害化处理能力。加紧推进土壤污染状况详查，有序开展受污染土壤治理与修复，严防新增土壤污染。四要着力破解农业农村面源污染难题，坚决打好农村人居环境治理攻坚战。认真实施我省农村人居环境治理三年行动方案，着力解决白色污染、“垃圾围村”、工业污染“上山下乡”等突出问题，建设黄土高原上的美丽家园。

骆惠宁指出，要加强党的领导，层层落实责任，充分凝聚建设美丽山西的强大力量。各级党委政府必须扣紧压实环保政治责任，认真落实党政同责、一岗双责，抓紧制定生态环保责任清单，加快构建全过程、多层级生态环境风险防范体系，全方位开展考核，严格量化刚性问责。必须充分发挥督察“利剑”作用，对中央环保督察反馈问题紧盯不放、加快整改，年内实现省级环保督察“回头看”全覆盖，逐步开展市级环保督察，“督企”更要“督政”，进一步拧紧螺丝，强化震慑。必须从严打造生态环保铁军，对照“六个从严”“五个过硬”，深入开展环保系统警示教育和大培训大练兵活动，全面推进综合执法队伍特别是基层队伍能力建设，努力为干部担当作为创造良好条件。必须广泛动员全社会的力量，加强公众教育，倡导绿色生活，发挥好新闻舆论监督作用，大力宣传各地先进典型，进一步营造全社会关心、支持和参与生态文明建设的浓厚氛围。

骆惠宁强调，打好污染防治攻坚战、摘掉重污染的帽子，是全省3700万人民的强烈愿望。山西人民历来就有光荣的革命传统，面对这场硬碰硬的革命，全省党员干部要善于从根本、大局、长远的角度看问题，不为蝇头小利所困，不为一事一情所扰，勇于担当、挺身而起，团结动员广大群众共同参加这场革命、推动这场革命、打赢这场革命。今年是三年攻坚战的开局，各级各部门要盯紧目标任务，找准工作差距，倒排时间进度，拿出管用举措，争取最好结果，为三年攻坚奠定好的基础。

骆惠宁强调，一分部署，九分落实。各级各部门要全面对标，合力攻坚，以坚决的态度、严格的责任、过硬的作风、有力的行动，推动我省生态文明建设各项工作落地见效，让人民群众不断感受到实实在在的新进展新变化，为建设美丽山西，决胜全面建成小康社会作出新的更大贡献。

楼阳生就加强生态环境保护、打好污染防治攻坚战作出具体安排。他强调，要进一步深入学习贯彻习近平总书记关于生态文明建设的重要思想，切实把思想和行动统一到省委关于生态文明建设的决策部署上来，增强生态环境保护的思想自觉和行动自觉。要突出保护优先，按期完成生态保护红线划定工作，科学编制国土空间规划，加强自然保护地监管，确保生态功能不降低、面积不减少、性质不改变。要突出“治污、控煤、管车、降尘”，调整优化产业结构、能源结构、运输结构、用地结构，明显改善空气环境质量，增强人民群众的蓝天幸福感，坚决打赢蓝天保卫战。要以消除城市黑臭水体、地表水国考劣五类断面为刚性约束，坚决打好碧水保卫战。要全面贯彻落实土壤污染防治行动计划，坚决打好净土保卫战。要搞好农村生活垃圾、污水及农业面源污染治理，坚决打好农村人居环境治理攻坚战。要坚持山水林田湖草一体化修复，全力推进“两山七河”生态修复，加快矿山环境综合治理，补齐生态环境短板。要充分发挥环保倒逼作用，深化供给侧结构性改革，加快构建绿色生产生活方式，推动高质量转型发展与生态环境保护协同并进。要树立底线思维，突出重点区域重点领域风险防范，提高处置突发环境事件能力，有效应对生态环境风险挑战。要深化改革创新，坚持标本兼治，加强生态环境保护地方法治、经济政策、监督管理、能力保障、全民参与等方面建设，健全生态环境治理体系，提升生态环境治理能力。当前，各市各部门要扎实抓好中央环保督察和省级环保督察整改工作，扎实推进冬季清洁取暖工程，扎实做好秋冬季大气污染防治工作，扎实开展重型柴油车和散装物料车管控联合行动，扎实推进矿业权有序退出自然保护地和泉域重点保护区。

第一次全体会议以电视电话会议形式开到县，会前集中观看了山西生态环境现状与思考专题片。副省长贺天才主持第二次全体会议，省发改委、省财政厅、省环保厅、晋城市、临汾市负责同志作交流发言。

省委常委，省人大、省政府、省政协有关负责同志，省法检两长，省军区和武警总队主要负责同志；省直有关部门、中央驻晋单位、省管国有企业主要负责同志；各市市长、分管市领导和相关部门负责人在主会场参加会议。各市市委书记，各县(市、区)委书记，县(市、区)长及相关负责同志在分会场参加会议。

(杨　文)

省环保督察组向晋中吕梁反馈“回头看”督察情况

4月13日至28日，省环保督察“回头看”晋中、吕梁组对两市开展督察“回头看”，并形成督察意见。经省委、省政府批准，7月3日、5日，分别向两市反馈督察情况。

督察认为，2017年中央和省环保督察以来，两市各级党委、政府认真贯彻落实党中央、国务院和省委、省政府关于加强生态文明建设和环境保护决策部署，以改善环境质量为核心，着力解决突出环境问题，各级、各部门对环保的认知和重视程度明显提高，推动工作力度明显增强，问责力度明显加大，整改工作取得阶段性成效。

同时，督察指出，通过不懈努力，两市环保工作虽然取得积极进展，但生态环境形势依然严峻，一些环保问题仍然突出。

晋中市存在的主要问题有：一是环保压力传导不到位，一些基层党委、政府抓环保力度不够，个别县委、政府“党政同责、一岗双责”落实不到位。二是一些重点问题整改进展缓慢，督察反馈的一些问题还没有按期完成整改，晋中市城区因生活污水处理能力不足，致使每天有1.5万吨以上污水直排汾河，平遥县燃煤锅炉取缔淘汰任务未按期完成等。三是环境管理不严不细，部分建筑工地扬尘管控不到位，渣土车管理不严，城市扬尘治理问题没有得到有效解决。四是阳煤集团昔阳化工有限公司环境问题严重，该公司电石渣未按环评要求综合利用，在厂区非法堆积达15.5万吨，部分危险固废存储超过一年未处置。

吕梁市存在的主要问题有：一是党委、政府环保主体责任压得不实，党政同责落实不到位。二是市直相关部门履职不尽责，推诿扯皮，整改推进不力，经信等部门在传统产业升级改造、落后产能淘汰等方面，缺乏统筹规划、有效监管，住建部门、市城管中心在污水处理、建筑扬尘管控等方面，进度缓慢、管控不力，公路、交通、交警部门对道路扬尘问题监管不力。三是移交整改问题存在虚假整改、表面整改、敷衍整改现象，整改落实情况不严不实，上报已完成整改的17项任务中有9项未达整改目标要求，对“散乱污”企业整治不彻底，部分重点整改任务推进缓慢，整改不达时序进度要求。

督察要求，两市各级党委、政府及相关部门要清醒认识本地生态环保的严峻形势，坚决贯彻党中央、国务院和省委、省政府决策部署，不断深入推进“党政同责，一岗双责”政治责任，扎实推进各项环境问题整治，促进整改问题落实。督察组还对发现的13个环境问题线索，按规定移交当地进行问责，同时报省监委、组织部进行督办。

（程国媛）

省环保督察组向临汾长治阳泉晋城反馈“回头看”督察情况

7月12日至8月2日，省环境保护督察组先后分两批进驻临汾、长治、阳泉、晋城四市，开展省级环保督察“回头看”，并形成督察意见。经省委、省政府批准，9月28日至30日，分别向四市反馈督察情况。

督察认为，中央、省级环境保护督察以来，四市各级党委、政府坚持以习近平总书记关于生态文明建设的重要思想为指引，深入学习习近平总书记视察山西重要讲话和全国生态环境保护大会会议精神，认真贯彻落实中央、省委关于加强生态文明建设和环境保护方面的系列重要决策部署，切实提高政治站位，借力中央环保督察和省级环保督察，以环境质量改善为核心，围绕大气、水、土壤三大环境保护攻坚战，结合环保督察整改任务，积极整改，取得了初步成效。

督察指出，四市通过不懈努力，尽管督察整改工作取得了一定成效，但产业结构偏重，城市环保基础设施薄弱，落实环境保护主体责任主动性不强，职能部门履职不力，企业主体责任落实不到位等问题仍然存在，生态环境形势依然严峻。临汾市存在的主要问题有：思想认识仍不到位，党委、政府主体责任尚未压实；发改、经信、住建、城市规划等有关部门在落实环保督察整改中履职不尽责，整改推进不力；整改落实不够到位，存在敷衍整改的问题。长治市存在的主要问题有：市、县党委、政府落实环境保护“党政同责、一岗双责”的政治站位有落差；住建、国土、煤炭、经信、商务等有关部门环保责任履行不到位，存在被动应付、敷衍塞责的问题；部分企业主体责任落实不到位，环境污染严重。阳泉市存在的主要问题有：一是“党政同责、一岗双责”落实不到位；国土、住建、水务等少数市直部门履职不尽责，推诿扯皮，整改推进不力；整改落实不到位，存在敷衍整改现象。晋城市存在的主要问题有：党委、政府对“五位一体”全面发展战略思想认识不到位，环境治理体系和治理理念滞后；市直相关部门履职缺位，整改工作不到位；企业环保主体责任不落实，污染问题依然严重。

督察要求,四市各级党委、政府及相关部门要进一步强化政治责任,聚焦突出问题,按照国务院打赢蓝天保卫战三年行动计划,我省大气、水、土壤三大污染防治年度行动计划,抓好各项重点任务的落实,坚决完成两级督察和此次"回头看"督察的整改任务。四市应抓紧研究制定整改方案,"回头看"整改方案于15个工作日内报送省政府。

(程国媛)

省环保督察组向太原大同忻州运城反馈"回头看"督察情况

9月7日至21日,省环境保护督察组分别进驻太原、大同、忻州、运城四市,开展了为期15天的环保督察"回头看"并形成督察反馈意见。经省委、省政府批准,11月29日至12月6日,督察组先后向四市反馈督察情况。省委常委、太原市委书记罗清宇,省委常委、大同市委书记张吉福,省人大常委会副主任、忻州市委书记李俊明分别出席本市反馈会并讲话。

督察认为,四市各级党政领导班子认真贯彻落实党中央、国务院,省委、省政府关于加强生态文明建设和环境保护决策部署,狠抓生态环境保护和督察整改落实,以绿色发展引领经济发展,以生态环境保护倒逼经济转型,中央环保督察反馈意见和省委省政府环保督察反馈意见整改任务按进度要求得到了全力推进。

督察指出,环保整改工作虽然取得积极成效,但生态环境形势依然严峻,对标中央和省委的要求,对照人民群众的期盼和环境保护的新常态,环保问题整改工作仍然存在许多不容忽视的问题。

太原市存在的主要问题有:一是部分党委、政府落实环境保护"党政同责、一岗双责"的政治站位有差距,不同程度存在重要求、轻落实、措施软、整改慢现象。二是有关部门环保履职不到位,对自己的环境保护职责知而不为,存在被动应付、敷衍塞责的问题。三是部分企业主体责任落实不到位,重点污染治理项目进展缓慢,物料露天堆放现象普遍,环境污染问题较为突出。

大同市存在的主要问题有:一是大同市各级党委政府环保政治责任扣得不紧、压得不实。环保工作靠环保部门"单打独斗"的局面还没有从根本上扭转。二是市政管委会、水务、国土等有关职能部门整改履职缺位、不作为、慢作为。三是部分企业自觉履行环保主体责任意识淡漠、整改不彻底。国有大型企业对所辖企业环境主体责任落实不到位,存在违法违规生产现象。

忻州市存在的主要问题有:一是市、县党委、政府在统筹推进生态环境保护工作上还存在薄弱环节。在矿山生态修复的"老大难"问题上推进缓慢,矿山生态破坏遗留问题和环境安全隐患长期得不到解决。二是发改、住建、国土、煤炭、经信等个别部门对自身环保职责不够清楚,履职不到位,存在应付推诿的问题。三是部分企业主体责任落实不到位,敷衍整改走过场,重点污染治理项目进展缓慢。

运城市存在的主要问题有:一是运城市绿色发展理念、环境保护"党政同责、一岗双责"等与中央要求仍有差距。中央及省级环保督察反馈问题整改不彻底,汾渭平原督察问题整改推进缓慢。二是发改、国土、环保、住建等有关职能部门履职尽责不力,环境问题整改不严不实。三是县级党委、政府对整改落实进展不平衡。四是部分企业片面追求经济利益,无视环保法律法规,主体责任落实不到位,重点污染治理项目进展缓慢。

督察要求,四市要进一步强化政治责任,坚决贯彻党中央、国务院和省委、省政府决策部署,切实把环保工作作为一项重大政治任务摆在突出位置,不断深入推进"党政同责、一岗双责"政治责任;要进一步聚焦突出问题,强化环境监管,对症施策,避免紧急停工停产等简单粗暴"一刀切"行为,深化大气、水、土壤污染防治,坚决完成督察整改任务。对不作为、乱作为、慢作为导致工作任务不能按时完成或造成恶劣影响的责任人,依法依规严肃追责问责。

(程国媛)

中央第二生态环境保护督察组对山西开展"回头看"工作动员会

为深入贯彻落实习近平生态文明思想,经党中央、国务院批准,中央第二生态环境保护督察组近日进驻山西省开展环境保护督察"回头看"。11月6日,中央第二生态环境保护督察组对山西省开展"回头看"工作动员会在太原召开,督察组组长朱之鑫、副组长黄润秋就做好督察"回头看"工作分别作了讲话,山西省委书记骆惠宁作了动员讲话,会议由山西省省长楼阳生主持。

朱之鑫指出,党的十八大以来,以习近平同志为核心的党中央高度重视生态文明建设和生态环境保护工作，将生态文明建设纳入中国特色社会主义“五位一体”总体布局和“四个全面”战略布局。习近平总书记站在建设美丽中国、实现中华民族伟大复兴中国梦的战略高度，亲自推动，身体力行，通过实践深刻回答了为什么建设生态文明、建设什么样的生态文明、怎样建设生态文明的重大理论和实践问题，提出了一系列新理念新思想新战略，形成了习近平生态文明思想，成为全党全国推进生态文明建设和生态环境保护、建设美丽中国的根本遵循。

建立实施中央生态环境保护督察制度是习近平生态文明思想的重要内涵。习近平总书记高度重视中央生态环境保护督察工作，亲自倡导并推动这一重大改革举措，在中央生态环境保护督察每个关键环节、每个关键时刻都作出重要批示指示，审阅每一份督察报告，要求坚决打好污染防治攻坚战，以解决突出生态环境问题、改善生态环境质量、推动经济高质量发展为重点，夯实生态文明建设和生态环境保护政治责任，推动生态环境保护督察向纵深发展。

2018 年 5 月至 7 月，对 10 个省（区）第一轮中央环境保护督察整改情况的“回头看”取得显著效果。为进一步传导压力，压实责任，解决问题，经党中央、国务院批准，2018 年还将对部分省份开展第二批“回头看”，并围绕打好污染防治攻坚战的重点领域，同步统筹安排环境保护专项督察。第二批“回头看”总的思路是：全面贯彻落实习近平新时代中国特色社会主义思想和党的十九大精神，以习近平生态文明思想为指导，牢固树立“四个意识”，坚持问题导向，敢于动真碰硬，标本兼治、依法依规，对第一轮中央环境保护督察反馈问题紧盯不放，一盯到底，强化生态环境保护党政同责和一岗双责，不达目的决不松手。同时，通过重点领域环境保护专项督察，进一步拧紧螺丝，强化震慑，为打好污染防治攻坚战提供强大助力。

朱之鑫强调，这次“回头看”主要督察山西省委、省政府部署推动中央环境保护督察整改工作情况，省级有关部门整改责任落实和工作推进情况，地市级党委和政府整改工作具体实施情况。重点盯住督察整改不力，甚至敷衍整改、表面整改、假装整改和“一刀切”等生态环保领域形式主义、官僚主义问题；重点检查列入督察整改方案的重大生态环境问题及其查处、整治情况；重点督办人民群众身边生态环境问题立行立改情况；重点督察地方落实生态环境保护党政同责、一岗双责和长效机制建设情况。此次“回头看”始终坚持问题导向，始终坚持聚焦重点，始终坚持精准深入，始终坚持严查“一刀切”问题。山西省各级党委和政府要牢固树立“四个意识”，积极配合督察组工作，确保中央生态环境保护督察各项工作能够顺利完成。

骆惠宁表示，中央第二生态环境保护督察组来山西开展“回头看”，体现了党中央对山西绿色发展的重视和支持，将为山西打好污染防治攻坚战、建设美丽山西提供强大动力。各级各部门要深入学习贯彻习近平生态文明思想和习近平总书记视察山西重要讲话精神，进一步提高政治站位，全力支持配合督察组开展工作。要以这次“回头看”为契机，狠抓整改深化。坚持真改实改，确保改到位；坚持精准治理，不搞“一刀切”。要抓好秋冬季大气污染综合治理攻坚，推动生态环境保护进入新阶段。要牢固树立新发展理念，协同推动经济高质量发展与生态环境高水平保护，为山西省在“两转”基础上全面拓展新局面提供有力支撑。

会上，黄润秋就做好督察配合、边督边改、信息公开等工作提出了要求，并就督察组全体成员严格执行《中央环境保护督察纪律规定（试行）》，接受社会监督作了表态。中央生态环境保护督察组全体成员、中央生态环境保护督察办公室有关人员，山西省党政班子其他领导成员参加会议。山西省人大和政协主要领导，与生态环境保护工作相关的党委和政府有关部门主要负责人，地方高级人民法院、省级人民检察院主要负责人，太原市党政主要领导及班子其他领导成员列席会议，其他地市党政主要领导和班子其他领导成员，以及相关部门主要负责人在当地通过视频会议的形式列席会议。

根据安排，中央第二生态环境保护督察组督察进驻时间为 1 个月（2018 年 11 月 6 日—12 月 6 日）。

（陈俊琦）

铁腕治污常态化　绿色发展上水平

坚持绿色发展是发展观的一场深刻革命。

2018 年，山西省牢记习近平总书记视察山西时关于“扎实推进生态文明建设”的重要指示精神，把生态文明建设摆在全局工作的突出位置，积极转变经济发展方式，让山西发展包含更多绿色质量。放眼三晋大地，铁腕治污常态化稳步推进，环境保护倒逼转型发展的局面基本形成，3700 万山西人民在生态文明建设过程中的获得感与日俱增，经济发展与生态环境同步向好，山西环保开始步入经济高质量发展与生态环境高水平保护新时期。

非常时期行非常之举，以超常举措推进铁腕治污常态化

谈起身边生态环境的变化，太原市环保志愿者协会会长张强感触颇深。他对记者说，政府环境治理力度超出了我们想象。不走形式，不走过场，而且体现在时时处处、方方面面。

张强的获得感在今天的太原百姓中很普遍。2018 年 1 月

至9月,全市综合污染指数下降12.9%。同时,全面推行河长制,加强汾河支流体系综合治理,建成区黑臭水体基本消除。

和省会太原一样,如今,伴随着环境改善节奏的不断加快,铁腕治污在全省各市已成常态,"美丽山西"的建设步伐在三晋大地不断提速。2017年4月,中央环保督察组进驻山西,山西省环境保护借此东风,绿色发展乘势而上,省领导带头包案、高位推动成为山西环保督办的一大特色。全省上下增强看齐意识,使生态文明建设成为各级党政干部的一种政治自觉。

非常时期行非常之举。在山西转型综改、创新驱动的历史关头,2018年污染防治攻坚战怎么打?3月1日召开的全省环保工作会议明确提出,要用好环保督察督政这把尚方宝剑,推动"铁腕治污"常态化。为此,从2018年4月份开始,为进一步加大对中央环保督察问题整改工作的统筹协调、督察督导、责任追究,切实销号清零,坚决完成中央环保督察反馈问题整改,山西省开展了"机动式""点穴式"督察和省级环保督察"回头看",并在年内实现了11个市全覆盖。忻州市出台了《关于加快推进生态文明建设美丽忻州的实施方案》《忻州市生态文明体制改革实施方案》,全面开展"控煤、治污、管车、降尘"。吕梁市扎实推进生态环境综合治理,围绕蓝天、碧水、净土"三大战役",持续开展工业污染源治理等"八大攻坚战",集中查处违法排污、破坏生态环境违法犯罪行为,环境质量恶化趋势得到有效控制。阳泉市结合中央和省环保督察,制定《关于贯彻落实习近平总书记视察山西重要讲话精神省委督导检查反馈意见的整改方案》《秋冬季大气污染综合治理"双百日攻坚"行动方案》《改善环境质量十项非常措施》系列整改措施。已完成7家电厂20台机组超低排放改造及36家重点工业企业挥发性有机物综合治理。长治市围绕大气、水、土壤三大重点,出台了《长治市打赢蓝天保卫战三年行动计划》,颁布实施了《长治市辛安泉饮用水水源地保护条例》,入围"国家2018年城市黑臭水体治理示范城市"。晋城市在思想上形成了"环保不好、全局不保"的共识,完善大气污染防治五级网格化监管体系。

11月6日,中央第二生态环境保护督察组入驻山西省进行"回头看",截至12月11日,向山西省转办共33批群众举报案件。各地政府接到转办后迅速办理,其中,转办案件前26批共2175件已办结2024件,办结率为93.06%,目前各市均在积极调查处理群众环境举报案件。

从有法可依到有法必依,以制度建设寻求环保大治

"蓝蓝的天空白云飘"。从"煤都黑"到"大同蓝",今天,大同市已被评为华北地区唯一"全国美丽山水城市",成为名副其实的塞上明珠。该市环保志愿者王东龙谈起自己的家乡分外自豪,他向记者介绍说,以前大同市空气质量比较差,常常是晴天一身灰、雨天一身泥,今天的"大同蓝"已经成为我们这座塞外古城的特有名片。

在这座城市成功"变脸"的背后,离不开环保制度建设的日趋完善。记者在采访中了解到,大同市要求环保部门参与政策制定的全过程,突出环保在全市决策中的前瞻性。同时,在考核体系制定中,增加生态文明指标考核权重,出台《大同市党政领导干部生态环境损害责任追究实施细则(试行)》,对生态环保工作发生重大问题的单位实行年度目标责任考核"一票否优"和责任追究。

只有用最严格的制度、最严密的法制,才能为生态文明建设提供可靠的保障。为了深入推进污染治理,实现生态环境质量持续改善,我省于2018年5月出台《山西省大气污染防治2018年行动计划》《山西省土壤污染防治2018年行动计划》《山西省水污染防治2018年行动计划》,对做好三大污染防治工作进行了全面安排。根据行动计划,2018年,全省大气污染防治方面化解煤炭产能2240万吨,水污染防治目标为劣V类的水体断面比例下降到17.2%,土壤污染防治要完成3000亩受污染耕地治理与修复。

一分部署,九分落实。为保障行动计划顺利实施,山西省紧紧围绕大气、水、土壤三大污染防治攻坚战,一方面开展专项执法和专项督查,进一步强化环保行政执法与刑事司法衔接,严厉打击环境污染违法犯罪行为;另一方面,全面落实"党政同责、一岗双责、权责一致、失职追责"环保新政,治污先治吏,督企先督政。把任务压力传导给各级党政官员,把蓝天碧水留给三晋百姓。通过机制体制的改革创新,进一步厘清各级党委、政府及相关职能部门的环保工作职责,形成高位推动环保工作的合力,从制度层面为环保"一票否决制"的落地奠定了基础,用改革办法筑起源头严防、过程严控、后果严惩"三道防线"。

全省正积极推进生态保护红线划定,已经形成《山西省生态保护红线划定方案》。同时,着力推进环境污染治理联防联控,将太原、阳泉、长治、晋城4市纳入京津冀大气污染传输通道城市,将晋中、吕梁、临汾、运城纳入汾渭平原大气污染防治重点区域,并积极探索建立以太原为中心,辐射吕梁、晋中部分市县的太原及周边地区大气污染联防联控体系。

谋一域而先谋全局,以生态文明统领经济社会发展全局全域

走进长治市平顺县苗庄镇东安善村,虽已时值寒冬,但这座村庄周边满眼绿色,村民们介绍说,这里是他们村新近建起的"绿色银行",已种下12万株珍稀树木白皮松。种植白皮松不仅起到了美化环境的作用,而且提高了他们的收入水平。

7月31日,全省生态环境保护大会在太原召开。大会提出,要大力发展有鲜明山西特色的生态农业、生态旅游、健康产业等"生态+"经济,实现生态美、产业兴、百姓富。2017年年底,山西省"七河"生态治理和保护规划由水利部和省政府批复,2018年工程全面展开。山西举全省之力进行"两山七河"生态修复治理,高站位统筹山水林田湖草系统治理,全面推进以汾河为重点的"七河"流域生态修复,努力为京津冀地区涵养水源、改善生态环境发挥重要作用。

在发展中保护,在保护中发展。全省生态环境保护大会

强调指出，要把绿色发展作为我省生态建设的根本要求和路径，聚焦“三大目标”，着力推动煤炭清洁高效利用和能源结构优化，着力推动制造业与煤炭在5年时间内实现结构反转，着力推动战略性新兴产业和现代服务业做大做强，扶持节能环保产业尽快成长为新的支柱产业，让山西发展包含更多绿色质量。要采取更为严格的排放标准和总量管控，倒逼落后产能退出，倒逼“两高”企业转型，倒逼传统产业升级，打造绿色低碳循环发展的产业体系，实现生产方式的绿色转变。

坚持绿色发展是发展观的一场深刻革命，而转变经济发展方式则是生态环境保护的根本出路。2018年对山西生态环境保护而言，是进一步寻求精准治理、科学施策的一年，全省各市都自觉以生态文明统领经济社会发展全局全域。太原市生态环境保护连出重拳，环保治理倒逼转型发展力度不断加大。2018年1月至9月，全市综合污染指数下降12.9%；晋中市以生态治理倒逼转型发展，在榆次区开展“以醇代煤”试点工程，市城区基本淘汰35蒸吨及以下的燃煤锅炉；朔州市新能源发电总装机402.9万千瓦，占到全市电力装机比重的38%。

生态兴则文明兴，生态衰则文明衰。2018，成绩来之不易，但任务依然艰巨。谋全局者方能谋一域，放眼未来，让我们在建设“美丽山西”征程中，全力实现经济高质量发展与生态环境高水平保护。

（贾力军）

扫黑除恶专项斗争

2018年山西省扫黑除恶专项斗争工作综述

扫黑除恶专项斗争开展以来，山西省委、省政府和省委政法委高度重视，深入贯彻习近平总书记重要指示精神，全面掀起斗争高潮，取得初步战果。公安机关共打掉涉嫌黑恶势力犯罪团伙158个，其中黑社会性质组织5个、恶势力团伙153个，抓获犯罪嫌疑人1343人，破获各类刑事案件944起，缴获枪支26支，查封、冻结、扣押涉案资金2.1亿余元、房产370套、车辆62辆，缴获文物1710件。检察机关共批捕47件159人，起诉31件82人。法院共受理10件，其中一审已宣判5件，已开庭审理拟于近期宣判2件。

一、精心组织，周密部署

省委常委会两次听取汇报，进行专题研究。省委书记骆惠宁提出了“四个结合”“五个全部”的工作要求，即坚持依法严惩和打早打小相结合，扫黑除恶和反腐败斗争、基层“拍蝇”相结合，铲除黑恶势力滋生土壤和加强基层组织建设相结合，加强组织领导和发动人民群众相结合；确保涉黑涉恶线索全部查实、黑恶势力全部打掉、“保护伞”全部挖出、经济基础全部摧毁、长效机制全部建立。省长楼阳生要求加强经费、装备、人员保障。省委常委、政法委书记商黎光倾全力去抓，统筹协调推进，直接指导重大案件办理。副省长、省公安厅厅长刘新云在一线指挥，狠抓案件侦办。省委、省政府召开动员部署会议，出台实施方案，明确12类工作重点，建立健全部门齐抓共管机制、涉黑涉恶线索发现移交和行业管理漏洞通报整改机制、人民群众举报激励机制、重大黑恶势力犯罪案件会商机制、重点行业和领域日常监管机制、重点人群帮教管控机制、重点地区滚动排查整治机制等7项工作机制。省委政法委牵头成立省扫黑除恶专项斗争领导小组，健全体制机制，层层压实责任，形成了“党政统一领导、部门分工协作、群众广泛参与”的工作格局。

二、吃透精神，把准方向

专项斗争一开始，省委就注意把握方向，要求扎实、深入、持续推进，防止刮风、跑偏。省委政法委提出既要加大力度，深入开展扫黑除恶专项斗争，又要把握政策，讲究策略，坚持边扫边治边建；既要严打黑恶势力违法犯罪案件，又要深挖背后的“保护伞”；既要加快推进，又要防止下指标、搞运动的方式，把打早打小与打准打实有机结合起来，体现整体效果。省委政法委专门下发《通知》，明确提出“六个严禁”和“十个一律”的纪律要求。“六个严禁”即严禁为片面追求战果下达办案指标，严禁将一般刑事案件作为黑恶案件处理，严禁降格处理黑恶势力违法犯罪人员，严禁发生刑讯逼供、超期羁押等违法行为，严禁发生犯罪嫌疑人脱逃、伤亡等恶性事件，严禁不具有执法资格的辅警等人员参与办案。“十个一律”即对所有黑恶势力犯罪案件，一律组成专案组专案专办，一律执行办案区审讯和同步录音录像制度，一律依法严惩首要分子和骨干成员，一律依法从轻、减轻对初犯、偶犯以及未成年犯的处罚，一律深挖腐败问题和“保护伞”，对涉黑涉恶线索核查一律实行省、市、县公安机关“三长负责制”，所有涉黑涉恶线索一律由省公安厅进行复核，对被举报的人大代表、政协委员和农村“两委”候选人一律进行必要的涉黑涉恶背景审查，对黑恶情况突出地区一律进行挂牌督办、综合整治，对涉黑涉恶案件说情、干预的一律登记在案。政法机关分系统组织学习培训，重点学习“两高两部”出台的《指导意见》，保证办案质量、实现“三个统一”。考虑到黑恶问题成因复杂、问题多样，为切实形成长效机制，防止出现“割韭菜”效应，基本思路是用三年时间有侧重、分阶段实施，一年治标、两年治根、三年治本。第一年集中解决突出问题，重点对黑恶势力进行打击；第二年集中开展综合整治，重点对滋生土壤进行改造；第三年集中建立长效机制，重点对监管底板进行加固,三年任务交叉压茬推进。

三、强力攻坚,全面推进

各地充实扫黑力量,完善工作机制,迅速形成凌厉的打击攻势。建立"全覆盖"的线索摸排机制,明确责任主体,实行滚动排查,严肃倒查问责,从群众举报、重点领域等九个方面挖掘线索,确保挖得深;建立"零遗漏"的线索核查机制,分级核查、全部复核、凡核必报,确保打得准,省里已指令核查线索184条,挂牌督办重点案件12起;建立"系统化"的打击机制,对黑恶势力犯罪案件,一律专案专办、分级侦办,实行"无条件用警、无条件配合、无条件保障"的超常规同步上案模式,并视情况采取挂牌督办、上提一级、指定管辖、异地用警、异地羁押等措施,确保扫得净。通过努力,形成强大的打击震慑效应,一批黑恶势力犯罪团伙应声落网。

四、抓住典型,深挖彻查

对重大典型案件,省里一盯到底,不仅推动案件本身深挖见底,而且形成案件办理示范效应。一是闻喜"6.03"系列案件。习近平总书记对闻喜"6.03"系列案件作出重要批示后,骆惠宁、楼阳生迅速作出批示、多次听取汇报,商黎光全程指导案件办理。以侯氏兄弟为首的黑社会性质组织案件和景益民等人盗掘古墓葬、纵容包庇黑社会性质组织犯罪案件已一审宣判,判处8人无期徒刑、1人死缓、其余有期徒刑20年至6年。公安机关抓获"6.03"系列案件涉案犯罪嫌疑人283人,纪委监委对7名县处级领导干部和21名科级以下公职人员进行了处理。在侦办侯氏兄弟涉黑案件过程中,公安机关还带破其他刑事案件97起,打掉盗掘古墓葬团伙12个、赌博团伙25个、贩卖毒品团伙3个。二是太原任爱军(绰号"小四毛")涉嫌黑社会性质犯罪组织案件。已抓获团伙成员35人,缴获枪支7把、管制刀具30余把。三是太原市李金才涉嫌黑社会性质组织犯罪案件。

五、加强配合,形成合力

省扫黑除恶专项斗争领导小组明确了各成员单位职责任务,初步形成了政法、纪检监察、组织等部门同向发力、整体联动的工作格局。法、检、公、司和组织、纪检监察等单位全部出台了具体意见或方案,制定了工作流程。审判机关适应以审判为中心的刑事诉讼制度改革,建立七项制度,切实把好案件事实关、证据关、程序关和法律适用关,严格落实证据裁判、正当程序、非法证据排除等操作规程。检察机关准确适用法律,依法从重从快办理案件,强化涉黑涉恶案件诉讼监督。公安机关充分发挥主力军作用,省、市、县三级公安机关全部建立一把手挂帅的领导小组和强有力的工作专班,坚持每天一调度、半月一推进,保持对黑恶势力犯罪的依法打击高压态势。司法行政机关在监狱、戒毒系统深入开展线索摸排、余罪深挖工作,全面加强社区服刑人员监督管理,加强律师参与扫黑除恶专项斗争的指导培训和律师事务所管理。组织部门把农村涉黑涉恶问题作为工作重点,集中整顿软弱涣散村党组织,对照"村霸"五种情形,深入调查摸底,实施精准治理。纪委监委与政法机关建立问题线索快速移送反馈机制,及时深挖涉黑涉恶违法犯罪案件背后的腐败问题,对发现的"保护伞"线索优先处置、一查到底。

六、广泛宣传,深入发动

综合运用传统媒体和新媒体,不断壮大正面宣传声势,最大限度地把群众发动起来。省法、检、公、司联合发布扫黑除恶专项斗争通告,向全社会公布线索举报方式,建立有奖举报机制,并及时核查反馈实名举报,以实际行动取信于民,保证既不搞群众运动,也不让群众当观众,让群众充分理解、参与和支持。树立"移动优先"和"全媒体"宣传理念,实行"大案深入宣传""个案集中宣传",积极开拓新媒体宣传阵地和宣传形态。如侯氏兄弟重大涉黑案件一审宣判后,70多家中央媒体和重点网站进行了报道,形成了强大的新闻流。

(省委政法委　段剑锋)

全国公安机关扫黑除恶专项斗争推进会在晋召开

——山西省在会上介绍扫黑除恶专项斗争取得的阶段性成果

2018年8月28日,全国公安机关扫黑除恶专项斗争推进会在太原召开。

国务委员、公安部党委书记、部长赵克志对全国公安机关推进扫黑除恶专项斗争提出要求。他强调,要坚持以习近平新时代中国特色社会主义思想为指导,认真学习贯彻习近平总书记重要指示精神,进一步增强"四个意识"、提高政治站位,按照中央政法委统一部署要求,充分发挥公安机关主力军作用,广泛发动群众,深入推进专案攻坚,向黑恶势力犯罪发起凌厉攻势,推动扫黑除恶专项斗争不断向纵深发展。

赵克志指出,开展为期三年的扫黑除恶专项斗争,是以习近平同志为核心的党中央作出的一项重大决策部署,是全国公安机关的一项重大政治任务。专项斗争开展以来,各级公安机关认真贯彻落实习近平总书记重要指示精神，按照中央政法委统一部署，精心组织、周密部署、重拳出击，依法铲除了一批群众反映强烈的黑恶势力，深挖查处了一批黑恶势力“保护伞”，有效整治了一批社会治安乱点，取得了明显阶段性成效。当前，扫黑除恶专项斗争正处于从全面推开向纵深推进的重要阶段。各级公安机关要进一步增强“四个意识”、提高政治站位，充分发挥主力军作用，推动专项斗争不断向纵深发展。要强化线索摸排，加大群众发动力度，加强主动摸排研判，坚决把涉黑涉恶势力彻底挖出来。要强化案件侦办，深入推进专案攻坚，坚决侦破一批现行案件，打掉一批黑恶团伙，攻克一批疑难案件，向黑恶势力犯罪发起凌厉攻势。要深挖彻查“保护伞”，严格落实“一案三查”，对于充当黑恶势力“保护伞”的领导干部和民警，要一查到底，绝不姑息，坚决清除害群之马。各级公安机关特别是主要负责同志要切实履行第一责任，亲自挂帅、靠前指挥，以坚定的态度、过硬的措施、扎实的工作，不断夺取扫黑除恶专项斗争新胜利，向党和人民交出一份满意的答卷。

公安部党委委员、副部长杜航伟出席推进会并讲话。他要求，各级公安机关要切实增强责任感和使命感，提高政治站位，把专项斗争作为一把手工程、重点工作来落实，把人民群众的安全感和满意度作为衡量专项斗争成效的“晴雨表”，决不允许黑恶势力破坏经济发展、侵蚀基层政权、影响全面建成小康社会。要把线索摸排核查作为扫黑除恶的突破口和着力点，贯穿专项斗争全过程，确保发现及时、核查准确，实现件件有结果，切实加大群众发动力度，压实线索核查责任，加强对治安乱点进行滚动摸排，对新领域、新业态进行拉网排查和追踪调查，做到有黑扫黑、有恶除恶、有乱治乱，真正落实打早打小、露头就打的目标。要深入推进专案攻坚，加强专案侦办组织领导，推动重点地区取得打击实效，始终保持主动进攻的严打高压态势。要大力提升专案侦查能力，全面提升办案质量，始终坚持以事实为依据、以法律为准绳，确保法律效果、政治效果和社会效果的统一。要深挖彻查黑恶势力“保护伞”，综合运用各种措施，确保扫黑除恶和反腐拍蝇同步推进，严格落实“一案三查”，坚决整肃警纪、纯洁队伍。要站在全局全警的高度，强化扫黑除恶专项斗争队伍建设，加强与各成员单位的协作配合，确保各项工作依法依规、高效运转，确保专项斗争取得实效。

会议通报了全国公安机关扫黑除恶专项斗争进展情况。山西省委常委、政法委书记商黎光出席会议。山西省副省长、省公安厅厅长刘新云在会上介绍了山西省扫黑除恶专项斗争取得的阶段性成果和主要工作举措。辽宁、河南、广东和深圳、武汉等地公安厅局作了交流发言。公安部有关局级单位负责同志及各省级公安机关有关负责人参加会议。

（李　炼）

全省深化扫黑除恶专项斗争边督边改工作会议

2018 年 9 月 22 日，省委省政府召开全省深化扫黑除恶专项斗争边督边改工作会议。省委书记骆惠宁出席会议，对贯彻中央扫黑除恶督导组与山西省委省政府第二次对接会精神，推动边督边改工作、深化扫黑除恶专项斗争进行安排部署。省委副书记、省长楼阳生主持。

骆惠宁在讲话中指出，党中央部署开展扫黑除恶专项斗争以来，全省各级各方面深入学习贯彻习近平总书记关于扫黑除恶专项斗争的重要指示精神，按照中央及省委部署，强势开局、扎实工作，取得了明显阶段性成效。但要看到，同中央要求及群众期盼相比还有差距。在第二次对接会上，中央督导组进一步指出我省一些地方和部门存在的八个方面的问题。存在这些问题的主要原因，还是一些地方和部门思想认识没跟上来，制度机制不健全，工作方法不科学。

骆惠宁从十个方面对推动边督边改工作提出要求。一要把握斗争态势，不断强化思想认识。各级各部门要坚持以习近平总书记关于扫黑除恶专项斗争重要指示精神为统领，按照我省先后共 10 个整改方案的安排，自觉对表对标，提升政治站位，深入查找在思想上制度上和工作上存在的问题，切实把边督边改、立行立改责任扛在肩上、抓在手上，有针对性地改，当下就改，整体联动地改，确保整改更好出成果见实效。二要履行主体责任，不断强化担当作为。全省要开展“五级一把手”谈话的回头看。对思想认识仍不到位的领导干部，要组织再学习和培训，原原本本地重温习近平总书记重要指示精神，切实把思想统一到中央决策部署上来。对在严峻斗争面前，不愿或不敢担当的领导干部，要按照相关规定进行约谈。对在扫黑除恶专项斗争中勇于担当、善于作为、尽职尽责的领导干部要公开表扬。建立常态化的督导机制，持续开展好对全省扫黑除恶专项斗争的督导检查。三要深入宣传引导，不断强化群众动员能力。帮助群众准确识别身边的黑恶分子，提高举报的准确度；要公开宣判一批群众反映强烈的大案要案，提振群众信心，打消思想顾虑；要落实举报奖励制度，大力宣传通过群众举报线索打掉的黑恶犯罪和“保护伞”情况，进一步激发广大干部群众的斗争热情。四要坚持依法严惩，不断强化办案质效。继续加大线索摸排、强化专案攻坚，全力深挖狠打。在扫黑除恶斗争中，进一步对文物犯罪发起凌厉攻势，不断扩大战果。政法委要牵头建立重大案件会商评查制度，确保把每一起案件都办成经得起历史和法律检验的铁案。五要加大核查力度，不断强化线索核查效果。对于群众举报线索，要健全筛选、分类、移送、转办的工作机制。进一步规范核查程序，在地市级层面采取异地核查的办法，排除阻力干扰，保护举报人信息安全。专项斗争中，要重点考核涉黑涉恶线索的核查率。同时，对非涉黑涉恶线索或个人利益诉求，要及时分流到相关职能部门办理，不断提高党委政府的公信力。六要加强行业监管，不断强化源头治理。各级行业监管部门要在提高政治站位的同时，坚持工作重心下移，有针对性地完善信息报送、部门负责人深入基层联系点、行业执法监管、定期研判形势等工作制度与机制，切实加强基层基础工作。要开展行业“治乱”专项行动，用依法整治促专项斗争。七要坚决深挖彻查，不断强化挖根打伞力度。在这个问题上，省委的态度很鲜明，即对每一起涉黑涉恶案件都要进行彻查，确保“扫黑”与“打伞”同向循序进行。政法系统要勇于刀刃向内，坚决清除害群之马。八要聚焦薄弱地区，不断强化基层组织建设。要充分认识中央把扫黑除恶专项斗争重点放在农村的重大意义，对凡出现涉黑涉恶涉乱问题的农村“两委”班子，要立即进行整顿，该调整撤换的要坚决调整撤换，并及时选优配强新的领导班子。在整个专项斗争期间，还要用两年左右的时间，对农村所有软弱涣散基层组织进行全面整顿。要以基层党建为统领，坚持自治、法治、德治相结合，加大农村普法力度，提高农民法治素养，树立崇法尚德、扶正祛邪的良好风气，从源头上遏制黑恶势力滋生蔓延。九要统筹协调指导，不断强化工作合力。各级扫黑除恶领导小组要充分发挥职能作用，加大统筹协调和指导力度，加强各成员单位间的协作联动。各级扫黑办要进一步整合资源、配强力量、畅通联络，集中研究问题，形成实体化运作的工作班子。十要提高工作水平，不断强化组织领导。要把握斗争方向，充分发挥党委（党组）总揽全局、把握方向的领导核心作用。主要负责同志作为扫黑除恶专项斗争第一责任人，要加强对斗争形势的分析研判，牵头科学谋划好总体工作目标、阶段工作计划，尤其要注意抓苗头性、倾向性、普遍性问题，让本地区本单位专项斗争与中央、省委部署同频共振，把党的领导体现到专项斗争的各方面、全过程，确保工作不偏方向、不走过场。要把握法律政策，尤其是在斗争逐步推向高潮的时候，更要严把政策法律界限。政法机关要做到“打早打小”与“打准打实”“宽”和“严”相结合，既不“降格”处理也不人为“拔高”。纪检监察机关在处置涉黑涉恶腐败和“保护伞”线索时，要依纪依法依事实慎重研判具体问题性质，体现党的政策，精准运用监督执纪“四种形态”分类处置。要保证专项斗争始终在法治轨道上运行。要把握工作大局，以科学思维、统筹观念，盯住重点要事、总揽斗争全局，通过深入推进扫黑除恶专项斗争，进一步提振广大党员干部担当作为、干事创业的精气神，进一步推动维护社会稳定、深化全面改革、促进经济转型升级、加强法治山西建设、净化全省政治生态等各项工作全面进步，在“两转”基础上，全面开拓党的建设和党的事业发展新局面。

楼阳生强调，全省各级各部门要强化思想认识，对照检查，进一步细化本单位边督边改的任务和举措，切实把思想认识统一到中央督导要求和省委决策部署上来。要强化责任担当，加强组织领导，传导工作责任，切实抓好各项措施的落实，确保专项斗争取得更大成效。要强化统筹协调，坚持把扫黑除恶放在全省工作大局中来谋划推进，以扫黑除恶增强人民群众的安全感满意度，以扫黑除恶优化营商环境、促进经济发展，以扫黑除恶维护社会稳定、促进社会和谐，使扫黑除恶与改革发展稳定各方面工作统筹兼顾、协调发展。

会上，省委常委、政法委书记商黎光，副省长、省公安厅厅长刘新云，省法院院长邱水平，省检察院检察长杨景海，晋城市委书记张志川，省文化厅厅长刘润民作了表态发言。

会议以视频方式开到县，省领导任建华、吴汉圣、廉毅敏、胡玉亭在主会场出席会议，罗清宇、岳普煜、李俊明、李正印在分会场出席会议。省配合做好中央扫黑除恶专项斗争督导工作领导小组全体成员，省扫黑除恶专项斗争领导小组成员单位主要负责同志和分管负责同志，省扫黑办有关负责同志在主会场出席会议。各市、县（市、区）、乡（镇、街道）党政主要负责同志、有关部门负责同志等在各级分会场参加会议。

（尚慧辉）

中央扫黑除恶第2督导组进驻山西

为深入贯彻落实习近平总书记关于扫黑除恶专项斗争的重要指示和党中央、国务院决策部署精神，中央扫黑除恶第2督导组进驻山西省开展扫黑除恶专项斗争督导工作。2018年9月1日，中央扫黑除恶第2督导组督导山西省工作动员会在山西省太原市召开，中央第2督导组组长李学勇、副组长许群杰就做好督导工作分别作了讲话，山西省委书记骆惠宁作了动员讲话，会议由山西省省长楼阳生主持。

中央第2督导组组长李学勇指出，习近平总书记高度重视扫黑除恶专项斗争工作，今年以来多次作出重要指示，提出明确要求。督导组要认真贯彻落实习近平总书记重要指示精神，从人心向背、治国安邦的高度，把专项斗争置于“五位一体”总体布局和“四个全面”战略布局中来谋划推进。

李学勇同志强调，中央扫黑除恶第2督导组这次进驻山西省，重点是围绕政治站位、依法严惩、综合治理、深挖彻查、组织建设和组织领导等督导重点，坚持问题导向，发现问题、聚焦问题、研究问题、解决问题，边督边改，用更强的政治担当、科学的方法机制、鲜明的问题导向、严明的问责机制、深厚的群众基础，共同推动山西省扫黑除恶专项斗争进一步深入开展。山西省的扫黑除恶专项斗争,省委、省政府是责任主体,省委、省政府主要负责同志是第一责任人,各级党委和政府及其有关部门要牢固树立以人民为中心的发展思想,坚决打赢扫黑除恶专项斗争这场硬仗。

骆惠宁表示,全省要深入贯彻习近平总书记重要指示精神和党中央决策部署,以这次督导为重要契机,不断增强深入推进扫黑除恶专项斗争的思想和行动自觉,按照省委"十个进一步"的要求,求深入、扩战果、办铁案、强综治、除隐患,主动接受中央督导组的检查和指导,全力做好各项配合保障工作,做到边督边改、立行立改,推动扫黑除恶专项斗争向纵深发展,为在三年内夺取扫黑除恶专项斗争全面胜利奠定扎实基础。

会上,督导组副组长许群杰还就做好督导配合、边督边改、信息公开、条件保障等工作提出要求。中央扫黑除恶第2督导组全体成员,山西省党政班子相关成员出席会议,山西省人大和政协主要领导、党委和政府有关部门主要负责人,地方高级人民法院、省级人民检察院主要负责人,以及省会所在地党政主要负责同志及班子相关成员列席会议,其他地级市(直管县)党委和政府主要领导以及有关部门主要负责人在当地通过视频会议列席会议。

根据安排,中央扫黑除恶第2督导组督导进驻时间原则上为1个月(2018年8月31日—9月29日)。

(尚慧辉)

高度认识这场斗争的极端重要性

——一论把扫黑除恶专项斗争引向深入

黑恶不除,则民不安、国不宁。在扫黑除恶专项斗争的关键时期,我省召开推进会,对把扫黑除恶专项斗争引向深入进行再动员再部署。各地各部门要进一步深刻学习领会习近平总书记重要指示精神,认真贯彻落实党中央、国务院有关通知精神,按照省委部署,进一步提高政治站位,从关系国家政权安危的高度认识这场斗争的极端重要性,进一步强化责任担当、强化工作举措,坚决彻底打好这场硬仗,务求全胜。

我省扫黑除恶专项斗争开展以来,在省委坚强领导下,取得明显阶段性成效。但个别地方个别部门还存在着思想认识不够到位、政治站位不够高等问题。政治站位不高或认识不到位,这场专项斗争肯定抓不好,其成效也会大打折扣。这一仗打不好打不胜,将会严重削弱广大群众对党和政府的信任,严重阻碍山西经济社会和各项事业的发展。扫黑除恶专项斗争,是以习近平同志为核心的党中央作出的重大决策,事关社会大局稳定和国家长治久安,事关人心向背和基层政权巩固,事关进行伟大斗争、建设伟大工程、推进伟大事业、实现伟大梦想。就我省来说,扫黑除恶专项斗争更具有重大政治意义、现实意义和历史意义。在反腐败斗争取得压倒性胜利的背景下,乘势而上、彻底扫除黑恶势力,同时推动深化反腐败斗争,对于我省来说是完全必要的。开展扫黑除恶专项斗争,是巩固平安建设成果的内在要求。黑恶势力犯罪一直是影响社会稳定的突出问题。黑恶势力不根除,人民群众对民主、法治、公平、正义、安全、环境的期待要求就难以实现,全面建成小康社会的目标也会落空,我们一定要从保障人民安居乐业、决胜全面建成小康来认识扫黑除恶的紧迫性和现实性,切实维护人民群众合法权益,巩固平安稳定的良好局面。

开展扫黑除恶专项斗争,是夯实执政根基的重大举措。有的黑恶势力不仅仗势欺人、为恶一方,而且企图向基层政权伸手,染指基层政权,导致基层政权被污染、执政根基被蚕食。这轮扫黑除恶专项斗争把重点指向农村,一个重要目的就是清除农村黑恶势力、夯实党的执政根基。这对于加强全省基层党组织和基层政权建设,加快脱贫攻坚进程、实施乡村振兴战略,必将起到重大推动作用。

开展扫黑除恶专项斗争,是净化政治生态的有力抓手。拉拢腐蚀党政干部充当"保护伞",是黑恶势力犯罪的重要特征和手段。有的黑恶势力为了坐大成势,千方百计寻找政治靠山,不择手段围猎腐蚀党政干部,甚至处心积虑戴上政治光环,进行身份漂白。专项斗争把扫黑与反腐、"拍蝇"结合起来,既是确保扫黑除恶深入推进的关键,也对进一步净化政治生态、巩固由"乱"转"治"良好局面具有重大意义。

开展扫黑除恶专项斗争,是优化营商环境的必然要求。有的黑恶势力以经济实体为掩护,通过强揽工程、垄断经营、逃税漏税、敲诈勒索等手段,非法经营、巧取豪夺,严重破坏公平竞争原则,严重干扰市场经济秩序,严重损害发展环境和对外形象。黑恶势力不除,优化营商环境就没有基础,招商引资、转型发展就无法深入。所以,开展扫黑除恶专项斗争,有利于优化营商环境,有利于推动转型创新发展,有利于推进"三大目标"实现。

民有所呼,我有所应。黑恶势力突出的地方,是群众安全感最弱、最不满意的地方。各地各部门要切实把思想和行动统一到习近平总书记重要指示精神上来,按照党中央和省委部署,提高政治站位,强化责任担当,以对党、对人民、对法律高度负责的精神,坚决打赢扫黑除恶专项斗争这场硬仗,向党和人民交出一份满意的答卷。

(《山西日报》评论员)

防止压力层层递减

——二论把扫黑除恶专项斗争引向深入

扫黑除恶专项斗争是事关兴衰治乱的战略之举。各地各有关部门要精心组织，周密部署，主要负责同志都要站在专项斗争第一线，时刻把握斗争态势，切实加强组织领导、督查督办，确保各项部署和措施落到实处，防止压力层层递减。

我省扫黑除恶专项斗争在中央和省委的坚强领导下，开局良好、进展顺利。但是随着扫黑除恶专项斗争的深入，工作中出现了进展不平衡、压力传导层层递减、一些地区和部门后手乏力等问题。这些问题不解决，势必影响专项斗争取得实际成效。压力传导层层递减问题，直接原因是组织领导不力。各地各部门要以对党、对人民、对法律高度负责的精神，加强组织领导，强化责任担当，下狠手、出重拳、用重典，以实际行动彻底扭转压力传导层层递减局面，全面形成扫黑除恶专项斗争高压态势，坚决打赢扫黑除恶这场硬仗。

防止压力层层递减，各级党委、政府要把扫黑除恶专项斗争作为一项重大政治任务，列入重要议事日程，完善重大案件会商、督办等各项工作机制，及时协调解决遇到的问题，及时研究解决经费保障、技术装备、队伍建设、基层基础建设等重要问题，为扫黑除恶专项斗争顺利开展提供有力保障。各级党委、政府主要负责同志作为扫黑除恶专项斗争第一责任人，要进一步强化“四个意识”，坚决扛起责任，勇于担当，敢于碰硬，把扫黑除恶专项斗争摆到工作全局突出位置，列入重要议事日程，旗帜鲜明支持扫黑除恶工作，为政法机关依法办案、有关部门依法履职撑腰打气，为深挖彻查“保护伞”排除阻力。

防止压力层层递减，各地各部门要强化责任意识，坚持依法严惩、打早打小、除恶务尽，始终保持对各类黑恶势力违法犯罪的严打高压态势。要针对重大问题，明确责任部门和责任人，明确执行时限和阶段性要求，及时排除执行中的障碍和阻力，确保中央和省委部署要求落到实处，用实际行动检验做好扫黑除恶专项斗争的决心和效果。

防止压力层层递减，各地各部门要牢固树立大局意识和“一盘棋”思想，既各负其责、依法履职，又密切配合、通力协作，构建齐抓共管、综合治理的工作格局。各级扫黑办要尽快启动，层层细化责任，完善工作机制，确保各项工作措施落实到位。

防止压力层层递减，各地各部门要强化扫黑除恶专项斗争责任考核，把专项斗争纳入综治（平安建设）考核体系，既督任务、督进度、督成效，又查认识、查责任、查落实，把扫黑除恶专项斗争不断引向深入，坚决打赢这场硬仗。

（《山西日报》评论员）

营造人人喊打的浓厚氛围

——三论把扫黑除恶专项斗争引向深入

重拳扫黑除恶，需要人民群众参与；净化社会环境，离不开人民群众大力支持。

扫黑除恶专项斗争开展以来，我省迅速掀起高潮，取得明显阶段性成效。要在此基础上进一步推动扫黑除恶专项斗争向纵深发展，就必须紧紧依靠群众，走好群众路线，营造出人人喊打的浓厚氛围。要按照中央和省委的部署要求，进一步充分发动群众，通过多种方式宣传，做面对面的工作，使知情群众打消思想顾虑，更加自觉地参与专项斗争。

开展扫黑除恶专项斗争，具有很强的现实针对性。人民群众与黑恶势力水火不容，黑恶势力不除，人民群众不得安宁。黑恶势力往往十分隐蔽，又盘根错节，一些受害人遇到黑恶势力，想躲也躲不掉，敢怒不敢言，这不仅消解人民群众的获得感、幸福感、安全感，而且成为影响全面建成小康社会进程的绊脚石。群众既是黑恶势力的受害者，也是知情者。群众对黑恶势力的危害体会最深、感受最切。因此，只有让群众更加自觉地主动地参与到专项斗争中来，敢于举报和检举黑恶势力，最大限度地把群众发动起来，把党的群众优势转化为扫黑除恶的工作优势，积极探索新形势下依靠群众的新途径新办法，才能有效深入开展扫黑除恶专项斗争，夺取专项斗争的最后胜利。

营造出人人喊打的浓厚氛围，就要宣传发动到位，运用各种媒体平台和宣传阵地，把扫黑除恶精神和要求宣传到大街小巷、行业场所、社区村庄,确保人人皆知、家喻户晓,在全社会营造扫黑除恶的强大舆论声势,充分展示党委政府扫黑除恶的坚定决心,增强人民群众同黑恶势力作斗争的信心。

营造出人人喊打的浓厚氛围,就要让群众愿意、敢于参与到扫黑除恶专项斗争中来。这就要重点整治群众反响最强烈、最深恶痛绝的突出问题,坚决打掉黑恶势力,铲除黑恶势力滋生的土壤,以扫黑除恶的实际成效取信于民;就要把扫黑除恶与反腐败斗争和基层"拍蝇"结合,深挖黑恶势力"保护伞",查处"微腐败",加强基层政权建设,夯实党的执政之基;就要把扫黑除恶专项斗争的评判权交给人民群众,加大人民群众意见在扫黑除恶专项斗争绩效考评中的权重,确保扫黑除恶专项斗争始终顺应群众意愿、得到人民认可。

营造出人人喊打的浓厚氛围,就要动员群众积极检举、勇于揭发黑恶势力违法犯罪线索。要畅通举报渠道,及时核查反馈实名举报,严格落实保护举报人的各项措施,让敢于检举、勇于揭发的举报人没有后顾之忧。

群众是真正的英雄。只要我们把群众真正发动起来,在全社会形成人人喊打的浓厚氛围,打一场扫黑除恶的人民战争,这次扫黑除恶专项斗争就一定能"扫"出朗朗乾坤、清风正气,"打"出人民群众更多的获得感、幸福感、安全感。

(《山西日报》评论员)

工作薄弱地区要下大力补短板

——四论把扫黑除恶专项斗争引向深入

朗朗乾坤,不容黑恶势力有任何藏身之地。对于黑恶势力,要扫得彻底,不留死角。把扫黑除恶专项斗争引向深入,要按照全省扫黑除恶专项斗争推进会部署,在前一段斗争的基础上,坚持问题导向,下大力强弱项、补短板,着力解决不平衡问题,进一步强化薄弱地区的工作,确保专项斗争取得完全胜利。

今年以来,在中央和省委坚强领导下,全省扫黑除恶专项斗争进展顺利,初步形成了对黑恶势力犯罪的高压打击态势。成绩来之不易,但也要清醒地看到一些地方、一些工作仍存在较大差距。全省各地各部门,务必要集中力量,认真查找问题,针对工作薄弱地区、工作薄弱环节,聚焦问题、精准发力,不留死角、扫得彻底,实现全省各地共同推进,实现专项斗争全覆盖、无空白。

强弱项补短板,要解决各市之间工作存在不平衡的问题。有的地方主要负责同志对扫黑除恶的重大意义缺乏认识,还没有把扫黑除恶工作抓在手上;一些地方线索摸排不深不细,对一些黑恶势力尚未触及,甚至有认为无黑可打、无恶可除、无线索可查的错误倾向。从查办的案件来看,扫黑除恶的形势依旧比较严重,有些黑恶势力十分嚣张,并不是无黑可扫、无恶可除。对此,工作薄弱地区一定要迅速行动,明确整改措施,严格落实责任,不断增强认识的深刻性、部署的衔接性、推进的平衡性、打击的持续性、斗争的策略性、治理的协同性,推动专项斗争不断深入开展,夺取新的胜利。

强弱项补短板,要抓好农村这个重点。当前,我省农村战果还不够突出,究其原因,一是有些基层组织软弱涣散,给了黑恶势力可乘之机;二是群众对扫黑除恶信心不足,参与度不够,举报线索不多。抓好农村这个重点要尽快把群众工作补上,广泛发动群众,进一步把扫黑除恶的意义和要求讲清楚,让大家都知晓。

基础不牢,地动山摇。抓好农村这个重点要和加强基层组织建设结合起来。加强基层组织建设,是铲除黑恶势力滋生土壤的治本之策、关键之举。

强弱项补短板,各个部门要主动担当、通力协作。扫黑除恶是一项长期任务、系统工程。不仅需要公检法等部门强力推进,更需要各部门积极参与配合,特别是一些监管部门要打消"事不关己、高高挂起"的态度。各部门要在省委统一领导下,积极行动、上下联动,充分发挥职能作用,主动担当作为,特别是对本系统、本行业、本领域的黑恶犯罪线索进行认真梳理排查。要统筹各方资源,凝聚工作合力,切实形成全面围剿和清除黑恶势力犯罪的强大攻势,夺取扫黑除恶专项斗争完全胜利,向党和人民交一份满意答卷。

(《山西日报》评论员)

有黑必扫除恶务尽

——五论把扫黑除恶专项斗争引向深入

扫黑除恶，是一场正义与邪恶、光明与黑暗的较量，必须下狠手、出重拳、用重典，不放过一个黑恶势力、不纵容一个犯罪分子。扫黑除恶专项斗争开展以来，我省强势开局，雷霆出击，取得了阶段性成效。时下，正是提高工作标准、强化工作举措，把专项斗争引向深入，向夺取决定性胜利迈进的关键时期，各级各部门必须按照全省扫黑除恶专项斗争推进会精神，精心谋划、强化举措、突出重点，在线索清查、精准打击、依法严惩等各个方面同步发力，把扫黑除恶专项斗争进一步引向深入，做到有黑必扫、除恶务尽，夺取扫黑除恶专项斗争决定性胜利。

有黑必扫、除恶务尽，必须打有准备之仗。线索清查是扫黑除恶专项斗争的首要环节，也是基础性、关键性措施。要进一步加强对问题线索的深挖和处置，要深入基层群众中找问题、查线索、问实情，全力摸排涉黑涉恶线索，为打击处理奠定坚实基础。要紧紧围绕12类打击重点，坚持传统方法和科技手段相结合，彻底搞清本地涉黑涉恶总体情况、表现形式、组织关系及形成原因，为开展打击提供有力支撑。

有黑必扫、除恶务尽，必须突出重点、精准打击。要结合实际，聚焦涉黑涉恶问题突出的重点地区、行业、领域，把打击锋芒对准人民群众反映最强烈的黑恶势力犯罪，确保打准、打狠、打出声威和实效。要坚持打早打小，有黑扫黑、无黑除恶、无恶治乱，确保将黑恶势力消灭在萌芽状态。对社会影响力大的黑恶势力犯罪案件，要突破“保护伞”和关系网的干扰；对不构成黑恶势力犯罪的违法犯罪活动，要善于运用治安、行政、经济、法律等手段进行打击处理，确保将黑恶势力消灭在萌芽状态。要以扫黑除恶专项斗争为牵引，深化各项社会治理，进一步净化社会治安环境。

有黑必扫、除恶务尽，必须善用法治、提升质效，进一步强化依法严惩。随着扫黑除恶声势的进一步壮大，办案数量的进一步增加，案件的进一步深挖，对办案质量提出了新的更高要求。所有的案件必须办成铁案，经得起历史和法律的检验。要加强统筹指导，把握好正确方向，在侦查、起诉、审判、执行各阶段，都要充分体现依法严惩精神，做到既严厉打击犯罪，又严格依法办案，确保办案质量和办案效率相统一。

扫黑除恶专项斗争，事关社会稳定和国家长治久安，事关人心向背和基层政权巩固。让我们保持必胜的信心、旺盛的斗志，以雷霆之势、万钧之力，有黑必扫、除恶务尽，坚决打赢扫黑除恶专项斗争这场硬仗，为我省决胜全面建成小康社会提供良好的社会环境和治安环境！

（《山西日报》评论员）

务必连根铲除“保护伞”

——六论把扫黑除恶专项斗争引向深入

树德务滋，除恶务本。把扫黑除恶专项斗争引向深入，一定要敢于动真碰硬，按照全省扫黑除恶专项斗争推进会要求，进一步深挖彻查涉黑涉恶腐败问题，把查办“保护伞”案件作为当前反腐的一个重点，连根铲除涉黑涉恶“保护伞”，做到发现一起、查处一起，确保扫黑除恶专项斗争赢得最终胜利。

从一些已经查办的案件中可以看出，黑恶势力能够长期称霸一方、为非作恶，一个重要原因就是背后有“保护伞”，有人对其姑息纵容。黑恶势力发展到今天，不仅拉拢腐蚀党政干部，还想方设法寻求政治靠山，处心积虑戴上政治光环，进行身份漂白。一些涉案官员与黑恶势力沆瀣一气，利用手中职权充当后台，为其铺路架桥、疏通关系，为其通风报信、包庇纵容。打赢专项斗争，就要求我们把打击黑恶势力犯罪与反腐败斗争和基层“拍蝇”结合起来，既有力打击震慑黑恶势力犯罪，形成压倒性态势，又要彻底铲除黑恶势力的“保护伞”。

今年以来，我省依法严惩了一批黑恶势力，深挖查处了一批“保护伞”，有力打击了黑恶势力及其“保护伞”的嚣张气焰。但是，工作中依然存在着“打伞”“断血”不彻底问题。开展扫黑除恶专项斗争，是以习近平同志为核心的党中央作出的一项重大决策部署，对于净化政治生态、赢得党心民心、夯实执政基础具有极其重大的政治意义和现实意义。要坚决把深挖“保护伞”摆在专项斗争重中之重位置,努力实现涉黑涉恶腐败问题挖得出、打得掉、控得住、防得好的目标。

“关系网”能不能挖得出,“保护伞”能不能打得掉,是衡量专项斗争成效的重要标准。各地各有关部门要做到“两个一律”:对涉黑涉恶犯罪案件,一律深挖其背后腐败问题;对黑恶势力“关系网”“保护伞”,一律一查到底、绝不姑息。纪委监委要把查办“保护伞”案件作为当前反腐的一个重点,健全涉黑涉恶问题线索管理台账,严格按规定处置问题线索,对发现的“保护伞”问题线索,要优先处置,发现一起、查处一起,不管涉及什么人,都要一查到底。政法机关要敢于刀刃向内,对政法系统内部与黑恶势力狼狈为奸、充当“保护伞”的,无论涉及到谁、职务多高,都要深挖彻查、严肃处理。

朗朗乾坤,容不得有黑恶势力的藏身之地;河清海晏,更要根除涉黑涉恶的贪腐分子。我们一定要全面贯彻落实习近平总书记重要指示精神和中央部署,按照省委要求,扫黑除恶反腐一起抓,连根铲除涉黑涉恶“保护伞”,全方位打赢扫黑除恶专项斗争这场硬仗。

(《山西日报》评论员)

筑牢防黑防恶堤坝

——七论把扫黑除恶专项斗争引向深入

习近平总书记明确指出:“加强基层组织建设是铲除黑恶势力滋生土壤的治本之策、关键之举,务必把这个基础夯实筑牢。”把扫黑除恶专项斗争引向深入,一定要标本兼治,坚持把专项斗争和加强基层组织建设协同推进,大力加强基层组织建设,筑牢防黑防恶堤坝、巩固党的执政基础,打造扫黑除恶坚强战斗堡垒。

基层往往是各类黑恶势力违法犯罪的“重灾区”,群众反映最强烈,也最深恶痛绝。一些黑恶势力或利用宗族势力,成为称霸一方的“村霸”“乡霸”;或占据市场搞垄断经济,成为巧取豪夺的“行霸”“市霸”。究其原因,与基层组织软化、弱化、边缘化有极大关系,个别甚至被黑恶势力侵蚀或操控,导致黑恶势力打而不绝,甚至像割韭菜一样边打边生,为黑恶势力滋生蔓延提供了空间。现在看,凡是滋生黑恶势力的地方,基层组织一定是软弱涣散的,党建的主体责任一定是缺失的。基层组织建设搞好了,基层组织强大了,黑恶势力就没有了滋生土壤。

筑牢防黑防恶堤坝,要着力加强基层组织建设。扫黑除恶及铲除涉黑涉恶腐败为加强基层组织建设提供了有利的契机、准确的发力点。我们要持续整顿软弱涣散基层党组织,深入排查,摸清情况,逐一研究,找准症结,有针对性地制定整顿方案,确保农村基层党组织真正发挥战斗堡垒作用。

筑牢防黑防恶堤坝,要严格规范农村“两委”选举工作。严格人选标准,明确资格条件,列出负面清单,坚决把“村霸”、涉黑涉恶人员等不符合村干部条件的人拒之门外,把真正优秀的党员、致富带头人选进“两委”班子。要高举问责利器,砌好制度“防火墙”。

筑牢防黑防恶堤坝,要充分发挥村民委员会在村民自我管理、自我教育、自我服务中的重要作用。加强对群众的宣传教育,引导群众树立正气,勇于同一切不良风气和违法犯罪行为作斗争,推动城乡基层增强对涉黑涉恶问题的“免疫力”,推进法治、德治、自治相结合的现代基层社会治理体系,构建共建共治共享的基层社会治理新格局。

基础不牢,地动山摇。加强基层组织建设是固本之举。各地各部门要按照党中央和省委部署,做到扫黑除恶斗争进行到哪里,组织部门就要把加强基层组织建设抓到哪里,以每一个基层党组织为战斗堡垒,把“堤坝”一道道筑起来、筑牢固,彻底铲除黑恶势力滋生的土壤,真正扫出气势、扫出威风、扫出朗朗乾坤。

(《山西日报》评论员)

最大限度挤压黑恶势力滋生空间

——八论把扫黑除恶专项斗争引向深入

“求木之长者,必固其根本;欲流之远者,必浚其泉源。”把扫黑除恶专项斗争引向深入,既要立足当前,坚决把黑恶势力犯罪的嚣张气焰压下去,又要着眼长远,形成从源头上遏制黑恶势力滋生蔓延的制度机制,坚决铲除黑恶势力滋生蔓延土壤，最大限度挤压黑恶势力滋生空间。

当前，一些地区、行业、领域涉黑涉恶问题屡打不绝，成为滋生黑恶势力的“温床”，一个重要原因就是日常监管不力。打赢这场专项斗争，要坚持综合治理、系统治理、源头治理、日常监管。各有关部门要结合自身职能，主动承担好在扫黑除恶专项斗争中的职责任务，切实做到依法行政、依法履职，防止行政不作为和乱作为。要综合运用各种手段预防和解决黑恶势力违法犯罪突出问题，加强重点地区排查整治，加强重点行业、领域日常监管，最大限度挤压黑恶势力滋生空间，从源头上遏制黑恶势力滋生蔓延。

要加强重点地区排查整治。紧盯黑恶势力易发多发地带，健全滚动排查整治机制，发挥好基层综治中心和网格化服务管理的重要作用，尽快扭转重点地区治安状况。要健全重点地区滚动排查整治机制，发挥公安派出所、司法所、基层综治中心和网络化服务管理机制的作用，加快雪亮工程等信息化、智能化建设，完善公安武警联勤联动等治安防控机制。

要加强重点行业、领域日常监管。健全涉黑线索发现移交、行业管理漏洞通报整改等制度，完善落实市场准入、规范管理、重点监控等日常性工作机制，促进刑事司法与行政执法有效衔接，及时惩治黑恶势力、堵塞管理漏洞。

要加强重点人群动态管控。做好有黑恶势力犯罪前科的社区服刑人员、刑满释放人员监督管理和安置帮教工作，做好吸毒人员教育矫治、康复医疗和管控工作，做好外来务工、无业人员服务管理工作，防止被黑恶势力教唆利用。针对黑恶犯罪分子中不少是年轻人和辍学青少年，要研究采取针对性强的服务、管理、防范措施，防止他们滑入违法犯罪深渊。

要切断黑恶势力的经济来源。加强政法机关与工商、税务、银行、证券、房管等部门的协作配合，详细调查黑恶势力的全部资产，用好、用足法律武器，该冻结的及时冻结，该没收的坚决没收。要充分发挥行政裁决和刑事判决职能，加大对黑恶势力的经济惩罚力度，彻底打垮其经济基础，切断其经济命脉，摧毁其“造血”功能。

依法严打，除恶务尽。一定要按照省委部署，加强重点地区排查整治，加强重点行业、领域日常监管，最大限度挤压黑恶势力滋生空间，坚决打赢这场硬仗，切实保障人民安居乐业、社会安定有序、国家长治久安。

（《山西日报》评论员）

脱贫攻坚

2018年山西省脱贫攻坚综述

2018年是山西脱贫攻坚任务最繁重、连战连胜的一年。一年来，省委省政府深入贯彻落实习近平总书记扶贫工作重要论述和视察山西重要讲话精神，坚定“打不赢脱贫攻坚战，就对不起这块红色土地”的态度和决心，高位推动、分类指导，精准发力、综合施策，年度减贫任务顺利完成。17个国定贫困县、9个省定贫困县进入脱贫摘帽程序，2255个贫困村退出、64.9万人口脱贫，贫困发生率降到1.1%。贫困地区农村居民人均可支配收入达到8250元，同比增长12.6%，高出全省3.7个百分点，脱贫攻坚连战连胜。

——易地扶贫搬迁成效显著。“十三五”期间剩余15.93万贫困人口易地搬迁工程全面铺开，新建集中安置点355个。全省1502个集中安置点竣工1463个，竣工率97.4%；入住31.3万人，入住率86%。

——生态扶贫工作纵深拓展。生态扶贫“五大项目”带动52.3万贫困人口增收。贫困县退耕还林惠及8.9万贫困户；造林绿化带动5.2万贫困劳动力增收；森林管护吸纳2.4万贫困护林员；150万亩经济林提质增效惠及14.1万贫困户。

——产业扶贫能力明显提升。特色农业扶贫带动95万贫困人口增收。5633个贫困村提升“五有”机制，省级认定105家扶贫龙头企业、79家扶贫农民专业合作社。光伏扶贫新建2484座、102.94万千瓦村级电站，全部并网发电，惠及4478个贫困村16.3万贫困户。旅游扶贫带动6.15万贫困人口增收。电商扶贫带动27.4万贫困人口增收。资产收益扶贫483家企业和合作社，带动8.35万贫困户。

——培训就业力度持续加大。全年培训贫困劳动力9.2万人，转移就业10.1万人，吕梁护工、天镇保姆、太行家政等70多个特色劳务品牌市场叫好；建设扶贫车间476个，带动2.3万贫困劳动力就近就业。新增公益性岗位吸纳贫困劳动力3000余人。

——社会保障兜底更加有力。健康扶贫，87.7万人次获医疗救助，贫困人口住院综合报销比例90.1%。教育扶贫，对各阶段贫困家庭学生应助尽助。农村低保省级提标240元，全省平均达到4080元，惠及41.5万贫困人口。农村养老，由政府代缴养老保险，贫困人口参保率100%，新建改建敬老院54所、日间照料中心600个。

——贫困村面貌显著改善。深入实施贫困村提升工程，以户为基、以村为体、以县为战，6432个村实施项目1.92万个，村容村貌、户容户貌、精神面貌明显改善。

一、坚持以习近平总书记关于扶贫工作的重要论述为根本遵循，坚决扛起脱贫攻坚主体责任

省委省政府以习近平新时代中国特色社会主义思想指导扶贫工作，始终把脱贫攻坚作为重大政治任务和第一民生工程，坚决履行主体责任。骆惠宁书记联系任务最重的临县，两年六到临县、三住农家。楼阳生省长逐县听取攻坚深度贫困进展情况汇报，协调解决困难问题。年初省委农村工作暨脱贫攻坚会全面部署，6月攻坚深度贫困现场会强力推进。省委常委会、省政府常务会9次研究脱贫攻坚，省领导小组29次专题研究。省领导带队组成11个督导检查组两轮督查落实。开展五级书记遍访贫困对象行动。落实专项扶贫“双组长”制，对专项扶贫牵头单位开展专项考核、专项测评。出台打赢脱贫攻坚战三年行动实施意见，组织市县委书记就脱贫攻坚向省委述职。深化分类考核，市级分两类，贫困县分三类。统筹贫困退出评估检查与年度脱贫成效考核，统筹市际交叉检查与第三方评估，统筹专项考核与综合评价。约谈综合评价差的7个县、审计发现问题的26个县，通报批评13家省直驻村帮扶单位和32个易地扶贫搬迁项目县。调整履

职不力的贫困县县委书记、县长。省级层面出台常态化约谈办法，对重点工作逐月集中通报，逐项分类排队。

二、坚持精准发力综合施策攻坚深度贫困，带动整体工作全面提升

紧盯10个深度贫困县、3350个深度贫困村、28.47万深度贫困人口，政策、资金、项目、人才向深度贫困县重点倾斜。为10个深度贫困县量身定制"一县一策"。中央和省财政专项扶贫资金的30.3%、共14.4亿元集中支持。64%的退耕还林、54%的造林绿化、43%的光伏扶贫项目安排到10个深度贫困县。省直新增279支工作队967名队员，重点支持深度贫困县。攻坚深度贫困牵引地位更加突出，支撑体系更加健全，改革取向更加鲜明，基层基础更加巩固，带贫效果更加显著，深度贫困县贫困人口减少13.8万，贫困发生率从18.4%降到7.2%，农民人均可支配收入增幅连续两年高于全省平均增幅。3350个深度贫困自然村整村搬迁工程全面铺开，已完成整村搬迁2812个，占83.9%。

三、坚持问题导向与目标导向相结合，以钉钉子精神推动问题整改落实

聚焦国考省考、中央巡视、督导检查和审计发现等问题，分类指导、分类要求、分类整改。集中攻坚深度县，防止消极拖延。巩固提升摘帽县，防止疲劳懈怠。打造脱贫特色县，防止急躁冒进。通过现场推动、案例推动、通报推动、督导推动四种方法，真查实核，真改实整。针对国考发现问题，采取"2+2"总体部署（整改方案和考核通报＋国考和省考问题清单），所有问题清单逐一建立台账，以市打包，反馈到县。针对中央巡视反馈问题，出台整改方案，细化整改措施，明确责任分工，具体问题一对一反馈。针对省委督导组检查反馈问题，逐条梳理、逐项对照。针对审计发现问题，及时跟踪。除列入长期整改的问题以外，全部完成整改。

四、坚持以改革创新办法补短板强弱项，着力提升政策举措的针对性和实效性

顺应脱贫攻坚格局变化，深化精准扶贫举措。"一县一策"攻坚深度贫困。为10个深度贫困县量身定制"一县一策"，有共享政策，也有专享政策，简化审批流程，精准对接需求，营造担当作为狠抓落实的政策环境。"五进九销"启动消费扶贫。搭建进机关、进企业、进学校、进医院、进军营供需对接平台，采取龙头企业带销等九种方式，让农特产品卖上好价钱、农民有个好收成、市民买到好东西、扶贫建立好机制。"六大行动"做实驻村帮扶。严格选派要求，"一村一队、一队三人"；严格驻村要求，干部属地在编管理，"五天四夜"全脱产帮扶；严格工作要求，开展村情民意走访、基础工作巩固、政策举措落实、资金项目盘点、内生动力提升和作风问题整治"六大行动"，有效提升驻村帮扶的思想性、针对性和实效性。"五个重点"防范返贫风险。出台动态管理常态化实施办法，以识别贫困户、认定返贫户、纠正错退户、清退错评户、确定脱贫户为重点，逐村逐户大起底大排查，脱贫攻坚期内按季度动态调整，符合条件的应纳尽纳、及时帮扶，达到脱贫标准的有序退出、继续扶持。"五有举措"深化扶贫扶志。出台深化扶贫扶志促进精准脱贫的实施意见，加强教育引导，激励有志想做，改进帮扶方式，带动有事可做，提升能力素质，帮助有技会做，精准对接需求，支持有钱能做，深化"三基建设"，保障有人领做，多措并举激发内生动力，促进精准脱贫。"一网三超"推进社会扶贫。着力探索中国社会扶贫网＋爱心扶贫超市、项目扶贫超市、消费扶贫超市"一网三超"社会扶贫模式，引导社会扶贫重心下沉，同精准扶贫有效对接，促进帮扶活力、内生动力，凝聚起脱贫合力。

五、坚持以作风攻坚促进脱贫攻坚，集中整治形式主义官僚主义

深入开展作风建设年活动，打好组合拳，加大攻坚力度，减轻基层负担，铲除腐败滋生土壤，以硬作风确保打赢攻坚战。分级培训提升实战能力。省级抓示范、市级抓重点、县级抓覆盖，以考促学、现场教学、案例导学、网络跟学。党政领导、扶贫系统干部、行业部门干部、帮扶干部、贫困村干部分类培训、突出重点，全省累计培训2393期、39.7万人次。强化监管提升资金效益。抓投入保增长、抓项目保效益、抓拨付保进度、抓监管保安全，各级财政扶贫投入188亿元，增幅59.2%。统筹整合资金148.9亿元。资金分配实行"一因素三挂钩"（因素法分配，与扶贫成效、重点工作、资金滞留挂钩），县级全部建成项目库，落实公告公示制度，扶贫审计县级全覆盖。规范考核减轻基层负担。统筹脱贫攻坚各类考核，与精准脱贫无关的搭车任务，未经批准的部门考核评估，不必要的填表报数、会议活动、文件简报一律取消。省级每年组织一次脱贫攻坚成效考核，重点核查脱贫质量。完善运用扶贫信息和视频会议系统，全年共减少会议30余次，减少报表56种。惩防并举整治腐败问题。将整治扶贫领域腐败和作风问题作为整治群众身边腐败问题的三个重点之一，省脱贫攻坚领导小组、纪检监察机关双线作战、综合发力。举办脱贫攻坚报告会，通报扶贫领域腐败案例，增强不想腐的自觉；加强制度管控，落实阳光扶贫廉洁扶贫9条规定，严格核查12317监督举报，扎牢不能腐的笼子；集中整治群众身边腐败问题，省纪委监委每月3次集中曝光违纪违法案件，强化不敢腐的震慑。

六、坚持广泛动员社会各方面力量，凝聚脱贫攻坚的强大合力

广泛动员社会参与。配合26家中央单位定点帮扶，投入和引进资金5.39亿元。支持省统一战线实施"百千百"工程，团省委开展青年电商培育等"四项工程"、省妇联开展"三晋巾帼脱贫行动"。引导600余家社会组织、2130个志愿组织、7.24万志愿者参与扶贫。中国扶贫基金会爱心包裹行动、中国福利基金会免费午餐和暖冬行动惠及1万余名贫困学生。

"光明扶贫工程"免费救治农村贫困白内障患者3199人次。着力营造浓厚氛围。山西省3名个人、1个集体荣获全国脱贫攻坚奖。举办先进事迹报告会、脱贫攻坚报告会。评选全省脱贫攻坚奖,开展驻村帮扶模范单位模范个人、扶贫系统先进集体先进工作者评选表彰活动。创作报告文学、编辑脱贫案例,推介优秀文艺作品22部,举办"精准脱贫同奔小康"摄影作品展和中国(兴县)国际扶贫研讨会,全国扶贫日开展"激发内生动力,凝聚帮扶合力"主题活动。中央媒体报道我省脱贫攻坚928次,省内媒体宣传报道1.4万次。强化监督推动工作。纪检监察机关围绕扶贫领域腐败和不正之风开展专项治理监督,省人大开展《山西省农村扶贫开发条例》执法监督,省政协开展攻坚深度贫困专项视察监督调研,民主党派对脱贫任务重的市县开展民主监督,审计部门聚焦扶贫资金使用、政策落实开展审计监督,山西扶贫网和微信公众号开展公告公示主动接受群众监督。

(省扶贫开发办公室 张海光)

省委农村工作暨脱贫攻坚会议

2018年2月24日,省委农村工作暨脱贫攻坚会议在太原召开。会议以习近平新时代中国特色社会主义思想为指引,深入学习贯彻中央农村工作会议和全国扶贫开发工作会议精神,进一步落实习近平总书记视察山西重要讲话精神,对实施乡村振兴战略,深化精准脱贫攻坚作出全面部署。省委书记骆惠宁作重要讲话,省委副书记、省长楼阳生作具体安排。省委副书记、省政协主席黄晓薇主持有关会议,副省长陈永奇作会议总结。

会议指出,要深入学习贯彻习近平总书记关于"三农"和扶贫工作重要思想,准确把握新时代山西实施乡村振兴战略的历史方位。过去五年,我国之所以农业农村发展取得历史性成就、发生历史性变革,脱贫攻坚开创新的局面、取得决定性进展,根本上在于习近平总书记"三农"和扶贫工作重要思想的科学指引。全省各级党组织和领导干部一定要深刻领会这一重要思想的重大意义,准确把握核心要义,不折不扣抓好贯彻,确保"三农"和脱贫攻坚工作始终沿着正确方向前进。党的十八大以来特别是近年来,省委坚决贯彻中央决策部署和习近平总书记视察山西时关于"三农"和脱贫攻坚重要指示要求,带头落实习近平总书记在太原主持召开的深度贫困地区脱贫攻坚座谈会上的重要讲话精神,推动全省农业农村发展取得重大进步,推动脱贫攻坚取得决定性进展。同时也要看到,放在全国大背景下分析,我省"三农"发展不平衡不充分问题比较典型和突出。在我省实施乡村振兴战略、打好精准脱贫攻坚战,格外有必要和格外紧迫。要准确把握将实施的乡村振兴战略的基本特征,深刻认识到,这是全面建成小康社会、开启现代化建设新征程背景下实施的重大战略;这是在我国推进以人为核心的城镇化历史背景下实施的重大战略;这是全面深化改革背景下实施的重大战略;这是全面从严治党、全面依法治国背景下实施的重大战略。要切实增强实施乡村振兴战略的自觉性,提高抓好各项具体工作落实的有效性。

会议强调,要走好中国特色社会主义乡村振兴之路,奋力书写新时代山西"三农"工作新篇章。我省乡村振兴的总体要求是,以习近平新时代中国特色社会主义思想为指导,全面贯彻落实党的十九大精神和习近平总书记视察山西重要讲话精神,加强党对"三农"工作的领导,坚持稳中求进工作总基调,牢固树立新发展理念,落实高质量发展要求,坚持"三农"重中之重地位,坚持农业农村优先发展,按照产业兴旺、生态宜居、乡风文明、治理有效、生活富裕的总要求,建立健全城乡融合发展体制机制和政策体系,统筹推进农村经济建设、政治建设、文化建设、社会建设、生态文明建设和党的建设,加快推进乡村治理体系和治理能力现代化,加快推进农业农村现代化,走出具有山西特点的社会主义乡村振兴道路,实现农业全面转型升级、农村全面繁荣进步、农民全面富裕发展。一要突出城乡融合,着力构建城乡要素合理流动新机制。继续开展"三基建设",吸引各路人才"上山下乡"。认真研究出台指导意见,围绕特色农产品深加工上一批好项目大项目,引导工商资本"上山下乡"。推动农村基础设施提档升级,推进公共资源"上山下乡"。二要突出共同富裕,着力巩固和完善农村基本经营制度。落实好农村土地承包期再延长30年政策,完善农村承包地"三权分置"制度,发展多种形式适度规模经营,鼓励推广"互联网+新型农业经营主体",盘活用好闲置农房和宅基地,严格管控土地用途,大力深化农村集体产权制度改革。三要突出质量兴农,着力推进农业供给侧结构性改革。要特色兴农,沿着有机旱作农业的正确方向,积极推进特色农业提质增效工程,培育壮大新产业新业态,大力发展功能农业和功能食品。要科技强农,深化农业科技研究和推广机制改革,建设农业大数据平台,大力发展智慧农业、创意农业、数字农业。要品牌立农,继续实施农业标准化战略、食品安全战略、品牌战略。要融合富农,推进农村一二三产业融合发展,构建股份制、合作制等紧密型利益联结机制。确保粮食产能,发展粮食产业经济。四要突出绿色发展,着力建设黄土高原美丽新家园。健全以绿色生态为导向的农业政策支持体系,举全省之力抓好"两山七河"生态修复治理这项功在当代、利在千秋的战略性工程,统筹推进山水林田湖草系统治理,遏制农业面源污染和生态退化,抓紧出台并实施好我省农村人居环境整治三年行动方案。五要突出文化兴盛，着力传承发展提升黄河流域农耕文明。以社会主义核心价值观等现代文明要素提升传统乡土文化，坚持物质文明精神文明一起抓，整合乡村文化资源，实施传统村落保护工程和乡村文化记忆工程，让优秀传统文化在新时代展现其魅力和风采。六要突出乡村善治，着力以“三基建设”推动农村“三治”。要抓党建促自治，进一步落实“三基建设”部署，切实强化农村党组织政治功能，发挥党建带群建、促自治的机制优势。要广普法严法治，完善农村公共法律服务体系建设，深入开展扫黑除恶专项斗争，建设平安乡村。要树新风倡德治，加强乡村道德建设，塑造乡村德治新秩序，推动移风易俗。

会议指出，要聚焦深度贫困持续发力，坚决打好精准脱贫攻坚战。学习贯彻习近平总书记扶贫开发重要战略思想，把提高脱贫质量放在首位，不断完善脱贫攻坚责任体系、工作体系、政策体系、投入体系、帮扶体系、社会动员体系、考核评估体系和制度体系，坚决走好具有中国特色山西特点的减贫之路，努力跻身全国第一方阵。一要进一步强化目标引领，细化打好精准脱贫攻坚战三年行动方案，拿出更多实招硬招。二要进一步聚焦深度贫困，坚决攻下贫中之贫、困中之困。鼓励10个深度贫困县先行先试，形成以改革促脱贫的工作格局。今年全面铺开深度贫困自然村整村搬迁。瞄准全省深度贫困人口精准帮扶，确保全面小康一个都不能少。三要进一步提高脱贫质量，统筹推进面上脱贫工作。坚持质量为先，避免“半拉子工程”。要分类指导，在集中攻坚深度县基础上，打造脱贫特色县，巩固提升摘帽县，重视非贫困县，确保工作不留死角。要综合施策，确保贫困群众基本生活有保障。要整村推进，实施贫困村提升工程，确保贫困地区基本公共服务主要指标接近全省平均水平。四要进一步把好现行标准，确保正确的工作导向。最核心的是准确把握好保障义务教育、基本医疗、住房安全“三保障”标准。五要进一步激发内生动力，把扶贫与扶志扶智扶德结合起来。加快补齐“精神短板”，改进帮扶方式，加强思想教育，树立脱贫典型，让贫困群众肯干愿干、敢想敢干、能干会干，变“要我脱贫”为“我要脱贫”。六要进一步压实工作责任，确保今年连战连胜。贫困地区党政一把手要把主要精力用在脱贫攻坚上，严格贫困县退出程序、标准和要求，有序退出。要强化督导权威，改进考核督查，深化“六个帮扶”，宣传脱贫攻坚先进典型先进事迹。

会议对乡村振兴和脱贫攻坚工作作出具体部署。一要以20字方针为引领，着力构建乡村振兴战略规划体系。充分体现产业兴旺、生态宜居、乡风文明、治理有效、生活富裕的总要求。二要以供给侧结构性改革为主线，推动农业高质量发展。着力打造优势产业集群，发展有机旱作农业，全力推进三大省级战略，大力培育新型农业经营主体，加快推进“互联网+现代农业”，实施农业标准化战略和品牌建设工程。三要以农村人居环境整治为抓手，加快建设美丽乡村。突出抓好农村垃圾、污水治理和农业面源污染防治，大力改善乡村生态环境，打造美丽宜居乡村。四要以一体化发展为目标，加快城乡融合步伐。推动生产要素“上山下乡”、城镇基础设施向农村延伸、城乡基本公共服务均等化，推进生产生活生态融合，促进农业转移人口稳定融入城镇。五要以攻克深度贫困为重点，坚决打好脱贫攻坚战。坚持精准方略，强化举措，完善机制，压实责任，加强作风建设，确保脱贫质量成色。六要以激发乡村活力、促进共同富裕为目标，全面深化农村改革。扎实推进承包地“三权分置”、宅基地“三权分置”和农村集体产权制度等改革。七要以社会主义核心价值观为导向，大力培育文明乡风。八要以创新人才开发使用机制为重点，加快培育乡村人才队伍。着力提高农村劳动力素质和就业能力，引导各类人才投身乡村振兴，大规模开展乡村干部培训。九要以农业农村优先发展为要求，进一步强化科技、财政、金融兴农支农力度。十要以基层党建为统领，坚持自治、法治、德治相结合，提升乡村治理水平。

会议要求，要根据脱贫攻坚形势要求，强化问题导向，聚焦重点难点，瞄准短板弱项，在提高脱贫质量上下功夫，在攻坚深度贫困上下功夫，在“扶志”和“扶智”上下功夫，在增强群众获得感上下功夫，在狠抓落实上下功夫，坚决打好脱贫攻坚战。一要提升产业扶贫水平，抓好特色农业扶贫、光伏扶贫、电商扶贫、乡村旅游扶贫和资产收益扶贫，促进脱贫增收。二要拓宽创业就业途径，大力实施全民技能提升工程，抓好转移就业，重视就地就业，支持鼓励创业。三要打好整村搬迁关键仗，注重科学规划选址，加强公共设施配套，对特困群体要采取特殊办法，重视旧村拆除复垦。四要拓展生态脱贫成果，用足用好退耕还林政策，完善造林扶贫合作社带贫机制，增加生态管护就业岗位，实施经济林提质增效项目。五要跟进落实保障性扶贫措施，健全低保政策，完善教育扶贫，推进健康扶贫，确保精准脱贫不落一人。六要实施好贫困村提升工程，重点抓好基础设施建设和公共服务提升。

会议强调，要加强和改进党对“三农”工作的领导，为乡村振兴和脱贫攻坚工作提供坚强政治保障。一要抓体制，健全党委全面统一领导、政府负责、党委农村工作部门统筹协调的农村工作领导体制，进一步落实省负总责、市县抓落实、乡村具体实施的工作机制。市县党政一把手要切实履行好“双签”责任，严格落实专项扶贫“双组长”制。二要抓改革，大胆创新、先行先试，做好扩面、提速、集成三篇文章。三要抓规划，抓紧制定今后五年乡村振兴战略规划，高度重视村庄建设规划的制订与实施，引领村容村貌整治，体现自然风光、地域特色和时代风貌。四要抓投入，加快形成财政优先保障、金融重点倾斜、社会积极参与的多元投入格局，加快建立涉农资金统筹整合长效机制，积极探索乡村振兴资金筹措新机制，盘活农村资源资产，加大信贷支农力度。五要抓队伍，在乡村振兴和脱贫攻坚一线锻炼和检验干部，全面加强农村干部队伍培训管理，开展脱贫攻坚作风建设年活动，深入践行“五倡导五反对”，不断提升干部作风能力。六要抓纪律，继续深化扶贫领域不正之风和腐败问题专项治理，建立常态化治理长效机制，切实把全面从严治党覆盖到“最后一公里”。

会议号召，全省各级各部门要紧密团结在以习近平同志为核心的党中央周围，坚持以习近平新时代中国特色社会主义思想为指引,苦干实干、久久为功,不断开创新时代山西农村工作新局面。

会议讨论了《中共山西省委山西省人民政府关于推进乡村振兴战略的实施意见(讨论稿)》。

会议对2017年度全省脱贫攻坚奖获得者进行了表彰,吴汉圣宣读《2017年度全省脱贫攻坚表彰决定》。太原市、长治市、晋城市、农谷管委会、孝义市负责同志分别作了大会典型发言。阳曲县、吉县、临县、岢岚县、左权县、武乡县负责同志分别在脱贫攻坚工作部署会议上作交流发言。

省委常委,副省长,省人大、省政协有关负责同志出席会议。省政府秘书长、分管副秘书长,省委农村工作领导小组成员,省脱贫攻坚领导小组成员,省委脱贫攻坚督导组组长、副组长,省直干部驻村帮扶工作队驻县大队长,各市市委书记、市长,分管农业工作和扶贫工作的副书记、副市长,农委主任、扶贫办主任,各县(市、区)委书记、县(市、区)长,省扶贫办班子成员和有关负责同志,2017年度省脱贫攻坚奖获得者等参加会议。

(杨　文)

全省攻坚深度贫困现场推进会

2018年6月19日,省委在忻州召开全省攻坚深度贫困现场推进会,也是省委中心组扩大的专题学习会。会议以习近平扶贫思想为指导,分析一年来全省攻坚深度贫困形势,坚持目标和问题导向,激励干部更好担当作为,强化精准用力举措,下足绣花功夫,为坚决打赢脱贫攻坚战奠定扎实基础。省委书记骆惠宁出席会议并讲话,他强调,要认真学习贯彻习近平总书记对打赢脱贫攻坚战三年行动的重要指示,按照中央指导意见及省委部署,咬定总攻目标,落细攻击点位,完善督战机制,夺取战役全胜。打赢三年脱贫攻坚战,必须牢牢抓住主要矛盾、聚焦深度贫困,做到焦点不散、靶心不变,持续用力、尽锐出战,以攻坚深度贫困带动面上扶贫工作。国务院扶贫开发领导小组副组长、国务院扶贫办主任刘永富出席会议并讲话。省委副书记、省长楼阳生主持会议。

骆惠宁在讲话中指出,一年来,我们牢记习近平总书记指示,始终以"打不赢脱贫攻坚战,就对不起这块红色土地"的态度和决心,采取一系列超常举措,推动攻坚深度贫困取得了关键进展,带动全省脱贫攻坚整体格局发生了重大变化。主要有五个特征:一是牵引地位突出,把攻坚深度贫困摆在突出的战略位置,紧盯最困难的地方,瞄准最困难的群体,扭住最急需解决的问题,促使整个扶贫工作面貌一新。二是支撑体系健全,形成多兵种作战、多元化投入、多点位突破的良好态势。三是改革取向鲜明,深度贫困地区已经成为农村改革最活跃的地区。四是基层基础巩固,把脱贫攻坚与"三基建设"紧密结合起来,进一步增强了基层党组织的战斗堡垒作用,密切了干群关系,提升了乡村治理水平,贫困群众面貌明显改善。五是带贫效果显著,去年10个深度贫困县农民收入增幅全部高于全省水平,贫困发生率下降快于全省水平,全省脱贫攻坚退出任务圆满完成。同时要清醒看到,工作中也还存在不少问题,要把发现和解决问题体现在脱贫攻坚全过程,持续深化整改。

骆惠宁就深化攻坚深度贫困的重点工作,从六个方面总结一年来工作成绩经验,指出存在问题,就下一步工作提出要求。一要在"互促双赢"上再发力,进一步实现增绿增收、生态生计有机统一。不断总结经验,优化工作指导,切实把建设绿水青山的过程变成群众增收脱贫的过程。要用足用好退耕还林政策,充分释放生态扶贫的改革效应,规范发展造林合作社,在造林任务和资金上继续向深度贫困县倾斜。二要在"六环联动"上再抓实,进一步突破制约易地扶贫搬迁全过程的瓶颈性问题。把易地扶贫搬迁与实施乡村振兴战略、推进新型城镇化和城乡融合发展结合起来,坚持六环联动,实现闭环推进。要抓好在建工程实施,倒排工期、压茬推进,确保新居质量。要打造风貌特色,突出依山就势、错落有致、乡土风情。要坚持环环紧扣,实施好技能培训和产业扶贫项目,在新建村分类构建有效的社区治理机制,切实做好搬迁群众接续服务工作。三要在"到村到户"上再精准,进一步完善带贫益贫机制,补上产业就业扶贫短板。强化龙头带动,让贫困群众跟着干,在深度贫困县培育引进一批农业龙头企业,与贫困村、贫困户建立长期稳定的利益联结机制。要加强适用技术培训,增强针对性,让贫困群众自主干。要注重典型示范,让贫困群众学着干,各地都要挖掘宣传一批好典型,特别是新业态方面的好典型。四要在"政策兜底"上再跟进,进一步巩固多重保障防线,防范"福利陷阱"和"悬崖效应"。主动适应我省贫困结构正在发生的深刻变化,持续聚焦特定贫困群体,确保今年如期实现残疾人、失劳孤独老人等特定贫困群体政策兜底全覆盖,建立以社会保险、社会救助、社会福利制度为主体,以慈善帮扶、社工助力为辅的综合保障体系。加快推进"两线合一",着力加强农村低保制度与扶贫开发的政策衔接、对象衔接、标准衔接和管理衔接。要补齐"三保障"短板,健康扶贫要注重发挥各项医保政策叠加效应,安全饮水和危房改造要做到改造一地、销号一地,教育扶贫要继续推进"全面改薄"工程。对贫困人口的帮扶要尽力而为、量力而行,不能抬高标准、吊高胃口,针对非贫困人口特别是贫困边缘人口,要统筹用好各项强农惠农政策,保障他们的发展权。五要在"六个帮扶"上再拓展,进一步凝聚全社会各方面帮扶力量,激发贫困人口内生动力。完善党领导下政府、市场和社会协同推进的大扶贫格局。持续深化企业合作帮扶,实施好民营企业“千企帮千村——精准到户”扶贫行动。有效搭建社会扶贫平台，完善社会扶贫激励机制。推进扶贫与扶志扶智扶德相结合，大力开展农村精神文明创建活动，补齐“精神短板”。六要在“强化一线”上再用心，进一步发挥好基层党组织的战斗堡垒作用。要着力建强基层组织，强化政治功能，发展壮大村级集体经济，吸引鼓励本土人才回乡干事创业，把懂经营、会管理的人才充实到“两委”班子。要着力抓好干部培训，着力培养“懂扶贫、会帮扶、作风硬”的扶贫干部队伍。要着力用好驻村队伍，层层夯实帮扶单位和帮扶人员责任，重视加强农村党支部第一书记队伍建设。

骆惠宁对各级各有关部门负责同志提出三点要求。一要担当责任不甩手。牢记习近平总书记嘱托，把脱贫攻坚摆在突出位置，以“功成不必在我”“功成必定有我”的责任和担当，不放松不停顿不懈怠，各地党委特别是县委书记们要当好“前线指挥”，团结带领广大干部群众坚决打赢脱贫攻坚战。负有部门或行业扶贫责任的省直部门要进一步增强大局意识，在分管的扶贫工作上多投入。各督导组要发现问题、推动落实。二要坚定工作标准不降低。瞄准先进、对标一流，不断提高脱贫攻坚的成色质量。三要狠抓反腐不停步。“治”不忘“危”、“兴”不忘“忧”，做到三年攻坚伴随三年整治，全力推动扶贫领域实现持久的风清气正，激励广大基层党员干部更好在脱贫攻坚一线干事创业，为人民建立功勋。

刘永富在讲话中指出，去年6月23日，习近平总书记在太原主持召开深度贫困地区脱贫攻坚座谈会，对攻坚深度贫困作出全面部署，标志着脱贫攻坚由面上推进向深度贫困聚焦，向最难啃的硬骨头发力。习近平总书记驰而不息、亲力亲为抓脱贫攻坚，亲自调研部署和推进深度贫困地区脱贫攻坚工作，彰显了党的核心、人民领袖强烈的历史使命感和深厚的为民情怀，彰显了打赢脱贫攻坚战言必行、行必果的坚定意志和坚强决心。要牢固树立“四个意识”，认真贯彻落实习近平总书记关于脱贫攻坚三年行动重要指示、李克强总理批示，按照党中央脱贫攻坚决策部署，深入学习贯彻习近平扶贫思想，认真贯彻落实三年行动指导意见，按照实施方案精心组织，统筹用好各类资源，强化扶贫资金项目管理，加强跟踪监测，确保攻坚深度贫困一年一个新进展，三年圆满完成任务，坚决打赢深度贫困地区脱贫攻坚这场“硬仗中的硬仗”。

刘永富高度肯定山西脱贫攻坚工作，他指出，山西省委省政府带头坚决落实党中央决策部署，践行习近平扶贫思想，把脱贫攻坚摆在全省工作突出位置，坚持精准扶贫精准脱贫基本方略，狠抓责任落实、政策落实、工作落实，领导重视、责任到位，聚焦深度、政策给力，改革创新、亮点纷呈，脱贫攻坚取得决定性进展，特别是结合省情特点，探索出许多符合精准扶贫的好经验好做法，为全国脱贫攻坚提供了示范。希望山西在今后三年脱贫攻坚中，再接再厉，不断取得新成绩。

楼阳生对贯彻落实会议精神提出要求。他强调，要深入学习贯彻习近平扶贫思想和习近平总书记视察山西重要讲话精神，把思想和行动坚决统一到省委省政府关于脱贫攻坚的决策部署上来，进一步强化组织领导，推动脱贫攻坚责任落实、政策落实、工作落实。要聚焦深度贫困，落细攻击点位，不断强化超常工作举措，做到政策和项目向贫困地区倾斜，资金向贫困地区集中，精锐力量向贫困地区集结，确保脱贫攻坚不断取得新成效。要聚焦重大事项和重要环节，继续加大考核督导力度，注重结果运用，体现奖优罚劣。要持续营造良好氛围，大力宣传脱贫攻坚的经验做法，发现和选树一批先进典型和模范人物，激励广大干部和群众真抓实干、埋头苦干、尽锐出战，奋力夺取脱贫攻坚战全面胜利。

会前，省委中心组成员到各自帮联点作了调研。会议组织观看了聚焦深度贫困、决战脱贫攻坚专题片，书面通报了全省脱贫成效发现问题整改工作进展情况，对103个有扶贫任务的县(市、区)委书记进行了扶贫政策测试，对攻坚深度贫困专项扶贫工作省直11个牵头部门进行了无记名评议。忻州市、太原市、平顺县、天镇县、交口县、大宁县分别作了表态发言。参会人员对繁峙县金山铺乡农发村贫困村提升工程、集义乡田源毛驴养殖产业扶贫项目，代县生态扶贫雁门万达苗木基地、滨河移民扶贫产业园区，岢岚县阳坪中心集镇整村搬迁安置点、晋岚生物科技有限公司羊肉深加工项目，静乐县万国工坊服装生产园区、王端庄万亩生态经济林等项目进行了观摩。大家表示，通过这次会议，进一步提高了深入贯彻落实习近平扶贫思想，推进脱贫攻坚的责任感和紧迫感。要全面贯彻落实会议精神，坚决啃下深度贫困硬骨头，坚决打赢全省脱贫攻坚战，向党中央和全省人民交出优异战报。

省委中心组全体成员，省脱贫攻坚领导小组成员单位主要负责同志，各市市委书记、市长、市扶贫办主任，有扶贫任务的103个县(市、区)委书记，省委脱贫攻坚督导组组长，省直单位驻村帮扶工作队大队长参加会议。

(尚慧辉)

实施乡村振兴战略是新时代“三农”工作总抓手

——一论贯彻落实省委农村工作暨脱贫攻坚会议精神

乡村振兴战略,为新时代山西农业农村改革发展描绘了光明前景、指明了前进方向。实施乡村振兴战略是贯彻习近平新时代中国特色社会主义思想和党的十九大精神的伟大实践,是推进脱贫攻坚、决胜全面小康的必由之路,是深化转型发展、实现振兴崛起的战略举措,是我省加快推进现代化建设、与全国同步实现现代化的时代使命。

实施乡村振兴战略是新时代“三农”工作总抓手。省委农村工作暨脱贫攻坚会议明确提出,要以习近平新时代中国特色社会主义思想为指导,全面贯彻落实党的十九大精神和习近平总书记视察山西重要讲话精神,加强党对“三农”工作的领导,坚持稳中求进工作总基调,牢固树立新发展理念,落实高质量发展要求,坚持“三农”重中之重地位,坚持农业农村优先发展,按照“产业兴旺、生态宜居、乡风文明、治理有效、生活富裕”的总要求,建立健全城乡融合发展体制机制和政策体系,统筹推进农村经济建设、政治建设、文化建设、社会建设、生态文明建设和党的建设,加快推进乡村治理体系和治理能力现代化,加快推进农业农村现代化,走出具有山西特点的社会主义乡村振兴道路,实现农业全面转型升级、农村全面繁荣进步、农民全面富裕发展。

乡村振兴,产业兴旺是重点。要坚持质量兴农、绿色兴农、品牌强农,深入推进农业供给侧结构性改革,着力提升我省特色现代农业竞争力。产业集群有利于生产要素优化配置和集约利用,有利于产业升级和质量效益提升,是我省农业转型升级的发展方向。要打造优势产业集群,发展有机旱作农业,全力推进农谷建设等三大省级战略,大力培育新型农业经营主体,推动智慧农业,实施农业标准化战略和品牌建设工程,推动农业高质量发展。

乡村振兴,城乡融合发展是必由之路。要加快推进城乡产业发展、基础设施、公共服务、生态环保、文化传承、体制机制等方面的一体化进程。推动生产要素“上山下乡”,推动城镇基础设施向农村延伸,推动城乡基本公共服务均等化,推进生产生活生态融合,促进农村一二三产业融合,挖掘农业的生态生活功能,建立完善新型城镇化政策体系,以一体化发展为目标,加快城乡融合步伐。

乡村振兴,乡风文明是保障。要大力弘扬和践行社会主义核心价值观,以乡风、民风和家风建设为重点,全面提高农村党员、干部和农民群众的道德、文化素质,不断提高乡村社会文明程度。要加强农村精神文明建设,大力弘扬太行精神、吕梁精神、右玉精神,不断激发乡村振兴的内生动力;要传承弘扬优秀乡土文化,挖掘抢救优秀乡土文化资源,推动移风易俗,以社会主义核心价值观为导向,大力培育文明乡风。

乡村振兴,人才是关键。要创新人才培育引进使用机制,加快培育乡村人才队伍,要着力提高农村劳动力素质和就业能力,要建立社会各界投身乡村建设激励机制,引导各类人才投身乡村振兴。要大规模开展乡村干部培训,让乡村干部真正成为乡村振兴的行家里手和乡村治理的中坚力量。

乡村振兴,还要以农村人居环境整治为抓手,加快建设美丽乡村;要以深度贫困为重点,坚决打好精准脱贫攻坚战;要以激发乡村活力、促进共同富裕为目标,全面深化农村改革;要以农业农村优先发展为要求,进一步强化要素保障和投入力度;要以基层党建为统领,提升乡村治理水平。

新战略开启新征程。乡村振兴既是一场攻坚战,更是一场持久战。我们要进一步增强责任感、使命感和紧迫感,开拓创新,真抓实干,奋力开创乡村振兴新局面。

(《山西日报》评论员)

坚决打好精准脱贫攻坚战

——二论贯彻落实省委农村工作暨脱贫攻坚会议精神

打好精准脱贫攻坚战,是三大攻坚战中对全面建成小康社会最具有决定性意义的攻坚战,是全面建成小康社会的标志性战役和实施乡村振兴战略首要的重大阶段性任务。

省委农村工作暨脱贫攻坚会议为打好精准脱贫攻坚战明确工作重点和目标任务,作出一系列补短板、强弱项的部署,为精准脱贫攻坚战连战连胜注入新动力。

党的十八大以来特别是近年来，我们坚决贯彻落实习近平总书记扶贫开发重要战略思想和视察山西重要讲话精神，以“打不赢脱贫攻坚战就对不起这块红色土地”的态度和决心，高位推动，持续发力，脱贫攻坚取得决定性进展、实质性突破。5年来，累计4800个贫困村退出，275万贫困人口脱贫；2017年，我省贫困县数量首次实现净减少，贫困人口降到百万以下，贫困发生率降到4%以下。同时也要看到，我省脱贫攻坚任务依然艰巨，深度贫困地区大都是生态脆弱区，贫困程度深，一些地方在落实精准要求上还有差距，一些贫困户等靠要思想严重，扶贫领域不正之风和腐败问题时有发生等等。要打好精准脱贫攻坚战，这些问题必须高度重视、认真解决。

打好精准脱贫攻坚战，要突出精准扶贫、精准脱贫这个基本方略。无论是加强产业、金融等具体扶贫行动，培育贫困群众的造血功能，还是加大贫困劳动力培训力度，促进转移就业；无论是落实教育扶贫和健康扶贫政策，阻断贫困“代际传递”，还是加大政策支持力度，只有把“精准”的要求贯穿扶贫脱贫全过程，才能从根本上摆脱贫困。要注重扶贫同扶志扶智相结合，激发脱贫内生动力，补齐“精神短板”，让贫困群众肯干愿干、能干会干，靠辛勤劳动改变贫困面貌。

打好精准脱贫攻坚战，要突出深度贫困地区这个重点。要坚持精准施策，从产业开发、基础建设、生态环境、资金保障等政策举措和体制机制方面给予大力支持，鼓励10个深度贫困县先行先试，以改革促脱贫。要以深度贫困村为重点，紧紧围绕解决“人、钱、地、房、树、村、稳”等问题，“六环联动”有序推进易地搬迁工程。要瞄准全省28.47万深度贫困人口精准帮扶，探索完善、跟进落实保障性扶贫举措，确保全面小康一个都不能少。

打好精准脱贫攻坚战，要突出脱贫质量这个关键。突出强调打好精准脱贫攻坚战，从“打赢”到“打好”，体现了脱贫工作的质量导向。既不能降低标准、影响质量，也不能调高标准、吊高胃口，要分类指导，在集中攻坚深度县基础上，打造贫困特色县，巩固提升摘帽县，重视非贫困县，确保工作不留死角；要综合施策，确保贫困群众基本生活有保障；要整村推进，实施贫困村提升工程，重点建设基础、公共服务设施，突出抓好教育、旅游扶贫等具有普惠性标志性的重点工作。同时要进一步压实责任，强化督导，确保脱贫攻坚今年连战连胜。

又一个春天来临，又一段征程开启。我们要以求真务实的作风、苦干实干的姿态，不驰于空想、不骛于虚声，如期交出决胜全面建成小康社会的优异答卷！

（《山西日报》评论员）

加强和改进党对“三农”工作的领导

——三论贯彻落实省委农村工作暨脱贫攻坚会议精神

办好农村的事情，关键在党。实施乡村振兴战略、打好精准脱贫攻坚战，必须加强和改进党对“三农”工作的领导，为乡村振兴和脱贫攻坚工作提供坚强政治保障，进一步提高新时代党全面领导农村工作的能力和水平，有力有效地推动各项工作。

乡村振兴和脱贫攻坚，离不开有效的体制机制保障，离不开改革这个制胜法宝。首先要抓体制，切实强化组织领导。要健全党委全面统一领导、政府负责、党委农村工作部门统筹协调的农村工作领导体制，进一步落实省负总责、市县抓落实、乡村具体实施的工作机制。各级党政一把手是第一责任人，五级书记抓乡村振兴和脱贫攻坚，尤其是县委书记要当好“一线总指挥”；要抓改革，充分激发内在活力。“三农”工作要发扬敢为人先的优良传统，使乡村振兴过程成为全面深化改革的过程。要大胆创新、先行先试，坚决破除体制机制弊端，让农村资源要素活化起来，让广大农民积极性迸发出来，让支农助农兴农力量汇集起来。要尊重基层首创精神，讲好乡村振兴山西故事，提供脱贫攻坚山西范例。

乡村振兴和脱贫攻坚，要抓规划，彰显山西乡村特色；抓投入，健全资金保障机制。科学管用的规划，是乡村振兴的时间表、施工图，要细化工作重点，完善政策举措，研究部署一批重大行动、重大工程、重大项目。要高度重视村庄建设规划的制订与实施，引领村容村貌整治，体现自然风光、地域特色和时代风貌；要加快形成财政优先保障、金融重点倾斜、社会积极参与的多元投入格局，切实增加各级财政对农村的投入力度，加大对城乡基本公共服务均等化水平的支持，确保与乡村振兴和脱贫攻坚的目标任务相适应。要加快建立涉农资金统筹整合长效机制，积极探索乡村振兴资金筹措新机制，撬动更多社会资金投向农村。

人才是乡村振兴的第一资源，队伍是脱贫攻坚的坚实保障。因此，必须抓队伍，提升干部作风能力；抓纪律，深化专项治理工作。要在乡村振兴和脱贫攻坚一线锻炼和检验干部，完善干部选用机制，真正把懂农业爱农村爱农民的干部选出来、用起来。要从政治上工作上生活上关心爱护一线干部，全面加强农村干部队伍培训管理，不断提升能力素质。深入践行“五倡导五反对”，激励大家比境界、比贡献、比作风，激情干事、精准干事、开拓干事，以硬作风完成硬任务。目前，一些基层干部的纪律意识淡漠,农业农村和脱贫攻坚仍是“微腐败”多发易发领域。因此,我们要继续深化专项治理,建立常态化治理的长效机制,切实把全面从严治党覆盖到“最后一公里”。

山西农业农村发展正迎来一个大变革、大飞跃的关键期。号角已经吹响,让我们把思想和行动统一到中央和省委精神上来,把力量凝聚到实施乡村振兴战略和打好精准脱贫攻坚战上来,开拓创新,苦干实干,谱写新时代山西“三农”新篇章。

(《山西日报》评论员)

右玉、吉县、中阳3个国定贫困县实现脱贫

根据中央和省贫困退出机制和实施办法的相关规定,从2018年年初以来,经过县申请、市初审、省核查、社会公示和国家组织的专项评估检查,右玉、吉县、中阳3个县已达到贫困县退出相关指标,符合贫困县退出标准。2018年8月8日,省政府批准这3个县退出贫困县。

这一轮脱贫攻坚战始终坚持的是现行标准,就是稳定解决“两不愁、三保障”,也就是吃不愁、穿不愁;牢牢锁定义务教育、基本医疗和住房安全。既不能降低标准,也不能擅自拔高,解决的是绝对贫困问题。贫困县脱贫摘帽的标准就是“三率一度”,即综合贫困发生率、漏评率、错退率都不能超过2%,群众综合认可度要达到90%以上。从目前3个县退出国家专项评估的结果看,都达到了这些指标要求。

脱贫攻坚战打响以来,右玉、吉县、中阳3个县按照国家和省市脱贫攻坚总体要求,坚持把脱贫攻坚作为重大政治任务和首要民生工程,以脱贫攻坚统揽经济社会发展全局,结合县情,紧扣精准,实施了一系列扎实有效的攻坚举措,亮点频出、成效显著。

右玉,增收增绿齐步走。坚持不懈植树造林,昔日的不毛之地变成了今天的塞上绿洲,林木绿化率达到54%;依托全国小杂粮基地县的优势,做大做强杂粮产业,种植面积稳定在40万亩左右;发展壮大畜牧业,全县羊的饲养量达到75万只。

吉县,致富梦圆在特色产业。全县苹果种植面积达28万亩,年产22万吨,产值10亿元,全县农村群众依靠苹果产业脱贫的比例达80%以上,苹果已经成为当地农民脱贫致富的主导产业。

中阳,健康扶贫兜底网。在落实中央、省、市惠农政策的基础上,自主实施了17项普惠、优惠、特惠政策,9项覆盖到所有农户,11项覆盖到2014年以来建档立卡贫困户,17项覆盖到2016年以来建档立卡贫困户,提高了群众的获得感满意度。

按照我省脱贫摘帽滚动规划,2017年除右玉、吉县、中阳3个国定贫困县退出外,近期还将有具备条件的12个省定贫困县退出,2018年全省计划有26个贫困县退出,到2020年,确保现行标准下全省农村贫困人口全部脱贫,消除绝对贫困;确保58个贫困县全部摘帽,解决区域性整体脱贫。

“3个国定贫困县顺利实现脱贫摘帽,是脱贫攻坚征程上的阶段性胜利,为今后几年贫困县有序规范退出树立了标杆、做出了示范!”省扶贫办主任刘志杰说,下一步,要切实做好贫困县退出后的继续帮扶、监督管理和巩固提升工作,建立稳定脱贫持续发展长效机制,确保脱贫攻坚成果得到人民群众认可、经得起历史和实践检验。

(赵建军)

国家三部门联合推广山西省脱贫模式

——山西经验成为全国路径

2018年11月13日,国家林业和草原局办公室、国家发展改革委办公厅、国务院扶贫办综合司联合印发《关于推广扶贫造林(种草)专业合作社脱贫模式的通知》(以下简称《通知》),在全国推广山西组建扶贫造林(种草)专业合作社的脱贫模式,并作出具体安排部署。

贫困地区与生态脆弱区高度重合,如何统筹脱贫攻坚与生态建设?立足省情特点,山西省作出了在“一个战场”上打赢“两个攻坚战”的决策部署,围绕荒山增绿、群众增收两条主线,采取组建“扶贫攻坚造林专业合作社”的形式,将贫困人口组织起来,搭建起群众参与生态治理、获取劳务收益的平台,让他们在绿化家园的过程中增收致富。

记者了解到,在扶贫攻坚造林专业合作社里,建档立卡贫困人口比例必须达到60%以上,贫困社员的劳务收入要占到合作社劳务收入的60%以上,引导广大贫困群众在造林绿化中实现脱贫。山西省已组建3378个扶贫攻坚造林专业合作社,入社贫困人口7.03万人。“十三五”期间,每年安排贫困县造林任务260万亩,全部由造林合作社承揽实施,可以为贫困群众增加劳务收入3.8亿元。

吕梁市是全省脱贫攻坚的主战场。该市以合作社造林为抓手，有效串联起生态文明建设和脱贫攻坚两个战场，吕梁山绿了，老百姓富了。全市已成立造林合作社1291个，吸纳贫困社员2.6万人，带动7.2万贫困人口实现生态脱贫。

临县是吕梁市乃至全省的贫困大县，当地组建扶贫攻坚造林专业合作社291个，吸纳贫困劳动力1.14万人；2017年246个合作社完成造林绿化任务34.52万亩，居全省之首，人均劳务收入6880元以上，基本实现了“一人造林，全家脱贫”的目标。

白文镇李家湾村是临县生态扶贫试点村，贫困户李有生把自家的7亩地退耕还林全部种上了核桃和杏等经济作物，并在合作社中参与造林，通过退耕还林政策补助和在合作社打工植树实现了脱贫。李有生表示，“跟着造林合作社干，既能照顾家，又能赚到钱，日子真是越过越有味!”

省林业和草原局局长张云龙表示，山西“在一个战场打赢两个攻坚战”的实践，走出了一条具有特色的社会、经济、生态共赢之路。三部门联合印发《通知》，在全国推广山西组建扶贫造林(种草)专业合作社的脱贫模式，为林业生态扶贫的“山西经验”变为“全国路径”再次增添了奋进的力量。

(赵建军　张丽媛)

山西省人力资源和社会保障厅　山西省扶贫开发办公室《关于表彰2018年全省脱贫攻坚奖的决定》

各市脱贫攻坚领导小组、人力资源和社会保障局、扶贫开发办公室，省直各部门，省军区政治工作局，各人民团体：

2018年是全省脱贫攻坚任务最繁重、连战连胜的一年。一年来，在省委、省政府的坚强领导下，全省上下深入学习贯彻习近平总书记关于扶贫工作的重要论述和视察山西重要讲话精神，以“打不赢脱贫攻坚战，就对不起这块红色土地”的态度和决心，高位推动，苦干实干，圆满完成年度减贫目标任务。在脱贫攻坚的生动实践中，贫困地区广大干部群众自力更生、艰苦奋斗，各级各部门履职尽责、积极作为，社会各界广泛参与、无私奉献，涌现出一批忠于扶贫事业、情系贫困群众、勇挑攻坚重担的先进典型和感人事迹。

为表彰先进，激发全社会更广泛更深入参与脱贫攻坚，经省脱贫攻坚领导小组同意，省人力资源和社会保障厅、省扶贫开发办公室决定授予王巨明等20名同志“全省脱贫攻坚奋进奖”，授予王晃等20名同志“全省脱贫攻坚贡献奖”，授予王学春等20名同志“全省脱贫攻坚奉献奖”，授予马恩正等20名同志“全省脱贫攻坚创新奖”，授予娄烦县社会管理服务中心等30个单位“全省脱贫攻坚组织创新奖”。

希望受到表彰的先进集体和先进个人珍惜荣誉、再接再厉，在脱贫攻坚中发挥示范引领作用，再创佳绩。全省上下要以获奖者为榜样，学习他们信念坚定、不忘初心、忠于党的事业的政治品格，学习他们自力更生、自强不息、脱贫致富的拼搏精神，学习他们情系群众、担当作为、为群众谋福祉的价值追求，学习他们守望相助、无私奉献、扶贫济困的大爱情怀，学习他们积极进取、勇于探索、改革创新的开拓精神，以坚定不移的政治担当，永不懈怠的拼搏精神，精细严实的工作作风，撸起袖子加油干，为决战脱贫攻坚、决胜全面小康而努力奋斗！

附件：2018年全省脱贫攻坚奖获奖名单

山西省人力资源和社会保障厅
山西省扶贫开发办公室
2019年1月14日

附件：

2018年全省脱贫攻坚奖获奖名单

奋进奖(共20人，按姓氏笔画排序)

王巨明	阳泉市平定县柏井镇将军峪村党支部书记
王月龙	晋城市沁水县土沃乡岭东村党支部书记
王会军	大同市灵丘县石家田乡东张庄村村委会主任
王保元	晋城市陵川县西河底镇秦山村原党支部书记
刘智军	太原市阳曲县黄寨镇录古咀村村委会主任
许艳平(女)	吕梁市艳平家政服务有限公司总经理
苏耀康	太原市娄烦县娄烦镇西果园村村委会主任
张会岗	晋中市榆社县箕城镇河南街村党支部书记
陈永和	朔州市山阴县合盛堡乡东双山村泰和牧业专业合作社董事长
陈建明	临汾市汾西县永安镇后加楼村绿阳种植专业合作社理事长
郑二小	吕梁市岚县界河口镇东口子村党支部书记

姜　宏　大同市广灵县梁庄乡刘家沟村村民
贾永平　长治市平顺县龙溪镇龙镇村党支部书记
郭志强　长治市壶关县石坡乡南平头坞村党支部书记、村委会主任
郭应林　晋中市左权县龙泉乡连壁村党支部书记
龚来文　长治市沁县杨安乡佛堂岩村党支部书记
常仁科　运城市垣曲县皋落乡岭回村党支部书记、村委会主任
崔章红　临汾市古县南垣乡吴家岭村党支部书记
程　华　忻州市五寨县梁家坪乡梁家坪村党支部书记、村委会主任
鲁青海　临汾市浮山县北王乡臣南河村党支部书记

贡献奖(共20人,按姓氏笔画排序)

王　冕　山西大学派驻静乐县丰润镇庆鲁村工作队员兼黑土岩村第一书记
王怀生　朔州市农委派驻平鲁区高石庄乡石湾村第一书记
王俊华　晋中市政府办公厅派驻左权县桐峪镇下武村第一书记
冯建忠　忻州市委宣传部派驻五台县耿镇镇殊宫寺村工作队队长
刘利军　省工商联派驻中阳县暖泉镇高崖头村第一书记
刘忠利　大同市政府办公厅派驻阳高县大白登镇潘寺村第一书记
刘晓鹏　忻州市委统战部派驻代县峪口乡王家会村第一书记
李　倩(女)　省司法厅派驻娄烦县庙湾乡上庙湾村第一书记
李伟奇　岚县人武部部长兼岚县塔上村驻村工作队队长
李宏波　省级政府采购中心派驻和顺县李阳镇菜地沟村第一书记
何建强　忻州市纪委派驻岢岚县三井镇张义庄村、宋家寨村工作队队长
张　跃　晋中市人社局派驻左权县拐儿镇工作队中队长
张水林　沁县教育科技局派驻郭村镇丁家山村原第一书记
孟保奎　省农业农村厅派驻临县兔坂镇前沟村第一书记
姜瑞鹏　山西医科大学派驻右玉县元堡子镇小油坊头村工作队队长兼第一书记
柴晓飞　运城市闻喜县国税局派驻石门乡后川村原第一书记
高　鹏　大同大学派驻阳高县罗文皂镇谢家庄、十九墩村工作队队长
郭晓晨(女)　省妇联派驻五台县高洪口乡大流治村工作队队长兼第一书记
谢育斌　省道路运输管理局派驻天镇县玉泉镇唐八里村工作队队长兼第一书记
薛彩霞(女)　运城市直工委派驻平陆县张店镇张郭村工作队队长

奉献奖(共20人,按姓氏笔画排序)

王学春　阳泉市豪门房地产开发有限公司董事长
申金喜　山西黎城粉末冶金有限责任公司董事长
冯　玫(女)　山西大医院全科医训中心副主任
刘六六　繁峙县天河牧业有限公司、繁峙县万恒中药材种植有限公司董事长
刘玉东　吉利汽车山西基地总经理
刘帅宏　山西森泽能源科技集团公司总经理
刘金萍(女)　广灵县巧娘宫手工编织专业合作社总经理
闫　军　襄汾县碧云天农业发展有限公司董事长
孙宏原　山西沁新能源集团股份有限公司党委书记、董事长
远勤山　大运九州集团有限公司董事长
张子玉　吕梁泰化集团董事长
张喜伟　忻州伟业奶牛养殖有限公司董事长兼总经理
陈长水　汾西县洪昌养殖有限责任公司董事长
赵玉娥(女)　山西绿色山区农副产品销售有限公司董事长
郭兴银　平遥煤化(集团)有限责任公司董事长
曹云贵　晋能清洁能源光伏工程有限责任公司总经理
梁振光　山西振钢化工有限公司董事长
程田青　山西中德投资集团有限责任公司董事长
樊正强　五寨县凯源工贸有限责任公司董事长
薛泽科　山西星河房地产开发有限公司董事长

创新奖(共20人,按姓氏笔画排序)

马恩正　太原生态工程学校退休教师
王志平　吕梁市岚县林业局局长
王艳春　阳泉市国土局派驻盂县西烟镇岭南村第一书记
王圆荣　省农业农村厅综合开发处副处长
权　威　省人社厅派驻五台县东雷乡宝稿村工作队队长
任志强　山西股权交易中心有限公司部门经理
刘宇庆　省气象局派驻广灵县梁庄乡水涧村工作队队员
刘晓东　省高院派驻浑源县大仁庄乡黄土坡村第一书记
李全德　人民银行交口县支行行长
李志荣　山西青创天下互联科技有限公司董事长
张国田　省委宣传部派驻长治市武乡县故县乡五村第一书记
张建营　中国农业发展银行吕梁市分行党委书记、行长
陈秋芳　省农科院果树研究所派驻娄烦县挂职副县长
和军农　省编办派驻代县峪口乡东章村工作队队长兼第一书记
赵高荣　山西焦煤集团有限责任公司产业扶贫开发领导组办公室主任
郝丽军　忻州市静乐县发展和改革局局长
姚建民　省农业科学院农业资源与经济研究所退休教授
秦文东　忻州市宁武县委办公室派驻阳方村工作队队

长兼第一书记
高　林　　太原市娄烦县扶贫办主任
路东红　　临汾市永和县东征村村委会主任

组织创新奖（共30个，按行政区划排序）
太原市娄烦县社会管理服务中心
太原市阳曲县脱贫攻坚指挥部
中共广灵县委宣传部
朔州市右玉县脱贫攻坚指挥部
中共忻州市委组织部
忻州市商务局
吕梁市人力资源和社会保障局
中共临县县委宣传部
吕梁市中阳县脱贫攻坚指挥部
中共晋中市委组织部
国网山西省电力公司晋中供电公司
中共阳泉市委办公厅
长治市财政局
晋城市沁水县脱贫攻坚指挥部
临汾市吉县脱贫攻坚指挥部
中共永和县委组织部
运城市夏县脱贫攻坚指挥部
运城市万荣县水利局
审计署驻太原特派员办事处机关党委(人事教育处)
省自然资源厅规划处
省住房和城乡建设厅村镇建设处
省商务厅电子商务与信息化处
省卫生健康委员会人事处
省林业和草原局造林绿化管理处
省工商联扶贫与社会服务部
国家开发银行山西省分行客户一处
省农村信用社联合社精准扶贫部
山西潞安智华农林科技有限公司
山西省国新能源发展集团永和综合开发有限公司
陆军预备役步兵第八十三师

党政机构改革

中共山西省委
《关于深入贯彻落实党的十九届三中全会精神深化全省党政机构改革的实施意见》

（2018 年 7 月 7 日）

为深入贯彻党的十九届三中全会精神，全面贯彻落实《中共中央关于深化党和国家机构改革的决定》、中共中央印发的《深化党和国家机构改革方案》和中共中央办公厅印发的《关于地方机构改革有关问题的指导意见》，确保高质量完成我省机构改革各项任务，现提出如下意见。

一、准确把握深化机构改革的重大意义、指导思想和目标原则

（一）重大意义。深化党和国家机构改革，是以习近平同志为核心的党中央，站在党和国家事业发展全局的战略高度作出的重大政治决策，是推进国家治理体系和治理能力现代化的一场深刻变革，是新时代坚持和发展中国特色社会主义的必然要求，是加强党的长期执政能力建设的必然要求，是社会主义制度自我完善和发展的必然要求，是实现"两个一百年"奋斗目标、建设社会主义现代化国家、实现中华民族伟大复兴的必然要求。地方机构改革是深化党和国家机构改革的重要内容。做好深化党政机构改革工作，对于我省加快破除各种体制机制障碍，构建适应经济社会发展的机构职能体系，推动形成以改革促转型、以开放带转型总体格局，决胜全面建成小康社会、夺取新时代中国特色社会主义山西篇章的伟大胜利具有重大意义。

（二）指导思想。全面贯彻落实党的十九大和十九届二中、三中全会精神，坚持以习近平新时代中国特色社会主义思想为指导，深入贯彻落实习近平总书记关于深化党和国家机构改革的重要思想，深入贯彻落实习近平总书记视察山西重要讲话精神，牢固树立"四个意识"，全面落实党中央关于深化党和国家机构改革的决策部署，坚持稳中求进工作总基调，坚持正确改革方向，坚持以人民为中心，坚持全面依法治国，以加强党的全面领导为统领，以治理体系和治理能力现代化为导向，以推进地方机构职能优化协同高效为着力点，通过改革机构设置，优化职能配置，深化转职能、转方式、转作风，提高效率效能，为我省决胜全面建成小康社会，实现党内政治生态持久的风清气正、经济转型发展持久的强劲态势提供有力制度保障。

（三）目标任务。全面准确贯彻落实党中央关于机构改革的部署要求，下大力气解决我省党政机构设置和职能配置存在的矛盾和问题，着力构建系统完备、科学规范、运行高效的党政机构职能体系。省级党委职能部门和政府组成部门及其职能，总体上与中央和国家机关机构职能基本对应，确保中央政令畅通。在此基础上，根据我省经济社会特点，在机构限额内因地制宜设置机构和配置职能，增强地方治理能力。着眼服务方便人民群众、符合基层事务特点，构建简约高效的基层管理体制。按照减少层次、整合队伍、提高效率的原则，深化综合行政执法改革，统筹配置行政执法职能和执法资源，大幅减少执法队伍种类，合理配置执法力量。按照中央关于深化事业单位改革的精神，统筹推进承担行政职能的事业单位改革。

（四）基本原则。必须把坚持和加强党的全面领导贯穿始终。坚决维护以习近平同志为核心的党中央权威和集中统一

领导，建立健全各级党委对重大工作的领导体制机制，从机构职能上把加强党的领导落实到各领域各方面各环节。

必须把践行以人民为中心的发展思想贯穿始终。顺应人民群众对美好生活的期待，强化社会管理和公共服务职能，完善便民惠民的体制机制，切实解决人民群众最关心最直接最现实的利益问题。

必须把坚持社会主义市场经济改革方向，使市场在资源配置中起决定性作用、更好发挥政府作用贯穿始终。深化政府职能转变，深入推进简政放权，提高资源配置效率和公平性，着力构建市场机制有效、微观主体有活力、宏观调控有度的经济体制，努力实现更高质量、更有效率、更加公平、更可持续的发展。

必须把坚持优化协同高效的原则贯穿始终。着眼于推进治理体系和治理能力现代化，统筹省市县乡各层级、党政群各领域改革，优化机构设置和职能配置，提高效率效能。

必须把坚持在党中央统一领导下发挥地方积极性贯穿始终。在主要机构设置同中央保持基本对应，确保维护党中央集中统一领导和国家法制统一、政令统一、市场统一的基础上，在一些领域因地制宜设置机构，适应社会管理和公共服务需要，充分发挥自身优势和积极性。

必须把坚持以法治方式推进改革贯穿始终。积极发挥法治规范和保障改革的作用，做到重大改革于法有据，在法治下推进改革，在改革中完善法治。

二、全面落实深化机构改革各项任务

（五）完善坚持和加强党的全面领导的制度。把加强党对各领域各方面工作领导作为深化机构改革的首要任务。积极优化党的组织机构，确保党的领导全覆盖、党的领导更加坚强有力。建立健全和优化党对重大工作的领导体制机制，把党中央各项决策部署落到实处。强化党的组织在同级组织中的领导地位，理顺党的组织同其他组织的关系，更好发挥党总揽全局、协调各方作用。在国家机关、事业单位、群团组织、社会组织、企业和其他组织中设立的党组（党委），接受批准其设立的党委统一领导，并定期汇报工作。加快在新型经济组织和社会组织中建立健全党的组织机构。着眼更好发挥党的职能部门作用，进一步优化党委组织、宣传、统战、政法等部门职责配置，加强归口协调职能。优化设置各类党委办事机构，规范设置党的派出机关。继续深化地方党的纪律检查体制和监察体制改革，完善巡视巡察制度。

（六）优化政府机构设置和职能配置。把转变政府职能作为深化机构改革的重要任务，按照推动高质量发展、建设现代化经济体系的要求，加强和完善政府经济调节、市场监管、社会管理、公共服务、生态环境保护职能，调整优化政府机构职能，全面提高政府效能，建设人民满意的服务型政府。合理配置综合经济部门职能，构建发展规划、财政、金融等政策协调和工作协同机制；加强和优化政府法治、经济监测预测预警、地方金融监管、“三农”工作等职能；构建统一高效的审计监督体系。深入推进简政放权，最大限度减少政府对市场资源的直接配置和对市场活动的直接干预；继续清理和规范各类行政许可、资质资格、中介服务等管理事项；全面实施市场准入负面清单制度。改革和理顺市场监管体制，整合监管职能，加强监管协同，形成市场监管合力。深化行政执法体制改革，统筹配置行政执法职能和执法资源，相对集中行政处罚权，精简整合执法队伍，解决多头多层重复执法问题。改革自然资源和生态环境管理体制，设立国有自然资源资产管理和自然生态监管机构，完善生态环境管理制度，强化生态环境统一监管。完善公共服务管理体制，推进基本公共服务均等化、普惠化、便捷化，推进城乡区域基本公共服务制度统一。强化事中事后监管。加强信用体系建设，健全信用监管机制。

（七）统筹党政群机关和事业单位改革。把实现机构职能优化协同高效作为深化机构改革的重要目标，统筹设置相关机构和配置相近职能，理顺和优化党政机关、群团组织、事业单位的职责，形成统一高效的领导体制。加强人大对预算决算、国有资产管理等的监督职能，健全人大组织制度和工作制度，完善人大专门委员会设置。推进人民政协履职能力建设，加强人民政协民主监督，优化专门委员会设置，发挥其作为专门协商机构作用。深化司法体制改革，优化司法职权配置，全面落实司法责任制，推进以审判为中心的诉讼制度改革，推进法院、检察院内设机构改革，提高司法公信力。健全党委统一领导群团工作的制度，增强群团组织政治性、先进性、群众性。推进社会组织改革，加快实施政社分开，激发社会组织活力，依法加强监管。加快推进事业单位改革，全面推进承担行政职能的事业单位改革。

（八）在机构限额内因地制宜设置机构和配置职能。省级党委职能部门和政府组成部门及其职能，要与中央和国家机关机构职能大体保持一致，在此基础上，根据我省经济社会发展特点，适应社会管理和公共服务需要，在机构限额内因地制宜设置机构和配置职能。严格党政机构限额管理，省级党政机构严格按中央批准的限额设置，其中副厅级机构要符合中央规定的比例要求；市县党政机构要在中央确定的机构限额内设置，设区的市按大中城市两类、县级按大中小三类分别确定党政机构限额。市县主要党政机构设置和职能调整要与省级衔接，确保上下贯通、执行有力。赋予省级以下机构更多自主权，除中央和省委有明确规定外，允许地方因地制宜设置机构和配置职能。优化对基层的领导方式，既可以“一对多”，也可以“多对一”。涉及应急管理、退役军人事务、医疗保障等重点领域新组建机构，要上下一致抓好落实。借鉴经济发达镇行政管理体制改革试点经验，创新完善基层治理模式，构建符合基层政权定位、适应城镇化发展及实施乡村振兴战略需求的新型行政管理体制。健全监督体系，规范基层管理行为，确保权力不被滥用。规范垂直和分级管理体制，健全垂直管理机构和地方协作配合机制。

（九）推进机构编制法定化。加强党委对机构编制工作的集中统一领导，强化机构编制管理刚性约束。加强机构编制方面的党内法规制度建设，完善机构编制法规制度，加大机构编制违纪违法行为查处力度。增强“三定”规定严肃性和权威性,全面推行政府部门权责清单制度。建立健全编制管理动态调整机制,加快建立机构编制管理同组织人事、财政预算管理共享的信息平台,全面加强机构编制实名制管理。严格机构编制管理权限和程序,严禁越权审批。严格执行机构限额、领导职数、编制种类和总量等规定,清理限额外机构,消化解决历史遗留问题,不得在限额外设置机构,不得超职数配备领导干部,不得擅自增加编制种类,不得突破总量增加编制。严格控制编外聘用人员。完善机构编制同纪检监察机关和组织人事、审计等部门的协作联动机制,形成监督检查合力。

三、扎实做好深化机构改革重点工作

(十)精心制定机构改革方案。按照中央模板,精心制定省级机构改革方案,于8月底前报中央批准后组织实施,年底前改革全部到位。在研究省级机构改革方案的同时,统筹市县改革工作,压茬推进,确保省市县改革工作相互衔接、有序开展。市县机构改革总体意见在9月底前报中央备案,明年3月底前基本完成。对每一项具体改革举措都要进行深入细致的研究论证,形成支撑材料,汇总分析重要数据。对改革压力、改革代价、改革中存在的新老问题和过渡期可能出现的矛盾和困难,做好充分的估计和准备,科学谋划、周密部署,蹄疾步稳推进各项改革任务。

(十一)有序做好转隶和“三定”工作。按照先转隶、再“三定”的要求,推动相关职责及机构和人员编制划转工作。组织部门要及早考虑、牵头负责新组建部门和改革涉及的其他部门领导班子调整配备、干部安排等事宜,与改革方案同步准备。新组建部门领导班子成立后即着手开展转隶工作,与相关部门衔接,协商一致后,将有关职责、机构和人员划转到新组建部门。同步划转所属事业单位,做好集中办公、超配人员安排、离退休干部安置、国有资产管理等相关工作。各部门要按照规定模板起草“三定”草案,经深化党政机构改革领导小组审核同意后,按程序报批印发。

(十二)协调解决机构改革涉及的相关具体问题。宣传部门牵头负责舆论宣传和新闻报道等事宜。党委办公厅(室)、政府办公厅(室)牵头负责文件发送、印章使用及挂牌等事宜。财政、机关事务管理部门分别牵头负责经费、资产、债权债务、办公用房调配等事宜。人大常委会法工委、司法部门牵头负责相关地方性法规立改废等事宜。党委办公厅(室)负责党内法规和规范性文件清理工作。档案部门负责相关部门档案交接事宜。纪委监委负责严肃改革纪律,做好有关遗留问题处理和线索交接。

四、切实加强党对深化党政机构改革工作的领导

深化党政机构改革是一场系统性、整体性、重构性的变革,影响面广、政策性强、任务复杂艰巨,必须把党的领导贯穿于各方面和全过程,充分发挥党总揽全局、协调各方的作用,确保改革沿着正确方向有组织、有步骤、有纪律地推进,确保改革各项任务落到实处、落地生根。

(十三)提高政治站位。深化党政机构改革是一场深刻变革,也是一个系统工程。全省各级党组织、广大党员干部要站在战略全局的高度,充分认识深化机构改革的重要性和紧迫性,增强“四个意识”,坚定“四个自信”,坚决维护以习近平同志为核心的党中央权威和集中统一领导,自觉把思想和行动统一到习近平新时代中国特色社会主义思想上来,统一到党中央关于深化党和国家机构改革的决策部署上来,把握好改革发展稳定的关系,坚定信心,抓住机遇,把工作做深做细,不折不扣地把我省深化党政机构改革的要求落到实处。

(十四)周密安排部署。各级党委(党组)要切实履行好本地本部门深化党政机构改革的领导责任,把深化机构改革摆到当前各项工作的突出位置,抓紧建立改革领导和协调机制,统筹谋划、周密组织、有序推进改革任务落实。党委(党组)主要负责同志要把抓改革举措落地作为重大政治责任,牵头挂帅、靠前指挥,当好改革的“施工队长”。省委深化党政机构改革领导小组要充分发挥牵头抓总作用,统筹党政群机构改革,统筹安排省、市、县机构改革的具体时间表、路线图,确保在规定时限内完成改革方案的制定、报批和组织实施。省委机构改革办负责处理领导小组日常事务,要加强与各市、省直有关部门的沟通联系,全省机构改革推进情况和遇到的重大问题,要及时向省委深化党政机构改革领导小组汇报。各市、县也要及时建立深化机构改革领导和协调机制,履行好统筹协调、推进落实职责,真正把地方机构改革这项光荣的任务完成好。

(十五)有序组织实施。严格按照“先立后破、不立不破”的原则,加强改革风险评估预警,确保机构改革和日常工作两不误,确保思想不乱、工作不断、队伍不散、干劲不减。各改革牵头部门是落实具体改革任务的责任主体,要敢于刀口向内,拿出自我革新的勇气和胸怀,跳出旧有思维限制,克服部门利益掣肘,不避重就轻,不避实就虚,同时发挥好组织协调作用,严格按照任务要求和时间节点抓好落实。相关职能部门要积极配合、主动作为,研究配套改革政策,形成工作合力。要把思想政治工作贯穿改革全过程,各涉改部门要密切关注干部思想动态,主动做好职责衔接调整、人员思想稳定等工作,教育引导广大党员干部特别是领导干部坚持党性原则和全局观念,把推动改革情况作为检验“四个意识”牢不牢的重要试金石,以实际行动拥护改革、支持改革、参与改革。

(十六)严明纪律规矩。按照党中央要求,严格执行机构改革政治纪律、组织纪律、机构编制纪律、干部人事纪律、财经纪律、保密纪律,坚决做到令行禁止。各涉改部门要服从大局,确保机构、职责、队伍等按要求、按时限及时调整到位,不允许迟滞拖延,不允许搞变通,不允许突击提拔和调整干部。要把本地区机构改革实施情况纳入重大决策部署督察任务和巡视巡察范围,进行督促检查,对违反纪律的行为,以及因不作为、慢作为导致改革严重滞后的,要严肃追究责任。

中共山西省委办公厅　山西省人民政府办公厅
《山西省机构改革实施方案》

(2018 年 10 月 20 日)

根据《中共中央关于深化党和国家机构改革的决定》《深化党和国家机构改革方案》《关于地方机构改革有关问题的指导意见》和《山西省机构改革方案》,结合实际,制定本实施方案。

一、机构改革的总体部署

深化机构改革,要以习近平新时代中国特色社会主义思想为指导,全面贯彻党的十九大和十九届二中、三中全会精神,贯彻落实习近平总书记关于深化党和国家机构改革的重要论述,牢固树立政治意识、大局意识、核心意识、看齐意识,坚持加强党的全面领导、坚持以人民为中心的发展思想、坚持社会主义市场经济改革方向、坚持优化协同高效、坚持以法治方式推进改革、坚持在中央统一领导下充分发挥地方积极性。

深化机构改革,要适应新时代中国特色社会主义发展要求,以加强党的全面领导为统领,以国家治理体系和治理能力现代化为导向,以推进机构职能优化协同高效为着力点,改革机构设置,优化职能配置,理顺职责关系,省市县主要机构设置同中央保持基本对应。深化转职能、转方式、转作风,提高效率效能,全面推进体制机制创新,积极构建系统完备、科学规范、运行高效的机构职能体系,促进各方面改革有机衔接、协调联动,发挥改革整体效应。深入贯彻落实习近平总书记视察山西重要讲话精神,狠抓五大任务落实,紧紧围绕全面深化转型综改试验区建设,建设全国资源型经济转型发展示范区,打造全国能源革命排头兵,构建内陆地区对外开放新高地,努力实现党内政治生态持久的风清气正,努力实现经济转型发展持久的强劲态势的目标,全面开展省市县机构改革,为山西决胜全面建成小康社会提供坚强有力的体制机制保障。

深化机构改革,要在党中央集中统一领导下,由省委负总责,不折不扣落实好各项改革任务。

二、调整优化省级党政机构和职能

(一)对应党中央和国务院机构改革,调整优化相应机构和职能

1.建立健全和优化省委对重大工作的领导体制和机制

(1)组建省监察委员会。落实党中央关于深化监察体制改革的部署,将省监察厅的职责,以及省人民检察院查处贪污贿赂、失职渎职及预防职务犯罪等反腐败相关职责整合,组建省监察委员会,同省纪律检查委员会合署办公,履行纪检、监察两项职责,实行一套工作机构、两个机关名称。

不再保留省监察厅。

(2)将省委法治建设领导小组改为省委全面依法治省委员会,作为省委议事协调机构。省委全面依法治省委员会办公室设在省司法厅。

(3)组建省委审计委员会,作为省委议事协调机构。省委审计委员会办公室设在省审计厅。

(4)将省委全面深化改革领导小组改为省委全面深化改革委员会,作为省委议事协调机构。省委全面深化改革委员会办公室设在省委政策研究室。

(5)将省委网络安全和信息化领导小组改为省委网络安全和信息化委员会,作为省委议事协调机构。省委网络安全和信息化委员会办公室为省委网络安全和信息化委员会的办事机构,作为省委工作机关,对外加挂省互联网信息办公室牌子。

(6)将省委财经领导小组改为省委财经委员会,作为省委议事协调机构。省委财经委员会办公室设在省发展和改革委员会。

(7)将省委外事工作领导小组改为省委外事工作委员会,作为省委议事协调机构。省政府外事侨务办公室更名为省政府外事办公室。省委外事工作委员会办公室设在省政府外事办公室。

(8)组建省委教育工作领导小组,作为省委议事协调机构。省委高等院校工作委员会调整为省委教育工作委员会,与省教育厅合署办公。省委教育工作领导小组办公室设在省委教育工作委员会。将省招生考试管理中心承担的行政职能划归省教育厅。

2.加强省委职能部门的统一归口协调管理职能

(1)省委组织部统一管理省委机构编制委员会办公室。将省机构编制委员会改为省委机构编制委员会,作为省委议事协调机构。调整优化省委机构编制委员会领导体制。省委机构编制委员会办公室作为省委机构编制委员会的办事机构,承担省委机构编制委员会日常工作,作为省委工作机关,归口省委组织部管理。

(2)省委组织部统一管理公务员工作。将省人力资源和社会保障厅的公务员管理职责(含公务员调配、工资福利职责)划入省委组织部,对外加挂省公务员局牌子。

(3)省委宣传部统一管理新闻出版和电影工作。将省新

闻出版广电局的新闻出版、电影管理职责划入省委宣传部,对外加挂省新闻出版局(省版权局)、省电影局牌子。

(4)省委统战部统一管理民族宗教工作。将省宗教事务局(省民族事务委员会)并入省委统战部,对外保留省宗教事务局(省民族事务委员会)牌子。

不再保留单设的省宗教事务局(省民族事务委员会)。

(5)省委统战部统一管理侨务工作。将省政府外事侨务办公室的侨务方面职责划入省委统战部,对外加挂省政府侨务办公室牌子。

3.新组建和优化职责的机构

(1)组建省自然资源厅。将省国土资源厅的职责,以及省发展和改革委员会的组织编制主体功能区规划职责,省住房和城乡建设厅的城乡规划管理职责,省水利厅、省农业厅、省林业厅的资源调查和确权登记管理职责,省测绘地理信息局承担的行政职能等整合,组建省自然资源厅,作为省政府组成部门,加挂省绿化委员会牌子。

不再保留省国土资源厅。

将省测绘地理信息局改为省测绘地理信息院,为省自然资源厅所属事业单位。

(2)组建省生态环境厅。将省环境保护厅的职责,以及省发展和改革委员会的应对气候变化和减排职责,省国土资源厅的监督防止地下水污染职责,省水利厅的编制水功能区划、排污口设置管理、流域水环境保护职责,省农业厅的监督指导农业面源污染治理职责等整合,组建省生态环境厅,作为省政府组成部门。

不再保留省环境保护厅。

(3)组建省农业农村厅。将省农业厅的职责,以及省发展和改革委员会的农业投资项目、省财政厅的农业综合开发项目、省国土资源厅的农田整治项目、省水利厅的农田水利建设项目和渔业渔政管理职责,省农业机械发展中心(省农机局)承担的行政职能等整合,组建省农业农村厅,作为省政府组成部门。省委农村工作领导小组办公室设在省农业农村厅。

不再保留省农业厅,不再保留省农机局的牌子,将省农业机械发展中心改为省农业农村厅所属事业单位。

(4)组建省文化和旅游厅。将省文化厅、省旅游发展委员会的职责整合,组建省文化和旅游厅,作为省政府组成部门。

不再保留省文化厅、省旅游发展委员会。

涉及文物领域与文化旅游工作紧密相关的重要事项由省文化和旅游厅牵头,与省文物局以联席会议制度进行协调协商。

(5)组建省卫生健康委员会。将省卫生和计划生育委员会的职责,省老龄工作委员会办公室的职责,以及省安全生产监督管理局和省煤炭工业厅的职业安全健康监督管理职责等整合,组建省卫生健康委员会,作为省政府组成部门。省老龄工作委员会的日常工作由省卫生健康委员会承担。

不再保留省卫生和计划生育委员会。

(6)组建省退役军人事务厅。将省民政厅的退役军人优抚安置和拥军优属职责,省人力资源和社会保障厅的军官转业安置职责,军队有关职责等整合,组建省退役军人事务厅,作为省政府组成部门,按中央有关改革部署实施。

(7)组建省应急管理厅。将省安全生产监督管理局的职责,以及省政府办公厅的应急管理职责,省公安厅的消防管理职责,省民政厅的救灾职责,省国土资源厅的地质灾害防治、省水利厅的水旱灾害防治、省农业厅的草原防火、省林业厅的森林防火应急救援等相关职责,省防汛抗旱、减灾、抗震救灾、森林防火指挥部(委员会)的职责,省煤炭工业厅的煤矿安全监督管理职责等整合,组建省应急管理厅,作为省政府组成部门,按中央有关改革部署实施。省应急管理厅加挂省地方煤矿安全监督管理局牌子。

不再保留省安全生产监督管理局。

(8)重新组建省司法厅。将省司法厅、省政府法制办公室的职责整合,重新组建省司法厅,作为省政府组成部门。

不再保留省政府法制办公室。

(9)优化省审计厅的职责。将省发展和改革委员会的重大项目稽察职责,省财政厅的省级预算执行情况和其他财政收支情况的监督检查职责,省政府国有资产监督管理委员会的国有企业领导干部经济责任审计和省属国有重点大型企业监事会的职责等划入省审计厅。

不再保留省重大项目稽查特派员及其办公室、省国有企业监事会及其办公室。

(10)组建省市场监督管理局。将省工商行政管理局、省质量技术监督局、省食品药品监督管理局的职责,以及省发展和改革委员会的价格监督检查与反垄断执法职责,省商务厅的经营者集中反垄断执法和酒类商品监督管理职责,省科学技术厅的专利管理职责等整合,组建省市场监督管理局,作为省政府直属机构,加挂省知识产权局牌子。省食品安全委员会、省标准化工作领导小组的具体工作由省市场监督管理局承担。

组建省药品监督管理局,作为省市场监督管理局的部门管理机构。

不再保留省工商行政管理局、省质量技术监督局、省食品药品监督管理局。

(11)组建省医疗保障局。将省人力资源和社会保障厅的基本医疗保险、生育保险职责,省发展和改革委员会的药品和医疗服务价格管理职责,省民政厅的医疗救助职责等整合,组建省医疗保障局,作为省政府直属机构,机构规格为副厅级。

(12)组建省林业和草原局。将省林业厅的职责,以及省农业厅的草原监督管理职责,省国土资源厅、省住房和城乡建设厅、省水利厅、省农业厅等部门的自然保护区、风景名胜区、自然遗产、地质公园管理职责等整合,组建省林业和草原局,作为省自然资源厅的部门管理机构。

不再保留省林业厅。

(13)将省级和省级以下国税地税机构合并,按照中央有关部署,配合做好国税地税征管体制改革。国税地税机构合并后,实行以国家税务总局为主、与省委和省政府双重领导管理体制。

不再保留省地方税务局。

4.其他不再设立的机构

(1)不再设立省社会治安综合治理委员会及其办公室、省维护稳定工作领导小组及其办公室,有关职责交由省委政法委员会承担。

(2)不再设立省委防范和处理邪教问题领导小组及其办公室,有关职责交由省委政法委员会、省公安厅承担。省委政法委员会主要负责协调指导各相关部门做好反邪教工作,协调处理重大突发事件等。省公安厅主要负责依法打击邪教组织的违法犯罪活动等。

(3)不再设立省对外宣传办公室,有关职责交由省委宣传部承担,省委宣传部挂省政府新闻办公室牌子。

(二)与中央和国家机关机构基本对应的其他机构和因地制宜设置的机构

1.与中央和国家机关机构基本对应的其他机构

省委办公厅、省直属机关工作委员会、省委巡视工作办公室作为省委工作机关;省政府办公厅、省发展和改革委员会、省教育厅、省科学技术厅、省工业和信息化厅、省公安厅、省民政厅、省财政厅、省人力资源和社会保障厅、省住房和城乡建设厅、省交通运输厅、省水利厅、省商务厅、省政府国有资产监督管理委员会、省统计局、省信访局、省地方金融监督管理局作为省政府工作部门。其中:

(1)重新组建省科学技术厅。将省科学技术厅的职责,以及省人力资源和社会保障厅的外国专家管理职责整合,重新组建省科学技术厅,作为省政府组成部门。

(2)组建省工业和信息化厅。将省经济和信息化委员会的职责,以及省经济和信息化委员会管理的省机械电子工业行业管理办公室、省冶金工业行业管理办公室、省化学工业行业管理办公室、省纺织工业行业管理办公室、省轻工业行业管理办公室、省建筑材料工业行业管理办公室、省医药行业管理办公室等七个行业管理办公室职责等整合,组建省工业和信息化厅,作为省政府组成部门。将省经济和信息化委员会的经济运行相关职责划入省发展和改革委员会、能源管理职责划入省能源局、口岸管理职责划入省商务厅、信息化统筹推进和网络安全协调等职责划入省委网络安全和信息化委员会办公室(省互联网信息办公室)。

不再保留省经济和信息化委员会及其管理的省机械电子工业行业管理办公室等七个行业管理办公室。

(3)将省委省政府信访局更名为省信访局,由省委办公厅管理的机关调整为省政府直属机构。

(4)将省政府金融工作办公室改为省地方金融监督管理局,将省商务厅的典当行、融资租赁公司管理等职责划入省地方金融监督管理局,作为省政府直属机构,加挂省政府金融工作办公室牌子。

2.因地制宜设置的机构

省委军民融合发展委员会办公室、省委台湾工作办公室、省直属机关事务管理局、省委老干部局作为省委工作机关;省委机要局、省委保密委员会办公室、省精神文明建设指导委员会办公室作为省委工作机关管理的机关;省广播电视局、省体育局、省政府研究室、省行政审批服务管理局、省能源局、省文物局、省人民防空办公室、省扶贫开发办公室作为省政府工作部门;省粮食和物资储备局、省小企业发展促进局、省监狱管理局作为省政府部门管理机构。其中:

(1)将省委国家安全工作领导小组改为省委国家安全委员会,作为省委议事协调机构。省委国家安全委员会办公室设在省委办公厅。

(2)将省委军民融合发展委员会办公室由依托省国防科学技术工业办公室设立调整为依托省工业和信息化厅设立,作为省委工作机关,机构规格为副厅级,对外加挂省国防科学技术工业局牌子。

不再保留省国防科学技术工业办公室(中共山西省国防科学技术工业委员会)。

(3)将省委台湾工作办公室由省委办公厅管理的机关调整为省委工作机关,对外挂省政府台湾事务办公室、省政府港澳事务办公室牌子。

(4)组建省直属机关事务管理局。将省政府机关事务管理局的职责,以及省委办公厅、省人大办公厅、省政协办公厅的接待职责、机关事务管理职责等整合,组建省直属机关事务管理局,作为省委工作机关。

不再保留省政府机关事务管理局;不再保留省委接待办公室,相关职能并入省直属机关事务管理局。

(5)将省委老干部局由省委组织部管理的机关调整为省委工作机关,归口省委组织部管理。

(6)将省委保密委员会办公室(省国家保密局)由省委办公厅的内设机构调整为省委办公厅管理的机关。

(7)将省精神文明建设指导委员会办公室由省委宣传部的内设机构调整为省委宣传部管理的机关。

(8)组建省广播电视局。在省新闻出版广电局广播电视管理职责的基础上组建省广播电视局,作为省政府直属机构,归口省委宣传部领导。

不再保留省新闻出版广电局。

(9)组建省政府研究室,作为省政府直属机构。

(10)组建省行政审批服务管理局。将省政府办公厅的政务改革和管理职责,有关部门承担的行政审批服务管理、政务信息管理等职责整合,组建省行政审批服务管理局,加挂省政务信息管理局牌子,承担省政府优化营商环境相关职责,作为省政府直属机构。

(11)组建省能源局。将省煤炭工业厅的职责,以及省发展和改革委员会的能源管理职责,省经济和信息化委员会的节能降耗、能源管理职责等整合,组建省能源局,作为省政府直属机构。涉及能源发展的重大规划、政策和投资项目管理等由省发展和改革委员会牵头,与省能源局以联席会议制度进行协调协商。

不再保留省煤炭工业厅。

(12)将省扶贫开发办公室由省农业厅的部门管理机构调整为省政府直属机构。

(13)组建省粮食和物资储备局。将省粮食局的职责,以及省经济和信息化委员会、省民政厅、省商务厅等部门组织实施重要物资和应急储备物资收储、轮换和日常管理职责等整合,组建省粮食和物资储备局,作为省发展和改革委员会的部门管理机构。

不再保留省粮食局。

(14)将省中小企业局更名为省小企业发展促进局,作为省工业和信息化厅的部门管理机构。

(15)省交通运输厅加挂省民航机场管理局牌子,将省水利厅的渔船检验和监督管理职责划入省交通运输厅,将省公路局承担的行政职能划归省交通运输厅。

(16)将省档案局(省档案馆)的行政职能划归省委办公厅,省委办公厅对外加挂省档案局牌子。将省档案馆由省政府直属事业单位调整为省委直属事业单位。

机构改革后,共设置党政机构60个。党委机构18个,其中,纪检监察机关1个,工作机关14个(副厅级1个),工作机关管理的机关(规格为副厅级)3个。政府机构42个,其中,省政府办公厅和组成部门23个,直属特设机构1个,直属机构13个(副厅级1个),部门管理机构(规格为副厅级)5个。

三、统筹推进其他各项改革

(一)深化省人大、政协机构改革和群团组织改革

1.深化省人大机构改革

发挥人大及其常委会在立法工作中的主导作用,加强人大对预算决算、国有资产管理等的监督职能,健全人大组织制度和工作制度,完善人大专门委员会设置,更好发挥其职能作用。在整合相关专门委员会职责的基础上,组建省人大社会建设委员会。将省人大内务司法委员会更名为省人大监察和司法委员会。

2.深化省政协机构改革

推进人民政协履职能力建设,加强人民政协民主监督,优化政协专门委员会设置,更好发挥其作为专门协商机构的作用。将省政协农村委员会、省政协文史和学习委员会、省政协教科文卫体委员会分别更名为省政协农业和农村委员会、省政协文化文史和学习委员会、省政协教科卫体委员会。

3.深化群团组织改革

贯彻落实党中央和省委关于群团组织改革的部署要求,继续推进群团组织改革创新。推动群团组织增强政治性、先进性、群众性,着力解决“机关化、行政化、贵族化、娱乐化”等问题,优化机构设置,完善管理模式,创新运行机制,坚持眼睛向下、面向基层,将力量配备、服务资源向基层倾斜。促进党政机构同群团组织功能有机衔接,支持和鼓励群团组织承担适合其承担的公共服务职能,增强群团组织团结教育、维护权益、服务群众功能,更好发挥群团组织作为党和政府联系人民群众的桥梁纽带作用。

(二)深化省委省政府直属事业单位改革和承担行政职能的事业单位改革

1.将省直机关党校(省直机关行政学院)并入省委党校(山西行政学院),不再保留省直机关党校(省直机关行政学院)。将省委党校(山西行政学院)由省委省政府直属事业单位调整为省委直属事业单位。

2. 将省委党史办公室和省地方志办公室承担的行政职能划归省委宣传部。将省委党史办公室与省地方志办公室合并,组建省委党史研究院(省地方志研究院),作为省委直属事业单位,正厅级。

3. 将山西广播电视台由省委省政府直属事业单位调整为省政府直属事业单位,归口省委宣传部领导。

4.将省社会科学院、省政府发展研究中心职能整合,组建省社会科学院(省政府发展研究中心),作为省政府直属事业单位,正厅级。

5.将省政务服务中心职能从省公共资源交易中心(省政务服务中心)剥离,重新组建省政务服务中心,作为省行政审批服务管理局管理的事业单位,副厅级。

6.将省公共资源交易中心职能、省级政府采购中心职能整合,重新组建省公共资源交易中心(省级政府采购中心),作为省行政审批服务管理局管理的事业单位,副厅级。

在总结试点经验的基础上,全面推进承担行政职能的事业单位改革,除行政执法机构外,将完全、主要和部分承担行政职能的事业单位全部纳入改革实施范围。全面清理事业单位承担的行政职能,将行政职能划归党政机构。对主要或部分承担行政职能的事业单位,原则上将行政职能划归主管部门或职能相近的党政机构,原有事业单位调整为从事公益服务事业单位或并入相关事业单位。对完全承担行政职能的事业单位,原则上并入相关党政机构或调整为主管部门的内设机构,确需单独设置为行政机构的,在中央规定的限额内设置。改革后,除行政执法机构外,不再保留或新设承担行政职能的事业单位。

(三)深化综合行政执法改革

按照中央关于深化市场监管、生态环境保护、文化市场、交通运输、农业等5个领域综合行政执法改革的要求,统筹制定深化综合行政执法改革的实施意见,确保改革整体推进、落实到位。继续深入推动城市管理等其他跨领域跨部门综合执法,巩固改革成果,深化改革探索。从源头上全面梳理、规范和精简行政处罚、行政强制等事项,制定执法事项清单并实行动态调整。统筹配置行政执法职能和执法资源,减少执法队伍种类,减少执法层级,下沉执法力量。综合行政执法改革涉及的机构编制事项按有关规定办理。按照统一规范管理的方向,积极探索建立体现综合行政执法特点的编制和人员管理办法。锁定执法人员编制底数,暂时保持现状不变,待中央统一明确政策后逐步规范。全面清理清退临时人员和聘用人员,严禁使用辅助人员执法。省行政主管部门应强化统筹协调和监督指导职责,主要负责政策标准制定、监督指导、重大案件查处和跨区域执法的组织协调工作,原则上不设执法队伍。强化市县行政执法职能,可从实际出发,进一步加大整合力度,实行更大范围的综合执法,设区的市和市辖区原则上只设一个执法层级,整合乡镇各类站所力量资源,

实行一支队伍管执法。建立健全综合执法主管部门、相关行业管理部门、综合执法队伍间协调配合、信息共享机制和跨部门跨区域执法协作联动机制。

（四）深化市县机构改革

市县机构改革要与省级机构改革有机衔接，统筹设置党政机构，确保上下贯通、执行有力。省政府部门机构职能划入党委机构的，市县要相应划转。涉及应急管理、退役军人事务、医疗保障等重点领域新组建机构，要上下一致抓好落实。加大机构职能整合归并力度，加大对职能相近的党政机关合并设立或合署办公力度，既允许“一对多”，也允许“多对一”。市县两级党政机构数额，由省委实施严格管理。党政机构统一计算机构限额。市县可结合实际，着眼推动经济高质量发展、加强社会管理和公共服务需要，在机构限额内因地制宜设置机构和配置职能。承担行政职能的事业单位改革纳入党政机构改革统筹推进、同步实施。

夯实基层基础，进一步下放经济社会管理事项，强化基层政府社会管理和公共服务职能。进一步整合审批、服务、执法等方面力量和职能，积极探索综合设置机构，实行扁平化和网格化管理。建立健全政务服务管理体制和运行机制，深入推进审批服务便民化和直接服务民生的公共事业部门改革，全面推行审批服务“马上办、网上办、就近办、一次办”，研究提出推进审批服务便民化的落实意见，明确总体安排。尽可能把资源、服务、管理放到基层，机构编制向基层一线倾斜。构建简约高效的基层管理体制，使各类机构、组织在服务保障群众需求上有更大作为。乡镇、街道机构改革与市县机构改革统筹谋划、分步实施。

（五）强化机构编制管理刚性约束

强化党对机构编制工作的集中统一领导，加快推进机构、职能、权限、程序、责任法定化，增强“三定”规定严肃性和权威性。继续深入推进和完善权责清单制度，实现权责清单同“三定”规定有机衔接。按照中央的部署要求，在中央核定编制总额内，统筹使用各类编制资源，加大部门间、地区间编制统筹调配力度。健全机构编制同组织人事、财政预算管理共享的信息平台，全面推行机构编制实名制管理，充分发挥机构编制在管理全流程中的基础性作用。严格执行机构编制管理法律法规和党内法规，严格机构编制管理权限和程序，规范各级领导职数职级管理，严禁超限额设置机构、超编进人、超职数配备领导干部。进一步规范管理合署办公机构、挂牌机构、议事协调机构、临时机构、派出机构。取消擅自设立的机构和岗位、擅自配备的职务。加大机构编制违纪违法查处力度，严肃追责问责。加强机构编制管理与干部监督、巡视巡察监督、审计监督等工作联动，形成监督检查合力。

四、组织实施

（一）加强组织领导。深化机构改革工作由省委统一领导。省委深化党政机构改革领导小组负责全省机构改革的组织领导、总体设计、统筹协调和督促落实，各地区各有关部门要相应建立领导和协调机制，组建工作专班，明确责任主体和工作进度，抓好本地区本部门机构改革组织实施工作。各级党委主要负责同志要牵头挂帅，靠前指挥，当好改革的“施工队长”，及时研究解决改革遇到的突出问题，协调解决重大事项，督促改革工作有序推进。

（二）细化工作进度。坚持蹄疾步稳、紧凑有序推进改革。各级党委（党组）和政府要明确责任分工，细化工作措施和时间节点，结合实际制定机构改革方案。省级机构改革要抓紧组织实施，在2018年年底前基本完成。与省级机构改革相衔接，统筹做好市县机构改革工作，细化措施，加强领导。市县机构改革总体意见按期报党中央备案，市县机构改革方案报省委审核批准后尽快组织实施，确保2019年3月底前基本完成机构改革工作。

（三）稳妥有序推进。全面贯彻先立后破、不立不破原则，有组织、有步骤、有纪律推进机构改革，把握好改革发展稳定关系，确保机构改革期间各项工作连续稳定，防止出现空档期。深入做好思想政治工作，密切关注干部职工思想动态，稳定好干部职工队伍，做到思想不乱、工作不断、队伍不散、干劲不减。统筹做好相关政策研究及保障工作，明确涉改部门领导班子调整配备、人员转隶、富余人员安排、离退休干部管理服务等方面的具体措施和办法。加强宣传和舆论引导，凝聚改革共识，坚定改革信心，为改革顺利开展营造良好环境。

（四）严明纪律规矩。按照党中央和省委要求，严格执行机构改革政治纪律、组织纪律、机构编制纪律、干部人事纪律、财经纪律、保密纪律，坚决做到令行禁止。对党中央和省委明确的改革任务要坚决落实到位，涉及机构变动、职责调整的部门，要服从大局，严格执行机构限额和编制总量“两个不突破”要求，坚持“编随事走，人随编走”的原则，确保机构、职责、队伍等按要求、按时限调整到位，不允许迟滞拖延，不允许搞变通，不允许突击提拔和调整干部。将机构改革实施情况纳入重大决策部署督察任务和巡视巡察范围进行督促检查，严肃查处违纪违法行为。

全省机构改革动员大会

2018年10月22日，全省机构改革动员大会在太原召开。省委书记骆惠宁出席并讲话。他强调，要深入学习贯彻习近平总书记关于深化党和国家机构改革的重要论述，充分认识深化党和国家机构改革的重大意义，准确把握全省机构改革的总体部署和各项要求,统筹推进机构改革和其他各项工作,以机构改革的新成效,为全省在“两转”基础上全面拓展党的建设和党的事业新局面提供有力制度保障。省委副书记、省长楼阳生主持会议,并宣读《中共中央办公厅国务院办公厅关于印发〈山西省机构改革方案〉的通知》。

骆惠宁指出,这一轮深化党和国家机构改革,是以习近平同志为核心的党中央从党和国家事业发展全局高度作出的重大政治决策,是推进党和国家治理体系和治理能力现代化的一场深刻变革。我们要站在新时代大背景下,充分认识这场深刻变革的历史必然性,准确把握这场深刻变革的时代特征,自觉增强推动这场深刻变革的政治担当,把坚持和加强党的全面领导作为统领改革全过程的政治主题,突出整体重构、系统高效、法治保障,深入推进治理体系和治理能力现代化,进一步改革机构设置,优化职能配置,更加有效地调动各方面积极性、主动性、创造性,决胜全面建成小康社会,奋力谱写新时代中国特色社会主义山西篇章。

骆惠宁强调,当前我省深化党政机构改革的工作重点转到抓好组织实施阶段,这既是一项重大政治任务,也是一次重大政治考验。全省各级各部门特别是各级领导干部一定要提高政治站位,把推动机构改革作为检验“四个意识”牢不牢的重要试金石,始终把思想和行动统一到中央及省委的决策部署上来。要勇于自我革命,正确对待利益格局调整和岗位职务变化,自觉服从组织安排,始终把党和人民的利益放在第一位。要敢于担当作为,真心实意拥护改革,迎难而上推进改革,始终当好改革促进派。

骆惠宁强调,这次我省党政机构改革,按照党中央深化党和国家机构改革总目标和地方机构改革总要求,通过改革和完善党的领导体系、政府治理体系等,着力解决在党政机构设置和职能配置方面存在的矛盾和问题,推动各类机构、各种职能、各项工作相互衔接、相互融合、相互促进,着力构建系统完备、科学规范、运行高效的党政机构职能体系。一是健全坚持党的全面领导的制度安排。建立与中央和国家机关基本对应、上下贯通的机构职能,统筹设置党政机构,坚决维护以习近平同志为核心的党中央一锤定音的权威和国家法制统一、政令统一、市场统一,不断增强我省各级党委的组织协调能力,切实把党中央重大决策部署落到实处。二是充分发挥市场和政府的各自优势。对综合经济管理和市场监管领域的机构职能进行大幅调整优化,最大限度减少政府对市场资源的直接配置、对市场活动的直接干预,同时发挥党和政府积极作用,管好市场管不了或管不好的事情,构建实现高质量发展的体制机制。三是突出保障和改善民生的目标导向。在教育文化、卫生健康、医疗保障、退役军人服务、生态环保、应急管理等人民群众普遍关心的领域,集中进行机构职能调整优化,强化社会管理和公共服务职能,建立健全更加公平、更可持续的社会保障制度和公共服务体系。四是用好中央赋权着力体现山西特色。省委深入贯彻习近平总书记视察山西时提出的总体要求和五大任务,在中央政策框架内,结合省情实际设置了一批体现地方特色的机构。全体新组建或保留的部门都要不辱新使命、担起新职责、履好新任务,真正把中央及省委的改革意图领会好贯彻好实现好。

骆惠宁强调,深化党政机构改革牵一发而动全身,必须坚持“先立后破、不立不破”总原则,把党的领导贯穿于机构改革的各方面和全过程,以党的政治优势组织优势引领和推进改革,以坚韧不拔、攻坚克难的过硬作风落实和深化改革。要强化领导责任。各级各部门党委(党组)主要负责同志要当好第一责任人,抓好本地区本部门机构改革谋划和组织实施。新组建的领导班子要尽量缩短磨合时间,对各项安排既要到岗到位,也要查哨查铺。要周密部署实施。紧凑有序推进转隶组建,认真编制“三定”方案,统筹做好各项保障工作。要做好思想工作。引导干部职工讲原则、顾大局、勤工作,正确对待个人进退留转。要严明纪律规矩。定下来的事情就要坚决执行,切实加强监督和执纪问责,保持稳妥有序的工作秩序。要注重宣传引导。全方位多形式宣传中央改革方针及我省改革举措,营造良好舆论氛围。要统筹市县改革。有序推进改革准备工作,及时研究制定改革方案并在省委批准后组织实施。全省在2019年3月底前基本完成机构改革工作。

楼阳生就贯彻落实会议精神提出要求。他强调,各级各部门要提高政治站位,第一时间传达学习会议精神,按照骆惠宁书记讲话要求,自觉把思想和行动统一到党中央重大决策及省委工作部署上来,全面落实我省机构改革实施方案,着力在转变和优化职责上下功夫,切实抓好组织实施阶段的18个关键环节,规范推进职责机构人员转隶、档案交接、资产处置、老干部等重点工作,一项任务一项任务抓,一个节点一个节点盯,确保各项改革任务按时保质完成。

省委常委、省纪委书记、省监委主任任建华宣读《关于忠实履行纪检监察职责确保全省深化机构改革顺利推进的通知》。省委常委、组织部长吴汉圣作《山西省机构改革实施方案》说明。

会议以视频形式开到市。省委常委,省人大常委会、省政府、省政协负责同志,省法检两长;省直各部门主要负责同志;省委、省政府副秘书长,办公厅副主任;省委深化党政机构改革领导小组成员及办公室负责同志;中央驻晋主要新闻媒体负责同志在主会场参加会议。各市、县(市、区)相关负责同志在分会场参加会议。

(尚慧辉)

山西省级党政机构设置60个

机构改革后，省委、省政府机构共计60个，其中省委机构18个，省政府机构42个

对应党中央和国务院机构改革，调整优化相应机构和职能

建立健全和优化省委对重大工作的领导体制和机制

组建省监察委员会；将省委法治建设领导小组改为省委全面依法治省委员会、省委全面深化改革领导小组改为省委全面深化改革委员会、省委网络安全和信息化领导小组改为省委网络安全和信息化委员会、省委财经领导小组改为省委财经委员会、省委外事工作领导小组改为省委外事工作委员会、省委国家安全工作领导小组改为省委国家安全委员会，作为省委议事协调机构；组建省委审计委员会、省委教育工作领导小组，作为省委议事协调机构。

加强省委职能部门的统一归口协调管理职能

省委组织部统一管理省委机构编制委员会办公室，统一管理公务员工作；省委宣传部统一管理新闻出版和电影工作；省委统战部统一管理民族宗教和侨务工作。

新组建和优化职责的机构

组建省自然资源厅、省生态环境厅、省农业农村厅、省文化和旅游厅、省卫生健康委员会、省退役军人事务厅、省应急管理厅；重新组建省司法厅；优化省审计厅的职责；组建省市场监督管理局、省药品监督管理局、省医疗保障局、省林业和草原局；将省级和省级以下国税地税机构合并，按照中央有关部署，配合做好国税地税征管体制改革。

其他不再设立的机构

不再设立省社会治安综合治理委员会及其办公室、省维护稳定工作领导小组及其办公室，有关职责交由省委政法委员会承担。不再设立省委防范和处理邪教问题领导小组及其办公室，有关职责交由省委政法委员会、省公安厅承担；不再设立省对外宣传办公室，有关职责交由省委宣传部承担。

与中央和国家机关机构基本对应的其他机构和因地制宜设置的机构

与中央和国家机关机构基本对应的其他机构

省委办公厅、省直属机关工作委员会、省委巡视工作办公室作为省委工作机关；省政府办公厅、省发展和改革委员会、省教育厅、省科学技术厅、省工业和信息化厅、省公安厅、省民政厅、省财政厅、省人力资源和社会保障厅、省住房和城乡建设厅、省交通运输厅、省水利厅、省商务厅、省政府国有资产监督管理委员会、省统计局、省信访局、省地方金融监督管理局作为省政府工作部门。其中，重新组建省科学技术厅；组建省工业和信息化厅；将省委省政府信访局更名为省信访局，由省委办公厅管理的机关调整为省政府直属机构；将省政府金融工作办公室改为省地方金融监督管理局，作为省政府直属机构，加挂省政府金融工作办公室牌子。

因地制宜设置的机构

省委军民融合发展委员会办公室、省委台湾工作办公室、省直属机关事务管理局、省委老干部局作为省委工作机关；省委机要局、省委保密委员会办公室、省精神文明建设指导委员会办公室作为省委工作机关管理的机关；省广播电视局、省体育局、省政府研究室、省行政审批服务管理局、省能源局、省文物局、省人民防空办公室、省扶贫开发办公室作为省政府工作部门；省粮食和物资储备局、省小企业发展促进局、省监狱管理局作为省政府部门管理机构。其中，将省委军民融合发展委员会办公室由依托省国防科学技术工业办公室设立调整为依托省工业和信息化厅设立，作为省委工作机关；将省委台湾工作办公室由省委办公厅管理的机关调整为省委工作机关；组建省直属机关事务管理局；将省委老干部局由省委组织部管理的机关调整为省委工作机关，归口省委组织部管理；将省委保密委员会办公室(省国家保密局)由省委办公厅的内设机构调整为省委办公厅管理的机关；将省精神文明建设指导委员会办公室由省委宣传部的内设机构调整为省委宣传部管理的机关；组建省广播电视局，作为省政府直属机构，归口省委宣传部领导；组建省政府研究室，作为省政府直属机构；组建省行政审批服务管理局，加挂省政务信息管理局牌子；组建省能源局，作为省政府直属机构；将省

扶贫开发办公室由省农业厅的部门管理机构调整为省政府直属机构;组建省粮食和物资储备局,作为省发展和改革委员会的部门管理机构;将省中小企业局更名为省小企业发展促进局,作为省工业和信息化厅的部门管理机构;省交通运输厅加挂省民航机场管理局牌子;将省档案局的行政职能划归省委办公厅,省委办公厅对外加挂省档案局牌子。

深化省人大、政协机构改革和群团组织改革

深化省人大机构改革

为健全人大组织制度和工作制度,完善人大专门委员会设置,组建省人大社会建设委员会,将省人大内务司法委员会更名为省人大监察和司法委员会。

深化省政协机构改革

为优化政协专门委员会设置,更好发挥其作为专门协商机构的作用,将省政协农村委员会、省政协文史和学习委员会、省政协教科文卫体委员会分别更名为省政协农业和农村委员会、省政协文化文史和学习委员会、省政协教科卫体委员会。

深化群团组织改革

省级群团组织改革要与党政机构改革相结合,改革机构设置、优化管理模式、创新运行机制,促进党政机构同群团组织功能有机衔接,支持和鼓励群团组织承担适合其承担的公共服务职能,推动群团组织增强政治性、先进性、群众性,着力解决“机关化、行政化、贵族化、娱乐化”等问题,增强群团组织团结教育、维护权益、服务群众功能,更好发挥群团组织作为党和政府联系人民群众的桥梁纽带作用。

深化省委省政府直属事业单位改革和承担行政职能的事业单位改革

将省直机关党校(省直机关行政学院)并入省委党校(山西行政学院),不再保留省直机关党校(省直机关行政学院);将省委党校(山西行政学院)由省委省政府直属事业单位调整为省委直属事业单位。将省委党史办公室和省地方志办公室承担的行政职能划归省委宣传部;将省委党史办公室与省地方志办公室合并,组建省委党史研究院(省地方志研究院),作为省委直属事业单位。将山西广播电视台由省委省政府直属事业单位调整为省政府直属事业单位,归口省委宣传部领导。将省社会科学院、省政府发展研究中心职能整合,组建省社会科学院(省政府发展研究中心),作为省政府直属事业单位。将省政务服务中心职能从省公共资源交易中心(省政务服务中心)剥离,重新组建省政务服务中心,作为省行政审批服务管理局管理的事业单位。将省公共资源交易中心职能、省级政府采购中心职能整合,重新组建省公共资源交易中心(省级政府采购中心),作为省行政审批服务管理局管理的事业单位。

深化综合行政执法改革

按照中央关于深化市场监管、生态环境保护、文化市场、交通运输、农业等5个领域综合行政执法改革的要求,统筹制定深化综合行政执法改革的实施意见,确保改革整体推进、落实到位。继续深入推动城市管理等其他跨领域跨部门综合执法,巩固改革成果,深化改革探索。从源头上全面梳理、规范和精简行政处罚、行政强制等事项,制定执法事项清单并实行动态调整。统筹配置行政执法职能和执法资源,减少执法队伍种类,减少执法层级,下沉执法力量。综合行政执法改革涉及的机构编制事项按有关规定办理。

深化市县机构改革

市县机构改革要与省级机构改革有机衔接,统筹设置党政机构,确保上下贯通、执行有力。省政府部门机构职能划入党委机构的,市县要相应划转。涉及应急管理、退役军人事务、医疗保障等重点领域新组建机构,要上下一致抓好落实。加大机构职能整合归并力度,加大对职能相近的党政机关合并设立或合署办公力度,既允许“一对多”,也允许“多对一”。市县两级党政机构数额,由省委实施严格管理。党政机构统一计算机构限额。市县可结合实际,着眼推动经济高质量发展、加强社会管理和公共服务需要,在机构限额内因地制宜设置机构和配置职能。承担行政职能的事业单位改革纳入党政机构改革统筹推进、同步实施。

(陈俊琦)

中共山西省委机构设置表

- 纪律检查委员会监察委员会机关
- 办公厅
- 组织部
- 宣传部
- 统一战线工作部
- 政法委员会
- 政策研究室
- 全面深化改革委员会办公室（设在政策研究室）
- 全面依法治省委员会办公室（设在省司法厅）
- 国家安全委员会办公室（设在办公厅）
- 网络安全和信息化委员会办公室
- 财经委员会办公室（设在省发展和改革委员会）
- 外事工作委员会办公室（设在省政府外事办公室）
- 机构编制委员会办公室
- 军民融合发展委员会办公室（依托省工业和信息化厅设立）
- 审计委员会办公室（设在省审计厅）
- 教育工作领导小组办公室（设在教育工作委员会）
- 农村工作领导小组办公室（设在省农业农村厅）
- 台湾工作办公室
- 省直属机关工作委员会
- 巡视工作办公室
- 省直属机关事务管理局
- 老干部局

说明

山西省委设置纪检监察机关1个，计入机构限额的工作机关14个（设在相关部门的省委议事协调机构的办事机构不计入机构限额）。其中，纪律检查委员会与监察委员会合署办公，实行一套工作机构、两个机关名称；办公厅挂省档案局牌子；组织部挂省公务员局牌子；宣传部挂省政府新闻办公室、省新闻出版局（省版权局）、省电影局牌子；统一战线工作部挂省宗教事务局（省民族事务委员会）、省政府侨务办公室牌子；政策研究室挂省国家资源型经济转型综合配套改革试验区工作领导小组办公室牌子；网络安全和信息化委员会办公室挂省互联网信息办公室牌子；军民融合发展委员会办公室挂省国防科学技术工业局牌子，规格为副厅级；台湾工作办公室挂省政府台湾事务办公室、省政府港澳事务办公室牌子；教育工作委员会与省教育厅合署办公，不计入机构限额。

此外，设置工作机关管理的机关3个。其中，机要局（省国家密码管理局）、保密委员会办公室（省国家保密局）由办公厅管理；省精神文明建设指导委员会办公室由宣传部管理。

山西省人民政府机构设置表

- 办公厅

组成部门

- 发展和改革委员会
- 教育厅
- 科学技术厅
- 工业和信息化厅
- 公安厅
- 民政厅
- 司法厅
- 财政厅
- 人力资源和社会保障厅
- 自然资源厅
- 生态环境厅
- 住房和城乡建设厅
- 交通运输厅
- 水利厅
- 农业农村厅
- 商务厅
- 文化和旅游厅
- 卫生健康委员会
- 退役军人事务厅
- 应急管理厅
- 审计厅
- 外事办公室

直属特设机构

- 国有资产监督管理委员会

直属机构

- 市场监督管理局
- 广播电视局
- 体育局
- 统计局
- 研究室
- 行政审批服务管理局
- 信访局
- 地方金融监督管理局
- 能源局
- 文物局
- 人民防空办公室
- 扶贫开发办公室
- 医疗保障局

说明

山西省人民政府设置工作部门37个。其中，办公厅和组成部门23个，直属特设机构1个，直属机构13个。自然资源厅挂绿化委员会牌子；交通运输厅挂民航机场管理局牌子；应急管理厅挂地方煤矿安全监督管理局牌子；市场监督管理局挂知识产权局牌子；地方金融监督管理局挂省政府金融工作办公室牌子；行政审批服务管理局挂政务信息管理局牌子。医疗保障局机构规格为副厅级。

此外，设置部门管理机构5个。其中，粮食和物资储备局由发展和改革委员会管理；小企业发展促进局由工业和信息化厅管理；监狱管理局由司法厅管理；林业和草原局由自然资源厅管理；药品监督管理局由市场监督管理局管理。

山西深化党政机构改革工作有序推进

——省级党政机构陆续挂牌

山西省机构改革动员大会召开后,全省深化党政机构改革工作紧锣密鼓组织实施,有序向前推进。2018 年 10 月 25 日起,一批省级党政机构陆续挂牌。省领导林武、廉毅敏、商黎光、胡玉亭、王一新、张复明、贺天才、曲孝丽、陈永奇、李晓波分别出席新挂牌机构揭牌仪式。

对应党中央和国务院机构改革,新组建和优化职责的部分机构纷纷亮相。

10 月 25 日,山西省应急管理厅正式挂牌,同时加挂山西省地方煤矿安全监督管理局牌子。新组建的省应急管理厅,将省安全生产监督管理局的职责,以及省政府办公厅的应急管理职责,省公安厅的消防管理职责,省民政厅的救灾职责,省国土资源厅的地质灾害防治、省水利厅的水旱灾害防治、省农业厅的草原防火、省林业厅的森林防火应急救援等相关职责,省防汛抗旱、减灾、抗震救灾、森林防火指挥部(委员会)的职责,省煤炭工业厅的煤矿安全监督管理职责等整合,作为省政府组成部门。

10 月 25 日,山西省卫生健康委员会正式挂牌。新组建的省卫生健康委员会,将省卫生和计划生育委员会的职责,省老龄工作委员会办公室的职责,以及省安全生产监督管理局和省煤炭工业厅的职业安全健康监督管理职责等整合,作为省政府组成部门。

10 月 26 日,山西省农业农村厅正式挂牌。新组建的省农业农村厅,将省农业厅的职责,以及省发展和改革委员会的农业投资项目、省财政厅的农业综合开发项目、省国土资源厅的农田整治项目、省水利厅的农田水利建设项目和渔业渔政管理职责,省农业机械发展中心(省农机局)承担的行政职能等整合,作为省政府组成部门。

10 月 27 日,山西省生态环境厅正式挂牌。新组建的省生态环境厅,将省环境保护厅的职责,以及省发展和改革委员会的应对气候变化和减排职责,省国土资源厅的监督防止地下水污染职责,省水利厅的编制水功能区划、排污口设置管理、流域水环境保护职责,省农业厅的监督指导农业面源污染治理职责等整合,作为省政府组成部门。

10 月 28 日,山西省文化和旅游厅正式挂牌。新组建的省文化和旅游厅将省文化厅、省旅游发展委员会的职责整合,作为省政府组成部门。

10 月 29 日,山西省退役军人事务厅正式挂牌。新组建的省退役军人事务厅,将省民政厅的退役军人优抚安置和拥军优属职责,省人力资源和社会保障厅的军官转业安置职责,军队有关职责等整合,作为省政府组成部门。

此次机构改革,我省还组建了山西省市场监督管理局、山西省药品监督管理局、山西省医疗保障局、山西省林业和草原局。

10 月 26 日,省市场监督管理局正式挂牌。省市场监督管理局将省工商行政管理局、省质量技术监督局、省食品药品监督管理局的职责,以及省发展和改革委员会的价格监督检查与反垄断执法职责,省商务厅的经营者集中反垄断执法和酒类商品监督管理职责,省科学技术厅的专利管理等职责整合,作为省政府直属机构,加挂省知识产权局牌子。省食品安全委员会、省标准化工作领导小组的具体工作由省市场监督管理局承担。10 月 29 日,省药品监督管理局揭牌。新组建的省药品监督管理局,作为省市场监督管理局的部门管理机构。

10 月 26 日,新组建的省医疗保障局正式挂牌,将省人力资源和社会保障厅的基本医疗保险、生育保险职责,省发展和改革委员会的药品和医疗服务价格管理职责,省民政厅的医疗救助职责等整合,作为省政府直属机构。

10 月 27 日,省林业和草原局正式挂牌,将省林业厅的职责,以及省农业厅的草原监督管理职责,省国土资源厅、省住房和城乡建设厅、省水利厅、省农业厅等部门的自然保护区、风景名胜区、自然遗产、地质公园管理职责等整合,作为省自然资源厅的部门管理机构。

与中央和国家机关机构基本对应的其他机构中,山西省工业和信息化厅等也迎来了挂牌。

于 10 月 27 日挂牌的省工业和信息化厅,将省经济和信息化委员会的职责,以及省经济和信息化委员会管理的 7 个行业管理办公室职责等整合,作为省政府组成部门。省经济和信息化委员会的经济运行相关职责划入省发展和改革委员会、能源管理职责划入省能源局、口岸管理职责划入省商务厅、信息化统筹推进和网络安全协调等职责划入省委网络安全和信息化委员会办公室(省互联网信息办公室)。

省委省政府信访局更名为山西省信访局,由省委办公厅管理的机关调整为省政府直属机构。10 月 28 日,省信访局正式挂牌。

省政府金融工作办公室改为山西省地方金融监督管理局,将省商务厅的典当行、融资租赁公司管理等职责划入省地方金融监督管理局,作为省政府直属机构,加挂省政府金融工作办公室牌子。10 月 25 日,省地方金融监督管理局正式挂牌。

部分因地制宜设置的机构也于近日挂牌。

10月28日，山西省直属机关事务管理局正式挂牌。新组建的省直属机关事务管理局，将省政府机关事务管理局的职责，以及省委办公厅、省人大办公厅、省政协办公厅的接待职责、机关事务管理职责等整合，作为省委工作机关。

10月26日，山西省行政审批服务管理局正式挂牌。新组建的省行政审批服务管理局，将省政府办公厅的政务改革和管理职责，有关部门承担的行政审批服务管理、政务信息管理等职责整合，加挂省政务信息管理局牌子，承担省政府优化营商环境相关职责，作为省政府直属机构。

10月27日，山西省能源局正式挂牌。新组建的省能源局，将省煤炭工业厅的职责，以及省发展和改革委员会的能源管理职责，省经济和信息化委员会的节能降耗、能源管理职责等整合，作为省政府直属机构。

在省新闻出版广电局广播电视管理职责的基础上，我省组建山西省广播电视局，作为省政府直属机构，归口省委宣传部领导。10月28日，省广播电视局正式挂牌。

10月29日，山西省粮食和物资储备局正式挂牌。新组建的省粮食和物资储备局，将省粮食局的职责，以及省经济和信息化委员会、省民政厅、省商务厅等部门组织实施重要物资和应急储备物资收储、轮换和日常管理职责等整合，作为省发展和改革委员会的部门管理机构。

我省此次机构改革将省委外事工作领导小组改为省委外事工作委员会，作为省委议事协调机构。省政府外事侨务办公室更名为省政府外事办公室，省委外事工作委员会办公室设在省政府外事办公室。10月26日，山西省人民政府外事办公室正式挂牌。

进一步深化省委省政府直属事业单位改革和承担行政职能的事业单位改革，10月28日，中共山西省委党史研究院（山西省地方志研究院）正式挂牌。省委党史办公室和省地方志办公室承担的行政职能划归省委宣传部，省委党史办公室与省地方志办公室合并，作为省委直属事业单位。

新挂牌机构干部职工纷纷表示，坚决拥护支持党和国家机构改革重大决策，进一步深化思想认识，提高政治站位，不辱使命、克难奋进，不折不扣将省委改革部署落到实处，奋力谱写新时代中国特色社会主义山西篇章。

（转自《山西日报》）

扎实推进机构改革　坚定担当工作职责

——省委深化党政机构改革领导小组会议暨省委机构编制委员会第一次会议

2018年11月24日，省委书记、省委深化党政机构改革领导小组组长、省委机构编制委员会主任骆惠宁主持召开省委深化党政机构改革领导小组会议暨省委机构编制委员会第一次会议，进一步学习习近平总书记有关机构和行政体制改革等重要论述，听取省级机构改革工作进展情况、省级涉改部门“三定”前期工作汇报，审议通过《中共山西省委机构编制委员会工作规则（试行）》《中共山西省委机构编制委员会办公室工作规则（试行）》，研究部署下一步重点任务。

会议指出，全省机构改革启动以来，各涉改部门认真贯彻省委部署和全省机构改革动员大会精神，广大党员干部顾大局、识大体，以实际行动当好改革促进派，新老机构接替平稳有序、到位迅速，各项改革任务基本按照既定要求和时间节点顺利推进，省直机构改革总体态势较好，为继续深化改革奠定了扎实基础。

会议强调，当前机构改革推进到省级正在深化、市县准备开启的重要时段，要着力抓好三件事。一是把编制审核省级涉改部门“三定”规定摆到突出位置，不仅要严格把好内设机构设置、编制和领导职数，更重要的是体现改革精神，在理顺职责上出硬招，在转变职能上下功夫。二是加紧市县机构改革的准备工作，中央批复我省意见后，先抓好改革培训，指导市县科学制定改革方案。然后按要求审核报批、按步骤组织实施。改革中要努力构建简约高效的基层管理体制。三是抓实人大政协机构改革和群团组织改革，按时启动综合执法改革，同步推进相关事业单位改革。

会议强调，省委编委要讲政治、勇担当、推改革、严把关，发挥好对编制工作的领导作用。省委编办要勤学习、强自身、善沟通、守纪律，当好省委领导编制工作的参谋助手。

会议还研究了其他事项。

省领导楼阳生、林武、吴汉圣、胡玉亭出席会议。省委深化党政机构改革领导小组组成人员及其办公室负责同志、省委机构编制委员会组成人员参加会议。

（转自《山西日报》）

省委工作部门工作概况

省委办公厅

省委秘书长　胡玉亭

2018年，省委办公厅坚持以习近平新时代中国特色社会主义思想为指引，认真学习贯彻党的十九大精神和习近平总书记视察山西重要讲话精神，深入贯彻落实全国和全省党委秘书长会议的决策部署，按照骆惠宁书记和胡玉亭秘书长对办公厅工作的指示要求，充分发挥综合部门职能作用，不断提高“三服务”（服务领导、服务基层、服务群众）水平，为山西省在“两转”基础上全面拓展新局面作出了积极贡献。

一、旗帜鲜明讲政治，以正确的认识和行动践行“两个维护”

坚持把践行“两个维护”作为当前讲政治的首要任务，主动对标省委和骆惠宁书记，通过各种途径教育引导全厅上下深刻认识“两个维护”的重大意义，准确把握“两个维护”的科学内涵和要求，确保做到认识正确、行动正确。坚持把政治“体检”和工作审视贯穿办公厅履行职能全过程，谋划工作、筹办活动、起草文稿、报送材料，都要看是否符合“两个维护”要求，切实成为全省“两个维护”正确信号的生成源和发射源。积极协助省委推动“两个维护”向纵深贯彻落实，准确把握党中央最新精神和要求，密切关注各级各部门贯彻落实情况，及时向省委提出意见建议，努力当好风向标、催化剂、把关人和监督员，以实际行动增强维护能力，扩大维护效果。

二、凝心聚力促改革，积极稳妥推进各项机构改革工作

全面落实我省机构改革实施方案有关要求。配合做好省台办、省接待办转出我厅管理的相关工作，将省委保密办由厅内设机构调整为厅管理机关，增设国安办秘书处、档案工作处和内审处。结合机构改革进一步调整内设处室，突出主责主业，优化机构职能。圆满完成省专用通信局划转工作任务。省委常委、胡玉亭秘书长亲自出席划转移交大会并作重要讲话。省委副秘书长、办公厅主任王利波多次组织召开专题工作会议，部署推动各工作组紧扣方案要求，积极稳妥推进各项工作，得到中办和我省有关方面的充分肯定。把思想政治工作贯穿机构改革始终。多次召开干部大会和座谈会，努力营造全厅上下齐抓共促机构改革良好氛围，真正做到思想不乱、工作不断、干劲不减。

三、突出主责强业务，充分发挥省委办公厅职能作用

（一）坚持以文辅政，努力当好省委参谋助手。起草、修改、整理各类文稿600余篇、500余万字，包括省委主要领导参加中央全会、全国“两会”，出席省委全会、经济工作会等重要会议的讲话和给中央的报告等。深入调查研究，为省委领导调研搞好服务。编发《山西信息》2169期、397余万字，向中办报送信息1250期、采用50余篇。据人民网统计，网民留言各项办理指标综合排名全国第7位，连续10年被评为省级留言办理先进单位。

（二）加强综合协调，切实推动省委安全高效运转。圆满完成刘延东、孙春兰等党和国家领导人，中央扫黑除恶督导组等重要团组在山西考察督导检查的保障任务。组织召开全省各类会议100余次，组织省委常委活动100余次，随行保障省委领导调研考察活动50余次。组织省委常委会议、中心组学习会议等57次，编印省委和办公厅大事记。对省委议事协调机构进行调整优化。妥善应对处置紧急重要情况和突发

事件，受理报告突发事件263起。全国“两会”期间，向山西代表团报告《每日情况报告》30期。办理领导干部外出请假报备942期。

（三）严格公文流转，全力保障省委政令畅通。从严履行文件审核职责，审核各类文件577件。向中办报备党内法规和规范性文件180件，审核、备案省委党内法规和规范性文件625件，批复地方性法规、决议等28个。办理来文来电983件，传阅传批文件6000余次，转办传达省委领导批示4500余件，印制、发放文件401件、约70万份。收投党政军核心密件3667件，连续26年无业务事故差错，被中办评为“全国机要交通先进集体”。

（四）加大督查力度，全面推动各项工作落实。坚决落实习近平总书记对山西工作的重要批示，认真开展贯彻落实情况“回头看”；组织开展对贯彻落实习近平总书记视察山西重要讲话精神和省委十一届六次全会精神情况进行督查；配合完成加强党内法规制度建设等中央督查工作；督办落实省委领导批示交办事项；省政协交办的提案全部办结；认真开展督查检查考核工作规范管理和专项清理，切实减轻基层负担。

（五）强化运行保障，大力提升综合服务水平。从严履行安全责任，狠抓综合治理，着力整治停车秩序。严格绩效管理，加强内部控制，不断提高财务工作科学化水平。认真做好固定资产管理、公用设施维护和办公区绿化美化等工作。用心做好老同志家访慰问、医疗保健等工作。档案查阅接待165人次、3794件。彭真纪念馆接待参观人数35.85万余人次。提高膳食品质，扎实做好洗理等工作。认真做好文秘培训服务保障工作。文印中心录入排版320万字，印刷2320万页，装订文件68万份。积极探索招待所新经营模式。改善教学环境，创新授课形式，不断提高幼儿园保教质量。严格公车管理，安全出行2.62万台次，行驶55万公里。安排专家坐诊100余次，外出医疗保障30余批次。

（六）强化指导监督，扎实推动厅管单位工作。以密码通信保障、密码管理和信息化建设为重点，大力实施“026工程”和“313工程”，完成电子政务内网中央网络平台省级接入区建设，扎实做好核心密码及装备预决算和接收、配发等工作。定制研发保密自查自评信息管理系统，开展“七五”保密法治宣传教育，加强定密指导管理，做好保密审查和涉密载体销毁管理专项检查，查处涉嫌泄密和严重违规案件8起。完成省政府新通信楼加固装修、应急通信系统和部分自有管道建设任务，对7个分会场进行高清接入，督促各市会场改造，保障电视电话会议99次。

（七）狠抓驻村帮扶，确保脱贫攻坚任务顺利完成。建立由厅领导班子带头、各牵头处室参与、驻村工作队负责的三级责任体系和工作体系，扎实推进临县、宁武两县帮扶脱贫工作。驻村工作队因户制定帮扶计划，改善基础设施，抓好产业扶贫，激发内生动力，帮扶工作取得阶段性成效。

四、强基固本抓管理，切实加强机关自身建设

一是加强理论武装。深入学习习近平新时代中国特色社会主义思想，组织厅中心组学习，开展全厅专题辅导，安排处级以上领导干部集中轮训，教育引导广大党员干部不断提高思想理论水平和业务工作本领。二是狠抓支部建设。骆惠宁、胡玉亭同志带头参加所在支部组织生活会、主题党日活动并讲党课。成立省委领导同志身边工作人员临时党支部。厅属各基层组织全部建立工作台账，制定“三个清单”，推动形成大抓支部良好态势。三是打造高素质复合型干部队伍。坚持高标准进人、育人、选人、用人，完成15名厅级、45名处级、20名科级干部选拔任用、职务确定等管理工作，首次接收7名“双一流”高校选调生，有序推进事业人员考录招聘等工作。四是推进信息化建设。启用省委电子公文交换系统，建设厅办公自动化平台，扎实推进各专项系统项目，认真抓好电子公文系统安全可靠运用试点工作。五是严明纪律作风。严格执行中央八项规定和领导干部个人事项报告等制度，坚决肃清腐败流毒影响，加强日常监督和问题线索处置，对3起违纪问题线索进行了查处。

（刘　斌）

附：省委常委、秘书长，常务副秘书长、副秘书长，省委办公厅主任、副主任，驻厅纪检监察组长名单

省委常委、秘书长： 王　赋（1月离职）
胡玉亭（1月任职）
常务副秘书长： 张瑞鹏
副　秘　书　长： 李体柱（2月离职）　储祥好　王利波
宋　伟〔10月任职（兼）〕
毛益民（10月离职）
王成禹（2月任职；10月兼职）
宋惠民（10月任职）
宋红波（10月任职）
省委办公厅主任： 张瑞鹏（2月离职）
王利波（2月任职）
省委办公厅副主任： 曹荣湘（10月离职）
宋惠民（10月离职）
史晨鸣（12月任职）
省纪委监委驻厅纪检监察组组长： 张建华（9月离职）
柴文龙（10月任职）

省委组织部

部　长　吴汉圣

2018年，在省委坚强领导下，全省各级组织部门真抓实干，以钉钉子精神坚决抓好中央和省委决策部署的贯彻落实，推动组织工作创新发展。

一是党的创新理论武装成效明显。持续深入开展习近平新时代中国特色社会主义思想和党的十九大精神集中轮训，轮训县处级以上领导干部3.25万人次，其中省管干部2120名。围绕高素质专业化干部队伍建设，举办重点培训班次81期、培训干部1.2万人次。开通山西干部在线学院新平台，举办习近平新时代中国特色社会主义思想网络专题学习班，积极做好中组部中国干部网络学院共建共享试点工作，帮助干部弥补知识弱项和经验盲区，干部担当作为的底气和勇气进一步增强。开展学习培训工作督查，推动学习贯彻不断往深里走、往实里走、往心里走。

二是党的政治建设有力推进。巩固拓展全省维护核心、见诸行动主题教育成果，"两学一做"学习教育常态化制度化扎实推进。结合纪念建党97周年，开展"五个一"活动，重温习近平总书记视察山西重要讲话精神，全省广大党员干部拥戴领袖、维护核心的思想自觉和行动自觉不断增强。狠抓主题党日活动的全面推行、规范完善和质量提升，党内政治生活的政治性、时代性、原则性、战斗性进一步增强。大力弘扬共产党员核心价值观，用太行精神、吕梁精神、右玉精神滋养激励干部，太行、右玉两所干部学院共培训4.4万人次，党内政治文化建设成果正转化为促进党的事业发展的持续动力。

三是大力推进"三基建设"，基层党组织组织力有效提升。深入贯彻全省推进"三基建设"座谈会精神，认真落实"1+6"政策体系和年度13项重点任务，召开"三基建设"基础工作专项推进会，推动全省基础工作整体水平逐步改观。针对性开展培训教育和实践锻炼，干部职工履职能力和工作效率有了新的提升。基层组织建设有效融入"三基建设"整体布局，全省转化提升2474个软弱涣散村党组织，清理213名不符合条件的村"两委"干部，处理96名涉黑涉恶村党组织书记和村委会主任。在"全国部分省区市村和社区'两委'换届工作座谈会"上，山西省作了典型经验介绍。全省村级组织运转经费、村"两委"主干基本报酬、社区工作经费稳步增加。全省社区党组织书记月平均工资较2014年翻了一番。集体经济发展壮大，收入过5万元的村占到60%以上。严格做好一线力量管理保障，指导督促全省各级党组织基本完成失联党员规范处置。各领域基层党建统筹推进、全面提升，基层党组织政治功能明显增强，组织力不断提升。

四是高素质干部队伍建设迈出坚实步伐。开展建设高素质专业化干部队伍调研、省管企业领导班子建设考核调研、县(市、区)党政正职队伍集中调研，建立了基础台账，掌握了一批优秀干部，夯实了干部工作基础。制定实施《关于进一步激励广大干部新时代新担当新作为努力建设高素质专业化干部队伍的实施意见》等有关政策措施，对进一步激励干部担当作为、奋发进取作出整体部署。着力选优配强各级领导班子和领导干部，一批勇于担当、改革创新、实绩突出的干部走上领导岗位。省委常委会研究任免干部1069人次，其中提拔重用248人。省人大政府政协换届圆满完成。省级党政机构改革顺利推进，调整配备51个单位班子230名干部，得到各方面高度认可。推选宣传60名担当作为先进典型，提拔48名近年来受省级表彰的农村第一书记，对工作不力的14名县党政正职及时进行组织调整。开展干部担当作为情况评议，激励干部新时代新担当新作为的导向日益鲜明。加强党对公务员队伍的集中统一领导，加快推进分类改革和聘任制公务员试点工作，公务员制度和队伍建设同步推进。

五是发现培养选拔优秀年轻干部制度机制更加完善。召开全省大力发现培养选拔优秀年轻干部推进会，出台《关于适应新时代要求大力发现培养选拔优秀年轻干部的实施意见》及相关配套措施，全面启动优秀年轻干部"两大行动"和"三年计划"，安排88名优秀年轻处级干部集中培训并到发达地区挂职锻炼，112名优秀年轻处级干部到县(市、区)挂职锻炼。制定《山西省选调生管理暂行办法》，选派优秀年轻干部参加省委巡视、脱贫攻坚、环保督察、信访督查、对口援疆工作，打出一套培养选拔优秀年轻干部的政策"组合拳"。

六是从严管理监督干部的力度不断加大。坚持抓早抓小、严在经常，全省组织人事部门共提醒3238人，函询1274人，诫勉802人。对照中央巡视组反馈的选人用人6个方面22个具体问题，态度坚决，狠抓巡视整改，得到中组部肯定，在全国巡视整改推进会上作了交流发言。突出政治监督，对省委第三轮巡视发现的5个单位管党治党不严的问题线索，约谈了5名机关党委书记，追责问责47个基层党组织和59名党员。狠抓突出问题专项整治，坚持省市县三级联动，在全省扎实开展拉票贿选、跑要说情打招呼等6类问题"回头看"，对236名当事人和责任人作出严肃处理。强化干部选任监督，抽查核实个人有关事项9449人，因未如实报告批评教育1584人、诫勉谈话等组织处理404人。结合省委第四轮巡视开展选人用人专项检查，发现5大类20多项突出问题。从严从实做好12380举报受理查核工作，违规选人用人问题的查核率和查实率实现"双提升"。不断扎紧制度笼子，先后修订制定个人有关事项即时报告等制度文件，从严管理监督干部制度体系更加健全。

七是人才创新创造活力进一步迸发。大力实施人才强省战略和人才优先发展战略，制定出台改革配套文件8个，对全省人才新政落实情况进行了专项评估督查，深化人才发展体制机制改革取得新进展。大幅提高科技创新奖项奖励标准，设立“山西省优秀人才突出贡献奖”和“山西省人才工作贡献奖”，改革红利显著释放。各层次急需紧缺人才的引进培养实现新突破，引进253名海外高层次人才和5个创新团队，吸引618名优秀博士生来晋创新创业。全面整合省级人才工程，实施“三晋英才”支持计划，重点遴选支持320多名高端领军人才、近5000名拔尖骨干人才、近8000名青年优秀人才。扎实开展“弘扬爱国奋斗精神、建功立业新时代”活动，举办“中青年高层次人才国情研修班”，党对人才的政治引领和团结服务得到新加强。

八是组工干部队伍作风素质不断提升。着力强化理论武装，努力在学习贯彻习近平新时代中国特色社会主义思想上走在前、作表率。带头抓实“三基建设”，努力提升工作标准，不断优化工作机制，夯实工作基础。扎实推进部机关机构改革，选优配强组织部门领导班子。持续推进从严治部，严格执行“八项规定”“十严禁”，为推动各项工作落实提供了有力保证。

（程永杰）

附：省委常委、省委组织部部长，常务副部长、副部长、驻部纪检监察组长、部务委员名单

省委常委、组织部部长： 吴汉圣（12月离职）

常务副部长： 孙大军（2月离职）

副　部　长： 白秀平（1月离职）　陈跃钢

卢建明（1月任职）　张晓峰　赵建华

张晓永（11月任职）　齐海斌（11月任职）

辛艾艾（女，11月任职）

省纪委监委驻部纪检监察组组长： 贾文儒（8月离职）

袁振旭（10月任职）

部务委员： 张志刚（1月离职）　张晓永（11月离职）

齐海斌（11月离职）

省委宣传部

部　长　廉毅敏

2018年，全省宣传思想战线紧紧围绕中央和省委重大决策部署，深入贯彻落实全国、全省宣传思想工作会议精神，牢牢把握“九个坚持”根本遵循，认真践行“十五字”使命任务，全面落实“两论立部”工作方针，守正创新、开拓进取，全省宣传思想工作呈现新气象。

一、理论武装

理论学习。制定党委中心组学习考核评价标准和党委讲师团工作考核评价体系，创办《中心组学习简报》。全年服务省委中心组学习11次。组织开展《习近平谈治国理政》《习近平新时代中国特色社会主义思想三十讲》等学习宣传工作，发行量党员占比居全国前列，受到中宣部表彰。学习强国山西平台建设取得积极进展。

理论宣传。在省内媒体开设专题专栏，组织全省社科理论工作者撰写重头理论评论文章。召开“党的创新理论和习近平总书记重要讲话精神进基层”推进会，广泛开展“党的十九大精神进基层”“将改革开放进行到底”等主题宣讲，打造形成了晋中市“文艺轻骑兵”、晋城市“讲习快车”等一批基层宣讲品牌，全年累计开展基层宣讲20余万场、直接受众700余万人次。

理论研究。印发关于加快构建中国特色哲学社会科学的实施意见，组建高校《资本论》研习小组，举办习近平新时代中国特色社会主义思想暨山西实践理论研讨会、学习贯彻习近平总书记关于宣传思想工作重要论述研讨会、全省高校思政课暨思政工作改革创新经验交流会，《把政治文化建设作为全面从严治党的铸魂工程》入选中宣部“马工程”重大项目和国家社科基金特别委托项目。

二、舆论宣传

主题宣传。召开8次重大题材新闻报道工作联席会议，围绕习近平总书记视察山西一周年、庆祝改革开放40周年等，精心策划组织一系列宣传战役，开展了“新时代新作为新篇章”等大型主题采访活动，选树宣传了一批新时代担当作为先进典型，连续在中央主要媒体策划推出反映山西省改革发展成就的重大主题报道。《刘桂珍：四副担子一肩挑》等5篇作品获第28届中国新闻奖。

热点敏感问题引导。积极有效稳妥处置了洪洞三维集团污染事件等热点舆情。忻州市“随手拍”坚持通过网络走群众路线,推出问政群众“一次不用跑、最多问一次”改革,被全国总工会授予“全国工人先锋号”荣誉称号。

对外宣传。持续开展山西品牌中华行和丝路行等系列外宣活动,组织开展了“全国网络媒体山西行”等活动。《粉墨春秋》入选中宣部中华文化走出去重点扶持项目。加强“山西发布”两微平台运营管理,全年推送微信、微博13000余条。省级平台组织新闻发布会43场。大力推进媒体融合。“省级中央厨房”初步建成运行,实现了与山西日报、山西广播电视台的互联互通、资源共享。制定山西省《县级融媒体中心建设实施方案》,首批启动建设的39个县(区、市)融媒体中心全部揭牌。

三、弘扬社会主义核心价值观

理想信念教育。大力弘扬太行精神、吕梁精神、右玉精神,启动八路军太行纪念馆、晋绥边区革命旧址纪念馆、右玉精神展览馆等爱国主义教育基地网上全景展馆建设。开展省级爱国主义教育基地考核申报工作,对不符合标准的9个基地予以调整,新命名阳泉七亘大捷纪念馆等29个基地。

社会主义核心价值观建设。印发《关于进一步做好社会主义核心价值观网上传播的通知》。召开全省社会主义核心价值观示范点建设经验交流会,命名6大类102个单位为第一批社会主义核心价值观建设示范点。开展首届社会主义核心价值观主题微电影、百幅优秀公益广告作品征集评选展播展映和“一张纸献爱心”活动。“晋立信”山西失信被执行人曝光台正式上线运行。

精神文明创建。组织召开全省精神文明建设表彰大会、省文明委第十四次全体会议,出台《关于深化群众性精神文明创建活动的实施意见》。在全国率先编制完成省级《实施乡村振兴战略乡风文明专项规划(2018—2022)》。加强思想道德建设。组织开展第七届山西道德模范评选表彰宣传活动和第六届全国道德模范基层巡讲活动,全省30人荣登“中国好人”榜。大力推进学雷锋志愿服务工作,全省9个学雷锋志愿服务先进典型入选全国“四个一百”名单。

四、文艺工作

文艺创作。制定《山西省当代文学艺术创作工程规划(2018-2021年)》。修订《重点文艺作品扶持奖励办法(试行)》。推出了电视剧《右玉和她的县委书记们》、长篇报告文学《掷地有声——脱贫攻坚山西故事》、中宣部主题出版重点选题《闪耀世界的中国奇迹》等一批优秀文艺作品。音乐剧《火花》、上党梆子《太行娘亲》荣获国家舞台艺术精品创作扶持工程重点扶持剧目。

文化活动。举办“山西省庆祝改革开放40周年群众文化系列活动”,共开展2900余项活动,惠及群众2600余万人次。组织举办“绿色的旋律——2018右玉森林音乐会”,40余家央媒省媒集中采访报道,产生广泛影响。指导举办第二届平遥国际电影展。成功举办大同云冈文化旅游活动季、平遥国际摄影大展、长治八路军文化旅游节、临汾尧都文化旅游节等系列文化活动。

文化事业。组织开展免费送戏下乡一万场等文化惠民活动。开展全民阅读“七进”活动2000余次,50余万人次参与。启动了第八批国保和第六批省保单位推荐工作。举办首届山西非遗博览会。

五、文化改革发展

文化体制改革。制定省属国有文化企业公司制改制工作实施方案,全省国有文化企业公司制改革基本完成。召开全省文化领域行业组织建设联席会议,组织开展省级文化领域行业组织专项治理,推动文化领域行业组织规范健康发展。全年改革任务全面完成。

文化产业发展。组织开展全省文化产业普查调查和主体培育提升工程,摸清全省文化产业家底,发布全省及11市文化产业数据分析报告。组织参加第十四届深圳文博会,获优秀组织奖和优秀展示奖。2018年全省文化产业增加值同比增长13%,是2014年文化产业核算以来增长最快的一年。

文化企业监管。推动国有文化企业把社会效益放在首位,实现社会效益和经济效益相统一的体制机制,分别开展省属文化企业集团双效考核、领导班子建设情况考核调研、年度目标责任考核工作。

六、党的建设和人才队伍建设

党的建设。认真落实全面从严治党要求,组织召开省直宣传思想文化系统党风廉政建设会议,层层签订党风廉政建设责任书和党员干部承诺书。严格落实“三会一课”、民主生活会、组织生活会、谈心谈话、民主评议党员等党内组织生活制度,认真组织开展“新时代新担当新作为”主题党日活动,不断提高党内政治生活质量。持续加强全战线“三基建设”,推动全面实现“两年不断深化拓展、显著改观”的阶段性目标。

干部人才队伍建设。深入贯彻中央《关于进一步激励广大干部新时代新担当新作为的意见》及我省实施意见精神,努力营造了担当干事的良好环境。组织完成山西省思想政治工作研究会第六届理事会换届工作。开展宣传思想文化战线人才队伍建设调研,制定了《推动全省宣传思想文化人才发展的工作方案》。组织举办新时代宣传思想工作创新研讨班。全年举办各类培训(研修)班30余期,培训各级各类宣传干部及文化人才3000余人次,新选拔“四个一批”人才63名。按照中央、省委部署要求,完成省级机构改革任务。

(乔佳伟)

附:省委常委、省委宣传部部长,常务副部长、副部长、驻部纪检监察组长名单

省委常委、宣传部部长: 廉毅敏(3月任职)

常务副部长: 李福明(10月离职)

副 部 长: 郭 健(6月离职) 杨茂林(10月离职)
董晓林(10月离职)

省纪委监委驻部纪检监察组组长：吴照曲
副部长（兼）、省精神文明建设指导委员会办公室主任：
　　张　峻（10月任职）
副部长、省政府新闻办公室主任：张　羽（11月兼任）
副部长、省新闻出版局（省版权局）局长：
　　夏　祯（10月任职）
副部长：骞　进（10月任职）

省委统战部

部　长　徐广国

2018年，省委统战部在省委的坚强领导下，坚持以习近平新时代中国特色社会主义思想为指引，以深入学习宣传贯彻党的十九大精神为主线，改革创新、真抓实干，打造亮点、整体推进，全省统一战线各领域工作呈现出奋发有为、蓬勃发展的良好态势，为山西省“两转”基础上全面拓展新局面提供了广泛力量支持。

一、深入学习贯彻习近平新时代中国特色社会主义思想和党的十九大精神，为做好各领域统战工作增添了新动力

全省统一战线坚持用习近平新时代中国特色社会主义思想在统战干部和统战成员“两支队伍”中凝心铸魂，扎实开展各领域主题教育实践活动，统一战线共同思想政治基础进一步巩固。各级统战部门坚持把学习贯彻习近平新时代中国特色社会主义思想和党的十九大精神作为首要政治任务，并与贯彻落实习近平总书记视察山西重要讲话精神结合起来，与贯彻落实省委十一届六次全会精神结合起来，深化各民主党派、无党派“不忘合作初心，继续携手前进”专题教育活动，举办民主党派学习讲堂4期；以纪念中共中央发布“五一口号”70周年为主题，组织开展“5+1”主题活动，组织召开了山西省纪念中共中央“五一口号”发布70周年座谈会；开展国旗、宪法和法律法规、社会主义核心价值观、中华优秀传统文化进宗教活动场所“四进”活动；在非公有制经济人士中开展“不忘创业初心，接力改革伟业”主题教育活动，引导民营企业家进一步坚定理想信念；在党外知识分子中开展“跟党迈进新时代，同心共筑中国梦”践行社会主义核心价值观主题活动，举办“海归大讲堂”9期；在新的社会阶层人士中开展新时代中国特色社会主义主题教育活动，举办新的社会阶层大讲堂。省委统战部全年举办各种培训班23期，统一战线各单位、各市县统战部全年举办培训班、专题讲座、报告会等300余期（场），参加活动人数达3万余人次。全省统战干部和统一战线成员进一步树牢“四个意识”，坚定“四个自信”，坚决做到“两个维护”。

二、充分发挥新型政党制度的政治优势，推动中国特色社会主义参政党建设开启了新步伐

坚决贯彻党的十八大以来特别是2018年3月4日习近平总书记重要讲话精神，按照省委关于民主党派自身建设“三硬”要求和参政议政“三要”要求，引导省各民主党派进一步加强自身建设，提高履职能力，切实维护了山西省多党合作政治大局。一是加强政党协商领域改革。首次将年度协商计划纳入省委常委会工作要点，创新推进了政党协商“责任制承办”改革，全年召开会议协商10次，结合民主党派加强自身建设、职教社换届等约谈协商10余次，各有关部门征求意见书面协商9次，政党协商效能得到明显提升。二是提升参政议政质量水平。支持民主党派认真贯彻省委“三要”要求，以深化“订单式”调研为“引子”，协助各民主党派创新调研方式，做实调研工作，提高调研质量，形成较高质量调研报告近200份。先后配合保障民主党派中央领导莅晋调研11次，拓宽了反映山西情况、支持山西发展的渠道。三是大力支持脱贫攻坚民主监督。支持各民主党派深入基层开展民主监督调研30余次，形成监督意见200余条，部分建议被纳入省委省政府出台的《关于坚决打赢全省脱贫攻坚战三年行动的实施意见》，为全省全面建成小康社会作出了积极贡献。四是全面加强民主党派自身建设。召开民主党派省委会自身建设经验交流会，协助做好1个省级组织、3个市级组织届中调整工作，严格民主党派省委会机关目标责任考核，进一步深化了“三硬型”民主党派组织建设。同时，推动山西社会主义学院新校区搬迁到位。努力改善民主党派的工作条件。

三、以中央宗教工作督查为契机，在推动解决民族宗教领域重点难点问题上实现了新突破

加强和改进党对民族宗教工作的领导，推动党中央和省委关于民族工作、宗教工作重大部署的贯彻落实，维护了全省民族团结、宗教和谐的良好局面。在民族工作方面，积极推动民族团结进步事业发展，深入开展民族团结进步创建活动，命名了一批民族团结进步创建示范单位。做好少数民族发展资金使用计划及科学监管，积极推动少数民族聚居村“一村一品”项目落地，41个聚居村全部脱贫。加强清真食品安全监管，严格新的生产经营许可证和标志牌的使用管理。在宗教工作方面，认真贯彻习近平总书记关于宗教工作的重要讲话和重要批文精神，全面贯彻党的宗教工作基本方针，配合中央宗教工作督查组开展工作，把依法管理宗教事务的旗子鲜明地亮起来，妥善解决了一批长期积累的重点难点问题，使全省宗教工作上了一个大台阶。

四、聚焦破解发展难题，推动全省非公经济发展打开了新局面

积极贯彻“两个毫不动摇”，采取有力举措，切实为民营企业发展解难题、出实策。一是不断提振民营企业发展信心。坚持“两个毫不动摇”，把民营企业家当自己人，召开全省支持民营企业发展大会，出台支持民营经济发展的“30条”，不断健全企业家参与涉企政策制定机制。探索建立政企定期沟通协商机制，与国资、发改、工信、金融等部门开展工作对接。实施典型带动，发布山西民营企业100强，为百强企业争取银行授信百亿元。开展山西省第四届优秀中国特色社会主义事业建设者评选表彰，充分展现了改革开放40年来全省民营企业家的良好风貌。二是积极构建亲清新型政商关系。深化领导干部联系民营企业制度，协助省领导结对联系民营企业56家，省市县共有2056名领导干部与3511名企业家建立了对接联系。开展了落实省委省政府营造企业家健康成长环境、弘扬优秀企业家精神38条措施的专项督查调研，推动了政策红利的落地。三是推动成立“晋民投”。积极倡导民营企业抱团投资、跨界发展，指导成立山西民营资本联合体“晋民投”，规模为150亿元，首轮认缴近50亿元，成功对接国企混改优质项目108个，拓宽了民营经济发展空间，有效调动了民间投资活力。

五、积极开展探索创新，统一战线同心圆呈现出新面貌

按照中央和省委提出的新任务、新要求，创新思路，改进方法，推动统一战线工作向广度深度发展。开展“无党派人士学习实践小组”试点探索，推动各级统战部门建立“三明确一保障”运行机制。召开全省党外知识分子工作高平现场会。继续加强国企、高校、科研院所的统战工作，全省已有8家高校单独设立了统战部，且统战部长由学校党委常委担任。关注留学生群体，推进留学报国基地建设，在美、俄、德、法四国和澳门特别行政区建立了山西欧美同学会海外工作站。打造新的社会阶层人士“晋新晋力”工作品牌，打造了省综改示范区、晋中平遥古城、运城星河双创基地3个实践创新基地，建立了全省首批100个新的社会阶层人士活动站，受到中央统战部表扬，太原市被中央统战部列为实践创新基地城市。深化港澳台统战工作，紧扣争取人心、壮大力量两个关键，深入开展联谊交流，先后接待港澳台团组260余人次来晋参访，组织34名统战系统干部赴港澳开展学习交流活动，举办了第四届“晋港青年汇·山西机遇行”、第20届台湾教师“山西古文化之旅”等活动。积极为港澳台人士与我省招商引资、经贸合作、结对帮扶牵线搭桥，督促做好中华海联会批准的30所海联新农村卫生室建设。积极做好侨务工作，外派华文老师43人，举办海外华裔青少年“中国寻根之旅”夏令营山西营活动。承办国务院侨办第63期侨领研习班。全年接待美国、德国等8个国家侨领60余人次，组织11名侨务工作者出国访问。扎实做好归侨、侨眷生活补贴的发放和走访慰问工作。

六、创新开展“百千百”工程，统一战线助力全省打赢精准脱贫攻坚战作出了新贡献

全面贯彻中央和省委脱贫攻坚的战略部署，在统战系统深入推动产业扶贫、知识扶贫、科技扶贫以及民主党派脱贫攻坚民主监督工作。省委统战部认真履行对口帮扶责任，引进黑龙江食用菌种植技术，支持中阳县于2018年8月脱贫摘帽。扎实开展统一战线助力攻坚深度贫困“百千百”工程，组织各民主党派、工商联、无党派、新的社会阶层等统一战线各领域代表人士，精准对接帮扶100个贫困村、1000个贫困户及100名贫困户子女。参与帮扶企业1867家，实施项目6017个，投入资金33.21亿元，帮扶3889个村、32万多贫困人口、1万多名贫困学生。省职教社积极发挥职能，在中阳、岢岚等深度贫困县开展农民实用技能培训，在阳泉实施去产能再就业“温暖工程”项目，受训人员共计2000余人次。开展中阳县“百千百”工程消费扶贫暨招商引资活动，推销特色产品、对接项目合作、搭建电商平台。“百千百”工程推进实施过程中，已经涌现出振东集团、大运九州集团、亚宝药业等先进扶贫典型，形成“多点发力、各方出力、共同给力”的统一战线大扶贫格局。“百千百”工程被国内众多知名媒体报道，受到中央统战部主要领导肯定，被《统战工作》刊登并印发全国，并获中央统战部2018年度统战工作实践创新成果奖。

七、加强自身建设，统战干部能力素质实现了新提升

始终把政治建设摆在首位，强基固本，狠抓落实，培养锻造政治过硬、本领高强的统战干部队伍。一是推进全面从严治党向纵深发展。始终把党的政治建设摆在首位，全面加强党的各方面建设。坚持从领导班子抓起，坚决执行《准则》《条例》；加强党风廉政建设，扎实开展“五个一”党风廉政建设专题教育月活动；狠抓作风建设，驰而不息纠正“四风”，开展纪律作风集中整顿活动；做好巡视整改回头看工作，建立台账清单，细化整改举措，推进整改落实。二是顺利完成机构改革任务。以加强党对统一战线工作集中统一领导为根本出发点，以进一步完善大统战工作格局为改革的切入点，加强统筹谋划，将机构改革和业务工作有机结合，在机构人员变动的情况下圆满完成年初各项既定任务，真正做到了思想不乱、工作不断、队伍不散、干劲不减，确保了各项工作顺利运转，为新机构在新时代展现新作为奠定了基础。三是加强统战“三基建设”。夯实基层组织，完善了“支部建在处室、处长一岗双责”机制，积极开展主题党日活动。筑牢基础工作，完善“一目录三手册”，效能建设成效明显，在全省基础工作评估中被评为“优秀”等次。提升基本能力，制定了统战干部专业能力标准和通用能力标准。省市县各级统战部门组织开展干部能力提升专题培训班，开展了统战干部专业能力测评。着眼年轻干部队伍建设，充分发挥“学习小组”平台作用，推出40期“统战学堂”。积极落实《社会主义学院工作条例》，推进山西社会主义学院新校区竣工使用，抓好民主党派和无党

派人士联合党校的建设，得到中央社会主义学院主要领导的高度评价。四是提升统战工作科学化水平。加强统战领域意识形态工作，围绕改革开放40周年等组织开展系列宣传报道活动。深化群团改革，省台联、省职教社圆满完成换届。完善调查研究工作机制，制定《关于加强和改进调查研究工作的意见》等，进一步提升统战干部调查研究工作的科学化、规范化水平。实施老干部生日慰问制，举办了山西统一战线离退休人员"纪念改革开放四十周年书画展"活动。推进山西统一战线智库建设，建言献策能力实现了"双提升""三结合"。组织党外人士向中央、省委建言献策，被中央统战部《零讯》《统战工作》专刊、中办《每日汇报》采用15篇，创历年最高，其中，2篇被中央领导批示，4篇《直言简讯》被省领导批示，《将民用"空中120"纳入全省应急救援体系》建议拟列入应急管理厅2019年工作规划。信息工作进入全国前十，统战理论研究有2项获全国理论研究创新成果奖，被中央统战部通报表彰。

（侯国柱）

附：省委常委、省委统战部部长，副部长、驻部纪检监察组长、巡视员名单

省委常委、统战部部长： 廉毅敏（3月离职）
徐广国（3月任职）

常务副部长： 郭海刚（10月离职）
师　帅（10月任主持日常工作的副部长）

副　部　长： 赵雁峰

副部长、省宗教局（民委）局长（主任）： 刘国庆（10月任职）

副部长（兼）、山西社会主义学院党委书记、常务副院长：
张晓光（2月任山西社会主义学院党委书记、常务副院长，11月任省委统战部副部长）

副部长（兼）、省工商联（总商会）党组书记：
杨临生（10月离职）　刘海芸（女，10月任职）

驻部纪检监察组组长： 相里岩

副部长： 滕德刚（10月任职）　白　源（10月任职）

巡视员： 荆青莲（女，12月离职）　王瑞宝（12月任职）

省委政法委

书　记　商黎光

2018年，省委政法委深入学习贯彻习近平新时代中国特色社会主义思想和党的十九大精神，贯彻落实中央、省委各项决策部署，扎实推进平安山西、法治山西、过硬政法队伍和智能化建设，圆满完成了省委交办和省委政法工作会议确定的各项任务，全省政法工作取得了明显成效。

一、加强思想政治建设，始终在思想上政治上行动上同以习近平同志为核心的党中央保持高度一致

（一）坚持领导带头，强化创新理论武装。始终把讲政治作为第一要务，组织带领机关党员干部深入学习新思想、新目标、新部署、新要求，树牢"四个意识"，坚定"四个自信"，坚决做到"两个维护"，自觉用习近平新时代中国特色社会主义思想武装头脑、指导实践、推动工作。2018年，理论学习中心组集中学习12次，班子成员讲党课15次。机关17个党支部坚持每周二下午集中学习制度，全体党员干部的政治能力和素养得到进一步提升。

（二）严守政治纪律，严肃党内政治生活。认真落实"三会一课"、民主生活会和组织生活会、谈心谈话、民主评议党员等制度，在党内组织开展严肃健康的批评与自我批评，增强党内政治生活的政治性、时代性、原则性、战斗性；坚持民主集中制，坚持省委政法委领导班子会议制度，加强工作督促检查，定期通报汇报工作进展，促进了机关工作制度化、规范化；开展机关党委书记和各党支部书记年度述职评议，推动党建责任落到实处。

（三）落实主体责任，加强党风廉政建设。一是科学谋划机关党建工作。制定出台机关《党建工作规划》《2018年党建工作要点》，并及时召开会议进行安排部署。二是履行管党治党责任。领导班子坚持以政治建设为统领，严格落实主体责任，推动管党治党走向"严紧硬"。机关纪委运用"四种形态"，严格监督执纪问责，确保监督责任落到实处。三是加强警示教育。邀请省委党校教授进行了"推动全面从严治党向纵深发展"专题辅导，组织机关党员干部赴晋中市纪委监委警示教育

中心实地参观,让党员干部知敬畏、存戒惧、守底线。

二、认真履职尽责,坚决维护国家政治安全、确保社会大局稳定、促进社会公平正义、保障人民安居乐业

(一)强力扫黑除恶,掀起斗争高潮。按照习近平总书记重要指示精神和中央部署要求,省委政法委切实履行牵头统筹职责,强势开局,重拳出击,扫黑除恶专项斗争取得了明显阶段性成效。截至12月底,全省共打掉涉嫌黑恶势力犯罪团伙1007个,其中黑社会性质组织70个,恶势力犯罪集团275个,抓获犯罪嫌疑人8349人,破获刑事案件7556起,查封、冻结涉案资金14.81亿元。检察机关批准逮捕1426件4575人,提起公诉537件2841人;法院一审宣判220件1233人,二审判决44件230人。全省纪检监察机关立案查处涉黑涉恶腐败、"保护伞"问题和失职失责等问题591件1288人,党纪政务处分617人,组织处理738人200个单位,移送司法机关51人。中央政法委书记郭声琨同志给予充分肯定,在全国扫黑除恶专项斗争推进会上,山西省作为6个发言单位之一作了经验介绍。

(二)应对风险挑战,维护安全稳定。一是严密防范、坚决打击境内外敌对势力渗透颠覆捣乱破坏活动,深化网络政治谣言和有害信息清理整治,牢牢掌握对敌斗争主动权。二是以打好防范化解重大风险攻坚战为主线,围绕特定利益群体维稳、防控金融风险等四项重点工作,深入开展矛盾纠纷排查化解工作,全年共排查各类矛盾纠纷135970件、化解130768件,化解率96.17%。三是开展了严厉打击严重暴力犯罪、毒品违法犯罪、"两抢一盗"犯罪、电信诈骗等多发性侵财犯罪、涉众型经济犯罪等各类违法犯罪活动,从严整治群众反映强烈的社会治安问题,确保了全省社会治安大局稳定。

(三)坚持综合治理,完善治理体系。一是深入学习推广新时代"枫桥经验"。以省委办公厅文件印发《关于学习推广新时代"枫桥经验"提升全省城乡基层社会治理现代化水平的指导意见》,在全省确定16个县(市)区、153个乡镇(街道)、1085个村(社区)为先行试点地区,不断提升城乡社会治理能力和水平。二是深入推进"雪亮工程"建设。目前全省累计建设公共安全视频监控摄像机234.7万台。2018年前三季度,全省共运用公共安全视频监控图像信息直接破获刑事案件1万余起,占全省破案总数的36.34%。三是深入推进基层平安建设。以省委、省政府两办文件印发《关于深入推进平安乡村建设的指导意见》,推动基层平安创建活动深入开展。四是全面推进综治信息化建设。截至年底,全省综治信息系统共受理各类事件1332588件,处置1303214件,处置率达97.8%。五是深入推进综治中心规范化建设,出台《关于深入推进基层综治中心建设切实加强网格化服务管理的指导意见》,进一步健全工作运行机制,使综治中心成为基层社会治理的实战平台。

(四)深化司法改革,维护公平正义。一是以省委、省政府两办文件印发《山西省深化司法体制综合配套改革实施意见》,在中央政法工作会议上作了专题发言。二是深化员额制改革。在全国率先出台《山西省法官检察官退出员额管理暂行办法》,建立了能进能退的员额良性滚动机制。三是加快推进法院、检察院内设机构改革。省法院基层法院内设机构改革方案于2018年12月底前完成审批程序。四是积极探索落实法官检察官惩戒制度。探索建立了纪检监察部门与省法官检察官惩戒委员会查究员额法官检察官错案责任的工作衔接机制。同时,结合《监察法》的颁布,对山西省"1+4"10项制度中的91处进行了修改校正,确保了对职务犯罪的依法精准打击。

(五)注重法治引领,服务中心工作。一是依法保障服务民营企业健康发展。制定出台《全省政法机关支持服务保障民营企业发展的指导意见》"1+4"制度体系等规范性文件,建立由省委政法委、省工信厅牵头的企业涉法维权问题协调工作机制,保护企业家合法权益。二是积极优化营商环境。在全省政法机关组织开展了便民服务"最多跑一次"改革,有力提升了服务效能。三是推动涉党政机关执行难案件,党政机关未执结案件已由2018年5月份通报的365件下降至20件。四是推进环境治理法治化。组织开展了打击破坏生态环境违法犯罪专项行动,全年共立破坏生态环境类刑事案件468起,刑事拘留482人,提起公诉212件453人。五是加大执法监督力度。依法稳妥处置了一批中央交办或在全国、全省有重大影响的案(事)件,受到了中央和省委领导的肯定。六是组织开展案件评查活动,发现并严肃纠正了一批存在执法司法过错或瑕疵的案件,确保严格执法公正司法。七是组织18个巡视组对21个基层政法单位开展了授权执法巡查工作,对发现的130余个突出问题,限期进行了整改。

(六)依法治理邪教,净化社会环境。严厉打击邪教违法犯罪活动。采取举办封闭班、走读班、开放班、上门帮教等形式,积极开展教育转化。积极运用新媒体开展宣传教育,部署开展"反邪拒邪,从我做起"网上网下签名活动,全省累计签名人数达600余万人次;组织拍摄视频《觉悟人生路——五台山高僧大德揭批邪教、为你规划人生》,在中国反邪教网上播出,均收到良好效果。评比验收15个县(市、区)为无邪教省级示范县和达标县,夯实了基层反邪教工作基础。

(七)加快智能化建设,提升工作效能。一是积极推进山西政法综合信息网扩容改造工程。完成了省级政法城域网和山西省刑事诉讼涉案财务集中管理信息平台建设任务。二是积极推进智能辅助办案系统试点应用。作为中央政法委确定的7个先行试点省份之一,全面加快项目立项、审批各项工作。从系统建设到试点应用,山西省都走在了试点省份前列。三是积极推进跨部门大数据办案平台建设。制定了《山西政法智能辅助协同平台总体方案》,完成了平台总体框架和功能设计,目前已基本实现了设施联通、网络畅通、平台贯通、数据融通。

(八)深入宣传引导,掌握舆论主动。一是组织开展了"新媒体建设年"活动。进一步畅通中央、省、市、县各级政法宣传工作联系互动渠道,形成了独具山西省特色的政法宣传新媒

体矩阵。二是开展日常舆情监测上报工作。及时编发《政法舆情快报》,开展24小时专项舆情监测,对敏感、负面舆情信息第一时间发现处置。三是制定出台我省在政法工作中做好"三同步"工作实施细则,建立了覆盖省、市、县三级的政法网络舆情工作专班,牢牢把握了舆论引导主动权。

三、加强政法队伍建设和政法委机关干部队伍建设,营造风清气正、干事创业的良好氛围

(一)加强队伍建设,确保"五个过硬"。一是持续开展"大练兵、大比武、大培训"活动,全面加强全省政法队伍革命化、正规化、专业化、职业化建设。二是制定出台《2018年—2022年全省政法队伍培训规划》,全年共组织举办6期政法综治业务专题培训班,全省政法干警适应新形势和应对复杂局面的能力水平得到进一步提高。三是在全省政法系统组织开展了政法队伍集中整肃和"以案为鉴,筑牢防线"专题警示教育活动。研究起草了《政治督察常态化全覆盖指导意见》,推动政治督察常态化,并将政治督察逐步延伸至法、检、公、司各系统,我省政治督察工作得到中央政法委肯定。四是制定出台《关于健全激励全省政法干部敢担当善作为若干制度的意见》,激励广大政法干警新时代新担当新作为。五是积极选树典型,围绕扫黑除恶专项斗争中涌现出来的以闻喜县公安局局长张少华同志为代表的一大批"扫黑英雄",加大宣传、表彰、选拔力度。六是全面落实因公牺牲伤残干警救助政策,2018年救助因公牺牲伤残干警8人次78万元。

(二)突出责任担当,加强机关建设。一是在机关组织开展"学思想、转作风、促变革"专项活动,激励机关干部干事建功、担当作为,机关干部的精神面貌和工作作风发生了显著变化。二是通过举办道德讲堂,开展志愿者服务、社会公益、与贫困户结对帮扶和多种文体活动,深入践行"忠诚、为民、担当、公正、廉洁"的政法干警核心价值观,推动机关精神文明建设向纵深发展。三是提前一个月圆满完成省委政法委机关机构改革工作。在省委部门中做到了"三定"规定编制报送、内设机构编制分配、划转人员岗位安置、中层干部选拔配备和办公用房调整分配"五个率先完成"。

(三)坚持对标一流,引深"三基建设"。一是加强组织领导,深化全员参与。严格落实班子成员定期研究"三基建设"工作机制和"三基建设"联系点制度,全体党员干部结合岗位实际,主动找差距、补短板、提标准,切实做到基础工作与中心工作互促互进,良性循环。二是超前谋划,主动作为。组织开展了为期半年的基础工作达标活动,确保各处室、各单位基础工作建设提档升级取得实效。三是加强机关干部能力建设。建立了干部个人能力提升档案,制定了机关干部专业能力训练大纲和专业能力测评实施办法,组织机关干部进行了专业能力测试,机关干部能力建设步入制度化规范化轨道。经省委"三基建设"办公室考核评估,政法委获得96分的较好成绩。

(段剑锋)

附:省委常委、省委政法委书记,常务副书记、副书记、省综治办主任、省委法治办主任、秘书长、政治部主任、综治办副主任、省委法治办专职副主任、巡视员、副巡视员名单

省委常委、政法委书记: 商黎光
常务副书记: 闫喜春
副　书　记: 苗　伟　刘永生　邓彩彪(11月任职)
省综治办主任(兼): 苗　伟(10月离职)
省委法治办主任(兼): 刘永生(10月离职)
秘　书　长: 邓彩彪(11月调职)
政治部主任: 龚景华
综治办副主任: 王锁成(11月离职)
省委法治办专职副主任: 周　涛(10月离职)
巡视员: 高国俊(10月任职)
副巡视员: 樊雅莉(女,10月任职)　杨宏伟

省委政策研究室(省委改革办、省综改办)

主任　宋伟

2018年,在省委的坚强领导下,省委政策研究室(省委改革办、省综改办)坚持以习近平新时代中国特色社会主义思想为指引,认真学习贯彻党的十九大精神和习近平总书记视察山西重要讲话精神,认真贯彻落实省委十一届六次全会精神及系列专项部署,团结带领全体干部职工,围绕中心,服务大局,埋头苦干,积极进取,文稿、调研、改革、综改及党建等工作齐头并进,圆满完成省委交办的各项任务,室(办)各项工作取得新的更大进步。

一、坚持以政治建设为统领,严格落实新时代党的建设总要求

作为省委负责政策研究、服务改革的综合性部门,省委政策研究室(省委改革办、省综改办)一直把旗帜鲜明讲政治作为干部职工塑造政治品格、砥砺党性修养、恪守政治规矩的核心要求,贯彻落实到加强党的建设各方面全过程。一是按照学懂弄通做实要求,始终坚持把学习贯彻习近平新时代中国特色社会主义思想作为首要政治任务,不断提高全室(办)党员干部的思想政治素养和党性觉悟,坚定理想信念,

树牢“四个意识”，践行“两个维护”，始终在思想上、政治上、行动上同以习近平同志为核心的党中央保持高度一致。二是结合推进“两学一做”学习教育常态化制度化，积极参加“戴党徽、亮身份、名岗位、树形象”活动，认真组织“新时代新担当新作为”主题党日活动等，进一步提高党组织生活的感染力、吸引力，激励全室(办)广大党员不忘初心、牢记使命，在新时代新形势下展现新作为、作出新贡献。三是把“三基建设”作为加强机关党的建设的重要抓手，以提升组织力为重点，室(办)领导班子带头严格执行“三会一课”、组织生活会、民主评议党员等党的组织生活基本制度，先后制定或完善了党建工作要点、理论学习计划、总支(支部)工作制度、民主生活会制度、理论学习制度、党员岗位职责清单、党员干部能力建设制度、党建工作“三个清单”等，全面推进党支部标准化、规范化建设，更好发挥党支部的战斗堡垒作用和党员的先锋模范作用。

二、牢固树立精品意识，高质量完成一大批省委重要文稿起草工作

室(办)在原有文稿文件起草任务的基础上，新增了政法维稳、人大政协、军队群团等政治方面的任务，基本涵盖了全省“五位一体”建设、党的建设、全面深化改革、转型综改试验区建设等各个领域。一年来，全室(办)时刻聚焦省委中心工作，坚持问题导向、目标导向，吃透上情、了解下情，准确阐述省委决策意图，积极总结基层鲜活经验，针对问题提出对策建议，多出好思想、好主意、好文章、好成果，更好发挥以谋资政、以文辅政重要作用，组织起草省委主要领导在国企改革、开发区改革、农业农村、脱贫攻坚、生态环保、机构改革、军民融合、扫黑除恶、人大工作、安全稳定、对口援疆等方面的重要讲话文稿50余篇。此外，组织起草扫黑除恶、人大依法监督监察机关、全面深化改革、主要负责同志领衔抓改革落实、民生领域改革、县乡医疗卫生机构一体化改革、建设转型综合改革示范区、环保监察等上报党中央的重要报告近20个，牵头制定“改革创新、奋发有为”大讨论实施方案、外交部山西全球推介活动工作方案等各类方案10余个。

三、突出推动改革主业，全面深化改革工作再上新台阶

在巩固提升原有工作的基础上，把突出改革主业、做实改革工作摆在更加突出的位置。一是理清改革“大盘子”。运用“三个三”工作法，对党的十八大以来中央和省委出台的各类改革方案落实情况、改革试点推进情况进行了全面摸底梳理，完善“三大”改革台账，加强动态管理。二是加强工作制度建设。在强化省领导分工负责制的基础上，构建“1+4+N”推动改革工作的制度体系，建立改革考核制度、台账管理制度、联席会议制度、方案提交审议制度、信息管理制度、督察制度等。三是加强改革议题审议。牵头研究编制省委2018年改革工作要点，建立上会议题推动审议机制，强化督办和审核力度，全年承办召开省委全面深化改革领导小组(委员会)会议8次，审评改革议题26个、重大改革文件19个。四是加强改革上下交流工作。3次主动赴中央改革办汇报山西省抓改革工作的整体思路、具体方法、突出亮点及积极成效，强化对市县改革办的业务指导和工作联系，逐步形成上下合力、齐抓共管的改革工作格局。建立改革信息编审报送机制，加强改革信息交流工作，全年编发《山西改革信息》91期、《改革动态》8期，《山西争当能源革命排头兵》《山西交城县医药卫生体制改革措施实效果好》等被中央改革办《改革情况交流》专题刊发。五是加强改革督察工作。先后制定《全面深化改革督察工作实施办法》《省委改革办专项督察实施细则》《改革督察工作规程(试行)》《省委改革办(省综改办)改革督察制度》等制度性文件，狠抓改革任务落实落地。在做好日常督察的基础上，精心组织开展2次由省委常委和其他省领导带队的全省域集中督察，对各级各部门贯彻落实习近平总书记视察山西重要讲话精神、《关于支持山西省进一步深化改革促进资源型经济转型发展的意见》(国发〔2017〕42号)文件落实情况及中央改革办确定的20个重点参考题目和山西省自选的20项重要改革事项进行重点督察，并选择11项重大改革事项首次采取“双验证”模式开展专项督察，通过拓展督察工作的广度和深度，提高发现问题、解决问题的实效。六是发挥考核导向作用。与省委组织部、省考核办共同建立全面深化改革目标责任考核机制，细化改革考核评价办法，强化考评成果运用，及时对11个市和80多个省直单位的改革指标进行考核评价。七是承办庆祝改革开放40周年有关活动。按照省委有关部署，参与制定《山西省庆祝改革开放40周年活动方案》，组织开展庆祝改革开放40周年主题征文活动，共收集征文3022篇。八是全力保障服务机构改革工作。把抓好深化党政机构改革作为2018年室(办)的重要任务之一，自省委机构改革办3月1日正式成立以来，抽调6名同志专班服务相关工作，先后牵头起草了省委《关于深入贯彻落实党的十九届三中全会精神深化党政机构改革的实施意见》等大量重要文稿和改革方案，圆满承办省委机构改革领导小组交办的各类会议，协助完成省级机构改革各项工作，积极谋划市县机构改革、综合行政执法体制改革、人大政协改革、司法机构改革、群团组织改革、社会组织改革、事业单位改革等工作。

四、继续抓好先行先试，转型综改试验区建设扎实推进

把建设转型综改试验区作为山西省转型发展的“牛鼻子”。一是谋划推进转型综改先行先试任务。研究谋划转型综改先行先试任务33项，印发《2018年转型综改先行先试任务清单》《关于2018年转型综改33项先行先试任务分解的通知》，建立任务台账，召开改革任务推进会，确保转型综改先行先试取得实效。二是积极推进国发〔2017〕42号文件落实。对文件进行分解，确定了23个部门74项对接任务，推进对接部委工作，已有50多项事项明确得到国家相关部委支持，特别是企业投资项目承诺制改革试点、资源枯竭城市转移支付范围

扩大等倾斜政策已产生了积极效果。3次赴国家发改委汇报国发42号文件落实情况和中共山西省委推进转型综改工作安排，同时与国家能源局对接推动在山西省开展能源革命综合试点，联合国家发改委体改所开展《山西省构建支撑资源型经济转型的体制机制研究》课题研究，在中央层面最大限度争取对山西省的政策支持。三是大力营造转型综改浓厚氛围。制定了《关于开展"以改革促转型"典型经验宣传工作方案》，在山西日报、山西卫视等媒体开设专栏，宣传全省"以改促转"典型案例；组织全省转型综改先进单位和示范项目的推荐工作，定期向国家发改委报送改革信息，《山西省扎实推进资源型经济转型综合配套改革试验并取得积极成效》《山西省在全省范围开展企业投资项目承诺制改革试点》等在国家发改委改革信息刊发。

五、积极服务省委决策，各领域调查研究成果丰硕

认真落实习近平总书记关于大兴调查研究之风的重要指示精神，制定《省委政研室（省委改革办、省综改办）调查研究工作规程》，绘制《省委政研室（省委改革办、省综改办）调查研究工作流程图》，突出服务于省委重大决策部署的调研取向，精心选择调研课题，加强战略性、对策性、典型性和比较性研究。重点围绕开发区改革创新、党政机构改革、转型综改示范区建设、生态文明建设、国资国企改革、文化旅游体制改革、监察体制改革、科技创新、脱贫攻坚、城乡基层综合治理、能源革命、经济高质量发展、绿色金融改革、创优营商环境、促进区域协调发展、实施乡村振兴战略、促进军民融合发展等进行专题调研。全年先后形成46篇有情况、有分析、有价值的调研报告，刊发《调查与分析》33期，其中，完成省委重大调研课题6个、室内重点课题2个，完成地市全面深化改革情况系列报告11篇、重点领域全面深化改革情况系列报告7篇、脱贫攻坚系列报告3篇，其他调研报告4篇。上述研究报告，先后得到10多位省领导批示肯定，有的已经进入决策。编印《山西工作》12期，刊发转型综改、以改革促转型、机构调整、党的建设、扶贫工作等方面重要文稿160余篇，充分发挥党刊的喉舌和纽带作用。

六、严格落实党风廉政建设责任制，持续保持反腐败高压态势

一是严格落实党风廉政建设责任制，形成由室（办）主要领导负总责，分管领导分工负责，各处室负责人"一岗双责"的党风廉政建设工作格局。二是年初专门召开全室党建暨党风廉政建设大会，对全年党风廉政建设作出部署；及时组织全体党员干部认真学习贯彻十九届中央纪委二次全会和省纪委十一届三次全会精神，坚持问题导向，坚持挺纪在前，深入开展廉政教育和警示教育，严格落实中央八项规定精神，每逢重要节假日都要对所有党员进行一对一提醒，做到警钟长鸣。三是自觉主动接受省纪委驻省委办公厅纪检组、省直纪工委的监督指导，先后制定《室（办）与省纪委监委驻省委办公厅纪检监察组反腐联动协作的实施意见》《室（办）党组织负责人廉政约谈制度》《室（办）思想政治工作分析报告制度》等，坚持把纪律挺在前面，营造了廉洁自律、积极作为、乐于奉献的浓厚氛围。

七、努力拉高工作标准，机关内部建设不断加强

一是加强领导班子建设，建立健全室务会议事规则，认真执行民主集中制，坚持集体领导、分工负责，重大事项均提交室务会讨论决定，召开13次室务会、12次中心组学习会议。二是坚持选人用人正确导向，严格按照《党政领导干部选拔任用工作条例》，外输干部2名（副厅级1名、副处级1名）、推荐提拔处级干部2名、与省委办公厅互换交流干部3名，选派年轻挂职干部2名。三是为更好发挥省委政研室（省委改革办、省综改办）职能作用，突出主责主业，在保持现有体制框架和总体职责不变的前提下，将机关人事、党建、精神文明创建、工会、后勤、离退休人员管理及扶贫等职责全部划转省委办公厅，对原有10个内设处室进行整合调整设置。四是全面梳理各处室岗位职责，健全调查研究、考核激励、督办落实、保密管理、后勤保障等各项制度，加强效能建设，切实做到用制度管人、管财、管物、管事。五是严格落实综治领导责任制和目标管理责任制，确保没有发生任何安全稳定事件；抓实机关和党员干部结对帮扶工作，充分发挥驻村第一书记和扶贫队员作用，助推扶贫联系点打好脱贫攻坚战。

（许鹏丽）

附：省委政策研究室（省委改革办、省综改办）主任、副主任、副巡视员名单

省委政研室主任、省委改革办常务副主任、省综改办主任：

王利波（2月离职） 宋 伟（2月任职）

副主任：加年丰 刘东光（3月离职） 张荣章 任 凯

副巡视员：贺高明（2月离职） 裴根长

省委网络安全和信息化委员会办公室

主　任　董晓林

2018年，在省委正确领导下，省委网络安全和信息化委员会办公室领导班子团结带领全省网信战线工作人员，坚持以习近平新时代中国特色社会主义思想为指引，紧紧围绕中央和省委重大决策部署，深入贯彻落实全国、全省网络安全和信息化工作会议精神，按照省委“一个指引、两手硬”思路和要求，以全省网络安全和信息化工作顶层设计为突破，以落实网络意识形态工作责任制和网络安全工作责任制为抓手，全面推进网络安全和信息化各项工作，为“两转”基础上全面拓展党的建设和党的事业新局面，谱写中国特色社会主义山西篇章提供了强大网上舆论支持、可靠网络安全保障、有力信息化支撑。

一、坚持以党的政治建设为统领，进一步推动习近平新时代中国特色社会主义思想入脑入心

一是着力强化政治能力建设。以党的政治建设为统领，始终把讲政治的要求贯穿在网络安全和信息化工作各方面各环节，把“两个维护”作为加强党的政治建设的首要任务，引导全省网信系统党员干部增强“四个意识”、坚定“四个自信”，始终在思想上政治上行动上同以习近平同志为核心的党中央保持高度一致。认真落实《关于新形势下严肃党内政治生活的若干准则》要求，严守党的政治纪律，坚持民主集中制原则，建立健全室务会议制度，严格落实室务会议议事规则和决策程序，以高度的政治自觉，在严肃的党内政治生活中提高政治能力。

二是着力强化思想理论武装。切实用习近平新时代中国特色社会主义思想武装头脑、指导实践、推动工作。制定《理论学习中心组学习实施办法》，室务会成员带头，组织全办党员认真学习习近平总书记有关重要讲话和批示精神以及《习近平新时代中国特色社会主义思想三十讲》等学习资料。通过组织理论学习中心组（扩大）学习会、“三会一课”、专家辅导、研讨交流等多种形式开展学习。认真组织“学习强国”平台在省委网信办的试用工作，不断强化党员干部思想理论武装，筑牢网信干部理想信念之基。

三是着力强化任务整改落实。坚定履行巡视整改政治责任，深入开展中央第十五巡视组意识形态工作反馈意见整改，力戒形式主义、官僚主义，聚焦整改措施落实。着力加强对全省各级党委（党组）落实网络意识形态工作的督促指导，积极理顺互联网管理体制，健全涉晋网络舆情线下核实处置、反馈等督办机制，完成《加强领导干部互联网条件下工作能力建设学习纲要（试行）》编写工作。

二、将党建工作与机构和处室组建同步推进，不断提升机关党建工作水平

一是严格落实党建工作各项制度。认真落实党建工作责任制，将党建工作与机构和处室组建同步谋划、同步部署、同步推进，积极筹备机关党委组建工作。细化党建工作清单，坚决扛起全面从严治党主体责任，认真落实党员评议制度，形成主要领导负总责、分管领导分工负责、处室（单位）负责人狠抓落实，全面履行“一岗双责”的党建工作格局。认真落实《理论学习中心组学习实施办法》，严格执行“三会一课”制度，通过召开党员干部大会、专题组织生活会，办好主题党日活动等形式，增强党组织的凝聚力、战斗力，及时组织学习《中国共产党支部工作条例（试行）》，规范党支部工作。

二是扎实开展“三基”建设。贯彻全省推进“三基”建设座谈会精神，认真落实党员发展、党费收缴等制度，规范党支部工作台账，积极开展智慧党建信息采集。落实《效能建设八项制度》和《日清周结月汇报制度》，制定《省委网信办岗位职责和AB岗工作制度》，结合机构改革，梳理完善“一目录一流程三手册”，进一步强化工作责任落实。

三是强化党风廉政建设。严格落实中央的“八项规定”“六项严禁”，认真组织学习新修订的《中国共产党纪律处分条例》，充分认识反腐倡廉、加强党风廉政建设的重要性，始终把党风廉政建设与各项业务工作结合起来，杜绝职务犯罪。认真开展纪律和作风专项整顿，坚决肃清鲁炜流毒及其恶劣影响，组织开展警示教育活动。广泛开展廉政谈话，室务会成员分别与分管处室负责同志进行廉政谈话，及时发现可能存在的廉政风险，进一步筑牢党员干部拒腐防变的思想道德防线。

三、深入贯彻中央和省委决策部署，全面完成目标任务

一是顺利完成全省网信工作顶层设计。深入学习贯彻习近平总书记关于网络强国的重要论述，统筹推进落实中央和省委关于网信工作的决策部署。召开全省网络安全和信息化工作会议，对新时代全省网信工作进行了全面部署。印发《关于进一步加强全省网络安全和信息化工作的实施意见》，深入学习贯彻习近平总书记在全国网络安全和信息化工作会议上的重要讲话精神，确保总书记重要讲话精神不折不扣落实到位。

二是积极探索山西省网信事业发展改革的新方法新举措。立足新时代新起点新征程，聚焦网信领域战略性、全局性、难点性问题，充分发挥省委网信委各成员单位的积极性、主动性、创造性，开展全省网信领域调研。省委网信办室务会成员带头深入网信基层一线，掌握第一手资料，围绕推动全省各级党委（党组）落实网络意识形态工作责任制、网络内容生产和网上传播能力建设、数字产业发展、网络安全学科建设和人才培养等，形成了一系列调研成果，切实摸清了全省网信工作底数，为省委科学决策提供了可靠依据。

三是大力加强网络内容建设。深入做好习近平新时代中国特色社会主义思想和党的十九大精神的网上宣传，持续做好“在习近平新时代中国特色社会主义思想指引下——新时代新作为新篇章”专题更新，组织网站统一开设“习近平总书记视察山西这一年”专题，精心制作新媒体产品。浓墨重彩做好庆祝改革开放40周年网上宣传工作，开展“我与改革开放共成长”网络主题征文活动。组织全省网络媒体分两批开展新春走基层主题宣传活动，采写了一批“沾泥土、带露珠、冒热气”的优秀稿件，活动期间网站和“两微一端”共发布新闻报道2206条。组织开展“壮美黄河”为主题的第十三届全国网络媒体山西行活动，活动期间共发布各类原创稿件350余篇，新浪微博话题总阅读量1000余万。指导完成“文脉颂中华”非物质文化遗产系列主题宣传活动，制作完成新媒体作品共计132件，其中5件作品获中央网信办全网推送。

四是努力构建网络综合治理体系。开展互联网新闻信息服务单位落实主体责任实地监督检查工作。先后赴11个地市45家互联网新闻信息服务单位检查主体责任落实情况，建立检查台账，并将检查情况进行了全省通报。在实地检查的基础上，审慎有序开展互联网新闻信息服务许可证的换发及审批工作。依法依规向7家服务主体颁发了许可证。制定《山西省互联网新闻信息服务许可指南》《许可申报材料填写及装订规范》,印发《关于进一步加强山西省重点新闻网站发展和管理的若干意见》。先后开展属地短视频平台、网络直播、移动应用程序、自媒体账号、商业网站驻地机构频道清理整治专项活动。不断改进舆情监看、研判、报送、处置工作，第一时间通报舆情线索，建立舆情督办工作台账，要求涉事地方和单位及时反馈舆情核查处置情况，督促涉事地方和单位做好正面发声、线下处置工作。强化属地移动自媒体管理工作，开展2018“清朗”、打击整治网上假新闻和新闻敲诈等专项行动，配合省委政法委、省公安厅、省工商局、省新闻出版广电局等单位开展扫黑除恶、打击整治枪爆物品违法犯罪、网络市场监管、“扫黄打非”等专项工作,关闭“百灵环保网”和“环保头条网”等一批违法违规网站。组织省内新闻网站开通有害信息举报通道，充分发挥网民举报作用，加强网站自管自律。

五是切实筑牢网络安全屏障。严格落实网络安全工作责任制，公开选拔11个网络安全应急技术支撑单位，签订《2018年度山西省关键信息基础设施网络安全应急技术支撑协议》，制定《山西省关键信息基础设施网络安全应急技术支撑单位考核办法》等管理办法。建设山西网络安全管理平台，依托国家计算机网络与信息安全管理中心山西分中心等，实现对重要关键信息基础设施网络安全的动态监测，及时通报，有效整改。组织开展全省党政机关网络安全普查、全省关键信息基础设施网络安全检查，开展全省网络安全应急演练，全省网络安全应急指挥体系响应迅速、运转顺畅。

六是加快提升信息化驱动引领能力。按照中央网信办统一部署，会同省发改委，结合全省网络安全和信息化领域进行调研，组织开展全省“十三五”国家信息化规划实施情况自评估工作，起草完成自评估报告，并对主要指标实现情况进行全面摸底。统筹推进全省网络扶贫工作，牵头建立全省网络扶贫工作厅际联席会议制度，起草《2018年全省网络扶贫工作要点》，全面推进网络覆盖、农村电商、网络扶智、信息服务和网络公益五大工程建设，策划推出“智力扶贫”网络公益活动，引导网信企业积极承担社会责任，受到中央网信办表彰。开展数字乡村建设发展调研，全面摸清了加强乡村新一代信息基础设施建设、推动现代农业发展、繁荣乡村网络文化、提升农民信息素养等方面的基本情况。

（周　颖）

附：省委网络安全和信息化委员会办公室（省互联网信息办公室）主任、副主任名单

主　任： 朱新才（12月离职）　董晓林（12月任职）

副主任： 米　杰（10月任职）

省委机构编制委员会办公室

主 任 李建刚

2018年，省委编办坚持以习近平新时代中国特色社会主义思想为指引，全面贯彻党的十九大、十九届二中、三中全会精神和习近平总书记视察山西重要讲话精神，贯彻落实省委十一届六次全会部署要求，主动适应体制调整优化、归口组织部管理新形势，以深化党政机构改革为重点，持续深化“放管服效”改革、事业单位改革，加大管理创新力度，夯实自身建设基础，取得了机构编制工作新成绩。

一、把学习贯彻习近平新时代中国特色社会主义思想和习近平总书记视察山西重要讲话精神作为重大战略任务

(一)加强组织领导。发挥中心组带动作用，认真制定中心组和干部理论学习计划，全年中心组共学习42次。“七一”期间，省委编办主要领导为党员讲授专题党课。选派处级以上干部全员参加了省委组织部和省直工委组织的习近平新时代中国特色社会主义思想培训班。各党支部每周组织一次政治理论学习。

(二)努力学深悟透。举办了“习近平新时代中国特色社会主义思想经验交流会”“用科学理论武装头脑，让党的旗帜高高飘扬—中国梦劳动美”干部职工演讲比赛，加深对重大论断、战略和举措的理解和认同。举办了9期“机构编制大讲堂”，购置发放了《习近平新时代中国特色社会主义思想三十讲》等6本书籍。结合省情特点与党建和业务工作实际进行学习，努力做到学思践悟相统一。

(三)指导工作实践。制定印发贯彻落实习近平总书记视察山西重要讲话精神2018年行动计划，明确了5个方面21项目标任务。召开3次领导班子民主生活会，自觉对照讲话精神检视思想工作作风上存在的问题。开展“戴党徽、亮身份、明岗位、树形象”系列活动，把学习成效体现在实际工作的深入推进上。

二、深化机构改革，为山西省在“两转”基础上拓展新局面提供体制机制保障

(一)大力深化党政机构改革。一是抓好改革总体谋划和省级改革实施。研究拟定了《山西省机构改革方案》，注重科学设置机构、完善工作体系，注重突出职能转变、优化职责配置，注重严控机构编制、创新管理方式。对应党中央建立健全和优化省委对重大工作的领导体制和机制，结合省情特点重点强化优化了工信、规划、能源、行政审批、扶贫、林业、安全生产、退役军人服务保障和省直机关事务管理等方面的机构和职能，承担行政职能事业单位的行政职能全部回归机关，党政机构设置更加科学，职能更加优化，权责更加协同，监督监管更加有力，运行更加有效，解决了许多长期想解决而没能解决的难题，理顺了不少领域多年想理顺而没有理顺的体制，有效实现了中央及省委关于机构改革的战略谋划。在政府部门“三定”规定中增加了职能转变专门条款，加强了省政府有关部门和事业单位内部审计职责、建立健全了部门内决策执行监督既相互制约又相互协调的运行机制。完成了58个省级党政部门以及人大、政协、派驻纪检监察机构、11个涉改厅级事业单位“三定”和调整。二是压茬推进市县机构改革。大力加强对市县改革的指导，印发了《山西省关于市县机构改革的总体意见》，组织了多次改革专题部署会和培训会，及时明确改革政策和口径，指导11个市和117个县(市、区)研究拟定机构改革方案，确保改革符合中央及省委决策部署。三是深化综合行政执法改革。研究拟定了市场监管、生态环境保护、文化市场、交通运输、农业等5个领域综合行政执法改革实施意见，将综合行政执法改革与党政机构改革统筹部署、同步实施。

(二)持续深化“放管服效”改革。围绕打造“六最”营商环境，持续推进“放管服效”各项工作。一是继续加大省级放权力度，再次取消下放省级行政职权事项52项，落实国务院取消行政许可等事项10项。推进向开发区赋权，省政府赋予山西转型综改示范区管委会省级行政管理权33项，市县共向省级各类开发区赋权8384项。二是加强行政审批事中事后监管，省政府部门权责清单已全部进入动态管理系统，纳入“两平台、一张网”。根据法律法规立改废释、国务院和省政府取消减权放权等情况，对政府部门行政职权事项、责任事项及其要素进行了动态调整。三是加快推进行政许可标准化建设，公布了省级政府部门行政许可事项标准清单和省市县三级政府部门行政职权事项标准清单，实现了“三级四同”，走在全国前列。

(三)统筹推进各项重点工作。一是积极推进经济发达镇体制改革。审核确定了12个经济发达镇，印发了改革实施意见和赋权指导目录，推动改革不断深化。二是深化县乡医疗卫生机构一体化改革。推动以县级医院为核心，整合县域医疗卫生资源，优化组织架构和体制机制。2018年9月在运城召开的全国县域综合医改现场会对山西省改革模式进行了推广。三是推进省纪委监委机关“三定”、市县监察体制改革试点涉及的机构编制工作。进一步深化司法体制改革，积极做好政法专项编制统筹管理、动态调整工作，统筹推进法院检察院内设机构改革工作。进一步协同推进群团改革，完成了省文联等8个群团组织改革方案审核工作。四是牵头抓好全省“三基建设”基础工作评估工作，组织开展了对全省37346

个单位的评估工作，直接负责省直98个党政群机关事业单位的评估工作。

（四）稳步推进事业单位改革。一是积极推进从事生产经营活动事业单位改革。印发了省直10个从事生产经营活动事业单位的转企改制工作方案和加快推进市县两级从事生产经营活动事业单位改革工作的通知，推进改革步伐。二是大力精简事业单位机构编制。省政府办公厅先行对所属事业单位按约60%的比例进行了精简优化，为全省事业单位精简优化改革提供了可复制、可推广的经验。对省直事业单位高配的领导职数进行了清理。清理规范省直空壳事业单位，对多个事业单位作出撤销、合并、核减编制、规范管理的处理。同时加大对市县清理空壳机构的督促指导力度。三是积极探索创新。选择两所高等院校和城市公立医院开展了人员总量管理及取消行政级别试点，在破除体制机制障碍、满足教育医疗事业发展需要上作出了大胆探索。

（五）进一步加强机构编制监督管理。一是建立完善实名制部门间信息共享机制，配合组织、人社、财政等部门做好职数监管、经费审核等工作，建立完善多部门间的协调配合约束和信息共享的管理机制。二是推动将机构编制事项纳入审计，推动建立“审前共商、审中协作、审后运用”的协作配合机制。做好中央编办、省纪委交办或转办的机构编制违规案件处理工作和山西省“12310”举报电话的受理工作，查处机构编制违规案件，严肃机构编制纪律。三是用活用好编制资源。支持配合人才体制机制创新，加大编制周转池制度组织实施力度，统筹使用县乡教育编制资源，满足学前教育发展。四是做好涉及机构改革党内法规和相关文件专项清理工作，对含有干预条款或内容的部门法规和相关文件提出清理建议。配合做好省委规范性文件备案审查工作。五是进一步规范和优化事业单位登记管理，完成事业单位法人年度报告公示和日常登记管理，加大事业单位法人公示信息抽查力度，推进社会信用体系建设。继续推动机构编制云平台试点工作，扩大应用覆盖面。推动省直政务和公益专用中文域名费由省财政统一支付，加强中文域名注册和网站挂标审核工作。

（六）自身建设进一步加强。一是坚定扛起管党治党主体责任。把旗帜鲜明讲政治作为机构编制工作的“生命线”，召开五次专题室务会研究党建工作，召开机关全面从严治党工作会议，对机关党建以及党风廉政建设和反腐败工作进行安排部署，加强机关党内政治文化建设。二是加强班子和干部队伍建设。适应编委领导体制调整、编办归口组织部管理新要求，修订出台省委编委及编办工作规则。与省直工委等单位共同举办“四川大学—山西省直机关综合素质提升专题培训班”，抓好公务员遴选和选用工作，充实机关工作力量。三是全面完成巡视整改。认真对照巡视反馈意见，细化分解为4个方面、13个整改问题、31项整改任务、93条整改措施，形成问题清单、整改清单和责任清单，压实责任逐项落实，基本完成整改任务，以整改成效体现对党的忠诚与担当。

（宁　剑）

附：省委机构编制委员会办公室主任、副主任、巡视员、副巡视员名单

主　任：李建刚

副主任：郭晋明（8月离职）　韩　红（女，10月离职）
张立煌　张吉祥（11月任职）

巡视员：郭晋明（8月任职）

副巡视员：吕双牛　张吉祥（11月离职）
宋保平（8月任职）　任　宏（12月任职）

省委台湾工作办公室

主　任　曹荣湘

2018年，省委台办坚持以习近平新时代中国特色社会主义思想为指引，深入贯彻党的十九大和十九届二中、三中全会精神，全面贯彻落实习近平总书记视察山西重要讲话精神，认真落实中央对台工作、港澳工作大政方针和省委十一届六次全会精神，按照中央和省委工作部署，着力加强台办机关党的建设，大力推进晋台、晋港、晋澳交流合作，圆满完成全年工作任务，为服务中央台港澳工作大局和山西经济社会发展做出了积极贡献。

一、深入贯彻中央和省委精神，着力加强思想政治建设

一是扎实推进思想武装工作。把学习贯彻习近平新时代中国特色社会主义思想和党的十九大精神作为首要政治任务，认真开展学习活动，组织机关干部赴浙江大学、全国宣传干部学院和省委党校等院校学习培训，组织全省台办系统干部参加中央台办举办的对台工作干部培训班，举办“2018全省台港澳工作干部培训班”。持续引深“两学一做”学习教育，扎实开展以学习贯彻习近平新时代中国特色社会主义思想为主要内容的教育活动，着力提升干部职工政治素质，增强“四个意识”，坚定“四个自信”，做到“两个维护”，始终在政治立场、政治方向、政治原则、政治道路上与以习近平同志为核心的党中央保持高度一致。

二是加强党的政治领导。落实主体责任，加强领导班子、干部队伍和工作机构建设；严格执行党内政治生活、组织生活制度；狠抓基层党组织建设，配齐配强支部班子成员，分层次、多形式开展支部书记和党务干部培训；推动党支部规范化建设，认真落实“三课一会”、组织生活

会、民主评议党员等制度，强化基层组织政治功能。加强精神文明创建和机关政治文化建设，培育和践行社会主义核心价值观。加强"三基建设"，落实效能建设制度，建立健全效能工作规范，强化干部能力建设，开展业务培训和岗位专业能力测评，通过了"三基建设"第二阶段检查评估。

三是强化意识形态和风险防控工作。制定《省委台办意识形态工作责任制实施意见》，认真落实党委（党组）意识形态工作责任制；指导各部门、各单位开展多种形式的台港澳政策教育和形势教育，严格执行《山西省应邀赴台交流审批管理办法》和因公赴港澳审批有关规定，认真做好因公赴台人员行前教育工作；加强涉台突发事件预防管理工作，妥善处置了台胞交通事故、精神病患救助送返等涉台应急事件，全年无重大涉台突发事件；加强防渗透、防策反、防窃密"三防"工作，确保意识形态安全和涉台、涉港澳政治安全；认真开展国家安全、台海形势教育，营造有利于台港澳工作大局的社会氛围。

四是高标准完成机构改革任务。10月份，山西省进行机构改革，省委台湾工作办公室由省委办公厅管理的机关调整为省委工作机关，对外挂省政府台湾事务办公室、省政府港澳事务办公室牌子。省委台办领导班子认真落实省委工作部署，坚持把党的领导贯穿于机构改革全过程，扎实推进对台工作与港澳工作职能整合、工作机制融合、干部感情契合，圆满完成了机构改革任务，做到了工作不断、人心不散、队伍不乱，各方面工作再上新台阶。

二、扎实推进各项对台工作，服务两岸关系和平发展和山西省经济社会发展

一是举办"第三届海峡两岸同胞神农炎帝故里民间拜祖典礼"活动。省委台办与晋城市委、市政府在高平成功举办了"第三届海峡两岸同胞神农炎帝故里民间拜祖典礼"活动。全国政协副主席、台盟中央主席苏辉，中央台办、国务院台办副主任龙明彪等来晋出席活动。此次活动，是迄今在山西举办的规模最大、参与台胞人数最多的一次两岸交流活动，产生了积极的社会影响，中央台办和省委给予了充分肯定。

二是晋台各界交流不断巩固。深化晋台关公文化交流，举办了海峡两岸"关公文化名家书画邀请展""关公文化与中华民族精神座谈会"等交流活动；大力开展晋台教育和青少年交流，近百位台湾大学生来晋参加"华夏文明看山西—台湾大学生三晋行"和"传承中华文化—台湾青年学生河东行"等交流活动；以"首届尧都民间祭拜尧帝大典"为平台，邀请200余位台胞参加晋台青年、旅游、商贸、宗教等交流活动；举办了"高雄基层民众代表山西行""屏东基层民众代表山西行""台湾基层劳工组织山西行""两岸社区营造与养老产业赴台交流""台湾社区交流团山西行""海峡两岸平民中学校史研讨会"等活动。2018年，晋台双向交流41项2447人次，我省公民赴台8.6万人次，台胞来晋9.8万人次，晋台各界交流不断深化，交流成效不断增强。

三是晋台经贸交流合作稳步推进。加强对台经济工作信息资源基础建设，编制了《大陆地区部分台资企业名录汇编（一）》。加强晋台经贸双向交流，赴台举办"第七届晋台经贸交流合作恳谈会"，组织协调长治、朔州等市赴南京、昆山等地台企、台协考察对接，吸引台商台企来晋投资；邀请台塑集团、长荣航空、台北商业总会等台湾企业和团体来晋考察洽谈，促成"南方食品海峡两岸农业产业园项目"、台湾润泰集团固废物处理项目、食品添加剂项目等台资项目签约落地。举办"山西农谷海峡两岸农业科技论坛"，邀请组织台商台企考察洽谈。深入开展台资项目跟踪服务工作，推动"山西省海峡两岸青年创业就业示范基地'米+U'园区""山西省海峡两岸（阳泉）工业园""山西农谷台湾农业产业园"等台资产业园区建设取得新的进展。深入做好台资企业服务和台商投诉协调工作，积极贯彻落实中央惠台"31条"，做好我省《关于促进晋台经济文化交流合作的实施意见》的起草和前期工作；依法保护台商合法权益，妥善协调处理投诉事项。2018年，全省新增台资企业10家，新增投资额3620万美元。截至11月底，全省对台贸易进出口总额1232717万元人民币，同比增长49.6%，其中进口876376万元人民币，同比增长76.3%，出口356341万元人民币，同比增长9%。

四是宣传工作深入开展。摄制微纪录片《巡台御史杨二酉》、电视专题片《炎帝故里寻迹》和炎帝文化主题微电影《归心》，联合台湾媒体制作4个"黄河风 黄土情"吕梁市县宣传专题，在台刊播。在台湾《旺报》刊发山西专版16期。微电影《圣地五台山》荣获2018五台山全球微电影大赛纪录片最佳编导奖。举办"台湾记者三晋行—两岸媒体看山西"专题采访活动，做好台湾记者来晋采访管理服务工作。指导各地开展台海形势报告会、涉台知识讲座等形式多样的舆论引导和涉台教育活动，深入学习宣传贯彻党的十九大精神和习近平总书记关于对台工作的重要论述。

三、晋港晋澳交流合作持续深化，成效不断扩大

一是做好山西代表团赴港澳考察活动工作。12月2日至5日，省委骆惠宁书记率山西代表团一行50多人，赴香港、澳门开展招商活动，分别与香港特首林郑月娥、澳门特首崔世安会谈交流，会见中央驻港联络办主任和中央驻澳联络办负责人，拜会走访港澳工商企业界，召开交流合作恳谈会，举行招商签约仪式，达成了多项交流合作共识。

二是积极推动晋港晋澳各领域交流合作。协助时任省政协主席黄晓薇赴香港访问，协助省人大副主任卫小春赴澳门参加中国第14届国际软骨修复协会世界大会；召开晋港交流合作工作座谈会、省政协港澳委员座谈会。同时，香港电影界代表团访晋、香港特别行政区驻武汉办访晋和"2018香港与内地青少年法律交流周""澳门广大中学老师访晋交流"等活动也先后举办。截至2018年12月20日山西省审批因公赴港澳292批1686人次。

三是积极开展赴港澳学习培训。参加国务院港澳办第

39期地方干部港澳访问团，组织省直单位、省高校干部和晋城、长治、运城等市干部17个团组450多人赴港澳学习交流，搭建了各部门、各市与港澳的交流平台。

四、加强党风廉政建设，维护机关良好政治生态

认真学习贯彻中纪委和省纪委全会精神，落实党风廉政建设“两个责任”，加强制度建设，认真开展领导干部个人有关事项报告工作，加强党员干部廉政警示教育，严格执行中央八项规定；集中整治形式主义、官僚主义，专题安排部署，结合“三个方面”突出现象进行了对照检查、整改落实；配合省纪委监委监察五室、驻省委办公厅纪检监察组开展工作，全年无违规违纪事件。扎实做好巡视整改工作，领导班子坚决扛起主体责任，坚持边巡边改、立行立改，坚持在工作中落实整改、在整改中推动工作，不折不扣完成了各项整改任务。

（张　军）

附：省委台湾工作办公室主任、副主任、副巡视员名单

主　任： 曹荣湘（10月任职）

副主任： 郝文杰（10月任职）　吴　伟（10月任职）

副巡视员： 刘可宏　徐爽志(12月任职)

省直属机关工作委员会

书　记　胡玉亭

2018年，省直机关工委坚持以习近平新时代中国特色社会主义思想为指引，深入学习贯彻党的十九大精神和习近平总书记视察山西重要讲话精神，认真落实省委十一届六次全会精神，紧紧围绕“服务中心、建设队伍”两大任务，聚焦主业主责，担当作为，拼搏进取，努力推动省直机关党的建设不断取得新进步、迈上新台阶。

一、坚持政治引领，加强理论武装

坚持以党的政治建设为统领，把学习贯彻习近平新时代中国特色社会主义思想、党的十九大精神和习近平总书记视察山西重要讲话精神作为首要任务，贯穿于全年各级党组织和广大党员理论武装全过程，在领导带头、创新载体、丰富形式上用气力。充分发挥机关各级党组织的政治功能，增强“四个意识”、坚定“四个自信”、践行“两个维护”。一是抓住“关键少数”。充分发挥党组(党委)中心组领学促学作用，通过印发学习指导意见、举办学习报告会、组织中心组成员培训、通报学习情况、加强学习成果交流等务实举措，推动党员领导干部先学一步，学深一层，以上率下，做好表率，带动机关形成浓厚学习氛围。编发《理论学习应知应会要点》《学习参考与动态》《理论学习成果汇编》等，利用文明单位考核验收的契机对部分单位中心组成员进行理论测试，组织中心组成员进行专题辅导和意识形态警示教育，推动学习提质增效。二是突出“中坚力量”。以处级干部和党务干部为重点，开展有针对性的“大学习、大培训”，带动省直机关理论学习掀起热潮。根据省委部署，集中半年时间，分37期组织省直机关近万名处级干部进行学习贯彻习近平新时代中国特色社会主义思想和党的十九大精神集中轮训，实现省直处级干部集中轮训全覆盖。积极开展分层次、多形式的党务干部培训，分期组织省直133个单位的党务干部在焦裕禄干部学院、大寨干部学院开展业务培训。组织省直78个机关及职业院校共青团干部进行理论和业务学习。学习培训改变了过去“大水漫灌”模式，突显参训主体，突出个人研读和互动交流，要求学员既要掌握理论，又要注重联系本单位本部门实际，学会用马克思主义立场观点方法来分析问题、观察问题、解决问题，学习实效明显提升。三是全面覆盖。组织开展了形式多样的学用交流会、理论研讨会、辅导报告会，宣传贯彻、系统研讨习近平新时代中国特色社会主义思想和党的十九大精神。以党支部为基本单位，积极开展专题培训、研讨交流、主题党日、知识竞赛等活动，切实让支部动起来、党员学起来，促进学习融入日常、抓在经常。组织省直机关宣讲团专家和理论宣讲骨干走进基层宣讲600余场，受众8万余人次。组织召开省直机关学习贯彻习近平新时代中国特色社会主义思想、加强党的政治建设工作交流会和全省机关党建理论研讨会，搭建学习交流平台，对加强政治建设进行再动员，推动学习成效向实践转化、向深度延伸。以“新时代·新阅读·新作为”为主题，开展省直机关第七届读书月活动，推动广大党员干部坚定理想信念、锤炼党性修养。

二、夯实组织基础，激发党建活力

以提升组织力为重点，筑牢基层组织基础。一是规范组织建设，提升党组织战斗力。按照《全省基层党组织规范化建设标准（试行）》，分类贯彻落实与省直机关直接关联的5个领域建设标准。建立省直机关党组织换届提醒制度，进一步规范换届工作，向46个基层党组织发出换届提醒函。严把政治关、年龄关、素质关，任免40个机关党组织负责人，指导26个党组织按期换届或届中调整，新任“两委”书记平均年龄较上届下降4岁，本科及以上学历占94.7%，较上届提高21.1%，党务干部队伍建设得到加强，为解决机关党建工作虚化、弱化、边缘化问题提供了组织保障。对省直机关新任党组织书记集体履新谈话，强化履行党建职责的责任

感。加强党员教育管理,全年培训入党积极分子2132人,督促省直有关单位完成失联党员清查,共处置失联党员242名。二是打造党建品牌,提升党组织凝聚力。以"用科学理论武装头脑,让党的旗帜高高飘扬"系列活动为重要载体,着力打造服务中心工作、有影响力号召力的机关党建创新品牌。深化拓展"三基建设",以党的理论知识、公文写作、计算机操作、综合能力测试为主要内容,开展第二届省直机关党员干部职工基本能力竞赛活动。在2017年首次引入社会主义劳动竞赛机制的基础上,2018年持续发力,加大劳动竞赛记功表彰力度,解决了在干部职工能力提升上缺少抓手、担当作为上动力不足等问题。广泛开展共产党员"戴党徽、亮身份、明岗位、树形象"活动,激励广大党员在岗位中主动担当作为,争做模范表率。组织开展"不忘初心·我的入党故事"主题征文活动,利用《党的生活》等载体刊发宣传,教育引导广大党员不忘初心、牢记誓言。全面推行党支部主题党日活动,涌现出一批政治突出、基层原创、特色鲜明的主题党日活动典型,基层党组织的凝聚力、党员对党组织的归属感明显增强。结合主题党日,部署省直机关党员领导干部在"七一"前后讲主题党课,为支部和党员干部作出示范。坚持选树模范典型向基层一线倾斜,组织开展纪念建党97周年省直机关"两优一先"推选表彰活动,共表彰先进基层党组织100个、优秀共产党员215名、优秀党务工作者100名,以座谈会、演讲报告会等形式大力宣传各行各业的先进典型,激励各级党组织和广大党员创先争优。三是坚持问题导向,提升党组织组织力。针对省直机关一些党组织建设不规范、有章不循、工作不实,特别是党员领导干部民主生活会质量不高等十个突出问题,印发《关于着力解决十个突出问题 进一步加强省直机关党的建设的通知》,要求省直各部门党组(党委)召开专题分析会,列出问题清单、责任清单和整改清单,查找具体问题4068个,制定整改措施5215条,修改完善各类制度450项,配齐配优党支部书记108人,整改工作初见成效。对省直134个单位2017年度领导班子民主生活会,省检察院等29个单位巡视整改、彻底肃清腐败流毒影响等专题民主生活会进行全程督导,针对发现的问题,提出整改意见。组织省直机关各级党组织开展抓基层党建述职评议考核,及时反馈意见,加强督促整改。

三、持久正风肃纪,加强作风建设

坚守责任担当,把推进机关作风建设作为全面从严治党的重要抓手,加强廉洁教育,强化执纪监督,改进工作作风,营造风清气正的良好政治生态。一是落实执纪监督工作任务。按照省委、省纪委监委要求,积极推动监察体制改革,学习领会政策,研究制定方案,修订完善制度。加强纪检监察工委干部队伍日常教育监管,以案代训,强化实战锻炼,提升办案能力。组织省直机关102名纪委书记进行培训,增强业务素质,锻造纪检尖兵。深化运用监督执纪"四种形态",积极适应改革后职能重大转变,全面加强和规范案件审理工作,共受理各类案件183案193人,审结率100%,为2013年至2017年5年审理案件数的总和。二是加强纪律规矩和廉政警示教育。坚持把纪律和规矩挺在前面,持续抓好党章、《纪律处分条例》《廉洁自律准则》等党内法规的学习教育,组织党员干部观看警示片、阅看忏悔录、上好廉政课,引导党员干部知敬畏、存戒惧、守底线,及时纠偏正向。驰而不息纠正"四风",紧盯重要时间节点、关键岗位,对党员干部执行中央八项规定精神开展警示提醒和明查暗访,不断加强作风建设。三是扎实开展效能建设和评估工作。认真贯彻全省"三基建设"推进会精神,积极履行牵头职能,按照试点先行、探索推进、全面铺开的原则,开展效能建设及评估工作。印发实施《省直机关效能评估办法(试行)》,效能评估工作在省直单位全面铺开,持续推进省直单位落实《效能建设八项制度》,改进工作作风,提高办事效率,提升服务质量。四是认真整治形式主义、官僚主义。深入贯彻落实习近平总书记重要批示精神,按照省纪委监委部署开展集中整治,把整治形式主义、官僚主义深度融入机关党建工作,把省委书记骆惠宁提出的"五倡导、五反对"(倡导亲自动手,倡导深入具体抓工作,倡导改革创新破难题,倡导钉钉子精神,倡导勇于担当;反对当甩手掌柜,反对一般性号召部署,反对因循守旧度日子,反对浅尝辄止,反对敷衍推责。)要求贯穿始终,切实为基层减负、为党建增效。优化简化党支部工作台账,把5大类53项工作精简、规范、整合为3大类11项,实现基层党支部工作大幅度"减负瘦身"。大力推动党员管理信息化建设,完成近13万名党员、9000余个基层党组织基础信息入库工作,率先实现党员组织关系全省网上转接,全年共接转7881人次,实现让"数据多跑路、党员少跑腿"。对"三基建设"督查、党建目标责任考核、文明单位创建考核、效能评估考核等督查考核项目进行有效整合精简,实现基层党组织在责任压实的同时做到"轻装上阵"。

四、抓好文明创建,引领核心价值

坚持把保持和增强政治性、先进性、群众性要求融入群团工作,培育和践行社会主义核心价值观,夯实广大党员干部的信念根基。一是精神文明创建活动深入开展。把学习贯彻习近平新时代中国特色社会主义思想贯穿于文明创建全过程,把社会主义核心价值观融入创建工作各方面,修订完善《省直文明单位创建管理规定》《省直文明单位考核指标体系》,调整省直文明委成员,进一步优化创建机制和办法。加强对省直机关文明单位创建工作的指导和日常管理,对306个省直单位进行了考核验收,高标准严要求,以考促建,推动文明创建深入开展。广泛开展省直机关公民道德建设"五个一"品牌活动,启动省直机关第八届"敬老月"等群众性精神文明传播活动,启动省直机关第四届道德模范评选活动,提振广大党员干部职工主动担当、干事创业精气神。二是加强意识形态工作。深入贯彻落实省委《党委(党组)意识形态工作责任制实施细则》,加强宣传思想阵地管理,规范哲学社会科学类论坛、讲座的管理审核。加大对山西机关党建网、省直文明网、《党的生活》《山西画报·省直文明创建版》的管理力度，从政治上层层把关，弘扬主旋律，传播正能量。健全意识形态领域形势分析研判机制，定期召开省直机关舆情形势分析会，掌握干部队伍思想状况。三是群团组织桥梁纽带作用充分发挥。开展省直机关干部职工“中国梦·劳动美”演讲活动。举办省直机关“庆祝改革开放40周年书画展”。举办省直机关第五届职工运动会。

在机关党建工作取得新进步的同时，工委机关建设得到加强，各项工作有效落实。坚持全面从严治党从工委自身率先做起，严格落实机关党建责任制，加强党支部规范化建设，认真落实“一岗双责”，严格执行“三会一课”等党内基本制度，积极开展主题党日活动，大力推行“互动微党课”，使党内政治生活严起来、活起来、管用起来。召开工委干部职工廉政大会，逐级谈心谈话，抓好廉政警示教育，开好“彻底肃清腐败流毒影响”专题民主生活会。开展“能力提升月”活动，举办法治、公文写作等4场专题讲座，进行基本能力测试，组织机关党员干部分批次到四川大学等高校和培训机构研修培训，注重把年轻干部放到重要岗位锻炼培养，全面提升党员干部政治素质和履职能力。

（赵　悦）

附：省直属机关工作委员会书记、常务副书记、副书记、委员、巡视员、副巡视员名单

书　　记：王　赋（1月离职）　胡玉亭（1月任职）

常务副书记：王　宏

副 书 记：王建成（8月离职）　魏爱军　余国琦

工委委员、省直纪工委书记：

郭宏魁（8月离职）　闫建科（10月任职）

工委委员：尹桂郁（10月，因严重违纪，被给予留党察看二年、政务撤职处分，降为正科级非领导职务。）

巡 视 员：王建成（8月任职）　郭宏魁（8月任职）

副巡视员：段元记　徐建国（11月任职）

省委巡视工作办公室

主任何青

2018年，在中央巡视办和省委的坚强领导下，在省委巡视工作领导小组的正确指导和精心部署下，省委巡视工作坚持以党的十九大精神和习近平新时代中国特色社会主义思想为指引，认真贯彻《中央巡视工作规划（2018—2022年）》《中国共产党巡视工作条例》，牢牢把握“两个维护”这一新时代巡视工作的“纲”和“魂”，按照“六围绕一加强”要求，持续不断深化政治巡视，为推动全面从严治党向纵深发展、全面构建良好政治生态提供了有力支撑。

省委坚定扛起主体责任，始终坚强有力领导。省委先后召开1次书记专题会、5次召开省委常委会研究巡视工作。省委书记骆惠宁认真履行巡视工作第一责任人的责任，先后22次对巡视巡察工作作出批示，提出明确要求，亲自选定巡视对象、审定工作方案，旗帜鲜明地点人点事点问题。省委专门召开贯彻落实中央巡视工作规划推进会，直接开到县一级，树立了党委紧握利剑、直插基层的鲜明导向。巡视领导小组靠前指挥，强力推进，5次召开领导小组会议，认真听取汇报，研究部署工作，逐人逐事提出处置意见和整改要求。

自觉接受中央巡视监督，扎实做好配合保障和整改落实工作。省委常委会专题研究审议配合保障中央巡视组工作的方案，主动汇报情况、提供资料，高效办理移交事宜，营造良好工作氛围。巡视领导小组全面汇报工作情况，查摆剖析问题和差距，明确改进措施和努力方向。巡视办先后提交了党委书记专题会议听取巡视情况、前三轮巡视发现的主要问题情况等6个综合报告，并提供了12批次25个种类的材料。自觉接受中央巡视工作专项检查，巡视机构对照反馈意见，固底板、补短板、强弱项，狠抓整改落实，切实提高了工作质量和水平。

深入贯彻中央巡视工作规划，明确山西省巡视工作“路线图”“任务书”。在认真学习领会中央巡视规划的基础上，巡视办组织调研组深入到22个市县（市、区）开展专题调研，先后征求了50余家省直单位党组织的意见建议，并多次组织各巡视组进行讨论研究，力求规划更加科学、严密、有效。5月8日，省委办公厅印发了修订后的《十一届山西省委巡视工作规划》。省委贯彻落实中央巡视工作规划推进会召开后，全省11个市、117个县（市、区）均召开党委常委会议或中心

组学习会学习规划精神，11个市、106个县(市、区)召开了巡察领导小组会议研究安排本级巡察规划制定修订工作。截至7月底，各市县(市、区)已全部出台本地区工作规划。

扎实开展两轮巡视，高质量推进巡视全覆盖工作。2017年12月至2018年2月，省委部署开展第三轮巡视。巡视期间，省委10个巡视组对省审计厅等20个省直单位党组织及1个所属党组织共21个党组织开展了巡视，同时对省人防办、山西社会主义学院2个单位党组织开展了机动式巡视。第三轮巡视共发现共性问题482个，违反“六项纪律”问题207个，问题线索190条，其中涉及厅级干部27条、处级干部145条；在重点人、重点事、重点问题方面，省管干部列入进一步了解关注类的有8人，占被巡视党组织省管干部的7.9%，比第一轮巡视的14.9%减少7个百分点，比第二轮巡视的12.9%减少5个百分点；巡视期间共移交边巡边改问题176个，截至巡视撤点已整改141个，清理规范违规违纪资金8942万元和171辆超标车，在短时间内取得了人民群众看得见、摸得着的效果。积极参与党委对反腐败工作全过程常态化长效化制度化建设，探索开展被巡视党组织政治生态评估，以巡视评估为基础，结合有关方面评估，为省委决策提供参考。

按照省委统一部署，8月下旬组织开展了第四轮巡视。巡视期间，对标中央巡视机构做法，修改报告参考格式，深入驻地召开中期调度会议，及时校准方向、纠正偏差，确保巡视监督质量。省委12个巡视组对山西财经大学、山西医科大学等36所高校党组织开展了巡视，本轮巡视历时3个月，共发现共性问题1126个，问题线索281条，涉及厅级干部54人、处级干部110人；强化边巡边改，移交整改问题161个，已整改117个，清理规范收回资金6442.9万元；根据巡视移交的问题线索，被巡视党组织给予党政纪处分72人，组织处理247人。

加强巡视整改和成果运用，做好“后半篇文章”。压实整改责任，以巡视领导小组名义将对被巡视党组织主要负责人的反馈意见通报分管省领导。强化日常监督，将巡视报告等资料全部移交纪委监委，加强对整改工作“三清单”、整改报告的审核把关，强化跟踪督促、追责问责。认真做好选人用人巡视意见回复工作，回复意见3批31人次，反映有问题的干部2人。

加强巡察机构建设，构建巡视巡察联动监督网。全省市县巡察机构提高政治站位，精准发现和推动解决问题，增强群众获得感，厚植党的执政基础。2018年，全省11个市、117个县(市、区)共巡察9756个党组织，发现“三大问题”27685个、“六项纪律”方面问题线索8725个，反馈问题29857个，已整改问题23387个，推动建立健全制度8520项。坚持试点引领、全面推开，确定阳泉市为对村巡察试点地区，摸清底数，区分类型、列出重点问题清单，制定指导意见，积极推动巡察向村(居)和基层站(所)党组织延伸。全省已巡察村级党组织7352个，发现问题19035个，反馈16617个，已整改13274个，取得了实实在在的成效。研究起草了《关于进一步深化市县巡察工作的实施意见》，推进巡察工作高质量发展。

积极探索建立巡视巡察上下联动监督网，从谋划部署、组织实施、成果运用、制度建设、队伍建设、信息系统建设等方面入手，制定出台了《关于建立巡视巡察上下联动监督网的指导意见》，省委和巡视领导小组给予充分肯定。在此基础上，着力构建“1个指导意见+12个配套制度+N个工作机制”的巡视巡察全方位立体化联动监督网体系，12个配套制度正在修改完善、征求意见中。着力探索以“县力量、市统筹”为主要方式的交叉巡察，修定完善《关于推进市县巡察统筹工作的实施意见》，增加双向评估、提级巡察、联动巡察等内容，统一调配、混合编组，工作一体推进、制度一体规范、队伍一体建设、成果一体运用的巡察工作格局更加完善。各市已全面开展了统筹巡察，不敢巡、不怕巡、不信巡等问题得到了较好解决。在第二期全国巡察干部培训班上，省委巡视办应邀就开展市县巡察统筹工作的实践和体会作了专题辅导，中央巡视办《巡视巡察参考》2次刊登了山西省经验做法。

加强自身建设，打造巡视铁军。强化巡视机构党建工作。坚持以政治建设为统领，全面加强党总支和党支部各方面建设。印发政治理论学习年度安排意见，及时编发学习资料，加强网络专题学习，定期组织党员开展研讨，不断提升巡视干部思想政治素质。严肃党内政治生活，提高民主生活会、组织生活会质量。扎实开展“戴党徽、亮身份、明岗位、强自身、树形象”活动，认真开展主题党日活动。进一步规范党费、会费交纳工作，发挥工会小组职能。

强化干部队伍教育管理监督。巡视办认真做好巡视组增设、巡视组长配备、工作人才库和专业人才库调整充实等准备工作，精心制定了巡视工作方案、巡视组力量编成调整优化方案，扎实做好巡前培训；改进巡视组长任职授权方式和年龄结构，巡视组长年龄结构明显优化。明确优化巡视办内设处职责分工。坚持“传帮带”和“练学用”结合，加强组办交流、组组交流，积极开展案例式、研讨式学习，提升巡视干部专业能力。加强信息统计和梳理分析，准确掌握巡视队伍现状，强化抽调人员管理。明确巡视工作“五项纪律要求”，抓早抓小，防微杜渐，打造忠诚干净担当巡视队伍。

加强基础建设工作。认真办好《晋巡参考》。按照档案工作“三化”(科学化、制度化、规范化)目标，推动档案管理提质增效，完成第三轮巡视材料归档工作。接入公文内网，实现电子化公文传阅办理，服务保障工作进一步加强。

(侯春奇)

附一：省委巡视工作领导小组名单

组　长：任建华

副组长：吴汉圣

成　员：陈学东　孙大军(3月离职)

陈跃钢(3月任职)　赵建平(2月离职)

何　青(2月任职)

附二：省委巡视工作办公室主任、副主任名单

主　任：赵建平（2 月离职）　何　青（2 月任职）

副主任：闫志强　郝点亮

省直属机关事务管理局

局　长　毛益民

2018 年，在省委、省政府的坚强领导下，省直属机关事务管理局领导班子团结带领全局干部职工深入学习贯彻习近平新时代中国特色社会主义思想和党的十九大精神，认真落实省委“一个指引、两手硬”工作思路和要求，紧紧围绕改革发展稳定大局，全面贯彻落实习近平总书记视察山西重要讲话精神和省委、省政府各项决策部署，以机构改革为动力，以职能建设为抓手，充分发挥“三基建设”支撑作用，完善制度体系、强化服务保障、忠诚履职尽责，推动全局各项事业迈上了新台阶、开创了新局面。

一、全面加强党的建设情况

（一）以政治建设为统领，筑牢正确政治方向。一年来，无论是原省政府机关事务管理局领导班子，还是整合职责后新组建的省直属机关事务管理局领导班子，都始终把政治建设摆在首位，把讲政治贯穿于各项工作全过程，强化政治担当，恪守政治纪律，提高政治能力，树牢“四个意识”、坚定“四个自信”、做到“两个维护”，自觉在思想上政治上行动上同党中央保持高度一致。领导班子着力加强和规范党内政治生活，严肃认真召开民主生活会和组织生活会，严格落实“三会一课”制度，推进“两学一做”学习教育常态化制度化。局中心组带头，各级党组织跟进，集体学习习近平总书记系列重要讲话精神 8 次，重温习近平总书记视察山西重要讲话精神 3 次，其他各种学习教育 400 余次，坚定了正确的政治方向，为各项工作开展奠定了坚实政治基础。

（二）以思想建设为基础，夯实理想信念根基。局领导班子把思想建设牢牢抓在手上，组织全局党员干部学习《习近平新时代中国特色社会主义思想三十讲》、“新时代新担当新作为”、“学习贯彻省委十一届六次全会精神大讨论” 等主题教育，引导全局干部职工坚定理想信念，树牢宗旨意识，增强奉献精神，切实把思想和行动统一到中央和省委的要求部署上来。成立局意识形态工作领导组，设立党内政治文化建设主题道德讲堂，在局机关楼内悬挂思想政治宣传栏，不断巩固马克思主义在意识形态领域的指导地位。认真排查党员及非党员领导干部信教情况，组织开展自查自纠。加强局网站信息化建设，积极壮大网上主流声音，出台信息发布把关制度，严把政治方向关、舆论导向关、涉密审查关，牢牢把握党的意识形态工作主动权。

（三）以组织建设为重点，不断增强党组织的战斗力。一年来，结合“三基建设”，扎实开展基层党组织按期换届、党员组织关系排查清理、党费清理等专项治理，持续整顿软弱涣散基层党组织，着力整治机关党建基础不牢、工作不实、能力不强、作用不彰等问题。完成 112 册 9 多万字“一目录一流程三手册”资料的编制工作。制作完成标准化工作图表和《党支部规范化建设工作手册》。组织开展党务知识培训，不断提升党务干部的能力素质。新的一届局领导班子组建后，坚持把方向、管大局、抓重点、促落实，在最快时间里理清工作思路，明确发展方向。积极与国管局、中直管理局对接，确立了全省机关事务治理体系和治理能力现代化的发展目标，吹响了早日进入全国第一方阵的集结号。坚持以人民为中心、以服务为生命线，聚焦增进干部职工福祉、保障省直机关运转的主责主业，明确了近期工作的切入点和落脚点。进一步明确局领导分工，一级对一级负责，切实让班子成员动起来、干起来。坚持“好干部”标准，树立重实干重实绩的用人导向，提出了“累并快乐着”的理念，释放吃苦吃香、实干实惠、有为有位的强烈信号。重视和加强全局离退休人员管理服务工作和工青妇工作。全面营造人心思齐、人心思干、人心思进的良好工作局面。

（四）以作风建设为常态，筑牢干部职工拒腐防变的思想防线。制定下发《2018 年党风廉政建设工作要点》，明确了全年工作任务。局领导班子成员带头签订《党风廉政建设目标责任书》，层层传导压力，强化责任落实。修订完善《2018 年度全局党建工作考核指标》，进一步明确主体责任。认真开展党风党纪教育、法治教育和警示教育。巩固拓展落实中央八项规定精神成果，持续整治“四风”，集中整治形式主义、官僚主义突出问题。先后组织 3 次督促检查以及正风肃纪检查。新一届班子成员坚持民主集中制，修订完善集体议事决策制度，“三重一大”事项上会集体决定，示范和推动党风廉政建设向纵深发展。

（五）以纪律建设为抓手，全面提升全局各项工作制度化规范化水平。认真贯彻落实巡视整改要求，深刻剖析原因症结，狠抓整改落实效果，先后召开 8 次党组会议及党组（扩大）会议、8 次专题会议、近 20 次工作会议督促推进。正确运用“四种形态”，严肃监督执纪问责，诫勉谈话 5 人，约谈 5 人，党纪处分 1 人。清理规范违规违纪资金 10.05 万元。加强领导干部个人有关事项报告工作，对有瞒报、漏报情况的人员按规定进行处理。为担当者担当、为负责者负责，大胆选用能力突出、踏实肯干的干部主持工作，同时坚决调整领导不力、管理混乱的干部。

二、完成年度目标任务工作情况

2018年度,省委、省政府下达机关事务管理局的目标责任考核指标包括共性指标13项和工作指标10项。13项共性指标涵盖了领导班子和干部人才队伍建设、"三基"建设、党风廉政建设、法治稳定、意识形态等5个方面,10项工作指标包括落实制定出台《山西省党政机关办公用房管理办法》,落实中央八项规定精神做好政务接待工作等方面,涵盖了机关事务管理局的主要业务工作。其中,制定出台《山西省党政机关办公用房管理办法》和"进一步理顺公务接待体制机制,统筹省级公务接待工作,不断提高公务接待工作规范化、科学化、制度化水平"是两项创新指标。截至年底,各项工作任务均已完成。具体完成情况如下:

一是持续推进全局法治化建设。对照中办、国办《党政机关办公用房管理办法》,结合山西实际,代拟起草《山西省党政机关办公用房管理办法》《山西省党政机关公务用车管理办法》,均以省"两办"名义发文。出台法治建设工作要点。推进标准化建设,出台《山西省机关事务标准化建设工作实施方案》。积极发挥法律顾问作用,重大事项征求法律顾问意见。

二是全面加强公务接待工作。2018年,围绕中心、服务大局,先后完成了孙春兰、刘延东、李源潮、卢展工、王乐泉等同志来晋的接待任务;接待了中央第十五巡视组、中组部选人用人巡视检查组、中央巡视办检查组、中央环保回头看督查组、中央扫黑除恶第二督导组等重要团组;完成了全国"两会"、省委全会、省"两会"、省党政代表团赴新疆和广东考察等重大会议活动的生活服务保障工作。全年共计完成等级任务17批次,各项公务接待任务257批次3800人,得到了各级领导和来宾的一致好评。在接待过程中,无论是原省政府机关事务管理局还是原省委接待办,均严格执行中央八项规定精神,规范执行中央和山西省公务接待有关规定,认真落实"三重一大"制度。紧抓机构改革契机,对省四大班子接待工作进行统筹,正在按照省委领导指示精神,细化完善相关制度,构建集中统一管理体制。

三是持续开展公共机构节能工作。按照"认真抓管理、坚持求实效"的原则,从节能宣传、能源审计、业务培训、项目推进等多方面着手,全面推进全省公共机构节能各项工作。开展全省公共机构节能"十三五"中期评估;积极推进节约型公共机构示范单位创建,全省45家单位通过了国管局的复审;认真做好2017年全省公共机构能源资源消费数据统计工作,全省公共机构能耗消费总量为210多万吨标煤,各项指标均已完成国家下达任务;积极推进节能节水改造,申请250万元专项资金,开展节水型小区建设;积极推动阳泉、大同、晋中等地新能源汽车的配套设施建设工作;启动全省公共机构重点用能单位名录库建设,目前已有211家重点用能单位录入。

四是积极推动重点工程建设。依法有序推进省直机关学府办公区维修改造工程、晋阳公寓一期尾项工程、省监委所属事业单位办公用房改造工程、局幼儿园维修改造工程。在推进过程中,确立了"严守规矩、严把质量、严抓安全,计划详实、细节扎实、奖罚落实"的"三严三实"工作标准,设立工程建设领导组、现场指挥部、廉政监督组,构建三权分设、互相制约的运行机制。同时,积极盘活国有资产,推进丽华甲第改建为省人才公寓项目建设。后根据省里安排,经与太原市政府协调,拟将省人才公寓项目调整为省公安厅选址搬迁项目。

五是全面完成住房货币化补贴发放任务。全年为94个单位、5959人发放住房补贴4020万元,归集补贴资金9413万元。优化业务流程,简化办事环节,推行"互联网+"服务,提升省直住房补贴政策覆盖率。

(贾　懿)

附:省直属机关事务管理局局长、副局长名单

局　长:毛益民(10月任职)

副局长:高晋红(10月任职)　王　敏(12月任职)

省委老干部局

局　长　赵建华

2018年,省委老干部局以习近平新时代中国特色社会主义思想为指引,坚持稳中求进、求真务实,统筹推进离退休干部"三项建设"(政治建设、思想建设、党组建设)和传递正能量活动,突出先进典型示范引领,提升精准服务水平,老干部工作取得了新进展、新成效,全省50多万老干部心齐气顺,为山西改革发展增添了强大正能量。

一、进一步提升政治站位,尊重关爱老干部、重视老干部工作的氛围更加浓厚

省委高度重视老干部工作,在省级机构改革中将省委老干部局调整为省委工作机关。省委书记骆惠宁一年来3次就老干部工作作讲话,对一些重点工作亲自检点指导。省领导春节前登门看望慰问省级老同志,"七一"前夕走访慰问老红军、老党员。省委及时向省级老同志通报重要情况,在作出重大决策、召开常委班子民主生活会前,都要虚心征求老同志意见。2018年第一次召开高规格的省城离退休老同志重阳节茶话会,以专题片形式通报近年来全省改革发展新成就,向老同志致以节日问候。召开全省离退休干部暨老干部工作"双先"表彰大会,加大对先进典型事迹和老干部工作的宣传力度。各级党委(党组)自觉把老干部工作纳入重要议事日

程、纳入党建工作规划，组织部门牵头抓总、老干部工作部门统筹协调、有关部门积极参与，进一步形成了高度重视支持老干部工作的良好格局。

二、进一步加强“三项建设”，凝聚释放广大离退休干部服务大局正能量

（一）突出政治建设，强化离退休干部理论武装。各级老干部工作部门充分考虑老同志实际情况，采取灵活多样的形式组织广大离退休干部深入学习贯彻习近平新时代中国特色社会主义思想和党的十九大精神，学习省委十一届六次全会精神，引导广大离退休干部坚定“四个自信”，坚决践行“两个维护”，与省委同心协力。举办全省离退休干部党支部书记示范培训班、离退休干部网宣员骨干培训班。组织召开省级老同志情况通报会5次，召开省直厅局级离退休干部情况通报会3次。创办省直离退休干部学习大讲堂，举办4次省直厅局级老同志学习辅导讲座。组织省级老同志赴阳曲县、太钢集团等参观考察新农村建设和转型发展项目。市县和省直单位党政领导向老干部通报情况365次，组织老干部参观活动515 次，举办离退休干部学习报告会、座谈会、辅导讲座等1520 场次；组织1560名离退休干部理论骨干，深入基层、深入群众和老同志中，组团宣讲党的十九大精神和各级党委政府重大决策部署1828场次，深受群众欢迎。

（二）突出政治功能，推进离退休干部党组织建设。各级党委（党组）把离退休干部党建工作纳入党的建设总体布局，结合老同志特点积极探索党组织设置方法，全省3个市、69个县（市、区）开展了离退休干部党委（党工委）试点工作，各市按照“一方隶属，多方管理”的设置方式，在老干部活动团队、老年大学教学班和社区，探索建立离退休干部基层党组织或临时党组织322个，较好地保证了离退休党员干部离岗不离党、流动不流失。开展了全省离退休干部党组织建设情况调研，向中组部报送了《强化离退休干部党组织政治功能建设的探索与思考》的调研论文，向省委起草报送了《关于加强全省离退休干部党的政治建设的建议》报告。对离退休干部党支部工作经费落实情况进行督查，落实2019年度省直机关事业单位离退休干部党支部工作经费492万元。对全省离退休干部党组织书记工作补贴落实情况进行督查，山西省落实情况在全国走在前列。与省委组织部联合发文，选聘退休优秀党员干部充实基层党务工作力量，共有169名退休干部在农村、社区担任党组织书记（副书记），这项工作在全国走在前列。用省管党费为全省5200多个离退休干部党支部征订了《离退休干部党支部学习参考》。

（三）围绕全省大局，扎实开展增添正能量活动。印发《关于进一步推进离退休干部“为新时代党和人民事业增添正能量”活动的指导意见》。组织开展“我看改革开放新成就”专题调研活动，向中组部报送了专题调研报告。举办以“增添正能量·共筑中国梦”为主题的第九届山西老年文体艺术节，进行了省城老年交谊舞比赛、广场舞大赛、健身舞蹈展演、红色电影展映等10余项活动，70多个省直单位的120多个老年活动团队共6000余名老同志参与活动。以纪念改革开放40周年为主题，举办全省离退休干部书法摄影展、“点亮人生第二春”书画展、“身边的故事——改革开放40年真情讲述”音乐诗歌讲述会、纪念改革开放40周年网上征文等活动，为老同志举办了新年音乐会和《解放》等经典剧目专场演出。开展“省城名老专家健康扶贫行”和“省知名老专家农技扶贫行”活动，助力全省脱贫攻坚事业。各市县和省直单位围绕纪念改革开放40周年，组织开展载体多样、内容丰富的活动，有效凝聚了广大离退休干部支持促进改革的正能量。

三、进一步拓展精准服务，为老同志办实事解难事取得新成效

（一）深化细化离退休干部服务管理工作。经省委、省政府同意，从2018年7月1日起提高了离休干部护理费标准。协调财政、人社、卫计等部门简化离休干部就医报销流程，解决离休干部医保报销中的痛点，畅通就医绿色通道，确保“五优先”落实到位，推动离休干部家庭医生签约服务。春节、重阳节期间，组织完成全省走访慰问老干部活动。登门走访慰问了易地安置外省市的83名离休干部。调研督导利用社区资源服务离退休干部工作情况，推进市县社区“四就近”工作深入开展。围绕“精准化、信息化、优质化、便利化、个性化”要求，开展老干部工作“五化”典型案例推荐活动，引导基层老干部工作部门提升服务质量。

（二）加大财政对国有改制、破产和困难企事业单位离休干部生活待遇支持力度。落实省直困难企事业单位离休干部“两费”财政专项补助资金2391万元。对16个省直单位52名特困离休干部及离休干部遗偶进行帮扶救助，发放帮扶救助资金22.8万元。协调部分省属困难企业离休干部加入属地离休干部单独医保统筹，申请医疗统筹专项补助资金54.6万元。开展困难企事业单位自查和检查工作，探索建立定期评估、退出机制。妥善处理老同志来信来访。各市共帮扶困难老干部10719名，发放帮扶资金1011余万元，办理信访件81件。

（三）进一步改善老干部学习活动条件。召开省直老年大学建设经验交流会、全省县级老干部活动阵地建设经验交流会。下发《关于加强离退休干部活动团队建设的指导意见》。市县两级年内新建或改扩建老干部活动中心36个、老年大学44 个，投入资金3288余万元。山西老年大学继续扩大办学规模，2018年招收学员5570人次，创办山西老年大学水利分校、西岸社区教学点、山西财经大学和中北大学老年教育教学指导基地，积极解决老年大学“一座难求”问题，成立助教志愿者服务队，受到老同志欢迎。

四、推进“三基建设”，老干部工作部门工作效能和质量得到新提升

（一）深入推进部门“三基建设”，提升机关效能。各级老干部工作部门进一步健全并落实“三基建设”长效机制。部门党建工作得到新加强，基层党组织规范化建设取得新成效。精心编制完善“一目录三手册”，进一步促进基础工作标准化

规范化精细化。在省直单位基础工作评估中,省委老干部局取得了较好成绩。健全《效能建设“1+8”制度》,开展效能建设评估工作,以提升老干部满意度为目标,推动党建工作与效能建设有机融合和相互促进。按照中组部要求完成省市县三级老干部工作部门连通“大组工网”任务。省委老干部局门户网站被评为“省直机关十佳优秀网站”。太原市积极推进“互联网+老干部工作”,建成省城离退休干部服务管理信息化平台,受到中组部老干部局肯定。

(二)大力加强学习培训,提升队伍素质能力。按照“八种本领”“五个过硬”的要求,采取走出去、请进来、联合培训等形式,多层次开展老干部工作人员业务培训。先后在大寨干部学院举办全省老干部局(处)长培训班,在中山大学举办“新时代新担当新作为”专题研修班,各市和省直单位共举办老干部工作人员培训班232次,培训老干部工作人员6600余人次,实现了老干部工作队伍全员培训。围绕“强化离退休干部党组织的政治功能”等重点课题,开展深度调研并形成专题调研报告。

(三)办好“三刊一网”,强化舆论宣传。围绕重点工作加大宣传力度,扩大老干部工作影响力。在山西组织工作网开设“老干部工作”栏目;对《山西老干部工作》进行改刊;《山西老年》突出专题策划,强化刊物政治性、时代性。完成省委老干部局网站改版工作,新增“悦享朗读”等老同志互动参与栏目;开通“山西老干部工作”微信公众号。在用好老干部工作部门宣传阵地的同时,加强与各大媒体的交流和联系,借助各大媒体力量,进一步讲好老干部故事,传播山西老干部工作好声音。

(郭李芳)

附:省委老干部局局长、副局长、副巡视员名单

省委组织部副部长、省委老干部局局长: 赵建华

副局长、山西老年大学校长: 张晓光(2月离职)

副 局 长: 岳卫东　钟占荣(11月任职)　王小丽(女)

副巡视员: 王文光　刘晨辉　李苏娥(女,8月离职)

省人大常委会党组工作概况

党组书记　郭迎光

2018年，省人大常委会党组高举习近平新时代中国特色社会主义思想伟大旗帜，全面落实党的十九大精神和习近平总书记视察山西重要讲话精神，深入学习贯彻习近平总书记关于坚持和完善人民代表大会制度的重要思想，在省委的坚强领导下，按照省第十一次党代会和十一届省委历次全会部署，认真履行政治领导责任，支持和保证常委会认真履行宪法法律赋予的职责，为加强山西民主法治建设和促进经济社会发展作出了积极贡献。

一、认真履行政治领导责任，毫不动摇地坚持党的领导

一年来，省人大常委会党组坚持以政治建设为统领，充分发挥把方向、管大局、保落实作用，确保坚持党的领导这个重大政治原则贯彻到人大工作各方面和全过程。

（一）牢牢把握人大工作的正确政治方向。把树牢“四个意识”，坚决维护习近平总书记党中央的核心、全党的核心地位，坚决维护党中央权威和集中统一领导，作为最高政治原则。带领党员干部，从山西省塌方式腐败、经济断崖式下滑到“两转”基础上全面拓展新局面的重大转折中，增强维护核心、拥戴领袖的政治认同、思想认同和情感认同。结合人大工作，深刻领会习近平总书记关于民主法治建设、全面依法治国重要论述精神，自觉主动地把党中央的决策部署贯彻落实到人大工作中，始终在政治立场、政治方向、政治原则、政治道路上同以习近平同志为核心的党中央保持高度一致。

（二）深入推进宪法的学习贯彻。把学习贯彻宪法作为重要政治任务来抓，向全省各级人大印发通知，要求深刻领会核心要义和精神实质。及时修改《山西省组织实施宪法宣誓办法》，庄严组织省人大常委会任命的国家工作人员宪法宣誓。加强备案审查工作，首次听取审议备案审查工作报告，加快备案审查信息平台建设，开展“七五”普法决议执法检查，维护宪法尊严，保证国家法制统一。立法工作中坚持“不抵触、有特色、可操作”有机统一，审议通过的18件法规和审查批准设区的市29件法规都符合宪法法律精神和规定。

（三）紧扣工作大局开展工作。坚持在大局下行动，工作重点就是使人大工作紧跟省委部署。紧紧围绕中央、省委重大决策，谋划安排立法、监督、决定等各项工作。根据省委要求，依法开展监督监察、作出开发区推广授权经验决定、进行环保执法检查等工作，及时将省委的决策通过法定程序，以法治形式落实到经济社会生活中，努力把坚持党的领导、人民当家作主、依法治国三者真正打通、有机统一。

（四）坚持把省委领导贯穿人大工作全过程和各方面。健全了请示报告制度，工作中的重大问题、重要事项，包括召开省人代会、常委会会议、制定立法规划、立法计划、法规制定和修改等重大问题，常委会党组都及时向省委请示报告，再依法按程序做好相关工作。同时，创办《每周汇报》，通过专报常委会领导活动、重点工作推进等情况，保证省委随时掌握人大动态，加强对人大工作的领导。重要人事任免召开通报会，统一思想。全年依法任免国家机关工作人员171人次，圆满实现了中央、省委的人事安排。

二、发挥立法主导作用，更好服务全省工作大局

立法是省人大及其常委会的重要职权和主要任务。省人大常委会结合编制五年立法规划，全面分析山西省立法形势，明确本届常委会立法工作要实现各方面起支撑作用的基础主干法规更加健全，具有浓郁山西特色的创制性法规更加突出，生态领域法规更加完备，社会主义核心价值观入法取得进展。围绕这“四句话”总体目标，统筹政治、经济、文化、社会、生态建设领域，广泛听取意见，充分研究论证，完成了五年立法规划的编制，报经省委批转。2018年是规划实施的第一年，常委会把事关转型发展、人民群众切身利益和实践急需的立法项目列入2018年立法计划，认真抓好组织实施，山

西省新一轮法治建设迈出坚定步伐。

(一)坚持把履职重心放在以法治方式服务中心、推动工作上。紧紧围绕支持和促进转型发展,深入总结综改示范区授权经验,作出《关于在全省省级以上开发区推广山西转型综合改革示范区授权经验的决定》。在此基础上,全力以赴制定《山西省开发区条例》草案,该草案经省人大常委会三次审议,反复修改,准备提请省第十三届人大二次会议审议。这是自2010年以来,省人民代表大会首次行使立法权。省人大常委会还对《山西省农作物种子条例》《山西省平遥古城保护条例》作出修订,就预算调整、决算、"十三五"规划纲要调整作出决议,对大同、朔州、长治部分行政区划调整后有关问题作出决定,为山西转型发展提供法治保障。

(二)加快搭建地方法规的"四梁八柱"。完善山西省基础主干法规是本届常委会立法工作的紧迫任务。省人大常委会加大力度、加快进度,对照国家基本法律抓紧弥补滞后领域。首先对实施19年的《山西省实施<中华人民共和国村民委员会组织法>办法》进行修改,经过三次审议出台,更好地保障了基层民主自治,适应了乡村振兴的要求。同时,根据中央精神、上位法规定和时代要求全面梳理现行法规,把关系山西经济社会发展大局,在各方面起支撑作用,急需修改的法规列入规划,分步抓好落实,五年内全部健全起来。

(三)抓紧完善环保领域立法。环保领域立法是本届常委会立法工作的重中之重,当务之急是要健全大气、水、土壤、固体废物污染防治方面的综合性法规。将原定11月初审的《山西省大气污染防治条例》,提前到9月初审,11月二审出台。同时,指导各设区的市加快制定相关法规。常委会还作出了《关于促进农作物秸秆综合利用和禁止露天焚烧的决定》,对《山西省节约能源条例》等9部法规集中打包修改,废止2部法规,使山西省环保领域法规更加符合时代要求。

(四)扎实推进社会主义核心价值观融入地方立法。本届常委会积极探索、加快起步,制定《山西省家庭教育促进条例》,明确家庭教育应当践行社会主义核心价值观,倡导全社会注重家庭、注重家教、注重家风。初审《山西省社会科学普及条例》,强调树立鲜明道德导向,引领社会道德风尚,把社会主义核心价值观的要求转化为具有刚性约束的法律规定。

(五)充分发挥人大在立法工作中的主导作用。坚持边实践边探索边总结,制定出台《关于发挥人大及其常委会立法主导作用的意见》,建立了在省委领导下,人大在法规立项、起草、修改审议3个关键环节发挥主导作用的工作机制,初步改变了部门提出、部门起草、部门执行的惯行做法。立什么法,在充分尊重部门意见的基础上,尽可能扩大征求意见的范围和领域,更加突出人大代表、省委部门和专家的意见建议,五年立法规划大量项目来自人大代表。法规起草在发挥部门作用的同时,采取了省人大主持起草、自主起草、委托起草等方式,从修改《山西省实施<中华人民共和国村民委员会组织法>办法》起,省人大专门委员会、常委会工作委员会开始牵头起草法规,提前介入修改,有效提高了立法质量。还对法规审议环节做了改进,积极扩大立法有序参与,加强论证和评估,注意防止立法中的利益偏向,特别是一些重要法规实行过去很少用的三审制,广泛凝聚立法共识。山西省做法受到全国人大常委会的肯定。

三、突出重点、改进方法,着力增强监督实效

常委会依法行使监督职权,紧扣中央、省委的工作部署,及时跟进改革发展进程,积极回应人民群众关切、着力推动法律法规实施,寓支持于监督之中,实现了人大监督与省委决策和政府重点工作同向发力。

(一)率先实践监察法赋予人大新的监督职责。根据省委决定,在全国率先听取省监委专项工作报告,并组织监察法执法检查,就有关问题开展询问。整个过程始终坚持省委的领导,始终加强与省监委的沟通,始终做到精准组织实施,实现了政治效果、法律效果和社会效果的有机统一,为山西省深化监察体制改革试点工作积累了新的经验。山西省做法受到全国人大常委会高度评价。

(二)把以法治力量推动打好污染防治攻坚战贯穿全年。年初,充分准备、密切配合全国人大常委会大气污染防治法执法检查组对山西的检查。之后,在省委领导下,和省政府一起研究整改措施并报告全国人大常委会,受到栗战书委员长和王晨副委员长的充分肯定。年中,开展《山西省汾河流域生态修复与保护条例》执法检查。这个条例的检查要一抓三年,切实担负起保护母亲河的法定职责。下半年,认真贯彻中央、全省生态环保大会精神,听取审议环境状况和环境保护目标完成情况报告并进行专题询问,增加环保法律法规执法检查,开展"三晋环保行"活动,打了一套依法防治污染的"组合拳",用法治的力量为建设美丽山西护航。

(三)充分运用听取审议报告、执法检查等方式支持和促进经济转型。听取审议"十三五"规划纲要实施情况中期评估、计划执行和电力体制改革等3个报告,充分肯定政府巩固深化经济发展由"疲"转"兴"良好态势所做的工作,强调要坚定转型信心决心,不断增强市场主体活力。开展旅游执法调研,建议抓好文旅整合,加快打造文化旅游强省。检查综改示范区授权决定,深入总结有价值、可推广的经验做法,为作出推广授权决定和制定开发区条例奠定了基础。

(四)加大对预决算的监督力度。最大的改进就是推动人大预算审查监督重点向支出预算和政策拓展,研究提出了贯彻中央精神的实施意见,报省委批转实施。在审查批准决算、预算调整方案,听取审议审计工作报告、预算执行报告时,都坚决贯彻执行新要求。建立政府向本级人大常委会报告国有资产管理情况制度是一项全新的工作。常委会召开全省推进会议,制定五年规划,计划在第八次常委会会议上首次听取审议金融企业国有资产专项报告,审议国有资产管理情况综合报告,着力推动国有资产更好地造福全省人民。

(五)高度重视保障和改善民生。抓住学前教育这个事关千家万户的民生工程,听取审议工作报告并进行满意度测评,着力推动"入园难、入园贵"等人民群众普遍关心问题的解决。安全是最大的民生。省人大常委会听取审议省政府履

行安全监管职责情况的报告，强调要以对人民高度负责的精神，严格落实安全生产责任，努力促进全省安全生产状况根本好转。省人大常委会还受全国人大常委会委托开展防震减灾法执法检查，对《山西省女职工劳动保护条例》执法检查等3个审议意见跟踪督查，就城乡低保等工作开展调研，推动加强和改进了相关工作。

（六）加强对司法工作的监督。本届常委会把人大代表关注的执行难和检务公开作为维护社会公平正义重点。听取审议全省法院系统“基本解决执行难”工作情况报告，出台《进一步加强人民法院执行工作的意见》，推动形成全社会解决执行难问题的强大合力。就检察机关检务公开情况开展调研，建议各级检察机关进一步规范公开内容形式，提升公开能力，促进公正司法。

围绕增强监督实效，积极探索完善监督工作机制。一是制定出台《关于进一步加强和改进听取审议专项工作报告的意见》，从科学确定选题、规范报告内容、细化审议环节、提高审议质量等方面提出新的要求，有力促进了省人大常委会工作紧跟省委工作部署，作用发挥更加明显。二是对执法检查的重点、人员组成、结果反馈等方面逐项进行了改进。省人大常委会执法检查次数由原计划的每年1次增加到7次，环保法律法规执法检查中，把法律责任落实情况作为检查重点，邀请专家学者、民主党派的同志参加检查组，增加随机抽查、问卷调查、逐地反馈等环节，执法检查的法律巡视作用初步发挥。三是建立改进审计查出问题整改情况向省人大常委会报告机制，针对“屡审屡犯”问题，从审计整改责任、规范审议程序等方面作出新的部署，政府及有关部门更加重视审计查出问题整改，进一步加强对专项资金绩效和政策执行的整改力度，完善规章制度54项，补征补缴财政收入120.74亿元，下达应拨未拨财政资金20.46亿元，归还原渠道资金和调整账务6.2亿元。

四、充分尊重代表主体地位，着力发挥代表作用

本届常委会把尊重代表主体地位、支持和保证代表履职摆在特殊重要位置，为代表依法执行职务搭建平台、创造条件、提供服务。

（一）密切常委会同代表、代表与人民群众“双联系”。常委会细化组成人员联系代表方式，主任会议成员带头联系代表，听取意见建议；增加代表列席常委会会议人数，明确列席会议代表审议发言，既要在简报中刊登，也要在审议意见中体现；制定预算审查前听取人大代表和社会各界意见建议机制，组织代表参加专题调研和集中视察，首次组织“三晋人大代表采风行”，充分反映代表履职的生动实践。坚持和完善代表联系群众制度，制定全国人大代表、省人大代表反映或转递的群众信访事项办理办法，加强代表直接联系群众平台建设。

（二）增强代表议案审议和建议办理实效。代表提出议案建议是依法参加行使国家权力的重要内容。各位代表珍惜人民赋予的权力，走选区、访选民，深入田间地头、市场社区，亲自察看、亲身体验，把人民群众的心愿和呼声反映了上来。省十三届人大一次会议主席团交付的18件议案，已全部完成审议。其中《山西省大气污染防治条例》《山西省家庭教育促进条例》已出台；《山西省社会科学普及条例》已初审；涉及的6个立法项目列入立法计划或五年规划。代表提出的962件建议，有关部门全部办理完毕并答复了代表。“一府一委两院”高度重视代表建议办理工作，省政府领导亲自领办重要建议，并纳入政府“13710”督办系统。建议所提问题得到解决落实或计划逐步解决落实的占建议总数的93.9%。结合建议的办理，有关部门围绕推动传统产业改造提升、大力发展战略性新兴产业以及教育、医疗、就业等方面，制定出台了多项规划方案和政策措施，推动了相关工作开展。

（三）着力提高代表履职能力。为了让人大代表能够更好地履行职务、发挥作用，本届常委会精心制定代表培训意见，改进培训方式。组织省人大代表开展履职基础知识和专业知识培训。履职基础知识培训主要包括习近平新时代中国特色社会主义思想、党的十九大精神，宪法、代表法、组织法、选举法、监督法等相关法律法规，筑牢代表履职基本功，分4期完成，取得良好效果。代表们普遍反映，这样的组织形式和内容安排，看似平常，实则管用，既激发了想干愿干的“原动力”，又增强了会干干好的“真本领”。

五、坚持一线定位、瞄准一流标准，着力加强常委会党组和机关自身建设

本届常委会党组清醒地认识到，无论是面对全面依法治国深入推进的新形势，还是面对全省各项事业蓬勃发展对法治建设的新要求，以及人民群众的新期盼，人大工作都不是“二线”，必须始终站在民主法治建设的“一线”，站在推动改革发展的“一线”，站在为民履职尽责的“一线”，对标全国人大，对标先进省份，提升工作标准，以全新的精神状态、过硬的能力素质和务实的工作作风，推动人大工作不断提高质量和水平。

（一）注重加强理论武装。把学习习近平新时代中国特色社会主义思想和十九大精神与学习宪法结合起来，与学习习近平总书记关于坚持和完善人民代表大会制度的重要思想结合起来。制定学用五年规划，通过党组中心组学习、组织学用交流会、举办学习班、加强理论研究以及个人自学等多种方式，一刻不停地进行理论武装，筑牢思想根基。

（二）加强政治建设。本届常委会成立后第一件事就是修改《常委会组成人员守则》，要求组成人员把讲政治摆在首要位置，牢固树立“四个意识”，坚决做到“两个维护”。党组成员带头严肃党内政治生活，严明政治纪律和政治规矩，高质量召开年度民主生活会和巡视整改民主生活会。带头坚持民主集中制，重大事项集体研究。带头保持良好精神状态和工作作风。

（三）认真履行全面从严治党责任。根据省委要求，参照全国人大常委会做法，在9个委员会设立分党组。强调分党组成立之始就是严格党内政治生活之时，建立了以分党组规则

为纲,请示报告、党建工作责任制等相配套的“1+X”制度体系,压实管思想、管纪律、管工作、管干部主体责任,对不适应时代要求的精神状态和行为习惯来了一次彻底的大扫除,机关干部焕发出崭新的精气神。坚持正风肃纪,制定机关人员守则,明确严禁利用权力捞好处,严禁打着人大旗号谋私利,严禁找人大代表办私事“三严禁”,推进全面从严治党落细落实。运用好监督执纪“四种形态”,抓早抓小、防微杜渐,保持良好政治生态。

(四)建设高素质专业化年轻化干部队伍。坚持党管干部原则,严格执行新时期好干部标准,重视使用勇于担当、改革创新、实绩突出的干部,坚决反对山头主义、宗派主义、圈子文化、码头文化,坚决反对跑票拉票、托关系打招呼、心浮气躁乱猜测等行为,出于公心、事业为上,全面客观地衡量一个干部的德才表现及工作成绩。在机关大兴学习之风,每月举办法治讲堂,开展学法懂法、为立法和推动法律法规实施做贡献活动,组织立法骨干业务培训,制定三年面向社会选拔20多名优秀法治人才的规划,一批具有良好法律素养和一定实践经验的高学历人才到岗试用。通过这一系列举措,机关干部的心思和精力逐步转到了做好立法、监督等工作上来。

(五)坚持求真务实的工作作风。带头克服“二线定位、短期行为”、牢固树立一线定位、瞄准一流标准,始终以务实创新,担当作为的精神状态开展工作。认真落实中央八项规定和山西省实施意见,践行“五倡导、五反对”,坚决反对形式主义、官僚主义。制定《关于进一步提高常委会会议质量的几点意见》和《常委会会议请假规定》,带头参加会议,带头审议发言,保持良好会风,增强会议实效。制定《关于加强和改进调查研究工作的意见》,叫停一般性调研,提倡不打招呼、不要陪同,开展蹲点调研。改进人大新闻宣传,建立常委会会议新闻发布制度,对通过的法规、开展的监督等工作及时作出解读。大力倡导“踱方步、冷思考”,集中精力研究思考以法治方式,推动事关全局的根本性、长远性重大问题解决,为全省改革发展稳定大局贡献力量。

(六)积极指导和帮助市县乡人大开展工作。全面了解省委有关县乡人大建设若干规定落实情况,重点推动机构设置、人员编制等要求落地。在全国人大对省市县人大主要负责同志培训的基础上,组织市县人大副主任全员培训,提升履职能力。举办省市人大主任座谈会,通报工作、交流经验。召开全省立法工作会,组织立法培训,指导设区的市做好立法工作。

(姜 伟)

附:省人大常委会党组书记、副书记、成员名单

书 记: 骆惠宁(3月离职) 郭迎光(3月任职)

副书记: 胡苏平(女,1月离职)
张建欣(女,1月离职)
郭迎光(1月任职,3月调职)

成 员: 张茂才(1月退出现职,7月退休。注:2019年3月,因涉嫌严重违纪违法,接受中央纪委国家监委纪律审查和监察调查。2019年5月,被给予开除党籍处分;按规定取消其享受的待遇;收缴其违纪违法所得;将其涉嫌犯罪问题移送检察机关依法审查起诉。2019年7月,最高人民检察院以张茂才涉嫌受贿罪依法对其作出逮捕决定。)
田喜荣(1月离职) 刘 杰(1月离职)
李悦娥(女,1月任职) 高卫东
岳普煜(1月任职) 李俊明(1月任职)
李仁和 郭海刚(10月任职)

省政府党组工作概况

党组书记　楼阳生

2018年，省政府党组坚持以习近平新时代中国特色社会主义思想为指引，坚决贯彻党的十九大精神和习近平总书记视察山西重要讲话精神，认真落实党中央、国务院各项决策部署，在省委坚强领导下，按照“一个指引、两手硬”思路和要求，认真落实全面从严治党主体责任，坚定不移践行新发展理念，牢牢把握稳中求进工作总基调，以“示范区”“排头兵”“新高地”三大目标为牵引，扎实推进三大攻坚战，统筹做好稳增长、促改革、调结构、惠民生、防风险、保稳定各项工作，保证了经济持续健康发展和社会大局稳定。

一、坚决贯彻新时代党的建设总要求和重大部署，认真落实党组管党治党主体责任

（一）旗帜鲜明加强政治建设。增强“四个意识”、坚定“四个自信”、做到“两个维护”，持续巩固拓展“维护核心、见诸行动”主题教育成果。坚持把纪律和规矩挺在前面，严肃党内政治生活，彻底肃清腐败流毒影响，确保在政治立场、政治方向、政治原则、政治道路上同以习近平同志为核心的党中央保持高度一致。

（二）坚持不懈强化理论武装。深入推进“两学一做”学习教育常态化制度化，通过中心组学习、研讨交流、专家辅导、主题党课等形式，组织党组班子和政府工作部门负责同志深入学习领会新思想新理念新战略，切实在学以致用、以用促学、融会贯通上下功夫。

（三）严格落实党组意识形态工作责任制。认真贯彻落实《党委（党组）意识形态工作责任制实施办法》，压实政府系统各级领导干部的意识形态工作责任。全面加强政府系统门户网站建设和政务新媒体管理，组织实施全省政府网站集约化建设。

（四）认真落实省政府党组向省委请示报告制度。每季度向省委常委会议报告全省经济社会发展重大事项，全年提请省委常委会审议关于开发区管理与运营分离改革、坚决打好污染防治攻坚战、推进乡村振兴战略、化解政府隐性债务、法治政府建设等38项工作，切实把党的领导落到实处。

（五）压紧压实“1+3”岗位职责。“1”即党建主体责任，“3”即管业务必须管廉政、管业务必须管安全、管业务必须管稳定。督促全省政府系统各级各部门领导班子更加自觉地肩负起管党治党的政治责任，切实做到以党建促业务、以业务强党建，着力推动政府系统党的建设和廉政、安全、稳定工作全面进步。

（六）政府党的工作全面从严。修订完善省政府党组会、全体会等5项会议制度，指导省政府办公厅制定服务省政府领导坚决反对“四风”保障措施等制度，努力从制度层面构建作风建设长效治理机制。组织召开省政府廉政工作会议，从严从实深化省政府党组班子和全省政府系统作风建设。

二、认真履行建设国家资源型经济转型综改试验区重大使命，全面推进经济发展方式转变

认真贯彻落实省委十一届六次全会决策部署，以“三大目标”为牵引，在统筹推进“六稳”（稳就业、稳金融、稳外贸、稳外资、稳投资、稳预期）各项工作中不断加快转型步伐，在全面深化改革中不断激发高质量发展的动力与活力，全年全省地区生产总值达到1.68万亿，增长6.7%。

（一）持续深化供给侧结构性改革。退出煤炭过剩产能2330万吨，退出焦化过剩产能691万吨，淘汰钢铁落后产能225万吨，关停煤电机组300万千瓦，供给质量有效提升。加大房地产去库存力度，全省商品房待售面积、库存消化周期实现“双下降”。加大减税降费力度，全省落实各项税收优惠政策和深化税制改革减税563亿元。国有企业负债率下降3.2个百分点。规上工业实现利润增长40%以上。

（二）积极扩大消费和有效投资。出台消费升级行动计

划,加快城乡便民消费服务中心建设,推进商贸服务提质扩容,全省社会消费品零售总额增长 8.5%,其中限额以上网络零售额增长 25%。深入开展转型项目建设年活动,一大批具有战略性、牵引性的重大项目相继落地开工,全社会固定资产投资完成 6050.4 亿元,其中转型项目投资占比达到 62.1%。

(三)加快推进新旧动能转换。全省制造业增加值增长 9.2%,对工业增长贡献率达到 76.4%,其中战略性新兴产业、高技术产业增加值分别增长 14%、16.3%。非煤工业增速大幅快于煤炭,按可比口径,煤炭产业占工业增加值比重下降 3 个百分点。

(四)着力提高能源供给体系质量。推动煤炭产业走"减、优、绿"的路子,全省煤炭先进产能占比达到 57%,新能源装机占比提高到 29.8%。建成"三交一直"特高压输电通道,全年外送电量达 927 亿千瓦时,创历史新高。新能源装机占电力装机容量比重达到 29.8%,光伏领跑者发电规模位居全国第一。

(五)大力拓展对外开放空间。主动融入国家开放大战略,与京津冀地区实现联动发展,与"一带一路"沿线国家(地区)进出口增长 27.6%。太原铁路口岸国际货物作业区获批,国际互联网数据专用通道在转型综改示范区落地,中欧(中亚)班列开行数量达到 50 列。太原国际邮件互换局正式运营,邮件最高日处理量由 3000 件提升至 1.5 万件。全年实际利用外资增长 222%,外商直接投资增长 9.6 倍,进出口总额增长近 20%。

(六)扎实推进重点领域改革。开展先行先试改革试点 33 项,企业投资项目承诺制、县乡医疗卫生机构一体化等改革形成山西特色。国企国资改革取得突破,省属国企主要运营指标创六年来最好水平。开发区"三化三制"改革(为了深化开发区人事和薪酬制度改革而实行开发区领导班子任期制、全员岗位聘任制和绩效工资制,加快建设专业化、市场化、国际化的管理团队)深入推进,转型综改示范区加速成长,示范引领作用更加凸显。国家标准化改革试点启动实施。

(七)大力实施乡村振兴战略。编制完成全省乡村振兴战略总体规划和"5+1"专项规划(即产业兴旺、生态宜居、乡风文明、治理有效、生活富裕五个专项规划和体制机制创新专项规划)。农业供给侧结构性改革深入推进,杂粮、有机旱作、功能食品等特色产业加快发展。粮食生产再获丰收,总产量达 138 亿公斤。人居环境整治"五大专项行动"(在农村开展拆违治乱、垃圾处理、污水治理、厕所革命、卫生乡村等五项行动)全面启动。集体产权制度改革扎实推进。成功举办首届农村改革(太谷)论坛。

(八)全力打好三大攻坚战。防范化解重大风险,加快农信社改制化险,成功化解公路、铁路等政府债务。全力攻坚深度贫困,全年 26 个县脱贫摘帽,贫困发生率下降到 1.1%,实现连战连胜。坚决打好蓝天保卫战、黑臭水体歼灭战等标志性战役,全省环境空气质量综合指数下降 10.8%,优良天数增加 7 天,重污染天数减少 3 天,优良水质断面超过国家要求。

(九)持续增进民生福祉。各级财政关于民生项目支出达到 3423.8 亿元,占全部支出的 80%。突出抓好重点群体就业,去产能职工安置率达到 100%。"1331 工程"实现突破,与 C9 高校联盟合作不断深入。安全生产形势持续好转,全省安全生产事故起数和死亡人数分别下降 10.9%、19.6%。

三、加快推进政府职能转变,有效提升政府治理体系和治理能力现代化水平

(一)加快转变政府职能。大力开展"六最"营商环境建设年活动,持续深化"放管服效"改革,绝大多数省级行政审批事项审批时间实现全国最短。在全国率先推开全省域企业投资项目承诺制改革试点,项目落地周期平均缩短三分之一。

(二)全面推进依法行政。认真执行人大及其常委会的决议决定,主动接受人大、政协监督,办理人大代表建议 916 件,政协提案 826 件。加强政府立法,向省人大常委会提请审议地方性法规(草案)6 件,出台省政府规章 5 件。坚持依法决策,全面推进行政决策、执行、管理、服务、结果公开,政务公开工作在国办组织的第三方评估中排名第二位。

(三)全面提升履职本领。扎实推进"三基建设",开展针对性培训,从整体上提升政府系统公务员队伍的履职尽责能力。大力拓展政府系统各级干部特别是领导干部的知识视野,着力增强驾驭市场经济、招商引资等 8 种能力。在专业性技术性强的岗位稳步推行聘任制公务员制度。

(四)全面加强作风建设。坚决纠正政府系统存在的"四风"突出问题特别是形式主义、官僚主义新表现。做实调查研究,改进调研方式。减少文山会海,提高文件质量和会议效果。认真落实省委激励广大干部担当作为的实施意见,努力营造干事创业良好氛围。

(张焕森)

附:省政府党组书记、副书记、成员名单

书　记:楼阳生

副书记:高建民(5月离职)　林　武(5月任职)

成　员:郭迎光(1月离职)　王一新　贺天才
刘新云(1月任职)　曲孝丽(女,1月任职)
陈永奇(1月任职)　王　纯

省政协党组工作概况

党组书记　黄晓薇

2018年，在省委坚强领导下，省政协党组坚持以习近平新时代中国特色社会主义思想为指引，全面贯彻党的十九大精神、习近平总书记视察山西重要讲话精神，深入贯彻省委“一个指引、两手硬”思路要求和省委十一届六次全会精神及各项决策部署，按照省委书记骆惠宁提出的“一线意识、一流标准”要求，全面履行管党治党主体责任和把方向、管大局、保落实领导职责，着力加强思想政治引领，团结动员参加政协各党派团体和各族各界人士，紧紧围绕全省工作大局，认真履行政治协商、民主监督、参政议政职能，立足高起点、坚持高标准、力求高水平推进各项工作，努力为全省在“两转”基础上全面拓展新局面凝聚共识、建言献策、协调关系、汇聚力量，实现新一届政协良好开局。

一、坚持举旗定向，以习近平新时代中国特色社会主义思想统领政协工作，团结奋斗的共同思想政治基础更加巩固

坚持党的领导，加强政治引领。坚持把习近平新时代中国特色社会主义思想作为统揽政协工作的总纲，把坚持和发展中国特色社会主义作为巩固共同思想政治基础的主轴，把坚持和加强党对政协工作的全面领导作为根本政治纪律和政治规矩，坚决做到一切工作都以贯彻落实习近平总书记重要指示、党中央大政方针、省委决策部署为前提。认真贯彻省委《关于坚决维护党中央集中统一领导的规定》和《关于加强对省人大常委会、省人民政府、省政协、省高级人民法院、省人民检察院党组领导的若干规定》，修订并严格执行党组、主席会议、常委会议、全体会议工作规则和专门委员会通则，把坚持党的领导、强化“四个意识”、坚定“四个自信”、践行“两个维护”落细落实到政协工作全过程和各方面。严格执行请示报告制度，2018年，共向省委请示报告19次，做到一切重要工作在省委领导下展开，一切重要活动围绕省委中心工作进行，一切重要安排在广泛征求意见报省委审批后实施。

强化理论武装，对表改进工作。坚持把学习贯彻习近平新时代中国特色社会主义思想作为首要政治任务，与学习贯彻党的十九大及十九届二中、三中全会精神相贯通，与学习贯彻习近平总书记在庆祝改革开放40周年大会等会议上的系列重要讲话、视察山西重要讲话相融合，按照全国政协统一部署，深入开展习近平总书记关于加强和改进人民政协工作的重要思想学习研讨活动。在全国率先以视频会议对省市县三级政协进行动员部署，并通过工作座谈、情况通报、派副主席赴市县参加研讨等方式，跟进督促指导。党组中心组发挥“头雁效应”，围绕8个专题，领悟精髓要义、研讨贯彻举措；坚持学习教育与履职实践相结合，引导政协委员和政协干部从山西省“两转”的历史性变化中领悟新思想的真理力量。确定9方面58个课题，先下后上、层层研讨交流，明确加强和改进工作的努力方向和着力重点，形成8方面37个问题清单和相应的整改清单、责任清单，着力抓落实、强弱项、补短板。各级政协委员5.3万人次和政协干部1.9万人次参加学习研讨，范围之广、影响之大，在山西省政协系统前所未有，强化了以“一线意识、一流标准”做好政协工作的责任担当，激发了将改革开放进行到底、谱写新时代中国特色社会主义山西篇章的奋斗精神。山西省开展学习研讨的做法和成效，得到全国政协充分肯定。

把握落实基点，力求走深走实。把为改革发展凝聚共识、汇集力量作为重要基点，安排中心组、常委会议、专门委员会会议组织委员专题学习省委十一届六次全会精神和骆惠宁同志讲话精神，聚焦全省中心任务谋划、部署、推进政协工作，引导委员把思想行动统一到省委关于山西发展形势的分析判断和治晋理政思路要求、决策部署上来，汇聚了在省委领导下，坚持改革创新、奋发有为，共同致力决胜全面建成小康社会、建设“示范区”“排头兵”“新高地”的正能量。

二、强化抓落实政治职责,聚焦打好“三大攻坚战”、实现“三大目标”组织协商议政、民主监督,汇聚奋进力量

省政协党组牢牢把握推动人民政协制度更加成熟更加定型、发挥好专门协商机构作用的新方位新使命,自觉担负起把党的决策部署和对人民政协工作的要求落实下去、把各方面的智慧和力量凝聚起来,共同致力山西省在“两转”基础上拓展各项事业新局面的政治责任。一年来,召开党组会议和主席会议各8次,组织常委会议4次,专题议政、对口协商、界别协商、重点提案办理协商10次,及时传达学习中央精神和省委部署,运用政协职能,广集民情、广聚众智,把党的主张转化为社会各界广泛共识和自觉行动。

推进政协协商,建言改革发展。精心组织实施政协年度协商工作计划,组织召开全体会议,围绕“一府两院”工作报告和事关山西省改革发展的重大问题开展协商讨论;聚焦打造能源革命排头兵、实施乡村振兴战略、加强大气污染防治、加快开发区创新发展、加强社会治理体系建设、引进高层次创新创业人才、深化“放管服效”改革、推进县乡医疗卫生机构一体化改革等14个议题组织专题协商议政。骆惠宁同志、楼阳生同志等领导同志与政协委员面对面交流,多次就政协委员建议作出重要批示,不少合理化建议已经转化为党政推进工作的具体举措。

加强民主监督,助力工作落实。重点围绕转型项目建设落实落地、深度贫困地区脱贫攻坚,组织省、市、县三级政协联动开展专项视察监督,及时向党政反馈视察情况,提出工作建议,助力省委、省政府相关部署落实到位。组织委员深入部分市县就扫黑除恶工作进展情况进行监督性调研,参与重大专项、重点工作督导督查,选派委员担任司法机关、窗口单位特约监督员加强日常监督,努力提高民主监督实效。

深化参政议政,增进民生福祉。坚持以人民为中心的发展思想,围绕各界关切、群众关心的20个专题开展调查研究,针对性提出工作建议。发挥政协提案在助力民生改善、促进和谐稳定中的重要作用,859件提案全部办复。加强社情民意信息的汇总、分析、报送和跟踪反馈工作,编报专刊43期,全国政协采用26篇,省领导批办、国家部委和省有关部门反馈41件。省政协机关第17次蝉联全国政协反映社情民意信息工作先进单位。

坚持团结民主,汇聚奋进力量。举办庆祝改革开放40周年、纪念“五一口号”发布70周年征文等活动,坚定跟党走中国特色社会主义道路、改革开放道路的信心和决心。召开与民主党派工商联秘书长联席会议,听取工作建议,支持各民主党派、工商联和无党派人士运用政协平台履行职能,深化合作共事。全面贯彻党的民族宗教政策,围绕坚持宗教中国化方向和治理佛教道教商业化等开展专题调研,促进民族团结,引导宗教与社会主义社会相适应。建立接待和走访界别委员制度,帮助委员特别是非公经济人士创业创新创造、积极排忧解难,引导委员各展其才、各尽其能,在转型综改、创新驱动、全面小康的主战场贡献才智。以交友联谊、交流合作、交融发展为主题,加强“请进来”“走出去”,以政协主席首次率团出访香港,组织港澳委员回晋考察调研,接待全国政协海外列席侨胞回国考察团等20批次莅晋参访为契机,讲述山西精彩故事,宣传山西省“两转”新形象、新优势、新商机,为山西省引进海外资源、构建内陆地区对外开放新高地汇聚了正能量。

弘扬改革精神,推动工作创新。落实省委统一部署,深化政协机构改革,优化专委会设置和职能配置,专委会履行职能、联系界别、服务委员的功能进一步强化。出台《关于加强委员队伍建设、发挥委员主体作用的意见(试行)》,形成推进工作的系列举措。分3期在清华大学开展政协委员全员培训,实现新一届开局之年政协委员集中学习全覆盖。分批次邀请政协委员列席省政协常委会议,探索开展网络议政,拓宽有序参与渠道。优化常委会议日程,邀请省委省政府领导同志听取大会发言,在调研视察考察前组织学习相关政策法规,增强协商实效。出台《主席副主席接待和走访界别委员工作规则(试行)》《主席会议成员联系界别委员的意见》,依托专委会创建“委员之家”,服务委员更为活跃经常、公开透明、规范有序。组织18个调研组对全省政协系统党建情况摸底调研,提出山西省贯彻中央办公厅《关于加强新时代人民政协党的建设工作的若干意见》的系列举措。全国政协系统党建工作座谈会后,在省委领导下,省政协在全国较早设立专门委员会分党组,视察考察调研、学习培训等活动中设立党的临时组织,推行政协委员全员参加专委会,形成了党的组织对党员委员全覆盖、党的工作对政协委员全覆盖的新格局。

三、坚持全面从严治党,以党的建设为引领,全面推进政协委员和干部队伍建设

全面贯彻新时代党的建设总要求和新时代党的组织路线,认真贯彻中共中央办公厅《关于加强新时代人民政协党的建设工作的若干意见》,以政治建设为统领,全面加强政协党的建设,着力构建党建、学习、履职、效能相互贯通的制度体系,政协党的建设得到新的加强。

细化压实主体责任。认真履行党组全面从严治党主体责任、党组书记第一责任、党组成员“一岗双责”,做到党的建设与政协工作同谋划同部署同落实。支持机关党组、专委会分党组和派驻机关纪检监察组全面履行从严管党治党责任,机关纪委书记设为专职,各党支部设置纪检委员,把从严管党治党触角延伸到政协“神经末梢”,进一步巩固了一级抓一级、层层抓落实的党建工作格局。

加强意识形态工作。认真落实习近平总书记在全国宣传思想工作会议上讲话精神,强化意识形态工作责任,牢牢掌握意识形态工作的领导权,正确处理一致性和多样性关系,在履职活动中坚守边界底线,推动各党派团体和各族各界人士实现思想上的共同进步。加强政协所属媒体建设管理,举旗帜、聚民心、育新人、兴文化、展形象。发挥机关基层党组织和群团作用,开展形式多样的精神文明创建工作,省政协机

关蝉联“省直文明单位标兵”。

严明政治纪律和政治规矩。坚持把纪律规矩挺在前面，严格要求党员干部和党员委员严守党的政治纪律、政治规矩和组织纪律，做到“五个必须”、反对“七个有之”，模范遵守“六大纪律”，正确把握党内民主和人民民主的关系，在大是大非面前旗帜鲜明、敢于斗争，以共产党员的模范行为影响、带动广大委员守纪律、讲规矩、重品行。严把政协各项活动政治关，营造既畅所欲言、各抒己见，又理性有度、合法依章的良好协商氛围。

严肃党内政治生活。严格执行《关于新形势下党内政治生活的若干准则》，紧密联系思想、工作、作风实际，组织召开年度生活会和巡视整改落实专题生活会，把维护以习近平同志为核心的党中央权威，贯彻党的理论路线方针政策和决议，执行党的政治纪律和政治规矩，以及履职中发挥党员模范带头作用等情况作为重要内容，深入开展批评和自我批评，明确努力方向和着力重点。实行双岗履职、双重组织生活，规定不在原单位任职的专委会党员副主任将组织关系转入专委会党支部，仍在原单位任职的也须参加专委会党支部组织生活。党组成员带头参加双重组织生活，与党员一起学习讨论、一起查摆问题、一起接受教育、一起参加党员民主评议，自觉接受党内外群众的监督。

持续强化正风肃纪。落实党风廉政建设主体责任，注重抓早抓小、抓苗头抓细节，强化日常管理监督，坚决防止利用政协影响力谋取私利。深入贯彻中央八项规定精神和省委实施办法，改进会风文风和调查研究等工作，着力构建根治“四风”特别是形式主义、官僚主义的长效机制。针对一名市级政协副主席、党组副书记违反中央八项规定精神问题，进行专题研究，对该市政协党组书记予以诫勉批评，并向各级政协党组织发出通报，引导全省政协党员干部和全体委员举一反三、引以为戒。受到全国政协党组领导同志的充分肯定。

大力加强“三基建设”。强化政协党组和机关党组对政协机关及直属事业单位党组织的领导，建立机关“三基建设”联系点制度。提名各专委会主任担任党支部书记，解决“岗”“责”不匹配问题，强化支部的政治功能及组织力，推动基层组织全面加强。对标全国政协，对标省委，完善机关工作流程，明确标准，加强督办，加快信息化步伐，推动基础工作全面进步；以建设高素质专业化干部队伍为目标，全面加强干部教育、管理、监督、考核等各项工作，重点实施了年轻干部成长工程，推动基本能力全面提升。

激励担当作为。针对一些委员履职意识不强等问题，制定实施《委员履职激励考核管理办法》，建立委员履职档案，开展委员履职年度考核、及时通报履职情况，引导激励委员积极担当作为，做好岗位工作和政协委员履职“两份作业”。坚持新时期好干部标准，认真负责地依程序推荐干部，支持机关党组以正确导向选用干部、加强干部队伍建设。针对一些干部不同程度存在的少作为、慢作为等问题，党组成员带头践行“五倡导、五反对”，研究工作“较真”、汇报工作“过堂”，形成了全面治松强严、治浮定神、治庸提能、治怠增效的鲜明导向和新的气象。

四、坚持以上率下，以严实精神和高的标准加强党组自身建设

党组坚持把政治建设放在首位，不断加强自身建设，提高政治能力。坚持旗帜鲜明讲政治，严守政治纪律和政治规矩，注重以党的创新理论武装头脑、指导实践，树牢“四个意识”，坚定“四个自信”，践行“两个维护”，始终在思想上政治上行动上同以习近平同志为核心的党中央保持高度一致。严格执行民主集中制，重大问题集体讨论决定，重要事项、重要情况及时请示报告省委，个人事项如实申报，做到令行禁止。严肃党内政治生活，召开高质量的党组民主生活会和巡视整改专题民主生活会，开展批评和自我批评，互相帮助，共同提高。带头践行“五倡导、五反对”，坚持求真务实，发扬奋斗精神，积极担当作为，提高政协工作质量，努力出实招、办实事、求实效，坚决反对形式主义、官僚主义。带头落实“六个从严”，自觉在监督下开展工作，认真落实中央八项规定精神，树立良好家风，为政协委员和政协干部作出表率。

（任　杰）

附：省政协党组书记、成员名单

书　记：黄晓薇（女，7月离职）

成　员：李正印（1月任职）　李晓波（1月任职）　张瑞鹏（1月任职）　席小军（1月任职）

省纪律检查委员会、省监察委员会工作概况

省纪委书记、省监委主任　任建华

2018年，在中央纪委、国家监委和省委领导下，省纪委监委和全省各级纪检监察机关以习近平新时代中国特色社会主义思想为指引，深入学习贯彻党的十九大精神，坚持稳中求进工作总基调，充分发挥新体制的治理效能，推动党风廉政建设取得新成效、反腐败斗争取得压倒性胜利、全面从严治党取得新的重大成果。

一、始终把政治建设摆在首位，保证党中央及省委政令畅通

坚持把学习贯彻习近平新时代中国特色社会主义思想和党的十九大精神作为首要政治任务，与学习贯彻习近平总书记视察山西重要讲话精神贯通起来，强化班子成员集体学习和全员理论学习，切实把学习成果转化为抓改革、破难题、谋发展的"钥匙"。自觉担负起"两个维护"重大政治责任，加强对党中央大政方针和党章党规执行情况、党中央及省委重大决策部署贯彻落实情况的监督检查，协助省委开展贯彻落实习近平总书记视察山西重要讲话精神督导工作；严明党的政治纪律，全省查处668人、同比增长57.9%。协助党委严肃党内政治生活，加强对民主生活会的监督指导，协助党委把好选用干部的政治关、品行关、作风关、廉洁关，全省共回复党风廉政意见81075人次。用好问责利器，全省共问责党组织508个、问责党员干部3837人、问责一把手2092人，分别增长282%、251.1%、207.2%。

二、全面深化监察体制改革，持续发挥"探路者"和"试验田"作用

着眼于加强党对反腐败工作的集中统一领导，省委将反腐败协调小组调整为反腐败领导小组，出台《关于加强党对反腐败工作全过程领导常态化制度化长效化的实施意见(试行)》。严格执行请示报告制度，省纪委监委机关向中央纪委国家监委报备采取和解除留置措施、处分决定82件，报批延长留置、从宽处罚建议15件，报请省委审核批准立案103件、采取留置措施19人，审议案件42件42人。着眼于增强对公权力和公职人员监督的全覆盖、有效性，全面完成监察职能向乡镇和村居延伸、派驻机构全覆盖与派驻监察相结合的改革，打通了监察工作"最后一公里"。着眼于推动监察权规范高效运行，修订完善、正式印发试行一年多的"4个一"工作制度，协调省委政法委修订完善"1+4"十项制度体系，纪法贯通、法法衔接更加顺畅高效。着眼于探索人大监督监察机关的具体办法，省人大常委会依法听取和审议了省监委《关于纪法贯通法法衔接制度建设工作的报告》，开展了执法检查和询问，监察机关依法接受人大监督迈出实质性步伐、走在全国前列。着眼于推动监察工作信息化，创设案件信息查询平台，建设领导干部廉政档案电子活页册系统，建设举报入口统一、覆盖省市县纪委监委的信访举报网站群。全国推开深化国家监察体制改革试点工作动员部署会议以来，我省改革工作又向前迈进了一大步。

三、巩固拓展落实中央八项规定精神成果，"四风"问题得到有效遏制

坚决落实习近平总书记关于作风建设重要批示精神，在常和长、严和实、深和细上下功夫，管出习惯、抓出成效、化风成俗。采取常规检查、交叉互查与机动督导相结合的办法，督

促各级党组织在重要节点开展自查自纠、强化监督管理。密切关注“四风”新动向新表现，提高发现、甄别、处置能力，寸步不让、动辄则咎。制定《关于集中整治形式主义、官僚主义的实施方案》，把不担当、不作为、慢作为、假作为等6方面26类突出问题纳入日常监督、巡视监督、派驻监督范围。全省共查处违反中央八项规定精神问题2323件，给予党纪政务处分2343人，组织处理942人，同比分别增长70.7%、73.7%、32.1%。省纪委监委建立每月5日、15日、25日通报制度，推动全省加大“四风”问题通报曝光力度。结合整治群众身边腐败问题，全省通报曝光389批次、1434人次，持续释放全面从严治党越往后越严的强烈信号。

四、切实履行监督第一职责，纪律建设全面加强

统筹运用纪律、监察、派驻、巡视巡察“四个全覆盖”监督力量，强化近距离、常态化、全天候的日常监督。全省纪检监察机关共接受信访举报109332件次、处置问题线索77450件、谈话函询36509件次，同比分别增长88.9%、52%、55.2%。合理运用“四种形态”，监督执纪由“惩治极少数”向“管住大多数”拓展，全省共运用“四种形态”处理75148人次、同比增长53.2%，第一、二、三、四种形态分别占比67.5%、26.5%、3.9%、2.1%。强化派驻机构履责意识，全省各级派驻机构共处置问题线索13806件、处分党员干部2738人，同比分别增长220.4%、142.3%。创新工作机制，采取“连片联组办案”“乡案县审”等办法，破解乡镇监督难题。全省乡镇纪委（街道纪工委）共立案8828件、党纪政务处分7945人，同比分别增长36.1%、33.2%。

五、巩固深化巡视巡察工作，“利剑”作用充分彰显

自觉接受中央巡视监督，认真抓好中央第十五巡视组巡视山西反馈意见的整改落实。省纪委监委将牵头或配合整改的任务细化为11方面35项，逐一明确整改目标、责任主体、完成时限，扎扎实实抓好整改。中央巡视移交初次举报线索已办结5394件、办结率94.3%。扎实推进省委巡视工作，完成十一届省委第三轮、第四轮巡视，对19个省直单位和36所高校党组织开展了常规巡视，对2个省直单位党组织开展了机动巡视，发现共性问题1608个、违反党的“六项纪律”问题390个、问题线索471条。坚持巡视巡察一体谋划、一体部署、一体推动，出台建立巡视巡察上下联动监督网的指导意见、深化市县巡察工作实施意见、市县巡察统筹实施意见，指导市县巡察党组织共7751个，发现共性问题累计41175个、问题线索8386条。对乡镇进行提级巡察、机动巡察，向村（居）延伸巡察，巡察村（居）党组织4543个。

六、着力推动审查调查数量质量“双提升”，保持惩治腐败的高压态势

坚定不移减存量、遏增量、强高压，以惩的威慑，增强治的实效，不敢腐的震慑效应充分显现，标本兼治的综合效应更加凸显。省纪委监委立案148件、结案126件、给予党纪政务处分107人、移送司法机关20人，同比分别增长196%、61.5%、72.6%、150%。全省共立案24725件、结案23680件、给予党纪政务处分23756人、组织处理27830人、移送司法机关863人，分别增长42.1%、40.6%、39.9%、66.3%、125.9%；查处县处级及以上干部845人，同比增长64.1%，立案调查涉嫌行贿人员149件，同比增长231.1%。在高压震慑和政策感召下，576名党员干部主动交代了违纪违法问题。严把办案质量关，移送司法机关人员中的93%直接通过检察机关程序和实体审查，进入起诉阶段。强化查办案件的治本功能，结合审查调查中发现的体制机制问题和制度漏洞提出监督监察建议，推动以案明纪、以案促改。坚持从政治和大局高度对待审查调查安全，审查调查安全形势总体平稳。

七、坚决整治群众身边腐败和作风问题，全面从严治党不断向基层延伸

聚焦脱贫攻坚，全面启动扶贫领域腐败和作风问题专项治理，严厉惩治在扶贫项目中贪污侵占、虚报冒领、截留挪用等违纪违法行为。全省共查处扶贫领域腐败和作风问题7723件、党纪政务处分4261人，同比分别增长216%和100.1%。聚焦民生保障，严厉惩治发生在民生资金、“三资”管理、征地拆迁、教育医疗、低保养老、住房保障、生态环境、交通运输等领域的“微腐败”。全省共查处群众身边腐败问题21353件、党纪政务处分12531人，同比分别增长280.9%、144.4%。聚焦扫黑除恶，会同政法机关建立涉黑涉恶腐败及“保护伞”问题线索双向移送制度和查办结果反馈机制，对涉黑涉恶问题线索进行大起底，深挖彻查闻喜县盗掘古墓葬案、黑社会性质组织犯罪人员任爱军违规减刑案等案件中的腐败问题及“保护伞”。全省共查处涉黑涉恶腐败问题591件1288人、“保护伞”问题109件108人、失职失责问题224件661人，移送司法机关51人。

八、打造政治过硬、本领高强的“纪律部队”，纪检监察机关自身建设不断加强

把旗帜鲜明讲政治作为第一要求，以学懂弄通做实习近平新时代中国特色社会主义思想为主线，深化“维护核心、见诸行动”主题教育，扎实推进“两学一做”学习教育常态化制度化，督促纪检监察干部更加自觉地做到“两个维护”。提出严肃党内政治生活“四条倡议”，严肃“三会一课”组织生活，开展补短板、强作风专项行动，开展“戴党徽、亮身份、明岗位、强自身、树形象”活动，营造良好政治生态和政治文化。着力培养纪法兼通专才、执纪执法能手，省纪委监委组织各类培训65批次2626人次，市、县实现培训全覆盖。完善监督检查和审查调查“前后台”工作机制，完善监督检查专题会、初步核实专题会、审查调查专题会、案件审理协调会的集体决策制度，制定打听案情、过问案件、说情干预登记备案和执纪监督监察工作重大失误责任追究等制度，严格请示报告制度，不断强化对监督权运行的刚性约束。严明“三条禁令”，全

省共处置纪检监察干部问题线索 1678 件次，谈话函询 774 人，组织处理 276 人，党纪政务处分 297 人，移送司法机关 8 人，维护了纪检纪察干部队伍纯洁。

（闫晓雅）

附一：省纪律检查委员会书记、副书记、常委名单

省委常委、省纪委书记： 任建华

副书记： 陈学东 郝 权 孟 萧 曾庆勇（1月任职）

常 委： 李吉山（3月离职） 何 青 高金喜 王帅红 王成禹（3月离职） 孙京民 刘东光（3月任职） 王晓鹏（3月任职）

附二：省监察委员会主任、副主任、委员名单

主 任： 任建华

副主任： 陈学东 郝 权 孟 萧 曾庆勇（2月任职）

委 员： 何 青 王帅红 王成禹（5月离职） 孙京民 王海林 荣奋刚 王晓鹏（5月任职）

省高级人民法院党组工作概况

党组书记　孙洪山

2018年，省高院党组坚持以习近平新时代中国特色社会主义思想为指引，深入学习贯彻党的十九大精神和习近平总书记视察山西重要讲话精神，认真落实省委十一届六次全会精神，抓党建、带队伍、促审判，各项工作稳步向好。省高院全年受理各类案件8967件，审结8390件，结案率达93.57%；全省法院共受理各类案件456540件，结案432318件，结案率达94.69%，在全国法院系统排名第三位。

一、坚持把政治建设摆在首位，积极推进全面从严治党

始终把深入学习贯彻习近平新时代中国特色社会主义思想作为首要政治任务，增强“四个意识”、坚定“四个自信”、做到“两个维护”，自觉在思想上政治上行动上同以习近平同志为核心的党中央保持高度一致。始终坚持党对法院工作的绝对领导，坚持第一时间贯彻落实中央、省委的重大决策部署，第一时间向省委、省委政法委报告法院重大事项、重大案件和重点改革情况。严格履行党风廉政建设“两个责任”，将扫黑除恶专项斗争和队伍集中整肃作为重点，全力做好巡视整改“后半篇文章”。制定《落实党组意识形态工作责任制实施细则》和规范干警网言网行“十个严禁”，坚决把党中央、省委对意识形态工作的要求贯彻到法院工作各方面、全过程。全面落实党组选人用人主体责任，突出政治标准，强化担当作为，选拔、调整处级干部29名，营造干事创业的良好氛围。

二、坚决落实中央和省委部署，围绕大局履行司法职责

紧紧围绕党和国家工作大局、省委重大决策部署，积极推进审判执行工作，努力为山西省社会安全稳定和经济高质量发展营造良好的法治环境。

（一）以扫黑除恶专项斗争为重点，积极推进平安山西建设。省高院出台《扫黑除恶专项斗争工作指导意见》《办理黑恶势力犯罪案件指引》等指导性文件，建立全省法院涉黑恶势力犯罪案件报告、督查督办、线索问题移交等七项工作机制，全年审结涉黑恶势力犯罪一审案件334件。其中，闻喜“盗墓黑帮案”被评为2018年度人民法院十大刑事案件之一。坚持刀刃向内，对全省法院2014年以来办理的涉黑涉恶犯罪及减刑假释案件进行“回头看”，深挖彻查法院系统“保护伞”，依法纠正涉黑罪犯任爱军服刑期间违法减刑等案件。依法稳妥审理各类刑事案件，严厉打击各类危害政治安全、公共安全和人民群众生命财产安全的犯罪活动，审结一审刑事案件23886件。积极运用法律反腐利剑净化政治生态，审结一审贪污、贿赂、渎职犯罪案件521件。加强人权司法保障，对判处缓刑、假释等非监禁刑的犯罪人员辅之以社区矫正，有效发挥刑罚的教育、感化、挽救功能。

（二）以忠实履行审判职能为根本，全力服务山西省经济社会发展。落实中央、省委支持民营企业发展的决策部署，出台《关于为民营经济发展提供有力高效司法服务和保障的意见》，与省工商联共同搭建促进非公有制经济健康发展服务保障平台。依法审结涉及各类经济主体的买卖合同、股权转让、企业改制、物权纠纷等案件49571件，促进形成公平、透明的营商环境。强化破产审判功能，制定规范性文件，审理破产清算、重整案件99件，有力保障供给侧结构性改革顺利进行。加大知识产权保护力度，出台《全面推进知识产权审判“三合一”改革的实施意见》，建立知识产权审判专家库和知识产权调研基地，审结知识产权案件1392件，助力创新驱动发展。加强生态文明建设司法保护，出台环境民事公益诉讼案件指导意见，依法审结非法采矿、盗伐林木、非法占用农用地等各类破坏生态环境犯罪一审案件299件，助推生态文明建设。积极落实中央及省委精准扶贫安排部署，审结土地承包流转、林权转让等涉农案件1810件，服务乡村振兴和精准扶贫。

（三）以决胜“基本解决执行难”为目标，坚决维护群众胜

诉权益。对标“基本解决执行难”核心指标,全力开展执行攻坚,共执结执行案件125057件。加强信用联合惩戒,“晋立信”失信被执行人曝光平台上线运行,发布失信被执行人名单18万余例,对17万余名被执行人发布限制消费令。加大拒执犯罪惩治力度,司法拘留3495人,罚款151人,宣判拒执犯罪164案。全面提升规范化水平,推进执行指挥中心实体化运行,实施执行办案全流程网上办理,结案平均用时由237天/件缩短到126天/件,全省法院执行工作核心考核指标全部达到最高法院要求。

三、积极践行司法为民宗旨,努力满足群众多元司法需求

坚持以人民为中心的发展思想,省高院新建诉讼服务中心,建成三级法院12368诉讼服务平台,进一步整合优化功能,为人民群众提供全方位、一站式、信息化便捷诉讼服务。各级法院全面开展当事人“最多跑一次”诉讼服务活动,努力减轻人民群众诉累。强化民生司法保障,审结婚姻家庭、教育、医疗、住房、劳动争议等案件57652件,保障人民群众安居乐业。加强司法救助,减免缓诉讼费4500余万元,有力保障困难群众诉权。全力化解社会矛盾纠纷,与省司法厅、省人社厅联合制定《关于进一步加强人民调解工作的意见》,积极打造三级法院诉调对接、繁简分流多元化解大格局,构建的家事审判“山西模式”受到全国妇联的充分肯定。深化拓展司法公开,全年公开审判流程信息3665万余项,推送短信29.60万条;公开裁判文书35.83万篇;直播庭审78813场,居全国法院第9位;省高院直播庭审1401场,居全国高院第1位。

四、深入推进司法体制改革,加快构建公正高效的审判运行体系

深化以审判为中心的刑事诉讼制度改革,加强证据合法性审查,当庭宣判一审刑事案件6265件,同比上升79.36%,不断提高刑事案件审判质效。在全国法院首家试行刑事申诉案件律师代理制度,对41件刑事申诉案件提出立案审查建议,经最高法院第四巡回法庭裁定,5件进入再审程序。探索建立“以案定编”的编制动态调整机制,努力优化司法资源配置。严格落实司法责任制,全省法院院庭长办结案件21.23万件,同比上升121.16%,占全部结案的49.12%。加强审判管理,制定五类20项年度约束性重点指标,逐月考核、通报,全年审限内结案率达99.79%;员额法官人均结案144.57件,同比上升10.66%;案件审理平均时长由2017年的94.6天缩短为55.8天。

五、强力推进智慧法院建设,大力提升司法工作信息化水平

省高院建设全省法院大数据管理和服务平台,为三级法院提供实时、可视的信息化审判管理支持。推广智能辅助办案系统,通过相似案例推送、适用法条参考等功能不断提升审判工作的智能化水平。全面推进电子卷宗随案同步生成和深度应用,逐步实现案件立案、审理、结案、执行、归档等各个环节的电子卷宗随案自动生成,全年共生成电子卷宗29.73万件,该项工作被评为全国政法智能化建设智慧法院十大创新案例。

六、以全面加强党的建设为统领,着力打造过硬法院队伍

按照既要政治过硬、也要本领高强的要求,制定进一步深化新时代全省法院党建工作指导意见和基层党组织组织力提升三年规划,举办专题培训班,组织法院系统省管干部和中院班子成员深入学习习近平新时代中国特色社会主义思想和党的十九大精神,强化理论武装。积极推行党建工作述职制度,听取12个中院党组党建工作述职汇报,对6个中院及下辖基层法院开展了为期2个月的政治督察,层层夯实党建工作主体责任,省高院党建工作经验被《长安》杂志刊发。分级分类抓实干警教育培训,广泛开展案例研讨、庭审观摩、裁判文书点评、实务技能竞赛等活动,全年组织各类培训班105期,培训三级法院干警3534人次,进一步加强法院队伍正规化、专业化、职业化建设。深刻汲取法院系统违纪违法案件的沉痛教训,深入开展队伍集中整肃、“以案为鉴、筑牢防线”警示教育,严肃查处违纪违法干警132人,努力打造一支让党放心、让群众满意的高素质法院队伍。

(白　婕)

附:省高级人民法院党组书记、副书记、成员名单

书　记:邱水平(11月离职)　孙洪山(11月任职)

副书记:朱　明　刘冀民(11月,因涉嫌严重违纪违法,接受纪律审查和监察调查。注:2019年5月,被给予开除党籍、开除公职处分。)

成　员:方剑锋　翟瑞卿　乔　杰　杨　霄　丁　毅

省人民检察院党组工作概况

党组书记　杨景海

2018 年，在省委和最高人民检察院的坚强领导下，省检察院党组坚持以习近平新时代中国特色社会主义思想为指导，自觉把检察工作置于党的绝对领导之下，坚决贯彻省委重大决策部署，主动服务省委中心工作，忠实履行法律监督职责，推动检察工作取得了新进展。

一、认真履行政治领导责任，确保检察工作正确政治方向

一是坚持把学习贯彻习近平新时代中国特色社会主义思想作为首要政治任务。部署开展深入贯彻习近平新时代中国特色社会主义思想和党的十九大精神“大学习、大调研、大落实、大提升”活动，扎实开展“心有党中央、紧跟核心走”学用习近平总书记视察山西重要讲话精神主题实践活动。制定并落实山西省检察院党组《关于坚决维护党中央集中统一领导的规定》，召开党组会 44 次认真学习习近平总书记重要讲话精神和中央、省委、高检院决策部署要求，研究贯彻落实措施。

二是坚持不懈加强思想政治建设，确保检察队伍绝对忠诚可靠。坚持用习近平新时代中国特色社会主义思想武装头脑，改造主观世界。创新学习教育形式，以弘扬“红船精神”为主题，开展系列党日活动；与深入推进“三基建设”紧密结合，开展“微党课”竞赛活动；坚持用身边事教育身边人，举办“争做合格党员大讲堂”等活动，引导广大党员干部坚定理想信念，矢志不渝做新时代中国特色社会主义事业的建设者、捍卫者。

三是牢牢把握意识形态工作主导权。认真履行党组对意识形态工作的主体责任，出台《中共山西省人民检察院党组贯彻落实〈党委（党组）网络意识形态工作责任制实施细则〉的意见》《山西省人民检察院意识形态工作联席会议制度》等规范性文件。加强涉检舆情监测，力争做到“早发现、早预警、早处置”，防止舆情发酵引发炒作，全年没有发生一起严重涉检负面舆情。

二、坚决贯彻落实中央及省委重大决策部署，全力服务省委中心工作

一是全力投入扫黑除恶专项斗争。坚定不移贯彻中央及省委重大决策部署，坚持把办案质量放在首位，坚持依法快捕快诉，坚持“破网打伞”，坚持刀刃向内整肃队伍，共批准逮捕涉黑涉恶犯罪 1425 件 4574 人，受理审查起诉 926 件，提起公诉 528 件，起诉率 99.2%，起诉审结率 58.1%，均高于全国平均水平；向相关部门移送黑恶势力“保护伞”及腐败问题线索 118 件。

二是全力维护社会和谐稳定。始终把保一方平安、促一方和谐作为重大政治责任，积极投入平安山西建设，依法严厉打击各类危害人民群众安全感、幸福感的犯罪，共批准逮捕各类刑事犯罪 23394 人，提起公诉 32566 人。坚持宽严相济刑事政策，减少社会对立面。积极化解社会矛盾纠纷，建成网上网下相结合、诉求办理一站式“12309”检察服务中心 133 个，方便了群众诉求。

三是全力服务经济转型发展。始终把服务发展作为第一要务，制定支持企业家创新创业意见和服务民营企业发展 16 条措施，严厉打击“涉企”犯罪，起诉涉企案件 1068 件 1641 人；部署开展非诉执行专项监督活动，监督纠正 803 件审判程序违法行为、937 件执行活动违法行为，努力营造“六最”营商环境。

四是全力服务打好“三大攻坚战”。制定《关于充分发挥检察职能服务保障打好“三大攻坚战”的工作方案》，严惩金融领域犯罪，共批捕此类犯罪 1866 人，提起公诉 2911 人。严厉打击扶贫领域犯罪，批捕贪污挪用扶贫资金等犯罪 32 人、起诉 113 人。部署开展打击破坏生态环境违法犯罪专项行动，加强对临汾破坏环保监测计算机信息系统案、山西三维

集团污染案等重大案件的督办、指导,依法快捕快诉,取得良好的社会效果。

三、恪守检察机关宪法定位,忠实履行法律监督职责

一是加强刑事诉讼监督。深化驻公安机关检察室工作、建立健全介入侦查引导取证制度、严格落实检察长列席审委会等制度。监督立案808件,监督撤案585件;决定不捕不诉7652人,追捕追诉2455人;抗诉刑事案件634件。强化人权司法保障,督促纠正滥用强制措施、非法取证等侦查活动违法情形5792件;加强捕后羁押必要性审查,改变强制措施1376人次。依法对刑罚执行情况全程跟进,纠正不当减刑、假释、暂予监外执行1248人。

二是强化民事行政检察。积极打造民事诉讼监督、支持起诉、民事公益诉讼、行政诉讼监督协调发展的多元化格局,共审查民事行政监督案件8841件,提出抗诉和再审检察建议292件,纠正执行活动违法1904次。加强弱势群体司法保护,办理支持起诉案件2192件,帮助农民工讨要工资1300余万元。

三是扎实推进公益诉讼工作。省委办公厅、省政府办公厅印发了《关于支持检察机关依法开展公益诉讼工作的通知》,6个市和54个县(市、区)党委、政府和人大常委会出台关于支持检察机关开展公益诉讼工作的意见或决定,凝聚了公益保护合力。部署开展汾河流域污染整治、保护自然保护区等5个专项活动,成功办理了恒山景区及周边采矿破坏生态环境案等重大案件。一年来,共立案6178件,发出诉前检察建议6088件,提起诉讼84件,其中判决49件,法院支持率100%。

四、着力推进改革创新,不断激发检察工作活力

一是持续配合做好监察体制改革。认真贯彻《监察法》,着力构建配合有力、制约有效的"法法衔接"办案机制,充分发挥检察机关在反腐败斗争中的重要职能作用,成功起诉了河北省人大常委会原副主任张杰辉、山东省人民政府原副省长季缃绮等重大案件。2018年,共受理监察委员会移送案件676件889人,提起公诉621件835人,退回补充调查101件,不诉5件5人。

二是坚定不移推进司改工作。开展新时代检察理论研究,努力构建新时代检察监督新模式;在市域范围内统一调配员额检察官比例,修订三级院检察人员权力清单,全面推进"捕诉一体"办案新模式,促进办案力量向基层集中、办案责任更加明确、办案机制更加科学。

三是全面开展对监狱巡回检察改革试点工作。认真落实高检院部署要求,积极探索实行"巡回检察+日常检察"为主,专项检察、跨域检察为辅的检察监督工作体系,完成了3轮巡回检察,发现监管安全等问题360余个,发出检察建议书126份,监督又犯罪立案3件,取得了预期效果。

四是深入实施智慧检务工程。紧跟信息时代步伐,强化基础设施建设,全省三级检察机关司法办案、检务公开等"六大平台"已建成运行;积极探索法律监督智慧应用,信息化实战应用水平不断提升。太原、朔州检察机关试点开通刑事案件智能辅助办案系统,有效提升了监督实效。

五、全面落实新时代党的建设总要求,坚决扛起全面从严治党的主体责任

一是立规建制抓长远。坚持守土有责、守土尽责,出台《中共山西省人民检察院党组落实全面从严治党主体责任清单(试行)》《山西省纪委监委驻省检察院纪检监察组落实全面从严治党监督责任清单(试行)》等,确保压力层层传导,责任级级落实,推动全面从严治检持续走向"严紧硬"。

二是正风肃纪不动摇。坚持寸步不让,动辄则咎,认真落实"五责""五谈"制度,精准运用"四种形态",抓早抓小、防微杜渐,开展廉政谈话90人次,提醒谈话20人次,约谈7人次。深入贯彻落实中央巡视反馈意见和省委巡视整改要求,部署开展检察队伍集中整肃专项活动,查处违纪违法检察人员28人。充分发挥巡视利剑作用,完成了对6个市级院党组、3个派出院党组、48个县级院党组的巡视巡察工作。

三是着力加强机关党建工作。认真落实省委部署要求,扎实推进"三基建设",调整加强了省检察院党建工作领导小组力量,坚持党建工作与检察中心工作同研究、同部署、同检查,进一步夯实了机关党建工作基础。突出抓好"三会一课"制度落实,积极探索在办案一线建立党支部,确保检察业务工作延伸到哪里,党组织的战斗堡垒作用就发挥到哪里。全国检察机关党建理论研讨会在山西省召开,推广了山西经验做法。

六、坚持以政治建设为统领,全面加强党组自身建设

一是强化科学理论武装。坚持把政治理论学习作为班子建设的第一要务,大兴学习之风,大力营造善于学习、勇于实践的浓厚氛围,努力建设学习型检察机关,党组中心组学习习近平总书记重要讲话精神和中央、省委、最高检重大决策部署18次。

二是加强民主集中制建设。修订了《中共山西省人民检察院党组工作规则(试行)》,严格落实周一院领导碰头会制度,坚持集体领导、民主集中、个别酝酿、会议决定的原则,"三重一大"事项全部由党组集体讨论决定,确保了党组班子团结坚强有力。

三是严格党内政治生活。召开高质量的省检察院党组班子民主生活会和检察队伍整肃专题民主生活会,认真开展批评与自我批评,互相帮助、共同提高,达到了团结—批评—团结的目的。积极践行"五倡导、五反对",牢固树立"四个意识",增强"四个自信",坚决做到"两个维护"。

(刘百锁)

附：省人民检察院党组书记、副书记、成员名单

书　记：杨　司（1月离职）　杨景海（1月任职）

副书记：崔国红　荣　彰（10月离职）

成　员：秦文峰（6月，因严重违纪，被给予留党察看一年、撤职处分，降为副处级非领导职务。）

王国宏（8月离职）　闫绪安（11月任职）

王文娅　苑　涛　郭　普

李国敏（11月离职）

省政府厅局党组(党委)工作概况

省政府办公厅党组

党组书记　王　纯

2018年,在省委、省政府坚强领导下，省政府办公厅党组坚持以习近平新时代中国特色社会主义思想为指导,围绕中心、服务大局,锐意进取、狠抓落实,全力推动党中央、国务院重大决策和省委、省政府部署要求落地见效。

一、加强党的建设,大力营造风清气正的干事创业环境

始终把旗帜鲜明讲政治放在首位,注重加强政治建设,全面贯彻执行党的理论和路线方针政策,确保政治上过得硬。

切实提升政治站位。坚持以习近平新时代中国特色社会主义思想为指导，全面贯彻党的十九大和十九届二中、三中全会精神，深入贯彻习近平总书记视察山西重要讲话精神，认真落实省委十一届六次全会决策部署，切实在学懂弄通做实上下功夫,不断提高领导班子政治理论水平。严格执行党内政治生活准则,不断强化党员意识、增强党的观念,进一步筑牢理想信念基石。增强“四个意识”、坚定“四个自信”、做到“两个维护”,始终保持对党绝对忠诚,不断加强政治历练,切实提升政治敏锐性和政治鉴别力。严格遵守政治纪律和政治规矩,自觉抵御各种腐朽思想的侵蚀,永葆共产党人政治本色。

切实加强党风廉政建设。党组书记严格履行主体责任和第一责任人职责,党组成员认真落实“一岗双责”,压实总支、基层支部责任,通过逐级传导压力,确保把主体责任落实到位。组织召开民主生活会,制定整改方案,明确任务书、时间表、责任人,实行清单式管理、项目化推进,确保各项整改落实到位。支持派驻纪检监察组履行职责,认真组织开展肃清流毒工作,组织副处级以上干部阅看《忏悔录汇编》,召开专题民主生活会,保证肃清流毒工作彻底到位。

切实推进作风建设。认真落实习近平总书记关于坚决反对“四风”、加强作风建设的重要指示精神,在从严从实上下功夫,认真查找“四风”突出问题,特别是形式主义、官僚主义新表现,组织制定和全面落实《省政府办公厅关于服务省政府领导坚决反对“四风”的保障措施》,全年以省政府及办公厅名义发文数量同比减少17%,省政府常务会、省长办公会数量同比分别减少34%和14%。

切实做好法治和意识形态工作。积极推动相关部门落实法治政府建设各项工作,认真开展“12·4”国家宪法日宣传教育活动,组织“无纸化”学法用法考试,建立健全公职律师制度,设立公职律师,不断提升依法行政意识和能力。严格执行《党委(党组)意识形态工作责任制实施细则》,召开厅党组会议研究加强网络意识形态工作,确保信息安全、网络安全。完成门户网站IPV6改造,强化日常监管,清除政治类有害信息3835条,关闭僵尸网站732家,实现国办政府网站抽查连续3个季度合格率100%,受到国办表扬。

二、保障高效运转,努力服务政府工作平稳有序开展

积极发挥运转中枢、桥梁纽带作用,全面加强政务流程优化再造,不断提高办文、办会、办事水平,为政务运转提供全方位、全链条服务。

强化效率效能。全面深化拓展延伸“13710”信息督办系统，全年共督办重点事项3540项，办结3078项，办结率86.9%。积极配合国务院大督查,组织专项督查、督办33次,有力保障政令畅通和重大决策部署贯彻落实。在《国务院办公厅对2018年落实有关重大措施真抓实干成效明显地方予

以督查激励的通报》中,我省多项工作受到督查激励。无纸化办公迈出步伐,文件流转效率得到明显提升。

强化以文辅政。建立健全重要材料责任分工、交办起草、汇总修改、审签把关、总结交流五项机制,高标准完成政府工作报告、省委经济工作会议、项目建设年推进会、旅发大会、脱贫攻坚现场推进会等重要文稿起草工作。常态化组织开展调查研究,形成多篇有情况反映、有典型例子、有研究分析、有对策建议的调研报告。

强化制度建设。修订完善省政府党组会、全体会、常务会等5项会议制度,努力从制度层面构建切实管用的服务保障机制。制定出台《省政府办公厅内部审计办法》等3项制度,进一步强化对省政府及办公厅决策部署的事前审核监督,全年共审核文件报告600余件,有效提升内部审计服务省政府重大决策的能力水平。

强化"三基建设"。健全"四个管理体系",规范制定"一目录三手册一流程图",先后多次举办全省政府办公厅系统文秘、信息、督查、应急等方面专业能力提升培训示范班,办公厅连续两年在省直机关党员干部职工基本能力竞赛活动中获"优秀组织奖"。积极推动省政府机关标准化信息化建设,大力推进政务公开,在国务院办公厅组织的全国省级政务公开第三方评估中排名第二。

强化应急值守。严格执行政务值班各项制度,加强对全省政府系统值班工作和信息报告工作的指导检查,确保规范高效。组织开展《山西省突发事件应急体系建设"十三五"规划》中期评估工作,编印《山西省突发事件应急预案汇编》《2018年全省应急管理工作要点》,全省突发事件预防和处置能力明显提升。

强化文化引领。认真开展"学习新思想、开启新征程、谱写新篇章"主题活动,深入开展以"我心向党,苦乐年华"为主题的机关文化建设活动,积极开展"讲身边故事、学身边典型""推选省政府办公厅大事和突出贡献者"等系列活动,用最深沉、最持久的文化力量营造办公厅阳光、健康的工作氛围。

强化自身建设。圆满完成厅机关机构职能调整任务,全面推进驻外办事处和办公厅所属事业单位机构改革,进一步优化职能配置、理顺职责关系、提高效率效能。扎实做好左权县麻田镇5个对口贫困村的重点帮扶工作,大力推动扶贫产业发展和民生基础设施建设,办公厅被评为全省干部驻村帮扶工作模范单位。

三、当好参谋助手,全力服务重点工作任务落实

围绕"示范区""排头兵""新高地"三大目标,创新工作思路,强化责任分解,强化统筹协调,以钉钉子精神抓落实,确保各项重点工作任务有力有序推进。

有效推动经济平稳增长。认真落实中央宏观调控政策,密切关注经济运行走势,协助省政府领导并协调有关方面。深入推动转型项目建设年活动,一批具有战略性、牵引性的重大项目相继开工落地,投资结构发生重大变化。协调出台消费升级行动计划,推动商业模式创新,持续扩大消费需求。加强经济运行监测调度,开展入企服务常态化工作,积极协调解决企业实际困难,促进全省经济平稳运行、稳中有进。

持续深化供给侧结构性改革。协助省政府领导切实完善政策措施,积极破解工作难题,全年退出煤炭过剩产能2330万吨,化解钢铁过剩产能225万吨。加大房地产去库存力度,全省商品房待售面积、库存消化周期实现"双下降"。积极推动相关部门加大减税降费力度,全年落实各项税收优惠政策和深化税制改革减税573亿元。协调推动相关部门落实任务要求,加快补齐脱贫攻坚、基础设施、科技创新、社会民生、生态环保等发展短板。

扎实推进转型发展和排头兵建设。深入贯彻落实国发42号文件,统筹资源、系统谋划,凝聚力量、跟踪督办,234项具体举措一半以上取得重大进展。坚持转型定力,落实转型部署,大力支持培育新兴产业,推动传统产业高端化绿色化智能化改造提速。积极推动煤炭产业走"减、优、绿"路子,全省煤炭先进产能占比达到57%,提高15个百分点。新能源发电装机占全省电力装机的29.8%。

扎实推进重点领域改革和对外开放。坚持落实"三个三"工作方法,狠抓基础性、牵引性重大改革,企业投资项目承诺制、县乡医疗卫生机构一体化改革取得明显成效。推动国企国资改革取得突破,全面完成"三供一业"剥离移交,稳妥处置"僵尸企业",专业化重组通用航空、民爆等集团。深入推进"三化三制"改革,转型综改示范区加速成长,全年新设立24个省级开发区,总数达到64个,工业类开发区规划面积是2016年底的11.3倍。制定支持民营经济发展30条,协调建立省市县三级领导干部联系民营企业制度,支持民营经济发展工作全面加力。大力推动落实我省建设"新高地"政策措施,主动融入国家开放大战略,协调推动我省与京津冀地区联动发展上升为国家区域战略,与"一带一路"沿线国家(地区)进出口增长27.6%。

全力保障决胜"三大攻坚战"。组织有关部门制定并落实《高速公路债务风险化解方案》《关于解决我省铁路建设有关问题的建议》等制度措施,采取一系列扎实举措成功化解我省交通领域债务风险。全力服务保障脱贫攻坚,推动易地扶贫搬迁、特色产业扶贫扎实开展,生态扶贫、光伏扶贫等重点任务走在全国前列。协助省政府领导制定实施大气、水、土壤污染防治行动计划,狠抓中央巡视和生态环保督察问题整改,2018年全省空气综合指数改善率位居全国领先水平,SO_2平均浓度降幅全国第一。

统筹推进乡村振兴战略、民生和社会事业。协调编制完成全省乡村振兴战略总体规划和"5+1"专项规划,积极推动特色产业提质增效工程;协调推进农村人居环境整治,"五大专项行动"全面启动,示范县(村)建设取得积极进展。突出抓好重点群体就业,强力推进义务教育均衡发展,协调推进"1331工程",实施"136"兴医工程,将省政府确定的六件民生实事纳入"13710"督办系统,建立特邀民生观察员制度,组

织开展民生工作随机抽查,全面完成六件民生实事年度目标任务。聚焦12个重点领域,积极协调推动扫黑除恶专项斗争,社会治安环境进一步改善。

(张焕森)

附:省政府办公厅党组书记、副书记、成员名单

书　记:王　纯

副书记:张文栋　翟振新　孙海潮(12月任职)

成　员:孙海潮(12月调职)　张金旺　刘　星(10月离职)　李文慧(6月离职)　梁敬华(10月任职)　高建军　王延峰　丁纪岗　武健鹏(11月离职)　胡安平(10月任职)　张红良　董晓平(10月任职)

省发展和改革委员会党组

党组书记　姜四清

2018年,省发展改革委以习近平新时代中国特色社会主义思想为指导,深入贯彻党的十九大精神和习近平视察山西重要讲话精神,全面学习贯彻省委十一届六次全会精神。认真贯彻落实省委、省政府决策部署,坚持稳中求进工作总基调,以"三大目标"定位为牵引,创新思路、主动作为,全力推动高质量转型发展,发展改革各项工作取得新成效。

一、抓实转型项目建设年,积极扩大有效投资

一是扎实开展转型项目建设年。研究制定《山西省转型项目建设年(2018)行动方案》。配合省委、省政府组织召开全省转型项目建设年动员大会和现场推进会。积极推动形成了转型项目建设六项常态化工作机制。二是组织开展各项专题活动。举办集中开工活动,组织开展进工地到一线解难题活动。牵头开展全省转型项目建设年和固定资产投资专项督查。三是全面加强项目谋划。开展项目谋划储备工作专项行动,积极推进以市场换项目,以公共资源换项目,建立全省储备项目库和建设项目库。四是加快推进重点工程项目。组织对全省市级重点工程确定、省市重点工程开复工及完成投资、省级重点工程项目审批事项办理及项目推进等方面进行督查。五是积极拓宽融资渠道。开展政企银对接活动,解决资金短缺难题,联合省金融办、省国资委举办2次转型项目专场融资对接会,累计现场推介548个转型项目,达成初步合作意向1300多亿元。六是大力激发民间投资活力。组织开展2018年度推广PPP工作申报推荐、落地项目专项核查等工作,向民间资本推介基础设施项目,9个重点推介项目已经国务院常务会议确定,总投资647.4亿元。七是持续优化投资结构。主动压减传统产业和去产能行业投资,积极扩大新兴产业投资,努力提高投资质量和效益。工业投资内部结构持续优化,工业技改投资增长27.3%。新动能投资增速加快。

二、全省域推开企业投资项目承诺制改革试点,积极营造良好投资环境

一是推行"五统一"办理模式。抓住"五统一"这个关键,在全国率先推行"多审合一"改革,建立数字化平台,将住建、人防、气象、消防等设计文件统一委托一家机构审查,实现四图合审、线上运行、全程监管。二是加强信用约束。实现项目审批监管信息与项目企业信用信息互联共享。部门强化协同监管。推动11市企业投资项目承诺制改革试点基本落地。加强试点工作督查调研,召开全省企业投资项目承诺制改革试点工作现场推进会。7月24日,国务院办公厅印发《关于部分地方优化营商环境典型做法的通报》,我省企业投资项目承诺制改革试点作为全国典型做法受到通报表扬。

三、深入推进供给侧结构性改革,产业转型升级步伐加快

一是积极推进制造业优先发展。开展《新时代构建山西省现代化经济体系路径研究》,出台《山西省增强制造业核心竞争力三年行动计划(2018—2020年)》。布局建设晋北、晋中(南)、晋东三大现代煤化工基地,谋划31个项目,总投资3765亿元。积极谋划通航产业发展,积极推进煤—电—铝镁—材试点建设,有序推进新能源产业发展。二是支持传统产业改造升级。出台《山西省焦化产业布局意见》。积极协调有序释放煤炭先进产能。编制完成《山西"煤—电—铝—材"一体化改革试点实施方案》。加大晋电外送工作力度。三是大力发展现代服务业。继续推进服务业清单化管理等6项工作推进机制。协调推进大同晋北物流园等重点物流项目建设。扎实推进国家服务业综合改革试点工作。四是深入推进大众创业万众创新。扎实推进国家级、省级"双创"示范基地建设,加快建设省级创新平台。五是扎实推进"三去一降一补"。认真做好去产能工作。完成关闭退出煤矿36座、退出产能2330万吨/年的煤炭去产能任务,完成70万吨粗钢压减任务。有序推进僵尸企业处置。持续抓好降成本措施落实。在国家发改委召开的全国降成本工作经验交流现场会,我省做了典型发言。切实提升补短板的精准性和有效性。六是金融支持实体经济力度不断加大。做好企业债券融资相关工作,国家发改委核准我省企业债券4支,核准额度58.3亿元。

四、持续深化重点领域改革,转型动力不断增强

一是持续深化投融资体制改革。出台《山西省企业投资项目核准和备案管理办法》。二是电力体制改革成效明显。电改 14 个专项方案全部印发执行,"1+N" 政策体系已基本形成。输配电价改革坚实落地,输配电价和工商业销售电价基本处于全国最低水平。股份制交易中心组建运营,电力市场化交易规模不断扩大,多主体市场竞争的格局基本形成。售电侧改革取得突破,增量配电业务试点全面铺开。三是价格改革继续深化。制定出台《关于全面深化价格机制改革的实施意见》。积极推进农业水价综合改革和城镇非居民用水价格改革。对全省煤矿瓦斯发电执行标杆上网电价政策。深化居民用气价格改革。四是政务信息系统整合共享积极推进。加快推进政务信息系统建设,编制《山西省政务信息资源目录》。五是社会信用体系建设成效明显。优化省级信用信息共享平台和"信用山西"网站应用服务功能,加快推进市级平台建设,得到国家充分肯定。加强信用应用创新,积极培育第三方信用服务机构。

五、统筹推进城乡一体化,区域协同联动发展取得积极成效

一是大力推进乡村振兴战略。积极支持农业供给侧结构性改革,加快"一园一区一平台"建设,加快农村一二三次产业融合发展。国家农村产业示范园创建工作扎实推进,加快农村基础设施建设,推进农村饮水安全、中小河流治理等重点工程。协同推进农村人居环境整治工作。二是稳步推进新型城镇化建设。规范推进特色小镇和特色小城镇建设。积极推动全省老工业基地调整改造,指导长治市做好产业转型升级示范区建设,并在全国年度考核评估中被评为优秀。扎实推进城区老工业区和独立工矿区搬迁改造 19 个重点项目建设。三是积极制定我省区域协调发展的指导意见。重点加强两山与平川、城市与乡村、经济与生态协调,建立健全区域合作、区域帮扶、利益补偿、公共服务均衡的区域协调发展机制。

六、积极融入国家战略,对内对外开放水平不断提高

一是加快融入"一带一路"战略。推动晋企"走出去",加强国际产能和装备制造合作工作,加强与乌克兰、吉尔吉斯斯坦、肯尼亚、南非等国的省州郡合作。全面深化与德国北威州等友好省州战略合作,创新和推动我省赴德研修生国际交流工作。二是积极推进区域合作。扎实做好中部崛起、中原经济区等区域规划的中期评估等工作。积极参加 2018 年中国中部国际产能合作论坛暨企业对接洽谈会。三是加快建设内畅外联大通道。加快推进京雄太高铁项目前期工作,组织召开雄安至忻州铁路预可研审查会。稳步推进大张、太焦、大原、阳大铁路项目建设和晋中 - 太原城际铁路项目。协调将阳泉至西柏坡、大同至阜平高速公路列入河北和我省高速公路网规划。做好太原机场三期改扩建前期研究和朔州、晋城机场规划建设事宜。四是着力提升外资的规模质量。我省 3 项外国政府贷款项目列入国家发改委备选规划。积极争取国家支持,募集境外低成本资金,推动同煤集团等企业向国家发改委申请境外发行美债 16 亿美元。

七、加强生态文明建设,绿色发展水平不断提高

一是积极推进绿色低碳循环发展。全面推进我省煤炭消费减量等量替代工作。推动资源节约综合利用和循环经济发展。继续推动园区循环化改造,加强资源循环利用基地建设,加快推进餐厨废弃物资源化利用和无害化处理试点工程建设,积极开展《山西省十三五循环经济发展规划》中期评估,积极推进垃圾焚烧发电项目建设工作,加强资源综合利用。二是支持生态系统保护修复。争取"两山七河"生态保护和修复项目中央预算内资金 17.37 亿元。推进"两山七河"重大生态工程建设。三是不断完善生态文明体制。扎实推进生态环保领域重大改革,初步构成了我省推进生态文明体制改革的政策体系。积极推动芮城、娄烦、平鲁区、孝义四个国家生态文明先行示范区建设。四是积极开展应对气候变化工作。认真开展我省参与全国碳排放权交易市场建设工作。完成国家对我省 2017 年度控制温室气体排放目标责任评价考核工作。协助承办 2018 太原能源低碳发展论坛。

八、抓好民生重点工作,不断增强人民群众福祉

一是扎实推进脱贫攻坚。争取国家和省以工代赈投资 1.767 亿元。共争取易地扶贫搬迁中央预算内投资 13.09 亿元。积极争取国家新增 33 个集中式光伏扶贫电站规模 80 万千瓦,2859 座村级光伏扶贫电站规模 102.94 万千瓦,建设规模位居全国第一。二是公共服务供给持续改善。谋划了 600 多个教育建设项目和 400 多个卫生领域建设项目。争取中央资金和省配套资金做好 3 个公共实训基地建设项目工作。争取社会领域中央预算内资金 2.14 亿元。扎实推进二青会场馆建设工作。三是积极推进采煤沉陷区搬迁工作。统筹做好 2014—2017 年全省采煤沉陷区综合治理搬迁安置收官工作,积极做好搬迁安置集中新建小区基础设施和公共服务设施项目建设工作。成功将灵石县纳入国家第二批重点采煤沉陷区综合治理试点县。加大对搬迁安置任务核定后的七大煤企配套资金的落实力度。四是加强天然气产供储销体系建设。加强应急储气能力建设,规划到 2020 年全省储气能力达到 4.2 亿立方米。与"三大油"积极对接争取气源,落实 2018 年度资源量 61.73 亿立方米。五是切实抓好油气管道保护和新能源行业安全生产。研究制定新能源行业安全生产分级属地监管办法。认真开展安全生产检查。六是抓好对口支援新疆工作。稳步有序推进援疆项目实施。今年我省共安排对口援疆项目 45 项,援助资金 27108 万元,完成率 56.2%。做好援疆规划中期评估工作。七是不断加强价格调控工作。完善城镇生活垃圾处理收费政策、探索建立农村生活垃圾付费制度、完善危险废物处置收费机制。分两批出台我省规范和新增医疗服务项目价格。

九、强化政治机关建设,推动全面从严治党向纵深发展

一是加强党的政治建设。持续推进“两学一做”学习教育常态化制度化。组织开展委党组肃清流毒民主生活会。认真落实抓党建的主体责任,形成了“一把手负总责,分管领导各负其责,班子成员齐抓共管、纪工委协调督查”的领导体制和工作机制。二是全面推进法治建设。对323件涉及“放管服效”改革、生态文明建设和环境保护等事项的规定予以废止。对5件可能违反公平竞争政策内容的文件予以废止。加强法治宣传,推动“七五”普法取得新成效。三是深入推进党风廉政建设。深入开展廉政教育和警示教育。扎实开展问题和工作纪律作风监督检查。坚持问题导向,组织以“强信仰、强党性、强纪律”为主题的问题大起底活动。完善了反腐败工作机制、决策机制,积极开展民生领域腐败和不正之风的专项治理。四是持续深化“三基”建设。全面加强基层组织建设。委党组严格履行党建主体责任,突出政治功能、支部作用、服务中心三个重点。严格落实“13710”工作制度和重点工作督查督办制度,建立督办台账,全面提升党员干部能谋事业、善谋发展、推动工作的本领。五是强化干部队伍能力建设。坚决把政治标准放在首位,严格执行干部选任工作政策规定,开展了全方位、大规模、多渠道、重实效的干部教育培训。

十、充分发挥参谋助手作用,高标准推动重大政策措施落地见效

一是扎实推进“三大目标”定位落地。转型发展示范区方面:协调各相关部门与国家进行多轮对接,牵头逐月梳理、定期报送省直部门工作进展情况。能源革命排头兵方面:细化攻坚目标,制定具体措施,明确年度标志性工程,形成全省“三年攻坚实施方案”。对外开放新高地方面:将实施意见中涉及省发展改革委的43项工作任务分解细化,抓好贯彻落实。二是扎实推进“12项诉求”落地。全国“两会”期间,我委按照省主要领导要求,梳理提出了请求国家支持山西发展的12项重大诉求。各项诉求在中财办的协调下扎实推进。三是积极协调重大政策落地。制定出台重大发展政策。印发了《关于支持山西省与京津冀地区加强协作实现联动发展的意见》,起草了《在山西开展能源革命综合试点的意见》《关于支持太原市创建国家军民融合创新示范区的请示》。积极开展重大课题研究。聚焦“示范区”“排头兵”“新高地”三大目标,共立项20个课题。强化经济形势分析。加强对国际、国内发展大势的研究,密切跟踪宏观经济政策走向,及时提出精准的政策建议,为省委、省政府决策提供优质服务。做好“十三五”规划实施情况中期评估工作。

(张晓宇)

附:省发展和改革委员会党组书记、副书记、成员名单

书　记:姜四清

副书记:李永平(10月离职)

成　员:赵友亭　姚少峰　李海生　王增信　魏茹生　李肇伟　王云龙(10月任职)

省教育厅党组(省委教育工委)

党组书记　吴俊清

2018年,省委教育工委、省教育厅党组以习近平新时代中国特色社会主义思想为指导,深入学习贯彻党的十九大精神和全国教育大会精神,全面落实中央和省委、省政府决策部署,开拓进取、稳中求进,自身建设取得新成效,改革工作取得新进展,一些重点领域和关键环节取得新突破。

一、学习贯彻习近平新时代中国特色社会主义思想,牢固树立“四个意识”

一是深入学习贯彻党的十九大精神和全国教育大会精神。开展党的十九大精神分层分类集中轮训,委厅领导带头宣讲,让十九大精神第一时间进教材、进课堂、进头脑。组建讲师团在全省71所高校巡回宣讲,组织高校36万余师生“同上一堂课”。全国教育大会召开后,系统谋划山西教育发展的战略路径。二是扎实推动习近平总书记视察山西重要讲话精神在教育系统开花结果。把学习贯彻习近平总书记视察山西重要讲话精神作为长期战略任务。以省委第六督查组督查反馈问题整改为契机,聚焦五大方面15个问题严改实改。着力推动“两转”基础上教育工作提质增效。三是持续推进“两学一做”学习教育常态化制度化。在延安梁家河干部培训学院举办2期党员干部党性教育培训班,启动山西“教育大讲堂”专题讲座,系统组织全省高校系统的主题教育,全年共举办培训班311场(次),培训人员37000余人次。

二、加强党对教育事业的全面领导,牢牢把握立德树人根本任务

一是抓“三基”,夯实党的执政基础。建立党组定期研究“三基建设”工作机制和班子成员“三基建设”联系点制度。完成基础工作评估,打造省教育厅一目录三手册“升级版”,“三基建设”基本实现“深化拓展、显著改观”的目标。二是抓思政,筑牢意识形态阵地。扎实做好中央第十五巡视组巡视山西反馈问题整改工作。启动课程思政教育教学改革试点,推动高校构建“三位一体”思政教育课程体系。遴选产生“三全

育人”综合改革试点高校9个、试点院系5个,以点带面打造思政工作“三全育人”新格局。三是抓党建,巩固党的核心地位。强化党对教育工作的领导。实行校级层面议事决策规则备案,完善党委领导下的校长负责制落实情况报告工作机制。成立山西省民办学校党委,健全完善民办高校党组织参与决策和监督机制,开展民办学校党建工作“双覆盖”攻坚行动。

三、不断深化落实“两个责任”,推动全面从严治党向纵深发展

一是坚决扛稳抓牢主体责任,推动管党治党更加严紧硬。党组书记认真履行第一责任人职责,党组成员严格履行“一岗双责”,切实落实党组管党治党政治责任。召开肃清腐败流毒影响警示教育会。强力推进扫黑除恶专项斗争、教育领域腐败和不正之风专项整治。二是深入落实中央八项规定精神,驰而不息改进工作作风。修订贯彻落实中央八项规定精神实施细则,确保制度务实管用。严格监督检查,紧盯重要时间节点。三是综合运用“四种形态”,进一步强化党内监督。强化权力运行监督。建立党风廉政建设工作会商机制,与驻厅纪检组定期研究案件、分析研判。

四、坚持正确选人用人导向,打造忠诚干净担当高素质干部队伍

一是坚持党管干部原则。坚持正确导向,突出政治标准选人用人,严把干部选任关。坚持规范选人用人程序。二是严格干部管理监督工作。进一步加大对干部提醒、函询和诫勉力度。坚持谈心谈话制度。三是提升干部工作科学化水平。强化基层一线实践锻炼,持续推进干部双向交流挂职。不断加强干部管理规范化科学化工作。

五、持续推进教育领域综合改革,坚决破除体制机制障碍

一是有序推进教育领域综合改革。谋划13个方面35项重点改革任务。全面深化教师队伍改革。启动学前教育改革省级试点,实施义务教育8大攻坚计划,深入推进普通高中三项改革试点,启动中小学安全风险防控试点,有序推进全省民办学校分类管理改革。芮城学前教育改革模式引起全国关注,晋中市“县管校聘”管理改革和校长职级制改革经验成为全省样本,高平市统筹编制资源解决公办幼儿园教师编制短缺问题做法在全省推广并被《中国教育报》头版头条专题报道,我省基础教育工作在全国基础教育改革创新研讨会上被评为省级优秀案例。教育部对我省改革工作给予充分肯定。二是持续深化考试招生制度改革。紧抓考试招生制度改革这个“牛鼻子”,系统深化育人方式改革。出台普通中小学招生入学政策,严格规范招生秩序。深入推进阳泉、晋中两市中考改革,晋中市作为全国唯一的中考制度改革典型案例,获第五届全国教育改革创新特别奖。开展高考综合改革基础条件评估,稳妥推进我省高考综合改革。推进职业教育招生考试制度改革。三是多举措推进中小学生素质教育。启动美育教育综合改革实验。全面加快全省学校体育改革发展。进一步提高学生综合国防素质。开展第二批全国中小学中华优秀文化艺术传承学校创建工作。组织开展全省第二批“全国中小学生研学实践教育基(营)地”推荐工作。四是大力推进高等教育“放管服”改革。进一步扩大高校办学自主权。在山西能源学院、山西传媒学院开展人员总量管理取消行政级别试点,支持山西大学、太原理工大学全面落实用人自主权,将高级专家延退审批权限(除省管干部)全部下放各高校,指导高校落实以知识价值为导向的多点教学、绩效考核和绩效分配政策。五是深入推进教育依法行政。不断完善法律事务运行机制。以推进政务信息整合共享为突破,着力解决群众办事难点堵点问题。组织开展全省教育系统“学宪法讲宪法”“五个一”系列活动,选派学生参加全国比赛,获得团体赛亚军好成绩。持续推进行政审批制度改革。

六、推动各级各类教育协调发展,努力办好人民满意的教育

一是学前教育资源持续扩大。进一步落实县级政府发展和监管学前教育的主体责任。出台公办幼儿园生均公用经费标准,保障幼儿园健康发展。开展防止和纠正幼儿园教育“小学化”专项整治,持续推进优质幼儿园帮扶工作。全省新增普惠性幼儿园634所,超额26.8%完成年度任务。顺利接受省人大常委会学前教育满意度测评,测评结果为总体满意。二是义务教育发展成效显著。全省域通过国家义务教育发展基本均衡县督导检查,成为全国第15个通过国家验收的省份,在我省教育发展史上具有里程碑意义。深入推进“全面改薄”,如期完成校舍建设和设施设备采购整体任务“过九成”目标。全省所有县区消除超大班额,75个县消除大班额,撤并一批空壳学校及乡村小规模学校,长治市两类学校建设经验被教育部作了现场推介。在全国率先举办省级基础教育信息化应用成果展示交流活动。三是高中教育发展步伐加快。深入实施高中阶段教育普及提升计划。完成58所4轨以下高中撤并。完善试点推进机制,加大对三项试点学校指导力度,培育种子学校。四是职业教育质量稳步提升。16个县(市、区)通过县级职教中心达标建设验收,超额129%完成年度任务。投入7.4亿元重点建设103所示范中职,23所优质高职,100个高职骨干专业,引领带动职业院校特色发展。深入推进职业教育产教融合、校企合作,新组建2个职业教育集团,有力促进行业职业教育集团化办学。积极探索技能型人才培养新模式。五是高等教育发展挂挡提速。省委、省政府出台《关于支持山西大学和太原理工大学率先发展的若干意见》,两校分别与北京大学、清华大学签署战略合作协议,山西大学成为“部省合建”高校,太原理工大学入选“双一流”学科建设高校。省政府与11所国内高水平大学签订战略合作协议,多所省内高校与国内高水平大学签订校际合作协议,撤停、间招、缓招本科专业点232个;山西大同大学正式成为硕士学位授权单位,全省新增19个博士学位点和26个硕士学位点,动态调整硕博士学位点11个,破格选聘2名杰出三

晋学者,成功引进一批学科领军人才,高等教育内涵式发展步入快车道。深入实施“1331工程”,山西大学极端光学协同创新中心获批教育部省部共建协同创新中心,实现我省国家级协同创新中心零的突破;太原理工大学“煤层气合成金刚石”技术成功打破国外技术封锁。高校学科群建设实现产业服务全覆盖。六是教育公平工作纵深拓展。对各学段贫困家庭学生应助尽助,惠及学生约134万人,生源地助学贷款24.78亿元、资助38.46万人,教育扶贫个人资助账户资助深度贫困县高三贫困生1650人。不断拓宽营养改善计划范围,覆盖全省所有贫困县,惠及66余万学生。88所省级示范高中和60所重点、骨干职业院校对贫困县学校开展对口帮扶,促进贫困县教育水平提升。孙春兰副总理对我省教育扶贫工作给予肯定,教育均衡发展的“吕梁样本”被《中国教育报》头版头条报道。全省各县(市、区)全部完成校外培训机构专项治理整改任务,省教育厅获教育部校园周边综治年度考核第一好成绩。

(张建伟)

附:省教育厅党组(省委教育工委)书记、工委副书记、党组成员名单

党组(工委)书记: 吴俊清

工委副书记: 常乃军(8月离职) 张敬平(10月任职)
何林有(10月任职)

党组成员: 张培良 孙世新 任月忠
王晓鹏(8月离职) 卫爱平(8月任职)
马 骏 赵丽华(10月离职)

省科技厅党组

党组书记 张新伟

2018年,省科技厅党组高举习近平新时代中国特色社会主义思想伟大旗帜,以党的政治建设为统领,深入学习贯彻党的十九大精神和习近平总书记视察山西重要讲话精神,坚决用习近平新时代中国特色社会主义思想武装头脑,教育引导全厅党员干部牢固树立“四个意识”、坚定“四个自信”、坚决做到“两个维护”,深入推进全面从严治党向纵深发展,坚决贯彻落实党中央和省委的各项决策部署,圆满完成全年工作任务。

一、党建工作

强化思想理论武装。制定《厅党组理论学习中心组2018年度学习计划》,深入推进“两学一做”学习教育常态化制度化,全年组织36次党组理论中心组集中学习、专题研讨,组织深入学习《习近平谈治国理政》《习近平新时代中国特色社会主义思想三十讲》以及习近平总书记视察山西重要讲话精神等内容,深入开展“党的创新理论和习近平总书记重要讲话精神进基层”宣讲活动,组织全省科技工作者和厅系统党员干部召开9次学习交流研讨,深入学习领会习近平总书记在纪念马克思诞辰200周年大会重要讲话精神、关于“发展是第一要务,人才是第一资源,创新是第一动力”的重要指示、庆祝改革开放40周年大会上的重要讲话精神等内容,持之以恒在学懂弄通做实上下功夫。

切实加强党的政治建设。组织全厅系统深刻学习领会习近平总书记关于“中央和国家机关首先是政治机关”的重要论述,旗帜鲜明讲政治,坚决贯彻落实《党章》以及党中央和省委关于坚决维护党中央集中统一领导的安排部署,研究制定《山西省科技厅加强党的政治建设工作方案》和《山西省科技厅发挥党组领导核心作用的实施办法》。深入推进机构改革,以习近平总书记“抓战略、抓规划、抓政策、抓服务”的要求为遵循,调整设立战略规划处、政策法规与创新体系建设处、科技监督与诚信建设处、成果转化与区域创新处,进一步强化了外专局职能。2018年,厅党组共召开55次厅党组(扩大)会议,深入学习贯彻习近平总书记重要讲话精神,深入学习贯彻党中央和省委的决策部署,坚决维护习近平总书记党中央的核心、全党的核心地位,坚决维护党中央权威和集中统一领导。

坚决扛起全面从严治党主体责任。召开全厅系统党的建设工作会议,制定《2018年党组工作要点》和《2018年党建工作要点》,把管党治党作为最根本的职责任务,坚决扛起主体责任。召开党风廉政建设和反腐败工作专题会议,厅党组与基层党委支部书记进行集体约谈,签订党风廉政建设责任书。印发《关于认真组织学习贯彻〈中国共产党纪律处分条例〉的通知》,召开厅党组扩大会议专题学习,驻厅纪检监察组专人领学,具体解读条款内容,召开全厅系统专题交流学习会。集中整治项目管理“自由裁量权”,开展民生领域腐败和不正之风专项整治、形式主义官僚主义集中整治、肃清腐败流毒等工作,保持反“四风”的高压态势。把党风廉政建设作为年度考核的工作内容,与业务工作同谋划、同部署、同推进、同考核,努力营造风清气正的政治生态。

大力加强“三基建设”。制定《贯彻落实全省推进“三基建设”座谈会精神重点工作及责任分工》《2018年“三基建设”重点任务工作清单》,编印《党支部规范化建设工作手册》,对支部党建范围、内容、标准进行了系统梳理,建立健全了基层党支部党的建设制度体系。持续完善基础工作一目录三手册工作,制定机关干部通用能力和专业能力标准、训练大纲及培训资料,专题组织“三基建设”培训班,组织进行机关干部专业能力测评,初步为每名干部建立了能力提升档案。建立健全效能建设"八项制度",制作岗位承诺牌,摆放到所有岗位人员桌面。定期举办"科技大讲堂",组织山西省提升创新驱动发展能力专题培训班。"三基建设"对全厅各项工作的支撑作用日益明显。

深入推进作风建设。以中央巡视组反馈意见整改为契机,集中组织"狠抓工作作风集中整治活动",召开24次党组会议传达学习、安排部署、推进落实整改工作,召开专题民主生活会,聚焦问题、狠抓整改。向省委、省纪委监委作出专题书面报告。修订《省科技厅深入贯彻落实中央八项规定精神实施细则》,开展民生领域腐败和不正之风专项整治、形式主义官僚主义集中整治等工作,保持反"四风"的高压态势。制定《科技管理人员"十不准"要求》,纪检部门加强监督。积极开展"戴党徽、亮身份、明岗位、树形象"活动,不断强化履职尽责和讲文明、树新风的意识。

二、业务工作

以改革创新支撑经济转型发展。修订《山西省科学技术奖励办法》及实施细则,增加了颠覆性技术、管理创新奖等奖励内容,奖励总额度由500万增加至近6000万,在科技部作了典型交流发言。制定出台《山西省支持科技创新若干政策》12个实施细则,投入1.2亿余元对获得国家科学技术奖励、新认定的国家或省级科技创新基地等创新主体进行奖补,进一步释放了政策效应。推动历时18年未完成的9家省属科研院所完成转制任务,分类制定科研院所、高等院校、国有企业创新评价指标体系,完善对市县政府的创新考核评价。组织推动太原与深圳、桂林一同获批国家可持续发展议程创新示范区首批建设行列,并加快推动建设。积极支持山西"农谷"建设首个省级农业高新技术产业示范区,并努力推动申报国家级农业高新技术产业示范区。高新技术企业"倍增计划"持续实施,高企数量增幅超过30%,总数达到1630家,五年任务三年完成,全年科技型中小企业入库2670家。

瞄准关键核心技术攻关争当能源革命排头兵。加强能源技术革命的顶层设计,制定《落实〈山西打造全国能源革命排头兵行动方案〉实施方案》《科技厅党组关于加强党对科技重大专项全过程领导的实施意见(试行)》,统筹谋划科技重大专项战略部署,突出煤炭"减、优、绿",进一步明确能源技术革命的总体目标、重点方向,以及时间表、路线图,分两批投入资金2.8亿元,新立项48个科技重大专项项目。强化了科技创新平台基地建设,积极推进煤科学与技术省部共建国家重点实验室培育基地进入省部共建国家重点实验室行列,新增省级重点实验室20家、工程技术研究中心19家、省级科技创新团队11家、科技基础条件平台7个。大力推动大型仪器和设施设备等创新资源开放共享,入库仪器设备总数达3162台(套),价值19.15亿元,全省安排科技创新券经费共2802万元,支持科技型中小企业创新。

大力加强科技对外开放交流合作。着眼构建内陆地区对外开放新高地,成功举办2018年太原能源低碳发展论坛,以"能源革命、造福人类"为主题,举办了1场开幕式暨高峰论坛、6场分论坛和1场国际合作会议,开展了能源科技新技术新成果对接交易。积极与国内外高端研究机构合作,与科技部(国家基金委)联合实施"NSFC—山西煤基低碳联合基金",加强与C9高校的合作,吸引全国优秀资源与我省合作,解决我省的难题。进一步完善科技成果转化和知识产权交易平台,军民融合科技成果转化和知识产权交易平台正式上线,推动省市县三级一体联动,平台累计征集供给信息2万余项,需求信息1.38万余项。举办了中科院纳米技术及先进技术成果对接合作、军民融合科技成果展等,组织开展了2018年山西省科技活动周暨喜迎改革开放40周年科技创新成果对接活动,积极促进科技成果转化。

深入开展科技精准扶贫工作。全年召开16次党组会议和3次党组扶贫专题会议传达学习、安排部署脱贫攻坚工作,制定实施《山西省2018年科技扶贫行动计划》和《山西省科技精准扶贫三年行动实施方案》,下达"三区"科技人员专项计划共166项,资金2064万元,选派"三区"科技特派员928名。其中,为10个深度贫困县121个乡镇共选派363名科技特派员。安排2000万元支持10个深度贫困县实施产业扶贫计划项目共19项。深入推进贫困地区"星创天地"建设,搭建农业农村科技信息化服务平台,全面贯彻落实省驻村帮扶"六大行动",较好地完成了各项目标任务。

(王　强)

附:省科技厅党组书记、成员名单

书　记:张新伟

成　员:李　敏　牛青山　张克军

温　波(11月任职)

省工业和信息化厅党组

党组书记　李晓波

一、省工信厅单位职能和党组织情况简介

(一)单位职能简介:山西省工业和信息化厅是2018年全省党政机构改革中新组建的省政府组成部门,整合了原省经信委及其管理的机电、冶金、化工、纺织、轻工、建材、医药等七个行业管理办公室职责。作为全省工业和信息化行业管理部门,省

工信厅主要承担全省工业运行监测预警、产业结构调整、技术改造、兼并重组、淘汰落后、工信领域节能与资源综合利用、企业技术创新、两化融合、信息化发展和信息安全、大数据发展应用、无线电管理等职能。省政府授权管理省小企业发展促进局和省城镇集体工业联合社(副厅级)。

厅机关内设处室29个,行政编制188名,实有174人;工勤编制32名,实有17人;离退休人员775人。厅直属行政单位1个:省无线电管理局,行政编制77名,实有58人;省无线电管理局还在10个市设有派出机构。厅属事业单位35个(含山西经济管理干部学院,正厅级),事业编制1229名,实有865人。

(二)党组织情况简介:全厅系统现有党委18个,党总支6个,党支部129个,党员2174名。

二、省工信厅党组2018年工作概况

2018年,省工信厅党组团结带领全厅党员干部,坚持以习近平新时代中国特色社会主义思想为指导,全面贯彻落实省委省政府各项决策部署,紧紧围绕"示范区""排头兵""新高地"三大目标,统筹推进稳增长、调结构、促转型、深融合、强党建各项工作,圆满完成目标任务,全省工业和信息化高质量转型发展迈上新的台阶。

(一)工业经济实现平稳增长。一是加强运行监测调控。制定全省工业经济运行实施方案,加强运行调度,抓好生产要素协调保障,稳定工业运行基本面。2018年,全省规上工业同比增长4.1 %;规上工业实现利税2657.3亿元,同比增长24.3%。二是加大服务企业工作力度。联合省委政法委建立企业涉法维权问题协调工作机制,推动全省各市、县和8个开发区全部开通96302企业服务热线,持续开展服务企业常态化工作。牵头举办了"走进华为——山西省大数据环境下企业家能力提升培训班",提升企业家创新能力。扎实推进"获得电力"营商环境整改,我省"获得电力"指标从位列全国28位跃升为全国第一。认真做好清理拖欠民营企业中小企业账款和涉企收费清理规范工作,持续降低企业运营成本。三是扎实推动现代物流业发展。建立全省社会物流统计体系,发布月度物流景气指数,推动全省智慧物流体系建设。大力发展多式联运,全年组织开行50列中欧中亚班列,中鼎物流园形成铁路、公路、多式联运、信息服务等"七大港"功能格局。四是支持中小企业持续健康发展。全年新认定216户"专精特新"中小企业,新创办小微企业11.3万户,新培育"小升规"企业522户。

(二)传统产业发展质量明显增强。一是强化行业指导。制定印发钢铁、有色、电力、建材、轻工、食品等产业2018年行动计划,制定实施消费品工业三年振兴计划和焦化产业打好污染防治攻坚战推动转型升级实施方案,全力推动传统产业向中高端迈进。二是坚决退出过剩产能。深化供给侧结构性改革,全年压减钢铁产能225万吨,淘汰焦化产能691万吨、煤电产能203.3万千瓦,均超额完成年度目标任务。三是积极推进"煤—电—铝(镁)—材"一体化改革。编制完成改革试点实施方案。加快吕梁局域电网试点建设,吕梁中润公司一期43.2万吨合金铝项目正式投产。四是全力推动企业技术改造。修订省级技术改造专项资金使用管理暂行办法,实施技改13大专项工程,发挥技改资金引导撬动作用,全年支持258个项目。2018年,全省工业技改投资增长20.9%,占全省工业投资比重30.8%。

(三)新兴产业持续发展壮大。一是强化分类指导。分行业制定印发七大战略性新兴产业2018年行动计划,制定实施全省打造优势产业集群2018年行动计划和制造业振兴升级专项行动方案,积极推动新兴产业发展壮大。2018年,全省工业战略性新兴产业增长14%,制造业增长9.2%。二是推进项目建设。分行业、分类别、分层级推进1000个项目建设,太钢高性能碳纤维、晋能高效异质结组件、吉利晋中基地乘用车商用车等一批新兴产业项目建成投产或部分投产。三是加强招商引资。编制完成山西省制造业十二大领域发展(招商)图谱,牵头举办四期招商图谱专题培训班,组织山西(深圳)先进装备制造产业专题对接会,积极推进制造业精准招商。四是积极推进智能制造。培育省级智能制造试点示范19户,中电二所、太重轨道交通项目入选国家智能制造专项,智奇铁路、科达自控成功获批国家智能制造试点示范,全省国家级智能制造试点示范企业达到6户。

(四)企业技术创新体系日益完善。一是加快创新平台建设。推动成立智能制造、轨道交通产业技术联盟,成立装备制造、物联网和人工智能等标准化技术委员会。加快企业技术中心建设,新增3户国家级、34户省级企业技术中心。省级制造业创新中心从无到有,新创建试点中心1家、试点培育中心5家。二是促进行业关键共性技术研发。编制完成2018年度全省重点行业关键共性技术发展导向目录和企业技术创新重点项目计划,推动太钢双相不锈钢钢筋在港珠澳大桥工程首次批量化应用,太重250吨智能铸造起重机实现关键核心部位完全智能化,打破了国外垄断。三是积极促进产学研合作。组织重点企业与中科院、C9高校等开展对接合作,组织企业同太原理工大学、太原科技大学等省内院校进行了技术对接,阳煤与太原理工大学签约"煤层气生产金刚石"校企合作协议。新培育26户省级研究生教育创新中心。四是完善技术创新机制。推进"企业创新板"开板运营,15户企业成功挂牌。落实首台(套)重大技术装备保险补偿等支持创新的优惠政策,3户企业5个首台(套)重大技术装备获得国家保费补贴。

(五)数字经济发展成效明显。一是优化大数据发展环境。制定印发大数据发展应用2018年行动计划,起草完成全省大数据发展应用促进办法,会同省财政厅制定全国首个省级信息化建设项目支出预算标准。发挥大数据专项资金支撑引领作用,全年支持58个项目。开展"数行三晋·智赢未来"系列主题活动,全面优化发展氛围。二是构建特色数字经济产业生态。研究起草全省培育建设大数据产业基地实施意见,加快制定信息安全、传感器、人工智能等特色产业布局规划,推进大数据重点项目建设,中科院山西先进计算中心建

成运营,华为山西(吕梁)大数据中心正式揭牌。山西中科曙光、和信基业、清众科技等3户企业项目入选工信部2018大数据产业发展试点示范。三是加快电子信息产业发展。推进中电科"一中心三基地"产业园、潞安太阳能2GW高效单晶太阳能电池等一批重大项目建设。组织开展锂离子电池、光伏制造行业规范公告申报。召开智慧养老、传感器等领域上下游产业对接会,组织信息技术服务标准宣贯及培训。开展首版次软件产品申报工作,完成软件企业退税624万元。四是推进政务云平台建设。积极推进省级政务云平台政务信息系统迁移工作,41个部门170余个信息系统迁入平台,政务信息化建设运营模式实现重大变革,相关标准化工作全国领先。五是提升数字经济发展支撑能力。加强工业信息安全保障体系建设,举办工业信息安全高峰论坛,组织开展全省工控安全自查。统筹推进数据中心布局建设,全省建成各类数据中心27个,设计服务器容量39万台。

(六)绿色低碳循环发展稳步推进。一是加快构建绿色制造体系。全力培育创建绿色工厂、绿色园区、绿色产品,推动企业实施绿色供应链管理。太钢成为全国钢铁行业绿色发展标杆,晋西车轴、华翔集团、鸿富晋精密工业(太原)成功入选工信部第三批绿色工厂,亚宝药业、孝义盛世富源等2个项目入选工信部绿色制造系统集成项目。二是积极推进资源综合利用。支持太钢不锈配套水处理改造等21个资源综合利用重点项目建设。组织召开"第六届亚洲粉煤灰及脱硫石膏处理与利用技术国际交流大会",山西建龙、晋城煜盛列入国家废钢铁加工行业准入企业名单,我省成功获批新能源汽车动力蓄电池回收利用试点地区。全省大宗工业固废综合利用率达到68.3%。三是抓好节能降耗攻坚。修订完成《山西省节约能源条例》。开展工业能效对标达标活动,天泽煤化工入选国家重点用能行业能效"领跑者"企业名单。推广高效节能技术产品,山西天海泵业3个系列井用潜水电泵入选国家节能技术装备推荐目录。

(七)融合发展水平显著提升。一是深入推进两化融合。15户企业入选2018年国家两化融合贯标试点企业,广誉远、嘉世达机器人项目入选工信部信息消费试点示范项目,工信部正式批复同意综改示范区国际互联网数据专用通道建设。制定出台全省深化"互联网+先进制造业"发展工业互联网的实施意见和"企业上云"3年行动计划,推动实体经济和新一代信息技术深度融合。二是推动服务业与制造业融合。开展服务型制造示范,大同中科唯实矿山科技获批工信部第二批服务型制造示范。积极遴选制造业单项冠军示范企业,华翔集团入选第三批国家制造业单项冠军企业。推进工业文化发展,太原兵工厂和阳泉三矿入选第二批国家工业遗产。

(八)党的建设全面加强。一是思想政治建设扎实推进。强化理论武装,建立党组成员专题领学制度,党组中心组全年集中学习22次,党组召开30次会议贯彻落实中央和省委重大决策部署;组织党员干部赴延安梁家河、西柏坡、右玉、蔡家崖等地开展30余次主题党日活动,引导党员干部进一步树牢"四个意识",坚定"四个自信",践行"两个维护"。构建意识形态工作制度体系,厅党组先后11次研究意识形态相关工作,牢牢掌握对意识形态工作的领导权、主导权和话语权。二是主体责任进一步夯实。坚持把主体责任扛在肩上、抓在手上,着力构建良好政治生态。严格落实"一岗双责"和省政府"1+3"岗位职责,把党建与中心工作同部署、同推进、同考核。召开全厅党建工作推进会,组织签订《党风廉政建设目标责任书》《廉洁守纪承诺书》,形成了从上到下担责,从下到上践诺的"两个责任"落实体系。健全厅党组与驻厅纪检监察组沟通交流机制。严肃党内政治生活,制定实施加强党内政治文化的意见,严格落实党内政治生活制度,党组成员全年开展谈心谈话128次。组织召开彻底肃清腐败流毒影响专题民主(组织)生活会,严格落实中央八项规定和我省实施办法,组织开展办公用房、公车私用自查自纠。加强廉政警示教育,开展"知敬畏 存戒惧 守底线"主题教育活动。坚持挺纪在前,强化监督问责,全面从严治党走向了严紧硬。三是"三基"建设成效明显。制定《基础工作达标实施方案》,编制完成"一目录三手册及工作流程图",开展基础数据"大清底"和"标准问题讨论"活动,高质量通过省"三基"办的基础工作达标验收。开展干部能力分析评价,编制干部专业能力"两标准一大纲",建立全厅干部个人能力培训动态档案,对50岁以下公务员进行专业基本能力测评,牵头组织并圆满完成省直部门信息技术岗位专业基本能力测评。坚持把支部建在处室。建立机关党委委员与机关党支部工作联系机制,完善党员干部思想动态信息库,组织全厅系统党务干部专题培训,开展党组织书记抓党建述职评议考核,基层党组织战斗堡垒作用进一步加强。四是机关建设进一步加强。认真贯彻省委机构改革各项工作部署,稳妥推进机构改革。坚持依法行政,完成行政规范性文件合法性审查和清理工作,《山西省大数据应用促进办法》送审稿提交省政府。加强预算、后勤、综治、扫黑除恶专项斗争以及信访调解和老干部工作,开展精神文明创建。编制《2018年工作推进手册》,深入开展绩效管理。拓展延伸"13710"工作制度,按时报送省政府"13710"工作事项,其中150项反馈为优秀。深入推进"放管服效改革",审批办理时限进一步压缩50%,审批事项前置申请材料精减19%。加强干部队伍建设,面向全国公开选聘2名大数据领域高端人才,开创全省招聘聘任制公务员先例。扎实推进精准扶贫,支持贫困县技改项目24个,支持资金2.21亿元。

(董晨阳)

附:省工业和信息化厅党组书记、副书记、成员名单

书　记: 李晓波(10月任职)

副书记: 张岐云(10月任职)

成　员: 马运侠(10月任职)　李　政(10月任职)
卢秋生(12月离职)　张占祥(10月任职)
阳　军(10月任职)　李东洪(10月任职)

省公安厅党委

党委书记　刘新云

2018年，省公安厅党委团结带领全省公安机关和广大公安民警，坚持以习近平新时代中国特色社会主义思想为指导，紧紧围绕“一年打基础，两年上台阶，三年全国争先进”的目标，按照“高标准、严要求、强素质、快节奏、求实效”的要求，忠诚履行保安全、护稳定、促和谐、助发展各项职责，深入推进政治建警、素质强警、科技助警、改革兴警、从严治警工作，公安工作和队伍建设水平进一步提升，为全省经济社会发展营造了安全稳定的社会环境。

一、深化政治建设，坚持党对公安工作的绝对领导

认真学习贯彻党的十九大和十九届二中、三中全会精神，深入贯彻落实习近平总书记视察山西重要讲话精神，持续推进“两学一做”学习教育常态化制度化，部署开展党的十九大精神进警营、学习习近平总书记“5.19”重要讲话、每月主题党日等系列活动，引导全体民警牢固树立“四个意识”。把不折不扣执行中央决策部署和习近平总书记指示批示作为最严肃最紧要的政治纪律和政治规矩。明确把政治建设作为各级公安机关党委的第一要务和班子成员履行“一岗双责”的首要之责。

二、以确保政治安全为首责，全力维护社会大局稳定

深入落实总体国家安全观，防范各类社会稳定风险隐患，严密保安护稳各项措施，牢牢守住了公安部“五个严防”和省委“三个防止”的安全底线。深化反恐怖、反邪教、反宗教渗透工作，确保了全省政治安全。强化以涉众型利益受损群体为重点的信访维稳工作，建立省市县公安机关“一把手”任总指挥的“一指七组”维稳专班，依托工作对象动态管控平台和盯办核查指令平台，实现对涉稳人、地、物、事、网全方位排查管控，未发生重大群体性事件和有组织破坏性聚集事件，未发生个人极端案事件。国务委员、公安部部长赵克志给予充分肯定。

三、狠抓正规化建设，提高队伍的战斗力

一是扎实推进职务序列改革。12月初，省、市、县三级公安机关进入具体套改阶段。12月底，省公安厅已完成了警务技术职务序列中、高级任职资格评定工作，其余各项工作正有序进行。二是积极推动警务辅助人员管理改革向法制化迈进。11月，研究制定我省警务辅助人员管理条例及相关配套文件。12月底，我省公安机关辅警管理改革方案拟提交省委改革委员会研究，建议辅警条例立法工作列入省人大2019年立法计划。三是树立正确用人导向，加强干部选任与交流。坚持在实干中发现干部、考察干部、选拔干部。同时，坚持把交流轮岗与加强领导班子建设、推动干部成长相结合。四是强化干部日常监督管理。严格工作标准和流程，认真开展领导干部个人有关事项报告工作。五是推进招录体制改革。严格实施分类招警政策，不断提升公安院校公安专业招录比例。六是有序开展公安现役转改工作。按照中央关于公安现役转改工作的统一部署，省公安厅成立了山西省公安厅现役部队转改工作领导小组及工作专班，组织了山西公安警卫部队及边防部队69名士兵的转改笔试工作，对现役部队转改人员进行了警衔衔级确定。

四、严明纪律，大力开展队伍整肃活动

省公安厅党委以开展纪律作风建设年活动为载体，坚持挺纪在前，扛稳抓实全面从严治党主体责任。在全省公安机关开展了为期三周的全省公安机关纪律作风集中教育整顿。在全省公安机关部署开展了以“七查七看七整肃”为主要内容的队伍集中整肃专项活动，及时督察发现查纠各类问题6811个，采取停止执行职务措施68人、禁闭108人、移送处理42人。全省公安纪检监察部门共受理群众信访举报705件。持续开展落实中央“八项规定”、纠正“四风”问题监督检查，共查纠问题78个。在全省公安机关开展了以整治违反党的政治纪律和政治规矩、整治形式主义和官僚主义、开展“以案为鉴筑牢防线”专题警示教育活动为主要内容的“两整治一教育”活动。坚持在扫黑除恶专项斗争活动中同步查处涉黑涉恶腐败和充当“保护伞”问题，认真开展自查自纠，做到“六个讲清楚”，其中已查实问题线索150条，涉及民警109人，辅警、事业编人员、流动人口协管员、工人等其他人员82人。其中移送司法机关18人，移送纪委监委8人，给予党纪政纪处分52人。全面开展领导干部经济责任审计、执法活动财务审计、信息化项目审计，部署开展全省公安机关财经纪律专项检查、市县公安机关转移支付资金专项审计，共计发现整改问题771条。组织开展全省公安审计“第一责任人”大培训，进一步扎紧了制度笼子、补齐了工作短板。

五、落实从优待警各项措施，切实关心关爱民警

一是全面落实“两项津补贴”政策。有序推进落实兑现工作。12月底，全省公安机关已全部兑现两项津补贴，近4万名民警享受到了改革红利。二是全力做好民警优抚工作。切

实把厅党委关爱民警、从优待警精神落到实处。截至12月底,为全省公安机关6名因公牺牲、1名因公伤残民警申请资金128余万元;为全省2725名因公伤亡、患重大疾病或特困民警发放救助金458.2万元,切实解决了民警的实际困难。全省各级公安机关对困难民(辅)警建档慰问,精准帮扶,按照每人(户)5000元的标准,每年帮扶500名家庭困难民(辅)警,目前,全省共计帮扶慰问499名困难民(辅)警家庭。今年以来,先后查处侵害民警执法权益人员252人,推荐20名英烈家属、功臣模范参加休养活动。三是深入开展警营文化活动。举行"不忘初心薪火相传"民警退休暨新警入警仪式。指导忻州市公安局拍摄的公安主旋律电影《古城片警》参加第二届平遥国际电影展首映。组织开展全省公安系统五人制足球赛和手枪实用射击选拔赛,组队参加全国公安民警手枪射击比赛并获得优异成绩。

六、坚持正面宣传,塑造公安队伍良好形象

一是大力选树公安先进典型。坚持表彰奖励"倾斜基层、倾斜一线、倾斜实战"的原则。坚持以扫黑除恶专项斗争为主线,加大战时表彰奖励力度。二是持续强化正面宣传力度。组织策划山西公安机关打击文物犯罪成果宣传展,在省内外引起强烈反响。围绕节点组织策划和推出了系列主题随警宣传活动。2018年共发布各类主题宣传报道6000余篇(条),营造了良好的舆论氛围。三是切实加强涉警舆情引导。建立了省市县三级公安舆情实时联动与上下协同工作机制,持续加大力度全面推进全省市级公安机关"四中心一体化"机制落地。

七、以扫黑除恶为龙头,大力整治社会治安

一是深入推进扫黑除恶专项斗争。全省扫黑除恶专项斗争强势开局、纵深推进,共打掉黑恶势力团伙1007个,其中黑社会性质组织70个、恶势力犯罪集团275个,破获各类刑事案件7556起,抓获犯罪嫌疑人8349人,查扣涉案资金116.98亿元,依法查处涉案国家公职人员129人、村"两委"成员175人。赵克志同志三次作出批示肯定我省扫黑除恶取得显著成效,公安部在太原召开现场会总结推广我省经验。二是深入开展打击文物犯罪专项行动。共破获文物犯罪案件584起,抓获犯罪嫌疑人840人,打掉犯罪团伙96个;追缴文物6093组7158件。赵克志部长、骆惠宁书记、楼阳生省长多次给予高度评价。三是深入打击整治枪支爆炸物品违法犯罪,共立涉枪涉爆案件302起,查处打击违法犯罪嫌疑人392人,抓获涉枪涉爆逃犯17人,实现全省涉爆事故和爆炸案件"零发生"。四是深入开展涉众型经济犯罪风险大排查,破获各类经济犯罪案件1679起,抓获嫌疑人1436名,境外追逃劝返21人,处置风险隐患976条,挽回和避免经济损失5.7亿余元。五是打击群众身边突出违法犯罪。相继部署开展打击"盗抢骗"、黄赌"断链"、"禁毒人民战争"三年攻坚战、打击治理电信网络诈骗犯罪、"净网2018"专项行动、打击"食药环"犯罪等一系列专项行动。全省刑事发案同比下降9.1%,高于全国平均降幅,严重影响群众安全感的命案同比下降22.4%,"两抢一盗"案件下降24.5%,特别是2018年全省发生的238起命案全破,并破获历年命案积案45起,第一次实现了全省年度现行命案全破的目标。六是全力维护道路交通安全。持续开展各类重点违法行为整治行动,挂牌整治道路交通事故多发路段,深化道路风险防范预警工作,全省道路交通事故起数和死亡人数同比分别下降3.6%、6.7%,没有发生重特大道路交通事故。

八、深化公安改革,全面提升服务水平

一是狠抓公安机关"放管服"改革。在全国公安机关首创审批服务"一网通一次办"平台,涵盖262项公安审批服务事项,平台上线运行半年多来,用户突破1000万人,使用量达到1.19亿次,办理各类业务突破1000万件,实现95%以上业务量最多跑一次,53.2%的业务量不见面办理,8类派出所开具证明全部"零跑腿",真正让人民群众和企业有了便利感、获得感、幸福感。切实保护民营企业家人身权、财产权、自主经营权,服务经济发展质效不断提升。二是强力推进公安大数据建设。科学提出"一云多网两级中心"的超前建设思路,完成省级平台建设部署任务,并全面推开各市数据中心统招分签工作,得到公安部的充分肯定和国内顶级专家团队的高度评价。三是派出所整合和监所集约化整合工作受到公安部充分肯定。全面消除5人以下派出所,全省由整合前的1590个整合成1359个,进一步提升了基层战斗力。全省看守所由原来的118个缩减到79个,拘留所由原来的111个缩减到35个,有效整合了警力,确保了安全。

(王瑞成)

附:省公安厅党委书记、副书记、委员名单

书　记:杨景海(1月离职)　刘新云(1月任职)

副书记:汪　凡

委　员:周培斌(11月离职)　李喜春　张立刚
戎劲光(3月离职)　杨通顺　赵永胜
李　柏(12月离职)　李国敏(12月任职)
马润生　郭丙福　陈立峰

省民政厅党组

党组书记　薛维栋

2018年，全省各级民政部门以习近平新时代中国特色社会主义思想为指导，全面学习贯彻党的十九大精神和省委十一届六次全会精神，忠实践行"民政为民、民政爱民"工作理念，紧紧围绕省委、省政府决策部署和要求，积极履行民政在民生保障、社会治理、支持国防军队建设和提供社会公共服务方面的重要职能，始终把全面从严治党、脱贫攻坚和"三基建设"等牢牢抓在手上，精心谋划安排，加强统筹协调，采取有力措施，狠抓工作落实，各项工作任务圆满完成，民政事业继续保持平稳健康发展的好势头。

一、提升民政系统综合效能，自身能力建设全面加强

一是全面从严治党深入推进。认真贯彻落实党建工作责任制，制定党建工作要点，召开党建和党风廉政建设工作专题会议，与各支部签订了"落实全面从严治党责任书"。出台《民政厅党支部标准化建设实施方案细则(试行)》，进一步细化了党支部相关建设标准。严格党内组织生活制度，规范基层党组织"三会一课"等党内政治活动。二是民政系统"三基建设"扎实推进。作为第一批10家"三基建设"基础工作评估试点单位、行业指导25家单位和全省10家效能评估试点单位之一，认真落实省委"三基建设"工作安排和要求，一手抓厅本级、一手抓行业系统，扎实推进任务落实，效能评估和基础工作达标验收等工作得到上级好评。进一步完善了基础工作目录、工作流程图、应知应会手册等基础资料，修订汇编各类管理制度73项，整顿软弱涣散党组织2个，夯实党的基层战斗堡垒。三是民政法治建设持续加强。认真贯彻落实《党政主要负责人履行推进法治建设第一责任人职责规定》，及时安排部署了16项年度法治重点工作任务。进一步完善民政法规政策体系，配合省人大完成《山西省实施<中华人民共和国村民委员会组织法>办法》修订工作。四是基层基础建设逐步夯实。认真落实资金项目向贫困地区倾斜的要求，全年投入4644万元资助深度贫困县新建和扩建10所敬老院，新增床位1184张。用三年时间，筹措资金2.1亿元新建改扩建300多个社区综合服务设施项目，全省新增社区服务设施面积近60万平米，101个无场所社区全部解决，500平米、1000平米以上设施大幅度增长，平均每百户拥有设施面积增幅达35%，有力推动了社区养老、日间照料等综合服务工作再上新台阶，《中国民政》宣传报道了山西省经验做法。

二、聚力脱贫攻坚战略任务，切实发挥民政兜底保障作用

积极履行民政部门在脱贫攻坚中的重要职责，制定了农村低保扶贫行动计划，将符合条件的建档立卡贫困老年人、贫困残疾人、重病患者、未成年人及其他因临时困难返贫的建档立卡贫困家庭全部纳入农村低保范围。扎实开展农村特殊群体关爱行动，印发了农村特殊群体关爱行动计划，组织开展了农村留守儿童关爱保护和困境儿童保障示范创建活动，督促各地继续推广全国留守儿童和困境儿童信息系统应用工作。在民政部财政部组织开展的困难群众救助绩效评价中，山西省被评为优秀等次。在全省推广了临县"建立孝亲基金，解决农村贫困老人养老难问题"的经验。全年共下拨中央和省级社会救助资金78.2亿元，共保障城市、农村低保对象35.8万人、100.5万人，特困供养对象13.8万人，共实施临时救助42.6万户次。全省农村低保平均保障标准达到每人每年4080元，所有涉农县农村低保标准全部达到或超过了国家扶贫标准。

三、深化转型综改重大课题，改革创新任务取得突破

一是行政区划调整实现历史性突破。先后有大同市、长治市部分行政区划调整、朔州市怀仁县撤县设市、晋城市泽州县驻地迁移4件行政区划调整事项获国务院批准，并全部组织实施完成，实现了山西省15年来县级以上行政区划调整的重大历史性突破。大同、长治市"城郊矿"设置的历史性问题得到了解决，全省市辖区行政区域面积增加24%，怀仁县撤县设市填补了雁门关以北没有县级市的空白，为转型综改试验区建设提供了体制保障。同时，完成了对晋中市、运城市"一市一区"调整的审理上报。二是养老服务业发展多点发力。率先启动忻州康养产业综合园区建设，争取财政资金2.45亿元。指导大同市出台了建设综合康养产业区实施意见，推进园区项目尽快实施。积极筹备设立养老服务业发展基金。打造"康养山西、夏养山西"品牌，全省特色康养小镇建设快速稳妥推进。三是创新成果不断涌现。出台了推行政府购买服务加强基层社会救助经办服务能力的实施意见，为提升社会救助经办服务能力探索了新路子。深化推进"三社联动"和基层治理服务创新，研究提出加强社区治理能力提升、社工人才培养和社会组织发育的具体思路、实现路径和措施，在试点探索基础上，制定出台了《政府购买服务"1+4"指导性办法》，完成了全省国有企业办社区管理职能剥离移交工作。编制了《山西省乡村振兴治理有效专项规划》，筛选组织100个村(社区)开展以"自治、德治、法治"三治合一为重点的基层治理创新实验工作。

四、落实决策部署中心任务,重点民政工作成绩突出

一是围绕提升养老服务能力,圆满完成民生实事任务。省政府连续将"新建600个农村老年人日间照料中心"列为年度民生实事之一。民政厅将此作为年度中心任务,及时制定工作方案,审核下达建设任务和资金,督促指导落实,圆满完成建设任务。截至2018年底,山西省共建成5890个农村日间照料中心,覆盖73%的千人以上行政村,惠及100多万名农村老年人。二是围绕保障和改善民生,大幅提高各类救助补贴标准。全省城乡低保保障标准每人每月至少提高20元,联动调整了特困供养对象生活和护理标准;一至四级伤残人员护理费标准、部分优抚对象抚恤和生活补助标准提高10%以上;机构供养、散居孤儿生活补助标准每人每月分别提高到1500元、1000元。三是围绕夯实基层基础,继续深化村(居)民自治。推动全省27255个村、2660个社区全部平稳完成换届工作,在选优配强村(社区)干部基础上,首次实现了全部村和社区特别法人信用代码赋码工作。对照"六不能、六不宜",开展了村委会换届选举"回头看"和涉黑涉恶线索排查,共涉及村委会主任24人。四是围绕管理体制机制创新,有效激发社会组织活力。将全省性社会组织年检改为年报,节约了审计费用,是减证便民的重要举措。加强社会组织涉企收费管理,46家行业协会商会降低了会费标准,减轻了企业负担。深化行政审批制度改革,依法依规登记社会组织,全省社会组织总数达1317家。加强社会组织监管,加强社会信用体系建设,对违法违规行为加大惩戒力度。大力推动行业党委的全面建立,省直有关业务主管单位建立行业党委11个,市级全部建立了综合党委。注重抓好"真覆盖、稳覆盖、强覆盖",在全省社会组织党组织中开展了"双强六好"活动,规范化建设取得显著成效,全省社会组织党组织覆盖率已达到72%,党的工作覆盖率已达88%。五是有效解决退役军人上访集访问题。开展了多个专项行动,各级民政部门充分发挥牵头作用,想方设法帮助退役军人解难题,有效推动了退役军人的合法权益保障,得到了退役军人的认可。出台了《进一步加强退役军人服务管理工作实施方案》,政策制度创新在全国走在前列,得到了退役军人事务部的肯定。六是围绕能力提升,高效应对各种自然灾害。针对低温冷冻、洪涝、冰雹、干旱等自然灾害,及时响应,多次实地查灾核灾救灾。精心部署了受灾群众冬春生活救助工作,全年下拨救灾资金3.2亿元,受灾群众基本生活得到妥善安排。积极推进各级救灾物资储备体系建设,创建全国、省级综合减灾示范社区35个、130个。在"5.12"国家防灾减灾宣传日和"10.13"国际减灾日,各地广泛开展了防灾减灾宣传教育活动。七是围绕政策创制,殡葬事业改革发展取得新突破。首次以省政府名义召开了全省推进殡葬改革工作暨殡葬领域突出问题专项整治会议,印发《关于加强殡葬基础设施建设的意见》《关于进一步推动殡葬改革促进殡葬事业发展的实施意见》。推动15个殡仪馆完成或启动开工建设。八是围绕社会服务需求,积极推进社会工作和志愿服务发展。出台了支持社会工作专业力量参与脱贫攻坚的实施意见,推动社会工作在民生民政、脱贫攻坚领域发挥更大作用。继续实施了"三区"计划和"牵手计划"。贯彻落实支持和发展志愿服务组织的实施意见,指导志愿服务组织不断提升能力、发挥作用,注册志愿者达到214万人,新增114万人,提前实现了"每年净增注册志愿者的数量不低于所辖人口总数3%"的目标。九是围绕群众反映热点难点问题,加大专项整治力度。组织开展了打击整治非法社会组织、农村低保专项治理、殡葬领域突出问题专项整治、民生领域腐败和不正之风专项整治、民政系统扫黑除恶等行动,加大监管力度,严格依法查处,取缔整改非法社会组织1122个;排查移送涉黑涉恶涉乱问题线索215条。

此外,婚姻登记、流浪救助、规划财务、新闻宣传、意识形态、信息信访、机要档案、老干部服务,以及信息化、标准化等工作全面加强,直属事业单位建设取得新的发展进步。

(陈　涛)

附:省民政厅党组书记、成员名单

书　记:薛维栋

成　员:王卫东(女,9月离职)　高玉厚(11月离职)　张　瑞(女)　尹也刚　吴建强(10月离职)　宋海兵(12月任职)　贾慕权(12月任职)

省司法厅党委

党委书记　薛永辉

一、工作职责

山西省司法厅是省人民政府正厅级组成部门。省委全面依法治省委员会办公室设在省司法厅,接受委员会的直接领导,承担委员会具体工作,组织开展全面依法治省重大问题的政策研究,协调督促有关方面落实委员会决定事项、工作部署和要求等。省司法厅的内设机构根据工作需要承担省委依法治省办相关工作,接受省委依法治省办的统筹协调。省司法厅负责贯彻落实党中央及省委关于全面依法治国、依法治省的方针政策和决策部署,在履行职责过程中坚持和加强党对全面依法治省的集中统一领导,主要职责是:承担全面依法治省重大问题的政策研究,协调有关方面提出全面依法治省中长期规划建议,负责有关重大决策部署督察工作;承担统筹规划省人民政府立法工作的责任;负责起草或者组织起草

有关地方性法规、省人民政府规章草案;承办省人民政府规章的解释、立法后评估工作。负责协调各市各部门在法律法规实施中的有关争议和问题;承担统筹推进法治政府建设的责任;承担统筹规划法治社会建设的责任;主管全省监狱工作并承担相应责任。指导、管理社区矫正工作;负责全省司法行政戒毒场所管理工作;负责拟订全省公共法律服务体系建设规划并指导实施,统筹和布局城乡、区域法律服务资源;负责国家统一法律职业资格考试在省内的组织实施工作;指导、监督本系统法学教育、法学理论研究和司法行政政策理论研究工作;负责本系统枪支、弹药、服装和警车管理工作,指导、监督本系统财务、装备、设施、场所等保障工作;指导本系统的对外交流与合作;负责本系统党的建设。规划、协调、指导法治人才队伍建设相关工作,指导、监督本系统队伍建设;完成省委、省人民政府交办的其他任务;职能转变。以履行省委全面依法治省委员会办公室职责为统领,统筹行政立法、行政执法、刑事执行、公共法律服务为主要内容的职能体系优化协同高效运转,深入研究谋划法治山西建设顶层设计,认真开展宪法学习宣传教育活动,不断推进科学立法,大力加强法治政府建设和法治社会建设,加快推进司法行政改革,打造过硬司法行政队伍,充分发挥全系统在全面依法治省中的职能作用。

二、2018年工作概述

2018年,是山西省司法厅奋力推动全省司法行政工作挺进全国第一方阵的开局之年。厅党委团结带领全省司法行政干警职工和全体法律服务工作者,以习近平新时代中国特色社会主义思想和党的十九大精神为指导,深入贯彻落实习近平总书记视察山西重要讲话精神,围绕中心、扎实工作,为全省经济社会发展提供了有力的法治保障,为五年迈入全国第一方阵奠定了坚实基础。

(一)坚持政治引领,坚决贯彻落实中央及省委决策部署。2018年,在省委、省政府和省委政法委的坚强领导下,在省人大、省政协的监督指导下,省司法厅党委坚持以习近平新时代中国特色社会主义思想为指导,坚持政治引领、党建先行,先后召开41次党委会,认真学习贯彻中央和省委重要会议精神和各项决策部署,紧紧围绕"一个指引,两手硬"重大思路和要求,立足"政治机关"、"法治综合部门"的全新职能定位,形成以履行依法治省办职责为统领,统筹行政立法、行政执法、刑事执行、公共法律服务等工作为主要内容的"一个统筹、四大职能"工作布局,不折不扣完成了中央及省委部署的各项工作任务。

(二)加强党的建设,认真履行全面从严治党政治责任。坚持党要管党、全面从严治党,坚决扛起全系统管党治党的政治责任。旗帜鲜明提出以党建统领各项工作,着力推进全面从严治党向基层延伸,率先在省直部门建立起政治督察制度,顺利完成两轮对10个直属单位的政治督察任务。推动将全省24个监狱、戒毒所党组织隶属关系由属地管理变更为系统直接管理,实现了厅党委对基层监所单位党组织领导全覆盖。司法厅直系统共有包含厅直属机关党委、监狱局机关党委、戒毒局机关党委、政法干院党委、司法学校党委以及22个监狱单位、9个戒毒单位党委在内的各级基层党委36个,下辖党总支10个、党支部827个;共有中共党员12842人,其中在职党员8527人,离退休党员3799人,律师及司法鉴定人党员235人,学生党员79人,职工家属挂靠党员202人。坚持刀刃向内整肃队伍,认真落实省纪委监委整改要求,对"5 · 17"案件58名涉案人员进行了组织处理和党纪、政务处分,深刻汲取教训,先后部署开展了警示教育、肃清流毒、队伍整肃和问题整改等一系列工作。

(三)加强改革创新,深入践行司法为民服务宗旨。研究出台加快推进司法行政改革的实施意见,不折不扣贯彻落实省委机构改革决策部署,按期完成了各项改革任务,实现了人员大团结、人心大融合、事业大发展。推动实现了向省高院、检察院、公安厅派驻信访接待律师"全覆盖",启动开展了涉外律师法律服务。成立了3家合作制公证处,48项公证事项实现"最多跑一次"。大力推广我省首创的"七人一中心"社区矫正模式,全省所有县(市、区)全部建立社区矫正中心。在全省111个看守所、131个法院设立法律援助工作站,实现全覆盖;推动将开展免费法律咨询纳入2019年省政府民生实事工程。积极稳妥推进监狱布局调整和监狱煤矿退犯、退矿工作,监狱煤矿退犯任务全面完成。

(四)积极担当作为,充分发挥司法行政服务全省中心工作的职能作用。积极推动法治山西建设实践,高质量完成了13件地方性法规、省政府规章草案的审查报送,组织审查规范性文件草案490余件,办理行政复议、行政应诉案件270余件;高效推进证明事项清理,取消各类证明725项,为全省中心工作提供了有力法治保障。主动服务全省经济社会发展,相继部署开展了服务全省优化营商环境、开发区改革创新发展、转型综改示范区建设、民营经济发展等专项工作。积极开展法律扶贫,建立了58家优秀律师事务所结对帮扶全省58个贫困县的长效机制,得到司法部肯定。积极构建覆盖城乡的公共法律服务体系,县、乡两级公共法律服务站点实现全覆盖,村级实现能建尽建;开通"山西法律服务网","12348"山西公共法律服务热线提质扩容,公共法律服务水平得到进一步提升。全力维护国家安全和社会稳定,深入开展扫黑除恶专项斗争,摸排涉黑涉恶及"保护伞"线索535条,指导律师依法代理涉黑涉恶案件1837件,组织开展了"征集百篇典型案例、举办千场法治文化活动、组织万场主题宣讲"法治宣传主题活动;深入推行"五大改造",积极参与禁毒人民战争,全省监狱、戒毒场所连续12年保持"四无""六无"管理目标,坚决守住了全系统安全稳定底线。

2018年,山西省司法厅坚持发展"枫桥经验",人民调解参与信访矛盾化解工作得到司法部充分肯定;法律职业资格考试工作稳居全国第一方阵,戒毒六项重点工作步入全国第一方阵。涌现出了王永茂、张广军、魏官元等先进典型,在全省乃至全国政法系统引起了强烈反响。

(黄泉龙)

附：省司法厅党委书记、副书记、委员名单

书　记：薛永辉

副书记：李云涛(10月任职)

委　员：翟新山(1月任职)　吴　刚

周　涛(10月任职)　王锁成(11月任职)

曾　涛(2月任职)　马慧健　白　震

句轶旺(10月离职)

王　伟(6月，因涉嫌严重违纪违法，接受纪律审查和监察调查；8月，被给予开除党籍、开除公职处分。)

省财政厅党组

党组书记　武　涛

2018年，在省委和省直工委领导下，省财政厅党组坚持以习近平新时代中国特色社会主义思想为指引，坚定贯彻落实党的十九大精神，紧紧围绕省委省政府决策部署，加力实施积极的财政政策，奋力推进经济转型发展和民生改善，全面深化财税体制改革，持续加强机关党的建设和财政干部队伍建设，财政改革发展和自身建设呈现新气象、迈上新台阶。省考核办下达我厅的10项工作任务指标全部完成，13项综合考评指标全面予以落实。

一、坚持政治引领，以高度的政治自觉履行责任使命

一是在认真贯彻落实省委《关于坚决维护党中央集中统一领导的规定》上下功夫。厅党组严守政治纪律和政治规矩，牢固树立"四个意识"，严格执行"四个服从"，坚持"以政统财、以财辅政"，不断强化"财"自觉服从服务于"政"的意识，做到有"财"有"政"，更突出"政"，把坚决维护习近平总书记在党中央和全党的核心地位、坚决维护党中央权威和集中统一领导作为财政工作的根本任务落实好，不折不扣贯彻落实中央大政方针和省委省政府决策部署。二是在学懂弄通做实习近平新时代中国特色社会主义思想和党的十九大精神上下功夫。厅党建工作领导小组充分发挥示范引领作用，坚持逢会必学、逢学必有习近平新时代中国特色社会主义思想。厅机关党委将学习贯彻党的十九大精神和推进"两学一做"学习教育常态化制度化相结合，采取专题讲座、读书征文、经验交流、图片展览、演讲比赛、系统培训、知识竞赛、朗诵比赛等多种方式引深学习。每季度举办一期"财苑讲坛"，邀请省委党校、山西大学、省社会科学院等专家学者专题辅导；举办《不忘初心继续前进——学习贯彻党的十九大精神》《九鼎重器百炼乃成——弘扬宪法精神履行宪法使命》《奋斗的历程辉煌的成就——纪念改革开放40周年》等主题图片展；举办"用科学理论武装头脑，让党的旗帜高高飘扬——中国梦劳动美"演讲比赛，举办纪念改革开放40周年"伟大的变革奋进的时代"主题朗诵比赛；组织37期207名处级干部参加了省直工委组织的处级干部学习贯彻习近平新时代中国特色社会主义思想和党的十九大精神学习班；连续举办了4期近500人参加的全厅科级和科级以下干部学习贯彻习近平新时代中国特色社会主义思想和党的十九大精神暨基本能力提升学习班，实现了全厅干部学习培训全覆盖；组织210余名党务群团干部举办了加强基层组织建设暨党务群团干部培训班。各党支部按照厅机关党委的要求，组织党员干部认真落实每周二、五下午集体学习制度，坚持学原著、读原文、悟原理，与党支部主题党日活动相结合，"请进来"与"走出去"相结合，丰富学习形式，提升学习质量，使习近平新时代中国特色社会主义思想入心入脑。三是在认真贯彻落实省委十一届六次全会精神上下功夫。组织党员干部加强学习，把思想和行动统一到全会精神上来，以财政改革发展成果检验学习成效，以崭新姿态担当干事、激情干事、开拓干事。全厅各处室、各单位针对贯彻习近平总书记视察山西重要讲话精神及省委两个意见等系列专项部署全面"回头看"，对落实情况进行了盘点。四是在认真贯彻执行民主集中制原则上下功夫。对重大决策、重要干部任免、重大项目安排等事项，按照集体领导、民主集中、个别酝酿、会议决定的原则，由党组集体讨论决定。

二、坚持激发动力，以奋发有为的精神状态履行责任使命

一是持续推进"三基建设"。面对全省，进一步加大对"三基建设"财政投入，在持续落实好上年各项财政投入政策的基础上，继续提高乡镇人员工作补贴，实施乡镇办公用房"填平补齐"，加强村级组织运转经费管理，有序推进新出台政策的资金落实。前三季度，全省各级财政共安排资金73.85亿元，其中，省级安排资金38.04亿元。针对内部，厅"三基建设"办公室编制了基础工作目录和流程图，编制了管理手册、应知应会手册、便民服务手册，厅办公室完善了岗位责任制、服务承诺制、首问负责制、限时办结制、AB岗制、一次性告知制、工作计划规范管理制、13710工作制等效能建设八项制度并狠抓落实，切实提升行政效能。二是严格落实省委《关于进一步激励广大干部新时代新担当新作为努力建设高素质专业化干部队伍的实施意见》。首先，旗帜鲜明地营造干部担当作为的氛围。在干部选拔任用工作中，厅党组认真落实"好干部"标准，旗帜鲜明地选用讲大局、敢担当、有本事、能吃苦、守清廉的干部，特别是一些有胆识、有本事，推进工作力

度大效果好、独挡一面的“实干型”“骨干型”干部。其次,有针对性地增强干部担当作为的能力。有重点地办好各类培训班,同时加强各类财政基础业务培训、基本能力培训,让每一名干部都有机会、全方位接受培训;鼓励分管厅领导和财政局长带队到改革发放前沿地区对标一流考察学习先进经验,开拓视野,补足能力短板、经验盲区。在浙江大学举办了两期全省财政系统专业能力提升研修班,在太原举办了四期科级干部学习贯彻习近平新时代中国特色社会主义思想和党的十九大精神暨基本能力提升学习班,组织召开了全省财政系统“三基建设”推进会。再次,为干部担当作为提供保障。厅党组坚持将全面从严治党摆在首位,将纪律规定始终挺在前面,提升干部选任工作的公信度。坚持严管和厚爱相结合,加强“党员之家”“职工之家”“青年之家”“妇女之家”建设,完善党内关怀帮扶激励机制。

三、坚持肃风正纪,以严谨细致的作风履行责任使命

一是贯彻落实中央八项规定精神不松劲。厅党组将立党为公、执政为民的理念转化为为国理财、为民服务的实践,牢固树立正确的权力观地位观利益观,建立了落实中央八项规定精神和我省实施办法长效机制。驻厅纪检监察组和厅机关党委抓住重要时间节点,联合印发文件、编发廉政提醒短信并开展明察暗访,紧盯“四风”问题新动向,杜绝反弹回潮。一方面,充分发挥财政职能,严格“三公”经费管理,完善公务支出体系,先后制定或提请省政府印发了硬化预算约束、加强行政事业资产管理和规范省直机关会议费、差旅费、培训费、出国经费管理等一系列制度办法。认真开展民生领域腐败和不正之风专项整治、形式主义官僚主义集中整治。二是贯彻落实党风廉政建设主体责任不松劲。进一步细化了厅党组、党组书记、班子成员和各处室(单位)主要负责人的“一岗双责”主体责任,将责任和压力分解传导到每一个党支部、每一名党员。完善推进财政部门惩防体系建设实施意见。充分发挥内控内审的“防火墙”作用,部署推进了内控制度建设工作,真正将权力关进了制度的笼子。为全面履行党建主体责任,切实加强党风廉政建设,厅党组安排厅机关党委牵头,3月份,对17个厅属单位和11个派驻机构开展了全面巡察。针对巡察发现的153个问题,逐项督导整改。三是落实党支部规范化建设标准不松劲。各党总支、党支部集中开展规范化建设和十个突出问题查改,收效明显。

四、坚持务实有为,以高质量的工作成效履行责任使命

一是发挥厅党组“头雁效应”。厅领导班子以上率下、靠前指挥、亲力亲为,以钉钉子精神做实做细做好各项工作。2018年,省财政厅积极发挥财政职能,深化财政改革,不断提高财政资源配置效率和资金使用效益,依法理财、科学理财水平进一步提升。2018年全省一般公共预算收入完成2292.6亿元,首次突破2000亿元大关,同比增长22.8%,收入增幅全国第二;全省一般公共预算支出执行4285.4亿元,首次突破4000亿元大关,同比增长14.1%,各项民生事业和省委省政府重大战略部署保障有力。二是优化目标责任考核机制,提升工作效能。逐年优化改进、不断量化细化厅党组与各处室、各单位签订的年度业务目标、公共目标和党风廉政目标,年初领账,季度对账,年底交账,将党建工作与业务工作同规划、同部署、同落实、同考核,同奖惩,不断提升执行力。三是依法科学民主决策,贯彻落实好三大攻坚战重大战略部署。一批必须由政府承担、财力又难以保障的项目用争取回的债券妥善安排,参与制定高速路、铁路债务化解方案,全面完成存量债务置换,高校等建设债务问题得到有效缓解;扶贫资金比上年增长25%,30%的专项资金用于深度贫困县。大力减税降费,全年减轻实体经济负担570亿元以上。积极保基本保战略,出台一批民生提标政策,将脱贫攻坚、退役军人安置、扫黑除恶等支出列入省对市县转移支付,高度重视“三基建设”工作。牵头制定财政支持人才政策和支持民营经济发展政策;技改引导资金规模翻倍;统筹资金推进乡村振兴、综改区建设、科技创新、高校“1331”工程、“136”兴医工程。多次赴财政部陈情述困,全力争取我省利益。国发42号文件牵头任务全部完成;中央对我省转移支付增长8.1%,新增债券增长34.6%;北方冬季取暖、山水林田试点、黑臭水体治理等重大中央财政支持项目,我省悉数斩获,成为当年争取中央竞争性分配资金最多的省。我省多项财政改革和工作居全国第一方阵。在全国率先建立支出进度考核奖惩机制,率先出台预算绩效管理实施意见,首家出台信息化项目支出预算标准,PPP财政承受能力报告规范率全国第一,预算执行分析和总决算工作获全国一等奖。

(姚　强)

附:省财政厅党组书记、成员名单

书　记:武　涛

成　员:常国华　黄　庙　武志远　胡志国　陈向阳　安晓飞(12月任职)

省人力资源和社会保障厅党组

党组书记　卢建明

截至年底，省人社厅共有党组织总数164个，其中9个基层党委，2个党总支，153个党支部。党员总数5797人，其中在职党员数793人，离退休党员数297人，流动党员数4707人。

一、党建工作

(一)以党建工作为主业，切实强化责任担当，在健全督办制度、完善考核体系等方面进行了探索创新。一是建立基层党组织主体责任月度报表和台账管理制度。二是充分发挥直属机关党委、纪委委员联系基层党组织工作机制。三是制定党组织建设整改督办制度，先后就失联党员处置进展缓慢、支部改选不及时等问题向5个党支部下发整改督办单，及时进行了整改。四是健全党建考核制度，根据年度党建重点工作制定考核评分细则。五是扎实推进党建扶贫工作，积极部署开展“党建引领扶贫”活动。

(二)以学习十九大为主线，把握正确工作方向。一是重点学习了党的十九大、习近平总书记视察山西讲话、省委十一届六次全会、习近平总书记纪念改革开放四十周年讲话等重要精神，召开了六次全会精神专题研讨会。二是围绕我省经济社会发展和人社工作面临的热点难点问题确定理论学习主题。三是组织开展共产党员“戴党徽、亮身份、明岗位、树形象”等主题实践活动，组织党员参观中共太原第一支部旧址、太原图书馆马克思主义书屋。对全厅涌现出的69名优秀党员、17名优秀党务工作者和15个先进党支部进行了隆重表彰。

(三)以“三基建设”为抓手，推进基层组织规范化建设。一是夯实基层组织，严格落实换届提醒制度，建立换届选举台账。二是打牢基础工作，在2018年6月的省直党政群基础工作评估中，我厅得分高出平均分3分，受到了评估组的通报表扬。三是健全党建工作制度。积极组织开展“山西智慧党建”客户端的推广应用。四是积极推进效能建设，通过多种活动载体推动党建工作及其他工作与效能建设相互融合，在省直工委省考核办评估中取得了97.8分的优异成绩，位列良好等次。

(四)以巡视整改“回头看”为契机，深入开展作风建设和反腐倡廉建设。一是严肃党内生活。坚持“三会一课”基本制度。二是强化党内监督。紧盯节日节点和“四风”隐形变异新问题，协同驻厅纪检监察组对机关和厅属单位进行3次明察暗访，对8个单位通报批评，并及时整改。三是加强廉政风险防控。四是严肃执纪问责。对漏报瞒报个人重大事项、工作失职失责的11名干部进行诫勉，对违规设立“小金库”的3名干部予以免职，对存在违纪行为的4名干部实施党纪政务处分。五是扎实推进系统行风建设。将整治群众身边腐败问题与人社系统行风建设结合起来。

二、业务工作

(一)全力确保就业局势总体稳定。一是举办了“中国创翼”创业创新大赛山西选拔赛、山西省大学生创业星火项目评选大赛等活动，新认定省级创业孵化基地、创业园区14个，新建市级创业孵化基地、创业园区21个，创业带动就业12.45万人，完成全年任务的124.5%。二是实施大学生就业质量提升工程和就业创业促进计划，开展公共就业服务进校园、高校毕业生就业服务月、人才智力交流大会等专项招聘活动，将高校毕业生纳入全民技能提升工程培训范围，应届高校毕业生就业率达93.75%。三是实施困难群体就业帮扶工程，帮助失业人员再就业17.25万人，完成全年任务的115%，帮助城镇就业困难人员就业4.72万人，完成全年任务的118%，零就业家庭基本实现动态消零。四是向国家争取就业专项资金18.9亿元，全省城镇新增就业55.7万人，转移农村劳动力40.9万人，分别完成目标任务的123.7%、124%；城镇登记失业率3.26%，同比下降0.17个百分点，就业指标实现“两增一降”，全省就业局势总体稳定、稳中向好。

(二)大力实施全民技能提升工程。一是积极争取国家专项资金10亿元，在全国率先组织开展100万人的职业技能培训，实行实名制管理，全年共完成培训110.9万人，其中城乡劳动者就业前技能培训67.5万人、企业在岗职工培训43.4万人，城乡劳动者培训后就业率达36%。二是及时部署推进“高校毕业生就业创业培训”“为开发区项目建设提供人才支撑”两件实事，对离校两年以上未就业高校毕业生实施“特惠制”培训，共培训高校毕业生8.3万人，为301个(户)招商引资项目和入驻企业提前培训3.18万人。

(三)全面深化社会保障制度改革。一是实施全民参保计划，全省基本养老、基本医疗、失业、工伤、生育保险参保人数分别达2416.7万人、3259.9万人、431.1万人、596.7万人、481.4万人，分别完成目标任务的102.5%、100.9%、101.2%、102.2%、103.3%。二是积极推进机关事业单位养老保险制度改革。三是建立起城乡居民基本养老保险待遇确定和基础养老金正常调整“两个机制”。四是研究制定了《关于对被征地农民实行基本养老保险补贴的指导意见》和《关于完善企业职工基本养老保险省级统筹制度的通知》。五是扎实推进医疗和生育保险合并实施试点。六是开展失业保险援企稳岗“护航行动”和技能提升“展翅行动”，在费率降低一半的前提下，发放稳岗补贴4.3亿元，惠及2620户企业、130.6万名职工，分别增长了82%、33%，发放技能提升补贴4439万元。七是扩大了工伤保险按工程建设项目参保范围，新开工项目参保率达 100%,在建项目参保率达 97.9%;修订了辅助器具配置目录及费用限额标准,将省煤炭社保中心划转承担工伤保险经办管理。

(四)扎实推进人才人事工作。一是印发了《山西省分类推进人才评价机制改革的实施方案》,建立了以同行评价为基础的业内评价机制。二是深化职称制度改革,具有行业特色、专业特点的职称分类评价机制和制度体系初步建立。三是实施高端创新型人才培养引进工程、新兴产业领军人才培育工程、专业技术人员知识更新工程,选拔享受政府特殊津贴专家 58 人、省级学术技术带头人 150 人、新兴产业领军人才 80 人,培训高层次人才 2700 余人,比去年增加 360 余人。四是加强高层次人才载体与平台建设,新设立 18 个院士工作站,选聘 19 名院士,山西省农业科学院获批国家级专家服务基地。五是高技能人才培养成效卓著,新确定国家级、省级高技能人才培训基地各 5 个,国家级技能大师工作室 6 个、省级技能大师工作室 15 个,评选出“山西省享受政府津贴高级技师”50 名和“三晋技术能手”245 名,在 2018 年全国数控技能大赛和智能制造大赛中,均获得优秀组织奖;在第六届全国职工技能大赛上,荣获全国总冠军,“三晋工匠”全国称雄。六是出台了《山西省事业单位特设岗位设置管理办法》。将专业技术二级岗位人员聘用核准权下放到各市和省直主管部门。七是完善了事业单位高层次人才收入分配激励机制,高校、公立医院、科研院所等事业单位在无收入全额拨款事业单位的 5 倍以内自主申报绩效工资总量、自主确定分配办法,自主创新分配方式,向高层次人才倾斜。八是积极支持山西大学和太原理工大学率先发展,下放了人才引进、职称评审和工资审批权,在两校开展管理岗位职员制改革试点工作。

(五)劳动关系总体和谐稳定。一是对用人单位劳动用工实行动态监管,全省企业劳动合同签订率达 98.2%。二是实现省市县三级劳动人事争议仲裁机构实体化全覆盖,仲裁结案率达 98.8%,调解成功率达 74.3%。三是落实治欠保支制度措施,实现农民工工资“三个清零”,共办结工资类案件 673 起,为 1.25 万名农民工追发工资 1.6 亿元,分别下降 63%、55%和 51%,在保障农民工工资支付工作考核中,位列 A 级,受到国家通报表扬。四是开展部分军队退役人员“走访慰问排查疏导”活动和“相关政策落实季末清零”行动,共解决个案问题 37 个,清理欠薪 1673 万元、欠保 8599 万元,帮助 1897 人就业,实现了“四个动态清零”。

(六)积极推进人社领域重大改革。一是加大减税降费力度。全国最早出台了阶段性降低社会保险费率政策,将养老保险单位费率从 20%降至 19%,失业保险单位费率从 2%降至 0.7%,6 个市工伤保险费率分别降低了 20%-50%。全年共为实体经济企业减负 37.1 亿元。二是推动国有企业改革。全面完成 10934 名去产能职工分流安置任务,安置率达 100%。将 5 户省属国有煤炭企业 47.7 万名职工的医疗、生育保险全部纳入属地社会统筹,解决了多年遗留的历史难题。三是支持民营经济发展。四是深化收入分配制度改革。出台了《关于提高技术工人待遇的实施意见》、《关于改革国有企业工资决定机制的实施意见》、《关于调整机关事业单位工作人员基本工资标准和增加机关事业单位离休人员离休费三个实施意见》,将公立医院薪酬制度改革试点扩大到除阳泉市外的省直及其他 10 个市的 38 家公立医院。

(七)扎实推进系统行风建设。一是深化“放管服效”改革。压缩了 14 项审批事项办理时限,压缩幅度为 51%。二是深化“互联网 + 政务服务”,45%以上的审批事项实现“一网通办”。三是开展就业统计实名制试点和就业创业证、社会保障卡“证卡合一”试点,在全省推行就业创业证电子证书和电子社保卡,“民生山西”手机 APP 正式上线运营,全面取消社保待遇领取资格集中认证,将跨省异地就医直接结算范围扩大到 30 个省份。四是改革机关事业单位人员流动管理,在省政务大厅窗口直接受理办理。五是开展了窗口单位实地暗访和咨询服务电话随机抽查。

(八)全力推进人社扶贫工作。一是实施培训就业扶贫专项行动,培训农村贫困劳动力 9.2 万人、转移就业 10.1 万人。二是扩大组织化、品牌化劳务输出规模,积极争取人社部支持,在北京和大同连续举办“吕梁山护工”推介交流大会和华北地区家政服务劳务对接扶贫暨“天镇保姆”推介交流大会,着力打造精品特色劳务品牌,“吕梁山护工”入选全国人社领域 20 个精准扶贫典型案例。三是开展了人社领域扶贫政策落实情况专项督查,建档立卡贫困人口城乡居民基本养老、医疗保险参保率和政府最低保费代缴率均达 100%。将深度贫困县失业保险金标准提高到当地最低工资标准的 90%、稳岗补贴标准提高到上年度缴纳失业保险费总额的 60%,将深度贫困县参保职工申领技能提升补贴的条件放宽到累计缴费 12 个月。四是将公务员招录计划的 6%、省直事业单位招聘计划的 12%,专门用于招录招聘基层服务项目人员,将“三支一扶”招募计划向深度贫困县倾斜。全国首家举办了“2018 年县级医疗集团人才招聘大会”。五是连续 8 年对口帮扶五台县东雷乡。在省直机关工委年度扶贫工作考核中被评为优秀等次。

(高凤鸣)

附:省人力资源和社会保障厅党组书记、成员名单

书　记:卢建明

成　员:李广禄　贺德孝　吴海亮

王建文(8 月离职)　张　峻(10 月离职)

省自然资源厅党组

党组书记　周建春

2018年，省自然资源厅党组坚持以习近平新时代中国特色社会主义思想为指导，坚持“一个指引、两手硬”，紧紧围绕“示范区”“排头兵”“新高地”三大目标定位，团结带领全系统干部职工，狠抓工作落实，各方面取得积极成效。

一、全省自然资源机构改革扎实推进

根据中央和省委机构改革部署，省级改革落实到位。省自然资源厅挂牌成立，加挂省绿化委员会牌子，明确省林业和草原局为厅管局，省测绘地理信息院为厅管事业单位。主要职责是：统一行使全民所有自然资源资产所有者职责，统一行使所有国土空间用途管制和生态保护修复职责。内设25个处(室、局)，与自然资源部内设机构和职责完全对应，职能职责上下紧密衔接，保证了政令统一、法治统一。省级改革职能划转、人员转隶、干部配备工作已经完成。市县两级改革同步推进，11个市规划和自然资源局全部挂牌成立，在充分征求各地党委意见的基础上，厅党组研究确定了各市局领导班子，为保证明年3月底前完成市县自然资源部门机构改革奠定了坚实基础。

二、用地服务保障水平得到全方位提升

围绕开发区改革创新和转型项目建设年，足额保障了全省用地计划，全省批地供地大幅增长，批准建设用地17.88万亩，是2014年以来最多的一年，其中工业项目用地7.15万亩、占到40%。全省供地17.6万亩，保障了大张高铁、“二青会”场馆等一批重点项目用地，从用地角度反映了项目落地加快、转型发展迈出坚实步伐。强化规划保障，省级国土规划编制稳步推进，市县两级土地利用总体规划调整方案落地实施，为项目落地夯实了规划基础。大力推动实施城乡建设用地增减挂钩，繁峙等18个贫困县增减挂钩节余指标省内交易1.8万亩、28.56亿元，10个深度贫困县跨省交易0.61万亩、18.91亿元，28个贫困县共计获得指标收益47.47亿元。建立“增存挂钩”机制，开展批而未用土地、闲置土地清理专项行动，完善批而未供土地手续10.9万亩，处置闲置土地8.7万亩。提请省政府调整提高了全省征地统一年产值标准，落实了压覆重要矿产资源承诺制改革，压缩用地报批时限。创新工业用地供地方式，有效降低企业用地成本。加大不动产登记保障力度，为交控集团办理42.52万亩交通用地登记手续，占全省已运营高速公路用地的89.85%，为化解政府债务、防范金融风险奠定了基础。

三、坚守全省5757万亩耕地红线

严格落实耕地保护目标责任，提请省政府印发了《关于鼓励引导社会资本参与土地整治的指导意见》《市级政府耕地保护责任目标考核办法》，拓宽了补充耕地途径，完善了耕地保护考核指标和标准，强化了制度保障。破解耕地占补平衡难题，全面建立了“数量相等、产能相当”的耕地占补平衡“算大账”新机制。加快推动政策实施，着力提升耕地粮食产能，落实高标准农田建设任务95万亩，扎实推进省级耕地开发项目验收入库，目前，全省库存耕地占补平衡指标22.96万亩，粮食产能9880.77万公斤，能够确保一批重点转型项目实施耕地占补平衡。积极推进土地指标市场建设，《山西省土地指标交易调剂暂行办法》已经省长办公会议通过，待省委全面深化改革领导小组审议后印发。

四、坚决推进煤炭“减”“优”“绿”发展

严格落实煤炭去产能要求，2018年注销煤矿采矿证26个，退出产能2330万吨/年。在自然资源部的大力支持下，积极发展煤炭先进产能，7座煤矿完成采矿登记，释放先进产能2604万吨/年，另有5座具备登记条件，产能2700万吨/年，赢得了省政府和企业的高度肯定。加强矿产资源保障，省级财政投入3.57亿元，安排地质勘查项目83个。验收往年项目60个，新增资源量煤炭24.37亿吨、铝土矿8200万吨，煤层气推断资源量31.93亿立方米、潜在资源量233.42亿立方米。

五、坚决落实保护区内矿业权退出要求

强力推进中央环保督察问题整改，提请省政府出台了重点保护区内矿业权退出处置政策措施，共处置自然保护区和泉域重点保护区内矿业权310宗，其中，注销205宗、变更登记105宗，退出矿业权面积1138平方千米，彻底解决了我省矿业权和重点保护区重叠问题。切实加强矿业权监管，继续抓好矿业权人勘查开采信息公示，全面清理了570宗历史遗留“僵尸”矿业权，依法注销479宗。推动解决煤炭资源整合5大历史遗留问题，实施露天矿山综合整治，进一步提升了矿政管理规范化水平。

六、扎实推动重大改革落地生根

泽州县“三块地”改革和太原市土地二级市场改革取得实质性突破，得到自然资源部充分肯定。深化矿业权出让制度改革，会同省财政等部门出台了《矿业权出让收益征收管理实施办法》，发布了矿业权出让收益市场基准价，确定了合同范本。煤层气审批“山西模式”在全国推广，改革内容继续深化，自然资源部进一步授权了常规油气矿业权新增煤层气

矿业权审批等3类审批权限；发布了煤层气行业服务指南，进一步细化完善了配套制度。加快煤层气勘查开发,2017年出让的10个区块中，柳林石楼西等3个区块已成功点火出气,实现了“1年见气”。15个煤层气区块公开出让方案获得省政府批准,2个区块已成功挂牌出让，成交总价9.2亿元。重点实施十大煤层气项目，有力推动了老区块增储上产,迎峰度冬保供气量同比增加126万方/日,年产量达56亿方,同比增长10%。

七、地质环境管理和地质灾害防治得到不断强化

压实地质灾害防治主体责任,加大排查巡查力度,强化预警预报，初步建立平战结合的地质灾害防治技术支撑体系,最大程度保障了人民群众生命财产安全。落实了4000户农村地质灾害治理搬迁。完成了全省矿山地质环境详细调查，同步开展了省市县三级矿山地质环境保护治理规划编制，省政府印发了《山西省矿山环境治理恢复基金管理办法》,省级治理规划已报部审查。强力推进了采煤沉陷区综合治理矿山地质环境专项治理项目,56个项目中52个主体工程已完工,完成率达93%。

八、造林绿化和森林保护取得良好成效

启动实施太行、吕梁“两山”生态修复保护重大工程,全年完成营造林510.22万亩,超额完成年度任务。全省未发生重大森林火灾和人员伤亡,森林火灾受害率和林业有害生物成灾率均低于省政府考核指标控制线。联动实施林业生态扶贫“五大项目”，惠及贫困人口52.3万。全省58个贫困县2563个合作社完成造林285.5万亩,5.2万贫困社员人均劳务收入7000元以上;争取退耕还林任务195万亩,任务量在全国15个省中居第二位;生态管护惠及2.4万贫困人口,人均增收6500元；经济林提质增效惠及贫困人口35.3万人,生态扶贫之路得到不断拓宽。

九、基础基层工作得到有力加强

全面启动全省第三次国土调查,3个试点县(区)处于全国第一梯队。全面完成农垦国有土地确权登记发证,为全省农垦改革奠定了基础。建成了全国首个省级不动产登记调度中心,实现了国家、省、市、县四级不动产登记互联互通,形成了标准统一、覆盖全省、实时更新、互通共享的信息管理平台体系,得到了自然资源部高度肯定。截至2018年底,全省颁发不动产证书68.8万本、出具不动产证明39万次,切实保障了群众不动产权益。征缴矿业权出让收益、土地出让金等975亿元。加强测绘地理信息服务保障,实施了一批重大基础测绘项目,强化测绘市场统一监管,取得较好成效。

十、积极维护稳定的自然资源管理秩序

针对中央领导高度关注的“大棚房”问题,根据省委省政府部署,严肃查处了晋中市榆次区“大棚房”案件,积极配合农业农村部门，深入开展全省设施农用地清理整治行动,前期全省共发现“大棚房”问题345宗、设施2342个,涉嫌违法违规占用耕地1569亩,各地正在积极整改中。目前正按照中央的要求,严格开展重新排查和整治。积极配合牵头部门开展了扫黑除恶专项行动。始终保持严格执法高压态势,开展了严厉打击非法违法采矿行为、废弃矿井专项整治两项行动,全省共出动执法人员9.9万人次、车辆2.7万车次,立案查处53个非法矿点,填埋关闭196个非法坑口,坚决取缔和加固了违法矿点,强力遏制了非法违法采矿反弹势头。依法严厉打击涉林违法犯罪行为,共立刑事案件411起,受理林业行政案件3564起,处理违法人员4431人次。

十一、党建工作

2018年,厅党组坚决贯彻落实全面从严治党各项要求,突出政治引领,树牢“四个意识”,坚定“四个自信”,坚决维护习近平总书记党中央的核心、全党的核心地位,坚决维护党中央权威和集中统一领导。扎实推进“两学一做”学习教育常态化制度化,把学习贯彻习近平新时代中国特色社会主义思想和党的十九大精神作为首要政治任务,理论学习列为厅党组会第一议题常态化,专题学习19次。强化落实全面从严治党主体责任,严肃党内政治生活,严格落实民主集中制。扎实推进“三基建设”,加大干部教育培训力度,“国土课堂”被省直文明办表彰为省直机关“十佳文明讲坛”,精神文明建设取得丰硕成果。坚持正确用人导向,落实“好干部标准”,制定《大力发现培养选拔优秀年轻干部三年行动计划》,出台《激励广大干部新时代新担当新作为贯彻落实意见》，省委表彰2名担当作为典型干部,全年调整任用处级干部16名,不断提高干部队伍建设水平。坚持以零容忍态度惩治腐败,深入开展巡视整改、整治群众身边腐败问题、集中整治形式主义官僚主义等专项工作,始终保持了反腐败高压态势,全年全系统党政纪处理345人,不断巩固良好政治生态。

（王正宇）

附：省自然资源厅党组书记、副书记、成员名单

书　记：周建春

副书记：任建中(10月任职)

成　员：田永明(10月任职)　武耀文　袁同锁

张云龙(10月任职)

周际鹏(2月,因严重违纪,被给予撤销党内职务、撤职处分,降为正处级非领导职务。)

省生态环境厅党组

党组书记　董一兵

2018年，省生态环境厅党组在省委的正确领导和省直工委指导下，组织带领基层各支部和广大党员，认真学习贯彻党的十九大和全国、全省环保大会精神，以“讲政治、守纪律”为核心，以严肃党内组织生活为重点，以全省环保系统警示教育、“三基建设”等为重要载体，以落实目标责任为主要内容，认真落实全面从严治党主体责任，较好地完成了年初预定的工作目标。

一、抓思想引导，掀起学习贯彻十九大精神热潮

党组率先垂范。印发《2018年省环保厅党组中心组和干部理论学习的安排意见》，将学习宣传贯彻十九大精神、习近平新时代中国特色社会主义思想和习近平总书记视察山西重要讲话精神作为重点内容。厅党组书记春节上班第一天给全厅讲党课，党组成员主动领学《习近平新时代中国特色社会主义思想三十讲》，亲自撰写调研报告、心得体会11篇。全年党组中心组理论学习、专题研讨13次，为全厅党员干部树立了学习榜样。党员积极参与。通过集中学习与个人自学，运用山西干部在线学院等方式，党员干部认真学习，广泛交流，努力做到学懂弄通做实；参加省委宣传部“送党课到基层”活动，派出2名理论骨干赴长治、晋城、临汾宣讲十九大精神；组织88名处级干部参加省委党校十九大精神学习班；组织200余名党员、入党积极分子、驻村第一书记赴武乡八路军太行纪念馆、梁家河等地开展“不忘初心，牢记使命”主题党日活动。召开学用习近平总书记重要讲话系列活动研讨会2次，12名干部交流发言。我厅开展“平凡岗位建功立业”活动，表彰10名先进。1个党支部和3名同志获省直工委表彰，2名同志被省委评为担当作为典型。

二、抓责任落实，压力传导不断向基层延伸

2018年初，调整厅党建工作领导小组，推动形成厅党组全面领导、党建工作小组统筹推进、机关党委监督检查、基层党组织具体落实的全面从严治党工作格局。明确目标任务。召开全省环境保护暨全面从严治党工作会议，对全系统全面从严治党工作进行安排部署。印发《2018年省环保厅党的工作要点》。压实责任主体。全年召开27次党组会，其中20次涉及党建、党风廉政建设、巡视整改、干部队伍建设等议题。出台《2018年省环保厅全面落实主体责任工作要点》。厅党组书记与分管厅领导、机关处室和直属单位负责人签订《履行全面从严治党主体责任书》31份，将责任分解到层级、定格到岗位，构建起横向到边、纵向到底、全面覆盖、人人有责的责任体系。在每个省级环保督察“回头看”督察组建立临时党支部，重大事项集体研究，确保督察正确的政治方向和风清气正的工作局面。管好意识形态。出台《厅党组网络意识形态工作责任追究办法(试行)》，加强网评员队伍建设，规范媒体开展涉环保舆论监督工作流程，召开11次新闻发布会，对大气、水、土污染防治工作进行及时通报，查处30起重要舆情问题。及时研判机关党建存在问题，制定提升、改进措施近40条，要求并督促各支部逐项抓好整改落实。落细实践载体。召开全省生态环境保护大会，出台《全面加强生态环境保护，坚决打好污染防治攻坚战的实施意见》，推动习近平生态文明思想在山西落地生根、开花结果。做好中央第十五巡视组向省委反馈的“着眼补齐防污治污短板、以超常规举措推进污染防治、着力提升汾河流域水质”三项任务，严格按照“13710”工作时限要求，结合“四个对照”为重点开展巡视整改“回头看”，制定“三清单一制度”，做好省委巡视反馈意见后续整改6项具体任务，持续肃清流毒影响。

三、抓“三基建设”，环保工作能力显著提升

注重发挥支部的战斗堡垒作用。树立一切工作到支部的鲜明导向，以支部为单位开展“标准问题讨论”、班子成员和中层干部讲党课、讲业务、讲管理192人次。推进“山西智慧党建”APP系统应用，及时更新党建动态，逐步实现支部建设规范化、信息化管理。注重发挥行业系统指导作用。印发省环保厅和全省环保系统两个《“三基建设”实施方案》，细化年度重点工作责任分解，确定厅级领导干部联系点45个。结合推进全省环保监测监察执法垂直管理改革，指导乡镇环保机构设置，努力形成上下统一、衔接配合、整体联动的良好局面。制定《山西省环境保护行业系统基础工作目录和工作规范》，召开全省环保系统“三基建设”推进会，完成厅机关、18个直属单位和11个市环保局的基础工作评估。印发《2018年度环保业务培训计划》，组织专业基本能力测试和信息、文秘工作考试，培训环保系统工作人员4122人。各市“三基建设”有效推进。长治市局建立党组书记和班子成员联系点制度，主动到联系点讲党课、讲业务、讲管理。晋城市局制定效能建设限期报告制度和离岗告示制度，修订了《定期民情沟通制度》等文件39份、制度75项。太原市局制定专题研修和培训计划，组织109名党务和业务干部到武汉大学等地培训，不断拓宽教育培训渠道，提升干部能力水平。

四、抓监督管理，党风廉政建设持续加强

强化监督执纪问责。紧盯春节、中秋等重要时间节点，对各处室、各直属单位遵守廉洁纪律情况进行检查或突查。坚持“零容忍”态度，严肃查处省环科院违反中央八项规定精神

问题，对4名科级干部给予党纪、政务处分，对相关责任领导进行诫勉。对违反廉洁纪律的4名处级干部给予党纪、政务处分，对违反个人重大事项申报存在问题的2名处级干部进行诫勉，不断巩固反腐败斗争压倒性胜利，释放越往后执纪越严的强烈信号。此外，协助生态环境部对全国饮用水水源地专项督查、大气强化监督期间发生的违反廉洁纪律问题，派专人督促长治、太原严肃查处违纪人员，给予环保系统2人党内严重警告处分，其余涉事环保系统5人，相关政府、单位和企业3人分别受到相应处理。注重日常教育管理。认真落实“三会一课”、民主评议党员、谈心谈话等组织生活制度，严肃党内政治生活。及时向全体党员通报各级纪检监察部门查处的典型案件，开展“以案为鉴，营造良好政治生态”专项治理。组织全体党员认真学习新修订的《中国共产党纪律处分条例》，党组中心组带头学、机关党委组织学、全体党员深入学、全省环保系统广泛学的“四学”经验被省纪委网站转载。扎实开展警示教育。深刻汲取临汾市发生的破坏环境质量监测系统案件和“4.17”山西三维集团环境违法问题的教训，集中两个月时间开展警示教育。全省环保系统247个支部、约10700人参加，召开民主生活会（组织生活会）330次，归纳梳理问题1576条，制定整改措施1286条。警示教育期间，出台《山西省深化环境监测改革提高环境监测数据质量的实施方案》，推动环境监测数据质量有章可循、持续改善。同步开展打击违法排污“百日行动”，全省累计检查企业18026家次，查处重点排污企业1777家，下达行政处罚7386余万元，一批重大危废问题和违法排污问题得到有效解决。根据骆惠宁书记、楼阳生省长“环保系统地位突出，责任重大，下一步要在提升工作水平上下功夫”、“以过硬队伍打好污染防治攻坚战”的批示精神，制定了《关于进一步提升环保工作水平，打造生态环保铁军的实施意见》，不断巩固提升全省环保系统警示教育成果。

五、抓队伍建设，选人用人风气更加清爽

加强机关作风建设。在全系统开展民生领域腐败和不正之风专项整治，统筹抓好群众反映强烈的突出环境问题、环保系统工作人员放纵黑恶势力甚至充当“保护伞”问题。针对门好进、脸好看、事难办和作风拖沓等问题，出台《加强机关效能建设的实施办法》，在厅门户网站、行政审批大厅设置效能投诉电话和电子邮箱，重点解决行政审批窗口工作人员向群众解释政策不耐心、资料口径标准不统一、商事登记政策宣传不及时等问题。对厅机关2名违反工作纪律、工作规矩的处级干部进行通报，责令在支部会上进行自我批评，并向党组作出深刻检查。集中整治形式主义、官僚主义。聚焦环保领域运用综合手段打赢污染防治攻坚战的办法不够灵活，对待环保督察敷衍整改、表面整改、虚假整改，污染防治措施“一刀切”，环境执法重处罚轻监管等表现形式，厅领导深入基层开展调查研究，形成35份调研报告，梳理出6个方面18个问题。目前正在根据问题清单、责任清单、整改清单要求，积极推进整改，打通环保服务基层、服务企业和服务群众“最后一公里”。坚持正确选人用人导向。大力提拔重用忠诚干净担当的干部，为勇于担当作为的干部撑腰鼓劲。机构改革期间，厅党组推荐提拔副厅级干部1人，提拔使用处级干部8人，厅机关、厅属事业单位和市局之间交流干部4人，提名市局班子成员19人，让想干事的人有机会，能干事的人有平台，干成事的人有地位，营造风清气正的用人环境。

（齐晓江）

附：省生态环境厅党组书记、副书记、成员名单

书　记：董一兵（10月任职）

副书记：刘　军（10月任职）

成　员：李　方（10月任职）　王学东（10月任职）

　　　　刘大山（10月任职）　张继平（10月任职）

省住房和城乡建设厅党组

党组书记　王立业

2018年，山西省住建系统在习近平新时代中国特色社会主义思想的指引下，在省委、省政府的坚强领导下，在住建部的有力指导下，紧紧围绕“三大目标”，圆满完成了各项任务。

一、业务工作

（一）房地产业。促进房地产市场平稳运行。强化对各市的督促指导。12月，太原市新建商品住房销售价格环比指数100.9，比上月下降了0.4个百分点，在全国70个大中城市中排第25位，中部六省省会城市中排第2位。加强市场研判和政策储备，对房地产市场形势及风险隐患进行分析研判。加快培育和发展住房租赁市场。从政策制定、标准编制、平台建设、主体培育、金融支持五个方面着手，全力推进住房租赁市场发展。强化房地产市场监管。开展了房地产市场整顿三大行动，累计查处房地产市场各类违法违规行为436起。开展房地产企业信用评价。对山西省454家房地产企业开展了信用等级评价。加强商品房预售资金监管。促进房地产业绿色发展。推进住宅全装修，力争到2025年使山西省新开工全装修住宅面积占新开工住宅总面积的比例达到60%以上。

（二）住房保障。保障性安居工程。棚户区住房改造开工12.81万套，完成年度任务的102.3%；棚改建成17.21万套，完成年度任务的150.9%；公租房建成1.32万套，完成年度任

务的 119.9%；城镇保障性安居工程年度投资 537.1 亿元,完成年度任务的 107.4%；政府投资公租房累计分配 25.32 万套,分配率达 92%,较年度任务提高 2 个百分点;城镇住房保障家庭租赁补贴年度发放 8.36 万户，完成年度任务的 102%,圆满完成了各项年度目标任务。 棚改资金筹集。积极争取棚户区改造资金,对 2018-2020 年实施的棚改项目以每套 3000 元的标准给予省级财政棚改专项补助；争取国家城镇保障性安居工程中央财政专项资金 26.9 亿元、配套基础设施补助资金 5.3 亿元,安排省级财政棚改补助资金 4.12 亿元、租赁补贴及其他支出 4000 万元;争取国家开发银行和农业发展银行棚改专项贷款年度授信 330.21 亿元，年度发放 425.56 亿元;成立棚户区改造投资基金,积极解决棚改资本金筹集困难。 探索共有产权改革。起草了开展共有产权住房试点工作的指导意见。

(三)住房公积金管理。“最多跑一次”改革。积极推进业务创新。太原、大同、长治等 10 个城市以优秀等次通过了住建部 “双贯标” 验收,75%的城市建成了公积金综合服务平台。公积金缴存与发放。省住房公积金缴存 383.07 亿元,同比增长 7.47%,提取额 205.77 亿元,同比增长 45.11%,发放贷 214.06 亿元,同比增长 19.54%。截至 12 月底,山西省公积金缴存总额 2748.46 亿元,提取总额 1660.01 亿元,缴存余额 1088.45 亿元,发放住房公积金贷款 1189.83 亿元,贷款余额 785.01 亿元。提取率 60.40%,个贷率 72.12%。住房公积金管理机构调整。进行省属五大国有煤炭分中心管理机构调整,推动晋煤、同煤、潞安 3 大集团公积金管理机构移交所属地方政府。彻底理顺了县(市、区)公积金管理体制。新市民住房问题调研。进行了一对一面访调查,撰写了新市民住房问题调查报告。

(四)城乡规划。城市规划。开展太原都市区发展协调机制研究,优化太原、晋中城市空间布局,推动山西中部盆地城市群一体化发展。历史文化保护。修订实施《山西省平遥古城保护条例》,普查建档历史建筑 2676 处、公布挂牌 743 处,12 个历史文化名城、25 个历史文化街区保护专项评估通过验收。提升城市风貌。开展城乡建筑风貌和第五立面管控专项整治。

(五)城市建设。城市市政基础设施建设。加快推进城市市政基础设施建设。城市(含县城)市政基础设施建设累计完成投资 738 亿元,占年度计划 580 亿元的 137.57%。新建改造城市道路 1164 公里,占年度计划的 116.4%;新建改造水气热管网 4572.47 公里,占年度计划的 152.42%;新增绿化面积 2558 万平方米,占年度计划的 170.54%。因地制宜推进地下综合管廊建设,累计开工地下综合管廊 67.16 公里,完工 22.65 公里。进一步加大园林城市创建工作,完成了 10 个市、县申报国家园林城市(县城)初审;定襄县、曲沃县被省政府命名为省级园林县城。 城市生活垃圾分类。组织开展生活垃圾分类。太原市在 850 个党政机关、373 个小区楼院开展垃圾分类工作。长治市、晋城市餐厨垃圾处理设施已基本建成。太原市、晋中市、长治市垃圾焚烧发电项目均在积极推进。污水处理设施建设。加快城镇污水处理设施建设,开展了污水管网建设奖补工作,将今年改善城市人居环境奖补资金 1 亿元全部用于重点支持山西省生活污水配套管网建设。城市黑臭水体治理。指导太原、吕梁两市制定整改方案,限期完成整改。配合生态环境厅开展了 2018 年山西省城市黑臭水体整治环境保护专项行动。海绵城市建设。重点推进实施一批海绵城市建设项目。山西省已累计建设海绵城市面积 149.6 平方公里。城市市政运营行业监管。对排水防涝工作进行了安排部署,开展了城市易涝点整治。开展安全排查,切实强化城市公共广场安全工作。燃气市场监管。严厉打击“汽车黑加气站和充装点”。组织开展城镇燃气行业安全专项整治工作。

(六)村镇规划建设。农村人居环境整治三年行动。牵头编制了《山西省农村人居环境整治 2018 年行动计划》。全力打造山西省农村人居环境整治示范村庄的典型样板。农村危房改造。2018 年,山西省完成农村危房改造任务 5.05 万户,贫困县农村四类重点对象危房改造任务基本完成,脱贫攻坚“两不愁、三保障”住房安全保障目标基本实现。农村危险土窑洞调查。组织对农村危险土窑洞情况摸底调查,完成了《山西省危险土窑洞现状调研报告》,编制了《山西农村危险土窑洞加固技术指南》。农村生活垃圾治理。重点在 50 个县初步建立农村生活垃圾收运体系，协调省财政安排 3.46 亿元资金用于各县垃圾中转站等项目建设。非正规垃圾堆放点整治。开展非正规垃圾堆放点排查整治,组织各地深入实地逐村摸底,排查录入非正规垃圾堆放点 9480 个,数量居全国第一。2018 年底累计整治 6435 处,整治率 68%。农村生活垃圾分类试点工作。启动农村生活垃圾分类试点,岢岚、灵石、长子 3 个县被公布为全国首批农村生活垃圾分类和资源化利用示范县,阳曲、灵丘等 18 个县确定为省级试点县,目前 21 个试点县已在 155 个乡镇 906 个村启动了农村生活垃圾分类试点。农村生活垃圾治理验收。启动农村生活垃圾治理验收,制定一系列考核办法,完成对 30 个县验收。村镇生活污水治理。重点开展 20 个建制镇生活污水处理设施建设。对汾河流经建制镇和全国重点镇生活污水处理设施建设情况进行了摸底。传统村落保护。扎实推进传统村落保护项目实施,重点做好 104 个传统村落保护项目协调指导工作,对 129 处中国传统村落保护项目开展了专项督查,启动了碛口、沁河流域传统村落集群保护利用试点工作。乡村建筑风貌整治。研究制定了易地扶贫搬迁集中安置点规划设计和风貌管控整改工作方案。建立了易地扶贫搬迁集中安置点专家定点联系制度。

(七)工程质量安全监管。建筑安全监管。全系统消防安全隐患大排查大整治,进行建筑施工安全生产综合督查。农村“煤改气”工程质量安全监管。进一步规范农村“煤改气”工程质量安全监管。开展了农村“煤改气”工程质量安全专项整治行动。建筑施工扬尘治理。要求建筑工地有效控制工地扬尘污染。开展施工现场围挡等临时设施专项整治。工程质量监管。开展工程质量管理标准化工作。强化施工过程质量控制,大力推行工程质量管理标准化。进一步提升山西省投资项目报建阶段图审效率。工程质量监督检查。通报2017年度山西省勘察设计图审情况。对初审违反强制性条文较多的30家勘察设计单位进行公开通报。开展山西省建筑工程勘察设计质量专项检查。组织开展工程质量检测机构检测能力检查。开展山西省建筑工程质量安全综合督查。建筑工程技术创新。对12个超限高层建筑抗震设防项目超限高层建筑工程进行了抗震设防专项审查,审查率100%。山西省抗震设防8度区、地震重点危险区新建的学校和医院建筑工程120项采用了减隔震技术。

(八)建筑市场。建筑业发展。推动山西省建筑业转型发展;加强建筑业运行监测;扶持企业做大做优。评选48家企业为山西省骨干建筑业企业,其中16家企业为优秀骨干建筑业企业;促进本省企业加速发展。获得住建部核准的山西省企业特级资质9家15项,一级资质15家24项;吸引省外企业在山西省落户;全年完成建筑业产值3566.6亿元,同比增长7.5%以上。完善建筑市场制度。加大省内科技成果和投标人资信的评审权重;加大了建筑市场监督执法检查和“双随机”核查;完成了2016年度工程勘察等5类企业资质动态考核工作,对547家企业核定了考核结论,其中35家为不合格,不合格率为6.4%;加大资质批后监管力度。诚信体系建设。加强建筑市场监管公共服务平台建设,平台在建项目信息平均填报率达到98.63%;提高诚信评价在招投标中的分值权重。

(九)建筑节能与科技。建筑节能。确保新建建筑全部执行65%节能标准。进一步提升建筑能效。推进绿色建筑规模化发展。建设科技。开展科技成果登记,加大推广应用。开展建筑垃圾资源化利用技术研究。组织开展地热能供热应用调研。开展地热能供热发展路径研究。装配式建筑。开展装配式建筑调研,印发《关于进一步加快推动装配式建筑发展的实施方案(2018–2020)》。

(十)行政审批制度改革。企业投资项目承诺制改革。配套制定了《企业投资项目承诺制改革监管服务办法(试行)》等八个规范性文件。营造“六最”营商环境。制定住建系统省市县三级政府部门行政审批事项标准清单;制定行政审批事项“四办”清单;持续开展“减证便民”行动;指导相关市级住建部门推行证照分离改革。工程建设项目审批制度改革。大力推进工程建设项目审批制度改革,建成了施工图审查信息化平台,在国务院第五次大督查营商环境7项重要指标调查中,山西省工程建设项目报建排名全国第4,用水报装排名第8,迈入全国第一方阵。“互联网+政务服务”。初步完成了厅网上审批系统升级改造工作基础数据梳理收集工作。

二、党建工作

政治建设。牢牢坚持政治建设在党的建设总体布局中的统领地位,严守政治纪律和政治规矩。严格执行“三会一课”等党内组织生活制度。强化理论武装。以习近平新时代中国特色社会主义思想、党的十九大精神和习近平总书记视察山西重要讲话精神为学习重点。持续推进“两学一做”学习教育常态化制度化。干部队伍建设。注重年轻干部的培养锻炼,关注驻村帮扶干部,1名同志荣获山西省“十佳最美村干部”提名奖,1名同志荣获山西省“优秀驻村工作队长”称号;着力提升干部能力,组织125名干部到厦门大学进行培训,4名处级干部参加青年干部培训班。行业人才队伍建设。组织开展住建行业“三晋英才”、工程勘察设计大师推荐评选工作,35名行业高级人才纳入山西省专家库;深化建设工程职称评审制度改革。“三基”建设。加强基层组织建设,持续推进基层党组织规范化、标准化建设;成立了山西省住建类社会组织行业党委;在省建科院开展了基层党组织全面从严治党试点,建立4+X党建制度体系。加强基础工作建设,内部控制工作走在了山西省前列,并被列为试点单位;加强效能建设与评估,不断完善“13710”工作机制;建成厅机关办公OA系统,基础工作在省直单位达标验收中被评为“非常优秀”。加强基本能力建设,实施“五大培训工程”。监督执纪力度加大。认真落实党组主体责任、党组书记主责首责全责和班子成员“一岗双责”,认真落实廉政谈话制度,加强廉政教育,严格落实中央八项规定精神。法治建设。推动各项工作纳入法治化轨道。着力提升立法质量,法规规章立法数量位居全国同行业和山西省各部门前列。“七五”普法做法和经验被住建部在全国住建系统推广。扫黑除恶专项斗争。全系统移交涉黑涉恶线索742件,配合查处案件35件;开展各类专项整治16项,厅机关通报违规企业193家,是上年的3倍;下达行政处罚决定书245份,是上年的3.8倍;清出质量检测机构44家,是上年的10倍,努力从根本上铲除黑恶势力滋生的土壤。

(米玉婷)

附:省住房城乡建设厅党组书记、成员名单

书　记: 王立业

成　员: 郭燕平(注:2019年3月,因涉嫌严重违纪违法,接受纪律审查和监察调查;8月,被给予开除党籍、开除公职处分。)
李锦生(9月离职)　张学锋
翟顺河　王淑敏

省交通运输厅党组

党组书记　闫晨曦

2018年，省交通运输厅党组坚持党的领导、加强党的建设、推进全面从严治党，不折不扣贯彻落实中央及省委决策部署，团结带领广大干部职工紧紧围绕全省转型发展大局，改革创新、攻坚克难，圆满完成各项工作任务。

一是交通运输经济运行稳中有进、好中提质。交通固定资产投资大幅增长，投资结构发生积极变化。全省交通建设完成投资463.5亿元，完成年度计划140.5%，同比增长59.1%。其中，农村公路建设完成投资264.1亿元，占总投资57%，同比增长94.4%；社会资本成为公路建设重要力量，一批PPP项目落地见效。公路水路运输稳中有升，民航运输保持较快增长。全省营业性公路运输完成货运量12.6亿吨、货物周转量1907.7亿吨公里，同比分别增长9.9%和8.5%。水路运输完成货运量23.2万吨、货物周转量1298.5万吨公里，同比分别增长14.8%和24%。民航完成旅客吞吐量1843万人次、货邮吞吐量6.2万吨，同比分别增长16.4%和12.7%；7个机场旅客吞吐量均实现两位数增幅，大同和临汾2个机场增幅达50%以上；太原武宿机场新增3条国际航线，年旅客吞吐量超过1300万人次，巩固全国大型繁忙机场地位。车辆通行费收入保持较快增长。全省收取车辆通行费241.3亿元，同比增长13.5%。其中，高速公路收取229.4亿元，增收28.5亿元，同比增长14.2%。

二是综合交通运输网络建设加快推进。高速公路建成长治至临汾等5个项目，新增通车里程270公里，达到5605公里；打通河曲等3个出省口，规划的33个出省口已打通26个。干线公路完成新改建里程192公里，开工建设2条重载交通试验路段。农村公路建设三年千亿工程开局良好，完成新改建里程2万公里，新增通客车建制村1514个，分别是省政府下达目标任务的2倍和7.5倍，分别占全国的1/16和1/5；襄垣等四县(区)被命名为全国“四好农村路”示范县；三大板块旅游公路开工建设1846公里，完成672公里，黄河干线吕梁碛口段和临汾乾坤湾段、太行干线陵川段3条旅游公路试验段基本建成。具备条件建制村通客车率达到99.85%，7个市实现具备条件建制村通客车全覆盖。山西省被国家批准为通用航空发展示范省；朔州支线机场和芮城、阳城通用机场建设前期工作顺利推进。太原客运东南站、阳泉综合交通客运枢纽等综合客运枢纽加快建设。黄河老牛湾至龙口等3项航运工程和24个渡口码头改造工程扎实推进。

三是三大攻坚战取得重大阶段性成果。风险防范方面，会同省国资委、山西交控集团围绕优化债务结构、降低债务风险深入研究，提出债务化解方案，为省政府打出一套政府注资、政策激励、金融支持、企业挖潜的“组合拳”奠定坚实基础，有效化解政府还贷高速公路2600亿元债务风险。精准脱贫方面，聚焦深度贫困县和26个脱贫摘帽贫困县，共完成交通扶贫投资238.5亿元，占全省交通固定资产投资的51.5%，当年交通专项扶贫任务全部落实。定点帮扶的天镇县玉泉镇6个贫困村全部实现整村脱贫，省交通运输厅被评为全省干部驻村帮扶工作模范单位。污染防治方面，会同公安、环保、商务等部门开展柴油货车和散装物料运输车污染治理专项行动，取得交通污染排放指标大幅下降、通行费收入提升双赢效果。绿色交通快速发展，新能源汽车在城市公交、城市出租汽车中的比例分别达到61%和22%，太原、大同两市列入全国绿色配送试点城市，高速公路服务区全部安装电动汽车充电桩，阳蟒高速公路绿色示范工程进展顺利。落实中央环保督察整改工作受到省整改领导小组通报表扬。

四是交通运输管理体制改革取得重大进展。围绕省委深化党政机构改革总体要求，统筹推进多项叠加的改革任务。厅机关机构改革基本完成。承接厅属事业单位的73项行政职能和省水利厅渔船检验职能，内设机构、人员调整和干部配备等工作已按规定全部完成。交通运输综合行政执法改革破冰前行。在全国率先出台交通运输综合行政执法改革实施意见，交通运输部2019年1号简报介绍山西省改革思路。厅属事业单位改革工作积极推进，山西交控集团涉改企业、人员、债务、资产等全部移交。

五是交通运输供给侧结构性改革不断深入。推进物流业降本增效。实施“分区域、分路段、分时段、分车型”的新一轮高速公路差异化收费政策，全年累计优惠通行费9.2亿元，惠及货车1838万辆。调整优化运输产业结构。大力推广多式联运、甩挂运输、无车承运人、定制客运等先进运输组织方式，太原、大同、临汾3个城市入选陆港型国家物流枢纽承载城市。深化“放管服效”改革，再次取消行政审批1项、下放3项。政务服务窗口全年受理省级审批事项66256件，全部按时办结，跨省大件运输联网审批办结率100%。积极推行“不见面审批”和“最多跑一次”审批服务，“全程网办”审批事项达到89%，超过省政府下达的85%的目标要求。普通货车实现“两检合一”、省内异地互检和异地年审。双随机一公开、信用评价等事中事后监管方式得到推广应用。推进城乡、区域交通运输一体化。继续实施公交优先发展战略，全省新增更新公交车1240辆，11个地级市公交车全部实现全国交通“一卡通”，太原、临汾“公交都市”创建工作稳步推进，太原、临汾等9个地级市建成公共自行车服务系统。全省新开通4条省际、1条市际、5条县际公交化运营的旅游客运线路，省际、市际、县际公交化运营的旅游客运线路达到36条。扎实推进品质工程建设。开展品质攻关、质量安全隐患大排查大整治等系列活动，修订发布8项高速公路施工标准化指南，制定《农村公路建设管理办法》。长大桥梁管理及技术状况受到交通运输部通报表扬。同时，深入推进交通运输军民融合发展，国防公路、交通战备应急管理和信息化建设得到加强。改进优化行业服务，汽车维修电子健康档案系统、“司机之家”和船员“口袋工程”扎实推进。

六是行业治理能力和治理水平进一步提升。法治政府部门建设不断深化。全面落实党政主要负责人履行法治建设第一责任人职责。积极推进地方交通立法工作，出台《山西省民用机场净空和电磁环境保护办法》，填补全省民航机场领域法制空白。加强执法监督，依法受理并办理行政复议案件12件，清理规范执法车辆1190辆。认真落实“谁执法、谁普法”责任制，组织开展宪法宣传系列活动。安全生产形势持续稳定好转。全年发生生产安全事故5起、死亡6人，同比分别下降16%和50%，未发生较大以上生产安全事故，圆满完成省政府下达的安全生产年度目标任务。安全生产基础进一步加强，全年累计排查安全问题隐患8232项，整改8122项，整改率98.66%。完成公路安全生命防护工程5242公里、危桥改造201座、灾害公路治理57公里。与高速交警共同确定高速公路团雾路段21处56公里，全部安装雾区引导防撞系统。“两客一危”重点营运车辆动态监控持续强化，应用“大数据”治理车辆超速、疲劳驾驶等不安全行为成效明显。安全风险管控和隐患排查治理双重预防试点工作积极推进，长临高速“19+1”安全责任体系等4项案例入选交通运输部“平安交通”安全创新案例。治超工作再上新台阶。在全国率先出台《道路货物运输货单使用管理办法》，积极探索以电子抓拍代替人工执法的非现场执法路子，全省货运车辆超限超载率稳定控制在0.2%以内。社会治安综合治理得到加强。深化平安交通建设，扎实开展公路水路安全联防工作，持续推进社会稳定风险评估，积极推动全系统社会矛盾风险防范化解。扫黑除恶专项斗争深入推进。全系统1500名领导干部参加履职督导谈话。围绕道路运输、工程建设等5个领域10类重点，积极开展行业重点治乱专项行动，扎实开展线索摸底排查工作，摸排上报涉黑涉恶线索162条。科技创新加快发展。省厅编制交通运输信息化发展规划，5个部省共建项目前期工作积极推进。阳泉市引进百度公司在全国率先建设无人自动驾驶车路协同系统，并在全省高速公路封闭测试成功。“重载水泥混凝土铺面关键技术与工程应用”获得2018年度国家科学技术进步奖二等奖，另有11项研究成果获省科学技术奖。

七是党的建设全面加强。坚持用习近平新时代中国特色社会主义思想武装头脑，深入学习贯彻党的十九大精神和习近平总书记视察山西重要讲话精神，严明党的政治纪律和政治规矩，引导党员干部切实增强“四个意识”，坚定“四个自信”，做到“两个维护”，始终与以习近平同志为核心的党中央保持高度一致。认真组织开展彻底肃清系统性塌方式腐败流毒影响专项行动，推进民主科学依法决策。加强“三基”建设。通过举办基层党组织书记和党务干部能力提升培训班、加强效能建设自评，着力提升基层党建水平、基础工作水平和党员干部基本能力。深入推进党风廉政建设。扎实开展“党风廉政宣传教育月”活动。制定落实中央八项规定精神实施细则，全系统干事创业的氛围更加浓厚。注重抓早抓小，用好监督执纪“四种形态”，纪检监察部门共处理问题线索129件，全系统党纪政务处分24人，组织处理92人，其中诫勉谈话29人。

2018年，面对艰巨繁重的改革发展稳定任务，省交通运输厅党组带领全系统广大干部职工全力攻克资金短缺、改革滞后、管理粗放等长期困扰行业发展的重大难题，取得明显成效，得到省委、省政府和交通运输部的充分肯定。省委书记骆惠宁、省长楼阳生多次作出批示，指出高速公路债务化解是“办了一件大事”；指出柴油货车污染治理“初战告捷、路子对头”，并要求“深化整治不动摇”。交通运输部先后在山西召开现场会、座谈会和下发通报简报，推广全省治超、综合行政执法改革、差异化收费等经验。

（师国梁　陈瑞丽）

附：省交通运输厅党组书记、副书记、成员名单

书　记：闫晨曦

副书记：唐　晋（7月离职）

成　员：张晓玲　秦红保　雷天才　李贵顺　王　晋　段新源

省水利厅党组

党组书记　常书铭

2018年，山西省建成6座水库和3个灌区工程；新增高效节水灌溉面积53.45万亩；全年完成水土流失治理面积532万亩，累计治理度达到63%；全年新建农村饮水安全巩固提升工程5837处；汾河干流已建成24个水量水质监测站；全省重要江河湖泊水功能区水质达标率68.2%；用水总量控制在86亿立方米以内；万元地区生产总值用水量和万元工业增加值用水量较2017年度分别下降7.4%、3%；全省河湖共清理违章堆积物、建筑物、淤积物1000余万方，整治采砂场点271个。以汾河为重点的“七河”流域生态保护与修复工作正在实施，全省河湖长工作体系建立，国务院对省、省对市的最严格水资源管理考核工作完成，大小水网内4座新开工

水库、3座续建水库等一批重点工程建设进行中。

一、业务工作

(一)行业监管。配合水利部3次对省内水利项目进行稽查,问题整改率82%。开展各类安全生产检查8次。针对水利水电施工企业安全生产管理人员考核工作制定流程图和廉政风险控制图,强化对施工企业安全管理人员的培训考核,2018年共计完成考核1102人。

(二)水政。对现行权力清单进行全面清理调整予以规范。进行水利行政审批制度改革,以省级政务服务中心为平台,确保实行全程网办事项,比例达到73%。

(三)水资源。完成国家、省最严格水资源管理考核。全面完成了2017年度最严格水资源管理制度考核的各项目标任务。9月,在水利部考核通报中评为良好等级。优化全域化水资源配置。将用水总量分配到市的基础上,督促各市再分配到各县、各行业。利用万家寨引黄北干线,调黄河水向永定河生态补水5000万立方米;用引黄水代替地下水(置换水量11500立方米/天)关闭大同市云州区周士庄镇地下水水源地;各市、县抓紧落实水资源全域化配置工作。京津冀晋等区域地下水修复试点。中央第二批水利发展资金下达4亿元用于山西省地下水超采区综合治理。确定汾河流域为地下水超采区综合治理区,年底完成全部投资的80%以上。岩溶大泉保护。(1)在晋祠泉域重点保护区实施禁采、限采,分类处置泉域内煤矿。(2)加大汾河河道对晋祠泉域的入渗补给。晋祠难老泉地下水位较上年初上升2.5米,有望恢复自然出流。第三次水资源评价。修订《山西省第三次水资源调查评价技术大纲》《山西省第三次水资源调查评价技术细则》。国家级重要江河湖泊水功能区水质监测。重要水功能区水质达标率目标值65%,年度重要河湖水库功能区水质达标率68.2%。水资源消耗强度控制。用水总量控制在86亿立方米以内,万元地区生产总值用水量和万元工业增加值用水量较上年度分别下降7.4%、3%。

(四)水利规划。重大水利规划。(1)完成山西省"十三五"水利发展规划中期评估、"十三五"水利扶贫规划中期评估和国家级区域规划涉及水利方面实施情况的中期评估。(2)编制完成防汛抗旱水利提升工程实施方案。(3)开展山西省耕地草原河湖休养生息规划(水利部分)自查。(4)着手开展保持基础设施领域补短板水利领域实施方案。黄河古贤枢纽工程前期可行性研究报告已批复。《古贤工程山西供水区规划》完成。拟定了黄河古贤山西出资人代表组建方案,正在征求各相关方意见。水利综合改革。(1)12月,完成省级水行政机构改革任务,厅机关划转5项职责,转隶公务员和事业单位人员107人,核定机关行政编制100名,内设处室20个,同时设总工程师、总规划师、总经济师各1名。(2)完成改革任务自查情况报告总计11项。

(五)基本建设。大小水网建设。中部引黄工程水源泵站实现首台机组顺利上水,并试通水至兴县;辛安泉供水工程实现向长治市工业供水1800万立方米;小浪底引黄工程板涧河水库通过蓄水验收,地下泵站主体工程基本具备上水条件;东山供水工程多库联通工程主体完工,四库联调能力达到4874万立方米。与大水网骨干工程相配套的县域小水网积极推进,年内新增的6县县域小水网规划和13座水库可研通过技术审核,2座水库初设已批复,6座水库和3个灌区工程已基本建成,4座新开工水库、3座续建水库等一批重点工程建设进展顺利。汾河流域生态修复。全面实施以汾河为重点的"七河"流域生态保护与修复。

(六)水旱灾害防御。防汛工作。汛期出现6次较大范围降雨过程,全省605座水库、2035座大中型淤地坝无一垮坝,主要河流未决口,重要城市和重要基础设施安全度汛,最大限度减少灾害风险和损失,如期实现"三确保、一减少"目标。抗旱工作。全省农作物受旱面积789万亩,受灾面积150万亩,成灾面积90万亩。因旱累计造成5.37万人、大畜1.05万头,发生临时性缺水。农业总损失8.78亿元,林牧业、水产养殖等经济损失1.43亿元。估计全省粮食总产量136.3亿千克,比上年增产0.9亿千克。

(七)农村水利水电。农田水利建设。(1)高效节水灌溉项目。全省年度高效节水灌溉建设任务50万亩。(2)农业综合开发中型灌区节水改造项目。2017-2018年度项目为运城常乐垣等3个灌区,总投资5250万元,年底项目全部完成。2018-2019年度立项太原敦化3个灌区项目,投资4500万元。年内到位1680万元,完成1360万元,达到投资80%的目标要求。(3)中央资金维修养护项目。3月份下达投资6000万元,年底全部完成。农业水价综合改革。按照农业水价综合改革模式,年内目标是改革面积235万亩。配合国家发改委完成2017年度农业水价综合改革绩效评价督导抽查;年内下达水价改革资金8600万元。年底,稷山、洪洞2个水价改革试点县改革任务基本完成,高效节水灌溉项目县水价综合改革工作同步开展;235万亩建设任务全部完成。绿色小水电站创建。因地制宜、分类推进,积极创建绿色小水电站。7月底完成省级初验和系统申报,推荐泽州县拴驴泉等6座水电站进入全国绿色小水电站创建行列。电站增效扩容改造和河流生态修复。(1)对农村水电增效扩容改造项目进行督查。年底,10座水电站完成改造,试行发电。累计完成投资8638万元。(2)5条河流上的27个河流生态修复项目全部开工建设。累计完成投资513万元。农村水电安全管理。对全省已建成的27座农村水电站水库大坝进行全面排查;配合水利部检查组对晋城市4座带水库水电站安全度汛进行检查,获较高评价。

(八)农村饮水安全。2018年山西省农村饮水安全落实资金15.04亿元,新建农村饮水安全巩固提升工程5837处;改善提高360万人饮水安全问题;2018年退出的26个贫困县饮水安全问题全部得到解决。脱贫攻坚农村饮水安全。摸清有脱贫任务县的农村饮水安全问题底数,估算投资。加大对贫困县省以上资金倾斜力度,从7.08亿元省以上投资中安排下达6.145亿元用于支持15个2017年已脱贫县和43个未脱贫县农村饮水安全巩固提升工程建设,贫困地区省以上投资占比87%,比上年增加17%。提升脱贫攻坚农村饮水安全保障水平。(1)提出解决饮用旱井水问题的措施。年内,安排省以上投资4596万元,用于解决河曲、偏关、隰县、交口等30个县的农村饮用旱井水问题。(2)启动水质氟砷超标供水工程改水。

(九)节约用水。2018年度下达节水型社会建设补助项目(转移支付类)省级资金800万元,主要用于扶持第一批县域节水型社会建设达标县开展相关建设内容,编制了节水型社会建设(事业发展类)补助项目2160万元的年度投资计划,主要用于扶持节水载体建设、节水宣传、节水技术推广和节水管理支撑等相关项目的开展。

(十)河湖长制工作。2.1万名河湖长全部上岗履职,全年累计巡河巡湖58.1万人次,发现问题整改率达到99%。全省河湖"清四乱"、"清河"专项行动和采砂专项整治工作扎实推进,共清理违章堆积物、建筑物、淤积物1000余万方,整治采砂场点271个。阳泉、晋城等市率先实行河湖警长制,严打各类破坏河湖生态环境违法犯罪活动。

(十一)水生态文明建设。以汾河为重点的"七河"流域生态保护与修复全面实施。2018年内山西省下达生态建设项目39个,总投资8.93亿元。

(十二)重点水利工程建设。主要工程建设有:辛安泉供水工程;东山供水工程;中部引黄、小浪底引黄工程。10月底,年内完成隧洞掘进18.08km,隧洞衬砌65.25km,输水管道铺设12.7km。三工程批复概算172.08亿元,累计下达153.09亿元,到位149.17亿元。

(十三)水土保持。水保重点工程。2018年实施了中央水利发展资金水土保持、省水保生态建设补助等国家和省水土保持重点工程项目。山西是全国水土保持工程建设以奖代补试点项目9个试点省份之一,吉县、隰县、大宁县、乡宁县、蒲县和汾西县被水利部纳入《黄土高原地区沟壑区固沟保塬综合治理规划》实施范围。10月底,京津风沙源治理水土保持项目任务全部完成,中央水利发展资金水土保持项目、坡耕地水土流失综合治理工程、黄土高原塬面保护项目完成中央投资75.8%,年底完成了水利部80%的投资进度要求。水保监督管理。(1)开展水保督查;配合上级部门对太焦铁路等15个部批生产建设项目进行了监查。(2)完成水保补偿费收费标准修订。(3)完成晋陕蒙接壤地区生产建设项目水保动态监管任务。(4)10月底,共审查省级水保方案58个,接收省级水保设施验收报备50个。

(十四)安全生产。水库安全运行管理。(1)细化、实化岗位管理及监管职责,完善水库防汛准备和应急预案,强化值班制度和应急管理。(2)强化水库安全隐患排查督查。水产品质量安全管理。水产品质量安全监控范围覆盖全省11个市和51个县。开展了2批产地水产苗种、3批产地水产品质量安全监督抽查。配合相关质检单位完成4次市场水产品质量安全例行监测、2次产地水产品质量安全监督抽查(合格率100%)、1次产地水产苗种质量安全监督抽查(合格率100%)。

(十五)科技与教育。上报申请科技进步奖项目共三个:山西省水库大坝安全智能监控系统开发及应用、灌溉施肥动态调控决策及实施技术研究与应用、天地一体化水利大数据仿真平台。省水科院承担的"潜流人工湿地污水处理技术研究"、山西省水利职业技术学院承担的"桑干河水生态修复研究"等22个项目通过水利厅验收。验收通过率达到90%以上。

(十六)信息化建设。省水利厅网络安全与信息化领导小组成立。启动水利行业数据能力中心建设工作,9个重点水利工程单位的信息化调度、全线信息自动化建设、全省地下水超采区综合治理信息化等项目均已开工建设。水库水位水质监测和地下水监测体系建设维护资金共355.2万元,已完成了招投标工作,下市县的资金计划已下达。

(十七)重点工作。生态补水。积极推动和拓展黄河水的使用量及覆盖范围。通过实施永定河生态水量调度,利用万家寨引黄北干线黄河水向永定河生态补水5000万立方米;关闭大同市云州区周士庄镇二三十里铺地下水水源地,利用引黄水代替地下水(置换水量11500立方米/天);积极推进小浪底引黄工程2.47亿立方米和禹门口水利工程新增取水5.05亿立方米的黄河干流取水许可相关手续办理等工作。汾河流域全年累计配置水量3.82亿立方米,其中汾河灌区引水1.56亿立方米,向下游河道生态补水2.26亿立方米,供给汾河中游区域工农业生产和汾河流域生态修复治理所需水源。

二、党建工作

采取支部学习、专家授课、知识答题、参观考察等多种形式,通过新闻媒体、微信群、QQ群、各单位网站等多种渠道进行学习。组织召开了"标准问题讨论"研讨会、学用"习近平新时代中国特色社会主义思想"经验交流会、意识形态分析研判会等;组织厅直300余名党务干部进行党建基本知识考试、厅直近150余名处级领导干部进行时事政治、党章党纪党规等方面内容考试。表彰了一批先进基层党组织、优秀党务工作者和优秀共产党员,开展领导干部讲党课;开展了共产党员"戴党徽、亮身份、明岗位、树形象"活动;组织举办了"中国梦·劳动美·青春展风采"演讲比赛。"三基建设"全面推进。制定全省水利系统"三基建设"2018年度重点工作任务清单。建立厅领导班子成员"三基建设"联系点制度,提升"三基建设"标准。开展"三基建设"2018年度专项督查活动。今年共制定目标任务32项,10月底任务全部完成。全面提升厅直基层党组织组织力。全面推行支部主题党日制度。落实厅直机关党组织换届提醒制度。

(王秀芳　贾　懿)

附:省水利厅党组书记、成员名单

书　记: 常书铭

成　员: 李　力(8月离职)　白小丹　张建中

王　兵(11月任职)　武福玉(10月离职)

韩向宇(1月任职)　王贵平(9月离职)

王玉明(1月免职)

省农业农村厅党组

党组书记　乔建军

一、概述

在新一轮机构改革中，新组建山西省农业农村厅，将省委农办设在省农业农村厅。根据省委“三定”规定，省农业农村厅主要职责是：统筹研究和组织实施“三农”工作战略、规划和政策，监督管理种植业、畜牧业、渔业、农垦、农业机械化、农产品质量安全，负责农业投资管理等职责。2018年，全省各级农业农村部门深入贯彻落实习近平总书记关于“三农”工作的重要论述和视察山西重要讲话精神，紧紧围绕省委、省政府“三农”工作决策部署，按照高质量发展要求，以实施乡村振兴战略为总抓手，以农业供给侧结构性改革为主线，着力推动农业增效、农民增收、农村发展，“三农”各项工作取得重大进展，为全省经济社会发展全局提供了有力支撑。

粮食生产能力明显提高。全省粮食总产量连续7年稳定在130亿公斤以上，平均产量达135.51亿公斤。2018年粮食总产138.04亿公斤，为历史第二高产年（2014年粮食总产138.7亿公斤，为历史最高年）；单产293.3公斤，创历史最高水平。

畜牧业平稳发展。2018年全省肉类总产92.2万吨，比上年减少0.2%，排全国第24位；禽蛋产量102.6万吨，增长0.7%，排全国第12位；牛奶产量81.1万吨，增长4.7%，排全国第10位。全省牛存栏102.0万头，比上年增长1.2%；出栏44.0万头，增长9.6%。羊存栏875.6万只，减少7.2%；出栏558.7万只，减少5.4%。家禽存栏10202.5万只，减少2.9%；出栏11968.5万只，减少2.9%。

水果蔬菜中药材快速发展。全省水果面积540.5万亩，产量750.5万吨，苹果、梨产量排全国前5位。全省水果出口量32万吨（海关报检数据），出口额3.7亿美元，产品远销世界58个国家和地区。全省蔬菜总面积265万亩、产量822万吨，蔬菜播种面积排全国23位。全省中药材种植面积为310万亩，排全国9位。远志、连翘、黄芩、柴胡产量分别约占到全国需求量的70%、50%、40%、25%。恒山黄芪和安泽连翘获得国家地理保护产品，安泽县被誉为全国连翘生产第一县。

农产品加工收入稳步增长。2018年，全省农产品加工企业销售收入实现1802亿元，增幅达到10.8%。全省农业产业化龙头企业销售收入超10亿元18家，超5亿元的40家，销售额过亿元的农产品加工企业由2011年的不到100家增加到目前的224家。

农民收入较快增长。全省农村居民人均可支配收入连续六年实现“两个高于”（高于GDP，高于城镇居民收入增幅），2018年全省农村居民人均可支配收入11750元，增长8.9%，快于城镇居民收入增速2.4个百分点，自2014年来首次超全国平均增速。

二、大力实施乡村振兴战略

对标一流，加强顶层设计和整体谋划，高起点搭建乡村振兴战略“四梁八柱”。出台了《推进乡村振兴战略的实施意见》《乡村振兴战略总体规划》和产业振兴、生态宜居、乡风文明、治理有效、生活富裕、体制机制创新“5+1”专项规划。同步推进市、县总体规划和专项规划编制。调整完善省委农村工作领导小组，推动成立了省委书记、省长双组长的山西省实施乡村振兴战略领导小组，组建了产业振兴、文化振兴、生态振兴、乡村建设、民生保障、组织人才振兴、规划和体制机制创新7个专项推进小组。谋划出台2018年实施乡村振兴若干政策措施，新增15亿元财政资金，整合资金90多亿元，用于发展城郊农业、旱作农业、省级三大战略和六大产业集群等乡村振兴项目，带动全省各级各渠道投入乡村振兴资金达千亿元。

三、继续深化农业供给侧结构性改革

农业结构持续优化。新调减籽粒玉米118万亩，着力打造杂粮、畜牧、蔬菜、果业、中药材、酿造等六大优势产业集群，全省创建特优区、产业园、农业开发区32个，“忻州杂粮”“吉县苹果”和“沁州黄小米”成功入围国家特优区创建行列。忻州国家级杂粮产地交易市场开工建设。新认证“三品一标”产品1295个，绿色、有机农产品产地面积同比增长60.8%。大力发展有机旱作农业，出台实施意见，制定扶持政策，新增资金7亿元，启动实施了耕地质量提升、农水集约增效、旱作良种攻关等六大工程，支持1市5县30个有机旱作农业封闭示范区创建，建立专家包县包片制度，推广旱作技术1100万亩次。布局建设三大省级战略，打造农业结构调整新引擎。聚焦农业科技创新和农村改革两大任务，围绕平台打造、产品开发等10个突破，出台农谷建设规划和扶持政策，设立产业发展基金，推进“谷城院”融合与国家级农高区创建，成功举办全国农村改革（太谷）论坛。大力度建设雁门关农牧交错带示范区，选择大同、朔州、忻州、吕梁、太原5市的36县，着力推进农林草牧业协调发展，打造全国北方农牧交错带样板区。全区粮经饲比例调整到52：18：30，示范区草食畜养殖量占全省比重达到65%。主动融入国家“一带一路”战略，全方位提升运城农产品出口平台，建设农产品出口服务中心和检疫检验服务平台，连续举办三届果博会，2018年全省出口水果3.7亿美元。城郊农业、乡村旅游等新产业、新业态蓬勃发展，新建设益农信息社7000个。

四、进一步改善农村人居环境

出台农村人居环境整治三年行动实施方案，召开全省实施乡村振兴暨改善农村人居环境现场推进会，启动拆违治乱、垃圾治理、污水治理、厕所革命、卫生乡村“五个专项”行动。学习借鉴浙江“千村示范、万村整治”经验，开展省级11个示范县、首批253个示范村创建；持续推进美丽宜居示范创建，坚决落实中央环保督查整改要求，打好农业面源污染防治攻坚战，支持21个县开展有机肥替代化肥、秸秆综合利用、农膜回收试点，化肥、农药用量连续三年实现负增长，配套建设1800个规模养殖场粪污处理设施，全省规模养殖场粪污处理设施配套率达80%。

五、进一步深化农业农村改革

农村土地承包经营权确权登记颁证基本完成，数据库成果汇交在全国位列前三。落实农村土地所有权、承包权、经营权“三权分置”办法，引导土地经营权有序流转，县乡两级农村产权流转交易市场基本建成。农村集体产权制度改革稳步推进，全省有21978个集体经济组织完成清产核资工作，中央和省确立的14个试点县完成试点任务并通过验收。农垦改革发展“两个3年”任务全面完成。整合资金1亿元，实施现代青年农场主等“四个计划”，累计培育各类新型职业农民5.8万人。

六、加快推进特色农业扶贫

成功举办推进产业扶贫助力乡村振兴企业与项目暨产销对接洽谈会，签约金额68亿元。安排资金6.25亿元，支持10个深度贫困县培育主导产业。完善“五有”产业扶贫机制，挖掘推广38个贫困县产业扶贫典型经验，我省“五有机制”入选全国产业扶贫十大机制创新典型。

（孙青洪）

附：省农业农村厅党组书记、成员名单

书　记：乔建军（10月任职）

成　员：茹栋梅（女，10月任职）　张和平（10月任职）

郭建文（10月任职，12月离职）

穆晓彤（10月任职）　张软斌（12月任职）

省商务厅党组

党组书记　韩春霖

2018年，全省商务系统以习近平新时代中国特色社会主义思想和党的十九大精神为指导，深入贯彻落实习近平总书记视察山西重要讲话精神及省委十一届六次、七次全会精神，以服务全省转型发展为目标，扎实推进商务领域改革创新发展，圆满完成了各项任务。

截至2018年底，商务厅直属机关党委共有131个各级基层党组织，其中党委11个，总支7个，支部113个，共有党员近2200名。

一、强化政治意识，认真落实全面从严治党要求

全面加强党的政治建设。制定了《关于进一步加强省商务厅党组自身建设的意见》，提出了以“对党忠诚、善于学习、团结协作、真抓实干、担当负责、清正廉洁”为主要内容的六个“建设目标”。严格落实省委《关于坚决维护党中央集中统一领导的规定》。以党组中心组理论学习、“三会一课”、商务大讲堂等形式，深入开展政治理论学习。创新学习方法，把学习习近平新时代中国特色社会主义思想和习近平总书记视察山西重要讲话精神列为每次党组会第一项议题，专人导读专题研讨。制定了加强意识形态工作的意见，落实党组网络意识形态和网络安全两个责任制。

认真履行从严治党主体责任。厅党组专题研究部署从严治党工作，研究解决干部队伍突出问题。全面落实《关于加强党对反腐败工作全过程领导常态化制度化长效化的实施意见(试行)》，召开落实党风廉政建设“两个责任”集体约谈会议，逐级签订责任书。开展商务民生领域腐败和不正之风专项整治，对部分市县专项资金使用、行政审批等事项进行了督导检查。认真开展集中整治形式主义、官僚主义行动，严肃整治领导干部利用名贵特产类特殊资源谋取私利问题。严格落实中央八项规定精神，修订完善实施细则，加大对贯彻落实情况的监督检查。

鼓励干部担当作为。围绕新时代新担当，厅党组书记、厅长在“七一”主讲了专题党课。开展“以开放带转型”大讨论、“新时代新担当新作为”主体党日、“践行讲话精神、履行商务使命”主题征文、“学党史、强党性、筑党魂”党性教育等活动。

选调干部参加任职培训、东部地区挂职锻炼。厅领导班子结构不断优化,优秀干部得到提拔重用,树立了鲜明的重实干重业绩的用人导向。

抓实"三基建设"和效能建设。加强基层组织建设,成立了省商贸行业协会党委、厅青年工作委员会和厅妇女工作委员会。加强基础工作,重点提高公文质量,理顺处室职能,强化保密意识,完善保密设施和措施,重要会议严禁携带手机,专门建立了保密阅文室,配备了保密屏蔽柜,实行网上信息发布保密审查机制。认真开展效能建设评估试点工作,被评为优秀等次。提升干部基本能力,组织商务系统专题培训 23 次,1707 人次。严格落实"13710"督办制度,共受领省政府交办事项 73 件,办结 57 项,其余正在推进。

坚决落实中央及省委、省政府各项决策部署。认真贯彻落实中央巡视整改、环保督查整改的有关要求,涉及我厅的各项整改任务已全部落实。在扫黑除恶专项斗争方面,共排摸涉嫌违法犯罪线索 21 条,涉嫌"保护伞"和腐败案件线索 6 条,重点行业治乱 596 个。在脱贫攻坚方面,帮扶的右玉县右卫镇五个贫困村通过国务院抽查考核,全面开展电商扶贫、对外劳务扶贫、"百城万村"家政扶贫、消费扶贫等商务领域特色扶贫。全省 18 个国家级贫困县列入电子商务进农村综合示范县,实现国家级贫困县全覆盖。组织开展劳务扶贫对接系列活动和政策宣讲暨现场招聘会,建立了对外劳务扶贫境外人身意外伤害保险统保体系。组织家政企业与贫困县对接,安排 2919 名建档立卡贫困人员从事家政服务。举办全省贫困地区农特产品"五进"对接促销会,实际成交约 1020 万元。在支持民营企业发展方面,研究出台支持民营企业发展的实施意见,在打击取缔黑加油站点专项行动方面,共取缔黑加油站点 384 个,查处黑油罐车 142 辆,查没非法油品 392.6 吨。

二、狠抓工作落实,确保各项目标任务圆满完成

开发区改革创新取得阶段性成效。2018 年新设立 24 个省级开发区,全省开发区数量达到 64 个。推进《山西省开发区条例》立法。深化开发区"三化三制"改革,出台开发区发展水平考核等办法,协调推动 8 个市管开发区剥离社会管理事务,制定开发区管运营分离指导意见,在潞城经济技术开发区开展民营企业管理运营开发区试点。指导推动晋中、大同等开发区国际产业园区建设。省市政府累计向综改区依法授权 1184 项,将综改区 32 项改革创新经验复制推广到全省开发区。

招商引资质量进一步提升。研究制定了省政府驻外办事处招商引资考核指导意见,建立了招商项目储备衔接机制。在上海、深圳及港澳等地举办了 6 场省级重大招商引资活动。在天津、成都等地举办了 6 场产业专题招商活动。指导各市举办招商活动 40 场。编制完成了《山西省制造业十二大领域发展(招商)图谱》,组成 14 个小分队开展精准招商。

开放型经济稳步推进。一是积极参与"一带一路"建设。制定实施三年滚动实施方案。落实协同推进我省参与"一带一路"建设国际产能和装备制造战略合作协议。2018 年开行中欧(中亚)班列 50 列,与"一带一路"沿线国家(地区)进出口贸易增长 26.3%,对"一带一路"沿线国家直接投资同比增长 10 倍。二是妥善应对中美经贸摩擦。建立了中美贸易风险预警机制,成立了省市两级风险预警小组,对受影响企业进行预警分级,开展高、中危企业旬报监测,赴地市和沿海地区开展专题调研,召开中美贸易重点企业座谈会,提出应对措施。三是做好稳外贸工作。出台并落实外贸主体培育三年行动计划等 7 个稳外贸政策性文件。支持进口先进技术和设备,支持服务贸易重点企业。组织 1022 家采购商参加首届进口博览会,成交额全国位次比 2017 年山西进口额全国位次提升 3 位。全省货物贸易进出口额 1369.87 亿元,同比增长 17.8%,超过全年目标 15.2 个百分点,增速居全国第 9 位,绝对值全国位次提升 2 位。机电产品、高新技术产品出口分别同比增长 24.8%、24.6%。服务贸易进出口额 56.72 亿美元,同比增长 50.6%。四是做好稳外资工作。出台促进外资增长的若干意见,实行外资企业备案与工商登记"一口办理",下放外资企业备案管理权限。推动具备条件的 69 项国家自贸区改革试点经验落地。召开外资企业高管座谈会,协调推动解决企业提出的问题 20 多件。2018 年,全省实际利用外资(商务部口径)11.7 亿美元,同比增长 419.6%。五是推动对外投资合作。制定实施规范企业海外经营行为和安全工作方案。山西建邦集团投资印尼钢材生产等国际产能合作重点项目顺利推进。晋非合作区入园企业已达 40 余家。2018 年,我省企业对外投资 3.34 亿美元,同比增长 99%;对外承包工程完成营业额 14 亿美元,增长 97%,创历史新高。累计派出劳务人员增长 1.3 倍。六是打造国际化会展平台。成功举办 2018 中国(太原)国际能源产业博览会,30 个国家和地区 289 家企业、团组参展参会,观展人数超过 4 万人次。开展"千企百展"行动计划,举办 4 场境外自办展,组织参加 4 场境内涉外展。充分发挥会展业发展专项奖补资金作用,全省举办市场化展会 184 场,其中展览类 165 场,同比增长 26.92%。

积极促进消费增长。制定并实施消费升级三年行动计划。支持龙头电商企业发展。在太原市开展新零售线上线下融合试点。全省建成 84 个城乡便民消费服务网点。支持经贸企业开设贫困地区农产品销售专区,建立农产品生产基地。新打造 8 条特色商业街。太钢不锈钢等 3 家企业成为国家供应链创新与应用试点企业,太原市成为全国流通领域现代供应链体系建设试点城市。全年新增 945 家限额以上商贸流通企业。十大挂牌推进项目累计完成投资 28.66 亿元。山西商务诚信公共服务平台实现上线运营,建立了失信惩戒和守信激励机制。开展首批"三晋老字号"认定工作。推进餐饮企业连锁化经营,新增网店 130 多个。支持"家政无忧"项目建设,开展家政服务行业国家标准化试点。2018 年,全省社会消费品零售总额增长 8.2%,超过全年目标 1.2 个百分点,网络零售额增长 27.6%,超过全年目标 14 个百分点。

三、坚持依法行政,不断提升服务水平

全面推进商务法治建设。健全组织机构,制定年度工作要点,认真落实普法责任制,出台了规范性文件制定程序规定,开展了国家宪法日宣传周系列宣传活动,组织学习新修订宪法和专题培训。开展了商务部门权责清单标准化建设工作,形成全省商务系统权责清单一张网。

打造法治化营商环境。一是大幅提升审批效能。全厅31个审批事项的审批要件由268条压减至162条;法定办理时限由平均18.9个工作日压减至9.5个工作日。二是加强商务领域事中事后监管。动态调整“一单两库”,修改完善“双随机一公开”实施细则,对报废汽车拆解、商业特许经营等9项执法事项采取“双随机一公开”监管。

严格落实安全生产责任制。成立了全省商务系统安全生产工作领导小组,组织开展安全生产大检查和应急演练,签订责任书,建立每月例会制度,加强督查检查,及时排查风险隐患,保障商务系统健康有序发展。

(王　霖)

附:省商务厅党组书记、成员名单

书　记:韩春霖

成　员:王宏晋(10月任职)　牛榆生　赵贵全
张效生(6月任职)　张　文(7月离职)
李志胜(9月离职)

省文化和旅游厅党组

党组书记　刘润民

一、单位职能简介

省文化和旅游厅的主要职责是:组织实施关于文化和旅游的法律法规,研究拟订文化和旅游政策措施,起草文化和旅游地方性法规、规章草案;统筹规划全省文化事业、文化产业和旅游业发展;管理全省性重大文化和旅游活动;指导、管理全省文艺事业;负责公共文化事业发展;指导、推进文化和旅游科技创新发展;负责全省非物质文化遗产保护;统筹规划文化产业和旅游产业;拟订全省文化和旅游市场发展规划;负责文化和旅游行政审批工作;指导全省文化和旅游市场综合执法;组织实施重大文化和旅游对外及对港澳台交流活动;制定并组织实施全省文化和旅游行业人才教育培训规划;牵头办理与文物领域紧密相关的重要事项。

二、党的建设方面

政治建设扎实有效。坚持用习近平新时代中国特色社会主义思想武装头脑、指导实践、推动工作,全年中心组集中学习25次,促进中心组学习规范化、时效化。注重创新学习方式,督促各级党组织通过在线学习、专题研讨、警示教育等多种形式抓好学习,组织专题研讨3次,党组书记以“大力加强机关和基层党的建设”为主题,为700余名党员讲党课,安排105名处级干部和300余名处以下干部参加十九大精神学习班,实现学习教育全覆盖。组织主题党日文艺演出、重温入党誓词等活动,教育引导党员干部提高政治站位,树牢“四个意识”、坚决做到“两个维护”。深入贯彻落实习近平总书记视察山西重要讲话精神,坚持和加强党的全面领导,围绕提供优秀文化产品和服务、优质旅游产品和服务这个中心环节,深化文旅融合发展,推动全省文化旅游产业战略地位进一步确立,进入全新发展阶段。

党的领导全面加强。坚决落实管党治党主体责任和监督责任,建立党组书记直接抓、班子成员具体抓的工作格局,推动全面从严治党持续向纵深发展。“两学一做”学习教育逐步常态化制度化,“不忘初心、牢记使命”“戴党徽、亮身份、明岗位、树形象”等活动扎实开展。各党支部积极订阅、研学党报党刊,编撰《党组中心组和干部理论学习资料》,研学《习近平谈治国理政》等30余种书籍并撰写学习体会,组织收看纪念马克思诞辰200周年大会和庆祝改革开放40周年大会,增强学习效果,促使全厅上下思想基础进一步筑牢,党性修养进一步提高。注重坚持把学习贯彻习近平新时代中国特色社会主义思想与习近平总书记视察山西重要讲话结合起来,狠抓讲话精神贯彻落实,专题研究部署,对加强组织领导、繁荣社会主义文化、激发内生动力、严肃党内政治生活等方面进行“回头看”,强化自查提高,确保落实到位。深入落实意识形态工作责任制,4次研判意识形态工作,出台5个文件规范相关工作。严把舆论导向,运用新媒体进行正面宣传引导,创作优秀文艺作品,传播社会主义先进文化。强化营业性演出、网络文化经营等领域监管,确保文化领域意识形态安全。

“三基建设”稳步推进。印发“三基建设”重点任务清单,全年组织推进会5次、调研2次、督查3次。强化基层组织,开展党建分析讨论,完成整改措施22条,建立党员教育基地和智慧党建平台,组织基层党组织书记赴梁家河、井冈山培训学习,在右玉干部学院进行党建和全域旅游专题辅导,举办纪念建党97周年文艺演出,加强支部规范化建设,印发支部建设8个流程图,严格落实“三会一课”等制度。坚持“三重一大”事项经党组班子集体研究决定,民主决策、科学决策的机制进一步巩固,党组班子形成了政治坚定、团结向上、担当作为、勤政务实的良好氛围和整体合力。夯实基础工作,认真开展评估,制定“一目录、三手册”,健全完善65项制度,在省

委考核验收中评为优秀。提升基本能力,把讲政治的要求贯穿到各项工作和党员干部教育管理全过程,全厅党员干部制定个人能力学习提升计划,组织12000人次参加“五大培训”。在永济市召开全省公共文化领域“三基”建设培训班,组织130余名市县文化局长交流研讨,提升基层干部想为会为能力。坚持问题导向,围绕全面提升文旅服务质量和水平,大兴调查研究。坚持严管厚爱并重,公平公开公正培养选拔干部,全年22名处级干部顺利转正,解决3名干部两地分居实际困难,慰问生活困难职工40人次,对19个优秀基层党组织、14名优秀党务工作者和52名优秀共产党员进行表彰,在全省范围内选树优秀文化志愿者115人,挖掘乡土文化能人138名,授予荣誉单位248个,系统上下干部职工荣誉感、归属感、获得感不断增强,呈现出团结向上、干事创业的良好氛围。

党风廉政建设常抓不懈。坚决落实党风廉政建设主体责任,层层签订《党风廉政建设责任书》。严格执行中央八项规定,印发实施细则,党组书记分别与班子成员、支部书记、处室及直属单位负责人廉政谈话,并深入基层党组织进行主体责任调研,全年各级领导党风廉政谈话300余次,初步核实违纪案件1起,党纪处分1人,组织提醒谈话7人次,诫勉谈话3人次。严格执行党内法规,通过警示教育强化党员领导干部廉洁自律。持续开展整治群众身边腐败工作,各项工作“纪检参与”常态化,全年未发生违反党风廉政问题。召开肃清流毒影响专题民主生活会,印发反对形式主义、官僚主义的实施方案,并开展集中整治工作,全厅作风和纪律建设进一步加强。

三、业务工作方面

旅游经济持续保持较快增长。全省共接待入境过夜旅游者71.35万人次,实现入境旅游创汇3.78亿美元,同比增长分别为6.48%、7.95%;接待国内旅游者7.04亿人次,国内旅游收入6699.46亿元,同比增长分别为25.51%、25.49%;实现旅游总收入6728.70亿元,同比增长25.53%,增幅均高于全国平均值。

文化和旅游影响力进一步扩大。成立文化艺术专家委员会,印发《常态化推进深入生活、扎根人民工作的指导意见》,在神池、右玉建立艺术采风创作基地,选派青年编剧深入基层创作采风。舞剧《一把酸枣》在深圳举办庆祝改革开放40周年千场纪念演出活动,观众已逾百万。晋剧《傅山进京》和舞剧《粉墨春秋》被文旅部雒树刚部长写入《改革开放40年舞台艺术成就与经验》一文,给予高度评价。上党梆子《太行娘亲》入选国家舞台艺术精品工程重点扶持剧目,音乐舞蹈史诗《为有牺牲多壮志》入选扶持名录。成功举办山西省庆祝改革开放40周年群众文化系列活动,省主要领导给予高度评价。举办庆祝改革开放40周年现实题材剧目展演。我省9名选手在第12届中国少儿戏曲小梅花荟萃活动中全部获得金奖。加大文旅宣传力度,联合中铁太原局集团公司开展百趟旅游专列入晋游活动,目前已达到103列。在北京和境外举办了7场专场旅游推介会,邀请境内外旅行商566人来我省踩线考察。圆满完成党际交往和“欢乐春节”等任务,组织葡共《前进报》山西文化旅游推介活动,成功举办山西非遗精品展和中国山西电影周。成功举办全省旅发大会、港澳青少年长城研学游宣传推广活动暨内地游学联盟大会和首届大河文明旅游论坛等重大文旅活动。

非遗保护利用迈出新步伐。实施山西省传统工艺振兴计划,以省政府办公厅名义转发《关于贯彻落实<中国传统工艺振兴计划>的实施意见》。支持全国第八个传统工艺工作站“山西忻州(静乐)传统工艺工作站”各项工作。开展非遗传承人群研培工作,我省新增5所高校入选,成为全国入选最多的省份之一。组织指导各市因地制宜、自主开展“乡村文化记忆工程”。成功举办首届山西非遗博览会,吸引游客30余万人次。

三大板块锻造开局良好。印发实施《黄河、长城、太行三大板块旅游发展总体规划》,部署实施八大行动,启动全域旅游、红色旅游等规划编制,全力推进三大板块突破性开局。

建立全省文旅项目库,编制投资额为11208.3亿元《三大板块旅游项目招商册》,省旅发大会期间签约35个文旅项目,投资额度1090.93亿元。强化文旅项目落地服务,推进省文化产业园和山西文化保税区项目累计分别完成固定资产投入4.3亿元、2.5亿元。2018年确定了重点旅游项目184个,为65个旅游重点项目争取国家财政支持7330万元,已完成投资218.9亿元。

全面提升文旅服务品质,形成《关于文化产业经济政策的调研报告》,发布《山西省旅游产业发展报告(2018)》,推动洪洞大槐树景区成为国家5A级旅游景区。大力推进“厕所革命”,已完工912座。布局构建三大板块旅游路网格局,今年已开工1300公里5条试验段旅游公路建设,完成投资61.7亿元。积极推动文化创意产品开发,故宫博物院文化创意落户平遥古城,国家级文化文物单位文创产品开发试点单位山西博物院入选“百馆百企对接计划”。启动太行旅游养生体验季,打造“康养山西、夏养山西”品牌。

文化旅游发展环境持续改善。加强旅游市场综合监管,联合相关部门开展联合执法行动,对明察暗访不达标景区进行约谈,提出整改措施,全面推进文明旅游工作,开展“文明旅游·为中国加分”活动,旅游市场秩序明显改变。健全旅游安全管理责任体系,截至目前未发生旅游安全责任事故。组织开展网络文化市场和文化市场经营场所等专项整治,行政处罚1308家次,查办案件1048件,吊销许可证4家,取缔11家,规范市场经营秩序。

助推脱贫攻坚有新举措。启动三年建设300个旅游扶贫示范村的任务,配套实施十项措施,编制100个旅游扶贫示范村规划,组织1041人进行了乡村旅游培训。深化文化扶贫工作,为175个公共数字文化建设示范村和17个贫困县88乡镇、110个村(社区)数字驿站配送设备;利用深圳、北京文博会推介25个贫困县产业项目;实施非遗传承扶贫工程,安排贫困地区2个项目进入文化和旅游部研培计划;组织开展

10部扶贫剧目展演和80幅扶贫题材美术作品创作；举办4期“三区”文化人才专题培训班。

公共文化服务有新提升。启动2018–2020年度县级总分馆制建设和基层综合性文化服务中心建设三年规划编制工作。争取中央专项资金1030万元用于全省26个县级文化馆图书馆总分馆制建设、38个基层综合文化服务中心建设。落实省级财政资金1236万元，用于全省贫困地区412个基层中心数字化工程建设。目前,全省已建成县级图书馆总馆37个、文化馆总馆36个,建成9363个基层中心。调动全省280余个文艺院团送戏下基层,目前已演出16272场,超额完成民生实事“免费送戏下乡一万场”。

全力落实综改任务有新成效。制定了《创建国家全域旅游示范区实施方案》，以省政府名义向文化和旅游部提出了山西省创建国家全域旅游示范区申请。积极向文化和旅游部推荐右玉、左权两县列为国家级旅游业改革创新先行区。大力推进省域国家级文化生态保护实验区建设,拟定《省域文化生态保护实验区建设2018年行动计划》,正在制定建设方案,开展了“晋中文化生态保护实验区”建设“回头看”核查工作。

(张巧萍)

附：省文化和旅游厅党组书记、副书记、成员名单

书　记：刘润民(10月任职)

副书记：盛佃清(10月任职)

成　员：张　健(10月任职)　郑中夏(10月任职)

李　贵(10月任职)　王舒袖(10月任职)

王　琳(10月任职)　戎劲光(10月任职)

省卫生健康委员会党组

党组书记　李凤岐

2018年,全省卫生健康系统坚持以习近平新时代中国特色社会主义思想和习近平总书记视察山西重要讲话精神为统领，深入贯彻落实省委决策部署，凝心聚力抓改革，开拓创新促发展，圆满完成各项工作任务,全省卫生健康事业不断取得新进展。

深化医改迈入全国第一方阵。全面深化县乡医疗卫生机构一体化改革,24个示范县在“六统一”管理(实行行政、人员、资金、业务、绩效、药械统一管理)和“六个机制”创新(指创新管理模式,创新运行机制,创新人事管理,创新薪酬分配,创新信息化服务,创新三级医联体帮扶机制)上取得重大进展,走出了县域综合医改“山西模式”,先后多次在全国会议上介绍经验。国家卫生健康委在运城市召开了全国县域综合医改现场会,向全国推广山西经验。运城盐湖区一体化改革分别受到国务院办公厅和省政府办公厅的通报表扬。现代医院管理制度和薪酬制度改革试点在11个市全面启动。公立医院综合改革获中央财政奖励补助771万元。县域医疗卫生机构全部实行药品“五统一”管理(实行县乡村三级统一目录、统一议价、统一采购、统一配送、统一结算)。“双随机、一公开”(即在监管过程中随机抽取检查对象,随机选派执法检查人员,抽查情况及查处结果及时向社会公开)卫生综合监督执法在山西省全面实施。

健康扶贫创造了“山西经验”。全省建立健全了健康扶贫“双组长领导、双督导落实、双签约服务”(分管脱贫攻坚和分管卫生的副省长、副市长、副县长担任健康扶贫领导组“双组长”。“双督导”落实:省委脱贫攻坚督导组开展综合督导、健康扶贫督导组开展专项督导,“双签约”服务:开展家庭医生团队与贫困人员、乡村干部与贫困人员“双签约”服务,家庭医生团队提供基本医疗卫生服务,乡村干部团队提供政策宣讲和报销服务)的推进机制、“一扩大、三保险、三救助”(扩大救治范围。将大病集中救治病种扩展到31种,常见多发慢性病病种确定为35种。“三保险”:基本医保、大病保险、补充医疗保险。“三救助”:对基本医保个人缴费部分财政全额救助;对残疾人给予免费适配基本辅助器具救助;对24种大病贫困患者给予5千元大病关怀救助,对少数特殊困难人群个人自付费用进行医疗救助)的保障机制、对贫困地区“四优先”(资金项目优先倾斜,能力短板优先补齐,对口支援优先安排,“一体化”改革优先扶持)的帮扶机制,贫困群众大病集中救治病种数和救治率、贫困患者住院实际报销比例均排全国前列。岚县、隰县、临县的健康扶贫工作受到国家卫生健康委和国务院扶贫办的通报表扬。健康扶贫的“山西经验”在全国健康扶贫三年攻坚工作会议和2019年全国卫生健康工作会议上作了交流。

提升医疗服务水平迈出新步伐。实施“136”兴医工程,启动了12个领军临床专科建设。省内二级以上公立医院全面推开临床路径工作,在全国率先推广县域医疗集团优质护理服务。家庭医生签约服务覆盖2110.2万城乡居民。“健康山西”信息平台覆盖46所三级医院、78所县级医院、3000余个基层机构。建立三级医院纵向帮扶县级医疗集团医联体60个。成立省级专科联盟37个。新设置审批投资规模1千万元以上的社会办医疗机构10余所,山西省最大规模的社会办三级医院在运城开诊运行。

公共卫生工作得到新加强。基本和重大公共卫生项目获得国家绩效考核奖励463万元。法定传染病报告发病率,结核病报告发病率均低于全国平均水平。5种重点地方病均达到国家消除或控制标准。基本公共卫生服务,地方病防治等4项工作在全国大会交流经验，职业病监测信息化建设受到孙春兰副总理的肯定。通过国家卫生县城(乡镇)初审 15 个。改造无害化卫生厕所 15 万座。全年未发生较大及以上突发公共卫生事件,处置各类突发事件 22 起。食品污染物和有害因素监测覆盖全省所有县(市,区)。山西省无偿献血工作连续 6 届 12 年获得“全国无偿献血先进省”荣誉。

妇幼保健和计生服务能力有新提升。实施母婴安全行动,实现了每市、县危重孕产妇救治中心和危重新生儿救治中心“两个”全覆盖。落实计划生育特殊家庭扶助关怀联系人制度,家庭医生签约服务和就诊绿色通道“三个全覆盖”。特殊家庭扶助金标准较上年提高了 150 元。流动人口卫生计生信息共享系统完成国家试点任务。创建全国流动人口基本公共卫生计生服务均等化示范县区 2 个,健康促进示范企业学校 14 个。

人才队伍建设和科研工作取得新进步。县级医疗集团人才专场招聘现场签约 1747 人,被人民网等誉为“务实的引才之举”。落实高层次人才奖励经费资金 301 万元。举办全国性学术年会 5 个,为历年之最。委直医疗机构建成院士工作站 3 个,国家级博士后科研工作站 1 个,累计建成院士、博士后工作站 15 个,柔性引进院士 11 名。完成全科医生转岗培训 210 人。招录农村订单定向免费培养医学生 270 名。新增国家级住院医师规范化培训基地 5 个。“医卫双优下基层活动”“基层卫生人才能力提升项目”、继续医学教育项目全年培训各级各类专业人员 27 万多人次。获批国家自然科学基金 30 项。

推动中医药事业实现新发展。山西省中医院被确定为国家中医临床研究基地建设单位和全国中医药文化宣传教育基地。创建国家级中医区域诊疗中心 2 个,全国基层中医药工作先进单位 2 个。建设基层中医馆 120 个,国家级传承工作室 19 个。成立了山西省中医药“一带一路”对外交流合作联盟,入选国家 2018 年度中医药国际合作专项 1 个。

人民群众对健康服务的获得感日益增强。为全省 30 万怀孕妇女提供免费产前筛查与诊断服务。免费“两癌”筛查惠及 40 万贫困地区农村妇女。全省公共场所和用人单位累计建成母婴设施 903 个。计生便民服务改革有效解决了群众生育登记办事堵点问题。在全国率先完成脑卒中溶栓属地管理地图“合拢”。建成国家级健康促进县区 2 个。“光明行工程”让 2894 名贫困白内障患者重见光明。培训“山西护工”2.8 万余人。全省能提供医疗服务的养老机构达 62%。

党风政风行风和精神文明建设呈现新风尚。全面加强党的领导和党的建设,深入推进“两学一做”学习教育常态化制度化。推进建立公立医院党委领导下的院长负责制。开展了民营医院“双强六好”党组织创建活动。狠抓“三基建设”,全面开展基础工作评估验收,在全省实施了干部基本能力提升工程。处置群众身边腐败和不正之风问题线索 33 个,曝光典型案件 4 起。深入开展扫黑除恶专项斗争,召开全系统推进会 2 次,五级“一对一”履责督导谈话 1528 人,报送涉黑涉恶线索 156 条,全省调解难度较大的医疗纠纷同比下降 33.3%。开展法治建设规范年专项行动,“七五”普法完成年度规划任务。在省直部门率先实现了行政许可事项全程网上办掌上办,在省直工委对政务中心各厅局效能考核中名列第一。5 人上榜“中国好医生、中国好护士”月度人物,1 人获评全国推进医改十大新闻人物,1 人被评为全国三八红旗手,2 个单位被评为国家级青年文明号。

工作亮点纷呈。山西省卫生健康工作的经验做法先后 19 次在全国会议上交流,农村留守儿童健康关爱工作等 7 项工作得到国家卫生健康委充分肯定,基本公共卫生服务等工作 9 次在全国考核竞赛评比中取得优异成绩。光明日报、中央人民广播电台、健康报等媒体 15 次头版头条报道我省做法成效。在全省新一轮机构改革中率先完成了挂牌运行。隆重举办首届中国医师节庆祝表彰大会。“健康山西”澎湃政务号位列“民生榜”全国第一。高质量完成援外工作任务,1 个医疗队和 3 名队员荣获全国援外医疗工作先进集体和先进个人。

(季　巍)

附:省卫生健康委员会党组书记、成员名单

书　记:李凤岐(10 月任职)

成　员:郭晋刚(10 月任职)　武　晋(10 月任职)

冯立忠(10 月任职)

省退役军人事务厅党组

党组书记　冯　征

2018 年,是山西省退役军人事务厅载入史册、不同寻常的一年。伴随着改革的步伐,山西省退役军人事务厅全新组建,全省退役军人工作迈入新的发展阶段。挂牌以来,省退役军人事务厅在省委省政府坚强领导下,坚持以习近平新时代中国特色社会主义思想为指导,深入学习贯彻习近平总书记关于退役军人工作重要论述精神,认真落实省委省政府和退役军人事务部决策指示,边组建机构、边推进工作,边谋划长远发展、边解决遗留问题,边着手顶层设计、边落实当年任务,迎难而上、开拓进取,各项工作平稳起步、有序推进。

一、机构改革情况

全省机构改革动员大会后,省退役军人事务厅加紧落实省委关于党政机构改革的决策部署,从有关单位挑选出 16 名精兵强将,分设综合组、人事组、财务组、业务组 4 个工作组,全力推进各项筹建工作,顺利完成省民政厅优抚安置和拥军优属职责、省人社厅军官转业安置职责划转任务;全面完成省民政厅3个处室14名干部、8个事业单位437名干部职工和省人社厅1个处室8名干部、2个事业单位26名干部职工的人员转隶，接收2018年度军队转业干部10名。严格按照“三定”方案核定的内设机构数、人员编制数、领导干部职数,设立内设机构、配备使用干部。12月底,省退役军人事务厅机关44名编制人员全部到位,10个内设机构正常工作,办公条件基本满足工作需要,机构改革18项任务圆满完成,为各项工作开展奠定了坚实基础。

二、退役军人安置情况

退役军官安置方面,2018年计划分配军转干部742名。按照档案移交、考核赋分、培训教育、组织考试、制定计划、部署任务、积分选岗、接收安置的安置流程,科学有序推进军转干部安置工作,全面完成师职干部2人(省委组织部负责安置)、团职干部71人、营职干部269人、连排职干部234人、专业技术干部166人的安置任务,计划安置的退役军官党政机关和参公事业单位比例达93%,排在全国前列。退役士兵安置方面,2018年,计划安置912人。通过开展“阳光安置”,组织各市对退役士兵档案进行量化评分,及时公示分数和岗位信息,邀请纪检监察、新闻媒体、社会公众全程进行监督,从档案评分到选岗安置各环节全部透明操作,创造公平公正安置环境。截止12月底,912人全部参加了“阳光安置”选岗,873人选定岗位,占总数的95.7%,自谋职业3人,占比0.4%,36人未选岗,占比3.9%。

三、走访慰问工作开展情况

协调调度全省开展军队退役人员走访慰问活动,压实各级领导主体责任,11个市党政主要领导带头走访慰问军队退役人员56名,各县(市、区)委书记、县(市、区)长普遍亲自上手研究解决军队退役人员重点疑难复杂矛盾问题1000余人次。对退役军人各类诉求进行分类,做到在政策范围内的,问题诉求解决到位;不符合政策的,思想教育转化到位;特殊困难群体,救助帮扶落实到位。积极推动落实相关政策,解决遗留问题1104例,为2177名退役士兵发放待安置期间生活补助2442.3万元。年底,厅领导班子成员赴各市县及直属单位,广泛开展回访和慰问活动;成立由33名医务人员组成专业医疗队伍,开展“情系荣军、关爱功臣”和“情系革命老区、关爱伤残老兵”活动,走访慰问活动深入扎实开展。

四、信访工作开展情况

立足维护社会大局稳定,把信访工作作为一项重要任务抓紧抓细抓实,规范接访流程、优化接访环境,抽调专业力量组建医务组全时值守、应急待命,确保来访退役军人的安全。在接访大厅显示屏滚动播出“最美退役军人”系列报道、依法处理“平度事件”等内容,组织部分新入职军转干部与来访人员开展“拉家常”式谈心交心,引导来访人员依法合理表达诉求。广泛开展政策法规和思想政治教育,依托电视台、报纸、互联网等媒体做好舆论宣传,引导广大退役军人依法维护自身权益。全省2.6万名企业安置军转干部思想稳定,企业军转干部解困稳定工作经验在全国退役军人工作经验交流会上进行书面交流。

五、双拥工作开展情况

全省新一届省级双拥模范城(县)创建工作按照动员部署、自查自荐、初审把关、考核验收四个阶段,有力有序有效稳步推进,年底前圆满完成评选考核任务。组织各地深入开展创建国防教育示范学校、示范村镇(社区)活动,全省建成113所国防教育示范学校、105个国防教育示范村镇(社区),新命名了第三批46个国防教育基地。大力开展军营开放活动,全省党政军领导和各界群众共1.5万余人走进军营。组织军地文艺汇演、双拥晚会、慰问演出等共70余场。省双拥办联合省红十字会、省军区政治工作局组织救护专家举办十余场应急救护培训进军营活动。驻晋部队先后出动兵力5.8万余人次,机械车辆2000多台次,奋勇参加急难险重和维稳处突等任务,展示了敢打硬拼的良好形象。省、市、县三级认真落实军地协调会议制度,各级共收集双拥热点难点问题100余件,召开协调会93次,年底前办结率达90%以上。实施军人子女中考、高考加分等政策,500余名军人后代享受教育优待。53名现役军官随军家属安置任务全部完成,随军未就业家属全部发放困难生活补助,累计发放2776人次,共计1166.7万元。

六、信息采集工作情况

成立由厅长任组长,副厅长任副组长的信息采集工作领导组,从全厅抽调精干人员,组成综合、业务、宣传、督导四个工作组,强力推进信息采集工作。全省各级共投入专项资金1113.6万元,举办培训班54场次,培训业务骨干2400多人,配置专项采集设备2320台,设立固定信息采集点1929个,抽调聘用精干力量3562人,为信息采集工作提供有力保障。全省各级共印制发放宣传海报、公告42万份,各级电视广播滚动播出时长1000多小时,对点推送公告短信2846万条,争取每名采集对象都能通过一种渠道得到信息采集通知。连续两周在省综合广播电台“政风行风”栏目宣传信息采集政策,接听听众热线,回应社会关切。在乡镇街道、社区设立固定采集点,在人员相对集中的单位、企业增设采集点,方便对象采集,针对年老体弱、疾病伤残行动不便的对象,主动上门服务,做到应采尽采。投入100万元进行网络提速、用户扩容和设备升级,有效保证信息采集工作的顺利开展。抽调30名工作人员组建厅直属信息采集突击队,深入机关、企事业单位、大型厂矿社区开展流动巡回采集,从11月22日至12月29日,共深入87家单位上门服务,采集对象4612人。定期收集各地反馈的问题,对200余个信息采集的共性问题,整理编印问答提纲分发各地,确保应知尽会。

七、党风廉政和队伍建设情况

以政治建设为统领,始终坚持党对退役军人工作的绝对领导,认真学习贯彻落实习近平总书记重要指示精神和党中央、国务院决策部署,统一思想、凝聚共识,振奋精神、忠诚履职。挂牌以来,以筹备组为基本单元,从严落实党建责任,先后召开党组会议15次,组织中心组学习9次,学思践悟、知行合一,进一步增强做好新时代退役军人工作的责任感和使命感。省退役军人事务厅广大干部职工讲政治、顾大局,讲奉献、勤工作,做到了思想不乱、队伍不散、工作不断,合力保证党的路线方针政策和省委、省政府各项决策部署在我厅不折不扣地贯彻执行。

(王文飞)

附:省退役军人事务厅党组书记、成员名单

书　记:冯　征(10月任职)

成　员:薛建军(10月任职)　吴建强(10月任职)
范波涛(10月任职)

省应急管理厅党组

党组书记　薛军正

山西省应急管理厅于2018年10月25日挂牌成立,加挂山西省地方煤矿安全监督管理局牌子,属于省政府组成部门,正厅级建制,内设25个处室,管理12个事业单位。该厅整合了省安全生产监督管理局的职责,以及省政府办公厅的应急管理职责,省公安厅的消防管理职责,省民政厅的救灾职责,省国土资源厅的地质灾害防治、省水利厅的水旱灾害防治、省农业厅的草原防火、省林业厅的森林防火应急救援等相关职责,省防汛抗旱、减灾、抗震救灾、森林防火指挥部(委员会)的职责等。

2018年,省应急管理厅以习近平新时代中国特色社会主义思想为指导,全面贯彻党的十九大和十九届二中、三中全会精神,深入贯彻习近平总书记视察山西重要讲话精神,认真落实省委十一届六次、七次全会决策部署,持续强化对党的建设的领导,坚持全面从严治党,坚决反对"四风",不断加强"三基"建设,狠抓应急管理、安全生产等工作落实,有力促进了全省安全生产形势持续稳定好转,呈现出"两降两无一好"的态势:"两降",即生产安全亡人事故起数和死亡人数"双下降",1–12月份共发生事故954起、死亡1068人,同比分别下降12.72%、12.39%;部分重点行业领域事故起数和死亡人数"双下降",煤矿、化工、道路运输和铁路运输等行业亡人事故起数和死亡人数双下降。"两无",即:全年无重大以上事故,煤矿无较大以上事故。"一好",即:全省安全生产形势好于全国平均水平。

一、强化对党的建设的领导,认真履行全面从严治党责任

(一)加强思想政治教育。坚持把学习宣传贯彻习近平新时代中国特色社会主义思想作为首要政治任务,摆在突出位置,及时部署推进。通过26次党组理论中心组学习研讨、讲党课、进基层宣讲、邀请专家讲授、组织收听收看《榜样》专题节目等方式,强化学习贯彻落实,全厅党员干部进一步坚定了理想信念,增强了"四个意识",坚定了"四个自信",自觉做到了"两个维护"。

(二)加强组织建设。厅领导班子成员积极参加双重组织生活。印发《党支部规范化建设工作手册》,加强党支部规范化建设。各党支部组织了组织生活会、"三会一课"、民主评议党员、主题党日等活动。

(三)大力开展主题活动。依托太行干部学院举办了支部委员党务专题培训,组织全厅122名党员干部赴延安开展了"不忘初心,牢记使命,弘扬延安精神"主题教育培训。围绕纪念中国共产党成立97周年,党组书记薛军正同志亲自主持"七一"主题党日活动,带领党员领导干部集体宣誓,重温入党誓词,并对4个先进党支部、24名优秀共产党员和20名优秀党务工作者进行了表彰。

(四)强化党风廉政建设。召开党的工作暨党风廉政建设会议,全面安排部署工作。党建领导小组每季度召开专题会议,推动党风廉政建设工作。签订党风廉政建设工作责任状,开展廉政承诺。将党风廉政建设纳入各处室、各直属单位工作目标责任,严格日常管理和年终考核。组织开展党支部书记述职评议考核,对履行"一岗双责"和责任落实情况进行评估。强化党员干部廉政意识。采取开展廉洁自律承诺、向服务对象发放廉政监督卡、下发廉洁过节通知、编发廉政短信提醒、组织明查暗访等方式,加强重要岗位、重点环节、重要时段监督执纪,防范"四风"反弹。

二、坚持围绕中心服务大局,重点工作扎实推进

(一)层层压实安全责任。提请省委召开了2次常委会议听取安全生产工作汇报,分析形势,部署任务,研究出台我省贯彻落实地方党政领导干部安全生产责任制规定实施细则。省政府召开4次安委会会议,以1号文件安排部署安全生产工作,出台了安全生产巡查等制度。明确了省属五大煤炭集团所属煤矿、民航机场的监管职责,全面推行安全生产挂牌责任制,挂牌企业达104万家,重点行业企业基本实现全覆盖。

(二)不断强化依法治安。严厉打击非法违法行为,组织

开展了废弃矿井专项整治行动,查处了浮山县信亿矿业集团公司瞒报事故案件。在全省开展了打击取缔黑加油(气)站点专项行动,取缔黑加油(气)站点819个,查扣黑加油(气)车107辆。查处超能力生产煤矿17座,罚款1443万元。严格规范执法,制定了重大行政执法决定法制审核、行政执法全过程记录、行政执法公示等制度,组织了安全监管队伍执法能力比武。全省安全监管监察部门共监督检查单位6.1万次,发现隐患28万多条,整改率99.19%,其中重大隐患223项,已整改208项,责令停产整顿305家,行政罚款4.8亿元。结合季节特点和重要节点,组织了3次督查、多次专项检查和2个月的大检查。

(三)持续深化专项整治。在重点行业领域深化专项整治,完成煤矿瓦斯抽采量64.5亿立方米;建设公路安全生命防护工程5242公里,改造危桥203座;治理尾矿库"头顶库"106座;开展消防安全专项整治,整改火灾隐患41万处,超额完成年度目标任务。同时,危险化学品、建筑施工、金属冶炼等领域专项整治也取得了很好效果。

(四)健全完善风险防控机制。扎实推进安全风险管控和隐患排查治理双重预防工作,15个试点县先行先试、探索经验。制定出台了各行业领域安全风险评估分级标准70个、重大事故隐患判定标准51个。全省有4万多家重点单位开展了风险分级管控和隐患排查治理工作。

(五)整合提升应急管理能力。完成了全省应急机构、队伍、装备、专家、物资、预案、重大危险源等相关电子数据采集,初步建立了省级安全生产应急平台数据库。首次开展了全省危化品应急救援技术竞赛,举办了全省危化品道路运输车辆泄漏应急演练。全省消防队伍开展了跨区域地震救援实战拉动演练和4次综合性跨区域灭火救援演练。全年共接警出动9400余起,出动消防车1.7万辆次、消防指战员9.6万人次,抢救疏散被困人员1.7万余人次,抢救财产价值1.86亿元。成功处置了太原呼延蓄水坝漏水等事件,提升了应急救援实战能力。

(六)不断提升整体保障能力。牵头推动完成安全生产领域改革发展任务44项,占全部任务的55%,达到了预定目标。争取安全改造中央预算内投资项目18个,完成投资7.32亿元。提高机械化、自动化程度,全省单班下井人数不断下降,提升了安全发展整体能力。

三、扎实推进"三基建设",不断夯实工作根基

(一)统筹部署推进。召开全系统"三基建设"专项推进会;开展"三基建设"调研督导。编制了全省安监系统基础工作目录、安全监管岗位干部通用、专业能力标准(试行)、基础能力测评等文件。印发省厅关于《"三基建设"2018年度重点工作任务清单》。

(二)加强基层组织建设。把支部建在处室(直属单位),支部书记由处室和直属单位"一把手"担任,履行"一岗双责"职责,提高了基层组织建设水平和组织生活质量。

(三)强化基础工作。制定了厅基础工作达标实施方案,编制完成了基础工作目录、工作运行流程图、管理手册、应知应会手册和便民服务手册等19套76册基础资料。进一步调整规范处室职能,建立处室及直属单位职能明细表,优化设置处室职责。建立岗位责任制,明确岗位职责、工作岗位AB角。深化放管服效,优化营商环境,取消、下放了24项行政审批事项,对保留的22项进行梳理,取消和删除申请材料52条。

(四)全面提升基本能力。制定安监干部通用能力标准和专业能力标准,组织全省11个市安监部门242名安全监管干部专业基本能力在线考试,合格率100%。建立干部个人能力提升档案,完善述学、考学、评学制度。大力实施安监干部、企业负责人、安全管理人员、注册安全工程师、安全培训教育师的能力提升工程。组织2018年度全省领导干部安全生产专题培训。

深入推进扶贫攻坚。选派12名同志开展驻村扶贫工作。厅领导深入吉县中垛乡,开展帮扶对接、慰问,为中垛乡争取农村公路扶贫专项资金50多万元,较好地确保了扶贫工作成效。

(郝永飞)

附:省应急管理厅党组书记、成员名单

书　记:薛军正(10月任职)

成　员:彭建宏(10月任职)　武福玉(10月任职)
王岳红(女,10月任职,11月离职)
王天庆(10月任职)　杨振中(10月任职)
曹天胜(11月任职)　邓维元(10月任职)

省审计厅党组

党组书记　王　亚

2018年,在省委、省政府和审计署的坚强领导下,省审计厅党组团结带领全省审计系统广大党员干部认真贯彻习近平新时代中国特色社会主义思想和党的十九大精神,牢固树立"四个意识",坚持新发展理念,贯彻高质量发展要求,以推进供给侧结构性改革为主线,围绕建设"示范区""排头兵""新高地",聚焦打好"三大攻坚战",依法履行职责,创新审计工作,在推动政策落实、推进依法行政、促进深化改革、保障改善民生、维护经济安全、加强廉政建设等方面发挥了积极作用。

一、深入学习习近平新时代中国特色社会主义思想,全面贯彻落实党中央、国务院和审计署、省委、省政府决策部署

一是认真学习贯彻,及时研究部署。认真贯彻习近平新时代中国特色社会主义思想和党的十九大、中央经济工作会议、全国审计工作会议及十一届省委六次全会精神,把贯彻落实党中央、国务院和审计署、省委、省政府决策部署作为根本任务,第一时间召开党组会、中心组学习会、党员干部大会等学习 12 次、10.5 天,研究制定贯彻措施 50 多项,确保贯彻落实工作见行动、见措施、见实效。二是对标目标任务,高位推动落实。对标总书记对山西工作提出的总体要求和五项重大任务,对标党中央、国务院的决策部署,对标审计署和省委省政府的部署要求,坚持把重大政策措施跟踪审计、防范风险审计、生态环境审计和扶贫审计作为重中之重,制定了《13710 工作督查机制》,实行"清单 + 责任"制工作法,对重大决策部署、重要工作安排,列出清单、建立台账,一体部署、一体落实、一体督办,推动了重要讲话精神和重大决策部署的贯彻落实。2018 年,召开党组会 14 次,厅长办公会 4 次,开展政务督查 8 次。三是充分发挥作用,参与政府治理。省委、省政府高度重视审计工作,省委省政府主要领导对审计报告每件必批,共做出重要批示 86 件次。省政府召开党组会专题听取审计工作情况汇报,研究部署审计工作,提出具体要求。依法参与省政府系列重大决策,发表了审计建设性意见。坚持重大事项及时向审计署和省委、省政府请示报告制度,报送请示报告 18 份,确保了审计工作始终沿着正确的方向前进。

二、坚定扛牢主体责任,持续推进全面从严治党向纵深发展

(一)政治责任扛牢抓实。以政治建设为统领,把抓好党建作为最大政绩,管党治党能力不断提高。一是制定了厅党组全面从严治党责任清单,明确了党组、党组书记、班子成员和机关党委责任 59 项,构建了主责清晰、履职到位、追责严格的落实体系。二是实行"一把手"总责制、党组成员分责制、处室领导主责制、审计组长负责制的"四级责任制",做到主要领导全面抓、"一岗双责"全覆盖、责任压力全承担。三是制定了《厅党组贯彻落实中央八项规定精神的实施细则》,以上率下、示范带动,机关作风实现根本好转。四是认真贯彻党组理论学习中心组学习规则,把研读党章作为第一课,同学习领会系列重要讲话结合起来,同学习贯彻"一章两则四例"结合起来,同学习宪法、审计法等相关法律法规结合起来,提交专题学习报告 20 多篇。五是强化问责追究,对落实管党治党不力的 1 个党支部和 1 名支部书记进行了通报批评、约谈提醒,从严问责倒逼责任落实。

(二)廉政建设持续深入。落实党风廉政建设主体责任,坚持把党风廉政建设摆到新高度,标本兼治不断深化。一是健全完善制度。进一步完善厅领导班子成员党风廉政建设主体责任落实情况向驻厅纪检组报告、廉政承诺等制度,健全审计廉政风险防控制度,为 117 名处级以上干部建立廉政档案。二是加强廉政教育。集中观看干部忏悔录、《永远在路上》等专题片,组织党员干部赴省女子监狱开展警示教育,教育引导党员干部坚定信念、筑牢防线、守住底线。三是严格执纪问责。强化对党员干部的日常监督管理,采取明察暗访、审计回访等形式,跟踪监督检查审计项目廉政情况,运用好"四种形态"对 3 起违规违纪问题做出处理,让咬耳扯袖、红脸出汗成为常态。四是积极配合巡视。全面接受"政治体检",认真整改上次巡视发现问题,扭住问题、制定措施,条条整改、件件落实,全厅上下再次受到了一次深刻的党性锻炼和思想洗礼,全厅整体工作实现全面提升。

(三)正风肃纪常态推进。秉持"巩固、深化、提高"的理念,坚持不懈纠"四风"、正作风。一是改进工作作风。转变会风文风,精简会议文件,与上年同期相比文件简报数量下降 11.2%、调研增加 20%,会议次数规模得到有效控制。二是构建长效机制。健全完善机关财务管理、公务用车、公务接待、资产管理、政府采购等制度,财务支出真实规范,"三公"经费只减不增,会议经费持续压减,资产管理账物明晰,政府采购合规透明,机关内部管理规范有序。三是强化监督检查。组织开展了严格纪律作风、清理整治办公用房、规范机关事业单位津补贴、清理整顿领导干部兼职问题等专项整治,随机开展"回头看",坚决防止"四风"反弹。批评教育、函询约谈 13 人。

三、依法履行审计职责,更好发挥审计监督在党和国家监督体系中的重要作用

(一)政策落实跟踪审计方面。持续关注脱贫攻坚工作推进、"三去一降一补"任务落实、"放管服"改革深化等方面的政策措施落实情况,审计部门单位 1562 个、项目 1499 个,促进统筹使用资金 10.39 亿元,推动重大项目开工 49 项,促进健全规章制度 51 项,推动了重大政策措施落地见效。

(二)财政审计方面。采取"1 拖 N"方式,组织开展预算执行和财政决算、税收征管等审计,查出隐瞒转移截留资金 456.23 亿元,促进拨付到位资金 386.55 亿元,提高了资金使用绩效。同时,还开展了全省经济社会发展情况和省政府经济责任履行情况的审计调查,从政策制度层面揭示了一些突出问题和风险隐患。

(三)民生审计方面。采取"交叉审"的方式,先后对 25 个贫困县开展全覆盖审计,抽查乡镇、行政村及有关单位 2124 个,走访贫困户 3756 个,发现扶贫资金管理使用不规范 8.01 亿元。连续 5 年开展保障性安居工程审计,抽查安居工程项目 1005 个、农村危房改造 6510 户,追回专项资金 5042.69 万元、清理违规领取补贴 514.73 万元、清退违规分配住房 277 套。还开展了对 4 所医院、社会保险基金征管情况、全省供热系统运营管理情况的审计,纠正侵害群众利益问题金额 4.32 亿元。

(四)政府投资审计方面。认真贯彻《审计署关于进一步

完善和规范投资审计工作的意见》，坚持突出重点、量力而行、确保质量，对国省公路干线、静静铁路、阳大铁路、援疆工程等项目进行跟踪审计，着力查处工程建设领域的突出问题和腐败行为，核减投资额15.56亿元。

(五)国企国资和金融审计方面。推动出台《山西省深化国有企业和国有资本审计监督的实施意见》，对6户国有企业、地方商业银行、金融机构资产负债损益开展审计和审计调查，首次对省属国有企业的境外资产进行审计，深入揭示突出问题和潜在风险，查处违规经营金额65.02亿元，资产质量不实13.93亿元，虚报隐瞒收入269.35亿元，促进国企提质增效。

(六)经济责任审计方面。落实党政同责、同责同审要求，创新"经济责任审计+"模式，坚持书记、市长(县长)与财政决算、部门单位主要领导与预算执行、企业领导干部与资产负债损益、校(院)长与书记、董事长与总经理"五个同步审"，审计省管领导干部45名，查出负直接责任的问题金额6200万元，函询、诫勉谈话9名。

(七)资源环境审计方面。认真贯彻领导干部自然资源资产离任审计暂行规定，开展对11名党政领导干部自然资源资产离任审计，查出欠征资源环保类收入30.58亿元。对大气污染防治、水污染防治、矿产资源开发利用等专项资金和项目进行审计，促进生态文明建设。

(八)揭示和促进防范风险方面。更加着眼于从推动健全制度、完善管理、深化改革等方面提出建议，共报送各类审计报告、专题报告、审计要情、信息简报等674篇，国务院副总理胡春华批示1篇，省委省政府主要领导批示203篇次，占提交总篇数的30.56%；提出建议392条，被采纳269条，采纳率为68.62%。推动建立健全规章制度37项。

(九)严肃揭示重大违纪违法问题方面。始终把推进廉政建设作为审计监督的重要职责，共移送处理事项92件、109人，处级以上干部占14.5%，涉及金额44.77亿元。同时，还抽调100多人次配合纪检监察、巡视、公安等部门查处了一批重大案件。

(秦　旭)

附：省审计厅党组书记、成员名单

书　记：王　亚

成　员：闫建科(10月离职)　宋世华(12月任职)
姚安政　南春林　王银燕(女)
张红谱(女，12月离职)　李建国
芮辰文(12月任职)

省政府外事办公室党组

党组书记　武绍忠

2018年，省政府外事办公室党组坚持以习近平新时代中国特色社会主义思想为指导，全面贯彻中央外事工作会议、中央外事工作委员会及省委外事工作领导小组会议精神，按照"一个指引、两手硬"的工作思路和要求，认真落实省委、省政府的决策部署，坚持把政治建设摆在首位，以构建我省内陆地区对外开放新高地为引领，在配合国家总体外交战略、服务山西经济社会发展、维护改革发展稳定大局中发挥了应有作用，作出了积极贡献。自2012年以来，山西省连续第4次被全国友协授予"国际友好城市交流合作奖"，省政府外事办公室机关连续8年被评为省直"文明单位标兵"。

一、落实主体责任，全面加强党的建设工作

一是强化理论学习。深入学习贯彻习近平新时代中国特色社会主义思想，通过全省外事工作会议传达中央精神和两次省委外事工作领导小组会议精神，引导全省外事干部树牢"四个意识"，坚定"四个自信"，坚决做到"两个维护"。精心组织中心组学习，高质量完成专题民主生活会。"七一"期间，党组书记武绍忠同志党课讲稿《不忘初心 牢记使命 努力开创山西外事工作新格局》在《前进》杂志全文刊载，并编入中央党校出版社《中国思想政治工作与"两学一做"学习教育全书》。扎实开展"九个一"系列活动，主题党日活动被《山西画报·省直文明专刊》整版报道。二是加强组织建设。党的组织建设至关重要，党的干部是党和国家事业的中坚力量。在省委坚强领导下，牵头制定我省关于加强党对地方外事工作领导体制改革的实施意见。选派省管干部、处级干部参加学习培训，组织地市外办主任培训，开展全省外事干部综合能力提升专题研修，整合全省翻译资源，全面打造外事铁军。全省11市均单设外事办公室；优化内设机构，增设省委外办秘书处和美大、欧非和亚洲三个地区处；按期完成改革任务，大规模选拔调整干部。三是全面从严治党。制度建设是全面从严治党的重要保障。省政府外事办公室自觉接受纪检监督，两次召开党风廉政建设分析会，签订党风廉政建设责任书，加强物资采购、因公出国(境)审批等关键环节监督。狠抓巡视整改工作，采取整改措施70项，制定完

善制度 25 项，27 个问题逐条整改完成。

二、加强组织协调，积极服务国家总体外交

一是服务领导外出访问。骆惠宁书记率中共代表团成功出访，会见了德国副总理、葡萄牙总统顾问、毛里求斯总理及三国政党领导人，出席了 32 场公务活动，达成 50 多项经贸和人文合作协议，阐释了习近平新时代中国特色社会主义思想的重大意义和丰富内涵，完成了中央对欧非方向的一次重要党际交往任务。二是做好访晋接待工作。圆满完成来自 42 个国家和地区政党和国家代表团 52 批次、共计 1184 位外宾访晋接待任务，其中副总理团组 1 批次、副部长级以上团组 24 批次、世界 500 强企业高管 1 批次，安排省领导外事活动 35 批 971 人次。三是促进经贸人文交流。对接全国友协，举办俄罗斯乌里扬诺夫斯克州“山西日”活动，参加“首届中国国际进口博览会”“第三届中非地方政府合作论坛”等，组织山西省大学生与日本百名大学生互动交流，促进地方政府合作和民间友好往来。

三、主动担当作为，全力助推“新高地”建设

一是增强服务功能。精心服务 12 位省领导出访 32 个国家，引领对外经贸合作和人文交流，为传统产业改造升级和新兴产业培育壮大寻求外部支撑。主动履行省直单位驻兴县扶贫大队长单位职责，省外办和大队长均被省委组织部、省扶贫办评为第一等级。二是提升开放水平。确定举办外交部山西全球推介活动，签署《山西省人民政府外事侨务办公室与大同市人民政府工作协议》，授予大同市一定的出访来访外事审批权，为扩大对外开放创造条件。三是筹办会议论坛。举办东北亚地区地方政府联合会能源气候变化专门委员会会议，就污染防治和应对气候变化开展了务实有效的交流研讨。成功邀请接待 15 个国家和地区的 72 名外宾参加 2018 太原能源低碳发展论坛，为山西省能源领域国际合作发挥独特作用。会同全国友协组织“中国(兴县)国际扶贫研讨会”，争取美国 VISA 公司、高通公司捐赠价值约 276 万元的教育医疗物品。四是强化对外宣传。举办“外国驻华使馆签证官山西行”等活动。组织大型媒体宣传报道 40 余条，山西外事一度登上百度搜索“山西”关键词头条，引起社会高度关注。

四、履行管理职责，营造对外开放良好氛围

一是严格因公临时出国管理。严格执行因公临时出国各项政策规定。在严控党政干部出访的同时，全力支持市场主体走出去，招商引资、煤焦电冶、装备制造及国际产能合作团组占到 64%。开展全省因公出国专项检查，对 14 家单位实地检查，开展警示教育、严查违纪问题，全省上下红线意识普遍增强，得到中央外办、外交部肯定。二是持续加强制度管理建设。制定《2018—2022 年山西省国际友好城市工作指导意见》，制定《2018 年—2022 年山西省国际友好城市工作指导意见》，新增友好城市 7 对、友好合作伙伴 38 对，合计已有国际友城关系 49 对，友好合作伙伴关系 86 对。进一步规范外事礼宾接待工作。改革外国人来晋管理办法，下放审批权，审发留学生审批表 700 多人次。三是积极践行外事为民理念。大力宣介 APEC 商务旅行卡，全年办理 366 张，单年总量进入全国第一方阵。在全国率先建成因公出国(境)网上申报、审批、服务等综合管理系统，实现办理和监管一体化、信息化，实现便民服务“最多跑一次”。四是完善涉外安全保障体系。举办海外领保宣传进校园、进企业、进社区活动，及时发布海外安全风险评估、国别安全提醒等。组织各市、各单位外事干部海外安全风险培训。被省综治委评为社会治安综合治理工作省直“先进单位”。

五、强化“三基建设”，全面提高外事工作能力

一是扎实开展“三基建设”。制定“三基建设”任务清单，逐项督导落实，强化效能建设，以处室为单位重设党支部并完成换届，统一规范工作记录本，推进党支部建设台账化、标准化、精细化。完善基础资料、建立健全制度，按照“三定”规定重新制作更新“一目录一流程三手册”。建立“三基建设”联系人制度，认真开展“标准问题”大讨论和基础工作评估。组织参加财务、计算机、档案等岗位测试，提升基本功。参加省直机关党员干部基本能力竞赛，获得两个单项前十的优异成绩。二是落实“13710”督办任务。全年办理“13710”事项 12 项，全部办结，获得优秀评价 5 项，良好 3 项，做到事事有着落，件件有结果。没有发生任何延误。三是推进全系统“三基建设”。加强统筹，组织全省外事综合培训，安排部署全省外事工作。开展全省外事系统先进集体个人评选，鼓励干部新时代新担当新作为。

六、加强执纪监督，提升党风廉政建设水平

一是重视党风廉政建设。将党风廉政建设和反腐败工作与外事工作同部署、同落实、同检查、同考核。领导班子成员严格落实“一岗双责”“一案双查”制度。严格执行廉政制度，坚持把纪律和规矩挺在前面，党组书记与各处、各单位负责人签订党风廉政建设责任书，层层传导压力。多次召开党风廉政建设分析会，与纪检组共同分析情况，安排部署工作。二是强化廉政警示教育。采用理论学习、赴廉政教育基地接受教育、观看警示教育片、开设廉政建设专栏等多种形式开展廉政警示教育活动。三是加大执纪监督问责。以零容忍态度惩治腐败，加大执纪监督问责力度，深化运用监督执纪“四种形态”，对出现的苗头性、倾向性问题及时提醒，组织明察暗访，对新任、转任干部进行廉政谈话，严格监督检查，扎实推进机关全面从严治党。

(李卫兵)

附：省政府外事办公室党组书记、成员名单

书　记：武绍忠

成　员：梁淑娟(女)　郝文杰(女，10月离职)
　　　　张　源　秦　杰

省国有资产监督管理委员会党委

党委书记　郭保民

2018年,省国资委党委高举习近平新时代中国特色社会主义思想伟大旗帜,深入学习贯彻党的十九大和十九届二中、三中全会精神,深入学习贯彻习近平总书记视察山西重要讲话精神,认真贯彻落实省委十一届六次全会精神,紧密围绕省委“一个指引、两手硬”思路和要求,全面落实省委重大决策部署,全面从严管党治党,加快推动国企国资改革和转型发展,切实抓好党风廉政建设和反腐败工作,各项工作取得新的重大进展和显著成效。

一、全面从严管党治党,为推动省属国企改革发展提供坚强的组织保证

(一)坚持把党的政治建设摆在首位。始终把党的政治建设作为党的根本性建设,将旗帜鲜明讲政治贯穿于党的建设各方面全过程。党委班子坚持从政治上观大局、看问题,从政治上谋划、部署、推动工作,坚决维护习近平总书记的核心地位,坚决维护党中央权威和集中统一领导。

(二)加强干部队伍建设。持续强化理论武装,组织开展学习贯彻习近平新时代中国特色社会主义思想和党的十九大精神干部轮训工作,组织召开了省国资系统第三次学用习近平新时代中国特色社会主义思想交流会,24户省属国企党支部书记轮训13011人,覆盖率达99%。扎实组织机关干部在线学习,人均达到70学时。严肃党内政治生活。召开“彻底肃清腐败流毒影响”专题民主生活会。举办各类能力提升培训班5批次,参训人员共计428人。认真执行民主集中制。

(三)全面推进“三基建设”。研究制定了“三基建设”重点工作任务清单,全面建立了“周报送、月例会、季督查”制度,有效指导和推动了工作任务落实落地。树立大抓支部的鲜明导向。围绕改革目标强基础提能力对24户省属国企进行了基础工作评估,下发了问题整改通知。研究制定了《开展强化国资系统基础工作建设专项行动的工作方案》,编制了省属国企基础工作考核评价标准。深入实施“五大培训工程”。在国资系统建立了3个“三基建设”示范点。

(四)提升法治工作水平。推动总法律顾问制度建设。与省高院建立沟通平台和联系机制。充分发挥委聘法律顾问的作用,完成“七五”普法中期检查工作,组织开展省属国企总法律顾问、市国资委和部分机关干部依法履职能力培训。

(五)做好安全稳定工作。累计处理群众来访184批次959人次,统一转送信访案件1830件次。改建信访接待大厅,改善接访环境,提升接访能力。做好企业军转干部解困工作。为企业军转干部累计发放补助9千余万元。开展了省属国企安全生产大检查工作。

(六)抓牢意识形态工作。严格落实意识形态责任制。强化舆情监测处置,全年处置网络舆情42件,举办了网络舆情应对处置培训班。营造学习宣传贯彻习近平新时代中国特色社会主义思想和党的十九大精神舆情强势,在山西国资网站上开设了十九大精神进国企专栏,在主流媒体加大国企国资改革宣传报道力度,进一步扩大自有媒体影响力,全年召开2次新闻发布会。

(七)切实抓好党风廉政建设和反腐改工作。加强对反腐败工作的领导,部署开展了扫黑除恶专项整治活动,与政法机关建立了问题线索快速移送反馈机制。认真贯彻落实中央八项规定精神。加强扶贫领域监督执纪问责,建立了国企扶贫项目监督工作台账和问题线索台账,对部分省属国企进行了重点抽查。建立完善常态化监督机制,国资委党委带头接受驻委纪检监察组监督,启动了党委巡察工作。

二、用足非常之力,扎实推动国资国企改革转型

(一)下大力气完善顶层设计,突出改革转型导向。坚持加强改革顶层设计。制订了《2018年山西省深化国企国资改革行动方案》。省委5·3会议后,又将8·28工程刷新升级为8·38工程,确定为改革施工图,进一步突出转型导向。坚持提升改革执行力。建立了党建工作、三基建设、国企改革等3张改革清单和任务台账,构建了清晰的改革任务书、路线图和时间表。坚持统筹全省国企改革大局。提出打好“三供一业”移交、“处僵治困”、防范风险等“三大攻坚战”目标任务,“三项制度”等重点难点改革顺利推进。

(二)下大力气推进重组混改,释放改革转型动力。完善制度政策。起草《山西省属企业混合所有制改革实施办法》,上报省政府审议。集团层面混改破冰。汾酒集团整体上市工作进展顺利,股权激励方案已经山西国资委正式批复,正式落地实施。建投整体混改方案获山西省政府批复。子分公司层面混改加速。在混改面70.9%的基础上,再次筛选出108个340亿项目实施混改。新增潞安精蜡化学品公司、国际能源普丽环境公司等2户企业,开展员工持股试点。“腾笼换鸟”加快落地。截至2018年底,省属国企53个“腾笼换鸟”项目,进入转让程序14个,预估价值25.4亿元;有意向方项目7个,预估价值30.9亿元。第三批108个涉及340亿元股权转让项目,向全国发布。加强产融结合。督导省属国企对接资本市场和用好上市平台,将资产证券化率纳入“一企一策”业绩考核。山西焦化完成重大资产重组;漳泽电力、山煤国际、大同煤业、阳煤化工完成集团公司下属子公司的股权收购。山西三维成功变更为“山西路桥”。加强上市后备资源培育。

已有95家企业入库,全年实现新三板挂牌企业2家,晋能清洁能源正在证监局IPO辅导备案,中条山集团正在制定北方铜业上市方案,大地控股正在推进香港上市。加大对外合作。组织省属国企参加能博会等5场国内重大招商推介活动,参加中白工业园机械与电子行业对接会等4场专题对接会,积极推进“一带一路”建设和国际产能合作工作。抓好招商引资项目落实落地。省属国企招商引资在建项目29个,全年完成投资68.45亿元。

(三)下大力气调整国有资本布局,优化改革转型结构。突出企业主业。重新确定并公布22户省属企业主业,7户省属煤企中4户不再将煤炭作为主业;研究制定了省属国企一年和三年转型目标,并与企业签订转型军令状,力争通过三年努力,实现煤与非煤产业的历史性“结构反转”。推进国有资本优化重组。山西智能制造集团重组方案已经山西省委国有企业改革发展和党建工作领导小组审议。山西燃气集团重组问题得到解决,引入7家境内外战略投资者资金35亿元。山西潞安现代化工公司引进首批9家战略投资者,投资24.4亿元。重组企业一边组建一边形成生产力。通用航空、民爆集团和三家科研院所转制企业挂牌成立。

(四)下大力气解决历史遗留问题,卸掉改革转型包袱。强力推动“处僵治困”。组织召开省属企业“处僵治困”攻坚会,已批复12户省属企业的处置“僵尸企业”工作方案,完成43户企业改革任务。扎实推动“瘦身健体”。截至2018年底,省属企业全部将管理层级压缩至4级以内,减少法人户数935户,减少比例达到21%,完成总体压减总目标的三分之二(目标是到2020年完成压减30%任务)。大力化解落后产能。完成了年度煤矿关闭退出实施方案初审和省级联合验收工作,省属6户煤炭企业关闭退出煤矿24座,退出产能合计1670万吨,占全省的74.6%。解决历史遗留问题。印发《山西省剥离国有企业办社会职能和解决历史遗留问题2018年攻坚行动计划》,与各地市签订目标责任书,建立领导定点督导制度,成立5个督导组,每月对定点包干市进行一次“集中会诊”。2018年,山西省国有企业“三供一业”总体移交率为100%,圆满完成国家下达的目标任务。

(五)下大力气转换经营机制,激发改革转型活力。推进市场化选人用人。起草了《关于省属国有企业董事会市场化选聘高级管理人员的指导意见》,已上报省委组织部。2018年在集团层面选聘2人,在9家试点企业32个子分公司层面选聘56人。开展选派外部董事工作。制定了《关于省属企业外部董事选派的实施方案》,向省属国企派出45名外部董事。健全法人治理结构。印发了《关于进一步健全省属企业法人治理结构的意见》。深化三项制度改革。召开3场专题座谈会,在太钢、同煤、焦煤试点“三项制度”改革。在汾酒股份试点股权激励,在云时代公司试点科技人员激励。

(六)下大力气提升监管水平,服务改革转型大局。深化“放管服效”改革。优化机构设置,将规划发展处与政策法规处合并为战略规划处,突出改革导向,加大改革力度,新成立企业改革二处,充分体现加快推动企业改革转型的战略意图。完善国有资本授权经营体制。进一步健全国有资本投资运营公司的职责及运作机制。强化穿透式监管。建立常态化工作约谈机制,强化财务监督,完成对省属国企五类专项审计。“一企一策”实施目标考核。对经营业绩启用第三方评估,强化考核结果应用,明确实行“四挂钩”和“退一进二”政策,在全国首创。建立企业投资负面清单。建立以“管资本”为主投资监管体系建设,努力提高项目投资的有效性。国资监管大数据平台项目稳步推进。完成了公开招标工作,召开了项目建设启动会,项目开发建设已全面启动。加强对省属国企服务。建立常态化调研服务机制,每个月到一户省属大型企业进行集体办公,同时创造性地提出了“九步工作法”,使一些长年积累的矛盾和问题得到了妥善解决。

(七)下大力气防范金融风险,增强改革转型定力。召开省属国企防控风险攻坚会议。组织了应收账款清收专项行动,截至2018年底,省属国企应收账款895亿元,比6月底净下降239.9亿元,比年初净下降268.7亿元,降幅23.1%。高度重视国有企业金融风险防范。全年兑付到期1959.6亿元债券,没有发生一笔违约,山西国企成为交易商协会全国会员中信誉度最好的板块;实现债券融资2562.41亿元,同比增长13.93%;控股上市公司再融资154.9亿元,已超过去年全年水平;市场化债转股新签协议250亿元,新落地47.5亿元;贸易收入同比下降5.5个百分点。依法处置高速公路债务风险。平移政府债务2600亿元,由国开行牵头的银团贷款全部落地。加快处置铁路融资债务风险。省长办公会已经审议通过了处置铁路建设融资债务风险的工作方案,省国资委将按要求推动相关工作。

(王翠翠)

附:省国有资产监督管理委员会党委书记、常务副书记、副书记、委员名单

书　记: 王一新(1月离职)　郭保民(1月任职)

常务副书记: 曹慧昌(12月离职)

党委主持日常工作的副书记: 马　进(12月任职)

副书记: 郭保民(1月调职)
马　进(10月任职,12月调职)
王志清(12月任职)

委　员: 马　进(10月调职)　张宏永
宋世华(12月离职)　韩珍堂
张红谱(12月任职)　王斗留
贠　钊(2月任职)　高春毅(12月任职)

省市场监督管理局党组

党组书记　张九萍

2018年,面对市场监管职能大调整、机构大整合、改革大推进的繁重任务,省市场监管局党组紧紧围绕质量强省、食品安全和标准化三大战略任务,在顺利推进机构改革的同时,圆满完成了年度各项目标任务。

一、牵住机构改革主线,顺利组建省市场监管局

省局党组始终关注大局、把握大势、紧盯大事,敢于担当,敢为人先,在市场监管机构改革中,大格局站位、高起点谋划、强力度推进,呈现出“快、细、严、融、稳”五个特点。快:行动迅速。10月26日省市场监管局挂牌组建,12月20日机关干部定岗,12月29日集中办公,在这一轮机构改革中,走在了全国市场监管系统和省直部门的前列。细:工作细致。整个改革过程节约、高效、有序。严:纪律严明。严格工作纪律,确保工作有序推进。融:深度融合。起步之初,省局党组提出讲政治、讲融合、讲纪律、讲底线和思想融合、语言融合、行动融合、工作融合的“四讲四融合”要求。稳:平稳有序。保持了人员思想平稳、市场秩序平稳、工作推进平稳。

二、发挥核心领导作用,全面加强思想政治建设

2018年,省局全面加强党的领导和建设,为顺利推进机构改革、圆满完成年度目标任务提供了坚强保障。

(一)抓好理论武装,提升思想素养。坚持用习近平新时代中国特色社会主义思想武装头脑、指导实践、推动工作。一是系统深入学。省局党组班子和处级干部全部参加省委组织部、省直工委组织举办的专题培训班,努力系统地掌握新思想的基本观点、理论体系。二是及时跟进学。通过党组会学习、中心组学习、党支部学习和举办专题辅导报告等,及时学习领会习近平总书记最新重要讲话精神。三是联系实际学。紧密结合市场监管、机构改革等实际,开展新时代新担当新作为主题党日活动等系列活动,2018年中心组已集中学习研讨19次,并在省直机关学习动态上刊发了4期。

(二)党组以上率下,引领良好风气。新班子组建以来,始终以上率下,担当负责,率先垂范,先行制定了局领导分工AB角和岗位责任制,实现“人不在事照办”,让包括局领导在内的岗位分工协作无缝对接,为全局干部立好标杆、作好示范。

(三)落实党建责任制,加强“三基建设”。大力开展党支部标准化规范化建设,152个基层党组织政治功能显著增强;全省各市县依托市场监管部门建立非公企业党委,新组建党组织625个,党组织总数达到14233个;扎实推进基层党组织规范化建设和“双强六好”党组织创建活动,培训党组织书记13940人次。

三、督促发挥职能作用,圆满完成年度目标任务

省局党组不断深化商事制度改革,努力构建优良营商环境,圆满完成了年度目标任务。

(一)改进“放管服效”,高质量助推经济发展。研究出台了20条具体措施。在全省推开首批106项涉企事项“证照分离”(“证”是指各相关行业主管部门颁发的生产经营许可证,“照”是指工商和市场监管部门颁发的营业执照)改革,试行“多证合一、一照一码”,实现了“三十证合一”;完成“多报合一”改革,2017年度企业年报公示率93%,高于全国平均水平1.5个百分点;全面推行企业名称自主网上申报,走在全国第一方阵。试运行行政许可信息系统,“省级工业产品生产许可”实现全程网上办理,推进企业登记全程电子化改革,发放公示版电子营业执照25137张;成功获批国家标准化综合改革试点,新建12项社会公用计量标准,批筹我省首个省级产业计量测试中心,获批国家玻璃器皿产品质检中心,国家硅铝质耐火材料等3个国家质检中心通过验收。营商环境进一步改善,全省各类市场主体保持快速增长态势,总数达233.4万户,同比增长12.7%,增速高于全国1.1个百分点。

(二)严格履职尽责,高标准监管市场主体。用“四个最严”(最严谨的标准、最严格的监管、最严厉的处罚、最严肃的问责)的要求,严格监管执法。开发建成了“双随机、一公开”操作应用平台,随机抽查市场主体及相关单位11万余户;加强广告市场监管,查处914起商标侵权案件、376起违法广告案件;抽检电线电缆等187种危化品9678批次,处理518批次不合格产品;检查730余家农资企业,查办55起农资违法案件;整治345台大型游乐设施、44条客运索道,全省未发生特种设备安全人员死亡事故。检查220家食品生产企业,飞行检查高风险单位83家,保健食品生产企业飞行检查覆盖率达70%;90家白酒、116家婴幼儿配方乳粉和特殊医学用途配方食品生产企业建立了信息化追溯系统,全省未发生重大食品安全事故。

(三)积极服务社会,高品质维护民生权益。深入开展“品质消费、美好生活”主题活动,创建35家国家级和省级“放心肉菜示范超市”,10090家餐馆实现“明厨亮灶”;“潞城驴肉甩饼”等8件地理标志证明商标被核准注册,全省地理标志证明商标增至57件。查办192起网络交易案件,抽检2856批次流通领域成品油,受理87803件消费者申诉,为消费者挽回1738万元经济损失。查处650起民生领域不正当竞争

案件;加强直销企业监管,查处31起传销案件,捣毁126个窝点,遣散2800余传销人员。

四、加强机关文化建设,大力提升政务服务水平

形成了组织有保障、领导有责任、行动有措施、群众有口碑的运行机制,机关工作质量和服务效率大幅度提升。

(一)以文化人。通过组织赴延安学习、支部书记讲党课、召开座谈会等活动,全年完成11400人专业能力测评,举办培训班191个,培训干部16993人次。在第二届省直机关党员干部职工基本能力竞赛活动中,有1人获得"公文写作"和"综合测试"单项奖。

(二)以法规矩。及时对新任机关副处以上干部开展任前集体廉政谈话,为新任领导干部履新上好"第一课",敲响"警示钟"。认真落实执法机关普法责任制,全面开展七五普法中期督查;多次举办新闻发布会,加大宣传报道力度,为市场监管执法营造了良好舆论环境。举办法制员培训班,开展新任处级干部向宪法宣誓活动、"12·4"国家宪法日暨全国法制宣传日活动,进一步营造了法治工商建设的深厚氛围。

(三)以民为本。大力推进政务公开信息公开,只要政策规定、只要公民申请,全部按要求公开,更好地服务大众。直接面对群众的注册登记窗口,服务标识简洁明朗,岗位职责一目了然,延伸窗口服务功能,群众普遍反映"脸好看、事好办",满意度大幅提高。

五、省市场监管局职能简介

山西省市场监督管理局整合了原省工商行政管理局、原省质量技术监督局、原省食品药品监督管理局职责,以及省发展和改革委员会的价格监督检查与反垄断执法职责,省商务厅的经营者集中反垄断职责、省科技厅的专利管理职责,为省人民政府直属机构,正厅级建制,主要负责全省市场综合监督管理、市场主体统一登记注册、组织和指导全省市场监管综合执法、反垄断统一执法、监督管理市场秩序、宏观质量管理、产品质量安全监督管理、特种设备安全监督管理、食品安全监督管理综合协调、食品安全监督管理、统一管理全省计量工作、统一管理全省标准化工作、统一管理、监督和协调全省认证认可和检验检测工作、知识产权工作、市场监督管理科技和信息化建设、新闻宣传、指导和协调全省市场监督管理系统开展非公经济组织党建工作、管理省药品监督管理局等职责。

省市场监督管理局机关行政编制211名;核定局长1名,副局长5名;核定处级领导职数35正(含食品安全总监1名、总工程师1名、市场稽查专员2正、机关党委专职副书记1名、离退休人员工作处领导职数1名)51副(含市场稽查专员2名)。省市场监督管理局内设31个处室,2个直属行政机构——山西省价格监督检查与反垄断局、山西省工商行政管理局经济检查总队;2个派出机构——山西转型综合改革示范区工商行政管理局、山西转型综合改革示范区质量技术监督局;26个直属事业单位。

(赵　波)

附:省市场监督管理局党组书记、成员名单

书　记:张九萍(女,10月任职)
成　员:王国强(10月任职)　王亦兵(10月任职)
吕惠兰(女,10月任职,11月离职)
刘建国(10月任职)　邢瑞峰(11月任职)
王德立(10月任职)　武小勤(10月任职)
贠亚明(10月任职)

省广播电视局党组

党组书记　李海渊

2018年,省广播电视局党组以习近平新时代中国特色社会主义思想为指导,深入学习宣传贯彻党的十九大精神和习近平总书记视察山西重要讲话精神,深入贯彻落实中央及省委关于宣传思想工作的决策部署,坚定自觉地把省委要求落实到我省新闻出版广播影视工作各方面全过程,各项工作取得新进展新成效。

一、深入学习贯彻党的十九大和习近平总书记视察山西重要讲话精神,牢牢把握正确政治方向

一是把政治建设放在首位。局党组把讲政治作为第一位要求,把忠诚可靠作为第一位标准,在树牢"四个意识"、坚定"四个自信"、坚决做到"两个维护"上持续强化思想武装,不断进行党性锤炼,在政治立场、政治方向、政治原则、政治道路上同以习近平同志为核心的党中央保持高度一致,牢固确立习近平新时代中国特色社会主义思想在新闻出版广电工作中的指导地位。二是深入贯彻习近平总书记视察山西重要讲话精神。深刻领会讲话的重大意义、总体要求和重大任务,深刻领会意识形态工作的极端重要性,深刻领会实现山西"两个持久"的极端重要性,深入贯彻落实省委"一个指引、两手硬"思路和要求,坚持学以致用,工学结合,在转变发展方式、落实意识形态责任制、脱贫攻坚、严肃党内政治生活上下功夫,抓好贯彻落实。三是强化思想理论武装。扎实推进"两学一做"学习教育常态化制度化,在学懂弄通做实习近平新时代中国特色社会主义思想上下苦功夫,坚持读原著、学原文、悟原理,

不断提升马克思主义思想觉悟和理论水平。党组中心组共开展理论学习13次,在全系统组织开展学习交流活动,在全行业组织开展马克思主义新闻观、文艺观、出版观教育,引导广大干部职工严把正确政治方向、舆论导向、价值取向。

二、全面贯彻落实党中央、国务院及省委、省政府决策部署,各项工作取得新突破

一是加强宣传引导,唱响学思想、用思想的时代最强音。全省新闻出版广电媒体深入学习宣传习近平新时代中国特色社会主义思想,强化媒体"头条"建设和"首页首屏首条"建设,用心用情用力,精心精细精准,圆满完成各项重大宣传报道任务。着力深化主题宣传,在重要频道频率、重要时段、重要栏目开设"新时代新作为新篇章""奋进新时代谱写新篇章"等专题专栏,营造了全省人民团结奋进的主流舆论强势。高质量完成习近平总书记视察山西一周年、全国"两会"、省"两会"等重大主题、重要活动的宣传报道,在宣传山西改革发展、讲好山西故事上推出一批好专栏、好作品,营造了良好舆论氛围。省台《刘桂珍:四副担子一肩挑》荣获2018年中国新闻奖一等奖,《李伟:"试飞"复兴号 我们的速度与激情》《走出矿井当农民》《牢记习近平总书记嘱托 谱写新时代山西新篇章之脱贫攻坚》等3件新闻作品入选全国广播电视优秀新闻作品。积极做好《习近平谈治国理政(第二卷)》《习近平新时代中国特色社会主义思想三十讲》等出版物的发行工作。二是内容生产持续繁荣,创新创优效果明显。组织出版图书3238种,推出《〈共产党宣言〉在中国》《中国精神·我们的故事》等一批精品图书。《闪耀世界的中国奇迹》《一诺的家风》等10余种图书作品入选国家项目或奖项。推动完成电影生产24部,《耿二驴那些事儿》《李司法的冬暖夏凉》获国家有关部门肯定和扶持。全年立项备案电视剧8部,拍摄完成电视剧5部198集,讲述右玉县人民坚持不懈植树造林故事的电视剧《右玉和她的县委书记们》在央视一套首播,电视剧《立秋》获国家专项扶持。电视动画片《奇奇怪怪》在腾讯视频播放量破亿并登陆北京卡酷少儿频道播出。广播电视节目创新创优取得新成绩,《走进大戏台》荣获第25届中国电视文艺"星光奖";《国乐大典》传承获全国广播电视节目创新创优奖。实施"记录新时代"纪录片创作传播工程,《山路弯弯》在央视播映并荣获第24届中国纪录片长片好作品奖,《村晚》入围优秀国产纪录片展播名单。开展优秀公益广告扶持项目征集活动,《尊重知识,保护知识产权》等3部作品获广电总局扶持表彰。开展2018年山西省优秀网络视听作品评选活动,评选出30部全省优秀作品,《高原上的心愿》《山上有棵树》等4部作品在国家扶持项目中获奖。三是事业产业协同推进。高清电视发展加速,省台山西卫视和优购物2个频道实现高清播出,省台公共、少儿频道,长治市广播电视台完成高清化改造。全省电影票房再创新高,2018年达9.11亿元,同比增长15.8%,超出全国平均增幅6.74个百分点。推进有线无线融合网建设,在忻州市完成无线双向网试验基站部署,实现五台山景区网络覆盖。全省IPTV用户突破400万户。山西媒体智慧云平台、山西广电"晋视界"智慧融媒体平台等项目相继建成并投入运行。60多家市、县播出机构开展了"两微一端"智慧广电业务,主动与旅游、农业等产业进行相加相融。媒体融合发展加快,39个县级融媒体中心挂牌成立。推进山西数字出版创意产业基地建设,一批创新型出版企业正式入驻基地。大力开展版权示范创建,在省转型综改示范区等12个版权密集型单位试点建设全流程管理的版权工作机构。成功举办第二届平遥国际电影展,展映25个国家和地区的55部影片,吸引观众来宾达到26万人次。成功举办"2018年数字出版与数字图书馆融合发展国际研讨会"。四是公共服务能力进一步提升。启动实施深度贫困县应急广播体系建设工程,落实中央资金6813万元,分两年对全省15个国贫县给予补助,偏关、静乐、平顺三县已经开始实施。完成农村公益电影放映33.8571万场、农村寄宿制学校爱国主义教育优秀影片放映2.2078万场。精心打造"书香三晋"全民阅读品牌,开展活动1000余场,推荐优秀出版物338种,为农家书屋补充更新出版物100余万册。2018年年底,全省广播人口综合覆盖率为98.80%,电视人口综合覆盖率为99.57%。五是阵地管理不断强化,意识形态工作责任制进一步落细落实。坚持按季度开展意识形态分析研判、及时应对处理,坚决防止出现广播电视和网络视听领域意识形态事件。严格执行宣传纪律,严格内容审核把关,出台网络视听节目内容审查实施办法。有效提升广播电视节目内容监管,建成全国先进的省级综合监管平台。净化网络视听环境,查处关停违法传播视听内容网站4个。打击"黑广播",查处案件线索4起。完善广播电视安全播出保障体系,圆满完成国家和本省重大活动、重要保障期54天安全播出保障任务。保持"扫黄打非"高压态势。全年收缴违法出版物114268件,处置网络涉黄有害信息4607条,取缔关闭网站6个,查办各类案件128起。加强境外卫星电视监管,打击非法卫星电视接收行为,收缴非法卫星电视接收设施5880套件。继续加大对广播电视播出机构违规播放广告的处罚力度,共受理48起广告投诉,下发35份整改通知,停播违规广告3650条次。六是简政放权力度持续加大,职能优化转变到位。深化"放管服"改革,行政审批实现"两集中、两到位",取消6项审批事项,清理23项证明事项,14个项目纳入"证照分离"改革试点。坚决贯彻党中央深化机构改革决策和省委部署要求,在省新闻出版广电局广播电视管理职责基础上组建省广播电视局,作为省政府直属机构,归省委宣传部领导。省、市广电部门实现了机构设置、职能配置和服务水平的优化提升。

三、抓党建强队伍,推进全面从严治党不断向纵深发展

坚持以政治建设为统领,全面从严治党进一步强化。一是层层压实党建责任。认真落实新时代党的建设总要求,加

强统筹领导，压实和细化责任清单，认真组织基层党组织书记年度述职测评，加强考核结果运用，建立自上而下、层层负责、运转高效的党建工作责任体系。积极发挥各级党组织的政治功能和党支部的战斗堡垒作用，严格执行“三会一课”、主题党日等制度，有效解决基层党组织弱化、虚化、边缘化问题。二是全面加强班子和队伍建设。认真贯彻落实《准则》《条例》。严格落实民主集中制、党内生活、重大问题请示报告等制度，严格规范党组议事决策规则和程序，全面加强党内监督。树立正确选人用人导向，突出政治标准选人用人，修订完善局属事业单位干部绩效考核制度，弘扬新风正气，加大正向激励。三是全面加强“三基建设”。制定“三基建设”年度重点工作任务清单，推行重点任务“月报送、季督查”；开展“标准问题讨论”，提标对标58个事项，进一步夯实工作基础；加强效能建设八项制度落实，开展效能建设评估和专项督查；严格“13710”工作制度，推动重点任务落实见效。开展各类培训96项，建立干部个人能力提升档案。四是持之以恒正风肃纪。认真落实中央八项规定精神，加强对党员的日常监督管理，深入开展肃清腐败流毒影响工作，加强廉政警示教育，有效运用监督执纪“四种形态”，全年处置问题线索2条，给予严重警告处分2人，诫勉谈话5人。

（丁耿彪）

附：省广播电视局党组书记、成员名单

书　记：李海渊(10月任职)

成　员：李和林(10月任职)　安　洋(10月任职)

吕芮宏(10月任职)

邢瑞峰(10月任职，11月离职)

省体育局党组

党组书记　赵晓春

2018年是改革开放40周年，也是全省体育系统深化改革的一年，全省体育工作以第二届全国青年运动会筹备为要点，以完成好省政府工作报告中提出的体育工作“三大任务”为重点，以创新发展、融合发展为总基调，不断拓宽领域，实现快速发展和全面进步。

一、党建工作取得新进步

深入学习、全面落实习近平新时代中国特色社会主义思想和党的十九大精神，坚决贯彻落实习近平总书记重要指示批示和党中央决策部署。局领导班子坚持以中心组学习为龙头，围绕十九届二中、三中全会精神、习近平总书记视察山西重要讲话精神、省委十一届六次全会精神等重点内容，全年组织13次26天学习。采取集中培训、交流研讨、现场调研、党课讲堂、党校在线、干部在线学院、观看电教片等形式，组织广大党员干部认真开展理论学习，组织道德讲堂、重温入党誓词、“红船精神”主题党日等系列活动。

把学习贯彻习近平总书记关于体育工作的重要论述作为重大政治任务，落实到体育改革发展的方方面面，以新思想开启全省体育改革发展新实践，坚持以“融合发展和创新发展”理念推进改革，全力推动群众体育、竞技体育、体育产业健康发展，发挥体育价值，履行体育使命，全面落实全民健身国家战略，不断满足人民群众对体育的需求，起草、制定《健康山西2030规划纲要》《关于进一步扩大旅游文化体育健康养老教育培训等领域消费的实施意见》《关于扶持职业体育发展的意见》。

二、全民健身取得新成果

坚持发展以人民为中心的体育，是全省体育工作的出发点和落脚点。全民健身工作围绕“一个中心”(以人民为中心)，更新“两个理念”(融合发展、创新发展)，实现“三个指标”(人均体育场地1.8平米，经常参加体育锻炼人口数达到1100万，体育产业总规模超过320亿元)，发展“四个项目”(自行车、马拉松、冰雪、足球)，依托“五个助力”(资金、人才、科技、二青会、三级联创)，大力推进“体育+”模式，与多方力量合作共进，开创多维、友好的局面。

“六边工程”建设积极推进。2018年争取中央专项彩票公益金4785万元，打造“体育扶贫”新亮点，完成389个“百县万村示范村”、168个行政村、770个移民新村全民健身路径工程等设施建设。全年共举办60余项全国群众体育赛事活动、100余项省级群众体育赛事活动和400多项市级全民健身赛事活动；全民健身日、二青会倒计时一周年、省运会开闭幕式等时间节点，全省联动的群众体育活动不断掀起全民健身热潮。按照“一市一品”“一行一品”“一会一品”总体布局，鼓励支持各市县、各行业、各体育协会深入挖掘资源，打造具有地域特色和行业特点的全民健身品牌赛事活动。

推动“全民健身运动模范市县”创建工作，推荐太原、大同、长治3市，屯留、榆社、永济、安泽4县区市参与“全民健身运动模范市县”创建活动，推动全民健身和全省体育事业发展。以自行车、马拉松、冰雪、足球项目为龙头，努力提升项目普及程度，提高运动水平。建立山西省马拉松、自行车赛事联盟，为加盟单位提供赛事指导、比赛运行、专业服务、安全保障评价体系等各方面支持。

“体育+”发展模式不断推广。与大同、朔州、长治、忻州、吕梁市人民政府，山西医科大学、山西医科大学第一医院、大同大学、山西文化旅游投资控股集团有限公司、山西建设投资集团有限公司、鑫控集团有限公司等签署全面战略合作框架协议。推动“体育 + 旅游”,在体育场地设施、体育活动赛事开展与旅游景区、景点相结合上下功夫,高平“后羿杯”全国射箭挑战赛、左云“摩天岭杯”中国公路自行车联赛等赛事为当地旅游发挥显著作用。实施“体育 + 科技”,重点推动移动互联网、大数据等现代信息技术手段与全民健身融合,推进健身设施智能化,推进智慧赛道建设,大同御河生态园智能健身步道投入使用,环漳泽湖智慧运动系统正在建设。

三、竞技体育及体育后备人才培养不断加强

参加国际、国内赛事取得优异成绩,积极承办国内外大型赛事。结合新周期“三大赛”(2019 年二青会、2020 年东京奥运会和 2021 年全运会)任务目标,抓好年度赛事,提升竞争实力。2018 年亚运会,11 名运动员入选中国体育代表团,参加 9 个大项的争夺,夺得 3 金 2 银 2 铜。在其他国际单项赛事中,山西运动员共获得金牌 18 枚。2018 年共申请承办 28 项国内外重要赛事,覆盖所有项目运动管理中心,有力提升办赛水平,也给群众带来美好的观赛体验。

做好跨界跨项跨季选材和输送工作,大力发展冬季项目,重点在全省范围内开展雪橇、滑雪等冬季项目选材,向国家输送跳台滑雪、越野滑雪、自由式滑雪、单板滑雪和冰壶等冬季项目运动员 30 人。以二青会冬季项目参赛、办赛任务为契机,推动本省冬季项目从无到有快速发展。二青会单板滑雪平行项目(8 个小项)和花样滑冰(30 个小项)办赛场馆建设和改造工作扎实推进,符合要求。与黑龙江、吉林、辽宁、内蒙古等冬季项目强省密切合作,引进和联合培养优秀运动员,为备战二青会、冬季全运会及北京冬奥会打下良好基础。

成功举办山西省第十五届运动会并首次以竞争性申办的方式确定第十六届省运会承办城市。第十五届省运会开、闭幕式和各项赛事组织得到社会广泛好评。确定大同市、朔州市为山西省第十六届运动会共同承办城市。

后备人才培养工作不断加强。加强顶层设计,发挥竞赛杠杆作用,在 2018 年山西省体育竞赛名录(省级青少年体育部分)中,设置各项目青少年体育比赛 61 项。加强高水平体育后备人才基地建设,32 所学校被认定为“山西省高水平体育后备人才基地(2018–2021)”,将业余教练员培训列为基本工作,基本覆盖全省青少年业余训练教练员队伍,培训质量不断提高。

四、体育产业快速发展

健身休闲产业政策体系更加完善。会同省发改委等 11 个部门联合出台《山西省支持社会力量举办马拉松自行车等大型赛事实施方案》,全省马拉松赛事举办数量超过 25 次、参赛人数超过 15 万人次,带动各类消费超过 1 亿元;自行车赛事举办数量超过 30 次,参赛人数超过 1.3 万人次,带动各类消费超过 0.5 亿元。体育与文化、旅游、康养等产业融合发展态势强劲,体育产业为经济增长发挥了积极作用。

大型场馆建设及运营水平不断提高,航空运动产业有力推进,省体育局重点工程狠抓落实。山西射击射箭训练基地建设基本完工,山西国际体育交流中心项目、太原滨河体育中心、太原水上运动中心、大同白登山滑雪场等二青会比赛场馆基本竣工。省级大型体育场馆及部分市县体育场馆节假日实现免费、低收费开放。依托航空运动产业优势,大力促进通用航空事业,省体育局、大同市人民政府与北京广慧金通教育科技有限公司签署山西通用航空职业技术学院合作共建协议,共同培养通用航空人才。将省体育博物馆、省全民健身中心、五龙国际冰雪小镇、长治航校升级改造、体育职业学院足球训练基地、拜仁(太原)足球学校等工程列入省体育局重点工程项目。

体育彩票销售取得新业绩。不断深化内部改革,推进规范化建设,加强市场运行情况分析,统筹协调概率型游戏、竞猜型彩票、即开型彩票三类游戏协同发展,体育彩票销售实现快速增长,全年共销售中国体育彩票 42.84 亿元,完成全年目标任务 107.1%,同比增长 22.65%,筹集公益金 9.36 亿元。

五、体育文化建设有力推进

以赛事为载体全面展示体育社会价值。发挥体育赛事的宣传、教育功能,将体育文化内涵展示有机融入竞赛组织之中,第十五届省运会开、闭幕式和各级各类体育赛事活动中,突出文化内涵和地方特色,赢得各界群众的共鸣和响应。

推动山西体育文化走出国门。高度重视体育文化对外宣传,与巴西、阿根廷、乌拉圭、德国等国外先进体育组织签订合作协议,发挥体育在增进不同国家和人民间理解、深化友谊方面的独特作用,推动武术、太极、乒乓球等优秀中国传统体育项目“走出去”,在国际上产生了一定的影响力。

大力弘扬冰雪运动项目文化,加强体育文化建设。以举办二青会冬季项目为契机,在全社会尤其是青少年中大力宣传冰雪运动项目文化。创办山西体育文化大讲堂,邀请著名专家、学者来晋授课并实时网络直播,覆盖现场和线上 20000 多人次受众。

展示山西体育内涵。组织各级体育部门和省内企业参加中国体育文化博览会和中国体育旅游博览会,以推介二青会为主线,以体育文化、体育旅游为辅线,让观众深刻感受到三晋大地厚重的历史文化旅游资源、丰富的生态资源,全面展示山西独特的体育旅游亮点和体育文化魅力。

六、二青会筹备工作进展顺利

秉承创新办赛、开放办赛、文明办赛、绿色办赛、节俭办赛、廉洁办赛理念,提高认识,精心筹备,整合资源,统筹安排场馆布局、项目布局到 11 个市,延伸到 11 个县和 12 个高校的 56 个场地。8 月 18 日,二青会会徽——“山河”,以褐马鸡为创意元素的吉祥物——“青青”,主题口号——“青春的约会,拼搏的舞台”面世,二青会官网试运行,二青会开幕式倒计时一周年仪式与第十五届省运会闭幕式合并举行。

精心组织,各项筹备工作有条不紊向前推进,建立较为完整的制度体系。资源开发和新闻宣传工作取得初步成效,

信息技术保障夯实基础，精致筹划大型活动，食品药品保障顺利进行，整体筹备工作运转有序。在保障场馆建设有序推进的基础上，做好单项竞赛组织、安保、医疗、大型活动、接待服务、志愿者组织、宣传等重点环节。

(王宏德)

附：省体育局党组书记、成员名单

书　记：赵晓春

成　员：杜　荣(女)　王　福　李俊文　袁乃平(7月任职)

省统计局党组

党组书记　张晓东

2018年，在省委的正确领导下，省统计局党组坚持以习近平新时代中国特色社会主义思想为指导，深入学习贯彻十九大精神，认真学习贯彻省委十一届六次全会精神，忠实践行“两个维护”，坚定不移贯彻落实党中央国务院、省委省政府和国家统计局各项决策部署，深入推进统计领域重点改革，加快构建具有山西特色的新时代现代化统计调查体系，为服务全省高质量转型发展提供了坚强支撑。

一、加强党对统计工作的领导，着力推进全面从严治党

(一)大力加强领导班子和干部人才队伍建设。全面落实新时代党的建设总要求。始终把政治建设摆在首位，把抓好党建作为第一责任，成功举办13期统计大讲堂，组织开展系列主题党日活动和形式多样结对帮扶活动，教育引导全体党员干部筑牢“四个意识”，坚定“四个自信”，践行“两个维护”。严肃党内政治生活。重温《共产党宣言》和入党誓词，坚定理想信念；认真落实局领导和机关党委纪委委员联系支部制度，推动党建工作整体提升，机关党委荣获省直机关“先进基层党组织”。持续加强理论武装。引领全局深入学习贯彻习近平新时代中国特色社会主义思想和习近平总书记视察山西重要讲话精神；持续推进“两学一做”学习教育常态化制度化，编发《理论学习应知应会要点》，坚持“每周二、周五学习讨论”周计划周报告制度，组织党员干部党校培训、在线学习讨论。加大精神文明创建力度。培育和践行社会主义核心价值观，大力推进统计文化建设，组织开展基本能力竞赛、中国梦劳动美主题演讲和走进新时代当好主力军征文活动取得优异成绩，积极参加省直机关菜单式体育比赛展现统计风采，重大节日走访慰问困难党员、开展“爱心捐”，传递统计真情，精神文明创建再上新台阶，连续20年荣获省级文明单位、省直文明单位标兵荣誉称号。严格执行“好干部”标准。多平台、多渠道锻炼培养年轻干部；强化正向激励，联合省人社厅开展全省统计系统先进集体和先进工作者评选表彰，组织开展“七一”先进表彰。认真落实民主集中制。认真贯彻落实“三重一大”决策制度。加强统战、群团和老干部工作。

(二)巩固提升“三基建设”水平。结合统计实际全面部署推进。系统发力推动8方面14项任务落地见效。大力激发基层组织动力活力。落实党建工作责任制，树立一切工作到支部的鲜明导向。全力提升干部队伍能力素质。举办全省三级统计局长培训班，提高全系统“一把手”履职尽责能力；建立职工能力提升档案，分层次分类别分岗位直接培训系统干部1.1万余人次，不断提高统计人员政治能力、知识水平和专业技能。积极发挥行业系统指导作用。搭建统计在线学习中心，滚动实施联网直报企业业务培训全覆盖，对48个省直部门282名统计从业人员和全省统计系统3345名统计工作人员进行专业能力测评。省直4个部门前来学习交流。

(三)深入推进党风廉政建设。始终坚持挺纪在前。健全完善“三清单一制度”，层层签订责任书承诺书，传导压力，压实责任；召开肃清腐败流毒专题民主生活会，廉政教育和警示教育持续深入。严格落实中央八项规定精神和我省实施办法。加大重大节日节点警示提醒力度，严防“四风”问题回潮复燃。

二、把握政治方向，着力加强法治稳定和意识形态工作

(一)持续强化法治稳定工作。严格履行法治建设职责。制定实施法治工作要点，组织全体干部开展宪法、公共法、统计法律法规学习考试，举办统计开放日、宪法日纪念宣传活动，增强法律意识，提升依法行政依法统计能力。发挥法律顾问作用，提高依法治理能力水平。省人大常委会对统计法实施情况进行监督检查，给予充分肯定。切实做好综治稳定工作。严格落实综合治理领导责任制，坚持管业务更要管廉政、管安全、管稳定，将综治工作与党建和业务工作有机结合。

(二)扎实推进意识形态工作。认真贯彻落实意识形态工作责任制，严格履行主体责任。严把政治方向关、舆论导向关，加强重要节点和敏感时期舆论引导。

三、大力推进统计改革创新，不断提升统计监测服务水平

(一)敢行敢试，投资统计改革不断深化。进一步深化投资统计改革，将500-5000万元项目全部纳入联网直报范围，在全国率先实现投资统计全口径联网直报，数据质量明显提高。围绕“转型项目建设年”，加大统计监测服务力度，制定监

测制度,编印监测手册,按月向省主要领导提供转型项目和投资运行专报,向社会发布投资运行报告,为全省转型项目建设提供强有力统计保障。

(二)强力推动,深改措施逐项落实。建立防惩统计造假责任体系;制定中央巡视整改三清单;建立人大检查统计法整改工作台账;建立领导干部违规干预统计工作记录制度和台账。对统计造假实行党政同责和“一票否决制”。依法查处统计违法行为,对5市9县统计违法问题立案查处,配合纪检监察机关对38名责任人和责任领导进行责任追究,对违法单位进行行政处罚和社会公示;开展“以数谋私、数字腐败”专项整治,层层签订承诺书。深入开展统计法治教育,将统计法纳入全省国家工作人员学法用法和考试平台;编印3.8万册法治宣传口袋书。健全完善数据审核评估机制,加大基层数据核查力度,全方位确保数据质量。

(三)担当作为,统计监测服务水平持续提升。强化预测预判和对策建议研究,提供省领导统计专报60篇、指定专项报告20篇,编印统计分析报告233篇,其中53篇得到省领导重要批示,在省委省政府作出全省经济保持平稳增长、结构优化、效益提高、动力增强的特征和态势等重大判断和科学决策中体现统计作为。编印山西发展报告系列丛书,客观反映山西经济由“疲”转“兴”进而拓展新局面的生动历程。开展改革开放40周年系列分析研究,编印《数说山西改革开放40年》文献资料。围绕文化旅游产业核算、数字经济、现代服务业发展、产业结构演进等开展课题研究,充分发挥统计部门“智库”作用。及时召开新闻发布会,联合主流媒体实时解读经济运行积极变化和亮点,大力宣传改革开放40年辉煌成就,主动应对引导舆情,在凝聚社会共识中发挥积极作用。

(四)加强组织,第四次全国经济普查成效明显。牵头组织实施第四次全国经济普查,圆满完成机构组建、经费落实、物资采购、综合试点、“两员”选聘、宣传动员等各项前期准备工作。组织7万多名普查员完成66.3万法人和产业活动单位、103.6万个体户的清查任务,清查率居全国第4位,差错率明显低于全国平均水平,国家统计局宁吉喆局长专题听取我省普查工作汇报并给予充分肯定。扎实推进农业普查资料开发应用,29个课题研究取得积极成效。圆满完成人口变动抽样调查工作。

(五)考核引领,区域经济转型升级考评作用凸现。贯彻落实新发展理念,聚焦转型综改,先后两次优化调整指标体系,进一步提高考核评价针对性导向性;加强宣传宣讲,编印《山西省区域经济转型升级考评办法解读》,强化考核评价进度监测,按季开展考评监测分析和情况通报,有力推进各地考核指标任务落实。

(六)创新突破,重点领域统计监测亮点纷呈。顺利完成统计局与调查队系统业务分工调整,地方统计监测领域更趋完善;围绕“三去一降一补”,不断强化钢铁、煤炭、房地产行业去产能跟踪监测,高质量完成营商环境调查,切实反映政策落实成效;围绕“三新”经济,完善战略性新兴产业、高技术产业统计方法,健全电商平台名录库,加强网络零售、开发区、城市商业综合体等统计,探索“三新”经济增加值核算,全面反映创新发展成果;围绕部门统计,持续推进部门综合统计联网直报,充分运用“五证合一”改革成果完善基本单位名录库,合作开展小微企业发展状况调查,在省委省政府决策部署中发挥积极作用;围绕拓宽监测领域,探索工业发展质量指数、产能利用率和文化产业、民营经济等统计监测,努力构建具有山西特色的现代化统计调查体系。

(七)探索实践,生态文明建设评价继续拓展。创新探索完成我省首次生态文明建设年度评价。迅速专报山西在全国首次绿色发展年度评价中的情况,省主要领导作出重要批示。加强调查研究,严把数据质量,强化能源统计和GDP能耗监测分析;严格按照评价办法,计算全省2017年生态文明年度评价指数,全力推动评价工作取得积极成效。

(八)紧跟步伐,国民经济核算改革扎实推进。积极开展统一核算改革研讨交流,制定我省地区生产总值统一核算改革方案,推进阳泉、晋中统一核算改革试点。加强联系对接,强化自然资源资产负债表编制学习交流,探索制订我省工作方案;推进自然资源资产负债表编制工作。

2018年,省统计局党组带领全体统计干部攻坚克难。连续20年荣获省级文明单位、省直文明单位标兵称号,连续8年蝉联全省目标责任考核优秀单位,业务建设始终位列全国第一方阵,各专业在全国评比名列前茅,机关党委连续被评为“先进基层党组织”,荣获老干部工作“先进集体”。

(毛永峰)

附:省统计局党组书记、党组成员名单

书　记:张晓东

成　员:卢永良　王德才　曹力民

省政府研究室党组

党组书记　薛　荣

一、单位概况

省政府研究室于2018年10月29日正式挂牌成立,是机构改革中新组建的省政府直属机构,为正厅级。内设机构6个,分别为办公室(机关党委、人事处)、研究一处、研究二处、研究三处、研究四处、研究五处。机关行政编制32名,设主任1名,副主任3名,处级领导职数7正(含机关党委专职副书记1名)6副。

主要职责为:负责起草省政府和省政府主要领导重要讲话等文稿;根据省政府领导指示,组织或协同有关方面起草、修改省政府有关重要文件;负责组织或参与对全省改革开放和经济社会发展中的重大问题进行调查研究和决策咨询,对省政府重要工作、重大政策落实情况进行跟踪调研,提出政策性建议和咨询意见;负责对国内国际经济形势、各地区经济社会发展政策进行分析研究,收集、分析、整理和报送相关重要信息,为省政府决策提供参考建议;承办省委、省政府交办的其他任务。

二、党组工作情况

(一)把党的政治建设摆在首位,全面加强机关党建

政治建设统领全局。坚持以习近平新时代中国特色社会主义思想为指引,增强"四个意识",坚定"四个自信",坚决维护习近平总书记党中央的核心、全党的核心地位,坚决维护党中央权威和集中统一领导,不折不扣贯彻落实党中央、国务院及省委的决策部署。在机构改革中同步健全党建工作机构,针对机构没有健全、人员没有到位、仅有4名党员的情况,申请成立省政府研究室机关党支部,并按照程序选举产生党支部书记,确保党建工作全面正常开展。

加强"三基建设"。把"三基建设"作为新组建单位的主要工作来抓,高起点谋划、高标准推进、高质量落实。按照"统筹计划、分批出台"的原则,对标建设一流省级政府研究室的工作目标,采取"学习对标——起草制度——征求意见——发文试行"的方式,分批起草出台了各类基础管理运行制度,有效形成按制度办事、靠制度管人的良性机制,为高效推进各项工作提供坚实保障。

严格执行党内政治生活制度。严格落实《关于新形势下党内政治生活的若干准则》,积极培育健康向上的党内政治文化,规范党内政治生活,严格按照规定召开班子民主生活会,班子成员以普通党员身份参加组织生活会。严格落实领导干部双重组织生活,班子成员以普通党员干部身份参加支部学习2次,带头接受党性教育。

(二)坚持用党的创新理论武装头脑,夯实思想基础

将深入学习贯彻习近平新时代中国特色社会主义思想和习近平总书记视察山西重要讲话精神作为强化理论武装的主题主线,用党的创新理论武装头脑,对党中央重要会议、重大决策和省委部署要求,在第一时间进行传达学习、讨论交流,坚决贯彻落实到位。坚持领导班子集中学习和个人自学相结合,召开4次党组会议集中学习,引导党员领导干部将学习与贯彻落实中央及省委重要决策部署结合起来,与当前各项工作结合起来,做到了注重融会贯通,注重结合实际,注重常态深化,注重学用结合,确保既政治过硬,又本领高强,为履职尽责打下坚实的思想政治基础。

(三)落实全面从严治党责任,营造风清气正环境

落实落细主体责任。党组主动担负起全面从严治党的政治责任和领导责任,着力构建主体明晰、责任明确、有机衔接的责任体系,切实当好落实全面从严治党主体责任的领导者、执行者、推动者。注重压力传导,召开2次党组会议研究从严治党工作,实行了班子成员定期谈话制度,形成了责任明确、层层落实的机制。班子成员认真履行"一岗双责",主动认领、主动担责,做到了业务工作管到哪里,从严治党的责任就落实到哪里。始终坚持贯彻落实民主集中制,严格执行"三重一大"集体决策、党政正职"三个不直接分管"和"一把手"末位表态等制度。在研究室组建过程中,大宗采购、财务管理、经费使用、人员选调等工作全部提交党组会议集体研究,保证了决策的民主化、科学化。

树立正确的选人用人导向。按照人事管理制度以及"蹄疾步稳、人岗相适"的原则,确定工作规程,细化岗位职责,拓宽选人用人视野,坚持把政治素养放在首位,从省直单位、市县基层等不同工作单位精挑细选干部人选,并在工作实践中发现、识别、考验干部,努力打造能吃苦、讲奉献、能战斗、有境界的干部队伍,为"坚持以一流标准创造一流业绩"奠定坚实的人才基础。

筑牢廉洁从政防线。坚持把纪律和规矩挺在前面,守好法纪底线、道德底线和廉政底线。班子成员带头落实中央八项规定精神和整治"四风"问题工作要求,严格遵守中央及省委关于领导干部廉洁自律的各项规定,严格执行住房、用车、差旅、医疗等工作和生活待遇规定,对个人有关事项如实申报,没有违规现象。

三、业务工作情况

(一)稳步推进组建工作。按照"三定"方案规定,细化了职责分工,每位班子成员职责清晰、任务明确。按照省级涉改部门工作会议要求,积极落实建立财政专户、申报年度预算、开设银行账号、落实办公用房、采购办公设施、完善内设机构、选调工作人员等组建工作。

(二)高质完成文稿起草。探索实行文稿起草团队负责制度,按照"课题组"的形式,打破处室界限,抽调骨干力量成立工作小组,圆满完成了省委经济工作会讲话、政府工作报告等30余项重要文稿材料和政策文件的起草任务。通过工作实践,磨砺了打硬仗的能力、扛重担的队伍、克难关的团队,以文辅政、以策资政的水平得到有力提升。

(三)深入开展政策研究。牵头编写了《支持实体经济发展政策汇编》,会同22个部门,对2013年1月至2019年1月期间发布、且目前仍适用的支持实体经济发展的900多个政策文件进行全面系统的梳理汇总,形成内容实用、含金量高、操作性强的669条政策措施,分为综合篇、工业篇、服务业篇、农业篇四大部分,已经印刷成册。牵头研究了全省土地、电力、交通运输和能源物流等要素价格的降价措施,收集分析了行政事业型收费、经营性收费、中介收费、协会商会收费、社保基金、住房公积金等方面的基本情况和减免潜力,为省委、省政府出台减轻企业负担的政策奠定了基础。

(武晨炜)

附：省政府研究室党组书记、成员名单

书　记：薛　荣（10月任职）

成　员：王炤坤（10月任职）

省行政审批服务管理局党组

党组书记　李秋柱

根据《山西省机构改革实施方案》，我省组建省行政审批服务管理局。将省政府办公厅的政务改革和管理职责，以及有关部门承担的行政审批服务管理、政务信息管理等职责整合，组建省行政审批服务管理局，加挂省政务信息管理局牌子，承担省政府优化营商环境相关职责，是省政府直属机构。同时，新组建省政务服务中心和公共资源交易中心（省级政府采购中心），作为省行政审批服务管理局管理的事业单位。

2018年，对全省行政审批服务管理系统而言是具有特殊重要意义的一年。省行政审批服务管理机构省行政审批服务管理局成立。新机构成立以来，省行政审批服务管理局坚决贯彻落实省委、省政府决策部署，始终牢记改革创新的初心和使命，紧紧围绕推动我省营商环境迈入全国第一方阵目标，一手抓新机构、新班子、新队伍的建设和管理，一手抓新职能、新使命、新任务的履行和担当，推动全省行政审批服务管理事业稳健起步，实现良好开局。

一、全省行政审批服务管理体制彻底理顺

坚持把落实机构改革作为新局成立以来的首要政治任务，坚决贯彻中央、省委决策部署，严格执行省纪委监委“六个严禁”要求，确保了机构改革期间“思想不乱、工作不断、队伍不散、干劲不减”。2018年10月26日，省行政审批服务管理局（省政务信息管理局）正式挂牌成立，形成了“一局两中心”架构，时任省委常委、常务副省长林武同志出席了挂牌仪式，并对新班子提出了明确要求和殷切希望。这是全国首个也是唯一一个省级行政审批服务管理机构，同时，市县两级行政审批服务管理局也全部挂牌成立，彻底理顺了全省政务服务管理体制机制，充分体现了省委、省政府对我省行政审批服务管理工作的高度重视和关心厚爱。全省行政审批服务管理系统广大干部职工作为这一重大改革的见证者、参与者、实践者，既深感自豪，也倍感责任重大。

二、“3545”营商环境专项改革实现突破

以开办企业、不动产登记、一般性工业项目建设等企业和群众最关注、最期盼的领域为突破口，全面推进“3545”专项改革。在省政务大厅率先实现企业开办三天办结的基础上，晋中市提出“一天全办好”，运城市压缩至1.5天；太原市推行不动产登记“一窗通办”，实行证书免费快递送达；大同市一般国有建设用地使用权及房屋所有权转移登记压缩至24小时内；阳泉市实现查封登记即时办理，抵押登记和注销登记3个工作日办结。根据国务院第五次大督查营商环境7项重要指标调查反馈，我省6项指标大幅进位提升，其中，用电报装、工程建设项目报建、用水报装分别位列全国第1、第4、第8，进入全国第一方阵，受到省政府通报表扬。

三、企业投资项目承诺制改革全面落地

出台了《企业投资项目承诺制服务工作细则》，在省政务大厅设立承诺制服务窗口，创新开发了山西固定资产投资项目在线申报系统，优化重塑了并联审批流程，形成了“承诺制+并联审批”工作模式，大幅提升了项目审批效率。晋中市还创新建立了全省首个投资负面清单，列出了企业投资项目准入等17个禁止类、限制性规定，投资创业环境更加公开透明。目前，全省11个市承诺制改革已全面落地，项目落地周期平均缩短二分之一以上。去年国务院办公厅以国办函〔2018〕46号文件，对投资项目承诺制改革典型经验进行通报推广。

四、持续推进简政放权迈出坚实步伐

全年落实国务院取消涉及我省的行政审批事项10项，再取消下放调整省级行政职权事项52项，督促指导各市县向开发区赋权8384项。山西转型综改示范区、高平市相对集中行政许可权改革走在了全省前列。晋城市结合机构改革，率先推开全市域相对集中行政许可权改革。组织37个省直部门和垂管单位逐事项对标先进省份，减环节、减材料、减时限，审批时间平均压缩51%，绝大多数审批时间实现了全国最短。制定了《行政职权事项编码规则》《政务服务中心窗口服务规范》等4项行政审批领域“山西标准”，填补了全省空白。编制公布了省市县三级政府部门行政职权事项标准清单、省级公共服务事项清单、“马上办网上办就近办一次办”清单等9个专项清单，简政放权的精准度明显提升。

五、一体化在线政务服务平台实现四级全覆盖

采取挂图作战、限期整改、专项督查、定期通报等形式，省级平台横向对接了政务信息交换共享平台、信用山西平台及10个省直部门自建审批业务系统，纵向打通了11个市级和117个县级平台，初步形成了覆盖省市县乡四级的全省一体化在线政务服务平台，正在加紧推动与国家平台对接工

作。全省政务服务微信公众号——“三晋通”于去年12月5日正式运行，首批上线15大类93项政务服务事项。省级政务服务网办事项达到1162项，网办率85.7%。

六、公共资源交易平台进一步规范加强

制定出台了《山西省公共资源交易平台服务管理细则》等5项制度，从严规范进场交易行为。与省发改委、省财政厅联合下发了《关于加强和规范公共资源交易监督管理工作的通知》，会同8部门制定实施了《山西省工程建设领域招标投标专项整治行动方案》，对工程建设项目交易行为进行严格规范。省级政府集中采购实现了全流程电子化、标准化采购，省本级分散采购项目全部纳入省平台交易。加快省级公共资源电子交易平台建设，新增15个电子评标室。主体库注册市场主体9000余家，实现“一地注册、多地使用、统一管理”。全年完成省级公共资源交易项目3032宗，同比增加388宗，交易金额258.7亿元，同比增长38%，节约资金6.56亿元，溢价或增值1.81亿元。

七、全面从严治党工作取得新成效

坚持把党的政治建设作为根本性建设，深入贯彻中央及省委关于党的建设的新部署新要求，把牢固树立“四个意识”、坚定“四个自信”、做到“两个维护”作为加强党的政治建设的首要任务。各级党组坚决扛起主体责任，把全面从严治党引向深入。班子成员严格落实“一岗双责”要求，积极主动抓好分管领域的党风廉政建设。积极支持、全力保障驻局纪检监察组工作，坚决支持以零容忍态度监督亮剑、执纪问责。扎实推进“三基建设”，机关党的建设水平不断提升，在省直单位基础评估中被评为优秀。大力推进党建扶贫工作。组织了浙江大学“互联网+政务服务”专题培训等全员素质提升活动，着力培养一支与新时代、新征程、新要求相适应的高素质干部队伍。

（柳　枫）

附：省行政审批服务管理局党组书记、成员名单

书　记：李秋柱(10月任职)

成　员：马爱锋(10月任职)　李　峰(11月任职)
连建林(10月任职)　王拥军(10月任职)
卫继周(10月任职)

省信访局党组

党组书记　梁克昌

2018年，省信访局党组在省委的坚强领导下，以习近平新时代中国特色社会主义思想为指导，深入学习贯彻党的十九大精神和习近平总书记视察山西重要讲话精神，按照省委十一届五次、六次全会部署要求，坚持以人民为中心的发展思想，以依法及时就地解决群众合理诉求和维护正常信访秩序为目标，以信访基础业务“规范化建设年”活动为抓手，以“四个重点”信访矛盾化解攻坚战为突破，坚定不移改革创新、破解难题、推动工作，圆满完成了年度各项目标任务。全省信访形势平稳可控、持续向好，呈现出“一优化两好转四明显”的良好局面。“一优化”，即信访结构进一步优化。“两好转”，即信访形势持续好转，信访秩序持续好转。“四明显”，即规范信访基础业务成效明显，推动事要解决成效明显，保障和服务大局成效明显，全面从严治党成效明显。国务院副秘书长、国家信访局局长舒晓琴同志在我省调研时给予充分肯定，中央信访工作督察组在反馈意见时，也充分肯定了我省的工作。

一、深入开展信访基础业务“规范化建设年”活动，进一步提升信访工作效能和公信力

一是完善制度规则。出台全省信访基础业务规范化操作指南，构建起标准统一的信访基础业务制度体系。二是组织全员培训。两次举办全省信访基础业务规范化建设培训班，抽调业务骨干赴各市、省直部门巡回组织培训，市县两级也相继组织了不同层级的信访基础业务培训。省市县三级累计参训6000多人次，基本实现了全覆盖，信访干部能力水平得到有效提升。三是开展技能比武。与省总工会联合开展了全省信访基础业务规范化竞赛活动，经过层层选拔，15名选手获得记功表彰，达到了“以赛促学、共同提升”目的。四是强化统筹督促。抽调省、市两级信访部门业务骨干组成4个工作组，赴各市及省直部门开展异地交叉检查，对1500多件信访事项进行评议。对交叉检查梳理出的不规范问题，各级各部门认真开展自查整改，积极补齐工作短板。五是召开全省推进会。通过学习观摩、经验交流，有力推动了工作，全省信访业务规范化水平明显提升，信访工作机构和有权处理责任单位的信访事项及时受理率分别达到97.5%和93.1%。《山西

日报》作了专题报道,国家信访局在《今日头条》转发。

二、着力打好信访矛盾化解攻坚战,推动解决信访突出问题、维护群众合法权益

一是积极服务省领导包案化解重点市、重点领域信访突出问题。按照省委常委会议要求,筛选出的重点疑难信访事项,提请省领导包案。二是深入开展部分军队退役人员"走访慰问排查疏导活动"。三是深入开展"重点领域、重点群体、重点问题、重点人员"信访矛盾化解攻坚。采取"双交办、双督促、双通报、双考核"的方式,压实主管部门和属地两个责任,国家信访局交办的信访事项全部办结,省市县三级梳理的信访事项大部分得到办结。四是扎实做好中央巡视组、中央"扫黑除恶"督导组、中央环保督察组移交信访件办理。信访部门把落实这项工作作为最大的政治任务,加强跟踪督办、严格审查审核,确保了办结效果。五是深入推进"赴省进京集体访问题隐患大排查大化解",攻坚化解了一大批信访突出问题,有力维护了群众的合法权益,为信访形势持续好转奠定了坚实的基础。

三、全力保障和服务大局,为维护社会和谐稳定作出积极贡献

一是做好重大活动期间信访工作。二是主动防范和化解信访稳定风险。发挥信访工作联席会议机制优势,加大对信访形势的分析研判和解决信访问题的督促力度,做好人民建议征集工作。三是深入开展扫黑除恶专项斗争。局党组会、局务会13次研究部署,建立完善涉黑涉恶信访线索受理办理机制,及时移送有关线索。四是扎实开展扶贫工作。制定帮扶临县白草村脱贫攻坚三年规划,采取"局领导包村、党员干部联户"的办法,落实脱贫帮扶责任。强化村党支部建设,建成村级组织活动场所和老年人日间照料中心,完成互联网覆盖工作,升级改造进村公路7公里,启动300KW光伏发电项目建设,积极与电商平台企业合作,探索拓宽红枣、小杂粮加工销售渠道,壮大集体经济,增加农民收入。

四、纵深推进信访工作制度改革,不断提高信访工作专业化、法治化、信息化水平

一是专业化方面,从信访事项登记受理、转送交办、办理答复、送达落实、督查督办等环节入手,全面规范信访工作,提升专业化水平。二是法治化方面,信访工作责任制实施细则、法治化建设实施意见、信访事项复查复核办法、信访听证办法已列入省委党内法规五年规划(2018--2022),并完成送审稿。聘请律师和法律服务工作者在信访接待场所"坐诊"。持续推进诉访分离改革,进一步深化依法分类处理信访诉求工作。与省司法厅联合开展人民调解参与信访矛盾化解试点工作。运用《民生大接访》电视栏目,推动信访法治化,省信访局获得第二届全国"法治信访进步奖"。三是信息化方面,创建"互联网+"信访模式,深化信访信息系统应用,建成了集网上信访投诉系统、省长信箱、山西信访微信公众号、移动终端山西信访APP等为一体的网上信访投诉平台网站群。完成了省政府信访接待大厅基础建设。充分发挥"网上督查室"作用,提高网上信访事项网下办理的质量和效率,着力打造网上信访主渠道。网络投诉受理办公室被人民网授予"2018年全国网民留言办理工作先进单位",网上信访投诉平台被省直机关精神文明建设委员会评为"十佳文明网站"。四是理论创新方面,我局申报研究的《引入媒体参与化解信访矛盾纠纷的实践与探索》课题,获国家信访局2018年全国信访系统内部理论研究结项优秀课题。这是我省信访系统首次获得国家信访局理论研究课题立项结项。该理论研究聚焦信访工作制度改革方向,在继承和发展新时代"枫桥经验"基础上,总结了我省《民生大接访》电视栏目参与信访矛盾纠纷化解五年多的实践经验。开展这项创新对于推动打造群众诉求表达和利益协调平台,探索信访矛盾纠纷多元化解机制具有积极意义。

五、抓细抓实全面从严治党,筑牢夯实信访工作固本堤坝

一是深入学习贯彻习近平新时代中国特色社会主义思想、党的十九大精神和习近平总书记视察山西重要讲话精神。进一步健全局中心组理论学习制度,组织开展学习讨论和专题党课,局领导带头讲党课,设立"党员学习园地",开展"写、谈、展"活动,举办"信访讲堂",组织"用科学理论武装头脑、让党的旗帜高高飘扬"演讲比赛,把党的政治建设摆在首位,进一步拧紧党员干部理想信念的"总开关",不忘初心、牢记使命,树牢"四个意识",坚定"四个自信",做到"两个维护",确保信访工作始终沿着正确的方向前进。二是扎实推进"三基建设"。及时调整"三基建设"领导小组,制定重点工作任务清单,修订完善"一目录一流程三手册",出台局机关党委和支部规范化建设实施方案,与各支部签订党建工作目标责任书,树立"党的一切工作到支部"的鲜明导向。严格落实民主生活会、组织生活会和机关支部"三会一课"制度,认真查找和着力解决党建工作中存在的突出问题,编制党建工作"一方案三清单两手册"。召开支部书记述职述廉述党建会议,现场评议支部书记,局机关党内政治生活和组织制度不断规范。三是持之以恒正风肃纪。年初第一次局务会议就专题研究党风廉政建设工作,春节后第一次机关干部职工大会是全局党风廉政建设工作会议。注重发挥机关纪委监督作用,机关纪委书记列席局党组会、局务会和机关重要会议,重大事项决策邀请驻厅纪检监察组参加。出台局机关内部廉政巡察监督工作规定,健全完善廉政风险防控机制,运用监督执纪"四种形态",做到防范在先、抓早抓小。认真开展群众身边腐败问题专项整治、彻底肃清腐败流毒影响、纠正"四风"加强纪律作风建设、集中整治形式主义、官僚主义等工作,努力营造风清气正的政治生态。四是积极开展创先争优。坚持严管与厚爱并重、激励与约束并举,强化机关内部教育管理监督,建立局处两级领导干部联系市县制度,开展共产党员"戴党徽、亮身份、明岗位、树形象"活动,全局干部职工比学赶超、创先争优,精神风貌焕然一新。驻京信访工作组被国家信访局评为党建工作先进典型。在省直机关第五届职工运动

会上,我局健步走、羽毛球、气功八段锦等项目获得优秀组织奖,气功八段锦比赛获得银奖。"三八"妇女节省城女职工趣味运动项目比赛获得金奖。

(杨卫兵)

附:省信访局党组书记、成员名单

书　记:梁克昌(10 月任职)

成　员:郝钦新(10 月任职)　郭泽兵(10 月任职)

姚云刚(10 月任职)　侯永霞(女,12 月任职)

省地方金融监督管理局党组

党组书记　竟　晖

2018 年 10 月,原山西省人民政府金融工作办公室更名为山西省地方金融监督管理局,加挂山西省人民政府金融工作办公室牌子。2018 年,局党组深入学习贯彻习近平新时代特色社会主义思想,认真落实党的十九大精神和习近平总书记视察山西重要讲话精神,不断强化党对金融工作的集中统一领导,承接好中央赋予省级地方金融监管事权,围绕服务实体经济、防控金融风险、深化金融改革三大任务,精准发力,为全省经济转型,努力实现高质量发展提供了有力支撑。

一、切实加强党的建设,为全省地方金融改革发展稳定提供坚强政治保证

一是抓实政治理论学习,努力做到政治自觉信念坚定。坚持把学好用好习近平新时代中国特色社会主义思想作为首要任务,党组发挥表率作用,履行好学习教育的组织者、参与者职责,坚决做到用习近平新时代中国特色社会主义思想武装头脑、指导实践、推动工作,推动全局党员干部把"两个维护"重大政治要求转化为思想自觉、纪律要求和行为规范。注重理论指导实践,坚持理论学习联系我省经济社会发展实际,联系金融工作实际。针对我省金融工作的关键环节和重要领域,开展"学党章、解难题、促发展"调研实践活动,形成调研报告 12 篇,使学习的过程成为完善发展思路、破解发展难题、推进金融改革、优化金融生态的过程。注重把学习调研成果运用在指导实践中,完成了详实完备的职能表、责任书、资料库、管理册、信息网。二是做细做实基础工作,以制度化标准化强基固本。充分发挥制度的刚性约束力,完善了行政审批、办公运转、"三重一大"事项审议制度和流程,按照机构改革要求明确职责分工,落实监管责任。把依法治局纳入重要议事日程,不断深化行政审批制度改革,依法依规处置化解各类金融风险,使各项工作有章可循、有律可依。抓实"三基建设"提升机关效能,在全局组织开展了"标准问题讨论"活动,从五个方面细化完善"一目录三手册",设立工作标准改进"清单",持续推进干部个人业务能力达标。抓思想政治建设,认真落实党组成员密切联系基层党支部和群众制度,严格组织生活,践行谈心谈话制度,牢牢把握正确政治方向,教育引导党员干部严守政治纪律和政治规矩。三是抓实廉政教育,努力做到正风肃纪强化执行。构建分级负责工作机制,完善全面从严治党问题清单、责任清单、整改清单,把党风廉政建设任务纳入年度工作目标任务,层层传导落实,确保党风廉政建设引领业务,到岗到人。把自我监督和接受党内监督、民主监督、群众监督、舆论监督结合起来,确保广大干部群众的知情权、参与权和监督权。

二、围绕全省重点工作部署,积极做好金融服务工作

(一)聚焦转型项目建设年,强化资金保障和项目对接。局党组坚持"起点谋划、高点定位、实点用力、重点突破"的整体思路,统筹布局,着力盘活存量资金稳定经济基础,着力做大增量资金带动产业转型,着力深化银企对接保障项目资金落地,着力疏通金融进入实体经济的管道,千方百计稳存量扩增量。一是推动 4 家金融机构与我省达成 6300 亿元的战略合作协议。截至年底我省金融机构各项贷款余额达 25256.43 亿元,比年初增加 2668 亿元,比年初增长 11.81%;二是支持债券融资扩大规模。全年我省企业通过银行间市场融资 2197.7 亿元,排名全国第七,中部第一;公司债发行 262.01 亿元,排名中部第一。三是推动政银企对接强化项目资金落地。召开"金融服务产业转型对接会",现场签约金额 532 亿元;联合长治市与 15 家省级金融机构达成融资意向 235.2 亿元。连续举办五期"创享行"双创沙龙活动,10 家科技型企业获得银行贷款 7196.5 万元,7 家创业型企业获得基金支持 4550 万元。

(二)聚焦打造能源革命排头兵,帮助企业降低融资成本。一是推进企业资产资本化、资本证券化。建立完善培育企业上市工作机制,以省政府办公厅名义出台了《山西省企业上市挂牌相关政务服务事项办理规程》和《山西省上市挂牌后备企业资源库设立和管理办法》。设立后备企业资源库重点培育,筛选了 327 家重点企业入库管理,根据后备企业上市挂牌进程,分阶段进行重点服务。二是推动重点企业加快上市进程,协调完成大运汽车、晋商银行历史沿革确认。推动全省 1744 家企业在省股权交易中心挂牌展示。三是引导企业利用资本市场获取低成本资金,推动 2 家企业并购重组,募集资金共计 8.75 亿元;协调推动阳煤化工 20 亿元定增获证监会审核通过;指导推进 5 家企业并购重组。四是助推我省主导产业去产能。2018 年,协调金融机构帮助我省钢铁企业

完成退出过剩产能 190 万吨；组织处置去产能关闭退出的 6 座煤矿 23.1 亿元的金融债务；7 家省属重点国企已签订市场化债转股意向 1226.25 亿元,实现资金投放 249 亿元。

(三)聚焦对外开放新高地建设,促进金融领域薄弱环节加快发展。一是紧紧围绕省委、省政府安排部署,以改革思维抓推进,制定出台了科技金融结合、债转股、绿色金融等一批政策意见和实施方案。二是研究制定了《关于推进政府投资基金更好发挥作用的意见》,提出 21 条具体措施,补齐基金业发展短板。全年成立创投、私募股权投资基金 37 支,政府投资基金 12 支,基金总规模 702 亿元。三是起草了《关于推进政府性融资担保机构进一步发挥作用的意见》,提出增 18 条具体措施。2018 年底,全省融资担保行业在保余额 413.6 亿元,其中融资性担保业务余额为 355.3 亿元;融资性担保放大倍数为 1.16 倍,较上年提高 0.07 个百分点;再担保业务余额达到 30.7 亿元。

三、强化风险防控,坚决打好防范化解金融风险攻坚战

一是防范化解信用风险。制定了《处置化解各类金融风险处置预案》《处置应对突发事件应急预案》等,加快风险处置预案机制建设和模拟推演。制定处置不良贷款的 13 条工作措施,收集梳理应核未核不良贷款名单,加快压降不良贷款,降低企业存量债务。全省不良贷款率降至 3.22%,比年初下降了 0.29 个百分点。二是稳妥应对流动性风险。完善省属国有企业发行债券备案、监测、预警三项工作机制。推动组建 239 家债委会,稳妥管控重点企业流动性风险。协调交易商协会、国家银行支持企业债券市场融资、融资接续工作,妥善处置 2 家企业私募债、3 家企业兑付风险,使企业流动性紧张局面得到有效缓释。化解上市公司退市风险,因企施策,4 家企业全部保壳或重组成功。三是防控地方法人金融机构风险。加强督导,对全省推进改制化险的工作情况进行实地督查。建立定期监测机制,逐家研究解决农信社改制化险方案,加快农信社改制农商行。截至 2018 年末,全省 108 家县级农信社中,已有 71 家改制为农商行,改制率 65.74%。四是稳妥处置非法集资风险。充分发挥“处非”领导组办公室牵头协调作用,制定“处非”综治考评实施细则和非法集资风险专项排查实施方案,稳步推进全省非法集资大数据预警平台建设。强化督促协调和案件处置,坚持防范与打击并重,特别是“晋商贷”非法集资案件得到平稳处置。五是打击违法违规金融活动。对互联网金融领域重大风险进行专项整治,9 次召开专题会议研究部署,逐户进行风险排查、现场检查、清理整顿。组织开展清理整顿各类交易场所“回头看”,规范各类交易场所行为。严查小额贷款公司违规、违法行为,推动不合格主体退出市场。六是做好信访综治维稳工作。做好涉及金融领域的信访维稳和扫黑除恶专项斗争工作、重大非法集资案件属地维稳工作,协调推动各地做好 e 租宝、泛亚、钱宝网等重点案件信访维稳工作。

四、强化薄弱环节金融支持,缓解融资难融资贵问题

一是优化小微民营企业金融服务。提请省政府印发《关于促进金融支持小微企业发展的实施意见》,提出了完善融资担保体系、拓宽融资抵质押范围、强化征信体系建设、优化融资发展环境等 4 个方面 13 条措施。研究起草了《关于进一步深化小微企业金融服务、缓解融资难融资贵的意见》,配套印发了推动科技金融结合、普惠金融发展等系列组合意见措施,真正纾解融资难题。组织各金融机构制定民营企业发展实施方案,为民营企业融资进行集中辅导,力争把中央和我省的政策红利落实到企业。截至 2018 年末,全省银行业金融机构小微企业贷款余额 6209.65 亿元,较年初增加 599.19 亿元,增长 10.68%。二是扎实开展金融扶贫。充分发挥省金融扶贫专项领导组办公室作用,组织驻晋金融监管部门等单位深入 10 个深度贫困县对扶贫政策落实情况开展专项督导。全年落实扶贫小额贷款 61.41 亿元,完成省政府下达的 50 亿元目标任务的 122.82%。三是持续推动金融干部交流挂职。2018 年,我局联合省委组织部开展金融机构与贫困县干部双向挂职交流工作,协调各金融机构开展挂职干部延期和新选拔工作,举办挂职干部培训班,为贫困县金融扶贫工作开展提供了人才保障和智力支持。

(尹冰囡)

附:省地方金融监督管理局党组书记、成员名单

书　记:竞　晖(10 月任职)

成　员:张永胜(11 月任职)　潘跃飞(10 月任职)

王晓千(10 月任职)

省能源局党组

党组书记　王启瑞

2018 年,全省能源行业坚持以习近平新时代中国特色社会主义思想和习近平总书记视察山西重要讲话精神为指导,坚决贯彻落实省委、省政府的决策部署,紧扣争当全国能源革命排头兵目标定位,抓改革、调结构、促转型,全省能源主要经济指标稳中有升。全省能源产业结构不断调整优化,绿色多元能源供给体系加快构建,能源产业呈现出高质量发展态

势,为全省经济结构持续优化做出了重要贡献。

一、党建工作

2018 年,省能源局在省委、省政府的坚强领导下,在驻局纪检监察组的监督指导下,按照新时期党的建设总要求,认真落实“两个责任”,把党风廉政建设和反腐败斗争摆上重要位置,严明政治纪律和政治规矩,坚持挺纪在前,驰而不息纠正“四风”,党员干部纪律规矩意识明显增强,思想作风、工作作风明显好转全局上下忠诚履职、担当尽责,推动各项工作取得了新进展。

(一)强化思想政治建设,进一步坚定了理想信念。加强理论武装,扎实推进“两学一做”。通过学习,提高了政治站位,坚定了理想信念,增强了党员干部对全面从严治党和加强党风廉政建设重要性的认识。积极开展讲党课和主题党日活动。2018 年“七一”前夕,党组主要负责人给全局 220 余名处以上领导干部、支部书记和党员代表集中讲了党课,各级党组织书记讲党课 280 余次。强化警示教育,彻底肃清流毒影响。及时成立了领导小组,把肃清流毒影响细化为 6 种类型 16 个具体问题,制定了 21 项推进措施,明确了任务要求,完成时限、牵头领导、责任部门。

(二)加强组织领导,落实“两个责任”。强化领导,健全完善党建和党风廉政建设责任体系。机关严格落实“支部建在处室、处长一岗双责”。压实责任,狠抓党建和党风廉政建设工作落实。精心组织,积极开展全面从严治党工作督导检查。对各单位全面从严治党 6 个方面 34 项工作进行了全面督导检查。

(三)强化制度建设,构建长效机制。健全完善制度体系。狠抓制度体系建设。积极探索建立常态化监督机制。进一步修改完善了廉政监督卡制度、廉政报告卡制度等 5 类 10 项监督卡制度,实现用制度管人、管事。深化风险排查,完善风险防控制度。按照全面从严治党的要求,共查找廉政风险点 685 个,制定防控措施 814 条。形成了一级抓一级层层抓落实的廉政风险防控体系。

(四)深入推进,狠抓全面从严治党工作落实。认真研究,全面部署党风廉政建设工作。明确了坚持全面从严治党;强化政治责任和担当意识;严明党的纪律;坚决惩治腐败;推进作风建设常态化;深入推进党风廉政建设和反腐败工作等 6 个方面重点工作,狠抓了各项工作的落实。扎实推进“三基”建设。专题研究“三基建设”,制定了 8 个方面 14 项重点工作任务,在省直工委组织的省直单位 2018 年基础工作评估达标验收中被评为优秀。扎实推进中央第十五巡视组巡视反馈意见整改工作。及时传达巡视反馈意见和有关领导讲话精神,明确了 5 大类 26 项整改措施,认真把巡视整改做严做实。

(五)严格监督执纪,始终保持反腐败的高压态势。紧盯热点焦点问题,强化监督。强化对重大工程项目招投标工作的监督,监督招投标、中介、购买服务、职称评定等工作 18 次。盯紧重要时间节点,严查“四风”问题。在节日期间对落实中央八项规定精神和纠正“四风”问题和机关作风纪律和工作秩序进行了明查暗访和监督检查,并及时对监督、检查情况进行通报,限期整改。

二、经济工作

(一)煤炭供给结构持续优化。去产能任务顺利完成。坚持将总量性去产能转向结构性优产能,各地市、各集团企业积极响应,退出产能 2300 多万吨。减量置换和减量重组稳步推进。建立煤炭产能置换指标市场化交易制度,积极推进手续不全的煤矿抓紧完善手续。煤矿企业按照市场化、法治化方式进行减量重组。煤炭供需平稳有序。积极推进煤矿产能核增,加强生产能力登记公告和生产要素管理,严格落实煤炭中长期合同签订和履约工作。认真落实中央环保督察“回头看”。加强洁净煤供应保障,各市认真开展洁净煤供应企业选点工作,供应能力达到 1800 多万吨。煤矿安全生产形势平稳向好。狠抓安全培训,加强劳动用工管理,提升应急处置能力,全省煤矿百万吨死亡率为 0.033,煤矿安全创历史最好水平。

(二)煤层气产业发展步伐持续加快。应急调峰储气设施建设持续推进。研究制定了我省《天然气(煤层气)储气调峰设施规划(2018-2020 年)》。管网互联互通加快建设。重点推进晋城华港液化工厂增输改造,临长线联络线等项目建设,提高全省气源的统一调配和供应保障能力。煤层气体制机制改革有序推进。认真做好国家下放煤炭采矿权范围内的地面煤层气开发项目备案承接和管理工作,鼓励多种市场主体参与煤层气勘探开发。

(三)电力低碳绿色发展水平持续提升。煤炭清洁高效利用水平稳步提高。加大关停淘汰煤电机组电量奖励力度,淘汰拆除 30 万千瓦以下不达标煤电机组数量和容量居全国第一。省内电网结构持续优化。加快推进已核准项目建设,积极组织 2019 年农村电网升级改造前期工作,我省“两年攻坚、三大任务”圆满完成,得到国家能源局通报表扬。外送电保持快速增长。积极争取国家增加我省跨省跨区优先发电计划,跨省跨区市场交易电量增加 127 亿千瓦时。电力体制改革扎实推进。进一步放开电力直接交易市场规模,充分激发市场主体活力,允许售电公司代理电力用户参与所有市场交易,加快推进 13 个增量配电业务试点建设。

(四)新能源建设规模持续壮大。加快推进风电、光伏等新能源和可再生能源项目建设。风电:晋北风电基地规划项目稳步推进。装机规模同比增加 166 万千瓦。光伏发电:大同二期、寿阳光伏发电应用领跑基地开工建设,长治光伏发电技术领跑基地完成备案,光伏领跑基地装机规模居全国第一,全省能源供给体系初步实现了由单一煤电向光伏、风电等多轮驱动转变。

(五)城乡能源消费结构持续改善。能源消费“双控”稳步实施。分解下达的能耗总量和强度“双控”目标,强化节能预警调控,完成“双控”目标任务。节能管理不断强化。起草上报了《山西省节约能源条例(修订草案)》,实施重点用能单位“百千万”行动,促进能耗“双控”指标完成。清洁取暖扎实推进。召开2018中国(山西)暖通展览会,开展"煤改电"居民采暖用电与新能源发电企业市场化交易试点。大同灵丘30万千瓦风电供暖试点示范项目一期10万千瓦供热站建成投产。

(六)能源科技支撑持续增强。推广应用煤炭绿色开采技术。探索煤矸石返井充填开采试点、保水开采、煤与瓦斯共采等新技术,大力发展煤炭洗选加工。煤矿"四化"建设深入推进。进一步推进煤矿机房硐室无人值守建设,加快煤矿减人提效步伐,加大综采工作面自动化改造力度。能源领域科技创新成果丰硕。"循环流化床锅炉关键技术"项目实现了炉内超低排放,"石墨烯储能超级电容器"项目已经具备产业化条件。

(七)能源发展环境持续向好。严格落实"两个责任"。严格落实中央八项规定精神,开展形式主义、官僚主义集中整治,压紧压实管党治党"两个责任"。着力营造"六最"营商环境。细化效能建设八项制度和"13710"制度的具体措施,审批办理时限平均压缩49%,"获得电力"各项指标综合排名为全国第一。强化机关自身建设。新成立的省能源局,各项工作无缝衔接,不断档、不缺位、高效推进。不断加强精神文明建设,深入推进"三基建设",积极助力脱贫攻坚。

三、单位职能简介

省能源局的主要职能为:研究拟定全省能源发展战略、政策和发展规划,起草有关能源地方性法规、规章草案,推进能源体制改革;负责全省能源行业管理;负责审批、核准、审核能源固定资产投资项目,并负责组织项目竣工验收;负责能源预测预警,监测全省能源发展状况,发布能源信息,参与能源运行调节和应急保障;牵头组织全省节能降耗工作,拟定年度工作计划并推动实施;协调电力发展和改革中的重大问题;负责石油、天然气等管道建设和保护;指导协调新能源、可再生能源、农村电网和农村能源发展工作;组织推进能源重大设备研发及其相关重大科研项目;组织推进能源国际、省际合作,协调对外能源开发利用工作;参与制定与能源相关的资源、环保及应对气候变化等政策,提出能源价格调整和进出口总量建议。

(李伟斌)

附:省能源局党组书记、成员名单

书　记:王启瑞(10月任职)

成　员:苗还利(10月任职)　王红亚(女,10月任职)　侯秉让(12月任职)

省文物局党组

党组书记　雷建国

2018年既是贯彻落实党的十九大精神的开局之年,也是新时代文物事业改革发展承前启后的重要之年。在国家文物局的大力支持下,在省委省政府的坚强领导下,全省文物工作取得了令人满意的新成绩。

一、业务工作

(一)紧紧抓住改革创新这个主题,着力破解文物保护利用方面的难题。

"文明守望工程"全面推开。重点围绕推进动员社会力量认养文物建筑、创设非国有博物馆和研发文创产品三项重要任务,召开了南部片区和北部片区文物建筑认养推介会,与山西电视台黄河频道联合开设了"文明守望"栏目,启动了"请城砖回家、为长城疗伤"活动系。文物密集区体制改革试点不断拓展。在古堡文物密集区,继续安排了专项经费1000万元,编制了《晋城市古堡文物密集区保护规划》,启动了太行古堡群申遗工作,召开了首届太行古堡国际论坛,通过以奖代补的方式全方位支持密集区文物保护利用项目。在红色文物密集区,指导长治市编制完成了《黎城—武乡—左权"十三五"期间红色革命文物保护与发展总体规划大纲》。涉旅文物单位"两权分离"改革持续推进。制定了《山西省涉旅文保单位"两权分离"改革指导意见》,召开了改革推进会,分阶段确定了改革任务清单,明确了督促检查时间表,打响了文旅深度融合的攻坚战。

(二)聚焦聚力文物保护重点项目的实施,着力为文旅深度融合创造条件。

世界文化遗产保护有序开展。实施了平遥古城五处险情段落的墙体加固工程,启动了监测预警体系建设;启动了云冈石窟第21—30窟危岩体加固工程;启动了五台山南山寺维修工程,在保护管理方面持续不断地作了大量工作,为进一步发展壮大山西文化旅游业作出了贡献。国宝级文物保护取得新突破。在加强机构建设方面,组建山西省国宝级古建筑研究保护中心、山西省彩塑壁画保护研究中心和山西省石质文物研究保护中心,以此带动全省国宝级文物的研究保护水平再上新台阶。在实施重点项目上,永乐宫新组建了保护研究机构和景区旅游发展中心,完成了鸟害治理,开展了壁画病害监测,编制了壁画修复方案,建立了壁画保护实验室和专业团队,以项目带课题攻关促进壁画保护技术不断取得新进步;佛光寺、南禅寺去栅栏活化利用试点方案编制完成,环境整治项目正在万科集团商洽引入社会力量实施,研究性保护展示计划和数字化勘察记录计划即将启动。"三大板块"区域文物资源得到有效保护利用。在黄河板块上,主要是联合中国社科院考古研究所共同举办了中国早期都邑文明暨陶寺四十年发掘与研究国际论坛,开展了闻喜陈家庄中共太岳三地委旧址革命文物连片保护利用试点工作。在太行板块上,主要是实施了潞城贾村玉皇庙、八路军垂阳兵工厂、襄垣上党战役指挥部大丰当旧址等维修保护工程。在长城板块上,主要是实施了繁峙寺沟段、代县雁门关长城抢险维修和大同得胜堡等10个重要点段维修保护工程。重要考古发掘取得新成果。经过对闻喜酒务头墓地持续考古发掘,共发现商代晚期墓葬12座、车马坑6座以及灰坑5个,出土青铜器300余件。学界认为该墓地是在运城地区首次发现的商代晚期大型高等级贵族墓地,对研究商代晚期殷墟文化的分布范围、政治地理具有重要意义。经过对闻喜邱家庄墓地前期抢救性考古发掘,发现了筒瓦板瓦组合的散水,是我省首次发现的春秋晚期晋国建筑遗存,专家判断可能是晋国迁都新田以后的晋公墓葬,学术价值极高。

(三)不断挖掘文物背后的价值内涵,着力阐释文物在文化交流方面的重要作用。

山西青铜博物馆筹建工作进展顺利。基于山西省考古发掘出土和打击文物犯罪追缴的丰厚青铜文物资源,省委、省政府决定筹备建设山西青铜博物馆。从10月初到年底,已基本确定了青铜博物馆的定位、选址、馆名、经费测算和展陈设计思路等基本内容。"山西国宝三绝"系列展览+文创持续深度推进。按照总书记"把优秀传统文化的精神标识提炼出来、展示出来,把优秀传统文化中具有当代价值、世界意义的文化精髓提炼出来、展示出来"的指示要求,依托晋侯鸟尊、佛光寺东大殿、永乐宫壁画为主题,启动了"山西国宝三绝"系列展览+开发系列文创产品+编排系列文化短剧工程,意在以点带面揭示山西文物的独特魅力和文化内涵。截至2018年底,晋侯鸟尊、佛光寺东大殿、永乐宫壁画三个主题展览的展陈大纲已经完成编制。博物馆公共服务作用持续彰显。2018年,全省新增博物馆6座,晋中、临汾两个市级博物馆开放运营,阳泉市博物馆启动了陈列布展。一年来,全省各级博物馆举办展览200余个,进一步扩大了山西文物的知名度和影响力。

(四)坚决打响两场战役,着力为文物安全保驾护航。

把打击文物犯罪专项行动和扫黑除恶专项斗争结合起来,破获了一大批文物犯罪案件,追缴了一大批珍贵文物,形成了对文物犯罪的强烈震慑。自2018年5月份开展打击文物犯罪专项行动以来到2018年底,山西省盗掘文物犯罪保持了零发案率,打击成果就超过了过去五年的总和。

(五)继续夯实文物保护基础工作,着力为新时代文物事业的科学发展提供坚强保障。

文博人才的培训力度前所未有。安排了专项经费500万元,用于学术型领军人才、工匠型技能人才、复合型管理人才和对外交流型人才队伍建设,先后与北京大学、浙江大学、南京大学、敦煌研究院、南京博物院等著名高校和科研院所联合举办培训班15个,培训学员800余名,约占全省在职人员的16%,不断提升全省文博人才的整体素质。文博工作与现代科技融合发展日趋紧密。加强同C9高校联盟合作,分别与浙江大学联合开展了濒危壁画数字化保护,与西安交大在文物数字化虚拟修复和展示方面达成意向,与中国科技大学在共建高新科技考古中心、联合开展古建筑防火与文物保护研究、建设中科大中条山南北麓科技考古实习与研究基地、联合发掘闻喜邱家庄墓地等方面达成意向。全省古建筑彩塑壁画数字化保护持续开展并取得阶段性成果,文博信息化发展规划纲要正在修改完善,专项数据资源库的建设已经启动。文物法治化标准化规范化水平不断提升。在法制化方面,配合省人大启动了《山西省红色文化遗址保护和利用条例》立法工作,报请省政府常务会研究通过了《山西省社会力量参与文物保护利用办法》,完成了长城保护方面3个规范性草案,文物法制创建工作不断健全。在标准化方面,极推动文物保护工程责任主体质量行为及施工现场标准化管理规则、考古调查勘探预算编制规范、古建筑彩塑壁画数字化规程、纸质文物保护修复验收规程等4项业务规范列入了2018年度第八批山西省地方标准指定项目计划表,行业标准化建设迈出新步伐。在规范化方面,认真落实"两集中、两到位",制定了全省文物系统权责清单,进一步优化了审批事项,压缩审批时限50%,精简审批材料32%,全部实现网上办理,一次性办理事项占到44%。文物保护基础工作进一步夯实。组织开展了全省不可移动文物核查工作,启动了第八批国保和第六批省保遴选推荐工作,公布了第五批省保单位保护范围和建控地带,遴选了有代表性的"万里茶路"申遗点,确保有价值的文物及时得到应有的尊重和保护。

二、着力在"两转"基础上全面拓展党的建设新局面

巡视整改工作取得显著成效。以巡视整改"三清单"为问题和目标导向,开展了6个专项整治活动,截至年底,巡视组反馈的42个整改事项,已整改完成31个,占比73.8%。

全面从严治党主体责任不断强化。坚决树牢党的一切工作到支部的鲜明导向,不断引导发挥党员干部先锋模范作用。一是举办局党组中心组理论学习25次、山西文博大讲坛13期,不断增强理论指导实践的能力。二是组织召开局直系统党风廉政建设工作会,对年度党建工作任务进行安排部署。三是组织召开局直系统"1+3"岗位责任制暨风险防范化解专题会,推动"一岗双责"落到实处。四是组织召开了党建工作专题分析会,找到了差距,明确了方向。五是制定印发班子成员党建责任清单,明确党建责任。六是制定出台了支部规范化建设考核细则,落实了"三会一课"制度。七是开展了"戴党徽、亮身份、明岗位、树形象"等系列主题活动。

作风建设和效能建设持续加强。一是通过修订完善"一目录三手册"、组织开展山西文博专业技术岗位能力测评、研究落实省政府"13710"督办事项等,不断深化拓展"三基建

设”工作。二是严格遵守执行中央八项规定及实施细则精神,印发了集中整治形式主义、官僚主义工作方案。三是连续在节假日对局直属单位执行八项规定情况、对重要文物景点进行了监督检查。

2018年,全省文博系统聚焦文物保护利用主责主业,取得了多项荣誉。天龙山石窟数字复原国际巡展项目入选中宣部“中华文化走出去”项目库。八路军太行纪念馆荣获全国文物系统先进集体称号。山西省民俗文化遗产保护研究平台和太原徐显秀墓壁画数字项目纳入国家2018年度“互联网+中华文明”示范项目库。山西博物院进入全国八家优秀博物馆行列,引进的“古埃及文明特展”在第八届博博会上荣获“全国博物馆国际交流奖”,观众智慧导览APP获得国家软件著作权,文物知识图谱和文物数字化展示平台荣获第二届国际数字遗产最佳竞赛入围奖和实践奖,珍藏的3件国宝入选了《国家宝藏》。陶寺北墓地荣获“2017年度全国十大考古新发现入围奖”。省考古所主持的“彩绘类文物高光谱数字化保护关键技术研究项目”荣获测绘科技进步奖一等奖,《清凉寺史前墓地》荣获山西省第十次社会科学优秀成果一等奖,《晋西商代青铜器》荣获山西省社科联“百部(篇)工程”二等奖。山西文博志愿者之家代表山西参加“全国红色革命文物传播V计划大赛”,共有3部作品荣获一等奖、6部作品荣获二等奖、8部作品荣获三等奖。

(王振华)

附:省文物局党组书记、成员名单

书　记:雷建国

成　员:刘正辉(12月离职)　程书林　张元成　赵曙光

省人民防空办公室党组

党组书记　霍红义

2018年,是全省人民防空改革发展具有重要意义的一年。人防办在省委、省政府、省军区的坚强领导下,坚持以习近平新时代中国特色社会主义思想为指导,以贯彻落实十九大精神和第七次全国人民防空会议精神特别是习近平总书记视察山西重要讲话精神为牵引,以政治建设为统领,以重点任务为抓手,积极作为,攻坚克难,真抓实干,各项工作得到了有效落实。

一、强化政治引领,认真落实管党治党主体责任

以政治建设为统领,全面推进党的思想、组织、作风、纪律建设,把制度建设贯穿其中。一是坚持抓好党组理论中心组学习的示范引领作用,认真学习贯彻党的十九大精神、习近平总书记视察山西重要讲话精神以及习近平总书记关于人民防空的重要指示精神,全年共组织中心组集体学习42次,不断夯实政治理论基础。二是积极开展主题实践活动,扎实开展“不忘初心、牢记使命”主题教育,认真组织“戴党徽、亮身份、明岗位、树形象”等主题活动,让每名党员干部真正学在心里,做在手上。三是严格贯彻落实中央及省委的重大决策部署,深刻领会习近平总书记等中央领导同志批示精神,根据中央纪委国家监委和省纪委监委的部署要求,认真启动人防系统腐败问题专项治理工作,确保中央及省委的重大决策部署在人防系统落地落实。四是认真组织省委专项巡视反馈问题整改,成立巡视反馈意见整改工作领导小组,先后召开15次党组会议、6次专题会议听取整改进度,分析整改形势,推进整改落实;召开“坚决扛起主体责任,全力推进问题整改”专题民主生活会,深入剖析问题根源,对照反思不足,制定对策措施;坚持立行立改,对问题矛盾不回避、不掩饰,认真梳理,逐项整改;加强建章立制,新建制度规定12项,修订完善8项,开展制度落实检查6次,真正发挥制度规定的刚性约束力。截至2018年底,巡视反馈的14个问题全部整改完成。五是持续推进全面从严治党向纵深发展,严格履行“一岗双责”,把党风廉政建设贯穿到工作的每一个环节,真正使管党治党在人防办紧起来严起来。年初召开全省人防系统党风廉政建设和反腐败工作会议,与各市人防办签订《党风廉政建设责任书》,压实责任;每季度召开党建暨党风廉政建设工作会议,分析研判形势,查找问题不足,制定工作措施;对违规违纪行为做到早发现、早提醒、早纠正,早处置,坚决打好违反中央八项规定精神和“四风”问题特别是形式主义官僚主义的主动仗。六是大力推进“三基建设”,优化支部设置,将原来以处室为单位设置的8个机关支部,合并为4个联合支部;落实领导干部讲党课、组织生活会、谈心谈话、民主评议党员、主题党日制度;完善机关年度考核方案、制定“准军事化”建设标准,组织承诺制改革试点培训和专业基本能力培训考核,不断提升人防干部能力素质,基础工作建设得到了省委督导组的充分肯定。通过抓学习培训、抓制度落实、抓作风纪律,有效提高了党建工作质量层次,进一步统一了思想,凝聚了人心,清除了积弊,提振了精神,为干事创业营造了良好的环境。

二、坚持稳中求进,积极开展年度工作谋划督导

以担当履职为主线,认真抓好工作任务筹划督导。一是对照法定职责,制定机关处室及直属单位《年度工作任务责任书》;召开全省人防系统工作会议,与各市人防办签订《年度工作任务责任状》,部署工作,明确任务,压实责任。二是结合国家人防“十三五”规划中期调整、国务院大督查等重大活

动,总结经验,查找不足,制定措施,不断推进工作任务落地落实。三是建立周一例会制度,通报前一周工作情况,讲评存在问题,研究部署下周工作,推进台账式管理。四是加强检查督导,全年分期分批对11个地市和23个县(区、市)人防工作开展调研,查实情、摸实底、听实话,就人防工作出现的困难和矛盾与市县领导沟通交流,现场推进重点难点任务。通过强化履职尽责,各级各单位进一步明确担负的职责任务,提高了依法履职的主动性积极性,各处室年度任务圆满完成,各基层单位工作更加扎实有效,形成了埋头苦干、真抓实干的良好氛围。

三、着眼备战打赢,认真组织训练演练

以遂行人防准备能力建设为目的,深入开展人防实战化训练演练。贯彻习近平强军思想和"人民防空为人民,铸就坚不可摧的护民之盾"重要指示,依据人防训练考核大纲,经省政府省军区批准,进行了多次人防演练。通过实演实练,强化了各级对人防训练演练的思想认识,进一步发现了问题、完善了方案、检验了装备、磨练了意志、锤炼了队伍,提升了人防系统应急应战准备能力。

四、加强依法行政,着力推进"放管服"改革

以法规制度建设为抓手,坚持改革创新,积极转变人防发展方式。一是完善省人防办市场准入负面清单,制定《省人防办主任(党组书记)履行推进法治建设第一责任人规定》;积极组织学法用法无纸化考试工作,为依法行政提供了遵循。二是建立"建设项目联审联批""权责清单动态管理""双随机一公开(事中事后)"3个网络平台,全年对23项企业投资建设项目提出人防审查意见,进一步规范权力运行。三是大力开展"三重一大"项目合法性审查,加大机关和直属单位内部财务审计力度,强化法律顾问作用,有效提高人防法治化建设水平。四是下发《关于印发企业投资项目承诺制改革试点防空地下室建设流程、事项准入清单及配套制度的通知》《关于在企业投资项目承诺制改革试点工作中加强防空地下室竣工验收和备案管理的通知》,加大人防工程质量监督和竣工验收工作力度。五是组织人防工程防护设备定点生产安装企业签订承诺书,规范施工图审查管理,规范防护产品质量检测机构资质办理,为项目建设年活动创造了良好环境。六是与省气象局联合印发《关于人防部门接入使用国家突发事件预警信息发布系统的通知》,把人防指挥信息网接入国家突发事件预警信息发布系统,进一步拓展和提升了全省人防系统应战应急信息发布渠道和保障能力。通过一系列的改革创新,进一步健全完善了人防法规制度,规范了人防建设秩序,树立了人防良好的社会形象,提高了人防融合发展的质量。

五、全力抓好落实,年度任务全面完成

一是顺利完成《山西省人民防空工程建设条例》修订工作。2018年9月30日,省人大常委会审议通过了条例修正案并公布实施。二是稳步推动防空防灾数据库四期工程建设。现已完成招标,正在积极实施。三是努力推进人防工程建设,全年国家人防重点城市人均增加防护工程面积0.12平方米。四是持续加强全省新增人防工程开发利用,开发利用率96.6%;利用人防工程及设施设备安排就业人员616人,总累计安排就业人员17304人。五是大力开展人防教育进机关、进学校、进社区、进企业、进网络"五进"活动。拟制了《关于在中小学校开展人防教育的意见》,进一步完善进学校工作机制;结合"5.12"防空防灾日、"9.18"防空警报试鸣日,拓宽进社区范围和渠道;编辑出版6期人防杂志,发放《山西省人民防空工程建设条例》(修订版)5000份,提高进机关质量,全年全省受教育人数达300余万人。六是深入开展山西省人民防空袭方案修订工作。编制了《山西省人民防空袭方案修订领导小组方案》,强化组织领导。采取多种措施,收集整理"十三五"全省人防指挥通信建设数据,协调省直有关部门采集相关数据,为防空袭方案编制提供数据支撑。邀请军队院校专家对省市两级分管领导和业务骨干进行方案修订培训,进一步明确了修订的内容、方法。这项工作受到国家人防办的高度肯定。

2018年,省人防办健全完善人防、物防、技防体系,大力开展扫黑除恶工作,切实加强信访件和网络舆情处置,牢牢把握意识形态正确方向,不断营造和谐稳定的社会综合治理环境。"扶贫攻坚"再创佳绩,被省委干部驻村办、省扶贫办评为"全省干部驻村帮扶工作模范单位",一个帮扶村被评为"繁峙县整村提升工作示范村",一名扶贫队员被评为"扶贫英雄"。

(拜江宏)

附:省人民防空办公室党组书记、成员名单

书　记:霍红义

成　员:刘　涛(6月离职)　李　波(11月任职)

张　铭(3月离职)　薄文杰

省扶贫开发办公室党组

党组书记　刘志杰

2018年是全省脱贫攻坚任务最繁重的一年，是省扶贫办党组团结带领干部职工拼搏进取、砥砺奋进的一年。脱贫攻坚连战连胜，17个国定贫困县、9个省定贫困县进入脱贫摘帽程序，2255个贫困村退出、64.9万人口脱贫，贫困发生率降到1.1%。贫困地区农村居民人均可支配收入达到8250元，同比增长12.6%，高出全省3.7个百分点。机关建设取得重大突破。省扶贫办升格为政府正厅级直属机构，机关党委获省直先进基层党组织，机关和9个事业单位获省直文明单位标兵，扶贫大讲堂获省直十大文明讲坛。办党组书记、主任刘志杰同志被省委确定为敢于担当、奋发有为先进典型。

一、强学习提认识，坚定不移践行重要论述

省扶贫办把学习践行习近平总书记扶贫工作重要论述和视察山西重要讲话精神作为打赢全省脱贫攻坚战根本遵循，作为检验“四个意识”牢不牢、“四个自信”强不强、“两个维护”好不好的重要标尺，推动学习贯彻往深里走、往实里走、往心里走。学懂弄通做实上用真功。采取党组中心组领学、扶贫大讲堂讲学、述职交流比学、精读原著自学、季度能力测试督学及网络在线学习、征文研讨、专题培训等多种形式，努力做到学深悟透，武装头脑，指导实践，推动工作。刘志杰同志在中国(兴县)国际扶贫研讨会、农村改革论坛(太谷)脱贫攻坚分论坛作主旨演讲，引起广泛关注。创新政策举措上见真章。悉心体悟、深刻领会丰富内涵，寻找良方，破解难题。“六环联动”整村搬迁受到国务院通报表扬，消费扶贫工作受到汪洋主席、胡春华副总理批示肯定，“五有举措”扶贫扶志成为激发内生动力山西特色，生态脱贫获全国脱贫攻坚奖组织创新奖，光伏扶贫获中国能源产业扶贫政府创新奖。推动“三个落实”上使真招。充分发挥脱贫攻坚领导小组办公室牵头抓总，统筹协调职能，蹄疾步稳推进脱贫攻坚责任、政策、工作“三落实”。组织省委农村工作暨脱贫攻坚会、全省攻坚深度贫困现场推进会等重大会议，牵头起草并推动出台省委省政府重要文件19个、省领导小组和办公室文件85个、扶贫办文件103个。办实事解难事上用真情。一把手示范带头，班子成员以上率下，加班加点，用心用情用力工作，许多同志节假日不休息，甚至累倒在工作岗位。坚持一线工作法，落实工作到村头、到户头，解决问题到地头、到炕头，以工作精准度提升群众满意度，以干部责任感提升群众获得感，用扶贫干部辛苦指数换来贫困群众幸福指数。

二、抓重点牵全局，分类指导确保脱贫成色

顺应扶贫格局新变化，坚持分类指导、综合施策，抓重点、攻难点，补短板、强弱项，完善顶层设计，强化政策措施，出台三年行动实施意见、“一县一策”攻坚深度贫困县意见等重要文件。加强分类指导。集中攻坚深度县，为10个深度贫困县量身定制10条共享政策、每县1条专享政策，营造担当作为狠抓落实的政策环境。巩固提升摘帽县，对2017年脱贫摘帽的15个县，坚持“四个不摘”，“一县一案”巩固提升，对整改情况市际交叉检查，跟进督促落实。打造脱贫特色县，对2018年计划脱贫摘帽的26个县，两次对标研判、对标提升，确保脱贫质量成色。突出分类推进。以解决“两不愁三保障”为重点，一策为主，多策跟进。产业就业“两业”并举，筑牢稳定脱贫根本支撑；易地搬迁危房改造“两房”同建，确保住房安全；生态生计“两生”共赢，实现增绿增收；基础教育基本医疗“两基”并重，阻断致贫返贫主要源头；农村低保制度与扶贫开发政策“两线”合一，筑牢社保兜底网。分级分类培训。对标习近平总书记对扶贫干部“懂扶贫、会帮扶、作风硬”要求。党政领导突出观念培训，扶贫系统干部突出岗位培训，行业部门干部突出政策培训，帮扶干部突出素质培训，贫困村干部突出技能培训。以考促学、现场教学、案例导学、网络跟学，省级举办示范培训137期，全省累计培训2393期、39.7万人次。深化分类考核。适应攻坚形势任务变化，市级考核分为两类，贫困县考核分为3类，分设指标和赋分权重；省直专项扶贫牵头单位考核由省级统一组织，市县进行评价；驻村帮扶考核对各市、省直单位、驻县大队长区分重点、分别实施。约谈综合评价差的7个县、扶贫审计发现问题的26个县、通报批评13家省直帮扶单位和32个易地扶贫搬迁项目县，以最严格的考核推动脱贫攻坚责任、落实、工作“三落实”。

三、补短板强弱项，改革创新破解攻坚难题

坚持以改革创新破解难题，深化精准扶贫新举措。在圆满完成易地扶贫搬迁、光伏扶贫、贫困村提升、创业致富带头人培育等年度目标任务基础上，创新性工作多点突破。消费扶贫助推产销衔接。落实习近平总书记“产业扶贫要突出解决市场营销问题”的重要指示，采取“五进九销”方式，搭建供需对接平台，促进产销衔接对接大市场，拓展经营模式延伸产业链，增强品牌意识提升市场竞争力，让农特产品卖上好价钱、农民有了好收成、市民买到好东西、扶贫建立好机制。扶贫扶志促进精准脱贫。多措并举激发贫困群众内生动力。举办周末学堂、农民夜校等激励有志想做，以工代赈、生产奖补、“一网三超”等带动有事可做，免费培训、“扶贫车间”等帮助有技会做，龙头企业带动、扶贫小额信贷等支持有钱能做，驻村干部帮带、创业致富带头人示范等保障有人领做。“六大行动”做实驻村帮扶。严格选派要求，硬抽人抽硬人，做到“一

村一队、一队三人”;严格驻村要求,属地在编管理,“五天四夜”全脱产帮扶;严格工作要求,开展村情民意走访、基础工作巩固、政策举措落实、资金项目盘点、内生动力提升、作风问题整治“六大行动”,有效提升驻村帮扶工作思想性、针对性和实效性。动态管理夯实基础工作。组织14.16万干部集中40天时间,逐村逐户大起底大排查,建档立卡贫困人口按季度动态调整;规范贫困退出指标为户脱贫5项、村退出13项、县摘帽14项,持续推进数据库、政策库、项目库、人才库建设,夯实确保精准扶贫精准脱贫基础支撑。

四、重规范促提升,管党治党落实主体责任

强化“必须抓”的紧迫感和“带头抓”的责任感,严格落实党组主体责任,推进全面从严治党纵深拓展。认真执行党组工作规则,严格落实民主集中制,29次党组会研究重大问题,印发党组文件28个,党组书记带头讲党课,批示党建工作158次。政治建设抓统领。坚持以政治建设为统领,党的建设、业务工作、文明创建同部署、同检查、同考核,召开全省扶贫系统党的工作会,制定党建工作要点,完善考核方案,开展主题党日活动,建立谈心制度和调查研究常态化机制。把从严治党的要求落实到每个支部,率先垂范的要求落实到每个领导干部,合格党员的要求落实到每个党员,善做善成的要求落实到每项工作。工作讲大局、办事讲原则、协调讲程序、做人讲品德的氛围日益浓厚。“三基建设”抓规范。完善“一目录三手册”,深入开展基础工作、效能建设评估,制定年度任务清单,党组定期研究、班子成员联系指导,开展“标准问题讨论”,强化常抓不懈、高标准推进意识。“三基建设”做法入选省委“三基办”典型案例,在全省推进会上交流发言。干部队伍抓能力。制定扶贫干部能力建设标准,组织专业能力测评,事业单位定编定岗,出台机关科级非领导职务晋升办法,推荐确定副处级后备干部。严格党政干部选拔任用规定,以事择人、人岗相宜,德才兼备、注重实绩。善做善成抓载体。深入推进“四看四比”,举办先进事迹报告会,开展“新时代新作为”“善做善成促脱贫”“担攻坚重任,做时代新人”等主题活动,组织创作脱贫攻坚纪实报告文学《掷地有声》,出版《百村脱贫案例》《百村搬迁案例》,推进善做善成的扶贫核心价值文化延伸拓展。推荐程玉珍、沙万里、杨良杰3名个人、吕梁市林业局获全国脱贫攻坚奖,评选表彰全省脱贫攻坚奖110个、驻村帮扶模范单位模范个人、扶贫系统先进集体先进工作者530个,全办8名同志获“省五一劳动奖章”“巾帼建功标兵”等称号。法治建设抓落实。把法治建设融入脱贫攻坚,开展普法宣传教育,在主流媒体解读扶贫条例,推动落实。备案审查政策性文件16个,省委办公厅通报表扬。作风建设抓经常。深入开展脱贫攻坚作风建设年活动,制定落实深化扶贫领域腐败和作风问题专项治理方案、扶贫项目资金公告公示制度和加强扶贫资金监管意见,以“三个一律取消”减轻基层负担。开展纪律作风建设专项活动,规范贯彻落实中央八项规定51条,组织纪律处分条例考试。省委整治群众身边腐败问题推进会上交流发言。

(张海光)

附:省扶贫开发办公室党组书记、成员名单

书　记:刘志杰

成　员:张玉宏　张建成　龚孟建

省医疗保障局党组

党组书记　刘中雨

2018年10月26日,山西省医疗保障局挂牌成立。为省政府直属机构,副厅级建制。主要职能为:全省医疗保险、生育保险、医疗救助等医疗保障制度的政策制定并组织实施;组织制定全省药品、医用耗材价格和医疗服务项目价格、医疗服务设施收费等政策,以及与其相关的医保目录和支付标准;建立健全医疗保障基金安全防控机制,依法查处医疗保障领域违法违规行为;推进医疗、医保、医药“三医联动”和医疗保障基金支付方式改革;负责医疗保障经办管理、公共服务体系和信息化建设等。

2018年,局党组团结和带领局全体党员干部,坚持以习近平新时代中国特色社会主义思想和党的十九大精神为指导,坚定不移贯彻落实习近平总书记视察山西重要讲话精神和省委十一届六次全会精神及系列专项部署,严格落实省委、省政府机构改革和重点工作决策部署,坚持问题导向、目标导向,积极回应群众关切,打通“堵点”,破解“痛点”、化解“难点”,以“初始即严”的标准,全面树立新部门的新形象。

一、以“开局既决战”的姿态,展现新部门的新担当

组建各级医疗保障部门,是以习近平同志为核心的党中央作出的重大决策,充分反映了医保工作在党和国家事业中的重要地位。省医保局组建后全局干部职工牢记职责使命,以强烈的责任感、使命感和紧迫感投入工作。高效率、快节奏,完成了新机构组建任务;主动对接对表对标国家、省委省政府和相关部门医保领域主要任务,明确了阶段性重点工作;按照省委省政府部署要求,主动担当,积极作为,充分发挥新机构职能整合优势,实现重点工作高起点开局、高标准起步。

一是突出打击欺诈骗保。按照国家局统一部署开展了打

击欺诈骗保专项行动、专项行动“回头看”。今年1月,又开展了专项行动“再回头”,对定点医药机构进行全覆盖检查,深挖违法违规线索。截至2019年2月底,全省各市共查处违规定点医药机构3148家,追回资金6380万元,形成了打击欺诈骗保的高压态势。二是聚焦扶贫攻坚。全面落实“三保险、三救助”扶贫政策,263.7万名建档立卡贫困人口全部纳入保障,2018年住院61万人次,综合保障比例达到90%,医疗费用基本实现“一站式”结算。12月,制定出台了《山西省医疗保障扶贫三年行动计划(2018-2020年)》,提出了以农村贫困人口全覆盖,住院综合保障比例平均达到90%为核心的8项工作目标,通过提高基本医保待遇、大病保险倾斜、医疗救助托底等13项措施,致力解决因病致贫、返贫问题。三是深化医保领域改革。不断推进医保支付方式改革,积极支持县乡医疗卫生机构一体化。全面实施医保定点医院总额预算管理,建立“总额管理、结余留用、超支合理分担”的激励约束机制,有力促进了县乡医疗卫生机构一体化改革。积极开展按病种付费,全省累计推出300多个病种,二级以上城市公立医院按病种支付的病种数达到100种以上,在3所三级医院启动了按疾病诊断相关分组(DRGs)付费试点。积极推进生育与医疗保险合并实施及长期护理保险试点工作。晋中市作为全国生育保险和医疗保险合并实施试点城市,工作进展顺利、效果良好,为全省乃至全国提供了可复制、可推广的示范经验。临汾市推进长期护理保险试点,制定完善相关政策标准和操作流程,精心组织实施,失能人员享受到连续不间断护理服务,初步体现出制度的保障功能。同时还确定了拓展商业保险机构经办医保业务范围,改革药械招标采购和结算模式等推动“三医联动”的重点工作思路。

二、以“为民服务”为根本,着力提高人民群众获得感

医疗保障是事关人民群众健康福祉的重大民生工程。一是从参保登记角度不断扩大覆盖面。我省从2000年启动城镇职工医保以来,经过近20年发展,参保人群不断扩大,去年底达到3267万人,参保率95%以上,基本实现全民医保。随着医保资金投入持续加大,待遇标准也不断提高,有效保障了人民群众的基本医疗需求。二是从政策层面主动化解矛盾风险。先后将国家谈判的17种抗癌药纳入全省医保报销,研究制定了部分“罕见病”的基本医保、专项救助等五重保障措施,完善了地方病、血液病的医疗保障政策,开展了中医适宜技术纳入医保报销试点;与陕西等14个省(区)联盟,与周边省份及京津冀实行价格联动,推动药品和医用耗材降价。三是从服务层面积极破解办事堵点。按照审批服务“一网通办”要求,开发了局门户网站、手机APP、微信公众号、办公自动化(OA)系统,以及启动了医疗保障网上业务受理经办系统改造工作,减少了60%的手续资料。跨省异地就医直接结算实现每个县有一所以上定点医院接入跨省异地就医平台。截至年底,我省累计与30个省(区、市)进行跨省异地住院直接结算7.9万人次,总费用22亿元。省内跨市异地就医住院直接结算33.6万人次,总费用60.8亿元。全面推进“一站式服务、一窗口办理、一单制结算”,实现信息多跑路,群众少跑腿,让人民群众真正感受到机构改革带来的新变化,提升医保满意度和获得感。

三、以初始即严的标准,全面树立新部门的新形象

聚焦群众反映强烈的医保获得感不明显等问题,主动担当作为、破解难题,以“初始即严”的标准,全面树立新部门的新形象。结合工作实际,制定了医疗保障工作人员“十不准”,与业务工作同安排、同部署、同落实。

一是抓“关键少数”。推动党风廉政建设主体责任层层落实落地。党组成员带头做好表率,率先垂范,严防工作人员在定点医药机构审批、医药价格形成、费用报销、门诊大病鉴定等方面优亲厚友,努力打造“对党忠、标准高、制度严、工作实、自身清”的医疗保障队伍。二是完善内控机制。建立健全风险防控机制,认真梳理重点工作风险事项和各部门、各岗位业务风险点,制定了详细的风险防范工作措施,通过流程制约、全程监督、定期分析等办法将各类风险控制在安全红线之内。同时将严查风险点与强化基金监管联动发力,通过打击欺诈骗保专项行动,持续整治群众身边腐败和作风问题。三是纯正行业风气。在全省医保系统开展“树医保良好形象、做担当作为模范”主题教育实践活动。强化全省医保系统行风建设,坚决杜绝庸懒散漫,着力解决作风不实问题,促进党风廉政建设与业务工作协同推进。重点强化对权力集中、资金密集、资源富集等关键岗位人员的监督检查,着力构建“不敢腐、不能腐、不想腐”长效机制,扎紧篱笆,把权力关进制度的笼子,以“零容忍”的态度惩治腐败,力求将“新衙门变成清衙门”,树立起新部门新系统的新形象,不辜负省委省政府和人民群众对医保系统的期望。

(展宏普)

附:省医疗保障局党组书记名单

书　记:刘中雨(10月任职)

省粮食和物资储备局党组

党组书记　王云龙

一、以党的政治建设为根本，推动部门自身建设取得新成效

(一)强化政治学习。始终把学习贯彻习近平新时代中国特色社会主义思想和党的十九大精神，贯彻落实习近平总书记视察山西重要讲话精神作为首要政治任务，用新思想武装头脑、指导实践。将晋粮大讲堂打造为特色理论学习品牌，全年共举办4期，1200人次听讲。把党的十九大精神、习近平总书记视察山西重要讲话精神等列入中心组和干部理论学习计划，全年中心组学习25次。党组书记带头讲党课、讲业务，以讲促学。开展"深化改革 转型发展"大讨论和大调研活动，收集调研报告、建议等200余篇。荣获全国粮食行业大讨论活动优秀组织单位奖。

(二)突出政治建设。深入贯彻党的十九大精神和习近平总书记视察山西重要讲话精神，强化"四个意识"，增强"四个自信"，坚决做到"两个维护"。研究制定《关于深入推进"三基建设"努力打造"四型部门"的实施意见》及3个《实施办法》，创建"三个最佳"支部，开展工作标准研讨，落实效能建设八项制度，着力推进基层组织"五项建设"、完善基础工作"五项机制"、健全基本能力"五种制度"。开展文明创建活动，树立形象。发挥山西粮食文化展厅宣传阵地作用，举办"爱粮敬粮兴粮"书画摄影大赛，开展世界粮食日宣传活动，参加省直机关组织的文体比赛，取得积极成效。我局在省直机关加强党的政治建设经验交流会上作了发言，在先行开展的10个省直部门基础工作评估中取得优秀成绩，党建工作经验被人民网、《山西组织工作》等新闻媒体刊发。

(三)打造高素质干部队伍。印发激励干部担当作为干事创业、改革创新合理容错"两个实施办法"，制定科技兴粮和人才兴粮"两个实施意见"，出台党组联系服务专家制度，着力打造一支忠诚干净担当的高素质干部队伍。创新干部培训，开展干部专业能力测评，确保干部素质适应机构改革新要求。如期完成全省机构改革后的新单位挂牌、人员转隶和部门"三定"等工作。强化法治培训和考核，提升党员干部依法行政水平。健全帮扶队伍落实扶贫举措，完成扶贫爱心超市、饮水工程、红枣交易市场建设，帮助解决贫困户农产品销售和饮水难题。

(四)加强意识形态工作。认真学习贯彻省委意识形态工作会议精神和意识形态工作规则，制定措施抓好落实。成立局意识形态工作领导小组，出台了省局网站信息发布管理办法、网络安全管理制度、网络意识形态工作责任制实施细则等制度，建立网评员队伍和新闻媒体沟通联络机制，体制机制建设不断强化。局党组专题研究意识形态工作，加强分析研判、政策宣传和粮情发布，引导舆论走向，服务政府决策。强化宣传"阵地"管理，在门户网站开辟党的十九大精神学习专栏，与全国、全省"同步发声"；全年在"两微一端"发布各类信息3500余条，加大正面宣传力度。

(五)狠抓党风廉政建设和反腐败工作。一是制定《加强党对反腐败工作全过程领导常态化制度化长效化的实施意见》，狠抓反腐败和作风建设。编印山西粮人风采录、警示录，用身边事教育身边人，成为廉政教育特色品牌。二是推进巡视发现问题整改。落实巡视问题整改，细化制定28项整改举措并狠抓落实；认真贯彻中央八项规定精神，强化监督执纪问责，持续正风肃纪反腐，党风廉政建设进一步加强，全系统政治生态持续好转。三是开展民生领域反腐败和扫黑除恶工作。突出行业特点，聚焦落实粮食政策、"两个安全"、涉黑涉恶等6个重点问题进行明察暗访和专项整治。

二、筑"底板"补"短板"，提升新时代粮食安全保障水平和现代特色粮食产业发展能力

(一)粮食安全责任制考核再创佳绩。认真履行省粮食安全考核领导小组办公室职责，与各成员单位通力合作，不断优化指标，健全机制，压实责任，强化考核"指挥棒""风向标"作用。组织完成市级自评、部门评审、部门抽查和综合评价，强化考核结果运用，经省政府批准对考核前5名的市级政府给予通报表扬。我省2016、2017连续两年粮食安全省长责任制考核获得优秀等次，受到国务院通报表扬，得到楼阳生省长的肯定。

(二)粮食保供稳价能力持续提升。严格执行收购政策，统筹各类市场主体入市收购。落实"六稳"要求，强化粮情市场监测预警。组织开展各类检查2406次，维护市场秩序。编制粮食应急预案操作手册、军供应急储备粮和市级应急成品粮油储备管理办法。建立应急供应网点1522个、加工企业170个、配送中心114个，粮食安全保障调控和应急设施中央预算内投资项目全部开工，80个"放心粮油"示范店和300个示范经销点建设任务全面完成。出台《关于深化粮食产销合作提高安全保障能力的实施意见》，举办2018山西粮食产销衔接会，21个省粮食局代表和132家企业受邀参会，规模、层次达历年最高水平。与辽宁等6省签订产销合作协议，省际间粮食产销合作进一步强化。参加全国粮食交易大会，成交粮食总量10.67亿斤、总额15.25亿元，分别占全国8.8%和5.4%。

(三)储备粮管理水平不断提高。大力实施粮库智能化升级改造，争取补助资金，完成了多个库点的整体设计、省级平台建设等任务，督促各市县项目积极推进，行业信息化迈出

实质性步伐。组织开展全省库存粮食大检查和跨市交叉检查,推动问题整改。深入开展春秋两季“两个安全”大检查,为全国政策性粮食数量质量大清查做好准备。积极推进新建库项目和仓储设施提升改造。全面完成省级储备粮轮换和粮食质量安全监测任务,荣获全国粮食质量安全监管工作“先进单位”称号。认真贯彻落实“一规定两守则”,与有关储备库签订“两个安全”责任书,全年未发生安全储粮和安全生产事故。

(四)粮食产业发展步伐不断加快。一是强化顶层设计。省政府办公厅印发《关于加快推进农业供给侧结构性改革大力发展粮食产业经济的实施意见》,国家局与省政府签订《共同推进粮食产业高质量发展保障国家粮食安全战略合作协议》。积极支持太原市、山西粮油集团规划建设粮食物流产业园区,推进粮食和物流产业现代化建设。二是实施“优质粮食工程”。编制“优质粮食工程”三年实施方案,争取中央补助资金3.3亿元、省级补助1.2亿元;省政府成立“优质粮食工程”建设领导小组,将“优质粮食工程”纳入全省乡村振兴战略总体规划同步实施,并争取7000万元用于扶持杂粮加工企业和山西好粮油项目建设。三是叫响山西小米品牌。省政府成立“山西小米”品牌建设领导小组,投入资金2074万元用于品牌建设和开发;制订小米品牌建设实施方案、三年发展规划,加强目标引领和工作统筹;推进标准制定,支持企业创新产业链,开发中高端小米产品;统一标识授权,在央视一套、央广和重点交通干线投放广告,“山西小米”号动车同步开通;承办全国粮食科技周太原分会场活动,与国家粮科院举办首届全国小米品鉴大会,开展“山西小米”精品展等活动,国家局张务锋局长亲临太原调研指导。先后2次举办“山西小米”北京推介活动,“炒热”、做大首都市场。在全国粮交会上与吉林省粮食局联袂推介“吉林大米”、“山西小米”,共同开拓中高端市场,全国人大原常委郭凤莲为“山西小米”代言。成立“山西小米”运营中心,开展线上线下销售。

“山西小米”品牌建设经济和社会效益初步显现,9家联盟企业基地种植规模达10万亩,55家规上小米企业入驻电商平台,全省小米企业年销售额突破15亿元,辐射带动农户15万户。创新开发富硒小米、月子米等产品,以优质优价助农增收。吉林等6省粮食局先后来晋考察。我局小米品牌开发的做法和经验受到广泛关注和认可,在全国加快推进粮食产业经济发展第二次现场会、2018中国粮油财富论坛上作了交流发言。

(江　浩)

附:省粮食和物资储备局党组书记、成员名单

书　记:王云龙(10月任职)

成　员:宋林根(10月任职)　韩华雄(10月任职)
徐晓峰(12月任职)

省小企业发展促进局党组

党组书记　李东洪

2018年,省小企业发展促进局党组团结带领全局干部职工,认真贯彻习近平新时代中国特色社会主义思想和党的十九大精神,全面落实省委、省政府决策部署,勇于创新、担当作为,较好地完成了全年各项目标任务。

一、强化政治担当,落实主体责任,全面从严治党取得新成效

一是始终把政治建设摆在首位。严守党的政治纪律和政治规矩。加强思想政治建设,组织开展弘扬“红船精神”主题党日活动,开展“新时代新担当新作为”思想交流,引导党员干部增强“四个意识”,坚定“四个自信”,做到“两个维护”,始终在思想上政治上行动上同以习近平同志为核心的党中央保持高度一致。二是坚持不懈强化理论武装。认真学习贯彻习近平新时代中国特色社会主义思想、党的十九大精神、习近平总书记视察山西重要讲话精神和省委十一届六次全会精神。推进“两学一做”学习教育常态化制度化。三是加强领导班子和干部队伍建设。班子成员注重分工合作,认真落实民主集中制,“三重一大”事项坚持集体研究、科学决策。组织召开民主生活会,查找出6类20个突出问题,明确了6个方面的整改对策,以严肃认真的党内政治生活锤炼党性。贯彻新时期好干部标准,树立正确用人导向,培养选拔3名正处级领导干部,优化干部结构,激发了干事创业激情。四是切实加强党风廉政建设。坚持把党风廉政建设与业务工作同研究、同部署、同推进,落实党风廉政建设责任制,履行“1+3”岗位责任,自上而下签订责任书,层层压实责任,组织党建述职评议,履行管党治党政治责任。赴太原第一监狱开展警示教育活动,彻底肃清腐败流毒。开展民生领域腐败和不正之风专项整治活动,落实扫黑除恶专项斗争工作部署,开展履责督导谈话,全面从严治党走向了严紧硬。五是持之以恒正风肃纪。坚持挺纪在前,把握运用监督执纪“四种形态”,对4名违规违纪人员进行严肃处理。召开巡视整改专题会议,按照“四个对照”查摆和解决问题,巡视成果得到进一步巩固。坚决抵制“四风”,突出关键少数,紧盯重要节点,发送廉政提醒短信,加强监督检查。

二、加强机关建设,推进依法行政,履职尽责能力有了新提高

一是扎实推进“三基建设”。加强基层组织建设,树立一切工作到支部的鲜明导向,不断提升基层组织力。着力夯实基础工作,以升级数据体系为突破口,充分运用中小企业公共服务平台,初步建立涵盖13类常用数据、7类重要业务、8项重点工作和2类人才信息的数据库,打造基础工作“升级版”。推进基本能力提升,以“五大培训工程”为抓手,制定干部岗位培训计划、专业能力提升计划,先后组织全系统干部参加各类能力提升培训班77班次、1556人次,干部队伍的基本能力、专业能力得到了进一步提高。二是深入推进法治建设。推进权责清单标准化建设,依法对机关权责事项进行动态调整,梳理编制行政权力事项清单13项,公共服务事项清单6项。落实年度普法计划,开展依法行政宣传月、“12·4”国家宪法日宣传周活动,邀请专家进行“依法行政与领导干部法治思维能力养成”专题讲座,组织网上学法用法培训及考试,不断提高依法行政的能力和水平。三是积极开展综治建设。严格落实社会治安综合治理领导责任制和目标管理责任制,全面加强内部安全防范,及时排查整治风险隐患,对涉及企业改革、网络信息、后勤保障、消防安全等方面的27处风险隐患,建立工作台帐,进行综合研判。四是持续强化机关自身建设。加强机关效能建设。按要求办结13710督办任务,其中5件得到“优秀”评价,4件得到“良好”评价。开展精神文明创建,深化核心价值观教育,组织参加迎新春长跑、趣味运动比赛、“青年大学习”、第十五届省运会开幕式等系列活动。加强老干部工作,开展“敬老月”活动,召开座谈会,组织游园、健步走、太极拳比赛等活动,老干部“两个待遇”得到有效落实。

三、聚焦目标任务,注重改革创新,全面完成2018年度各项工作任务

(一)创优中小企业发展环境。出台《关于进一步促进小微工业企业上规升级的意见》,开展“中小微企业日”宣传活动,组织中小企业扶持优惠政策落实自查自评活动。举办中小企业服务对接活动,建立常态化帮扶机制,组织“送政策、送专家、送服务”和“法律进企业”等活动200余场,服务企业6200余家,落实中小企业发展专项资金3亿元,发展环境进一步优化。

(二)实施双创生态构建工程。成功举办2018“创客中国”山西创新创业大赛,报名参赛项目746个,数量位居全国第一,全省中小企业创新创业热情进一步高涨。二是推进小微企业创办。依托全省375个小微企业服务站,开展创业培训和辅导,举办9期“创享行”双创沙龙活动,61户小微企业享受资金支持。新培育小微企业11.3万户,为全省经济发展增添了新活力。三是开展小微企业双创基地示范县创建。安排专项资金4000万元对全省11个“双创示范县”进行支持,在长治市城区召开“双创示范县”工作推进现场会,推动区域双创工作和中小企业发展。四是加快小微企业双创基地建设。新认定省级小微企业双创基地23家,新培育省级双创示范基地10家,新培育国家级双创示范基地3家。目前全省省级小微企业双创基地达到146个,省级示范基地10个,国家级示范基地5个,厂房面积3827万平方米,入驻企业5678户,吸纳就业13万余人,经济社会效益明显。

(三)培育“专精特新”中小企业。研究制定“专精特新”中小企业培育工程工作规划和实施方案,建立健全培育库,打出政策组合拳,从素质提升、宣传推介、资金扶持、融资服务、技术创新等方面,加强培育和扶持,引导中小企业走专业化、精细化、特色化、新颖化发展之路。全年新培育认定“专精特新”中小企业216户,全省累计达到407户,培育了一批具有竞争力的“小巨人”企业。

(四)加快培育“小升规”企业。研究出台专项支持“小升规”的政策措施,通过培育一批、改造一批、引进一批等三条途径持续发力,不断提高规模以上工业企业的规模和总量。落实小升规企业资金奖励政策,健全完善“小升规”企业基础库和培育库建设,制定入企服务工作方案,加强跟踪监测,强化帮扶指导。全年新培育“小升规”企业522户,规上企业净增329户,全省规上企业数量首次突破4000家,达到4164家,创历史新高。

(五)推进规范化股份制改造。实施中小企业规范化改制行动计划,举办中小企业股份制改造及金融知识普及教育培训班,组织专家团队进行对接指导,引导中小企业进行股份制改造,建立现代企业制度,提升企业管理水平。对2017年完成规范化股改的75户中小企业奖励资金2250万元。目前全省共406户中小企业进入股改目标培育库,133户中小企业进入股改程序,圆满完成年度目标任务。

(六)改善中小企业融资服务。争取国家资金1404万元、安排省级资金1778万元,分别对符合条件的24户和25户担保机构给予业务补助,推动扩大对中小企业的担保业务。健全完善企业上市后备资源库,加强上市培训辅导,对年内在“新三板”上市、晋兴板挂牌并融资成功的10家企业给予420万元资金奖励。搭建政银企保合作交流平台,实施客户推介机制,向金融机构推荐优质中小企业1610户,圆满完成了年度目标任务。

(七)加强中小企业人才培训。一是组织举办“董事长班”,依托北京大学,举办100名“专精特新”中小企业董事长专题研修班;依托清华大学,分两批举办180名中小企业、民营企业董事长研修班;开展境外培训,组织21名优秀企业家赴以色列参加创业创新研修班。二是分地域组织总经理班11期、专业技能人才班30期,培训人数达5100人。三是举办4期中小企业大讲堂,累计培训企业经营管理人员1000余人。四是举办中小企业双创工匠型专业技能大赛,共45名参赛选手获奖,在全省选拔推出了一批行业能手、业务标兵、技能大师。全省全年累计培训中小企业各类人员15035人,人才培训力度处于全国领先水平。

(八)实施平台网络建设工程。构建全省中小企业公共服务“1+11+ 24+N”平台网络体系,改革运营机制,完善服务功能,整合服务资源,提升服务能力,组建双创服务联盟,把平台网络建设成了满足中小企业各类需求的服务超市,为全省中小企业提供优质服务。目前,省级枢纽平台入驻中小企业30177户,入驻服务机构1351家,开展各类对接服务54133次。新认定(培育)省级(国家级)示范平台10家,评选优秀服务机构10家,累计举办活动240余场,服务企业7200余家,服务13000余人次,公共服务平台网络作用发挥明显,综合排名位居全国前列。

(眭鹏飞)

附:省小企业发展促进局党组书记、成员名单

书　记: 李东洪(10月任职)

成　员: 史国兵(12月任职)　冯志山(10月任职)　武晨阳(女,10月离职)

省林业和草原局党组

党组书记　张云龙

2018年,在习近平新时代中国特色社会主义思想的指引和省委的领导下,山西省林业和草原局党组紧紧围绕推进绿化山西建设、塑造表里山河生态美好壮丽形象的目标,以政治建设为统领推进了全面从严治党不断向纵深迈进,以增绿增收为己任打赢了生态治理与脱贫攻坚两场战役,以改革创新为动力实现了体制改革与机制创新双抓双硬。

一、机构职能基本情况

山西省林业和草原局整合了原省林业厅的职责,以及原省农业厅的草原监督管理职责,原省国土资源厅、省水利厅、省农业厅以及省住房和城乡建设厅等部门的自然保护区、风景名胜区、自然遗产、地质公园等管理职责。主要工作职能是:负责全省的森林、草原、湿地、荒漠化生态系统修复和生物多样性保护等工作,组织开展全省林业和草原生态保护修复和造林绿化工作,监督管理全省森林、草原、湿地、陆生野生动植物资源和各类自然保护地,开展荒漠化防治工作,推进林业和草原改革相关工作。

局机关现有内设处室13个,编制80名。局属独立核算单位225个,包括9个省直属国有林管理局的108个国有林场,其中行政单位11个,事业单位209个,社会团体5个。森林和野生动植物、湿地、草地类型自然保护区46处(国家级自然保护区8处,省级自然保护区38处);森林公园139处(国家级22处、省级56处、市县城郊森林公园61处);湿地公园61处(国家级19处,省级42处);风景名胜区49处(国家级6处,省级43处);地质公园19处(国家级9处、省级10处);沙漠公园12处;自然文化遗产3处。

二、坚持以政治建设为统领,推进全面从严治党不断向纵深迈进

一是提高政治站位,激励干部担当。重温习近平总书记视察山西重要讲话精神,将其作为“三会一课”的重要内容。整改中央第十五次巡视反馈意见、省委专项巡视整改“回头看”和省委督导贯彻落实习近平总书记视察山西重要讲话精神反馈问题,重新梳理三个清单,高标准完成18条整改任务。制定出台提升素质、激励担当、合理容错三项意见办法。选派的7名挂职副县长中4名被市委组织部考核为优秀。加大对年轻干部的培养和锻炼,轮换70名农村第一书记。创新了“三个层面、五个结合”考核办法,选出17名农村第一书记重点培养,5名任期内提拔,12名作为后备干部,得到省委组织部充分肯定。二是扛起两个责任,净化政治生态。制定党风廉政建设工作要点和目标任务分解意见,细化“三重一大”责任清单,压实管党治党责任。认真贯彻中央八项规定精神,坚决反对“四风”问题,杜绝领导干部利用名贵特产类特殊资源谋求私利,清理合并督查督导和考核考评项目,组织19个组深入58个贫困县整治民生领域腐败和不正之风,对举报的6件问题线索均按性质转办。紧盯重要节点、重点领域强化监督,正确运用“四种形态”问责处理了一批干部。三是强化“三基建设”,提升干部素质。召开党建专题分析会,梳理出7个个方面16个问题,细化党建管理单元,启动智慧党建工程,推进“五个一”标准化支部建设,197个党支部通过标准化验收,将原定三年实现80%的党支部标准化的目标提前为两年。重新梳理“一目录三手册”,完成64个单位基础工作评估。实施了领导干部履职能力、新入职干部职业能力、专业技术人员知识更新、非林专业干部能力和基层干部能力提升五大培训工程,对7名局领导、232名处级干部、160名支部书记实行了轮训,对6798名干部职工的基本能力进行了认真测评。在省三基办和省委编办的基础工作评估中,我局名列前茅,取得95.5分好成绩,高于省直机关的均分2.5分。

三、加强生态修复保护,奋力推进生态美和百姓富的有机统一

一是生态修复保护全面加强。认真贯彻落实习近平生态文明思想,启动实施了“两山”生态重大工程,组织编制了省级总体规划、市级建设方案和县级实施方案,形成了以42个县为重点辐射81个县统筹实施“十大工程”的新格局,搭建了加强生态保护修复的“四梁八柱”。围绕塑造表里山河生态美好

壮丽形象的目标,掀起了大规模国土绿化新高潮,全年完成营造林 510.22 万亩,规模创历史新高;拿出 20 万亩造林任务资金,启动以补植补造为主的未成林地管护工程,以工程化的举措着力破解新造林地管护难的问题;立足科学推进国土绿化,在朔州市召开全省困难立地造林绿化现场会,以点带面着力巩固造林绿化成果。将国土绿化融入乡村振兴战略,绿化村庄 500 个,6 个村荣获"全国生态文化村"。以划定并严守生态保护红线为基础,加强林草资源保护;全省 5600 万亩永久性生态公益林区划界定工作全面完成,45 个自然保护区范围和功能区得到矢量化精确落界;扫黑除恶专项斗争等严打专项行动,形成了打击涉林犯罪的高压态势;印发《山西省湿地保护修复制度方案》,新增 6 处国家湿地公园;森林防火和林业有害生物防治均低于省政府考核控制指标。在全国三北工程建设 40 周年总结表彰大会上,右玉县作了大会发言,我省 6 个集体、7 名个人受到国家林草局表彰。二是生态扶贫工作再创辉煌。联动实施生态扶贫"五大项目",着力规范合作社运行,推进由"平面参与"向"立体参与"转变,让贫困群众得到了更多实惠。全年惠及 52.3 万贫困人口,增收 10.5 亿元。58 个贫困县 2563 个合作社完成造林 285.5 万亩,5.2 万贫困社员人均劳务收入 7000 元以上;生态管护惠及 2.4 万贫困人口,人均增收 6500 元;经济林提质增效惠及贫困人口 35.3 万人。积极向国家争取退耕还林任务 195 万亩,任务量在全国 15 个省中居第二位。在忻州市启动 30 万亩未充分利用耕地的保护性利用试点,因地制宜调整种植结构。发展以股份合作为主要形式的新型经营组织,支持鼓励贫困户以林地经营权、林木所有权、财政补助资金等入股,从全产业链中获得持续稳定的增值收益,促进林业资产性收益工作迈出新步伐。国家林草局、国家发改委、国务院扶贫办推广了我省经验。三是生态经济产业发展良好。坚持统筹推进传统经济林和特色经济林,召开全省连翘特色经济林提质增效综合管理长子现场会,国际沙棘协会与省政府举办了第八届国际沙棘协会大会。全省新发展经济林 100 万亩,实施经济林提质增效 200 万亩。森林康养融入"夏养山西"战略稳步推进,组建成立了山西省森林康养投资管理集团有限公司,编制完成了《山西省森林康养产业发展总体规划纲要》,12 个森林康养基地列入国家级森林康养试点。种苗和林下经济协调推进,新育苗 25 万亩。山西玉露香梨和山西核桃被省政府评为 2018 年最具影响力山西农产品区域公用品牌。3 家企业获得中国林业产业创新奖。成功举办了第六届山西苗木及花卉博览会,2019 北京世园会山西展园正式开工建设。组建成立连翘和油用牡丹产业"国家创新联盟"。国家林草局与德国农业部共同签署了《在山西开展中德森林抚育合作项目的联合声明》,项目在中条林局中村林场启动实施。《山西省森林生态系统服务功能及价值评估研究报告》显示,2016 年全省森林生态系统服务功能价值 3172.64 亿元。

四、坚持以改革创新为动力,全面激发林草事业发展的活力

一是凝心聚力推进机构改革。山西省林业和草原局于 2018 年 10 月 27 日正式挂牌成立。及时研究并报批了机构改革工作"三定"方案,顺利完成编制和人员转隶,及时对班子分工进行了调整。认真贯彻落实省委骆惠宁书记补考赶考的指示精神,提出了围绕造好林、补好林、管好林、营好林"四大任务",抓住构建健康稳定优质高效的森林生态系统、精准提升森林质量、严守生态保护红线、改革创新、促进富民增收、强化科技创新"六大重点",推进荒山造林、退耕还林、未成林地管护、森林经营、生态经济、森林资源保护"六项工作",开展深入调研、质量管理、科技兴林、资源保护、改革创新、优化作风"六大行动",全面提升林草事业发展水平。谋划提出省直林局"155651"的总体思路(即突出发展现代林业、建设美丽林区"一个主题";明确活力林区、富裕林区、文化林区、和谐林区、美丽林区"五大定位";强化增绿色、增资源、增活力、增效益、增功能"五增措施";抓好党的建设、良种繁育、标准化造林、森林经营、林业产业、综合保护"六大工程";达到资源有扩张、质量有提升、效益有体现、管理有特色、和谐有保障"五有效果",建成林分稳定、景观优美、功能齐全、产业突出、队伍齐整、和谐美丽的现代新林区"一大目标"),组织召开省直林局局长座谈会,找准新定位,瞄准新目标,激活新动能,继续发挥省直林局排头兵作用。二是积极稳妥推进林业改革。创新开发式、置换式、购买式等生态修复保护"八大机制",稳步推广。落实集体林权制度改革"三权分置"要求,新发放到户林权证 8.39 万本、股权证 14 万本,签订集体公益林托管协议 566 万亩。把大宁县作为"全省林业综合改革试点县"重点支持,列入全国 33 个集体林业综合改革试验区之一。贯彻落实国有森林资源有偿使用制度,在全国率先创新森林资源实物价值与景观价值分离评估使用的办法,选择专业评估机构开展了 11 处森林康养基地评估试点,积极探索盘活林草资源优势,挖掘兴林富民潜力的路径。三是创新完善绩效考核办法。破解工程多头检查、重复验收的问题,全面推行营造林综合核查。破解国家森林连续清查数据无法到市到县、林业生态建设实绩难以考核的问题,在全国率先开展省级森林资源年度清查,每年向社会公布市、县森林覆盖率,倒逼责任落实。在中阳、代县成功试行,已在全省铺开。破解造林当年算完成账、五年算结果账、无从考核过程账的问题,每年以县考核、以市排队,结果作为领导干部自然资源资产离任审计的重要内容之一。林业生态建设绩效考核体系的健全完善,充分发挥了考核"指挥棒"的目标导向作用,从制度上形成了对林业生态建设的目标激励和刚性约束。

(贾向前)

附:省林业和草原局党组书记、成员名单

书　记: 张云龙(10 月任职)

成　员: 尹福建(10 月任职)　黄守孝(10 月任职)

省药品监督管理局党组

党组书记　贠亚明

2018年，省药品监督管理局以习近平新时代中国特色社会主义思想为指引，深入贯彻落实习近平总书记对药品安全工作的一系列重要指示，把握稳中求进工作总基调，认真落实国家药品监督管理局和省委、省政府的工作部署和要求，一手抓改革，推进有力有序，改革任务圆满完成；一手抓药品监管，紧紧抓住突出问题，持续开展集中整治，紧紧抓住监管方式创新，提高风险防控能力，全省药品、医疗器械和化妆品监管工作不断加强，没有发生重大药品安全事故和区域性、系统性风险，各项工作都取得了明显成效。

根据《山西省机构改革方案》，重新组建山西省药品监督管理局，为山西省市场监督管理局部门管理机构，主要承担全省药品、医疗器械、化妆品监管职责。省药品监督管理局有办公室、人事处（机关党委）、政策法规处、药品注册处、药品生产监管处、药品流通监管处、医疗器械监管处、化妆品监管处、稽查与应急管理处、行政审批管理处、科技与规划财务处(内审处)共11个内设机构，均为正处级建制。下设山西药科职业学院、省药品稽查总队、省药品不良反应监测中心、省食品药品检验所、省医疗器械检测中心、省药品监督管理局审核查验中心、省药品监督管理局技术审评中心、省医药与生命科学研究院、省药品监督管理局信息中心、省药品监督管理局后勤中心、省药物培植场共11个直属事业单位。省药品监督管理局机关核定行政编制为75名。现有领导班子成员4名，其中局长1名，副局长3名。处级领导职数15正（含总检验师1名、机关党委专职副书记1名、药品稽查专员2名）18副（含药品稽查专员2名），现有正处级领导干部14名，副处级领导干部9名，非领导职务正职6名，非领导职务副职11名。

一、专项整治

一是加强重点品种整治。药品生产环节，抓住中药材和中药饮片、特殊药品等风险品种，先后开展了中药饮片、中药注射剂、中药提取物、多组分生化药品、化学原料药、特殊药品等专项检查，共检查企业344家次，发现一般缺陷477项，并全部监督整改。药品流通环节，抓住疫苗、含特殊药品复方制剂、中药饮片颗粒、血液制品、基本药物等重点品种，持续开展质量安全集中整治，共检查药品批发企业585家次，缴(注)销药品经营许可证4张，撤销GSP认证证书3张，立案查处18家，责令限期整改289家。二是加强重点单位整治。采用“双随机一公开”方式，组织开展药品GMP跟踪检查，对存在严重缺陷的企业依法收回《药品GMP证书》9张，并在省局网站公开，接受社会监督。采用飞行检查和交叉检查等方式，重点对无菌、植入、介入、体外诊断试剂、装饰性彩色平光隐形眼镜、避孕套等高风险医疗器械生产经营企业开展集中检查，共检查企业26044家次，责令改正2212家，立案查处438起，罚没款242.1万元。三是加强重点问题整治。把非法渠道购进药品、购销“回收”药品、无证经营、在核准地址之外储存药品、执行分类管理制度不严格、执业药师不在岗等问题作为重点，持续开展药店诊所药品质量安全集中整治，全省共检查药品零售企业和医疗机构24481家次，责令限期整改9045家，立案查处1395家，罚没款161.79万元。把经营使用无证医疗器械、未经许可(备案)从事经营医疗器械等违法违规问题作为重点，坚决打击“黑窝点”“黑网站”“黑平台”“黑门店”，全省共检查经营使用单位7264家，限期整改1351家，撤销许可证11家，罚没款186.1万元。四是加强重点行为整治。以打击化妆品假冒伪劣、非法添加、超标超限等行为为重点，全面开展化妆品综合治理，全省共检查化妆品生产经营单位9904家次，责令整改2879家次，立案233起，罚没款19.68万元。对16家化妆品交易平台进行台账管理和突击检查，对发现的违规行为责令整改，违法行为及时查处。加强美容美发机构日常监管和监督检查，共检查4341家次，限期整改1086家，查扣化妆品444件，立案95起。对4个严重违法药品广告，依法采取暂停销售、强制下架、撤销批准文号等行政强制措施。

二、质量规范

一是制定完善药品生产监管机制。通过督促企业建立药品品种档案、风险评估防控机制、产品追溯召回和补偿救济制度、设置药物警戒部门等措施，进一步规范药品生产企业管理，确保药品生产过程持续合规。二是监督实施质量管理规范。在全省开展了《医疗器械生产质量管理规范》执行情况专项检查，共检查企业95家，限期整改37家；组织开展了第一类医疗器械备案信息的核实和规范管理工作，全省核实有效备案数为256件，发现问题产品159件，全省通报并全部责令整改。三是扎实推进疫苗管理。加强疫苗日常监管，严格实施疫苗仓储配送信息公示和疫苗生产企业质量管理承诺公示的“双公示”制度，督促企业建立疫苗质量全程追溯管理体系，严防非法渠道购进和使用疫苗等质量风险。妥善应对长春长生疫苗事件，组织全系统集中开展疫苗药品安全风险隐患排查化解行动，确保风险隐患消除在萌芽状态。

三、案件查处

省药品监督管理局充分发挥稽查办案的利剑作用，对违法行为严厉查处,对问题线索追根溯源,保持了严查重处的高压态势。建立省市县三级举报平台,开通八种投诉举报方式。2018年,共受理药械投诉举报1116件,省本级办结率为100%。落实举报奖励办法,极大地调动了公众参与监督的积极性。2018年,全省共检查药品、医疗器械和化妆品生产经营单位11.74万家次,责令整改10948家,停产停业13家,查办案件3327件,罚没751.3万元。先后查获多起大要案件。特别是与公安厅联合查处一起特大生产、销售假药案,打掉犯罪团伙5个,抓获犯罪嫌疑人13名,捣毁窝点11处,涉案金额高达近亿元,有力震慑了违法犯罪行为。省政府对此案给予充分肯定,楼阳生省长专门批示"打得好",原副省长曲孝丽批示"依法打击药品犯罪,维护群众合法权益"。

四、监督抽检

把监督抽检作为发现问题、防控风险的重要手段,坚持问题导向,全省统一组织实施,统一结果应用,统筹推进监督抽检工作。全年完成药品抽检6532批次、医疗器械431批次、化妆品622批次,检出不合格产品57批次,发布质量公告5期。针对全省药品生产领域可能存在的安全风险,发布《药品质量风险提示》2期,有效提高了监管针对性和靶向性。

五、效能建设

一是推进审批服务标准化建设。按照减环节、减材料、减时限的要求,逐项编制标准化工作规程和办事指南,细化量化审批服务标准,推行一次告知、一表申请,推进同一事项无差别受理、同标准办理。二是优化审批流程。省本级22个行政许可事项、47个子项、9项其他权利全部集中到省政务服务中心和政务服务平台,授权首席代表全权审批。对所有审批事项按照风险等级,专业技术难度进行分类,实行动态管理和有差别的审批模式,审批流程严格控制在受理、审查、决定、办结四个环节内,审批环节做到了最优。三是全面推行审批服务"马上办、网上办、就近办、一次办"。坚持审批服务便民化要求,行政许可总时限由原来的1368个工作日压缩至537个,压缩率高达60.7%,前置申请材料减少了33%,大大提高了办事效率。四是加快推进仿制药一致性评价。开展仿制药质量和疗效一致性评价是国家提升药品质量和疗效,推动供给侧结构性改革的重大举措。我局通过加强技术指导、搭建合作平台、促进外引内联、加强跟踪服务等举措,推动优势企业和优势品种率先开展评价。全省75家药品生产企业中,51家298个药品批准文号正在开展一致性评价工作,其中277个文号正在进行药学研究,9个正在开展BE,7个免BE的品种目前正在进行稳定性考察,4个已经完成BE,亚宝药业1个品规已经通过国家局检查。

六、机构改革

2018年10月29日挂牌成立以来,山西省药品监督管理局充分发扬钉钉子精神,坚持"先立后破、不立不破"原则,较快完成了机构组建、职能划转、人员转隶、"三定"印发、人员定岗等各项工作,圆满完成了机构改革任务。10月30日至31日,由原副省长曲孝丽带队,赴国家市场监管总局和国家药品监管局进行了工作对接,听取国家局领导的意见建议。顺利完成了2个事业单位、4个处室共238名人员转隶和机构划转工作。

七、党的建设

一是坚决扛起主体责任。坚持把监管工作与党风廉政建设同部署、同检查、同考核,新机构组建2个多月的时间里,先后4次召开专题会议研究部署党风廉政建设工作,组织传达学习省委、省政府有关精神8次。制定了《党组工作规则》,严肃党内政治生活,净化政治生态。全面加强"三基"建设,编制岗位说明书,从9个方面对岗位职责细化。建立干部个人能力提升档案,组织专业能力测评。扎实做好干部思想政治工作,系统上下做到了"思想不乱、队伍不散、工作不断、力度不减"。二是持续改进工作作风。坚决执行中央八项规定精神,认真执行《准则》《条例》,严格遵守和维护党的"六大纪律",邀请纪检组列席党组"三重一大"会议,自觉把权力行使置于组织的监督之下。在全系统组织开展形式主义和官僚主义集中整治,列出问题清单21项,提出整改措施43条。加大精准扶贫力度,帮助贫困户尽快脱贫。坚持廉洁教育常态化,实现廉洁提醒常态化、全覆盖。三是进一步加强法治稳定和意识形态工作。制定普法责任清单,落实"谁执法谁普法"的普法责任制,组织开展七五普法中期督查,建立重大决策和执法案件法制审核制度。组织开展了2018年"国家宪法日"宣传活动,我局报送的作品《第一课》,在司法部、国家网信办、全国普法办联合开展的"我与宪法"优秀微视频征集展播活动中,荣获全国二等奖,受到全国普法办的通报表彰。严格落实党管意识形态原则,定期分析研判形势,打好主动仗、掌握主动权,为药品监管工作营造了良好的舆论环境。四是加强干部队伍建设。坚持新时期好干部标准,把政治素质放在第一位;坚决贯彻落实骆惠宁书记"注重人岗相适"的指示要求,坚持事业为上、以事择人,坚决把敢扛事、愿做事、能成事的干部选拔上来。首批新任命41名处级干部,对23名处级干部进行轮岗交流,开展新任处级干部任前集体谈话和廉政谈话,举行宪法宣誓仪式,激励新任干部担当作为。

(杨晓锋)

附:省药品监督管理局党组书记、成员名单

书　记: 贠亚明(10月任职)

成　员: 张少杰(10月任职)　李庭芳(12月任职)

省公安厅交通管理局党委

党委书记　郭丙福

2018年，在省委、省政府、公安厅党委及公安部交管局的坚强领导下，省公安厅交通管理局（以下简称省交管局）党委团结带领全省公安交警，深入学习贯彻习近平新时代中国特色社会主义思想和党的十九大精神，深入学习贯彻习近平总书记视察山西重要讲话和“四句话、十六字”总要求，深入学习贯彻省委十一届六次全会精神，忠实践行“以人民为中心”的发展思想和安全发展理念，以预防和减少较大以上道路交通事故为中心，狠抓全省公安交通管理工作和交警队伍建设，为全省经济社会转型发展创造了良好的道路交通环境，为“平安山西”“法治山西”建设作出重要贡献。

一、坚决贯彻中央、省委、省政府、公安部和省公安厅党委系列重大决策部署，圆满完成各项重点工作任务

（一）圆满完成山西公安审批服务“一网通一次办”平台（交管业务部分）建设，实现了50项交管业务全网络办结，36项业务群众“最多跑一次”办结。全面落实公安部放管服改革“二十条”措施，与相关部门、企业实现数据共享，新增机动车登记服务站和邮政代办网点，推广新能源汽车号牌，开展“我在岗我负责我光荣”微笑服务主题活动。

（二）积极推动省政府关于柴油货车和散装物料运输车污染治理联合执法行动，强化与交通、环保等部门互相配合，强化新形势下车辆安全管控。

（三）全力打好脱贫攻坚战，圆满完成了对口帮扶对象吕梁兴县木崖头村、王家畔村的脱贫摘帽任务。

二、坚决落实“平安山西”建设和省安委会部署，大力推进重点工作，全力预防和减少较大以上交通事故

（一）提请省政府召开了全省道路交通安全工作会议，下发交通安全隐患通报和事故警示通报，针对性开展约谈工作。与财政部门联合推动我省道路交通事故社会救助基金管理向好发展，与省高院合力大幅提升了农村户口人员交通事故损害赔偿标准。

（二）全面打响我省道路交通安全保卫战，先后部署了“压事故、整秩序、保平安”专项整治、冬季交通“百日安全行动”、全省中小学幼儿园“护校安园”交通秩序整治、酒驾醉驾毒驾统一查处等多项重点交通违法行为整治行动，有力打击了违法，消除了交通安全隐患。

（三）强化重点车辆及驾驶人源头监管，持续推进隐患滚动清零，发现问题及时通报有关部门和企业，并督促整改。加大对逾期未检验、未报废车辆的路面管控力度，2018年底，全省各类重点车辆检验率、报废率均达100%，违法处理率达99%以上。

（四）深入开展“挖根源、找症结、定对策、抓落实，全力预防交通事故”专项行动，集中分析研判交通事故风险隐患。对较大交通事故进行深度调查和挂牌督办。加强交通肇事逃逸案件侦破和交通事故信访案件办理工作。持续开展事故多发点、段排查，积极推进相关单位进行认真整改。

（五）深入开展高速公路隧道安全风险防控行动，推进实施隧道安全五大工程。即亮化工程、护栏过渡设计整改工程、入口阻拦工程、柔性隔离工程、标志标线完善工程。通过增设高科技管控系统等有效措施，全省高速公路隧道内交通事故得到有效控制，经验做法受到了公安部交管局表扬，全国多地交管部门来我局交流学习。

（六）充分运用新媒体开展交通安全宣传提示，加大交通安全社会面宣传力度。深入开展重点群体针对性宣传教育，不断提升广大群众交通安全文明法治意识。

（七）深化部门合作，先后与多家省级媒体、省保监系统、邮政系统、旅发委、气象部门、卫生系统、应急管理系统等开展多方合作，在媒体宣传、风险保障、旅游客运等各项工作中形成齐抓共管、协同共治的良好工作格局，取得了显著的工作效果。

（八）精心组织，扎实工作，圆满完成重要节假日、重大活动、恶劣天气、领导视察、专项督察（查）等交通安全保卫工作，受到了上级领导及广大人民群众的一致好评。

三、坚决落实“法治山西”“法治公安”建设部署，持续深化执法规范化建设，不断提升公安交管执法能力和法治化水平

（一）制定省交管局党委中心组年度学法计划，建立领导干部学法档案，全面提升领导干部运用法治思维和法治方式开展工作的能力。对各交警支队开展2017年度执法质量考评，组织民警参加学法用法考试，进一步规范执勤执法活动。

（二）省交管局作为2018年公安部确定的交警事故处理执法办案系统全国试点单位，共为该系统建设提供修改意见建议200余条，圆满完成该系统在我省的试点工作。受公安部委托，主导编制完成了《道路交通事故当事人责任确定规则》，该标准在2019年1月1日起在上海等十个省（市）试行。健全完善我省交警执法活动规定和程序标准。

（三）加大执法记录仪配备，强化执法全流程监督。完成全省路面和窗口交警、辅警执法记录仪配备目标任务，实现

对全省执法活动数据的管理、统计、分析和考核。

(四)制定出台《山西省文明交通信用体系建设管理办法》,开发"文明交通信用管理平台",初步实现通过建立"黑名单"制度,褒扬诚信、惩戒失信,在建立全省文明交通信用制度、增强交通参与者的文明意识方面迈出了新步伐。

四、大力实施科技强警和大数据战略,全面推进科技信息化项目建设和应用,进一步提升道路交通管控能力和治理水平

(一)大力推进京昆高速山西段示范路(一期、二期)、太古隧道交通秩序管控系统等重点科技项目建设,加大对省级重点帮扶交警大队科技信息化项目建设的支持力度,大量增加全省高速公路车辆智能监测系统、视频监控系统等设备设施。

(二)深化重点人员、车辆分析研判和预警管控,持续加大全省公安交警集成指挥平台设备接入力度,对应用较差的交警大队和执法站进行点对点指导,大幅提升集成指挥平台应用水平。依托科技手段加强对重点车辆安全隐患分析研判,大力查控各类违法及涉案车辆。

(三)狠抓科技信息标准化制度化建设。出台山西省地方标准《高速公路交通安全监测设备设置要求》,编制申报地标《高速公路交通安全监测设备标志设置要求》,实现全省高速公路交通安全防控体系建设的一体化和标准化,这一成果在全国尚属首家。

五、坚持以党建引领队伍建设,奋力开创公安交警队伍正规化建设新局面

(一)坚持党建引领,深入学习贯彻习近平新时代中国特色社会主义思想和党的十九大精神。确保全省公安交警牢固树立"四个意识",坚决做到"两个维护",自觉用习近平新时代中国特色社会主义思想武装头脑、指导实践、推动工作。大力加强基层党建工作,全面落实党规党纪,大力提升党支部组织力和战斗力,积极发展新党员,深入开展精神文明创建活动。

(二)省交管局党委坚决履行"一岗双责",持续狠抓党风廉政建设,党委书记与各单位负责人签订责任书,层层压实责任。出台落实"八项规定"实施细则,驰而不息反对"四风"。认真学习《中国共产党纪律处分条例》《廉政准则》等党内法规条例,开展廉政警示教育、廉政谈话、收看警示教育片等活动,坚持不懈对全体党员民警进行理想信念教育和党风党纪教育,切实筑牢拒腐防变的思想道德防线。

(三)坚持刀刃向内,大力开展纪律作风集中教育整顿活动,制定出台《山西公安交警(辅警)执勤执法"十不准"》《公路交警中队规范执勤执法十二条》《山西公安交警业务实操手册》,落实《96122便民服务热线投诉跟踪督办制度》,深入开展明查暗访和大货车司机大走访活动,全面加强辅警队伍管理。

(四)坚持素质强警,大力开展大队领导干部素质提升行动和"大警示大排查大整改"专项活动,扎实推进全省公安交警系统人才库建设,坚持召开交警队伍风险隐患排查研判会,扎实落实队伍隐患会商研判机制。

(五)坚持问题导向,积极开展队伍集中整肃专项活动,重点查摆问题,坚持边学边查边改。认真开展整治教育活动,进一步提升政治站位,严明政治规矩,知行合一践行对党忠诚。深入摸排整改形式主义、官僚主义突出问题,着力整治群众身边的腐败,以实际行动真正取信于民。

(杜　虹)

附:省公安厅交通管理局党委书记、委员名单

书　记:郭丙福

委　员:武小彪　李怀玉(1月任职)

省直属事业单位党组(党委)工作概况

省委党校(山西行政学院)

校(院)长 吴汉圣

2018年省委党校(山西行政学院)以习近平新时代中国特色社会主义思想为指导,坚持"党校姓党",树牢"四个意识",坚定"四个自信",做到"两个维护",认真学习贯彻党的十九大精神,突出主业主课,围绕中心,服务大局,改革创新,担当作为,保持了稳中求进、稳中向好的工作态势,圆满完成年初目标,各项工作取得新成绩。

中共山西省委党校创建于1949年9月1日,由太原市委党校为主,合并太行区党委党校、太岳区党委党校和晋中区委党校组建而成。山西行政学院于1994年11月经省政府批准成立并于1995年6月正式挂牌,主要培训公务员、培养公共管理人员和政策研究人员。2018年10月,按照中央、省委关于深化党政机构改革统一部署,将省直机关党校(省直机关行政学院)并入省委党校(山西行政学院)。将省委党校(山西行政学院)由省委省政府直属事业单位调整为省委直属事业单位。校(院)共有处级单位30个,其中教研部门11个,科研教辅管理部门19个,所属事业单位1个。现有在职人员440余人,其中正处级54人,副处级94人,教授、研究员30人,副教授、副研究员68人,享受国务院特殊津贴专家1人,全国文化名家暨"四个一批"等人才计划人选1人,国家万人计划哲学社会科学"领军人才"1人,山西省宣传文化系统"四个一批"人才11人,"山西省学术技术带头人"11人。办有CSSCI来源期刊《理论探索》,山西省一级期刊《中共山西省委党校学报》,山西省一级报纸《山西党校报》;建有校园网和数字图书馆局域网,图书馆有32余万册图书、3.6万余本过刊。

一、坚持正确办学方向,扎实推进各项工作

(一)深化教学改革,培训数量质量显著提升

校(院)全年共举办各类培训班次130余期,培训1.9万余人次。深化教学改革,修订完善《进一步完善教学奖励制度的若干规定》。突出党的理论教育,开设党性教育单元,打造"1+10+1"框架体系的"习近平新时代中国特色社会主义思想和党的十九大精神"专题课程。安排教师外出进修和参加延伸培训147人次。在职研究生教育严把招生录取关和毕业关,录取省委党校研究生200人,毕业学员287人。48名教师送学下乡274场,培训轮训基层干部6万余人。落实领导干部上讲台制度,省委、省政府领导以及市厅级领导30多人次前来校(院)登台授课,外请有关专家学者为各类主体班次作报告53场次。举办硕博论坛9期,学员论坛24期。

(二)理论研究成果显著,科研工作取得新突破

修订完善《关于进一步完善科研奖励制度的若干规定》《学术委员会条例》《校(院)科研项目管理办法》《校(院)推荐评审高级专业技术职务任职资格量化考核办法》。理研中心在《山西日报》《前进》等省以上党报党刊发表重要理论文章25篇。3项国家课题、4项全国党校(行政学院)系统重点调研课题、3项省社科联课题、10项省哲学社会科学规划课题、83项全省党校(行政学院)系统课题有课题获准立项。2项2017年度全国党校系统重点调研课题结项,评定为合格等级;1项2016年度全国党校系统重点课题2018年结项,获评优秀等级。荣获3项优秀科研成果和决策咨询奖,荣获全国地方党校科研工作进步奖,科研工作总体排名从第22位上升到第15位。继续做好《山西省情资料手册》编辑出版工作。

(三)智库建设力促成果转化,资政服务取得新进展

准确把握党校智库建设定位,推进教学科研与决策咨询成果相互转化,构建"教学出题目,科研做文章,成果进课堂、

进决策”机制。上报省委省政府《决策建议报告》11篇,共获得省领导批示21人次,其中骆惠宁书记批示4期。省委、省人大、省政协及省科技厅、省扶贫办等有关部门多次邀请课题组人员就相关报告内容召开座谈会,省委省政府以及相关部门在有关报告或文件中吸收参考了校(院)有关《决策建议报告》的内容。

(四)行政后勤财务保障有力,综合治理工作成效显著

依法合规推进综合教学楼项目建设,二次装修深化设计完成,相关项目如期有序推进。校(院)荣获省住建厅授予的“山西省园林单位”称号。加强固定资产日常维修和管理使用,落实道路管网和地下车库后续专项资金。后勤服务坚持管服并重、以管促服,满意率持续保持,高质量承担会堂改造后的试运行相关服务工作,会堂成为了省委省政府举行重要会议活动的首选场所。西校区采用竞标方式向社会公开招聘专业餐饮企业对餐厅进行升级改造,学员对餐饮服务满意率稳步提升。科学编制2018年度预算,预算执行情况受到省财政厅好评。印发《校(院)内部控制规范工作实施方案》,编制完成《校(院)内部控制手册(2018版)》。2017年度部门决算被省财政厅评为先进单位,位列被表彰单位前五名。持续推进预算绩效评价管理,依法合规推进校(院)政府采购和资产管理工作,运行科研经费管理系统,开展对2016年、2017年度校(院)财务的内审工作。成立校(院)扫黑除恶专项斗争领导小组,制定校(院)扫黑除恶专项斗争实施方案。

(五)提升能力素质,加强干部队伍建设

出台《2018年度全省党校系统教师高级专业技术职务任职资格评审工作安排意见》《中共山西省委党校山西行政学院因私出国(境)管理规定》。发布《2018年专业技术人员专项招聘方案》。组织450余人次参加校(院)及行业系统培训。对55名新提任、新任职干部开展试用期满能力测评。为4名军队转业人员确定职务,为6名事业人员、6名招录公务员办理转正定级手续。14人被确定为山西省宣传文化领域“三晋英才”支持计划2018年度支持对象。构建监督体系,全年共7次征求派驻纪检监察组党风廉政意见,涉及干部90人次,依规对新任正处级干部召开廉政谈话会。完成400余人次晋升级别岗位档次、事业人员晋升薪级、职务变动等工资调整工作。

(六)加大业务指导力度,推动市县党校工作

落实校(院)领导市县党校联系点制度,校(院)领导全年分赴11所市委党校、2所干部学院、8所企业党校、50多所县级党校开展督促检查、调研指导工作。加大市县党校师资培训力度。重点举办全省党校系统习近平新时代中国特色社会主义思想课程体系建设和党的十九大精神教学方法研讨班和第6、7期全省党校行政学院系统骨干师资培训班。举办了第五届全省党校行政学院系统教师赛讲决赛和第六次全省党校行政学院系统教学经验交流会。选派4位市委党校领导和8位市委党校教师到中央党校参加培训学习。加强对市县党校教学设施标准化建设的指导,26所县级党校异地新建或搬迁,13所县级党校正在异地新建党校,11所县级党校在原址改扩建党校。全省市县党校办学质量有新提高。全省117所市县党校全部开办读书班,实现全覆盖,共举办读书班161期,参训学员达到9574人。太原、运城、临汾3个市的县级党校,实现了主体班次全覆盖,办班标准化率达到80%以上。

(七)稳步有序推进校(院)机构改革

按照省委机构改革部署,10月24日召开中心组(扩大)会议传达学习有关文件,启动机构改革工作。11月7日在原省直机关党校(行政学院)举行西校区揭牌仪式。12月13日校(院)机构改革“三定”方案经省机构改革办批复后,12月20日校(院)召开机构改革动员大会。紧接着着手处级干部安排和人员转隶,各项机构改革工作正朝着职能深度优化、人员深度融合、工作深度协同的目标稳步推进。

(八)健全落实意识形态工作责任制体制机制

召开落实意识形态工作责任制专题民主生活会,调整校(院)意识形态工作领导小组,健全完善落实责任制职能,制定《校(院)落实意识形态工作责任制工作细则》《校(院)落实意识形态工作责任制检查考核评比办法》《党员干部网络行为“十严禁十不准”》等制度,召开3次意识形态工作推进会,每季度开展一次校(院)意识形态工作分析研判,举办了网评员培训,对在网上公开发表错误观点文章的一名退休党员作出党纪处分和政务处理决定,强化对全体党员干部加强政治纪律建设的警示教育。

(九)扎实推进“三基建设”

制定《校(院)“三基建设”2018年度重点工作任务清单》《校(院)领导“三基建设”联系点工作方案》,2次召开校(院)全体教职工大会集中部署“三基建设”,5次召开工作推进会。健全制度机制,加强督导指导,提高工作管理规范化、精细化水平。圆满完成效能建设试点工作,在省直工委“三基建设”检查、评估中获得好评。

二、机关党建规范有力,压紧压实“两个责任”

(一)固本强基,加强基层组织建设

认真学习贯彻《中国共产党支部工作条例(试行)》,强化“党的一切工作到支部”鲜明导向,严格执行“三会一课”制度,举办党务干部专题培训班,开展覆盖所有支部的主题党日活动、共产党员“戴党徽、亮身份、明岗位、树形象”活动。加强党费收缴、管理和使用,大力推进“山西智慧党建”信息化,校(院)智慧党建APP排名走在全省前列。

(二)机关党的建设融入日常、服务中心

持续推进“两学一做”学习教育常态化制度化,开展“弘扬爱国奋斗精神、建功立业新时代”“用科学理论武装头脑、让党的旗帜高高飘扬”等活动。围绕“习近平新时代中国特色社会主义思想”“习近平新时代中国特色社会主义思想三十讲”“省委十一届六次、七次全会精神”学习传达研讨,推动了各项工作有序开展。制定《校(院)机关工会经费收支管理办法》,积极开展文明创建工作,召开校(院)第二次妇女代表大会,选举新一届校(院)直属机关妇女工作委员会。校(院)荣获2017年度省直文明单位标兵。

(三)压紧压实“两个责任”

制定《2018年机关党的工作要点》《2018年全面从严治党工作任务分解的意见》,与各支部签定《校(院)全面从严治党目标责任书》,全面从严治党做到目标、任务、责任“三个明确”。校(院)领导落实“一岗双责”谈话153人次,机关党委书记、各党支部书记开展谈心谈话800余人次。强化监督执纪问责,给予党纪处分2人,函询6人,诫勉谈话1人,提醒谈话1人。

(孟国丽)

附:省委党校(山西行政学院)校(院)长、常务副校(院)长、副校(院)长、副巡视员名单

校(院)长: 吴汉圣

常务副校(院)长: 王联辉

副校(院)长: 刘明星(12月离职) 田忠宝 王浩学 薛勇民 王建军

副巡视员: 赵继光 刘建华(11月离职) 侯黎晓(8月任职)

省委党史研究院(省地方志研究院)

院 长 张志仁

2018年,省委党史研究院(省地方志研究院)在省委的正确领导下,以习近平新时代中国特色社会主义思想为指导,认真贯彻落实党的十九大精神和习近平总书记视察山西重要讲话精神。牢记“为党编纂红色家谱”“为当代提供资政辅治之参考,为后世留下堪存堪鉴之记述”的光荣使命,紧紧围绕党史重点工作和志鉴“两全目标”,提高政治站位,加强党的建设,推动机构改革,促进史志融合发展,圆满完成了年度各项工作任务。

一、以政治建设为统领,坚持全面从严治党,自觉用习近平新时代中国特色社会主义思想统领党史方志工作

一是深入学习贯彻习近平新时代中国特色社会主义思想和党的十九大精神,强化理论武装。充分发挥理论学习中心组领学促学作用,组织党员干部认真学习习近平新时代中国特色社会主义思想和党的十九大精神,多次重温习近平总书记视察山西重要讲话精神,务求学懂弄通做实。坚持用习近平新时代中国特色社会主义思想武装头脑、指导实践、推动工作。张志仁院长把贯彻落实十九大精神同督导志鉴“两全目标”相结合,先后带领班子成员和有关同志深入全省9市40个县和20多个厅局宣讲,推动十九大精神在全省方志系统落地生根,开花结果。为提升学习质量,邀请省委党校张志蓬教授作题为《新时代赋予新使命 新思想开启新征程——党的十九大精神学习辅导》。习近平总书记视察山西一周年之际,联合吕梁市委市政府、山西广播电视台,在吕梁兴县蔡家崖主办“永葆初心砥砺前行——发扬吕梁精神奋战脱贫攻坚”纪念活动。平日,充分利用山西党史网、山西地方志网、《史志山西》微信公众号、《党史文汇》刊发习近平新时代中国特色社会主义思想相关文章,强化“碎片化”学习。

二是全面加强党的建设。院班子把党的建设纳入史志事业发展总体布局,以政治建设为统领,全面落实新时代党的建设各项要求,全年研究党风廉政建设相关问题30余次。召开机关党建工作专题分析会,结合实际,制定“三清单”,找出问题30个,落实整改措施41项,受到省直工委肯定。积极开展“戴党徽、亮身份、明岗位、树形象”“砥砺奋进,共圆中国梦”“弘扬吕梁精神,新时代新担当新作为”“弘扬延安精神,写好红色家谱”“一户解一难,结对结亲扶贫”系列主题党日活动,促进全体党员干部树牢“四个意识”、增强“四个自信”,坚决做到“两个维护”。领导班子带头示范,严肃党内政治生活,严格执行“三会一课”制度,严格尊崇党章,各支部多次组织学习新修订的党章。认真贯彻中央及省委党风廉政建设要求,坚持挺纪在前,充分运用监督执纪“四种形态”,加强对人、财、物的监督管理。认真贯彻落实中央八项规定精神,持续加大整治形式主义、官僚主义等“四风”问题力度。

三是加强班子和干部队伍建设。明导向严要求,开好院务会、中心组学习会、民主生活会,打造团结、奋进的强班子。坚持民主集中制,完善院务会议事规则等规章制度,明确集体决策“三重一大”事项。严格执行“好干部”标准,突出政治标准选人用人,开展轮岗交流、三级干部述职评议。强化教育培训,举办“史志讲堂”7期,组织干部赴四川大学、太行干部学院、长沙市委党校培训,干部职工状态素质得到双提升,干事创业的精神面貌焕然一新,工作进度和事业发展明显加快。

四是深入开展“三基建设”。把加强“三基建设”作为推进党史方志事业转型升级的重要抓手。深入贯彻落实骆惠宁书记在全省推进“三基建设”座谈会的讲话精神,按照《山西省党政群机关事业单位基础工作达标指导意见》,认真组织开展基础工作达标评估工作,补充完善“一目录三手册”。按照“科学分工,合理配置,保障主业”的原则,做好了22个内设机构的调整配置工作。开展干部基本能力测评,强化制度落实执行力。

五是积极主动做好机构改革工作。2018年10月,按照中央及省委关于深化党政机构改革统一部署,将中共山西省委党史办公室和山西省地方志办公室合并,组建中共山西省委党史研究院(山西省地方志研究院)。10月28日,举行挂

牌仪式。院领导班子担当作为,积极争取出台了职能明确、建制完善、有利于史志事业全面发展的三定方案。院内设机构人员配备、资产整合、档案管理、业务开展等一系列工作稳步推进。

二、多措并举推进史志编研工作,圆满完成2018年度目标任务

一是编纂出版山西庆祝改革开放40周年丛书《山西改革开放专题实录(第1—4辑)》《山西改革开放口述回忆(第1、2辑)》《山西改革开放40年大事纪要》。

二是推进完成中央党史和文献研究院安排的重大课题任务,做好《抗日战争时期中国人口伤亡和财产损失调研丛书》B卷课题,向中央党史和文献研究院上报太原市、朔州市、忻州市、晋中市、长治市、运城市送审稿。

三是编纂山西地方党史著作,修订完成《中国共产党与山西抗战》征求意见稿,40余万字。完成《晋中解放区史》征求意见稿,60余万字。

四是推进重大党史专题研究,出版《奠基山西工业——“一五”时期山西十五项苏联援建工程》,78万字。编撰完成《山西“三反”“五反”运动》送审稿,58万字。编辑完成《丰碑——晋绥边区革命纪念馆画册》(暂定名)送审稿,共收入图片250余张。

五是编纂出版省志政治部类《中共山西省委志》《政治协商会议志》《教育志》《民俗志》,经济部类《中小(民营)企业志》《统计调查志》《国家税务志》《出版志》。全年评审省志17部。

六是加强对市县志工作的指导,评审20部市县志,审核出版《太原市志》《运城市志》2部市志以及《大同县志》《定襄县志》《祁县志》《介休市志》《神池县志》《娄烦县志》《平定县志》《长治县志》8部县志。

七是坚持“一突出、两跟进”要求,完成《2017年山西党史大事记》送审稿,13万字。审定出版《中共山西年鉴(2018)》《山西年鉴(2018)》。《山西年鉴(2017)》蝉联全国省级唯一精品年鉴。

八是山西省情(方志)馆筹建工作取得实质性进展,征地工作已完毕。

三、扩大史志宣传教育,筑牢史志文化阵地,全面推进法治建设、意识形态和精神文明创建工作

一是呈献史志精神食粮。聚焦改革开放40周年,主持编纂出版《庆祝改革开放40周年丛书》,全面总结40年来特别是党的十八大以来山西改革开放各项建设成就和宝贵经验,为推进山西改革开放再出发,提供历史资鉴。联合摄制40集电视文献片《岁月如歌》、16集视频专题片《回响山西》,联合录制广播专题节目《初心》,联合主办“学党史、知党恩、跟党走”主题教育活动、“放歌新时代——庆祝改革开放40周年山西书画作品展”等,得到了社会各界的广泛好评。按照习近平总书记视察山西提出的“要重视做好包括于成龙、裴氏家训等在内的廉政文化资源挖掘弘扬工作,用以涵养党内政治文化”的重要指示精神,深入系统地挖掘山西家规家训资源,编纂出版《山西家规家训精选》,弘扬和传承优秀家风文化,为培育社会主义核心价值观,推动党风政风民风向善向上提供历史智慧和借鉴。该书被省委宣传部列为2018年度山西省重点文艺图书扶持项目,累计发放2000余册,成为省纪委监委开展廉政建设的参考书目。同时,影印的明嘉靖《山西通志》、清乾隆《山西志辑要》好评如潮。

二是筑牢史志文化阵地。强化品牌意识,全力打造史志文化品牌“史志山西”微信公众号,该公众号被誉为弘扬史志文化的最佳阵地之一。进一步提升《党史文汇》全国优秀党史期刊的品牌影响力和《史志学刊》的学术带动力。全力助建省内市、县、村级20个史志馆,在清华、国图、国家方志馆开设“晋志专柜”。多措并举,不断强化史志存史、资政、教化作用,使之成为弘扬社会主义核心价值观的重要阵地。

三是加强意识形态工作。严格落实党中央和省委关于意识形态工作责任制要求,强化守好史志意识形态主阵地的使命担当,切实做到守土有责、守土负责、守土尽责。主要领导旗帜鲜明站在意识形态工作第一线,强调史志官书官修官责,做到“三个带头”“三个亲自”。成立网络安全和信息化领导小组,制定出台《落实网络意识形态工作责任制的实施意见》《信息发布和政策解读工作的实施意见》《微信群管理办法》等,加强意识形态阵地管理。在山西党史网和“山西党史”微信公众号上开设反对历史虚无主义专栏,牢牢掌握党史意识形态话语权。

四是扎实开展法治工作。全面落实《2018年法治山西建设工作要点》《法治山西建设重要举措工作规划(2015—2020年)》,开展形式多样的“宪法宣传周”和版权宣传等活动,邀请山西大学党委原副书记鲍善冰教授作《依宪治国与依法治国》专题讲座,加强宪法学习。组织全体干部职工参加在线学法考试,提高法治水平。

五是认真开展精神文明创建工作。以“践行雷锋精神、省直机关在行动”为主题,定期开展扶贫“送温暖、献爱心”“送医解疾苦”“一张纸献爱心”等活动。积极组织文化体育活动,举办春季运动会,参加“三八”妇女节省城女职工趣味运动会并蝉联金奖。原省委党史办、省地方志办自2009年分设以后,均连续9年保持省直文明单位标兵。

(尹　君)

附:省委党史研究院(省地方志研究院)院长、副院长名单

院　长:张志仁(10月任职)

副院长:刘益令(10月任职)　钟启元(10月任职)
巨文辉(10月任职)

省档案馆

馆 长 韩 红

2018年,在省委、省政府的坚强领导下,在国家档案局的悉心指导下,在全体干部职工的团结努力下,山西省档案馆以习近平新时代中国特色社会主义思想为指引,深入贯彻落实党的十九大和十九届二中、三中全会精神,认真贯彻落实习近平总书记视察山西重要讲话精神,不断加强党的建设,创优发展环境,提升服务能力,圆满完成了全年各项任务。

一、坚持推进全面从严治党,党的建设不断加强

一是强化政治理论武装,始终坚持思想建党。省档案馆高度重视思想政治建设,强化创新理论武装,树牢"四个意识",坚定"四个自信",坚决做到"两个维护",全年组织中心组学习24次,出勤率达100%。2018年11月新班子成立后,进一步强化学习机制,建立"每月一学"制度,先后开展了"提素质、强作风、树形象""做对党绝对忠诚、对工作极端负责的合格共产党员"等中心组(扩大)专题学习研讨。第一时间召开中心组学习(扩大)会,学习传达落实省委重要会议精神。机关党委年初对中心组和干部理论学习做出安排、制定计划,每月初编印学习资料发放至各党支部。深入推进"两学一做"学习教育常态化制度化,为开展"不忘初心、牢记使命"主题教育做好准备。

二是严肃党内政治生活,提升党建工作成效。省档案馆严格执行《新形势下党内政治生活若干准则》,认真贯彻落实《中国共产党支部工作条例(试行)》和《山西省机关(事业单位)基层党组织规范化建设标准(试行)》,严格执行"三会一课"、民主生活会、组织生活会、民主评议党员等制度。切实提高组织生活质量,突出政治学习教育,突出党性锻炼。先后组织全体党务干部赴全国党建工作示范点省物探院观摩学习,开展"戴党徽、亮身份、明岗位、树形象"活动,表彰机关优秀党员、先进党务工作者等。制定了《党支部主题党日活动实施方案》,开展"红船精神""看榜样学榜样"等主题党日活动10余次。认真执行民主集中制,修订和完善相关制度,坚持"三重一大"事项集体决策,全年共召开局党组会26次、馆务会14次,确保各项工作部署科学有序、严格规范。

三是持续引深"三基建设",切实筑牢党建根基。省档案馆认真贯彻落实全省推进"三基建设"座谈会精神,扎实做好机关"三基建设",制定分工方案,细化14大项,58小项任务。修订完善《机关党委制度》《13710工作制度》等41项工作制度,健全完善"一目录三手册"。认真完成"三基建设"牵头任务,起草《关于加强新时代党政机关档案规范化建设的意见》,并以省委办公厅、省政府办公厅名义印发。制定《山西省档案系统"三基建设"实施方案》,召开全省档案系统"三基建设"推进会,及时掌握各市档案局"三基建设"进展情况,全面加强对全省档案系统"三基建设"督促指导。在6月全省"三基建设"基础工作评估中省档案馆得分95.5,被评为"优秀"等次。

四是狠抓党风廉政建设,营造风清气正氛围。省档案馆全力推进中央八项规定精神和省委关于作风建设的新部署新要求的落实。制定《党风廉政建设责任制分工》,签订《党风廉政建设责任书》《廉政承诺书》;认真贯彻落实习近平总书记关于进一步纠正"四风"、加强作风建设的重要批示精神,开展集中整治形式主义、官僚主义活动;积极推进巡视整改各项工作,制订巡视整改"三个清单"和整改工作方案,将反馈问题逐一细化分解,明确责任领导、责任处室和整改时限,确保各项整改措施落地见效;深入学习贯彻新修订的《中国共产党纪律处分条例》等党内法纪法规,组织全体处级干部阅读《忏悔录》,开展肃清流毒教育。建立日常谈话提醒制度,加强重要节点与重点领域的预防监督。通过"晋档在线"廉政建设板块、"山西省档案局党员之家"微信群等平台加强干部职工法纪观念教育,做到警钟长鸣。

二、各级领导更加重视档案工作,发展环境持续优化

2018年,根据《山西省机构改革实施方案》,原省档案局馆行政职能划归省委办公厅,省委办公厅对外加挂省档案局牌子。省档案馆由省政府直属事业单位调整为省委直属事业单位,公益一类,正厅级。内设机构包括:办公室(离退休人员工作部)、收集征集部、保管部、技术部、网信管理部、电子档案部、整理鉴定部、利用部(查阅接待大厅)、编研部(展览陈列部)、安全保卫部、人事部(机关党委)。省档案馆财政拨款事业编制92名,设馆长1名(正厅长级)、副馆长3名(副厅长级),内设机构处级领导职数12正(含机关党委专职副书记1名)22副。通过机构改革,进一步理顺了档案工作的机制体制,优化了档案工作的发展环境,各级党委、政府和各级领导对于档案工作更加重视,更为支持。时任省委常委、秘书长胡玉亭同志出席省档案馆干部大会,对新组建领导班子和档案工作提出要求,并多次听取省档案馆工作汇报,作出重要指示;时任副省长曲孝丽同志就消除省档案馆重大安全隐患所需经费720万元的请示作出批示,并对省档案馆新馆建设工作给予大力支持;时任太原市委副书记、市长耿彦波同志连续两天赴太原市档案局考察调研;时任晋中市委书记王成同志到晋中市档案局调研指导档案工作,看望慰问档案工作者;阳泉市委副书记、市委秘书长巩成同志专门写下《致全

市档案工作者的一封信》,对档案工作者给予高度评价,提出殷切期望;临汾市政府召开常务会专项听取审议档案工作;吕梁市人大常委会专题听取全市档案馆建设情况报告。晋城市人大常委会主任范丽霞、吕梁市政府秘书长梁斌等同志也通过调研指导、出席会议等形式对本地档案工作予以肯定,加以支持。

三、努力夯实档案业务工作基础,服务能力显著提升

(一)档案工作服务大局能力明显增强

一是服务中心工作能力不断增强。省档案馆依托馆藏资源,围绕中心工作,以各种形式积极开展档案服务。与省文化厅联合下发《山西省庆祝改革开放40周年群众文化系列活动省级档案管理工作方案》,为系列活动档案的规范管理奠定组织、业务基础;有序推进《抗日战争档案汇编》编纂工作,举办全省《汇编》编纂工作专题培训班,邀请国家档案局有关专家授课;以"6·9国际档案日"为契机,开展知识讲座、图片展览等内容丰富的档案宣传活动;参与指导了中央环保督察组回头看督查活动中文件材料的形成、收集、查阅、利用等工作。

二是服务经济社会发展能力不断增强。全省各级档案部门继续深入贯彻国家档案局8、9、10号令,不断加强对机关、企事业单位及农业农村档案工作的监督、指导、检查力度;持续推进《山西省重大活动档案管理办法》的贯彻落实,规范重大活动档案管理申报工作,在专项督查整改工作纳入省政府13710督办系统后,积极协助各被督查单位加强整改,指导全省重大活动档案管理步入法治化轨道;顺利完成2018年度省属国有企业档案工作目标责任考核工作、中西部县级综合档案馆建设指导工作以及我省第一次全国可移动文物普查档案系统整理指导工作等任务。

(二)档案事业三个体系建设日益完善

一是资源体系愈加丰富。省档案馆不断优化省直机关档案和政府公开信息的接收工作,按照规范和标准对移交档案进行精细化验收。接收进馆5个全宗4439卷35698件,接收21个单位的政府公开信息文件1719件;多措并举做好名人和社会档案资料征集工作,全年征集社会各界档案、图书、资料39册(共计56本),发放捐赠证书16本;认真做好国家重点档案保护与开发工作,审核上报目录体系采集条目417984条,组织全省各级综合档案馆申报国家重点档案保护与开发项目储备任务17个;大力推进馆藏档案的划控鉴定和数字化工作,全年共完成45603卷,共计1005317页档案的划控鉴定工作,提前超额完成任务。

二是安全体系逐步强化。省档案馆高度重视平安稳定工作,全面排查馆库安全隐患,及时对馆库楼外墙、查阅利用大厅等进行修缮改造。7月荣获省城"平安标兵单位"称号。同时,进一步加快推进新馆建设,进行权籍确认,办理《不动产权登记证》,顺利完成项目勘察、监理和设计施工总承包的招标工作,有序推进现场"七通一平"工作。确立新馆设计方案。按照要求完成新馆建设项目规划修改调整,加紧办理《建设工程规划许可证》。并积极做好对已列入《中西部地区县级综合档案馆建设规划》批复立项的县级档案馆的监督指导与功能性审核工作;对忻州、朔州两市开展项目档案工作检查。

三是利用体系更为开放。省档案馆不断提升服务水平、创新服务方式、拓宽服务渠道、优化服务流程,努力满足人民群众日益增长的对档案工作的需求。全年共接待利用者2547人次,利用档案7434卷,资料3970册,复印8119页。同时根据国家档案局工作部署,多方调研、反复论证,最终形成《山西省档案馆馆藏档案资料利用规定(试行)》,为进一步规范档案利用行为提供了遵循,走在了全国档案部门前列。

(三)档案干部队伍建设稳步推进

省档案馆牢固树立人才是第一资源的理念,努力提高档案干部队伍的理论素养和业务水平。一是在太行干部学院举办了全省档案工作"三个体系"建设培训班,邀请国家档案局原局长、中央档案馆原馆长杨冬权同志为全省各市、县(区)档案局(馆)长与省档案馆各处室主要负责人及业务骨干进行了培训。二是继续开办"山西兰台大讲堂",全年共培训学员1200余人。三是做好全省档案系统工作人员专业能力测评工作,组织全省各市、县档案局(馆)在编在岗的工作人员进行档案专业知识、专业基本能力测试和评价,对全面提升全省档案业务水平起到积极作用。

(四)认真完成副省级以上综合档案馆业务建设评价工作

2018年,国家档案局组织开展了对全国副省级以上综合档案馆的业务建设评价。省档案馆对此高度重视、积极准备,成立了专门的评测办,组织各处室相关人员召开会议研究梳理测评指标,将各项具体工作责任明确落实到人到岗。严格根据国家档案局要求准备实证材料,加强反馈沟通与核查督促,确保准备工作有序开展,稳步推进。同时根据国家局业务建设评价意见,认真总结、深刻反思,扎实推动各项工作向指标看齐、向规范看齐,补短板、强弱项、练内功,进一步提升自身的基础业务建设,达到了"以评促建"的目的。

(柳 杨)

附:省档案馆馆长、副馆长名单

馆　长: 阎默彧(10月离职)　韩　红(10月任职)

副馆长: 樊秀清(10月任职)　孔凡春(10月任职)
白晓军(11月任职)

山西日报报业集团党委

党委书记 郭玉福

2018年，山西日报报业集团党委带领集团全体党员干部认真学习宣传贯彻习近平新时代中国特色社会主义思想，切实增强学懂弄通做实的使命感和责任感，坚持用习近平新时代中国特色社会主义思想武装头脑、指导实践、推动工作，准确把握新时代党的建设总要求，认真落实中央及省委的各项决策部署，坚持以政治建设为统领，全面推进集团党的建设各项工作。

一、在学懂弄通做实上下功夫，认真学习贯彻习近平新时代中国特色社会主义思想

认真组织集团全体党员干部抓好学习贯彻工作，切实把推动“两学一做”学习教育常态化制度化的要求落到实处。2018年集团党委制定了《2018年集团党委中心组和党员干部理论学习计划》《集团处级以上领导干部带头讲党课、讲业务和讲管理制度工作方案》和《山西日报报业集团党员干部教育培训工作方案》，对学习工作进一步加强和规范。

4月23日至27日，集团组织举办了集团处级领导干部学习习近平新时代中国特色社会主义思想和党的十九大精神培训班，全体副处级以上领导干部参加培训。培训班采取了动员报告、专题讲座、集中自学、分组讨论、理论测试、撰写心得、大会交流等方式，组织干部原原本本学习党的十九大报告，学习《习近平谈治国理政》、习近平总书记视察山西重要讲话和省委十一届五次全会精神。集中学习和讨论总时数近40个小时。

6月23日至24日，集团各党总支、党支部书记以及机关党委、机关纪委委员共52人赴右玉干部学院，深入学习贯彻习近平新时代中国特色社会主义思想和党的十九大精神，认真贯彻落实习近平总书记视察山西重要讲话精神和对“右玉精神”的重要批示精神，全面落实“三基建设”工作的目标要求，进一步加强基层组织建设，自觉提升能力水平，不断提高忠诚干净担当的境界。

通过认真学习，全体党员干部进一步牢固树立“四个意识”、坚定“四个自信”、自觉践行“两个维护”，努力做到学用互促、融会贯通。

二、始终坚持全面从严治党，持续推进党风廉政建设和反腐败斗争

(一)认真做好机关党委、纪委、工会、团委换届工作，有效激发基层组织工作活力。1月18日召开了集团机关第二届党员代表大会，完成集团机关党委、纪委换届工作，推动集团基层党组织的机构设置和管理更加合理规范，6名年轻有为的同志被选为机关党委、纪委委员，进一步增强了组织力、战斗力、凝聚力和创造力，为做好集团各项工作提供了坚实的组织保障。1月24日召开第二次集团工会会员代表大会，对集团工会进行了换届。10月27日召开了第二次团员大会暨青工委成立大会，选举产生了新一届团委和青工委，进一步激发了集团群团工作的生机活力。

(二)集团党委认真履行主体责任，不断加强党建工作力度。层层压实管党治党政治责任，着力构建责任落实体系。集团党委切实把党建和反腐败工作纳入集团工作全局来谋划、推进、考核，“一把手”主动担当起第一责任，坚持做到“四个亲自”，自觉站到一线；班子成员认真履行“一岗双责”，积极主动抓好抓实分管领域的全面从严治党和党风廉政建设工作。集团党委在年初工作部署大会上对落实主体责任提出明确要求，年中安排班子成员牵头成立督导组对主体责任落实情况进行全覆盖式督查，年末逐一听取各单位、部门和基层党组织书记述职述廉。日常工作中注重加强教育引导，咬耳扯袖、红脸出汗已成为常态。各位班子成员自觉以双重身份参加所在支部组织生活。集团上下自觉接受纪检监察部门的监督，切实发挥基层党组织纪检委员的监督作用，推动形成了党委、驻局纪检监察组、机关纪委和各党总支、党支部合力推进全面从严治党的责任体系和工作格局。集团成立了由郭玉福同志任组长的意识形态工作领导组，经常分析意识形态领域的动向，正确研判意识形态领域形势，并及时向上级进行报告。

(三)集团各级党组织认真开展严肃的党内政治生活。一是集团各基层党组织严格按照集团党委的安排部署，认真开展严肃的党内政治生活，狠抓“三会一课”、主题党日、组织生活会和民主评议党员等制度的落实。党员领导干部严格按照制度要求，积极参加所在支部组织生活，并担负起讲党课、做理论学习辅导的任务，推动全体党员干部不断在学懂、弄通、做实上下功夫。二是集团上下坚持思想建党、制度治党紧密结合，在努力加强理论武装的同时，注重加大反腐倡廉警示教育力度。三是进一步加强对集团各报、网驻地机构和人员的管理力度，制定印发《山西日报社分社对各报网驻地方机构和人员履行监管责任的若干规定(试行)》。

(四)始终保持高压态势，不断加强党风廉政建设和反腐败工作力度。集团党委认真落实省委、省纪委的决策要求，持续保持加大对易生腐败的重要部门、岗位、环节和人员的监督力度，机关纪委约谈了重要岗位工作人员并对有关工作进展情况定期进行公示。认真落实中央八项规定精神和集团《实施细则》，紧盯重要节点，在中秋、国庆、元旦、春节等节日

期间,安排机关纪委围绕7个方面的重点问题进行明察暗访、监督检查,驰而不息纠正"四风",对发现问题的单位和个人进行严肃处理。全年在电子屏播放40期警示教育内容。

三、在宣传报道上下功夫,为全省经济社会发展营造良好舆论氛围

(一)进一步加强理论宣传、强化理论武装,《山西日报》理论周刊坚持每周刊发署名"粟实"或重点研究单位撰写的重大理论文章;头版"三晋之声"栏目精心组织了90多篇"朔辰"评论文章;"热点透析"栏目每两月定期召集相关专家、学者针对热点、难点问题进行集中研讨,并策划撰写理论文章;全年开展12次"科学理论三晋行"大型主题活动。

(二)《山西日报》围绕省委各项重大决策部署不间断策划推出重大主题宣传,全年开设重大主题栏目20余个,刊发有分量的稿件200余篇。这些栏目持续时间长、稿件质量好,成为广大党员干部群众深入领会中央及省委决策精神、学习交流工作经验的重要平台。

(三)高标准完成了习近平总书记视察山西一周年、争当能源革命"排头兵"、全国"两会"、省"两会"等重大战役性报道,骆惠宁书记两次批示予以肯定,中宣部阅评组两次通报表扬。

(四)全面提升舆论引导的贴近性、认同感。推出的中央扫黑除恶督导组进驻山西和中央环保督察组"回头看"系列评论、"弘扬新时代奋斗精神"主题宣传等,分别受到督导组的肯定和廉毅敏部长的批示表扬。

四、在抓技术升级上下功夫,持续推进媒体深度融合

(一)积极推进省级"中央厨房"(融媒体中心,既是硬件基础和技术平台,也是大脑和神经中枢,应具备集中指挥、采编调度、高效协调、信息沟通等功能)建设运营,同步建好山西日报自己的融媒体平台与"中央厨房"无缝对接,承担对其供稿任务,做好"中央厨房"融媒体产品的发布工作。山西日报机房完成私有云升级改造,建成了207平方米的融媒体平台物理空间,并完成了全媒体生产系统相关部署。山西日报客户端、微信常态化推送省级"中央厨房"相关产品。

(二)山西日报客户端升级改版至3.2.0版,增加了语音播报和本地视频直播功能,积极探索应用H5、动漫、图解、短视频等融媒体表现方式,给读者以更便捷的浏览方式和更好的用户体验,使新闻宣传活起来、动起来。

(三)加快推动现有人员全媒体转型,"走出去"与"请进来"相结合,先后举办13次媒体融合专题培训,200多人次参加培训。先后派出30多人次分别赴人民日报、解放日报、河北日报等兄弟党报进行实地跟踪学习。

经过努力,山西日报融媒体内容生产能力日益增强,在网络空间的影响力逐步提升。据权威统计,2018年山西日报融合传播指数在两个权威榜单上都排到全国省级党报第9名。

五、开展丰富多彩的文体活动,推动集团精神文明建设

(一)推荐各类先进集体和个人工作。在集团各基层党组织中开展推荐省直机关先进基层党组织、优秀共产党员、优秀党务工作者工作。七一前夕,在我们推荐的基础上,有1个先进基层党组织、1名优秀党员和1名优秀党务工作者受到省直工委的表彰,他们是先进基层党组织集团离退休管理处党总支,优秀共产党员段伟华同志,优秀党务工作者丁婕同志。11月向省妇联推荐了山西日报客户端为山西省巾帼文明岗,三晋都市报社社长杨改民同志为山西省巾帼建功标兵。12月在集团内推荐了省直机关第四届道德模范,他们是助人为乐韩书贤、姚毅;诚实守信要维维;敬业奉献武俊鹏、赵向南;孝老爱亲马立明、王静。

(二)2月6日,举办了集团2018年"不忘初心、牢记使命"迎春文艺汇演,为集团全体职工献上一场文化盛宴,进一步推进集团精神文明建设,丰富了广大职工文化生活,大力弘扬时代主旋律,充分展示集团广大职工的良好精神风貌,在集团营造团结奋进、健康快乐的和谐氛围。

(三)举办集团春季职工运动会。进一步推动了集团群众性文体活动的开展,增强集团广大干部职工开拓创新、奋力拼搏、攻坚克难的信心、决心和集体荣誉感,充分展示了集团广大职工的精神风貌。这次运动会参赛队共有13支代表队,近300名职工踊跃报名并参加了8个运动项目比赛。

(四)举办了"好记者讲好故事"选拔赛。8月15日,举办了"好记者讲好故事"选拔赛,从集团各媒体选送了7名选手进行了演讲,他们围绕习近平新时代中国特色社会主义思想和党的十九大精神,讲述了从事新闻工作实践中亲历亲见亲为的新闻采访故事,彰显了新闻工作者的责任和担当,传播了满满的正能量。这次活动有300余名新闻采编人员现场聆听了演讲。同时从中选派两名选手代表集团参加了省记者协会举办的"好记者讲好故事"演讲比赛并取得好成绩,为集团赢得了荣誉。

(五)组织参加"巾帼建新功 共筑中国梦"全省女职工摄影作品展。组织参加"放歌新时代——纪念改革开放40周年山西书画作品展"创作展览活动。

(六)组织集团80余人参加了"山西交响乐团走进山西省新闻出版广电局、山西广播电视台、山西日报报业集团山西2018政府惠民音乐会",使在场的同志们享受到了一场高雅的文化盛宴。

六、在抓落实上下功夫,高标准完成省委部署的各项重要任务

(一)正确领会省委决策要求,全面加强"三基建设"。按照省委2018年度"三基建设"重点工作任务清单,逐项推进基础工作、基层组织和基本能力建设各项工作,一些方面取得明显成效。山西农民报党支部开设"周二讲堂",让每个党员都讲党课,有效深化了学用结合;每个单位、部门和每个岗

位都列出了职能清单，细化了工作流程，完善了制度体系；干部职工状态、素质进一步实现“双提升”，山西日报记者2017、2018年连续两年摘取中国新闻奖。

(二)认真开展驻村帮扶工作，扎实推进脱贫攻坚。2018年集团帮扶责任人人均下乡3次以上，累计超过300余次。全年突出抓好水稻种植产业发展、宣传推介贫困县特色优势农产品等6个方面的帮扶工作。梁家村48户建档立卡贫困户全部脱贫，永安镇村238名贫困农民已有227人脱贫，贫困发生率低于2%，两村全部实现整村脱贫。

(三)认真落实省委关于做好中央巡视组巡视整改工作的要求，推动提升《山西日报》在党员中的覆盖率，2019年发行量达到了34.8万份，在党员中的覆盖率由原来的8%提高到14.3%。

(王利红 丁 婕)

附：山西日报报业集团党委书记、副书记、委员名单

书 记： 郭玉福

副书记： 丁伟跃(10月离职) 焦玉强(10月任职)

委 员： 冯爱民 席永明 任灵杰 张巨霖 张占鹰 李志刚(10月离职) 孟庆耀(10月任职) 李 伟

山西社会主义学院党委

党委书记 张晓光

2018年，山西社会主义学院深入学习贯彻习近平新时代中国特色社会主义思想和党的十九大精神，在省委的坚强领导下，在省委统战部的有力指导下，党委领导班子和全体教职工紧紧围绕省委决策部署和我院目标任务，迎难而上、勇于担当、全力以赴，圆满完成了全年各项任务，较好地发挥了统一战线人才教育培养主阵地作用。

一、加强理论武装，保持正确政治方向

一年来，院党委把深入学习贯彻习近平新时代中国特色社会主义思想、党的十九大精神、习近平总书记视察山西重要讲话精神和省委十一届六次全会精神作为首要政治任务，树牢“四个意识”，坚定“四个自信”，坚决做到“两个维护”，始终在思想上政治上行动上同以习近平同志为核心的党中央保持高度一致，坚持“社院姓社”，牢牢把握学院正确办学方向。坚持集体学习与个人自学相结合、请进来与走出去学习相结合，使习近平新时代中国特色社会主义思想真正入脑入心，转化为推进学院建设发展的自觉实践。积极发挥中心组（扩大）理论学习引领示范作用，全年集中学习研讨18次；多次组织教职工认真学习中共中央颁布的《社会主义学院工作条例》；组织党员干部赴红旗渠干部学院接受党性教育；以新校区搬迁为契机，培育发扬头雁精神、协作精神、工匠精神、高效精神、拼搏精神“五大精神”；开展“戴党徽、亮身份、明岗位、树形象”系列活动；以纪念中共中央发布“五一口号”70周年为主题，开展义务宣讲活动。

二、创新工作思路，开创党建工作新局面

院党委始终把党建工作抓在手上、扛在肩上，摆上重要日程，与年度目标责任考核统一部署、统一实施、统一检查、统一考核，以“三基建设”为抓手，不断创新工作思路，努力开创我院党的建设新局面。一是抓好制度建设。严格落实《省直机关党的工作责任制的规定》，坚决贯彻《关于新形势下党内政治生活的若干准则》；开展了“三基建设月”活动，重新修订37项规章制度，印制了“一目录三手册”，规范了处室职能，明确了岗位责任，做到了有章可循。二是抓好巡视整改工作。积极支持配合省委巡视组工作，根据巡视反馈意见，制定整改“三个清单”，梳理分解问题27条，制定整改措施67条，全院上下认真做好整改工作，2018年底前已基本完成。召开了肃清腐败流毒专题民主生活会和巡视整改专题民主生活会，班子和个人分别进行对照检查，提出整改措施，进一步把我院全面从严治党引向深入。三是抓好基层组织建设。调整了党支部，形成了支部建在处室的格局，实现了处长“一岗双责”；春季开学首日组织全体党员进行了“重温入党誓词，开启新征程”活动，各支部开展组织党员参观国民师范旧址和太原市图书馆马克思书屋、收听总书记讲话等支部活动。四是抓好党风廉政建设工作。组织召开了党风廉政建设大会，制定了全年工作目标任务图，签订了党风廉政建设目标责任书；党委书记作了“我们靠着纪律一路走来”的专题讲座。深入开展党风廉政警示教育，领导干部传阅了《忏悔录汇编》，组织集体观看《刮骨疗毒》《贪与悔》廉政警示片，组织收看《榜样》系列主题教育片，跟班学习《监察法》，教育全院教职工遵纪守法。坚持个人重大事项和婚丧嫁娶事项报告制度。把纪检工作贯穿新校区开办全过程，确保采购等各项工作依法合规。积极支持配合省纪委监委驻省委统战部纪检监察组工作，及时向驻部纪检监察组通报工作、提供资料，邀请参加学院党委会议，自觉接受驻部纪检监察组的监督等，为全年党风廉政建设工作奠定坚实基础。五是抓好信息宣传。推广使用“山西智慧党建”，提升党建工作信息化水平；研究探索新的工作方法，在办公楼显眼处安装了宣传广告机、电子宣传屏，及时公布上级通知和重要工作、活动、学习等情况，实现了信息公开；撰写“山西社院工作信息”，定期向省委领导、组织部、统战部、中央社院报送；通过学院网站、《学报》和《教

学科研资讯》宣传学院工作;积极和媒体联系,加强对外宣传。六是重视关心离退休人员工作。召开会议专题研究老干部工作,切实帮助他们解决实际困难,修复了单元楼门铃和宿舍区大门,联系街道办对旧宿舍楼进行了保暖维修;专门安排离退休干部到新校区参观指导,了解学院发展变化,赴青龙古镇参观,感受古风古韵。七是重视意识形态工作。加强对意识形态、网络安全的领导,成立领导机构,加强网站建设,保证了网站安全,网站政务信息迁移工作进入全省先进梯队。

三、聚焦主责主业,提升教学科研水平

2018年,社会主义学院始终把教学科研工作作为主责主业,将培训基础建设作为重中之重,坚持"社院姓社",加强政治培训,突出共识教育,认真抓好抓实教学科研工作。一是加强培训工作。圆满完成省委统战部下达的培训任务,全年共举办各类培训班7期,培训学员764人次;探索建立培训协商对接机制,召开专题座谈会,上门征求各民主党派省委和统战系统相关单位的意见建议,提高教学培训的针对性和实效性;组织教师到省、市及基层民主党派组织进行纪念"五一口号"70周年义务宣讲,受到民主党派欢迎;我院教师多人次应邀到市县授课,支持地方社院及民主党派的培训工作;重视、关心干部教师成长,积极组织赴武汉大学、湖南大学、中央社会主义学院等地参加培训学习。二是加强教学工作。起草了《学院业务工作调查报告》、《学院贯彻落实骆惠宁书记重要批示精神情况汇报》,得到了两位省领导的批示表扬;在确定4大板块80个课题和加强基础性课程、时事政治课程建设的同时,安排教师在晋商文化、五台山佛教各派大融合、太行八路军统战文化和根祖文化等方面进行专题研究,满足教学培训需求。三是加强科研工作。组织创作了大型教学科研创新课《我们走在大路上……》并成功首演;组织申报2018年度中央社院统一战线高端智库课题、山西省统战理论政策研究课题、湖北省社院、湖南省社院2018年度招标课题的申报工作;2018年,社会主义学院教师在核心期刊《中央社会主义学院学报》发表论文1篇,在省级期刊发表论文14篇,被华文出版社、河北人民出版社出版的《论文集》收录论文2篇;选派教师参加全国兄弟社院举办的各类研讨会,1名教师的参会论文被收录进坚定中国特色社会主义文化自信专题论文集,并获二等奖;3位教师为课题负责人的省委统战部课题成功立项并结项,其中两项课题获优秀成果经费资助。四是加强开放办学。社会主义学院同省委党校、省地方志办公室、山西大学和江西省社会主义学院签订了战略合作协议,与中央社院初步达成支持我院建设发展的协议,为中央社院选择了12条现场教学线路,将开放办学、联合办学工作融入到中央社院全国大教学格局中。五是加强教学科研基础工作。在省地方志办公室支持下成立山西社院地方志馆获赠300册地方志图书;与山西省图书馆沟通,确立了省图山西社院分馆的意向,并申请到资金准备联网,届时将具备15万册藏书和社院借还省图书馆书籍的功能;为彭真生平暨中共太原支部旧址纪念馆和太原解放纪念馆两个现场教学基地挂牌。

四、开展多样活动,促进中华文化交流传播

从学院实际出发,积极开展文化交流,中华文化工作取得了新突破。一是开展多彩文化活动。以"让文化自信之光照亮中华民族伟大复兴之路""老子《道德经》——国学智慧解读"为题,举办了2期"中华文化大讲堂";开展了"阅读经典,传承中华优秀传统文化"读书交流座谈会;组织教师进行中华优秀传统文化课题研究,形成研究成果,在国内学术书刊公开发表;参加了第十二次全国中华文化学院工作会议暨第九届中华文化论坛。二是积极办好《山西社会主义学院学报》。加大组稿约稿力度,顺利完成全年4期《学报》编辑出版工作,《学报》继续保持山西省一级(优秀)期刊和全国社院系统优秀学报的水准,并与《中央社会主义学院学报》一起被2018年中国人文社会科学期刊A刊分学科期刊评价为扩展期刊。三是参与了筹建"山西晋商学院"和联合山西中华文化促进会开展"经典永流传——百幅中堂画精品展"的前期工作。

五、坚持以人为本,深化精神文明创建工作

学院高度重视精神文明创建工作,并以此为抓手,全面推进学院各项工作。为提升教职工整体素质,学院购置了党建、中华文化等丰富多样的图书;组织教职工参加省直运动会入场式等活动;以"爱社院、想社院、知社院、为社院"为主题开展院徽设计大赛活动,全员参与;建立月结月报制度,公开处室工作进展情况,加大工作竞争,提高工作效率;加强考勤管理,月公布考勤结果,与目标责任考核奖、精神文明奖发放相结合;向省总工会申请了工会经费,收取职工工会会费,为全体教职工发放生日蛋糕卡、体检卡等工会福利;为全院教职工提供午休场所,建立职工食堂并实现档次提升,做好安保、物业、学员公寓管理工作;学院财务报表被评为2017年度省直部门决算先进单位,建立新企业式台账,创新上税、收费等一系列制度,受到财政厅全省通报表扬。

六、实施精准扶贫,履行脱贫攻坚政治责任

学院把推进脱贫攻坚作为重大政治责任,全年5次召开专题会议研究扶贫工作;1名院领导担任省驻神池县大队长,增派2名驻村工作队员,在神池县派驻的挂职和驻村干部达到8人;院领导带领干部职工开展结对帮扶,多次深入帮扶村调研慰问,多次捐款捐物,多次组织走访慰问贫困群众;投资5.2万元为帮扶村实施自来水入户工程、村容村貌改善工程,筹资在神池县贫困村中第一个设立孝善养老基金、崇善教育基金,建立扶贫爱心超市,成立村集体经济组织山西端利农业开发有限公司,发展猪、驴、羊、林麝等养殖;原学报总务党支部将获得的省直机关先进党支部奖励金1万元捐赠给帮扶村,用于村级组织活动场所建设、资助贫困学生等;组织食堂、物业等单位购买4万元农副产品等。2018年底,学院包扶的3个贫困村已整体脱贫。积极参加扶贫工

作征文活动,两名同志分别获一等奖和三等奖。

七、发挥群策群力,开启学院发展新征程

新校区开办工作是2018年学院工作的重中之重，全院同志上下一心、团结协作,10天内完成新校区搬迁,并开办了新校区首个培训班。完成了九大任务,包括421种23883件物品政府采购、运行经费申请、设备安装调试、运行试用、办公物品搬迁、举行新校区首次开学典礼,召开了全省社院负责人会议和中央社院调研座谈会,举办了全省统战宣传工作培训班。我院新校区启用和首次开学典礼被15家媒体争相报道,反映新校区搬迁开办工作的纪实文学《别一段辉煌过往，迎一页崭新篇章》公开发表，极大地提升了学院的知名度和影响力，鼓舞了全院教职工的工作热情。中央社院潘岳书记在第十三次全国社会主义学院院长会议上对我院新校区建设予以肯定,指出我院硬件建设达到全国一流先进水平。

八、重视普法教育,实现学院管理法治化

坚持依法治国、依规治院、学法用法。2018年举办2次普法讲座,一是聘请省委党校教师讲授《监察法》,二是组织全院教职工和学院保安、物业学习消防知识和相关法律法规;举办纪念宪法日活动,全院教职工认真学习《中华人民共和国宪法修正案》,进一步提高法治观念,使宪法意识、宪法权威、宪法文化深入人心;完善学院管理规章制度,重新修订了37项规章制度,进一步提高学院依法依规管理水平。

九、加强干部队伍建设,促进干部队伍素质提升

学院高度重视加强人才队伍建设。一是加大干部职工的教育培训力度，全年共选派干部67人次进行培训，通过培训,提高了我院干部队伍素质能力。二是进一步改善我院干部队伍年龄结构和知识结构状况,优化干部队伍,提拔了一名厅级干部,遴选了2名公务员,接收了3名军转干部,为推进社会主义学院正规化建设,发挥统一战线教育培训主阵地作用,提供了坚强的组织保证。

(胡艳波)

附：山西社会主义学院党委书记、委员名单

书　记：张云泽(2月离职)　张晓光(2月任职)

委　员：胡晨光

山西广播电视台党委

党委书记　刘英魁

2018年,在省委、省政府和省委宣传部的坚强领导下，山西广播电视台党委牢固树立“四个意识”,坚持以习近平新时代中国特色社会主义思想为指引，全面贯彻落实党的十九大精神和全国全省宣传思想工作会议精神，坚持正确政治方向和舆论导向，新闻宣传、节目创新、媒体融合、事业产业、改革发展等各项工作呈现新亮点,取得新成效。

一、精心组织新闻宣传

认真落实省委书记骆惠宁“重在策划”的指示要求,圆满完成学习贯彻习近平新时代中国特色社会主义思想和党的十九大精神、习近平总书记视察山西一周年、全国全省两会、创建“示范区”“排头兵”“新高地”、坚决打赢“三大攻坚战”、巩固“两转”成果、改革开放40周年、新中国成立69周年等重大主题宣传和重大报道任务。在中央广播电视总台发稿940余条,其中在中央电视台《新闻联播》等重点栏目发稿869条,单条重大主题报道15条,在中央人民广播电台《央广新闻》等重点栏目发稿70多条,在“央视新闻+”矩阵号上传新闻12537条,《山西新闻联播》官方微信传播指数在省级《新闻联播》“微信榜单”中排名第一,营造了良好舆论氛围。

二、加强内容生产建设

坚持小成本、大情怀、正能量的创作方向,《歌从黄河来》《走进大戏台》等品牌节目升级改版,策划研发《传奇老字号》等多档国内首创新节目。《国乐大典》《伶人王中王》受到广电总局《收听收看日报》专题表扬。《都市110》《小郭跑腿》《黄河大交通》等品牌节目影响力进一步提升,首届山西广电粉丝节、小郭跑腿幸福临门家庭春晚等活动取得社会效益和经济效益双赢。全台电视频道群在太原市网平均收听份额15.51%,广播频率群在太原市网平均收听份额48.23%,山西卫视全国35城排名第16位,较去年提升8位。

三、创新创优成绩显著

大力实施精品战略,节目创新创优成果丰硕。全台共有218件作品荣获国家级、省级及行业奖,其中电视专题《刘桂

珍:四副担子一肩挑》获第28届中国新闻奖一等奖,广播直播节目《精准扶贫,我们在路上——隰县第七届玉露香梨节》和新闻论文《媒体应急直播报道的几个问题》获第28届中国新闻奖三等奖;《走进大戏台》获第25届电视文艺“星光奖”电视戏曲节目大奖;《国乐大典》被国家广电总局评为“2018年一季度创新创优节目”;45件作品获山西新闻奖,155件作品获山西广播影视奖。

四、不断夯实事业基础

完成新闻制播网、公共频道、少儿频道等多个技术改造项目,电视节目综合制作系统、电视播出系统、广播播出系统三个定级网络的安全等级保护整改工作。制定全台技术升级改造规划和广播节目上星信号传输方案。实现公共频道IPTV用户联通、移动高清信号全省覆盖和少儿频道IPTV用户移动高清信号全省覆盖,迈出地面频道高清化第一步。加大广播电视节目精准覆盖,山西卫视全国覆盖人口达到10.16亿。

五、加快推进媒体融合

完成600平米新闻高清制播中心和150平米融媒体指挥调度中心(二级平台)建设,一二级平台实现融通共享。新闻客户端安卓版本已测试上线,黄河客户端完成方案设计、专家论证等工作。全台活跃微博、微信平台超过50个,微信平台用户总规模达千万以上,微博用户规模达到500万。“山西新闻联播”“人说山西好风光”微信公众号粉丝数超过300万,交通广播微博活跃度居全国省级以上媒体第一,初步形成“1台+2端+N号”的全媒体传播矩阵。

六、不断优化产业布局

实行分频经营、产媒结合、产媒融合战略,突出项目带动,开展多元经营。加大对外合作,形成“频道频率+公司+产业”的运营路径,全面布局青少年产业、地产、文化旅游、面食、演艺、创新创业等业务板块。少儿频道与星卫视合并运营。科教频道联合世界500强企业打造《打工直通车》项目,成立全台首个工作室“郭鸿雁工作室”,上线“8300110便民服务中心”。对接资本市场,山西潇河广电文化产业园项目形成初步方案。与山西投资集团联合进军老年康养产业。IPTV用户数超过240多万。中晋公司的纪录片《天下关公》《五台山》、电视剧《我们村里的年轻人》《关公传》等项目取得新进展。

七、不断加强党的建设

坚持以党的建设为统领,扎实推进“两学一做”学习教育常态化制度化,全面加强“三基建设”,组织召开第一次党员代表大会,选举产生新一届台党委领导班子。进一步健全完善党建工作机制,研究制定《党建工作目标责任考核办法》等制度,组织开展多种形式的学习教育,组织开展赴浙江嘉兴南湖党性教育培训、赴太原市中院旁听职务犯罪庭审等主题实践活动。严格落实全面从严治党主体责任,认真履行“一岗双责”责任制和意识形态工作责任制,抓住各级领导干部“关键少数”,深化实施“年初定责、年中督责、年末述责”制度,形成一级抓一级、层层抓落实的工作格局。深入开展巡视整改“回头看”,组织召开台党委“肃清腐败流毒影响”专题民主生活会、组织生活会,驰而不息纠正“四风”,构建起廉政风险网格化防控管理体系。

(刘晓海)

附:山西广播电视台党委书记、副书记、委员名单

书　记: 刘英魁

副书记: 李占鳌(12月任职)

委　员: 张敬民　王树勋　邢书良　张晋斌　王　雷　王惠跃　罗庆东(12月任职)　郭　海(12月任职)

省农业科学院党委

党委书记　李　斌

2018年,院党委在省委的坚强领导下,坚持以习近平新时代中国特色社会主义思想为指引,深入贯彻党的十九大精神和习近平总书记视察山西重要讲话精神,不断增强“四个意识”,坚定“四个自信”,践行“两个维护”,认真落实省委十一届六次全会精神和省委决策部署,围绕新时代党的建设总要求,全面推进党的建设,全面从严治党,以巡视整改为契机,突出政治功能,强化政治引领,凝聚全院广大党员、干部、科研人员和党外知识分子的智慧和力量,全面推进各项工作扎实开展,取得实效。

一、深入学习实践,坚持“两步走”,构建党建大格局

党的十九大召开以来,院党委坚持以习近平新时代中国特色社会主义思想统揽全院工作大局,坚持“先走一步、走深一步”工作理念,联系工作实际,突出问题导向,创新性的提出了“谈一点理解,写一篇体会,提一条建议”的“三个一”学习实践活动方案,引深全院干部职工对习近平新时代中国特色社会主义思想、党的十九大精神和习近平总书记视察山西重要讲话精神的学习实践。

以“三个一”学习实践为牵引。院党委坚持以习近平新时代中国特色社会主义思想统揽全院工作大局,在全院党员干

部中，开展“谈一点理解，写一篇体会，提一条建议”的“三个一”学习实践活动，围绕中央全面深化改革委员会通过的涉及农业、科技研发、技术创新的改革事项，省委省政府2017、2018年工作要点中涉及省农科院的重大改革任务；围绕脱贫攻坚、有机旱作农业、乡村振兴以及山西农谷建设、运城果品交易平台、雁门关农牧交错带等省级农业战略部署；围绕省农科院的科技体制综合改革、干部管理、技术推广等方面的管理与服务，开展思想大解放，认识大提高，问题大讨论，结合实际工作，每人谈一点对习近平新时代中国特色社会主义思想的理解、撰写一篇学习心得体会、提出一条工作改进意见或建议，切实找出全院在学习贯彻落实中的问题症结，提高全院干部职工的学思践悟能力，推动全院学用讲话和理论指导向广度和深度拓展，将学习实践抓常抓细抓实。

创新学习，引深实践。2018院所两级党委分别组织开展以集中学习、个人自学、专题讲座、调研研讨、讲党课等形式的学习活动，开展经验交流，深刻领会习近平新时代中国特色社会主义思想、习近平总书记视察山西重要讲话精神以及省委十一届六次全会精神。院党委书记李斌以“加强政治建设，引领事业发展”为主题进行了党课讲解。全院以突出理论武装、突出政治建设、突出中心工作“三个突出”为统领，全面加强党的建设，形成党建工作大格局。

坚持以党建促脱贫。立足优势，主动作为，扛起脱贫攻坚重大责任。组织科研力量对全省10个深度贫困县脱贫产业进行了调研，编制完成10个深度贫困县的脱贫主导产业培育调研报告。2018年首批派出260名科技特派员，深度贫困县乡镇特派员81名。选派省市县三级工作队10支，全院在职农村第一书记21人，结对干部帮扶实现了贫困户全覆盖。与2市、15个县签订了农业科技战略合作协议，盂县、浮山县、代县、繁峙县等已列入合作计划，主动融入全省脱贫攻坚战和乡村振兴战略。我院定点扶贫的娄烦县柴厂村和石峪村安排105万元经费，募捐商品价值3.5万余元，激励贫困户以实际行动换积分兑商品，减轻家庭日用开支负担，调动了群众脱贫致富的积极性。

同时，不断加强党的全面领导，在理论学习、舆论宣传、老干部工作、统战工作、群团工作、文明创建、综合治理等方面也都取得了积极成效，完成目标任务。

二、充实班子，提升素质，全面推进“三基建设”

院党委着力加强干部队伍建设，提升干部队伍素质，全面加强基层组织建设，充分发挥战斗堡垒作用。

建强队伍。坚持民主集中制，修订了院《党委会议制度》，明确“三重一大”事项由党委会研究决定，重新修订了院《“三重一大”事项决策办法》、《院党委工作规则》、《院长办公会议制度》等会议制度和规章办法，贯彻落实《中共山西省委关于进一步激励广大干部新时代新担当新作为努力建设高素质专业化干部队伍的实施意见》，重新修订了《山西省农科院干部选拔任用暂行办法》《山西省农科院干部培养锻炼暂行办法》等规章制度，严格标准，严格程序，严格把关，提任交流干部24名，其中提任正处级干部3名，提任交流正处级干部9名，交流处级干部12名。全院158名所处级领导干部参加了述职述廉，广大干部职工参加了民主测评。选派更换第一书记，更换扶贫工作队员，选派1名干部赴新疆参加全省第三批干部援疆工作。制定《山西省农科院党组织联系专家制度》。推荐了1名同志参加山西省“百人计划”创新创业推荐，2名同志申报“山西省青年拔尖人才”，并成功入选。

提升党员干部综合素质。举办处级干部学习贯彻党的十九大精神培训班；选派近三年未参加培训的10名同志参加联合培训；选派2名干部参加右玉干部学院党务干部培训班；1名干部参加第6期青年干部培训班；20名干部参加省直机关党校组织的党务培训班学习；组织优秀共产党员赴延安参加党员教育。坚持“三会一课”制度、组织生活会制度、民主评议党员制度，党内政治生活、党的组织生活严肃和规范。领导干部都能自觉以普通党员身份参加所在支部的组织生活。

扎实推进“三基”建设。深入贯彻落实全省推进“三基建设”座谈会精神，院党委建立工作机制，制定“一目录三手册”，开展干部职工培训。强化制度管理，加强队伍建设，夯实效能建设基础，严格执行工作制度，做到严格高效履职。

三、全面从严治党，开创党风廉政建设新局面

认真履行党风廉政建设主体责任，坚持把党风廉政建设“两个责任”抓在手上、扛在肩上、落实到行动上，发挥各级党组织的引领、推动、保障作用和战斗堡垒作用，为积极营造有利于综合改革、科技创新的良好政治生态提供有力支持。

抓好巡视整改工作。十一届省委对我院反馈巡视意见以来，院党委坚持问题导向，坚决把巡视整改任务当作首要政治任务来抓。坚持在上级部门领导下进行整改，院党委主要负责人带头抓整改。巡视反馈意见后，党委书记主持3次党委会、11次专题部署会议对反馈意见进行学习，对我院党的建设和全面工作进行分析研究，对巡视整改工作进行安排部署。院所两级联动抓整改，全院各下属29家单位，针对本单位工作实际，制定本单位的整改方案，按照时间节点，两级党组织上下联动，同步进行整改。截至2018年12月底，巡视反馈问题35个，已整改完成31个，正在整改或者需要长期坚持的4个。巡视整改以来，采取整改措施115项，制定和修订制度20项，开展专项治理7次，促进改革2项。

增强责任意识。专题培训院所两级领导干部2天，专门邀请省纪委和省直纪工委领导先后来我院进行培训和指导工作4次。集中学习了省委《关于坚决维护党中央集中统一领导的规定》，骆惠宁书记在全省整治群众身边腐败问题推进会上的重要讲话，省委、省政府《关于开展民生领域腐败和不正之风专项整治的工作方案》。制定了院党委党风廉政建设责任制分工，明确了党风廉政建设的“责任清单”。院所两级层层签订责任书、承诺书，明确任务，责任到人。修改完善了《山西省农科院党风廉政建设工作制度》，进一步规范党风廉政建设工作。开展了整肃纪律专项行动、重大节日落实中央八项规定精神、加强作风建设和开展学习贯彻党的十九大

精神、巡视整改工作监督检查工作。

严查违纪案件。对受理的27件信访举报,移送纪检组7件,自办20件,其中了结16件,立案查处1件,初核中2件,暂存1件。通过巡视、审计、监督检查等多种途径获取违纪问题线索,对属实的违纪问题严肃查处,处分违纪违规人员4人,其中党内严重警告1人,党内警告3人,免职4人,调整岗位1人。院党委书记对17个机关处室和29个院属各单位党政主要负责人进行了集体约谈。同时,函询3个单位,诫勉谈话1人,约谈4人,批评教育6人,做到了警钟常鸣。

(刘泽民)

附:省农业科学院党委书记、副书记、委员名单

书　记: 李　斌

副书记: 乔雄梧(7月离职)　赵春明(7月任职)

委　员: 聂安全(7月离职)　张　强　李晋陵

省社会科学院(省政府发展研究中心)党组

党组书记　杨茂林

2018年,根据《山西省机构改革实施方案》,中共山西省委决定将省社会科学院与省政府发展研究中心职能整合,组建山西省社会科学院(省政府发展研究中心),为省政府直属事业单位(正厅级建制)。新组建的省社会科学院(省政府发展研究中心)班子成员带领全院干部职工,以习近平新时代中国特色社会主义思想为指导,深入学习贯彻习近平总书记关于哲学社会科学和智库建设的重要论述,学习贯彻习近平总书记视察山西重要讲话精神,牢固"四个意识",把"两个维护"落实到学术研究和决策咨询的全过程各环节。深入贯彻落实中央和省委、省政府重大决策部署,按照省委和骆惠宁书记要求,"以增强全省哲学社会科学总体实力、核心竞争力和影响力为目标,以建设具有山西特色的哲学社会科学体系为重点,全面提升理论武装、决策服务、学术创新、文化传承等能力和水平,着力形成与我省全面拓展新局面相适应的哲学社会科学发展格局",努力加快中国特色新型智库建设,扎实推进实施哲学社会科学创新工程,为山西经济社会发展提供了智力支持和决策支撑。

一、原省社科院党组工作概况

2018年,在省委、省政府正确领导下,省社科院党组始终坚持认真学习贯彻习近平新时代中国特色社会主义思想,不断创新党的理论。全年共召开党组中心组理论学习会18次,处级以上党员干部撰写心得体会和理论文章90余篇,公开发表论文7篇,出版专著1部,向"全省习近平总书记关于加强和改进人民政协工作的重要思想理论研讨会"等理论研讨会提交论文21篇。

坚持围绕中心开展工作,以服务"示范区""排头兵""新高地"为目标定位,不断发挥职能作用。开展优化营商环境专题调研,发放调查问卷5000份、召开座谈会43场、走访政务大厅19家、调研企业46家,在此基础上形成《清醒认识问题短板 深化改革打通堵点》决策建议;开展"能源革命排头兵"征文,共收到国内有关部门和单位征文31篇,评出二等奖5项,三等奖10项。完成中央环保督察整改落实情况关于吕梁、晋中两市的第三方评估,《全省乡镇纪检监察体制改革专题》调研等多项交办任务。

坚持党对一切工作的领导,认真落实全省机构改革部署,不断推进创新工程和智库建设。院(中心)"三定"方案获批准,各项机构改革任务顺利推进。按照省委、省委宣传部安排部署开展"怎样办好省社科院"大讨论活动,通过深入动员、集中学习、专题讨论等阶段,广泛征求各方面意见建议,梳理形成问题清单,初步拟定出提升全院总体研究能力的具体举措。积极推动哲学社会科学创新工程,年度经费预算中安排200万元经费支持资助学科带头人、学术团队建设和省委省政府交办课题;下发《关于进一步规范课题管理的通知》,将服务省委省政府重大决策部署纳入科研规划管理和科研量化考核;出台《科研精品奖励办法》,鼓励科研人员潜心科研、多出精品;拓宽蓝皮书视野和范围,首次出版的"商务蓝皮书"和"税收蓝皮书"受到业界好评;把信息化平台建设列入年度重点工作,省财政厅已拨付350.24万元专项经费予以支持。

坚持全面从严治党,扎实开展巡视整改,不断推进党的建设和党风廉政建设。对巡视反馈的3个方面12个问题中,进一步细化为28个问题(90项整改措施),开展了为期两个多月的集中整改,已完成8个,立整立改、长期坚持20个。不断加强全面从严治党,召开推进全面从严治党、加强党的建设工作专题会;指导院机关党委拟定《党支部规范化建设操作手册》"三会一课"明白卡等,加强支部党建工作;集中对新换届的支部书记进行为期一周的专题培训;认真学习《中国共产党支部工作条例(试行)》,树立一切工作到支部的鲜明导向;通过集中提醒谈话、发送提醒短信、签订廉洁过节承诺书、组织《中国共产党纪律处分条例》应知应会测试等形式,教育党员干部筑牢拒腐防变思想堤坝。着力加强"三基"建设,结合科研单位工作实际,在认真梳理部门职能基础上,编制了一目录、二手册;围绕科研能力提升,邀请省内外专家来院作决策服务能力专题辅导2次,开展"讲述评"活动5次;继续实施“基础研究资助计划”,共出版基础研究丛书8种。新院后期建设稳步推进,脱贫攻坚扎实有效,召开3次扶贫专题会议,安排专项资金,修村委会、建“爱心超市”,为扶贫队员购买意外伤害险,不断强化扶贫工作责任意识和担当意识。

二、原省政府发展研究中心党组工作概况

2018年,省政府发展研究中心坚持以政治建设为统领,强化理论武装,政治思想素质实现了新提升。制定并落实《省政府发展研究中心(研究室)党组中心组和干部理论学习年度计划》,全年共组织中心组理论学习27次,领导班子成员带头讲专题党课8次;组织编印各类学习资料13期,约130余万字;选送3名选手参加省直工委决赛,荣获省直机关优秀组织奖;开展为期一个月的集中整治形式主义、官僚主义工作,查摆出三个方面问题,提出十项整改措施建议。

坚持以队伍建设为关键,提升业务素质,以文辅政达到了新水平。建立了以专业处室职能为基础、既分工又协作的文稿起草机制,进一步提高了各类文稿起草的质量和效率;建立了工作任务完成情况月通报制度,每周对研究人员的任务完成情况、完成时间、完成效果等进行统计;坚持每周一支部例会,常态化开展党支部领学活动;全年较好完成了90余篇省政府重要文稿起草工作。

坚持以党建工作为基础,强化组织建设,党的建设科学化水平取得了新进展。全面完成了6个支部的换届工作,进一步规范了党组议事规则;树立正确用人导向,向省委组织部推荐了改革开放代表人物等;汇总梳理完成了领导班子和支部、处室的问题清单、整改清单、责任清单,明确了党支部和支部书记及处室负责人的主体责任;通过举办单位职工运动会、生日送祝福等活动,精神文明建设工作有效推进;先后承办了《宪法修正案》讲座及《中美贸易摩擦形式报告》讲座,受到好评。

坚持以规范运行为保障,强化制度建设,服务保障水平实现了新突破。编制了基础工作目录,制定了工作运行流程图,编制了单位管理、应知应会、便民服务“三个手册”;建立健全了单位议事决策、人事管理、考核奖惩、应急管理、财务管理、决策咨询管理、联系服务群众等52项工作制度;进一步强化文稿起草意识形态和政治审核工作,规范发表文章内部审核制度;建立健全意识形态和信息网络安全研判、上报、督查检查制度,调整了意识形态工作领导小组,党组书记做到“三带头”“三亲自”。

坚持以人民为中心的发展思想,搭建服务平台,驻村帮扶工作取得了新成绩。先后5次召开会议专题研究驻村帮扶工作,开展“新时代新担当新作为”主题党日活动,对41户建档立卡贫困户进行结对帮扶;帮扶村枣圪垯村先后被评为县级美丽宜居示范村、吕梁市“五个好”党支部。

坚持以落实“两个责任”为抓手,强化责任落实,党风廉政建设取得了新成效。召开了2017年度党组民主生活会和2018年上半年组织生活会,严格执行“三会一课”,谈心谈话,党组书记、支部书记述职考评,民主评议党员等制度;制定了党组班子、班子成员、党支部、处室“三清单”和《党的工作责任制和党风廉政建设责任制考核暂行办法》《年度党风廉政建设责任书执行情况考核方案》等制度;主动接受驻厅纪检监察组监督指导,加强对支部履行主体责任情况监督检查。

坚持边巡边改,从严从细,扎实做好巡视“后半篇文章”。对照巡视反馈意见,制定《整改方案》和“三清单”,细化措施;启动了以“督查、检查、排查”“献智慧、做智囊、建智库”为主要内容的“三查三智”专题活动,并将之作为做好巡视整改工作的重要抓手和自选动作;对巡视反馈的4个方面16个问题中,进一步细化为36个问题(69项整改措施),已完成15个,立整立改、长期坚持18个,正在推进的3个。

(杨亚琳)

附:山西省社会科学院(省政府发展研究中心)党组书记、成员名单

书　记: 李中元(11月离职)　杨茂林(11月任职)

成　员: 潘　云(11月离职)　宋建平　王凤鸿(11月任职)　侯广章

省供销合作社联合社党组

党组书记　狄重阳

2018年,全省供销社系统在省委、省政府的正确领导下,以习近平新时代中国特色社会主义思想为指引,深入学习贯彻落实党的十九大和习近平总书记视察山西重要讲话精神,坚守为农服务初心,牢记助农增收使命,围绕“两转”要求,对标一流,奋发作为,持续深化综合改革,在助力实施乡村振兴战略、服务农民生产生活、助推脱贫攻坚、促进农民增收致富中发挥了独特作用。

一、经济运行质量显著提升

全系统巩固传统业务,拓展新兴业态,经济运行呈现持续快速增长态势。2018年购进总额完成802.65亿元,比上年同期增长24.6%;销售总额完成887.91亿元,比上年同期增长24.5%;汇总利润2.67亿元,比上年同期增长12.2%。呈现以下四个特点:一是总体趋势持续向好。12个月销售增幅持续保持在20%以上,一些市县供销社主要经济指标突飞猛

进。二是传统业务持续稳定。四大传统主营业务持续稳定，占全系统销售总额的95.9%。消费品类对销售总额增长贡献率达42.96%，是拉动全系统经济快速增长的主要动力。三是新兴业态势头良好。全系统电子商务销售额达20.2亿元，同比增长55.2%。四是农副产品购销显著增加。全系统农副产品购销分别比上年增长39.3%、33.8%。

二、综合改革深入推进

全系统主动服务乡村振兴战略，优化顶层设计，强化工作措施。省社先后出台助力实施乡村振兴战略的30条行动计划和行业扶贫10项行动方案，将服务乡村振兴战略、脱贫攻坚与深化综合改革紧密结合。按照省级扩面、市级覆盖、县级突破的要求，强化督导检查，积极争取各级党委、政府支持。截止年底，全省各市、县全部出台综合改革方案，实现了全覆盖。一是启动试点轮换。选定20个贫困县(包括10个深度贫困县)作为重点推进试点县，按照“3+N”的工作思路，重点围绕加强基层组织体系建设、构建农业社会化服务体系、加快发展以电子商务为统领的农村现代流通体系三个方面全面推动综改试点工作。二是开展综合评估。委托第三方评估机构设定3级63个指标体系，对第一轮25个省级综改试点县进行了综合评估，平均得分达85.65分，综合评级为“良好”，取得了试点工作的预期成效。三是完善督查机制。省、市社对综合改革试点县继续实行“领导包市、处(科)室包县”工作机制，不断丰富包扶内容，完善督查考核办法，按照“六个一”工作举措(组建一支团队、健全一个机制、制定一个办法、建立一套台账、开展一次评估、形成一系列经验)，一把手总揽改革全局，当好“施工队长”，综合改革持续发力。

三、与农民利益联结日趋紧密

全系统为夯实基层基础，加快基层组织体系建设，出台了一系列加强基层组织建设的意见措施，基层服务功能明显增强。在晋中市召开深化供销合作社综合改革暨强化基层社合作经济组织属性专项试点现场推进会，总结了晋中市专项试点工作经验，深入落实“四梁八柱十条筋”基层组织建设改革方略(“架”起“改造基层社、提升专业社、建设联合社、抓好综合服务社”这“四梁”；“顶”立“有社员、有股金、有分红、有产业、有金融、有经营服务、有合作机制、有民主管理”这“八柱”；“建”好“抓示范带动、抓特色产业、抓项目建设、抓设施改造、抓转型升级、抓提质增效、抓上下贯通、抓联合融合、抓人才培训、抓问题处理”这“十条筋”)，大力改造基层社、全面提升合作社、建立联合社、搞好综合服务社，进一步强化基层组织合作经济属性，晋中经验在全省复制推广。到2018年底，全系统领办创办合作社1678家，合作社示范社180家，其中国家级43家，合作社联合社103家；建立综合服务社10406个，行政村覆盖率达到37.2%，全系统入社入股农户达到62.91万户、187.72万人，基层组织建设呈现出良好的发展态势。

四、为农服务模式不断创新

全系统实施农业社会化服务惠农工程，初步实现了服务组织规模化，服务轨迹全程化，服务能力专业化。2018年，全系统土地托管、服务面积达1370.65万亩，提前超额完成“双千”目标(销售总额突破1000亿元以上，土地托管、服务面积突破1000万亩以上))的第一个“千”。新建提升惠农服务中心118个、惠农服务站361个，新建改造庄稼医院118个。一年来新增土地托管面积129.26万亩、土地服务面积337.38万亩。省社举办了“创新为农服务模式 推动乡村振兴战略”培训班，进一步提高了农技人员专业素养和服务能力。

五、农村现代流通体系建设初见成效

全系统按照“补网、扩网、升网”原则，加快实施农村电商仓储物流项目，打造以供应链为核心的“商流、物流、信息流”三位一体业态模式，构建“一点多能、一社多品、一网多用”的农村电商仓储物流体系，破解农村流通“最后一公里”难题。一是完善城乡仓储物流支撑体系。加快发展以电子商务为统领的农村仓储物流体系、冷链物流配送体系，形成一次中转、集中分拣、统一配送的流通模式。二是搭建农村电子商务服务体系。依托省级“农芯乐”电商平台，上联“供销e家”，下接市县终端网点，开展万人培训。继续开展第二届鲜活农产品“走出山西 网上行”活动。三是打造线上线下融合发展体系。不断推进基层网点的信息化改造，打造覆盖全系统各类经营主体及终端网点的电商融合发展体系。2018年底，全系统已建设村级体验店13000多个，覆盖贫困村3600多个，占全省贫困村的45%。

六、转型发展全面启动

全系统为适应市场化改革取向和“新网工程”投资路径改革要求，不断加大直属企业改制力度。一是以产权为纽带，加快社有企业改革步伐。与中国供销电子商务公司签订了战略合作框架协议，在积极对接、全面对接、深度对接的基础上提高合作水平。省盐业公司更名注册为山西省盐业集团有限责任公司，省棉麻公司组建了山西物流产业集团公司，省果品公司组建了山西晋果食品冷链物流集团有限公司，省农芯乐电商公司、农资集团、恒泰棉麻公司均已获得中国供销电子商务公司股权投资，央企与地方资本合作迈上新台阶。二是围绕“一特一新”(特色产业、新型业态)，促进社有企业转型发展。认真贯彻省委转型发展重大战略部署和省政府工作方案，围绕我省特色产业和农产品流通短板，大力发展新型业态，先后出台中药材交易中心、杂粮产地交易市场、冷链物流三个三年行动计划，积极推进有关工作。各级供销社不断加大转型力度，突破路径依赖，整合社会资源，向流通上下游产业链延伸，经营领域进一步拓展。三是发挥考核指挥棒作用，确保社有资产保值增值。进一步健全社有资产监督管理机制，规范审批程序，完善内控制度，明确责任目标，加强督导考核，确保各项制度落实到位。

七、重点工作进展顺利

全系统不断加大统筹推进力度，持续探索重点领域改革，取得了明显成效。一是化解历史债务取得突破。一年来，经省政府协调，中国农业银行总行批复同意将全省供销社系统本金9.43亿元，本息合计21.87亿元，涉及981户企业的委托资产协议批量转让给省供销社，为解决供销社历史遗留问题提供了可资借鉴的路径和方法。二是生产、供销、信用“三位一体”试点工作进展顺利。在运城市召开“三位一体”试点现场推进会，10个试点县全部出台实施方案，4个县共组建了23个乡镇级农合联，作为全面深化农村改革重大任务的“三位一体”试点工作正在积极推进。三是资金互助试点稳步推进。按照提质扩面控风险的工作思路，资金互助合作试点工作以提升省级试点质量、适当增加市级试点数量为重点，强化监管，严控风险。截止2018年底，18个省级试点单位参与资金互助社员户数1913户，可用互助资金额达到3951.54万元，同比增长26.4%。

八、全面从严治党扎实推进

全系统各级党组织紧紧围绕新时代党的建设总要求，以习近平总书记视察山西重要讲话为根本遵循，深入贯彻执行全面从严治党的新要求，始终把党的政治建设摆在首位，扎实抓好“三基建设”，坚定不移推进党风廉政建设；严格干部选拔任用和监督管理，加强干部素质培训，激励干部新时代新担当新作为，为供销社综合改革提供了人才保障；不断规范完善法治工作机制；将效能建设八项制度、13710督查工作、公务员年度考核、工作目标考核、领导干部述职、机关作风建设纳入效能考核中，打造干部全面“整体效能”。

(樊 莉)

附：省供销合作社联合社党组书记、成员名单

书 记：狄重阳

成 员：刘建光 李俊德(9月离职) 李 海 王彤宇 高建忠 郝利才

省煤炭地质局党委

党委书记 卫洪平

2018年，中共山西省煤炭地质局委员会以习近平新时代中国特色社会主义思想为指导，在省委的正确领导下，坚持和加强党的全面领导，以永远在路上的执着推进全面从严治党向纵深发展，为谱写山西煤炭地质事业转型发展新篇章提供了坚强保证。

以党的政治建设为统领，深入学习贯彻习近平新时代中国特色社会主义思想。发挥局党委中心组示范引领作用，通过党委会议和中心组学习，及时学习领会习近平总书记重要讲话和指示精神、中央及省委重要决策部署、重要法律法规；及时在局门户网站上传习近平总书记重要讲话和指示精神及中央和省委公开发布的重要信息，提高党员干部政治站位；组织全体处级以上干部参加党的十九大精神培训，各单位自主培训覆盖全体党员；基层党支部采用微信群推送、手机党校、党建走廊等方式，大力推动集中性教育向经常性教育延伸，引导党员干部树牢“四个意识”，坚定“四个自信”，坚决做到“两个维护”，在思想上政治上行动上同以习近平同志为核心的党中央保持高度一致。注重把学习成效落实到工作之中，修订党委《议事规则》，按制度程序决策，把民主集中制落到实处；带头严格执行重大事项请示报告制度，党内规范性文件全部向省委报备；部署全局围绕“两个维护”和落实习近平总书记视察山西重要讲话精神、落实省委十一届六中全会精神等情况开展自查；开展学用习近平新时代中国特色社会主义思想经验交流；贯彻落实新发展理念，局党委书记讲《深入学习贯彻习近平生态文明思想》专题党课，局党委专题研究绿色勘查工作，建立项目报告制度，全局绿色勘查工作得到不断加强。进一步加强意识形态工作，保持了正确的政治方向，意识形态工作纳入党组织书记述职内容，强化门户网站、《晋煤地勘通讯》等阵地建设，大力弘扬主旋律，我局在《省直党建工作信息》的稿件采用率在省直机关排名第一；制定《关于规范党员干部网络行为的实施办法》，做到对党员干部网络行为的引导和监管经常化、制度化；积极开展“不忘初心、牢记使命”系列教育，建设正气充盈的党内政治文化取得新进展。

围绕“三大目标”，服务全省转型发展战略部署。按照“延伸、升级、转型”工作思路，落实高质量发展要求，为全省经济社会发展提供专业技术支撑。资源保障功能不断强化,高质量完成省级地勘基金项目,估算煤炭资源储量37242万吨;完成煤炭中共伴生矿产资源调查预评价、微量元素赋存评价等项目;新能源勘查开发取得新突破,山西省页岩气地质调查及评价项目建立了山西含煤岩组海陆交互相页岩气评价体系,成果得到国内油气行业专家一致认可;在应县变质岩地层打出1口出水量26m³/h、井口水温78℃的地热井,为全省清洁低碳高效能源体系建设提供技术支撑。"大地质、大资源、大生态"服务质量进一步提升,局第一次党代会部署未来五年全局发展规划;深度融入国家和全省发展战略,基本形成"煤炭地质、新能源勘查与开发、生态地质、地理信息及城市地质、新材料及其它"五大产业格局;确立"省局统领、各显其能、服务大局、强势转型"工作思路,整合优势资源,开展"地质服务+"专项行动,进朔州、进长治取得较好效果;成功预警五台山景区某路段地质灾害并实施应急处置,避免一起地质灾害事故,与全省18个县(区、市)签订协议、提供地质灾害防治技术支撑;参与编制《山西省山水林田湖草生态保护修复工程试点实施方案》;首次在我省开展旅游景区地质环境专项调查评价立项论证,中科院院士张国伟、刘嘉麒对项目建议书给予高度评价;申请省经信委促进大数据发展应用专项资金,在大数据建设方面积极作为。科技支撑能力显著增强,建成全省地勘行业首个矿山水文地质"院士专家工作站",建立"资源环境与灾害监测山西省重点实验室",组建"生态土壤修复实验室",科研力量不断增强;全年获得国家发明专利3项、实用新型专利7项,软件著作权2项,成功申报3个国家自然基金项目,"综合电磁法高精度采空区积水探测技术研究"获省科技进步二等奖,14件报告在2018年中国煤炭工业协会第十八届优质地质报告评选中获奖。深化改革稳步推进,将局属114院金地资源勘查公司列为内部企业改革试点,建立平战结合的专业化地质公司,改革成效明显;与建投集团联合重组金地源地质科技有限公司,实现优势资源整合,延伸产业链,服务全省生态文明建设。

全面从严治党不断向纵深发展。压紧压实主体责任,定期研究全面从严治党工作,定期听取基层党委(总支)工作情况汇报,制定《关于加强基层党支部工作考核意见》;建立班子成员落实"1+3"岗位职责长效机制;层层开展书记集中约谈和个别约谈,针对性分析解决问题。对党建重点工作实行清单式管理,"抓硬项,强弱项,创品牌";制定督查督办制度,开展党建工作巡查,推动提高党建工作质量;局党委会议专题研究党风廉政建设和反腐败工作,定期听取基层纪检工作汇报,集中约谈纪委书记(纪检委员),有效推动工作;基层党支部全部配齐纪检委员,一级抓一级、层层抓落实。以提升组织力为重点,全面加强党组织建设,圆满完成局党委换届工作;发挥好114院党委、物测院党委抓党建工作的示范作用,推动全局各级党组织创新方法,培育党建品牌;组织党支部建设经验交流会,推动党支部发挥战斗堡垒作用;建立党支部书记培训长效机制,局、院层层开展党建业务培训,局党委组织全局党支部书记赴延安进行党性教育,进一步增强了党支部书记做好党建工作的责任感和使命感。扎实推进党风廉政建设和反腐败工作,坚持不懈纠正"四风",抓住重要节点集中排查,对存在的问题及时纠正整改;抓住全局查摆出的突出问题,集中整治形式主义、官僚主义;积极开展扫黑除恶专项斗争;挺纪在前、防微杜渐,制定局《深化运用监督执纪"四种形态"的实施办法》,谈心谈话的力度明显加大;围绕典型案例,局党委带头召开专题民主生活会,组织全局警示教育大会和重点岗位人员集中约谈,坚决肃清腐败流毒影响,效果良好。

强化党的领导,推进各项工作。加强队伍建设,严把政治标准,按照新时代新担当新作为要求,将部分政治坚定、表现突出的优秀基层党支部书记和全局优秀共产党员、优秀工作者选拔到处级领导干部岗位,彰显了重实干、重实绩的鲜明导向。实施五大培训工程,扩大培训范围,干部专题研修覆盖到局属单位全体科级干部;依托院士专家工作站积极开展高端培训;局、院中层干部带头讲党课、讲业务、讲管理,持续提升工作标准,全局各类自主培训覆盖4400余人次。2018年,全局14名青年骨干技术人才分别入选省委联系专家、省学术技术带头人、省优秀科技工作者、省青年科协第一届个人会员。严格干部管理,坚持开展干部离任(离岗、任中)经济责任审计和省级地勘基金项目审计,认真落实审计整改。精准帮扶脱贫工作取得明显成效,全年投入自筹资金199.6万元,择优选派23名干部驻村,180名干部结对帮扶311户贫困户,党费支持创办"党员合作社",使41户贫困党员有了较为稳定的产业。我局帮扶的岢岚县温泉乡212户715人全部实现脱贫,为岢岚县整县脱贫做出了贡献。

2018年,全局总收入11.76亿元,职工收入稳中有增,安全生产形势稳定向好,群团工作积极推进,法治建设扎实开展,精神文明建设水平不断提升,局属2个院晋级省直文明单位标兵,1个集体获得省"五四青年奖状",多名同志获得省部级表彰。

(赵晓彦)

附:省煤炭地质局党委书记、副书记、委员名单

书　记:卫洪平

副书记:王学军　王宏伟(援疆)　李兴武

委　员:张晓峰(9月,因涉嫌严重违纪违法,接受纪律审查和监察调查,10月被免职;12月,被给予开除党籍、开除公职处分。)

宋　儒　张学彦　张胤彬

李希海(1月任职)

省地质勘查局党委

党委书记　彭东晓

2018 年，在省委的坚强领导下，局党委坚持以习近平新时代中国特色社会主义思想为指引，深入学习贯彻党的十九大精神和习近平总书记视察山西重要讲话精神，认真贯彻落实省委、省政府决策部署，坚持和加强党的全面领导，积极践行新发展理念，地质找矿取得丰硕成果，地勘经济稳中向好，党的建设不断加强，地勘队伍和谐稳定，党建工作扎实推进，干部作风进一步转变，全局各项工作有序推进。

一、发挥专业优势，主动服务“三大目标”

全局上下立足专业技术优势，坚持以需求为导向，着力完善“做强事业、走强市场”业务布局，积极对接政府部门、科研院所、高等院校以及企业集团，努力拓宽服务领域，取得显著工作成效。认真落实国发〔2017〕42 号文件精神，主动与中国地调局沟通对接，积极争取国家层面政策支持，签署了《支持山西地质工作》会谈纪要，建立了战略合作关系，明确了对我省 7 方面支持政策。

主动为自然资源管理部门提供专业技术支撑，与全省 11 个设区市签订了地质灾害防治技术支撑合作协议，与五台山风景区管委会就开展地质旅游线路规划建设进行了工作对接，与中国地质大学(武汉)、中国铝业、省文旅集团等省内外院校及企业广泛开展了战略合作。

积极推进项目实施，全年承担实施各类财政地质勘查项目 132 项，加大了新能源、“三稀”等战略性新兴矿产资源勘查，预计可提交资源量煤炭 10.8 亿吨、铝土矿 2.9 亿吨、石墨 3050 万吨、铁矿 2.7 亿吨。顺利完成了省综改示范区城市地质调查工作，积极实施干热岩选区调查，开展了全省矿山地质环境修复治理、生态农业地质调查等工作。同时，积极拓宽服务领域，加大市场经营力度，在地质勘查投入持续减少的情况下，地勘经济实现逆势上扬，全年实现经营收入 18.29 亿元，同比增长 9.64%。

大力拓展海外市场，助力我省打造内陆地区对外开放新高地。全局境外市场签订合同 4018.69 万美元，完成产值为 2742.75 万美元。地矿海外公司与肯尼亚蒙巴萨郡政府签署了蒙巴萨经济特区三个项目合作框架协议，受山西贸促会委托在肯尼亚建立了办事处，与马达加斯加 3 家公司合作在当地注册成立了股份制无人机生产企业。

认真落实新时代高质量发展的新要求，坚持以创新引领发展。组建成立了山西省城市地质调查研究中心等 5 个科技创新平台，成功入驻省综改示范区孵化基地。积极与运城市经信委对接，共同筹建运城市卫星遥感大数据应用中心，在运城经济技术开发区合作建立智慧三维地理信息系统平台。在临汾、太原等地推广应用岩石复绿生态植被修复技术，取得显著经济和社会效益。研究开发了土地调查数据采集系统和土地调查数据建库系统、农村土地确权档案管理等软件，有效提升了信息化工作水平。

二、突出政治引领，全面加强党的建设

着力强化政治统领，坚持以政治眼光审视谋划地勘工作，针对“重业务、轻党建”“抓业务是主责，抓党建是形式”等错误思想，明确提出“地质工作是技术性的，但也是政治性的”，要求全局上下把地质工作的政治性要求，细化和落实到对省委、省政府决策部署的贯彻执行上、对具体工作的督查跟踪上、对问题漏洞的即知即改上，坚决做到“三个确保”，即确保中央、省委关于地质工作的方针政策落实到位；确保地质工作支撑服务发展方向正确、规范有序；确保干部队伍牢固树立“四个意识”，坚持做到“两个维护”，切实履行政治责任，忠诚服务党的地质事业。

大力加强思想政治建设。认真学习贯彻习近平新时代中国特色社会主义思想、党的十九大精神以及习近平总书记视察山西重要讲话精神，深入贯彻落实省委“一个指引、两手硬”思路和要求以及省委十一届六次全会做出的决策部署，扎实推进“两学一做”学习教育常态化制度化建设。确定每月第一个周三为“党员学习日”，建立了主题党日制度。开设了具有鲜明地勘行业特点的“地质大讲堂”，举办了全局处级干部政治理论学习培训班，深入系统开展了学习党的十九大精神和省委十一届六次全会精神交流研讨，举办了“不忘初心，我的入党故事”、庆祝改革开放 40 周年主题征文活动，开展了纪念建党 97 周年系列活动。在全局开展了“敢担当、有作为”评选活动，推选出 22 名典型。通过一个时期的学习教育，全局广大党员理想信念进一步坚定，政治意识、大局意识、核心意识、看齐意识不断增强，清风正气逐步树立，更加严守政治纪律政治规矩，更加勇于担当作为，在全局生产、工作中发挥了先锋模范作用。

深入开展“三基建设”。一是加强基层组织建设。组织开展了基层党组织换届选举和软弱涣散基层党组织摸底，加强和规范了党费收缴使用管理，开展了发展党员自查整改。严肃党内政治生活，强化了党组织的组织力和政治功能。二是加强基础工作。扎实推进党建工作标准化规范化建设，认真落实效能建设八项制度，修订完善了“一目录三手册”，有效提升工作效能。三是加强了基本能力建设。大力实施“五大培训工程”，举办各类专业技能培训 12 期。对机关新录用公务员开展初任培训。建立完善了干部述学考学评学制度，开展

了基本能力分析评价。

扎实推进党风廉政建设。认真落实“两个责任”,切实履行“一岗双责”,进一步健全完善了党风廉政建设责任体系。加强廉政警示教育,召开了全局党风廉政建设再警示教育大会,对各单位党政“一把手”进行了集体约谈。狠抓专项巡视和责任审计整改工作。认真落实骆惠宁书记、楼阳生省长、贺天才副省长重要批示精神,成立了相关工作专项领导小组,建立了整改台账,实行拉条挂账、对账销号、限时办结,按时完成了相关整改任务。严格执行中央八项规定,组织开展了民生领域腐败和不正之风、群众身边腐败问题专项整治,开展了节日期间“四风”问题监督检查,坚决纠正形式主义、官僚主义。

三、完善规章制度,着力提升工作效能

针对全局工作运行和管理中存在的制度不完善、权责不明晰、监督不得力、落实不到位等问题,局党委从建章立制入手,着力推进各项工作规范化、制度化、标准化、流程化建设,有效提高了工作效率,促进了工作作风转变。修订完善了党委会议、“三重一大”、公文传阅、财务审计、资产管理、人才培养等规章制度,建立了各部门(单位)月度汇报和领导班子成员季度汇报工作制度、日常督促检查工作制度、产业经济定期评价分析制度,以及定期向分管省领导和业务主管部门汇报工作等制度,健全了以制度管人管事的长效机制。

建立了“1+4”工作机制。与各单位主要负责人签订“1+4”工作责任状,明确既要管业务,还要管廉政、管安全、管稳定、管资产。实行了安全生产发生重特大安全生产事故和重大安全生产隐患两个“一票否决”。开展了全局资产清查、债权债务清理等工作,全面摸清了资产家底。

修订完善了年度目标责任评估考核办法,针对以往考核办法执行过程中发现的问题,重点对考核指标进行了调整,细化了奖罚事项,使之更加科学合理,更加贴近实际,更加便于操作,更加有利于发挥“风向标”“指挥棒”作用。建立清单式推进工作机制,围绕全年工作部署,制定了党建工作、业务工作等重点工作任务清单,实施挂账销号式管理,保证了重点工作事事有人抓、件件有结果。

四、注重精神文明创建,维护全局安全稳定

深入推进文明创建工作。11家单位获省直文明单位标兵称号,7家单位获省直文明单位称号。组织开展丰富多彩的职工文体活动,先后荣获“紫金杯”第五届全国地勘行业男子篮球赛、省直机关第五届运动会等多个奖项。

牢牢掌握主流意识形态主阵地。一是加强了党委对意识形态工作的领导,积极营造宣传贯彻习近平新时代中国特色社会主义思想和党的十九大精神舆论氛围。二是加强网络意识形态和互联网安全工作,举办了信息化和网络安全培训,开展了网络安全大检查。三是加强了宣传思想战线队伍建设,制定了《省地勘局宣传工作管理办法》,着力打造政治坚定、业务精湛的新闻通讯骨干队伍。

积极开展法治稳定工作。加强对全局法治工作的领导,及时调整了法治领导小组成员,制定了2018年法治工作要点,开展“七五”普法规划中期自查。开展了“我与宪法”优秀微视频征集、“12·4”国家宪法日学习宣传和无纸化学法用法考试。健全落实“一把手”为信访稳定工作第一责任人、班子成员各负其责的责任体系,加强矛盾纠纷排查化解工作,组织开展了扫黑除恶专项斗争。

工团组织作用进一步发挥。坚持执行职工代表大会和队务公开制度,有效保障了职工民主管理、民主决策、民主监督权利。坚持贯彻落实以人民为中心的发展理念,加大了职工工作生活环境的改善力度,全年共完成基地水电暖气路等民生工程投入747.3万元,为年度目标的114.9%。大力弘扬劳模精神,激发广大职工立足岗位争当模范。

(李耿为)

附:省地质勘查局党委书记、副书记、委员名单

书　记:彭东晓

副书记:李俊敏

委　员:韩晋生　马敦民　王润福　江　荣
李保福(11月任职)

省城镇集体工业联合社党组

党组书记　张　涛

2018年,省城联社在以习近平新时代中国特色社会主义思想为指导,认真学习贯彻习近平总书记系列重要讲话精神和党的十九大精神,认真落实新时代党的建设总要求,不断增强“四个意识”、坚定“四个自信”、践行“两个维护”,以党的政治建设为统领,全面推进党的政治建设、思想建设、组织建设、作风建设、纪律建设,把制度建设贯穿其中,深入推进反腐败斗争,坚持全面从严治党主线,坚持将党建工作与业务工作同部署、同考核,提升省城联社党建工作科学化水平,为省城联社的改革发展提供了政治和组织保证。

一、认真学习贯彻习近平总书记系列重要讲话精神、党的十九大精神和省委省政府决策部署

省城联社以学习型党组织建设为基础,把深入学习贯彻习近平总书记系列重要讲话精神作为政治责任,按照“融会贯通、学以致用、全面覆盖”的要求,加强组织领导,上下联

动,不断引深,形成了学用习近平总书记重要思想的大格局。

党员领导干部始终站在增强“四个意识”、坚定“四个自信”、践行“两个维护”的政治高度,提高政治站位,把党的政治建设摆在首位,深刻学习领会习近平总书记系列重要讲话精神、党的十九大精神和省委省政府决策部署,不折不扣地贯彻落实好习近平总书记重要批示指示精神和省委决策部署。把学习贯彻习近平总书记重要思想和维护习近平总书记核心地位作为重大政治任务,摆在首位。实实在在把思想和行动统一到讲话精神上来。

始终坚持党组中心组学习制度。做到第一时间传达学习贯彻习近平总书记系列重要讲话精神、党的十九大精神和省委、省政府的决策部署,做到理论与实践相结合,学习与工作相促进。2018年省城联社党组围绕习近平新时代中国特色社会主义思想、党的十九大精神、全国“两会”精神等内容先后组织16次党组中心组(扩大)学习会,结合省城联社实际,及时调整党组中心组学习成员,扩大到机关副处级以上和直属单位班子成员参加,保证了学习贯彻的效果。科学制定计划,强化督促工作,系统安排部署,确保学习成效不走过场,各直属党组织书记主动扛起抓好学习的主体责任,从严管理学习过程。

推动学用结合,增强“四个意识”,坚定“四个自信”,进一步筑牢同以习近平同志为核心的党中央保持高度一致的思想根基。2018年举办省城联社党员干部深入学习贯彻十九大报告贯彻“两会”精神,用习近平新时代中国特色社会主义思想武装头脑专题培训研讨班,从党建工作、组织工作、意识形态等方面,开展了十个单元的系统学习。开展联组学习、以会代训、专题单元学习、支部书记培训班、请进来辅导学习、走出去引深学习等多种形式的学习落实。

坚持把讲话精神作为基层党支部“三会一课”常态化学习教育内容。在太行干部学院举办了省城联社基层党组织书记60多人参加的培训班;在大寨干部学院举办了《全省三级城联社提升服务“三农”乡村振兴脱贫攻坚能力》共计120人参加的培训班。推动全省城联社学用“讲话”和理论武装工作向深度和广度拓展,组织全体党员集中观看《将改革进行到底》《榜样3》《辉煌中国》。坚持党组书记带头讲党课,以“用习近平新时代中国特色社会主义思想武装头脑,不忘初心、牢记使命、勇于担当,追梦需要激情和理想、圆梦需要奋斗和奉献,在新时代践行光荣与梦想”为主题,对广大党员干部进行党课教育。开展共产党员“戴党徽、亮身份、明岗位、树形象”活动,激励广大党员干部强化党员意识,明确岗位职责,增强过硬本领,争做模范表率,在服务发展、服务民生中创先争优。

以“主题党日+”的模式丰富活动形式和内容取得良好效果。一是主题党日+理论学习,组织党员集中开展“尊崇宪法 学习宪法 遵守宪法 维护宪法 运用宪法”法治学习,宣传教育主题党日活动、“绿色行动我先行、加强生态环境保护、打赢蓝天保卫战”主题党日活动,“不忘初心、牢记使命”,纪念中国共产党成立97周年新时代新担当新作为主题党日活动。“12月4日宪法日”主题党日活动进行法律考试,提升政治思想觉悟和业务理论水平。二是主题党日+社会实践,组织青年党员干部职工深入直属企事业单位及参股企业,开展基层主题党日活动,开展“新时·新青·新语”五四青年节主题活动。三是主题党日+脱贫攻坚,把脱贫攻坚作为政治任务和核心任务,发挥党支部的引领作用,山西省二轻迎泽交易大厦党总支、山西城联物业管理有限公司党支部深入到扶贫点代县十里铺村,与驻村干部和当地党支部共同开展“新时代·新作为”主题党日活动。

扩大学习范围,一是召开老干部学习十九大精神暨纪念改革开放40周年座谈会,增强老干部对习近平新时代中国特色社会主义思想的政治认同、思想认同、理论认同、情感认同。组织老干部赴贾家庄参观学习,赴昔阳县大寨开展“传承红色基因·不忘革命初心”主题党日活动。二是通过《山西城联信息》《山西工美通讯》和省城联社官网、微信群、电子屏等载体,积极推送发布习近平总书记视察山西重要讲话、习近平新时代中国特色社会主义思想、学习《习近平新时代中国特色社会主义思想三十讲》、新修订的《宪法》、十八大以来辉煌成就、十九大精神等学习宣传资料,营造浓厚的舆论氛围,将十九大报告中重大观点、重要思想、重大战略制成版面,宣传十九大精神要点,做到栏目新、内容新、表述准、内容全。

二、认真履行“两个责任”抓好党风廉政建设和反腐败工作

(一)严格落实全面从严治党主体责任和监督责任,推动机关和直属单位党风廉政建设和反腐倡廉建设向纵深发展。一是健全工作机制,狠抓责任落实。严格落实党风廉政建设责任制,坚持“一把手”负总责、党风廉政建设“一岗双责”,对党风廉政建设中所负的责任进行了细化、量化。明确机关党委书记、副书记、机关纪委书记、机关各处室和各直属单位主要负责人的责任,形成了“一把手负总责,分管领导各负其责,班子成员齐抓共管”的制度体系。以身作则带头作廉政承诺、带头讲廉政党课、带头述职述廉。二是坚持关口前移,实现常态监督。抓早抓小、科学预防,始终保持与驻委纪检组的实时联系,主动报告重大事项安排,主动填报重要工作情况报告表,主动接受党风廉政建设和惩防体系建设专项检查。进一步加强对领导干部的管理和监督,完善干部任前廉政谈话、诫免谈话制度,加强廉政工作“痕迹”管理。严格执行领导干部个人事项报告制度和抽查核实制度。坚持每年与机关各处室和各直属单位负责人签订《党风廉政建设和反腐败工作责任书》。三是弛而不息纠正“四风”。严格按照中央八项规定精神、《习近平总书记关于进一步纠正“四风”、加强作风建设重要批示》、新修订的《中国共产党纪律处分条例》和省委“实施办法”的要求,精简会议文件、加强调查研究、加强财务管理、厉行勤俭节约、规范公车使用、公务接待、公务考察,杜绝各类违反规定的事件发生。严格按照省委开展巡视整改自行“回头看”安排部署,制定“三个清单”,认真修订完善了省城联社贯彻落实中央八项规定实施细则。

(二)落实全面从严治党主体责任,提升省城联社党建工作科学化水平。一是牢固树立"抓好党建是最大政绩"的理念,不断强化"抓好党建是本职,不抓党建是失职,抓不好党建是不称职"的责任意识,省城联社始终把党建工作牢牢抓在手上,全年召开党建工作领导组会议4次,推动全面从严治党工作落到实处。二是认真贯彻《中国共产党党和国家基层组织工作条例》和省委《实施意见》,坚持办公室主任、人事处处长、机关党委专职副书记、机关纪委书记列席党组会议。三是党组书记、机关党委书记将党建工作与中心工作同谋划、共部署、齐推进,多年坚持兼任机关党委书记,认真抓好党委(党组)领导班子自身建设,督促其他班子成员认真履行"一岗双责",坚持党务公开,扎实推进党建各项工作有序开展。四是机关党委按时召开民主生活会,党组成员以普通党员身份分别参加所在党支部的组织生活会,党组书记带头讲党课,以实际行动落实党内生活准则,推进党的基层组织生活常态化、制度化、规范化。五是结合"三基建设",围绕"三会一课"、党费收缴使用管理、党员发展等日常性工作,细化工作流程和操作办法。深入推进基层党建7项重点任务,以"两学一做"为抓手,整治软弱涣散党组织,坚定"四个自信",教育引导全体党员干部坚定理想信念。六是以主题教育活动为抓手,转作风求实效。发挥工美馆作为省级爱国主义教育基地平台作用,组织多家省直部门单位在此开展弘扬优秀传统文化坚定文化自信主题党日活动。通过开展巡视整改自行"回头看",夯实管党治党主体责任,加强制度建设和作风建设,增强"四个意识"和"两个维护"的思想自觉和行动自觉。

三、加强省城联社"三基建设",夯实基础管理、提升基本能力、紧抓基层工作

全面加强基层组织、基础工作、基本能力建设,是我省推进"两学一做"学习教育常态化制度化的特色载体,是强基固本、保障中央及省委各项决策部署落到实处的重大举措,是推进改革发展各项事业的根本保证。省城联社扎实开展"三基建设",坚持问题导向,坚持改革精神,坚持法治思维,牢固树立"四个意识",以强化基层组织为关键,以做好基础工作为路径,以提升基本能力为手段,确保"三基建设"取得实效。

(一)明确责任领导,形成工作合力。2018年8月1日召开"三基建设"推进会,传达学习省委书记骆惠宁在全省推进"三基建设"座谈会上的讲话精神、全省"三基建设"2018年度重点工作任务清单,安排部署省城联社"三基建设"2018年度重点工作任务清单和基础工作评估验收整改工作,对各直属党组织坚持问题导向,提高工作标准,按照"两年不断深化拓展、显著改观","三年实现整体提升、全面进步"目标,持续深入抓好"三基建设"。

(二)坚持问题导向,强化任务落实。一是省城联社对《全省"三基建设"2018年度重点工作任务清单》中的各项工作任务,细化措施,强化责任,狠抓落实。二是建章立制、提升规范化管理水平。三是强化效能建设。在省城联社机关制作了去向牌,推行离岗告示制度,在机关和直属单位全面推行限时办结制度和首问负责制、AB岗制、一次性告知制、服务承诺制、工作计划规范管理制度。四是系统梳理基础性工作,全面推行精细化管理。机关和各直属事业单位夯实基础工作,进一步完善基础工作目录、流程图和"三个手册"(管理手册、应知应会手册、便民服务手册),积极建立岗位责任书制度、内部工作制度和部门间协调配合机制,规范工作计划管理。五是实施"五大培训工程",通过开展党组织书记培训、财务培训、人事劳资培训、工艺美术行业培训、晋艺大讲堂、全省城联社主任会议等各类培训、会议,引导党员干部进一步提升履职能力,对标先进,争创一流。

四、以提高服务"三农"水平和实施乡村振兴战略为主线,全面推进全省城联系统和工美行业转型发展

(一)目标责任分解到位。将省政府目标任务分解下发各市城联社。要求各市城联社制定并全面实施扶智、扶技计划;探索扶持村集体经济"破零"工程;开展手工业新业态"百艺千社"下乡进村试点工作;培育打造黄河岸边长城脚下太行山上"有人、有景、有物、有故事"的特色乡村文旅非遗小镇、手工业一条街乡镇振兴新景象。

(二)举办《牢记总书记嘱托·在希望的田野上·山西农民画农民画》巡展。组织全省农民画家以"牢记总书记嘱托,在希望的田野上""幸福都是奋斗出来的""脱贫攻坚奔小康""农民火红的日子""我们的第一书记"等主题进行创作,在忻州市岢岚县城及宋家沟村和代县雁门关先后举办了《牢记总书记嘱托·在希望的田野上·山西农民画农民画》大型展览活动,并印制画册进行广泛宣传,得到了社会各界特别是广大农民群众一致好评。

(三)提升全省城联系统领导干部和帮扶村扶贫工作队、两委负责人服务"三农"脱贫攻坚乡村振兴能力。分别在昔阳县大寨干部学院和太行干部学院举办了提升服务"三农"脱贫攻坚乡村振兴能力培训班和基层党组织书记培训班。两次系统专业的培训对进一步增强全省城联系统各级领导干部履职尽责能力和干事创业本领,振兴传统手工业,提高服务"三农"、乡村振兴工作能力具有重要意义。

(四)争取全国轻工业行业大会和全国总社成立60周年纪念大会在太原召开。加强了省城联社与全国轻工、城联系统的交流合作,为提升服务我省"三农"水平,振兴山西传统手工业提供了坚实的保障。

(五)联合举办我们的节日·首届中国农民丰收节(秋分)民俗系列活动——中国炎帝文化论坛。150余名国家、省、市相关部门的专家、学者荟聚长治论坛,深度挖掘和传承神农炎帝文化,庆祝首届中国农民丰收节。这也是省城联社服务三农、乡村振兴的又一举措。

五、以挖掘传统工艺为着力点,推进工艺美术向文化旅游融合发展

(一)完善平台建设。在山西省工艺美术馆的基础上,进

一步深化改造提升建成山西省非物质文化遗产展示馆。按照八大非遗“晋字牌”通过文字、图片、实物、现场体验以及多媒体数字化演示等形式整体造势宣传辐射,率先成为全国唯一一个工艺美术品类展示馆;和山西省文化和旅游厅打造了我省首个集展示、研究、传习、创作、表演、体验、交流等多种功能于一体的综合性现代化的非物质文化遗产展示平台、推广平台——非物质文化遗产文创基地;在完善山西晋韵小剧场、非遗小舞台、非遗书屋、鼓楼街帽儿巷食品文化一条街、榆次官道巷民俗文化小镇非遗展示中心等传承演艺平台的基础上,打造了平遥旅游景区山西手工艺品连锁专卖店及山西非物质文化遗产平遥古城展演中心;在迎泽大街工美馆(非遗馆)开辟了“夜读非遗”主题活动,在五一广场非遗文创基地,开辟了“文化夜市广场”主题活动。多渠道将手工技艺展示融入到群众休闲娱乐生活中,让其近距离感受体验传统工艺魅力。

(二)大力推行山西工美“走出去”“引进来”。引进各行各业参观工美馆、非遗馆;精心策划、全力打造“2018 春到长风 文化惠民”第五届山西文化庙会年货节;走出去积极参加第53届全国工艺品交易会、2018 中国—东盟博览会、第八届中国画节·第十一届中国(潍坊)文化艺术展示交易会·第三届中国(潍坊)民间艺术博览会、第五届中国(北京)国际服务贸易交易会、2018 年深圳文博会等国内外展会。并由参与者变成组织者,主动融入山西品牌丝路行、山西品牌中华行、“一带一路”中,让山西非遗走出国门、走向世界。受到了广大消费者的广泛赞誉和喜爱,进一步提升了山西文化的影响力和知名度。2018 年共组织参加展览 22 期,其中国内 19 期,国外 3 期;共荣获“百花杯”“金凤凰”奖 8 金、15 银、21 铜、18 优秀。

(三)用文化连接世界,助力我国党际交往。充分运用海外展会平台及中国文化中心助推山西优秀传统文化的国际传播,全方位展示我省技艺精湛、丰富多彩的非遗及保护成果。2017 年—2018 年先后参加中央对外联络部举行的“中国共产党的故事——全面从严治党”专题宣介会、葡萄牙共产党“前进报”报节活动、毛里求斯山西省非物质文化遗产精品展。活动精彩纷呈,得到了所在国人民和社会各界的广泛好评。

(四)非遗走进学校、社区、军营。2018 年继续开展“双百工程”,共走进 24 所中小学和幼儿园,有 1.5 万师生参与活动,反响强烈。“非遗进军营·慰问人民子弟兵”、庆祝建军 90 周年“军民鱼水一家亲”等慰问演出活动。

(五)打造山西文旅大地图。省城联社山西工美集团以山西境内黄河、长城、太行、高速公路网、铁路网五条主线和分布在我省黄河、长城、太行三个区域的 32 个中国历史文化名村、279 个山西传统古村落、124 个著名旅游景区、文物古建绘制在一起,制作了一幅以“锦绣山西 文旅三晋”为主题,长 14 米、宽 8 米共 112 平米的山西文化旅游大地图。

(六)联合举办首届非物质文化遗产博览会。2018 年 7 月—9 月省城联社山西工美集团与省文化和旅游厅等单位在忻州代县雁门关、晋城司徒小镇、临汾壶口瀑布和太原市分段共同举办了以“保护·传承·转化·发展——非物质文化遗产融入现代生活”为主题的首届山西非物质文化遗产博览会。汇集了 7 大类别 200 余个国家级和省级的非遗项目,众多国家级和省级非遗传承人、工艺美术大师和艺术工作者现场展示精湛技艺和臻品展出,静态与活态并举,是一次规模大、门类多、特色鲜明的非遗保护成果的集中展示。同时收集整理全省非遗目录,并在《山西日报》刊登,引起广泛关注。

(七)联合举办两场职业技能大赛。加快优秀技能人才队伍建设,建立健全对广大劳动者传承、创新的激励机制,大力弘扬工匠精神、创新创优精神,今年先后在平遥和广灵联合举办了山西省工艺美术第五届“平遥唐都奖·神工杯”漆器职业技能大赛和第二届“广灵剪纸奖·神工杯”剪纸职业技能大赛。

(八)广泛利用传播媒介宣传我省优秀传统文化。一是举办主题讲座。2018 年与中国民协、山西民协合作开展“我们的节日”系列主题讲座并开设晋艺大讲堂。寒食节和七夕节分别在介休和和顺县、祁县举办了以孝善文化为主题的论坛和系列文旅活动与相约七夕·邂逅和顺为主题的文旅活动、鼓舞中华·舞动山西锣鼓大赛。以公益讲座为载体,增强广大人民群众对传统节日文化的参与感、获得感和认同感。二是举办专业论坛。为贯彻落实省委省政府“加强同全国 C9 高校联盟合作”的要求,今年同清华美院及韩国知名企业“雪花秀”公司合作开展山西非遗漆器髹饰技艺传承保护工作。在芮城永乐宫“文化之美·漆心可见”清华大学雪花秀非遗保护基金年度成果展上,共同探讨漆艺传承发展和可持续发展的未来,向全国乃至世界推广非遗漆艺文化、中华优秀传统文化。并于 11 月 20 日在太原美术馆举办了“文化之美·漆心可见”清华大学雪花秀非遗保护基金“漆彩三晋”山西漆艺巡展。

(九)国家艺术基金 2018 年艺术人才培养资助项目《传统大漆髹饰技艺创新创作人才培养研修班》顺利开展。项目采取集中授课、实操训练、外出采风、创作实践、总结研讨、成果展示等阶段,总时长 5 个月。理论与实践结合,采访与创作并行,全方位激发行业创作热情。

(冯晓东)

附:省城镇集体工业联合社党组书记、成员名单

书　记:李荣钢(10 月离职)　张　涛(12 月任职)

成　员:杨晋才(12 月离职)　杨润梅(女)

中国煤炭博物馆党委

党委书记　张继宏

2018年，中国煤炭博物馆（以下简称中煤博）深入学习宣传贯彻落实习近平新时代中国特色社会主义思想和党的十九大精神，按照省委“一个指引、两手硬”思路和要求，全面加强党的建设，严格落实“两个责任”。全力推进中煤博“131”战略目标(一个指引：以习近平新时代中国特色社会主义思想为指引，全面加强党的建设；推进三项中心任务：事业单位改革、资产经营理顺、公司经营创收；实现一个奋进目标：实现建设国家一流工业博物馆的奋进目标)。556名干部职工人心思改，人心思进，内在素质提升，外在形象改变，凝聚力向心力增强，奋力攻坚克难，锐意改革创新，推动改革发展稳定各项事业取得新进展新成效，“131”战略目标取得积极进展。

一、全面履行党建责任和党风廉政建设责任

高度重视党的建设，真抓实干，一级抓一级，层层抓落实，真正把党建责任落实到支部，各项工作成效显著。

(一)推进学习往心里走，往深里走，往实里走

采取主题党课+深研细读、读原著、学原文、悟原理、走出去、请进来、座谈交流、调研宣讲、着力解决党建十个方面突出问题、认真开展“三会一课”、支部书记“双述双评”、主题党日等多种方式，推动学习贯彻习近平新时代中国特色社会主义思想往心里走，往深里走，往实里走。

(二)弘扬正能量倡导正风正气

编发内部简报、微信公众号、门户网站报道中煤博各项工作221篇，人民网、山西新闻网、山西日报等媒体全方位多角度报道中煤博56篇，弘扬正能量，有效宣传提升中煤博的社会影响。

(三)积极创建文明单位标兵

在党委前所未有的重视和坚强领导下，全体职工共同行动，竭尽全力，用整洁的馆区馆貌、文明的语言、昂扬的斗志，使中煤博外在形象改变，内在气质提升，2018年7月，中煤博重新被命名为“2017年度省直文明单位标兵”。

(四)“三基建设”取得阶段成效

原煤炭厅评估组对中煤博在基础工作方面的做法给予充分肯定，给予优秀等次。2018年12月，中煤博作为省能源局代表参加全省“三基建设”先进单位评选。

(五)全面加强党风廉政建设

构建一级抓一级、层层抓落实的党风廉政建设责任体系。严格执行中央八项规定精神，杜绝形式主义，官僚主义，确保风清气正，全面从严治党向纵深发展，促进党员干部知敬畏、存戒惧、守底线。

(六)做好安全维稳工作

认真强化安全稳定第一责任，创新工作思路，切实加强管理，扎实做好各项安全稳定工作。全年未发生一起安全维稳事件，无违纪违法案件发生。

(七)全力以赴脱贫攻坚

2018年5月起承担永和县阁底乡阴德河村的帮扶脱贫任务。组织开展认领爱心枣树、消费扶贫等活动、建成永和县最大的“爱心超市”，得到省委驻村办、省扶贫办、永和县委的充分肯定。

二、全力推进事业单位改革、资产经营理顺及公司经营创收三项中心工作

(一)事业单位改革取得积极进展

面对中煤博事企一体管理体制不畅等严峻局面，以问题为导向，以目标为导向，学习研究把握文件、政策，用改革的思维、改革的方法解决历史遗留问题，多次向有关部门沟通汇报，寻求理解支持。5月省政府召开专题会议研究，对解决中煤博职工社会养老保险问题提出初步思路，实现了重大突破，会议基本形成初步意见。有望彻底解决职工养老保险、中煤博退休职工移交社会统筹问题，取得突破进展。

(二)资产经营工作亮点纷呈

盘活空置16个月资产成功租赁。努力破解僵局，山西焦煤租赁租金理顺。展厅东地下室租赁纠纷诉讼胜诉收回房屋。西院租赁诉讼案件等待判决。争取政府200万元对宿舍区改造、主馆亮化升级。

(三)公司经营创收运行平稳

通过组织调研和运行分析，科学确定经营目标，谋划经营思路，积极推动公司经营创收及清欠工作，克服市场不利因素，6户经营企业减亏9万元，清欠工作收回欠款10万元，另有债权与对方初步达成以房抵债的意向，经营创收工作总体上运行平稳。

事业单位改革、资产经营理顺及公司经营创收三项中心工作，在中煤博当前困境下，党委坚持职工是煤博馆改革发展的主体、参与者、受益者，带领全体干部职工，把存在的突出问题、看准了的事情、部署好的工作，分出轻重缓急，一个一个解决，一个环节一个环节抓好落实，一个步骤一个步骤稳步推进，三项中心工作取得显著成效，职工们团结进取，攻坚克难，锐意改革，积极进取，取得了改革发展稳定各项工作积极进展的实际成效。

三、实现建设国家一流工业博物馆的奋进目标

(一)完成国家一级博物馆运行评估任务

围绕国家一级博物馆运行评估相关要求和具体标准,重点就文物征集、完善基本陈列内容、学术研究、传播科普知识、展示煤炭文明、馆容馆貌等方面进行认真细致的梳理、总结、改进,边自我评估边整改补课,全馆总动员,各部门积极配合。9月5日,中煤博顺利通过2014-2016年度国家一级博物馆运行评估,而且与以前相比成绩有了较大的提高。目前,全省有134家博物馆,其中有三家国家一级博物馆,中煤博是其中之一。

(二)多渠道开展文物征集

在资金非常紧张,工资难以为继的情况下,以最小的投入征集回有价值的文物。共征集到各类藏品264件。征集到了大量有关煤层气完成"抗日烽火中的中国煤炭工业掠影"布展设计工作,预计近期与公众见面。

(三)科学严谨,加强藏品管理工作

科学制定工作规划,细化工作清单,认真做好各项藏品管理基本工作。录入"博物馆藏品综合管理信息系统",做好藏品及文献资料的保管、保养、修复等工作。

(四)学术研究及交流工作

完成《中国煤炭史志著作总目提要》的汇总及编写校对整理工作;山西省科技厅两个项目正式立项,填补了近年来中煤博没有新增省部级科研项目的空白。《煤炭博览》杂志圆满完成了全年4期的编辑发行任务,得到了社会各界的关注与好评。

2018年"5·18国际博物馆日"中煤博举办博物馆新业态论坛、召开学术年会、举办接受捐赠仪式等系列庆祝活动,更好承担传播煤炭文化、传承煤炭文明的崇高使命。

(五)推出山西煤层气产业主题展

为全面贯彻落实国发42号文和省委省政府安排部署,围绕服务"示范区""排头兵""新高地"三大目标的贯彻落实,中煤博积极筹备煤层气产业主题展。经过5个多月紧张工作,12月2日山西煤层气产业主题展在中煤博盛大开展。

(六)科学推进新业态"四足鼎立"愿景工作

2018年初,根据中煤博发展实际,开拓思路,创新思维,提出新业态"四足鼎立"愿景,谋划中煤博改革发展战略定位。积极开展博物馆新业态调研,集思广益,深入论证,争取四足鼎立新业态愿景早日实现。

(张程飞)

附:中国煤炭博物馆党委书记、委员名单

书　记:张继宏

委　员:胡高伟　马召源

群团组织党组工作概况

省总工会党组

党组书记　王　蕾

2018年，在省委的坚强领导下，省总工会党组坚持以习近平新时代中国特色社会主义思想为指导，深入学习贯彻党的十九大、十九届二中、三中全会精神和中国工会十七大精神，认真贯彻落实省委、全总决策部署，突出"五个着力""六大行动"（立足改革创新，实施"勇于担当、奋发有为"的创建行动；聚力"三大目标"建设，实施"五小六化"提质行动；围绕共建共享目标，实施"美丽·安康·幸福"的创建行动；服务脱贫攻坚大局，实施"手拉手"援助行动；着眼职工美好生活需要，实施会员普惠服务行动；打造"互联网+工会"建设新模式，实施"网上工会"提速行动，切实增强职工群众的获得感），忠诚履职，担当作为，团结带领全省职工围绕"三大攻坚战""三大目标"建功立业，各项工作取得了新成效。

一、深入学习贯彻习近平新时代中国特色社会主义思想，始终保持工会工作正确政治方向

（一）强化理论武装。认真学习党的十九大和习近平总书记视察山西重要讲话精神，全面落实省委十一届六次全会部署，省总十三届四次全委会制定了《关于以习近平新时代中国特色社会主义思想为指导，团结动员全省职工为实现"示范区""排头兵""新高地"三大目标建功立业的决议》。4月30日，习近平总书记给中国劳动关系学院劳模本科班学员回信。省总工会及时召开劳模座谈会，向全省职工发出倡议书，组织山西劳模工匠赴新疆交流宣讲，引导广大职工争做高素质的新时代劳动者。及时向省委汇报习近平总书记同全总新一届领导班子成员集体谈话时的重要讲话精神和中国工会十七大精神，连续召开党组会、主席办公会、机关干部大会和全委（扩大）会议进行传达学习，举办2期工会干部专题培训班，全面组织开展大学习大宣讲活动。省总班子成员带队组成8个中国工会十七大精神宣讲团，深入基层宣讲21场。各级工会广泛开展"十百千万"宣讲活动，引导广大职工坚定不移听党话、矢志不渝跟党走。

（二）全面加强党对工会工作的领导。扎实推进"两学一做"学习教育常态化制度化，党组中心组集体学习18次，学习贯彻中央、省委、全总精神106次。严格执行省总工会党组向省委请示报告工作制度，向省委主要领导汇报工作3次，向省委、省政府有关领导报送专项工作请示报告14次，召开党组（扩大）会议民主议事决策22次。省总党组牵头成立工会改革、产业工人队伍建设改革等领导小组11个。与各市党委加强联系沟通，推动市、县工会建立党组全覆盖，加强干部协管，推动市、县工会建立党组全覆盖。

（三）加强职工思想政治引领。制定《山西省总工会党组关于贯彻落实〈党委（党组）意识形态责任制实施办法〉的实施意见》，广泛开展"中国梦·劳动美"学习贯彻习近平新时代中国特色社会主义思想和党的十九大精神主题教育活动及"培育好家风——女职工在行动"等系列文体活动，办好、用好《山西工人报》、山西工会网和各级工会新媒体等宣传阵地，打造健康文明、昂扬向上的职工文化。

二、主动融入大局，团结引领全省职工以主人翁姿态建功新时代

（一）扎实开展"五小六化"（"五小"：小发明、小创造、小革新、小设计、小建议"五小"竞赛活动。"六化"：竞赛群众化、管理智能化、内涵科技化、人才高端化、成果产业化、服务多元化。）提质行动。省总十三届四次全委会通过了《关于以习近平新时代

中国特色社会主义思想为指导，团结动员全省职工为实现“示范区”“排头兵”“新高地” 三大目标建功立业的决议》，全省工会改革现场推进会作出了实施“五小六化”提质行动的部署，召开全省三方“五小六化”竞赛推进会，推动“五小”活动向竞赛群众化、管理智能化、内涵科技化、人才高端化、成果产业化、服务多元化的方向深化拓展。

(二)深入推进产业工人队伍建设改革。省总积极履行牵头责任，推动全省产业工人队伍建设改革协调小组 37 个部门(单位)制定执行 2018 年工作计划。召开全省产业工会工作会议，制定《贯彻落实 < 关于提高技术工人待遇的实施意见 > 责任分工方案》，广泛动员组织了百万职工参加的第六届全省职工职业技能竞赛，并在国家五部委联合举办的全国第六届职工职业技能大赛中获得团体第一的历史最好成绩。省委书记骆惠宁批示“向参赛者表示祝贺，职工技能比赛要常抓常新”。省长楼阳生批示“可喜可贺”。省总对获奖选手和培训团队给予重奖，努力营造劳动光荣的社会风尚和精益求精的敬业风气。

(三)大力弘扬劳模精神劳动精神工匠精神。乘着“五一”期间省委、省政府主要领导带头到基层送奖慰问的强大东风，省总举办首届“奋进新时代”——山西省庆祝“五一”国际劳动节特别节目，大力宣传劳模事迹。“五一”评选表彰大幅提高一线职工和专业技术人员比例，突出了注重基层、贴近一线的鲜明导向。

(四)多措并举服务扶贫援疆大局。实施助力脱贫攻坚“手拉手”援助行动，举办全省工会干部脱贫攻坚示范培训，与省扶贫办联合开展“给职工送温暖，为贫困户献爱心”消费扶贫活动。深度总结和顺县总普遍建立村级工会工作组、服务外出农民工、助力脱贫攻坚的“和顺经验”。省总工会主席高卫东带领省总班子一个月内两次深入扶贫点开展扶贫调研，多次主持会议专题研究扶贫工作，全方位加大扶贫投入，省总定点扶贫的岢岚县宋家沟乡 5 个村全部实现整村脱贫。加强对口援疆工作，省、市总工会赴疆开展对接援助和劳模工匠交流宣讲，全年投入援建资金 726 万元。

三、积极履职尽责，精准聚焦职工需求提升维权服务工作水平

(一)加大源头参与力度。推动《山西省外商投资企业工会条例》、《山西省私营企业工会条例》 列入省人大五年立法计划。推动省政府出台《贯彻落实 < 山西省女职工劳动保护条例 > 的实施意见》。开展第十七次“集体合同和工资集体协商月”活动，全省百人以上已建工会企业工资集体协商建制率保持在 91%以上，女职工权益保护专项集体合同基本实现全覆盖。

(二)依法维护职工劳动经济权益。各级工会以“一汇编两清单”为抓手，积极协助政府和企业做好“去产能”职工安置工作，助推 1.4 万职工平稳安置。召开全省“安康杯”竞赛总结表彰大会，健全竞赛机制，拓展竞赛范围，首次将生态文明、环保达标、环境治理纳入竞赛内容。大力推动城市困难职工解困脱困，落实帮扶救助工作责任制，全省在档城市困难职工由年初的 15.1 万户减为 4.1 万户。

(三)做大做实会员普惠服务行动。深化“农民工有困难找工会，拿不到工资找工会”专项行动，帮助 1658 名农民工追回欠薪 1834.43 万元，垫付应急救助周转金 100 万元。全省建成首批 20 家省级职工心理健康咨询示范基地、建成 4867 个职工服务中心(站点)，广泛开展职工技能示范培训，持续拓展“四送”活动、“女职工关爱行动”，广泛开展会员普惠服务，进一步增强了职工群众的获得感幸福感安全感。

四、深化改革创新，不断增强工会工作的活力动能

(一)市、县工会改革有力推进。省总在临汾召开了全省工会改革现场推进会，制定实施了《主要领导抓改革工作台账》《“六大行动”工作台账》，开展了市、县工会改革工作督导调研，积极推进工会改革向基层延伸。集中整顿工人文化宫、职工疗(休)养院等阵地出租、承包行为，省、市、县三级工会共收回出租场地 4.87 万平方米，回归服务职工主业。

(二)工会“三基建设”全面加强。开展“工会组建月”暨大货车司机集中入会行动、100 人以上非公企业集中建会行动，全省新建基层工会组织 1032 个，新发展会员 75162 人。召开全省工会“三基建设”推进会，举办“三基建设”成果展，大力培养选树宣传全省工会先进典型。加强效能建设，深化拓展“13710”工作制度。坚持工会资源向基层倾斜，出台文件将省、市总工会对乡镇(街道)、村(社区)工会补助标准提高 1~1.5 倍。开展大培训，省总干校培训基层工会干部 4670 人(次)。

(三)“网上工会”建设提速发力。打造网上入会、网上练兵、网上培训、网上服务、网上宣传新矩阵，“让数据多跑路、让职工少跑腿”成为市、县工会服务职工新模式。开展了“网聚职工正能量 争当中国好网民”主题活动，山西工人报官方微信公众号跻身全国工会系统前 10 名。打造工会新媒体矩阵，引导广大职工共建清朗网络空间。

五、全面从严治党，在全省工会系统营造风清气正的政治生态

(一)领导班子和干部队伍建设全面加强。2 月，省委决定王蕾任省总工会党组书记；4 月 20 日，山西省总工会第十三届委员会第四次全体会议选举省人大常委会副主任高卫东为省总工会主席，王蕾为省总工会常务副主席。在新班子带领下，省总建立省总工会党组议事规则，坚持“三重一大”事项经党组会、主席办公会集体决策。落实党建工作责任制，加强机关党组织建设，开展机关党组织书记逐级述职评议考核工作。党支部集中学习 50 余次，党小组集中学习百余次。省总干校举办各类培训班 45 期，培训工会干部 4670 人(次)。加强与非洲及港、台、澳地区工会组织交流，工会干部出国(境)培训实现突破，得到省外办高度肯定。

(二)党风廉政建设全面深化。召开全省工会党风廉政建

设工作会，举行集体廉政谈话，层层签订党风廉政建设责任书，层层压实党风廉政建设责任。召开全省工会系统整治群众身边腐败问题推进会，集中开展民生领域腐败和不正之风专项整治活动，推动工会系统全面从严治党向纵深发展。在坚持“三重一大”事项集体决策基础上，制定出台了一系列涉及工会经费管理的规范性制度。

（三）作风建设取得实效。认真贯彻骆惠宁书记关于省、市、县三级群团组织领导班子成员要分别用1/3、1/2、2/3时间深入基层的重要指示，省总领导班子成员下基层时间平均达34.5%，带动市、县工会全面转变作风。深化“六个五”工作制度，省总下派5名“第一副主席”到乡镇（街道）工会挂职锻炼，选派17名干部任扶贫工作队员、第一书记，深入基层了解实情、解决问题、培育典型、指导工作。

工会其他各项工作统筹推进。省总工会获得省级工会财务会计工作竞赛特等奖、省级工会经审工作规范化建设特等奖等5项省部级荣誉，对口援疆、集体合同、源头化解职工队伍稳定风险、职工疗养院清理整改等工作在全国工会作典型发言。年轻干部培养选拔、普法工作在全省作典型发言。

（肖　翰　文慧霞）

附：省总工会党组书记、成员名单

书　记：王　蕾（女，2月任职）

成　员：辛旭光　张亚琳　韩丽珍（女）　宋海兵（11月离职）　谭立新

共青团山西省委党组

党组书记　黄　巍

2018年，全省各级团组织以习近平新时代中国特色社会主义思想为指导，深入贯彻落实中央及省委和团中央的部署要求，聚焦主责主业，履行职责使命，扎实推进“1122”工作布局，各项工作取得明显成效。“青春兴晋”行动得到省委骆惠宁书记批示肯定，并在央视2套播出。联合长治市委向团中央申报并获批“全国青少年太行革命传统教育基地”（全国第四家）。我省政府购买青少年社会服务做法在全国推广。团省委荣获第五届“创青春”中国青年创新创业大赛（互联网组）优秀组织奖。团省委机关党委被省直工委评为先进基层党组织。中国青年报头版报道《引领青年争当脱贫攻坚实干家——山西：“双争双兴”助力乡村振兴》。山西省“红色记忆Ⅴ计划”推送的3部作品获第六届亚洲微电影艺术节一等奖。整体工作在全国处于第一方阵。

截至2018年底，共青团山西省委机关系统共有3个党委，8个党总支，32个党支部，427名党员。

一、党的建设情况

（一）加强思想政治建设

一是自觉强化政治责任，坚持把党的政治建设摆在首位，带头学习宣传贯彻习近平新时代中国特色社会主义思想，重大工作和问题向省委报告和请示19次，树牢“四个意识”，坚定“四个自信”，自觉践行“两个维护”。严格执行《关于新形势下党内政治生活的若干准则》，坚决落实民主集中制，集体讨论研究决定各项决策，认真开展民主生活会和组织生活会，在严肃的批评和自我批评中增强党员干部的党性锤炼。二是深入开展理论学习，召开24次党组中心组理论学习会议，紧密结合工作实际，重点学习习近平新时代中国特色社会主义思想和党的十九大精神、习近平总书记视察山西重要讲话精神、“7·2”重要讲话精神以及最新重要讲话精神，坚持做到学懂弄通做实。三是对照省委关于中央巡视反馈意见整改工作方案要求，重点聚焦7个方面问题，制定11条整改落实措施，逐条落地见效。专题研究省委十一届六次全会精神及系列专项部署，逐条对照落实到位。落实省委巡视反馈15个问题，逐一整改到位。四是坚持执行“好干部标准”，突出政治标准，打破论资排辈，提任、调整处级干部45名，从基层选拔挂兼职干部33名，鲜明树立了干事创业的选人用人导向。

（二）加强“三基建设”

一是强化基层组织，完成机关党委和纪委换届，完善“机关部门＋事业单位”10个联合党支部运行机制，推动联学联做，开展“三会一课”259次、主题党日活动55次。二是规范基础工作，修订提升“一目录一流程三手册”标准，建立健全规章制度18项，建立了双周书记办公会议和党组会议工作机制，使各项工作运行有章可循、严谨有序。坚持每周编发1期《一周要讯》，以信息公开倒逼各级共青团组织工作推进，同时建成团省委OA系统，整体提升工作效能。三是提升基本能力，制定《团省委机关干部年度考核办法》，编制《共青团工作应知应会要点》，实现业务培训全覆盖，随时抽查测试确保实效。全省“三基建设”工作简报刊载团省委推进“三基建设”和基础工作“回头看”的做法。

（三）加强党风廉政建设

一是召开年度党风廉政建设工作会，逐级签订廉政责任书，常态化开展廉政教育和警示教育，严格执行中央八项规定精神。二是建立健全廉政工作机制，重点成立财务领导小组，制定财务管理制度，严格细化工作流程，涉及财物的事项集体研究、全程录音，有效防范廉政风险。三是深入开展“严纪律、转作风、作表率”和“形式主义、官僚主义”突出问题集中整治活动，班子成员带头每日公布行程，严肃执纪问责，对机关系统21名干部职工予以组织处理,办结问题线索9件。《山西信息》刊发《团省委机关系统推动从严治团向纵深发展整体精神面貌呈现崭新气象》。

二、共青团工作情况

(一)贯彻省委决策部署坚决有力

及时传达学习省委重大会议精神,把全省青年的智慧和力量凝聚到"两转"基础上全面拓展新局面中来。认真落实省委书记骆惠宁对团干部"三个反对、三个做到""走在前列、作出表率"要求,开展"严纪律、转作风、作表率"活动,团干部精神状态焕然一新;认真落实省委书记骆惠宁"春节期间做好返乡青年服务工作"批示精神,持续推动"青春兴晋"行动,覆盖在外青年10万人,1758名优秀学子返乡实践;认真落实省委"省市县三级团委班子成员每年1/3、1/2、2/3时间深入基层"要求,开展"走基层访青年"活动,直接联系基层团组织和"青年之家"2563个,联系青年1.17万人。

(二)青少年思想政治引领扎实有效

开展"青年大学习"行动,用青少年喜闻乐见的方式,广泛宣传习近平新时代中国特色社会主义思想和党的十九大精神,举办宣讲活动2300多场、主题团日学习2.06万次,在线学习107万人次,青少年听党话跟党走的理想信念更加坚定。在各级共青团、青学联、青年社会组织中成立习近平新时代中国特色社会主义思想青年学习小组,学思践悟辐射带动。"青年马克思主义者培养工程"累计培养青年政治骨干1.75万人。少先队开展"红领巾爱学习"活动,灌输培养少年儿童对领袖的朴素感情。常态化开展社会主义核心价值观和中国梦宣传教育,举办10场"将改革开放进行到底"示范宣讲,开展1083场"红色记忆V计划""我与国旗合个影"等主题活动,青少年进一步坚定"四个自信"。5名青年入选2018年"全国向上向善好青年",典型引领作用明显。

(三)服务大局精准发力

实施"双争双兴"工程,培养农村青年电商人才8526人,筹集3200万元公益资助5229名贫困青少年,动员1150名青年志愿者和高校志愿服务队参与贫困帮扶,扎实推进乡村振兴和脱贫攻坚。开展"创青春"系列工作,培育创新创业项目1133个,青创板挂牌161家企业,有效推动青年创新创业。深化"保护母亲河行动",成立山西青少年环保联盟,实施青少年节水护水行动,开展"河小青""环保小河长"等生态环保实践,青少年绿色环保意识明显提升。广泛开展学雷锋活动,圆满完成太原国际能博会等大型展会志愿服务,扎实推进"二青会"志愿服务工作,群众性文明创建蓬勃开展。

(四)联系服务青少年成效明显

落实《中长期青年发展规划(2016-2025)》和《山西省青少年发展"十三五"规划》,争取财政600万元购买青少年社会服务22项,争取中央彩票公益金2000万元,实施"助力计划"山西省困境青少年服务项目,覆盖困境青少年143万人次。"共青团与人大代表、政协委员面对面"提交青少年提案、议案145件。每周推出"守护青春"法治广播,覆盖中小学2000多所、青少年300余万。出台《关于构建未成年人司法保护工作社会支持体系的意见》,建成未成年人保护专线。实施"伙伴计划""筑梦计划",成立山西青年网络作家联盟等枢纽型社会组织,加强新兴青年群体和青年社会组织的联系服务。

(五)团的改革不断深化

出台团代表、委员、常委履职工作规则,决策运行机制更加规范。成立思想引领、脱贫攻坚、评选表彰等项目组,工作运行纵向扁平化。出台《市县共青团深化改革任务清单》,市县团委改革步伐加快。实施"青源"工程,中学共青团改革稳步推进。改革团员管理,全面启用"智慧团建"系统,录入团支部7.75万个。建设"青年之家"1213个,团的服务阵地走近青年。青学联、少先队改革统筹推进。团省委事业单位撤销5个。

(六)从严治团全面推进

强化省市县团的领导机关党的建设,团系统党的领导全面加强。抓好联合党支部联学联做、联述联评,推动党建工作与业务工作深度融合。梳理岗位职责流程,推动团干部学习掌握应知应会团务知识,"三基"建设进一步强化。在右玉、武乡干部学院举办团省委委员、候补委员和县级以上团干部培训,理论素养全面提升。出台团内请示报告制度,加大问责约谈力度,团干部管理更加严格。加强团旗团徽、队旗队徽管理,团队标识使用日益规范。对未满13周岁入团和无编号发展团员等违规现象进行排查整改,团员管理更加有序。

2018年,省委、团中央高度重视、支持团省委的工作。省委书记骆惠宁多次就团的工作作出批示。省委副书记林武多次听取汇报,作出具体指示。团中央书记处第一书记贺军科,书记处常务书记汪鸿雁,书记处书记徐晓、傅振邦分别通过视察或批示,对团省委的工作给予肯定。中国青年报、山西日报、《山西信息》多次刊发团省委工作,《中国共青团》刊登团省委的"政府购买青少年服务"做法在全团推广。团省委驻村帮扶工作被评为全省"综合评价好"的等次,位列全省第一方阵。

(赵舒悦)

附:共青团山西省委党组书记、成员名单

书　记:黄　巍

成　员:苏　涛　赵　静(女)　周　鹏

吴　兴(挂职)　丁国栋

省妇女联合会党组

党组书记 张 葆

2018年，省妇女联合会以习近平新时代中国特色社会主义思想为指引，深入学习贯彻习近平总书记系列重要讲话精神和对妇女工作、妇联改革的重要指示，深入贯彻省委“一个指引、两手硬”的思路和要求，扎实推进山西省妇联工作改革、各项工作迈上了新台阶。

省妇女联合会党组加强妇女群众思想政治引领。召开山西省纪念三八国际妇女节108周年大会，评选表彰省级三八红旗手140名、三八红旗集体95个、巾帼文明岗98个、巾帼建功标兵148名，组织开展三八红旗手、巾帼建功标兵巡讲，“向三八红旗手学习·为三八红旗手点赞”，庆祝改革开放四十周年三八红旗手宣讲、“三晋巧姐”作品展等系列活动。持续推进“十百千万‘三晋巾帼大宣讲’”活动，组织党的十九大女代表、妇联干部及三八红旗手、“最美家庭”代表深入农村、社区宣讲党的十九大精神22.3万场次。其中“党的十九大女代表接力宣讲网上行”活动线上线下宣讲14942场，覆盖77.27万人次，引领广大妇女听党话、跟党走。

宣传贯彻习近平总书记同全国妇联新一届领导班子集体谈话时的重要讲话精神和中国妇女十二大精神。中国妇女十二大召开后，以饱满的政治热情和强烈的责任担当，切实把学习贯彻习近平总书记同全国妇联新一届领导班子集体谈话时的重要讲话精神作为妇联工作的头等大事，作为加强妇联党的建设特别是政治建设的核心内容，紧锣密鼓展开一系列行动。省妇联第一时间向省委领导汇报，省委召开常委会议专题学习传达贯彻习近平总书记重要讲话精神和中国妇女十二大精神，并就贯彻落实提出明确要求。从省妇联到各地妇联，从妇联常、执委到团体会员，从机关、企业、学校到社区、农村，各级各部门各单位都积极行动起来，开展大学习，部署大培训，组织大宣讲，推动大落实，形成高点起步、自上而下、层层推进、持续深化的强劲态势，全省共组织学习宣传宣讲2487场次，覆盖26.65万人次，推动习近平总书记重要讲话精神入脑入心笃行。

深入推进妇联系统改革。从基层一线替补、增补14名执委，省妇联执委中各族各界、各行各业劳动妇女和知识女性优秀代表比例由26%提高到41.05%，实现了40%的改革目标。指导8个市顺利完成换届工作，市县乡三级妇联执委中的基层一线代表比例均实现了改革要求，妇联领导机构的广泛性代表性显著增强。持续推进“会改联”、“区域化”建设，全省99.88%的村（社区）妇代会改建为妇联，99.21%的乡镇妇联组织完成区域化建设。市县乡村四级妇联组织新增兼职副主席68094名、执委312083名，有效破解了工作力量“倒金字塔”难题。建立网格型妇女小组54557个，功能型妇女小组17658个；加强机关事业单位妇委会和团体会员工作，在非公经济组织和社会组织中建立妇女组织16320个，有力夯实了基层组织网络，妇联组织基层基础更加夯实。落实省委对群团组织下基层工作的要求，持续转变工作作风，省妇联领导班子深入各地农村（社区）宣讲党的十九大精神，“三八”期间送奖到基层，与基层妇女群众共度节日；机关干部轮流到信访岗位接访、到居住地社区报到、与妇女群众结对子，妇联干部作风更加扎实。夯实网上工作阵地，开展“姐妹相约·网上过节”“争做巾帼好网民”等线上宣传活动，网络直播寻找山西“最美女性”揭晓仪式，吸引3万余名群众观看；网络直播第四届“晋嫂”家政服务技能大赛决赛，即时关注收看达12万余人次。山西半边天微信公众号全年位列全国妇联微信公众号影响力排行榜前列。

持续深化“创业创新巾帼行动”。围绕供给侧结构性改革，为国企转岗分流职工、待业女青年提供技能培训和就业扶持。在腾讯视频和山西电视台开展省非物质文化遗产手工缝制、手工编织等20个项目的网络推广活动。举办第四届“晋嫂”家政服务技能大赛、第五届“三晋巧姐”剪纸作品展示，“春风行动”女性大型专场招聘会，激发妇女双创活力，帮助4万余名妇女实现创业就业。

扎实推进“乡村振兴巾帼行动”。落实“农村妇女素质提升计划”，全省共组织农村电商、乡村旅游、家政服务、特色手工艺等专题培训399期，帮助21085名参训妇女实现转移就业。积极开展“推动移风易俗·弘扬时代新风”活动，共组织文艺表演、故事分享、签名、志愿服务等各具特色的宣传教育活动919场，覆盖12.7万人次。广泛开展“美丽家园”建设活动，推动妇女从家庭做起、从改变生活和卫生习惯入手，清理整治房前屋后环境，净化绿化美化庭院，共开展系列活动1045场，覆盖19.6万个家庭、56.7万人次，引导广大农村妇女弘扬文明新风，共建共享美好家园。

深入推进“三晋巾帼脱贫行动”。加大对贫困妇女的宣传教育和帮扶力度，举办全省推进“三晋巾帼脱贫行动”助力攻坚深度贫困现场观摩培训班。开展“巾帼脱贫大篷车”活动，共举办健康知识讲座1256场次，义诊8947人次；发放救助金165.1万元；举办脱贫技能培训358场次，受益贫困妇女达23065名；捐赠各类图书23200册。新创建各级各类“三晋巾帼脱贫示范基地”301个，举办贫困妇女脱贫技能培训班450期，带动13431名贫困妇女实现就业。全国妇女手工协会在山西的首个妇女手工扶贫工厂落户繁峙，首个“妇女手工扶贫培训基地”在静乐揭牌，助力贫困妇女脱贫攻坚。

创新开展家庭工作。牵头起草、推动出台《山西省家庭教育促进条例》,推动家庭教育步入法治轨道。9月1日实施日当天,组织省市县乡村五级妇联联动开展条例颁布实施宣传咨询日活动,共举办宣传咨询活动815场,发放宣传资料62.31万份,开展全媒体宣传100余次,专题学习培训174次,覆盖群众100万人次,全社会关心、支持和参与家庭教育工作的良好氛围初见成效。山西省家庭教育(网络)指导与服务中心正式揭牌,这一平台整合家庭教育资源,为广大妇女儿童提供多元化、全方位的家庭教育服务,推动我省家庭教育事业健康发展。广泛开展家庭文明建设实践活动,重点围绕党政机关"清正廉洁"、农村"移风易俗"和城镇"绿色环保"三个类别,推选出50户全国最美家庭和五好家庭。全省累计创建亲子阅读体验基地2623个,开展家庭教育巡回讲座2927场、举办家风家教故事会2217场、家庭亲子阅读活动1298场,参与群众达66万人次。

切实做好妇女维权服务。加强源头维权,以省第十一届村民委员会换届选举为契机,大力推动女性和村妇联主席进"两委"。换届后,全省95.83%的行政村有女性"两委"成员;82.73%的村妇联主席(22363名)进入村"两委"。做实基层维权,深化"建设法治山西·巾帼在行动"活动,全省利用重要节日节点举办普法讲座2160场、面对面现场咨询3148次、法治文化活动2564场,参与群众达66.81万人次。充分发挥各级妇联信访接待室、妇女维权站、12338妇女维权服务热线作用,做实信访维权服务,做好婚姻家庭纠纷预防化解工作,全省妇联系统共接待处理信访案件2595件次,排查婚姻家庭领域矛盾纠纷1320件,化解1270件,化解率达96.2%。太原打造"妇工+社工+义工"模式,购买第三方服务实施"平安家园"反家暴维权支持项目、婚姻家庭矛盾纠纷调解与心理疏导项目,妇女维权工作的社会化、专业化水平不断提高。

推进妇女儿童民生改善。推动贫困县适龄农村妇女"两癌"免费检查纳入省政府民生实事,36个贫困县402130名妇女完成检查,完成率达100.5%。认真做好建档立卡贫困"两癌"患病妇女救助对象摸排工作,发放"贫困母亲两癌救助"专项基金988万元。实施特困妇女儿童救助项目,救助贫困妇女儿童2492人,救助金额达137.92万元。实施"春蕾计划""恒爱行动""儿童权利倡导和儿童保护"等公益项目,为困境儿童送去关爱和服务。推动开展省妇女儿童发展"十三五"规划中期评估督导工作,对全省11个市22个县进行实地评估检查,不断推进全省妇女儿童事业发展。

(侯少华)

附:省妇女联合会党组书记、副书记、成员名单

书　记:张　葆(女)

副书记:李　菲(女)

成　员:吕惠兰(女,11月任职)　刘一平(女)

吴　波(女,11月离职)　王玉花(女)

张永莉(女,8月任职,挂职)　任晋阳(女)

省文学艺术界联合会党组

党组书记　郭　健

2018年是贯彻党的十九大精神的开局之年,庆祝改革开放40周年,决胜全面建成小康社会进程中具有重要里程碑意义的一年。省文联在省委坚强领导和省委宣传部有力指导下,以习近平新时代中国特色社会主义思想为指引,全面落实省委下达的年度考核目标任务,坚持以人民为中心的工作导向,大力弘扬社会主义核心价值观,突出文艺界行风建设,团结引领广大文艺工作者围绕中心、服务大局,深入生活、扎根人民,深化改革、履职尽责,加强行业服务、行业管理、行业自律,为推动山西文艺事业繁荣兴盛做了大量工作,为加快建设文化强省、塑造山西美好形象作出了积极贡献。

一、树牢"四个意识"、坚定"四个自信",自觉用习近平新时代中国特色社会主义思想武装头脑

始终坚持把学习贯彻习近平新时代中国特色社会主义思想、党的十九大精神、习近平总书记视察山西重要讲话精神和在庆祝改革开放40周年大会上的重要讲话作为宣传文化系统首要政治任务,贯彻落实省委十一届六次全会精神,树牢"四个意识"、坚定"四个自信",做到"两个维护"。团结引导全省文艺战线工作者深刻领会习近平总书记重要思想的核心要义和精神内涵,高举新时代改革开放旗帜,增强勇于担当作为的自觉。通过深入学习,在政治理论上有了新的认识,在思想觉悟上有了新的提高,进一步明确了新时期文艺战线工作的时代责任,更加自觉地担负起繁荣发展我省文艺事业的崇高使命。

二、融会贯通、学以致用,精心组织学习宣传贯彻,政治引领扎实有力

把学习贯彻习近平新时代中国特色社会主义思想和党的十九大精神作为首要的政治任务,组织开展中心组学习和支部学习,采取理论学习、专题研讨、宣传贯彻、主题实践等多种形式,引导广大文艺工作者用习近平新时代中国特色社会主义思想武装头脑、凝聚共识、指导实践。组织全体干部职工收看庆祝改革开放40周年大会直播,组织中心组扩大会

议学习习近平在庆祝改革开放40周年大会上的讲话、省委书记骆惠宁同志在省委十一届七次全会上的讲话和全国、全省宣传思想工作会议精神等内容。用好“三会一课”制度，把学习贯彻习近平总书记系列重要讲话特别是习近平总书记在山西视察的重要讲话精神作为基本内容，以党支部为基本单位，推动学习活动融入日常、抓在经常。支部利用微信群推送理论文章、学习研讨系列讲话原文、交流学习体会，实现集中学习和即时学习相结合，做到全覆盖、常态化、重创新、求实效。

三、锐意进取、戮力奋斗，推动山西省文艺事业繁荣发展

以习近平新时代中国特色社会主义思想为指导，紧紧围绕中央和省委、省政府工作大局，紧密结合“两转”基础上全面拓展新局面的使命任务开展工作，取得了较大成绩。

扎根生活沃土，服务基层群众，扎实开展文艺志愿服务。省书协“两节”期间开展“送万福、进万家”公益活动，组织250余名书法家为官兵、工人、村民现场书写春联、福字及各种书法作品6000余幅。省剧协联系大同市北路梆子传习所在浑源县蔡村镇文家庄村演出五场戏。省美协带领20余位艺术家前往定襄县进行“送文化下基层·到人民中去”文艺志愿服务，精心创作美术作品献给当地群众。省曲协组织15位曲艺名家走进沁县进行“走基层送欢笑”慰问演出。省音协在春节和“5·23”期间前往浑源、繁峙等地慰问演出。省摄协举办50余场周末公益讲座，培训学员2000余人次，“两节”期间还组织摄影工作者先后深入陵川、翼城、五寨等乡村一线，为基层群众现场拍摄全家福1300余幅。省影协坚持每周六举办艺术电影沙龙，每次为200余名会员和电影爱好者免费放映艺术电影。省视协开展“舞动三晋——2018山西地市春晚展播”活动，为观众在春节期间奉上一道风味别致的文化大餐。省舞协走进太原市聋人学校为聋哑学生进行了公益辅导，并为他们量身打造作品《山花遍地开》，在第九届华北五省市（区）舞蹈比赛中获得了创作一等奖、表演一等奖的优异成绩。省杂协组织文艺志愿者来到长治市郊区故南村，举办了山西省文联“扎根生活沃土，服务基层群众”杂技专场演出。省民协在“文化和自然遗产日”期间组织了非遗进鼓楼街帽儿巷·食品文化一条街活动。

围绕中心服务大局，深入开展重大文艺活动。我们利用改革开放40周年这一重要契机，举办了“放歌新时代——庆祝改革开放40周年山西书画作品展”，共征集书画作品800余件；举办了《“美丽右玉”—山西省油画风景展》和“水墨丹青，绿色沁源”山西省美术家协会赴沁源山水画写生作品展，120幅山水画作品悉数亮相；开展“庆祝改革开放40周年”摄影采风创作活动，用影像记录山西省经济社会发展和生态文明建设的新成就；开展为期2个月的“看山看水看山西”系列采风活动，组织山西省电影艺术家相继到兴县、岚县、临县等地创作采风；编著出版《山西民间杂技》彩色版，对山西民间杂技的发展和未来进行了归纳和展望。引导文艺工作者大力传承中华优秀传统文化，把社会主义核心价值观融入文艺实践，在晋中灵石、介休等地举办了以“寒食源地品寒食，清明绵山踏青行”为主题的“我们的节日——清明寒食文化旅游节”主题论坛；征集中国梦主题歌曲20余首，其中《梦如花开》入选省委宣传部第六批中国梦主题新创作歌曲并选送中宣部；举办了首届黄河流域九省区+京津冀曲艺艺术高峰论坛暨中国·大同潘家园传统文化艺术节。成功主办了第九届华北五省市（区）舞蹈大赛；第二十二届中国少儿戏曲小梅花荟萃活动大获丰收，推荐的9位选手全部获得中国少儿戏曲“小梅花金花”称号，囊括了专业组全部两个“最佳集体节目金奖”；积极选送山西省35部优秀电视作品参加亚洲旅游影视艺术周活动，获得优秀专题片奖、好纪录片奖、好微电影奖等多个奖项；在第十届中国曲艺牡丹奖评选中，经协会推荐有11个节目入围复赛，其中有5个节目入围奖提名，《十七棵松》获得牡丹奖的“节目奖”。

加强文艺人才队伍建设，激发文艺人才活力。省文联坚持把文艺人才培养和文艺领军人物选拔作为工作重心，加大对中青年文艺人才的发现举荐、教育培训、资助扶持和宣传推介力度。省书协举办了2018年山西书法创研班，以“出作品、冲展览、育人才”为目标，旨在全面提高学员的临摹与创作水平。省曲协选送26名会员参加中国曲协举办的曲艺创作高级研修班等。省音协选送杰出音乐家参加了全国优秀青年词曲作家高级研修班。省摄协举办了十余次高级创作学习班。省视协参加了第二届全国评论电视节目表彰活动暨全国评论电视节目创作者业务培训，获最佳组织奖。省舞协推荐了多名会员参加了“荷花少年”全国舞蹈创作高级研修班。省影协组织新文艺群体电影工作者参加了“新文艺群体电影人才和管理干部培训班”。省民协选派10名艺术家参加了“中国民协第一期深入学习贯彻习近平新时代中国特色社会主义思想和党的十九大精神研讨班”。省杂协发展了100余名新文艺群体会员。其他协会也都结合自身实际，加强了对文艺人才的培训工作。

积极探索文联组织新职能新定位，工作规范化水平不断提升。省文联大力推进“互联网+文艺”建设，努力提升山西文艺网的传播力，形成网上网下融合发展的大趋势。通过微信公众平台刊登微艺评等形式，正确引导文艺欣赏。建立山西省文联微信工作群和山西文艺微矩阵，积极建设网上文艺之家，优化了山西文艺网、微信公众号，完善了山西文艺专家数据库、文艺作品数据库和会员管理网络数据库等项工作。

有序推进省文联深化改革，取得重要阶段性成果。省文联党组坚决贯彻中央和省委关于群团改革的指示精神，推动文联改革任务落实落地、有序推进。对《山西省文联深化改革方案》多次进行认真审议，并根据新形势新要求做了不断修改、补充和完善，形成了《山西省文联深化改革方案（送审稿）》。8月27日，省委常委会审议通过了《山西省文联深化改革方案》，并以省委办公厅文件正式印发。11月15日，召开了省文联系统深化改革座谈会，进一步研究部署推进全省文联系统深化改革工作。

统筹谋划，精心组织，以优异成绩迎接省文联第九次代表大会召开。2019年，我们将隆重召开山西省文联第九次代表大会，对开好这次大会，省委、省政府和省委宣传部高度重视，省文联制定了《省文联第九次代表大会筹备方案》，认真起草好文代会工作报告，总结提炼好过去五年的经验规律，科学谋划好未来五年的工作。在筹备过程中，多次召开专题会议，充分发扬民主，严密组织程序，严格换届纪律，深入细致地做好文代会代表推举等各项人事工作，扎实推进省文联第九次文代会的各项筹备工作。

四、加强党建、廉洁奉公，认真履行全面从严治党第一责任人责任

坚决贯彻中央关于全面从严治党的部署要求，遵守廉洁自律规定，严格执行中央八项规定精神，坚决落实党风廉政建设，全面落实两个责任。坚持以上率下、注重基层、加强督导，以创建精神文明标兵单位为抓手，扎扎实实加强党风廉政建设，进一步转变机关工作作风，筑牢党员干部思想根基和精神支柱。组织广大党员、干部认真学习贯彻《中国共产党纪律处分条例》等。认真开展党员领导干部民主生活会，贯彻民主集中制原则，充分发挥表率作用，带头开展谈心交心活动，带头维护纪律。加强反腐倡廉建设，坚决支持纪检部门落实监督责任，全面落实省委巡视组意见，诚恳接受，坚决落实，认真整改。修订《山西省文学艺术界联合会规章制度汇编》，制定《山西省文联党组履行主体责任工作方案》《山西省文联落实党风廉政建设责任制工作任务及<责任分解>》。在三公经费方面，严格按照相关规定，压缩办公经费，调控正常开支，减少会议费、办公设备购置费、差旅费、车辆运行费、接待费等，真正形成了勤俭节约的优良风尚。不断巩固和拓展落实中央八项规定精神的成果，制定了《省文联落实中央八项规定精神相关制度情况明细表》《山西省文联关于落实中央八项规定精神的实施细则》，严格执行文艺评奖、财务管理、办公用房、公车管理等规定，确保党风廉政建设的各项任务落到实处，奋发进取、团结向上、风清气正的良好生态正在形成。

(樊丽红)

附：省文学艺术界联合会党组书记、副书记、成员名单

书　记：李太阳（6月离职）　郭　健(6月任职)

副书记：石跃峰(10月离职)

成　员：和　悦　王招宇(12月任职)　靳　忠　李剑斌

省作家协会党组

党组书记　杜学文

2018年，省作家协会坚持与习近平同志为核心的党中央保持高度一致，按照中央及省委部署，努力推动山西文学事业持续繁荣，为塑造山西美好形象、谱写新时代中国特色社会主义山西篇章做出了积极贡献。

一、认真学习贯彻习近平新时代中国特色社会主义思想和十九大精神

一是党组主席团带头学。党组中心组全年学习14次。党组书记2次结合实际讲授党课，其他班子成员在所属党支部认真讲党课。党组与主席团成员以普通党员身份参加党日活动，7个支部分别开展12次主题党日活动。创新活动形式，与定点帮扶村党支部共同开展2次主题党日活动，《文艺报》头版进行了报道。组织各支部以“我的入党故事”为主题开展学习交流活动。推动“两学一做”学习教育常态化制度化，对标对表一流，强化理想信念。二是组织动员广大文学工作者及时学。组建宣讲小组深入基层开展宣讲。分别召开理论评论工作者、青年作家、网络作家等座谈会，进行研讨交流。与中国作协、鲁迅文学院、省委宣传部等部门联合举办各类学习培训活动。三是抓住关键落实学。召开3次党组会议，专题研究意识形态工作。召开2次意识形态工作推进会，定期对意识形态形势进行分析研判。召开2次刊物工作会议，把握政治纪律，严格编审制度，清理政治类有害信息。召开“纪念毛泽东同志《在延安文艺座谈会上的讲话》发表76周年，学习落实习近平总书记文艺工作重要讲话精神——推进现实题材文学创作座谈会”及青年作家座谈会，进一步确立正确的文艺观。四是联系实际深入学。针对创作实际，一批理论与评论文章在《人民日报》《光明日报》《文艺报》《山西日报》《太原日报》等报刊发表。组织撰写解读习近平总书记关于文艺工作论述的理论专著《中华审美的创造性转化与创新性发展》。五是结合实际认真学。以加强“三基建设”为契机，全面贯彻落实讲话精神，基层组织、基础工作、基本能力得到全面提升。

二、全面深化群团改革

一是印发《山西省作协深化改革方案》。参照中国作协方案，制定了省作协改革方案，经省委宣传部部务会审议，报省委常委会研究通过，由省委办公厅正式发文，明确了改革任务。二是各项工作向基层倾斜。开展"山西作家走进基层"系列文学活动，与市县宣传部、文联等联合召开研讨会，深入地市举办基层作家培训班，"两节"期间开展文化惠民活动。各项培训、扶持活动注重增加基层同志比例。正在筹备的省作协七代会中，基层和创作一线代表占比达94%，比例较上一届明显扩大。三是不断扩大服务社会的覆盖面。在山西大学与商务印书馆太原分馆联合主办"大学堂·东方经纬"文学讲坛系列活动。与山西省图书馆联合开展系列文学讲座，省图为我会颁发荣誉证书。四是落实挂职制度。选调3位同志到省作协挂职，安排省作协3位同志到扶贫点挂职。

三、扎实开展"深入生活，扎根人民"主题实践活动

一是围绕中心工作开展采风活动。以"纪念改革开放40周年"为主题，组织作家赴代县、阳高、忻州、汾阳、垣曲采风。助力精准扶贫，组织作家赴岢岚采风研讨，到隰县扶贫点采风慰问。二是与各界合作组织采风活动。与省委外宣办、临汾市、吕梁市、《香港商报》等联合组织"著名作家看山西"系列采风活动，先后组织全国各地著名作家在吕梁及翼城、安泽、侯马等地采风考察，创作了一大批反映山西转型发展、深厚历史文化的作品并在全国各大报刊发表。全年组织作家400余人次采风10余次。三是组织支持作家定点深入生活。与省委宣传部、省扶贫办、省出版传媒集团等组织作家深入脱贫攻坚第一线，撰写反映我省落实总书记指示，推动脱贫攻坚的长篇报告文学《掷地有声：山西脱贫攻坚故事》，受到中国作协、《人民日报》等肯定和推荐。

四、不断强化精品创作和队伍建设

一是抓好现实题材重大项目创作。召开现实题材创作推动会，对现实题材创作选题进行梳理跟踪，持续推出一批选题重大、表现生动、影响较广的优秀作品。报告文学《重回1937》《水土》，长篇小说《活水》等产生较大影响。二是抓重点项目带动创作。出版"晋军新方阵"第五辑，推进"晋军新方阵"第六辑的编辑出版工作。"双百工程"新出版2部传记和11部长篇小说。全年2部作品得到中国作协扶持，2部作品受到省委宣传部扶持，省作协扶持8部重点作品。三是加强阵地建设繁荣创作。《黄河》刊发的《天上有太阳》被《长篇小说选刊》全文选发，并获第三届长篇小说年度金榜特别推荐奖。报告文学《中国特高压》(《起点》)获国家电网有限公司职工文学创作奖。《山西文学》新创栏目《步履》重点扶持90后青年作家，引发文学界关注。两刊全年有28篇(次)作品被全国各选刊选载、连载。四是积极参与省内外文学活动提升创作。推荐10余位作家参加中国作协等单位组织的各种学习培训活动。推荐12人加入中国作协，发展省作协会员140人。五是以签约作家为重点带动青年作家成长。继续实施签约作家制度。第六批签约作家共17人，其中新文学群体作家占比由29%提升为59%。召开签约作家工作总结会议。举办2018"龙城论剑：山西文学新趋势对话会"，邀请中国现代文学馆特聘研究员与我省签约作家进行"一对一"的对话。六是不断拓展学习交流渠道。加强与中国作协及有关单位的合作，承办中国作家协会举办的"全国青年作家深入学习习近平新时代中国特色社会主义思想"专题培训班。与鲁迅文学院共同举办"新时代现实主义文学传统的继承与发扬"座谈会。推荐我省作家参加宁夏、浙江等地的培训活动。

五、努力提升山西文学话语权

一是组织评论家回应中国文学发展的重大理论和实践问题，跟踪与关注文学创作的新动向。在《中国文学批评》《中国文艺评论》等报刊发表大量理论评论文章。二是积极培养山西文学批评力量。做好签约评论家的培养工作，对11位签约文学评论家续签。推荐一批青年评论家加入中国文艺评论家协会，一位被聘为中国现代文学馆特约研究员，一位进入国家"万人计划"青年拔尖人才行列。三是进一步发挥各类媒体的积极作用。"一院两刊"微信公众号作用进一步显现。加强与省内外媒体的联系，各类媒体持续对我省作家及其创作情况进行宣传报道。四是组织各类创作研讨会。山西文学院继续举办"三晋新锐作家群系列研讨活动"，《黄河》举办"《黄河》与作者系列研讨会"，《山西文学》举办了中短篇小说创作笔会。此外，根据工作需要，组织了相关的研讨活动。全年举办各类研讨活动近30次。五是支持我省作家参与中国作协及省外文学活动。一大批作家、评论家参加了全国各地组织的评奖、采风、研讨、培训及主题创作活动。如为中国作协、鲁迅文学院及兄弟省市组织的培训班授课，参加安徽、四川、云南、广西、西藏、上海等地的采风研讨活动。

六、坚定不移抓好党风廉政建设

一是全面加强党风廉政建设。规范党日活动。压实主体责任，落实"一岗双责"。深入开展巡视整改"回头看"。组织先进典型学习和廉政警示教育。对党风廉政建设形势进行研判，提出预防改进措施。二是坚定不移反对"四风"，认真落实"八项规定"。集中整治形式主义、官僚主义。制定出台"八项规定"实施细则，坚持重大节假日集体警示谈话，开展批评和自我批评。三是扎实开展精神文明创建、法治建设和平安山西建设。出台《山西省作家协会激励干部担当作为干事创业办法(试行)》，改进和提升人才队伍建设。支持"青年文学沙龙""南华视角"学习小组开展系列活动，组织开展以"推荐一本好书"为抓手的读书活动和义务献血、"博爱一日捐"等志愿服务活动，参与省直机关第五届职工运动会健步走等。认真开展"意识形态、网络安全和法治建设提升周"活动，积极参与平安山西建设，严格落实公车改革、维护网络安全等各项综治维稳工作和老干部工作与扶贫工作。通过努力，干部

职工党性意识进一步增强,业务水平明显提高,服务能力显著提升,团结互助的风气更加浓厚。省作协机关继续保持省直机关"文明单位标兵"称号,在2017年度目标责任考核中获得优秀,山西文学院和山西文学月刊社也在单独文明创建中进入了省直"文明单位标兵"的行列。省作协撰写的调研报告获省委宣传部2018优秀调研报告奖,并进入省直部门决算工作先进单位。定点帮扶村隰县竹干村被国务院农业农村部评为全国一村一品示范村,2018年被国务院扶贫办选为全国村级电商服务平台试点并召开现场会,我会扶贫干部、竹干村第一书记李浩东被隰县县委、县政府评为优秀第一书记。

通过努力,我省文学创作继续保持了繁荣态势。特别是在学习习近平新时代中国特色社会主义思想,形成代际承传的创作队伍,营造团结、向上、敬业,用作品说话的创作氛围,以及服务基层、服务社会等方面居于前列。一批优秀作品在《人民文学》等重要报刊发表,并被《小说选刊》《小说月报》等权威选刊转载,入选多种年度选与相关排行榜。一批优秀作品出版问世,一大批作品获得重要文学奖项,如刘慈欣获克拉克想象力服务社会奖,张卫平电影《保卫人祖山》获第十六届平壤国际电影节特别奖等。据不完全统计,2018年我省作家获得50余项各类奖项。

(许小登)

附:省作家协会党组书记、副书记、成员名单

书　记: 杜学文

副书记: 罗向东　张锐锋

成　员: 梁跃进(4月离职)

省科学技术协会党组

党组书记　许富昌

2018年,省科学技术协会以习近平新时代中国特色社会主义思想为指引,深入学习贯彻党的十九大精神、省委十一届六次全会精神,贯彻中央和省委的部署、各项工作迈上了新台阶。

一、全面加强党的领导和党的建设,营造风清气正政治生态

推动全面从严治党向纵深发展。组织召开省科协2018年度党建暨党风廉政建设工作会议,教育引导党员干部增强"四个意识"、坚定"四个自信",自觉在思想上政治上行动上同以习近平同志为核心的党中央保持高度一致。成立省科协反腐败领导小组,制定实施方案。严格贯彻执行中央八项规定和省委、省科协一系列规定办法,推进作风建设常态化长效化。坚持问题导向,扎实开展中央巡视组巡视山西省反馈意见整改工作。认真履行全面从严治党主体责任,坚持党组每周一例会制度、党支部每周五集中学习制度,坚持党组书记每季度与机关部室、直属单位负责人廉政谈话。推进"三基"建设,在科协系统推动形成想作为、敢作为、善作为的良好氛围。

促成省政府与中国科协签署新一轮全面战略合作协议。10月16日,省长楼阳生,中国科协党组书记怀进鹏分别代表省政府与中国科协签署全面战略合作协议。双方决定,认真落实习近平总书记视察山西重要讲话精神和关于群团组织改革的重要指示精神,结合山西实际需求,大力实施创新驱动发展战略,从脱贫攻坚、科技创新、智库建设、科学普及等方面开展合作,推进山西建设"资源型经济转型发展示范区"、打造"能源革命排头兵"、构建"内陆地区对外开放新高地"。

全面推进科协系统深化改革。省科协党组将深化改革工作当作一项重大政治任务抓在手上,全年召开全面深化改革领导小组会议19次、市级科协深化改革推进会议2次,向各市市委办公厅通报改革进展情况3次。《山西省科协系统深化改革实施方案》细化分解的64项改革举措,已完成57项,实现预定目标,取得阶段性成效。全省11个市均以市委办公厅名义出台科协改革方案,117个县(市、区)中有113个以党委或党委办公室名义出台科协改革方案,县级科协改革覆盖率达到96%,

创新学会党组织运行机制。5月11日,召开学会党建工作会议,下发社团党委2018年党建工作要点、理论学习计划。开展"七一"推荐表彰和"双强六好"党组织创建活动,加强学会党建工作指导。组织开展支部书记培训及走基层主题党日活动和学会党建工作暨党风廉政建设工作培训班,进一步推动学会党建整体上水平。

强化基层组织建设。开展了机关各部门、直属各单位包点联系市、县科协工作,机关各部门包点联系1个市科协、1个县科协,直属各单位包点联系1个县科协,覆盖11个市,涵盖23个县(市、区),既当好联络员,又当好服务员,推动市县科协改革创新,完善市级科协年度考核评价指标体系,使全省科协系统实现上下联动、齐头并进。

二、加强对科技工作者的引领和服务,使科协成为科技人才成长提高的重要通道

强化对科技工作者的团结引领。组织广大科技工作者深入学习贯彻习近平新时代中国特色社会主义思想、十九大精神、习近平总书记视察山西重要讲话精神及省委十一届六次、七次全会精神,把广大科技工作者的思想和行动统一到中央和省委重大决策部署上来。举办科学家宣讲党的十九大精神巡回报告会7场,举办科学道德和学风宣讲报告会1场,推送"十九大精神微讲堂"1229期;在《科学导报》、"山西

科协网”、“山西科协微信”等媒体上开设专题，在全省科技界兴起学习贯彻的热潮。

夯实科技工作者联系服务。出台《加强联系服务科技工作者实施办法》，举办山西省科协八大代表专题培训班，向省科协八大代表征集代表建议案，听取科技工作者的意见建议，密切同科技工作者的联系。全省科协系统深入开展“全国科技工作者日”系列活动，各级党政领导携科协负责同志深入基层走访看望一线科技工作者，增强广大科技工作者对科协组织的认同感、满意感和归属感。

培育弘扬创新文化。开展第二届山西最美科技工作者寻访活动，编制《黄土地上的科技之光》宣传画册。通过网站、电视、微信等载体，广泛宣传在晋工作院士、晋籍院士、与山西有合作关系的院士专家，广泛宣传在转型综改建设中涌现出的领军人才、创新团队和基层一线科技工作者，广泛宣传山西的重大科技成果和科普活动。

三、实施创新驱动助力工程，组织科技工作者积极进军科技创新和转型综改主战场

院士专家工作站建设取得显著成效。新建院士专家工作站30个，全省科协系统共为企事业单位建立院士专家工作站108个，引进院士100余名、院士专家团队500余人，与院士专家团队签订合作项目200余项。举办高端论坛20场，开展“院士专家山西行”17场，邀请20名院士来晋做主题报告、开展实地调研，与省市县领导及企业开展座谈、建言献策。

开展大众创业万众创新活动。10月9日—15日，会同省发改委等单位联合组织全国大众创业万众创新活动周山西分会场活动，举办展示、论坛等活动18项，线上线下展出项目800个，举行第二届“三晋新农人”创业创新竞赛，开展第三届“山西省大学生科学文化作品创新创意大赛”，营造创新创业社会氛围。

搭建企业技术创新服务平台。出台《山西省科协学会服务站建设管理办法》，建立国家级学会服务站3个、省级学会服务站20个、企业科技创新e站试点10个。与省科技厅联合举办首届中国创新方法大赛山西赛区竞赛，评选出10个项目参加全国总决赛。实施金桥工程、企会合作创新联盟建设、科技信息转化应用、知识产权战略巡讲等项目，推进“海智计划”工作基地建设，为更多的企业提供优质高效的服务。

实施科技助力精准扶贫工程。继续组织万名科技人员进村入户助力扶贫，持续推进“百千万”工程、“1658”示范行动和乡村e站、农技协组织服务等“六个全覆盖”。建立科普惠农中心服务站20个，在贫困县推广新技术、新产品220项，组织动员3354名科技工作者、326个农技协在贫困县开展精准扶贫，共帮扶贫困户75410人。以产业扶贫为支撑，坚持扶贫与扶智、扶志相结合，扎实做好方山县麻地会乡定点扶贫工作。

搭建多层次学术交流平台。以“转型综改，创新引领”为主题，举办2018年山西省科协年会，邀请20余名院士专家围绕人工智能、固体废弃物综合利用、绿色有机旱作农业、中药材、煤化工等主题等开展学术研讨和技术服务。继续实施精品学术活动择优资助项目，支持省级学会、市级科协举办年会、高端前沿学术论坛23项。修订出台《山西省优秀学术论文评审与管理办法》，举办了第十九届山西省优秀学术论文评选活动。

四、创新科普公共服务机制，推动全民科学素质稳步提升

落实省政府《山西省全民科学素质行动计划纲要实施方案（2016—2020年）》。出台《市级<科学素质纲要>实施工作考核办法评分细则》，组织各市开展《全民科学素质行动计划纲要》“十三五”中期工作自查自评。选择朔州市进行了公民科学素质抽样调查，为全省实施《全民科学素质行动计划纲要》提供决策参考。针对重点人群，组织开展27项特色活动。举办“山西省公众科学素质网络知识竞赛”，参与答题人数超过70万，答题人次超过600万。根据2018年第十次中国公民科学素质调查结果显示，山西省公民具备科学素质的比例达到8.03%，全国排名前移一位至第15位，为实现省“十三五”规划确定的“公民具备科学素质的比例达到9%”的奋斗目标奠定坚实基础。

推进科普信息化建设。继续开展“科普中国·百城千校万村行动”，构建科协系统线上线下相结合的科普服务阵地。为3000个居民社区提供650种期刊、550部视频等用于“科普网络书屋”服务；推进省城公交楼宇电视“科普每一天”工程，编播科普专题片48期，覆盖太原2800多辆公交车和400多个公共场所；为全省61个市县制作提供《科普大篷车》电视节目52期；运维“农村微课堂”微信，发布信息223期，在线解答问题3.3万个。

深入开展群众性科普活动。9月15日–21日，牵头开展山西省2018年“全国科普日”暨第15届“科普三晋”系列活动，各级科协因地制宜举办丰富多彩的科普活动，省科技馆等13个单位获得全国优秀组织单位表扬，山西省公众科学素质网络知识竞赛等11个活动获得全国优秀活动表扬。举办第七届中国科普摄影大赛，共收到全国各地作品5445件，成为全国知名科普文化品牌。农科110等科技热线免费为1.26万人次提供咨询服务，专家下乡服务89场次。深入开展全省青少年科技创新大赛、青少年机器人竞赛、山西省青少年创意编程与智能设计大赛等活动，有力推动青少年科技教育活动的蓬勃发展。

提升完善现代科技馆体系。省科技馆开放253天，接待观众107万余人次。新建VR虚拟现实体验馆和3D打印体验馆，组织科学实验、科学表演703场次，4个原创节目在全国大赛上获奖。“山西科学讲坛”举办41期，流动科技馆深入基层42个站点巡展，科普大篷车深入基层29个站点巡展，科技馆进校园深入基层24个站点巡展。

五、推进新型智库建设，服务党委政府决策科学化

强化决策咨询服务机制。围绕山西省“示范区、排头兵、

新高地”三大目标、农谷建设以及山西省相对领先的技术确定11项课题研究。结合包点联系市、县工作,确定23项课题。成功申报并承担中国科协《新时代企业科协科技创新模式探索》等多项研究课题。编撰完成《调研动态》10期、《科学决策参考》4期,报送6期专报被省委办公厅《山西信息》刊发。围绕助力山西转型发展主题,举办《山西科学大讲堂》两次;举办智慧城市建设与资源型地区转型创新发展论坛、山西融入京津冀协同发展知识产权论坛等多场高端论坛。支持和指导长治市科协设立17项决策咨询课题,形成《决策咨询专报》呈报市委市政府参考。

开展第三方科技评估。与有关公司合作,开发精准脱贫评估管理平台,提供精准脱贫第三方评估事中监控、事后评估等功能,为国家精准扶贫工作成效考核与决策提供依据。承接的省扶贫办2018年易地扶贫搬迁成效评估督导项目,圆满完成了全省83个县的评估督导工作任务。

实施重要民生问题研究专项。聚焦吕梁红枣防裂果技术示范、谷子深加工等社会热点、民生难点问题,机关各部门、直属各单位分别牵头承担1个课题,组织专家学者进行专题调研和攻关研究,提出科学解决方案,并面向社会普及推广。

(吕　伟)

附:省科学技术协会党组书记、成员名单

书　记:许富昌

成　员:温万一(6月任职)　郝建新

省工商业联合会党组

党组书记　刘海芸

2018年,省工商联和广大民营企业在省委、省政府的正确领导下,把学习贯彻习近平总书记在民营企业座谈会上的重要讲话精神作为首要政治任务,围绕中心、服务大局,以“六个始终坚持”和“四会建设”为统领,自觉践行“两个维护”,紧扣“两个健康”工作主题,经济服务、教育引导、调查研究、参政议政、自身建设等方面实现了新的发展。

一、认真学习贯彻习近平总书记重要讲话精神,支持服务民营经济发展

为深入贯彻落实习近平总书记民营企业座谈会上的重要讲话精神,按照省委省政府安排,牵头起草了《关于支持民营经济发展的若干意见》(简称30条)初稿。在起草过程中开展了专题调研,充分借鉴了其他省份出台的意见和创新做法;充分征求了民营企业家意见,畅通渠道让企业家参与《意见》的起草工作,梳理了全省民营企业存在的困难和问题清单;充分听取了金融、税务、国土等20多家政府职能部门关于促进民营经济发展的意见建议,重点在民营企业迫切期待的市场开放、简政放权、要素配置、财税支持、信贷融资、降低成本等方面进行了具体而全面的规范实现了新的突破,11月26日,协助省委省政府召开支持民营经济发展大会,正式出台“30条意见”。根据省委省政府统一部署要求,会同省委统战部开展了大宣传、大调研等落实全省支持民营经济发展大会精神“十大行动”,深入11市117个县对民营企业进行政策宣讲解读;积极协调相关部门制定配套措施。推动民营企业优惠政策贯彻落实。同时全面推进落实省委省政府设立“山西晋商民营联合投资控股股份有限公司”参与国企改革和转型发展的部署要求,全面做好“晋民投”筹备工作以“市场运作、自愿参与、专业管理、依法合规”为原则,与发改委、国资委、工信厅、金融办、综改区等有关单位联系协调,进行全方位多方面的宣传发动和服务指导,在全省支持民营经济发展大会召开当天“晋民投”正式揭牌,资本金达到45亿元,涵盖了机械制造、医药健康、能源、科技、金融等行业领域。在服务民营企业省内发展同时,引导民营企业“走出去,引进来”,完成了2018中国(太原)国际能源博览会部分招商任务,邀请近700名客商参加。协助省委、省政府成功举办了山西省(深圳)招商引资推介会。编印了《民营企业参与“一带一路”建设政策汇编》,鼓励引导民营企业有序参与“一带一路”建设和境外投资。先后召开珠三角、长三角等区域的山西商会联席会议,加强了对异地山西商会的沟通联系。

二、强化政治引领,教育引导民营企业家健康成长

组织各级工商联、商会、民营企业深入学习宣传贯彻党的十九大精神和习近平新时代中国特色社会主义思想,把全面贯彻落实习近平总书记视察山西重要讲话精神作为工作指引,强化政治引领,引导全省非公经济人士树牢“四个意识”、坚定“四个自信”。开展了以“不忘创业初心、接力改革伟业、再塑晋商辉煌”为主题的系列学习宣传活动,突出抓好民营重点骨干企业主要负责人、工商联和光彩会中的骨干企业家、党员民营企业家、年轻一代民营企业家等四类骨干企业家队伍的教育培训,共组织了“全省民营企业党员出资人培训班”等13次理想信念教育实践活动。“晋联通”全年累计发送263期1613条信息。

三、引导民营企业家扶贫济困、自觉履行社会责任

扎实推动“千企帮千村”精准扶贫行动向深度贫困地区倾斜,全省民营企业参与扶贫户数达到2036家,投入资金

33.84亿元，帮扶4463个村、37.85万贫困人口，121家企业和商会与58个贫困县签约，实现了贫困县100%帮扶全覆盖。扎实推进全省统一战线“百千百”工程，与省委统战部共同组织中阳县消费扶贫暨招商引资推介活动，达成项目合作、就业培训、产品购销等协议33个，协议金额9亿元、就业意向2090人。组织消费扶贫专题展销活动，联合有关部门举办山西首届“消费扶贫年货节”活动。扶贫与社会服务部荣获2018年全省脱贫攻坚组织创新奖。3家民营企业荣获全国“万企帮万村”精准扶贫行动先进民营企业称号，3名企业家荣获“2018年全国脱贫攻坚奖”和“光彩事业国土绿化贡献奖”。

四、加强调查研究参政议政，促进营商环境不断优化

紧紧围绕省委、省政府中心工作，组织开展了“助转型、抓落实、转作风”为主题的调研活动，围绕民企转型创新发展、民企参与混合所有制改革、民企主导的开发区建设、民企参与军民融合等方面进行走访调研。组织全省民营企业高质量发展调研，得到全国工商联徐乐江书记的充分肯定。成立了省工商联参政议政委员会，广泛发挥企业家主体作用，在省政协十二届一次会议上提交了21件团体提案，上报件数和选用件数均比上一年的翻了一番。提交全国工商联《关于建立政策落实综合推进机制激发市场主体活力的建议》等两件提案被全国政协第十三届一次会议选做大会书面发言。开展了亲清政商关系专题调研，与省委统战部共同推动领导干部联系民营企业家制度的出台，省市县共有2056名领导干部与3511名企业家建立了联系制度。协助省委省政府召开全省企业家大会、民营企业家座谈会，配合省委统战部组织开展了山西省第四届优秀中国特色社会主义建设者的评选工作，省委省政府对100名优秀建设者进行了隆重表彰。与省经信委等部门联合授予26家民营企业“山西省优秀企业”荣誉称号。开展山西民企百强发布活动，中国民生银行山西分行为全省百强民企授信百亿，与省国资委联合召开了民企参与国企混改座谈会，以及省属国企混改项目新闻发布暨推介会，组织300余名民营企业家对接了21户省属国企的108个混改项目。与国防科工局联合召开了民参军培训讲座，组织100多家民营企业和商会参加山西省军民融合发展推进会暨武器装备采购论坛和军民融合科技成果项目路演及专场对接会。与省检察院建立了长效对接协作工作机制，召开了“营造保护企业家合法权益良好法治环境”和“服务企业家创新创业营造良好法治环境”座谈会，部分民营企业反映的问题得到解决。与省法院签署了《关于建立联动工作机制，依法保护非公有制企业合法权益，促进非公有制经济健康发展的意见》，组织召开依法保护非公有制经济健康发展工作推进会，共同搭建促进民营经济发展的服务保障平台。与省司法厅在商会调解工作领域开展合作，指导山西省建筑企业商会、山西省广东商会、阳泉市郊区工商联成立人民调解委员会，建立了多元化解矛盾纠纷机制。

五、坚持政治建会，推进工商联改革不断深入

认真学习宣传贯彻十九大精神和习近平新时代中国特色社会主义思想作为首要政治任务，把深入学习贯彻习近平总书记视察山西重要讲话精神作为工作指南，制定了《2018年省工商联党组中心组和干部理论学习计划》，全年党组中心组集中学习了21次。党组书记为履行全面从严治党的第一责任人，认真落实省委《关于加强党内政治文化建设的意见》和《开展共产党员“戴党徽、亮身份、明岗位、树形象”活动的通知》要求，组织机关全体党员干部赴中共太原支部旧址、店子底村支前红色教育基地等开展党性教育并完成了机关党委换届工作。以“不忘初心、牢记使命”为主题组织党员干部撰写专题学习体会，举办党章党规知识竞赛，开展党组书记、党组成员和支部书记讲党课等活动，自觉运用习近平新时代中国特色社会主义思想武装头脑、指导实践、推动工作。严格落实“三基建设”标准要求，修订完善《党风廉政建设制度》《关于落实党风廉政建设党组主体责任的实施意见》等15项规章制度，完善了机关效能考核工作机制，建立了岗位责任制、首问负责制、AB岗制等制度。撰写的非公企业和商会党建调研报告被省直机关工委评选为优秀调研报告。

按照《全国工商联深化改革总体方案》和《中共山西省委群团工作改革方案》要求，经省委深改办审核备案、省委统战部批准，正式出台了山西省工商联全面深化改革实施方案，建立了深化改革台账，全面有序地推进改革。推进所属商会改革，制定省工商联商会改革与发展的工作方案和团体会员入会办法等四个配套办法。推进五好县级工商联和“四好”商会建设。在省直单位三基建设基础工作第二阶段评估中得到了95分，组织机关干部职工参加省十五届运动会（群体项目）荣获职工组拔河第八名。指导直属商会和直属会员企业开展党建工作，采取单独组建、联合组建、临时组建、“商会党组织+会员单位”等多种形式扩大党的组织和工作覆盖面。全年新成立3个商会党支部，指导4个基层党组织完成了换届。

（冯学亮）

附：省工商业联合会党组书记、成员名单

书　记：杨临生（10月离职）　刘海芸（女，10月任职）

成　员：邢利民　梁　荣　李剑英

省残疾人联合会党组

党组书记　卫　国

2018年，全省各级残联在省委、省政府坚强领导下，坚持以习近平新时代中国特色社会主义思想为指导，深入学习贯彻党的十九大精神和习近平总书记视察山西重要讲话精神，深入学习贯彻省委十一届六次全会和中国残联第七次全国代表大会精神，开拓创新、攻坚克难，重点突破、统筹推进，圆满完成了全年各项工作任务，全省残疾人事业再上新台阶。

一、加强党的建设，坚决贯彻落实中央和省委决策部署

(一)加强领导班子和干部队伍建设。省残联党组认真落实新时代党的建设总要求，坚持以政治建设为统领，要求班子成员身体力行、以上率下，做到政治过硬、履职到位、本领高强、作风优良；要求全体党员坚定信念、担当作为，做到务必讲政治、务必讲学习、务必讲团结、务必讲担当、务必讲自律。坚持不懈用习近平新时代中国特色社会主义思想武装头脑、指导实践、推动工作，举办全省残联系统业务培训20次，安排处级干部到基层授课，对基层康复机构工作人员进行了专业技术培训。

(二)持续深化党风廉政建设。深入学习贯彻十九届中央纪委二次全会和省纪委十一届三次全会精神，坚持问题导向，坚持挺纪在前，运用监督执纪“四种形态”，用好问责利器，做到失责必问、问责必究。深入开展廉政教育和警示教育，使党员干部知敬畏、存戒惧、守底线。坚定执行中央八项规定及实施细则精神，坚决纠正形式主义、官僚主义等突出问题，紧盯项目实施、残疾人证管理等环节开展民生领域腐败和不正之风专项整治。

(三)及时掌握和应对残疾人涉黑涉恶情况。虽然省残联不是省扫黑除恶专项斗争领导小组成员单位，但党组高度关注残疾人涉黑涉恶情况。吕梁市出现视力残疾人、肢体残疾人涉毒贩毒案件，省残联及时跟进案件进展，积极发挥行业主管作用，目前案情已由当地公安机关依法处置。忻州市残联作为当地扫黑除恶专项斗争领导小组成员单位，摸底发现聋哑人涉黑涉恶线索11条，并向有关部门移交报送。

(四)支持民营企业发展。召开党组会、中心组(扩大)学习会、市级残联理事长座谈会，传达学习省委书记骆惠宁在全省支持民营企业发展大会上的重要讲话精神。到北京市残联考察了与企业合作推动残疾人就业的模式。安排摸清全省残疾人创办的民营企业、集中安置残疾人就业的民营企业和为残疾人服务的民营企业情况。联合15个部门制定了《关于扶持残疾人自主就业创业的实施办法》。

(五)圆满完成换届任务。省残联第七次代表大会于8月13日在太原召开，省委书记、省人大常委会主任骆惠宁，省委副书记、省长楼阳生等13位省四大班子领导出席开幕式。大会选举产生了省残联第七届主席团、执行理事会和省级残疾人各专门协会委员会。全省各级残联全部完成换届，新一届领导班子敢于担当，充满活力，开拓创新，扎实工作，广大残疾人的获得感和幸福感进一步增强。

(六)积极推进残联改革。按照省委统一部署和中国残联《改革方案》，积极推进省残联改革。开展“六下基层”活动，出台《省市县残联讲政治强基层转作风重调研活动实施方案》，努力打通服务残疾人“最后一公里”。

二、强化责任意识，加快推进残疾人小康进程

(一)超额完成省政府民生实事项目。投入资金6549万元，完成5.5万名残疾预防重点干预和残疾儿童抢救性康复服务，任务完成率达到136.62%，在省政府“13710”督办系统中被评为“优秀”。《人民日报》和央视《新闻联播》《焦点访谈》进行了专题报道，山西省在中国残联举行的第二次全国残疾预防日宣传活动新闻发布会上作了典型经验介绍。

(二)精心实施残疾人精准康复服务行动。推动省政府出台了《山西省残疾儿童康复救助制度》，21.7万名残疾儿童和持证残疾人得到基本康复服务，服务率达到88.45%。残疾人精准康复服务8至11月核心信息准确率全国第一，受到中国残联通报表扬。

(三)积极推动残疾人托养服务项目。确定35个试点单位，投入2514万元，以政府购买服务为主要方式，以“互联网＋”为主要模式，为7234名残疾人提供了托养服务。

(四)加大就业培训力度。完成城镇残疾人职业技能培训4006人、农村贫困残疾人实用技术培训9500人。12月5日，省残联与省人社厅联合举办2018年中国技能大赛——山西省第六届残疾人职业技能竞赛。

(五)实施省彩票公益金助学项目。投入195.3万元，资助了538名残疾研究生、大学生和残疾人家庭子女大学生。

(六)加强信息化建设。在4个市的5个县(区)率先推开第三代残疾人证(智能化)全国试点工作，受到中国残联好评。向省经信委申报了2019年省残联大数据智慧服务平台信息化建设项目，为实施“互联网＋科技助残”行动、提高全省残疾人事业信息化水平提供了精准支撑。

(七)维护残疾人合法权益。全省接待残疾人来信来访1.4万余人(件)次，其中处置同煤集团农民轮换工、儿麻残疾人进京群体访4批次160人次，“12385”热线接听3830通，倾听、了解残疾人诉求，帮助他们解决实际困难和问题。对

78 个残疾人法律救助案件进行了补助。

（八）成功举办山西省第十一届残疾人运动会。9 月 26 日 -9 月 29 日在太原举办了山西省第十一届残疾人运动会，省人大常委会副主任李悦娥、时任本届省残运会组委会主任、副省长曲孝丽、省政府副秘书长张文栋等领导出席开幕式。430 名运动员进行了 14 大项 211 小项的比赛，产生金牌 189 枚、银牌 100 枚、铜牌 60 枚，运动会产生了良好的社会反响。

（九）大力发展残疾人慈善事业。省残疾人福利基金会基金体量和募资能力在全省 81 家基金会中名列前茅，在全国 20 多家残联系统省级基金会中公开透明指数排名第一，募集资金物资 1542 万余元，惠及残疾人 1.8 万人次。

三、聚焦脱贫攻坚，帮扶贫困残疾人脱贫致富

（一）推进建档立卡持证贫困残疾人基本辅助器具全覆盖。投入专项资金 1650 万元，2.8 万名建档立卡持证贫困残疾人得到基本辅助器具服务，覆盖率 94.1%。

（二）实施“农村基层党组织助残扶贫工程”。按照每户 3000 元的帮扶标准，帮扶 5000 户建档立卡贫困残疾人家庭发展种植业、养殖业、农副产品加工业。

（三）健全农村残疾人关爱服务体系。会同省民政厅等六部门出台了《着力解决因残致贫家庭突出困难的实施办法》，在全省建档立卡贫困残疾人中，3970 人新纳入农村低保，2234 人新纳入生活补贴范围，1083 人新纳入护理补贴范围，3636 人新得到照护和托养服务，675 人新得到特困救助。

（四）切实做好残疾人精准脱贫和干部驻村帮扶工作。为 32.6 万名重度残疾人发放了 1.96 亿元护理补贴，为 8000 余名下肢残疾人发放了 216.98 万元机动轮椅车燃油补贴，完成城镇残疾人职业技能培训 4006 人、农村贫困残疾人实用技术培训 9500 人。对 1906 户贫困重度残疾人家庭进行了无障碍改造。积极做好干部驻村帮扶工作，调整人员，加强力量，省残联帮扶的两个村贫困户收入均超过 3520 元的脱贫线。

（柳　田）

附：省残疾人联合会党组书记、成员名单

书　记：李亚明（6 月离职）　卫　国（6 月任职）

成　员：温万一（6 月离职）　赵淑芊（11 月离职）
刘　晔　吴　波（女，11 月任职）
李俊温（6 月任职）

省社会科学界联合会党组

党组书记　张云泽

2018 年，在省委的坚强领导及省委宣传部的直接指导下，省社科联坚持以习近平新时代中国特色社会主义思想为指导，紧紧围绕全省中心，着眼于服务改革发展、促进哲学社会科学繁荣，全面推进各项工作，圆满完成了年度工作目标任务。

一是深入学习习近平新时代中国特色社会主义思想，切实加强政治引领。把深入学习贯彻习近平新时代中国特色社会主义思想作为统领全年各项工作的主线，统一思想，凝聚人心。坚持党组带头。党组认真落实年初制定的中心组学习规划，定期专题研讨交流，全年学习 12 次。创新中心组学习形式，到太原图书馆“马克思书房”学习交流，到山西大学马克思主义学院听专家辅导，取得较好效果。党组成员积极撰写心得体会，党组书记张云泽同志撰写的《让党的创新理论“飞入寻常百姓家”》一文在山西日报发表。坚持学习制度。坚持每周二集体学习制度不动摇，领导干部轮流主持，及时传达习近平总书记重要讲话和中央及省委最新精神，系统学习《中国共产党章程》《中国共产党纪律处分条例》和《习近平新时代中国特色社会主义思想三十讲》等。注重形式多样。除了理论学习，还收听收看习近平总书记在马克思诞辰 200 周年、庆祝改革开放 40 周年等大会讲话以及《马克思是对的》《建党伟业》等影视片。同时，发挥“学习园地”“文源讲坛”“干部在线”“法宣在线”等平台作用，鼓励干部自学。注重政治引领。在纪念马克思诞辰 200 周年、改革开放 40 周年之际以及全国宣传思想工作会议和省委十一届六次全会召开之后，分别召开座谈会，学习习近平总书记重要讲话精神，统一思想认识，指导各市、各高校社科联和各学会研究会组织了专题座谈会、研讨会、论坛、讲座、征文等活动 30 余次，发挥了积极的政治引领作用。

二是持续加强“三基建设”，不断提高履职能力和水平。认真贯彻落实省委关于“三基建设”的决策部署，着力推动基层组织全面加强、基础工作全面进步、基本能力全面提升。积极与各市和高校沟通联系，推动长治学院、大同大学、中北大学、运城学院等 4 所高校新成立了社科联，全省高校社科联达到 8 个。新审批成立学会研究会 8 家，省级社科类社会组织达到 128 家。通过单独建、依托建、联合建等方式建立了 98 个学会党支部，并全部配备了党建指导员，进一步夯实了

学会党的组织和党的工作“两个覆盖”。加强日常管理和业务指导，组织党组织负责人专题培训，扎实开展调研工作，帮助落实专项经费48000元并拨付给16个学会党组织。省社科联“三基建设”经验在省委“三基办”简报上刊登。规范引领精细管理，严格办文办事办会程序，优化内部管理方式，实现机关工作程序化管理、业务工作标准化管理。规范机关各部室职责、人员岗位职责、人员在岗情况并上墙，实现了职能定位清晰、岗位设置合理、在岗情况一目了然。全面落实岗位责任制、首问负责制、服务承诺制、AB岗制度等效能建设八项制度，推动中心工作优质高效开展、工作作风转变、服务意识增强、工作能力提升、工作效能提高。加强干部职工培训，组织全体干部参加专业能力测试、宪法知识测试，选派机关党员干部参加省直工委、省委宣传部等部门组织的处级干部学习培训、业务工作培训、党务干部培训等40余人次。选派年轻干部参加第二届省直机关党员干部职工基本能力竞赛，并获得组织奖。同时，制定和坚持外出学习归来报告制度，凡外出参加培训学习的同志都要向机关汇报交流学习体会，提高了机关干部的整体素质和业务能力。

三是积极开展重大课题研究，努力发挥决策咨政服务作用。坚持围绕中心、服务大局，以重大现实问题为主攻方向，基础研究和应用研究并重，积极整合研究力量，引导组织社科工作者开展课题研究。严格程序组织评审，确立2018至2019年度重点课题169项，同时对2017至2018年度148项重点课题进行评审结项。积极参加全省宣传思想文化调研课题研究，机关干部参与撰写的调研成果两篇获一等奖，一篇获三等奖，省社科联被评为“2018年度全省宣传思想文化战线调研工作先进单位”。组织完成了《弘扬优秀家风家训 传承中华传统文化——以“山西闻喜裴氏家风家训”为例》《山西景区依托型乡村旅游精准扶贫和社区发展研究》2篇调研报告，以《决策参考》的形式报送省委、省政府领导和相关部门。

四是精心组织社科评奖，推动树立山西哲学社会科学的“晋字品牌”。严密组织完成了山西省第十次社会科学研究优秀成果评奖工作，评出一等奖27项，二等奖73项，三等奖99项，优秀奖93项。大评奖注重突出政治导向，原来马克思主义学科组织评出2项一等奖，经评委会同意，增加了2项一等奖指标，使马克思主义学科组评出4项一等奖成果，大幅度提高了马克思主义理论研究成果的奖励比例。完成2017年度“百部(篇)工程”评审工作，获奖成果125项，其中一等奖23项，二等奖37项，三等奖65项。评审中，特别体现了对青年人才和应用类研究成果的侧重。在125项获奖成果中，45岁以下青年学者的成果有93项，占74.4%；应用理论研究成果有66项，占53%，使“百部(篇)工程”成为扶持青年社科工作者和应用型成果的重要渠道。

五是扎实推进社科普及宣传，社科普及法治化进程明显加快。在省人大、省政府的积极支持下，在深入调研基础上完成了《山西省社会科学普及条例》(草案)起草工作。《条例》(草案)于8月23日经省政府常务会同意，以议案形式送交省人大审议，11月28日省第十三届人大常委会第七次会议专题审议通过，将于2019年上半年正式颁布实施。加强社科普及宣传基地建设，全年新建立19个省级科普基地，省级社科普及基地达到30个。联合“文源讲坛”、“朔州大讲堂”“晋中学习讲坛”等，送专家下基层6场，主办“不忘初心 牢记使命”中国共产党党史系列讲座13场，晋冀文化系列讲座18场，各基地举办各种讲座、活动1000多场次，受众达10万人次。注重新时代社科宣传媒体建设，完成对山西社科网的改版升级，做好《学术论丛》《山西社科界》编辑发行工作。

六是强化使命担当，积极开展驻村帮扶工作。落实省委扶贫工作任务，党组会8次研究扶贫工作。抽调3名处级干部驻村扶贫，强化扶贫一线工作力量。认真落实主要领导人村帮扶制度。党组书记张云泽同志3次到兴县调研指导，开展走访慰问活动，督促扶贫项目落实推进，并与村民共度农民丰收节和中秋节。党组班子成员10余人次深入扶贫点进行调研，机关党员干部多次进村入户，认真落实对口帮扶责任。在县乡党委政府与社科联工作队共同努力下，李家庄村实施了修路与饮水两项工程，改善了村民的交通和饮水条件。邀请农科院专家赴扶贫点李家庄村就西梅种植进行了实地调研，共商产业扶贫大计。年度脱贫攻坚工作得到县乡和村民群众的肯定与赞扬。

七是切实履行全面从严治党主体责任，以党的建设带动机关建设。党组始终把管党治党的主体责任扛在肩上，把党的政治建设摆在第一位，全面加强党建工作。机关党委荣获先进基层党组织荣誉称号，受到省直工委表彰。突出政治建设，认真贯彻落实《关于坚决维护党中央集中统一领导的规定》，深入开展肃清腐败流毒影响工作，召开了专题民主生活会，对照剖析、积极整改，引导党员干部不断增强“四个意识”，牢固树立“四个自信”，坚决做到“两个维护”。加强组织和制度建设，完成机关党委换届工作，及时补选党支部委员，进一步完善党支部的工作制度。严肃党内政治生活，坚持民主集中制，严格落实党组议事规则和决策机制，凡“三重一大”事项都经党组会研究决定。严格落实制度要求，完成了2018年度机关党委书记述职评议和两个支部党支部书记述职评议活动，召开了组织生活会。坚持“三会一课”，组织开展了赴晋绥革命纪念馆“弘扬革命传统，重温入党誓词”，赴兴县扶贫点“精神扶贫、党员先行”等一系列主题党日活动。严格落实意识形态工作责任制，每季度、每半年定期分析研判意识形态领域形势，并上报省委宣传部。着重加强重点课题立项、优秀成果评审中的政治把关和导向管理，加强对省属社科类社会组织学术报告会、研讨会、讲座、论坛的监管，做到“守土有责、守土负责、守土尽责”。不断加强作风建设，贯彻中央八项规定及实施细则，积极开展形式主义、官僚主义集中整治工作。一年来，党组主要领导和党组成员先后赴市县和学会研究会深入调研100多次，与专家学者座谈研讨，与贫困群众共同探讨脱贫大计，主动帮助解决存在的各种问题。扎实推进党风廉政建设。年初召开党风廉政建设会议，逐级签定《省社科联党风廉政建设责任书》，严格落实“一岗双责”。强化日常监督和节前警示，及时谈话提醒，教育引导广大党员干部知敬畏、存戒惧、守底线。深入推进机关精神文明创建,连续六年荣获省直文明单位标兵荣誉称号。七一前夕慰问老党员,重阳时节慰问老同志,向到龄退休职工赠送"幸福都是奋斗出来的"纪念杯,组织机关干部职工参加了山西省直机关第五届职工运动会,激发了干部职工的工作热情,展现了社科联的新气象。

(杜伟琴)

附:省社会科学界联合会党组书记、副书记、成员名单

书　记: 王　蕾(女,2月离职)　张云泽(2月任职)

副书记: 王纪山(12月离职)

成　员: 王纪山　王志超　王崇德

省红十字会党组

党组书记　郑　红

2018年,是改革开放40周年,是决胜全面小康、实施"十三五"规划承上启下的关键之年,也是大力推进群团改革的重要一年。在省委、省政府的坚强领导下,省红十字会以习近平新时代中国特色社会主义思想为指引,以全面学习贯彻《中国红十字会总会改革方案》为契机,紧紧围绕省委省政府中心工作,围绕人道领域群众需求,稳步推进各项人道救助工作,各项工作取得新成效。

一、强化政治引领,牢牢把握发展红十字事业的正确政治方向

2018年,省红十字会以加强党的建设为抓手,以"两学一做"学习教育常态化制度化为载体,不断强化政治引领,为全省红十字事业持续健康发展奠定了强有力的思想政治基础。

(一)认真学习贯彻习近平新时代中国特色社会主义思想和党的十九大精神。会党组紧紧围绕习近平总书记对发展红十字事业重要指示精神,着力加强党员干部思想政治建设,以上率下、带头学习,通过16次党组中心组集中学习、领导干部讲党课、集中轮训、干部在线、举办红十字大讲堂等形式多样的学习,系统深入学习了习近平新时代中国特色社会主义思想、党的十九大精神、习近平总书记视察山西重要讲话精神以及省委十一届六次全会精神。通过深入系统学习,促使党员干部牢固树立"四个意识",坚定"四个自信",做到"两个维护",更加坚定了在新形势下推进中国特色红十字事业发展的信心和决心,更加突出了红十字会党组织的先锋作用和党员的先进性。

(二)进一步落实机关党建工作责任制。会党组坚持"党建带会建、会建促党建",坚持把党的建设工作与红十字会人道救助工作同安排、同部署、同检查,全年召开党组会议专题研究党建工作6次,坚持每月都要听取党建工作汇报,每周都安排中心组、机关党总支和支部学习,党组班子成员带头学习,带头听取党建工作汇报,并将每月听取支部和机关各部门工作汇报形成制度常态化执行。将年度工作目标与省委对省红十字会年度目标责任考核紧密结合,一体建设,同步推进,通过考核检查,有效促进了党建工作落实。在健全完善党建工作机制上下功夫,研究制定了《山西省红十字会党组(中心组)学习制度》《山西省红十字会民主生活会制度》等9项党建工作制度,进一步推动机关党建工作制度化规范化。

(三)深入推进机关作风纪律建设。召开了2018年度全省红十字会系统全面从严治党工作会议,与各市红十字会签订了《行风建设工作目标管理承诺书》,会党组与机关和直属单位负责人签订了《党风廉政建设责任书》,健全完善了红十字会党建、日常管理、核心业务工作制度。认真落实监督执纪"四种形态",每逢节假日都要下发通知并编发廉政短信对党员干部提出纪律要求,强化"四风"问题监督检查,及时对财务管理情况进行内审。

二、强化依法治会,推动红十字会改革创新

(一)积极推进依法治会。召开了省红十字会六届三次理事会,对全年人道服务工作特别是推进红十字会改革等工作进行研究部署。召开党组扩大会议研究部署法治建设工作,健全了法治建设工作领导机构,制定了《2018年法治建设工作要点》,认真组织红十字会工作人员学习宪法和新修订的《中华人民共和国红十字会法》等与履职相关的专门法律知识,参加了学法用法无纸化考试;加强对综治工作的领导,健全省红十字会国家安全人民防线建设工作领导机制,成立省红十字会国家安全人民防线建设小组,领导和推动省红十字会国家安全人民防线建设工作,全年无违法违纪和重大事故发生。加强与省编办、各市党政领导的沟通协调,全力推进县级红十字会管理体制理顺工作,截至年底理顺体制的县级红十字会累计达到113个,理顺率达到95.8%,在全国红十字系统位列三甲。指导吕梁市红十字会开展换届工作,按规定设立了监事会,成为全省第一个依法设立监事会的市级红十字会,为全省各级红十字会建立监事会探索了有效途径。

(二)以"大调研"推动红十字会改革创新。会党组高度重视红十字会改革工作,认真学习贯彻落实红总会改革方案工作要求,引导全省红十字系统广大干部职工理解改革、参与改革、支持改革。2018年,会领导班子按照省委省政府部署要求,以"大调研"为抓手,针对社会层面关乎人道主义

及红十字事业发展进程中的重点、热点和难点问题，班子成员带头深入11个市和部分县级红十字会进行调查研究，认真总结先进典型经验做法并积极推广，注重发现存在问题和短板并提出有效解决的路径方法，坚持目标导向和问题导向，健全和完善红十字会改革推进机制，研究制定符合山西实际的红十字会改革实施方案，推动红十字工作更加规范化科学化。

（三）全面加强"三基建设"。省红十字会以"三基建设"为引领，将2018年确定为"工作质量、工作效率提升年"，积极推动红十字基层组织建设，以人道服务项目为载体大力推动红十字基层组织向机关、企业、学校、农村、社区延伸。省红十字会完成了机关党总支、党支部和机关工会的换届工作，优化了机关基础设施，在机关楼建立了生命安全健康体验教室和党员活动室，为有序开展机关党建和群建工作奠定坚实组织基础。特别是2018年，会党组以内强素质、外树形象为目标开展"大培训"，强化能力提升，举办了全省红会系统专职干部素质能力提升培训班，首次对全系统240名专职干部进行大规模培训，实现省市县红十字会专职干部培训全覆盖。对省级党员干部进行全员培训，人均学时130余小时。会党组强化意识形态工作研究部署，健全了意识形态工作领导机制，加强了门户网站管理，强化舆情监控，规范了网络与信息安全应急响应和工作流程。精神文明创建工作有序规范，扎实开展了"戴党徽、亮身份、明岗位、树形象"活动以及纪念中国共产党成立97周年系列党日等活动，班子成员带头开展捐款献爱心，全年累计捐款5533元。

三、强化服务群众，扎实做好"三救三献"核心业务

2018年，会党组坚持围绕中心、服务大局，紧紧围绕省委省政府脱贫攻坚工作重心，扎实抓好"三救三献"核心业务。

（一）健全完善红十字应急救援体系。在全省红十字备灾仓储管理网络基本建成、救灾物资仓储面积达到4600余平米的基础上，2018年争取到省财政彩票公益金支持集中采购了包括帐篷、棉被、棉衣、救灾用折叠床等价值1200余万元的备灾物资，接受总会382.4万元的代储备灾物资，大大增强了省红十字会备灾救灾实力。加强省红会赈济救援队建设，为救援队配备了卫星电话、无人机、救援服等救援装备，组织救援队参加了中国红十字会8省救援队演练，承办了中国红十字赈济救援队（山西）培训班联合演练，以练代训，有效提升了红十字会应急救援能力，受到总会领导表扬。积极探索应急救护培训知识和技能"5+N"模式，全年在铁路、电力、学校等人群完成48667多名初级救护员培训，超出年度目标考核任务的143%；为民众普及人数达77万人次，远超去年的7.8万人，累计达到337万余人次。大力推进全省中小学救护培训进校园，全省8500余所中小学、幼儿园的27850名老师成为合格初级救护员，覆盖率达到65%，提高了15个百分点，公益培训受众增长幅度居全国之首。服务脱贫攻坚，对全省扶贫队员开展了应急救护知识技能培训，将救护培训纳入省委党校干部教育培训体系，山西应急救护培训工作在全国红会系统属上游水平。新增山西省红十字救护培训管理平台在线学习和测试内容，积极发挥作用。

（二）加强人道服务助力脱贫攻坚。2018年，省红十字会深入开展"大救助"行动，以精准人道服务助力脱贫攻坚工作大局。

一是创新救助模式。联合中央电视台《星光大道》栏目先后在岢岚县、浑源县、原平市、兴县等革命老区开展了"红色之旅——助力精准扶贫、乡村振兴"公益救助活动，系全国红十字系统首创，总会党组书记、常务副会长梁惠玲作出批示："山西省红十字会围绕中心、服务大局，积极主动作为，助力脱贫攻坚，值得肯定。"山西省委原组织部长吴汉圣也作出批示给予充分肯定。与北京联慈健康扶贫基金会联合开展国奶扶贫工程项目，利用3年时间，向全省国家级、省级贫困县以及革命老区10万户困难家庭捐赠公益价值1.45亿元的婴幼儿配方奶粉，积极改善贫困家庭婴幼儿营养和健康状况。该项捐赠系省红十字会建会以来最大额度的单笔捐赠。

二是积极参与养老服务。省红十字会作为总会养老服务工作试点省份，联合省卫健委开展了5种模式的养老服务，建立了31个"红十字福寿安康养老服务基地"，开展了曜阳养老护理员、志愿者培训，对各养老服务机构护理人员和志愿者进行了护理基本知识和技能培训，有效提升了红十字养老服务能力水平，走在全国试点前列，为全省乃至全国红十字养老服务工作积累了经验。

三是扎实稳妥开展人道救助工作。在全省范围内积极开展博爱募捐活动，全年动员各类社会人道资源（含意向捐赠）2.9亿元，同比增长100%，在全国红会系统名列前茅。深入开展"红十字博爱助医、助学、助困、助老、助残、助幼"项目，对全省城乡贫困家庭患有先天性心脏病、白血病、脊柱侧弯、马蹄内翻足以及省直单位大病致困职工家庭等患者进行医疗救助，投入公益资金达到670余万元，累计对400余名患者进行了救助，开展的"博爱送万家"活动对全省4000个特困家庭进行了救济慰问。在16个国家级贫困县建设红十字博爱家园，为80个贫困地区的博爱小学、农村中小学建设红十字书库并捐赠图书及配套设施，还实施了博爱小学和博爱卫生站建设、"棋乐融融"助残益智项目、援建足球学校项目、"魔豆妈妈"创业扶贫项目等一系列人道救助项目，累计投入公益资金1100余万元，开创了全国"六助"先河。积极发挥人道救助独特优势，助力脱贫攻坚大局，深入中阳县关上村开展定点扶贫工作，帮扶村民脱贫致富。

（三）积极推进无偿献血和造血干细胞、遗体与人体器官捐献工作。稳步推进无偿献血宣传动员工作，发起开展了"文明山西、关爱生命——省直机关公务员无偿献血暨造血干细胞捐献月活动"，隆重举行"世界献血者日"纪念活动，全年无偿献血30.2万人次，献血总量达到120余吨。山西无偿献血工作再次荣获无偿献血先进省荣誉称号，并在全国无偿献血表彰大会上作了经验介绍，11市全部荣获无偿献血先进市荣誉称号。认真完成了国家下达3000人份的造血干细胞捐

献志愿者资料入库任务，累计我省入库志愿者 9.05 万人份，157 位志愿者成功捐献造血干细胞，其中 6 位涉外捐献。全省人体器官捐献工作稳步推进，全年实现公民逝世后人体器官捐献 74 例，使 203 位脏器衰竭患者获得新生，同比增长 37%。累计捐献人数达到 228 例，救助脏器衰竭患者 630 位。累计 5860 人报名登记成为人体器官捐献志愿者。

四、强化宣传引领，不断提升红十字会影响力公信力

以开展“博爱三晋”主题宣传为主线，弘扬社会主义核心价值观和“人道、博爱、奉献”的红十字精神，围绕“三救三献”核心业务，组织开展了“5·8 世界红十字日”“世界急救日”“世界献血者日”等系列主题宣传活动，在省黄河电视台支持下开办了《专家来了》公益栏目，举办了“四十不惑、大爱无疆”——山西省红十字会工作成就图片展，“红十字博爱月”宣传活动期间在省城 8400 辆公交车以及楼宇和电梯间进行持续宣传。全年在报纸刊物刊登文章十余次，在官网、微博发布新闻信息 500 余条，在各类新媒体及网络平台发布报道 800 余条，会机关编排制作印刷宣传资料、画册及通讯 3 万余份，各项宣传总计视听人群达 2000 余万人次之多，点击率 100 万 +，“大宣传”格局基本形成。以山西省南丁格尔奖章“零”的突破为契机建立 39 支南丁格尔志愿服务队，并深入开展关爱农村儿童及敬老慰问等红十字特色志愿服务活动。稳步推进红十字青少年工作，组织全省红十字青少年以红十字训练营等为载体开展自救互救知识竞赛、人道传播、预防艾滋病宣传等丰富多彩的红十字青少年活动。时任副省长曲孝丽同志对省红十字会工作给予高度肯定，作出批示：“红十字会紧紧围绕全省工作重点，重党建、兴调研，不断加大培训、宣传、服务力度，取得了很好的工作成绩。”

（侯晓俊）

附：省红十字会党组书记、成员名单

书　记：郑　红（女）

成　员：白　冰（女）　李晓静

省管国有企业党委工作概况

太原钢铁(集团)有限公司党委

党委书记　高祥明

太钢集团党委下属基层党委37个,直属党总支7个,直属党支部4个,基层党总支35个,基层党支部565个。全公司共有党员总数24309名,在岗党员总数11839名。

2018年,太钢各级党组织深入学习贯彻习近平新时代中国特色社会主义思想和习近平总书记视察山西重要讲话精神,充分发挥领导作用,团结带领全体党员和广大职工,以前所未有的勇气和毅力,全力乘势而上,奋力担当作为,谱写了新时代公司党的建设和党的事业的崭新篇章,实现了高质量发展的良好开局。全年产粗钢1070.39万吨,比上年增长1.92%,其中不锈钢416.6万吨,比上年增长0.72%;产坯材1000.7万吨,比上年增长3.18%,其中不锈钢材380.97万吨,比上年增长1.49%;钢材产销率100.46%;出口钢材109.59万吨,其中不锈钢88.1万吨;实现营业收入785亿元,比上年下降3%;实现税金46.6亿元,比上年增长23.8%;实现利润52.88亿元,比上年增长21.5%。各项经营绩效指标为2008年以来最好水平,居全国钢铁企业前列。

党委自身建设得到新加强。持续加强公司党委自身建设,努力提升党委班子领导能力,不断增强"四个意识",坚定"四个自信",践行"两个维护",确保了公司高质量发展的正确政治方向。坚持党对企业的领导与建立现代企业制度相结合,形成了适应高质量发展的领导决策机制。公司党委深刻把握、积极顺应产业发展大势,按照"抓重点、补短板、强弱项"思路确定并扎实推进钢铁主业全面发展战略——"一核两海"战略,提升了钢铁全产业链竞争力,保持了公司在全球不锈钢行业的领军地位。各级党组织充分发挥总揽全局、协调各方作用,结合本单位本部门实际进一步谋划推动公司高质量发展的思路,为高质量发展掌舵护航。

思想政治建设取得新成效。坚持把学习宣传贯彻习近平新时代中国特色社会主义思想和党的十九大精神作为首要政治任务,深入开展专题学习研讨和集中轮训,公司上下掀起学习热潮。把习近平总书记视察山西重要讲话精神作为推动高质量发展的制胜法宝和不竭动力,持续深入推进贯彻落实。把思想政治工作作为企业稳定发展的有力武器,运用敬业度评估成果科学分析职工思想动态,实现解决思想问题与解决实际问题的有机结合。公司在省委改革开放40年企业思想政治工作经验交流会上作典型发言。

党建工作水平有了新提高。坚持党要管党、全面从严治党,真抓真管,严肃问责,党建工作责任制落实落地。全面加强"三基建设",制定专题实施方案,形成总体部署、梯次推进、持续深化的整体工作布局。坚持把党支部作为党的全部工作和战斗力的基础,不断强化政治功能,建强党支部书记队伍,改善党员素质和结构,支部核心化、学校化、堡垒化建设成效显现。坚定扛起脱贫攻坚重大政治责任,选派17名第一书记、45名驻村队员投身脱贫事业,投入761万元实施扶贫项目,公司在娄烦、保德2县的15个帮扶村全部实现脱贫摘帽。

干部人才队伍焕发新活力。坚持党管干部原则,改进推荐考察方式,探索契约化管理和市场化选聘干部机制。完善党管人才领导体制,优化首席师管理机制,更大范围激励优秀人才,提出太钢职业发展等级评聘指导意见,为各类优秀人才打通职业成长通道。开展新时代新担当新作为主题教育,选树榜样典型,引导和激励广大干部职工争当新时代的奋斗者。

宣传文化工作展示新作为。严格落实意识形态工作责任制，妥善应对热点舆情，维护企业良好形象。紧紧围绕生产经营中心任务开展宣传报道，构建传统媒体与新兴媒体融合发展的传播体系。深入开展企业文化主题实践活动，大力倡导以奋斗者为本的核心价值观，唱响奋斗之歌。公司荣获“改革开放40年中国企业文化四十典范组织”等称号。

党风廉政建设得到新加强。层层压实管党治党政治责任，对履行党委主体责任和纪委监督责任不力的相关责任人给予党纪处分和组织处理，让“两个责任”进一步落地见效。坚持“靶向治疗”，围绕生产经营核心任务精准发力，实现纪律建设与生产经营的深度融合。坚持挺纪在前，突出抓早抓小，集中整治职工群众身边的腐败和不正之风，推动全面从严治党向纵深发展、向基层延伸。

党的群团工作迈上新台阶。坚持党建带工建、带团建，大力支持工会、共青团创造性地开展工作。扎实开展劳动竞赛、技术比武、“五小”竞赛、职工创新工作室提升等活动，职工职业素养逐步提升，公司在第九届全国钢铁行业职业技能竞赛、第二届全国冶金矿山行业职业技能大赛中均获得团体第二名的好成绩。发挥职工监督主体作用，开展职工巡视监督，民主管理稳步推进。推动服务提档升级，职工困难帮扶机制、心理援助计划、法律服务体系、疗休养机制等深受职工认可和欢迎。制定和实施太钢青年高质量发展行动计划，凝聚推动公司高质量发展的青春力量。

太钢信访维稳、武装保卫、统一战线、离退休职工管理等工作扎实推进，为和谐企业建设做出了积极贡献。

2018年，公司党委聚焦主责主业持续发挥政治优势，推动了公司党建工作全面发力、全面从严治党向纵深推进，继续巩固和扩大了省属企业党建工作排头兵地位和优势。成绩的取得，得益于我们坚持用习近平新时代中国特色社会主义思想武装头脑，善于从新思想中汲取高质量发展智慧，寻找破解高质量发展难题之道；得益于我们全面贯彻新时代党的建设总要求，持续巩固国企政治优势，自觉在国家改革发展大局中谋划高质量发展，确保企业成为国家推动高质量发展最可信赖的依靠力量；得益于我们坚持发展为了职工、发展依靠职工、发展成果由职工共享，进一步团结和动员广大职工与企业共同成长、共谋高质量发展新篇。

（李志强）

附：太原钢铁（集团）有限公司党委书记、副书记、常委名单

书　记： 高祥明

副书记： 韩瑞平　高建兵（8月任职）

常　委： 张志方（12月离职）　柴志勇　李　华（10月任职）　高　铁　谢　力（12月离职）　张晓东

山西焦煤集团有限责任公司党委

党委书记　武华太

一、企业基本情况

2018年，山西焦煤集团生产原煤10011万吨，精煤4682万吨，焦炭1014万吨，化工产品318万吨，发电193亿度，生产煤总销量9059万吨；实现销售收入1766亿元，利润48亿元，税费151亿元。截至年底，山西焦煤集团共有146个党委、300个党总支、3150个党支部，党员62113名。

二、党建工作概况

2018年是全面贯彻党的十九大精神开局之年，是山西焦煤集团推动高质量发展第一年，也是企业党建工作全面加强、成效明显的一年。山西焦煤集团党委坚持以习近平新时代中国特色社会主义思想和党的十九大精神为指引，强化政治意识，扛牢主体责任，改革创新，锐意进取，集团公司安全生产、经营管理等方面迈上了一个新的台阶，取得了新的成绩。

（一）坚持以政治建设为统领，把关定向作用充分发挥。全面落实新时代党的建设总要求，突出政治建设统领地位，把“学懂、弄通、做实”习近平新时代中国特色社会主义思想和党的十九大精神作为首要政治任务。开展了“学习十九大精神、争做新时代先锋”大讨论，全年组织集团公司党委中心组学习13次，宣讲1000余场，受众近20万人次，引导党员干部树牢“四个意识”，坚定“四个自信”，践行“两个维护”。党委积极发挥“把方向、管大局、保落实”作用，紧紧围绕集团公司“一个战略、三大目标”，统筹谋划“1+3+N”产业布局，督促落实改革转型举措，坚定不移用党的路线方针政策指导企业发展。集团公司入围国务院国企改革“双百行动”，八个方面50项改革任务推进实施，深化改革全面入轨。全年完成固定资产投资113亿元，46个重点项目建设扎实推进，多个项目证照手续获批。煤矿先进产能占比大幅提高到88.46%，一批牵引性转型新兴产业项目积极推进，改革转型实现多点突破。党委全年前置研究148件重大事项，参与决策更加规范。集团公司党委和二级公司党委完成党建工作要求写入公司章程，党委会在公司法人治理结构中的法定地位得到明确。

（二）坚持把握正确舆论导向，改革发展合力进一步凝聚。集团公司党委站在纪念改革开放40周年的时间节点上，盘点总结山西焦煤成立以来的重要发展成果，联合10余家媒体开展深度报道，山西焦煤人的自豪感和凝聚力极大激发。全年在省部级以上媒体播发稿件400余篇，中价·新华山西焦煤价格指数发布、中国焦煤品牌集群成立两个重大事件“吸睛”“圈粉”，山西焦煤品牌形象、行业地位不断巩固，美誉度和影响力大幅提升。集团公司年度煤炭销售量稳定保持在1亿吨以上，23个中长协客户合同兑现率达到95%。贯彻全省国有企业深化改革转型发展推进会精神，开展“用足非常之力、坚守恒久之功”抓改革促转型大讨论，两级班子每周研究企业发展中的重大问题，改革转型的氛围更为浓厚。高度关注职工民生实事、薪酬分配、劳动就业等热点问题，解疑释惑、回应关切。认真落实意识形态责任制，处置较大负面舆情142条，意识形态工作保持了向好向上态势。加强精神文明创建，22个单位、1户家庭获得省级文明表彰。完善统战人士建言献策机制，为企业发展贡献智慧和力量。

(三)坚持加强党的“三基建设”，基础工作质量持续提升。结合省国资委党委“党建工作质量提升年”21项任务，制定落实“三基建设”任务清单，促进党的建设提质增效。党的领导纳入了年度行动计划和子分公司契约化管理内容，坚持开展基层党委书记抓党建述职评议考核，严格管理的责任压力层层传导。特别是深入推行安全重奖重罚制度，各级党组织党政同责、一岗双责、齐抓共管、失职追责的意识进一步树立，安全生产基础进一步夯实。认真执行“双向进入、交叉任职”领导体制，17个子公司做到了党委书记、董事长“一肩挑”，坚持党的领导和完善公司治理更加有机融合。根据企业发展情况，动态调整组织设置，“四同步、四对接”在实践中充分体现。开展党支部书记轮训和党员全覆盖培训。建设三支人才队伍，做好人员分流安置，管理序列26200人，专业技术序列18454人，操作岗位序列137214人，职工总数、在岗人数和干部职数连续5年下降。全年承担上级科技重大专项11项，授权国家专利126项，获省部级以上科技进步奖20项，切顶卸压无煤柱开采、智能化综采工作面等效益好、有前景，创新驱动发展效果显现。落实《基层党支部规范化建设标准(试行)》，严格按照上年度工资总额1%列支党组织工作经费；推广应用“智慧党建”，严格执行“三会一课”、双重组织生活等制度，全覆盖民主评议党员，支部标准化规范化建设水平有效提高。

(四)坚持狠抓干部队伍建设，担当作为导向更加鲜明。坚持党管干部原则，规范动议酝酿和任职程序，大力使用敢于负责、勇于担当、善于作为、实绩突出的干部。在全集团推行契约化管理，聚焦发展的质量和效益，强化权责利对等的导向，有力激发了干部干事热情，集团公司层面关注的4个子公司大幅减亏，子公司所属的27户企业实现扭亏，促进了经济效益改善提升。规范干部兼职管理，集团公司班子成员不再兼任子公司职务。加大干部交流和选拔力度，全年交流干部22人，提拔干部61人，干部队伍年龄结构、学历结构持续优化。开展干部能力素质提升培训，举办4期中高层管理人员培训班、190人参加培训，2期工程技术业务骨干培训班、460人参加培训，集团公司年轻干部教育培训工作经验得到省委肯定，作为唯一企业代表在全省干部培训工作大会上交流经验。积极推行一般性管理岗位公开选拔、竞争上岗，公开招聘团委、审计、金融、营销等岗位人员87名，选人用人渠道拓宽。启动“蓝点人才计划”，面向全国招聘了8名35周岁以下博士研究生重点培养；试行青年领军人才培养计划，促进年轻干部成长。推进审计体制改革，成立审计中心，强化审计监督，思路和做法受到了省委办公厅、审计厅好评。推动干部管理序列优化，3个A股上市公司班子和化工公司、千万吨级区域公司正职纳入集团公司党委干部管理序列。

(五)坚持正风肃纪反腐，干事创业环境不断优化。贯彻新修订的纪律处分条例，组织中层以上干部学习《忏悔录》，编印《警示录》，召开肃清腐败流毒影响专题民主生活会，广大干部接受了一次深刻的党性洗礼和纪律教育。加强内控体系建设，编制完成《山西焦煤内部控制管理手册》，加快“十大信息平台”建设，规范企业治理，防范经营风险、管理风险、廉洁风险。支持纪委监督执纪问责，按照“两个为主”交流调整4个子公司纪委书记，首次把纪检监察业务纳入技能大赛范畴。探索开展党委巡察，发现8个子公司6方面310条问题线索，通过“双反馈”认真落实整改。完善贯彻中央八项规定精神实施细则，执行“十条禁酒令”和“十五个严禁”，汲取2起严重违反中央八项规定精神问题教训，坚决抵制不正之风，吃喝风气基本遏制。开展了涉纪信访、民生领域腐败和不正之风等专项整治，做好账款清收专项工作，应收(预付)款减少45.6%。严肃通报2起典型问题，集中整治形式主义、官僚主义形成震慑。全年查处违反八项规定精神问题6起，党政纪处分17人。深化运用监督执纪“四种形态”，全年立案69件，党政纪处分188人，办案数量和质量“双提升”，越往后执纪越严的信号不断释放。

(六)坚持共建共享，企业发展大局和谐稳定。优化工资分配导向，地面岗位、井下辅助、井下一线工资比例1:1.78:2.60，收入分配继续向一线苦脏累险和关键技术岗位倾斜。全年支付提取各类社保基金69.89亿元，积极协调推进医疗和生育保险纳入社会统筹，想方设法为职工使用住房公积金提供便利。“安康杯”竞赛持续深化，女工家属协管安全活动丰富，建成14个五星级山西省煤矿井口群众安全工作站，7个单位获得标兵站称号。抓好先进典型选树，2个单位、3名个人获得全国煤炭系统表彰，8个单位、65名个人获得全省煤炭系统表彰，2个单位、6个集体、4名个人获得全省五一评选表彰，3个集体、5名个人获得省级巾帼标兵称号。“两节”期间，全覆盖不遗漏慰问696个建档立卡困难户，全年发放慰问救助金1933万元，让职工感受到企业温暖。举办第十届职工技能运动会第一阶段比赛，开展“五小创新”活动，建成80个职工(劳模)创新工作室。推进青监岗、“导师带徒”工作，服务青工成长，3个单位获团中央命名表彰。落实信访维稳责任制，对矿井关闭退出、人员转岗分流、分离企业办社会等改革潜在的稳定风险，积极开展政策宣传，引导干部职工理解改革、支持改革、参与改革。认真落实精准扶贫任务，帮助兴县蔡家崖4个村整体脱贫。开展扫黑除恶斗争，涉案人员依规依纪处置，维护了矿区正常生产经营秩序。在党委坚强领导下，集团公司各项工作稳中有进、稳中向好。生产经营任务全面完成，转型升级步伐明显加快，深化改革力度不断加大，重点项目建设扎实推进，风险防范、处僵治困、分离企业办社会“三大攻坚战”取得重要阶段性成果。安全生产取得了“零”死亡的最好成绩，经营成果实现了近年来的最好效益，干部职工团结奋进、干事创业的氛围愈加浓厚。

（杨士元）

附：山西焦煤集团有限责任公司党委书记、副书记、常委名单

书　记：武华太

副书记：金智新　王廉敏

常　委：邓保平

王绍进（4 月，因严重违纪，被给予留党察看一年、撤职处分。）

王　敏（9 月任职）　李堂锁　胡文强

大同煤矿集团有限责任公司党委

党委书记　郭金刚

大同煤矿集团有限责任公司（简称同煤集团），是全国亿吨级动力煤大集团之一；是煤电深度融合的特大型国有现代化能源集团，山西省最大的发电企业；是世界 500 强企业。“十二五”入选国家首批“矿产资源节约与综合利用示范基地”，先后荣获了中国工业大奖表彰奖、全国“五一”劳动奖状、全国文明单位、全国社会扶贫先进集体等众多国家级荣誉。

同煤集团现有 16 万员工、80 万员工和家属，产业布局在山西、内蒙、新疆等 7 省（自治区、直辖市、特别行政区）18 个市（区），拥有大同煤业、漳泽电力 2 家上市公司和 1 家财务公司。截至 2018 年底，同煤集团共有二级党委 71 个，直属党（总）支部 25 个，党员 55213 人。企业资产总额 3503 亿元，销售收入 1766 亿元。

一、圆满完成 2018 年十项主要指标

生产煤量：完成 1.33 亿吨，同比增加 620 万吨，增幅 4.9%。

煤炭销量：完成 1.93 亿吨，同比增加 2210 万吨，增幅 12.92%。

发电量：完成 394.2 亿度，同比增加 44 亿度，增幅 12.6%。

营业收入：完成 1766 亿元，同比增加 164 亿元，增幅 10.2%。

利润：完成 16 亿元，同比增加 7.7 亿元，增幅 92.77%。

上缴税费：完成 109 亿元，同比增加 6.6 亿元，增幅 6.45%。

工业总产值：完成 770 亿元，同比增加 45 亿元，增幅 6.2%。

工业增加值：完成 307 亿元，同比增加 12 亿元，增幅 4.24%。

员工人均年收入 6.8 万元，同比增加 4940 元，增幅 7.82%。

安全生产平稳运行，实现低控目标。

二、坚决把政治建设摆在首位

持续深入学习贯彻习近平新时代中国特色社会主义思想、党的十九大精神和习近平总书记视察山西重要讲话精神，全面落实党中央、省委决策部署，制定实施党员领导干部“必须坚决把政治建设摆在首位、必须坚决树牢‘四个意识’、坚定‘四个自信’、坚决做到‘两个维护’”等为主要内容的“二十个必须”工作要求，下发了《关于进一步完善党委理论学习中心组学习制度的通知》，要求每学习一篇讲话，领学的常委要组织制定落实措施，并在学习时同步安排；要求在领导讲话稿上标注关键内容，减少笔记工作量；每次学习后写不少于三点的心得体会。

三、切实履行全面从严治党首责主责

狠抓干部作风，对“吃喝风、赌博风、吸毒风、诬告风、非访风、跑官风、谣言风、人情风、吃拿卡要风、传销风”等十种不良风气进行专项整治，逐项落实责任。相关责任部门严格执纪，采取明察暗访、受理举报等方式，抓典型，强震慑，严问责，为企业发展营造了风清气正的政治生态。

按照《关于整治形式主义、官僚主义问题集中调研的工作方案》要求，各级干部坚持问题导向，深入一线、深入现场、深入群众，累计调研 970 次，召开座谈会 704 次，个别访谈 2419 人次，发放调查问卷 10950 份，提出整改措施 323 条，撰写调研报告 167 份。

出台了《关于倡导集团公司全体党员干部弘扬新时代新风正气的实施意见》，从政治坚定、对党忠诚、真抓实干、勇于担当、德才兼备、贤能并举等 6 个方面倡导新风正气，进一步弘扬正能量，形成风清气正的良好环境。

四、不断加强制度建设

先后制定实施了《党委常委会议事规则》《董事会议事规则》《经理层议事规则》《领导干部汇报工作、参加会议和各类活动行为规范》等制度规定，坚持先立杆、再见影，从“根儿”上把规矩立起来、纪律严起来。制定实施了《党政一体化考核评分奖惩办法》，着力破解党建工作和行政工作“两张皮”，把党的建设各项工作渗入到行政工作的方方面面，为推进企业党建工作探索了新路径。

五、积极谋划企业未来发展

集团公司党委九届六次全会,充分发扬民主,广泛听取员工群众的意见建议。提出并形成了同煤集团“36951”战略体系,特别是确立了“十三五”后两年及“十四五”同煤的发展战略。就是做好“加、减、乘”3篇文章,形成“煤、电、金融、现代煤化工、文旅、物流”6大产业体系,以9大重点项目集群为支撑,以“更严、更好、更高、更强、更优”5大目标为引领,实现“创新、和谐、富强、振兴”新时代同煤战略构想,构建“36951”战略体系。

六、大刀阔斧进行人事制度改革

匡正选人用人导向,大力培养选拔优秀年轻干部。确立了培养选拔任用干部的“1311”工作思路,坚持德才兼备、以德为先,专业的人干专业的事,制定了《大力推进干部人事制度改革培养选拔优秀年轻干部的实施办法》,形成了大学生到一线“回炉”的工作潮,受到了人民网、新华网等主流媒体的广泛关注。

持续推进市场化选聘。在为同煤漳泽(上海)融资租赁公司市场化招聘1名总经理的基础上,根据同煤集团“1311”人才工作思路及安全生产、煤化工、金融等工作需要,按照“市场化选聘、目标化管理、契约化兑现”的原则,面向全国公开招聘专业化领军人才。

建立完善党委巡察组、环保督察组、专职外部董事(监事)制度,畅通干部“出”的通道。一方面,对于副处级以上干部,在达到调研年龄的前一年以上,根据自身岗位特点,提前进入党委巡察组、环保督察组或担任专职外部董事(监事)。另一方面,把巡察和督察延伸到二、三级单位以及各个角落,实现全覆盖,使监督工作更加聚集、更加精准、更加有力。

实施大部制改革。新班子组建以来,通过将部分职能相近、专业相通的部门、单位进行重组整合,减少职能部门、直属二级单位35家,减少处级干部232人,迈出了企业机构精减、人员精干、效率提升的新步伐。

七、不断夯实安全生产管理基础

持续狠抓“十七亲自”、煤矿“双包保”、矿领导带班等制度的考核,形成了以抓“关键少数”责任落实带动全员“安全到岗”的良好格局。严格执行安全生产“二十个严禁”制度和各类事故责任追究办法,以零容忍的态度对生产安全事故单位及责任人进行追责。形成了安全高压态势,压实了各级安全责任。充分发挥各业务主管部门的业务保安作用,实现“两个全覆盖”检查,做到了安全检查无死角、无盲区。

通过调结构、降成本、挖潜力,经营管理成效显著。通过严格执行“双控”措施,严控成本增量,严格计划管理。全年压减成本7亿元;通过调动金融板块的积极性,全年实现营业收入13.8亿元,利润7.7亿元,节约财务费用9.5亿元;通过盘活闲置设备、加强材料配件、机电设备采购管理,节约资金9.6亿元;通过对子公司安全生产、外运销售、经营管理等实施市场化有偿服务,全年收取各类服务费6.8亿元,企业净利润提高1.7亿元。

八、大力推进项目建设

严格落实省委骆惠宁书记“坚持市场导向,合作共赢”的批示精神,坚定不移与中海油公司相向而行,全力推进40亿立方米煤制天然气项目。漳泽电力参股华润曹妃甸电厂39%股份顺利完成。全力推进北辛窑“煤电一体化”园区项目,完成了与大唐集团的框架协议签订。启动了同安煤业复工建设。加快推进10万吨活性炭项目技术改造。全力推进了马道头矿、北辛窑矿项目核准。潘家窑矿、60万吨/年烯烃及配套120万吨/年甲醇、大同移动能源产业园、同煤“双创”中心等项目,全部按计划稳步推进。同煤集团与唐山市曹妃甸区人民政府共同举行框架合作协议签约仪式。双方合作建设曹妃甸第六期、七期亿吨级煤炭专用码头,该框架合作协议签订有利于同煤集团进一步优化产业布局,不断完善“煤、电、化、路、港”产业链,提升企业抗风险能力,也开启了双方深化交流合作、实现共赢发展的新篇章。

九、实施科技兴企战略

国家“十三五”重点研发计划项目——“千万吨级特厚煤层智能化综放开采关键技术及示范”在塔山矿地面联合试运转一次性成功,引领了煤炭工业的发展;“门式支架”高效强支装备在同忻矿8309综放工作面成功应用;在全行业首创研制的矿用智能链臂锯切顶机,开创了机械装备井下快速切顶、开槽卸压的先河;首次将石油压裂技术应用到煤炭行业,在塔山矿、同忻矿实施了地面钻孔压裂特厚煤层坚硬顶板技术,既解决了强矿压显现,又控制了瓦斯超限,实现了精准预控,保障了安全开采。

十、不遗余力保民生、保稳定

在经营压力严峻的形势下,全年共缴纳“五险一金”各类费用42.45亿元,让企业发展的成果普惠员工群众。特别是以平煤路拓宽工程,校北街、和平街集中供热改造工程,同煤医保“一卡通”企地接轨,异地就医直接结算等为标志的民生实事全部兑现,进一步增强了员工群众的幸福感,提升了企业发展的向心力和凝聚力。2018年,涉及大同、朔州、忻州、长治、运城等8个地市,15万户的“三供一业”分离移交基本完成,在全省树立了典型。

(冯志富)

附:大同煤矿集团有限责任公司党委书记、副书记、常委名单

书　记:张有喜(10月离职)　郭金刚(10月任职)

副书记:郭金刚(10月调职)　崔建军(10月任职)

专职党委副书记:刘　敬

常　委:文生元　吴跃平　蒋　煜　靳　华　刘文彦　陈旭忠(10月离职)

阳泉煤业(集团)有限责任公司党委

党委书记　翟　红

阳煤集团成立于1950年1月,前身为阳泉矿务局,是国家首批确认的特大型国有煤炭企业,山西五大煤炭集团之一。现有总资产2200亿元,二级分子公司62个,职工17万人;位列世界企业500强第494位、中国企业500强第112位、中国煤炭企业50强第7位、山西百强企业第2位。2018年,阳煤集团以习近平新时代中国特色社会主义思想为指引,围绕省委、省政府"示范区、排头兵、新高地"战略目标,坚持以"一个构建""两个迈向""七大产业板块"为核心要义的"127"发展战略("一个构建",即构建高质量现代产业体系;"两个迈向",即从有限的资源开采迈向无限的资源利用,从重工业迈向新兴服务业;"七大产业板块",即煤炭、化工、铝电、现代工业新业态、现代物联网大数据、现代智慧服务业、现代金融)为指引,各项工作稳中有进、稳中有为,改革发展取得历史性成就,全年利润完成26亿元,同比增加6.7亿元,增幅35%;营业收入完成1736亿元,同比增加128亿元,增幅7.96%,各项约束性指标全部完成。优化投资结构,严控投资风险,全年完成投资88亿元。煤炭、化工、商品铝、氧化铝、电力产量分别完成7065万吨、964万吨、14.9万吨、77万吨、51亿度。

政治建设

阳煤集团党委把学习贯彻习近平新时代中国特色社会主义思想和党的十九大精神作为最重要的政治任务,教育引导党员干部牢固树立"四个意识",切实增强"四个自信"。采取"培训+军训"模式,轮训矿处级领导干部7批次870人,培训党务骨干2批次270人。实施党员轮训全覆盖,推动党内教育从"关键少数"向广大党员拓展,对3.5万余名党员进行培训。严格党内组织生活,持续推进中心组学习、三会一课、谈心谈话、双重民主生活会、主题党日等制度的落实。持续推动党的十九大精神进车间、到班组,举办"新时代新阳煤新作为"视频片征集评选活动,开展书记讲党课、重温入党誓词、革命传统教育、党的知识竞赛、演讲比赛、歌咏比赛、在线答题、主题征文、志愿服务等多种活动,为高起点谋划、高标准推进"不忘初心、牢记使命"主题教育筑牢了思想基础。

干部选任

阳煤集团党委深化"四项举措",干部选任工作实现新突破。健全制度机制,制定出台《干部选拔任用管理工作规定》《后备干部管理规定》《关于契约化管理单位选聘班子副职的实施意见》等一系列制度。严格履行12个环节步骤,落实党委书记、纪委书记对考察对象廉洁自律结论性意见"双签字"制度。创新选任办法,构建阳煤集团委派、契约化遴选、公开选拔、市场化选聘等多种形式的干部选任体系。共开展班子副职契约化遴选2批次36人,公开选拔3次9人,市场化选聘4人。强化年轻干部培养,实施"111"人才工程,化工研究院童明全入选"山西省青年拔尖人才",成为集团首例。15人成功入选"阳泉市拔尖人才",43名"80后"年轻干部走上阳煤集团中层领导岗位。推进干部能上能下,建立干部"蓄水池",有5名矿处级干部因履职不力和问责被免职,同时,按照以事择人的原则,择优选任3名干部转任新的领导岗位。

干部管理

阳煤集团党委加强监督考核,干部从严管理形成新常态。紧抓矿处级领导干部这个"关键少数",构建责权清晰、交叉任职、独立运作、有效制衡的决策监督体系,委派董监事、党组织委员130余人(其中外部董事5人);开展每年一次的领导班子及领导干部民意测评,对排名靠后的3个领导班子、11名中层干部进行集中约谈。通过组织开展摸底排查,认真落实"五个一律"承诺中涉及任职回避有关规定,规范干部任职回避工作取得重要成果。加大对领导干部的考核力度,健全完善煤矿"六大员"和总会计师竞赛考核机制,对上年度系统排名末位的4名中层干部予以免职,对今年排名靠前的人员奖励729万元。加大作风督查力度,重点聚焦下井跟带班、安全包保、走动巡查、值班驻勤等方面落实情况,以查促改,推进干部作风转变。

三基建设

截至年底,阳煤集团在阳泉市范围内的基层单位党委39个、党总支184个、党支部1374个,党员29579名,其中在职党员21378名。全年新建基层党组织53个,推广使用《省属企业党支部工作手册》,出台《党建工作经费管理办法》,按照企业上年度职工工资总额1%的比例列入年度预算,推动支部标准化、规范化建设。全面推进基层党组织和党员星级管理,表彰先进党组织285个、五好党员460名。失联党员规范管理和组织处置工作、退役军人党员组织关系集中摸底、入党宣誓不及时、预备党员逾期未转正等突出问题整改全面完成。围绕"三个对照",开展"标准问题讨论",阳煤集团全部制定完成"一目录三手册"。广泛开展基层党建"三个一批"示范工程推荐评选工作,评选选支部建设"红旗示范点"43个,党员"标兵示范岗"49个,党支部书记"工作示范法"25个,汇编成《百舸争流》一书,形成一批具有鲜明时代性、开拓性、改革性、创新性的"样板"和"标杆"。

理论学习宣传

阳煤集团党委以“五讲五学”创建大宣讲格局体系，开展“学习贯彻十九大 开启阳煤新征程”主题宣讲活动。3250余名宣讲员深入基层开展宣讲773场次，3.8万多名党员干部撰写学习心得体会，为扎实有效构建国有企业党的路线、方针、理论、政策宣讲体系进行了有益探索。2018年，阳煤集团党委理论学习中心组全年开展13次集体学习研讨，系统学习习近平新时代中国特色社会主义思想和党的十九大精神，重温习近平总书记视察山西重要讲话精神，学习省委书记骆惠宁在省属国企深化改革转型发展推进会、省委十一届六次全会、在阳煤集团调研时的“7·13”讲话精神等，制定下发《关于认真组织好<新时代面对面>学习宣传工作的通知》和《关于认真组织学习<习近平新时代中国特色社会主义思想三十讲>的通知》，确保党员人手一册。

意识形态管控

阳煤集团党委高度重视，围绕企业改革转型发展目标，牢牢把握意识形态工作领导权，建立健全意识形态工作机制体制，先后下发了《阳煤集团党委领导人员落实意识形态工作责任制的责任清单》《关于进一步做好网络意识形态工作的通知》《阳煤集团意识形态工作责任制检查考核办法》等制度。各级党组织积极落实，切实抓好意识形态领域工作，落实落细意识形态责任体系。始终坚持以人为本的工作理念，以新时期“五个融入”工作法开创思想政治工作新局面。《“五个融入”构建新时代国企思想政治工作新格局》经验交流材料成为改革开放40年山西省企业思想政治工作经验交流会亮点。以便民为民为宗旨，协调有关部门全年办结“阳泉随手拍”网络问政事件412件，办结率达89%，架起了职工群众与阳煤集团的网上“快捷民心桥”。

精神文明创建

持续不断弘扬社会主义核心价值观，深入开展“弘扬爱国奋斗精神、建功立业新时代”活动，大力宣传先进典型事迹，以全国最美职工李杰、全国人大代表姚武江等“阳煤好党员”“阳煤好工匠”“阳煤好儿女”传导先锋力量，弘扬工匠精神，展示优良家风，全年共推送各类模范事迹60例。扎实推进“道德讲堂”建设工作，全年各“道德讲堂”共举办活动470余场次。深入贯彻市委市政府创建国家卫生城市攻坚决战安排部署，制定创卫宣传工作方案，提炼宣传标语，部署阶段重点，充分调动起全员参与创卫工作的积极性和主动性。扎实开展学雷锋志愿服务活动。积极推动优秀网络视听作品创作，深入挖掘感人故事，讲身边人身边事，彰显企业文明新风尚。微视频作品《太阳花》被省新闻出版广电局、山西传媒学院推荐至中宣部，参加“弘扬社会主义核心价值观 共筑中国梦”主题原创网络视听作品评选。2018年，阳煤集团党委书记、董事长翟红荣获全国煤炭工业优秀党委书记称号，二矿荣获2016—2017年度全国煤炭工业文明煤矿，华越公司荣获2016—2017年度全国煤炭工业文明单位。

企业文化建设

制定《阳煤集团“1+9”企业文化体系建设工作方案》，建立健全企业文化建设领导体制。阳煤“1+9”企业文化体系以社会主义核心价值观为统领，以“同心做人，合力做事”为核心理念，以政治文化、战略文化、安全文化、廉洁文化、学习文化、执行文化、创新文化、争先文化、融合文化等9个分项文化为支撑，涵养上下同心、和合一体、休戚与共的时代价值观、文化向心力、行动执行力，形成干事一条心、工作一盘棋、发展一股劲的改革奋进良好状态。

新闻宣传

阳煤集团重点在《人民日报》《中国煤炭报》《中国化工报》《山西日报》等国家级、省级主流报刊以及人民网、新华网、中新网等主流网站媒体进行集中宣传报道，全年共完成省部级以上媒体发稿180余条，全年邀请接待各类媒体记者采访80批次200余人次，受理阳泉市政风行风热线电话采访40余起。先后参加第十七届(2018)太原煤炭工业技术装备展览会、2018(中国)太原国际能源产业博览会，通过发放资料、视频展播、实物展出等形式，宣传了阳煤集团各行各业改革发展取得的成就。统筹集团内部报、台、网、微、端，重点做好幸福都是奋斗出来的、“感恩、忠诚、责任”学习教育活动、创卫进行时、庆祝改革开放40年·阳煤印记等专栏报道。

思想教育

开展“感恩 忠诚 责任”学习教育活动，组织编写《我的阳煤我的家》《我的家园在阳煤》等七篇近两万字系列言论，供基层单位组织干部职工学习。基层单位充分利用理论中心组学习、班前班后会、主题党日等阵地广泛开展学习教育。阳煤集团利用报、台、网、微、端，开设专版专栏专题报道，凝聚起广大党员“热爱阳煤、建设阳煤、发展阳煤”的磅礴力量。持续加强安全宣传教育工作，制定下发《关于进一步规范安全宣传教育工作检查考核的通知》，创新和引深安全文化建设，开展“生命至上 安全发展”主题安全系列作品征集评比活动。以安全漫画、安全论文、安全微电影等干部职工群众喜闻乐见的形式，宣传安全法规，剖析事故案例，结集经验举措，为打造安全阳煤营造出浓厚氛围。

作风建设

在作风建设上努力做到“三个深化”。第一，制定落实中央八项规定精神实施细则，深化规定要求，将实施细则的执行情况作为督查重点，着力发现有制度不执行等突出问题，同时研究制定违反中央八项规定精神问题线索处置办法。第二，加大常态化检查力度，深化系统治理，紧盯元旦春节、五一端午、中秋国庆等重要节点，狠刹满月百天、周年祭奠、乔迁暖房大操大办、借机敛财等不正之风，先后组织32个检查组，开展全覆盖式监督检查。第三，开展专项督导巡察，深化煤矿干部作风建设，针对严不起来、实不起来、落实不下去等煤矿干部作风突出问题，在14个生产矿开展了为期2个月的干部作风专项督导巡察，下发《关于建立对煤矿安全管理工作专项督导巡察常态化制度的通知》，建立对煤矿安全管理工作专项督导巡察常态化制度。

权力监督

严格督导基层各级领导班子召开专题民主生活会，认真实施责任状执行考核评价，在拟定11项公共内容的基础上，将考评中发现的52条问题全部作为"个性化"项目列入责任状，建立纪检监察工作"半年报告、年终述职、系统督办、专项考核"机制。制定出台加强对各级"一把手"监督若干规定，从严肃党内政治生活、严格遵守中央八项规定精神、履行主体责任、依规决策、严以用权、严格干部选任、廉洁自律廉洁齐家、强化监督检查等8个方面提出39项要求。落实"五个一律"承诺监督，集团班子成员以上率下，各级班子成员签订承诺书。在10月份自查自纠的基础上，每年在民主生活会上报告"五个一律"执行情况，各级纪委开展领导干部及亲属经商办企业摸底排查，对各级班子成员"五个一律"执行情况作出书面鉴定并存入本人廉洁(诚信)档案。实时归档巡察审计发现问题、线索处置、处分处理、分管干部违纪、"五个一律"执行、不按规定参加组织生活、违反法律法规、其它不良信用记录等8个负面清单，建立处科级干部廉洁(诚信)档案，充分发挥廉洁档案的日常监督作用。

廉洁教育

聚焦矿处级领导干部、"五类主管"、纪检监察干部三类重点人员，在6月份开展了为期一个月的廉洁自律纪律集中教育。结合新修订的《中国共产党纪律处分条例》，集团纪委下发文件专题部署学习贯彻，同时组织全公司专职纪检干部152人参加相关专题培训。充分发挥电视、报纸、企廉网等载体的宣传引导作用，加强宣传党风廉政和反腐败斗争的新形势新任务新要求。

执纪问责

各级纪检监察部门坚守"战位""哨位"，强化执纪问责，激发责任担当。制定完善信访举报、"四种形态"运用、谈话提醒、谈话函询、执纪安全、案件审理、廉洁审查、派驻纪检组工作制度等8项制度，严格执行《阳煤集团纪委监督执纪工作量化考核办法》，以考核倒逼基层纪委执纪质量大提升。坚持挺纪在前，在"第一种形态"上下更大功夫，各级纪委紧密结合数量质量"双提升"和线索处置"年清年结"要求，积极开展监督执纪问责。

整治微腐败

围绕"6个重点领域"和"6个一批"工作任务，紧盯重点领域和关键岗位，强力整治群众身边腐败和不正之风。成立领导小组，召开动员会，11名班子成员分别在分管系统召开专题安排会。以"四不两直"方式定期开展工作推进督查和线索处置督办。聚焦截留克扣职工工资奖金和公款吃喝、大操大办等群众反映最强烈的突出问题，着力从加强宣传教育、严格查处问责、深化整章建制、强化督导检查等方面开展自查自纠和整治工作。聚焦物资采购、设备验收、工资发放、仓储看护、招标投标等"五类主管"人员，召开"强化五类主管监督 打牢从严治企根基"座谈会。聚焦信访接待、人事劳资、医疗卫生、职工食堂等服务窗口类部门，集中查纠形式主义、官僚主义等突出问题。同时加大通报曝光力度，及时在矿工报、企廉网等平台通报典型案件。

(张海宇)

附：阳泉煤业(集团)有限责任公司党委书记、副书记、常委名单

书　记：翟　红

副书记：王永革(11月任职)　孟俊国(8月离职)

常　委：裴西平(5月，因涉嫌严重违纪违法，接受纪律审查和监察调查；8月，被给予开除党籍、开除公职处分。)

武晋生(7月离职)　张建起

周　刚(9月任职)　杨乃时(11月任职)

高彦清(11月任职)

山西潞安矿业(集团)有限责任公司党委

党委书记　李晋平

2018年，潞安集团党委坚持以习近平新时代中国特色社会主义思想为指导，深入学习贯彻党的十九大精神和习近平总书记视察山西重要讲话精神，认真贯彻落实省委、省政府决策部署，自觉把管党治党的政治责任扛在肩上、抓在手上、落在实处，党组织把方向、管大局、保落实的作用得到有效发挥，为企业改革转型发展提供了坚强政治保证。

一、坚持强化政治建设，"两个维护"政治自觉得到新增强

坚持以党的政治建设为统领，坚定正确政治方向，集团

党委带头坚决贯彻中央、省委加强和维护党中央集中统一领导的若干规定,坚定自觉地向党中央看齐,树牢“四个意识”、坚定“四个自信”,把落实“两个维护”贯彻到改革发展全过程,体现到党的建设各方面。严格执行新形势下党内政治生活若干准则,严格落实“三会一课”、民主集中制、领导干部双重组织生活等制度。不断加强党内政治文化建设,积极开展红色教育、革命传统教育。注重发挥“关键少数”的“头雁效应”,层层示范带动,推动党员干部在思想上政治上行动上同以习近平同志为核心的党中央保持高度一致,确保中央和省委决策部署落到实处。

二、坚持强化理论武装,学用新思想的水平实现新提升

集团党委中心组专题学习21次;组织贯彻十九大精神、纪念改革开放40周年和学用新思想交流研讨会,集中学习新《党章》、十九大精神;组织集中宣讲15次,深入推进十九大精神进支部、进机关、进队组。掌握意识形态工作领导权,认真落实“两个责任制”,建立研判报告制度。举办专题培训、各类主题活动,依托“在线学习”等平台,构建了多形式、分层次、全覆盖、常态化的党员学习教育体系,推动了新思想的落地生根。

三、坚持党的全面领导,把方向、管大局、保落实作用得到新加强

集团党委召开常委会76次,前置研究61次,讨论议题816项,强化集体领导,落实党委书记末位表态、纪委书记明确表态制度,推动科学决策。加强各级班子建设,完善52家子公司法人治理结构。制定《关于加强新形势下党的督促检查工作的实施办法》等制度,促进党组织督促检查工作科学化、规范化。各级党组织坚持服务生产经营不偏离,聚焦安全生产、深化改革、项目建设、市场开拓、创新创效等重点工作,不断强化施工意识,各项工作有效推进,党组织的领导力、战斗力和凝聚力进一步增强。

四、坚持党管干部、党管人才,高素质专业化干部人才队伍建设迈出新步伐

始终坚持党管干部、党管人才原则,认真贯彻落实中央、省委部署要求,制定激励党员干部担当作为、干事创业实施办法;进一步加大各级班子的综合考评力度,首次对基层新兴产业营销干部进行专项考核。实施“十大人才工程”,完善“首席师”制度,推进“蓝点计划”,创建“蓝点创新工作室”和课题攻关小组,申请发明专利5项、实用新型专利30余项。346名优秀人才入选全省“三晋英才”支持计划。

五、坚持强基层、打基础、抓基本,“三基建设”取得新突破

实施“三基建设”重点工作任务清单、联系点工作制度。加强基层党组织建设,优化直属党组织机构设置,推进党组织按期换届,开展基层党组织书记抓党建工作述职评议,组织党支部书记集中培训,持续整顿软弱涣散党支部。严格落实“三会一课”等组织生活要求,全年开展主题党日活动8472次,党员先锋行活动8006次,党员联系服务群众27786人次。集团被省国资委确立为“三基建设”示范单位,五阳矿“煤矿基层党组织抓安全的实践与创新”荣获全国国企管理创新成果二等奖。

六、坚持推动全面从严治党向纵深发展,作风纪律建设呈现新气象

坚决贯彻全面从严治党要求,主动扛起从严管党治党政治责任,严格落实“两个责任”,不断强化“一岗双责”,创新实施三级监督检查模式,设立“廉政建设监督岗”;制定实施《“零办案”问责实施办法》,不断加强政治巡察,推动全面从严治党责任落实落地。加强投资、资金使用管理,推行预算和采购公开,完善总会计师委派制、推进总法律顾问制,进一步构建大监督体系。创新“2+3”工作法,强化落实中央八项规定精神监督检查;深入整治群众身边腐败问题,加大“四风”问题通报、追责问责力度。创新纪检监察干部履职考核,推动主动履职、担当尽责。

七、坚持创新载体、提高质量,党建科学化水平迈上新台阶

始终以重要批示精神为动力,深入贯彻落实党的十九大精神,持续丰富完善党建工作新模式,建立了集团党建调度指挥中心,构建了调度管理、调度例会、调度统计、调度考核“四位一体”运行模式,强化重点调度、专项调度、日常调度“三项调度”,党建工作的视野更宽、措施更实、动力更足,促进了党建工作的落实落地。推进党建绩效管理和党建调度管理融合贯通,创建党建数字化管理平台,获得软件著作权8项;《创新党建调度管理、促进国企党建高质量发展》荣获第二届中国企业改革发展优秀成果一等奖,是全省唯一一家。

八、坚持文化铸魂、凝心聚力,企业品牌建设塑造新形象

弘扬社会主义核心价值观,加强形势任务发布,开设“文化大讲堂”,开展文明创建、道德讲堂活动,持续加强文化文明建设;集团荣获“2018年度企业文化建设典范企业”“最具品牌传播力企业”称号,李村矿等17个单位荣获省属企业文明单位称号。开展庆祝改革开放40周年、建局60周年活动,举办“回归与超越”发展历程展、“回顾历史、共叙未来”座谈会、“辉煌潞安”主题灯展等,推出《60年60人口述潞安》访谈节目、《让历史告诉未来》等专题报道,展示了60年辉煌成就。集团被中国企业改革与发展研究会评为“改革开放40年中国改革发展杰出贡献企业”。

九、坚持共建共享，幸福潞安建设取得新成果

扎实践行“以人民为中心”的发展思想和“共享发展”理念，千方百计谋划和落实惠民举措。不断提高职工工资，扩大企业年金覆盖面，职工基本医疗保险和生育保险正式纳入地方统筹，建立补充医疗保险；一批困难职工子女走上工作岗位；狠抓维稳、综治工作，加大涉黑涉恶涉毒打击力度。“五必谈五必访”、送温暖、扶贫助学、劳动竞赛、五小竞赛、创新创效、“青年大学习”、志愿服务等活动扎实开展。壶关精准扶贫成果进一步巩固，吕梁临县产业扶贫扎实推进，深入开展忻州神池10个贫困村对口扶贫，扶贫攻坚走在全省前列，省属企业产业扶贫现场推进会在潞安召开，推广了“潞安经验”。集团荣获“全国煤炭工业社会责任报告发布优秀企业”称号。

十、坚持优势转移、动能转换、产业转型，企业改革转型发展取得新成效

紧紧围绕省委、省政府“三大目标任务”，统筹推进转型升级、深化改革、创新驱动等各项工作，企业保持了高质量发展的良好态势。全年完成煤炭产量7984.59万吨，煤炭销量7875.45万吨，营业收入1766亿元，利润总额35.63亿元，增加值320.23亿元，上缴税费110.26亿元，投资总额130亿元，各项经济指标创近七年来新高。先进产能占比全省第一；高河建成全球第一个地下北斗精准定位的井工矿山，荣获煤炭工业协会科技进步一等奖。现代煤化工产业布局加快推进，成为世界最大特种蜡生产企业和全国最大高端蜡供应商；潞安化工公司挂牌成立，完成股权划转、资产审计评估，增资扩股取得实质进展。180项目气化和净化装置完成资产重组，引进外资8亿多美元。全球首条半导体深紫外LED芯片量产化一期3000万颗生产线、太阳能2GW高效单晶PERC电池两个项目投资省、工期短、质量高、见效快，成为全省项目建设的典范。国家煤基合成工程技术研究中心高标准通过验收，建成全省唯一的国家级工程技术研究中心。全面完成12家单位、33904户家属区“三供一业”分离移交工作。集团连续六年入围世界500强，位居全球能源企业竞争力500强第296位、中国能源集团500强第24位。

（张绘锦）

附：山西潞安矿业（集团）有限责任公司党委书记、副书记、常委名单

书　记：李晋平

副书记：游　浩

专职副书记：王志清

常　委：王光彪　郭贞红　孙玉福　洪　强　张丛林　姚志胜（8月任职）

山西晋城无烟煤矿业集团有限责任公司党委

党委书记　李鸿双

2018年，晋煤集团党委以学习贯彻习近平新时代中国特色社会主义思想和党的十九大精神为主线，以“党建质量提升年”为契机，全面加强企业党的建设，党建工作在新时代焕发出强劲活力，为企业推进“二次转型”提供坚强保证。

一、坚持以政治建设为统领，党委领导把关作用充分发挥

晋煤集团全面落实新时代党的建设总要求，突出政治建设的统领地位，把学习贯彻习近平新时代中国特色社会主义思想和党的十九大精神作为首要政治任务，在“学懂、弄通、做实”上下功夫，全年组织晋煤集团党委中心组集中学习27次，开展理论巡回宣讲67场，受众8000余人次，引导党员干部树牢“四个意识”、坚定“四个自信”、坚决践行“两个维护”。充分发挥党委“把方向、管大局、保落实”作用，严格落实公司章程和“三重一大”“党委前置研究”等决策机制，紧紧围绕山西省建设“示范区”“排头兵”“新高地”三大目标，联系企业实际，鲜明提出“燃气为主、清洁高效，建设国际一流能源企业集团”的战略愿景，科学确立“一主三辅”的产业布局和“低成本、高质量”的发展思路，坚定不移用党的路线方针政策指导企业各项决策部署，确保企业始终沿着“产业优、质量高、效益好、可持续”的发展方向正确前进。

二、坚持强化“三基建设”，党建工作质量显著提升

晋煤集团强力推进“三基建设”，结合山西省国资委党委“党建质量提升年”要求，推动党建工作提质提效。以提升组织力为重点，严格落实“四同步、四对接”要求，围绕企业机构改革，对晋煤集团晟泰公司、华昱公司、晋煤大学、弘创公司等二级单位，动态调整组织设置；认真贯彻“双向进入、交叉任职”领导体制，实现27家二级单位党政一肩挑；认真学习贯彻《中国共产党支部工作条例

（试行）》，出台《党组织工作经费管理办法》《党组织规范化建设工作实施细则》等制度，大力推行“智慧党建”，严格执行“三会一课”、双重组织生活会、主题党日等基本制度，投入近500万元用于加强基层党支部硬件设施建设，不断提高党支部标准化规范化水平。坚持把提高党建质量和实效作为主攻方向，严格落实党建责任“三张清单”，建立“每月党建工作例会”机制，强化“三个融合”理念，采取“党建座谈会”的方式开门纳谏、集思广益，以坚定决心、非常之力，持续提升党建质量。

三、坚持狠抓高素质干部队伍建设，新时代新担当新作为的导向更加鲜明

晋煤集团坚持正确选人用人导向，严格执行新时期好干部标准，修订《管理岗位人员选拔任用工作条例》，出台《职业经理人选聘和管理办法》，大力推行公开竞聘、竞争上岗，重视使用勇于担当、改革创新、实绩突出的干部。坚持严管和厚爱相结合，出台《激励广大干部新时代新担当新作为的实施办法》，向广大干部推荐学习《奋斗是企业家的底色》《新时代要有新担当新作为》等评论员文章，选树一批担当作为的先进典型，对不担当不作为的严肃追责问责，为敢于担当的干部担当，为敢于负责的干部负责，营造“新时代要有新担当新作为”的浓厚氛围。把培养选拔优秀年轻干部摆上重要位置，构建“1+4”干部人才成长发展制度体系，精心举办为期10个月的“中青年干部素质提升培训班”，召开优秀青年人才代表座谈会，在干部培养、人才激励等方面谋良策、出实招，大力营造培育选用年轻干部的浓厚氛围，着力构建优秀年轻干部“选育用管”全链条工作机制。2018年新提拔的中层管理人员中，近六成年龄不超过45周岁。

四、坚持弘扬正确舆论导向，凝心聚力抓改革促转型的正能量更加强劲

在晋煤集团建企60周年的重要节点上，传承和延伸“不怕榜上无名、坚信脚下有路”的企业精神，鲜明提出“5643”工作理念，扎实开展“宣贯‘5643’工作理念，担当作为抓改革促转型”主题活动，“五问”“六最” “四种品质” “三项标准”正在成为新时代晋煤人共同的价值追求和行为遵循。坚持“改革越深入，就越要弘扬主旋律、凝聚正能量”，紧紧围绕改革转型战略部署，加强正面宣传引导，全年对外宣传报道共1800余条次，其中在山西新闻联播达到40余条次。举办庆祝改革开放40周年暨建企60周年系列活动，极大地激发晋煤人的自豪感和凝聚力。认真落实意识形态工作责任制，出台一系列配套制度，定期向常委会通报意识形态工作情况，强化阵地建设和正面引导，始终保持意识形态工作向好向上态势。深化精神文明创建活动，1人入选“中国好人榜”，10人入围省属企业“第二届道德模范”，展示新时代晋煤人践行社会主义核心价值观的良好风貌。

五、坚持“零容忍”正风肃纪，干事创业的发展环境持续优化

晋煤集团严格落实从严管党治党责任，创造性地学习贯彻新修订的《中国共产党纪律处分条例》，精心组织开展“八个一”警示教育活动；晋煤集团班子成员高质量召开肃清腐败流毒影响专题民主生活会，组织全体处级以上干部认真阅看山西省纪委监委编印的《忏悔录汇编》；大力支持纪委监督执纪问责，对企业纪委7个内设室职责进行优化调整，按照“两个为主”选配交流基层纪委书记6名、纪委副书记6名；成立巡察工作领导小组和专职巡察机构，2018年开展三轮专项巡察，覆盖巡察单位24家，发现问题350条，深化巡察成果运用，督促问题整改；以永远在路上的韧劲，驰而不息整治“四风”，在机关干部中开展“转作风、抓落实、做表率”专题活动，在全集团范围扎实开展集中整治形式主义、官僚主义工作，针对性地组织开展“三重一大”决策事项、财务管理、清理应收账款等专项整治，始终以“零容忍”态度正风肃纪。2018年共立查案件52件，给予党纪政务处分80人，组织处理214人次，实现案件查办数量质量“双提升”。

六、坚持维护企业大局稳定，和谐发展氛围更加浓厚

晋煤集团坚持底线思维，针对合编定员、专业化重组、“三供一业”分离移交等改革潜在的稳定风险，耐心细致开展思想引导和政策解惑，引导广大员工理解改革、支持改革、参与改革。加强源头性、基础性工作，严格落实综治领导责任制和党委书记议稳制度，深入开展“四个重点”信访攻坚活动，认真执行敏感节点信访维稳机制，保持企业大局稳定。把扫黑除恶作为一项重要政治任务，紧扣2018年“严态势，营造人人喊打的氛围”目标任务，坚持“有黑扫黑、无黑除恶、无恶治乱”，通过广泛部署动员、宣传营造声势、开展线索摸排等举措，全力推进专项斗争工作。坚持“共建共享”原则，山西省内在岗员工人均收入比2017年提高12%，发放“二次转型”激励奖，为困难职工全年发放各类慰问金1300余万元，让改革发展成果普惠于民。认真履行国企扶贫社会责任，选派41名优秀科队级干部进驻扶贫一线，全年提供帮扶资金228.5万元，岢岚县10个村、武乡县6个村全部顺利脱贫摘帽。

2018年，晋煤集团通过坚定不移坚持党的领导、加强党的建设，党建优势有效转化为发展优势，推动企业质量效益实现双提升。经济运行稳中有进，2018年实现营业收入1700多亿元、利润40余亿元、上缴税费突破100亿元，特别是反映发展质量、竞争实力的关键指标持续向好，圆满完成山西省国资委经营考核目标。产业转型全面加速升级，晋煤集团主导成立的山西燃气集团重组取得重要标志性成果；以古矿华谊星剧场项目全面落地建设、王台铺矿新型建材项目试生产、凤凰山矿打造综合性培训教育基地和聚乙烯燃气管生产基地为标志，“老三矿”转型步入“快车道”。改革攻坚多点破题，“三供一业”实现成功剥离，内部专业化重组成效显著，

“处僵治困”全面推进，混合所有制改革纵深推进，上海弘创融资租赁公司实现“开门红”。管理创新激发活力，在5家单位创新实施契约化管理试点，以责权利对等激发经营活力；创新“互联网+”采购模式，与京东集团签署合作框架协议。重点项目建设取得突破性进展，东大、三交矿井开工建设。

（高　鹏）

附：山西晋城无烟煤矿业集团有限责任公司党委书记、副书记、纪委书记、常委名单

书　　记：李鸿双

副 书 记：王茂盛（12月离职）

专职副书记：张虎龙（12月离职）

纪委书记：赵玉宏（8月任职）

常　　委：王保玉（8月任职）　王锁奎（8月任职）　郑绍祖（8月任职）　赵玉宏（8月任职）

太原重型机械集团有限责任公司党委

党委书记　王创民

2018年，太重集团公司党委以习近平新时代中国特色社会主义思想为指导，深入贯彻落实党的十九大精神和习近平总书记视察山西、视察太重重要讲话精神，充分发挥党委“把方向、管大局、保落实”的领导核心和政治核心作用，认真抓好党的建设各方面工作，团结带领全体党员和广大职工，全力乘势而上，奋力担当作为，推动各项事业展现出了崭新风貌，开启了公司高质量发展的新阶段。

一、全面从严治党，发挥核心作用，促进企业提质增效

太重集团3月份召开党建工作会议，提出全年党建工作的总要求是“立足高质量的发展，全面加强党的建设”，确定了党的工作围绕一个主题，突出一条主线，抓好五个重点，具体做好十个坚持的工作思路措施。通过抓强党的建设各方面工作，不断强化党性教育，党员领导干部牢固树立了“政治意识、大局意识、核心意识、看齐意识”四个意识，充分发挥了各级党组织的领导核心和政治核心作用。同时将全面从严治党贯穿企业提质增效各环节、全过程，充分发挥了党支部和党员的战斗堡垒作用和先锋模范作用，不断营造了太重风清气正、人人思进、干事创业的良好风气，推动企业转型高质量发展。

二、强化理论武装，确保企业正确发展方向

一是抓强理论学习。公司党委把学习贯彻习近平新时代中国特色社会主义思想和党的十九大精神作为首要政治任务，深入开展专题学习研讨和集中轮训。发放了《习近平新时代中国特色社会主义思想三十讲》，利用中心组学习、“三会一课”等载体，组织全体党员干部精读细研、潜思深悟，联系公司发展实际，深刻领会习近平总书记关于党的领导与经济发展、经济新常态与改革新动力、企业党建与中心工作等重要论述，坚定铸就维护核心、忠诚实践的理想信念。

二是推动中心工作。通过理论研讨、“两创”活动、劳动竞赛等形式，促进广大党员将理论学习成果转化到指导岗位实践上，转化到推动公司改革发展上，转化到实现全年党的建设和生产经营目标任务上，推动全年生产经营和党的建设各项任务目标圆满完成。

三、落实目标责任制，全面从严治党向纵深推进

一是压实责任体系。公司党委出台了《党建工作目标责任制考核办法》，形成了“8-19-81”三级考核项目和两个加减分项，并将党建工作目标责任制纳入一体化考核体系中；通过层层签订《党建工作目标责任书》，全面形成了“党委有推进计划、对基层有考核办法、基层组织有工作计划”的党建工作落实体系。

二是推进责任落实。制订了三级评分标准，全年开展了两次考核，98%的党组织综合考核得分在80分以上；召开了公司基层党组织书记抓党建工作述职评议会议，严格落实书记抓党建责任制，推动党建工作迈上新台阶。

四、聚焦问题导向，“三基建设”工作成果突出

按照省委和省国资委的要求及“两年不断深化拓展、显著改观”的目标，公司党委坚持问题导向，强化重难点攻关，突出过程督查，在党建工作与经营工作融合提升方面取得新成效。

一是强化顶层设计。调整充实领导组并增设了工作组，建立起“月报送、月例会、季督查”制度。建立了领导干部联系点制度，自上而下推进“三基建设”工作，从机制上确保了“三基”工作的扎实开展。

二是规范组织建设。坚持党组织到期换届制度，指导新设2个党组织，17个直管党组织完成换届；要求各级党组织每月都有固定的党日时间，在党日时间严肃扎实开展党内政治生活；规范了党建、核心价值观和精神文明三块阵地建设，做到了分厂一级以上阵地全覆盖；全年发展党员78名，全面使用全国党员管理信息系统和智慧化党建管理系统，加强了党员的日常管理；春节、“七一”期间慰问困难党员367人次，发放慰问金19.58万。

三是提高基础工作水平。召开了“太重党的建设暨三基建设和企业文化建设交流推进会”,对标先进,梳理了存在的问题,实现了基层党建工作的提升;出台了《党组织工作经费管理办法》、《总经理办公会议事规则》、《备用金管理办法》、《固定资产投资项目招投标管理办法》等党建、经营工作制度,进一步规范了管理工作流程。

四是提升党员干部基本能力。先后组织中层领导干部、基层党支部书记、党务干事、后备干部赴大连高级经理学院、清华大学、天津大学、省经济管理干部学院、省委党校开展政治理论、管理技能、党务基本能力提升培训,为企业改革发展提供了有力的人才支撑,全年培训经费支出近300万元,培训人员428人次,实现了中层领导干部培训全覆盖。

五、坚持党管干部,干部人才队伍建设卓有成效

一是严格干部选用和管理。坚持干部选用标准不降、程序规范严谨,选拔出了30名优秀年轻干部作为集团公司第十二期青年后备干部,并到天津大学进行培训;严抓“六大纪律”,坚持干部管理全面抓、抓全面,抓早抓小、严在经常。

二是抓好人才培育储备工作。充分利用“晋其才”人才平台,全年完成78名符合条件的专家信息上报入库。积极争取人才政策支持,上报“三晋英才”支持计划高端领军人才5名、拔尖骨干人才129名、青年优秀人才160名、第五批山西省新兴产业领军人才4名;接收并发放各类人才津贴40万元。

六、围绕中心工作,宣传思想文化工作持续加强

一是抓牢抓实意识形态工作。制定下发了集团公司《意识形态工作责任制实施细则》,按季组织开展意识形态领域形势研判,并形成研判报告。收集思想政治工作创新案例22篇,开展了职工思想状况抽样问卷调查并形成了分析报告。

二是扎实推进企业文化和精神文明建设工作。持续进行了太重核心价值观考评工作,形成20余篇理论研讨成果,在《太重文化》内刊进行了刊登;修订了集团公司文明单位测评体系,制定了《太重青年志愿服务手册》;5个基层单位获省属企业文明单位标兵称号,8个基层单位获省属企业文明单位称号。1名同志荣获第七届山西省道德模范称号,5名职工荣获省属企业第二届道德模范称号。

三是不断提高宣传工作水平。组织开展了包括纪念改革开放40周年、习近平总书记视察太重一周年等重大主题宣传活动;出版《太重新闻》48期,播出《太重新闻》103期,制作各类专题片近60条;完成了英文版网站、三大子公司二级网站及太原重工主产分公司的三级站点建设;“卓越太重”官方微信公众号全年推送消息110条,累计浏览量突破30万人次。全年外宣近800篇(条次),重大外宣70余篇(条次);展览馆全年接待参观506场次,接待人数15356人次。

七、坚持常抓不懈,党风廉政建设扎实推进

一是压实“两个责任”。层层签订和分解《党风廉政建设目标责任书》和《“一岗双责”目标责任书》,强化监督检查,层层传导压力,确保党风廉政建设工作落地见效。

二是持续正风肃纪。巩固拓展落实中央八项规定精神成果,紧盯“年、节、假日”等重点时段,开展专项检查、交叉检查和全面自查,下大力气督促整改,提升了制度执行力,规范了财务报销行为。

三是强化监督执纪问责。全年各级党组织运用“四种形态”511次,纪律审查中运用提醒谈话13次,诫勉谈话10次,函询4次,通报批评4次,党政纪处分8人,体现了严管厚爱。

八、促进共建共享,企业发展氛围和谐向上

一是凝聚发展合力。坚持党建带工建、带团建,大力支持工会、共青团、科协、统战等创造性开展工作,扎实开展了“提质增效”劳动竞赛、职工技术比武、选树工匠、合理化建议、“讲理想、比贡献”、青年突击队、“五小”竞赛、“太重记忆”老照片征集等活动,增强了职工凝聚力。

二是关心关爱职工。常态化推进“四三三”工作,开展了“送温暖”、“金秋助学”等系列活动,全年慰问困难、伤病职工1625人次,发放救助金和慰问品83万余元;组织开展了“再接再厉,奋进新时代”庆祝改革开放40周年职工合唱比赛和文艺演出;太原重工被评为“全国模范劳动关系和谐企业”。公司信访维稳、武装保卫、统一战线、离退休职工管理等工作扎实推进,为和谐企业建设做出了积极贡献。

三是积极履行社会责任。坚定扛起脱贫攻坚重大政治责任,选派17名第一书记,30名驻村队员投身脱贫事业,300余名党员干部进村入户帮扶800余人次,投入100余万元修建了卫生室及道路等基础设施,通过产业扶贫和精准帮扶共同发力,公司在繁峙县的15个帮扶村全部实现脱贫摘帽。

(郭小青)

附:太原重型机械集团有限公司党委书记、副书记、常委名单

书　　　记:王创民
副　书　记:张志德
专职副书记:丁永平(12月离职)
常　　　委:王　敏(8月离职)　张克斌(12月离职)
　　　　　　田　兵　范卫民　杜美林
　　　　　　史　峰(10月任职)

晋能集团有限公司党委

党委书记　李国彪

2018年，晋能集团党委深入学习贯彻党的十九大精神，以习近平新时代中国特色社会主义思想为指导，以全面从严治党为主线，以坚定理想信念宗旨为根基，紧紧围绕“省属企业党建质量提升年”和集团公司“质量效益年”各项任务，深入推进党的政治建设、思想建设、基层组织建设、干部队伍建设、党风廉政建设，为推动企业转型升级、提质增效提供了政治保证。

一、把方向、定战略、管大局、保落实，集团党建和经济发展呈现新局面

(一)发挥强有力的核心作用，创造并提供了一个以改促转、创新发展、和谐稳定、充满活力的良好政治局面。集团党委坚持用习近平新时代中国特色社会主义思想武装头脑，扎实推动“两学一做”常态化制度化，不断夯实团结奋斗的思想政治基础，始终将政治建设放在首位，不断强化“四个意识”，坚定“四个自信”，坚决做到“两个维护”。充分发挥集团党委总揽全局、协调各方作用，带动各级党组织发挥政治核心和战斗堡垒作用，团结带领广大党员干部职工群众始终听党话、跟党走，确保集团各项工作在党的领导下方向不偏不倚、步伐坚实有力，汇聚起了集团上下迎接各种挑战、克服各种困难和加快推动集团发展的强大合力，为集团改革发展提供了坚强的政治和组织保证。

(二)围绕中心抓党建、抓好党建促发展，企业综合实力、竞争力和影响力显著增强。以改革创新为动力，以质量效益为主线，夯实安全基础，强化经营意识，推进改革攻坚，坚持党建统领，集团综合实力、竞争力和影响力显著增强，发展质量持续提高。2018年完成营业收入1036.2亿元；利润35.3亿元；煤炭产量8448.2万吨；发电量251.4亿千瓦时；售电量86.5亿千瓦时；贸易量1.65亿吨，位列“2018年中国能源集团500强”榜单第35位。集团已经具备了充分的综合实力和一定领域的核心竞争能力，已经成为蕴藏着巨大能量和发展潜力的大型实体企业。

(三)立足实际，丰富完善发展战略，明晰转型方向路径，确保集团改革转型正确前进。集团党委深刻把握能源革命发展大趋势和省委、省政府建设“三大目标”部署要求，认真审视自身存在的问题短板，着眼高质量发展要求，确定并积极实施“1366”发展战略，就是以“建设一流清洁能源集团”为目标，持续在高质量发展、高效率运行和高品质生活“三大任务”上发力，践行人本、安全、绿色、诚信、创新、效益“六大理念”，扎实推进党的建设、改革转型、创新管理、处僵治困、风险防控、文化建设“六大举措”，奋力开创高质量发展新局面。

在产业定位上，坚定不移地走以清洁能源为主业，以煤炭、电力(电网)、房地产为辅业，现代服务、金融为新产业的“一主三辅两新”产业发展之路，按照传统能源清洁化、清洁能源效益化的要求，发展清洁能源、做强三大辅业、打造现代服务、培育新兴产业。

二、压实履职责任，注重质量提升，扎实推进党建工作上台阶

(一)强化政治引领，党的领导不断增强

集团党委始终把学习贯彻习近平新时代中国特色社会主义思想和党的十九大精神作为一项重大的政治任务，集团领导班子成员全部参加了为期5天的“省管干部十九大精神学习班”，党委中心组全年集体学习15次，对集团中层干部组织了3期集中轮训，举办了基层党组织书记专题网络培训班，推动“两学一做”常态化制度化深入开展。严格落实《党委意识形态工作责任制》，按季度形成意识形态领域分析研判报告。通过报刊、微信平台、网站、电子屏等媒体，开展全方位、立体式宣传，凝聚思想、鼓舞士气，一批重点工作报道及新闻线索被中央、省级媒体采用或转载，积极展示晋能风采、提升晋能形象。

在集团和二、三级公司层面扎实推进8项重点任务，实现了基层党组织应建尽建，完成了党建工作要求写入公司《章程》，实行了党委书记、董事长“一肩挑”，配备了主抓党建工作的专职党委副书记，把党组织研究讨论作为企业决策重大问题的前置程序，设置了党务工作机构且党务部门编制达到同级部门平均编制，全部将党建工作经费纳入企业预算，全部开展了党组织书记抓基层党建专项述职评议考核，为进一步发挥好党组织的领导核心和政治核心作用奠定了坚实基础。

(二)落实工作责任，党建工作规范化水平持续提升

2018年党的建设和纪检监察工作会议对重点工作进行了安排部署，与各二级单位签订了《党建工作目标责任书》和《党风廉政建设监督责任书》，压紧压实党建工作责任。对31个二级企业的党建工作和“三基建设”进行了考核，掌握了基层党组织的责任落实情况。召开了党建工作研讨会，围绕6个方面22项议题进行了交流研讨，提出了12项党建工作制度清单，形成了2019年度党建工作基本思路。

指导10个二级党组织完成了换届选举，将原隶属于集团机关党委管理的19个直属公司党组织全部上划集团党委管理。为破解机关党建“灯下黑”，对集团机关党组织进行了优化，成立了3个总支、15个支部，将集团领导编入各分管

部门支部,形成了支部建在部门、书记就是部长、推动党建与业务相互融合的机关党建工作新格局。

制定了《关于加强基层党支部建设的实施办法(试行)》,修订印发了《党支部工作手册》《党支部标准化手册》,启动了党建工作信息化平台建设,不断提高基层党支部建设的质量和水平。

(三)加强队伍建设,干部人才管理水平逐步提高

制定了《领导人员职数配备管理规定》,对集团所属重点企业的党委班子成员、董事会成员、经理层成员的职数作出了明确规定,严禁超职数配备干部。组织对31家二级单位领导班子、226名领导人员开展了综合考核评价,强化干部履职管理。加强干部日常监督管理,集团领导与基层企业主要负责人经常性开展谈心谈话,加大预防提醒和问责追责力度。

加大干部人事制度改革,在集团机关开展了竞争性选拔,从158名竞争者中选拔出26名人选,全部派往基层一线矿、厂进行挂职锻炼,进一步完善了选人用人竞争机制,为年轻干部成长成才树立了正确导向。

完善了党委人才工作领导小组及运行机制,编制了《晋能集团人才发展规划》,确立了未来3至5年人才工作的战略目标、主要任务和改革措施。制定出台了《晋能集团科学技术奖励办法》,对首批技术应用类奖项进行了表彰奖励,激发科技人才的创新创造动力。与中国工程院康红普院士合作成立了院士工作站,成为山西省第四批院士工作站。加大专业技术职务评审力度,全年新增正高级工程师4人,高级工程师62人,工程师316人,助理工程师807人。

(四)强化"三基建设",党建工作与生产经营互促共进

创建了"三基建设"工作体系,形成了"1+N"横向到边、"N+X"纵向到底的工作机制。落实"四同步、四对接"要求,对党建工作同时谋划部署、同时检查落实。开展了"强党建促业务、提质量增效益"专题采访系列报道,形成了"亮态度、抓三基、促落实"的倒逼机制。建立了集团领导班子成员"三基建设"联系点制度,推动基层企业和机关部室"三基建设"的深入开展。

基础工作有效推进。推动二级单位内设机构改革,对二级单位的机构改革方案全部进行了审核批复。完善制度建设,集团公司全年形成各类办法、规定、制度、细则等55项。编制了集团《风险防控手册》,形成17个方面108项业务控制流程图。制定印发了《关于开展强化基础工作建设专项行动的工作方案》,通过深化机构职能管理、基础信息管理、制度机制管理、效能建设管理等4个管理体系,推动基础工作进一步规范化、常态化、制度化。

对集团各部门和二级公司开展了培训需求调查,统计梳理了全年的培训需求计划,形成了《2018年教育培训工作指导意见》《2018年职工培训工作要点》和《2018年煤矿安全培训计划》《全员技能提升工程实施方案》等并积极组织推进。分期分批组织实施了领导干部履职能力提升工程、基层干部能力提升工程、专业技术人才知识更新工程、全员技能提升工程等,干部职工队伍的整体素质得到进一步提升。

(五)加强思想建设,构建文明和谐企业

"七一"期间,以"新时代、新担当、新作为"为主题隆重召开了庆祝中国共产党建党97周年大会,对先进基层党组织、优秀共产党员等进行了表彰。举行了"走进新时代、踏上新征程"职工文艺汇演,举办了"贯彻十九大精神,争做新时代先锋"主题演讲比赛。各基层单位普遍开展了红色教育、"不忘初心"对照讨论、党组织书记讲党课、主题征文等"八个一"系列活动,凝聚了职工队伍,激发了工作热情。

通过挖掘"亮点"、提炼"特点",从不同层面、各个角度宣传企业发展理念、管理创新、机制建设以及涌现出的模范人物和典型事迹。组织开展了"136安全管理模式"和"333安全举措"主题征文活动,将优秀稿件在《晋能》报、《晋能安全》期刊、微信平台等进行刊发,引导全体员工深刻理解和认真执行集团安全管理各项举措。广泛开展精神文明创建活动,全集团涌现出4个国家级、24个省级和56个省国资委级文明单位,9个职工家庭荣获"省属企业文明家庭"称号,凝聚起企业发展的精神力量。

为对口帮扶的石楼县、河曲县15个村增派了驻村工作队员,达到了"一村一队,一队三人"要求。为石楼县建设的5座光伏扶贫电站全部竣工开始并网发电,预计每村每年可收益约20万元。帮助贫困村销售红薯、土豆、黄花菜等。积极开展驻村帮扶"六大行动",以帮扶工作的精准度提升了群众的满意度。

强化各级党组织对维稳工作的领导,建立健全了信息分析、综合协调、督查督办等工作机制,对信访动态加强分析研判,确保信息传递渠道畅通。认真排查矛盾纠纷,从源头上化解不稳定因素,确保信访案件按时办结。2018年共接待和受理各类上访74批1679人次,上访量与上年同期相比明显减少,上访批次和人次分别下降25%和17%。

(六)加强作风建设,落实全面从严治党要求

在全集团组织开展了集中整治形式主义、官僚主义专项行动,紧紧围绕排查出的6个方面19个具体问题,按照调研排查开道、纠正整改推进、监督问责攻坚的工作思路,通过抓"关键少数"带动大多数党员干部持续改进工作作风。

研究制定了《关于深入开展廉政警示教育活动的实施方案》,召开了以"强化意识,筑牢防线"为主题的领导班子专题民主生活会,教育引导广大党员干部切实增强遵纪守法、廉洁自律意识,深刻反思剖析腐败的严重危害和思想根源,举一反三,以案为鉴,警钟长鸣,提升拒腐防变能力,营造风清气正的良好政治生态。

对违反中央八项规定精神问题严查快处。制定印发了《关于进一步贯彻落实中央八项规定精神的实施细则》和《关于违反中央八项规定精神问题的处理办法》,紧盯重要节点和关键环节,对违反中央八项规定精神的问题严查快处,持续释放越往后越严的信号,推动党员干部作风建设持续好转。

(刘振武)

附：晋能集团有限公司党委书记、副书记、常委名单

书　记：王启瑞（10月离职）　李国彪（11月任职）

副书记：陈旭忠（10月任职）　荣海涛

常　委：刘世文　刘会成　韩振贵　杨培成

山西能源交通投资有限公司党委

党委书记　武　强

一、企业党组织情况

截至2018年底，山西能投公司共有基层党组织398个，其中基层党委32个、总支部27个、支部339个；其中能投公司党委直属基层党委7个、直属党支部7个。现有党员7956名。

二、主要工作成效

2018年，山西能投公司坚持以习近平新时代中国特色社会主义思想为引领，深入贯彻习近平总书记视察山西重要讲话精神，围绕我省转型发展“三大目标”，按照高质量发展要求，凝心聚力抓改革、谋转型，控风险、育动能，强党建、促和谐，主要指标任务圆满完成，各项改革发展均取得新进展，高质量发展步伐不断加快。主要表现为六个方面：

考核指标超额完成。实现利润2.49亿元，同比增长18.06%，完成年度计划的149.05%；实现增加值24.74亿元，同比增长4.63%，完成年度考核指标的102.47%；净资产收益率0.67%、成本费用利润率0.99%，均超过了0.6%的年度考核指标。到年底，公司资产负债率66.3%，较年初下降4.64个百分点，超额完成71%的年度考核指标。

综合实力不断提升。公司资产总额达1009.21亿元，首次突破千亿大关。地铁集团、经建投集团、基础设施公司3户子公司利润均突破了7000万元。2018年公司位列中国服务业企业500强第190位、山西百强企业第11位，荣膺国家5A级综合服务型物流企业。

结构调整成效显著。持续优化经营结构，有序退出部分高风险低收益贸易业务，贸易业务占收入比重同比下降3.61个百分点。加快发展新兴产业，实现收入76.32亿元，同比增长11.48%；实现利润8239万元，同比增长5.3%；利润贡献率达到33%，质量效益显著提升。

产业转型亮点纷呈。全球最先进的年产5万吨岩棉项目建成投产，全省首个国家规模化生物质能项目投料试生产，底特律新能源汽车生产项目奠基，国内最大的商贸物流奥特莱斯主题购物公园项目落户太原，装配式建筑产业园区全省加快布局，转型升级步伐不断加快。

改革活力充分迸发。成功化解了困扰多年的铁路投融资风险。契约化改革试点成效明显，山西商品交易中心全年实现交易额385亿元，再担保公司利润增长196%。晋欧物流开行中欧班列50列。三大攻坚战初战告捷，怡安居物业承接了“三供一业”23万户，成为全省最大的物业管理公司。

党建保障持续强化。全面从严治党纵深推进，“三个清单制”层层传导落实。和谐共享持续改善，文明创建有序开展，职工幸福感、满足感、获得感不断提升。积极履行社会责任，累计完成铁路投资434.81亿元，全系统42名干部扎根农村助力脱贫攻坚。公司领导班子连续两年被山西省委组织部和省国资委党委评为优秀领导班子。

三、党建工作

加强党的建设是国企的“根”和“魂”。一年来，公司各级党组织按照新时代党的建设总要求，坚持“六个从严”，以政治建设为统领，全面提升党建工作质量。

一要坚持政治引领不动摇。增强“四个意识”、坚定“四个自信”、坚决做到“两个维护”，坚决贯彻落实上级部署。深入贯彻落实新形势下党内政治生活若干准则，发展积极健康的党内政治文化。坚决落实管党治党政治责任，对形式主义、官僚主义深化集中整治，以政治上的全面加强推动企业党的建设质量全面提升。

二要加强思想引领不停息。深入贯彻习近平新时代中国特色社会主义思想，持续推进“两学一做”学习教育常态化制度化。加强意识形态教育经常化，扎实开展“不忘初心、牢记使命”主题教育。加强教育培训，培育忠诚干净担当高素质专业化干部，不断提高驾驭改革发展稳定的能力。

三要突出强基固本不懈怠。牢固树立大抓基层鲜明导向，以提升组织力为重点，突出政治功能，强化问题导向，着力提高组织建设质量。深入推进“三基建设”，推动基层党组织全面进步、全面过硬，打造坚强战斗堡垒。充分激发基层书记头雁作用、党务干部表率作用和党员骨干作用。探索“互联网+党建”新模式，不断提高党建工作信息化水平。

四要强化班子建设不放松。坚持新时期好干部标准，把政治素质考察摆在干部工作重中之重。建立管思想、管工作、管作风、管纪律的从严管理体系，管好关键人、管到关键处、管住关键事、管在关键时，特别是要把一把手管住管好。建立崇尚实干、带动担当、加油鼓劲的正向激励体系，树立体现讲担当、重担当的鲜明导向。

五要狠抓正风肃纪不止步。强化主体责任，完善监督体系，坚持不懈改作风树新风，拓展落实中央八项规定精神成果。紧盯事关全局重大工程、重点领域、关键岗位，构建靠制度管权、管事、管人的长效机制。严肃查处重点领域腐败问题，深化运用监督执纪“四种形态”，推进不敢腐、不能腐、不想腐机制建设，巩固发展反腐败斗争压倒性胜利。

六要推动和谐发展不松劲。聚焦特色企业文化建设,实施“文化聚力”工程,汇聚党建价值创造的正能量。发挥工会组织的桥梁和纽带作用,抓好青字号品牌工程,充分激发工作激情。积极履行社会责任,精准实施产业扶贫,助力打赢脱贫攻坚战。健全信访稳定机制,持续提高职工收入,不断增强职工获得感幸福感满足感。

(卫文钰)

附:山西能源交通投资有限公司党委书记、副书记、委员名单

书　记:武　强

副书记:于喜东　张广明

委　员:梁润德(3月离职)　荣建民(1月离职)
邢海洋(12月离职)　薛　烨(女)
张秀山(8月任职)　赵石岗(12月离职)
谷建春　孙建秀(女)

山西省黄河万家寨水务集团有限公司党委

党委书记　樊安顺

2018年,在省委和省国资委党委的正确领导下,集团党委认真学习贯彻习近平总书记视察山西重要讲话精神,以习近平新时代中国特色社会主义思想为指引,按照省委“一个指引、两手硬”的思路和要求,强化党的建设,坚持市场化取向,深入推进改革发展,努力拓展水务市场,加快转型项目建设,全力确保安全稳定供水,保持健康稳定发展,各项工作取得新成效。

一、认真学习贯彻习近平新时代中国特色社会主义思想和党的十九大精神,坚决贯彻执行党和国家方针政策

集团党委用习近平新时代中国特色社会主义思想武装头脑指导实践,引导集团公司全体党员干部进一步增强“四个意识”、坚定“四个自信”、落实“两个维护”,坚定自觉地把党中央大政方针和决策部署落到实处。党委班子带头加强学习,积极推进“两学一做”学习教育常态化制度化,通过集中学习、观看视频资料、专题报告、辅导讲座、研讨交流、讲党课等形式,读原著、学原文、悟原理,形成以上率下传导机制。

二、贯彻省委省政府和省国资委决策部署,不断开创集团公司改革发展新局面

(一)深化内部改革,激发动力活力

集团党委紧紧围绕深化国企国资改革八方面38项重点工作任务,在深化改革、转型发展上全力推进各项工作。严格管控单位管理层级,积极稳妥推进全额事业编制人员划转、提前离岗人员安置、退休人员待遇落实、事业单位养老保险入轨等人员安置问题,并完成了由事业社保向企业社保的过渡衔接。进一步完善薪酬体系,实行分类分级差异化的分配,逐步实行与劳动力市场价位接轨。规范内控体系建设,确保各项工作有章可循,有据可依。完成“三供一业”分离移交工作。

(二)加强科学管理,不断提升生产运行水平

全年累计供水3.01亿方,其中太原1.04亿方,大同0.35亿方,朔州0.25亿方,汾河生态供水0.8亿方,文瀛湖生态供水0.07亿方,桑干河生态供水0.5亿方。围绕安全生产和经济运行,根据用户需水量和设备运行状况及时调整运行和检修计划,科学安排全年生产任务;完成14项主设备大修和3项主要技术改造;围绕节能降耗增效,积极探索经济运行方式,对重大耗电设备的用电量进行分析比较;申同嘴水库水位保持低水位运行,通过降低扬程、增大流量来提升机组效率;加大技术改造力度,推广使用成熟的新技术、新设备、新材料,“水泵电机组防倒转保护系统”获得实用新型专利证书。

(三)推动牵引性项目建设,实现与地方共赢发展

围绕地方和工业用水大户的用水需求,加快推进清徐原水直供工程、阳曲原水直供工程、泵站二期扩机工程、综改示范区供水工程、呼延水厂原水预处理与深度处理工程及呼延水厂二期工程、左云供水项目等6个具有牵引性的转型项目。此外,还谋划了忻州神池五寨供水工程、北干线平鲁工业园区供水工程、晋北朔州煤化工基地供水工程、联接段二期工程及抽水蓄能电站、东南部供水加压站及西部供水加压站工程等5个后续储备项目,全力为我省经济社会发展和生态文明建设提供可靠的水资源保障。

(四)开拓生态环保市场,培育新的经济增长点

筛选优质资产和项目支持混合所有制经济改革,积极推进成立生态环保混合所有制子公司。经省国资委批准,与5家战略合作单位成立山西黄河水务生态环保控股有限公司,集团公司在生态环保板块迈出了实质性的步伐。

(五)服务京津冀发展,提供水资源保障

集团公司站在落实国家京津冀协同发展战略的高度,全力抓好桑干河永定河生态补水。2018年完成桑干河生态补水0.5亿方。为提升供水能力,有序推进泵站二期扩机工程,在首届中国国际进口博览会期间,集团公司与奥地利福伊特水电有限公司签署二期扩机水泵及其附属设备国际采购合同。

三、履行党委主体责任,不断加强党风廉政建设

一是加强党的建设。按照党章和十九大提出的新时代党

建工作要求，把党的领导融入集团公司改革发展全过程，把党委会研究讨论“三重一大”事项作为决策的前置程序，始终坚持民主集中制原则，推进决策的科学化、规范化。二是加强对党员干部的监督。召开党风廉政建设会议，与各支部书记签订《党风廉政建设目标责任书》，督促落实主体责任；每季度召开党风廉政建设分析研判会，不定期与分管部门负责人进行常规谈话，了解党风廉政建设方面情况和党员干部苗头性、倾向性的问题。针对发现的问题，运用谈话函询等方式，对相关人员进行提醒约谈、批评教育，让咬耳扯袖、红脸出汗成为常态。通过以案明纪谈心得、重点岗位负责人提醒谈话、参观警示教育基地等活动，推动全面从严治党向基层延伸。三是开展民生领域腐败和不正之风专项整治。开通信访举报平台，围绕专项整治方案中的6个重点任务和“两个突出问题”对集团公司各部门、单位进行督导检查，针对薄弱环节、制度漏洞和工作短板，在源头治理、效能提升、制度完善方面开展工作。

四、扎实推进“三基建设”，全面提升基层工作水平

认真贯彻落实全省推进“三基建设”座谈会、基础工作专项推进会精神，把“三基建设”与集团公司改革发展紧密结合起来。基层组织方面，完成支部的换届选举；完成集团公司章程工商局备案登记；贯彻落实“三会一课”制度，开展支部书记讲党课、诵读党章、重温入党誓词、观看纪录片、参观警示教育基地等形式多样的主题党日活动。基础工作方面，建立完善各类台账、报表、名册，对“一目录三手册”进行重新修订完善，做到底数清、情况明、资料齐。开展基础工作“回头看”，推进集团公司各项基础工作整体提升。基本能力方面，重点围绕建设忠诚干净担当的高素质专业化干部队伍，大力实施“五大培训工程”，突出专业能力培训和岗位培训，切实增强培训的针对性、精准度、有效性。集团公司上下呈现出热度不减、力度不减、投入不减的良好局面。

五、加强精神文明创建，积极践行社会主义核心价值观

积极培育和践行社会主义核心价值观，深入开展公民道德建设活动，组织道德讲堂、庆祝改革开放系列活动、开展学雷锋志愿活动、慰问孤残儿童、“幕天捐书”活动等，深化中国特色社会主义和中国梦宣传教育，努力使社会主义核心价值观像空气一样无所不在、无时不有。2018年度集团本部和8个下属单位荣获“山西省省属企业文明单位标兵”称号；10个下属单位荣获“山西省省属企业文明单位”称号。

（贺晋卿）

附：山西省黄河万家寨水务集团有限公司党委书记、副书记、委员名单

书　记：樊安顺

副书记：贯伟智

专职副书记：李俊刚

委　　员：兰康杰　呼运平　蔡开东　王晋斌

山西省农村信用社联合社党委

党委书记　崔联会

2018年，全省农村信用社在省委省政府的坚强领导下，深入学习贯彻习近平新时代中国特色社会主义思想和党的十九大精神，坚持“党建领社”这一根本原则，紧扣“转型提质”这一工作主线，突出“高质量发展”这一根本要求，推动各项重点工作取得了实质性进展。

一、系统党建工作持续引深

认真落实全面从严治党总要求，树牢“四个意识”，坚定“四个自信”，做到“四个服从”，践行“两个维护”，自觉在思想上政治上行动上与以习近平同志为核心的党中央保持高度一致。持续引深“党建领社”战略，坚持党对农信社工作的全面引领，完成省、县两级法人机构“两委”选举工作，指导县级机构将加强党的领导写入《章程》，扎实推进“三基建设”，开展全系统党建工作专项督查，组织全省党支部书记进行实务轮训，全面加强基层党组织建设。同时，落实省政府要求，结合系统实际，提出了“1+3”岗位责任，“1”就是要履行好“一岗双责”，“3”就是坚持管业务必须管党建和党风廉政建设，管业务必须管风险防范和案件防控，管业务必须管安全稳定，每位党委（党组）班子成员都结合各自分管和包片工作，分别形成“1+3”岗位责任清单。在此基础上，要求各级机构执行“1+3”岗位责任清单制度，并要求班子成员向本级党委（党组）、市级机构向省联社党委定期汇报履责情况，持续压实岗位责任，形成了领导班子带头、各级各条线共同抓落实的工作格局。

深入推进党风廉政建设和反腐败斗争，推动各级纪委深化“三转”（转职能、转方式、转作风），聚焦主业狠抓监督责任，开展警示教育，发送廉政短信，持续整治“四风”问题，不断巩固落实中央八项规定精神成果。在全系统部署开展了进一步推进集中整治形式主义、官僚主义工作，启动了对长治、晋城的第一轮政治巡察工作，切实扎牢党风廉政建设与反腐败斗争篱笆。一年来，全系统谈话函询比例达到43.64%，累计回复廉政审查意见191人次，取消了6名拟提拔领导干部任职资格；给予95人党纪、政务和其他处分，取

得了惩治极少数、教育警醒大多数的良好效果。

二、服务地方经济更加有力

坚持“深耕三农,细作小微,精准扶贫,倾力重点”的服务定位,积极助力乡村振兴、精准扶贫和转型综改,地方金融主力军作用充分凸显。

深耕三农方面,始终牢记根本宗旨,落实山西农信金融助力乡村振兴战略行动计划,引导全省各级农信社找准目标客户,夯实主体定位,拓展基础类客户,加大信贷投放。截至年末,涉农贷款余额达3944亿元,较年初净增363亿元,约占全省银行业金融机构的40%。累计建成农村金融服务站10248个,建设自助银行网点2362个,安装自助设备3709台,拓展特约商户24107户,布放POS机具32002台以及流动银行服务车31辆,积极填补金融服务空白区,全力攻克农村金融服务“最后一公里”难题。

细作小微方面,将小微客户作为农信社的长期战略核心客户,组织万名客户经理对城镇所有小微企业再进行“三个全覆盖”,切实做到市场调查“细”、客户分类“细”、评级授信“细”、操作流程“细”、金融服务“细”。截至年末,全省农信社小微企业贷款余额2665亿元,占全部贷款的56%,约占全省银行业金融机构的43%,高于各项贷款同比增速13.33个百分点,小微企业贷款户数15.24万户,高于去年同期3.41万户,实现了“两增两控”工作目标。

精准扶贫方面,认真落实楼阳生省长提出的“农信社在金融助力精准脱贫中要发挥好主力军、排头兵作用”的重要指示精神,以58个贫困县为主战场,以10个深度贫困县为主阵地,持续完善“七专”体系,采取多种方式,全力以赴做好精准扶贫工作。截至年末,全省农信社精准扶贫贷款余额254亿元,较年初净增3.23亿元。其中,单位扶贫贷款余额为162亿元,个人扶贫贷款余额为92亿元。个人扶贫贷款中“5321”扶贫小额信贷余额为64亿元,占全省各银行业机构的一半以上。

倾力重点方面,通过依法合规参与银团(社团)贷款,向省内融资需求额度较大的590个实体企业投放贷款总额达到704亿元,较年初增加180亿元;通过投资债券支持省内企业融资余额达到295亿元。

三、银行化改革工作加快推进

按照“成熟一批、改制一批、一社一策、因地制宜”的原则,积极稳妥推进改制化险工作,完成了全年改制目标。2018年5月,会同省金融办、省银监局联合向省政府上报了《关于山西省高风险农村合作金融机构三年处置规划(2018年—2020年)的报告》,确立了到2020年末基本完成全省高风险机构脱险升级的目标任务。12月14日,省地方金融监管局(省金融办)、省银保监局、省联社三方共同召开了全省农村信用社改制化险工作推进会,形成推动改制化险工作高效运作的强劲合力。同时,加大政策指导、引进战投、资金扶持和协调机构参与帮扶力度,并对未达改制化险预期目标的机构进行约谈,多措并举、持续加力推进县域法人机构改制农商行工作。一年来,推动14家县级机构成功改制。截至2018年末,全省108家县级机构中,累计召开创立大会71家,挂牌开业67家。按照银保监会对加快职能转换和加强行业审计监督的要求,改制组建成立朔州、晋城2家审计中心。

四、风险防控能力不断提升

始终将风险防控工作作为第一责任来抓,通过风险排查、不良压降、问题整改等多种举措,有效遏制了各类风险隐患的发生,全省农信实现了安全稳健发展,坚决守住了不发生系统性金融风险的底线。一是完善全面风险排查机制。建立“网点日排查、县级机构周排查、市级机构月排查、省联社季检查”的常态化工作机制,并通过上线科技系统、加强预警监测、紧盯问题整改、强化责任落实等措施,严密防控资金业务风险、流动性风险、市场风险、操作风险、案件风险等各类风险。二是加大不良贷款清处力度。始终将压降不良贷款作为全部工作的重中之重,坚持问题导向,强化责任担当,上下联动,发动全员,全力清收处置。建立了全省农信社不良贷款压降调度制度,每旬召开一次调度会,每月召开一次分析会,每季最后十天实行日报制度,督促所有机构挂图作战,大打不良贷款压降“攻坚战”,取得明显成效。全年累计清收处置不良贷款256亿元,不良贷款余额控制在350亿元,占比控制在7.5%以下,持续保持了不良贷款余额、占比“双降”。三是提高各类问题整改质效。以深入开展“整治市场乱象”和“制度执行年”活动为抓手,加大风险排查力度、制度执行力度、问题整改力度和追责问责力度,重点围绕高风险投资、逾期贷款、借冒名贷款等领域,深挖问题,查深查透,对审计、监管、内部检查等各方面发现的问题,提高整改率,加大问责力度。持续开展党建、审计、巡视和监管发现问题整改四个“回头看”工作,建立问题台账,紧盯各类问题整改,促进合规经营,取得了明显成效。

五、综合服务平台加速建设

提出并倾力构建“小银行、大平台”的管理体制和运行机制,加快已改制农商银行法人治理、经营模式、资本管理、内部控制等方面的机制转换,并依靠以省联社为中枢的大平台,为辖内小法人机构提供科技建设、资金营运、客户服务、资金清算、电子银行、教育培训、战略合作、产品研发及推广等一揽子综合服务。电子渠道交易额和用户数成倍增长,全省统一的客户服务中心投入运营,全省资金营运服务协同平台正式启用,大额存单业务系统、财务管理及大总账系统成功上线,科技信息平台、资金清算平台等各大平台加快建设,新一代柜面系统等一大批科技系统将陆续投产,成功通过CMMI(即能力成熟度模型集成)3级认证,标志着山西农信全系统软件研发标准化流程等方面达到行业相关标准,研发管理能力获得国际认可,成为省内首个通过CMMI认证的金融机构。一系列重大举措的落地,全面保障了各项业务的健康快速发展。

六、员工队伍建设持续加强

坚持“四重”原则，落实“五查”制度，对省市县三级机构班子高管人员372人次进行了调整，干部队伍年龄、学历、专业结构得以不断优化，各级班子的凝聚力、战斗力和执行力有效提升。坚持“人才强社”，依托清华大学、上海国家会计学院、南京审计大学等高等院校，累计对80后青年干部598人次进行了专题培训。通过培训，大力提升了年轻干部的理论基础、专业水平、实践技能和创新意识。同时，面向社会公开招聘新员工1389名，其中首次招聘法律、理财、科技等专业技术人员394名，进一步优化了全省农信社员工队伍的年龄、学历、专业素质结构。

（夏广朝）

附：山西省农村信用社联合社党委书记、副书记、委员名单

书　　记：崔联会
副 书 记：邢亮喜
专职副书记：王忠泽
委　　员：高之岩　李亮军　聂宏伟　刘延辉
张科职　任晓峰（1月任职）

中央驻晋单位党组（党委）工作概况

审计署驻太原特派员办事处分党组

分党组书记　庄　军

截至年底，审计署驻太原特派员办事处（以下简称太原办），实有在职干部137人，离退休干部49人。其中办领导7人（其中正、副特派员4人，纪检组长1人，正司级审计员1人，副司级审计员1人），处级干部54人，主任科员及以下干部76人。大学本科以上学历134人（其中研究生学历88人），中共党员110人。获得中高级职称和取得注册会计师、评估师、造价工程师、律师等执业资格共计98人，计算机中级技术资格66人。

党建和党风廉政建设

一是把政治建设作为坚强引领，常学常新，学做合一。办分党组研究印发《关于深入学习贯彻习近平新时代中国特色社会主义思想和党的十九大精神的通知》，多措并举，深入推进，掀起学用新高潮。认真学习贯彻中央审计委员会第一次会议精神，研究制定7方面贯彻落实具体举措。二是把思想建设摆在突出位置，融入日常，抓在经常。办分党组坚持先学一步、学深一步。不断推进"两学一做"学习教育常态化制度化，组织开展"启智明德、笃行致远"学习系列活动，通过邀请专家授课、设立学习专栏和微课堂、开展共建共创先进党组织、编发党建季报、举办征文竞赛等，以贴近实际抓特色、求实效为重点，开展专题学习。三是把组织建设作为固本强基的根本，强化领导，层层落实。扎实做好巡视整改的"后半篇文章"，明确7个方面29项整改任务，细化69条整改措施，紧盯整改进度，扣紧压实责任，确保所有问题清仓见底。以办内开发的党建和党风廉政建设信息化监督管理平台为重要抓手，提高党支部工作的精准化、科学化水平。四是把政治纪律和政治规矩挺在前面，正风肃纪，持之以恒。全年共对9个审计项目开展了10次现场综合检查，对51家被审单位进行实地和函询廉政回访。加强干部选拔任用监督，出具9份廉政意见，探索实行机关财务季度抽查制度。坚持廉政教育定期提醒，加大警示案例教育力度，用好身边活例子，营造学纪、明纪、守纪的浓厚氛围。

队伍建设

一是着力加强领导班子建设。办分党组始终把班子建设置于队伍建设的首位，认真贯彻民主集中制原则，明确提出坚持"三个坚决摒弃"和"五个过硬"等要求。二是着力加强干部队伍建设。扎实做好干部选拔任用、交流轮岗、公务员招录等工作，共选拔正处长3名，副处长7名，交流轮岗19人，新录用公务员11名，为干部干事创业搭建了平台，调整优化了干部队伍结构。三是着力加强能力建设。积极选派和组织干部参加署各类培训、交流挂职共100余人次，综合运用"审计大讲堂"、学习论坛、研究小组等各类载体，持续开展"向身边人物学习"系列访谈活动，探索深化审计实务导师制，组织新录用青年干部到基层学工、学农。四是着力加强纪律作风建设。扎实开展"纪律作风专项整治月"、警示教育活动，严格做到"六查六看"，严格落实"四明确五清单一承诺"。有序开展"抓重点、强弱项、促发展"调研活动，办领导深入一线加强指导，各调研小组灵活采用座谈会、书面调研等方式，与政府部门、地方审计机关等单位开展专项调研，创新思路、解决问题、做实工作。

构建"创新型机关"

一是坚持创新发展，强化组织领导。研究出台《审计署太原特派办关于进一步加强创新工作的意见》,把握关键环节、带动全局发展。召开重大政策落实跟踪审计推进会,系统全面总结近年来工作成果、经验做法,分析存在的差距和不足,提出进一步提升审计质量水平的具体举措,切实发挥审计在促进党中央重大政策措施落地见效的作用。二是深化机关管理,着力提升效能。主动对接使用山西省公文电子化系统,大力推行网络办公,优化文件流转程序。拓展机关服务内容,持续为职工办理实事,坚持“六必谈,三必访”,扎实开展走访慰问、青年志愿者服务等活动。创建办史室,改造办公楼阳台,购置健身器材,不断提升餐厅、物业服务和安全保卫水平,持续做好社会治安综合治理各项工作。在署国际司的指导下,成功举办中俄审计研讨会,受到中外双方参会代表充分肯定,进一步拓展了国际视野。

审计成果

2018 年,太原办共开展 19 个审计项目,被审计要情、重要信息要目等采用 40 篇,审计查出主要问题涉及金额 1807.16 亿元,审计促进整改落实 167.09 亿元,促进制定整改措施 241 项,移送司法机关、纪检监察机关和有关部门处理事项 52 件。太原办同金融审计司、哈尔滨特派办等单位联合实施的中信集团法定代表人经济责任审计项目、署财政司组织 18 个办和部分派出局实施的财政部预算执行审计项目被评为优秀审计项目。

国家重大政策措施落实情况跟踪审计

积极践行新发展理念,紧紧把握经济社会发展的阶段性特征和太原办审计范围的地域性特点,持续开展山西省和内蒙古自治区两省区重大政策措施落实情况跟踪审计,围绕“六稳”着力关注中央重大决策部署落实情况,针对性地提出审计建议,注重从体制机制制度层面解决问题。审计发现内蒙古自治区某县政府涉农民生工程建设项目存在拖欠工程款导致农民工欠薪,内蒙古自治区某市政府承诺以财政资金偿还 4 家融资平台借款、形成政府隐性债务,被重要信息要目采用上报后获得中央主要领导的批示。

经济责任审计

组织实施中国工艺集团有限公司、中国农业发展集团有限公司领导人员经济责任审计,重点关注企业领导干部贯彻执行党和国家经济方针政策、决策部署情况,紧扣经济责任,遵循“三个区分开来”,坚持历史全面客观地看待问题,促进领导干部守法守纪守规尽责,廉洁用权、干净干事。发现的“央企资本聚焦主业”“国有资本经营预算管理”等问题,被重要信息要目采用,并获得中央领导重要批示。

民生资金(项目)审计

突出抓好财政扶贫资金审计,组织开展山西省养老保险基金和医疗保险基金审计,围绕解决不平衡不充分问题,重点关注民生政策贯彻落实、资金筹集管理使用情况等。揭示的山西省某地产业扶贫项目未与贫困户建立利益联结机制、扶贫资金投向非农企业等问题,被央视《焦点访谈》报道。发现的“两票制政策落实情况”被审计署综合报告和重要信息要目采用。

资源环保审计

着力推动牢固树立绿水青山就是金山银山的意识,促进生态文明建设。开展浙江省长江经济带生态环境保护情况审计,发现的浙江省个别大江岸线保护不到位、某基建建设项目未批先建、对河道安全运行造成一定隐患问题,揭示的土壤污染防治项目推进缓慢、配套资金严重不足、专项资金使用效益低下等问题,被重要信息要目采用。

金融审计

开展中国人民银行财务收支审计、兴业银行子公司资产负债损益审计等,深入揭示突出问题和潜在风险,密切关注金融领域发展风险、管控薄弱等问题,推动及时完善防范措施,切实维护经济安全。发现某地方资产管理公司存在监管缺失、变相从事贷款业务等问题,被重要信息要目采用上报后获得国家领导批示,推动银保监会出台加强对地方资产管理公司监督的专项意见,划定了其经营红线。

外资运用审计

世界银行贷款呼张铁路项目 2017 年度财务收支和项目执行情况审计中,查处的“内蒙古某监理公司串通投标”“河北省某县土地局局长违规办理土地证致使民营企业获利”“河北省某县城建局局长编造测绘数据骗取征地补偿款”等问题,分别以办移送的方式送达相关单位,该项目审计报告被涉外司评为 2018 年优秀审计报告。

企业审计

开展国家电力投资集团有限公司、中国航空集团有限公司、中国通用技术(集团)控股有限责任公司、中国中钢集团有限公司资产负债损益和境外投资及境外国有资产管理使用情况专项审计调查,重点关注各项改革措施落实、法人治理结构、经营业绩真实性、自主创新等情况,促进国有企业深化改革,推动国有资本做强做优做大,实现国有资产保值增值。发现的“央企处僵治困工作”等问题,被重要信息要目采用,并获得中央领导重要批示。

信息化建设

坚持科技强审,强化信息化建设。召开大数据审计推进会,推动实施科技强审,研究出台《审计署太原特派办关于推进大数据审计工作的意见》,成立专门领导小组,采取“4+2”模式组建核心团队。加大数据归集力度,实现山西省税务系统业务数据的审计“实时”全覆盖;积极探索“无项目非现场分析”新模式,通过数据集中分析发现 30 余户企业涉嫌接受虚开发票偷逃税款的问题线索,报经批准后已办理移送。

(李 妍)

附：审计署驻太原特派员办事处分党组书记、成员名单

书 记：庄 军

成 员：张晓霞 杨卫东 王 华(4月离职)
丛 娜(10月任职) 刘 宇(10月离职)
安志蓉(4月离职) 王景东(4月任职)

中华人民共和国太原海关党组

党组书记 于 洋

2018年，太原海关党组坚持以习近平新时代中国特色社会主义思想为指导，深入学习贯彻党的十九大精神，在海关总署党委的正确领导下，在山西省委省政府的关心支持下，全体干部职工齐心协力、主动作为，担当奉献、攻坚克难，重点工作成效显著，各项工作协同推进，主要任务圆满完成。

一、政治建设得到全面加强

学习习近平新时代中国特色社会主义思想和党的十九大精神入脑入心。牢记海关是政治机关的本质属性，以实际行动坚决做到"两个维护"。关党组带头多学一步、学深一层，党组理论中心组积极发挥学习的"龙头"作用，机关党委按月公布学习内容，全体党员干部不断深化对习近平新时代中国特色社会主义思想科学内涵和精神实质的理解，把有关要求和工作部署转化为工作实践。全年开展党组理论中心组集体学习14次15天，组织全关性理论学习60余次。

落实习近平总书记重要指示批示精神迅速坚决有力。坚持把习近平总书记的重要指示批示作为行动号令，推进落实，强化督办，注重实效。严防固体废物等"洋垃圾"走私进境，组织省内相关部门进行了集中研判。严厉打击象牙等濒危物种的走私违法活动，向林业部门移交了查扣的象牙材料84.2千克。开展打击冻品走私专项行动，侦办了总署缉私局一级挂牌督办案件1起、二级挂牌督办案件1起，共查扣走私冻品3批、26吨，抓获犯罪嫌疑人14名。密切关注中美贸易摩擦，跟踪分析并提出应对建议，为省领导决策提供依据，协助相关部门和企业稳妥应对，3篇省长专报均得到批示。认真做好驻村脱贫帮扶工作，右玉县2个帮扶村脱贫摘帽，兴县1个帮扶村原83户贫困户中已有82户实现脱贫。

巡视整改工作推进有序。旗帜鲜明讲政治，积极配合中央对海关总署党委的政治巡视，狠抓巡视整改的"后半篇文章"，76项整改任务完成了66项，10项长期性整改工作正在有序推进。组织开展了"贯彻落实习近平总书记重要指示批示精神"等7个方面的专项调研和"不担当、不作为"等4个方面的专项整治，全面排查、实地抽查、督促整改、监督问责，以整改强基础、促工作。

二、全面从严治党、从严治关纵深推进

党建水平不断优化提升。第一时间传达全国海关党的建设会议精神并召开关区会议，出台了关区6个方面10项具体落实措施。持续巩固党建工作"一个平台、七个机制"，不断强化"三基"建设。召开党建工作专题分析会，分析研究党建突出问题，跟踪整改。严肃党内政治生活。开展基层党建工作调研检查3次，督促提升基层党建水平。深挖基层党建热源，"支部建在科上"和"一支部一品牌"取得积极进展，办公室、大同海关2个党支部被海关总署党委评为"基层党建培育品牌单位"。

队伍建设始终常抓不懈。落实"内涵学军"要求，在巩固深化提高"16字"要求上狠下功夫。强化教育培训，开展全面深度融合培训。组织508名同志参加总署执法资格考试，通过率100%。严格干部考核任用和监督管理，统筹用好平时考核、年度考核、专项考核，重视考核考察结果运用，实干实绩导向更加凸显。坚持重大节日升国旗，全员进行了队列训练。持续强化内务规范，多次开展检查并通报、整改问题。

关区政治生态持续向好。狠抓党风廉政和反腐败工作，严格执行"一单、一书、一纪实"制度。逐级签订《全面从严治党责任书》。机构改革后调整派出4个派驻纪检组，实现了纪检监督全覆盖。召开党风廉政建设例会3次。对各层级领导干部党风廉政建设主体责任落实情况开展了专项检查。

三、机构改革任务圆满完成

领导有力，不折不扣。全面准确把握改革的指导思想、目标原则、总体要求，迅速将思想和行动统一到党中央、国务院的决策部署上来，马上就办、真抓实干。关党组科学谋划、周密部署、全力推进；职能部门协调沟通、安排布置、督促检查；隶属单位及时行动，狠抓落实，有组织、有纪律、有步骤地完成了改革任务。

把握节点，有序推进。按照"集中统一、步调一致"原则，紧盯关键环节和时间节点，高质量完成了各项规定动作。4月20日起关检统一以太原海关名义对外开展工作，实现了统一执法。6月1日起全面取消了《入/出境货物通关单》。7月1日起漪汾街办公区业务窗口迁至学府街。8月1日起报关单、报检单整合申报，报关报检资质实现了"一次申报、同时具备"，实现了"一个窗口"整合、业务系统切换、网络互联

互通。

坚决落实,运转顺畅。严格遵循中央关于机构改革的总体要求,按照海关总署党委各项工作要求,进一步提高思想认识、明确方向任务、落实推进责任。机构改革期间,太原海关始终保持了思想不乱、工作不断、队伍不散、干劲不减,确保机构改革后充分发挥新海关职能,全面履行海关新职责,实现监管更严密、服务更优化,通关效率更高、通关成本更低、营商环境更好,尽早让改革成果惠及我省广大企业和人民群众。

四、业务改革迈出新步伐,监管服务取得新成效

全国通关一体化改革落地见效。积极推进提前申报等18项改革工作,实现了与一体化改革的对接融合。汇总征税同比(下同)增长4.36倍。太原、大同、运城3个机场旅检现场全部实现了进境物品进口税的移动支付。太原机场、武宿综合保税区实现了"查检合一"、联合作业。部署了金关二期海关特殊监管区域管理系统和保税物流管理系统全国统一版。各业务现场稳步推进了"无纸化"系列改革。

实际监管严密到位。严格落实"双随机、一公开"要求。推进业务监控指挥中心建设,监管作业场所视频监控实现全覆盖。参与信用体系建设,严格实施"联合激励、联合惩戒"。2018年,监管货运量727万吨,同比增长3.25倍;监管进出境航班3218架次,增长8.2%;监管进出境人员39.87万人次,增长5.1%;征收税款15.3亿元,增长11.07%。

科技创新能力有效加强。金关工程二期相关项目顺利落地。研发了加工贸易辅助管理系统,大幅提高企业通关效率。强化科研制标进度管理,科研立项1项,完成1项国家标准、2项地方标准、1项实用新型专利,承担总署1项应急技术保障研究。检验检测扩项223个,获证认可范围达到了4699项。依托大同杂粮检疫检测、运城温带果蔬检疫国家重点实验室,推动当地政府搭建了大同杂粮、运城果蔬、太原食醋检测等公共检测技术平台。

口岸检疫防线更为牢固。严密防控非洲猪瘟,对20批次疫区肉制品进行了无害化处理。严把口岸公共卫生安全关,在全国内陆口岸首家试点建设智慧卫生检疫系统,截获禁止进境物2454批、检出传染病541例。严把国门生物安全关,检出入境动物疫情6批次、44种次,植物疫情48批次、81种次,其中5种为全国首次检出。严把进出口商品质量安全关,开展质量提升行动,持续打击侵犯知识产权和制售假冒伪劣商品,检出不合格货物66批、货值1644万美元。严把进出口食品安全关,实施"进口食品安全放心工程""出口食品质量竞争力提升工程",加强供港澳动物及其产品质量安全管理,处理1起O型口蹄疫疫情。

打击走私成绩显著。认真开展"国门利剑2018"联合专项行动,以查办重点案件为突破,在打击手段、查获走私物品种类、查发渠道等多个方面实现了关区"首次"突破。侦办了大麻叶毒品走私案、摩托车走私案、"烟弹"和化妆品代购走私案和高档手表走私案。2018年,共立刑事案件12起,增长50%,案值增长30.46倍,涉嫌偷逃税款增长38.64倍;立行政一般案件38起,增长72.73%,案值增长118.37%,涉税增长25.13%。

关区贸易便利化水平持续提升。全面推广国际贸易"单一窗口",关区累计业务量达5.99万份(批),主要业务覆盖率达到100%。严格落实口岸提效降费会议精神,全力做好压缩整体通关时间工作,2018年关区进出口整体通关时间分别为76.16和6.87小时,压缩比分别为36.03%和40.16%,圆满完成了"压缩整体通关时间三分之一"的要求;严格执行收费清单管理制度,目前只有1个收费项目,不断降低企业制度性成本。

支持山西开放型经济发展成效明显。支持太原国际邮件互换局(交换站)建设,组织验收并派员进驻监管;验收大同进口肉类指定查验场和太原中鼎物流园海关作业区。太原航空口岸高分通过了口岸核心能力复核。支持五台山机场获批临时开放。监管36列中欧班列。支持成立中国(定襄)出口法兰锻件产品质量技术促进委员会。服务运城国际果品交易博览会等会展经济。指导创建9个出口食品农产品质量安全示范区。落实税收减免优惠政策,减免税1.25亿元。支持富士康苹果手机区外维修项目做大做强。复制推广自由贸易试验区新一批改革试点经验。服务武宿综合保税区区内企业拓展业务种类。2018年,山西省进出口总值1369.9亿元,增长17.8%,连续第3年逆势增长,并创历史新高。

(宋　阳)

附:中华人民共和国太原海关党组书记、副书记、成员名单

书　记:于　洋(8月任职)

副书记:高继科(8月任职)

成　员:陆　杨(8月任职)　陈茂盛(8月任职)
赵　羽(8月任职)　张　军(8月任职)
林跃飞　赵锦芳　丁三寅(8月任职)
单　烜　武书明(10月离职)

国家税务总局山西省税务局党委

党委书记 胡 军

2018年，在省委和国家税务总局的坚强领导下，国家税务总局山西省税务局党委以习近平新时代中国特色社会主义思想为指导，深入学习贯彻党的十九大、十九届二中、三中全会以及省委十一届六次全会精神，按照省委“一个指引、两手硬”思路和要求，坚持“带好队、收好税、优环境、促转型”，先后打赢国税地税征管体制改革“三场主攻战”，推动各项税收改革和税收工作“两不误、两促进”，迈出了新时代税收改革与发展具有里程碑意义的一步。

一、党建引领、凝心聚力，以习近平新时代中国特色社会主义思想和党的十九大精神统领全省税收工作

一是深入学习贯彻党的十九大精神。省局党委深入学习贯彻习近平新时代中国特色社会主义思想和党中央、省委系列重要会议精神。2018年，省局党委中心组共组织集中学习研讨15次。注重理论与实践相结合，坚持深入基层开展调查研究。省局党委委员全部建立了市局党建联系点，并延伸一个县局作为基层党建联系点。同时，指导全系统分层分批开展学习贯彻习近平新时代中国特色社会主义思想和党的十九大、十九届二中、三中全会精神专题培训，实现了对全系统科级以上干部、党组织书记和党务干部及省局机关全体干部“三个全覆盖”。二是认真履行从严治党主体责任。持续完善全省税务系统党支部工作指南，大力推行“1+20+1”支部工作法，全面加强新机构党组织和群团组织建设，全面压实全系统管党治党、全面从严治党主体责任，做到有责必问、问责必严、失责必究，推动管党治党从“宽松软”走向“严紧硬”。三是鲜明突出党的政治建设。坚持“民心是最大的政治”，以党的政治建设为统领，着力解决业务和政治融合不够的问题。推出支持民营经济发展4个方面30条措施、开展万名税务干部入企和领导干部驻厅服务，让纳税人应享尽享改革红利。四是制定并严格执行党委工作规则。对“三重一大”事项，均按照“集体领导、民主集中、个别酝酿、会议决定”的原则，由省局党委集体讨论作出决定。健全党委会议制度，严格执行请示报告制度。五是着力强化“三基建设”。健全完善基础工作运行体系、内部管理制度、内控机制，自主研发并上线运行“智慧三基”，在全省率先实现了基础工作资料的可视化、标准化、信息化管理，省局列为25个省级行业系统主管部门重点单位之一。

二、拥护改革、推动改革，扎实推进国税地税征管体制改革落地落实

一是打好打胜税务新机构成立第一场主攻战。全省税务系统严格按照时间节点，分步逐级完成了新机构挂牌工作。6月15日，国家税务总局山西省税务局顺利挂牌。7月5日，全省12个市级税务新机构统一挂牌，省局领导分赴各市级局参加挂牌仪式。7月20日，全省118个县级新税务机构顺利挂牌。10月30日，全系统所有税务新机构包括县乡税务分局(所)全部完成挂牌。二是打好打胜“三定”规定落实第二场主攻战。面对机构改革带来的人事变动，坚持把做好思想政治工作贯穿始终。省局党委正面引导、积极疏导，引领各级党员领导干部以及全体税务干部正确认识和对待“进退留转”。截至10月25日，顺利完成了1个省级局、12个市级局、118个县级局、11个开发区局、69个市局派出机构、907个税务分局(所)和25549名干部的“三定”落实。标志着全省税务系统“三定”规定全面落实到位，人员全面整合到位，税务机构改革圆满收官。三是打好打胜社保费和非税收入征管职责划转第三场主攻战。认真研究起草社保费和非税收入征管职责划转《实施意见》和《交接方案》，并提请省政府省长办公会议专题审议通过。细化工作方案，抓好关键节点，盯紧重点任务，按时保质推进各项工作。

三、创新管理、优化服务，高质量推进税收治理能力现代化

一是依法科学组织收入。科学分解收入计划，强化重点税源监控，充分运用欠税清理、纳税评估、税务稽查等方式强征管、堵漏洞、挖潜力，大力组织税费收入。形成部门之间、系统上下、单位内外通力合作的税收分析格局，不断强化经济税收运行分析，构建具有税务部门特色的话语体系。2018年全省税务系统累计完成各项收入2997.03亿元。二是优化政策服务环境。深入开展“政策服务年”主题活动，围绕服务和支持打好“三大攻坚战”、推进科技创新、服务人才引进、深化国企国资改革、助力企业“小升规”、促进外资增长等工作，积极研究推出第二批优化税收营商环境政策措施。税务总局科研所与省局在太原联合举办“优化营商环境——税务在行动”主题研讨活动，发布《山西优化税收营商环境发展报告》蓝皮书，收到良好社会效应。三是提升纳税服务质效。整合数据资源、优化办税流程、拓宽办税渠道，确保涉税业务快速办、咨询业务准确答、疑难业务积极解，在更广范围和更深层次上便利纳税人。四是深化税收治理格局。结合全省税务机构改革实际，从消除国税地税征管差异、调整征管职能和制

度入手,修订税收业务制度,规范征管业务规则,做好征管业务和信息系统整合工作。深化大企业税收共治合作,构建新型税企关系新局面。实施以"数据联动、税种融通"为主要特征的税种集成管理,强化风险管理,聚焦税收风险,深入开展数据分析,强化风险筛查与应对。保持税收领域扫黑除恶高压态势,有力开展打击虚开骗税违法犯罪两年专项行动,深入推进规范影视行业税收秩序专项工作与煤炭生产企业税收专项整治,精准打击涉税违法行为。五是全面落实各项税收优惠政策。积极落实税务总局优化税收营商环境10条措施和省局28条措施,让改革红利应享尽享,不断提升纳税人和缴费人的获得感和满意度。2018年全省税务系统共减免各类税收573亿元,其中落实各项税收优惠政策减税483亿元,同比增长15.71%;深化税制改革减税90.14亿元,为我省经济转型发展和企业轻装上阵加油助力。六是推进税种改革管理。扎实全面推进个人所得税改革,全方位落实深化增值税改革,切实强化企业所得税管理,推进税收政策落实机制不断优化。与水利、环保、财政等部门紧密协作配合,顺利推进水资源税和环境保护税改革。深入开展印花税、契税、城建税、土地增值税立法调研工作,认真落实财产行为税各项规程指引,不断强化税种规范化管理。加强成品油消费税申报比对,防范消费税管理风险。深入开展车购税共享核查,堵塞车购税假完税证明征管漏洞。

四、思想引领、强基固本,激发干部队伍干事创业活力

一是加强领导班子建设。选优配强市、县局联合党委书记暨新班子局长,确保全省税务系统机构改革平稳有序推进。着力建设高素质专业化干部队伍,引导各级领导班子成员全面提高学习本领、政治领导本领、改革创新本领、科学发展本领等八种本领。紧密结合省委"三基建设"部署要求,在全系统组织开展"新税务、新担当、新作为、新形象"大调研大讨论,努力把全省各级领导班子锻造得更加坚强有力。二是深入做好思想政治工作。坚持把做深、做细、做实思想政治工作作为推进改革攻坚的有力抓手,为税务机构改革和服务经济发展凝心聚力。印发《关于进一步做好国税地税征管体制改革期间思想政治工作的十条措施》,引导广大干部职工正确认识改革、积极投身改革。三是加强干部培养、使用和交流。深入贯彻落实习近平总书记新时代选人用人思想,加强优秀年轻干部培养使用。注重素质提升,强化实践导向,积极推进干部跨部门交流。对标好干部标准,严密组织、公开选拔第一批青年才俊55人。四是持续强化监督执纪问责。修订下发了《关于进一步贯彻落实中央八项规定精神的实施细则》,节日期间部署开展纪律作风监督检查。五是关心关注和服务基层。立足保障基层,秉持集中财力办大事、办实事理念,改善基层办公条件;突出精准扶贫,用心助力脱贫。省局领导班子成员深入扶贫点20余人次,实地走访调研,宣讲惠民政策,督导项目落实,慰问贫困群众,扎实开展驻村帮扶工作。

(徐　靖)

附:省国家税务局山西省税务局党委书记、副书记、委员名单

书　记:胡　军(9月任职)
副书记:潘贤掌(9月任职)
委　员:张澎湧(9月任职)　马志云(女,9月任职)
王宏晋(9月任职,11月离职)
牛新文(9月任职)　张鹏飞(9月任职)
司新山(9月任职)　薛延孝(9月任职)
李树茂(9月任职)　沙　宏(9月任职)
朱东宏(9月任职)　李晋芳(9月任职)

省气象局党组

党组书记　柯怡明

2018年,在省委、省政府和中国气象局的正确领导下,山西省气象局坚持以习近平新时代中国特色社会主义思想为指引,紧密结合山西转型发展需求,积极落实国家重大发展战略,全面贯彻省委省政府和中国气象局决策部署,圆满完成了全年各项任务。

一、气象事业高质量发展,为山西地方经济社会发展做出突出贡献

(一)坚决贯彻中国气象局和省委省政府重大决策部署。坚持以更高站位更大格局服务国家战略。以更高政治站位推动各项工作,狠抓重点任务落实和重大工程实施。制定实施生态文明建设、乡村振兴战略、气象防灾减灾等气象保障行动计划,气象服务广度和深度进一步拓展。坚持以更加务实的举措推动气象现代化建设。推进气象现代化重点项目落实。生态文明建设人工影响天气保障工程列入省政府乡村振兴战略项目;汾河源头水生态修复人工影响天气能力建设一期工程顺利完成。公共财政保障水平不断提升。基层台站综合改造不断推进。制定实施气象现代化三年行动计划实施方案。气象现代化水平显著提高,2018年山西气象现代化评估得分较2017年提高4.1分。

(二)趋利和避害气象服务成效更加显著。气象防灾减灾服务成效显著。省气象局针对年内出现的重大气象灾害,加强监测预报预警和应急气象服务,最大程度地保障了人民生

命财产安全,多次受到省领导肯定。针对汛期黄河流域山西段防洪严峻形势,严密监测、准确预报、及时预警、科学应对,确保安全平稳度汛。加强部门合作联动,联合29个部门推进气象灾害防御工作。基层气象防灾减灾“六个一”基本能力建设全面推进。全国第二届青年运动会气象保障服务工作扎实有序,青运气象台正式运行。圆满完成第15届山西省运动会和全国第二届青年运动会大同赛区冬季项目保障服务任务。为农服务和助力精准脱贫扎实有效。现代气象为农服务体系不断完善,直通式气象服务覆盖80%以上新型农业经营主体。“三农”气象服务专项建设成效显著。太原、大同、运城农业气象试验站建设稳步推进。农产品气候品质评估、政策性农业保险服务等工作扎实开展。省市县气象部门共26名第一书记和147名工作队员、703名党员帮扶责任人开展扶贫帮扶工作,气象助力精准脱贫取得突破,得到驻部纪检组充分肯定。生态文明建设气象保障能力不断增强。骆惠宁书记、楼阳生省长在省局报送的《山西省生态气象监测评估分析报告》上作出重要批示。积极指导地方政府开展生态文明建设品牌创建和申报,安泽和交城两县获得“中国天然氧吧”认证,翼城历山被授予“历法之源”称号。人工影响天气能力建设扎实推进,全年开展飞机增雨作业150架次、地面作业532次、防雹作业164次。应对气候变化工作扎实开展。与京津冀和汾渭平原气象部门联合开展大气污染防治区域联防。开展霾、大气颗粒物、酸雨和温室气体监测评估工作。持续开展气候变化对农业、林业和自然资源等方面的影响评估。气象军民融合发展深入推进。落实国家军民融合发展战略,主动对接相关部门,融入政府决策部署。与太原卫星发射中心召开军地合作联席会,与太航仪表有限公司、中北大学签订合作协议,深化合作交流。积极促进军民融合科技创新成果转化,与太航仪表有限公司、中国兵器集团等联合研发科技产品,成果丰硕。各地气象部门与当地驻军积极开展融合协作。

(三)气象业务现代化全面推进。综合观测水平不断提升。国家地面观测站基本实现自动化观测。全省统一的气象装备、维护保障和监控体系初步建立。气象卫星遥感综合应用业务体系初步建立,风云四号气象卫星省级接收站建设基本完成。太原、五寨新一代天气雷达建设有序推进。预报预测能力明显增强。全省智能网格气象预报业务建设稳步推进,实现单轨运行。基于全省智能网格预报“一张网”,制作各类天气预报预警产品。全年暴雨预警准确率为83%,强对流天气预警时间提前量达38分钟,较过去三年平均有明显提高。气象信息化建设稳步推进。网络传输能力得到进一步提升,形成“一网双平面”的网络架构。智慧气象信息化基础建设扎实推进,完成了基础设施资源池扩容。实现气象数据标准格式传输与实时入库归档。网络安全不断加强。与水利等重点行业用户交流不断深化,与省防汛办数据实时共享。

(四)气象改革和法治建设深入推进。重点领域改革不断推进。涉及气象部门的企业投资项目承诺制改革工作推进顺利。转型建设年气象保障工作扎实开展,在省政府专项督查综合评价中排名第一,获得通报表扬。全面构建防雷安全监管体系,防雷安全监管纳入地方安全生产责任制考核。政务服务“一网、一门、一次”改革持续推进。气象法治和标准化建设扎实推进。加强气象行政执法监督。年内发布实施气象地方标准7项。

(五)体制机制和发展环境进一步优化。科技创新和人才建设取得新成效。高层次人才激励、创新团队建设、优秀专业技术人才培养机制不断完善。省级气象科学研究所改革扎实推进。气象工作融入地方考核评价体系。省局连续5年被评为“促进山西经济社会发展突出贡献单位”,连续10年被评为“安全生产先进单位”。科学管理水平进一步提升。基层台站建设和管理不断加强,召开了基层台站基础设施建设和综合管理现场会;规划体系建设和规划落实进一步推进,完成“十三五”规划中期评估。援疆援藏工作稳步推进。国家安全人民防线建设不断加强。科普宣传不断加强,开展气象科普“四进”宣传活动51场。中国气象局《要情摘报》用稿量排名全国第二位。

二、强化政治引领,突出重点,创新方法,气象部门党建工作全面加强

(一)强化政治引领,推进党建和思想政治工作。发挥党组党建和党风廉政建设工作领导小组作用,加强全省指导。印发《全省气象部门党建工作要点》,专题研究党建工作4次,党建办下发指导性文件通知16份。全省各级气象部门已成立党组党建和党风廉政建设工作领导小组及其办公室。营造全省气象部门学习党的十九大、学习贯彻维护党章的浓厚氛围。邀请专家就学习贯彻党的十九大精神举办了专题辅导报告会。编发了应知应会及知识题库,要求全省各级党组织把党的十九大精神、新党章列入支部全年学习计划。抓好党组中心组理论学习。发挥党组中心组示范引领作用,全年召开中心组会议14次,认真传达中央、省委重要会议和文件精神,学习落实2018年全国气象局长会议精神,开展实施乡村振兴战略、做好气象保障服务专题研讨,重温了共产党宣言。开展习近平新时代中国特色社会主义思想大学习。开展“学用新思想　笔谈千字文”活动,收集千字文700余篇。举办千字文集中展示交流活动。开展了“学用新思想,研谈‘三十讲’”学习成果座谈会。开展“戴党徽、亮身份、明岗位、树形象”活动。落实主题党日活动制度,全省气象部门统一活动主题。由省局党建办统一活动主题,丰富了基层党支部活动的形式和内容,推动了基层党建工作。严肃党内政治生活。增强党内政治生活的政治性、时代性、原则性、战斗性。加强党内政治文化建设,严格落实“三会一课”、主题党日、党员领导干部双重组织生活、民主评议党员等制度。加强“三基建设”,建立职工基本能力标准,开展基础工作评估,加大能力提升培训。督促落实“三基建设”工作任务。山西省气象局机关、各直属单位和各地市气象部门全部建立了“一目录三手册”。重视发展党员工作。开展纪念建党97周年系列活动。一次集中学

习:集中学习党的十九大精神,重温习近平总书记视察山西重要讲话精神。一次主题党课:聆听省局党组书记、局长七一党课。一次主题党日活动:“以新时代新担当新作为”为主题开展党日活动。走访慰问老党员、困难党员。局领导、各支部班子共慰问老党员、困难党员 16 人,发放慰问金 1.25 万元。开展“不忘初心·我的入党故事”主题征文活动。组织观看电影《邹碧华》,观影人数 300 余人。优化党组织设置,推进党的组织全覆盖。

(二)扎实做好精神文明创建和群团工作。扎实推进社会主义核心价值观体系建设。省局被山西省委宣传部、省文明办选为“社会主义核心价值观示范点”单位。继续开展省直公民道德建设“五个一”品牌活动。加强工青妇各项工作。完成局工会换届改选,配齐配强工会干部。积极推进工会经费保障工作,最大限度保障职工正常福利待遇。山西气象青年形象的微视频荣登中国气象局微信公众号头条。广泛开展青年读书活动,为省局青年开展读书分享购书 10000 元。加强气象文化建设,讲好气象故事,弘扬气象精神。每月固定一期文化讲堂。今年还为 61 个基层气象台站送书总价值 23600 多元。

三、扎实推进反腐败工作,党风廉政建设得到加强

(一)坚决贯彻落实上级部署,推动全面从严治党向纵深发展。一是提高政治站位。牢固树立“四个意识”,以习近平新时代中国特色社会主义为指导,将党风廉政建设融入党建工作大格局,贯穿于促进“两个责任”落实、巡视巡察整改、监督执纪问责等各项工作中,统筹安排推进。二是落实上级决策部署。深入推动全面从严治党各项任务落地生根,促进全面从严治党向基层延伸。三是着力夯实责任链条。细化分解各单位党风廉政建设和反腐败各项具体工作,形成齐抓共管的局面;形成了突出党风廉政建设重点、覆盖全面从严治党各项工作的制度、责任、台账工作责任体系。四是不断深化全面从严治党工作格局。充实党建纪检干部队伍,加大与地方纪委沟通力度,积极争取支持。共组织召开党建纪检监察审计联席会议 3 次,坚持问题导向,统筹协调主责与监督部门形成合力,共同推进新时期全省气象部门全面从严治党责任落实。

(二)深入开展党风廉政建设和反腐败工作,督促落实中央八项规定精神。一是加强警示教育。在全省气象部门组织开展了“忆初心,明纪法,知敬畏,守底线”为主题的第 17 个党风廉政宣传教育月活动,二是继续盯紧关键节点。每逢节假日等重要时间节点和关键环节,党组纪检组都会及时发声,加强监督提醒,重大节日期间连续下发有关廉洁过节的要求及廉政短信,强化落实汛期气象服务的政治责任,为推动上级决策部署和做好防灾减灾工作提供坚强的纪律保证。三是强化督查检查力度。

(三)积极践行“四种形态”,切实履行监督专责职责。一是严格执纪审查工作。认真做好信访举报、问题线索处置、纪律审查和党纪处理工作,严格执行监督执纪工作规则。二是强化干部日常监督。三是深入推进风险防控与践行“四种形态”紧密结合。四是加强内部审计监督。对全省气象部门审计工作进行安排部署。

(四)发挥巡察利剑作用,从严抓好巡视整改工作。加强巡察监督,开展阶段性督导检查,不断推动巡视整改工作落到实处。

(五)反腐倡廉工作亮点。一是坚决纠正“四风”新表现。二是完成两年一轮巡察全覆盖。

(杨　柳)

附:省气象局党组书记、副书记、成员名单

书　记:柯怡明(11 月离职)

副书记:梁亚春(11 月任职,主持工作)

成　员:张洪涛(8 月离职)　梁亚春(11 月调职)
王欣璞(11 月离职)　秦爱民

山西煤矿安全监察局党组

党组书记　卜昌森

2018 年,山西煤矿安全监察局党组(以下简称局党组)坚持以习近平新时代中国特色社会主义思想为指导,全面贯彻落实习近平总书记和党中央、国务院决策部署,深入扎实贯彻落实应急管理部、国家煤矿安监局党组各项工作安排和要求,坚持“使命·担当·创新·超越”主基调,紧紧围绕全年各项目标任务,团结带领干部职工认真履职、担当尽责、开拓创新,有力促进了全省煤矿安全生产形势的持续稳定好转。

2018 年全省煤矿共发生事故 28 起、死亡 30 人,同比分别下降了 3.45%、53.13%;百万吨死亡率 0.032,同比下降 56.16%,特别是杜绝了较大以上事故。全省煤矿事故死亡人数、百万吨死亡率、较大事故起数、重大事故起数实现了“四个大幅度下降”,煤矿安全生产形势创出历史最好水平。

一、强化理论武装,深入学习贯彻习近平新时代中国特色社会主义思想和党的十九大精神,始终保持清醒头脑

一是统一思想,武装头脑。局党组坚持把学习贯彻习近平新时代中国特色社会主义思想、党的十九大精神和党章,作为统一思想、武装头脑、开展“两学一做”学习教育的核心

内容,邀请专家、教授举办了4期全系统专题辅导讲座,局党组中心组集体学习37次,研讨5次,局党组成员撰写学习体会文章35篇,讲专题党课9次。二是深入思考,学深悟透。局党组在抓自身学习上提出了"三个紧密联系"和"三个悟透"的要求,即紧密联系干部职工的思想实际学、紧密联系本局系统的工作实际学、紧密联系全省煤矿安全生产形势学,悟透精神实质、悟透核心要义、悟透重大指导意义。三是学以致用,指导实践。局党组坚持用习近平新时代中国特色社会主义思想指导自身建设、引领推动实践,并把学以致用的实际成效作为检验学习贯彻是否往深里走、往心里走、往实里走的试金石。一年来,主要负责同志带头以各种方式宣讲,在省部级以上报刊发表宣讲文章5篇,深入各产煤市县和大型煤炭企业集团宣讲6场次,受众达20000余人。

二、强化政治建设,坚决做到"两个维护",始终牢记与党中央高度一致

一是坚定政治信仰。局党组坚持从自身抓起,在牢固树立"四个意识"上不断增强自觉性,在践行"四个自信"上不断增强坚定性,在落实"两个维护"上不断增强坚决性。尤其在应急管理部机构改革过程中,局党组以高度的政治自觉,团结带领全系统干部职工始终站稳政治立场、保持政治定力,集中全力抓学习、干工作、保安全、促稳定。二是严守政治纪律和政治规矩。局党组坚定执行党的政治路线,严格遵守政治纪律和政治规矩,自觉以党章为根本遵循,不断加强党性锻炼,在政治原则、大是大非问题上始终保持立场坚定。三是严肃党内政治生活。严格执行新形势下党内政治生活若干准则,从局党组、机关党委、基层党总支、支部和党小组层层严起,从各级党员领导干部层层抓起,严肃党内政治生活,大力提升政治生活的质量。

三、敢于担当负责,推动煤矿安全监察工作不断深入,始终抓好主责主业

面对2017年全省煤矿事故多发、较大事故频发、重大事故三年连发且一年比一年提前的严峻局面,局党组坚决贯彻落实应急管理部、国家煤矿安监局党组的决策部署,认真组织开展煤矿安全监察工作,深入开展风险防控和隐患排查治理,大力推进重大灾害防治,积极推动落后煤矿淘汰退出,严格事故查处和责任追究,坚持用事故教训推动工作,强力压实煤矿安全生产主体责任,拼出了"在硕果中收官"的良好态势,打赢了全省煤矿安全生产翻身仗。2018年共监察矿井2655矿次,查处重大隐患102条,责令停产停工、停产整顿矿井97座,行政罚款15591.56万元(居全国首位),为实现全省煤矿安全生产形势持续稳定好转做出了巨大努力。

四、聚焦严紧硬,大力加强党的基层组织建设,始终发挥战斗堡垒作用

一是落实基层党组织书记责任。健全完善了基层党建工作责任制,局党组书记与各基层党总支(支部)书记签订了全面从严治党责任书,局党组成员人人分工联系基层党组织,定期听取基层党组织工作汇报,经常指导基层党组织开展工作,督导参加基层党组织民主生活会。加强基层党建工作考核,组织全系统基层党组织书记进行党建述职评议考核,有效推动各级党组织书记认真履行第一责任人职责,推动全面从严治党向基层延伸。二是抓实基层党建基础工作。健全完善基层组织机构,对部分基层党组织主要负责人进行了调整补充,指导8个党总支和2个党支部按时进行了换届改选。组织开展了全系统党支部"三会一课"工作互检互评活动,将基层党建工作、政治活动的内容列入《监察员业绩量化考核办法》,使基层党建工作与监察执法工作有机融合。三是大力提升基层党组织战斗力。组织全系统74名基层党组织书记、纪检委员在右玉干部学院进行了为期3天的专题培训,提高其抓好基层党建工作的素质能力。开展丰富多彩的主题党日活动和形式多样的主题教育活动,改进基层党建工作方式方法,提升了基层党组织的战斗力。四是推动基层党组织发挥作用。利用"两报"、《灯塔》报、网站等舆论阵地,积极宣传报道基层工作中涌现出的先进单位和先进个人,充分发挥基层党组织的战斗堡垒作用和党员先锋模范作用,激励广大党员干部立足新时代展现新作为。

五、抓班子带队伍,打造高素质专业化干部队伍,始终做到既要政治过硬又要本领高强

一是加强班子建设。修改完善了局党组议事规则、局行政议事规则,严格执行民主集中制,实行科学民主决策,有效开展批评与自我批评,开展班子成员之间谈心谈话活动。二是匡正用人导向。坚持习近平总书记提出的"新时代、新担当、新作为"的干部激励机制,不断选拔年轻优秀人才、优化班子结构、充实监察队伍,配合应急管理部党组推荐充实了我局4名领导班子成员,为山西煤监事业创新发展注入新的活力。三是提升能力素质。在组建了瓦斯防治、水害治理、煤层气抽采三支煤监专家队伍的基础上,加大了专业化培训、职业化训练的力度,通过不断地磨砺、打造,培养专家型人才,提升煤监队伍的专业化水平。四是宣传先进典型。局党组弘扬和践行社会主义核心价值观,深入开展以"比、争、创"为主题的各类创先争优活动,大力培育先进典型,使大家学有目标、赶有方向。全系统形成了"比、学、赶、帮、超"的浓厚氛围。

六、从严正风肃纪,营造风清气正政治生态,始终注重固本培元

一是严格落实责任。局党组严格落实全面从严治党主体责任和纪检监督责任,召开全面从严治党年度工作会议,对全年工作任务进行了安排部署,并细化分解年度工作任务,制定责任清单,明确责任主体。层层签订全面从严治党责任状,做到了任务落实到人、责任不留空档。二是健全制度机制。全系统进一步健全落实了全面从严治党责任体系,按照十九大精神重新修订完善了"一岗双责"、党内政治生活、中

心组学习、“三重一大”事项民主决策等制度,并要求各级领导班子特别是“一把手”要以身作则,带头遵守各项制度,形成了“用制度管理、按制度办事”的良好氛围。三是从严执纪监督。坚持抓早抓小、关口前移、重心下移,有效运用执纪监督的“四种形态”,明确提醒谈话、廉政谈话的工作流程,在全国煤监系统率先开展了全面从严治党专项巡查,历时3个月对10个监察分局(站)、5个经营性直属单位进行了全覆盖巡查。四是反对“四风”不停步。局党组以严格整改中央巡视问题为切入点,以驻部纪检监察组调研指导山西工作为契机,强力推进作风建设。五是加强警示教育。举办系列专题辅导讲座,及时转发有关腐败案例通报,使党员干部从中吸取教训,引以为戒,不断增强党员干部纪律意识,使党员干部知敬畏、存戒惧、守底线。

(杜　帅)

附:山西煤矿安全监察局党组书记、成员名单

书　记:卜昌森

成　员:徐占成(11月离职)　贾师文(11月离职)

王怀科(11月离职)　孙宏伟

谢万星(11月任职)　王学彦(11月任职)

刘海红(11月任职)　蔡建军(11月任职)

省地震局党组

党组书记　郭星全

2018年山西省地震局在应急管理部、山西省委、省政府和中国地震局党组的正确领导下,认真学习宣传贯彻党的十九大精神,坚持以习近平新时代中国特色社会主义思想为指导,全面落实防震减灾工作部署,为全省经济社会发展提供了良好的地震安全保障。

一、加强党的建设

认真学习贯彻习近平新时代中国特色社会主义思想和党的十九大精神。以党组会、党组扩大会,党组中心组学习会、全体职工大会、各党支部会、晋震讲堂、专家辅导、党组书记讲党课等多种形式,开展学习宣讲活动。把学习贯彻党的十九大精神纳入推进“两学一做”学习教育常态化制度化重要内容,组织离退休党员、工青妇等群团组织,开展各具特色的学习教育活动,将学习贯彻党的十九大精神引向深入。

“两学一做”常态化制度化。制定印发《2018年党组中心组和干部理论学习计划》。制作各类宣传展板55块,编发党建工作信息123条,转载习近平总书记系列重要讲话、中央精神和相关评论文章120条。开展了“不忘初心我的入党故事”、“学用新思想 笔谈千字文”、“走进新时代当好主力军”、“跟党迈进新时代,同心共筑中国梦”等征文活动。召开七一建党节“两优一先”评比表彰大会,对2016年到2018年度涌现出的先进人物进行了集体表彰奖励。

加强“三基建设”工作。印发实施《2018年度“三基建设”重点工作任务清单》。制定出台党支部规范化标准化建设的试行办法,改选5个支部书记,补充调整3名支部委员。按照省直工委着力解决党建工作十个方面突出问题的要求,审议通过山西省地震局加强党建工作的“三个清单”。完成山西省智慧党建系统的建设,已投入正式应用。转接组织关系14人,发展新党员2名,完成党费收缴56928元。加强人才培养和教育培训工作,组织干部职工开展了党的基本能力竞赛活动,开展了相关专业人员的能力测评,自办各类培训班6个,培训390人次。

二、开展庆祝改革开放40周年活动

全面回顾总结了40年来山西防震减灾各领域工作,形成专题记录片,并以网站、新媒体专栏形式展现。组织撰写9篇经验总结的纪念文章。举办“纪念改革开放40周年书画、摄影作品展”,评选出获奖书法美术作品11幅、摄影作品16幅。处级以上干部撰写学习习近平总书记在纪念改革开放40周年大会上的重要讲话精神的心得体会50余篇。编撰的《山西改革开放实录》(省直卷—地震专题)获省委党史研究院通报表扬。

三、落实防震减灾各项工作部署

召开2018年度全省防震减灾领导组会议。省政府办公厅印发《关于做好2018年度防震减灾工作的意见》。3月,贺天才副省长调研大同市防震减灾工作,实地查看了大同市机车厂地震监测站和大同市救灾物资储备库,重点对地震监测现状、地裂缝分布及探测情况、应急物资储备等进行了检查。

四、震情监视跟踪预测

2018年山西省测震台网总体运行率99.04%,地球物理台网平均运行率99.74%,信息台网网络综合运行率99.87%,山西陆态网络平均通信连通率99.63%,山西强震动台网总体运行率100%。制定山西省和晋冀蒙交界区震情跟踪方案,共召开各类会商会70次,开展7次微观异常核实。为全国“两会”、高考等特殊时段提供地震安保服务。完成国家地震烈度速报与预警工程(山西子项目)建设方案编制,30个新建基准站和122个新建基本站的租地手续办理完成128套,新建27个基准站土建施工招标方案完成初审,招标代理公司完成造价清单编制。出台《忻州综合地震台改革试点实施方案》,自2019年1月1日起,正式按照忻州综合地震台模式开展管理和运维。

五、地震应急准备工作

加强地震应急指挥技术系统建设,地震应急视频会议系统覆盖全省地震系统,实现15个县级视频会议节点的互联互通。开展地震应急准备工作检查督导,省防震减灾领导组派出由六个厅局组成的检查组,对大同、朔州、忻州、晋中、吕梁市的地震应急准备工作进行了检查。组织开展2018年度全省地震系统地震应急演练,省、市、县地震部门和各地震台应急人员600余人参加演练。新增大同两个一类、临汾一个二类、忻州两个二类应急避难场所。在忻州市宁武县、原平市,朔州市应县、怀仁县、平鲁区开展地震灾害风险预评估工作。组织省军区、省武警、省消防和六支市级地震救援队队员共120人次,分四批进行不同级别的地震救援专业培训。根据山西省委、省政府党政机构改革职能调整部署,将省地震救援队办公室职责正式移交省应急管理厅。

六、震害防御基础

起草山西省区域性地震安全评价管理办法和区域性地震安全性评价工作大纲。印发《山西省地震局推进城市地震安全工作实施方案》。与太原理工大学签订协议,规范了地震安全性评价报告第三方技术审查机构费用的支付管理。开展抗震设防监督检查,检查了大同市、朔州市、忻州市及浑源县、山阴县、宁武县农村危房改造、异地扶贫搬迁、地质灾害治理、采煤沉陷区治理等农村安居工程的抗震设防监管情况。完成运城市中心城区震害预测项目、太原盆地田庄断裂探测项目、太原市经济技术开发区地震小区划、运城市地震小区划项目,加强基础探测成果的推广应用。配合省人大检查组对朔州市、吕梁市、临汾市、晋城市的《中华人民共和国防震减灾法》宣传贯彻、履行防震减灾法定职责、地震监测台网规划、建设和运行、建设工程抗震设防等工作进行了检查,形成《山西省人大常委会关于检查〈中华人民共和国防震减灾法〉实施情况的报告》报全国人大。

七、科研管理与科技成果

与南方科技大学地球与空间科学系和海洋科学与工程系签署战略合作协议。争取省部级及中国地震局司局级各类科研项目23项,其中山西省面上自然基金项目1项、山西省面上青年基金项目1项、地震科技星火计划项目3项、地震监测预报科研三结合项目5项、测震台网青年骨干培养专项1项、震情跟踪工作任务10项、地震应急青年重点课题2项。下达局属科研项目36项,其中一般项目22项、青年项目9项、重点项目3项、攻关项目2项。承担的3项地震科技星火计划项目、1项山西省科技攻关计划项目通过验收。积极推进地震科技创新团队建设,成立科技创新团队6个。评出防震减灾科技成果奖19项,包括:科学技术类成果13项,基础工作类成果6项。《交城断裂晋祠段岩溶井水位巨升型异常成因及性质研究》获得2018年度中国地震局防震减灾科技成果三等奖。山西省地震局职工以第一作者发表论文90篇,其中北大中文核心期刊发表论文15篇(被SCI收录1篇、被EI收录4篇),普通期刊发表论文69篇。

八、防震减灾宣传教育

印发《2018年防震减灾宣传和科普工作要点》,积极开展并组织指导各市地震局在"5·12防灾减灾日""7·28防震减灾宣传周"等时段开展多种形式的防震减灾宣传活动。积极参加"全国地震科普大会"系列宣传活动,运城市新绛县地震局《诗联话防震》获得"全国防震减灾科普作品大赛"科普图书类三等奖;大同市选手陈燕、李健获得"第二届全国防震减灾科普讲解大赛"三等奖,大同市地震局获得"第二届全国防震减灾科普讲解大赛"优秀组织奖。联合省教育厅、省科协共同举办山西省防震减灾知识竞赛,晋中市代表队、运城市代表队分获初中组、高中组冠军,并代表山西省参加了"全国防震减灾知识大赛"北部片区预赛及全国决赛,运城市代表队获得"全国防震减灾知识大赛"北部片区高中组第一名、全国决赛优秀奖,晋中市代表队获得北部片区初中组优秀奖。联合省民政厅、省气象局开展国家级和省级综合减灾示范社区创建工作,共认定国家级示范社区35个、省级示范社区131个。与省教育厅联合开展2018年度省级防震减灾示范学校认定工作,共认定示范学校94所。2018年,山西省有8所学校获得国家防震减灾科普示范学校认定,4个县(市、区)获得省级防震减灾示范县认定、5个教育基地获得省级防震减灾科普教育基地认定。

2018年山西省地震活动概况

2018年,山西省共发生MS≥1.0级地震136次,其中MS1.0~1.9级地震117次,MS2.0~2.9级地震16次,MS3.0~3.9级地震3次,最大地震是3月18日临汾市霍州市MS3.6级地震。

(和 炜)

2018年山西省Ms3.0级以上地震目录

序号	发震日期	发震时刻	纬度(度)	经度(度)	深度(km)	震级(Ms)	震中位置
1	2018-02-07	10:15:59.56	37.566	112.446	10	3.4	山西清徐
2	2018-03-18	15:15:05.41	36.487	111.785	21	3.6	山西霍州
3	2018-11-15	12:01:29.54	37.587	112.325	5	3.1	山西清徐

附:省地震局党组书记、成员名单

书　记:郭星全

成　员:郭跃宏(10月离职)　郭君杰　李　杰　史宝森　田　勇

国家统计局山西调查总队党组

党组书记　王忠华

2018年，国家统计局山西调查总队（以下简称山西调查总队或总队）在国家统计局党组的正确领导下，以习近平新时代中国特色社会主义思想为指导，深入贯彻落实党的十九大精神、习近平总书记等中央领导同志关于统计工作重要讲话指示批示精神，各项统计调查工作和改革任务纵深推进。全省统计调查体系构建更加完善、调查工作更加规范、调查数据更加真实。

一、主动融入全面从严治党和全面依法治国形势，统计调查环境进一步优化

（一）严格履行党的建设主体责任。强化政治担当，提升组织力。始终以党的政治建设为统领，将党的政治建设摆在首位。举办全省调查队系统县处级以上领导干部学习贯彻党的十九大精神培训班，各党支部围绕学习贯彻党的十九大精神开展学习研讨。一是坚持问题导向，提升行动力。把贯彻落实好国家统计局党组关于巡视整改要求作为政治任务，狠抓整改落实。截至年底，明确时限要求的31项整改任务已有22项按期完成，列入长期任务的34项持续得到巩固和深化。二是坚持制度引领，提升执行力。严格执行集体决策制度。总队班子成员做到“基层调研必督党建、基层指导必讲党建”，总队领导分赴市队督导年度民主生活会。按期完成总队机关党委、机关纪委换届工作。认真抓好“三会一课”。全系统党建工作不断向制度化、规范化、标准化方向发展，党员意识不断增强，支部战斗堡垒作用不断巩固。三是搭建创建载体，提升凝聚力。在总队机关开展凝心聚力谈心谈话活动。在全系统开展党建、业务工作“相融合、相促进”的形式多样的主题党日活动。

（二）把全面从严治党不断引向深入。坚持依规治党，扎紧制度笼子。紧密结合中央和国家统计局党组有关精神和工作部署，制定修订多项制度，确保中央决策部署落地生效。组织市县调查队制定党风廉政建设工作要点并做好督促落实工作。一是强化纪律约束。成立意识形态工作领导小组。坚持抓日常教育和重要节点监督相结合，多次组织讲授廉政党课、举办“以案释纪明纪严守纪律规矩”警示教育活动、开展廉政提醒。积极开展统计职业道德和统计核心价值观教育，不断改进会风、文风和工作作风。二是强化“不敢腐”氛围。召开主体责任汇报会，紧盯“关键少数”开展廉政谈心谈话，多次深入市县调查队监督检查党风廉政建设工作，推进全面从严治党向基层延伸。组织开展扶贫领域腐败和作风问题专项治理工作。对2017年总队党组巡察的15个市县调查队整改情况进行摸底检查。开启十九大后首轮巡察工作，完成对5个市县调查队的现场巡察。

（三）践行依法治统从严治统，维护统计权威。落实防范和惩治统计造假弄虚作假责任制。强化压力传导，确保责任落实。明确将调查数据质量纳入市县调查队目标考核范围。一是厉行法治依法治统。接受山西省人大常委会执法检查组关于贯彻落实《统计法》情况的执法检查，得到充分肯定。聘请常年法律顾问。进一步规范全系统统计执法检查工作。2018年，全省各级调查队对428家调查单位进行了统计执法检查，对49家违法单位进行了立案查处，对其中12家违法单位给予了行政警告并处罚款。开展形式多样的普法宣传活动。二是加强执法队伍建设。组织全省执法资格培训和考试，全系统30人考取了统计执法证。深入基层开展案卷评查，执法技能、执法文书应用培训。组织对15个县级调查队进行统计法治工作督导检查。

二、持续筑牢统计调查事业生命线，数据质量和服务水平进一步提升

（一）调查基础有效夯实。在全省调查队系统认真开展不符合统计法精神行为的自查自纠，彻底杜绝将国家调查队作为地方目标完成责任单位行为。扎实开展基层基础现状调查工作、政务新媒体基本情况调查摸底工作、清理创建活动。强化培训指导，全方位提升调查技能和调查对象配合度。市县调查队财务工作全部实行“县账市管”。对18个市县队和调查中心进行了内部审计。

（二）调查数据更加真实。坚持独立调查、规范调查，高质量完成各项常规调查业务。召开数据会审和经济形势分析会，确保主要调查数据与宏观经济指标匹配衔接。严格遵循数据分级审核评估原则和评估程序。对数据生产各环节严格管理，如实记录，对数据质量进行源头追溯。严把换点换户环节，制定统一的审核办法，确保调查数据有效衔接；加大检查指导力度，总队班子成员对分管单位进行不定期实地督导；组织开展住户调查、农业农村统计调查基础工作和数据质量大检查。严格落实调查回访制度。认真开展农普结果核定和历史数据修订工作。加大对调查网点、规格品数据的审核力度。认真负责做好贫困监测调查工作，深入贫困户督导检查。

（三）调查服务亮点纷呈。围绕中央经济工作会议重点工作进行监测研究；对打好精准脱贫攻坚战和深度贫困地区脱贫问题开展调查研究；就山西转型发展形势、资源型经济转型路径和居民收入状况进行专题调研。与山西财经大学深度合作，开展统计课题研究，首次联合向中国统计学会申报了《山

西省资源型经济转型对策研究》《山西城乡居民增收对策研究》《山西深度贫困地区精准脱贫战略研究》等3项统计科学研究项目。撰写了一批速度快、情况准、对策实的专题调研报告，针对非洲猪瘟疫情开展的系列紧急调查等均取得了良好效果。组织开展“改革开放40周年”等系列调研活动，全年共编发经济类分析信息490篇，省级以上采用323篇次，中办国办采用11篇次，有25篇调研报告得到省级以上领导批示。

（四）调查品牌逐步建立。加大信息资源共享力度。全年为省政府“省长关注”版块，省考核办、省发展改革委、省人社厅、省农业厅、省扶贫办等有关部门提供调查数据900余笔；通过《山西日报》、山西卫视等新闻媒体和总队外网向社会发布统计调查信息报告200多篇。强化数据解读宣传。召开4次经济形势新闻发布会，出版《2017百题调研优秀报告集》，与省统计局共同完成《山西统计年鉴2018》《山西省国民经济和社会发展统计公报》《山西统计信息》《山西经济运行监测》等刊物编辑工作。配合协助山西省纪委监委、省委政法委、省直工委、省考核办，开展山西省全面从严治党民意调查、山西省扫黑除恶专项斗争民意调查、省直机关效能建设调查、全省年度考核民意调查等多项专项调查工作；参加省脱贫攻坚领导小组、省委农村工作领导小组等组织的各类会议，认真解读数据，积极建言献策，得到赞同好评；为多项扶贫政策提供意见建议30余次；总队2个定点帮扶村81户建档立卡贫困户全部如期脱贫，被授予“全省干部驻村帮扶工作模范单位”称号；派员参与全省文明城市建设培训工作，就相关知识进行讲解；测算“普通高校本科学费标准调整对价格指数的影响”，派员参加“山西省普通高校本科学费标准调整听证会”，通过精准测算分析为相关部门制定物价政策提供科学依据，统计调查服务认可度不断提升。

三、牢牢把握统计改革时机，现代化统计调查体系构建进一步完善

（一）与山西省统计局业务分工调整优化实现交“准”接“稳”。成立局队业务分工调整优化工作领导小组，全面协调和推进改革。与省统计局联合制定印发《山西省局队业务分工调整实施方案》和相关专业实施办法细则。6月初，总队全面接手全省月度劳动力调查工作，提前一个月完成目标任务；规模以下工业、服务业，限额以下批发零售住宿餐饮行业，建筑业小微企业等调查工作业已全部移交统计局。

（二）全省价格统计调查调整理顺工作顺利完成。与省统计局就对有关市县价格统计调查工作进行调整达成共识，明确涉及6市1县的价格调查由地方统计局移交至国家调查队，于9月底全面接手全省价格统计调查工作。

（三）现代调查手段应用愈加广泛。在全系统开展“我当一月电子记账户”活动。对电子记账经费、设备、网络环境等大力支持，全省调查队系统负责的住户调查电子记账户达3513户，电子记账率达60.1%，超额完成全年电子记账率达40%的目标任务。总队遥感工作室年初建成运行，各市级调查队均配置高性能图形工作站，实现了农业调查遥感测量全覆盖。

（四）网络安全和信息化保障能力全面提升。在全国调查队系统率先完成安全防火墙现场实施工作，完成总队内外网站等级保护测评工作，全方位系统网络安全防护体系已初步建立。MDM平台建设及应用加载、数据测试推送进展顺利，完成三农普MDM平台风险评估，全系统内网网站群建设、总队中心机房双回路电路改造项目基本完成。配备新政府会计记账软件。市队互联网出口提速，网络运行畅通稳定。

四、紧密结合统计调查发展实际，队伍建设管理进一步加强

（一）构建完善体系结构。独立设置信息技术应用处，并按照国家统计局“三定规定”的批复，完成总队机关处室、人员和职责调整。市县队“三定规定”已征求意见并上报国家统计局。襄垣调查队组建工作已全面开展。云冈、太谷调查队筹建工作已经启动。全力推进同城市县调查队整合工作，朔州朔城、晋中榆次队已整合完成。实现编制和经费向基层双倾斜。充实县队领导班子，33个县级队纪检（监察）员全部配备到位。

（二）加大年轻干部培养力度。加强年轻干部上挂下派力度，完善干部上挂下派制度，着力年轻干部历练，选派16名年轻干部参加总队（市县队）挂职锻炼，轮岗交流总队5名青年干部。充实统计执法人才库、巡察工作人才库。在业务培训会中加入信息写作等内容，着力培养一支复合型青年干部队伍。

（三）制度修订完善工作扎实推进。开展《中共国家统计局山西调查总队党组工作规则》《国家统计局山西调查总队工作规则》《市县国家调查队目标责任制考核办法（试行）》等百余项制度的修订工作。

2018年，山西调查总队多次向省委省政府专题汇报工作，获得充分肯定。连续5年荣获“促进山西经济社会发展贡献奖”，连续10年获得“省直文明和谐单位标兵”荣誉称号。经济信息国家统计局《每日调查》采用量与上报中办国办篇数均位列全国调查队系统第1名，为历年最好成绩；省委采用位列省直和中央驻晋单位第1名。网络信息采用得分位列全国调查队系统前茅。

（乔森山）

附：国家统计局山西调查总队党组书记、成员名单

书　记：翟善清（11月离职）　王忠华（12月任职）

成　员：包超英（女）　张国栋　张继德（12月离职）
王润拴　鞠传玲（女）　顾向红（12月任职）

中国铁路太原局集团有限公司党委

党委书记 程先东

2018年，中国铁路太原局集团有限公司党委认真贯彻习近平新时代中国特色社会主义思想和党的十九大精神，牢牢把握新时代党的建设总要求，坚持党的领导、加强党的建设、全面从严治党，以党建高质量引领发展高质量，集团公司有12项主要运输指标创历史最好水平，有6项主要经营指标位列全国铁路第一，各项工作呈现稳中有进、持续向好的发展态势，为服务山西打赢“三大攻坚战”、实现“三大目标”作出了积极贡献。先后荣获“全国五一劳动奖状”“全国‘安康杯’竞赛优胜单位”“山西省优秀企业”“山西省文明单位”等称号。

一、始终把政治建设摆在首位，树立旗帜鲜明讲政治的导向

自觉践行“两个维护”。以“四个意识”为政治标杆，制定贯彻落实《中共中央政治局关于加强和维护党中央集中统一领导的若干规定》具体实施办法，在思想上政治上行动上坚决做到“两个维护”。加强政治理论学习。深入学习领会习近平新时代中国特色社会主义思想，全覆盖轮训974名领导人员，开展6个专题学习研讨，制定党委中心组学习“巡听督学”制度，召开提升党委中心组学习质量座谈交流会，以理论上的清醒促进政治上的坚定。严肃党内政治生活。提高执行党员领导干部双重组织生活、“三会一课”、民主生活会等党内基本制度的质量。坚持和完善新党员入党宣誓、重温入党誓词等政治仪式，引导广大党员继承和发扬党的光荣传统，增强党的意识和组织观念。

二、加强领导班子和人才队伍建设，打造推动高质量发展的骨干力量

从严从实抓班子。贯彻执行民主集中制，建立健全“1+8”站段领导班子工作机制，构建形成科学规范、高效运转、有机衔接的工作运行机制。突出政治标准，坚持事业为上，优化调整领导人员，精简机关内设机构和工作人员。严爱并重带队伍。实施领导人员转型提质行动，印发激励各级干部新时代新担当新作为的实施办法，健全完善容错纠错、履职评价等制度，深入开展“转职能、转方式、转作风”活动，践行“七项承诺”，促进干部素质和状态“双提升”。优化环境育人才。落实“百千万人才”工程，实行专业拔尖人才培养工程实施计划，打造临汾综合段人才培养基地，先后推荐评选206名高层次人才，285名操作技能人员首聘到管理和专业技术岗位。

三、坚决落实“打赢污染防治攻坚战”部署，为山西经济转型发展提供有力保障

深入开展货运增量行动。主动承接“公转铁”运量，针对性开发铁路运输产品，需求满意率达到80%以上。满足煤炭外运需要，煤炭发送量达到5.78亿吨，同比增幅17.5%，高于全省煤炭产量增幅。发挥铁路运输优势，加大铁路运能投入力度，创造了年货物发送量6.72亿吨的历史最高纪录，同比增幅13.5%。充分发挥铁路重载优势。成立全路首家重载铁路技术研究中心，承办中国重载铁路技术交流论坛，启动重载重大技术课题研究，努力占领“世界重载技术制高点”，为持续增量提供技术支撑。大秦线2018年运量完成4.51亿吨。建设现代物流体系。以中鼎物流园和中鼎物流云平台为核心，全力打造全省、全国铁路的“现代物流示范区”。中鼎物流园区年吞吐量达到432.5万吨，同比增幅88%。云平台交易3.47万单，交易货值110.43亿元。服务山西融入“一带一路”建设。加入国家中欧班列协调委员会，放大省政府对中欧班列的补贴效应，协调铁路口岸对外开放，在全省开行中欧(中亚)班列50列，同比增加40列，增长4倍。放大铁路环保效应。投入专项费用6.45亿元，对所有运煤列车喷洒抑尘剂，加强煤炭运输扬尘治理。圆满承办太原能源低碳发展论坛“能源输送方式的变革”分论坛，围绕山西当好“能源革命排头兵”凝聚各方智慧，搭建合作新平台。

四、扎实开展“山西全域旅游铁路行”活动，助力山西“国家全域旅游示范区”建设

扩大客运供给。增开热门方向动客车11对，北京方向往返均实现两个半小时一站直达。动客车可通达全国28个省市区，全年发送旅客7572万人，同比增加336万人、增幅4.6%。提升服务品质。深化“厕所革命”，实施车站畅通工程，大西高铁18个车站全部实现持二代身份证直接进站，持续改善旅客出行体验。开发旅游产品。聚焦黄河、长城、太行三大旅游板块，开发黄河风情游等10条“坐火车游山西”主题旅游精品线路，推动旅客变游客、游客变旅客。特别是自6月21日起开行太原～兴县北“蔡家崖号”红色旅客列车，平均上座率保持在85%以上，有力助推了集中连片贫困地区发展旅游、加快脱贫。积极引流入晋。培养千名“山西旅游宣传员”，打造旅游宣传示范站、示范车，推行列车旅游主题冠名。成功举办“山西全域旅游铁路行”推介会，推动旅游列车跨省市联动合作，全年共吸引来自上海、广州等地的旅游列车102列，同比增幅183.3%，

五、做好铁路工程建设和山西铁路路网规划工作，着力满足经济社会发展和人民群众出行新需求

抢抓全国铁路建设步伐加快机遇，全年完成铁路建设投资170.06亿元，不断完善山西铁路路网结构，助力山西构建对外开放“大通道”。积极推动项目开通运营。大西高铁原平～太原段于9月28日高质量高标准开通运营，日开行动车组6对，最高日发送旅客6916人，极大方便沿线人民群众出行。全力克服资金、征拆、质量、技术等困难，朔州～准格尔铁路按期投入运营，设计年运输能力6000万吨，为区域经济发展注入新动能。加快在建重点项目进度。立足服务经济社会发展，有序推进太原枢纽西南环线、大同～张家口高速铁路、太原～焦作高速铁路等在建工程项目。持续完善路网功能布局。统筹谋划管内客货通道建设，积极推进雄安～忻州高速铁路、集宁～大同～原平高速铁路、太原枢纽总图等项目前期研究规划工作，推动山西铁路路网规模和质量不断提升。

六、认真履行管党治党主体责任，提高党建工作质量

加强党委规范化建设。深入贯彻“两个一以贯之”要求，将党的领导和党建工作要求纳入公司章程，完善党委会工作细则、议事规则和决策“三重一大”事项实施细则，制定落实党建责任制任务清单，开展述职评议考核和联检互评，拧紧责任“螺栓”。推进标准化党支部建设。运用标准化建设理念，选取23个党支部试点论证，形成标准体系。开展“三会一课”质量年活动，开发“太铁e党建”，推进党内主题实践活动，提升党组织组织力。加强意识形态工作。深化不忘初心、牢记使命，交通强国、铁路先行宣传活动，大力弘扬不负重托的担当精神、砥砺先行的奋斗精神和勇争一流的创新精神。推进诚信文化建设，2人入选新时代铁路榜样。开展“改革开放辉煌40年·砥砺奋进大秦30载”系列宣传，打牢团结奋斗的思想基础。

七、深化党风廉政建设，推动全面从严治党向纵深发展

压紧压实“两个责任”。完善党风廉政建设责任制，建立日常工作沟通联系办法，出台党风廉政建设专题分析会制度。抓好巡视巡察问题整改。开展首轮巡察，组建巡察机构，健全基础制度，推进巡视巡察问题整改和“回头看”，实行问题集中整治。从严防范廉政风险。将廉政风险防控嵌入业务管理全过程，组织货运、物资管理部门健全廉政风险防控机制，逐步延伸推广到26个专业领域，扎紧制度“笼子”。加强监督执纪问责。建立定期分析研判政治生态制度，制定贯彻落实中央八项规定实施办法，集中整治形式主义、官僚主义。综合运用“四种形态”，树牢按规矩办事、按规律办事的从业导向。

八、坚持依靠和服务职工群众，不断提升职工获得感、幸福感和满意度

密切干群关系。处理好严格管理与关爱职工、服务现场与控制现场、民主管理与政令畅通的关系，建立职工日常诉求类、职工群众信访诉求类、检举类等3类16条职工意见受理渠道，让职工的话有人听、事有人办、建议有人采纳。切实关爱职工。制定改善职工生产生活条件三年行动计划，建好管好“八小工程”，组织“金秋助学”和“双进双千”送温暖活动，圆满完成职代会确定的20件实事好事目标。充分汇聚合力。制定落实新时期产业工人队伍建设改革方案实施意见，开展“当好主人翁、建功新时代”劳动竞赛和“有理想、有本领、有担当”青年教育活动。发挥公安、统战、保密、政法保卫、离退、关工委等部门作用，形成和衷共济、攻坚克难的强大力量。

(孙淑环)

附：中国铁路太原局集团有限公司党委书记、副书记、委员名单

书　记： 赵春雷(5月离职)　程先东(5月任职)

副书记： 陈玉柱　张锁明(10月任职)
姜　涛(5月任职)　郭家宏(8月离职)
支　斌(4月离职)

委　员： 丁永民(5月离职)　杨占虎　刘　枫
邢　东　郭善宏　孙雁胜(5月任职)
白沛锋　王旭荣(女)　毕守锋

太原铁路公安局党委

党委书记　董跃峰

2018年，太原铁路公安局坚持以习近平新时代中国特色社会主义思想为指导，以党的十九大和十九届二中、三中全会、全国政法工作会议、全国公安厅局长会议、全路公安领导干部会议精神为指针，以“四句话、十六字”总要求为主线，以深化公安改革“四项建设”为载体，全力推进科技信息化、指挥高效化、安保实战常态化“三化”建设，着力推进打防管控一体化建设，全局第二个“三年规划”圆满收官，公安工作和队伍建设得到跨越式发展，管内政治治安保持持续稳定，圆满完成了上合峰会、中非合作论坛、达沃斯论坛、上海进博会

等重大安保任务,为服务山西经济社会发展、旅客群众平安出行提供了和谐稳定的治安环境。2018 年,公安局荣获山西省“五一劳动奖状”,被山西省直文明委评为“省直文明单位标兵”,被省直工委评为“2017 年度为山西地方经济社会发展做出贡献的中央驻晋单位”,被铁路公安局评为全路公安档案工作优秀单位;1 人荣获全路“火车头奖章”,65 个集体、391 名个人立功受奖;公安局党委连续 13 年被太原局集团公司党委评为先进党委,太原所党支部被评为中国铁路总公司先进党组织,全局党建工作受到山西省直工委和省直文明办的肯定好评。

一、坚持政治建警,突出党建引领,全面加强党组织建设,全局党建水平进一步提升

牢固树立抓好党建就是最大政绩的理念。一是常态推进核心价值教育。以局处党委中心组学习为龙头,每月安排专题学习研讨,邀请专家辅导,扎实推进“两学一做”学习教育常态化制度化,在全局掀起学习习近平新时代中国特色社会主义思想热潮。在干部民警层面,通过举办学习十九大精神干部培训班、视频讲堂、专题教育、主题征文、竞赛答题等形式,打牢思想根基。二是隆重召开公安局、处两级党委第一次党代会。确保了两级党委高质量完成换届工作。强化了两级领导班子建设。三是完善“三重一大”事项决策制度。坚持加强党的领导和加强自身建设相统一,明确规范党委会职责、组织原则、议事决策的范围、形式、程序以及责任追究等,不断提升党委民主决策、依法决策、科学决策的能力水平。四是开展“三会一课”质量年活动。深化“四强”党支部建设,完善支委会议事规则,加强对“三会一课”台帐的调阅、检查、指导,发放《“三会一课”质量调查问卷》261 份,列出问题清单 70 余条,逐一整改落实。五是进一步优化发展党员结构。严格执行党员发展年度计划,实行发展党员向一线倾斜、向青年民警倾斜的工作方针,全局党员队伍分布结构趋于合理。

二、坚持制度管警,优化干部结构,全面加强干部队伍建设,干部履职能力进一步提升

紧紧抓住深化公安改革有利契机,积极大胆探索,不断创新举措,从严从实推进干部人事管理工作,形成了良好的选人用人机制和导向。一是按规选拔任用干部。始终坚持按政策、按规定、按程序办事,严格执行程序和要求。加大干部竞争性选拔,通过组织竞聘考试,把政治素质过硬、业务能力突出、经过基层历练的优秀民警选拔到干部队伍中来。局、处两级采取竞争性方式选拔的干部达到了铁路公安局确定的年度选拔任用干部总数 20%,选拔配备 35 岁以下干部达到总数的 20%。二是加强干部培养锻炼。有计划选派年轻干部到条件相对艰苦环境中接受锻炼。派青年干部分别到山东、四川、贵州、新疆公安机关基层单位挂职锻炼、互助学习,将地方公安机关的作风经验、战术理念融入到铁路公安工作实践中,为全局带来了新动能,催生了新战力。三是完善干部管理考核。把干部管理、队伍建设及精神文明创建、单位目标考核纳入领导干部考核内容,认真开展选人用人“一报告两评议”工作,根据铁路公安局反馈的测评结果,公安局及各公安处在选人用人方面总体评价为“好”。

三、坚持素质强警,实施人才强局,全面加强专业化建设,干警综合素养进一步提升

公安局不断深化人才发展机制创新,搭建人才成长发展平台,对内强实训、提素质,对外谋合作、促共进,通过实施人才强局战略带动全局队伍持续向“高、精、尖”发展。一是推进“十百千”人才培育工程。局党委始终把人才队伍建设作为头等大事来抓,实施“十百千”人才培育工程,着力培育 10 名顶尖人才,100 名岗位业务能手,1000 名执法骨干。在全局上下营造了“学习先进、我要成才”的浓厚氛围。坚持“高、顶、尖”人才培养机制,分警种、分专业、分层次、分批次组织开展“千警大培训”,先后在清华大学、中国人民公安大学、中国刑事警察学院、山西警察学院举办了干部综合能力提升研修班、基层所队长培训班、刑事侦查专业证书班等脱产教育培训,建立了校局合作关系。二是推进常态化教育培训。始终将实战实训、轮值轮训放在首位,将训练工作融入中心,在公安实践中检验教育训练成效。针对性开展模拟案例教学,面对面讲授,模拟实战场景,实地操作演练,增强了培训实战性。组织业务骨干开展执法办案程序培训、枪支安全和实弹射击考核专题培训等各类专业培训班 18 期,全警业务素质显著提升。三是推进实战训练转型升级送教活动。对公安局 4 个公安处 85 个所队 2950 名干部民警开展送教活动,全体干部民警体能、技能得到全面提高。

四、坚持文化育警,践行严优并举,全面加强正规化建设,太铁公安形象进一步提升

全面加强民警职业保障体系建设,同时坚持从优待警和从严治警相结合,持之以恒正风肃纪。一是警营文化激发活力。先后组织开展巾帼建功“三八表彰”活动、“践行总要求、党员当先锋”六个一系列主题活动及党史知识竞赛,“我在岗、我负责、我光荣”微笑服务活动,“不忘初心、牢记使命”主题教育活动,进一步弘扬队伍正气,坚定理想信念。公安局新建“警苑”教育基地,先后组织路内、路外公安机关及本局干部民警观摩学习 25 批 2000 余人次。各公安处在机关大楼建成走廊文化墙,警察书屋、处史馆、党员活动室等场所,警营面貌焕然一新。依托内宣平台,加大思想教育,在公安信息网编发政工简报 294 期、图片新闻 130 组,编辑制作《太铁公安》杂志 4 期、系列丛书 3 套、专题片汇报片 20 余部。先后开通了五个微信公众平台,《抖音》短视频官方认证号发布的信息,浏览点击量达全国公安政务媒体三十强,弘扬了队伍主旋律,提升了铁警知名度。组织开展各种形式文体活动,文艺骨干创作的精品力作,在国家级、省级评比中屡获殊荣,微电影

《寻贼》荣获第六届亚洲微电影节“金海棠奖”好作品奖、荣获山西省总工会“中国梦·劳动美”微影视大赛一等奖;微电影《寒来暑往》在第五届“中国梦·劳动美”全国职工微影视作品大赛中获故事类银奖;微视频《点亮星星,从你我开始》《鹰眼神探》《热血铸忠诚》《铁路道钉》等7部作品被铁路公安局评为“崇尚英模”“勇当先锋”优秀作品。全局干警职业荣誉感、归属感、认同感进一步增强。二是从优待警凝聚警心。积极落实《人民警察抚恤优待办法》和公安民警因公负伤医疗费、公安民警人身意外伤害保险等职业风险保障制度,推进“三不让”帮扶救助保障机制,为全局135名民警及家属兑现了人民警察伤亡抚恤331.6万元;对516名就医民警发放了92万余元的救助金;为62名民警子女考入大学本科及公安专科院校兑现励志奖学金12.3万元;走访慰问功模民警、困难民警、因公牺牲民警家属236人、发放慰问金45.7万元;为全局2910名民警进行了健康体检。进一步改善民警办公生活环境,下拨经费91万元用于各公安处“八小工程”建设,公安局、处重点建设项目取得突破性进展,全局基层基础建设更新升级,全面发展。三是从严治警正风肃纪。始终坚持全面从严治党、从严治警这一主线,督促压实“两个责任”,积极践行“四种形态”,制定“党委主体责任清单”和“纪委监督责任清单”,细化“两个责任”落实情况9项38条考核标准,对责任主体完成任务进行检查验收。廉政教育、纪律作风教育扎实开展。同时,严格执纪问责,对违法违纪行为“零容忍”,对群众举报和违纪线索认真查办。对全局民警队伍开展分层次、全覆盖廉政教育谈话,对重点人逐人提醒谈话,真正使咬耳扯袖、红脸出汗成为常态。

五、坚持科技兴警,发挥公安职能,全面加强治安风险管控,队伍整体战力进一步提升

一是信息化建设持续发力。建成面积达3650平方米的专业信息楼。加快推进视频专网、公安专网、公安网扩容“三网”建设,搭建公安信息网络高速通道。为石太客专、大西高铁及进浙、进沪、进穗列车安装视频监控1600余个,整合“天网”、“雪亮”工程监控视频2万余路,主动接入省公安厅视频指挥系统,建成路地视频指挥平台。高度集成网络、无线、语音、图像等指挥通信方式,建成上下贯通、高效快捷的扁平化指挥网络。二是反恐防范常态推进。始终坚持以“防得住、不失控、发现早、处置好”为目标,按照“集约用警、拳头处置、公开震慑”的勤务模式和“特警、警犬、巡逻车”三位一体巡控体系,强化显性用警,始终保持强大公开震慑。持续推进人防、物防、技防建设,积极协调集团公司不断夯实安防基础,管内安全稳定、一事未出。三是高铁安防扎实有效。整治高铁隐患问题385件,协调地方清理高铁保护区违法违章建筑120余处,杜绝了因治安问题引发的行车事故、道口车辆肇事事故和撞压大牲畜事故,线路滋扰警情同比大幅下降。有效查处G696次高铁霸座案件,有力维护了高铁治安秩序。四是安全防范取得实效。查获各类危险、违禁品253668起,检查发现消防隐患2850余件,连续3年春运实现铁路总公司消防检查“零通报”。五是打击整治再创佳绩。办理治安案件12547起;破获刑事案件194起,其中重特大案件90起;打掉犯罪团伙13个、涉黑团伙2个,抓获犯罪嫌疑人145人,抓获网上逃犯2749名,维护了社会公平正义。

(白　侠)

附:太原铁路公安局党委书记、副书记、委员名单

书　记:董跃峰

副书记:张文魁

委　员:朱彦红　赵充祥(12月任职)　刘建兵　宋学斌(12月任职)　张宝生(12月任职)　孙保平(12月任职)　李忠业(12月任职)

高等院校党委工作概况

山西大学党委

党委书记 符惠明

2018年是深入贯彻落实党的十九大精神的开局之年。这一年,教育部正式启动部省合建工作，山西大学成为全国14所部省合建高校之一，纳入教育部直属高校序列。山西省政府提出“十二条”实施意见,支持学校率先发展。教育部、省委省政府协调北京大学等一流大学对口支持。相互叠加的政策机遇,为山西大学的振兴和发展提供了极为难得的契机。全校师生抢抓机遇,满怀信心,昂扬奋进,以“双一流”建设为统领,统筹推进一流学科建设、服务区域主导产业、综合改革、东山校区建设等四项重点工作，书写了开拓奋进的崭新篇章,开启了决胜“双一流”的新征程。学校在US News2019年排名中位列内地高校第78位,同比提升3位;综合实力稳居全国百强、山西首位,对山西高等教育的引领作用日益突出,服务山西经济社会发展的贡献度日益提升。

一、加强党的全面领导,进一步提升党建工作水平

一是深入学习贯彻党的十九大精神。把学懂弄通党的十九大精神作为第一堂党课和政治必修课,把学深悟透全国教育大会、新时代高校本科教育工作会、省委十一届六次全会等重要会议精神作为办学基本功，以党委中心组学习为牵引,全年专题学习25次,邀请国务院发展研究中心、教育部、北大知名专家分专题讲授解读,打牢办学治校的思想理论基础。实施常委会会前学和校院两级中心组联学制度,在事关学校改革发展的许多重大战略问题上达成共识,学习成果分别体现在“双一流”建设奋斗目标、学科布局和建设规划、人事制度改革、人才队伍建设等重大工作中,转化为推进学校发展的决策思想、基本思路和工作举措。

二是扎实推进“三基建设”。基层组织抓政治引领,强化党支部标准化建设,对全校274个党支部集中换届,严把党员发展质量关,实现教师党支部“双带头人”全覆盖。1个学院获批“全国党建工作标杆院系”,2个教师党支部获批“全国党建工作样板支部”,1个入选首批百个全国高校“双带头人”教师党支部书记工作室。基础工作抓精细管理,与业务工作相结合,开展自查梳理,基础台账、基础数据、基础资料进一步规范,信息化、数字化管理水平不断提升。基本能力抓精准培训,组织干部培训班6期,培训干部1400余人次。

三是加强意识形态和思想政治工作。制定出台《中共山西大学委员会意识形态工作责任制实施细则》等一系列制度,进一步明确了意识形态工作领导体制、运行机制、责任体系,建立了每季度意识形态领域形势分析研判制度和舆情监测机制,梳理处置苗头性倾向性问题,有效维护了学校意识形态安全。推进思政育人改革,推动实践育人项目化、资助育人品牌化、网络育人平台化、课程育人示范化,获全国优秀实践团队、国家志愿者重点团队、全国志愿服务项目大赛银奖。用好课堂教学主渠道,着力构建思想政治理论课、综合素养课、专业教育课三位一体的大思政教育课程体系。开展“名师思政大讲堂”,聘任8名全国“马克思主义理论研究和建设工程”专家授课。开设环境管理与法学等8门课程思政示范课,增设近百门文化素质通识课。加强党外知识分子思想政治工作,为推动各项统战工作创造了良好条件。

四是加强干部队伍建设。在山西大学步入一个重要发展机遇期的关键时刻,省委从全省高校领导班子建设的大局出发,对学校的领导班子进行调整充实。学校全面启动职员制

改革试点,出台《山西大学管理岗位职员制改革试点工作实施办法(试行)》,开展首批职员试点工作。持续推进党政干部交叉任职,完成34名中层领导干部选任调整工作和232名科级干部岗位的申报、调整、考察和任命工作,显著增强了干部队伍的活力。

五是推动从严治党向纵深发展。修订落实中央八项规定实施细则,持续整治形式主义、官僚主义,集中学习《忏悔录汇编》,及时召开肃清腐败流毒影响专题民主生活会,汲取教训,引以为戒,维护了良好的政治生态。加强干部选任、出国出境、评优评先等工作的廉洁纪律审查。抓住重要时间节点,驰而不息纠正"四风"。强化对重点领域、重点部门、重点环节的监督检查,做到抓早抓小,防微杜渐。

二、围绕一流学科建设,进一步优化学科发展布局

一是完善了学科统筹发展机制。确定了"2+4+X"的学科发展思路,形成以一级学科博士点为重点,"率先发展学科、重点发展学科、协同发展学科"三层次分类布局。物理学、哲学作为率先发展学科,立足冲击国家一流学科、实现A类学科的新突破;计算机科学与技术、化学、环境工程、体育学作为重点发展学科,立足于打造学科新增长点、建设学科高峰;其他一级学科博士点作为协同发展学科,依托率先发展和重点发展学科,通过资源整合、学科交叉等方式,着力打造特色鲜明的高水平学科群。为加强对学科建设的指导,学校积极组建物理学、哲学、计算机等学科的学科建设指导委员会。整合校内资源,成立了学科建设与发展规划办公室。在全校深入动员,对照第四轮学科评估指标,梳理存在的问题,确定补短板的方案,落实了责任主体。

二是强化了学科队伍建设。学校把造就政治素质过硬、业务能力精湛、育人水平高超的高素质教师队伍作为学科建设的基础性工作。积极组织"长江学者""三晋英才"等人才项目申报工作,实现了校外人才从我校申报"长江学者"的突破。下大力气引进高层次人才,引进以长江学者江怡教授、瑞典籍哲学专家杜斯特教授为代表的各类高层次人才13名。引进优秀博士75人,其中来自"双一流"高校、中科院系统及海外排名前200名高校的博士45人,专职教师博士化率达到60%,教师学缘结构、年龄结构进一步优化。新增长江学者特聘教授2人、青年长江学者2人、国家"万人计划"人才2人,9名优秀教师入选新一届教育部教指委,高层次人才的集聚效应进一步扩大。

三是学科平台建设成效显著。我校牵头的"极端光学协同创新中心"被教育部认定为首批省部共建协同创新中心。"光与物质相互作用的量子效应学科创新引智基地"成为山西省首个国家级学科创新引智基地。量子光学与光量子器件国家重点实验室、计算智能与中文信息处理教育部重点实验室、精细化学品教育部工程研究中心、国家环境保护煤炭废弃物资源化高效利用技术重点实验室顺利通过评估。统筹推进学位授权点申报、动态调整和评估工作,政治学、数学学科由二级学科博士点升格为一级学科博士点,法学、控制科学与工程通过动态调整分别获得博士和硕士一级学科授权。大力加强"1331"工程建设,获批2个山西省重点实验室、3个"1331"工程研究中心、6个"1331"工程重点创新团队,7个"1331"工程重点培育团队。

三、着力推动内涵发展,进一步提高办学质量

一是扎实落实立德树人根本任务。本科生培养方面:以本科教学审核评估整改为抓手,完善专业动态调整机制,新增2个省级优势特色专业,压缩了专业数量,进一步优化了专业结构。全面修订本科人才培养方案,深化了公共必修课教学改革。启动了优质生源基地建设,稳步推进本科生大类招生,生源质量较往年大幅提升。研究生培养方面:推动研究生招生选拔制度改革,加强了研究生课程体系建设。新增2个省级研究生教育创新中心、2个省级研究生联合培养基地。获得省级优秀博士学位论文13篇、优秀硕士学位论文16篇,7位教授荣获"山西省研究生教育优秀导师"称号。研究生发表SCI论文396篇,CSSCI论文141篇。创新创业教育方面:有近2000名本科生参加国家及省级创新创业训练计划。在全国大学生数学建模竞赛等学科竞赛中获奖50余项,荣获第五届全国大学生艺术展演艺术表演类一等奖、第十届全国大学生广告艺术大赛策划案一等奖、"创青春"全国大学生创业大赛优秀组织奖及主体赛银奖1项、铜奖4项、MBA专项赛铜奖1项。我校健儿自强不息、奋勇拼搏,在亚运会、射箭世锦赛、跳水世界杯上勇夺桂冠,为祖国争得了荣誉。人才培养质量得到社会广泛认可,学生一次性就业率达到88.01%。

二是大力推进科学研究。国家级科研项目大幅增加,获得104项自然科学基金项目、49项国家级人文社科类项目。其中自然科学基金重点项目3项,国家社科基金重大招标项目3项。发表SCI论文645篇、SCITop论文200篇;CSSCI论文381篇、SSCI论文18篇。在Nature子刊等国际权威学术期刊发表论文16篇。钱宇华教授入选科睿唯安2018年度"高被引科学家"名单,是我省的唯一入选者。专利申请和授权量继续保持快速增长的势头,申请达到569项,授权达到282项。组织申报2018年度山西省科学技术奖10项。获得山西省第十次社会科学研究优秀成果奖80项,其中一等奖10项,山西省"百部(篇)工程"奖36项,其中一等奖9项。

三是不断强化社会服务。围绕山西经济转型和产业升级的需要,组建物理学优势学科群对接山西光电信息产业发展,组建哲学优势学科群对接山西旅游文化产业发展。加强与地市的战略合作,与晋城市就推进光电信息产业技术研发和应用确定了合作框架。与长治市合作共建固废综合利用研发基地,获得资助23项,经费总额1000万元。与朔州市进行对接,重点打造以右玉县为代表的生态文明、全域旅游、脱贫攻坚示范区。智慧物流管理、土壤污染生态治理获批山西服务产业创新学科群。17个项目获得小店区产学研协同创新与平台建设专项支持,资助金额638万元。自主研发的"柴归

颗粒”获国家药品监督管理局批准进入临床试验。紫外激光器单项科技成果转化获得经费400万元。与山西省文化和旅游厅合作，成立了“山西旅游大数据研究中心”。与乔家大院等多个旅游景区合作开展了景区设计工作。承担国家文化和旅游部、教育部、人力资源社会保障部举办的“中国非物质文化遗产传承人群研培计划”，推动了传统工艺项目的保护与创新。围绕山西资源型经济转型、旅游事业发展等提供决策咨询，发表了一系列理论研究成果，产生了广泛的实践价值和社会影响。

四是积极扩大国际交流合作。2018年，学校共招收来自57个国家的长短期留学生177人，其中学历生80人。派出青年教师学术交流团20人赴夏洛特分校进行为期1个月的学术交流活动。派出教师出国开展学术进修220人次，学生出国99人，派出对外汉语教师和志愿者19人。与日本广岛大学、法国滨海大学等多所国外知名高校签订了合作协议，与爱尔兰科克大学、英国利兹大学的办学合作稳步推进。成立了“山西大学‘一带一路’国际教育研究院”和“山西大学—科克大学中国与欧洲研究中心”。我校在美国北卡罗来纳大学夏洛特分校建设的孔子学院蓬勃发展，派出文艺代表团圆满完成赴吉尔吉斯斯坦、塔吉克斯坦5所孔子学院的文艺巡演任务。

四、全面深化改革，进一步优化办学体制机制

一是完善集体决策机制。学校坚持和完善党委领导下的校长负责制，修订全委会、常委会、校长办公会议事规则，制定了《山西大学校长办公会工作规程》，细化议事范围和决策程序，强化议题论证、部门会签和合法合章性审查，进一步明确了应提交党委常委会、校长办公会审议的“三重一大”事项，提高了决策的科学化、规范化水平。加强重点工作的督办，对常委会、校长办公会议定事项、校领导交办事项等重点工作实施网上专题督办，确保了学校决策的有效落实。

二是加强了内部治理体系建设。完善学术治理体系，修订了《山西大学学术委员会章程》，组建山西大学学术委员会，有序推进分学术委员会和有关专门委员会的建设，进一步完善了学术治理结构，为发挥学术权力在办学治校中的重要作用提供了坚实保障。成立了预算委员会，制定了《预算委员会工作规程》《大额资金管理办法》《不可预见费管理办法》，强化了预算管理，加强了经济活动内部控制。成立国内合作委员会，制定了《国内合作委员工作条例》《国内合作管理办法》，对全校国内合作事项进行统筹协调和归口管理。制定了《山西大学建设工程全过程跟踪审计实施办法》《山西大学科研经费内部审计实施办法》，强化了审计监督。出台《法律事务管理办法》《合同管理办法》，加强了对外合同的合法性、合章性审查。出台《自然科学评价办法》《科技成果转移转化实施办法》，完善《哲学社会科学研究评价办法》《哲学社会科学科研项目劳务费和科研绩效支出办法》，进一步调动了教师的科研积极性。

三是创新合作办学模式。学校将合作办学作为推进“双一流”建设、提升办学水平的重要途径，确立与国内高水平大学“1+3+X”的合作模式。“1”是争取北京大学全面支持与帮扶。签订《北京大学支持山西大学建设与发展实施方案》，选派中层干部赴北大培训，选任8名干部和骨干教师，即将赴北京大学交流挂职。就共建马克思主义理论研究生培养基地、开展生命科学学科人才培养合作达成共识。在北大协助下，山西大学成为韩国成均馆大学WISE项目合作单位，共有20名学生获得项目资助。双方联合开展全自动在线激光多功能煤质快速分析仪研制与产业化、干旱半干旱大型矿区生物多样性与生态系统功能维持机制、基于超冷原子气体的量子模拟等重大科研项目。共同主办“2018年中国大学先修课程（AC）年会”、中国学位与研究生教育学会信息管理委员会华北组“2018年学术年会”。商定《北京大学支持山西大学“双一流”建设实施细则》，确定下一步重点开展的13项具体项目。“3”是与其他对口合建高校的合作。按照《教育部办公厅关于调整部省合建高校对口合作安排的通知》，与浙江大学、南开大学、华中科技大学建立对口合建关系。“X”是与国内其他高水平大学的合作。与中国科技大学就推进量子技术研发与应用、科技考古、建设优质生源基地等达成框架协议。通过“Z14”、“SC9”等平台，进一步加强了与兄弟院校的沟通联络。

五、优化发展环境，进一步增强综合保障能力

一是东山校区正式开工建设。在省政府及有关部门的大力支持下，东山校区清表扫尾工作全面完成，建筑单体主体工程全面开工。落实了18.2万平米建设项目的设计批复，取得了11栋单体建筑的建设工程规划许可证、5栋单体建筑的施工许可证，依法合规完成13项招标。全年平整场地91万平米，开挖土方143万方，增湿强夯87万平米，完成了一期第一阶段八栋单体工程桩施工，进行了第二阶段学科布局论证及可研编制，为2019年建设工作打下坚实基础。

二是提高资源配置效率。多措并举提高预算执行进度，有效发挥了资金使用效益，新增仪器设备7875台（件），软件、数据库56套（件），为学校发展提供了有力的支撑。调整分配公用房近5000平米，加大大型仪器设备共享力度，进一步盘活了办学资源。加强图书文献资源建设，购置中外文纸质图书33536册、中外文报刊1972种，接受赠书1975册；续订中外文数据库56个，增订数据库1个，完善2个外文数据库内容，丰富了图书资源。

三是提升服务师生的水平。加强师生综合服务中心管理，全年累计受理师生和基层单位的审批和服务事项62405件。完成公务用车制度改革，成立公务用车服务中心，进一步理顺了学校公车管理体制。开展后勤专项维修工程11项。完成采购项目317个。图书馆到馆读者达106万人次，电子资源中外文数据库下载量1823万次。档案信息化持续推进，办理档案查借阅6239卷，学生档案收递效率进一步提升。校医院接待门诊患者45132人，高质量完成了教职工和学生体检

任务。积极改善教职员工待遇,完善了学生奖助困补体系。完成高层293户办证过程中委托授权工作，高层不动产权证办理进展顺利。高度重视家属区1-10楼拆迁改造工作，加强沟通交流,共同努力,依法合规积极推进1-10楼拆迁改造工作。

四是营造和谐稳定的发展环境。严格落实安全工作责任制,强化了安全教育和隐患排查,完善维稳舆情监控和师生思想状况研判机制,深入开展扫黑除恶专项斗争,平安校园建设卓有成效。开展网络安全等级保护测试,显著提高网络安全水平。务实推进精准帮扶,探索“消费扶贫”新模式,在整村脱贫的基础上,促进帮扶村进一步改善环境、增加收入。积极参与创建文明城市活动,被评为山西省创建全国文明校园先进学校,荣获2016—2017年度省“文明单位标兵”和“高校文明单位标兵”称号。

(马秀平)

附:山西大学党委书记、副书记、常委名单

书　记:师　帅(10月离职)　符惠明(10月任职)

副书记:贯锁堂(9月离职)　黄桂田(9月任职)
李思殿　丁耀武(3月离职)
李富明(10月任职)

常　委:李富明(10月调职)　韩勇鸿
高　策(8月离职)　杨　军(10月离职)
梁吉业(10月任职)　殷　杰
程芳琴(女)　张天才　周小计
卢宇鸿　张民杰　李小林(女)

太原理工大学党委

党委书记　吴玉程

2018年，太原理工大学党委全面贯彻党的十九大精神，以习近平新时代中国特色社会主义思想为指导，进一步树牢“四个意识”、坚定“四个自信”，始终把党的政治建设摆在首位，忠实履行管党治党、办学治校主体责任,把方向、管大局、作决策、保落实，不断增强在新时代展现新作为的责任感和使命感,以立德树人为根本,坚持“以学生为中心”的办学理念,以一流党建工作引领学校发展,不断提高全面从严治党水平,深入推进五大战略工程,大力深化综合改革,“双一流”建设步伐不断加快,服务区域能力大力提升,学校各项事业得到了持续健康快速发展。

一、以政治建设统领全局,办学治校水平不断提升

(一)认真贯彻党的教育方针,落实管党治党和办学治校主体责任

学校党委始终坚持社会主义办学方向,把党的政治建设摆在首位,忠实履行管党治党、办学治校主体责任。一年来,党委书记率先垂范、真抓实干,全力支持校长推进学校改革发展,营造出“团结共进、坦诚相见、互相补台、民主决策”的工作氛围。班子成员以大局为重,以学校共同事业为目标,形成了“精诚合作、富有朝气、砥砺奋发”的良好局面,带领全体师生共同汇聚起建设高水平国际化创新型大学、“双一流”高校的强大合力。

严格执行党委领导下的校长负责制。根据工作需要调整了领导班子成员分工,工作职责更加明确;全年召开2次全委会,听取党委常委会工作报告,增选5名党委委员、3名校党委常委,充实了班子力量,完善了校党委组成结构;召开33次校党委常委会议、8次校长办公会,在“三重一大”决策上,坚持“五步走”决策程序,按照“公众参与、专家论证、风险评估、合法性审查、集体讨论决定”的步骤决定学校重大事项,推进学校议事决策机制更加制度化、规范化、民主化和科学化。

牢牢把握意识形态工作的领导权、管理权、话语权。出台学校《网络意识形态工作责任制实施细则》《意识形态工作分析研判联席会议制度(试行)》;成立意识形态工作分析研判小组、意识形态工作专项检查组,形成各环节互相支持、各负其责的工作格局;严格执行《关于举办哲学社会科学研讨会、报告会、论坛、讲座等活动的管理暂行办法》,严把政治性和方向性;成立“宗教工作领导小组”,出台学校《关于抵御和防范校园传教及利用宗教向校园渗透的规定》;全年召开2次常委会、3次党委理论学习中心组专题讨论意识形态工作,落实每月意识形态研判会制度,筑牢马克思主义在高校意识形态领域的指导地位。

(二)推动习近平新时代中国特色社会主义思想学习宣传贯彻向纵深发展

高举新时代旗帜,坚持把学习宣传贯彻习近平新时代中国特色社会主义思想和十九大精神作为首要政治任务,纳入党委常委会学习、校院两级中心组学习、党支部组织生活、教职工政治学习及干部培训重要内容,推动这一伟大思想深入人心、落地生根;充分发挥思想政治理论课主渠道作用,推动习近平新时代中国特色社会主义思想“三进”(进教材、进课堂、进师生头脑),推动习近平总书记关于教育工作的重要论述,“五进”(进学术、进学科、进课程、进培训、进读本);积极开展对十九大精神和新思想的学习研究,推出了一批有深度有分量的理论成果;认真落实全国教育大会精神,各基层党委全年积极开展集中学习、座谈调研、专题研讨、主题活动等

形式不少于12学时的专题培训，切实增强贯彻落实全国教育大会精神的思想自觉和行动自觉。

(三)完善决策机制体系，积极推进民主政治建设

始终坚持依法治校，坚持以学校章程为基本遵循，优化运行模式，理顺体制机制，办学效益和管理效能得到不断提高。加强重点领域机制建设，成立了“人事人才工作委员会”“校企(地)合作委员会”“知识产权管理委员会”“知识产权信息服务中心”“职称评审工作领导组”。充分发挥学术委员会等学术组织在人才引进、学科发展等方面的积极作用，现代大学制度建设迈出坚实步伐。

(四)加强干部管理监督，打造高素质干部队伍

树立正确用人导向，选好用好干部。准确把握习近平总书记提出的好干部“五条标准”，做到“凡提四必”。全年开展了12个批次中层干部调整及选任工作。出台《校领导联系基层党组织制度》《关于在干部选拔任用和调整工作中严肃纪律的若干规定》《中层党政管理干部补充选任办法》，完善了从严管理干部队伍制度体系。出台学校《管理岗位职员制改革试点工作实施办法》，初步建立了体现德才素质、个人资历、工作实绩的职员等级晋升制度，拓展了学校管理人员职业发展空间；强化干部考核，着力提升能力素质。

校党委加大杰出人才引进力度和校内优秀人才培育力度。出台《人才引进工作实施方案》《校内国家级高端人才待遇管理办法(试行)》。全职引进金智新院士领衔的团队1个，建成化工、矿业和机械等三个院士领衔的创新团队，引进高端外国专家11名、百人计划专家21名、外国博士后2名，引进国内外博士及高级职称人员200余名，招收师资博士后9名；新增优青2名，入选教育部教指委12名；出台人才引育制度10余项，累计投入资金5980余万元。

二、“三基建设”扎实推进，党的建设成效显著

(一)严格落实党建工作责任制

出台学校《关于加强党建重点工作的若干意见》《关于加强新形势下党的督促检查工作的实施意见》，进一步加强新形势下党的督促检查工作，确保党的理论路线方针政策贯彻执行和校党委重大决策部署贯彻落实。

(二)优化基层党组织机制

根据学校机构改革情况，成立相关的基层党组织机构；全年发展党员1290名，举办积极分子培训班25期；组织开展“山西智慧党建”建设工作，全校录入党员信息6354名；实现基层党组织书记集中轮训全覆盖；实施教师党支部书记“双带头人”培育工程和党组织书记与行政负责人“一肩挑”制度，教师党支部共有“双带头人”支部书记配备率达到100%。矿业工程学院采矿系党支部荣获“全国党建工作样板支部”。

(三)持续引深“三基建设”

持续深入实施“三项工程”(党组织引领工程、党支部工作创新计划、党员党性锤炼工程)，打造理工特色的基层党建品牌；以实现标准化规范化为目标，全校共编制“一目录一流程三手册”64套，出台首问负责制度、限时办结制度、AB角岗位工作制度等效能建设八项制度，夯实基础工作；召开“标准问题讨论”专题会议28次，参加讨论1841人次，找出工作薄弱环节154个，明确提标对标157个，建立“三基建设”联系点245个；全年先后两次组织全体管理岗位干部和专业技术人员进行基本能力集中培训和测评。2913人参加培训，2772人进行基本能力测试，测评合格率达到99%以上。

三、精神文明建设持续加强，思想政治工作再上水平

(一)思政工作开创新局面

始终坚持以理想信念教育为核心，以社会主义核心价值观为引导，以全面提高人才培养能力为关键，出台《关于加强和改进新时代思想政治工作的指导意见和实施方案》《关于落实新时代“三全育人”工作 全面推进“生涯导航”教育计划的意见》《“生涯导航”教育计划实施指南》，“基于‘生涯导航’教育计划的‘三全育人’体系构建”获批教育部“三全育人”综合改革试点高校计划。成立党委研究生工作部，有效加强研究生思想政治工作；出台《关于进一步加强和改进研究生思想政治教育工作的实施意见(试行)》《研究生辅导员管理办法(试行)》，研究生思政教育工作体系初步形成。

出台学校《关于加强和改进师德师风建设的实施意见》《师德师风考核负面清单制度》《师德舆情应急处理和重大问题报告制度》，建立教育、宣传、监督、考核与奖惩相结合的师德师风建设工作机制，引导教育全校广大教师“以德立身、以德立学、以德施教”。

(二)宣传工作有声有色

全年在中央、省、市主流媒体刊稿200余篇，为省委宣传部报送舆情信息1753条，被中宣部和省委省政府采纳14条，名列全省高校前列；根据2017-2018中国高校社会影响力排行榜数据显示，学校位居高校网络舆论影响力前十；开通学校新版英文官方网站，每月持续更新学校重大校内和涉外新闻及活动；以开展扫黑除恶、文明创城活动以及整治师生身边的微腐败专项工作为契机，不断加强与规范宣传阵地、活动阵地、网络阵地、课堂教学阵地的管理，措施到位、管理有序，得到了社会各界广泛认可和肯定。

(三)精神文明建设硕果喜人

深入实施《文化建设行动计划(2017—2020)》，重点开展精神文化、行为文化、制度文化、形象文化等四大建设工程，努力建设“人文理工、魅力理工、创新理工、幸福理工”；以学生文化需求为导向，积极开展格调高雅、内容丰富的校园文化活动，精心打造高雅艺术进校园、“清泽”系列校园活动、大学生艺术展演、创意市集等校园特色品牌项目；2018年，校园文化建设亮点频现。校男篮获CUBA西北赛区冠军，马院思政系获山西省“巾帼文明岗”，煤层气高效合成金刚石团队获第十一届“山西青年五四奖状”，原创话剧《我们的1977》获高校戏剧季活动一等奖……全年各类集体和个人共获省级以上相关荣誉达50余项。

四、党风廉政建设常抓不懈,全面从严治党抓实抓牢

(一)坚持党要管党,将全面从严治党引向深入

认真贯彻落实党的十九大精神和中纪委十九届二次全会、省纪委十一届三次全会精神,不断强化“两个维护”和“四个意识”。落实党风廉政建设主体责任,校党委与二级党委签订全面从严治党责任书;认真开展离任中层干部经济责任审计工作,常委会多次专题听取纪检监察工作汇报,研究党风廉政建设和反腐败工作;对建工学院、外国语学院、数学学院、水利学院等二级党委开展巡察,指出存在的主要问题 18 个,提出整改建议 75 条,取得良好成效。

(二)认真落实监督责任和中央八项规定精神,不断强化作风建设

一是紧盯“关键少数”,强化教育防控和重点监督。开展领导干部警示教育,全校副处及以上干部阅看《忏悔录汇编》,撰写阅读体会;观看《榜样 3》,接受思想洗礼;向全校 32 个基层党委(直属党总支)、346 个党支部发放《中国共产党纪律处分条例》,组织开展纪律教育,增强纪律意识。二是围绕重点领域开展重点监督。采取参加会议、重点谈话、明察暗访、专项检查、抽查核实等办法,紧盯招生录取,基本建设、维修、工程招投标、物资采购、干部选拔任用、人才招聘、学生入党等领域加强监管、督察。三是开展落实中央八项规定精神“回头看”,对三公经费、办公用房、校外兼职等事项进行重点督查。四是开展集中整治“微腐败”、形式主义和官僚主义,严肃查处 6 起失职渎职、违反廉洁从业规定的违规违纪问题,着力解决师生员工身边的不良风气。

(三)问题线索处置规范化,实践监督执纪“四种形态 ”

加大违纪案件查处力度。2018 年处置问题线索 28 件,运用“四种形态”处理 36 人次,其中诫勉 6 人次,党纪政纪处分 3 人次;干部选拔任用、干部离任审计、研究生招生和自命题考试及其他工作提醒谈话,共计 467 人次。学校党风政风教风学风持续好转。

五、科学谋划顶层设计,学校各项事业开启新征程

一是深化机构改革,提高办学效能。2018 年,学校围绕“双一流”建设需要,结合办学实际,大力优化调整内部机构设置:设立安全与应急管理工程学院、生物医学工程学院、国际赛马学院、建筑与设计学院,撤销力学学院,机械工程学院调整更名为机械与运载工程学院;设立水利水电科学研究院、环保产业创新研究院、安全工程技术与装备研究院;设立教师发展中心、党委研究生工作部,成立“人事人才工作委员会”“重点实验室建设和运行管理委员会”“科学技术协会”“校企(地)合作委员会”“知识产权管理委员会”“知识产权信息服务中心”“职称评审工作领导小组”;对本科教学管理机构、财务管理机构做出调整,设立了教务部、财务部;全面深化后勤改革,初步构建起“机构精干、管理高效、成本可控、保障有力”的新型后勤保障服务体系。通过机构改革,学校内设机构得到进一步规范优化。

二是推进绩效改革,激发办学活力。学校将绩效工资分配改革作为推动深化综改的重要抓手,推动校院两级管理改革,充分发挥二级单位在教学科研和管理的主体地位,激发学院办学活力和发展动力,实现人、财、物的有效资源配置。2018 年,校院二级绩效管理改革正式启动,28 个单位率先实行,分配制度改革取得突破性进展,建立了与岗位职责、工作业绩、实际贡献紧密联系和鼓励创新创造的分配激励机制。同时,对于在人才强校战略中具有领军和支撑作用的高层次人才,给予更有激励性的岗位绩效待遇。

三是推进职称评审改革,畅通人才成长渠道。在开展职称分类评审改革中突出代表性、标志性成果等质量要求,使人才评价机制真正回归“注重凭能力、实绩和贡献评价人才”的正确导向。思想政治辅导员系列、研究员系列、辅系列等全面开评,调动了广大教职员工的积极性;进一步完善了高层次人才、急需紧缺人才职称直聘制度,初步构建起了多元化复合型人才评价体系。

四是通过服务国家、区域、行业、社会发展,提出理工方案和展现理工作为。学校主要领导带领学校相关团队负责同志主动出击,先后赴阳泉市、临汾市、太钢集团、汾酒集团等 20 余家地市、企业、兄弟院校开展考察调研,充分挖掘校企、校地、校校产学研合作潜力和优势,推动资源共享,拓宽合作领域,促进学科建设,推动学校事业发展。

2018 年,学校入选教育部“三全育人”综合改革试点单位(全国 26 所);SCI 论文由“十二五”末的 300 余篇逐年快速增长,2018 年达到 1546 篇;科研经费 2018 年达到 2.5 亿元;在全国高校中,SCI 论文综合排名第 92 位、科技创新竞争力排名第 97 位、研究生教育竞争力排名第 89 位、学科竞赛排名第 26 位;工程教育专业认证数量,进入全国十强和全球工程教育第一方阵;2018 年首次在《Science》发表研究论文,实现重大历史性突破。在社会比较公认和有影响力的上海软科中国大学排行、中国科教评价网中国大学排行、艾瑞深中国校友会中国大学排行中,太原理工大学的总体排名位于百强之内,并呈显著的上升趋势。这些重大事件和喜人成绩标志着太原理工大学进入崭新的发展阶段。

(李济民)

附:太原理工大学党委书记、副书记、常委名单

书　记:吴玉程

副书记:黄庆学　沈兴全(2 月离职)
李晋平(10 月任职)　刘润祥

常　委:瞿　健　吕永康　吴斗庆　树学峰
梁卫国　李　明　张建胜　贾朝红(1 月任职)
史彦虎(1 月任职,5 月离职)
李吉明(1 月任职)

山西农业大学党委

党委书记 廖允成

中共山西农业大学委员会下设20个基层党委、9个党总支、162个党支部，共有党员3776名。2018年，在省委的正确领导下，在省委教育工委和教育厅的关心支持下，全校上下认真学习贯彻习近平新时代中国特色社会主义思想和党的十九大精神，坚持立德树人根本任务，强化一流意识，推进内涵发展和融合发展，圆满完成了各项目标任务。

一、以习近平新时代中国特色社会主义思想为指引，不断加强党的领导

一是强化理论武装。加强学习型领导班子建设，规范中心组学习形式，强化集体学习研讨，全校各级干部累计开展讲党课、讲业务、讲管理活动150次。组织学习贯彻党的十九大精神专题培训班、“适应新时代，落实新要求”党支部书记履职能力提升班，召开重点工作推进会、班子务虚会，促进学用结合。深入贯彻全国教育大会和新时代全国高等学校本科教育工作会议精神，开展本科教育思想大讨论。线上线下开展“学习新思想千万师生同上一堂课活动”，积极推动新思想进学术、进学科、进课程、进培训、进读本。

二是加强思政工作。将意识形态工作纳入干部考核、民主生活会和述职报告，定期进行形势研判和督查考核。启动“课程思政”试点，形成“六步法”思政课教师培养体系，首次选聘副教授辅导员，积极推进实践育人协同中心建设，成功举办首届实践育人论坛，被推荐参评“创建全国文明校园先进学校”。

三是夯实“三基建设”。推动党建队伍专职化、工作运行制度化、政治生活严肃化、工作标准规范化和责任监督常态化。配齐基层党委组织员，持续推进“双带头人”培育工程，对一个软弱涣散党支部和一个后进党支部进行指导提升。明确校党政班子“三基建设”联系点和工作内容要求。落实“三定工作”，开展“标准问题讨论”，制定235个流程图，修订完善“一目录三手册”。完成73名处级干部试用期考核，对138名科级干部进行了调整、选任，在全省大力发现培养选拔优秀年轻干部推进会上做了典型发言。

四是配合省委巡视。严格遵守巡视纪律，对巡视组指出的问题，不回避、不遮掩，坚持边查边改、即知即改、立行立改，积极推进审计整改，清退违规发放津补贴259.47万元；印发《关于进一步畅通信息渠道，提高服务质量的实施方案》，成立伙食管理委员会和公寓管理委员会，开展加强基层党组织规范化建设专项活动，自查整改工作得到巡视组肯定。

五是推进从严治党。召开全面从严治党工作会，定期对学校党风廉政建设进行研判分析，明确基层党委及班子成员党建工作具体责任，推动“两个责任” 落实落地。紧抓时间节点、关键环节、关键岗位，紧盯“四风” 问题新动向，先后开展学校教育领域腐败和不正之风、形式主义和官僚主义集中整治活动。2018年共收到信访举报和问题线索62条，1个处级班子被全校通报批评、2名处级干部被诫勉谈话、2名处级干部被全校通报批评；1名处级干部受党内严重警告处分、2名科级干部受党内严重警告处分、1名科级干部受党内警告处分。

二、以迎接教育部本科教学工作审核评估为契机，大力推进内涵发展和融合发展

一是人才培养质量稳步提升。接受教育部本科教学工作审核评估，本科教学中心地位进一步巩固。获得国家级教学成果二等奖2项、省级教学成果奖12项。投入100万建设精品在线开放课程，启动创新创业课程群建设项目。本科生录取5710人，研究生录取762人，招收4名全日制巴基斯坦留学生来校攻读博士学位。本科就业率达到92.29%。停招9个专业，撤销10个专业方向，新增本科专业2个。获批1项国家级“新工科”项目、1项全国教育科学“十三五”规划青年专项、6项教育部产学研合作协同育人项目、53部农业部“十三五”规划教材、2个省级优势专业建设项目。新增4个一级学科博士学位授权点、1个专业学位授权点、2个一级学科硕士学位授权点。完成15个学位授权点合格评估工作。9个一级学科博士学位授权点对应调整为省级重点学科，6个硕士学位授权点对应调整为省级重点建设学科。获批省级“智慧农业”研究生教育创新中心。

二是科技创新能力持续增强。作为第二完成单位参与完成的项目获2018年度国家科学技术进步二等奖；承担国家级项目45项、其他类项目442项，新增科研合同经费1.3亿元，到账科研经费1.45亿元。取得各类应用技术成果218项。转让成果收益72万元。发表学术论文995篇，其中SCI收录180篇。主办、承办学术会议12场，组织校内学术报告、讲座182场。“国家功能杂粮技术创新中心”落户学校，获批1个省重点实验室，2个团队分别入选“1331工程” 支持团队、培育团队，1个中心入选“1331工程”建设增补项目，1个团队入选省科技创新团队建设计划，3个平台和1个团队获得年度考核运行奖补。获得省社会科学研究优秀成果三等奖、优秀成果奖共4项。

三是社会服务工作成效显著。全年争取到社会服务项目经费4319.2万元。组织65支服务团队在全省11个地市实

施58项社会服务项目,推广新技术205项、新品种119个,为全省20个县区编制了《乡村振兴规划》。建成山西农业大学农业大数据服务中心,提升了"互联网+现代农业"服务水平。开展新型职业农民教育和农业职业技能鉴定工作,全年完成各涉农类培训2343人。深入开展助力攻坚深度贫困吕梁行活动,实施"6+4+X"项目。承担全省贫困县退出专项评估工作任务,累计完成15个县、12000余户的脱贫考核工作。圆满完成12期2600人的全省贫困村党组织书记轮训工作,在25个市县开展送教下乡服务。"在脱贫攻坚主战场展现农大的担当和作为"入选全国省属院校精准扶贫精准脱贫典型项目。

四是农谷科创城建设稳步推进。构建了"三院五中心"科技创新平台。功能农业学科群获省"服务产业创新学科群建设计划"支持。自主研发形成富硒小米、钙果仁油等产品,与太行明珠合作的小米系列新产品成功上市。综合实验楼获批立项。15家农大校友涉农科技企业拟入驻双创园。推进"太谷国家现代农业产业科技创新中心"建设,促进"谷城院"一体化发展。

五是师资队伍建设取得新成效。12名教授当选教育部新一届高校教指委委员。全年引进博士49名、硕士52名。组织100名教师赴华东师大培训。面向社会公开招聘刘志荣担任附属学校校长。1个团队获省教育系统先进集体,2名教师获省模范教师,2名教师获省高校教书育人"好老师",4名教师获"山西省高校教学名师"称号,1名教师获省教育系统先进工作者,2名教师入选省青年拔尖人才,4名教师荣获第六批山西省学术技术带头人,首次获得"博士后国际交流计划"派出项目支持。

六是综合改革促进效能提升。召开第六届教职工代表大会暨第七次工会会员代表大会,推进民主管理。成立归侨侨眷留学人员联合会。召开了团代会、学代会,推进共青团改革。成立教师工作部、教师教学发展中心、招标采购管理办公室。在农学院、动科院和软件学院试点推进校院两级管理体制改革。在全省11个市和省农科院成立校友会,在河南成立首个省外校友会,在各学院成立了校友分会。推动省政府与中国人民大学、中国农业大学、西北农林科技大学、南京农业大学签订省校合作战略框架协议,确定了这四所大学支持我校建设与发展的实施方案,促进了与高水平大学的深度合作交流。

七是办学条件进一步改善。全年总收入7.2亿元。建立基建修缮工程立项前投资预审制度,实现增收节支196.37万元。完成勤耕园、资环教学楼、实验动物中心、山西省生猪种业工程研究中心建设。综合教学楼工程主体结构如期封顶。加强了12个校内实践教学基地建设,9个公共实验室投入使用。推动公务用车制度改革。积极回应教职工需求,利用暑假为幼儿园建成了标准化的幼儿休息和用餐场所。深入推进扫黑除恶专项斗争,开展"水电费清缴""校园车辆整治""房地产核查整治"等8个专项行动,不断加强平安校园建设。新增4个数据库、3万余册纸质图书。规范大型工程建档工作,积极推进档案目录电子化。实现全校教室有线网络接入,扩大了无线网络覆盖范围。学报自科版入选北大中文核心期刊和中国科技核心期刊,学报社科版入选科学引文数据库来源期刊和中国人文社会科学期刊AMI综合评价A刊扩展期刊。

三、以服务山西转型发展为目标,努力打造特色、亮点工作

一是国家级教学成果奖取得突破。农学院马瑞燕教授主持完成的《开放课堂时空,优化育人生态——高等农业院校"三维互动"教学模式创新与实践》项目,荣获2018年高等教育国家级教学成果二等奖;附属学校《主题背景作业——义务教育阶段作业改革探索实践》项目,荣获2018年基础教育国家级教学成果二等奖。

二是国家级科学技术进步奖取得突破。学校作为第二完成单位、张金桐教授作为第三完成人参与完成的"灌木林虫灾发生机制与生态调控技术"荣获2018年国家科学技术进步二等奖,是全省唯一获得此项奖励的高校。

三是国家级科技重大专项课题取得突破。农学院孙黛珍教授承担的"谷子氮素高效利用重要基因克隆及育种价值评估"课题,获批国家转基因重大专项课题。

四是国家级科研平台建设取得突破。国家粮食和物资储备局批复依托学校建设"国家功能杂粮技术创新中心",填补了学校国家级"技术创新中心"类科研平台的空白。

五是"互联网+现代农业"服务模式取得突破。学校农业大数据服务中心,集成了全省土壤养分分析系统、测土配方施肥系统、蔬菜价格统计系统、远程培训系统等9个服务性软件平台,在全省范围内建设了近100个设施蔬菜互联网服务、物联网测控信息化基地,应用物联网、云计算、大数据、移动互联网等现代信息技术,实现社会服务模式创新。

(闫海冰)

附:山西农业大学党委书记、副书记、常委名单

书　记:陈利根(4月离职)　廖允成(4月任职)

副书记:赵春明　齐利平　马建平

常　委:尉安英　李宏全　赵水民　孟秀祥　郭建平　元纪明　刘文生

山西医科大学党委

党委书记　张俊龙

中共山西医科大学委员会下设11个二级党委，8个党总支，6个直属党支部和248个党支部，共有党员6061名。

2018年，学校全面贯彻落实习近平新时代中国特色社会主义思想和党的十九大精神，坚定“四个自信”，树牢“四个意识”，践行“两个维护”，坚持社会主义办学方向，落实立德树人根本任务，紧紧抓住国家“双一流”建设和山西省推进实施“1331工程”的战略机遇，主动对接国家和区域经济社会发展需求，按照《高水平研究教学型医科大学建设方案》的部署，持续深化医教协同，服务健康中国战略，各项事业取得了新进步，迈上了新台阶。

一、深入学习贯彻习近平新时代中国特色社会主义思想和党的十九大精神

坚持以习近平新时代中国特色社会主义思想和党的十九大精神为核心，大力加强理论武装，全面深入开展了形式多样的理论学习活动，深刻理解把握习近平新时代中国特色社会主义思想的科学体系、精神实质和实践要求，引导全校师生医护员工更加自觉地信赖核心、爱戴核心、维护核心、服从核心、紧跟核心，坚定不移听党话、跟党走。认真学习十九大精神、习近平总书记“1·5”重要讲话精神、全国“两会”精神、习近平总书记在纪念马克思诞辰200周年大会上的重要讲话精神、习近平总书记在北京大学考察时的重要讲话精神、习近平总书记在两院院士大会上的重要讲话精神、《关于进一步激励广大干部新时代新担当新作为的意见》等重要内容和文件精神，开展了习近平总书记视察山西一周年学习研讨活动。

二、意识形态和思想政治工作全面加强

校党委坚决扛起意识形态和思想政治工作主体责任，牢牢掌握意识形态领导权。成立了意识形态工作领导小组，制定了《党委意识形态工作责任制实施细则》，专题研究意识形态工作2次，专题分析研判意识形态领域情况15次。按照“谁发布谁负责，谁审批谁负责”的原则，持续完善信息发布审查机制、签发机制。制定实施了《深入实施思想政治工作质量提升工程工作方案》，对“十大育人”体系建设进行了全面规划和任务分解。召开了全校思想政治工作会议，成立了服务育人协同中心。党委统一领导、部门分工负责、全员协同参与的“三全育人”工作体系基本形成，《以服务育人为统领建立“三全育人”体系》获批教育部第一批高校思想政治工作精品项目，学校成为山西省首批“三全育人”综合改革试点高校。形成了具有山医特色的新时代医德教育新模式，医德教育经验在全国高校交流推广。

三、基层组织建设和干部队伍建设稳步推进

扎实推进“三基建设”，重新明确了校领导班子“三基建设”联系点，完善了党委常委会“三基建设”责任体系和工作机制，修订了“一目录三手册”，开展了管理岗位干部基本能力测评。迎接了省高校工委“三基建设”基础工作督查评估组检查。积极推进基层组织规范化建设，提高了党员活动经费核拨标准，增加了教师党支部书记“双带头人”配备比例，建立了后进党支部常态化整顿机制。制定实施了《专职组织员选任和管理工作办法》，规范了专职组织员的选任和管理。切实加强干部培训，党校教育培训工作逐步科学化、规范化；首次成建制组织处级干部封闭式培训。开展了管理岗位干部基本能力测评工作。

四、安全稳定工作稳步实施

坚持“以人为本，构建平安校园”理念，不断强化学校安全责任体系。制定完善《安全工作例会制度》《突发公共事件总体应急预案》等安全管理制度。认真开展安全教育，发放安全宣传手册3500余份，全面落实安全教育课“六到位”要求。定期开展法律法规培训，建立了安全信息员队伍。积极开展反恐怖宣传教育和反恐防暴演练，重点区域安装了一键式报警装置、人脸识别相机、电子围栏报警系统等。完善消防物联网运行管控平台，建成消防报警管理控制中心。认真落实食品安全每日巡检和48小时留样制度。开展了4次安全隐患排查整治专项行动。加强学生宗教信仰排查和引导，新疆少数民族学生思想状况良好。认真排查化解矛盾纠纷，处理师生群众来信来访，切实维护校园稳定。为19497名学生办理了校方责任保险。全面、深入开展扫黑除恶专项斗争工作。

五、学校各项事业全面发展

校党委牢固凝聚全校师生医护员工和各方力量，全面加强对学校各项工作的领导和推动。学校持续深化教育教学改革，积极创新人才培养机制，不断加强教育教学管理，教育教学质量稳步提升。深入推进一流学科建设，大力实施科研驱动战略，着力加强平台和团队建设，积极创新科研管理机制，学科实力稳步增强，科研水平持续提升。坚持“人才资源是第一资源”的理念，深入推进人才强校战略，以提升质量、优化结构为重点，以制度建设和体制机制改革为抓手，坚持引进和培养并重、使用和管理并举，采取多种有效措施招贤纳才，有效提高了人才队伍整体素质。稳步推进医教协同和校院一体化发展，实施附属医院提质增量引领工程，促进教医研深

度融合,服务健康山西建设能力逐步增强。积极传承和弘扬山医精神,大力加强教风学风、师德师风、医德医风建设,营造了良好的文化氛围。加强阵地建设,弘扬和践行社会主义核心价值观,推出一批先进人物典型。持续开展系列校级品牌文化活动。全面启动了百年校庆筹备工作,举办了百年校庆倒计时仪式,发布了百年校庆公告(第一号),开展了百年校庆标识、口号征集工作,启动了百年校史和学院(系、部)发展史、学科史编撰工作,启动了迎百年校庆系列学术活动。基金会管理和运行进一步规范。

(王　宁)

附:山西医科大学党委书记、副书记、常委名单

书　记:张俊龙

副书记:王　军(7月离职)　贺培凤(女)

常　委:党志峰　王宏伟　张　辉(女)　张　宏
赵文军　燕　炯　陈显久　张　巍
毛红胜　曹小清　郭　华　程景民
王秀虹　刁海鹏　宋修珍
王斌全　陈利平　徐　钧(9月离职)
李　保　糜　静　王　彤　贠克明
董海涛　赵良渊　陆　利

山西师范大学党委

党委书记　卫建国

2018年,校领导班子团结带领广大师生员工,高举习近平新时代中国特色社会主义思想伟大旗帜,深入学习贯彻党的十九大精神、全国教育大会精神,认真贯彻执行省委省政府决策部署和省委教育工委、省教育厅工作安排,积极应对本科教学评估、60周年校庆、学位点合格评估等攻坚任务,顺利完成全年既定目标任务。

一、全面加强学校党的领导和党的建设

深入贯彻党的十九大和全国组织工作会议精神,旗帜鲜明把抓好党建作为办学治校的基本功,努力推动党建工作全面进步、全面过硬。一是抓学用结合,组织开展11次党委中心组学习和4次党务工作会议交流研讨,创新实施党委集体学习制度,强化提升关键少数工作本领;召开15次常委会、21次校长办公会议,传达学习中央和省委精神,就210余项重点工作作出决策,确保上级各项工作部署有效贯彻落实;定期分析研判学校发展形势,开展教育思想大讨论,凝练形成三大特色办学方向。二是抓制度规范,修订完善党委全委会、党委常委会、校长办公会议议事规则和"三重一大"决策制度,修订完善党务公开、内部审计、"三会一课"、党费收缴、捐赠管理等制度规范;制度化开展每季度一次的意识形态、安全稳定、党风廉政建设、宗教工作等形势研判,强化交流研讨,务实部署推进。三是抓示范引领,丰富"支部+社团"融合共建党建品牌内涵,236党支部入选"全国党建工作样板支部"和第二届全国高校"两学一做"支部风采成果展;236爱心社入选全国高校"最佳学生社团";修订完善"三全育人"先进个人评选办法,提高评选标准,强化先进典型示范效应。

二、聚力落实立德树人根本任务

深入贯彻全国教育大会精神,把立德树人的成效作为检验学校一切工作的根本标准,多管齐下、协同发力。一是完善思政工作体系,启动实施全方位的思政理论课教学改革,编写完成《三晋文明十三讲》《山西革命文化七讲》《山西先进文化七讲》等通识课程教材,学生第二课堂成绩单制度顺利实施,22个"立德树人"项目扎实推进,易班建设全面启动。二是创新思政工作载体,与太原市委宣传部合作共建全国首家时代新人培育研究基地,联合举办以时代新人讲述活动为主题的"开学第一课"和面向全国大中学生的"时代新人说"大型征文活动,在校内外产生广泛影响。戏剧与影视学院入选首批全国高校中华优秀传统文化传承基地,物信学院入选全省首批"三全育人"综合改革试点。三是加强思政队伍建设,新引进专职辅导员32人,开通专职辅导员型教师讲师职务评审通道,举办辅导员专题培训及素质能力大赛,思政队伍的工作干劲进一步高涨、工作能力进一步提升。

三、统筹推进"三基建设"水平提升

深入贯彻省委"三基建设"决策部署,牢固树立狠抓基层鲜明导向,统筹推进抓基层、打基础、强能力"三个提升"。抓基层组织战斗力提升,制定出台并严格执行基层党组织规范化建设的27条标准,建立校领导班子和二级党组织基层党建联系点制度;创新支部党日活动的内容和形式,全校190个党支部围绕教学评估、学科攻坚等中心工作,主题化、项目化、联动化开展党日活动,支部战斗堡垒作用明显增强。抓基础工作规范化提升,全面核准学院党组织会议、党政联席会议制度以及"一目录、三手册";在形式主义、官僚主义集中整治调研中,校领导与中层干部一对一、全覆盖谈心,进一步摸清了基础工作的底数和短板,明确了整改方向和举措。抓干部培训实效性提升,赴红旗渠、大别山、贾家庄等党性教育基地,举办二级党组织书记、党务部门负责人、学团干部、党支部书记、新入职辅导员专题研修班,组织学院院长、行政部门负责人赴广州、深圳兄弟高校开展"核心竞争力提升"考察调研,邀请校内外专家来校宣讲党的十九大精神、全国教育大会精神,推动干部履职能力提升。

四、狠抓全年重点工作任务落实

对标党政工作要点，把保落实作为班子重要政治职责，确保各项目标任务按时保质完成。一是在确保常规工作稳中有进的基础上高质量完成“三件大事”，本科教学评估受到专家充分肯定，特别是干部师生“勇于坚守、奋发向上”的精神风貌给专家组留下深刻印象；60周年校庆社会反响良好，建立健全了省内外各地校友会组织，成立了教育发展基金会，办学资源获得历史性拓展；学位授权点合格评估扎实推进，取得以评促建初步成效。二是以“三项改革”为统领的全面综合改革取得系列标志性成果，课堂教学改革成果获国家级教学成果二等奖，新获批2个省级优势特色专业、11项省级教学改革创新项目、46项大学生创新创业训练计划项目。高端人才和高水平团队引育工作成效明显，柔性引进长江学者、山西省百人计划等特聘教授8人，新增享受国务院政府特殊津贴1人、高等学校中青年拔尖创新人才1人、省学术技术带头人4人、省模范教师2人。学科建设取得新成绩，又获批国家社科基金重大招标项目1项；获省第十次哲学社会科学研究优秀成果一等奖6项、二等奖13项，获奖总数居全省第二；获批“1331工程”服务产业创新学科群建设计划1项、重点创新团队建设计划（培育）1项、省重点实验室1个、省“1331工程”立德树人“好老师”2人。新校区建设取得阶段性成效，一期工程文科学生宿舍楼项目主体封顶，校史档案楼等第二批项目取得建筑规划许可。

五、聚焦推进全面从严治党

锲而不舍正风肃纪，持之以恒纠正“四风”，持续营造风清气正的育人环境。进一步织密制度管控网络，制定出台关于进一步落实党风廉政建设党委主体责任、纪委监督责任的实施办法；实施了权责清单和业务工作流程制度，修订完善了公务接待以及会议费等管理办法，进一步盯紧了关键事、关键点、关键处。密切配合省委政治巡视，坚持边巡边改、立行立改，在巡视组指导下，修订完善各类制度16项。强化纪律约束和作风建设，扎实推进教育领域腐败和不正之风专项整治、教风学风专项整治以及形式主义、官僚主义集中整治，作风建设的发条进一步拧紧。

在肯定成绩的同时，我们也清醒地认识到，学校的发展还面临诸多困难和问题，工作中还存在不少差距和不足：部分基层党组织党内政治生活不规范、不严肃，党建与业务基础工作结合不紧，像“236党支部”这样的基层党建新品牌还不多，党支部的战斗堡垒作用没有充分发挥出来；在统筹推进学校综合改革以及狠抓改革举措落地见效方面仍有短板，表现为以三项改革为统领的全面综合改革的推进还不平衡，部分改革领域推进缓慢、质量不高，教师评价、薪酬制度等“伤筋动骨”式的改革还没有深入触及；一些干部教师的担当意识、改革意识、忧患意识和落实意识不强，干事创业的劲头不足，精神状态与学校快速发展的要求不适应。

针对上述问题，校领导班子谋划确定了“一个指导、四个着力”的工作框架。一是着力加强党的领导和党的建设，旗帜鲜明把抓好党建作为各级党组织的主责主业和第一要务，制定出台进一步加强学校党的领导和党的建设的意见，抓好系列党建工程实施，夯实办学治校基本功；紧紧围绕加强党的建设、全面从严治党，不折不扣落实省委巡视反馈意见，扎扎实实完成巡视整改任务。二是着力落实立德树人根本任务，制定出台落实立德树人根本任务的实施意见，完善思政工作质量体系，抓住本科教学评估整改的契机，着力构建更高水平的人才培养体系，在“六个下功夫”的转化用力上聚焦发力。三是着力加强教师队伍建设，把建设政治素质过硬、业务能力精湛、育人水平高超的高素质教师队伍作为最关键的基础性工作，制定出台加强教师队伍建设的实施意见，持续加大引才、育才的力度，改革人才评价、职称晋升、待遇薪酬制度，开展干部作风、师德师风专项整治行动，激活教师发展动力活力。四是着力推进学校改革发展，继续深化以三项改革为统领的全面综合改革，按照我省深化新时代教师队伍建设改革的要求，做大做强师范类专业，推进教师教育振兴；精准落实省委省政府“1331工程”和学科专业调整重大决策部署，提升服务“示范区”“排头兵”“新高地”建设的能力和水平。

（王志宏）

附：山西师范大学党委书记、副书记、常委名单

书　记：符惠明（10月离职）　卫建国（10月任职）

副书记：卫建国（10月调职）　杨　军（10月任职）
郝勇东　高　峰

常　委：刘奎生　许小红（女）　车文明　王建华
张献明（10月任职）　薛明耀　薛珠峰

山西财经大学党委

党委书记　常乃军

2018年，学校有教职工1700余人，各类在校学生2万余人，基层党委24个，党支部188个，党员3207名。设有博士后科研流动站1个、一级学科博士学位授权点4个、硕士学位授权点28个、国家级特色专业5个、省级重点学科9个、省级人文社科重点研究基地14个、入选山西省“1331工程”项目3个。

在省委的坚强领导下，在省委教育工委的直接领导

下，学校党委以习近平新时代中国特色社会主义思想为指导，主动承担管党治党、办学治校的主体责任，凝聚师生力量，聚焦立德树人，以改革创新为根本动力，以全面从严治党为根本保证，以建设一流学科、建强一流专业、培育一流人才为主攻方向，全面推进学校振兴崛起跨越发展，各方面工作都取得较好成绩，呈现出良好的发展势头。在艾瑞深发布的2019中国大学评价研究报告中，学校位列全国财经类高校第13名。

一是聚焦理论武装，学用习近平新时代中国特色社会主义思想持续深化。始终把学习贯彻习近平新时代中国特色社会主义思想作为首要政治任务，贯穿到管党治党、办学治校的各领域各方面，确保办学方向不偏不移不变。全年组织校党委中心组理论学习18次；举办思政教育报告会12场，特别是省委书记骆惠宁，省委常委、省纪委书记任建华等亲自为师生作报告；开展党的十九大精神进基层“百千万”师生面对面、百名师生赴阳泉理论宣讲、教育思想大讨论、专题大调研等活动，推动党的十九大精神、全国教育大会精神、习近平总书记视察山西重要讲话精神落地生根。通过一系列措施，全体师生员工的“四个自信”更加坚定，“四个意识”更加增强，“两个维护”更加彻底。

二是聚焦党建思政，立德树人根本任务持续推进。始终把意识形态工作作为重要的工作，把抓好思想政治工作作为一切工作的生命线，加大常规性工作力度，强化创新性举措运用，为学校振兴崛起跨越发展提供坚强的政治保证和组织保证。加强意识形态工作，工作主导权牢牢把握。探索建立符合财大实际的意识形态工作模式，即健全机制压责任、舆情监控抓重点、开展调研把动向、多维分析抓研判、网络思政促保障的意识形态工作模式；全年开展综合研判5次、专题研判会7次。以推进易班建设为抓手，主动占领网络思政主阵地，易班注册学生达1万余人。加强思想政治工作，“三全育人”正在形成。制定统筹推进“三全育人”工作方案和10个子方案，构建系统化全方位的“大思政”工作格局。召开思政工作推进会和课程思政教育教学改革学习交流与讨论会，设立党委教师工作部，强化了教师思政工作和师德师风建设；成立全省首个辅导员培训学校，提升了辅导员队伍专业化建设；校团委被团中央授予“全国五四红旗团委”和“暖冬行动”优秀组织单位称号，学生文化品牌《立秋》入围全国大学生艺术展演并荣获戏剧表演类一等奖。加强基层组织建设，战斗堡垒作用充分发挥。狠抓中央和省委的各项党建重点任务，成立“三基建设”领导组，召开重点任务和三基建设工作推进会，形成“一目录一流程三手册一规范”，省委确定“三基建设”重点任务和高校党建工作重点任务全部完成；健全完善党建制度5项，专职组织员实现基层党委全覆盖，3个基层党组织被省委教育工委授予“先进基层党组织”称号，1个党支部入选全国高校党建工作样板支部。

三是聚焦队伍建设，干部能力水平持续提高。紧紧围绕习近平总书记提出的“好干部”标准，强化干部学习，组织全体正处级及以上干部分赴上海财经大学和中国人民大学开展了为期一周的集中培训，集中轮训支部书记、专业人才等1000多人次。强化干部管理，把严管和厚爱、激励和约束结合起来，抓实抓严个人事项查核、因私出国(境)管理等各方面工作，抓好抓实干部警示教育。强化干部配备，及时选拔素质高、能力强的干部充实基层组织，基层党委书记、副书记全部配备到位。

四是聚焦改革发展，振兴崛起跨越发展的实力持续提升。始终坚持发展是第一要务，坚持把中央、省委的决策部署与发展实际结合起来，采取有效措施，厚植发展优势、破解发展难题、推动跨越发展，办学治校取得新成效。坚持内涵发展，提高教育质量。实施“一流本科教育”30条，完成本科教学审核评估整改工作，推进专业“瘦身强体”计划，撤销、停招、缓招专业及方向13个，新增省级研究生联合培养基地3个、省级研究生教育创新中心5个。坚持素质立校，创新教育方式。本科生就业率达82.34%，硕士就业率达91.53%，在2014—2018年中国高校创新人才培养暨学科竞赛评估中，我校位列财经类高校第11位。坚持人才强校，实施引育战略。全年共引进博士75人，引进“百人计划”人才4人，获得全国高校青年教师教学竞赛二等奖1名，实现历史性突破。坚持质量导向，优化资源配置。工商管理一级学科获得“优势学科攀升计划项目”立项，转型经济学科群建设计划项目获得“服务产业创新学科群建设计划项目”立项，“大数据推断与统计调查创新团队”入选“1331工程”重点创新团队建设计划，2名教师入选立德树人“好老师”课程建设计划；获批国家级科研项目44项，同比增长51.7%，数量和质量持续实现双增长。坚持深化改革，完成机构改革。按照依托学科办专业、围绕专业建学院原则，全面调整学科专业布局。坚持以民为本，改善办学环境。新建图书馆和住宅楼内部装修持续加快，东山校区建设持续推进，完成“二青会”场馆改造等30个项目，学校被评为省级文明校园、平安校园和省“社会治安综合治理工作优秀单位”。坚持开放发展，拓展交流合作。制定了“交流合作20条”，与省委宣传部、山西文化旅游投资集团共建基地，与中央财经大学和对外经贸大学签署战略协议，与国外5所高校签署合作备忘录，与德国埃森经济管理应用技术大学签署了《全方位战略合作协议》，新招收留学生30名，实现了留学生教育本、硕、博全覆盖。

五是聚焦正风肃纪，党风廉政建设和反腐败斗争持续深入。扎实推进实施党委领导下的校长负责制，修订了全委会、常委会、校长办公会议事规则。高度重视巡视工作，积极配合省委巡视组各项工作，完成边巡边改、即知即改问题19项。狠抓正风反腐，建立监督对象数据库，认真开展专项整治师生员工身边腐败和不正之风问题工作。科学运用“四种形态”精准执纪问责，对11名干部进行了党纪政纪处分和组织处理。

六是奋力脱贫攻坚，精准帮扶水平不断提升。加大对帮扶村的扶贫力度，投入专项资金36.5万元，支持帮扶村开展党建活动、建设便民综合服务中心和改善困难群众生活等。实施一村一策精准帮扶，脱贫村验收得到第三方评估组好评和武乡县委县政府的肯定。

（王志强）

附：山西财经大学党委书记、副书记、常委名单

书　记：尹天五（8月离职）　常乃军（8月任职）

副书记：刘维奇　顾昭明（10月离职）　张兔元

常　委：王新淮（12月离职）　刘月社（12月任职）
卢庆山　杨有振（7月离职）　杨俊青
钟若愚　沈沛龙（12月任职）　乔军红
侯铁虎　胡　玥（女）

中北大学党委

党委书记　李忠人

2018年，在省委、省政府和省教育工委、省教育厅领导下，校党委、校行政以习近平新时代中国特色社会主义思想为指引，深入贯彻落实全国教育大会精神，坚持和加强党的全面领导，坚持立德树人根本任务，坚持深化改革创新，扎实推进学校“十三五”规划，团结带领全校师生员工拼搏奋进，推动各项事业取得显著进步。

一、加强党的政治和思想建设，用习近平新时代中国特色社会主义思想铸魂立德，牢牢把握办学方向

2018年，校党委以“不忘初心、牢记使命”为主题，深入推进“两学一做”学习教育常态化制度化、民主党派和无党派人士“双学一跟”学习教育、共青团员“一学一做”教育实践，教育引导师生树牢“四个意识”，坚定“四个自信”，不断增强“两个维护”的思想自觉和行动自觉，从根本上保证坚持社会主义办学方向不动摇；按照学懂弄通做实的总要求，邀请十九大代表和专家作辅导报告10多场，组织校内宣讲团面向师生宣讲120余场，组织开展全体干部、思政课教师、辅导员、学生干部十九大精神轮训，组织开展“千万师生同上一堂课”“习近平新时代中国特色社会主义思想研习会”“领导干部参加主题班会宣讲十九大”“十九大精神师生面对面”“本科教育思想大讨论”等学习实践活动，有力推动习近平新时代中国特色社会主义思想进教材、进课堂、进头脑；校党委始终牢牢掌握意识形态领导权，出台《中北大学意识形态工作责任制实施细则》，完善意识形态研判、上报、通报及述职体系。建立校园舆情、安全稳定、民族宗教、心理健康等的周报、月报制度，成立青年研究中心开展大学生思想状况研究分析，每月召开舆情信息座谈会，定期研判师生思想状况。强化阵地建设，坚守马克思主义研究宣传主阵地，通过“太行精神”红色文化引领和“致知于行”价值塑造，弘扬社会主义核心价值观主旋律、激扬正能量，有效遏制各种错误思潮；制定《加强和改进新形势下思想政治工作实施方案》，深入实施“五精创新工程”、“走在时代前计划”，积极探索文化育人、实践育人、创新创业育人、国防育人的新理念、新方法和长效机制。

二、坚持和加强党的全面领导，不断提升办学治校科学化水平

（一）对标“五个过硬”，加强领导班子自身建设。一年来，学校按照习近平总书记提出的“五个过硬”要求，建立完善一系列制度和举措，积极加强领导班子自身建设。一是落实党委中心组理论学习制度，坚持日常自学与集中学习相结合，全年组织中心组学习13次，班子整体思想政治水平不断提升，并将学习成果体现在凝练办学思路上，与时俱进科学调整“十三五”中期规划，使“百年百强”长远目标与冲击“双一流”中期目标高度契合。二是坚持民主集中制，完善重大事项决策机制，修订《中北大学党委领导下的校长负责制实施细则》和常委会、校长办公会议事规则，进一步健全党委统一领导、党政分工合作、协调运行的工作机制，领导班子担当负责、改革创新、真抓实干，全年召开常委会33次，校长办公会25次，讨论通过议题287项，出台制度104项，推动学校科学发展的能力不断提升。三是加强作风建设，班子带头落实《进一步加强干部作风建设的若干规定》，每位班子成员全年深入基层调研不少于10次，听课参加教学活动不少于8次，撰写高质量调研报告21份。四是班子成员认真执行中央关于党风廉政建设责任的要求，保持自身清正廉洁并严格履行“一岗双责”，按照分工，定期研究、布置、检查和报告分管范围内的党风廉政建设情况。五是健全师生参与决策机制。规范党务政务公开，建立健全信息公开网、电子政务网等，使权力在阳光下运行。设立师生校务参事，让师生参与有关事务决策，进一步提高民主管理和科学决策的水平。

（二）以规范管理、提升能力为重点，加强干部队伍和基层组织建设。高素质专业化干部队伍是落实“十三五”规划、促进学校改革发展的首要前提。校党委多措并举、统筹推进干部队伍建设。一是严格落实中央和省委干部政策，紧密结合干部队伍实际，把好干部标准贯穿到选拔任用、教育培养、管理监督各环节；二是严格干部监督管理，完善干部考核指标体系，推进干部分类考核。严格执行干部个人有关事项即时报告制度。规范干部兼职管理，出台《中北大学处级领导干部兼职管理暂行办法》；三是狠抓干部教育培训，先后在厦门大学、中国人民大学、上海浦东干部学院举办8期中层干部能力提升培训，组织180名党务骨干参加示范培训班，实现了基层党组织书记培训全覆盖。在对标对本、学习先进、开拓视野中提高各级干部的领导能力和水平。改进科级干部选拔

任用办法,提任科级干部 86 名。

(三)贯彻落实省委“三基建设”要求,推进基层组织规范化建设。“地基不牢,地动山摇”。校党委始终把建立健全基层组织作为基层党建工作的首要任务,推动党的组织有效嵌入学校各项中心工作,为坚持和落实党的领导、发挥基层党组织战斗堡垒作用和党员先锋模范作用奠定坚实基础。完善“一目录、三手册”,为全部 16 个专业学院配备了 19 名专职组织员。各学院均设立了专门的党员活动阵地——“党员之家”和“网上党员之家”。强化“双带头人”培育工程,“双带头人”比例达 91%。按照“能有效延伸思想政治工作触角,能有效发挥专业育人、学科育人、科研育人、实践育人效果”的思路,全面推进党支部进专业学科、进科研团队、进学生社团、进公寓、进实习基地和进扶贫点。如校机电工程学院“成立外出实习学生临时党支部并组织党员开展活动”入选 2018 全国高校优秀基层党组织书记工作案例。健全党建督导督查机制,出台《基层党建督导工作实施办法》,成立党建督导组,开展了基层党组织政治生活、意识形态工作、基层党委中心组学习等的专项督查。

(四)配合省委巡视、省政府审计,推动全面从严治党向纵深发展。下半年,迎来了省委政治巡视和省政府的审计。通过巡视和审计,学校得到了一次全面“体检”,彻底搞清楚了一批一直想搞清而没有搞清的问题,解决了一批一直想解决而没能解决的问题。在巡视组、审计组指导帮助下,学校紧紧抓住“六个围绕,一个加强”,层层压实“两个责任”,切实做到“五个到位”,聚焦问题真抓实干,高效推进边巡边审边改,整改任务项项有进展、件件有落实,已取得阶段性成果。通过巡视、审计整改,帮助学校收回建筑物产权 12370 平方米,初步估值 6775 万元;收回欠缴营业用房租金和采暖费 431 万余元;清理个人借款 463.46 万元,清理各类违规报账 103.79 万元,出台制度 73 项。巡视、审计监督对学校改革发展促进作用日益显现,为学校放下包袱轻装上阵、在新时代实现新辉煌奠定了良好基础。

(五)加强党风廉政建设,压紧夯实管党治党政治责任。一年来党委常委会专题研究、总结和部署党风廉政建设工作 12 次。建立对重点岗位、重要领域廉政风险预警、防控和监督机制,进一步健全党风廉政建设责任制。2018 年也是校作风建设年。校党委先后出台《贯彻落实〈中国共产党问责条例〉实施办法》《贯彻落实中央八项规定精神的实施细则》,召开治理身边腐败问题和不正之风工作推进会、干部队伍作风建设大会,开展集中整治形式主义、官僚主义活动。积极践行监督执纪“四种形态”,坚持把纪律教育、警示教育摆在突出位置,以“零容忍”态度严肃查处违纪行为。共问责干部 1 人,党纪处分 11 人,其中处级干部 3 人,科级干部 5 人,普通教师 3 人。

(六)立足内涵发展、提质增效,全面深化改革创新。一是推进党建工作机制改革。出台各类党建制度 23 项,形成一套科学严密、规范有序、点面结合、落实有力的工作机制,推动管党治党责任全面覆盖,使党的建设成为学校各项工作的源头动力。二是推进人事管理体制机制改革。制定青年教师挂职锻炼、教学科研岗与非教学科研岗相互转岗、师资博士后等 10 余项激励制度;改革职称评审办法,打破职称聘任终身制,推进职聘分离,实行“非升即转、无功即下”,实行特殊破格政策,不拘一格降人才,全面调动教职工干事创业的积极性。实施“太行学者引培计划”,设立高层次人才引进“伯乐奖”,成功引进工程院院士、科技部首席科学家等一批高端人才。三是推进学科建设与管理体制机制改革。支持主干学科,削减分支学科,加大学科整合力度;实施“兵器学科振兴计划”“仪器学科攀升计划”,规划布局新兴学科和前沿交叉学科。四是推进科研管理体制机制改革。出台《科技振兴行动计划》,强化科研组织,将“根据团队找项目”转变为“根据项目组团队”;优化科研布局,聚焦前沿科技,组建若干前沿交叉科学研究院。五是推进教育教学体制机制改革。将学校一切工作的出发点和立足点聚焦到立德树人上,坚持“以本为本”,推进“四个回归”,启动“本科教育思想大讨论”,出台本科教学工作规范等 20 项规章制度,构建起教学质量与教师薪酬挂钩的分配体系。六是全面深化朔州校区综合改革,实现办学育人实力整体提升。通过这一系列的改革,学校的办学活力得到充分激发,师生员工创新潜力得到充分释放,进一步汇聚起推动内涵发展和“双一流”建设的智慧和力量。

三、凝心聚力推进重点工作,不断实现学校事业新发展

全面推进“1331 工程”建设,学科实力显著提升。工程学学科首次进入 ESI 全球排名前 1%。李迎春教授发表的论文首次入选 ESI 全球 TOP1%热点论文,王超博士发表的论文首次入选 ESI 全球 TOP0.1%热点论文;新增博士一级学科 2 个、硕士一级学科 4 个、专业硕士学位授权点 1 个。累计投入学科建设专项经费 6000 多万元加强重点学科建设。获批山西省电子信息应用(军民融合)学科群重点学科建设项目 1 项。

实施人才强校战略,高层次人才队伍建设真正迈上“高层次”。实现院士的突破,引进中国工程院院士李魁武加盟本校。引进国家重点研发计划项目主持人郭丽研究员、“大国工匠”石上瑶高级工程师、张修堂教授等高端人才。首次举办国际学者论坛,现场引进 7 名山西省“百人计划入选者”。刘俊教授团队获批国家自然科学基金委创新研究群体项目,是学校第一次,也是山西省历时 10 年之后第二次获此殊荣。薛晨阳教授团队荣获科技部重点领域创新团队,这是学校首次获批此类团队,也是山西省获得的第二个科技部重点领域创新团队。张治民教授为中北大学首获中国兵工学会科学技术特等奖,刘有智教授获首批“中国化工学会会士”称号,赵宇宏教授入选科技部中青年科技创新领军人才,丑修建教授、谭秋林教授入选国家万人计划青年拔尖人才。

有力推进“四个回归”,人才培养质量稳步提升。开展本科教育思想大讨论,制定本科教育提升行动计划。修订本科专业培养方案,完成了本科专业优化调整工作,健全教学质量保障体系,全面启动专业认证,成功申报山西省双创示范基地。2014 级本科生李辉获第十一届“中国青少年科技创新奖”,是

山西今年唯一获此殊荣的大学生。在大学生科技竞赛和创新创业大赛方面，获得多项优异成绩，初步统计获得国际大赛奖项3个，获得国家级奖项393项，获得省部级奖项1661项。

全面增强科技创新能力，科学研究工作实现新突破。科研经费首次突破4亿元大关，达到4.05亿元。获批省级科技计划项目167项，是上年的2.75倍，其中省级应用基础研究计划项目首次破百。胡双启教授团队和李小东副教授团队成功申报2项千万元以上创新计划重大专项，在中北大学尚属首次。刘俊教授和曹慧亮副教授发表ESI高被引论文，陈友华副教授、唐军教授、博士研究生郭浩相继在国际顶级学术刊物《Nature》子刊上发表文章。发表SCI收录论文800余篇，较2017年增长60%；获批专利391项，较2017年增长30%。成立了中北大学社科联，获批人文社科国家级项目5项，其中首次获批国家社科基金项目2项。人文社科科研项目立项109项，较2017年增长3倍，经费到款513万元，较2017年增长近5倍。光电厂年产值突破1.2个亿。

军民融合加快推进，服务国防、服务地方取得新进展。深入实施两翼齐飞战略，以中北大学为内核的太原市军民融合创新基地建设取得重大进展，山西省军民融合协同创新研究院、山西省军民融合产业技术创新联盟落户我校。以李魁武院士为技术首席组建中北大学军民融合研究院。与太重集团签署军民融合战略合作协议，并共建中北大学—太重军民融合技术研究中心。产学研合作广度、深度、力度空前，与兵科院、北京理工大学等共同创建“B8协同创新联盟”，与航天科工共建网络与信息安全研究院，与德州市政府共建中北大学研究生院德州分院，与30多家单位展开全面战略合作，与晋中市企业合作开发的紫苏综合深加工和产业化示范项目列入山西省2018年产业转型重点工程，项目计划投资10.3亿元。与转型综改示范区、阳煤集团合作共建铝镁合金深加工产业化基地。

大力推进民生工程实施，不断提高保障和改善民生水平。始终把“师生满不满意”作为检验工作的试金石，围绕建设“美丽中北、和谐中北”，组织开展了校园规划大讨论。积极落实民生工程。加快推进二、三期地建设立项步伐，一批重点工程学生活动中心、艺术馆、教学楼、国防重点实验室、省级重点实验室、博物馆、学生公寓、体育馆等建设项目已列入建设规划。完成了办公办学用房调整，改善了学院办公条件，多数学院实现“一院一楼”，极大改善了师生工作生活环境。积极推进校园综合治理，配合地方政府、太原铁路部门修建了“铁路主题公园”，校园里又增添了一道亮丽的风景线。投入奖助学金4612万元，累计资助学生3.7万余人次。学校还为全校特困生提供免费午餐。为满足我校民族学生的生活习俗和饮食习惯，开设了民族餐厅。提高了离退休人员生活补贴。为子弟学校装修教学楼，增添教学桌椅设备，多措并举推动子弟教育教学质量稳步提升。统筹推进脱贫攻坚，充分发挥学校特色优势，探索出了产业扶贫解决脱贫长效机制的新途径。

（薛慧锋）

附：中北大学党委书记、副书记、常委名单

书　记：李忠人

副书记：沈兴全（3月任职）　安建平（10月离职）　薛　智

常　委：王瑞芬　曾建潮　白培康（6月离职）　雷锋斌　赵贵哲　潘晋孝　李东光　贾献忠（1月任职）　薛实军（1月任职）　栗秀萍（1月任职）

山西中医药大学党委

党委书记　段志光

一、基本情况

山西中医药大学的前身为1978年创办的山西医学院中医大学班，1989年成立山西中医学院，2017年更名为山西中医药大学是山西省重点建设高校、山西省人民政府与国家中医药管理局共建高校、教育部首批卓越医生（中医）教育培养计划改革试点高校，中国政府奖学金生委托培养高校，推荐优秀应届本科毕业生免试攻读研究生高校，山西省深化创新创业教育改革示范高校，是山西省博士学位授予单位（点）立项建设高校。

学校有基层党委6个，党总支10个，党支部96个，党员1999名。

二、主要工作

2018年，学校以习近平新时代中国特色社会主义思想为指引，贯彻落实党的十九大、十九届二中、三中全会和习近平总书记视察山西重要讲话精神，深入贯彻全国教育大会和新时代高校本科教育工作会议以及省委十一届六次全会精神，坚持以立德树人为根本，按照全省教育和卫生健康工作的部署安排，全力推进学校内涵发展、特色发展和创新发展。一年来，学校开展了全校教育思想大讨论、全员基本能力提升、全面水平与质量提高和大学习、大讨论、大调研、大落实工作，迎接了教育部本科教学工作审核评估，推进了“三基建设”和博士学位授权单位建设，各项事业取得新成绩。

（一）坚持党建引领，全力配合省委巡视工作，切实履行管党治党责任，党建科学化水平实现新提升

一是政治建设不断加强。认真贯彻落实党的十九大和习近平总书记视察山西重要讲话精神，树牢“四个意识”，坚定

"四个自信",坚决践行"两个维护"。以党的政治建设为统领,切实落实管党治党、办学治校的主体责任,深入贯彻有关高等教育、创新发展、科技创新、医教协同发展等政策措施,按照省委省政府确立的"示范区""排头兵""新高地"三大战略目标,扎实做好各项工作。

二是思想政治工作有序推进。强化"三全育人"、课程思政、"六大工程"落地见效。认真贯彻落实高校思想政治工作质量提升工程实施纲要,深入推进习近平新时代中国特色社会主义思想"五进"工作。围绕立德树人根本任务,以社会主义核心价值体系为引领,夯实学生思想政治素质。

三是意识形态工作责任制进一步压实。成立学校意识形态工作和网络意识形态工作领导小组,定期召开专题会议研判,落实工作责任制,加强校园网管理与舆情监控,确保网络与信息安全,形成党委统一领导、党政齐抓共管、宣传部门组织协调、有关部门分工负责的工作格局。

四是基层党组织建设不断夯实。出台《组织员队伍建设管理办法》,选拔基层党组织组织员 14 名;贯彻落实全省推进"三基建设"座谈会精神,接受省高校工委"三基建设"基础工作专项检查。以贯彻落实《中国共产党支部工作条例(试行)》为契机,开展党支部标准化、规范化、常态化专项建设。在全省率先设立党建研究课题 21 项。

五是党风廉政建设不断深化。履行全面从严治党责任,制定方案,签订责任书,开展督导检查,层层压实责任。出台《重点事项报备管理办法(试行)》,加强日常监督,积极营造风清气正廉政教育氛围。严格执行学校贯彻中央八项规定精神实施细则,紧盯"节日腐败"和"四风"问题。推进学校民生领域腐败和不正之风与形式主义、官僚主义专项整治,以强有力的监督执纪问责推动作风根本好转。强化干部教育管理,处分了 5 名处级干部、1 名科级干部、2 名教师。

六是扶贫工作成效显著。深入开展入户调研,与建档立卡贫困户进行帮扶对接。先后投入 30 余万元,助力和顺县、石楼县打赢脱贫攻坚战。完成扶贫人员的调整充实工作,开展健康讲座、医疗义诊、师资培训、设备捐赠等活动。定点扶贫和顺县通过省级验收,教育扶贫石楼县成效显著。

七是大学文化建设不断强化。出台《校园创建管理办法》《关于深化文明校园创建活动的实施意见》,开展了精神文明创建工作和校内文明单位、文明个人评比表彰活动。完成了省文明校园创建先进学校的评估验收工作。不断加强对博物馆的更新与建设,被认定为 2018 年山西省科普基地。

(二)坚持谋篇布局,推进内涵发展提升年工作,切实履行办学治校责任,学校各项事业取得新成绩

一是"三全""四大"活动深入开展,顶层设计基本完成。根据学院更名大学内涵本质差异,以"山西中医药大学在新时期、新阶段的新发展思路"为主题,开展了为期 13 个月的全校教育思想大讨论、全员基本能力提升、全面水平与质量提高和大学习、大讨论、大调研、大落实工作。通过开展"三全""四大"工作,全校上下进一步更新教育理念,转变了教育思想,统一了思想,理清了思路,提升了能力;确立了学校"12310"战略发展目标和"三步走"战略发展思路,重新修订了学校章程、"十三五"事业发展规划及 10 个专项规划(2018 版)、96 个规章制度。积极推进"三定"工作,获省编办正式备案批复。确定了岗位绩效改革思路,不断完善岗位绩效改革方案。

二是重点工作全面推进。学校始终站在办好中国特色社会主义大学的高度,始终保持正确的政治方向,坚持和完善党委领导下的校长负责制,始终坚持把方向、揽全局、做决策、抓落实,全面履行办学治校的责任。全年召开党委会 41 次、党政联席会议 8 次,研究议题 262 项;校长办公会 48 次,研究议题 325 项;推进 43 项特别是 13 项重点工作的落实,对事关学校改革发展稳定和师生员工切身利益及党的建设等全局性重大问题作出决策,推进各项重点工作的落实。

三是博单建设有序推进。中药学博士点通过评审。中药学、护理学成为省级重点建设学科。"中药产业关键技术创新学科群"入选省高校服务产业创新学科群建设计划。贯彻国务院《关于支持山西省进一步深化改革 促进资源型经济转型发展的意见》文件精神,与天津中医药大学签署战略合作协议。

四是医教协同发展深入推进。按照"院院合一"体制,全力推进临床科室与教研室合一,临床科室主任、教研室主任与学科带头人合一,医教研队伍合一。直属附属医院深入推进"136"兴医工程的实施,顺利通过国家中医药管理局"三甲"复审,社会服务水平持续提高。

五是科研实力不断提升。组建校院两级学术委员会及 5 个专门委员会。召开学科建设与科学技术工作会议。成立了学校健康人文研究中心及学术委员会,承办全国第二届全国健康人文研讨会。建成王世民国医大师和贾六金全国名中医传承工作室。启动实施科技创新能力培育计划。加大各类课题申报力度,全年立项 119 项,获得各级各类科研经费 1232.1 万元。学校与 5 个地方政府、制药企业、科研院所签署合作协议。

六是条件保障建设不断加大。累计投入教学经费 8000 余万元,专项用于人才引进、图书及教学仪器设备购置、实践教学、教学奖励、信息化建设等支出。不断改善教师生活条件和工作环境,投入 5075 万元,用于新校区教工周转房、休息场所及配餐室的建设。圆满完成了二青会比赛场馆建设任务。

(三)坚持突出重点,贯彻落实全国教育大会精神,推进本科教学工作审核评估工作,以评促建取得新成效

一是全国教育大会精神进一步落实。制定了贯彻落实全国教育大会实施方案和振兴本科教育实施方案。深入学习贯彻《关于以习近平新时代中国特色社会主义思想统领教育工作的指导意见》,坚持"以本为本",推进"四个回归"。制定了学校教学奖励办法,对获得省教学成果奖的团队给予奖励,调动了广大教师的积极性和主动性。

二是教育教学体制机制改革进一步深化。确立每年度召开一次全校本科教学工作会议的机制。组建了校院两级本科教学委员会、教学督导委员会,建立健全学校－学院－学系

(教研室、实验室)三级质量监控体系。优化学院(部)内设教学机构设置，学系/教研室由117个整合成58个，精简了50%。完成117名学系/教研室负责人、18名专业负责人和197名课程负责人的选聘工作。

三是教师队伍建设持续增强。深入贯彻省委《关于全面深化新时代教师队伍建设改革的实施意见》，成立教师发展中心及师德和职业精神发展、教师教学发展、科研能力发展、教师职业发展4个分中心。组队参加全国及省级青年教师教学基本功竞赛,获得优异成绩。获首批山西省老中医药专家学术经验继承工作指导老师25人。获得“1331工程”立德树人建设计划高校教书育人“好老师”1人。

四是本科教育教学质量明显提升。全校上下凝心聚力，始终坚持20字评建方针，按照“1234567”的工作重点、“5443321”的推进思路和“四个清单”机制,落实学校审核评估方案和迎评工作方案,开展了自评自建、校内督导、校外专家指导、预评估,接受了教育部本科教学工作审核评估,被专家组认为以评促建效果显著的样板并向教育部推荐。实施本科专业优化调整方案,构建以大健康、全过程为特色的2大专业群。获批省级优势特色专业建设项目1个。中医医师资格考试笔试成绩全国第一。获全省三个国家教学成果奖之一,成为全省两个教育部教指委副主委单位之一,实现了学校40年办学史上零的突破。

学生素质明显提升。围绕立德树人根本任务,以社会主义核心价值体系为引领，不断夯实学生思想政治和专业素质。获批省级“大创”项目30项,其中8项入选国家级创新创业训练计划,实现了国家级“大创”项目零的突破。承办了山西省2018年县级医疗集团人才招聘大会等多场招聘会,本科生首次就业率达60.30%。一年来,学校组队参加全国第二届中医经典征文大赛、全国中医药院校第十四届传保运会、全国健身操舞总决赛、省第21届大中学生田径运动会等比赛均获得优异成绩。

五是管理明显规范，以学生为中心的服务能力不断提升。推进机关干部深入一线调研,梳理各类问题172个并及时解决。进一步规范创新,强化学校内涵建设。扎实做好建设工程结算审计工作,完成行政楼等18项工程的结算审计。制定整改措施,完成了审计整改工作。完成国有资产验收项目登记86项,严格采购流程,完成采购项目148项。积极筹措新校区结算工程款和教师周转房建设项目的资金。完成了本科学费标准调整工作。

(郭宏鹏)

附：山西中医药大学党委书记、副书记、委员名单

书　记： 段志光

副书记： 刘　星(10月任职)　冯　海　高建军

委　员： 郭文平　王新塘　冀来喜　闫敬来　郝慧琴(女)　王　旭　苗　强　郭继林

太原师范学院党委

党委书记　张惠元

2018年，院党委坚持以习近平新时代中国特色社会主义思想为指引，认真贯彻省委十一届六次全会精神,围绕“牢记使命、深化改革、真抓实干、迎评促建”年度工作主题，团结带领全校师生员工,认真接受评估、巡视和审计三大“体检”,高质量推进一系列重点工作,办学环境和干事创业的精气神发生根本转变，“事事有人管、人人创佳绩”的工作氛围日趋浓厚。

一、突出思想引领,坚定社会主义办学方向

坚持用习近平新时代中国特色社会主义思想武装头脑、指导实践、推动工作，把学习贯彻全国教育大会、纪念改革开放40周年大会等重要精神与学习领会习近平新时代中国特色社会主义思想和党的十九大精神有机统一，不断汲取办学治校的智慧和力量。领导班子深入教学一线，以主讲党课、听课调研、组织座谈等形式与广大师生认真交流，进一步统一思想认识、提高政治站位，教育引导全校党员干部和师生员工树牢“四个意识”、坚定“四个自信”、做到“两个维护”。

二、抓好关键少数,大力加强领导班子建设

着力加强政治建设,严格执行新形势下党内政治生活若干准则,注重党性锤炼,诚恳主动、全面配合省委巡视二组“政治体检”,以立巡立改的实际行动诠释对党忠诚。创造性地探索党委领导下的校长负责制，认真落实民主集中制,修订全委会、常委会议事规则和院长办公会议事规则,制定并有效执行书记、院长协商沟通制度,着力构建现代大学治理体系。多位班子成员带队分赴浙江大学、北京师范大学和上海大学等双一流高校以及港澳台等地,研学交流、拓宽眼界,努力克服“本领恐慌”。班子成员主动深入教学院系、科研实验室、扶贫等基层一线走访调研,立足分管职责,坚持问题导向,强化督导检查,依靠不依赖、揽事不揽权、分工不分家,勇于担当作为,回应各方期待。

三、巩固意识形态,落实立德树人根本任务

认真落实意识形态责任制,按照“把握主导权、高扬主旋

律、守好主阵地、建强主力军、畅通主渠道、打赢主战场”工作思路，细化任务、严格管理、强化考核，意识形态工作受到省委专项巡视考核组“站位高、底数清、思路明、很扎实”的充分肯定。加强统一战线工作，深入开展“抵御宗教渗透，防范校园传教”专项督查整改和“百日攻坚战”行动，持续推进宗教与民主党派工作。完善“一统两牵四重三全十育人”工作机制，坚持综合研判例会制度，“大思政、大党建、大安全”工作格局深入拓展。坚持以文化人、以文育人，大力弘扬“行知精神”，创造性地开展“知行中国”思政主题系列示范课，顺利建成一批文化育人平台——山西陶行知研究馆、校史展览馆、书法博物馆等，不断提升思政教育的实效性与创新性。学校入选省“三全育人”试点单位，行知文化育人项目获批教育部首批全国高校思想政治工作精品项目，构建优良育人生态实践在《光明日报》专题报道。

四、强化统揽作用，谋划推动改革发展大局

落实办学治校主体责任，围绕办学定位、教育教学、学科建设、人才引育以及干部选用等关键要务，不断优化顶层设计，着力把方向、管大局、做决策、保落实。大力开展观念、课堂、厕所“三个革命”，进一步完善教育教学、绩效考核、干部管理以及公共资源配置等机制体制，持续推进新一轮综合改革之“四梁八柱”各项部署。组织召开全校本科教学工作会议，聚焦人才培养质量，决定3年投入1000万实施专项教育教学改革，落实“以本为本”，推进“四个回归”。对标“更名大学、申请博单”，以本科教学审核评估为契机，评建结合、以评促建，厚植师范根基、强化学科建设、优化专业结构。12月11日，召开校党委二届八次全会，深入谋划新一年发展；制定关于教师、科研骨干及管理干部的《“三支队伍”能力水平提升计划》，着力激发人力资源内生动力；出台《深化文明校园创建工作实施意见》，努力打造优美和谐校园文化；加快信息化与国际化建设，推进内涵式发展。

五、狠抓“三基建设”，不断提升干部队伍素质

认真落实省委“三基建设”要求，细化完善百余项管理制度、工作台账及相关名册，促进各项工作提质增效。深入贯彻《中国共产党支部工作条例》，推进基层党组织工作精细化、规范化、标准化。顺利完成党支部换届工作，选优配齐21个二级院系专职组织员，不断提升党组织的凝聚力、战斗力、影响力。加强干部教育培训，组织多名党政干部、思政骨干、支部书记等分赴北京师范大学、红旗渠干部学院等地，更新知识理念、补足精神之“钙”，促进党员干部专业素质与政治思想的双提升。激发干部内生动力，出台了《关于激励干部担当作为干事创业的实施意见》，隆重表彰了一批勤奋工作的“立德树人”先进集体和个人，推动形成干事创业的良好氛围。

六、从严管党治党，营造风清气正政治生态

落实管党治党主体责任，坚持用制度管人管事，严格执行中层干部外出请假报备制度，不断加强党员干部兼职、因私出国等事项的监督管理。认真贯彻《关于进一步落实中央八项规定精神实施细则》，推进警示提醒常态化。深化运用监督执纪“四种形态”，抓早抓小、防微杜渐。深入开展教育领域腐败和不正之风专项整治，聚焦隐形“四风”和微腐败，积极推进校园扫黑除恶专项斗争，集中整治形式主义和官僚主义。组织全体中层干部召开警示教育大会，肃清腐败流毒。坚决立巡立改，完善财务管理等内控制度，严肃查处违规违纪问题。

七、加强统筹协调，促进各项事业全面进步

教学育人可圈可点：不断深化教育教学改革，获批省教学成果奖特等奖2项、一等奖5项、二等奖3项；大力实施服务基础教育行动计划，校地协同育人成效初显；优化专业调整，停招6个专业，4个新专业开始招生；硕士培养实现“量”与“质”双提升，3个专硕授权点高质量通过评估，4个新增授权学科开始招生。

内涵建设成果喜人：2018年度获批科研项目182项，其中国家级项目19项，科研经费总计达2067.6万元，国家级项目数和经费总额均创历史新水平；获批省级“1331工程”产业联盟建设计划，山西省城乡统筹协同中心、山西省腐植酸研究中心等学科平台在产学研合作等方面的优势得到进一步发挥。

师资力量不断加强：采取“一人一策”“一事一议”及柔性引进等方式，年内共引进博士38名，硕士61名；提供高层次人才安家费、科研启动费1000余万元，并选派一批教师攻读博士学位、参加国内高访以及赴国外进修学习等。

民生福祉持续增进：河道全线竣工蓄水，图书馆建成并投入使用，气膜运动馆主体完工，“一轴一带”建设优质高效推进；“一卡通”服务不断优化，通勤交通持续改善，人防、物防、技防“三位一体”的校园安全防控体系基本形成；顺利实现教职工第二轮公租房配租，不断增强师院人之获得感、幸福感、安全感。

(狄利民)

附：太原师范学院党委书记、副书记、常委名单

书　记：张惠元

副书记：梁吉业(10月离职) 霍世平(10月任职)
王川龙　程太生

常　委：杨全平　郭丕斌　王卫平　赵　怡
付建伟　申　楠　侯学文

市、县(市、区)委工作概况

中共太原市委

市委书记　罗清宇

2018年，中共太原市委坚持以习近平新时代中国特色社会主义思想为指导，深入学习贯彻党的十九大精神和习近平总书记视察山西重要讲话精神，统筹推进"五位一体"总体布局，协调推进"四个全面"战略布局，按照省委"一个指引、两手硬"思路和要求，全面落实对太原"两个走在前列""双提升"目标要求和"五个扎实"工作要求，不忘初心、牢记使命，开拓进取、顽强拼搏，奋力谱写文明开放富裕美丽太原新篇章。

一、始终高举伟大旗帜，政治站位进一步提高

坚持以习近平新时代中国特色社会主义思想统揽全局，努力在融会贯通、学以致用、全面覆盖上下功夫。持续引深学习，对全市3800余名正科级实职干部进行集中轮训，联合中央和国家机关工委开展"送党课到基层"活动，与人民网共同制作开设"百集微党课"，在全国引起强烈反响。领航发展实践，高点谋划太原发展定位方位站位，大力推动实施工业强市、人才兴市、环境立市、创新驱动、城市"双修"、军民融合、乡村振兴等重大战略，重点任务和实现路径进一步明确。推动工作落实，认真落实习近平总书记对山西工作提出的总体要求和重大任务，深入贯彻省委两个《实施意见》，市委常委会负总责，常委、副市长分工负责，狠抓工作落实，确保中央大政方针和省委决策部署落到实处。

二、加快转型升级步伐，发展质量进一步提升

全面加强党对经济工作的领导。市委常委会坚持每月统筹调度、每季分析研判、及时研究推进重大经济工作。建立市委常委、副市长对接产业项目制度和对接服务转型项目坐班及协调例会制度，组织开展4次项目建设观摩督导活动。2018年全市地区生产总值增长9.2%，规模以上工业增加值增长10.8%，固定资产投资增长26.2%，社会消费品零售总额增长8.1%，一般公共预算收入增长19.7%，城乡居民人均可支配收入分别增长7%、8.1%，主要经济指标增速在中部省会城市名列前茅，经济发展稳中向好的势头进一步巩固。

构建现代产业体系。实施工业强市战略，正确处理"老饭碗"和"新饭碗"的关系，设立100亿元产业发展基金，瞄准产业发展方向，改造提升传统产业，加快发展新兴产业，产业结构进一步优化。深入推进军民融合发展，积极创建国家军民融合创新示范区。加快发展都市现代农业，大力发展现代服务业，三次产业协调性进一步增强。

持续扩大有效投资。全产业链谋划布局、全产业链招商引资，进一步把精力和资源集中到项目建设上来。2018年共安排转型项目722个，总投资10518亿元。始终保持狠抓项目建设的战略定力，阳煤太化新材料、古交电厂三期等重大项目建成投产，一批投资百亿元以上具有引领性、带动性的项目取得积极进展。

加快推动科技创新。制定出台关于科技创新推动转型升级的政策及配套措施，设立10亿元科技创新资金和10亿元人才发展资金，支持科研院所、高校和企业融通创新，扶持高新技术产业化发展。全市各级企业技术中心达172个，科技型中小企业由2017年的321家增加到1926家。主动融入国家创新战略，国务院批复太原建设国家可持续发展议程创新示范区，在联合国介绍了"太原经验"。加大招才引智力度，累计迁入各类人才及家属4万余人，其中博士173人，硕士3114人；建立院士工作站68个，引进院士75名，签定合作项目264项，人才集聚效应进一步发挥。

三、深化改革扩大开放,发展动力进一步增强

重点领域改革持续深化。坚持"规定动作"与"自选动作"相结合,全面完成国家14项和省13项改革试点任务及太原市部署的改革事项,可持续发展议程创新示范区、西山生态建设市场化机制、农村集体产权制度、县乡医疗卫生一体化、"大学区管理制"等多项改革在全国具有影响力,打造了太原品牌;"一网通办""三化三制"、财税管理体制、人才体制、科技体制等改革走在了全省前列,发挥了省会示范带动作用。

对外开放水平不断提高。抓住国家实施"一带一路""京津冀协同发展"等重大战略机遇,深化国际交流合作。加强与中科院、北京航空航天大学、同济大学等国家级智库和著名高校的交流合作。举办大学校长论坛,全国68位大学书记、校长齐聚太原,共谋创新发展。2018年全市招商引资签约项目140个,总投资2398.32亿元;外贸进出口总额1086.29亿元,同比增长18.7%。

推动民营经济加快发展。制定出台《关于支持民营经济发展的若干意见》《关于支持民营经济发展的决定》,建立市级领导干部联系民营企业工作制度,27名市级领导干部联系54家民营企业,新增市场主体8.77万户,同比增长11.97%。

四、着力增进民生福祉,人民生活进一步改善

扎实推进脱贫攻坚。持续加大脱贫攻坚投入力度,市财政投入扶贫资金1.36亿元,为娄烦县、阳曲县解决教师、医生和农林科技人才188名。投资1.26亿元,对娄烦县库区实施生态补偿。深入开展"城区包乡、单位包村"对口帮扶,投入1.46亿元,实施帮扶项目516个。全年退出29个村、3546户,脱贫人口9988人,贫困发生率下降至0.18%。

持续改善生态环境。出台大气污染防治、生态环境保护、建筑废弃物管理等条例,全方位、全地域、全过程开展生态环境保护。坚持空气质量改善优先原则,组织开展大气环境整治百日攻坚大会战和采暖季蓝天保卫战,"控煤、治污、管车、降尘"多管齐下,全年市区空气质量综合污染指数同比下降11.9%,PM2.5浓度同比下降13.6%。加强水环境整治,"八河"治理任务全面完成,投资258.4亿元,整治河道69公里,同步建设快速化道路138公里,建成区黑臭水体基本消除。

着力打造宜居城市。召开高规格省城城市规划与设计专家咨询座谈会,以质取胜、"内""外"互动、创新手段与制度的城市规划理念进一步树立。完善城市路网建设,天龙山路、滨河东西路南延、迎宾桥、通达桥等59项207公里道桥工程基本完工。青运村、滨河体育中心、水上运动中心等9个二青会场馆项目基本完工。加快美丽太原建设,人均公园绿地面积达到12.48平方米。实施创建文明城市三年行动计划,深入开展"九乱"专项整治和文明交通综合治理,城市品质进一步提升。

加快发展民生事业。着力推动城乡义务教育一体化,投资7.6亿元,新改扩建学校项目30个;为全市公办小学提供免费托管服务,29.8万名学生受益。投资13亿元积极推进医疗基础设施建设,市中心医院、市人民医院、市妇幼保健院等项目基本完工;建成25个医疗联合体,家庭医生签约服务165.4万人。成功承办第十五届省运会,取得历史最好成绩。坚持就业优先,全市城镇新增就业8.9万人,城镇登记失业率3.35%。

全力维护安全稳定。牢固树立总体国家安全观,全市安全生产形势平稳,各类生产安全亡人事故同比下降31.6%,死亡人数同比下降33.6%。开展公共安全整治和严打整治,刑事警情、"两抢一盗"警情、群体性事件同比分别下降11.8%、21%、29%。深入开展扫黑除恶专项斗争,将扫黑除恶专项斗争与全面从严治党、基层"拍蝇"、创建良好营商环境紧密结合,广泛宣传发动、依法严厉打击,人民群众安全感进一步提升。

五、坚持发展民主政治,法治水平进一步提升

充分发挥市委总揽全局、协调各方的领导核心作用,广泛凝聚思想共识、汇集各方智慧力量。支持市人大及其常委会依法行使职权,制定和修改城乡规划条例、生活垃圾分类管理条例、道路交通管理条例等4件地方性法规。发挥政协协商民主重要渠道和专门机构作用,围绕全市中心工作建言献策,更好履行职能,太原市作为省会城市唯一代表,在全国政协理论研讨会上作交流发言。巩固和发展最广泛的爱国统一战线,坚持和深化双月座谈会制度,促进多党合作事业健康发展。

六、加强全面从严治党,政治生态进一步净化

大力加强政治建设。教育引导各级党组织和广大党员干部进一步树牢"四个意识",坚定"四个自信",坚决践行"两个维护",始终与以习近平同志为核心的党中央保持高度一致。依托太原红色资源,加强理想信念教育,努力营造风清气正的政治生态。加强对意识形态工作的领导,牢牢把握舆论工作话语权,关闭违法违规网站30余家,中央主要新闻媒体刊(播)发有关太原的正面报道1000余篇。依法管理宗教事务,完成中央宗教工作督查迎检任务,全市宗教工作总体平稳有序。

认真履行主体责任。市委带头落实全面从严治党主责、首责、全责,市委书记认真履行"第一责任人"职责,班子成员自觉履行"一岗双责"。市委常委会对中央巡视反馈意见整改工作进行专题研究,各项整改工作扎实推进。市委常委会专题听取人大常委会、政府、政协、法检"两院"党组和纪委监委全面从严治党情况汇报,开展县(市、区)、市直部门党(工)委书记落实主体责任述职测评,从严管党治党的责任进一步压实。

加强干部队伍建设。坚持把政治标准作为第一标准,制定出台《太原市干部政治素质考察评价办法(试行)》《关于进一步激励广大干部新时代新担当新作为的实施意见》,坚持严管厚爱并重,定期与干部谈心谈话、交心交底,实行个性化、差异化考核,推动形成了想作为、能作为、善作为的良好氛围。

全面加强"三基建设"。制定出台"新时代堡垒工程"三年

行动方案和加快推进城市基层党建工作十二条措施，深化街道管理体制改革，市县两级财政投入10亿元，构建重心下移、力量下沉、保障下倾的工作机制。全市500平方米以上社区活动场所占83.1%，社区工作人员工资由每人每月2892元提高至4427元，达到中部省会城市领先水平，被中组部评为城市基层党建示范市。

持续推进正风反腐。聚焦“四风”新动向新表现，集中整治形式主义、官僚主义突出问题，全市党员干部作风持续好转，社风民风日趋良好。始终保持惩治腐败的高压震慑，市委成立反腐败领导小组，实现对反腐败工作全过程常态化制度化长效化领导，监察体制改革成效充分显现、治理效能明显提升，风清气正的良好政治生态得到进一步净化。

(乔大江)

附：中共太原市委书记、副书记、常委名单

省委常委、太原市委书记：罗清宇

副书记：耿彦波　李新春

常　委：李吉山　魏　民　张文广(12月离职)

薛东晓　王立刚　赵忠保

李　浓(女，8月离职)　刘　鹔　张　璐(挂职)

中共小店区委

区委书记　刘振华

2018年，中共小店区委坚持以习近平新时代中国特色社会主义思想为指导，深入贯彻党的十九大和十九届二中、三中全会精神及习近平总书记视察山西重要讲话精神，全面贯彻省委十一届六次全会精神，认真落实市委十一届五次全会精神，统筹推进“五位一体”总体布局，协调推进“四个全面”战略布局，坚持稳中求进总基调，坚持“一个指引、两手硬”，按照市委“五个排头兵”要求，团结带领全区干部群众戮力同心、攻坚克难，围绕建设“五个新小店”，坚持促转型、抓改革、优生态、惠民生、防风险、强党建，推动各项事业取得新进展。

全年地区生产总值完成919亿元，增长9.3%；服务业增加值完成453亿元，增长4.4%；社会消费品零售总额完成593亿元，增长9.1%；规模以上工业增加值完成266.2亿元，增长16.4%；固定资产投资完成280.4亿元，增长51.3%；一般公共预算收入完成30.4亿元，增长11.7%；城镇居民人均可支配收入达到34889元，增长7.2%。

一、坚持创新驱动，调结构转方式促转型，高质量发展取得新成效

2018年，小店区制定实施“百项千亿”(按照省委“转型项目建设年”活动要求，梳理了102项重点项目，总投资2198亿元，简称“百项千亿”)行动计划，完成投资120亿元。中电智云、苏宁广场等投资体量大、牵引力强的转型项目取得实质性进展。建设招商产业园、电商产业园、阿里巴巴创新中心、奥美产业园等产业园区。智林科技、东驰振业、安信恒创等为代表的新能源、智能设备等高新科技项目正式入驻。打造85家双创载体，入驻1.3万户小微企业，获评省级双创示范基地。市场主体达到12万户。新建华豹新材料、永磁电机院士工作站。引进恒大天宸、融创等3家10亿元以上的重大项目，招商引资签约195亿元。电子商务、大数据、物联网、云计算等新业态全产业加速渗透，线上线下融合、跨境电商、智慧医疗等新兴经济不断壮大。发展苏宁小店157家。亲贤北街、体育南路等餐饮、商贸企业实现转型升级。长风街、南中环、晋阳街等新兴现代商圈辐射带动作用进一步增强，区域品牌影响力不断提升。“互联网+服务业”发展迅猛，登记注册电子商务公司达到500余家，物流企业突破200家。扎实推进农业供给侧结构性改革，大力推进“一减五增”(省委、省政府落实中央农业供给侧结构性改革而实施的“调减籽粒玉米、实施增葡果、增蔬菜、增花卉、增杂粮、增牧草”改革措施)，调减籽粒玉米7.8万亩，完成土地流转2.1万亩。土地承包经营权确权5.9万亩。全面启动97个村(居)清产核资、成员身份确认工作。培育乐村淘、美菜网等农业企业146家。“互联网+农业”发展迅速，依托维客家族等农村电商产业园，增设15个社区惠民蔬果直通车。通过国家级农产品质量安全区创建验收。建成杜家寨、监军庄等10个美丽乡村，打造25.4公里生态廊道，建成农村无害化厕所1020座。新建8处日处理能力500吨的污水处理设施，11个农村生活污水实现无害化处理。

二、注重品质提升，拓空间强管理促融合，城乡面貌呈现新气象

2018年，小店区推进亲贤、龙保等17个城改项目手续办理，引入华润、富力等知名房企参与城中村改造。完成嘉节、殷家堡等7个城中村扫尾清零69万平方米，清运建筑垃圾208万立方米。开工建设回迁安置房和商品房105万平方米。田和食品集团西院平房棚改项目顺利推进。棚户区新开工改造2123套。服务山西转型综改示范区建设，完成征地拆迁2.8万亩，如期保障15个入园项目和7条规划道路开工建设。保障“三桥一路”(通达桥、迎宾桥、十号线桥，滨河东路)、汾东污水处理厂等重点项目顺利推进，累计拆除85万平方米。自主实施建设针织中路、聚华路、亲贤路等6条道路。完成武宿—南王名“四好农村路”建设。新建130公里县乡公路升级养护、生命防护工程。亮化农村公路126.8公里。创建文明城市，深入营造创城氛围，170余家文明单位、2万

余名志愿者开展文明志愿服务5000余次,安装公益广告3.2万平方米。21万人次参与创城线上问卷调查。深入开展文明交通综合治理,打造太航片区等9个交通示范片区,设立8个交通安全宣传教育点和20个“两站两员”(为加强文明交通建设,在主要路段设立交通管理站和交通安全劝导站,并配备专职交通安全员、交通安全协管员)交通安全劝导站。以“九乱整治”(市委、市政府创建全国文明城市的重要举措,即开展背街小巷环境乱象、老旧小区环境乱象、集贸市场乱象、窗口单位服务乱象、“五小”门店乱象、占道经营乱象、违法小广告张贴乱象、交通违规乱象、农村环境乱象等整治行动)为重点,超额完成70条背街小巷、214个老旧小区、22个集贸市场、38个农村整治,高标准完成创城首年各项目标任务。

三、立足共建共享,保基本促均衡抓治理,人居环境实现新提升

2018年,小店区实施积极的就业政策,多渠道促进就业创业,新增就业1.77万人。九一小学中正校区、第四实验小学万科城校区建成投入使用,新增优质学位2400个。育才、李家庄小学扩建完工,新增学位1800个。继续推进学前教育集团化办园,新认定普惠性幼儿园22所。医药卫生体制改革加速推进,医疗集团管理模式和运营机制基本建立。紧密型医联体试点建设深入推进。免费产前筛查1.92万例,免费孕前优生健康检查实现全覆盖。家庭医生签约30万人。高标准推进14个社区卫生服务站建设,获评省级健康促进示范区。城乡居民基本养老、医疗保险参保47万人,城镇失业保险、工伤保险、生育保险参保17.4万人。全面落实军队退役人员政策,3988名退役军人发放各类补助金7914万元,托底安置退役军人140人。新建27个社区养老中心。49个“村改居”纳入城市社区管理。医养结合养老模式稳步推广,省老年公寓、太航馨悦养护院、亲贤社区卫生服务站被确定为市级医养结合示范点。举办文化惠民演出150余场。建成图书馆分馆、文化馆分馆各10个,年服务群众30万人次。完成30公里老旧小区二次管网、2150户供水管网和7.2万户管道燃气设施改造。“双违”管控压倒性态势基本形成,累计拆除20万平方米。露天烧烤基本实现“动态清零”。机扫冲洗扩展到84条道路815万平方米。165条道路1.2万个门店实现垃圾收集全覆盖。完成“第五立面”整治190万平方米。

四、坚持生态优先,强机制抓统筹谋长远,生态环境得到新改善

2018年,小店区创新环保管理机制,成立生态环境保护委员会。环保应急综合指挥平台投入运行,布设176个大气污染物监控微观站、全项站、小型站,69个建筑工地在线监测实现全覆盖。全面开展柴油货车和散装物料运输车污染治理、工业企业提标改造、面源污染整治等专项行动。进一步加大环保执法力度,查处环境违法案件37起,罚款257万元,行政拘留2人。中央环保督察组、生态环境部、省环保督察组反馈问题全部整改到位。688个“小散乱污”企业实现“动态清零”。汽车4S店、汽修厂喷漆房等挥发性有机物处理装置安装达到100%。3500家餐饮单位安装油烟净化装置。秸秆综合利用实现全覆盖。全面落实“河长制”,划定4个集中饮用水源地保护区,清理清淤河道51公里。完成25个重点行业土壤信息采集。流涧村污灌区重金属污染农田土壤修复项目顺利通过验收。环保综合指数同比下降率和完成率、优良天数同比增加数城区排名第一。深入实施造林绿化美化,绿化面积达到3.67万亩,建成区绿化覆盖率、绿地率分别达到39.3%、25.8%,人均公园绿地面积提升至9.23平方米。东篱、和谐公园如期开园。新建易城等5个游园和体育北路等5条林荫路。平阳路、康宁街等道路补植苗木6万株。完成潇河北岸、208国道孙家寨段景观绿化。

五、狠抓综合治理,守底线强举措保安全,社会治理构建新格局

2018年,小店区加强和创新社会治理,高度重视民主法治建设,支持区人大、区政府、区政协及司法机关依法履职,组织引导统一战线成员始终坚定正确的政治方向、服务全区发展,支持工会、共青团、妇联等群团组织依章程独立自主开展工作。加强党管武装工作,深入开展“双拥”活动,推动军地深度融合。不断完善责任传导、常态督导、执法监督、宣传发动、考核问责等制度机制,切实加强对社会综合治理工作的组织领导。创新发展新时代“枫桥经验”,打造营盘、坞城示范建设点,基层治理体系进一步完善。全力支持法院依法行使审判执行职权,下大力气推动解决执行难问题,案件执行率由47.94%提高到87.64%,审判执行质效大幅提升。牢固树立安全发展理念,全面落实安全生产责任制,扎实开展“百日攻坚战”等专项整治行动,检查生产经营单位2.6万次,安全生产事故起数和死亡人数实现“双下降”。持续加大交通安全设施投入,广泛开展“礼让斑马线”等活动。有效防控非洲猪瘟。打造体育西路、真武路等13条食品安全示范街,“明厨亮灶”覆盖200家,8000余家食品生产经营企业纳入可追溯体系,食品安全形势稳步向好。深入推进“扫黑除恶”专项斗争,开展“禁毒严打整治”“净网2018”等七大行动,排查重点场所5.5万个,入户摸排34万户,摸排线索206条,打掉14个黑恶势力犯罪团伙,抓获110名犯罪嫌疑人。集中整治8个社会治安重点区域,整治51个治安乱点。350个“雪亮工程”点位投入使用,社会综合治理智能化水平不断提升。牢牢把握维护社会稳定主动权,积极推行领导包案化解社会矛盾工作机制,深入开展信访矛盾化解攻坚战,突出抓好“季末清零”和重点领域源头化解,坚决守住“三个不发生”工作底线。全年化解案件881件次,受理答复国家、省、市案件2974件,调处化解民间纠纷2958件。

六、坚持党要管党,全面从严治党,党的建设呈现新局面

2018年,中共小店区委全力推动党的十九大精神和习近平总书记视察山西重要讲话精神落地落实。强化理论武

装，严格落实学习制度，区委中心组带头学习22次，带动各级理论学习中心组集中学习200余次。旗帜鲜明地站在意识形态工作第一线，每季度召开意识形态研判会，加强舆情监测收集、分析研判。将意识形态工作纳入民主生活会、党建工作责任制考核和年度目标责任考核，强化意识形态领域的宣传引导和责任落实。制定出台《关于全面推行“双报双查”制度严格落实“三会一课”的实施办法》《关于进一步规范落实党员领导干部“双重组织生活”制度的实施办法》《关于规范开展党支部主题党日活动的实施意见》，进一步推动全区各级党组织严肃党内生活。统筹全区干部资源，充实重点领域、关键岗位、基层一线工作力量，共调整干部9批次109人次，全区领导班子结构进一步优化。选派26名干部赴上海同济大学进修培训，举办科级干部培训班5期，培训648人，党员干部引领创新发展能力不断提升。加强对优秀干部和年轻干部的培养选拔，选用1名优秀社区党组织书记担任街道党工委副书记，选任2名80后干部担任街乡正职，各街道全部配备了80后基层党建副书记。建立了激励干部担当作为“1+N”制度体系，制定完善了年轻干部培养、容错纠错、关爱干部“五个一”等配套制度，进一步调动起全区广大党员干部干事创业的积极性和主动性。高标准谋划城市基层党建，全面推行街道“大工委”、社区“大党委”制，建立区、街、社区三级党建协调委员会，吸纳全区187个驻地单位签订了《共驻共建协议》，打造3个区域性党群服务中心试点和2个社区治理创新试点。加强“三基建设”，集中推动社区活动场所和公益性服务设施达标改造，除部分实施片区改造的社区外，全部完成“500平方米以上达标、1000平方米以上50%”的目标任务。在巩固、延伸、拓展中央巡视整改效果的同时，组织开展了区委第五轮巡察，发挥巡察巡视监督的利剑作用，持续保持惩治腐败的高压态势，全年线索处置360件，谈话函询70件，处分143人，重处分36人，组织处理44人，留置1人，移送司法机关6人，确保全区政治生态风清气正。

(侯盼洁)

附：中共小店区委书记、副书记、常委名单

书　记：刘振华

副书记：李卫平　宋晓丽(女，2月离职)
王建文(6月任职)

常　委：杜小灵　霍存柱　张志中
梁根会(9月任职)　王成周(9月任职)
周继全(12月任职)　张力维(12月挂职)
白进联(女，6月任职)　丁晓旭(6月离职)
张　耀(6月离职)　任效杰(6月离职)
张建春(12月离职)

中共迎泽区委

区委书记　冯原平

迎泽区现有基层党组织946个，其中，党委25个，党总支112个，党支部809个，党员12416人。

2018年，迎泽区以习近平新时代中国特色社会主义思想和党的十九大精神为指导，认真贯彻落实习近平总书记视察山西重要讲话精神和省市委各项决策部署，紧紧围绕“建设省城首善之区”目标，按照“主攻一个方向，提升两个商圈，统筹三个板块，打造四个园区，发展五项产业”的思路布局，以“转型项目建设年、社会矛盾化解年、作风建设提升年”为总抓手，抓重点、攻难点、促改革、补短板、求突破，全区各项工作取得新成效。

一是创新转型发展取得新突破。坚持把项目建设作为推进创新转型的主抓手，在建成区以商务楼宇为载体，引进国内外知名总部企业；在城乡结合部地区，以现代园区为载体，引进新兴产业项目；在东山地区，以生态建设为载体，引进特色小镇等休闲观光项目，统筹推动“三个板块”协调发展。建立完善项目化管理、区级领导包联服务项目机制，保障项目顺利推进。制定出台一系列扶持民营经济发展的优惠政策，签约项目17个，引入资金238.3亿元。着力推进大众创业、万众创新，投入“双创”资金1302万元，全年储备项目80个，累计完成投资67亿元。

2018年，全区地区生产总值完成768.6亿元，总量突破700亿大关，继续保持全市十县区之首；服务业增加值完成670.5亿元，增长9.1%；社会消费品零售总额完成409.5亿元，增长8.5%；固定资产投资完成92.2亿元；一般公共预算收入完成20.1亿元，增长31.6%，总量排全市第三，增幅创历史新高。

二是全面深化改革取得新进展。区委常委会与区委全面深化改革领导小组15次传达学习中央和省市委精神，22次专题研究部署改革有关事宜，对11个领域44项重点改革任务做出部署，实行区党政主要负责人抓改革台账制度，确保了各项改革事项的稳步推进。

三是文明创建取得新成效。建立完善区领导包联督办、三级会议、督导检查等六大工作机制，推进“九乱”专项治理，打造文明交通街巷59条，综合整治背街小巷66条，整治集贸市场8个，整治老旧小区231个，基本完成“九乱”专项治理年度目标。推进“智慧交通”项目建设,开放错时停车场 71 处、车位 1970 个,完成三所小学“绿色接送点工程”,交通拥堵现象得到一定程度缓解。

四是生态环境保护有了新提升。持续推进东山生态绿化,提档升级造林绿化 2200 亩,完成水马路、观枣线、307 国道等通道绿化工程。新建小游园小绿地 10 个,改造提升 5 条林荫路。建立迎泽区污染源普查清查名录库,扎实推进蓝天保卫战攻坚行动。中央和省环保督察反馈的问题全部办结。

五是城乡面貌有了新改观。推进城市重点工程建设,迎泽大街下穿火车站通道、东广场和双塔北路等项目累计征收 5.86 万平米。分配棚户区改造回迁安置房 5224 套。加快推进了城中村拆除“清零”、土地摘牌和回迁楼建设。加大城中村集体土地违法建设巡查、管控力度,连续三年实现“两违”零增长。推进城市管理执法体制改革,在全市首家建立执法便民服务中心。巩固占道经营、露天烧烤整治成果,严禁区街道秩序良好,连续两年全市考核第一。

六是民生福祉有了新改善。83.5%的区财力用于发展民生社会事业。开展了就业服务系列活动。构建了覆盖城镇职工、城镇居民、农村居民三类重点人群的社会保障体系。提升托底保障能力,临时救助年封顶线由 1 万元提高到 5 万元。推进义务教育优质均衡发展,39 中、37 中等一批中小学校改扩建工程完工并交付使用。接受国家统编义务教育教材使用情况调研和幼儿园责任督学挂牌督导,受到教育部好评。深化县乡医疗卫生机构一体化改革,4 所基层医疗机构实现“六统一”管理。推进家庭医生签约服务,重点人群签约率达到 60.1%。基本公共卫生服务项目代表我省接受国家考核,获全国第六的好成绩。大力实施文化惠民工程,郝庄镇被评为省级“文化艺术之乡”。通过项目和资金帮扶,圆满完成三年对口帮扶工作。

七是和谐稳定基础更加牢固。严格落实《地方党政领导干部安全生产责任制规定》,全面推进安全责任制挂牌,挂牌单位 30365 家,挂牌率达 100%。在全市率先建立了安全生产经营单位主要负责人履职述职机制。在国家安全发展示范城市评价座谈研讨会上,作为山西省唯一的县区代表,交流了工作经验。认真落实“社会矛盾化解年”的各项任务,实施信访案件“项目化管理”,通过“四定”“五包”责任制,妥善化解了一批中央和省市交办的信访案件。将扫黑除恶专项斗争与软弱涣散党组织整顿、基层腐败治理和学习推广新时代“枫桥经验”提升基层社会治理先导区建设紧密结合,进行精准打击,进一步营造了和谐稳定的社会环境。认真贯彻落实新修订的《宗教事务条例》,对非法宗教活动进行依法制止和取缔。创新食药监管模式,建立食品安全追溯体系,开展“食品安全你点我检”活动 1800 余次,保障了群众舌尖上的安全。

八是民主政治和法治建设取得新成果。区人大及其常委会围绕创新转型发展、文明城市创建、棚户区回迁安置、扫黑除恶专项斗争等重点工作开展了一系列监督视察调研活动,严格程序任免了一批国家机关工作人员,依法履职水平进一步提高。区政协坚持团结和民主两大主题,紧紧围绕民生保障、生态环境保护、城乡一体化发展等事关经济社会发展的重大问题开展调查研究,建言献策,发挥了协商民主重要渠道和专门协商机构的作用。加强和改进新形势下的统战工作,注重政治引领,在全市率先建立了新的社会阶层人士活动站,连续 32 年开展统战宣传月的做法被中央统战部推广。外事侨务工作评为全省先进。国防教育、国防动员和战备演练工作进一步加强,拥军优属氛围更加浓厚。区工会组织开展的困难职工解困脱困工作受到全国总工会肯定。团区委组织青少年开展了“拥抱新时代,共建文明城市”等主题活动,在创城工作中发挥了积极作用。区妇联深化“寻找最美家庭”活动,我区推荐的参评家庭被评为“第十一届全国五好家庭”。加强法治建设,认真实施“七五”普法规划,健全法律大讲堂触角延伸体系,扎实推进国家机关工作人员无纸化学法用法考试工作,提升了基层干部法治思维和依法履职水平。

九是党的建设有了新加强。全面落实新时代党的建设总要求,不断把全面从严治党引向深入。一是始终把党的政治建设摆在首位。区委中心组发挥表率作用,集中组织专题学习、研讨交流 25 次。全区各级党组织结合庆祝改革开放 40 周年暨建区 20 周年,开展丰富多样的宣传活动和学习教育活动,时代新人(桥东)工作站获评全国终身学习品牌项目,成为市社科教育基地。二是扎实推进“三基建设”。建立市管领导联系点制度,实施重点任务专项督查,“三基建设”13 个方面 29 项重点工作有序推进。建立区、街道、社区三级党建协调委员会,推行“街巷长”“小巷管家”“五约”工作法,全面推进城市基层党建系统化建设。充分发挥“互联网 + 党建”服务群众工作信息系统作用,解决群众问题 65324 件,走出一条“互联网解民忧”的新路子,《人民日报》专门刊载工作经验并发表快评文章,《山西日报》《太原日报》先后发表评论,予以肯定。三是进一步加强干部队伍建设。坚持正确用人导向,突出政治标准,规范选任程序,加大干部日常监督约束,注重实绩,强化正向激励,充分激发全区干部干事创业的内生动力。四是全面落实管党治党主体责任。成立区反腐败领导小组,先后 3 次召开专题会议,区委常委会议 25 次专题研究党风廉政建设和反腐败工作,真正做到把党对反腐败工作集中统一领导、全过程领导用具体行动体现出来。五是持之以恒正风肃纪。深入开展作风建设提升年活动,紧盯重要节点,持续纠正“四风”,严厉整治形式主义和官僚主义,严肃查处了一批违规违纪问题。六是运用监督执纪“四种形态”进行精准惩治。处理 288 人次,其中第一种形态占到 70.1%,监督执纪由惩治极少数向管住大多数转进。七是始终保持惩治腐败高压态势。开展民生领域腐败和不正之风专项整治,立案 98 件,党纪政务处分 80 人,移送司法机关 5 人,形成强大震慑,不敢腐的氛围进一步形成。

(苏卫国)

附:中共迎泽区委书记、副书记、常委名单

书　记:冯原平

副书记：李　慧(女)　杨敦勤
常　委：贾津生　孙劲松　曹　炬　赵树文
王国栋　马子龙　闫晓琴(女)
尹亮君(12月离职)

中共杏花岭区委

区委书记　张　磊

2018年，杏花岭区坚持以习近平新时代中国特色社会主义思想为指导，全面贯彻党中央和省委、市委各项部署，锐意进取、扎实工作，努力推动全区经济、政治、文化、社会、生态文明建设和党的建设不断前进。

一、突出政治引领，将学用习近平新时代中国特色社会主义思想不断推向深入

将学习贯彻习近平新时代中国特色社会主义思想和习近平总书记视察山西重要讲话精神作为长期重大政治任务，与深入学习贯彻党的十九大精神结合起来，与贯彻落实省委、市委系列重要部署结合起来，与各项工作结合起来，注重融会贯通，注重常态深化，注重学用结合，不断做实学习贯彻的实际举措。在"学"的方面，将深入学习贯彻习近平新时代中国特色社会主义思想和习近平总书记视察山西重要讲话精神作为全区各级组织和党员干部教育培训的主题主线，突出讲政治、讲问题、讲实践、讲延伸四个讲的导向方法，组织区四大班子和区管领导干部赴太行、右玉两所省级党性教育基地开展2期专题研修培训，以点带面，引导全区对照讲话，就"怎么做，怎么干"深入思考，广泛交流，真正达到学以致用的目的。在"用"的方面，坚持以讲话精神引领全区发展建设，紧紧围绕讲话提出的总体要求和5项重大任务，贯彻落实省委、市委系列部署，坚决扛起抓落实的政治责任。制定杏花岭区《关于进一步深入学习贯彻习近平总书记视察山西重要讲话精神推进工作落实的意见》，细化五大方面42项具体任务，稳步开展转型项目建设、改革事项推进、城市改造更新、社会事业发展、全面从严治党各项工作，努力推动全区各项事业沿着党中央和习近平总书记指出的正确道路不断前进。

二、聚焦第一要务，全力推动经济转型发展

(一)紧扣区域实际，转型布局迈出新步伐。坚持以习近平新时代中国特色社会主义经济思想为指引，全面加强党对经济工作的领导，深入实施"深耕老城、释放东山"两大战略抓手，突出现代服务业、先进制造业、文旅产业、绿色生态农业等发展重点，谋划形成"四圈四园四小镇"的产业转型发展布局，在此基础上统筹谋划，动态推进，推动经济产业转型升级稳步向前。全年全区生产总值完成672.84亿元，同比增长9.0%；服务业增加值完成535.70亿元，同比增长9.1%；固定资产投资完成87.33亿元，同比增长25.7%；规模以上工业增加值完成11.04亿元，同比下降6.8%；社会消费品零售总额完成276.78亿元，同比增长10.3%；公共财政预算收入完成18.67亿元，同比增长21.7%。

(二)突出转型重点，项目建设取得新进展。认真贯彻落实省、市转型项目建设年工作部署，将项目建设作为转型发展的关键，制定下发《杏花岭区转型项目建设年(2018)行动方案》，明确任务、细化责任、统筹推进。2018年全区共谋划各类项目132项，总投资1270亿元，56个项目列入市项目建设库。转型项目投资完成67.03亿元，占固定资产投资的89.6%，全市排名第2；市重点工程投资完成12.66亿元，完成全年目标任务的128.14%。20个主要转型项目全部实行"四定三包"推进机制，全程跟进协调，确保项目运行。中华老字号酿造小镇园区总体规划和各企业单体设计继续修改完善，一期酒厂板块入场施工，实现了当年策划、当年启动、当年开工。太原宜家家居商场签订框架协议，一号车市项目已办理规划手续，并具备土地收储条件，丈子头物流园二期项目立项。

(三)坚持开放创新，招商引资得到新突破。将招商引资作为党委、政府"一把手"工程，区委、区政府主要领导带队赴北京、上海、深圳、杭州、宁波等14个城市，与宜家(中国)、红星美凯龙、传化、香港奇盛等40多家国内外知名企业对接招商，奥特莱斯、文博园、真彩制笔、中通智慧供应链等13个项目已经签约，预期投资总额达361.08亿元。创新招商引资发放渠道，引入农发行融贷34亿元，与市政府配套资金10亿元共同投入中东西涧河城中村(棚户区)改造，引入融信集团24亿元实施谷旦片区连片改造。以太原市国家可持续发展议程创新示范区建设为契机，继续扶持创业创新平台发展，累计建成国家级众创空间1家，省级众创空间5家，区级众创空间4家，省级科技企业孵化器1家。大力扶持春光锻造、元工电力、惟创广告等优质民营企业发展，全力服务万达、富力、美特好等重点企业运行，区域经济向多元化、高质量转型迈出坚实步伐，多点支撑、百花齐放、活力丰沛的发展氛围正在加快形成。

(四)着眼全面小康，乡村振兴呈现新局面。认真贯彻落实乡村振兴战略，与同济大学规划院结成战略合作伙伴关系，细化制定乡村振兴战略规划。结合农村集体产权制度改革和重点转型项目建设，全力扶持村域经济向高端化、绿色化转型，形成小窑头非遗文化村、谷旦村远东宝环保科技有限公司汽车真空助力刹车片生产线等一批优质转型项目。持续推进特色种养农业，扶持推动水沟村葡萄基地、大红果基地、河里头大樱桃基地、洪子峪设施农业基地、榆林坪城郊森林公园海棠湾5个精品农业园建设。扶持鸡妈妈养殖有

限公司、凌风种养专业合作社、兴龙盛养殖专业合作社等企业发展。

三、用足“第一动力”,扎实推进全面深化改革

(一)坚决扛起抓改革的工作责任。深入贯彻落实习近平总书记“思想再解放、改革再深入、工作再扎实”指示要求,牢固树立“改革决不能落后”工作理念,强化措施、主动作为。细化制定《中共太原市杏花岭区委全面深化改革领导小组2018年工作要点及责任分工》,建立区级党政主要负责同志、分管区领导、部门主要负责同志抓改革“三本台账”,按月汇总、半年盘点、年底对账、逐项销号。区委书记、区长亲自领抓重大改革,围绕重点难点问题直接“点将破题”,强化指导督查,以项目化方式推进改革任务落实到位。

(二)着力抓好重点改革事项推进。积极探索推进五大重点改革事项:

一是创新开展城市基层党建“区域化”探索。围绕城市基层党组织抓党建、抓服务、抓治理职能定位,提出“党建统领、区域联动、服务集约、治理创新”的工作思路,构建以“区域化”为核心,以“区域党群服务中心”“社区及其他党群服务中心”“党群服务微站”三类平台为载体,以“军民共建”“红色物业”等多种党建模式为支撑的“1+3+N”城市基层党建组织架构,真正实现以大带小、以强带弱、大小互动、强弱互补的区域联动体系。

二是圆满完成全国农村集体产权制度改革试点。作为全国首批100个农村集体产权制度改革试点县(区)之一,认真落实上级工作部署,结合实际分类施策,紧扣试点任务精细施工,全区44个村(社区)成立股份经济合作社。

三是持续深化基础教育“大学区制管理、集团化办学”改革。建成4个教育集团和10个学校发展共同体,新增优质学位9332个,4大教育集团优质学位增长率达1153%,改革探索向初中、幼儿园“上下两端”延伸拓展,区属中学中考成绩在2017年取得大幅提升的基础上,2018年人均总分再度提高4.61分,总分及格率提高1.62个百分点。

四是率先开展城市大气环境治理机制探索。在全市率先建立大气污染源解析监控和实时监测网络,建成了4级59个环境监察网格,区内128个排污单位实现全覆盖,以此为基础探索实施平台监管和现场巡查双向结合,变被动应对为主动治理的空气污染治理新机制。发现响应环保事件4381次,现场制止污染行为1055次,整改核实3326件。

五是扎实推进社会治理创新。深化实施“雪亮工程”,在全市率先建成区、街(乡)、试点社区(村)三级综治视频交换共享平台,全区视频监控总数达到52000路,联网共享15000路,覆盖率、联网率全市第一,重点公共区域、重要部位和主要道路实现全覆盖,5月10日接受了中央政法委示范、试点项目中期检查,得到检查组高度评价。

(三)全面完成全年各项改革任务。全面完成省、市下达的7个领域46项改革任务,“放管服效”改革、国企国资改革等重点改革推进顺利。完成10户国有、集体企业改制。机关单位公务用车管理平台正在筹建,事业单位和国有企业公车改革正积极推进。全面实行“一站式”服务,深入推进简政放权,省、市要求取消的25项行政职权全部取消,新开办企业审批时限压缩至3天。减税降费、企业投资项目承诺制试点、“合同执行难”专项整治等具体事项有序推进。

四、回应“第一需要”,持续发展社会民生事业

(一)持续推进城市建设,城市宜居度全面提升。完成2017年启动的5个棚户区项目动迁“清零”,新启动玛钢厂、营西街东等棚户区改造。完成南窊、谷旦、柏杨树3个城中村133工程用地划定确权,积极推进太原动物园二期、牛驼公园及东来巷、东肖墙等背街小巷改造项目动迁,市重点项目千年府衙改造拆迁全部完成。全年累计完成动迁3411户、118.24万平方米。16个棚户区和9个城中村回迁安置房建设全面启动,完成安置11430套。新开工保障住房3222套,基本建成3384套,超额完成全年目标任务。

(二)扎实开展文明创建,城市管理水平持续提升。紧盯“九乱”重点,狠抓亮点示范,高标准实施国师街、半坡街、五龙口、胜利东街四大重点示范片区整治,启动北沙河、北涧河“两河”沿线景观设计。对102条背街小巷、454个老旧小区进行综合整治,累计硬化道路3.36万平方米,拆除违建3.24万平方米,粉刷立面33.62万平方米,清理架空线缆6.08万米,新施划机动车停车位1.05万个。集贸市场乱象整治成效明显,测评成绩全市第一。探索形成背街小巷整治“四步工作法”、老旧小区“四方联动”“三级管理”等新机制,委托安徽绿洲城市管理测评咨询有限公司进行两轮第三方测评,并根据分析反馈针对性改进,有效推动创城工作。

(三)着力推进环保整治,生态文明建设效果初显。447件中央、省环保督导事项、54件生态环境部强化督查事项全部整改,236件“回头看”交办案件全部整改完毕。大力开展散煤、扬尘污染治理攻坚,开展“积存垃圾、卫生死角、废物堆积、露天烧烤大清零”“散乱污企业大清理”“数字城管平台群众反映环境问题大清底”三大专项行动,全年全区$PM_{2.5}$指数同比下降19.1%;SO_2指数同比下降44.7%。深入推进“河长制”管理,区内4条河道全部编制“一河一策”方案,新建农村生活污水处理站6个。完成东山生态提档升级绿化3000亩,启动窑头、杨家峪两个绿色示范村落建设,新建城区小游园5个,创建省、市级园林式居住区5个,新增居住区绿地10.17万平方米。

(四)深入实施崇文重教,公共民生事业全面进步。在深入推进“大学区制管理、集团化办学”改革的同时,持续加强教育基础设施建设,新道街小学教育集团中车分校、化工路小学建设顺利推进,启动长江小学、大东关小学建设。完成7所中小学运动场地塑胶化建设工程和区二中办学条件改善工程。全区普惠性幼儿园总数达到33所,新申报普惠性民办幼儿园13所,普惠性幼儿园数量达到总数的81%。区中心医院综合楼建设项目加快建设,69个社区卫生服务中心(站)全部实现与市卫计委专线连接。就业、低保、社会救助等社会

基本保障扎实开展，大力开展群众性文化活动和历史文化挖掘保护工作。区四大班子赴娄烦县就对口帮扶脱贫攻坚专题调研，增拨400万元经费专门支持深度贫困人口脱贫，为全市脱贫攻坚任务完成作出积极贡献。

五、落实"第一保障"，社会安全稳定形势不断巩固

(一)扎实推进扫黑除恶专项斗争。坚持"有黑扫黑，无黑除恶，无恶打霸，无霸治乱，无乱强基"，加强组织领导，层层传导责任压力，围绕"政治站位、依法严惩、深挖彻查、综合治理、组织建设、组织领导"六项重点，扎实推进专项斗争向纵深开展。全区全年打掉黑社会性质组织2个、恶势力集团6个、恶势力团伙9个，破案116起，抓获犯罪嫌疑人135人，扣押涉案资金2.84亿元，追回税金2.7亿元，追缴文物774件。区检察院受理涉黑涉恶案件15件117人，批捕78人。区法院判决涉恶案件1案3人。

(二)社会综合治理全面加强。深入推进平安建设，严厉打击各类犯罪行为。启动"山西百利鑫创业投资有限公司非法集资案"后期处置工作，是全市2018年第一件启动后期处置的案件。深入推进"六安联创"活动，开展"护校安园"行动、"警校家"文明交通综合治理等多项特色活动。学习推广新时代"枫桥经验"，进一步深化联调中心规范化建设和"法治诊所"建设，开展"家事法庭"试点，推进矛盾纠纷多元化解。深化快递小哥、出租车志愿者等平安志愿者队伍建设，扎实开展特殊人群管理。

(三)安全信访形势持续巩固。全区12街乡、148个村(社区)全部配备专兼职安全员并落实待遇，对全区28家规模以下企业开展安全风险分级管控，辨识整改安全风险点近3000条。扎实开展信访稳定攻坚化解，中央交办3件和省交办6件"四个重点"重点信访案件全部办结，市交办62件重点信访案件已办结53件，中央巡视组移交158件案件已全部回复或整改上报。省信访联席办移交涉黑涉恶举报信62件全部甄别回复。网上信访信息系统受理网上信访件1828件，国家信访局督办、交办网上信访件17件全部办结。

六、坚持改革创新，着力推动全面从严治党向纵深推进

(一)对标新时代新要求，坚持以习近平新时代中国特色社会主义思想统领党的建设。贯彻落实新时代党的建设总要求和新时代党的组织路线，以习近平新时代中国特色社会主义思想指导全区党的建设。召开全区组织工作会议作出全面部署。制定区委《关于全面加强新时代基层党建的实施意见》，作为全区践行习近平新时代中国特色社会主义思想、推动新时代全区党建工作的指导性文件，并配套出台《杏花岭区基层党组织规范化建设标准(试行)》《杏花岭区2018年度"三基建设"重点工作任务清单》《杏花岭区干部政治素质考察办法(试行)》等系列制度文件，统筹推动全区党建各项工作创新开展。

(二)坚持理论武装，持续深入抓好全区党员干部思想政治培育。将学习贯彻习近平新时代中国特色社会主义思想和党的十九大精神，学习贯彻习近平总书记视察山西重要讲话精神作为长期任务，高起点谋划"不忘初心、牢记使命"主题教育，发放调查问卷2000余份，形成1万余字的专项调查报告。挖掘区内革命传统文化教育资源，打造平民中学校史馆、太原解放纪念馆等5个党性教育基地，平民中学、1898晋造工业文化园、东湖醋园被省委命名为山西省爱国主义教育基地。开展纪念中国共产党成立97周年"八个一"系列活动，引导全区广大党员干部进一步树牢"四个意识"，坚定"四个自信"，坚决做到"两个维护"，进一步鼓足干事创业的决心与动力。

(三)聚焦区域特点，深入推进党的基层组织设置和活动方式创新。建成杏花岭、桃园2个"区域党群服务中心"，锦绣苑、胜利东等一批"社区党群服务中心"，建设北路南等"党群服务微站"试点，建设杏花岭区机关党建中心，在万达、富力等楼宇商圈建立"非公区域党群服务中心"，开工建设敦化坊、半坡街、赛马场等区域中心和富力华庭、享堂等社区中心。夯实城市基层党建系统化、整体化布局，成立区、街道、社区三级党建工作协调委员会。树立"服务就是最好的治理"工作理念，着力打造政务服务、生活服务、法律服务、文体服务、关爱服务和党员服务为主体的六大服务体系。

(四)聚焦"三基建设"主线，推动基层组织力全面提升。强化基层组织建设。以集体经济薄弱村、信教群众聚居村等为重点，整体提升各领域党支部规范化标准化水平，整顿提升10个城市领域软弱涣散基层党组织，结合扫黑除恶专项斗争整顿4个农村软弱涣散党组织。提升基础工作水平。全区党政群机关事业单位修订完善"一目录三手册"，参照市级效能建设综合考核评估办法，分领域分方式分层级开展基础工作评估工作。建立分类量化考核机制，试点先行党员星级管理。抓好基本能力养成。举办区管中层干部学习贯彻习近平新时代中国特色社会主义思想读书班，以"小班高频"形式组织基层主干培训，开展"两委"主干通用能力和专业能力考试，对成绩不合格者进行"回炉"培训，进一步提高基层干部抓党建、抓服务、抓治理的能力水平。

(五)坚持新时代好干部标准，持续建设高质量专业化干部队伍。坚持"信念坚定、为民服务、勤政务实、敢于担当、清正廉洁"的标准，探索干部评价选拔"六维工作法"新机制，实行"三个累进"加分激励办法，培育干部争先争上意识。探索设立社区干部学校、农村干部学校和新时代城市文明学习实践所、新时代乡村文明学习实践所的"两校两所"教育培训平台，打造党性教育、为民服务教育、生态文明教育、法治教育、实践教育五类特色教育培训基地。针对不同层级、不同岗位干部需求推行分层分类培训，举办科级及以上教育培训班10期，参训党员干部1800余人次，全区干部教育培训工作得到省、市干部教育领导组多次表扬。

(六)持续抓好党风廉政建设，营造担当作为、风清气正的氛围环境。加大执纪监督力度，深化监察体制改革，认真开

展巡察工作。处置问题线索240件，立案查处各类违纪和涉法案件75件，党纪政务处分69人。紧盯“四风”隐形变异，制定区委《关于进一步贯彻落实中央八项规定精神的实施细则》，区级领导班子带头，从日常点滴做起，坚持“四逢四必”提醒机制，发送廉政提醒短信2.2万条，全年立查违反中央八项规定精神问题7起，党纪政务处分12人，组织处理1人，通报典型案例6起，保持正风反腐高压态势，推动党风政风持续向好。

（七）民主政治建设有效开展，统战、宣传、群团等各项工作得到全面推进。持续加强党对人大、政协工作的领导，全力支持人大、政协依法开展工作。顺利完成区妇联换届，工会、共青团各项活动有序开展。成立杏花岭区新的社会阶层人士活动站，圆满完成中央宗教督查，中央台办牵头主办的两岸平民中学交流研讨会、两岸社区营造交流等重点接待任务。

（游 佳）

附：中共杏花岭区委书记、副书记、常委名单

书　记： 张　磊

副书记： 李文权　田文浩

常　委： 刘晓黎（女）　梁　勇　王富强　马彦明　潘　侠（6月离职）　杜　燕（2月离职）　岳志强　郭俊明

中共万柏林区委

区委书记　杨俊民

2018年，万柏林区牢牢把握在“两转”基础上全面拓展新局面的时代特征，高举习近平新时代中国特色社会主义思想伟大旗帜，坚持以“五大行动”为统领，以建设“四大片区”为抓手，以实施“三化工程”为载体，全力以赴稳增长、调结构、促改革、惠民生、防风险，扎实推进党的建设和党领导的各项事业取得明显成效。全年地区生产总值完成450.46亿元，固定资产投资完成209.06亿元，增长18.8%，一般公共预算收入24.17亿元，增长16.3%，稳居全省第一方阵，规模以上工业增加值等多项经济指标排名全市前列；完成市下达的节能减排、就业保障等指标。

一、坚持党建引领，推进党的建设取得新成绩

（一）党的政治建设坚强有力。坚持把党的政治建设摆在首位，结合推进“两学一做”学习教育常态化制度化，聚焦习近平新时代中国特色社会主义思想、党的十九大精神、习近平总书记在庆祝改革开放40周年大会上的重要讲话精神和视察山西重要讲话精神以及省市委全会精神等重要学习内容，不断创新理论中心组学习方式，狠抓党员干部专题培训和基层党组织书记“全覆盖”轮训，开展“担复兴大任、做时代新人”主题活动，广大党员干部的“四个意识”显著增强、“四个自信”日益坚定、“两个维护”更加自觉。积极培育健康向上的党内政治文化，进一步严肃党内政治生活，加强对各级党组织的督导。认真落实意识形态工作责任制，坚决扛起举旗帜、聚民心、育新人、兴文化、展形象的使命任务，着力推动新时代宣传思想工作不断强起来。

（二）管党治党政治责任严格落实。先后召开24次区委常委会议专题研究全面从严治党工作，定期听取“两个责任”落实、重要案件查办情况汇报，全年党内问责领导干部26人次。坚决把纪律和规矩挺在前面，认真抓好《党章》《宪法》《纪律处分条例》《问责条例》等学习贯彻，加强党对反腐败工作的集中统一领导，持续深化监察体制改革，扎实开展区委巡察工作，移交问题线索92个。持之以恒正风肃纪，深入开展作风纪律专项整治，查处违反中央八项规定精神问题18件、党纪处分17人；处置问题线索511件，立案审查103件、结案100件、党纪政务处分103人；中巡组交办的110件初次举报件办结102件。更加注重监督执纪“四种形态”的精准运用，工作重点从“惩处极少数”向“管住大多数”转变。

（三）民主政治建设全面推进。坚持和完善人民代表大会制度，支持人大及其常委会依法履行职能。坚持和加强党对政协工作的领导，支持政协履行政治协商、民主监督、参政议政职能。健全党委领导法治建设工作机制，大力弘扬社会主义法治精神，推动全社会形成浓厚法治氛围。构建“亲”“清”新型政商关系，积极推动非公有制经济健康发展和非公有制经济人士健康成长。认真贯彻党的宗教工作基本方针，全面提高宗教工作法治化水平。积极促进工会、共青团、妇联、科协等群团组织发挥优势积极作为，圆满完成妇联换届。坚持党管武装，全面加强退役军人事务管理与服务，进一步推动军民融合发展。

（四）干部队伍建设持续加强。全面贯彻新时代党的组织路线，不断健全完善素质培养体系，干部状态和素质实现“双提升”。牢固树立“注重人才、崇尚实干、向基层一线倾斜”的用人导向，调整干部5批次97人。加强干部全过程全方位管理监督，落实激励干部担当作为、合理容错、能上能下等有关规定，函询党工委1个，提醒党工委1个、单位5个，全区干部想干事、能干事、干成事的氛围日益浓厚。

（五）“三基建设”扎实有效。严格按照省、市委“三基建设”年度工作要求，加快推动街道管理体制改革，扎实开展“六大培训工程”、党群服务中心建设、支部规范化达标建设、软弱涣散党组织整顿提升、社区活动场所提档升级等重点工作，积极探索城市党建引领社会治理新路，区、街道、社区党建工作协调委员会基本建立，“山西智慧党建”APP试点工作

圆满完成,各级基层党组织推动发展和服务群众的能力不断提升。

二、坚持创新转型,内生动力持续增强

(一)转型升级步伐加快。突出调整结构与优化升级并举、提质增效与扩增总量并重,正确处理“新老饭碗”关系,着力引导和扶持重型机械、建材、煤化工等传统产业老树发新芽、迈上新能级,铁路装备制造、电力信息、轨道交通等高科技产学研合作项目初具规模。加快推进现代服务业提档升级,华润万象城开业运营,新城吾悦广场等商业综合体建设扎实推进,文化旅游、会展经济、智慧物流、电子商务等新业态快速发展。积极推进农业供给侧结构性改革,38个村土地确权工作顺利通过省市验收,全区三次产业结构更趋合理。

(二)发展后劲持续提升。认真落实“转型项目建设年”各项部署,围绕全区发展定位,全面抓好项目的策划、包装、推介和引进,成功举办全区转型项目招商引资推介会。全区招商引资签约项目总投资额完成169亿元,签约项目当年开工率达到50%。做深做细做实项目服务,健全完善区级领导对接服务转型项目、包联重点项目制度,启动企业投资项目承诺制和网上审批、并联审批,计划总投资2284亿元的119个重点项目完成投资171.84亿元,项目支撑转型的作用持续增强。

(三)创新发展加速推进。坚定不移实施创新驱动发展战略,出台《关于深化创新创业建设科技产业聚集区的若干意见》,加快推进环理工大、科大周边创新创业基地建设,成功创建第二批省级大众创业万众创新示范基地,建成省级以上科技企业孵化器3家、众创空间16家,清控文创、中软、京东等8家知名孵化载体有意在我区新建双创基地,“双创”逐渐成为引领我区经济发展的新引擎。

(四)改革活力充分迸发。积极承接落实中央和省、市各项改革任务,精心谋划全区特色改革事项,建立党政负责人抓改革台账,精准制定“时间表”和“任务书”,全区7大方面43项重点改革事项进展有序,国地税征管体制改革、“放管服效”改革、军民融合产业发展等一些关键性改革纷纷落地见效,全社会创造力和发展活力进一步激发。

三、坚持改造提升,动能转化全面提速

(一)城中村改造继续发挥引领作用。在率先完成全部27个城中村整村拆除任务的基础上,攻坚克难实现拆迁扫尾清零,拆除约16.856万平方米。全力推进回迁安置工作,回迁安置房累计完工或封顶2.75余万套316.85万平方米,货币安置3.47余万套。加快项目手续办理进度,新城吾悦首府等城改项目扎实推进。

(二)城边村改造提升强力推进。15个城边村9个完成整村拆除,拆除各类建筑84.37万平方米。整合利用城边村改造腾挪出的土地资源,打造“产业转型示范区”“生态修复样板区”“文化旅游特色区”“温泉休闲度假区”“四大片区”,布局多元发展多极支撑的现代产业体系,无人机项目厂房主体完工,万科西铭文旅小镇等项目正在建设,5G科技产业、威马新能源汽车等项目即将落地。

(三)棚户区改造和安居工程建设全面发力。东社石膏矿棚户区拆迁全面完成,保障性住房新开工3371套,基本建成25526套,涉及5个乡街27个村2万余人的采煤沉陷区综合治理移民搬迁工作全面完成,九院小区廉租房项目达到入住条件,基本实现工业矿区到现代城区的转变。

(四)基础设施建设日趋完善。完成新庄北街等3条道路的拆迁改造和九院沙河、虎峪河快速化改造西延拆迁,城市路网不断延伸。王封一线天旅游公路稳步推进,“四好农村路”建设项目完成9项,实现投资1690.74万元。不断完善城区供电、给排水、燃气等配套设施,城市承载能力和宜居水平大幅提升。

(五)生态环境持续改善。扎实开展查处违法排污“百日行动”、秋冬大气治理攻坚行动和中央、省环保督察交办问题整改“回头看”,中央交办的20个重点环境污染问题得到有效解决,SO_2浓度和PM2.5浓度实现同比双下降,全区大气环境质量持续改善,全年空气质量优良天数201天,空气质量综合指数6.26,全市排名第二。加强河道日常清洁监管,持续推进黑臭水体治理。

四、坚持文明创建,城市品质全面提升

(一)创城工作不断取得新成效。在持续巩固深化“三化工程”实效的基础上,出台《万柏林区创建全国文明城市工作规划(2018–2020年)》,深入开展“九乱”专项整治、文明交通综合治理、“文明创建·百日迎新”主题活动和创城迎测等重点工作,牵头抓总作用充分发挥,创建氛围日益浓厚,短板问题整改有效,特色亮点不断显现,打造背街小巷环境整治、集贸市场综合整治、农村环境治理等各类示范点50个,城市文明程度和市民素质全面提高。

(二)城市管理水平再上新台阶。坚持把“三化工程”作为创城工作的重要载体,以“五街四路”、两大片区为突破口,全力开展“十大整治行动”,累计拆违近17.7万平米,取缔占道经营3万余平米,立面粉刷142万平米,楼宇亮化1216处,中环内废品收购站全部清零,治理小广告58万处位居六城区第一。制定实施《万柏林区城市精细化管理实施方案(试行)》,实行“街(路)长制”管理模式,全区精细化管理水平全面提高。

(三)生态文明建设开创新局面。实施提档升级造林1万亩、栽植各类苗木51万余株,生态园垃圾场综合治理工程全面完工,西山国家矿山地质公园等项目建设扎实推进,全区森林覆盖率超过41.7%。新建游园7个、街头绿地13处,配合完成“三河”快速路及西铭路配套绿化,人均公共绿地达11.8平方米,建成区绿地率、绿化覆盖率分别为37.7%、43.8%,城市面貌逐步改善。

五、坚持服务群众,民生福祉明显改善

(一)社会保障持续增强。持续加大对民生事业的投入力度,城镇登记失业率为3.36%。突出抓好社保“全覆盖”工

程,巩固"五保合一"创新管理模式,机关事业单位养老保险制度改革入轨运行。城乡居民最低生活保障、困难群众救助等各项惠民资金精准发放到位,精准帮扶娄烦两个乡镇25个村实现脱贫摘帽。全力解决好企业拖欠工资问题。新建12家社区养老服务中心和日间照料中心,便民服务水平显著提升。

(二)民生事业全面进步。全面加快教育强区建设,开城街等6所学校新建、改造项目有序推进,凤凰双语小学等5所城改配套学校投入使用3所。全面落实医药卫生体制改革工作任务,山医大一院万柏林分院挂牌成立,重点人群家庭医生签约服务率达60%以上。健全完善城乡公共文化服务体系,广泛开展群众性文体活动和文化惠民活动1000余次,认定2位区级非遗传承人,成功举办区第三届全民运动会、首届群众文化艺术节。

(三)社会治理更加有效。全面加强和创新社会治理,扎实推进法治创建示范区建设和平安创建活动,深入学习推广新时代"枫桥经验",基层社会治理能力现代化水平不断提高。深入推进扫黑除恶专项斗争,打掉2个黑社会性质犯罪集团、9个恶势力犯罪集团、7个恶势力犯罪团伙,破获刑事案件211起,抓获黑恶势力犯罪成员182人。健全完善领导接访包案等信访工作机制,扎实开展领导干部大走访活动,及时化解各种不稳定因素。深入开展煤矿、非煤矿山、道路运输、食品药品等重点行业领域专项整治行动,整改各类问题5566个,全年无重大安全生产事故发生。

(尹鹏鸿)

附:中共万柏林区委书记、副书记、党委名单

书　记: 杨俊民

副书记: 袁尔铭　张振鹏

常　委: 岳元春　刘贵江　杨宏林　李　蓉(女)　赵晓红(女)　戴　刚　刘爱国　常　青

中共尖草坪区委

区委书记　李贵增

2018年,区委常委会深入学习贯彻习近平新时代中国特色社会主义思想和习近平总书记视察山西重要讲话精神,围绕省委"示范区""排头兵""新高地"三大任务和市委建设文明开放富裕美丽太原目标,以"三区战略"引领全区发展,以"四大融合"统筹城乡建设,团结带领全区广大干部群众,解放思想、开拓进取,苦干实干、奋力赶超,圆满完成了全年各项目标任务,"强富美旺"尖草坪迈出了坚实步伐。

一、坚持把改革创新作为不竭动力,发展动能更加强劲

一是真抓实干落实改革任务。党政主要负责同志勇站改革第一线,积极发挥"施工队长"作用,定期听取工作进展,认真研究解决问题,年初确定的50项改革任务全面完成。

二是开放包容优化营商环境。推行"互联网+政务服务",优化办理流程、强化服务保障,政务服务一次性办结率达87%。年初确定的总投资2872亿元的199项重点工程项目,已累计完成投资440亿元。

三是重点改革事项取得突破。深入推进"区区融合""军民融合",现已完成军民融合"一区两园"(即:不锈钢园区基础区、军民融合科技创新园、军民融合转型产业园)初步规划。落实建设用地指标4125亩,中北大学片区军民融合科技园一期702亩已进入土地收储征拆阶段,详细规划已完成。科技园三纵三横道路建设已进入立项、设计阶段,已初步确定28个项目,总投资160亿元,今年计划开工10项,总投资35亿元。

二、坚持把高质量发展作为根本方向,综合实力显著增强

全年地区生产总值完成327.56亿元,同比增长10.8%;固定资产投资(不含园区)完成106.83亿元,同比增长51.9%;社会消费品零售总额完成112.07亿元,同比增长10%;规模以上工业增加值完成218.07亿元,同比增长8.7%;服务业增加值完成118.68亿元,同比增长10.6%;一般公共预算收入完成13.51亿元,同比增长34.8%。

一是"人文生态休闲区"焕发活力。精心打造了农游结合的田园综合体示范项目——太原北部现代农业园,流转土地2800亩,完成起步区种植2000亩,2018年7月31日正式开园。全面实施乡村振兴战略,先后完成"四好农村路"26条49公里,在全市率先实现建制村100%通硬化路;全年共创建18个达标村、9个提档村、8个亮点村,其中,南翟村被评为省级美丽乡村示范村,庄头、欢咀等4个村被评为市级美丽乡村示范村。

二是"创新转型产业区"优化升级。以科技为支撑,强化服务引导,推进工业转型发展,太钢及不锈钢园区投资11亿元的9个项目进展顺利。以发展新兴产业为方向,扶持京丰电务、东杰智能装备及工业机器人项目建设,推动企业在"产学研用"上下功夫,实现从单纯制造向商业模式创新转变。以创业创新为载体,打造"双创"平台7个,全区有效发明专利拥有量达1699件,小微企业拥有授权专利数159件。推动商贸业提档升级,投资3.2亿元的宝恒、神都项目主体基本完工,超百万平米的润恒冷链物流园区部分功能市场已开始运行,太原新广立钢铁智慧仓储交易中心一期已建成开业。

三是"现代宜居都市区"扩容提质。拆迁改造多福路、太白路、汾西路等市政道路,延伸城市主干路网17.2公里。推

进文明城市创建,成立由四位区级领导牵头的兴华、柴村、迎新、汾东四大片区创城指挥部,全区22个老旧小区和13条背街小巷全部达标,打造了兴华片区创城标杆,群众满意度全市第一。全力开展大棚房和卫片清零专项行动,累计拆除20万平米。

三、坚持把人民幸福作为执政追求,民生福祉持续改善

一是社会事业蓬勃发展。外国语、区一中、富力实验小学等新建学校稳步推进,恒大实验小学已投入使用,创建普惠性民办幼儿园5所,顺利通过国家义务教育均衡发展复查验收。深化医药卫生体制改革,积极推进区乡一体化建设,组建15个管理中心,实现了业务、人员、药械等“六统一”;柴村等4个基层卫生服务机构已建成投用,区中心医院、汇丰卫生服务中心建设进展顺利。区财政全年拨付扶贫资金1300万元,帮扶娄烦县马家庄乡如期脱贫。

二是社会保障不断完善。深入推进社会保障制度,养老、医疗等5项社会保险覆盖面。实施“农村高龄津贴制度”,低收入和特殊群体救助比例不断提高,全年民生支出占一般公共预算比例达87.75%。

三是生态环境持续改善。积极开展“崛围山增红、全域增绿”,完成增红3.8万亩、提档增绿4万亩。中央环保督察“回头看”及黑臭水体专项督查发现的82个问题全部整改到位。全力抓好工业企业挂牌、道路清扫保洁、重污染天气应急响应等工作,扬尘污染治理取得显著成效。全年二级以上优良天数达220天,空气质量和任务完成率稳居全市第一。

四、坚持把民主法治作为重要抓手,治理能力稳步提高

一是加强民主政治建设。规范“人大代表之家”创建,研究制定了《关于加强政党协商的实施意见》,全年共收到人大代表建议意见162件、政协委员提案147件。区工商联荣获2018年度“创新中国”最佳案例奖。党管武装坚强有力,圆满完成战备规范化建设试点任务,应急应战检验成绩优异,迎接了军委国防动员部民兵改革工作检查,被省军区表彰为先进人武部,被太原警备区表彰为学习训练、征兵工作先进单位。

二是全力打造“法治草坪”。司法改革全面深化,员额法官、检察官落实到位。认真落实政府法律顾问制度,实现“一村一法律顾问”全覆盖。加强《宪法》宣传教育,深化“法律七进”活动,在全区营造人人懂法、人人守法、人人用法的浓厚氛围。荣获“全国法治县创建活动先进单位”称号。

三是全面加强社会治理。深入开展扫黑除恶专项斗争,全年共收到线索599条,办结467条,打掉1个黑社会性质犯罪集团、1个恶势力犯罪集团、5个恶势力犯罪团伙,破获刑事案件48起,社会环境进一步优化。全面落实党政领导干部安全生产责任制,安全巡查实现全覆盖、常态化,全年未发生较大安全生产事故。加强畜牧养殖安全监管,妥善处置非洲猪瘟疫情,从源头上保障了畜产品质量安全。

五、坚持把守正创新作为前进方向,宣传思想工作有效开展

一是坚持党管意识形态。深入贯彻落实全国和省市宣传思想工作会议精神,严格落实意识形态工作责任制,出台《意识形态工作规则》《网络安全考核办法》。

二是把握正确舆论导向。开展最美人物评选、“时代新人说”等系列活动,营造崇德向善、见贤思齐的良好社会氛围。在“草坪宣传”微信公众号、政府网站发布信息4500余条,推出“印象系列”专题片5部,在市级以上主流媒体刊登新闻稿件430余条,对全区3976个网站和登记备案的10个微信公众号、微博全面排查,查处政治类有害信息1起,查删有害信息2条。

三是丰富群众精神文化生活。坚持文化为民、文化惠民,举办了庆祝“改革开放40周年暨建区20周年”系列文化活动,开展“百姓大戏台”等群众喜闻乐见的各类文化活动2900余场,重点打造了30个村级综合文化服务中心和18个文化馆、图书馆分馆,成功申报了5个市级非遗项目,新建了区非遗展厅,满足了群众的文化需求。

六、坚持把党的建设作为根本保障,管党治党水平全面提升

一是坚定信念,打牢思想根基。坚持用习近平新时代中国特色社会主义思想武装头脑,引导广大党员干部树牢“四个意识”,坚定“四个自信”,践行“两个维护”,实行党支部组织生活“全程纪实”管理,严格规范“三会一课”等10项制度,深化“党员先锋行”主题实践活动,开展纪念建党97周年“九个一”系列活动,培树推广了“党员微党课”“党员政治生日”等特色活动。

二是强基固本,筑牢战斗堡垒。率先提出党群服务中心“千平米”覆盖工程,打造了优山美郡、兴华东社区等6个标杆社区,千平米党群服务中心达54个,达标率82%,全市第一。集中整顿软弱涣散基层党组织12个,建立组织调训、干部夜校、送教下乡等“六位一体”干部教育机制,1500余人次参加培训,干部服务群众、服务发展的能力素养得到提升。

三是实干为先,建强干部队伍。树立“德才兼备、以德为先”的用人导向,全年共调整干部8批74人次,特别是在全市率先选拔6名优秀的街道事业人员进入街道班子任职,打通了乡街事业人员晋升渠道。加强引才育才,出台《深化人才发展体制机制改革的实施方案》,先后引进各类优秀人才274名。

四是执纪问责,保持反腐高压态势。全面落实党风廉政建设“两个责任”,严格执行中央八项规定和省市要求,持之以恒反对“四风”。构建起监督执纪长效机制。将“四种形态”贯穿于监督执纪全过程,全年共立案122件、结案114件、处分108人。

一年来,全区各级各部门立足岗位、争先争上,展现出一幅幅勇于作为、能打胜仗的生动画面,先后获得市级荣誉

101 项、省级荣誉 28 项、国家级荣誉 9 项。

（冯丽珍　朱永钢）

附：中共尖草坪区委书记、副书记、党委名单

书　记：李贵增

副书记：卢俊峰　金林平

常　委：李崇斗　孙　泉　朱　蓉　祁向东　荆　峰　刘光辉(12 月离职)　王国权

中共晋源区委

区委书记　杨继承

产业转型升级。紧紧围绕 4 个核心产业圈，深入开展“转型项目建设年”活动，大力实施了“三个百亿级”项目群，设立转型项目引导资金 1000 万元，确定项目 110 个，总投资 2200 亿元，开复工率达 100%，完成投资 56.91 亿元，有效促进了产业的转型升级。招商项目签约 9 个。化建大厦、鸿升时代广场等总部经济带动效应凸显，长风国贸六馆效益持续提升，太原洲际酒店开业达效，太原国际会展中心保障任务全部完成，以长风文化商务区为龙头的楼宇经济提档升级。山西国际体育交流中心基本建成，国内最大的园林式奥特莱斯商业综合体项目落地，万科、恒大、保利、富力等一批品牌房企入驻，意大利奇柯商业综合体意向签约，以晋阳湖公园为中心的地标经济加快发展。大强伟业、家盛纸业转型提质增效加快，跃通电力、康培石材城、圆通速递搬迁项目选址落地，远东水泥构件开工建设，万国物流、万水物贸有序推进，以姚村新兴产业园区为中心的传统优势产业和新兴产业集群不断壮大。美佳矿业和申海机械两项研发填补国内技术空白，太原药业被评为省级技术中心，立业制药当年投产、当年达效，旭航环保、瑞豪生物等规上企业规模持续扩大，鑫思创软件等 4 家企业被认定为国家高新技术企业，耀源节能等 13 家企业进入国家科技型中小企业信息库，晋源家居等 7 家生产企业获“山西省名牌产品”称号，景辉能源科技和企特电气成功入围省级“专精特新”中小企业项目，全区小微企业新增 1000 余个，市级双创基地达到 10 个，技术合同交易额达到 6632 万元，可持续发展议程创新示范区建设迈出坚实步伐。全区产业结构优化、效益改善，呈现高质量运行态势，第三产业擎起发展龙头，占比达到了 57.7%，对 GDP 贡献率突破 90%。

乡村振兴战略。深入推进农业供给侧结构性改革，大力实施“一减五增”，籽粒玉米调减 19491 亩，水稻、花卉等特色农作物新增 12152 亩。晋祠大米品鉴会成功举办，国家地理标志保护产品申报有序推进。晋源花卉小镇开园，种植决明子、百日菊等各类花卉 1701 亩，1.22 万平方米连栋温室主体建成，成为太原花卉产业一张新名片。深入实施“百村景区化、三年大变样”工程，店头、花塔、洞儿沟等 17 村规划编制完成，赵家山、寺底等 10 个试点村改造完工。“四好农村路”累计完成 68 条、87 公里，完成条数、里程数、投资率 3 项指标均居全市前列。农村集体产权制度改革试点全面完成，全区 95 个行政村完成清产核资和成员确认，94 个村完成股权量化、成立了集体经济组织，得到中央评估调研组的充分肯定，工作经验在农业农村部《农村集体产权制度改革情况》第 24 期刊发推广。农村土地承包经营权确权颁证 43 个村，承包户确权 1 万余户、4.4 万亩、完成率 102.9%。小型农田水利灌溉工程完成 7.8 万亩，治理水土流失 1.31 万亩，北瓦窑西干渠泵站等 4 处水利工程建成，改善灌溉面积 1400 余亩。“大棚房”问题专项清理整治取得成果，农地非农化得到有效治理。非洲猪瘟防控工作取得阶段性成效，“五方监管网格体系”全市推广。

全域旅游发展。晋祠大景区品质实现再跨越，晋文公祠、东园、潜园基本竣工，初步达到 5A 级景区标准。天龙山防火旅游通道建成 30 公里，确保了西中环南延与天龙山景区全互通，真正实现“城景通、景景通”。太山龙泉寺复建工程完美收官，游客服务中心加快建设，文化厚重、殿阁宏丽、园林深邃的仿古建筑群屹立太山之巅，盛唐风采跃然眼前。蒙山景区水系一期、景观绿化和道路提质等工程高标准竣工，青龙洞、观音殿等“九窑十八洞”历史建筑群修复完成，八角凉亭、长廊、木栈道等基础设施提档升级，景区品质显著提升。太原古县城城墙夜景照明工程、金牛湖、护城河圆满完工，历史建筑修缮完成 80%，晋源博物馆基本建成，振翅高翔的凤凰城呼之欲出。晋阳湖周边综合治理和晋阳里等配套项目快速推进，璀璨明珠光芒初现。华侨城大型文化旅游综合开发项目东区板块全面启动。晋农之窗农业文化博览园运行良好，销售额实现 3000 万元，增长 42%。赤桥村入选第五批中国古村落，为全市唯一入选村庄。乡村旅游示范点达标验收 4 个，晋源花卉小镇、赵家山怡荷园、康培现代农业科技园、圣沅佳昕观光园入列全市 10 家工农业旅游点。成功举办花海蒙山·魅力晋源、百名导游话蒙山、晋祠大米插秧节、北庄头油菜花赏花月等系列旅游推介活动，晋源旅游知名度和影响力持续提升。全年共接待游客 1417.9 万人次，旅游总收入 168.98 亿元，分别增长 35.27%和 19.9%。

城市品质提升。城中村改造稳步推进，北河下、南瓦窑、鹅归店完成招商引资，罗城、东街、西街等 5 村完成整村拆除，古寨村进入扫尾阶段，共拆迁 1507 处、33.01 万平方米。安置房开工 111 栋、275.27 万平方米，木厂头、西寨、北堰等 12 个村实现回迁，晋阳湖西岸董茹、金胜等 6 村安置方案确定，集中安置区具备开工条件。城中村改造实施细则出台，全区城改工作迈入制度化轨道。省市 75 项重点工程保障圆满完成,累计征拆4111处、189.5万平方米。西中环南延仅45天征拆全线17.6公里。晋阳湖及新城周边道路共改造18条、64.95公里,跨汾河通达、古城、迎宾"三桥"主体完工,全区路网密度和发展框架实现"双提升"。公路自行车赛道、水上运动中心、奥申足球小镇、青运村等建设加快推进,"二青会"各项筹备工作进展顺利。全国文明城市创建取得实效,全区65家机关单位、农村(社区)被评为省、市文明单位(标兵)。"九乱"整治深入开展,老旧小区提档完成41个,背街小巷改造完成46条,占道经营取缔741处,"五小"门店排查整治879家,新城便民市场打造为全市标杆,绿地社区停车场建成投用,文明交通综合整治成效明显。"智慧晋源""云端视角"等平台功能不断完善,数字城管和综治平台并轨运行。垃圾分类试点走在全市前列,覆盖76个党政机构和43个试点小区,晋阳湖、姚村两个垃圾中转站建成,三级城乡垃圾处理体系全面建立。厕所革命稳步推进,新改建公厕12座。太原植物园加快建设,健康北街等5处游园和西寨公园全部开放,人民群众生活环境显著改善。

生态文明发展。全区空气质量综合指数达到7.62,同比下降7.41%;PM2.5平均浓度值下降至67μg/m³,同比下降2.9%;SO_2平均浓度值下降至33μg/m³,同比下降45%;空气质量优良天数达到153天。中央环保督察组"回头看"整改工作圆满完成。燃煤锅炉、"散乱污"企业整治成效进一步巩固,14家混凝土制品企业安装视频监控。大气环境监测微观站点建设112个,大气质量网格化监控平台投用。工地整治严格落实"六个百分百","765"工作成效全市推广。重污染天气"一厂一策"减排清单修订完成,非道路移动机械管控143台。对化工排洪渠、清水河和南部退水渠黑臭水体进行整治,对晋祠泉域保护区取水行为实行严控,对5眼水井进行了关井压采。土壤危险废物管理得到加强,危废收集、转运、处置实现三个100%,太化氯碱分公司004地块完成修复。天龙山生态保护红线范围确定,新增改造"煤改电"716户和"煤改气"619户,禁养区内5家养殖企业全部关停取缔。城市造林提档升级0.2万亩,天然林保护工程绿化8.29万亩,未成林地抚育管护1.93万亩,洞儿沟等3个村庄完成绿化。全区蓝天、碧水、净土三大攻坚战取得明显成效。

民生事业发展。为民承诺十件实事全部兑现,全年民生投入21.8亿元,占比86.2%,增长64.7%,创历史新高。教育事业全面发展,新增市实验小学合作办学,优质教育资源累计落实10个,圆满完成"三年引进10个"目标任务。成成中学、市二外、区第五实验小学基本建成,青年路小学吴家堡校区、太师四附小北堰校区开工建设,城北、贾家庄等10村配建小学稳步推进。新招录教师43名。省儿童医院具备开诊条件,市妇幼保健院、市区人民医院合建项目基本建成,区医疗集团与山西大医院医联体挂牌成立,区中医医院独立设置运行,3个基层健康体检中心投入运营,为全区50-60周岁2.8万人提供健康体检,国家慢性病示范区进一步巩固。招聘乡村医生19名,家庭医生累计签约10.7万人。新增市级非遗项目5项,区美术馆展示非遗项目31项,《太原市晋源区志》出版发行。组织开展"昂首阔步新征程、欢乐祥和过大年""庆祝改革开放40周年"及"迎二青"等文体活动111场,极大丰富了群众文化生活。全民技能提升培训1.34万人。城镇新增就业3786人,失业人员再就业2330人,登记失业率控制在4%以内。城乡居民基本医疗参保15.18万人,发放各类保险金2.73亿元、低保金3647.39万元。二次管网改造11.5公里,升级燃气设施8380户。新建农村公共浴室7个、老年餐厅10个。改造农村危房100户。保障性安置房完成4920套,开工率、基本建成率、投资率均超额完成。阳曲县东黄水镇6个村脱贫巩固工作扎实推进。民族宗教、档案、地方志工作取得新进展,妇女儿童、老龄、残疾人、慈善救助和红十字事业取得新成绩。

社会管理事业。严格落实《地方党政领导干部安全生产责任制规定》,率先出台实施细则和领导干部任务清单,31家单位划定安全生产职责。安全监管村级网格建立125个,企业全员安全生产责任制等"六项制度"有效落实。安全生产领域改革率先启动,改革事项完成56项。建筑领域安全生产第三方监管和双重预防机制全市推广,安全生产责任险投保工作走在全省前列,太原日报进行了专题报道。安全执法检查力度全面加强,22家单位施行年度计划执法。安全生产隐患排查治理深入推进,派出检查组1523个,排查治理隐患12436条,全区安全生产事故起数、死亡人数实现双下降。食品药品安全监管、网络信息安全管理进一步加强。诚信晋源建设加快推进。信访工作形势持续向好。平安晋源建设深入推进,各类警情和刑事案件发生率下降。扫黑除恶专项斗争向基层延伸,全区社会局面保持稳定。

(刘晓冬)

附:中共晋源区委书记、副书记、常委名单

书　记: 杨继承

副书记: 李永强　刘锦春(女)

常　委: 相　辉　姜保牛　李福贵　陈　晋　梁晓明(2月离职)　李茂生　霍晓勇　冯新华(2月任职)　周智深(挂职)

中共古交市委

市委书记 贾慕权

2018年，中共古交市委坚持以习近平新时代中国特色社会主义思想为指导，认真学习宣传贯彻党的十九大和习近平总书记视察山西重要讲话精神，按照省委“一个指引、两手硬”“三大目标”和太原市委谱写文明开放富裕美丽太原新篇章的思路要求，围绕“三转一提升、三大一统筹、三型一增强”发展思路，全力抓好改革发展稳定和党的建设各项工作。

一、聚焦转型持续发力，扎实推动经济高质量发展

(一)聚焦深化改革，增强转型动力。贯彻落实习近平总书记在庆祝改革开放40周年大会上的重要讲话精神和省委“三个三”抓改革具体办法，认真落实市级领导抓改革事项分工负责制，创新工作方法、改进工作作风、强化督查问效，47项重大改革事项基本完成目标任务，事关全市发展的重点领域和关键环节改革步伐不断加快，有利于增强经济发展新动力的改革效益不断显现，涉及人民群众切身利益的改革红利不断释放，切实形成了以改革促转型、谋发展、惠民生、树形象的良好态势。

(二)聚焦振兴工业，厚植转型优势。深入实施“工业强市”战略，正确处理“老饭碗”和“新饭碗”的关系。大力提升改造传统产业。加大技改投入，激活优势产能，完成原煤产量838万吨、焦炭产量97万吨、洗选煤量567万吨。西山华通水泥厂、兴能电厂三期热电联产等项目建成投产，传统产业对经济增长的基础性支撑进一步夯实。着力培育壮大新兴产业。严格落实省、太原市“转型项目建设年”的部署要求，坚持把项目建设作为壮大新兴产业的第一动力，高起点谋划、高标准推进，实施了国盛恒泰煤层气开发、中电投古交岔口48兆瓦风电等一批重点转型项目。积极申报建设省级经济技术开发区，规划了大数据、高载能、物流“三大园区”，促进经济转型向高质量发展迈进的内涵不断丰富。

(三)聚焦安全生产，筑牢转型根基。贯彻落实总体国家安全观和省委“三个坚决防止”的要求，牢固树立“古交经济就是安全经济”的理念，严格落实“党政同责、一岗双责、失职追责”责任体系，全面加强煤矿、非煤矿山、森林防火、食品药品、民爆物品等领域的督查检查，整改隐患3.2万余条，停产整顿企业11家，全年未发生较大安全生产事故，煤矿、非煤等重点行业实现安全生产事故起数和死亡人数“双下降”。

二、统筹城乡一体发展，着力打造美丽宜居城市

(一)以乡村振兴战略为统领助力农业农村发展。大力发展沙棘、大果榛子、中药材等特色农业，建成5000亩谷子标准化种植基地和1万余亩脱毒马铃薯种薯标准化繁育基地。圆满完成农产品种植结构“一减五增”和“三品一标”认证任务，连续2年通过全省农产品质量安全县市综合考评验收。对29个示范村实施了环境乱象整治，农村(社区)生活垃圾基本实现“全覆盖、全收集、全处理”。

(二)以基础设施建设为重点推进城市扩容提质。扎实推进文明城市创建。清理垃圾7000余方，清除违法小广告5099处，整治卫生死角1060处。高标准实施了太克线沿线综合整治，对人民广场进行综合治理，集贸市场迁建滨河便民市场。加强城乡基础设施建设。积极推进东部新城火山片区、滨河北路人行天桥等基础设施项目建设，大力度推进雨污分流改造工程，完成5个棚改项目5000余平方米的房屋拆除工作，涉及4.85万户居民的天然气置换工程全面铺开，中心城区集中供热实现全覆盖。深入推进交通路网建设。完善市域公路网规划，配合太原市做好“西二环”高速前期准备工作，241国道、339国道绕城公路和古岔线提质改造等重要路网工程正式启动，圆满完成“四好农村路”建设任务。

(三)以生态环境治理为着眼点进一步改善人居环境。大力实施“三环生态圈”战略，绿化造林4.461万亩，对市民广场、汾河景区、金牛森林公园等实施了提档升级，城市建成区绿化覆盖面积达到729.3公顷，人均公园绿地面积达9.89平方米。御道川水库建设和屯兰川上游中小河流治理工程扎实推进。编制完成《古交市矿山生态详查报告》，全面完成生态红线划定基础工作。彻底取缔“散乱污”企业并形成网格化常态化管理机制，拆除74台燃煤锅炉，完成农村清洁供暖改造任务，全年二级以上天数达248天，优良率67.9%。

三、倾力保障改善民生，千方百计增进民生福祉

(一)科教文卫蓬勃发展，社会事业全面进步。教育方面，筹资400万元成立教育发展基金，教职工绩效工资改革经验在全省推广，德慧智教育文化学校填补了古交民办学校的空白，公开招聘中小学教师100名。卫生方面，国家、省级知名专家坐诊实现常态化，县域内就诊率达91.6%；全力打好非洲猪瘟防控攻坚战，食品药品监督工作走在全省前列。科技方面，建成3000平方米的科技企业孵化器，入驻企业27家，认定高新企业2家，申请发明专利6件。文化方面，制定文化产业发展规划，公共文化设施免费开放，建成2个乡村文化记忆馆，开展文化惠民基层行文艺演出21场、送戏

下乡 74 场。

(二)民生保障持续改善,社会救助体系不断健全。新增城镇就业人数 3910 人,创业就业 938 人,下岗失业人员再就业 2463 人。城乡居民医疗保险年度支付限额提高到 40 万元;全年发放城市低保金 1811.78 万元,农村低保金 1612.67 万元,医疗救助金 790.38 万元。新(改)建农村(社区)老年人日间照料中心 5 所、社区养老服务中心 1 所,对古交市敬老院进行维修改造,为 80 周岁以上老年人发放高龄津贴 285 万元。

(三)全力抓好重点民生,"治沉"工程稳步推进。统一安置项目方面,共计划建设安置房 3858 套住房,已有 2074 套竣工、760 套主体完工、476 套主体封顶、548 套正在加紧建设中;自主选择安置方面,共有 9932 户村民选择自主选择安置,已为 5995 户居民发放安置补偿金 3.74 亿元。东部新城火山回迁安置工程基本竣工。

四、加强意识形态和民主法治建设,凝心聚力促进社会和谐稳定

(一)加强意识形态领域工作,弘扬正能量。严格落实意识形态工作责任制,全面加强对"两微一端"等新媒体阵地的管控,建立 10 家古交市党政机关和事业单位的融媒体协同平台。大力弘扬社会主义核心价值观,开展"担复兴大任,做时代新人""时代新人在行动"系列活动,挖掘选树各行业的时代新人 61 人。坚持守正创新、凝聚强大合力,围绕项目建设、乡村振兴、庆祝改革开放 40 周年等重大主题进行策划宣传,在人民网等中央、省及太原市级媒体发稿 510 余篇。

(二)加强民主法治建设,不断提升依法治市水平。制定出台《古交市人大代表反映或转递的群众信访事项办理办法》,在各乡镇(街道)设立党外人士工作站,保障民主党派"活动有经费、议事有场所"。紧紧围绕"大团结、大联合"主题,加强与各民主党派、工商联、无党派人士的沟通协商,充分发挥统一战线的法宝作用。深入推进"法治古交"建设,健全完善基层公共法律服务体系,14 个乡镇(街道)实现了法律顾问全覆盖。扎实开展"双拥"工作,深入开展退伍军人信息登记和走访慰问活动,进一步巩固军政军民团结的良好局面。

(三)加强和创新社会治理,促进社会和谐稳定。深入开展扫黑除恶专项斗争,成功打掉 5 个涉恶团伙,抓获团伙成员 33 人,打掉村霸 4 人,查扣涉案资产 240.5 万元。严厉打击各类违法犯罪活动,破获各类刑事案件 242 起,查处治安案件 423 起,刑事拘留 184 人,行政拘留 219 人,抓获在逃人员 48 人。强化矛盾纠纷排查化解,调解各类矛盾纠纷 844 件,摸排治理治安乱点 13 个。加强信访维稳工作,接待来访群众 1007 批 5840 人次,书记市长大接访和市级领导接访化解 410 案,上级交办案件全部办结。

五、全面从严管党治党,持续营造风清气正的良好政治生态

(一)坚持把党的政治建设摆在首位。引导全市党员干部树牢"四个意识",坚定"四个自信",践行"两个维护",持续推进"两学一做"学习教育常态化制度化。健全完善"三会一课"、组织生活会、党员领导干部民主生活会和党员领导干部双重组织生活等制度,严格落实主题党日活动"五项制度",全年各级党组织开展"主题党日"活动 7000 余次。

(二)巩固强化"三基建设"。25 个软弱涣散基层党组织全部转化提升,集体经济 5 万元以上的行政村达 110 个,占全市行政村总数的 94.8%。开展"标准问题讨论",查找整改工作薄弱环节 402 个,明确对标事项 418 个,105 个单位全部制定"一目录三手册",并通过评估验收。大力实施"六大培训"工程,组织培训党员干部 4.1 万人次。

(三)狠抓干部队伍建设。忠实践行新时代党的组织路线,全年调整干部 9 批次 106 人次。制定《进一步激励广大干部新时代新担当新作为的实施意见》《人才工作八条措施》和《鼓励吸引人才的若干措施》,进一步完善了激励机制、保护机制和容错纠错机制,最大限度地调动了全市党员干部和各类人才干事创业的积极性、主动性和创造性。

(四)全面从严治党向纵深推进。制定出台《关于加强党对反腐败工作全过程领导十项工作机制和制度的任务分解》《反腐败领导小组工作规则》等一系列反腐工作制度,全年共处置问题线索 404 件,立案 150 件,党纪政务处分 146 人,组织处理 72 人。严格执行中央八项规定精神,立案查处违反中央八项规定精神和"四风"问题 4 案 7 人。充分发挥巡察利剑作用,年内完成第三至第五共 3 轮巡察,移交问题线索 77 件,党纪政务处分 17 人。

(胡　雷)

附:中共古交市委书记、副书记、常委名单

书　记:贾慕权

副书记:翟永清　乔建伟(6 月离职)

常　委:张　军(女)　郝虎生　张吉祥　张　麒　许　军　李宏刚　赵晋胜

中共清徐县委

县委书记　王琳玉

2018年，中共清徐县委全面落实省委对太原市提出的“两个走在前列”“双提升”目标要求和“五个扎实”的工作要求，把“在更高层次上实现更高质量的发展”作为第一要务，深入开展“四个主题年”活动，以“十大工程”为抓手，以“一年初见成效”为着力点，紧抓机遇、乘势而上，各项工作都取得了新进展新成效。2018年，全县地区生产总值完成173.66亿元，同比增长14.3%；服务业增加值完成56.88亿元，同比增长11.9%；规模以上工业增加值完成74.36亿元，同比增长25.5%；固定资产投资完成32.18亿元，同比增长48.2%；社会消费品零售总额完成67.84亿元，同比增长11.8%；一般公共预算收入完成13亿元，同比增长61.1%。城镇常住居民人均可支配收入达到32407元，同比增长7.1%；农村常住居民人均可支配收入达到19143元，同比增长7.6%。主要经济指标均实现两位数的增幅且超目标增速，其中地区生产总值、规上工业增加值、一般公共预算收入3大指标的总量和增速均达2013年以来最好水平。

政治建设

坚持把学习贯彻习近平新时代中国特色社会主义思想、党的十九大精神和习近平总书记视察山西重要讲话精神作为首要政治任务和长期重大战略任务，集中围绕《习近平新时代中国特色社会主义思想三十讲》和“奋斗幸福观”开展交流研讨，与浙江大学联合举办了学习习近平新时代中国特色社会主义思想、贯彻党的十九大精神暨转型升级专题培训班，开展“八校联合百班万人”教育培训活动，全县1.1万余名干部在山西干部学院注册进行网络学习。

从严治党

认真履行主体责任，制定《十四届县委巡察全覆盖工作规划(2016–2021)》《关于党风廉政建设“两个责任”落实情况定期报告的通知》，14个单位的16名领导干部因落实主体责任不到位被约谈，各级党委(党组)主体责任意识明显增强。加强“三基建设”，出台《清徐县软弱涣散党组织整顿提升两年行动实施方案》，年度“三基建设”30项任务全部完成，新成立党组织46个，撤销党组织16个，更名基层党组织8个。社区场所面积500平米以上的达到79%，1000平米的占一半，占比50%。66个村的村集体经济收入达到5到10万元，56个村达到10万元以上。乡镇干部周转房建设经费、乡镇伙食补助、乡镇干部补贴等经费全部落实到位。建设过硬干部队伍，制定《清徐县推进领导干部能上能下实施办法(试行)》《清徐县关于纠治党员干部不担当不作为的暂行办法》，选树30名敢于担当、奋发有为的先进典型。调整干部2批44人，其中提拔20人、平调23人、免职1人。持续推进正风肃纪反腐，印发《关于进一步贯彻落实中央八项规定精神的实施细则》，重要节假日期间共出动人员475人次开展监督检查，发现问题122个，给予党政纪处分7人、组织处理19人、约谈17人。

经济发展

贯彻落实省市转型项目建设年要求，建立县党政领导轮班对接服务项目等十项机制，全县共谋划梳理重点项目113项，总投资1451亿元；共开工项目64项，已竣工投产项目22项，完成投资23.9亿元，其中转型项目开工17项，完工投产6项，完成投资15.99亿元，占全县投资的64.7%。列入2018年市对县考核的项目共50项，已竣工投产项目19项，完成投资22.82亿元。

加快产业转型升级，投资400亿元建设清徐精细化工循环产业园，35家企业的拆迁工作进入扫尾阶段，发放补偿款近1.8亿。三家主体企业投资17.6亿元，完成场地回填150万方及初勘、详勘、试桩、平整、主要设备和材料订购等前期工程。积极扶持培育新兴产业，美钢70万吨棒材、水塔口服液、三强湿法炭黑等一批科技含量高、成长性好的重点转型项目相继完工投产。实施创新驱动战略，搭建全省第一家县区级知识产权科技综合服务平台，平台入库企业达到2000余家。2018年，16家企业纳入到国家科技型中小企业信息库，8家被认定为高新技术企业。认真贯彻全省开发区改革创新发展推进会议精神，深化“三化三制”改革，招聘工作人员10名，完成“三制”改革、扩区报批工作，开发区扩展至29.99平方公里，完成园区总体方案设计，明确“两轴、两心、两区”空间布局(“两轴”是指开中路城市发展轴和城西路生态景观轴；“两心”是指科技创新中心和生活服务中心；“两区”是指产业集聚功能区和绿色物流功能区)，构建“6+2”产业体系(“6”是指精细化工循环产业园、新材料产业园、煤制新能源产业园、节能环保产业园、高端装备制造产业园、绿色物流功能园；“2”是指科研创新中心、生活服务中心)，对接梳理41项行政审批事项，签约项目20个，新增入园企业17家。紧密对接山西综改示范区发展规划，完成土地收储7601.34亩，助力潇河产业园加快建设，清徐大道等基建工程顺利推进，清徐境内8个产业项目顺利落地。

乡村振兴

推动现代农业发展，积极推进“减玉米、增葡果、扩杂粮、强设施”战略，玉米减少10.28万亩，建成3个万亩设施果蔬种植乡镇和5个新品试验示范推广基地。大力实施电商强县3年行动计划，全县电子商务交易额10.07亿元,同比增长17.36%。加快建设美丽乡村,启动实施马家庄、东高白、西怀远、成子等10个美丽宜居示范村建设。组织“领头雁”培训,提高村“两委”干部和新型农业经营主体负责人综合素质,培育新型职业农民2000人以上,科技示范主体360个。深化农村各项改革,全县累计流转土地11.6万亩,实施土地托管服务面积5.2万亩。全县新发展农民专业合作社30个,总计814个(国家级示范社5个,省级31个),入社成员2.65万人,全县新发展家庭农场2家,总计195家(省级4家)。

民生建设

扎实开展创城工作,全面部署开展以整治“九乱”为重点的专项整治行动,推进文明交通综合整治,督导检查创城工作5次,规范整顿商铺商贩205家,整治老旧小区43个,整治背街小巷7处,创城工作取得阶段性成效。全面改善城乡人居环境,基础设施投资完成超10亿元,建设完工紫林路东延、育青路翻修、北城污水系统及提升泵站等工程,彻底解决县城雨季退水、管线管网老化等难题。基本完成美锦大街立面整治，建成4个停车场、4座星级公厕。加强生态文明建设,坚决扛起生态文明建设政治责任。全县共摸排并清运垃圾229处95万立方,清运完成同戈站固废堆场和生活垃圾,完成城吴柳退水渠黑臭水体综合治理县城尾段工程,办结完成群众举报问题20个。清理整顿“散乱污”企业71家,焦化、钢铁等重点行业全部完成提标改造，对全县120家涉VOCs企业开展在线监测和治理工作。空气质量综合污染指数为7.73,同比降8.09%,重污染天数12天,同比减少13天。加快打造教育、医疗强县,实施教师绩效工资、省学前教育试点、教师“县管校聘”等教育领域综合改革。深化医疗卫生体制改革,县域内就诊率达80.4%,同比提升33.4%。协调发展就业、养老、社保、住房等各项社会事业,城镇新增就业2868人。深化“放管服”改革,实行“三十证合一”,重新核发“多证合一”营业执照1924户,变更859户。开展个体工商户登记制度改革,共核发新设个体工商户4571户,简易注销个体工商户902户。全面开展营业执照全程电子化服务,共办理电子营业执照93户。全县新登记注册各类市场主体5385户,增长43.25%。深入推进“互联网+政务服务”改革,并联审批项目时限压缩至法定时限50%以下。做好安全维稳工作,全年信访总量同比下降20.2%。打赢扫黑除恶专项斗争。打掉恶势力犯罪团伙4个,侦办查处“村霸”现行案件5起,抓获犯罪嫌疑人27人,人民群众安全感和满意度进一步提升。

(杨宇霆)

附：中共清徐县委书记、副书记、常委名单

书　记：王琳玉

副书记：王剑峰　邢蕴武

常　委：李秀斌　李凤梅(女)　卫向东

吴英志　陈晓勇　郑泽海(2月任职)

王黄林(女,8月任职)

张　超(12月任职,挂职)

白进联(女,6月离职)

中共阳曲县委

县委书记　刘晋萍

2018年,阳曲县成效多。改革创新稳步推进，发展动能积蓄强劲,经济运行质量提升,产业结构升级优化，民生福祉持续改善,乡村振兴出彩出色,三大攻坚扎实有效，社会大局和谐稳定,各项事业全面进步,党的建设纵深推进;2018年,阳曲县喜事多。5月份国务院通报表彰阳曲县推广PPP模式、公立医院综合改革、重大政策落实三项工作,是全省唯一获奖县,也是全国唯一同时荣获三项表彰的县区。9月7日,阳曲县以省级贫困县综合考核排名第一的成绩,在全省率先首批摘掉贫困县帽子。连续两年蝉联全市综合考核优秀县区,全市年度特色考核位列十县区第一。荣获“全国农村创业创新典型县”“国家级全域旅游示范区创建单位”“全国绿化模范县”“全国‘互联网+全民义务植树’试点县”“全国秸秆综合利用试点县”“全国社会救助综合改革试点县”“地名普查国家级先进集体”“全国卫生计生系统先进集体”等“国字号”名片。阳曲知名度、美誉度得到极大提升,经济强、百姓富、环境美、风气正、社会文明程度高的美丽阳曲建设在各方面都有了新成绩。

2018年，全县地区生产总值完成47.89亿元，增速11.9%;服务业增加值完成13.66亿元,增速10.7%;规模以上工业增加值完成16.68亿元,增速12.1%;固定资产投资完成52.34亿元,增速31.5%;社会消费品零售总额完成16.96亿元，增速12%；一般公共预算收入完成6亿元，增速19.8%。城镇常住居民人均可支配收入完成24697元，增速7.4%；农村常住居民人均可支配收入完成9509元，增速11.9%。城镇常住居民人均可支配收入、社会消费品零售总额全市排名第一,农村常住居民人均可支配收入全市排名第二,服务业增加值排名第三,地区生产总值、规模以上工业增加值排名第四,固定资产投资排名第五。八项指标中四项指标名列全市前三,七项指标名列前五,圆满完成年初确定的目标任务,保持了平稳快速增长的良好态势。

一、始终坚持改革创新,产业结构在转型升级中增质提挡

创造性地贯彻落实"转型项目建设年"要求,确定了17项重点工程632个具体项目,初步形成以钢科碳纤维、喜跃发等为主的新材料产业,以国新能源天然气、中广核为重点的新能源产业,以鑫拓煤机、格力森机械为重点的装备制造业,以博奥检测、华普检测为重点的新兴服务业,以穗华、大福通、万事兴为重点的现代物流业,以和仁堂、振兴制药为重点的生物医药业等六大产业体系;新建小微企业创业园二期、双创基地、双创示范村等科技基地,万事兴创业基地入驻企业27家,阳兴众创空间新入驻企业35家。加大对创新型企业支持力度,全县15家企业成长为高新技术企业,总数位居三县一市之首,当年增速三县一市排名第一;园区承载力进一步增强;出台招商引资"新十条"。实行领导干部包联项目制,制定"对接服务转型项目坐班制",党政一把手每周五轮流带班在政务服务中心现场为企业解决发展难题,最大限度地解放生产力,提升竞争力。

二、实施乡村振兴战略,"三农"工作在精准施策中成效凸显

确定脱贫巩固项目165个,建立41个电商扶贫服务站,完成所有行政村光伏电站全覆盖,所有行政村经营性收入达到20万元以上,荣获全省特色产业精准脱贫范例县称号。11个易地搬迁集中安置点3062人全部入住;实施84个乡村振兴项目,以项目清单深化战略实施。农业实施"一减五增"工程,引进九牛牧业,推动宝迪100万头生猪屠宰项目投产,壮大永丰禽业、桦桂农业、七峰山养殖。以为"二青会"提供食材为契机,创建省级农产品质量安全示范县。阳曲小米首登央视焦点访谈;新建北家庄、北白、棘针沟等美丽乡村,农村人居环境整治,完成农村"治乱"1063处,裸地绿化2.88万平方米,污水减排1122吨。采用PPP模式全面启动农村生活垃圾治理项目,在全省率先建立清扫保洁、垃圾收集、清运处置为一体的农村环卫作业体系。

三、坚持生态文明理念,美丽阳曲在城乡统筹中更加靓丽

推进农村清洁供暖"煤改电""煤改气"改造工程。森林覆盖率由上年22%提升至26%,林木绿化率达44.17%。全年全县二级优良天数超额完成11天,PM2.5同比下降5.9%,是全市唯一完成目标任务的县区;以创建国家卫生县城、全省文明城市为目标,实施24个具体项目,投入创城资金3.9亿元,进行"九乱"专项整治。完成对东北街、商贸街、步行街、南坡街、新安街等主要街道8.8万平方米建筑物立面和门头牌匾改造,完成66个老旧小区35万平方米立面地面整治修缮。"小手拉大手"文明创城和"靓丽星期五"等活动得到市领导肯定。"三场一所"全部完成,施划道路停车位1271个,文明交通综合治理名列全市二类考核区县第一名。总投资20亿元的108国道快速化改造工程(阳曲县段)完成80%。44条120公里"四好农村路"换挡加速。阳兴公园音乐喷泉成为标志性景观。三馆一院一校建设项目加速推进,阳曲万科金域蓝湾项目建设提振房地产市场,东部新城建设全面提速,县城公共服务水平和承载能力进一步增强;青龙古镇景区2018年国庆正式开园,华夏历史文明传承园顺利推进。建成农家庄园60余个,农家客栈600余家,开展、举办了"回村"系列活动、首届"中国农民丰收节"系列活动。2018年全县共接待游客200万人次,旅游总收入达1.21亿元。

四、坚持以人民为中心,民生福祉在提升公共服务能力中持续增进

办好首邑学校,改造升级20所中小学办学条件,完成青少年活动中心配套建设,打造阳曲一中红旗区。公立医院改革为全省提供"阳曲模板",患者满意度达到99.8%。2018年1月,国务院副总理刘延东莅临阳曲调研医改工作并给予充分肯定,山东、安徽等六省市177批2625余人次来阳曲考察交流学习;举办改革开放40周年成就展,开展"德孝文化进乡村"讲座,举办书法大会,建成马文蔚纪念馆,做大做强店子底红色文化产业园,开发建设石坡头红色文化基地。文化惠民工程实现123个行政村全覆盖,成功申办"省运会"举重比赛项目及"二青会"足球、花式小轮车、滑板、攀岩等4项运动项目;全年城镇新增就业人数1605人,失业人员再就业311人,转移农村劳动力1928人,城镇登记失业率控制在4%。实施"三心"工程,保障全县70岁以上农村老人每人每月达到390元以上。新建老年日间照料中心18座,为4290户7652名低保对象发放低保金4210万元。全县临时救助5095户9568人,拨付救助金489万元。建成安置房108套,分配公租房50套,有效改善困难群众住房条件。

五、坚持党领导一切,法治阳曲在民主政治建设中全面推进

积极支持人大及其常委会依法履职,积极支持政协在民主协商上发挥重要作用,积极加强改进统战工作。坚持创新社会综合治理,稳步提升群众安全感。借鉴"枫桥经验",着力推动"事要解决",中央、省市交办案件化解率100%;坚持从严管党治党,新时代党建要求在纵深推进中全面落实。围绕强领导、举旗帜、聚民心、育新人、兴文化、展形象、建队伍,深入学习贯彻落实党的十九大精神和习近平总书记视察山西重要讲话精神。挂牌成立县融媒体中心。以改革开放40周年为契机,集中宣讲120次,开展基层党课270场次、组织2310期"周末学堂"。中央省市媒体发稿800余篇报道阳曲县工作。推出"时代新人""诚信阳曲人""平'语'近人"进基层、进校园活动。以引深"三基建设"为重点,巩固基层党组织。阵地建设实现全县所有行政村"村民之家"标准化全覆盖,西凌井乡4个行政村"村民之家"集中办公模式得到

省市好评。11个软弱涣散党支部完成整顿，非公和社会组织覆盖率达90%以上。启动乡村振兴助理员、脱贫巩固信息员、“三基”建设书记员的“三员”人才改革；率先在全市举办“习近平新时代中国特色社会主义思想”读书班，打造高素质干部队伍。

(任 刚)

附：中共阳曲县委书记、副书记、常委名单

书 记：刘晋萍(女)

副书记：裴耀军 常红勤

常 委：李建国 刘玉伟 杨 波(2月离职)
王志勇 刘 斌 张小军
刘 中(2月任职)

中共娄烦县委

县委书记 薛东晓

中共娄烦县委坚持以习近平新时代中国特色社会主义思想为指导，全面贯彻落实党的十九大精神和习近平总书记视察山西重要讲话精神，按照省委“一个指引、两手硬”思路和要求以及市委“两个走在前列”“双提升”的目标要求，以脱贫攻坚统领经济社会发展全局，团结带领全县广大干部群众，攻坚克难，砥砺前行，全面拓展党的建设和党领导的各项事业新局面，取得新成效。

思想建设

召开全县干部大会、县委常委会议、县委中心组(扩大)会议，举办科级干部主体培训班，组织“送党课到基层”活动，进行“奋斗幸福观”专题研讨，开展“担复兴大任，做时代新人”主题活动。对标党的十九大战略部署，对照省委、市委工作要求，先后召开3次县委全会，安排部署重点任务，提出工作要求。紧扣总书记视察山西提出的总体要求，聚焦五项重大任务，制定出台《任务分解》，细化8个方面79项任务，分解落实到县级领导、部门和乡镇，并组织县四大班子领导、各级党组织书记开展大宣讲、大调研。

宣传工作

县委常委牢牢把握党管意识形态工作的领导权、管理权、话语权，每季度开展意识形态领域分析研判，组建63人网评员队伍，加强网络舆情引导。采取中心组学习、专题研讨、基层宣讲、干部轮训等形式，开展党的理论学习宣传200余场次。组织开展“担复兴大任、做时代新人”“新时代新风貌”系列创建活动，组建“时代新人”宣讲团开展基层宣讲，覆盖群众6000余人。围绕7个测评项目、58个测评内容和188个测评指标，推进文明城市创建工作。全年中央主流媒体报道我县工作8次，《山西日报》《太原日报》、太原电视台等省市媒体刊(播)发有关娄烦县的正面报道305次。

党建工作

建立明责、述职、考核、督导、追责“五位一体”党建责任体系，形成定期研究、压力传导、问责倒逼三项机制，出台规范基层组织生活9个制度。全年问责全面从严治党主体责任落实不到位8起，处分党建工作不力干部7人。围绕脱贫建强桥头堡、壮大先锋队、招引本地才、培育带头人，在产业链设置党组织67个，85名党员脱贫骨干领办产业，有426人回乡创业带富。着力提升干部帮扶力、支部带富力、组织吸引力，累计培训脱贫攻坚干部2300人次。扶持68个贫困村党支部发展新型经营主体71家，农村集体经济全部达到3万元以上。

出台《“新时代堡垒工程”三年行动方案》，明确8个方面23项具体举措。新改扩建乡镇干部周转房980平米，乡镇“五小”实现全覆盖。推行《效能建设九项制度》，87个单位编制了基础工作目录，制定了工作流程图，完成了71个单位的评估督察。贯彻落实中央《关于进一步激励广大干部新时代新担当新作为的意见》和省委、市委实施意见，出台“三个办法”，提拔脱贫一线干部15名，平级交流重用45名，对8名乡镇干部进行容错支持。实施能力提升“六项培训工程”，累计培训1.9万人次。

作风建设

组建8个督查组出动1100余人次，督查走访560个村次2500余户，发现问题2271条，通报2034个，选取52个典型问题开展全县警示教育，处理脱贫攻坚干部作风问题8起。开展“廉洁扶贫三下乡”活动20场，教育干部群众2000余人次，回访案件21个。查处群众身边腐败问题68件，处理90人。查处扶贫领域不正之风和腐败问题36件，党纪政务处分52人。开展领导干部利用名贵土特产谋取私利问题专项整治，重要节假日督查发现问题185个，处理121人次。查处违反中央八项规定问题3件，处分5人。查处中央环保督察交办我县问题2件，问责6人。加强日常监督监察，发现问题152件，运用“四种形态”处理372人次。开展中央巡视反馈意见整改工作，31件交办信访件100%办结。全年受理涉纪信访举报648件，处置问题线索329个，立案117件，移送司法机关4件4人，采取留置措施2个，收缴涉案金额22.04万元。受理上级交办涉纪案件25件，办结23件，立案审查6件，处分13人，组织处理5人。

脱贫攻坚

县委常委会把脱贫攻坚作为全县头等大事,划分8个战区,落实"双签"责任,28名县级领导包联8个战区,736名副科以上干部返乡开展"六联四包",145名第一书记、235支工作队6298名工作队员干在一线。以乡镇为单位,培育壮大光伏扶贫、有机旱作、水貂养殖、沙棘加工、电商扶贫五大增收产业。发展马铃薯10万亩,覆盖1.2万贫困户,带动农民人均收入2100元,"娄烦山药蛋"荣获全国绿色农业十佳蔬菜地标品牌。光伏扶贫覆盖所有贫困村、贫困户,带动贫困户户均增收5000元左右。中药材、食用菌、沙棘、水貂等七个特色产业覆盖7500户2万余人,贫困户户均2个以上增收项目。统筹抓好低保、医疗、教育、临时救助等工作,落实各类教育资助资金2262万元,所有贫困家庭学生实现全覆盖。贫困人口住院全部享受"先诊疗、后付费"和"一站式"结算服务,报销比例90%以上,因病致贫返贫患者"双签约"服务实现全覆盖。农村低保标准提高到每人每月430元,超过贫困线标准。依托中国社会扶贫网,构建集爱心超市、项目超市、消费扶贫超市于一体的"1+3"社会扶贫模式,网上注册爱心人士2.1万人,设立"爱心超市"26个,依托项目超市实施公益项目144个,消费扶贫销售农产品400余万斤,扶贫农场认领1000亩,"1+3"社会扶贫模式在全省推广。出台《贫困户自主脱贫综合奖补办法》,发放奖补金1300余万元。选树表彰优秀"第一书记"、优秀驻村工作队员、自主脱贫示范户,组成宣讲团进村宣讲173场次。以技能培训增强"造血"功能,开展种养殖等实用技能培训2.1万人次,年均外出务工1万人左右,人均收入1.2万元以上。实施生态扶贫"五大行动",完成退耕还林4.6万亩,带动2670名贫困人口户均增收3836元。实施"创森"造林5.3万亩,全部由65个扶贫造林合作社承担,参与贫困人口1464人。经济林提质增效1.5万亩,带动贫困人口987户2961人。发展林下经济4250亩,覆盖贫困人口368人,人均增收2387元。聘用建档立卡贫困人口护林员341名,占全部护林员的62%,带动近1100名贫困人口脱贫。2018年,全县脱贫28个村9435人,贫困发生率降到0.8%,14项县退出指标全部达标,脱贫攻坚取得决定性进展。

完成村通硬化路155公里,硬化12个村的街巷27公里。新建、改造农村卫生室99个,完善村级文化活动中心66个。提标升级87处农村安全饮水,改造农村危房986户,完成农村卫生改厕1140个,对46个村的人居环境进行了改善,完成易地搬迁1706户4160人。

经济建设

县委常委会坚持贯彻落实新发展理念,积极培育经济增长新引擎,激发经济发展新活力,大力推动全县经济高质量发展,为打赢打好脱贫攻坚战提供了坚实支撑。围绕特色产业、生态扶贫、住房教育医疗"三保障"、旅游产业四个方面,安排实施项目116个,完工78个,完成投资28.7亿元。11个省、市重点项目工程完成投资8.5亿元,完成率99%。实施有机旱作马铃薯、谷子7万亩,中药材1.8万亩,建成全省首家富硒马铃薯有机旱作农业生产试验示范基地。引进风电、光伏发电等新能源产业,88.48兆瓦光伏项目并网发电,总规模199兆瓦的4个风电项目签约获批,娄烦铝矿项目顺利推进。成功举办文化旅游扶贫推介对接活动,宣传推介旅游扶贫项目37个,启动建设旅游扶贫试点村15个。成立县级电子商务服务中心,建成8个乡镇服务站、93个村级服务点,初步形成"1+8+N"电商产业体系。

各项指标呈现出稳中有进的良好态势。全年地区生产总值增长0.3%,固定资产投资增长23.5%,服务业增加值增长0.4%,社会消费品零售总额增长11.5%,农村居民人均可支配收入增长12.6%,一般公共预算收入增长22.6%,规模以上工业增加值下降3.1%。

生态建设

县委常委会认真践行"两山"理论,认真落实省委"在一个战场打赢两个攻坚战"的要求,积极探索生态建设、脱贫攻坚、农民增收、乡村振兴"四位一体"路径,实施退耕还林、创森造林、提质增效、林下经济、生态管护"五大行动",完成造林任务10.5万亩,全县绿化率57.2%,森林覆盖率32.8%。岚河段水质改善工程、汾河干流水系水质改善工程等重点环保项目主体完工。18个饮用水源地环境保护专项行动反馈问题全部得到整改,关停水源地一级保护区内污染企业,全县出水水质达标率100%。对138个中央和省、市环保督察交办反馈的问题全程跟踪,办结销号,整改完成率100%。取缔燃煤锅炉43台,实施清洁能源替代35台,完成农村煤改电399户,矿山生态修复治理1500亩。开展臭氧超标专项整治行动,有序推进污染源普查工作。全县PM2.5浓度同比下降11.7%。

深化改革

召开常委会及时传达学习中央和省、市全面深化改革相关会议精神,先后9次研究审议全面深化改革事项,制定出台《中共娄烦县委全面深化改革领导小组2018年工作要点及责任分工》,确定7大类31项改革任务,全县21项县委、政府主要领导牵头主抓的改革事项全部启动实施。对党的十八大以来中央和国家部委、省委及市委部署和出台的改革举措、改革任务进行系统梳理,完成阶段性检查评估,中央改革办确定的20个督察重点以及山西省、太原市确定的49个重点改革任务得到有效落实。

成立全省首支产业扶贫基金会,总规模10亿元,撬动社会资本8亿元。深化"放管服"改革工作,159项行政事项压缩审批时限463天,减少环节19个。推进全流程电子化招投标工作,县级公共资源交易平台建设走在全省前列。投入2160万元实施城乡环卫一体化运营。稳步推进农村集体产权制度改革,农村土地经营权登记确权颁证工作全部完成,并通过省级验收。

民主法治建设

支持县人大围绕全县脱贫攻坚、环境保护等重点工作开展视察调研9次,4次联合省、市人大开展专项执法检查,办理代表议案和建议意见53件。支持县政协履行政治协商、民主监督、参政议政职能,协同省政协围绕项目建设、生态保护、易地搬迁等重点课题开展委员专项视察活动,就交通秩序管理组织相关部门赴方山县开展调研,聚焦重点热点问题征集提案34件,全部办结。注重发挥党外代表人士作用,引导各民主党派、社会团体和各界人士积极投身全县脱贫攻坚、项目建设等重点工作。出台《关于支持民营企业发展的意见》,建立县级领导干部联系民营企业工作制度,30名县级领导包联企业50个。支持群团组织依照章程开展工作,新建团组织15个。开展农村(社区)法律顾问提质升级行动。规范提升基层协商民主,全县村务公开率、村务公开监督小组组建率均达100%,"一约四会"组织实现行政村全覆盖,县乡村人民调解组织达163个。支持法检"两院"和公安部门依法办案,维护社会公平正义。

民生工程

第三实验学校新建项目开工建设,"改薄" 项目全部完工。县城综合性医院投入使用,疾控、妇幼中心新建项目主体完工。推进县乡医疗卫生一体化改革,县级医疗集团组建完成。开展健康扶贫"三个一批"行动计划,大病集中救治进展100%,慢性病累计签约服务1.1万人,重病兜底救治进度99.8%。新增贫困人口专属慢病35种,贫困住院患者个人自付比例控制在8%以内。

"五项保险"统一征缴,覆盖率96.8%,贫困人口医疗、养老保险参保100%,农村低保提标幅度16%。创业、务工等各类培训6742人次,转移农村劳动力1596人,新增城镇就业1681人,城镇登记失业率3.2%。

深入开展扫黑除恶专项斗争,铲除黑恶实力犯罪团伙2个,破获刑事案件10起。落实领导接访、"四定""五包"责任制,"四个重点"信访问题办结率100%。落实安全生产"党政同责、一岗双责、失职追责"制度,加强道路交通、食品药品等安全监管,安全生产形势总体稳定。

(张宪平)

附:中共娄烦县委书记、副书记、常委名单

书　记: 薛东晓

副书记: 李树忠　李贵军
吴建庭(挂职,3月离职)
曹志福(挂职,4月任职)

常　委: 尹达恒　任同珍(女)　赵生魁　王文生
郭建生　刘仍雁(12月离职)
梁云刚(12月任职)

中共大同市委

市委书记　张吉福

2018年,大同市委常委会坚持以习近平新时代中国特色社会主义思想为指导,认真学习贯彻党的十九大和十九届二中、三中全会精神,团结和带领全市人民,紧紧围绕习近平总书记视察山西重要讲话中提出的"五大任务"和省委骆惠宁书记调研大同指示要求,把方向、管大局、作决策、保落实,大力推进"136"发展战略,扎实推进"33310"工作布局,各项工作都取得了新的成效,形成了政治稳定、经济发展、社会进步、文化繁荣、生态改善和党的建设全面加强的良好局面。

一、坚持以党的政治建设为统领,政治站位进一步提高

坚定政治信仰。把学用习近平新时代中国特色社会主义思想和党的十九大精神作为必修课,在"学懂、弄通、做实"上下功夫,在"融会贯通、学以致用、全面覆盖"上强举措,推动学用向广度和深度拓展,使党的最新理论成果和各项大政方针在大同真落地、深扎根、结硕果。先后举办7期市管干部党的十九大精神专题研讨班、2期新思想读书班,在全市副科级以上干部和普通党员干部中分类开展政治理论考试和电视知识竞赛,编印下发《党建基础知识微手册》1.6万册,推动各级党组织和广大党员干部真信真懂真用,切实做到深学细悟笃行。先后成立1200个宣讲团,宣讲十九大精神1万多场,覆盖干部群众110多万人次,全面凝聚起了用习近平新时代中国特色社会主义思想武装头脑、指导实践、推动工作的思想共识和行动自觉。

贯彻政治要求。围绕习近平总书记视察山西提出的总体要求和五大任务,成立了学习贯彻落实习近平总书记视察山西重要讲话精神推进领导组,举办纪念习近平总书记视察山西一周年专题座谈会,由市领导亲自带队深入11个县区和部分市直单位督查贯彻落实情况。围绕骆惠宁书记调研大同指示要求,出台《关于贯彻落实省委书记骆惠宁在同调研重要讲话精神的实施方案》和对外开放、能源革命等四个专项行动方案,做到人员、责任、工作、效果"四个到位",形成了"市委引导转型、政府主抓转型、部门服务转型、企业加快转型、社会支持转型"的工作格局,凝聚起争当全省能源革命和对外开放"尖兵"的强大合力。

严肃政治生活。严格落实民主集中制和“三会一课”制度,高质量召开常委班子民主生活会,并加强对组织生活会和民主评议党员工作的指导。认真贯彻支部条例,开设支部‘三会一课’微课堂,试点建立“互联网+三会一课”管理平台,推广运用“山西智慧党建”APP,进一步激发基层党组织活力。加强党内政治生活监督检查,派出督导组对县以上党组织民主生活会、基层党组织组织生活会进行全覆盖检查,建立问题清单、整改清单,查漏补缺,督促整改,进一步严肃党内政治生活,确保取得实效。

强化政治担当。把中央巡视整改作为检验对党是否忠诚的“试金石”,市委班子带头扛起巡视整改主体责任,成立中央巡视反馈意见整改落实领导组,明确4个方面66项具体整改任务,扎实推进整改落实,公开整改成效,接受群众监督。58项任务已整改完成并长期坚持,其余8项任务正按进度加快推进,中央巡视作为政治体检推动党的建设和党的事业的战略作用凸显。

涵养政治文化。出台《加强党内政治文化建设的实施意见》,在全省率先举办县处级领导干部政治建设专题研讨班。依托平型关、大泉山等丰富的红色文化资源,持续深化拓展“六个一”主题教育活动,形成了集瞻仰教育、宣誓教育、党课教育、检视教育为一体的全流程体系。

二、坚持改革开放不停步,发展活力不断激发释放

各项改革行稳致远。确定49项改革任务,推出14项先行先试综改任务,召开13次领导组会议,出台《中共大同市委全面深化改革领导小组2018年工作要点及责任分工》,制定《关于实行改革项目“挂图作战”的通知》《改革任务挂图作战一览表》,审议通过25项改革文件,建立领导包领、层层压责、步步督导三大机制,及时研究部署改革任务,统筹协调全程推动。49项改革任务已全部完成。

国资国企改革扎实推进,完成12户企业公司化改制,依法破产出清27户僵尸企业,推动市属87户国有企业向19户整合,成立4家混合所有制企业,驻同27户央企和省属企业“三供一业”分离移交工作全部完成。开发区“三制”基本落实到位,“三化”改革有序推进。农村集体产权制度改革步伐加快,出台《大同市推进农村集体产权制度改革实施方案》,211个村完成产权制度改革任务,占总村数的86%。出台《关于推进安全生产领域改革发展的实施意见》,48项安全生产改革任务完成45项,序时推进3项。一大批经济民生领域改革进展明显,国家级旅游业改革创新先行区成功获批,云冈石窟、恒山等九大景区“两权分离”改制完成,金融创新、综合执法、环境保护、交通建设、康养发展、教育体制、卫生医疗、群团改革等顺利推进。特别是平城、云冈、新荣、云州行政区划调整平稳完成,解决了长期困扰大同发展的城矿郊管理问题。同煤“三供一业”改革、左云、阳高医疗卫生机构一体化改革省级试点任务走在全省前列,车河模式、扶贫超市、天镇保姆等一批改革为全省提供了可复制可推广的经验。

对外开放全面发力。“东融西进”参与国家重大战略,积极参与“一带一路”建设和雄安新区建设,分别在北京、上海、深圳设立了京津冀、长三角、珠三角高科技产业转移项目处,启动建设上海漕河泾开发区国家级东部产业转移大同示范区工程,在以色列特拉维夫和大同分别设立了中以高科技产业项目处,与24个“一带一路”沿线国家开展对外贸易,进出口市场扩展到64个国家和地区,拥有进出口自营权的企业达到375家。

招商引资成果丰硕。截至11月底,共签约项目168个,总投资额1601.63亿元,79个项目实现当年签约当年开工,开工率达到41.02%。

三、坚持稳中求进工作总基调,经济发展向高质量迈进

大力构筑现代产业体系。以转型综改试验区建设为抓手,在优化提升传统产业的基础上,重点发展“清洁能源、医药健康、通用航空”三大主导产业,积极培育“智能装备、新型材料、节能环保”三大潜力产业,提速发展文化旅游业,逐步形成“3+3+1”现代产业体系。玄武岩纤维、石墨烯、高铁受电弓三大项目全部投产,同煤60万吨甲醇、10万吨活性炭等煤化工产业与传统产业形成互补逐步迈向新型化。新能源电力总装机容量达到319.89万千瓦,占全市电力总装机容量的19.37%,全省排名第一。前三季度,三次产业结构为3.9∶37.6∶58.5,一煤独大的状态逐步改善。

深化供给侧结构性改革。持续推进“三去一降一补”,去除煤炭产能290万吨,先进产能占比达到56.58%;商品房销售增长32.6%;1至11月,累计为各类企业减负69.33亿元;置换化解政府债务33.57亿元。深化农业供给侧改革,大力推进雁门关农牧交错带核心示范区建设,深入推进“一带三区”和10个农业提质增效工程,积极发展有机旱作农业,加快发展特色农业产业,畜牧、蔬菜、杂粮、药果4大农业主导产业做优做强,种植业结构持续优化。平城区列入省级城郊农业示范区,云冈区入选全国155个一二三产业融合发展先导区和省级农林文旅示范区,灵丘县入选全国农村创业创新典型范例。

全力打造能源革命尖兵。坚定不移走煤炭“减”“优”“绿”之路,推动“四个革命、一个合作”多点破题,形成能源革命“尖兵”的强劲态势。实施能源革命十大突破工程,围绕打造“氢能与燃料电池产业、储能蓄能产业、新能源汽车装备制造产业、光伏产业、煤炭清洁高效利用”五大产业集群,布局实施总投资360亿元的能源革命十大突破工程项目,高标准建设大同国际能源革命科技创新园、“氢都”大同新能源产业城,中科院10个研究所,太原理工、大同大学两所高校,同煤、京能两大集团全部入驻大同市国际能源革命科技创新产业园,形成了合力推动能源革命新格局。

大力实施工业振兴。全年共安排工业转型项目176项,总投资1616.4亿元,全年竣工或部分竣工项目达到85个,新增产值56.3亿元。继续完善政策支撑,出台工业振兴激励

政策10条、产业转型招才引智10条、高端装备制造奖励10条三个“十条”,并拿出2.54亿元真金白银对199家工业振兴贡献突出的企业进行奖励,小升规企业达到37户,有16家企业被认定为省级“专精特新企业”,19家企业被认定为省级“四新”企业。大力发展战略性新兴产业,战略性新兴产业、高技术产业增速分别达到27.9%和26.2%,位居全省前列。

大力实施文旅振兴。文化旅游业提档升级步伐加快。规划总投资192.8亿元的14个旅游项目进展顺利,“长城一号”旅游公路加快建设,潘家园文旅项目正式运营,火山群、神泉古域、神溪湿地、桑干河湿地公园等有序推进,云冈石窟景区综合影响力跻身全国5A景区50强,恒山5A级旅游景区创建启动,大同方特欢乐世界成功入选国家4A级景区,恒山和大同古城墙入列山西品质旅游景区,晋华宫国家矿山公园入选首批中国工业遗产保护名录。成功举办成龙国际动作电影周等70余项大型活动,古都灯会被评为“2018中国最负盛名十大节庆”,荣获2018年度《中国国家旅游》最佳全域旅游目的地,荣登2018中国品牌城市提名城市百强榜和中国十大最具潜力避暑旅游城市、中国最具投资潜力旅游目的地城市、首批国民休闲旅游胜地、2018中国十佳冰雪旅游城市、2018年中国十大最佳自驾游目的地,获得中国世界遗产旅游推广联盟大会主办权。2018年实现旅游总收入620.93亿元,同比增长28.52%。

大力推进乡村振兴。坚持规划引领,全市乡村振兴战略总规划(2018-2022年)和乡村振兴战略“5+1”六个专项规划抓紧编制,编制完成《大同市传统村落保护规划编制技术导则》、20个实用性村庄规划和95个易地扶贫搬迁安置点规划设计。坚持政策先行,出台《关于推进乡村振兴战略的实施意见》和《2018年行动计划》等政策性文件,安排部署乡村振兴和“三农”工作,层层压实责任,形成工作合力。坚持投入引导,市级财政投入10亿元,累计引导撬动各类资金28.2亿元实施乡村环境提质工程,创建乡村环境提升工程示范村102个,整治村1259个;出台《大同市农村人居环境整治三年行动实施方案》,投资2860万元创建农村人居环境改善示范村33个,拿出1.31亿元对农业农村重点工作予以支持。坚持合作共赢,加强与北京首农、京东集团等行业领军企业的洽谈合作,全年引进落地项目9个,引资54亿元;与中国农大、山西农大签订合作协议,成功举办第五届中国大同车河国际有机农业论坛,在助推实施乡村振兴战略、有机农业发展等方面形成强大智库支持,全年农产品加工企业实现销售收入107.1亿元,同比增长16.8%。

持续优化发展环境。坚持以环境转型为保障,深入开展打造“六最”营商环境十大专项行动,积极试行企业投资项目承诺制,深入开展投诉直通车和入企服务长效化,搭建起引资引技引企引智的绿色通道。实施引人才、聚人气“双人计划”,出台招才引智奖励政策,拿出具备拎包入住条件的1000套住房,用于支持院士、博士、硕士和在同大学生创新创业。与中科院等科研机构建立战略合作关系,实现1000名科技人才服务大同,为打造区域性中心城市提供了坚强的智力支撑和人才保证。坚持“两个毫不动摇”,积极促进非公经济蓬勃健康发展,出台《鼓励和支持民营企业发展的“二十条”政策措施》,召开支持民营企业发展大会,制定市级领导联系民营企业家制度,着力破解制约民营企业发展的困难和问题,前三季度非公经济占比达到41.8%。制定《大同市关于实施科技创业券的意见(试行)》,187家市场主体认领了2040万元的“科技创业券”,全市转型发展的要素集中积聚。

四、坚持在发展中保障和改善民生,群众幸福感和满意度显著提升

基本民生保障持续改善。全市一般公共预算支出的81.5%用于民生,达到272.89亿元。新增城镇就业53996人,农村劳动力转移就业24748人,城镇登记失业率3.01%,低于4.2%的控制目标。制定出台了大同市《关于培育和发展住房租赁市场的实施办法》,加快建立多主体供给、多渠道保障、租购并举的住房制度,打通商品住房与棚改安置住房、公共租赁住房通道,房地产市场健康平稳。全面实施全民参保计划,登记入库率达到98.7%,构建起覆盖全民、城乡统筹、保障适度、可持续的多层次社会保障体系。全面落实适度性、普惠性社会福利政策,农村、城市社区老年人日间照料中心覆盖率分别为74.8%、12.9%,被列为全国第三批社区和居家养老服务试点城市。

城市基础设施建设进一步夯实。围绕“四区联动”战略,实施城建工程109项,新建续建道路129.28公里,新建改造城市供热管网126公里、供气管网86公里、供水管网130公里,建成区清洁取暖覆盖率100%,燃气普及率98%以上,供水普及率99.7%以上,水质合格率100%,生活污水处理率93%,再生水回用率22%以上,市本级建成区绿化覆盖率、绿地率、人均公园绿地面积分别达42.51%、38.39%和15.78平方米/人。古城东北隅商业项目、西南隅四合院修复、九龙聚四合院修复、府衙修复等工程进展顺利,城隍庙、永兴坊、里坊巷3个文化旅游项目全部启动。首座互通立交大桥开源桥全线通车,体育中心、大剧院、美术馆内外装修全面提速,国际会展中心PPP合作项目按工期推进,高铁站北广场综合枢纽进展顺利。十件惠民实事中,拥军路、云冈路桥涵积水改造工程完成,25座公共停车场免费开放,9座过街人行天桥主体结构全部完工。

扫黑除恶强势发力。把扫黑除恶专项斗争作为重大政治任务,共打掉涉黑涉恶犯罪团伙106个,其中黑社会性质组织7个,恶势力犯罪集团25个,恶势力犯罪团伙74个;共排查出涉黑涉恶线索750条,涉黑涉恶腐败问题及“保护伞”线索55条;对6名涉黑涉恶“保护伞”人员给予开除党籍、开除公职处分,对45名涉黑涉恶腐败人员进行处理,党纪政务处分30人;对工作失职失责、推动专项斗争工作不力的26名党员领导干部、8家单位进行问责处理。

社会治理不断创新。积极探索“枫桥经验”大同实践,召开了全市学习推广新时代“枫桥经验”、提升基层社会治理现代化水平交流会,确定云州区和广灵县为全市学习推广新时

代“枫桥经验”的试点县区，开展先行先试。以“降量退位”为目标，全力化解信访矛盾，信访形势总体平稳可控。牢固树立国家总体安全观，严密防范暴力恐怖风险和网络安全风险，不断强化公共安全，制定《加强和完善城乡社会治理的实施意见》，开展一系列专项整治行动，刑事立案数同比下降18.3%。严格落实“党政同责”“一岗双责”，出台《大同市党政领导干部安全生产责任制实施办法》，亿元地区生产总值死亡率下降至0.033。

五、坚持真抓实干埋头苦干，脱贫攻坚取得决定性突破

2018年，全市共有264个贫困村退出，10.40万人稳定脱贫，贫困发生率降至1.78%，阳高、灵丘、云州三个县区圆满完成脱贫摘帽各项任务。

组织保障坚强有力。坚持“一把手”亲自抓，制定《大同市关于坚决打赢脱贫攻坚战三年行动的实施方案》，共召开脱贫攻坚领导小组会议74次，市县都成立了党政主要领导任总指挥的脱贫攻坚指挥部，实行政府专项扶贫“双组长”责任制，组织186个市直单位、34位联点领导和帮扶县区、乡镇进行“责任双签”，进一步压实脱贫攻坚责任。在市级领导中推行“1+5”工作模式，在驻村帮扶队员中推广“七个入户工作法”，建立起考核、督导、监督、入户等“七大机制”，全年提拔重用扶贫干部89人，严肃问责226人，形成了上下联动、权责明确、运转高效的强大攻坚合力。市级财政投入脱贫攻坚资金12亿元，实现了投入总量和增幅的“双增长”。

攻坚力量充足稳定。选派826名机关年轻干部到乡镇挂职，4215名帮扶干部和875名第一书记驻村开展工作。2018年全市党群部门招录的132名公务员有88人到贫困县区工作，757名在外人才回乡创业，储备各类农村后备人才3883名。

产业扶贫导向鲜明。投资34.5亿元，发展特色产业大项目29个，带动贫困人口13.8万人增收，全市6个贫困县区344个贫困村基本达到特色产业扶贫“五有”标准。安排8462万元专项资金用于扶持云州、阳高、天镇、广灵4个贫困县(区)发展村级集体经济，全市农村集体经济收入全部突破5万元，10万元以上的占行政村总数的63.2%。

精准扶贫模式多元。深入实施助力攻坚深度贫困“百千百工程”，大力推动“百企帮百村”，继续做强扶贫超市，把贫困村、贫困户需要解决的公共基础设施、助学、医疗等问题“包装上架”，由爱心企业家认领实施，实现精准对接、精准帮扶，共361个扶贫项目被认领，资金3215.31万元，其中完工210个项目。注重发挥金融扶贫作用，累计向贫困户发放小额信贷12852户6.397亿元，排名全省第一。

各项工作扎实有序。易地扶贫搬迁完成投资18.4亿元，竣工率98.36%，入住率65.6%，18456户危房改造全部竣工，3个脱贫摘帽县区搬迁任务全部完成。

六、坚持绿水青山就是金山银山，污染防治攻坚战全面打响

大力实施大气、水、土壤污染防治三大攻坚战，制定《关于全面加强生态环境保护坚决打好污染防治攻坚战实施意见》，全力破难题、补短板、强责任，全市生态环境质量进一步改善提升。“大同蓝”做法被国务院通报表扬，浑源神溪湿地成功晋级国家湿地公园。

多措并举治气。通过强力“控煤”、严格“管车”、深入“治污”、全面降尘、强化“禁燃”等多种措施，空气环境质量持续改善，全年优良天数288天，空气质量综合指数5.18，连续6年全省最好。

破难补短治水。全面落实“河长制”“湖长制”，紧盯“消除地表水国考断面劣V类水质”，打出治排口、清河道、补来水、改管网、提改升、上设施、强达标“组合拳”，分阶段开展四次水环境质量攻坚行动。全市10条主要河流12个考核断面，Ⅲ类及以上优良水体断面达到3个，比2017年增加1个，比例25%，超额完成省定任务；2个劣V类国考断面主要考核指标浓度实现了较大幅度下降。

夯基强管治土。深入实施土壤污染防治行动计划，制定土壤污染防治工作方案、土壤污染治理与修复规划及年度行动计划，编制完成《大同市土壤环境污染事件应急预案》，《重点行业企业污染地块调查》完成基础信息采集，建立大同市2018年污染地块名录，“开源一号”污染场地治理修复项目成功列入国家土壤项目储备库。

铁腕重拳治污。健全环境执法与环境司法联动机制，开展查处违法排污“百日行动”，对违法企业形成极大震慑。特别是针对浑源矿山无序开采破坏生态问题，坚持铁腕治污、综合施策，深入推进矿山治理和生态修复，取得初步成效。

对标对表整改。把中央和省环保督察反馈意见整改作为重要政治任务、重大民生工程和重大发展问题，出台《大同市党政领导干部生态环境损害责任追究实施细则（试行）》，紧盯关键事，紧盯关键人，坚决做到“污染问题不查清不放过，隐患不整改到位不放过”，确保整改收到实实在在的成效。

七、坚持党对意识形态工作的领导权，凝聚力、向心力不断提升

严格落实意识形态工作责任制。印发了《中共大同市委意识形态工作领导小组工作规则》《大同市意识形态工作责任制考核办法(试行)》，召开意识形态工作领导小组会议3次，常委会专题研究意识形态工作4次，通报意识形态领域情况2次，向省委书面专题汇报意识形态工作2次。开展党委(党组)意识形态工作责任制落实情况专项督查2次，确保了全市意识形态领域的安全。

严格管控意识形态阵地。加强网上舆论阵地管理，防范网络风险，加强网络安全防护，开展“清朗”专项行动，处罚10家违法违规网站、微信公众号，开展网络安全大检查，整改安全漏洞58起；及时研判处置网络舆情，印发《关于进一

步加强网络舆情处置工作的实施意见的通知》，召开全市网络安全和信息化工作会议，收集并妥善有效处置舆情线索851条。

大力弘扬社会主义核心价值观。启动文明城市创建活动，深入开展"我的中国梦""传家训、立家规、扬家风"等主题实践活动，举办以"微笑迎宾，文明先行"为主题的市民文明行动倡议活动，129个集体被评为省级精神文明创建先进典型；大力培育选树"中国好人""山西好人"等先进典型，3人上榜"中国好人榜"，2人上榜"山西好人"，4人入选第七届山西道德模范候选人；深入开展了学雷锋志愿服务活动，志愿者人数达14万人，7家单位和个人入选全省2018年学雷锋志愿服务先进典型；7家单位被命名为首批省级社会主义核心价值观示范点，申报省级爱国主义教育基地示范点4个，确保了社会主义核心价值观落细落实。

不断满足群众文化需求。组织举办了电视春节晚会、春节文化庙会、古都中秋音乐会、第八届大同读书节等文化活动，送戏下乡1894场，农村公益电影放映2.3万场，"戏曲进校园"演出精品剧目27场，群众文化生活日益丰富。

八、坚持民主与法治共建，民主法治建设迈出新步伐

支持人大及其常委会依法履行职能。认真抓好宪法学习宣传和贯彻落实，严格落实宪法宣誓制度；坚持民主立法、科学立法、依法立法，制定《文瀛湖保护条例》等法规3件，修订2件，废止3件；举办以"凝思聚识，助力发展"为主题的人大议政论坛，支持人大践行新发展理念，依法、正确、有效行使监督权。

支持政协依法依章程履行职能。加强人民政协协商民主建设，制定《中共大同市委关于加强人民政协协商民主建设的实施意见》，支持政协围绕全市中心工作，组织专题调研，开展协商议政，加强民主监督，积极建言献策。举办了主题为"同心同力、共谋发展"的大同市政协论坛，进一步强化使命担当、凝聚发展共识。

巩固发展爱国统一战线。坚持完善多党合作制度，制定《大同市2018年政党协商计划》。深入推进非公经济"两个健康"和新的社会阶层人士工作，牵线民营企业参加招商引资活动4次，指导成立商会4家，成立新的社会阶层人士活动站15个。

扎实推进依法治市进程。积极推动"法治大同"建设，建立健全法制建设机构。扎实开展"七五"普法宣传教育，深入开展宪法宣传周活动，全社会法治观念明显增强。

促进军民深度融合。大力加强国防后备力量建设，深入开展双拥共建和国防教育，全力争取创建全省双拥模范城"九连冠"。全面落实优抚安置政策，全力做好退役军人安置登记工作，协助驻地部队圆满完成停止有偿服务全部330个项目，实现经济建设和国防建设互促共进。积极发展军民融合产业，总投资3.2亿元的轻型航空发动机军民融合项目录入国家重大建设项目库。

九、坚持"治"不忘"危"，党的建设新的伟大工程全面推进

压紧压实"两个责任"。常委会始终把管党治党主体责任放在心上、抓在手上、落实到行动上，专题听取人大、政府、政协、法检两院5个党组和各县区党委管党治党工作汇报，47次研究全面从严治党工作。不断健全横向到边、纵向到底的责任体系，全面推行"两级三责法"，市委主要领导就管党治党作出批示150次，批准初核、立案、处分72人次，全力打造明责、确责的落实链条。全市因两个责任落实不力问责180人，其中追究主体责任171人、监督责任9人，追究一把手96人。

全面加强干部队伍建设。全年调整县处级干部427名，150名实绩突出、担当负责的优秀干部被提拔重用；严格管理干部，完善干部日常考核，突出政治考核、实绩考核、作风考核，严格查核领导干部个人有关事项报告，持续加大提醒函询诫勉力度，干部从严管理体系更加健全。

不断激发干事创业激情。制定出台《关于进一步激励广大干部新时代新担当新作为努力建设高素质专业化干部队伍的实施意见》《关于适应新时代要求大力发现培养选拔优秀年轻干部的实施意见》，选派29名优秀年轻干部赴国家部委、沿海发达省市挂职锻炼。深入实施《大同市实施"凤凰人才"三年发展规划》《大同市"百名博士研究生引进工程"实施办法》，配套出台《大同市乡村振兴人才激励十条奖励政策》等三项奖励政策，常年开展"四联四引"活动，用"政策洼地"打造"人才高地"，7个院士工作站、2个博士工作站落户大同，引进博士研究生21人。

持续巩固"三基建设"成果。制定出台《中共大同市委党建领导小组2018年工作要点》和《全市2018年"三基建设"实施方案》，专项列支6703万元用于基层党建和"三基建设"工作。7个县区有44个行政村完成撤并。创新方法，夯实基础，实行农村党组织书记"四诺四评"制度，开展农村党组织"争旗提档"、社区党组织"创星升级"活动，制定城市基层党建"1+6"制度体系，常态化开展"两新"组织"三帮三促"专项行动，43个街道全部建成"大工委"，158个社区建成"大党委"，"两新"组织党组织覆盖率分别达到92%和86%，整顿转化205个软弱涣散党组织。

继续打好作风建设持久战。共查处违反中央八项规定精神和"四风"问题165人，党纪政务处分124人。

全力保持反腐败高压态势。全市纪检监察机关共处置问题线索5456件、立案1530件、党纪政务处分1445人、移送司法机关59人，分别增长81.86%、71.52%、72.64%、555%；共查处群众身边不正之风和腐败问题651件，处理974人，其中扶贫领域问题349件、527人。坚持惩前毖后、治病救人，着力抓早抓小、防微杜渐，深入实践运用监督执纪"四种形态"，处理党员干部5051人次，其中第一种形态占70.4%，使红脸出汗成为常态。

着力深化监察体制改革。以《监察法》实施为契机，把握"三步走"和"八个围绕"主攻方向，制定《关于进一步深化监

察体制改革试点工作实施方案》，完成了县级派驻机构和乡镇监察人员配置，实现了对县区所有行使公权力的公职人员监察全覆盖。

充分发挥巡察利剑作用。出台《十五届大同市委巡察工作规划》，部署开展第三轮、第四轮巡察，对27个重点民生部门和扶贫工作主要牵头单位及28个县级以上所属单位党组织开展巡察，组织各县区同步对81个民生扶贫部门、9个乡镇128个村开展交叉巡察，推动十五届市委巡察全覆盖。

（李 烽）

附：中共大同市委书记、副书记、常委名单

省委常委、大同市委书记：张吉福

副书记：武宏文 刘振国(2月任职)

常 委：黄岑丽(女) 张 韬 刘振国(2月调职) 宋 涛 姚鸿波 薛明耀 尉连生(11月任职) 梁晓旭 穆国新 冯苏京

中共平城区委

区委书记 张 韬

2018年，平城区深入贯彻落实习近平新时代中国特色社会主义思想和习近平总书记视察山西重要讲话精神，扎实做好稳增长、促改革、调结构、惠民生、防风险各项工作，加快推进“四个示范区”建设，全区经济社会保持平稳健康发展。

一、把牢意识形态方向，实现党的政治建设不断强化

突出政治建设首位意识，把“四个意识”充分体现到宣传思想领域各方面、各环节，以实际行动维护习近平总书记的核心地位，维护党中央权威和集中统一领导。全年共开展4期习近平新时代中国特色社会主义思想和党的十九大精神专题研讨班，培训科级干部589名；举办区委党校主体班暨学习贯彻习近平新时代中国特色社会主义思想读书班，培训干部106名，进一步推进习近平新时代中国特色社会主义思想入脑入心。

二、借助区划调整之势，实现市场发展动力逐渐激发

按照市委、市政府“四个到位、五个不能乱、两个结合”的总要求，突出抓融合、促发展，抓信访、促稳定，抓“三会”、促组建，抓服务、促保障，抓纪律、促转变，成功接收原南郊区新旺、水泊寺、马军营三个乡，划出原城区的老平旺、西花园两个街道，实现区划调整有序衔接和无疑对接。区划调整后，辖区面积扩大至246平方公里，常住人口增加至80.7万，流动人口18万，辖3个乡60个村，13个街道125个社区居民委员会。

三、持续深化改革开放，实现经济转型发展日新月异

2018年全区地区生产总值完成196.74亿元，同比增长10.5%；第三产业（服务业）增加值完成126.51亿元，同比增长8.8%；规模以上工业增加值完成26.98亿元，同比增长23.1%；固定资产投资完成76.80亿元，同比增长31.8%；社会消费品零售总额完成274.48亿元，同比增长8.4%；一般公共预算收入完成4.93亿元，同比增长36.8%；城镇常住居民人均可支配收入完成33525元，同比增长7.5%。

对外开放获得新突破。坚持走出去、引进来战略，选派专人派驻市政府驻北京、深圳办事处参加招商引资工作，全年外出洽谈项目及参加各类招商活动16次，对接项目60个，总投资约420亿元；推动俄罗斯卡拉钦斯克市代表团来我市进行第二次访问。制定出台招商政策措施，积极寻求对接合作，组织大型接洽互访活动50余次。组织民营企业参加中国首届国际进口博览会。

三大振兴彰显新成效。做好工业振兴，完成“小升规”企业3户年度目标任务。梅花沟煤业公司完成省、市复产验收，开始生产。光伏发电项目铺装光伏板约60%，16个学校并网发电。铝合金模板完成设备组装，开始试生产。平城区荣获全市能源革命尖兵协作贡献奖。做好文旅振兴，圆满完成2018古都灯会和成龙电影周我区承担的各项任务；大同北魏贡酒等4项制作技艺人选山西省非遗保护名录，研发大同本土文化元素文创产品11种；修缮保护不可移动文物8处，申报省级文物保护单位11处。做好乡村振兴，深化农业供给侧结构性改革，承担晋北片区城郊农业示范县（区）建设任务。重点创建马家小村、燕庄和田村3个市级美丽宜居示范村，完善十里店、西水磨等6个村“一事一议”公益事业建设，村容村貌得到普遍整治改善。与中国农大合作，农业嘉年华项目开工建设。成功举办我区首届“中国农民丰收节”，农村文化活动得以丰富。圆满完成农村承包地确权登记颁证，扎实做好农村集体产权制度改革。

科技创新增添新活力。申请获批院士工作站1个。申请专利551件。申报市级科技计划2项。给予4个区级科技计划项目95万元资金扶持。18家企业通过2018年科技型中小企业评价市级审核，17家企业经省级公示入库。培育的4家高新企业全部通过省级认定评审，超额完成年度任务。新认定区级双创基地3个，新增省级双创基地1个。全区双创基地共入驻企业1309家，从业人数5411人，成功孵化企业53家，资金投入3.4亿元，营业收入8774万元。“创客中国”大赛中，6个项目斩获7个奖项，2个项目入围全

国200强。

四、推动生态文明建设,实现大同市中心区品质升级

积极推进城管改革,将城管、工商、食药、公安、住建、环保等执法平台下沉到乡(街)一级。购买执法巡逻车辆和执法装备,成立女子特勤巡逻队。开展环境治理综合整治提升行动,疏导、取缔占道经营和游商游贩2.1万余户,根除振华南街、柳港园等20个马路市场,建立7个临时便民市场,治理"共享单车"乱停乱放行为,巩固"门前五包"效果。以七里村为样板,在马军营乡22个村推行城乡环卫一体化改革。实行环卫工人星级考核制度,提升环卫作业效率。完成129座公共空间建设任务,投入使用101座。强化生态治理,顺利承接区划环保任务,开展散乱污、油烟、废品收购、垃圾乱倒、建筑违建5个专项整治行动,取缔散乱污企业72家,油烟排查260余家。处办中央环保督查组"回头看"督察转办案件25批65件,圆满完成省环保督察组"回头看"检查验收。将"绿色考核"纳入目标责任考核;设立区、乡、村三级河长,对御河、十里河的入河排污口开展集中整治。

五、坚持以人民为中心,实现美好生活需求日益满足

加强金融监管,开展非法集资风险专项排查、互联网金融风险专项整治行动,对3家企业进行联合现场检查,有效治理金融乱象。强力推进"扫黑除恶"专项斗争,打掉涉黑涉恶团伙16个,破获各类案件160余起,抓获嫌疑人106名。维护社会稳定,积极调处化解各类矛盾纠纷,妥善处置房地产、困难企业群体性上访事件。加强安全生产,整治各类安全隐患700余处,加强重点场所安全防控,安全生产形势总体平稳。创建文明城市,开展志愿活动20余次,发放宣传资料8万余份。教育事业加快发展,选派20名优秀教师、140名优秀学生赴美国、日本、澳大利亚等教育发达国家研学访问,引进大同平城双语学校和北京新学道大同书院2所优质民办学校,满足了群众对教育资源的多样化需求。完成职业技能培训3986人,登记失业率低于4.2%。推行社区老年人日间照料中心"5+X"运营模式,引导志愿者和热心人员参加社区服务,让社区老年人享受惠民政策。平城区被省民政厅确定为首批省级社区治理和服务创新实验单位。

六、不断强化党的领导,实现全面从严治党纵深发展

夯实基层组织建设。坚持把抓创新、抓特色作为提升城市基层党建工作水平的有力抓手,着力打造基层党建品牌。先后制定《大同市平城区创建"城市基层党建联盟"工作方案》《关于建立社区"大党委"的实施办法(试行)》等一系列文件,对城市基层党建进行系统谋划、整体推进。积极构建科学严密的组织体系,突出政治功能,建立"双向联系、双向服务、双向认领"机制,开展"组团式"联系服务群众活动,不断提升服务结对社区、服务群众的水平和能力,推动共建共享党建格局的形成。2018年,平城区各领域党建,特别是城市基层党建工作,先后六次接受中央、省市委领导视察和调研,得到了充分肯定和认可。

加强干部队伍建设。坚持把政治过硬作为"高素质"的第一位要求,规范干部选拔任用"五查"操作规程,对政治上不合格的"一票否决",进一步配齐配强科级干部队伍,圆满完成区划调整干部的安置任职工作,实现了干部队伍的平稳有序过渡。制定《关于进一步激励广大干部新时代新担当新作为努力建设高素质专业化干部队伍的实施意见》,为调动和激发干部干事创业的积极性、主动性明确了方向和措施。选派25名优秀社区工作者到厦门湖里区挂职锻炼,拓宽了社区干部的视野,提高了综合服务的能力。

持续深化作风建设。认真贯彻落实习近平总书记关于加强作风建设的重要指示精神,纠正"四风"不止步,锲而不舍落实中央八项规定精神。在全区范围内开展"干部作风整顿月"活动,全面改进干部作风。深入开展"形式主义、官僚主义"集中整治行动,把纠正"四风"往深里抓、往实里做坚决防止反弹回潮。建立全区各级党组织"生态档案"。

(朱嘉庆)

附:中共平城区委书记、副书记、常委名单

书　记:张　韬(6月任职)

副书记:李继忠(6月任职)　王　玺(6月任职)

常　委:郭云峰(6月任职)　梁　介(6月任职)

李文清(6月任职)　郭雁明(6月任职)

高　宁(6月任职)　薛晓明

李文瑞(6月任职)　徐文俊(6月任职)

中共云冈区委

区委书记　苏　智

大同市云冈区是经国务院批准,按照省政府关于同意大同市调整部分行政区划的批复,于2018年5月由原南郊区6个乡镇和原矿区组建设立的,总面积737.81平方公里,辖4乡2镇120个行政村,30个街道办事处127个社区;户籍总人口约66.5万人,其中城镇居民52.68万人,农业人口13.82万人;总耕地面积26.19万亩,农村居民人均耕地面积2.01

亩。全区共有基层党组织915个,其中党(工)委58个,党总支38个,党支部819个,党员20022名。

建区以来,云冈区坚持以习近平新时代中国特色社会主义思想为指引,全面贯彻落实党的十九大精神和习近平总书记视察山西重要讲话精神,按照省委"一个指引、两手硬"思路和要求,围绕示范区、排头兵、新高地三大目标和市委"136"发展战略,以发展和服务为主攻方向,全力以赴谋发展、促振兴,全区经济社会呈现出良好发展态势。

一、经济发展稳中有进

2018年,地区生产总值,原南郊区完成392.58亿元,增速3.6%;原矿区完成28.66亿元,增速3.5%。第三产业增加值,原南郊区完成136.48亿元,增速8.7%;原矿区完成22.6亿元,增速3.0%。规模以上工业增加值,原南郊区累计完成220亿元,增速0.5%;原矿区累计完成2.9亿元,增速14.2%。固定资产投资,原南郊区累计完成投资134.82亿元,增速15.1%;原矿区累计完成投资15.33亿元,增速-12.2%。社会消费品零售总额,原南郊区完成121.61亿元,增速7.3%;原矿区完成109.81亿元,增速7.9%。公共财政预算收入,累计完成10.6亿元,(同口径完成8.8亿元)。城镇常住居民人均可支配收入,原南郊区城镇居民人均可支配收入26750元,增速6.7%;原矿区城镇居民人均可支配收入31981元,增速6.5%。农村常住居民人均可支配收入,原南郊区完成15493元,增速9.1%。

一是加快推进工业发展。加大产业转型力度,推进传统产业优化再升级。全年共有各类项目115项,亿元以上项目31项,总投资298.45亿元。其中,新建项目101项,投资99.57亿元,续建项目14项,投资198.88亿元。落实省委省政府"转型项目建设年"重大工作部署,举办全市转型项目建设年项目集中推进活动分会场开工仪式。组建成立云冈能源发展有限公司,对口泉旧区和同煤集团"三供一业"部分移交小区等西部地区进行集中供暖。

二是加快推进农业发展。加大种植业结构调整力度,其中经济作物达2.17万亩、饲料作物达1.1万亩;品牌农业认证加速,全区共获得无公害农产品"三品一标"认证6家,认证产品8个,认证面积2.5万亩。重点实施全家湾农业园区电力配套设施等8个城郊农业项目及6个城郊农业拓展项目,打造了一批标准化设施农业示范基地建设。在要庄、南村、谢店等连片建成西韩岭城郊型现代农业综合示范园区,打造以杨家窑、大路辛庄等为代表的现代农业观光园区。

三是加快推进服务产业发展。建立培育"小升规""专精特新"企业后备库,全区累计培育"小升规"18家,"专精特新"12家。推进大众创业万众创新,全区双创基地、智创空间服务平台达到6家,总建筑面积12.08万平米的区双创示范基地总部已建成。初步形成以平旺步行街、棚户区严管街为中心的惠民商圈,以华鹏物流、天和物流为中心的物流商圈,以中关村软件园山西孵化创新平台、阿里巴巴农村电子商务为中心的高新技术服务商圈,以庞大汽车文化广场、阳光车城为中心的汽车集中交易服务商圈。

二、城乡建设协调发展

一是城乡环境有效改善。开展环境卫生集中整治工作和文明城市创建活动,严肃整顿脏乱差现象比较突出的重点领域。加大源头治理和路面管控力度,在全市范围内率先建成治超信息化平台。"四好农村路"建设总里程22.95公里,村中巷道硬化面积6500平米,铺设污水管道2800米。加快美丽宜居乡村示范区建设,打造出杨家窑村、南村2个全国文明村镇、全国生态文明村、全国民主法治示范村,王家园、东韩岭等3个省级和谢店、三井等4个市级以及20个区级美丽宜居示范村。

二是生态文明建设高位推动。深入开展中央和省委省政府环保督察交办问题"回头看"。稳妥有序推进清洁能源替代工作,全年"煤改电"完成2056户,"煤改气"完成户内安装8127户,发放环保型煤5776.5吨。全面落实"河长制",以防控面源污染为突破口,严格监控十里河、口泉河、甘河、御河两侧沿河所有的排污口,加强对夏进乳业、同煤煤气厂、同煤广发化工等13家排放污水企业的综合治理。

三、民生福祉较大提升

一是民生实事工程全面完成。投入480万元对5390人进行技能提升培训,提供就业岗位7236个,新增就业人数6514人,解决困难群体就业603人,城镇登记失业率控制在4.2%以内。拓宽社会保障覆盖面,城乡居民基本医疗保险制度实现"六统一"。家庭医生签约服务提质增效,累计建立居民健康档案66万份,家庭医生签约47.8万人。完善城乡最低生活保障制度,对贫困线、低保线进行"两线合一",累计发放救助金830万元。组建成立大同市云冈区医疗集团。口泉乡卫生院荣获国家级群众满意卫生院称号,平旺、云冈、西韩岭乡卫生院荣获省级群众满意卫生院称号。

二是公共服务供给体系日益完善。大力解决区域内城乡学校"乡村弱"和"城镇挤"问题,全区中小学基本消除大班额。有12所学校成为国家级实验校、国培计划实践基地。2018年高考二本以上达线人数331人,中考有1045名学生被省、市重点中学录取。持续推动企业和群众办事线上"一网通办",线下"只进一扇门",现场办理"最多跑一次",共受理各类行政审批服务事项195835件,办结195559件,办结率达99.9%。

三是社会大局和谐稳定。完善全时空巡逻防控机制,全区206个社区、村庄视频监控室建设完成,监控率由上年的64%提高到86%。深入推进扫黑除恶专项斗争,共打掉黑社会性质犯罪组织1个,涉黑涉恶犯罪集团或团伙20个,破获各类案件93起。加大隐患整改治理力度,全面完成安全生产挂牌台账和挂牌工作,全年全区各行业领域均未较大生产安全事故。优化矛盾纠纷定期排查制度,全年共排查各类矛盾纠纷1133起,调处963起,调处率85%。集中力量化解疑难"骨头案",共化解个体访16件,群体访8件。

四、党建工作显著提升

一是强化政治引领。区委始终坚持以习近平新时代中国特色社会主义思想导航定向,引导全区党员干部始终与党中央保持思想一致、方向一致、步调一致。全年召开 25 次区委常委会、20 次区委中心组学习会,区委书记带头讲党课 4 次;召开 2 次学用习近平新时代中国特色社会主义思想经验交流会。制定出台《意识形态工作责任制实施细则》。

二是严格干部管理。举办科级干部等各类培训班 23 期,选调、调训县处级干部 14 人次、科级干部 70 人次参加省市相关学习,先后选派 2 名干部到杭州、深圳学习党建工作,选派 5 名干部赴江苏省苏州市部分企业挂职锻炼。区划调整期间,区委主要领导与 345 名部门单位主要负责人分别进行谈话,调整干部 4 批 710 余人。全面实施基层党建工作三级联述联评联考制度,开展乡镇(街道)党委书记、农村(社区)党组织书记专项述职评议,严格考核评议基层党建工作。

三是夯实基层基础。区乡村三级累计投资近 4000 万元,建成 30000 多平米的 62 个“支部大院”,推行首问负责制、干部轮流坐班等制度,采取党员窗口挂牌服务、限时办结的方式让群众思想上有党、行动中跟党、困难中找党。全力服务采煤沉陷区搬迁群众,在安置区设立党群服务中心,真正让群众找到身边最近的“家”。“云冈 E 党建”“山西智慧党建”实现双轨运行,推送各类信息 2 万余条。

四是加强作风建设。对全区 8 个重点民生部门和扶贫工作主要牵头单位、12 个街道办事处党组织及 9 个重点村、12 个社区居委会党组织进行首轮政治巡察。围绕中央巡视组交办件、扶贫领域、民生领域、涉黑涉恶以及不作为慢作为乱作为等重点问题,加大审查调查力度,共受理信访举报 897 件次,处置问题线索 618 件;立案审查 144 件,给予党纪政务处分 136 人。监督执纪由“惩治极少数”向“管住大多数”逐步拓展,全年运用监督执纪“四种形态”578 人次,同比增长 67%。

此外,办理人大代表建议 43 件、政协委员提案 37 件。民族宗教、科技、史志、档案、国防、防震减灾、工会、共青团、妇联、老龄、残疾人、红十字会等工作都取得新成绩,实现新突破。

(刘立欣)

附:中共云冈区委书记、副书记、常委名单

书　记:任希杰(6 月任职,12 月离职)
　　　　苏　智(12 月任职)
副书记:李东升(6 月任职)　戴　陶(6 月任职)
常　委:刘巨平(6 月任职)　杨志文(6 月任职)
　　　　赵　雄(6 月任职)
　　　　姚文章(5 月任职;11 月,因涉嫌严重违纪违法,接受纪律审查和监察调查。注:2019 年 1 月,被给予开除党籍、开除公职处分。)
　　　　石　忠(6 月任职)　马晓峰(女,6 月任职)
　　　　刘中文(6 月任职)　王富祥(11 月任职)

中共新荣区委

区委书记　邓志荣

2018 年,中共大同市新荣区委全面贯彻落实党的十九大精神,以习近平新时代中国特色社会主义思想为指导,进一步树牢“四个意识”,牢牢把握中共山西省委“一个指引、两手硬”思路和要求及中共大同市委全面推进“136”发展战略,坚持稳中求进工作总基调,坚持新发展理念,围绕建设“四个新荣”,大力推进“一轴一带三区”,切实抓好“五件大事”,统筹做好稳增长、促改革、调结构、惠民生、防风险各项工作,不忘初心、牢记使命,团结带领全区广大干部群众同心同力,聚焦发展,奋力谱写新时代新担当新作为的新荣答卷。

一、深入贯彻落实党的十九大精神,全面加强党的政治建设

做到“两个维护”,始终把牢正确政治方向。区委深入学习贯彻落实党的十九大精神以及习近平新时代中国特色社会主义思想,举办区管干部学习贯彻党的十九大精神专题研讨班,“书记面对面,话发展论坛”,开展“新时代新担当新作为”专题讨论,开设区委党校主体班,举办“学习贯彻习近平新时代中国特色社会主义思想”读书班等,共培训党员 6700 余人次,在全区掀起学习宣传贯彻党的十九大精神、习近平新时代中国特色社会主义思想热潮。

增强“四个意识”,融会贯通推动学以致用。区级领导干部带头讲,通过干部大讲堂、支部讲堂、流动讲堂、新荣零距离等平台,印发《党员干部应知应会手册》,开设专题专栏对党的十九大精神进行全面宣传解读阐释,注重系统深入学,及时跟进学,并联系坚定理想信念、解决突出问题、提升工作标准等进行研讨,努力学深悟透弄懂。

坚定“四个自信”,充分发挥示范引领带动。区委中心组开展集中学习 16 次。举办 8 期新荣大讲堂半月谈,围绕十九大精神和相关行业领域进行授课,共培训各级党员干部 1200 余人次。在“新荣零距离”强力引导下,正面信息占比 98%,负面信息占比小于 0.7%。积极做好新闻外宣工作,“新荣零距离”微信公众号推送消息 300 多期 1650 余条,月平均阅读量为 18.55 万次。在大同市电视台播出新闻 95 条,市级以上报刊发表稿件及图片 292 篇。

二、加快构建现代产业体系，全面推动经济高质量发展

2018年，全区地区生产总值完成35.45亿元，同比增长11.8%；固定资产投资完成29.45万元，同比增长13.9%；规模以上工业增加值完成10.18亿元，同比增长39.6%；一般公共财政预算收入完成23224万元，同比增长35%；社会消费品零售总额完成11.65亿元，同比增长7.4%；城镇常住居民人均可支配收入完成25104元，同比增长6.9%；农村常住居民人均可支配收入完成9510元，同比增长9.0%。地区生产总值增幅和规模以上工业增加值增幅两项排名全大同市第一。

聚焦工业振兴，以优化产业结构构建产业新体系。坚持工业强区，促进产业加快迈向价值链中高端，出台“工业振兴”行动方案。立足新材料、新能源等优势，抓住大同市关于实施“能源革命尖兵”2018·十大工程突破行动契机，以新成新材料、宇林德、小窑山风电、镇川光电等龙头企业为引领，努力打造产业发展新引擎。全区14户企业争取市级工业振兴奖励资金3637万元，占全市奖励14.3%，获奖项目数、获奖金额均在大同市前列。宇林德年产5万吨超高功率石墨电极项目正式投产，实现当年开工、当年建成、当年见效目标。建成新成新材料年产20万条电力机车受电弓碳滑条项目，新建新成新材料年产2万吨汽车锂电池电解液项目、腾扬科技年产2万吨直径600mm及以上超高功率石墨电极项目、通扬碳素年产2.2万吨直径600mm及以上超高功率石墨电极等项目。充分利用新荣风光优势，加快推动华润新能源6万千瓦风电项目建设，预计2019年6月可并网发电。全区规模以上工业非煤增加值占比达到70%。“一煤独大”产业格局成功逆转，炭素产业占比达到53%，首次超过煤炭，成为全区第一大产业，全行业产值23亿元。同时，建设大同新荣500千伏输变电工程列入省政府2019年工作计划。

聚焦文旅振兴，以发展全域旅游培育发展新动力。结合省打造长城旅游板块和大同“文旅振兴”战略，用好新荣区长城古堡、美丽生态特色旅游资源，以发展全域旅游为方向，以贯通四季旅游为重点，持续将人气指数变成经济指数、资源优势变成发展优势。2018中国·大同多彩新荣美丽乡村游暨长城古堡露营大会活动在饮马河湿地成功开启，深耕厚植文旅产业，用好长城古堡、美丽生态特色旅游资源，着力创建全域旅游示范区，全区旅游业向“全景、全业、全时、全民”迈进取得初步成效。

聚焦项目建设，以良好发展环境强化投资新支撑。以平台建设为抓手，构筑起“三大开放新高地”，京津冀产业转移、晋冀蒙高新产业、新材料工业，在开展领导干部联系民营企业工作。区级领导每人联系2家企业，与全区46家企业建立联系机制，从组织、制度、政策上为改善营商环境提供保障。

三、坚持融合发展补齐短板，全面扎实做好“三农”工作

突出抓好乡村振兴战略。制定《新荣区推进乡村振兴战略的实施意见》和《实施乡村振兴战略2018行动计划》，结合全区实际，编制规划了《全区乡村振兴战略(2012—2022年)总体规划》及“5+1”专项规划编制任务。争取市级乡村振兴示范区项目资金250万元，为得胜村和西寺村村容村貌两个移民新村改善道路、新建广场、栽植树木，实现两个村村容村貌提档升级。强化对农业资金和政策支持，利用2017年安排政府债务资金400万元，直接撬动社会资金400万元，共计800万元支持城郊农业结构调整，用于啤斯食品、华进薯业等12家企业产业升级改造，为大同市区提供高品质农产品。投资2780万元，完成农村“四好”公路建设54千米，提升乡村宜居环境。贯彻落实中央、省委和市委关于清理整治“大棚房”问题各项决策部署，坚守耕地红线，完成大棚房问题专项清理整治任务。

因地制宜发展现代农业。突出项目提档升级，推进薪源种羊、森旺农林牧、桃之源和欣荣农牧现代农业标准园区建设，形成马铃薯、小杂粮、特色农产品3条相对完整农业产业链；培育壮大伊磊牧业、众森肉驴、薪源种羊、洪源兴肉羊、利国种鸡和鑫茂饲草加工7家畜牧业龙头企业。全区粮食总产量达到5.58万吨；肉牛、奶牛、猪、羊、鸡饲养量分别达到3.25万头、0.57万头、9.25万头、38.55万只、32.11万只。

大力改善农村人居环境。统筹抓好农村采煤沉陷区搬迁、特色小镇、美丽乡村，因地制宜推进新农村建设。完成投资9160万元，重点抓好农村垃圾治理、污水治理、厕所粪污治理、村容村貌提升、村庄规划管理等工作，并建立长效管用制度约束机制。加快推进美丽宜居示范村建设。投资120万元，完成八墩村和前井沟村两个示范村建设；安乐庄村公共浴室建设；新荣村供热改造；二队窑村改厕改造工作。大力开展乡村环境提升“冬季行动”。截至2018年底，投资1434.8万元，拆除八个乡镇涉及86个村，6127间荒弃院落，平整院落1073682平米；拆除违章建筑(大棚)76692平米，残墙断壁25424米，乡村面貌极大改善，美丽乡村建设迈出崭新步伐。

四、破除瓶颈制约激发活力，全面加快深化改革步伐

深化供给侧结构性改革。坚定不移推动煤炭减量重组，在确保唐山沟、甘庄两个主体煤矿安全稳产同时，持续推进北辛窑、上深涧、小梁沟三座主体煤矿减量重组工作，与中煤集团协商形成共识，确定“北上小”三矿去产能及减量重组“去二留一”实施方案，取得突破性进展，各项工作已按要求开始启动。打通去库存与采煤沉陷区治理安置和化解信访矛盾之间通道，完成回购商品房96套，“一把钥匙打开三把锁”。工农化肥厂、新荣水泥厂两个“僵尸企业”破产工作，清产核资和审计工作全面完成，破产预案经职工代表大会讨论通过，已将破产资料递交法院审理，待审理完成后正式立案公告。

深化创新体制机制改革。全面推动开发区建设，设立省级经济技术开发区可行性研究报告已经2018年12月25

日省政府常务会审议通过,成功获批省级开发区。深化监察体制改革,实行区纪委监委统一派驻纪检监察组,共设置10家派驻纪检监察组,实现派驻纪检监察全覆盖。按照中央和省市深化党政机构改革要求,稳步推进新荣区机构改革工作。

深化为民惠民领域改革。坚持教育优先发展战略,继续深化教育综合改革,实施中小学校硬件提升和教学成绩目标化、项目化管理,统筹城乡义务教育一体化发展。

五、更好满足群众现实需求,全面保障脱贫攻坚和民生改善

立足实际,脱贫因地因势制宜。科学布局产业扶贫,根据本区立地条件和产业发展实际,形成"111222"新荣产业扶贫发展思路,大力发展具有比较优势特色产业。预计到2020年,户均增收3.28万元,人均增收1.46万元。用好专项扶贫资金,省专项扶贫资金80%以上优先安排实施产业扶贫项目,其中2018年实施项目实现当年建设当年运营,共惠及贫困人口921户2364人。全社会形成助推脱贫攻坚良好氛围,据不完全统计,社会帮扶资金投入达360万元。抓好易地扶贫搬迁,涉及2017年得胜堡村、西寺村2个易地扶贫搬迁安置点,2018年6月全部搬迁入住,西寺村更是作为全省易地扶贫搬迁典型进行总结和推广;2018年搬迁刘家窑村、蔡家窑村2个集中安置点已全部竣工并搬迁入住,分散搬迁也已全部搬迁完成。探索"金融+扶贫"模式,共发放扶贫小额贷款721笔3529万元,辐射全区97个村贫困人口。

压实责任,完善脱贫保障体系。成立新荣区脱贫攻坚指挥部,已召开12次脱贫攻坚领导小组会议;召开各专项扶贫工作会议42次,及时解决问题18个,总结经验和推出创新办法9项。2018年共有1585户3173名贫困人口脱贫,11个贫困村退出,高于省定脱贫任务,贫困发生率由2014年13.02%下降为现阶段1.1%。实现"两个对接全覆盖",明确26名区级领导、135支驻村工作队、45名第一书记、35家相对有能力企业和乡镇所有包村干部在全区开展结对帮扶工作。已完善村发展规划36个,联系对接扶贫项目38个,为贫困村办实事185件,解决实际困难580件(次),受益农户达1600多户。加大财力保障,全区直接用于脱贫攻坚资金1亿元左右,其中区财政投入3000多万元,金融资金3500多万元,行业和社会帮扶3000多万元。成立13个专项扶贫工作领导小组和7个督查组和1个巡查组,对各乡镇、各村脱贫攻坚工作进行督查巡查,两年间,实现督查全覆盖所有乡村、督办整改问题375个。

关注民生,推进改善民生实事。以"五件大事""八件实事"为重心,结合城市发展规划,从解决人民群众最关心、最直接、最现实问题入手,统筹推进基础设施建设。饮马河引水入区工程已开始运行,完全满足区址供水需求;农贸市场完成项目选址和前期各项工作;开元南路、新开南路、长城东街完成道路改造并顺利通车,长城东西街全线贯通;新建长城东街幼儿园已完成主体工程建设;新建区址热源改造项目40吨锅炉安装竣工并投入使用;国有工矿棚户区改造工程50栋住宅楼全部完工,小区外市政基础设施建设全面推进;完成老旧小区改造1335套、廉租住房配租120套。全力以赴促进就业和再就业以及社会保障工作,城镇登记失业率控制在4.2%以内,基本医疗保险率达到96.4%。通过加快优化人居环境,使全区人民更多享受到改革发展成果。

六、坚持人与自然和谐共生,全面推进生态文明建设

树牢"绿水青山就是金山银山"发展理念。牢固树立"生态立区、绿色发展"理念,高度重视生态文明建设和环境保护,加大生态修复保护力度,大力开展以造林绿化为重点的生态环境治理工程,完成在新荣镇、堡子湾乡、破鲁堡乡实施2018年度国家级京津风沙源治理二期工程5000亩;完成交通沿线两侧荒山造林4000亩;实施退化林分改造项目3000亩;完成省级村庄绿化4个;市级村庄绿化3个。全区森林覆盖率28.9%,绿化率39.2%。

压实生态文明建设和环保工作职责。编制完成《大同市新荣区大气污染防治2018年行动计划》《大同市新荣区水污染防治2018年行动计划》《大同市新荣区土壤污染防治2018年行动计划》等计划方案,全面安排部署新荣区2016年—2020年大气、水、土壤污染防治工作。全力抓好中央、省环保督察反馈问题整改,严格落实"清单制+责任制",加强跟踪督办。中央环保督察问题反馈全区应完成整改任务2大项6小项,其中4小项已立行立改,其余2小项整改任务达到序时进度要求;省环保督察问题反馈全区应完成整改任务9项,实际完成2项,达到序时进度7项。

大力实施"碧水蓝天"工程。坚持"绿地、洁水、净气"并举,坚决打赢大气、水、土壤污染防治三大战役,不断推进全区生态环境质量根本好转。深入实施大气污染防治行动计划,替换淘汰6台燃煤小锅炉。大力开展重型柴油货车和散装物料运输车污染治理联合执法专项行动,共发放宣传资料3500余份,取缔3个"黑加油点"。积极推进水污染防治工作,完成区污水处理厂保温提效,污水收集率、处理率分别提高到80%和100%。严厉整治工业企业违法排污、矿山开采生态破坏、农村畜牧养殖污染,依法取缔"散乱污"企业18家,依法取缔万泉河引水枢纽工程饮用水源保护区内的7家鱼塘。全面落实"河长制",建立起区乡村三级全覆盖河长制责任体系,全方位管控改善水环境质量。

七、牢固树立总体国家安全观,全面维护社会安全稳定

扫黑除恶重拳出击。先后召开7次区扫黑除恶专项斗争领导小组会议、8次区委常委会和5次书记专题会等会议对扫黑除恶工作进行安排部署。成功打掉恶势力团伙案件5个;抓获涉恶犯罪嫌疑人14人;破获故意伤害、寻衅滋事、敲诈勒索、强奸等各类案件17起。

安全生产形势平稳。严格落实"党政同责、一岗双责、齐

抓共管”安全生产机制,制定新荣区贯彻落实《地方党政领导干部安全生产责任制规定》实施细则,列出区委常委会及班子成员职责清单,全力以赴抓好安全生产。

八、夯实从严管党治党责任,全面构建风清气正政治生态

正风肃纪全面推进。坚持无禁区、全覆盖、零容忍,持续保持高压态势,全区纪检监察机关立案93件、结案93件、党纪政务处分91人、组织处理2人。持续整治“四风”,全区查处违反中央八项规定精神问题11起,其中,给予党纪政务处分9人。切实加强巡察监督,聚焦群众身边腐败问题,完成九届区委第二轮巡察,共发现问题144条,立行立改16条,提出整改建议88条,移交问题线索15件;启动九届区委第三轮巡察,采取相邻区域“推磨式”派组的方式开展交叉巡察。同时将巡察反馈意见整改落实情况的监督检查作为一项重要内容落实到巡察中,做好巡察“后半篇文章”。

“三基建设”全面深化。完善拓展“五大推进体系”,制定落实《全区“三基建设”2018年度重点工作任务清单》,建立县级领导干部联系点、月提醒、月汇报、定期督查等制度,坚持“挂图作战”,建立18个“书记项目”。严把定诺、亮诺、评诺、践诺“四关”,通过村提、乡定、区审“三级联动”定承诺,向上级党组织和服务群众“双向述职”晒成绩,群众测评、班子互评、乡镇考评、区级验评“四方评议”比实效,推动农村党组织书记“四诺四评”制度落实,共建立3360多项承诺内容,推动农村党组织书记履职尽责、担当作为。实施堡垒、先锋、服务“三大工程”,创建“党建主题廊”,为各级党组织把方向、理思路、定任务。选聘23名“特聘党建指导员”,指导帮助建强农村党组织,凝聚乡村振兴、脱贫工作合力。

队伍建设全面加强。制定了《关于进一步激励广大干部新时代新担当新作为努力建设高素质专业化干部队伍的实施意见》,树立鲜明选人用人导向。认真执行《干部任用工作条例》及有关规定,严把干部动议、推荐、考察、研究决定、任职五个环节规范程序、细化流程、明确责任,坚决防止干部“带病提拔”。全年区委选拔任用6批66名干部,年轻干部选任比重达到16%左右,进一步优化科级领导班子。深入推进“不作为、慢作为、乱作为问题集中整治”工作,共对73人作出处理,进一步转变干部工作作风。

(金　明)

附:中共新荣区委书记、副书记、常委名单

书　记:邓志荣(女)

副书记:李　纬　靳文军(1月任职)

常　委:姚夏冬(1月调离)　秦尚松(1月任职)
袁润德　樊　菁(1月调离)
郭尚元(1月任职)　王晓琳(女,1月任职)
王利军　杨卫海(1月调离)
张军峰(1月任职)

中共云州区委

区委书记　王凤瑞

2018年,中共大同市云州区委全面贯彻党的十九大精神,以习近平新时代中国特色社会主义思想和习近平总书记视察山西重要讲话精神为指导,认真贯彻落实中央、省委、市委的部署要求,围绕一个转变(即撤县设区),坚持不懈打好火山、黄花、生态“三张牌”,着力建设火山田园城、新型产业承载地、旅游休闲体验地、健康养生养老地、特色农产品供给地“一城四地”,决战决胜脱贫攻坚,统筹推进各项工作,全区经济和社会各项事业持续健康稳步发展。

一、学深悟透党的十九大精神和习近平总书记视察山西重要讲话精神,确保在全区落地生根

全区各级党组织面向全体党员干部群众开展了多形式、分层次、全覆盖的培训,在学懂弄通做实上下功夫。各级党员领导干部特别是主要领导干部以身作则、以上率下,先学一步、深学一层,带头学习研讨、带头撰写学习体会和理论文章。2018年3月,云州区委讨论通过了《关于深入学习宣传贯彻党的十九大精神开启大同县发展新时代的实施意见》,对贯彻落实党的十九大与贯彻习近平总书记视察山西重要讲话又作了重新部署。分批组织为期三天的农村“领头雁”培训,以及组织科级干部培训班、读书班。全区175个行政村设立的“新农民夜校”,由乡村干部、专业技术人员和有关部门人员结合农村实际,利用晚上时间,集中宣讲新思想、新理念、新政策。广大党员干部牢固树立“四个意识”,始终同以习近平同志为核心的党中央保持高度一致,坚决维护习近平总书记党中央的核心、全党的核心地位,坚决维护党中央权威和集中统一领导。

二、聚焦高质量发展,综合实力稳步提升

2018年全区地区生产总值完成34.7亿元,增长11.5%;第三产业增加值16.4亿元,增长8.3%;规模以上工业增加值7.2亿元,增长14.8%;公共财政预算收入2.33亿元,增长24.7%;固定资产投资69.6亿元,增长122%;社会消费品零售总额18.7亿元,增长9.3%;城镇居民人均可支配收入20788元,增长7%;农村居民人均可支配收入9693元,增

长9.7%。

三、着眼全面小康,脱贫攻坚决战决胜

完善了区乡村三级书记抓脱贫、区级领导抓脱贫,精准识别、驻村帮扶、督促检查等一系列工作机制,健全了“一业为主、多元发展”的脱贫攻坚产业体系。全区贫困户入股合作社和自种黄花3.8万亩,涉及贫困人口29722人,实现政策兜底外贫困人口人均一亩黄花。此外,生态、电商、金融等各类专项扶贫工作扎实推进,效果明显。实施了7个乡镇13498人的易地扶贫搬迁工程,设置安置点91个,整村搬迁18个,全部分房到户。因地制宜,着力发展后续产业,确保群众搬得下、有产业、能致富。投资3200万元实施了80个村的农村饮水巩固提升工程,彻底解决了所有农村饮水安全问题。基本医疗保险、“一站式”结算、“双签约”服务、建档立卡住院患者“136”惠民政策等全面落实。在贫困县退出第三方评估验收中,我区脱贫攻坚工作得到了验收组的认可,效果良好。

四、强化产业支撑,农业基础不断夯实

持续推动农业供给侧结构性改革,强化龙头企业和新型经营主体带动,发挥示范引领作用。全区黄花、蔬菜、林果、杂粮、中药材呈区域化、规模化发展,种植面积分别达到15万亩、5万亩、8万亩、22万亩、2.5万亩,蛋鸡存栏量达到230万只,肉、蛋、奶产量分别达到1.3万吨、2.3万吨、1.5万吨。全区“三品一标”认证面积52.5万亩,占耕地总面积的81.4%,完成国家级农产品质量安全示范县申报验收评估。投资5000多万元,相继实施了2.5万亩片区节水灌溉工程、2.2万亩经济林提质增效工程和电子商务进农村综合示范县项目,现代农业产业体系、生产体系、经营体系正在建立和完善,有效促进了农村发展、农民增收、农业增效。

五、突出项目带动,发展动能持续积聚

以“转型项目建设年”为抓手,深化“放管服效”改革,打造“六最”营商环境,建立服务企业常态化工作机制,深入开展各级领导“包项目,到一线,进工地,解难题”活动。全年共新签约大项目12个,签约资金114.39亿元。开工项目7个,开工率58.3%。落地项目44个,完成投资48.65亿元,以装备制造、光伏发电、生物制药、轻工纺织、通用航空、钢构建材等新型产业集群为支撑的经济体系建设成效明显。

六、坚持绿色引领,文旅发展欣欣向荣

全年完成荒山造林2.57万亩,森林覆盖率达到35.8%。加强大气污染、水污染、土壤污染综合防控,全区二级以上天气291天,荣获“2018全国百佳深呼吸小城”和“深呼吸小城十佳示范城市”称号。完成《云州区全域旅游规划》《云州区乡村旅游发展规划》。投资800万元,建设了金山、狼窝山停车场和14公里“忘忧大道”景观道路。投资3000万元完成桑干河国家湿地公园的开发。承办了全国第二届青年运动会单板滑雪平行项目,冬季游渐成气候。成功举办了首届大同黄花丰收活动月、火山群摩托车巡游、火山音乐节等活动,大同火山群知名度日益提升,已成为夏季旅游热点。

七、打造宜居环境,城乡面貌日新月异

投资4亿元,对149个村庄分类实施了乡村环境提升工程。投资2.5亿元,建设“四好农村路”302公里、生命安全防护工程380公里、危桥改造6座、县乡公路改造62公里,基本完成长城一号旅游公路(云州区段)建设。开通了城市公交车。投资500万元,完成区一中和城南路两侧的立面整治,以及南环路、老帅街美化工程,改造商住户牌匾556块,粉刷美化墙体3.63万平方米,人居环境持续改善。

八、狠抓民生保障,社会事业全面进步

2018年,全区财政民生支出占比达86.77%,同比增长14.6%。投资4070万元的“全面改薄”项目,新建项目完成92%,加固维修项目全部完工。投资446万元,新建了周士庄、吉家庄两个幼儿园。投资1674万元,为村医配置全科医生助诊包155个,老百姓不出村就可享受到全面医疗检查和远程专家门诊服务。投资276万元,更新了所有卫生室医疗设备配置。为10661名农村妇女实施了“两癌”免费检查,为841名城乡怀孕妇女开展了免费产前筛查诊断服务。新建农村老年人日间照料中心4个,新建档案馆启用。农村五保、城乡低保、高龄补贴等按时发放。安全生产责任制全面落实,形势平稳。“扫黑除恶”专项行动持续有效开展,先后打击各类犯罪团伙、黑恶组织4个,破获案件36起,打击了黑恶势力嚣张气焰,赢得了人民群众的称赞。

九、坚持依法依规,圆满完成撤县设区

2018年5月,根据国务院、山西省人民政府《关于同意大同市调整部分行政区划的批复》,按照统一部署,及时成立相关机构,出台工作方案,采取有力措施,认真完成干部安置和人事编制、财税专项管理、行政区划调整、档案的整理和移交、经济和社会发展政策制定、产业结构调整布局等各项工作,确保区划调整各项工作有序开展。6月27日–29日中国共产党大同市云州区第一次代表大会、7月2日–4日大同市云州区第一届人民代表大会第一次会议、7月1日–4日政协第一届大同市云州区委员会第一次会议胜利召开,全区站在一个全新的历史起点上,经历了由“县”到“区”的历史性跨越,开启了区域经济社会发展的新征程。

十、全面从严治党,党的建设取得新成效

区委常委班子成员牢固树立“四个意识”,坚定“四个自信”,认真践行“两个维护”,自觉服从服务大局,对党绝对忠诚,坚决维护以习近平总书记为核心的党中央权威和集中统一领导。坚持民主集中制,在“三重一大”事项上集体研究决定,形成了既集中统一又民主活泼的政治局面。深入开展党风廉政建设和反腐败斗争,积极探索监察职能向基层延伸拓

展的有效路径,充分发挥村务监督委员会和红白理事会等村设机构的作用,推动监察职能向村级有效延伸。2018年,首次对2名严重违纪违法涉嫌职务犯罪人员采取留置措施,问责落实“两个责任”不力干部34人,其中追究主体责任32人,监督责任2人,追究“一把手”15人;查处违反中央八项规定精神和“四风”问题6起,处理9人,给予党纪处分7人,组织处理2人,通报典型案件3起;查处群众身边腐败和作风问题案件168件,处理168人,给予党纪政务处分128人,诫勉谈话27人,通报曝光典型案件27起;查处扶贫领域腐败和作风问题116件,处理116人,给予党纪政务处分99人,组织处理21人;对中央第十五巡视组分6批转办我区的10件信访举报件全部办结,给予党纪处分5人,组织处理2人。同时,查处违纪纪检监察干部4人,给予党纪处分3人,诫勉谈话1人,净化了干部队伍,有效防止“灯下黑”。

(杨立涛)

附:中共云州区委书记、副书记、常委名单

书　记:王凤瑞(6月任职)

副书记:周聚德(6月任职)
罗士彬(6月任职,12月离职)
江　荣(6月任职,挂职)

常　委:王成武(6月任职)　范晓强(6月任职)
乔来福(6月任职)　李　霞(女,6月任职)
张文娟(女,6月任职)　徐彦君

中共阳高县委

县委书记　冯晓雷

2018年,阳高县委坚持以习近平新时代中国特色社会主义思想为指引,深入学习贯彻党的十九大精神和习近平总书记视察山西重要讲话精神,高举新时代改革开放旗帜,聚焦完善拓展“356”发展思路和党员干部思想能力作风建设,突出目标导向、问题导向、实践导向,牢固树立创新驱动发展的理念,增强勇于担当作为的自觉,推动思想再解放、改革再深入、创新再发力、开放再提质、工作再抓实,全面提升改革开放质量和水平,推动“五型阳高”建设提质增效。

一、深入学习领会习近平总书记重要讲话精神,把新时代改革开放旗帜高扬起来

阳高县委始终把学习好、贯彻好、落实好习近平总书记系列重要讲话精神作为全县广大党员干部坚定理想信念、增强政治意识、推动全县发展的首要任务。县委中心组集中学习11次,中心组成员深入基层调研92次,形成调研报告45篇,“学思践悟”四位一体,加深对党的十九大精神、习近平总书记视察山西重要讲话精神的全面把握、深刻领会。同时,举办习近平新时代中国特色社会主义思想读书班、党的十九大精神研讨班、乡科级干部进修班、中青年干部培训班、“领头雁”辅导班,累计培训干部6500人次,用党的最新理论武装干部头脑持续升温,县乡村三级干部“四个意识”显著增强,践行“两个维护”更加自觉。采取县委中心组、县委常委会集体学习和个人自学、通读原文和系统把握、理论学习和实践运用相结合等多种方式,坚持在学懂、弄通、做实上下功夫,做到理解内涵、把握精髓、引领方向、指导工作。

二、突出全面从严治党,着力营造风清气正政治生态

(一)持之以恒正风肃纪。完成全县12个乡镇、69家县直单位2017年度党风廉政建设责任制考核,对考核结果进行等级评定。回复党风廉政意见182人次,防止干部“带病提拔”“带病上岗”。会同组织部门督导全县100多个基层单位召开民主生活会。对党的十九大精神及党章党规党纪执行情况,对脱贫攻坚、环境保护、县乡换届纪律风气、农地非农化、形式主义官僚主义集中整治等重大决策部署贯彻落实情况开展专项监督检查,查处不作为、慢作为、乱作为问题53件,给予党纪政务处分53人。年内开展两轮巡察,其中十四届县委第三轮巡察工作共梳理出各类问题19个,移送问题线索20件。

(二)着力加强领导班子和干部队伍建设。制定了《关于实施本土人才回归创业工程的实施意见》和《农村本土人才管理办法》,通过广泛走访、召开座谈会、发放《给外出人才的一封信》等多种形式,完善在外人才台账信息。开展了农村优秀实用人才评选活动,对16名优秀实用人才进行了表彰。邀请中国农业大学教授对蔬菜农技指导员和种植示范户进行了培训。实施了以城镇失业人员、农村进城务工人员和小微企业新招录员工为主要对象的全民技能提升工程,已培训各类人员2000多人。组织农业科技人才上门服务30多次,现场解决农民生产中遇到的问题,培训种养殖户1500多人次。

(三)强化基层党建,健全组织体系。深入开展“基层组织规范提质年”、“争旗提档”、“1+6创建”、对标定位晋级评星、农村党组织书记“四诺四评”等活动,累计投入党建经费1500万元。开展软弱涣散基层党组织整顿提升两年行动,25个软弱涣散基层党组织实现了转化升级。加强“两新”组织建设,常态化开展“三帮三促”活动,党组织覆盖率分别达到92.9%和86.8%。坚持“抓党建、促脱贫”,提前谋划移民新村党组织建设,采取联村共建、大村带小村等方式,组建党总支2个、党支部9个,21个移民新村党组织全部纳入星级化管理。其中引进“海归”人士1名担任村支部书记,被《中国组织

人事报》宣传报道。开展了"搬迁第一天,见到领头雁"活动,举办"农民夜校",实施"大喇叭工程",基层党组织的战斗堡垒作用在脱贫攻坚中得到充分发挥。

三、着力提高经济发展质量,推动经济运行稳中向好

(一)着力推进新型工业。2018年,阳高县全面实施工业振兴战略,出台工业振兴方案,推进税收、征地等9条招商引资优惠政策落到实处。全年落地开工重点项目13个,建成投产项目4个。项目储备库入库转型项目18个,新建亿元以上转型项目8个。培育规上企业3家,新增小微企业200户。编制完成《阳高经济技术开发区总体规划》,园区面积由26平方千米调整为24.4平方千米。完成新铺设供水管网主体工程,铺设华润天然气管道21.3千米。园区税收首次突破亿元大关,达到1.07亿元,同比增长了34%。北京首安通PE警示保护板项目从洽谈开始,就有专人对接项目全程跟踪服务,工商注册、水电接入等各项工作都有专人负责,项目从签约到落地仅用了23天,创造了招商项目"阳高速度"。山纳公司完成脱瓶颈改造和新上防水材料项目,年销售收入达10亿元。园区落户企业25家,正式投产11家,新落户7家,年产值上亿元的企业4家。

(二)着力发展绿色农业。2018年,阳高县粮食播种面积74.5万亩,粮食总产量2.95亿公斤,蔬菜产量23.69万吨,生猪饲养量64.18万头,羊饲养量55.87万只,牛饲养量3.79万头。调减籽粒玉米种植面积5万亩,新增设施蔬菜面积5088亩。种植青贮玉米4.5万亩、收储12万吨,耕地种草8万亩。建成杏果苗木、设施蔬菜、林药套种、黄花、有机旱作农业小杂粮产业扶贫基地27个,建设万亩小杂粮生产基地2个,建成2000亩脱毒马铃薯良种扩繁基地1个。正大集团新型农牧食品产业综合开发项目一期项目建成投产,农产品加工企业销售收入17.16亿元。标准化规模养殖小区累计达95家,新增农民专业合作社50家。完成耕地保护92.67万亩、基本农田保护76.17万亩,实施土地整治项目12个,发展节水喷灌2万亩,机播、机耕作业面积突破60万亩。全面完成堡子湾水库建设工程。实施饮水安全工程95处,受益8.23万人。完成"三品一标"认证面积3.9万亩,涉及产品15个。加入"山西小米"产业联盟。举办首届农民丰收节,扩大农业品牌影响力。2018年1月9日,国家发改委、农业部等七部门公布首批148个国家农村产业融合发展示范园创建单位名单,阳高县农村产业融合发展示范园是全市唯一成功入选的农村产业融合发展示范园区。阳高县农村产业融合发展示范园选址在县城南4公里处,紧邻京大高铁阳高站。示范园将围绕发展特色杏果、设施蔬菜、康养三大产业;在核心区实施杏韵小镇、设施蔬菜产业示范园、宜居宜养宜业美丽乡村"一镇一园一村"三大工程;将大白登镇、龙泉镇、王官屯镇92个贫困村作为核心区的基地和生活区,示范全县,构成"核心区+基地+全县域"三大示范层级。

(三)第三产业提速度。新增市场主体3041家,增长96%,其中小微企业215户,增长7.5%。成功申报电商进农村省级示范县项目。神泉古域文化旅游度假村投入运营。阳光99、玉安生态岛客流量明显增多。杏花节、丰收节成功举办。大泉山、守口堡、镇边堡3个特色旅游村建设全面展开。罗文皂镇平山村被评为山西省旅游扶贫示范村。全县接待游客300万人次,完成旅游总收入21.69亿元,增长31.45%,全市排名第二。

(四)各项指标超预期。全县地区生产总值完成37.59亿元,增长7.9%,比预期高1.4个百分点;第三产业增加值完成17.53亿元,增长7.9%,比预期高0.4个百分点;规上工业增加值完成6.27亿元,增长14.9%,比预期高5.9个百分点;公共财政预算收入完成1.34亿元,增长8.33%,比预期高4.26个百分点;固定资产投资完成38.85亿元,增长17.7%,比预期高7.7个百分点;社会消费品零售总额完成13.4亿元,增长9%,比预期高2个百分点;城镇居民人均可支配收入达到22176元,增长7.2%,比预期高1个百分点;农村居民人均可支配收入达到7981元,增长9.9%,比预期高3个百分点。其他各项区域经济转型升级考核评价指标均高质量完成了考核目标任务。

四、加大脱贫攻坚力度,统筹做好各项民生工作

(一)倾力脱贫攻坚。2018年,阳高县减贫5313户10686人,剩余贫困人口456户1015人。贫困县退出14项指标全部完成,圆满实现脱贫摘帽目标:全县贫困发生率降至0.46%;农村常住居民人均可支配收入7981元,增长9.9%;全县118个贫困村全部退出,退出率100%;农村低保标准每人每年4134元,超过国家扶贫标准;建档立卡贫困人口参加城乡居民基本养老保险和基本医疗保险参保率100%;城乡居民基本养老保险和基本医疗保险参保率分别为98.5%、98.6%;行政村卫生室达标率100%;适龄儿童学前入园率96.2%,达到全省平均水平且贫困村九年义务教育阶段无因贫辍学学生;全县249个行政村通村公路硬化率和开通客运班车率均达100%;行政村或自然村人口安全饮水达标率98.8%;行政村和具备条件的自然村通动力电比率100%;行政村互联网覆盖率100%;全县249个行政村均有综合文化活动场所,覆盖率100%;易地扶贫搬迁共涉及7231户15779人,集中安置7158户15655人,分散安置73户124人,入住率100%。5月30日,大同市易地扶贫搬迁现场推进会在阳高县召开。10月19—20日,全省2018年拟退出贫困县对标提升现场推进会在阳高县召开。

(二)产业扶贫。确定"4+N"产业扶贫布局,在壮大设施蔬菜、特色杏果、优质杂粮、规模养殖四大主导产业基础上,同步发展光伏、康养旅游等多项产业,使有发展意愿的贫困户每户至少有2项产业覆盖。与正大集团合作推进新型农牧食品产业综合开发项目,采取"政府+企业+银行+精准扶贫户"四位一体的农业产业融合发展模式,带动5634户贫困户长期获得财产性、工资性收益。出台财政奖补政策,筹资

1500万元对自主脱贫的贫困户进行激励奖补，激发贫困户脱贫内生动力。

(三)易地扶贫搬迁。安置易地搬迁贫困人口15779名，农村危房改造和农村住房提质覆盖16405户农户，同步推进配套产业、拆旧复垦。

(四)专项扶贫。联动实施造林绿化务工、经济林提质增效、退耕还林奖补、林业产业增收、森林管护就业、环境保洁就业等六大项目，带动5798名贫困人口实现增收。7912名建档立卡贫困学生享受教育资助，全县无因贫辍学学生。健康扶贫“双签约”“一站式”即时结算服务、“三保险三救助”“136”兜底等医疗保障政策全面落实，农村特困供养人员、孤寡老人、孤儿等特困群体保障政策精准落实，农村低保与国家扶贫标准实现“两线合一”。发放小额贷款2178笔10890万元。

(五)社会扶贫。开展“扶贫超市”行动，共对接认领帮扶项目110个，落实帮扶资金807.9万元，帮扶贫困村37个。成立阳高乡贤理事会，募集乡贤资金56万元。开展“百企帮百村”精准扶贫行动，39家民营企业实施扶贫项目76个，带动4450名贫困人口增收。

(六)创新工作机制。建立“五个三”工作机制。绝不允许扶贫领域发生腐败问题，绝不允许出现数字脱贫、虚假脱贫，绝不允许在脱贫攻坚决胜阶段出现干部退缩，即“三个绝不允许”；没有经过扶贫一线历练的干部一律不纳入组织提拔范围，脱贫攻坚中没有干出实绩的一律不予提拔，驻村帮扶工作中“只出工不出力、雨过地皮干”的一律进行组织处理，即“三个一律”；各级各部门2/3以上人员，包括班子成员都要派驻覆盖到村，帮扶单位2/3以上的财力用于驻村帮扶，驻村帮扶人员2/3以上的时间精力都要放在常驻村真帮扶上，即“三个三分之二”；落实驻村人员的直接责任，夯实派出单位“一把手”的主要责任，强化派驻乡镇的管理责任，即“三责同抓”；在脱贫攻坚中表彰提拔一批经过历练、成效突出、群众满意的干部，巩固提升一批好苗子好干部的能力水平，问责处理一批工作不力、问题突出、成效不实的干部，即“三个一批”。建立入户帮扶机制。全面推行“入户工作法”，所有帮扶力量常态化做到“七个入户”，即入户工作、入户帮扶、入户对接、入户落实、入户走访、入户宣讲、入户督查。阳高县推行“入户工作法”在省委办公厅主办的《山西信息》予以刊登；省委常委、大同市委书记张吉福作出批示，要求在全市推广；《山西经济日报》等多家省市媒体进行宣传报道。

(七)着力改善人居环境。2018年，阳高县开展暄阳街东延雨水管网工程、阳和大道南延一期工程建设。云林寺周边棚户区改造完成征收拆迁任务630户5万余平方米。2016年棚改安置房项目主体工程全部完工。开展省级文明、平安、食品安全、环保、园林、卫生、双拥县城“七城联创”工作，打造宜居县城。筹资5.63亿元提升乡村环境。投资5.1亿元，实施“八大工程”，108个贫困村的环境实现提质改造。安排2000万元奖补资金，开展“三容三貌”提质行动，全县村容村貌、户容户貌全部整治完毕。

(八)全力改善民生。2018年，阳高县筹集1.6亿元实施“全面改薄”工程。投资3000万元实施保障房小区九年一贯制学校及幼儿园建设项目，开工建设幼儿园3个。阳高一中二本以上达线率49.14%，同比提高23个百分点。推进医疗集团信息化建设，实现资源共享；开展巡诊、义诊148次，服务人群1.83万人次。家庭医生服务累计签约13.9万人，签约率50.8%，建档立卡贫困人口和计划生育困难家庭应签尽签。县中医、妇幼医院综合楼建设项目年内完成主体工程。210个村卫生室全部建成并正常运行，覆盖率100%。城镇新增就业1536人，失业登记率低于2.35%；全民技能提升工程培训4888人。受理劳动监察协调处理案件120件，涉及农民工912人，为82名农民工追回工资230万元。评选出县级卫生户1500户、十星级文明户700户，推选各类道德模范57人，推选各级文明单位、文明乡镇等共计39家。举办2018阳高杏花文化旅游节，接待游客8万人，带动餐饮、住宿、购物、娱乐等消费收入1100万元。放映公益电影3144场，送戏下乡80场。投资108万元为54个贫困村配备文化活动器材1500余件(套)；投资240万元为全县各村农家书屋配送图书50000册。大型脱贫攻坚二人台现代戏《杏泉沟》成功申报国家艺术基金项目和省文化厅2018年文化扶贫重点创作剧目，在全市各县区巡演20场。

五、突出对意识形态工作的领导，思想文化建设再上新台阶

(一)提升公共文化服务，切实做好文化旅游事业。三季度积极筹措资金启动了云林寺周边棚改，650户危旧平房户得到货币化补偿，并妥善拆迁安置。配租保障房817套、配售保障房483套，发放困难家庭住房租赁补贴432.84万元，保障了3012户低收入家庭的住房困难。完成了县城北环路北延改造工程，彻底解决了道北桥涵雨季积水的问题。2018年，建设“四好农村路”(即建好、管好、护好、运营好)165千米。完成通用机场项目前期手续办理；大张高铁阳高段完成铺轨，高铁站主体工程完工。举办杏花文化旅游节、亚洲康养产业国际高峰论坛，加快三山两河旅游开发步伐。全年完成旅游总收入21.69亿元，接待游客285.37万人(次)。

(二)抓思想，确保意识形态工作方向明道路正。把习近平总书记关于意识形态工作的重要讲话，作为做好新形势下的意识形态工作的根本遵循，列为中心组学习的重要内容，出台《关于引深学习贯彻习近平总书记系列重要讲话精神的实施意见》《关于深入宣传学习贯彻党的十九大精神的通知》等文件，购置《习近平治国理政第二卷》《向党中央看齐》等书刊，组织四大宣讲团进行十九大精神宣讲，悬挂有关习近平总书记视察山西重要讲话精神等宣传标语361条，进一步推动了习近平新时代中国特色社会主义思想和党的十九大精神学习贯彻，确保了意识形态工作方向明、道路正。

(三)抓引导，确保主流意识形态得以巩固和发展。以主题宣传鼓舞人，先后出台了《迎接党的十九大开展系列宣传活动工作方案》等系列文件，积极宣传十八大以来中央、省市

县取得的新成效和脱贫攻坚中取得的新成果。以先进典型引领人,大力宣传报道李培斌、赵晋国同志以及在脱贫攻坚各条战线上所涌现出来的先进事迹,积聚正能量。以微信问政答复人,通过"阳高发布"微信问政平台,积极回答公众提出的问题,以此掌握社情民意,更解决了群众的关切。以严格管理净化人,全力净化新闻媒体和网络媒体、各类文化、文艺作品及场所,开展了"清源""秋风"等专项整治活动。以文艺作品教育人,创作了反映脱贫攻坚大型二人台现代戏《杏泉沟》,被列为国家艺术基金项目和省文化厅2018年文化扶贫重点创作剧目。

六、坚持绿水青山就是金山银山,着力治污治乱,生态环境得到改善

(一)建设"阳高清"行动强力推进。严格落实河长制,开展"五河一沟"清理治乱专项行动,关闭了北京顺鑫公司大白登养殖场,境内地表水质量得到有效改善。实施了白登河湿地净化处理工程,实施了县城生活污水处理厂提标扩容工程。建成垃圾转运站2座,目前还有3座在建。完成23家加油站防渗设施建设、27家规模养殖场粪污治理设施建设。实施了10个农村生活污水站厂建设。加强饮用水源地保护,全县13个集中式饮用水源水质全部达标。

(二)保护"阳高蓝"行动成效显著。取缔"散乱污"企业21家。县城及周边除承担集中供热的4台大吨位达标燃煤锅炉外,其余燃煤锅炉全部取缔。山纳公司和通泰公司的挥发性有机气体得到治理。全县36家露天烧烤摊点全部进房营业。淘汰黄标车、老旧汽车156辆。县公交公司新购40辆新能源汽车,城内公交全部采用新能源电动汽车。加强汽柴油销售监管,全县所有加油站点全部销售国六标准车用汽柴油。严格禁止秸秆露天焚烧。开展柴油和散装物料运输车污染治理专项行动。铺开"煤改电"500户。在县城外规划建设了煤炭交易市场,搬迁县城及周边17处散煤销售点,抽检煤质11批次全部合格。强化大气质量管控,全年二级以上天数304天,比上年增加4天,PM2.5年均浓度比上年下降14%,在全省、全市一直名列前茅。

(三)厚植"阳高绿"行动再创佳绩。开展国土绿化行动,造林1.8万亩,绿化村庄22个。完成了王官屯镇刘窑、都司口废弃矿山复垦复绿400亩。在全县69个空心村实施了城乡建设用地增减挂钩项目,对旧宅基地拆除复垦,新增耕地1000亩。严厉打击私挖滥采行为,取缔违法采矿23处。认真落实"土十条",积极开展土壤污染防治工作。配合省市有关部门完成了生态保护红线划定工作。

(四)落实"督察令"行动不断深化。围绕环保督察反馈问题,主要领导和分管领导包办领办重点环保任务,着力压紧压实问题清单、责任清单、整改清单,并不断"回头看",较好地完成了中央第二环保督导组和省第二环保督察组反馈的所有问题的整改。

七、突出人民当家作主,着力推动社会公平正义

(一)注重打防结合、源头治理,切实维护社会稳定。一年来,阳高县结合县情实际,高规格部署、高强度推进、高密度宣传、高效率落实,扎实推动扫黑除恶专项斗争在全县迅速广泛深入开展。共掌握涉黑涉恶问题线索88条,已办结47条;已打掉恶势力犯罪集团1个,抓获犯罪嫌疑人3名,破获刑事案件6起;打掉恶势力犯罪团伙3个,抓获犯罪嫌疑人9名,破获刑事案件6起,治安案件3起;打掉村霸4人,破获刑事案件3起,治安案件1起。

(二)坚定不移落实中央八项规定精神。始终把作风建设抓在手上,紧盯老问题,关注新动向,不断采取新措施,强化监督检查。2018年以来,查处违反中央八项规定精神案件11起,通报曝光典型案例9起。开展了形式主义官僚主义集中整治工作,全县69个部门单位12个乡镇排查问题355个,采取整改措施399条,完成整改237个。年内查处形式主义官僚主义典型案例46起46人。

强化责任落实,切实推进信访工作。强化重点信访问题源头化解,上级交办18个案件全部办结;每个工作日都有一名县级领导坐镇信访大厅接访。全县信访总量5556批次6258人次。

(陆 飞)

附:中共阳高县委书记、副书记、常委名单

书 记:冯晓雷

副书记:丁国华 庞 君(1月任职)

吴建强(4月离职,挂职)

杨宏伟(3月任职,挂职)

常 委:曹 锋(2月离职) 姜 荣(2月任职)

孟德昌(1月离职) 王 吉(1月任职)

徐碧洋 兰学欣 李雁侠 蔡杰锋

谢留强(1月任职,挂职)

李 霞(女,1月离职) 武志勇(2月任职)

中共天镇县委

县委书记 王建江

2018年，天镇县委坚持以习近平新时代中国特色社会主义思想为指导，认真落实习近平总书记视察山西重要讲话精神，深入推进"3445"发展方略，实施"四色行动"，推动"四大振兴"，各项事业取得新进展新成效。完成地区生产总值27.3亿元，固定资产投资20.1亿元，第三产业增加值11.8亿元，社会消费品零售总额11.2亿元，规模以上工业增加值3.9亿元，公共财政预算收入1.42亿元，镇居民人均可支配收入22388元，农村居民人均可支配收入7691元。

一、把抓好党建作为第一责任，从严治党呈现新气象

(一)做到"两个维护"，加强政治建设。始终把加强政治建设摆在首位，坚持以习近平新时代中国特色社会主义思想武装头脑、指导实践，引导党员干部增强"四个意识"，坚定"四个自信"，坚决做到"两个维护"。坚持把十九大精神作为行动指南和根本遵循，开展"党的创新理论进基层"宣讲1100场，及时传达贯彻中央和省市重大会议、重要部署，对表对标、看齐紧跟。

(二)树立实干导向，建设干部队伍。坚持以德为先、任人唯贤，为事业发展培养选拔干部。调整干部6批次、131人，提拔46人，平调49人，免职36人，其中提拔24名扶贫干部、17名小分队年轻干部，储备干部195人，有效激发干部队伍活力，树立起风清气正、干事创业的导向。

(三)压实两个责任，全面从严治党。制定全面从严治党目标考核细则，问责落实不力的48人。深化运用监督执纪"四种形态"，处理干部324人次。深化监察体制改革，建立监察和司法衔接制衡机制。巡察反馈问题线索29件。查处群众身边腐败案件21件，处分28人。

(四)突出正风肃纪，引深作风建设。大力整治"四风"，查处违反中央八项规定问题12件，处分9人；查处"三为"问题58件，处分70人、组织处理4人；查处扶贫领域官僚主义、形式主义问题41件，处分48人。

(五)实施"强腰行动"，强化基层组织。推进"三基"建设，67家单位基础工作验收达标，行政村集体经济收入全部达5万元，10万元以上152个。制定书记抓党建"三清单"26个，兑现承诺事项2405条。整顿24个软弱涣散党组织。

二、把加快发展作为第一要务，县域经济有了新攀升

(一)狠抓三农工作，推动乡村振兴。一是抓产业提档。坚持"草牧结合、农牧循环"，培育杂粮、蔬菜、药材、马铃薯、干鲜果、经济作物、畜牧、高效饲草"八大板块"，发展23万亩杂粮、1.26万亩设施蔬菜、3万亩中药材，建成养殖园区195个。二是抓环境提升。铺开112个村环境提升工程，新建"四好农村路"144公里，巩固提升41个村饮水安全，实施111个村卫生室建设，改造农村厕所6000座，建成1个省级、3个市级美丽宜居示范村。三是抓治理提效。推进村级组织活动场所提档升级，完善乡规民约，加强传统文化保护传承，丰富乡村精神文化生活，免费为农村送电影2691场、送戏130场。

(二)加快转型升级，推动工业振兴。一是推进能源革命。大力发展风力、光伏新能源产业，在并网57万千瓦基础上，推进华能、国华、中船盛风等6个新能源项目，新能源总量将突破100万千瓦。二是加快提档升级。实施正方利民装配式产业园项目二期，已签订供货合同10亿元；推进启和科技年产20万台相变节能供暖设备项目，正在办理土地出让；加快推进百陶汇公司黑陶研发生产及体验展示项目。三是优化营商环境。推进开发区"一园两区"建设。建立健全并联审批等六项机制，打造"六最"营商环境，积极对接京津冀，新签约项目8个，总投资64.9亿元。

(三)创优绿色发展，推动生态振兴。一是造林播绿。实施10大绿化工程，总面积6.6万亩，绿化村庄14个、通道83.9公里，封山育林5千亩。二是兴水增绿。全面落实河长制，常态化巡河6千余次。推进南洋河生态修复，建成5公里蓄水景观。实施水土流失综合治理493公顷，推进高效节水6353亩。三是治污保绿。关停1家贮煤场、1家钛选厂，取缔燃煤锅炉11台，完成12家加油站、5家养殖场改造，实施污水处理厂提标改造工程。

(四)注重融合互动，推动文旅振兴。一是古城改造工程。推进县城主干道立面复古改造，实施慈云寺周边及学府街改造治理。改造拆迁完成93%。二是文旅开发工程。推进长城一号旅游扶贫公路建设，实施李二口乡村振兴和长城文化旅游综合开发，打造乡村振兴示范点。目前，南村北店主体已完工。三是高铁小镇工程。紧抓大张高铁建设机遇，实施高铁站城一体化项目，规划"一核、二带、三区"功能布局，总面积1.1平方公里，正在开展站前广场建设。

三、把脱贫攻坚作为头等大事，减贫事业有了新进展

(一)产业发展打出品牌。打造两大种植基地，一个是5.6万亩红芸豆基地，另一个是5万亩高效饲草饲料基地。推进两大养殖项目，一个是北京德青源80万只金鸡产业扶贫项

目,另一个是北京大伟嘉50万头生猪产业扶贫项目。

(二)易地搬迁趟出新路。投资8.24亿元,集中安置1.68万人,分散安置1719人,打造五个搬迁安置示范点。县城"万家乐"小区一期主体完工,二期主体完成80%,2.9万平米扶贫车间全面开工,12家企业达成入驻意向。

(三)天镇保姆闯出国门。建成大同、天镇两大培训基地,在北京成立天镇保姆家政服务中心,打造"四心级"劳务品牌,累计培训1.3万多人、输出7200多人,人均年收入3.5万元,8名保姆在美国、加拿大就业。我县"党建+保姆"入选中宣部创新案例。

(四)生态扶贫联动共赢。对1500亩25度以上坡耕地实施退耕还林补偿,涉及贫困户192户496人。实施经济林提质增效,399户贫困户受益。16家合作社实施1.95万亩造林工程,351名贫困人人均增收1.23万元。选聘631名贫困人口担任护林员,人均年收入6950元。

(五)光伏扶贫创出经验。新建1.25万千瓦村级电站并网发电,贫困村电站规模达到200–300千瓦,光伏扶贫总量6.48万千瓦,惠及1.5万贫困群众。2018年实现光伏收益2174万元,已全部拨付到位。

(六)消费扶贫破题开路。依托天镇"山泉粮"等地域品牌,探索出单位助销、推介展销、对接承销、劳务推销等"九大模式",销售农副产品2亿多元。电商交易1.4亿元,网络销售农副产品3400万元。出口创汇4300万元。

(七)社会扶贫牵手并进。引深"万企帮万村"活动,24家企业参与扶贫,惠及91个贫困村4560人。与平城、云岗、左云等区县对接帮扶,落实资金3700多万元,设立扶贫救助基金和孝贤基金,形成全社会参与的整体格局。

四、把改革创新作为第一动力,发展动能有了新增强

(一)深化投融资体制改革。出台《企业投资项目承诺制改革试点方案》,配套建立中介服务管理等制度,撬动社会资本4亿元,实施慈云寺改造、高铁小镇城中村改造等项目。

(二)深化医药卫生体制改革。整合医疗卫生资源,组建县人民医院集团,实施行政、人员、资金、业务、绩效、药械"六统一"管理,形成利益、责任、发展三个"共同体"。

(三)深化民主法治领域改革。把困难群众法律援助纳入政府服务项目,设立14个工作站,审批法律援助案件65件,办理51件,正在诉讼中14件,实现应援尽援。

五、把改善民生作为第一关切,群众福祉有了新提升

(一)教育强县工程。落实全学段教育补助政策,资助贫困学生4950人、939.8万元,发放助学贷款2537万元。完成"全面改薄"工程。全县二本以上达线365人,600分以上18人,20多人考入清华、北大等重点院校。

(二)医疗卫生工程。落实"三保险三救助"和"136"政策,为9031人次报销费用5779万元,建档立卡户"双签约"100%;尤迈基金扶贫远程医疗会诊78人。落实"一县一策",通过"乡招村用",19名村医上岗乡镇卫生院。

(三)社会保障工程。落实各项社会保险政策,全县农村低保1.5万户2.45万人、城市低保2905户7703人。发放医疗救助377万元、临时救助175万元、残疾人护理补贴156万元。新建5个农村老年人日间照料中心。

(四)就业增收工程。开展全民技能提升培训4132人,城镇新增就业1186人、再就业1273人,就业困难人员就业208人,公益岗位安置退役军人275人,创业带动就业人数351人,转移农村劳动力2112人。

(五)精神文明建设工程。评选15个"孝贤模范"、15个"文明家庭"。举办迎"两节"群众文化活动、"五送五进家"文艺扶贫、首届"农民丰收节"等大型活动12次。

六、把维护稳定作为第一职责,平安天镇迈上新台阶

(一)民主政治不断加强。支持人大依法行使职权,支持政协协商议政;深化统一战线"凝心行动",加强民主党派和无党派人士团结合作;支持工青妇等人民团体开展工作。坚持党管武装,推进军民融合发展。

(二)平安创建扎实有效。开展四季严打整治,抓获74人,抓捕逃犯41人;打掉涉恶团伙4个、恶势力集团2个,专项斗争取得阶段性成果。警情同比下降16.0%。

(三)综治维稳全面推进。建成县乡村三级综治中心,成立6个专业调解组织和2支巡回调解队。推进信访问题源头化解工作。

(四)安全生产态势平稳。落实安全生产责任制,强化重点领域、重要行业监管,全面排查整治安全隐患,群众安全感、满意度显著提升。

(刘 佳)

附:中共天镇县委书记、副书记、常委名单

书 记:王建江

副书记:刘川楠 梁 军(1月任职)
蒋 煜(3月任职,挂职)
王四小(3月离职,挂职)
李克亮(8月任职,挂职)

常 委:高 伟 谢日升(1月任职) 张建明
宋桂珍 王 兴 赵良斌(1月任职)
唐立波(1月任职) 姜 荣(1月离职)
梁 军(1月调职) 贺胜利(1月离职)
周永波(8月离职,挂职)

中共浑源县委

县委书记　赵　宇

2018年，浑源县委以习近平新时代中国特色社会主义思想为指导，全面落实党的十九大精神和习近平总书记视察山西重要讲话精神以及中央、省、市决策部署，面对经济下行压力和自然生态、政治生态遭受严重破坏的复杂局面，勇于自我变革，克难奋进前行，全县各项事业取得了新成效。年内，地区生产总值完成41.2亿元，同比下降2.8%；规模以上工业增加值完成5.25亿元，同比下降47.5%；固定资产投资完成40.29亿元，同比增长23.5%；社会消费品零售总额完成37.77亿元，同比增长8.9%；城镇居民人均可支配收入完成23255元，同比增长6.6%；农村居民人均可支配收入完成8048元，同比增长9.3%；一般公共预算收入完成2.48亿元，同比下降7.9%。

一、保持转型战略定力，打造高质量发展的绿色引擎

深入推进转型项目建设年，精选建设项目及重点推进项目111项，总投资291亿元，开工建设项目74个，全年累计完成投资40.29亿元；坚持“系统定向精准”六字方针，全年招商引资22个项目，签约投资总额118.37亿元，任务完成率120.8%，开工项目14个，开工率64%。大力实施能源革命尖兵突破行动，投资近百亿元的省级重点工程150万千瓦抽水蓄能电站建设项目，完成了13个专题报告的审查报批；全县风电投产规模达45万千瓦，光电投产规模达8.05万千瓦。全面深化改革取得实质性进展，认真贯彻国发42号文件精神，坚持创新驱动发展，2018年确定的6个方面40项改革任务全部完成预期目标；全面落实“三去一降一补”，全年共为各类小微企业减免税费7691万元，完成房地产去库存305套34409平方米。

二、统筹推进“三大攻坚”，着力补齐经济社会发展短板

(一)风险隐患有效控制。出台了《2018年金融支持县域经济发展的指导意见》，着力加强政府、金融管理部门和金融机构协调联动。建立健全打击非法集资监测预警机制，开展了为期两个月的风险全面排查，上报市公安部门涉嫌非法集资线索1条，协查全国涉众性非法集资经济案件71起。

(二)脱贫攻坚连战连胜。出台《关于坚决打赢全县脱贫攻坚战三年行动实施方案》，全年退出贫困村37个、脱贫20310人，贫困发生率降到3.4%。压实帮扶责任，明确1名县级领导包联指导1个乡镇；8月份以来，新增驻村干部182人、调整84人，实现了贫困村“一村一队、一队三人”，非贫困村“一村一队、一队二人”；全县在职干部职工结对帮扶24267户贫困户，实现了帮扶全覆盖。深化管理体制机制改革，实行“总指挥部+8个工作组”的工作机制，进一步细化了工作职能；把全县与脱贫攻坚有直接关系的业务、项目、资金等剥离出来，由分管扶贫的副县长主抓主管、全权负责；制定完善了乡镇脱贫攻坚“三重一大”议事规则，下放项目资金管理使用权限到乡村两级。精准施策发力，统筹整合财政资金2.75亿元，全县149个贫困村产业扶贫覆盖率达100%；为2820户贫困户发放小额贷款1.4075亿元，投放量全市第一；33家扶贫造林合作社承接造林任务3.95万亩，带动1756名贫困人口增收；新增生态护林员78名，全县生态护林员累计达到293名；2018年实施的9个易地扶贫搬迁安置点主体基本完工，改造农村危房4616户、土窑洞2448户。

(三)生态环境持续改善。积极配合中央和省环保督察回头看，中央环保督察组交办的18件案件全部办结，省委环保督察组反馈意见涉及我县的17项整改任务达到序时进度。扛起矿山生态修复的政治担当，密切配合市整治规范浑源矿山秩序工作领导组，从7月31日起，对全县矿山秩序开展了全面、深入、彻底的排查整治，出台《关于进一步明确工作职责加强矿山监管执法工作的意见》，依法破获刑事案件21起，打掉矿山领域恶势力团伙4个，抓获团伙成员18人；组织全县科级以上干部赴露天采区和右玉县进行现场教育和实地考察；加快推进全县采矿区自然生态修复，对安全隐患突出、景区周边采区所涉道路等先期进行治理，一场轰轰烈烈的生态修复攻坚战在浑源大地打响。继续引深“铁腕治污”，取缔“散乱污”企业11个，查封扣押40家，立案处罚21家；拆除、改造经营性燃煤锅炉116台，新增集中供热面积30万平方米；取缔原煤销售点23处，发放环保型煤2100吨；完成“煤改气”500户、“煤改电”450户；清理河道73公里。

三、大力实施“三大振兴”，增强县域经济发展综合实力

(一)工业振兴多点突破。万众大数据商务基地、万吨秸秆综合循环利用等新型工业项目开工建设；扶持民营企业发展壮大，3家“个转企”，3家“企升规”，24家“小升规”企业获得省市县奖励资金共395万元。

(二)乡村振兴普惠“三农”。实施了178个行政村的乡村环境提升工程，建成省级美丽宜居示范村2个、市级4个；完成“四好农村路”建制村通硬化路工程280.47公里；全县黄芪规范化种植面积达16万亩，推广谷、黍渗水地膜种植8.5

万亩。

(三)文旅振兴质效齐升。持续推进国家全域旅游示范区、恒山5A级景区创建工作。投资3700万元完成了恒山景区提升工程;总投资3800万元完成三大板块旅游公路14.84公里,239国道过境恒山景区段改建工程开工建设。

四、织密扎牢民生保障网,全方位提升人民群众获得感

年内,教育、医疗等13项民生支出达22.26亿元,同比增长8.91%。教育事业均衡发展,投资4750万元实施"全面改薄",招聘特岗教师70名,城乡交流校长、教师117人。高中教育质量显著提升,2018年高考达二本B类以上327人,增幅50.69%。医疗卫生事业更加普惠,组建县医疗集团,建立家庭医生团队289个,全县已签约143064人,其中建档立卡贫困人口签约率100%。社会保障水平进一步提高,认真落实农村、城市低保提标政策,新建农村老年人日间照料中心4所,养老、医疗、失业、工伤、生育参保率均达到100%,城镇登记失业率3.3%。城市建设步伐加快,《山西省浑源历史文化名城保护规划(2014—2035)》获省政府批准;总投资5080万元的云阁街、会府街、云园路道路新建工程竣工通车;棚户区改造完成投资1.72亿元;投资270万元硬化旧城区小街小巷10条。维护社会大局和谐稳定,构建横到边、纵到底的安全生产监管网络,确保安全生产责任制有效落实;扫黑除恶战果显著,共摸排线索166条,打掉恶势力集团2个、恶势力团伙12个,破获案件70起,刑拘59人,审查起诉25人,审结6案15人;切实做好信访维稳工作,化解上访苗头140起,预防、制止各类群体性事件133批次3484人。

五、加强民主法治建设,凝聚起服务发展的强大合力

民主法治建设深入推进。支持人大及其常委会依法履职,一年来,人大常委会听取和审议专项工作报告24项,作出决议决定5项;支持政协依照章程履行职能,县政协开展专题调研4次,提出意见建议20多条;深入推进群团改革,积极做好民族宗教工作。法治浑源建设迈上新台阶。"七五"普法工作全面推进,建成了覆盖县乡村三级的公共法律服务平台;组织开展了法治宣传月、宪法宣传周等主题活动,营造全社会学法用法的良好氛围。军民军地深度融合发展。深入开展双拥共建和国防教育,全力协调保障驻军部队改革调整;开展退役军人和其他优抚对象信息采集工作,全年为1922名各类重点优抚对象发放抚恤金1159.6万元。

六、全面加强党的建设,推动全面从严治党走向深入

强化政治思想教育,突出抓好习近平总书记视察山西重要讲话精神、十九大精神、习近平新时代中国特色社会主义思想的学习贯彻,举行县委中心组(扩大)集中学习17次,并将学习习近平新时代中国特色社会主义思想作为每次县委常委会议的第一个议题。举办了习近平新时代中国特色社会主义思想读书班、3期科级干部学习贯彻党的十九大精神轮训班,广泛开展了"思想大解放、发展大讨论"主题活动。严肃党内政治生活,高质量召开年度民主(组织)生活会、"生态文明建设"专题民主(组织)生活会;建立基层党建调研督查工作制度,制定下发党组织书记和党务工作者党建责任清单,出台各领域标准化建设实施方案,确定书记项目38个。加强党内政治文化建设,坚持党管意识形态,制定了《浑源县意识形态工作责任制实施细则》,并在全县进行量化考核;深入挖掘发扬我县能臣廉吏栗毓美廉洁思想和优秀品质,隆重举办了纪念栗毓美诞辰240周年活动。打造担当作为的干部队伍,坚持党管干部原则和新时代好干部标准,制定出台了《加强和改进优秀年轻干部培养使用工作的意见》《支持干部改革创新合理容错实施细则》等,全年调整干部11批次135人。全面加强"三基建设",28项"三基建设"重点任务全部完成,创建基层支部规范化建设示范点130个,整顿软弱涣散支部40个;按照"五个好"标准,选树五星支部6个,四星支部99个,各类红旗支部245个;全县315个行政村集体经济全部达到5万元,10万元村达到162个;培养农村后备干部186名。持续正风肃纪反腐,监察体制改革试点工作扎实推进,成立了反腐败领导小组;突出抓好省委、市委落实中央第十五巡视组反馈意见整改,按时完成了57项整改任务;完成了县委第三轮、第四轮巡察;以民生领域、扶贫领域和涉黑涉恶腐败为重点,切实加大群众身边腐败问题惩治力度,形成了强力震慑。

(侯　瑞)

附:中共浑源县委书记、副书记、常委名单

书　记:张清河(7月被免职。注:2019年1月,因涉嫌严重违纪违法,接受纪律审查和监察调查;4月,被给予开除党籍、开除公职处分。)
赵　宇(7月任职)

副书记:王继武　谢志海(1月任职)
郭晓楠(3月离职)　闫保安(7月离职,挂职)
李秀生(3月任职)

常　委:赵　亮　谢志海(1月调职)
于海滨(1月任职)　张　军　白金义
于海滨(11月离职)　黄姝琦(女)
王晓峰　李启忠(2月任职)

中共灵丘县委

县委书记 张 强

2018年，中共灵丘县委高举习近平新时代中国特色社会主义思想伟大旗帜，深入学习贯彻党的十九大精神和十九届二中、三中全会精神，深入学习贯彻习近平总书记视察山西重要讲话精神，按照省委“一个指引、两手硬”的思路要求和市委“136”发展战略，紧紧围绕建设面向京津冀雄地区“三区一地”的发展定位，团结和带领全县干部群众抢抓机遇、迎接挑战、求真务实、锐意进取，全县经济社会发展取得显著成效。

一、加快产业转型升级，县域经济发展质量稳步提高

强化党委对经济工作的领导，紧盯发展第一要务，坚持以提高发展质量和效益为中心，大力实施“三大振兴”，加快构建现代产业体系。

（一）工业振兴势头良好。按照全市大抓工业、强抓工业的部署和要求，积极推动传统工业提质增效，加快培育新兴产业发展，努力实现工业经济的全面振兴。“转型项目建设年”活动扎实推进。制定出台了《灵丘县工业振兴2018年行动方案》和《灵丘县实施“工业振兴”2018·转型项目建设行动计划》，建立了总投资101.3亿元的127个转型项目库，全年共实施转型项目97个，总投资64.52亿元，完成投资26.26亿元，占到全县固定资产投资额的73.06%。在全市工业振兴2018·上半年奖励兑现大会上，灵丘县18家企业共获得奖励资金653万元，获奖企业数占到全市总数的10%。能源革命多点突破。光伏发电、风力发电、风电供暖和热电新能等四大行动八大项目进展顺利，总投资2.25亿元的灵丘山煤新能源公司30MW集中式光伏扶贫电站和总投资1.03亿元的首农公司14.68MW的98个村级光伏扶贫电站项目已并网发电，全国最大的风电供暖示范项目国家电投灵丘40万千瓦风电供暖投入运营，5513名易地搬迁人口直接受益。新兴产业发展壮大。德威公司现代化农牧高新科技项目建成了国际先进水平现代生产线；润生公司生物材料加工基地项目实现销售收入上亿元；秦淮大数据产业项目一、二期同时开工建设，拟建2栋数据中心楼及配套设施安装5000个高密度机柜，部署7万台服务器，预计2019年9月底交付使用。另外，奇灵家具、启承纸塑、旭燚化纤、环美合创、康佳乐塑、明宇天能和清渊电子等一大批轻工业项目正在紧张施工中。

（二）乡村振兴全面启动。出台了《关于推进乡村振兴战略的实施意见》，委托中国农业大学编制完成了《灵丘县乡村振兴战略总体规划（2018–2022年）》和产业兴旺、生态宜居、乡风文明、治理有效、生活富裕、体制机制创新“5+1”六个专项规划，全面实施了《山西灵丘有机农业园区实施规划（2013—2030）》。继续巩固提升红石塄乡全域有机农业综合开发示范基地成果，加快红石塄乡月亮湾千亩有机苹果产业园、红石塄乡省级杂粮有机旱作农业封闭示范片和市级有机旱作农业样板区项目建设，引进有蜜脆、王林、嘎啦、斗南、中秋王等品种10多种，创建千亩杂粮示范片3个、百亩杂粮示范田5个、秋膜覆盖试验田2个。组织国春、大山、汇鑫、田师傅等企业参加了农业农村部贫困地区农产品产销对接、第四届成龙国际动作电影周大同市产业扶贫名优产品展销等活动，全县农产品加工企业完成销售收入6.26亿元。开展美丽乡村建设，开工打造了市级“乡村环境提质村”17个，四星级美丽乡村和五星级旅游示范村77个。灵丘县被评为“山西省改善农村人居环境省级示范县”，车河村、上北泉村、张家湾村、花塔村、小寨村被评为“山西省改善农村人居环境省级示范村”，小寨村被评为2018年省级美丽宜居乡村创建村，庄头村被评为2018年省级特色文化试点村，觉山村被评为2018年市级美丽宜居精品村，边台村、庄头村被评为2018年市级美丽宜居重点推进村。

（三）文旅振兴融合发展。以平型关国家有机农业公园为主体框架，主动对接省长城、太行旅游板块，加快基础设施建设，深入挖掘文化内涵，大力发展全域旅游，全力推动创建国家全域旅游示范区验收工作。《灵丘县全域旅游发展规划》编制完成，全市首家县级综合性博物馆——灵丘县博物馆顺利开馆，大同市全域旅游直通灵丘车A线B线首发营运，《山水北泉》实景演出推陈出新，小寨村“含水人家”红色旅游扬帆起步，花塔景区游客接待中心正式营业，车河有机农业社区“梦幽谷”“听溪谷”开园迎客，听溪冰雪园项目成功填补灵丘及周边地区冬季旅游空白。加大文化旅游宣传力度，第十二届平型关文化旅游节、第七届北泉荷花节、第四届“长青银行杯”全国友好城市毽球邀请赛等活动成功举办，灵丘知名度、美誉度得到极大提升。全年旅游总收入完成24.25亿元，同比增长26.9%；接待游客308.43万人次，同比增长26.5%。在2018休闲旅游发展与品质峰会上，灵丘县成功入选首批国民休闲旅游胜地。

（四）对外开放全面深化。坚持开放引领，深度融入京津冀协同发展战略，不断加大“走出去，引进来”步伐，积极打造全市对外开放桥头堡。组团参加了天津投资贸易洽谈会、西安第三届丝绸之路国际博览会、青海绿色发展投资贸易洽谈会等17场招商展会，成功签约了通用航空产业园、灵丘县生物产业园、“长城脚下”系列文化旅游、中国能源信息技术产业基地等项目26个，签约资金达到177.1亿元。与雄安新区

产业转移企业签订投资合作协议90多家,开工建设12家,3家开始试生产,全部建成后预计可新增年产值20亿元,新增利税2亿元。持续引深“六最”营商环境“十大”专项行动,开发区“三制三化”改革深入推进,企业投资项目承诺制全面推行,招商引资相关服务制度建设趋于完备,吸引了北京易华信息、天津东方巨龙、山西国投公司等一大批公司和客商纷纷来灵丘洽谈投资或产业转移事项,全县经济发展的软环境迸发出前所未有的动力与活力。

二、精准施策全面发力,确保高质量完成脱贫攻坚任务

深入落实习近平总书记深度贫困地区脱贫攻坚座谈会讲话精神,以打不赢脱贫攻坚就对不起这片红色土地的决心,举各方之力全力攻坚。2018年,全县70个贫困村实现退出,21321名贫困人口脱贫,贫困发生率降至0.44%。

(一)产业扶贫工程保增收。投资4.53亿元构建起“一区、一带、两园、三级基地”产业化扶贫体系。红石塄乡全域有机农业示范区通过“资源全流转、村民全入社、三资全入股、收益全保障”发展路径,带动贫困户735户1934人脱贫。红石塄-独峪-白崖台乡村生态旅游带通过对南山区5乡镇1184平方公里的村庄、道路、农田等进行景观化改造,发展全域旅游,带动南山片1.09万贫困人口脱贫。光伏产业园采取“光伏扶贫+生态修复”的模式,新建集中式、村级式和分户式光伏电站45.58MW,带动4500多户贫困户户均年增收3000元;扶贫产业园引进12家农副产品加工企业,采取“企业带基地、基地连农户、农户保收益”的订单模式,收购、消化玉米、苦荞等农产品5000吨,辐射贫困户5000户。

(二)易地搬迁完善保安居。围绕“今天移民搬迁点、明日乡村俱乐部”的目标定位,将易地扶贫搬迁与乡村振兴、产业发展、平型关国家有机农业公园建设、全域旅游创建、特色美丽乡村建设相结合,投资6.8亿元,建设安置点13个,搬迁14471人,目前已全部分房到户。大力实施“危房清零”行动,对全县12841户农村危房进行了改造,实现了全县农村危房彻底“清零”。在县城安置区建设了可容纳2052人的五保户供养中心,五保贫困户全部实现集中供养。

(三)贫困乡村提升保达标。通过开展“贫困村对标提升大起底”专项行动,全县行政村通村公路硬化率、行政村通班车率、贫困人口安全饮水达标率、行政村网络覆盖率等多项指标全部达到100%。投资4.05亿元,实施了432.2公里的“舒坦路”工程;投资2665.93万元,实施了74个村“甘甜水”工程;实施了55个行政村“便捷讯”工程和7个行政村“方便行”工程;实施了20个村48台变压器42.2公里线路“敞亮电”工程。投资2.8亿元,实施“星级村”创建工作,打造四星级美丽宜居村和五星级旅游示范村77个。

(四)扶志扶智提振保动力。坚持“扶志、扶智、扶德”并举,举办了多场以“脱贫攻坚”为主题的各类晚会和农民技能大赛,开展了“道德模范”“最美家庭”“自力更生脱贫标兵”评选活动,创办了各类“农民夜校”和“田间课堂”,开展了“菜单式”“保姆式”“订单式”“定向式”培训,完成了戏曲文化惠民下乡581场,农村公益电影放映3181场,为农家书屋配送图书15300册,切实增强了贫困户自主脱贫的真本领。2018年,灵丘县“资产收益扶贫润生模式”被财政部确定为典型案例在全国交流推广。

三、全力保障改善民生,群众获得感满意度明显提升

全面贯彻以人民为中心的发展思想,扎实推进民生事业,全力维护社会稳定,不断在幼有所育、学有所教、劳有所得、病有所医、老有所养、住有所房、弱有所扶上取得新进展。

(一)民生保障坚实有力。坚持就业优先战略,实施全民技能提升工程、大学生就业质量提升工程、困难群体就业帮扶工程,强化创业孵化基地平台建设,全年城镇新增就业1406人,农村劳动力转移就业3436人,城镇登记失业率为4%,低于控制目标。全民参保计划全面推行,城乡社会救助日益规范,跨省就医实现直接结算,全民参保率达到100%。县乡医疗卫生机构一体化改革深入推进,医疗保障帮扶政策全面落实,医疗保障救治建档立卡贫困人口7798人次,医保总费用6113.77万元;建档立卡贫困慢病患者享受“136”帮扶政策21144人次;“四方联动”专项帮扶救助3421人次,累计救助金额达到203万元。覆盖全民、城乡统筹、权责清晰、保障适度、可持续的多层次社会保障体系基本建立。

(二)公共事业全面进步。举全县之力办好人民满意的教育,加强学前教育管理,扩大学前教育资源,强化师德师风建设,稳步提高教育教学质量。2018年,全县高考二本以上达线867人,达线率40.8%,达线人数、达线率均创历史新高,提前三年实现“十三五”规划奋斗目标。加快文化强县建设,精心组织“两节”民俗文化、图书漂流、群众体育运动等亮点群众活动30余场,成功举办国外篮球表演赛、城头会健步走、平型关骑行、“猫山杯”登山赛等多项体育运动赛事,央视《东西南北贺新春》特别节目栏目组赴车河有机社区现场录制拍摄,赴北京参加电影频道节目中心主办的大型公益项目“脱贫攻坚战——星光行动”,罗罗腔经典剧目《小二姐做梦》作为全市稀有剧种受邀参演2018年全国百戏(昆山)盛典,赢得全国人民的一致好评和高度赞赏。

(三)社会大局安全稳定。扫黑除恶专项斗争首战告捷。严格按照省委“十个进一步”要求,强化宣传发动,深挖细查线索,依法严惩犯罪,推进综合治理,全年共排查出涉黑涉恶线索106条,打掉恶势力违法犯罪团伙7个、恶势力团伙1个,破获刑事案件23起,抓获团伙成员48人。信访工作成效明显。以解决信访突出问题为重点,大力强化依法治理、源头治理、综合治理,信访总量批次、人次分别比去年同期下降1.2%和36.1%。安全生产形势持续良好。以预防和减少一般事故,有效遏制较大事故,坚决杜绝重特大事故为目标,全面落实政府监管责任和企业主体责任,深入实施重点行业领域专项整治,2018年,全县危化、冶金等行业未发生生产安全事故,安全生产形势继续保持稳定态势。

四、坚持全面从严治党,政治生态保持持久风清气正

坚定不移贯彻新时代党的建设总要求，在坚持中深化，在深化中发展,不断巩固全面从严治党成效，努力实现全县政治生态持久的风清气正。

(一) 政治建设更加牢固。坚持把党的政治建设摆在首位,把学用习近平新时代中国特色社会主义思想作为根本任务,把学习党的十九大精神和习近平总书记视察山西重要讲话精神结合起来,深入推进“维护核心、见诸行动”主题教育，制定出台《关于加强党内政治文化建设的实施意见》,大力倡导和弘扬忠诚老实、光明坦荡、公道正派、实事求是、艰苦奋斗、清正廉洁等党内政治文化价值观,全年县委中心组组织专题学习研讨 15 次，举办科级干部学习贯彻习近平新时代中国特色社会主义思想和党的十九大精神专题培训班 3 期、领导干部政治建设专题培训班 1 期,组织全县副科级以上干部和其他党员干部 6600 余人进行了学习贯彻党的十九大精神理论考试，全县机关党员和农村两委主干党员 1000 余人参加了政治文化建设知识答题活动,有力推动了全县党员干部树牢“四个意识”,坚定“四个自信”,真正把拥戴核心、维护核心、紧跟核心融入血脉,付诸行动。

(二)“两个责任”全面压实。聚焦主责主业，狠抓压力传导，全县召开了县乡两级全面从严治党主体责任集体谈话会，县委常委会先后 11 次召开专题会议研究党风廉政建设工作,开展了全县从严治党正风反腐形势状况及存在问题大调研,开展了县乡两级集体谈话。严格执行《中国共产党问责条例》，对扫黑除恶工作推进不力的 5 名党组织负责人进行了通报；对未认真履行主体责任的 3 名党员干部进行了问责。细化党委(党组)领导班子、“一把手”职责和班子成员“一岗双责”,对履责情况实行全程记实、痕迹化管理。深入贯彻落实意识形态工作责任制,强化网络信息管控,严防意识形态渗透,建立了 201 人的新闻发言人和网评员队伍,监测并处理网络舆情 27 期。

(三)正风肃纪持续发力。坚持无禁区、全覆盖、零容忍，坚决减存量、遏增量,全年县纪检监察机关共立案 99 件,结案 100 件,给予党纪政务处分 100 人,涉嫌犯罪移送检察机关 4 人,处分乡科级干部 12 人,一般干部 19 人,农村、企业等其他人员 69 人。大力整治群众身边腐败问题,查办民生领域案件 24 件,党纪政务处分 24 人,组织处理 1 人;扶贫领域案件 14 件,党纪政务处分 14 人,组织处理 1 人。严格落实中央八项规定精神,推进作风建设常态化,共发现问题线索 7 条,其中立案 1 件,给予党内严重警告处分 1 人,诫勉谈话 5 人,其余 6 条问题线索,分别对当事人进行谈话提醒或批评教育。完成了县委 3 轮巡察,对发现的问题线索进行了督查整改,启动了县委第 4 轮巡察和扫黑除恶专项巡察。

(四)队伍建设不断加强。聚焦“二十字”好干部标准,坚持重公论、重实绩、重基层的用人导向,严把资格条件关和干部审查关,力求配好班子、选优干部。全年共调整科级干部 8 批 73 名,消化事业单位超职数干部 23 人,混岗干部 4 人。开展了干部信息化系统建设,完善了后备干部和优秀年轻干部“两个储备库”,储备后备干部 203 人、年轻干部 232 人。深入贯彻《中共山西省委关于进一步激励广大干部新时代新担当新作为努力建设高素质专业化干部队伍的实施意见》，对在全县转型发展、脱贫攻坚和乡村振兴工作中表现优秀的 60 名共产党员进行了表彰,营造了良好的干事创业氛围。积极推行并逐步完善支持干部改革创新合理容错机制,坚持依法依规、实事求是和宽严相济的原则,区别对待探索失误和违纪问题,进一步激发干部干事热情。

(孙海军)

附：中共灵丘县委书记、副书记、常委名单

书　记：张　强

副书记：罗永山　张学梅(女)
牛白琳(6 月离职,挂职)
夏　祯(3 月任职,挂职)

常　委：戴　陶(1 月离职)　李大军(1 月任职)
于　君　郭尚元(1 月离职)
高志明(1 月离职)　白　洁(女,1 月任职)
孙为军　李青春　阚宝奎(1 月任职,挂职)
李少波(1 月任职)　郝宝玉(1 月任职)

中共广灵县委

县委书记　李润军

2018 年，中共广灵县委高举习近平新时代中国特色社会主义思想伟大旗帜，深入贯彻落实党的十九大精神和习近平总书记视察山西重要讲话精神,按照省委“一个指引、两手硬”思路要求和市委“136”战略部署，团结带领全县广大干部群众，扎实做好稳增长、促改革、调结构、惠民生、防风险各项工作,推动“11255”发展思路深入破题，以深化改革和提高发展质量为主线,以做实脱贫攻坚和项目建设为目标,以强化基层组织建设和干部作风建设为抓手，凝心聚力谋发展,以上率下抓落实,全县呈现出经济又好又快发展、社会更加和谐稳定、人民生活水平不断提高的良好局面。

一、压实管党治党责任,党的建设呈现新气象

坚定不移贯彻新时代党的建设总要求,坚决培育和维护

良好的党内政治生态,不断巩固全面从严治党成效。

(一)夯实根基,基层组织规范化。制定"三基建设"联系点方案,落实"三基建设"重点任务13项,积极开展农村基层党组织"争旗提档"活动,推行基层党组织书记"四诺四评"机制,推广农村党员星级评比制度,提高农村"两委"干部待遇,检察院党建通过了ISO9001国际质量管理体系认证,新时代党的建设根基进一步夯实。

(二)树牢导向,选用干部精细化。落实新时代"好干部"标准,印发关于激励广大干部新时代新担当新作为的意见,出台县委常委联系优秀人才工作制度,制定农村和社区干部增资方案,重德才、重实绩、重基层选用优秀干部68名,83名年轻干部分赴市县乡三级挂职锻炼;围绕提升能力素养,外出与域内相结合,培训各类人才3130人次,干部队伍年龄、知识、能力结构日趋优化。

(三)创新机制,党建工作系统化。在全县整合成立5大行业系统党委(县委机关党委、2个政府党委、宣教系统党委、政法系统党委),由分管县领导兼任党委第一书记,推动形成大党建格局;常态化开展"三帮三促"行动,全县非公企业和社会组织党组织覆盖率分别达92.2%和87.2%;创新搭建"广灵智慧党建+"云平台,建成远程教育站点124个,党建工作智能化水平不断提升。

(四)正风肃纪,作风建设长效化。始终把作风建设摆在突出位置,成立县委反腐败领导小组,切实加强党对反腐败工作的集中统一领导;持续深化纪律检查体制改革,实现派驻监督全覆盖;强化巡察利剑作用,完成县委巡察2轮;准确把握运用监督执纪"四种形态",统筹推进民生领域、扶贫领域、涉黑涉恶腐败三项重点工作,深入开展"不作为慢作为乱作为""吃空饷"集中整治。全年立案163件,结案156件,给予党纪政务处分154人。

二、坚持五大发展理念,经济社会实现新进步

自觉践行"创新发展、协调发展、绿色发展、开放发展、共享发展"五大发展理念,认真贯彻落实中央和省市各项决策部署,倾力推动全局工作高效运转

(一)脱贫攻坚成效明显。坚持把脱贫攻坚作为政治任务抓紧抓实,持续引深"335"攻坚法,以超常举措攻坚深度贫困,全年退出28村8722户19592人,贫困发生率降至3.55%。强化党建引领,组织开展"百日会战"、"五百"主题实践和"大学习大调研大提升"等系列活动,基层组织力和群众满意度有效提高。创新"志智双扶",推进精神扶贫、文化扶贫、法制扶贫,建立爱心超市、孝德超市,群众内生动力有效激发。抓实产业发展,制定《产业扶贫实施意见》,在全县打造"双十双百"示范工程;出台《"十三五"精准惠农政策奖补办法》,累计发放惠民补贴2412.2万元;推进实施17个扶贫"引擎"项目,带动1.5万名贫困群众人均增收千元以上;累计投入各类资金2.44亿元的50个资产收益项目,辐射带动1.57万名贫困群众年均增收350至1538元。实施易地搬迁,2016、2017年4097间易地搬迁安置房已全部入住,2018年6个搬迁工程点总完工率达到100%。同时,大力实施危房"清零"行动,实现脱贫期内住房安全全覆盖。推进就业创业,一人一技"三个一"工程培训贫困群众3200名,公益岗位优先安排贫困群众就业347人,"广灵巧娘"、鸿棉制衣等企业入驻手工业园区并在40多个贫困村设立"扶贫车间",带动贫困群众1500多人月均增收1000至3000元。

(二)改革创新持续深化。深入贯彻习近平总书记"四个有利于"的改革方法论,按照"三个三"抓改革方法,多点突破、纵深推进,45项改革任务纳入台账管理,序时完成。经济体制方面,挂牌成立文旅公司,设立电商扶贫实训店和苦荞产业互联网基地交易中心。民主法制方面,创建说事评理室、法官工作室等一批"金牌调解室",打造县乡村三级公共法律服务中心和工作站(室)185个。文化体制方面,开展"弘扬孝德文化,建设大美广灵"系列活动,选树"三好两美一讲"典范榜样,弘扬向上向善新风。社会体制改革方面,推进集团化办学,消除县城学校大班额现象;深化县乡村医疗卫生机构一体化改革,实现健康扶贫"双签约"全覆盖。生态文明体制方面,深入开展散乱污专项治理行动,建立区域环境执法联防联控机制。

(三)产业结构不断优化。以供给侧结构性改革为主线,力推产业转型升级,初步形成产业多元支撑的结构格局。抓特色做优农业,以"大同好粮"为引领,全力推进千亩谷子有机旱作封闭示范片、食用菌省级现代农业产业园建设,成功举办首届大同好粮电商网购节,"广灵小米"在全国性产销对接活动中,获得535万公斤助力订单,并以"西方不亮东方亮"响亮口号打入国际市场。抓园区做强工业,提速创建省级经济技术开发区,总投资66.78亿元的11个项目成功落地,园区集聚带动效应凸显,工业发展动能强劲。抓融合做响文旅产业,以康养水城为龙头,以电商物流产业为依托,推动文旅产业深度融合,筹备成立旅发委,挂牌成立文旅发展公司,成功举办第二届广灵湿地文化节,县域文旅资源知名度、美誉度有效扩大,全年旅游综合收入增幅31.22%。

(四)社会事业全面发展。始终坚持从解决群众最关心最直接最现实的利益问题入手,狠抓民生第一关切,持续加大民生投入,提升群众幸福指数。坚持教育优先发展战略,积极推进县城学校集团化、均衡化发展,高标准完成"全面改薄"工程,落实"三考"奖励政策,2018年高考二本B类以上达线490人,其中6名考生被清华、北大录取。深入推进文化下乡工程,完成广播电视"户户通"卫星接收设施8501户/套、"送戏下乡"318场、"送电影下乡"2160场;推进基层综合性文化服务中心建设,96个村级文化室配备音箱、乐器、点歌机等文化器材,实现各乡镇文化站、村级农家书屋全覆盖。大力发展卫生事业,落实取消药品加成政策,对实施取消药品加成政策的县级公立医院,按季拨付药品零差价补贴;深入开展"双签约"医生下乡、巡回医疗服务和免费下乡义诊服务,群众"看病难、看病贵"问题有效缓解。提高社会保障水平,城乡居民养老保险基础养老金标准每月每人提高23元,

达到1236元/人/年;城镇新增就业1156人,失业人员再就业1115人,就业创业政策有效落实;新建2所农村老年人日间照料中心,社会保障体系进一步完善。

(田广源)

附:中共广灵县委书记、副书记、常委名单

书　记:李润军

副书记:王丽萍(女)　孟德昌(1月任职)
付　强(6月离职,挂职)
秦爱民(3月任职,挂职)

常　委:王崇虎(1月任职)　曹　辉
吴华泽(1月离职)　李贵峰
赵昱清　刘玉清(女,1月任职)
王　军(11月任职)

中共左云县委

县委书记　苏　智

2018年,中共左云县委高举习近平新时代中国特色社会主义思想伟大旗帜,深入学习贯彻党的十九大和十九届二中、三中全会精神,全面贯彻落实习近平总书记视察山西重要讲话精神,围绕中央提出的打好"三大攻坚战"要求,对标省委"示范区、排头兵、新高地"三大目标和市委打造一个"先行区"、当好"两个尖兵"、推进"三大振兴"的要求,坚定不移推进高质量发展,砥砺奋进,实干攻坚,全县各项工作稳中有进、稳中提质,经济社会发展取得了新成绩,迈上了新台阶。

一、坚持推进全面从严治党,着力构建良好政治生态

全县共有基层党委19个、党总支26个、党支部474个,其中:农村社区233个,机关83个,事业单位75个,社会组织10个,企业73个,党组34个,共有党员7939名。一年来,县委始终把抓党建作为最大政绩,坚持"治"不忘"危",不断加强党的全面领导,巩固全面从严治党成效,努力在"两转"基础上全面拓展党的建设和党的事业新局面。

一是切实加强思想政治建设。严守政治纪律和政治规矩,始终在思想上政治上行动上与以习近平同志为核心的党中央保持高度一致。县委中心组将习近平新时代中国特色社会主义思想、党的十九大精神和习近平总书记视察山西重要讲话精神作为学习的核心内容,全年开展集中学习23次。县级领导带头开展党建工作述职和大调研活动,形成调研报告16个。扎实推进"两学一做"学习教育常态化制度化,深入开展维护核心见诸行动主题教育,认真学习习近平新时代中国特色社会主义思想,学习贯彻落实党的十九大精神和习近平总书记视察山西重要讲话精神,共组织集中学习2020次,5260余人交流发言。县委领导班子带头严肃党内政治生活,带头做到"四讲四有",为全县党员干部作出了表率。

二是层层压紧压实两个责任。县委常委会自觉扛起管党治党主体责任,44次研究全面从严治党工作,专题听取县人大常委会、县政府、县政协党组和县法院、检察院党组管党治党工作汇报,做到了党风廉政建设与经济社会发展同部署、同检查、同落实、同考核。不断健全横向到边、纵向到底的责任体系,县委主要领导2018年就管党治党作出批示16次,审批案件11件次,听取巡察情况汇报3次,逐人逐事提出分类处置意见15条。全县因落实"两个责任"不力问责10人,其中主体责任落实不力问责8人,监督责任落实不力问责2人。

三是全面加强干部队伍建设。严格管理干部,建立"五大干部信息库",提升干部日常管理水平;完善日常考核,实行差异化、精准化、制度化考核;坚持抓早抓小抓预防,加大对领导干部提醒诫勉力度,干部从严管理体系更加健全。不断激发干事创业热情,制定出台《关于进一步激励广大干部新时代新担当新作为努力建设高素质专业化干部队伍的实施意见》《左云县关于适应新时代要求大力发现培养选拔优秀年轻干部的实施意见》,选派6名科级干部赴中煤科工集团、国电科技研究院和安徽等地挂职锻炼,43名干部担任农村第一书记,54名机关年轻干部挂职乡镇一线。

四是持续巩固"三基建设"成果。扎实开展"争旗提档"活动,226个村级活动场所达到"一室多用、八有标准"。全面推行农村"两委"主干"坐班制",226名村支部书记全部完成"四诺四评"年度承诺目标,村民满意率达100%。落实"五位一体"整顿模式,22个软弱涣散村全部实现转化升级。圆满完成农村"两委"换届工作,"村两委"班子整体素质明显提升。推行"八个一批"措施,因村制宜发展壮大集体经济,年收益5万元以上的村实现全覆盖,10万元以上村占比达到80.1%。常态化开展"三帮三促"工作,非公和社会组织党组织覆盖率分别达到95%和92.5%。

五是持之以恒纠正四风。严格落实中央八项规定精神,紧盯隐形变异"四风"问题,全年共发现违反中央八项规定精神和"四风"问题线索17个,给予党纪政务处分6人,诫勉谈话10人,下达《纪律检查建议书》6份。聚焦全县重点工作,对"大棚房"专项整治活动、打击取缔黑加油站点工作和非洲猪瘟疫情应急处置防控工作履职尽责情况开展专项监督检查。深入开展整治形式主义、官僚主义自查自纠,全县85个单位排查出六大类310个问题,基本整改完毕。深入推进"不作为、慢作为、乱作为"专项整治工作,共问责处理61人次。

六是全力保持高压反腐态势。坚持惩前毖后、治病救人,

体现对党员干部严管厚爱。先后召开12次常委会议和3次反腐败领导小组会议,研究部署全县党风廉政建设和反腐败工作重大事项。县纪委监委共受理涉纪信访举报287件次,处置反映问题线索313件,立案122件,给予党纪政务处分112人,组织处理119人,移送司法机关10人,挽回经济损失237.61万元。更加注重"四种形态"的准确运用,全县纪检监察机关共运用监督执纪"四种形态"处理310人次,占比分别为62.2%、29.4%、4.8%、3.6%。成立整治群众身边腐败问题领导小组,扎实开展了扶贫、民生、涉黑三大领域专项治理工作,取得了良好成效。

七是充分提升巡察工作实效。十五届县委共开展了3轮常规巡察和1轮"扫黑除恶"机动巡察,累计覆盖55个单位党组织和19个村(社区)党组织。前两轮常规巡察共发现并反馈"三大问题"及"六围绕一加强"方面需整改落实问题261条,提出整改意见162条,已全部整改到位;移送县纪委案管室问题线索28件,已办结21件,其中立案2件,给予党政纪处分4人。最后一轮巡察处于收尾阶段,已移送线索9件,立案1件,给予政纪处分1人。"扫黑除恶"机动巡察共移交问题线索2件,正在办理中。

二、坚持以改革开放为驱动,持续释放跨越发展新动能

县委紧紧围绕中央和省市重大部署,加快重点领域和关键环节改革创新步伐,年初梳理确定的46项重点改革任务全部完成。深入推进供给侧结构性改革,落实"三去一降一补"重点任务,对年产60万吨以下的6座煤矿进行减量重组,关闭了同煤店湾煤矿和红沟梁煤矿,同时积极推进鹊儿山高家窑煤矿、李家窑煤矿产能提升,进一步提高煤炭先进产能占比。持续深化监察体制改革,顺利完成派驻纪检监察机构全覆盖和推进乡镇监察工作,对公权力和公职人员进行全覆盖,实现了"1+1>2"的效果。农村集体产权制度改革步伐加快,基本完成农村土地承包经营权确权登记工作,顺利推进农村集体资产清产核资工作。深化"放管服效"改革,政务环境进一步优化,各项行政审批运行流程整体提速30%以上,行政许可承诺期限在法定基础上整体压缩60%以上。开发区"三制"改革基本到位,"三化"改革有序推进。教育综合改革、司法体制改革取得了新成效。医疗卫生机构一体化改革省级试点任务走在全省前列。

三、坚持以项目建设为牵引,全力推动经济高质量发展

全年地区生产总值完成53.03亿元,同比增长11.2%;第三产业增加值完成27.45亿元,同比增长11.6%;规模以上工业增加值完成13.97亿元,同比增长20.9%;公共财政预算收入完成10.1亿元,同比增长55.6%;固定资产投资完成37.17亿元,同比增长16%;社会消费品零售总额完成26.71亿元,同比增长9%;城镇常住居民人均可支配收入完成27542元,同比增长6.6%;农村常住居民人均可支配收入完成12425元,同比增长8.9%;各项约束性指标全部完成市定任务,八项主要经济指标中有四项增速排名全市前三,地区生产总值突破50亿元,公共财政预算收入突破10亿元,均创历史新高。

一是优化营商环境,招商引资成果丰硕。县财政预算1亿元设立转型项目扶持基金,累计拨付扶持资金4200万元,真金白银扶持转型发展。制定出台了《鼓励和支持民营企业发展的"十五条"政策措施》等文件,实现县级领导联系帮扶民营企业全覆盖,着力破解制约民营经济发展的困难和问题。采取走出去、请进来的办法,分别赴北京、上海等地区参加招商引资推介会,邀请方正国际软件公司、美特集团等50余家企业来县考察对接,成果丰硕。全年共实施重点项目59项,完成投资29.8亿元,培育"小升规"企业6家;全年共签约项目27个,其中北京江润特种表面活性剂、程力专用汽车、杰立新型保温材料、白羊大地食品加工等21个项目开工建设。

二是狠抓工业振兴,转型升级开创新局。煤炭供给革命稳步推进,东古城、帽帽山、东沟等矿井建设累计完成投资4.3亿元,东古城煤业通过联合验收,实现转产;鹊山精煤有限责任公司新增优质产能90万吨,获省政府批准;大同铁丰鹊山高家窑煤炭铁路专运线实现控股。新能源产业加速集聚,风电、光电总装机容量达到85万千瓦。全力加快经济技术开发区建设,依法赋予开发区行政职权652项,拨付基本建设基金3000万元,2个投资均达到5亿元以上的入区项目开工建设。中海油煤制气项目10项优惠政策获市委、市政府批复,同时,努力破解制约转型发展的"瓶颈"问题,省重点项目引黄入左工程稳步推进。

三是实施乡村振兴,农业农村稳步发展。乡村振兴2018年行动计划全部完成,30项重点建设任务累计完成投资超过10亿元。剩余2个贫困村、393户、802人全部脱贫。畜牧业持续壮大,累计建成高标准养殖小区129个、养羊小区105个,完成草地建设5.1万亩、草地改良1.2万亩。大力发展杂粮有机旱作农业,建设有机旱作农业示范片5000亩、国家级小杂粮出口示范基地2万亩,全县杂粮播种面积稳定在22万亩左右。积极扶持中药材特色产业,建成千亩以上的示范片3个,百亩以上的示范片20个,中药材种植面积突破1.3万亩。稳步发展现代农业,"三品一标"认证产品23个,认证面积3.8万亩,完成农产品加工销售收入6.34亿元,被确定为沙棘特色农产品省级特优区。涉及71个村的乡村环境提升工程全面实施,22个贫困村实现全覆盖。

四是聚焦文旅振兴,文旅产业提档升级。积极推进"体育+旅游"的发展模式,成功举办了2018年中国公路自行车联赛第三站暨2018全国少年公路自行车冠军赛。组织开展了"两节"文艺汇演、摩天岭长城民俗文化节、纪念改革开放40周年群众文化生活系列活动,全年完成旅游总收入17.16亿元,同比增长29%。建立健全了长城文物四级保护网络,摩天岭长城亮相央视科教频道;积极弘扬传统文化,"昭君出塞"民间故事与左云县青砖制作技艺被评为"市级非物质文

化遗产”。9个乡镇、20个行政村的文化馆、图书馆已挂牌运行;认真落实农村电影“2131”惠民工程,全年完成放映任务2736场。

四、坚持以为民服务为根本,不断提升人民群众幸福感

一是倾力改善民生,社会事业全面发展。将稳就业摆在突出位置,全年新增城镇就业1428人,完成转移农村劳动力2140人。补发了2007年前机关事业单位工作人员津贴2300多万元。深入推进教育综合改革,开展了为期三个月的教育系统纪律作风大整顿,持续加强教师队伍建设和教育教学管理,组建了初中集团学校,落实中小学班主任津贴、教师爱岗敬业津贴和校长基金1200万元,2018年高考再创佳绩,二本及以上达线267人。深入推进县乡医疗卫生机构一体化改革示范县建设,与省内外34家各级医疗机构组建了医联体,爱国卫生县城创建考核名列全市第一,基本公共卫生服务考核被评为全省优秀。进一步完善城乡低保制度,城市和农村低保标准分别提高20元、33元,城乡医疗救助比例由60%提高到了70%,基本建成覆盖城乡、可持续的医疗和临时救助体系。

二是统筹城乡建设,城乡面貌持续改观。城市建设持续推进,武家园城市棚户区、公共租赁住房续建和2016、2017年采煤沉陷区治理搬迁项目主体工程全部完工,城市棚户区改造货币化安置项目完成房屋征收123户,470户住房困难群众入住公租新房。污水处理厂扩容搬迁项目、楞严寺市民休闲广场改造工程顺利推进,东西街集中供热管线投入运行,新建便民市场和公共停车场两处,新建改造县城厕所15座,完成3.5万平方米的节能改造工程。城乡道路改造建设顺利实施,昌顺路、商品街道路工程进展顺利,改造小街小巷15条,109国道县城段改线工程路基贯通,古长城旅游路左云段基本建成。南酸线南京庄至王冒庄段改造工程水稳基层全部完成,“四好农村路”盐麻线、大西线已建成,整治建制村“畅返不畅”52公里,养护提质农村公路46公里。

三是创新社会治理,扫黑除恶强势发力。积极学习推广新时代枫桥经验,提升全县城乡基层社会治理现代化水平。扎实推进综治中心标准化建设,全县235个村(社区)全部完成建设任务,县三级综治中心实现了科学、规范、高效运行。持续深入开展四套班子领导干部“大接访”活动,做到有访必接、随访随办。严格落实安全生产责任制,全县亿元生产安全事故死亡率低于市定指标。组织实施“问题疫苗”“问题食品”清查专项行动,有效保障人民群众饮食用药安全。严厉打击各类刑事违法犯罪活动,全年立刑事案件271起,破获191起,人民群众安全感进一步提升。深入开展扫黑除恶专项斗争和“春季攻势”“夏季风暴”“秋风行动”“冬季严打”等严打整治专项行动,全年共打掉恶势力集团1个、恶势力团伙5个,破获涉恶案20起,抓获犯罪嫌疑人51人。

四是坚持铁腕治污,生态环境持续改善。深入开展蓝天保卫战,集中打击和取缔非法小散乱污企业56家,淘汰10蒸吨以下小锅炉31台,新建两台100蒸吨供热锅炉,新增集中供热面积110万平方米;深入开展油品整治和柴油货车、散装物料运输车污染治理联合执法专项行动,取缔黑加油窝点1处,规范建筑垃圾填埋场1处。深入开展碧水保卫战,实施了县城生活污水处理厂“提温提效”和十里河县城段水质提升截污纳管工程,新建改造污水管网15公里,新增日处理生活污水能力5000立方米。深入开展净土保卫战,实施了2个煤矿矿山生态修复治理示范试点工程和燕子山矿矿山地质灾害修复治理项目,完成5个建制村环境综合整治项目,京津风沙源二期工程人工造林完成6000亩、森林植被恢复造林6256亩。中央和省环保督察组反馈问题全部整改到位,全县环境质量持续改善。

五、坚持以民主法治建设为抓手,广泛凝聚发展新合力

一是深化民主政治建设。全面贯彻落实中央和省市关于做好新形势下人大工作的部署,支持保障人大及其常委会依法行使职权。坚持和完善政治协商制度,支持政协依法履行参政议政职能。巩固发展爱国统一战线,坚持完善多党合作制度,制定了《左云县2018年政党协商计划》。支持群团组织依法依章履行职责,积极推进群团组织改革,充分发挥工会、共青团、妇联、科协等群团组织的桥梁纽带作用。加强党管武装工作,深化“双拥”共建活动,深入开展军队退役人员走访慰问活动,走访慰问军队退役人员2900余名,军民团结的良好关系进一步巩固。

二是全面推进依法治县。深入推进法治左云建设和“七五”普法宣传教育活动,组织开展新宪法的学习宣传和贯彻实施,全县干部群众的法律意识不断增强。坚定支持政府依法行政,全面落实司法责任制,进一步加强司法规范化建设,执法司法“阳光工程”深入推进。加强公共法律服务平台建设和社会主义法治文化建设,县级公共法律服务中心投入使用,全面依法治县迈上新台阶。

(王志远)

附:中共左云县委书记、副书记、常委名单

书　记:苏　智

副书记:尹海斌　魏智力

常　委:景　珍　孟玉香(女)
张颖龙(10月离职)　任　帅　何战勇
李国魁　崔　发(1月任职)

中共朔州市委

市委书记　陈振亮

2018年，朔州市委坚持以习近平新时代中国特色社会主义思想为指引，认真学习贯彻党的十九大精神，深入贯彻落实习近平总书记视察山西重要讲话精神和对右玉精神的重要指示精神，按照省委“一个指引、两手硬”思路要求和对朔州工作提出的“五个新的作为”(在推动改革开放上有新的作为，在推动转型发展上有新的作为，在抓好“三农”工作和脱贫攻坚上有新的作为，在生态文明建设上有新的作为，在从严管党治党上有新的作为)要求，统筹推进“五位一体”总体布局，协调推进“四个全面”战略布局，把保护生态环境作为高质量发展的根本立足点，突出“大力学习弘扬右玉精神、坚定不移推动转型发展”工作主题，大力实施“生态立市、稳煤促新”战略，奋力建设塞上绿洲、美丽朔州，全市上下呈现出政治安定团结、经济平稳向好、改革深入推进、社会和谐稳定的良好局面。

一、以习近平新时代中国特色社会主义思想为指引，牢牢把握朔州工作正确的政治方向

召开市委六届六次、七次全会和36次常委会会议，研究部署全市重大工作，有力推动党中央和省委决策部署全面正确有效落实。一是坚持常委会“第一议题”制度。市委常委会跟进学习习近平总书记关于当前工作的重要指示153篇。开展“大学习、大调研、大落实”活动，推动“七学七进”(在学习贯彻习近平新时代中国特色社会主义思想上，要党委(党组)中心组带头学，党校培训系统学，主题教育集中学，组织生活经常学，通读精读反复学，交流研讨深入学，跟进中央、省委重大部署及时学；推动习近平新时代中国特色社会主义思想进企业、进农村、进机关、进校园、进社区、进军营、进网络)，召开第三次学用习近平新时代中国特色社会主义思想经验交流会，围绕学习贯彻习近平新时代中国特色社会主义思想举办培训157班次，培训49449人。二是坚持每月一次工作报告制度。每月定期向省委书面报告一次工作，遇有重大工作及时请示报告，全年共向省委作出请示报告36次。三是坚持构建一体化工作格局。建立并坚持执行市四套班子双周议事协调制度，全年共召集议事协调会25次，调度市四套班子重要工作安排699项。四是坚持一线工作法。严格执行每月一个“无会周”，市委常委带头经常深入基层一线，对重点工作开展现场督导检查。五是坚持常委会议定事项一月一通报制度。市委常委会每月都要对上月常委会会议议定事项落实情况进行专题研究、督促落实，在全市建立“13710”电子政务督办系统，确保决策部署全部落实。六是坚持压紧压实“一把手”责任制度。市委常委会听取市人大常委会、政府、政协、法院、检察院党组工作汇报。市四套班子主要领导牵头推进习近平总书记视察山西提出的总体要求和五项重大任务贯彻落实。市委常委多次与各县(市、区)党政主要负责同志和市直各部门党组(党委)负责同志进行谈话。

二、大力学习和弘扬右玉精神，伟大右玉精神绽放新光芒

年初，市委常委班子赴右玉重温习近平总书记对右玉精神的重要指示。制定《关于大力学习弘扬右玉精神的实施意见》。高标准建设右玉干部学院，与中央党校党建部签署战略合作计划书。分12期组织全市2599名正科以上干部到右玉干部学院集中轮训。出台《关于支持和推动右玉县高质量发展的实施意见》，指导和帮助右玉制定《右玉县高质量发展行动计划(2018–2020年)》，召开支持和推动右玉县高质量发展工作会议。摄制《右玉和她的县委书记们》，在央视综合频道黄金时段播出，引起强烈反响。在右玉县、人民日报社召开电视剧首播座谈会，全面扩大右玉精神影响力。

三、紧紧围绕三大目标定位，经济转型发展迈出新步伐

一是“2+7+N”现代产业体系初步构建。传统优势产业进一步巩固提升。煤炭产业，2018年去产能21万吨，总产能达到1.887亿吨；达到一级安全生产标准化矿井17座。电力产业，已并网和在建电厂总装机容量达1782.22万千瓦。七大战略性新兴产业不断发展壮大。高端陶瓷和新材料产业，陶瓷企业发展到79家，就业4万多人，日用瓷年生产能力达25亿件，建筑陶瓷年生产能力达7200万平方米。新能源产业，已并网发电和在建新能源电厂总装机容量551.75万千瓦，其中风力装机容量479.55万千瓦，占全省三分之一以上。现代煤化工产业，晋北现代煤化工基地建设扎实推进，中煤平朔75万吨/年煤制烯烃等一批重点项目顺利推进。生物医药产业，全市医药企业发展到9户，形成年产1000吨化学原料药、1000万件输液器、1000吨乳酸菌素原料药、5000吨土霉素和24亿粒植物空心胶囊生产能力。文化旅游产业，坚持“举右玉龙头、走生态之路、打长城品牌”。全年累计接待游客2913万多人次，同比增长31.56%；实现旅游综合收入261.24亿元，同比增长28.11%。草牧业和农产品深加工产业，全市耕地种草面积达到85万亩，草牧业总收入84.5亿元。农产品加工业完成销售收入219.3亿元，比上年同期增长6.73%。商贸物流产业，平鲁内陆港挂牌运营。怀仁海宁皮革城城市商贸生活综合体作用明显。推进总投资40亿元的中农批冷链等6个项目。其他战略性新兴产业发展取得实

效。装备制造业现有规上企业15家,专用设备制造业完成增加值2.44亿元,同比增长22.4%。

二是项目建设实现重点突破。由市委常委、副市长和人大、政协主要负责同志包联108个战略新兴项目。把一季度作为重点项目集中审批季,把4月份作为集中开工月,把项目招商引资作为三季度经济分析会重点,确定第四季度为项目集中谋划季。建立推行"六个决不允许"(决不允许说"我不知道",对职责范围内的工作,决不能推诿敷衍,必须熟悉业务政策,严格落实首问负责制;决不允许说"这事不归我管",对不属于本部门的事项,决不能一推了之,必须引导企业找准人想办法,让企业"最多跑一次";决不允许说"不是我定的我不管",对政策制度规定的、政府作出承诺的事项,决不能"新官不理旧事",必须全部认账,不折不扣落实到位;决不允许说"这事没找过我",对已经确定的帮扶项目企业,决不能坐等企业求人托情,必须主动上门服务,及时为企业排忧解难;决不允许说"这事不行",对一时不能办理的事项,决不能借政策制度规定之名故意刁难,必须以改革创新精神与企业共同研究解决办法,帮助支持企业,让企业满意而归;决不允许说"这事不好办",对应该审办的事项,决不能图自己方便造成企业办事不便,变相审批拖着不办,必须受理即办、立刻就办、特事特办、急事急办,事事有回音、件件有着落)工作机制,营造"六最"营商环境。2018年全市固定资产投资完成248.1亿元,实现增幅15.8%。

三是民营经济不断发展壮大。坚持"三项制度"(干部入企服务常态化、市县领导干部包联企业责任制、半年一次民营企业座谈会),两次召开民营企业座谈会,梳理民营企业五大类78条困难研究解决。召开全市支持民营经济发展大会,出台《关于支持民营经济发展的实施意见》《朔州市深入开展领导干部联系民营企业工作的通知》,集中表彰优秀中国特色社会主义事业建设者(第一批)。民营经济单位总量突破7.6万个;缴纳税金超过70亿元,同比增长3.4%;科技创新成果达153项,占全市77%;安置就业47万多人,占全市城镇劳动就业总量的76%。

四、大力弘扬开放精神,改革开放创新取得新成就

一是深化思想解放。提出事关朔州工作全局和长远发展的"九问"(朔州曾经是改革开放的"试验田""桥头堡",为什么如今却未能成为改革开放的新高地,一些干部和企业仍存在等靠要思想,遇到困难不找市场找市长?朔州作为一座资源型城市,经济转型发展提了多年,为什么全市多元支撑的格局并未形成,"一煤独大""一企独大"的问题仍然存在,一些同志仍习惯寄望于驻地央企?朔州作为一座新兴城市,本应是一个充满创新活力的地方,为什么不少干部缺乏创新意识,多数企业创新能力明显不足?朔州每年都开展各种各样的招商引资活动,但现在纵观全市,为什么顶天立地的大项目、引领带动性强的好项目却乏善可陈?朔州有着很好的生态环境条件和历史文化禀赋,为什么生态文化旅游产业却没有发展成为重要支柱产业?朔州建市已近30年,为什么城市经济仍没有形成规模,城市功能还不完善,辐射带动作用不足,城市综合竞争力不强?朔州每年对外输送那么多大学生、高材生,为什么现在却面临人才紧缺的问题,外地高端人才引不进、留不住,朔州人不愿回乡创业发展?朔州自古民风淳朴,素有豪爽大气之美誉,为什么现在重商、安商、亲商的氛围还不够浓厚,营商环境还不尽如人意?朔州作为右玉精神发祥地,有着迎难而上、艰苦奋斗的优良传统,为什么我们的干部队伍中不担当、不作为的问题在一定程度上还比较突出?),制定《关于在全市深入开展新时代解放思想大讨论的实施方案》,开展改革开放专题报告会、解放思想专题研讨、电视问政等活动。做好"改革创新、奋发有为"大讨论准备工作。二是全面深化改革。五项省定重点改革任务顺利实施,市委书记、市长抓重大改革台账任务全部完成,全面深化改革44项任务全部铺开。三是持续扩大开放。成功举办"一节三会"(塞上长城国际旅游节和陶瓷国际交易会、羔羊肉国际交易会、亚洲粉煤灰及脱硫石膏处理与利用技术国际交流大会)。开展招商引资活动21次,签约招商引资项目196个,总投资699.86亿元。落实招才引智各项政策,吸引在外人才回乡创业。四是强化创新驱动。鼓励民间创新,与太原理工大学等高校和科研院所合作,全市科技创新企业增加至29户。

五、巩固提升脱贫攻坚成果,决战全面小康取得新胜利

右玉、平鲁、山阴3个贫困县区,256个贫困村全部退出,全市实现整体脱贫。组织开展万名机关干部深入贫困户跟踪回访行动,共回访17946户,梳理问题403条、群众诉求1200多条、工作建议120项。全面推进"五个振兴"。一是产业振兴。农村居民人均可支配收入13423元,增长9.1%,粮经饲比例优化为42∶23∶35,北方农牧交错带结构调整先行区、雁门关生态畜牧经济核心区初具规模。二是人才振兴。激励本土人才回乡创业,新乡贤队伍建设得到加强。在福建宁德市委党校等举办2期乡镇党委书记乡村振兴专题培训班。三是文化振兴。落实"新时代文明实践中心""文化低保户""科技特派员""文明新风尚"四项措施。四是生态振兴。开展"百村示范、千村整治"行动,铺开270个村环境整治,28个村被确定为省级美丽宜居示范创建村,14个村被确定为首批省级改善农村人居环境示范村。五是组织振兴。开展整顿软弱涣散基层党组织6项具体工作,对160个农村基层党组织开展集中整顿,调整撤换26人。

六、扎实推进扫黑除恶专项斗争,依法治市提升新水平

一是加强民主法治建设。研究同意人大常委会2018年立法计划,审定《朔州市应县佛宫寺释迦塔保护条例》《朔州市饮用水水源地保护条例》。抓好统战、群团、工商联工作。稳妥治理基督教私设聚会点问题,拆除露天宗教造像。加强党管武装,培育特色军民融合产业,军队停止有偿服务工作43

项任务提前完成。二是深入开展扫黑除恶专项斗争。共打掉涉嫌黑恶势力犯罪团伙 70 个,破获各类案件 445 起,抓获犯罪嫌疑人 423 人,检察机关批准逮捕 314 人,法院受理一审案件 35 案 162 人,一审判决 30 案 143 人。三是抓好安全生产。持续深入开展安全生产大检查,全年未发生较大以上安全事故。四是防范化解金融风险。用好 19.5 亿元政府债券,牢牢守住不发生系统性区域性风险底线。五是做好信访工作。市委常委带头接访,开展涉军信访人员大走访活动。

七、大力实施"生态立市"战略,生态文明建设展现新作为

一是"生态立市、稳煤促新"战略全面确立。制定《关于大力实施"生态立市、稳煤促新"战略全面加强生态环境保护的意见》《朔州市打赢蓝天保卫战三年行动计划》。二是环保督察整改任务如期完成。中央环保督察交办的 102 个问题及省环保督察交办的 293 个问题全部解决。中央生态环保督察"回头看" 交办的 151 件案件全部办结。三是生态文明建设"六大工程"扎实推进。启动以全域绿化为目标的大规模植树造林工程,打造"朔州绿"品牌,全市完成营造林 33.48 万亩,超省定任务 228.6%。开展以桑干河清河行动为重点的水污染防治、水生态修复、水资源节约利用工程,累计清理淤泥 256.7 万方、黑臭水体 44.3 万方、垃圾 170.7 万方、煤矸石 30.1 万方、违建 175 处,排查入河排污口 81 处、企业排污口 82 处,桑干河及其支流主要控制断面及入河排污口水质明显改善。推进以采煤沉陷区、露天开采区、山体裸露区"三区"治理为重点的大规模复垦工程,采煤沉陷区治理完成搬迁安置 15703 户,山阴县启动实施了投资 10 亿元的西山矿山开采裸露区生态修复治理工程。实施以打造宜居环境为目标的城乡垃圾集中收集、污水集中处理和城镇集中供热"三集中"工程,铺开城乡垃圾污水项目 59 项、城市集中供热建设项目 12 项。建设以工业固废、畜禽养殖废弃物、农作物秸秆"三废"为重点的废弃物综合利用工程,建成煤矸石综合利用企业 51 家、粉煤灰综合利用企业 39 家。畜禽粪污资源化利用率达到 77%。出台《朔州市秸秆综合利用实施方案》,年消耗秸秆 5 万吨以上大型秸秆利用企业达到 6 家,秸秆综合利用率达到 89.3%。推动以"控煤、治污、管车、降尘"为重点的大气污染防治攻坚工程,实施建成区禁燃禁放,全面开展扬尘治理,大力取缔"散乱污"企业。四是蓝天、碧水、净土保卫战成效明显。全年共查处环境违法行为 329 起,罚款 3057.87 万元;环保问责 64 人,给予党纪政务处分 60 人。全年环境空气质量综合指数 5.43,全省排名第 2,达标天数 246 天,全省排名第 3;未发生重污染天气。国考、省考水断面全面达标。

八、加快城市基础设施建设,辐射带动能力得到新增强

大力推行 PPP 模式,全市基础设施项目完成投资 32.9 亿元,同比增长 15.5%。全市人民关注的市一中新校区等 10 所学校、朔州大医院等一大批基础设施类项目和重大民生类项目顺利实施,万达广场项目在朔城区正式启动,朔州机场、右平高速以及总投资 32.9 亿元的朔州经济开发区起步区及外部连接道路、迎宾大道建设顺利推进。集宁—大同—原平客运专线朔州段项目建设正式列上日程。

九、着力补齐民生短板,社会事业取得新进步

全年民生领域资金投入 107 亿多元,占到一般公共预算支出的 79.72%。全市教育质量持续提升,提前一年完成省定国家义务教育基本均衡目标,义务教育从基本均衡向优质均衡迈进,2018 年高考捷报频传。城镇新增就业 2.4 万人,农村劳动力转移就业 2.1 万人,超额完成省定目标;全年城镇居民人均可支配收入 32849 元,增长 6%。县乡医疗卫生机构一体化改革不断深化,健康朔州建设深入推进。怀仁正式撤县设市。

十、扎实做好宣传思想文化工作,朔州整体形象实现新提升

深入开展习近平新时代中国特色社会主义思想和党的十九大精神宣讲活动 800 余场次,发放宣讲资料 1.2 万多份,直接受众人数超过 7.8 万人。2018 山西右玉西口风情生态文化旅游招商系列活动、2018 右玉森林音乐会、"践行'两山'理论,发展生态文化旅游"专题推介会等宣传活动,全市 100 位生态文明建设突出贡献人物评选广泛开展。出台《朔州市庆祝改革开放 40 周年活动方案》,开展庆祝纪念活动。主题宣传桑干河清河行动。协助中宣部完成"百城百县百企"典型宣传。全年在人民日报等十大重点中央级媒体刊播发稿件 625 条,同比增长 8.5%。音乐史诗《为有牺牲多壮志》在全省巡演。完成 7 个第二批贫困地区村级综合文化服务中心建设。落实文物安全四级责任制和文物保护巡查制度,完成全市 2487 处不可移动文物核查工作。市委坚持每季度对全市意识形态领域形势进行分析研判,意识形态领域平稳有序。

十一、严格履行管党治党主体责任,全面从严治党取得新成果

一是把政治建设摆在首位。教育引导党员干部增强"四个意识"、坚定"四个自信"、做到"两个维护",梳理一年来中央和省委各项巡视督导反馈问题落实情况。全年查处违反政治纪律行为 15 人,增长 50%;查处违反组织纪律行为 80 人,增长 128.57%。二是持续正风肃纪反腐。全市共接受信访举报 2008 件(次),立案 1566 件,结案 1549 件,党纪政务处分 1454 人。查处群众身边腐败和作风问题 1030 人,党纪政务处分 834 人。查处违反中央八项规定精神问题 113 件 113 人,党纪政务处分 101 人。市委带头拆除大院围墙,拆除市直 65 家单位门禁。开展"力戒形式主义、狠抓工作落实"干部作风整顿,集中整治形式主义、官僚主义问题。完成第五、第六轮巡察。三是深入推进"三基"建设。确定 2018 年为全市"三基"建设质量提升年,部署实施 13 项系列行动。出台《关于推进基层党组织标准化建设的意见》,建立市县乡工作例会制

度，全市乡镇运转经费全部达到90万元以上，县域内村级组织运转经费平均9万元。圆满完成村“两委”换届。四是树立正确选人用人导向。出台《关于进一步激励广大干部新时代新担当新作为努力建设高素质专业化干部队伍的实施意见》《关于适应新时代要求大力发现培养选拔优秀年轻干部的实施意见》，重点掌握的20名处级干部、30名科级干部，已陆续到岗。选拔24名有乡镇党政正职经历优秀干部进入县级班子。围绕扫黑除恶专项斗争调整干部32名。在脱贫攻坚中，对51名农村第一书记提拔重用。

（王向南）

附：中共朔州市委书记、副书记、常委名单

书　记： 王安庞（1月离职）　陈振亮（1月任职）

副书记： 陈振亮（1月调职）　高　键

郑　红（1月离职）　操学诚（2月任职）

常　委： 康吉仁　李根田（2月离职）　张立新

王加关　陈耳东　刘义清　王黎明

崔　巍　吴秀玲（12月任职）

中共朔城区委

区委书记　张立新

朔城区是朔州市委、市府所在地，全市政治、经济、文化中心。全区总人口52万，行政区划所辖2个镇，9个乡，4个街道办事处，280个行政村。全区共有基层党组织823个，其中基层党委22个，党总支30个，党支部771个，党员12171名，占总人口的2.3%。

一、党的建设情况

朔城区委始终把加强党的建设作为做好全区各项工作的根本保证，提升政治站位，增强“四个意识”，践行“两个维护”，坚持和加强党的全面领导，坚决落实全面从严治党各项要求，认真落实“两个责任”，持续夯实基层基础，不断推动全面从严治党向纵深发展。

一是深入推进“两学一做”学习教育常态化制度化，持续强化理论武装。围绕贯彻落实习近平新时代中国特色社会主义思想、党的十九大精神和习近平总书记视察山西重要讲话精神、省委十一届六次七次全会和市委六届六次七次全会精神，以规范落实组织生活各项制度和开展“主题党日”活动为抓手，深入推进“两学一做”学习教育常态化制度化，扎实推进理论武装。区委中心组带头开展集中学习研讨12次，各乡镇（街道）、各单位层层示范、层层推进，着力开展“1235”（班前一小时集中学习，周二、五集中学习，每季度三次党课，全年五次主题实践活动）学习活动和“六个一”（一周一次集中学习、一月一次学习交流、两月一次对照反思、每季一次主题党课、每半年一次知识测试、每年一次总结评估）学习制度，持续开展创新人才思维大讲堂，全区上下形成抓学习、提理论、强素质、抓落实的浓厚氛围。

二是扎实开展“三基建设”质量提升年，不断夯实执政根基。在乡镇抓“三化”（任务具体化、督导一线化、情况数据化）促规范，在农村抓“三治”（法治、德治、自治）强管理，在社区抓“三建”（建活动场所、建大党委、推动城市党建）求突破，在机关抓“三加”（加强党务工作者队伍建设、加大工作创新力度、加浓党建工作氛围）增活力，在非公企业抓“三百”（百名党员组织关系进非公、百个支部“六有”达标、百项活动争先锋行动）夯基础。大力加强高素质专业化干部队伍建设，强化重基层重实绩的选人用人导向，大力提升招才引智水平，开展了“不忘初心　回馈家乡”朔商朔才返乡创业活动，建立完善了朔城区籍在外优秀人才信息库。

三是持续引深正风肃纪反腐，进一步巩固发展反腐败压倒性态势。加强纪律建设，对全区各级党组织贯彻落实党的十九大会议精神和中央省市区一系列重要会议精神情况开展集中监督检查，督促整改有关问题60余条。动态更新廉洁档案，严把党风廉洁意见回复关。突出政治定位，落实“全覆盖”要求，充分发挥区委巡察监督“利剑”作用，全年开展三轮巡察，巡察单位31家，共发现问题225条，移交问题线索52条，不断传导管党治党责任压力。强化监督职能，着力提高派驻监督全覆盖质量。紧盯重要节点和“四风”隐形变异问题，抓具体、抓常态、抓深化。紧盯重点领域、关键环节，综合运用“四种形态”（经常开展批评和自我批评、约谈函询，让“红红脸、出出汗”成为常态；党纪轻处分、组织调整成为违纪处理的大多数；党纪重处分、重大职务调整的成为少数；严重违纪涉嫌违法立案审查的成为极少数），着力解决失职渎职、贪污贿赂等突出问题。

二、经济社会发展情况

区委认真贯彻全省转型项目建设年要求，按照全市构建“2+7+N”（煤炭、火电＋高端陶瓷和新材料、新能源、现代煤化工、生物医药、文化旅游、草牧业和农产品深加工、商贸物流＋装备制造、大数据、信息化等其他战略性新兴产业）现代产业体系的部署，进一步巩固提升煤炭、火电两大传统产业优势，重点发展城郊经济和现代服务业，不断加快转型项目建设步伐。

突出创新驱动，产业转型发展成效显著。一是聚焦煤与非煤两大重点，突出创新驱动、投资拉动、项目带动，全力优化产业结构，促进产业转型升级。二是大力扶持新能源新材料产业，稳步推进了总投资28亿元的三聚环保万吨级秸秆综合利用、繁盛昇煤机智能环保清洁设备、天玛研发制造等项目建设。三是培育壮大文化旅游产业，确立“两个龙头”（朔州老城、神头湿地),打造“一城(朔州老城)、两河(恢河和七里河)、三山”(紫荆山、老龙山和洪涛山)六大全域旅游板块。四是持续加大招商引资力度,签约项目31个,总投资152.28亿元。朔城区作为全省唯一首次荣登“2018中国营商环境百强县区”榜单,并连续6年被评为“中国投资潜力百强县区”。

坚持建管并重,城市建设步伐持续加快。一是不断夯实城市基础设施建设,新建育新西街、市区南出口、北关路、清华路等五条道路。二是大力推进公共公用设施建设,持续推进总投资3亿元的“一园两馆三站五场”(滨河公园、图书馆档案馆、恢河两座污水泵站、照什八庄垃圾转运站、厚德园东侧市场、马邑南路东侧市场、长虹路西侧市场、雁门街南侧市场、老城北路市场)等项目建设。完成投资7300万元图书馆档案馆主体工程建设工程,建成了总投资700万元的朔州老城、长虹路、马邑路、厚德苑东侧、雁门街广场等五个集贸市场。三是扎实推进保障性住房建设,城镇保障性安居工程完成年度投资3.6亿元,建成800套;总投资3.69亿元七里河沿线城中村城市棚户区改造项目,已经完成征收1300套。四是稳步推进城中村改造,重点推进总投资33亿元南邢家河、南泉、雒儿庄、南张家河及城北胡家窑、北旺庄等6个城中村城边村改造工程。五是加快推进朔州老城改造。重点推进投资3600万元的环城马道、环内城墙整理绿化工程及两条中心绿化轴等三项工程。

实施乡村振兴,现代农业发展稳步推进。一是积极调整优化产业结构,全力推动种植结构由粮经二元结构向粮经饲三元的快速转化。二是做强做大蔬菜产业,全区设施蔬菜面积稳定在2.83万亩,露地蔬菜面积达5.7万亩,瓜果0.22万亩,百亩以上设施蔬菜园区累计达到22个。三是大力发展设施养殖,全区大畜饲养量8.6万头、奶牛存栏2万头、猪饲养量21万头、羊饲养量72.5万只、鸡饲养量182万只,肉、蛋、奶产量分别达到2.2万吨、0.9万吨和7万吨。四是不断夯实农业基础,实施投资1757万元的中央粮食产粮大县奖励资金水利节水项目,改善和恢复灌溉面积2.6万亩;完成投资840万元的膜下滴灌工程,建设高效节水灌溉面积1.05万亩。五是深入开展农村土地确权,已在292个农村开展土地确权工作,成立朔城区农村产权流转交易服务中心。六是全面推进美丽乡村建设,重点推进以“三环三边”(环城环镇环企业、道路周边河道周边景区周边)为主的95个村庄人居环境整治工程,共整治残垣断壁5万平米,绿化植树14.8万株,新修村内广场道路16万平米,农村人居环境明显优化。七是积极治理农村污水垃圾,重点推进桑干河上游城区段8个村庄的垃圾污水治理工程,已完成投资472万元,整理疏通原有管网4945米,新建管网1790米,清理清运垃圾2800余方。八是全面提升农村公路建设水平,实施了12公里朔只线改造工程,小平易煤炭物流园区路、南山生态旅游路等9个项目,全区农村公路通车里程达1557公里,公路密度达97公里/百平方公里,通畅率达99.7%。

注重统筹协调,生态文明建设成效突出。一是持续实施生态绿化工程。全面完成投资5.5亿元的5万亩南山生态治理二期工程、洪涛山生态恢复工程、投资1000万元的2万亩国家京津风沙源治理二期工程、1.3万亩的经济林建设工程、1万亩的省经济林提质增效工程等8项重点工程。二是全面开展“清河行动”。完成浚河67.35公里、生态固堤23.5公里,清理垃圾83.44余万方、淤泥222.7余万方,修建沿河生态路33.2公里,整治8个排污口。三是大力推进“煤改气”工程,已完成煤改气居民用户23106户。

推进共建共享,民计民生事业全面发展。一是提升基础教育质量。朔城区一中改扩建工程项目已进入设计招标阶段,职中实训楼建设项目已基本完工,福源中学改扩建项目正在办理前期手续,9所新改扩建公办幼儿园全部完成建设任务;区一中选拔高学历人才30人,公开招聘中小学教师69名,交流调配农村优秀教师174名。二是加强医疗基础建设。以区人民医院为龙头单位,组建“1+1+20”(区人民医院+区第二人民医院+20乡镇卫生院及社区卫生服务中心)朔城区医疗集团;区妇幼保健计划生育服务中心改扩建项目于8月份正式开工;组建朔州中医药集团等。三是积极推动就业创业。全区城镇新增就业人数3960人,完成任务的101%,城镇登记失业率低于省控目标4.2%,控制在2.54%以下。四是大力实施民政暖心工程。供养城市低保对象10367户26899人、“三无”(无生活来源、无劳动能力、无赡养人)人员1869人、社会散居孤儿202人;完成25所城乡农村老人日间照料中心建设。五是深入推进脱贫攻坚。完成“一村一品一主体”扶贫项目31个,帮扶“五有”(有劳动能力、有产业项目、有实施主体、有一定技能、有一定收入)贫困户376户1420人,户均增收3100元;发放金融扶贫小额信贷413万元。六是开展退役军人安置工作。依托“一站式”服务站加强退役军人日常管理服务工作,对安置后未上岗的89名退役士兵给予二次安排。七是夯实安全生产基础。全区煤矿、非煤矿山、危险化学品、烟花爆竹、冶金工贸等行业领域均未发生安全生产事故。八是加强矛盾纠纷化解力度,强化重点人员管控,推进非访依法治理,顺利实现了“三个坚决防止”(坚决防止造成重大影响的群体性事件、坚决防止发生因信访问题引发的极端事件、坚决防止发生被媒体炒作的信访事件)的工作目标。

扎实推进全面深化改革各项工作,有效激发推动发展的动力活力。紧密结合城区实际,科学谋划,突出重点,狠抓落实,统筹推进“五位一体”和党的建设各领域改革,扎实推进党政机构改革,特别是全力抓好具有标志性、引领性、关键性的改革任务,深入推进电力供给侧结构性改革、煤炭供给侧结构性改革、农村各项综合改革、企业投资项目承诺制改革、建立转型项目推进机制、完善脱贫攻坚体制机制、“放管服效”改革、国资国企改革、商事制度改革等,推动全区改革工作取得新突破,为区域经济发展提供了强劲动力。

大力推进社会治理创新,持续深化平安朔城、法治朔城建设。一是深入开展扫黑除恶专项斗争,打掉恶势力集团4个,恶势力团伙11个,破获各类刑事案件78起,抓获涉案人员121人,查扣涉案资金107.2万元,扫黑除恶专项斗争打出了声威、打出了气势、打出了成效。二是强化社会治安综合治理,共受理并查处治安案件747起,破获各类刑事案225起,学习借鉴"枫桥经验",大力实施"朔城街坊"共建共治模式,加强"朔城街坊"队伍、街坊工作站、街坊活动室建设,推进基层德治、法治、自治、共治"四治融合",取得良好社会效果。三是加强日常法治宣传教育,组织开展了政法综治法治下乡巡回宣传、"法治宣讲进校园"以及"尊崇宪法、学习宪法、维护宪法、运用宪法"集中宣传等活动。

(王丽萍)

附:中共朔城区委书记、副书记、常委名单

书　记: 张立新

副书记: 庞明明　李全胜

常　委: 冯维新　董　达　何志岳　刘卫东

王建军(12月离职)　周翠英

杨成清(7月离职)　郝　云(7月任职)

常武权(10月任职)　郝贤卿

中共平鲁区委

区委书记　吴晓斌

2018年,平鲁区委深入学习贯彻习近平总书记视察山西重要讲话精神,全面落实省委"一个指引,两手硬"思路和要求与市委"生态立市、稳煤促新"、建设"塞上绿洲、美丽朔州"的战略部署,紧扣"打造三大基地(打造全国清洁能源、全国草牧业和优势特色农产品、全省煤系共伴生资源研发利用)、建成三个新区"(国家级资源型地区转型综改试验、国家级生态文明先行示范、普惠型民生幸福)的目标任务,突出转型项目建设、脱贫攻坚巩固、"三基"建设提升三个重点,做好转型、兴农、改革、美丽、幸福五篇文章,推动全区各项工作取得新进展。全年地区生产总值完成192亿元,增长1.1%;固定资产投资完成62.6亿元,增长11.2%;社会消费品零售总额完成37.7亿元,增长8.6%;一般公共预算收入完成11.5亿元,增长35.7%。

一、深入贯彻习近平新时代中国特色社会主义思想,政治建设明显加强

召开6次区委常委会议、2次区委全会,专题研究学习贯彻工作,把学习习近平总书记重要讲话精神固化为区委常委会议的第一议题,召开了三次学用习近平新时代中国特色社会主义思想经验交流会,深入开展"大学习、大讨论、大调研、大落实"活动,推动理论武装工作不断加强,确定了区委2018年"突出三个重点(转型项目建设、脱贫攻坚巩固、"三基"建设提升),做好五篇文章"(转型、兴农、改革、美丽、幸福)的工作思路,制定出台了《关于大力弘扬右玉精神,打造践行"两山"理论示范区的实施意见》。

二、坚决贯彻"稳煤促新"战略部署,转型发展实现重大突破

一是持续巩固传统基础产业。全年生产原煤8531万吨,全区并网和在建电力总装机达到830.08万千瓦,煤电行业合计占地区生产总值的49.7%,对财政的贡献率达到75.2%,为经济稳中向好提供了重要支撑。二是着力培育新兴产业。全年规模以上非煤工业企业实现增加值19.6亿元,增长6.2%,占平鲁本区工业比重60.8%。三是全力推动转型项目建设。全年实施重点工程项目71个,总投资412亿元,其中转型项目18个,投资额230.4亿元,占项目总投资的55.9%。全年签约项目30个,总投资134.8亿元。四是不断发展壮大民营企业。出台了支持民营企业发展实施意见,支持民营企业公共服务和融资服务体系建设。截至2018年底,全区民营市场主体达到7363户,增长8.3%,从业人员达2.6万人。民营经济总量占到全区的42%左右,税收贡献占全区38.6%,就业贡献占全区80%。

三、全面启动乡村振兴战略,"三农"工作成效显著

坚持把"三农"工作摆在全区工作的重中之重,制定出台了乡村振兴总体规划,乡村振兴扎实起步。积极调整种植结构。农作物总播面积56.3万亩,高产创建面积达到18万亩,特色产业种植规模达到5.5万亩。全年粮食产量达到18万吨,增长11%。红山荞麦被列为全省有机旱作农业示范区。深入推进粮改饲和规模养殖。新增草地8.5万亩,建设棚圈、青贮窖1.5万平米,新增规模养殖小区7个,养殖总量达到213.7万头只,平鲁区被授予畜牧业绿色发展省级示范区。持续提高农业产业化水平。不断完善农业综合开发园区基础设施和主体功能建设,6家入园企业恢复生产;源生泰等一批电商平台落户平鲁。12家农产品加工企业销售收入达12.5亿元,增长9.6%。大力改善农村人居环境。总投资9040.8万元,集中解决8个乡镇人畜饮水问题的部分山区供水工程主体部分建设完成。建成12座乡镇垃圾中转站,其中3座投运,9座完成设备采购。14个示范村污水治理工作稳步推进,安太堡、大河堡2个村开工建设。不断增加农民收入。全年农村常住居民人均可支配收入达到10397元,比上年同期净增885元,增长9.3%,是改革开放初期的520倍。

四、着力保障和改善民生,人民幸福感和安全感明显提升

深入实施"三大行动(精神提振、全面保障、绿色帮扶)、

九大工程”(产业扶贫工程、光伏扶贫工程、健康扶贫工程、教育扶贫工程、水利扶贫工程、交通扶贫工程、生态扶贫工程、扶志扶智工程、消费扶贫工程),用心用情用力做好精准帮扶工作,全区80个贫困村、5326户14792人脱贫,贫困发生率由2014年的7.85%降至0.065%,顺利实现贫困摘帽、整体脱贫。按期完成6个乡镇总体规划和北坪文学街－大沙沟片区控制性详细规划。12项城建重点工程推进顺利,农村公路建设任务全面完成。启动实施与山大附中第三轮战略合作,扎实推进城乡义务教育一体化、现代学校管理、普通高中选课走班制、幼儿园教师工资待遇保障等4项省级重点改革试点工作,教育发展活力明显增强,教育质量大幅提升。高考一本达线211人,二本B类以上达线703人,首次突破700人大关,达线率50.9%,超全省平均水平16个百分点。持续推进卫生健康事业,公开招聘了32名医技专业人才,医疗惠民政策全部落实,区乡医疗卫生机构一体化改革基本完成,总投资3000万元的区乡医疗卫生信息一体化项目一期工程建设完成,初步形成城乡一体、上下联动、分工协作、高效运转的服务新体系和管理新格局。城镇新增就业3871人,农村劳动力转移就业3871人,超额完成市定任务。全年城镇居民人均可支配收入达到25319元,比上年同期净增1411元,增长5.9%。全力防范化解重大风险,严厉打击非法集资,各类风险隐患总体可控。深入开展安全生产大检查,全年未发生较大及以上生产安全事故,安全生产形势总体平稳。成立了全市第一支危险化学品专职应急救援队伍,应急保障能力明显提升。深入推进扫黑除恶专项斗争,打掉涉恶团伙14个,破获各类案件148起,有力维护了社会和谐稳定。

五、深入践行“两山”理论,生态文明建设亮点频现

制定出台了《关于大力弘扬右玉精神,打造践行“两山”理论示范区的实施意见》,强力推进生态文明建设,全区生态环境持续改善。以中央环保督察、省委环保督察问题整改为总揽,扎实开展大气、水、土壤污染防治工作,全方位、全地域、全过程推进铁腕治污。投资1191万元,提标改造12台燃煤集中供热锅炉;清洁取暖改造2373户,超额完成市定任务;民用优质煤储配中心建成投运。高标准、大力度推进桑干河清河行动,稳步推进农用地详查,大力推进植树造林和水土流失综合治理,完成造林8.39万亩,完成水源工程10处,综合治理小流域800公顷,治理坡地366公顷。

六、深化改革开放,为全区高质量发展注入强大动力

全力推进开发区改革创新发展,规划总面积10.49平方公里的省级经济技术开发区成功获批。积极推进电力体制改革,两条特高压电源接入工程前期工作基本完成,中电投、中煤平朔参股组建苏晋能源集团,以园区为单位打捆长协直接交易。新增直购电交易企业4家,完成交易0.56亿度,节约企业用电支出575万元。深入推进农业农村改革,农村土地确权颁证登记工作顺利推进,确权工作完成98%,颁证工作有序开展。农村产权交易中心挂牌运营。集体产权制度改革扎实推进,清产核资和成员身份界定工作全面推开。大力推进金融改革,配合完成组建朔州农商行。区融资担保公司、金融服务信息共享平台投入运行。山西证券平鲁营业部成功落户,实现了我区证券公司零的突破。截至2018年底,全区金融机构各项存款余额178.3亿元,增长6.2%;贷款余额76.1亿元,增长19%。存贷比达到42.7%,比2017年底提高4.7个百分点。积极推进科技创新,出台了支持科技创新奖励办法,组织实施了2项省科技重大专项,新认定高新技术企业1家,晋坤公司被认定为煤系高岭土深加工省级工程技术研究中心。稳步推进财税体制改革,国地税征管体制改革顺利落地,两税业务平稳过渡,征管工作高效运转,堵塞了“跑冒滴漏”。积极稳妥推进“费改税”工作,全年征收水资源税、环境保护税8864万元,实现了税收应征尽征。

七、加强民主政治建设,巩固安定团结的良好局面

一是加强党对人大和政协的领导。区委常委会全力支持人大及其常委会依法行使立法权、监督权、决定权、任免权,区人大常委会共审议“一府两院”工作报告18项,开展执法检查1次。二是加强党对政法工作的领导。扫黑除恶斗争实现首战首胜,压倒性态势已经形成。平鲁区被评为第四批“全国法治县(市、区)创建活动先进单位”,连续五年成为全市社会治安综合治理优秀县(区)。三是加强党对统战和群团工作的领导。牵头组织成立了区民营企业家协会,扛牢并持续压实党管宗教工作主体责任,认真学习贯彻《宗教事务条例》,组织开展了全区农村、社区“两委”干部集中培训,着力推动宗教事务管理得到进一步加强和规范。完成工会、团委、妇联的改革,扎实推进文联、科协的改革,使群团组织活力进一步增强。四是加强党管武装工作。认真履行党管武装主体责任,严格落实议军会议制度,圆满完成民兵征集任务,蓬勃开展全民国防教育,大力推进双拥优抚安置工作,如期完成退役军人信息采集暨建档立卡工作。

八、扛牢意识形态工作主体责任,宣传文化事业保持繁荣发展

一是保持党对意识形态工作的坚强领导,严格实行意识形态工作党委责任制,强化意识形态工作的分析研判和统筹指导。二是深入开展“大学习、大讨论、大调研、大落实”活动,在全区14个乡镇(街道办)建起了新时代传习所,为乡镇、农村基层思想理论学习建设提供了阵地。三是大力培育和践行社会主义核心价值观,启动第二届“感动平鲁”道德模范评选表彰活动。四是切实加大内宣外宣力度。《平鲁报》共出刊100期,发稿2500余篇。平鲁广播电视台共播发新闻1178条。平鲁新闻中心在省级报纸媒体发稿95篇,在市级媒体发

稿450余条。平鲁广播电视台在市电视台发稿170多条。五是加强网络生态建设,开通"网信平鲁"微信公众平台,及时更新发布网信动态,发布讯息278条。六是隆重庆祝改革开放四十周年,积极组织开展了"中煤平朔杯"全国摩托车越野锦标赛(平鲁站)暨国际摩托车挑战极限表演赛活动,拍摄了改革开放大型宣传片和《魅力平鲁》专题宣传片,启动提档升级平朔博物馆及国际矿山地质公园工程,举办了"塞北长城美、油菜花儿香"大型采访采风活动,"六·六"向热节,"奋进新时代、展现新业绩"书画展,"不忘初心、牢记使命,以拼搏为美、向行动致敬"为主题的手机摄影展,"辉煌40年·印证平鲁"大型书画、摄影展"新时代、新征程"主题红歌演唱会"长城脚下是我家—平鲁挺美"采风摄影活动等系列文化活动,在全区营造出浓厚的庆祝氛围。七是深入推进文化惠民工程,积极筹建平鲁区体育馆,为150个村补充图书2万余册,为乡镇文化站和150个村接通宽带网,为13个乡镇文化站配备了电子图书报刊阅览机。八是加快发展文化旅游产业,完成乌龙洞、上木角门神故里提升配套工程。对双碾乡泉盛庄村、高石庄乡大辛窑村、大河堡村等10个乡村旅游示范村进行景区化改造。开工建设长城旅游公路,完成旅游城市形象展示标识工程。建立了旅游信息网站、平鲁旅游微信公众平台。九是扎实推进文明创建。创建全国文明村2个,全国文明校园1个,省级市级文明乡镇6个,文明村20个,文明社区1个,文明单位25个。

九、坚定不移全面从严管党治党,党的建设进一步加强

一是全面履行管党主体责任。建立了区级领导党建工作联系点制度,定期听取乡镇和部门单位"一把手"主体责任述责述廉。二是建设正气充盈的政治文化。加强党员干部培训。培训乡村两级干部1217人。组织正科级干部177人赴右玉干部学院进行了分批培训学习。三是深化拓展"三基建设"。以落实13项计划为重点,大力实施"三基建设"提升年活动。在建强"基层组织"上深化拓展,实行"五点包抓"(区级领导干部定点指导、区级单位对点帮扶、乡镇包片领导包点整顿、乡镇包村干部任"第一书记"驻点工作、村党支部书记按点整改),完成了29个软弱涣散村党组织整顿工作。在夯实"基础工作"上深化拓展,区财政投入"三基建设"经费2192.8万元,较上年增加500多万元。村级组织活动场所全部达到100平米。在提高"基本能力"上深化拓展,举办了"学习贯彻习近平新时代中国特色社会主义思想和党的十九大精神"学习轮训班、青年干部学习贯彻习近平新时代中国特色社会主义思想党校读书班、农村"领头雁"示范班、轮训班,选派108名市县机关干部到乡镇挂职,130名第一书记到贫困村助力脱贫,农村工作力量得到显著加强。四是充分激励干部新担当新作为,出台了《中共朔州市平鲁区委关于进一步激励广大干部新时代新担当新作为努力建设高素质专业化干部队伍的实施意见》。五是持续加强作风建设,集中开展"力戒形式主义、狠抓工作落实"专项整治,查处问题64件,给予纪律处分44人,组织处理20人。六是坚定不移惩治腐败。强化监督执纪,坚持不敢腐、不能腐、不想腐一体推进。

(马　军)

附:中共平鲁区委书记、副书记、常委名单

书　记:吴晓斌

副书记:马占文　刘向东

常　委:闫晓玲(女)　李康正(6月任职)
陈永杰　张天林(1月任职)
孙　涛　王晋军(6月离职)
王　军　李　军(9月挂职)
刘光明(9月离职)　石　磐(9月任职)

中共怀仁市委

市委书记　刘　亮

一、坚持以习近平新时代中国特色社会主义思想武装头脑,确保广大党员干部群众政治自觉和行动自觉

市委先后举办了科级干部及村(社区)"两委"主干学习贯彻习近平新时代中国特色社会主义思想和党的十九大精神学习班、"大力解放思想、落实五大任务"大讨论报告会、2次学用经验交流会、2期读书班、6期科级以上干部和村(社区)两委主干培训班,举行了纪念中国共产党成立97周年系列活动,各级党员领导干部深入基层讲专题党课286场,基层支部组织党员开展心得体会交流480多次,全面凝聚起了用习近平新时代中国特色社会主义思想武装头脑、指导实践、推动工作的思想共识和行动自觉,不断引导广大党员干部群众自觉在政治立场、政治方向、政治原则、政治道路上同以习近平同志为核心的党中央保持高度一致。

二、坚持以"改"促"转",全面深化改革开放取得新进展

坚持党对改革的集中统一领导,继续实行党政主要负责同志亲力亲为抓改革工作机制,建立30项改革任务台账,进一步压实市领导分工负责制。全年提出的6个重点领域、44项改革任务基本完成,达到预期效果。完成了党的十

八大以来,中央及省委部署的40项重点改革任务的梳理和评估工作。重点领域改革全面推进,退出煤炭产能21万吨,库存住宅面积从2017年的88万平方米下降到42万平方米。为高新技术企业、小微企业减税2217万元;开发区43家企业参与打包直接交易电量,年可节省电费3564万元;陶瓷企业用气成本保持合理区间,继续推广“精益六西格玛”企业管理模式。国企分离办社会职能工作顺利移交,完成率达100%。开发区“三制”(领导班子任期制、全员岗位聘任制、绩效工资制)改革全部到位,“三化”(专业化、市场化、国际化)改革初见成效,承接了15家单位下放的337项行政职权事项。深化“放管服效”改革,积极试行项目承诺制改革,全面推行网上审批和并联审批,《架子羊养殖技术规范》成为全省地方标准。成立了山西怀仁农村商业银行股份有限公司。农村土地承包权确权登记颁证工作基本完成。开放合作持续深化,强化“走出去”导向,先后赴北京、上海、广州、深圳、鄂尔多斯等地开展招商考察活动,参加了中国山西—印度经贸合作推介会暨2018山西品牌丝路行(印度站)活动、中国(山西)特色农产品交易博览会、京晋(朔州)高端产业对接大会、上海·全国优质农产品博览会、2018山西品牌中华行上海站活动、2018中国森林旅游节、山西(深圳)招商引资推介会。全年外贸进出口总额1.25亿元,同比增长34.2%。

三、坚持以新理念引领,转型发展再谱新篇章

深入贯彻新发展理念,紧紧围绕加快转变经济发展方式,建立重点项目建设协调制度、重点项目建设督查督办制度,定期分析经济形势,既提出指导经济工作的思路要求,又着力破解突出矛盾和重大问题,结构向优转化,效益不断提升,转型发展迈出实质性步伐。全年地区生产总值完成238亿元,可比增长7%;规上工业增加值完成71亿元,可比增长3.5%;煤炭工业增加值占全部工业增加值比重下降1.63个百分点;工业企业利税增长7.6%。项目建设重点突破,扎实开展“转型项目建设年”活动,开复工转型项目90项,总投资121.74亿元,完成投资45.4亿元。固定资产投资三次产业比重14.3∶43.9∶41.8,第三产业投资比重上升6.1个百分点,投资结构明显优化。新入库规上工业企业27家。民营企业发展壮大,出台《怀仁县银行业金融机构支持地方经济发展考核奖励暂行办法(试行)》(8月,怀仁撤县设市)。加大扶持民营企业力度,全市银行金融机构共为150家民营企业贷款25亿元,较上年增加49家、4.6亿元,存贷比从2017年的24%提高到了27%。全年新设立登记各类市场经营主体2446户,同比增长10.48%,全市拥有在业各类市场经营主体23741户,同比增长14.1%。金沙滩羔羊肉业有限公司在山西股权交易中心培育板挂牌。品牌带动成绩喜人,全年受理商标注册申请93件,通过41件,有效注册商标总量达到550件,其中,山西省著名商标8件,山西省名牌产品6个。山西海宁皮革城发展有限公司、怀仁恒源瓷业有限公司和山西龙首山饲料有限公司进入2018年度山西企业100强,山西海宁皮革城发展有限公司入选2018年度山西省民营企业服务业20强。玉龙化工、诺诚制药、华元医药、承泰专用车、尊屹陶瓷、宏力再生等6家企业被评为国家高新技术企业。文旅商贸深度融合,开工建设了大美鲁沟田园综合体、金沙滩生态旅游观光区项目。怀仁银街、仁人时代广场等一批商业综合体营业运行。隆重推出具有鲜明怀仁特征的魔幻小说《太古》和电影《灰猴》《大破天门阵》《游龙记》等文艺作品。举办了第二届“四月八”民俗文化旅游节。承办了第二届语文故事儿童电影节、“唱响黄河·歌颂中华”十六省区民歌展演。清凉山冰雪场建成运营,举办了朔州市第二届冰雪旅游节,怀仁市首届冰雕展正在举行,冰雪旅游引领了晋北冬季消费新潮流。朔州市乡村旅游推进会在怀仁举办。

四、大力实施乡村振兴战略,乡村发展注入新动能

制定了《实施乡村振兴战略行动计划》《怀仁县现代农业2018—2020年产业发展规划方案》。金沙滩镇被评为山西省经济强镇。全市农作物总播种面积74.5万亩,粮经饲种植结构调整到58∶20∶22。怀仁市被评为中国绿豆之乡、中国特色农产品优势区。全市粮食产量达到5.4亿斤以上。肉羊饲养量418.8万只,南小寨村入选全国一村一品示范村镇。全年累计为养殖农户发放各类惠农资金2009.4万元。全市农机总动力达到22.5万千瓦,完成机械浇灌30万亩,机耕65万亩,机播56.35万亩,农机装备发展水平、农机化作业水平实现双提升。怀仁市入选全国第三批率先基本实现主要农作物生产全程机械化示范县,朔州市玉米机械化割苗试验示范现场培训会在怀仁市召开。新建全省唯一农田废旧残膜加工企业金山废旧农膜加工厂,全省2018年农膜回收利用试点项目工作推进会在怀仁市召开。

五、扎实推进民主法治建设,凝聚各方力量展现新作为

党对人大和政协工作的领导不断加强,支持市人大及其常委会依法履行职责,审议“一府两院”专项工作报告22项,开展专项视察2次,办理代表建议意见64件。市政协制定《政协怀仁县委员会委员提案办理的督办意见》,领题督办10项重大课题,交办立案提案56件。统一战线重要法宝作用进一步彰显,出台《怀仁县新的社会阶层人士统战工作联席会议制度》,健全和完善党员领导干部与党外代表人士联谊交友制度。全面加强管理宗教人士、宗教事务、宗教场所。成立了全市首个“侨胞之家”。市工商联连续五年被评为“全国五好工商联”。扎实推动国防后备力量、驻怀部队建设,大力开展国防动员、国防教育,探索军民融合发展,“双拥”共建水平进一步提升。平安怀仁建设深入推进,全面提升学法用法水平,成立了法学会,推进“七五”普法,开展巡回讲法活动,落实领导干部学法用法工作,组织了无纸化学法用法考试。制定了《怀仁县人民检察院员额检察官办案责任制实施

办法》,完成第二批员额制法官遴选任务。市委及所属部门和政府、23个行政职能局以及10个乡镇配齐法律顾问。加强法律援助工作,新建法律服务所1个,法律服务站10个,法律服务室53个,每万人拥有律师数达到1.8人。

六、坚持党管意识形态不动摇,宣传思想工作开拓新境界

出台了《怀仁市关于加强当前意识形态工作实施意见》《党委(党组)意识形态工作责任制实施细则》。完善舆情处置机制,制定了应急处置预案,建立了意识形态领域形势分析研判机制。全年搜集涉怀舆情信息41.8万条。社会主义核心价值观落细落小落实,开展了"第七届山西道德模范"评选工作,举办了学雷锋道德模范志愿服务报告会,怀仁市有5位同志获得"第二届朔州道德模范"荣誉称号,城镇二小被确定为全省首批社会主义核心价值观建设示范点。乡镇"新时代传习所"、村(社区)"文化墙"实现全覆盖,高标准建成13个村史馆,在云中镇西小寨村建立了红色党建广场。群众文化生活更加丰富,围绕"幸福怀仁"主题,举办了2018年春节元宵节群众文化系列活动、迎新春体育系列赛事、第六届"幸福怀仁好声音"歌手大赛、怀仁市首届中国农民节"金秋文艺晚会"系列专场以及各类节日欢庆活动140多场。图书馆正式投入使用。市体育馆荣获2018山西体坛风云年度评选十佳公共体育场馆奖。完成送戏下乡162场,完成农村电影放映1944场。"塑糖人技艺"等10个项目列入第三批市级非物质文化遗产名录,怀仁市被评为2018—2020年度"中国民间文化艺术之乡"。

七、全力保障和改善民生,增进百姓福祉取得新业绩

坚持财政收入用于民生支出的主导向,民生领域投入20.1亿元,占一般公共预算支出的82%,同比增长34%,增支5亿元。继续推行市区公交免费和供暖期延长一个月的惠民政策。广泛开展"德乡怀仁·共享幸福"公益志愿服务行动。全面巩固脱贫攻坚成果,入库的254户598人稳定脱贫。城镇和农村常住居民人均可支配收入预计分别为35342元、16168元,分别增长7%、7.5%。城镇累计新增就业人数6868人,城镇登记失业率控制在2.38%以内,低于4.2%的控制目标。新建城镇第二实验小学,完成14所寄宿制学校的标准化改造任务,招聘75名入编教师。朔州首家教育便民大厅正式启用。峪宏中学荣获"改革开放四十年山西民办教育典范学校"光荣称号。医疗集团人民医院与同煤集团总院、大同市第三人民医院建立了医联体。全面落实健康扶贫"双签约"(家庭医生团队与农村贫困人口签约、乡村干部与农村贫困人口签约)活动,家庭医生覆盖率达到90%、服务率达到96%、签约率达到40%。有79个村、3个社区建成了日间照料中心。市中医院成为全国基层名老中医专家传承工作室建设单位,毛皂镇中心卫生院被国家卫计委评为"群众满意的乡镇卫生院"。各项社会保险基金累计结余7.48亿元。

八、全面加强从严管党治党,履行主体责任交出新答卷

把政治建设摆在首位,旗帜鲜明讲政治,就贯彻落实《关于坚决维护党中央集中统一领导的规定》情况,对包括市委班子在内的各级党组织、全体党员自觉践行"两个维护"进行了专项督查。全面强化政治监督,常态化开展"政治体检",开展2轮巡察工作。坚持正确选人用人导向。出台《关于进一步激励干部新时代新担当新作为努力建设高素质专业化干部队伍的实施意见》《关于适应新时代要求发现培养选拔优秀年轻干部的实施意见》。加强人才队伍建设力度,引进教育、医疗等专业技术人才127人,282名优秀人才进入村后备干部队伍。邀请中央和省市党校教授来怀仁开展专业能力提升培训11期,参训干部达到4080人次。组织450多名干部分19批次赴中央民族干部学院、右玉干部学院以及广东、浙江、深圳等发达地区考察学习。巩固发展反腐败斗争压倒性态势,成立了反腐败领导小组,健全了加强党对反腐败工作全过程领导常态化制度化长效化10项机制制度,监督执纪由"惩治极少数"向"管住大多数"拓展,实现对公权力和公职人员监察全覆盖。扎实开展"力戒形式主义、狠抓工作落实"作风整顿和集中整治形式主义、官僚主义专项活动。注重加强党内政治文化建设,在全市开展了"党内政治文化大学习"专题教育和廉政教育系列活动,组织党员干部观看了廉政大戏《于成龙》、红色经典歌剧《党的儿女》。

(杨志雁)

附:中共怀仁市委书记、副书记、常委名单

书　记:刘　亮

副书记:苏斌如　王　鑫

常　委:李　权　张乐祥(11月离职)

郭振林(11月任职)　王万波(12月离职)

杨再梁(12月任职)　刘　鹏　陈志刚

赵亚静(12月任职,挂职)　武春兰(4月离职)

宁军霞(4月任职)　何　岗

中共应县县委

2018年,应县县委按照省委"一个指引、两手硬"思路要求、实现"两个持久"目标的安排部署,紧扣市委"生态立市、稳煤促新"发展战略和"塞上绿洲、美丽朔州"发展目标,团结带领全县广大党员干部群众苦干实干、拼搏进取,奋力谱写"塞上绿洲、美丽朔州"的应县篇章,为早日全面建成小康应县打下了坚实基础。

一、深入学习贯彻习近平新时代中国特色社会主义思想,不断筑牢全县广大党员的思想根基

坚持把深入学习贯彻习近平新时代中国特色社会主义思想作为重大政治任务来抓,牢牢把握“学懂、弄通、做实”的总体要求,组织全县各级党组织和广大党员干部系统学习、深入学习,努力做到融会贯通、学以致用、全面覆盖。开展了第三次学用习近平新时代中国特色社会主义思想经验交流会,扎实推进“两学一做”学习教育常态化制度化,深入开展“大学习、大调研、大落实”活动,教育引导党员干部牢固树立“四个意识”、忠实践行“两个维护”。坚持理论联系实际,把习近平新时代中国特色社会主义思想作为破解难题的强大思想武器和推动转型发展的科学理论指引,紧密结合省委、市委全会精神,制定出台《关于深入学习贯彻习近平总书记视察山西重要讲话精神进一步落实五项重大任务的行动方案》,认真完善全县经济社会发展思路,提出“奋力谱写‘塞上绿洲、美丽朔州’的应县篇章”的战略目标,有力地贯彻了新时代推进发展的要求,顺应了人民群众对美好生活的向往,为全县走出一条更加全面科学、更加健康持续的发展新路进一步指明了方向、规划了路径。

二、坚定不移推进全面从严治党,提高党的建设质量和水平

持续推进正风肃纪反腐。县委成立反腐败工作领导小组,完善党领导反腐败的工作体制、决策机制和实施举措,对“两个责任”落实不力的问责2人,领导干部问责5人。认真落实执纪监督监察工作制度,实现“纪法”有序衔接、相互制衡,使用谈话、询问、留置等6种调查措施300余次。坚持在减少存量、遏制增量上求突破,加大执纪审查上提力度,立案229件,党纪政务处分228人,挽回经济损失17.54万元。突出政治标准抓好干部队伍建设。准确把握新时期“好干部标准”,调整干部13次91人;强化考核结果运用,129名先进个人受到表彰、5名干部作为先进典型选树对象。修订《应县后备干部选拔、培养、管理实施意见》,建立中长期培养对象和正副科级优秀后备干部人选名单,不断形成从基层一线重点岗位发现培养的工作导向。不断提升基层党建质量。按照省委、市委“三基”建设质量提升年工作要求,组织开展13项达标行动,细化为114项具体工作,推动全县各级基层党组织全面进步、全面过硬。围绕场所阵地标准化建设,制定规范标准,233个村、93个机关实现达标。围绕组织队伍标准化建设,建成达标型党组织113个、提升型党组织461个、示范型党组织58个。围绕基础工作标准化建设,制定6大类47项工作规范和流程。

三、三大攻坚战开局良好,为全面建成小康社会打下坚实基础

精准脱贫攻坚战。积极主动扛起主体责任,坚持工作向脱贫攻坚聚焦,资源向脱贫攻坚聚集,力量向脱贫攻坚聚合,有力地确保剩余贫困人口全部脱贫。按照“精准到户、一户一策”原则,整合各类资金2.3亿元,通过产业扶贫、易地搬迁、生态扶贫、教育扶贫、健康扶贫、贫困村基础设施建设、社会保障等措施,精准帮扶6518户12433名建档立卡贫困人口稳定脱贫。防范化解重大风险攻坚战。抓住金融风险防、信访维稳、安全生产等关键重点,持续用力攻坚,狠抓任务落实。持续开展打击恶意逃废金融企业债务、化解企业担保链风险、清收处置农村信用社不良贷款三个专项行动,确保全县金融工作安全有序,金融风险总体处于可控范围。深入开展特殊疑难信访问题专项治理活动,加强矛盾纠纷排查调处,认真做好群体信访稳控工作,群众来信初访受理率达到100%,办结率达到90%。严格落实安全生产“党政同责、一岗双责”,建立问题隐患整改、领导挂牌督办、追责问责、安全生产失信行为联合惩戒制度,全县总体形势保持安全、和谐、稳定。污染防治攻坚战。坚持以国家级卫生县城创建工作为牵引,着力抓好水、土壤、大气污染防治工作。桑干河清河行动,实施了总投资1.8亿元的12项基础设施建设工程,新华社、《今日头条》等媒体详细报道《为母亲梳妆——应县清河行动纪事》。积极推进废弃物综合利用,扎实推进138个规模养殖场粪污设施建设任务,启动整县推进畜禽粪污资源化利用项目。加大大气污染防治力度,推进企业脱硫除尘改造和超低排放改造工程,持续抓好秸秆禁烧和烟花爆竹禁燃禁放工作,加快推进陶瓷企业“煤改气”,环境空气质量全市排名第二。

四、深入贯彻新发展理念,推动经济高质量发展

经济社会发展各项主要指标稳中有进。全县地区生产总值完成75.2亿元,增长0.8%;规模以上工业增加值下降26%;固定资产投资完成15.2亿元,增长24.8%;一般公共预算收入1.65亿元,增长7.3%;社会消费品零售总额完成34.5亿元,增长7.8%;城镇居民人均可支配收入25003元,增长6.6%;农村居民人均可支配收入10862元,增长8.9%。约束性指标全部完成省、市下达任务。项目建设强力推进。落实“转型项目建设年”有关要求,实行县级领导干部包抓重点项目责任制,全年实施重点项目66个,开工64个,完工28个,完成投资15.2亿元。加大招商引资力度,积极开展主题招商、定点定向招商,全年签约项目20个,签约金额26.37亿元,开工12个。成功举办了山西·朔州陶瓷产品进出口交易会,扩大了应县陶瓷的知名度和影响力。产业发展提档升级。成功申报省级经济技术开发区,努力打造吸引人才资本的聚集区、转型项目建设的新高地。实施了总投资11.05亿元的26个产业转型项目,推动形成以陶瓷、农产品加工、新材料、装备制造等产业为主的工业体系。进一步调整优化种植结构,大力发展规模健康养殖,全年粮食产量达到7.5亿斤,蔬菜总产13.3亿斤;奶牛、肉羊、生猪饲养量分别达到6.5万头、120万只、16万头。加快推进农业品牌化、产业化建设,发展产地认证2.25万亩,农产品加工企业销售收入达到64.31亿元。生态环境明显改善。完成营造林工程

3.75万亩；县城建成区绿地总面积达到427.2万平方米，进一步巩固了国家园林县城创建成果。完成中央、省生态环保督察及“回头看”问题整改77件；完成“煤改气”4166户，封堵非法排污口21处，整治违法企业42家。改革创新持续发力。省级经济技术开发区成功获批，编制了“三化三制”(专业化、市场化、国际化；领导班子任期制、全员岗位聘任制、绩效工资制）方案，采用PPP模式引进了公共基础设施建设项目；全面完成农村土地确权和农村集体产权制度改革试点工作，所有行政村成立了村经济合作社，乡镇成立了股份经济联合总社；成立了木塔文化旅游开发有限公司，承办了全市A级旅游景区创建和旅游招商推介等活动，举办了一系列民俗传统文化节，文化旅游融合发展迈出了步伐；大力支持民营经济发展，出台支持措施33条，落实奖扶资金2070万元。培养“小升规”企业4家。

五、坚持以人民为中心的发展思想，全力保障和改善民生

乡村振兴战略稳步实施。完成了总体规划草案，启动了专项规划编制工作。实施了垃圾污水治理和村容村貌提升工程，乡村面貌进一步改善。成功举办了首届农民丰收节。小石口、北楼口村入选第五批中国传统村落名单；接马峪、东辛寨村被评为省级美丽宜居示范村。城市建设步伐加快。推进了7个棚改项目和15个商住楼项目，完成保障性住房600套。投资1.25亿元，完成了广和街道路改造和建筑垃圾填埋厂工程，实施了县城污水处理厂提温增效工程，建设供水、供气、供热管网11.8公里，城市服务功能进一步完善。民生福祉不断提升。持续加大民生领域财政投入，全年民生性支出5.04亿元，增长3.2%。发展教育事业。投资1.14亿元，完成县一中教学楼、职中4个专业实训项目以及24所学校“全面改薄”等建设工程，进一步改善了办学条件。县职中被评为国家国防教育示范校、山西省中等职业改革发展示范校，全省县级中职学校学生资助工作经验交流现场会在应县召开。高考二本及以上达线人数1452人，达线率41.43%。推进医疗健康事业。县乡医疗卫生机构一体化改革稳步推进，公共卫生服务不断加强，顺利通过省级中医药工作先进县复审评估，中医院综合楼建设项目投入使用。加强社会保障工作。坚持稳定和扩大就业，城镇新增就业3185人，占年度目标任务102%；发放各类民政资金2亿多元，受益群众达4.2万人。全面落实干部职工各项增资提标政策，年内新增支出2336万元。繁荣文体事业。文化强县建设扎实推进，县图书馆、文化馆被评定为“国家一级馆”。强化社会治理。引深法治应县、平安应县建设，实现所有行政村视频监控全覆盖。深入开展扫黑除恶专项斗争，严厉打击各类违法犯罪行为，打掉恶势力团伙12个，抓获团伙成员73人，破获各类刑事案件108起，人民群众安全感和满意度进一步提升。落实县领导每周轮流接访制度，扎实抓好信访工作，确保了全县社会大局稳定。

（安培兴）

附：中共应县县委书记、副书记、常委名单

书　记：兰成国（12月被免职。注：2019年4月，因严重违纪，被给予撤销党内职务、政务撤职处分，降为副处级非领导职务。）

副书记：边润文(4月离职)　句爱云(女,4月任职)
闫卫伟(6月离职)　王晋军(6月任职)

常　委：毕治中　刘晓瑛(女,11月离职)
唐学仕(11月离职)　乔瑞文　刘巨才
姚树山(8月离职)　贺春丽(女,9月任职)
王金天　舒晓海(12月任职)

中共右玉县委

县委书记　吴秀玲

2018年，在省委、市委的坚强领导下，右玉县委团结带领全县各级党组织和党员干部群众，坚持以习近平新时代中国特色社会主义思想为指导，大力传承弘扬右玉精神，抢抓省市支持右玉高质量发展的重大机遇，以脱贫攻坚和旅游兴县“两大战略”为引领，统筹推进经济、政治、文化、社会和生态文明建设，坚定不移推进全面从严治党，全县党的建设和党的事业取得良好成效。全年完成地区生产总值72.6亿元，同比增长4.5%；固定资产投资23.6亿元，同比增长30.2%；社会消费品零售总额18.3亿元，同比增长8.7%；规模以上工业增加值高于全市1.8个百分点；城镇、农村常住居民人均可支配收入达到24285元、7870元，分别增长6.9%、9.9%；一般公共财政预算收入4.26亿元，同比增长14.9%；财政总收入11.03亿元，同比增长15.5%。

一、全面落实新时代党的建设总要求，全面从严治党不断向基层延伸

一是始终把党的政治建设摆在首位。增强“四个意识”，坚定“四个自信”，做到“两个维护”，始终向以习近平同志为核心的党中央看齐，召开36次县委常委会，研究全面从严治党、扫黑除恶、深化改革等具有根本性、全局性、引领性的重大工作。召开县委十四届七次全会，持续深入落实习近平总书记视察山西重要讲话精神和省、市委部署要求。二是大力加强思想建设。召开20次县委中心组学习会议，认真学习习近平总书记关于当前工作的重要指示精神。依托右玉干部学院，举办科级干部学习贯彻习近平新时代中国特色

社会主义思想和党的十九大精神培训班3期,培训1300多人次。扎实开展"百堂党课下基层"、"支部建在群里、党旗飘在线上"等活动。三是巩固提升"三基建设"水平。出台《关于在全县基层党组织中建立"六常态"(办公常态化、活动常态化、管理常态化、示范常态化、考核常态化、运转常态化)工作机制的实施意见》等创新性文件,全面加强"三基建设",建成全省首家基层党组织标准化建设实训基地,右玉县被中组部组织一局确定为基层党建调研联系点,被省委组织部、市委确定为基层党组织建设示范县。四是狠抓干部队伍建设。在全县公开选拔了优秀年轻干部和后备干部。深入开展解放思想大讨论,全面贯彻落实省委十一届七次全会精神,认真准备"改革创新、奋发有为"大讨论工作。五是久久为功打好作风建设持久战。严格对标中央精神,制定《关于贯彻落实中央八项规定精神的实施细则》,全年查处违反中央八项规定精神问题13起,处理13人。深入开展"力戒形式主义、狠抓工作落实"纪律作风整顿,查处64人。大力开展集中整治形式主义、官僚主义工作,给予党纪政务处分6人。六是坚持惩治腐败不手软。坚持无禁区、全覆盖、零容忍,推动反腐败斗争取得压倒性胜利。全年立案177件,结案177件,党纪政务处分174人。深化监察体制改革试点工作,加强党对反腐败工作的集中统一领导,查处群众身边腐败问题57件,处理68人,圆满完成县委第四、第五轮巡察,发现共性问题42个、线索79条。

二、大力实施乡村振兴战略,脱贫成效得到有力巩固

一是脱贫攻坚实现决战决胜。连续开展四个"大战三十天、决胜脱贫攻坚"集中行动,提升脱贫攻坚成效。2018年8月8日省政府批准右玉县退出贫困县,成为全省首批退出的国定贫困县之一。全县未脱贫的3个村、257户、418口贫困人口顺利脱贫。二是大力实施乡村振兴战略。制定出台《巩固提升脱贫成效三年规划(2018–2020)》,建成3万千瓦集中式光伏扶贫电站和2.82万千瓦联村电站,继续推广种植板蓝根等中药材1.4万亩。种植饲用燕麦草1.15万亩,全株青贮玉米0.8万亩,建成5000立方米青贮窖和5000平方米棚圈,出台《右玉县生态羊全产业链发展规划》,推动右玉生态羊全产业链发展。顺利通过商务部国家电子商务进农村综合示范县创建绩效考核。发放小额扶贫贷款4978万元。出台《农村人居环境整治三年行动方案》,建成康平村等村级污水处理站和威东村等洗浴一体化工程,深入推进农业农村改革,全面启动农村闲置凋敝宅基地整治盘活利用工作。

三、加快建设右玉生态文化旅游开发区,绿色发展进入新的阶段

一是深入推进"三化三制"(实行开发区领导班子任期制、全员岗位聘任制和绩效工资制;加快建设专业化、市场化、国际化的管理团队)改革。出台《右玉生态文化旅游开发区管委会绩效工资制实施办法》(试行)。聘任16名国内知名专家充实到智力人才库,引进北京传奇文化发展公司开发运营杀虎口文化旅游项目,玉龙赛马成为国内等级最高、最具专业性的速度赛马赛事,成功举办中国第一场国际性马匹拍卖会,与太原理工大学合作开办了玉龙国际赛马学院。二是全力抓好项目建设。出台《右玉县招商引资优惠政策(试行)》,进一步优化投资环境,扩大对外开放。开工建设杀虎口景区开发、玉龙观光牧场两个文旅龙头项目,积极推进中央美术学院油画研究院及油画家驻留地建设项目、右卫特色小镇、长城旅游路、游客服务中心等项目前期工作。三是大力开展宣传营销。举办"两山"理论与右玉绿色发展峰会暨开发区建设恳谈招商会、右玉生态国际马拉松、西口风情生态文化旅游系列招商、森林音乐会、第十届世界养生大会康养峰会等活动。在人民大会堂举办践行"两山"理论、发展生态文化旅游主题推介会,右玉县与浙江安吉、陕西延安、河北塞罕坝林场、新疆阿克苏共同成立生态文化旅游发展合作联盟。全年累计接待游客290.14万人次、实现旅游总收入26.977亿元,分别增长32.41%、28.19%。四是加快推动工业经济转型升级。上海斯能威远10万千瓦、牛心堡三期10万千瓦、雷公山四期5万千瓦风电并网,全县清洁能源装机容量达130万千瓦。建成中大科技年产100万套亚麻酸系列化妆品项目。三座煤矿达到国家一级安全生产标准化矿井。召开支持民营企业发展大会,全力推动民营经济发展壮大。

四、发展社会主义民主政治,深入推进法治右玉建设

一是加强党对人大和政协工作的领导。支持县人大及其常委会依照宪法和法律履行职权,认真行使法定职权。支持县政协围绕团结和民主两大主题履行政治协商、民主监督、参政议政职能,在易地扶贫搬迁和中药材产业发展中发挥了重要作用。二是持续推进法治右玉建设。深入开展普法活动,建成县级法律服务中心、11个乡(镇)法律服务工作站,225个村(社区)法律服务工作室,共办理各类案件252件。三是切实加强对统战和群团工作的领导。有效发挥县委统战工作领导小组的领导核心作用,牢牢把握改革的正确方向,有力激发工青妇等群众组织活力。四是认真做好党管武装工作。积极支持国防建设和军队改革,扎实开展双拥工作,不折不扣落实各项涉军政策,县人武部被省军区表彰为先进人武部。

五、牢牢把握意识形态工作主动权,宣传思想工作呈现新气象

一是理论武装和意识形态工作不断加强。组建县、乡、村三级宣讲团,建成11个乡镇新时代文明实践所。与新华社合作成立县级融媒体中心,国家省市主流媒体累计刊发右玉各类新闻稿件432件90多万字。二是宣传弘扬右玉精神开创新局面。深入开展"右玉精神我弘扬"活动,协助拍摄完成电视剧《右玉和她的县委书记们》,在央视一套黄金强档热播,配合电视剧热播,在中央电视台新闻联播前投放右玉形象宣传广告。《为有牺牲多壮志——右玉和他的县委书记们》成功

巡演。香港商报等8家港澳媒体采访团深入右玉采访,建成右玉精神主题艺术馆,高标准建设右玉干部学院,启动二期工程,中央党校党建部与学院签署战略合作计划书,全年举办培训班295期,培训学员24881人,得到了中组部、省委组织部的充分肯定。三是文化事业和文化产业加快发展。288个行政村实现文化服务中心"五有"全覆盖,免费放映数字电影3852场,送戏下乡126场。大力开展"书香右玉"全民阅读和文化体育活动,实施了右卫艺术粮仓改扩建工程,建成西口文化博物馆、右卫艺术粮仓文创产业基地。

六、持续改善保障民生,人民群众幸福感安全感不断增强

一是大力发展社会事业。持续深化教育改革,坚定不移推进集团化办学,右玉一中2018年高考600分以上达6人,创造建校以来最好成绩。进一步完善基层首诊、双向转诊制度,实现城乡居民县域内住院治疗"一站式"结算。与北京医院、中日友好医院等北京三甲医院达成长期对口帮扶合作关系,贫困人口就诊享受"先诊疗、后付费"政策。二是扎实做好社会保障工作。各项社会保险参保人数累计20.89万人,社会保险征缴2.41亿元,基金积累7.2亿元。解决城镇新增就业3397人,创业带动就业375人。进一步提高农村低保、五保标准,为80岁以上农村低保户发放高龄补贴68.3万元,为困难残疾农村低保户发放补贴68.3万元,为农村五保户、孤儿、重点优抚对象等缴纳参合资金115.6万元。三是加快推进重大基础工程和基础设施建设。109国道改线完成总工程量的80%,右平高速公路通车在即。建成垃圾中转站3座、公厕6座、停车场3处,完成701户平房集中供热联供。四是全力维护社会和谐稳定。严厉惩治黑恶势力,办结各类涉黑涉恶线索69条,打掉恶势力团伙3个、犯罪集团1个,高度重视信访工作,全力做好矛盾化解和教育稳控,全县社会大局和谐稳定。

七、坚定不移厚植绿水青山,生态文明建设水平持续提升

一是持续抓好造林护林工作。全年完成大片造林10.24万亩,封山育林1.87万亩,通道绿化提升15.8公里。集中连片改造低产低效沙棘林4万亩,建设高标准沙棘园1.28万亩。将79.81万亩符合参保条件的森林投保,全面落实护林防火责任制,扎实做好林业有害生物防治。二是注重系统综合治理。综合治理小流域11平方公里,建成水源工程20处,完成6座淤地坝除险加固,改造坡耕地5500亩,完成78.1万亩天然草地资源清查。三是扎实做好生态环保工作。大力开展"清河行动"、"大棚房"专项清理整治、河道采砂整治、柴油货车和散装物料运输车污染治理行动,取得明显成效,不折不扣整改落实中央和省环保督察反馈问题以及"回头看"反馈问题。

(李冬盛　杜文杰)

附:中共右玉县委书记、副书记、常委名单

书　记:吴秀玲(女)

副书记:王志坚　孟福荣　句旭山(9月任职)
丁　裕(4月离职)　张建起(4月任职,挂职)
王宏伟(4月离职,挂职)

常　委:傅存新(9月任职)　句旭山(9月调职)
王　悦　闫祖伟　张文平(8月任职)
李康正(6月离职)　韩日华
王建民(9月任职)　郭志军(9月离职)

中共山阴县委

县委书记　李旭清

山阴县总辖4镇9乡,县直党工委(党组)41个、基层党委28个、党总支(支部)674个、党员总数10683人,占总人口数的4.4%。

2018年,中共山阴县委坚持以习近平新时代中国特色社会主义思想为指引,认真学习贯彻党的十九大精神,深入贯彻落实习近平总书记视察山西重要讲话精神,按照省委"一个指引、两手硬"思路要求,紧扣市委"生态立市、稳煤促新"发展战略,创新实施"2361"("2"是抓好"两个关键",即狠抓干部作风和抢抓机遇发展;"3"是突出"三个重点",即坚持一个指引、紧扣一个主题、落实一个要求;"6"是坚持"六个注重",即注重推进转型升级、城乡统筹、绿色环保、改革创新、民生民计、民主法治;"1"是实现"一个目标",即确保2020年全面建成小康社会。)工作思路,认真履行"把方向、管大局、做决策、保落实"职责,统筹推进经济、政治、文化、社会和生态文明建设,着力推动党的建设和党的事业互促共进,全县上下呈现出政治安定团结、经济平稳向好、改革深入推进、社会和谐稳定的良好局面。

一、坚持把学用习近平总书记视察山西重要讲话精神作为根本任务,不断拓展贯彻落实的深度广度

坚持把学习贯彻党的十九大精神与习近平视察山西重要讲话精神紧密结合,按照"融会贯通、学以致用、全面覆盖"的要求,始终在思想上政治上行动上同以习近平同志为核心的党中央保持高度一致,确保令行禁止、政令畅通。一年来,县委常委会固定第一议题学习贯彻习近平总书记对当前各项工作的重要指示精神,先后集中学习18次、讲话43篇,深

刻领会讲话中贯穿的坚定信仰、务实作风和科学方法,常委会谋全局、抓大事、促发展的能力和水平不断提升。县委班子成员充分发挥以上率下的示范带动作用,结合学习教育、主题教育、“大学习、大调研、大落实”活动,带头深入基层一线开展宣传宣讲、领题调研,235名领导干部深入联系点、600多名党组织书记到所在支部讲党课,先后举办专题轮训班、研讨班、学习班32期次,组织万名党员测试2次,专题交流研讨3次,推动学习贯彻习近平新时代中国特色社会主义思想往深处走、往实处走、往心里走。县委坚持在学以致用、解决问题上下功夫,在对标对表、狠抓落实上求实效,先后召开十四届六次、七次全会以及两次全县干部大会,不断对学用讲话精神作出新部署、提出新要求,并按照中央和省委、市委的重大决策部署,对“2361”工作思路进行调整完善,推动全县上下进一步坚定方向、开拓前行,为统筹推进全县经济社会发展起到了重要的指导作用。

二、认真贯彻落实新时代党的建设总要求,全面从严治党不断向纵深推进

县委始终坚持党对一切工作的领导,全面落实新时代党的建设总要求,进一步压实主体责任,层层传导压力,全力推动管党治党走向严紧硬,全县党风政风和社会风气明显改善向好,政治生态实现持久风清气正。自觉把“三基建设”摆在更加突出位置,坚持问题导向,统筹推进13项重点任务、13项行动计划,不断把“三基建设”引向深入。县乡召开党建例会137次,建成各类示范点91个;投入“三基建设”资金3102.4万元;完成10个行政村撤并工作,吸引150多名本土人才回乡创业;采取“六位一体”(思想建设、组织建设、作风建设、制度建设、反腐倡廉建设、纯洁性建设)措施,28个农村软弱涣散村党组织全部转化;坚持“两促七有”(“两促”—促脱贫攻坚、促乡村振兴;“七有”—幼有所育、学有所教、劳有所得、病有所医、老有所养、住有所居、弱有所扶),抓好党建促脱贫攻坚、促乡村振兴,调整2名贫困村村第一书记,召回8名、约谈22名驻村干部;依托乡镇党校、“新时代文明实践中心(所站)培训群众20多万人次;140个村集体经济实现年收入5万元以上,建立基层“四务”(党务、政务、财务、村务)公开监审机制,设置了2361个村(社区)网格;成立县教育工委,加强全县学校党建工作;配齐北周庄低碳循环经济工业园区工委班子,经验做法在全省园区党建会议上进行了交流。县委坚持先立规矩后选人,旗帜鲜明地树立重德才、重基层、重实干的导向。抓好后备干部人才库建设,确定90名科级后备干部、10名中长期培养科级干部;出台高素质专业化干部队伍和培养选拔年轻干部“两个实施意见”,建立能上能下、容错纠错、鼓励激励“三位一体”干部管理制度体系,有效激发广大干部干事创业的积极性、主动性、创造性;建立从严管理干部体系,制定了《关于全面从严治党工作要点》《从严党内政治生活工作要点》和《农村“两委”主干管理考核办法(试行)》,真正做到用制度管人、管事、管长远。县委坚定扛起管党治党政治责任,把政治建设摆在首位,严明政治纪律和政治规矩,切实做到政令畅通、令行禁止。加强对反腐败工作的集中统一领导,专题研究党风廉政建设和反腐败工作18次,批准初核18人次,批准立案审查、留置、作出处分决定32人次。保持惩治腐败高压态势,立结案295件,处分236人。查处群众身边腐败和作风问题244件,处理244人。查处违反中央八项规定精神问题35件,处理35人。开展“力戒形式主义,狠抓工作落实”作风整顿,集中整治形式主义、官僚主义。深化监察体制改革试点工作,扎实推进乡镇监察和派驻机构建设。顺利完成第四、五、六轮巡察,巡察“利剑”作用进一步彰显,推动全面从严治党取得新成效。

三、深入贯彻落实新发展理念,推动经济高质量发展

县委始终保持转型发展的自觉和定力,进一步加强对经济工作的领导,按照省委“减、优、绿”要求,以及市委“生态立市、稳煤促新”发展战略,围绕构建现代产业体系,进一步巩固提升煤炭、火电等传统产业优势,在稳煤促新、提质增效上求突破,有力推动资源型地区经济转型发展、高质量发展。

一是产业转型步伐加快。煤化工方面,抢抓“国发42号”重大政策机遇,引导企业以煤为基,多元转化,松蓝煤制乙二醇项目一期工程林地手续已获国家林草局行政审批,正在办理土地申报审批手续;锦晔100万吨低阶煤分质清洁利用示范项目已完成投资8000多万元。新能源方面,昱光二期2×35万千瓦低热值煤发电项目并网发电,晋能清洁能源20兆瓦光伏扶贫项目并网发电,山西风光文博4×6兆瓦分散式发电项目正进行并网准备工作;漳泽吴马营10万千瓦风电项目、汇和玄同10兆瓦沼气发电及5万吨有机肥项目进展顺利。新材料方面,超牌煅烧高岭土项目已完成主要设备安装,山西玉竹硅酸钙绝热保温硅酸钙板项目已建成投产,金沙源橡胶制品项目持续推进。

二是项目建设深入推进。围绕重大项目和重点工程,继续推行领导干部“五包”(包项目前期手续办结、包项目融资、包项目开复工、包项目竣工、包帮助解决项目推进过程中的困难和难题)项目服务机制,全县已实施项目70个,总投资108.57亿元,完成投资21.6亿元。不断优化营商环境,深入开展“带公章、进工地、解难题”活动,积极推进企业投资项目承诺制改革,启动运行政务便民服务中心,实行并联审批,有效加快项目审批进度。

三是招商引资成效明显。立足转型,突出优势,主动对接“一带一路”、雄安新区、长三角等地区开展精准招商,大力引进新兴产业和转型项目,高标准组织上海、北京、广东等主题推介会,招商引资组织化水平和质量持续提升。全年共招商引资签约项目38个,总投资114.3亿元;已落地29个,落地率76.3%;签约开工项目16个,总投资12.2亿元,开工率42%;储备项目228个,总投资491.15亿元。

四、坚持“三农”优先发展,全力推动乡村振兴战略落地见效

一是农业基础不断夯实。实施双寨、后皇台等4个村高标准农田建设项目,建设高标准农田1.85万亩;完成3个县级补充耕地项目,建设规模813.73亩,新增耕地381.6亩;完成元营村等4个村省级耕地开发基金项目,建设规模1206.22亩,新增耕地1076.39亩;实施9个乡镇、55个村节水灌溉工程,更新机井62眼,新增节水灌溉面积2.58万亩;完成12个村饮水巩固提升工程。

二是特色种植助农增收。围绕产业兴旺,深化农业供给侧结构性改革,大力实施杂粮、牧草、蔬菜、中药材四大产业振兴工程,种植杂粮25万亩,优质牧草20万亩,特色露地蔬菜3.8万亩,中药材种植5000亩。抢抓全省有机旱作农业示范县机遇,种植渗水地膜旱地谷子6万亩,重点打造合盛堡、北周庄、岱岳三大种植基地,全县“三品一标”(“三品”—无公害农产品、绿色食品、有机农产品;“一标”—农产品地理标志。)认证面积达到2.03万亩,创建了“百汇农珍”、“塞外火山土”、“醇膳”等一批功能性优质杂粮品牌,荣获“山西富硒谷子强县”称号。

三是畜牧产业巩固壮大。重点建设山区奶牛牧场化养殖、山区优质肥羔羊标准化养殖、肉牛育肥养殖三大优质畜产品基地;实施10万头奶牛保量提质增效工程、10万头生猪规模养殖工程,建设100个肉羊标准化小区、100个转型升级现代化奶牛小区,家禽存栏达到10万只,肉羊存栏达到50万只;古城乳业集团投资6800万元,年产15万吨液态奶生产线建成投产。

四是美丽乡村建设成效显著。全年共投入资金5000多万元,重点围绕“三点、三圈、三线”(“三点”即打造三个“核心点”。根据全县地域分布,分别在河南片、河北片、山区片选择1个村庄进行精细化打造,南部为薛圐圙乡河曲堡村,中部为岱岳镇北王庄村,北部为玉井镇东庄村。目前,这3个村初步形成了“村在林中、房在绿中、人在园中”的生态景观,村容村貌整洁,文化设施齐全,成为全县美丽乡村建设的典型示范;“三圈”即辐射三个“示范圈”。以“三个点”为核心,辐射形成三个“示范圈”:第一个圈是河曲堡村、薛圐圙村、白坊村、老羊寨村、庞家堡村、芦岭村;第二个圈是北王庄村、北周庄村、辛留村、李家密村、郑庄村、苑家辛庄村、燕庄村;第三个圈是东庄村、玉井村、下剌叭村、织女泉村、西短川村、黄草梁村;“三线”即建设“三条旅游线”。第一条线路:广武高速口——旧广武城——边塞文化广场——新广武村——明长城——张家庄乡泰宏采摘园——张家庄乡万丰采摘园——化悲岩寺——九龙湾——蝴蝶谷;第二条线路:元营口——老羊寨村——老羊寨芦花鸡林下养殖基地——河曲堡村红木家俱厂——白坊村知青大院——古城乳业集团奶牛养殖基地——古城乳业集团现代化乳制品生产车间——芦岭村;第三条线路:208国道——安荣村河神宫——河阳堡村王家屏墓风景区——湿地公园景区——小快乐村——北王庄村——合盛堡乡有机旱作农业采摘园——华昱现代农业示范园——华昱集团现代煤化工园区。)开展环境集中整治;着力打造74个美丽乡村提升示范村,全面提升人居环境水平;打造11个高标准美丽乡村旅游点以及沿长城、桑干河和历史文化3条精品乡村旅游线路。

五、扎实推动全面深化改革,不断激发内生动力、创造新的优势

县委坚持整体推进与重点突破、问题导向与效果导向相结合,严格按照中央和省委、市委决策部署,狠抓改革谋篇布局、框架设计、方案制定、督查督导和措施落地,在推动深化改革上建树新的作为。

一是坚定扛起深化改革责任。县委着眼于重点领域改革事项,攻坚克难抓改革,先后6次召开改革领导小组会议,研究审议农村综合改革、群团组织、医药卫生、社会保障、司法体制等重点改革事项。

二是煤炭供给侧改革持续推进。煤炭先进产能得到进一步释放,全县13座生产煤矿全部完成标准化达标建设任务,其中达到一级安全生产标准化煤矿6座;实施玉皇山煤业与南泉湾煤业减量重组,淘汰落后产能120万吨;完成南阳坡煤业产能核增各项手续,释放先进产能210万吨。

三是电力供给侧改革有序推进。深入实施大用户直供电,炫昂建材、台东山煤业等8家企业参加了大用户直供电,交易电量6.71亿度,有效节约了企业运营成本。稳步推进增量配电业务试点建设,计划投资5亿元,规划供电面积67.75平方公里,规划新建变电站2座、开闭站2座,项目已完成规划设计。

四是开发区改革取得突破。在基础建设方面,完成5条道路建设,目前正加紧推进“九通一平”(“九通”为通市政道路、雨水、污水、自来水、热力、电力、电信、天然气及有线电视管线;“一平”土地自然地貌平整)基础设施配套建设。在开发区改革方面,经济技术开发区省政府批复,为全县转型升级提供了重要的项目承载平台。

五是“放管服效”改革不断深化。积极推进企业投资项目承诺制改革、并联审批等工作,已出台4个配套文件,完成8项改革事项,行政审批监管协调联动工作机制更加完善。深化商事制度改革,深入推进“三十证合一”、电子营业执照、“审核合一”等,服务效能进一步提升。

六是党政机构改革稳步推进。及时成立了深化党政机构改革领导小组,按照省、市会议精神及方案要求,吃透政策,摸清底数,扎实做好机构改革前期各项准备工作。起草制定县级《机构改革实施方案》,并上报审核。

六、牢固树立以人民为中心的发展思想,不断保障和改善民生福祉

一是脱贫质量进一步巩固提升。在贫困县“摘帽”的基础上,县委按照“已脱贫的要巩固、未脱贫的要攻坚、整体上要提升”的总体要求,持续推进精准扶贫、精准脱贫,全年退出

贫困人口154户、343人,贫困发生率降为0.009%。实施贫困村提升工程,拨付资金766万元,全面提升29个贫困村基础条件;投入财政专项扶贫资金3952.3万元,精准实施“八大工程二十个专项行动”;为327户贫困户发放小额信贷1583万元,为1195户贫困户累计贴息230万元;实施“雨露计划”,为369名学生发放助学金73.8万元;为贫困户缴纳人身意外伤害保险、住院津贴保险5744人、39万元,理赔金额47万元。

二是宜居县城建设加快推进。牢固树立“三分建、七分管、十分经营”的城市发展理念,继续坚持“量力而行、尽力而为”的原则,扎实推进府东街跨线立交桥、虎山线连接线、世纪大道、骏马路以及21条小街小巷等路桥建设工程,完成了热电联供主管网对接、南山引水复线改造、污水处理厂改扩建等一批公共服务项目,县城建设速度明显加快。同时,探索深化“大城管”县城管理机制,集中开展市容市貌综合整治行动,严厉打击“两违”(违规、违章)建设、占道经营、“马路市场”等行为,县城环境面貌进一步改善,城市管理水平进一步提升。

三是生态文明建设取得新成效。坚持以生态环境质量改善为核心,补齐环保短板,解决生态难题。扎实开展桑干河“清河行动”,投资1.8亿元实施23类、34项治理修复任务;实施生态绿化,完成年度造林任务;实施“清洁能源替代工程”,完成集中供热改造户38户、“煤改气”4078户,拆除燃煤居民住宅1030户,采煤沉陷区签订搬迁协议2058户;针对中央、省环保督察反馈问题,牵头梳理,建立台账,逐项整改。

四是公共服务水平不断提升。实施教育质量提升工程,城乡教育均衡发展;积极推行聘用制,加强岗位管理,高中教育办学水平不断提升,高考达线人数675人。落实健康中国战略,科学合理配置卫生资源,基层卫生服务逐步完善,持续推进医疗卫生机构一体化改革,新建县人民医院和中医院综合门诊楼项目竣工并投入运营。多渠道促进就业创业,全年带动、转移、新增就业9934人,完成各类技能培训4391人。社会保障体系不断完善,深入推进全民参保计划,五项社会保险扩面工作超额完成。社会救助扎实有效,调整完善保障救助项目,全年投入各类保障资金9384万元,做到了应保尽保、应补尽补;养老服务不断完善,新建中心敬老院、25所农村老年日间照料中心。继续推进公共文化服务体系示范区建设,乡镇综合文化站、村级文化活动中心和农家书屋实现全覆盖。

七、持续推进民主法治建设,社会治理格局不断完善

县委自觉运用法治思维和法治方式推动发展、破解难题,社会治理体系不断完善,社会环境安定和谐。

一是民主政治建设取得新的进步。县委充分发挥总揽全局、协调各方的领导核心作用,着力加强政党协商、人大协商、政府协商、政协协商、人民团体协商、基层协商以及社会组织协商,统一思想,凝聚共识,进一步提高决策的民主化、科学化水平。加强党外代表人士队伍建设,爱国统一战线不断巩固和加强。认真做好侨务和对台工作,落实党的民族、宗教政策,推进工会、共青团、妇联等人民团体改革,支持其充分发挥作用。加强国家安全和国防教育,积极做好双拥优抚安置工作,支持和服务驻地部队建设,调动一切积极因素,加快发展的合力进一步形成。党校、机要保密、档案等各项工作再上新水平。

二是舆论引导能力持续增强。县委全面落实意识形态工作责任制,着力讲山阴故事,积极传播山阴声音,激发和汇聚起团结鼓劲奋进的最大正能量。把意识形态责任制纳入年度目标责任考核体系,细化考核内容,层层压实责任、传导压力,真正把意识形态工作责任触角延伸到最基层最前沿。按照党管媒体原则,以“强化线上、用活线下”的思路,加强对县内媒体阵地的建设管理,实现所有意识形态阵地可导、可管、可控。

三是安全稳定工作得到全面加强。坚持“铁面、铁规、铁腕”,严格履行安全生产职责,持续开展“创建平安山阴”集中行动,推进重点隐患问题治理,排查整治工作实现全覆盖,安全生产形势持续好转。坚决落实维护稳定责任制,坚持减少存量、遏制增量,有效排查化解了一批矛盾纠纷,从根本上促进了发展环境、治安秩序、社会风气的进一步好转。

四是社会治安综合治理成效显著。坚决打好扫黑除恶和平安创建攻坚战。坚持扫黑、除恶、治乱“三管齐下”,打、防、治、建“四措并举”,严厉打击基层黑恶势力,严肃查处背后“保护伞”,集中排查2014年以来信访举报件1230件,排查已查处案件1268件,移送县扫黑办8条;办理中央督导组移交的6批25条线索,已处置16件;对“9·25”专案4名涉案人员开除党籍3人,开除公职3人。深入开展“零发案乡村、社区、单位”创建活动,有效提升城乡社会治理能力和水平,连续四年被省综治委评为“省级平安县”。

(李　刚)

附:中共山阴县委书记、副书记、常委名单

书　记:李旭清

副书记:南志中(11月离职)　丁　裕(4月任职)

常　委:黄永红(女,4月离职)　王　伟(9月离职)
钟军辉　郭振林(10月离职)
刘向前　刘德义　降　英(女)
郭兆文(4月任职)　宣春青(9月任职)
王国梁(9月任职)　刘德智(10月任职)

中共忻州市委

市委书记　李俊明

2018年，在省委的坚强领导下，忻州市委高举习近平新时代中国特色社会主义思想伟大旗帜，深入学习贯彻党的十九大和习近平总书记视察山西重要讲话精神，深入学习贯彻省委十一届六次、七次全会和骆惠宁书记忻州督导调研讲话精神，坚持“一个指引、两手硬”思路和要求，认真履行“把方向、管大局、作决策、保落实”职责，全面推进“1661”发展战略，奋力在“两转”基础上全面拓展党的建设和党的事业新局面，全面脱贫、全面小康迈出了更加坚实的步伐。

按照省委“四个下功夫、四个重大突破”的要求，全市上下在六大主战场主阵地，坚决打赢脱贫攻坚战，坚决打赢转型升级翻身仗，坚决打好蓝天、碧水、净土、增绿、改善人居环境保卫战、攻坚战、总体战，精心组织扫黑除恶专项斗争，率先开展扶贫领域腐败和作风问题专项整治，对标一流，苦干实干，破零清零，整体推进。转型升级迈出坚实步伐，取得九大结构性突破：民营经济实现结构性突破，占比达到50%以上，贡献了50.5%的GDP、60.8%的城镇劳动就业、67.9%的税收总额和89.4%的企业数量；农业种植实现结构性突破，籽粒玉米种植面积占粮食种植面积的比例由2015年的52.3%下降到43.2%；农民收入增速实现结构性突破，农村居民人均可支配收入增速9.4%，快于城镇居民2.6个百分点；能源比重实现结构性突破，新能源装机容量568.3万千瓦，规模全省第一，首次超过火电装机566万千瓦的规模，新能源占比超过50%，高于全省20个百分点；煤与非煤工业实现结构性突破，煤炭工业增加值占规上工业增加值比重稳定在40—45%，非煤超过50%；煤炭产业内部先进产能实现结构性突破，先进产能达到75%，高于全省25个百分点；省级开发区数量实现结构性突破，继2016年增加原平经济技术开发区之后，2018年增加繁峙经济技术开发区，省级开发区数量达到3个；贫困县与非贫困县实现结构性突破，2018年6个县脱贫摘帽，非贫困县达到9个，贫困县5个，非贫困县数量首次多于贫困县；城乡人口实现结构性突破，城镇化率首次突破50%，整体由农业型社会进入城市型社会。同时，产业发展取得历史性突破：国家农业产业化龙头企业实现“破零”，省级扶贫龙头企业数量全省第一，法兰锻造产业建成9个国家级、省级平台，一二三产业三个院士工作站挂牌落地。扩大开放立体推进，取得五大历史性突破：继2015年12月五台山机场通航，忻州进入航空时代之后，2018年9月大西高铁原平—太原段开通运营，忻州进入高铁时代；五台山机场临时口岸开放和忻州海关设立获批，山西永旺国际物流园区保税仓库和出口监管仓库正式投运，忻州进入口岸开放时代；继2017年2月灵河高速开通，忻州实现县县通高速之后，2019年1月，朔准铁路开通，结束了全市唯一的偏关县没有铁路历史，忻州实现县县通铁路。

一、以习近平新时代中国特色社会主义思想为指引，确保中央大政方针和省委决策部署全面正确贯彻落实

自觉用习近平新时代中国特色社会主义思想武装头脑、指导实践、推动工作。深入学习领会习近平新时代中国特色社会主义思想，坚持把加强理想信念和党性教育贯穿始终、融入日常、抓在经常。市委中心组组织学习13次，开展宣讲80场，举办干部培训班8期，不断引领广大党员干部增强“四个意识”，坚定“四个自信”，践行“两个维护”，确保中央大政方针和省委决策部署全面正确贯彻落实。

自觉把深入贯彻落实习近平总书记视察山西重要讲话精神作为长期重大战略任务。全面贯彻落实省委十一届六次全会精神，召开市委四届五次全会，作出10方面工作部署。坚持清单式管理，实行“破零清零”，全面推动省委专项部署的落实。坚持从大机遇、大格局、全要素、产业链、项目库和高端前端谋划推动转型升级，把握主动权，抢占制高点。全市上下进一步形成了践行习近平总书记视察山西重要讲话精神落实落地的强大合力。

自觉以坚定的政治态度和责任担当推进各项工作落实。组织召开2次市委全会、37次市委常委会，召开一系列工作会、推进会、现场会，及时传达学习、贯彻落实中央、省委各项决策部署。坚持把中央巡视整改、省委两轮督导检查整改、中央和省环保督察整改、中央和省宗教工作督查整改、省委扫黑除恶跟进督导整改，作为践行“两个维护”的实际行动，细化方案，推进整改，取得阶段性明显成效。

二、践行领袖嘱托，决战深度贫困，推动6县脱贫摘帽，实现连战连胜目标

始终坚持以脱贫攻坚统揽经济社会发展全局，组织开展了“春季行动”“夏季行动”“秋季总攻行动”“冬季决战行动”。突出整村搬迁，坚持“六环”联动，落实22项改革举措，累计完成整村搬迁763个村，销号458个行政村，搬迁安置40454人，拆除689个村，复垦503个村，复垦及修复面积1万余亩，复垦宅基地增减挂指标交易4776.3亩，交易金额6.98亿元，忻州市典型经验做法受到国务院第五次大督查通报表扬。突出产业扶贫，带动17.4万户贫困户增收、4.64万贫困人口受益，电商扶贫11个贫困县全覆盖。出台激发贫困人口内生动力26条措施，设立脱贫攻坚“红黑榜”，选拔并大力宣传全国脱贫攻坚模范刘桂珍、沙万里，评选脱贫攻坚先

进典型684个，全省攻坚深度贫困现场推进会在忻州市召开。全市有6个贫困县摘帽、704个贫困村退出、12.74万贫困人口脱贫，脱贫攻坚实现连战连胜。

三、自觉担当转型综改试验区建设的重大使命，投身转型升级主战场，打赢转型升级翻身仗

聚焦全省建设“示范区”“排头兵”“新高地”三大目标，召开全市区域经济转型升级推进大会，组织实施“破零行动”“扭负行动”“提档行动”和“守底行动”。地区生产总值完成989.1亿元，同比增长5%；规模以上工业增加值同比增长1.5%；固定资产投资完成493.06亿元，同比增长9.6%；社会消费品零售总额完成390.15亿元，同比增长8.2%；一般公共预算收入完成81.46亿元，同比增长11.2%；外贸进出口总额完成17.2亿元，同比增长24.2%；城镇居民人均可支配收入28341元，同比增长6.8%；农村居民人均可支配收入8302元，同比增长9.4%。约束性指标完成好于预期。加快特色农业产业发展。忻州杂粮中国特色农产品优势区列入农业农村部第二批创建名单，中国杂粮产地交易市场开工建设；岢岚山地阳光公司成功申报国家农业产业化龙头企业，实现了“零突破”；发展省级扶贫农业产业化龙头企业25家，在全省数量第一；粮食总产38.2亿斤，再创历史新高。加快传统产业改造提升。促进煤炭“减”“优”“绿”，煤炭退出产能520万吨／年。推进煤电铝材一体化发展，国电投山西铝业氧化铝产能达全国第4，同德铝业一期项目完成股权交接；定襄金瑞等装备制造项目智能化信息化改造步伐加快；代县、繁峙一批大型球团项目建成投产，实现本地矿粉就地转化。打造“法兰之都”，建成9个国家级、省级平台，法兰产业逆势上扬，实现两位数增长，出口量全国第一。加快培育发展战略性新兴产业。打造“二代半导体芯片”之都，以中科晶电为龙头的半导体及新材料产业园落地忻州，蓝宝石微波芯片项目加快推进。打造新能源全产业链，推进光伏组件制造和风电装备制造项目落地开工。浪潮云计算数据中心试运营，政务云项目基本建成。培育高新技术企业34户，超省下达任务。加快发展文化旅游战略性支柱产业。编制《忻州市全域旅游发展总体规划》，突出三大板块，着力打造三处三类世界遗产，引进大型文旅集团13个，建设旅游项目26个，完成投资33.19亿元，全域旅游示范区创建取得阶段性成果。

四、聚焦重点领域持续发力，推动全面深化改革，不断激发发展活力

加强党对全面深化改革工作的领导。狠抓试点示范。累计争取改革试点示范项目130项，2018年争取国家级15项、省级24项。整市推进中央农村集体产权制度改革试点工作，清产核资工作基本完成，忻府区省级试点任务全面完成。分类推进市属国企国资改革。坚持“九个一批”，整合11户市属国企组建国有资产经营公司，市管企业下降到22户，“三供一业”改革完成省定目标任务。推进开发区“三化三制”改革。落实“1724”开发区规划，繁峙经济技术园区升级为省级开发区。全市开发区新建转型项目数、产出强度、税收强度分别完成省定目标值的385.7%、125.1%、321.8%。着力打造对外开放新高地。坚持打造大平台，实施大通道，形成大格局。抢抓与京津冀地区加强协作实现联动发展的重大机遇，承接产业项目转移，70多个服装、箱包加工企业落户忻州。加强开放平台建设，神岢高速、五台山机场连接线、晋蒙黄河大桥建成。全力打造“六最”营商环境，对外开放大格局进一步形成。

五、大力推进社会主义民主政治建设，建设法治忻州、平安忻州、幸福忻州

市委常委会始终坚持党的领导、人民当家作主、依法治国有机统一，加强政治领导，凝聚发展合力。坚持和完善人民代表大会制度。支持人大及其常委会依法履行职能，审议通过《忻州市滹沱河生态修复与保护条例》等一批地方性法规，启动“十三五”规划中期评估监督工作，人大监督实效进一步增强。加强对人民政协工作的领导。支持政协系统围绕中心履行职能，开展脱贫摘帽和转型发展专题调研，召开助力民营经济发展座谈会，提出高质量的意见建议。扎实做好新形势下统战工作和五台山工作。加强党外知识分子、新的社会阶层人士统战工作，筑牢共同奋斗的思想政治基础。坚持把五台山工作作为全市两件大事之一来抓，确保宗教和谐、政治安全、社会稳定。深入推进扫黑除恶专项斗争。按照中央、省委部署要求，制定“5+6”工作方案，履责督导谈话市县乡村四级1.1万人，打掉67个涉黑涉恶犯罪团伙，抓获犯罪嫌疑人563名，破获各类案件715起，扫黑除恶专项斗争取得重大阶段性成果。加强信访维稳和安全生产。中央巡视组交办信访案件全办结。落实“4438”安全生产机制，事故起数、死亡人数实现双下降。推动民生改善水平不断提升。统筹推进“五城联创”和“农村五整”，实施整村搬迁753个村、整治风貌157个村、整村提升1786个村、整沟治理29条，全国文明城市创建工作在全省4个提名市暗访测评中位居第1。扎实推进教育、医疗、就业、社保等民生工作，加强平安忻州建设，人民群众获得感、安全感、幸福感进一步提升。

六、牢牢把握意识形态工作主动权，积极推进文化繁荣与发展，宣传思想工作呈现新气象

坚持党管意识形态，坚持按季度组织形势分析研判，进一步压实意识形态工作责任制，牢牢把握意识形态工作的领导权、主导权、话语权。坚持“十要十不要”工作方法，组织开展“清朗”专项行动和“剑网2018”行动，加快推进代县等6个首批确定的县级融媒体中心建设，全市未发生重大舆情事件和重大意识形态责任事件。统筹推进全国文明城市创建工作，修订完善各级文明创建测评体系，推进文明县城、文明村镇、文明社区、文明单位等精神文明创建活动，忻州市在全省4个提名市暗访测评中位居第1。强化社会主义核心价值观宣传教育，开展各类道德先进典型人物评选，推荐的2名忻州好人荣登“中国好人榜”；开展传统美德教育、“十

星级文明户”评选、志愿服务等活动,市民素质进一步提升。围绕庆祝改革开放40周年,举办群众文化季系列活动221场,出版画册《纪念改革开放40周年——忻州记忆》。开展文化惠民活动,免费送戏下乡1110场。启动重点文物保护单位维修保护工程,召开首次忻州市长城保护工作促进会。在第十五届省运会上,获得12枚金牌、16枚银牌、19枚铜牌的好成绩。

七、坚决打好污染防治攻坚战,奋力开创生态文明建设新局面

狠抓大气污染防治攻坚,全面做好控煤、治污、管车、降尘,禁煤区由11.1平方公里扩大到71.8平方公里,关停取缔“散乱污”企业109家,全面完成“煤改电”“煤改气”和清洁能源替代任务,全市空气质量优良天数226天,同比增加13天,优良天数比例、改善率均排全省前列。开展汾河、恢河、滹沱河等重点流域水环境综合整治,设立四级河长3970名,全市477条河流实现河长制全覆盖。深化点、线、面源污染防控,全市达到或优于Ⅲ类水体比例为78.57%,劣Ⅴ类水体比例为0%。加快推进土壤环境保护重点项目,加强重点行业、重点企业监管和危险废物规范化管理。严格执行主体功能区规划,开展大规模国土绿化行动,实施十大生态修复工程,高标准完成营造林61.2万亩。精心组织,全力争取,投资50亿元的汾河中上游山水林田湖草生态保护修复工程试点,在财政部、自然资源部、生态环境部三部委组织的全国竞争性答辩中胜出。

八、全面落实新时代党的建设总要求,扎实推进全面从严治党

市委常委会自觉把抓党的建设作为主要工作,把管党治党主体责任摆在突出位置,把加强党的全面领导体现到各领域各方面。一是强化主体责任。坚持把政治纪律和政治规矩挺在最前面、把党员领导干部的表率作用挺在最前面、把“一把手”的第一责任挺在最前面,抓班子、抓纪律、抓作风、抓典型、抓基层。坚持“严”“狠”“带”,严要求,狠整治,带班子、带队伍、带作风。二是严肃党内政治生活。对民主生活会召开情况开展专项巡察,深入开展警示教育,深化整改自行“回头看”,坚决肃清腐败流毒影响。三是全面加强一把手队伍建设。以“团结战斗出活”为主题,开展谈心谈话,实现了市县乡村一把手全覆盖,丰富了党内民主生活形式。骆惠宁书记在忻州督导调研时对此予以肯定。四是激励广大干部担当作为。出台激励广大干部新时代新担当新作为的《实施意见》和大力发现培养选拔优秀年轻干部的《实施意见》,集中选拔20名年轻副处级干部,提拔重用乡镇干部384名、第一书记217名、驻村工作队员155名,全年市管干部调整127人。五是深入推进“三基建设”。开展“基层党建质量提升年”专项行动,实施基层党组织“321”典型示范工程,出台进一步发展壮大村级集体经济的若干意见,全市4354个行政村实现集体经济“破零”。六是反腐败斗争取得压倒性胜利。集中体现在“四个统筹”“十个一起”“四个越往后越”上。“四个统筹”,即统筹体制机制法制建设,形成了法治化、现代化反腐败斗争治理体系;统筹“打虎”“拍蝇”“猎狐”,反腐败斗争取得历史性成果;统筹扫黑除恶打伞,反腐败斗争向社会治理延伸;统筹不敢不能不想,压倒性胜利的态势更加凸显。“十个一起”,即减存量与遏增量一起抓,从严治吏与“三基”建设、三个专项(扫黑除恶专项斗争、民生领域腐败专项治理、扶贫领域腐败和作风问题专项治理)一起抓,行贿与受贿一起查,在职与退休一起查,滥权渎职与弃权失职一起查,腐败与诬告一起查,领导干部与身边人员一起查,新账与老账一起算,教育与惩戒一起抓,“四种形态”一起用。“四个越往后越”,即执纪越往后越严、笼子越往后越密、压力传导越往后越紧、查处力度越往后越大。立案2940件,处分2826人(其中县处级60人),移送司法机关84人。率先开展扶贫领域腐败和作风问题专项整治,市县乡三级督导发现的7680个问题全部整改“清零”。持续深化监察体制改革试点,制度优势进一步转化为治理效能。

(吕建宏)

附:中共忻州市委书记、副书记、常委名单

书　记:李俊明

副书记:郑连生　朱晓东

常　委:陈义青(女)　王建廷　范晋昌　赵志坚(10月调职)　崔建新　王志东　赵新年　刘婷芳(女)　刘瑞生

中共忻府区委

区委书记　张钰祥

2018年,全区各级党组织和各部门各单位,以习近平新时代中国特色社会主义思想为指导,着眼于经济社会发展的第一要务,以大力加强领导班子、干部队伍建设和基层党建为抓手,紧紧围绕打好防范化解重大风险、精准脱贫、污染防治三大攻坚战,紧扣“示范区”“排头兵”“新高地”三大目标,全力稳增长、抓改革、调结构、促转型、惠民生、防风险,全区经济社会发展呈现总体平稳、稳中向好的态势。全区地区生产总值完成92.1亿元,增幅5.8%;社会消费品零售总额完成85.6亿,增幅10.4%;城镇常住居民人均可支配收入2.18万元,增幅6.8%;农村常住民居人均可支配收入8271元,增

幅 8.6%;工业增加值增幅 15.5%;固定资产投资完成 41.99 亿,增幅 7%;财政总收入完成 15.24 亿元,同比下降 18.8%;公共财攻预算收入 4.01 亿,增幅 7%。

一、推动转型升级,夯实发展基础

全区认真落实"围绕一个中心,落实八项重点,推进 58 个转型项目建设"的"1858"(即 2018 年 58 个转型项目)发展计划,被列入 2018 年省、市建设项目库的 63 个项目已全部开复工,至 11 月底已完成当年计划投资的 93.6%。

一是推动文旅支柱产业转型。总投资 31.5 亿元的忻州古城保护改造项目,一期工程到 2018 年 10 月基本完工。二期工程到年底已完成了可研编制、项目立项、环境评估等工作。此外,云中河景区自驾车房车营地露营项目已建成运营;鸦儿坑民俗村旅游项目游客服务中心已建成,民居窑洞改造工程正在建设中。

二是推动招商引资落地。投资 3.5 亿元的山西天致高技术制药项目已开工建设;投资 3.59 亿元的益成宏业腐植酸科研成果转化项目前期已基本就绪。

三是推动固废利用转化。总投资 3.5 亿元的利用广宇电厂脱硫石膏生产泰山石膏板项目,总投资 4.1 亿元的废旧汽车、家电等回收加工生产的恒瑞科技项目场地已平整,正在履行土地出让程序。

四是推动康养产业普及。总投资 2.3 亿元的奇泉老年公寓项目年内投运;天伦松鹤养老、顿村康养示范园区项目正在办理土地、规划等相关手续。

五是推动能源革新。"煤改气"、"煤改电"工程正在有序开展;中水电 50 兆瓦风力发电项目已列入 2018 年建设计划;500 兆瓦光伏领跑基地项目已完成方案修改完善。

六是推动现代物流发展。精心打造的投资 3 亿元的汇福重卡物流园项目正在供地;万德丰智慧物流、佐城汽车物流中心项目,建设单位已完成前期,正在批转用地。

七是推动产业升级。禹王煤气化公司、金宇 10 万吨生产线、北化化工、特瑞环保等技改升级项目均已完工;晨辉机械大吨位、智能型锻造操作机科技成果转化推广项目即将完工。

八是推动教育多元化发展。招商引进的投资 5 亿元的山西现代双语学校忻州分校项目正在加紧建设中。

二、着眼脱贫攻坚,推进精准帮扶

认真落实 25 个贫困村退出、4000 贫困人口脱贫的任务。易地扶贫搬迁 670 户、1711 人;完成整体搬迁撤并自然村 17 个,拆除搬迁自然村 30 个,撤并销号 9 个行政村。易地搬迁户年底前入住移民新区。

一是加快推进移民安置工程。集中安置怡居苑小区第九期和第十期工程相继交付使用,11 月底前第九期工程安置户全部装修入住。第十期工程安置户有 493 户开始入户装修

二是认真编制并落实旧村拆除复垦方案。坚持科学规划、统筹安排,对方案涉及的 27 个村的 926.54 亩土地进行合理利用开发。

三是产业扶贫效益初显。将 400 个产业项目纳入项目库,先后下达二批产业扶贫资金 733.0192 万元,涉及 8 个乡镇 49 个村,带动贫困户 2892 户、4953 人增收。大力发展养驴产业,集中投入专项资金 300 万元,重点实施 1000 头驴养殖项目,带动涉及 8 个乡镇 17 个村 607 个贫困户。

四是生态扶贫惠及百姓。2018 年实施退耕还林 8000 亩,农户现金补助每亩 500 元。其中涉及贫困户 1783 人。

五是加大资金支持力度。不仅在移民小区工程建设中实行资金倾斜,还在贫困生救助、贫困户基本医疗保险等方面加大资金投入。2018 全年区级财政已用于扶贫资金 708.57 万元。

六是健康扶贫扎实开展。除贫困村卫生室建设达到全覆盖以外。还着力构建全面医疗保险救助体系。对建档立卡贫困对象 9965 户、20847 人全额资助参加新农合。另外,加强"双签约"服务队伍跟踪管理,对 3643 名"双签约"服务对象应签尽签,基层医疗卫生机构组织医护人员为其开展了健康指导和随访服务。

七是发展壮大村级集体经济。利用省、市财政扶持村集体经济发展资金对 12 个试点村的集体经济组织进行扶持,当年共计实现收入 78.7 万元;全区 365 个行政村已全部成立了农村集体经济组织,集体经济年收入 5 万元以上的村有 219 个,占总数 60%。

三、推进生态治理,优化城乡环境

一是打好蓝天保卫战,再次调整扩大禁燃、禁煤区域,面积达 145.8 平方公里。二是加强水污染治理减排工作,全区各污水处理厂运行稳定,各主要河流水质监测、河道清淤、清污和整治成果明显。三是实施土壤综合整治,对 40 多家企业下达了生态恢复治理通知书,完成和基本完成了高城乡 376.6 亩农田土壤修复治理工程和山西云马焦化有限公司工业场地污染治理工程。四是抓紧工业污染源治理,在 2017 年对钢铁、电力、焦化等 9 大行业全面达标排放评估的基础上,全面推进其他工业污染源全面达标排放。五是农村污染源头治理成效显著。六是抓好特色风貌整治,6 个乡镇 10 个村的 10 大整治目标全部实现。

四、发展现代农业,促进农民增收

一是积极引导农民优化种植结构。辣椒、甜糯玉米、甜瓜、红薯等特色农作物优势明显;丹霞苹果、玉露香梨、高油酸花生、油用牡丹、观赏莲藕等形成规模,新型农业产业体系和布局逐渐形成。

二是扎实推进有机旱作农业。高城辣椒被列入全省 30 个有机旱作农业封闭示范片之一;西冯城 3359 亩的高标准农田建设项目业已完成;实施了中央 120 万元和 200 万元的水肥一体化项目和耕地质量提升及化肥减量增效投资项目。

三是乡村振兴和农村人居环境整治工作有序推进。编制并组织实施了《忻府区改善农村人居环境三年行动实施方案》。在继 2015、2016 年完成顿村、孙家湾村美丽乡村建设的

基础上,2018 年建成三交镇罗家社村为忻府区省级美丽宜居示范村。

四是农村活力不断增强。农村土地确权进展顺利,农村集体产权制度改革试点工作基本完成, 已完成 17 个乡镇、46.4 万亩耕地的全国粮食生产功能区划定、田间工程调查、作物种植结构调查等工作。

五是畜牧产业健康发展。扎实抓好畜牧业绿色发展示范县创建工作,在高起点上继续推进畜牧业转型升级和绿色发展。动物疫病防控工作扎实有力,龙头产业项目推进顺利,新建标准化养殖小区 20 个,其中贫困户养殖小区 12 个,现已全部完成;扎实开展粮改饲示范县工作,完成种植亩数和产量分别超省下达任务的 2.08%和 23.4%;建成病死动物无害化处理场和病死畜禽无害化收集点 9 个。

六是加强"三品一标"认证。已获证 2 家企业 6 个无公害农产品,另有 9 家企业上报了申报材料,全区"三品一标"数量将达到 64 个。山西省粮食行业协会授予忻府区"山西红薯之乡"称号。

五、着力民生改善,提高保障水平

2018 年初承诺的为群众办理的 15 件惠民实事基本兑现。积极开展残疾儿童抢救性康复和农村适龄妇女宫颈癌免费筛查服务项目; 完成了 13 所老年人日间照料中心建设改造和完善任务;推进文化惠民,送戏下乡惠及 26 个贫困村;农村饮水安全巩固提升完成 23 处;投资 115 万元对董村、奇村、顿村 3 所幼儿园进行了升级改造;全区已全部建立村级消费者维权站、12315 联络站, 初步形成了覆盖全区的农村消费维权体系;在城区和奇村、兰村等地实施电网改造工程;完成了 5800 座农村户厕改造任务。

六、加强体系建设,确保安全稳定

一是持续强化社会治安综合治理。一手抓打击犯罪,一手抓硬件建设。破获案件 131 起,打掉 5 个涉黑涉恶团伙,抓获犯罪嫌疑人 35 人;建设 350 个监控点位、12 个卡口、20 个微卡口、5 个高空了望点。

二是持续抓好安全生产监管体系建设,区、部门、乡镇、村、企业(单位)5 级安全监管网络初步形成。

三是信访工作不断加强。建立并开通了视频信访系统,实现了国家、省、市、区、乡 5 级信访信息资源共享。全年共排查出矛盾纠纷 180 件,在及时协调化解的同时,严格落实"五包一"稳控管理措施,确保"小事不出村、大事不出乡、矛盾不上行"。

(张剑云　寇志准)

附:中共忻府区委书记、副书记、常委名单

书　记: 张钰祥(9 月离职)

副书记: 崔向松　葛小树

常　委: 刘东云　岳海滨　付光政　刘燕萍(女)　安亮东　胡建华　郭新和　赵晓云(5 月离职)　刘启国(5 月任职)

中共原平市委

市委书记　李贵增

2018 年,原平市委坚持以习近平新时代中国特色社会主义思想为指引,认真贯彻落实习近平总书记视察山西重要讲话精神,按照省委"一个指引、两手硬"思路要求、"三大目标"定位和忻州市委"1661"战略部署,坚持稳中求进总基调,紧紧围绕"123～456"发展战略,努力推动全市各项工作再上新水平。全年地区生产总值完成 158.2 亿元,增长 0.5%;固定资产投资完成 70 亿元, 增长 9%; 社会消费品零售总额完成 77.2 亿元, 增长 7.3%; 财政总收入完成 19.1 亿元, 下降 1.2%;一般公共预算收入完成 9.7 亿元,增长 19.5%;城镇居民人均可支配收入完成 30998 元,增长 6.5%;农村居民人均可支配收入完成 11017 元,增长 9.3%。全市各项发展事业呈现出稳中向好的积极态势。

一、转型升级初见成效

开展全方位、多层次、宽领域招商活动,全年签约项目 13 个,总投资 159.2 亿元。实施转型项目 76 个,总投资 234.8 亿元。经济技术开发区入驻企业达 72 家,200 万吨焦化及煤化工项目、中盈万维精密制造项目建成投产;煤机装备制造领域加快智能化改造,佳诚液压公司在山西股权交易中心挂牌,新培育 6 家高新技术企业、5 户"专精特新"中小企业和 6 户"小升规"企业。深入开展能源革命,初步形成了"四能三气"(风能、太阳能、地热能、氢能;煤层气、生物质制气、煤矸石制气)齐头并进的格局。其中,大营地热资源开发利用项目是全国继海南、青海后第三个地热能开发利用示范项目,地热井完成预期钻探,干热岩井勘探正稳步推进。

二、脱贫振兴统筹推进

实施精准扶贫、精准脱贫方针,同步推进乡村振兴战略,有机旱作农业项目惠及农户 5143 户; 同川水果销售商带动贫困户进入市场户均增收 1500 元, 电商扶贫带动 6000 余名贫困人口增收。整村搬迁 11 个村,对 39 个贫困村实施整村提升。健康扶贫、教育扶贫、社会保障政策有效落实,全年 10 个贫困村退出、2070 户 4593 名贫困人口脱贫。强化农业产业支撑,加快农业规模化、特色化、产业化发展,全年粮食总产量稳定在 7 亿斤以上,种植结构持续优化,杂粮种植占总播种面积的26%,小麦复播“两茬田”达到7千亩。累计流转土地10万亩,扩大玉露香梨高接换优面积,“三品一标”农产品不断增多。推进农村环境卫生综合整治,创建10个建筑风貌整治示范村。高起点规划建设,打造了“古寺古树古村落”特色乡村游线路,文化旅游产业成为助力乡村振兴的新动能。

三、产城融合步伐加快

围绕畅通城市循环,城区东北环城路、文殊东街、永兴北路工程开工建设,城市东北片区交通框架基本形成;启动3条街巷贯通工程,改造13条小街小巷;“三街”棚户区完成征迁,城市东拓工程全面铺开。采煤沉陷区完成10994户搬迁安置。国家卫生城市通过复审,省级园林城市创建成果持续巩固,智慧城市创建扎实推进。核心商业圈、商业综合体、专项市场进一步拓展,中央时代广场、林江大厦、中远汽车产业园、双惠现代化农业科技示范园等城市体辐射作用初步显现,成功举办“原平·慧远故里文化节”“梨花诗歌艺术节”,全市诗歌会、读书会蓬勃发展,文化事业滋养着城市文明发展。

四、改革创新激发活力

供给侧结构性改革扎实推进,退出120万吨煤矿产能,化解房地产库存1885套。7大方面45项具体改革任务稳步推进,国家、省级改革试点达到23个。经济技术开发区“三制”改革全部完成。“三供一业”移交、企业办社会职能分离、厂办大集体改革有序实施,实施同煤轩岗煤电公司供热改造,使企业所在地单位、居民享受到清洁采暖。农信社完成改制正式挂牌。农村土地经营权确权登记颁证工作基本完成。“科技创新公共服务平台”启动运行。“助保贷”累计为89户企业发放贷款4.36亿元。“走出去,引进来”成果丰硕,韩国项目落地建设,德国技术引进见效,与知名高校院所战略合作日益频繁,实现利用外资“零”突破。大营温泉旅游度假村、天涯滹沱河景区旅游品牌更加响亮,全年旅游总收入同比增长23%。大西高铁原太段通车,标志着原平市进入高铁经济圈。

五、生态环保成效明显

深入开展大气、水、土壤污染防治,建成区淘汰10吨以下燃煤锅炉,新增集中供热36万平方米。完成18个乡镇的52家单位“煤改电”,完成农村“煤改气”1550户。城区纯电动公交车“全覆盖”,城区出租车实现清洁能源动力替代,营运类黄标车全部淘汰;实施滹沱河流域专项整治,关停散乱污企业44家,完成污水处理厂出水入河净化工程;推进生态修复治理,完成水土流失治理6万亩、营造林1.8万亩,采煤沉陷区刘家梁煤矿完成地质环境治理,5座矿山列入忻州市级绿色矿山试点单位;启动沙河生态修复工程,观上水库—沙河—滹沱河河库连通项目列入国家三年滚动项目库。

六、民生事业持续改善

将更多财力倾斜于民生支出,市财政民生支出占比80%以上。城镇新增就业超额完成任务,妥善安置去产能盘道煤业456名职工,积极推进石豹沟煤矿100余名职工安置就业新石煤焦化公司。推进教育振兴,引进北方现代双语学校进一步优化了教育资源。中医院门诊楼建设稳步推进,公立医院实现政事分开、管办分离,健康扶贫“双签约”率100%。新建7个农村老年人日间照料中心。扎牢社会保障安全网,兑现机关事业单位人员基本工资标准和离休人员离休费增资。城乡居民收入稳定增长,城乡居民基础养老金最低标准每人每月增加23元,城乡居民医保财政补助标准提高到每人每年490元。深入开展扫黑除恶专项斗争,增强了群众的安全感、幸福感;严格落实各级安全责任,安全生产事故起数持续下降。持续优化金融生态环境,坚决防范区域性金融风险。全面提高财政管理能力,实现政府债务风险基本可控。

七、党建举旗夯实固本

大力加强思想政治建设,坚持理论中心组集中学习等活动,制订下发《原平市领导干部谈心谈话制度》,认真做好网络意识形态工作,坚决打赢网络意识形态攻坚战。严格落实民主集中制,制订了《市委重大问题、重要事项议事规则》,对“三重一大”决策充分听取各方面意见建议,确保民主决策、科学决策。认真做好干部选拔任用工作,坚持正确用人导向,注重从脱贫攻坚、招商引资、项目一线培养选拔干部,制定了干部综合分析研判实施办法,公开招聘了招商服务中心主任,选拔配齐了经济技术开发区中层领导班子。强力推进“三基建设”,开展了基层党组织“典型示范工程”,高标准重点打造了100个示范点。全市社区全部推行“街道大工委、社区大党委”制度,打造“永康智慧社区”“城西五心社区”等城市党建品牌,投入资金1200万元打造了四个高标准城市党群服务中心。实施“五大提升工程”,树立了“三基建设”示范创建点,形成了成功经验模式。实行四套班子领导全覆盖包联制度,对基层52个软弱涣散村党支部进行了集中整顿,增强了基层战斗力、凝聚力。

八、廉政建设有效推进

全面落实党风廉政建设责任制,细化了“两个责任”内容要求,对各级党组织和纪检组织进行考核评价。加强对政治纪律和政治规矩执行情况的监督检查,深入开展“四风”和违反中央八项规定精神突出问题大检查,严格执行省委贯彻党内问责条例的实施办法,突出节假日和关键节点,重点查处“10个方面”形式主义、官僚主义新表现。扎实推动反腐败斗争压倒性态势向压倒性胜利转化,始终坚持无禁区、全覆盖、零容忍,始终坚持重遏制、强高压、长震慑,坚决铲除滋生腐败的“土壤”,持续强化不敢、知止与震慑氛围。扎实践行监督执纪“四种形态”,运用监督执纪“四种形态”,全市共处理违纪人员689人次,实行党内问责164件,进一步增强了震慑作用,提高了廉政效能。

(邢三强)

附：中共原平市委书记、副书记、常委名单

书　记：杨述平(10月离职)　李贵增(12月任职)

副书记：马志强　左百胜

常　委：张清池　左　峰　尹新凤(女)　庞晋源
李秀文　任　庆　王海峰(12月任职)
宋还柱　郭建中(12月离职)

中共定襄县委

县委书记　张文斌

2018年，面对新时代新常态新机遇，定襄县委高举习近平新时代中国特色社会主义思想伟大旗帜，深入学习贯彻党的十九大精神和习近平总书记视察山西重要讲话精神，按照省委、市委工作部署要求，团结带领全县干部群众，努力打造“一都四基地”，建设“五大示范区”，全县政治生态风清气正，经济发展持续向好。

一、全面从严治党，在推进党的建设上取得新突破

(一)强化思想引领，大力推动领导班子和干部队伍建设。紧紧围绕贯彻落实习近平总书记视察山西重要讲话精神和党的十九大精神，创造性地开展工作。开展第一期县管干部学习贯彻习近平新时代中国特色社会主义思想读书班，县委书记、县长登台授课；推进“两学一做”学习教育常态化制度化，举办进基层宣讲宣传活动200余场，全县各级党委(党组)中心组理论学习300余次；组织全县四套班子领导、部门一把手、部分优秀干部101人分3期赴河南兰考、红旗渠等地进行体验式学习。全面加强“一把手”队伍建设，县主要领导与乡镇党政正职集中谈心谈话3次29人次，县委书记、组织部长与乡镇班子成员单独谈话56人次。干部队伍激励机制不断完善，年轻干部培养力度持续加强，全县干部干事创业的积极性进一步激发。

(二)推进“三基建设”，不断完善“大党建格局”。坚持统筹规划，出台《2018年度全县“三基建设”重点工作任务清单》等7个指导性文件。召开全县党建现场会，积极推进基层党组织标准化规范化建设，稳步推进“421”示范点建设工程。坚持分类推进，在全县6个社区推行“大党委”制，建立全市第一家非公和社会组织党建指导中心，印制《定襄县系统党工委支部工作记录簿》，推动机关党组织党内组织生活规范化、痕迹化。新时代农民讲习所工作经验在省委“三基建设”工作简报刊发，“三基建设”工作得到了省委组织部的充分肯定，“横向到边、纵向到底、整体覆盖、多方联动”的大党建格局更加完善。

(三)落实“两个责任”，持续推进正风肃纪反腐。加强党对反腐败工作的统一领导，全面推进纪检监察体制改革。启动全面从严治党“两个责任”全程纪实信息化管理系统，先后对落实“两个责任”不力的10人进行了问责处理。以落实中央八项规定精神为重点，查处违反中央八项规定精神案件8件8人。深入实践“四种形态”，挺纪在前，抓早抓小，共处置595人次。以扶贫领域、民生领域和涉黑腐败为重点，处置问题线索639件，立案157件，处分158人，移送司法4人，留置3人，释放了越往后执纪越严的信号。

二、加快转型发展，在产业结构调整上取得新突破

定襄县委始终把转型发展摆在战略位置来抓，坚持“三产联动协调发展”，进一步加快动能转化，全力打造“一都四基地”，推动经济高质量发展。

(一)以打造全国特色农产品基地为抓手，推动第一产业转型升级。

大力实施乡村振兴战略，统筹种植结构优化和转型项目建设，全力推进农业供给侧结构性改革。集中建设以甜瓜为主的设施蔬菜基地和以辣椒为主的露地蔬菜基地。全县设施农业面积达到1万亩，辣椒种植面积达到5.5万亩。建设滹沱河万亩生态农业经济带，推进平东社3000亩水稻种植一体化，吉福寺农场5000亩芦笋、莲藕、中药材食品功能化、瑞锦隆公司栽桑养蚕基地等项目，不断加快农业种植加工一体化进程。温氏集团40万头生猪养殖一体化项目初步形成“1+2+N”模式；智缘杰公司年产3万吨植物蛋白饮品加工项目一期当年建设当年投产，现代农业产业链条不断延伸。打造了雨田、富达等优质农产品合作社品牌，成功创建国家级农产品质量安全示范县，全县“三品”认证农产品达45种141个。

(二)以打造世界法兰锻造之都和全市电力装备制造基地为抓手，推动第二产业转型升级。

积极推进法兰锻造工业4.0和销售收入百亿元级支柱产业，打造世界法兰锻造之都。出台了《加快法兰锻造产业做大做强80条意见》等文件，新入规企业6户、返规3户。3户企业进入全省制造业企业100强，整合重组进一步加快。出台了《整顿规范法兰锻造产业30条实施意见》，在19户规上工业企业实施6Q管理，214户规下企业实施6S管理，有效提升了企业管理水平。出台了《进一步发挥十个平台作用全力推动法兰锻造产业转型发展的实施方案》，推动“十大平台”真正成为定襄法兰锻造创新发展的动力。深入实施“中国制造2025”，推动信息化与工业化深度融合。恒跃集团成功申报国家级“两化”融合示范企业，通过“两化”融合项目建设，钢材利用率提高了10%，能源使用效率提高了30%，新

增销售收入1.2亿元。天宝、恒跃、冠力、昊坤、众立5户企业被认定为2018年度山西省专精特新企业,双环、济达、昊坤3户企业被认定为2018年度山西省高新技术企业。双环公司2018年度获得发明专利3个，新申请15项发明专利、26项新型实用型专利,法兰产业装备技术不断升级。

利用风电法兰优势,打造全市电力装备制造基地。施必得公司利用中美合资的契机，与美国巴维集团合作承揽项目,延长产业链。利国磁性材料公司年产5万吨高性能取向硅钢项目工程设备正在调试准备投产。天宝集团向风电机组、汽轮机组产业链延伸,试制产品在德国客户的初期检验中得到高度评价。济达公司变压器项目第一期已竣工投产,工业总产值7653万元,同比增长41.5%,成为定襄产业结构实现多元化发展的一大亮点。

(三)以打造忻州全域旅游基地和晋北现代物流基地为抓手,推动第三产业转型升级。

充分发挥文化旅游优势,打造全域旅游基地。组建阎家大院文化旅游发展有限公司,阎锡山故居国家5A级景区创建加快步伐。依托优质温泉资源和凤凰山4A级景区,新建总投资3亿元的集餐饮、住宿、休闲、娱乐为一体的帝汤温泉度假村项目。康养小镇项目从全省25个入选项目中突围,已成功通过专家组考核。晟龙木雕公司"中华古代建筑模型博物馆"项目开始建设,将成为忻州市首座主题博物馆,也是国内唯一一座以展览古代建筑模型为主题的博物馆。积极推进东峪、七岩山旅游景点建设,"二续"纪念馆开始对外开放,改革开放40周年成就展在西河头地道战纪念馆有序展开。

充分发挥区位交通优势,积极打造现代物流基地。积极配合机场航空口岸建设,对外开放进一步扩大。永旺物流园区产业集聚区申报成功,保税仓库、出口监管仓库、配送中心已建成,双创园区已有200余户企业入驻,物流集散中心已有216户企业入驻。

三、增强动力活力,在全面深化改革上取得新突破

坚持整体推进和重点突破，积极探索符合定襄实际、体现定襄特色、具有时代特点的全面深化改革之路。主要领导亲自抓,县委书记建立10项改革台账,县长建立20项改革台账。2018年成功创建国家级、省级试点示范项目14项,位列全市第一。放管服效改革不断加快,整合14项涉企证照事项,调整48项行政职权事项;土地确权及农村集体产权制度改革稳步推进,149个村颁证;组建了县医疗集团;县乡新税务机构已统一挂牌;深入开展"全领域管理规范年"活动,开展了供热、供水等行业专项治理,规范法兰锻造企业214个。

四、狠抓民生改善,在群众幸福感和满意度上取得新突破

(一)脱贫攻坚取得实效。始终把脱贫攻坚作为最大政治和第一民生,深入推进特色产业扶贫、社会保障兜底、贫困村整村提升等"八大工程"。全县建档立卡贫困人员纳入农村低保3116人、特困人员供养258人;为全县建档立卡贫困残疾人1008人缴纳意外伤害保险,全面落实教育政策,落实危房改造资金88户,大力开展"双签约"服务,共计1117户2303人;为90户654.75亩发放退耕还林补贴共32.73万元,对河边镇山底村实施了整村搬迁。开展特色产业发展专项行动,带动全县有劳动能力的建档立卡贫困人口4150人稳定脱贫。开展大项目带动专项行动,通过引进广东温氏集团生猪养殖和杭州瑞锦隆公司栽桑养蚕一体化等项目,有效的带动了贫困户的脱贫;安排贫困村整村提升项目资金1774万元,大力推进43个贫困村实现整村提升。2018年退出15个贫困村1338户2634人。

(二)民生福祉不断增进。重点工程稳步实施,机场连接线全面竣工,航空口岸基本建成,"六馆一院"主体初具雏形,牧马河综合治理完成绿化,棚户区改造基本完成,职教中心新建和二中迁建工程主体完工;和谐公园二期建成;集中供热顺利推进,供热效果逐步改善。教育振兴取得阶段性成绩,拿出160万元隆重表彰先进教育集体和个人，公开招聘70名中小学教师;新建实验二小联盟校,扩建了一波中学。社会保障全面落实,发放城市低保资金1751.13万元,农村低保资金3934.9万元,大病救助金148.8万元,临时救助金38.6万元,农民新农合报销8700万元,城镇新增就业3589人,转移农村劳动力3415人。人居环境不断改善,开展了8轮农村环境卫生整治,推进了20个农村建筑特色风貌整治,全省农村人居环境整治村庄清洁行动启动仪式在定襄举行。信访维稳持续向好,深入推进领导干部接访、下访和带头包案制度,全年接待群众来访843批3940人次，受理群众信访案件262件次。强化安全生产,组织集中执法357次,安全生产形势总体稳定。加强平安建设,深入开展"扫黑除恶"专项斗争,侦破各类刑事案件106起,抓获犯罪嫌疑人88人,查处行政案件208起,行政拘留82人,人民群众安全感和获得感持续增强。

(三)绿色发展深入人心。落实"绿水青山就是金山银山"的绿色发展理念,成功创建省级园林县城,建成城北森林公园,高标准完成凤凰山旅游线、忻阜路通道绿化,人工营造林面积共10365亩,四旁植树达48万株。深化专项整治,实现环保网格化管理全覆盖,开展"清河"专项行动,实施南西力村污水处理站建设工程,完成定襄滹沱河南庄断面、定襄桥断面两个水质自动监测站建设，加大对35户环境违法企业的查处力度,全县生态环境持续好转。

(张卓斌)

附：中共定襄县委书记、副书记、常委名单

书　记：张文斌

副书记：张生明　王殿君

常　委：朱志安　赵亚峰(女)　姚　朴　杨全隆　吕占君　卢维忠　续国强

中共五台县委

县委书记　王继明

2018年，五台县委高举习近平新时代中国特色社会主义思想伟大旗帜，深入学习贯彻党的十九大和习近平总书记视察山西重要讲话精神，深入学习贯彻省委十一届六次、七次全会和骆惠宁书记忻州调研讲话精神，以及市委四届五次、六次全会精神，全力推进“11593”发展战略，抢抓机遇、应对挑战，锐意进取、务实创新，凝心聚力、实干苦干，拓展了党的建设和党的事业新局面。

一、提速项目引擎，全县经济保持稳健增长

举办了“迎老乡、回故乡、建家乡”暨招商引资招才引智恳谈会，签约金额34亿余元。全年完成签约项目15个。累计储备重大转型项目82个，总投资123.56亿元。在库项目25个，总投资41.63亿元，完成12.94亿元。实施省市重点工程项目8项，总投资25.86亿元，完成投资8.72亿元。1–12月，全县地区生产总值实现49.5亿元，增长5.7%；规模以上工业增加值9.4亿元，增长10.7%；全社会固定资产投资25.5亿元，增长9.4%；社会消费品零售总额19.9亿元，增长8.7%；财政总收入6.8亿元，增长12.3%；公共财政预算收入2.5亿元，增长2.9%；城镇居民人均可支配收入26634元，增长5.9%；农村居民人均可支配收入6787元，增长8.8%。

二、坚决打赢脱贫攻坚战，实现连战连胜

深入开展春季行动、夏季攻势、秋季攻坚、冬季会战、破零清零五大专项行动，实现59个贫困村退出、15432名贫困人口脱贫，贫困发生率降为5.28%，接受了省考和国考双重考验。

一是实施产业扶贫工程。出台《关于推进“一村一品一主体”产业扶贫的实施意见》。全县中药材种植面积达到2万亩。建成产业示范园区4个。二是实施光伏扶贫工程。208座40.7MW的村级光伏扶贫电站全部建成发电。三是推进易地扶贫搬迁工程。除建安安置点按序时推进外，其余6个安置点全部分房到户。四是实施就业扶贫工程。全年完成培训4813人。加大劳务输出力度，输出劳动力32978人，其中贫困人口8375人。五是实施危房改造工程。完成危房改造1028户。六是实施生态脱贫工程。全县组建脱贫攻坚造林专业合作社43个，吸纳贫困劳动力668人。聘用959名贫困人口为生态护林员、公益林管护员、未成林管护员。七是实施金融扶贫工程。注入风险补偿金2304.9万元，发放小额信贷8424.1万元。八是实施贫困村提升工程。贫困村饮水安全巩固提升、通动力电、通村路、通互联网、村卫生室、文化广场等工程全部完成。九是认真落实社会保障政策。发放贫困学生补助1200.45万元。贫困人口住院、门诊、慢性病补偿、兜底补偿共54515人次，共报销8605.72万元。新办理贫困低保户1866户2968人，发放困难人群补助5983.8万元。为4224个重度残疾人发放护理补贴249.69万元。十是持续加大投入力度。全县统筹整合财政专项资金1.67亿元，全部用于贫困村和贫困户脱贫。向省农发行申请贷款1.96亿元，用于农村基础设施提升。

三、坚决打好污染防治攻坚战，生态环境质量持续改善

一是打好蓝天保卫战。扎实开展秋冬大气污染综合治理行动，关停散乱污企业3个，改造工业炉窑1个。完成清洁取暖2622户、煤改电26户、提标改造燃煤锅炉126台。全年城区环境空气质量二级以上天数301天，其中一级天数124天，空气质量全省综合排名第一。二是打好碧水保卫战。严格落实河长制，开展“清三河”行动，地表水全部达到Ⅱ类水质标准。清水河坪上断面水质自动监测站和日处理1300吨的扶贫新区污水处理厂建成运行。推进22个加油站地下油罐更换为双层罐或设置防渗池。三是打好净土保卫战。强化土壤污染管控和修复，加强农业污染防治，加大土壤环境监测监管和风险管控力度，加强固体废弃物和垃圾处置。同步开展全县土壤情况调查。

四、坚决打响防范化解重大风险攻坚战，确保可防可控

一是积极防范化解政府性债务。摸清政府债务特别是隐形债务底数，严格控制增量、逐步消化存量，全县未发生政府债务率超过警戒线、违法违规被问责和政府性债务风险事件。二是严厉打击非法集资。深入开展防范和打击非法集资集中宣传月活动，加大宣传力度，拒绝高利诱惑，拒绝非法集资。积极协助农商行清收不良贷款，创优全县金融环境。三是加强互联网金融监管。坚决守住不发生区域性、系统性金融风险这条底线，不断加强薄弱环节监管制度建设，实现金融监管全覆盖。

五、推进产业转型升级，加快建设现代产业体系

一产方面，扶持科丰农牧业、五台山酿酒厂、金道物流、三叶农业等龙头企业不断发展壮大。大力发展特色种植业，重点发展小杂粮13万亩，中药材2.1万亩。打造五台特有的小杂粮品牌，申报“三品一标”认证37个，获证29个。稳步推进健康养殖业，全县牛发展到8.7万头，羊发展到51.3万只。

二产方面,促进传统产业优化升级,同丰园建材年产5000万块煤矸石烧结砖项目投产达效;云海镁业总3万吨镁合金节能环保改造升级项目已竣工,山西国投投资5亿元、年产10万吨环保合成石头纸项目已签约;豆村镇婆婆沟50MW光伏扶贫电站项目建成并网。德奥电梯、五台山沙棘制品、城园丰农机制造三大龙头企业共实现销售收入17802万元。山西森雅轩古典家具研发基地项目一期工程试生产。三产方面,红花梁生态休闲度假旅游区、星河湾生态旅游度假区、五台山云顶小镇项目扎实推进。驼梁、永安村和茹村乡旅游公路建设完成;永安村、南茹村、方子口村等全国乡村旅游示范点建设扎实推进。全年旅游人数127.19万人次,同比增长24.62%;旅游综合收入11.88亿元,增长21.22%。完成"五台斋选"公共品牌注册和包装设计。全县农副产品、农资产品线上交易额达到2000万元。

六、推动全面深化改革,不断激发发展活力

一是不断深化重点领域改革。扎实推进企业投资项目承诺制、供给侧结构性改革、商事制度改革、简易注销登记改革、国有企业改革,完善以管资本为主的国有资产监管体制,建立权力清单和责任清单26项,激发企业发展活力。二是试点示范项目稳步推进。扎实抓好国家生态保护与建设示范区等4个国家级改革试点,全省红色旅游促进脱贫攻坚示范县等3个省级改革试点,积极争取省级食品检测检验室、创建省级文明县城2个新试点。

七、采取超常举措,全力维护全县和谐稳定

一是安全生产平稳。全面落实安全生产"4438"工作机制,坚持党政同责、一岗双责,扎实推进"五级五覆盖",全面加强重点行业领域安全监管,全年无重特大安全生产事故,工矿商贸领域行业企业均未发生生产安全事故。二是信访保持稳定。继续完善信访稳定工作机制,县级领导分组定期接访,推进"诉访分离",推动解决群众合理诉求,圆满完成了重要节点期间的信访维稳任务。三是推进平安建设。推动"平安五台""法治五台"建设,加强社会治安综合治理,2013年起连续五年获得"省级平安县"称号。四是扫黑除恶取得初步成效。扎实开展扫黑除恶专项斗争,打掉恶势力集团2个、恶势力团伙3个。

八、聚焦民生改善,社会事业全面进步

教育方面,高考二本B类以上达线813人。中考成绩连续11年稳居全市前三名。小学教育和幼儿教育稳步上升。扶贫新区幼儿园教学楼完成主体工程,综合楼完成框架主体。就业方面,城镇登记失业率控制在2.73%以内。全县城镇新增就业3663人,转移农村劳动力3991人。健康方面,深入推进县乡医疗卫生机构一体化改革。所有公立医院和民营综合医院全部实行"先诊疗、后付费""一站式"结算服务。为28.9万城乡居民建立了健康档案,家庭医生签约服务近19万人。完成农村妇女"两癌"免费筛查、乳腺癌检查、城乡怀孕妇女产前免费筛查和诊断共4.09万人次。文化方面,送戏下乡119场,送电影下乡6876场。城建方面,完成国家园林县城申报工作。扎实推进智慧城市建设。全年完成各类市政基础设施建设投资1.55亿元,新增园林绿化面积6.72万平方米。唐家湾水库公园工程全部完工。综合馆基础工程已完成。西富村棚户区改造、10个村的农村建筑特色风貌整治工作扎实推进。民政上,落实医疗救助、临时救助、特困人员救助供养等社会保障政策。完成农村老年人日间照料中心3所。

九、始终坚持党要管党从严治党,党的建设全面加强

一是加强宣传思想文化建设。加强舆论引导,扎实推进核心价值观教育,选树"忻州好人""最美忻州人",开展了文明村镇、十星级文明户、文明家庭等系列评选活动。集中开展了"自强、诚信、感恩"主题实践活动。举办了庆祝改革开放40周年系列活动。牢牢掌握意识形态工作主动权,全县没有发生重大意识形态责任事件。二是全面加强"三基建设"。深入开展"并村简干提薪增效"工作,撤并行政村146个,精简村"两委"主干254名。80%以上基层党组织提档升级。评选五星级农村党组织22个,整顿软弱涣散农村党组织18个。乡镇"五小"建设全部提档升级。三是激励干部担当作为。出台了激励广大干部新时代新担当新作为《实施意见》,全年提拔工作业绩突出的农村第一书记5名,驻村工作队员2名。严格规范选人用人程序,一般干部提拔副科17人,副科提正科10人,平调22人。四是全面落实"两个责任"。严格落实八项规定精神,严肃党内政治生活,推进落实"一岗双责",逐层压实各级党委主体责任。成立了县委反腐败领导小组。深入推进监察体制改革,实现了监督全覆盖。支持纪委落实监督责任,查处违反八项规定精神案件13起,处理18人;处置问题线索876件(次),处分干部255人。

(罗　翊)

附:中共五台县委书记、副书记、常委名单

书　记:王继明
副书记:武新亮　赵永平
　　　　高建公(3月任职,挂职)
常　委:梁　康　张树成　李　泽　王根伟
　　　　姚云萍(女)　白俊清
　　　　吕　忠(5月任职,挂职)
　　　　褚玉丰(5月任职)

中共代县县委

县委书记　田永清

2018年,代县县委高举习近平新时代中国特色社会主义思想伟大旗帜,深入贯彻落实习近平总书记视察山西重要讲话精神,认真贯彻省委"一个指引、两手硬"思路要求,全面实施"12339"发展战略,统筹推进稳增长、促改革、调结构、惠民生、防风险各项工作,全力打好三大攻坚战,提高保障和改善民生水平,不断拓展党的建设和党的事业新局面。2018年,全县地区生产总值完成75.6亿元,同比增长6%;全社会固定资产投资完成22.8亿元,同比增长9.9%;规模以上工业增加值增长8%,社会消费品零售总额完成15.2亿元,同比增长7.6%;财政总收入完成6.2亿元,同比增长4.8%;一般公共财政预算收入完成3.1亿元,同比增长2.4%;城镇常住居民人均可支配收入26762元,同比增长5.8%;农村常住居民人均可支配收入6024元,同比增长8.4%。

一、深入贯彻中央省市决策部署

贯彻落实中央省市决策部署,坚持抓细、抓实、抓出成效,重点在四个方面狠下功夫。在学习宣传上下更大功夫。县委召开习近平总书记视察山西重要讲话精神学用交流会,各级党组织召开学习交流会760余次。举办各类专题讲座17期,直接受众3600余人。把学习贯彻习近平总书记重要讲话纳入"维护核心、见诸行动"主题教育,进一步推动习近平新时代中国特色社会主义思想在党员干部群众中入脑入心。在整体谋划上下更大功夫。召开十四届五次全会,对持久深入学习贯彻讲话精神作出部署,制定了《关于进一步激励广大干部新时代新担当新作为的实施意见》《代县坚决打赢脱贫攻坚三年行动实施意见》《代县贯彻落实市委四届五次全会工作任务分解方案》,一件一件抓落实,一项一项交好账。在突破重点上下更大功夫。紧紧围绕供给侧结构性改革、生态文化旅游园区建设与经济转型升级、国企改革、发展有机旱作农业、攻坚深度贫困、生态保护修复、扫黑除恶等,着力破解制约代县发展的突出矛盾和问题。县级领导领办解决难题38个。在考核督办上下更大功夫。把学习贯彻习近平总书记重要讲话精神作为各级党组织年度目标责任考核的根本内容,作为评价党组织书记履职的根本依据。建立工作任务落实台账。深入开展督导检查、重点督察、明查暗访,全县上下聚焦、聚神、聚力抓落实,把习近平总书记重要讲话精神真正贯彻到各项工作中。

二、坚决扛起主体责任,从严管党治党

认真贯彻落实新时代党的建设总要求,着力构建良好政治生态。强化政治引领,把政治体现在工作、学习、生活的各方面和全过程。强化统筹统领,20次召开县委常委会,研究部署全面从严管党治党工作。坚决贯彻市委"三个最""五个抓"要求,严肃整治慢作为、不作为、乱作为的"六种人"。定期听取县人大、县政府、县政协、法院、检察院党组工作汇报;开展党(工)委、党组书记抓党建工作述职评议。召开了四大班子、乡镇及县直单位"一把手"谈心谈话会。个别谈话提醒领导干部38人。强化党内政治文化建设,严格执行民主集中制,严肃民主生活会和组织生活会。新建县党性教育和廉政建设2个基地。深入开展"学桂珍、问初心、担使命、见行动"活动,制作了《大山的女儿》情景剧、舞台剧,以身边事教育身边人。深化"雁门关上先锋行"及"双亮一挂一建"等活动。强化正风肃纪,运用"四种形态",处置问题线索766件,处理653人次。紧盯"四风"问题,查处违反中央八项规定精神问题27个,处分21人,组织处理6人;查处形式主义、官僚主义问题35件、处分35人。坚决整治群众身边腐败和作风问题,处理问题265件,处分113人次,组织处理152人次,移送司法机关7人。强化意识形态工作,牢牢掌握意识形态工作领导权,听取意识形态工作汇报,建立健全意识形态工作制度,全年未发生意识形态问题。强化巡视整改工作,自觉扛起政治责任,坚持问题导向、举一反三,出台了《中央第十五巡视组巡视山西省反馈意见整改方案》,逐条逐项细化整改举措,推进整改落实工作。强化中央、省环保督察反馈问题整改,52个问题已全部办结。

三、加快经济转型,促进高质量发展

牢固树立不转型没有出路、转的慢就要落后的工作理念,用非常之力、恒久之功推动转型发展。召开了全县项目建设暨转型升级推进大会、"邀老乡、回故乡、兴家乡"创业创新恳谈会,出台了推动区域经济转型升级的实施意见。着力构建现代工业产业体系,20多家涉铁企业完成技术升级,久力300万吨烧结球团项目建成投产,全市首家地面集中式光伏电站宝通光伏发电项目并网发电,225个村级扶贫电站和大唐、雁门关风力发电项目建成落地,雁达挂车、宝华木业、智能手机电池、雁泓袜业等一大批转型项目落地生态文化旅游园区。大力推进现代农业,发展小杂粮基地12万亩,小杂粮专业合作社50个,辣椒总规模达3万亩,特色瓜菜种植1万亩,道地中药材种植总面积3.5万亩,累计建设干鲜果经济林10万亩,实施干鲜果提质增效5万亩,累计发展苗木产业2万亩。大力实施品牌战略,晋臻黄酒孙保国院士工作站正式挂牌,8家农产品加工企业取得"三品一标"认证。强力推进文旅产业,雁门关景区完成改制,与银泰集团合作开发项

目快速推进,全力推进“体育＋文化＋旅游”融合发展,成功举办了雁门关国际骑游大会、首届山西省非遗博览会开幕式等重大活动和赛事。大力发展乡村旅游,仁安寺、洪寺农家乐、杨忠武祠祭祖节、旺台白水杏节、峪河漂流等一批乡村游项目纷纷呈现。

四、扎实推进脱贫攻坚,不断改善民生

坚持在精准和脱贫质量上狠下功夫,推进脱贫攻坚由“打赢”向“打好”转变,实现连战连胜。突出产业扶贫。重点实施了“9341”产业扶贫工程,带动贫困人口实现稳定脱贫。突出整村搬迁。着力破解7项难题,整村搬迁村庄销号完成67个。按照“搬得出、稳得住、能致富、可融入”的总体要求,建设了滨河移民扶贫产业园区,吸纳贫困人口140人实现就地就近就业,人均年收入2万元。突出生态扶贫。新一轮退耕还林工程1万亩,带动贫困户810户1806人实现脱贫。3.15万亩生态治理工程,全部通过由34家扶贫攻坚造林专业合作社实施,带动贫困户人均增收6297元。突出教育扶贫。严格落实“两免一补”等政策,资助贫困家庭学生8128人次842.325万元;加强职业技能培训,成功转移建档立卡贫困劳动力1637人。突出健康扶贫。建档立卡贫困户5167户9842人完成“双签约”服务,住院费用及时结算补偿2428人次1133.64万元;贫困户门诊慢病报销、医疗临时救助保障有力。强化兜底保障。年度新增低保人员1164人,低保金额提高到每人每年3518元;对全县低保对象中的80周岁以上的高龄老人、未成年人、一二级重度残疾人在低保标准基础上提高6%。持续完善公共服务。大力实施“六提升”“五改”“四化”“三治理”行动,群众生产生活等基本生活条件明显改善。

五、坚持绿色发展,建设生态文明

牢固树立青山绿水就是金山银山的发展理念,坚决打赢“蓝天”“碧水”“净土”三大保卫战,以实际行动和成效守护青山绿水。持续推进大气污染防治,取缔“散乱污”企业36家,16家企业安装了在线监测系统,查封砖瓦厂26家,排查建成区范围内燃煤锅炉、大灶41家,对62家企业实施达标排放验收工作,扎实开展重型柴油车和散装物料车管控联合行动,城区集中供热管网覆盖率达到91%,空气污染质量考核指标数据逐步好转。严格落实“河长制”,完成峪河治理3.2公里,峨口污水处理厂全面启动运行,滹沱河国考断面代县桥水质自动监测站投入运行,县城污水处理率达到80%以上,全县境内地表水考核断面、集中式饮用水水源水质优良比例均达到100%。严格落实耕地保护制度,加强对矿山企业恢复地质环境的监督指导,开展了省级闲置凋敝宅基地整治盘活利用试点。深入开展国土绿化行动,完成营造林面积3.7万亩。推进生态文明体制机制改革,持续开展农村环境综合整治,乡村环境发生根本变化。

六、全面深化改革,厚植发展优势

按照“领导挂帅、典型引领、重点突破、整体推进”工作思路,强化改革举措,推动改革落实。3次召开县委深改组会,18次召开常委会专题研究改革事项。突出抓好改革“10个环节”,推动改革落实。坚持“争试点、创亮点、抓重点”,制定出台《中共代县县委全面深化改革领导小组2018年工作要点》,确定了7个方面45项改革任务。建立了县委书记、政府县长抓改革台账,县委书记亲自抓改革13项,县长亲自抓改革17项,各项改革事项均稳步推进。争取省、市改革试点示范16项。推进“两学一做”常态化制度化、全国电子商务示范县项目建设、构筑“县有园区、乡有车间、村有工坊”的移民扶贫产业发展新格局、打造长城板块全域旅游、探索生态扶贫利益联结体制等改革试点工作取得明显成效,充分发挥了引领示范作用。

七、强化社会治理,确保安全稳定

坚持问题导向,落实强有力措施,全面提升人民群众的幸福感和安全感。强力推进扫黑除恶专项斗争,摸排涉黑涉恶线索75条,打掉黑社会性质组织团伙1个,恶势力团伙1个,破获刑事案件17起、治安案件3起,抓获涉恶犯罪嫌疑人14人。扎实开展重点领域矛盾纠纷排查化解工作,摸排矛盾隐患196件,成功调处157件。突出重点行业、重点领域、重点节点,持续推进各领域各行业专项整治,推进平安代县建设,申报了市级示范县和阳明堡、峪口乡两个市级示范乡镇。全年未发生重大危害国家安全和政治稳定的案件、重大群体性事件、重大恶性刑事案件和个人极端暴力案件、重大公共安全事故、重大不良影响的信息网络安全事件。

(李继华)

附:中共代县县委书记、副书记、常委名单

书　记:田永清
副书记:郝江陵(女)　郭万国
常　委:赵辰隆　施福喜　贾俊岭　刘会平
崔玉军　张东家　曹玉祥

中共繁峙县委

县委书记　孔保宝

2018年，繁峙县委全面贯彻党的十九大精神和习近平总书记视察山西重要讲话精神，按照省委"一个指引、两手硬"的思路要求和以改革促全面工作提升的部署，认真落实省委十一届五次、六次全会精神和市委四届四次、五次全会精神，坚持稳中求进工作总基调，坚持新发展理念，瞄准高质量发展的目标，统筹推进稳增长、促改革、调结构、惠民生、防风险各项工作，全县经济社会平稳健康发展，党的建设得到全面加强。

一、深入学习贯彻习近平新时代中国特色社会主义思想，牢牢把握全县工作的正确方向

县委把学习贯彻习近平总书记视察山西重要讲话精神与习近平新时代中国特色社会主义思想和党的十九大精神相结合，作为新时代、新担当、新作为的根本遵循，坚持带头学深讲话、带头用好讲话，真正以习近平新时代中国特色社会主义思想和党的十九大精神指导全县各项工作。

进一步引深学习贯彻活动，在融会贯通、武装头脑、全面覆盖、见诸行动上狠下功夫，组织开展中心组学习、"双日双评"、干部轮训、基层宣讲等多种形式的学习研讨活动，真正做到学懂弄通做实。县委中心组两次组织再学习，而且把《讲话》列入全县"支部主题党日"活动的重要学习内容，向基层延伸，党委、党组、支部书记亲自辅导、亲自讲党课，全县各级党组织对习近平总书记视察山西重要讲话的学习抓得更实。县委统一印制了《习近平总书记视察山西重要讲话学习读本》，各级党政"一把手"作为案头必备、人手一册。各单位联系工作实际学，联系党员干部的思想状况学，学思践悟，真正用讲话精神武装头脑，运用讲话精神解决改革发展和党的建设中的具体问题。在全面准确领会讲话精神的基础上，着眼于以讲话精神拓展新局，深入贯彻落实市委《关于深入学习贯彻习近平总书记视察山西重要讲话精神全力推进全面脱贫全面小康建设的决定》和县委《实施方案》，专门召开"践行领袖嘱托"脱贫攻坚现场推进会，把习近平总书记视察山西期间作出的重要指示，特别是八项攻坚深度贫困的目标任务，一件一件抓好落实。

二、围绕整县摘帽目标，打好打赢脱贫攻坚战

县委进一步扛起主体责任，坚持精准方略，把提高脱贫质量放在首位，以"打不赢脱贫攻坚战就对不起这块红色土地"的决心和勇气，举全县之力，下足绣花功夫，坚决打好打赢脱贫攻坚战。"十三五"期间累计减贫46808人，其中今年减贫23338人，贫困发生率下降至0.58%。经市县自评，县脱贫退出14项指标全部达标。接受了省委、省政府组织的第三方评估。省市在繁峙县召开了6次现场观摩会，有17个县市先后20批次来繁峙县参观学习。

(一)探索正确脱贫路径。科学指导脱贫，抓好统筹谋划，探索形成符合繁峙实际的"123456"脱贫攻坚新路径。即：一个指引(以习近平新时代中国特色社会主义思想和视察山西重要讲话精神为指引)、二个标准(脱贫标准和考核标准)、三个坚持(坚持精准方略、目标导向、党建引领)、四项基础工作(精准识别、精准帮扶、精准退出、精准管理)、五大脱贫重点工程(产业全覆盖工程、培训扩面提质工程、易地搬迁工程、政策兑现工程、整村提升工程)、六大保障体系(组织领导体系、三级责任体系、政策支撑体系、多元投入体系、社会帮扶体系、督查考评体系)，实践证明这是一条符合繁峙实际的正确脱贫路径。

(二)坚持精准方略。把精准方略贯穿于脱贫攻坚的全过程，坚持以户为基、以村为本，实之又实、严之又严地抓好各个关键环节的工作。一是精准识别，组织开展县乡村三级走访活动，严格按照"访—提—审—核—决—对—榜"七个流程识别，年内进行两次动态调整，五年动态调整率达到43.9%。二是精准帮扶，根据致贫原因，量身确定帮扶责任人和帮扶措施，全县共有368名科级以上领导干部、201支驻村工作队、185名第一书记、6797名结对帮扶干部投身脱贫攻坚主战场，形成了干部帮扶全覆盖、部门帮扶全上阵、社会力量全参与的大扶贫格局。三是精准退出，探索建立本人认同、社会认可、政府认定的贫困退出机制，实行乡村自验、县级核查、第三方评估、群众满意度调查四位一体脱贫验收工作制度，从根本上解决了退出不精准的问题。四是精准管理，以信息平台建设为载体，线上线下一齐抓，脱贫数据真实可信、逻辑清晰。贫困村"一柜一档"、贫困户"一册一卡一牌"，贫困村"识别—动态—帮扶—退出"各环节档案资料规范。

(三)坚持产业为先。推行"产业+就业+收益"的多元化、差异化产业扶贫模式，全县十大脱贫产业100%覆盖有劳动能力的建档立卡贫困户，贫困户户均产业2.5个以上。全年培训农村劳动力13120人次，转移就业21274人。创新贫困户与产业项目利益联结机制，全县共发展农副产品加工龙头企业147家、合作社1038个、种养大户543户；有17192户贫困户通过利益联结共获得资产性收益6751万元，户均增收3927元，形成"百企千社带万户"的可喜局面。

(四)坚持应搬尽搬。"十三五"期间搬迁深度贫困村135个，占到全县行政村总数的33.5%，共搬迁3222户7942人，

搬迁规模和人数全市第一。集中建设三个移民安置点,安置1329户3878人;分散安置1238户2492人。采取"四个全覆盖"和"家门口就业"的"4+1"后续保障模式,新建移民小区工厂4个,使有劳动能力移民户实现稳定就业。在集中安置点分别成立惠民社区居委会和聚宝新区社区居委会,安置群众全部纳入社区管理,尽快融入城镇新生活。

(五)坚持全面保障。全面推动教育、健康、住房等保障政策精准落实,不断健全完善多元化保障体系。一是贫困学生全资助。累计发放各类教育资助资金1.66亿元,全覆盖所有贫困家庭学生。二是因病致贫全保障。建立"六道防线",落实"三保险、三救助"政策,实行一站式结算服务,贫困人口住院自付比例下降为9.16%。三是特殊群体全兜底。坚持应保尽保,五保低保保障范围中贫困户占比达到69.3%,建档立卡人口兜底保障率达到23.4%。四是危房危窑全改造。按照"不漏一户、不落一人"原则,投入1.88亿元解决13109户农民群众的住房安全问题,36705人实现居有所安。

(六)坚持创新推动。坚持用改革的办法解决制约脱贫攻坚的资金难题,向政策要红利。敏锐地抓住城乡建设用地增减挂钩这一含金量高的扶贫政策,创新组织模式,动员乡村两级自主实施,拆除房屋18654间,拆旧区面积6500亩,其中新增耕地面积4647亩,全部用于土地增减挂钩交易,总收益6.96亿元。整村搬迁土地复垦增减挂钩交易成为繁峙县的创举,不仅解决了脱贫攻坚资金不足的难题,而且有力地支持了山西转型综改示范区建设。全省城乡建设用地增减挂钩现场会在繁峙召开。

三、全面贯彻新发展理念,促进全县经济高质量发展

牢固树立和贯彻落实新发展理念,主动适应和把握经济发展新常态,全面加强对经济工作的领导,促进全县经济结构进一步优化,发展新动能不断增强,经济效益明显提升,总体上保持了稳中向好的发展态势。

2018年,全县地区生产总值完成69.7亿元,同比增长0.7%;固定资产投资完成43.9亿元,同比增长9%;社会消费品零售总额完成21.3亿元,同比增长9.5%;公共财政预算收入完成2.6亿元,同比增长10.48%;城镇常住居民人均可支配收入完成29932元,同比增长6.1%;农村常住居民人均可支配收入完成8320元,同比增长10.6%。主要约束性指标和转型升级考核指标好于预期,基本达到年度目标要求。

(一)以经济技术开发区为牵引,着力构建五大发展基地。全力打造省级经济技术开发区,开发区"三化三制"改革全面实施,企业投资项目承诺制试点改革扎实推进,2018年10月17日省政府正式批准,成为实施转型综改示范区建设以来,忻州市获批的第一个县域省级经济技术开发区。已编制完成总体规划,共建成园区内路网25.3公里。入驻企业68家,其中规上企业9家,投资强度141.4万元/亩,产出强度160万元/亩,税收强度3.75万元/亩。以经济技术开发区为牵引,在转型布局上着力打造"面向京津冀的清洁能源基地、晋北冶金装备制造基地、全省优质农副产品加工出口基地、融入京津冀的箱包衣帽集散基地、晋北文化旅游集散地"。

(二)以发展现代农业为主攻方向,推动乡村振兴。以推进农业供给侧结构性改革为主线,全面加快农业提质增效。积极调整种植结构,做优做强特色种植。全县农作物总播种面积59.9万亩,玉米播种面积23.1万亩,杂粮播种面积28.3万亩,订单农业种植面积5.23万亩。新认证地理标志产品3个,建设基地6.5万亩;打造"滹源味道""三晋滹源"杂粮名优品牌。培育壮大农副产品加工企业147个、专业合作社1038个,种粮大户187户。大力发展生态畜牧养殖,以创建"繁峙黄芪肉牛"特色农产品优势区、"金驴产业示范区"和牧原100万头生猪养殖基地为抓手,擦亮繁峙畜产品出口"金字招牌",全县牛、驴、羊、猪、鸡、兔饲养量分别达到4.7万头、1.3万头、30.8万只、27.6万头、151万只、7.6万只,畜禽规模化、标准化养殖比重分别达到75%、65%。全县畜牧业总产值达6.2亿元,同比增长10%。

(三)以优存量扩增量为目标,推动工业经济转型。全县规上工业企业57户,其中新增规上工业技改企业5家,培育"小升规"工业企业6家,培育"专精特新"企业4家。全年工业总产值完成76.49亿元,同比增长6.2%;二产中制造业占比达到25.1%。制造业占比提高率达到8.7%。大力发展新能源产业,全县建成投产风电总规模20万千瓦,在建30万千瓦,正办理核准30万千瓦,重点推进20万千瓦,"十三五"末我县风电生产规模可达100万千瓦。特别是山西奥博能源年产1GW光伏组件一期500MW工程已建成投产,光伏装机容量达到63.67兆瓦,实现全产业链发展。大力发展装备制造和新材料产业,长田玄武岩纤维岩棉建材、20万吨再生铝、许氏维雅古建材等6个新型生态环保建材产业项目加快建设,制造业增加值占比提高8.3%。把传统产业转型升级作为看得见、抓得住的经济增长点,抓住环保倒逼机遇,加快对传统铁矿产业的改造,不断延伸铁矿产业链,全县球团产能达到270万吨,可就地转化铁精粉60%以上。

(四)加快发展文旅产业。抓住省市全域旅游示范区建设的良好机遇,深入挖掘佛教文化、关隘文化、滹源文化、城堡文化资源,努力做大做强文化旅游产业。全力加快重点景区建设,滹源景区获批国家4A级旅游景区,实现了景区零的突破。继续推进平型关景区、韩庄长城、大智镜园等重点旅游项目,投入450万元对韩庄长城竹帛口段进行了修缮;大智镜园北坛主体已完工,完成步道和绿化建设。组织专家对新修缮的毛主席路居伯强纪念馆进行了布展设计。启动《繁峙县乡村旅游规划》编制工作,以传统村落保护和农村特色风貌整治为契机,大力发展乡村旅游,实施12个乡村旅游村项目,年内完成总工程量的80%。大力发展文化产业,加强文化产业人才的培训,晋绣坊、双英刺绣等累计开展绣娘培训十余期1000余人次,组织推荐文化产业企业参加山东潍坊文博会等省内外各类文化交流活动,进一步打响繁峙文化品牌。

(五)以转型项目建设年为契机,大力推进项目建设。全力推进转型项目建设年工作,制定了实施方案,成立了县长任组长的领导小组,扎实开展了“前期手续集中办理月”、“项目集中开工月”、“进工地、到一线、解难题”等活动,推进转型项目快速实施。繁峙省级经济技术开发区,全年实施转型项目39个,培育“小升规”工业企业6家,培育高新技术企业3家,制造业增加值占比提高8.7%。转型项目建设年成绩显著,发展后劲进一步积蓄。

四、持续保障和改善民生,坚决维护社会安全稳定

坚持以人民为中心的发展思想,聚焦群众关切,办好民生实事,加强安全维稳,不断提高人民群众的获得感、幸福感和安全感。

(一)全面发展社会事业。咬定“打造繁峙教育品牌、建设晋北教育强县”的目标,全力办好人民满意教育。扎实推进初中教育“强腰工程”;投资5285万元在25所学校实施义务教育基本均衡基建类项目,进一步提高义务教育均衡发展水平;加强教师队伍建设,为繁中、砂中招聘41名研究生学历教师,为农村学校补充70名特岗教师。高考600分以上实现零的突破。提高卫生保障水平,扎实推进县乡医疗卫生机构一体化改革,繁峙县人民医院医疗集团党、政、纪三个班子组建完成,“六统一”机制更加完善;完成147个村卫生室的改扩建任务,卫生室总数达到239个;“6321”医疗保障政策全面落实。进一步加强就业和社会保障,城镇新增就业3951人,建档立卡农村贫困劳动力转移就业7682人。城乡居民养老保险和医保参保率分别达97%、98%。保障城乡低保对象21005户22765人,提标至每人每年3278元,发放低保金7010万元;为1873名农村五保户发放生活补助888.4万元;发放高龄、失能老人生活补贴135.2万元。

(二)努力增进人民生态福祉。深入践行“绿水青山就是金山银山”理念,开展大气攻坚集中行动,拆除砖瓦企业26家,取缔散乱污企业4家,拆除10蒸吨以下燃煤锅炉61台,完成清洁能源替代3471户。全年二级以上优良天数比例达到70.4%。二氧化硫、氮氧化物、COD、氨氮分别完成减排643吨、144吨、278.23吨、45.69吨,达到年度目标要求。开展“清水”攻坚达标行动,对50平方公里以上的19条河流全面落实河长制,推进实施滹沱河源头桥儿沟段和砂河段治理修复工程5.86公里,实施赵庄河流域综合开发项目,修复治理10.56万亩,乔儿沟、茨沟营断面水质均达到和优于III类标准,无劣V类水体,建成区无黑臭水体。开展“净土”攻坚行动,作物秸秆根茬综合利用率达到87.3%;与自然保护区、泉域保护区重叠的23家矿山企业全部关停。持续推进生态绿化,造林4.76万亩,生态扶贫惠及8566户贫困户,户均增收1909元,生态建设与脱贫攻坚互促共赢。

(三)确保社会大局和谐稳定。全面落实习近平总书记总体国家安全观的要求,深入贯彻省委骆惠宁书记“三个坚决防止”和楼阳生省长关于安全生产“四铁”要求,坚决守住全社会安全稳定的底线。持续推进“4438”安全生产工作机制落实,扎实开展安全生产大检查、采空区治理、重点行业领域安全生产专项整治,全县安全生产形势持续稳定。加强信访维稳,实现进京“零非访”目标。深入开展扫黑除恶专项斗争,制定专项斗争方案,确定17类打击重点,突出重点,深挖彻查,组织各乡镇、各部门开展涉黑涉恶线索摸排核查专项行动,共收集涉黑涉恶线索113条,核查办结79条,打掉黑社会性质组织1个、恶势力团伙4个、恶势力集团1个,破获涉恶刑事案件40起,抓获恶势力犯罪嫌疑人40人,判刑21人。严厉打击各类违法犯罪活动,开展“利剑”七号、“雷霆扫毒”等专项行动,及时侦破了一批影响人民群众安全感的案件。

五、坚定文化自信,全面加强和改进宣传思想文化工作

县委始终加强对意识形态工作的领导,不断提高宣传思想文化工作的吸引力和感染力,全面推动宣传思想文化工作走在前干在前,为打赢脱贫攻坚战、塑造繁峙美好形象提供强有力的思想保证、舆论支持和精神动力。

(一)落实责任制、掌握主动权,全面做好意识形态工作。严格落实意识形态工作责任制,制定《繁峙县落实党委(党组)网络意识形态工作责任制实施细则》,坚持每季度认真开展意识形态研判工作,不断强化对重点部位和薄弱环节管理,推动全县各级党委(党组)履行主体责任,确保意识形态安全。充分发挥县委意识形态工作领导小组办公室的综合协调职能作用,积极开展网络生态治理定期分析研判通报、应急指挥调度等工作。加大网上正面宣传,县互联网中心共转发评论2876条,做好“2018清朗专项行动”工作。加大对网上有害信息的发现处置力度,坚决抵制事关大是大非的错误言论,确保了网络意识形态安全。

(二)坚持团结稳定鼓劲,着力强化舆论引导工作。不断提升主流媒体的话语权和影响力,紧紧围绕县委中心工作,充分利用《今日繁峙》、《繁峙新闻》、《繁峙你好》等各类主流媒体平台,精心策划、开辟专栏专题,先后推出了一大批有影响、有温度的主题新闻报道,有力宣传了全县人民在脱贫攻坚、扫黑除恶专项斗争、转型发展中取得的新成就。出版《今日繁峙》22期,播出《繁峙新闻》140余期710余条。强化对外宣传,在市级以上各类主流媒体发稿333件。

(三)繁荣文化事业,丰富人民群众精神文化生活。广泛开展文艺体育活动,举办山西省庆祝改革开放40周年群众文化系列活动暨繁峙县第七届“大杏奖”三民(民歌、民舞、民乐)舞台艺术大赛,举办2018“福益德杯”中国繁峙毽球公开赛,积极推动文艺繁荣发展,新编秧歌戏剧目《杏桥》、《卖妙郎》,改编传统剧目《九件衣》和《花亭会》。大力提升公共文化服务水平,投入479余万元,完成全县287个行政村的文化信息综合服务平台建设任务。开展“省政府免费送戏下乡一万场”演出活动,通过政府购买公共文化服务,全年共完成演出任务108场。完成4824场农村公益数字电影和农村寄宿制学校公益放映任务。县文化馆、图书馆共免费培训、接

待学员和群众2万余人次。“三馆一院”工程室外配套及室内装修完工。

六、坚持人民当家作主,全面推进民主法治建设

始终加强民主与法治建设,着力发展更加广泛、更加充分、更加健全的人民民主,不断推进和深化法治繁峙建设。大力发展民主政治。积极支持县人大及其常委会依法履行职责,鼓励和支持人大组织、人大代表围绕全县重点工作深入开展监督检查。县人大听取和审议“一府两院”专项工作报告17项,依法任免国家机关工作人员19人次。围绕全县中心工作履行职能,听取和审议了关于全县脱贫攻坚工作情况的报告,对产业扶贫、危房改造、整村提升进行了集体视察。充分发挥代表作用,县十六届人大三次会议期间50件代表建议均得到较好办理。认真贯彻落实中央、省委关于加强人民政协协商民主建设和民主监督的《意见》,转办政协提案67件,促进了社会热点问题的有效解决。不断深化群团改革,支持群团组织充分发挥桥梁纽带作用,吸引力、凝聚力、战斗力不断提升。深入推进法治建设,全面落实“谁执法谁普法”责任,扎实推进“七五”普法工作,深入开展新《宪法》的学习宣传,不断强化法治思维和法治方式,建设法治繁峙。始终坚持党管武装,全面加强国防动员和后备力量建设,国防教育、兵员征集、民兵力量配备、优抚安置、“双拥”创建等重点工作扎实推进。

七、进一步加强和改进党的建设,营造风清气正的政治生态

始终坚持把抓党建作为最大政绩,自觉扛起管党治党主体责任,推动全面从严治党向纵深发展,努力实现政治生态持久的风清气正。

(一)坚持把政治建设摆在首位。以提升“双日双评”活动质量为重点,把扎实开展好“双日双评”活动作为提升组织力、强化政治功能的有力抓手,深入推进“两学一做”学习教育常态化制度化。将党的十九大精神和习近平新时代中国特色社会主义思想作为全年的学习主线,围绕中央最新精神、省市重要会议精神、县委重要工作部署安排学习内容,精心挑选《平语近人》、《榜样》等精品视频观看学习,保证每次活动学有收获、学有成效。开展“两优一先”评选活动,县委对评选出的98个优秀党务工作者,284个优秀党员,100个先进基层党组织进行隆重表彰。“双日双评”经验做法在《支部建设》第四期刊发、《忻州日报》整版头条宣传。

(二)加强领导班子和干部人才队伍建设。以选好干部、配好班子为根本出发点,切实加强领导班子建设。扎实开展县管领导班子和县管干部综合分析研判工作,抽调精干力量组成9个考核组,对全县95个单位595名县管干部进行分析研判,分类研究各单位存在的问题并提出调整优化意见。坚持好干部标准,严格按《条例》选干部,发挥好党组织的领导把关作用,全年共调整干部12人。实施人才强县战略,深入落实《关于实施“滹源双创聚才行动计划”的意见》,健全完善专家工作站和创业园区运行机制,建立县委联系的专家人才动态管理制度、县领导联系人才制度。

(三)全面加强“三基”建设。全年累计投入3500余万元用于村级活动场所的新建、改造、修缮及设施配套。全面实施干部素能提升培训工程,先后开展科级干部素质能力提升培训、年轻干部培养工程、领导干部素能提升培训、科级干部读书班培训、扶贫干部全员培训、“领头雁”延伸培训、第一书记和工作队长培训、党务干部集中培训、基层党组织书记全员轮训。扎实做好村“两委”换届选举后续工作,开展“四查四看”行动,对村“两委”干部逐人进行了分析研判;大力整顿软弱涣散基层党组织,因村派出驻村工作组分类指导整顿,已全部整顿转化。结合整村移民搬迁及撤并销号,同步推进党组织优化设置工作,全年撤销农村党支部51个。开展非公经济和社会组织领域聚焦“双强六好”示范党组织创建,全县共选树“双强六好”示范党组织省级1个、市级3个、县级8个,非公和社会组织覆盖率均达到85%以上。

(四)持续推进正风肃纪反腐。制定《关于加强党对反腐败工作全过程领导常态化制度化长效化的实施意见(试行)》和反腐败领导小组3项工作规则,县委对反腐败工作的集中统一领导进一步加强。深化监察体制改革,县纪委监委向县党政机关综合派驻9个纪检监察组,择优选拔38名干部入编,配齐配强了派驻纪检监察组长,实现了全县党和国家机关派驻监督全覆盖。践行“四种形态”,保持惩治腐败高压态势。2018年,共处置问题线索583件,同比增长149.1%;立案163件,同比增长64.6%,结案162件;处理162人,同比增长65.3%,党政纪处分157人,组织处理5人,移送司法3人。运用“四种形态”处理477人次,其中运用第一种形态批评教育、谈话函询319人次,占到66.9%。持之以恒加强作风建设,聚焦“四风”新表现,紧盯重要节点,抓住关键少数,全年开展“四风”专项监督检查7次,立查违反中央八项规定案件13件,处理18人,进一步巩固拓展落实中央八项规定精神成果。深化政治巡察,完成对9个县直单位党组织的巡察,发现问题98个,全部整改完毕。

(赵秋水　侯永兴)

附:中共繁峙县委书记、副书记、常委名单

书　记:孔保宝
副书记:崔峥岭　姚力山　杜怀文(3月离职,挂职)
田　兵(3月任职,挂职)
常　委:杨有成　居清平　王彦清　高瑞军
乔震宇　师天阳　郭美凤　郭舜良(挂职)

中共宁武县委

县委书记　任宁虎

2018年，中共宁武县委高举习近平新时代中国特色社会主义思想伟大旗帜，全面贯彻落实党的十九大和习近平总书记视察山西重要讲话精神，按照省委“一个指引、两手硬”、“三大目标”要求和市委“1661”发展战略部署，团结带领全县党员干部群众全力推进“4851”(实施“科教兴县、煤电强县、生态立县、旅游活县”四大发展战略，突出抓好精准脱贫、转型综改、城镇建设、乡村振兴、环境保护、民生改善、招商引资、平安宁武八项重点工作，着力补齐结构不优、总量不足、民营不活、开放不够、作风不实五大短板，确保到2020年与全国、全省、全市同步建成小康社会)发展战略，在“两转”基础上全面拓展宁武党的建设和党的事业新局面，全面脱贫、全面小康迈出了更加坚实的步伐。

一、深入学习贯彻落实习近平新时代中国特色社会主义思想，牢牢把握政治方向

坚持把学习贯彻党的十九大精神和习近平总书记视察山西重要讲话精神作为做好全部工作的根本遵循和首要政治任务。深入推动“两学一做”学习教育常态化制度化和开展维护核心、见诸行动主题教育，通过全方位、多层次、多形式的学习宣传教育，使广大党员干部形成了主动落实“两个维护”的政治自觉、思想自觉和行动自觉，推动习近平新时代中国特色社会主义思想在宁武落地生根、开花结果，确保了中央、省、市重大决策部署落地落实。

二、决战深度贫困，实现脱贫攻坚连战连胜

抢抓全省聚焦深度贫困集中攻坚重大机遇，大力实施县委“3467”脱贫举措，全年贫困村出列78个，脱贫3891户10187人，实现了脱贫攻坚连战连胜。突出产业至上。建成了“4+7”(即以生猪养殖、光伏发电、乡村旅游、生态经济四大产业为主，发展小杂粮、食用菌、特色养殖、劳务用工、煤炭运输、中药材、电商扶贫产业为辅)脱贫支撑产业体系。全县基本形成了“一户多业、一主多辅”的产业脱贫体系，一般贫困户实现了转移性、资产性、经营性(或工资性)收入“全覆盖”。突出基础先行。先后投入资金12亿多元，实施贫困村基础设施和公共服务设施提升工程，村卫生室、安全饮水、通动力电、互联网实现了全覆盖。突出保障兜底。全面落实贫困人口医疗报销一站式服务和“136”制度，着力开展“双签约”，贫困人口签约率达到100%；全县低保户、五保户实现了应保尽保；义务教育阶段、高中、职业教育贫困学生实现了“全免费”。突出组织保障。先后开展了扶贫领域干部作风、不正之风和腐败问题、信访突出问题专项治理和“村村过、户户查、人人访”活动，创新实施了脱贫攻坚“三千分”考核和“十比十看”考评活动，有力推进了干部作风改进、脱贫问题整改、脱贫工作落实。突出扶志为本。坚持扶贫与扶志、扶技、扶智相结合，先后开展了20余期技能培训活动。着力开展典型选树活动，评选脱贫标兵13名。积极发挥新时代农民讲习所(夜校)和农村“小喇叭”作用，营造了良好的脱贫氛围。突出责任倒逼。完善了第一书记、驻村工作队管理办法，先后召回、约谈、通报第一书记共51名，驻村工作队员101名。注重在脱贫攻坚战场上识别、锤炼、选任干部，新提拔脱贫一线干部19名。

三、坚持项目驱动，不断增强经济发展活力

按照省委“示范区、新高地、排头兵”三大目标建设要求，扎实开展转型项目建设年活动，县域经济发展充满了生机和活力。加快招商引资，积极开展项目交流对接，成功引进了首欣集团、中资集团、中蔼集团等一批大项目、好项目。全县转型项目达到47个。深入推进项目攻坚。开展了“前期手续集中办理月”、“项目集中开工月”和“进工地、到一线、解难题”活动，实施市重点工程项目7项，完成投资16.58亿元，完成年度任务的134.8%。全面加快转型升级步伐。按照“一区四园”(新型工业产业园、煤电建材产业园、现代物流园和现代农业产业园)布局，成立经济技术开发区管委会和招商服务中心，实行“三化三制”改革，入园企业达到10家，另有达成意向企业3家。着力打造绿色农业基地。大力发展有机旱作农业和特色有机养殖，农作物播种面积30.2万亩，粮食总产量达到2824.45万公斤，生猪、肉驴、肉牛、肉鸡、蛋鸡养殖分别发展到15万头、3700头、23000头，200万只、21.7万只。着力打造新型能源基地。积极推进华润宁武2×350MW煤矸石电厂项目；新建改造国家一级标准化矿井5座，释放先进产能1000万吨；建成了总规模10.72万千瓦的光伏电站，建成了总装机45万千瓦的风力发电项目。着力打造全国知名旅游目的地。实施了马仑沟、涔山沟、西马坊沟整沟治理工程，开展了21个村的建筑特色风貌整治，有效地改善了旅游发展环境。开展了“万年冰洞　世界奇观”系列宣传活动，叫响了“世界第八大自然奇迹”的旅游新品牌。全力推进芦芽山5A级景区创建，《创建国家5A级旅游景区提升规划》已通过省旅发委评审并上报国家文化和旅游部。

四、坚持改革创新，积极培育发展新动能

认真贯彻落实习近平总书记的“四个亲自”和省委“三个三”抓改革要求，将“五位一体”、党的建设和党政机构改革等7个领域改革工作细化为45项重点改革任务，建立了“三个

三”抓改革台账,重要领域和关键环节的改革取得了突破性进展。全面深化供给侧结构性改革。退出煤炭产能120万吨,商品房去库存227套,发放扶贫小额贷款8078.8万元。不断深化监察体制改革试点工作,配置完善了派驻纪检监察组和乡镇片区监察组,实现了县级派驻全覆盖。稳步推进企业投资承诺制改革,纳入试点企业75家,企业代办时间缩减60%以上。有序推进国有企业改革改制工作。钜盛能源集团公司改革改制工作已完成资产清查盘点,汽运公司安置工作已完成资产摸底核查。协调推进三农领域各项改革。农村土地确权登记颁证工作完成权属调查任务464村,确认家庭承包耕地面积48.33万亩。加快民生领域改革。稳步推进医药卫生县乡一体化改革,乡镇卫生院由卫计局管理已移交县医疗集团管理。精准实施第三期学前教育行动计划,全县学前三年入园率达91%。全力争取改革试点示范项目,成功申报国家电子商务进农村示范县和全省农业生产托管试点县,申报改革试点示范项目达11个。

五、坚持党管意识形态,凝聚奋力前行正能量

严格落实意识形态工作责任制,有效防止了重大舆情事件和重大意识形态责任事件的发生。深入挖掘地方文化特色,晋剧小戏《懒三求婚记》在忻州市第八届梨花奖大赛上喜获殊荣。不断丰富文化生活,深入开展了“文化三下乡”活动,成功举办了纪念建党97周年暨第一书记脱贫攻坚文艺汇演、第七届读书月和全民阅读系列等活动。大力宣传社会主义核心价值观,开展了“道德模范”、“新时代好少年”评选活动,全民素质进一步提升。

六、切实保障改善民生,全力维护社会安全稳定

积极推进民生事业发展。坚持把就业作为第一民生,全年新增就业、创业带动就业等各项指标均超额完成任务。稳步提升教育质量,高考二本B类以上达线184人,再创历史新高。全面整合村级医疗服务资源,将全县441个村卫生室整合为98个中心村卫生室,基层医疗服务能力有效提升。加快省级文明城市创建工作,各项工作有序推进。深入开展蓝天、碧水、净土和农村人居环境整治保卫战,“六个绿色”重点任务落地落实,中央、省督查组交办案件完成阶段性整改工作,部分案件已经销号验收。全面落实河长制,恢河出境口断面水质自动检测站投入运行。加快国土绿化行动,完成营造林任务3.82万亩,新建、改造沙棘林13万亩。全力维护社会稳定。深入开展扫黑除恶专项斗争,收集摸排线索87条,成功打掉1个黑社会性质犯罪组织和4个恶势力犯罪团伙。扎实开展重点领域信访突出问题专项治理行动,中央、省、市交办案件全部化解。严格落实“4438”安全生产机制,安全生产形势持续稳定向好。扎实推进平安宁武建设,大力实施“雪亮工程”,加强基层社会治理,人民群众的安全感、满意度显著增强。

七、加强民主法治建设,创造良好政治社会环境

支持县人大及其常委会依法履行职责,不断提高人大监督的针对性、实效性和权威性。支持政协积极发挥参政议政职能,不断激发了协商民主的生机和活力。不断强化党外知识分子、新的社会阶层人士的团结教育引领,依法加强宗教事务管理,有效维护了社会大局的和谐稳定。坚持党管武装,推进军民融合发展,全面支持国防和军队改革建设。持续深化群团改革,群团组织的吸引力、凝聚力、战斗力不断提升。扎实推动法治宁武建设。加快推进县乡村三级综治中心建设,社会治理水平不断提高。

八、深入推进全面从严治党,着力维护风清气正的政治生态

全面落实新时代党的建设总要求,把抓党的建设作为最大政绩。深入推进“三基建设”。乡镇“五小”建设全部提档升级,51个软弱涣散农村党组织全部实现转化升级。1205名党员干部脱岗到乡镇驻村开展帮扶,创新实施“一带二帮三”帮扶措施,实现了“组织强起来、党员动起来、党旗飘起来”。加强干部队伍建设。严格落实好干部标准和“凡提四必”“六查”等制度,有效避免了领导干部“带病提拔”。全年调整干部3批次57人。狠抓监督执纪问责。常态化开展作风建设,“零容忍”惩治腐败案件,全年处置反映问题线索638件,党纪政务处分239人。积极发挥巡察利剑作用,监督体系不断完善,为构建风清气正的政治生态提供了有力的纪律保障。

(贾兆卿)

附:中共宁武县委书记、副书记、常委名单

书　记:任宁虎

副书记:王　卓　高建文　李长平(挂职)
裴彦明(4月离职,挂职)
薛勇民(4月任职,挂职)

常　委:弓凤英(女)　薄小伟(7月任职)
尹志刚　田贺玉　贾建宁　张申良
郝建青(5月任职,挂职)

中共静乐县委

县委书记　李德新

2018年,静乐县委以习近平新时代中国特色社会主义思想和党的十九大精神为指导,按照省委"一个指引、两手硬"思路和要求,紧紧围绕市委"1661"发展战略和"3659"脱贫攻坚策略,坚持"扬正气、树新风、创环境、促发展"的工作主线,以脱贫攻坚为总抓手,统筹推进稳增长、促改革、调结构、惠民生、防风险各项工作,翻开了转型发展的新篇章,取得了令人振奋的新业绩。

一、全力以赴促增长、保态势,经济运行稳中向好

县委积极应对经济下行压力,加强经济形势预判研判和监测调度,及时解决经济运行中的苗头性、倾向性问题,全县经济社会保持了平稳健康发展态势。2018年,全县地区生产总值达到33.6亿元,同比增长10%,增幅全市排名第2;规模以上工业增加值同比增长24.3%,增幅全市排名第1;公共财政预算收入完成3.3亿元,同比增长106%,增幅全市排名第1;固定资产投资完成32.6亿元,同比增长9%;社会消费品零售总额完成11.3亿元,同比增长8.3%;城镇常住居民人均可支配收入达到23633元,同比增长6.9%;农村常住居民人均可支配收入达到7160元,同比增长9.4%。其他约束性都圆满完成年度目标任务。

二、精准发力攻堡垒、拔穷根,脱贫攻坚连战连胜

坚持把脱贫攻坚作为最大政治任务,紧紧围绕"两不愁三保障"目标,强化工作举措,狠抓政策落实。推进整村搬迁,集中打造县城移民安置点2个,搬迁深度贫困村31个、贫困人口1167户3206人;抓实产业扶贫,按照产业"五有"目标,投入产业扶持资金1.2亿元,培育产业项目674个,各类专业合作社发展到1352个。新建村级光伏电站152座,全县光伏电站总规模达到77.4兆瓦,带动7862户建档立卡贫困户年均增收3000元;加强生态扶贫,通过林业"五个一批"工程,18374名贫困人口实现稳定增收;狠抓消费扶贫,认真落实"五进九销"举措,积极调动社会各界参与消费扶贫,各类农特产品销售金额累计达到1.4亿元。落实"一县一策",细化"10+1"政策措施,统筹推进健康、教育、金融、电商等专项扶贫,通过全县上下集中力量攻关,万众一心克难,全年退出贫困村40个,减少贫困人口10187人,圆满完成年度目标任务,脱贫攻坚实现连战连胜。代表全省深度贫困县接受了国务院督查、省市攻坚深度贫困现场会观摩检查,得到了各级领导的高度认可。

三、坚持不懈调结构、促振兴,农业产业提质增效

农业供给侧结构性改革深入推进,大力发展有机旱作农业,促进现代特色农业发展,不断培育壮大藜麦、小杂粮、农产品加工等特色产业,全县种植藜麦3万亩、中药材2.7万亩、蔬菜2.3万亩、菊芋1.5万亩,特色种植面积达到83万亩,粮食总产量达1.45亿斤;农产品"三品一标"认证新增5.49万亩,认证产品达到19个;发展农产品加工企业37个,销售收入达到3.8亿元;发展各类养殖专业合作社236个,建成规模养殖场(区)24个,大畜饲养量达到2.2万头,猪养殖量达到5.5万头,实施粮改饲项目2000亩,收贮青草6000吨;全县农机拥有量大幅提高,农业机械综合作业水平达到60%。"省级农产品质量安全示范县"成功授牌,"静乐甜苣菜"和"静乐燕麦"获批国家生态原产地保护认证。制定了《推进乡村振兴战略实施意见》,以脱贫攻坚助推乡村振兴,不断形成脱贫攻坚与乡村振兴相辅相成、相互促进的生动局面。

四、毫不放松上项目、重招商,发展支撑更加有力

坚持"产业第一、项目至上、企业为重、服务为本",全年实施省市重点项目10个、转型项目43个,累计完成投资92.8亿元。衡达涌金物流园区二期、鸿盈制衣厂、东紫制衣厂完成年度建设任务,152村级光伏扶贫电站建成并网发电,汾源煤业矿井完成兼并重组整合技改任务,河西区易地搬迁安置房建设项目主体完工,静静铁路、静兴高速、段家寨水电站等一批重大基础设施项目扎实推进,风电、煤层气勘探等一批新能源项目取得积极进展。加大招商引资力度,开展推介对接活动7次,引进了四川通威、上海电气、新疆晋商、合肥阳光等知名企业,签约项目19个,签约金额69.9亿元,签约项目开工率达到82%。特别是,我们成功争取汾河中上游山水林田湖草生态保护修复项目,三年投资26亿元,为建设生态静乐、绿色静乐奠定了坚实基础,也为推动高质量发展、加快转型升级注入了不竭动力。

五、坚定不移抓改革、强创新,内生动力持续加强

深入推进供给侧结构性改革,消化房地产库存面积3.2万平方米,全县商品房待售面积、库存消化周期实现"双下降"。扎实推进国企国资改革,"三供一业"分离移交取得实质性进展。切实抓好开发区改革,认真落实"三化三制"改革任务,入园企业达到15户。全面推动县乡医疗一体化价格改革,实施公立医疗机构药品零差率销售,健康扶贫"三保险三救助"实现"一站式"办理。深入推进"放管服效"、商事制度改革、企业投资项目承诺制、农村集体产权制度等重点改革,全年办结项目备案、审批81个,新增市场主体1139户。积极推进农村信用社改制化险工作,成功组建了静乐农商银行。华

青藜麦、乐村淘、山西火品生物科技等企业申报了国家和省级高新技术企业,全县省级以上高新技术企业实现破零。与省农科院签订了“院县合作”协议,成立了“藜麦研发中心”,扩繁藜麦纯种20多个,总结出了藜麦“两虫两病”防控技术,研发藜麦和杂粮深加工产品12项,全县改革创新的动力持续激发,开放发展的步伐明显加快。

六、持续用力提品质、夯基础,城乡环境明显改善

坚持以“五城联创”为主线,不断推动城乡一体化统筹发展。进一步巩固提升创卫、创园成果,深入推进全国文明县城创建,在2018年度全国文明县城测评验收中,取得了全省排名第2的好成绩。投入资金815万元,改造雨污分流、供热管网3.6公里,接入供气管网1.5公里,新增园林绿化面积9.3万平方米。汾河县城段综合治理启动实施,全面管控烟花爆竹燃放销售,县城人居环境质量持续提升。投入资金3.1亿元,实施了174个贫困村整村提升工程,完成农村危房改造2100户,打造特色风貌整治村10个,开展了75个村农村人居环境整治,完成农村改厕3022座,实施乡村道路提质工程50公里,新建文体广场79个、综合文化服务中心6个,解决了88个贫困村吃水问题,农村人居环境和整体面貌进一步改善。大力开展国土绿化,完成造林任务14万亩,庆鲁沟整沟治理工程为全市整流域综合治理提供了“静乐经验”,黄金山万亩生态经济为全省生态建设打造了“静乐样板”。扎实推进“蓝天、碧水、净土”三大保卫战,严格落实“河长制”,实现了经济运行和生态环保同向好转。

七、凝心聚力惠民生、办实事,社会事业协调发展

义务教育发展基本均衡顺利通过国家验收,静乐一中与山大附中成功结对,常青藤中学与康家会中学联合办学,创办扶贫学校2所,贫困户子女实现零费用上学。县医疗集团启动运行,县医院二期工程、新建中医院项目主体完工,搭建了“智慧医疗中医药健康服务共享平台”,招录基层医务人员62名,新建、维修村卫生室52个,城乡医疗卫生服务水平显著提高。各类社保资金按期足额发放,新增城镇就业人员2078人,农村劳动力转移2418人,就业和社会保障水平进一步加强。文体事业繁荣发展,举办篮球、乒乓球、象棋等各类赛事10余次,成功举办了静乐首届农民丰收节和首届“奔跑静乐”元旦越野赛,充分展现了新时代干部群众脱贫致富奔小康的精气神。民生为大,一诺千金,省政府确定的“六件民生实事”全部兑现。扎实开展非洲猪瘟防控工作,全县未发生非洲猪瘟疫情。严格落实《地方党政领导干部安全生产责任制规定》实施细则,层层压实责任,加强隐患排查整治,全年安全生产无事故。深入推进扫黑除恶专项斗争,深化平安静乐建设,强化社会综合治理,全县社会大局保持和谐稳定。

八、持之以恒转作风、提效能,党的建设不断深化

县委坚持政治建设在党的建设总体布局中的统领地位,持之以恒引导党员干部树牢“四个意识”,增强“四个自信”,严守政治纪律和政治规矩,带头践行“两个维护”,自觉在政治立场、政治方向、政治原则、政治道路上同以习近平同志为核心的党中央保持高度一致。坚持以“团结战斗出活”为主题,开展了一对一谈心谈话,制定出台《关于进一步激励广大干部新时代新担当新作为的实施意见》。扎实推进“三基建设”,投资580万元,建设周转房176间、村级活动场所11个,维修改造村级活动室150间。打造基层党建示范点59个,整治软弱涣散农村党组织30个。扎实开展扶贫领域、民生领域、涉黑涉恶腐败问题和不正之风专项整治,进一步深化国家监察体制改革,实现了对全县61个县直单位和机关部门的监督全覆盖。运用监督执纪“四种形态”抓早抓小、防微杜渐,坚决查处各类违纪行为和腐败问题。全年立案200件,结案185件,给予党政纪处分180人,移送司法机关3人。查处扶贫领域腐败和作风问题135件,处理135人,组织处理61人,党纪处分78人。

(樊子源 张 琦)

附:中共静乐县委书记、副书记、常委名单

书　记:李德新

副书记:王　昕　宣文晓　张荣章(3月离职)
张占鹰(3月任职,挂职)

常　委:王建峰　王利民　申宏民　霍俊波
李红霞(女)　张安兵
刘　刚(4月任职,挂职)　王树明(5月离职)
孙建国(5月离职,挂职)

中共神池县委

县委书记　曹爱民

2018年,神池县委高举习近平新时代中国特色社会主义思想伟大旗帜,深入学习贯彻党的十九大、十九届二中、三中全会和习近平总书记视察山西重要讲话精神,深入学习贯彻省委十一届五次、六次全会精神,市委四届四次、五次、六次全会精神和骆惠宁书记忻州督导调研讲话精神,按照省委“一个指引、两手硬”思路要求和市委“1661”发展战略要求,努力推动我县“15561”发展思路取得新成效。县委履职尽责,团结带领全县干部群众锐意进取、抢抓机遇、应对挑战,奋力在“两转”基础上全面拓展党的建设和党的事业新局面,在脱贫攻坚、全面建成小康社会上取得新突破。

一、坚持以习近平新时代中国特色社会主义思想为指引,深入学习贯彻党的十九大精神和习近平总书记视察山西重要讲话精神,全面加强党的领导

神池县委坚持把学习贯彻习近平新时代中国特色社会主义思想与县情实际结合起来,突出问题导向定目标、定任务、定责任。全年召开了2次专题民主生活会、15次县委常委会、26次县委常委(扩大)会、中心组学习会14次、专题报告会4次,及时传达学习中央、省委和市委有关会议和文件精神,审议研究了150余项具体工作。坚持把加强理想信念和党性教育贯穿始终,融入日常、抓在经常,引领广大党员增强“四个意识”,坚定“四个自信”,践行“两个维护”。安排部署纪检监察、组织、宣传思想、脱贫攻坚、转型升级、乡村振兴、深化改革、生态环保、民营企业、扫黑除恶等工作。制定出台了《关于坚决打赢全县脱贫攻坚战三年行动计划的实施方案》《关于进一步贯彻落实中央八项规定精神的实施细则》等一系列工作制度,强力推动习近平总书记视察山西重要讲话精神在神池落地生根、开花结果,把稳把牢神池发展的正确航向。

二、以脱贫攻坚统揽全局,举全县之力,集全民之智,决战决胜脱贫摘帽

实行县四大班子领导、乡(镇)主要负责人和单位一把手带头结对帮扶深度贫困户制度,159个帮扶单位、139名第一书记、251支驻村工作队和4901名帮扶责任人全部进村入户,“一对一”结对帮扶。创新“五看五查五核”的“三五”工作法,做到了结对、走访、帮扶全覆盖,扶贫政策的宣传和落实全覆盖。出台了《关于加大对深度贫困群众扶持力度确保如期同步脱贫的意见》,建立帮扶台账,实行动态化管理。

(一)以科技创新促进效益提升,确保稳定脱贫。投资2979万元,以奖代补,将12069只妊娠湖羊、杂交一代杜湖羊发放到贫困户手中,直接带动4500多户贫困户户均增收2000元以上。投资2.7亿元新建3万千瓦地面集中式光伏扶贫电站,覆盖贫困户1033户。1645户3946名贫困人口通过参与保洁、治安、护路等工作,用辛勤劳动获得劳务收入。

(二)落实各项扶贫政策。将贫困户中主要劳动力完全或部分丧失劳动能力,无法依靠产业扶持、生态扶持、教育和就业帮扶脱贫的2034户、2597人全部纳入政策兜底保障范围,农村低保标准每人每年提高到3518元。把175户(458人)重度残疾、慢病大病、因学致贫、家庭发生重大变故的深度贫困户作为帮扶重点,设立了500万元规模的深度贫困帮扶发展基金。落实教育扶贫政策,累计发放资助金1395.13万元,直接受益学生46446人次。加强技能培训,落实就业创业政策,投资2100万元建成职业技能实训基地,累计培训7640人次,农村劳动力转移就业6154人。推进移民搬迁。打造了长城寨、义井移民新村两个特色移民村。采取县城集中安置、中心村安置和分散安置三种方式,五个集中安置点2138套移民房全部分配到户并按照预定计划入住。

2018年全县共退出49个贫困村、脱贫4130户、9736人,贫困发生率降低至0.3%。2014年至2018年累计退出137个贫困村、脱贫11764户、28728人。

三、加强党对经济工作的领导,以项目为抓手,科学调整产业结构,努力实现转型发展

全方位推进农业产业结构调整。成功申报为全省有机旱作农业示范县,推行“行政领导+指导专家+种植基地+合作社(企业)+示范户”的有机旱作农业神池模式,打造了烈堡、长畛、八角3个集中连片千亩示范片。在有机旱作农业的示范带动下,谷子、燕麦、胡麻等九大传统产业转型升级、提质增效。发展以养羊为主,牛、驴、猪等多元化发展的健康养殖,全县标准化养殖场达到65个。以新能源项目落地引领转型发展。已建成风电场14期70万千瓦,在建3期15万千瓦,争取到指标的风电项目达20万千瓦。已建成风电场达产达效后年发电量可达16.8亿度,年创产值10.25亿元。新能源电力装机容量保持全省领跑。编制了《光能开发利用总体规划》,共规划13个太阳能开发利用区,总投资4.792亿元,建成光电项目6.5万千瓦,已并网发电。神池渊林能源有限公司2×1.5万千瓦生物质热电联产项目开工。

四、坚持全面深化改革,突出重点难点,改革成效逐渐凸显

加强党对改革工作的领导。建立了县委定期研究改革例会制度和县级党政领导牵头负责重点改革事项责任制,全年共召开11次全面深化改革会议,制订出台了《2018年全面深化改革工作要点》,一些重要领域和关键环节的改革取得实质性进展。积极争取试点示范。争取并推进扶持村集体经济发展试点、有机旱作农业试点、电子商务进农村综合示范县等14个改革试点。加大对外开放力度。弘扬开放文化、激活开放基因,全方位开展网络招商、产业链招商、定点招商,带队赴上海、北京、河北、河南、太原等地招商12次,签约项目13个,签约资金49.12亿元。重点改革任务落实有力。明确了7个方面44项重点改革事项,已完成19项,正在推进25项。农村集体产权制度、现代农业产业园区、企业投资项目承诺制、医药卫生体制等重点改革任务扎实推进。着力打造“六最”营商环境。推进“放管服效”改革,实现了“两集中、两到位”。引深优化营商环境“1+10”专项行动,深入开展了“前期手续办理”“进工地、到一线、解难题”“打击恶意阻工扰工”专项行动,协调解决了项目建设各类问题和矛盾纠纷130多项。

五、加强党对意识形态工作的领导,不断丰富人民群众精神文化需求

弘扬主旋律,传播正能量。成立了县级融媒体中心,打造了2个社会主义核心价值观主题公园和广场,制作脱贫攻坚专题片22部。市级以上主流媒体刊播稿件400余篇。中央电

视台在我县取点拍摄的脱贫攻坚大型纪录片《承诺》即将开播。微电影《一块石头》荣获首届山西省社会主义核心价值观微电影一等奖。弘扬传统美德，培育文明新风尚。出台了《乡风文明建设专项行动工作方案》，全面推进“十个一”建设。评选“神池好人”5名，“文明单位”12个，“文明村”41个，打造了县人民医院、南关明德学校等6个文明示范点。增强群众文化获得感。投资480余万元，保护、修缮了毛主席路居纪念馆、明长城龙元村段。扶持推进国家级非遗项目神池道情进校园。开展了纪念改革开放四十周年大型书画展、文艺汇演活动，全年送戏下乡121场、送电影1382场。

六、坚定不移扎实推进党的建设，严格落实全面从严治党，进一步夯实党的执政基础

全面加强党的政治建设和思想建设。坚持把政治纪律和政治规矩挺在最前面，把“一把手”的第一责任挺在最前面，把党员领导干部的表率作用挺在最前面，自觉在政治立场、政治方向、政治原则、政治道路上同以习近平同志为核心的党中央保持高度一致。对标骆惠宁书记忻州督导调研讲话要求，强化责任抓落实。坚持问题导向，制定《责任分解方案》，将责任细分为38大项67小项具体工作任务，聚焦、聚神、聚力抓落实。全面加强领导班子和干部队伍建设。健全完善县乡两级党委班子运行机制，规范议事规则和决策程序，提高班子运行机制的制度化、规范化、程序化水平。坚持“好干部”标准，制定了《关于进一步激励广大干部新时代新担当新作为的实施意见》，特别注重在脱贫一线和全县重点工作中选拔使用干部，全年提拔重用奋战在扶贫一线的工作队长1名、工作队员3名、第一书记1名，配强了乡镇党政正职，配齐了县纪检监察组。全面加强“三基”建设。制订“三基”建设具体实施方案79个，建立健全重点工作任务分解、日常工作月清单制度。持续整顿软弱涣散基层党组织，大力实施农村集体经济“破零”，全县70%的行政村集体经济收入达到5万元以上。推进干部素能提升，举办县级干部素能提升培训会33场、乡镇巡回宣讲会16次，累计参训29200余人次。全面推进党风廉政建设和反腐败斗争向纵深发展。形成了加强党对反腐败工作全过程领导的常态化、制度化、长效化制度体系，实现了纪律、监察、派驻、巡察四种监督全面覆盖。坚持挺纪在前，全年共处置问题线索599件，立案查处违纪问题157件。因落实“两个责任”不力，问责领导干部46人。认真开展巡视巡察整改“回头看”，组织开展两轮巡察，巡察21个单位，发现“三类”问题116条，移交相关部门线索71条。严格落实中央“八项规定”精神，坚决整治“四风”问题，绝不容忍形式主义、官僚主义问题。查处违反中央“八项规定”精神问题28件，党纪处分30人。

（卢志强）

附：中共神池县委书记、副书记、常委名单

书　记：曹爱民

副书记：孟宏斌　郑建国　王武道(4月离职，挂职)

胡晨光(4月任职，挂职)

常　委：贾平华　赵国兴　王宝龙　冯建军　杨占录　闫晓东　王玉珍(女)　樊逐意(挂职)

中共五寨县委

县委书记　张　春

2018年，五寨县委以习近平新时代中国特色社会主义思想为指导，全面贯彻落实党的十九大精神和习近平总书记视察山西重要讲话精神，按照省委十一届六次全会和市委四届五次全会安排部署，深入贯彻落实市委“1661”发展战略和“3659”脱贫策略，坚持以脱贫攻坚统揽全局，不断解放思想、攻坚克难、狠抓落实，全县经济持续健康发展，社会保持和谐稳定。

一、深入学习贯彻党的十九大精神和习近平总书记视察山西重要讲话精神，全面加强党的建设

按照新时代党建总要求，贯彻新时代党的组织路线，不断推动全面从严治党向纵深发展。一是加强党的全面领导，把牢正确政治方向。把学习贯彻习近平新时代中国特色社会主义思想作为工作的主线，召开常委会、党政联席会等大型会议56次，县委理论学习中心组集体学习16次，对中央、省委、市委各项部署进行学习传达和贯彻落实。专题听取人大党组、政府党组、政协党组、纪委监委以及法检两院党组工作汇报。召开了肃清腐败流毒影响专题民主生活会，认真学习中央巡视组关于巡视山西省反馈意见，扎实推进巡视巡察整改工作。认真学习省委骆书记督导调研忻州重要讲话精神，出台责任分解方案，加强督促检查，确保各项任务落到实处。二是扎实开展教育培训，加强思想理论武装。依托“周五网络课堂”，开展专题培训15轮45期，培训科级干部、第一书记等“十支队伍”2.2万余人次。举办科级干部学习贯彻习近平新时代中国特色社会主义思想专题学习班10期，轮训各级干部1000余人。依托乡镇党校和新时代农民讲习所，举办4期脱贫攻坚专题培训，培训7000余人次。构建新媒体“五寨党建”微信公众号，将十九大相关资讯及时送到各级干部手中。三是注重日常监督管理，着力培养优秀干部。认真贯彻落实《党政领导干部选拔任用工作条例》，将213名优秀干部及时充实到后备干部中。根据全县科级领导班子建设的实际需

要，先后调整干部3批次，共38人次。围绕“团结、战斗、出活”主题，县委与四大班子领导、县直单位负责人、乡镇党政正职开展了深入的谈心谈话活动，并将谈心谈话活动拓展到了农村。四是全面加强三基建设，发挥战斗堡垒作用。全县所有农村基层党组织，对照“五基十有八上墙”的标准，规范阵地建设。创建了62个农村(社区)示范点，通过“六步工作法”精准整顿25个软弱涣散基层党组织。结合易地搬迁，单独组建党总支1个、支部1个，融合提升支部28个，覆盖63个行政村，7个移民社区升级为集“党群、政务、社区、文体、服务”于一体的标准化“党群服务中心”。采取六条路径，所有行政村集体经济实现“破零”，超5万元的占70%。五是坚持正风肃纪反腐，抓好党风廉政建设。推广落实全面从严治党“两个责任”全程纪实信息化系统，深化纪检监察体制改革，重新设置9个纪检监察组，覆盖55个县直单位，实现了监察监督全覆盖。运用监督执纪“四种形态”，处置问题线索803件，谈话480件，立案审查172件，处分172人，移送司法机关5件。查处违反中央八项规定精神案件8件，处分8人。对扶贫领域违纪行为处分89件89人，自查自纠发现民生领域问题线索36条，全部进行了整改。处置涉黑涉恶有关问题线索11件，结案3件，立案2件，初核6件。

二、坚持以脱贫攻坚统揽全局，稳步推进脱贫摘帽步伐

全力实施“3198”脱贫攻坚行动计划，贫困发生率从36.30%下降到0.51%，贫困村由161个减少到4个，贫困县退出14项指标全部达标。一是层层压实责任合力攻坚。出台了《脱贫摘帽方案》《“秋季总攻”行动方案》《县级领导包保乡(镇)责任制》等30多项方案和制度。四大班子领导分别包保12个乡镇，履行全职、全权、全责。161名农村第一书记、166个驻村帮扶工作队、549名驻村工作队员、3907名结对帮扶干部进驻所有行政村。二是产业就业扶贫到户到人。实施甜糯玉米、优质小杂粮等15大类特色产业项目，12个农业龙头企业、557个合作社带动10683户贫困户增收脱贫。新建134个村级光伏电站、1个集中式地面电站、132户户用光伏，带动贫困户3270户、7663人增收脱贫。通过在工商企业务工等7个渠道，5594名贫困人口实现了就业增收。三是易地搬迁稳步推进。按照“六环联动”方法，采取“五坚持、五同步”破解“七个问题”，通过“四区九院＋分散”模式，在县城规划建设了阳光家园等4个移民小区集中安置11358人，9个敬老院集中供养五保户383人，对普通一人户等1684人进行货币化分散安置。在集中安置点，同步配套了“校、医、文化广场、社区组织活动场所”等公共服务设施。四是生态脱贫成效明显。五年累计发放退耕还林补助2678.9万元，带动4221户贫困户，户均增收6346元；47家合作社造林6.9万亩，带动687名贫困劳动力造林务工，年人均增收7900元；聘用贫困户护林员446人，年人均增收7800元；实施沙棘经济林提质增效项目2.5万亩，带动199户贫困户，户均增收11700元；通过林下经济、森林旅游等林业产业带动贫困户346人增收。五是脱贫政策精准覆盖。严格落实“三保险、三救助”“136”等政策，大病救治、慢病服务、重病兜底“三个一批”分类管理2186户2441人。资助贫困学生2921人，低保学生96人，特困救助供养学生4人，残疾学生13人，其他经济困难学生5人。将低保贫困户中的高龄老人、五保户等特定贫困群体3544人全部纳入政策兜底清零范围，超过了省定扶贫标准。六是基础设施全面加强。对整村搬迁后保留的行政村实施“5+5+5”工程项目，水、电、路、网、房5项基础设施全面提升，村卫生室、综合文化活动场所、标准化小学、组织活动场所、广播电视“户户通”5项公共服务设施全面提升，实施“绿化、硬化、美化、亮化、净化”5项工程，打造了100个绿色宜居美丽村庄，农村的村容村貌、户容户貌、精神面貌发生了翻天覆地的变化。

三、贯彻新发展理念，推动经济健康平稳增长

坚持稳中求进的总基调，努力加快发展速度，提高发展质量，全县经济持续保持稳中有进、稳中向好的发展态势。一是项目建设成效明显。紧扣全省、全市转型项目建设年部署，开展了“项目集中开工月”和“进工地、到一线、解难题”活动。全年落实重大转型项目12个，总投资30.49亿元，晋驾旭来、金航运输等7个项目全部建成投产，实现了当年建设当年投产。现代农业产业园区入园企业10个，年销售收入达1.36亿元。积极争取潞安集团投资800亿元的煤炭清洁利用油电热一体化园区项目、中国中药控股有限公司投资2亿元的中药产业园区项目尽快落地。二是乡村振兴扎实推进。按照“20字”总要求，创建“国家农村产业融合发展示范园”，以土地增值、农业增效、农民增收为核心，按照规模化生产、科技化投入、品牌化认证、集约化经营、市场化推动、工业化提升的思路，构建现代农业产业体系、生产体系、经营体系。全年粮食总产量达4.5亿斤，共建成畜禽规模养殖场(小区)76个，规模养殖户575家。建成年销售100万元以上的加工企业20个，完成销售9.48亿元。申报“三品”认证产品12个，马铃薯通过地标认证，全县无公害、绿色、有机食品基地保持在30万亩以上。三是三产现代化快速提升。全力服务煤炭运销企业转型升级，全年共发运煤炭5041万吨，创利税3.85亿元。实施“国家级电子商务进农村综合示范县”建设项目，建成电商公共服务中心1个，乡级农村电商服务站12个，村级服务点108个，电商销售收入突破亿元大关。编制了《五寨沟文化旅游休闲度假区总体规划》，游客集散接待中心及配套工程正在进行室内装修。四是生态建设持续加强。践行习近平总书记“绿水青山就是金山银山”的发展理念，推进“一山一园一城一路双百村”造林绿化，实施京津风沙源治理、天然林保护等造林项目1.95万亩。以创建晋西北沙棘山西特色农产品优势区为目标，实施沙棘经济林4.2万亩。全面打好蓝天、碧水、净土污染防治攻坚战，省、市环保督察“回头看”反馈问题全部进行了整改，空气质量全省第8、全市第3。五是全面改革深入推进。围绕中央省市要点，出台配套方案和具体举措，抓好供给侧结构性改革、农业农村改革等重点任务。深化“放管服效”改革，打造“六最”营商环境，设立并联

审批窗口，为3个项目实行承诺制无审批管理。减免税款2340万元，不断减轻中小企业负担，完成了贫困村综合文化服务示范工程、粮改饲等4个国家级试点项目。六是持续保障改善民生。坚持优先发展教育不动摇，中、高考再创佳绩。全面深化医改工作，推进优质医疗资源下沉，提升乡村医疗机构的医疗质量和技术水平。深入推进“法治五寨”“平安五寨”建设，打掉恶势力集团2个、恶势力团伙1个。开展领导干部“大接访、大下访”活动，认真落实“4438”安全生产工作机制，杜绝了重大安全事故的发生，人民群众的安全感和满意度不断提升。

(沈雁冰)

附：中共五寨县委书记、副书记、常委名单

书　记：张　春

副书记：张宇光　武革慧　安建平(3月离职，挂职)
　　　　程长生(3月任职，挂职)

常　委：杜新荣　李　强　李文渊　赵宇彤
　　　　张啸梅(女)　李代保　张海全(挂职)
　　　　陈丽娜(6月离职，挂职)

中共岢岚县委

县委书记　王志东

2018年，中共岢岚县委员会高举习近平新时代中国特色社会主义思想伟大旗帜，全面学习贯彻党的十九大和习近平总书记视察山西重要讲话精神，深入贯彻落实山西省委十一届六次全会和忻州市委四届五次、六次全会精神，认真履行把方向、管大局、作决策、保落实职责，深化实施“331”发展思路，团结带领全县党员干部真抓实干、锐意进取，党的建设和事业取得新进步，全面脱贫、全面小康迈出坚实步伐。

一、全面贯彻新时代党的建设总要求，坚定不移把全面从严治党引向深入

一是坚持将政治建设摆在首要位置。县委中心组以一周学习十九大精神、一周学习国学的“双学”制度，开展集中学习研讨48次，引导全县各级党组织结合“三会一课”“主题固定党日”活动，开展专题学习讨论3184次，推动“两学一做”和“维护核心、见诸行动”制度化、常态化，切实树牢“四个意识”，始终坚定“四个自信”，坚决做到“两个维护”。严格落实县委全会、县委常委会、书记专题会议工作规则和工作动态报备制度，把讲政治贯穿于党性锻炼和开展工作全过程。对县乡科级领导班子民主生活会、各党支部组织生活会开展情况进行督查，持续推进基层党组织政治生活规范化、常态化。县委深入开展“团结战斗出活”谈心谈话活动11批次224人，把制度力量转化干事创业的激情和动力。二是加强“三基建设”。全面贯彻落实新时代党的组织路线，以提升组织力为重点，突出政治功能，推动基层组织建设。持续引深“三基建设年”活动，开展抓党建促脱贫“十个专项行动”，启动软弱涣散农村基层党组织整顿提升“两年专项行动”，实施基层党组织“433”典型示范工程，深度融合撤并党支部43个，推动90%的村级组织活动场所达到了“5个方面、34个有”标准，推动105个行政村集体经济收入达到5万元以上。开展岢岚大讲堂、基层干部“五大”培训行动51期4981人次，“四轮压茬”培训扶贫干部390期13207人次。出台《岢岚县关于进一步激励广大干部新时代新担当新作为的实施意见》21条措施，在脱贫攻坚一线提拔重用34名优秀干部，培养青年科级干部88名。三是深入推进“扫黑除恶”专项斗争。全面落实省委“十个进一步”和市委“五个全部”工作要求，制定了“6+6”边督边改工作方案，县委主要领导与12个乡镇党委书记进行了“扫黑除恶”专项斗争督导谈话，打掉2个恶势力团伙。推进“平安岢岚”建设，开展夏安利剑七号、雷霆扫毒二号等专项行动，县乡村“三级平台”高效运行处置信息4228条，三井镇、宋家沟乡、王家岔乡被市综治委命名为“市级平安乡镇”。四是不断抓好意识形态工作。县委常委会每季度组织形势分析研判，建立半小时发现、上报的舆情零报告制度和快速响应机制，常态化开展“晴朗”“净网”专项行动，全年未发生重大舆情事件和重大意识形态责任事件。开辟“天天到现场”“决战深度贫困”“脱贫路上”等专栏，组建岢岚县融媒体中心，在省级以上媒体、网站组发稿件60余篇，央视《朝闻天下》《新闻调查》分别播出岢岚脱贫攻坚、易地扶贫搬迁工作经验和做法，岢岚对外形象得到新提升。五是持续正风肃纪。深化监察体制改革，实现对91个县直单位的派驻监督全覆盖和县乡村监察全覆盖。开展了第四轮、第五轮县级巡察和扶贫领域专项巡察，完成对全部乡镇、三分之一县直单位和24个行业扶贫部门的政治巡察和专项巡察。充分发挥制度优势，查处违反八项规定精神和“四风”问题案件13件。查处并整改群众身边腐败问题和不正之风问题318件。全年受理并处置问题线索732件，谈话函询、组织处理523人次，立案审查186件、党纪政务处分155人，移送司法机关6人，留置2人，“四种形态”分别占到73%、23%、2.8%和0.8%。

二、以更务实的担当和作为抓脱贫，奋力走好立足脱贫、着眼小康、衔接振兴的岢岚路子

岢岚县委始终将打赢脱贫攻坚战作为实现全面小康和实施乡村振兴的前提和基础，靶向攻坚，精准施策。一是突出党建引领。充分发挥党建优势强化政治保障，严格实施“双组长、双协同、双督核”工作机制，推开“天天到现场”到村工作

制和入户工作法,党政主要负责同志"天天到现场"现场办公214次,73次脱贫攻坚领导小组周例会清单式推进7大工程28个专项行动和10项破零清零专项行动,推动193支驻村工作队和4054名干部一线行动、现场施工、合力攻坚。二是突出产业增收。深耕细作"6+3"扶贫产业,推动42户企业、347个合作社联结6687户贫困户15664口贫困人口,实现农民人均可支配收入7370元,同比增幅12.2%,连续三年同比增长7.5%以上。三是突出整村搬迁。把整村搬迁作为破解深度贫困的关键之举,以"四项配套""五个办法""四个全覆盖"工程全力破解七个问题,实现115个深度贫困村1846户4317人整体搬迁、784户2004人插花搬迁。四是突出精神扶贫。出台"两学两做"精神扶贫16条具体措施,建立覆盖141个行政村的新时代农民讲习所,搭建爱心超市、孝善基金、"红黑榜""一约四会"激励平台,选树95户光荣脱贫户、39个"最美家庭",有效激发出"脱贫是干出来的""幸福是奋斗出来的"内生动力。五是突出乡村振兴。围绕构建县城、中心集镇、中心村"1+8+N"的城乡融合发展总体格局,投入5.4亿元完成153个村的对标提升。扎实推进"四好农村路"、安全饮水、农网改造、电信普遍服务、学校全面"改薄"和医疗卫生提升等工程,141个行政村的基础设施和公共服务设施全部达到脱贫标准。积极开展"星期五环境卫生清洁集中行动"11次,农村人居环境全面改善,为乡村振兴奠定坚实基础。2018年,全县实现8438户20029人脱贫、116个贫困村全部退出、县摘帽14项指标全部达标,贫困发生率由31.8%下降到0.38%,高质量完胜脱贫摘帽。

三、以更有效的方法和举措抓转型,推动社会经济高质量发展

岢岚县委围绕"示范区""排头兵""新高地"三大目标,把转型升级作为主攻方向,深入谋转型,大力抓转型,持续促转型。一是推动转型项目建设。深化实施省市"转型项目建设年"活动,严格实行县委"1+3"经济运行推进会、县领导"双包联、双服务"制度,全县规划实施91个项目,完成投资25.5亿元,以产业扶贫、新能源、文旅和生态建设等领域为主的38个转型项目完成投资24亿元,有力地带动全县产业转型和进位升级。二是提升农业发展水平。全面推进晋岚绒山羊省级现代农业产业园、岢岚红芸豆全省有机旱作农业封闭示范片和国家北方农牧交错带示范区建设,10万亩溯源系统与标准化柏籽羊核心养殖区开工,羊饲养量稳定在62万只。"三品一标"新认证10个,达到45个。肉羊屠宰及肉制品加工、沙棘工业原料基地等项目建成投产,山地阳光申报国家级龙头企业,农业发展水平进一步提升。三是加快工业转型升级步伐。全面推进PPP、IPO等14个风光电新型产业项目,总规模426兆瓦的风电项目开工建设、64兆瓦光伏电站并网发电。道生鑫宇LNG项目建成投产,唐山港安塘(山煤国际)内陆港挂牌,煤化工产业形成"煤—焦—气—站"一体化体系。宏发花岗岩石材加工项目、晋兴奥隆水泥厂投产,多元开发的新兴产业链条进一步延伸,实现了无煤县向新能源基地的结构反转。

四、以更大的决心和力度抓改革,全面激发发展活力和动力

岢岚县委始终把全面深化改革作为重大政治责任,推动全县7大类45项改革任务和15项试点改革落地见效。一是推进重点领域改革。深化农业农村改革,玉米和油料从11.8万亩减到7.7万亩,红芸豆、谷子、马铃薯等优势良种农作物增加到28万亩,中药材种植增加到2万亩,全面优化"粮经饲"三元种植结构。启动农村集体产权制度改革,完成24个试点村的清产核资,复垦耕地增减挂钩交易1263亩。深化开发区"三化三制"改革,古城文旅、宋长城文旅项目分别列入国家第四批和省级第五批PPP示范项目。推进"放管服效"改革,实行一周一总结安排、三天一报告情况、七天一次反馈跟踪的"137"工作机制,着力打造"六最"营商环境。持续推进县乡医疗一体化改革,与省市三级医院的医联体建设取得新进展。二是推进创新驱动发展。充分发挥羊产业、小杂粮、煤化工3个专家工作站作用,综合扶持大学生创业园实体经济组织17个,新增入驻省级以上众创空间企业4个,创业团队增长20%。建成12个乡镇电商服务站,全省电子商务进农村综合示范推进会暨电商扶贫工作会在岢岚县召开。万人发明专利拥有量6件。创新推出的"三支贷""妇创贷""青创贷"等信贷产品,持续助力民营经济发展。三是推进对外合作。加强在LNG项目、唐山港安塘(山煤国际)内陆港建设中与广东东莞、河北唐山等地的合作,启动实施书记单月、县长双月的招商引资"12+4"新模式,年度招商引资签约项目20个,总投资64.7亿元。深化与山西农科院、山西农业大学、山西晋粮一品、湖北武汉东科创星、平遥县九城文旅公司建立战略合作关系,柔性引进农业、科技、文旅等高端人才161名。

(贾润高)

附:中共岢岚县委书记、副书记、常委名单

书　记:王志东

副书记:侯俊生　银培秀　杨志勇(3月任职)

常　委:潘晋英(女,挂职)　岳利文　闫莉芸(女)　张志峰　梁利军　吴红兵　陈贵文(5月任职)　董汉宝(5月任职)

中共河曲县委

县委书记　边东圣

2018年,在省委、市委的正确领导下,中共河曲县委紧紧围绕省委“一个指引、两手硬”思路和要求,全面贯彻市委“1661”发展战略,创新实施“1266”工作思路,团结带领全县干部群众,奋力脱贫摘帽,加速转型升级,全面深化改革,从严管党治党,改革发展稳定和党的建设各项工作都取得了新进展。

一、大力强思想、夯基础,理想信念更加坚定

坚持以思想建设为先导,持续强化理论武装。开展多形式、分层次、全覆盖的学习培训。召开县委全会、常委会、中心组学习会,举办读书班、研讨班,推动学习贯彻习近平新时代中国特色社会主义思想往深里走、往实里走、往心里走。始终把旗帜鲜明讲政治摆在首位,重大工作及时报告,重大问题及时请示。总书记的重要讲话第一时间跟进学习;中央和省委、市委的重大部署严格贯彻落实。自觉把全县工作放在全国全省全市大局中审视谋划、推动实践。坚持把中央巡视整改、中央和省环保督察整改、省委两轮督导检查指导作为践行“两个维护”的实际行动,狠抓问题整改落实,以实际行动确保中央、省委和市委决策部署在河曲落地生根。

二、大力抓统揽、补短板,脱贫摘帽成效显著

突出产业支撑,出台农业产业化全链条20项奖补政策,每年拿出4500多万元对农业产业发展各环节进行奖补。发展种养殖产业、光伏产业,实现贫困人口产业增收全覆盖。给予五保低保和金融扶贫之外的所有贫困人口每人3000元产业发展资金,以委托经营方式实现年增收1180元。退耕还林、森林管护、经济林提质增效、造林合作社等生态扶贫带动贫困群众7141人增收。

聚焦易地搬迁,在集中安置区新建幼儿园、卫生室等8大便民设施,配套农贸市场等5大公共服务设施。量身定制2大类11种就业菜单,解决了1326户有劳动能力和441户无劳失劳搬迁户的就业、增收问题。

补齐农村短板。实施行政村水、电、路、网、房全面排查、全面整改、全面提升。完成危房改造2932户,新建农村饮水安全工程147处,配备净水设备506套,巩固提升了147个村的饮水安全。改造提升通村水泥路309公里,314个行政村全部开通客运班车。建设126个村卫生室、302个村级综合文化活动场所,覆盖314个行政村。组织实施160个贫困村整村提升工程,乡村面貌明显改善。

推动政策落实。全面落实兜底保障各项政策,教育资助3812人次377.21万元,民政各类社会救助5523.9万元,“136”兜底保障312.33万元。出台10项优惠政策,每年拿出700多万元为所有贫困人口和残疾人购买扶贫救助保险,有效解决因学、因病、因残、因意外致贫返贫问题。

激发内生动力。实施精神扶贫“1388”工程,开展“三最三好”等评选活动,选树攻坚示范村15个,挖掘脱贫典型198个,召开了全市精神扶贫现场会。

三、大力兴产业、强实体,发展质量有效提升

狠抓项目建设。紧紧围绕产业转型,高起点策划储备新能源、种养加、技改等项目132个。实行县领导包联民营企业、包联重大项目制度。精准发力,引进项目18个,签约资金67.76亿元。组织实施省市重点项目14个,完成固定资产投资19.27亿元,开工率100%,投资完成率124.8%。

狠抓产业优化。大力推进农业供给侧结构性改革,实施有机旱作“渗水地膜谷子穴播技术示范推广”项目2.1万亩,打造有机旱作封闭示范区1000亩。农业产业园区快速推进。发展省级扶贫龙头企业6家,数量居全市第一。以山煤露天煤业和上炭水煤业减量重组整合为突破口,引导全县煤炭企业发展先进产能。大力发展风电、光伏等新兴产业,战略性新兴产业翻了一番。成功创建国家电子商务进农村综合示范县。77.5公里沿黄公路列入省三大板块旅游公路规划,临隩公园4A级景区创建有序推进。

狠抓改革创新。供给侧结构性改革全面落实。全县商品房待售面积消化周期下降为8.1个月。出台《关于金融支持实体经济健康发展的实施意见》,引导金融机构推动金融产品和服务创新。新增24家企业参与电力直接交易,进一步降低成本。农村集体产权制度改革扎实推进。园区“三化三制”改革稳步推进。全面推开企业投资项目承诺制改革,高效推进“多证合一、一照一码”工作。柔性引进科技人才25人,拥有有效发明专利16个,申报发明专利9件,同德化工被认定为国家高新技术企业,振钢化工获批省企业技术中心,四海进通创业园被评为省级众创空间。

四、大力办实事、惠民生,群众福祉日益增进

着力提升公共服务水平。新建实验幼儿园投入使用,新建黄河路九年制学校主体工程完工,“全面改薄”任务全部完成。中、高考成绩连续位居全市前列。持续深化医药卫生体制改革,家庭医生签约服务应签尽签,卫生下乡服务群众31279人次;县域内“一站式服务”和“先诊疗后付费”累计结算3231人次1970.3万元;新建县人民医院项目加快推进。25辆纯电动公交车投入运行。

不断完善社会保障体系。省政府六件民生实事顺利推进。城镇新增就业2718人,失业人员再就业850人,创业带动就业612人,农村劳动力转移2670人。养老、医疗、失业、工伤、生育等保险覆盖率进一步提升。发放农村低保金4419.38万元、农村五保供养金520.24万元,医疗救助4156人次454.7万元,临时救助595人次131.5万元。建成农村老年人日间照料中心13个、养老楼1处。

大力改善城乡人居环境。延瑞路和宣化街建成通车,县城东区排污管网新建工程全部完工,新建改造城市道路5.35公里、水气热管网21.22公里,新建污水管网4.53公里,棚户区改造完成572户,新增集中供热8.48万平米。农村建筑特色风貌整治任务全部完成。改造农村"畅返不畅"公路242公里,完成窄路基路面拓宽改造66.7公里,实施农村公路安全生命防护工程42.3公里,新建2个乡镇汽车客运站,被评为省级"四好农村路"示范县。

五、大力治污染、重保护,生态环境持续改善

以环保督察反馈问题整改为契机,持续开展大气污染防治攻坚行动、净土行动和碧水保卫战。全年二级以上天数305天,优良天数比例达83.6%,年度空气质量综合指数排名全省第四。大力开展国土绿化行动,实施浅山丘陵区干果经济林提质增效1.5万亩、未成林地管护12.87万亩。京津风沙源工程治理二期项目全部完成,土沟榆岭洼、巡镇田巨峁等区域的整沟治理工作扎实推进。创建国家园林县城顺利通过初审。全县森林覆盖率达到27.9%,建成区绿化覆盖率达到43.88%。坚持以法治思维和法治方式推进生态环保,处理环境违法案件49件。

六、大力保稳定、促和谐,民主法治深入推进

出台《关于进一步完善人大代表联系群众制度的实施办法》,建立宪法宣誓制度。办理人大代表议案建议78件、政协提案48件。听取审议专项工作报告17项。认真做好新形势下统战工作,成立河曲县新的社会阶层人士联合会。组织引导各民主党派、社会团体和各界人士,积极投身参与全县重点工作、作出积极贡献。进一步规范宗教场所正常活动,全面开展宗教政策宣传教育培训和"四进四禁四查"。坚持问题导向,排查、整改安全隐患4098条,推动全县安全生产形势持续稳定好转。全力做好信访维稳,接待来访群众1167人次,结转网上投诉件225件,办结率100%。中央第十五巡视组、中央联席办交办的信访督办案件全部办结。重大会议活动、重要时间节点"三个不发生"任务圆满完成。深入开展打击违法犯罪专项行动和"全能神"专案行动,持续推进扫黑除恶专项斗争,摸排案件线索214条,打掉恶势力团伙5个,抓获犯罪嫌疑人52人,群众安全感进一步提升。县检察院被授予了"全国文明接待室",沙畔村被命名为"全国民主法治示范村"。

七、大力强引领、育新风,宣传工作亮点纷呈

认真履行意识形态工作责任制,加强网络舆情引导,壮大主流舆论、坚守舆论阵地,处理各类舆情89件。挂牌成立县融媒体中心,全县未发生重大舆情事件和重大意识形态责任事件。坚持团结稳定鼓劲、正面宣传为主,广泛开展形式多样的主题宣传教育实践活动。开展庆祝改革开放四十周年学术展示和主题摄影展等文化活动,凝聚社会正能量。县图书馆、美术馆、档案馆、博物馆、文化馆投入使用,周末大舞台、送戏下乡等文化惠民力度不断加大。立足民歌二人台传承发展,成功举办第四届"陆野杯"全国二人台艺术展演邀请赛和庆祝改革开放40周年全国民间文艺《说唱、小戏、音舞》展演;与中国民间文艺家协会联合举办了晋冀陕蒙甘宁六省区全国二人台艺术交流展演。河曲民歌二人台首次被纳入《2018国之瑰宝·保利情——中华优秀地方剧目展演》。

八、大力抓党建、严纪律,政治生态持续向好

从严压实管党治党政治责任。实行"两个责任"全程纪实化、责任清单化管理,逐级分解传导责任和压力。以乡镇纪检干部巡村日志为抓手,探索实行"三巡四访五必记"工作模式,推动主体责任落实进一步向基层延伸。出台"廉政提醒约谈"制度、建立完善"一把手"履责台账推动责任落实;强化"一案双查",加大追责问责力度。全年党内问责54人,领导干部问责48人。

强力推进正风反腐肃纪。重新设置9个县纪委监委派驻纪检监察组,监督全县62个单位,实现派驻机构全覆盖。充分运用监督执纪"四种形态",处置问题线索781件,立案审查217件,处分211人,移送司法机关审查起诉6人。查处违反"四风"和八项规定精神案件29件,处理29人。两轮巡察发现并整改问题284个。持续加大扶贫领域监督执纪问责力度,查处案件237件,处理237人。深入推进民生领域不正之风和腐败问题专项治理,查处案件124件,处理124人。

全面加强干部队伍建设。出台《激励广大干部新时代新担当新作为实施意见》,对4名不担当不作为的乡镇党政正职进行调整,将26名担当作为干部提拔重用到脱贫一线。建立年轻干部人选库,动态管理,及时更新补充。以"团结战斗出活"为主题,开展四大班子、乡镇党政正职、县直部门一把手三个层面集体谈心谈话,并向村级延伸,干部作风明显好转,政治生态持续向好。

扎实推进"三基"建设。深入开展标准化规范化建设,打造提升11个社区,命名25个五星级党组织,提升整顿32个软弱涣散党支部。加强带头人队伍建设,储备本土人才731人、后备干部508名,调整撤换党组织书记11名。593个党支部全部开展了主题党日活动。下拨乡、村(社区)运转经费3950万元,612个基层组织开展了"标准问题讨论",找出薄弱环节167个。全县314个村集体经济全部破零,5万元以上的占68.2%,召开了全省扶持村集体经济发展试点工作培训会。实施"五大培训工程",培训干部6000余人次;举办农村"领头雁"培训,覆盖各领域593名党组织书记,20家行业主管部门全面完成对本系统干部职

工专业能力测评。

(乔 鑫)

附：中共河曲县委书记、副书记、常委名单

书　记：边东圣

副书记：任鸿宾　徐晓兰(女)

王　斌(4月离职,挂职)

侯广章(4月任职,挂职)

常　委：刘建忠　徐　瑛　张永明　赵　勇

马永峰　李志福　付建华(挂职)

中共保德县委

县委书记　温建军

2018年，保德县委高举习近平新时代中国特色社会主义思想伟大旗帜，深入学习贯彻党的十九大和习近平总书记视察山西重要讲话精神，全面落实省委"一个指引、两手硬"思路要求、"三大目标"的部署和市委"1661"发展战略,对标前行,苦干实干,全县脱贫攻坚、经济社会发展和党的建设都取得了新进展、新成效,开创了新时代保德各项事业发展新局面。

一、坚持以习近平新时代中国特色社会主义思想和党的十九大精神为指引,牢牢把握保德工作的正确方向

县委班子坚持把学习贯彻习近平新时代中国特色社会主义思想和党的十九大精神紧密结合起来,作为首要政治任务,统揽全县大局,不断引向深入。一年来,通过县委中心组学习、邀请教授作专题辅导、举办《保德大讲堂》等多种方式,全面系统地学习了习近平新时代中国特色社会主义思想和党的十九大精神,切实做到真学真懂、真信真用、真知真行,将习近平新时代中国特色社会主义思想和党的十九大精神贯穿于全县脱贫攻坚、经济社会发展和党的建设全过程、各领域,确保了中央、省委、市委决策部署在保德全面正确有效贯彻落实。

二、加大脱贫攻坚力度,统筹做好各项民生工作

县委班子坚持以习近平总书记扶贫开发重要战略思想为指导,全面贯彻落实中央、省市脱贫攻坚各项决策部署,坚持把脱贫攻坚作为最大政治责任和第一民生工程，紧盯2018年底脱贫摘帽目标，不断强化脱贫攻坚统揽统筹举县体制,全力实施八大工程二十个专项行动,脱贫攻坚工作取得了决定性进展。全年退出贫困村54个,脱贫7433人,贫困发生率降到了0.53%，县脱贫摘帽14项指标均达到退出标准,并顺利通过了省专项评估检查,取得了零漏评、零错退、群众认可度97%以上的好成绩。

牢固树立以人民为中心的发展思想,统筹抓好各项民生工作。坚持就业优先,促进更高质量更充分就业,全年新增城镇就业2476人,创业带动就业411人,城镇失业人员再就业940人，就业困难人员就业327人，转移农村劳动力2868人，分别完成全年任务的117.6%、119.1%、121.9%、123.4%、121%,城镇登记失业率3.8%。多措并举提高居民收入,2018年，城镇居民人均可支配收入完成29222元，同比增长6.1%；农村居民人均可支配收入达到7700元，同比增长11.5%。住房、教育、文化、医疗卫生、社保等各项事业发展都取得明显成效,人民群众获得感、幸福感更加充实、更有保障、更可持续。

三、全面贯彻新发展理念,经济运行持续保持稳中向好态势

县委班子进一步加强对经济工作的领导,坚持"1+3"季度经济运行分析制度,把推进供给侧结构性改革和转型综改试验区建设结合起来,聚焦"示范区"、"排头兵"、"新高地"三大目标,坚持工业强基,突出项目引领,大力推进转型升级,全县经济发展质量不断提高,继续保持了由"疲"转"兴"的总体态势。2018年,全县地区生产总值完成95.8亿元,同比增长6.5%;规模以上工业增加值同比增长6.1%;固定资产投资完成38.5亿元，同比增长9.6%；社会消费品零售总额完成20.4亿元,同比增长7.1%;财政总收入完成19.9亿元,同比增长30.1%;公共财政预算收入完成6.28亿元,同比增长7.1%。各项经济指标总量、增幅稳居全市第一方阵,财政总收入和公共财政预算收入分别排名全市第一、第二,农村居民人均可支配收入增幅高于全省和全市平均水平。全县经济运行好于预期、快于同期,实现了高开稳走、稳中向好,稳增长、促转型的基础逐步夯实,县域综合实力稳步提升。

四、聚焦重点领域持续发力,全面深化改革和对外开放取得重要进展

县委班子牢固树立"改革不能落后,改革必须先行"的鲜明导向,紧紧围绕全县改革发展大局,坚持问题导向,聚焦群众期盼,全力推动重点领域、关键环节改革,取得了明显成效。

2018年,申报成功国家级电子商务进农村综合示范县、省级红枣有机旱作标准化示范区2项试点示范项目，申报"四好农村路"建设示范县项目进展顺利，已先期下拨资金4500万元。同时,充分发挥我县独特的资源优势、区位优势,深度融入黄河几字湾战略经济区和晋陕蒙金三角经济区,"走出去"与"引进来"相结合,引资、引智、引技相结合,全方

位扩大对外开放,全年完成招商引资签约项目11个,签约项目总投资88.9952亿元,占全年计划的141.26%。当年签约并开工转型项目5个,开工率达到71.43%,完成任务的274.73%,构建起了深化改革与对外开放交融互动的新格局。

五、大力发展社会主义民主政治,法治保德和平安保德建设扎实推进

县委班子带头贯彻民主集中制,将县委"441"工作流程,全面贯穿于议事决策、执行落实、约束监督、联系服务各个环节,推进了决策的科学化和民主化。注重发挥县四大班子的整体合力,保障人大、政府依法行使职权,支持政协履行职能,促进了工作平衡发展,形成了齐心协力、众志成城的良好氛围。积极发挥工青妇等人民团体作用,切实加强对人民武装工作的领导,高度重视统战、民族和宗教工作,形成了群策群力、团结共进的政治局面。支持法院、检察院依法独立公正行使审判权、检察权,切实维护了司法公正。深入开展"七五普法"工作,进一步增强了公民的宪法观念和法制意识。不断加强基层民主建设,深入推行党务公开、政务公开、村务公开、企务公开和公用事务公开,切实保障了人民群众的知情权、参与权、表达权和监督权。2018年我县被表彰为"全国法治县(市、区)创建活动先进单位",成为忻州市唯一荣获此殊荣的县区。

牢固树立总体安全观,坚守"三个坚决防止""三个确保不发生"底线,扎实开展扫黑除恶专项斗争,共收到线索123条,办结并通过省公安厅认定恶势力案件2起,排查收集涉黑涉恶腐败和"保护伞"线索41条,全年破获刑事案件258起,人民群众安全感进一步提升。积极推动领导干部大走访活动,开展"四个重点"信访矛盾化解攻坚战和部分军队退役人员 "走访慰问排查走访活动", 全县信访工作总体平稳可控,趋稳向好。以极端负责的态度抓好安全生产,安全生产事故期数和死亡人数同比分别下降33.3%、42.9%,重大领域实现了"零死亡、零事故"。

六、牢牢把握意识形态工作主动权,宣传思想工作吸引力和感染力不断增强

县委班子围绕强领导、举旗帜、聚民心、育新人、兴文化、展形象、建队伍的总体部署,全面加强对意识形态工作的领导,不断强化理论武装,把握舆论引导,为全面脱贫、全面小康提供了有力的思想保证和精神力量。县委中心组带头,坚持周五集中学习例会制度,形成了县委中心组带动下的各基层党委(党组)理论学习的新格局。全面履行意识形态工作职责。严格落实意识形态工作责任制,按要求每季度向市委意识形态工作领导小组提交"意识形态领域分析研判报告",受到市委意识形态工作领导小组的好评。着力防范网络意识形态风险、加强网络安全维护,全年监测和处理涉及我县各类舆情410余条,进一步加强了我县意识形态工作的引导权和话语权。

七、全面落实新时代党的建设总要求,全面提高党的建设质量

县委班子坚决贯彻落实中央、省委、市委全面从严治党的要求,切实将从严治党主体责任扛在肩上,认真落实管党治党的各项工作任务,毫不松懈地把全面从严治党引向深入。

坚持把党的政治建设作为根本性建设,引导党员干部树牢"四个意识",坚定"四个自信",坚守政治纪律和政治规矩,自觉践行"两个维护",持续推进"两学一做"学习教育常态化制度化,巩固拓展"维护核心、见诸行动"主题教育成果,自觉在政治立场、政治方向、政治原则、政治道路上同以习近平同志为核心的党中央保持高度一致。严格落实"三会一课"、组织生活会、民主生活会和民主评议党员等党内组织生活制度,扎实开展"3+X"主题党日活动,推动了基层党组织政治生活规范化、常态化。

坚持无禁区、全覆盖、零容忍,坚持重遏制、强高压、长震慑,坚持受贿行贿一起查,对不收敛不收手的新账老账一起算,始终保持惩治腐败高压态势,反腐败斗争取得压倒性胜利。全年立案208件,结案204件,给予党纪政务处分189人,同比增长56.2%。涉嫌犯罪移送检察机关5人,同比增长25%。查处违反中央"八项规定"精神案件22件,处分干部26人,通报曝光违反中央"八项规定"精神典型问题5起9人,持续保持狠刹"四风"的高压态势。

县委认真践行新时代党的组织路线,不断加强党的组织体系建设,努力建设忠诚干净担当的高素质干部队伍。重视使用勇于担当、改革创新、实绩突出的干部和扶贫一线优秀干部,全面提振了广大干部干事创业的积极性和主动性。出台了《关于进一步激励广大干部新时代新担当新作为努力建设高素质专业化干部队伍的实施意见》, 营造了干事创业的浓厚氛围和鲜明导向。继续实施"柔性引才计划",推动全县人才工作迈上新台阶。把加强基层党组织建设放在"三基建设"整体布局中谋划,"三基建设"13项重点任务取得明显成效,"三基建设"对全县工作的支撑作用更加明显。

(杨 剑)

附:中共保德县委书记、副书记、常委名单

书 记:温建军

副书记:韩 斌 岳建斌 白宝林(4月离职,挂职)

常 委:华永军 刘志成 油建平 刘竞才 高彩文 李晋峰(5月任职,挂职) 田先明(5月任职)

中共偏关县委

县委书记 王 源

2018年，偏关县委深入学习贯彻党的十九大精神和习近平总书记视察山西重要讲话精神，全面推进“1551”发展战略，聚焦防范化解重大金融风险、精准脱贫、污染防治“三大攻坚战”和“工农旅”三大目标建设以及安全、生态、民生“三条底线”，经济社会呈现出稳中有进、稳中向好的发展态势，奋力拓展了党的建设和党的事业新局面。

一、坚持以习近平新时代中国特色社会主义思想为指导的各项工作取得新成效

县委始终坚持把习近平新时代中国特色社会主义思想与党的十九大精神、习近平总书记视察山西重要讲话相结合，全县上下始终坚持思想上紧跟、行动上落实、成效上发力、发展上突破，推动各项工作取得明显进步。脱贫攻坚成效考核迈进全省35个国定贫困县第二方阵，“三种模式”光伏扶贫电站走在全省全市前列，环保效益、经济效应、增收效益明显，村集体经济破零，村集体收入和贫困户增收有了坚实保障，医疗“一站式”服务受到省市表扬，“支出型贫困”问题得到解决；煤改电、林业生态建设、整村搬迁土地复垦增减挂等成效显著，在全市推广了先进做法和典型经验；转型升级成效明显，经济指标增幅在全市实现4个第二和1个第三新突破。义务教育均衡发展通过国家验收。坚持“以路促转型”，209国道一期工程全部完工，具备通车条件，二期工程正在推进实施，被誉为“生命线”的长城1号、黄河1号旅游公路以及支线建设顺利推进，总投资额为17.9亿元。这是继灵河高速、准朔铁路建成后的又一重要道路建设工程，是全市2018年投资量最大的道路工程。“两条”旅游公路从争取到开工仅仅用了5个月的时间，创造了偏关速度，从当年争取道路建设资金投资量和开工速度来看位居全省第一。

二、坚持和加强党委对经济工作的领导，经济保持转型发展持久的强劲势态，转型发展拉动经济提质增效作用明显

主要指标实现大翻身。17项区域经济转型升级指标任务超额完成，全县地区生产总值完成32.3亿元，同比增长11.4%，全市排名第1；固定资产投资完成7.3亿元，同比增长45%，全市排名第1；财政总收入完成2.9亿元，同比增长41.27%，全市排名第2；公共财政预算收入完成1.73亿元，同比增长43.72%，全市排名第2。

能源结构实现大突破。扎实推进“保障服务水电、多元扩展风电、全面覆盖光电、新上生物质发电”的转型举措，竣工运行的水电、风电、光电总装机容量达到180万千瓦，开工建设的风电项目10万千瓦，核准通过的风电项目10万千瓦，准备开工的生物质热电联产项目2×1.2万千瓦，新能源项目装机容量将达到202.4万千瓦，同时正在争取的风电项目还有49万千瓦，偏关将成为全市新能源建设第一县。全县重大项目建设在库项目20个，总投资45.46亿元，其中转型项目8个，总投资34.7亿元，占全部建设项目投资额的76.3%。

农牧业发展水平显著提高。全年新增“三品一标”产品21个，超额完成11个；补贴新品种新模式种植1489万元，亩产补贴金额全市第一，种植面积达到8万亩。粮食总产量达到1.28亿斤，再创历史新高。新组建农民专业合作社264个，建成投运全市规模大、运行模式新的鼎盛种猪繁育有限公司，带动引领作用明显。

文旅产业成为转型发展新业态。积极推进西线黄河风情游、东线长城边塞游，逐步优化全域旅游发展战略。编制完成了《偏关县全域旅游规划》《老牛湾风景名胜区总体规划》和《偏关县大老牛湾旅游区总体发展规划》，积极创建老牛湾4A景区。偏关普惠公司对老牛湾景区进行了第二轮优化提升。全省黄河上最大的老牛湾客运码头完成主体工程，向交通部申报的航道治理项目完成工可编制。成功举办了“全国大众速度滑冰马拉松系列赛”“长城黄河极致越野徒步赛”等大型赛事活动。

三、认真落实习近平总书记视察山西重要讲话精神，坚持以深度举措攻坚深度贫困

以坚定的脱贫信念落实责任。始终坚持把打好脱贫攻坚战作为实施乡村振兴战略的优先任务，制定出台了《关于坚决打赢全县脱贫攻坚三年行动的实施意见》等9个政策性引领性文件，不断提高脱贫攻坚的精准性和有效性。成立了16个行业脱贫办公室，分类组织脱贫项目的具体实施。通过双签制度、“双组长”制度、工作例会制度、“三级书记”抓扶贫制度的落实，形成“主体明确、四制联动”的脱贫攻坚政策机制。

以精准的脱贫方略落实政策。贫困家庭增收得到保障。以光伏扶贫、特色种植、健康养殖、林业生态等产业为抓手，全县245个贫困村集体经济破零实现100%，其中年收入5万元以上的村148个。贫困家庭住房安全得到保障。对全县2360户危房户进行了危房改造。1211户3460人的搬迁任务已提前完成，回购商品房633套供搬迁户入住，入住率达95%以上。15个整村搬迁村旧房拆除工作已全部完成，城乡建设用地增减挂钩项目涉及37个村，共拆旧区面积1500亩，复垦规模为1489亩，可交易总面积1401.29亩。贫困学生上学得到保障。从严落实“两免一补”，全县累计发放各类资助资金243.7万元，发放大学生助学贷款1443.07万元，为

84名本科大学生每人发放补助5000元。贫困对象看病得到保障。全面落实“三个一批”“三保险三救助”“双签约”“两癌筛查”等各项健康扶贫政策,全县报销金额2320.63万元,报销比例达92.58%。特殊群体生活得到保障。全年共发放各类应保尽保,应兜尽兜资金1848.94万元。

以深度的脱贫举措落实工作。认真落实“一县一策”,精准细化“10+1”政策措施,扎实推进“10+7”破零清零、专项行动,组织开展了“春季行动”“夏季行动”“秋季总攻行动”“冬季决战行动”,扎实推进脱贫攻坚三年行动。2018年完成了15个贫困村退出,1153户3155口贫困人口的脱贫任务,全县贫困发生率由2014年的34%降到2018年的3.78%。

四、大力推进社会主义民主政治建设,建设法治偏关、平安偏关、幸福偏关

县委常委会始终坚持党的领导、人民当家作主、依法治县有机统一,加强和创新社会治理,不断推进法治偏关、平安偏关建设。坚持县人大、县政府、县政协、法院、检察院5个党组工作汇报制度,加强政治领导,凝聚发展合力。

坚持和完善人民代表大会制度。支持人大及其常委会依法履行职能,扎实推进县乡人大建设,制定出台加强县乡人大建设的《意见》、进一步完善人大代表联系人民群众的《实施办法》、县政府报告国有资产管理情况试行《办法》等制度。通过对扫黑除恶、光伏扶贫和旅游公路建设等重点项目进行视察调研,人大监督实效进一步增强。

加强对人民政协工作的领导。认真贯彻落实关于加强人民政协协商民主建设和民主监督《意见》,支持政协系统围绕中心履行职能、提质增效,切实加强政协党组建设。提出高质量的意见建议,涉及城市建设、交通道路、教育卫生和旅游发展等59件提案,办结率达到91.3%。

扎实做好新形势下统战工作和宗教工作。对531名中级职称及以上无党派人士建立了数据库。制定《偏关县四大班子领导联系民营企业的实施方案》,22个民营企业实现县级领导一对一、一对多帮扶服务。推进脱贫攻坚“百千百”工程,省、市、县14家民营企业完成帮扶签约。扎实开展“四进三禁四查”宗教活动,积极推进宗教事务规范化管理,引导和帮助宗教界在法律范围内开展正常宗教活动。

深入推进扫黑除恶专项斗争。打掉恶势力团伙3个,其中恶势力集团1个,恶势力团伙2个,共破获刑事案件19起,行政案件2起,涉案人员11人,取得阶段性成果。

五、全面落实新时代党的建设总要求,扎实推进全面从严治党

强化主体责任。坚持把政治纪律和政治规矩挺在最前面、把党员领导干部的表率作用挺在最前面、把“一把手”的第一责任挺在最前面,抓班子、抓纪律、抓作风、抓典型、抓基层。制定了《十三届县委巡察工作规划》,进一步加强政治巡察,被巡察单位先后整改共性问题137条,追责问责126人(次),有力推动全面从严治党向纵深发展。

深入推进“三基建设”。围绕组织工作7个方面28项和“三基建设”13个方面32项重点工作任务,制定“三基建设”实施方案和重点工作任务清单并签订《党建目标责任状》。新建、扩建和维修村(社区)阵地121个,完成干部周转房改扩建138间;落实了每个乡镇60万元的运转经费、20万元的乡镇干部周转房建设费用;落实了每个村9万元的村级组织运转经费和每个社区10万元的办公经费。同步实施“162”典型示范工程,基层党组织达到“五个基本”要求。

积极推进文化繁荣。进一步压实意识形态工作责任制,组织开展“扫黄打非”和“护苗、清源、秋风、固边、剑网”五大专项治理行动。加强现实题材创作,创作了一批反映精准脱贫的小戏《移民风波》、《立志脱贫》以及诗歌《下乡记怀》等。

反腐败斗争取得压倒性胜利。坚持重遏制、强高压、长震慑,立案97件,处分76人。查处违反中央八项规定精神和“四风”问题10件。认真开展群众身边腐败问题专项治理,查处案件24件,处理45人。持续深化监察体制改革,体制机制进一步健全和完善,全县81个单位实现监察全覆盖,制度优势进一步转化为治理效能。

(李　敏)

附:中共偏关县委书记、副书记、常委名单

书　记:王　源

副书记:曲俊安　王文阁

呼运平(3月离职,挂职)

树学峰(3月任职,挂职)

常　委:白建国　李贵峰(8月离职)　田小平

王国昌　党　勇　刘效华(女)

张　强(挂职)

中共吕梁市委

市委书记　李正印

2018年,吕梁市委高举习近平新时代中国特色社会主义思想伟大旗帜,深入学习贯彻党的十九大精神和习近平总书记视察山西重要讲话精神,认真贯彻省委“一个指引、两手硬”思路和要求,围绕扎实抓好“四件大事”,全力实施“十大举措”,牢记嘱托、感恩奋进、砥砺前行,脱贫攻坚连战连胜,经济发展稳中有进,转型发展态势强劲,民生事业持续改善,生态建设成效明显,全面从严治党向纵深推进,担当作为、干事创业的氛围更加浓厚,吕梁在“两转”基础上党的建设和党的事

业取得新进展新成效。中共中央政治局委员、国务院副总理孙春兰对吕梁健康扶贫、教育扶贫工作给予充分肯定。全国科技助力精准扶贫现场会、中国国际扶贫研讨会、全省金融扶贫培训会等重要会议在吕梁召开。市林业局荣获全国脱贫攻坚组织创新奖。

一、持续部署推动,形成了学用习近平新时代中国特色社会主义思想的大氛围大格局

市委常委会34次、中心组19次学习习近平总书记重要论述,两次重温习近平总书记视察山西重要讲话,先后召开市委四届四次全会暨经济工作会、四届五次全会,以及脱贫攻坚、转型发展、生态环保、深化改革、对外开放、法治建设、扫黑除恶、党的建设等系列专题会议,出台20多个政策文件,建立起“1+N”学习贯彻体系。召开全市宣传思想暨网信工作会议,修订并落实《党委(党组)意识形态工作责任制实施细则》。推进媒体融合发展,不断强化主流舆论阵地。召开习近平新时代中国特色社会主义思想经验交流会,举办各类学习班、读书班,累计培训干部9.9万人次。举办“万人万场”等宣讲活动3万多场,受教育群众达200多万人次,形成了学用新思想的大氛围大格局。

二、扎实推进经济发展方式转变,转型发展呈现出持久强劲态势

大力改造提升传统产业,加快发展新兴产业。推进煤炭“减、优、绿”发展,退出和置换产能578万吨,先进产能提高到70%。全面启动焦化产业清洁生产改造,孝义、交城一批焦转化项目取得重大进展。加快铝系产业发展,全省规模最大的中铝华润一期43万吨轻合金铝项目正式投产。举办第二届“数谷吕梁·智赢未来”推介会,签约26个项目,总投资29.3亿元,成立“一委三院”,华为山西(吕梁)大数据中心正式挂牌。启动“2018吕梁旅游再出发”等旅游季活动,全市旅游接待人次、总收入增幅居全省前列。举办第二届世界酒文化博览会,“中国汾酒城”正式揭牌,获得第20届国际烈性酒大赛举办权。实施“百千万人才工程”,聘请70多名院士专家为转型发展顾问,新引进高层次科技人才170名。制定《支持民营经济发展若干措施(试行)》,构建亲清政商关系,不断激发民营企业发展活力。推动省委确定的11项重点改革落地,增量配电、国企国资、放管服效等改革取得重大进展。新获批省级开发区3个,累计达8个,“三化三制”改革进一步深化。组团到环渤海、长三角、珠三角招商引资,签约82个项目,总投资413亿元。扎实推进“转型项目建设年”,全市转型项目完成投资254亿元,固定资产投资增幅高于全省4.6个百分点。非煤工业增加值占规上工业增加值的比重达52.4%。

三、扎实组织脱贫攻坚,攻坚深度贫困取得重大积极进展

出台“3545”行动计划,召开脱贫攻坚现场推进会、民营企业精准扶贫推进会、对标提升“百日行动”动员会等会议,持续部署,尽锐出战,在中阳县、柳林县成功摘帽的基础上,岚县、方山县、交城县、交口县、离石区摘帽,12.7万人减贫,脱贫攻坚实现连战连胜。生态扶贫,完成荒山造林103万亩、退耕还林128万亩、经济林提质增效118万亩,4万人实现生态脱贫,国家发改委、林业和草原局等部门联合行文,在全国推广合作社造林模式。产业扶贫,加快“一县一业”基地县建设,举办两届吕梁名特优功能食品展销会,签订了总额达300多亿元的招商引资项目和贸易销售协议,成立肉牛、沙棘等八大产业联盟,打造吕梁特色产业品牌;实施有机旱作农业“六大工程”,有关做法在全省推广。文水牧标牛业在新三板挂牌,成为全省现代畜牧产业进入资本市场的首家企业。易地扶贫搬迁,应搬尽搬的87个安置点竣工77个,入住7.26万人。光伏扶贫,708座总规模550MW的村级电站和集中式电站全部并网发电,2.5万贫困户受益。“吕梁山护工”,培训13262人,就业7739人,入选全国人社领域精准扶贫20个典型案例。全面推广金融扶贫“吕梁模式”,为65户龙头企业发放贷款5.4亿多元。临县、岚县被评为国家健康扶贫示范县,交口创建省级健康扶贫示范县。加强农村党组织建设,行政村集体经济全部实现“破零”。持续推进“传承好家风、争当文明户”活动,组织脱贫致富事迹巡演和先进人物事迹展演,开办乡村农民夜校,激发脱贫内生动力。坚持脱贫攻坚与乡村振兴有机衔接,实施本土人才回归工程,开展农村环境治理等专项行动,农业农村农民面貌发生积极变化。

四、扎实推进民生保障,人民群众幸福感、获得感、安全感明显增强

持续加大民生投入,全年民生支出340.55亿元,增长31.04%。扎实推进学前教育普惠发展、义务教育优质均衡发展,稳步提升高中教育质量,高考达线率创历史新高。深入推进公立医院和县乡医疗卫生机构一体化改革,交城医改经验被中央改革办《改革情况交流》刊发,孝义公立医院改革经验被国家卫健委《卫生健康工作交流》刊发。扎实推进扫黑除恶专项斗争,打掉黑恶势力犯罪团伙97个。加快建设法治吕梁,加大法治宣传教育力度,实施法院“执行攻坚年”行动,全市法院执行案件结案率95.7%。强力推进“雪亮工程”建设,持续开展安全生产专项治理,组织开展“重点信访问题百日攻坚”、“重点领域信访问题”专项治理、军队退役人员走访慰问活动,选树宣传优秀退役军人,大力推广新时代“枫桥经验”,社会大局保持和谐稳定。

五、扎实推进生态文明建设,美丽吕梁建设步伐明显加快

坚持新发展理念,强化中央和省环保督察反馈问题整改,扎实推进工业污染源治理等“八大工程”和问题整改整治“五个回头看”,部署开展集中整治非法加气站点专项行动,推进投资近100亿元50项重点环保项目建设,解决了一批环境突出问题。推进市区集中供热全覆盖,新增供热面积

1000万平米,煤改电、煤改气10万户。大力推进吕梁山生态修复工程,完成水土流失综合治理71万亩。全面推行三级河长制,率先在全省建立河长制信息平台、实行集中巡河周制度。综合运用“人防、技防、联防”和“四个一批”“四不两直”措施,第四季度吕梁市在汾渭平原11个城市中PM2.5平均浓度最低、降幅最大,工作位列第一,全年市区空气质量优良天数全省排名第二。国家生态环境部等四部委将吕梁市列入汾渭平原生态环保试点城市。

六、严肃党内政治生活,全面从严治党持续向纵深发展

市委常委会36次研究全面从严治党工作,出台《关于加强党对反腐败工作全过程领导常态化制度化长效化的实施意见(试行)》,市委书记带头履行主责首责全责,多次约谈各县(市、区)委书记和市直部门党委(党组)书记,听取市人大常委会、市政府、市政协、市法院和市检察院党组履行主体责任及市委常委班子成员履行“一岗双责”情况汇报,全面推行抓党建问题清单和“廉政谈话簿”制度,不断传导压力。严肃开展张中生、马文革等严重违纪违法案件警示教育,坚决肃清流毒影响。保持正风反腐高压态势,2018年全市纪检监察机关共立案3015件、增长45%,处分2829人、增长39%,移送司法机关78人,增长81%。认真落实习近平总书记“把吕梁精神用在当今时代”的重要指示,出台《关于大力弘扬吕梁精神推动吕梁全面建成小康社会的实施意见》,举办了“传承红色基因、弘扬吕梁精神”座谈会。编撰《大道之行　天下为公—清官廉吏于成龙》教育读本由中央党校出版社出版,开展《布衣于成龙》戏剧巡演,弘扬优秀廉政文化,涵养党内政治文化。加强“三基建设”,开展基层党组织整体提升年活动,6541个基层党组织开展规范化建设,516个软弱涣散基层党组织实现整顿转化。出台进一步激励干部新时代新担当新作为以及培养选拔优秀年轻干部实施办法等文件,专门发出通报对离石师范校长和党委书记严格教学管理、推进改革创新等做法给予支持,对失职失责、违规违纪的有关人员进行严肃处理,为担当作为干事创业的干部撑腰鼓劲,营造了新时代新担当新作为的浓厚氛围。

(王　斌)

附:中共吕梁市委书记、副书记、常委名单

书　记: 李正印

副书记: 王立伟　张广勇

常　委: 张稳科　张　选　秦书义　李建国
任　忠(12月任职)　李小明
梁志勇(1月任职)　乔晓峰(12月任职)
郭震威　张敬平(女,10月离职)
马文革(5月,因涉嫌严重违纪违法,接受纪律审查和监察调查;8月,被给予开除党籍、开除公职处分。)

中共交城县委

县委书记　李建国

2018年,中共交城县委高举习近平新时代中国特色社会主义思想伟大旗帜,深入学习贯彻党的十九大和习近平总书记视察山西重要讲话精神,认真贯彻省委“一个指引、两手硬”思路和要求,全面贯彻市委抓好“四件大事”、实施“十大举措”工作部署,团结带领全县干部群众,振奋精神、攻坚克难,推动全面从严治党向纵深发展,打赢了脱贫攻坚、转型发展、环保治理、民生改善四大攻坚战,进一步拓展了新时代交城党的建设和党的事业新局面。

一、坚持以习近平新时代中国特色社会主义思想和党的十九大精神武装头脑,进一步在学懂弄通做实上下功夫

把学习贯彻习近平新时代中国特色社会主义思想、党的十九大精神和习近平总书记视察山西重要讲话精神结合起来,树牢“四个意识”,持续部署推动,形成了学习宣传贯彻的大格局大氛围。县委中心组带头全面学、跟进学、系统学,带头读原著、学原文、悟原理,全年学习16次,交流研讨8次;分五个专题重温习近平总书记视察山西重要讲话精神,每个专题安排2–3名县级领导重点发言,联系一年来贯彻落实实际,谈认识、找差距、明方向。县级领导深入所在支部、联系农村讲党课,与基层党员干部一起学讲话、一起谋发展,不断拓展理论学习广度和深度。举办学习贯彻习近平新时代中国特色社会主义思想读书班,举办5期科级干部学习党的十九大精神轮训班,组织乡村干部到中国人民大学、右玉干部学院、汾阳贾家庄等地培训学习,努力做到学思践悟、融会贯通。引深“习近平总书记视察山西重要讲话精神进基层”大宣讲,举办经验交流会、知识竞赛、主题征文等系列活动,组织“六支队伍”开展“七进”宣讲269场次,组建文艺宣传小分队巡演80余场,以群众喜闻乐见的形式,推动学用习近平新时代中国特色社会主义思想往心里走、往深里走、往实里走。认真贯彻落实省委两次督导检查反馈意见,部署开展7个方面63项专项整改,及时修正行动偏差,不断推动以学促行。

二、认真践行新发展理念,县域发展取得了两个历史性的突破

(一)脱贫攻坚取得了历史性突破,消除了区域性整体贫

困。全年减贫11827人,退出贫困村27个,贫困发生率下降至0.47%,顺利接受了第三方评估验收。易地扶贫搬迁被国务院列为扶贫典型案例,代表山西省参加了"国家扶贫日系列活动易地扶贫搬迁论坛";产业扶贫、消费扶贫模式成为全省典型。

逐级压实脱贫攻坚责任。在县委书记、县长负总责的基础上,实行帮扶常委包联乡镇、县级领导包联贫困村、党员干部包联贫困人口"三个全覆盖",实行分级议事、现场办公、观摩交流、奖惩激励等制度。扎实开展脱贫攻坚千人攻坚百日会战,建立常委会每周例会、现场片会研判、"一把手"驻村工作、分管领导包办整改事项等制度,以超常规举措夯实责任。建立"1+5+3"督查体系,对脱贫攻坚开展全覆盖常态化督查,约谈告诫13人。

易地扶贫搬迁创出了"交城模式"。按照严守政策与尊重群众意愿并重、保障就业与激励创业并举、拆旧复垦与人文关爱同步的总思路,有效解决了搬得出、稳得住、拆的好、能发展的问题。坚持"六个一"工作法,采用县城集中安置、中心镇购房整乡安置、旅游区中心村安置三种模式分类搬迁,全面完成5096人搬迁任务。探索出拆旧复垦"1379"工作法,启动45个整村拆旧复垦工作,拆除27个。在梁家庄集中安置点设立"一中心五站点",强化党员教育管理,做好搬迁群众就业培训、医疗服务、志愿帮扶等工作,增强群众归属感。2018年9月,全市易地扶贫搬迁现场推进会在我县召开。

产业扶贫带动全域旅游提质增效。定位省城优质农副产品供应基地,大力实施"6133"工程,成功引种白木耳,山区农业结构发生变化;构建起了"1+3+10+96"电商扶贫体系,全年销售突破4000万元;创建"交城山""褐小美"地域公用品牌,其中"交城山"6大类34小类农特产品全部办理SC手续。定位山西康养基地,荣获了全国第二批、全省首批"中国天然氧吧"称号,交城山国家森林公园入选全国森林康养基地试点,全国网络媒体吕梁行大型采访活动在我县举行,高铁"交城号"冠名首发,成功举办"白木耳采摘文化节""白木耳品鉴会"等推介活动,启动了总投资9亿元的庞泉沟旅游大通道建设,全县省级休闲农业示范点达到6家,段村、磁窑村双双入选第五批"中国传统村落"名录。

互动式志愿帮扶做足脱贫成色。在省内率先开展消费扶贫"七进"活动,把老百姓的"收成"变成了实实在在的"收入"。在搬迁安置点设立"褐小美志愿者服务中心",吸纳贫困群众参与志愿帮扶,实现特殊搬迁家庭帮扶全覆盖;设立"爱心超市",采用"积分换商品"方法,激发群众参与乡村治理与社区治理积极性;在洪相乡试点运行"孝心基金",用"存少取多"的方式,示范引领家庭子女尊老敬老、争孝比顺。贫困群众不仅成为了"受助对象",更成为了"施助主体",提升了自我认同感和价值感。

(二)经济发展取得了历史性突破,主要指标刷出了最好成绩单。

主要经济指标超额完成。全县地区生产总值预计完成88亿元,同比增长9%,分别高于省、市2.5个百分点和4.4个百分点。一般公共预算收入完成7.5亿元,同比增长45%,增幅排名全市第3,比2017年进步了6位,分别比省、市增加了22.2个百分点和19个百分点。城乡居民人均可支配收入分别预计完成22528元、10277元,同比增长6.7%、9.1%,农民人均纯收入首次突破万元大关。规模以上工业增加值预计完成63亿元,同比增长12%。社会消费品零售总额预计完成20.6亿元,同比增长7.5%。经济开发区工业总产值首次突破200亿元大关,占到全县工业总产值的95.3%,产业集聚效应明显。全年旅游总收入84.12亿元,同比增长27.8%,成为拉动第三产业发展的主引擎。

战略性新兴产业迅猛发展。全年战略性新兴产业增加值增长31.2%,"一大三新"产业效益开始显现。山西中交智慧高速公路无线宽带平台中西部数据中心项目土建工程累计投资4000万元;山西中鼎云铸科技公司"中国铸造(交城)区域中心公共服务平台"正式投入运营,促进以云服务为代表的互联网与铸造业融合创新发展,"数谷交城"扎实推进。宏特煤化工公司2/3生产装置复工复产,润锦化工焦炉煤气综合利用项目建成投产,华鑫煤焦、美锦能源实施焦化技改提升,以宏特为基础,展开"中国碳谷"建设前期工作。硝酸铵钙、硝酸钙产品占到国内80%、国际50%以上的市场份额;与中国化工报社合办了"中国硝基出口肥料应用与发展高层论坛",推动行业开启硝基新型肥料推广应用的新局面,巩固"世界钙都"龙头地位。古冶集团与天能重工合作建设150套/年风机塔架生产基地正式投入生产,中科正泰与太原科大联合成立了"3D砂型打印机智能制造研发应用中心"5件产品获得了第16届中国国际铸造博览会"优秀铸造奖","交城智造"获行业认可。

打造对外开放新高地。通过举办"一大三新"、全域旅游、交商交才回归创业等专题招商会,引进了一批前瞻性、战略性、引领性项目,形成了引进一个、带动一批、兴起一片的联动效应。被商务部评为国家级新型肥料外贸转型升级示范基地,全年外贸自营进出口总额预计完成13.51亿元,同比增长13.5%。与山西跨境电子商务协会合作建立了全省首个县域跨境电商产业园,为外贸企业在报关、通关、金融、物流等方面提供一站式服务。金兰化工与马士基(中国)公司达成建立国际物流港协议,可有效降低企业物流成本。深化"放管服效"改革,成立开发区财政分局,累计向开发区赋权27项,打造"最多跑一次"服务品牌。

三、以重要领域和关键环节为突破,推进重大改革落地见效

科技体制改革成果丰硕,搭建协同创新、成果转化、双创服务、科创融资、集群培育五大平台,培育高新技术企业5个,总数16个,占到全市一半以上;新增"专精特新"企业5户、市级企业技术中心2个,中鼎科技园申报为省级众创空间;与50余家科研院校结成政产学研合作联盟,共建技术研发机构18个,开展联合研发209项。新天源院士工作站高效运行,成品药生产前期工作取得重大进展;与省化二院合作

建立了硝基复合肥研究中心,为硝基肥发展人注新动能。

医药卫生体制改革走在全国前列，通过开展管理体制、人事制度、薪酬制度、补偿机制、医保支付五项改革,实现了公益回归、群众受益的公立医院综合改革目标，代表全省119个县市区接受国务院医改办公立医院综合改革效果复核评价,得到高度肯定;中央改革办《改革信息交流》刊发《山西交城县医药卫生体制改革措施实效果好》,成为2018年全省第一个被中央改革办专刊报道的县。

投融资体制改革稳步推进，大力推进PPP项目实施,交城山旅游大通道、社会福利院养护楼列入省级PPP示范项目,其中社会福利院养护楼列为国家PPP示范项目。

开发区改革持续推进,“三制”方案全面落实,扩区调规进入报批环节,正积极申报国家级循环经济示范区;政务服务、规划展示、安全环保3个综合平台建成投用,实现“全程网办”和“一网通办”。

四、把牢意识形态工作主动权,加强宣传思想文化工作

坚持把意识形态工作作为一项极端重要的工作,严格落实意识形态责任制,修订《党委(党组)意识形态工作责任制实施细则》,坚持每季度研判分析意识形态形势,对把握不到位的干部进行约谈。借助掌中交城、交城新闻频道、交城党建在线等载体推送党的创新理论,巩固壮大主流思想舆论。深入开展社会主义核心价值观宣传教育,代表吕梁市开展省级新时代文明实践中心试点,牢牢占领乡村思想文化阵地。坚持“县内氛围浓、域外声音响、网上空间清”,举办庆祝改革开放40周年主题征文、人物专访、摄影展等系列活动,营造了“将改革开放进行到底”的浓厚氛围;在市级以上媒体发表新闻稿件427件,形成了主流舆论强势;有效处置网络热点舆情20余条,网络环境持续净化。完成乡村综合文化服务中心建设,深入实施乡村文化记忆工程,段村村史馆、大草坪村八分区红色纪念馆对外开放。

五、践行绿色发展理念,推动生态环境持续改善

强化环保治理顶层设计。聘请山西省生态环境研究中心,对全县环保工作统一规划;聘请省铸造协会、省化工协会、省建材工业协会等专业团队担任政府“环保管家”,分类出台铸造、机加工、化工、建材等产业提标改造方案,坚决不搞“一刀切”。按照“四个自主”和“两个必须”原则,整改企业876户,淘汰取缔158户,易地搬迁74户。

加大污染防治力度。实施“1+3+76”净水行动,启动磁窑河水质改善治理工程,完成县城、开发区、西营3个污水处理厂建设,对76户涉水企业开展集中整治;完成城区煤改气集中供热工程,新增供暖面积28万平方米;投资2亿元启动工业固体废物处置中心建设。

大力发展环保产业。用循环经济的理念引进节能环保产业,上马资源综合利用项目,实施中晶绿色材料循环经济产业园、焦化废液脱硫脱氰深加工等环保项目14个，接链补环,变废为宝,在环境保护中培育新的经济增长点。

六、加强民主政治建设,扎实开展法治交城创建

扎实推进民主政治建设。坚持和完善人民代表大会制度,县人大常委会组织开展调研视察7次,开展执法检查4次;县政协围绕脱贫攻坚、生态环保等工作开展协商议政、专题调研14次,开创了协商有方、监督有力、参政有为新局面。成立新的社会阶层人士联谊会,组建全省首家新的社会阶层人士服务中心。

深入推进扫黑除恶专项斗争。坚持扫黑、除恶、治乱一体推进,打伞、反腐、“拍蝇”同步发力,地区、行业、领域全面覆盖，开展履责督导谈话593人次，筛查甄别涉黑涉恶线索193条,打掉涉黑涉恶犯罪团伙7个,破获刑事案件28件、抓获42人、逮捕19人。特别是一举打掉以柰林村原村委主任杜永忠为首的恶势力集团,依法宣判16人,形成了强大震慑,巩固了基层政权。

加快法治交城建设。组建19个法治教育小分队开展“六进”宣讲200余场,营造了尊法学法守法用法的浓厚氛围。学习推广新时代“枫桥经验”,打造了5个乡村治理示范乡镇、50个乡村治理示范村,自治、法治、德治相结合的乡村治理格局初步形成。

七、坚持以人民为中心的发展思想,全面保障和改善民生

持续推进“六城同创”。扎实开展环境卫生“网格化”治理,全市城乡环境卫生评比名列前列,国家级卫生县城创建通过了市级初审;却波街东段雨污分流改造工程、易地移民集中安置市政道路河道改造等工程全部竣工,国家新型城镇化试点扎实见效;新增城市景观、休闲健身广场7处,城市绿地率达到34.5%，省级园林县城通过了省级专家综合评估;环境空气质量稳定退出全省后10位，省级环保模范城基础巩固;荣获“文明县城创建工作先进县”称号,省级文明县城创建具备了参评资格。

坚持教育优先发展。二中改扩建项目、职中技能培训楼主体完工,城西小学进展顺利。教育教学质量稳步提升,104名学生被985、211高校录取,其中清华、北大各录取1人,是近年来我县高考成绩最好的一年。与北师大联合开展校长、教师队伍培训,师资队伍建设进一步加强。

加快医疗卫生事业发展。大力推进“先诊疗后付费一站式”改革,提供免费体检服务1.2万人次。山大一院交城分院主体完工,今年年底投入使用;天宁镇卫生院改扩建主体工程封顶。

做好就业创业培训。开展贫困劳动力职业技能免费培训,累计培训农村贫困劳动力3765人。通过开发区劳动密集型企业就业、搬迁安置小区组建扶贫车间就业、农业园区企业打工就业、公益性岗位就业等方式,4300余名贫困人口实

现了“家门口”就业。完成“吕梁山”护理护工培训802人，总体就业率达到65%，实现了一人就业、全家脱贫。

社会稳定方面，深入开展安全生产大排查大整治，排查隐患1284条，完成整改1234条。扎实开展“重点信访问题百日攻坚”活动，市交办案件全部办结，完成化解42件，信访稳定形势持续向好。

八、落实新时代党的建设总要求，推动全面从严治党向纵深发展

坚定扛起主体责任。县委常委会19次研究全面从严治党，专题听取县级党组工作汇报，针对性提出工作安排。县委书记带头落实抓党建“三个清单”制度，10名常委包联54个基层党组织，定期沉下去解决问题。扎实开展彻底肃清腐败流毒工作，对巡视整改自行回头看“三清单一制度”进行再次回头看，确保遗留问题彻底整改。认真贯彻落实中央第十五巡视组巡视山西省反馈意见，提出52项整改措施，扎实做好“后半篇”文章。把落实主体责任情况纳入述职述廉、考核考评等环节，纳入纪检监察、县级巡察、派驻监督全过程，对落实不力的141名干部进行问责，以强力问责倒逼管党治党责任落实。

全面加强“三基”建设。认真贯彻省委关于柰林事件的八项要求，抽调114名干部驻村整改，柰林村“两委”换届顺利完成，各项工作呈现新气象。扎实开展“基层组织整体提升年”活动，确定品牌创建党组织93个、规范建设党组织379个、集中整顿党组织39个，分类指导提升。投入1500万元改善场所条件，9个乡镇周转房工程投入使用；150个村级组织活动场所提档升级工程全部完工。建立领导包联、一村一策、台账管理制度，整顿软弱涣散农村党组织16个。结合“扫黑除恶”专项斗争发现线索，重新配备村支部书记4名、选举村委主任1名。全面夯实基础工作，10个乡镇、82个县直单位“一目录三手册”通过达标验收。开展“五大培训”25期3100人次，培育本土人才和农村后备干部214人，干部队伍能力素质明显提升。

加强干部队伍建设。贯彻新时代党的组织路线，通过素质培养、知事识人、选拔任用、从严管理、正向激励，树立正确选人用人导向，打造高素质专业化干部队伍。坚持在基层培养发现干部，先后在脱贫一线提拔重用6人。加强对干部担当作为的日常考核，选树敢担当、善作为的先进典型102人，充分发挥榜样的先锋引领作用。针对柰林事件影响，开展为期三个月的干部纪律作风集中整顿，聚焦管党不严、治党不力、精神不佳、作风不实、担当不足等弊病，诫勉谈话27人、党纪政务处分12人、免职3人，推动了党性观念全面回归、管党治党责任有效落实、担当作为意识进一步增强。

推动反腐败斗争取得压倒性胜利。成立县委反腐败领导小组，听取县纪委监委有关线索处置和案件审查汇报23次，实现党对反腐败工作的全面领导和全过程领导。组织县级领导干部集体阅看《忏悔录》，增强廉洁自律、拒腐防变的高度自觉。深入推进监察体制改革，推动监察职能向村居延伸，制度优势不断转化为治理效能。坚持无禁区、全覆盖、零容忍，坚持重遏制、强高压、长震慑，全年立案228件，党纪政务处分224人，移送司法机关10人。驰而不息纠正“四风”，严查隐形变异问题，开展监督检查60余次，党纪政务处分40人。扎实开展扶贫领域、民生领域、涉黑涉恶腐败问题专项整治，查处案件68件，党政纪处分149人。出台县委巡察工作规划，第四轮县级巡察移交问题线索50件、处理12人，第五轮巡察全面启动。

(贺争明)

附：中共交城县委书记、副书记、常委名单

书　记： 刘应刚(1月，因严重违纪，被给予撤销党内职务、撤职处分。)
李建国(2月任职)

副书记： 张潞萍(女)　李义祥

常　委： 李忠毅　王海蓉(2月离职)
赵林泉(2月任职)　李佃忠　权　斌
左燕娜(女)　陈　龙　苏卫华

中共文水县委

县委书记　梁宝明

2018年，文水县委高擎习近平新时代中国特色社会主义思想伟大旗帜，全面深入持续学习贯彻党的十九大精神和习近平总书记视察山西重要讲话精神，坚持和加强党的全面领导，团结带领广大干部群众，攻坚克难、砥砺奋进，坚定不移实施“一核三位五区”发展战略，推动全县党的建设、经济建设、文化建设、社会建设、生态文明建设取得新进展新成效，为文水在“两转”基础上全面拓展党的建设和党的事业新局面奠定了坚实基础。

一、思想理论武装持续强化

按照“学懂、弄通、做实”和“融会贯通、学以致用、全面覆盖”要求，深入学习贯彻习近平新时代中国特色社会主义思想、党的十九大精神、习近平总书记视察山西重要讲话精神，不折不扣抓好学习贯彻落实，力求达到学用结合、知行融合。深化学习教育。组织8期县委中心组集中学习、4期“文水大讲坛”、4期应知应会知识竞赛、2期“学习贯彻习近平新时代中国特色社会主义思想领导干部读书班”，持续、反复、深入学习领会核心要义，引导党员干部形成思想认同、理论认同、

情感认同。广大党员干部以支部为单位,在每月1、2、3日“主题党日”上坚持学习、形成常态。组建专题宣讲团,进机关、乡村、企业、学校、社区等,开展宣讲200余场次,推动习近平新时代中国特色社会主义思想家喻户晓、深入人心。推动学用结合。县委在研究部署重大工作时,都要对照习近平总书记的相关论述,结合文水实际提出总体思路和工作举措,先后召开常委扩大会议、学习贯彻习近平总书记视察山西重要讲话精神大会、县委十三届六次、七次全会等,对进一步贯彻习近平总书记视察山西重要讲话精神和省委十一届六次全会精神作出全面部署,特别是聚焦重点任务提出了“五大突破”,即在大力实施乡村振兴战略、推进生态环保攻坚、深入开展扫黑除恶专项斗争、持续加强三基建设、全力维护社会大局稳定五个方面取得突破性进展,梳理确定了需要迅速推进、全力攻坚的100项重点工作,拉出了责任清单,用工作实绩来检视学习贯彻落实效果。

二、全面从严治党不断引深

主动对标新时代党的建设总要求,不断推动管党治党向纵深发展。加强三基建设。扎实开展“基层组织提升年”活动,集中整顿党组织30个,规范建设党组织545个,品牌创建党组织77个。推进“山西智慧党建”全覆盖全县APP注册用户达18800余人,所有支部均已激活并上传信息。积极推进乡镇“八有”工程,2个乡镇改建完成,3个一体化建设乡镇和5个单建乡镇主体完工,5个乡镇办公用房填平补齐完成基础性工作。出台党员“交纳党费、参加组织生活”考核办法,印制《文水县党员提醒卡》,督促党员履行党的义务。认真落实“组织生活日”和“民主议事日”制度,广泛推行“四议两公开四监督”工作法,推动基层组织运行规范化、制度化。配齐农村“两委”办公室主任,实现199个行政村全覆盖。从严干部管理。持续推进“一加强五整治”工作,清理违规借用人员109名,批准干部辞职或解聘12人,查结干部兼职取酬、脱岗等案件11件。印发《关于完善干部考核管理推动各级干部转变作风担当作为的意见》强化“政治、学风、出勤、实绩、纪律”考核,压实干部日常管理责任。制定《关于坚持好干部标准 完善干部工作体系 进一步激励广大干部新时代新担当新作为的实施意见》,从“素质培养、知事识人、选拔任用、从严管理、正向激励”5个方面,明确了鼓励干部担当作为的19条具体措施。夯实主体责任。成立县委反腐败领导小组,制定“三个工作规则”并实体化运作,进一步加强党对反腐败工作的集中统一领导。继续深化监察体制改革,全面实现派驻纪检监察组、乡镇监察实现“两个全覆盖”。强化正风肃纪反腐,查处违反中央八项规定精神案件10件,党纪政务处分16人,通报典型案例5次33起;党纪政务处分168人,涉及科级干部43人,留置3人,移送司法6人。扎实开展第4轮、第5轮常规巡察和惠民政策落实及扶贫领域专项巡察,发现“三大问题”175条、“六个围绕”方面共性问题113条、违纪问题线索67条。

三、转型发展迈出坚实步伐

加强党对经济工作的领导,认真贯彻新发展理念,着力推动经济发展方式转变。经济运行平稳向好。前三季度,全县GDP完成51.2亿元,同比增长12.9%;社会消费品零售总额完成16.67亿元,同比增长8.9%;城镇常住居民可支配收入完成17183元,同比增长6.9%,;农村常住居民可支配收入完成8056元,同比增长8.1%。1–11月份,规上工业企业增加值预计完成38.8亿元,同比增长19.1%;一般公共预算收入完成2.96亿元,同比增长30.4%;固定资产投资预计完成22.6亿元,同比增长5.1%;外贸进出口总额预计完成11.6亿元,同比增长284%。全力抓好转型项目建设。投资109.8亿实施转型项目60个,其中49个入统项目全部开工复工,完成投资20亿元。加快传统产业改造升级。金地赤峪煤矿、国金固废综合利用项目进入联合试运转,水木新碳锂电池、海朗德电子元件、绿森海农药制剂等新兴项目顺利投产达效。晋能智能工厂、光华智能化改造、振兴节能改造、宗酒云数据等技改项目正在稳步推进。企业提档升级取得实效。积极推动“个转企、小升规、规改股、股上市”,新培育小升规企业9户,晋能科技、盛达威、鑫聚源3户企业完成股改,牧标牛业正式挂牌新三板。不断激活科技创新活力。新增省级“专精特新”企业6户,省级高新技术企业达到1户,新发展省级企业技术中心2个、工程技术研发中心1个。新型产业健康发展。苍儿会景区引进战略投资者山西汇丰兴业集团,全省旅游大会签署15亿元投资协议。完成孙谦故居、梵安寺塔、关帝庙修复,建成世泰湖、天后岛、馨领地、桥头湾等乡村旅游景点11处。电商创业园销售额突破7000万元。全县民营经济持续发展壮大,全年完成总产值172亿元,同比增加10%;完成营业收入169亿元,同比增加10.4%;上缴税金4.23亿元,同比增加10.2%。

四、全面深化改革稳步推进

坚持“改革”与“开放”双轮驱动,全力培育经济社会发展新动能。全面推进深化改革工作,7大领域178项改革稳步推进,重点领域改革取得突破。经济开发区扩区规划10月中旬获省政府批准,“五规合一”编制已确定编制单位。开发区领导班子配备到位,现有工作人员已实行聘任制,首批10个单位55项行政审批权限下放实施,工商质监、国土、环保、安监4个分局已经入驻。扎实推进投融资机制改革,投资14亿元的PPP工程顺利启动实施。不断深化“放管服效”改革,承接上级下放行政职权事项16项,取消行政许可事项5项,清理规范行政事业性收费37项,动态调整和公布部门权责清单2646项。稳妥推进商事制度改革,企业“名称申报”和“注册登记”合二为一,企业开办时间压缩至5个工作日。大力简化企业注销流程,已办理企业简易注销34户,占企业注销的38%。加快人才发展体制改革,县财政拿出515万元奖励22户企业,授予杨立友技术研发团队“特别贡献奖”100万元;举办第二届“迎老乡、回故乡、建家乡”恳谈会,成功签约3个项目,总投资8.6亿元。并联审批改革取得初步成效,公布35个单位269项审批事项及并联审批流程图,政务大厅综合审批窗口已经开展工作,正在加快推进网上系统办理项目审批事项。大力发展外向型经济,外贸企业达到14户。扎实推进全国第二批支持农民工等群体返乡创业试点县建设,返乡创业人数累计达到315多人,创办各类经济实体315余户。

五、民生保障水平明显提升

认真落实以人民为中心的发展理念,举全县之力,下绣花之功,破难题、补短板、强弱项,不断增进民生福祉。民生支出占到财政支出的80%以上。持续落实扶贫政策,全年拨付各类扶贫专项资金1468.9万元,拨付比例99.45%。完成5个易地扶贫村整村拆除。启动胡兰大街棚户区一期第二地块改造,合同签订率达到78%。西山公园建成投用,滨河文化生态园完成土建。则天大街东延开始扫尾,307开栅危桥改造通车,离祁高速完成征地清表。完成190余公里县乡道路改造,进一步优化群众出行环境。继续改善教育基础设施,18所农村中小学启动"改薄",24所幼儿园完成改扩建,文东新区一小建成投用,新实验二小主体封顶,文水二中宿舍、餐厅建设完成,职教中心明年9月有望投用。不断加大就业促进力度,全年城镇新增就业人口2010人,登记失业率为2.73%。对5560人开展职业技能培训。不断拓宽社会保障覆盖面,累计发放社保卡41.7万张。扎实推进扫黑除恶专项斗争,打掉黑恶势力团伙3个,抓获各类犯罪嫌疑人33名。全面启动"天眼工程"建设,发挥"互联网+矛盾纠纷化解"平台作用,调解各类纠纷333件。加快信访交办案件办理,市"百日攻坚"领导组交办108件,办结率100%,化解率84.25%;中央巡视组案件交办103件,88件化解,15件结案;"重点领域、重点群体、重点问题、重点人员"攻坚战交办案件5件,化解3件,办结2件。全面加强安全生产监管。围绕非煤矿山、危化企业、道路交通、消防安全等重点领域,开展专项整治,实行"专家会诊",排查和消除了一大批安全隐患,全县发生交通死亡事故4起,死亡4人;海威钢铁发生一起煤气泄漏安全事故,死亡一人,其他行业领域未发生安全生产事故。

六、乡村振兴战略全面启动

启动乡村振兴五年规划和"5+1"六个专项规划编制。设立1000万元专项资金助力乡村振兴。持续优化种植结构,调减玉米面积3万亩,发展特色种植5万亩。大力发展牛羊草食畜牧业,生猪、家禽、肉牛、肉羊存栏稳步增长。农机化推广取得新成效,新增玉米收获机27台,全县玉米机收率达85%,马铃薯生产实现全程机械化,机械播种率44%,机械收获率48%。农业产业化水平不断提升,大象农牧产业链条不断完善,汇丰源肉牛育肥、和冠亨精饲料等项目投产达效。国家级、市级农业龙头企业分别新增2户、9户,龙头企业销售收入达到125亿元,同比增长7.8%。积极培育新型农业经营主体,新成立合作社75家,家庭农场20户。4家企业被确定为"十三五"全国民族特需商品定点生产企业。积极推进农业强镇建设,刘胡兰镇入选山西农业特色强镇,获扶持资金1153万。农业农村改革稳步推进,全面完成土地确权扫尾,土地实测面积53.29万亩,确权面积41万亩;农村集体产权制度改革进展顺利,60%的村完成清产核资及成员身份界定。加快农田水利工程建设,汾河流域以渔净水生态修复、农村饮水安全巩固提升、农村蓄洪排涝、高标准农田整理等项目工程正在加快实施。积极推动品牌创建,鼓励企业开展"三品一标"的申报认证,培育名优品牌,提高品牌知名度,增强品牌竞争力,5个主体申报无公害认证,认证产品12个。

七、生态环境保护得到强化

自觉践行习近平生态文明思想,牢固树立"两山"理念和"良好生态环境是最公平的公共产品,是最普惠的民生福祉"的发展思想,坚决打赢蓝天保卫战,深入实施水污染防治行动计划,全面落实土壤污染防治行动计划,认真整改中央环保督察反馈意见和交办群众反映问题,下大力气解决了一批环保突出问题。严格控制高污染、高能耗产能。海威旧区停产整顿,重点企业污染防治设施改造工程加快建设。分类整治全县214户工业企业,验收合格103户,取缔铸造企业冲天炉54座,"散乱污"企业331户,"土小"企业67户。加大环境违法行为打击力度,办理案件56起,行政拘留21起23人、刑事拘留3起10人。61户工业企业实行错峰生产,11月下旬海威新区全面停产检修。对全县19户重点企业进行联网监测。强化大气污染防治,加快调整能源结构。县城建成区划定为禁煤区,淘汰营业性燃煤锅炉124座。改造工业企业锅炉70台,新建南安、胡兰、马西煤改气管道50公里。严格落实禁烧禁燃措施,取缔露天烧烤35户,336户餐饮企业安装油烟净化设备,严肃查处秸秆、落叶、垃圾等焚烧。实施农业面源污染防治,402户规模养殖场建设粪污处理设施。加大生态建设力度。扩大城乡环卫一体化运营范围,实施307国道两侧环境综合治理,开展城乡环境卫生百日专项整治。启动造林绿化三年攻坚,开展通道绿化、城区绿化、厂矿区绿化、河流沿线绿化、村庄绿化,现已种植树木7.4万株,通道绿化36.8公里。积极推进砂坑治理,整理面积100亩。完成文峪河生态环境综合治理工程,实施汾河堤外湿地工程。落实水污染防治措施。全面推行河长制,开展入河排污口整治,推进清河行动,清淤渠道10公里,清除渠道底泥2万余方,清理河道垃圾7.76万方,拆除河道内违章建筑19处。加快县城污水收集管网扩面,胡兰镇、开栅镇污水处理厂及北峪口、杨乐堡污水处理工程全面建成投用。

八、民主法治建设不断加强

牢牢掌握意识形态领导权,认真学习贯彻中央、省委、市委关于意识形态工作的重要部署。定期分析研判全县意识形态领域形势,落实工作责任,有效维护全县意识形态领域绝对安全。大力弘扬新时代胡兰精神,出台《文水县传承红色基因弘扬胡兰精神实施意见》,召开"传承红色基因,弘扬胡兰精神"座谈会,制作胡兰红色小故事,组建胡兰精神宣讲队伍,微电影《刘胡兰,不能忘却的记忆》被评为首届山西省社会主义核心价值观主题微电影征集展示活动获奖作品。全力打造弘扬胡兰精神的示范高地。加大与人民网、新华网等大型网络媒体联系,主流媒体刊播文水正面报道数量增加、分量提升,文水对外形象明显改观。广泛开展"传承好家风、争当文明户"活动,大力选树省市道德模范、美德少年,积极推广志愿服务活动,深入弘扬社会主义核心价值观。举办文化惠民活动,创作文艺文化精品,丰富人民群众精神文化生活。大力推进法治建设,支持人大及其常委会依法履行审议重大事项、加强法律监督、推进民主建设等职责,保障人大代表依法行使职权。全力支持政协组织开展工作,不断提高政治协调、民主监督、参政议政的质量。全面加强和改进党对统战、群团工作领导,及时部署统战群团工作。

(王思凯)

附:中共文水县委书记、副书记、常委名单

书　记:梁宝明

副书记:许晋文　周小云(女,3月离职)

王　峰(6月任职)

常　委:范发宾　张建良　闫国聪(10月离职)

刘建树　文成宝　石新杰　王永平

张卫华(10月任职)

中共汾阳市委

市委书记　武跃飞

2018年,汾阳市委高举习近平新时代中国特色社会主义思想伟大旗帜,认真贯彻落实党的十九大精神和习近平总书记视察山西重要讲话精神,严格履行管党治党主体责任,紧紧围绕实现汾阳全面小康全面崛起的奋斗目标,按照省委"一个指引、两手硬"思路要求和吕梁市委对汾阳提出的"全面建成小康社会、推进产业转型升级和构建良好政治生态三项工作走在吕梁前列、跻身全省县域经济发展第一方阵"的工作要求,积极推进"两学一做"学习教育常态化制度化,坚持实施三市共建、五城同创"三五"战略,全力打好污染防治、项目建设、民生保障"三大战役",强力推进党建提升、经济提质、文化振兴、社会和谐、生态改善"五大工程",圆满完成了各项目标任务。2018年,全市地区生产总值完成159.78亿元,同比增长13.3%;规上工业增加值完成96.1亿元,同比增长14.6%;固定资产投资完成38.31亿元,同比增长93.9%;财政总收入完成45.2亿元,同比增长39.4%;一般公共财政预算收入完成13.31亿元,同比增长53.2%;社会消费品零售总额完成69.9亿元,同比增长8%;城镇居民人均可支配收入完成24259元,同比增长6.3%;农村居民人均可支配收入完成14193元,同比增长6.8%。各项主要经济指标均走在了吕梁市前列,特别是规上工业增加值和一般公共财政预算收入已超额完成"十三五"目标。

一、落实管党治党主体责任,党内政治生态进一步净化

(一)不断强化集中统一领导,全市上下形成了党领导一切的思想自觉。充分发挥党委统揽全局、协调各方的作用,认真履行管党治党主体责任。坚持联席会议机制,每周一定期召开市委常委(扩大)会议,听取市委、市政府班子成员贯彻落实习近平总书记对山西提出的"五项重大任务"情况,及时研究解决党的建设和党的事业中遇到的困难和问题。坚持定期汇报机制,每月召开一次深化改革领导小组会议,听取有关部门改革进展情况汇报,研究进一步深化改革的具体措施;汾阳议专题听取市人大党组、政府党组、政协党组和法检两院党组全面从严治党工作情况汇报,指出问题不足,提出工作要求。坚持统一汇报机制,每季度召开一次专题会议,听取各常委、副市长分管工作和杏花村经济技术开发区工作情况汇报,对不达进度的工作进行认真研究,提出加快进度的工作措施。坚持全员汇报机制,所有乡镇(街道)、市直单位每月向市委汇报一次工作,所有村级组织每年向市委汇报一次工作。

(二)带头加强班子自身建设,全市上下形成了用习近平新时代中国特色社会主义思想武装头脑的思想自觉。认真落实《山西省委关于坚决维护党中央集中统一领导的规定》,依托贾家庄村山西省基层干部培训基地、市委党校等阵地,利用"山西干部在线学院"等平台,组织开展市委中心组集中学习29次,先后举办"在汾阳作讲座"9场,举办党组书记、科级干部、党员干部、农村"两委"主干、第一书记和大学生村官等培训班10余期、培训1万余人次,积极开展专题研讨、知识竞赛、主题演讲等活动,带动全市各级党员干部树牢"四个意识"、坚定"四个自信"、做到"两个维护",自觉同以习近平同志为核心的党中央保持高度一致。同时,充分利用汾阳电视台、汾阳公众信息网、汾阳党建微信号、宣讲队伍等阵地,推送短信3万余条,发送信息840余期,特别是借助省级以上宣传平台,全年发稿突破7500篇,稳居吕梁第一,引导全市广大党员干部自觉用习近平新时代中国特色社会主义思想武装头脑、指导实践、推动工作。

(三)全面加强"三基"建设,全市上下形成了以党建促发展的工作格局。以开展"基层组织整体提升年"活动为契机,不断深化"对标贾家庄、学习贾家庄"活动,先后投入7700多万元用于"三基"建设,全力打造基层党建示范点44个、品牌创建点131个,集中整治软弱涣散基层党组织48个,推动非

公经济党组织覆盖率达到100%，推动农村集体经济5万元以上的村达到137个，占到52.3%。认真贯彻落实中央《关于进一步激励广大干部新时代新担当新作为的意见》和省委、市委《实施意见》，从乡镇(街道)、市直单位推荐新时代新担当新作为优秀干部100名，并向吕梁市上报25名。不断严肃党内政治生活，积极开展主题党日、组织生活会和谈心谈话等活动，先后围绕习近平新时代中国特色社会主义思想、信访稳定和生态环保等主题召开4次专题民主生活会，并在全省首家设立了85个党建书屋，辐射到全部基层党组织和全体党员。2018年6月8日，中组部、省委组织部和吕梁市委组织部领导亲临汾阳，参加了党建书屋揭牌仪式。

(四)深入推进全面从严治党，全市上下形成了风清气正的政治生态。认真落实中央第十五巡视组巡视山西省情况反馈意见，以吕梁市委第四巡察组巡察汾阳为契机，严格落实中央八项规定精神和省、市实施细则，特别是聚焦习近平总书记在重要批示中指出的形式主义、官僚主义的具体表现，先后开展明察暗访和监督检查30多次，查处违反中央“八项规定”精神和“四风”问题30件43人，带动政风社风持续好转。不断加大政治巡察力度，在巩固前三轮巡察成果的基础上，先后完成第四轮、第五轮巡察工作，共发现共性问题222个，个性问题152个，上缴红包礼金34.43万元。始终保持惩治腐败高压态势，特别是聚焦扶贫、民生和涉黑涉恶领域，坚决整治群众身边腐败问题，共查处案件190件，处分190人，其中科级干部11人，释放出“失责必问、问责必严”的强烈信号，达到“问责一个、教育一片”的良好效果。

二、积极转变经济发展方式，市域经济实力进一步增强

(一)坚持以改革为动力，不断释放经济发展的活力。深入开展纪念改革开放40周年系列活动，认真落实“四个亲自”和“三个三”工作法，积极推进杏花村经济发达镇行政管理体制改革，坚定不移深化开发区改革、“放管服效”改革等一系列具有基础性、牵引性的重大改革。特别是围绕破解体制机制对经济转型发展的制约，在杏花村经济技术开发区试行投资项目无审批承诺制，先后将334项行政审批事项下放至开发区，解决了企业投资项目审批难、时限长等问题，带动全市7大领域、47类、117项改革任务顺利推进，特色小镇建设、农业“产学研”融合发展等8项改革任务走在了吕梁市乃至全省前列。

(二)坚持以白酒为龙头，不断提高经济发展的水平。始终坚持“汾酒就是汾阳经济的生命线”的发展理念，积极推动汾酒集团与中汾酒城实质性合作，搭建发展平台吸引华润集团51.6亿元入股汾酒集团推进改革，不断深化杏花村经济技术开发区“三化三制”改革，大力推动中小白酒企业共同组建“山西杏花村开发区酒业集团”，不断加快国家级白酒检测检验中心、国家级白酒交易会展中心及杏花村镇特色小镇等基础设施和相关产业发展，成功举办第二届山西(汾阳·杏花村)世界酒文化博览会，带动以白酒产业为支柱的市域经济综合实力大幅提升。2018年8月，我市被正式确定为第20届比利时布鲁塞尔国际烈性酒大奖赛举办地。

(三)坚持以绿色为底色，不断提升经济发展的质量。坚决整治我市环保问题突出的煤焦化工、再生橡胶和汽车拆解三大产业，鼓励引导企业开展技术改造、资源整合、集群发展，上马金塔山年产136万吨焦转化、循环经济产业园等环保项目，推动龙峰、龙山、正升三座煤矿完善手续，尽快建成投产。同时，大力发展商贸物流、电子商务、文化旅游等新兴产业，全面启动拉货王电商平台、山西煤焦物流网等项目，加快推进汾酒老作坊、古杏花村、山西省酿酒博物馆等工程，2018年共接待游客863.7万人次，实现旅游收入63.49亿元，增幅全部超过30%。同时，在推动汾州传统“三八八席”和“汾州小米炖辽参”入选“中国菜”系列的基础上，我市成功申请为“中国厨师之乡”。

(四)坚持以项目为抓手，不断增强经济发展的后劲。积极开展“转型项目建设年”“六最营商环境建设年”“招商引资年”等活动，先后组团参加进博会、糖酒会、珠三角和环渤海等招商引资推介会，与省政府驻天津、上海、广州3个办事处签订招商合作协议，特别是抓住举办世界酒文化博览会、吕梁名特优功能食品展销会的有利契机，先后签约概算总投资125.13亿元的11个项目，其中落地开工7个，签约率和开工率均走在吕梁市前列。同时，认真落实中央、省、吕梁市支持民营经济发展有关精神，建立健全领导干部入企服务和包联服务重点项目等制度，成功培养“小升规”企业5户，全市规上企业达到33户。2018年，我市总投资278亿元的项目建设库动态保持104个，已开复工98个，其中56个转型项目已有53个实现开复工，完成投资19.85亿元。

三、大力实施乡村振兴战略，“三农”工作水平进一步提升

(一)不断深化农业供给侧结构性改革。按照“一村一品一主体”要求，市财政投入2000万元用于发展特色农业，不断优化农业产业结构，全市粮食播种面积58.2万亩，总产17.24万吨，同比增长32.5%。核桃产业方面，在稳定种植面积的基础上，大力实施核桃林提质增效工程4万亩，全力打造5个核桃示范基地，积极创建汾州核桃特色农产品优势区。种植业方面，持续优化种植布局，连续两年调减玉米种植面积10万亩，继续扩大酿酒高粱、汾州小米、红薯等经济作物种植面积，分别达到4万亩、5万亩和1万亩，“一田两园三带九基地”产业布局初步形成；养殖业方面，大力推广标准化规模养殖，不断加快3000万只肉鸡屠宰加工及24万吨饲料生产项目建设，积极推动三泉镇、石庄镇两个万头猪场投产达效，发展林下养鹅8万只。同时，扎实做好畜禽疫病防控、产地检疫、屠宰检疫等工作，严防非洲猪瘟传入我市，全市没有发现任何疫情。

(二)不断拓宽农民增收致富渠道，农民收入水平逐步提高。加快推进承包地“三权分置”、宅基地“三权分置”、农村集体产权制度等改革，稳步推进农村土地确权登记颁证工作，

鼓励发展多种形式适度规模经营,着力培育新型农业经营主体,全市农产品加工企业达到300余家,农业产业化龙头企业38个,各类农民专业合作社达到1238个,家庭农场达到46个,直接带动本市及周边县市农户20万余户,实现销售收入162.3亿元。同时,大力实施"农村本土人才回归工程",积极创新新型职业农民培育模式,先后组织农村实用人才培训班3期、培训1500余人次,扎实开展春冬农民素质大培训2万多人次。大力推广"互联网+农业"发展新模式,电商培训1000余人次。特别是先后承办两届吕梁名特优功能食品展销会和首届农民丰收节,进一步扩大了"汾都香""迅达"等品牌的知名度和市场占有率。

(三)不断加快社会主义新农村建设,农村人居环境明显改善。全力推进产业振兴、人才振兴、文化振兴、生态振兴、组织振兴,大力营造全社会关注乡村、热爱乡村、建设乡村的浓厚氛围。一方面以改善农村人居环境为目标,积极开展美丽乡村建设,制定完善农村人居环境三年整治行动计划,先后投资650万元整治农村环境"脏乱差"问题,积极推进农村改水改厕,持续加快"四好农村路"建设,着力推动公共服务向农村延伸,不断完善乡村公交配套设施工程,全面启动城乡环卫一体化工作。一方面以推进农村"三治"为目标,坚持抓党建促自治、广普法严法治、树新风倡德治,并把环境卫生、树木管护、森林防火等工作列入村规民约,农村人居环境持续改善。

四、全力以赴保障改善民生,人民生活质量进一步提高

(一)巩固提升脱贫成效,群众的满意度不断提高。2017年实现整体减贫的基础上,继续安排财政资金1000万元用于脱贫攻坚,引导290户贫困户每户扶贫贷款5万元,委托三泉镇经营管理新大象万头猪场,2018年每户分红7500元;引导石庄镇8个贫困村石庄镇559户,1609名贫困人口参股石庄镇新大象万头猪场,2018年每个贫困村分红3万元、每个贫困人口分红150元。安排专项资金850万元用于贫困村基础设施建设和村容村貌提升,13个贫困村全部建起了老年幸福院、村级卫生室和文化活动场所等,全力推进教育、健康、社保等一系列扶贫政策落地见效,推动13个贫困村、2501户贫困户、6480个贫困人口由稳定脱贫向持续增收迈进。同时,扎实做好结对帮扶石楼县工作,继续安排50万元帮助石楼县建设万亩优质谷子基地和万亩酿酒高粱基地,先后组织神泉酒业、远峰高钙、山西迅达等23户民营企业与石楼县23个贫困村结对帮扶。

(二)稳步推进城镇建设,人民幸福感显著增强。以创建国家级卫生城市为抓手,先后完成胜利东街改造、东湖路道排等基础设施建设,扎实推进花园街新建、迎新中街道路硬化等工程,不断加快国道307、汾屯线等改线,稳妥解决冠宇地产、王府花园等遗留问题,大力实施汾阳碧桂园、红旗街–幸福街片区、东正街等棚户区改造,全面铺开市文博中心、全民健身活动中心、汽车站新建等工程,积极完善胜利街西延、文湖景区旅游公路和杏花村镇、贾家庄镇两个特色小镇前期手续,认真做好太延高铁汾阳设站和汾阳至石楼高速公路准备工作。

(三)加快补齐民生短板,社会保障水平全面提升。在确保社会保障水平达到国家标准的基础上,不断加大就业、医疗、卫生、教育等扶持力度,积极开展吕梁山护工培训7期、677人次,推动100余人在北京、太原等地就业。深入开展公立医院一体化改革,先后完成家庭医生签约服务22.48万人,全面铺开医养结合健康服务试点35个,积极推进山西航空学院、现代双语学校、市职教中心等8项民生工程建设,先后招聘教师200人,高考二本B类达线率49.6%,位列吕梁各县市区第一。加大文化兴市力度,成功举办第二届世界酒文化博览会、吕梁市第六届中小学生运动会和22场"文化汾阳·百姓大舞台"等活动,组织开展纪念改革开放40周年系列文化活动,成功举办第二次文学艺术工作者代表大会,建成投用贾家庄作家村,积极筹备首届文学季活动。2018年,杏花村镇被评为第七批中国历史文化名镇,见义勇为道德模范张维健入选11月"中国好人"榜单,禹门河小学教师薛峰荣获全国"最美教师特别关注奖",禹门河小学代表队包揽WER机器人挑战赛冠、亚军。

(四)积极维护大局稳定,社会治理能力持续加强。牢牢掌握意识形态工作领导权,认真开展舆论引导和信息管控,不断提升网络突发事件处置能力,监测发现舆情信息4.5万条,消除重点负面信息300多条。认真做好信访稳定和安全生产工作,始终坚持市级领导定期接访和包联重点案件制度,深入开展"重点信访问题百日攻坚"、重点领域信访突出问题专项治理和重点行业安全生产大检查大排查大整改等活动,全力打造贾家庄镇、栗家庄乡和贾家庄村、栗家庄村、古浮图村等一批"枫桥经验"先行先进示范乡(镇)、示范村。加强社会治安综合治理,加快推进"雪亮工程"建设,在实现市乡综治中心全覆盖的基础上,先后在贾家庄村等70个村(社区)建成了标准化综治中心,特别是深入开展扫黑除恶专项斗争,成功打掉5个恶势力集团和3个恶势力团伙,破获刑事案件40起,抓获涉恶人员51人。

五、扎实推进生态文明建设,城乡人居环境进一步改善

一是全力打赢蓝天保卫战。制定出台并严格执行《汾阳市打赢蓝天保卫战三年行动计划》,不断深化与中环科院、中节能环保的战略合作,将市区"禁煤区"面积由18.6平方公里扩大到34.4平方公里,先后投资10亿多元用于环保集中整治,扎实开展秋冬季大气污染综合治理行动,全市新增集中供热面积137.45万平方米,完成煤改气1295户、煤改电410户,发放洁净煤2.6万吨,取缔改造营业性燃煤锅炉113台、"散乱污"企业509户。同时,集中开展国省县道路边门店环境卫生、运输车辆沿路抛洒、超限超载和尾气超标等专项整治,严厉查处柴油货车、散煤进入禁煤区,依法打击焚烧垃圾和秸秆等行为,积极引导企业错峰生产,加快推进城区餐

饮门店油烟设备改造升级,扎实开展"三黑一土"专项整治工作,先后取缔黑加油点33个。2018年,二级以上天数达到152天,比2017年增加了21天。

二是全力打好碧水保卫战。扎实做好主要河流"一河一策"编制工作,全面铺开总投资13.5亿元的汾河流域生态修复与保护31个项目,实现21条主要河道、33条河沟及退水渠"河长制"全覆盖。积极开展"控源头、保清流"和"清三河"专项行动,加快推进饮用水源、黑臭水体、工业废水、城镇污水、农村排水"五水同治",集中整治河道乱堆、乱占、乱建、乱采"四乱"问题,投资1550余万元对城区黑臭水体进行治理,建成投用城区污水处理厂、杏花污水处理厂一期工程和4个农村污水管网,积极推进南支退水渠覆盖治理、杏花纵五路等道排工程,不断加快文峪河冀村断面和磁窑河安固断面水质自动监测站建设,并对15处饮用水源地保护区设立宣传标志和监控设备,确保保护区内不存在污染源。同时大力实施董寺河、禹门河、永田渠综合治理,加快推进杏花村水库、花枝水库建设。

三是打响净土保卫战。持续做好采煤沉陷区矿山地质环境治理、重点复垦区土地复垦和农村地质灾害治理搬迁工作,加快实施栗家庄乡桑枣坡村、阳城乡虞城村生态修复工程,全力支持山西国峰煤电有限公司粉煤灰制砖项目,积极上马建筑垃圾处理厂,扎实开展垃圾分类处理试点工作,加大测土配方施肥技术推广力度,有效控制土壤污染物来源,不断提高土地利用率。大力实施禹门河与汾酒大道交汇处景观绿化和汾阳四中景观绿化提升改造工程,重点打造石盘山植物园、绿韵园和石门沟景区,全面完成董寺河、文湖景区湿地公园等绿化工程和禹门河(一期)工程、城市广场、狄青游园等公园的提标改造,栽植各类苗木81.9万余株,新增绿化面积12万余平方米,完成村庄绿化、通道绿化和农田林网工程1034公里,初步实现我市境内可视山体绿化全覆盖,通道绿化率达到95%,森林覆盖率提高到34.6%。

(王利钧)

附:中共汾阳市委书记、副书记、常委名单

书　记:武跃飞

副书记:吴晓东　李正奎

常　委:李立武　温小珂　靳学强　王云照　韩学尧　张艳斌　于志奇(12月任职,挂职)　冯　丽(女)

中共孝义市委

市委书记　李　真

2018年,孝义市委深入学习贯彻习近平新时代中国特色社会主义思想和习近平总书记视察山西重要讲话精神,紧紧围绕"讲政治、谋发展、抓改革、转作风、促和谐"五大主题,构建新生态、拓展新局面、建设新孝义,推动全市党的建设和党的事业取得了新进步、新成效。在2018年全国百强榜单中,孝义综合实力位列第79位,山西唯一;全面小康指数、新型城镇化质量、投资潜力分别位列全国百强第72、81、34位。

一、全面从严推进党的建设

2018年,孝义发生了马文革严重违法违纪案件,给全市政治生态、转型发展带来严重影响。深刻汲取惨痛教训,坚决把党的政治建设摆在首位,以滚石上山的劲头,推动孝义政治生态整体向好。

一是全面彻底肃清腐败流毒。市委班子带头召开班子专题民主生活会,严肃认真开展批评与自我批评。认真贯彻省纪委主要领导"五个扪心自问、五个坚决到位"指示要求,全市各级层层召开专题民主生活会(组织生活会),开展警示教育,做到政治上清醒认识、思想上全面清理、社会影响上彻底清除。明确提出"两个区分开来",稳定干部队伍思想。制定激励干部新时代新担当新作为若干意见,引导全市党员干部在新时代担当新使命、展现新作为。

二是全面推进主体责任落实。开展对各级党组织履行全面从严治党责任情况的监督检查,加大管党治党追责问责力度。2018年,与"关键少数""关键岗位"谈心谈话700余人次,问责落实"两个责任"不力党员领导干部85人。严查各类违纪违法案件197件,处分257人,案件查办工作在吕梁市综合排名第一。扎实开展第四、第五轮政治巡察,发现重要问题线索114个,共性问题380个,有序推进第六轮巡察。完成第四、五轮常规统筹巡察和两轮专项巡察。

三是全面加强"三基建设"。市财政投入7千万元用于"三基建设",37个软弱涣散村党组织得到整顿提升。扎实推进基层支部规范化建设和城市基层党建工作,社区大党委"五联五共"做法全省推广。乡镇(街道)全部实现"五小""八有",村活动场所全部实现"六个一",城市社区全部具备"一厅六室三中心"。乡镇(街道)、村、社区平均运转经费达86万元、17.4 万元、15 万元，集体收益 5 万元以上村达 85.75%。市直单位基础工作“优秀”和“良好”率达 83.7%。建立市委领导、组织部牵头、党校主抓、各部门配合的干部教育培训机制,通用能力培训实现全覆盖。

二、积极推进全面深化改革

围绕省委“示范区”“排头兵”“新高地”三大目标,坚持抓深抓实重大任务,强化以改促转,不断激活高质量发展动力活力。

一是加强对改革工作的领导。召开 16 次深改领导小组会议研究改革事项,专题听取汇报 8 次,审议改革要点方案 11 个。完善主要负责同志亲力亲为抓改革机制,压实市级领导分工负责制。重点改革事项实现督查全覆盖,改革落实成效纳入年终目标责任考核。坚持用“三个三”分析方法抓改革,推进 7 大类 64 项改革,完成 22 项,以改革促产业转型、促民生改善、促社会治理、促生态环保、促城市管理、促全面工作的氛围蔚然成风。

二是攻坚深化重点改革任务。深入推进开发区改革创新,“2+4+1” 政策制度体系基本建立，基础设施建设加快推进,开发区规上工业总产值和工业增加值约占全市的 2/3,税收占 1/3 以上。深入推进农村综合改革,《乡村振兴战略总体规划》初步完成,铺开“5+1”规划编制。农村集体产权制度改革基本完成。高阳国家农业科技园区纳入农谷建设总体规划,国家农村产业融合发展示范园创建稳步推进。成功入选 2018 年省级畜牧业绿色发展示范市，入选百个全国农村创业创新典型县范例名单。深化监察体制改革，完成 12 个综合、3 个单独派驻纪检监察组机构改革及乡镇(街道)监察试点,建立村级监察监督员工作制度。深化“放管服效”改革,完成“最多跑一次”改革事项 217 项,精减前置审批证明材料 154 项,“一网通办”率达到 87%。

三是积极打造对外开放新高地。主动参加进博会等招商引资活动,与万达、恒大、徽熳等签署合作协议,签约拟引资 165.02 亿元。承办“一带一路”煤焦化工产业绿色发展研讨会,16 个签约项目概算投资 277.68 亿元。举办“心系家乡、共谋发展”孝义籍在沪人士恳谈会,聘请 6 名优秀人才为转型发展顾问,与 9 所高校和科研院所签订合作协议,新建工程技术研究中心 1 个,引进各类人才 39 名。

三、着力推进资源型经济转型发展

明确提出“三个转变”工作思路,即:发展理念由过去侧重于铺摊子、上规模的外延扩张模式向提内涵、增效益的高质量发展模式转变；发展布局由以城市为主向城乡统筹、推动城乡一体化发展转变;发展产业由煤焦铝等传统产业为主向资源型产业与以新能源、新材料、现代装备制造为代表的新兴产业多元并举转变,推动资源型经济转型的宏观指导发生了重要积极变化。

一是坚决出清落后产能,破除无效供给,提高经济发展质量效益。淘汰选储煤产能 4650 万吨、焦化产能 102 万吨、耐材产能 49.5 万吨、煤电机组 2.4 万千瓦。尽管 GDP、规模以上工业增加值、固定资产投资总额,但这也为推进绿色发展、加快新旧动能转换腾出了更多空间。2018 年,孝义市社会消费品零售总额预计完成 146.75 亿元,城镇、农村常住居民人均可支配收入预计达到 34432 元、17229 元，总量和增速提升明显。一般公共预算收入完成 28.3 亿元，同比增长 34.9%,创造了历史最好水平。扎实推进“转型项目建设年”,新上转型项目 97 个,概算总投资 454.7 亿元,74 个完工或投产。制造业对工业增长贡献率达 31.2%。旅游总收入增长 29%,万达、麦当劳等知名品牌先后进驻。第三产业占比达 39.2%,经济结构进一步优化。

二是扎实推进环保整改和生态攻坚。全力抓好中央环保督察“回头看”和蓝天保卫战强化督查反馈问题整改,一批环境突出问题得到有效解决。实施大气、水、土壤污染防治三大行动计划,开展选储煤、耐材、商砼等专项整治,大气质量退出全省倒十。严格落实建成区禁煤、禁止燃放烟花爆竹等举措,高质量完成 1.8 万户清洁取暖改造。持续推进域内“六河一湖一渠”治理,流域水环境稳步好转。完成荒山造林 1.79 万亩,退耕还林 1 万亩,森林覆盖率达 33.1%,经济运行和生态环保实现同向好转。

四、全力保障和改善民生

从解决群众最关心最直接最现实的利益问题入手,坚持物质文明和精神文明两手抓、两手硬,让孝义发展始终拥有坚实基础、呈现勃勃生机。

一是全面启动高品质现代城市建设。完成城乡环卫市场化交接,主城区主干道机扫率、生活垃圾收集清运率分别达 80%、100%。三贤路片区(二期)、地百坊片区和长安巷片区棚户区改造顺利推进,中心城区控制性详规实现全覆盖。府前街改造全面完成，全民健身公园等一批城市配套工程取得积极进展,城市空间承载力显著提升。完成四条城市主干街路灯光亮化工程,新增绿化游园 13 处,绿化面积 11.6 万平米。

二是统筹抓好各项民生工作。以“六巩固六提升六融合”18 项工作为重点,掀起持续三年的扶贫成效巩固提升行动,整体脱贫工作受到国务院扶贫开发领导小组充分肯定。成功入选“山西省学前教育教学改革试点县市”,中高考成绩在高水平基础上稳步提升,义务教育向优质均衡发展迈进。市人民医院核定为“三级综合医院”,市域内就诊率达 90.2%。城镇登记失业率控制在 2.6%以内。市广播电视台成为全省首家且唯一取得互联网视听服务许可证备案的县级广播电视台;音乐剧《我们还能陪妈妈多久》在山西大剧院首演,非遗综合传习中心、孝义皮影木偶剧团入选全省首批对外文化交流基地;成功举办全国少儿乒乓球赛、全国老年人健身球操交流活动等大型体育赛事活动。

三是着力打造安全和谐环境。扎实推进扫黑除恶专项斗争，打掉 1 个黑社会性质组织,4 个恶势力犯罪集团,5 个恶势力团伙。深入学习推广新时代“枫桥经验”,迎宾北社区被评为全国民主法治示范村(社区)。恢复并坚持每月市级领导定期接访制度,深化涉案专案打击和走访慰问退役军人两个专项行动,收到良好政治效果、社会效果和舆论效果。健全安全生产责任体系,强化安全隐患源头防控,持续深化重点领域专项整治,安全生产形势持续稳定好转。

(李 曌)

附:中共孝义市委书记、副书记、常委名单

书 记:马文革(5月,因涉嫌严重违纪违法,接受纪律审查和监察调查;8月,被给予开除党籍、开除公职处分。)

李 真(7月任职)

副书记:王廷洪 王恩泽

常 委:成志斌 张由泉 薛厚华 张建国 郭贵和 张再强 王秀霞(女) 梁敬修

中共交口县委

县委书记 霍慧文

2018年,交口县委、县政府认真贯彻落实习近平新时代中国特色社会主义思想,按照省委“一个指引、两手硬”思路要求和市委抓好“四件大事”、实施“十大举措”的工作要求,以脱贫攻坚统领经济社会发展全局,团结带领全县广大党员干部群众,改革创新、大胆实践、狠抓落实,推动经济社会稳步健康发展。

一、坚持以政治建设为首要,在推进全面从严治党上取得新成效

(一)理论武装进一步强化。把推进“两学一做”常态化制度化作为提升领导干部思想理论武装的主抓手,通过实地考察学习、邀请省市优秀学者来交口县作专题报告等多种活动形式,扎实推进十九大精神、党章和习近平新时代中国特色社会主义思想的学习贯彻。全年,县委中心组带头开展21次集体学习,举办4期科级领导干部培训班,进行6次专题研讨及学习交流会,举行650余场宣讲活动,受众达到3万余人,形成了学习宣传贯彻的浓厚氛围。

(二)党内政治生活进一步严格。认真落实《关于新形势下党内政治生活的若干准则》。严格执行请示报告制度,及时向市委、市政府请示报告重大问题、重要事项。定期听取县人大常委会、县政府、县政协、县法院、县检察院党组工作汇报,全面加强党的领导。严明党的政治纪律,组织集中阅看《忏悔录》,坚决肃清腐败流毒影响。建立“三会一课”“三定三报备三抽查”等工作机制,对“三会一课”“主题党日”活动时间、内容、形式等进行全面规范。县委常委会召开两次高质量的民主生活会,班子成员带头对照标准找差距、摆问题,开展批评和自我批评,达到“红脸出汗、加油鼓劲”的效果,进一步营造良好政治氛围。

(三)意识形态责任制进一步落实。组织召开意识形态领域形势分析研判会,制定出台实施细则、检查评估办法,不断强化意识形态工作责任制落实。高度重视宣传思想文化工作,统筹各类媒体资源,挂牌成立交口县融媒体中心,持续巩固扩大基层宣传思想文化阵地。开辟专栏对习近平新时代中国特色社会主义思想和习近平总书记重要论述进行专题解读,开展春节、元宵节文化活动和“七一”“国庆”、纪念改革开放40周年等文化主题宣传活动。全年积极向国家和省市媒体推送稿件500余篇,采用量全市排名第一。

(四)民主法治建设进一步拓展。认真抓好宪法以及法律、法规的学习宣传和贯彻实施,通过以案释法、以法论事,切实推动全社会尊法学法守法用法。坚持和完善人民代表大会制度、协商民主制度,支持县人大、政协围绕重点工作进行调研视察,提出合理化意见建议,推动了各项重大决策、重点工作的贯彻落实和有效开展。组织党外知识分子、工商联、新的社会阶层等党外人士开展“同心同行、学跟共进”主题教育。认真贯彻党的宗教工作方针,建立健全三级网络。积极推进群团改革,完善党建带工建、团建、妇建的工作机制,提升服务能力和工作水平。坚持党管武装,深入推进国防动员、国防教育、兵役工作、后备力量建设,促进军民融合发展。深入推进司法体制改革,支持法检两院依法履职、依法办事,维护社会公平正义,不断推进法治交口建设。

(五)“三基建设”进一步加强。以基层组织整体提升年活动为抓手,坚持“整顿、规范、创建”相结合,全年整顿软弱涣散基层党组织30个,规范建设259个,创建品牌47个,基层组织建设水平显著提升。积极加强带头人队伍建设,分批开展农村“两委”主干专题培训380人次,实施“一村一名大学生计划”,培育农村后备干部321人,稳步提升农村干部队伍素质。加强对村组干部履职情况的监督管理,对3名不合格的村党支部书记进行了调整撤换。不断加大基层基础保障力度,投入4226万元“三基建设”资金,全面完成村级组织活动场所提质改造、乡镇周转房建设及“五小”设施提升等工程,村级组织运转经费达到22.6万元,村级组织办公经费达到10.3万元,村“两委”主干岗位报酬人均达到1.9万元。培育壮大村集体经济,95个行政村集体经济收入全部突破5万元。

(六)干部作风进一步转变。深入开展作风建设年活动。认真贯彻落实中央及省、市进一步激励广大干部新时代新担当新作为有关文件精神,制定出台了交口县《关于进一步激励广大干部新时代新担当新作为努力建设高素质专业化干

部队伍的实施办法》,从政策上引导、制度上激励各级干部干事创业、担当作为。树立鲜明用人导向,选派28名年轻干部到基层一线进行挂职锻炼,选派6名干部到福建以及省、市相关部门进行挂职培养,上挂下派相结合,打通干部锻炼交流通道。充分运用“四种形态”,对15名党员干部进行提醒,及时发现干部存在的苗头性、倾向性问题,让有为者有位,为担当者担当。

(七)正风肃纪进一步深入。积极强化对反腐败工作的集中统一领导,成立县委反腐败领导小组,形成了党委领导、职能部门共同参与的反腐工作新格局。县委常委会15次研究纪检监察工作,对重要案情进行审核把关,推动反腐败工作由结果领导向全过程领导转变。推动压实两个责任,对落实“两个责任”不力的约谈56人次,问责22人。积极推进监察体制改革,完成县级派驻监察全覆盖和乡镇监察试点工作,形成了纪律、监察、巡察、派驻“四个全覆盖”的监督监察网络。持续推进扶贫领域、民生领域腐败问题和不正之风专项整治、扫黑除恶专项斗争三项工作,强化惩处震慑力度,查处群众身边腐败问题251起,同比增长109.2%。锲而不舍纠治“四风”,处置问题线索67件,查处形式主义、官僚主义方面问题18起,查处违反中央“八项规定”精神案件9案。持续深化政治巡察,组织部署开展扶贫领域作风问题首轮专项巡察,着力发现和推动解决扶贫领域作风方面突出问题。

二、坚持精准扶贫精准脱贫基本方略,在打赢打好脱贫摘帽攻坚战上取得新突破

县委、县政府坚决扛起政治责任,把脱贫攻坚作为最大政治任务和第一民生工程,举全县之力坚决打赢打好脱贫摘帽攻坚战。截至2018年底,累计退出贫困村47个,退出率95.9%;减贫8471户、23149人,贫困发生率降至0.73%,如期实现脱贫摘帽目标。

(一)靠前指挥,压实责任,凝聚攻坚大合力。县脱贫攻坚领导组、13个专项工作组一周一例会、一月一研判、双月一调度,统筹推动责任、政策、工作“三落实”。县级领导包乡镇、包村并担任“指挥长”,建立每周两天驻村帮扶、一周工作预安排和日公示制度。整合发挥“七支队伍”力量,机关单位实行周三“扶贫日”,集中力量夯基础、强弱项、补短板。

(二)咬定目标,持续发力,打好脱贫组合拳。大力培育以食用菌、养殖、核桃为主的“3+N”产业体系,实现一村一品一主体和“五有”全覆盖。特别是在食用菌方面,连续出台奖补政策,引导资源型企业投资2.5亿元建成韦禾、天麟两个现代化示范园区,全县食用菌规模达到3000万棒,占到全省的1/4,覆盖全县7个乡镇、60%的村、65%的贫困户。相继举办“吕粮山猪”直供港澳品牌发布会、交口夏季香菇品牌推介会、森林经营与生态扶贫研讨会,与中国网库集团等公司合作,建成3个单品种电商交易平台,香菇、山猪、沙棘“交口三宝”特色品牌影响力得到提升。依托吕梁学院交口分院建成规模设施一流的农民技能培训基地,累计实现贫困劳动力转移就业7477人。创新金融扶贫“5+3”模式,量身打造“就业贷”“蘑菇贷”“订单贷”等一批特色金融产品,累计发放扶贫贷款10.2亿元,其中扶贫小额贷款2.1亿元,覆盖全县贫困户的80%。累计投入近6亿元,加大农村基础设施和公共服务配套建设,95个村基本实现水、电、路、网等基础设施和文化活动场所、卫生室等公共服务配套、危房改造“全覆盖”。8个易地扶贫搬迁集中安置点全部建成投用,78个自然村、4798人如期搬迁入住。

(三)聚焦精准,创新机制,全力确保“三落实”。全面落实教育、医疗、养老、低保等扶贫政策,兜紧兜牢贫困人口社会保障“一张网”。建立慢性病门诊补充医疗保险,实现贫困群众、常见病种、中华药典目录药品全覆盖,省定43种病种100%报销,新增75种病种90%报销,提供先住院后结算、“一卡通”购药、“一站式”报销服务。在全省率先推出扶贫“一保通”综合保险,全县2.7万户农户统一参保,保产业、保健康、保收入、保脱贫,有效防范了“福利陷阱”和“悬崖效应”。其中:对农户当年人均收入不达国家贫困线标准的,由保险进行补差,确保稳定脱贫不返贫。创新开发“互联网+”扶贫项目资金管理系统,实现所有扶贫项目入库管理,全程绩效考评,精准到村到户。延伸开发“幸福交口二维码”数据平台,所有基础数据、帮扶措施及政策、项目、资金等信息一码清底、一目了然,提升了群众政策知晓度、脱贫认可度和帮扶满意度。

三、坚持以人民为中心的发展思想,在推动经济转型和改善民生福祉上取得新进步

始终坚持以人民为中心的发展思想,坚持统筹推进,突出重点,在经济转型、民生改善、基础提高、生态优化、社会安定等方面取得了长足进步。2018年,全县地区生产总值完成66.3亿元,增长8.5%;规模以上工业增加值完成59.7亿元,增长7.5%;社会消费品零售总额完成8.8亿元,增长8%;县级公共预算收入完成8.39亿元,增长32.1%;城乡居民人均可支配收入分别完成20825元和8180元,增长6.9%和10.7%,各项主要经济指标取得较好成绩。

(一)全面深化改革亮点突出。对标对表省、市改革要点,制定六个领域183项改革任务清单。县委常委会、县委全面深化改革领导组召开20余次会议,研究审议30余项改革类文件。着力推进煤电铝材一体化、矿山企业生态治理、功能农业示范县、土地增减挂钩和省综改示范区战略合作五项重大改革任务,并取得了阶段性成效,全面深化改革整体进入全市第一方阵。其中:食用菌产业发展、资源型企业转型、扶贫领域、民生领域、金融领域等10多项改革成果在省、市改革信息和山西日报、吕梁日报改革专栏上登载,为全市乃至全省提供了可复制、可推广的“交口模式”“交口经验”。

(二)经济转型升级扎实推进。坚持把“供改”和“综改”相结合,开展企业投资项目承诺制改革,完善县级领导包联民营企业制度,加强“省民营经济30条”等政策宣传落实,制定出台我县贯彻落实意见。开展“转型项目建设年”活动,实施

22个重点项目,完成投资17.02亿元,同比增长10.16%;将11个涉及新兴产业、现代农业、生态环保等领域的转型项目全部纳入重点项目建设盘子,全年完成投资11.9亿元,为经济平稳发展提供了重要保障。积极推动传统产业转型升级,投资1.8亿元,实施3户焦化、6户洗煤企业的技术改造;旺庄公司4万吨生铁铸件项目建成投运;兴华科技完成开发性技改,新增赤泥速凝剂等5种铝系产品;道尔铝业引进国际先进的尾矿利用超导除铁设备并调试运行;积极对接推进伊电铝系项目、晟安铝硅合金项目。省级经济技术开发区正式获准省政府批复,为推动交口县产业集群集聚、实现煤电铝材一体化发展奠定了基础。培育发展新能源产业、文化旅游和现代服务业,加快新旧动能转换。棋盘山99.5MW风电项目并网发电;积极推进600兆瓦风光储多能互补平价上网项目;成立旅游发展委员会,推进大麦郊红军东征纪念馆建设;投资1000万元的华溢新天地综合商场正式运营,提升了我县三产服务业发展水平。

(三)民生社会事业持续发展。教育方面,坚持教育优先发展战略,全面落实振兴教育"20条",推动教育内涵式发展。全面加强学校管理和教师队伍建设,深化与太原师院附中等的协作办学,高考"二本"以上达线367人,再创历史新高,初步扭转了教育滑坡、学生外流的局面,呈现出稳步向好的发展势头。进一步完善教师成长激励机制,隆重奖励工作突出的学校、教师和教育工作者。选招充实62名中小学教师、54名幼儿教师,有效缓解学校编制空缺和教师结构性短缺问题。义务教育全面通过国家均衡发展复检验收。卫生方面,积极推进县乡医疗卫生机构一体化改革,县医疗集团实现管理运行"六统一",先诊疗后结算、一站式服务、医联体建设、双向转诊、双签约等各项改革措施扎实推进。基本公共卫生服务、妇幼计生、疾病预防控制、卫生监督、爱国卫生等项工作稳步开展,医疗卫生综合服务能力得到不断提升。市政建设方面,坚持"多规合一",县城总体规划、县域村镇体系规划、乡村建设规划等修编完成。围绕"扩容提质、拓展南北"和"扫尾一批、建设一批、筹划一批"的思路,积极稳妥、加快城市建设。东征文化广场、中心商贸区建成投运;积极推进南山生态综合治理和南山河两岸环境综合治理项目,完成部分基础工程;实施城市拆迁1100余户28万余平方米,建成分配安置房279套,具备分配条件408套,完成主体工程579套。大力实施城乡管网覆盖工程,启动交口县第一污水处理厂提标改造项目建设,完成第二污水处理厂前期手续和PPP项目"两评一案"编制;完成城市供水管网改造1.6公里、城市雨污管网4.06公里、供气管网4公里;城区新建改造换热站21座,启动双池、康城两个乡镇镇区的集中供热工程,新建管网15.3公里,新增供热面积34.11万㎡;新建城市道路2.46公里、城市绿化面积2.5万平方米。深入开展城乡环境整治,投入1200余万元,在全县95个行政村重点开展村容村貌、房前屋后、"四堆"清理、河道河渠等整治工作。社会保障方面,大力开展创业培训和"吕梁山护工"、全民技能提升培训等精准技能培训工程,培育特色劳务品牌,累计参训人数达到2900余人,培训就业率达64%。扎实推进社保扩面工程,按时序进度完成养老、医疗等险种的征缴工作。完善社会救助体系,落实补差救助和分类施保政策,提高低保补差标准,符合条件的城镇498户85人和农村771户1586人的低保户全部按时足额领取低保金,实现应保尽保,达到"两线合一"。加快民政公益基础设施建设,新增5个农村日间照料中心,加快敬老院前期手续办理进度,养老服务体系不断健全。统筹推进军队退役人员、老党员、离任村干部、高龄老人、失能人员、残疾人士等特殊人群的保障工作,落实好政策福利待遇,切实满足百姓需求。

(四)生态文明建设不断加强。坚持铁腕治污,实施蓝天碧水净土保卫战,配合中央环保督察"回头看"和重点区域强化督查,狠抓环保整治和问题整改,结案率100%。大气污染防治方面,加大重点企业技术改造和工业企业扬尘集中治理,48户企业建成全封闭库,实现超低排放,区域环境突出问题得到有效解决;水污染防治方面,实施"河长制",推进流域综合治理,24户加油站完成防渗漏改造,3户焦化企业完成熄焦水提标改造,完成新纳入水源地划分和畜禽养殖禁养区立标立牌工作,双池河官桑园出境断面水质改善,县城及乡镇集中式饮用水水源地水质达标率100%;土壤污染防治方面,制定《重点企业固废污染专项整治实施方案》,加快企业固体废物综合整治,加快露天采矿复垦治理进度,累计完成土地复垦治理4.69万亩。积极推进造林绿化,完成造林面积2.8万亩。2018年,全县二级以上优良天气和环境空气综合质量指数都排名全市第一。

(五)社会治理能力不断提升。持续引深"六安联创",学习推广"枫桥经验",累计投入2000余万元,实现三级综治中心规范化建设。推行实施"网格化"管理,配备网格长447名,建立各级人民调解委员会115个,构建覆盖城乡、共享共治的社会治安防控体系,受到通报表扬。聚焦"有黑扫黑,无黑除恶,无恶治乱,无乱强基"总目标,扎实开展全方位、多角度、深层次宣传动员、线索摸排、打击惩治和建章立制。县乡村组四级开展履责督导谈话2287人次。统筹把握打、防、治、建关键环节,共收集统计各类问题线索676条,打掉涉恶团伙5个,抓获犯罪嫌疑人32人,网上追逃1人。严格落实党政同责安全生产责任制规定,深入开展安全生产大检查和重大隐患排查整治,全面落实"四个清单"安全管理和"四不放过"规定,形成齐抓共管、条块结合、上下联动、社会参与的工作格局,全年未发生重大安全责任事故。坚持重拳出击、露头就打,严厉打击私挖滥采,全县安全生产形势稳定好转。持续开展四个重点攻坚战、重点信访问题百日专项行动,加强信访基层基础和规范化建设,集中化解一批涉地涉矿、涉法涉诉等突出问题。健全完善县级领导包案化解、信访接待日和重点人员"五包一"制度。全市重点信访问题百日攻坚专项行动现场会在交口县召开。

(丁 一)

附：中共交口县委书记、副书记、常委名单

书　记：霍慧文

副书记：乔劲松　宋志江

常　委：刘明山　刘青平　杜茂林

刘雁斌(11月离职)　周筱莉(女)　高　峰

中共石楼县委

县委书记　油晓峰

2018年，石楼县委以习近平新时代中国特色社会主义思想和习近平总书记视察山西重要讲话精神统揽全县工作大局，全面学习贯彻落实党的十九大精神、省委十一届六次全会和市委四届四次、五次全会精神，持续聚焦攻坚深度贫困，统筹推进"绿色生态立县、红色旅游兴县、特色产业富县、脱贫攻坚强县"，昂扬奋斗、砥砺前行，脱贫攻坚连战连胜、经济发展稳步增长、转型发展蹄疾步稳、全面从严治党纵深推进、改革发展稳定和党的建设各项事业取得了新进展新成效，迈出了新时代发展的新步伐。

一、在学懂弄通做实中筑牢了思想政治根基

县委旗帜鲜明地把政治建设摆在首位，进一步提升政治站位，认真践行"四个意识"，不断强化"四个自信"，坚决落实"两个维护"，坚持把习近平新时代中国特色社会主义思想作为武装头脑、指导实践、推动工作的根本保证，在学懂弄通做实上下功夫，全面纵深推动党的十九大精神、习近平总书记视察山西重要讲话精神落地生根、落实生效。县委认真贯彻落实省委十一届六次、七次全会精神和市委四届五次、六次全会精神，深化了全县广大党员干部对"两转"基础上全面拓展党的建设和党的事业新局面的认识，围绕中央巡视山西整改、中央环保督察整改以及省市各项专项部署等，努力做好整改落实"后半篇文章"，拓展了学习贯彻落实的深度，确保了脱贫攻坚、扫黑除恶、生态环保、扶贫领域作风整治等重点工作取得了实实在在的工作成效。全县上下的奋斗活力不断增强，展现出良好的精神面貌。

二、在筑底求进中保持了经济健康发展

2018年全县地区生产总值完成10.7亿元，增长8.6%；固定资产投资完成10.6亿元，增长30.1%；规模以上工业增加值完成1276万元，增长1.1%；社会消费品零售总额完成3.5亿元，增长7.1%；一般公共预算收入完成5044万元，增长15.9%；城镇居民人均可支配收入实现1.46万元，增长6%；农村居民人均可支配收入实现3768元，增长15%。全县主要经济指标都实现了正增长，特别是固定资产投资完成率和农村居民人均可支配收入增幅都位居全市第一位，经济运行中的积极因素正在不断累积，总体上呈现出趋稳向好的态势，为经济社会各项事业发展奠定了基础。

三、在"滚石上山"中取得了脱贫攻坚重大进展

县委始终坚持把打好打赢脱贫攻坚战作为最大的政治责任和最大的民生工程，纵深推进攻坚深度贫困"三五工程"，认真实施全市"3545"年度行动计划号令，狠抓落实"一县一策"，特别是推行了一系列新机制、新举措定向切脉、定点施策、定责问效，扎扎实实把攻坚深度贫困战推向前进。"一切扶贫工作到支部""一切扶贫工作项目化"以及脱贫攻坚工作情况汇报例会等工作机制全面压实了责任链条，落细了攻击点位；"党支部+"党建促脱贫模式开启脱贫新引擎，被《吕梁日报》头版报道；"党支部+造林合作社"生态脱贫新机制被市委市政府誉为"吕梁生态扶贫的升级版"，在全市加以推广；光伏扶贫、产业扶贫、易地扶贫移民搬迁等重点工作加快推进，减贫带贫效果更加突出；健康、教育、兜底等基础保障持续改善。贫困群众享受到了更多更精准的政策叠加红利，全县所有行政村都达到了2万元以上的集体经济收入，年底又有12370口贫困人口、34个贫困村顺利脱贫。

四、在立新求变中增强了深化改革发展动力

坚持聚焦重点领域持续发力，启动创建国家有机认证示范县，农村产业融合、电子商务进农村、县乡医疗卫生机构一体化等改革任务全面深化。不断加快产业转型升级步伐，工业投资增速、转型项目完成投资占固投比重均排名全市第一。天然气开发项目完成了4口生产水平井和主管网建设工程；光伏扶贫电站全部完工并网发电，光伏资产收益分配让贫困村、贫困户受益；48.7MW风电二期项目建成投入试运行，风能资源开发和利用进入了实质性阶段；"金鸡计划"产业项目投产运营达效，以"稳、长、清"为特点的战略性、可持续性的特色产业，构筑了稳定脱贫致富的产业支撑。造林绿化扶贫带富、"四好农村路"建设PPP模式等改革创新机制走在全省全市前列。一批批重点改革事项稳步推进，一项项创新机制激发活力，一个个富民强县产业项目显现成效，发展与改革交融，改革红利得到进一步释放，日积月累沉淀的后发优势逐渐凸显。

五、在和衷共济中实现了民生福祉全面改善

坚持以人民为中心的发展思想，扎实推进以需求为导向的民生社会事业。教育事业优先发展，高考再创佳绩，二本达线人数达到460人，南城初中迁建工程顺利推进，职教中心与天坤国际教育集团成功开展了合作办学。健康事业加快发

展,医疗集团体制改革顺利推进,健康扶贫“双签约”服务不断完善,新录用一批基层医务工作人员,建档立卡贫困人口住院自付比例控制在10%以内,农村综合医疗水平不断提升。社会保障不断完善,农村低保线提高到3588元,与贫困线实现“两线合一”,光荣院改建工程竣工,农村危房改造1500户,廉租房分配到户336套。公共服务不断提升,全民健身活动中心建成投入使用,文化馆、美术馆、档案馆开工建设,县融媒体中心挂牌成立,开展了庆祝改革开放40周年系列文化活动,《马茹花》《北京的冬天很温暖》等护工系列微电影弘扬了主旋律、正能量。环保突出问题得到全面整治,城区主干道两侧居民住房实现集中供暖,屈产河水质达到四级以上优良标准,大气、水污染防治取得良好成效;深入推进扫黑除恶专项斗争,严打涉黑涉恶等违法犯罪行为,维护社会公平正义,群众的安全感和幸福感显著提升,民生福祉彰显了发展的温度。

六、在全面从严中开创了党的建设新局面

县委坚决按照新时代党的建设总要求,推动全面从严治党向纵深发展。结合“两学一做”学习教育常态化制度化,县委带头开展中心组学习、主题研讨会、县委常委班子民主生活会,建立县级党员领导联系指导机制,实现119个农村党组织县级领导干部联系全覆盖;定期召开县委党建工作领导小组会议,听取各乡镇党委、各系统党总支党建工作落实情况,专题研究每个阶段的党建工作推进情况。以“基层组织整体提升年”活动为抓手,全力推进“三基建设”,乡镇“八有”工程和村级组织活动场所“六个一”规范化建设,现任农村“两委”主干的岗位报酬持续增加,积极开展干部培训,深化拓展了“主题党日”活动,选树了一批先进典型,不断提高基层党组织建设质量。强化监督执纪问责,驰而不息纠正“四风”,深化党内巡察监督,严惩发生在群众身边的腐败问题,县纪委监委共受理信访举报件397件,累计处置问题线索394件,立案139件,结案134件,处分129人,移送司法3人。同时坚持厚爱和严管结合,以加强基层党员干部教育整顿为抓手,做到了标本兼治、防患未然,风清气正的政治生态进一步巩固发展。

(许瑞勇)

附:中共石楼县委书记、副书记、常委名单

书　记:油晓峰

副书记:陈　浩　田文军(11月离职)

张宝珍(11月任职)

常　委:闫玉萍(女,11月离职)

崔宇飞(12月任职)　张建峰

赵林泉(1月离职)　薛　平(1月任职)

薛志胜　马恒文　闫建军

中共中阳县委

县委书记　乔晓峰

2018年,中阳县委高举习近平新时代中国特色社会主义思想伟大旗帜,深入贯彻落实党的十九大和习近平总书记视察山西重要讲话精神,按照省委“一个指引、两手硬”思路要求和市委“抓好四件大事、实施十大举措”要求,抓党建、奔小康、保稳定、促发展,全力推进大生态大发展大民生战略,努力实现“两转”基础上党的建设和党的事业新进步。

一、持续推动学习习近平新时代中国特色社会主义思想入脑入心

始终把习近平新时代中国特色社会主义思想作为谋划推动各项工作的根本遵循和科学指南,自觉用党的创新理论武装头脑,深入推进“两学一做”学习教育常态化制度化,把深入学习贯彻党的十九大精神和习近平总书记视察山西重要讲话结合起来,在学懂弄通做实上下功夫,在融会贯通、学以致用、全面覆盖上求实效。中心组学习22次,研究部署工作都要对标对表中央精神和省市要求,用讲话精神指导实践、推动工作。先后召开十五届六次全会暨经济工作会议、脱贫攻坚、巩固提升奔小康、扫黑除恶、党的建设等系列专题会议,拓展学习成效。树牢“四个意识”、坚定“四个自信”、做到“两个维护”,自觉把维护核心落实到行动上、融入到工作中。分专题重温总书记视察山西讲话精神,深化十九大学习、宣传、培训、调研、落实“五大活动”,组织党员干部、人大代表、政协委员1200人次到北航、哈工大、浙江、福建等地培训考察,邀请省内外知名专家学者来县,开展宪法、乡村振兴、从严治党等党员干部培训5000人次。

二、加强“三农”工作,有序衔接脱贫攻坚与乡村振兴

始终坚持以脱贫攻坚统揽经济社会发展全局,顺利通过国家第三方专项评估检查,群众认可度95.95%;8月8日,省政府批准中阳退出贫困县,贫困发生率下降到0.16%。省、市先后召开健康扶贫、文化扶贫、成效考核推进、财政资金整合等11个现场会,26个县市1100人次前来学习交流。坚持“脱贫不脱责任、脱贫不脱政策、脱贫不脱帮扶、脱贫不脱监管”,出台《关于巩固脱贫成果、提高脱贫质量,全面建成小康

社会的意见》,突出驻村力量、政策保障、动态管理、产业支撑、乡村振兴"五个强化",扎实开展巩固提升。推进乡村振兴战略,《总体规划》完成第三稿,先期推出神圪塔、水峪、阳坡塔、弓阳等排头兵。统筹整合资金2.2亿元,比上年增加5800万元,实施特色产业、政策保障、基础建设、教育培训四大类32个项目。深入实施"321"农业产业的同时,发展特色种养业项目135个,由8个企业64个合作社承载,做到村村都有合作社,户户直接间接都有产业。在车鸣峪引进试种4万袋黑木耳获得成功,800吨水晶粉项目完成设备安装,新希望集团200万只肉鸡项目落定。针对"倒春寒"导致核桃冻花大面积受灾的情况,及时出台《全面推进产业多元发展,助力农民长期稳定增收的实施方案》,明确32项措施引导扶持,落实补助资金1600万元,通过林下种植、生态养殖蚯蚓、黄粉虫养殖等特色产业,带动贫困户4340户,确保持续增收有保障、稳定脱贫不返贫。

三、坚持高质量发展目标,努力开创经济发展新局面

切实加强对经济工作的领导,坚持稳中求进总基调,不断推进转型综改和供改。地区生产总值完成84.25亿元,同比增长9.2%;社会消费品零售总额完成15.08亿元,增长7.6%;公共财政预算收入突破10亿大关,完成10.45亿元,增长64.7%;城镇居民人均可支配收入完成22961元,增长6.5%;农民人均可支配收入完成7308元,增长8.7%。

坚定推进传统产业优化升级,优质煤炭产能释放步伐加快,煤炭产量855万吨。以环保倒逼钢铁产业加快技术革新步伐,90万吨干熄焦项目建成投运,年可利用余热发电1.33亿度。中钢与太钢、北航等先进企业、科研院校对接合作,共同开发不锈钢螺纹、复合耐磨钢管等特种钢,产量300万吨,特种钢占比接近15%。坚定推进新兴产业发展壮大,规划建设光伏、风电、瓦斯、余热发电项目15个,总装机672MW。其中风电项目8个,华润一期120MW已完工,光伏发电项目全部建成并网,中钢80MW煤气机组热电联产项目、荣欣6MW瓦斯发电项目建成投产,三电并举初步形成,新能源装机达到167.7MW。以北航中汇科技孵化器为支撑,成功申报省级双创示范基地。入选全国电子商务进农村综合示范县,中央资金支持1500万元。紧紧围绕"营商环境建设年、招商品牌创新年、转型项目建设年",坚持大开放、大招商,与黑龙江省东宁市签署协议,正式缔结友好城市战略合作关系。举办全省统一战线"百千百"工程中阳县消费扶贫暨招商引资活动,签约招商引资5个,总投资8.7亿元,其中亿元以上项目4个,签订劳动就业项目13个,达成意向2000人,特色产品订销额3070万元。全年对接项目35个,落地亿元以上项目4个,总投资8.5亿元。与上海东方龙商务咨询有限公司达成委托招商意向,重点推进煤电铝(镁)材一体化项目招商。始终把抓改革作为重大政治任务,坚决贯彻"四个亲自""三个三"抓改革要求,54个涉改部门铺开7个方面116项改革事项,取得积极进展。城乡环卫一体化改革和河长制改革效果明显,市委市政府在我县召开河长制改革现场会。

四、围绕实现群众对美好生活的向往,不断保障和改善民生

稳步推进安居工程,金罗采煤沉陷区治理搬迁688套和桥坡底棚改1080套选房分配到户,易地扶贫搬迁7460人分房入住,旧村拆除复垦有序推进。改善基础设施建设,东山过境公路控制性隧道工程唐石板沟隧道双向四个工作面共掘进2115米,完成投资1.74亿元,同步启动征地拆迁工作。坚决打好污染防治攻坚战,扎实开展大气、水、废渣、非法违法企业、扬尘整治五个百日专项行动。积极配合中央环保强化督查和"回头看",立案33起,罚款300万元。总投资5.1亿元的南川河生态滨水走廊、总投资5.6亿元的城区道路及管网建设两个PPP项目纳入财政部项目库;暖泉河治理项目有机肥厂、玉洁污水处理厂提质扩容建成投运。投资2.5亿元实施县城周边分散区、新建居民区及金罗镇沿川11个村集中供热一期工程,覆盖率92.5%。全县高考二B类以上达线561人,达线率39.8%;中考总均分和总及格率全市排名第三。职业中学成功申报机电省级重点专业、省级实训基地两个建设项目和省级改革发展示范校项目。医疗集团实行"六统一"管理,先诊疗后付费"一站式结算平台"规范运行,新创2所中医特色乡镇卫生院。成功举办秧歌汇演、半马、神圪垯摩托赛等十多项赛事活动,再次入围2018—2020"中国民间文化艺术之乡"。拍摄完成乡土题材电影《核桃梦圆了》,生动讲好中阳核桃产业扶贫故事。社会主义核心价值观主题广场完成建设,精神文明创建广泛开展,中国好人榜有了中阳人的名字。实施全民技能提升工程,培训2890人,实现就业1500余人;规模企业全年共吸纳劳动力9886人。五大保险扩面提标、政策落实到位,新建5个日间照料中心完工。深入开展隐患排查治理和巡查,安全生产形势明显好转。开展重点信访问题百日攻坚、重点领域信访问题专项治理,51件信访问题全部办结。扎实做好退役军人服务管理工作,走访慰问实现全覆盖。始终保持高压态势,打掉恶势力犯罪集团4个、恶势力团伙6个,扫黑除恶取得阶段性成果,社会大局和谐稳定。

五、坚持全面从严治党向纵深发展,不断构建良好政治生态

坚决扛起主体责任,常委会18次研究全面从严治党。成立县委反腐败领导小组,全面加强集中统一和全过程领导。及时听取县人大常委会、政府、政协、法院和检察院党组履行主体责任及常委班子一岗双责情况汇报。层层签订党建任务书,年终专项述职考评,倒逼369名党组织书记扛主责、抓主业、当主角。县级党员干部联系培养27个党建示范点,县公安局成为公安部党建工作联系点。抓投入、抓培训、抓提升、树典型,以"三抓一树一结合"举措深化拓展"三基建设"。投入6000多万元,镇村全部达到"八有""六个一"标准,村居运

转经费分别提高到14和15万元,500万元扶持17个薄弱村发展壮大集体经济;村主干工资继续提高,最高4.5万元,50名优秀本土人才每人每月增加800元用于素质提升。开展"五面红旗"支部一季一评,每评为一面红旗奖励1万元;2000万元奖励年度考核、脱贫攻坚先进单位和个人。围绕"基层组织建设整体提升年",制定各领域规范化标准,每月有重点地确定"主题党日"内容,领导干部以普通党员身份参加支部生活,创新党员志愿岗、党员挂牌亮身份、党员积分制管理等活动载体,组建了两个移民集中区大党委,规范建设317个党组织,创建45个品牌党组织。10个软弱涣散党组织全部由常委包联,因村施策、对症整顿,重点整顿2个干部涉恶村,对730名两委干部任职资格全部"回头看",进一步纯洁干部队伍、夯实执政根基。组织493名科级干部轮训、35名年轻干部到乡镇挂职、248名干部驻村帮扶,优化干部成长路径。出台中阳县激励干部新时代新担当新作为以及培养选拔优秀年轻干部实施办法,激励干部担当作为、干事创业。

持续保持正风反腐高压态势。全年立案125件,给予党政纪处分166人。其中,处分科级干部29人,留置4人,移送司法3人;挽回损失357万元,实现了审查调查数量质量"双提升"。认真落实中央八项规定及实施细则,驰而不息纠正"四风"。立查案件20件、处分21人;查处形式主义官僚主义问题13起、处理20人。整治群众身边腐败,统筹抓好扶贫领域、民生领域、涉黑涉恶三项重点,查处扶贫领域问题44件、处理89人,民生领域问题45件、处理97人,涉黑涉恶腐败问题5件、处理6人,中央巡视组转办线索69件,已全部办结。全县100个行政村选派村级纪检监察监督员,制度优势转化为治理效能。综合把握运用"四种形态",处理483人次,红脸出汗成为常态。突出政治巡察,开展2轮巡察工作,7个乡镇巡察全覆盖。

稳步推进民主法治。严格落实十五届县委全会、常委会工作规则,不断提高班子建设规范化制度化水平。注重发挥统揽全局、协调各方的政治核心作用,支持人大、政府、政协、法院、检察院按照各自职能积极履职。强化党外知识分子、新的社会阶层人士统战工作。支持工青妇等群团组织依法依章开展工作。积极推进军民融合发展。深入开展宪法学习,不断推进法治中阳建设。

(姚通川)

附:中共中阳县委书记、副书记、常委名单

书　记: 乔晓峰

副书记: 田安平　孙燕飞(女)　郝忠亮(挂职)

王润平(挂职,3月离职)

闫晓红(女,挂职,3月任职)

常　委: 吴蝉有　靳　钧　任建中　姚文郁

薛有宁　张成虎

中共柳林县委

县委书记　郝继平

2018年,县委团结带领全县干部群众,苦干实干、攻坚克难,谋创新、求突破,转型发展进程不断加快;强保障、夯基础,民生事业迈出坚实步伐;抓重点、攻难点,扫黑除恶持续有力,信访积案有序化解,社会大局愈加安全稳定;严纪律、守规矩,紧抓干部作风建设,严惩群众身边腐败问题,党的建设更加坚强有力。特别是财政总收入、一般公共预算收入等主要经济指标,创造了历年来的最好成绩!

一、加强组织领导,深化改革持续推进

全面深化改革是柳林突破发展瓶颈、解决发展难题的重要法宝。2018年,县委主要领导研究深改工作12次,通过定期听取汇报、部署改革任务、解决改革难题,切实承担起改革工作领导责任,审议了各类改革方案,研究解决了改革工作中的重点难点问题。探索建立了改革协调会议制度、改革信息定期报送制度和"改革信息平台",不断优化改革工作机制。研究制定了《中共柳林县委全面深化改革领导小组2018年工作要点及责任分工》。全年共部署6个方面43项改革事项,完成38项,持续推进5项。省考核4项改革任务全部完成,特别是生态建设和医疗领域改革成效均位于全省前列,改革工作总体上呈现出蹄疾步稳、有序推进的良好局面。

二、坚持对标推进,脱贫成效不断巩固

严格执行"摘帽不摘责任、摘帽不摘政策、摘帽不摘帮扶、摘帽不摘监管"的要求,坚定不移巩固脱贫成果。出台了《坚决打赢脱贫攻坚战暨巩固提升脱贫成效三年行动实施方案》,坚持"队伍不撤、人员不散、力度不减"的原则,县乡村层层签订责任状,县级领导每周至少一次深入所包乡镇检查指导工作,帮扶单位一把手每周至少住村两天两夜,"三支队伍"每周住村五天四夜。积极探索推进"金融+产业"模式,形成了以传统农业、特色农业、订单农业、"互联网+"农业和规模化养殖等为载体的农业体系。对县域内3个农业园区进行整合,设立柳林县现代农业产业开发区,拟引进核桃深加工、富硒矿泉水、肉驴养殖等项目;创建了30个农业标准化示范基地,部分绿色谷子、红枣、马铃薯、湖羊等生产基地成功获

得绿色、无公害证书;引进小杂粮加工及鲜活农产品一体化经营项目,加快打造现代化、标准化农业生产体系。联动实施了退耕还林、荒山绿化、森林管护、经济林提质增效和特色林产业五大项目,坚决在"一个战场"上打赢生态建设和脱贫攻坚"两场战役"。三北防护林体系建设工程荣获国家林业和草原局的表彰。

三、着力提质转型,经济结构持续优化

坚决贯彻省委关于"转型项目建设年"的安排部署,不断创优项目建设环境,把重大项目建设作为产业转型、民生改善的突破口和主抓手,努力推动柳林经济实现高质量发展。全年地区生产总值完成206.5亿元,同比增长7%;县级公共财政预算收入完成30.5亿元,跃居全省第一;城镇居民人均可支配收入完成31777元,同比增长5.5%;农村居民人均可支配收入完成12172元,同比增长6.7%,主要经济指标实现稳定增长。全年原煤产量完成3212万吨,焦炭产量完成64万吨。转型项目稳步推进,可整体提升矿井15%的回采率的无煤柱自成巷"110工法",在鑫飞下山峁煤矿取得预期效果,初步踏出了一条传统能源技术革命的新路。总投资9.1亿元的铝循环工业园区基础设施项目开工建设,全力打造"煤电铝材"一体化全产业链发展的载体和平台;改造了柳林200万千瓦发电机组,将电厂产能运行率提高至80%以上。着眼"一带一路"大商圈和"新高地"战略机遇,汾西矿区铁路专用线累计完成投资1.15亿元。307国道城区段改线工程、煤矸石综合利用项目正在积极推进。全年签约9个招商引资项目,总投资额87.37亿元,落地开工3个,签订战略合作框架协议4个,招商引资不断掀起高潮。固定资产总投资221亿元,完成投资37亿元。其中,转型类项目68个,总投资154亿元,完成投资12亿元。

四、增进民生福祉,社会事业蓬勃发展

始终牢记习近平总书记"人民对美好生活的向往,就是我们的奋斗目标"的真情嘱托,着力解决好人民群众反映最强烈、最突出的现实问题,不断提升全县人民群众的获得感、幸福感、安全感。建立了"党政同责、一岗双责、权责一致、失责追责、齐抓共管"的环境保护工作责任制。中央、省环保督察组转办问题、中央生态环保督察组"回头看"交办案件、环保部督查组发现问题,全部办结。持续开展大气、工业固废、水污染防治。实施了基础教育质量提升三年行动计划和"五大工程"。庙湾小学和北大街幼儿园投入使用,上青龙幼儿园和城东小学主体竣工,普通高考二本达线人数连续5年屡创新高。城乡医疗卫生一体化改革深入推进,"一站式"结算系统全面完成,新医院迁建工程稳步推进。热电联产完成供热管网12公里,新增供热4231户;"煤改气"覆盖李家湾乡4个村2593户;城镇登记失业率长期控制在2%以下。开展了农业、危化品、道路交通、非煤矿山、建筑施工、食品药品等领域的安全生产专项整治工作;深入学习推广新时代"枫桥经验",打造了3个市级示范乡镇、9个省级示范村、70个县级示范村;荣获"全省无邪教创建示范县"称号。全市"重点信访问题百日攻坚"交办案件化解率位居全市第二。全县共摸排黑恶线索549条,打掉8个黑恶团伙。打击处理79人,扫黑除恶工作扎实推进。

五、全面从严治党,党的建设全面加强

柳林县坚持以习近平新时代中国特色社会主义思想为统领,始终坚持党的集中统一领导,不断推动全面从严治党向基层延伸、向纵深发展,把党建设得更加坚强有力。以"五大"培训工程为抓手,充分利用县委中心组、柳林大讲堂、"太行学院"读书班和"送教下乡"等平台,组织学习习近平新时代中国特色社会主义思想、党的十九大精神、省委和市委全会精神等,累计培训党员干部1.2万人次,党员干部的"四个意识"明显增强,"两个维护"更加自觉。县委书记专题会和县委常委会研究部署纪检监察和巡察工作15次;与班子成员和部分党组织负责人廉政谈话92人次。修订了《八届柳林县委巡察工作规划》,对4个乡镇、16个县直单位和6个村党组织开展了第4轮、第5轮常规巡察,市、县扶贫领域作风问题开展了专项巡察。不断落实"三会一课"、民主生活会等制度,积极推进党内政治生活常态化、制度化、规范化。按照市委书记李正印提出的"六反思、六到位"进行了深入整改,开展了为期两个月的汲取经验教训、反思剖析深刻反省工作,进一步补齐了党建漏洞和短板,强化了全县各级党组织的战斗力。以实现"三基建设"显著改观为目标,两年累计投资1亿元,新建和修缮了全县基层组织活动阵地。开展了"双培双带"活动,新发展农村党员51名,选拔储备了223名村级后备干部。村集体经济收入全部"破零",5万元以上的村达到135个,占全县行政村总数的52.5%。开展了农村"两委"换届选举"回头看",对全县257个行政村进行了全面体检。38个软弱涣散村全部成功转化。

(薛永峰)

附:中共柳林县委书记、副书记、常委名单

书　记:郝继平

副书记:刘惠民　刘建国

常　委:贾殿林　兰彦生(9月免职)　雒星田(9月任职)　张海文　贺柱才　刘缠喜　朱德贵　邢海华(女)

中共离石区委

区委书记 梁志勇

2018年，区委高举习近平新时代中国特色社会主义思想伟大旗帜，深入学习贯彻党的十九大、十九届二中、三中全会精神和习近平总书记视察山西重要讲话精神，全面贯彻落实省委十一届六次全会精神、市委四届四次全会精神及系列专项部署，团结带领全区广大党员干部群众锐意进取、戮力奋斗、真抓实干、攻坚克难，“三大攻坚战”取得新突破，脱贫攻坚、转型发展、法治建设、全面从严治党“四件大事”取得新成效，全区党的建设和党的事业取得新进步。

2018年，全区地区生产总值完成100.45亿元，同比增长12.9%，在吕梁总量排名第4、增速排名第2；规模以上工业增加值完成28.36亿元，同比增长13.8%，在吕梁增速排名第3；固定资产投资完成59.98亿元，社会消费品零售总额完成76.8亿元，分别同比增长7.7%，总量均在吕梁排名第2；一般公共财政预算收入完成12.48亿元，同比增长29.48%，总量在吕梁排名第5；城镇居民人均可支配收入完成29633元，同比增长5.7%，总量在吕梁排名第3。

一、认真学习贯彻习近平新时代中国特色社会主义思想、党的十九大精神、习近平总书记视察山西重要讲话精神，坚决贯彻落实中央及省委、市委重大决策部署，牢牢把握正确政治方向

一是持续部署推动。先后召开区委五届九次全会暨经济工作会，以及脱贫攻坚、深化改革、扫黑除恶、党的建设等系列专题会议，出台《中共吕梁市离石区委中心组学习计划》等11个政策文件，建立起“1+N”学习贯彻体系，开展大学习、大宣讲、大培训、大调研，坚持重要会议传达学、中心组带头学、理论研讨学，组织区委常委会学习31次，区委中心组集中学习18次，两次重温习近平总书记视察山西重要讲话，不断拓展学习贯彻的广度和深度。

二是坚持以上率下。区委把习近平新时代中国特色社会主义思想纳入各级干部培训的重要内容，积极探索区委中心组“领导示范、逐级带动”学习模式，带头深学笃用习近平新时代中国特色社会主义思想和习近平总书记视察山西重要讲话精神，28名区级领导深入128个涉贫村宣讲十九大精神等重要内容384次，推动全区各级党委(支部)班子把政治建设抓得更紧，把理论武装工作抓得更实，确保中央和省委、市委的各项决策部署在离石落地生根、开花结果。

三是强化学习培训。区委专门发出《通知》，为党员干部订阅发放《习近平新时代中国特色社会主义思想三十讲》《习近平谈治国理政》等重点学习书籍1万余册，通过离石大讲坛、区委党校、宣讲团等载体，举办14期轮训班、读书班、专题培训班，培训科级干部600余人次，培训农村党员干部3920人次，培训“三支队伍”700余人，促进党员干部学思践悟、融会贯通，切实学懂弄通做实十九大精神，让习近平新时代中国特色社会主义思想入脑入心。

四是加强党内政治文化建设。牢固树立党章党规权威，引导广大党员干部自觉学习党章、遵守党章、贯彻党章、维护党章，牢记自己的第一身份是共产党员，第一职责是为党工作，不忘初心、牢记使命，始终保持正确的政治方向，坚决贯彻执行以习近平同志为核心的党中央决策部署，切实做到党中央提倡的坚决响应、党中央决定的坚决执行、党中央禁止的坚决不做。

二、着力落实精准方略，脱贫摘帽取得决定性成效

一是坚决压实主体责任。建立健全了区委领导、政府组织、社会参与的领导机制和工作机制。建立一把手抓第一民生的领导机制，建立党政“一把手”双签责任书的责任机制，建立专题会议部署和专项行动推动的工作机制，建立抓党建促脱贫的保障机制，建立调度督导机制，建立严格的奖惩考核机制。

二是全力实施脱贫攻坚七大增收工程。积极拓宽特色产业增收主渠道，12个龙头企业，82个合作社，带动4577户11121名贫困人口长期稳定受益。开辟转移就业增收新渠道，开发生态护林、光伏电站维护、农村环境保洁、村通道路养护等扶贫公益岗位1800余个。拓展旅游脱贫增收新空间，建成了15个美丽乡村，带动了30个农家乐提档升级。打造生态治理增收新亮点，核桃林提质增效8万亩，7300余名受益人口年可增加经营性收入800—1000元。积极构建光伏扶贫新业态，93个贫困村全部实现光伏全覆盖。推广金融扶贫增收新模式，区财政注入金融贷款风险补偿金1822万元，贷款贴息744万，3941户贫困户通过发展生产和参与生产经营受益。搭建电商扶贫增收新平台，帮助贫困群众销售农副产品7.2万公斤。

三是全力落实三大保障政策。提升基本教育服务水平，兑现发放各类政策内教育补助资金3483.5万元。提升基本服务健康水平，积极开展“三个一批”行动计划，对因病致贫返贫的患者“双签约”服务实现了全覆盖。落实社会保障兜底政策，农村特困人员供养标准由每人每年4000元提高到5000元；全面落实健康扶贫政策，对贫困人口实行基本医保、大病保险、商业补充保险和医疗保险四重保障，出台了《建档立卡贫困人口慢性病门诊医疗保险实施方案》，慢性病

病种扩大到80种,实际报销比例达90%以上,慢性病患者获得政策性红利,从而有效预防了支出型贫困发生。

四是补齐十项公共基础短板。危房改造、安全饮水、道路提升、互联网、动力电、卫生室、综合文化活动场所、村级组织活动场所、易地扶贫搬迁、农村人居环境整治提升工程等十项基础设施建设全面完成。全区187个行政村,行政村卫生室验收达标率99.5%,安全饮水率达98%,公路硬化率、自然村通动力电比率、互联网覆盖、综合性文化活动场所均达100%。开展农村人居环境改善工程,投资1.36亿元对120个村的农村厕所、生活污水等进行治理,村容村貌、户容户貌得到明显改观。

五是推行三项机制,构建全区脱贫攻坚大格局。建立了领导包联、单位包村、干部联户、企业帮扶"四位一体"工作推进机制,128个涉贫村驻村帮扶实现全覆盖。建立了完善的资金投入机制,下大力气整合涉农资金、扶贫资金和社会帮扶资金,解决了"堆盆景"和"垒大户"等问题。全区脱贫攻坚累计完成投资19.9409亿元,实施脱贫攻坚项目590个。建立了群众内生动力激发机制,开展政策宣讲、加强就业培训、文明创建活动,变"输血"为"造血",贫困群众脱贫致富的积极性、主动性进一步增强。特别是设立了离石区扶贫孝老敬亲基金,开展子女自愿交纳赡养金与政府奖补"爱心红包"相结合的方式,使全区1868名70岁以上贫困老年人实现了老有所养。

三、着力提高经济发展质量,转型发展迈出新步伐

区委坚决贯彻中央、省、市经济工作会议部署和习近平总书记视山西重要讲话精神,深入贯彻新发展理念,坚持稳中求进工作总基调,加强和改善党对经济工作领导,召开区委五届九次全会暨经济工作会议进行了全面部署,科学合理确定发展目标、重点任务和重大举措,统筹推进稳增长、促改革、调结构、惠民生、防风险各项工作,转型发展取得积极进展。

一是开发区建设稳步推进。编制完成了吕梁经济技术开发区可行性研究报告,形成东城数字经济产业园、信义先进制造产业园和北城现代服务业产业园"一区三园"组成的规划,占地面积36.7平方公里。7月17日,获得省政府正式批准设立。目前,估算总投资达74.07亿元的水、电、路、讯、气、热等基础设施建设进展顺利。开发区的设立必将成为吕梁市引领转型发展、创新体制机制、扩大招商引资、培育现代产业、创优营商环境、激发干事创业的重要平台和窗口。

二是加快建设现代产业体系。认真落实"减、优、绿"要求,传统产业改造升级步伐加快。新型产业不断培育壮大,华为吕梁大数据中心项目进展顺利,完成投资3.05亿元,第二届"数谷吕梁　智赢未来"吕梁大数据产业发展推介会在我区召开,中磁尚善十条生产线全部投产,中包华磊米罗壁纸产品市场进一步拓展。薛公岭风电项目开工建设。千年旅游AAAA级景区创建一期项目如期完成,森林公园建设项目全部完工,经济发展后劲不断增强。

三是大力实施创新驱动。围绕大数据、新能源、新材料、先进制造业等先导产业,大力实施"十百千"人才工程。扎实推进"大众创业、万众创新",出台"智慧城市"电子行动计划、在线审批部门联动方案等系列政策,搭建和正在搭建的创新创业平台达到12个,成功孵化出建国商贸、58同城、鲜果农等创业团队48个,带动就业1200余人。

四是大力支持民营经济发展。认真贯彻落实中央、省委、市委关于民营经济的重大部署和要求,把发展壮大民营经济作为推动全区转型发展的重大战略任务,出台支持民营企业发展、推动民营经济壮大的一系列政策措施,推出干部入企服务,构建起亲清新型政商关系,从法治保障、政策扶持、环境营造等方面搭建起引导支持民营经济发展的"四梁八柱"。2018年,全区规模以上企业25户,其中民营企业19户,增加值预计27.5亿元,占比96.92%。

五是加快全面深化改革。始终把抓改革作为重大政治责任,加强党对改革工作的领导,区委11次召开改革领导组会议,不断加大改革落实力度、提高改革整体效能,以过硬作风和科学方法谋划推进改革。完善主要负责同志亲力亲为抓改革工作机制,全力当好"施工队长"。坚持运用"三个三"抓改革,压实区领导分工负责制,将改革落实成效纳入年度目标责任考核,建立分类管理台账制度,有效推进5项改革任务,形成了以改革促转型、促民生、促社会治理、促党建、促全面工作的浓厚氛围。特别是大力推进"放管服效"改革,推行"两集中、两到位""双随机一公开""五统一"办理模式,减少审查环节,优化审批流程,打通群众办事"最后一公里"。

四、着力保障和改善民生,人民群众的幸福感、获得感、安全感得到新提升

区委认真贯彻落实以人民为中心的发展思想,从群众最关心最直接最现实的利益问题入手,切实保障和改善民生,统筹推进各项社会事业发展,人民群众获得感幸福感不断增强。

一是千方百计促进就业创业。统筹抓好就业岗位开发、职业技能培训、打造青年创业孵化园等系列举措,就业压力有所缓解,人口红利逐步释放。全区城镇新增就业4121人,全民技能提升培训完成8期4024人,"吕梁山护工"培训就业342人,城镇登记失业率为2.5%。

二是优先发展教育事业。区委高度重视教育工作,扎实开展基础教育提升年活动,研究出台了《全面提升基础教育发展水平的实施意见》等配套文件21个,新建中小学、幼儿园2所。设立离石区教育发展基金,全面推进义务教育阶段城乡一体化改革、建立江阴高中教育集团、深化"区管校聘"人事制度改革、完善学校结对交流帮扶机制,引入义务教育招生电脑随机派位系统,通过国家级验收。与全国先进教育地区江苏省江阴市合作创办的离石江阴高中,二本以上达线率稳居全市前列。全区中考成绩优生率连续5年位居全市第一。特别是针对城区教师短缺的问题,先后3次带队赴山西师范大学、陕西师范大学进行校地合作洽谈、开展校园招聘会,累计招聘教师69名,缓解了全区教师短缺的压力。

三是社会保障体系逐步完善。全面实施全民参保计划,城乡社会保险覆盖率稳定在98%以上;对符合农村低保条件的贫困户,全面落实“以户施保,补差救助,应保尽保”。推行“两线合一”,农村低保标准提高到每人每年3744元。投资1941万元,设立“惠农保1+N”综合保险,对惠民救助等方面的16个险种进行兜底扶贫,同时惠及部分非贫困户,有效提升了群众的满意度。

四是坚决维护社会和谐稳定。按照“控新治旧、依法有序、分级负责、分类化解”的工作思路,常委带头接待信访群众,主动督办重要案件,全区信访形势平稳可控、持续向好。全市“重点信访问题百日攻坚活动”期间,办结信访案件98件,办结率98.99%。开展部分军队退役人员“走访慰问排查疏导活动”,创新工作思路,出台了《关于调整解决部分城镇退役士兵就业问题的实施办法》和《政府购买服务解决部分军队退役人员再就业实施办法》,成立了区军创人力资源服务有限公司,投入资金4137万元,解决501名退役军人的就业保障问题,收到了良好的政治效果、社会效果和舆论效果。认真贯彻执行《地方党政领导干部安全生产责任制规定》的实施细则,层层压实安全生产责任制,全年生产安全事故起数和死亡人数8起10人,同比分别下降55%、47%。

五、着力推动全面从严治党向纵深发展,政治生态建设呈现新气象

区委认真贯彻落实新时代党的建设总要求,牢固树立主业主责主角意识,始终牢记使命担当,亲自谋篇布局,以上率下,压实责任,形成书记抓、抓书记的大党建工作格局。

一是牢牢扛起全面从严治党主体责任。牢固树立“抓好党建就是最大政绩”的理念,强化主业主责主角意识,坚定不移扛起全面加强党的建设的主体责任,主持召开区委常委会议14次,区委党建工作领导小组会议4次,区委书记专题会议6次,及时传达学习贯彻落实中央和省委、市委的新部署新要求。制定了《“三重一大”决策事项的办法》等11项制度,明确了年内重点落实的5类12项党建工作任务清单。坚持以责任追究倒逼责任落实,严肃问责管党治党不力的单位负责人,约谈基层党建工作不力的党组织负责人76人次,推动对20名党风廉政建设主体责任落实不力的党组织负责人进行了严肃问责,形成了层层传导压力、层层狠抓落实、上下联动、整体推进的党建工作格局。

二是扎实开展基层党组织整体提升年活动。先后出台“集中整顿”“规范化建设”“品牌创建”3个工作方案,分类召开会议进行专题部署,研究确定20个软弱涣散农村基层党组织,整顿提升17个。先后编印了《党内组织生活指导手册》《党员教育管理规范化指导手册》《阵地建设规范化指导手册》《应知应会指导手册》等4个手册,指导基层党组织规范化、标准化建设;区委成立了7个督导组、10个指导组,形成抓党建常态机制,每月下发基层党建任务清单,开展集中督导21次,反馈整改意见1800余条,书面通报11次,基层党支部书记党建意识责任意识明显增强,基层组织生活日趋规范,农村党组织阵地建设达到了“六个一”标准。打造了滨河街道“五彩缤纷、万化归心”、交通局党组“红色引擎、美在交通”等一批特色鲜明、内涵丰富的基层党建品牌。认真落实《党组工作条例》《党支部工作条例》,规范设立区直单位党组33个,任命党组书记33名,指导21个基层党组织设立了党小组,党员实行了积分制管理。积极推进村集体经济“破零”工程,187个行政村全部实现“破零”,其中5万元以上达126个,占到行政村总数的67%。

三是大力加强干部队伍建设。认真落实好干部标准,完善了干部选拔任用决策程序,开展“九查”甄别,调整配备10名科级干部,对12个乡镇(街道)领导班子运行、干部储备等情况进行了全面综合分析研判。聚焦“八种本领”,出台了干部教育培训实施意见,认真组织实施“五大培训工程”,培训2300人次。加强村级组织活动场所建设,投资2820余万元,按照“六个一”标准,新建26个,改扩建8个,维修43个,文化活动场所20个。加强“三支队伍”管理,严格执行“六个一”管理办法,组建了由12个乡镇(街道)纪委书记为组长的日常督查组、9个派驻纪检监察书记为组长的值周督查组、区委组织部和下乡办分管领导为组长的夜间督查组,按照“日督查、日报告、日通报、周问责”的督查机制,对不在岗一次的提醒、两次的约谈、三次的诫勉,四次的移交纪委,先后共下发通报25期,提醒127人,函询约谈47人。

四是持续保持正风反腐的高压态势。充分发挥区委反腐败领导小组作用,认真落实《关于加强党对反腐败工作全过程领导常态化制度化长效化的实施意见》,坚持重遏制、强高压、长震慑,突出重点削减存量、零容忍遏制增量,全年全区纪检监察机关初核线索317件,谈话函询239件,立案审查176件,同比增长63%,给予党纪政务处分173人(科级干部24人,农村主干61人),其中,党内警告60人,党内严重警告50人,撤销党内职务2人,留党察看14人,开除党籍25人,移送司法机关5人,正风反腐的高压态势得到巩固提升。扎实开展典型案件警示教育,召开4次区委常委会议,开展了张中生、马文革等严重违纪违法案件专题警示教育,彻底肃清十个方面之毒。

(闫志伟)

附:中共离石区委书记、副书记、常委名单

书　记:梁志勇

副书记:吕文平　李　军

常　委:游福海　白　鹤　杨顺平　吕文清　李晓钦(女)　王月亮　张瑞春

中共方山县委

县委书记 王锦锋

2018年，县委坚持以习近平新时代中国特色社会主义思想为指引，认真贯彻落实党的十九届二中、三中全会精神，习近平总书记视察山西重要讲话精神以及省委十一届六次全会、市委四届六次全会精神，坚持党对一切工作的领导，坚持以脱贫攻坚统揽经济社会发展全局，突出“完成脱贫摘帽任务、解决深度民生问题、改善薄弱基础设施”三项重点，统筹推进经济社会发展各项工作，全面加强从严治党，经济、政治、文化、社会和生态文明建设等各项工作取得了明显的成绩，脱贫摘帽任务圆满完成。

2018年全年地区生产总值完成38.5亿元，增长7%;规模以上工业增加值完成26亿元,增长4%;固定资产投资完成12亿元，增长11%；财政总收入完成14.27亿元，增长20.47%;公共财政预算收入完成4.9亿元,增长18.79%;社会消费品零售总额完成10亿元,增长7%;城乡居民人均可支配收入分别达到21447元、4889元以上,分别增长6.2%、9.6%。

一、以完成脱贫摘帽为目标,坚决打赢脱贫攻坚战役

县委牢牢扛起脱贫攻坚的政治责任,坚持把脱贫攻坚作为全县的头等大事和第一民生工程来抓,按照“六个全面”精准脱贫工作思路,全面落实精准扶贫精准脱贫方略,退出贫困村14个、减贫11801人,贫困村退出达到94.07%,贫困发生率下降到0.59%。

(一)加强组织领导,夯实工作责任。1.加强组织领导,从严履行县委政府主体责任。2.坚持规划先行,确保脱贫攻坚工作有章可循。3.加大资金投入,保障财力聚焦脱贫攻坚领域。

(二)全面发展惠农特色产业。采取“3X+522”产业发展模式,县级层面大力发展光伏、肉牛、中药材三大主导产业,各乡镇根据地域、气候分布,大力发展酿酒高粱、饲草种植、小杂粮、食用菌等X项特色农林牧产业,确保每户贫困户至少有两项特色产业覆盖,实现全县贫困人口人均1千瓦光伏、1亩中药材,户均1头牛。中药材达到4.8万亩、牛存栏2.8万头、高粱1.8万亩、谷子0.5万亩,红小豆0.7万亩、青玉米1.2万亩、甜糯玉米0.7万亩、食用菌330万棒。通过村集体带动、委托经营、合股经营、订单种植、就业帮扶5种利益联结机制,确保全部贫困户连接到合作社、企业、村集体经济中。安排1.4亿元产业扶持资金,按照每个行政村20万元和建档立卡贫困人口人均2000元的标准下达,利用贫困村、贫困户产业扶持资金建设7.59兆瓦光伏电站和规模2万头肉牛育肥基地,确保每个行政村和每名贫困人口分别获得不低于10%和15%的分红收益,实现建档立卡贫困户利益联结全覆盖。

(三)全面推进重点扶贫工程。一是确保光伏扶贫全覆盖,实现了全县169个行政村光伏收益分配全覆盖。二是啃下易地扶贫搬迁硬骨头,采取“一主一辅、一户一档、一区一图、一村一策、一进一出、一上一下”的“611”措施,沿209国道4大镇布局7个移民安置点。三是开辟生态扶贫新渠道,采取“合作社+贫困户”方式,由扶贫造林专业合作社组织贫困劳力投工投劳。

(四)全面落实强农惠民政策。1.深入开展政策宣讲。2.全面兑现惠民政策。全县普惠、优惠、特惠政策达到35项。

(五)全面推进农村基础设施建设。针对贫困县摘帽和贫困村退出指标,采取PPP模式向国开行争取政策性扶贫贷款2.1亿元,自筹5300余万元,按照“县监管、乡统筹、村实施”思路,在全县169个行政村实施农村基础设施建设“10+1”工程(一路、一场、一塔、一园、一厕、一牌、一室、一所、一墙、一池、村容村貌的绿化净化亮化美化)和贫困村提升工程。由县职能部门制定质量标准、监督实施,乡镇将具体任务落实到村委组织实施。建设单位和乡村两级组织贫困劳动力投工投劳,参与工程建设的贫困劳动力达到1500余人次,人均工资收入达到8000元。实现了公益性基础设施全覆盖,公共服务水平大提升。

(六)全面整治城乡环境卫生。采取“财政补助一块、贷款解决一块、企业捐助一块、镇村自筹一块”的方式,筹资7200万元,制定了市容市貌、村容村貌、院容院貌整治标准,乡镇面貌大为改观,村居院落干净整洁,户容户貌焕然一新。

(七)全面深化干部驻村帮扶。严格实行帮扶单位全员帮扶,把包联责任压实到单位一把手头上,拓展到全体成员身上,形成了“白天沉下身子干,晚上研究怎么办”的浓厚氛围。“三支力量”严格落实“一周五天四夜”制度,全部吃住在村帮助群众脱贫致富。县财政安排872.75万元用于“三支力量”的工作及生活保障,人均达到1.9万元。各单位持续引深“送温暖、送政策、送技术、做实事”活动,提高贫困群众的获得感、满意度和认可度。抽调83名干部分别组成督查组、核查组和问责问效组,全天候跟踪督查、入户核查,持续跟进执纪问责,推进工作落实。

二、以解决深度民生问题为导向,统筹发展民生事业

(一)优先发展教育事业。贺龙中学改扩建项目正在办理初设评审;新高中项目一期工程完工,职教中心、新高中二期项目正在加紧建设。发放学前教育、义务教育、高中教育补助资金、营养餐改善计划资金、助学贷款2800余万元。

(二)逐步健全医疗体系。深化县乡医疗机构“一体化”改

革,出台了《方山县医疗集团行业监管办法》《方山县医疗集团绩效考核办法》,完善了行政、人员、资金、业务、绩效、药械“六统一”和统一采购、统一目录、统一配送、统一结算、统一议价“五统一”管理机制;继续巩固提升国家基本药物零差率销售,基层医疗机构使用基本药物达到100%、执行零差价销售100%,县级医疗机构使用基本药物达到40%以上,全部实行零差价销售。

(三)社保体系不断健全。总投资5053万元、总建筑面积18554平方米的社会福利院养护楼项目主体工程已经封顶;5个老年人日间照料中心建成投运。全面落实最低工资标准、增加公职人员收入、调整离退休人员待遇等各项政策。严格贯彻执行各类就业政策,积极稳妥、逐步推进国有商业、供销等企业的改制。预算内安排350万元,专项用于企业改制过程中解决职工养老金、滞纳金等问题。不断提高农村低保标准,发放低保金、五保金、困难群众生活补贴、孤儿救助、临时救助金8007万元。

(四)文化事业欣欣向荣。扎实推进“两馆一院”建设,总投资7580万元、可容纳1000余人的影剧院项目开工建设;积极开展文化惠民活动,全县169个行政村综合文化活动中心达标;不断加强非物质文化遗产传承保护,完成《于成龙传说》第十批市级非遗代表性项目和《北武当传说》两名传承人申报工作,正在开展第二批县级非遗项目资料收集工作。

三、以改善薄弱基础设施为依托,提升城乡建设水平

(一)加快推进城镇建设。编制完成瓦窑河两岸改造规划方案,城镇开发边界划定工作正在稳步推进。大力推进市政提升“八大工程”,其中投资2.3亿元、6.7万平方米的棚户区东一区和投资1.4亿元、4.1万平方米的棚户区东二区改造项目分别完成总工程量的60%、55%;投资2.5亿元、7.2万平方米的棚户区东三区改造项目办结前期手续;旧城改造提升项目完成调查摸底工作,完成对县社、圪洞供销社、文化局、县社、圪洞供销社、文化馆和影剧院上午拆除;投资4000余万元的城区雨污分流及道路改造一期工程全部完工;日处理生活垃圾110吨的县城生活垃圾处理厂建成投运;农村困难家庭危房改造完成797户,实现危房清零。

(二)全面铺开基础设施。交通方面:投资1.5亿元、28.015公里的“圪洞—张家塔民居”旅游公路完成路基、路面改建工程6公里;投资0.89亿元、19.67公里的北武当山景区环线公路北线项目完成路基拓宽工程5.48公里;投资1828.9645万元、115.057公里的村通公路完善提质工程顺利完工。水利方面:投资1915万元的吕梁市横泉水库水源地保护中水外排项目完成管道铺设和设备安装,占总工程量的85%;投资4.3亿元、41.5公里的北川河综合治理PPP项目完成可研、初设编制;投资1638万元的水毁修复工程完工40个村54处。公益事业方面:投资4300万元,新建换热站6个、供热管网6900米,新增用户4200余户、供热面积59.34万平方米,供热总面积达到227万平方米,城区覆盖率达到96%。总户数2393户的“煤改气”项目全部完工,安装壁挂炉2393台,16077米中压管网、29555米架空管。

(三)大力改善人居环境。将改善农村人居环境“四大工程”“一事一议”、美丽乡村、健康村镇项目与农村基础设施建设紧密结合,突出乡村规划、环境整治和乡风治理,通过打造美丽乡村试点村,以点带面建设美丽乡村。

(四)着力提升管理水平。坚持建管并重,标本兼治,着力加强对城乡主次干道、城乡结合部、广场、公园、小街小巷等公共场所和公共设施的整治、管理和维护,确保城乡环境干净整洁,市场规范有序,基本实现镇村“五有、五净、五无”,道路“四净、四无”。

四、以转型项目建设为引擎,推动经济社会健康发展

(一)不断壮大工业经济。围绕省、市“转型项目建设年”工作安排部署,全力推动一二三产转型升级。全县14个转型项目全部办理了前期手续,办结率100%;开工建设14个,开工率100%;完工4个,完工率36.4%;累计完成投资4.99亿元,占年度计划投资额度(12.1亿元)的41.2%。

(二)三农工作稳步提升。积极开展“三品一标”认证,全力打造特色农业品牌,共确定“三品”认证企业6个,认证绿色马铃薯5万亩、无公害马铃薯5万亩、绿色高粱1.8万亩、有机中药材0.5万亩、绿色谷子0.5万亩。农村土地确权登记颁证工作通过省市验收,22个试点村清产核资工作稳步推进;按照“培育一批、规范一批、提升一批”的原则,新发展合作社70个、家庭农场4个,全县合作社、家庭农场总数达到830个、50个。晋鑫千头肉牛育肥厂建成并调购肉牛700头;良泉千头肉牛育肥厂建设项目正在进行扫尾;赤红沟6000头肉牛育肥厂完成总工程量的80%,入圈肉牛达到1000头;新发展党参、黄芪、柴胡等中药材0.9万亩,全县中药材保有面积达到5万亩。

(三)招商引资成果丰硕。2018年全县招商引资目标任务为项目签约61亿元,到位资金19亿元;引进中国500强企业项目1个;签约项目开工率达到30%。全县完成签约项目9个,签约资金65.4926亿元,签约完成率107%;已签约项目落地、开工4个,开工率66.66%。

(四)电子商务成效显著。积极开展电子商务进农村综合示范县工作,县电子商务公共服务中心8月16日揭牌运营,电商物流配送仓储分拣中心8月16日开工建设,正在进行室内装潢和设备购置安装,年底前投运;县域电商公共品牌“一方粮川”8月16日正式启用。

五、以全面深化改革为动力,激活改革发展强大动力

(一)放管服效改革推向纵深。对各部门行政审批前置申请材料等事项进行审核和合法性审查,统一纳入县政务服务平台及时运行。

(二)招商引资改革焕发活力。制定招商引资工作监督协

调工作制度,成立了由政府县长担任组长,29个相关部门组成的领导组,研究审查招商引资工作重大政策和重点项目。进一步规范招商引资行为、优化办事流程、制定优惠政策、设立专项经费、提供审批"绿色通道"、推行PPP模式、减征企业所得税、设立创业投资引导基金,吸引社会和民间资本支持中小微企业集群发展,切实营造好良好的招商引资氛围。

(三)旅游体制改革稳步推进。加大对旅游产业的组织领导,成立了文化旅游开发建设领导组,设立旅游发展委员会,坚持"政府主导、市场运作、整体打包、分区开发"的原则,成立旅游开发公司,统筹管理旅游资源。

(四)国有企业改革迈出新步。成立了企业改制领导组,按照"一企一策、系统平衡、循序推进、统筹考虑、先易后难、逐步改制、财政支持"的思路,坚持"成熟一户,改制一户"的原则,对全县物资、粮食、供销、经贸、商贸、轻工等六大系统所属41户企业(国有企业22户,集体企业19户)进行改制,目前6户企业已经完成公司制改革,其余3户企业正在进行中。物资公司、木材公司、粮食系统企业完成清产核资、资产评估,并出台了具体改制方案。

六、以扫黑除恶专项斗争为抓手,提升社会治理水平

(一)扎实推进依法治县进程。将依法治县规划纳入全县经济社会发展总体规划,制定出台《方山县2018法治建设工作要点》,明确法治建设各项工作的牵头单位和参加单位。扎实开展"法律六进"等各种形式的"七五"普法工作。自觉接受人大法律监督和工作监督、政协民主监督以及各方面的监督。全县干部职工及全体公民的法律意识、法律素质不断提高。

(二)信访化解力度不断加大。县四大班子领导成员进行了包联帮扶和走访慰问;中央巡视组交办的25案全部办结,中央扫黑督导组交办的39案办结36案,全市"重点信访问题百日攻坚"交办的34案全部办结并化解28案,化解率为82%。

(三)"平安方山"建设全面加强。出台了扫黑除恶专项斗争、涉黑涉恶重点治乱工作、深挖"保护伞"严惩涉黑涉恶腐败问题等实施方案,召开11次常委会、8次扫黑除恶专项斗争领导小组会,对扫黑除恶专项斗争进行研究,县委书记王锦锋批示16次、县长周小云批示21次。建立了线索核查定核查方案、责任领导、办案民警、工作措施、查证时限、查实结果"六定"机制,对169个行政村进行了拉网式排查。收到各类线索157条,打击恶势力犯罪集团2个、恶势力团伙2个,破获刑事案件16起、行政案件2起,抓获25人,刑事拘留21人。取得了阶段性成果,在全县范围内形成了扫黑除恶高压态势。

(四)环境保护工作成效显著。出台环保攻坚行动计划、吕梁新区大武新区大气污染防治攻坚行动方案,扎实开展扬尘污染整治,抓好面源污染防控,高压打击"散、乱、污"企业。认真抓好中央、省、市环保督察反馈问题整改"回头看"工作,整顿"散乱污"企业34家,取缔关停26家,整治6家。完成县城周边4000户和吕梁新区涉及大武镇11个村、6522户清洁取暖改造。污水处理厂提温提效和县城污水管网雨污分流改造等顺利完工。

(五)社会综合治理成效明显。深入学习推广"枫桥经验",确定了马坊镇、积翠乡、峪口镇、大武镇4个典型示范乡镇,各乡镇确定了4—5个典型示范村,通过典型示范,带动面上的扩展提升。全面推进三级综治中心和"雪亮工程"建设,建成乡镇综治中心两个,47个行政村安装视频监控1041个,2018年底前实现169个行政村视频监控全覆盖。

七、以全面从严治党为引领,凝聚攻坚克难磅礴力量

(一)加强政治建设,提升政治站位。县委常委会坚持以习近平新时代中国特色社会主义思想为指引,在统揽全局、协调各方的过程中,始终保持高度的政治自觉,把学习贯彻习近平新时代中国特色社会主义思想作为首要政治任务,深入学习贯彻党的十九届三中全会和习近平总书记视察山西重要讲话精神,牢固树立"四个意识",坚决做到"两个维护"。

(二)加强制度建设,树立规矩意识。坚持用制度管权、管事、管人,制定了党委(党组)书记向县委全委会述职述廉制度、县级党组和县委常委工作部门向县委常委会报告制度、重大事项请示报告制度、乡镇党委书记、县直部门单位党委(党组)书记抓基层党建工作责任清单等5项制度,进一步强化全县各级党委(党组)用制度来推进管党治党的责任。

(三)加强反腐倡廉建设,持续净化政治生态。县委及时听取反腐败领导小组成员单位党风廉政建设和反腐败工作开展情况以及重大事项报告。制定了落实"两个责任"实施细则、考核办法、"四述"和接受评议办法、约谈办法五个制度,3次开展"主体责任"履职情况督查和专项考核,全县300余名党政领导班子成员进行了专题"四述"。2018年全县各级纪检监察机关共计立查各类违纪违法案件114案191人,涉及科级干部27人,一般干部39人,其他人员125人,留置3人,移送司法机关9人。给予党纪处分180人,给予政务处分26人。

(四)加强"三基"建设,筑牢战斗堡垒。以基层组织整体提升年活动为核心,扎实推进党员干部素质、村级活动场所、党内组织生活、党员党性修养四大提升和软弱涣散支部大整顿活动,增强了基层党组织的政治领导力、思想引领力、群众组织力和社会号召力。

(五)加强民主法治建设,凝聚多方合力。支持和保障人大及其常委会依法履行职能,开展监督检查、专题调研和代表视察,维护人民利益,反映群众心声。支持政协围绕团结和民主两大主题,深入开展调研视察,广泛收集社情民意信息,采纳政协多篇调研报告意见建议,在政治协商、民主监督、参政议政上发挥更大作用。

(张少为　吕鹏飞)

附:中共方山县委书记、副书记、常委名单

书　记:王锦锋

副书记:李溢涛(3月离职)　周小云(3月任职)

李明强(3月任职,挂职) 侯新明(挂职)
贾俊敏(8月离职,挂职)
常 委: 闫建新 任志勇 高文祥 雒雪梅 秦 鑫
朱兴星

中共岚县县委

县委书记 高奇英

2018年，岚县县委以习近平新时代中国特色社会主义思想为指导，认真贯彻落实中央、省委和市委的各项要求部署，以脱贫攻坚统揽全县经济社会发展全局，砥砺奋进，攻坚克难，全县各项工作顺利推进，经济社会持续健康发展。

一、党的建设全面加强

政治建设不断加强。始终把党的政治建设摆在首位，引导全县党员干部坚定"四个意识"，坚决做到"两个维护"，维护核心的思想自觉、政治自觉、行动自觉不断增强。理论武装更加自觉，始终把学习习近平新时代中国特色社会主义思想、习近平总书记视察山西重要讲话精神摆在首位，先后组织中心组学习12次，县委常委会专题学习15次。大力开展干部教育培训，实现党员干部教育培训全覆盖，全年累计培训关键岗位党员干部12000余人次，党组织的凝聚力战斗力显著提高。

政治生态持续向好。严格执行民主集中制，印发了《中共岚县第十四届县委常委会工作规则》等文件，进一步完善领导班子议事规则和决策程序，带头落实"三重一大"事项集体决策制度。严格贯彻执行中央八项规定，持续整治"四风"，加大力度整治形式主义、官僚主义等问题。党内生活严肃规范，认真学习贯彻执行《党章》《关于新形势下党内政治生活的若干准则》《中国共产党支部工作条例》。组织开展马文革、成林、周瑞美等违纪违法案件专题民主生活会，进行深入剖析，深挖思想根源，坚决肃清腐败案件流毒影响。选人用人风清气正，认真落实《干部选拔任用条例》，出台了《关于进一步激励广大干部新时代新担当新作为努力建设高素质专业化干部队伍的实施办法》，真正形成在脱贫攻坚一线发现、培养、使用干部的导向，全年共调整6批次63人，极大地激发了干部的积极性和主动性。强化巡察整改，积极配合市委第二巡察组开展巡察，圆满完成了反馈问题的整改工作。

"三基建设"成效显著。建立县级领导"三基建设"联系点制度，投入专项经费460余万元，整顿软弱涣散村党组织17个，选树打造市县"五个好"党组织47个，全县基层组织阵地整体提档升级。坚持把基层党建与脱贫攻坚深度融合、统筹推进，投入村集体经济破零扶持基金3300余万元，探索推行"党支部+"脱贫模式，全县167个村集体经济实现"破零"，5万元以上的达到51个，占比30.5%。

党风廉政建设扎实推进。严格落实党风廉政建设主体责任，常委会班子成员带头述职述廉。严格按程序报告个人重大事项。成立了县反腐败领导小组，县委常委会先后5次召开党风廉政建设专题会议，研究解决推动党风廉政建设工作中存在的困难问题。监察体制不断健全，全县配备12名乡镇纪检监察员，173名村(社区)级纪检监察监督员，打通监督监察有效全覆盖的"最后一公里"。重拳出击惩治腐败，全年处置问题线索419件，处理党员干部283人，移送司法机关3人。注重发挥巡察利剑作用，完成2轮常规巡察1轮专项巡察，覆盖18个单位，发现问题线索338条，做到了有腐必反，营造了风清气正的政治环境。

二、经济转型成效明显

经济运行稳中向好。公共财政收入完成5.36亿元，同比增长33.89%；全县地区生产总值全年完成42.4亿元，同比增长5.4%；规模以上工业增加值全年完成30亿元，同比增长2.2%；固定资产投资全年完成16亿元，同比增长5.9%；社会消费品零售总额全年完成12.4亿元，同比增长7.2%；城镇居民人均可支配收入全年完成20501元，同比增长6.7%；农村居民人均可支配收入全年完成5581元，同比增长10.2%。

产业结构持续优化。不断加大经济结构调整，加快经济发展方式转变，三次产业结构体系日趋合理。传统产业转型提质。继亨铸造20万吨、佳昌5万吨矿渣棉保温材料形成规模性生产，年产1800万平米矿棉吸音板技术改造项目开工建设，废弃资源利用迈上新的台阶。省级经济技术开发区获批，成为岚县经济社会建设和项目转型发展新引擎。新型产业蓬勃发展。龙源、虎跃通、河口二期风电全部开工建设，农村电子商务发展迅速。建成投用农村电商网点80个，交易额达1280万元。第三产业方兴未艾。家政保洁、物业服务、服装加工、物流运输等服务产业迅猛发展。精心打造"中国·岚县土豆花风景名胜区"，建设岚县土豆宴全国推广总部，大力推介108道土豆宴，将马铃薯产业与生态旅游、特色餐饮、红色遗迹、非遗项目等县域旅游要素深度融合，通过岚城供会、白龙山旅游文化月、第四届"土豆花开了"旅游文化月等活动，拉动经济增长近2.5亿元，成为新的经济增长点。

改革开放纵深推进。发展环境不断优化，完善了联审联批制度，对行政审批流程进行梳理整合，行政审批效率提高。建立完善了县级领导包联企业制度，开展了领导干部入企"解难题促转型·聚合力助脱贫"活动，着力解决民营企业反映强烈的问题，激发和保护企业家精神，为民营经济发展创造了良好环境。招商引资成效明显，全力实施"双招双引”,抓住京津冀产业转移新机遇,积极参加市委组织的环渤海、长三角、珠三角等招商引资暨人才技术合作恳谈会,全年完成招商引资签约项目6个,涵盖新能源、高端装备制造业等8个领域,签约额22.86亿元,落地投资6.57亿元。成功举办2018年全国马铃薯主食化产业联盟年会暨岚县马铃薯一二三产业融合发展高端论坛、首届全国有机旱作农业科技交流大会,岚县对外形象和影响力不断提升。改革工作稳步推进。农业供给侧结构性改革、生态文明改革、县乡医疗机构一体化改革、文化旅游体制改革等改革事项顺利推进。

三、脱贫攻坚成绩优异

坚持以脱贫攻坚统揽全县经济社会发展全局,围绕“十二大”重点工程,打好“7乘3X”组合拳,全县各项脱贫指标全部达标,110个贫困村脱贫退出,6.1万贫困人口脱贫,贫困发生率下降为0.77%。

脱贫攻坚组织有力。形成了“一把手”负总责,脱贫攻坚领导小组总负责,脱贫攻坚指挥部总统筹,“十二大”专项扶贫工作组总落实,县乡村三级联动、全方位、立体化的脱贫攻坚责任体系。32名县级领导包联乡村全覆盖、4364名扶贫干部包联贫困户全覆盖、167名第一书记驻村全覆盖,26个“政策指导三人小组”、26个“督导整改三人小组”轮番跟进,为脱贫攻坚提供了有力组织保障。

脱贫攻坚成效显著。调整财政支出结构,大幅度增加扶贫投入,2014年以来投入脱贫攻坚资金21.9477亿元,为脱贫攻坚筑牢了资金保障。基础设施达标提升,实施易地扶贫搬迁工程,90个环境恶劣山庄窝铺的3496户11792名贫困群众,搬出大山住进新居。总投资3.17亿元,完成167个行政村安全饮水工程新建和改造,道路、桥梁、街巷硬化、村通网络、活动场所、文化卫生场所建设。投资6377万元,在167个行政村实施绿化、美化、亮化、净化工程,广大群众获得感、幸福感、满意度全面提高。产业扶贫成效明显,投入产业扶持资金3.18亿元,形成“22324”产业发展模式,覆盖全县所有建档立卡贫困户,连续三年保股分红,稳定增收4000余万元。实施以马铃薯为主导,生态养殖、小杂粮种植加工、生态旅游等为辅的“一主多辅”农业产业模式,全县6.2万贫困人口全部通过产业发展直接间接稳定增收。金融扶持力度加大,累计发放扶贫贷款2.774亿元,其中小额贷款1.2亿元,帮助2400户农户发展生产,稳定增收。发挥金融资金撬动作用,用于基础设施改造提升,为全县脱贫攻坚提供资金保障。贫困群众“造血功能”提升,调动贫困群众脱贫的主体意识,激发内生动力,开展脱贫攻坚“十百千”标兵评选活动,编印《脱贫路上》《脱贫光荣册》,充分发挥脱贫攻坚标兵的示范引领作用,为全县打好打赢脱贫攻坚战凝聚强大合力。狠抓技能培训,全县累计培训护理护工2453人,1356人成功在北京、天津、太原等地实现就业,人均年收入达到4万元以上。全县3.3万人通过提升技能实现就业,务工总收入达到3.5亿元,5000余户贫困家庭实现了“一人就业全家脱贫”,贫困群众的“造血”功能进一步增强。构建脱贫攻坚大格局,组织“扶危济困”送温暖,开展“我为脱贫做贡献”活动,县委常委会人员带头捐资,全县干部热忱响应。县内国有民营企业和个体工商户、民间社团纷纷捐资助困,捐助总价值达300余万元。制定出台《岚县外出务工补助政策》《“孝老爱亲”奖励办法》等制度,全县9050户16532位老人收到包括奖励金在内的孝老爱亲赡养金1540余万元,激励群众解放思想、弘扬新风、创业就业、孝老爱亲,传播正能量。

脱贫攻坚亮点纷呈。针对致贫原因精准实施减支政策,在全面落实中央、省、市各项政策措施的基础上,出台13项普惠、优惠、特惠政策。健康扶贫成果丰硕,开展健康扶贫实施“五个一站式”服务,贫困人口实现全覆盖,构建起民生健康大屏障。卫生健康扶贫工作受到国家卫生健康委员会和国务院扶贫办联合通报表扬。生态扶贫全国推广,探索形成了合作社造林、合作社管护、林业资产收益、集体公益林托管、沙棘经济林产业等一系列生态扶贫新路子。三年来全县新造林近28.04万亩,138个脱贫攻坚造林专业合作社,覆盖12个乡镇121个村1677户建档立卡贫困户,带动5155余名贫困人口人均增收4000余元,全县造林总收益达6亿元,带动1.2万名贫困群众增收脱贫。建立了全国首个沙棘产业院士专家工作站,新建40个沙棘繁育全光雾化大棚,年产沙棘良种400万株,产值1200万元。“党支部+”脱贫模式获得肯定,县财政投入3340万元扶持资金,通过“党支部+”模式成立各类经营主体82个,带动建档立卡贫困户1073户2168人人均增收470元,切实打通精准扶贫“最后一公里”。“党支部+”农业产业发展模式得到省委骆惠宁书记充分肯定。

四、社会事业全面进步

城乡面貌全面提质。总投资4300万元的县城新七街、新四路道路及管网建设全面完成,天然气管网覆盖城区,城市服务功能更加完善。静兴高速、“农村四好公路”全面开工,太兴铁路岚县火车站客运正式开通。新开通城乡电动公交线路13条,投入运营公交车43辆,极大方便了群众的出行。“五城联创”全速推进。国家卫生县城通过复核,成功创建省级文明县城、省级园林县城,城乡人居面貌环境焕然一新。生态环境不断改善,坚决打好污染防治攻坚战,严格落实“河长制”,曲立出境断面水质达到地表水五类标准,获得省级奖励资金500万元。

民生事业全面进步。投资5485万元的职教中心三期工程、实训基地建设项目基本完工。全县适龄儿童入园率达到95.5%,学前教育改善效果显著。对全县符合条件的7906户13762名低保、五保、残疾人等进行补差救助,做到了应扶尽扶,应保尽保。群众文化生活不断丰富,全年共开展各类广场演出、展出展览、文艺表演等大中型活动90余场,完成农村公益电影放映2229场。

社会大局和谐稳定。信访形势持续好转,完善村务民意排查解决机制,扎实开展“重点信访问题百日攻坚”、“重点领域信访问题”专项治理。严格落实领导接访、“五包一”稳控和领导包案制度。扎实做好退役军人服务管理工作,对全县

2600余名退役军人进行走访慰问。强化安全生产监管，严格落实安全责任，全年未发生安全生产责任事故。民主法治建设不断提升，扎实开展“法治岚县”建设，县委常委会加强对人大、政府和政协工作的领导，全力支持和保障人大及其常委会依法履行职责，切实发挥人民政协民主监督、参政议政、汇聚力量的重要作用。扎实开展“七五”普法，加强公共法律服务体系建设，增强全民法治观念。“扫黑除恶”成效初显，县委坚决扛起“扫黑除恶”主体责任，建立“扫黑除恶”领导小组成员单位联席会议、涉黑涉恶线索移交、执纪执法部门联合惩治等制度，抽调骨干力量，落实专项经费，学习借鉴新时代“枫桥经验”，激发人民群众主动性，全年共排查各类涉黑涉恶线索213条，办结113条，打掉黑恶势力团伙4个，铲除村霸27人，扣押资金2320万，群众安全感、满意度全市排名第4位，全省排名第23位。

（程保安）

附：中共岚县县委书记、副书记、常委名单

书　记： 高奇英（女）

副书记： 乔　云　刘大鹏

侯振全（3月离职，挂职）

秦长江（3月任职，挂职）

赵秀龙（6月离职，挂职）

常　委： 范发宾（挂职）

成　林（6月，因涉嫌严重违纪违法，接受纪律审查和监察调查；8月，被给予开除党籍、开除公职处分。）

李铁珍（8月任职）　秦　峰

石建新（10月离职）　段永义（10月任职）

李雪峰　刘彦文　马金彪

刘文胜（6月任职，挂职）

中共兴县县委

县委书记　梁志锋

2018年，兴县县委深入学习贯彻习近平新时代中国特色社会主义思想，认真贯彻党的十九大精神和习近平总书记视察山西重要讲话精神，全县脱贫攻坚和经济社会发展取得了新突破、实现了新提升。全年完成地区生产总值98亿元，增长8%；财政总收入47.2亿元，增长9.3%；一般公共预算收入15.14亿元，增长13.6%；城镇居民人均可支配收入达21558元，增长7%；农村居民人均可支配收入达5.39元，增长12.7%。

一、攻坚深度贫困连战连胜

县委提出了着力构建产业、就业“两个支撑”，着力提升医疗、教育、住房“三个保障”，着力推进易地搬迁、生态脱贫、光伏扶贫、贫困村提升“四大工程”，着力完善组织引领、责任落实、工作推进、资金投入、社会帮扶“五项机制”的工作思路。认真落实“双签”责任，县委“五人小组”逐一和乡镇及县直单位负责人谈话，乡镇及县直单位负责人进行了表态；召开脱贫摘帽誓师大会，所有干部向县委立下脱贫攻坚军令状。探索实行了“131”工作机制，“1”就是实行脱贫攻坚工作日报告制度，县级领导、县直单位和三支力量分别在微信工作群一日一报告工作情况；“3”就是建立定期督查、乡镇视频会议督查、县纪委督查等三方面督查机制，对脱贫攻坚工作情况进行督导检查；“1”就是实行工作通报制度，县纪委书记代表县委在县直单位负责人脱贫攻坚微信工作群每日进行通报，县委办公室、县政府办公室代表县脱贫攻坚领导小组每半个月通报22个专项工作组工作进展情况，县委常委会每月通报一次县级干部下乡驻村工作情况。全面推行清单管理制度，成立22个专项工作组，重点工作任务全部拉出清单，明确时限要求，每10天一督查，每10天一通报，单项工作排在最后一位的，县委“五人小组”约谈乡镇书记、乡镇长、分管副职及县直单位主要负责人。县级领导干部和县直单位主要负责人严格落实一周两天一线工作法，乡镇干部和一线攻坚组严格落实四夜五天住村工作。按照“222+N”产业增收思路（“222”就是农民人均2亩优质小杂粮，2亩经济林，2亩中药材；“N”就是种植、养殖、光伏、电商等），全县小杂粮面积达到60万亩、特色经济林58万亩，发展中药材8万亩，食用菌100万棒，马铃薯12万亩，组建农村经济发展合作总社370个；培训护理护工1457人、输出1166人；易地搬迁贫困人口3765人、一般农户3232人；生态建设完成退耕还林40万亩、荒山造林6.5万亩。全年退出贫困村82个、减贫16752人，顺利通过国考、省考等大考，脱贫攻坚连战连胜。

二、转型发展取得实质性进展

开发区工作。出台了开发区管委会“三定”方案、全员岗位聘用制、绩效工资办法、职员档次晋升办法等相关制度规定，选聘招聘18名同志到开发区管委会工作。承接市政府下放9部门、46项行政职权和县政府下放8部门、44项行政许可权限。铝系产业。中润公司一期43.2万吨合金铝项目于2018年5月23日通电投产，成为全省最大的电解铝项目；铸泰铝业20万吨铝材加工、山西起航60万吨铝用炭素阳极材料循环综合利用等项目开展前期准备工作。清洁能源。中澳煤层气兴县区块项目新建集气站1座，中联煤层气山西临兴区块完成739平方公里物探工程，华盛燃气瓦塘煤层气液化调峰及管线项目建成运营，全县煤层气日产达到50万立方。装机总量90.3兆瓦的光伏电站全部并网发电。兴县石楼山一期50兆瓦风电项目开工建设。红色旅游。蔡家崖晋绥红色一条街投人运营。西北农民银行(洪涛印刷厂)旧址修缮工程基本完工;北齐长城加固抢险修缮、晋绥日报社旧址修缮等项目积极推进;举办了“乘蔡家崖号列车·赏吕梁山风光”暨第二届“红色兴县”旅游季活动。现代物流。蔡家崖煤炭集运站和肖家洼专用线全年运送货物1006万吨,豫能兴鹤集运专用线开通运营,九龙物流园区开展前期工作。同时建成乡镇物流配送点17个,村物流配送点78个,辐射17个乡镇198个行政村。

三、民生保障和社会事业不断改善

教育方面。顺利通过义务教育均衡发展省级复查,友兰中学改造工程基本完工。老年大学主体已竣工。职教中心建设规划草案已制定。高考达线545人,中考600分以上89人,均取得新突破。

卫生方面。组建家庭医生服务团队384个,与156742人签订了家庭医生服务协议。完成医疗集团对所属单位“六统一”管理。邀请省二院、省心血管病医院、吕梁市人民医院专家,每周四开展贫困人口大病专项集中救治。为1276人完成孕前优生健康检查、13200人完成两癌筛查、1701人完成产前筛查。

社会保障方面。城镇低保、农村低保在原标准的基础上增加360元,分别达到每人每年5040元、3588元。医疗救助2427人次382万元,临时救助841人次255万元。发放经济困难高龄老年人补贴590220元、经济困难失能老年人补贴346680元、困难残疾人生活补贴719250元。为286名残疾人完成康复服务、154名残疾人完成辅助器具适配。

基础设施建设方面。新建、改造城市道路8公里,供水管网5公里,供气管网10.5公里,供热管网5.5公里。开通蔡家崖号客运列车,专用公路和站前广场建成投入使用。新增公交客运线路1条,建设公交候车厅59个。沿黄旅游公路建设项目全面开工。蔚汾南路棚户区改造一期工程项目主体全部完工。积极推进城区棚户区改造二期工程,建成蔚汾公园,完成南山生态公园一期绿化工程。

四、生态文明建设成效显著

对中央、省环保督察反馈问题,进行挂牌督办,限期整改。对35户重点工业企业物料堆实施全封闭改造;对全县29项建筑工地开展扬尘污染治理。新增雾炮车每日对城区主街道、忻黑线进行降尘作业2次;新增供热面积60万平方米,“煤改气”完成5946户。启动兴县污水处理厂提标及扩容工程;建成城区箱涵西延3.05公里及新区湿地公园箱涵3公里。持续开展国土绿化行动,全年共造林46.5万亩,完成水土治理面积12.09万亩。

五、社会大局和谐稳定

把扫黑除恶专项斗争作为重大政治任务,打掉恶势力犯罪集团2个、恶势力团伙3个,破获刑事案件32起,抓获犯罪嫌疑人28人,依法刑事拘留21人,逮捕15人,行政处罚7人,上网追逃5人。为376个行政村,每村配备1名调解员。开展风险隐患和矛盾纠纷排查化解,共排查各类案件194件,调处化解177件,调处率91%。启动实施“雪亮工程”,城区和省道沿线一类点位已全部勘察完毕。深入开展安全生产大排查大整治行动,排查安全隐患698条,全部整改完毕。

六、全面从严治党持续加强

干部队伍建设方面。县乡党员领导干部讲党课700余次,组织各级党组织召开学用习近平新时代中国特色社会主义思想交流会。组织县级干部参加各类调训50人次;乡科级干部参加十九大精神轮训班和习近平新时代中国特色社会主义思想读书班707人次;开设基地、党校、送教、农家“四大课堂”,培训党员干部8000余人次;常态化落实“三会一课”、主题党日和党员述职评议等制度。在一线选拔优秀干部120名,形成“好干部到一线去、好干部从一线来”的导向。

“三基建设”方面。县财政投入6800余万元,新建和改扩建村级活动场所188个;为334个无取暖设备的行政村配备了取暖设备;农村“两委”主干岗位报酬从7600元提高到1万元,为39名市县两级“五个好”村党组织书记和1206名离任两委主干落实了相关待遇保障。376个行政村集体经济全部实现“破零”。实现了人才回引376个行政村全覆盖。

党风廉政建设方面。县委班子及班子成员带头制定并严格落实了主体责任清单。深化政治巡察,提升巡察质量,对4个乡镇、16个县直单位、3个重点村开展巡察,发现问题线索410个。深化运用“四种形态”,处置反映问题线索545件,处理处分199人次。加强作风建设,围绕查处“四风”问题,开展明察暗访15次,发现问题线索21条,党政纪处分16人,诫勉谈话3人。聚焦反腐败斗争重点领域,把扶贫领域正风肃纪和扫黑除恶作为重中之重,对2016年以来的案件线索进行大起底,查办案件443件,党政纪处分476人,其中重处分72人,移送检察机关9人。

(张雁兵　刘　斌)

附:中共兴县县委书记、副书记、常委名单

书　记:梁志锋

副书记:刘世庆　高　鹏　秦　杰(3月任职,挂职)
徐赐明(6月任职,挂职)

常　委:刘晓春　刘　云　石　磊　张新春
刘平则　宋兴丽　冷树义
刘海贵(6月任职,挂职)

中共临县县委

县委书记 张建国

2018年，全县上下深入学习贯彻党的十九大和习近平总书记视察山西重要讲话精神，认真贯彻落实省委“一个指引、两手硬”思路和要求，抓住省委、省政府实施“一县一策”的契机，聚焦深度贫困，集中力量攻坚，万众一心克难，实现了脱贫攻坚连战连胜、经济社会发展稳步向好，在“两转”基础上推动全县党的建设和党的事业取得新进步。

2018年，国务院副总理孙春兰来临县视察调研，对临县健康扶贫工作给予了肯定。全国人大常委会副委员长、九三学社中央主席武维华来临县调研，对临县生态扶贫，特别是湫水河流域生态治理修复与保护工作给予了肯定。中国科协全国科技助力精准扶贫现场会在临县观摩产业扶贫，对临县科技助力精准扶贫新模式、新路径给予了肯定，临县以“聚力扶贫扶智扶志，助力坚决打赢脱贫攻坚战”为主题作了交流发言。健康扶贫工作受到了国家卫计委、国务院扶贫办的通报表扬，扶贫孝心基金工程被省委省政府作为经验在全省推广。各项工作迈上了新台阶。

一、认真落实精准方略，攻坚深度贫困夺得新胜利

认真贯彻落实习近平总书记“深度贫困地区党委和政府要坚持把脱贫攻坚作为‘十三五’期间头等大事和第一民生工程来抓”的重要指示，举全县之力推进“三三”攻坚举措。全年4.17万人脱贫，110个贫困村退出，贫困发生率由2017年底的15.38%下降为2018年底的8.3%。

聚焦聚力生态、光伏、易地搬迁“三大扶贫工程”。坚持两年任务一年铺开、同步启动。全年完成退耕还林48.9万亩、荒山造林31.63万亩；实施光伏扶贫电站建设总规模146.89兆瓦，全部并网发电；开工建设7个易地扶贫搬迁集中安置点，完成旧村拆除80个。基本实现了年初确定的预期目标。

落细落实教育、健康、民政兜底“三大保障政策”。坚持对标作战，完成了110个脱贫村水、电、路、网、讯、房及卫生室、文化场所等达标任务。探索了健康扶贫代报代办机制、外出务工集中地定点培训机制，对困难家庭中的成年无业重度残疾人给予单独保障，确保政策实施不漏一项、受惠对象不落一人。

做优做强产业、改革、党建“三大基础支撑”。围绕振兴红枣主导产业，建立了红枣院士专家工作站，试点推行红枣保险10万亩，探索建立了适度规模经营三种模式。用足用活“10+1”政策，脱贫攻坚面临的项目用地难题、资金难题、融资难题、人才难题等，正在逐步得到破解。开展了“我为脱贫摘帽建言献策”活动。建立了任务清单、周六“补课”、“无会周”、“结对帮扶日”、“三对标”常态化监督、黄牌红牌考核问责等机制制度，强化了抓落实的政治职责。举办了“最美临县人”“文明户”“孝心子女”等评选表彰活动，提振了干事创业的“精气神”。

二、深入贯彻新发展理念，转型发展迈出新步伐

认真落实习近平总书记“扎实推进经济发展方式转变”“深度贫困地区要改善经济发展方式，重点发展贫困人口能够受益的产业”的重要指示，坚定不移推进转型发展。全年地区生产总值完成69.3亿元，同比增长12.4%；固定资产投资完成33.1亿元，同比增长18.9%；规模以上工业增加值完成29.4亿元，同比增长16.5%；社会消费品零售总额完成48.6亿元，同比增长9%；一般公共预算收入完成6.9亿元，同比增长9%；城镇居民、农村居民人均可支配收入分别完成18443元、5602元，同比增长7.2%、12.7%。主要经济指标增速排名全市前列，全县经济呈现出稳中向好、好中提质的强劲态势。

产业转型取得了新突破。3个区块煤层气开发项目形成年产3.5亿立方产能。华烨煤矸石烧结多孔砖项目建成投产；美锦锦源、晋煤太钢矿井及选煤厂项目取得开工批复。欧莱特产业园、天津宝迪生猪生态养殖项目开工建设。中电投30兆瓦光伏项目建成并网发电。建成3个电子商务园区、317个村级站点，从业人员达1.5万人，年交易额突破2.5亿元，阿里研究院根据销售额数据发布的“2017—2018年贫困县农产品电商50强”排行榜中，临县位居第八。

招商引资开创了新局面。出台了《工作方案》《考核办法》《优惠政策》，多形式开展招商引资活动。全市民营企业助力精准扶贫推进会在我县召开，组织举办了“迎老乡、邀客商、兴家乡”恳谈会、第三届红枣旅游文化节、第二届临县红枣进京宣传推介会。特别是我们鼓励部门和乡镇的同志“走出去”考察学习，不仅引回了一批扶贫产业项目，也开了眼界、长了见识、拓了思路。

发展环境实现了新提升。全力打好大气、水、土壤治理三大战役，完成了环保督察反馈问题整改工作。铺开16个美丽乡村建设，实施了乡村清洁工程。临县北煤炭铁路专用线、太兴铁路临县白文东火车站、“黄河一号”沿黄扶贫旅游公路碛口试验段建成通车。深入推进“放管服效”改革，全面推开企业投资项目承诺制改革试点。深入开展信访矛盾化解攻坚战、重点信访问题百日攻坚活动。扎实推进扫黑除恶专项斗争，组织开展了“我说扫黑除恶”系列活动，共打掉黑社会性质组织1个、恶势力犯罪集团3个、恶势力犯罪团伙7个。

三、认真落实新时代党的建设总要求，全面从严治党达到新高度

认真落实习近平总书记"越是进行脱贫攻坚战，越是要加强和改善党的领导"的重要指示，特别是牢记习近平总书记"代价不能白付、教训必须汲取"的教诲，坚持"治"不忘"危"，坚定不移推进全面从严治党，推动政治生态实现持久风清气正。

强化政治引领。县委常委会20次、中心组12次学习习近平总书记重要论述，召开了经验交流会，创建了"大讲坛"、"微课堂"，举办了学习班、读书班、宣讲活动，推动学习贯彻习近平新时代中国特色社会主义思想往深走、往实走、往心走。健全了相关规章制度，举办了纪念改革开放40周年成就展、"放歌新时代、唱响新征程"文化月等活动，命名中央后委等6处革命遗址为"党员干部教育基地"，把党对意识形态工作的领导具体化。

深化"三基建设"。扎实开展基层组织提升年活动，各乡镇具备了"八有"功能，各行政村实现了"六个一"目标。乡村运转经费、干部报酬不同程度得到了提高。村集体经济全部"破零"，5万元及以上的村227个，占比36%。出台了《机关工作人员日常考核实施办法》，印发了《村级组织规范化建设管理手册》，开展了县直机关党建示范点创建、非公经济和社会组织"双好六强"培树等活动。储备科级后备干部218人，多岗锻炼、实践提升。与山西农业大学共同举办"脱贫攻坚·乡村振兴"专题培训班、村级后备干部大专班，累计培训县乡村三级干部3000多人次。

固化正风肃纪。全面完成派驻纪检监察机构"全覆盖"改革和乡镇监察的延伸拓展。为每个行政村选任村级纪检监察监督员，切实推动全面从严治党持续向乡村延伸。开展了县委第四轮、第五轮巡察工作。进一步细化固化中央八项规定的贯彻执行，进一步深化扶贫领域、民生领域不正之风和腐败问题专项治理、涉黑涉恶腐败专项治理，营造了风清气正的干事创业环境。

（高翠峰）

附：中共临县县委书记、副书记、常委名单

书　记：张建国

副书记：李双会　李　琦

李勇泓(3月任职，挂职)

薛耀宗(3月任职，挂职)

邹彩莲(女，3月离职，挂职)

李俊有(3月离职，挂职)

常　委：王　勇(挂职)　王少利　杜侯平

高泽荣　白旭平　李考玉　任文珍

王桂秀(女)　李志英

中共晋中市委

市委书记　王　成

2018年，晋中市委坚持以习近平新时代中国特色社会主义思想和党的十九大精神为指引，以习近平总书记视察山西重要讲话精神为根本遵循，按照省委实现"三大目标"、打好"三大战役"要求，围绕决战转型综改主战场、争创乡村振兴示范市、建设能源革命先行区、打造创新创业新高地"四个目标"，认真履行把方向、管大局、作决策、保落实职责，推动在"两转"基础上晋中党的建设和党的事业取得新进步。

一、坚持把学习贯彻党的十九大精神和习近平总书记视察山西重要讲话精神引向深入，确保全市工作沿着正确方向前进

把学习贯彻习近平新时代中国特色社会主义思想作为首要政治任务。全省率先出台《党委(党组)会议第一议题学习习近平新时代中国特色社会主义思想制度》，市委常委会、市委中心组学习，坚持把传达学习习近平新时代中国特色社会主义思想和习近平总书记最新重要讲话精神作为第一项内容。全年举办2期市管干部读书班、5期专题研讨班，创办"新时代晋中干部大学堂"。市委中心组举行15次集中学习，全市轮训干部1.6万多人次，党的十九大精神"七进"宣讲开展7300多场，"文艺轻骑兵"宣讲团获中宣部基层理论宣讲先进集体，全省唯一。下力推进中央和省委重大决策部署在晋中落地生根。市委提出"三个三"工作思路和举措，将中央和省委决策部署、市委目标任务细化为60项重点工作、20项亮点工作，清单式管理，常态化督办。

二、坚持"改革不能落后，改革必须先行"，全面深化改革和对外开放又上新台阶

市委提出"七个紧紧抓住"推改革思路，建立了"1+7+7"制度体系，省委改革办高度肯定。市委深改领导组召开会议11次，研究审议改革方案或举措36项。以评促改，率先聘请上海国信评估院进行深改第三方评估。科学决策，率先成立决策咨询委员会和研究会。加强队伍建设，在复旦大学举办专题培训班。建立"双随机一报告"等10项改革落实机制，市党政主要领导领办31项重大改革任务，17名市级领导按照职责狠抓推进落实。坚持在重点改革上攻坚深化。7方面47

项改革完成年度任务,省考核5项指标11月提前完成。承担的19项国省改革试点任务,又有一批走在全国、全省前列。进一步加快对外开放合作步伐。中欧中亚班列实现常态化运行,祁县玻璃器皿产业集群"一带一路"中外合作区即将授牌成为全国第13个中外合作示范区,举办首届中国玻璃器皿博览交易会。组团参加首届中国国际进出口博览会。

三、坚持以转型综改为牵引,有效推进经济发展方式转变

决战转型综改主战场。转型综改示范区晋中开发区在产业发展、项目建设、招商引资、改革创新、优化环境五方面发挥示范引领作用。"三制"改革全省率先完成,"三化"改革加快推进,10个特色产业园区、5大产业集群集聚发力。打造全市开发区"1+10"联合体,省级以上开发区达到9家,全省最多,类型涵盖一二三次产业,门类最全。深入开展"转型项目建设年"活动。完善月调度、双月集中开工、每季本土企业家座谈、每半年政银企保对接"1236"工作机制。全市招商项目投资额、资金到位率均排全省第一。做强做优新兴产业。打造了吉利、安泰两个百亿企业,旅游业成为首个非煤千亿级产业。中外合资底特律新能源汽车项目开工奠基,晋中新能源汽车产业进入提速、冲刺千亿产业新阶段。加速推进能源革命。做好煤炭产业"减""优""绿"工作,先进产能占比达到39%。寿阳光伏领跑者基地、灵石煤电铝材一体化循环经济园、东方希望左权氧化铝建设进展顺利。着力打造创新创业新高地。召开全市支持民营企业发展大会,出台25条"真金白银"政策。在山西大学城东部规划1万亩土地,启动建设职教城。

四、坚持以乡村振兴为总抓手,扎实做好"三农"工作

编制完成总体规划和专项规划,全省率先出台市、县、乡、村、户"五级示范"标准。把农村人居环境整治作为实施乡村振兴战略的首场硬仗。开展"百村示范、千村整治",打造美丽宜居示范村118个,全省实施乡村振兴战略暨改善农村人居环境现场推进会在晋中召开。坚持农谷示范引领。成功创建省级农业高新技术产业示范区,国家级农高区通过验收。总投资286亿元的63个项目完成投资38亿元。晋中市首届现代农业博览会举办,全国"农村改革(太谷)论坛"在农谷召开。统筹推进"五个振兴"。打造了太谷国家级、灵石省级和9个市级产业园,全市特色农业占比达75%。加强乡村振兴带头人、排头兵、生力军、土专家"四支队伍"建设,7313个能人返乡进入村"两委"。302个软弱涣散农村党组织全部完成整顿,行政村集体经济全部破零。开展"激活农村资源、促进乡村振兴"攻坚行动,唤醒农村"沉睡"资源,为促进乡村振兴提供要素保障。

五、坚持以践行绿色发展理念为导向,切实加大生态环保工作力度

召开全市生态环境保护大会,出台三年行动计划。市城区空气综合质量指数好转率、二氧化硫下降率、二级以上天数同比增加数均为全省第1,空气质量变好幅度在全国169个重点城市中排第7。坚决打好蓝天、清水、净土攻坚战。市城区"禁煤区"范围扩大至294.8平方公里,新增集中供热面积704万平方米,建成区清洁取暖全覆盖。全市清洁煤置换5.7万户。开展汾河、漳河、滹沱河流域生态保护与修复,完成12段黑臭水体整治。推进污染地块调查和治理修复,完成农用地土壤污染状况详查。全面整改中央、省环保督察反馈问题。建立中央、省环保督察整改"双组长"制,定期研究整改情况,针对性制定整改方案,及时解决推进中的问题。

六、坚持以人民为中心的发展思想,全力抓好脱贫攻坚和民生保障

加大脱贫攻坚力度。创新实施脱贫摘帽包保责任制,省脱贫攻坚领导小组办公室推广了晋中做法。158个整村和26426人实现易地搬迁,提前两年完成"十三五"任务。以和顺为试点,创建"党建带工建、同心促脱贫"模式,全国总工会领导和省脱贫攻坚领导小组给予肯定。全市有6.8万人脱贫、204个村退出,贫困发生率降至0.78%;和顺县、左权县顺利接受省级第三方评估验收。统筹抓好各项民生工作。民生支出占到一般公共预算支出的82.4%。市城区实施6大类100项当年投资180亿元的百亿百项"六大惠民工程",规模体量近年最大。启动龙城大街区域开发,太原晋中一体化发展加快推进。安全生产形势平稳好转,全年生产安全事故起数、死亡人数降幅均为全省第一。

七、坚持依法治国基本方略,进一步加强民主法治建设

坚持和完善人民代表大会制度,支持市人大及其常委会依法履行职权。市人大常委会通过了餐厨废弃物处理、燃煤污染防治两个《条例》,"两化四有"代表联系人民群众工作得到全国人大办公厅肯定。大力支持人民政协发挥协商民主重要渠道和专门协商机构作用。市政协聚焦晋中开发区建设、煤层气综合开发利用等17个议题,开展多形式专题协商议政和民主监督。认真做好新形势下统战工作。坚持"双月座谈会"制度,巩固深化凝心、聚力、促转型、惠民、和谐、强基固本"六大行动"。积极推动法治晋中建设。开展宪法学习宣传月等活动,抓好宪法贯彻实施。扫黑除恶专项斗争受到中央督导组和省委政法委肯定。提升城乡基层社会治理水平,3个村被表彰为"全国民主法治示范村(社区)"。

八、坚持把守正创新作为重要原则,大力加强思想文化建设

严格落实意识形态工作责任制。市委召开全市宣传思想暨网信工作会议,常委会多次研究意识形态工作。出台《关于加强热点敏感网络舆情处置工作的实施意见》,政治类有害信息举报工作全国领先。牢把正确舆论导向。在中央主要媒

体发稿量居全省第二,“晋中发布”获“全国政务微博十佳应用奖”,位列全省党政新闻发布微博榜首。常态化开展精神文明创建活动。高标准打造省级社会主义核心价值观示范点7个、市级示范点100个。大力发展文化事业和文化产业。成功创建国家公共文化服务体系示范区,市级“五馆一院”和县级“两馆一院”全部建成并免费开放。中国晋中国际柔力球大赛、平遥国际摄影大展、平遥国际电影展等“晋”字号品牌叫响。

九、坚持以落实管党治党主体责任为突破口,努力推动全面从严治党向纵深发展

坚持把党的政治建设摆在首位。率先出台《干部政治素质考察办法》等规定,晋中做法被《中国组织人事报》刊发。坚决扛起管党治党主体责任。市委出台《关于落实全面从严治党主体责任的行动方案》及10个配套制度,形成“1+10”工作制度机制。始终保持正风肃纪反腐高压态势。健全党对反腐败工作领导体制机制,出台《关于加强党对反腐败工作全过程领导常态化制度化长效化的实施意见(试行)》。深化监察体制改革。深入整治形式主义、官僚主义。狠抓中央巡视整改。创新“三不变、四统筹”巡察模式,中央纪委《党风廉政建设》介绍了晋中做法。下大力激励广大干部担当作为。出台《晋中市激励广大干部新时代新担当新作为建设高素质专业化干部队伍五年行动方案》和《晋中市适应新时代要求大力发现培养选拔优秀年轻干部实施意见》,制定“四个区别对待”的指导意见。培养选拔使用20名年轻化、10名专业化副处级干部。树立重实干重实绩导向,市县两级提拔重用112名优秀干部,“下”了51名不作为干部。扎实推进“三基建设”。实施“三基建设”11大工程、29项重点任务。全省率先出台加强党支部规范化建设“1+8+1”制度,推行主题党日活动。全省园区非公企业党建工作推进会在晋中召开。

(李中华)

附:中共晋中市委书记、副书记、常委名单

书　记:胡玉亭(1月离职)　王　成(1月任职)

副书记:王　成(1月调职)　赵建平(2月任职)
尹乃明

常　委:王建忠　唐立浩(1月离职)
张志刚(1月任职)　丁利军
任秀红(女)　王　兵　贾　琦
王建林(12月离职)　鹿建平(12月任职)
许杰真(11月离职)　文竑烜(11月任职)

中共榆次区委

区委书记　张祖祁

榆次区下辖6镇4乡、9个街道办事处和1个社管中心,279个行政村、71个社区。现有基层党组织1205个,其中党委59个,党总支(支部)1146个,党员31835名。

2018年,榆次区委坚持以习近平新时代中国特色社会主义思想和党的十九大精神为指引,在省委、市委坚强领导下,紧紧围绕“勇当全市排头兵、挺进全省前十强”奋斗目标,全区党的建设和党的各项事业迈上了新台阶。

一、坚持高举习近平新时代中国特色社会主义思想伟大旗帜,信念信仰信心更加坚定

坚持把学习贯彻习近平新时代中国特色社会主义思想和党的十九大精神作为首要政治任务,组织开展12次中心组理论学习会,其中7次扩大到全区副科级以上干部,举办了学习贯彻习近平新时代中国特色社会主义思想读书班,组织干部赴浙江、成都、红旗渠干部学院等地学习培训,对全区所有副科级以上干部以及基层党组织书记进行了专题轮训,组建“新时代百姓宣讲团”,深入一线宣讲600余场次,切实推动习近平新时代中国特色社会主义思想日益深入人心。

二、坚持用实际行动践行“两个维护”,坚决做到令行禁止、政令畅通

坚持把习近平总书记视察山西重要讲话精神作为根本遵循,围绕贯彻落实省委十一届六次全会精神进行了责任分工和任务分解。做好中央巡视山西反馈意见整改,39项整改任务取得阶段性成效。践行“三个三”工作思路和举措,将全年工作细化为50项重点任务和10项亮点任务,指导和推动了各项任务顺利完成。坚决落实中央和省委、市委关于“大棚房”清理整治要求,深刻汲取“8.12”央视曝光教训,全面完成了清理整治。严格执行请示报告制度,全年向市委请示报告工作28次,保证了市委各项决策落到实处。

三、坚持稳中求进的工作总基调,全区经济保持稳中向好、稳中有进的良好态势

全面贯彻新发展理念,按照“转型项目建设年”要求,开展了“项目手续集中办理月”和“项目集中开工月”等活动,与开发区强强联合,完成招商引资403.97亿元。主要经济指标

完成:地区生产总值299.8亿元,增长7.7%;规模以上工业增加值57.9亿元,增长9.7%;固定资产投资257.9亿元,增长47.6%;社会消费品零售总额206.9亿元,增长7.7%;一般公共预算收入20.8亿元,增长12.9%;居民人均可支配收入30978元,增长8.4%。除规模以上工业增加值外,其余五项指标总量位居全市第一,进入全省十强。

四、坚持将改革开放进行到底,全面深化改革工作取得新进展

坚持把全面深化改革作为推动转型发展的根本动力,区委常委会先后14次,安排20个议题研究安排改革事项,区党政主要领导领办26项改革事项。坚持在重点改革上攻坚深化,48项年度改革任务基本完成,机构改革有序推进;放管服效改革走在省市前列,在全市政务服务综合考核中排名第一;积极推进户籍服务改革,有效解决了无户口人员教育、就医等问题;引入PPP模式实施"四好农村路"项目,全年开工320.3公里,所有行政村全部实现公交通达;大力支持科技创新发展,全年技改投资23.04亿元,高新技术企业总数达到16家。

五、坚持把实施乡村振兴战略摆在优先位置,农业发展和农村改革取得新成效

持续推进农业现代化发展,粮、菜、果、牧、苗等农业主导产业不断巩固,"三新"应用水平不断提升,农产品加工销售收入达59.6亿元,占全市四分之一。加快推进农村改革,全市首家通过土地确权省级验收,农村集体产权制度改革全面启动。推动农旅文深度融合,休闲农业接待410余万人次,综合收入达4.5亿元。认真抓好扶贫增收,投入帮扶资金2172万元,完成9个相对贫困村扶贫增收任务。努力改善农村人居环境,完成27个园林村提升工程,垃圾分类覆盖10个乡镇,积极推进农村"厕所革命",打造了乌金山后沟、北田张胡、东赵伽西等一批美丽乡村。

六、坚持"市区共建、造福榆次"的理念,城市形象和城市服务管理水平再上新台阶

牢固树立"市区共建、造福榆次"理念,配合省市和开发区重点工程完成征地1.56万亩,拆迁128万余平米。王湖、南沟、小东关、聂村、源涡、寇村等城中村改造加快推进。常态化推进拆违治乱提质,累计拆除违建397处15万余平米。围绕印象城、万达、奥特莱斯等商业综合体,构建多方位、全功能新商圈,爱琴海购物公园成功奠基。全力提升旅游级次,对榆次老城进行提质改造,醋博园、黄土农言成功创建3A级景区,A级景区拥有量全省第一,全年旅游接待人数和旅游收入占全市五分之一,旅游经济总量位居全市第一。

七、坚持习近平生态文明思想,生态环境质量明显改善

坚决打赢蓝天保卫战,解决了47个村和4个小区、3.36万户群众集中供热703.98万平米,禁燃区面积达到294.8平方公里,甲醇锅炉改造受到全省表彰,市城区空气质量综合指数好转率、二氧化硫浓度改善幅度、二级以上优良天数增长率均为全省第一。着力打好碧水保卫战,对修文工业基地污水处理站进行提标升级改造,郝村水站被评为全省最美水质监测站。扎实推进净土保卫战,推进煤矸石填埋复垦造地工程。加大造林绿化力度,全区森林覆盖率达到23.21%,林木覆盖率达到31.6%。

八、坚持以人民为中心的发展思想,民生福祉不断改善

积极推动城乡教育均衡发展,城西小学投入使用,"四校一园"重点工程项目顺利推进,普惠幼儿园占比达60%,"义务教育管理标准化学校"达80%。持续推进医疗卫生体制改革,医疗机构一体化改革取得实质性进展。实施全民技能提升工程,城镇登记失业率控制在2.01%,推进社会保险扩面和基金征缴,持续提高城乡低保、特困供养标准。食品安全监管基础建设水平达到全省领先。

九、坚持强化对意识形态工作的领导,宣传思想文化建设水平得到明显提升

严格落实意识形态工作责任制,建立了意识形态领域形势分析研判机制。坚持正确的宣传舆论导向,精心组织了庆祝改革开放40周年、纪念榆次解放70周年主题宣传活动,举办了"唱响榆次""舞动榆次"等一系列大型主题活动,组织评选了106名"新时代百姓奋斗者"。大力实施文化惠民工程,顺利通过国家公共文化示范区验收,乡镇、街道综合文化站达标率100%,农村、社区文化场所建设达标率达70%以上,"五大文明创建"不断深化,文化"四送""六进"工程年度任务全面完成。

十、坚持问题导向和底线思维,社会稳定基础不断夯实

坚决推进扫黑除恶专项斗争,打掉20个黑恶势力团伙,铲除经济基础战果总量折合资产4亿多元。夯实综治基础,区级综治中心高效运转,20个乡镇、街道综治中心投入使用,乡村"雪亮工程"建设不断加快。认真做好信访工作,调处化解了国企改革、征地拆迁、农村改革等领域的一大批矛盾纠纷。做好社情民意工作,被评为"2018年人民网网民留言办理工作先进单位"。严格落实《地方党政领导干部安全生产责任制规定》,事故起数、死亡人数实现双下降。

十一、坚持推进民主政治建设,发展合力持续增强

严格执行民主集中制,先后召开35次区委常委会和常委扩大会,研究168个议题,民主决策、科学决策水平不断提升。加强和改进党对人大、政府、政协、法院、检察院工作的领导,常委会专题听取五个党组工作汇报。深化统一战线"七大工

程”,各民主党派换届圆满完成。坚持党管武装,国防后备力量切实加强,双拥共建氛围更加浓厚。加强党的群团组织建设,圆满完成群团组织换届和改革工作。积极推进“法治榆次”“平安榆次”建设,荣获“全国法治县(市、区)创建活动先进单位”。

十二、坚持将全面从严治党向纵深推进,政治生态持续好转

坚决扛起全面从严治党主体责任,出台《关于落实全面从严治党主体责任的行动计划》。严肃党内政治生活,确定每月9日为“党员主题活动日”,各级党组织开展党日活动1.2万余次。狠抓“三基建设”,创建标准化党支部325个,示范性党支部185个,整顿后进支部30个,并村简干完成18个,村级集体经济收入5万元以上达到201个,10个乡镇“五小建设”全部达标,71个社区活动场所全部达标升级。坚持党管干部原则,全年调整干部13批362人,其中提拔172人,平调127人,免职63人。保持正风反腐肃纪高压态势,成立区委反腐败领导小组,全年立案审查168人,给予党纪政务处分114人,开展专项检查78次,查处22起39人,《人民日报》报道了我区推动基层党组织巡察全覆盖的做法。加强廉政文化建设,以榆次老城楹联文化、常家庄园“学而优则贾”为题材的廉政教育片在中纪委网站专题推送,新编晋剧历史剧《打虎记》在全市引起强烈反响,全区政治生态持续好转、风清气正。

(朱　晨　李世明)

附:中共榆次区委书记、副书记、常委名单

书　记: 张祖祁

副书记: 张　鹏　冀　杰

常　委: 邢如彪　李　军　卢永红　巨维宏　魏　栋(11月离职)　马志宏　孙立忠　刘文香(女)

中共介休市委

市委书记　丁雪钦

2018年,介休市共有115个基层单位,1014个基层党组织,其中包括39个党(工)委,68个党总支,907个党支部,共有党员22263名。

一年来,介休市委在中央、省委和晋中市委的坚强领导下,始终以习近平新时代中国特色社会主义思想为根本遵循,深入贯彻落实习近平总书记视察山西重要讲话精神和中央、省委、晋中市委重大决策部署,团结带领全市广大干部群众苦干实干、拼搏奉献,全面推进经济、政治、文化、社会、生态文明建设,各项工作均取得新的突破。

一、始终坚持党的领导,牢牢把握正确政治方向

介休市委坚持以习近平新时代中国特色社会主义思想武装头脑,牢固树立“四个意识”,践行“两个维护”,深刻践行新发展理念,坚决落实省委“一个指引、两手硬”和晋中市委“三个三”工作思路和举措,一年来先后召开21次常委会议、12次中心组学习、研究101个议题,举办3期学习贯彻习近平新时代中国特色社会主义思想领导干部读书班,开展十九大精神基层宣讲活动200余场,对上级重大决策部署第一时间传达学习、第一时间安排部署、第一时间推动落实,确保始终在思想上、政治上、行动上与党中央保持高度一致。

二、紧扣发展第一要务,综合实力持续稳步提升

介休市委坚持稳中求进总基调,持之以恒做大做强经济盘子,主要监测的13种工业品11种实现增长,全市新增规上企业14户,规上工业企业突破百户,其中72户规上企业单体产值均超亿元,安泰集团产值再破百亿,安泰、凯嘉、金泉3户企业入选全省民营经济百强。2018年,三大经济指标创历史之最,地区生产总值完成232.3亿元,同比增长7.3%,首破200亿元大关,有望进入全省前十;公共财政预算收入完成20亿元,同比增长55%,名列晋中第一,全省第六,创历史最好排名;规模以上工业增加值完成138.1亿元,同比增长9.4%。社会消费品零售总额完成102.9亿元,同比增长7.6%;城、乡居民人均可支配收入完成34927元、14249元,同比分别增长6.7%、9%,均实现了近五年以来最好增幅和最佳排名。

三、全力推动产业升级,转型发展迈出坚实步伐

介休市委深入贯彻新发展理念,扎实推动经济发展方式转变。2018年共实施重点项目118个,其中73个转型项目共完成投资27.8亿元;招商引资项目9个,总投资190亿元,仅用4个月时间就推动马钢集团12万吨针状焦、30万吨焦油及10万吨炭电极3个项目在开发区落地开工,创造了介休速度;完成经济技术开发区挂牌,入驻企业达到81户,其中规上企业32户。工业上做强“煤焦钢化”。紧抓全省千万吨级焦化产业集聚区机遇,昌盛130万吨机焦项目建成投产,茂胜120万吨机焦项目加速推进,安泰、路鑫分别与江苏伟天化工、马钢集团达成两个500万吨焦化项目合作意向。农业上做大“药蛋果产”。市财政拿出1000万元扶持特色农业发展,全年农业总产值达到11.82亿元,有力带动了农民致富增收。旅游上实现提档升级。大力提升绵山、张壁古堡、虹霁寺等景区设施建设,建成后土文院。全年共接待国内外游客1269万人次,实现旅游综合收

入150亿元。

四、狠抓生态文明建设,城乡环境面貌实现巨变

介休市委始终坚持生态优先、绿色发展理念,持续改善城乡环境面貌。坚决打好“蓝天、碧水、净土”三大保卫战,完成中央、省环保督察整改任务25项,完成清洁能源替代1.8万户,完成城市污水处理厂提标改造。系统修复洪山泉域,实施绵山山体修复工程,关停取缔石料企业24户。建立煤矸石固废“六统一”规范化治理机制,完成固废整治34处。在晋中率先组建乡镇安监环保站,建成覆盖全市的智慧环保信息化平台。坚持全面提质,实施了绿化、香化、亮化、美化、硬化、文化“六化”提质工程,新建改造城市道路8条,完成10万平米街道立面改造,对城区14条道路增绿增彩添香,提升改造10个城区公园广场和10个小游园,新建雕塑、景观小品等300余处,全市新增绿化面积26.6万平米。坚持补齐短板,结合乡村振兴和农村人居环境改善,实施了“四化两改三集中”工程,打造了5个省级宜居示范村,在晋中率先完成了3万户煤改气和1.2万户农村改厕,改厕完成率全省第一。建成12座农村污水处理站和3个移动式垃圾中转站,污水集中处理覆盖41个村,实现115个重点村专业保洁、14个村生活垃圾集中治理、10个村庄集中供热,成为晋中首个省级改善农村人居环境示范县,全省乡村振兴暨农村人居环境改善现场会在我市召开,与会代表对介休城乡面貌给予高度评价。

五、民生事业持续加力,群众幸福指数显著提升

介休市委始终把人民对美好生活的向往作为奋斗目标,坚持把公共财政支出的80%以上用于民生,全年民生支出达21.49亿元。投入3亿多元,实施了10个老旧小区改造、38所学校楼房墙体改造和操场改造、30万平米的农村街道硬化及排水改造、10处“文保”单位保护修复、100个重点村美丽乡村建设、5条县乡主干道改造和“四好公路”建设等工程,新增了11000个免费停车位和600个廉租摊位,改建了市民之家、体育场,最大限度让利于民、方便群众。市财政拿出1200万元用于乡村教师补贴,2018年中考成绩名列晋中第一,晋中中考状元花落介休三中,高考达线人数突破千人大关,高中教育质量评价综合排名上升到晋中第三位。医疗集团挂牌成立,人民医院改造升级、中医院迁入新址,实行“病人不跑专家跑”医疗模式,贫困人口免费医疗惠及困难群众2200余人。建成全省首家民生事务保障服务中心和民生诉求数字平台,累计受理处置群众诉求3.5万余件,办结率达100%。

六、大力推动改革创新,全面深化改革卓有成效

介休市委把全面深化改革作为破解发展难题、激励干事创业的重要抓手,2018年完成90项改革任务,其中:经济技术开发区综合测评在全省县市级开发区排名第一;政务公开标准化规范化试点工作受到省政府通报表扬;在晋中市“拆违治乱提质”城乡环境大整治攻坚行动专项考核中名列第一,获奖金2200万元;完成1.2万户农村改厕,完成率全省第一;市委政府督查落实办公室、“三勤合一”城市综合执法模式在晋中推广。改建的晋中各县最大的行政审批服务大厅,有64家单位入驻,月均办件量突破5万件,全面实现了“两集中两到位”和一站式服务。在全省首创成立“企业家之家”,党委政府和职能部门主动为企业发展提供服务和政策支持,进一步构建了“亲”“清”新型政商关系。

七、坚持全面依法治国,民主法治建设持续增强

介休市委加强党对各方面工作的领导,定期听取市人大常委会、市政府、市政协和市法院、检察院党组的工作汇报,着力推进法治、德治、自治建设。支持市人大及其常委会依法履职监督,依法对“一府两院”工作进行审议,对全市经济运行、财政预算、体制改革、项目建设、社会事业进行监督审查,办理代表议案103件,办结率100%。支持政协、统战、群团履行职能、开展工作,重大决策部署及时与各民主党派、工商联、无党派人士通报协商,审查立案的88件政协提案全部办复,实施了民企活力提振、优秀企业家塑造等工程,李猛、路斗恒、郭春平荣获山西省第四届优秀中国特色社会主义建设者称号,群团改革扎实推进,市乡村三级群团组织得到加强。牢牢掌握意识形态领域领导权、管理权和话语权,建立健全舆情研判和快速处置机制,统筹做好内宣、外宣、网宣工作,2018年度党委信息工作名列晋中第一,我市11名作家荣获第五届晋中文学奖,占到全晋中获奖总人数的四分之一还多,宣传思想文化工作得到全面提升。深入开展扫黑除恶专项斗争,集中打掉了10个黑恶势力团伙,抓获团伙成员83人,破获刑事案件62起,查封、扣押、冻结涉案资产资金1600余万元,处理涉黑涉恶腐败及“保护伞”问题人员59人。

八、全面加强党的建设,深入推进全面从严治党

市委常委会始终把抓好党建作为最大政绩,坚定不移推进全面从严治党向纵深发展,主动履责在前,成立了晋中首家落实全面从严治党主体责任办公室,实行主体责任履责全程记实制度,2018年共实施党内问责33案58人,并对28个软弱涣散党组织进行了全面整顿。持续推进“三基建设”,2018年全市用于“三基建设”资金达6700万元,乡镇、街道、村级运转经费全部达到或超过上级规定标准,全市230个村集体经济收入全部达到2万元以上,集体经济收入5万元以上村达到183个。坚决挺纪在前,成立市委反腐败领导小组,抓实“两个责任”,不断巩固反腐败压倒性态势,2018年,全市纪检监察机关共处置问题线索658件,初核377件,立案204件,结案186件,处分乡科级干部21人,撤职以上重处分48人,挽回经济损失562万元,移送司法机关7人。

(刘婷婷)

附：中共介休市委书记、副书记、常委名单

书　记：丁雪钦

副书记：张　驰　郭建雄

常　委：韩　亮(11月离职)　周元源　刘世宏　李克虎　董建伟　李俊萍(女)　李　宏(4月离职)　雷建宇(4月任职)

中共太谷县委

县委书记　王怀民

2018年，太谷县委高举习近平新时代中国特色社会主义思想伟大旗帜，深入学习贯彻党的十九大精神和习近平总书记视察山西重要讲话精神，按照省委“一个指引、两手硬”思路和要求、市委“三个三”工作思路和举措，围绕“三年进三位、三年攀新高”奋斗目标，抢抓机遇、攻坚克难，推动全县各项工作取得了新进展新成效。

一、深入学习贯彻习近平新时代中国特色社会主义思想，牢牢把握正确政治方向

深化学习宣传。始终把学习贯彻习近平新时代中国特色社会主义思想作为首要政治任务，列为县委常委会学习第一议题，切实推动学用讲话精神落细落实。着力办好新时代干部学习大讲堂、新任职干部培训班、学用习近平新时代中国特色社会主义思想读书班，全县广大干部的理想信念进一步坚定。

强化学以致用。把习近平新时代中国特色社会主义思想作为解决重大问题的根本遵循，在研究工作时，主动对标习近平总书记相关论述。召开纪检组织宣传统战政法、扫黑除恶、支持民营企业发展等一系列重要会议，进一步拓展了贯彻落实的广度深度。

狠抓贯彻落实。按照市委“三个三”工作思路和举措，将上级任务要求细化为56项重点工作、8项亮点工作，进行清单式管理、常态化督办。做好中央巡视、扫黑除恶督导和省委两轮督导检查反馈意见整改，推动各项任务整改到位。

二、狠抓重点领域和关键环节改革，着力形成全面深化改革新态势

加强党对改革工作领导，先后召开21次深改领导小组会和改革专题会，对重点领域和关键环节改革进行研究部署，启动了6方面87项改革任务。全面深化重点领域改革，持续深化监察体制改革，成立了反腐败工作领导小组，实现了监察触角向乡镇和村(社区)延伸。启动实施了7个PPP项目，组建了五大农谷基金，全力支持乐华城、番茄小镇等重点项目建设。农村集体产权制度改革试点通过省级验收，供销社“三位一体”改革走在全省前列。

三、以两大省级战略为牵引，奋力开创经济转型发展新局面

高标准推进山西农谷建设。主动对标“两篇文章”、“十个突破”要求，28项62条具体任务基本完成。现代农业产业园等7个国家级项目加快推进，省级农高区成功获批，国家农高区升建通过专家评审。组建了功能农业(食品)研究院等一批重大科创平台，为技术引进转化、吸收再创新提供了有力支撑。产业集聚效应初步显现，总投资286亿元的63个农谷项目全面铺开，一批大数据项目加快实施。番茄小镇、农产品国际交易中心加快建设，阿里巴巴、中化先正达等一批领军企业落户农谷。农村改革(太谷)论坛成功举办，牵引乡村振兴开局起步。“1+10+X”融合发展加快推进，山西农谷引领作用进一步凸显。

加快推进开发区改革创新。经开区管委会挂牌成立，总体规划编制完成。“三化三制”改革稳步推进，组建了经开区建设投资有限公司，成功引进新昌金融小镇等14个重大项目。乐华城·国际欢乐度假区等重点项目加快建设，众德天和引领铸造产业绿色发展，大唐房车正式下线，山西广告产业园开工建设。入驻企业达到66家，主战场主力军的作用逐步凸显。

大力激发创新创业活力。出台了支持民营企业发展“16条”优惠政策。继续实行县级领导包乡、包项推进机制，全面推行企业投资项目承诺制改革。大力推进大众创业、万众创新，全年新增发明专利申请量94件，市场主体5262家，新增高新技术企业8家。

坚定不移推进绿色转型发展。牢固树立绿水青山就是金山银山的理念，坚持以环保倒逼转型，全面推进玛钢铸造企业提标升级。坚决打好大气、水、土壤污染防治攻坚战，城区“禁煤区”范围扩大至18.7平方公里，第二污水处理厂投入运行。全面抓好中央、省市环保发现问题整改，中央环保督察“回头看”问题全部办结。

四、牢固树立以人民为中心的发展思想，全力抓好脱贫攻坚和民生工作

打好打赢脱贫攻坚战。出台了坚决打赢全县脱贫攻坚战三年行动实施方案。统筹推进产业扶贫等八大工程20个专项行动。9个易地搬迁集中安置点全部建成，贫困户全部搬迁入住，4018人实现脱贫、5个贫困村摘帽。

全力保障和改善民生。民生支出占到一般公共预算支出的86.3%。实施了29个“创国卫”重点项目，对城市便民市场进行了集中整治。扎实推进义务教育改革试点，校长职级制度改革基本完成。医药卫生体制改革持续深化，重点人群家庭医生签约服务实现全覆盖。荣登“全国幸福百县榜”。

五、加强民主法治建设，巩固发展生动活泼安定团结的政治局面

大力发展社会主义民主政治。支持县人大及其常委会依法行使职权，就优化营商环境和生态建设进行市县人大联动监督。加强和改进党对政协工作的领导，围绕现代农业、经开区创新发展建言献策，紧扣乡村振兴战略等重点事项开展协商监督。大力创建统战“同心”品牌，“三个联谊会”同建同联同创的做法在全省、全市现场会上进行了交流。深化群团改革，圆满完成县妇联、残联、科协换届工作。

深入推进法治太谷建设。深入推进扫黑除恶专项斗争，打掉恶势力犯罪团伙8个，抓获犯罪嫌疑人57人，破获案件45起。查处涉黑涉恶腐败、“保护伞”失职失责问题60件，处理49人。学习“枫桥经验”，创新社会治理，农村治理法治化工作走在全市前列。深入推进重点信访问题集中攻坚，营养保健制品厂等信访积案得到有效化解。层层压实安全生产责任，全县生产经营性安全事故实现“双下降”。

六、牢牢把握意识形态工作主动权，不断推动宣传思想工作强起来

切实维护意识形态领域安全。修订完善了党委(党组)意识形态工作责任制实施细则，进一步压实各级党委(党组)主体责任。推动传统媒体与新兴媒体融合发展，组建了县级融媒体中心。围绕农村改革(太谷)论坛组织策划了一系列重大宣传活动，展示了太谷形象。强化互联网内容管理，为全县和谐稳定提供良好网络环境。

着力提升文化软实力。圆满完成公共文化示范区创建任务，“三馆一中心”免费开放。举办了第七届孟母文化节、第六届国际形意拳交流大会。深入推进群众性精神文明创建活动，开展了“最美太谷人”评选活动。

七、贯彻落实新时代党的建设总要求，推动全面从严治党不断向纵深发展

坚决压实主体责任。先后25次研究党风廉政建设和管党治党工作，制定了落实党风廉政建设责任制考核细则。坚持把政治建设摆在首位，教育引导广大党员干部树牢“四个意识”、坚定“四个自信”、坚决做到“两个维护”。持续压责问责，督促各级党组织书记履行好第一责任。认真执行问责条例，全县先后有46名党员干部因落实“两个责任”不力被问责。

建设高素质专业化干部队伍。牢固树立正确选人用人导向，注重在脱贫攻坚、转型综改、项目建设一线考察识别干部，累计调整干部9批330人次，进一步优化了干部队伍结构。大力发现培养优秀年轻干部，确定了100名年轻化、专业化后备干部，选配9名优秀年轻干部到乡镇重要岗位锻炼。

全面加强“三基建设”。持续加大“三基建设”投入，乡镇“五小”和周转房建设全面完成，161个农村建立了新时代文明实践站。集中开展农村社区“领头雁”轮训，对27个农村软弱涣散党组织进行集中整顿，198个行政村集体经济全部破零。全市“三基建设”现场推进会在我县召开。

驰而不息正风肃纪反腐。部署开展形式主义、官僚主义专项整治，共查处通报违反中央八项规定精神典型案件23起52人。始终保持惩治腐败高压态势，立案180件，结案172件，给予党纪政务处分168人。聚焦扶贫、民生、涉黑三大重点领域开展集中整治，通报典型案件21起26人。召开肃清流毒专题民主生活会。制定县委巡察工作规划，全年部署开展三轮巡察。更加注重用好“四种形态”，推动监督执纪由“惩治极少数”向“管住大多数”拓展。

(吴玉峰　侯宪康)

附：中共太谷县委书记、副书记、常委名单

书　记：王怀民

副书记：刘　伟　刘进文

常　委：王　鹏(3月离职)　石小冬　郭玉锁
武亚民(3月任职)　蒋　勇(4月离职)
柴颖则(4月任职)　池丽萍(女)
郁效军　王迎庆

中共祁县县委

县委书记　吴文胜

2018年，祁县共有基层党组织697个，其中党委14个、总支47个、支部636个；党组48个、党组性质的党委1个；党员14306名，其中女性3621人，占25.31%；农村党员5908人，占41.3%。

2018年，祁县县委坚持以习近平新时代中国特色社会主义思想为指引，深入学习贯彻党的十九大、十九届二中、三中全会精神和习近平总书记视察山西重要讲话精神，坚决贯彻省委“一个指引、两手硬”思路要求和市委“三个三”工作思路举措，总揽全局、协调各方，团结带领全县干部群众，锐意攻坚、奋力进取，确保中央和省、市决策部署在祁县全面正确有效贯彻落实，推动祁县党的建设和党的事业不断取得新进步。

一、坚决践行“两个维护”，确保全县工作沿着正确方向前进

坚持把学习宣传贯彻党的十九大精神和习近平新时代中国特色社会主义思想作为首要政治任务，不断往深里走、往实里抓。对标“学懂弄通做实”，县委常委会第一议题、县委

理论中心组带头学习研讨,扎实推进大讲堂、微调研、五堂课、读书年等活动,延伸开展学用新思想"七进"宣讲、"十大系列活动"、"学习祁县"干部学习交流等活动,持续推动"两学一做"学习教育常态化制度化,引领全县增强"四个意识"、坚定"四个自信"、做到"两个维护"。

坚持以贯彻落实习近平总书记重要指示和党中央决策精神、省委市委部署要求为前提,务实决策部署、聚力狠抓落实。确立了决胜项目建设主战场、打造开放发展先行区、争创乡村振兴示范县、建成生态宜居卫生城"四个目标定位"。扎实推动59项重点、7项亮点及220项基础工作取得新突破,着力抓好省委两轮督导反馈意见整改落实。

二、高举新时代改革开放旗帜,全面深化改革扎实推进

始终坚持把全面深化改革作为实现高质量发展的强力引擎。县委深改领导小组会议审议通过37份改革文件,党政主要领导主抓26项重点改革任务,高标准打造改革智囊库,实施105项"微改革",开展了庆祝改革开放四十周年系列活动。全年46项改革99项具体任务均取得良好进展,重点改革亮点频出。乡村法治化治理成为国家级改革试点,医疗卫生一体化、双创示范成为省级示范县,国家监察、国资国企等改革红利不断释放。

三、聚焦高质量发展目标,经济创新转型升级加速

经济运行稳中向好。县委常委会季度定期分析、适时动态研究经济运行,有效强化经济运行调度。积极推动落实中央支持民营企业发展政策和省30条、市25条、县28条措施。地区生产总值完成82.7亿元,同比增长5.5%;规模以上工业增加值完成9.5亿元,同比增长2.7%;固定资产投资完成31.8亿元,同比下降20.4%;社会消费品零售总额完成47.5亿元,同比增长9%;一般公共预算收入完成4亿元,同比增长12.3%;城镇、农村常住居民人均可支配收入完成32278元、17118元,同比增长6.1%和7.8%。利用外资、会展经济、双创示范、外贸出口、教育发展等方面实现了新突破。

奋力决胜项目建设主战场。聚焦传统产业升级和新兴产业培育两大目标,围绕玻璃、碳素、饮品、文旅四大支柱产业,深入开展"转型项目建设年"活动。储备库项目中转型项目投资占比86%,建设库管理项目转型项目总投资占比80%。古城法署项目、科技孵化中心2个标杆项目加速实施。总投资150亿元的22个项目通过会审签约。

致力打造开放发展先行区。获省政府批准,开发区扩区至31.8平方公里,形成"一区三园"发展格局;"三化三制"改革持续深化,与浙江海龟集团合作整体运营。争创省部共建"一带一路"特色产业中外合作区。成功举办第十三届(2018)中国牛业发展大会和首届中国(祁县)玻璃器皿博览交易会暨文化艺术节,完成项目签约138亿元。外贸出口完成3亿元、增长20.7%。酥梨出口达19个国家和地区。

极力争创乡村振兴示范县。编制乡村振兴战略的《实施意见》《总体规划(2018-2022)》《2018年行动计划》;推动田园综合体项目和现代农业产业示范园建设,打造服务功能完备、产业链条齐全的现代农业产业经营体系,总投资30亿元乡村振兴产业基地项目稳步推进。

倾力建成生态宜居卫生城。围绕"国家卫生县城"创建,208旅游通道、东观财源路、108国道提质改造等基础设施项目完工;大力整治城乡人居环境,深化综合执法改革,城区实行环卫市场化,城乡面貌极大改观。

聚力推动全域旅游持续突破。立足打造国家旅游目的地,"一城一院两山两河六园"全域旅游发展提速,昭馀古城法署项目、乔家景区、昌源河国家湿地公园、千朝谷、晋祠学院、九沟风景区等项目深度实施;昭馀古城旅游开发在北京、广州推介,反映乔家大院晋商故事第二部电视连续剧《诚忠堂》在央视八套播出,乔家大院·千亩商旅文化作品全球首发,第十四届中国民间文艺山花奖·优秀民间艺术表演(鼓舞鼓乐)评选盛典在祁县千朝谷成功举办。年接待游客突破410万人次。

四、坚决打好三大攻坚战,推进民生保障水平持续提升

打好精准脱贫攻坚战。聚焦"两不愁三保障"核心指标,狠抓"责任、政策、工作"落实。县级投入1400万元、增长11%,实施精准帮扶"六大行动"和"532"工作制,主推"订单辣椒""爱心小米"等15个特色产业扶贫模式,扶贫小额信贷累计发放5161.2万元;落实社会保障惠及2.6万人次578.5万元,聚力攻坚深度贫困。实施550户危房改造、6村饮水安全工程。脱贫3509人,贫困发生率降为0.79%。坚决打好蓝天、碧水、净土攻坚战。制定落实三年行动计划,生态保护和污染防治协同攻坚。城区空气质量综合指数、PM2.5和二氧化硫同比下降12.5%、4.8%、57%。完成营造林任务1.47万亩。中央、省、市环保督察交办任务,全部办结;严格落实环保责任,问责22人。打好防范化解重大风险攻坚战。配合省市专项审计;以盘活资源资产为抓手,政府债务风险得到有效控制。

民生事业不断发展。财政民生支出占到84%,新增就业3854人,城镇登记失业率控制在2.1%,建成保障性住房650套。教育发展取得新突破。新建六中、民办双语学校招生开学,高考二本以上达线首次突破千人大关、增幅全市第一。社会保障更趋完善,县乡医疗卫生机构一体化、机关事业单位养老保险制度等改革扎实推进,基本卫生公共服务综合考核全省第五。安全生产形势平稳向好。安全生产过程考核全市第一,防震减灾工作获国家级表彰。

五、加强民主法治建设,安定团结的政治局面持续巩固

加强和改进党对人大和政协工作的领导。推动落实"健全人大讨论决定重大事项制度、各级政府重大决策出台前向本级人大报告""加强人民政协协商民主建设"两个实施方

案,大力支持县人大及其常委会依法履行职权,支持政协发挥协商民主重要渠道和专门协商机构作用。重视和加强统战、群团、武装等工作。做实"祁县统一战线大调研"品牌;协助民革、民盟支部开展基层组织建设年活动。群团改革通过市第三方评估。坚持党管武装,落实双向兼职、党委议军等制度,人武工作获晋中军分区表彰。积极深化法治祁县、平安祁县建设。深入开展"法润祁县"、"七五"普法和宪法宣教。修善村成为全国民主法治示范村。全市率先建设完善县乡村三级综治中心。"平安医院"创建荣获国家级表彰。学习推广新时代"枫桥经验",完善"三台联动、多方联调"县乡村多元调解新模式,积极推动解决矛盾纠纷。扎实推动扫黑除恶专项斗争深入开展。推进宣传造势、深挖彻查、打伞断血等贯穿始终,打掉涉恶团伙8个。

六、加强宣传思想文化建设,引领凝聚继续前进的正能量

认真贯彻全国全省全市宣传思想工作会议精神特别是习近平总书记重要讲话精神,牢牢掌握意识形态工作领导权。落实党委(党组)意识形态、网络意识形态、网络安全工作责任制。加强宣传舆论引导,讲好祁县故事、传播祁县声音、延伸宣传触角。推进"五大文明创建"和"最美祁县人"系列活动,形成核心价值观"处处可见、时时可学"的浓厚氛围。推动总投资124亿的31项文产项目。持续擦亮"国际王维诗歌节""祁太秧歌大赛""传统晋商社火节"3张名片,"红色文艺轻骑兵"惠民活动常态化。

七、落实新时代党的建设总要求,努力推动全面从严治党向纵深发展

坚持把政治建设摆在首位。坚持"看工作首先看党建、看干部首先看党性、看作风首先看党风",始终在政治立场、政治方向、政治原则、政治道路上同以习近平同志为核心的党中央保持高度一致。进一步压实管党治党政治责任。落实《全面从严治党主体责任行动方案》,坚持县乡村三级书记例会、常委"三基建设"联系点、基层党(工)委书记品牌党建项目、主体责任全程记实等制度机制。落实中央巡视整改任务清单,配合市委巡察,开展3轮市县统筹巡察。党内问责57人,通报批评2个党组织。着力建设高素质专业化干部队伍。从严考察、掌握干部政治素质,把"三个一线、三件实事"贯穿始终,落实好干部标准。落实干部监督联席会议等制度,坚决防止"带病提名提拔"。制定实施激励担当作为"五年行动方案"。抓好对大学生村官和挂职、目标化培养、后备、中青年干部的培养和管理。持续推动"三基建设"整体提升。拨付经费4511万元。建设179个达标型、100个示范型党支部。整顿提升20个软弱涣散农村党支部。村集体经济全部"破零"。乡镇办公生活条件全面改善。推行发展党员全程记实,做实"一目录三手册"和干部能力测评,规范发挥党代表、非公党建指导员作用。坚决正风肃纪、巩固发展反腐败压倒性态势。健全落实党委全过程领导反腐败工作的常态化制度化长效化机制,全年立案174件、处分140人、移送9人。做实进一步彻底肃清腐败流毒影响工作。"四种形态"第一、二形态占到93%。坚决纠治"四风",查处违反中央八项规定精神及"四风"问题26件35人。整治群众身边腐败问题,查处166件258人。整治扶贫领域腐败和作风问题,查处25件32人。风清气正的政治生态持续巩固。

(杨志杰　王元辉)

附:中共祁县县委书记、副书记、常委名单

书　记:吴文胜

副书记:冯耀黎　李军荣(女)

常　委:张　鑫　游海波　王　辉

许学林(注:2019年12月,因涉嫌严重违纪违法,接受纪律审查和监察调查。)

常许雁(女)　杨秀龙　郭　虎

中共平遥县委

县委书记　武晓花

2018年,县委深入学习贯彻习近平新时代中国特色社会主义思想和党的十九大、十九届二中、三中全会精神,积极践行省委"一个指引、两手硬"与市委"三个三"工作思路和举措,紧紧围绕"立足三个瞄准,奋力进位争先"三年行动计划和建设"大美古城,小康平遥,国际旅游城市"五年奋斗蓝图,团结带领广大党员干部群众,锐意进取,攻坚克难,推动全县经济社会发展和党的建设取得新成效。

一、践行"两个维护",不断推动习近平新时代中国特色社会主义思想和中央、省、市各项决策部署在平遥落地生根

第一时间学用新思想。先后召开40余次会议进行集体学习,落实"第一议题"学习制度,高质量、高规格举办读书班、专题研修班等5次,开展宣讲30余次、覆盖干部群众1.8万人次,全县广大党员干部学用新思想的思想自觉、政治自觉、行动自觉进一步增强。第一时间贯彻决策部署。突出"三个导向"引领工作,统筹"三个清单"压实责任,提升"三个能力"推动工作,131项基础工作、64项重点工作、7项亮点工作扎实推进。第一时间抓好问题整改。坚决落实习近平总书记关于平遥古城信访件的批示精神,深入开展"回头看"整改

工作,举全县之力打好"古城保卫战"。推动中央环保督察"回头看"群众举报问题、中央第十五巡视组巡视山西反馈意见、省委两轮督导检查反馈意见、脱贫攻坚市际交叉检查发现典型问题等各项整改工作取得实效。

二、聚焦提质增效,不断加快产业转型升级,推动经济高质量发展

在研究谋划上下功夫。先后召开18次常委会,就开发区创建、企业融资、债务化解、古城基础设施提升项目等重大经济事项进行研究部署,全年召开5次营商大会,为重点项目落地开工和顺利推进营造良好环境。县级领导深入项目一线现场办公,与企业共同破解发展难题。研究出台"十五条"举措,以更实、更细、更有效的措施支持民营经济发展。在产业转型上下功夫。深入推进"转型项目建设年"活动,平遥经济技术开发区成功获批省级开发区。农业龙头企业年销售收入预计完成56亿元,52户规模以上工业企业累计实现利润近亿元。2个省重点项目和17个市重点项目引领全县产业转型升级。全县已会审招商引资签约项目20个,完成市定任务180亿元的129.7%,成功引进2个30亿元以上的省外项目。在营商环境上下功夫。变"保姆式"为"妈妈式"服务,对企业家高看一眼、厚爱三分,全面落实代办、入统等各项机制。深化"放管服效"改革,119项行政许可事项实现"一门受理""一站办理",10360政务服务平台正式启动运行。

三、聚焦深化改革,不断释放改革的红利和活力

明确改革思路。以习近平总书记"四个亲自"、省委"三个三"、市委"七个紧紧抓住"为指引,进一步明确"扬优势、补短板、创特色、守底线"的改革思路,统筹推进全县各项改革工作。压实改革责任。全面强化改革力量,出台并运行"一规则、七办法、七细则",分解改革任务,建立改革台账,实行挂图作战、对账销号、履责留痕。确保改革实效。在荣获全市全面深化改革第二名的基础上,积极推进7大领域44大项85小项改革任务取得实效,融媒体改革走在全国前列,农村集体产权制度改革走在全省前列,监察体制改革在全省率先推进,旅游体制机制改革创出平遥特色,国企国资改革取得突破性进展,其他各项改革稳步推进。

四、聚焦意识形态,不断增强平遥文化软实力

增强意识形态领域的主导权和话语权,精准把握新时代宣传思想工作主旋律,为全县各项事业发展提供强大精神动力。提升意识形态领导力、传播力。深入学习贯彻习近平总书记关于宣传、网信工作重要讲话精神,召开8次会议研究部署意识形态工作,强化各级党委(党组)落实意识形态工作的主体责任,开展专题督导调研,及时处置30余次舆情热点事件,在市级以上主流媒体刊载稿件2000余篇,在央视频道播放正面新闻62条。提升文化软实力。坚持创造性转化、创新性发展,不断挖掘古城文化内涵。成功举办第18届平遥国际摄影大展、首届平遥国际雕塑节、首届文化和自然遗产日非遗影像展、第二届平遥国际电影展,特别是电影展得到省委主要领导高度评价,成为山西深化全面对外开放的一张新名片,并被写入省委十一届七次全会报告。隆重举办改革开放四十周年图片展、诵党言读党语大赛、知识竞赛等系列活动,弘扬了主旋律,传播了正能量。提升公共文化服务辐射力。县文化馆、图书馆、体育馆改造修缮工程和青少年活动中心工程全部投入使用。乡村文化记忆工程成为全省的两个典型县市之一。创办"智慧公开课·教育大讲坛"平遥直播课堂,为广大师生提供了优质公共教学资源。

五、聚焦民主政治,不断强化法治平遥、平安平遥建设

定期听取人大、政府、政协和法检两院党组工作情况汇报,广泛凝聚各方合力。支持人大依法履职。全力推动《山西省平遥古城保护条例》立法修订工作圆满完成,新《条例》正式颁布实施,为全国其他古城立法保护提供经验借鉴。首次审议国有资产管理、公益诉讼等工作,"两化四有"工作在全市人大工作会议上进行专题经验交流。支持政协履行职能。在全市首家建立"委员之家",得到市政协高度肯定并在全市推广。手机履职APP正式投入使用,委员履职实现在线考核,委员主体建设全面加强。把做好新的社会阶层人士工作作为新形势下统战工作新的着力点,古城自由职业者实践创新基地工作在中央统战部进行典型经验交流,异地商会建设规模位居全市之首。统筹推进武装、双拥、群团等各项工作。全面推进"平安平遥"建设。全面加强法治建设,荣获"省级平安县"。扎实开展扫黑除恶专项斗争,打掉恶势力犯罪集团2个、犯罪团伙7个,对2起恶势力犯罪团伙案件严格依照法律进行了公开审判,办结涉黑涉恶腐败和"保护伞"案件32件。顺利接受中央扫黑除恶专项斗争第二督导组的检查,得到了督导组的高度肯定。信访工作在全省信访基础业务规范化建设大同现场会作典型经验交流,降量退位成效显著,在全市位居前列。深入落实安全生产"党政同责、一岗双责",事故起数、死亡人数实现"双下降",安全生产形势持续稳定。

六、聚焦脱贫攻坚,致力改善民生,不断提升广大群众的幸福感、安全感、获得感

超常规推进脱贫攻坚。深入学习中央和省市精准脱贫决策部署,坚持兵团式作战,项目化推进。高规格配强脱贫攻坚领导组办公室,扎实开展"百日会战、连战连胜"行动,全面实行"微信工作法",创新推行"一级督战、二级督办"两级督导机制。扶贫资金总量和增幅实现"双增长",持续出台多项特惠政策,以36个产业扶贫项目为带动,脱贫攻坚质量和成色不断提高,全年共有14个贫困村、6576人实现本质脱贫。顺利接受了市际交叉检查,取得了较好成绩。全方位承办民生实事。以省政府"六件民生实事"和县政府"十件惠民实事"为

重点,各类民生支出占比达85.95%。教育体制改革工作取得实效,县域综合医改持续深化,基础设施建设项目惠及广大群众,大力推进保障性住房建设,实施危房改造1088户,全面推进城南堡村片区城中村改造工程。深入开展城乡人居环境整治,城乡面貌明显改善。大力度改善生态环境。牢固树立“绿水青山就是金山银山”理念,深入开展古城内清洁能源替代,古城内真正实现了燃煤锅炉清零。全面实施大气、水、土壤污染防治攻坚行动,空气质量明显提升,优良天数达136天,同比增加了40天,综合指数下降21.2%,SO_2下降60.4%,PM_{10}下降6%,同比降幅位居全市第一,全县生态环境持续改观。

七、聚焦党的建设,不断推动全面从严治党向基层延伸、向纵深推进

全面强化“三基”建设。筹资3100余万元新改扩建162个农村活动场所,14个乡镇活动场所全部达标,所有行政村集体经济全部“破零”,5万元以上行政村占比近60%。新建23个村级组织活动场所,所有社区活动场所面积达到200平米以上。深入推进“五个一”创建工程,创新经验在国家级报刊上推广。全面加强干部队伍建设。全年调整干部11批288人。突出精准化差异化培训干部,组织6批300余名党员干部外出充电学习,加强年轻干部选拔培养锻炼,储备了一批优秀人才。全面推进党风廉政建设和反腐败斗争。加强党对反腐败工作的统一领导,实现由“结果领导”向“全过程领导”的转变。建成全国唯一以监察文化为主题的中国(平遥)监察文化博物馆,7万余名干部群众接受廉政熏陶。深化政治巡察,部署开展5轮巡察,覆盖30余个单位。开展突出问题专项整治行动,查处群众身边腐败和作风问题案件181案362人。运用“四种形态”处理775人次,第一、第二种占比96.1%。持之以恒纠正“四风”,查处违反中央八项规定精神和“四风”案件23件36人。查处形式主义官僚主义案件20件,持续释放执纪必严的强烈信号。

(陈英茂)

附:中共平遥县委书记、副书记、常委名单

书　记:武晓花(女)

副书记:石　勇　牛起虎

常　委:毕新荣　杨晓隆　齐宏亮　赵凌中
刘向东　李英伟　高庆林
王　虎(4月离职)　刘子亮(4月任职)

中共灵石县委

县委书记　段燕翔

灵石县共有基层党组织955个,其中党(工)委39个,党总支63个,党支部853个。共有党员16120名。

2018年,县委坚持以习近平新时代中国特色社会主义思想和党的十九大精神为指引,坚决贯彻省委实现“三大目标”、打好“三大战役”要求和市委“三个三”工作思路和举措,认真履行把方向、管大局、作决策、保落实职责,推动全县经济社会和党的建设取得新成效。

一、坚持以习近平新时代中国特色社会主义思想为指引,牢牢把握正确的政治方向

把学习贯彻习近平新时代中国特色社会主义思想作为首要政治任务。认真落实常委会“第一议题”制度,县委中心组集中学习17次,学习重要讲话23篇。开展“七进”主题学习宣讲150余场。组织了3期领导干部“不忘初心,牢记使命”井冈山专题培训班,20期领导干部读书班、主体班。

把深入学习贯彻习近平总书记视察山西重要讲话精神作为长期重大战略任务。围绕总体要求和五项重大任务,就经济转型、项目建设、脱贫攻坚、生态环保、支持民营企业发展、乡村振兴、扫黑除恶专项斗争等采取一系列新措施。县四大班子领导带队,组成13个督导组深入全县各乡镇、城区开展全面督导检查。

下力推进中央和省委、市委重大决策部署在灵石落地生根。运用市委“三个三”工作法,将中央和省委、市委决策部署、县委目标任务细化为60项重点工作、9项亮点工作,清单式管理,常态化督办。坚持重大工作及时向市委报告,重大问题及时向市委请示,全年向市委请示报告19次。

二、推动深化改革升级,激发发展动力活力

进一步加强对改革工作的领导。县委深改领导组召开会议15次,审议通过23项改革文件。建立了“1+7+7”工作机制,完善工作流程,提升改革工作专业性、制度性。探索启动县级改革“第三方评估”,组建了深改决策咨询委员会。

坚持在重点改革上攻坚深化。扎实推进“三去一降一补”“转型项目建设年”活动、乡村振兴等46项改革事项。灵石经济技术开发区正式纳入省级开发区管理序列。全面推进农村

生活垃圾分类和资源化利用示范县创建;王禹、坛镇结合全国卫生乡镇创建,完成垃圾中转站主体建设。煤矸石堆场环境保护引入第三方治理与运营。

三、实施产业转型升级战略,推动县域经济实现高质量发展

深入开展"转型项目建设年"活动。东方希望铝系综合循环经济项目第三条120万吨氢氧化铝生产线投产,年产能达到320万吨;启光2×350MW低热值煤发电项目1#发电机组整体冲转成功,已投入试运行;扬帆碳素超高功率石墨电极项目一期进入调试阶段;亨泰荣和金属压铸件(二期)工程、长城盛世电子商务产业园、仁康医院新建项目主体完工。大力开展招商引资,全县报会审项目9项,协议引资额225亿元。

扶持发展新兴产业。扶持壮大广宇通、隆达铸造2户国家高新技术企业,6户企业建立了市级以上技术研发中心。实施晋中市国家现代农业示范区建设项目1个,设施蔬菜标准化基地建设项目1个。静升古镇王家大院5A景区创建全面提速。全年接待旅游人数1400余万人次,旅游综合收入达130余亿元。

持续壮大民营企业。出台支持民营经济发展十条措施,全县民营企业达到4011家,规模以上企业93家。100余家民营企业投身"百企联百村结千户"精准扶贫行动,开发扶贫项目10类50余项,安置1000余名贫困人口就业。

四、着力增进民生福祉,促进社会和谐稳定

坚决打赢精准脱贫攻坚战。出台打赢脱贫攻坚战三年行动实施方案,全县脱贫2332户4434人,易地扶贫搬迁完成153户313人。建成屋顶式户用光伏电站152个,新发展村集体股份光伏电站33个,吸纳2541名深度贫困人口入股分红。民营企业出资500万元设立的扶贫济困专项基金正式运行。

大力实施乡村振兴战略。出台了全面推进乡村振兴战略的实施意见和行动计划,扎实开展"盘活农村资源、促进乡村振兴"攻坚行动。积极开展乡村振兴示范建设。持续改善农村人居环境。扎实推进农村产权制度改革,全面完成22个试点村工作,完成153个村股份制改革。

统筹抓好民生事业发展。顺利完成校长职级制改革。高考成绩再创新高。城镇新增就业岗位3388人,转移农村劳动力4172人,安置783名下岗失业人员再就业,创业带动就业1042人,全县城镇登记失业率2.7%。县政府承诺"十件实事"全部落实,176项"微民生"工程全部完工。静升新区路网日益完善,静升河综合治理工程投入使用。

守好安全稳定底线。深入推进社会治安综合治理。狠抓"雪亮工程"示范村建设,全县40%村(居)达到了平安村创建标准。安全生产形势总体平稳,未发生较大以上安全事故。信访秩序明显好转。

全力推进扫黑除恶专项斗争。县财政每年安排100万元专项经费。建立线索台账及流转办理机制,深入摸排12类重点,进行10年案件大起底,共核查办结线索63条,打掉7个涉黑涉恶犯罪团伙,破获各类刑事案件44起。严查涉案资金,冻结涉案资金75万元,扣押资产1185万元。

五、践行绿色发展理念,切实加大生态环保工作力度

大力推进生态建设。完成3.33万亩造林任务,高标准村庄绿化22个,义务植树93.4万株,完成新育苗2000亩,全县林木绿化率达到60%。加快推进和实施县域水网建设,实施汾河流域生态修复工程,全面推行河长制,完成一河一策、一河一档编制和清三河治理工作。

持续改善生态环境质量。禁燃区面积扩大到20.68平方公里。县城区10吨以下21台燃煤锅炉全部取缔。3个乡镇、13个村纳入集中供热范围,新增供热用户7200户、供热面积80万平米。对1016户居民实施"煤改电"工程。取缔46家"散乱污"企业,完成15个农村生活污水整治工程。中央、省、市环保督察组交办的群众反映问题127件全部办结。

六、坚持依法治国基本方略,进一步加强民主法治建设

加强党对人大和政协工作的领导。县委常委会集中听取县人大常委会、县政协党组工作汇报。支持和保证县人大及其常委会依法履行职责。县委常委会支持政协发挥协商民主重要渠道和专门协商机构作用,做好政协提案办理工作,社情民意信息工作取得了全省第4的成绩。

注重抓好统战和群团工作。完善政党协商工作机制。支持民主党派、工商联及党外代表人士更好履行职能。成立了县促进民营经济发展工作领导小组,建立了县级领导联系民营企业制度和重点项目定期督导制度。深化群团改革。深入推进国防动员和后备力量建设,推动军民融合深度发展。

持续深化法治灵石建设。深入推进司法体制改革。全面落实"七五"普法规划,不断深化"法律七进"活动。创建1个县级"法治示范乡镇"和2个"村级法治示范精品村"。建立了县乡村三级法律援助网络体系。圆满完成公证机构改革任务。县公共法律服务中心挂牌成立。

七、牢牢把握意识形态工作主动权,大力加强思想文化建设

认真落实意识形态工作责任制。全年组织召开2次意识形态工作领导小组会议,4次意识形态领域分析研判会。加强和改进网络舆情管控工作,完善"30310"舆情处置应对工作法。灵石114惠民服务平台建设全面完成。

推进舆论宣传争先进位。开通了"灵石人民广播电台""灵石印象"微信公众号及"直播灵石"网络平台。灵石县融媒体中心正式挂牌。组织了改革开放40周年新闻发布会。

推动文化事业产业大发展。成功创建国家公共文化服务

体系示范县。成功组织了第四届灵石国际版画双年展。非遗传习所正式成立并对外开放。石膏山、红崖峡谷景区提升工程成效明显。

扎实推进文明创建工作。顺利通过全国文明城市创建实地查验和网上资料申报,测评名次位居全省前列。成立灵石县志愿服务指导中心。灵石二小被评为国家级文明校园。县级以上文明村镇占比和建立"一约四会"的行政村达到50%以上。

八、全面加强党的建设,进一步构建海晏河清的政治生态

坚决扛起管党治党主体责任。县委常委会13次研究部署党风廉政建设和反腐败工作,专门听取了县纪委监委、人大、政府、政协、法院、检察院党组管党治党情况汇报。用好约谈、巡察、专项检查等手段,对落实"两个责任"不力的2个党组织、36名领导干部进行了问责。

扎实推进"三基建设"。建立定期研究"三基建设"工作机制。制定了30项重点任务清单,建立10个县委常委"三基建设"联系点。推行"四个一"工作法。持续开展软弱涣散党组织整顿工作,29个村党组织实现升级转化。发展壮大村级集体经济,年收入5万元以上村达到195个。扎实推进"并村简干"工作。

激励广大干部担当作为。坚持"好干部"标准,进一步突出"六个重视"选用导向,全年研究人事任免13次,调整干部130人次。选派32名干部到市级单位、信访、扶贫及机关、乡镇挂职锻炼。

强力推进正风肃纪反腐。成立县委反腐败领导小组。严肃查处违反中央八项规定精神和"四风"问题48件、发生在群众身边的不正之风和腐败问题197件,处置涉黑涉恶腐败和"保护伞"问题线索112件。制定了县委五年巡察全覆盖规划,率先启动市县巡察统筹工作,开展三轮巡察。持续加强党风廉政教育,"兴仁讲孝·革薄存忠" 教育片被中央纪委国家监委网站选用。

(武　林)

附:中共灵石县委书记、副书记、常委名单

书　记:段燕翔

副书记:刘　旋　张李虎(11月离职)
魏　栋(11月任职)

常　委:傅艳红(女)　胡金良(11月离职)
杜占生　晋和平　吴学意
籍永利(11月任职)　苏晋华　杨根俊

中共榆社县委

县委书记　张英杰

2018年,榆社县共有基层党组织531个,其中党(工)委26个,党总支14个,党支部491个,其中机关、事业单位党支部165个,农村党支部217个,社区党支部6个,集体企业党支部14个,非公企业党支部67个,社会组织党支部22个。同年新发展党员187人,全县现有党员11003名(其中女性2638名,占23.97%),其中企事业在职党员3228名,农村党员6075名,离退休党员1339名其他自由职业者361名。

2018年,榆社县委深入学习贯彻党的十九大精神和习近平总书记视察山西重要讲话精神和中央、省、市各项决策部署。进一步加强党组织建设,全面发力抓提升,扎扎实实推进组织工作,团结带领全县广大干部群众,撸起袖子加油干,扑下身子抓落实。全面推动各项工作积极发挥党建工作政治引领,凝心聚力,服务群众,推动发展的核心作用,紧紧围绕县委工作重点工作任务,聚焦问题补短板,改革创新求突破。团结带领全县党员干部苦干实干,脱贫攻坚。紧紧围绕"争先进位、如期摘帽、全面小康"三大目标、深入实施"生态立县、农业高县、工业强县、旅游靓县、人才兴县"五大战略,推动了榆社县经济建设保持稳中向好,高质量转型发展迈出坚实的步伐。

经济社会各项事业全面协调健康发展。2018年,全县地区生产总值完成343706万元,同比上年增长7.4%;规模以上工业增加值101765万元,同比增长10.1%;公共财政预算收入完成30169万元,同比增长27.73%;城镇常住居民人均可支配收入达到22686元,同比增长6.3%;农村常住居民可支配收入达到5901元,同比增长145%。地区生产总值、规模以上工业增加值、固定资产投资、社会消费品零售总额、城镇和农村居民人均支配收入6项指标增速均高于山西省和晋中市平均水平。工业值绝对量突破10亿元,在晋中市排名实现历史性进位。一般公共预算收入30169万元,同比增长15.83%,创历史新高。

农业取得新成效。坚持围绕脱贫攻坚工作,大力发展现代农业,调整产业结构,落实惠民政策,坚持质量兴农、绿色兴农、品牌兴农。同年晋中市"激活农村资源、促进乡村振兴"攻坚行动现场会在榆社召开,"用足用好增减挂钩政策助力脱贫攻坚"的经验成为晋中的样板和示范。全县累计流转土

地10万亩,占耕地面积的三分之一,为工商资本"上山下乡"高效农业快速发展搭建了广阔的平台。坚持脱贫攻坚统揽全局,聚焦重点难点,下足"绣花"功夫,推动攻坚战役,进一步发展。全年退出贫困村52个,脱贫5903户15085人,贫困发生率由年初20.11%降到6.21%。加强异地搬迁工作,完成9个集中安置点建设,住房建筑面积18.6万平方米,分房率达到98%以上,9580人搬迁任务完成。居家灵活就业模式成为山西省异地扶贫搬迁后续产业发展的亮点。全年投入扶贫领域资金7亿元,实施扶贫项目754个。产业扶贫、生态扶贫、培训就业、健康扶贫兜底保障等各项工作取得了决定性进展。在保持粮食产量稳定的基础上,农作物种植面积新增加7000亩,玉米调减1.2万亩,经济作物调增1.9万亩,全县种植业每亩平均收益103元。特色产业稳步发展,谷子、中药材两个市级现代农业产业园顺利推进,北京十四只绵羊公司现代化养殖及乳品开发项目,成为晋中市的"新亮点"。五福小米、晋胶阿胶糕、田禾火麻油三个省级产品效益显现,成为新时代榆社农业新特色。粮食播种面积14362.9公顷,粮食总产量78716吨。扎实推进特色产业扶贫工作的顺利开展。

工业经济大力发展。按照申请、招商、建设三同步的要求,顺利完成榆社经济技术开发的设立,扎实推进10户招商引资企业项目建设,总投资9.1亿元,总产值突破40亿元,经济发展不断增加。1万千瓦村级光伏电站项目,利用20天的时间实现了并网发电。榆社化工公司烧碱产量321006吨,比上年增长12.55%;聚氯乙烯354268吨,比上年增长6.35%;发电量286868.1万千瓦时,比上年增长22.91%。

城乡建设文化教育社会各项事业。以创建国家卫生城镇为标准,山水生态型县城发展魅力凸显,城乡建设扩容提质。完成漳原大道北延、南延和环云竹湖公路工程,改善了区域环境,方便了群众出行,将成为拉动工业和旅游产业快速发展的两条"经济廊带"。投资4.55亿元,建设农村公路178.89公里,完成率成为历年最好的一年。城乡环境进一步改善,全面完成中央环保监察问题整改工作,PM2.5年平均浓度低于晋中市水平14个百分点,位于晋中市第一。赵家村、北山皋村创建成为山西省旅游扶贫示范村,旅游开发由"一景引领"向"全景榆社"转变。全省旅游项目开工季启动仪式在云竹湖举行,成功举办国家级赛事2次,省级赛事4次,新华网、《山西日报》等,中央、省市主流媒体给予高度关注,同年,人民网山西体坛风云年度评选中,榆社县体育馆荣获"十佳公共体育馆奖"第二名、云竹湖休闲旅游垂钓节荣获"十佳品牌赛事奖"第五名,进一步提升了榆社知名度和美誉度。全年接待游客167万人次。教育事业再上台阶,全面完成职级制度改革,60%的中小学通过义务教育管理标准化晋中市验收,万人达线率晋中市排名第二。市县乡医疗一体化改革进展顺利,全民健身活动的典型做法在全省群众体育工作会上进行经验交流。文化体育产业迈上新台阶。全县城镇新增加就业2420人,转移农村劳动了2540人,城镇登记失业率2.84%。积极开展榆社古建技术等特色劳务培训,全年培训2785人,完成率位居晋中市第一。全民法治观念进一步增加社会治安和谐稳定。

一、全面推动基层党建上档升级,加强党员队伍建设

进一步加强党组织建设,规范制度建设,出台了《榆社县基层党组织标准化规范化建设三年行动方案》,制定了《榆社县关于"四有一奖"农村干部管理奖励机制的补充规定(试行)》《榆社县农村干部管理细则(试行)》,印发了基层党组织建设"十六有"标准,下发了榆社县基层党支部经常性工作"二十条清单",各基层党组织"三会一课"、民主评议党员、主题党日活动等进一步规范。新成立了非公企业党委,社会组织综合党委、教育工委、全面加强各个领域党组织建设。开展非公和社会组织"双强六好"党组织创建活动,推选出箕城镇北马会村党支部、县人民法院党支部、广生公司、天生党委等134个先进基层党支部,为柳滩村第一书记李开瑜、返乡能人陈晋川拍摄了《第一书记的扶贫方》和《河滩地里的金窝窝》两部专题片,被选送到山西省委组织宣传交流。同时,进一步督促各乡镇学先进、找差距、补短板、促提升加快推进了基层党组织标准化、规范化建设步伐。

二、创新创优、聚焦重点求突破

为进一步"创五星"强堡垒,树"五旗"提素质,出台了榆社县党组织双"五星"创建实施方案,在农村重点开展产业发展星、环境美好星、文明和谐星,善治平安星、致富引领星"五星"创建活动。重点破解机关党建和基层基础工作存在的突出问题,在党员中开发以"一个党员一面旗帜"为主题的树旗活动,进一步激发了党员干部干事创业活动,到2018年底,全县75个农村基层党组织,30个机关事业单位党组织被评为示范型基层党组织。1851名农村党员和2100名机关事业单位党员,被评为五旗党员,按照"回归一个人才,带来一个项目,政府致富一方百姓"思路,开展"农民工还乡创业、能人返乡创业、退休干部回乡创业"活动,到年底,160名返乡"能人"回村担任村两委主干(其中86人当选党支部书记、74人村委主任),积极推动了农村带头人队伍建设和脱贫攻坚工作。《山西日报》《晋中日报》分别以《引"能人"返乡助脱贫攻坚——榆社县破解农村人才匮乏难题》《老乡请我回家乡,我同老乡建家乡》为题,对榆社的三创活动成果加强宣传交流。同时,创建新平台,激发活力,按照"一支部一码、一员一码"要求,健全二维码和电子档案,进一步提升了基层党组织建设科学化、信息化水平。

三、加强党风廉政建设,深化监察体制改革试点工作

榆社县纪委监委深入学习贯彻党的十九大精神,以习近平新时代中国特色社会主义思想为指南,扎实开展党风廉政建设宣传教育活动,按照山西省委"三步走"和八个围绕的安排,制定了《榆社县进一步深化监察体制改革试点工作行动方案》。制定了《榆社县加强党内反腐败工作全过程领导常态

化制度化长效化工作任务责任清单》，把长效机制、制度建设、五项措施细化为17项任务清单；制定了《榆社县深化监察体制改革试点工作任务责任清单》将9项细化为50项任务清单，明确责任领导、责任单位、完成期限、落实销号，确保了各项改革任务推进落实。积极推进各乡镇监察和派驻纪检监察组全覆盖工作，全县配备乡镇监察员、助理监察员45名、每个行政村配备一名监督员，设立派驻纪检监察机构13个，对全县84个部门和单位实现监督全覆盖，人民群众切身利益得到有效保护，对反腐工作的获得感、满意度明显提升，反腐败斗争进一步巩固。

(常彩萍)

附：中共榆社县委书记、副书记、常委名单

书　记：张英杰

副书记：韩　军　郭晓红(12月免职)

常　委：柳扣兔　武晋杰　王晓峰(女)　李卫华　鲜大虎　王卫东

中共左权县委

县委书记　王　兵

2018年，左权县委深入贯彻党的十九大精神和习近平总书记视察山西重要讲话精神，认真落实省委十一届六次全会精神及全会前后系列专项部署，按照市委"三个三"工作思路和举措，紧紧围绕"全力晋位上台阶，全面脱贫奔小康"目标，召开了26次常委会会议，研究了162个议题，就左权县重点工作、重大问题作出安排部署，团结带领全县人民攻坚克难、埋头苦干，推动各项工作取得了新成效。

一、提升站位抓学习，上级部署落地生根

强化理论学习、思想武装。2018年，共组织集体学习16次，完成学习专题14个，举办"左权大讲堂"12期，开展马克思主义经典著作诵读活动。持续推动党的十九大精神进企业、进农村、进机关、进校园、进社区、进军营、进网站，开展巡回宣讲20余场次，受众达1万余人次。坚持学以致用、用以促学。开展学习贯彻习近平新时代中国特色社会主义思想——"决战一八　决胜脱贫"主题调研活动，形成调研报告80余篇；完成2018年省市社科重点课题研究、庆祝改革开放四十周年理论征文、纪念马克思诞辰200周年理论征文等活动，上报优秀课题成果29篇，获奖7篇。

二、全力以赴促转型，县域经济稳中向好

强化经济运行分析研判。全年完成地区生产总值58.7亿元，同比增长7.3%；规模以上工业增加值18.7亿元，增长9.2%；固定资产投资52.9亿元，增长1.7%；社会消费品零售总额16.6亿元，增长8.1%；一般公共预算收入4.69亿元，增长3%；城镇居民人均可支配收入2.71万元，增长7%；农村居民人均可支配收入6056元，增长15.2%。推动重大转型项目建设。加快培育新的发展动能，共储备项目110个，其中转型项目89个，总投资387.4亿元；项目建设库中转型项目86个，总投资224.53亿元，计划投资41.7亿元，已完成投资43.4亿元，特别是总投资75亿元的东方希望集团左权氧化铝项目正在有序推进实施。实施特色农业提质行动。截至2018年底，全县核桃种植总面积已达37万亩，杂粮8.6万亩，设施蔬菜1.3万亩，中药材10万亩，畜牧饲养量169.18万头(只)，完成粮食产量6000万公斤，同时引进太行明珠即冲即食小米粥类产品生产基地、昊正农业秸秆综合利用加工园区等一批农业加工项目，全县规模农产品加工企业达50家，龙头企业年销售收入达3.6亿元。加快旅游支柱产业培育。推进了"太行一号"旅游公路、太行龙泉旅游区二期等重点项目建设，举办了以"走进红色左权、唱游秀美太行"为主题的"太行(左权)生态文化旅游活动季"系列活动，全年共接待国内游客438.31万人次，旅游综合收入37.64亿元。全面扩大对外开放力度。全年招商引资对接项目48个，总投资达到222.08亿元，到位资金46.2亿元。签订百里画廊、军民融合项目等框架协议10个，签约总金额63.2亿元。

三、尽锐出战打硬仗，脱贫攻坚决战决胜

构建横到边纵到底责任体系。将129个贫困村全部分包到县四大班领导头上，每月第一周每村至少督导1天；将户、村、县贫困退出指标全部对应落实到县直业务部门，实行认领包干、对标销号；由乡镇包村干部对贫困户逐村逐户开展排查；抽调178名机关干部组建26个县级包保督导专班，全部驻村既督办又帮办。走出"以户为基"精准攻坚路径。设计了常驻贫困户、非贫困户，在外居住贫困户、非贫困户"四张表"，一户一户摸底对接落实；完成核桃产业干果提质增效5.35万亩，新发展设施蔬菜1000亩、杂粮0.8万亩、中药材3.5万亩，特别是核桃产业覆盖8个乡镇80个贫困村25281名贫困人口，人均收入1700余元；76.4MW光伏电站和1995座农户屋顶光伏电站全部建成并网，带动了129个贫困村村均收益26万余元，9000户贫困户户均年收益3000元以上。全县近60%贫困人口依靠产业增收脱贫。实施补短板夯基础提质工程。投资2053万元，实施了各类饮水安全巩固提升工程86处，覆盖10个乡镇84个自然村2个供水站3.8万口人；投资280万元，对46所村卫生室进行了提质改造，全县达标村卫生室196个，达标率达100%；投资3.5亿元，建设安居苑、福居苑、乐居苑、易居苑4个集中安置点，总建筑面

积15.3万平米,安置贫困户1233户3024人,安置同步搬迁338户770人;投入3117万元,推进"五洁净""六要六有"全覆盖,全县129个贫困村以及66个有贫困户的非贫困村村容村貌、户容户貌全部通过市级验收达标。筑牢返贫防线。为全县建档立卡贫困人口全部缴纳城乡居民医疗保险费用、补贴养老保险费,缴纳补充医疗、扶贫意外、疾病身故和住院津贴保险,农村医疗救助发放282.3万元,农村急难和临时救助发放677.7万元,为33949名2017年以前脱贫人口全部缴纳返贫责任保险。

四、坚持不懈优环境,城乡生态明显改善

扎实推动生态建设工作再上新台阶。全年退耕还林1.2万亩,位居全市第一;造林5.69万亩(生态林4.93万亩、经济林0.76万亩)、义务植树25.5万株、其他植树53万株、滩涂绿化2.2万株,森林覆盖率和林木绿化率分别达到38%和58%。成功组织召开了中国生态庄园经济高峰论坛,龙泉国家森林公园和麻田村分别荣获"全国森林康养基地""全国生态文化村"称号。坚决打好蓝天、清水、净土攻坚战。完成了36户企业和51个机关事业单位燃煤锅炉改造,扩大了"禁燃区"面积到7.23平方公里,2018年,左权县环境空气质量综合指数、优良天数等空气质量指标全市排名位居第一。饮用水水源地水质全部达到或优于Ⅲ类水质,境内黑臭水体实现清零。开展全县28户重点行业企业用地土壤污染状况调查,完成了5个生产煤矿、6个洗煤厂和6家汽修厂等产生废机油单位的危险废物规范化管理。中央环保督察反馈左权县的28项问题和省环保督察反馈的16项问题全部整改到位。全力营造美丽宜居城乡生态环境。2018年,新增绿地面积12.9万平米,县城绿地率达36.9%,人均公园绿地面积达10.3平米;创建了12个市级美丽宜居示范村,2个省级示范村,1个省级美丽宜居集中连片示范区。投资4.5亿元,完成"四好农村路"项目36个、"太行一号"旅游公路项目9个,建设总里程达217公里,成为全省"四好农村路"建设推进会现场观摩的四个样板县之一。

五、持之以恒惠民生,幸福指数节节攀升

统筹抓好民生事业发展。顺利通过"义务教育发展基本均衡县"国家督导复查;新增城市就业岗位2665个,转移农村劳动力3510人;提高城乡低保标准,农村低保每人每年提高到3660元,城市低保提高到515元/月;保障维护群众健康,累计签约家庭医生10.15万人;发展养老福利事业,新建老年日间照料中心10所,全县达到61所,供养老人达1200人。

六、不遗余力推改革,发展活力不断迸发

强化改革工作部署。2018年4次召开全面深化改革领导小组会议,研究制定了《左权县委全面深化改革领导小组2018年工作要点》,最终确定了七大领域42项改革要点,其中承接类35项,试点类4项,自主类3项。是年底,七方面42项改革完成年度任务。打造改革试点亮点。制定了《关于加强党对反腐败工作全过程领导常态化制度化长效化的实施意见(试行)》等6项制度,进一步深化监察体制改革国家试点工作。出台《左权县关于推进中小学校长职级制改革实施方案》,完成了25所具有独立法人资质的中小学、幼儿园校(园)长职级制改革,全面启动"县管校聘"省级试点改革工作。召开农村集体产权制度改革培训会议,左权县行政村全部启动清产核资工作。

七、固本夯基强党建,政治生态风清气正

狠抓"三基建设",确保基层基础更稳固。提标基层组织,打造示范党组织104个,达标党组织187个;以"十条措施"为着力点,整顿软弱涣散村级党组织22个;以"六条路径"为主要方式,全县203个行政村集体经济全部"破零",5万元以上村占到70%。提质基础工作,乡镇"五小"建设全部完成,基本实现"五要五有五规范"要求,社区活动场所全部达到200m²以上。提升基本能力,制定《左权县"1320"干部教育培训计划》,20名省市科技专家入选左权县人才项目。坚持全面从严,确保正风反腐无禁区。全县设立了13个派驻纪检监察组,选配、选调了36名派驻干部,选聘了203名村级监察信息员,建立了"来访、信件、电话、短信、微信、网站"六位一体举报平台,全年共受理信访举报67件,处置问题线索815件,挽回经济损失108.42万元;积极运用"四种形态",立查案件212件,党纪政务处分150人,运用第一、二种形态的比例占到了94.8%;查处扶贫领域案件75件131人,处置涉黑涉恶问题线索39起,责任追究23人。强化舆论引导,确保牢牢掌握话语权。全面落实《党委(党组)意识形态工作责任制实施细则》,签订责任书103份。全年报送舆情信息9832条,在全省排第三、全市排第一,晋中市舆情信息工作会在左权县召开。开设了十九大精神宣传、扫黑除恶、脱贫攻坚等多个专栏,恢复开通了左权广播电台——"太行之声"。

八、统筹协调聚合力,民主法治有序推进

民主建设更加进步。全年高效优质完成人民代表大会、常委会会议等重大会议26次,对113件代表建议进行集中交办;充分调动和发挥广大政协委员开展调研、视察、监督,全年累计提出提案129件,立案125件,提案办复率达100%。法治氛围更加浓厚。通过各种渠道摸排登记案件线索120条,成功打掉恶势力犯罪集团3个、恶势力犯罪团伙2个,抓捕犯罪嫌疑人47人,破获非法拘禁、敲诈勒索等各类案件47起。全县专职巡防队员达506名,"平安志愿者"2856名。

发展合力更加凝聚。多方调动统一战线各领域人才的积极性,巩固深化"六大行动",扎实助力"两全目标"。人武工作坚决履行好国防动员各项职能,严格落实战备训练,圆满完成兵员征集,党管武装各项制度有效落实。工会全年组织各类技能竞赛活动50多次,职工科技创新、发明创造成果50

余项。团委不断拓展线上线下共青团建设,在华能电厂、营盘社区等10个单位建起了青年之家。妇联圆满完成“一十百千万”乡风文明宣讲工程,举办110余场宣讲,共5200人次受益,在全市妇联系统重点工作目标责任完成情况考核中取得优秀等次。

(张俊平　李　花)

附:中共左权县委书记、副书记、常委名单

书　记: 王　兵

副书记: 赵宏钟　王宏昌

常　委: 李左红(12月离职)　刘二萍　李学文　史彦忠　孟玲珑　史泽生　李　健(12月任职)

中共和顺县委

县委书记　孙永胜

2018年,中共和顺县委认真贯彻落实中央、省委、市委的决策部署,以脱贫攻坚统揽全县经济社会发展全局,紧扣脱贫摘帽总目标,深化供给侧结构性改革,打造“两张名片”(和顺干部、和顺生态),做好“三篇大文章”(转型提质、乡村振兴、美好生活),全县党的建设和各项事业取得新进展。完成地区生产总值58.9亿元,同比增长4.5%;规模以上工业增加值23.4亿元,同比增长0.8%;固定资产投资41.1亿元,同比增长13.35%;社会消费品零售总额16.7亿元,同比增长8.7%;公共财政预算收入5.7亿元,同比增长20.4%;城镇常住居民人均可支配收入25267元,同比增长6.8%;农村常住居民人均可支配收入7197元,同比增长15%。

一、党的建设得到加强

思想政治建设上,县委把学习贯彻党的十九大精神、习近平总书记系列重要讲话精神,特别是视察山西重要讲话精神作为首要政治任务,召开县委常委会、专题会议、中心组学习会等40余次,传达学习习近平总书记重要讲话精神。组织宣讲团,进农村、进机关、进企业、进校园等宣讲800余场次。强化意识形态工作的领导。“三基”建设上,开展并完成“三基建设”8大工程、26项任务。开展党支部标准化创建活动,行政村悬挂“党群服务中心”标识牌,打造67个党建广场、73个示范农村党支部,整顿32个软弱涣散村党组织,调整支部书记8名,并村简干40个村。落实“三基建设”、组织活动场所建设等各项经费5292万元。278个行政村全部实现集体经济“破零”,5万元以上村达156个;6个社区活动场所达到500平方米以上。举办村党支部书记、第一书记培训班7批3600人次,轮训党员10144人次。纪检监察上,严格落实“两个责任”,召开8次常委会议研究部署党风廉政建设和反腐败工作,组建县委反腐败领导小组,深化国家监察试点工作,建立健全10项制度机制,实现派驻监察、乡村监察全覆盖。开展警示教育。深化运用监督执纪“四种形态”,坚持“四个聚焦”,开展涉黑涉恶腐败、民生领域腐败和作风问题攻坚战。作风建设上,贯彻中央八项规定精神,整治形式主义、官僚主义。强化重要时间节点的警示提醒、监督检查、惩戒查处;持续深化县级领导干部“三公开”、科级干部“晒”日志、“周工作清单”等制度,共排查出问题清单512个,建台账,逐项整改销号。

二、脱贫攻坚连战连捷

2018年,和顺县把脱贫攻坚作为最大的政治任务和第一民生工程,以“一个计划”(《和顺县2018年脱贫攻坚行动计划》)、“五项政策”(《和顺县2018年扶持畜牧产业助推脱贫攻坚实施办法》《和顺县2018年特色农业产业扶贫实施办法》《关于补充完善和顺县2018年特色农业产业扶持、扶贫实施办法的实施方案》《关于印发和顺县2018年扶持畜牧产业助推脱贫攻坚补充办法的通知》《和顺县资产收益扶贫实施方案》)、“九个办法”(《和顺县脱贫攻坚财政专项扶贫资金项目建设管理实施办法》《关于进一步做好易地扶贫搬迁及后续产业相关工作的实施意见》《和顺县光伏扶贫项目收益分配办法》《2018年度资金统筹整合使用实施方案》《和顺县脱贫攻坚驻村帮扶工作积分制管理办法》《和顺县农村“第一书记”管理考核实施办法》《关于对驻村工作队分类管理的实施意见》《关于积极开展驻村“三支队伍”合力攻坚的实施意见》《关于加强扶贫领域监督执纪问责的工作方案》)、“1+10”脱贫摘帽行动(“围绕一条主线,开展十大行动”。“一条主线”就是围绕“抓党建、促脱贫”这个主线开展脱贫攻坚。“十大行动”就是“对标清底建台账、问题清零补短板”行动、“科技引领调结构、产业覆盖保增收”行动、“重大政策全兑现、强基固本办实事”行动、“基础设施上水平、振兴乡村留乡愁”行动、“革除陋习五洁净、六要六有激内力”行动、“一户一策完资料、归档留存铸丰碑”行动、“脱贫致富奔小康、共同富裕启航程”行动、“宣传造势浓氛围、典型引路共筑梦”行动、“用好资金守纪律、廉洁扶贫强作风”行动、“党建引领挑重担、压实责任抓落实”行动)为支撑,抓重点、补短板、强弱项,持续加大增收产业、基础设施和公共服务设施建设。成立15个脱贫攻坚专项行动领导小组,建立由26名县级领导包保294个村和10名县级干部包保15项脱贫摘帽重点工作“两个包保责任制”。创新联合党总支、贫困村达标提升,联姻阿里巴巴生态脱贫、扶贫消费、资产性收益、积分制管理、红黑榜制度、“一户解一难”等脱贫模式,特别是“党建带工建、同心促脱贫”模式,实现外出务工人员精准帮扶全覆盖,得到全国总工会和省、市的肯定。一批“和顺做法”“和顺经验”在全市乃至全省推广。总投资502亿元,实施扶贫产业项目386个,实现贫困村、贫困户产业全覆盖,户均增收2560元。完成农村饮水安全巩固提升85个村,新改扩建标准化村卫生室74所,农村四类重点对象(建档立卡贫困户、低保户、分散供养特困人员和贫困残疾人家庭)危房改造676户,村通硬化路80个村,村通客运班车61个村,行政村互联网全覆盖。教育扶贫、健康扶贫、社会兜底保障等各项扶贫政策全部落实。紧扣“六环联动”(易地扶贫移民搬迁要紧扣精准识别对象、新区安置配套、旧村拆除复垦、生态修复整治、产业就业保障和社区治理跟进六个环节,签订搬迁协议,细化奖惩措施,完善配套政策,加快推进深度贫困村整体搬迁),建设串村、尧村2个易地扶贫移民搬迁集中安置点,全县41个村1838户4954人入住“新居”。投资7500余万元,建设易地扶贫移民搬迁菌菇产业园和2座扶贫工厂,保障贫困群众“搬得出、稳得住、能致富、可持续”。全年完成75个村、5509户、14068人退出,贫困发生率降至0.49%,比省定退出标准低1.51个百分点,贫困县退出14项指标全部达到或超过退出标准,顺利通过省级第三方评估验收。

三、乡村振兴起步开局

2018年,按照乡村振兴战略方针,编制完成县域乡村建设规划、乡镇总体规划。推进供侧结构性改革,设施蔬菜、食用菌、中药材种植面积达2.32万亩,同比增长10%。推进“国家良好农业规范认证示范县”创建,新认证有机、GAP“三品一标”企业15个、产品71个,认证面积11万亩。全县粮食产量7260万公斤,同比增长4.57%。新发展母牛繁育户513户,家庭牧场20个。村集体经济经营性收入5万元以上的达157个。全面落实河长制,实施10个村的河道水毁治理工程,井子水库开工。“农村四好路建设”取得新发展,以新改建451.16公里,实施公路安保工程61.73公里,建2个乡镇公交客运站,农村公路候车亭、招呼站牌实现全覆盖。农村改厕1500户,打造省级美丽宜居示范村2个、省级特色文化试点村1个、市级美丽宜居示范村16个。

四、转型升级稳步推进

2018年,深入开展“转型项目建设年”活动,实施重点项目59个,完成投资45.12亿元,当年投资完成率102.8%;转型项目39个,完成投资34.1亿元,当年投资完成率104.1%。新能源产业快速发展,山西依风20万千瓦风电项目并网发电,龙源风电一期6万千瓦项目开工建设,上海斯能4万千瓦风电项目取得市发改委核准;23.537兆瓦光伏扶贫电站并网发电。招商引资成效突出,新引进项目17个,协议引资额135.1亿元。胜雄10万吨精密铸造型壳耐火材料、雪顶山矿泉水、盛世华府商住一体等8个项目成功落地,其中胜雄10万吨精密铸造型壳耐火材料竣工投产。经济技术开发区新入驻企业2个。产业结构调整步伐加快,三大产业比重为6.3∶52.8∶40.9,第三产业实现新增长。太行鹊桥、夫子岭休闲度假区等景区景点建设完成投资4910万元。全县接待游客205.87万人次,实现旅游综合收入18.23亿元。成功举办第八届中国牛郎织女爱情文化节和第三届大美太行生态和顺太行山登山步道徒步大赛。

五、生态环境不断优化

2018年,开展大气、水、土壤污染防治三大攻坚战。严格落实大气污染防治各项规定,县城二级以上天数228天,比上年同期增加14天;全面落实河长制,开展饮用水水源地环境保护专项行动,5个出境断面水质除枯河断面外,全部达到Ⅲ类水质标准;强化土地污染风险管控。推动西部生态功能保护区建设,建设成生态功能保护区监测站;中国猫科动物保护联盟牵头成立野生动物巡护队,加强对金钱豹等野生动物的保护。投资2460万元,完成造林5.7万亩。完成农用地土壤污染状况详查。

六、深化改革多点突破

2018年,全面深化各领域的改革,完成重点改革任务40项。“放管服效”改革全面推进,审批时间减少一半以上。稳步推进商事制度改革,推行“多证合一”“先照后证”,新增市场主体1704户。企业投资项目承诺制改革实施项目15个。完成农村土地承包经营权确权登记颁证工作,10个村的农村集体产权制度改革试点有序推进。全面推行农村会计委派制。教师“县管校聘”、校长职级制改革走在全省、全市前列,中小学校全部取消行政级别,跨校竞聘教师146名。县乡村三级医疗卫生机构一体化改革顺利推进。激活农村资源改革开局良好,土地开发新增耕地2998亩,建设高标准农田3.8万亩,城乡建设用地增减挂钩复垦土地25773亩。

七、社会民生持续改善

2018年民生支出11.5亿元。实施总投资27.93亿元的城建重点项目25个,完成投资8.2亿元。投资2.4亿元,任元汗城中村改造完成拆迁270户。投资3340.9万元,综合整治县城41条主次街道、河道、集贸市场。投资2921.6万元,建设思源实验学校、松烟中学运动场、3所幼儿园主体。成功创建全国健康促进县。新建县医院门诊住院楼主体完工,建成标准化卫生院8所。卫生计生工作荣获全省计划生育优质服务先进县和全市人口计生工作目标责任考核优秀县。新建老年人日间照料中心10所。新增就业2288人,创业带动就业625人,城镇失业人员再就业480人,转移农村劳动力1958人。城乡居民养老保险、城镇医保、新农合参保率分别达到96.8%、100%、99.01%。农村低保应保尽保。“扫黑除恶”专项斗争首战首捷。“雪亮工程”建设持续推进,安装高清视频监控1280个,在全市率先实现行政村监控全覆盖。严格落实安全生产责任制,实现事故起数和死亡人数“双下降”。

(王　燕)

附：中共和顺县委书记、副书记、常委名单

书　记：孙永胜

副书记：马海军　任拥东

常　委：赵文军　王雪琴　赵江波　周永东
陈卫国　袁瑞军　贾海涛

中共昔阳县委

县委书记　王根元

2018年，昔阳县委坚持以习近平新时代中国特色社会主义思想为指引，继续以脱贫攻坚统揽经济社会发展全局，咬定"四大目标"，抓重点、攻难点、补短板、强弱项，昔阳县经济建设蹄疾步稳，发展成果扎实丰厚，全市争上游、东山创一流取得了实质性成效。

一、综合实力持续提升，争先进位取得突破

地区生产总值完成84.6亿元，同比增长7%；规模以上工业增加值完成40.9亿元，同比增长8.1%；全社会固定资产投资完成47.6亿元，同比增长10.1%；社会消费品零售总额完成29.1亿元，同比增长8%；一般公共预算收入完成63578万元，同比增长11.5%；城镇常住居民人均可支配收入完成25770元，同比增长6.6%；农村常住居民人均可支配收入完成9704元，同比增长13%。与2017年相比，固定资产投资、社会消费品零售总额两项增幅均前进2个位次，城镇常住居民人均可支配收入增幅和固定资产投资、地区生产总值、规模以上工业增加值三项绝对量均前进1个位次。

二、昔阳县在全市首家如期摘帽，脱贫成果进一步巩固提升

2018年9月7日，山西省人民政府宣布昔阳县退出贫困县，昔阳县成为晋中市首家、全省首批脱贫摘帽县。全县上下坚持脱贫不脱责任、不脱政策、不脱帮扶、不脱监管，不停顿、不松劲，全力抓巩固、持续抓提升。181个产业项目带动8354户增收；107个基础设施项目基本补齐贫困村历史欠账；18652人享受健康扶贫、教育扶贫、社会兜底等政策；建档立卡贫困人口意外伤害险、住院津贴险和返贫责任保险全覆盖，2480人次获得保险理赔203万元；2145人易地搬迁入住新居；2018年又有650名贫困人口稳定脱贫，剩余5个贫困村全部退出，贫困发生率降至0.4%以下。

三、产业转型向纵深推进，高质量发展成效显著

依托良好生态优势拉长服务业产业链。承办了大寨国际山地马拉松赛、全国汽车场地越野公开赛，举办了第五届红叶文化旅游节、石马寺古庙会、首届农民丰收节，建设了潘掌、崇家岭、中山等一批生态庄园和康养基地，服务业增加值同比提高2.9亿元，增幅7.2%，形成了休闲度假、体育赛事、康养体验、电子商务等现代服务业态多元发展新态势。积极上新项目调强工业结构。引进、上马了锂离子电池负极材料一体化生产、新型蓄光材料等一批新材料产业项目，金寨风电一期、寺家庄瓦斯发电、招能风电、生物质发电等一批新能源产业项目，20万吨特种树脂、氧化锌、氢氧化锂等一批化工产业项目，逐步形成"煤电气化新"五大产业"五龙擎天"的工业格局。锂电池项目刷新了当年开工、当年投产的"昔阳速度"，填补了全市"电子核心产业和新兴功能材料"空白。山西碧洲科技有限公司通过国家高新技术企业认定，成为全国最大的三氯甲基碳酸酯生产企业，改写了昔阳县没有高新企业的历史。采取硬实举措优化营商环境。深化商事制度改革，推行网上登记全程电子化和证照分离，大大提高了行政审批效能，企业开办时间压缩到3天。认真落实习近平总书记在民营企业座谈会讲话精神，制定了支持民营经济发展20条，设立了1000万元民营企业发展专项资金，培育"小升规"企业6个，昔阳县规模以上企业达到25个。

四、功能提升管理提效，昔阳县城更加宜居宜业

投资15.7亿元实施了路网建设、景观绿化、河道治理、住房安居等工程，改造了大寨桥，拓宽了胡窝路，延伸了沾岭路，县城"一环四横六纵"的路网格局形成；共铺设改造供水、供气、供热、污水管网124公里，"三供"普及率分别达到100%、90.2%、88.3%，污水处理率达到96.5%；建成沾岭公园，绿化了朝阳街、城壕街、沾岭路，县城内已建成7大公园50余个小游园，人均公园绿地面积达到14.6平米，绿地率达到41.5%，绿化覆盖率达到45.3%；推进清华苑、书香门第等住房安居和棚户区改造；实施上城街立面改造，新建下城和新城20多处水景观，完成2.4万平米道路硬化。

五、乡村振兴开局良好，农业农村凸显生机活力

做好产业发展、环境改善、文化繁荣、乡村治理、资源激活五篇文章。做大做强特色产业。积极实施连翘、板栗、沙棘、核桃、食用菌、生态林等六个"万字号"工程，推动了农业规模化发展。新上东合丰牧肉牛加工、张家庄有机肥加工等一批项目，促进了种养产业延伸。昔阳小米作为全省唯一农产品，亮相全国农产品地理标志品牌推介会。持续改善人居环境。昔阳县70%的行政村实现垃圾市场化清洁覆盖，改造无害化厕所3500户。"县乡村户"四级联创打造美丽宜居示范村15

个。精心培育良好乡风民风。创建省级以上文明单位、乡村、社区、学校、家庭11个，市级26个，打造社会主义核心价值观示范点32个。韩会林家庭被评为"中国最美家庭"，乔海军兄弟候选"中国好人"、被评为省道德模范。创新推进乡村治理。培训储备农村干部1200余人，128名本土人才回村任职，151个工作队、5000余名党员干部真帮实扶，32个软弱涣散基层党组织得到整顿，177个村集体经济收入达到5万元以上。有效激活农村资源。新造耕地5200亩，新建高标准农田9.8万亩，土地开发、高标准农田建设、林业扩规增效、水资源开发利用四项工作名列全市前茅。

六、防污治理增绿成效明显，昔阳尽显蓝天碧水

2018年，昔阳县优良天数达到246天，在全市排名第二，SO2、PM2.5、PM10浓度三项指标位居全市前列。国考、省考和市考3个断面水质全部达到"Ⅰ"类。投资4亿元的安平发电厂超低排放改造、三都露天矿生态恢复治理、白羊岭煤矸石治理等环保项目大力度推进，昔阳县涉煤"小散乱污"企业彻底根治，大型化工企业水和固废治理深度推进，环境风险进一步可控，环境质量不断改善。造林绿化10余万亩，集中连片打造了沾岭山森林生态系统工程，森林覆盖率达到23%，林木绿化率达到43%。2018年晋中市秋季造林现场会在昔阳县召开。

七、聚力抓好民生改善，城乡人民获得感不断增强

2018年昔阳县民生支出16亿元，占财政总支出的83.3%。全县高考一、二本达线率排名全市第二和第一，昔阳中学姜寒同学以文科总分649分的优异成绩名列全市第一、全省第六；国家公共文化服务体系示范区通过验收；城乡基本养老保险、基本医疗保险、居民大病保险和城乡基层医疗卫生服务体系实现全覆盖，成功创建省级慢性病综合防控示范区；铺设县城给水专线关山水库至安坪段直供管道，治理赵壁河19公里河道，承办晋中市农村道路交通安全现场推进会，获评"四好农村路全国示范县"；县城14个公共区域实现无线网络覆盖，五乡镇实现有线电视覆盖；城镇新增就业3024人，农村劳动力转移就业3751人，城镇登记失业率控制在2.1%；城乡2.8万人次享受救助保障4916万元；昔阳县安全生产继续保持平稳态势，信访稳定、扫黑除恶、平安昔阳建设深入推进，全省社会治安综合治理满意度测评继续保持省市前列。

八、各项改革创新推进，发展内生动力多点释放

7大类50项改革全面突破。城市管理"十集中"全市推广。农村土地承包经营权确权登记工作通过山西省和晋中市验收，证书颁发率和档案整理工作位居全省前列。创新推出"民间资本自主化、专业公司合作化、集体土地区域化"三种土地开发模式。探索林场管理社会化服务新机制，通过政府采购、公开招标，委托第三方开展森林管护、造林绿化等业务，妥善安置国有林场合同工，实现"事企分开"。

九、党的建设全面加强，"三基建设"成效明显

基层党组织战斗堡垒作用充分发挥，投资1500万元改造乡镇机关办公场所11个，177个行政村集体经济达5万元以上，20个行政村撤并任务圆满完成，大寨干部学院培训学员6000余人次，为弘扬大寨精神、宣传推介昔阳、培养高素质干部队伍作出了积极贡献。牢牢把握意识形态。国家公共文化服务体系示范区创建顺利通过文化部最终评审，创建省市级精神文明先进典型70个，党内风清气正，社会风气上扬。持之以恒正风肃纪。昔阳县在晋中市首家实行派驻纪检监察组集中统一办公，全面强化县乡巡察，科学运用"四种形态"，深入开展"清风进万家""一案一警示"等系列活动，昔阳县清风扑面、正气充盈的干事氛围越来越浓。

（刘利国）

附：中共昔阳县委书记、副书记、常委名单

书　记：王根元
副书记：许利伟　郭丰慧
常　委：郭春林(12月离职)　张扣生(2月任职)
李怀仁　赵海斌　柴颖则(4月离职)
陈建鹏(4月任职)　张月清(女)

中共寿阳县委

县委书记　郝鹏鸿

2018年，寿阳县委坚持以习近平新时代中国特色社会主义思想和党的十九大精神为指导，深入贯彻落实习近平总书记视察山西重要讲话精神，按照省委市委工作思路要求，围绕争创能源革命试点县、转型综改先驱县、美丽宜居生态县、全面小康示范县的目标定位，团结带领全县干部群众扎实工作，开创了寿阳改革发展稳定和党的建设各项事业新局面。

一、把党的政治建设摆在首位，坚定"四个意识"，践行"两个维护"

坚持把用习近平新时代中国特色社会主义思想武装党员干部头脑作为首要政治任务。县委常委会带头，将学习习

近平新时代中国特色社会主义思想作为各党委(党组)会议第一议题。县委中心组专题学习12次,专题讲座3次。全县60名新提拔年轻干部、乡镇挂职干部和组织委员参加首期学习贯彻习近平新时代中国特色社会主义思想读书班集中培训。在线学习实现了县管干部全覆盖。县乡村三级充分发挥"三会一课""三大讲堂"等阵地作用,开展理论宣讲510场次,受教育党员5.3万人次。

推进中央和省、市决策部署落地生根。召开书记专题会研究部署中央巡视山西反馈整改任务,制定细化43项整改措施,进行整改。开展彻底肃清腐败流毒影响工作,高质量召开县委班子专题民主生活会。第一时间组织常委会、中心组会议传达学习习近平总书记视察山西重要讲话精神和省委十一届六次全会精神,对贯彻落实总书记讲话精神各项工作进行检查,推动各项工作有序开展。落实省委两轮督导反馈意见整改,加紧制定整改计划。落实市委"三个三"工作思路和要求,将全年工作细化为57项重点工作、9项亮点工作,建立了常态化督办机制,重点工作完成54项,亮点工作全部完成。

二、转变经济发展方式,发展县域经济

加强党对经济工作的领导。县委常委会召开11次会议,专题研究项目建设、财税工作等26项重大经济事项。2018年,全县地区生产总值完成128.4亿元,同比增长7.2%;规模以上工业增加值完成62.3亿元,同比增长8.9%;固定资产投资完成30.9亿元,同比下降50.4%;社会消费品零售总额完成30.4亿元,同比增长7.8%;一般公共预算收入完成11.4亿元,同比增长38.8%;城镇常住居民可支配收入完成34582元,同比增长6.2%;农村常住居民可支配收入完成13648元,同比增长8.6%。

打造能源革命排头兵试点县。县委重点抓住传统能源转化升级、新型能源开发利用,构建以四新能源产业为引领的转型发展新路径。1GW国家光伏发电应用领跑一期项目12月30日实现并网发电。全县煤层气、光伏、风力、生物质能等13个新能源电力项目落地,总装机容量达到1095MW。

扎实开展"转型项目建设年"活动。2018年确定重点项目96个,总投资262.94亿元,全年投产35个。市重点项目11个,投产5个。转型项目35个,占年度投资60%以上。光伏应用领跑基地一期、精达丰3万吨化工新材料、兰凯博一期80万吨醚基燃料、汇能2×3.3MW生物质能发电、汉世伟6200头父母代猪场等13个转型项目建成投产。全县储备项目26个,总投资超过2017年全县固定投资完成额的5倍以上。先后引进山东泓达煤基新材料循环经济园项目、强伟纸业三期项目、山西交通物流园暨绿化苗木基地项目等17个总投资344.21亿元转型项目,全县产业转型后劲充沛、活力迸发。

三、狠抓"乡村振兴",做好"三农"工作

推进农业供给侧改革,发展现代农业。制定出台寿阳县推进实施乡村振兴战略优惠政策,县财政安排整合资金5千万元,支持现代农业和美丽乡村建设。建设玉露香梨市级现代农业产业园,促成与山西农谷战略合作。全市首例"一带一路"农业示范合作项目中墨有机旱作功能玉米产业园建设完成。全县粮食总产连续5年稳定在6亿斤以上,达7.5亿斤;全县蔬菜产量连续6年稳定在40万吨以上,达44万吨;主要农作物综合机械化水平达到78.33%。

推进"四个革命",改善农村人居环境。持续巩固"拆违治乱提质"城乡环境整治成果,结合创国卫、促振兴,打造16个县级示范村、30个乡级示范村,开展农村庭院、污水、厕所、垃圾四大革命。改造卫生厕所4300多座,修建污水管网9.6公里,14个县级示范村全部实现垃圾不落地,打造庭院革命示范户3600户,根本性改变了乡村面貌。

四、全面深化改革,释放改革红利

研究议定相关改革议题。全年召开5次深改领导组会议、8次深改专项工作会议、13次深改联席会议,研究审议各类改革议题24件,有力促进改革工作落细落小落实。全年安排8大类47项改革任务,其中试点类改革4项,自选改革4项,针对性解决89项具体改革事项,县级层面改革任务全部完成。

推进改革成果运用。深化"放管服效"改革,实施企业投资项目承诺制改革,为13个项目落地建设提供便利。推开经济林木(果)权贷款改革,累计落实贷款419万元,带动发展经济林1100多亩,承办晋中市经济林木用材林木登记颁证抵押贷款工作现场会,改革经验在全市推广。铺开农村集体资源性土地管理改革,通过两宗地的改革增加农村集体收入1700万元,新增用地指标1800亩。

五、以人民为中心,推进脱贫攻坚和民生保障

打好脱贫攻坚战。全年召开6次专题会议,研究部署脱贫攻坚工作。制定出台《寿阳县农业产业扶贫奖励补助实施办法》,带动2500户以上贫困户脱贫致富。县财政投资1500万元,在全市率先探索实施资产收益扶贫,719名深度贫困人口人均增收2000元/年。建立返贫责任保险,解决了10582名已脱贫人口返贫问题。安排专项扶贫资金,实施27个扶贫项目,推进贫困村产业发展,完善基础设施建设。组织全县干部为贫困户办实事、办好事近6300件,进一步提高群众获得感和满意度。2018年剩余6个贫困村全部实现摘帽,2625户4540人本质脱贫,贫困发生率降为0.4%。

改善和保障民生。民生支出占到一般公共预算支出的77%。全县城镇新增就业、创业带动就业、失业人员再就业、就业困难人员实现就业、转移农村劳动力超额完成年度任务,城镇登记失业率2.16%,低于市控目标。组建成立寿阳县医疗集团,县乡医疗卫生机构一体化示范县建设任务基本完成,人民医院迁址新建项目主体结构完工。全县综合债务率61.95%,同比降低8.6%,处于可控范围。实施"四好农村路"

建设131公里,179户低收入家庭实现住有所居,教育教学质量进一步提升,农村留守儿童、老年人等弱势群体利益得到保障。

六、践行"两山理念",坚持绿色发展

开展蓝天碧水保卫战集中攻坚行动,实施20项攻坚任务,对建筑工地"六个百分百"管控,对城区裸土区、主干道公路连接处整治绿化;开展道路扬尘违法行为查处,"散乱污"企业取缔整治,完成煤改气7470户,扩大集中供热面积。开展重点行业水污染防治,完成污水收集管网建设12.8公里,启动了第一、第二污水处理厂提标升级改造。

推进国家卫生县城创建。开展旱厕改造、农贸市场、主次干道和后街背巷、残垣断壁乱搭乱建、架空线路、食品餐饮及公共场所、河道、建筑工地、环卫设施设备、墙体立面、废品收购、交通秩序等12方面专项整治,根本转变城乡环境面貌。坚持软硬环境同抓共建,突出党建引领,开展了发挥支部战斗堡垒作用、促进机关转作风做示范树形象活动。省爱卫办专家组暗访评估在全市六个创卫县中名列第一。

七、扛起管党治党主体责任,推动从严治党向纵深发展

履行党建主体责任,推进"三基建设"。制定了四套班子党员领导干部抓"三基建设"责任清单,明确各级党委书记抓"三基建设"9方面37项具体工作任务。制定《三会一课》等6项制度,积极推行"3+N"主题党日制度,开展基层党组织标准化创建三年行动,集中整顿20个软弱涣散农村基层党组织。建立配套资金逐年增长机制,实施445件群众利益保障实事。非公经济组织和社会组织覆盖率进一步扩大。基本实现改善乡镇工作生活条件"五要五有五规范"目标任务。全县行政村实现村级集体经济"破零",半数收益超过5万元。加强干部队伍建设。突出政治标准,严格程序关口,严格"五查""双签字"措施,全年共调整干部8次85人。突出担当作为导向推进干部能上能下,全年共"下"了10名干部,择优储备170名科级后备干部。

保持正风肃纪反腐高压态势。在派驻监察全覆盖的基础上,为全县5228名监察对象全部建立了廉洁档案,打造以祁寯藻故里景区为基础的廉政教育基地。全年完成三轮县委巡视,发现问题55个,已整改33个;运用"四种形态"处理649人次;查处违反中央八项规定精神问题22起36人,通报8件9人;纪检监察机关共处置问题线索174件,立案170件,给予党纪政务处分157人,移送审查起诉13人;查处群众身边不正之风和腐败问题121起。

筑牢意识形态防线。修订出台《党委(党组)意识形态工作责任制实施细则》,明确了各级党委(党组)主体责任。县委常委会3次、县委中心组2次研究思想建设工作。网上舆情监控和舆论引导,传统媒体、新媒体同频发力,影响力进一步增强。"三大讲堂"深入推进,乡风建设成效突出,全市文明村镇创建暨乡风文明建设现场会在寿阳召开。成功举办"爱上晋中·牵手深圳"文旅推介会寿阳场。14个乡镇、214个村和社区公共文化设施提档升级全部完成,顺利通过创建国家公共文化服务示范区验收。

加强民主法治建设,推动社会稳定。支持县人大及其常委会依法履行职权,支持政协发挥协商民主重要渠道和专门协商机构作用,深化统一战线"六大行动",加快法治寿阳建设。推进扫黑除恶专项斗争。打掉10个恶势力团伙,破获各类刑事案件54起,批捕38人,全县社会治安形势稳定向好,治安案件发案率同比下降12.8%,刑事案件发案率同比下降38.6%,全年实现命案零发生,治安形势进一步好转,群众安全感明显增强,满意度明显提升。

(杨素兵　张晓斌)

附:中共寿阳县委书记、副书记、常委名单

书　记:郝鹏鸿
副书记:史　洁(女)　陈德刚
常　委:张峻德(12月离职)　任　钦　范亮珍
陈志强　赵　弘　李　雪(女)
牛继文(4月离职)　马建华(4月任职)
王　娟(女,12月任职)

中共阳泉市委

市委书记　关建勋

2018年,中共阳泉市委高举习近平新时代中国特色社会主义思想伟大旗帜,认真学习贯彻党的十九大和十九届二中、三中全会精神,深入学习贯彻习近平总书记视察山西重要讲话精神,统筹推进"五位一体"总体布局,协调推进"四个全面"战略布局,围绕省委"三大目标",按照"聚力六大突破,实现转型崛起"总体要求,团结带领全市干部群众锐意进取、戮力奋斗,全市党的建设和党的事业在"两转"基础上取得了新进步。

一、坚定正确政治方向,把学习贯彻习近平总书记视察山西重要讲话精神不断引向深入

坚持把学习贯彻习近平总书记视察山西重要讲话精神作为首要政治任务,统揽全市大局,不断引向深入。持续强化武装。按照省委"更实、更深、更大"要求,组织市委理论中心组集体学习,举办"漾泉大讲堂",做到知之愈明,信之愈坚,行之愈笃。提高政治站位。严格遵守省委《关于坚决维护党中

央集中统一领导的规定》,带头践行“两个维护”,开展贯彻落实中央、省委决策部署“回头看”,向省委专题汇报贯彻落实习近平总书记视察山西重要讲话精神情况。发挥市委总揽全局、协调各方作用,听取了市人大常委会、市政府、市政协、市中院和市检察院党组工作汇报。科学分析市情。部署开展“解放思想、完善思路,聚力推动转型发展”深度调研活动,回顾总结阳泉改革开放40年历程,客观分析优势劣势,正确把握机遇挑战,努力寻求转型路径。凝聚发展共识。在深度调研基础上,召开市委十二届五次全会,围绕省委“三大目标”,提出“聚力六大突破,实现转型崛起”总体要求,理清了思路、明确了路径。强化落实举措。制定并严格落实《贯彻落实习近平总书记视察山西重要讲话精神省委督导检查反馈意见》和《贯彻落实省委十一届六次全会精神及系列专项部署情况省委督导检查反馈意见》,先后召开全市转型项目建设、国企国资改革、开发区改革创新发展、生态环保、乡村振兴暨脱贫攻坚等系列重点工作推进会,拓展了贯彻落实的广度深度。

二、坚持高质量发展,着力构建现代多元产业体系

深入贯彻新发展理念,坚持项目为王、龙头带动,定期分析研究经济形势,着力破解突出矛盾,在构建现代多元产业体系上下功夫,转型发展呈现出良好态势。

新旧动能转换步伐加快。一方面,坚定不移推进供给侧结构性改革,出台《贯彻落实〈山西打造全国能源革命排头兵行动方案〉的实施方案》,加快推进能源革命,退出落后产能205万吨,先进产能占比达到68.7%,高于全省平均水平。新能源总装机占比35.2%,全省第二。另一方面,立足比较优势,大力培育战略性新兴产业,新一代信息技术产业方面,紧抓国发42号文件机遇,深化与百度公司合作,AI中小城市样板和自动驾驶车路协同等项目建设取得积极进展。新材料产业方面,人造石墨、纳米洋葱碳、活性氧化钙等项目建设进展良好。现代物流业方面,国际陆港运营良好,天津自贸区进口直营中心开业。文旅康养产业方面,娘子关旅游景区与山西文旅集团签订合作开发框架协议,太行山一号旅游公路阳泉段建设全面启动,阳煤三矿入选第二批国家工业遗产名录。煤机装备制造产业方面,以阳煤集团牵头组建山西智能制造控股集团为契机,着力打造煤机制造产业集群。通过一系列富有成效的措施,经济呈现稳定运行、稳中向好的态势,呈现出更多积极变化。2018年,全市地区生产总值增长6.7%,规上工业增加值增长5%,非煤产业占比提升2.9个百分点,新兴产业工业增加值增长5.9%,战略性新兴产业占比上升1.79个百分点。

对外开放迈出新步伐。制定出台《阳泉市贯彻落实〈山西构建内陆地区对外开放新高地实施意见〉的行动方案》,主动对接“一带一路”、京津冀协同发展和雄安新区建设等国家战略,市委、市政府主要领导亲自带队招商推介。“阳泉—天津港—佛山”公铁海联运班列开行,融入“一带一路”迈出实质性步伐。2018年,全市招商引资签约项目129个,总投资591.2亿元,完成目标任务的130.2%。

项目建设稳步推进。实施“转型项目建设年”活动,继续实行重大项目市级领导包保,召开现场会,开展“落地行动”督查等。实施“双阳”战略,健全完善与阳煤集团联席会议制度,实现了阳泉与阳煤双主体联动、双主体发力。2018年,全市储备项目451个,总投资1549.85亿元;新开工项目346个,总投资121.7亿元。

民营经济发展环境进一步优化。认真贯彻习近平总书记在民营企业座谈会上的重要讲话精神,召开全市支持民营企业发展大会和系列座谈会,开展“大学习、大思考、大调研”和“服务民营经济高质量发展”专项调研,出台《“1+6”行动方案》等支持民营经济发展政策措施,设立产业转型升级发展基金、中小微企业信用保证基金,创设“泉民投”,推进“民营企业家素质提升工程”,创优民营经济发展环境。

同时,以创建国家创新型城市为契机,制定强化创新驱动的实施意见,5家众创空间、1家孵化器达省认定标准,全市省级众创空间达到16家,全省排名第四,省级孵化器达到7家,全省排名第二。高新技术企业达到61家。同时,积极争取上级支持,累计向上争取资金12.43亿元。

三、聚焦重点持续发力,全面深化改革向纵深推进

落实“改革决不能落后”要求,坚持“赶考”“补考”一起抓,推动各项改革任务落地落实。

重点领域改革取得新突破。国企国资改革方面,出台《深化国有企业改革攻坚行动方案》等政策措施,召开国企国资改革推进大会,在全省率先完成了中央和省属企业“三供一业”资产分离移交,21户僵尸企业全部进入破产或重组程序。召开开发区改革创新发展推进会,市经济技术开发区社会事务剥离工作基本完成,“三制”改革基本到位,“三化”改革进展良好。“放管服效”改革方面,企业投资项目承诺制全面推行,“互联网+政务服务”稳步推进,全市政务服务“一张网”目标基本实现。“双随机、一公开”监管工作走在全省前列。监察体制改革方面,积极探索监察职能向基层、村居延伸的有效途径,设立村(社)监察联络员,实现基层监督监察“最后一公里”的有效全覆盖。在全省率先出台《关于对村(社)巡察全覆盖的指导意见》。

先行先试改革取得新进展。高度重视全国首批农村集体产权制度改革整市推进试点市工作,将产权制度改革与乡村振兴、脱贫攻坚等深度融合,制定《农村集体产权制度改革试点行动方案》,全力予以推动。全市90%以上的村(组)完成清产核资和成员身份确认,40%以上的村(组)完成折股量化。村(社)治理新体系试点工作方面,实行市级领导蹲点、县级领导包点和工作专班驻村工作制度,探索建立了“党建引领,三治融合”村(社)治理新体系。

同时,积极稳妥推进市、县党政机构改革。

四、推动城乡融合发展,建设美丽宜居新阳泉

以建设省级城乡融合发展示范市为契机,坚持走城市经济为主导、新型城镇化为载体、全域统筹的城乡融合发展之路,市域综合竞争力进一步提升。

全面开展"五城联创"。召开"五城联创"动员会,建立工作例会和公示、督查、考核、警告、追责等系列制度。重点以国家级卫生城市创建为突破,开展环境综合整治、市容市貌综合整治、健康卫生提升"三大行动"和社会宣传"十大行动"。全市创卫攻坚工程任务 9521 项,已开工 8189 项,已完工 7547 项。坚持"市县统筹、人人参与、共建共享",持续开展文明单位、文明社区、文明校园创建活动,开展第五届阳泉道德模范评选,全市志愿者注册人数占常住人口比例名列全省前茅。

统筹推进城市规划、建设与管理。对市本级控制性详规进行了修改完善,完成了全市自然环境质量及城市发展质量调查评估,编制了城市"双修"规划和城乡融合发展规划。阳大铁路、国道 307、207 绕城改线工程、漾泉大道二期、汽车客运南站、综合交通客运枢纽、桃河、义井河河道生态综合治理工程和二青会阳泉射击射箭比赛场馆等一批城市基础设施和公共服务设施建设稳步推进。同时,组建综合行政执法队,城市管理水平进一步提升。

大力实施乡村振兴战略。召开市委农村工作会议,制定《关于推进乡村振兴战略的实施意见》,建立乡村振兴战略项目库。平定县娘子关村、郊区后洼村等被评为省级美丽宜居示范村,盂县王炭咀村荣获"中国美丽休闲乡村"称号。深入推进农业供给侧结构性改革,大力培育小杂粮、畜禽养殖、干鲜果、设施蔬菜、中药材等特色产业和有机旱作农业、城郊农业,全市粮食总产量稳定在 2.65 亿公斤左右。

五、坚持绿色发展理念,全面提升生态环境质量

牢固树立"绿水青山就是金山银山"理念,坚持环保倒逼、生态优先,坚决打好污染防治攻坚战,推动生态文明建设迈上新台阶。

坚决扛起生态环境保护主体责任。贯彻全国全省生态环境保护大会精神,严格落实"党政同责、一岗双责",市委、市政府主要领导与各县区、各部门和阳煤集团党政主要负责同志进行集体谈话,层层压实环保工作责任。

坚决落实环保问题整改。从严从实抓好中央、省环保督察"回头看"和生态环境部约谈问题整改。中央环保督察涉及阳泉的 12 项反馈问题,8 项已完成整改,其余 4 项中长期任务均达到序时进度。省环保督察涉及的 14 项反馈问题,10 项已完成整改,其余 4 项均达到序时进度。约谈提出的两方面问题基本整改到位。

坚决打好污染防治攻坚战。开展扬尘、油烟、散煤污染等专项整治行动,全市空气质量综合指数 6.58,下降 9.6%,PM2.5 等六项污染物平均浓度全面下降,地表水省控以上优良断面比例达到 80%,环保工作被动局面得到有效扭转。同时,大力推进生态修复治理,完成各类营造林 6.72 万亩,森林覆盖率达到 28.5%。

六、聚力推动脱贫攻坚,统筹做好各项民生工作

深入践行以人民为中心的发展思想,切实保障和改善民生,不断增强人民群众的获得感幸福感安全感。

坚决打赢脱贫攻坚战。高质量完成了最后 32 个贫困村、3300 名贫困人口脱贫任务,在全省率先实现所有贫困村全部退出。

统筹做好各项民生工作。持续加大民生投入,全年民生支出 99.7 亿元,占一般公共预算支出的 80.73%,各项民生指标继续保持全省前列。持续巩固义务教育均衡发展成果,积极推进高中阶段教育优质均衡发展,阳泉市职业技术学院建成并开始招生。深入推进健康阳泉建设,加强县乡医疗卫生机构一体化建设,积极推进"三特兴医"工程和家庭医生签约服务。城市困难职工解困脱困工作全面推开,城乡低保、城市特困人员供养、农村特困人员分散和集中供养标准继续保持全省前列。实施全民技能提升工程,城镇新增就业、创业带动就业、城镇失业人员再就业、就业困难人员再就业等提前超额完成年度任务,城镇登记失业率 3.07%,低于省定控制目标。建成保障房 9254 套,排名全省第一。

深入推进扫黑除恶专项斗争。打掉涉黑涉恶团伙 90 个,抓获涉黑涉恶违法犯罪嫌疑人 575 名。深挖彻查涉黑涉恶腐败"保护伞",打伞断血成效明显。

扎实推进平安阳泉建设。加强和创新社会治理,推进综治中心建设和网格化服务管理工作,城区获"全国社区治理和服务创新实验区"称号,矿区获"全国法治县(市、区)创建活动先进单位"称号。安全生产连续 30 个月杜绝较大事故,连续 103 个月杜绝重特大事故。

七、加强民主政治建设和意识形态工作,巩固团结稳定政治局面

加强和改善对人大工作的领导,支持人大及其常委会依法履行职能。颁布实施《阳泉市城市绿化条例》《阳泉市道路交通安全管理条例》和《阳泉市大气污染防治条例》等地方性法规。支持人民政协履行职能,出台《关于加强人民政协协商民主建设的实施意见》。注重做好党外知识分子、新的社会阶层人士和无党派代表人士等统战工作,积极做好对台、侨务工作,爱国统一战线更加巩固和发展。全面贯彻党的宗教工作基本方针和《宗教事务条例》,民族团结进步创建活动扎实推进。军民融合持续深入发展。

严格落实意识形态工作责任制,持续开展"清源""净网""秋风""护苗""固边"五大专项行动。舆情信息工作名列全省第一,受到中宣部表彰。以脱贫攻坚为题材的专题片《山路弯弯》获选国家广电总局"百人百部中国梦短纪录片扶持计划"作品。晋剧现代戏《泥火情》成功入选国家艺术基金扶持项

目。举办首届阳泉市文化产业(产品)展示会、上海阳泉文化展示周和中国科幻文学40年高峰研讨会等活动，文旅融合深入推进。

八、全面落实新时代党的建设总要求，坚定不移推动全面从严治党向纵深发展

坚持"治"不忘"危"，以永远在路上的坚韧和执着推动全面从严治党不断引向深入。

全面落实新时代党的建设总要求，持续推进"两学一做"学习教育常态化制度化，巩固拓展"维护核心、见诸行动"主题教育成果。在全省率先制定《干部政治素质评价办法》和《干部政治表现谈话提纲清单》。召开"坚决彻底肃清腐败问题流毒影响"专题民主生活会。全年共立案查处违反政治纪律案件14件，对全面从严治党不力、"两个责任"落实不到位的74个党组织、86名党员领导干部进行追责问责。

加强党对反腐败工作全过程领导，市县两级党委全部成立反腐败领导小组。始终保持惩治腐败高压态势，全年各级纪委监委立案621件，增长69.21%；结案623件，增长73.54%；给予党纪政务处分701人，增长57.53%。深入开展形式主义、官僚主义集中整治，共查处违反中央八项规定精神和"四风"问题83件，增长45.6%，处理129人。深化市县统筹巡察工作。严肃查处群众身边腐败问题。注重"四种形态"的精准运用，强化了近距离、常态化、全天候日常监督。

认真践行新时代党的组织路线，出台《关于进一步激励广大干部新时代新担当新作为努力建设高素质专业化干部队伍的实施办法》，在全市选树50名敢于担当、奋发有为的先进典型进行广泛宣传，5名优秀年轻干部走上县(区)正职岗位，2名援疆干部和4名"第一书记"被提拔为副县级干部。建立全市优秀年轻干部库，选派23名优秀年轻干部到新疆、东部发达地区和巡察一线挂职锻炼。

深入推进"三基建设"，稳步推进"支部质量提升年"活动，深入开展"全国城市基层党建示范市"引领行动。开展农村"两委"换届选举"回头看"和软弱涣散村级党组织集中整顿。注重革命传统教育，成立全省首家革命传统教育学院。

(王 飞)

附：中共阳泉市委书记、副书记、常委名单

书 记：陈永奇(1月离职) 关建勋(1月任职)

副书记：雷健坤(女) 巩 成

常 委：马爱锋(8月离职) 吴纪平 任建华
田桂明(11月离职) 王铁梅(女)
杨自明 黄海涛(8月任职) 张其光 郭卫东
孙季鸿(11月任职)

中共阳泉市城区区委

区委书记 韩加政

2018年，中共阳泉市城区区委高举习近平新时代中国特色社会主义思想伟大旗帜，深入学习贯彻党的十九大和十九届二中、三中全会精神，统筹推进"五位一体"总体布局，协调推进"四个全面"战略布局，坚持稳中求进工作总基调，团结带领全区广大干部群众抢抓机遇、应对挑战，锐意进取、勠力奋斗，持续在打造"有品位、有吸引力、有活力"新城区上狠下功夫，在"两转"基础上推动全区党的建设和党的事业取得了新进步。

一、牢牢把握正确政治方向，把学习贯彻习近平视察山西重要讲话精神不断引向深入

坚持把学习贯彻党的十九大精神与习近平总书记视察山西重要讲话精神紧密结合起来，作为首要政治任务，统揽全区大局，不断引向深入。重领会，筑牢政治基础。将坚定理想信念放在党的政治建设的突出位置，严肃党的政治纪律和政治规矩，推动中央大政方针和省委、市委决策部署在城区落地落实，广大党员干部的"四个意识"明显增强、"两个维护"更加坚定。抓重点，突出"关键少数"。以领导干部为重点，以理论中心组学习为龙头，深入贯彻中央和省委、市委重要会议、重要文件精神，全年召开区委常委会议19次，组织区委理论中心组学习11次。全面实施干部素质提升工程，举办了2期学习班、1期专题班，推动了学习贯彻习近平新时代中国特色社会主义思想往深里走、往实里走、往心里走。促实践，坚持学以致用。把学习贯彻习近平总书记视察山西重要讲话精神不断引向深入，持续引深干部教育培训、领导班子建设和基层党组织建设，扎实开展"解放思想、完善思路、聚力推动转型发展"深度调研，形成27篇高质量调研报告。同时，先后召开30余次各类重要会议就城区的发展大计进行了充分讨论，引导广大党员干部为城区发展出谋划策，投身实践。谋新局，强化思想解放。常委会进一步强化政治担当、历史担当、责任担当，着力深化对区情特征和发展规律的认识，谋篇布局，干事成事，开辟了管党治党新境界，开启了建设"有品位、有吸引力、有活力"新城区的新征程，开创了各项工作新局面。

二、全面加强和改进党对经济工作的领导，推动高质量转型发展

深入贯彻新发展理念，用非常之力、恒久之功抓好转型升级，全区经济延续了2017年以来稳中向好的态势。转型发展态势良好。紧抓经济建设不放松，加快转型升级不停步，全区经济向高质量发展迈出可喜步伐。2018年全区地区生产总值完成215亿元，增长8%；服务业增加值完成183.5亿元，增长7.7%；规模以上工业增加值增长10.2%；全社会固定资产投资完成15.8亿元，增长1.7%；社会消费品零售总额完成188.6亿元，增长7.2%；城镇居民人均可支配收入32681元，增长6.5%；一般公共预算收入完成27711万元，增长9.5%。强化项目引领转型。完善了"1+N+6"转型项目推进机制，围绕新兴产业、科技创新、传统产业升级改造三个重点，有序推进"转型项目建设年"活动。白羊墅公铁联运物流园项目配套建设开工，大唐阳泉369云工厂项目已孵化四家科技型创新企业，"中国云·遥控云"移动电竞遥控中心项目进入试运行阶段，万通花园暨万通广场项目等一批民生工程稳步推进，2018年全区建设项目30个，总投资72亿元，10个转型项目完成投资10.1亿元。启动国家创新型城市创建工作，出台了鼓励创新创业的一系列制度办法，认定3家省级众创空间，新增3家高新科技企业。积极鼓励技术创新和发明创造，每万人口发明专利拥有量1.9件。强力助推民营经济发展。召开了"优化营商环境　助力企业发展"民营企业座谈会，出台了《四大班子领导联系民营企业实施方案》等一系列配套制度，努力帮助民营企业破解发展过程中遇到的困难和问题，累计为企业提供增信贷款7700万元；全面推行"多证合一"，商事制度改革取得新进展；开展个体工商户登记制度改革试点工作，制定办税事项"最多跑一次"清单，开启智慧服务新模式，营造全社会支持民营经济发展的良好氛围。不断扩大对外开放。深入落实省委"构建内陆地区对外开放新高地"的要求，按照市委统一部署，精心绘制重点产业招商地图，完善区级领导包保包点责任制，参加京晋(阳泉)高端产业对接大会，全年共签约项目23个，涵盖高新技术、现代物流、新能源等多个领域，签约额64.7亿元，全市排名第一。

三、聚焦重点持续发力，全面深化改革取得重要进展

坚持把改革作为决定城区发展的关键一招，全面加强党对改革工作的领导。完善主要负责同志亲力亲为抓改革工作机制，坚持用"三个三"分析方法抓改革，有效推进6大领域43项改革要点、105条具体任务的落实，进一步营造了以改革促转型、促民生、促社会治理、促党建、促全面工作的氛围。社区治理体制改革实现新突破。作为全省唯一的全国社区治理和服务创新"实验区"，围绕"培育多方主体，推进三社联动"实验主题。突出社区党建、三社联动、社区协商、社区减负、社区信息化等重点工作，初步构建以"多方参与、三社联动"为主要内容的"四治四化"模式，并顺利通过民政部验收，为全省社区治理创新提供模板，为中西部欠发达地区社区治理和服务创新提供了阳泉城区智慧和阳泉城区方案。监察体制改革取得新成效。统筹推进派驻机构全覆盖和乡镇(街道)监察试点工作，综合运用"四种形态"进行监督，全年共开展提醒谈话148人次，约谈74人。对监督范围内的公职人员进行了重新调研摸底，新增监督对象1065名。开展群众身边腐败问题专项整治工作，对2016年以来全区民生政策资金项目、问题线索进行了大起底，对民生资金沉淀问题进行了追责问责，给予党纪处分2人，提醒谈话1人，诫勉谈话1人，责令4个党组织作出书面检查。严肃查处群众身边腐败问题。教育体制改革取得新进展。积极承担省级学前教育教研机制试点工作，深化办学模式改革，优化"教育共同体"，构建校际间"结对互助、强弱互补、合理配置、共同提高"的协作机制，缩小了城乡校际差距，大力推进了城乡义务教育一体化优质均衡发展。实施名师引领工程，激发教师队伍活力，扩大优质教育资源覆盖面，教育教学成绩持续保持全市领先。

四、坚持以人民为中心的发展思想，不断增进民生福祉

深入贯彻以人民为中心的发展思想，坚持在发展中保障和改善民生，全区一般公共预算支出的86.9%用于民生改善，同比增长32.04%，连续5年民生支出占一般公共预算支出80%以上。创卫工作亮点突出。坚持把抓创卫攻坚当作一把手事业来抓，进一步明确包保领导责任，形成了包片领导、包保单位、基层一线联动协调运行机制，实现了领导到位，组织到位，落实到位。推动实行"三个全覆盖"、片区挂图作战、区级综合考核、红黑榜公示等多项制度。创新督查考核机制，构建了千名机关干部下基层、万名志愿者上街头新模式。截至2018年底，全区创卫攻坚工程任务完工率达82.25%，创卫健康卫生任务完工率达94.52%，16条主要街道、21条次支干道、23条小街小巷完成综合整治，在全市率先实现了全域环卫一体化市场外包服务。民生事业持续改善。加大社会救助兜底力度，全年共发放各类社会救助资金3302万元，实现保障住房应保尽保。全区城镇新增就业人数2652人。"三供一业"分离移交推动有序，全区接收的46家国企全部签订移交协议。教育投入持续加大，教育资源有效整合，队伍建设不断加强，城乡教育一体化发展更加均衡，人民群众教育获得感进一步增强。深入推进"健康城区"建设，推动养老和医疗深度融合，优质医疗资源不断下沉，努力为全区人民群众提供全方位全周期健康服务。不断提升城市管理和公共服务智能化水平，顺利完成了综治信息系统、数字化城市管理平台、社区公共服务综合信息平台等5个独立系统的整合，建成了全区统一的政务服务网，实现了共建共享、并网运行。社会大局平安稳定。牢固树立总体安全观，坚守"三个坚决防止""三个确保不发生"底线，努力创造安全的政治环境、稳定的社会环境、公正的法治环境、优质的服务环境。积极开展扫黑除恶专项斗争，共打掉黑恶势力13个，破获各类刑事案件59起，治安案件4起，抓获犯罪嫌疑人68人，扣押、冻结涉

案财物价值约153万元,牢牢掌握维护社会大局稳定的主动权。扎实推进法治城区建设,深化信访综合改革,信访秩序进一步规范,信访形势持续向好。以“四铁”要求狠抓安全生产,全年未发生较大及以上事故。

五、坚持绿色发展理念,全面提升生态环境质量

坚持环保倒逼、绿色发展,坚决打好污染防治攻坚战,勇啃环境治理硬骨头,推动实现生态环境持续改善。坚持从严从实抓好问题整改,顺利通过中央环保督查“回头看”和省委省政府环保督察“回头看”。坚决打好打赢蓝天、碧水、净土保卫战,突出抓大气污染治理,加强重污染天气应对工作,全面深入落实《阳泉市大气污染防治条例》,扎实开展禁煤清煤、扬尘治理、错峰生产等系列整治行动。强化追责问责力度,对2017年10月以来国家环保部强化督查反馈的涉及城区问题线索进行了核查,对33名责任人进行了追责问责;严厉打击破坏生态环境违法行为,累计查处破坏生态环境违法案件54起。2018年,全区环境空气质量综合指数为6.41,全市排名第二。大阳泉煤矿、南煤集团两个矸石山治理工程项目基本完工,桃河城区段南岸下游和义井河黑臭水体治理等工程完工。

六、扎实推进乡村振兴,城乡融合发展迈出新步伐

坚持农业农村优先发展,让农业成为有奔头的产业,让农民成为有吸引力的职业,让农村成为安居乐业的美丽家园。大力实施乡村振兴战略。制定出台《关于推进乡村振兴战略的实施意见》,重点对义井镇的功能定位和发展规划进行科学制定和明确,建立健全城乡融合发展体制机制和政策体系,扎实推进农村集体产权制度改革,加快推进农业农村现代化发展。城镇建设成绩喜人。狠抓涉农招商引资项目建设,着力培育乡村发展新动能。瀑里村采煤沉陷区治理搬迁安置住宅续建项目、南庄村中环快速路拆迁安置项目、恒大新城项目、南庄口加气站一期工程持续推进;河下村现代服务产业园项目完成投资800余万元,省、市重点工程涉及城区部分得到有力保障。农村人居环境不断改善。坚持把农村人居环境改善和创卫攻坚结合起来,扎实推进实施《农村人居环境整治三年行动实施方案(2018-2020年)》,突出拆违治乱、垃圾整治、污水治理、厕所革命等重点任务,多点发力,整体推进,农村环境综合整治成效明显;不断加强基础设施建设,完成阳铝街道路改造工程并实现通车;全面开展非洲猪瘟疫情排查及防控工作,确保了辖区疫情“零发生”;开展“大棚房”问题专项清理整治工作,守牢了“农地姓农”底线。

七、扎实推进民主政治建设和意识形态工作,凝聚起奋力前行的正能量

充分履行区委把方向、管大局、作决策、促落实职责,把党的领导体现到了各领域各方面。民主政治建设不断加强。大力支持人大及其常委会依法履行监督职能,积极做好释法宣传工作,扎实推动法治建设,拓宽发挥代表作用渠道,充分保障正确履职。加强和改善对人民政协工作的领导,出台了《关于加强人民政协协商民主建设的实施意见》,支持政协围绕中心履行职能、提质增效。统一战线工作成效显著。认真做好新形势下统战工作,整合统一战线资源助力民营经济发展,精心开展构建大统战格局试点工作,宗教工作经验做法受到省宗教局通报表扬。群团工作全面加强。推动群团组织深化改革创新,着眼“强三性、去四化”,群团组织作为党联系群众的桥梁纽带作用进一步发挥。深入贯彻落实全省军民融合发展推进大会精神,积极谋划推进军民融合发展、双拥共建,党管武装工作水平进一步提升。认真落实意识形态工作责任制。建立健全意识形态分析研判常态化机制,构建了意识形态工作“1+3+N”工作体系,完善全区舆情通报制度,扎实开展各项网上综合清理整治行动,意识形态领域领导权管理权话语权更加稳固。全面推进省级文明城市创建工作,开展了“创卫有我,有我必成”“扫黑除恶专项斗争”等主题宣传活动,为全区改革发展稳定提供了思想保证、精神力量、道德滋养。

八、全面落实新时代党的建设总要求,推动全面从严治党向纵深发展

牢牢扛起管党治党主体责任,推进全面从严治党向纵深发展,努力实现党内政治生态持久的风清气正。政治建设不断强化。始终把管党治党作为重大政治责任,深入贯彻党的十九大关于全面从严治党战略部署,坚决维护党中央权威和集中统一领导。全面推行各级党组织书记抓基层党建任务清单、责任清单、问题清单制度,不断完善承诺、述职、评议、考核、问责的“五位一体”工作体系,层层压实管党治党责任。区委常委班子高质量召开年度民主生活会,带头召开专题民主生活会,坚决彻底肃清腐败问题流毒影响。党风政风持续优化。推进正风反腐,严明党的纪律,持之以恒抓好中央八项规定精神的贯彻落实,认真查找“四风”突出问题特别是形式主义、官僚主义的新表现,采取过硬措施,坚决加以整改。全区查处违反中央八项规定精神及“四风”问题9件12人。聚焦扶贫民生领域,严肃查处群众身边不正之风和腐败问题,全区查处41件41人,给予党纪处分7人,政务处分2人,组织处理32人。积极实践“第一种形态”,纪检监察机关谈话函询89件次,同比增长78%。持续保持惩治腐败高压态势,共立案35件,结案34件,处分32人,移送司法机关审查起诉6人。扎实推进政治巡察。积极探索市县巡察向村居延伸。全年部署开展了2轮常规巡察和1轮专项巡察,共巡察22个单位,并对37个社区(村)开展了延伸巡察。按照市委要求,督促做好义井镇白羊墅村提级巡察整改工作,工作成效在《人民日报》、中巡办《巡视巡察参考》刊登。狠抓干部队伍建设。出台了《城区科级干部选拔任用工作全程纪实办法(试行)》《关于加强科级干部平时考核的实施办法(试行)》《关于适应新时代要求大力发现培养选拔优秀年轻干部的实施办法》等一系列制度,选派干部到一线锻炼,大力选树先进典

型。坚持严管和厚爱结合、激励和约束并重,真正激发干部担当作为的热情和干事创业的活力,营造了人心思进、人心思干的良好局面。基层党建强基固本。切实加强基层党组织带头人队伍建设,选派了14名农村党建工作指导员、24名优秀后备干部担任社区第一书记指导基层党组织开展工作。"支部质量提升年"活动扎实开展。在全市率先成立街道"大工委",组建全省首家商圈党建联盟,构建了"一核多方三联三融"城市基层党建格局。扎实开展社区治理新体系试点工作,南山路街道新华东街社区、义井街道义井社区两个试点形成了"4+1"5大类45条社区权力清单。在推进"三基建设"上持续发力,90%的社区活动场所达500平米以上;151个党政群机关事业单位基础工作达标,新华东街社区"社工有为、'五子'有度"工作法入选全国优秀社区工作法,上站街道德胜街社区工作经验在全省"三基建设"座谈会上进行了交流。

(苗雨菲)

附:中共阳泉市城区区委书记、副书记、常委名单

书　记:张　晋(9月离职)　韩加政(9月任职)

副书记:王晓丽(女)　任时杰

常　委:胡秀毅　赵建军　路晓明　高　玮　宁文鑫(9月离职)　王文玉　温敏芬(女)　李彦彬(6月任职)

中共阳泉市矿区区委

区委书记　张志先

2018年,中共阳泉市矿区区委以习近平新时代中国特色社会主义思想为指导,深入贯彻党的十九大精神和习近平总书记视察山西重要讲话精神,增强"四个意识",坚定"四个自信",践行"两个维护",坚持以发展为第一要务,牢牢扭住经济建设这个中心,以高度的政治自觉和强烈的使命担当,推转型、促改革、补短板、惠民生,不断推动矿区经济转型升级、高质量发展。

一、始终坚持党的领导,民主政治和宣传思想工作开拓新局面

坚持党的领导、人民当家作主、依法治国有机统一。坚持和完善人民代表大会制度,支持人大及其常委会依法履行职能,推动人大改革事项,1个议案、237件意见建议全部办结答复。加强对人民政协工作的领导,支持政协围绕中心履行职能、提质增效,制定《关于加强和改进人民政协民主监督工作的实施意见》,10件重点提案、147件提案全部办结,向省政协上报社情民意45篇。突出抓好招才引智工作,建立了矿区在外优秀人才信息库、党外知识分子信息库,收集整理山西异地商会名录。加强党管武装,国防动员和后备力量建设、兵役征集工作扎实,区人武部被省军区授予"2018年全省战备训练先进单位"称号。支持人民团体依照法律和章程独立开展工作,区总工会、残联、少工委圆满完成换届。

加强党对宣传思想工作的全面领导,旗帜鲜明坚持党管宣传、党管意识形态。深入践行社会主义核心价值观,稳步推进全省"新时代文明实践中心(所、站)建设"工作。举办"走进新时代,踏上新征程"第三届中国工业版画新秀展和纪念改革开放40周年阳泉矿区工人版画回顾展,精选50幅优秀作品参加"一带一路"国际文化交流展。

二、突出重点持续发力,全面深化改革取得新进展

深化"放管服效"改革。矿区大力推进政务服务"一张网"平台建设,落实"五统一"事项办理机制。企业投资项目承诺制改革有成效,18个项目实行企业投资承诺,位列全市第一。开通"矿区服务企业绿色通道"和"96302"企业服务热线,坚持入企服务常态化。制定《金融服务民营经济十条措施》,落实财政资金支持企业发展。深化监察体制改革。在区级党政机关设置了7个派驻纪检监察组,对全区113个科级单位进行监督,在6个街道设置11名街道监察员,建立机关事业单位、基层站所和社区(村)监察联络员队伍,实现监督监察全覆盖。深化医药卫生体制改革。推进县级公立医院改革;落实分级诊疗制度;开展医联体建设,进一步提高基层医疗机构服务能力。深化群团改革。以工、青、妇改革为突破口,建立起资源整合、贴近群众的群团组织体系和专兼多元、高素质的群团工作队伍,带动其他群团组织深入推进改革。

着力在先行先试改革上突破。抓好农村集体产权制度改革。所有农村均已完成清产核资、成员身份确认、股份量化工作,改革进度暂列全市第一。实施农村集体经营性资产股份合作制改革,成立股份经济合作社。持续巩固和完善农村基本经营制度,深化农村土地制度改革。推进农村经营管理,成立"三资"中心。抓好社区治理新体系试点工作。矿区选择虎尾沟、南台两个社区推行试点工作,严格按照"六上六下"环节,摸索可复制推广的创新经验,为在全区推开奠定了坚实基础。抓好教育体制改革。出台《教育管理体制改革实施意见》,推进高中教育资源整合,深化义务教育阶段互助协作办学模式改革,统筹城乡义务教育一体化发展。

三、围绕建立现代产业新体系,转型发展迈出新步伐

加快推进新旧动能转换。立足区情实际,不断深化供给侧结构性改革,推动煤炭"减""优""绿",关闭三矿裕公井,退

出产能70万吨。抓好新能源项目建设,潞安20兆瓦光伏发电项目完成投资1350万元,完成工程量的20%。培育壮大战略新兴产业,氧化锌等项目进入试生产阶段,顺缘盟碳素等8个新兴产业项目稳步推进。全区工业战略新兴产业增加值同比增长9%,对工业增长的贡献率达10.9%。阳煤三矿成功申报第二批国家工业遗产。全区煤炭产业占工业增加值比重下降3.3%,制造业工业增加值占工业增加值比重上升16.1%。

加快推进科技创新。组建"产学研技术联盟",鼓励引导企业与中国矿业大学等高校、科研院所开展"产学研"深度合作。全区R&D(研究与试验发展)投入强度2.52%,全省排名第四。全区发明专利申请量、授权发明专利数、有效发明专利数均位于全市前列。大力培育、扶持和发展民营科技企业和高新技术企业,民营科技企业达到12家,高新科技企业8家。高技术制造业增加值同比增长42.9%。培育"小升规"企业3户。

加快推进项目建设。全面落实省、市"转型项目建设年"工作要求,先后参加多地招商,签约项目26个,当年签约并开工项目16个,签约开工率61.54%,全市排名第一。用好用足国家独立工矿区改造搬迁政策,全年包装储备项目48个,实施转型项目42个,争取国、省资金2.5亿元,为历年之最。

四、加强基础民生建设,社会事业再创新业绩

全面加强社会保障。实施全民技能提升工程,组织培训劳动力2700人。城镇新增就业2640人。城镇登记失业率3.9%,控制在目标任务之内。健全完善社会救助体系,为3429户低保家庭、6720人发放低保金2611.16万元;临时救助1066人,发放279.56万元;医疗救助8749人次,发放420万元;成立军队退役人员服务专班,落实各项优抚政策,发放优待金、抚恤金、慰问金等合计1492.71万元。城镇保障性安居工程建成1655套,分配公共租赁住房385套,为低收入住房困难家庭发放住房补贴114万元。

全面发展教育文化事业。强化师资队伍建设,稳步实施"教师素质提升工程"和"梯次培养计划"。进一步改善办学条件,完成了13项中小学校舍维修工程。规范发展学前教育,审核认定普惠性民办幼儿园3所,取缔无证幼儿园7所,清理无证无照校外培训机构77所,推动社会力量办学健康发展。大力开展群众文化活动和全民健身活动,免费送戏33场、送电影266场,为基层配备大量文化设备和健身器材。

全面改善人居环境。对60余栋老旧楼房进行墙体粉刷,对辖区所有城乡基础设施和公共服务设施大力建设整修。实施了神堂咀村水管安装、大南沟村饮水改善工程等农村基础设施项目。规范便民市场管理,改造完成赛鱼、二矿、平北3个集贸市场,新建新农星级便民市场。加快城乡道路建设,完成33条破损道路修缮、硬化工程,新建平潭街庙台停车场,有效解决群众出行堵、停车难的问题。大力推进"厕所革命",完成城市区公厕改造17座,农村户厕改造63座。

全面夯实基层社会治理。开展"新时代最美网格员"评选表彰活动,推选出一批"枫桥经验"示范街道、社区,"树立'六心'工作理念、探索'三动三化'调解模式"等3个基层治理经验入选省委政法委《枫桥经验在山西基层典型经验选编》。区法律援助中心全年受理各类法律援助案件124件,办结76件。全力攻坚"基本解决执行难",执行质效考核全市第一、全省前茅。全省特殊人群服务管理现场会在矿区召开,特殊人群服务管理"六化"治理新模式受到省、市领导及与会人员的高度评价,并在全省推广。人民网、《法制日报》《长安》杂志、《山西日报》相继报道矿区"精准戒管吸毒人员""打好平安服务组合拳"等经验做法。

五、聚焦重大战略任务,三大攻坚战实现新突破

持续用力打好防范化解重大风险攻坚战,创造安全稳定环境。认真贯彻落实总体国家安全观,始终把安全稳定作为改革发展的前提。坚决防范化解金融债务风险,查办各类经济案件87起,涉案金额上亿元。坚决开展扫黑除恶专项斗争,打掉黑恶犯罪团伙14个,涉及成员109名,矿区连续四年实现刑事治安案件"双下降"。从严落实《地方党政领导干部安全生产责任制规定》,确保群众生命财产安全。

持续用力打好脱贫攻坚战,实施乡村振兴战略。强化区级领导包村和党员干部结对帮扶工作责任制,对四个脱贫巩固村的299个家庭、673人进行精准帮扶,多措并举推进就业扶贫,抓紧抓实教育、健康、生态、救助和综合保障性扶贫工作。实施乡村振兴战略,积极打造"一村一品"产业发展新格局,建设蔬菜大棚,开发林下套种技术,扩建玫瑰种植基地,建成吴家掌村养蛇基地等。发展休闲观光农业,推动神堂沟、南山2个联村连片田园综合体和"石泼水"农业观光园建设,举办了我市首届"中国农民丰收节"暨第二届休闲农业宣传推介活动和第二届油菜花节。

持续用力打好污染防治攻坚战,守护好青山绿水。在问题整改上下功夫。生态环境部、中央第二生态环境保护督察组"回头看"和省委省政府环境保护督察"回头看"交办问题均按进度整改到位。南山灰库治理项目一期工程如期完成。在铁腕治污上下功夫。开展了重点行业突出环境问题排查整治、查处违法排污百日行动、打击破坏生态环境违法犯罪等专项执法行动,对57个违法单位处罚345.11万元,对8个违法单位依法实施查封,对3个涉嫌污染环境罪和不正常使用污染防治设施的企业依法移送公安机关。建立"散乱污"日常监管长效机制,90%的煤场进行了全封闭改造。认真组织全区第二次全国污染源普查工作。在生态修复治理上下功夫。五个矸石山生态环境恢复治理示范项目,主体工程建设全部完工。蒙村河、李家湾河、平坦河、洪城河河道排水支管网改造工程全部完成。全年矿区优良天数218天,全市最多;PM2.5平均浓度同比下降5.1%,下降率全市第一;空气质量综合指数6.34,全市第一。

六、推进全面从严治党向纵深发展,党的建设得到新加强

坚决扛起全面从严治党政治责任。常委会专题研究全面从严治党17次,对9名部门"一把手"进行诫勉谈话,对履行

主体责任不力的13个党组织进行问责。抓好政治巡察工作，从严落实市委第一巡察组巡察反馈意见整改工作，组织开展市委统筹的九届区委第三轮、四轮常规巡察，共发现问题294个。

严明政治纪律和政治规矩，高压推进反腐败斗争。成立区委反腐败领导小组，加强党对反腐败工作的集中统一领导。用好监督执纪"四种形态"，挺纪在前，抓早抓小，加大谈话函询力度，谈话函询77件次，占线索处置总数的31.7%，同比增长92.5%。加大执纪审查力度，接收信访举报86件(次)，同比增长24.6%；处置问题线索120件，同比增长57.9%；审查调查违纪违法案件32件，结案30件，给予25人党纪政务处分，移送司法机关处理5人。全力推进群众身边腐败问题和作风问题专项整治工作，共查处发生在群众身边腐败问题18件，党纪政务处分3人，组织处理13人。严格落实中央八项规定精神，紧盯重要时间节点，紧盯"关键少数"，紧盯隐形变异，强力遏制"四风"反弹。全年开展监督检查19次，查处违反中央八项规定精神和"四风"问题案件37件。

严格干部选任，严肃干部管理。坚持党管干部原则，贯彻新时期好干部标准，制定《关于进一步激励广大干部新时代新担当新作为努力建设高素质专业化干部队伍的实施办法》《党员干部容错纠错实施办法》等制度。全面客观识别考察和选拔任用干部，提拔任用干部19人。加强后备年轻干部队伍建设，通过"双推双考双评双审"8个步骤建立了全区优秀年轻干部后备库。把挂职锻炼作为培养干部的有效举措，分批选派优秀年轻干部到信访一线、扶贫一线、巡察一线进行锻炼、开展工作。出台了《关于深化人才发展体制机制改革的实施意见》，评选表彰"名师""名医""名匠""名家"40人。全区有5人获得全市拔尖人才荣誉称号。

狠抓"三基建设"，夯实基层基础。全面加强基层组织建设。开展党组织"提质增效"年活动，8个党组织成为全市"百点示范单位"。整顿软弱涣散农村党组织2个。14项重点工作顺利完成，全部保障经费落实到位，366人专业能力测试全部合格，"一目录三手册"全部达标。连续四年开展"党代表集中接待月"活动，解决党员群众反映问题268个。与阳煤集团党组织共同组织"五城联创我争先"主题党日等系列活动，构建起区域化大党建新格局。举办4期党的十九大精神专题研讨班、2期"支部条例"专题培训班、2期社区(村)"领头雁"培训班，受训3290余人次；选派44名社区党组织副书记先后到段南沟社区挂职学习，全面提升基层党务干部的政治素质和业务素质，夯实党在基层的执政基础。

(付维亚)

附：中共阳泉市矿区区委书记、副书记、常委名单

书　记： 张志先

副书记： 刘乙佑(1月离职)　张立强(11月任职)　樊志红

常　委： 杨志强　雷永平　王　洪　王富明　李丽新(女)　王　涛　张　震(3月任职)

中共阳泉市郊区区委

区委书记　王明厚

2018年，中共阳泉市郊区区委坚持以习近平新时代中国特色社会主义思想和党的十九大精神为指导，认真落实省委"三大目标"决策部署和市委"聚力六大突破，实现转型崛起"的总体要求，着力走好转型升级、新型城镇化建设、基层社会治理创新"三条路"，率先实现城乡融合示范区，全区经济社会各项事业都取得了新成绩、新进步。

一、深入学习贯彻习近平新时代中国特色社会主义思想和党的十九大精神，牢牢把握正确政治方向

坚持把深入学习宣传贯彻习近平新时代中国特色社会主义思想和党的十九大精神作为重大政治任务，组织召开区委常委会、区委理论中心组专题学习会、全区干部大会，及时传达贯彻中央、省、市最新精神，要求各级党组织、各级领导干部做到学以致用、学用结合。区委理论学习中心组全年组织集体学习16次。组建176个党的理论宣讲团，广泛宣讲习近平新时代中国特色社会主义思想。通过深入学习宣传贯彻，全区上下进一步树牢"四个意识"，坚定"四个自信"，坚决做到"两个维护"，确保党中央决策部署和省、市委的工作要求在郊区落地生根、开花结果。

二、坚持全面深化改革不动摇，发展活力得到进一步释放

监察体制改革试点工作取得实效，全面完成向区一级党和国家机关派驻纪检监察机构全覆盖工作；成立驻村(社区)监察联络员队伍，确保对村(社区)行使公权力和委托行使公共管理事务人员开展有效监察。农村集体产权制度改革圆满完成，顺利通过省级验收。许多做法形成经验，并得到省农业厅肯定。积极承接市经济技术开发区社会管理职能。总投资16亿元的G239改线工程和水务一体化两个项目进入财政部"PPP"项目库，并双双入选省级示范项目。建立全国首家耐火产品及原材料线上线下交易平台，全年交易量完成16万吨，交易金额达8400万元；成功举办"中国工业互联网+(耐火材料)直购沙龙"系列招商推介活动，标志着我区耐火发展正式步入"互联网+"时代。

三、扎实开展“转型项目建设年”活动,转型升级步伐进一步加快

2018年,全区地区生产总值完成110.7亿元,首次破百亿,增长7%;一般公共财政预算收入完成3.94亿元,增长15.65%;规模以上工业增加值完成30.29亿元,增长4.7%;固定资产投资完成52.71亿元,增长3.4%,全市排名第一;社会消费品零售总额完成36.04亿元,增长7.1%;农村和城镇居民人均可支配收入分别达到14864元、26785元,增长8.7%和6.7%,两项指标全市排名第一。

城郊农业发展取得成效。全区果园面积达到19130亩,果品总产量达到230.9万公斤;蔬菜、肉类、蛋类、奶类总产量分别达到25511吨、3950吨、2670吨、2614吨。千亩坪现代农业产业园被列入我省第一批20家现代农业产业园,累计完成投资2.5亿元,园区总体规划已完成,打造平台500亩,青岛昌盛光伏发电项目已开始并网发电。北异果品市场被评为全省10个“省级田间地头市场”之一。

传统产业优化升级。煤炭行业稳步向好。煤炭供给侧结构性改革深入推进,鸿泰煤业有序退出,全区原煤产量完成193万吨。耐火振兴成效显现。三泉耐火自动成型生产线、金隅通达7.5万吨均质料生产线等技改项目竣工投产。2018年全区耐火材料完成产量155.8万吨,同比增长35.5%。电力产业发展迅速。河坡电厂2个发电机组实现正常运转,力宇、扬德两个煤层气发电项目正常运行,西上庄电厂由停转缓,神堂嘴煤层气和中能煤层气发电改造项目、荣光能源垃圾发电项目顺利推进,桑掌1.5万千瓦乏风氧化发电项目进行设备调试。建材行业发展平稳。冀东水泥达产达效,星火金源30万吨氧化钙一期项目正式投产。

三产服务业发展良好。李荫路沿线汽车4S店集群初具规模,销售总额占到全市的90%以上;桃林沟果蔬交易市场项目一期工程建成并投入运营,设置商铺400个、摊位140个,入驻率达75%;北京初兴木业有限公司家具研发及生产基地项目建成投产;中旭鑫源智慧生态医养敬老工程产业园项目正在有序推进;乡村旅游蓬勃发展,成功举办咀子上山楂花节、旧街牡丹节、辛庄古村河灯节等旅游节庆活动,全区接待旅游人次突破100万。

荫营开发区建设有序推进。荫营工业园区累计完成投资1亿元,打造平台1585亩。G239改线工程拆迁扫障工作完成阶段性任务,工业园区互通工程正式开工。园区东西主干道形成1.9公里路基,二期路基工程已完成前期工作。灿坤工贸年产1万吨包膜二氧化钛项目现已竣工;区科技孵化器及航天建筑研究设计院纳米气凝胶复合材料中试项目完成主体工程建设;加林科技年产3万吨宝珠砂项目落地开工。尤其是总投资15亿元的阳泉(天津)国际陆港项目落户荫营工业园区,这对于加快全区转型升级必将发挥龙头带动作用。

发展环境不断优化。全面落实各项政策措施,构建“亲”“清”新型政商关系。召开全区民营企业座谈会,制定关于支持民营经济发展的意见。阳泉泉民民营联合投资控股股份有限公司落户我区,注册资金20亿元,目前已实缴6亿元。深化“放管服效”改革,落实企业投资项目承诺制。财政列支3800万元产业扶持资金和2000万元过桥资金,助推实体经济发展。全年共为29家企业融资11097万元,帮助14家企业过桥贷款10569万元。

四、加大城乡统筹力度,新型城镇化建设水平进一步提升

推进生态新城建设。大力支持生态新城重点工程项目建设,平阳路一期建成通车,阳泉职业技术学院新校区竣工并投入使用,二青会射击射箭比赛场馆主体完工,高铁新站交通枢纽、平阳路二期、桃坡新村、三泉保障房等项目进展顺利。市政务服务中心工程竣工,即将入驻。实施李荫路综合整治工程,共投资2260万元,拆除沿线广告牌匾3000平方米,完成墙面粉刷46000平方米,绿化改造2.4公里,为市政务服务中心入驻创建了良好环境。

加快建设荫营新城。G207绕城改线工程启动,完成投资3734万元。持续开展荫营东西大街、江正大街等重点街路综合整治,整改问题160个。荫营便民市场完工,为市场规范管理奠定了基础,同时可提供200个就业岗位。南窑庄、下荫营、老虎沟等城中村改造项目有序推进,完成投资2.12亿元。加大园林绿化力度,荫营城区建成区绿化覆盖面积达265.8公顷,绿化覆盖率42.2%。

创卫工作成效明显。区委把创卫工作摆在突出位置,22名区级领导包点30个责任村(社区),64个部门、相关企业包保村(社区),机关干部每周开展义务劳动。围绕重点弱项,狠补工作短板,累计完成投资5000万元,市下达的73项工程,已开工70项,完工54项;加强基础设施建设,清理积存垃圾3.8万方,改造旱公厕27座,改造户旱厕314座;推进创建区域综合整治,整治“四堆”12883座,拆除临建房屋115处、地桩地锁3871处;完成医疗机构和学校禁烟、健身设施更新、“六小”行业整治等13大项健康教育工作;开发区126个小区全部配齐清扫保洁人员。

大力整治农村人居环境。作为全省11个农村人居环境整治示范县(区)之一,出台《阳泉市郊区农村人居环境整治三年行动的实施方案》,明确任务目标。G207霍树头至韩庄段安全隐患处置工程基本完成,累计完成投资1100万元。西南异乡北七村集中连片环境整治重点区域顺利推进,累计投入资金2406万元。北部集中供热管网工程正式启动。城乡生活垃圾处理试点区建设扎实推进,荫营镇、杨家庄乡2座中转站主体完工,农村人居环境得到进一步改善。

五、狠抓“三基建设”,基层社会治理成效进一步显现

村(社)治理新体系试点工作扎实开展。把村(社)治理新体系试点作为基层治理的重要抓手,专题召开10次会议进行动员部署和人员培训。开展了“出题、领题、答题”调研活动,汇总了4大类15项突出问题。初步构建党建引领,自治、

法治、德治相融合的“一领三治”工作体系,形成了汉河沟村“三章三约四个十、清单流程两办法”工作法、南沟村“一章约、两清单、三流程、四制度”工作机制、固庄村“一单一刊一制度”等经验做法。

基层党组织组织力得到提升。创新组织设置,新成立西古村企联合党委、黑土岩联合党委、李家庄村社联合党委等7个“联合党委”,党组织覆盖面进一步扩大。出台《发展壮大村级集体经济三年行动方案》,为18个村下拨区级项目配套资金。全区村级集体经济全部破零,集体收入5万元以上的村达到了80%。

基础工作更加夯实。全区232个单位全部制定完善了“一目录三手册”并接受评估验收,合格率达到100%。围绕人居环境改善、乡村振兴、转型发展等工作开展标准问题讨论,查找薄弱环节1160个,明确对标提标事项1160个,全区基础工作更加规范化精细化。召开了“三基建设”现场推进会,推广西南舁乡、李家庄村、区法院、区财政局、区统计局等党建示范点经验。

保障水平更加有力。加大“三基建设”投入,2018年“三基”保障资金达到2475万元。乡镇运转经费年均达到了73万元/乡镇;村级组织运转经费年均达到了10万元/村;村主干年人均报酬最高达到了10万元。通过购买或租赁等方式,活动场所面积500平方米以上的社区达到了94.5%,超额完成市下达任务。机关党建经费按10%从机关公用经费中列支。

基本能力全面提升。大力实施“补钙加油提质”工程,培训各类党员干部1.6万余人次。举办9期干部教育讲堂。举办党务干部浙江大学实训班、科级干部专题培训班、村(社区)干部培训班,组织“两委”主干开展任前履职承诺,举办村党组织书记学习党的十九大精神知识竞赛等。创办“流动党校”并组建4支宣讲小分队,举办13期培训班培训3000人次。成立首批“导师团”开展政策宣讲30余次。实施了村干部学历提升工程,61名干部参加“高中升大专”学历教育。同时,继续推进党建品牌建设,推进农村干部职业化试点,7个村党组织书记纳入首批农村干部专职化管理范围。

六、牢固树立底线思维,为经济社会发展提供坚强保障

脱贫攻坚实现决战决胜。始终把脱贫攻坚作为头等大事和第一民生工程,深入贯彻中央和省市关于脱贫攻坚的总体部署。严格落实包保责任制,加强“三支队伍”管理,全部落实“五天四夜”工作制。认真落实政策措施,坚持问题导向,下足“绣花功夫”。2018年,实现4村319户735人脱贫,全区24村1556户3536人的脱贫任务圆满完成,实现了决战决胜。虎峪村第一书记谈永刚的事迹被拍成纪录片《山路弯弯》在中央电视台播出;大学生村官温东升带头创建东升扶贫攻坚养殖专业合作社,被选为共青团第十八次全国代表大会代表;《山路弯弯》《我把阳光带给你》《敢于开花不负使命》等三部作品在全省党员电教片观摩评比活动中获奖。

社会大局和谐稳定。深入开展扫黑除恶专项斗争,全年共打掉恶势力犯罪集团2个、恶势力团伙11个,抓获70人,破案68起。扎实开展重大社会矛盾风险防范化解专项行动。我区是全市唯一连续五年获得省平安县区光荣称号的县区。按照“三到位一处理”要求,有效解决了一批十年以上的信访积案,有效打击了一批借信访扰乱社会秩序的不法分子,全区信访形势平稳有序。

生态环境全面改善。不折不扣地抓好中央环保督察问题、环保部强化督查交办问题和省委环保督察反馈问题整改工作,做到不推诿、真认账、不敷衍。开展铁腕治污行动,对62家企业违法行为进行立案。切实加快生态修复,全年完成营造林任务12000亩。7大矿山生态恢复治理试点示范工程项目顺利推进,整治面积2927亩,其中3项工程完工,剩余项目完成主体建设。全区二级以上优良天数为208天,空气质量优良天数比例达57%,环境综合指数全市排名第二。

安全形势持续好转。深入开展安全生产大检查活动,全年共检查企业3078家次,排查隐患4293条,整改4240条。全区煤矿、非煤矿山、危险化学品等行业均未发生死亡事故,煤矿百万吨死亡率为零。始终保持打击非法违法采矿的高压态势,全年出动执法人员6000余人次,下达监管函1350余份、责令停止违法行为通知书240余份,制止打击查处各类非法违法采矿13起,全区矿业秩序进一步规范。

七、大力保障和改善民生,人民群众幸福感进一步提升

加大民生投入,全年民生支出12.16亿元,占一般公共财政预算支出的79.15%,较上年比重增加21.13个百分点。开展专利服务企业行活动,帮助企业申请发明专利12件。区职业高级中学新建工程有序推进;教育教学质量稳步提高,高考、中考成绩明显提升。实施全民体育健身工程,健康郊区建设步伐进一步加快。我区成为全省医疗机构一体化改革试点县区,以康复、养老、精神病管理为特色的专科建设取得明显进展。深入实施就业优先战略,城镇新增就业3503人,城镇登记失业率2.74%;不断扩大社保覆盖面,城乡居民养老保险参保94391人,医疗保险参保120001人。圆满完成12357户的冬季清洁取暖工作,超市任务23.6%。

八、落实全面从严治党政治责任,努力营造风清气正的政治生态

加强党的政治建设。全面加强和规范党内政治生活,严格执行新形势下党内政治生活若干准则,召开坚决彻底肃清腐败流毒影响专题民主生活会,强化“四个意识”,做到“两个维护”。加强党性教育,深入开展为万名党员“过政治生日、忆入党初心”活动和迎“七一”红色经典诵读、千名党员集体宣誓、“两优一先”表彰会等主题党日活动,进一步增强了广大党员的责任感、使命感和荣誉感。

深入推进党风廉政建设。成立了区委反腐败领导小组,明确分工,部署全区反腐败工作重大事项,不断健全完善区

委对反腐败工作全过程领导常态化制度化长效化机制。驰而不息狠刹“四风”,开展各类日常监督检查28次,移交问题全部按时办结。认真贯彻落实上级关于深化政治巡视巡察的各项决策部署,巡察工作取得明显成效;尤其是深入运用“四种形态”,大力提升案件查办数量质量,始终保持惩治腐败高压态势,全年共立案109件、结案112件,处理340人、处分130人,移送5件7人,留置4人,同比增长都在20%以上,形成有力震慑。

牢牢掌握意识形态工作领导权。区委常委会先后10次专题学习、传达、研究意识形态领域工作。坚持正确舆论导向和价值取向,讲好郊区故事,塑好郊区形象。人民日报刊发《支书带好头 村民有奔头》《桃林振兴“三法宝”》等报道,中央电视台《地理中国》栏目拍摄制作播出时长达50分钟纪录片《迷洞咀子上》,我区在国家级、省级主流媒体发稿率创历史新高。深入开展精神文明建设活动,全市农村精神文明建设现场会在我区召开,凝聚社会正能量,倡导时代新风尚。

加强干部队伍建设。坚持正确选人用人导向,深入开展“工作作风转变年”和“两重申一倡导”活动,出台了《关于进一步激励全区广大干部新时代新担当新作为的实施细则》。2018年共调整干部3批次66人,提拔43名科级干部,形成了人人思进、务实干事浓厚氛围。选派314名干部在脱贫攻坚、重点项目、信访维稳等急难险重工作中墩苗锻炼、磨砺成长。强化干部管理,深入开展谈心谈话。分领域、分行业、分专题开展培训,干部队伍素质进一步提高。

(刘俊杰)

附:中共阳泉市郊区区委书记、副书记、常委名单

书　记:王明厚

副书记:武建功(8月离职)　宁文鑫(8月任职)　孙　毅

常　委:田进勇　郗文保　梁海昌(9月离职)　邹锦超(4月任职)　张斌武　梁　敏(女)　李　泽(3月任职)

中共平定县委

县委书记　申　济

2018年,平定县委坚持以习近平新时代中国特色社会主义思想为指引,深入学习贯彻党的十九大、十九届二中、三中全会和习近平总书记视察山西重要讲话精神,认真贯彻落实省、市各项决策部署,坚持稳中求进工作总基调,落实高质量发展要求,团结带领全县干部群众,攻坚克难,真抓实干,推动产业转型迈出新步伐,重点改革实现新突破,城乡面貌发生新变化,民生福祉得到新改善,各项事业都取得了新进展新成效。

一、坚持把学习贯彻习近平新时代中国特色社会主义思想和党的十九大精神作为首要政治任务,牢牢把握正确的政治方向

认真落实习近平总书记提出的“学懂、弄通、做实”要求,突出领导干部这个“关键少数”,在抓理论学习、抓宣传宣讲、抓学以致用上下功夫、求实效。一年来,县委理论中心组集体学习22次,集体研讨3次,举办古州大讲堂6期。全县举办“领头雁”培训、新任科级干部读书班等各类培训60余批次1万余人次。基层开展“三会一课”“党支部主题党日”活动300余次。各级领导干部带头深入基层宣讲300余次,组织宣传活动500余场。结合庆祝改革开放40周年,精心开展形式多样的宣传活动,推动学习宣传习近平新时代中国特色社会主义思想引向深入,切实用党的创新理论成果武装头脑、指导实践、推动工作,各级干部“四个意识”明显增强,落实“两个维护”坚定有力。

同时,按照市委部署,扎实开展深度调研,结合贯彻省委十一届六次全会精神,研究制定了县委《关于贯彻落实市委十二届五次全会精神的实施意见》,围绕市委“聚力六大突破,实现转型崛起”的决策部署,进一步完善转型发展思路,明确主攻方向,进一步凝聚起全县上下谋发展、促转型的思想共识。对照省委两次督导检查阳泉市贯彻落实习近平总书记视察山西重要讲话精神的有关要求,结合平定实际制定方案、狠抓整改,确保中央大政方针和省委、市委决策部署在平定全面贯彻落实。

二、突出转型主题和高质量发展要求,推动经济运行稳中向好

面对错综复杂的外部环境和繁重艰巨的转型发展任务,县委加强对经济工作的领导,着力推进结构调整,稳定经济运行。2018 年,全县地区生产总值完成 105.2 亿元,增长 5.1%,比去年提高 1.7 个百分点;城乡居民人均可支配收入分别预计增长 6.2%和 8.0%;工业经济从第三季度开始由负转正,逐步向好,规上工业增加值增长 4.1%;全社会固定资产投资完成 55.15 亿元,占到全市的约四分之一;一般公共预算收入完成 5.08 亿元,同比增长 28.21%。

一是狠抓项目建设,加快转型发展动能转换。优化项目协调机制,分乡镇片区召开重点项目推进会,破解项目建设难题。2018 年实施 86 个重点项目建设,完成投资 46 亿元,74 个项目顺利开复工建设,开复工率达到 86.04%。56 个转型项目完成投资 34.80 亿元,占到全县固定资产投资的 60.2%,投资结构进一步优化。阳煤乙二醇一期、瑞丰 PC 构件等项目建成投产,贝特瑞高端人造石墨项目试运行,益智生态陶瓷透水砖、鼎裕紫砂等转型项目有序推进。北新建材年产 4000 万平米纸面石膏板、菲尔德兽药制剂、星火恒源年产 70 万吨活性氧化钙、太钢年产 150 万吨高端氧化钙、娘子关打造国家 5A 级景区,以及阳煤气凝胶、催化剂、化工中试基地等一批重点项目的前期和对接进展顺利。

二是大力发展新兴产业,产业转型迈出坚实步伐。面对环保倒逼转型的严峻形势,加快传统产业改造提升,横下一条心,大力发展新能源、新材料、装备制造、现代煤化工、文化旅游等新兴产业。2018 年工业技改投资完成 6.08 亿元,同比增长 33.6%。原煤生产完成 316.9 万吨,同比下降 25.01%,入选率稳定在 90%以上,先进产能占比达到 50%以上。煤电铝占规上工业增加值比重同比下降 6.03%,战略性新兴产业增加值同比增长 9.4%,工业结构持续优化。紫砂产业在 2017 年初步破题的基础上又有大的发展,全县实训基地达到 7 个,手工作坊发展到 67 个,从业人员突破 500 名。连续两年成功举办“南宜兴·北平定”紫砂产业发展论坛,取得了良好效果。加快特色农业转型升级,500 万元以上农产品加工企业完成销售收入 11.33 亿元,同比增长 8%。“三品一标”产品认证数量达到 34 个,超出省考核目标 21 个。半沟红薯列入全省首批有机旱作封闭示范片区,我县获得“全省化肥减量增效示范县”称号。粮食生产喜获丰收,近年来再次达到 1 亿公斤。第三产业方面,娘子关景区开发建设取得突破性进展,与山西文旅集团合作成立的山西娘子关旅游发展有限公司正式投入运营。乡村旅游发展势头迅猛,全年旅游人数达到 301.2 万人次,重点景区游客接待和综合收入同比分别增长 68%和 51%,特别是娘子关游客人数和门票收入分别由 2015 年的 20 万人、100 万元提升到 2018 年的 100 万人、2400 余万元,实现历史新高。古村落保护建设加快实施,2018 年,全县又新增国家级传统古村落 16 个,总数达到 34 个,占到全市的 76%,位列全省第 3,全国前 20 名。继娘子关镇之后,全县又有 8 个村被命名为“中国历史文化名镇(村)”。现代物流、“互联网 +”、康养等新兴业态蓬勃发展。积极承接阳泉国际陆港建设项目,平定—天津港—佛山“公铁海联运班列”成功运营。电子商务交易额达到 3.54 亿元,同比增长 14.25%。

三是加大招商引资力度,转型发展支撑不断强化。积极对接“一带一路”、京津冀协同发展、雄安新区建设等国家战略,县委、县政府多次组团赴长三角、珠三角等先进发达地区进行招商引资,积极参加山西阳泉(深圳)产业合作恳谈会、京晋(阳泉)高端产业对接会等,成功承办山西阳泉长三角杭州专场招商活动,在扩大对外开放上取得了新成效。2018 年,共签约项目 24 个,合同协议利用外资 128 亿元,12 个项目开工建设,当年签约开工率达到 50%,高于全市 8 个百分点。

三、聚焦重点领域、关键环节,全面深化改革取得重要进展

始终把抓改革作为重大政治责任,完善工作机制,在推动改革任务落实、破解发展难题上狠下功夫。

一是开发区改革创新取得新突破。在全市率先开展了工业用地弹性出让和“标准地”+ 承诺制、直供电等试点改革,降低企业项目用地、用电成本。加强与阳煤集团战略合作,划出 2 平方公里建设用地实施投资项目“管运分离”,加快打造高标准专业化化工园区。先后签约工业项目 15 个,其中 5 亿元以上转型项目 2 个。2018 年开发区经营销售收入达到 53.4 亿元,工业投资完成 5.44 亿元,同比增长 245%。

二是大力创优营商环境。深化“放管服效”改革,审批服务效率明显提速,全年新登记各类市场主体 3049 户,增长率连续 3 年达到 9%以上。成功创建省级“大众创业万众创新”示范基地。在开发区推行企业投资项目承诺制改革。大力支持民营经济发展,培育“小升规”企业 6 家、“专精特新”企业 4 家。6 家民营企业在山西省股权交易中心集中挂牌,平定县产业升级版块成为全省首家挂牌的县域板块。强化科技创新,莹玉陶瓷科技创新工作走在全国同行业前列,长青公司科技专项获得省级支持。

三是村(社)治理新体系试点工作扎实推进。按照省委、市委决策部署,县委专门成立工作小组和专班,在岔口乡甘泉井村、冠山镇城里街村和东回镇七亘村开展试点。经过前期大量工作,目前,三个试点村全部召开村民会议,审议通过了权力清单、工作流程、自治章程等制度,正围绕建立“三治”融合治理体系,扎实推进试点工作。

四是坚持问题导向抓改革。在议事决策、项目建设、脱贫攻坚、化解信访积案、推动环保整改等方面建立了比较高效的协调机制和工作机制。针对环保突出问题,在全市率先成立了县级环保综合执法队,乡镇成立了环保站,现场处置建立了环保微信群,综合执法能力明显提升。针对事业单位改革滞后的问题,引入民间资本推动事业单位改革。人社部门创新思路,在全省率先上线运行“互联网 + 社保”服务平台顺利上线运行,提高了效率,方便了群众。同时,深化监察

体制改革试点、金融体制改革、土地确权、农村集体产权制度改革、国企国资改革等一批重点改革都取得了明显成效。

四、坚持以人民为中心的发展思想,着力保障和改善民生

在财政紧张的情况下,千方百计向民生领域倾斜,全年财政民生领域支出达到20.32亿元,同比增加4.64%,占到总支出的86.87%。

一是加快城乡融合发展步伐。连续两年狠抓城市建设,2018年市政公用设施投资达到2.86亿元,新建和改造城市道路15公里,新建和改造各类管网159公里。打通了新建路、北大街、自强路等几条多年来的断头路,在县城中心和东部外围形成了两个城市道路循环圈。拆除临建违建9.5万平米,新增城市园林绿化面积2.8万平方米,清扫保洁面积达到248.6万平米,县城人居环境进一步改善。出台推进乡村振兴战略的实施意见,设立专项资金,启动农村人居环境整治三年行动,实施项目122个,投资达到4.59亿元。申报13个省级乡村振兴示范村。娘子关、上南茹、理家庄3个村被农业部评为"中国美丽休闲乡村"。投资8.26亿元,累计完成县乡公路改造、"太行山一号"国家观光旅游公路等道路建设492.4公里,县交通局被评为全省十佳县级交通局。

二是坚决打赢脱贫攻坚战。结合省、市部署,创新开展"五大行动",2018年9个贫困村实现了整村退出,752户1728名贫困群众成功脱贫,全县如期实现整体脱贫,贫困发生率由2016年的4.05%降至0.008%。441户1170名易地搬迁贫困群众分房到户、喜迁新居,"平定县扶贫产业示范基地"建成运行。

三是统筹做好各项民生工作。城镇登记失业率为3.47%。全面推进平定一中、平定二中、实验小学改扩建,第三实验小学完成扩建并投入使用。我县顺利通过国家义务教育发展基本均衡县复查验收。深化县乡医疗卫生机构一体化改革,加强"医联体"建设,创新开展对口支援、家庭医生签约和边远乡村巡回医疗服务。2018年,我县被评为全国基层中医药工作先进单位、山西省人口和计划生育工作目标管理责任考核先进县和省级健康促进示范县。统筹做好扶老、助残、救孤、济困工作,农村留守儿童日间照料实现全覆盖。实施文化惠民工程,免费送戏下乡239场,公益数字电影放映4424场。冠山镇被评为"山西省民间文化艺术之乡"。

四是有力维护社会稳定。扫黑除恶专项斗争取得了阶段性成效,打掉涉黑涉恶团伙15个,抓获违法犯罪嫌疑人124名,破获各类刑事案件70起。10个乡镇2个社区办事处建立了社戒社康中心,摘掉了涉毒问题全省重点整治县的帽子,"平安平定"和"法治平定"建设深入推进,人民群众安全感全面提升。县人民法院被最高法评为"全国优秀法院"。深入开展"重点领域、重点群体、重点问题、重点人员"信访矛盾和信访积案化解攻坚战,包括中央巡视组交办案件在内的一批重点案件有效化解。扎实做好安全工作,杜绝了较大及以上事故发生。严厉打击非法违法盗采矿产资源行为10起,移送司法机关追究刑事责任1起。

五是全面加强生态文明建设。牢固树立"绿水青山就是金山银山"的理念,坚持多措并举,深入开展大气、水、土壤污染防治工作。加大监测设施投入力度,在县城2个国控点位的基础上,新增23台监测仪,并聘请第三方运营公司开展无人机巡查服务,精准治污能力明显提升。立案查处违法企业91家,罚款614万元,是2017年的2倍多。4座矸山治理主体完工。从严从实抓好中央和环保部以及省环保督察反馈问题整改,做到对账销号。实施冬季清洁取暖工程改造1.2万余户,完成市政府下达任务的123.1%。继续实施南川河生态环境综合治理。开展黄土高原综合治理和太行山森林质量提升工程,全年营造林2.4万亩。我县被省林业厅授予"山西省林业工作先进集体"荣誉称号。

五、扎实推进民主政治建设和意识形态工作,进一步凝聚正能量

坚持人民代表大会制度,加强县委对人大工作的领导,支持人大及其常委会依法履行职能。2018年,县人大及其常委会综合运用听取审议专项工作报告、专题调研、执法检查、专题询问、工作述职等监督手段,听取审议"一府两院"工作报告32项,作出决议决定12项,办理代表意见建议101件。同时,扎实推进法治平定建设,深入开展法制宣传教育。支持法院、检察院依法履行职责。

加强县委对政协工作的领导,支持县政协履行政治协商、民主监督、参政议政职能。2018年,县政协及其专门委员会开展对口协商6次;围绕群众关心的转型项目建设、乡村环境整治等热点难点问题,提出合理化意见建议50余条;深入开展参政议政,认真办理委员提案145件。

巩固和发展最广泛的爱国统一战线,成立了平定侨联和新的社会阶层联谊会,积极做好民族、宗教、侨务和对台工作,切实加强与各民主党派、工商联和无党派人士的团结合作。加强和改进党对群团工作的领导。坚持党管武装,积极支持驻地部队建设,推进军民融合发展。

坚持党管宣传、党管意识形态,狠抓意识形态工作,牢牢掌握工作的主动权。加强对网络意识形态工作的管控,突出抓好思想理论武装、新闻舆论引导、核心价值观培育、文化繁荣发展等重点工作。突出重点宣传,加强对外宣传。董志吉、樊金鑫入选2018年"中国好人"榜。

六、巩固风清气正的政治生态,推动全面从严治党向纵深发展

切实把全面从严治党、狠抓基层党建摆在突出位置,全县政治生态持续净化,为改革发展稳定提供了坚强保证。

一是落实管党治党主体责任,强化各级班子政治建设。坚持以党的政治建设为统领,狠抓党建重点工作的谋划推进、责任落实和突出问题的解决。一年来县委常委会研究党建工作32次、议题68个,组织推进会、专题会等各类会议12次。坚持从严问责倒逼责任落实,问责领导干部92人,同

比增长268%，责令12个党组织作出书面检查，对2个党组织进行通报。研究制定全县《加强县乡班子党的政治建设的实施细则》，着力解决纪律规矩意识不强、党内政治生活不严肃等问题。县委常委班子带头召开专题民主生活会，全面肃清腐败流毒影响，各级党员干部践行"两个维护"的自觉性主动性明显增强。

二是扎实推进"三基建设"，提升基层基础工作质量。省市部署的14类36项工作较好完成。社区活动场所提档升级、联村党组织建设等工作扎实推进。现有23个社区的活动场所19个达到500平方米以上。联村党组织总数达到33个，其中2018年新建19个，辐射带动7个贫困村和25个低收入村实现脱贫。狠抓基层党支部组织力提升，扎实开展"党支部质量提升年"和"百点示范创建"活动，新建的开发区管委会党群活动服务中心达到"七室一厅"标准，784个党支部全部建成标准党支部，一流支部达到10%。坚持抓两头带中间，开展"双十"评选和"双百"表彰活动，完成了12个软弱涣散党组织整顿，古州煤业、鹊山移民社区新设立了党委。

三是端正选人用人导向，从严抓好干部队伍。开展了科级班子和领导干部中期考核评估，加大干部优选和对人岗不相适干部的调整力度。坚持公道正派，慎重选人，2018年选拔调整干部6批84人，进一步优化了科级领导班子配备。制定了人才工作的"一意见六办法"，在人才培育、引进、扶持方面拿出有效的政策措施。

四是坚持常抓不懈，深入推进党风廉政建设和反腐败斗争。成立县委反腐败领导小组，加强了对反腐败工作的全过程领导。始终保持反腐正风高压态势，2018年，查处违反中央八项规定精神和"四风"问题15件，给予党纪处分11人，涉及科级干部2人。全县共立案查处案件144件（次），给予党纪政务处分170人，涉及科级干部22人，撤职以上重处分27人。聚焦群众身边腐败、扶贫领域腐败，分别立案查处55件109人、14件24人，起底涉黑涉恶线索56件。深化监察体制改革，圆满完成了县纪委监委派驻机构全覆盖和乡镇监察试点工作。开展2轮常规巡察和1轮向村的延伸巡察，立案查处11件21人次。认真办理中央巡视组移交问题线索，进一步推动全面从严治党向基层延伸，向纵深发展。

（田晋斌）

附：中共平定县委书记、副书记、常委名单

书　记：申　济

副书记：韩加政（9月离职）　王建义（9月任职）　李海民　李　斌（4月任职）

常　委：赵文骥　郭满仓　王卫东　李有义　王玉卿（女）　梁宝元　杨建国（3月任职）

中共盂县县委

县委书记　张其光

2018年，中共盂县县委深入贯彻落实习近平新时代中国特色社会主义思想和党的十九大精神，全面落实习近平总书记视察山西重要讲话精神，按照省市委的部署要求，团结带领全县广大党员干部群众，全面落实从严治党主体责任，统筹推进稳增长、促改革、调结构、惠民生、防风险等各项工作，全县党的建设和经济社会发展取得了新的进展。

一、强化政治责任，提高政治能力，切实用习近平新时代中国特色社会主义思想武装头脑、指导实践、推动工作

在加强学习中提升发展本领。始终把传达学习习近平总书记的重要讲话精神作为第一议题，在第一时间传达给全县领导干部，并作为第一任务坚决落实。全年副县级以上干部学习十九大精神、中央省市系列会议精神共22次，中心组集体学习17次。在强化信念中增强发展定力。县委班子成员始终注重加强自身及党性观念、政治品德、思想道德修养，保持政治定力，把准政治方向，坚决同破坏政治纪律和政治规矩的行为作斗争，坚持中央的要求就是我们的使命，省委的部署就是我们的任务，市委的安排就是我们的行动，不断提高驾驭复杂局面的能力。在科学研判中找准发展路径。通过广泛而深入的调查研究，认真审视全县的发展基础、发展优势、发展不足，进一步理清了盂县的发展思路和重点，明确了把盂县建设成为"宜居宜业宜游区域强县"的目标，开辟了资源型山区县转型发展新局面。

通过持续深入的学习贯彻落实，全县广大党员干部进一步树立了"四个意识"，坚定了"四个自信"，坚决做到了"两个维护"，推动了习近平新时代中国特色社会主义思想和党的十九大精神在盂县落地开花结果。

二、认真落实管党治党要求，全面从严治党不断引向深入

认真贯彻落实新时代党的建设总要求，毫不动摇坚持和加强党的全面领导，以永远在路上的坚韧和执着，推动全面从严治党不断向纵深发展。

落实管党治党主体责任。始终把管党治党作为重大政治

责任，针对市委巡察组反馈的问题，县委集中研究分析，制定整改方案，责任落实到人，全面整改落实。进一步严肃党内生活，全县各级党组织通过层层约谈、召开民主生活会和在新闻媒体公开表态等方式压实"两个责任"，联系实际抓，带着问题改，形成了上下联动、齐抓共管的良好局面。

始终把党的政治建设放在首位。积极响应"全党来一个大学习"的号召，突出政治标准，部署开展了"大学习、深调研、促落实"活动，举办各类培训班30余批次，培训各级干部6500余人次，分11期对全县443个村4300名村支"两委"干部进行教育培训，全县党员干部能力素质显著提升。学习贯彻"六用人才"理念，登记联系乡籍在外人才140名、县籍在外人才360名，为14个乡镇配备金融助理。

大力实施"三基建设"工程。基层组织建设方面，扎实推进基层党组织标准化规范化建设，整顿转化软弱涣散村党组织16个，创建一流党支部97个，进一步夯实党的执政基础。基础工作方面，持续加大对基层的资金投入，在去年投入3400万元基础上今年又增加600万元用于乡村干部补贴、办公用房改造升级，进一步激发了乡村干部干事创业的积极性。基本能力方面，突出政治引领和政治吸纳，举办农村（社区）"领头雁"培训班，培养村级后备干部723名，吸纳回归人才48名，返乡青年1393人，发掘三创人才99名，农村工作力量得到显著加强。

不断强化党风廉政建设。县委定期研究党风廉政建设和反腐败工作，今年以来，先后召开17次县委常委会议，传达贯彻、研究部署全面从严治党和党风廉政建设工作，涉及相关议题23个。两次召开县委巡察集中反馈大会，针对巡察发现的问题，向全县各单位各部门进行反馈，将警示教育效果传导到全体党员干部。严格执纪监督问责，全面净化党内政治生态。始终保持惩治腐败的高压态势，围绕民生资金、征地拆迁、教育医疗、生态环保、惠民政策落实、干部作风、小微权力运行等方面工作，成立了4个督查组，开展专项监督检查，共检查单位47个次，发现问题158条，已全部整改。结合民生领域腐败和不正之风专项整治工作，成立了12个专项检查组，深入12个乡镇、59个贫困村、384个贫困户，对扶贫政策落地、扶贫项目实施、扶贫资金使用、领导责任落实等进行了全面检查，对检查发现的55个问题，督促有关部门及时纠正和处理。

三、牢牢把握高质量发展主线，县域经济持续健康发展

全面践行新发展理念，坚持稳中求进工作总基调，认真落实高质量发展要求，在实现由"疲"转"兴"的基础上，全县主要经济指标发生积极变化，呈现出稳中向好、结构向优态势。全县地区生产总值预计增长6.5%；规模以上工业增加值预计完成37.3亿元，增长6.1%；固定资产投资预计完成44.7亿元，同比下降39.8%；公共财政预算收入完成8.1亿元，增长42.4%；社会消费品零售总额预计完成56.1亿元，增长9%；城镇居民人均可支配收入预计达到31345元，增长6.5%；农民人均可支配收入预计达到13804元，增长6.7%。

综合能源体系全面升级。以传统工业的提质改造为抓手，大力推进以煤为基的综合能源体系建设，为煤炭产业向优质、环保转型奠定了基础。坤宁煤业120万吨现代化矿井23项前期手续已完成17项，"五通一平"工作顺利推进；路家村煤业、辰通煤业转为生产矿井；积极延伸煤电"产业链"，全省首个百万千瓦级外送电工程——盂县裕光2×100万千瓦发电项目全面开工、进展顺利；盂县力宇煤层气上社瓦斯发电项目全面完成、并网发电；中广核山西盂县西潘风电场一期工程加快推进，二期工程开工建设。

民营企业蓬勃发展。按照省委对民营经济发展工作的安排部署，切实营造公平环境，维护企业家合法权益。过去一年，新增中小微企业600余家，"小升规"企业7家，中小微企业营业收入完成38亿元，实现利润总额2.73亿元，上缴税金2亿元。同时，限上商贸企业和规模以上工业企业基本普及电子商务应用，千人以上的行政村电子商务服务点达到全覆盖，电商发展指数在全省排名第6。

城乡发展逐步融合。在县城，突出国家卫生县城创建重点集中攻坚，继续加大垃圾清运、街道保洁力度，深入推进道路交通秩序大整治，县城环境面貌得到进一步改观。在农村，紧紧围绕十九大提出的乡村振兴战略，建成省级美丽宜居示范村4个，市级美丽宜居示范村18个，在全县11个村推进乡村振兴示范村创建工作，村集体经济、基础设施、人居环境、治理体系得到有效提升。2018年，在江苏召开的全国休闲农业和乡村旅游大会上，由农业农村部遴选出的全国150个"2018年中国美丽休闲乡村"中，盂县孙家庄镇王炭咀村受到表彰并获授牌。

重点工程项目有序展开。在外部环境较为困难的情况下，全力攻坚克难，新建中医院、水神山路、省道双阳线灾毁修复等一批民生和基础设施工程相继竣工；李宾山路南北段、太行1号国家旅游观光路盂县段、西南外环路基工程、运煤专线（乌玉至南娄）路面修复工程、西北外环工程、香河县城段滨水空间综合治理正在加快建设；G239盂县过境东宋至滴水崖段改建工程项目已经确定方案正在加快前期准备。特别是盂县2×100万千瓦电厂项目，今年积极拓展延伸上下游产业链条，提出配套建设煤电一体、热电联供、水资源循环利用、固废综合利用、预留装机准备等项目，形成了完善的循环经济产业项目。

四、坚持以人民为中心的发展思想，抓改革促发展惠民生

坚持以人民为中心的发展理念，稳步推进全面深化改革、招商引资、重点工程建设等各项工作，扎实做好安全生产、环境保护、信访维稳、脱贫攻坚等"底线"工作，切实增强民生福祉。

全面深化改革统筹推进。加快"放管服效"改革落实，对92项行政职权事项进行了动态调整，全县具有行政审批、行

政许可、公共服务职能的30个部门,88项行政许可事项、18项重要民生服务事项,进驻县行政审批大厅,企业投资项目承诺制审批服务平台组建运行;国有企业分离办社会职能稳步实施,27家国有企业全部签订"三供一业"分离移交正式协议,12家已经移交挂牌、管理人员入驻;水资源税改革试点工作全面完成,目前已征收水资源税900余万元;全面铺开农村集体产权制度改革试点工作,447个村组完成清产核资,442个村组完成集体成员身份认定,326个村组完成折股量化,262个村成立了集体经济组织;认真学习借鉴浙江省宁海县"小微权力"经验,组织相关人员到实地考察,制定完成盂县"小微权力"运行清单,村(社)治理新体系试点工作有序推进;进一步深化监察体制改革,乡镇监察和派驻监察全覆盖。同时,县级党政机构改革扎实推进,县乡医疗机构一体化改革、综合行政执法体制改革、经济发达镇行政管理体制改革等取得了明显成效。

招商引资成绩显著。先后到河北、深圳、安徽、杭州、上海等地考察、招商11次,共签约项目19个,签约资金115.39亿元;外来资金到位完成42.27亿元,签约并开工项目14个;已形成框架协议的项目9个,正在洽谈推进的项目5个。10月30日,我县与蝙蝠通运航空(江苏)有限公司签订共建盂县航空产业园项目战略合作协议,盂县的转型发展迈出坚实一步。

全域旅游发展步伐加快。一年来,通过采取积极争取和筹措政策性资金、上级旅游专项资金,激励旅游景区景点发展等措施,以藏山翠谷景点游客服务中心、水神山景区游客服务中心为代表的一批旅游基础设施有了较大改善。通过继续举办五一、国庆假日旅游惠民活动以及开展半程马拉松邀请赛、第二届国际越野跑比赛、水神山文化旅游节、梁家寨乡河灯节等各具特色的大型活动,吸引了大量省内外游客观光旅游。2018年全县游客接待量达到116.8万人次,同比增长32.5%,旅游收入同比增长26.5%。我县也在2018美丽乡村博鳌国际峰会上,获得了"全国百佳乡村旅游目的地"称号。全域旅游所释放的红利正在被更多行业和广大群众所共同分享。

"底线"工作日益牢固。牢固树立总体安全观,坚持从零开始、向零奋斗,如履如临全面做好各行业、各领域安全工作,安全生产形势持续稳定好转;坚持环保倒逼,强化秋冬季大气污染治理攻坚措施,加快推进燃煤替代工作。全力推进生态恢复,严厉打击非法违法采矿,加大环保督查力度,重拳打击生态环境违法行为,共立案查处环境污染违法犯罪案件58起,批捕5人,行政拘留82人,有效遏制了环境违法行为多发态势;全面强化综治工作,深入开展扫黑除恶专项斗争,打掉16个恶势力团伙、打击处理各类违法犯罪分子1465人,确保了全县社会治安大局的持续稳定,我县被评为"省级平安县";推广新时代"枫桥经验",加强源头排查化解稳控,强化县级领导接访下访和信访积案化解,进一步规范网上信访办理,赴省集体上访批次、人次同比分别下降11%、23%,全县信访总量逐步下降,信访秩序持续好转;脱贫攻坚精准发力,全年确立产业扶贫项目183个,总计发放贫困户小额贷款4996.4万元,完成率达114.5%,全年共减贫392户837人、整村脱贫贫困村18个,全县基本实现整体脱贫。

五、扎实推进民主法治建设和意识形态工作,凝聚起奋力前行的正能量

坚持党的领导、人民当家做主、依法治国有机统一,支持人大及其常委会依法履行职能,认真贯彻落实市人大14710三联系工作制度,进一步扩大联系群众的覆盖面,修订完善了盂县人大"两包三联系"16510工作制度。同时利用人大网站平台,加强了人大机关与代表、代表与人民群众的联系,今年收集的110余件代表意见都得到有效落实。出台实施方案,大力支持人民政协履行职能、开展工作。做好党外代表人士的政治安排,加强新的社会阶层人士队伍建设。积极做好民族宗教对台、侨务工作。

坚持党管宣传、党管意识形态、党管网信工作,严格落实党委(党组)意识形态工作责任制,牢牢掌握意识形态工作领导权。深入开展社会主义核心价值观教育,进一步把核心价值观体现到市民公约、村规民约、学生守则等各行业规章规范中。文化事业日渐繁荣,开展"群星风采"流动舞台文化惠民活动16次,"五一"、国庆黄金周等大型群众文化活动68场次,服务群众10余万人次。

(闫建国)

附:中共盂县县委书记、副书记、常委名单

书　记:李云峰(1月离职)　张其光(1月任职)

副书记:孔禄泉(9月离职)　李宏革(5月离职)
梁海昌(9月任职)　刘志军(9月任职)

常　委:刘淑英(女)　刘计平　王会平　刘志军
王　浩　王建华
高建琴(10月,因涉嫌严重违纪违法,接受纪律审查和监察调查;12月,被给予开除党籍、开除公职处分。)

中共长治市委

市委书记 孙大军

2018年，中共长治市委高举习近平新时代中国特色社会主义思想伟大旗帜，深入学习贯彻习近平总书记视察山西重要讲话精神，认真落实省委书记骆惠宁调研长治重要指示，紧扣省委“三大目标”战略部署，围绕打造山西重要增长极、建设省域副中心城市、建设美丽幸福长治，锐意进取、攻坚克难，推动全市各项工作取得新进展新成效。

一、坚持以习近平新时代中国特色社会主义思想和党的十九大精神为指引，提升政治站位、把牢工作方向

始终把学习贯彻习近平新时代中国特色社会主义思想和党的十九大精神作为首要政治任务，树牢“四个意识”，坚定“四个自信”，严守党的政治纪律和政治规矩，坚决做到“两个维护”。把集体学习《习近平新时代中国特色社会主义思想三十讲》作为各级各部门每次党委常委会(党组会)必设议题，以理论中心组专题学习、专题培训等多种形式，轮训干部2.6万人次，开展宣讲1500余场，直接受众20万人次，推动学习贯彻习近平新时代中国特色社会主义思想往深里走、往实里走、往心里走。把习近平总书记视察山西重要讲话精神作为长治一切工作的根本遵循，各级党委(党组)集体重温习近平总书记视察山西重要讲话，对照习近平总书记提出的“五项重大任务”和省委两次督导反馈意见，制定《关于省委督导检查贯彻落实习近平总书记视察山西重要讲话精神反馈意见的整改方案》和《关于省委督导检查贯彻落实省委十一届六次全会精神及系列专项部署情况反馈意见的整改方案》，狠抓整改落实，推动中央、省委决策部署在长治落实。

二、紧扣省委“三大目标”战略部署，全力推动高质量转型发展

为贯彻省委骆惠宁书记4月底到长治调研指示精神，专门召开市委十一届五次全会，进一步明确了巩固壮大现代煤化工、高端装备制造、新能源汽车、新材料、新一代信息技术等五大产业，突出培育光伏制造及应用、通用航空、文化旅游、医药健康、固废利用等五大产业的产业发展方向，并分别围绕通用航空、文化旅游、医药健康等产业发展召开市委中心组(扩大)学习会，凝聚转型发展共识，加快构建现代产业体系，狠抓招商引资和转型项目建设。大力实施创新驱动战略，设立5000万元科技成果转化引导基金，加强产学研深度融合，依托中科院半导体研究所成立了长治市工业技术研究院，依托山西大学科研团队成立了固废综合利用长治研发基地，邀请海外华人高新技术协会专家团来长治访问并举办高新技术产业发展论坛，成立了海外华人高新技术协会长治工作站和长治大健康产业研究院，潞州区“双创”典型经验受到国务院通报表扬。积极落实我省旅游发展战略，推动太行旅游板块发展，与中青旅签订战略合作框架协议，请中青旅专家团队为长治编制全域旅游发展规划，邀请中青旅联盟2018年总经理培训会在长治举办，扩大长治王村机场直达城市数量，开通长治至郑州、晋城、安阳等城际公交，促进了长治旅游的“营销突围”。积极落实省委省政府支持民营经济发展的若干意见，制定出台了长治市的30条配套措施，努力推动长治民营经济持续健康发展。全市全年实施项目建设1380个，其中转型项目910个，累计完成投资约460亿元。在煤炭价格持续高位运行情况下，煤炭工业增加值占工业增加值比重较去年下降2.8个百分点，工业结构“反转”迈出坚实步伐。在国家五部委对全国首批12个产业转型升级示范区考核评估工作中，长治被评为优秀。在全省项目建设督查中，我市市级综合评分全省第一。

三、持续深化改革，不断激发发展动力和活力

按照省委“改革不能落后、改革必须先行”的要求，市委常委会、市深改领导小组会11次对国企国资改革、军民融合、生态文明建设等20多个议题进行研究。梳理列清中央、省委涉及我市的344项改革任务，建立市委书记和市长抓改革台账、市级分管领导抓改革事项清单，对53家市直部门实施“三个三”工作台账管理，县乡医疗卫生机构一体化改革、教师“县管校聘”改革、河长制改革等多项改革进入全省第一方阵。顺利实施部分行政区划调整，稳步推进党政机构改革，持续深化监察体制改革。推动开发区提质增效，在潞城经济技术开发区开展企业化管理模式改革试点，全市省级以上开发区达到9个。加快国企国资改革步伐，基本完成驻市国有企业“三供一业”接管，着手制定市属国有僵尸、空壳企业及低效无效资产清理处置实施办法。大力实施“潞才新政”，推出人才落户、人才安居、编制周转、奖励资助等一系列人才政策，着力围绕转型发展帮助企业集聚人才，加大对“双创”工作的支持力度，突出抓好高技能人才培养，成功举办首届“长治技能大赛”。全面优化营商环境，加快推进商事制度改革，企业开办时间由原来的20天缩短到3天，135个项目通过企业投资项目承诺制改革迅速落地，2018年全市新增市场主体2万户。

四、全力奋战脱贫攻坚，扎实推进乡村振兴

坚持把脱贫攻坚作为头等大事，市委常委会、政府常务会、脱贫攻坚领导小组会30次专题研究，召开全市脱贫攻坚

千人推进大会以及光伏扶贫、易地扶贫搬迁、干部驻村帮扶等系列现场推进会,出台加强脱贫攻坚工作六条措施,着力加大资金投入、深化政策支持、压实帮扶责任、实施暗访督查、严格考核问责、强化用人导向,大力实施产业扶贫,扎实推进易地搬迁,积极开展生态扶贫,探索推进消费扶贫,强化党建促脱贫,持续精准发力,确保连战连胜。有302个贫困村、6.49万贫困人口稳定脱贫,沁源县顺利摘帽,武乡县、沁县将在今年退出。坚持"三农"重中之重地位,出台《关于推进乡村振兴战略的实施意见》《乡村振兴战略总体规划》。围绕创建全国绿色有机旱作农业示范市,加快推进12个3000亩以上有机旱作农业封闭示范区建设,全省有机旱作农业现场观摩推进会在我市召开,我市被中国粮食行业协会授予"中国小米之都"称号,全市农产品商标注册率达85%以上。出台《农村人居环境整治三年行动实施方案》和《农村人居环境整治2018年行动计划》,启动实施"百村示范、千村整治"工程,努力建设美丽乡村。

五、注重标本兼治,坚决打好污染防治攻坚战

牢固树立绿色发展理念,把生态文明建设摆在全局工作的突出位置。出台一系列制度文件,开展一系列专项整治,坚决打赢蓝天保卫战,扎实做好水污染防治和土壤污染防治,加大生态保护修复力度。着力抓好中央环保督察反馈问题整改,成立党政主要领导"双组长"整改工作领导小组,中央环保"回头看"督察组转办的31批140件群众反映问题全部办结。2018年我市成功入选北方地区冬季清洁取暖试点城市、国家城市黑臭水体治理示范城市,争取中央补助资金22.5亿元,我市PM2.5平均浓度降幅在"2+26"城市中排名第二。大力推进城乡生活垃圾分类、城市架空线入地和工业固废综合治理。按照垃圾资源化、无害化、减量化的目标,经过近一年的努力,全市垃圾源头分类减量、收运能力提升、终端处置设施建设等方面均取得了明显成效,为下一步向纵深推进奠定了良好基础。下决心整治城市空中线路"蜘蛛网",还群众一个清朗的天际线,主城区架空线入地工程正在由点及面稳步推进,群众充满期待。积极推动煤矸石、粉煤灰等大宗固体废物变废为宝,成立长治市固废综合利用研发中心,探索推广使用煤矸石、粉煤灰填筑路基和煤矸石回填矿井,并专门在襄垣县召开固废利用现场推进会,去年一年全市仅公路建设共消化煤矸石61.7万方、粉煤灰7万吨。

六、加强和创新社会治理,着力保障和改善民生

认真抓好宪法学习宣传和贯彻实施,始终坚持用法治思维和法治方式化解各类矛盾问题,全面提升社会治理水平。把扫黑除恶专项斗争作为重大政治任务,按照省委"十个进一步""十个不断强化"的要求不断向纵深推进,全市共打掉涉嫌黑恶势力犯罪团伙99个,抓获团伙成员800人,查封扣押冻结涉案资产82亿元,查处涉黑涉恶腐败9案19人,问责党组织4个、党员干部63人。强力推进"创建全国禁毒示范城市"各项工作,襄垣县取消挂牌整治。推广新时代"枫桥经验",加强基层综治中心建设,推动基层网格化管理,全市刑事立案数同比下降7.6%。深入开展领导干部大走访,市县党政班子成员带头接访,全市信访形势持续向好。出台《党政领导干部安全生产责任制实施办法》《安全生产领域改革发展实施意见》,层层压实安全生产责任制,全年事故起数、死亡人数继续保持"双下降"态势。始终坚持以人民为中心的发展思想,努力解决群众最关心、最直接、最现实的利益问题。大力推进主城区棚户区改造,启动实施天晚集片区、长丰片区改造,回应困难群众关切。制定漳泽湖湿地保护利用总体规划,启动实施环漳泽湖湿地"五行"系统建设,打造美丽长治新名片。强力推进主城区"两违"整治,拆除主城区违法建设10万平方米。加大教育投入,完成381所农村寄宿制学校标准化建设,全市所有县区实现义务教育发展基本均衡。着力解决中小学生手机管理难题,结合"智慧校园"建设,成功开发并推广"智能电子学生证",在全市禁止中小学生带手机进校园。推动解决未成年人进网吧问题,开展网吧整治专项行动,坚决取缔"黑网吧",对违规经营网吧予以重罚并在媒体公布,形成有力震慑,建立起长效监管机制。

七、推进民主政治建设,广泛凝聚智慧力量

坚持人民代表大会制度,支持人大及其常委会依法履行职能。加强地方立法工作,我市首部实体性法规《长治市辛安泉饮用水水源地保护条例》颁布实施,长治市《养犬管理条例》、《大气污染防治条例》、《不可移动文物保护条例》、《禁止燃放烟花爆竹规定》报省人大常委会待批。加强对人民政协工作的领导,出台《关于加强新时代人民政协党的建设工作的实施意见》,支持市政协围绕中心履行职能,政协建言献策质量明显提高。认真落实《关于加强新的社会阶层人士统战工作的实施意见》,加强民主党派和无党派人士工作,在全省率先推进国旗、宪法和法律法规、社会主义核心价值观、中华优秀传统文化"四进"宗教场所活动。认真落实党管武装各项工作,全力支持国防和军队改革建设,加强全民国防教育,提高国防动员和后备力量建设质量。全面深化群团组织改革,建强基层组织,充分发挥群团组织的作用。

八、全面从严管党治党,进一步构建良好政治生态

持续推进正风肃纪反腐,坚决压实"两个责任",全市共立查案件2529件、同比增长52.4%,党纪政务处分2656人、同比增长45.5%,移送司法机关94人,同比增长108.9%,其中查处违反中央八项规定精神问题165件、处理232人,问责党组织16个、问责党员干部191人。深入开展民生和扶贫领域腐败和不正之风专项整治,全年查处群众身边腐败问题836案1089人,查处扶贫领域腐败问题247案323人。出台市委巡察工作规划,扎实开展巡察工作。对照中央巡视组巡视山西反馈意见和省委整改方案,主动查找问题,及时制定

下发市委的整改方案并狠抓整改落实。在选人用人上着重树立崇尚实干、人岗相适、培养年轻干部"三个导向",进一步净化政治生态,大力整治说情打招呼、制造和传播小道消息、造谣诬告"三股歪风"。认真落实省委《关于进一步激励广大干部新时代新担当新作为努力建设高素质专业化干部队伍的实施意见》,大力选树担当作为先进典型,为敢于担当的干部担当,对敢于负责的干部负责。加大干部培训力度,分级分批选派干部到浙江大学、复旦大学专题研修,组织100余名党政领导干部赴港澳学习考察,开阔眼界、提升素质。坚决反对和整治形式主义、官僚主义,坚持少开会、开短会,取消部门多头考核、重复考核,领导干部调研严格实行对口陪同,着力减轻基层负担,把干部从无谓的事务中解放出来。在深入贯彻省委"三基建设"部署基础上,创新基层党建,推出三大举措:选派优秀年轻干部到村(社区)担任党组织书记,这项制度既破解了基层党组织选人难题,又建立起来自基层的干部培养选拔链,第一批选派的143名农村(社区)党组织书记已经于"十一"前到位,许多村很快有了起色;建立党员到居住地社区报到制度,充分发挥共产党员在基层治理中的先锋模范作用,全市有10万多名党员在"七一"前夕到居住地社区党组织报到,效果初步显现;健全城市基层组织体系,在城市社区普遍建立党委,在居民小区建立党支部,在居民楼栋建立党小组,切实提高了城市基层党组织的组织力。切实加强对意识形态工作的领导,严格落实意识形态工作责任制,扎实开展"全域文明"创建活动,大力弘扬太行精神,太行干部学院影响力不断扩大,新创办太行少年军校,长治市获批全国青少年太行革命传统教育基地,被中宣部确定为宣传展示改革开放40年成就的50个城市之一,《人民日报》以"太行精神耀长治"为题对长治市工作进行了深度报道。

(翟　睿)

附:中共长治市委书记、副书记、常委名单

书　记: 席小军(1月离职)　孙大军(1月任职)

副书记: 杨勤荣　唐立浩(1月任职)

常　委: 姚　逊　马　彪(5月离职)　刘卓良
谷　明(5月任职)　孙刘琳(女)
吴小华　王　震　胡　勇
密国林(11月离职)　艾志军(11月任职)

中共潞州区委

区委书记　胡　勇

2018年,在中共长治市委坚强领导下,潞州区区委团结带领全区广大干部群众,认真贯彻落实习近平新时代中国特色社会主义思想和习近平总书记视察山西重要讲话精神,紧紧围绕省市委各项决策部署,砥砺奋进、攻坚克难,各项工作均取得新成绩。

一、提高政治站位,坚决落实中央省市委各项决策部署

潞州区委始终注重提高政治站位,以高度的政治自觉、思想自觉、行动自觉,认真学习贯彻习近平新时代中国特色社会主义思想,始终在政治立场、政治方向、政治原则、政治道路上同以习近平同志为核心的党中央保持高度一致。在全区广泛开展了"不忘初心、牢记使命,重整行装再出发"公开承诺,各级干部坚决做到了"两个维护"。坚持每周召开区委理论中心组学习会议,举办了科级干部学习贯彻习近平新时代中国特色社会主义思想读书班,深入开展了学习《三十讲》系列活动,进一步提高了广大党员干部的理论水平。制定出台实施意见,深入贯彻落实省委书记骆惠宁调研长治讲话精神,围绕省市委重大任务,狠抓转型综改、深化改革、三基建设、扫黑除恶、环保攻坚、垃圾分类、安全稳定等重点工作,确保了省市委各项决策部署在潞州区落实。

二、坚持党要管党,推动全面从严治党向纵深发展

全面压实党建工作责任。多次召开区委常委会议、区委中心组学习会议专题研究、安排部署全面从严治党工作。成立区委党建工作领导小组和党建办,制定工作要点,健全区和乡镇、街道、中心两级党建领导小组机构,构建起上下联动、整体推进的基层党建工作格局。实行党建工作任务清单制管理,全面压实压紧党建主体责任。完善党建工作考核评价和激励约束机制,对重点任务实行挂牌督办,推动基层党建任务落实。

全面加强领导班子和干部队伍建设。按照建设高素质干部队伍要求,进一步加强了领导班子建设,明确了54名街道、区直单位负责人,选优配强了队伍。制定出台后备干部管理办法,开展农村"领头雁"培训、科级干部读书班等各类专

题培训100余次,组织外出培训20余次,提升了干部理论素养和能力素质。选派166名扶贫队员组建55支工作队,深入平顺、武乡贫困村开展跨县区扶贫帮扶工作,为全市如期完成脱贫攻坚贡献了力量。

全面加强“三基建设”。开展了“五好支部”“六强机关”“十项全能干部”创建,对13个软弱涣散农村基层党组织进行集中整顿;成立了70个社区党委,254个居民小区党支部,扎实开展党员到社区报到工作,打造了英中街道“红色商圈”等一大批特色党群服务中心;“温暖人社”和“一年早知道”等党建品牌受到中组部和省市委充分肯定,构建了基层党建工作新格局。制定完善“一目录三手册”,开展“标准问题讨论”,进一步夯实了基础工作。选派20名优秀年轻干部担任农村(社区)党组织书记和123名党建指导员到农村工作,提升了基本能力。

全面加强党风廉政建设和反腐败工作。坚持以问责追责倒逼责任落实,对4个党组织、24名领导干部进行问责。把握运用监督执纪“四种形态”,共处置问题线索659件,给予党纪政务处分161人,移送司法12人,形成有力震慑。持之以恒纠“四风”,查处违反八项规定精神案件14件,党纪政纪处分16人。深入开展民生领域腐败和不正之风问题专项整治,排查问题线索20件,办结19件,给予党纪政务处分12人,组织处理1人,诫勉2人。强化“扫黑除恶”专项斗争中的监督执纪问责工作,收到问题线索144件,已办结82件。

三、贯彻新发展理念,保持了经济平稳健康发展

提质提效,构建现代产业体系。转型升级步伐加快。编制了总面积30.56平方公里的“一区三园”产业发展规划,为转型发展拓展空间。1家企业挂牌新三板,13家企业挂牌省股权交易中心,省级“专精特新”企业新增7家,国家级高新技术企业达到19个,省级民营科技企业达到36家。项目建设成绩斐然。谋划实施重点转型项目106个,霍家水合肼二期、中德轻量化二期等43个项目开工建设,万达广场、长信80万吨带钢等21个项目竣工投产,累计完成投资106.87亿元,转型项目建设走在了全市前列。招商引资硕果累累。完成签约项目58个,签约总额292.8亿元,到位资金55亿元。

稳扎稳打,深改工作纵深推进。行政区划调整取得突破性进展。经国务院批复同意,潞州区于2018年11月23日正式挂牌成立,开启了我区发展新篇章。政务服务改革步伐铿锵。构建“1236”政务服务平台,推动审批事项程序化、法制化、公开化。积极推行区级行政审批事项“一站式”审批办理,实施企业投资项目承诺制改革试点20个,努力营造良好营商环境。农村领域改革稳妥推进。土地确权工作顺利通过省、市验收。启动农村集体产权制度改革,已完成32个村(菜场)的清产核资和1个村的集体经济组织成员界定工作。“双创”工作享誉全国。扶持了唯美诺、海鸥、长轴1945创业园等一批“双创”基地,“双创”工作受到国务院办公厅全国通报表扬。

多管齐下,补齐城乡建管短板。着力提升城市品质。全面启动经十六路、潞泽街、高铁东站广场等11条道路和重点工程征迁工作。棚户区改造开工797套,建成2440套。稳步推进天晚集和长丰两片区改造征收补偿工作,签订协议957份,支付补偿金15155万元。积极推进马坊头、湛上等8个村的整村拆除工作,拆除面积达110万平米,拆除率达到96.6%。扎实推进架空线路整治。完成了老顶山旅游区、飞机场、火车站三个重点区域线路整治。对51条街巷架空线路和杆架进行了专项整治。持续改善村镇环境。新创建市级美丽宜居示范村3个,完成1个森林乡镇和5个森林村庄的创建任务。农村改厕300余座,9个村建成生活污水管网,6个村完成供水管网改造,农村人居环境明显改善。

持续发力,扎实推动生态建设。扎实推进环境污染防治。投资1220万元推进了103个空气质量监测微观站点和监管平台建设。全面完成28668户冬季清洁取暖工程。黄碾人工湿地投入运行,北寨人工湿地开工建设。有力提升固废综合利用能力。引领17家固废物产生及利用企业,大力推进工业固废资源化利用。煤矸石综合利用率达231.9%,粉煤灰综合利用率为61.8%,脱硫石膏综合利用率为47.1%;冶炼渣综合利用率为87.5%,固废综合利用率走在全市前列。有序推进垃圾分类处置。生活垃圾分类工作实现全方位强力度推进,建设垃圾中转站22座,涌现出澳瑞特社区、太西社区、果园村等一批先进典型。42个试点单位生活垃圾分类知晓率达到100%,参与率90%以上,投放准确率达80%。全面完成造林绿化任务。共完成植树134万株,造林2300亩,新建苗木花卉基地1300亩,创建生态园林村12个,超额完成任务。

四、坚持人民至上,推动社会事业全面进步

民生工程扎实推进。教育方面,新建体育北路学校、建东小学改扩建工程主体完工,金湛学校、新华小学、清华中小学等新建改扩建工程扎实推进。医疗方面,原新建郊区医院项目完工并实施搬迁,以原郊区医院为中心整合6个乡镇卫生院成立了医疗集团;太西医养照护院、滨河西等基层站探索出医养结合新模式,原郊区11家医疗机构开展医养结合服务,建起18家日间照料中心。社会保障方面,培训农村进城务工人员、城镇失业人员等各类群体1.2万余人,提供就业岗位1.4万余个。在全市率先推行城乡居民养老保险手机“线上”缴费,群众办事更加便捷。

社会大局保持稳定。扫黑除恶方面,共受理涉黑涉恶线索1085条,侦办涉黑涉恶犯罪团伙18个,侦破各类刑事案件50起,抓获团伙成员141人,战果名列全市前茅。综合治理方面,推进了“雪亮工程”建设,加大“三级”调解平台的规范化建设,标准化“三级”综治中心和乡镇(街道)、重点村(社区)巡防队伍建设实现全覆盖。信访稳定方面,坚持区镇两级领导公开接访下访,畅通依法信访渠道,解决一批群众反映的热点难点问题,信访形势明显好转。

安全生产紧抓不放。全面实施安全生产挂牌责任制,深入推行专家巡检会诊制度,共使用专家300余人次,查出安

全隐患500余条。深入开展“查隐患、抓整改、保安全”专项行动,全面排查危化、冶金工贸、煤矿和非煤矿山、人员密集场所、高层消防、森林防火等重点领域安全隐患,推动全区安全生产形势持续稳定好转。

(任郁君)

附:中共潞州区委书记、副书记、常委名单

书　记:胡　勇

副书记:张晋伟　崔云峰

常　委:任国华　李　飞　刘　忠(11月任职)

蒋　楠(11月任职)　王　辉

牛海江(11月任职)　宋春燕(11月任职)

中共上党区委

区委书记　王现敏

一、抓项目促转型,发展质量更“优”

经济运行稳中有进。地区生产总值完成138亿元,增速10.1%;固定资产投资完成38.23亿元;社会消费品零售总额完成25.1亿元,增速11%;工业增加值增速13.3%;城镇居民人均可支配收入完成23249元,增速6.6%;农村居民人均可支配收入完成11304元,增速7.6%,全区经济保持稳中有进、持续发展的良好势头。

转型项目步伐加快。按照省市“转型项目建设年”的安排部署,制定了《转型项目建设年2018工作方案》,全区确定转型项目102个,总投资360.32亿元,年度计划投资56.26亿元,1至11月累计完成投资35.04亿元,标准化厂房、荫城古镇修复等重点转型项目进展顺利。

招商引资成果丰硕。始终把招商引资作为推进转型发展的重要抓手,制定出台《招商引资奖励办法及优惠政策(试行)》,重奖重大项目、招商功臣、转型企业;要求各乡镇党政主要负责人、重要职能部门负责人每月外出招商不少于10天;制订《招商引资重点产业指导目录》,进一步优化产业结构和布局。本年上党区开展各类招商引资考察推介活动80余次,签约项目29个,包括装备制造、大健康、节能环保、旅游、物流等众多领域,总投资274亿元,签约项目开工率达到41%以上,夯实了全区转型发展的基础。

农业调产成效卓著。上党区将用3年时间,沿山、沿河、沿路、沿村、沿企发展10万亩生态农业经济带,加快农业结构调整。本年完成调产任务4万多亩,5000万元扶持资金已发放到位,实现了经济效益与生态效益的双赢。

开发区建设取得重大进展。上党经开区设立省级开发区可行性研究报告已通过评审。全面落实“三化三制”改革,引进国有公司总经理1人;制定经开区工作人员考核制度和绩效工资分配办法,充分调动开发区工作人员的工作积极性和创造性;以振东集团为龙头,实行公司制专业化管理,不断向国际标准化推进。截至11月底,上党经开区亿元以上转型项目落地6个;招商引资到位额完成5.21亿元,其中转型项目资金到位额4.58亿元;规模以上工业总产值完成10.07亿元;固定资产投资完成8.78亿元;税收收入完成1.95亿元;进出口额完成863万元,开发区正在成为全区加快发展的新引擎。

二、抓改革促创新,发展机制更“活”

始终坚持“改革就是办法、办法就是改革”的理念,在重点领域和关键环节全面发力,多点突破,区域发展机制更加顺畅,社会发展活力和创新活力明显增强。

教育体制机制改革取得重大突破。全面推进中小学教师“县管校聘”管理改革,2531名教职工参加竞聘,教师资源配置不断优化,教师队伍活力明显增强。引进上海知名教育家冯恩洪团队,开办“中国好课堂”,培训教师1800余人次,课堂教学改革取得初步成效。积极引进长治医学院落户本区,在校生5个专业560余名学生,专家楼、公寓楼已完成设计和规划,结束了本区没有高校的历史。成立太行乡村振兴人才学院,培养高素质、专业化乡村振兴人才。

媒体融合改革走在省市前列。区新闻中心和广播电视台正式合并,在全省率先组建“全媒体中心”,成立长治市上党全媒体集团。自主开发“上党全媒体指挥中心”应用平台,初步构建起区域新闻生产传播的“中央厨房”模式,获得中宣部重点支持推动,获批县级融媒体中心建设试点县。

农村集体产权制度改革取得显著成效。制定出台《清产核资办法》《股权设置指导意见》等指导性文件。探索出摸清家底“三查三建五清法”、界定成员身份“五步法”和规范村经济联合社选举“三步十环节”等做法。截至年底全区254个行政村均组建了村级(股份)经济联合社,其中16个村组建了村级股份经济联合社,238个村组建了村级经济联合社。

医疗卫生体制改革开创新局面。组建医疗集团,深化与长治医学院合作办医,由和平医院托管区医院。和平医院派出多支专家团队对区医院进行“科室对科室”精准帮扶,派出专家40余人次现场指导手术,确定每周四为和平医院专家门诊日、查房日。截至年底,累计接诊患者2000余人次。设立“一站式服务”门诊综合服务台,切实让人民群众在家门口就享受到市级医院的诊疗服务。

旅游体制改革深入推进。成立山西黎都文化旅游有限公司,逐步完成了天下都城隍景区、振兴小镇改革任务,实现了国有景区管理权和经营权“两权分离”。成功举办2018年“第二届‘上党新春会’文化旅游节”,共吸引各地游客120万人次,旅游综合收入超亿元,创本区假日旅游收入新高;举办

"成功汽车·2018上党红色国际马拉松"大赛，来自全球22个国家和地区一万多名跑者参与这场畅跑盛宴；举办首届"长治县康养文化旅游节"，推动了"旅游+健康"的融合发展；积极推动振兴小镇创建4A级景区；开通全域旅游直通车；积极推进"演艺"进景区，创作出大型实景剧《情殇十泉岭》，打响本区景区演艺品牌。

三、抓城建促发展，人居环境更"美"

加大拆迁力度，腾退发展空间。制定出台《县城规划区城中村改造货币化安置实施办法(试行)》等制度，坚持"政府主导、村委配合、群众自愿"模式，全面推进城中村改造。截至年底，共拆除建筑面积69275.77平方米。利用拆迁腾退的土地，见缝插针建设绿地、停车位、运动场等便民设施，本年建设城市绿化面积约4.6万平方米，改造13个地面停车场，新增车位520余个，新建两个便民市场、6个公厕、100余套便民休闲座椅，新建篮球场、五人足球场、门球场等体育活动场所十余处，极大方便了群众生活。

用改革的办法解决城建难题。打破常规，通过政府购买服务的方式，新建体育广场和幸福广场，进一步完善了城市功能，提高了城市品质。推动供热体制改革，将原有两家供热公司重组，组建成立上党城投供热有限公司，第三方负责运营管理，确保了群众温暖过冬。用市场化方式推动环卫工作改革成效明显，全区人居环境得到进一步改善。

全面推进垃圾分类处理。开展垃圾分类进社区、进学校等"六进"活动，充分发挥党员干部示范带头作用，结合党员进社区，深入推行"党建+垃圾分类"。建立垃圾分类监督考核机制，将各试点单位纳入综合考评体系，强化奖惩激励。探索农村废弃物"能源化、肥料化"处理新途径，建成2个农村废弃物处理中心，积极探索垃圾分类定时定点"户投放、村收集、乡运输、县处理"工作模式和"养殖生猪+沼气+蔬菜种植"的循环经济模式。

加快土地塌陷村治理搬迁和基础工程建设。土地塌陷区治理搬迁项目14个标段共29栋楼主体已封顶，现已进入二次结构安装和装饰阶段。污水处理厂升级改造及中水回用工程全面实施，第二污水处理厂、荫城污水处理厂开工建设。柳林学校教学楼、宿舍楼已基本完工，和谐广场道路及景观建设、西池高速路口景观绿化全部完工，城乡基础设施进一步完善。

四、抓民生促和谐，幸福指数更"高"

脱贫攻坚决战决胜。通过农业调产带动脱贫、幸福小院保障脱贫、全域旅游推进脱贫、文化帮扶激发脱贫等方式，本年圆满完成3101人的减贫任务，截至年底，上党区贫困人口从4160户9297人减贫至40户112人，如期实现"五年任务三年完"的脱贫目标。

民生事业再上台阶。教育质量稳步提升，中高考在全市各个县区遥遥领先，职业高中被选为省首批35家"现代学徒制试点学校"，成立教育基金支持教育事业发展，为中小学生免费定制高品质校服，让学生穿出阳光自信、朝气蓬勃。全区实现城镇新增就业3944人，转移农村劳动力3528人，其中建档立卡贫困劳动力转移就业297人。各类社会保险体系更加健全，基本实现各类社会保险向法定人群全覆盖。荣登2018全国《发现幸福百县》第45位。

生态环境持续改善。推进露天堆场全封闭治理和扬尘监控平台建设工作，分类制定错峰生产计划，成功汽车、日盛达、雄山二矿完成清洁生产技改工作，取缔"散乱污"企业210家，升级改造4家。强化水污染治理，加大对入河排污口、各乡镇集中饮用水水源地保护区的摸底调查和现场检查力度，本区小宋出境断面水质达到国家三类标准；强化土壤污染治理，对煤矸石场进行生态修复治理，效果明显，加大煤矸石等固废的综合利用，实现煤矸石变"废"为宝。

五、抓党建促引领，党的阵地更"稳"

坚持以党的建设统领全局工作，不断提高党的建设质量。强化理论学习。始终把学习习近平新时代中国特色社会主义思想和习近平总书记视察山西重要讲话精神作为首要政治任务，编制《贯彻落实习近平总书记视察山西重要讲话精神学习资料》，印发25000余册，确保全区党员人手一本，作为案头书、枕边书、口袋书，常学常新、入脑入心。坚持区委理论中心组学习制度，将《习近平新时代中国特色社会主义思想三十讲》作为重要内容，及时将中央和省市的各项决策部署传达到各单位和各乡镇。强化"三基"建设。全区党员到居住地社区党组织报到，四个社区累计接收党员3853名，亮身份、亮行动，结合"红船精神""红墙意识""环保先行""垃圾分类"等主题开展丰富的实践活动；成立党建领导小组及办公室，推动党建实体化运作；对软弱涣散党组织集中整顿。强化干部队伍。选任优秀中青年干部充实到科级领导班子，其中提拔重用52人；公开选拔40名年轻后备干部，是党员的到村里担任书记、第一书记；大力整治"三股歪风"，为敢担当有作为的干部撑腰鼓劲；创新干部激励机制，大张旗鼓表彰奖励干部队伍中的劳模；对农村现任"两委"主干实施岗位报酬绩效管理，对乡村振兴带头人进行表彰，对工作9年以上的村委委员以及大队会计给予一定的退休保障，农村干部队伍稳定。强化人才培养。建立人才信息库，引进县籍人才；结合本区岗位需求，引进全日制硕士研究生及以上学历高素质专业化人才48名。强化追责问责力度。1至10月份，共查处扶贫领域案件11件，给予党纪政务处分11人；民生领域案件61件，给予党纪政务处分69人，移送司法机关8人；涉黑涉恶腐败案件2起，给予党纪政务处分4人，组织处理4人；查处违反中央八项规定精神问题9件，给予党纪政务处分12人。强化扫黑除恶专项斗争。共打掉涉黑犯罪集团(团伙)10个，破获刑事案件30余起，抓获涉案成员57人；扣押车辆13台，查封固定资产价值1500余万元，冻结银行账户资金150余万元。专项斗争打出更加安全稳定的社会环境，群众的安全感和满意度实现"双提升"。

(李伟峰)

附：中共上党区委书记、副书记、常委名单

书　记： 王现敏（注：2019 年 9 月，因严重违纪，被给予撤销党内职务、政务撤职处分，降为三级调研员。）

副书记： 杨　隽（10 月任职，12 月离职）

段尧刚

常　委： 张芬芬（女）　王咏刚（10 月任职）

陈文广（8 月离职）　李　瑜

李文斌　张延节　秦彦伟

中共潞城区委

区委书记　李文兵

2018 年，中共长治市潞城区委高举习近平新时代中国特色社会主义思想伟大旗帜，认真落实省委、长治市委安排部署，锐意进取，攻坚克难，实现了经济的平稳健康发展和社会事业的全面进步。

一、紧扣学习贯彻习近平新时代中国特色社会主义思想和党的十九大精神首要任务，把牢政治方向

强化思想引领，围绕习近平新时代中国特色社会主义思想、党的十九大精神、习近平总书记视察山西重要讲话精神，常委会集中学习 24 次、理论中心组集中学习 21 次，举办领导干部综合能力提升专题培训班、学习贯彻党的十九大精神轮训班、学习贯彻习近平新时代中国特色社会主义思想读书班，以科学理论武装头脑，树牢了“四个意识”，增强了“四个自信”，做到了“两个维护”。强化政策执行，围绕中央大政方针，制定任务清单，逐级分解执行。强化工作落实，深入开展“讲转提促”、整治“三股歪风”、“百日冲刺”等活动，通过学习教育、整改问题、追责问效、建章立制，党员干部纪律意识明显增强、作风建设更加好转、工作效率大幅提升，确保了各项工作的落地落实。

二、狠抓转型发展第一要务，经济趋稳向好

切实加强对经济工作的领导，推动经济趋稳向好。2018 年，完成地区生产总值 120.2 亿元，同比增长 8.6%；规模以上工业增加值增长 13.34%；固定资产投资 70.28 亿元，增长 11.2%；社会消费品零售总额 18.3 亿元，增长 10.3%；地方财政收入 76627 万元，增长 8.29%；城镇居民人均可支配收入 29521 元，增长 6.6%；农村居民人均可支配收入 14280 元，增长 9.1%。10 类 21 项区域经济转型升级指标较好完成。一是推进三大园区建设。规划建设经开区、史回园区、翟店园区三大园区，经开区推进潞宝潞安东西两区同步建设，园区扩区环评获得通过，新建续建 28 个项目，完成总产值 140 亿元，投资、产出、税收强度分别达到 327 万元 / 亩、290 万元 / 亩、11 万元 / 亩；史回园区围绕打造固废综合利用循环经济示范区发展定位，总体规划编制完成，102 省道至垂阳连接线完成路基工程；翟店园区依托区位优势和长治国家级高新区的辐射力，着力打造现代服务业和高新技术产业集聚区，现入驻企业 24 个，在建或建成转型项目 38 个。二是加快产业转型升级。大力发展现代农业，着力打造辛安泉绿色有机旱作农业封闭示范区和 8 个绿色有机产业示范园，新建扩建 9 个规模养殖场，加快推进敖脑大葱、澜澳皮毛加工等农产品深加工项目建设，新增农民专业合作社 22 家、家庭农场 10 家。着力调整工业结构，加快推进工业固废综合利用，支持兴宝转型发展高温超导新材料项目；延伸煤化工产业链，潞宝 10 万吨己内酰胺聚合切片、百万吨甲醇 3 期等项目建成投产，万吨高端特色原料药、10 万吨尼龙 6 新材料、千万吨焦化转型升级等项目开工建设，潞安氯蜡油蜡等项目进展顺利；突出培育新兴产业，加快发展伟能建材不燃型无机纤维等新材料产业项目。大力发展三产服务业，企联大厦、“双创”孵化基地、服务业众创空间建成投用；与北京铁路局合作组建运营公司，“一枝四叶、一网四核”潞铁智慧物流园项目全面启动，大宗煤炭及无车承运人综合物流园项目加快建设；编制完成《文化旅游发展总体规划》，举办了重机摩托车骑行嘉年华等活动，继续开通北京—潞城旅游专列。全年煤炭工业增加值占工业增加值比重降低 5.16%，制造业增加值占工业增加值比重上升 5.9%，服务业增加值增长 8%，产业转型取得明显成效。三是支持民营经济发展。严格落实处级领导包联重点民营企业制度，大力推进入企服务常态化，先后为潞宝兴海、卓越水泥、智慧物流园一期等企业或项目解决了立项备案、技改资金、征地拆迁、物流运输等问题，确保了企业的健康发展和项目的顺利推进。强化政银企对接，政银企对接洽谈会上的签约意向各银行已向 23 家企业授信 37570 万元，授信率为 74.6%；向 15 家企业发放贷款 24630 万元，发放率为 48.93%。召开民营企业转型发展大会，出台支持民营经济发展“30 条”。培育“小升规”企业 8 个，达规数量排名长治市第一。四是加快转型项目建设。深入开展转型项目建设年工作，全年累计在建项目 97 个，完成投资 67.22 亿元，其中转型项目完成投资 49.21 亿，占固投 73.2%，省市重点项目完成投资 24.78 亿，占固投 36.86%。出台新兴产业项目招商引资奖励办法及优惠政策，持续开展承接珠三角、长三角、京津冀产业转移精准招商活动，签约项目当年开工率 74.47%。项目建设的支撑作用更加明显，转型发展的基础进一步夯实。

三、聚焦创优发展环境首要前提,厚植发展优势

坚持不懈优化发展环境,进一步集聚转型新优势。一是政务服务环境更加高效。加快推进政务服务“两个平台”建设,实体平台年底投入使用,电子平台完成与省网对接,智慧电子信息系统同步投入运行;大力推进“放管服效”改革、商事制度改革,进一步完善联审联批、承诺备案、手续代办、容缺受理等制度;加快“互联网+政务服务”建设,优化审批流程,压缩审批时限,推动政务服务全流程网上办理,加快实现“一窗受理、一网通办”,着力打造“六最”营商环境。二是城乡基础设施加快完善。棚户区改造加快推进,3个片区完成规划设计,9栋回迁楼建设进展顺利,其中5栋主体完成。体育场、世纪广场提档升级工程加快推进,集中供热扩容工程新增供热面积70万平方米。道路交通条件进一步改善,南城巷等4条瓶颈路改造完成,站前街、新华南路等道路加快建设,战备路、309国道过境段改造建成通车,旅游慢行绿道和两条旅游公路部分建成。三是生态环境质量持续向好。制定《农村人居环境整治三年行动实施方案》,深入开展大棚房问题专项清理整治和矮围网围乱象治理,加快“九合一”综合垃圾分类处理产业园建设。重点行业企业总投资8亿余元,建设了特别排放限值和无组织排放改造工程。综合利用集中供热、以气代煤、以电代煤、生物质能供暖等多种供热方式,清洁取暖改造完成15734户,清洁型煤替代燃煤发放2348户、4508吨。全年PM2.5年均浓度下降率14.5%,空气质量优良天数187天,较上年增加11天,空气质量综合指数下降幅度在长治市排名第三。四是人才发展环境不断优化。出台《公开引进高层次人才实施方案》,在长治市第一家实施了“双一流”研究生直接引进政策,公开引进各类高层次人才146名,其中“双一流”大学和学科硕士研究生60名,优化了人才结构,注入了发展活力。五是平安潞城建设纵深推进。深入开展扫黑除恶专项斗争,打掉涉恶犯罪团伙(集团)8个,抓获犯罪嫌疑人39人,破获刑事案件34起、治安案件30余起。同步推进“雷霆扫毒”专项行动,协同破获公安部督办“2018—394”特大制贩毒案件,受到省禁毒办通报表扬。大力加强治安乱点集中整治,进一步完善社会治安防控体系,加快推进“雪亮工程”,探索实践党建引领下的“全科网格”,综治中心实现“全覆盖”,平安潞城建设内涵进一步提升。六是安全生产形势总体稳定。严格落实安全生产党政同责制度,安委会成员单位全部建立“四类清单”,推进了责任落实“全覆盖”。深化重点领域打非治违专项整治系列行动,开展风险分级管控与隐患排查标准评估,出台标本兼治遏制重特大事故实施方案和重点企业安全风险分布图,突出抓好隐患治理,安全生产基础进一步夯实。

四、狠抓全面深化改革第一动力,激发创新驱动活力

扎实推进重点领域改革,以改革破解发展难题、释放发展活力。一是农村产权制度改革成效进一步巩固。土地确权全面完成,村集体资产股权改革基本完成,深入开展农村土地承包经营权抵押贷款,流转土地5.3万亩,为120户流转户抵押融资2亿元,贷款额度位居全省6个试点县(市)之首。二是供销社改革加快推进。开展“三位一体”供销社综合改革试点工作,改造基层供销社1个、综合服务社12个,新增惠农服务站3个、惠农服务中心1个。供销合作社被授予“全国供销合作社系统先进集体”称号,并作为全省唯一代表在全国供销合作社系统座谈会上交流了经验。三是经开区改革取得重大突破。扎实推进“三化三制”改革,经开区获批省级经济技术开发区,在全省第一家开展了民营经济主导、企业化管理模式的改革试点,编制完成《运营方案》,区政府和潞宝集团共同出资组建了民营经济主导、市场化运作的股份经营公司,聘请第三方专业团队负责总体规划和运营,成立政府派出机构园区服务中心全面服务园区建设,项目审批、土地运营、税收政策等相关章程正加快制定。四是金融改革破解融资难题。长治银行潞城支行营业网点即将运营,晋商银行潞城支行获批筹建。支持财兴融资担保公司增资扩股,注册资本金达到1亿元,单笔贷款担保能力提高到1000万元,总担保额提高到10亿元,融资担保工作走在长治市各县区前列。五是项目用地制度不断创新。开展农村凋敝宅基地退出工作,签订退出协议344亩;2个千亩土地开发项目通过验收,新增耕地2153亩;完成工矿废弃地复垦197亩,为重点项目置换了建设用地。借助“扩权强县”直报平台报请省政府批准土地2468亩,保障了棚户区改造、三中东校区建设、309国道改造等27个项目用地,为经开区储备土地967亩。六是科技创新取得积极进展。转化先进科技成果15项,认定国家高新技术企业5个,国家高新技术企业达到9个;认定省级民营科技型企业12个,省级民营科技企业总数达36个,居全市各县区首位。七是医疗卫生机构一体化改革开局良好。在长治市率先实行医保总额预算与打包付费,率先建立医疗服务价格动态调整机制,实现行政、人员、资金、业务、绩效、药械等“六统一”管理,一体化信息系统、医疗资源下沉、家庭医生签约等工作扎实推进。八是行政执法体制改革全面启动。成立深化城市管理综合行政执法体制改革领导组,整合建成区城市管理行政执法职责和资源,组建城市管理综合行政执法大队(筹),实现了执法权责统一,取得了良好的社会效果。九是国企国资改革取得积极进展。区属国有企业完成脱钩改革,有改革任务的13家驻潞央企、省属企业全部签订了“三供一业”分离移交协议。天脊集团燃气改造工程进展过半,供热工程和大水网完成对接,新建换热站投入运营,其他企业“三供一业”改革正加快推进。

五、强化民主法治建设重要保障,维护社会公平正义

坚持把民主法治建设作为发展的重要保障,努力促进社会公平正义,不断维护社会和谐。一是不断加强对人大和政协工作的领导。大力支持人大常委会和政协依法履行职能,

人大及其常委会围绕区委中心工作开展各类调研、视察、执法检查43次,听取和审议报告46个,完成优化营商环境等调研报告11个,作出决议决定12项;区政协围绕中心履行职能,围绕中心工作开展专题政治协商和民主监督,提交调研报告16篇、提案132件,反映社情民意信息67篇,提出了高质量的意见和建议。二是坚持巩固和发展爱国统一战线。统战部门注重做好党外知识分子、新的社会阶层人士统战工作,举办非公经济人士综合能力提升培训班,在长治市首家成立了新的社会阶层人士联谊会。建立区乡村三级宗教工作网络,常态化开展涉教安全隐患排查。工青妇等群团组织依法依章开展工作,残联、妇联顺利完成换届。三是持续深化依法治区实践。深入开展法治示范创建,在党政机关建立法律顾问和公职律师制度,在农村实行一村一法律顾问制度。深入开展"十有十无"先进村创建,30%的村达到创建标准,潞城被确定为全省学习推广新时代"枫桥经验"先行先试县区,并成功承办长治市学习推广新时代"枫桥经验"现场推进会。落实党管武装工作制度,推进军地双拥共建,潞城蝉联省级双拥模范城荣誉。

六、筑牢思想文化建设战略高地,坚持党管意识形态

实施文化强区战略,为经济社会发展提供了强有力的思想保证、舆论支持和精神动力。一是切实加强舆论引导。完善意识形态领域形势分析研判机制,密切关注、正确引导网络舆情。推进媒体融合发展,强化媒体宣传优势。围绕改革开放40周年、转型发展、乡村振兴、三大攻坚战、扫黑除恶等开展专题宣传活动。二是持续开展文明创建。扎实推进文明创建全域覆盖、提质增效,一年来涌现出1个全国文明单位、7个省级文明单位、28个长治市文明单位。深入开展道德模范、潞城好人、"七在农家"、"好家风好家训"示范家庭评选活动,向上向善的社会风气普遍形成。三是大力发展文化事业。深入推进文化惠民工程,送戏下乡210场,送电影2808场,送图书1万余册,建成8个村级综合文化服务中心。实施乡村文化记忆工程,潞城入选"山西省民间文化艺术之乡"。

七、坚守增进民生福祉执政追求,提升群众幸福指数

坚持把更多公共资源投向民生领域,群众得到更多实惠,实现了改革发展成果共建共享。一是民生事业统筹发展。年初向人民群众承诺的饮水安全、送戏下乡、乡镇文化站提档升级、养老服务设施、清洁取暖改造、城市路网建设、文体设施建设等10件实事圆满完成。高标准通过义务教育发展基本均衡国家验收,实验中学操场、实验小学教学楼、第二实验小学教学楼等一批教育民生工程投入使用,三中东校区和青少年活动中心项目开工建设。社会保障持续完善,城镇登记失业率控制在1.37%以内,162户危房改造全部完成,人民群众享受到更多发展成果。二是乡村振兴稳步推进。编制完成《乡村振兴战略规划(2018—2022)》,"5+1"专项规划基本完成。因村制宜,积极探索党建引领型、产业带动型、乡风文明型、乡村治理型等乡村振兴路径,同步推进农村产业发展、美丽乡村建设,打造了神泉、小天贡、杨庄村等一批典型。农村"四好"公路建设、饮水安全巩固提升等项目建成投入使用。11个长治市美丽乡村精品村、3个美丽宜居示范村通过验收。三是脱贫攻坚连战连胜。出台脱贫攻坚60条措施,推进产业、就业、兜底三条路径,建立"学之韵"服饰等8个扶贫车间,帮助就业贫困户人均增收1万元;设立扶贫爱心超市,开展消费扶贫;坚持"政府+龙头企业(合作社)+银行+贫困户"金融扶贫模式,为2194户贫困户发放金融扶贫贷款1.09亿元,金融扶贫惠及率达74%。全年实现脱贫1286人,贫困发生率由3.9%降至0.06%。

八、压实从严管党治党主体责任,全面加强党的建设

常委会切实扛起主体责任,坚持把从严从实贯穿到党的建设全过程。一是提标"三基建设",强化基层基础。持续推进"双创双提",农村集体经济零收入村全部"破零",160个农村党组织达到规范化建设标准。新建8个村级组织活动场所,高标准建成3个社区党群服务中心。扎实推进软弱涣散党组织整顿,选派11名优秀年轻干部到软弱涣散村担任党支部书记。加快推进城市党建试点建设,新设立4个社区,组建社区党委,配备兼职委员23名,成立40个居民小区党支部,实现了社区党建工作全覆盖,基层党建工作水平全面提升。二是倡树鲜明导向,强化队伍建设。完善《科级领导班子和领导干部精准考核暂行办法》,实行排序测评法,对干部实行常态化、精准化、差异化考核。贯彻落实《关于进一步激励广大干部新时代新担当新作为的意见》,出台《支持干部改革创新勇于担当合理容错的实施意见》《激励干部担当作为干事创业实施办法》,完善了容错机制、问责机制、考评机制和激励机制,进一步激励干部担当作为。三是坚持挺纪在前,压实"两个责任"。常委会严格落实党风廉政建设责任制,坚持把党风廉政建设、反腐败工作与经济社会发展同部署、同落实、同检查。区委成立反腐败领导小组,制定了工作规则;完善党风廉政建设责任体系,细化了考核指标;逐级开展"两个责任"约谈,强化了压力传导;出台"四个一"工作制度,促进了纪律审查监察调查工作规范化。运用"四种形态"强化执纪问责,坚持抓早抓小,谈话函询党员干部442件次,同比增长11.1%,警示教育效果明显增强;驰而不息反对"四风",集中整治"三股歪风",强化重点部门联动协作,查处违反八项规定精神案件18起,处理责任人21人。坚持将扫黑除恶与反腐败斗争、脱贫攻坚相结合,深挖彻查涉黑涉恶腐败和"保护伞",深入开展民生领域腐败和不正之风专项整治,全年党纪政务处分189人。开展第四轮、第五轮巡察,完成对19个单位巡察工作,把全面从严治党覆盖到"最后一公里",确保了政治生态持久的风清气正。

(郑旭斌)

附：中共潞城区委书记、副书记、常委名单

书　记：李文兵

副书记：秦苏良　柴　哲

常　委：翟　勇　牛红宇　牛浩刚

曹　枫(女)　冯丽华　李　煜

中共屯留区委

区委书记　马先明

中共长治市屯留区委下辖基层党组织695个，其中党委35个，党总支12个，党支部648个。共有党员12872名。

2018年，中共长治市屯留区委坚持以习近平新时代中国特色社会主义思想为指引，深入学习贯彻党的十九大和十九届二中、三中全会精神，认真落实习近平总书记视察山西重要讲话精神，着眼高质量发展要求，努力在高质量发展区域经济、建设美好家园、保障改善民生、推进改革创新上下功夫、求突破，迈出了高质量全面建成小康屯留的新步伐。先后迎接了全省有机旱作农业推进会、全市转型项目建设推进会、全市垃圾分类处理现场会等会议观摩检查，顺利通过国家义务教育均衡验收、国家卫生县城复检和省级文明县城复检。

一、坚持强化理论武装，学用结合开辟新境界

一年来，区委常委会坚持把学习贯彻习近平新时代中国特色社会主义思想和党的十九大精神作为首要政治任务，自觉用习近平新时代中国特色社会主义思想武装头脑、指导实践、推动工作。一年来共组织区委中心组集中学习25次、高端讲座6次，政策业务考试5次，举办了4期学习贯彻习近平新时代中国特色社会主义思想和党的十九大精神科级干部专题培训班，抽调理论骨干深入乡镇村和机关企事业单位开展党的十九大精神宣讲活动。通过层层引领、层层带动，广大党员干部的“四个意识”进一步增强、“四个自信”进一步坚定，“两个维护”进一步自觉。坚持把学习贯彻习近平新时代中国特色社会主义思想与贯彻落实习近平总书记视察山西重要讲话精神结合起来，与贯彻落实省委十一届六次全会、七次全会和市委十一届五次全会精神结合起来，与推动屯留产业转型、民生改善、社会治理、深化改革等重点工作结合起来，进一步细化完善高质量发展的任务目标和工作举措，以钉钉子的精神全面抓好落实，有力推动了中央和省委、市委重大决策部署在屯留落地生根。

二、着力提升发展质量，转型发展取得新成效

区委坚持深入贯彻新发展理念，聚焦省委示范区、排头兵、新高地“三大目标”和市委“打造山西重要增长极”要求，以更大力度更实举措推动转型发展。坚持把总量性、结构性、素质性指标作为衡量转型发展的重要标志，全区7项主要指标全部完成年初预期目标，其中5项增速超全市平均水平，2项增速居全市第一，1项增速居全市第二；省市考核的23项区域经济转型升级指标除2项外全部完成。坚持把抓好项目建设作为转型发展的重要载体，全年累计实施转型项目68个，总投资152.26亿元，其中续建项目23个，新建项目45个，长清生物玉米深加工、潞安智华牡丹油、瑞赛格废弃资源综合利用等17个转型项目建成投产，年产10万吨LNG、5万吨碳酸二甲酯、20万吨活性氧化钙、20万吨燃料乙醇等一批转型项目推进良好。与此同时，大力推进招商引资，共走出去对接洽谈项目28次，签约引进项目47个，落地31个，落地率66%，招商引资工作位居全市区县前列。大力抓好开发区建设，编制了开发区“多规合一”规划，完成土地收储775亩，投资建设园区道路、供热供水、污水处理等设施，公开招聘了专业技术人才。坚持把“一园三基地”建设作为引领农业产业转型的支撑，规划发展石泉葫芦山庄、嘉鸣科技园等40个绿色休闲农业观光园，种植优质尖椒3万亩，新增优质核桃1万亩，建设“药食同源”中药材3.3万亩，创建有机旱作农业封闭示范区4000亩，建成王公庄机械化有机旱作农业展览馆。

三、持续保障改善民生，群众获得感得到新提升

区委牢固树立以人民为中心的发展思想，坚持尽力而为与量力而行相结合，持续增强全区人民群众的民生获得感。紧紧围绕脱贫攻坚第一民生工程，区财政累计投入1521万元，采取光伏扶贫、金融扶贫、托管式养殖、资产收益、创造就业岗位等多措叠加增收措施，贫困群众达到2项叠加增收措施的占到100%，达到3项的占到40%以上；加大政策兜底保障力度，提高贫困户低保保障标准，在落实“三保险、三救助”基础上实行贫困户医疗“六免”；完成205户365名贫困人口易地搬迁和335户贫困户危房改造任务，户容户貌得到进一步改善；落实消费扶贫举措，激发贫困群众发展内生动力，2018年完成了1607户3428人的年度脱贫任务。加快推进棚户区改造，在2017年完成一期1224户、21.52万平方米拆迁任务基础上，2018年启动了二期365户、7.7万平方米拆迁征收工作，一期安置房主体基本建成。大力促进教育均衡发展，实施了麟绛小学、一中教学综合楼、二中小学部教学楼、旭光幼儿园教学楼、路村一中迁建等教育项目，支持建设了北大附属长治青鸟同文学校，投资1.6亿元对64个学校进行了校舍维修和设施配置，顺利通过国家义务教育基本均衡验收。着力优化畅通城乡道路，实施了东环路拓宽改造、县城10条街巷改造、嶷山健身步道、北大附中南路等道路建设工程，完成农村“四好”公路90公里，完成老爷山旅游公路路

基建设及路面铺装6.2公里，开通了多条辐射乡村的公交线路。扎实做好垃圾分类和农村人居环境整治，启动生活垃圾收运及无害化处理项目，开工建设无害化垃圾处理填埋场，推开了重点村、社区、公共场所和机关单位分类试点，把农村生活垃圾分类处理与发展沼气结合起来，建设沼气池16座，持续推进农村环境整治，完成农村改厕1005个。多措并举做好就业、社保、收入等民生工作，调整提高了全区机关事业单位人员基本工资标准、住房公积金缴存比例，增加了机关事业单位人员离休费，促进了普惠共享。

四、推进生态环境保护，绿色发展迈上新台阶

区委始终坚持把生态文明建设摆上突出位置，坚决打好打赢污染防治攻坚战，推动全区生态环境质量持续改善。召开全区生态环境保护大会，对加强生态环境保护、打好污染防治攻坚战作出全面部署。着力抓好中央环保督察“回头看”、2018-2019蓝天保卫战强化督查、省环保督察问题整改，做到件件有着落，事事有回音。组织开展违法排污百日行动、打击破坏生态环境犯罪等多轮次、大范围环境执法专项行动，查处各类环境违法案件97件，形成了依法打击环保违法行为的高压态势。以“控煤、治污、管车、降尘”为切入点，扎实开展秋冬季大气污染防治和清洁取暖工程，完成农村4484户“以气代煤”和6596户、136.5万平方米集中供暖工程，试点推行了农村生物质能源清洁供暖。以“河长制”为抓手，对主城区污水处理厂进行了提标改造，开工建设了开发区污水处理厂，加大了辛安泉引水和绛河水环境治理力度，两个地表水监测断面均达到市下达目标要求。以工业固废综合利用为重点，有效开展土壤固废污染防治，利用工业固废136万吨，利用率69.2%。持续推进造林绿化，完成造林面积2.36万亩，全区森林覆盖率达到22%，主城区绿地率达到40.3%。尤其是从10月1日开展秋冬季污染防治攻坚行动以来，全区空气质量明显改善，六项污染物中PM2.5、二氧化硫、氮氧化物、一氧化碳、PM10等5项指标浓度均同比下降；其中PM2.5浓度下降率从9月份开始单月排名连续靠前，12月份综合指数全市12个县区排名第2。市环保部门下达的2018年4项指标任务全部完成。

五、聚焦重点领域发力，深化改革迈出新步伐

区委坚持把抓改革作为重要政治责任，认真落实省委“三个三”工作法，梳理改革事项，明确改革任务，制定出台《2018年全面深化改革要点》，梳理建立47项改革台账，推动了一批重点改革事项落地见效。针对政企不分、政资不分、国企管理缺位越位错位等问题，扎实推进区属35家国有企业改革，完成25家国有企业的脱钩改革和4家企业的公司制改制，占比达到82%；按照要求对4家国有企业家属区的“三供一业”进行了移交。针对农村集体资产产权归属不清晰、权责不明确、流转不顺畅等问题，扎实开展农村集体产权制度改革。成为全国第三批农村集体产权改革试点县区，全区293个村完成了清产核资和成员身份界定工作，在20个村开展了折股量化试点。针对农村部分群众无人种地、无力种地等难题，成立全省首家农业生产托管服务中心，规模化开展农业生产托管服务，全区农业生产托管服务面积达到10万亩，农业生产托管“屯留模式”受到上级部门关注。针对高端人才匮乏、专业型人才短缺等突出问题，出台《关于引进紧缺急需高层次人才的实施方案》，招聘事业单位工作人员154人，引进硕士研究生高层次人才35名，柔性引进“潞才回巢”博士、教授10名。针对群众看病难看病贵、医疗资源分布不均衡等难题，稳步推进医疗一体化改革，以区人民医院为龙头，成立了区医疗集团。7月份迎接了全市卫计系统健康扶贫“双签约”工作现场会。针对城乡群众出行难、出行贵等问题，加快推进城乡公交一体化改革，组建成立长恒公交公司，开工建设公交枢纽站，新开通优化了3条主城区线路和6条乡村线路，方便了广大群众出行。与此同时，进一步深化了国家监察体制改革、司法体制改革试点、企业投资项目承诺制改革，营造了以改革促转型、促民生、促治理、促党建、促全面工作的氛围。

六、加强民主政治建设，社会治理开创新局面

区委充分发挥总揽全局、协调各方的领导核心作用，切实把党的领导体现到各领域、各方面。坚持和完善人民代表大会制度，支持人大及其常委会依法履行职能。区人大共召开常委会议8次，听取审议“一府一委两院”工作情况报告24项，依法决定重大事项26项，组织开展转型民生项目、有机旱作农业等视察调研活动46次。加强对政协工作的领导，支持政协围绕中心履行职能。区政协围绕乡村振兴战略规划、精准扶贫、转型和民生项目建设、产教融合发展、区乡医疗机构分级诊疗等课题进行专题调研视察，对区发改局、经信局、招商中心三部门进行集中评议监督，完成了《屯留乡情民俗发展与变迁》等文史资料的编撰。认真做好新形势下统战工作，成立党外知识分子和新的社会阶层人士工作室，开展“和谐寺观教堂”创建活动，维护了民族宗教领域的和谐稳定。加强党管武装工作，推进军民双拥共建，人武部民兵整组工作获全省总评第一名。持续深化群团改革，完成了妇联、残联、侨联的换届工作。稳步推进撤县设区工作，确保了各项工作依法、平稳、有序推进。统筹推进平安法治屯留建设。把扫黑除恶专项斗争作为重大政治任务，全年共打掉8个恶势力犯罪团伙，抓获团伙成员48人，抓获涉恶逃犯13名。学习推广新时代“枫桥经验”，高标准建成2个乡镇、22个村的先行先试示范点。累计投资4248万元的“雪亮工程”投入使用，形成了天眼、地网、人防相结合的治安防控网。深入开展“七五”普法和“法律六进”活动，高标准建成3个法治文化广场。全面推行落实信访责任制，化解重点疑难案件123起，认真落实就业安置、养老医保政策，扎实开展走访慰问全覆盖活动。层层压实安全生产责任制，全年辖区内未发生疫苗安全、非洲猪瘟等公共卫生安全事故，未发生生产领域安全事故，安全形势总体平稳。

七、严守意识形态阵地,文化强区呈现新气象

区委坚持把抓好意识形态工作作为一项极端重要的工作,扎实做好思想、舆论、文化各项工作,在全区营造了昂扬向上、共谋发展的良好氛围。严格落实意识形态工作责任制,完善了《机关干部使用微信十严禁》《党政机关微信工作群及其他互联网群组管理办法》,有效处置网络舆情7起。大力弘扬社会主义核心价值观,在全区210个村开展了"两约四会""三墙四榜"、家风家训主题广场建设,营造了崇德向善、孝亲敬老、清廉自律的社会风尚。深入挖掘红色文化资源,完成魏拯民故居修缮保护工作,开工建设了岗上村抗大一分校旧址红色文化体验园。大力弘扬社会主义核心价值观和推进精神文明创建,退休教师秦全保被中宣部表彰为"全国基层宣讲先进个人",乡村医生李拴州被表彰为2018年山西省基层好医生,麟绛镇、上村镇卫生院被命名为省级"群众满意乡镇卫生院",30名先进典型人物被推荐为第六届长治好人。全力推进文化强区战略,采取多种形式"送文化"、"种文化"、"赛文化",建设了图书馆、档案馆、二青会足球场等一批文化体育场馆项目,组织了庆祝改革开放40周年系列文化活动,举办了广场舞大赛、周末消夏文艺晚会等文化活动,开展了免费送戏下乡和戏曲文化进校园活动,承办了第五届山西跤坛争霸赛(长治赛区)等赛事,进一步丰富了群众文化生活需求。

八、全面履行党建主责,管党治党展现新作为

区委认真落实新时代党的建设总要求,坚定扛起管党治党主体责任。定期听取人大、政府、政协和法院、检察院党组汇报,组织召开乡镇基层党建督查通报会、区直单位落实管党治党主体责任汇报会、"三基建设"基础工作等现场会、推进会,进一步压实了责任,传导了压力。修订完善落实中央八项规定精神实施细则,查处违反中央八项规定精神问题12起;扎实开展彻底肃清腐败流毒工作,进一步净化了政治生态;先后对5个乡镇16个区直部门开展两轮常规巡察,对巡察发现的问题认真进行了整改。聚焦扶贫领域、民生领域、涉黑涉恶腐败三项重点开展集中整治,推动了全面从严治党向基层延伸。坚持挺纪在前,抓早抓小,准确把握监督执纪"四种形态",第一种形态占比65.6%,"红红脸、出出汗"成为常态。保持正风反腐高压态势,2018年纪委监委共立案204件,给予党纪政务处分218人,移送司法机关9人。加强"三基"建设,全区用于党建的各项经费投入达到5100余万元。围绕建强基层组织,选派15名优秀年轻干部到村任支部书记,每人配套5万元经费;通过"五统一五提升"活动,创建了一批示范党组织;创新开展"主题党日活动周",引深"三步四循环"工作法,严格了党员队伍管理;对主城区重新设置了5个社区,规划建设了高标准社区党群服务中心;建立"党员报到手册、积分管理卡片、服务项目菜单、评价考核办法"工作机制,发挥了3020名党员在居住地社区的作用;撤并行政村27个,集中整顿软弱涣散村党支部26个,152个村集体收入达到5万元以上。围绕夯实基础工作,完善机关"一目录三手册"和农村"三图两册",建立了党的建设、业务工作等六类工作台账;建立"共性指标+个性指标+民意测评+加减分"差异化考核体系,实行村干部千分制考核,激励干部担当作为。围绕提升基本能力,完善机关干部政策业务学习制度,组织领导干部到上海、厦门等地考察培训,解放了思想、提升了能力。认真落实人才新政,为34个区直单位引进高层次人才35名。首届长治技能大赛我区19人获奖,荣获全市团体第二名。

(韩长江　张海军)

附:中共屯留区委书记、副书记、常委名单

书　记:马先明(11月任职)

副书记:翟卫华(女,11月任职)　杨志飞(11月离职)　贾振芳(11月任职)

常　委:段联刚(11月任职)　原书玲(11月任职)　柳建勋(11月任职)　贾钢辉(11月任职)　李书红(11月任职)　孙敬明(11月任职)　张鼎盛(11月任职)

中共长子县委

县委书记　李国强

2018年,县委团结带领全县干部群众,坚持以习近平新时代中国特色社会主义思想为指引,紧紧围绕省市工作部署,按照"坚持一个指引,着眼一个目标,紧抓五个重点"的发展思路,抢抓机遇、苦干实干,开创了县域经济社会高质量发展的新局面。

经济运行态势平稳。全县地区生产总值完成163.7亿元、增长8.2%,增速分别高于全国和省、市平均水平1.6、1.5和0.8个百分点,固定资产投资和公共财政预算收入实现两位数增长,农村居民收入增速持续快于城镇居民,经济发展呈现出总体平稳、稳中向好的态势。转型项目加速推进。全年实施转型项目64个,完成投资41.25亿元,占全社会固定资产投资总额的63.7%,远景风电、华拥燃气等一批项目竣工投产。招商引资签约项目26个,签约资金91.6亿元,开工率达到40.7%。转型项目投资占比和招商项目开工率分别超出上级下达任务3.7和10.7个百分点。产业结构持续优化。煤炭产量与同期相比基本持平,煤炭工业增加值占比降低0.38个百分点,这是十多年来全县煤炭占比首次降低。二产经济贡献率降低11.4个百分点、三产提高8.1个百分点。城市建设日新月异。北大街还迁片区全部建成,南大街、同富村、气象站和庆丰村等片区完成

主体。新建热源厂和三水厂投入使用。长子至长治快速通道建成通车,北环路、东大街试通车。长临高速长子连接线、熨台街、广场西路、县城公厕、集贸市场等工程进展顺利。乡村振兴有序实施。编制完成《乡村振兴三年行动计划》等9项规划,有机旱作农业深入推进,人居环境整治成效明显,成功举办"首届中国农民丰收节暨第二届长治农合发展博览周"活动,赢得全省有机旱作农业现场会、全市实施乡村振兴战略暨改善农村人居环境现场推进会在我县召开,获得国家级农产品质量安全县、山西省农业农村工作先进集体等荣誉称号。文旅兴县扎实起步。编制完成全域旅游发展规划和羊头山、木化石景区等专项规划,实施了羊头山神农山庄、木化石景区休闲民宿等一批文旅项目。成功举办"第二届中国传统雕塑传承与复兴学术论坛暨传统雕塑当下再造创作活动",首次参加"中国(天津)旅游产业博览会",进一步提升了长子的美誉度、知名度。生态保护日益加强。完成清洁取暖工程2.46万户居民和108家公建单位,淘汰燃煤锅炉196台,26家涉煤和商砼企业全部建成封闭式煤仓料仓。完成县城污水处理厂改造、城东污水处理厂和丹朱镇部分村庄污水收集处理工程,开工建设申村水库周边村庄污水处理厂。开展农业面源污染治理,畜禽养殖禁养区、限养区治理取得阶段性成效,化肥、农药使用量实现"双下降"。改革创新取得突破。加大融资力度,新增政策性融资3.05亿元,6亿元企业债获国家发改委批复,是全省第一家获批县区。创新固废治理方式,制定煤矸石填沟造地方案,推进华晟荣和霍尔辛赫煤矸石井下填充技术应用。借鉴城镇公租房模式,建设农村公租房480间1.2万平方米,解决了农村特困群众住房问题。持续开展农村闲置凋敝宅基地整治盘活利用,腾退土地2125亩。民生福祉不断提升。全年民生领域支出18亿元,占一般公共财政预算支出的66.34%。脱贫攻坚再战再胜,1897户4203人稳定脱贫。高考二本B类以上达线1098人,连续四年突破千人大关。县医院住院综合楼、门诊大楼投入使用,中医院住院大楼开工建设。招聘引进各类人员215人,新增城镇就业5000余人,城镇登记失业率控制在1.49%。慈林集中供水二期工程投入使用,彻底解决我县南部2.4万人的饮水困难问题。惠民政策全面落实,安全生产态势平稳,"扫黑除恶"强力推进,社会大局和谐稳定,广大群众获得感、幸福感、安全感明显增强。

(刘浩达)

附:中共长子县委书记、副书记、常委名单

书　记:李国强

副书记:赵永进　王旭琴(女)

常　委:元文波　王育红　李　峰(11月任职)
李卫东　吴　斌　王志宏　宋晓明

中共壶关县委

县委书记　李全心

2018年,中共壶关县委高举习近平新时代中国特色社会主义思想伟大旗帜,深入学习贯彻习近平总书记视察山西重要讲话精神,认真落实省委、市委重大决策部署,大力实施1338工作思路(坚持以习近平新时代中国特色社会主义思想为指引,聚焦"示范区""排头兵""新高地"三大目标,坚决打好防范化解重大风险、精准脱贫、污染防治三大攻坚战,着力八项重点工作),推出了一批改革举措,建成了一批重大项目,打造了一批工作亮点,坚持把方向、谋大事、抓全局,经济社会各项事业都取得了新进展新成效。

一、脱贫攻坚实现连战连胜

坚持把脱贫攻坚作为重大政治任务和第一民生工程,改革创新脱贫攻坚体制机制,成立县委书记、县长任总指挥的战区指挥部和13个乡镇分战区,出台"一抓两促、双创八改"(创建六好红旗村、六好示范户和改水、改电、改路、改房、改院、改厨、改厕、改圈)、精准扶贫"515工作法"(驻村帮扶一周五天、主干帮扶一天五户、主干责任一五分担、党员干部一帮五户、为贫困户办实事1—5件或献爱心100—500元)、帮扶干部"四个三"管理办法(即"三下三查三考三奖惩",三下就是人要住下来、关系要转下来、工作要沉下来;三查就是查考勤、查记录、查业绩;三考就是村里以天考勤、乡里以季考核、县里以年考评;三奖惩就是干的好的重奖、重用和干的差的问责召回)、红旗激励黄牌警告等制度,层层压实责任链,确保了各级干部真驻村、真帮扶,广大群众真受益、真满意;切实加大政策宣传落实力度,创新出台特色产业奖补、创业就业奖补、孝亲敬老奖补等特惠政策,全面落实产业扶贫、教育扶贫、健康扶贫、就业扶贫、生态扶贫、金融扶贫、保障扶贫、消费扶贫和移民搬迁等扶贫政策,确保帮扶力量全覆盖、项目资金全覆盖、政策落实全覆盖,做到了各项扶贫政策措施精准落实到村到户到人;统筹推进乡村基础设施建设,完成了84公里四好农村路、89个村安全饮水、70个村级卫生室和文化活动室、1177户危房改造和上万处八改八要工程;坚持扶贫与扶志扶智扶德相结合,通过评选六好示范户、扶贫超市积分奖励、敦促子女履行赡养义务等活动,激发贫困群众主动脱贫的内生动力;始终坚持抓党建促脱贫攻坚,大力开展六好红旗村、党建引领红旗村、脱贫攻坚红旗村创建活动，注重在脱贫攻坚一线培养干部、发现干部、选拔干部，涌现出一大批优秀基层干部，刘寨村党支部书记程玉珍荣获全省唯一的全国脱贫攻坚奖奋进奖。2018年，壶关县有70个贫困村1.6万建档立卡贫困人口脱贫退出，产业扶贫、精准扶贫、帮扶干部管理办法等创新举措得到了国家第三方评估组和省、市有关领导的充分肯定、高度评价，并在全省脱贫攻坚工作会议上进行了经验交流。

二、转型发展取得重大进展

坚持把产业转型升级作为推动高质量发展的重要抓手，重点发展钢铁制造、民爆化工、特色农业、现代物流、光伏发电、风力发电等产业，中钢集团、壶化集团建成了一批转型技改项目，质量效益同步提升，太行陶瓷煤矸石制缸、磊发氧化钙等一批高新项目顺利建成，黄山煤业完成改扩建开始正式生产；旱地西红柿名声远扬，成为特色农业、农民增收的一大亮点。大力支持开发区建设，全面完成扩区调规，开发区面积由原来的2.7平方公里扩展到现在的30.5平方公里，积极协调解决土地、环评、用电、用水等问题，金烨物流园、标准化厂房等一批重大项目落地开工；持续抓好招商引资，制定招商引资黄金15条，发布招商公告，加大招商力度，组织开展各类招商推介活动14次，签约引进了凤凰胶带、长治一运现代物流等转型项目18个；认真落实企业投资项目承诺、联审联批、13710限时办结制度，深入开展县级领导干部联系民营企业、干部入企帮扶等工作，倾力打造营商环境，构建“亲”“清”新型政商关系，成才股份在“新三板”顺利上市，壶化集团通过“民参军”企业认证，紫团公司入选农业产业化国家重点龙头企业、全省制造业100强企业。2018年，全年地区生产总值增长8.3%，规上工业增加值增长15.44%，固定资产投资增长19.13%，一般公共预算收入增长9.14%，社会消费品零售总额增长9.5%，城镇居民人均可支配收入增长6.5%，农村居民人均可支配收入增长12.6%。

三、城乡建设迈出坚实步伐

旧城改造项目快速推进，东街水塔巷区域、卫生局家属院区域回迁安置基本完成，四大片区回迁安置楼拔地而起，路街改造项目陆续建成，团结街西延、树人街西延工程建成通车，特别是位于县城中轴线的新建路拓宽改造工程主体完工，管线全部入地，路面宽敞整洁，路灯明亮节能；公用设施建设成效明显，县城集中供热顺利交接、正常运行，三水厂、第二污水处理厂、垃圾填埋场二期等工程有序推进，东山健康园全面建成，与西山文化园遥相辉映，西城路、新建路建筑墙立面改造和亮化工程成效初显，县城夜景华光璀璨。大力实施农村人居环境改善三年行动，加快建设美丽乡村，常平村荣获中国美丽休闲乡村，树掌村、大会村、河东村、东七里村入选“中国传统古村落”保护名录。

四、全域旅游呈现强劲态势

坚持把旅游业作为强县富民的主导产业来抓，突出抓好太行山大峡谷景区提档升级，八泉峡景区往返式索道、旅游厕所革命、智慧景区建设推进顺利，创建国家5A级景区取得重大进展，荣获2018中国品牌旅游景区20强；太行欢乐谷新上了儿童乐园、欢乐丛林等项目，常平温泉小镇上党小吃街、大型滑雪场建成开业，岭东凤凰山庄、南平头坞七彩村庄、西堡太阳花海等乡村旅游蓬勃发展，成为全域旅游新亮点。积极推进太行一号旅游公路、太行山大峡谷高速公路立项和旅游专线铁路前期工作，长治直通大峡谷景区的旅游大巴成功开通，大峡谷景区民宿标准化改造进展顺利，旅游沿线万亩“立体生态农业观光带”效益初显，旅游景区法律服务实现全覆盖。继续开展“冲关大峡谷”“七夕情人节”等文化主题活动，成功举办了首届太阳花节、康乃馨花卉节，壶关县生态建设、旅游业发展得到央视新闻频道等国家省市媒体的特别报道，中国国民党前主席洪秀柱游览大峡谷后赞不绝口。通过多点发力、共同努力，“两谷两带两园两镇”全域旅游发展新格局基本形成，旅游产业的影响力和综合效益明显提升。2018年，全县共接待国内外游客590万人次，实现旅游社会总收入55亿元，重点景区营业收入2.1亿元，其中大峡谷1.3亿元。

五、民生福祉得到有效提升

统筹发展社会事业，壶关一中初中部主体工程基本完成，连续五年实施中高考奖励政策，累计发放奖金2253.4万元，常平中学牛瑞同学考入清华大学；省级县乡医疗卫生一体化改革试点县建设加快推进，县医院住院楼主体完工，妇幼院病房楼建成投用；社保体系不断健全，强化城乡低保、医疗保险、养老保险、困难救助、就业培训、安全住房等保障措施。组织开展庆祝改革开放40周年歌手大赛、朗诵大赛、摄影展等系列活动，免费送戏下乡468场、公益电影4680场，壶关鼓书荣获中国曲艺牡丹奖，大型壶关秧歌剧《圆梦》参加省市调演。采取禁燃禁放、清洁取暖、错峰生产、施工降尘、运输车辆管控、达标排放等措施，空气质量监测PM2.5、SO2、综合指数排名全市第一。扎实开展扫黑除恶专项斗争，打掉涉黑涉恶团伙8个，开展禁毒创建活动，查处毒品案件353起，宣判涉毒案件50件58人，全县禁毒工作取得压倒性胜利。认真做好信访接待化解工作，实现了安全生产零事故、护林防火零火灾。

六、党的建设得到全面加强

坚持把学习贯彻习近平新时代中国特色社会主义思想和党的十九大精神作为首要政治任务，县委常委会、县委中心组专题学习20次，轮训干部3200人次，开展宣讲400余场。改善乡村办公条件，增加乡村工作经费，保障乡村干部待遇，乡村两级运转经费分别达到100万元、9万元，农村“两委”主干人均工资达到农民人均收入近3倍。创新基层党建举措,选派了10名优秀年轻干部到村担任党组织书记,新组建了3个城市社区党委、48个居民小区党支部,在职党员社区报到率达到98.2%。公开选聘引进高素质专业化人才35名,出台《狠刹三股歪风激励担当作为十条措施》,端正用人导向。积极有效做好网络舆情处置工作。注重红色基因传承,抗大一分校布展完毕,对外开放。部署开展第四、第五轮县委巡察工作,大力整治形式主义、官僚主义,全年共处置问题线索537件,谈话函询329件,立案231件,党纪政务处分238人,其中查处群众身边腐败问题85案113人,保持了惩治腐败的压倒性态势。

2018年,壶关县小旅游变成了大旅游,小县城变成了大县城,小交通变成了大交通,小开发区变成了大开发区,小步走变成了大步走。先后有全省旅游扶贫对接帮扶现场会、全市干部驻村帮扶现场会、全市消费扶贫现场会等在县召开,先后荣获全国文明城市提名城市、中国最美县域、中国百佳深呼吸小城"五连冠"、全省双拥模范县"六连冠"、省级出口食品农产品质量安全示范区等荣誉。

(王林茂)

附:中共壶关县委书记、副书记、常委名单

书　记:李全心

副书记:崔江华　孙　伟

常　委:张月飞　秦元忠　郭太国　毛晨霞(女)

郭　伟　郭亚哲(10月离职)

李建芳(10月任职)　王　辉(12月任职)

中共平顺县委

县委书记　吴小华

中共平顺县委下设17个基层党委,30个党组,18个党总支,560个党支部,共有党员10634名。

一、强化理论学习,把牢政治方向

坚持把学习贯彻习近平新时代中国特色社会主义思想作为首要政治任务,全年共组织召开县委常委会、理论中心组学习会49次,深入学习《习近平新时代中国特色社会主义思想三十讲》、党的十九大精神、习近平总书记视察山西重要讲话精神等专题内容,进一步树牢了"四个意识",坚定了"四个自信",做到了"两个维护";精心组织习近平新时代中国特色社会主义思想系列宣讲活动,开展专题报告会8次、基层讲党课68场次,轮训干部2000余人次,开展宣讲245场,直接受众2万多人次,推动了学习贯彻习近平新时代中国特色社会主义思想往深里走、往实里走、往心里走;坚持学用结合,制定出台《坚决打赢全县脱贫攻坚战2018—2020三年行动实施方案》《开展"三级书记"遍访贫困对象行动的实施方案(试行)》、推进乡村振兴战略《实施意见》和《2018-2022年总体规划》等重要文件,对打赢脱贫攻坚战、实施乡村振兴战略等党的十九大和中央决策部署作出制度化安排,确保了习近平新时代中国特色社会主义思想在平顺落地生根、开花结果。

二、聚焦脱贫攻坚,推动高质量发展

全力以赴脱贫攻坚。坚持以脱贫攻坚统领经济社会发展全局,认真落实习近平总书记视察山西重要讲话精神,聚焦精准、攻坚、全覆盖、高质量,念好"严、细、实"三字经,精准实施产业扶贫、政策保障、资金统筹、制度完善等举措,持续攻坚深度贫困。对标"两不愁、三保障"和贫困退出标准,精准对接444个扶贫项目,投入财政专项资金1.71亿元,统筹整合涉农资金4.97亿元,协调发放金融扶贫小额贷款1.15亿元,全面推进易地搬迁、电商扶贫、生态扶贫、消费扶贫等扶贫工程,精准落实教育、医疗、低保、培训等普惠特惠政策,全年共完成建档立卡贫困户危房改造1787户,饮水安全全惠及22860名贫困人口,行政村通公路、通动力电、通宽带网络实现全覆盖。全年共退出贫困村75个、脱贫10907人,贫困发生率降至5.8%,圆满完成年度脱贫任务,为2019年顺利脱贫摘帽打下坚实基础。2018年度全省脱贫成效考核,平顺继续位列第一方阵。贾永平荣获全省脱贫攻坚奋进奖。

稳步提升综合实力。牢抓发展第一要务,深入贯彻新发展理念,坚持高质量发展,以"转型项目建设年"为契机,持续提升旅游、中药材、新能源三大产业的"含绿量"、"含金量",全县经济实现平稳健康发展。全年地区生产总量完成21.6亿元,同比增长7.2%;固定资产投资完成24.46亿元,同比增长10.3%;规模以上工业增加值同比增长9.08%;社会消费品零售总额完成10.3亿元,同比增长9.7%;地方财政收入完成1.14亿元,同比增长7.52%;城镇常住居民人均可支配收入达到23296元,同比增长5.8%;农村常住居民人均可支配收入达到6848元,同比增长12.6%,主要经济指标圆满完成市定目标任务。

全域化发展旅游产业。按照锻造太行旅游板块的要求,紧扣"全域旅游、三产融合"的发展方向,持续深化"旅游+"行动计划,旅游+文化、旅游+康养、旅游+体育等业态多点开花,旅游产业呈现出全方面发展、多角度拓展的良好态势。神龙湾景区完成投资1.1亿元,石窑滩和景区西两个游客接待中心基本建成,凤凰旅游风情小镇投入运营;通天峡二期南延工程步游道及配套工程全面完工,重点景区承载力和带动力显著增强。豆口、苇水等16个村入选第五批中国传统村落名录,奥治、虹霓、东庄入选中国历史文化名村,乡村旅游示范村达到128个,呈现出以传统古村落、民俗文化村落、休闲度假村落、红色教育村落等为主题的集中式、多元化发展态势。成功举办“通天峡杯”穿越南太行·2018山西平顺国际山地马拉松和“古韵风情·记忆乡愁”首届美丽乡村摄影大赛,《中国影像方志》平顺篇、《画说平顺》等专题节目在央视播出,平顺旅游的知名度、美誉度进一步提升。全年共接待游客318.9万人次,同比增长13%;旅游总收入24.03亿元,同比增长14%,其中乡村旅游接待人数149.45万人次,同比增长12%;综合收入8.96亿元,同比增长13%。

全链条发展中药材产业。以建设“全国一流中药材基地特色县”为目标,着力在扩规模、深加工上下功夫,不断延伸中药材产业链。新扶持发展中药材新型经营主体、种植基地、种植专业村各10个,首批道地中药材省级现代农业产业园落户我县,全县中药材总面积达到56.63万亩,年产值3.38亿元,农民年人均药材收入3700多元。振东中药材有效成分提取项目开工建设,车间主体基本完工;正来制药潞党参口服液远销北京、湖南等地,销售额2000余万元;中药材种植加工销售企业达到14家、专业合作社174家,党参茶、党参脯、连翘叶茶等药食同源产品上市销售,中药材就地转化率和产业附加值显著增长,资源优势正在向产业优势加速转变。

全方位发展新能源产业。抢抓转型项目年建设和光伏扶贫政策机遇,大力发展新能源产业,争当全省能源革命排头兵。潞安30兆瓦集中式光伏电站和33.14兆瓦村级光伏扶贫电站带动1.5万贫困群众增收,洁源一期49.5兆瓦风电项目即将并网发电,光伏发电技术领跑基地250兆瓦项目开工建设,全县新能源项目装机总容量(并网)达到176.16兆瓦,年发电量突破2亿千瓦时,年产值达到1.47亿元。新能源装机总量位居全市第一,全省前列。

精心呵护生态环境。坚持生态文明建设优先,扎实推进生态保护和修复治理,守护绿水青山,筑牢生态屏障。全年新造林7.33万亩、新育苗1610亩、义务植树99万株,省市下达任务全部完成,森林覆盖率达到36.11%。蓝天、碧水、净土“三大保卫战”全面展开,整改落实各级环境保护督察转办问题45件,依法取缔“散乱污”企业23家,完成清洁取暖改造972户,全县二级以上优良天数288天,环境空气质量稳居全市第一,平顺的天更蓝、水更清、空气更清新。

积极改善民生福祉。圆满完成72所中小学“全面改薄”任务,顺利通过县域义务教育基本均衡发展国家督导评估验收,高考成绩再创历史新高,教育的公平性和质量显著提升。村级卫生室标准化建设全部完成,妇幼保健计划生育服务中心顺利完工,群众就医环境持续改善,我县被评为省级基层中医药工作先进单位称号。县城集中供热面积新增27万平方米,保障房二期交付使用,紫东路建成通车,全民健身活动中心和公交南站主体完工,县城综合承载能力显著增强。庄和至三叉口、东寺头至虹梯关、虹梯关至候壁3条旅游公路加速推进,新改建农村“四好”公路298.29公里,建制村通客车率达到95%,群众出行更加方便、快捷,成功承办全市农村道路交通安全管理现场会。出台《农村人居环境整治三年行动实施方案》,大力实施农村厕所革命、村容村貌整治等专项行动,农村环境和整体面貌进一步改善。城乡低保标准和养老、医疗、工伤等参保率持续提高,城镇登记失业率低于市控目标,社会保障“稳压器”作用充分显现。

全力保障社会稳定。认真抓好宪法学习宣传和贯彻实施,法治平顺、平安平顺建设水平全面提升。乡镇综治视联网全部接入县级综治中心,“雪亮工程” 行政村覆盖率达到86%,位居全市前列。扎实开展“扫黑除恶”专项斗争和禁毒人民战争,全年共打掉黑社会性质组织1个、恶势力犯罪集团1个、恶势力犯罪团伙1个、村霸2个,禁毒执法考评名列全市第二,群众安全感进一步增强。深入开展“重点信访问题源头化解”专项行动。牢固树立总体安全观,层层压实安全生产责任,认真开展“打非治违”、“反三违”等专项行动,全县安全形势平稳可控。平顺被评为省级平安县和创建无邪教达标县。

三、用好关键一招,全面深化改革

常委会坚持把改革作为推动党的建设和党的事业发展的“关键一招”,牢固树立“向改革要动力、以改革促发展”的鲜明导向,始终保持改革定力,把握改革大局,先后召开县委深改组会议9次,改革推进会3次,审议重大改革议题12项,出台改革类文件68件,建立党政主要负责同志亲力亲为抓改革台账、县级分管领导抓改革事项清单,全面深化改革的领导机制和体系更加完善。全面落实习近平总书记民营企业家座谈会重要讲话精神和省委、市委支持民营经济发展的配套措施,持续拓展“放管服效”改革,稳步推开企业投资项目承诺制试点,不断深化开发区改革创新,营商环境进一步优化,全年共签约重点项目10个,总投资达到90.69亿元。年度44项重大改革任务有序推进,国企国资改革、垃圾分类、公建民营养老服务、土地确权登记颁证等事项完成年度目标任务,脱贫攻坚体制创新、基层组织建设制度改革、河长制等重点领域改革成效显著;县乡医疗卫生机构一体化扎实推进,慢性病鉴定全面下沉,群众看病难、看病贵问题有效缓解;电商扶贫推进迅速,成功入选2018年度全国电子商务进农村综合示范县,推动了“互联网+农产品”销售深度融合。广泛开展纪念改革开放40周年系列活动,进一步营造了全面深化改革的良好氛围。申纪兰被党中央、国务院授予改革先锋称号,荣获改革先锋奖章,为平顺县再添一项国字号殊荣。

四、勇担主体责任,全面从严治党

扎实推进“三基建设”。建立县乡村党建任务清单,落实基层党建经费3121万元,建成市县乡三级党建工作示范点123个、乡村两级党群服务中心70个,整顿提升软弱涣散基层党组织12个,成立城市基层党组织18个,选派9名年轻干部到村担任党组织书记,2700余名党员到居住地社区党组织报到,并参加公益服务,“三基建设”质量和水平显著提升。创新实施融合党建新模式,27个村实行村村联建,4个村探索并村联建,达到了整合资源、共同发展的良好效果。建成纪兰党性教育基地,举办各类培训班16期,培训新疆、广东、河南等地党员干部1000余人次,进一步弘扬了太行精神、纪兰精神。

树立担当作为用人导向。认真落实市委“三个导向”,坚持将脱贫攻坚作为考验、选拔、使用干部的主战场,全年提拔重用脱贫一线干部57名,占提拔重用干部总人数的96%,在脱贫攻坚一线选拔任用干部的导向更加鲜明。贯彻落实省委《关于进一步激励广大干部新时代新担当新作为努力建设高素质专业化干部队伍的实施意见》,为敢担当的干部担当,对敢负责的同志负责,按政策帮助21名干部解决遗留问题,进一步激发了广大干部干事创业的积极性和主动性。

认真落实意识形态工作责任制。出台实施方案,深入开展网络意识形态安全专项清理行动,牢牢把握党对意识形态工作的领导权。聚焦脱贫攻坚,强化扶志扶智扶德教育,精心组织“十佳青年脱贫攻坚带头人”等先进典型选树活动,巡回开展脱贫攻坚文艺演出,营造出自力更生、奋力脱贫的舆论氛围。积极培育践行社会主义核心价值观,不断深化群众性精神文明创建工作。申纪兰、冯开平被评为2018年度“感动山西”十大人物。

严格履行管党治党主体责任。深化监察体制改革,促进执纪执法贯通,有效衔接司法,推进了反腐败工作法治化、规范化。深化运用“四种形态”,开展两轮巡察,充分发挥派驻纪检监察组“探照灯”作用,全年共谈话函询360件次,占总处置数的35.3%。认真落实中央八项规定精神,集中整治形式主义、官僚主义,严查深挖群众身边不正之风和腐败问题。全年共立案161件、结案152件,移送审查起诉3人,给予党纪政务处分146人,其中查处违反中央八项规定精神13案15人,形式主义、官僚主义5案16人,全县政治生态正气充盈、清风常在。

(张文凯)

附:中共平顺县委书记、副书记、常委名单

书　记:吴小华

副书记:秦　军　刘林松

常　委:安拴平　宋立刚　桑爱斌　申庆斌

刘沁梅(女)　方进勇(8月离职)

陈　超(12月任职)

中共黎城县委

县委书记　杨红旗

2018年,黎城县委紧紧围绕省委“一个指引、两手硬”思路要求和市委“打造山西重要增长极、建设省域副中心城市”目标要求,学用习近平新时代中国特色社会主义思想,充分发挥县委总揽全局、协调各方的领导核心作用,探索实施“课题式三合一”工作法,以打造“三大板块”为目标,团结和带领全县广大干部群众,主动适应新常态,积极应对新挑战,统筹推进经济、政治、文化、社会和生态文明建设,全面加强党的建设,各项工作均取得新的进展。

一、统筹全局把方向、谋大局,党的领导更加有力

学思践悟的能力不断提升。始终把学习摆在重中之重的位置,自觉按照“学懂、弄通、做实”要求,深入学习贯彻党的十九大精神和习近平新时代中国特色社会主义思想和习近平总书记视察山西重要讲话精神,认真落实省委十一届六次全会、市委十一届五次全会精神,争做真学、真懂、真信、真用的表率,“四个意识”更加牢固、“四个自信”更加坚定、“两个维护”更加坚决。通过学习,找到了推动黎城发展的“课题式三合一”工作法,形成了推动黎城改革发展稳定的一系列重要决策。

团结良好的局面不断巩固。把充分调动各界积极性、凝聚各方向心力作为头等大事来抓,重视支持人大、政府、政协各项工作,有力推动了法治黎城建设。及时向工商联和无党派人士通报情况、听取意见,推动工青妇等群团组织发挥联系群众的桥梁纽带作用,组织动员广大群众坚定不移跟党走。

真抓实干的作风不断加强。始终坚持谋实事、出实招、求实效,着力在工作重心下移、狠抓工作落实上做好文章、下足功夫。“课题式三合一”工作法,把全县各项工作课题化、项目化、黎城化,增强工作的科学性、针对性和连续性。创新开展“对标一流先进、创新工作方法、争当实干先锋”和“向人民报告”两项工作,着力纠正形式主义、官僚主义等突出问题,促进全县党员干部练好基本功,补齐工作短板,推动各项工作任务有效落实。特别是在全面深化改革中,啃骨头、拔钉子,全面推进监察体制试点改革、国企国资改革、现代公共文化服务体系构建等51项重点领域改革,有效带动全县干部作

风进一步好转。

二、奋进接力调结构、转方式,经济转型更加稳健

县委始终把发展作为执政第一要务,坚持党对经济工作的领导,坚持主动转型、创新转型、深度转型、全面转型,全力打造“山区田园综合体标杆县、能源革命东出太行桥头堡、中太行山国际旅游度假区”三大板块。2018年全县主要经济指标均实现正增长,且达到预期目标,整个经济运行处于合理区间。

打造“山区田园综合体标杆县”,探路乡村振兴新引擎。用好地理、环境、文化、农业优势,培育“1+6+N”多业态山区田园综合体发展新模式,奋力打造黎城旅游集散中心、太行最美田园小镇、中原养生产业典范。目前投资1.5亿元白岩寺禅文化养生区项目、4000万元百草园项目、1亿元黎侯宴酒文化产业园项目、1000万元宏鑫驾校项目已正式签约落地。

打造“能源革命东出太行桥头堡”,激发转型发展新活力。用足区位和政策优势,规划建设“一区两港三基地”,即建设好西仵经济技术开发新区;拓展潞东水洋铁路智慧能源物流港和白龙公路智慧能源物流港;打造好光伏产业领跑基地、“双创”研发孵化基地、传统产业升级改造基地。长治光伏发电技术领跑基地黎城县250兆瓦光伏发电项目已完成可研、林地实勘报告等前期工作;600万吨焦化及下游化产项目已与河北裕华集团达成初步投资意向。物流方面已与阳煤集团、河北邯郸建投集团达成初步投资意向。以此为带动,2018年重点实施转型项目46个,完成投资27.4亿元,占固定资产投资的85.2%。

打造“中太行山国际旅游度假区”,集聚强县富民新能量。用活“三遗汇集之地”本底资源,“串珠成链”在全省太行旅游板块中率先破题。目前,规划面积约300平方公里“一环双核两圈三网四极”总体方案已获得省规划组认可,且被列为太行山板块发展主体功能区和11个旅游名县之一,黄崖洞景区被列为9大龙头景区正在闭园改造;北京招商说明会、9.26骑游文化节等期间洽谈签约项目中,有10个定于2019年开工建设,总投资约12亿元;承办了2018年中国攀岩自然岩壁系列赛中太行山长治市黎城站的全部赛事。

三、持之以恒办实事、惠民生,人民生活更加幸福

精准脱贫攻坚战让更多贫困群众增添了获得感。圆满完成1305户2826名贫困人口脱贫任务,并接受了2018年全省市际交叉考核。发展特色产业。投资1600余万元,打造生猪、土鸡、日光温室和春秋拱棚等8个产业项目,8个项目由1家企业总体托管经营变为多家企业包联帮扶,降低产业项目市场风险,稳定贫困村收入,带动贫困户增收。打造就业车间。打造6个就业扶贫车间,帮助200余名贫困户实现“造血式”脱贫;全年免费培训2526人,贫困劳动力转移就业500余人。推进生态扶贫。7000亩太行山绿化任务和3万亩干果经济林提质增效项目,带动169名贫困群众增收;聘用273名贫困人员担任管护员,每人每年可收入3000余元。狠抓易地搬迁。完成23户85人的易地搬迁任务,完成38户搬迁入住户的拆迁复垦工作。落实教育扶贫。对151名适龄贫困残疾儿童,全部安置入学;为1327名学生发放各类补助135.82万元。开展健康扶贫。在全市率先制定《健康扶贫长效机制实施方案》,为1907名贫困人口办理慢性病证,全面实现基本医疗保险、大病保险、补充保险和民政救助“一站式”结算。加强兜底保障。巩固做好农村低保标准和扶贫线“两线合一”,对参与扶贫项目实现产业或就业脱贫的农村低保家庭,继续提供稳定过渡期。为全县贫困人口每人缴纳68元的人身意外和住院津贴保险。同时,全面开展消费扶贫活动,通过“以购代捐”形式购买贫困户农副产品,助力脱贫攻坚。

扫黑除恶歼灭战让更多群众增添了安全感。立足县情,实施黑、恶、乱、霸、痞“五毒同治”。全县共形成战果7个,累计抓获犯罪嫌疑人77人,破案68起,查扣资产资金总价值6700余万元。投资1000余万元建设平安城市“雪亮工程”。创新实行了安全生产“三个五”和安全隐患“三三查”机制,建立电子隐患查报系统,群众的安全感进一步增强。

蓝天保卫战让更多群众增添了舒适感。纵深发力淘汰燃煤锅炉139台,累计对3560户实施清洁取暖改造,空气质量综合指数、PM2.5浓度明显下降。完成造林面积1.63万亩,未成林管护15500亩。创建市级森林乡镇1个、省级森林村庄3个。

棚改大会战让更多群众增添了幸福感。抢抓棚改“窗口期”,争取政策贷款4.46亿元,启动1000余户、公产20家、征收面积22万余平米的五大片区改造,着力构建老城、古城、新城“三大组团”县城新格局。一期、二期征收已结束,拆迁工作正在进行。

垃圾分类持久战让更多群众增添了责任感。紧紧围绕终端建设、收储转运、分类投放、宣传发动四个环节,全面推进垃圾分类工作。投资7200余万元,建成垃圾综合处理中心、中转站、填埋场、渗滤液处置系统。投资610余万元,新购置湿垃圾转运车、桶装垃圾分类收集车、垃圾分类收集车261辆,厨余垃圾、其他垃圾、可回收垃圾、有害垃圾实现分类闭环收处,形成独立的“四个体系”,形成了户分类、村收集、乡转运、县处理运行体系,全市垃圾分类现场会在黎城召开,顺利通过国家卫生县城复审验收。

义务教育均衡发展整体战让更多群众增添了公平感。投入1.8亿元,实施10所学校项目建设工程。投入3141万元,启动34个“全面改薄”工程。投入3004万元,完善学校硬件设施。29所农村寄宿制学校全部完成标准化建设。顺利通过国家义务教育基本均衡发展督导验收。

四、牢记使命强思想、夯基础,管党治党更加严实

思想提升工程“补钙”。围绕“两学一做”教育常态化,开展“不忘初心、牢记使命”主题教育,狠抓宣传思想工作,创刊发行《县政治理·学习与交流》《黎侯周讯》各45期,传统媒体和新兴媒体互补融合,打造“弘扬主旋律、传播正能量”主阵地,

不断增强践行“两个维护”的思想自觉和行动自觉。

干部提能工程“充电”。启动2018—2020干部综合能力提升行动计划，打出“请进来、走出去、课题化”干部综合能力提升组合拳。举办专题讲座28期，参训6000余人次；组织干部赴河北、江苏、浙江等地跟班学习3期156人次；各类小分队外出学习考察90余人次；30个课题全面启动；实行“职业导师制”助推97名新入职人员快速成长。

“三基建设”提标工程“助力”。针对乡镇、村级运转经费、扶持集体经济发展、乡镇办公用房和食堂补助等薄弱环节，累计投入4700余万元加强基层基础保障；持续推进村集体经济发展，收入5万元以上的村达到126个；实行整顿提升工作“双签制”，严格落实“五个一”要求，15个农村软弱涣散党组织得到整顿提升；实施“一加强三规范”，制定下发《黎城县党组织规范化建设手册》，打造规范化建设示范点48个，以点带面，示范推动；实施“三亮、三解、三考评”工作法，4341名党员主动认领任务，推动党员到社区报到服务常态化长效化；探索城市基层党组织建设，成立社区党委9个、小区党支部27个，逐步形成“社区大党委—小区党支部—楼栋党小组—党员中心户”组织体系。

干部作风提质工程“清源”。围绕整治形式主义、官僚主义和“三股歪风”，鼓励干部干事创业，开展“对标一流先进、创新工作方法、争当实干先锋”活动，实行“向人民报告”制度，形成了一个方法统领、一个目标抓总、一项活动跟进、一项制度施压的“四个一”激励干部担当作为“黎城方案”，推动作风建设根本性好转。同时将狠刹“三股歪风”作为优化政治生态的重要抓手，进一步明确用人导向，激励干部担当作为。全年共调整干部5批次60人，诫勉26人，调整不适宜担任现职干部2人，最大限度激活干部资源，努力为全县经济社会事业高质量发展提供智力支撑。

从严治党提速工程“加油”。持续深入落实中央八项规定精神，紧盯重要节点、紧盯突出问题、紧盯隐形变异，全年查处违反中央八项规定精神和“四风”案件26件，党纪政务处分25人，组织处理1人。运用“四种形态”处理517人次，抓早抓小、防微杜渐。始终保持惩治腐败高压态势，共处置问题线索534件，给予党纪政务处分187人(其中，党纪处分150人，政务处分49人，党纪政务双重处分12人)。紧抓“关键少数”，给予乡科级干部党纪政务处分39人。移送司法机关11人。查处侵害群众利益不正之风和腐败问题案件54件73人，持续推动从严治党向纵深推进。

(岳琛琛)

附：中共黎城县委书记、副书记、常委名单

书　记：杨红旗

副书记：牛晨霞(女)　郭卫斌

常　委：张晓明　魏振东　任江鸿　田晓赋
杨学武(10月离职)　高新建(12月任职)
岳保国　叶振东(4月离职，挂职)

中共襄垣县委

县委书记　胡三虎

2018年，中共襄垣县委深入学习贯彻习近平新时代中国特色社会主义思想，围绕省委“示范区”“排头兵”“新高地”三大目标、市委“打造山西重要增长极、建设省域副中心城市”的部署，紧扣“打造浪漫之城、建设美丽襄垣，争当三晋第一县、跻身全国百强县”的奋斗目标，观大势、谋全局、抓大事，团结带领全县广大党员干部群众，心往一处想、劲往一处使，大干苦干，攻坚克难，既定目标顺利实现，36项重点工程如期完工。全县经济社会发展呈现出蓬勃向上的良好局面。

一、主要经济指标

全县地区生产总值完成228.5亿元，增长5.3%；工业增加值完成158.8亿元(总量不对外公布)，增长4.73%；固定资产投资完成84.08亿元；地方财政收入完成18.25亿元，增12.46%；社会消费品零售总额完成31.3亿元，增长8.5%；城镇居民人均可支配收入完成36141元，增长6.5%；农村居民人均可支配收入完成15852元，增长8.5%。从总量上看，地区生产总值、工业增加值、固定资产投资、财政收入等主要指标位居全市第一、第二，为全市经济增长继续做出重大贡献，襄垣工业大县、经济大县的地位进一步得到巩固。

二、政治生态

党的建设进一步加强。县委牢固树立一切工作到支部的鲜明导向，始终把抓好党建作为最大政绩，推进全面从严治党向纵深发展。创新党群服务体系，率先建成全省首家党群服务中心。成立6个社区党委，20个小区党支部，实现城市基层党组织全覆盖。推进基层党组织规范化标准化建设，全市基层党建现场会在襄垣召开。集中整顿软弱涣散基层党支部，推行农村党员积分制管理，开展“共产党员户”挂牌、在职党员到社区报到等系列活动，基层战斗堡垒作用显著增强。从严党内政治生活。引深“三步四循环”工作法，严格落实“三会一课”制度。全面开展“党支部主题党日+活动”，全县840个党支部先后举办“弘扬红船精神”“纪念建党97周年”等活动。高压惩治腐败问题，驰而不息纠正“四风”，扎实开展“扶贫、民生和涉黑涉恶”领域专项治理，坚持“惩前毖后、治病救人”方针，科学运用“四种形态”，坚持零容忍、全覆盖、强震慑，从严惩治腐败。全县政治生态实现根本性好转。

三、干部士气

坚持正确的用人导向，出台《支持干部改革创新、勇于担当合理容错实施意见》《在重点项目、重大工程一线考察识别干部暂行办法》，建立健全容错纠错机制，在条件艰苦、急难险重任务中锻炼使用干部，坚决杜绝“干和不干一个样，干多干少一个样”。持续强化理论武装。邀请专家教授举办意识形态等领域专题报告会4场；分4批对全县科级干部进行集中轮训；分3期赴中山大学、浙江大学、上海交大举办科级干部能力提升班；开设为期12天的学习贯彻习近平新时代中国特色社会主义思想读书班，广大干部政治素养、专业能力进一步增强。特别是在“2018年必须完成的36项重点工程”这场攻坚战中，全县各级干部都得到了锤炼，经受了考验，增长了才干，无论是县直部门、国有企业，还是乡镇、农村，都涌现出了一批能干事、会干事、干成事的好干部。全县上下干字当头、人心思进，百舸争流、千帆竞发的干事创业热情空前高涨，呈现出蓬勃向上的良好局面。

四、宣传文化

县委始终以习近平新时代中国特色社会主义思想为指引，深入学习贯彻党的十九大精神，进一步加强理论武装和舆论引导工作，推动社会主义核心价值体系建设，发展文化事业和文化产业，为推动襄垣经济发展凝聚了强大正能量。严格执行党委(党组)意识形态工作责任制，确保了意识形态领域可管可控，夯实思想建党主阵地。创新学习方法，县委中心组集体学习31次，开展关于学习十九大精神、意识形态等方面专题报告会，开展“不忘初心、牢记使命”主题演讲比赛等活动；增强舆情信息主导权，在全县开展关于意识形态工作的专项督查，实行网络舆情24小时监控；在新闻中心、广播电视台开设专题专栏，围绕2018年必须完成的36项重点工程、脱贫攻坚、污染治理、垃圾分类、扫黑除恶等重大问题开展重点宣传，唱响“浪漫之城　美丽襄垣”主题曲。弘扬精神文明主旋律，在农村广泛开展“一约四会”“一墙三榜”建设，广泛开展“文明家庭”评选活动。拓展文化惠民主战场，开展送戏下乡、文艺演出、电影放映等一系列主题文化活动，隆重举办襄垣县纪念建党97周年以及庆祝改革开放40周年等一系列文化活动；举办“知青故里·美丽小垴”首届摄影节活动；“唱响主旋律、文艺下基层”专场文化惠民演出深入七个行政村；襄垣县“助力脱贫攻坚”文艺轻骑兵演出队首站演出在古韩镇小垴村拉开帷幕；精心策划了襄垣县首届万亩花海“七夕”文化节。争当宣传文化主力军，为全县各乡镇(区)配备宣传委员，分批次组织全县党员干部到党建服务中心参观学习。

五、重大项目

全面贯彻省市“转型项目建设年”要求，坚持“转型上高端、延伸抓循环”，持续推进重点项目建设。61个转型项目年度投资226.8亿元，加快推进开发区建设，建成标准化厂房5万平方米，园区承载能力进一步增强；投资50亿的鸿达煤化500万吨清洁焦化项目，正进行场平及挡墙砌筑；投资46亿的乙二醇项目，完成总量的90%，今年5月建成投产；投资12亿的60万吨异构脱蜡项目，部分设备开始单试。投资5亿的互通新能源汽车项目总装设备开始进场。投资1.7亿的30万吨烯烃分离项目，正进行管道试压；投资1.2亿的20万吨单烷烃分离、投资1.19亿的5万吨乙酸脂、投资1.2亿的18万吨聚合铝絮凝剂等项目，正进行土建；山力铂纳、奥鹏轮毂等非煤产业快速发展。不断强化招商引资，全年共签约亿元级项目24个，总投资近300亿元。国企国资改革稳步推进，“三供一业”顺利交接，股权多元化和混合所有制改革加快推进，襄矿、七一、漳江、裕泰所属国有控股、参股企业达18户。此外，投融资体制、财税体制、行政审批等领域的改革都在稳步推进。

六、城市建设

始终把城市作为加快转型的引擎，坚持“五化”同步、建管并重，不断完善城市功能，全面提升城市品位，促进产城深度融合。硬化上，北二环、东二环拉开城市框架，霍黎高速连接线、太焦高铁站前连接线搭建起对外开放的桥梁；开元街西延、府后东街一期打通断头路、丁字路，健全了城市道路体系；富垣大道、朝阳西街，缓解了对外运输压力，成为工业经济的主动脉。韩州路、学府北路等县城背街小巷改造完成，群众出行更加便利。绿化上，建成5000亩王桥工业区防护林带，构建起绿色发展屏障；对80公里新开道路高标准通道绿化；新建游园广场仿真绿雕40余个；对公园绿地和道路绿带及未绿化地段补植补种，县城绿地率进一步提高。亮化上，对东湖周边11栋高层高标准亮化；在浊漳河县城段进行河道轮廓灯带亮化；对东湖公园、县城主要街道和绿地广场进行亮化升级，襄垣县城的夜晚灯火通明、如诗如画、更加靓丽。美化上，水韵东湖音乐喷泉吸引世人眼球，引爆文旅产业；漳河北底游园，美化周边环境，促进城乡一体。文化上，历史文化街修葺一新，逗号岛水文气象观测站加快建设，襄子文化产业园重新启动，襄垣县城的文化气息更加浓厚。

七、民生福祉

始终坚持以人民为中心的理念，着力解决群众最关心最直接最现实的利益问题。教育上，通过政府购买服务方式招聘幼儿教师350名；山西机电职业技术学院襄垣校区正式启用；新建永惠小学和太行小学西校区主体完成；统筹城乡教育一体化改革，实施教学质量提升工程，中高考成绩再创佳绩。医疗上，深化县乡医疗卫生机构一体化改革，推进县乡医院信息化建设，提升了医疗卫生装备水平。改造3个乡镇卫生院和60个村卫生所。分批次对全县机关事业单位干部职工和65岁以上老人进行健康体检。社保上，全面落实救灾防灾、特困人员救助和退伍军人优抚安置等政策，按时足额发放各类抚恤金。新建6所农村老年人日间照料中心，县殡葬服务中心完成主体。城乡居民社会养老保险、最低生活保障、农村五保供养等标准进一步提高。住房上,和美苑二期保障房建设全部完工;完成棚户区改造282套,贫困人口易地扶贫搬迁5户13人。嘟嘟湾城中村改造完成各项前期工作,3月正式启动,可改造162户。文化上,创办了“百姓大舞台”“文化惠民基层行”等特色文化品牌,常态化开展送戏下乡、文艺演出、电影放映等活动,通过精准保障改善民生,广大群众幸福指数和获得感进一步提升。

八、生态环境

牢固树立“绿水青山就是金山银山”的理念,坚持绿色发展,全县生态环境质量不断改善。加大环境保护力度。严格落实环境保护“党政同责、一岗双责”责任制,全面打响“蓝天、碧水、净土”三大攻坚战。制定实施大气、水、土壤污染防治行动计划。积极推进散煤治理和清洁取暖改造;各乡镇(区)公建单位完成“煤改电”工程;所有电厂、砖厂、燃煤锅炉、煤矿矿井水处理设施完成提标升级改造;扎实推进“河长制”,启动浊漳河全域治理。推进县城垃圾处理厂环保污染综合治理。持续开展植树造林。实施了县城东山防护林、阁老山生态修复、三漳湿地公园保护等一批生态保护修复工程。后湾水库获批“国家水利风景区”。从严整治反馈问题。全力配合中央和省委、省政府环保督察组开展环保督查和“回头看”专项行动。

九、社会大局

牢固树立底线思维,始终把安全稳定紧紧抓在手上。安全上,严格落实“党政同责、一岗双责”责任制, 坚持“隐患就是事故”,加强公共卫生监管,对非洲猪瘟疫情开展拉网式监测排查,对所有学校开展专项整治,确保食品安全,全县安全形势持续好转。信访上,深入开展信访案件集中攻坚专项行动,中央和省、市移交的45件信访案全部办结。保持打击非访高压态势,依法妥善处理进京赴省到市非访人员。学习借鉴“枫桥经验”,引入人民调解手段化解矛盾纠纷。平安法治上,全力攻坚禁毒重点整治,在国家禁毒委组织的评估验收中,我县禁毒工作成效位列全国第一,如期实现“摘帽”。扎实开展扫黑除恶专项斗争,紧盯23类打击重点,打掉涉恶团伙5个、恶势力集团2个,抓获团伙成员37人,破获刑事案件20起。全面推进“雪亮工程”,实现了所有乡镇、行政村视频监控“全覆盖、无死角”。法治创建全省示范,“二十一”创效果明显。全县社会大局稳定,人民安居乐业,广大群众安全感、满意度大幅提升。

十、改革创新

始终坚持把改革创新作为第一动力,破困局、解难题、清障碍、除顽疾。加强固废综合利用。挂牌成立山西大学固废综合利用长治研发基地,攻克活性炭、陶瓷纤维等高端产品生产技术,培育产业新优势。推进垃圾分类试点改革。初步实现“知识全普及、源头分得开、回收有存放、运输有保障、终端有处置、激励有机制”的目标。深化农村集体产权制度改革。全县323个行政村全部完成清产核资、成员界定、股份量化等工作,农村经济活力明显增强。加快国企国资改革。加快股权多元化和混合所有制改革,襄矿、七一、漳江、裕泰所属国有控股、参股企业达18户。此外,还扎实推进了投融资体制、行政审批、财税体制、公共文化服务、文化旅游等各领域改革,为全县发展注入了不竭动力。

(李　凯)

附:中共襄垣县委书记、副书记、常委名单

书　记:胡三虎

副书记:贺思宇(4月任职)　孙泽强

常　委:贺思宇(4月调职)　桑爱平(女)　李智越　王　克(11月任职)　王振力　贾林波　杜建伟　边军强(10月离职)　刘　鹏(12月任职)

中共武乡县委

县委书记　胡　坚

中共武乡县委坚持以习近平新时代中国特色社会主义思想为指导,深入学习贯彻党的十九大和十九届二中、三中全会精神,认真履行把方向、管大局、作决策、保落实职责,召开33次县委常委会学习贯彻中央、省、市决策部署,深入推进“11355”发展战略,特别是坚持以脱贫攻坚统揽经济社会发展全局,团结带领全县干部群众戮力奋斗、攻坚克难,全县党的建设和党的事业取得新进步新成效。

一、加强政治建设,强化政治引领,践行“两个维护”更加坚定自觉

常委会始终把政治建设摆在首位,加强政治历练、提高政治站位,不断增强政治觉悟和政治能力,进一步树牢“四个意识”、坚定“四个自信”,始终在政治立场、政治方向、政治原则、政治道路上同党中央保持高度一致,坚决维护习近平总书记党中央的核心和全党的核心地位,坚决维护党中央权威和集中统一领导。

坚持把深入学习贯彻习近平新时代中国特色社会主义思想和习近平总书记视察山西重要讲话精神作为首要政治任务,县委常委会带头把学习党的理论和路线方针政策作为

必修课,县委理论学习中心组13次专题学习研讨。组织举办了学习贯彻习近平新时代中国特色社会主义思想读书班、"弘扬太行精神、铸牢长治之魂"座谈会、干部素质能力提升培训班,推动学习宣传贯彻习近平新时代中国特色社会主义思想往实里走、往深里走、往心里走。

坚持把守纪律、讲规矩作为底线和红线,严格尊崇党章,严格遵守宪法,严守党的政治纪律和政治规矩,县委常委会严格执行民主集中制、常委会工作规则、"三重一大"决策机制、重大事项请示报告等制度,坚持按法律、按规矩、按程序办事。把严肃党内政治生活作为全面从严治党的重要抓手,认真贯彻落实《关于新形势下党内政治生活的若干准则》,勇于自我革命,增强斗争本领,按时组织召开县委常委班子民主生活会,积极开展批评和自我批评,不讳疾忌医,不遮丑护短,做到红脸出汗、刮骨疗毒,常委班子成员的自我净化、自我完善、自我革新、自我提高能力不断增强。

坚持大力弘扬太行精神、传承红色基因,充分发挥"一馆两部五址""两园一剧"教育主阵地作用,充分利用清明、八一、国庆、国家公祭日等重大节日开展革命传统教育,坚持用革命精神滋养思想、激励行为、教育干部、凝聚人心,让红色文化全民普及、全域覆盖,让红色基因融入血脉、永续传承。

二、咬定总攻目标,下足绣花功夫,尽锐出战打赢脱贫摘帽硬仗

县委召开26次常委会、21次领导小组会议,就脱贫攻坚重点工作、重大问题作出决策,召开全县脱贫摘帽誓师大会、脱贫攻坚推进大会、再推进大会、贫困退出动员大会部署推动工作落实;县党政主要领导、分管领导带领各乡镇、各有关部门负责人外出学习考察12次;县四大班子领导认真履行包联乡镇责任,挂帅出征、一线督导,层层传导压力、压实责任;县党政分管领导亲自担任10个专项分指挥部指挥长,定期召开例会,研究解决问题;县人大、政协领导带队的5个脱贫攻坚督导组逐乡逐村逐户轮番督导,发现问题、督促整改;3个作风成效督查组不间断开展明察暗访,全力推动工作落实、措施落实、责任落实;全县各级干部群众咬定总攻目标、落细攻击点位,尽锐出战、攻坚拔寨,举全县之力决战决胜脱贫摘帽。

县委不断完善工作思路、创新工作举措,着力构建"3+6+X"特色农业发展体系,全面推行"公司+基地+农户""公司+合作社+农户""公司+农户"等产业发展模式,大力推广"整村微店""一店带多户""三商联动""扶贫购平台"四种电商精准扶贫模式,实行"1+4"生态扶贫机制,发展"旅游+乡村振兴、+乡村农家乐、+土特产销售"等旅游扶贫业态,全力实施水、电、路、网、物流、公交车、有线电视、手机信号"八大"畅通工程和教育、医疗、养老、低保、意外伤害险"五个"全覆盖,创新建立"县有大讲堂、乡有讲习所、村有小夜校"三位一体扶智扶志格局,创新实施"扶贫超市""扶贫车间""一约五会一墙三榜"激发内生动力,在不折不扣落实上级各项政策的基础上创新实施了20项县级特惠政策,严格实行干部帮扶"668"工作法、"1225"巡查督查机制、黄牌警告、通报批评等制度,积极推动社会帮扶,东庄煤业、王家峪煤业分别捐赠扶贫资金500万元。各项举措亮点纷呈、精准有力,得到了各级领导和各有关部门的充分肯定。

全县广大党员干部众志成城、同心同力,夙夜在公、勇挑重担,担当作为、克难攻坚,任劳任怨、无私奉献,为全县脱贫攻坚事业付出了巨大的心血和汗水,做出了巨大的牺牲和奉献,锤炼和涌现出一大批组织认可、群众满意的好干部。有身患重病不离岗的帮扶工作队长张宏才、一腔热情倾注老区的第一书记张国田、全省"最美村干部"故县乡五村党支部书记张先保、一心为民办实事的丰州镇魏家窑村党支部书记姚庆水、情系乡亲谋福祉的洪水镇熬垴村党支部书记张庆云,等等。在脱贫攻坚的伟大实践中,广大干部群众用实际行动展现了老区人民勇于担当、善于攻坚、敢于胜利的精神风貌。2018年12月15日,国际减贫与发展趋势研究项目考察组对武乡县脱贫攻坚工作进行考察,给予充分肯定和高度评价。

三、加快转型发展,狠抓项目建设,经济发展质量得到新提高

始终坚持稳中求进工作总基调,全面落实省委"三大目标"和市委"打造山西重要增长极""建设省域副中心城市"决策部署,大力发展新兴产业,狠抓转型项目建设,着力打造转型发展的新引擎。面对复杂外部环境和繁重转型任务,常委会进一步加强对经济工作的领导,坚持每季度听取一次经济运行情况汇报,定期分析研判经济形势,既提出指导经济工作的思路要求,又着力破解突出矛盾和重大问题,确保经济持续健康发展。2018年,全县地区生产总值完成57.3亿元,增长7.1%;规模以上工业增加值增长8%;固定资产投资完成20.6亿元,增长10.4%;一般公共预算收入完成4.4亿元,增长45.1%;社会消费品零售总额完成15.8亿元,增长10.1%;城镇居民人均可支配收入达到24109元,增长6.4%;农民人均可支配收入达到7430元,增长12.7%。市下达的10大项15小项区域经济转型升级考核评价指标圆满完成。在全国大宗商品特别是煤价大幅上涨的情况下,全县三次产业结构比例由2017年的5.8∶49.1∶45.1优化为2018年的6.3∶44.5∶49.2。

始终把"三农"工作摆在突出位置,制定出台《关于推进乡村振兴战略的实施方案》,编制完成乡村振兴战略总体规划和6个专项规划,坚持特色种植、规模养殖、农产品深加工"三轮驱动"不动摇,充分发挥大山禽业、绿农农牧、多维牧业、鑫四海、潞武、太行沃土等六大龙头企业带动作用,推广发展渗水地膜穴播谷子2.5万亩,道地中药材种植12000亩,干果经济林提质增效管护2.4万亩,全县龙头企业农产品销售收入完成13亿元,同比增长12.4%,绿色有机旱作农业封闭示范区建设初见成效,特色现代农业产业体系基本建立。

始终把转型发展作为第一要务,认真落实全市"十大新兴产业""转型项目建设年"部署,坚持以供改和综改为主线,全力推动经济高质量发展。扎实推进供给侧结构性改革,关

闭退出槐安煤业45万吨产能，煤炭先进产能占到总能力的50%以上，原煤产量达到718万吨，创历史最高产量。加快推进新材料、新能源、装备制造、通用航空等新兴产业发展，潞安50MW光伏发电、泓晨万聚自洁式透水砖、通用航空低空旅游项目投入运行，镁铝合金新材料、煤层气开发、硅基复合材料、纳米碳酸钙等项目扎实推进，转型发展的基础进一步夯实。全年共谋划重点项目167个，开工实施70个，完成投资20.6亿元。组织开展"京企入长"等招商引资活动30余次，签约项目24个，落地开工18个，开工率75%。山西航宇智能制造技术研究院在我县注册成立，成为全省唯一一家在县级规划建设的科技型民办非企业单位。武乡通用航空机场列入《山西省通航机场布局规划(2016—2030年)》27个二类以上通用机场布局，走在全省、全市前列。

始终把文化旅游产业作为战略性支柱产业，认真落实省、市锻造"太行旅游板块"部署，扎实推进国家全域旅游示范区建设，八路军文化旅游区5A景区创建、红色旅游路二期进展顺利，红色文化研学实践活动蓬勃开展，成功举办了第八届八路军文化旅游节和第一届农民丰收节暨"武乡小米"开镰节、故城梅杏赏花节、上司梨花节、故县五村播种节、贾豁古台农耕文化节，红色旅游品牌效应进一步发挥，红色老区知名度和影响力进一步扩大，人流、物流、信息流进一步集聚。2018年共接待游客555.8万人次，同比增长23%；旅游综合收入达到53.7亿元，同比增长25%。

四、坚持改革创新，积极探索实践，全面深化改革取得新进展

全县41项改革取得明显成效。医疗卫生机构一体化改革方面，组建完善医疗集团行政、党委、纪委领导班子，"六统一"管理方案、"六部六中心"、药品采购"五统一"方案全部落实到位。编制人事薪酬制度改革、医疗集团信息化建设稳步推进。供销社综合改革方面，结合脱贫攻坚创新建设"电商扶贫超市"服务平台、实行精准扶贫"一证通"的做法，得到国家和省、市供销部门的充分肯定。"放管服效"改革方面，扎实清理规范行政审批事项，目前保留121项。积极推行"双随机一公开"，抽查市场主体226户全部公示。全面推行企业投资项目承诺制，审批项目15个。全面推进"多证合一"改革和"证照分离"改革，共核发加载"统一社会信用代码"营业执照6011户。金融改革创新方面，认真落实防范化解重大风险部署要求，扎实开展非法集资专项整治、互联网金融风险专项整治等活动，大力推行"五位一体"小额信贷，累计发放扶贫小额贷款2.3亿元，惠及贫困户4766户，贷款发放绝对额和覆盖面均居全省前列。金融机构新增贷款8亿元，其中支农、支小贷款3.4亿元，占比达42.5%。创业创新方面，武乡被列为国家级结合新型城镇化支持农民工返乡创业试点县，建立了红星杨物流中心返乡创业园区，目前进驻企业36家，各类市场主体7326个，带动就业2.87万人。实施高素质人才引进计划，41名硕士研究生及以上学历人员全部充实到县直事业单位。

五、强化污染防治，保卫蓝天净土，生态文明建设迈出新步伐

大气污染防治方面，着力抓好2018-2019年生态环境部蓝天保卫战强化督查反馈问题整改，14轮次86个问题全部整改完成。大力推进冬季清洁取暖工程，完成煤改电2035户、煤改气981户、集中供暖1180户，超额完成市下达任务。全面启动垃圾分类工作，投资1100多万元，新建垃圾中转站4座，为各乡镇配自卸式垃圾收集三轮车196辆，人力保洁三轮车497辆，车厢可卸式垃圾清运车12辆，钩臂式垃圾箱194个。积极实施燃煤锅炉清洁能源替代改造工程，淘汰燃煤锅炉183台。加大环境执法力度，查处环境违法案件52起，罚款182.6万元。县城空气质量综合指数5.70，全市排名第三；县城二级以上优良天数达到219天。水环境治理方面，深入推进河长制，设立河长243名，整治河道140公里。投资1200余万元实施县城污水主管道改造。完成水保治理5.4万亩。广志水库顺利实现下闸蓄水，关河水库供水东干线项目进展顺利。土壤治理方面，深入实施化肥农药零增长行动，加快推进秸秆和畜禽粪污等农业废弃物资源化利用，地质灾害和采煤沉陷区治理扎实推进。同时，坚持不懈推进造林绿化，完成营造林3万亩，森林覆盖率达到25.8%；县城建成区新增绿化面积1万平方米，绿化覆盖率达到44.8%。

六、坚持以民为本，办好民生实事，群众的获得感、幸福感、安全感有了新提升

始终把人民对美好生活的向往作为奋斗目标，认真践行以人民为中心的发展思想，努力克服财政压力，持续加大民生投入，着力解决人民群众的所需所急所盼。坚持教育优先发展，全面完成45所校舍"改薄"项目和17所寄宿制学校标准化建设，顺利通过国家义务教育基本均衡发展评估认定。全面提升卫生健康服务水平，215个贫困村卫生室全部达标，一站式结算4779人次1702万元，完成贫困人口双签约15479人、农民免费健康体检和慢性病筛查18696人、农村妇女两癌筛查13533人。投资1409万元购买更新32辆城乡电动公交车、2辆纯电动旅游专线客车和22辆7座镇村公交车，在全市各县市区首家实现328个建制村公交一体化和农村物流全覆盖。完成"四好农村路"建设240公里、自然村道路建设140公里，实现行政村、自然村硬化路全覆盖。社会福利中心全面完工，中心敬老院实现入住。4070户农村危房改造全部完成。太焦高铁连接线、县城新区道路、棚户区改造、城中村改造等"十大城建工程"扎实推进。全年共发生生产安全事故6起，死亡6人，均为道路交通事故，与去年同期相比，事故起数减少1起，下降14.28%，死亡人数减少2人，下降25%。全县人民享有了更多、更直接、更实在的获得感、幸福感、安全感。

七、强化民主法治，建设平安武乡，开创了社会和谐稳定新局面

常委会始终把牢正确的政治方向，坚持党的领导、人民

当家做主、依法治国有机统一，定期听取县人大、政府、政协、法院、检察院党组工作汇报，切实加强对人大、政协、统战、武装、群团的领导和指导，全力支持开展各项工作，全面加强和创新社会治理，努力创造安全的政治环境、稳定的社会环境、公正的法治环境、优质的服务环境。

始终坚持和完善人民代表大会制度，支持人大及其常委会依法履行职能，制定出台了《关于进一步加强和改进新形势下人大工作的实施意见》，完善工作机构，配强工作力量。县人大及其常委会坚持围绕中心、服务大局，依法履职、主动作为，充分发挥人大职能作用，扎实开展工作监督和执法检查，组织开展脱贫攻坚、医疗卫生机构一体化、义务教育均衡发展、人民法院执行工作等视察调研8次，深入开展脱贫攻坚、环境保护、河道治理等督查和检查，有力地促进了全县重点工作的落实见效。

切实加强对人民政协工作的领导，支持政协履行政治协商、民主监督、参政议政职能，制定出台了《关于加强人民政协协商民主建设的实施意见》，为政协开展各项工作提供有力保障。县政协紧紧围绕脱贫攻坚、污染防治、经济转型、小米产业、文化旅游、教育医疗等重大问题和重点工作，积极开展专题协商议政、民主监督和调查研究，提出高质量的意见建议180多条。积极反映社情民意信息100余条，为县委提供了可靠的决策参考。文史资料收集整理工作成果丰硕，为全县留下了宝贵财富。

认真做好新形势下统战工作，深入贯彻落实习近平总书记对统战工作的重要指示精神，坚持大团结大联合，扎实做好党外知识分子、新的社会阶层人士统战工作，巩固和发展最广泛的爱国统一战线，筑牢统一战线团结奋斗的共同思想政治基础。全面贯彻党的宗教工作基本方针，加强对党员干部宗教政策和法律法规的教育，规范宗教事务管理，宗教领域保持和谐稳定。

认真抓好宪法学习宣传和贯彻实施，切实加强社会治理，扎实推进平安武乡和法治武乡建设，坚守“三个坚决防止”“三个确保不发生”底线。坚持把扫黑除恶专项斗争作为重大政治任务，认真落实省委“十个进一步”“十个不断强化”等部署要求，常委会8次研究扫黑除恶工作，强化宣传发动、线索摸排、深挖彻查、依法严惩，打掉5个恶势力团伙。严格落实社会治安综合治理领导责任制，加强网络化服务管理，县乡村三级综治中心、公共法律服务体系实现全覆盖。学习推广新时代“枫桥经验”，深入开展“大接访、大下访、大排查、大化解、大攻坚”专项行动，全县信访形势平稳可控、持续向好。

八、切实加强领导，坚定文化自信，宣传思想工作呈现新气象

认真贯彻落实全国、全省、全市宣传思想工作会议精神，自觉承担起举旗帜、聚民心、育新人、兴文化、展形象的使命任务，县委常委会及县委意识形态工作领导小组多次研究意识形态工作，严格落实党委（党组）意识形态工作责任制，建立意识形态工作定期会议研究、分析研判、督查通报和专项述职制度；明确各乡镇党委副书记分管宣传思想文化工作，10个乡镇配备了专职宣传委员。牢牢把握正确舆论导向，着力防范网络意识形态风险，不断提高新闻舆论传播力、引导力、影响力、公信力，巩固壮大主流思想舆论。层层压实压紧各级党委（党组）责任，做到任务落实不马虎、阵地管理不懈怠、责任追究不含糊，牢牢把握意识形态工作领导权。

认真贯彻落实习近平总书记视察山西提出的“一定要发扬好太行精神，一定要把《在太行山上》再唱响”和视察武乡提出的“四个始终保持”重要指示精神，省委骆惠宁书记“太行精神要再光大”、市委孙大军书记“弘扬太行精神、铸牢长治之魂”要求，着力推动社会主义核心价值观落细落小落实，拍摄完成电影《十八勇士》并在省内院线上影，武乡琴书《逐梦放映》荣获第十届中国曲艺牡丹奖入围奖，《扶贫队长张宏才》荣获第三届长治市曲艺大赛三等奖。加快健全完善基层公共文化服务体系，全力实施图书馆、文化馆、影剧院“两馆一院”达标升级工作，全县乡镇综合文化站、村级文化活动室、农家书屋实现全覆盖。深化群众性精神文明创建活动，组织举办了“感动武乡人物”“当代乡贤”“光荣脱贫户”“孝老爱亲户”等选树活动。扎实开展文化下乡活动，文艺小分队下乡演出236场次，免费送戏下乡120场次，送电影下乡4524场次。

九、坚持党要管党，全面从严治党，基层党组织建设得到新加强

认真贯彻新时代党的建设总要求和组织工作路线，深入落实全国、全省、全市组织工作会议精神，严格履行全面从严治党的主责首责全责，坚持每月至少研究1次党建工作，每季度听取1次党建工作汇报，县委常委会23次专题研究部署基层党建工作。严格实行领导干部包联责任制，细化党建工作7个方面44项重点任务，建立市级党建示范点16个、县级党建示范点45个。严格按照“好干部”标准和建设高素质专业化干部队伍要求，坚持事业为上、以事择人、人岗相适的原则，选拔调整干部8批次181人，一批敢于担当、善于作为、实绩突出的优秀年轻干部被选拔到科级领导岗位，营造了风清气正的选人用人环境。认真贯彻落实全省、全市推进“三基建设”座谈会精神，以“两增一提三促进”为重点，在全市率先开展党支部规范化建设试点，健全基本组织，建强基本队伍，开展基本活动，落实基本制度，强化基本保障，全县达标支部达到126个。深入实施“五帮联动”机制，制定出台关爱脱贫攻坚一线干部激励办法，近年来先后提拔重用脱贫一线优秀干部48名。创新开展主题党日“6+N”活动，扎实开展“万名党员联万户”结对帮扶活动，采取“1+1”模式管理流动党员。实行“1+6”包联整顿机制，整顿提升软弱涣散农村党组织31个，解决突出问题70多个。全县328个行政村全部实现集体经济收入“破零”目标，222个村达到5万元以上，占到67.7%。“三基建设”各项重点任务圆满完成，实现了省委“两年不断深化拓展、显著改观”的年

度目标。

监察体制改革试点进一步深化，“两推开”工作全面开展，县委机动巡察和第四轮、第五轮常规巡察圆满完成。全年处置反映线索569件，增长68.34%；运用监督执纪“四种形态”处理631人次，增长55.8%，其中第一种形态437人次、增长64.29%，第二种形态133人次、增长34.34%，第三种形态46人次、增长35.29%，第四种形态15人次、增长150%。切实加强警示教育，以“十种毒”为镜鉴，全面彻底肃清腐败流毒影响。坚持无禁区、全覆盖、零容忍，坚持重遏制、强高压、长震慑，全年共立案168件、增长68%，结案166件、增长62.75%，给予党纪政务处分194人、增长41.61%，实现案件数量、质量“双提升”。扎实开展扶贫领域、民生领域、涉黑涉恶领域群众身边腐败问题专项整治，查办群腐案件123件147人。认真落实中央八项规定精神和省、市实施细则，驰而不息纠正“四风”，大力整治“三股歪风”，从严强化“20项措施”，核查“四风”问题线索33条，查处案件14起，给予党政纪处分和组织处理19人。

（赵育锋）

附：中共武乡县委书记、副书记、常委名单

书　记： 胡　坚

副书记： 阎新平　顾昭明（3月离职，挂职）
曹建平（3月任职，挂职）
路晓波（4月任职）

常　委： 王淑英（女）　李军印　王书文　元海波
吕志刚　刘钢平　贾志军

中共沁县县委

县委书记　卢展明

2018年，中共沁县县委坚持以习近平新时代中国特色社会主义思想为指导，全面贯彻党的十九大精神，认真落实中央和省市委决策部署，统筹推进稳增长、促改革、调结构、惠民生、防风险等重点任务，全县经济社会稳中向好，实现持续健康发展。

一、全力奋战脱贫攻坚，精准扶贫取得突破性成效

精准扶贫坚持“夯实一个基础、补齐两块短板、打造三级帮扶体系、强化四个保障”的攻坚路径，完成84个贫困村4568户11263人的脱贫任务（剩余贫困户365户753人），综合贫困发生率降至0.57%，实现贫困县退出各项指标全面达标。投入脱贫攻坚资金4.24亿元，以“五种三养”为主导的扶贫产业初见规模；农村低保标准超过国家扶贫标准，贫困人口养老保险参保率达100%，287所村级卫生室全部建成并投入使用；学前适龄儿童入园率达95.6%，义务教育巩固率达98.6%；306个行政村村通公路全部硬化，客运班车开通率达99%；全县农村居民饮水安全达标率达100%；全县易地扶贫搬迁2481户、6592人全部入住；306个行政村全部通动力电、通宽带，有综合文化活动场所（地），各项指标均超过全省平均水平。开展驻村帮扶“五帮活动”，推出“三五工作法”“九型”破零等举措，不断提升贫困群众的满意度、获得感。年内顺利接受贫困县退出省级第三方评估检查，并代表山西接受中央财政扶贫专项资金绩效考评。龚来文、张水林分别荣获“全省脱贫攻坚奋进奖和贡献奖”。

二、着力推动转型发展，经济运行稳中向好

主要经济指标平稳增长。全县地区生产总值完成29.04亿元，增长8.1%。社会商品零售总额完成11.49亿元，增长9.3%。城镇居民人均可支配收入完成20097元，增长6.7%。农村居民可支配收入完成6801元，增长11.5%。规模以上工业增加值完成4.49亿元，增长17.08%。固定资产投资完成17.65亿元，增长10.5%。地方财政收入完成1.12亿元，增长9.26%。

转型项目建设稳步推进。全县确定62个转型项目，完成投资13.86亿元；招商引资签约项目21个，签约金额101.74亿元，完成市下达任务90亿元的113%。开工项目10个，开工率47%，全市排名第二。建设有机旱作农业封闭示范区3140亩，全县“三品一标”农产品认证数量达到12个，认证面积31万亩。沁州黄小米列入中国特色农产品优势区，荣登“2018年中国区域农业品牌影响力排行榜”，在中国国际品牌商标博览会上荣膺“2018年度品牌商标博览会金奖”。沁县成为“中国好粮油示范县”“中国小米之都”核心区。沁园春矿泉水取得省国土资源局颁发的采矿许可证，成为全省唯一取得矿泉水采矿权的企业，填补全省矿泉水生产企业的空白。

民营经济发展壮大。落实县级领导联系民营企业制度，开展入企常态化服务。全县民营中小企业完成营业收入36.72亿元，同比增长34.07%；增加值完成9.51亿元，同比增长17.65%；上交利税5511万元，同比增长45.49%。

三、全面深化改革，重点领域取得新进展

县乡医疗机构一体化改革。卫生系统成立医疗集团，实现行政统一、人员统一、资金统一、业务统一、药械资产统一、绩效统一管理；农村建档立卡人口、慢性病人员信息与医保中心联网，实现“一站式”结算。

教育管理体制改革。完成57所义务教育学校“全面改薄”项目，对全县23个基层学校41名中小学校长、副校长进

行交流轮岗,通过义务教育基本均衡国家验收。

企业投资项目承诺制改革。经信系统设立"企业投资项目承诺制改革受理窗口",办理企业投资项目承诺制4个试点项目,项目投资2.3亿元。山西君达房地产开发有限公司沁县分公司沁县西湖苑商住小区(四期)项目试行承诺制无审批管理后,审批周期缩短一半。

四、全力保障民生,社会大局和谐稳定

环境保护扎实推进。大气污染防治,县城完成"禁煤区"划定工作,主城区内106台燃煤锅炉淘汰清零,工业企业用燃煤锅炉提标改造,成县域重点企业污染防治设施完成升级改造,全面落实秋冬季工业企业错峰生产和重污染天气应对措施,全年空气质量二级以上天数达到228天,县城环境空气质量优良天数63.8%。

水污染防治,加快实施社区污水管网建设工程项目,全县完成12家加油站地下油罐改造。省控段柳断面水质全部达Ⅲ类水体,劣五类水体比例为0%。

土污染防治,开展"清废行动2018",全面实施沁县土壤污染防治行动计划,实施造林绿化2.42万亩。

民生福祉持续改善。全县财政民生支出总额14.26亿元。举办"春风行动"就业专场招聘会、"首届技能大赛",就业创业培训60期2875人,城镇新增就业1805人,创业带动就业510人,失业人员再就业430人,就业困难人员就业110人,转移农村劳动力2958人,城镇登记失业率控制在1.6%以下。新建标准化村级卫生室97所,群众不出村就可刷卡买药。健康扶贫"双签约""三保险、三救助"、农村低保、五保等普惠政策兑现。城乡居民基本养老保险、医疗保险参保率分别达95.65%、95%。建成6个老年人日间照料中心。拨付救助金1370万元,医疗救助2.16万人次。发放优抚定补和抚恤金711.9万元。新建文化活动广场154个。

城乡建设提速加力。全县建设四好农村路、环湖旅游路、208国道至南涅水石刻馆、玉华山森林景区旅游公路和县道松牛线等,总里程406公里,完成投资8.29亿元,建设规模超过过去十年总和。其中,"四好农村路"建设规模全市第一,央视七台专题进行宣传报道。市政基础设施建设完成投资1.34亿元,新建改造供水、供气、供热管网20余公里,县城集中供热新增面积30万平方米,生活垃圾处理4.6万吨。沁馨家园保障房二期工程主体完工。农村危房改造2554户。饮水安全改造248个村。农田节水灌溉新增2120亩,水土流失治理4.71万亩。新增造林2.42万亩。高等级造地完成24.09公顷。农村无害化卫生厕所改建1692座。完成154台燃煤锅炉淘汰,实现7545户居民清洁取暖。

五、全面加强党的建设,政治生态持续优化

全面推进三基建设。开展"全党来一个大学习"集中轮训14轮35期,培训县乡村三级干部4443人次。邀请市委党校知名教师开展学习贯彻习近平新时代中国特色社会主义思想读书班16讲。对160名农村现任和后备干部进行专科学历教育。在6个社区建立党委,16个居民小区规划组建8个党支部。制定《在脱贫攻坚主战场考察识别干部的实施办法(试行)》,为5个乡镇、15个县直单位调整配备领导62人次。对试用期满的43名领导干部和公务员进行基本能力测评考试。选拔210名优秀年轻干部进入优秀年轻干部数据库。选派3名选调生直接到村任党组织副书记。引进硕士研究生及以上学历高层次人才62名。南里乡《坚持三定举措规范组织生活》的经验做法在长治市进行交流。山西沁州绿农林牧有限公司总经理史耀旭被评为"长治市享受特殊津贴及相关待遇拔尖人才"。

全面推进从严治党。全县纪检监察机关严格落实"两个责任",受理各级各类信访举报218件次,已办结问题线索110件次。立案149件,给予党纪政务处分169人,移送司法机关审查起诉5人次,收缴涉案款物197391.9元。实施党内问责22次43人,其中给予党纪政务处分26人,组织处理17人,涉及乡科级干部25人。实施约谈、谈话304人次。查处违反中央"八项规定"精神案件7件12人,给予党纪政务处分7人,组织处理5人。查处扶贫领域违纪案件34件36人,其中:给予党纪政务处分32人,组织处理4人,涉及乡科级领导干部5人,一般干部2人,农村干部28人,其他人员1人。追责问责领导干部45人次,其中给予党纪政务处分3人,通报6人,约谈36人。查处民生领域案件49件,办结46件,其中查实41件,处理41人,给予党纪政务处分39人,组织处理2人,移送司法机关3人。受理涉黑涉恶腐败和"保护伞"问题线索22件(重复7件),其中中央督导组移送问题线索16件,省纪委移交问题线索1件,市纪委移交问题线索3件,县纪委自收问题线索2件,办结17件,其中查实党员干部涉黑涉恶2件,给予开除党籍4人。查处工作推动不力案件3件,追责问责18人;完成三轮县委巡察和两轮市县统筹巡察,巡察11个乡镇和42个县直单位,巡察覆盖率85%和48%,发现问题681个,问题线索213件,给予党纪政务处分36人。

全面推进综合治理。县扫黑办打掉2个恶势力团伙,1个恶势力集团,抓获各类犯罪嫌疑人12名,破获各类刑事案件14起(寻衅滋事3起,故意伤害1起,强迫交易9起,敲诈勒索1起)。公安机关立刑事案144起,破74起,刑事拘留72人,建据32人,移送起诉8出人。治安案件查处262起,行政处罚375人,其中行政拘留262人,抓获各类罪犯15人。破获涉黄刑事案4起,刑事拘留4人,行政构留8人。涉赌行事案件1起,刑事案2起,行政拘留32人。涉枪爆刑事案4起,行政案件8起,收缴烟花爆竹260件(箱)、子弹265发、猎枪7支、雷管32枚、导火索50米、地雷炮弹各1枚、管制刀具56把。办理涉毒行政案件53起,打击吸毒人员60人,其中行政拘留54人;检察院受理提请逮捕案件43件53人,受理审查起诉案66件94人,移送审查起诉案60件83人。法院受理各类审判案件814件,审结679件,结案率83.4%,受理执行案件420件,执结345件,结案率67.18%。检查"九小场所"等368家次,整治治安乱点2个,

整改治安隐患部位 52 处。火灾隐患排查整治检查社会单位 937 家,发现隐患 1353 处,下发整改隐患通知书 1264 份,临时查封 9 家,责令三停单位 6 家,行政拘留 11 人。督办重大火灾隐患单位 2 家;开展交通安全隐患排查整治和道路交通安全专项整治,查处各类违法行为 55892 起,查处酒驾 135 起,毒驾 24 起,无证驾驶 102 起,违法停车 2040 起,闯禁令 5767 起,违反交通信号灯通行 670 起;全县 13 个乡镇、306 个行政村、6 个社区均设立人民调解委员会,有 649 名调解员。全县各级调解组织接处案件 915 起,调处成功 915 起,调处成功率 100%。定昌镇、段柳乡、南里乡等 7 个乡镇接通综治视联网。雪亮工程建设投资 5339 余万元,监控 3543 路探头,覆盖城乡各主要街道、重点部门、重要地段、出入口及主要道路。

全面加强精神文明建设。组织党员干部理论轮训班 14 期,受训人员 2600 人。全县 306 个行政村实现"新时代讲习所"全覆盖。开展脱贫光荣户、致富光荣户评选表彰活动,在电视台、报纸开设《脱贫摘帽先锋榜,走在前列干在实处》《来自攻坚一线》《脱贫攻坚知识宣传》等栏目,登播脱贫攻坚报道 665 篇次,其中典型报道 200 多篇,对外宣传 60 余篇,推出《脱贫攻坚》专刊 3 期;创建社会主义核心价值观示范点 46 个,开辟创建爱国主义教育基地 19 个。组建学雷锋志愿者平台 53 个,注册志愿者 2.1 万人。在农村开展一约四会(村规民约、道德评议会、红白理事会、村民议事会和禁毒禁赌会)、一墙六榜(社会主义核心价值观宣传墙,家风家训榜、善行义举榜、当代乡贤榜、沁州好人榜、致富光荣榜、脱贫光荣榜)建设。刘森鑫等入选长治市"新时代好少年",李旭峰荣获全国道德模范提名奖,裴福昌、裴万福跻身全省道德模范,王建经入选"山西好人";《任凭风雨 报之以歌》,在全市好记者讲好故事大赛中荣获二等奖,沁州三弦书《脱贫路上好支书》荣获第三届长治曲艺大赛三等奖,《十七棵松》荣获全国曲艺牡丹奖。

(禹耀忠)

附:中共沁县县委书记、副书记、常委名单

书　记:卢展明

副书记:张宏伟　郭爱斌

常　委:郗淑芳　冯　华(女)　田耀德　张东文　李　炜　高乐武

中共沁源县委

县委书记　金所军

2018 年,沁源县始终坚持以习近平新时代中国特色社会主义思想为指导,坚决落实中央、省委、市委各项决策部署,紧扣"绿色立县,建设美丽沁源"发展战略,深入践行"转型、增绿、开放、强基、富民"五大发展思路和"修路、种树、治水、兴文、尚旅"五条发展路径,全面推进"绿色沁源、康养沁源、文化沁源、幸福沁源、美丽沁源"五大发展目标,以前所未有的精神状态、超乎寻常的工作举措,把握重点、保持定力、连续作战,经济社会保持稳中向好、稳中趋优态势,绿色沁源经济社会高质量发展迈出坚实步伐。

一、综合实力稳步增强

2018 年全县地区生产总值完成 122.97 亿元,增长 7.7%;规模以上工业增加值完成 82.43 亿元,增长 10.5%;固定资产投资完成 55.77 亿元,增长 11.17%;社会消费品零售总额完成 27.91 亿元,增长 10.5%;财政总收入完成 35.19 亿元,增长 15.6%;地方财政收入完成 14.77 亿元,增长 10.22%;一般公共财政预算收入完成 12.13 亿元,增长 9.9%;城镇居民人均可支配收入完成 34718 元,增长 6.8%;农村居民人均可支配收入完成 15085 元,增长 10%。各项指标都圆满完成市定任务。环保倒逼转型成效明显,我县作为限制开发的重点生态功能县考核的 10 项经济转型升级评价指标均达市定要求。

二、转型升级步伐加快

巩固提升传统动能,煤炭产业占工业增加值比重下降 6.58%,制造业占工业增加值比重提高 5.75%,战略性新兴产业增长 12.62%;工业技改投入资金 19.8 亿元,增长 19.3%,占全市比重 30.5%;投资结构中,全县转型项目投资占固定资产投资比重 39.7%,工业"结构反转"迈出坚实步伐。农业产业调整步伐加快,中药材、食用菌、油料、蔬菜、花卉等经济作物增长 10.34%;特色养殖规模大幅提升,农林牧渔增加值完成 3.08 亿元,增长 3.09%。服务业增加值实现 34.47 亿元,增长 8.1%。持续优化经济结构,省级经济技术开发区成功获批;省级重点转型项目沁新集团锂离子电池负极材料项目进入生产调试阶段;发展通用航空产业,太岳通用机场完成选址;文旅融合产业蓬勃发展,旅游业总收入增长30.4%。转型项目建设年成绩显著,招商引资签约50个项目超200亿元;总投资106.17亿元,实施转型项目63个,发展后劲进一步积蓄。

三、脱贫成效巩固提升

作为全省首批、全市首家脱贫摘帽县,坚持摘帽不摘责任、不摘政策、不摘帮扶、不摘监管、不摘标准"五不摘"。统筹整合财政涉农资金1.03亿元,持续推进教育、医疗、农业、社保等一批重大扶贫措施落地见效。依托"农民丰收节"和乡村旅游节庆等,推动农副产品走出"家门",进入市场,累计对接销售平台60余个,促销3000余吨,消费扶贫150余万元。三次接受省、市检查,各项工作得到检查组的充分肯定。

四、乡村振兴开局良好

突出规划引领,编制完成"1+6"7个专项规划,启动实施"1+14"国家级乡村振兴示范区建设。抓农业产业发展,启动"水漾年华"田园综合体项目,创建绿色有机示范园7个,发展有机农业封闭示范区4232亩。抓人居环境改善,垃圾分类处理与循环利用终端处置项目投入运行,100个村的污水处理项目、"绿色驿站"旱厕无害化改造工程加速推进。抓乡风文明建设,成立240余支秧歌队伍,建成192家乡村文化记忆展览室,连续三届蝉联省级文明城市。

五、兴文尚旅持续升温

文旅宣介力度前所未有,高规格、高频次、高质量举办全国、全省性的文旅推介活动和体育赛事20余次。全国二青会3人篮球赛成功落地我县。围绕纪念改革开放40周年,开展规模性群众文化展演、文化交流活动50余场,呈现出"乡乡有节庆、月月有活动"的喜人态势。规划建设森林康养特色风景区、特色小镇、康养基地33个,"夏住沁之源"绿色康养旅游品牌逐渐叫响。鼓励支持影视剧组来沁创作拍摄,电影《同喜》在善朴村完成杀青。全县新增农家乐、民宿100余家,形成16条精品自驾游线路。全年接待游客近405万人次,实现旅游收入36.4亿元,文旅产业做为我县战略性支柱产业的作用日益凸显。

六、深化改革多点突破

沁源县成为全省首批县乡医疗卫生机构一体化改革示范县,全市县乡医疗卫生机构一体化改革现场会在沁源召开。27户县属国有企业与所属党政机关脱钩改制工作有序推进。"放管服效"改革持续深化,对应取消行政审批事项9项、证照年审年检事项3项;动态调整县政府13个部门95项行政职权,清理规范14项行政审批中介服务事项;固定资产投资项目联审联批、企业投资项目承诺制无审批管理走在全市前列。

七、城乡建设提质增效

着力破解交通瓶颈,黄土坡隧道顺利开工;黎霍高速已列为全省2019年开工项目;开工和在建县乡村道195条200余公里,形成护林防火和全域旅游相互贯通的公路循环网络。高端规划县城"两山理论"生态综合体、"袖珍古城",丰富县城文化内涵和品味。城中村棚户区改造稳步推进;建成公租房12栋1038套、限价商品房8栋384套。县乡村道绿带建设505.85公里,县城建成区绿地面积达220.21万平方米。沁河孔家坡、龙头国控监测断面水质平均达地表Ⅱ类,优良率达100%。完成超低排放改造、煤改气、煤改电企业39家。县城空气质量综合指数5.11,全市排名第二。

八、社会事业协调并进

现代学校管理改革省级试点工作进展顺利,挂牌成立长治职业技术学院沁源分校,任之恭小学综合楼及操场主体完工。太岳医养医院建设项目有序推进。深入排查整改隐患18203条,全县安全生产形势持续稳定。实施县域禁燃禁放鞭炮,强化定点看护和网格化巡察机制,确保森林资源安全,筑牢绿色立县根基。建成县、乡、村三级综治中心237个,全县综治网络基本成型。打掉恶势力犯罪团伙、集团5个,破获治安刑事案件30起,扫黑除恶专项斗争取得阶段性成效。

九、党的建设全面加强

突出抓好习近平新时代中国特色社会主义思想专题培训,扎实推进"两学一做"学习教育常态化制度化。创新运用分领域、分类型、分重点、分层次、分区域"五分工作法",成立6个社区党委,党员到居住地社区报到率达98%;创建59个党建示范点;整顿提升40个软弱涣散基层党组织;乡镇周转房入住4个,主体完工6个;县级党群服务中心已申报立项,人才公寓建设、老年大学项目有序推进。以"两高下基层"为主平台,开展各级各类培训109个班次12000人次;组织外出培训考察6500余人次;公开招聘高层次人才51名,储备农村后备干部481名。坚决落实从严管党治党政治责任,持续深化《县委提醒工作制度》《县委书记"提醒卡"制度》,始终保持惩治腐败和狠刹"四风"高压态势。不断深化监察体制改革向基层延伸。推动县委巡察工作不断向纵深发展。同时,大力推进民主法治建设,深入开展"七五"普法,人大、政协职能充分发挥,统战、武装、群团、民族宗教等工作成绩显著。

2018年,沁源县始终致力于创先争优,大事要事实现新突破,改革创新拉开新序幕,各项工作获得新荣誉。全县上下勠力同心摘穷帽,精准发力奔小康,取得了脱贫摘帽的历史性重大胜利,喜获"全国脱贫攻坚优秀城市"荣誉称号。连续七年获评"中国最具投资潜力中小城市百强县";连续五年获评"中国深呼吸小城100佳";又荣膺"全国森林康养基地建设试点县"、"全国森林旅游示范县"、"人民喜爱的生态旅游目的地"、"全国品牌农业示范县"、"中国乡村振兴示范县"等"国字号"名片。同时,全县各级各部门的工作也是多点突破、亮点纷呈、捷报频传,全年共获得市级以上各种荣誉80项,其中17项国家级、33项省级、30项市级。

(田 丰)

附：中共沁源县委书记、副书记、常委名单

书　记：金所军

副书记：连树斌　申秀琴(女)

常　委：张文波　孙建政(10月任职)

王宇红　黄贵河(11月任职)

胡亚明　吕光临(12月任职)

马验习(10月离职)

中共晋城市委

市委书记　张志川

2018年，中共晋城市委高举习近平新时代中国特色社会主义思想伟大旗帜，深入学习贯彻党的十九大和习近平总书记视察山西重要讲话精神，按照省委十一届六次全会部署，坚持"山西大发展、晋城要先行"，瞄准建设"先行区""领跑者""桥头堡"三大目标，解放思想、凝聚共识、先行先试，推动新时代美丽晋城高质量转型发展实现良好开局。

一、全力以赴稳增长，着力推动经济走出困境

面对经济低位开局、环保倒逼和外部环境不确定性三大压力，全市上下担当善为、攻坚克难，实现经济U型反转。全市GDP完成1351.9亿元，增长7.4%；规上工业增加值增长7.0%；固定资产投资完成473.8亿元，增长10%；社会消费品零售总额完成452.8亿元，增长9.6%；一般公共预算收入125.3亿元，增长23.6%，进入全省第一方阵。

一是稳农业。持续加大农业基础设施建设，大力发展设施农业，扩大有机旱作农业。种植业在经历春季倒春寒和秋季干旱的极端天气下，保持了粮食总产量的基本稳定。持续提高畜禽生产能力，全面做好疫情防控。畜牧业产值占到农业总产值的"半壁江山"。

二是稳工业。稳煤炭，核心是稳安全生产，实现"减""优""绿"，煤炭先进产能占比62.5%。稳煤层气，核心是稳LNG生产。建成投运7个煤层气液化项目，煤层气总产值首次突破100亿。稳装备制造，核心是富士康。富士康智能手机和光机电项目新增产值30亿，总产值达到130亿，增长25%以上。中船重工新能源装备产值接近10亿。

三是稳三产。抓旅游，开通跨省城际公交，乘客达到122万人次。开通北京康养旅游专列。参加央视"魅力中国城"竞演，荣获"十佳魅力城市"。在全国打响"晋善·晋美·晋城"名片，被评为"中国最佳避暑旅游城市"。全市旅游总收入和接待游客人次增长25%以上。抓流通商贸，加快兰花、蓝远物流园建设，打造区域物流集散地；与阿里巴巴合作打造中等智能城市全国样板。加快电商快递、特色餐饮和住宿产业发展，快递物流增长35%，餐饮收入增长17%，住宿收入增长9.6%。抓金融，创建国家级资源型经济转型发展金融改革创新试验区。在全国首次创立信用贷款互助机制。充分利用BOT、BT、股权融资等多种工具，吸引社会资本200多亿。

四是加大固定资产投资力度。72项重点工程总投资近600亿，完成投资231亿。晋城机场列入国家民用运输机场建设"十三五"中期调整规划；呼南高铁途经晋城方案取得重大成果。太焦高铁、阳蟒高速进展顺利；太行一号国家风景道、晋城至阳城全省首条双向八车道高速公路、国道342改线工程、四好农村路全面开工建设。总投资150亿的环城高速、晋运客专和高速公路项目前期启动。投资80亿的27条城市道路进展顺利。争取国家棚改资金三年300亿用于城市棚户区改造。

二、壮士断腕抓环保，着力扭转环保被动局面

(一)集中精力抓五件事。一是禁煤。禁煤区由41平方公里扩大到109平方公里，区域内全部实现煤改气、煤改电。二是供暖，完成7.9万户清洁供暖任务，城区新增供热面积200万平方米。三是运输，施行区域、阶段、路段管控和密闭运输。城市加快公交化步伐，新增电动公交车255辆。加快"公改铁"，未来三年全市可新增铁路运力2096万吨。四是错峰，行业定标准，企业树标杆，精准化施策，对179家企业错峰关停。五是替代，农村冬季取暖用3号煤替代劣质煤。

(二)实施网格化管理。启动环保网格化监管，全市共划分2084个网格，定区域、定职责、定人员、定任务、定考核，强化人、事对接，责任一竿子插到底。

(三)提升信息化水平。对企业，实行污染物排放实时在线监控；对网格，实行固定监测点实时在线监控；对区域，购买移动检测车移动检测。建设市、县、乡三级全覆盖的信息化指挥平台，对全市环保治理实行统一指挥调度。

PM2.5和SO_2两项指标完成省定目标。一、二、三类水体断面达标率全省第一。土壤污染防治完成省定目标。

三、坚定不移促转型，着力加快新旧动能转换

坚定不移抓传统产业改造升级，抓战略性新兴产业培育，强力推进32个亿元以上重点转型项目，突出抓好五大产业发展。

一是抓煤层气。争取国家和省支持，依托煤层气资源禀赋，将晋城建设成"一区三基地一中心"。国家政策即将出台，中石油、中海油、晋煤集团等企业态度积极，社会资本跃跃欲试。

二是抓装备制造。集中精力抓光机电产业培育。推动富士康将全国光机电项目整合布局至晋城。省政府批准设立了50亿的光机电产业基金。1平方公里的光机电产业园区土地已经就绪，首期投资63亿的富士康光机电项目正在商业谈

判。组建晋城光机电职业教育集团。首批招商的20多家光机电企业陆续入驻,总投资超过30亿。

三是抓煤化工。采用德国两台GSP锅炉,利用神华先进技术,集中布置造气岛,投资48亿推动巴公园区传统煤化工向精细煤化工转型,形成100亿的新兴煤化工绿色园区。晋煤投资80亿的兰煜煤化工项目2019年正式生产。

四是抓铸造业。投资30亿建设南村绿色智能产业园、100亿建设晋钢智能科技产业园。中船重工新能源装备二期工程开始建设。清慧5000万件轨道交通项目总投资21.2亿,投产后新增产值25.5亿。天一30万吨球墨铸管项目总投资3亿,可新增产值15亿。

五是抓全域旅游。编制完成美丽晋城战略规划和海绵城市专项规划。推进王莽岭、皇城相府、珏山"两权"分离体制改革。启动太行古堡群申遗,成功举办首届太行古堡国际论坛。加快特色小镇建设,成功创建3个国家级、4个省级特色小镇,总数全省第一。

四、毫不动摇抓改革,着力增强发展内生动力

一是抓政策制定。制定出台"3+5"政策体系。三大发展政策包括:企业投资项目承诺制实施细则、大众创业万众创新激发内生动力意见、农林文旅康产业融合发展试点意见;五大产业体系包括:装备制造业、铸造业、煤层气、全域旅游、现代服务业。

二是抓重点领域改革。一是放管服效改革。推广高平"一个部门、一颗印章"管审批,审批时限平均缩短57%,事项集中办理率达83.3%。在全省第一家实施"一个部门"管审批,审管分离。二是开发区改革。"三化三制"深入推进,"一区四园"整合到位,5000亩"生地"变"熟地"。高平、沁水、阳城省级开发区获批。三是国企国资改革。兰花集团混改正在推进;天泽集团启动上市;国有资本投资运营公司顺利运行,43家企业分类改革顺利推进;全省第一个市级新闻传媒集团挂牌成立;市公交公司改制重组顺利完成。四是农村土地要素改革。重点实施承包地、宅基地"三权分置"、耕地占补平衡、林权融资和占补平衡、集体产权制度等改革。在全市推广泽州农地入市改革经验,全市农地入市1786.4亩,在全国走在前列。

三是抓先行先试。确定21项重大改革及先行先试项目和34项转型综改先行先试任务,划出边界、列出清单,凡法律没有禁止的,一律允许先行先试,凡别的地方用过的政策,拿来就用,无需请示和报告。一切以群众高兴不高兴、满意不满意、答应不答应为根本标准。

五、上下齐心创环境,着力激发创新创业活力

一是创法治环境。加强宪法学习,营造法治环境,强化依法行政。加强地方立法,支持人大依法履行地方立法权,制定了《文明行为促进条例》《太行古堡群保护条例》《大气污染防治条例》,为历年最多。加强政治协商,支持政协依法履职,提升多党合作水平。

二是抓宣传思想。强化意识形态,加强舆论引导,牢牢掌握主动。创建新时代文明实践中心、新时代理论宣讲快车,太行文艺轻骑兵深入基层宣讲,实现党员同心、人民归心。启动新一轮全国文明城市创建,推动各县市区创建全国、省级文明县城。两户荣获全国"文明家庭",4人入选"中国好人榜"。

三是重对外交流。以太行古堡群为纽带邀请35个国家媒体记者开展大型采风活动;以海峡两岸神农炎帝文化旅游招商系列活动打造"民间性、国家级、全球化"开放平台,30个国家300名侨领、2000多台胞参加;与德国国际合作机构(GIZ)合作,培训100名企业家,引进学徒制改革。全年17个团组115人出国交流考察,20家铸造企业赴韩日交流学习。

四是强民营企业。坚持"一把尺、一样亲、一家人",出台贯彻落实省委省政府支持民营经济发展若干意见的决定。优先支持有实力民企参与重大转型项目,优先使用本地民企产品用于重大基础设施建设,优先解决中小微企业融资难融资贵,开通直通车优先解决民企土地、环评等问题。实施"236"行动和"小升规"计划,兑现奖励2754万元。新登记市场主体25597户,增长12%。

五是保社会稳定。抓扫黑除恶,打掉黑恶势力团伙65个,抓获犯罪嫌疑人510名,破获刑事案件877起。群众安全感和满意度连续七年全省第一。抓信访稳定,坚持领导包案,加强基层治理,维护社会大局和谐稳定。全年没有发生重大集体上访事件。

六是抓安全生产,煤矿安全生产实现事故起数、死亡人数、百万吨死亡率大幅下降,创历史最好水平。全年未发生重特大安全事故。

六、倾力保障抓民生,着力增进百姓生活福祉

一是推进脱贫攻坚。陵川、沁水两县脱贫摘帽,首批实现整市脱贫。集中攻坚剩下的18个村、9900人的脱贫任务,持续加大产业扶贫,建立稳定脱贫长效机制。7个集中安置点全部建成,3044人搬迁任务全部完成。

二是实施乡村振兴。制定出台实施意见,大力推进上山下乡、产业振兴、生态振兴、文化振兴、改革振兴、组织振兴六大工程。重点加快农林文旅康产业融合发展整市推进试点,1个县(市、区)确定1个乡镇先行先试,全力打造12个发展典型村,取得经验,全面推开。

三是推动民生事业。全年民生支出187.35亿元,占一般公共预算支出的82.1%。十件民生实事全部落实。入选"中国地级市民生发展100强"。就业、医疗、教育等保障有力,城镇登记失业率控制在1.39%;在全省率先完成基本医疗保险制度整合,基本公共卫生考核全省排名第一,平安医院建设受到国家卫计委表彰;高考成绩再创新高,33人被清华北大录取,排全省第二。

七、聚精会神抓党建,着力构建良好政治生态

坚持以党建引领发展,把党建融入发展,用党建推动发展,靠发展检验党建。2018年底,全市共有基层党组织7905个,其中党委236个、总支455个、支部7214个。农村党组织

2310个。党员150724名,农村党员65060名。

一是抓主体责任。加强党的政治建设,把学习贯彻习近平新时代中国特色社会主义思想和党的十九大精神、习近平总书记视察山西重要讲话精神结合起来,作为首要政治任务,进一步树牢“四个意识”,坚定“四个自信”,做到“两个维护”。把履行主体责任作为最根本的政治担当,抓住“关键少数”,传导压力,夯实责任。深化巡视问题整改,加强政治巡察,问责党组织54个,问责“一把手”104人,党纪政务处分20人。

二是抓解放思想。深化“晋城的事,大家想、大家说、大家干”,五批干部出太行,50名出国谈项目,100名到港澳培训,100名到省厅挂职,250名到江浙和西部挂职学习,600名到基层挂职锻炼。开设大讲堂,邀请国内知名专家学者讲课,提升素质、开阔视野、增强本领。

三是抓“三基建设”。基础工作。扎实开展“标准问题讨论”和基础工作回头看,市县两级648个单位明确提标对标事项2709个。基层组织。创新村村联建、村企共建、城乡联合党组织设置。推进农村集体经济“破零加零”,2120个村“破零达万”,5万元以上村占53.3%,提前完成省定任务。基本能力。开展“党员干在前、党建促发展”主题实践活动。“唱响入党誓词、不忘入党初心”,坚定理想信念。实施“五大培训工程”,培训12.6万人。1016名村支书上大学。建立市领导联系人才和“1+N”制度体系,重视人才、关心人才的氛围不断浓厚。

四是抓目标考核。制定新的考核办法。更加注重增量、更加注重转型、更加注重实效。对2017年度考核优秀的一个县和两个单位给予重奖,奖得心跳、罚得脸红。组建项目督查办公室,一个电话办到底。开展“向人民承诺、请人民阅卷”电视问政。市委为担当的干部担当,为负责的干部负责,为英雄的干部论英雄。

五是抓干部导向。推进“一老一少一基层一重点一关键”五批干部任用。市委常委会研究干部12次,调整229人次。做到坚持原则、严把程序、严明纪律,确保组织放心、群众满意、干部服气。在经济建设主战场上锻炼干部、培养干部、识别干部、使用干部,让有为者有位,让干事者有舞台。

六是抓正风反腐。深化监察体制改革,实现监察全覆盖。开展“廉洁勤政、担当作为”警示教育月,7997个基层党组织、15万名党员干部接受教育。为全市处级以上干部发放提醒谈话记录册。严厉整治形式主义、官僚主义和不担当、不作为、慢作为、假作为问题,严肃查处、公开通报10起典型问题。驰而不息纠“四风”,全市查处违反中央八项规定179起,处理238人,公开曝光56起。深化运用“四种形态”,处理4237人次,第一种形态占70%以上。保持惩治腐败力度不减,全市纪检监察机关处置问题线索4377件,立案1319件,给予党纪政务处分1149人,取得了反腐败斗争压倒性胜利。

(李 超)

附:中共晋城市委书记、副书记、常委名单

书 记:张志川

副书记:刘 锋 李根田(2月任职)
曾庆勇(2月离职)

常 委:赵沂旸 焦光善 那志茂 卫明喜
王晋峰(注:2019年3月,因涉嫌严重违纪违法,接受纪律审查和监察调查;9月,被给予开除党籍、开除公职处分。)
石云峰 张利锋 荆俊明
范兆森(10月任职)

中共晋城市城区区委

区委书记 王学忠

2018年,中共晋城市城区区委高举习近平新时代中国特色社会主义思想伟大旗帜,深入学习贯彻党的十九大和十九届二中、三中全会精神,以及习近平总书记视察山西重要讲话精神,认真落实省委“一个指引、两手硬”思路和要求,聚焦省委和市委的“三大目标”,团结带领全区干部群众,不忘初心、真抓实干,凝心聚力、砥砺奋进,全区各项事业和党的建设迈上了新台阶。

一、牢牢把握正确方向,始终把习近平新时代中国特色社会主义思想作为根本指引

一年来,区委坚持把学习贯彻党的十九大精神与学习贯彻习近平总书记视察山西重要讲话精神相结合,努力在学懂、弄通、做实上下功夫、求成效。召开区委中心组学习会议12次,邀请专家教授开展专题讲座8次,举办专题培训班3次,覆盖各级干部5000余人次,组织宣讲活动120余场。部署开展“大学习、大讨论、大落实”活动,结合工作实际,坚持常学常新,持续推动学习贯彻工作往深里走、往实里抓。召开八届区委六次全会,对深入贯彻习近平总书记视察山西重要讲话精神进行再动员再部署,拓展了贯彻落实的广度和深度。

二、坚定不移解放思想,全面推进深化改革和对外开放

在解放思想上破冰。认真响应市委“晋城的事大家想大家说大家干、众‘智’成城”的号召,积极开展解放思想的“头脑风暴”。组团赴郑州新郑市、管城回族区、金水区进行学习考察,借鉴先进经验,用好“拿来主义”。全区上下深入学习市委书记张志川来区调研讲话精神,聚力“两大目标”,扭住“六

件大事”,强化“两个保障”,做好“五个先行先试”,迅速掀起了学习贯彻热潮,进一步凝聚了思想共识,明确了前进方向。

在深化改革上发力。出台了年度《改革工作要点》,明确了8大类、40项改革任务。扎实推进重点领域改革,北石店新型城镇化试点改革、医疗卫生一体化改革、教育领域综合改革等重点改革完成序时任务。深入推进“放管服效”改革,全面推开企业投资项目承诺制改革试点,精简行政审批事项92项,工程招投标实现提速20%以上。农村(社区)集体产权制度改革成果显著,全区117个涉改农村(社区)全部完成集体经济股份制改造并正式挂牌,清产核资总额约70亿元,确认集体经济组织成员10.8万人,实现了四个“百分之百”阶段性目标。

在对外开放上突围。聚焦打造对外开放新高地桥头堡,加强多渠道合作交流,主动走出去招商引资,重点同上海均和集团、龙元集团、新城控股集团等企业进行洽谈对接,取得了积极进展。签约引进中盛建材、禾瑞尚康医养中心等重点项目。特别是在市委、市政府的大力支持下,全国文旅产业龙头项目华谊兄弟星剧场成功落户城区、开工建设,招商引资工作取得了一项重大成果。

三、落实高质量发展要求,促进经济社会持续健康发展

区委不断加强党对经济工作的领导,持续推动经济社会发展稳步向好。2018年,全年GDP完成325.5亿元,增长14.4%;规上工业增加值增长25.8%;固定资产投资完成104.9亿元,增长10.3%;社会消费品零售总额完成240.6亿元,增长10%;一般公共预算收入完成8.3亿元,增长10.5%;城镇常住居民人均可支配收入完成34350元,增长6.9%。

突出抓好城市建设。启动老城更新与保护,一期工程总投资45.2亿元,自7月29日开始拆迁以来,3个月签订征收补偿协议1575户,占比96.4%,拆除面积约30万平方米。坚持“拆建并举”,同步推进回迁安置工作;启动以“两街”“两路”“两河”“两园”“两会”为主的老城基础设施建设工程,创造了城区效率和速度。加快棚户区(城中村)改造步伐,制定了未来3年争取国家政策银行贷款资金300亿元,启动剩余51个棚户区(城中村)改造计划;完成了10个项目选址、用地、可研、环评四项手续办理,并列入国家年度棚改计划。扎实推进西北片区改造,片区路网已经成型,正在有序推进政府投资、城中村改造、企业改造、市场开发等四大类重点项目,春光热电、太印旧厂区等企业改造筹划启动,片区改造蓄势待发。全力保障市政重点工程,一举拿下了制约市文化艺术中心建设8年之久的征补拆迁扫尾工作,景西北路、书院东街、百灵街等顺利通车,保障了中原街改造暨综合管廊、G342改线、新市西街、金建街等工程顺利进地施工。

着力推动产业转型。聚焦服务业发展,加大扶持力度,大华二期、富鑫广场、瑜园老年公寓等项目加快推进。围绕工业转型,有序推进北石店工业园区3条道路等基础设施建设,新华线缆厂和海斯制药两个市重点工业项目稳步推进。围绕农业增效,积极推动农业与全域旅游、文化产业等融合发展,司徒小镇积极打造民俗文化旅游升级版。深入开展“转型项目建设年”行动,全年总投资440亿元的61项转型项目完成投资74.12亿元,总投资472.58亿元的80项重点项目完成投资77.29亿元。

大力发展民营经济。认真贯彻落实习近平总书记在民营企业座谈会上的重要讲话精神、省市支持民营经济发展大会精神,邀请15名金融单位负责同志和百名民营企业家出席全区支持民营企业发展会议,出台《关于支持民营经济发展的实施意见》,建立区领导联系民营企业制度,着力为民营企业减负纾困。中小企业服务中心和民营企业投诉中心“两中心”成立运营。88家企业入库,4家企业被认定为省级“专精特新”企业。

全力抓好生态环保。市区十条黑臭水体治理基本完成,全长23.78公里的生态廊道建设启动实施。坚决推动环保督查整改,生态环境部强化督察组交办的92件案件全部整改完成。“禁煤区”面积达到95km²,基本实现“禁煤区”内“双清零”;完成了7479户居民冬季清洁取暖改造任务。特别是按照市委指示要求,探索建立环保网格化监管体系,全区共划分一级网格1个,二级网格8个,三级网格146个,四级网格789个,五级网格1338个;建立了环保网格化指挥中心和多级微信指挥平台,实现了环境污染问题及时发现、及时整治。

统筹推进民生事业。坚持以人民为中心的发展思想,全年财政用于改善民生的支出达到88.7%。花园小学、北石店中心幼儿园完工并投入使用。医疗卫生一体化改革、区医疗集团内部改革深入开展。多渠道开发就业岗位,城镇登记失业率控制在0.55%以内。全年未发生安全生产死亡事故,信访形势保持总体稳定。坚决推进扫黑除恶专项斗争,全年共打掉13个黑恶势力犯罪团伙,其中黑社会性质组织1个。扎实推进反邪教工作,被评为“山西省无邪教创建示范县区”。荣获“全国法治县(市、区)创建活动先进单位”。连续四年荣获省级“平安县(区)”称号。

四、推进全面从严治党,不断开创新时代党建工作新局面

高度重视意识形态工作。出台了村(社区)党支部(总支)和机关企事业单位党支部(总支)意识形态工作责任制实施细则,把意识形态责任落实到岗到事到人。出台了落实党委(党组)网络意识形态工作责任制实施细则检查考核办法(试行)和网络舆情处置工作细则,对117个新媒体帐号进行了备案登记,不断加强政务新媒体等网络阵地的建设管理。

深入推进“三基建设”。坚持把“三基建设”作为一项打基础、利长远的战略性举措,30项年度重点任务全部完成。细化党支部建设18项标准、26项制度,为支部建设划定标准。创新组织设置,将非公和社会组织党组织由垂直管理变为属地管理,逐步构建“六位一体五抓”非公和社会组织党建工作体系。开展区域化党建试点,初步构建起了“1+2+N”区域化党建新模式。

加强干部队伍建设。狠抓干部专业化能力提升“四个一批”任务，选派16名干部赴义乌市挂职锻炼，选派39名干部到镇(街道)、区直部门和重点项目一线挂职锻炼，分两批组织145名领导干部到浙江大学进行专题培训。引进招聘全日制博士、高级专业技术人员、“985”“211”院校毕业的全日制硕士研究生等高素质人才49人。实施“一村一社区两名后备人才”计划，推动36%的党员发展指标下放到村(社区)，着力解决村级党组织后继乏人问题。

弛而不息正风肃纪。认真贯彻落实中央八项规定精神，全年共查处违反中央八项规定精神问题线索24件，党纪政务处分16人，组织处理33人。认真落实党内问责条例，全年共问责党组织1个，问责党员干部19人。发挥巡察的“尖兵”和“利剑”作用，实施了八届区委第四、五、六轮巡察和一轮专项巡察，共发现问题398个，移交问题线索76个。扎实开展整治群众身边腐败问题工作，共处置问题线索187件，组织处理56人、党纪处分34人、政务处分23人，移送司法机关16人。坚持重拳惩治腐败，全年立案101件，结案94件，给予党纪政务处分86人，反腐败斗争取得压倒性胜利。

(杨　昆)

附：中共晋城市城区区委书记、副书记、常委名单

书　记：王学忠

副书记：王文全　李晓峰

常　委：郭天德　申军生　赵宏斌　范永星

马晋平　郑　泽　尚东方(9月离职)

杨鸿飞(9月任职)　冯新根(2月离职)

吴起亮(2月任职)　阎志刚(12月挂职)

中共泽州县委

县委书记　高喜全

泽州县委下辖基层党组织1260个，其中党委23个，党总支83个，党支部1149个。共有党员26295名，其中，女党员4361名。

2018年，泽州县委团结带领全县人民，深入学习贯彻习近平新时代中国特色社会主义思想和习近平总书记视察山西重要讲话精神，认真落实中央和省市决策部署，一手抓发展第一要务，一手抓党建第一责任，实现了经济转型态势强劲和政治生态风清气正的同频共振。2018年底，全县生产总值完成279.5亿元，在全省117个县(市、区)排第12位；规模以上工业增加值完成126.7亿元；一般公共预算收入完成19.21亿元，连续两年保持20%以上的增幅，总量在全省117个县(市、区)排第9位，位居全市第一；城镇和农村居民收入同比分别增长6.8%和8.1%，连续5年跑赢GDP增速；荣获“全国产粮大县”“全国产油大县”“中国铸造产业集群县”“四好农村路省级示范县”“全省人口和计划生育工作目标管理责任制考核先进县”“省级双拥模范县”等荣誉称号，在转型跨越发展之路上迈出了更有底气的铿锵步伐。2018年5月份县城选址变更获得国务院批准，11月19日，县委县政府搬迁至金村镇府城街001号办公，“有县无城”的历史宣告终结。

一、施精准之策，转型发展正在由“量变”迈向“质变”

坚持以项目助推转型，深入开展“百日百项目”行动，华昱煤制油、金驹段河瓦斯发电等一批煤炭延伸产业项目投入生产，清慧三期、天一铸造等一批铸造和装备制造业项目加紧建设，兰花科创技改、华电风电等一批新能源新材料项目主体工程完工，中国青年城、华为大数据中心等一批现代服务业项目有序推进，丹河德泽美境、二十里铺连翘基地等一批农林文旅康产业融合项目取得突破。坚持以园区带动转型，南村绿色智能铸造创新产业园，一期5家企业即将投入试生产，8家企业正在入驻，二期基础设施全面启动；晋钢铸造科技产业园，完成晋钢大道路面改造，铁路专用线正在加紧建设。坚持以创新引领转型，兴达铸件生产的变速箱体套筒达到世界领先水平，金秋公司制定的球墨铸铁井盖箅子标准在全行业推广应用，2家企业被认定为国家级高新技术企业，5家企业被认定为省级“专精特新”企业，6家企业被认定为省级“四新”企业。全年粮食产量完成4.63亿斤，41家农业龙头企业实现销售收入13.78亿元，同比增长10.4%；原煤产量完成2914.8万吨，同比增长7.8%，先进产能占比达到62.5%；制造业增加值占工业增加值比重达到33.5%；工业技改投资增速达到22%；三产占比提高到29%；服务业对经济增长的贡献率达到50.6%，转型发展正在由“量变”向“质变”华丽转身。

二、争改革之先，多项工作走在全国和省市前列

坚决扛起“补考”的历史责任和“赶考”的时代使命，全力加快7大类63项改革任务。扎实推进农村“三块地”改革，农地入市完成56宗1786.4亩，排名全国第三；南村绿色智能铸造创新产业园，单宗入市面积628亩，排名全国第一。充分激发体制机制的活力，22家国企完成改制，20家民企完成股改，上市企业在全市排名第一、全省名列前茅。全省首创开展营商环境第三方评估，企业投资项目承诺制改革实现“一站式审批”，重点项目APP平台和政府OA系统投入使用，疏通了一批影响发展环境的堵点。深入推进司法体制改革，承担家事审判方式改革任务的县法院民一庭，被最高院表彰为先

进集体;县检察院大力探索诉讼式审查逮捕方式,被最高人民检察院授予第九届全国检察机关“文明接待室”称号。加快县乡医疗卫生机构一体化改革,赢得了全市现场会在我县召开。同时,巴公扩权强镇、监察体制、农村集体产权制度、财税体制、融媒体等各项改革稳步推进。坚持以开放促进改革,依托成功举办“谁不说俺泽州好”电视竞演第二季和“泽商泽才”回乡创业创新系列活动,累计签约项目92个,总投资达到500亿元,签约项目开工数、到位资金额均位列全市第一,为泽州发展积蓄了强大后劲。

三、谋民生之利,绘就民生改善新画卷

坚持用习近平新时代中国特色社会主义思想指导扶贫工作,“六个精准”再聚焦,“五个一批”再发力,帮扶力量再强化,全力实施精准脱贫,全年减贫1314户2895人,建档立卡贫困村全部退出,提前完成“十三五”961户2830人的易地搬迁任务。牢固树立以人民为中心的发展思想,大力推进环保攻坚,全年空气质量综合指数为6.51,较去年同期下降2.8%;PM2.5浓度为57μg/m³,同期下降8.1%;二级以上天数达到206天,与上年基本持平,彻底扭转了一季度环保经济双下行的被动局面。煤层气用户覆盖42.5%的行政村,集中供热惠及群众3.3万余户,森林覆盖率达到36.85%,绿化率达到50.56%,新建旅游厕所数量位居全市第一,尤其是累计投入车辆112台,率先在全省实现了农村公交全覆盖,全部实行“一元惠民票价”。不断加强社会治理,“雪亮工程”稳步推进,三级综治中心建设完成,安全生产再创佳绩,信访工作平稳可控,扫黑除恶取得阶段性成效,进一步增进了群众的获得感、幸福感和满意度。

四、夯党建之基,营造风清气正新氛围

按照市委“以党建引领发展、把党建融入发展、用党建推动发展、靠发展检验党建”的要求,突出“三基建设”这个抓手,切实把党建活力转化为干事活力、发展活力。在基层组织建设方面,投入522万元支持80个村级阵地建设,对62个软弱涣散党组织整顿提升,投入保底资金保障农村两委干部岗位报酬,实施“一村一名大学生培养计划”,基层党组织战斗堡垒和党员干部先锋模范“两个作用”得到进一步发挥。在创新党组织设置方面,把支部建在产业链上,柳树口镇“1+10”农超联合党总支助推脱贫攻坚的做法经验,被国家和省级各大媒体予以报道。在提升能力水平方面,组团赴日本、韩国、德国、捷克就铸造业发展进行考察,组团赴浙江大学、厦门大学、延安市委党校等地脱产学习,锤炼了党性修养,点燃了奋斗激情。在选用干部方面,调整配强了各乡镇书记、乡镇长,稳步推进县直单位班子建设,非定向选拔年轻干部,尤其是一批乡科级干部和处级干部得到上级提拔重用,真正做到了让干部干事有盼头、有奔头、有劲头。在机制创新方面,健全完善年度目标责任考核办法,严格实行奖优罚劣,率先在全省开展履职评估,在解决“有人没事干、有事没人干”和“干多干少一个样、干好干坏一个样”的积弊上实现了破题开局。在正风反腐方面,给予党纪政务处分181人,移送司法机关13人,促进了党员干部知敬畏、存戒惧、守底线、干实事。在意识形态方面,深入践行社会主义核心价值观,积极开展群众性精神文明创建,强化网络舆情管控,为高质量转型跨越发展弘扬了主旋律,汇聚了正能量。

(郜润斌　李瑞强)

附:中共泽州县委书记、副书记、常委名单

书　记:高喜全
副书记:张　军(11月任职)　席学武
常　委:李仲明　张建中　刘泽宇　李韶华
张韶华　安旭敏　陈志忠(10月离职)
赵韶宇(10月任职)　张庆民(6月离职,挂职)
闫晋中　梁　丰(6月任职,挂职)

中共高平市委

市委书记　范兆森

全市共辖420个行政村、36个社区,共有1185个基层党组织,其中党委25个,党总支68个,党支部1092个。建制村中有党组织462个,占38.9%,其中党总支16个,党支部446个。社区中有党组织69个,其中党总支7个,党支部62个。

截止到2018年底,全市共有党员26439名,其中农村党员14222名,占53.8%;全市农村党员中,共有高中及以上学历党员4935名,占34.7%;女党员1811名,占12.7%。

2018年,面对复杂多变的经济环境和艰巨繁重的改革发展稳定任务,高平市高举习近平新时代中国特色社会主义思想伟大旗帜,深入学习贯彻党的十九大精神和习近平总书记视察山西重要讲话精神,统筹推进“五位一体”总体布局,协调推进“四个全面”战略布局,按照省委十一届六次全会、晋城市委七届五次全会部署和要求,围绕“两个第一方阵”奋斗目标,认真履行把方向、管大局、作决策、保落实职责,团结带领全市干部群众锐意进取、攻坚克难,在“两转”基础上推动全市党的建设和党的事业取得了新进步。

一、以习近平总书记视察山西重要讲话精神为根本遵循,坚持学用结合

坚持把学习贯彻党的十九大精神与学习贯彻习近平总

书记视察山西重要讲话精神紧密结合起来，作为首要政治任务，不断引向深入。市委中心组带头开展学习 19 次，反复研习、常学常新，深刻理解精神实质。开展"新时代新担当新作为"专题研讨，赴延安接受"不忘初心、牢记使命"主题教育，带头抓好《习近平新时代中国特色社会主义思想三十讲》的学用工作。组织科级干部赴井冈山学习、举办"干在实处、走在前列"等专题讲座 5 场次。利用"学习高平""高平擂台""机关大学"三个平台强化党员干部理论学习，在党员干部中进一步树牢"四个意识"，坚定"四个自信"，坚决做到"两个维护"。在推动习近平新时代中国特色社会主义思想深入基层上下功夫，打通学习宣传"最后一公里"，把"理论宣讲快车高平号"开进基层，深入 15 家企业、16 个乡镇(街道)宣讲 70 余场，听众突破 15000 余人次，推动了党的理论"飞入寻常百姓家"。

坚持把习近平总书记视察山西重要讲话精神作为高平工作的根本统领，对表讲话总体要求，谋布局、定措施、强督查、抓整改，把讲话精神落实到改革创新、转型发展、乡村振兴、民生保障、从严治党等具体工作中，努力形成高平的生动实践。及时召开市委六届六次全会，结合高平实际进行再梳理、再强调、再动员、再部署，发出"五个再用力"的号召，将学用习近平总书记视察山西重要讲话精神持续推向深入。

二、坚定走好高质量转型发展之路，经济运行稳中向好

高平正处于经济转型的重要窗口期，必须深入贯彻新发展理念，加快推进产业结构调整，下大气力抓好传统产业改造升级，在发展新兴产业上有所作为。面对经济运行低位开局的不利局面和多重风险挑战，市委始终坚持问题导向，切实加强党对经济工作的领导，全面加强经济运行分析监测调度，主要经济指标降幅逐季收窄，四季度全面扭负为正，巩固了经济发展由"疲"转"兴"的良好态势。全年地区生产总值完成 240 亿元，同比增长 4.7%；规上工业增加值增长 4.0%；固定资产投资完成 76.2 亿元，增长 10%；社会消费品零售总额完成 70.2 亿元，增长 9.6%；一般公共预算收入完成 19.2 亿元，增长 30%，总量晋城第二，增速晋城第一。

优化投资结构，实施"一纲十目"重点工程 186 项，全年非煤项目投资增长 54.3%。稳定煤炭基本面，全年原煤产量 2924.5 万吨，增长 7.86%。推进农业提质增效，"四条产业链"延伸集聚，高平生猪、大黄梨等农产品品牌走出山西、走向全国，农产品加工企业销售收入增长 11.1%。促进全域旅游发展，成功举办第三届海峡两岸神农炎帝文化旅游招商系列活动，推动旅游业发展持续升温，旅游综合收入增长 12.6%。大力支持民营企业发展，开设清华班、北大班培育高素质企业家。举办创新创业大赛，搭建"双创"平台。开展助企贷、助保贷和融资倒贷，提供资金支持 6.8 亿元。培育"小升规"企业 5 家。全年民营经济增加值完成 108.9 亿元，同比增长 4.2%，占据了全市经济总量的"半壁江山"。高新技术产业孕育成芽，长征动力三元锂电池、海诺科技汽车轻量化材料、晋东南建筑产业园等一批重大转型项目落地开工，全年战略性新兴产业增加值增长 40.7%，服务业增加值增长 6.8%。

三、聚焦重点领域改革，先行先试成效显著

牢固树立"改革不能落后，改革必须先行"的鲜明导向，增强"加快赶考中补考"的使命担当，加强党对改革工作的领导，完善主要负责同志亲力亲为抓改革工作机制，压实市级领导分工负责制，有效推进 7 方面 46 项改革任务。

坚持在重点改革上攻坚深化，多项改革步入全省第一方阵。相对集中行政许可权改革领跑全省，行政审批局组建运行，划转 23 个部门行政许可事项 200 项，实现"一枚印章管审批"，组建以来共办结各类许可事项 8253 件，平均办理时限缩短 57%。全省首家实现医卫机构一体化，基层诊疗量由 48.9%提升至 67.3%，县域内就诊率由 67%提升至 83%以上，群众满意度达 95%以上，被评为全省医疗卫生机构一体化改革示范县。开发区在晋城首家获批，"管委会 + 公司 + 基金"运营模式先行先试，"三化三制"改革破题开局，"基金 + 项目 + 园区"一体化发展探出路子。国企国资改革晋城领跑，科兴集团现代企业制度建设、29 个非煤企业整合重组有序推进，完成 24 户"僵尸企业"出清，"三供一业"等社会职能顺利移交，国资监管全面覆盖。

进一步加快先行先试步伐。成功入选第一批国家农业可持续发展试验示范区和农业绿色试点先行区，夺得"国家农业可持续发展、国家畜牧业绿色发展、全国电子商务进农村、全省财政奖补美丽乡村建设、省级出口食品农产品质量安全"5 块现代农业"金字招牌"。全省城镇低效用地再开发试点现场会在高平市召开。"五个一"农村道路交通安全管理做法全省学习。幼儿教师队伍培养和补充机制改革试点为全省提供经验。

四、织密民生事业保障网，群众获得感持续增强

一年来，市委认真践行"以人民为中心"的发展思想，坚持从群众最关心、最现实的利益问题入手，补短板、解难题，扎实做好各项民生事业。坚决打赢脱贫攻坚战，顺利完成剩余 2 个贫困村、1680 名贫困人口脱贫任务，全市 12 个贫困村、8909 名贫困人口全部摘帽脱贫。坚决打赢污染防治攻坚战，部署 15 个方面 41 项具体清单，实施"五大行动三年攻坚"，认真抓好环保督察问题整改，强化环保网格化监管，系统实施"控煤、治污、管车、降尘"，空气质量综合指数从 1 月份全省第 116 名升至 12 月份第 67 名，丹河水 20 年来首次实现达标排放，从累计被罚款 5760 万元转变为获奖 600 万元。大力实施乡村振兴战略，投资 9 亿元，实施百村人居环境整治"6+N"工程，永禄乡农村厕所革命走在全省前列；抓好农林文旅康产业融合发展试点建设，确立了"1+2+30"试点模式。进一步加大民生保障资金投入力度，全年民生支出占财政支出 86%以上，教育、社保、就业等各项民生事业取得长足进步。打掉黑恶势力犯罪团伙 11 个，破获各类刑事案件 747

起,连续两年被评定为省级“平安市”,群众安全感满意度排名全省前列。

五、坚持全面从严治党,政治生态风清气正

牢记“代价不能白付,教训必须汲取”,坚持“治”不忘“危”,落实晋城市委党建“四句话”要求,毫不松懈地把全面从严治党引向深入。坚定扛起管党治党主体责任,出台《深化落实全面从严治党主体责任的工作意见》,构建起有力有效的“两个责任”落实体系。2018年,共查处落实“两个责任”不力案件11起,处理27人,给予党纪政务处分16人。围绕民生、扶贫、扫黑除恶三个重点领域,严查群众身边腐败和作风问题,共收到问题线索413件,查实146件,处理216人。着眼干部队伍建设和管理,出台了《关于进一步激励全市干部新时代新担当新作为努力建设高素质专业化干部队伍的实施意见》和《关于适应新时代要求大力发现培养选拔优秀年轻干部的实施意见》,激励干部担当作为。立足基层导向,持续拿出真金白银,实现保障下倾,确保基层干部安心履职;实施“破零加零”工程,推动农村走“资源变资产、资金变股金、农民变股东”的路子,全市集体经济全部实现“破零”,5万元以上的村有272个,占62.7%。

市委常委会在抓好根本性工作和重点工作的同时,支持市人大及其常委会充分发挥地方国家权力机关作用,支持和保障市政协积极履行政治协商、民主监督和参政议政职能,加强统战工作,密切与工商联、各人民团体及各界人士的联系和协作,支持工会、共青团、妇联等人民团体根据法律、章程开展工作,参与社会管理和公共服务,大力开展国防动员、双拥共建工作,推动军民融合深度发展,党领导的各项事业取得全面进步。一年来,常委会坚持以政治建设为统领,不断加强自身建设。牢固树立“四个意识”,严守政治纪律和政治规矩,自觉与以习近平同志为核心的党中央保持高度一致,把“两个维护”落实到具体工作中。严格执行民主集中制,严肃党内政治生活,贯彻上级决策部署时始终坚持解决问题、讲求实效,带头担当作为,敢于迎难而上,追求一流标准,为各级领导干部作出表率。

(申小锋)

附:中共高平市委书记、副书记、常委名单

书　记: 范兆森(10月离职)

副书记: 原　健　邹树琦(9月离职)

常　委: 曹广全　朱慧杰　上官建红　牛晓明　郜红宁　张晋文　郜培法　焦华军

中共阳城县委

县委书记　窦三马

中共阳城县委辖党组50个,基层党委36个,工委4个,党总支77个,党支部1126个,全县共有党员25969名。

2018年,中共阳城县委坚持以习近平新时代中国特色社会主义思想为指导,深入学习贯彻党的十九大和十九届二中、三中全会精神,深入学习贯彻习近平总书记视察山西重要讲话精神,全面落实中央、省委、市委决策部署和县十三届三次党代会目标任务,持续实施“田园城市、美丽乡村、产城融合、城乡一体”发展战略,全力推进“4+1”高质量转型发展,团结带领全县干部群众,解放思想、开拓进取、真抓实干,推动全县党的建设和党的事业取得新进展新成效。

坚持把学习贯彻党的十九大精神与学习贯彻习近平总书记视察山西重要讲话精神结合起来,与持续践行习近平总书记“见新见绿”重要指示结合起来,作为重大政治任务,统领全县大局,全面引向深入。注重强化政治引领。充分发挥县委总揽全局、协调各方作用,要求包括县委常委班子在内的全县各级党组织、全体党员干部树牢“四个意识”,坚定“四个自信”,自觉把“两个维护”铸入到灵魂里、落实到工作中、体现到行动上。常委会研究重大事项、安排重大决策、部署重点工作,都主动对标习近平总书记有关指示要求,都坚决贯彻党中央大政方针和省委、市委决策部署。注重深化学习宣传。县委常委会带头学用习近平新时代中国特色社会主义思想和党的十九大精神,开展中心组专题学习研讨12次,组织党员干部专题培训32期,开办阳城大讲堂10期,组织“新时代讲习快车阳城号”宣讲680余场次,创建“阳城新时代云上讲习所”和453个“新时代讲习所(站、点)”,全县直接受众10万多人次,推动党的最新理论创新成果直通基层“最后一公里”“飞入寻常百姓家”。注重细化贯彻举措。围绕习近平总书记视察山西重要讲话精神,在“一个决定、两个实施意见”的基础上,出台《推动阳城率先发展　走在前列的实施意见》。围绕省市“三大目标任务”,确立“样板、尖兵、示范、前哨”和“乡村振兴”“4+1”高质量转型发展路径。围绕省委、市委要求,在经济转型、项目建设、国企改革、开发区改革创新、支持民营企业发展、实施乡村振兴战略等方面采取新举措,进一步拓展贯彻落实的广度深度。注重实化督导推动。采取承诺践诺、清单管理、协调督查、一线办公等方式聚焦聚神聚力抓

落实,集中开展"两包三比三干事"落实见效活动,保证各项工作任务落实落地。按照省市巡视巡察反馈和督导反馈意见,出台整改方案,及时梳理问题,细化整改措施,完善长效机制,确保事事有着落、件件有回音。

一、持续聚焦转型升级,着力提高经济发展质量

致力打造全域旅游"样板",立足"悠然阳城、康养胜地"定位,持续实施"四全四游"开发战略,骨干景区引领作用明显,中国农业公园布点成线,太行一号国家风景道开工建设,旅游公交、旅游标识、旅游厕所等配套设施日趋完善,町店战斗 80 周年、长江支队入闽 69 周年等一系列活动成功举办,央视 18 次讲述"阳城故事",历史正剧《一代名相陈廷敬》、红色电影《铭心岁月》在央视黄金时段热播,大型实景剧《再回相府》入选"2018 山西文化旅游十大新闻",阳城国际徒步大会荣获"2018 山西体坛十佳品牌赛事奖",阳城文化旅游名片越擦越亮。

努力争当能源革命"尖兵",全面落实"减、绿、优"要求,加快标准化矿井建设进度,推动小西、武甲顺利投产,确保多出"安全煤、环保煤、效益煤",持续稳住全县经济基本面。坚持走好"产煤不见煤、产煤不烧煤、产煤少卖煤、产煤不靠煤"能源革命特色路径,"优煤易购"交易网络全面上线,建成直营经销商 200 余家,终端用户 33 万户,引领"清洁用煤"新潮流;深入实施"气化阳城"战略,构建管网互通、气源互补的清洁能源供应体系,覆盖 11 个乡镇、9 万户、32 万人,人口气化率达到 80%;加快城乡集中供热步伐,持续向西河、演礼及南部片区延伸拓展,受益群众达到 4.4 万户、12 万人,城市供热率达到 95%,城乡供热率达到 30%。

积极争做双创发展"示范",出台《支持民营企业发展的实施意见》,建立县级领导联系民企制度,白桑创业基地和网佳农电商园区跻身省级"众创空间",瑞亚力、征弘食品、温氏养殖、一把灰科技等一批民营企业茁壮成长。阳城经济技术开发区成功获批,入驻企业 30 多家,"一区两园"将成为经济发展新引擎。成功举办首届国际陶瓷博览会,阳城成为"中国(华北)建筑陶瓷生产基地"。国企国资改革稳步推进,"放管服效"改革持续深化,"企业承诺制"和"最多跑一次"改革效果明显,"六最"营商环境逐步形成。

坚持当好对外开放"前哨",出台《对外开放年度行动计划》,积极参加首届国际进博会、2018 津洽会、2018 国际能博会、第二十届厦洽会开展"展会招商",依托福建山西商会、深圳计算机协会等平台开展"中介招商",持续举办"邀老乡、回故乡、建家乡"活动开展"亲情招商",紧盯东鹏、鹰牌等一线知名品牌开展"精准招商",开展小分队招商 80 余次,签约项目 64 个,总投资 231.4 亿元。同时,加快推进阳蟒高速建设、通用机场开工,已经打通 18 个对外出口中的 10 个,为进一步融入中原经济区提供保障、奠定基础。

二、全面推进乡村振兴,加速城乡融合发展步伐

充分发挥县城引领作用,坚持建管并重,完善城市功能,提升发展水平。在基础设施建设方面,"四馆一院"、客运中心正式开工,八甲口快速通道隧道贯通,析城大道部分路段完成改造拓宽,滨演连接线实现竣工通车,雨污分流改造、城市综合管廊、南部新城开发扎实推进,停车场、公共厕所等配套设施逐步完善。在优化管理方面,坚持省级文明县城和国家卫生县城"联动联创",加强市容街景立面管理改造,深化交通秩序和环境卫生整治,不断提升公共服务水平。

注重激发乡村振兴活力,结合实际出台《关于推进乡村振兴的实施意见》《关于强化党建引领助推乡村振兴的实施意见》,开展"百村万院大花园"创建行动,启动"厕所革命"、污水治理试点,实施"四好农村路"建设改造。特别是把蟒河先行区作为重要抓手,出台《推进蟒河镇农林文旅康产业融合发展先行区建设的指导意见》,设立 2000 万财政扶持资金,先期铺开麻娄坪土蜂蜜养殖基地、东观甜蜜小镇、羊圈沟共享农庄、东凹古村落客栈等一批项目建设。

稳步推进农村各项改革,出台《农村集体产权制度改革实施方案》《农村集体清产核资方案》《农村集体经济组织成员身份确认指导意见》,不断深化农村土地制度改革和集体产权制度改革,承包地和宅基地"三权分置",土地经营权、农民住房财产权和集体林权抵押贷款融资改革,在蟒河镇率先开展"三变"改革试点,所有行政村土地确权工作通过省市验收。

致力培育特色农业品牌,加快推进蚕桑田园综合体申报工作,逐步发展一批小杂粮、中药材等特色农业基地,"析城山小米"和"曹馍馍"走进央视"大医中国"栏目,"相府蜜酒"和"晋苑一品桑叶茶"荣获 2018 年"山西省功能农产品品牌","阳之源"牌食醋、"花烂漫"牌果醋荣获"晋城市十大农产品品牌",农业产业品牌效益不断提升。

三、践行绿色发展理念,加快推进生态文明建设

持续加强重点整治,认真落实禁煤、供暖、运输、错峰、3 号煤替代"五大任务",统筹实施蓝天阳城、清水阳城、生态阳城、乡村环境治理等"四大工程",在县城主城区全面禁放烟花爆竹。特别是通过实施"集中供暖",全年减少原煤散烧 5 万余吨,减排烟尘 450 吨、二氧化硫 380 吨、氮氧化物 160 吨;通过推进"集中供气",全年减少原煤散烧 4 万余吨,减排烟尘 400 吨、二氧化硫 350 吨、氮氧化物 140 吨。空气环境综合指数排名居省市前列,其中二氧化硫和降尘量居全市第一。

深入推进生态治理,深入推进"五水同治",严格落实河长制,启动实施沁河(阳城段)河道生态景观打造工程和获泽河县城段生态补水工程、安阳白桑段清障工程,润城、町店生活污水处理厂投入运行,定期加强对饮用水监测,确保饮水

安全。同时,划定农用地土壤污染状况详查单元,加强土壤污染重点监管。

全面推行网格化管理,坚决落实“定区域、定人员、定任务、定职责、定奖惩”要求,建立一级网格(县级网格)1个、二级网格17个、三级网格426个,并配套建立网格巡查、违法查处、问题反馈、信息联络、强化监督、考核评价六项机制,确保环境监管工作不留死角、不留盲区、不留隐患。

四、全面发展民生事业,不断提高人民生活幸福指数

坚持脱贫攻坚不松劲,紧紧围绕5个村、2059人的年度脱贫任务,持续实施“八大工程二十项行动”,采取领导包村、政府帮建、企业结队、社会参与、政府购买医疗服务等方式,搬迁人口全部分房到户,建档立卡的贫困村全部摘帽、贫困人口基本脱贫。

坚持改善民生不懈怠,始终以“六大圆梦计划”引领社会民生,濩泽古城保护和开发逐步推进,张峰引水一期工程全线建成、二期工程全面铺开,一批打基础、利长远的民生工程密集开工、加速推进。全面实现学前教育到高中教育免费,中高考成绩再创历史新高。持续深化医疗卫生体制改革,家庭医生签约服务覆盖城乡,全市首家公建民营医养结合的养老机构投入运营。

坚持文明创建不停步,认真落实意识形态工作责任制,常委会定期研判意识形态,牢牢掌握工作主动权。狠抓新闻宣传,传播阳城声音,中央、省、市媒体报道112篇,海外媒体报道6篇。扎实推进新时代文明实践中心建设试点,成功培树6个新时代文明实践“示范点”,皇城村、郭河村、蔡节村荣获国家级文明村,石双砚、李郭龙被评为“中国好人”,全市首批“文化大院”、“文化乡贤讲堂”落户阳城。

坚持法治建设不放松,深度开展“七五”普法,组织四大班子及全县领导干部开展宪法集体宣誓,全面加强法治政府建设。深入实施“雪亮工程”,立体化治安防控体系不断完善,扫黑除恶专项斗争扎实开展,社会矛盾纠纷排查化解持续加强,法治阳城、平安阳城建设取得新进展。深化县工会、妇联、团委等群团组织改革,加强与党外人士、统战对象的沟通联系,安定团结的政治局面持续巩固。

五、推进全面从严治党,党的建设取得明显成效

在压实主体责任上持续用力,把履行主体责任作为最根本的政治担当,突出“关键少数”,层层传导压力,夯实政治责任。县委常委会定期听取县人大常委会、县政府、县政协、县法院、县检察院党组工作情况汇报,安排各党(工)委书记围绕基层党建、经济工作、意识形态、安全环保、维护稳定、脱贫攻坚、党风廉政建设进行述职,加强党管武装工作,不断把党的领导体现在各领域、各方面。

在推进“观念革命”上创新突破,注重“走出去”与“请进来”相结合,在做好干部“下挂”锻炼的基础上,组织36名农村支部书记,赴浙江省农村一线进行蹲村“外挂”学习一个月;从旅发委、经信、农委、交通、发改、住建等15个重要经济部门选派干部,“上挂”到省厅学习锻炼一年;与省社科院智库发展协会签订了建设“阳城智库”战略合作协议,制定引进高层次人才方案,大规模吸引高层次人才。

在加强“三基建设”上突出特色,基层组织建设方面,实施“智慧党建”工程,大力探索并村新建、支部联建、多元共建的农村基层组织设置模式,加强对软弱涣散支部整顿。基础工作建设方面,全面落实乡镇“五小”改造、周转房建设、乡镇干部生活补贴、乡村两级运转经费,规范农村干部和“三支队伍”的日常管理。基本能力建设方面,以县乡党校为主体,以“太岳干部学院”为依托,突出“科级干部、村‘两委’主干、公务员、中青年干部”四支队伍,大力实施农村“两委”干部学历提升工程,实现学历与能力双提升。

在激励担当作为上注重实效,认真落实领导干部能上能下、干事创业、合理容错三个机制,出台《关于进一步激励全县干部新时代新担当新作为　努力建设高素质专业化干部队伍的实施意见》《关于适应新时代要求大力发现培养选拔优秀年轻干部的实施意见》,选优配强一批乡镇和县直单位负责人,不断激发党员干部干事创业的精气神。创新目标责任考核方式,制定新的考核办法,实现差异化考核,努力考出工作实绩,树立鲜明干事导向。

在从严正风肃纪上久久为功,深化监察体制改革,创设“7+3+1”派驻监督模式,实现派驻监督“全覆盖”。开展“廉洁勤政、担当作为”警示教育月活动,全县100多个党组织、2万余名党员接受教育。严厉整治形式主义、官僚主义,查处违反中央八项规定精神案件44起,党纪政务处分21人,组织处理39人。扎实开展四轮县乡政治巡察,加大群众身边腐败问题查办力度,党纪处分88人,政务处分10人,组织处理262人,移送司法机关8人,良好的政治生态得到持续巩固。

(冯李鹏)

附:中共阳城县委书记、副书记、常委名单

书　记:窦三马

副书记:史小林　杨晓雷

常　委:宋丽云(女,12月离职)　原天信　杨德培　白继军　张　沁　刘　洋(4月离职)　王学谦　王委彬(4月任职)　杨　波(12月挂职)

中共陵川县委

县委书记　胡晓刚

2018年，陵川县委坚持以习近平新时代中国特色社会主义思想为指引，全面落实中央和省委、市委重大决策部署，团结带领全县干部群众，抢抓机遇、应对挑战，聚焦攻坚、勇于作为，持续推动全县党的建设和党的事业在“两转”基础上取得了新进步。

一、坚持把政治建设摆在首位，更高站位推进习近平新时代中国特色社会主义思想和党的十九大精神落地生根

坚持把学用习近平新时代中国特色社会主义思想、学习贯彻党的十九大精神和习近平总书记视察山西重要讲话精神作为首要政治任务和长期战略任务，加强组织领导，扎实有效推进。坚定贯彻落实。不断引深学习贯彻党的十九大精神和习近平总书记视察山西重要讲话精神，积极组织党员群众集中观看庆祝改革开放40周年大会直播，在县委常委(扩大)会议、县委中心组会议、全县领导干部大会等多个层面传达学习省委、市委全会精神，教育引导广大党员干部树牢“四个意识”，坚定“四个自信”，坚决做到“两个维护”。结合实际落实。召开了县委十二届五次全体会议，深刻查摆了我县学习贯彻习近平总书记视察山西重要讲话精神的差距短板，进一步明确了落实五项重大任务的20条具体措施，制定出台两个《实施意见》，确保中央、省委、市委各项决策部署在陵川落到实处。转换思维落实。针对全县干部群众亟需实现由贫困县思维向非贫困县思维转变的实际，坚持陵川的事大家想、大家说、大家干，部署开展解放思想大讨论，引导广大干部群众转换思维、凝聚共识，对标一流、提升标准，为实现陵川高质量转型发展奠定坚实的思想基础。

二、围绕高质量转型发展要求，更实举措推进产业转型升级，确保经济平稳运行

面对复杂严峻的宏观经济形势和持续加大的经济下行压力，坚持“稳中求进、改革创新”工作总基调，进一步加强和改善党对经济工作的领导，全县经济社会呈现出稳中有进、稳中向好的发展态势。狠抓项目建设。以转型项目建设年为统领，实施转型项目34个，24项市县重点工程、27项政府投资类项目顺利推进，谋划储备基础设施领域补短板项目50个，陵川高质量转型发展、长远发展的基础得到有效夯实。推动产业转型。煤炭、化工、铸造等传统产业提升改造，中电投风电一期并网发电，二期开工建设，新能源、生物医药、电子商务等新兴产业实现进一步发展。促进民企发展。认真落实促进民营经济发展政策措施，为企业减免税费近5000万元，发放贷款5.8亿元。2018年，全县固定资产投资增速排全市第一，城乡居民人均可支配收入、农村居民人均可支配收入增速排全市第二，社会消费品零售总额增速排全市第四。

三、突出王莽岭景区龙头带动作用，更大力度推进全域旅游迈上新台阶

把王莽岭景区体制机制改革和整治提升作为全域旅游的龙头工程，举全县之力做好。谋定启动。邀请中国城市规划设计研究院文化与旅游规划研究所为陵川县编制王莽岭景区总体规划及各类详规，完成了极顶、卧龙场、锡崖沟3个片区详规的初稿编制。高位推进。成立王莽岭景区整治提升工作筹备领导组，专题研究部署景区工作6次，组织党政代表团赴云台山、太行山大峡谷等景区学习考察4次，与晋城职业技术学院合办的旅游人才班培训干部80人，选派15名年轻干部到景区挂职锻炼。在实现王莽岭景区保安全、保稳定、保运营基础上，景区体制机制改革、规划编制、运营管理、融资招商等工作顺利推进。组建成立了陵川太行云顶旅游开发有限公司，引进山西文旅集团入驻托管运营，完成王莽岭景区整体转隶交接，各项工作稳步进行。整体发力。太行一号国家风景道建设在全省率先开工，浙水至棋子山段具备通车条件，榆树沟至葡萄窑段开工建设。举办了“太行连翘节”“金秋红叶节”等节庆活动，陵川旅游知名度和影响力进一步提升。王莽岭景区荣获中国旅游总评榜“年度旅游景区人气奖”“国内旅游优选景区”中国旅游大奖；荣获“全国生态特色旅游县”“全国百佳乡村旅游目的地”称号。全年完成旅游接待480.86万人次，实现旅游总收入20.62亿元，同比增长6.8%、25.1%，旅游消费升级步伐明显加快。

四、坚决打赢脱贫攻坚战，更加有效推进脱贫攻坚和乡村振兴有机衔接

坚持把脱贫攻坚作为最大的政治任务和最大的民生工程，按照中央“六个精准”“五个一批”要求，坚定不移，强力推进。坚持党建引领。各级扶贫干部开展村情民意走访39516次，为贫困群众解决实际困难2472个，帮助5213名贫困户享受扶贫政策8568项。坚持发展带动。以“五个万”产业扶贫工程为重点，实施产业扶贫项目242个，带动5800个贫困户、1.5万名贫困人口走上增收致富之路。坚持志智双扶。讲好脱贫故事，传授致富经验，通过激励引导、技能培训、劳务输出，2193名贫困群众实现了稳定就业。2018年，陵川县顺利摘掉贫困县帽子，总脱贫9617户、26162人，整体脱贫目标如期实现，脱贫攻坚实现连战连胜。加快融合发展。深入推

进农林文旅康产业融合发展,附城镇和秦家庄、浙水、小翻底村试点工作扎实推进。坚持以现代特色农业为主攻,推进省级有机旱作农业示范县建设,铺开省级中药材现代农业产业园项目,以连翘为代表的“陵五味”中药材市场竞争力、品牌力不断扩大。持续加大农村人居环境整治力度,全县省级美丽乡村达到5个,市级12个,美丽乡村建设取得明显成效。农村集体产权制度改革深入推进,行政村撤并工作全面完成。

五、坚持以人民为中心的发展思想,更深层次推进民生事业持续改善

持续加大民生投入,倾力办好民生实事,坚决补齐民生短板。2018年,民生支出达到18亿元,占公共预算支出的91.3%。教育医疗社保方面,高考二本B类以上达线人数699人,51名陵川学子被重点大学录取,分别较2017年增加111名、30名。医疗基础设施建设不断完善,县乡村医疗卫生服务能力不断提升。社会保障城镇登记失业率远低于市控目标,“陵川叉车工”被确定为山西省地方特色劳务品牌。县城建设方面,“一路两街”工程顺利推进,石马公路通车运行,“四好农村路”全部完工,供水、供电、供热、供气、通讯持续扩面,群众生产生活更加优质便利。安全生产方面,高度重视安全生产工作,坚决打好“非洲猪瘟”防控阻击战,扎实开展重点行业综合治理,各类安全事故明显下降,安全生产态势持续向好。

六、落实生态文明理念,更高标准推进环境污染防治取得显著成效

以壮士断腕的信心和决心,坚决贯彻落实中央、省、市决策部署,狠抓环保督察整改,坚决打赢环保攻坚战。抓好关键环节。以大气污染防治攻坚为重点,聚焦差距短板,注重精准施策,紧紧扭住清洁取暖改造、重点行业提标改造、扬尘污染治理、秸秆焚烧治理和机动车污染防治等关键环节,推动全县环保工作深入开展取得明显成效。实行网格化管理。进一步强化源头管控和执法监管,全面完善环境网格化监管体系,严厉打击环境违法行为,生态环境部强化督查组交办问题全部整改完成。扩大生态总量。实施荒山绿化3700亩、通道绿化37公里、村庄绿化63个,完成森林抚育2.26万亩,构筑起大美古陵的绿色屏障。连续五年荣登“全国百佳深呼吸小城榜”,二级以上天数240天,较上年同期增加10天,环保攻坚战成效显著。

七、扎实推进重点领域改革,更宽视野增添发展新动能

抓高点谋划。坚持把全面深化改革与中心工作同部署、同落实、同检查、同考核。县委先后23次召开常委会议、中心组会议、深改领导小组会议研究部署改革工作。抓重点领域。陵川县生态文化旅游开发区完成可研编制,已报省政府和省商务厅,等待评审;加大“放管服效”改革力度,清理取消各类审批事项116项,营商环境全面创优;全域旅游成效明显,“旅游+”格局正在形成;地方金融改革持续推进,农信社改制前期筹备到位;国企国资改革积极推进,国有企业产权依法依规划转。抓先行先试。在扎实做好市定改革工作任务的同时,我县2018年确定的7个方面41项改革任务、19项先行先试重大改革及25项重点工程项目建设全面推进、成效显著,确保了“规定动作”不走样、不变形,“自选动作”有特色、出亮点。

八、上下齐心创优发展环境,更大程度激发全县干事创业热情

创优舆论环境。“新时代理论宣讲快车”全面启动,60个村的“新时代农民(居民、职工)讲习所”全部挂牌,开展活动300余次,受益群众4万余人。建立意识形态工作责任制三级网格管理机制,初步形成横向到边、纵向到底的落实意识形态工作责任制网格管理体系。深化文明创建,积极推荐上报“最美乡贤”“山西好人”“美德少年”52人,杨月胜被评为2018年度“中国好人”。创优法治环境。加强宪法学习,强化依法行政,支持和保证人大及其常委会依法履行职能,积极发挥社会主义协商民主重要作用,全力打造大统战格局。全县各人民团体依照法律和各自章程开展工作,“双拥、双服务”工作呈现新局面。创优社会环境。坚决打好扫黑除恶专项斗争攻坚战,紧紧围绕重点打击的12种黑恶势力,摸排核查线索44条,打掉恶势力犯罪集团4个,恶势力团伙1个,涉恶“村霸”“霸痞”3人。深入推进雪亮工程,推动社会治安防控体系向“人防+技防”转变。2018年连续5年被命名为“省级平安县”,群众安全感和执法满意度连续6年排在全省前10位。

九、强化“三基建设”,更严要求推动全面从严治党向基层延伸

坚持以党建引领发展,把党建融入发展,用党建推动发展,靠发展检验党建,全县抓党建的力度更大、氛围更浓、载体更丰富。强化主体责任。县委坚决扛起主体责任,把党的政治建设摆在首位,严明政治纪律和政治规矩、严肃党内政治生活,严厉问责履行“两个责任”不力、管党治党宽松软的人和事,严厉问责阳奉阴违、消极应付,打折扣、搞变通的行为。制定出台两个方案,对中央巡视组反馈意见、省委督导检查反馈意见和省委巡视五组反馈意见进行了积极整改。强化基层基础。坚持“四六联动”齐发力,建立县委常委“三基建设”联系点36个;突出支部规范建设、先进典型培树、壮大集体经济、创优组织设置、抓党建促脱贫、基层保障水平,38个软弱涣散村级党组织转化提升,实现了基层组织提质;健全准入、管理、效能、服务、考核、激励机制,实现了基础工作提速;注重政治建设、思想引领、服务中心、融合互动、实践成长、测评考核,强化教育培训的经常性,实现了基本能力提效。强化正风肃纪。时刻关注“四风”隐形变异新动向,严肃查纠基层干部冷硬横推等问题,打好作风建设持久战。深入开展县委巡察工作,对1个乡镇党委和26个县直单位党组织开展巡察,发现问题线索30件,办结21件,查处党员干部16人。2018年,共查处违反中央八项规定精神和“四风”问题30起

38人,查处发生在群众身边腐败问题案件139件139人。

(张晋峰)

附:中共陵川县委书记、副书记、常委名单

书　记:胡晓刚

副书记:任彩虹(女)　任小广

常　委:霍晋斌　王立新　原红芳　徐　浩

毋胜利　郭马军　杨建伟

中共沁水县委

县委书记　原光辉

2018年,沁水县委坚持以习近平新时代中国特色社会主义思想为指导,认真贯彻落实党的十九大和习近平总书记视察山西重要讲话精神,按照省委、市委安排部署,全面落实"一个统领、三五支撑"总思路,凝心聚力、担当作为、真抓实干,奋力开创争先领跑高质量转型发展的新局面。

一、始终用习近平新时代中国特色社会主义思想武装头脑,推动学习贯彻向广度和深度拓展

坚持把学习贯彻习近平新时代中国特色社会主义思想和习近平总书记视察山西重要讲话精神作为首要政治任务,先后组织召开县委常委会、中心组会议、全县干部大会、县委全委会集中学习贯彻。每次县委常委会都结合议定内容,组织学习习近平总书记相关重要论述,指导制定重大决策、部署重要工作。县处级领导干部带头深入基层宣讲100余场次。"新时代理论宣讲快车沁水号"累计发车599趟。组织开展大调研大讨论活动,科级以上干部人人领题调研,面向社会开展主题征文和民意征集,邀请专家智库把脉会诊,推动中央和省委、市委各项决策部署在沁水落地生根。

二、牢牢抓住转型升级这个主攻方向,发展的质量和效益稳步提升

一是直面困难挑战稳增长。面对经济下行和环保攻坚双重压力,县委统筹推进稳增长、促改革、调结构、惠民生、防风险各项工作。全年地区生产总值完成228.7亿元,增长6.2%;规上工业增加值完成143亿元,增长6.1%;固定资产投资完成62.5亿元,增长10.3%;社会消费品零售总额完成26.5亿元,增长9.8%;城镇居民人均可支配收入完成28590元,增长6.8%;农村居民人均可支配收入完成11964元,增长8.9%;一般公共预算收入完成16.5亿元,增长29.6%;财政总收入完成50亿元,位列全市第一。

二是聚焦"五大产业"促转型。煤炭产业优化升级。加快玉溪、东大、里必等大型骨干矿井建设,全年完成原煤产量2877万吨(含寺河),增长7.1%。煤层气产业稳步壮大。潘庄、潘河、樊庄等区块稳产高产,马必区块南区、成庄区块成功获批。全年完成地面抽采31.4亿方、压缩1.7亿方,同比增长4.3%、3.7%。文化旅游产业加速发展。成功举办第二届"山西沁水赵树理文化旅游嘉年华"系列活动,完成核心景区旅游厕所、乡村客栈、标识牌等基础设施建设,推出三条精品线路。全年实现旅游综合收入77亿元,同比增长25.2%。现代农业扩规上档。基本形成了肉鸡、蜂蜜、小杂粮全产业链条。成功创建省级农产品质量安全县和畜牧业绿色发展示范县,被确定为蜂蜜省级现代农业产业园,成功申报市级有机旱作农业示范片项目。全年设施蔬菜规模达6700亩,苗木花卉3.7万亩,肉羊出栏14万只,肉鸡出栏1073万只,蜜蜂存栏4.1万箱。现代服务业提质增效。养老园区加快建设,电商园区初具规模,杏河商业带投入使用,农商银行揭牌开业,全年服务业增加值完成57.9亿元。

三是狠抓项目建设强支撑。始终把项目建设作为经济发展的总抓手,扎实推进"转型项目建设年"各项工作。全年安排重点项目126个,总投资410.7亿元,当年安排投资53.6亿元,完成投资53.7亿元,投资完成率100%。全面落实招商引资重大项目优惠扶持政策,成功举办产业要素"上山下乡"项目推介会和全县企业家大会等招商活动。全年签约招商引资项目53个,投资总额239亿元,当年签约开工23个,到位资金13.4亿元,开工率43.4%。

三、聚焦重点领域持续发力,全面深化改革取得重要进展

严格落实"三个三"抓改革工作法,全面推进40项年度改革台账重大事项,重点主抓4个国家级、10个省级改革试点和5个市考核县改革事项。农村集体产权制度改革成果显著,土地承包经营权确权登记颁证工作通过省市验收和农业部初检,全市领先;国资国企改革稳步推进,37家国有企业组建成为14家股份制企业,新组建农林投、煤层气、城投等县级投融资平台企业,7家国企签订"三供一业"分离移交实质性协议并完成接收移交;县乡医疗卫生机构一体化改革持续深化,分别建立9个管理中心和业务中心,基本实现"六统一"管理;监察体制改革深入推进,纪检派驻机构改革全面完成。省级开发区正式获准设立,已征用土地626亩,新天一30万吨陶瓷熔块项目、沁洁污水处理项目顺利入驻。

四、统筹做好各项民生工作,城乡居民获得感和幸福感不断增强

一是巩固提升脱贫成果。以脱贫攻坚统领经济社会发展

全局，扎实推进精准扶贫、精准脱贫。28个贫困村4429户10251名建档立卡贫困人口按程序和标准全部退出，如期实现脱贫摘帽。全年实施产业扶贫项目73个，总投资1.9亿元；发放扶贫小额信贷1875.7万元，带动385户1077人增收；所有零收入村全部“破零”，集体经济5万元以上的村达到80%；开展三级书记遍访贫困对象行动，走访贫困对象4526户11040人次，制定帮扶计划3571个，解决实际困难887件。制定出台2018年乡村振兴战略行动计划和巩固提升脱贫成果着力推进乡村振兴实施意见，试点推进3乡7村“农林文旅康”融合发展。脱贫工作连续两年受到省委省政府通报表彰，2018年荣获全省脱贫攻坚组织创新奖。

二是打好打赢环保攻坚战。狠抓减煤、降尘、管车、控油、治烟五项措施，健全完善四级网格管理体系，全面打响蓝天、碧水、净土、人居环境治理“四大战役”。全县29条河流全部落实河长制管理。全年县城建成区环境空气质量二级以上天数达到250天，稳居全市第一，跨入全省前十。

三是扎实做好安全稳定工作。持续开展安全生产专项整治、隐患排查治理、打非治违活动，企业安全生产责任挂牌率100%。积极推广新时代“枫桥经验”，开展重大社会矛盾风险防范化解专项行动和信访矛盾化解攻坚专项活动，全面推进综治中心标准化建设和雪亮工程，三级综治中心建设模式、运行效果全省领先。深入开展扫黑除恶专项斗争，打掉恶势力6个，破获刑事案件31起，抓获团伙成员48名。连续18年保持命案无积案，连续3年被命名为“省级平安县”，群众安全感和满意度综合排名位居全省前列。

四是全力发展各项民生事业。继续实施十五年免费教育政策；提前一年完成全县教育布局调整任务；义务教育寄宿生营养餐工程投入资金201万元，惠及34所学校3732人；常住人口家庭医生签约服务率达到58.4%，重点人群签约率83.1%；全市率先对城乡居民参保患者16742人次进行医疗保险县级再补偿350万元。城镇新增就业5217人，创业就业1648人，转移农村劳动力4301人。持续开展“三留守”关爱保护工作，救助帮扶困难群众9300人。以“三城同创”为载体，城隍庙及周边棚户区改造、县城旱厕改造等民生工程稳步推进。全市唯一成功入围全国文明县城创建资格城市、正式被省住建厅推荐为2018年国家园林县城候选县（市）、首家通过国家卫生县城第一年“大考”。

五、全面落实新时代党的建设总要求，持续推动全面从严治党向基层延伸、向纵深发展

一是扎实推进“三基建设”。进一步落实“一梁三柱”农村基层党建、“一个载体、五型创建”机关党建和“五抓五提升”非公经济和社会组织党建工作机制，推动各领域党建全面过硬。认真落实农村党支部书记队伍建设10条意见。培树50个基层党组织规范化建设示范点。软弱涣散党组织全部整顿提升。406个行政事业单位全部建立了“一目录三手册”和工作运行流程图。14个乡镇、68个县委县政府组成部门及直属事业单位基础工作完成达标验收。25家行业主管部门开展了干部职工专业能力测评。选派63名“一把手”，前往浙、黔两省开展挂职锻炼。

二是树好选人用人导向。出台建设高素质专业化干部队伍、发现培养选拔优秀年轻干部两个实施意见和《职务职级并行考核办法(试行)》。实施紧缺人才引进计划，引进全日制硕士研究生26名。实施人才回流工程，47名在外优秀人才回乡创业，16名全日制大中专毕业生进入农村“两委”班子；41个乡村振兴示范村实现一村一名储备大学生；选拔出470名农村后备干部；下派农村第一书记68名。坚持“好干部”标准，调整干部78人。

三是始终保持正风反腐的高压态势。出台《贯彻落实〈中共山西省委关于加强党对反腐败工作全过程领导常态化制度化长效化的实施意见(试行)〉工作方案》。严肃查处“四风”隐形变异问题，开展各类监督检查500余次，发现问题300条。持续加大扶贫领域、民生领域、涉黑涉恶等方面执纪问责力度，着力解决群众身边腐败问题。将所有村(社区)、基层站所党组织纳入全覆盖巡察对象，组织完成三轮巡察，发现各类问题及线索276个。运用监督执纪“四种形态”处理624人次，政治效果、纪法效果和社会效果凸显。持续高压惩治腐败，处置问题线索586件，立案149件，给予党纪政务处分128人。

四是深入推进“三项创建”。“法治沁水”方面，深入开展宪法宣传教育，扎实推进三项法治攻坚行动，积极培育法治乡村建设试点，稳步推进司法改革各项工作。“德行沁水”方面，开展“沁水好人”等评选表彰，举办“扣好第一粒扣子”等主题教育，广泛开展社会主义核心价值观“五融入”主题实践，重点实施十大德行创建专项行动。“同心沁水”方面，开展“不忘合作初心、继续携手前行”主题教育，推进“四进”宗教活动场所，举办“亲情中华”夏令营，获得全省首批100个“新的社会阶层人士活动站”授牌。召开民营企业家座谈会和企业家大会，制定落实加快民营经济创业创新转型发展的实施意见和进一步营造企业家健康成长环境弘扬企业家精神更好发挥企业家作用的实施方案。

（周　洁）

附：中共沁水县委书记、副书记、常委名单

书　记：原光辉

副书记：侯贵宝　高俊霞(女)

常　委：霍卫星　申连太　张瑞忠　张海芳　武小雅(女)　李咏锋(1月离职)　窦书瑾　蔡海涛(10月任职)

中共临汾市委

市委书记 岳普煜

2018年，临汾市委坚持以习近平新时代中国特色社会主义思想为指导，深入学习贯彻党的十九大精神和习近平总书记视察山西重要讲话精神，认真落实省委“一个指引、两手硬”思路和要求，团结带领全市党员干部群众真抓实干，攻坚克难，大力实施“345”战略，努力在“两转”基础上全面拓展党的建设和党的事业新局面，全市经济建设、政治建设、文化建设、社会建设、生态文明建设和党的建设都取得了新的进展。

一、坚持以习近平新时代中国特色社会主义思想为指导，牢牢把握正确的工作方向

把践行“两个维护”作为首要政治任务，始终在政治立场、政治方向、政治原则、政治道路上同以习近平同志为核心的党中央保持高度一致。一是强化理论武装。把习近平新时代中国特色社会主义思想作为做好工作的根本遵循和科学指南，坚持用习近平新时代中国特色社会主义思想武装头脑，市委常委会组织集体学习20余次；围绕学用习近平新时代中国特色社会主义思想，集中轮训副县级以上干部6期1313人，教育和引导广大干部进一步增强“四个意识”，坚定“四个自信”。二是对标谋划部署。在谋划重要工作、作出重要决策时，都要按照习近平总书记重要论述，按照中央决策和省委部署，主动对表，认真对照，结合实际形成思路举措。省委十一届六次全会之后，先后召开市委常委会议、市委中心组会议、市委全会，对进一步推动习近平总书记视察山西重要讲话精神落实到位作出全面安排部署。三是狠抓工作落实。持续强化抓落实的政治责任，坚决推动中央和省委重大决策部署落实到位。省委两次对贯彻落实习近平总书记视察山西重要讲话精神进行督导检查后，市委都坚持问题导向，对照反馈意见，逐项制定整改措施，扎实抓好整改。同时，成立了17个督导组对全市学习贯彻重要讲话精神情况进行了全面督导检查，协调解决具体问题133个，有力推动习近平总书记重要讲话精神落实落细。

二、聚焦高质量根本要求，用非常之力、恒久之功推动转型发展

认真贯彻习近平总书记关于扎实推进经济发展方式转变的要求，紧扣“示范区、排头兵、新高地”三大目标定位，统筹推进稳增长、调结构、增动能各项工作，不断开创临汾转型发展新局面。2018年全市GDP完成1440.0亿元，同比增长2.8%；规模以上工业增加值同比下降4%；固定资产投资完成404.0亿元；社会消费品零售总额完成687.1亿元，同比增长7.5%；一般公共预算收入完成126亿元，同比增长29.8%；城镇和农村常住居民人均可支配收入同比增长6.3%、8.3%。一是全力稳增长。市委常委会定期研究经济工作，及时提出指导经济工作的思路要求、重点任务和重大举措，牢牢掌握经济工作主动权。出台《全市服务企业常态化工作年度目标责任考核办法（试行）》，持续推进干部入企服务常态化，市县两级900多名干部深入377家规上企业开展服务。加大金融支持实体经济工作力度，开展了“送金融进企业”活动，21户企业得到了11.8亿元的贷款支持。加强政银企对接，筛选出154个省市重点项目向金融机构精准推介，36个项目获得了37.9亿元的资金支持。通过一系列措施，全市经济运行呈现出总量稳步增长、结构优化升级、动能加快转换、质量效益提升的良好态势。二是扎实推进产业转型升级。紧紧抓住我省“真正进入经济转型窗口期”这一历史机遇，全面落实国发42号、晋发49号文件精神，加快构建“4+6+N”现代产业体系，在全省竞相发展的格局中重塑产业发展的竞争优势。深入推进供给侧结构性改革，落实“三去一降一补”重点任务，2018年退出煤炭产能375万吨，三年累计退出煤炭产能1065万吨，退出钢铁产能252万吨；商品房待售面积87.6万平方米。大力改造提升煤焦冶电传统产业，铺开总投资373.7亿元的传统产业升级改造项目54项，重点推进了曲沃立恒170万吨大机焦、晋南钢铁集团产能减量置换等项目。积极发展现代煤化工、现代装备制造、新能源、新材料、新医药、节能环保等六大新兴产业，铺开总投资2817.1亿元的新兴产业项目424项，重点推进了华翔白色家电整机制造、梅亿新能源汽车、大宁年产40亿只一次性防护手套等项目。2018年全市旅游总收入634.1亿元，同比增长31.0%。三是加大项目建设和招商引资力度。深入开展“转型项目建设年”活动，实行定期调度制度、约谈通报制度、问责制度等，组织市县主要负责同志对侯马市、曲沃县的优质项目进行了集中观摩，全覆盖强力督查，有力推动了项目建设。积极促进民间投资，大力推广PPP项目建设，国家级示范项目尧都区涝洰河生态建设润州园政企合作项目进入执行阶段，河西污水处理厂、洪洞县河西新区主干道等省级示范项目全部完工并投入运营。同时，大力开展招商引资，出台《2018年招商引资工作考核实施细则》和《2018年招商引资活动计划》，绘制了《临汾市重点产业招商地图》，进一步提高招商的针对性和有效性。2018年，先后在北京、杭州、太原等地举办了8场招商引资推介会，共签约高端装备制造、节能环保、现代化工、新材料、新能源、新一代信息技术等291个，总投资1590.5亿元，超额完成省定任务。四是扎实做好“三农”工作。大力实施乡村振兴战略，出台《关于推进乡村振兴的实施意见》，编制完成乡村振兴战略规划，选择了6个整体

推进县、30个乡镇、100个村作为试点重点推进。大力推进西山以水果、杂粮为主,东山以中药材、杂粮为主,沿汾平川县市区以粮食、蔬菜、水果为主的三大特色农业产业发展,全市新发展水果5.6万亩,新发展中药材8万亩,新建改建设施蔬菜0.52万亩,新发展露地特色蔬菜4.16万亩。粮食生产再获丰收,全年粮食产量25.68亿公斤。

三、全面深化改革开放,不断激发创新活力

紧紧抓住改革开放40周年重大契机,按照省委"以改革促全面工作水平提升"的要求,着力破除制约发展的体制机制弊端,不断推动改革开放向纵深发展。一是切实担起深化改革重大责任。深入学习贯彻习近平总书记在庆祝改革开放40周年大会上的重要讲话精神,切实加强对改革工作的领导,市委常委会、市委深化改革领导小组先后20余次研究改革事项,审议通过了一系列具有全局性、战略性、引领性的重点改革文件,把准了全市改革方向。实行改革工作市级领导分工负责制,建立了"党政主要负责同志亲自抓的重点改革台账管理制度",将"全面深化改革"纳入各县市区、市直各部门"一把手"年度述职内容,加大"深化改革"在年度目标责任制考核中的分值比重,引导各级各部门聚焦改革、攻坚克难、确保实效。二是聚焦重点领域和关键环节改革持续发力。坚持发展导向、问题导向、民生导向,统筹各领域改革,部分改革走在全省前列。开发区改革方面,成立了4个市级开发区工作领导小组,出台了《临汾市开发区改革创新发展2018年行动计划》。临汾侯马综合保税区升级请示,省政府已上报国务院;临汾、侯马开发区扩区,洪洞经济开发区设立,省政府已正式批准;临汾开发区升级国家级开发区、襄汾开发区设立、安泽开发区设立,省政府常务会已通过。"三化三制"改革持续推进,在省委省政府开发区体制机制改革工作督查考核中,临汾市被评为优秀,居全省第三。国资国企改革方面,制定了《2018年国资国企改革重点工作目标责任细化分解简表(时间表)》《2018-2020年国资国企改革路线图》,明确了时间节点、工作任务。全力推进国企分离办社会工作,成立了剥离国有企业办社会领导小组及7个专项办公室,出台了《进一步深化市直机关管理企业的脱钩改革实施方案》等3个政策性文件。加快解决厂办大集体、分离办社会等历史遗留问题,驻临央企、省企全部签订"三供一业"框架协议,基本完成了资产清查工作;全面启动了市属国有企业专业化重组。监察体制改革方面,认真落实全省进一步深化监察体制改革试点工作会议部署要求,按照省里的《实施方案》和"三步走""八个围绕"的安排,坚持在深化拓展上下功夫,推动纪法、法法有效衔接,人员、工作深度融合。17个县市区纪委监委全部实行了执纪监督、执纪审查(调查)和案件审理分开管理;17个县市区全部完成派驻机构全覆盖工作,全市171个乡镇(街道)实现了监察员全覆盖。旅游体制机制改革方面,加快推进黄河板块建设,成立了"沿黄现代农业文化旅游综合开发协调组",邀请国家知名专家对打造沿黄现代文化旅游带进行了可行性论证。加快推进景区提档升级,洪洞大槐树寻根祭祖园荣膺国家5A级旅游景区,实现了临汾市乃至晋南旅游业5A级景区"零"的突破。医药卫生体制改革方面,持续深化城市公立医院综合改革成果,得到了国务院医改复评组的高度肯定和20万元奖金考核奖励。扎实推进县乡医疗卫生机构一体化改革,永和、曲沃、安泽等3个县被列入全省一体化改革示范县。党政机构改革方面,成立了市县党政机构改革领导小组,先后召开了2次领导小组会议研究机构改革事宜,审议通过《临汾市机构改革方案》并上报省委。群团改革方面,出台《关于进一步引深群团改革的实施方案》,巩固拓展工青妇改革成果,推动工作方式方法创新。加快推进科协、工商联、侨联、残联等群团组织改革。三是加大对外开放力度。深度参与"一带一路"、京津冀、环渤海等国家战略,研究出台《临汾市参与"一带一路"建设2018年行动计划》,支持建邦、方略、华翔、好利阀等有实力的企业"走出去",积极参与全球产业分工,推动经济转型升级。加强与澳大利亚杰尔顿市等国际友好城市的联系,不断深化交流合作。开行中欧班列5列,累计发运货物4851.5吨,货值524万美元,实现了常态化开行。预计2018年全市海关进出口额完成19.24亿元,同比增长15%。四是强化创新驱动。出台《进一步支持科技创新的若干措施》,实施了一批重大科技创新项目,全市高新技术企业数达到50家,省级工程技术研究中心及重点实验室达到5个。

四、持之以恒推进生态环境治理攻坚,努力实现环境质量持续提升

深入学习贯彻习近平生态文明思想,全面落实中央和省委关于生态文明建设的重大部署,坚持从政治高度谋划和推进生态环境治理各项工作,环境质量实现持续稳步好转。2018年市区环境空气质量综合指数、PM2.5、PM10、SO_2浓度、CO浓度同比分别下降10.8%、12.7%、4.1%、41.8%、12.2%;省考核的7条河流8个断面中,地表水优良水体比例和劣V类水体比例,均达到省考核要求。一是持续强化攻坚力量。市委常委会每月至少研究一次环保工作,协调解决问题,推动工作落实。制定出台《关于加强生态环境保护坚决打好污染防治攻坚战的实施意见》《打赢蓝天保卫战三年行动计划》,成立了市环保重点工作推进领导组,实行重点环保项目领导领办、包办制度。在全省率先制定了《党政领导干部生态环境保护责任制实施细则》。二是连续实施"八大工程"。在上年实施"八大工程"的基础上,进一步提高标准,实施了工业企业治理、燃煤锅炉整治、清洁取暖改造、散煤治理、面源污染整治、机动车污染防治、水体环境提标、土壤环境修复新的"八大工程",整体治理水平持续提高。三是狠抓环保督察整改。坚持把上级环保督察作为传导工作压力、推动责任落实、解决环保突出问题的重要手段,紧紧围绕中央环保督察、生态环境部、省委省政府环保督察反馈的问题,进一步明确整改目标、责任单位、整改措施、整改时限和具体的整改标准,制定严格的销号制度,确保整改工作扎实推进。中央、生态环境部、省委省政府环保督察反馈及市自查自纠的1561

个问题,已基本完成整改1518个,整改率97%,其余43个正在扎实推进。生态环境部强化督查组交办的414个问题,已整改385个。中央生态环保督察"回头看"转办的27批157件整改问题,已完成整改上报23批128件。同时自加压力,主动摸排环境问题,先后开展了重点行业环境问题排查整治行动、查处违法排污百日行动、群众举报问题大起底大整治专项行动、环境执法大练兵活动、大气环境突出问题专项督查等多个环境执法专项行动,共发现问题7000多个,全部建立台账,分类处置,限期整改工作正在有序推进。四是坚持实施综合治理。扎实推进生态建设,重点围绕"吕梁山生态脆弱区、太行山水源涵养区、百里汾河经济带湿地植被恢复区"三大生态屏障,以新一轮退耕还林、三北防护林、通道绿化等工程为依托,不断加大生态建设力度,全年完成营造林49.71万亩,全面完成省定任务。大力加强水污染防治,出台《临汾市河道巡查管理办法(试行)》,建立了"河长+巡河员"河道巡查管理体系,加快推进汾河、沁河、浍河、昕水河等重点河流水环境治理及水生态建设;全面开展清河行动,共清理河道垃圾及堆积物70.7万立方。五是加大环保执法力度。出台了《临汾市国控空气、水质自动监测站运维基础条件保障工作方案》,进一步规范和加强监测站点保障工作,杜绝人为干预干扰环境监测工作和数据造假行为。出台地表水和城市环境空气质量考核奖惩方案,共扣罚5.86亿元,奖励1.39亿元。加大环保违法处罚力度,全市环境违法违规行为得到有效震慑,高压态势初步形成。

五、强力推进脱贫攻坚,努力实现连战连胜

深入贯彻落实习近平总书记在深度贫困地区脱贫攻坚座谈会上的重要讲话精神,牢牢把握精准扶贫、精准脱贫基本方略,集中力量推动脱贫攻坚,隰县、蒲县、古县、浮山4个贫困县"摘帽",163个贫困村退出,5.2万贫困人口脱贫,6个非贫困县市区现有贫困人口整体脱贫的目标任务推进顺利。一是强化领导,分类施策。多次召开市委常委会、综合性、专题性脱贫攻坚会议,对脱贫攻坚工作进行部署推进。出台《临汾市坚决打赢脱贫攻坚战三年行动的实施方案》,进一步明确了打赢脱贫攻坚战的任务书、路线图和时间表。准确把握当前脱贫格局变化,分类推进深度贫困地区和全市面上脱贫工作。集中攻坚深度贫困县,强力推进"计划摘帽县",向隰县、蒲县、古县、浮山4个县派驻了工作专班,进行了分析研判评估,确保如期脱贫。巩固提升"摘帽县",严格落实"四不摘"要求,制定巩固提升方案,建立稳定脱贫长效机制,确保吉县、乡宁、安泽3个摘帽县稳得住、可持续。二是突出特色,打造品牌。立足贫困地区农业产业基础良好的优势,大力实施以主导产业为引领、其他特色产业为补充的"1+X"产业扶贫支撑体系,支持和鼓励贫困户以土地流转、合同订单、股份合作等形式,持续增收、稳定脱贫。三是聚焦工程,狠抓落实。扎实推进易地扶贫搬迁、光伏扶贫、贫困村提升、金融扶贫等"十大工程",全部达到序时进度要求。易地扶贫搬迁,66个集中安置点全部开工,竣工57个,竣工率86%。生态扶贫,强力推进"五个一批"工程,10个贫困县完成造林40.26万亩,退耕还林19.25万亩,惠及建档立卡贫困户20696人。光伏扶贫,累计建成并网631座村级光伏电站,其中今年实施的332座光伏电站全部并网,在全省率先建立了光伏扶贫项目远程数据采集和监控平台;金融扶贫,在全市推广了"再贷款+""股加贷""牵手贷"等金融扶贫新模式、新产品。全市累计发放扶贫小额贷款6.92亿元,完成年度目标任务6.255亿元的110.66%;消费扶贫,10个贫困县建成22个县级电商服务中心、700余个村镇电商服务站,利用首个"农民丰收节""双十一"等,累计实现网络销售5000多万元。社会保障工程,全面落实教育、民政、残疾人等社会保障政策,已下拨教育资助资金9160万元,发放农村低保金19905.8万元,发放重度残疾人护理补贴1130.94万元,免费适配辅助器具3361件。四是完善机制,强化保障。围绕脱贫攻坚目标任务,大力构建脱贫攻坚工作落实体系、责任体系和保障体系,在全市推行了"周例会月报告季总结"和"五清单两标准一档案"两项制度,建立了重点工作"月通报、月调度和定期催办"机制,进一步强化了对脱贫攻坚的组织领导和动态管理,有力推动脱贫攻坚各项举措不折不扣落实到位。对各县市区党政主要负责人进行了集体约谈,出台了《整改工作方案》,进一步压实了整改责任,明确了整改要求。制定了《临汾市激励扶贫干部担当作为实行容错纠错的八条措施》。

六、深入开展扫黑除恶专项斗争,为在三年内夺取全面胜利奠定扎实基础

坚决贯彻习近平总书记重要指示精神,严格落实中央和省委部署要求,取得了阶段性成效。一是加强组织领导。坚持把专项斗争作为践行"四个意识"、落实"两个维护"的实际行动,市委常委会、市政府常务会议11次听取工作情况汇报,市扫黑除恶专项斗争领导小组13次召开会议进行安排部署。二是"零容忍"依法严惩。坚持"有黑扫黑、无黑除恶、无恶治乱"的原则,围绕12类打击重点,精、准、狠扫除黑恶势力。侦办了在全国有影响的尧都区暴力传销黑恶案件,依法逮捕嫌疑人114名。深入开展了严打文物犯罪"百日大会战",打掉文物犯罪团伙26个,破获文物犯罪案件55起。三是"一案三查"深挖"保护伞"。对2014年以来群众举报和2017年以来职务犯罪案件进行大起底,深入摸排涉黑涉恶"保护伞"及腐败问题。全市纪检监察机关共立案查处涉黑涉恶腐败、充当"保护伞"以及黑恶势力犯罪案件中失职失责、工作推进不力等问题35件,处理13个单位、152人,其中给予党纪政务处分37人,组织处理117人,移送司法机关处理12人。四是加强基层组织建设固本强基。对320个软弱涣散农村基层党组织进行整顿,整改各类突出问题34587个,有效增强了基层对涉黑涉恶的"免疫力"。对换届后村"两委"班子成员涉黑涉恶线索进行大排查,打掉涉及村"两委"成员黑恶势力团伙2个。五是综合治理铲除土壤。加强重点行业领域日常监管,检查商贸批发相关经营户3000余户,对187家非煤矿山进行了全面排查。加强重点人群动态管控,加强重点地区排查

整治,整治各类问题7764个,登记流动人口信息一万多条,落实在控工作对象70人。

七、坚持以人民为中心的发展思想,统筹推进民生改善和安全稳定工作

紧扣社会主要矛盾变化,持续加大民生保障力度,不断提升人民群众的获得感、幸福感、安全感。一是大力发展民生事业。扎实推进义务教育均衡发展,全市17个县市区全部通过了国家义务教育均衡发展督导认定。高考成绩再创新高,达二批本科B类线人数18029人,比上年增加605人。加快推进社会保险制度改革,在全省率先完成农村低保提标工作,五项社会保险参保人数和基金征缴全部完成年度目标任务,城乡居民基本养老保险超额完成全年任务,位列全省第一。扎实做好就业工作,城镇新增就业50133人,城镇登记失业率为2.86%,控制在4.2%的指标范围之内。加快推进保障性安居工程和棚户区改造,农村危房改造全面完成。大力推进市政基础设施建设,新建和改造城市道路100公里,新建和改造水热气管网548.75公里,新建污水配套管网199.64公里,新增绿化面积140.69万平方米。临汾博物馆正式投入运营,临汾图书馆主体工程建成,人民群众得到更多实惠。二是切实抓好安全生产。牢固树立总体安全观,按照"三个坚决防止"和"四铁"要求,严格落实安全生产责任,全面加强安全生产工作,出台《贯彻落实〈地方党政领导干部安全生产责任制规定〉实施细则》《关于瞒报谎报迟报生产安全事故责任追究暂行办法》,严厉打击瞒报、谎报、迟报生产安全事故行为,倒逼安全生产责任落实。深入开展安全生产执法年活动,扎实推进安全生产大检查和转型整治,全市安全生产形势总体平稳。2018年全市共发生各类经营性生产安全事故163起,死亡169人。

八、扎实推进民主法治建设,为拓展事业新局面创造良好社会环境

充分发挥总揽全局、协调各方的领导核心作用,定期听取市人大、市政府、市政协和市法院、市检察院党组的汇报,针对性提出指导意见,认真研究党的群团工作,支持国防和军队改革建设,把党的领导体现到各领域各个方面。一是坚持和完善人民代表大会制度。支持人大及其常委会依法履行职责。二是坚持和完善中国共产党领导的多党合作和政治协商制度。支持政协履行职能。三是巩固和发展最广泛的爱国统一战线。认真贯彻落实全国、全省统战部长会议精神,扎实做好新形势下统战工作。加强政党协商,支持民主党派参政议政。四是扎实推进"法治临汾"建设。坚持从依法治国的高度推进宪法学习宣传实施各项工作。

九、对标新时代新要求扎实推进党的建设,持续保持政治生态持久的风清气正

一是坚持把党的政治建设摆在首位。严格执行新形势下党内政治生活若干准则,市委常委班子先后召开3次民主生活会。加强党内政治文化建设,深入挖掘红色教育资源,高标准建设了11个党员教育基地。深入开展"强化责任、严守纪律、树好形象"专项治理活动,认真开展彻底肃清腐败流毒影响工作,着力肃清旧的政治生态和粗放式发展方式对干部的负面影响,促进各级干部进一步强化责任意识,严守纪律规矩,树立良好形象。深入开展落实"两个维护"、查处"七个有之"监督检查,全市共查处违反政治纪律问题90件,处分102人。二是认真履行主体责任。市委常委会20多次研究管党治党有关工作,对全市管党治党形势进行分析研判,对党管干部、党管意识形态、基层党建、作风建设、推进反腐败斗争等各项工作作出部署。将各级各部门履行主体责任情况纳入述职述廉、考核考评等环节,纳入纪检监察、市县巡察、派驻监督等全过程,以"两个责任"为抓手,压紧压实各级党组织和"关键少数"管党治党主体责任。严肃开展追责问责,对履行主体责任不力的党组织和党员干部严肃追究责任。2018年全市共问责党组织53个、党员领导干部857人,给予党纪处分276人;问责领导干部1090人,给予党纪政务处分406人。三是认真履行意识形态工作责任制。将意识形态工作纳入全市工作大局、党建工作责任制、年度目标责任考核体系和市委巡察范围。四是大力加强干部队伍建设。坚持党管干部原则,严格执行新时期好干部标准,重视使用勇于担当、改革创新、实绩突出的干部。开展选人用人专项检查,扎实抓好"带病提拔"倒查、"裸官"专项整治等工作,对选人用人违规问题发现一起、从严查处一起。五是扎实推进"三基建设"。确定了14项40条"三基建设"年度重点任务清单,市财政专列4200万元项目资金奖补扶持。六是深入推进正风肃纪反腐。成立了市委反腐败领导小组,召开了3次领导小组会议,切实加强对反腐败工作的全过程领导。完成了市委第五轮巡察,启动实施了第六轮巡察。持续纠正"四风"特别是形式主义、官僚主义,全市查处违反中央八项规定精神问题430件,给予党纪政务处分440人。持续加大审查调查工作力度,始终保持反腐败高压态势,全市纪检监察机关共接受信访举报6522件(次),立案2901件,结案2830件,给予党纪政务处分2910人,同比增长58.1%。七是激励干部担当作为。制定出台《关于进一步激励广大干部新时代新担当新作为努力建设高素质专业化干部队伍的实施办法》《关于适应新时代要求大力发现培养选拔优秀年轻干部的实施办法》,将干部担当作为情况列入2018年度目标责任考核内容,大力营造担当作为浓厚氛围。

(陈波轶)

附:中共临汾市委书记、副书记、常委名单

书　记:岳普煜

副书记:刘予强　李云峰

常　委:张建平(4月离职)　周计伟　王振富　李朝旗　陈　纲　郭行杰　刘文华　常　青　郝忠祥(12月任职)

中共尧都区委

区委书记　陈　纲

2018年，尧都区委高举习近平新时代中国特色社会主义思想伟大旗帜，深入学习贯彻党的十九大和十九届二中、三中全会精神、习近平总书记视察山西重要讲话精神，紧盯“五个尧都”建设目标不动摇，深入实施“136”工作举措，团结带领全区广大干部群众攻坚克难、奋发有为，努力在“两转”基础上拓展全区党的建设和党的事业新局面。2018年，辖区生产总值累计完成309亿元，规模以上工业增加值累计完成39.8亿元，固定资产投资累计完成95亿元，社会消费品零售总额累计完成263.6亿元，一般公共预算收入17.1亿元，城镇常住居民人均可支配收入完成34642元，农村常住居民人均可支配收入完成14875元，除固定资产投资外，其余指标全部实现正增长，由“疲”转“兴”稳步发展的态势持续巩固。

一、政治站位旗帜鲜明，“两个维护”更加坚决

尧都区委始终把践行“两个维护”作为首要政治任务，作为开展工作的根本遵循，坚决与以习近平同志为核心的党中央保持高度一致。一是在提高政治站位上持续用力。牢固树立“四个意识”，坚定“四个自信”，自觉践行“两个维护”，切实加强党对一切工作的集中统一领导，全年共组织召开常委会16次，党政联席会8次，及时传达学习中央和省市精神，并就重点工作、重大问题作出决策和部署。二是在学习宣传上持续用力。区委中心组带头学习，各级党委(党组)满怀深情重温习近平总书记视察山西重要讲话精神，持续引深基层宣讲活动，涌现出一批学习宣传讲话精神的示范典型，有效激励全区干部群众见贤思齐、奋发有为。三是在贯彻落实上持续用力。制定出台尧都区贯彻落实重要讲话精神两个《实施办法》，召开一系列推进会、现场会，持续推进重要讲话精神在尧都有效贯彻落实。认真迎接省委、市委实地督导检查，结合全区实际，有针对性地制定了落实督导检查组反馈意见《整改方案》，推动解决有关问题5方面48条，有力地完善了抓落实的长效机制。

二、改革开放持续发力，发展动能更加强劲

尧都区委始终坚持改革推动、创新驱动、开放带动，全面深化基础性关键领域改革，体制机制不断完善，经济结构不断优化，经济发展的活力持续增强。一是全面改革多点发力。认真抓好《区委全面深化改革领导小组2018年工作要点》落实，全面推进7方面42项改革任务，文化旅游业改革、“放管服效”改革、强化环保倒逼转型发展等重点改革任务成效明显，特别是农村集体产权制度改革试点完成省级验收，走在了全省前列。二是创新驱动深入实施。全年培育省级众创空间4家、省级以上重点实验室和工程技术中心2家、小微企业创业创新基地13家，注册有效发明专利121件。创建省级企业技术研发中心6个，建设物流联盟平台1个、网上商城1个，从业人数达到16.6万人，营业收入达到291.8亿元，中小微创新企业成为全区经济社会发展的中坚力量。三是开放格局持续延伸。大力实施招商引资，全年开展招商活动12次，接待外商考察50余批。成功举办2018年尧商尧才新春恳谈会和招商引资推介会，全年共签约项目53个，签约资金183.95亿元。大力发展文化旅游产业，全年共接待海内外游客1527万余人次，旅游综合收入达到144亿元，尧都的对外影响力和知名度全面提升。

三、转型升级步伐稳健，综合实力显著增强

尧都区委紧盯我省“示范区、排头兵、新高地”三大目标定位，用非常之力、恒久之功推动转型发展。一是锲而不舍推进转型升级。大力优化一产，十大特色农业示范区建设加快推进，“五大基地”稳步发展，建设美丽宜居示范村44个。着力抓牢二产，大力推进尧都工业园区和大阳绿色精密铸造园区建设，亨瑞达制药等14个项目进展顺利，总投资10亿元的韩国大光精密铸造项目落地入园。努力提升三产，积极发展现代商贸、智慧物流等现代服务业，三次产业融合发展势头良好，产业结构不断优化。特别是紧紧扭住重点项目建设这个龙头，扎实推进产业转型升级。2018年共举办项目集中开工仪式2次，实施重点项目92个，其中转型项目62个，占比为67.4%，完成投资77亿元，有力带动了全区经济转型步伐。二是坚持不懈加速文旅融合。坚持以文化旅游融合发展为主线，全面打响“华夏文明之源·炎黄子孙之根”文化旅游品牌，成功举办2018首届尧都文化旅游节。持续推进旅游基础设施和旅游景区建设，圆满完成了尧庙－华门文旅融合示范区样板工程—光影秀项目，文旅融合发展迈出新步伐。

四、生态治理不断强化，环境质量明显改善

尧都区委坚决落实“四铁”要求，综合施策、标本兼治，全面打响蓝天、碧水、净土、生态修复治理“四大战役”，全区生态环境质量持续改善。一是环境治理扎实有效。扎实推进生态环境治理攻坚行动，制定出台《焦化产业退城入园实施方案》，关停同世达、欧环2家企业。科学划定“禁煤区”和“高污染燃料禁燃区”范围，109家非法煤炭销售点彻底关停，1076台工业企业燃煤锅炉淘汰拆除，553家散乱污企业全部取缔，完成清洁取暖改造任务81774户、1612.7万平米。启动了龙祠和土门水源地保护区集中治理，全面加大61个入汾排污口集中整治，持续保证水系生态健康。大力开展农用地土

壤污染详查工作,全区75个农产品外业采样工作全部完成。二是生态修复全面铺开。大力实施尧陵景区、临浮路、城区周边通道及主干道路周边绿化工程,实施退耕还林2380亩、天然林保护5000亩。汾河吴村段生态修复工程全面启动。全区18座煤矿全部编制生态修复三年行动计划,13座煤矿已按规定对煤矸石进行了堆放填埋,15处工业固废处置工作顺利启动。三是城乡面貌持续改善。涝洰河生态建设工程加快推进,尧乡园起步区全面完工,尧都古镇对外开放,涝洰河–汾河贯通工程全面启动。东城骨干路网建设加快推进,市区重点工程有序实施,师大整体搬迁项目拆迁工作进展顺利。大力推进棚户区改造,万通社区、西王沟、尧庙等16个棚改项目启动实施。全力推动城乡环境卫生综合整治,全区环境卫生面貌显著改善。

五、民生事业稳步发展,幸福指数全面提高

尧都区委紧紧围绕"五好"民生目标,大力发展社会事业,持续改善和保障民生,人民群众有了更多的获得感幸福感。一是脱贫攻坚聚焦聚力。认真落实《尧都区打赢脱贫攻坚战三年行动计划》,深入推进"三包"责任制和"2+1"帮扶措施,全力抓好省委脱贫攻坚督查组反馈问题整改工作,狠抓政策扶贫、产业脱贫,有效激发贫困群众的内生动力,1157名贫困人口顺利脱贫,圆满完成年度脱贫任务。二是社会保障日趋完善。全面落实《保障民生社会救助办法(试行)》和领导包联孤儿制度,成功举办2018年爱心助学大会,弱势群体的保障水平进一步提高。全面提升城乡居民低保标准,高标准建设农村和城市社区养老机构39所,居民养老水平进一步提升。积极落实就业优惠政策,居民增收致富有了更多保障。三是社会事业蓬勃发展。扎实推进义务教育均衡发展,义务教育基本均衡县高标准通过国家验收。制定出台"县管校聘"改革方案,公开招聘教师266名。解放路学校、八中、临钢小学三个教育集团组建完成,集团化办学改革红利逐步释放。文化基础设施建设加快推进,东城体育馆主体完工,文化艺术中心项目全面启动。持续推进县乡医疗卫生一体化改革,尧都区人民医院投入运营,区医疗集团挂牌运行。全面落实基本公共卫生服务,家庭医生签约46万人,公立医院药品加成全部取消,成功阻击突发非洲猪瘟疫情,人民群众的获得感、幸福感持续增强。

六、民主法治有序推进,治理能力不断加强

区委充分发挥总揽全局、协调各方的领导核心作用,努力把党的集中统一领导体现到各领域、各方面。一是民主政治建设取得新进展。切实加强对人大工作的领导,支持政协依照章程履行职能。充分发挥统一战线服务发展的独特优势,积极做好民族宗教工作。群团改革深入推进,国防动员和后备力量建设全面加强,连续7年荣获"全省双拥模范县"称号。二是法治尧都建设迈出新步伐。法治政府建设取得明显成效,司法体制改革取得阶段性成果,司法公信力不断增强。"七五"普法工作顺利推进,大力开展法治宣传主题活动,被全国普法办授予"全国法治县(市、区)创建活动先进单位"。三是社会治理开创新局面。大力推进社会治理模式创新,区乡村三级综治中心标准化建设加快推进。社会稳定风险评估、突发事件应急处置、涉法涉诉案件化解等机制更加完善。扎实开展"重点信访问题源头化解"专项行动和"大走访"活动,深入推进"扫黑除恶"专项斗争,打掉黑恶势力犯罪团伙组织32个,抓获犯罪嫌疑人399人,破获各类刑事案件627起,社会大局和谐稳定。

七、意识形态主动作为,舆论导向盯紧把牢

尧都区委牢牢把握"两个巩固"根本任务,积极培育和践行社会主义核心价值观,在全区营造了昂扬向上、共谋发展的良好氛围。一是意识形态责任坚决压实。认真履行意识形态工作责任制,健全完善各级党委(党组)意识形态工作相关组织机构,出台《贯彻落实党委(党组)意识形态工作责任制实施细则》,定期对意识形态领域工作进行有针对性的分析研判。切实增强宣传思想文化工作,坚持正面舆论引导,积极开展重大主题宣传,牢牢掌握意识形态工作领导权、管理权、话语权。二是文化惠民事业繁荣兴盛。深入挖掘尧文化、戏曲文化、锣鼓文化和红色革命文化等传统文化资源,文化软实力显著提升。区图书馆全年免费对外开放,乡镇综合文化站建设和农家书屋提质增效工程扎实推进,文化"三下乡"活动持续开展,送戏下乡、送影下乡等文化惠民力度不断加大。

八、铁军队伍更加过硬,党的建设全面加强

尧都区委坚定扛起管党治党主体责任,持续加压发力,狠抓工作落实,党的建设各项工作取得新成效。一是思想政治建设持续加强。坚持把学习作为首要政治任务,区委理论中心组带头学习14次,学习专题17个,指导二级理论学习中心组集中学习1100余次。扎实开展"强严树"暨践行四实要求、锻造尧都铁军专项治理,各级党组织和广大党员的理想信念更加坚定。二是班子队伍坚强有力。牢牢把握正确选人用人导向,全区领导班子结构进一步优化。加强对优秀干部的培养历练,下派23名第一书记驻村帮扶,选派8名干部赴省内外环保部门挂职锻炼。制定出台《关于进一步激励广大干部新时代新担当新作为努力建设高素质干部队伍实施办法》《尧都区党员干部关爱提醒办法》,旗帜鲜明为敢于担当负责的干部撑腰鼓劲。三是"三基建设"提质提标。在巩固基层组织上,探索建立基层党员干部激励关怀帮扶机制,基层党组织凝聚力、战斗力进一步增强。在夯实基础工作上,制定出台《全区"三基建设"重点工作任务提升标准》,积极推进社区活动场所提档升级,修订完善基础工作标准,群众办事更加方便快捷。在提升基本能力上,大力开展"农村干部学历提升工程",积极实施干部通用能力培训测试,持续举办领导干部能力提升"大讲堂",干部队伍素质进一步提高。四是正风肃纪驰而不息。严格落实"五个严禁""五个严查",持之以恒纠正"四风",努力构建作风建设长效机制。区纪检监察机关全年共立查案件297件,给予党纪政务处分295人,诫勉

谈话154人,组织处理163人,“冷木庸懒散、浮慢混软奢”弊病得到有效整治,作风建设取得明显成效。

(王志宇)

附:中共尧都区委书记、副书记、常委名单

书　记:陈　纲

副书记:杨保春　王　润(3月离职)

常　委:栗俊昌(6月离职)　晋红峰(7月任职)
李青彦　乔永生　郭云平(女)　郭忠义
张青山(8月离职)　任丽岗(8月任职)
丁国刚(11月离职)　周勇军(11月任职)
薛向阳

中共侯马市委

市委书记　王煦杰

2018年,侯马市委高举习近平新时代中国特色社会主义思想伟大旗帜,认真贯彻中央、省委、临汾市委决策部署,团结带领全市干部群众勠力攻坚克难,锐意担当作为,在“两转”基础上谱写了党的建设和党的事业新的侯马篇章。

一、党建概况

(一)组织概况

2018年侯马市共有25个党委,5个党工委,2个工委,49个党总支,569个党支部。其中,3个乡党委,5个街道办事处党工委,8个直属党(工)委,12个二级党委,4个代管企业、学校党委(总支、支部)。73个行政村中,10个村党总支、63个村党支部。

侯马市共有党员14183名(含预备党员199名)。其中,男10339名,女3844名,少数名族党员69名。年龄结构,35岁以下党员2688名,占19%;36—45岁党员2879名,占20.3%;46—60岁党员4701名,占33.1%;60岁以上党员3915名,占27.6%。文化程度,大学专科以上党员7001名,占49.4%;高中(中专)学历党员3732名,占26.3%;初中以下党员3450名,占24.3%。入党时间,建国前35名,1949年10月—1976年10月入党的2028名,1976年11月以后入党的12120名。

2018年发展新党员199名,其中,35岁以下151名,占75.9%;女党员76名,占38.2%;大专及以上学历107名,占53.8%。全市现有入党积极分子396名。

(二)党的建设

1.强化党委统一领导,扎实推进民主法治建设

坚持党的领导、人民当家做主、依法治国有机统一,坚定不移走中国特色社会主义政治发展道路,不断汇聚起团结奋进的磅礴力量。侯马市委不断提高党科学执政、民主执政、依法执政水平,定期听取市人大、政府、政协和法院、检察院党组的工作汇报,针对性提出指导意见,认真研究党的群团工作,支持国防和军队改革建设,把党的领导体现到各领域、各方面。

坚持和完善人民代表大会制度。加强对人大工作的领导,支持市人大及其常委会依法履行职责、行使职权、开展工作。一年来,市人大常委会共听取和审议“一府一委两院”专项工作报告22项,作出决议、决定10项,执法检查4部,视察调研10次,任免国家机关工作人员32人次,有效发挥了地方国家权力机关的作用。

积极支持政协履行职能。支持市政协在推进协商民主上发挥作用。市政协提交议政发言93篇,组织政协委员围绕体制机制改革、创新驱动与经济转型升级、城市空间布局、农村改革发展、再就业促稳定等开展专题调研16次,有效发挥了政治协商、民主监督、参政议政职能作用。

巩固和发展最广泛的爱国统一战线。积极做好对台、侨务和民族宗教工作,充分发挥各民主党派、非公有制经济人士和新的社会阶层协调关系、汇聚力量、建言献策、服务大局的重要作用。巩固拓展工青妇改革成果,持续深化群团改革,党联系群众的桥梁和纽带作用有效发挥,群团组织和群团工作的政治性、先进性、群众性显著增强。不断提升党管武装工作水平,持续加大保障力度,全面做好国防动员、国防教育、国防后备力量和拥军优属各项工作,有力地巩固了军政军民团结的良好局面。

全面推进“法治侯马”建设。坚持把法治建设摆到更加突出的位置,把加强法治建设放到经济社会发展大局中同安排、同考核、同推进,不断健全制度机制,依法执政更加规范化、科学化、透明化。制定出台《2018年法治侯马建设工作要点》《法治侯马建设实施方案》,明确党政班子及负责同志履责工作清单,确保压力传导到位、任务落到实处。深入推进“七五”普法,市民群众学法、懂法、守法、用法、护法意识持续增强。

2.着力优化政治生态,党的建设全面加强

党建工作是各级党组织的“责任田”。侯马市委积极对标新时代党的建设总要求,扛起主责、抓好主业、当好主角,积极构建年初定责、季度自查、年中督查、年底述评的工作体系和横向到边、纵向到底的主体责任落实体系,有力地压实了各级党组织的政治责任,强化了使命担当。

持续强化政治建设。坚持把政治建设放在首位,教育广大党员干部坚定执行党的政治路线,严格遵守政治纪律和政治规矩,在政治立场、政治方向、政治原则、政治道路上同以习近平同志为核心的党中央保持高度一致;坚持以党章为根本遵循,严格落实《中国共产党廉洁自律准则》《关于新形势下党内政治生活的若干准则》《中国共产党纪律处分条例》《中国共产党支部工作条例(试行)》等,加强和规范党内政治

生活、加强党内监督,进一步增强了党内政治生活的政治性、时代性、原则性、战斗性。

守好意识形态阵地。认真落实意识形态工作责任制,将意识形态工作纳入全市工作大局、党建工作责任制、年度目标责任考核体系和市委巡察范围,先后2次召开市委意识形态工作专题会进行研究部署。调整充实工作领导组,不断加强和改进网络意识形态管控引导工作,4次召开意识形态分析研判会,对重大事件、重要舆情和倾向性、苗头性问题及时分析研判,积极疏导情绪,正面回应关切。对全市意识形态工作开展专项督查,组织开展学习培训和理论考试,有力地提升了各级党组织的阵地意识和责任担当,切实把好意识形态的主动权、话语权。大力加强宣传思想文化工作,深入推进精神文明建设,强化正面舆论引导,组织开展了扫黑除恶、环境保护等主题宣传,取得了良好成效。

持续加强"三基"建设。加大经费投入,多方筹措2261万元,确保乡、村、社区和非公组织经费"四达标";认真开展基层党组织集中整顿活动,由23名县级干部带队,下沉开展"三联四帮",全方位推进软弱涣散党组织集中整改。特别是作为中组部确定的全国城市基层党建示范市,积极探索推行"359"工作模式,立足"一支部一品牌、一社区一特色",打造了一批以"爸妈食堂""四点半课堂"等为代表的服务品牌,收到良好反响。

坚持正确选人用人导向。下大气力解决领导班子不健全和干部队伍结构不合理等问题,以好干部"二十字"标准为尺,严格选任程序,严把"五个关口",先后调整配备干部5批次47人,其中提任15人,平调32人,为基层一线和重要岗位充实了一批中坚力量,有力地激发了各级干部实干担当的动力和干事创业的热情。

深入推进正风反腐。持续加大审查调查工作力度,始终保持反腐败高压态势,全年共处置问题线索453件,给予党纪政务处分139人,党内问责3个党组织、31人;紧盯"四风"新变异、新动向,发现问题线索39条,给予党纪政务处分24人;着力整治群众身边腐败问题,结合扫黑除恶专项斗争,坚决查处"微腐败",严厉打击"保护伞",共发现群众身边腐败问题线索131条,查办案件118件,处理118人;开展各类警示教育38次,受教育人数达1000余人,通报曝光违反中央八项规定精神等典型案例23期63起83人,形成强有力的震慑效应。

强化巡视巡察成果运用。认真抓好中央第十五巡视组巡视我省反馈意见的整改落实,对照省委《整改工作方案》和临汾市委《整改实施意见》,结合实际,研究制定44项工作任务,自觉做好中央巡视整改县一级党委的"后半篇文章";扎实开展第四至六轮市委巡察工作,对全市29个党组织开展常规巡察、17个党组织进行专项检查和"回头看",并将巡察触角延伸到57个村居,发现共性问题412个,问题线索147件,已移交有关部门核实查处,有效发挥了巡察利剑作用。

认真抓好专项整治。结合集中整治形式主义、官僚主义和彻底肃清腐败流毒影响,深入开展"强化责任、严守纪律、树好形象"专项治理活动,常委班子带头狠抓学习教育、问题查摆、督导推进和整改落实,通过召开专题会议,制定清单台账,以钉钉子的精神抓好整改推进,推动"强化责任、严守纪律、树好形象"在全市各级党组织和党员干部中形成自觉、形成常态。

同时,市委班子坚持把加强自身建设摆在首要位置,牢固树立"四个意识"、不断强化"四个自信"、带头践行"两个维护",为全市各级党组织和广大党员干部作出表率。严格遵守市委全委会工作规则、市委常委会工作规则、市委常委日常工作运行机制,对于"三重一大"等重大问题,实行专家论证、风险评估、合法性审查,最终集体讨论决定,努力做到科学决策、民主决策、依法决策,市委班子的凝聚力、战斗力不断增强。积极践行"五倡导、五反对",严守党规党纪,坚持廉洁从政,营造了风清气正、干事创业的浓厚氛围。

二、重大决策与主要工作

2018年,全市地区生产总值完成115亿元,同比增长8.9%;一般公共预算收入完成4.88亿元,同比增长19.5%;规模以上工业增加值完成12.5亿元,同比增长6.4%;社会消费品零售总额完成94亿元,同比增长7.5%;城镇居民人均可支配收入完成29014元,同比增长6.3%;农村居民人均可支配收入完成15044元,同比增长6.9%。各项主要经济指标均呈高位增长态势,位居临汾市前列。特别是经济总量和财政收入的增速,达到侯马市"十三五"以来的最高峰值,为决胜全面建成小康社会目标奠定了坚实基础。

(一)不断深化改革开放,持续增强发展活力

实现高质量发展必须用好改革开放这个关键一招,只有大力度深化改革,依托大改革大开放,才能实现欠资源县(市)的大发展。工作中,市委坚持以全面深化改革为牵引,以四个国家级试点的改革创新为突破,不断释放创新活力、汇聚发展动能。

1.突出深改引领。深化重点领域和关键环节改革,国企国资改革取得实质性进展,4家市属企业完成改制;25家国有企业"三供一业"及社区移交已签订协议,剥离社会服务职能的改革任务顺利完成;"放管服效"改革加速推进,41个备案项目全部进入承诺制流程,侯马市探索形成的"21231"企业投资项目承诺制运行模式得到省政府通报表扬,全省9个地级市、50余个县(市、区)的参观团前来学习考察,为全省优化营商环境提供了可借鉴、可复制、可推广的"侯马经验"。此外,开发区"三制"改革基本完成,"三化"改革进展顺利,发展动力、创业活力明显增强;省直管县财政管理体制改革、县乡医疗卫生机构一体化改革试点、中小微企业创业创新基地示范县等领域的深改工作也在按照时序进度扎实推进,侯马市被认定为全省第二批双创示范基地。

2.打造特色试点。全力推进四个国家级试点改革,国家新型城镇化试点,编制了《侯马市推进新型城镇化试点2018年行动计划》,高标准推进"六个全覆盖"工程,全市所有的村

都接上了自来水、实现了垃圾集中收集清运,一半以上的村用上了天然气,1/3 以上的村铺设了排水管网。特别是城乡集中供热,城市建成区已基本实现全覆盖,42 个村已接上大暖,农村清洁取暖覆盖率达到 58%,走在临汾市乃至全省的前列。侯马市新型城镇化试点工作得到国家层面的高度关注,各级领导多次来侯马市进行调研指导。国家服务业综合改革试点,编制了《侯马市"十三五"国家服务业综合改革试点 2018 年行动计划》,立足打造"现代物流高地"目标,围绕新物流、新金融、新制造三个新领域,积极推进试点工作。返乡农民工创业试点,充分利用政策优势,通过宣传引导、政策倾斜、融资扶持等措施,积极鼓励农民工回乡创业,发展"回归经济",全年新增返乡创业人员 332 人,带动就业 2100 余人。全国健康城市试点,稳步推进县乡医疗卫生机构一体化改革,组建成立市医疗集团,取消公立医院药品加成,实现零差价销售全覆盖,"健康侯马云平台"项目进展顺利,公共医疗普惠服务体系日益完善。同时,国家级政务服务标准化试点顺利推进,国家数据处理专项试点、第四次全国经济普查综合试点工作圆满完成。

3.加快开放步伐。研究制定《侯马市贯彻落实关中平原城市群发展规划实施方案》,积极参加晋陕豫黄河金三角三省四市联席会议,主动融入关中平原城市群、黄河金三角城市群。综保区建设已由国务院批转到海关总署,正在征求相关部委的意见。中欧班列开行实现常态化,通用航空机场项目正式列入省政府规划,侯马"铁公机"的立体化交通网络正在形成。以旅发大会为契机,邀请美国加州核桃市代表团来侯访问,正式签署缔结友好城市协议书,为实现两地经济、商贸、文化、旅游、教育等方面的常态化交流合作奠定了良好的基础。

(二)全力实施项目建设,转型升级步伐加快

产业转型升级是经济高质量发展的必由之路,也是侯马市对标赶超、争先进位的根本出路。市委坚持把新发展理念作为推动转型发展的基本方略,以"转型项目建设年"为抓手,全力推进重点项目建设,着力打造充满活力的现代产业体系。

1.坚定不移打造"产业三地"。坚持以"产业三地"建设为引领,不断促进产业结构优化升级,加快经济转型发展。新型产业基地,益通液化天然气(LNG)扩建、北方创信防水材料、汤荣原材料清洁化循环利用等一批新项目竣工投产;正大制管、紫金山风电、平阳系列装备等一批转型项目落地开工;建邦高纯铁、远大装配式建筑等一批重点项目如期推进,为侯马市加快转型发展积蓄了新的动能。同时,汤荣智造、东鑫铸造、中晋机械等一批工业项目突出科技引领、注重创新驱动,核心竞争力得到明显提升。新型产业在全市工业中的比重由 32.6%提高到 55.2%。现代物流高地,围绕物流业"五园区、一中心"发展布局,进一步强化保障、聚合要素,园区的功能持续提升。振通电商产业园、公路枢纽货运中心等物流园区业务不断拓展,辐射效应持续扩大。侯马市被国家发改委、交通部列为陆港型国家物流枢纽承载城市重要节点。游购休闲目的地,以挖掘晋文化品牌资源和打造中国手艺小镇为突破,借全省旅发大会东风,成功举办了"晋国古都书法美术作品展""侯马盟书"学术研讨会等晋文化主题活动,以及"手艺技能培训""手艺灯展嘉年华""全国百名艺术名家走进侯马""寻找最美传承人"系列主题活动,取得了显著成效。一曲《山西姑娘》唱出了三晋风采,唱响了侯马声音。同时,着力提高现代服务业质量和水平,上海百联、居然之家等一批品牌化连锁商家相继落户,侯马的城市品位持续提升,服务功能日趋齐备。全市旅游总收入达到 47.7 亿元,同比增长 26.5%。

2.大力推进项目建设。围绕"转型项目建设年"部署要求,侯马市委狠抓"领导包联、督查督办、精准调度、承诺服务"四个"强化",经常深入一线,围绕园区布局、项目选址、征地拆迁等方面开展调研、现场办公,有力地推动了项目建设。全年启动实施 57 个重点项目,总投资 240 亿元。其中,转型项目 26 个,总投资 170 亿元,项目的投资规模和质量效益较往年都实现了质的提升。通过转型项目的扎实推进,为侯马市产业升级和持续发展注入了新的动能。在 2018 年 8 月临汾市举办的重点项目观摩检查中,侯马市的项目工作得到了临汾市委、市政府的充分肯定和高度评价。

3.不断强化招商引资。市委把招商工作列入重要日程,制定出台专项优惠政策,鼓励社会各界和干部群众积极参与招商引资,着力营造大招商、招大商的良好氛围。在此基础上,市委常委带头,率领专业团队前往招商一线,拜访商会协会、项目总部,针对性地围绕汽车及零部件装备、大数据产业园、生态湿地修复等领域,开展精准招商、定向招商、产业招商,取得了显著成效。成功举办 2018 临汾(侯马)招商引资推介会。全年共签约项目 16 个,签约总额 132.3 亿元。

(三)持续改善生态环境,不断提升宜居水平

生态环境保护是重大政治问题,更是重大民生问题。必须以高度的政治责任感,按照"修复、治理、提升"的方针,大力实施生态环境治理,推进环境质量持续提升,努力打造美丽中国的"侯马样板"。

1.狠抓生态修复。经过全市上下一个时期的共同努力,总投资 13.96 亿元的浍河生态修复综合治理项目正式开工,这对改善浍河流域水质、提升生态环境质量、带动沿河两岸的开发建设,实现生态、社会、经济效益的共赢,将产生深远的历史意义。同时,浍河水质改善(一期湿地工程)已投入运行,浍河二库除险加固、河道清淤、排污口改造整治等工程也全面启动、加快推进。

2.狠抓污染防控。以抓好中央、省、市环保督察反馈问题整改为契机,综合施策、标本兼治,全面推进产业结构、能源结构、运输结构和用地结构调整,全面打响蓝天、碧水保卫战,全市生态环境质量得到持续改善。坚持精准治污,持续加大对工业企业污染源、散煤、扬尘污染等五个方面的深度治理,对 64 家工业企业和 137 家"散乱污"企业实施全面整治,一步不让地把好环保关口。坚持工程治污,启动实施了浍河下游水质改善、污水处理厂提标改造、农村生活污水综合利用等八个方面的重点工程,深化涉水污染治理,地表水水质

不断趋于好转。坚持铁腕治污，全年共查处环境违法案件59件，收缴罚没款226.9万元，坚持生态环境执法与刑事司法联动，有力地保持了严惩环境违法的高压态势。

3.狠抓环境提升。大力开展国土绿化行动，新增城市绿化面积20万平方米，高标准打造学府街月季花墙，着力营造“绿在城中，人在景中”的生态景观；扎实推进城乡环境卫生整洁专项行动，城市建成区310余万平方米实现清扫保洁全覆盖，农村非正规垃圾点整治成效明显，73个行政村实现“垃圾不落地”，“脏乱差”得到根本改观，人居环境实现大幅提升。侯马国家级“卫生城市”“园林城市”“健康城市”“绿色名市”的内涵得到进一步丰富和完善。

(四)统筹做好民生改善，社会大局平安稳定

保障和改善民生没有终点站，只有连续不断的新起点。侯马市委坚持把人民群众对美好生活的向往作为奋斗目标，作为一切行动的根本出发点和落脚点，统筹做好民生改善和安全稳定各项工作，不断增进民生福祉。

1.脱贫成效更加巩固。认真落实“市里负总责，部门(单位)企业搞帮扶，乡(办)村抓落实，精准到户到人”的“四位一体”工作机制，坚持帮扶政策、帮扶任务、包联领导、帮扶单位“四不变”，市委常委以身作则，带领9个牵头部门和156个帮扶工作队深入一线，动态跟踪、精准帮扶。同时，将帮扶触角向贫困边缘人口延伸，全力做好解困致富工作，有力地巩固了脱贫成效，筑牢了小康根基。

2.民生事业全面发展。教育方面，在成功创建全国义务教育发展基本均衡市的基础上，深入推进义务教育由均衡发展向“优质均衡”的目标迈进。全市高考二本(B)以上达线率达到50.2%。医疗卫生方面，全国慢性病示范区创建工作全面启动，全年投入药品零差价补贴500万元，市人民医院易地建设项目内部装修、设备安装进入冲刺阶段。基础设施方面，下大力气解决城市道路拥堵、老化等问题，先后投资6500余万元，完成了北环路西延、紫金山北街改造、浍滨街改造、海军街北延、纺织巷东延、程王路东延、市府路改造等8条城市道路建设工程。社会保障方面，在确保城乡低保、困难补助、社会救助等各项补贴应发尽发的基础上，加大创业就业扶持力度，新增城镇就业岗位3100余个，城镇登记失业率降低至2.1%。

3.社会大局安全稳定。严格落实安全生产责任制，率先制定出台了《侯马市贯彻落实〈地方党政领导干部安全生产责任制规定〉实施办法》，“党政同责、一岗双责、齐抓共管、失职追责”和“三必管”的安全责任意识得到了进一步强化，持续开展安全生产隐患大排查大整治，保持和巩固了安全生产的良好态势；扎实开展信访维稳“百日集中攻坚”活动，有效化解了一批信访积案；不断加强和创新社会治理，投资2300余万元，启动实施“雪亮工程”，有力地推动治安防控实现“全覆盖、无死角”，社会治安管控水平明显提升；深入开展扫黑除恶专项斗争，扎实做好组织保障、宣传发动、线索摸排、信息核查、精准打击等各个环节工作，成功打掉了4个恶势力团伙，有力地提升了“平安侯马”建设水平；时刻绷紧防范和化解重大风险这根弦，坚决打击违法违规金融活动，维护了全市经济社会发展大局的和谐稳定。

(马固奇)

附：中共侯马市委书记、副书记、常委名单

书　记：王煦杰

副书记：段慧刚　秦海玉

常　委：张瑜庆　刘俊贤(女)　李俊胜

郝爱民　张清江　李会平(11月离职)

卢正中　史洪彦(11月任职)

中共霍州市委

市委书记　崔山原

霍州市位于山西省中南部，临汾市北端，总面积765平方公里，下辖3个乡、4个镇、5个街道办，199个行政村(居)，24个社区，总人口30余万。全市共有党员14489名，其中女党员3647名，预备党员209名，基层党委12个，街道党工委5个，市直工委1个，非公经济组织和社会组织工委1个，基层党总支43个，基层党支部645个。其中乡镇(街道)党委7个，街道党工委5个，党总支11个，党支部272个，共有党员8521名，建制村中有党组织211个，农村党员6878名；市直党委1个，党总支29个，党支部244个，共有党员5704名；非公有党委1个，党支部69个，党员223名；社会组织党支部60个，党员41名。

一、党的建设不断加强

2018年，市委坚持以习近平新时代中国特色社会主义思想和党的十九大精神为指引，严格落实“两个责任”，以“不忘初心，牢记使命”系列主题教育为统领，以“三基建设”为抓手，全面加强领导班子、干部队伍、基层组织、队伍建设，并结合实际，着力在学懂、弄通、做实上下功夫，使十九大精神在霍州落地开花结果。

推进十九大精神走深走实。紧扣“八大本领”实施“五大培训”工程，分3期对全市694名科级干部进行十九大精神、新《党章》、习近平总书记视察山西重要讲话精神集中轮训；对全市630余名基层党组织书记进行专题培训，乡镇党委、街道党工委和市直工委对全市1万余名党员进行十九大精神专题培训；全年共举办干部大讲坛12次，完成“送下乡”3

次,开展各类专题培训9次,举办十九大精神各类宣讲场次,累计培训党员干部约达3.5万余人次,把学习贯彻习近平新时代中国特色社会主义思想不断引向深入。

“三基建设”成效显著。2018年霍州市财政共投入基层党建保障资金达9800万元,年初确定的46项重点任务全面完成,在全市形成了以城带乡、以乡促城、优势互补、共同提高的“三基建设”工作新格局。高标准打造了北环街道永泉社区、李曹镇石鼻村等省市一流的“三基建设”先进典型,涌现出71个明星、红旗、“五好”基层党组织,占全市农村基层党组织的30%以上,实现了“两年不断深化拓展、显著改观”的总体目标。打出“组合拳”强力整顿23个农村软弱涣散党组织,解决具体问题88个,占问题总数的98.8%。在临汾市率先建立了集大数据可视平台、便民微信公众号和手机应用软件于一体的“智慧党建”信息化系统,为广大群众解决各类问题和诉求2万余件,初步实现了“数据多跑路、群众少跑腿”的目标。

党风廉政建设全面加强。深入开展整治群众身边腐败问题,推进扶贫领域、民生领域、涉黑涉恶三项整治,有效解决了侵害群众利益的不正之风和腐败问题。加强对反腐败工作的集中统一领导,市委反腐败领导小组定期听取汇报并分析研判反腐败工作形势,加强了对反腐败工作的“全过程领导”。开展了第四、五、六轮巡察,深化运用监督执纪“四种形态”,探索运用“七种方式”开展日常监督,共查处履行“两个责任”不力问题40件47人;查实违反中央八项规定精神和“四风”问题线索38件,处理61人;党纪政务处分177人,移送司法17人,做到了真管真严、敢管敢严、长管长严。

二、经济社会全面发展

2018年,市委团结带领全市各级党组织、全体党员干部群众,统筹推进经济、政治、文化、社会、生态文明等各项事业发展,全市呈现出经济稳健运行、产业优化升级、改革纵深有序、民生持续改善、社会和谐稳定、生态治理有力的良好局面。

产业升级步伐加快。工业方面,霍州经济技术开发区产业集聚功能进一步增强,霍煤机电制造6个公司陆续投产,投资5.5亿元的山西建筑产业现代化绿色建材园区快速推进,投资3.6亿元的隆旺佳农副产品深加工企业投入生产,投资2.6亿元的鑫钜出行共享汽车逐步扩大,投资1亿元的激光熔覆项目已签协议,投资7000万元的中汽商用环保汽车生产线投入使用,初步形成了带动转型发展的产业集群。农业方面,持续狠抓“一园五基地”建设,全市干鲜果种植面积达到7万亩,蔬菜种植面积达到3.6万亩,文冠果栽植面积达到5700亩,小杂粮种植面积达到5000亩,中药材种植面积达到3000亩,规模养殖企业达到52家。成立了康和利电子商务公司,整合霍州知名农副产品,构建外销服务平台,与海航集团成功合作,提升了绿和祥福、裕鑫博康等特色品牌的知名度。鸣梦老粗布被评为中国特色旅游商品大赛金奖,“霍州核桃”成功申报国家地理标志产品,文冠果科技有限公司成功在“新四板”挂牌。霍州市被评为2018中国产业互联网农业品牌示范县。三产方面,文化旅游深度融合发展,成功举办“中镇霍山·华夏州署”第十届文化旅游月、首届中国(霍州)教育产业博览会、“梁衡杯”全国中小学生作文大赛等文旅活动,助力全省旅发大会在临汾市成功举办。陶唐峪景区开发一期工程招投标顺利完成,霍州署国家4A级景区创建稳步推进,许村朱家大院完成主院、南辅院、祠堂等场所的修复,初步形成了传统民居旅游景点。三教乡库拔村、大张镇贾村、退沙街道退沙村入选第五批中国传统村落名录,退沙街道许村入选中国历史文化名村,霍州市喜添“全国生态文化旅游市”、“首批国民休闲旅游胜地”、“夏养山西”森林康养示范基地等三张名片,全域旅游的影响力和知名度再上新台阶。

改革创新纵深推进。全面推进了七大类43项改革事项,确保了各项改革任务的落地见效。深化供给侧结构性改革,大力推进“三去一降一补”,白龙、团柏、丰裕三个煤矿退出产能450万吨,关停霍煤矸石电厂,每年减少燃煤消耗10余万吨。大力推进“放管服效”改革,实现了涉企证照“十七证合一”“一照一码”,推行企业投资项目试行承诺制,实行无审批工作改革,激发了非公经济活力。持续引深群团工作改革,充分发挥工青妇等群团组织优势,在全市开展了声势浩大的“助力污染防治攻坚战”环保主题宣传活动,营造了全民参与环保的浓厚氛围,群团组织服务大局、服务群众的能力显著增强。同时,以改革促转型成效显著,扎实开展了农村产权制度改革清产核资和成员身份确认工作,圆满完成了国地税机构合并,加快了霍州农信社改制筹建农商行工作,推进了驻霍国有企业“三供一业”资产和服务管理职能的分离移交,转型发展活力进一步释放。

民生事业全面发展。脱贫攻坚方面,在全市持续打响“八大战役”,新建13个光伏发电站,落实教育政策补助58.9万元,为345户贫困户发放扶贫贷款1723万元,累计为贫困户报销医疗费792人次451万元,完成了35户贫困户危房改造任务,1627名贫困户实现了政府兜底保障。2018年,全市完成脱贫301户685人,实现了连战连胜、如期脱贫。基础设施方面,完成了阳光首府一期项目、橡苑新区、公厕及垃圾中转站建设,实施了经二路北段、纬三路、永安大街人行道等道路建设,集中供热总面积达到了810万平米,天然气扩户工程在市区全覆盖的基础上,已延伸到9个乡镇(街道)、26个村居,覆盖近4.5万住户,极大地提高了群众的生活质量。社会事业方面,扎实推进现代学校管理改革省级试点工作,临汾市全面实施《义务教育学校管理标准》整体提升县域办学水平现场会在霍州市召开,为全省教育改革提供了先行先试经验。连续十年开展爱心助学活动,累计筹资2000多万元,资助困难学生2万余人次。落实全民技能提升工程,培训5038人,举办春季、秋季人才招聘会,扶持困难人员再就业388人。完成了全市111个基层工会的新建和换届工作,新增工会会员5795人,在西安、深圳等地成立了在外务工人员工会组织,市财政拨付工会经费1000万元,有力保障了广大职工的合法权益。全民健身中心项目即将完成大楼主体建设，建成后将极大丰富广大群众的文化体育生活。新建老年人日间照料中心5所，全市累计达到22所。医疗集团挂牌运营，家庭医生签约工作全面完成，覆盖率达到100%，全年新建保障性住房200套，社会保障体系进一步健全。积极开展科普宣传活动，提高群众的科学文化素质，连续三届蝉联“全国科普示范市”殊荣。

城乡建设全面提标。乡村振兴战略扎实推进，启动了《霍州市乡村振兴战略(2018—2022)总体规划》及6个分项规划编制，制定了《霍州市农村人居环境整治三年行动计划》，实施了总投资1928万元的农村环境连片整治示范项目，乡村振兴的制度框架和政策体系基本形成，乡村振兴的思路举措得以确立，为全面建成小康社会打牢了坚实基础。生态治理成效显著，实施了投资7.2亿元的汾河、南涧河生态治理工程。投资4.5亿元，完成了国电、兆光电厂6台发电机组超低排放改造任务和煤场封闭工程，特别是国电的煤场封闭设施，采用了双层球形网壳结构，跨度113米，为亚洲之最。完成了总投资1.6亿元的朝阳污水处理厂二期扩建、辛置南矿区污水处理厂和汾河霍州段生活污水处理“9+1”等工程，临汾市汾河污水治理现场会在霍州市召开，推广了霍州治污经验。SO2、PM2.5、PM10等空气主要污染物指标同比下降27.6%、8%、7%，空气质量持续改善。城市面貌逐步改善，对城市卫生老大难问题进行彻底清理，拆除临建违建13处，新增可利用土地面积70余亩，大力整治不文明行为，市容环境大幅提升，“美丽霍州”形象初步显现。

社会大局和谐稳定。提高安全生产水平，牢固树立安全发展理念，加大重大隐患排查治理力度，全年共排查生产经营单位1030家，彻底整治各类安全隐患2043条，全市安全生产形势总体平稳。推进信访化解工作，推行“三三”信访工作机制，受理群众来访351批1442人次，化解了涉法涉诉、军队退役人员安置、农民工欠薪等方面的热点难点问题，上级交办信访案件办结率达100%。投资385万元完成三级综治中心一期建设，聘请331名人民调解员，调处各类矛盾纠纷800件，夯实了社会治理的基层基础。实施公安大数据战略，投资2576万元完成“雪亮工程”，新建监控探头381路，实现了对城区重点部位的全覆盖。开展扫黑除恶专项斗争，创新开展了“36666”宣传活动，营造了人人喊打的浓厚氛围，受到省委宣传部的表彰。围绕12个打击重点深入摸排线索，做到了全覆盖、无死角。

(薛忠华)

附：中共霍州市委书记、副书记、常委名单

书　记： 崔山原

副书记： 黄晓君(女)　高雅铭

常　委： 郭宏生　田晋川　程　军　刘国平　李　峰(2月离职)　牛福生　郭丽华(女)　高　峻(2月任职)

中共曲沃县委

县委书记　郭惠勇

2018年，在省委、市委的正确领导下，曲沃县委坚持以习近平新时代中国特色社会主义思想为指导，认真贯彻落实党的十九大精神及省委、市委决策部署，团结带领全县广大党员和干部群众，戮力同心、苦干实干，全县党的建设和经济社会发展各项工作都取得了新进展、新成效。

曲沃县共有570个基层党组织，其中，17个党委，33个党总支，520个基层党支部。共有党员11971人，其中，党政机关党员1720名，国有企事业单位党员1848名，农民党员6082名，非公企业党员360名，离退休人员1153名，其他职业808名。

一、党建工作水平全面提升

一年来，中共曲沃县委认真贯彻新时代党的建设总要求，以“党建创新年”活动为统领，坚持把党建创新作为引领发展的第一动力，扎实推进“两学一做”学习教育常态化制度化，深入开展“强化责任、严守纪律、树好形象”专项治理活动，积极推进“三基建设”和党风廉政建设，以永远在路上的恒心和韧劲，持续加压发力，狠抓工作落实，推动全面从严治党不断向纵深发展，党的建设各项工作取得显著成效。在思想政治建设上，坚持把深入学习贯彻党的十九大精神和习近平新时代中国特色社会主义思想、习近平总书记视察山西重要讲话精神作为首要政治任务，深入贯彻落实中央、省委、市委重大会议精神，先后组织县委中心组集中学习22次、举办各类培训班12期，教育和引导广大干部始终在政治立场、政治方向、政治原则、政治道路上同以习近平同志为核心的党中央保持高度一致，持续推动了党的最新理论成果在全县党员干部中的“全面覆盖、融会贯通、学以致用”，全县广大党员干部树立“四个意识”、坚定“四个自信”、做到“两个维护”的行动更加自觉。在加强“三基”建设上，落实了1500万元的“三基建设”工作经费，精心打造了30个农村、15个机关、5个非公和社会组织基层支部党建阵地示范带和示范点；高标准建设了石桥堡党员教育基地，开展了各具特色、形式多样的主题党日活动；按照“十有”标准，大力度改造了乡镇周转房和“五小”建设，现已全部投入使用；开展了软弱涣散基层党组织集中整顿活动，共排查农村软弱涣散党组织17个，按照“八个一”提升行动逐步转化提升；大力发展农村集体经济，全县农村集体经济收入5万元以上的村达103个，超额完成省市目标任务。在干部队伍建设上，坚持党管干部原则，严格执行新时期好干部标准，制定出台了关于进一步激励广大干部新时代新担当新作为努力建设高素质专业化干部队伍的实施办法，稳妥有序地开展了县直工作部门和事业单位科级领导干部的调整配备工作，全年共调整干部94人。制定出台了《曲沃县有限性竞争选拔年轻副科级干部工作方案》，拿出了10个副科级干部职位进行竞选。在此基础上，着眼于锻炼优秀年轻干部、培养接续力量，举办了首届青年干部培训班，使年轻干部的综合能力得到有效提升。在党风廉政建设上，成立了县委反腐败领导小组，完成了县委第五轮、第六轮巡察工作。紧盯遵守政治纪律、贯彻落实中央八项规定精神、污染防治、脱贫攻坚、安全生产和扶贫领域、民生领域、涉黑涉恶领域等重点，全力支持和保障纪委监委排除干扰、消除阻力、放胆办案，全年共党内问责50人(其中乡科级17人)，给予党纪处分14人，给予组织处理36人，营造了风清气正的政治生态。在民主政治建设上，全力支持县人大及其常委会依法履行职责、支持县政协在推进协商民主上发挥重要作用，县人大和县政协围绕“六城联创”、重点项目建设、全域旅游发展、“150大会战”、工业转型、农业发展、民生改善等事关经济社会发展大局的重点问题，先后组织开展人大代表视察23次、开展委员专项视察12次，为促进全县经济社会发展作出了积极贡献。持续加强了统一战线工作，工青妇等人民团体发挥出更加积极的作用。同时，积极做好对台工作、侨务工作，坚持党管武装原则，不断完善了军地齐抓共管国防后备力量建设机制，巩固发展了军政军民团结的良好局面。

二、经济社会各项事业实现跨越式发展

一年来，中共曲沃县委坚持按照省委“一个指引、两手硬”思路和要求、市委“345”战略部署，深入实施“产业强县、城建靓县、文化立县”发展战略，加快建设“全省千万吨级优特钢生产基地、全国现代农业示范基地、全国晋文化研究开发基地”，延伸拓展以“建设工业五大园区、狠抓农业五大重点、推进城建十大系统工程、打造一条覆盖全县域的晋文化旅游线路、每年实施一批民生项目”为内容的“551011”工程，全县经济社会保持了持续健康发展的良好势头。2018年，全县地区生产总值完成101.68亿元，同比增长1.9%；公共财政收入完成3.9亿元，同比增长52%；城镇居民人均可支配收入达到32489元，同比增长6.5%；农村居民人均可支配收入达到15137元，同比增长7.1%，全县经济社会呈现出稳中有进、稳中向好的发展态势。在重点项目建设上，2018年全县共确定重点项目52个，总投资162.8亿元。县委严格实行“双月一汇报、半年一小结、年底观摩交总账”项目推进机制、四大班子领导包联项目责任制和项目进展情况微信日报制，有力地推动了各项重点项目的加快建设。不断加大招商引资力度，成功举办2018年临汾市(晋都曲沃)招商引资推介会，来自上海、北京、天津、江苏、浙江、山东、安徽、陕西等地的200余名客商参加。全年共签约项目21个，签约金额达136.5亿元。在六城联创活动上，着眼提升县域影响力和吸引力，增强全民自信心和凝聚力，在全县范围内持续掀起了“创建国家卫生县城、国家全域旅游示范区、全国文明城市和省级园林县城、省级环保模范城市、省级平安建设示范县”的工作热潮。省级园林县城顺利创建成功，国家卫生县城创建工作通过省级暗访验收，全国文明城市创建工作在年度测评中名列全省前三，国家全域旅游示范区、省级平安建设示范县、省级环保模范城圆满完成年度创建任务，各项创建工作推进有力、成效明显。在工业经济发展上，大力实施“百亿工业转型项目”攻坚行动，深入开展了“前期手续集中办理月”“项目集中开工月”“进工地、到一线、解难题”三项活动，取得了明显的成效。传统产业改造升级方面，以千万吨级优特钢工业园区为主战场，持续加大对县域重点企业资金、用地、政策等方面的支持力度，一大批涉及钢铁产业链条延伸、装备提升、节能环保的转型项目落地建设、投产见效。通才公司、立恒公司两大企业2018年再次跻身“中国民营企业500强”和“中国民营企业制造业500强”行列。新兴产业孵化培育方面，加紧推进承接东部产业转移示范基地建设，三星新型工业园区基础设施持续优化，三星好利、嘉丰水晶和同丰精密制造等企业不断发展壮大。在农业经济发展上，围绕乡村振兴战略的实施，统筹建设和打造了一批现代农业园区、乡村旅游景区、美丽宜居示范村，走出了一条彰显曲沃特色的“农旅融合、文旅融合、乡旅融合”的乡村振兴之路，有力地促进了农业品质效益的持续增加、农村人居环境的持续改善、农民增收步伐的持续加快。2018年，曲沃县被确定为乡村振兴试点县，被授予“全国农村创业创新典型范例县”“全国农村一二三产业融合发展先导区”等荣誉称号。在全域旅游发展上，坚持把全域旅游作为撬动县域整体经济发展的杠杆产业，大力度开展了“150大会战”和“景区创A全覆盖工程”，高水平举办了第二届“全域旅游晋都行——六区四园文化旅游系列活动月”“十月金秋风景盛·晋都国庆七天乐”等活动，重点打造了中国成语典故之乡博览馆、浍河精神纪念馆等30多个主题场馆和六区四园各景区内的300多个特色景观，全县16个景区中A级景区新增4个、升级1个，总数达到8个，“诗经山水·晋都曲沃”旅游品牌的知名度和影响力不断提升。在城市建设上，以构建“一城三区”城市发展框架为目标，深入拓展延伸城建十大系列工程，县域环境全面优化，对外形象更加靓丽。贡院街、大运路城区段人行道、晋都南北路等6条道路改造工程全面完工；奥体中心、碧桂园小区、绛山路改造等工程加紧推进；吉祥北路北延、曲郑路改造、城东水厂建设等项目前期工作有序开展，特别是绛园、顾园等两个城市特色主题园林实现对外开放，城市品位和形象大幅提升。在民生改善上，紧紧围绕广大群众关心、关注的社会热点、难点问题，统筹实施了一大批涉及扶贫、教育、医疗、社保及生态环境治理、城市美化亮化等方面的惠民工程和实事，广大群众的幸福感、获得感、满意度不断提升。脱贫攻坚战果丰硕，全县贫困人口全部脱贫的目标已基本实现；振兴教育“三年行动计划”全面实施，教学管理和教育质量实现双提升；县乡医

疗卫生机构一体化改革取得实质性进展,被确定为全省一体化改革示范县;城乡居民社保体系覆盖范围持续扩大,养老保险、医疗保险、城乡低保等社保制度健康运行;扎实开展安全生产风险隐患排查整治,全面加强社会治安综合治理,积极化解各类矛盾纠纷,全县呈现出社会和谐稳定、人民安居乐业的良好局面。

(郭晓芳)

附:中共曲沃县委书记、副书记、常委名单

书　记:郭惠勇

副书记:吴　滨　尚　彬

常　委:焦宏文　高剑云(女)　石前进　李晓龙　王克勤　朱志方　杜　斌

中共翼城县委

县委书记　杨春权

2018年,翼城县委高举习近平新时代中国特色社会主义思想伟大旗帜,持续深入学习贯彻党的十九大和习近平总书记视察山西重要讲话精神,全面扎实推进中央和省、市重大决策部署落实,坚持一张蓝图绘到底,团结带领全县广大干部群众,深入推进“1155”发展战略,持续推动全县各项事业迈出新步伐、取得新进步。

一、坚持在加强党的建设上下持久之功,强力推动全面从严治党向纵深发展

翼城县委牢牢坚持党建统领的工作思路,以更大的决心、更大的勇气、更大的气力管党治党,毫不松懈地把全面从严治党引向深入。一是旗帜鲜明将党的政治建设摆在首位,坚决践行“两个维护”。持续巩固“两学一做”学习教育常态化制度化成果,县委中心组以上率下,认真学习贯彻习近平新时代中国特色社会主义思想,及时全面传达习近平总书记最新重要论述,始终坚定正确的政治方向。着眼于提升领导干部的政治素质,在中国人民大学举办了政治能力提升专题研修班;着眼于提升党员干部的党性修养,举办2期乡科级领导干部主体班和读书班,为全县660个党支部编发了《翼城县党性教育“微课堂”60讲》;着眼于提升干部教育培训的针对性和实效性,进一步创新方式方法,采取“三高一线+精英自助”模式举办“翼城大讲堂”10期,广大党员干部“四个意识”显著增强,切实把践行“两个维护”体现在行动上,落实到工作中。二是深入推进“三基建设”,不断夯实党建根基。紧紧围绕“两年不断深化拓展、显著改观”的目标,扎实推进“三基建设”43项重点任务落实,用于“三基建设”的经费达到6600余万元,全市党员分类管理经验交流座谈会在翼城召开,全县村级集体经济收入5万元以上的村占比达到64.6%。着眼干部队伍建设的战略规划和宏观管理,出台《关于进一步激励广大干部新时代新担当新作为努力建设高素质专业化干部队伍的实施办法》《关于适应新时代要求大力发现培养选拔优秀年轻干部的实施办法》,从制度层面激励广大干部攻坚克难、真抓实干、奋发进取,营造更有利于优秀年轻干部脱颖而出、健康成长的良好环境。三是持续推进正风反腐,做到力度不减、关口前移、标本兼治。成立了由县委书记任组长的县委反腐败领导小组,制定出台《关于加强对反腐败工作全过程领导常态化制度化长效化的实施意见(试行)》,乡镇监察试点、县直派驻机构全覆盖工作和村级监督“三支队伍”建设任务全面完成,建立起集中统一高效的监察体系,打通了监督监察的“最后一公里”。2018年,共处置问题线索549件,立案168件,结案171件,处分党员干部169人次,充分发挥了新体制的治理效能。牢牢聚焦扶贫领域、民生领域和涉黑涉恶腐败三项重点,深入开展专项整治,共查处侵害群众利益案件140件,给予党纪政务处分112人,组织处理60人,通报典型案例10起,群众对正风反腐的获得感和满意度进一步提升。认真学习《监察体制改革试点以来省纪委监委查处的严重违纪违法领导干部忏悔录汇编》,组织召开专题民主生活会,深入开展专题警示教育,彻底肃清腐败流毒影响。四是牢牢把握意识形态主动权,全面推进宣传思想工作。严格落实意识形态责任制,结合工作实际,成立了县融媒体中心,着力建设主流舆论阵地,更好引导群众、服务群众。举办了“辉煌历程—翼城改革开放40周年成就展”,全面展现翼城40年来的改革历程和辉煌成就,充分激发了新时代继续深化改革开放的强大正能量。大力培育和弘扬社会主义核心价值观,张美静荣获“感动山西”十大人物,并荣登“中国好人榜”,高本增荣获临汾“十大道德楷模”,举办了“情暖唐尧·德耀翼城”第三届道德模范评选活动,不仅激发了社会正能量,彰显出榜样力量,更诠释了“自信、包容、厚德、开放”的新翼城精神。五是巩固落实中央八项规定精神成果,不断把作风建设引向深入。坚持寸步不让、动辄则咎,持续纠正“四风”,集中整治形式主义、官僚主义,2018年,共查处违反中央八项规定精神问题36起,查实29起,给予党纪政务处分21人,给予组织处理22人,通报批评典型案例6件,“四风”顽疾得到持续有效遏制。聚焦责任担当、纪律规矩和树立形象,深入开展“强化责任、严守纪律、树好形象”专项治理活动,推动广大党员干部不断增强纪律意识、转变工作作风,全县党风政风社会风气持续改善。

二、坚持在加快产业转型上下持久之功,着力推动经济高质量发展

面对复杂多变环境和繁重转型任务,翼城县委进一步加

强对经济工作的领导,定期分析经济形势,着力破解突出矛盾和重大问题,以坚如磐石的转型定力和恒心,全力推动经济健康运行,努力开辟翼城高质量发展新路径。一是紧抓传统产业提升不动摇。整合铸造行业的基础性和技术领先性整体优势,组建了翼城铸造产业联盟,中腾锁胚铸造及机加工项目投产运行。以振兴实体经济为目标,狠抓“处僵治困”,完成了46家工业企业装备改造提升,实现了翼众、励鑫两家企业初步盘活复产,上河、东沟两座整合煤矿技改项目进入复工阶段,绿科电子、晋尧砂器等一批转型项目投产运营。采取政策扶持、鼓励创新、精准培训等多种方式,推动民营经济提档升级,全年新增3家规上工业企业,全县民营企业持续健康发展,总产值达51亿元。二是紧抓军民融合发展不放松。深入贯彻习近平总书记军民融合发展战略思想,以县内国营山西锻造厂、春雷铜材公司两家军工企业为基础,以开发区军民融合产业园建设为载体,以发展高端锻造、铜合金新材料产业为切入点,围绕加快“军转民”和培育“民参军”,研究起草了《加快军民融合产业发展的实施意见》,着力打造高端装备制造和铜合金新材料两个军民融合产业园,1万吨铜合金板带材、3万吨专用铜合金棒材项目投产运行。三是紧抓全域旅游发展不停步。将翼城深厚的历史文化与丰富的旅游资源深度融合,制定出台了《关于全面推进全域旅游发展的实施意见》,对发展全域旅游提出了新的更高要求。扎实推进旅游路网建设和龙头景区开发,投资1.29亿元的武池乔泽庙至南梁故城遗址旅游路完成主体工程,投资1.81亿元的桥上王良纪念馆至西阎四圣宫旅游路开工建设,完成了历山景区游客接待中心、营销中心建设和道路改造,与山西国信集团签订了历山景区康养项目合作协议,前期工作全面启动。佛爷山、城内古城被评为国家级3A级旅游景区,实现了翼城A级景区“零突破”。顺利通过中国“历法之源”评审,成功举办了“翔滦古会”“大美历山·休闲翼城”系列特色文旅节庆活动和“著名作家看山西—翼城行”采风活动、“魅力翼城·大美历山”摄影大赛,有力提升了翼城旅游品牌的知名度和美誉度。大力开展“非遗进校园”活动,翼城花鼓、浑身板应邀到中央电视台春节晚会进行表演,成功打造了15个中国传统古村落、1个全国历史文化名镇、3个全国历史文化名村,1个山西省历史文化名镇,7个山西省历史文化名村,翼城文化软实力和影响力大幅提升。

三、坚持在增进民生福祉上下持久之功,倾力满足群众美好生活需要

翼城县委始终坚守为民服务情怀,坚定落实以人民为中心的发展思想,多谋民生之利,多办民生之事,多解民生之忧,努力让更多发展成果惠及全县人民。一是脱贫攻坚实现了连战连胜。深入学习贯彻习近平总书记在深度贫困地区脱贫攻坚座谈会上的重要讲话和对打赢脱贫攻坚战三年行动的重要批示精神,制定出台了《翼城县坚决打赢脱贫攻坚三年行动计划的实施方案》,高标准组建了脱贫攻坚指挥部和4个分指挥部以及5个工作组,形成了县级领导牵头、部门联动,齐心协力抓脱贫的工作格局。严格执行“周例会月报告季总结”制度,进一步创新方式,将周例会开到乡镇、农村和扶贫项目一线,现场解决实际问题,确保脱贫攻坚各项工作顺利推进。全力抓紧抓实产业扶贫和政策扶贫,苹果、连翘、优质谷子等产业扶贫达到“五有”要求,200户户用光伏电站全部并网发电,与县医疗集团、中医院以及14家乡镇卫生院签订了“一站式”服务协议,救助建档立卡贫困人口达409人次,全县35户贫困户危房改造全面完工。2018年翼城县1937人实现脱贫,8个贫困村成功摘帽,顺利完成了年度脱贫目标任务。二是各项事业增进了民生福祉。坚持集聚资源、精准施策,狠抓重点民生工程不放松,县医院迁建、中医院扩建项目按照时序进度扎实推进,采取PPP模式实施了新华路、翔翼街综合改造工程,绵山大街竣工通车,“四好农村路”累计完成路基拓宽32.8公里。坚持教育优先发展战略,制定出台了《关于全面促进翼城教育高质量发展的实施意见》,大力实施“教育联盟”办学模式,加强同清华附中、山西大学、山西师范大学以及深圳市南山区教育局交流合作,持续巩固义务教育均衡水平,教育教学质量稳步提升,高考成绩再创历史新高。全面推进健康事业发展,制定出台了《关于加强卫生与健康服务业发展的实施意见》,持续深化县级公立医院综合改革,加快推进“三医联动”,深入开展家庭医生签约服务,全县共签约服务人口18万余人,签约率达56%。时刻关注低收入群体和困难群众的生产生活,完成了城镇和农村居民医保整合工作,共惠及25.7万参保人员,扎实实施“三保险、三救助”,进一步提高了城乡低保和特困人员标准,完善了城乡社会救助体系,深入开展城乡大病救助和困难群众临时救助工作,切实筑牢了保障救助的底线。三是安全稳定保持了良好势头。将扫黑除恶专项斗争作为重大政治任务,制定出台了《关于开展扫黑除恶专项斗争的实施方案》等19项工作方案,坚决落实“十个进一步”和“十个不断强化”要求,建立了县乡村三级督导谈话机制,综合运用电视、《今日翼城》、网络、微信公众号等媒体广泛开展宣传,凝聚了扫黑除恶的强大合力。2018年,共打掉涉恶团伙5个,恶势力集团1个,“村霸”6个,抓获59名犯罪嫌疑人,破获52起案件。牢固树立总体安全观,制定出台《贯彻地方党政领导干部安全生产责任制规定的实施细则》,深入开展“安全生产执法年”活动和安全生产大检查,全年事故起数和死亡人数同比分别下降50%和25%。认真落实四大班子轮流接访制度,深入开展重点信访问题源头化解专项行动“大走访、大慰问”活动,全县信访形势平稳可控、持续向好。

(尉海虹)

附:中共翼城县委书记、副书记、常委名单

书　记:杨春权

副书记:高永贤　解　湧

常　委:董　玲(女)　许拥军　熊伟星　郑　磊　赖兴国　郭　亮　章守文(2月任职)

中共浮山县委

县委书记　史全喜

2018年，浮山县委高举习近平新时代中国特色社会主义思想伟大旗帜，认真落实省委“一个指引、两手硬”思路和要求、市委“345”发展战略，团结带领全县党员干部群众围绕“135”工作思路，攻坚克难，砥砺实干，加快建设临汾后花园，全面拓展浮山党的建设和党的事业新局面。

一、深入学习贯彻习近平新时代中国特色社会主义思想，牢牢把握正确工作方向

始终把践行“两个维护”作为首要政治任务，坚持用习近平新时代中国特色社会主义思想坚定信仰信念、指导决策部署、统揽工作大局。一是持续跟进学习。先后组织县委中心组学习15次，举办县委党校主体班1期、浮山大讲堂15期、农村“领头雁”培训班1期、专题培训班3期，教育和引导广大党员干部增强“四个意识”、坚定“四个自信”、践行“两个维护”，在思想政治行动上同以习近平同志为核心的党中央保持高度一致。二是对标谋划部署。2018年确立了聚焦建设临汾后花园总目标，打好脱贫攻坚、环境治理、项目建设三场硬仗，做实乡村振兴、转型发展、文化旅游、民生改善、安全稳定五篇文章的“135”工作思路，并组织召开党务工作、脱贫攻坚等系列会议进行部署安排。三是狠抓推动落实。认真抓好中央第十五巡视组巡视山西反馈意见、省委和市委对贯彻落实习近平总书记视察山西重要讲话精神督导反馈意见、市委第四巡察组巡察反馈意见的整改工作。坚持以上率下抓落实，主要领导亲自抓、带头干，有力推动了中央和省市决策部署在浮山落地见效。

二、坚持项目牵引，扎实推进经济转型发展

坚持把项目建设作为经济转型发展的重要抓手，强力推动实施“3件大事、20个重点项目”。一是抓新兴产业。建立北王新材料产业园区，威盛达通新型防火建材及仓储物流项目投产达效，华润风电二期项目完成前期工作，天亿泽年处理200万吨废弃矿渣生产水洗砂项目正在建设配套设施，成功举办印象田园乡村文化及东陈古村落文化系列主题活动。二是抓基础建设。投入12.4亿元的长临高速公路浮山县城连接线完成前期手续，投入2.7亿元的“四好公路”、三条旅游公路和六张沟至寨圪塔路面改造全部完工投用，完成了丞相河大桥补助资金的批复和报备工作，引沁入汾浮山供水工程和臣南河水库建设工程正在稳步推进。三是抓招商引资。积极开展“晋商晋才回乡创业创新”活动，制定出台《浮山县招商引资优惠政策(试行)》，与古县等联合承办了2018山西临汾(北京)招商引资推介会，签订了总投资额34.3亿元的项目；与浮山籍在外企业家梁永梓对接，签订总投资30亿元的2×4万吨/年超高功率石墨电极及负极材料项目。

三、勇于突破藩篱，扎实推进重点领域改革

认真贯彻习近平总书记在庆祝改革开放40周年大会上的重要讲话精神，始终把抓改革作为重大政治责任，全力推动重大改革任务落实。制定出台了改革工作要点，启动实施了供给侧结构性改革、文化旅游业改革等42项改革任务。党政主要领导主动担起改革主体责任，县委书记直接抓10项重点改革事项，政府县长直接抓11项重点改革事项。一些重点改革事项取得新进展，比如深化监察体制改革，派驻10个纪检监察组，健全了县乡两级配套工作制度和工作流程；深化收入分配制度改革，建立厨师培训基地，先后举办厨师培训班22期，培训1200余人；深化社会保障制度改革，基本实现了城乡居民医疗保险、养老保险全覆盖。

四、围绕乡村振兴，扎实推进“三农”工作

紧紧扭住乡村振兴战略这个新时代“三农”工作的总抓手，持续推动农业转型升级，在有机农业、循环农业、设施农业、休闲农业上做文章。新发展露地蔬菜0.2万亩，全县蔬菜播种面积达6.6万亩，其中设施蔬菜2.7万亩。出台实施《浮山县培育壮大“桃王九九”产业的实施意见》，发展水果种植9000余亩。积极支持培育农业龙头企业，尧田农业杂粮醋生态示范基地项目、汉中洋年产1万吨“吾嘿”饮料项目相继投产达效。不断加大农村劳动力外出就业指导和培训力度，多渠道增加农民工资性收入。认真落实《浮山县人居环境改善三年行动方案》，重点打造了徐村、尧头两个省级、市级美丽乡村示范村。

五、聚焦民生福祉，扎实推进精准脱贫攻坚

坚持把脱贫攻坚作为头等大事和第一民生工程，顺利实现37个贫困村脱贫摘帽、1575户4147口人脱贫退出。一是压紧责任。出台实施县四大班子领导包联乡镇制度、干部驻村帮扶工作机制等系列制度规定，严格实行“双组长”负责制，高标准落实“周例会、月报告、季总结”工作机制，先后23次召开脱贫攻坚推进会、现场会等会议部署落实，保障了工作务实、过程扎实、结果真实。二是突出重点。分区域实施万名厨师、万头肉牛、万亩谷子、万头生猪、万亩蔬菜、万亩桃园“六个万”特色产业，实现了村村有脱贫产业、户户有增收门路。实施易地搬迁238户691人，危房改造150户，居住环境提升420户。通过PPP模式贷款6000万元实施78个贫困村

的人居环境改善项目，新建和改建文化活动广场104个、卫生室147个，并配齐设施设备等。三是夯实保障。共派出185个驻村工作队、579名驻村干部、88名第一书记驻村帮扶，实现每个村都有工作队、每个贫困户都有帮扶责任人。2018年9月20日省委书记骆惠宁来浮山调研时，对浮山"抓党建、强'三基'、促脱贫"工作给予肯定。

六、践行绿色理念，扎实推进生态环境治理

牢固树立"绿水青山就是金山银山"的理念，以改革创新精神、强有力的举措推进生态环境治理攻坚。在强化领导上，县委常委会每月至少研究一次环保工作，县政府常务会每月至少研究两次环保工作，特别是2018年11月份以来，每周召开全县环保工作专题例会，及时研究解决问题。在聚力攻坚上，强力推进环保"八大治污"工程，先后对29家选矿、铁矿企业进行治理，排查整改57家散乱污企业。狠抓清洁取暖和散煤管控，城区新增供热面积20.1万平方米，对乡镇的20个行政事业单位进行"煤改电"改造。在执法问责上，共查处环保违法案件50起，结案38起，收缴罚款190万元。对推动环保工作不力的干部从严处理，给予党政纪处分6人、组织处理4人。

七、紧扣发展大局，扎实推进民主法治建设

县委充分发挥总揽全局、协调各方的领导核心作用，定期听取县人大、政府、政协和法院、检察院党组的汇报，认真研究党的群团工作，支持国防和军队改革建设，把党的领导体现到各领域各方面。一是坚持和完善人民代表大会制度。支持人大及其常委会依法履行职责，县人大常委会围绕人民群众反映强烈的城市供水紧张、成品油质量不高和数量短缺等突出问题以及脱贫攻坚工作开展了调研，提出系列意见和建议。二是坚持和完善中国共产党领导的多党合作和政治协商制度。支持政协履行政治协商、民主监督、参政议政职能，围绕全县重点项目和重点工作开展了6次调研，积极服务长临高速公路浮山县城连接线、威盛达通新型防火建材及仓储物流等重点项目建设。三是巩固和发展最广泛的爱国统一战线。加强同各民主党派和无党派人士的合作共事，充分发挥工会、共青团、妇联、科协、残联等群团组织作用，最大限度地凝聚思想、凝聚智慧、凝聚力量。认真贯彻落实新修订的《宗教事务条例》，深入推进"法治浮山"建设，加强和改进保密工作，不断提高社会治理法治化专业化水平。

八、统筹分类施策，扎实推进扫黑除恶专项斗争

坚持把扫黑除恶专项斗争作为一项重大政治任务，摆在工作全局的突出位置去铺排、推进和落实。一是周密部署、广泛宣传。成立了县扫黑除恶专项斗争领导小组，科学制定三年实施方案，先后召开18次专题会议研究部署。积极采取入户告知、MP3音频循环播放等有效方式进行广泛宣传，营造了浓厚氛围。二是依法打击、深挖彻查。共受理各类线索37条，打掉5个涉黑涉恶犯罪团伙，破获各类刑事案件40起，抓获犯罪嫌疑人47人，上网追逃12人。三是强化组织、综合治理。对农村"两委"班子进行了重新筛查。加强对重大矛盾纠纷的排查整治和重点人群的动态管控，保障了社会安定有序。

九、坚守政治担当，扎实推进全面从严治党

将全面从严治党作为最根本的政治担当，坚持把党的政治建设摆在首位，坚定不移推动全面从严治党向纵深发展。一是持续强化"三基建设"。在乡村分别设立党校和新时代文明实践中心，延伸开展三级党员培训，实现了全县党员培训全覆盖。推行"村支部+公司"模式壮大集体经济，成立村集体公司101个，其中年收入5万元以上68个、10万元以上28个。二是持续强化意识形态工作。充实了县委意识形态工作领导小组和意识形态领域形势分析研判小组，定期对思想理论动态、网络舆情动态、社会舆情动态进行分析研判。深入推进精神文明建设，举办了"道德讲堂""好基地讲好故事"等系列活动。三是持续强化干部队伍建设。坚持"凭本事吃饭、拿工作说话、靠实绩进步"的风向标，先后2批次提拔和调整干部25人。先后举办习近平新时代中国特色社会主义思想读书班、党章集中轮训班等培训党员干部7760人次。老干部活动阵地建设作为示范点迎接了省市观摩团的观摩交流，并在全省作了典型发言，对21个软弱涣散农村党组织进行了集中整治。四是持续强化党风廉政建设。认真落实党风廉政建设主体责任，定期听取基层党组织党风廉政建设工作汇报，对各乡镇党政正职、县直单位"一把手"和全县纪检监察干部进行了集体约谈。深入开展巡视巡察整改自行"回头看"，完成了3轮巡察工作。持续加大纪律审查工作力度，全县纪检监察机关共立结案156件，给予党纪政务处分155人、移送司法机关6人、留置1人。

(张海平)

附：中共浮山县委书记、副书记、常委名单

书　记：史全喜(12月离职)
副书记：廉海平(6月离职)　栗俊昌(6月任职)
　　　　任吉龙
常　委：李学良　赵顺兆　刘云生　高学忠
　　　　尹明星　单维启(11月离职)
　　　　吕百新(11月任职)

中共襄汾县委

县委书记 刘 浩

2018年，襄汾县委团结带领全县党员干部群众，坚持以习近平新时代中国特色社会主义思想为指导，深入学习贯彻党的十九大和十九届二中、三中全会精神，深入学习贯彻习近平总书记视察山西重要讲话精神，坚决落实省委“一个指引、两手硬”的思路和要求、市委“345”发展战略，按照全县“一二三四”工作思路，真抓实干，攻坚克难，全县经济、政治、文化、社会、生态文明建设和党的建设都取得新进展。

一、坚持正确政治方向，深入学习贯彻习近平新时代中国特色社会主义思想

坚持把学习贯彻习近平新时代中国特色社会主义思想作为践行“两个维护”的实际行动，始终在政治立场、政治方向、政治原则、政治道路上同以习近平为核心的党中央保持高度一致。

一是深入持久抓好学习。把学习习近平新时代中国特色社会主义思想作为首要政治任务，及时传达学习党的十九大精神、习近平总书记视察山西重要讲话精神；举办习近平新时代中国特色社会主义思想读书班、党的十九大精神轮训班、干部大讲堂，引导广大党员干部增强“四个意识”，坚定“四个自信”，做到“两个维护”。

二是悟深悟透融会贯通。坚持以习近平新时代中国特色社会主义思想为指导，无论是想事情、做决策，还是谋思路、办事情，始终以党的旗帜为旗帜、以党的方向为方向、以党的意志为意志，确保各项工作始终保持正确方向。

三是学以致用笃行做实。认真贯彻落实省委、市委“万名干部大调研”部署要求，县四套班子领导深入乡村、企业、项目一线，摸实情、解难题、理思路、谋发展，以实际行动，确保习近平新时代中国特色社会主义思想在襄汾落地生根、结出硕果。

二、聚焦高质量发展，经济转型取得新成效

深入学习贯彻习近平新时代中国特色社会主义经济思想，以建设现代化经济体系为目标，不断转变发展方式，优化经济结构，转换增长动力，推动经济发展质量变革、效率变革、动力变革。全县地区生产总值完成128亿元，同比增长5.8%；规模以上工业企业增加值完成42.92亿元，同比下降2.35%；固定资产投资完成34.93亿元，同比下降27.3%；社会消费品零售总额完成50.1亿元，同比增长7.1%；一般公共预算收入完成6.7亿元，同比增长32.9%；城镇居民可支配收入预计达到31016元，同比增长6.5%；农村居民可支配收入预计达到13417元，同比增长6.8%，基本保持了稳中有进、稳中向好的良好态势。

一是现代农业基地建设稳步推进。大力实施乡村振兴战略，鼓励引导荷花小镇、尧京酒庄等农业企业，大力发展休闲观光农业，成功举办了特色美食节、草莓采摘节、农事体验等活动，全县休闲农业旅游人数突破30万人次；投资1026万元，建设高标准农田6800亩，新增中药材6万亩、水果2000亩。扶持农业龙头企业做大做强，年产值500万元以上的农业企业达到15家，带动农户3.8万户，实现销售收入9.42亿元。积极发展电子商务，“线上线下”销售农资、农产品3853万元，受到楼阳生省长的高度评价。

二是新型工业强县建设步伐加快。改造升级传统产业，加快推进万鑫达干熄焦、光大合成氨等项目建设。大力培育新兴产业，积极推进映智抛光液、华天基纸业等项目建设；引导铸造企业入园入区，积极发展冶金配件、工程机械、汽车零部件，推动铸造行业向高端装备制造业迈进。持续推进干部入企服务，深入开展“送金融进企业”活动，为华基建材、中升钢铁等企业协调签约贷款1.8亿元，着力破解融资难的问题，全力打造“六最”营商环境。

三是帝尧文化之都建设全面发力。坚持把文化旅游业作为动力转换的优先发展方向，大力实施“一轴一带六线八景区”工程，陶寺遗址公园列入第三批国家考古遗址公园立项名单，一期工程启动深化设计；陶寺遗址博物馆完成立项、征地、建设工程方案设计、陈展大纲编制。突出“最初中国”这一品牌，建成9个研学旅游基地，打造“最初中国研学旅行第一县”；举办首届“最早中国”研学旅行产业论坛暨“行走襄汾研学中国”招商引资推介会，签约项目27个，签约总额达91.7亿元。抢抓全省旅发大会契机，成功举办陶寺遗址发掘40周年国际论坛、首届“尧王杯”国际马拉松、布拉格中欧国际艺术双年展等活动；组织丁村土布、太平绣球、平阳麻笺，参加省内外文化交易博览会，大大提升了襄汾的知名度、美誉度。

四是宜居宜业新区建设成效显著。统筹抓好县城、集镇和美丽乡村建设，北大街改造实现全线通车，尧风四街完成立项、环评等前期手续；108国道改线工程已签订PPP合同，河东文体广场完成各项前期手续办理，正在签署施工合同；富瑞棚户区改造、康宁小区保障性住房建设顺利推进。深入推进美丽乡村建设，成功申报新城、邓庄、古城等3个乡村振兴示范乡镇，丁村、梁坡等7个乡村振兴示范村，城乡人居环境明显改善。

三、聚焦人民群众福祉，民生改善取得新进步

坚持以人民为中心的发展思想，持续抓好脱贫攻坚、环境治理、民生改善、安全稳定等各项事业，人民群众的获得

感、幸福感、安全感更加充实、更有保障、更可持续。

一是脱贫攻坚连战连胜。坚持把脱贫攻坚作为第一民生工程,强化使命担当、精准实施帮扶,全力推进脱贫攻坚。狠抓工作机制,43次召开脱贫攻坚周例会,及时研究解决突出问题,交流了经验、找准了症结、提振了信心、鼓舞了干劲。狠抓干部队伍,设立县乡村三级作战室,全县97个帮扶单位全部成立领导组和工作队;加强"三支队伍"管理,进一步压实责任,传导压力。狠抓产业带动,鼓励发展中药材900亩、经济林1.8万亩;设立产业扶贫基地,为110名贫困户提供就业岗位;实行"支部+集体经济+贫困户"模式,通过土地入股分红,帮助贫困户脱贫致富。狠抓政策落实,深入实施金融扶贫、教育扶贫、健康扶贫、政策兜底等各项扶贫举措,形成了脱贫攻坚人人有责、齐抓共管的大扶贫格局。狠抓内生动力,坚持扶贫与扶志、扶智、扶德相结合,补齐精神短板,让贫困群众肯干愿干、能干会干。全县各级党员干部勇当施工队员,发扬工匠精神,下足绣花功夫,持续用力、尽锐出战,全年共脱贫642户、1350人。

二是环保治理纵深推进。坚持红色引领、绿色发展,全面打好污染防治攻坚战。突出抓好大气污染防治。深入实施工业企业深度治理,完成135家企业、742个点位的治理任务,完成率达93.1%。持续推进清洁取暖改造,在2017年完成70个村、2.6万余户的基础上,2018年实施了62个村、1.8万余户的改造工程。加大"两散"整治力度,取缔"散乱污"企业150家,关停非法售煤点6家。扎实开展冬防工作,全面落实工业企业差异化管控、黑加油站点取缔等各项措施,空气环境质量显著提升,二氧化硫浓度同比下降40.9%,PM10浓度同比下降4.7%,PM2.5浓度下降5.6%,全县二级以上优良天数202天。同步推进水土污染防治。全面落实"五水共治",加快推进土地修复治理试点工作,汾河襄汾段出境断面较入境断面氨氮下降21.6%,化学需氧量下降13%,饮用水源地水质达标率继续保持在100%。加快督察反馈问题整改。中央、省市督查反馈的222个问题,完成整改173个,其余49个正在加紧落实。

三是民生事业持续巩固。投入1082万元,完成新城、永固、襄陵3所中心幼儿园建设;第四小学投入使用,第五小学启动建设;普通高考二本B类以上达线2124人,较去年增加68人,继续保持高位运行。县医院河西新院门诊楼、医技楼进入扫尾阶段;县医疗集团完成事业单位法人注册登记。新增城镇就业6385人,创业就业1310人,下岗失业人员再就业1012人,就业困难人员就业350人,转移农村劳动力6985人,城镇登记失业率控制在2.7%。五大保险参保人数83.7万人次,征缴社会保险基金4.7亿元,发放城乡低保金4461万元,城乡低保和农村五保实现应保尽保。

四是安全稳定持续好转。牢固树立总体安全观,深入开展"安全生产大检查""安全生产百日攻坚大行动",排查整治安全隐患4035条,查处安全生产案件142起;25次召开专题会、调度会、碰头会,全力抓好非洲猪瘟防控工作。深入开展扫黑除恶专项斗争,按照省委"十个进一步""十个强化"部署要求,充分发动群众、依法严厉打击、强化综合治理、深挖彻查"保护伞"、夯实基层建设,推动专项斗争向纵深推进。认真落实领导接访、包案制度,共接待、办理群众来信来访841批3978人次;扎实开展"重点领域、重点群体、重点人员"信访矛盾化解攻坚,切实维护了社会和谐稳定。

四、聚焦改革重点任务,各项工作迈上新台阶

坚持把全面深化改革工作与经济社会发展同谋划、同部署、同推进。37次召开县委常委会议、县委深化改革领导小组会议,传达学习中央、省、市有关精神,审议各类改革方案,研究解决工作中的困难和问题;县党政主要负责同志亲力亲为,既挂帅又出征,亲自主抓了29项重大改革任务;建立"三个三"抓改革台账,以项目化思路推进任务落实。对国家级田园综合体试点、开发区改革创新等重点改革工作,定期开展调研督导,及时发现问题不足,有力推动了各项改革任务落地见效。全县6大类161项改革任务,已完成122项,正在推进39项,为全市、全省提供了"襄汾经验"。

五、聚焦全面从严治党,政治生态呈现新气象

认真落实新时代党的建设总要求,以政治建设为统领,全面加强思想建设、组织建设、作风建设、纪律建设,把制度建设贯穿其中,深入开展反腐败斗争,推动党的建设取得新成效。

一是坚持把政治建设摆在首位。始终把学习贯彻习近平新时代中国特色社会主义思想、党十九大精神作为首要政治任务,教育引导广大党员干部坚定信念、立心铸魂,树牢"四个意识",坚定"四个自信",做到"两个维护"。坚持民主集中制,围绕贯彻落实中央、省市决策部署,35次召开县委常委会议、副县级领导干部会议,研究部署重大问题和重点工作。严格执行《关于新形势下党内政治生活的若干准则》,认真落实"三会一课"、组织生活会、领导干部过双重组织生活会等制度,不断增强党内政治生活的政治性、时代性、原则性、战斗性。

二是思想建设成效显著。扎实推进"两学一做"学习教育常态化制度化,持续开展"强化责任、严守纪律、树好形象"专项治理活动,广大党员干部的政治意识、纪律意识、责任意识明显增强。强化干部教育培训,举办干部大讲堂10期、领导干部集中轮训3期、习近平新时代中国特色社会主义思想读书班1期,组织县级领导干部上讲台45次,积极推进"20+5"在线学习,进一步提高了党员干部的能力和水平。牢牢把握意识形态领导权,健全完善《党委(党组)意识形态工作责任制实施细则》,坚持正确舆论导向,确保党的旗帜在宣传思想战线高高飘扬。

三是组织建设持续加强。按照好干部标准,把政治标准放在首位,坚持德才兼备、以德为先,坚持五湖四海、任人唯贤,坚持事业为上、公道正派,共调整干部79名,其中提拔5名,平调45名,免职14名,试用期满任职15名,进一步优化了干部队伍结构。认真贯彻落实中央、省委、市委文件精神,

制定出台了《关于进一步激励广大干部新时代新担当新作为努力建设高素质专业化干部队伍的实施办法》，为担当的干部担当，为负责的干部负责。深入开展“六个一百”人才培养计划，大力宣传报道优秀人才事迹，营造了爱才敬才用才的良好氛围。深入推进“三基建设”，持续抓好“党日活动3+2”，全面推行“三簿一册一台账”管理，进一步强化了基层组织的政治功能。选派65名年轻干部到乡镇帮助工作，选派37名年轻干部担任建档立卡贫困村和软弱涣散村第一书记，整顿软弱涣散村级组织35个。投入1146万元，改建基层干部周转房281间，填平补齐8个乡镇办公用房，将面积4700余平米集体用房划拨给社区，一次性解决6个社区办公服务场所。对576名农村“两委”主要负责人开展“领头雁”培训，全面提高农村干部抓党建、促发展的能力。

四是作风建设明显改进。坚持把纠正“四风”作为持久战、攻坚战，紧盯“四风”领域新变化新表现新问题，一个节点一个节点坚守，一个问题一个问题深挖，推动中央八项规定精神落细落实。充分发挥联动协作作用，采取交叉检查、挂牌督办、随机抽查等方式，对各单位办公用房和公车使用情况进行督查，对旅游景点和“农家乐”饭店等场所拉网式排查；借助“随手拍”和“一键通”等新媒体，聘请20名“四风”监督员，激发了全社会参与“四风”监督的正能量。一年来共查处“四风”问题38起，党纪政务处分30人，诫勉谈话60人，提醒谈话9人。

五是纪律建设和惩治腐败全面加强。认真落实党风廉政建设主体责任，制定出台了《建立和落实党风廉政建设责任清单实施办法》，推进主体责任落实的具体化、制度化。深化监察体制改革，将原先5个执纪监督室和2个执纪审查室，调整为3个执纪监督室和4个执纪审查室；确定乡镇监察员26名、村级监督信息员333名，333个村全部成立村务监督委员会和红白理事会；圆满完成派驻机构全覆盖，设置派驻纪检监察组12家，负责监督107个部门和单位，实现了对所有行使公权力的公职人员监察全覆盖。突出案件查办，狠抓执纪问责，共处置问题线索540件，立案255件，结案251件，党纪政务处分256人，持续释放反腐高压信号。深入开展群众身边腐败问题专项整治，共立案查处291件，党纪政务处分190人，诫勉谈话43人，组织处理51人。认真做好巡视巡察整改工作，制定了中央巡视反馈意见整改方案，明确了牵头领导和责任单位；省委巡视反馈的22个问题、市委巡察反馈的5条问题全部整改完毕；深入推进县委巡察工作，目前完成第6轮巡察工作，切实推动全面从严治党向基层延伸。

（师京卫）

附：中共襄汾县委书记、副书记、常委名单

书　记：刘　浩

副书记：乔飞鸿　李青雁（女）

常　委：亢大勇　曹　佩　杨建廷　杜许堂　傅德明　张连昌　曹丽娟（女）

中共洪洞县委

县委书记　郑步电

2018年，县委、县政府始终坚持新发展理念，紧紧团结、依靠全县广大干部群众，进一步转变发展方式，优化经济结构，转换增长动力，在加快实施“五大战略”，奋力夺取“保优夺魁”新胜利的征程中迈出了新的步伐。全年地区生产总值完成168.6亿元，一般公共预算收入完成9.63亿元，固定资产投资完成36.47亿元，规模以上工业企业增加值完成50.41亿元，社会消费品零售总额完成65.42亿元，城镇居民人均可支配收入完成28379元，农村居民人均可支配收入完成11939元，全年第三产业增加值完成75.8亿元。三次产业比重由2017年的6.0∶54.8∶39.2优化为5.7∶49.3∶45.0，产业结构反转呈积极态势。

一、以习近平新时代中国特色社会主义思想为指引，不断引深思想政治建设

注重政治建设，切实做到知行合一。始终把政治建设摆在首位，严格遵守政治纪律和政治规矩，牢牢把准政治方向，坚持政治领导、夯实政治根基、涵养政治生态、防范政治风险、永葆政治本色，树牢“四个意识”，坚定“四个自信”，践行“两个维护”。

注重以上率下，切实做到入脑入心。把深入学习贯彻习近平新时代中国特色社会主义思想和党的十九大精神作为政治责任，分层次、分领域开展学习培训，各级党员干部带头讲党课、作辅导，开展各类宣讲300余场，培训干部4.6万余人次，推动学习贯彻习近平新时代中国特色社会主义思想不断向广度和深度拓展。

注重把握实质，切实做到学思践悟。坚持全面地、系统地、联系地对习近平总书记重要讲话、重要指示、重要论述，逐条逐项学深悟透，认真学习贯彻习近平总书记视察山西重要讲话精神，进一步加深了对习近平新时代中国特色社会主义思想的政治认同、思想认同、理论认同、情感认同。召开了县委十四届六次全会，对贯彻落实工作进行再安排再部署，确保概念上有更精准的认知，内涵上有更透彻的理解，外延上有更深刻的把握，真正做到举一反三、融会贯通。

二、聚焦高质量发展，着力推动经济运行稳中向好

一是突出转型发展"驱动性"。深入贯彻国发42号和晋发49号文件精神，扎实推进供给侧结构性改革，努力构建具有竞争力的现代产业体系。农业现代化步伐加快。粮食生产持续稳定，总产达7.7亿斤；积极发展平川"粮果菜"、丘陵"果药菜"特色农业种植格局，全县种植蔬菜10.7万亩，设施蔬菜1.9万亩，水果7.4万亩，药材5.8万亩；稳步推进农业供给侧结构性改革，乡村振兴战略总体规划编制初步完成。工业转型提质增速。做深做实煤炭"减""优""绿"三篇文章，原煤产量900万吨；太化重苯加氢、山焦60万吨烯烃、百万吨甲醇和干熄焦等项目进展顺利，华翔智能化工厂项目投入运营，"双创"理念示范效应逐步放大。现代服务业蓬勃发展。借力、助力全省旅发大会，高标准举办了全省首届"大槐树"杯金牌导游大赛、2018全域旅游高峰论坛；大槐树景区荣膺国家5A级旅游景区，实现了全市乃至晋南旅游业5A级景区"零"的突破；广胜寺和明代县衙拓展提升工程进展顺利，飞虹塔获"世界最高多彩琉璃塔"认证，洪洞大酒店投入运营，全年接待游客近千万人次，旅游品牌效应逐步显现。

二是狠抓项目建设"牛鼻子"。认真开展"转型项目建设年"活动，突出抓好重大产业转型、结构调整项目，积极帮助企业破除项目建设瓶颈问题，山焦100万吨焦炉煤气制甲醇、广胜寺景区深度开发项目进入实质性建设阶段，龙马煤焦集运站运煤大通道开工准备工作基本完成，安顺达激光熔覆项目即将竣工投产。积极促进民间投资，大力推广PPP项目，河西完全中学、玉峰西街贯通、309西延等融资项目全面启动。积极营造"六最"营商环境，对重点项目逐项建立台账，实行动态监测；扎实开展产业项目开工复工大清底，针对性解决项目建设中的堵点、痛点、难点问题，确保项目顺利推进、投资持续增长。14项省市级重点项目开复工率100%。

三、瞄准重点领域持续发力，深化改革取得重要进展

一是全面提升改革工作领导能力。始终坚持把全面深化改革放在全县工作的突出位置，进一步健全主要负责同志亲力亲为抓改革的工作机制，统筹推进7方面43项改革任务。全覆盖督查乡镇、部门改革工作，及时梳理，动态管理，确保了重点改革落地落实。

二是蹄疾步稳攻坚重点改革事项。开发区改革创新方面，"三制"改革有条不紊实施，工作人员配备到位，各项工作有序运转，已有规上企业21家，招商引资项目14个。旅游体制改革方面，积极创建国家全域旅游示范县，坚持全资源整合、全产业融合，确定了"一核四带六片区"旅游发展思路，构建了"旅游+N"复合型、多元化旅游产业结构。农业水价改革方面，充分发挥全省农业水价综合改革试点县政策优势，实行了"节水奖励、超用加价"水价制度，成立了农民用水户协会，完成了用水计量改造工程。"放管服效"改革方面，全面推进"双随机、一公开"，取消涉企收费9项，向开发区下放县级权限36项，营商环境进一步优化。同时，监察体制改革、群团改革、医疗卫生体制改革、农业改革等方面均取得明显成效。

三是着力构建对外开放全新格局。成功引进杭州日昌升、衡水桃城中学洪洞分校等重大项目；积极开展"引老乡、回故乡、建家乡"活动，举办了2018洪洞招商引资项目签约仪式，一次性签约红星美凯龙家居生产、生态旅游综合开发等10个项目，总投资额达到151亿元。

四、践行绿色发展理念，全力推进生态文明建设

一是持续加强生态工作领导。深入贯彻落实习近平生态文明思想，出台《关于全面加强生态环境保护坚决打好污染防治攻坚战的实施意见》《打赢蓝天保卫战三年行动计划》，对加强生态环境保护、打好污染防治攻坚战作出全面部署。认真抓好中央和省、市环保督察反馈问题整改，成立党政主要负责人"双组长"整改工作领导小组，坚持问题导向，靶向整改，制定方案，建立台账，落实责任，扎实推进问题整改落实。强化环保工作追责问效，党政负责同志、县委重点工作督查组多次深入一线，开展明察暗访，对工作落实不力的党员干部，予以严肃处理，以责任追究倒逼工作落实。

二是深入推进污染防治工作。大力推行冬季清洁取暖，两年完成5.4万户农村居民燃煤锅炉改造；坚决落实"两断三清"措施，对"散乱污"企业实施了关停取缔；强力推进散煤治理，持续对劣质煤焦实行管控；扎实开展柴油货车和散装物料运输车专项治理，确保交通运输体系的清洁低碳；及时部署环保"秋冬防"工作，积极有效应对重污染天气。认真落实河长制，全面整治入河排污口，建立健全巡河员制度，对境内15条河流河道进行了彻底清理。

三是大力推进生态文明建设。汾河公园被评为国家级湿地公园。继续深入开展乡村环境整洁行动，对高铁、高速等主要干道沿线的乡村环境进行集中整治，对农村垃圾污水、厕所粪污进行综合治理，村容村貌焕然一新，被评为"山西省改善农村人居环境三年行动示范县"。

五、倾心保障改善民生，千方百计增进群众福祉

一是坚持靶向明确，全力打赢脱贫攻坚战。严格落实脱贫攻坚"周例会月报告季总结"制度，及时对脱贫攻坚工作进行分析研判。制定了《三年行动方案》，全面推进光伏扶贫、产业扶贫、健康扶贫、教育扶贫、兜底保障、安全住房等重点任务。加强督导力度，四大班子领导多次采取"四不两直"方式，突查包联乡镇脱贫攻坚一线工作，成立了4个县级领导牵头的督察组，开展常态化全面督查，实现了扶贫政策落地分类管理，完善了乡、村、户三级档案资料。

二是突出以人为本，不断提升民生事业水平。着力办好人民满意教育，实施了乡镇中心幼儿园和薄弱学校建设改造工程，完成293名教师招录工作，高考二本以上达线人数、达

线率实现双突破。全面提升社保能力,新建2所农村老年人日间照料中心,发放城乡低保、城乡医疗和各类救助金8800万元。大力繁荣文化事业,以根祖文化、民俗文化为引领,高规格举办大槐树文化节、造父文化节、三月三走亲民俗、三月十八庙会和汾河牡丹旅游节等活动;扎实开展文化“三下乡”,为农村群众免费送戏200余场、送书2万余册、送电影6400余场。完善提升城市功能,宾阳东街、文东北路竣工通车,城区供水主管网改扩建工程并网通水,南岸景观道路有序推进;河西新区主体框架形成,主干道——洪达路顺利通车,新区完全中学进展良好。

三是加强社会管理,全力筑牢和谐稳定防线。狠抓安全生产责任落实,认真开展安全生产大检查、大起底大整治、打非治违等专项行动,将各类风险消除在萌芽状态,安全生产形势保持了持续稳定。高度重视信访工作,坚持县级领导信访接待制度,从源头上化解矛盾纠纷,圆满完成维稳工作。深入开展扫黑除恶专项斗争,严厉打击黑恶势力犯罪,共打掉恶势力团伙5个,抓获犯罪嫌疑人26人,有效维护了社会大局稳定。

六、全面从严管党治党,持续净化政治生态

一是从严落实管党治党主体责任。充分发挥领导核心作用,定期听取县人大、县政府、县政协和县法检“两院”党组工作汇报。切实强化管党治党主体责任,认真推行责任清单、工作约谈、县委巡察、监督提醒、“面对面”述职等机制,将主体责任向基层延伸。深入开展“强化责任、严守纪律、树好形象”专项治理活动,认真开展彻底肃清腐败流毒影响工作,促进各级干部进一步强化责任意识,严守纪律规矩,树立良好形象。

二是更好发挥三基建设支撑作用。基层组织方面,创新开展“共产党员家庭挂牌”、党员“政治生日”等活动,培育150多个政治文化建设示范点,整顿转化45个软弱涣散村党组织,打造了16个非公和社会组织“双强六好”示范党组织。基础工作方面,建成干部周转房305套,并对“两房六小”进行提标提质,乡镇干部工作生活条件持续改善;高标准建成洪洞开发区党群服务中心和16个乡镇便民中心,以“四室一站”建设提升村级场所服务功能,推动效能建设八项制度落地。基本能力方面,开展通用能力和专业能力培训380余次,培训各类干部、人才5.6万余人次;全面实施“农村干部学历提升工程”,补助233名农村干部参加学历再教育,为农村发展增添动力,村集体经济收入超5万元的达到283个。“三基建设”工作在全市名列前茅,在全市督查中实现“七连冠”,全市乡镇“三基建设”推进会在洪洞召开。

三是深化党风廉政建设和反腐败斗争。成立县委反腐败领导小组,定期分析研判形势,坚持执纪审查和依法调查、党纪处分和政务处分、党内问责和监督问责相统一,把党规党纪和法律法规“两把尺子”结合起来,灵活运用监督执纪四种形态,深入开展反腐败斗争,紧盯民生领域、扶贫领域、涉黑涉恶领域,解决群众身边腐败问题。全年共受理信访举报839件,谈话函询246件,立案306件,处分292人。驰而不息纠“四风”,完善了贯彻落实中央八项规定精神实施办法,紧盯“四风”新变种、新动向,发现一起、查处一起、通报一起,共查处“四风”问题线索50起,立案查处41件、处分58人。

四是充分发挥巡察监督利剑作用。按时间节点完成了中央和省市巡视巡察反馈整改工作,坚持重心下移,部署了3轮常规巡察,对3个乡镇和25家县直单位党组织开展巡察,对8个乡镇和6家县直单位党组织开展巡察“回头看”,对涉及的258个村级党组织开展延伸巡察,形成了持续震慑。

五是全面统筹加强干部队伍建设。深入践行新时代党的组织路线,突出“好干部”标准,全年调整干部9批100人次。全力提升干部队伍素质,累计举办12期“槐乡大讲堂”,聘请知名专家教授,给党员干部专题授课;持续开展干部外地挂职锻炼,选派16名年轻干部在北京海淀挂职锻炼3个月,组织100余名干部赴江西井冈山、浙江大学进行学习培训。积极营造干部担当作为氛围,出台《关于进一步激励广大干部新时代新担当新作为建设高素质专业化干部队伍的实施办法》。加强后备干部管理,储备优秀年轻干部207名,为党的事业提供了坚强的组织和人才保障。

(曹　月)

附:中共洪洞县委书记、副书记、常委名单

书　记:郑步电

副书记:解高民(4月免职)　杨建军(6月任职)　赵双宝

常　委:任俊杰　樊如荣(女)　张晓晖　周希斌　高　涛(女)　刘春林　程永伦　王　欣

中共安泽县委

县委书记　李　强

2018年,安泽县委、县政府坚持以习近平新时代中国特色社会主义思想为指引,全面贯彻落实党的十九大、十九届二中、三中全会精神和习近平总书记视察山西重要讲话精神,坚决按照省委“一个指引、两手硬”思路和要求,从严落实市委“345”发展战略,坚持稳中求进工作总基调,贯彻新发展理念,全面强化党建动车引领,扎实开展三基建设升级年、工业转型跨越年、城建品质提升年、乡村振兴驱动年“四个年”活动,全力加快“山水田园城、精品旅游县”建设步伐,全县各项工作稳中向好、稳中有进,安泽全面振兴、绿色崛起开创了新局

面。全县地区生产总值完成63.2亿元，比上年同期增长3.3%；规模以上工业增加值完成43亿元，同比增长1.3%；固定资产投资完成11亿元；公共财政收入完成6亿元，同比增长47.5%；社会消费品零售总额完成10.4亿元，同比增长8%；城镇居民人均可支配收入29252元，比上年增长7.6%；农村居民人均可支配收入9846元，比上年增长7.3%。

工业建设。紧紧围绕省委"示范区""排头兵""新高地"目标定位，全力在传统煤焦产业升级上下功夫，在构建新型清洁能源体系上求突破，坚定不移走好转型发展之路。经济技术开发区批准成立，严格落实全省开发区改革创新发展推进会"五个着力破解""五个进一步"要求，扎实推进"5+2"重点任务，安泽经济技术开发区建设不断提速，顺利通过省政府批准，各项工作全面铺开。传统煤焦化产业优化升级，加快煤焦企业绿色化、智能化、高端化改造，全县4座煤矿全部达到国家安全生产标准化二级以上。持续加快转型重点项目建设，山西永鑫集团蔺鑫有限责任公司170万吨/年焦化20万吨/年乙二醇、永鑫铁路专用线等项目进展顺利。全年生产洗精煤292.6万吨，焦炭231.4万吨，粗苯2.06万吨，甲醇13.91万吨，产业链条得到新延伸，效益得到新提升。清洁能源体系不断壮大，中石油马壁东区块4亿方/年煤层气项目已完成投资5.5亿元，投产部分日产气量4.5万立方米；永乐区块、永乐北区块、安泽南区块煤层气勘探项目勘探方案完成编制并完成首井开钻，安泽将成为临汾绿色清洁能源主要输出基地。民营经济稳步发展，深入贯彻习近平总书记民营企业座谈会重要讲话和省委骆惠宁书记全省支持民营企业发展大会讲话精神，建立四大班子领导联系民营企业制度，扎实开展"入企服务"活动，及时帮助企业解决发展难题，全力支持民营企业发展壮大，千方百计"保企业、保生产、保增长"，累计为企业减负两千余万元，为企业创造了宽松的发展环境。

三农工作。牢固树立农业农村优先发展战略，大力推进农业转型和美丽乡村建设。坚持走特色化、精细化、功能化农业发展之路，按照市里"三区两品牌"创建要求，大力发展以连翘为主的中药材加工和医药物流产业，积极与井泉药业、大象集团合作，新大象养殖股份有限公司6000头种猪繁育基地项目建成投产，井泉药业5000亩中药材种植示范基地已种植完毕，晋南(安泽)中药材物流基地项目通过评审。举办了樱桃产业发展研讨会，与山西省农业科学院签订农业产业战略合作框架协议，院县合作迈出了新步伐。聘请国内专业团队、知名专家学者作为工作顾问，以新理念新举措为"黄花、荀子、红叶"品牌建设注入新活力。CCTV-7《乡村大世界》成功录制播出，打造"太行山最早的春天"等旅游品牌。精心举办"国际河灯艺术丰收季"，打造中国第一家以村庄为元素的乡村光影秀，飞岭村入选"首届中国农民丰收节100个特色村庄"，为全域旅游提供了示范样板。深入挖掘荀子文化内涵，创意开发"荀亲"系列文创产品，打响了"安泽特色旅游文化商品"品牌。立足太岳红色资源，开辟爱国教育、党性教育、拓展训练基地，实现了红色教育和增收致富的双赢。持续加强基础设施建设，先后完成"小飞·田园综合体"、沁河百里绿道等一系列重点旅游项目，全面提高乡村旅游档次和综合接待能力。持续壮大景区规模，新建修复了一批旅游景点，实现了乡镇旅游景点全覆盖，旅游发展呈现出"百花齐放"的新局面，安泽全域旅游不仅实现"量"的提升，更得到了"质"的扩展，生态绿色正在变成真金白银。

城乡建设。努力塑造县城"绿、洁、畅、美"的新形象，大力实施"增绿"工程。全面推进绿化美化，全方位推进道路绿化、防护绿地、公共绿地、单位附属绿地、生产绿地等建设项目，补栽树苗花卉23万余株，精心打造县城特色景观。大力实施"清水"工程。加快推进源头治水，大力实施沁河修复、沁河县城段污水管网改造、义唐河县城段治污、污水处理厂扩容提标等重点工程项目，县城生活污水处理率持续提高。大力实施"美城"工程。围绕打胜"国卫"创建这场硬仗，严格对照52项创建指标，立体化、地毯式、无盲区进行整治，先后完成文体广场等5座广场近4万平米新建改造任务，完成20条街巷改造，硬化路面30000余平米；绿化15000余平米；修建大型停车场5个，新增无害化卫生公厕15座，完成建成区居民户旱厕改造2382座，城南、城北两个农贸市场投入使用，县城面貌焕然一新，顺利通过省爱卫办暗访。大力实施"扩城"工程。原林业局、原种子公司、原面粉厂等空地公园广场、停车场改造工程均已投入使用，功能空间日趋完善。长临高速连接线、沁河大桥等市政重点工程建设正在加快推进，城市"动脉"更加畅通。

改革开放。始终高举新时代改革开放旗帜，改革开放的力度、广度、深度持续拓展延伸，为高质量发展注入澎湃活力动力。重点改革任务扎实推进。制定印发《深改小组2018年工作要点及责任分工》，全面增强改革系统性、整体性、协同性，统筹推进各领域改革，全面深化改革42项重点任务扎实推进。全县15610户农村土地承包经营权确权全部完成，农村集体产权制度改革完成66个村的清查核资和身份确认工作，占全县行政村的64%。全面推进县乡医疗卫生机构一体化改革，完善行政一体管理、绩效一体核算等"六个一制度"，医疗机构变为集团化运行、集群式发展的"一盘棋"，被列入全省县乡医疗卫生机构一体化改革示范县。全面深化社会治安综合治理改革，完成三级中心国标建设，扎实推进网格单元治理，服务总量持续提升，信访总量显著下降，打造起社会治理新格局。同时，公共文化服务领域改革、生态保护、环境污染防治改革等方面均取得阶段性成果。对外开放成效显著。着力打造"六最"营商环境，率先完成企业投资项目承诺制改革试点任务。利用招商引资承办权下放到县级的良好机遇，举办"荀乡·乡思乡忆——太原市安泽商会揭牌暨招商引资签约大会"等招商引资活动，积极参与省、市各项招商活动，全年招商引资引进项目10个，总投资102.9亿元。创新引领持续突破。促进创新资源向企业集聚，加快企业创新平台建设，培育孵化小微企业和创新创业团队，大力鼓励、支持、引导民营经济健康发展，企业创新的积极性得到有效激发。

风险防范。树牢底线思维,不断提高防范和抵御风险能力,有效防范、化解、管控各类风险,从坏处准备,努力争取最好结果,牢牢把握工作主动权。严格防控政府债务风险。全面落实"牢牢守住底线、决不触碰红线"的要求,细致梳理政府债务及隐性债务情况,持续拓宽财源渠道,不断优化支出结构,稳妥有序推进政府性债务风险防控工作,实现化债与减债有机结合,着力化解存量,严格控制增量,政府性债务风险总体可控。严格防控金融风险。完善地方金融监管体系,严格落实属地属事责任,全面加强对小额贷款公司、典当行等市场主体监管。积极引导金融脱虚向实,鼓励普惠金融、科技金融、绿色金融,引导金融业回归本源,服务于实体经济和经济社会发展。深入开展非法集资专项整治行动,严厉打击非法金融活动,努力维护金融秩序和社会和谐稳定。

脱贫攻坚。主动扛起脱贫攻坚的第一责任,始终坚持"四个不摘",以全新的高度、更大的力度,对产业、保障、智志双扶等扶贫工程进行巩固提升,打造可持续脱贫、稳定脱贫的"安泽样板"。严格实行脱贫攻坚周例会、月总结、季报告制度,全力将各项工作落到实处。用好旅游、光伏、连翘"三件宝",壮大特色产业抓好巩固提升。"旅游"带动有了新成效,群众参与旅游意识有了极大提高。"光伏"发电有了新发展,行政村光伏电站建设全覆盖,贫困户户均增收4000余元。"连翘"产业再结"增收果",打造野生抚育"百亩精品示范园"29个,每村划定200余亩连翘保护区,吸纳贫困户参与管护、采摘、经营,仅此一项可使全县有劳动能力的贫困人口人均增收1500元左右。持续巩固提升"3+X"帮扶机制,全力构建"大帮扶"格局,累计开展各类走访帮扶活动3000余次,走访帮扶群众万余人次。脱贫成果持续巩固,全县贫困人口减少至25户64人,省政府于2018年9月正式批准我县退出贫困县,安泽成为全省首批脱贫摘帽县。

环境保护。坚持把绿色生态作为最亮的名片,坚定不移地厚植生态优势,全力建好绿水青山,打造金山银山。深入学习贯彻习近平生态文明思想,自觉扛起生态文明建设政治责任,将环境保护工作列入县委重要议事日程,定期研究生态环境保护工作,出台三年行动计划,对打好攻坚战作出全面安排部署。注重科技引领,山西省环境科学研究院"环保管家"服务首家落户我县。全力做好中央和省市督察反馈问题整改,成立县委、政府主要领导"双组长"的整改领导小组,逐项制定整改方案,专人负责全力推进,及时解决工作中的问题,确保督察反馈问题全面彻底整改落实到位。深入开展违法排污百日行动、"利剑执法"专项行动,累计出动执法人员2144人次,有力打击和震慑了环境违法行为。注重"山上治本、身边增绿"同步推进,持续实施太行山绿化、退耕还林、村庄绿化等工程,不断加大经济类、景观类树种的栽植比例,年均造林绿化面积保持在万亩以上,持续保持了全省最高林木覆盖率和独特小气候。坚持全民共治、源头防治,持续实施大气污染防治行动,大力推进煤改气、煤改电,完成清洁取暖改造2019户,淘汰燃煤锅炉142台,切实打赢蓝天保卫战,全县空气质量持续改善。实行最严格水资源管理制度,持续推进"河长制",全力实施沁河及其支流治理,大力实施清水行动,推进饮用水、地下水、流域水、黑臭水、污废水"五水同治",三级河长累计巡河达2300余人次,沁河水质始终稳定在三类水标准,荣获农业部"亮剑2017"系列渔政专项执法行动工作成绩突出集体荣誉。实施净土行动,全面加强农业面源污染防治,强化土壤污染管控和修复,创新开展农药瓶等农业废弃物回收工作,土壤环境质量保持稳定。安泽国家森林公园、中国天然氧吧、全国森林旅游示范县、2018中国森林旅游美景推广地——最美花海"山西安泽黄花岭金色花海"等多项国字号荣誉相继花落安泽,在生态林业方面成为全国唯一获得多项殊荣的县。

民生事业。始终坚持以人民为中心的发展思想,紧扣关乎群众切实利益的现实问题,优先保障民生投入,基本公共服务供给水平稳步提高,全县群众的获得感、幸福感、安全感不断增强。民生事业全面发展。以办好人民满意的教育为目标,续建、新建三所乡镇中心幼儿园,深入推进"三优"工程,8个先进团队、个人、高效课获得市级表彰,教育教学质量显著提升。医疗体制机制改革不断深化,与北京阜外心血管病医院、山西省心血管病医院等知名医院合作,开展全脑血管造影术等介入手术265台,让患者不出县就能享受到国内知名专家的诊疗,花小钱就能治大病。县医疗集团荣获全国基层中医药工作先进单位,成为全省首批社会主义核心价值观建设示范点。全面开展贫困户"先诊疗后付费"和"一站式"服务,继续实施"四免一降"惠民措施,公共卫生服务均等化成效明显。完成农村饮水安全巩固提升工程24处,让群众吃上了"安全水、放心水"。所有建制村通水泥(油)路硬化率达100%,客运班车通车率达100%,"四好农村路"成为惠民幸福路。扎实推进十二年教育全免费、数字电视全免费等惠民措施。大力实行积极就业政策,全面加强社会保障体系建设,医疗、失业等保险工作进一步加强,社会福利、救灾救济等工作持续推进,机关事业单位干部职工调标工资按时足额发放,社会保障更加全面完善。文化建设活力迸发。努力推进文体场所大提标,对文体广场、奥体中心等场所进行全面改造提升,镇村(社区)活动场所实现全覆盖,群众文化享受全面升级。持续开展消夏月等文化活动,实现了周周有节目,月月有活动。大力开展文艺创作,我省首部关于脱贫攻坚的长篇纪实文学《太行山最早的春天》等一批精品力作先后出版,梁衡、舒婷等百名作家走进安泽,安泽知名度和吸引力全面提升。社会安全持续稳定。倍加珍惜"长安杯"这一荣誉,不断健全完善安全生产、社会稳定长效机制,全力维护社会大局安全稳定。始终把安全生产放在首位,认真落实"党政同责、一岗双责、齐抓共管"责任,重点抓好煤焦、森防、交通等领域安全工作,安全生产总体平稳。扎实推进"平安安泽"建设,综治中心综治视频联网会议系统建成运行,新增137个雪亮工程高清视频监控点。荣获全国社会治理创新示范单位。扎实开展信访矛盾化解和退役军人走访慰问活动,为全县退役军人送去党和政府的关怀,切实解决了一批问题和实际困难,全县始终保持和谐稳定。扫黑除恶专项斗争深入开展。坚持高位推进、全面部署,常委会、领导小组会20余次研究部署推进,形成上下联动、齐抓共管、综合治理的工作格局。坚持全党动员、全民动员,发放各类宣传资料17.5万余份,综合运用"两微一端"推送信息7.5万次,广播电视宣传18.9万分钟,营造了浓厚氛围。坚持高压严打、依法严惩,核实各类涉黑涉恶线索54条,打掉涉黑涉恶组织3个,抓获逃犯10人,形成打击黑恶势力的压倒性态势。

党的建设。牢固树立抓好党建是最大政绩的理念,始终聚焦党建第一责任,牢牢把握新时代党的建设总要求,全面从严推进管党治党,以党建精工打造党建品牌。全面压实主体责任。牵住主体责任这个"牛鼻子",全面抓好党建主业。制定县直党工委书记、乡镇党委书记抓党建"4+2"和"5+3"项目清单,层层签订目标责任书,层层召开书记面对面述职会议,不折不扣将责任落到实处。政治建设不断加强。坚持每两周一次中心组学习,组织学习22次,课题104项;召开常委会27次,研究议题74项,对中央、省、市各项决策部署第一时间传达贯彻。严格推行"4+N"主题党日活动,切实把从严党内政治生活融入日常、抓在经常,全县党员干部"四个意识"显著增强,确保了上级各项部署落到了实处。厚植政治文化,擦亮太岳革命根据地旧址、刘少奇路居地等"红色教育"名片,开展党性实践教育6200余人次,忠诚老实、公道正派、实事求是、清正廉洁等价值观深入人心。思想建设不断夯实。严格落实意识形态工作责任制,多次专题研究意识形态工作,围绕改革开放40周年开展丰富多样的宣传活动,安泽、荀乡650余次出现在各类网络媒体上。着力防范网络意识形态风险,及时发现处置网上有害信息、网络舆情,牢牢把握了舆论主动权。大力培树安泽典范,深入开展第四届"感动安泽"系列人物和"安泽好人"评选活动,表彰"感动安泽"人物10名,"安泽好人"55名。连续三届保持省级文明县城称号,积极创建全国文明县城,凝聚了发展正能量。"三基建设"不断升级。努力建强基层组织,持续增强基层党组织的政治功能、发展功能和服务功能,突出打造党建品牌。细化任务清单42项,制定配套文件20余个,投入资金7000余万元,乡镇经费平均达100万元以上,村级党建经费13.48万元,社区经费26万元。发展壮大村级集体经济,在2017年率先实现全部"破五万"的基础上,今年52%的行政村突破10万元。合力打造党群之家,总面积7275平米的291套干部周转房投入使用,党员群众活动有了新场所、服务发展有了新阵地。创新推进党建联合体,探索推行村村联合、村社联合、村企联合等模式,创建"小飞""太岳"等先行试点,实现强强联合、共赢发展,党的基层基础更加稳固。干部队伍建设不断优化。树好用人导向,激励干部担当作为,调整了一批科级干部,推荐一批干部上挂锻炼。试行干部成长档案记录和干部工作实绩纪实制度,健全完善《党员领导干部谈话提醒制度》,将从严贯穿于干部监督管理全过程。着力提升基本能力,多领域、分层次、常态化、立体式开展专题培训,累计培训干部3.2万余人次。充分发挥党代表作用,组织开展活动6次,44件提(议)案全部办结。制定《关于深化人才发展体制机制改革的实施办法》,努力把各类人才集聚起来,建立健全崇尚实干、带动担当、加油鼓劲的正向激励体系,想干事、能干事、干成事在安泽蔚然成风。党风廉政建设不断强化。持续深化监察体制改革,推进派驻监督全覆盖,切实发挥村务监督委员会、村级监督信息员、红白理事会"三支队伍"作用,收到监督意见建议1636条,推动监察体制改革触角向基层延伸。始终保持反腐高压态势,运用监督执纪"四种形态"处理624人次,同比增长52.94%。持续狠刹"四风"问题,发现问题53件,处理64人,通报典型案例23案29人,形成强大震慑。查处群众身边腐败案件357案357人,推动整治群众身边腐败问题向纵深发展。先后开展第五轮、第六轮巡察工作,推动巡察工作规范化。今年以来,问责党组织3个、党员领导干部67人,问责领导干部96人,使失责必问、问责必严成为常态,持续保持了安泽政治生态的绿水青山。

(尚 凯)

附:中共安泽县委书记、副书记、常委名单

书 记:李 强

副书记:牛庆国 郭婷慧(女)

常 委:李峻石(注:2019年9月,因涉嫌严重违纪违法,接受纪律审查和监察调查。)
魏书亮 连忠武 张曙光
晋红峰(7月离职) 张朝晖(7月任职)
杨巨松

中共古县县委

县委书记 郝献民

2018年,古县县委高举习近平新时代中国特色社会主义思想伟大旗帜,深入学习贯彻党的十九大和十九届二中、三中全会精神,深入学习贯彻习近平总书记视察山西重要讲话精神,按照省委"一个指引、两手硬"思路和要求及市委"345"发展战略,团结带领全县干部群众凝心聚力、克难攻坚、狠抓落实,在"两转"基础上推动全县党的建设和党的事业取得新进步。

一、坚持以习近平新时代中国特色社会主义思想为指导,牢牢把握正确的工作方向

一是带头做到"两个维护"。认真贯彻省委《关于坚决维

护党中央集中统一领导的规定》,对党中央、国务院和省市作出的重大决策部署,都及时召开会议学习传达,切实抓好贯彻落实。县委作决策部署,都以贯彻落实习近平总书记重要指示和党中央、省市委决策精神为前提,以实际行动坚决做到"两个维护"。

二是带头强化理论武装。发挥县委中心组每周集体学习的示范带动作用,持续不断地学习习近平新时代中国特色社会主义思想和习近平总书记视察山西重要讲话精神,认真学习省委十一届六次、七次全会和市委四届四次全会精神等,全年累计学习22次、内容175项,引领全县各级党组织和广大党员坚持学习的氛围日益浓厚。

三是带头推动贯彻落实。重点对标对表习近平总书记视察山西重要讲话精神找差距、理思路、定措施,针对纪检监察、宣传思想、转型发展、生态环保、脱贫摘帽等采取了一系列举措,特别是坚决贯彻省委"五个倡导、五个反对"的要求,建立了县四套班子领导包项目、包企业、包乡镇、包村、包贫困户"五包联"责任制,以上率下,狠抓落实。

二、全力以赴办好"四件大事",厚植县域经济高质量转型发展优势

深入贯彻新发展理念,按照高质量转型发展的要求,聚焦打好"三大攻坚战",以兴煤、修路、治污、扶贫"四件大事"为突破,统筹推进稳增长、促转型、调结构、抓改革、惠民生、防风险等各项工作,有力推动经济运行稳中向好。全年地区生产总值完成45.5亿元;工业增加值完成22.9亿元;固定资产投资完成10.2亿元;公共财政预算收入完成4.3亿元,同比增长54.3%;社会消费品零售总额完成11.6亿元,增长8.9%;城镇居民和农村居民人均可支配收入分别为31835元、10439元,增长6.84%、7.02%。

一是抓"兴煤"。坚定不移走煤炭"减""优""绿"之路,把发展现代煤化工作为主攻方向,9座煤矿恢复正常生产和建设,7座生产煤矿达到二级以上安全生产标准;加快焦化行业升级改造步伐,上大关小,淘汰高能耗、低产出、重污染的工艺。同时,横下一条心发展非煤产业,启动永乐北煤层气新能源项目,推进古鑫矿业低品位铝土矿综合利用项目,培育了晋坤农业返乡大学生创业项目,成功举办第十一届牡丹文化旅游节,与北京山海文旅集团签订牡丹景区开发战略合作协议。

二是抓"修路"。总投资7.14亿元、全长15.76公里、双向四车道的长临高速古县连接线工程顺利推进,已基本完成路基工程。古县县城至洪洞108国道新建旅游公路完成工程前期准备工作,进入全市重点工程。总长20.1公里的第安线、北凌线公路改造续建工程建成通车。新改建农村公路44条198公里,实施生命防护工程92.7公里,第一批"四好农村路"建设项目全部完工。

三是抓"治污"。深入学习贯彻习近平生态文明思想和国家、省市生态环境保护大会精神。积极配合中央环保督察"回头看",狠抓中央和省市环保督察、强化督查反馈问题及自查自纠发现问题整改工作,建立党政领导领办重点环保工程、突出环境问题工作机制,全部680个问题中已完成整改675个,整改率99.2%。深入推进生态环境治理攻坚"八大工程",重点对4家焦化企业进行环保技术改造,实施"煤改电"339户,完成29台工业企业燃煤锅炉整治,110家餐饮单位全部安装油烟净化装置,开展柴油货车和散装物料运输车污染治理联合执法专项行动,在全市首家推行企业河长制,狠抓秋冬季大气污染防治,特别是对煤矸石环境污染等突出问题进行整治,全市煤矸石治理现场会在我县召开。同时,完成天然林保护二期工程4000亩,新一轮退耕还林1200亩,全县生态环境质量进一步改善。

四是抓"脱贫"。紧扣"两不愁三保障"标准,精准落实"八大工程二十二个专项行动",坚决打好打赢脱贫摘帽战。以"一村一品一主体"为抓手,立足资源禀赋和产业基础,确定特色农业、光伏产业、电子商务、乡村旅游、资产收益、炕头经济等六项脱贫产业,强化"造血"功能,着力解决绝大多数贫困人口的脱贫问题。开展"补丁式"兜底扶贫,建立"帮扶企业+村集体+农业龙头企业+特困人口"的利益联结机制,17家规上企业参与扶贫筹资1036万元,量化折股,按照每股1万元、每人2股的额度分配给300户403名特困人口,每人每年保底分红1000元。对"54321"干部精准帮扶机制进行补充完善,"五清单两标准一档案"目标和责任管理体系经验在全市推广。贫困发生率降至2018年底的0.51%,顺利迎接省级第三方评估检查,将如期实现省定贫困县脱贫摘帽。

三、主动顺应人民对美好生活的向往,做到统筹兼顾持续发力

一是深化重点领域改革。对标中央部署和省市确定的改革任务,按照省委"三个三"抓改革具体方法,书记县长带头抓改革。深入推进供给侧结构性改革,落实"三去一降一补"重点任务。深化国家监察体制改革,成立由县委书记任组长的反腐败领导小组,探索加大乡镇监察工作力度。认真落实中央和省市党政机构改革部署,扎实做好各项准备工作。大力推进"放管服效"改革,着力打造"六最"营商环境。

二是全力保障和改善民生。不断加大民生投入,落实公共普惠政策,新增绿化面积3万平方米,新增城市集中供热面积17.3万平方米,县城污水处理厂一期技改二期扩容工程竣工运行;城北幼儿园投入使用,升级改造4所乡镇幼儿园;县人民医院与省市人民医院、市第四人民医院签订医联体协议,推动实现公立医院药品零差率销售全覆盖;开展城乡环境卫生整洁行动,实施农村人居环境整治三年行动,三合村成功申报全国生态文化村,五马岭村被住建部评为"绿色村庄",人民群众的幸福感获得感持续增强。

三是发展社会主义民主政治。坚持和完善人民代表大会制度,支持人大及其常委会依法履行职能。发挥社会主义协商民主重要作用,大力支持政协履行职能、开展工作。认真做好新形势下统战工作,筑牢共同奋斗的思想政治基础。全面支持国防和军队改革建设,有力促进军民融合发展。

四是坚决维护社会安全稳定。开展扫黑除恶专项斗争,加大线索摸排,深挖彻查"保护伞",共收到各类线索93条,办理1起公安部转交案件,批准逮捕6人。持续推进法治古县、平安古县建设,在乡镇村试点推行"枫桥经验",全市公共法律服务建设现场会在古县召开。坚持党政班子领导轮流接访,信访形势平稳可控。严格落实《地方党政领导干部安全生产责任规定》,深化安全稳定风险隐患大排查大整治,全县未发生重大以上事故。

四、有力推动全面从严治党,营造风清气正良好政治生态

一是严肃党内政治生活。重点对7个乡镇及78家机关单位党组织学习贯彻党的十九大精神、党内政治生活制度落实情况进行了督查,责令7家单位重新召开民主生活会和组织生活会,实施诫勉谈话13人、约谈7人、通报7人、提醒谈话3人、责令作出深刻检查38人。

二是扎实推进"三基建设"。新成立县委教育、卫计工委,全面推行社区大支部制,进一步理清组织框架、理顺党组织管理体系。加大乡村两级经费保障力度,实施新一轮村集体经济"壮大计划",狠抓软弱涣散党组织整顿。开展"标准问题讨论"活动,明确提标对标事项2115个,修订完善"一目录三手册"。实施六大能力提升工程和农村党员技能和学历"双提升"工程,提升思维层次和业务素质。

三是持续正风肃纪反腐。认真落实省委"四个坚决摒弃"的要求,始终保持惩治腐败高压态势,全年共查处群众身边腐败和不正之风问题264件,处理264人,给予党纪政务处分99人,其他处理165人,公开通报曝光7批17起43人;运用"四种形态"共处理370人次,其中第一、二种形态346人次,占比93.5%。

四是推动巡视巡察整改。认真落实中央巡视山西反馈意见及市委第六巡察组反馈意见整改工作,逐一对照制定整改方案,县领导带头认领问题,不折不扣抓好整改工作。对省、市巡视巡察反馈整改任务进行"大起底""回头看",建立监督检查台账,抓实整改促进工作。开展三轮巡察,聚焦"两个维护",深化政治巡察。

五是狠抓意识形态工作。认真学习贯彻习近平总书记在全国宣传思想工作会议上的重要讲话精神和省市宣传思想工作会议精神,严格落实意识形态工作责任制,定期召开专题会议进行分析研判。开展纪念改革开放四十周年系列群众文化活动、设立临汾市承办2018年全省旅发大会古县分会场。认真办好县电视台、政府网站和古县新闻期刊,唱响好声音、讲述好故事。

六是树立鲜明选人用人导向。认真贯彻落实《关于进一步激励广大干部新时代新担当新作为努力建设高素质专业化干部队伍的实施意见》,以选贤任能凝聚干事创业正能量。深入乡镇对73名班子成员开展履职回访,配强配齐10个纪委监委派驻纪检组成员,调整干部2个批次26人次,围绕专业化要求,调任干部4人次。坚持"凡提四必",认真开展"六查",共查核干部档案15人次,征求有关部门意见142人次。完善"两个办法"配套实施细则,充分发挥干部考核"指挥棒"作用,将乡镇一线领导班子考核优秀比例提高到20%至25%,从考核优秀的单位和个人中发掘先进典型,旗帜鲜明地为敢于担当负责的干部撑腰鼓劲。

(房 涛)

附:中共古县县委书记、副书记、常委名单

书 记:郝献民

副书记:刘舒华(女) 常立智

常 委:李荣强 牛永福 吴晓芳(女,4月离职) 元福明 韩东军 任 臻

中共汾西县委

县委书记 任天顺

汾西县共有基层党组织334个。其中:乡镇区党委9个,县乡直属机关、事业单位党组织125个,农村党组织125个,社区党组织6个,企业党组织50个,新社会组织党组织14个,工委、总支5个。全县共有党员8170名,其中,女党员1613名,大专及以上学历党员3049名,农村党员4620名,35岁以下的党员1676名。

2018年,汾西县委深入学习贯彻习近平新时代中国特色社会主义思想,认真落实省委"一个指引、两手硬"的思路和要求及市委"345"战略部署,团结带领全县党员干部群众,强力推进"1133"发展战略,全县党的建设和经济社会发展取得新进展、新成效。

一、提高政治站位,深化学思践悟

始终保持学用习近平总书记重要讲话精神的高度自觉,及时传达学习,指导实践、推动工作。坚持中心组集体学习一月一次不动摇,县委中心组14次专题学习研讨,认真学习习近平总书记视察山西重要讲话精神;把重要讲话编印成学习导图、系列读本,作为党员干部案头必备;召开县委十三届五次全会,对进一步贯彻落实习近平总书记视察山西重要讲话精神作出全面部署;依托县委党校,举办党的十九大精神科级干部轮训和研讨班9期700余人;引导基层党组织采取集中学习、知识竞赛、党员大会等多种形式,开展了系列学习宣传活动。县委主动对标,认真谋划,结合实际形成思路举措,推动习近平新时代中国特色社会主义思想在汾西落地落细、

见实见效。

二、加强党的领导,发展民主政治

充分发挥县委总揽全局、协调各方的作用,坚持党的领导、人民当家作主和依法治国有机统一,把党的领导体现到各领域各方面。支持人大及其常委会依法履行职能,县人大常委会听取审议"一府两院"等专项工作报告10项,开展专项调研和检查8次,作出决议决定13项,依法任免人员4人。加强和改进对政协工作的领导,组织政协委员开展专题调研5次,形成调研报告10篇,提案办理42件。加强与各民主党派和无党派人士合作共事,积极做好对台侨务工作,加强民族宗教工作,支持工青妇等人民团体发挥作用。认真履行意识形态工作责任制,将意识形态工作纳入党建工作责任制、年度目标责任考核体系和县委巡察范围。加强宣传思想文化工作,在电视台、爱我汾西、政府网站开设10个专题专栏,向省市媒体推送深度报道100余条。加强对改革工作的领导,落实"三个三"和"四个亲自"的要求,推进7个方面42项重大改革任务取得扎实成效。

三、坚持新发展理念,推进经济稳步向好

深入贯彻新发展理念,统筹推进稳增长、调结构、惠民生各项工作。2018年,全县生产总值完成24.2亿元,比上年下降3.7%;社会消费品零售总额完成13.5亿元,比上年增长7.1%;城镇居民人均可支配收入完成27125元,比上年增长7%;农村居民人均可支配收入完成4267元,比上年增长12.8%;一般公共预算收入完成7846万元,比上年增长12.3%。

脱贫攻坚连战连胜。以脱贫攻坚统揽经济社会发展全局,紧扣"一达标、两不愁、三保障"精准扶贫目标,坚持问题导向,持续精准发力。对照2017年脱贫成效考核反馈问题,县乡村召开反思剖析会230余次,如期完成六大类26个问题整改,得到省扶贫办表扬,办法措施在全省推广学习。45次周例会部署督战,千余名干部尽锐出战,13项专项行动精准实施,3.8万条具体问题整改到位,5亿元的扶贫项目落实到村,"四牌两档"规范到户,两亿元帮扶资金兑现到人。全年脱贫3015户8913人、整村退出27个,为脱贫摘帽奠定了坚实基础。

安全稳定持续向好。深入开展安全生产执法年活动,保持打击非法采矿高压态势,引深重点行业领域安全生产隐患排查整治,成为全市唯一安全生产"零事故"县。落实信访接待、包案调处等制度,信访形势平稳可控。引深扫黑除恶专项斗争,扎实开展平安汾西、法治汾西建设。落实了总投资1.4亿元的10个方面32项利民为民实事,投资3246万元,实施7项集中联片供水工程、农村危房改造、村级卫生室水电暖配套、文化活动场所和文化广场建设等项目。

"六城联创"稳步推进。持续开展"六城联创"工作,西大街改造、垃圾中转站、马沟河流域治理一二期工程如期完工,汾西中学、汾西大医院PPP项目顺利实施,集中供热、煤改电项目有序推进,汾西大道东延、马沟村城中村改造、永安小区公租房二期、西大街商住楼、幸福养老大楼等基础设施建设开工实施。深入开展城乡环境综合整治,完善部门联动、网格监管、"垃圾不落地"等常态化管理机制,城市基础功能进一步增强、市容环境明显改善。

项目建设力度加大。全年实施重点工程44项,完成投资14亿元。投资145亿元的其亚铝业项目园区环评报告已通过专家评审,完成10亿元的主体设备订购;投资9.7亿元的酸铁联产综合利用示范项目完成可研编制、立项备案、园区环评,资源配置报省国土厅审核待批。投资近亿元的北掌水库完成大坝主体土方回填及导流泄洪洞贯通;投资2.7亿元的桃临线木瓜沟至府底段改造项目路基工程完工,今年建成通车;采取PPP模式融资2.3亿元,实施"四好农村路"项目79个266公里;投资3200万元,实施行政村到自然村硬化路61个145公里。

特色农业提质增效。结合脱贫攻坚"1+X"产业布局,以肉鸡产业为主导,实施了10个园区、90个3万只规模的肉鸡大棚项目,配套建设一条3000万只规模的屠宰加工生产线和一条2万吨规模的熟食加工生产线,龙头企业洪昌养殖有限公司荣获全国"万企帮万村"精准扶贫行动先进民营企业,被确定为全市唯一一家"农业产业化国家重点龙头企业"。实施核桃经济林提质增效2.5万亩,新建110个联村光伏电站和村级光伏电站,全县总装机容量达186兆瓦,新建玉露香梨基地7000亩,发展香菇、双孢菇、黄粉虫、苦荞等"一村一品一主体"产业项目97个。肉鸡、黄粉虫产品出口中东和欧洲,特色农业融入"一带一路",打入国际市场。

文化旅游活力增强。实施了姑射山环境治理、真武祠保护修缮、古楼亮化等工程,启动了佃坪至姑射山旅游公路项目。助力全省旅发大会,成功举办全民健步走、师家沟赏月节、姑射山登山节等活动,我县威风锣鼓参加全省旅发大会开幕式表演,获得一致好评。培育和践行社会主义核心价值观,弘扬"坚韧、包容、务实、图强"的汾西精神,和平小学王彩凤被评为首届临汾助人为乐好人,永安镇王林英被评为2018年山西好人,并获第五届临汾市十大道德楷模。持续开展社火表演、艺术灯展、消夏晚会、文化科技卫生"三下乡"等活动,文化旅游的软实力进一步增强。

四、坚持从严管党治党,构建良好政治生态

全面落实新时代党的建设总要求,聚焦主责主业,持续加压发力,不断把从严治党引向深入。

抓三基建设,建强战斗堡垒。围绕"抓党建强三基促脱贫"的思路,探索"村企联建、村社合一",领着群众上、带着群众干,太阳山村通过"组织共建、资源共享、产业共融、发展共赢",投资280万元建成800平米的党群服务中心,建成两座20兆瓦光伏电站,肉鸡产业辐射全县;后加楼村采取"土地入股、资金入社、农民入园、梨园入保",发展玉露香梨1200余亩;120个农村党支部牵头推进"一村一品一主体"产业发展,81个村集体经济突破10万元。推进46个乡村便民服务中心建设,开展11项"品牌服务",落实乡镇、机关等5个质

量标准体系指导手册,提升了基础工作规范化标准化精细化水平。实施“领头雁”“抓党建强三基促脱贫”“汾西大讲堂”等各类培训16期2200余人次,开展“小班制、对话式”生产技术和种植加工专业技术培训2次60余人,开展科级干部脱贫攻坚知识测试5次1000余人。

抓基层保障,激励担当作为。坚持干部在一线选拔、力量向一线倾斜,提拔7名优秀驻村工作队长、第一书记到重要岗位任职,招聘70名事业人员、71名公益性岗位高校毕业生到一线锻炼。坚持钱往基层投、事在基层办,落实乡村运转经费1800万元、乡镇干部用餐补贴70万元;投资420万元改善乡村两级办公条件,投资160万元用于“五小”建设,投资500余万元建成党建信息化系统。激励担当作为,出台《关于进一步激励广大干部新时代新担当新作为建设高素质专业化干部队伍的实施办法》。突出基层导向,2018年“七一”表彰的100个先进集体和优秀个人中,乡村党组织和党员占到86%,形成重心下移、力量下沉、保障下倾的鲜明导向。

抓正风肃纪,打造清廉汾西。坚持把严明政治纪律和政治规矩放在首位,召开4次县委常委班子民主生活会。加强从严治党责任监督检查,办理党内问责案件21件,问责45人;办理领导干部问责案件36件,问责69人。持续纠正“四风”,查处形式主义、官僚主义问题12件,党纪政务处分22人。开展扶贫领域腐败和作风问题专项整治,查办问题线索78件,党纪政务处分64人。健全完善巡察工作机制,部署开展了三轮巡察;做好巡视巡察“后半篇文章”,中央、省委、市委巡视巡察移交问题线索155件,办结154件;反馈共性问题49件,整改48条。保持惩治腐败高压态势,立案149件,结案143件,党纪政务处分140人,其中科级干部24人,移送司法5人。

(崔华伟)

附:中共汾西县委书记、副书记、常委名单

书　记:任天顺

副书记:张安文　杨晓舟

常　委:梁秋菊(女)　赵志红　武耀忠

丁春明　曹启仁(2月任职)　宋大鹏

中共蒲县县委

县委书记　薛凤奎

2018年,县委高举习近平新时代中国特色社会主义思想伟大旗帜,深入学习贯彻党的十九大和习近平总书记视察山西重要讲话精神,认真落实省委“一个指引、两手硬”思路要求和市委“345”战略部署,持续坚持“463”思路目标,真抓实干、奋力攻坚,全县改革发展稳定和党的建设各项事业取得了长足进步。

一、强化思想政治引领,始终把牢正确方向

始终以习近平新时代中国特色社会主义思想为指导,坚持把学习贯彻党的十九大和习近平总书记视察山西重要讲话精神作为首要政治任务,统一思想、统揽大局,统筹推进各项工作。一是以上率下抓学习。县委中心组专题学习习近平总书记重要讲话精神15次,举办学习贯彻习近平新时代中国特色社会主义思想读书班1期,开展县级干部学习党的十九大精神和习近平总书记视察山西重要讲话精神专题研讨。省委十一届六次全会、市委四届四次全会召开后,县委先后召开县委常委会议、县委中心组学习会议、县委十三届四次全会,对进一步贯彻落实习近平总书记视察山西重要讲话精神作出安排部署,学思践悟,紧密结合。同时,扎实推进“两学一做”学习教育常态化制度化,深入开展“强化责任、严守纪律、树好形象”专项治理活动,党员干部“四个意识”更加牢固、“四个自信”更加坚定、“两个维护”更加自觉,凝聚了推动改革发展的强大动力和合力。二是融会贯通谋发展。常委会在提出重大思路、部署重大改革、推出重大举措时,都自觉对照习近平总书记相关重要论述,深刻理解科学内涵,结合县情,科学谋划。实践一再证明,我们的“463”思路目标与中央的大政方针以及省市的决策部署一脉相承,抓住了蒲县发展的关键和要害,找准了工作的着力点和发力点,有力有效地引领和带动了蒲县各项工作始终朝着正确方向不断前行。三是对标对表抓落实。深入开展贯彻落实省委《关于坚决维护党中央集中统一领导的规定》和学习贯彻习近平总书记视察山西重要讲话精神自查工作,接受市委第八督导组督导检查,主动照单认领、认真扎实整改5个方面存在的22个问题;深入整改中央第十五巡视组巡视山西省反馈意见和市委第一巡察组巡察蒲县反馈意见,举一反三,制定整

改措施64条,确保了中央、省委、市委决策部署落到实处,有效提升了工作效能和质量。

二、决战决胜脱贫攻坚,小康基础更加牢固

始终把脱贫摘帽作为重大政治任务和头号民生工程,全县上下众志成城、一往无前,打赢了这场全党动员、全民参与、全面出击的脱贫摘帽攻坚战。全县5913户18492名贫困人口走出贫困序列,27个贫困村全部退出,贫困发生率由23.39%下降至0.53%。一是打好脱贫组合拳。28名县级干部统领9大战区,一线指挥、高效协调。出台"三包五到"精准帮扶、"道德银行"扶智扶志等一系列政策措施,实行"八个全覆盖"、党建引领"十个起来"、周五"无会日""扶贫日"等一系列超常举措和办法,保证了脱贫质量、提高了脱贫成色。二是打造脱贫新亮点。推行企业包带责任制,全县43家涉煤企业包带全县93个行政村,累计投入资金2000余万元;实施产业发展差异化补助,开发农村公益性务工岗位,奖励县内企业用工,5300多户贫困户有了增收产业、5600余名贫困人口有了稳定就业岗位。三是打出昂扬精气神。推广"道德银行",密切了干群关系,促进了乡风文明。《山西日报》《中国扶贫》《农民日报》相继刊发报道。"道德银行"扶贫扶志模式被纳入全省《关于深化扶贫扶志促进精准脱贫的实施意见》。黎掌村欢天喜地庆脱贫的情景两次在央视新闻联播播出。

三、加快产业转型升级,发展动能充分积聚

深入贯彻新发展理念,统筹做好稳增长、调结构、促改革、防风险各项工作,县域经济稳中向好、稳中有进。全年地区生产总值完成96.78亿元,增长6.5%;规模以上工业增加值77.05亿元,增长5.9%;固定资产投资16.19亿元;公共财政预算收入9.68亿元,增长33.3%;社会消费品零售总额9.03亿元,增长7.2%;城镇居民人均可支配收入27714元,增长7.2%;农村居民人均可支配收入9222元,增长9.3%。农业提档升级。高起点规划建设"国家级农业可持续发展试验示范区",《蒲县农业绿色发展三年行动规划》获农业农村部批复;争取回2018年度秸秆综合利用试点县项目。西坪垣万头能繁母猪基地一期和茂州公司东辛庄生态牧场建成投产,新增生猪育肥基地22个、肉牛养殖场25个,猪、牛存栏分别达到3.5万头和1.9万头。苹果、食用菌、小杂粮、中药材等特色产业蓬勃发展,农业产业结构不断优化。工业提质增效。坚定不移地走煤炭"减、优、绿"发展之路,6座矿井达到国家安全生产一级标准,煤炭先进产能达62.39%,全年生产原煤1247万吨、精煤611万吨,销售精煤598万吨。深入开展"转型项目建设年"活动,大力引进战略转型项目,奥鑫博年产2万吨体育器材项目开工建设。三产提速赶超。全年新增个体工商户659户,中小企业实现营业收入23.09亿元。与宏源公司签订旅游保护性开发框架协议。杞柳编织工艺品出口美国,外贸出口实现破零。全年服务业增加值完成14.27亿元,增长8.90%,超过全省、全市增速。

四、积极夯实硬件支撑,城乡面貌整体改观

以21项城乡重点工程项目建设为引领,着力补齐城乡基础设施建设短板。一是提升城市品位。启动新型智慧城乡创建工作,组建城市综合执法大队,常态化整治城区综合环境。蒲伊南街贯通工程竣工通车。完成6个片区494户拆迁任务,昌平东街棚户区改造开工率全市排名第一。二是完善基础设施。霍永高速连接线工程即将完工。93个行政村的互联网、动力电、客运公交、公路硬化和安全饮水实现全覆盖。"四好农村路"全省质量考核排名第一,农村安全饮水工作位居全省第一等次。三是建设美丽乡村。《蒲县乡村振兴战略总体规划》和6个子规划初稿编制完成。投入3300余万元,实施乡村环境"五化"工程,建成省级美丽宜居示范村1个、连片示范区1个,市级示范村3个。山中乡山中村荣获首批省级核心价值观建设示范点称号,黑龙关镇黎掌村入选2018中国乡村振兴先锋榜提名名单。

五、聚焦生态环境治理,绿色颜值有效提升

始终坚决贯彻习近平生态文明思想,深度践行"两山"理论。大力治污,完成30家涉气工业企业深度治理全封闭改造,关停散乱污企业30家;完成120家党政机关和企事业单位、951户居民的"煤改电"任务,城区环境空气质量优良天数达到298天。深度治水,全面落实河长制,10家煤矿企业矿井水完成深度治理,矿井水、洗煤污水回收利用率达90%以上;生活垃圾渗滤液处理工程建成投用;昕水河人工湿地水质净化工程正式运行。持续植绿,狠抓采煤沉陷区、采空区、水土流失区、煤矸石山的生态环境治理修复,完成造林3.51万亩,治理水土流失4.8万亩。

六、大力推进普惠共享,民生福祉显著改善

始终坚持以人民为中心的发展思想,倾力办好惠民实事,财政民生支出占一般公共预算支出达73.69%,蒲县人民的幸福指数进一步提高。教育方面,中考全市山区十县排名第二;高考二本B类以上达线286人,实现"十一年连增";实施北师大教育教学支持服务项目,为振兴蒲县教育引入优质资源。就业方面,城镇新增就业人员1437人,登记失业率控制在4.2%以内;成功举办第二届"蒲伊杯"杞柳编织创业创新职业技能大赛。医疗健康方面,中医院成功创建二甲医院,入选全国基层中医药工作先进单位。社会保障方面,农村低保标准提高到3760元/人/年,养老服务中心成为全市福利名片,殡仪服务中心建成投用。文化方面,行政村综合性文化活动场所全覆盖,大型历史剧《讲道台》全市上演,《蒲县扶贫之歌》在山西卫视百姓春晚播出。县文化局荣获全省基层群众文化先进单位。安全稳定方面,打掉恶势力犯罪集团和恶势力犯罪团伙各1个,扫黑除恶工作受到省、市领导批示表扬;安全生产形势稳定好转,各类安全事故起数下降70%,死亡人数下降64%;信访秩序持续向

好;荣获全省2018年度防震减灾示范县。

七、持续深化改革开放,发展活力竞相进发

始终把改革开放作为加快蒲县发展的重要法宝,全面发力、多点突破、纵深推进,向改革开放40周年交出了一张可圈可点的成绩单。一是注重统筹谋划。县委常委会、县委深化改革领导小组先后13次研究改革事项,县委、政府主要领导带头践行习近平总书记“四个亲自”要求和省委“三个三”抓改革方法,分别主抓10项和14项重大改革;其他县级领导按照分工负责制,建立改革台账,压茬推进、按期交账。将重点改革任务全部纳入县直单位和乡镇指标体系,强化考核倒逼,有力推动了改革任务落地。二是深化重点改革。监察体制改革和司法体制改革持续推进,农村集体产权制度改革工作进度全市排名第三。人才体制机制改革成效显著,在全市率先建成人才周转房,“三名”工程引领大批优秀人才进驻蒲县,山西新闻联播、黄河电视台深度报道了我县人才助力转型发展的经验做法。国地税征管体制改革基本落地,县乡医疗机构一体化改革顺利实施,县供销社被评为全省供销社综合改革先进单位,国有林场改革通过省级验收。三是激发创新活力。支持民营企业转型创新,培育“小升规”企业2户、“专精特新”企业2户,管理标杆企业1户,荣获全市全民科学素质提升优秀县。产学研一体化加快发展,与山西农业大学签订畜牧产业、科技创新战略合作协议;全市首家、全省第二家县级农业类院士工作站落户我县,无抗生物饲料研发取得重大突破;全省马铃薯特色高产新品种展示示范技术培训现场会在我县召开。四是扩大对外开放。持续创优营商环境,全县38个窗口单位推行“六卡”服务机制,实现服务质量和办事效率双提升。坚持“走出去”与“引进来”相结合,外出对接重点企业19次,招引项目13个,总投资106.9亿元,落地开工6个,当年开工率达46%,到位资金4.01亿元。

八、坚持全面从严治党,党的建设不断加强

认真贯彻新时代党的建设总要求,坚决扛起管党治党主体责任,以永远在路上的政治定力和态度决心,坚定不移推进党的建设新的伟大工程。一是持续加强党的政治建设。进一步严肃党内政治生活,全县各级领导班子召开“强、严、树”民主生活会,整改突出问题2899个;建立“主题党日+”活动长效机制;发挥巡察工作的震慑、治本作用,修订《十三届蒲县县委巡察工作规划》,实施两轮常规巡察。开展肃清流毒工作,全面完成政治类有害信息清理。二是认真履行意识形态工作责任制。牢牢把握意识形态工作主动权,出台《蒲县党委(党组)意识形态工作责任制实施细则》《涉蒲网络舆情处置细则》,县委常委会议先后5次研究意识形态工作,2次就网络舆情对相关负责人进行约谈。加强正面宣传引导,聚焦脱贫攻坚、扫黑除恶、旧城改造等重点工作,宣传开路、舆论先行,鼓劲加油、营造声势,凝聚了强大的工作合力。三是扎实推进“三基建设”。投入500万元,高标准打造35个“三基建设”示范点,累计完成77个基层阵地建设提标;投入1860万元扶持村集体经济发展壮大,60%以上的村集体年收入突破5万元。加强干部人事档案信息化建设,对全县340个机关事业单位基础工作进行达标评估。培训干部和实用人才6400余人次,联系培养乡土人才126人。圆满完成妇联换届任务。四是树立选人用人正确导向。突出政治标准,坚持不廉洁的干部坚决不用,不作为、慢作为、乱作为、假作为的干部坚决不用,理直气壮地支持敢闯敢干、锐意进取的干部。2018年共选拔调整交流干部48名,其中提拔重用第一书记6名、驻村工作队员3名,旗帜鲜明地树立以发展论英雄、凭实绩用干部的选人用人导向。五是扛牢压实主体责任。常委会先后16次召开会议,研究部署全面从严治党各项工作,听取五大党组工作汇报和巡察工作汇报,着力推动“两个责任”落实。全力支持纪检监察机关履行职能,在全县派驻10个纪检监察组,在9个乡镇任命27名监察员,实现纪检监察工作全覆盖。靠实“两个责任”,对履行“两个责任”不力的56名党员干部进行了责任追究,倒逼管党治党责任有效落实。六是持之以恒正风肃纪。坚持纠正“四风”不止步,集中整治形式主义、官僚主义,出台《关于严格规范督查检查考核工作的通知》,减轻基层迎检负担。扎实开展群众身边腐败问题专项整治,深挖彻查涉黑涉恶腐败和“保护伞”,保持正风肃纪反腐高压态势。全年共处置问题线索312件,办结311件,立案122件,处分113人,采取留置措施2人,移送司法6人。其中,给予党纪处分82人,政务处分35人,组织处理111人,保持了正风肃纪的高压态势,营造了风清气正的干事环境。七是不断发展民主政治。积极支持县人大依法履行职责。支持保障县政协积极有效开展工作。着力构建党委统一领导的大统战格局,25个党委统战委员全部到位履职,调整充实乡科级党外干部6人。发挥县委法治建设领导小组作用,落实法律顾问制度,推进公共法律服务实体平台建设,办理法律援助案件49件,有效促进了公平正义和社会稳定。坚持党管武装原则,完善军地齐抓共管国防后备力量建设机制,推进军民融合,军政军民团结氛围更加浓厚。

(张　阳)

附:中共蒲县县委书记、副书记、委常委名单

书　记:薛凤奎

副书记:赵志慧(10月离职)　吴吉红

常　委:李有红　宋蒲刚　崔文学　张宁红　黄生宁　刘俊绒(女)

中共乡宁县委

县委书记　樊洪平

乡宁县辖10个乡镇、175个行政村、1063个自然村,共有505个基层党组织,其中16个基层党委(10个乡镇党委),9710名党员。

2018年,中共乡宁县委高举习近平新时代中国特色社会主义思想伟大旗帜,深入学习贯彻党的十九大、十九届二中、三中全会精神和习近平总书记视察山西重要讲话精神,团结带领全县干部群众,坚决维护党中央集中统一领导,对标落实省委十一届六次全会和市委四届四次全会精神,抢抓机遇、锐意进取,全力推动中央和省市委重大部署高标高效落实,不断拓展党的建设和党的事业新局面。

一、紧牵深化改革"牛鼻子",重点领域任务扎实推进

认真贯彻落实中央关于全面深化改革的新部署和国发42号文件精神,强化责任担当,全力推进落实。加强党对改革工作的领导。定期专题研究重点领域改革工作,认真落实主要负责同志亲力亲为抓改革工作机制和县级领导分工负责制,扎实推进重点改革任务,多项改革任务走在全市前列。聚焦重点领域持续发力。不断深化监察体制改革,反腐败力量有机整合、深度融合。认真落实"三去一降一补",压减产能105万吨。持续推进放管服改革,办事效率大幅提升。大力支持创新驱动发展,建成国家级"星创天地"1个、省级众创空间1个。不断加大开放合作力度。积极举办和参加各类招商引资活动,全年签约项目11个,总投资143.43亿元。主要负责同志带队到贵州、江苏、江西就"三变改革"(资源变资产、资金变股金、农民变股东)、紫砂产业等进行考察,不断深化与先进地区交流合作。召开民营企业家座谈会,推进领导干部联系帮扶民营企业,全力支持民营经济发展。

二、坚持产业转型"主基调",县域经济发展质效同升

加强党对经济工作的领导,坚持以转型发展统揽全局,致力打造"4+X"新兴产业体系(现代农业、全域旅游、紫砂文创、新能源加各乡镇自主发展的转型产业)。全域旅游蓬勃兴起。举办云丘山"中和文化节"、音乐艺术节等活动,助力全省旅发大会。云丘山5A景区、戎子酒庄4A景区创建工作及云丘山旅游路、沿黄旅游路等项目顺利推进,年度游客接待量和旅游收入均创历史新高。紫砂文创蓄势待发。多次组团赴宜兴和景德镇考察学习,邀请业内专家指导,编制紫砂产业发展规划,筹划建设紫砂小镇,培育紫砂文创企业,打造"中国北方紫砂之都"迈出坚实步伐。新能源产业加速崛起。投资100亿元的谭坪"煤电材一体化"项目正式启动,一期投资4.4亿元的中电投5万千瓦风电项目开工建设,中石化煤层气勘探开发稳步推进,能源供给结构不断优化。全年生产总值完成133.46亿元(增长4.8%),城镇和农村居民人均可支配收入分别完成30082元(增长6.5%)和10341元(增长8.3%)。特别是规模以上工业增加值完成93.73亿元(增长4.4%),财政总收入完成48.58亿元(增长21.53%),公共财政预算收入完成17.28亿元(增长36.9%),均位居临汾全市第一。

三、把牢"三农"工作"总抓手",乡村振兴扎实开局起步

始终把"三农"工作作为重中之重,牢牢把握乡村振兴"总抓手",不断推进农业增效、农民增收、农村振兴。农业产业不断发展壮大。在扩大规模的同时,更加注重提升质量,全县经济林面积达31.8万亩、农民人均1.6亩。坚持绿色有机主方向,启动10家企业、5.1万亩有机、绿色、无公害农产品认证。乡村环境更加美丽宜居。深入推进完善提质、农民安居、环境整治、宜居示范"四大工程",投入5300余万元,高效推进16个美丽宜居示范村建设,大力推进农村"厕所革命",扎实开展城乡环境整治,农村人居环境明显改善。乡村振兴全面启动实施。高效推进农村集体产权制度改革,编制完成乡村振兴总体规划,同步推进"5+1"专项规划编制工作,邀请中国乡建院指导重点村规划,支持示范乡镇和示范村先行先试,引领乡村全面振兴崛起。

四、打好三个重大"攻坚战",全面小康基础不断夯实

坚决打好打赢"三大攻坚战",确保得到人民认可、经得起历史检验。全力打好防范化解重大风险攻坚战。围绕政治安全、经济安全、金融安全、人民生命财产安全等热点难点问题,统筹做好各类重大风险隐患防范化解工作,全力防范化解"黑天鹅""灰犀牛"事件。全力打好脱贫提升攻坚战。把脱贫摘帽作为新的起点,全面落实"四不摘"(摘帽不摘责任、摘帽不摘政策、摘帽不摘帮扶、摘帽不摘监管)要求,大力弘扬"亮剑啃硬、务实担当、奋勇争先"的脱贫攻坚精神,加强"三支队伍"管理,开展脱贫成效巩固提升三年行动,县级财政预算3.24亿元提升基础设施、扶持产业发展。截至2018年底,贫困发生率下降到0.04%。全力打好污染防治攻坚战。坚持推进创卫、完善基础、污染防治三管齐下。高标准实施八大治污,持续保持"铁腕治污"高压态势。扎实推进创建国家卫生城镇,深入开展环境卫生集中整治,实施鄂河综合治理、人工湿地等重点工程,城乡生态环境持续改善,全年二级以上天数289天,优良比例79.4%。

五、筑牢团结和谐“压舱石”，民主法治建设成效明显

坚持把党的领导、人民当家作主和依法治国有机统一起来。大力支持人大、政协履行职责。支持县人大开展执法检查、视察、调研，广泛听取和审议专项工作报告，对事关全局的重大事项及时作出决定决议，支持县政协围绕中心工作广泛开展专题协商、专项视察。巩固发展最广泛的爱国统一战线。加强同各民主党派和无党派人士合作共事，积极做好党外知识分子、新社会阶层人士统战工作，建立县乡村三级宗教工作网络，筑牢共同奋斗的思想政治基础。持续提升“法治乡宁”建设成效。大力开展法治宣传教育，通过编制普法短剧等形式普及法律知识，营造全民尊法的浓厚氛围。认真落实法律顾问和公职律师制度，深入推进司法体制改革，社会治理水平进一步提高，全县社会大局稳定。扎实开展扫黑除恶专项斗争，有力打击黑恶势力犯罪，人民群众的安全感进一步提升。

六、坚守意识形态主阵地，宣传思想工作全面提升

着力加强党对意识形态工作的领导，定期分析研判，开展专项督查，完善领导机构，健全工作机制，进一步压实意识形态主责。加大网络舆情监控处置力度，重大事件及突发性事件及时介入。开设学习贯彻十九大精神、改革开放、脱贫攻坚、扫黑除恶等专栏，全面加强舆论引导。不断拓展对外宣传渠道，邀请中央电视台拍摄了云丘山民俗年专题节目，全年在主流媒体刊发稿件230篇。以创建省级文明县城为载体，广泛开展社会主义核心价值观教育，持续开展“扫黄打非”工作，全面加强娱乐场所管理，组织开展“道德模范”评选表彰活动，推进移风易俗和村规民约建设，不断提高全社会文明程度。加大文化服务设施投入力度，广泛开展群众文化活动，大力支持文学艺术创作，推出一系列文艺精品，弘扬了时代精神，增强了“文化自信”。

七、办好民生保障大实事，人民生活水平明显改善

始终坚持以人民为中心的发展思想，统筹抓好各项民生保障工作。在教育医疗上，制定出台《关于提升教育教学质量加快建设教育强县的意见》，继续实施十二年免费教育，实验小学建成投用，新城区幼儿园被遴选为国培基地，高考达线人数再创历史新高。县医疗集团和新医院规范高效运营，县乡医疗卫生一体化改革工作走在全市前列。在工程实事上，采取领导主管、定期调度、现场办公等措施办法强势推动。拆迁近30万平米、补偿13亿多元的城中村拆迁改造项目顺利推进。年初承诺的12件惠民实事高标兑现。集中承载和展示乡宁地方文化的民俗广场竣工投用，为美丽乡宁增添了新亮点。在安全生产上，牢固树立“总体安全观”，开展安全生产大检查、煤矿全面安全“体检”和安全隐患排查整治，全县安全生产形势总体平稳。与此同时，继续实行县城公交免费，就业、社保、住房保障等社会事业长足进步，人民群众的获得感、幸福感、安全感不断攀升。

八、种好管党治党“责任田”，党内政治生态持续优化

坚持把落实管党治党政治责任放在事关全局的重要位置，坚决扛起主责，切实做强主业，推动全面从严治党不断向纵深发展。压实主体责任。既带头落实主体责任，又坚决支持纪委履行监督责任。成立反腐败领导小组，统一指挥重大案件查处，实现对反腐败工作的“全过程领导”。着眼于抓早抓小抓苗头，“咬耳扯袖、红脸出汗”成为常态。督促下级党组织健全责任体系、明确责任清单、强化责任措施，切实种好管党治党“责任田”。大抓基层党建。投入6000余万元，扎实推进“三基建设”，打造“100个示范点和100个党建示范项目”，研究制定出台建设高素质专业化干部队伍和发现培养选拔优秀年轻干部两个实施办法，坚持在重点工作一线提拔重用干部的鲜明导向，有效激发党员干部干事创业热情。持续正风肃纪。严格贯彻落实中央八项规定精神，集中整治形式主义、官僚主义，高效运用巡察“利剑”，扎实开展民生领域腐败和不正之风专项整治，反腐败斗争压倒性态势不断巩固。此外，党政机构改革有序推进，党管武装工作不断加强，县委各部门和工青妇等群团组织作用有效发挥，各项工作都取得了新的成效。

（乔鹏龙）

附：中共乡宁县委书记、副书记、常委名单

书　记：樊洪平

副书记：杨建军(6月离职)　廉海平(6月任职)　冯小宁

常　委：刘建平　周晓文　高国荣　郭玉龙　任国栋　闫　鹏　安　娜(女)

中共吉县县委

县委书记　郝忠祥

吉县共有乡镇党委8个，县直党委(总支)21个，党支部256个，党员6506名。

2018年，吉县县委坚持以习近平新时代中国特色社会主义思想为指引，深入学习贯彻党的十九大和十九届二中、三中全会精神，深入学习贯彻习近平总书记视察山西重要讲话精神，认真落实省委“一个指引、两手硬”思路要求和市委

"345"战略部署,团结带领全县干部群众,聚焦决胜脱贫攻坚,全力推进"1236"(即围绕一个目标——圆就民富县强"吉县梦",突出两条主线——加强党的建设,全面从严治党;打赢脱贫攻坚,全面建成小康,打造"三色品牌"——红色苹果、绿色生态、黄色瀑布,全力推进"六大突破"——在"加强项目建设、推进文化兴县、工业快速崛起、城建夯实基础、民生持续改善、依法规范管理"上实现新突破)发展战略,率先实现了脱贫摘帽,开启了建成全面小康社会"新征程"。

一、主攻"两条主线",强化主业主责,全面推动党的建设和脱贫攻坚取得新成效

坚持目标导向,突出"两条主线",抓好党建促脱贫,检验党建看脱贫,为率先实现脱贫摘帽,构建良好政治生态。

第一条主线,从严管党治党,党的建设取得了新成效。坚持"巩固、深化、提高"方针,全力抓主业,履主责。一是强化"三基建设"夯基石。印发了基层党建工作规范化指导意见,开展了机关和农村党组织"联促建"活动,制定了《关于适应新时代要求大力发现培养选拔优秀年轻干部的实施办法》,持续整治"软弱涣散"党组织,稳步推进农村(社区)档案规范化建设,全面提升"三基建设"水平。二是明确"党建目标"压责任。召开书记专题会议、常委会议、党建领导小组会议、书记抓基层党建"面对面"述评会,对全县党建工作明任务,细职责,促落实。对意识形态工作定目标,压责任,抓考核。三是落实"两个责任"严治党。进一步深化监察体制改革,实现了县级派驻机构全覆盖,配齐了乡镇监察力量;开展了十三届县委第五轮和第六轮巡察工作;持之以恒纠正"四风",坚决整治群众身边腐败问题,推动全面从严治党向基层延伸,全面巩固良好政治生态。四是倡导"逢一必争,逢旗必夺"强作风。扎实推进"两学一做"学习教育常态化制度化,深入开展"强严树"专项治理活动,积极推行干部激励机制和容错机制,认真践行省委"五倡导五反对",教育引导全县各级党员领导干部逢一必争、逢旗必夺,着力锻造"忠诚、干净、担当"高素质干部队伍。

第二条主线,决胜脱贫攻坚,小康吉县奠定了新基础。坚持以脱贫攻坚统揽经济社会发展全局,组织召开了县委农村工作暨脱贫摘帽誓师大会,动员全县上下继续大力发扬"敢于吃苦、敢于较真、敢于碰硬"的脱贫攻坚精神,进一步压实责任、做实产业、务实过程、落实政策、踏实作风,确保结果真实,下足"绣花"功夫,精准扶贫,精准脱贫,全县贫困发生率降至0.32%,顺利通过了省核查、国务院第三方评估验收。国务院第三方评估验收组指出,"群众对扶贫工作成效感受真切、强烈",充分肯定了吉县的产业扶贫、易地搬迁、精准施策和干部帮扶四项工作。2018年2月,吉县依托苹果实施产业扶贫的经验做法,在省委农村工作暨脱贫攻坚会议上进行了交流,赢得了点赞和支持,引起了新华社、人民日报等新闻媒体的关注和报道;2018年8月8日,省政府正式批准吉县退出贫困县;8月17日,国务院扶贫办召开新闻发布会,宣布吉县退出贫困县。脱贫摘帽后,按照习近平总书记"防止返贫和继续攻坚同样重要"指示要求,坚持"摘帽不摘责任、不摘政策、不摘帮扶、不摘监管",保持清醒头脑,聚焦巩固提升,制定了脱贫成效巩固提升实施意见和三年行动方案,召开了全县脱贫成效巩固提升推进会,坚持领导力量不变、包联责任不变、帮扶机制不变、扶贫政策不变,动员组织全县干部群众动力不减,标准不降,干劲不松,积极投入到脱贫成效巩固提升工作中,进一步提升苹果产业水平,提升基础设施和功能,提升惠民政策保障,提升文化文明素质,提升农村基层组织能力。经过近一年的努力,全县贫困人口已由脱贫摘帽时的290人,下降到50人,贫困发生率降为0.055%,脱贫成效持续巩固,为全面建成小康,实现乡村振兴奠定了坚实基础。在省委农村工作暨全省脱贫攻坚工作会议上,吉县荣获了脱贫攻坚"组织创新奖"。

二、聚焦"三色品牌",咬定目标不放,全面推动产业兴、人民富、生态美迈上新台阶

坚持效果导向,立足资源优势,聚焦产业特色,全力把"三色品牌"打造成富民强县的主导产业,全面建成小康的依仗产业。一是做优"红色苹果"。坚持供给需求双向发力,指导创建"技术管理、示范带动、营销服务"三大体系,加大"技术培训、基础设施、农资安全"三大保障,持续推进"四化四统一",扶持果农搭建防雹网1800亩、购买自然灾害保险6.2万亩,建设5个人工消雹炮点;建成东城垣、兰村垣两个示范园区。2018年,在遭受严重冻灾的情况下,积极组织开展生产自救,确保了群众减产不减收。吉县苹果荣获"2018全国绿色农业十佳果品地标品牌"荣誉称号,成功出口美国、澳大利亚等国家,创汇190余万元;吉县苹果产业园被省农业厅等四部门评定为省级现代农业产业园;吉县被国家农业农村部等九部门认定为中国特色农产品优势区。二是做美"绿色生态"。坚持"绿水青山就是金山银山"理念,实施了三北防护林10000亩,完成新一轮退耕还林2000亩,全县森林覆盖率提高到52.9%;扎实推进"煤改气"、"煤改电",持续加强散煤管控,坚决置换和收缴劣质煤,全年二级以上优良天气达265天以上;全面落实"河长制",城区河道污水管网配套工程、污水处理厂提标改造、州川河人工湿地等项目基本完成;深入实施生态环境治理"八大工程"(产业结构优化、能源结构优化、运输结构优化、城乡环境整治、水体环境提标、土壤安全保障、矿山生态治理、治污能力建设),编制完成了化肥、农药、农膜污染防治规划,开展了果园废弃反光膜回收利用,全面加强农业面源污染治理,吉县的山更绿,天更蓝,水更清,环境更优美了。三是做强"黄色壶口"。大力加强景区景点建设,加快壶口5A级创建,推进壶口景区体制机制改革,与蒲县宏源投资有限公司签订了合作框架协议。重点打造全县旅游大循环圈和壶口、人祖山两个旅游小循环圈,人祖山景区成功创建4A级旅游景区,沿黄旅游公路建设有序推进,吉县旅游集散中心投入使用。举办了"春华秋实"全域旅游活动,推动"旅游扶贫示范村"建设,大力发展乡村旅游,全力打造国家全域旅游示范县和美丽乡村试点县。在国庆黄

金周未能营业的情况下,2018年,壶口景区接待游客人数达到了135万人,门票收入7800多万元;乡村旅游综合收入2000多万元。

三、围绕“六大突破”,抓好工作落实,全面推动经济稳步向好实现新目标

深入学习贯彻习近平新时代中国特色社会主义经济思想,坚持稳中求进工作总基调,践行新发展理念,持续推动经济社会发展稳中有进,稳中有为。一是招建结合,项目驱动带动实现了新突破。组织实施了10项重点建设项目,完成投资6.8亿元。严格落实省政府“13710”工作法,持续优化“六最”营商环境,积极招商引资,签约12个项目,总投资82亿元。二是注重培育,文化兴县活县实现了新突破。媒体融合发展深入推进,吉县融媒体中心初步建成运行。大力弘扬“吉县精神”和“脱贫攻坚精神”,深入开展“倡导移风易俗、弘扬时代新风”行动,倡导群众“谢绝滥邀请,回绝高礼金,杜绝陋习俗”,不断加快“文明吉县”建设步伐。三是转型升级,工业快速崛起实现了新突破。稳步推进煤炭企业扩容技改,加快推进“气化吉县”建设,大力发展新能源产业。5万千瓦远景风力发电项目开工建设;黄河古贤水利枢纽工程进入进场前期准备工作阶段;40兆瓦大型地面光伏电站并网发电;涉及28个村的9兆瓦多村联建光伏发电项目建成并网。全年,生产原煤129万吨;煤层气3.24亿方。四是三环联动,城建夯实基础实现了新突破。统筹规划、建设、管理“三大环节”,改造提升老城,开发拓展新城。新华东街和小府村两个棚户区改造全面铺开;结合创建“国家卫生城镇”,开展了城乡环境卫生大整治,实施了农村人居环境“四大工程”,启动“美丽宜居示范村”创建,城乡整体功能及人居环境得到进一步改善。五是全面发力,民生持续改善实现了新突破。坚持以人民为中心的发展思想,实施了10件民生实事,全力推进群众学有所教、劳有所得、病有所医、弱有所扶。积极落实创业就业扶持政策,城镇新增就业岗位1012人。发放农村低保金等各类救助资金2300余万元,社会保障持续巩固扩大,群众幸福指数进一步提升。六是管育并举,依法规范治理实现了新突破。扎实推进“平安吉县”“法治吉县”建设,积极开展“枫桥示范”创建活动,全面落实安全生产党政同责“五个全覆盖”,扎实开展专案打击和走访慰问退役军人专项行动,社会治理更加规范。深入开展“扫黑除恶”专项斗争,有效维护了社会和谐稳定。

2018年,吉县县委按照省市推进全面深化改革决策部署,结合县情实际,进一步完善改革思路和举措,制定了全面深化改革工作要点,建立了县党政主要领导抓改革台账和“三个三”抓改革台账,扎实抓好各项改革任务落地。深化农业供给侧试点改革、政务服务标准化建设、旅游体制机制改革等三项重点考核改革任务顺利推进,圆满完成年度目标任务。

(冯建亮　蔡惠忠)

附:中共吉县县委书记、副书记、常委名单

书　记:郝忠祥

副书记:崔绍民　赵松强　孔凡春(3月离职,挂职)

常　委:王志宏　樊宜群(8月离职)　陈东楷
王小华　高启巍(11月离职)　李桂萍(女)
李勇宏(11月任职)

中共大宁县委

县委书记　王金龙

大宁县地处吕梁山南端、黄河的东岸、临汾西北部,总面积967平方公里,现辖2镇4乡,84个行政村,总人口6.9万,农业人口5.2万,共有8个党委,18个党总支,227个党支部,党员4625名,是国家扶贫开发工作重点县,全省十个深度贫困县之一,在全国主体功能规划中为限制开发的国家生态建设区。

2018年以来,在省委、市委的坚强领导下,大宁县高举习近平新时代中国特色社会主义思想伟大旗帜,深入学习贯彻党的十九大、十九届二中、三中全会和习近平总书记视察山西重要讲话精神,统筹推进“五位一体”总体布局,协调推进“四个全面”战略布局,坚决贯彻省委“一个指引、两手硬”“以改革促全面工作水平提升”思路要求、市委“345”发展战略,坚决落实省委2018年转型综改先行先试任务、省委省政府攻坚深度贫困“一县一策”及省委十一届六次、七次全会、市委四届四次、五次全会精神,认真履行把方向、管大局、作决策、保落实的职责,团结带领全县干部群众,殚精竭虑谋发展,解放思想促创新,担当作为抓落实,不遗余力补短板,全县党的建设和党的事业在“两转”基础上发生了新变化、实现了新提升。

一、举旗定向,谋篇布局,推动习近平新时代中国特色社会主义思想与大宁实践有机结合

县委始终站在增强“四个意识”、坚定“四个自信”、践行“两个维护”的高度,坚持用习近平新时代中国特色社会主义思想坚定信仰信念、统揽工作大局、指导决策部署、衡量工作成效,努力开创全县改革发展稳定的新局面。

一是切实提高政治站位。坚持把践行“两个维护”作为首要政治任务,按照“学懂弄通做实”的要求,县委中心组带头集中学习20次、交流研讨3次,组织理论宣讲48次,深入学习贯彻习近平新时代中国特色社会主义思想、党的十九大精

神、习近平总书记视察山西重要讲话精神。各级党组织围绕学用习近平新时代中国特色社会主义思想，坚持“每周一测”，开展集中考试，切实在学思践悟、融会贯通、以知促行、知行合一中增强“四个意识”，坚定“四个自信”，践行“两个维护”，做到“四个服从”，在政治立场、政治方向、政治原则、政治道路上同以习近平同志为核心的党中央保持高度一致。

二是对标对表谋划部署。在谋划重要工作、作出重要决策、解决重要问题时，都以贯彻落实习近平新时代中国特色社会主义思想和中央、省委、市委决策部署为前提，对标对表，认真对照，结合大宁实际形成思路举措，探索形成了“党建引领、改革创新、产业支撑、技工推动、生态保障”五位一体脱贫攻坚路径，确定了“有机大宁、园艺大宁、诚信大宁、文明大宁、幸福大宁”创建目标，统筹推进“中央农村集体产权制度改革试点县”“全国健康促进示范县”“全国集体林业综合改革试验区”“全国农村综合改革标准化试点县”“国家级电子商务进农村综合示范县”和“全省食品安全示范县”“六县同建”。省委脱贫攻坚第六督导组给予了“领导层、执行层士气旺盛，同心同德，积极工作，主动作为，不待扬鞭自奋蹄，对习近平新时代中国特色社会主义思想、党的十九大精神和党中央国务院关于脱贫攻坚的部署，思想武装好，理论研究好，实践探索好，工作引领好，配得上学懂、弄通、做实这个称号”“理论研究成果值得称道”的高度评价。

三是持之以恒抓好落实。县委持续强化抓落实的政治责任，坚决推动中央、省委、市委重大决策部署贯彻到底、落实到位。省委十一届六次全会、市委四届四次全会召开后，县委立即召开十二届四次全会，对进一步推动习近平总书记视察山西重要讲话精神落实到位作出全面安排部署，推动习近平总书记重要讲话精神在大宁落实落细。省委、省政府攻坚深度贫困“一县一策”出台后，第一时间召开会议传达贯彻，精心制定《大宁县落实攻坚深度贫困“一县一策”任务实施细则》，分解任务、责任到人，建立台账、细化到事，确保“10+1”政策落地落实。中央第十五巡视组巡视山西后，对照省委、市委《整改工作方案》，结合实际确定了28条整改措施，推动巡视意见得到有效落实。

二、凝心聚力，攻坚克难，着力提升脱贫成色和质量

始终把脱贫攻坚作为重中之重，深入贯彻落实习近平总书记视察山西重要讲话精神，牢牢把握精准扶贫、精准脱贫基本方略，狠抓问题整改，集中力量攻坚，在全县干部群众共同努力团结奋斗下，脱贫攻坚工作取得了新成效。2018年全县23个村5237人脱贫退出，贫困发生率由年初的20.9%下降到9.14%。

一是强力推进责任落实。全年召开27次常委会、43次脱贫攻坚周例会分析形势，研判问题，落实任务。继续落实包联责任制，30名县级领导包乡联村，24个省市单位与87个县直单位驻村帮扶，1096名省市干部及1516名县直机关干部结对帮扶贫困户实现全覆盖。坚持每季度“逐村逐户过一遍”的要求，督促乡、村两级落实责任，守土有责、守土尽责。部署开展了脱贫攻坚“冬季攻势”暨问题整改大会战，清单管理，双审双签，责任到人，对账销号，坚决消灭一切问题，夯实脱贫根基，提高脱贫成色。

二是强力落实扶贫政策。扎实推进就业扶贫、健康扶贫、教育扶贫、社会保障扶贫等各项惠民政策的落实兑现。设立了“大宁技工新时代讲习所”，乡建讲习站，村建讲习点，举办交通、水利、造林培训和企业用工、实用技术培训，助推了农村改革，提升了脱贫技能。依托新大象养殖、隆泰花卉、鸿晋手套、治诚科技、鑫辉电子等企业，1000余名劳动力通过培训实现就地就业。加大教育扶贫力度，落实相关政策，有效地破解了贫困固化代际传递问题。全面落实“三保障、三救助”医疗扶贫政策，受益群众18261人次，医保报销比例达到90%以上，城市低保由每月450元提高到每月485元，农村低保由每年3340元提高到3760元，困难群体救助和保障全面落实，群众获得感显著增强。

三是强力补齐基础短板。整合资金2.94亿元用于脱贫攻坚。扎实推进易地扶贫搬迁、贫困村提升、光伏扶贫等重点工程，建设农村“四好公路”34条，实施152个自然村饮水安全巩固提升工程，新建村卫生室33个、文体活动广场60个，农村人居环境不断改善。易地移民搬迁5个城区安置点、22个乡镇安置点主体全部完工，基础设施、公共服务等配套设施正在加紧施工。

三、解放思想，改革创新，着力激发县域发展活力

坚持深入贯彻习近平总书记“将改革进行到底”的指示精神和省委骆书记“改革决不能落后”的工作要求，大胆创新，先行先试，坚决破除制约发展的体制机制障碍，突破利益固化的藩篱，全面深化改革取得实质性进展。

一是坚决扛起深化改革责任。县委始终紧跟中央、省委、市委深化改革的坚定步伐，把深化改革放在更加突出的位置。先后多次召开常委会和改革领导小组会议，研究部署全县深化改革相关问题和重点任务。建立了县级领导分工负责制，制定了重要改革事项责任清单和改革任务台账，明确时间表，绘制施工图。各级领导干部认真践行习近平总书记“四个亲自”的工作要求，按照省委“三个三”抓改革具体方法，自觉扛起改革主体责任，全力当好“施工队长”，增强了全县改革的系统性、整体性、协同性，确保了各项改革任务善始善终、善作善成。

二是突出“一县一策”引领改革创新。聚焦省委、省政府攻坚深度贫困“一县一策”赋予我县的专享政策，解放思想，大胆尝试，以改革促创新、以创新促脱贫。探索绿水青山转变为金山银山的有效实现途径。践行习近平生态文明思想，初步探索出了“两山”转变的8条有效实现途径：第一，推进购买式造林，2018年8.16万亩造林和管护任务，带动2088户6264人经济脱贫，把打造绿水青山的过程，变成群众积累金山银山的途径。第二，实行资产化管护，聘用生态护林员287

名，管护有价，损失赔偿，把保护绿水青山的过程，转变为增加群众金山银山的渠道。第三，设立脱贫攻坚生态效益补偿专项基金，每年投入150万，给予新造林每年每亩5元的生态效益补偿，保护绿水青山，增加金山银山。第四，试点林业资产性收益，龙头企业成立2个专业合作社，221户群众入股，受益年限为30年，构建绿水青山转变为金山银山的长效机制。第五，探索建立森林市场，让森林通过市场交易实现价值，构建绿水青山转变为金山银山的市场机制。第六，探索碳汇扶贫，对15万亩新造林进行碳汇开发，依据林木固碳释氧量给林农以经济补偿，探索绿水青山消除碳足迹、应对气候变化功能转变为金山银山的有效方法。第七，创建园艺大宁，着眼逆城镇化发展和美丽中国建设对园林花卉产品的巨大市场需求，布局发展园艺产业，尝试把绿水青山的种质资源转变为增加金山银山的生态产品。第八，创建有机大宁，应用生态学原理，禁用有害农药、化肥、激素、除草剂，发展有机旱作农业，维护食品安全，呵护百姓健康，努力把绿水青山转变为人民健康与幸福的金山银山。探寻深化改革赋权于民脱贫攻坚新方法。将购买式造林经验推广到农村道路、水利、贫困村提升等领域，实施了“深化农村改革、振兴乡村经济”工作。赋予党支部事权，发起成立股份经济合作社，确认身份、清产核资、折股量化、合股联营，把村民组织起来，承接工程、发展产业、实行自治。采取“反租倒包”“合作社内部再购买”“组织起来再单干”等市场经济的办法，用新时代联产计酬责任制防止“出工不出力”再现。村党支部领导成立自治组织，制定村规民约，让村民自己“说事”“议事”“主事”“管事”。坚持把股份经济合作社纳入纪委监委监督范畴，规范股份经济合作社的运行。合作社通过议标，承接造林、水利、道路、贫困村提升等工程，7个试点村总投资2424万元，增加务工收入368万元，带动贫困户250户639人户均增收11137元、人均增收4357元；非贫困户94户271人户均增收9548元，人均增收3312元；所有参与的344户910人户均增收10704元、人均增收4046元；为村集体创收182万元，每村平均获得工程利润26万元。这项改革在全省攻坚深度贫困忻州现场推进会后全面铺开，实现了物归原主、还权于民，增加了群众收入，壮大了集体经济，增强了党支部的凝聚力、号召力，激发了乡村活力，深得群众拥护。省政府107号文将购买式造林作为创新机制之一在全省推广。购买式造林、深化农村改革经验央视新闻联播、山西新闻联播分别予以报道，人民网、中国扶贫网、农民日报、山西日报、山西农民报、临汾日报等中央、省、市媒体30余次宣传报道，应邀在“农村改革(太谷)论坛”“中国驻欧洲孔子学院院长培训班”“中国生态文明论坛南宁年会”等国家、省、市会议上进行了13次典型交流。中央党校徐祥临教授实地考察后指出：“满足国家、壮大集体、富裕自己”是大宁经验的精髓，是“我国农村基本经营制度的重大创新”。

三是持续深化重点领域和关键环节改革。进一步深化监察体制改革，出台了《关于加强大宁县纪委监委派驻机构建设的意见》，统一机构名称、规范工作职能、科学配置力量，采取综合派驻和单独派驻相结合方式，实现了派驻、巡视、监察“三个全覆盖”。进一步深化教育资源整合，成立了大宁一中与襄汾中学教育联合体，改办19所农村学校为8所寄宿制学校，对大宁一中、大宁二中进行初高中分设办学，优化了资源配置，提高了教学质量。进一步深化医疗卫生体制改革，组建了大宁县医疗集团，成立了“山西医科大学第一医院大宁分院”，县乡医疗卫生机构一体化改革走在全省前列，时任副省长曲孝丽在全省公立医院改革现场会上两次对大宁进行表扬。

四、精心谋划，精准施策，着力落实高质量发展要求

始终坚持把加快发展作为解决前进中所有困难和问题的关键，对照省委、省政府确定的“示范区、排头兵、新高地”目标，加强对经济工作的领导，稳增长、调结构、促转型，经济发展基础更加厚实、发展优势不断增强。

一是加快重点项目建设。开展了“转型项目年”活动，召开了民营企业座谈会，建立了领导干部联系民营企业制度，全力支持民营经济发展。总投资11.9亿元的鸿锐集团一次性防护手套项目，2017年实现了“当年签约、当年建设、当年投产、当年纳税”，2018年完成了二期厂房建设，投产12条生产线，实现产值1亿元，出口创汇1700万美元，解决了460人的就业问题，在全省转型项目观摩大会上进行了典型经验交流。总投资11.35亿元的新大象集团百万头生猪养殖项目，投入运行1个种猪场、2个育肥场，为108户入股贫困户分红81万元，为贫困户资产性收益分红300.12万元。总投资1.37亿元的隆泰集团现代农业花卉双创示范园项目，投产3万平方米连栋温室，为贫困户资产性收益分红187.85万元。

二是推动绿色能源开发。立足县内煤层气和太阳能优势，大力开发绿色能源，为全省“争当能源革命的排头兵”贡献大宁力量。建成了太仙村20兆瓦扶贫光伏电站，实现了80个贫困村300千伏光伏电站全覆盖。宁扬公司日处理30万立方米煤层气液化项目顺利投产，中石油煤层气勘探项目年产能达到2.5亿立方米，绿色能源开发利用迈出新步伐。

三是“有机大宁”“园艺大宁”引领乡村振兴。大力实施乡村振兴战略，编制了乡村振兴“5+1”规划。邀请温铁军、徐祥临、蒋高明、李昌平等“三农”专家进行专题讲座、实地考察，把脉问诊、献计献策；与中科院植物研究所、中国人民大学乡建中心等专业团队签订协议，在有机农业、园艺产业发展上深度合作。在7个村先行先试，按照有机的标准发展苹果、西瓜、小杂粮、养殖等产业，推动了农业供给侧结构性改革。累计完成经济林提质增效3万亩，新增苹果经济林1.5万亩，出口水果示范基地规模不断扩大。聘请省林业专家，编制了花卉基地和道教村园艺示范点建设规划，确定了建设北方最大盆花生产基地的目标，引领“园艺大宁”建设。文化旅游产业开始起步，邀请温铁军教授团队开展文旅资源调查并指导文旅开发，二郎山国家级森林公园申办成功。

五、关注民生，回应期盼，着力提高群众幸福指数

始终坚持以人民为中心的发展思想，在发展中补齐民生短板，提升保障改善民生的水平，使人民群众的获得感、幸福感、安全感更加充实、更有保障、更可持续。

一是大力发展民生事业。围绕群众关心关注的教育、医疗、住房、社保等方面的热点焦点问题，我们有效推进落实了一批惠民实事。国家义务教育均衡发展督导认定顺利通过，新二中封闭式学校、第二幼儿园投入使用，县一中高考达线人数同比提高3%。县医院建成了国家级远程会诊中心、肾透析室，总投资1.33亿元的新医院建设进展顺利，着力打造临汾西山地区区域医疗中心。为建档立卡贫困人口代缴了养老保险费，实现了贫困人口参加基本养老保险全覆盖。276套公租房实现入住，新建了公租房三期工程，城区新增集中供热面积10万平方米。举办了元宵节社火汇演、广场文化消夏月、桃花节、国际越野跑挑战赛等活动，文化惠民不断深入。

二是全力维护社会稳定。深入开展安全生产执法年活动，扎实推进安全生产大检查和专项整治，全县未发生经营性生产安全事故，安全生产形势总体平稳。严格落实信访工作责任制及领导接访、下访和包案制度，扎实做好乡村医生、民办教师等重点人群的矛盾化解和稳控工作，深入开展军队退役人员走访慰问活动，信访事项化解率达到85%以上。对涉军、征地拆迁、生态环境等14个重点领域开展矛盾风险防范化解专项行动，调解纠纷78起。深入开展扫黑除恶专项斗争，印发宣传材料5.6万份，履责督导谈话538人次，摸排线索40条，依法处理涉恶案件4案，逮捕11人，判决9人，取得了阶段性成效。

三是努力改善生态环境。实施最严格的环境保护制度，认真落实环保“党政同责”“一岗双责”，常委会8次研究环保工作，协调解决问题，推动工作落实。整改环保督察反馈问题20个，行政处罚环境违法案件14起，集中整治关停了黄河采砂场，启动了第二污水处理厂建设，扎实推进退耕还林、三北防护林等工程，加强水污染、大气污染、土壤污染防治，空气质量优良天数达82.19%，集中式饮用水源地水质达标率100%，昕水河出境断面水质稳定在Ⅲ类水质标准，生态环境质量持续改善。

六、固本强基，凝神铸魂，着力构建风清气正政治生态

县委坚定扛起管党治党主体责任，认真贯彻落实新时代党的建设总要求，全面加强思想建设、组织建设、作风建设、纪律建设，把制度建设贯穿其中，以永远在路上的恒心和韧劲，持续加压发力，狠抓工作落实，党的建设取得新的成效。

一是坚持把党的政治建设摆在首位。严格执行《新形势下党内政治生活若干准则》，常委班子先后召开2次民主生活会，督促指导基层党组织严格执行“三会一课”制度，坚持每月主题党日活动，规范组织生活“六步骤”。着力加强党内政治文化建设，建成了“大宁县党员教育实践基地”。深入开展“强化责任、严守纪律、树好形象”专项治理活动，引导党员干部强化责任意识，严守政治纪律和政治规矩。

二是认真履行意识形态工作责任制。将意识形态工作纳入年度目标责任考核体系，调整充实了县委意识形态工作领导小组，2次召开会议进行专题研究部署，定期进行分析研判，对全县意识形态工作进行了专项督查。切实加强宣传思想文化工作，深入推进精神文明建设。坚持正面引导舆论，深入宣传习近平新时代中国特色社会主义思想、党的十九大精神和社会主义核心价值观，组织开展了脱贫攻坚、扫黑除恶等重大主题宣传。

三是大力加强干部队伍建设。坚持党管干部原则，严格执行新时期好干部标准，制定出台《关于进一步激励广大干部新时代新担当新作为努力建设高素质专业化干部队伍的实施办法》《关于适应新时代要求大力发现培养选拔优秀年轻干部的实施办法》和脱贫一线激励干部担当作为的6个办法，1名同志被评为“最美基层干部”。一年来平调和提拔干部56名，其中15名充实到乡镇脱贫一线，社会反响良好。加强干部教育培训，举办了党校读书班、浙江大学高端班、年轻后备干部培训班，选派干部赴江苏无锡惠山区挂职锻炼，各级干部的党性修养和履职能力得到有效提升。

四是扎实推进“三基建设”。投入经费3705万元用于“三基建设”，109套乡镇干部周转房投入使用，提升乡镇“五小”达到“十有”标准。实施党建“品牌化、规范化、项目化”建设，联建党组织5个，分8个领域开展“党旗红”活动，深入推进非公和社会组织“质量提升年”活动。扎实推进软弱涣散基层党组织整顿，通过财政资金扶持、党费支持等方式，拓宽村集体增收路径，84个村集体收入全部过万，其中5万元以上的村达到70个。6个乡镇和189个机关单位“一目录三手册”编制完成。“强三基、促改革、促脱贫”工作经验在全市组织工作会议上进行了典型交流。

五是深入推进正风肃纪反腐。成立了反腐败领导小组，切实加强对反腐败的全过程领导。完成了第五轮巡察，开展了第六轮巡察，巡视巡察的遏制和治本效应逐步显现。开通信访举报巡回接访直通车，开展扶贫领域、民生领域、涉黑涉恶领域腐败问题专项整治，约谈干部129人次，处置问题线索284件次，运用“四种形态”处置干部276人次，查结群众身边腐败案件70件。

六是扎实推动法治建设。深入贯彻落实党中央依法治国决策部署，将“法治大宁”建设作为一项全局性、长期性系统工程来抓。大力加强公共法律服务体系建设，完善县乡村三级综治中心，深入开展“一村一警”活动，实现了公共法律服务县乡村三级“全覆盖”。深入推进公正司法和法治社会建设，支持县人民检察院依法开展公益诉讼，支持县人民法院开展执行攻坚专项行动，基本解决了执行难问题。同时，加强对宗教工作的领导，进一步提升了宗教活动的规范化管理水平。

七是加强对人大政协工作的领导。把人大监督和重大事项决定工作纳入县委决策和落实体系，支持人大及其常委会

依法履行职责，支持人大代表对脱贫攻坚、产业发展等进行视察和调研14次，开展了城乡环境卫生整洁行动专项监督，形成有效建议和帮扶措施36条。支持政协履行职能，围绕乡村振兴、医疗卫生、安全生产、产业发展等重点课题，组织开展了11次委员专项视察活动，形成委员议政发言40份，提出了具有较强针对性操作性的协商建议。

（杨东明）

附：中共大宁县委书记、副书记、常委名单

书　记：王金龙

副书记：樊　宇　李永升

常　委：赵晨伟　武艳娟(女)　贺晓东　任鹏伟　张振荣　刘照舫(3月离职)　刘开元(3月任职)　李润民(3月离职，挂职)　武剑锋(3月任职，挂职)　薛晓东(挂职)

中共隰县县委

县委书记　李亚丽

2018年，隰县县委深入学习贯彻习近平新时代中国特色社会主义思想和党的十九大精神，团结带领广大干部群众大力实施“1243”工作方略，扎实推进脱贫摘帽、产业发展、乡村振兴、民生改善等重点工作，各项事业取得了新的成效。全年主要经济指标完成情况：全县地区生产总值完成16.76亿元，增长0.3%；全社会固定资产投资完成7.66亿元；公共财政预算收入完成8794万元；社会消费品零售总额完成11.21亿元，同比增长7.9%；城镇常住居民人均可支配收入完成22666元，同比增长5.7%；农村常住居民人均可支配收入完成6439元，同比增长13.2%。

中共隰县县委，共有党组33个，基层党组织291个，其中党(工)委20个，党总支15个，党支部257个。全县共有党员6138名。

一、深入学习贯彻习近平总书记重要讲话精神，在学懂、弄通、做实上狠下功夫

一是深入学习宣传，营造浓厚氛围。充分发挥县委中心组示范带动作用，突出抓好乡科级以上党员干部学习，采取主题培训班、专题讲座等多种形式培训各级党员干部3600余人次，组织全县各级党组织召开学习贯彻习近平总书记重要思想交流会280余场次，开展集中宣讲活动20余次，组织基层宣讲80余场。二是整体谋划部署，坚决贯彻落实。制定出台《关于深入学习贯彻习近平总书记视察山西重要讲话精神的实施意见》，提出41条落实措施，每一条都遵循习近平总书记重要指示精神，每一项都明确了牵头领导和责任单位。三是坚持以上率下，狠抓工作落实。县委主要领导带头，四大班子领导包联重点项目、推动招商引资、开展入企服务，对重大问题亲自协调解决，推动县域经济向高质量发展方向迈进。

二、聚焦打赢脱贫摘帽攻坚战，提升脱贫质量，加快小康隰县建设步伐

2018年，累计完成79个村、7220户、20756人脱贫任务，全县综合贫困发生率从25.4%下降至0.56%。

一是坚持高位推动，夯实脱贫基础。健全完善组织体系，组建17个专项小组，增设退出专项评估检查工作组，先后召开42次周例会。健全完善责任体系，县级领导带头，“三支队伍”、县直单位党员干部包村联户覆盖97个行政村、351个自然村。健全完善政策体系，出台“1个工作方案、10大工程、30项行动计划”，制定《关于坚决打赢全县脱贫攻坚战三年行动的工作方案》，县、乡、村、户全部量身制定脱贫攻坚三年行动计划，邀请山西财经大学专家团队编制完成《隰县乡村振兴战略规划(2018—2022)》。健全完善整改体系，强化问题意识，突出问题导向，制定8个整改方案，逐条明确责任单位、责任人和整改时限，反馈问题全部对账销号。排查整改各类问题3972条。

二是精准攻坚举措，推进重点工程。产业带贫成效显著，构建起以梨果产业为主、特色产业配套发展的“1+N”产业扶贫支撑体系，全面推行特色产业“五有”机制。基础设施筑牢根基，对照贫困村退出指标，投资2.22亿元分三批实施309个基础设施建设项目，97个行政村实现综合文化活动场所、标准化卫生室、宽带网络全覆盖，行政村100%、自然村98%通了动力电。易地搬迁凝聚民心，新建8个集中安置点，完成易地移民搬迁567户1367人（其中建档立卡贫困户485户1250人)，对497户农村危房进行了改造。生态扶贫一举双赢，带动全县4835户贫困户稳定增收脱贫。惠民政策全面落实，帮扶贫困学生9233人次，资助金额1838万元，有力阻断贫困代际传递。“先诊疗、后付费”一站式服务惠及贫困患者2719人、医疗总费用2228万元，贫困群众自付132万元，自付比例控制在8%以内；健康扶贫“双签约”覆盖所有建档立卡贫困户，省卫健委联合《山西晚报》就此项工作进行专题报道；实施“三保险三救助”医疗政策，贫困人口参加城乡居民基本养老、医保参保率均达到100%，隰县健康扶贫工作被国家卫生健康委员会办公厅、国务院扶贫办综合司联合通报表扬。农村低保标准提高到3760元，对3228户、3639名贫困人口落实了“双线合一”兜底扶贫，为324名特困人员发放保障金265万元，为1468名重度残疾人发放护理补贴83万元，救济救助贫困户304人次、发放救助金16万元，做到农村低保“应保尽保”，特困人员“应养尽养”，残疾人“应补尽补”。

三是强化组织保障，严格督查指导。整顿软弱涣散党组织13个，评选五星级支部20个，先后撤换履职能力差的村“两委”主干7名；深入开展“人才服务基层、助力脱贫摘帽”

活动,先后引进28名省市专家,通过开展送技术、送文化、送医疗等方式,服务群众2万余人次;调整充实帮扶力量25支,调整轮换第一书记10人。持续加强督查问责,组建4个督查组常驻8个乡镇常态化督导检查,推动脱贫攻坚各项工作落到实处。充分激发内生动力,围绕“扶志、扶智、扶德”,建立“一约四会”组织(村规民约、村民议事会、道德评议会、禁赌禁毒会、红白理事会),开设“政策讲堂”、“指尖课堂”、“田间学堂”三个课堂,挖掘选树优秀第一书记20人,优秀工作队24个,自主脱贫户22人,脱贫引领村10个。

三、聚焦高质量发展,在构建四大现代产业体系上狠下功夫

一是玉露香梨产业质量效益持续提升。按照农业供给侧改革要求,坚定不移推动玉露香梨产业标准化生产,《隰县玉露香梨优质生产技术规程》和《隰县玉露香梨质量要求》通过省级地方标准审查并发布实施,建起50座标准化示范园,先后邀请国家、省、市果树专家培训果农1万余人次,果园效益增加30%以上。推动品牌化建设,启动实施《隰县玉露香梨区域公用品牌发展战略规划》,创建隰县玉露香梨形象识别体系,举办了第八届“玉露香梨花节”,在杭州召开“隰县玉露香梨”品鉴会。2018年首届农民“丰收节”,央视3个频道7个栏目以《隰县:黄土高原上的“种梨宝典”》为题做了深度报道。推动产业化发展,扶持壮大好乐佳、国新润泽等现有企业,对接引进5万吨生态智能配肥服务中心、水果出口示范基地、隰县电商服务园等产业配套项目,“互联网+”电商营销模式提升了果品价值。

二是现代农业产业开发区建设顺利。着力提升园区承载能力,现代农业产业开发区可研报告上报省政府批复,正在编制开发区总体规划和园区产业规划。着力抓好招商引资,围绕九个产业辐射区发展重点,制定出台《隰县招商引资优惠政策》等系列制度,举办招商引资推介会3次,签约项目14个,签约资金44.68亿元。着力优化发展环境,成立“隰县企业投资项目承诺制改革试点工作领导小组”,全天候、全方位受理企业和项目诉求,推动形成“六最”营商环境。

三是新能源产业稳步发展。盾安98兆瓦风电一期项目并网发电;30兆瓦农光互补集中地面光伏电站项目45天建成并网;地热能开发向城市供暖拓展,供暖面积达45万平方米;与瑞弗莱克公司对接洽谈煤层气开发利用项目。

四是休闲生态康养产业深度开发。围绕国家全域旅游示范县建设,制作《隰县旅游》宣传册,搭建“隰县旅游”微信平台,建立乡村旅游资料库;编制完成《隰县小西天风景区规划》,启动实施小西天生态公园建设项目,投资1000余万元提升完善梨博园基础设施建设,有力推动休闲生态康养产业加速发展。

四、聚焦“两个巩固”根本任务,在做好新时代宣传思想工作上狠下功夫

一是全面加强意识形态工作。成立了县委意识形态工作领导组,制定了《中共隰县县委意识形态工作领导小组工作规则》和《党委(党组)网络安全工作责任制实施办法》,建立研判上报通报、汇报述职报告、监督检查指导等制度,牢牢把握工作主动权。

二是培育践行社会主义核心价值观。制定出台《深入贯彻十九大精神,全力打造“中国好人县”实施方案》和《关于助推脱贫攻坚、进一步推进“好人村”建设的通知》,启动“文明县城”创建工作,积极推进社会主义核心价值观“进家庭、进机关、进学校、进社区、进农村、进企业”六进活动,行政村“明德馆”建设进展顺利。

三是不断加快文化强县建设步伐。组织实施了乡村记忆文化工程,举办“非物质文化遗产”创业文化作品展,挂牌成立午城酿酒技艺、花伞秧歌、响铃高跷等6个非遗传承基地,着力推动文化事业繁荣兴盛。开通县图书馆“数字化阅读平台”,新建或升级改造8个村级文化广场,全面提升公共文化服务水平。相继举办“全民阅读·书香隰县”、“走进新时代·文化助脱贫”、扶贫扶志文化先行等活动,开展文化四下乡(文艺、图书、电影、戏曲)。

五、聚焦“以人民为中心”发展理念,在保障改善民生事业上狠下功夫

一是县城功能日趋完善。围绕打造临汾西山中心县城目标定位,全面提升县城综合功能,编制《城市地下综合管廊规划》,完成太和路二期、城川河污水管网改造工程,启动实施南大街南延、苇子坪东棚户区改造、县城供水改扩建提升、污水处理厂二期、智慧城市建设等项目;投资1.8亿元,新建和改造城市道路和供水、供气、供热、污水管网,新增集中供热面积38万平方米;深化国家卫生城镇创建和城乡环境卫生整治,制定《隰县2018年改善城市人居环境行动方案》、《村庄环境卫生整治标准》等制度规定,开展“一治、三化、五推进”行动(“一治”:即垃圾分类专项治理;“三化”:即实施城市净化、美化、亮化工程;“五推进”:即推进智慧城市建设、推进“空中蜘蛛网”治理、推进门头改造工程、推进交通标识牌和候车厅建设、推进公厕管理)。

二是民生事业持续加强。全国义务教育发展基本均衡县通过国家评估验收,2018年高考二本以上达线人数116人,达线率26.9%,其中大文大理二本以上达线75人,比2015年的26人提高了188%,创历史新高;中考成绩稳定增长,市直属高中统招达线率比2015年提高2.5个百分点,达到7.8%;优质生源稳定率明显提高,小升初外流率由2015年的14.3%降到3%,初升高巩固率由2015年的20%提高到86.5%。进一步推进医药卫生体制改革,县乡一体化改革稳步实施,县乡村三级医疗网络体系基本建立。全县养老、医疗、失业、工伤、生育五项保险参保总人数达到18.21万人次,五项保险征缴支付总额达到4.18亿元;组织开展城镇失业再就业培训733人,转移农村劳动力5200余人,城镇登记失业率控制在4.2%以内。

三是社会环境和谐稳定。一年来,全县没有发生重特大事故;共打掉恶势力团伙3个,打掉村霸2个,抓获涉案成员

11人,批准逮捕9人,破获各类刑事案件128起,有力地维护了全县改革发展大局稳定。

六、聚焦民主政治建设,在加强党的领导上狠下功夫

坚持和完善人民代表大会制度。加强对人大工作的领导,支持人大及其常委会依法履行职责,把人大监督和重大事项决定工作纳入县委决策和落实体系。支持政协在推进协商民主上发挥重要作用。坚持和完善中国共产党领导的多党合作和政治协商制度,推动协商民主广泛、多层、制度化发展。巩固和发展最广泛的爱国统一战线。牢牢把握"大团结、大联合"主题,加强同各民主党派和无党派人士团结合作,强化党外知识分子、新的社会阶层人士统战工作,积极落实党的民族宗教政策,充分发挥工会、妇联、团委等群团组织桥梁纽带作用。扎实推动法治隰县建设,出台《2018年法治隰县建设工作要点》,组织开展大型街头法治宣传25次,实施"法律进校园、进乡村、进企业"活动,公共法律服务稳步推进,法治隰县建设迈出坚实步伐。同时,坚持党管武装原则,不断完善军地齐抓共管国防后备力量建设机制,巩固发展军政军民团结的良好局面。

七、聚焦生态文明建设,在打好污染防治攻坚战上狠下功夫

一是紧扣压实生态环保政治责任。召开9次县委常委会研究部署生态环保工作,制定出台《全县生态环境治理攻坚实施意见的通知》,围绕生态环境部强化督查转办的23个问题和中央生态环境保护督察"回头看"移交的12个群众举报案件,党政主要领导带头领办、紧盯落实,已完成整改32件。

二是持续加大生态保护修复力度。大力推进天然林保护、"三北"防护林、退耕还林等重点林业生态工程,启动实施小西天景区绿化工程,进一步提升生态环境质量和绿色发展能力。2018年,共完成退耕还林4.9万亩,造林绿化6.9万亩,森林覆盖率达37%。

三是全面加强环境污染综合治理。扎实开展散乱污企业、燃煤锅炉、道路扬尘治理等专项整治行动,持续推进清洁取暖工程,不断加大散煤管控力度,空气质量优良天数(2级以上天数)达到300天以上;初步构建起河长制工作体系,完成入河排污口摸排登记和河道综合整治工作,昕水河隰县段支流(紫川河、东川河)湿地生态修复二期工程运行稳定,全县水环境治理持续改善。制定下发《2018年土壤污染防治行动计划》,逐步解决农业面源污染问题。

八、聚焦新时代党的建设总要求,在全面从严治党上狠下功夫

一是不断加强党的政治建设。始终把加强党的政治建设作为"根本性建设"放在"统领"位置,树牢"四个意识"、增强"四个自信"、践行"两个维护",自觉在思想上政治上行动上同党中央保持高度一致。扎实推进"两学一做"学习教育常态化制度化,深入开展"强化责任、严守纪律、树好形象"专项治理活动。

二是坚决扛起从严治党主体责任。隰县认真履行管党治党主体责任,先后召开30次常委会专题研究全面从严治党有关事项;观看学习贪官忏悔专题片,研究制定《关于进一步做好彻底肃清腐败流毒影响的实施方案》;约谈各级干部200余人次;先后4次召开专题会议听取巡察工作汇报,完成县委第五、第六轮巡察工作;开展监督检查21次、明察暗访15次,给予党纪政务处分29人,组织处理54人;建账登记问题线索127件,党纪政务处分67人,组织处理25人,移送司法4案5人,全县风清气正的政治生态得到巩固。

三是全面加强"三基建设"。制定《2018年"三基建设"重点任务清单》,确定13项40条年度重点任务。出台《基层党组织标准化建设实施意见》;建起1个党建图书馆、8个图书室、155个图书架;新建或改扩建村级活动场所22个,7个乡镇周转房全部投入使用,3个社区活动场所全面提挡升级;以"三起"(农民组织起来、资源整合起来、产业发展起来)促"三变"(资源变资产、资金变股金、村民变股民),97个行政村集体经济全部突破5万元。8个乡镇和231个县直机关事业单位都编制了"一目录一流程三手册"(基础工作目录,工作运行流程图,管理手册、便民服务手册、应知应会手册),等制度。累计培训人员8800余人次。

四是积极营造担当作为氛围。坚持严管和厚爱结合、激励和约束并重,出台《激励干部担当作为干事创业办法(试行)》《支持干部改革创新合理容错办法(试行)》《隰县关于适应新时代要求大力发现培育选拔优秀年轻干部的实施办法》,建立各级后备干部信息库,选派12名年轻后备干部外出挂职锻炼,进一步提升了年轻干部的综合素质。

(赵兵兵)

附:中共隰县县委书记、副书记、常委名单

书　记:李亚丽(女)

副书记:王晓斌　李睿煜

常　委:黄海华　马健民　马兰明　王志华

李令武(2月离职)　杨海林　刘贵平(2月任职)

中共永和县委

县委书记　加天山

永和县委始终高举中国特色社会主义伟大旗帜，深入学习贯彻党的十九大精神，十九届二中、三中全会精神和习近平总书记视察山西重要讲话精神，紧紧围绕省委“一个指引、两手硬”思路要求，认真贯彻市委“345”（即建设三个强市、抓好四大攻坚、走出五条路径。“三个强市”就是要建设中西部经济强市、文化强市、生态强市，“四大攻坚”即抓好脱贫摘帽、项目建设、优化环境和总体安全，“五条路径”即走出“崇尚创新、注重协调、倡导绿色、厚植开发、推进共享”的新路径。）战略部署，以脱贫攻坚统揽经济社会发展全局，持续推进“四大战略”，突出抓好“八项重点”，努力推动全县经济社会发展再攀新高。2018年，全县地区生产总值完成9.12亿元，同比增长4.3%；社会消费品零售总额完成5.24亿元，同比增长7.8%；固定资产投资完成14.4亿元，同比增长31.6%；财政总收入完成2.79亿元，同比增长17.95%；一般公共财政预算收入完成1.14亿元，同比增长12.83%；全体居民人均可支配收入10787元，同比增长8.5%；城镇居民人均可支配收入22588元，同比增长8%，农村居民人均可支配收入4098元，同比增长12.7%。各项经济指标增长稳定处于全市第一方阵。其中，GDP增幅高于全市1.5个百分点，固定资产投资、全体居民人均可支配收入同比增速全市第一，城镇居民人均可支配收入增幅全市第二。

一、坚决扛起管党治党的政治责任，全力推动党建工作

时刻把讲政治摆在首位，始终坚持以习近平新时代中国特色社会主义思想统揽工作大局、指导决策部署，确保各项工作沿着正确的方向稳步推进。一是强化理论武装。坚持把学习贯彻党的十九大精神和习近平总书记视察山西重要讲话精神作为长期战略任务来抓，先后组织集体学习、集中研讨10余次；围绕学用习近平新时代中国特色社会主义思想，集中轮训各级干部8000余人次；按照市委“书记遍访”要求，县委书记跑遍全县78个贫困村，撰写的调研报告《深度贫困地区实施乡村振兴战略的调研与思考》被评为全市优秀调研报告。县委副书记、政府县长深入芝河镇刘家庄、桑壁镇署益村等对基础教育进行调研，形成《永和县基础教育发展现状、问题及对策》调研报告。二是突出脱贫攻坚统领作用。立足永和深度贫困的基本县情，始终坚持以脱贫攻坚统领经济社会发展，自觉把各项工作融入到脱贫攻坚大局的考量。成立书记、县长为指挥长，党政班子成员为副指挥长的脱贫攻坚指挥部。78个贫困村全部明确了县级包联领导，每个贫困村都形成了由县级包联领导、乡镇包村干部、驻村工作队长、第一书记、支部书记组成的“五人小组”，全面推进扶贫工作。制定了《永和县驻村帮扶单位脱贫攻坚管理考核办法》《永和县机关干部驻村联户精准帮扶考核办法》等相关制度，把考核结果作为班子调整配备、干部选拔任用的重要依据，切实把党员干部干事创业的热情聚集到脱贫攻坚上来，保证了攻坚拔寨各项任务高质量如期完成。三是贯彻全面从严治党要求。认真落实“两个责任”，深入开展“强化责任、严守纪律、树好形象”专项治理活动，围绕“三大攻坚战”及重点工作，在领导班子领导干部中深入开展“四个反思”，在党员干部中进行“四个剖析”，层层传导了从严从实压力。

二、坚决推进各项改革，发展活力持续增强

按照省市的要求，紧紧抓住改革开放40周年重大契机，敢干敢为、善作善成，不断推动改革开放向纵深发展。

一是坚持从破除机制体制障碍上着力。重点推进了脱贫攻坚“一县一策”改革，落实扶贫领域小型基础设施、公共服务工程采用议标形式，易地搬迁参照灾后重建政策，养殖、加工等用地可边建设边报批等10项共享政策，一批机制体制障碍得到突破，形成了集中力量攻坚深度贫困的有效合力；认真落实“鼓励驻地企业在当地注册成立独立法人公司”专属政策，山西天然气有限公司已经在我县成立永和销售分公司，正积极协调成立子公司，积聚更多的财力支撑脱贫攻坚。

二是坚持从群众关心的热点、难点问题处用力。深入推进城乡义务教育一体化改革，落实城乡教师交流制度，招聘特岗教师43名，启动了以县城学校为龙头的学区化教学教研改革，推动教育高位均衡；深入推进医疗卫生体制改革，完善现代医院管理制度，开展健康扶贫“双签约”服务，把“互联网+”应用于服务工作，进一步提高了服务水平。

三是坚持试点探索与整体推进并举。持续深化监察体制改革，实现了7个乡镇派驻监察员及县直机关派驻纪检监察组“全覆盖”，全县行使公权力人员监察“全覆盖”，确保权力规范阳光运行。娄烦县、五台县、河南获嘉县、辽宁辽阳县等市县前来观摩学习。

四是持续推进“放管服”改革。大力推进“互联网+政务”建设，打造了“线上网上政务和线下实体服务一体化”服务模式，完成了“一网通办流程”，让群众办事“只进一扇门，只跑一回路”。同时，进一步深化河长制改革、群团改革等重点改革事项，不断推动改革开放向纵深发展。

三、着力夯实产业基础，县域经济实力稳步提升

始终把发展作为第一要务，持续实施“四大战略、八项重

点”,着力优化林果业、天然气、文化旅游“三大产业”,推动县域经济持续健康快速发展。

(一)传统林果业迈出新步伐。以推进农业供给侧改革为抓手,着力推进林果业提质增效,推动我县传统产业逐步由大向强。一是提质增效成效显著。通过“院县合作”建立了“科技管护、品种更新、精深加工、品牌创建、促进营销”的全方位工作体系,对红枣枣疯病及其它病虫害等采取了系列科学防治措施,红枣挂果率达到95%以上。二是农业基础更加厚实。立足资源优势,持续完善芝河源头北方农耕梯田文化、桑壁河流域绿色有机农产品、阁西垣生态旅游、辛角垣特色农业等精品农业园区,新建和改造园区内田间路7条,农业生产基础进一步夯实。三是特色品牌不断提升。投资2300万元,打造高标准苹果基地6800多亩。成功创建农产品质量安全示范区,打造出我县农产品出口新平台,依托这个平台,永维联合电子商务有限公司取得出口资质,把我县苹果出口到泰国、孟加拉国等国家,实现永和农产品出口零突破。全县累计取得无公害产品认证6个、绿色产品认证3个、地理标志认证1个,农特产品市场竞争力明显提升。

(二)新型能源转化利用取得新进展。以引进下游企业,加快转化利用为重点,全力推动“气化永和”建设。一方面,勘探开发稳步推进。投资6.2亿元,完成钻井18口、压裂井9口,年产能达到10亿方,为转化利用提供了更加坚实的基础。另一方面,两个转化利用项目落地建设。投资2.7亿元的30万吨石油压裂支撑剂项目,预计2019年7月份建成投产,可实现年税收5000万元;投资5亿元的液化天然气储气调峰站项目,预计2019年10月底投产,可实现年税收9500万元。2018年,天然气销售纳税2.01亿元,占财政总收入的72%,占公共财政收入的82%,成为县域经济发展、财政持续增收的重要支撑。

(三)文化旅游产业取得新突破。以乾坤湾4A级景区创建为抓手,不断提升景区的休闲娱乐、文化审美、综合服务等功能。一是人文永和硕果累累。围绕书香永和建设,开展了“相伴共读,书香润德”阅读会、“悦读亮青春,书香沁永和”好书分享会、“全民阅读,书香永和”数字阅读推广等系列读书活动,著名诗人阿紫在永和中学举办了专场诗歌朗诵会;创作了《美好的日子》《天下永和》《相约花儿坡》等歌曲及《冬探红军崖》《让我怎么舍得你》《山坳中的奔跑》等大量文学作品。特别是歌曲《我在奇奇里》《美好的日子刚刚开始》获2018年临汾市“五个一工程”奖,散文《大寨岭:屹立在母亲河畔的卫士》被收入国家“三北”防护林纪念改革开放40周年作品集,提振了永和文化自信。二是宣传推介力度空前。坚持县内县外统筹、多种媒体结合的方式,打造了立体宣传平台。新媒体让永和热度飙升。与中央、省市及各种新型网络媒体对接,在央视1套、2套、13套和山西电视台宣传我县红枣、槐花等农产品。特别是与“今日头条”合作,开设了永和发布政务矩阵专号和“抖音”政务号,发起了“永和乾坤湾玩转好心情”抖音短视频创意挑战赛,现已播放6.6亿次,永和成为全国“网红”热度十强县。大活动使永和影响更远。以助力临汾承办全省旅发大会为契机,先后举办了永和县第三届槐花文化旅游节暨槐花扶贫活动、“迎七一·助旅发”——光未然先生《黄河颂》大型碑刻揭幕暨《黄河颂》专场音乐会活动、“乾坤湾·中国龙”2018国际摄影名家采风暨全国摄影家黄河风光摄影大赛活动、“第三届红枣采摘节暨国庆旅游黄金旅游周”等系列活动,进一步提升了永和知名度和对外影响力。2018年,全年游客人数达19.6万人次,同比增长28.1%。三是文旅融合发展步伐坚定。与山西宏源集团签订了文化旅游合作协议,计划投资18亿元,通过长期合作整合提升现有资源,实现三产融合发展,使永和县文化旅游产业融入全省百公里黄河经济带、国家黄河公园建设的大盘子,真正成为群众增收致富的朝阳产业。

四、全面贯彻精准方略,脱贫攻坚连战连胜

聚焦深度贫困,落实精准方略,攻坚克难,实现了脱贫攻坚连战连胜。2018年,全县共脱贫25个村4945人,贫困发生率下降至9.84%,为2019年全县如期脱贫摘帽奠定了坚实基础。

(一)强化党建引领,着力汇聚攻坚合力。确立了抓党建促脱贫攻坚、促改革开放、促乡村振兴“一抓三促”工作思路,通过把组织建在产业链上等形式,充分发挥了党组织、党员干部的组织引领作用。一是设立党小组,将群众组织起来。通过在农村新型经营主体设立党小组,让群众有想法找组织协商、有困难找组织解决、有纠纷找组织化解,更好地把群众组织起来。二是成立联合党委,将优势彰显出来。在产业相近、地域相邻、资源互补的村,组建了苹果、旅游、小杂粮、蔬菜等联合党委,产业发展实现了由“单打独斗”向“抱团取暖”的转变。三是鼓励党员干部领办产业,将干劲激发出来。出台“帮扶队伍”领办创办产业项目实施方案,鼓励在脱贫主战场建功立业。致富带头人李永红,依托华龙果业成立了苹果产业“联合党委”,带动409户苹果种植户增收;奇奇里村第一书记郭若桥,探索“摄影、旅游和扶贫”为一体的扶贫模式,实现了高质量脱贫;阁底村第一书记张琼,发展起“牛哄哄”“香喷喷”“圆溜溜”3个产业,养黄牛、种蘑菇、蒸花馍,带动全村100余人增收致富。基层一线涌现出一大批像慕建伟、邢志伟这样的先进典型,在他们的带动下,全县形成了比学赶超、争先创优的浓厚氛围。1月30日,我们举行了脱贫攻坚表彰大会,来自全县基层的机关单位、第一书记、工作队员、合作社、自强脱贫代表等166个先进集体和个人受到了表彰,全县广大干部及广大困难群众群情激跃、干劲满满,内生动力得到进一步调动。我县抓党建促脱贫还有“永和扶贫日”、新时代农民讲习所等形式,可以说是载体多、内容实、效果好,受到省市好评,县委组织部在全省脱贫攻坚会议上,被授予全省脱贫攻坚组织创新奖,成为全省唯一一家获此殊荣的县级组织部。

(二)坚持多措并举,着力拓展增收渠道。一是实施产业扶贫,夯实脱贫攻坚基础。出台了《永和县“一村一品一主体”产业扶贫的实施意见》《“一村一品一主体”产业扶贫实施细

则及操作流程》等系列扶持政策,鼓励贫困村选择两种或多种产业发展模式进行搭配互补,有效提高抵御市场风险能力。二是实施生态扶贫,推动增绿增收双赢。全面实施生态治理、退耕还林、生态管护、干果经济林提质增效“四大工程”,带动贫困户4463户11098人,户均增收5500元,实现了脱贫攻坚与生态建设互补共赢。三是实施光伏扶贫,确保贫困村、贫困群众稳定增收。投资1.02亿元,为全县79个村委每村建设200千瓦的光伏电站;投资8500余万元,为全县有条件且有意愿的2136户贫困户每户建设5千瓦的光伏电站;投资2.25亿元,建设30兆瓦集中式光伏电站。通过3个光伏项目,79个行政村村集体收入全部达到20万元以上,带动全县6022户建档立卡贫困户实现稳定增收,户均年增收3000元以上,占到贫困人口的91.4%,是全市光伏扶贫覆盖面最大的县份。四是实施消费扶贫,畅通购销新渠道。制定了《永和县电子商务进农村综合示范县实施方案》,成立了电子商务企业联盟,注册了专门买卖永和农副产品的“各街网”,与临郎乐购、公益中国等电商平台实现精准对接,自主开发“情暖永和”销售平台,通过槐花扶贫活动,线上线下销售槐花110吨,创造季节性岗位300多个,带动1800户贫困户户均增收1000元。五是实施旅游扶贫,发挥文旅资源优势。依托乾坤湾、红军东征纪念馆等优质旅游资源,持续实施“旅游兴县”战略,积极探索“旅游+扶贫”永和模式。以阁底乡东征村为例,该村依托红色旅游资源优势,打造出的“主题党日班”、“党性实践教育班”、“红色文化体验班”等多个班次,现已承接省农科院、省焦煤集团、中煤集团、临汾市人才办、阳曲县委组织部、交口县委组织部等10余家单位1200余人次,带动126户贫困户户均增收4000余元。

(三)突出精准施策,全力破解支出型贫困。一是创新健康扶贫。免除建档立卡贫困人口医保费用,参合率达到100%;健康扶贫“双签约”实现全覆盖;落实“三保险”、“三救助”政策,在县域内、市级、省级住院,贫困患者个人年度自付封顶额分别为0.1万元、0.3万元、0.6万元,自付比例仅为4.35%。二是实施教育扶贫。对普通高考达二本B类线以上大学生、中等职业教育贫困生和学前入园贫困儿童资助“全覆盖”。

(四)健全长效机制,全力构建多重保障体系。一是实施易地扶贫搬迁,改善生产生活条件。新建9个中心村安置点。目前,已完成2个,其余7个完成工程总量的65%,达到年度目标任务。同时,搬迁后续产业覆盖率达到100%。二是实施保险扶贫,完善脱贫保障体系。以创建全省保险扶贫示范县为抓手,在继续为全县所有干部群众办理小额人身意外险、自然灾害人身意外伤害险、见义勇为人身意外伤害险三份保险的基础上,重点推进产业保险。投入390.55万元,为全县3600户枣农(贫困户枣农2128户)购买红枣保险7.64万亩,理赔金额达1380万元,户均增收3800元。推进玉米价格指数保险,投保面积4.98万亩,5555户农户从中受益;为1万亩核桃购买冻伤保险;全年理赔金额达1303.4万元。三是实施兜底扶贫,保障特殊困难群体。实现扶贫标准线和低保标准线“两线合一”。

我县脱贫攻坚的工作成效,得到国务院第三方评估考核组,以及省市各级领导的充分肯定。市委政策研究室专门来我县调研,我们在产业发展方面的创新作法形成了调研报告《深度贫困县产业扶贫蹚出的“造血”之路》,刊登在中央政研室主办的《学习与研究》杂志2018年第1期上,《对深度贫困县永和易地扶贫搬迁的调研》刊登在山西省委主办的《山西工作》杂志2018年第8期上,阁底村、东征村、奇奇里村脱贫的经验做法,也被新华社、人民日报、半月谈、央视《新闻联播》等国内知名媒体相继报道。

五、坚定践行绿色发展理念,生态环境持续优化

深入学习贯彻习近平生态文明思想,把生态环境保护融入到经济社会发展全过程,推动生态文明建设迈上新台阶。

(一)持续实施三大污染防治攻坚战。集中开展生态环境专项治理活动,切实打好大气、水、土壤三大污染防治攻坚战。实施了“煤改气”、“煤改电”及县城集中供暖扩容工程,集中供暖率达到75%,发放优质煤炭1110户2059吨,有效减少了污染排放。认真落实河长制,投资3000余万元,实施了污水处理厂尾水深度治理二期工程、污水厂扩容、垃圾处理场滤液处置等项目,有效改善了水质。2018年,芝河出口断面5类以上水质达11个月,占比91.67%。实施了农村改厕、垃圾分类等项目。我们永和天更蓝了、水更清了,生态环境得到持续改善。

(二)扎实推进环保督查整改工作。生态环境部对我县强化督查九批次,反馈问题15个,整改率达100%;市委、市政府强化督查反馈问题131个,已整改127个,其余4个正积极整改,全县督查整改工作扎实推进,成效显著。同时,强化环保执法处罚力度。

(三)全力构筑绿色生态屏障。继续实施三北防护林、吕梁山生态脆弱区荒山、省级通道两侧荒山绿化、旅游路通道绿化等造林工程,2018年共造林13.49万亩,森林覆盖率达到28.03%。

六、高度重视民生事业,人民福祉不断增进

始终将改善民生和维护安全作为一切工作的出发点和落脚点,不断满足人民群众对美好生活的需求,使人民群众的获得感、幸福感、安全感更加充实、更有保障。

(一)特色山城初步形成。围绕“青山、碧水、绿树、人文”特色山城建设理念,投资近3000万元,完成了一、二片区的外立面美化亮化、文化挡墙、景观墙建设等工程,永和特色与永和精神得到充分展示;投资2.58亿元,相继实施了正大路拓宽改造、保险巷道路改造、滨河路雨污分流管网改造、城西路改造、永和大桥建设等项目,彻底改变了过去“晴天一身土、雨天一身泥”的出行状况。。

(二)农村基础设施日趋完善。结合脱贫攻坚、农村人居环境改善等,全面实施农村基础设施提升工程。交通瓶颈有效破解。2018年,全省黄河一号公路——沿黄扶贫旅游公路

在我县率先开工,到2020年竣工后,可解决沿黄4乡镇3万多群众的出行难题,特别是能够把我们乾坤湾的7个湾和一批大景点贯通起来,成为旅游经济的"大动脉"。同时,永和—延安高速全线通车,建成农村"四好"路44个行政村174公里。如今的永和,高速公路、328省道、248省道贯穿全境,成为连接华北与西北地区物流的重要门户。人居环境稳步提升。累计投资5600多万元,解决了53个行政村214个自然村的饮水安全问题。实现了所有行政村全部通照明电与动力电、自然村全部通照明电。全县78个贫困村已通互联网67个。美丽乡村建设持续推进。2018年,实施了4乡镇7个村美丽乡村建设,农村水电路网等基础设施得到全面改善,生活质量稳步提升。

(三)社会事业全面进步。扎实推动教育优先发展。实施了"国培计划"、"省培计划"、"青蓝工程"等教师素质提升工程,高考大文大理达二本B类以上17人,改变了以艺术类达线为主的局面。扎实推进"健康永和"建设。投资1.29亿元,完成县医院新建项目,持续推进"健康暖心"工程,救助596人230.6万元,初步构建起高效有序的诊疗格局。切实强化社保保障。全面落实低保标准与扶贫标准"两线合一"制度,积极开展特殊群体"关爱行动",通过县级领导、乡镇书记和县直单位"一把手"结对帮扶,保障了126名孤寡老人、30名孤儿的基本生活。

(四)安全稳定持续向好。牢固树立"总体安全观",以安全生产执法年活动为契机,严格落实"一岗双责"安全生产责任制和一票否决制,建立了责任全覆盖、监督无缝隙、检查无盲区的隐患排查治理长效机制。

(五)扫黑除恶专项斗争扎实推进。围绕"深挖""打伞""断血"工作重点,先后打掉恶势力团伙2个,核查扫黑除恶线索37起,办结30起。相继开展了禁毒人民战争、打击"盗抢骗""缉枪治爆"、网络诈骗等严打整治专项行动,刑事案件立案103起,破获46起,破案率45%,抓获网上逃犯13人,抓获吸毒人员4名,有效净化了社会环境。

(陆立罡)

附:中共永和县委书记、副书记、常委名单

书　记: 加天山

副书记: 范洋平　康　勇(3月离职,挂职)
胡小濛(挂职)　郝　巍

常　委: 王卫成　刘元福　马　健　白永明
张淑明　迟大鹏(11月任职)

中共运城市委

市委书记　刘志宏

2018年,中共运城市委深入学习贯彻习近平新时代中国特色社会主义思想、党的十九大精神和习近平总书记视察山西重要讲话精神,贯彻落实省委"一个指引、两手硬"思路和要求,以"改革抢先机,发展站前列,各项工作创一流"为总要求,以"走进新时代,建设大运城"为总抓手,奋勇攻坚、砥砺前行,在实现"两转"基础上全面拓展运城党的建设和党的事业新局面。全年地区生产总值完成1509.6亿元,增长7.0%,连续八个季度保持中高速增长;一般公共预算收入80.7亿元,增长20.3%;城镇居民人均可支配收入完成29104元,增长6.6%;农村居民人均可支配收入预计完成10916元,增长9.2%,达到近年来最好水平。规模以上工业增加值完成370.4亿元,增长7%以上;装备制造业增加值增长15.5%,快于规模以上工业8.5个百分点;社会消费品零售总额预计完成792.3亿元,增长8.3%。全市经济运行呈现稳中有进、稳中提质、稳中向好的态势。

一、坚持以习近平新时代中国特色社会主义思想武装头脑、指导实践、推动工作

持续开展"四大讲、四增强"活动(大讲习近平总书记治国理政新理念新思想新战略,增强广大党员干部对人民领袖的衷心爱戴;大讲全面从严治党焕发出的生机和活力,增强广大党员干部对党中央的真心拥护;大讲改革发展的巨大成就,增强广大党员干部对党的高度信赖;大讲党章党纪党规,增强广大党员干部的规矩意识和纪律观念),组织市委中心组集体学习20次,连续举办13期"干部理论教育讲座",开设6期学习贯彻党的十九大精神集中轮训班,在市县两级党校举办学习贯彻习近平新时代中国特色社会主义思想读书班,组建宣讲团1060个,开展宣讲4000多场,覆盖党员群众168万人次。每次召开全市性会议,谋划推动每项重点工作、作出每项重要决策,都要认真梳理习近平总书记相关重要论述,完整把握领会,统筹推进落实。全市上下学习理论的思想自觉、政治自觉、行动自觉全面提升,形成了学用新思想的浓厚氛围。

二、组织实施建设大运城重大战略

市委把"走进新时代,建设大运城"作为党的十九大精

神在运城的具体实践,研究制定了"一区五带"发展布局(打破行政区划界限,科学确定了"盐临夏"核心区和黄河经济带、汾河经济带、涑水河经济带、峨嵋岭经济带、中条山经济带的片区划分和产业布局,在市域范围内优化资源配置,推动优势产业和特色产业向不同的主体功能区聚集)、《2035版城市总体规划编修》和北部新城建设规划、城市水系规划、"八大生态系统修复治理"(统筹推进黄河、汾河、涑水河、中条山、峨嵋岭、盐湖、伍姓湖、圣天湖等八大生态系统保护修复治理)等事关运城长远发展的蓝图。加快推进"盐临夏"同城化发展,夏县撤县设区已经11月8日省委常委会议研究通过,报国务院待批;临猗撤县设区前期准备已经完成。

坚持既抓顶层设计、又抓具体施工,把大思路和大项目统筹起来、一体推进,系统性谋划实施了涉及三大类50个总投资1567亿元的"3515重大工程项目"("3"指的是重大基础建设、重大产业转型升级、市城区重大城市基础设施和民生工程三大类。"5"指的是50个重大工程项目,其中,重大基础建设项目10个、重大产业转型升级项目20个、市城区重大城市基础设施和民生工程20个。"15"指的是项目总投资1566.8亿元)。2018年共有4批138个项目集中开工,总投资324.5亿元。建龙烧结机配套、中铝新材料氧化铝等10个子项目如期投产,提前完成年度投资计划。运城国际机场扩建工程、运城北站动车存车场扩建等项目集中开工。体育公园建成开放,190条小街小巷完成改造。万达广场、盐湖北坡绿化、安邑西路、魏风街、大禹街等项目竣工。备受市民关注的人民北路畅通工程、学苑路提升改造工程竣工通车。

三、着力推动经济转型发展、高质量发展

坚持向实体经济聚焦发力,毫不动摇鼓励、支持和引导民营经济发展壮大,深入实施支持工业企业的"龙腾虎跃"转型发展计划、支持小微企业创新创业的"群星灿烂"育苗计划、关心关爱外出务工和创业人员的"凤还巢"计划。前三季度,全市"龙虎榜"培育企业拉动工业总产值增长18.3个百分点。在山西建龙、大运集团产值突破百亿的基础上,2018年阳光焦化、高义钢铁也将突破百亿大关,"龙榜"企业将达到4户;"虎榜"企业从去年的25户增加到35户。山西建龙成为运城历史上第一家产值突破200亿元的企业。全市11家企业分别获批国家级、省级"两化"融合管理体系贯标试点,数量全省第一。小微企业达到2万户以上。建成"双创"基地35家,培育"小升规"企业60户,净增数全省第一。召开50多场在外务工和创业人员座谈会,7139名优秀人才回乡创业。全力推动开发区高质量发展,全市省级开发区达到10个,数量位列全省第一。1–11月份,开发区投资强度完成省定任务107%,产出强度完成156%,税收强度完成235%,超额完成省定任务。积极化解企业担保链风险,着力解决政银企"信息不对称、发展不对称、认知不对称"三大问题,处置银行不良贷款40亿元。全市各类金融机构达148家,位列全省第二;金融业增加值占到地区生产总值的7%。新三板挂牌企业总数达到15家,全省第二。以严格的环保标准倒逼转型,工业技术改造投资增长37.8%,名列全省第一。持续抓好大气、水、土壤污染防治"三大保卫战",完成"煤改气""煤改电"5万余户,完成省定任务120.6%。热电联产集中供热二期工程如期完工,新增供热面积1400余万平方米;取缔"散乱污"企业3976家、轮窑企业217家。加强组织领导,成立由各级党政主要负责同志任"双组长"的整改领导小组,狠抓问题整改,中央、省环保督察交办问题基本办结。中心城区环境空气质量综合指数下降10.8%;优良水质断面比例54.54%,超过考核目标18个百分点。

四、大力推进乡村振兴战略

实施"农业基础设施建设、科技创新、特色农产品优势区、优势农产品出口、农产品深加工、畜牧业规模养殖、农业绿色发展、社会化服务"八个提档升级行动。建设高标准农田45.4万亩;新建末级渠系配套工程1030公里。粮食总产28.6亿公斤,超全年任务12%。小麦总产单产、农产品加工销售收入、各类合作社总数、农村产权制度改革工作位列全省第一。主要农作物良种覆盖率、综合机械化率位居全省前列。认证出口果园195个,辐射带动110余万亩出口基地。与新华社联合发布"运城苹果价格指数"。山西运城农产品出口服务中心正式运行。全市农产品出口量达35.6万吨,出口全球59个国家和地区。开展农村"四好卫生家庭"(衣被叠好、柴草堆好、畜禽管好、卫生搞好)、"五星级文明家庭"创建活动,建成"美丽宜居示范村"348个。

坚决贯彻中央打赢脱贫攻坚战三年行动的决策部署,牢固树立政治标准、政策标准、群众得实惠标准和高质量标准"四个标准",在全市形成高位推动的政治格局、党政"一把手"亲自抓的领导格局、以脱贫攻坚统领经济社会发展的工作格局、全社会齐抓共管的攻坚格局"四个格局"。确保脱贫攻坚经得起各种检查,经得起全面评估,经得起国考省考,经得起群众评价,经得起实践和历史检验。特别是把易地扶贫搬迁作为重中之重,严守政策底线,狠抓特色产业,科学谋划同步搬迁。全省易地扶贫搬迁现场推进会在运城市召开。全市107个安置点主体全部竣工。平陆、万荣、垣曲181个贫困村、7.7万人如期脱贫。

五、倾力再造改革开放新优势

组织开展了"思想再解放大讨论、改革再出发大实践、开放再扩大大学习"活动,宣讲教育1200余场次,受教育达10万人。组织点对点外出学习考察343批,来市考察、投资、对接的外地企业133批次,签约项目102项,意向投资630亿元。1–11月份,全市招商引资签约项目、开工项目超额完成省定目标任务。制定实施12个重大改革制度性文件,县域综合医改、开发区改革、农村改革、供销社体制改革走在全省乃至全国前列。全国、全省县域综合医改现场会先后在运城召开。以行政审批制度改革为突破,以"两集中、两到位"为抓手,推动市县两级政务服务中心实现标准化规范化运行。企业开办时间压缩至2个工作日内,比国务院规定少6.5天,

比省政府要求少3天。集中打好对外开放七张牌，举办民俗文化旅游节、美丽乡村百花节、关公文化旅游节，工业产品博览会、特色医药交易博览会、国际果品交易博览会“三节三会”，极大地提升了运城对外开放的知名度和吸引力。加快构建现代化、立体式交通网络，2018年运城机场客运量超过230万人次，增长60%；高铁客运量将超过900万人次，增长45%；航空口岸正式开放已上报国务院待批。与36个“一带一路”国家建立贸易往来关系；进出口实绩企业达到137家。

六、全面提升宣传思想文化工作水平

严格落实意识形态工作主体责任，坚持党管媒体原则，制定出台“市级八大主流媒体三年提升计划”。《运城日报》扩版任务全面完成，《黄河晨报》更名为《运城晚报》，电视台、广播电台企业化改革初见成效、营销收入增长145%。运城新闻网、运城视听网全新改版升级，融媒体一体化平台投入运营。《河东文学》更富特色，《运城论坛》成功创刊。2018年在中央和省级媒体刊发稿同比分别增长57%和65%。

以创建全国文明城市为总牵引，协同推进“五城同创”，全国文明城市通过中央文明办首次测评。国家卫生城市创建进入冲刺阶段，国家园林城市创建基本达到国家规定的57项标准，国家食品安全城市创建和全国“双拥”模范城创建已通过省级验收。统筹谋划黄河、中条山、历史遗存、农业农村“四大旅游板块”，重点打造关帝庙、盐湖、历山等20个品牌景点，集中推出六条精品线路。全市游客数量和旅游总收入实现了24.7%和27%的高速增长。

七、切实增强人民群众的获得感、幸福感、安全感

坚持以人民为中心的发展思想，补齐民生短板，提升民生福祉，统筹做好各项民生事业。大力度调整市属7所高中和4所中专学校领导班子，研究解决了一批长期影响教育教学的突出问题。全市高考应届生一本二本达线人数分别增长12.4%和8.9%。新(改、扩)建22所公办幼儿园，启动人民路学校分校、逸夫小学分校建设。八大职教集团辐射引领作用发挥突出。按照“管办分开、县乡一体、以乡带村、城乡联动”的要求，以“市县、乡村两端医联体，县乡中间医共体”为模式，推动优质医疗资源纵向流动，做到了“县强、乡活、村稳”，大大缓解了群众“看病难”“看病贵”问题。

坚持把扫黑除恶专项斗争作为习近平总书记治国理政的重大战略来落实，充分发挥政法部门主力军作用，广泛发动人民群众，严肃查处了闻喜“6·03”、临猗“4·23”、永济“7·12”等重大专案，打掉涉黑涉恶犯罪团伙100个，破获各类刑事案件1038起，查处黑恶势力“保护伞”93案、给予党纪政务处分61人、移送司法机关7人、问责76人，真正形成了“大打、真打、严打、细打、深打”的压倒性态势。特别是“6·03”专案打响了山西扫黑除恶专项斗争的第一枪，有力地带动了全省的扫黑除恶和反腐斗争。突出“刑事案件、治安案件大幅下降，群众幸福感满意度大幅提升，外来人口安全感归属感大幅增加”三大标准，坚持打防结合，推动社会治安实现根本性好转。全市命案发案率下降47%，刑事案件、治安案件分别下降17.6%和20.4%。同时，深入开展安全生产大排查大整治活动，排查事故隐患3.7万条。全年各类生产经营性事故和死亡人数分别下降41.3%和33%。

八、推动全面从严治党向纵深发展、向基层延伸

坚持和加强党的全面领导，既抓全局，又抓具体，定期听取市人大、市政府、市政协、市法检“两院”党组工作情况汇报，针对性提出指导意见，切实把党对一切工作的领导体现到各个领域、各个方面、各个环节。全力支持人大及其常委会依法行使职权，更好发挥人大代表作用。切实加强人民政协党的建设，促进政协工作提质增效。巩固和发展最广泛的爱国统一战线，做好民族宗教工作。全面深化群团组织改革。深入推进科学立法、依法行政、公正司法、全民守法，充分发挥统揽全局、协调各方的领导核心作用。坚持把党的政治建设摆在首位，教育引导党员干部牢固树立“四个意识”、忠诚践行“两个维护”，时刻牢记业务工作中有政治，自觉同以习近平同志为核心的党中央保持高度一致。坚决落实全面从严治党的政治责任，市委常委会全年研究部署全面从严治党工作14次。全市查处落实“两个责任”落实不力案件271案、429人。深化监察体制改革，促进执纪执法贯通，有效衔接司法，推进反腐败工作法治化、规范化。保持正风肃纪反腐高压态势，纪检监察机关立案增长28.9%，结案增长33.1%，处分人数增长27.9%。查处扶贫领域腐败问题764案764人、违反中央八项规定问题177案291人。运用“四种形态”处理7383人次。对全市282个党组织开展巡察监督，发现各类问题4326条，移交线索1264件。严格落实中央和省委巡视整改任务，定期梳理，动态分析，持续跟踪，问题和线索已总体整改到位。强化“三基建设”对全局工作的基础和保障作用，在40多个大中城市建立82个外出务工党员驻地党支部，覆盖党员3380名；214个软弱涣散基层党组织得到整顿提升；“三基建设”经费突破5.6亿元，增长24.4%。村、社区运转经费均超过省定目标；乡镇工作经费平均达到80.95万元，增长29%。集体经济收入5万元以上的村达到55.2%。努力建设高素质专业化干部队伍，建立健全“五看”选拔识别干部办法(坚持长期看干部，在关键时刻看干部，从日常生活中看干部，从群众口碑中看干部，用发展变化的辩证观点看干部)，树立政治导向、实干导向、事业导向、基层导向、潜力导向，先后调整干部17批382人，其中提拔119人。干部选任风清气正，社会反响良好。实施引进高端人才“百人计划”，121名高层次人才与用人单位签订聘用合同、进入工作岗位。实施选拔和培养年轻干部的“千人计划”，年轻干部占到新提拔使用人数的三分之一。实施高质量培训农村基层主干的“万人计划”，9430名农村干部在市县党校进行为期5天的全脱产、全封闭培训，得到中组部的充分肯定。着眼激励干部新时代新担当新作为，建立重要工作末位分析解剖制、重大事项报告制、重点工作承诺制和市管正职领导干部履职情况多角度

监督管理考核测评办法“3+1”干部考核评价体系。新华社、人民日报、中央电视台等多家中央媒体进行了集中报道，在全国引起强烈反响。

(石军芳　卢校伟)

附：中共运城市委书记、副书记、常委名单

书　记：刘志宏

副书记：朱　鹏　王瑞宝(12月离职)

常　委：李曾贵(8月离职)　鞠　振　常社教
齐海斌(8月离职)　周跃武(10月任职)
邓雁平　陈　杰　王志峰
李　浓(8月任职)　乔登州

中共盐湖区委

区委书记　王吉敏

2018年，在习近平新时代中国特色社会主义思想的指导下，中共运城市盐湖区委深入贯彻党的十九大精神和习近平总书记视察山西重要讲话精神，严格落实省委“一个指引、两手硬”思路和要求，对标市委“改革抢先机，发展站前列，各项工作创一流”总要求，围绕“走进新时代，建设大运城”，以加强党的建设为统领，以深化改革为牵引，坚持“三圈四融合”发展谋划，强力实施现代服务业、实体经济、全域旅游三大发展推进计划和乡村振兴战略，不断完善社会治理，切实保障和改善民生，团结带领全区广大党员干部和人民群众，真抓实干，锐意进取，高质量完成各项目标任务，幸福盐湖建设迈上新台阶。

一、强化政治引领，学习宣传贯彻新思想取得新实效

始终把学习贯彻习近平新时代中国特色社会主义思想作为根本政治任务，在政治上、思想上、行动上坚决同以习近平同志为核心的党中央保持高度一致。

抢占“三大阵地”。引深“两学一做”学习教育常态化制度化，持续开展“七进”活动(指进机关、进学校、进企业、进农村、进社区、进家庭、进党校)，组建400人宣讲队伍，发挥区委党校、河东大讲堂、德孝大讲堂作用，抢占“眼球”“耳膜”“指尖”三大阵地，让习近平新时代中国特色社会主义思想无时、无刻、无处不在。

打造教育阵地集群。在全区党组织推行“五堂党课”制度(指讲好理想信念课、讲好党性教育课、讲好引领脱贫课、讲好示范带动课、讲好先锋模范课)，在党政机关建设“五个一”综合体(指要求各级党政机关建设一个图书角、一个光荣榜、一个文化长廊、每周进行一次集体学习研讨、每月开展一次党员主题日活动)，通过“口袋书”“小喇叭”“大广播”等多种方式，建立全天候、全视角、全媒体、全方位的宣传思想教育阵地集群。

开展专题讲座。组织区委中心组学习21次，邀请中央党校党建部主任张志明教授等专家学者，全年开展专题辅导讲座32场(次)，引导全区党员领导干部自觉学用新思想，进一步树牢“四个意识”，坚定“四个自信”，坚决做到“两个维护”。

二、把握重点领域，改革开放实现新突破

坚定不移深化改革，扎实开展运城市委“大讨论大实践大学习”活动，各方面改革有序推进，重点领域、重点环节成效显著。

推行开发区“三化三制”改革，完成盐湖工业园整合扩区任务，基本理顺了管理体制，已获批省级高新技术开发区。推行县乡医疗卫生机构一体化改革，形成了区乡一体、以乡带村、上下联动、信息互通的新型基层医疗服务体系，“盐湖模式”受到国务院通报表扬。推行行政审批制度改革，积极承接省市下放行政职权26项，取消51项，高标准建成“盐湖之家”政务大厅，33家单位入驻，可办事项325项，实现了“两集中、两到位”。农村综合改革逐步推开，完成了248个村土地确权登记颁证任务、269个村农村集体资产清产核资工作。创新造林模式，鼓励农民参与，吸收社会资本，实现合作共赢。深化教育体制改革，学前教育集团化办学，积极探索联盟办学模式，拓展开设梦想课程，建成了18所新样态实验校，教育工作走在全市前列。

加快盐湖开放步伐。坚持“走出去”和“引进来”相结合，赴北京、天津、上海、浙江、广东等11省28个地市开展精准招商，吸引36批近200名外地客商观光考察；与山东省曲阜市、广州市花都区花城街道办事处建立友好合作关系，知名度和影响力进一步扩大。

三、聚焦高质量发展，经济发展呈现新态势

2018年全年地区生产总值完成276.8亿元，增长6%；规模以上工业增加值完成12.9亿元，增长9.5%；固定资产投资完成92.2亿元，增长1%；财政总收入完成28.3亿元，增长9%；一般公共预算收入完成9.8亿元，增长13.3%；社会消费品零售总额完成259.2亿元，增长8.2%；城镇居民人均可支配收入完成31375元，增长6.6%；农村居民人均可支配收入完成12357元，增长8.6%。主要经济指标增长保持了中高速，全市排名处于中上游。

深入推进“三个发展计划”(指运城市委、市政府制定的“龙腾虎跃”计划、“群星灿烂”计划及“凤还巢”计划)。新三板挂牌企业达到5家，2家虎榜企业运营良好，54家规上企业持续向好，“龙腾虎跃”带动明显；7家企业小升规，培育孵化

小微企业780家,理想启智被认定为省级双创基地,鑫中大、北辰涂料等4家企业被认定为省级“专精特新”企业,“群星灿烂”成效显著;吸引在外人员返乡创办企业92家,带动就业3000余人,面向“双一流”高校招聘27名高端人才,“凤还巢”助力发展。组织56名优秀企业家走进北京大学、厦门大学等名校,开展系统精准培训,助力企业做强做大。

现代服务业蓬勃发展。金融保险、智慧物流、咨询策划等生产性服务业快速发展。大力推动基础性服务业优化升级,万达广场、东星向上广场、解放路地下商业综合体、大润发时代超市开门营业,新增营业面积6.45万平方米。七品商贸平价蔬菜店、邻家铺子连锁店均超过百家,实现电子商务线上线下互融互促。

加快推进全域旅游。成功举办“花开盐湖”、美丽乡村百花节、民俗文化旅游年系列活动,袁家村·运城印象、常平家庙祭祀广场、关公大戏台、牛庄红色教育基地等投入运营,全年共接待游客723万人次,同比增长25%;实现旅游总收入243.7亿元,同比增长28.4%,全域旅游发展态势强劲。

大力实施乡村振兴战略。全区305个行政村集体经济实现全部破零。区财政列支1600万元精心建设16个乡村振兴示范村,实施耕地质量提升39万亩,3个万亩农业带初步形成,20个标准示范园加快推进,示范合作社达到230家,建设9个农业科技创新示范基地,新增市级以上农业龙头企业9家,建设标准化果品生产基地5万亩。以盐湖区现代农业示范园为载体,引领农村一二三产融合,国字号招牌已达8块,被农业部确认进入基本实现农业现代化阶段。

四、加强和创新社会治理,民生保障取得新进展

积极回应新时代人民对美好生活的向往,从解决群众最关心最直接最现实的利益问题入手,在“七个有所”上不断取得新进展。

民生持续改善。8所公立学校开学招生,在全市率先实现高中办学条件标准化,全省第2家“钱学森实验班”在运城中学挂牌。为中小学校配备156名安保人员,4000多名学生坐上新校车,47000余名学生喝上直饮水。积极开展文明城市创建,26家单位获得市级奖励。岳坛城中村改造进展顺利,人民北路贯通,192条小街小巷改造提升完成,旧貌换新颜。

社会治理不断加强。引深社会治理“大起底、大排查、大调解、大处置”活动,一大批矛盾纠纷和信访案件得到有效化解;推动四级联动网格精细化治理,探索构建城市社会治理新格局;各类生产经营性事故起数和死亡人数实现双下降,安全生产形势持续稳定好转;成立区、乡、村三级新乡贤理事会,充实社会治理力量。深入开展扫黑除恶专项斗争,打掉涉黑涉恶团伙14个,破获刑事案件75起,群众获得感、幸福感、安全感不断增强。

“三大攻坚战”捷报频传。严格落实扶贫政策,开展精准帮扶,6个贫困村顺利摘帽,3400余名困难群众摆脱贫困。践行“两山”理念,扎实推进植树造林,重点实施十大造林绿化工程,绿化面积12000亩。推进集中供暖、“煤改气、煤改电”,50000余户家庭清洁温暖过冬;取缔散乱污企业1268家,停产整治1492家,淘汰燃煤锅炉669台,整治停产工业企业堆场45家,拆违治乱全面铺开,环境整治成效凸显。积极防范重大风险,加强政府债务预算管理,严格规范举债融资机制,提高防范风险能力,严厉打击金融领域违法犯罪,破获各类案件9起,优化了金融环境。

五、对标两个走在前要求,从严治党开创新局面

按照市委党建工作“两个走在前”的要求,坚持以“三基建设”为重点,加强党内政治文化建设,全面落实管党治党责任,激发干部干事创业,取得丰硕的理论成果、实践成果、制度成果。

推进全面从严治党。把党风廉政建设融入经济社会发展全过程,研究制定《盐湖区落实全面从严治党责任实施细则(试行)》,构建“四责四化”机制(指盐湖区制定的“明责清单化、履责规范化、督责实效化、问责常态化”的“四化”机制),压实管党治党主体责任。灵活运用监督执纪“四种形态”,统筹运用“两把尺子”,严肃监督执纪问责。发挥村级监察联络员作用,加大对“不作为”和群众身边腐败问题的整治力度,持续净化优化政治生态,不断巩固和扩大反腐败高压态势。

铸牢基层战斗堡垒。加强“三基建设”,明确22个方面100项重点任务,乡镇“五小设施”全面提档升级,112个社区办公场所全部达标。修订《党支部工作手册》和《党员实用手册》,构建支部工作和党员行为规范性体系。探索建立街道“大工委”、社区“大党委”,推动城市基层治理创新发展。畅通发展党员渠道,加强在外党员管理,先后成立了“驻京党支部”“驻沪党支部”“驻疆党总支”。

把牢意识形态工作领导权。该区与中央党校党建部深化课题研究,成功在人民大会堂举办党内政治文化建设盐湖典型案例研讨会。认真落实意识形态工作责任制,融媒体中心顺利挂牌运行,创建培育践行社会主义核心价值观、传承发展优秀传统文化示范点各20个,舜帝复旦示范小学等五家单位获评省级社会主义核心价值观示范点。举办纪念改革开放40周年书画摄影展等主题活动,为全区经济社会发展营造了良好的舆论氛围。

注重实绩狠抓担当。突出实在、实干、实绩标准,落实市委“3+1”干部考核评价体系(指以重点工作承诺制、重大事项报告制、末位分析解剖制和市管正职领导干部履职情况多角度监督管理考核测评办法为主要内容的“3+1”干部考核管理体系),科学运用“五看”工作机制(指长期看干部,在关键时刻看干部,从日常生活中看干部,从群众口碑中看干部,用发展变化的辩证观点看干部),大力选拔使用敢于负责、勇于担当、善做善为、实绩突出的干部。推行重点工作承诺制,倒逼干事创业,全区承诺事项1041条,完成率达95%以上。集中整治形式主义、官僚主义,狠刹“四风”,查摆整改问题4400余个。在全区广大干部中开展“不忘初心,牢记使命,进一步激励新时

代新担当新作为,严纪律、转作风、强素质、树形象"活动,形成了人人干事创业、个个担当作为的浓厚氛围。

(颜秉甲)

附:中共盐湖区委书记、副书记、常委名单

书　记:王吉敏

副书记:李　哲　钟立伟

常　委:董稷强　任　刚　薛学农　孟满堂　苏引萍(女)　李俊龙　张　军　齐全中

中共永济市委

市委书记　徐志英

2018年,中共永济市委深入学习贯彻习近平总书记视察山西重要讲话精神,贯彻落实省委"一个指引、两手硬"思路和要求,以"走进新时代,建设大运城"为总抓手,按照"改革抢先机,发展站前列,各项工作创一流"总要求,团结带领全市干部群众,强力推进"工业崛起、农业转型、旅游突围、城建提升、开放带动"五大战略,加快建设"四基地一名城"。

一、党建情况

一是城市基层党建示范市创建工作初显成效。明确以街道社区党组织为核心,通过纵向建立"城市基层党建领导小组—街道共建委员会—社区联建委员会"三级联动融合组织体系,横向建立"2+10"制度体系(指两个总纲性方案和十个配套性制度),推行党建引领基层治理"十联工作法"(指党建联抓、组织生活联过、资源联用、事务联管、服务联做、公益联搞、活动联谊、文明联创、难题联破、治安联防),以蒲园(公园)为依托,建设了党建文化主题公园,打造党建服务"微"阵地,建设了4座城市党群服务驿站,在全市串起了以"东园""西厅"和4个驿站为节点的"红色教育路线",形成了全域党建工作格局,推动城市基层党建工作开篇破题。一年来,全市召开各级联席会议56次,各类共驻共建活动527场次,讲党课126场次,举办主题党日活动243场次。3425名住区党员到社区备案登记,认领解决群众困难问题1115个,实现了基层党建与基层治理同步、城市党建和各领域党建共进、党的政治领导强化和群众福祉提升"双赢"的显著成效。

二是党内政治生活扎实开展。紧扣"坚定理想信念、增强执政本领、提升品行作风"三大着力点,分级分层次开展学习培训。制定了《关于进一步规范落实"三会一课"制度的实施办法》,建立了会前报备、会中纪实、会后检查和考核通报制度,共编印下发《"三会一课"政治学习指引》17期,共组织全市各级党组织学习9600余次。制定了《关于进一步做好党支部主题党日活动的通知》;坚持"一月一主题"党日活动,确保党内政治生活规范化,全市807个党支部共开展主题党日活动8000余次。

三是"三基建设"工作不断强化。坚持以"十大专项行动"(指大力提升基层党组织组织力;不断加强村(社区)基层党组织带头人队伍建设;有效推进"并村简干提薪招才建制";发展壮大村级集体经济;稳定充实镇(街道)工作力量;继续加大基层投入保障力度;扎实开展基础工作达标验收和效能建设;着力提升干部专业化能力;持续加强作风建设;注重发挥行业系统指导作用)为抓手,全力推进"重提升、求突破"十大专项行动32项重点任务落到实处,投入"三基建设"资金5789万元,提拔任用4名"农村第一书记"。村级集体经济5万元以上达64.5%。完成14个村级活动场所提升改造,社区500平米以上活动场所达75%,1000平米以上达30%;完成268个基层党组织的规范化达标验收;82个科级单位完成干部专业能力测评。"百人计划"柔性引进"两高一紧"人才13名,超额完成运城市委下达的任务;"千人计划"选拔优秀年轻干部24人,完成55%;"万人计划"培训农村干部687人;开展"农村干部1+1学历"提升工程2批次443人;培训科级干部2840人;普通党员进党校学习12460人次;全年培训各类干部、企事业管理人员、专业技术人才21400人次。

二、经济社会发展情况

2018年,全市生产总值完成143.7亿元,同比增长7.6%;规上工业增加值完成17.5亿元,增长8.6%;固定资产投资57.4亿元,增长0.4%;社会消费品零售总额65.3亿元,增长8.8%;财政总收入7.6045亿元,下降4.5%;一般公共预算收入4.5663亿元,增长9.1%;外贸进出口总额2.8286亿元,增长2.49%;城镇居民人均可支配收入29793元,增长6.5%;农村居民人居可支配收入13500元,增长9%。

一是推进"三个发展计划",力促工业崛起。围绕"龙腾虎跃计划",积极帮扶龙头骨干企业解决困难问题,14家"龙虎榜"培育企业中有4家企业正式进入虎榜企业阵营。围绕"群星灿烂"育苗计划,设立了中小微企业专项扶持资金300万元,新培育新康机械制造等5家"小升规"企业;成立5个创业基地共入驻企业54家;孵化创办小微企业1234家。围绕"凤还巢"计划,组建了小吃餐饮行业协会,并在北京、天津等地设立了12个分会,在西安成立了永济商会;建设了在外务工人员服务中心、网络服务平台和唐牛美食城农民工返乡创业基地。同时,切实加大招商引资力度,先后外出对接80余次,青岛中科华联、上海派臣、晋诚机电、台新华瑞、天宇金燕、派克新能源先后在我市落户。

二是围绕"一区五带"发展布局,加快农业转型。在涑水河经济带,围绕"三产融合",培育建设了中农乐爱卿冬枣、天邦农业有机冬枣、开张沃纳冬枣、丰农葡萄四个种植基地和牧原养殖基地;在黄河经济带,围绕做好"水"文章,培育建设了万亩水稻、万亩莲菜、万亩山药、万亩芦笋种植和万亩水产养殖基地;在中条山经济带,围绕"新兴业态",重点实施了凡谷归真、尧王洞天、紫韵花海薰衣草庄园、河东葫芦文化艺术庄园、绿丰苗木千亩花海等农旅融合项目,培育农业发展新业态。全年粮食总产4.18亿公斤,建设高标准农田14.9万亩,新发展设施蔬菜1000亩、干鲜果2.4万亩;新培育发展合作社52家、家庭农场13家、果业出口基地2个、农业园区5个,农业优势产业实现由量的扩张到质的提升转变。

三是推动全域旅游,助力旅游突围。以创建国家"全域旅游示范区"为抓手,编制了全域旅游规划及三年行动计划。圆满完成鹳雀楼等4家国有景区改制,与山西文旅集团黄河公司签订合作协议,计划投资2亿元打造游客集散中心、演艺中心、五老峰房车营地等一批文旅项目,力争在2020年完成5A级景区创建。先后成功举办五老峰登山节、伍姓湖环湖自行车赛、环伍姓湖马拉松比赛、《中国影像方志·永济篇》、首届"诗意中国·诗歌电影艺术节"启动仪式和全省"群星奖"新创作品评选颁奖等一系列文旅活动,特别是受邀参加了央视《魅力中国城》节目录制,通过两轮精彩对决,成功入围全国"十佳魅力城市",极大提升了我市的知名度和影响力。全年接待游客数量、门票收入、旅游总收入增幅均达到25%以上。2018年全市共接待游客1177万人次,同比增长25.5%;门票收入1.21亿元,同比增长24%。

四是统筹城乡发展,优化人居环境。围绕"一主三副七个大县城71个建制镇"城镇化格局,全力打造运城市副中心城市。今年投资6000万元,完成了总长16公里的伍姓湖巡护路和绿化建设,共栽植各类乔木1.1万株、灌木5000余平米,绿化面积达50公顷,生态伍姓湖重现"芳华";投资2100余万元,宽36米的赵杏立交桥拓宽改造工程目前已通车;投资3.4亿元,长18.7公里的大西高铁引道快速推进;投资6.6亿元的体育中心一场三馆已开工建设;投资1亿元,长26公里的沿黄旅游公路等工程正在加快实施。积极推进中车永济电机等9家国企"三供一业"移交。大力实施"城市双修"工程,柳园路等项目顺利实施,街道路灯改造、过街天桥等项目建成竣工,城市综合环境不断优化。列支财政资金1300余万元,用于美丽宜居示范村基础设施、生态环境、公共服务建设等,全市265个村全部建立了长效机制,实现了农村环境整治常态化、长效化,人居环境明显改善。全年空气质量二级以上天数达233天。

五是保障改善民生,促进和谐稳定。扎实做好脱贫攻坚工作,先后发放低保金524.86万元、五保金251.79万元;为751名建档立卡贫困学生发放各类助学补贴60.65万元,为92名大学生办理助学贷款57万元;为各类残疾人发放辅助器具550件;健康双签约共1.05万人,县域内住院补偿1421.53万元,补偿比例达92.6%。安排产业发展扶持到户资金270万元,金融扶贫贷款3420万元,引导未脱贫贫困户发展种植养殖及第三产业1316户。着力解决深度贫困户家庭院墙倒塌、人畜不分、线路老化、排水困难等问题,受益贫困户400余户。大力实施"八大民生工程",市镇村三级公共法律服务实体平台建设、城区主要街道路灯改造提升、农村天然气通气3件民生实事圆满完成。社区卫生服务站、标准化农村卫生室建设,育龄妇女免费产前筛查、60岁以上建档立卡贫困人口免费个性化家庭医生签约服务包等5件民生事实正在稳步推进。教育质量稳步提升,2018年高考文理两大类达二本线812人;积极推进中等职业教育免费全覆盖工程。大力推进"众创空间孵化创业创新基地"建设,已入住创客30余户。文化惠民不断升级,先后举办舜都讲坛、公益电影放映等品牌活动112场次,服务群众4420人次,全民阅读活动共接待读者20.4万人次,免费送戏下乡累计演出120场;大力推广全民健身活动,开展辅导4.7万人次。分级诊疗制度全面推进,共转诊3902人次,组建家庭医生签约服务团队183个,签约31.29万人,签约率68.3%,对全市4000名农村妇女进行免费"两癌"检查。同时深入开展扫黑除恶专项斗争,共打掉涉黑性质犯罪集团1个、涉恶犯罪集团1个、村霸1个,破获各类刑事案件41起,治安案件3起;抓获涉黑涉恶人员42人,刑事拘留38人。全面加快"雪亮工程"建设,深入推进社会心理服务体系建设,探索建立了"4433"工作机制,成功打造出城西街道、太宁村等7个示范点。

(李凤佳)

附:中共永济市委书记、副书记、常委名单

书　记: 徐志英

副书记: 孙中全　付　刚

常　委: 王　霞(女)　卫增辉　孙　斌　张千里　吕安斌(注:2019年3月,因涉嫌严重违纪违法,接受纪律审查和监察调查;8月,被给予开除党籍、开除公职处分。)　赵建红　王文选

中共河津市委

市委书记　鞠　振

2018年,河津市委团结带领全市干部群众,按照省委"一个指引、两手硬"思路和要求、运城市委"改革抢先机,发展站前列,各项工作创一流"总要求,坚持"党建统领、五转一新"("五转"即思想转换、机制转轨、产业转型、作风转变、环境转优,"一新"即全面建设开放智慧绿色文明幸福新河津)总体思路,以"走进新时代、建设

大运城,勠力促转型、打造副中心"为总抓手,改革创新、攻坚克难,完成地区生产总值237.1亿元,财政总收入42.6亿元,一般公共预算收入15.7亿元,规模以上工业增加值113.8亿元,固定资产投资51.1亿元,社会消费品零售总额82.1亿元,城镇居民人均可支配收入29034元,农村居民人均可支配收入13857元,特别是财政总收入和一般公共预算收入突破历史最高峰值。

一、狠抓政治建设,全面从严治党,党建工作拓展新局面

深入开展"党建质量提升年"活动,确保党的建设"两个走在前"。学习贯彻习近平新时代中国特色社会主义思想方面,市委中心组集体学习16次,举办专题讲座11期、论坛3场、干部培训班16期,讲授党课2640次,受众达13万人次。开展为期一个月的"不忘初心、紧跟核心、牢记嘱托、砥砺奋进"深入学习贯彻习近平总书记视察山西重要讲话精神一周年十大系列活动,1.4万名党员深度参与,进一步树牢"四个意识",坚定"四个自信",做到"两个维护"。"三基"建设方面,投入4600余万元,分别在农村、机关、社区、非公和社会组织四个领域打造"富民强村""先锋旗帜""幸福家园""红色引擎"特色党建品牌。新建6个1000平米以上的社区活动场所;建立党员先锋岗387个、"两学一做"示范点22个;创建运城市"龙虎榜"示范党组织4个,"双强六好"党组织8个,其中省级"双强六好"党组织1个,非公和社会党组织覆盖率分别达到97.6%和91.4%,《山西日报》对河津四个党建品牌进行了专题报道。宣传思想工作方面,召开意识形态领域分析研判会4次,河津新闻传媒微信公众号排名全省政务类第4名,在省级媒体发稿247篇、中央级发稿55篇。在央视播发《悬崖上的春节》《河津年味》,吕氏琉璃、南原花鼓等非遗文化集中亮相《星光大道》舞台,对外发布城市形象标识,精心打造城市宣传片,河津影响力和美誉度不断提升。干部队伍建设方面,落实运城"百千万"计划(运城市委提出的引进100名高端人才的"百人计划"、选拔1000名年轻干部的"千人计划"、集中培训1万名农村(社区)"两委"主干的"万人计划"),聘请24位专家学者为河津智库专家、经济发展顾问和产业推介大使;按照省委"五倡导五反对"和运城市委"四个坚决不能用"(运城市委提出的对那些缺乏忠诚、阳奉阴违的干部坚决不能用,对那些缺乏激情的干部坚决不能用,对那些缺乏责任心的干部坚决不能用,对那些缺乏落实精神的干部坚决不能用)"五看"(运城市委提出的长期看干部,在关键时刻看干部,从日常生活中看干部,从群众口碑中看干部,用发展变化的辩证观点看干部)要求,隆重评选表彰"新时代新担当新作为"十大先进典型,选拔优秀年轻干部27名,全部派到基层一线培养锻炼;开展农村"两委"主干培训7期415人次,运城市"万人计划"现场会在河津召开,全市上下风正气顺劲足的大好局面已经形成。全面从严治党方面,严格落实"两个责任",认真履行"一岗双责",纪检监察机关共立案248件,结案248件,给予党纪政务处分223人,查处违反中央八项规定精神案件13起18人、群众身边腐败和不正之风问题126案126人,对11个单位、8个行政村开展第五轮巡察,对14个单位、19个行政村开展第六轮巡察,政治生态风清气正。

二、实施"三大战略",推进高质量发展,努力走出资源型城市转型发展新路

坚持用新发展理念领航开路,用高质量发展标定方向,全面提升经济发展的"含金量""含新量""含绿量"。实施"生态立市"战略。编制全域生态规划,开展"4510"绿色行动("4"指做好产业、山水、城市、乡村"四篇文章";"5"指推进全国文明城市、国家卫生城市、国家环境保护模范城市、国家园林城市、国家森林城市"五城同创";"10"指打好企业提标改造、散乱污企业整治、固废危废治理、矿山生态修复、水系保护修复、扬尘雾霾治理、柴油货车污染治理、城乡垃圾治理、城乡清洁供暖、全域造林绿化"十大战役"),投资30亿元实施企业环保提标改造,完成30家重点企业特别排放限值改造、19家企业煤场料场全密闭、16家企业VOC治理、13家企业污水深度处理,取缔"散乱污"企业288家,54个农村生活污水治理项目开工建设,汾河水生态修复工程进入PPP项目库。中央环保督察、省委省政府环保督察交办的36个具体问题全部整改到位,植树造林1万亩,绿化村庄30个、企业30个,绿色新河津的美好画卷徐徐展开。实施"工业强市"战略。按照"一纲二化三集四为"("一纲"即转型为纲;"二化"即传统产业高端化、新兴产业规模化;"三集"即集聚整合、集约利用、集群发展;"四为"即创新为上、改革为要、开放为先、环境为本)的工业发展思路,出台3类75条举措服务"三个发展计划"("龙腾虎跃"转型发展计划、"群星灿烂"育苗计划、"凤还巢"在外务工人员关心关爱计划),总投资150.3亿元的80个重点项目开工率86.3%,完成投资34.4亿元,阳光集团率先跨入"龙榜",3家企业新跨入"虎榜",形成一龙八虎四培育("一龙"指阳光集团;"八虎"指中铝山西新材料、宏达钢铁、华鑫源钢铁、中煤华晋、船窝煤业、禹门口焦化、康庄焦化、永鑫实业;"四培育"指漳泽河津电厂、霍煤晋南公司、鑫银河铝业、腾晖煤业)的"龙虎榜"格局;新增"小升规"企业11家,吸引"凤还巢"返乡项目11个,总投资7.44亿元。贯彻煤炭"减""优""绿"三字方针,编制《煤电铝材一体化实施方案》和《新动能经济发展规划》,组建铝工业、煤化工两个技术创新联盟,全力推进焦化产业整合入园,梳理解决民营企业困难问题119条,加快实现"结构反转"。经济技术开发区建设全面起步,入区企业40家,投资强度达353.2万元/亩,产出强度达246.8万元/亩,在全省37个参加考核的开发区中名列第7,进入第一方阵。实施"文化兴市"战略。成功举办元宵社火、桃花节、"三月三"文化交流会、全国影响力街舞大赛、百名油画名家河津行等文化活动,全面唱响"鱼跃龙门·华耀河津"文化品牌。编制全域旅游发展规划,设立旅游投资开发公司,薛仁贵故里景区已进入财政部PPP项目库,完成对社会资本方的招投标工作,《龙门景区修建性详细规划》已通过专家评审,将与韩城携手打造"一河两岸、世界龙门",文旅融合逐渐成为经济转型新支柱。

三、全面深化改革,迈大开放步子,高质量发展注入新活力

以开展"思想再解放、改革再出发、开放再扩大"大讨论大实践大学习活动为契机,制定并落实"三个十"的实施方案。深化改革方面,有效推进7方面42项重大改革任务,行政审批"两集中、两到位"改革基本完成,33家部门314项事项实行"一站式"办理;实施教师绩效工资分配改革,完成农村初中布局调整;投资1700万元的智慧医疗云平台走在全省前列,全省县域综合医改现场会在河津观摩;农村集体产权制度改革被确定为全国试点。扩大开放方面,河津、韩城区域一体化发展全面铺开,韩城—河津—侯马城际铁路、通用机场前期工作有序推进,蒙华铁路、108国道改线、沿黄旅游路等开放大通道加快建设。举办珠三角新材料产业推介大会等招商活动20余次,在上海进博会期间举办的河津长三角地区投资合作大会,被列为全省四大招商活动之一。全年签约重大项目16个、金额159亿元,落地项目10个、金额42.7亿元。深度融入"一带一路",与南非、意大利的3个省市签署国际友城合作备忘录,建设中意产业园,组织16批202名干部下江南取真经,3次组团赴德国、哈萨克斯坦、黑山等国家交流访问,成功举办对外(德国)文化交流周、全国第五届煤焦化产业绿色升级发展论坛、长三角专家高质量发展河津行等对外交流活动31场,全力打造全省内陆地区县域经济对外开放新高地。

四、高端规划引领,实施乡村振兴,"三农"事业呈现新气象

按照"产业兴旺、生态宜居、乡风文明、治理有效、生活富裕"总要求,编制完成乡村振兴战略规划和6个专项规划。现代农业方面,大力实施"八大提档升级"行动,全年粮食总产达1.9亿公斤,新建精品示范园3个,新增运城市级龙头企业3家,8个农产品通过"三品一标"认证,农民专业合作社692家,家庭农场59家。农民增收方面,开展"一企帮一村",落实项目48个、资金718.7万元,村级集体经济总量超过10亿元,5万元以上村达115个,占81%。837户2676名贫困人口如期脱贫,唯一省级贫困村张家堡村高标准脱贫摘帽。美丽乡村方面,出台《农村人居环境整治三年计划实施方案》,以"七道七治"("七道"即国道、铁道、县道、乡道、村道、巷道、河道;"七治"即治乱、治垃圾、治污水、治农业面源污染、治村、治河、治路)为主抓手,积极创建"五星级文明户""四好(衣被叠好、柴草堆好、畜禽管好、卫生搞好)家庭",新建乡镇垃圾中转站8个,改厕1400户,天然气入户2043户,60个村完成排污渠修建,精心打造12个环境整治示范村和16个美丽乡村示范村。

五、践行为民宗旨,回应民生期盼,群众福祉迈上新台阶

坚持以人民为中心的发展思想,持续保障改善民生,幸福的新河津手可触及、心可感知。城市面貌焕然一新。立足打造"文化古城、宜居老城、生态新城、创新智城"四座城,坚持抓好"双修双提"("双修"即城市修补、生态修复;"双提"即城市提品质、市民提素质),编制各类发展规划40个。集中财力43亿元,开展规模空前的城建大决战,塔前路等道路建成通车,华兴路改造等项目扎实推进,全省最大的黄河文化主题雕塑《黄河梦》在河津落成。投资1.8亿元,征收拆迁各类建筑物10万平米,高标准规划建设一批城市公厕、停车场和小游园,加快智慧城市建设,实施城市亮化工程,新增城市绿地面积28.8万平米,集中供热面积达600万平米,城市更加大气、名气、文气、洋气。社会事业亮点纷呈。投资3.4亿元开工建设3所学校和现代化中医院,市人民医院获评三级综合医院,全省一流的高家湾养老院托管运行,福逸家园成为全省示范养老机构,新建五保户集中安置点3个,农村老年日间照料中心达到56家。社会治理创新有效。深入开展扫黑除恶专项斗争,打掉涉黑涉恶犯罪团伙6个,破获各类刑事案件182起。持续开展一月一行业安全专项整治,严格落实省属11座煤矿属地监管责任,社会大局和谐稳定。

(石　峰)

附:中共河津市委书记、副书记、常委名单

书　记:鞠　振

副书记:赵建喜　董　耿(8月离职)

常　委:侯鹏程　李希平　李　雯(女,11月离职)　武安军　黄永平　尚勤学　吕武荣

中共临猗县委

县委书记　于鹏飞

2018年,临猗县委坚持以习近平新时代中国特色社会主义思想和党的十九大精神指引,全面贯彻落实省委"一个指引、两手硬"思路要求和市委"改革抢先机、发展站前列、各项工作创一流"总要求,围绕"走进新时代、融入大运城、建设新临猗"的目标定位,牢记使命、凝聚力量、看齐紧跟、走在前列,全县政治、经济、文化、社会、生态和党的建设发生一系列积极变化。

一、深入学习贯彻习近平新时代中国特色社会主义思想,牢牢把握正确的政治方向

坚持把深入贯彻习近平总书记视察山西重要讲话精神

作为长期重大战略任务来持续跟进、深化理解、抓细抓实，结合省委十一届六次全会精神、市委四届五次全会精神，扎实开展“大讨论大实践大学习”活动，通过集体学习、深入研讨，对新发展理念、“三大攻坚战”“示范区”“排头兵”“新高地”“大运城建设”“一区五带”发展布局等中央、省、市重大思路和要求的理解更加深刻、把握更加精准，进一步树牢了“四个意识”，坚定了“四个自信”，“两个维护”的思想和行动更加自觉。创造性地落实中央、省、市精神，提出了“走进新时代、融入大运城、建设新临猗”的总要求，谋划了“建设运城峨嵋果品博物院和党建立县”两个总抓手，确立了建设“绿色、和谐、智慧、美丽新临猗”的战略目标，制定了“双考核双服务”考评机制、“七张牌”、农业工业“双三”发展计划、农文旅融合发展等重点举措，在全县上下形成了学用新思想的浓厚氛围，切实推动中央、省、市各项决策部署在临猗落地生根、开花结果。

二、以转型综改为方向，全面提升发展质量，奋力推动县域经济迈上新台阶

（一）聚焦乡村振兴，不断加速现代农业发展步伐。完成果树品种改良7000亩，果树间伐6.5万亩，新增“高光效”树形4000亩。扶持年收入千万以上农业龙头企业15个，规范发展标准化农民合作社254个，认定家庭农场13家；培育新型职业农民1038名，带动培训果农2万余人。在深圳举办山西运城苹果品牌行暨第七届临猗果品文化节，在太原、武汉、赣州新设3家直销窗口，临猗果品成功入驻京东自营，出口37个国家和地区，出口总量达到7.6万吨。启动首届运城峨嵋果品博物院生态旅游系列活动，举办杏花节、梨花节、葡萄采摘节、银杏节等系列特色乡村游活动；傅作义故居、吴王古寨等旅游项目与“乡村文化记忆工程”有序推进，编制全县农业休闲旅游规划，农文旅融合发展实现新的突破。

（二）聚焦工业发展，深入推进实体经济“三个发展计划”。“龙腾虎跃”计划上，为丰喜临猗分公司等6家企业争取国家直供电优惠1422万元。“群星灿烂”计划上，培育4家规上企业，孵化“五小企业”320家，创造就业岗位2980个。“凤还巢”计划上，在北京、上海等城市建立15个在外人员服务站，征集创业项目28个，在外人员返乡创办企业94个，带动就业432人。

（三）聚焦重点工作，不断释放改革开放新动能。按照“三化三制”要求，整合原有四个园区成立临猗经济技术开发区和现代农业产业示范区，积极打造省级农业产业示范区；深化行政审批制度改革，构建了“只进一扇门、一窗全受理、一网可通办、最多跑一次”的“四个一”临猗模式，办理事项由147项扩展到375项，极大提升了行政服务效能和群众满意度。对外开发步伐不断加快，与山东临邑县、新疆玛纳斯县缔结友好城市，先后在上海、天津等地举办招商引资活动，累计签约项目21个，总投资97.13亿元。重点实施66个转型项目，开工率83.3%，完成投资22.37亿元。

三、加强民主政治建设，着力汇聚推动发展的强大合力

坚定不移走中国特色社会主义政治发展道路，大力支持人大、政协围绕全县中心工作开展调查研究和工作监督，全年共办理人大议案、建议220件，政协提案145件。全面加强党对统一战线工作的领导，坚持与各民主党派、工商联、无党派人士协商通报制度。成立县级新的社会阶层联谊会，成立临猗县总商会上海商会，团结引领党外知识分子、新的社会阶层人士参与临猗建设。全面加强党对宗教工作的领导，有效维护民族宗教领域和睦和顺。坚持党管武装原则，加强“双拥共建”、推进军民融合发展，国防后备力量建设水平稳步提升。深入推进群团组织改革，党的群团工作取得新成效。

四、以服务人民为中心，提升社会治理水平，切实增强群众获得感幸福感安全感

（一）坚持把脱贫攻坚作为“第一民生工程”。探索五种产业扶贫模式，带动13000余名贫困人口稳定增收。通过五保户集中供养、县城集中安置和货币化分散安置，完成1269人易地扶贫搬迁。为5000余贫困户子女发放教育扶贫资金650万元，为1000多户贫困户发放小额信贷资金5000万元，圆满完成9858人脱贫和2个省级贫困村退出的年度任务。

（二）全力保障社会大局和谐稳定。开展行业安全大检查活动，摸排整改安全生产事故隐患2336条，全县安全形势持续好转，未发生较大以上等级安全生产事故。深入开展扫黑除恶专项斗争，打掉涉黑涉恶犯罪团伙12个，采取刑事强制措施99人，处置涉黑涉恶腐败问题线索68件。刑事警情同比下降10%，刑事受案同比下降18.9%，刑事立案同比下降25.9%，命案同比下降33.3%，盗抢骗立案同比下降41.5%，“和谐临猗”建设迈出新步伐。

（三）深入开展污染防治攻坚战。狠抓中央、省环保督察和汾渭平原环保督察反馈问题整改，开展“铁腕治污”“环境风险隐患排查”等11项专项行动，完成煤改气3210户，煤改电1858户；取缔“散乱污”企业210家、轮窑砖瓦窑39家，减少散煤销售点66家；启动涑水河生态湿地工程，实施企业环保设施提标改造，强化污染风险防控和企业主体责任；加强农业面源污染防治，农作物秸秆还田率达到95%以上；县城绿化覆盖总面积达610万平方米，覆盖率45.5%；绿色发展理念深入人心。

（四）扎实推进农村人居环境持续改善。出台《临猗县农村人居环境整治三年行动实施方案》，建立农村环境整治的长效机制；以特色文化镇、村为重点，投入4600万元，重点打造28个县级美丽宜居示范村，推动示范村串点、连线、扩面；突出实施“四治六化一创”与农村“五改”工程，深入开展“四好卫生家庭”及“五星级文明户”创建活动，农村环境面貌和生产生活条件明显改善。

(五)全面提升城市基础设施建设水平。投资8582万元,对县城11条大街小巷道路进行改造提升;完成棚户区改造100套,货币化安置率100%。投资8300万元,实施集中供热工程,新增供热面积200万平米。投资4000万元,完成污水处理厂扩容项目,新增日处理污水2万方。智慧城管系统建设稳步推动,医疗集团一体化改革信息化建设方案初步形成,城乡公交一体化格局日趋完善,公交移动支付上线运行,智慧临猗建设迈上新的台阶。

(六)全面提升文化工作水平。县级融媒体中心正式挂牌成立,县图书馆顺利通过全国公共图书馆评估定级。眉户剧《山妹》先后赴西安、北京等地参加会演。开展了"古中国·大运城·新临猗"民俗文化年等活动。持续开展送戏、送电影、送图书下乡活动,送戏160余场,送电影4725场,送图书、报纸、期刊价值75万元,人民群众的精神文化获得感进一步增强。

五、以优化政治生态为目标,坚持党建立县,持续深化全面从严治党

确立"党建立县"工作思路,创新实施党建引领"双考核双服务"考核评价体系(坚持以党建统领全面工作,做到党建工作与业务工作同部署、同考核,实现抓党建服务转型发展、转型发展服务民生福祉),为全县经济社会发展提供了坚强政治保证。狠抓全面从严治党责任落实。县委认真履行主体责任,强化督导问责。开展乡镇党委书记抓基层党建专项述职和述纪述廉述作风述责任"四述"活动,层层传导压力,推动基层党委主体责任落实。对"两个责任"落实不力的,组织处理79人,问责38人。严格落实意识形态工作责任制。围绕党的十九大精神、习近平总书记系列重要讲话精神等内容开设专题专栏,加大宣传力度,推动党的创新理论飞入寻常百姓家。通过报纸、电视、网络等媒体,积极宣传临猗特色文化,大力宣传农文旅推介点,临猗对外影响力进一步提升。全县意识形态领域总体形势向上向好、可管可控。扎实推进"三基建设"。落实三基建设"重提升、求突破"十大专项行动,在农村、城市开展党建综合体创建工作,推行"龙虎榜"企业党的建设"一站四有"模式,在农民合作社等产业链上建立党支部84个,扎实开展"合作发展先锋行"活动,整顿转化软弱涣散农村党组织20个;常态化开展主题党日活动,扎实推进基层党组织规范化标准化建设。按照市委"万人计划"要求,突出政治主题,培训农村干部1256人次;在全省率先实施农村"两委"干部学历提升工程,组织488名村干部集体上大学,提升推进乡村振兴的能力;不断壮大村级集体经济,5万元以上的村达到235个,占比62.7%。临猗县共有基层党委19个,基层党总支56个,党支部777个,党员19783名。坚持正确选人用人导向。贯彻市委"五个导向"和"四个坚决不能用",运用"五看"选人机制,大力建设高素质专业化干部队伍。实施年轻干部优选计划,建立海选库、备选库、优选库,梯次培养、备用结合、动态管理,储备优秀年轻干部157人。坚决加强纪律建设。"四种形态"运用510人次,立查案件285件,给予党纪政务处分219人,撤职以上重处分40人,移送司法10人。查处违反中央八项规定精神案件17件,公开曝光6人;查处群众身边腐败案件121件;集中开展彻底肃清腐败流毒专题活动,"定发展思路、定规矩,转作风"的"两定一转"目标初步实现,政治生态明显好转,广大党员干部严守规矩、担当作为的浓厚氛围逐渐形成。

(杜兆星)

附:中共临猗县委书记、副书记、常委名单

书　记:于鹏飞

副书记:李　明(11月离职)　靳国全(11月任职)　景莉莉(女)

常　委:裴良豪　贾玉明　高　力　李　立　余　敏　任朝阳　李晓波　邓成伟(11月离职)　惠自强(11月任职)

中共万荣县委

县委书记　杜中伟

万荣县共有24个党委、3个工委、10个党总支、640个党支部,16562名党员,占全县人口总数的3.63%。其中农村党支部274个,党员11082名,占党员总数的65.5%。2018年新发展党员332名,其中农村新发展党员189名。

2018年,万荣县委深入学习贯彻习近平新时代中国特色社会主义思想和习近平总书记视察山西重要讲话精神,认真落实省市各项部署,以"走进新时代,建设大运城"为总抓手,真抓实干,攻坚克难,扎实推动全县党的建设和党的事业取得新实效。

一、坚持以党的政治建设为统领,不断提升新时代万荣党的建设质量,努力实现党内政治生态持久的风清气正

一是深入学习贯彻习近平新时代中国特色社会主义思想,坚决做到"两个维护"。以"大讨论大实践大学习"活动为依托,县委中心组集中学习25次。召开引深学习贯彻习近平总书记视察山西重要讲话精神座谈会,举办习近平新时代中国特色社会主义思想读书班,开展乡科级干部十九大精神轮训,持续强化干部理论武装。两次听取县人大、县政府、县政协、县法检"两院"党组工作汇报,扎实开展基层党(工)委书记履行党建责任专项述职,促进干部不断树牢"四个意识",

自觉践行“两个维护”。

二是坚持分类推进,把“三基建设”作为战略任务抓紧抓实。分机关、农村、乡镇三个领域,细化制定提升方案,分类召开现场推进会,打造县级示范点80个。基层组织建设上,着力推进规范化建设,274个村级组织活动场所全部达到“十有”(有党建氛围、有远程设备、有党建版面、有办公设施、有公示栏、有工作资料、有办公标识、有国旗、有党徽、有文体设施)标准。整顿软弱涣散党组织14个。外出务工党员驻地党组织达到22个。基础工作建设上,以行政审批制度改革为突破口,各单位基础工作、运行流程进一步制度化、精细化。基本能力建设上,以“百千万计划”为依托,引进博士等高层次人才5名,选拔优秀年轻干部23人,农村干部培训实现全覆盖。万荣县“三基建设”工作在全省作典型交流。

三是认真运用市委“3+1”制度,激励干部担当作为。围绕重点工作承诺制,年初组织乡科级单位作出公开承诺1084条,年底兑现率99%。县委、县政府向市委承诺的10方面任务扎实兑现。围绕重大事项报告制,及时向市委请示报告重大事项20次。围绕末位分析解剖制,对10家年度考核靠后的乡镇、单位进行了剖析问责。强化正面激励,表彰奖励先进单位和个人500余人次;在重点工作一线提拔交流乡科级干部98人;完善“五有”(以农村老党员和困难党员为重点,构建“生日有祝福、节日有慰问、难时有帮扶、定期有体检、去世有吊唁”的“五有”党内激励关怀帮扶机制)激励关怀帮扶机制,相关做法被《中国组织人事报》《山西日报》报道。保持正风肃纪高压态势,查处群众身边腐败案件96案、违反八项规定问题16案。认真抓好中央第十五巡视组巡视、中央扫黑除恶督导、环保督察,省委脱贫攻坚督导及省市巡视巡察反馈问题整改,全部按进度整改到位。

二、始终聚焦经济建设这一中心,贯彻新发展理念,不断提高县域经济总量、质量和效益

一是坚持以改革创新为动力,增强发展后劲。县域综合医改进入全国第一方阵。行政审批制度改革在全市率先完成“两集中、两到位”,实现了“大厅之外无审批”。建立2000万元财政科技基金,新增两家高新技术企业、两家全省“两化”融合贯标试点企业。“国家级出口混凝土外加剂产品质量安全示范区”创建进展顺利。

二是坚持农业农村优先发展,当好全市农业农村现代化排头兵。落实农业“八大提档升级行动”,积极创建“国家现代农业产业园”。建成3个水果主题公园、10个精品水果示范园,打造了“苹果博览馆”;出口水果认证基地达到5.7万亩,农产品出口创汇企业达到15家;香菇规模达到800万棒,被评为“山西省食用菌示范县”。扎实推进“美丽乡村”建设,坚持竞争性使用财政资金,实施5个特色小镇、36个美丽乡村示范点建设。

三是坚持狠抓项目建设和“三个发展计划”实施,提升县域经济总量、质量和效益。年初确定的62项重点项目达到预定进度。纳入全市“3515”盘子的两个重点项目进展顺利。“凤还巢”工作全市第一,先后开展恳谈宣介会23次,设立驻地党支部等互助组织62个,引进不冻泉建材等重点项目8个、小微企业127家。“龙腾虎跃”“群星灿烂”工作进入全市中上游。实施了4个“虎榜”培育企业技改扩建项目。全县亿元产值企业达到13家、高新技术企业达到11家。“专精特新”企业入库8家、小升规企业4家。

四是坚持全域旅游发展理念,深入推进“特色旅游县”建设。以“敬天法祖·乐善万荣”为主题,依托“山西省休闲农业和乡村旅游示范县”创建,精心举办了“全域旅游文化周”和“畅游后土·果海笑城”14项乡村游活动。全县新增“国家农村产业融合发展示范园”1处、省市级乡村旅游示范点4个。旅游接待量和旅游综合收入实现“双提升”。

五是深入推进“文化名县”建设,提升文化软实力。274个行政村综合文化活动场所实现全覆盖。举办了后土文化、万荣笑话、新万荣精神等研讨会,编印出版了《汾阴脽后土祠》等书籍。成功申报国家级非遗传承人3人、省级非遗传承人5人;深入实施“五星级文明户”创评,全县涌现出县级“五星级文明户”785户、省市级道德模范25人、省市级文明单位及村镇36个。

三、坚决扛牢脱贫摘帽重大政治任务,坚持“以水为基,产业升级,精准施策,到村到户”脱贫路径,全力打赢脱贫攻坚战

一是坚持以水为基,打牢脱贫攻坚的过硬支撑。全县水浇地达到82万亩;65个贫困村水浇地由11.8万亩增加到18.2万亩,贫困群众人均实现2.3亩水浇地;安全饮水实现全覆盖。

二是加快产业升级,夯实脱贫攻坚的增收保障。坚持把果业作为群众稳定增收的主导产业,贫困村水果面积达到7.8万亩,人均1.8亩。全县有条件且需要产业脱贫的5360户贫困户全部都有增收项目,贫困村全部建立“一村一品一主体”。

三是做到精准施策,确保脱贫攻坚的工作实效。坚持“村里挣钱”与“外出务工”相结合,全县有劳动能力的贫困户技能培训全覆盖,实现就业13841人,就业率89.9%。坚持“指标要求”与“小康标准”相结合,精准实施10大类552项基础设施项目,推动贫困村水、电、路、网、房等各项基础设施达标。

四是抓实到村到户,提高脱贫攻坚的质量成色。全县326户531名特困群众全部实现“两不愁三保障”。贫困人口基本医疗保险、大病保险、商业补充保险参保率均达到100%。资助贫困生41394人次,发放资助金3615.7万元。全县1690户3400名符合条件的贫困群众全部纳入低保范围,实现应保尽保。五保基本生活标准提高到6066元/人/年。为465名贫困残疾人免费配置生活辅助器具,实现残疾扶贫全覆盖。

五是发扬新万荣精神,掀起竞相脱贫热潮。实施激发内生动力“八个一”(出一本万荣的书、编一首万荣的歌、跳一曲万荣的舞、唱一本万荣的戏、办一批讲习所、讲一个好故事、

建一个笑脸墙、每个贫困户说一句激励的话）工程，编印《新万荣精神万荣人》书籍，编创大型蒲剧戏《河湾情》，编排“挺起你的脊梁”文艺节目，实现65个贫困村巡演全覆盖。

四、坚持以人民为中心的发展思想，不断提高保障和改善民生水平，加强和创新社会治理

一是大力发展社会事业。把教育事业发展放在优先位置，我县顺利通过“国家义务教育均衡复验”。示范小学、六一幼儿园投入使用。城镇登记失业率稳定控制在2%以内。新建16个日间照料中心。

二是扎实推进生态文明建设。部署实施21个专项行动、10项重大工程，较好地解决了生态环境突出问题。森林覆盖率达到35.6%。优良水质断面比例48%。节能降耗约束性指标全面完成。

三是不断加强和创新社会治理。扎实开展扫黑除恶专项斗争，打掉恶势力犯罪集团2个、恶势力团伙2个，全县刑事案件、治安案件发生率同比下降12.8%、14.9%。安全生产形势持续稳定好转。

2018年，全县地区生产总值完成73.1亿元，同比增长7.2%。财政总收入完成36388万元，同比增加5.0%。一般公共预算收入完成16555万元，同比增长6.0%。规模以上工业增加值完成6.3亿元，同比增长10.7%。固定资产投资完成30.8亿元，同比下降21.8%。社会消费品零售总额完成35.9亿元，同比增长9.1%。城镇居民人均可支配收入25666元，同比增长6.3%。农村居民人均可支配收入9956元，同比增长12.6%。

（徐晓凯　黄黎阳）

附：中共万荣县委书记、副书记、常委名单

书　记：杜中伟

副书记：李永辉　樊波平（11月任职）

常　委：李　峰　李耀宗　李建民　李鹏凯　尉艳梅（女）　陈小光　李　健（11月任职）　韩德峰（1月离职）

中共稷山县委

县委书记　廉广锋

2018年，中共稷山县委深入学习贯彻党的十九大精神，深入学习贯彻习近平新时代中国特色社会主义思想和习近平总书记视察山西重要讲话精神，按照省委“一个指引、两手硬”思路要求和市委“改革抢先机，发展站前列，各项工作创一流”总要求，以加快推进稷山高质量发展为总目标，以“担当负责、攻坚突破”为总要求，团结带领全县人民踏实苦干、砥砺前行，全面拓展了稷山党的建设和党的事业新局面。

全年地区生产总值完成92.93亿元，增长7.3%；财政总收入完成5.02亿元，增长10.3%；一般公共预算收入完成2.41亿元，增长18.6%；规模以上工业增加值完成22.4亿元，增长10.8%；社会消费品零售总额完成32.7亿元，增长9.0%；外贸进出口总额完成14.7亿元，增长30.2%；城镇、农村居民人均可支配收入分别完成2.7万元和1.1万元，增长7.0%和9.2%；固定资产投资受宏观经济、统计口径影响完成36.1亿元，下降18.3%。

一、深入学习贯彻习近平新时代中国特色社会主义思想和党的十九大精神，确保中央和省市委各项决策部署在稷山落地生根

始终坚持把深入学习习近平新时代中国特色社会主义思想和党的十九大精神作为首要政治任务，常委会班子带头学习，并采取党校集中培训、后稷讲坛、手机报等多种形式层层推进，用讲话精神统一思想、武装头脑、指导实践、推进工作，全县党员干部树牢“四个意识”、践行“两个维护”，与以习近平同志为核心的党中央保持高度一致的思想自觉、政治自觉、行动自觉全面提升。坚决贯彻落实中央和省市委决策部署，深入贯彻落实习近平总书记视察山西重要讲话精神，明确提出2018年“担当负责、攻坚突破，奋力谱写稷山高质量发展崭新篇章”的总体要求和七个方面攻坚突破的具体举措；深入贯彻落实省委书记骆惠宁视察运城重要讲话精神，持续在实现党内政治生态持久的风清气正、实现经济转型发展持久的强劲态势、扎实做好“三农”工作三个方面狠下功夫；深入贯彻落实市委书记刘志宏6月5日稷山调研讲话精神，对“三个发展计划”、“大讨论大实践大学习”活动等重要工作全面安排部署；深入贯彻落实打好“三大攻坚战”的新要

求,县委常委会抓住关键时间节点,研究安排脱贫攻坚、环境保护和扫黑除恶相关议题24次,并投入很大精力指导推进、督促落实;深入贯彻落实实施乡村振兴战略的新要求,反复研究制定出台了《稷山县乡村振兴战略总体规划》,大力扶持农业产业发展,不断加大农村基础设施建设力度。

二、加快培育新动能,县域经济高质量发展的基础进一步夯实

围绕"一产提品质创品牌",持续推进特色富民产业加快发展。下大力气扶持板枣产业发展,积极推行板枣管理"三统一"模式(统一修剪、统一施肥、统一防治病虫害),板枣品质明显提升。创建稷山板枣省级现代农业产业园工作全省排名第四,获得奖补资金1000万元。"稷山板枣中国行"走进全国9个大城市,并在北京、广州、满洲里建立了三个辐射全国、连通国际的配送中心。9月份成功举办第八届板枣文化节,吸引客商游人10万余人次,签约项目12个,签订板枣购销合同5000万元,中央一台、二台、七台、十台以及中央省市40多家媒体对稷山的板枣和板枣节进行了深度报道。下大力气扶持蛋鸡产业发展,全县蛋鸡存栏数量达到1350万只,晋龙集团西位300万只蛋鸡养殖基地全面建成投产,晋龙股份4月19日在新三板挂牌,晋龙集团被评为农业产业化国家重点龙头企业,"晋龙"牌鲜鸡蛋荣获第十六届中国国际农产品交易会金奖。在突出重点的同时,不断加大农田水利设施和农业机械化投入力度,2018年全县粮食总产达到2.49亿公斤,创历史最高纪录。围绕"二产促升级增效益",县委持续推进新型工业化全面提升。大力实施"龙腾虎跃"计划。年初对荣登市"虎榜"的3家企业大力表彰,制定出台了奖励支持、金融支持、财政支持等10项倾斜政策,促进全县骨干企业做大做强。各大企业表现出良好的发展态势,涌现出了两个亿元税收企业,两个超过5000万税收企业。大力实施"群星灿烂"计划。组建了稷山县中小微企业服务联盟和小微企业服务站,积极引导企业向"专精特新"目标迈进。全县新孵化培育"五小"企业518家,新增"小升规"企业5家、高新技术企业4家,2家企业通过省级"专精特新"企业认定。大力实施"凤还巢"计划。建立了在外务工保障、特色产业发展、返乡创业平台"三大服务体系",吸引在外人士返乡创办企业46家,城镇新增就业4921人,编制了《稷山饼子制作》《稷山麻花制作》教材,超硬材料创业基地春节前主体完工。围绕"三产挖潜力壮规模",县委持续推进文化旅游产业发展壮大。城郊万亩板枣观光示范园、滨河万亩葡萄园提档升级,大佛文化园建设加快推进,稷山塔主体完工,千佛阁奠基开工,稷王庙广场拆迁有序进行,投资1.28亿元的汾河生态修复项目完成主体工程的90%,投资30亿元的圣王山旅游开发项目已签约,投资3000万元的云丘山旅游路正式建成通车。

三、深化改革扩大开放,县域经济发展的活力和动力进一步激发

县委始终把抓改革作为重大政治责任,全面加强对改革工作的领导,常委会8次研究有关改革议题,大力推进7方面31项改革任务落实。3500平米的新建政务大厅投入运行。翟店园区被确定为国家级小微企业"双创"示范基地。稷山省级经济技术开发区获批。12月13日,稷山县医养结合工作在全省作经验交流。农田水利设施产权制度改革走在了全省前列。监察体制改革、教育、医疗、商事制度、农村集体产权制度等方面的改革都取得明显成效。县委始终坚持用扩大开放的新成效为县域经济发展添活力增动力,"大讨论大实践大学习"活动期间,组织相关人员到长三角等地考察学习15批次,开阔了视野、学到了经验。全年县四大班子领导带队到北京、重庆、深圳等15个省市开展招商活动19次,签约项目26个,到位资金30.2亿元,开工率达92.3%,全市排名第二。其中,新引进投资3.5亿元的15万吨岩棉、投资3亿元的3万吨超高功率石墨电极、投资1.88亿元的4万吨萘法制苯酐等项目都顺利落地开工。特别是一期投资1.5亿元的锐宝制版项目两个月时间建成投产,创造了令人惊奇的"稷山速度"。

四、持续促进民生改善,人民群众的获得感、幸福感、安全感进一步增强

坚决打赢打好精准脱贫攻坚战。投入扶贫资金1171万元。在20个贫困村发展干果经济林6000余亩。帮助286户贫困户落实贴息贷款1149.62万元。投资200万元的光伏发电扶贫项目覆盖所有贫困村。40名第一书记、1200名帮扶干部活跃在脱贫攻坚第一线。全县6个贫困村2090人的脱贫任务高质量完成。坚决打赢污染防治攻坚战。取缔"散乱污"企业437家、完成整改363家。全县规模以上企业环保投入超过3亿元。超额完成"煤改气""煤改电"任务。狠抓中央和省市环保督查反馈问题整改,查处破坏环境违法案件54起,处罚200余万元,移送公安8起,刑事拘留5人。投入资金1500万元,完成植树造林面积7389亩,持续推进环城、县域交界口和村庄绿化,提档升级10个园林村,绿色成为稷山高质量发展的主色调。坚决打赢防范化解重大风险攻坚战。有效化解金融风险,破获非法集资案6件,处置不良贷款1523万元;积极防范网络风险,查处网上有害信息1236条;认真做好信访维稳工作,排查各类矛盾纠纷177件,调处153起;狠抓安全生产,加大隐患排查治理力度,安全生产形势持续稳定向好。着力兴办民生实事。全年全县财政资金用于民生领域支出达到12.7亿元,占比75%以上。高考文理两大类二本B类以上达线人数达到923人,在参考人数减少的情况下,增加将近100人。县职业中学被评为"山西省中等职业教育发展示范校",新建的育英小学主体完工。县人民医院被核定为三级综合医院,县精神病院成功晋升二甲医院,县妇幼院综合大楼主体完工,残疾人托养中心全面建成。新建改建农村日间照料中心63个,全县总数达到155个,占比82%,在全市遥遥领先。深入开展"四治六化"城乡环境卫生集中整治,两次召开推进会,一次进行大观摩大评比,形成了干群合力共建美好家园的强大合力,打造了省市县37个美丽宜居示范村。老汾河桥加固加宽美化亮化,成为一道靓丽风景。稷

峰街、康复街全面提升，小县城有了大城市的气质品味。滨河文化广场、稷峰文化广场、城市绿化工程等基本完工，城东民悦园二期、城西民乐园提升工程取得突破性进展，老百姓切身感受到了县城建设带来的新变化、新气象。

五、坚持发扬民主，团结和谐的政治局面进一步巩固和发展

县委常委会坚持党对一切工作的领导，定期听取县人大、县政府、县政协、法检两院党组工作汇报，提出指导意见，研究群团工作，支持国防和军队改革建设，统揽全局、协调各方的领导核心作用充分发挥。坚持和完善人民代表大会制度，支持县人大及其常委会依法行使职权，更好发挥人大代表作用，全年县人大对环境保护、安全生产、职业教育等工作进行执法检查5次，对重点项目建设、环境卫生整治等工作开展专题调研12次，对22个政府工作部门进行了年中督促检查。大力支持政协和统战部门履行职能，充分发挥县政协人才荟萃、联系广泛的优势，开展了工业经济发展、城市建设和城市管理等6次专题调研，对转型项目建设年和攻坚深度贫困落实情况进行了监督性视察。切实加强党对法治工作的领导，深入推进依法行政，认真学习"枫桥经验"，加大综治基层基础建设力度，县乡村三级综治中心提档升级，可防性案件同比下降21.9%。深入推进扫黑除恶专项斗争，打掉黑社会性质组织1个，恶势力犯罪集团3个，恶势力团伙5个，村霸恶势力3个，破获涉恶刑事案件163起，抓获涉恶犯罪嫌疑人78人，有力震慑了违法犯罪行为。

六、守牢意识形态主阵地，宣传思想文化工作水平进一步提升

县委严格落实意识形态工作主体责任，坚持党管媒体不动摇，唱响主旋律、壮大正能量，让党的旗帜在宣传思想战线高高飘扬。着力加强思想阵地建设。县委中心组开展理论学习17次，组织县乡村三级理论宣讲员300余人深入基层进行理论宣讲，在全县掀起了学习习近平新时代中国特色社会主义思想的新热潮。着力构建立体式宣传格局。开展了网络媒体稷山行采风活动，晋陕豫黄河金三角县市报研究会第八届年会在稷山县召开。与新华社等主流媒体进行战略合作，在中央电视台、人民网等国家级媒体发稿90余篇，迈入全市外宣第一方阵。着力推进精神文明创建。五城同创整体推进，翟店镇创建国家级卫生乡镇已经通过暗访，在全市创建全国文明城市进程中抢先了一步，走在了前列。以建设乡村文化礼堂为抓手，率先在稷峰镇、蔡村乡、太阳乡建成一批示范村，在全市大观摩中受到好评。星级文明户创评活动全面铺开，全县18个试点村首次评选出星级文明户700余户，成为促进乡风文明的有效引领。着力繁荣文化事业和文化产业。县蒲剧团编排的蒲剧《党的女儿》在央视戏曲频道七一特别节目直播，大型廉政历史剧《铁面御史姚天福》在晋陕豫三省四市巡演70余场次，蒲剧电影《枣儿谣》成功首映，全县各类特色文化活动交相辉映。

七、坚持严管与激励并重，全面从严治党进一步向纵深拓展

县委常委会深刻领会新时代党的建设总要求，紧紧围绕党的建设"两个走在前"目标，全面提升党的建设质量，推动党的建设和党的事业互促共进。坚持把党的政治建设摆在首位。县委积极组织全县各级党组织和党员干部深入学习习近平新时代中国特色社会主义思想，不断树牢"四个意识"，自觉践行"两个维护"，始终在政治立场、政治方向、政治原则、政治道路上同以习近平同志为核心的党中央保持高度一致。谋划各项工作都以贯彻中央决策部署为前提，确保政令畅通、令行禁止。始终把全面从严治党主体责任牢牢扛在肩上。县委常委会研究部署全面从严治党工作8次。强化督导检查和问责追责，查处落实"两个责任"不力案件47案83人。深化监察体制改革，建立了覆盖全县的村级监察联络员队伍，打通了全面从严治党最后一公里。始终保持正风肃纪反腐高压态势，纪检监察机关立案增长27.3%，结案增长30.9%，处分人数增长14.5%，查结扶贫领域腐败和作风问题126案126人、违反中央八项规定精神问题22案46人。运用"四种形态"处理740人次，比例分别为68.4%、27.7%、2.4%和1.5%。对全县50个党组织开展巡察监督，发现各类问题366条，线索72件。严格落实上级巡视整改任务，对梳理出的问题和线索全部整改到位。4月19日，在全省整治群众身边腐败问题推进会上，稷山县代表县级层面作了大会发言。注重基层基础扎实推进"三基建设"。拨付专项资金4009万元，召开推进会20余次，整顿软弱涣散党支部7个，打造"三基建设"示范点68个，在太原、重庆、广州等6个城市建立了稷山籍在外人士党支部。组织各单位建立了"一目录三手册"和效能建设八项制度。总结提升水利局、教科局等单位的"五个一线"工作法(情况在一线掌握、决策在一线形成、问题在一线解决、业绩在一线铸就、党性在一线彰显)，在全县推广实施。深入落实市委"组织工作三大计划"，柔性引进了7名高端人才，举办农村两委干部封闭式培训9期561人，全年提拔使用年轻干部占比达到42.2%。7月18日，稷山县在全市"三基建设"推进会上作典型发言。采取有效措施激励干部担当作为。以"大讨论大实践大学习"活动为抓手，引领党员干部解放思想、大胆实践。组织开展专题学习讨论280余场次，政务大厅建设等六件实事圆满完成，阳煤泉稷和唐晋纺织两个上海签约项目开工建设。以"3+1"干部考核管理体系为抓手，激励党员干部踏实苦干、奋勇争先。全县7个乡镇、90个县直单位共计承诺重点事项783条，191个村承诺重点工作1200余条。同时，将重点工作完成情况与干部评优和选拔使用紧密挂钩，全年调整干部114人，一批业绩突出的优秀干部走上重要岗位。

(范志侠)

附：中共稷山县委书记、副书记、常委名单

书　记：廉广锋

副书记：吴　宣　尚国桦
常　委：赵永刚　费克仁　王纪峰　姜存师
王德谋　张寒梅(女)　代本忠

中共新绛县委

县委书记　李玉林

新绛，古称绛州，位于山西省西南部，运城市北端，总面积597.18平方公里，耕地53万亩，辖8镇1乡，210个行政村，34.8万人。全县共有29个基层党委、22个基层党总支、550个基层党支部、13135名党员。

2018年，新绛县委深入学习贯彻习近平新时代中国特色社会主义思想和党的十九大精神，贯彻落实习近平总书记视察山西重要讲话精神，按照省委“一个指引、两手硬”思路和要求，落实市委“改革抢先机，发展站前列，各项工作创一流”总要求和“走进新时代，建设大运城”总抓手，团结带领全县干部群众，坚持以党的建设为统领，加快建设“三个新绛”，扎实做好“五篇文章”，全县党的建设和党的事业不断取得新进步。经济运行呈现稳中有进、稳中提质、稳中向好的态势，主要经济指标均处于全市中上游，特别是全县地区生产总值完成98.1亿元，首次超90亿元，财政总收入完成13.88亿元，一般公共预算收入完成4.84亿元，增速排名均为全市第二，实现了历史性突破。

一、始终坚持以习近平新时代中国特色社会主义思想武装头脑、指导实践、推动工作

县委始终把学用习近平新时代中国特色社会主义思想作为首要政治任务，与学习贯彻党的十九大精神和习近平总书记视察山西重要讲话精神结合起来，统揽全县大局，不断引向深入。县委中心组集中学习16次，举办了干部理论教育讲座6期。组织108名正科级以上干部到焦裕禄干部学院、红旗渠干部学院接受党性教育，组织48名优秀年轻干部赴浙江大学参加习近平新时代中国特色社会主义思想专题培训班。组建了50人的基层理论宣讲队伍，深入基层宣讲500余场，全县各级党组织通过交流研讨、集中轮训、知识竞赛等多种方式，不断推动学习贯彻往心里走、往深里走、往实里走。县委常委(扩大)会议专题听取26家主责单位贯彻落实习近平总书记视察山西重要讲话精神情况汇报，制定《关于深入学习领会贯彻省委十一届六次全会精神的通知》和《关于落实市委四届五次全会目标任务的责任分解方案》，有力确保中央和省委、市委各项决策部署的落地落实。

二、始终坚持新发展理念，经济发展的质量和效益不断提升

县委坚持“三五”工作思路（以党的建设为统领，加快建设人文新绛、绿色新绛、和谐新绛‘三个新绛’，扎实做好农业产业化提质、新型工业化提速、文化旅游业提位、商贸物流业提档、城镇化水平提升‘五篇文章’的“三五”工作思路）不动摇，不断加强和改进对经济工作的领导，每季度研究经济运行情况，分阶段提出思路要求，确保全县经济持续健康发展。

持续推进“三个发展计划”。坚持向实体经济聚焦发力，召开了全县民营企业发展座谈会，毫不动摇地鼓励、支持和引导民营经济发展。骨干企业发展迅猛。高义钢铁产业转型升级项目列入全市“3515重大工程项目”，年产160万吨850毫米优特带钢生产线技改项目、高炉煤气综合利用发电项目一期工程已正式投产。高义钢铁全年销售收入达119亿元，登上全市“龙榜”。中信金石、中信鑫泰等“虎榜”企业扩规提质，威顿水泥、天地和金属制品等骨干企业向“虎榜”迈进。全县规上工业增加值增长12个百分点。“五小企业”蓬勃兴盛。建立了县级小微企业服务站，设立了500万元“五小企业”专项资金、500万元“助保贷”风险补偿金等，对企业发展、贷款融资、人才培养等进行扶持补贴。围绕十大“双创”基地，开展了“质量提升行动”，认定了2家省级小微企业创业创新示范基地和2家市级小微企业创业创新基地，全年新增“五小企业”596户，新创造就业岗位9500余个。“凤还巢”计划成果显著。依托新成立的西安新绛商会、上海新绛商会，建立了服务站。开设了“天南地北新绛人”等栏目，共召开各类座谈会、联谊会105场，引导在外人才回乡创办企业11个，总投资3.29亿元。开展各类技能培训62期、培训3044人次。

持续推进文化旅游业提位。大力推进绛州州府核心景区建设，完成了贡院巷立面改造、绛州大堂二期复建等工程，《中国影像方志·新绛篇》《乘着绿皮车去旅行》等纪录片在央视播出，澄泥砚制作技艺、绛州剔犀技艺入选首批国家传统工艺振兴目录。全年旅游人数和旅游总收入实现了24.9%和26.8%的高速增长。

持续推进商贸物流业提档。汾河湾市场升级改造工程正在进行内外装修，汾河湾综合开发项目已有3个子项目达成合作协议，桥南路升级改造和两侧建筑立面改造全面完工。

三、始终坚持全面深化改革和对外开放，动力活力不断激发

扎实开展“大讨论大实践大学习”活动，共举办各类讲座9次，组织外出学习考察25批364人次，接待来新绛考察企业36次，新签约项目18项，意向投资达33亿元，实现了解放思想、提升能力、转变作风、推进工作的良好效果。

认真学习贯彻习近平总书记在庆祝改革开放40周年大会上的讲话精神，全面加强对改革工作的领导。2018年县委常委会议9次专题研究改革事项，召开了县委深改组第四次

会议，审议通过了《中共新绛县委全面深化改革领导小组2018年工作要点》等4个文件，明确了七方面42项改革任务，层层分解到12个县级领导、36个责任单位，确保了改革任务落地落实。县政务服务大厅投入运行，新绛经济技术开发区成功获批，县乡医疗卫生机构一体化改革、供销社“三位一体”改革等取得明显成效，带动全县改革工作向纵深推进。

聚焦打好对外开放“七张牌”，与新疆维吾尔自治区昌吉州木垒县缔结为友好县，绛州鼓乐团赴孟加拉国、香港等成功演出。举办庆祝改革开放40周年图片展、首届农民丰收节、首届水西家具展销节等各类活动18次，参加首届中国国际进口博览会等全国性展会8次，积极参加全市“三节三会”，提升了新绛对外开放的知名度和吸引力。

四、始终坚持农业农村优先发展，乡村振兴战略加速落地

坚持把“三农”工作作为重中之重，深入实施乡村振兴战略，编制了《新绛县乡村振兴战略总体规划(2018-2022)》，大力推进“八大提档升级行动”和农村人居环境整治，力争走在全市前列。启动建设新绛县蔬菜现代农业产业园，实施了牧原生猪养殖13分场和鹏翔农业、云飞药材等示范基地建设，新绛蔬菜、油桃出口到俄罗斯、迪拜。全县农产品加工企业销售收入达12.97亿元，同比增长12.1%。投入2100万元推进农村人居环境整治，建立了长效机制，农村面貌明显改观，建立了“一核多极”农村社会治理平台，加快培育新型经营主体，全年农村居民人均可支配收入同比增长9.2%。

五、始终坚持绿色发展理念，三大保卫战全面打响

深入贯彻习近平生态文明思想，持续加大生态环保投入和监管力度，全年在生态环保领域投入资金超10亿元，环保立案103件，罚款1388万余元。聚焦蓝天保卫战，完成2770户“煤改气”“煤改电”任务；取缔“散乱污”企业185家、整治230家。聚焦碧水保卫战，汾河城区段综合治理PPP项目初步设计方案已通过评审，实施了浍河水生态修复和鼓堆泉域保护综合治理项目，在汾浍河沿线建设了10个污水处理厂(站)，出口断面水质整体好于入口断面水质。聚焦净土保卫战，开展了“清废”行动，扎实抓好高义钢铁违法倾倒钢渣问题整改，落实“以渣定产”方案，分类整治6处堆埋点，启动建设钢渣填埋场，问责相关责任人40名。

六、始终坚持以人民为中心，人民群众获得感、幸福感、安全感显著增强

全年民生领域财政支出达13.95亿元，占财政总支出82.2%，7件民生实事全部完成。脱贫攻坚再战再胜。坚持抓党建促脱贫攻坚，“三支队伍”充分发挥作用，2个贫困村顺利退出，1728户5689个贫困人口实现脱贫，贫困发生率下降至0.43%。教育事业不断进步。教师激励制度改革不断深化，高考二本以上达线率为63.2%，连续13年排名全市第一，18名学子被北大、清华、香港中文等一流大学录取。医疗服务明显改善。县域内就诊率达87%，被评为省级医改示范县。社会保障扎实有效。五大社会保险参保率达95%以上，城镇登记失业率1.26%，低于全国平均水平。城镇化水平稳步提升。完成了城乡总规和3个专项规划修编工作；打通了凤凰路、府西街、九原大道等断头路；“五城同创”实现常态长效。社会大局和谐稳定。扫黑除恶形成高压态势，共打掉涉黑涉恶犯罪团伙7个，破获刑事案件95起，全年刑事案件、治安案件同比下降21%；着力抓好安全生产和信访稳定工作，全年未发生一起生产经营性事故。

七、始终坚持全面从严治党，新时代党的建设水平不断提升

坚持和加强党的全面领导。全年召开常委会43次，研究议题189个，定期听取县人大、政府、政协和法院、检察院党组工作汇报，把党的领导体现在各领域各方面。全力支持人大及其常委会依法行使职权，坚持和加强对人民政协工作的领导，巩固和发展最广泛的爱国统一战线，扎实做好民族宗教工作，全面深化群团组织改革，深入推进依法行政、公正司法、全民守法，县委统揽全局、协调各方的领导核心作用充分发挥。

把党的政治建设摆在首位。教育引导广大党员干部树牢“四个意识”、坚定“四个自信”、践行“两个维护”，自觉同以习近平同志为核心的党中央保持高度一致。

抓实抓牢思想建设。持续推进“两学一做”学习教育常态化制度化，把“四大讲四增强”贯穿始终；严格落实意识形态工作责任制，出台了分解方案和实施细则，县级融媒体中心挂牌成立，舆情应对及时有效。

深化拓展“三基建设”。全年共投入经费4900余万元，乡镇、社区平均工作经费均超过全市平均水平。高标准打造了30个标杆党组织，建立了全市首家社会组织党群活动中心，整治了9个农村软弱涣散党组织，集体经济收入5万元以上的村达到69.5%，活动场所面积500平米以上的社区达到70%。建立了效能建设制度，举办各类培训班350个、培训32350人次。

着力加强新时代干部队伍建设。落实市委“五看”精准识别干部方法，共调整干部44人。实施组织建设“三大计划”，列支300万元人才资源开发专项资金，引进5名高端人才；选拔15名优秀年轻干部，组织赴浙江绍兴柯桥区挂职锻炼一个月；在县委党校对全部431名农村党支部书记、副书记、村委主任进行了全脱产全封闭培训。认真落实市委“3+1”干部考核评价体系，全县承诺的663个事项共完成660个；各基层党组织向县委报告重大事项291次；对脱贫攻坚、人居环境整治、扫黑除恶专项斗争等重点工作实行末位分析解剖，进一步激发党员干部干事创业积极性。

持之以恒正风肃纪。全年共立案286件，结案270件，党纪政务处分267人。查处扶贫领域腐败问题49人、违反中央八项规定问题12案25人。运用“四种形态”处理648人次，

比例分别为57.3%、37%、4.3%和1.4%。完成三轮县委巡察,发现违规违纪线索128条,进行了分类处置。

(贺伏鹏)

附:中共新绛县委书记、副书记、常委名单

书　记:李玉林

副书记:解　芳(女)　赵高堂

常　委:仪天亮　姚文生　王军胜　闫世杰

孙　飞　许朝庆　李建峰(11月离职)

李守民(11月任职)

中共闻喜县委

县委书记　张汪尤

闻喜县共有13个乡镇,343个行政村,总人口41.7万人。基层党组织893个(基层党委27个,总支37个,支部829个),党员18194名。

2018年,闻喜县委深入学习贯彻习近平新时代中国特色社会主义思想,认真落实省委在"两转"基础上全面拓展党的建设和党的事业新局面的重大部署以及市委"三句话"(改革抢先机,发展站前列,各项工作创一流)总要求和"走进新时代、建设大运城"总抓手,致力打牢维护核心、看齐紧跟的思想政治基础,致力保持稳中有进、稳中向好的发展态势,致力构建文明有序、安全稳定的社会环境,进一步巩固和发展了"十三五"以来的良好工作态势。全年地区生产总值增长12.4%,增速排名全市第一;规模以上工业增加值增长20.2%,增速排名全市第一;财政总收入增长136.2%;一般公共预算收入增长88.5%,增速排名全市第一,圆满完成"经济增长保持中高速,全市排位保持中上游"目标任务。

一、牢牢把握正确方向,坚定不移用习近平新时代中国特色社会主义思想和中央、省市委决策部署指导工作

坚持把学习贯彻习近平新时代中国特色社会主义思想作为重大政治任务,围绕习近平总书记重要讲话、党章党规和省市精神,召开常委会、常委扩大会议和中心组学习30余次,邀请中央党校、清华大学团队为全县党员干部举办专家报告会7场;依托县乡党校,举办主题培训班,集中轮训党员干部、农村基层党员8000余人次,不断增强学习的针对性和时效性。通过持续用功,强力推进,全县干部群众对省市委的决策部署和县委的工作安排更加拥护,并不断转化为深入践行的党性观念和有力行动。

二、坚定不移扛起全面从严治党责任,全面构建良好政治生态方针

始终坚持党对一切工作的领导,认真落实管党治党责任,把全面从严治党贯彻到党的建设各项工作中,努力实现党内政治生态持久的风清气正。一年来,召开常委会、专题会、研讨会、全县干部会30余次研究部署全面从严治党有关工作。严格正风肃纪,持续加强党风廉洁建设。坚持问责追责"常态化",查处两个责任落实不力典型问题26件,问责追责5个党组40人;保持审查调查高压态势,处置问题线索800余件,给予处分251人,其中科级干部29人;深化运用"四种形态",第一种形态处置人数占比58.5%,第二种形态占比32.3%,实现抓早抓小;坚持政治巡察不停步,对12个县直单位开展巡察监督,立案查处37件、处分35人,巡察"利剑"愈发锋利。推进"三基"建设,不断夯实党的执政基础。始终把抓基层打基础作为党的建设的长远之计和固本之策,扎实开展农村党建"六大工程"(乡镇党委核心牵引工程、"五星级"农村基层党组织锻造工程、"十星级党员"培树工程、农村党员干部素质能力提升工程、村级集体经济壮大工程、本土人才回归工程)、城市党建"六大行动"(思想教育"信念筑魂"行动、大党委"联动互通"行动、机关党建"C+X拓展"行动、社区服务"党建+"行动、非公党建"提质强基"行动、城市党建"品牌建设"行动)、夯实基层投入"六大保障"(加大乡镇运转经费、社区运转经费、村级组织运转经费、村"两委"主干岗位报酬、村(社区)组织活动场所建设、"两新"组织工作经费投入力度,保障党建工作的有序开展),投入"三基"建设经费5000余万元,高标准建设乡镇周转房152套,打造了山西建龙党委、银光党委、象丰农牧党支部等一批具有特色的党建品牌;深入落实农村干部素质能力提升"万人计划",培训31期5500余人。从严治党管吏,切实加强干部队伍建设。坚持德才兼备、以德为先、以廉为基,探索实行"同职类比""同级类比"(相同职位分类比较、分类排名;相同级别统筹比较、统筹排名)排名、综合考评排名等制度,对乡科级正职领导干部实行"单位内部测评、正职领导干部互评、县处级领导干部综评"多角度测评,从乡镇基层、脱贫攻坚、项目建设主战场上提拔重用干部,全年研究任免干部5次,涉及干部111人次,平调重用30人,提拔任职60人,其中正科级领导职务18人,正科级非领导职务6人,副科级领导职务36人,免职21人,做到人尽其才、才尽其用。

三、站在新时代高度推动重点领域和关键环节改革,不断培育发展新动力

始终把抓改革作为重大政治责任,加强对改革工作的领导,以过硬作风和科学方法谋划推进改革,年初部署的7大类40项改革任务有力有序推进。"放管服效"改革纵深推进。

政务服务中心投入运行,进驻行政审批单位24个、行政审批事项184项,办理各类行政审批服务事项4000余件,部分县直部门审批事项在全市审批时间最短。监察体制改革深化拓展。在推动纪委监委深度“融合”的基础上,整合36家派驻纪检监察机构为13个派驻纪检监察组,建立起全覆盖的监察工作网络,打通了监督监察的“最后一公里”。金融体制改革亮点突出。设立湘银镁业重组基金,招募资金收购银光镁业及其子公司金融主债务和对外担保债务,帮助银光镁业从担保链泥潭中“脱身”,为化解金融风险提供了“闻喜经验”。

四、坚持主动转型、全面转型,不断提升经济发展的质量和效益

一是持续加大“龙虎榜”培育企业的支持力度,深入推进“三个发展计划”,持续加大“龙虎榜”培育企业支持力度,建龙公司全年完成销售收入225亿元,继续保持“龙榜”企业“龙头”位置;银光华盛年销售收入首次突破10亿元,成为闻喜县第三家迈入“虎榜”的企业。坚持把推动“五小企业”发展作为富民强县的重要举措,建成市级中心企业“双创”基地1个,全县中小微企业总数突破1800家,在扩大就业、增加收入、改善民生等方面发挥出越来越大的作用。围绕“凤还巢”计划,积极吸引在外人士返乡创业兴业,创办小微企业125家、中大型企业16家,总投资41亿元,带动全县经济持续升温。二是坚持把开发区建设作为“一号工程”,围绕开发区的谋划、立项、申报、建设等环节,带领县四套班子、有关单位和乡镇、广大干部群众真抓实干、攻坚克难。“三化三制”改革稳步推进,开发区机构设置和干部配备全部到位,精品钢产业园8000余亩土地的征收任务即将完成,润泰固废利用、建龙再生资源利用等企业入驻园区,冷轧板带、精密铸造等项目正在洽谈引进之中,开发区拉动县域经济发展的引擎和承载作用进一步呈现。三是坚持推进现代农业发展,大力拓展“稳粮、强果、优菜、壮畜、发展苗木、提升药材”路径,粮食绿色防控示范区达到30万亩,粮食总产突破3.1亿公斤;畜牧及其加工业快速发展,养殖专业公司和合作社达到71家,规模化饲养畜禽1700余万头,总产值突破26.6亿元;签约九九慢城等农业龙头企业5家,晋农新大象生猪养殖、牧原养殖二期投入生产,禧德循环农业项目开工建设,农副产品企业发展到146家,实现销售收入18.7亿元,增长21.7%,全县农业生产经营组织化程度稳步提高。

五、加强民主政治建设,巩固发展安定团结的政治局面

坚持和完善人民代表大会制度,将人大工作纳入全县工作总体布局,与中心工作同安排、同部署,积极为人大依法履职创造条件、提供支持。支持县人大依法选举产生了闻喜县第十六届人民代表大会财政经济委员会和法制委员会,承办全市人大工作(闻喜)联席会议,取得良好效果。坚持和完善中国共产党领导的多党合作和政治协商制度,保证政协依章程开展工作、履行职能。坚持加强党委对统战工作的领导,加强民盟、无党派、工商联、民族宗教和新的社会阶层人士等各个领域统战工作,全县大统战工作格局基本形成。坚持党管武装根本原则,推动国防和驻闻部队建设,双拥共建水平实现新提升。

六、如期打赢脱贫攻坚硬仗,民生福祉在决胜全面小康中不断增强

坚持把打好脱贫攻坚硬仗作为政治任务,召开常委会、推进会、专题会20余次研究部署脱贫攻坚工作,采取三级书记“双签”责任书、3个督导检查组和2个明察暗访组经常性开展督查巡查、落实“黑红名单通报制度”、在扶贫领域开展不正之风和腐败问题专项治理等一系列举措,牢牢把握了脱贫攻坚战役的主动权,经过广大干部群众的共同努力,全县67个贫困村全部退出,30438名贫困人口实现脱贫,14项指标全部达标,脱贫攻坚实现决战决胜。9月7日省政府正式批准闻喜县摘掉贫困县“帽子”。同时,以脱贫攻坚为契机,大力实施利民惠民项目,落实促进就业再就业扶持政策,健全社会保障服务体系,先后投入民生资金11.6亿元,同比增长15.9%;先行一步打响全省扫黑除恶专项斗争“第一枪”,在全面侦破“6·03”专案、摧毁侯氏兄弟黑恶势力犯罪团伙及其“保护伞”基础上,打掉恶势力集团、恶势力团伙、农村恶势力10个、村霸、楼霸4个,全县刑事案件、治安案件及其他违法犯罪活动明显减少,人民群众的获得感、幸福感和安全感不断增强。

七、坚持生态建设、创优环境,坚定不移建设宜居宜业美丽家园

坚定不移践行绿色发展理念,坚决打好“三大战役”(蓝天保卫战、碧水保卫战、净土保卫战),出台蓝天保卫战督查工作实施方案等文件,强化重污染天气应对措施;石门饮用水源地环境综合整治扎实推进,礼元生活污水处理开工建设;完成营造林5.7万亩,治理绿化磨盘岭130座,森林覆盖率达到18.6%。深入推进环保督察整改,完成中央环保督察反馈意见整改任务7项、省委环保督察反馈整改任务15项,省市转办的75起群众举报环境问题线索全部办结。扎实做好日常环境监管,加强工业企业环境问题综合治理,严厉打击违法排污行为,排查散乱污企业558家、取缔203家、整治320家。

(杨　青　樊香叶)

附:中共闻喜县委书记、副书记、常委名单

书　记: 张汪尤

副书记: 黄亚平(女)　秦志洲　荆富功(挂职)

常　委: 王海生　王学智　韩小青　吴引群　冯向泽　张文豪　丁文玲(女)

中共绛县县委

县委书记　王宏伟

2018年，绛县县委深入学习贯彻习近平新时代中国特色社会主义思想和党的十九大精神，认真落实省委“一个指引、两手硬”和市委“改革抢先机，发展站前列，各项工作创一流”的思路要求，团结带领全县党员干部群众，以“两乡五区”（建设全国樱桃之乡、绛老长寿之乡，省域特色农产品加工区、新型能源集聚区、机械制造转型区、通航产业示范区、文化旅游融合区）建设为总抓手，抢抓机遇、应对挑战、奋勇攻坚、砥砺前行，全面开创了绛县各项事业的新局面。

一、牢牢把握正确方向，坚定不移用习近平新时代中国特色社会主义思想引领各项事业

深刻领会习近平新时代中国特色社会主义思想精神实质，将党的十九大和习近平总书记视察山西重要讲话精神作为政治必修课，与“大学习大讨论大实践”活动有机结合起来，带头领学督学，组建了覆盖全县的党委中心组，搭建起81个网络学习平台。在全县各级党组织开展形式多样的学习活动，准确把握十九大精神的思想精髓、核心要义，切实把思想和行动统一到中央、省、市各项部署精神上来。准确理解习近平新时代中国特色社会主义经济思想的主要内涵，坚持推进绿色发展、转型发展、创新发展，实现了各项经济指标稳中有进、“三大收入”中高速增长，在创建全国卫生县城、脱贫攻坚、民生事业上重点突破，人民群众的幸福感、获得感得到切实提升。

二、不断深化绿色转型，推进经济高质量发展

积极争取项目。大力推进总投资163.34亿元的“五个十”重点工程（在基础设施、民生事业、招商引资、脱贫攻坚、企业建设等五个领域确定的57个重点工程），总投资33.69亿元的晋煤大唐安峪热电联产、总投资8.22亿元的九鼎风电、总投资8.08亿元的晋安通风电场二期、总投资5.2亿元的中焱恒生物科技等重大项目取得实质性进展。聚焦实体经济。大力推进绛县经济开发区、安峪工业园区、航空产业园区和“双创”孵化园区“一区三园”，新增亚新科国际铸造、红山机械厂（541一厂）2家虎榜企业。成功获批2018年国家第三批增量配电业务改革试点县。大力发展小微企业，完成孵化“五小企业”336户，岗位7647个。先后召开杭州招商引资推介会、县域发展观摩会、绛县籍在京人士座谈会，建立了11个在外人员驻地联络服务站，带动还乡人才创办中小企业49个，解决就业1139人。发展全域旅游。全面推进紫家峪、陈村峪、里册峪等“六大峪口”，紫云寺、绛北大峡谷等“八大景区”和郝家窑田园综合体、白家涧花卉苗木示范园、冷口蓝莓采摘园、西灌底现代樱桃示范园、史村樱桃采摘园等“十大农业园区”相互配套、相互依托、相互融合。打造“春观花、夏漂流、秋红叶、冬滑雪”的晋南地区休闲避暑胜地、文化旅游胜地和户外运动胜地。

三、深入推进乡村振兴，做好“三农”工作

建设了柳泉樱桃、横岭关蓝莓、下柏樱桃等10个高标准的现代农业示范园区。成功申报市级园区2个、省级园区1个。高标准打造了郝家窑、白家涧、上吕、柳泉等一批美丽乡村。突出“四治六化一创”，持续开展了农村环境集中整治，推动“改水、改路、改能、改房、改厕”，农村环境面貌和生产生活条件明显改善。在创建“绛县山楂”“绛县樱桃”两个区域公用品牌的基础上，绛县连翘、绛县黄芩再次获批第三批国家农产品地理标志产品。在第三届山西（运城）果品交易博览会上，绛县山楂成功出口日本。

四、坚持精准方略，全力以赴打好脱贫攻坚战

完善了各项工作机制，强化了督查力度，确保了驻村工作队和第一书记“全日制、全脱产，吃住在村”，有效发挥作用。确定了大交、安峪2个政府新建立安置点和浍水佳苑、金御华府等7个回购小区共9个安置点，“十三五”期间易地搬迁任务全部完成交钥匙。2018年12月初，绛县作为全市唯一一个非贫困县接受了省级交叉检查，被抽查的6个村受到了充分好评。

五、全力抓好改革开放，充分释放发展活力

认真推进“大讨论大实践大学习”活动，组织部分干部分批次赴浙江省安吉县余村、鲁家村，桐庐县环溪村、狄浦村等地学习。建成高标准的政务服务大厅，35个部门统一开展窗口服务，集中办理664项服务事项，打造出“一站式”审批服务。抓好开发区“三化三制”改革，实施了村社一体化发展新型集体经济改革、小农户对接大市场改革、农村科技增量改革、农村宅基地改革、集体产权制度改革等农村五项改革，有效释放了农村发展活力。先后组织了第二届樱桃文化节、全省中药材绛县现场会，开展了山楂花、连翘花等赏花活动。

六、全面优化人居环境，创建全国卫生县城

完成了总投资1.55亿元的“一横三纵”街道改造（“一横”指的是振兴街升级改造，“三纵”分别是文公路、健康路升级改造和倗国路新建工程），实施了总投资1.95亿元的“两横两纵两公园两市场”工程（“两横”是绛山街、厢城东街道路

改造工程;“两纵”是倗国南路、和平南路建设工程;“两公园”是新建城东文化广场、改扩建绛县生态公园;“两市场”是城东、城西两个农贸市场),高标准改造了绛山街,打通了和平路、中条山路。积极推进总投资5.99亿元的棚户区改造,为未来县城发展预留下充足空间。完成了2200户城中村住宅改厕,有效优化了人居环境,提升了城市品位。2018年12月中旬,绛县基本通过了暗访组检查,进入了下一步技术评估环节,取得了创卫工作的实质性突破。

七、时刻抓好意识形态,提升发展软实力

挂牌成立了县融媒体中心,大力推动资源共享、行业融合。建设了实验一小、郝家窑等8个社会主义核心价值观示范点和优秀传统文化示范点。在农村深入挖掘乡贤文化,树立了“善行义举榜”,广泛选树“道德模范”“五星级文明户”;举办了第四届道德模范评选颁奖,引领形成了良好的社会风尚;举办了第七届“消夏文化艺术周”活动,丰富了群众文化生活;组织参加了运城关公文化节、山西文博会、深圳文博会,推动了绛县石刻、布艺、根雕等特色民俗产品走出绛县、走向市场、走到全国。

八、加强民主法治建设,营造团结和谐的政治局面

支持县人大常委会认真决定重大事项,对绛县经济开发区总体规划、财政预算调整方案议案等项目进行了审核批准。对《村民委员会组织法》《中医药法》和《烟草专卖法》等法律执行情况进行了执法检查,为全县经济社会健康发展起到了良好的促进作用。以纪念改革开放40周年为契机,编写出版了《改革开放四十年、故绛大地拓荒人》。全面加强党对宗教工作的领导,强化党员干部宗教政策教育和宗教教职人员管理,使全县宗教工作迈上了新的台阶。启动了数字化法庭建设,推进庭审网上直播。大力推进雪亮工程和心理服务体系建设。加强“双拥共建”,推进军民融合发展迈上新台阶,国防后备力量建设水平稳步提升。

九、着力增进民生福祉,提升群众的获得感、幸福感和安全感

实施了总投资2.57亿元的新建高中建设,投入运行了第三实验小学和职业高中综合实训楼。持续推进名学校、名校长、名教师“三名”工程。高考达线率稳步增长,连续两年荣获全市高中教育进步县称号,彻底摆脱掉长期困扰绛县的教育落后帽子。开工了总投资3.5亿元的县医院增容扩建工程,完工交付了总投资1290万元的5所乡镇卫生院。挂牌成立了医疗集团,深入推进县乡医疗卫生机构一体化改革。实现了城乡居民医疗保险并轨,完成了全民参保登记计划。2018年,二级以上空气质量天数达到227天,空气质量大幅提升,空气质量综合排队位居全市前列。打掉恶势力犯罪集团1个、恶势力犯罪团伙2个,抓获团伙成员34人,破获刑事案件11起;打掉“村霸”2个,破获刑事案件2起,查处治安案件5起;侦破文物犯罪案件9起;抓获犯罪嫌疑人36人,确保了刑事治安案件数量大幅下降,人民群众幸福感满意度大幅提升。

十、深化全面从严治党,构建良好政治生态

坚持基层投入“只增不减”,落实3472.42万元用于“三基建设”,在各领域打造48个党建综合示范点。成立了北京、上海、太原、郑州、西安、包头6个临时党支部,强化流动党员管理。全年村级集体经济收入5万元以上村达到108个,占比57.14%。深化监察体制改革,推进反腐败工作迈入法治化、规范化轨道。建立村级监察联络员队伍,着力打通全面从严治党最后一公里。

(刘剑翔)

附:中共绛县县委书记、副书记、常委名单

书　记:王宏伟

副书记:薛玉马　丁　格(女)

常　委:孙　晓　解伟龙　葛　凯

陈　军(11月离职)　李鹏奇(10月任职)

董宏运　薛俊辉　李延红(11月任职)

中共垣曲县委

县委书记　杨彦康

2018年,垣曲县委认真学习贯彻习近平新时代中国特色社会主义思想和党的十九大精神,深入贯彻习近平总书记视察山西重要讲话精神、骆惠宁书记视察运城重要讲话精神,按照省委“一个指引、两手硬”的思路和要求,市委“改革抢先机、发展站前列、各项工作创一流”的总要求,团结带领全县人民,聚焦“示范区、排头兵、新高地”总目标,扭住“走进新时代,建设大运城”总抓手,奋力谱写新时代全面建成生态美、百姓富、实力强的垣曲小康社会新篇章,全县上下呈现出人心思齐、人心思进、人心思干的良好态势,各项工作取得了新进展新成绩。全年全县地区生产总值完成63.4亿元,同比增长6.7%;公共预算收入完成2.76亿元,增长15.5%;规模以上工业增加值完成24.46亿元,增长8.5%;财政总收入完成6.55亿元,增长16.4%;固定资产投资完成35.07亿元;社会消费品零售总额完成26.8亿元,同比增长8.2%;外贸进出口总额完成34.7亿元;城乡居民人均可支配收入预计完成

26738 元和 7576 元,分别增长 7.4%和 12.7%。

一、以习近平新时代中国特色社会主义思想武装头脑、指导实践、推动工作

坚持把学习贯彻习近平新时代中国特色社会主义思想作为最大的政治任务,通过中心组引领学、专题班集中学、干部学院网络学、搭建平台宣传学等方式,武装头脑,凝聚合力。围绕习近平新时代中国特色社会主义思想,县乡两级中心组成员开展主题党课活动 110 余场,开展培训 38 期 9200 余人次,全县 900 余名党员干部在山西干部学院"网络专题学习班"进行了系统全面的学习,257 名基层理论宣讲员队伍开展主题宣讲 1000 余场,拍摄垣曲镲剧 30 余部、法制方言栏目剧 25 部、文艺惠民演出 20 余场,带动全县形成了学习热潮,全县上下的思想自觉、政治自觉、行动自觉得到了全面提升。

二、以主动转型推动经济社会高质量发展

坚持"改革抢先机"总要求,2018 年先后两次对县委深化改革领导小组进行调整,共部署了 7 个领域、41 个方面和 229 项具体改革事项,建立了县级领导亲自抓改革台账,不断完善工作机制,多次研究部署重点改革事项,确定了陶瓷建材主攻产业,成立了正科级事业单位干果服务中心,"三供一业"移交工作全面铺开,县政务服务中心正式投入运营,一系列改革任务得到有效落实。工业转型步伐加快。深化"三化三制"改革,省级经济技术开发区批复成立。中条山公司利用尾矿制备陶瓷一期项目、年产 300 万平米浙美 PVC 装饰材料项目试产运营;金世家陶瓷两条生产线建成投产,高精度铜板带箔和 200 万平方米覆铜板项目加快建设,抽水蓄能电站项目预计 2019 年 6 月份开工。深入推进"三个发展计划",多种措施全面壮大中条山、五龙、国泰、金世家"龙虎榜"培育企业,"群星灿烂"育苗计划完成"五小企业"孵化 329 户,培育"小升规"企业 2 家;"凤还巢"计划引进研究生人才 17 人,吸引垣曲籍人才返乡创办企业 3 个。特色农业不断壮大。坚持规划先行,编制完成了乡村振兴战略规划。"一县一业"核桃主导产业发展到 30 万亩,全县特色农产品种类达到 35 类 210 余种,认定"三品一标"农产品产地近 5 万亩。农业生产条件持续改善,产业化水平明显提升。同善村、西阳村列入中国传统村落名录。城镇功能逐步完善。总投资 1.5 亿元的公共体育场及全民健身中心项目正在加快建设。县城建成区面积达到 9.15 平方公里,绿地率达到 35%,绿化覆盖率达到 40.02%。县城垃圾集中收集和污水处理全面实现,36 个高标准乡镇公厕已基本完工,9 个美丽乡村加快建设。民生福祉明显改善。教育事业优先发展,职业中学新校区正在抓紧建设,中条中学科技图书综合楼主体工程已经完工。2018 年,全县高考二本 B 类以上达线 1009 人。民生项目加快推进,中医院综合楼改扩建项目建成投用,妇幼保健院业务用房即将投入使用,社会福利服务中心老年养护楼全面完工。社会保障持续加强,基本养老保险覆盖面达到 99.6%,城乡居民医保覆盖率达到 99.38%,农村五保、城乡低保实现应保尽保。扫黑除恶高位推动。坚持做到"四个结合"(将扫黑除恶专项斗争与打击缠访闹访、创优发展环境、平安垣曲建设、群众安全感满意度相结合),摸排各类问题 620 余件,收集扫黑除恶线索 117 条,破获刑事案件 25 件,打掉恶势力团伙 3 个,抓捕犯罪嫌疑人 35 名,执行逮捕 24 人,中央第十五巡视组转交的 5 件案件全部按时办结。学习和推广"枫桥经验",实施"三治融合"。全年共受理矛盾纠纷 1098 起,调处 1076 起,成功率达 98%,全县社会大局和谐稳定,被授予"省级平安县"称号。

三、以实干作风打好脱贫攻坚战

把打赢打好脱贫攻坚战作为必须完成的首要政治任务,重点围绕"五个心"开展脱贫攻坚工作,在责任落实上秉持忠心,形成了"1+9"工作运行机制(在县委书记、县长亲任脱贫攻坚领导小组组长的同时,将人大、政协正职和所有党政班子成员全部充实到领导小组加强力量,县委副书记和分管农业的副县长兼任领导小组办公室主任,增设 9 个工作组,分别由县委常委和副县长担任组长,每周四领导小组会议雷打不动,形成了"1+9"的工作运行机制);在脱贫举措上务求精心,夯实了资金、项目、培训就业三大支撑,攻克了产业发展、易地搬迁、村容村貌三座堡垒,提升了生态扶贫、教育扶贫、医疗扶贫三大成色,补齐了基础设施、公共服务、社会保障三项短板,开辟了"4·3"脱贫路径;在激发动力上坚定信心,打出了一线带富、孝善扶贫、扶贫车间、星级创评、爱心超市、消费扶贫"6 连发"创新组合拳;在工作推进中常怀戒心,实施了严抓党建、夯实基础,严格督查、压实责任,严管资金、抓实项目,严明纪律、踏实作风,严肃对标、扎实整改的"5·5"举措保脱贫;在巩固成效上保持恒心,落实坚持六项原则、实施十大工程、健全五项保障的"6510"方案抓提升。全县 14 项退出指标已全部达标,643 户 1300 人建档立卡人口尚未脱贫,综合贫困发生率为 0.83%,完成了第三方评估和省际交叉考核。

四、以生态文明建设引领全县长远发展

始终坚持把污染防治放在各项工作的重要位置,加快推进"全景垣曲、全域旅游",不断增强人民群众的生态环境获得感、幸福感、安全感。大力实施造林绿化。5.9 万亩营造林任务、4 个园林村建设项目全面完成,启动了 30 个森林村庄建设;25.7 万亩国家公益林托管任务已明确到三大国营林场,顺利通过了国家森林资源保护管理目标责任制督导检查。持续推进环境整治。亳清河全流域生态修复和河道治理项目全面开工,城郊森林公园主体完工。中央环保督察反馈的 11 项问题,全部整改销号,省委省政府督察反馈的 29 项整改任务,已整改完成 27 项。主要河流断面水质监测持续呈现良好状态,污染源普查的 850 个污染源清查工作全面完成。切实加强景区开发。亳清河水利风景区已经授牌,望仙景区新建项目已经完成,黄河世纪曙猿湾综合开发房车露营基地正在加快建设,历山景区深度开发及森林康养项目与山西国信集团签订协议。不断完善基础设施。垣渑高速项目年度建设进度

已经完成,新望旅游公路主体完工,沿黄旅游公路工程西哄哄至同善段完成路基工程,亳清河旅游公路已经通车。大力推进“厕所革命”,不断完善停车场、游客公共休息等旅游基础设施,全面提升乡村旅游服务能力,皋落桃花节、华峰美食节、王茅荷花节、历山避暑节、古城消夏周等旅游节庆活动成功举办。

五、以党的建设营造良好政治生态

扎实开展“大讨论大实践大学习”活动。认真落实运城市委部署,制定了三个专项行动计划,各级党组织普遍开展了“先进经验”“差距不足”“目标任务”三次专题讨论。按照市委确定的“六件大事”,行政审批制度改革扎实推进,成立了阳运高速、沿黄旅游公路两个协调领导组;向市经信委推荐了两化融合示范企业4家;对全县重点工作承诺事项和85个重点项目进展情况进行了全面督查。通过活动开展有力推动了全县干部思想认识的大解放和重点工作的大落实。深入推进“三基建设”。县委常委包联20个“三基建设”示范点、18个农村软弱涣散党组织,持续提升乡镇、农村、社区工作经费,连年提高农村“两委”主干岗位报酬,121个村集体经济收入达5万元以上;村级组织活动场所提档升级、乡镇办公用房填平补齐工作扎实开展,基层组织明显加强。全面推行首问负责制、服务承诺制、AB岗制等8项制度,80个单位的达标验收工作全部完成,基础工作明显规范。完成了对全县485名基层党支部书记的轮训全覆盖,农村基层干部素质能力提升“万人计划”培训举办6期,共培训农村“支委”主干570人;实施党政领导干部履职能力提升工程和干部通用能力、专业能力培训,共培训11700余人次,基本能力明显提升。坚持正确的选人用人导向。认真落实市委选拔优秀年轻干部“千人计划”,共提拔符合“千人计划”条件优秀年轻干部20人。注重政治把关,注重选拔基层一线干部,注重选拔脱贫攻坚干部,调整的干部中,基层干部占到了83%。切实加强基层党建。全面推行主题党日活动,全县各级党组织开展主题党日活动500余次。积极推进社区大党委建设,城市社区管理服务中心下辖的五个城市社区党支部统一升格为基层党委。强化非公组织和社会组织“两个覆盖”,非公企业党组织覆盖率达到92%,社会组织党组织覆盖率达到100%。纵深推进党风廉政建设。坚持把党风廉政建设同经济社会发展同部署、同检查、同落实,成立了垣曲县反腐败领导小组,推进廉政文化全覆盖,实现了日常谈话全覆盖。推进巡察工作纵深发展,完成了第四轮巡察意见反馈、整改落实工作,组织开展了第五轮、第六轮巡察等工作,共发现主要问题172个。坚持无禁区、全覆盖、零容忍,全要素使用12种监察措施,不断加大案件查办力度,全年共立案审查各类违纪案件254件,给予党政纪处分209人,形成了强有力的震慑。

(闫 斐)

附:中共垣曲县委书记、副书记、常委名单

书 记:杨彦康

副书记:麻军泽 尚玉良 张红杰(挂职)

常 委:李 鹏 马海强 杨可隆 王 坚 程岩勤 杨春霞(女) 卫 鹏

中共夏县县委

县委书记 张宏志

2018年,中共夏县县委坚持以习近平新时代中国特色社会主义思想为指导,深入贯彻党的十九大精神和十九届二中、三中全会精神,以习近平总书记视察山西重要讲话精神为动力,大力践行省委“一个指引、两手硬”重大思路、市委“改革抢先机、发展站前列、各项工作创一流”总要求,抢抓“走进新时代、建设大运城”的历史机遇,全面从严强党建、凝心聚力谋发展、千方百计惠民生、以上率下抓落实,不断放大“思想大解放、观念大更新、作风大转变、夏县大发展”大讨论活动成果,在持续推进“六个突破”(在“乡村振兴、工业崛起、文化旅游、改革开放、生态文明、民生改善”六个方面实现新的突破)、全力建成“三县一基地”(现代农业大县、文化旅游名县、生态文明强县、新型工业基地)、致力打造“大运城新花园”上,实现了“顺势起步”向“蓄势起跳”的转变,县域综合实力明显增强。

一、坚持全面从严强党建,为县域经济社会发展提供坚强政治保障

一是坚决扛起政治责任,全面夯实“三基建设”。制定实施《关于开展提升基层党建质量十大专项行动的实施方案》,着力推动基层党组织全面进步、全面过硬。全县各领域基层党组织达标352个,占比49%;非公经济、社会组织党组织覆盖率分别达96.76%和89.66%。“5+N”主题党日活动入选全省党日活动示范案例,《中国组织人事报》等媒体予以报道;分类预警督办及农村两委主干差异化薪酬等办法,极大地调动了干事创业的热情。全年“三基建设”投入3225万余元,增长82.6%;全县村级集体经济收入5万元以上村159个,占到63.9%;全县村集体经济总收入达到2488万元,增长120%。

二是激励干部担当作为。严格按照市委“五个导向”、“五看”工作机制和“四个不能用”要求,强化教育培训、分析研判、日常监管。从严选任程序,全年共分4批次调整干部67人;评选了20名优秀农村实用人才,进一步树立了干事创

业、改革创新的鲜明导向。运用“3+1”考核体系(重点工作承诺制、重大事项报告制、末位分析解剖制和市管正职领导干部履职情况多角度监督管理考核测评办法),全县86个单位1726名党员干部公开承诺重点事项10572项全部完成。

三是持之以恒正风肃纪。深入实施预防腐败免疫工程,开展廉政警示和廉政文化“六进”活动。深化监察体制改革,推进反腐败工作法治化、规范化。精准运用“四种形态”,处置问题线索696件,增长38.92%。立案262件,增长17.49%;结案239件,增长12.21%;查处群众身边腐败案件253件,挽回经济损失114余万元。坚持用好执纪问责利器,对45名因履行“主体责任”不力的领导干部进行问责,其中给予党纪政务处分17人。

二、坚持新发展理念,转型发展步伐不断加快

2018年,全县地区生产总值完成56.20亿元,比上年增长5.5%;规模以上工业增加值完成5.47亿元,增长6.3%;固定资产投资完成29.22亿元,下降8.2%;社会消费品零售总额完成28.24亿元,增长7.5%;城镇居民人均可支配收入完成26195元,增长6.3%;农村居民人均可支配收入完成8132元,增长9.3%;财政总收入完成2.23亿元,增长9.5%;一般公共预算收入1.28亿元,增长13.3%;外贸进出口总额2566万元,下降21%。全县经济社会发展呈现出稳中有进、稳中向好的良好态势。

一是聚焦实体经济,推动产业转型升级。深入实施“龙腾虎跃”“群星灿烂”“凤还巢”三个发展计划。宇达集团参与雕塑行业国家标准制定,品牌影响力进一步扩大;格瑞特酒业“农文旅”产业融合发展走在全省前列;翔天钢铁跨人县级“虎榜”企业;运力化工年产值达到3.9亿元,增长20%,税收超过1100万元,保持县级虎榜企业领先地位。天润风电、牧原农牧、安瑞风机3家企业被评为省、市“两化”融合(工业化和信息化深度融合)管理体系贯标试点企业。全县21个规模以上工业企业总产值25.6亿元,同比增长17%。全县孵化企业374户,完成120%;新创办五小企业301户,完成167%;新增就业岗位1918个,完成114%;工业产值完成14亿元,增长7%;强农“双创”基地荣获“市级双创基地”称号。召开“凤还巢”北京、深圳座谈会等,成立了夏县总商会深圳商会,先后在深圳、东莞等8个城市建立互助组织或临时党支部,建成了“凤还巢”创业孵化基地。返乡人员创办小微企业67个,带动就业253人。在“农副产品加工、生物医药、装备制造、新能源”四大主攻产业上,总投资54.2亿元的牧原农牧、瑞生洋食用菌、天润风电等10余个重点产业项目顺利实施。

二是聚焦乡村振兴,扎实做好“三农”工作。编制全县乡村振兴战略总体规划和六个专项规划及县域乡村建设规划;出台《全县农村人居环境整治三年行动实施方案》。一是大力发展现代农业。完成10万亩省级小麦绿色高产高效创建、农技推广补助等项目;提升建设夏乐精品西瓜、南大里设施蔬菜、埝掌花椒、厚民晋茶、胡张温室杏、瑶峰庙前中药材等一批标准化现代农业园区;完成“三品一标”(无公害农产品、绿色食品、有机农产品和农产品地理标志)认证9个;农村集体产权制度改革完成清产核资186个村,达到74.7%,超额完成任务。二是积极打造美丽乡村。围绕“一拆五治六化一创”(“一拆”,即拆违。“五治”,即治乱、治垃圾、治污水、治扬尘污染、治农业面源污染。“六化”,即环境净化、植树绿化、街巷硬化、路灯亮化、村庄美化、弘扬文化。“一创”,即积极创建省市农村环境集中整治先进县),全县农村人居环境整治取得显著成效,打造了22个示范样板村。全市农村人居环境整治现场推进会在我县召开。三是持续增加农民收入。参加上海亚果会、北京农产品展销会等,有效提升了我县农产品的品牌知名度和市场占有率;培育新型农业经营主体带头人400人、专业技能型和社会服务型农民625人;培育市级以上示范合作社和家庭农场共11家。

三是聚焦文化旅游,打造战略性支柱产业。一是坚持规划引领。完成了《夏县全域旅游发展规划》和温泉康养小镇发展规划。二是打造龙头景区。投资13.99亿元的祁家河景区项目开工建设;司马温公祠和堆云洞景区创建为国家3A级景区。三是强化宣传推介。成功举办全国葡萄酒果酒行业专家年会暨夏县农旅文化推介会等活动。在第五届中国旅游产业投资发展论坛上,夏县被评为“2018中国最美生态文化旅游名县”。全年旅游接待人数311.49万人次,增长24.62%,实现综合收入25.8亿元,增长25.24%。

四是聚焦重点项目,增强经济发展后劲。以“转型项目建设年”为契机,狠抓“3213”重点项目(“3”是指重大基础建设、重大产业转型升级、县城区重大城市基础设施和民生工程三大类;“2”是指20个重大工程项目;“13”是指总投资130亿元)建设。全县实施总投资99.01亿元55个重点项目,完成投资25.88亿元。全年签约总投资118.14亿元22个项目。

五是积极融入大运城建设,城乡建设不断提档升级。一是主动融入“一区五带”发展布局。完成《“一区三带”(打造“盐临夏”核心区和黄河经济带、涑水河经济带、中条山经济带发展布局)产业发展规划》编制和城镇化、产业发展、重大基础设施、生态环境治理、重大资源开发利用、文化旅游建设6个专项规划的基础资料。二是延伸拓展城市空间。完成投资1.35亿元的省道临夏线和县道埝裴线改造项目;投资1.07亿元的运夏连接线夏县段正在积极实施。三是不断完善城市功能。生活垃圾填埋场、城市公厕、公交站台、农贸市场及小街小巷改造等一批看得见、惠民生的实事工程相继完工。四是努力提升城市品质。县城新增建城区绿化面积5万平米,人均公园绿地面积为9.5平方米;投资3.66亿元的白沙河生态蓄水项目加紧推进。

六是坚持深化改革开放,经济发展活力不断增强。一是高位推动抓落实。县委书记亲自抓改革10项,县长亲自抓改革18项,生态文明、基层组织建设、农业供给侧结构性改革等重点领域改革任务取得积极成效。二是深化改革促转型。认真贯彻落实国发42号文件精神,5大类52项改革事项有序推进顺利推进。三是扩大开放带转型。坚持“请进来”和“走出去”并重、引资引智引技并举,加快推动开放发展和效率提

升,努力实现新旧增长动能的转换和衔接。

七是坚持绿色发展理念,纵深推进生态文明建设。一是不断加大生态保护力度。强化环保“党政同责、一岗双责”,坚决落实“管地方必须管环保、管行业必须管环保、管业务必须管环保、管生产经营必须管环保”的工作责任体系,加大生态环保力度,严守生态红线。二是持续推进绿化提升工程。完成投资800余万元涉及庙前、裴介、瑶峰三个乡镇11公里的通道提升改造绿化工程;完成600亩精品荒山造林、1.6万亩干果经济林提质增效、10个园林村提档升级。三是坚决打好蓝天碧水净土保卫战。整治手续不完善、设施不到位等环境问题企业36个。中央和省环保督察组等转办反馈的83个问题全部完成整治。扎实推进秋冬季大气污染防治攻坚行动,为全市环境空气质量向好作出了夏县贡献。全县二级以上天数达到255天,优良率69.9%;综合指数5.19,全市排名第二。

八是扎实推进民主法治建设,不断巩固和谐稳定的良好局面。持续改进和加强党对一切工作的领导,定期听取人大、政府、政协、法检“两院”党组工作汇报,统揽全局,协调各方。不断巩固和发展爱国统一战线,县委统战部被中央统战部评为“2018年度中国统一战线宣传先进单位”。扎实推进法治夏县建设,荣获“全国法治县创建活动先进单位”称号。强力推进扫黑除恶专项斗争,打掉恶势力团伙6个、村霸2起。全年共立刑事案件287起,下降12.23%;破案244起,上升25.12%,有力地维护了社会大局和谐稳定。

三、坚持民生为本的发展思想,人民幸福指数持续提升

2018年民生支出14.13亿元,占一般公共预算支出的84.5%。一是教育事业迈上新台阶。总投资1.8亿元的实验中学迁建等项目全面完工;出台《关于进一步推进名师名校名校长创建活动的实施方案》。高考实现达线人数和达线率“双提升”,受到全市表彰。二是医疗改革成效明显。通过一体化改革,县域一体、上下联动、信息互通的新型基层医疗卫生服务体系不断完善,实现了“五升三降”(医保实际补偿比上升,县域患者下转率上升,居民健康素养提升,乡镇卫生院普通门诊人次上升,家庭医生服务能力提升,居民自付费用下降,患者外转率下降,急慢性疾病患病率下降)。三是社会保障更加有力。全县城镇新增就业4265人,帮助困难群体就业257人。6个农村社区日间照料中心建成运行。四是文体事业蓬勃开展。深入开展优秀传统文化传承发展活动,确定示范点创建工程15个,建设文体活动场所61处;免费送戏下乡200余场。五是民生实事落实到位。2018年承诺的残疾儿童抢救性康复、农村贫困妇女免费“两癌”检查等10余件民生实事顺利实现。六是脱贫成效不断巩固。坚持以脱贫攻坚统揽经济社会发展全局,产业支撑不断强化,百日攻坚行动成效明显,进入全省第一方阵。2018年5月,全省易地扶贫搬迁现场会在夏县成功召开;2018年9月7日,省政府正式批准夏县退出贫困县,贫困发生率降至0.25%。

(郭志超)

附:中共夏县县委书记、副书记、常委名单

书　记:张宏志

副书记:樊双全　苏丽红(女)　袁卫廷(挂职)

常　委:张高学　管云学　杨云英(女,11月离职)　贺学敏　秦晓军　柴照明　卫永锋

中共平陆县委

县委书记　郭　宏

平陆县地处晋、秦、豫黄河“金三角”地带,南临黄河,北依中条,是山西的南大门。下辖6镇4乡,228个行政村,据人口抽样调查,2018年末全县人口共有269188人,国土面积1173.5平方公里。全县共有10个乡镇党委,2个工委,3个系统党委,31个党组,20个党总支,583个党支部,14137名党员,其中2018年度新发展党员226名。

2018年,县委领导班子深入学习贯彻习近平新时代中国特色社会主义思想和党的十九大精神,深入贯彻习近平总书记视察山西重要讲话精神,贯彻落实省委“一个指引、两手硬”思路和要求以及市委“改革抢先机、发展站前列、各项工作创一流”总要求,团结带领全县干部群众,深入实施“一二三四五”经济社会发展总体思路〔瞄准一个目标(贫困县摘帽和贫困人口脱贫),落实两个关键(构建良好政治生态、推动经济稳步向好),实施三动战略(开发牵动、开放促动、创新驱动),突出四项重点(强化基础设施、狠抓项目建设、保障民生改善、创新社会管理),统筹推进五化(工业集群化、农业精品化、三产规模化、城乡一体化、县域生态化)〕,着力构建“一城两集群”发展格局(打造以县城为中心、以县东“煤电铝材一体化”产业集群和县西文化旅游产业集群为两翼的发展格局),奋勇攻坚、砥砺前行,全县经济社会及各项事业取得了新进展、新成效。全年财政总收入完成6.4212亿元,增长9.3%;公共财政预算收入完成30907万元,增长20.4%;地区生产总值完成488031万元,增长7%;规模以上工业增加值完成13.6亿元,增长9.4%;社会消费品零售总额完成314190万元,增长9.2%;固定资产投资完成310416万元;外贸进出口总额完成2.7亿元;城镇居民人均可支配收入完成24476元,增长7.2%;农村居民人均可支配收入完成7776元,增长12.8%。其中,社会消费品零售总额、农村居民人均可支配收入增速排名全市第一。

一、坚持以习近平新时代中国特色社会主义思想为指导,把握正确方向,提升政治站位,不折不扣地贯彻落实中央、省市委各项决策部署

县委始终把学习贯彻习近平新时代中国特色社会主义思想作为最大的政治任务,全年26次开展中心组集体学习,多次邀请专家教授进行专题辅导,努力做到学深悟透,中心组成员先后在中央、省市媒体上发表文章8篇。通过举办读书班、党校集中培训以及依托网络学习平台等方式,对全县所有党员干部特别是科级干部进行了习近平新时代中国特色社会主义思想专题培训学习;组建290人的理论宣讲员队伍深入基层一线宣讲达1000余场次。全县广大干部群众“四个意识”明显增强,“四个自信”不断坚定,“两个维护”更加自觉,对省委、市委各项重大决策部署的理解与把握进一步深化。

二、坚持以脱贫攻坚统领经济社会发展全局,落实精准方略,提高脱贫质量,力争进入全省第一方阵

县委始终坚持以习近平总书记关于扶贫工作的重要论述和视察山西重要讲话精神为指导,把打好精准脱贫攻坚战作为重大政治责任和第一民生工程,牢固树立“四个标准”(政治标准、政策标准、群众得实惠标准、高质量标准),严格实行书记、县长“双组长”责任制,扎实做好学用政策、精准帮扶、压实责任、壮大产业、强化基础、严格督查六个方面工作,74个村5648户16368贫困人口脱贫任务圆满完成,贫困退出的14项指标全部达标,已经接受省政府组织的第三方评估。发展壮大产业。构建了“县西玉露香、县东干果林、沿河大棚菜、美丽乡村游、技能大培训”的产业扶贫布局。发展玉露香梨2.1万亩、干果经济林1.48万亩、拱棚蔬菜1000余亩。培训各类技能人才27391人。完善基础设施。全年共统筹整合财政涉农资金23831.466万元并全部拨付,实施项目317个。狠抓易地搬迁。9个易地扶贫搬迁集中安置点全部建成。新建扶贫车间71个,真正让贫困群众搬得出、稳得住、能致富。严格落实政策。农村低保标准提高到4044元,超过国家扶贫标准。发放资助和助学贷款1.03亿元。严格落实“三保险三救助”医疗帮扶制度,实行“双签约”,落实“136”政策,为14823个贫困家庭补贴医疗费用6051.75万元。坚持把脱贫攻坚工作与乡村振兴战略有机结合,果品总产量达5.45亿公斤,年出口量达5万余吨,创汇5710多万元,农民人均果业收入5400元。持续开展“四治六化一创”农村环境集中整治工作和“四好家庭”创建活动,全县涌现出20多个美丽乡村建设示范村。

三、坚持深入贯彻新发展理念,实施“三个计划”,注重生态治理,不断推进经济实现高质量发展

县委始终贯彻新发展理念,加强对经济工作的领导,不断推进县域经济实现高质量发展。深入实施“三个发展计划”。狠抓3家“虎榜”企业培育,市虎榜企业山西复晟铝业有限公司全年完成产值26.81亿元。全县“五小企业”达到399家。建立在外务工人员服务站和党支部8个,成功招引平陆籍在外人员回乡投资项目5个。狠抓重点项目建设。总投资252.52亿元的50个重点项目全部达到预期目标,完成投资11.45亿元。2×15兆瓦热电联产项目热源已经建成,保障全县城供暖;“3515重大工程项目”山西复晟铝业二期年产120万吨氧化铝项目开始编制可研报告。加大环保整治力度。投资5500余万元对复晟等重点企业进行提标改造;深入开展蓝天、碧水、净土“三大保卫战”,完成煤改气1296户、煤改电637户。全年二级以上优良天数达到233天。大力开展矿山秩序整顿暨生态环境恢复治理专项行动,投资2.2亿元开展矿山植被恢复,森林覆盖率达47.2%。越冬大天鹅数量持续增加,达到万余只。

四、坚持高举改革开放旗帜,大力解放思想,狠抓工作落实,进一步提高深化改革和对外开放水平

县委始终把抓改革作为重大政治责任,供给侧结构性改革、脱贫攻坚体制机制、社会保障制度改革等关键性改革顺利推进。政务大厅实现规范化运行,共进驻部门34家,设置办事窗口58个,现有工作人员101人。深入开展“大讨论大实践大学习”活动,广大干部思想进一步解放,理念不断更新,创业激情进一步迸发,服务意识有效增强。平陆的营商环境和发展环境发生了根本性变化,三门峡——平陆一体化发展进程不断加快。全县招商引资签约项目32个,协议总投资74.76亿元,累计到位资金完成21.09亿元;全县当年签约当年开工项目25个,开工率为78%,圆满完成市下达各项任务目标。复晟铝业有限公司被国家工信部确定为“智能制造试点示范项目”,新环橡塑制品有限公司被省经信委列入“两化深度融合贯标试点企业”。

五、坚持以人民为中心的发展思想,保障改善民生,创新社会治理,不断提升人民群众的获得感、幸福感、安全感和满意度

县委始终把人民对美好生活的向往作为奋斗目标,统筹做好教育、就业、医疗、社会保障等各方面工作。民办幼儿园普惠覆盖率达到100%;为全县符合条件的35258名建档立卡农村贫困人口代缴医保费775.68万元。全县村卫生室达标率100%。120套公租房已基本建成,农村危房改造竣工34户。累计投资9073万元建设县乡道路106.17公里。全面加强平安平陆建设,深入开展扫黑除恶专项斗争,破获恶势力集团2个,恶势力团伙5个,恶霸1个,抓获犯罪嫌疑人57人。“枫桥经验在运城”平陆现场会圆满召开。严格落实领导干部接访、下访和包积案化解制度,及时化解社会矛盾,保持社会和谐稳定。严格落实党政同责、一岗双责、齐抓共管、失

职追责的安全生产工作责任制，亿元GDP死亡人数和万车死亡率均控制在市政府下达的指标范围内。

六、坚持全面推进民主政治建设，加强党的领导，发展统一战线，进一步巩固团结和谐的政治局面

县委始终坚持党对一切工作的领导，支持人大及其常委会依法行使监督权、决定权，积极举行新任命干部向宪法宣誓仪式。支持政协推动协商民主广泛、多层、制度化发展。支持各民主党派开展活动，研究制定了《平陆县党委、政府党员领导干部与党外代表人士联谊交友制度》。深入推进群团组织改革，妇联、工会换届圆满完成。召开党管武装会议，支持驻平部队参与地方建设、救灾维稳等各项工作。不断加快法治平陆建设，推动形成法治建设责任体系；深入推进依法行政、公正司法、全民守法，大力开展"七五"法治宣传教育，全社会法治氛围更加浓厚。

七、坚持党对意识形态工作的领导权，把握正确舆论导向，培育践行核心价值，为助推经济社会发展凝聚强大正能量

县委深入贯彻中央、省市宣传思想工作会议精神特别是习近平总书记重要讲话精神，严格落实意识形态工作责任制。

坚持党管媒体原则，大力弘扬主旋律、传播正能量，不断满足人民群众的精神文化需求。致力创建省级文明县城。出台了《平陆县创建省级文明县城工作实施方案》，新建6个市级社会主义核心价值观示范点、5个市级优秀传统文化示范点。深入实施文明创建和"十星级文明户"创建活动，圣人涧小学、平陆中学荣获省级文明校园称号，县直初中荣获创建省文明校园先进学校称号。大力发展文化旅游产业。先后举办黄河谣民俗文化园摄影展、大天鹅景区首届风筝文化节等活动。周仓文化园仿古小吃民俗体验街已经建成运行。不断丰富群众文化生活。新建文化馆投入使用。农村公益电影放映2916场，演出戏剧200场次，文艺巡演60场次。

八、坚持深入贯彻新时代党的建设总要求，夯实基层基础，从严管党治党，全面提升执政能力和领导水平

紧紧围绕党的建设"两个走在前"目标要求，加强"三基建设"，开展年度八大行动。打造"三基建设"党建示范点59个，14个农村软弱涣散基层党组织全部整顿提升，一半以上基层党组织达到建设规范化标准。拨付基层党建配套资金总计4957.7万元；135个村集体经济收入超过5万元。7817家个体工商户实现党的工作全覆盖，山西复晟铝业有限公司党总支被命名为"双强六好"省级示范党组织和全市"龙虎榜"企业示范党组织。认真落实市委"五看"选拔识别干部机制和"四个坚决不能用"要求，先后调整干部5批次108人。认真坚持"3+1"干部考核评价体系，严格实行年度目标责任考核，对38个优秀等次单位进行表彰奖励。落实市委"千人计划"要求，14名优秀年轻干部得到提拔任用，全面激发干部干事创业的激情和活力。县委始终从严管党治党，全年11次研究部署全面从严治党工作，2018年共立案239件，结案218件，处分211人，移送司法机关7人。

（赵怀亮）

附：中共平陆县委书记、副书记、常委名单

书　记：郭　宏

副书记：李　旸　翟纪亭
杨全平(4月离职)
冯瑞明(4月任职，8月离职，挂职)
何青山(4月任职，挂职)

常　委：李怀并　段毅平　关　红(女)　孟　力
裴向红　吴宏伟　肖四军(11月离职)
樊旭红(11月任职)

中共芮城县委

县委书记　董旭光

一、经济社会发展情况

2018年，县域经济发展在下行压力下保持"稳中有进"良好态势。全年，地区生产总值预计完成89.25亿元，可比增长7.0%；财政总收入完成7.36亿元，同比增长11.8%；一般公共预算收入完成3.46亿元，同比增长7.2%；规模以上工业增加值预计完成13.15亿元，可比增长8.7%；固定资产投资总额完成25.22亿元，同比下降52.6%；社会消费品零售总额预计完成37.09亿元，同比增长9.4%；城乡居民人均可支配收入预计分别完成29438元、11236元，分别增长7.1%、8.0%；外贸进出口总额预计完成5818万元，同比增长53.9%。各项约束性指标均在限定范围内。荣获第二批"国家生态文明建设示范县"称号，全省仅此一家，生态文明引领绿色发展开启新的征程。

转型发展势头强劲。重点项目建设稳步推进。总投资136亿元的"双十工程"和40个重点项目，开工率达到95%。9个重点项目通过项目承诺制率先开工建设。运宝黄河大桥即将正式通车。光伏一期建设顺利通过综合验收，二期项目已列入国家能源局第四批基地奖励加分指标。芮城县通用机场纳入"十三五"山西省通用机场规划布点，并与中国民用航

空飞行学院正式签署战略合作框架协议。招商引资成果丰硕。班子成员亲力亲为,先后40次组团外出,对接洽谈项目32个,达成投资意向23个,签约额近130亿元。坚持向实体经济聚焦发力,扎实推进“三个发展计划”,亚宝药业、宏光医玻和天之润枣业等市龙虎榜企业,工业总产值平均增长20%以上,南通星辰、大禹生物、同济药业等优势企业一路上扬。全年孵化创办“五小企业”341个、新创造就业岗位3413个。吸引芮商芮才返乡创业,达成投资意向14.5亿元,当年落地2.3亿元。科技创新能力持续增强。亚宝药业申报国家级两化融合试点示范,大禹生物申报省级两化融合与贯标试点。新增发明专利申请量45件,产学研合作企业占比超过17%。

乡村振兴开局良好。深入推进农业供给侧结构性改革。粮食总产达到3.336亿公斤,连续八年获得全国“产粮大县”称号。新认证国家地理标志农产品1个(芮城香椿),全县国家地理标志农产品达到5个,全省领先。培育壮大农业龙头企业。温氏畜牧累计完成投资4.9亿元,实现生猪存栏10万头的建设规模。农产品品牌优势不断增强。1—11月份苹果商检出口6.58万吨,出口创汇7000万美元,苹果出口全省第一。积极拓展农业经营新模式。大禹渡黄河风景区和思睿庄园入选农业农村部“2018美丽乡村休闲旅游精品推介活动”名单,独占全省仅有的2家。大力实施农民工就业技能提升培训,累计培训农民4165人,培训新型职业农民572人。农村土地承包经营权确权登记颁证工作基本完成,名列全市前列。整合涉农资金3195万元,创建美丽宜居示范村21个,实现农村环境整治常态化、长效化。

全域旅游风生水起。《芮城县全域旅游总体规划》通过专家评审,具有芮城特色的全域旅游发展模式进一步明晰。永乐宫、圣天湖等重点景区体制机制改革全面完成,西侯度遗址、圣天湖景区分别被确定为“二青会”圣火采集地、铁人三项比赛场地,成功举办山西(芮城)第九届书画艺术节,“古中国·大运城”民俗文化年活动荣获“一等奖”。

全面深化改革纵深推进。先后召开9次常委会议和3次深化改革领导小组会议研究改革事项,重点领域改革推进有力,改革成效亮点纷呈。风陵渡经济开发区“三化三制”改革有序推进,召开开发区振兴崛起誓师大会,全力推进思想、体制、产业、环境和作风“五大革命”,转型升级呈现强劲势头。全面推行“互联网+政务服务”模式,全县315项行政审批及减证便民事项办事效率整体提速50%以上,走在了全市前列。加强对乡镇纪委、派驻纪检监察组的管理指导,统筹推进村级监察联络员工作,监察体制改革工作进一步深化。金融创新助力实体经济发展的做法,省委书记骆惠宁专门批示宣传总结。全职引进和柔性引才相结合,建立院士工作站、博士工作站和产学研基地5个,先后引进高层次人才18名,人才驱动县域经济社会创新转型发展的效应逐渐显现。

脱贫攻坚决战决胜。坚持把脱贫攻坚作为最大的政治任务,常委班子每人带头包联一个贫困村2个贫困户,带动县、乡、村三级联动,大力推进“精准”帮扶,下足“绣花”功夫。10个贫困村摘帽、5700人的年度脱贫任务圆满完成。

扫黑除恶强势开局。集中开展了以扫黑除恶为龙头的“1+3”专项行动,累计打掉恶势力犯罪集团3个、恶势力犯罪团伙5个、村霸1名,打掉文物犯罪团伙8个,破获各类刑事案件179起,抓获各类犯罪嫌疑人95人,社会治安实现了根本性好转。

扎实推进为民实事。全年财政民生支出17.31亿元,占一般预算支出的82.75%。“十大民生工程”有序推进。城乡低保实现应保尽保。基础教育教学水平整体提高,基层医疗服务体系建设进一步加强。城镇登记失业率控制在1.52%以内,安全生产形势持续稳定好转。

生态优势持续巩固提升。加大生态环境保护力度,在全省首家成立了生态智库专家委员会,为县域经济产业布局、生态文明建设、环境质量改善提供强有力智力支持和技术支撑。坚决打好污染防治攻坚战,抓好环保督察整改,排查散乱污企业571家,取缔53家,全县生态环境质量持续提升。全年二级以上优良天数预计290天左右,空气综合质量指数名列全市第一、全省前列。

二、党的建设情况

压实全面从严治党政治责任。先后召开县委常委会、书记专题会议等20余次专题研究全面从严治党有关工作。主要领导带头履行“第一责任人”责任,定期与班子成员进行谈心谈话,约谈各乡镇党委书记及县直部门负责同志14次,带动县四大班子领导及各单位负责同志主责约谈、提醒谈话500余人次,让“抓早抓小”成为常态。班子成员认真履行“一岗双责”,推动责任落实落细。全年共有91名党员领导干部因落实责任不力被追责,其中,单位“一把手”43人。坚持把抓好巡视整改落实工作作为重大政治任务,围绕中央巡视组向我省反馈的4方面问题和7条整改意见,围绕省委、市委46、47条具体整改措施,逐项细化整改任务,明确责任领导、牵头单位和整改时限,坚持问题导向、坚持标本兼治、坚持举一反三,对整改事项紧盯不放、一抓到底,确保了整改工作落实到位。

基层党组织战斗堡垒作用显著增强。建立县委常委联系点制度,确立20个常委包联点,形成头雁先飞领飞、群雁跟飞齐飞的局面,推动46个示范点实现提档升级。先后整顿农村“两委”班子工作开展薄弱的基层党组织85个,有效破解基层党建工作“不好抓、抓不好、难落实”问题。实施“千名农村后备干部”培养计划,为推动乡村振兴提供人才支撑。发挥“小个专”党建联盟资源和联合作用,全市非公经济组织和社会组织党建工作推进会在我县召开。落实基层经费保障制度,全县村级年运转经费平均达到10万元,乡镇年工作经费平均达到80.78万元。狠抓村级集体经济发展,全县96个村集体经济突破5万元,占全县农村总数的58.5%。严格落实“万人计划”工作“十条要求”,全封闭开展培训班9期,培训农村干部686人次。

持续加强作风建设。聚焦“四风”问题隐形变异新动向,紧抓重要时间节点,持续深化作风整治。查处违反中央八项规定精神案件4起,给予党纪政务处分7人。对4起典型案件进行了全县通报。持续加大监督检查和追责问责力度,严肃查处党员干部在工作中履职不力的失职失责问题50起,给予89人党纪政务处分。深入推进预防腐败"免疫工程",8000余名党员干部接受廉政警示教育,促进民风不断好转。

保持反腐败高压态势。查办案件数量质量"双提升"。全年处置反映问题线索550件,增长24.15%,给予党纪政务处分232人。运用"四种形态"共计处理500人次,其中,运用第一种形态处理264人次。持续巩固拓展"群腐"问题治理成果,查处群众身边不正之风和腐败问题226案,给予党纪政务处分155人,查处扶贫领域问题71案,给予党纪政务处分53人,对40起扶贫领域腐败和不正之风典型案例在全县进行了公开通报曝光。充分发挥巡察利剑作用,有序开展了第五轮、第六轮两轮巡察工作。

干部选任管理有序高效。按照习近平总书记好干部20字标准,坚持"三个倾斜"选人用人导向,研究调整干部5次,涉及科级干部99人,为推进发展提供了坚强的干部保障。紧抓考核"指挥棒"不松懈,实现县、乡、村、党员四级重点工作承诺全覆盖。创新建立激励干部担当作为的"4+1"县管领导干部履职情况多角度监督管理考核测评办法(单位内部测评、正职领导干部互评、县四大班子领导测评、上级对口部门点评和专项考察及甄别了解的多角度监督管理考核测评办法),为考准考实干部夯实制度保障。

(王 钊)

附:中共芮城县委书记、副书记、常委名单:

书　记: 董旭光

副书记: 张建军　安　奇

常　委: 仇红学　赵自成　白文宏(12月挂职)
张应征　宁华文　李跃刚　杨建庭
贠林安

人　物

一、年度调任山西的省军级领导简历

林　武

林　武

林武，男，汉族，1962年2月生，福建闽侯人，1982年8月参加工作，1987年1月加入中国共产党，在职研究生学历，工学博士学位。

1978.10–1982.08　江西冶金学院冶金系炼钢专业学习

1982.08–1994.04　湖南省湘钢第一炼钢厂干部

1994.04–1997.02　湖南省湘钢第二炼钢厂副厂长

1997.02–1997.07　湖南省湘钢第二炼钢厂厂长

1997.07–1998.04　湖南省湘潭钢铁公司副经理

1998.04–1998.09　湖南省湘潭钢铁公司经理

1998.09–2003.02　湖南省湘潭钢铁集团公司执行董事、总经理

2003.02–2003.12　湖南省经贸委主任

2003.12–2005.05　湖南省经济委员会主任

2005.05–2008.03　湖南省娄底市委副书记、代市长、市长（其间：2006.03–2007.01　中央党校一年制中青年干部培训班学习）

2008.03–2011.12　湖南省娄底市委书记（2002.09–2010.06　中南大学粉末冶金研究院材料学专业在职研究生学习，获工学博士学位）

2011.12–2015.08　湖南省委组织部常务副部长（正厅级，其间：2013.09–2014.01 中央党校半年制中青年干部培训班学习）

2015.08–2016.01　湖南省委常委、长株潭试验区工委书记

2016.01–2017.03　吉林省委常委、组织部部长

2017.03–2017.04　吉林省委常委

2017.04–2018.05　吉林省委常委、副省长，省政府党组副书记

2018.05–2018.06　山西省委常委、副省长，省政府党组副书记

2018.06–2018.10　山西省委常委、副省长，省政府党组副书记，山西行政学院院长（兼）

2018.10–2018.12　山西省委常委、副省长，省政府党组副书记

2018.12–　山西省委副书记、副省长，省政府党组副书记

中共十九大代表，十届、十一届、十三届全国人大代表。

徐广国

徐广国

徐广国，男，汉族，1964年2月生，黑龙江省杜尔伯特县人，1984年7月参加工作，1984年6月加入中国共产党，中国社会科学院研究生院政府政策与公共管理系国民经济学专业毕业，在职研究生学历，经济学博士。

1981.09-1984.07 大庆师范专科学校英语专业学习

1984.07-1990.03 黑龙江省大庆市让胡路区喇嘛甸镇组织干事、党委副书记（其间：1986.09-1988.07 黑龙江省委党校青年党政干部培训班脱产学习）

1990.03-1993.10 黑龙江省大庆市让胡路区喇嘛甸镇党委副书记、镇长

1993.10-1995.02 黑龙江省大庆市大同区委常委、副区长

1995.02-1997.03 黑龙江省大庆市乡镇企业局局长、党组书记

1997.03-2003.06 黑龙江省杜尔伯特蒙古族自治县县委书记（其间：2000.03-2003.01 黑龙江省委党校在职研究生班经济管理专业学习；2000.09-2001.01 中央党校进修班学习）

2003.06-2003.11 黑龙江省绥芬河市委书记（副厅级）

2003.11-2006.10 黑龙江省绥芬河市委书记、市长（副厅级）

2006.10-2006.12 黑龙江省牡丹江市委副书记、代市长，绥芬河市委书记、市长

2006.12-2007.01 黑龙江省牡丹江市委副书记、代市长

2007.01-2011.01 黑龙江省牡丹江市委书记（其间：2005.08-2010.07 北京大学高级管理人员工商管理专业学习，获工商管理硕士学位）

2011.01-2011.10 黑龙江省副省长

2011.10-2011.11 宁夏回族自治区党委常委

2011.11-2017.06 宁夏回族自治区党委常委，银川市委书记（其间：2012.09-2015.06 中国社会科学院研究生院政府政策与公共管理系国民经济学专业学习，获经济学博士学位）

2017.06-2018.04 宁夏回族自治区党委常委、政法委书记

2018.04- 山西省委常委、统战部部长

中共十六大、十七大、十八大代表。

韩　强

韩　强

韩强，男，汉族，1962年1月生，吉林长春人，1986年5月加入中国共产党，博士研究生。

2018.07-2018.12 山西省军区司令员

2018.12- 山西省委常委、山西省军区司令员

魏文波

魏文波

魏文波，男，汉族，1964年8月生，四川巴中人，1984年10月加入中国共产党，大学学历。

2018.07–2018.10 山西省军区政治委员

2018.10 离职

刘新云

刘新云

刘新云，男，汉族，1962年9月生，山东淄博人，1981年7月参加工作，1984年5月加入中国共产党，省委党校大学学历，经济学硕士学位。

1979.09–1981.07 山东省公安学校学习

1981.07–1983.03 山东省淄博市公安局二处办事员

1983.03–1984.05 山东省淄博市公安局淄川分局西关派出所民警

1984.05–1985.03 山东省淄博市公安局刑警大队机动队民警、副队长

1985.03–1989.07 山东省淄博市公安局刑警大队副科级侦察员(其间：1986.02–1987.09 挂职任淄博市淄川区东坪乡经委副主任；1987.09–1989.06 中国人民警官大学交通管理工程系干部专修科交通管理工程专业学习)

1989.07–1992.07 山东省淄博市公安交警支队淄川大队副大队长、大队长

1992.07–1993.07 山东省淄博市公安交警支队张店大队大队长

1993.07–1994.07 山东省淄博市公安交警支队副支队长兼张店大队大队长(副县级)

1994.07–1995.05 山东省淄博市公安局张店分局局长、副县级侦察员

1995.05–1997.07 山东省淄博市公安局副局长兼张店公安分局局长（1993.09–1997.01 南开大学经济学院在职研究生班政治经济学专业在职学习，获经济学硕士学位）

1997.07–1998.08 山东省淄博市公安局副局长

1998.08–1999.03 山东省淄博市公安局副局长兼巡警支队政委(正县级)

1999.03–2001.04 山东省淄博市公安局副局长、党委副书记兼巡警支队政委

2001.04–2002.12 山东省淄博市公安局副局长、党委副书记兼巡警支队政委、市委610办公室副主任（其间：2001.04–2001.07 第5期全国公安机关青年干部研修班学习）

2002.12–2003.12 山东省淄博市公安局政委、党委副书记兼市委610办公室副主任

2003.12–2005.12 山东省淄博市公安局政委、党委副书记

2005.12–2008.11 山东省菏泽市副市级干部，市长助理，市公安局局长、党委书记(2004.09–2006.12 山东省委党校业余本科班法律专业学习)

2008.11–2011.12 山东省菏泽市副市长，市公安局局长、党委书记

2011.12–2012.07 山东省济南市副市级干部，市公安局局长、党委书记

2012.07–2014.12 山东省济南市副市级干部，市公安局局长、党委书记、督察长

2014.12-2018.01 公安部网络安全保卫局局长兼国家网络与信息安全信息通报中心主任

2018.01- 山西省副省长,省公安厅厅长、党委书记

曲孝丽

曲孝丽

曲孝丽,女,汉族,1963年9月生,山东昌邑人,1985年7月参加工作,1990年12月加入中国共产党,在职研究生学历,法学博士学位。

1981.09-1985.07 天津师范大学生物专业学习

1985.07-1995.10 天津市第四十一中学教师、德育处主任、科研室主任

1995.10-1996.05 天津市第四十一中学校长助理、科研室主任

1996.05-1996.10 天津市第四十一中学副校长、科研室主任

1996.10-1999.05 共青团天津市河西区委书记

1999.05-2000.05 天津市河西区挂甲寺街党工委书记、办事处主任

2000.05-2001.12 天津市河西区挂甲寺街党工委书记(1997.09-2000.07 天津市委党校马克思主义哲学专业在职研究生班学习;2000.09-2001.01 天津市委党校第19期培训一班学习)

2001.12-2002.11 天津市河西区委常委、挂甲寺街党工委书记

2002.11-2006.12 天津市河西区委常委、组织部部长(其间:2003.10-2005.06 天津师范大学与韩国大佛大学合办教育行政学硕士学位课程班在职学习,获教育学硕士学位;2004.09—2004.11 天津市委党校第56期进修一班学习)

2006.12-2011.03 天津市河西区委副书记(2005.09-2009.06 南开大学周恩来政府管理学院社会学专业在职研究生学习,获法学博士学位;2007.09-2008.01 中央党校第7期中青年干部培训班学习)

2011.03-2012.07 天津市民政局副局长,市社会组织工委书记(兼)、市社会团体管理局局长(兼)

2012.07-2013.03 天津市民政局副局长、党组副书记,市社会组织工委书记(兼)、市社会团体管理局局长(兼)

2013.03-2014.12 天津市民政局局长、党组书记,市社会组织工委书记(兼)、市社会团体管理局局长(兼)

2014.12-2016.12 天津市民政局局长、党组书记(其间:2015.09 -2016.01中央党校第39期中青年干部培训一班学习)

2016.12-2018.01 天津市红桥区委书记

2018.01- 山西省副省长

中共十九大代表。

二、年度调离山西的省级领导简历

黄晓薇

黄晓薇

黄晓薇，女，汉族，1961 年 5 月生，辽宁海城人，1983 年 8 月参加工作，1983 年 6 月加入中国共产党，大学学历，工学学士学位。

1979.09–1983.08 东北工学院物理系物理师资专业学习

1983.08–1995.10 辽宁省营口市纪委办公室干部、调研室科级检查员、党风管理室副主任、党风廉政建设室副主任

1995.10–1996.03 辽宁省营口市纪委党风廉政建设室主任(副处级)

1996.03–1998.05 辽宁省营口市站前区区委常委、区纪委书记

1998.05–2000.07 中央纪委办公厅信息处干部，副处级检查员、监察员，副处长

2000.07–2002.08 中央纪委办公厅信息处正处级检查员、监察员兼副处长

2002.08–2003.06 中央纪委办公厅综合处正处级检查员、监察员兼副处长

2003.06–2003.11 中央纪委办公厅综合处处长

2003.11–2007.11 中央纪委第七纪检监察室副主任

2007.11–2012.10 中央纪委第七纪检监察室主任

2012.10–2012.11 监察部副部长，中央纪委第七纪检监察室主任

2012.11–2013.05 中央纪委常委，监察部副部长，中央纪委第七纪检监察室主任

2013.05–2014.09 中央纪委常委，监察部副部长(其间：2013.05–2013.07 中央党校省部级干部进修班学习)

2014.09–2016.09 中央纪委常委，山西省委常委、省纪委书记

2016.09–2016.11 山西省委副书记

2016.11–2017.06 山西省委副书记、政法委书记

2017.06–2018.01 山西省委副书记

2018.01–2018.03 山西省委副书记，省政协主席、党组书记

2018.03–2018.07 山西省政协主席、党组书记

2018.07–2018.09 全国妇联党组书记

2018.09– 全国妇联党组书记、副主席、书记处第一书记

十九届中央候补委员，十八届中央纪委委员，中共十九大代表，十三届全国政协委员。

高建民

高建民

高建民，男，汉族，1960年 11 月生，山西盂县人，1977年 12 月参加工作，1982年12月加入中国共产党，在职研究生学历，法学博士学位。

1977.12–1978.03 山西省盂县建材厂工人

1978.03–1982.03 山西大学中文系汉语言文学专业学习

1982.03–1982.12 山西省榆次市委办公室干事

1982.12–1983.11 共青团山西省榆次市委副书记

1983.11–1984.10 山西省榆次市委副秘书长兼市委办公室主任

1984.10–1991.01 共青团山西省晋中地委副书记(其间：1986.09—1989.07 中央党校培训部三年制培训班脱产学习)

1991.01–1992.12 共青团山西省委调研室主任

1992.12–1993.03 共青团山西省委办公室主任

1993.03–1995.03 共青团山西省委副书记(其间：1993.10—1994.10挂职任共青团中央宣传部副部长)

1995.03–1996.11 共青团山西省委副书记、党组副书记，省青联主席

1996.11–2001.01 共青团山西省委书记、党组书记

2001.01–2006.02 山西省晋中市委副书记(正厅长级，其间：2002.03–2002.12 中央党校一年制中青年干部培训班学习；2001.09–2004.06 天津师范大学科学社会主义与国际共

运专业在职研究生，获法学博士学位）

2006.02–2006.10 山西省朔州市委书记

2006.10–2006.11 山西省委常委、朔州市委书记

2006.11–2008.12 山西省委常委、宣传部部长

2008.12–2010.11 山西省委常委、秘书长

2010.11–2011.01 山西省委常委、秘书长，副省长

2011.01–2013.01 山西省委常委、副省长

2013.01–2018.05 山西省委常委、副省长，省政府党组副书记，山西行政学院院长(兼)

2018.05– 国家广播电视总局副局长、党组成员

中共十九大代表，十二届全国人大代表。

王　赋

王　赋

王赋，男，汉族，1962年3月生，山西浑源人，1986年8月参加工作，1985年4月加入中国共产党，研究生学历，经济学硕士、公共管理硕士学位。

1980.09–1984.08 中国人民大学计划统计系统计学专业学习

1984.08–1986.08 中国人民大学统计学专业硕士研究生

1986.08–1988.08 国家物价领导小组办公室干部

1988.08–1991.10 国务院物价委员会办公室副处长

1991.10–1993.10 国家物价局农产品价格司综合处副处长

1993.10–1995.12 国家计委市场与价格调控司价格计划规划处副处长

1995.12–1999.02 国家计委价格调控司综合处处长(1994.12–1997.09 挂职任四川省广元市市长助理，苍溪县委副书记、副县长)

1999.02–2000.06 山西省体改委副主任、党组成员

2000.06–2001.01 山西省运城市行署副专员

2001.01–2004.03 山西省运城市副市长

2004.03–2009.12 山西省发改委副主任、党组成员（其间：2005.03–2006.01新加坡南洋理工大学公共管理专业学习，获公共管理硕士学位）

2009.12–2010.05 山西省发改委副主任、党组副书记

2010.05–2012.01 山西省发改委副主任、党组副书记，省援疆工作前方指挥部总指挥（正厅长级，2010.08 挂职任新疆昌吉州委副书记）

2012.01–2012.03 山西省发改委副主任、党组书记，省援疆工作前方指挥部总指挥、新疆昌吉州委副书记

2012.03–2016.12 山西省发改委主任、党组书记，省转型综改办主任，省援疆工作前方指挥部总指挥、新疆昌吉州委副书记(2013.03免)

2016.12–2017.05 山西省副省长，省发改委主任、党组书记，省转型综改办主任

2017.05–2017.06 山西省副省长

2017.06–2017.07 山西省委常委、秘书长，副省长，省直机关工委书记(兼)

2017.07–2018.01 山西省委常委、秘书长，省直机关工委书记(兼)

2018.01– 重庆市委常委、秘书长

十二届、十三届全国人大代表。

吴汉圣

吴汉圣

吴汉圣，男，汉族，1963年4月生，山东临朐人，1985年7月参加工作，1984年6月加入中国共产党。大学学历，学士学位。

1981.09–1985.07 吉林工业大学热能动力工程系内燃机专业学习

1985.07–1990.05 机械部科技情报所（机械工业出版社)干部、人事处干部科副科长、团委副书记

1990.05–1991.04 机械部团委常委、科技情报所团委书记(副处级)

1991.04–1994.02 中央国家机关工委组织部组织处助理调研员（其间:1991.08–1993.12 中央党校函授学院经济管理专业在职大学学习）

1994.02–1994.10 中央国家机关工委组织部组织处副处长

1994.10–1997.09 新华社澳门分社人事部（组织部）副处长、办公厅副处级秘书

1997.09–1997.11 中央国家机关工委组织部组织处副处长

1997.11–2000.08 中央国家机关工委组织部干部处处长

2000.08–2003.09 中央国家机关工委组织部副部长

2003.09–2007.12 中央国家机关工委统战（群工）部部长、工会联合会常务副主席（其间:2006.11–2007.01 中央党校地厅级干部进修班学习）

2007.12–2009.06 中央国家机关工委组织部第一副部长、纪工委委员

2009.06–2009.11 中央国家机关工委组织部部长、纪工委委员

2009.11–2010.11 中央国家机关工委委员、组织部部长，纪工委委员（其间:2010.03–2010.07 中央党校中青年干部培训班学习）

2010.11–2013.01 辽宁省沈阳市副市长

2013.01–2013.02 辽宁省沈阳市委常委

2013.02–2014.09 辽宁省沈阳市委常委、组织部部长

2014.09–2016.04 辽宁省营口市委书记

2016.04–2016.05 辽宁省委常委、营口市委书记

2016.05–2016.08 辽宁省委常委、秘书长，省直属机关工委书记,营口市委书记

2016.08–2017.03 辽宁省委常委、秘书长，省直属机关工委书记

2017.03–2017.04 山西省委常委

2017.04–2018.12 山西省委常委、组织部部长，省委党校校长(兼)

2018.12– 中央和国家机关工委副书记

邱水平

邱水平

邱水平，男，汉族，1962年6月生，江西南丰人，1983年8月参加工作，1983年4月加入中国共产党，研究生学历，法学硕士学位。

1979.09–1983.08 北京大学法律系法律专业学习

1983.08–1985.08 江西大学法律系教师

1985.08–1988.07 北京大学法律系法学理论专业硕士研究生

1988.07–1990.09 北京大学法律系教师

1990.09–1991.09 北京大学团委副书记

1991.09–1996.09 北京大学团委书记、学生工作部部长(其间:1995.10–1996.09 英国赫德福特大学访问学者）

1996.09–1997.10 北京市朝阳区区长助理

1997.10–1999.04 北京市朝阳区副区长、区体改委主任

1999.04–2001.11 北京市朝阳区副区长、区招商服务中心主任

2001.11–2002.01 北京市朝阳区副区长

2002.01–2002.06 北京市朝阳区副区长、北京商务中心区管委会主任

2002.06–2003.04 北京市朝阳区副区长、北京商务中心区管委会主任、开发建设有限责任公司董事长

2003.04–2006.05 北京市投资促进局（北京市外商投资服务中心)局长、党委副书记

2006.05–2006.12 北京市平谷区委副书记、代区长

2006.12–2010.02 北京市平谷区委副书记、区长

2010.02–2013.02 北京市平谷区委书记

2013.02–2013.12 北京市委副秘书长、政法委常务副书记

2013.12–2014.12 北京市委副秘书长、政法委常务副书记,市国家安全局党委书记

2014.12–2017.01 北京市委副秘书长、政法委常务副书记（其间:2016.03–2016.07 中央党校第40期中青年干部培训一班学习）

2017.01–2018.10 山西省高级人民法院院长、党组书记（2016.11–2017.02中央第三巡视组副组长）

2018.10– 北京大学党委书记

中共十八大代表。

三、年度省内职务调整的省级领导简历

廉毅敏

廉毅敏

廉毅敏，男，汉族，1964年3月生，山西平遥人，1989年8月参加工作，1984年7月加入中国共产党，研究生学历，理学博士学位，高级工程师。

1981.09–1986.07 清华大学精密仪器系光学仪器专业学生，获工学学士学位

1986.07–1989.08 山西大学物理系光电子专业硕士研究生，获理学硕士学位

1989.08–1990.02 山西大学光电研究所助教

1990.02–1991.09 山西大学光电研究所助理

1991.09–1993.09 山西大学光电研究所副所长

1993.09–2000.10 山西省交通信息通信公司经理（正处级）(其间:1996.12–2000.10 兼任山西省交通计算机通信中心主任）

2000.10–2006.08 山西省科学技术厅副厅长、党组成员（其间:2003.07–2003.09 美国哈佛大学参加中组部高级公共管理培训班学习）

2006.08–2006.09 山西省科学技术厅党组书记

2006.09–2011.02 山西省科学技术厅厅长、党组书记(其间:2001.09–2008.07 山西大学光电研究所光学专业学习,获理学博士学位;2008.03–2008.07 中央党校培训部第24期中青年干部培训一班学习）

2011.02–2011.03 山西省太原市委副书记，太原市政府副市长、代市长、党组书记

2011.03–2013.02 山西省太原市委副书记，太原市政府市长、党组书记

2013.02–2013.03 山西省政府党组成员，省政府办公厅党组书记,省政府应急办主任

2013.03–2014.04 山西省政府党组成员、省政府秘书长，省政府办公厅党组书记,省政府应急办主任

2014.04–2016.11 山西省政府党组成员、省政府秘书长，省政府办公厅党组书记

2016.11.5–2016.11.7 山西省委常委，省政府党组成员、省政府秘书长,省政府办公厅党组书记

2016.11.7–2018.03 山西省委常委、统战部部长(其间:2017.09–2017.11 中央党校第62期省部级干部进修班学习）

2018.03– 山西省委常委、宣传部部长

郭迎光

郭迎光

郭迎光，男，汉族，1958年5月生，山西陵川人，1975年10月参加工作，1982年5月加入中国共产党，大学学历，哲学硕士学位。

1975.10–1978.10 河南省武陟县王伊村知青

1978.10–1982.07 郑州大学哲学系哲学专业学习

1982.07–1983.07 郑州大学哲学系教师

1983.07–1986.10 河南省委政策研究室政治理论处、工业处主任科员

1986.10–1991.01 河南省委政策研究室农村处、工业处副处长

1991.01–1993.01 河南省委政策研究室工业处正处级研究员

1993.01–1998.07 河南省委政策研究室综合处处长（其间：1996.09–1996.12 河南省委党校进修班学习）

1998.07–1998.12 河南省委政策研究室助理巡视员

1998.12–2001.03 河南省平顶山市委常委、秘书长（1997.05–1999.02 清华大学研究生院科学技术哲学专业学习，获哲学硕士学位）

2001.03–2006.02 河南省委副秘书长

2006.02–2008.03 河南省委副秘书长,省委政策研究室主任

2008.03–2009.03 河南省鹤壁市委书记

2009.03–2011.09 河南省鹤壁市委书记、市人大常委会主任

2011.09–2018.01 山西省副省长（其间：2013.03–2013.06 中央党校省部级进修班学习）

2018.01–2018.03 山西省人大常委会副主任、党组副书记

2018.03– 山西省人大常委会副主任、党组书记

卫小春

卫小春

卫小春,男,汉族,1959年12月生,山西曲沃人,民进成员,1976年7月参加工作,研究生学历,医学博士学位。

1976.07–1978.03 曲沃县西常村知青

1978.03–1982.12 南京铁道医学院医学系医学专业学习

1982.12–1985.09 南京铁道医学院附属医院外科医师

1985.09–1988.07 山西医学院骨科专业硕士研究生

1988.07–1994.01 山西医学院第二医院骨科医师

1994.01–1998.12 瑞典林雪平大学运动医学专业博士研究生及瑞士苏黎士大学医学院类风湿病科博士后研究

1998.12–2000.07 山西医科大学第二医院骨科医师、副主任

2000.07–2004.09 山西医科大学第二医院副院长、骨科主任

2004.09–2007.05 山西省科协副主席，山西医科大学第二医院副院长、骨科主任

2007.05–2008.01 民进山西省主委,省科协副主席,山西医科大学第二医院副院长、骨科主任

2008.01–2010.07 民进中央常委、山西省主委,山西省政协副主席,省科协副主席,山西医科大学第二医院副院长、骨科主任

2010.07–2011.05 民进中央常委、山西省主委,山西省政协副主席,山西医科大学第二医院副院长、骨科主任

2011.05–2012.12 民进中央常委、山西省主委,山西省政协副主席,山西医科大学第二医院院长、骨科主任

2012.12–2013.03 民进中央副主席、山西省主委,山西省政协副主席,山西医科大学第二医院院长、骨科主任

2013.03–2014.01 民进中央副主席、山西省主委,山西省政协副主席,省卫生厅厅长

2014.01–2018.01 民进中央副主席、山西省主委,山西省政协副主席,省卫生计生委主任

2018.01– 民进中央副主席、山西省主委,山西省人大常委会副主任,山西社会主义学院院长

十届全国人大代表,十三届全国人大常委会委员,十一届、十二届全国政协委员,十二届全国政协常委。

李悦娥

李悦娥

李悦娥，女，汉族，1958年3月生，山西怀仁人，1979年9月参加工作，1976年5月加入中国共产党，研究生学历，现代语言学博士学位。

1976.12–1979.07 山西师范学院外语系英语专业学习

1979.09–1980.02 怀仁县一中代课教师

1980.02–1987.07 山西农业大学基础部外语组教师（其间：1984.09–1985.07 南开大学外语系进修）

1987.07–1988.10 英国里丁大学应用语言学专业硕士研究生

1988.10–1993.07 英国阿斯顿大学现代语言学专业博士研究生

1993.07–1995.08 山西大学外语学院副教授

1995.08–1998.08 山西大学外语学院副院长、副教授、教授

1998.08–2003.01 山西大学副校长（其间：2002.03–2003.01 中央党校第18期一年制中青年干部培训班学习）

2003.01–2006.04 山西省外事（侨务）办公室主任、党组书记

2006.04–2013.01 山西省妇联主席、党组书记

2013.01–2013.04 山西省政协副主席，省妇联主席

2013.04–2018.01 山西省政协副主席

2018.01– 山西省人大常委会副主任

十一届全国人大代表。

四、年度提任省级领导简历

胡玉亭

胡玉亭

胡玉亭，男，汉族，1964年7月生，山西五台人，1986年8月参加工作，1986年7月加入中国共产党，大学学历，工程硕士、高级管理人员工商管理硕士学位。

1982.09–1986.08 北京钢铁学院冶金系钢铁冶金专业学习

1986.08–1989.09 山西太原钢铁公司第三炼钢厂冶炼工段班长

1989.09–1994.07 山西太原钢铁公司第三炼钢厂技术科技术员、副科长

1994.07–1996.06 太原钢铁（集团）公司技术处炼钢科科长

1996.06–1998.04 太原钢铁（集团）有限公司技术处不锈钢科科长

1998.04–1999.09 太原钢铁（集团）有限公司钢研所副所长

1999.09–2000.12 太原钢铁（集团）有限公司不锈钢公司炼钢厂厂长

2000.12–2002.02 太原钢铁（集团）有限公司副总工程师

2002.02–2008.05 太原钢铁（集团）有限公司总工程师（2000.05–2004.12 西安交通大学电子与通信工程专业在职学习，获工程硕士学位；2003.09–2005.06 北京大学光华管理学院工商管理专业在职学习，获高级管理人员工商管理硕士学位）

2008.05–2011.07 太原钢铁（集团）有限公司副董事长、党委常委、总经理

2011.07–2012.01 山西省大同市委常委、副市长（正厅长级）

2012.01–2012.03 山西省经信委党组书记

2012.03–2013.07 山西省经信委主任、党组书记

2013.07–2014.03 山西省晋中市委副书记、代市长

2014.03–2016.07 山西省晋中市委副书记、市长

2016.07–2018.01 山西省晋中市委书记

2018.01–2018.10 山西省委常委、秘书长，省直工委书记

2018.10– 山西省委常委、秘书长，省委改革办主任，省委国安办主任，省直工委书记

中共十九大代表，十三届全国人大代表。

岳普煜

岳普煜

岳普煜,男,汉族,1959年10月生,山西太原人,1982年6月参加工作,1985年9月加入中国共产党,在职研究生学历,工学博士学位。

1979.05–1982.06 太原重机学院轧钢专业重机厂专科班学习

1982.06–1994.11 太原重型机械厂设计研究所轧钢室技术员、设计员(其间:1991.11–1993.02德国CDG培训中心研修)

1994.11–1995.05 太原重型机械厂设计院轧钢室副主任

1995.05–1996.08 太原重型机械厂设计院轧钢室主任

1996.08–1996.09 太原重型机械(集团)有限公司设计院副院长

1996.09–1997.06 太原重型机械(集团)有限公司设计院院长

1997.06–2000.04 太原重型机械(集团)有限公司总经理助理兼设计院院长、党委副书记

2000.04–2001.01 太原重型机械(集团)有限公司副总经理(1997.09–2000.08 燕山大学机械工程学院冶金机械专业在职研究生学习,获工学硕士学位)

2001.01–2002.04 太原重型机械(集团)有限公司党委常委、副总经理

2002.04–2003.04 太原重型机械(集团)有限公司党委常委、副总经理,太原重工董事长、党委书记

2003.04–2009.01 太原重型机械(集团)有限公司副董事长、总经理、党委常委,太原重工董事长、党委书记(其间:2003.09–2008.07 太原理工大学机械设计与理论专业在职研究生学习,获工学博士学位)

2009.01–2012.01 太原重型机械(集团)有限公司董事长、党委书记

2012.01–2012.03 临汾市委副书记、代市长

2012.03–2016.05 临汾市委副书记、市长

2016.05–2018.01 临汾市委书记

2018.01– 山西省人大常委会副主任,临汾市委书记

中共十九大代表,十二届全国人大代表。

李俊明

李俊明

李俊明,男,汉族,1960年4月生,山西定襄人,1977年3月参加工作,1980年11月加入中国共产党,中央党校研究生学历。

1977.03–1978.03 定襄县横山小学民办教师

1978.03–1980.11 山西省建筑工程学校工民建专业学习

1980.11–1986.08 山西省建筑工程学校干部(其间:1982.09–1985.08 山西广播电视大学专科班学习;1984.09–1986.08 山西省委党校理论专业大专班学习)

1986.08–1986.11 山西省建筑工程学校教育研究室副主任

1986.11–1988.05 山西省建筑工程学校校长办公室副主任

1988.05–1990.10 山西省建筑工程学校工程公司经理

1990.10–1992.11 山西省建筑工程学校校长助理兼工程公司经理(其间:1991.07–1992.11 借调省建设厅工作)

1992.11–1994.02 山西省东方建设发展公司负责人

1994.02–1995.01 山西省东方建设发展公司经理

1995.01–1997.07 山西省建委建筑业处副处长(正处级,主持工作)

1997.07–2000.08 山西省建委建筑业处处长(1996.08–1998.12 中央党校领导干部函授本科班经济管理专业学习;1997.07–1999.07 中国社会科学院研究生院企业管理专业研究生课程班学习;1999.04–1999.07 山西省委党校第27期中青年干部培训班学习)

2000.08–2000.10 山西省建设厅建筑管理处处长

2000.10–2005.03 山西省建设厅副厅长

2005.03–2007.06 山西省建设厅副厅长、党组副书记(其间:2005.09–2006.01 中央党校第4期中青年干部培训班学习)

2007.06–2012.03 太原市委常委、副市长(2005.09–2008.07 中央党校研究生院在职研究生班法学理论专业学习)

2012.03–2013.02 山西省住建厅厅长、党组书记

2013.02–2013.05 大同市委副书记、代市长

2013.05–2015.07 大同市委副书记、市长(其间:2014.10–

2015.07主持市委工作）

2015.07–2018.01 忻州市委书记

2018.01– 山西省人大常委会副主任，忻州市委书记

中共十九大代表。

陈永奇

陈永奇

陈永奇，男，汉族，1967年11月生，山西怀仁人，1992年7月参加工作，1985年12月加入中国共产党，研究生学历，哲学博士学位。

1985.09–1989.07 山西师范大学数学系学习

1989.07–1992.07 东北财经大学经济研究所数量经济专业硕士研究生

1992.07–1993.04 辽宁省大连市开发区经济发展局科员

1993.04–1997.07 山西省委政研室科员、主任科员

1997.07–1998.03 山西省委政研室助理调研员

1998.03–2000.02 山西省委政研室工业处副处长（主持工作）

2000.02–2004.08 山西省委政研室工业处处长

2004.08–2006.11 山西省委政研室财贸处处长（2002.09–2006.07 山西大学科技哲学中心科学技术哲学专业在职研究生学习，获哲学博士学位）

2006.11–2008.03 山西省委政研室副主任

2008.03–2009.04 山西省政府研究室副主任（主持工作）

2009.04–2011.01 山西省政府副秘书长、省政府研究室主任

2011.01–2011.03 山西省政府党组成员、副秘书长，省政府办公厅党组书记，省政府研究室主任

2011.03–2011.05 山西省政府秘书长、党组成员，省政府办公厅党组书记

2011.05–2013.02 山西省政府秘书长、党组成员，省政府办公厅党组书记，省政府应急管理办公室主任（兼）

2013.02–2013.04 阳泉市委副书记、代市长

2013.04–2015.11 阳泉市委副书记、市长（其间：2015.07–2015.11 主持市委工作）

2015.11–2018.01 阳泉市委书记

2018.01–2018.02 山西省副省长，阳泉市委书记

2018.02– 山西省副省长

中共十九大代表。

李正印

李正印

李正印，男，汉族，1962年8月生，山西武乡人，1982年8月参加工作，1984年6月加入中国共产党，中央党校研究生学历。

1980.09–1982.08 大同煤矿学校地下采煤专业学习

1982.08–1983.10 大同煤矿学校团委干事

1983.10–1985.10 山西大学政治专修科政治专业学习

1985.10–1988.07 大同煤炭工业学校团委副书记

1988.07–1988.08 大同煤炭工业学校团委书记

1988.08–1992.02 共青团山西省委青工部干事、部长助理

1992.02–1993.09 共青团山西省委青工部副部长

1993.09–1994.12 共青团山西省委办公室副主任

1994.12–1997.10 共青团山西省委办公室主任（1993.08–1995.12 中央党校领导干部函授本科班经济管理专业学习）

1997.10–2001.10 共青团山西省委副书记（其间：1998.09–1999.01 中央党校第31期进修班学习）

2001.10–2001.12 山西省纪委常委

2001.12–2004.03 山西省纪委常委、省监委委员

2004.03–2006.06 山西省纪委常委、省监委副主任

2006.06–2007.07 山西省纪委副书记、省监委副主任

2007.07–2012.01 山西省纪委副书记（2007.03–2009.01 中央党校在职研究生班经济管理专业学习；2007.03–2008.

01 中央党校一年制中青年干部培训班学习)
2012.01-2012.04 朔州市委副书记、代市长
2012.04-2013.09 朔州市委副书记、市长
2013.09-2016.11 山西省交通运输厅厅长、党组书记
2016.11-2018.01 吕梁市委书记
2018.01- 山西省政协副主席,吕梁市委书记
中共十九大代表,十二届全国人大代表。

李晓波

李晓波

李晓波,男,汉族,1963年2月生,内蒙古清水河人,1984年8月参加工作,1986年12月加入中国共产党,大学学历,工程硕士、高级管理人员工商管理硕士学位。

1980.09-1984.08 北京钢铁学院金属压力加工专业学习
1984.08-1987.02 太原钢铁公司初轧厂技术员
1987.02-1990.10 太原钢铁公司初轧厂精整工段副工段长
1990.10-1993.04 太原钢铁公司初轧厂生产调度室主任
1993.04-1995.01 太原钢铁公司初轧厂副厂长
1995.01-1996.06 太原钢铁(集团)有限公司生产处副处长
1996.06-1997.06 太原钢铁(集团)有限公司生产处处长
1997.06-1998.03 太原钢铁(集团)有限公司七轧厂厂长
1998.03-1998.06 太原钢铁(集团)有限公司七轧厂厂长、党委书记
1998.06-1999.07 太原钢铁(集团)有限公司不锈钢公司董事,七轧厂厂长、党委书记
1999.07-2000.04 太原钢铁(集团)有限公司不锈钢公司董事,不锈冷轧厂厂长、党委书记
2000.04-2000.12 太原钢铁(集团)有限公司副总经理,不锈冷轧厂厂长、党委书记
2000.12-2001.12 太原钢铁(集团)有限公司副总经理
2001.12-2002.03 太原钢铁(集团)有限公司总经理
2002.03-2008.04 太原钢铁(集团)有限公司副董事长、总经理(2000.07-2005.06 西安交通大学电子与通信工程专业在职学习,获工程硕士学位;2003.09-2005.06 北京大学光华管理学院工商管理硕士专业在职学习,获高级管理人员工商管理硕士学位)
2008.04-2008.05 太原钢铁(集团)有限公司董事长、总经理
2008.05-2015.05 太原钢铁(集团)有限公司董事长
2015.05-2017.12 太原钢铁(集团)有限公司董事长、党委书记
2017.12-2018.01 山西省经信委党组书记
2018.01-2018.02 山西省政协副主席,省经信委党组书记
2018.02-2018.10 山西省政协副主席,省经信委党组书记、主任
2018.10- 山西省政协副主席,省工业和信息化厅党组书记

十九届中央候补委员,十一届、十二届全国人大代表。

张瑞鹏

张瑞鹏

张瑞鹏，男，汉族，1961年12月生，山西和顺人，1982年9月参加工作，1985年5月加入中国共产党，中央党校研究生学历，文学学士学位。

1978.09–1982.09 山西大学中文系汉语言文学专业学习

1982.09–1986.06 晋中地委政法委（政法办）干事

1986.06–1987.06 晋中行署公安处办公室干事

1987.06–1990.04 晋中行署公安处办公室副主任

1990.04–1992.06 山西省委政法委综合处、办公室副主任科员、主任科员

1992.06–1993.12 山西省委办公厅督查室主任科员

1993.12–1998.09 山西省委办公厅督查室副主任（其间：1996.11–1998.02 挂职任左权县委常委）

1998.09–2000.11 山西省委办公厅督查室副主任、正处级督查员

2000.11–2003.03 山西省委办公厅督查室主任

2003.03–2008.08 山西省委副秘书长（其间：2005.09–2008.07 中央党校研究生院在职研究生班经济学专业学习）

2008.08–2011.08 山西省委副秘书长、省委保密委常务副主任（正厅级）

2011.08–2013.03 山西省委副秘书长、省委政研室主任

2013.03–2016.09 山西省文化厅厅长、党组书记（其间：2015.05–2015.07 中央党校厅局级干部进修班学习）

2016.09–2018.01 山西省委常务副秘书长、省委办公厅主任

2018.01–2018.02 山西省政协副主席，省委常务副秘书长、省委办公厅主任

2018.02– 山西省政协副主席，省委常务副秘书长

席小军

席小军

席小军，男，汉族，1962年3月生，山西蒲县人，1984年9月参加工作，1985年7月加入中国共产党，中央党校研究生学历。

1981.09–1984.09 太原师范专科学校中文系汉语言文学专业学习

1984.09–1988.07 太原市28中学（太原旅游学校）教师、团委书记、办公室主任

1988.07–1992.02 共青团山西省委统战部主任科员

1992.02–1994.12 共青团山西省委统战部副部长

1994.12–1995.05 共青团山西省委统战部部长

1995.05–1997.10 共青团山西省委组织部部长

1997.10–2004.06 共青团山西省委副书记（1996.09–1999.07 中央党校研究生院在职研究生班政治学专业学习）

2004.06–2004.12 共青团山西省委副书记、党组副书记

2004.12–2008.04 忻州市委常委、组织部部长

2008.04–2008.08 忻州市委副书记、组织部部长

2008.08–2011.02 长治市委副书记、市委党校校长

2011.02–2013.02 山西省旅游局局长、党组书记

2013.02–2013.06 长治市委副书记、代市长

2013.06–2016.05 长治市委副书记、市长

2016.05–2018.01 长治市委书记

2018.01–2018.02 山西省政协副主席，长治市委书记

2018.02– 山西省政协副主席

中共十九大代表。

李武章

李武章

李武章,男,汉族,1959年7月生,河北怀安人,无党派,1976年7月参加工作,中央党校大学学历,工程硕士学位。

1976.07-1978.10 怀仁县河头公社知青

1978.10-1981.10 雁北地区大同石油库工人

1981.10-1987.01 雁北地区化工供销公司计划员(其间:1982.09-1985.08 山西省电大中文大专班学习)

1987.01-1990.11 雁北地区化工供销公司经理

1990.11-1998.02 雁北地区化肥专业公司经理、大同市化肥专业公司经理(其间:1995.08-1997.12 中央党校函授学院经济管理专业学习)

1998.02-1998.06 大同市天宝化肥工业集团公司筹备领导组组长

1998.06-1998.07 大同市天宝化肥工业集团公司董事长、总经理

1998.07-2000.07 大同市政协副主席,天宝化肥工业集团公司董事长、总经理

2000.07-2003.08 大同市政协副主席

2003.08-2012.03 大同市副市长(其间:2006.09-2008.06 武汉大学国际软件学院软件工程专业在职学习,获工程硕士学位)

2012.03-2013.12 朔州市副市长(其间:2012.04-2012.10 挂职任天津滨海新区汉沽管委会副主任)

2013.12-2018.01 山西省工商联(总商会)主席

2018.01- 山西省政协副主席,省工商联(总商会)主席

十一届、十二届全国人大代表,十三届全国政协委员。

李青山

李青山

李青山,男,汉族,1965年4月生,湖南衡阳人,九三学社成员,1984年7月参加工作,研究生学历,理学博士学位,教授。

1981.09-1984.07 湖南衡阳师范专科学校化学系专科学习

1984.07-1987.09 湖南衡阳建湘柴油机厂中学教师

1987.09-1990.07 山西大学化学系无机化学专业硕士研究生

1990.07-1996.09 山西医科大学基础部化学教研室教师(其间:1993.09-1996.09 南京大学化学化工学院无机化学专业在职研究生学习,获理学博士学位)

1996.09-1997.07 山西医科大学药学系研究室主任、讲师

1997.07-1998.05 山西医科大学药学系教授

1998.05-1999.11 山西医科大学药学系副主任(其间:1998.07-1998.11 意大利CNR罗马化学研究所客座教授)

1999.11-2003.02 山西医科大学药学院院长(其间:2000.07-2001.06 葡萄牙里斯本高技术学院从事博士后研究)

2003.02-2010.06 山西医科大学校长助理、药学院院长

2010.06-2013.06 山西医科大学药学院院长

2013.06-2016.10 山西省教育厅副厅长

2016.10-2017.07 山西中医学院院长

2017.07-2017.12 九三学社山西省主委,山西中医药大学校长

2017.12-2018.01 九三学社中央常委、山西省主委,山西中医药大学校长

2018.01- 九三学社中央常委、山西省主委,山西省政协副主席,山西中医药大学校长(2018.11离职)

十一届全国人大代表,十三届全国政协委员。

谢　红

谢　红

谢红，女，汉族，1960年5月生，贵州遵义人，无党派，1982年12月参加工作，大学学历，理学学士学位。

1978.09–1982.08　山西大学化学系有机化学专业学习

1982.08–1982.12　待分配

1982.12–1985.09　山西省水利科学研究所干部

1985.09–1996.02　山西省生物研究所助理研究员、副研究员

1996.02–1999.03　山西省生物研究所所长（聘任）

1999.03–2005.01　山西省生物研究所所长、研究员（其间：2003.03–2003.07　山西省委党校中青年干部培训班学习）

2005.01–2012.03　山西省食品药品监督管理局副局长

2012.03–2014.01　山西省卫生厅副厅长

2014.01–2017.02　山西省卫生计生委副主任，省爱卫会专职副主任（兼）

2017.02–2018.01　山西省科技厅厅长

2018.01–　山西省政协副主席，省科技厅厅长

十一届、十二届全国人大代表，十三届全国政协委员。

李思进

李思进

李思进，男，汉族，1962年8月生，山西太谷人，农工党成员，1988年8月参加工作，研究生学历，医学博士学位，教授、主任医师。

1980.09–1985.09　山西医学院医学系医学专业学习

1985.09–1988.08　山西医学院医学系核医学专业硕士研究生

1988.08–1996.12　山西医科大学第一医院核医学科医生（其间：1990.03–1991.02　山西省委驻代县新高乡刘街村农村工作队队员；1992.09–1995.07　中国协和医科大学在职研究生学习，获医学博士学位）

1996.12–1998.12　山西医科大学第一医院核医学教研室副主任

1998.12–2003.10　山西医科大学第一医院核医学科副主任（主持工作）、核医学教研室副主任、教授

2003.10–2004.04　山西医科大学第一医院副院长、核医学科副主任

2004.04–2007.07　山西医科大学第一临床医学院（第一医院）副院长、核医学科主任（其间：2005.01–2005.12　两次赴英国牛津大学教学医院做高级访问学者）

2007.07–2013.06　农工党山西省副主委，山西医科大学第一医院副院长兼核医学科主任

2013.06–2017.06　农工党山西省副主委，山西医科大学副校长

2017.06–2017.08　农工党山西省主委，山西医科大学副校长

2017.08–2017.12　农工党山西省主委，山西医科大学校长

2017.12–2018.01　农工党中央常委、山西省主委，山西医科大学校长

2018.01–　农工党中央常委、山西省主委，山西省政协副主席，山西医科大学校长

十三届全国政协委员。

杨景海

杨景海

杨景海，男，汉族，1962年4月生，甘肃兰州人，1983年8月参加工作，1985年12月加入中国共产党，大学学历，法学硕士学位。

1979.09-1983.08 西北政法学院法律系法律专业学习

1983.08-1985.07 甘肃省人民检察院书记员

1985.07-1986.05 甘肃省人民检察院助理检察员

1986.05-1990.09 甘肃省人民检察院助理检察员

1990.09-1992.05 甘肃省人民检察院检察员

1992.05-1993.11 兰州市城关区人民检察院党组成员、副检察长、检察委员会委员

1993.11-1999.03 甘肃省人民检察院反贪局副局长、检察员

1999.03-2001.11 甘肃省人民检察院反贪局副局长、检察员、检察委员会委员；

2001.11-2005.05 甘肃省检察院副检察长、党组成员、检察委员会委员（其间：2004.03-2004.11 挂职任最高人民检察院反贪总局副局长）

2005.05-2011.09 甘肃省委政法委员会副书记（正厅长级，主持日常工作）

2011.09-2011.11 兰州市委副书记（正厅长级）

2011.11-2012.06 兰州市委副书记、市纪委书记（正厅长级）

2012.06-2013.04 兰州市委副书记、市纪委书记（正厅长级）、甘肃陆军预备役高射炮兵师副政委

2013.04-2013.05 甘肃省司法厅党委书记，省监狱管理局第一政委，甘肃省委政法委委员，一级警监，甘肃陆军预备役高射炮兵师副政委

2013.05-2017.02 甘肃省司法厅厅长、党委书记，省监狱管理局第一政委，甘肃省委政法委委员，一级警监，甘肃陆军预备役高射炮兵师副政委

2017.02-2017.03 山西省公安厅党委书记、督察长

2017.03-2018.01 山西省公安厅党委书记、厅长，督察长

2018.01-2018.02 山西省人民检察院副检察长、党组书记

2018.02- 山西省人民检察院检察长、党组书记

五、年度离职的省军级领导简历

薛延忠

薛延忠

薛延忠，男，汉族，1954年2月生，山西孝义人，1969年10月参加工作，1981年9月加入中国共产党，中央党校研究生学历。

1969.10-1976.10 山西省七二五厂一车间班组长、工段长、团支部书记

1976.10-1979.10 山西大学中文系汉语言文学专业学习

1979.10-1983.03 山西省计委综合处、政治处干事，机关团支部书记

1983.03-1986.06 山西省委办公厅秘书

1986.06-1988.06 山西省委组织部调研室副主任

1988.06-1992.06 山西省委组织部正处级秘书，经济干部处副处长、处长

1992.06-1995.07 山西省工商行政管理局副局长

1995.07-1998.03 山西省工商行政管理局局长、党组书记（其间：1996.04-1998.03 在中国社科院研究生院工业经济系企业管理专业研究生班学习；1996.09-1997.07 在中央党校一年制中青年干部培训班学习）

1998.03-1999.10 山西省吕梁地委副书记、行署专员（1997.07-1999.07 在中央党校法学专业在职研究生班学习）

1999.10-2000.01 山西省委副秘书长、办公厅主任

2000.01-2001.05 山西省委常委、秘书长、办公厅主任

2001.05-2004.07 山西省委常委、组织部部长

2004.07-2006.10 山西省委副书记

2006.10-2006.11 山西省委常委

2006.11-2007.05 山西省委常委、副省长（负责常务工作），省政府党组副书记

2007.05-2008.04 山西省委常委、副省长（负责常务工作），省政府党组副书记，山西行政学院院长

2008.04–2008.05 山西省委副书记、副省长(负责常务工作)

2008.05–2009.01 山西省委副书记、省委党校校长

2009.01–2010.09 山西省委副书记、省委党校校长,山西省政协主席、党组书记

2010.09–2011.01 山西省政协主席、党组书记,省委党校校长

2011.01–2018.01 山西省政协主席、党组书记（其间：2011.03–2011.06 在中央党校省部级中国特色社会主义理论高级研修班学习）

2018.01 离职

中共十六届、十七届中央候补委员,十六大、十七大、十八大代表,十一届全国政协委员。

郭志刚

郭志刚

郭志刚，男，汉族，山西平遥人，1958年4月生，1978年5月加入中国共产党，在职研究生学历。

2015.02–2018.07 山西省军区政委

2018.07 离职

邹小平

邹小平

邹小平,男,汉族,1958年6月生，山东蓬莱人,1979年4月加入中国共产党,大学学历。

2017.03–2018.07 山西省军区司令员

2018.07 离职

胡苏平

胡苏平

胡苏平,女,汉族,1956年8月生,山西五台人,1974年2月参加工作,1975年4月加入中国共产党,在职研究生学历,管理学博士学位。

1974.02-1976.12 忻县播明公社知青

1976.12-1979.09 太原工学院电子系半导体器件专业学习

1979.09-1984.07 太原工学院电子系分团委副书记、政治辅导员

1984.07-1988.08 太原工业大学团委副书记

1988.08-1990.07 太原工业大学计算机系副主任

1990.07-1992.12 太原工业大学计算机系党总支书记

1992.12-1994.11 太原工业大学党委副书记(其间:1993.09-1994.07 中央党校中青年干部培训班学习)

1994.11-1998.05 山西省国防科工委党委副书记(1993.09-1996.01 中央党校经济管理专业学习)

1998.05-2001.01 山西省国防科工委党委书记

2001.01-2004.02 太原市委副书记

2004.02-2004.04 运城市委副书记、代市长

2004.04-2005.12 运城市委副书记、市长(2002.04-2005.11 南京航空航天大学管理科学与工程专业学习,获管理学博士学位)

2005.12-2008.12 山西省副省长

2008.12-2009.01 山西省委常委、宣传部部长,副省长

2009.01-2016.11 山西省委常委、宣传部部长

2016.11-2017.01 山西省人大常委会党组副书记

2017.01-2018.01 山西省人大常委会副主任、党组副书记

2018.01 离职

十一届、十二届全国人大代表

王建明

王建明

王建明,男,汉族,1962年12月生,福建漳州人,1984年8月参加工作,1983年11月加入中国共产党,在职研究生学历,法学博士学位,二级大检察官。

1980.09-1984.08 厦门大学法律系法学专业学习

1984.08-1992.11 最高人民检察院监所检察厅干部(其间:1984.08-1986.03 湖北省蒲圻县人民检察院锻炼;1986.03-1986.09 湖北省武汉市人民检察院锻炼)

1992.11-1995.08 最高人民检察院监所检察厅劳改检察处副处长

1995.08-1995.12 最高人民检察院监所检察厅监狱(劳改)检察处处长

1995.12-1997.05 最高人民检察院监所检察厅厅长助理、监狱(劳改)检察处处长

1997.05-1997.09 最高人民检察院监所检察厅厅长助理

1997.09-1999.04 最高人民检察院监所检察厅副厅长

1999.04-2000.09 最高人民检察院审查批捕厅副厅长

2000.09-2001.04 最高人民检察院侦查监督厅副厅长

2001.04-2004.05 最高人民检察院反贪污贿赂总局副局长(正厅级)

2004.05-2005.04 最高人民检察院反贪污贿赂总局局长

2005.04-2007.11 最高人民检察院检委会委员、反贪污贿赂总局局长(2004.09-2007.07 中国政法大学刑事司法学院诉讼法学专业学习,获法学博士学位)

2007.11-2009.07 最高人民检察院检委会副部级专职委员、反贪污贿赂总局局长

2009.07-2010.02 山西省人民检察院代检察长、党组书记

2010.02-2011.11 山西省人民检察院检察长、党组书记

2011.11-2012.01 山西省委常委、政法委书记,省人民检察院检察长、党组书记

2012.01-2016.11 山西省委常委、政法委书记

2016.11-2017.01 山西省政协党组副书记

2017.01-2018.01 山西省政协副主席、党组副书记

2018.01 离职

张建欣

张建欣

张建欣，女，汉族，1955年10月生，河北无极人，1973年10月参加工作，1975年6月加入中国共产党，在职研究生学历，经济学硕士学位，高级经济师。

1973.10–1976.06 山西省太原市南郊区小店公社知青

1976.06–1978.03 山西省太原市南郊区郝庄公社团委书记

1978.03–1982.3 山西省太原重型机械学院基础部应用力学专业学习

1982.03–1984.02 山西省太原市标准计量局标准科负责人

1984.02–1985.02 山西省太原市第一毛纺织厂党委副书记

1985.02–1992.04 山西省太原市第一毛纺织厂党委书记

1992.04 –1994.11 山西省太原市第一毛纺织厂厂长(1989.09–1992.06 吉林大学经管系国民经济计划和管理专业在职研究生学习，获经济学硕士学位)

1994.11–2000.06 山西省纺织总会副会长、党组成员

2000.06–2001.05 山西省晋城市委常委、副市长(负责常务工作)(其间:2000.03–2000.07 中央党校进修二班学习)

2001.05–2003.01 山西省晋城市委副书记

2003.01–2003.04 山西省朔州市委副书记

2003.04–2006.02 山西省朔州市委副书记、市长

2006.02–2009.01 山西省忻州市委书记

2009.01–2009.03 山西省副省长，忻州市委书记

2009.03–2016.01 山西省副省长，省政府党组成员

2016.01–2018.01 山西省人大常委会副主任、党组副书记

2018.01 离职

中共十七大代表，十届全国人大代表。

周　然

周　然

周然，男，汉族，1958年7月生，山西忻州人，1976年4月参加工作，1994年9月加入农工民主党，研究生学历，医学博士学位，教授，主任医师。

1976.04–1978.03 内蒙古自治区达茂旗插队

1978.03–1982.12 内蒙古医学院中医系中医专业学习

1982.12–1986.08 山西省中医学校教师

1986.08–1989.09 山西省中医研究所中医方剂专业硕士研究生

1989.09–1992.10 山西省中医研究所方剂研究室课题负责人

1992.10–1997.03 山西省中医研究院科技开发部副主任、主任

1997.03–2000.07 山西省中医研究院副院长

2000.07–2001.05 山西省中医研究院副院长，农工民主党省委副主委

2001.05–2001.12 山西省卫生厅副厅长，农工民主党省委副主委

2001.12–2002.12 农工民主党山西省委主委，省卫生厅副厅长（2000.09–2002.12 华中科技大学社会医学与卫生事业管理专业在职研究生，获医学博士学位）

2002.12–2003.01 农工民主党中央常委、山西省委主委，省卫生厅副厅长

2003.01–2005.11 山西省政协副主席，农工民主党中央常委、山西省委主委，省卫生厅副厅长

2005.11–2013.01 山西省政协副主席，农工民主党中央常委、山西省委主委，山西中医学院院长

2013.01–2016.01 山西省人大常委会副主任，农工民主党中央常委、山西省委主委，山西中医学院院长

2016.01–2017.02 山西省人大常委会副主任，农工民主党中央常委、山西省委主委

2017.02–2018.01 山西省人大常委会副主任、省科协主席，农工民主党中央常委、山西省委主委

2018.01 离职

十届、十一届全国政协委员，十三届全国政协常委。

张茂才

张茂才,男,汉族,1954年9月生,山西保德人,1970年12月参加工作,1974年10月加入中国共产党,中央党校研究生学历,高级政工师。

1970.12-1974.09 山西省保德县贾家峁公社、桥头公社团委书记,团县委干事

1974.09-1977.09 山西师范学院政史系政治专业学习

1977.09-1979.05 山西省忻县地委组织部干事

1979.05-1980.12 山西省忻县地区教育局干事

1980.12-1982.09 山西省忻州地委组织部干事

1982.09-1985.08 山西省忻州地委组织部组织科科长

1985.08-1992.06 山西省委宣传部干部处处长(其间:1991.03-1991.07 山西省委党校中青年干部培训班学习)

1992.06-1995.12 山西省新闻出版局副局长、机关党委书记

1995.12-1999.02 山西省新闻出版局(版权局)副局长(其间:1997.09-1998.07 中央党校中青年理论宣传培训班学习)

1999.02-2000.02 山西省临汾地委委员、组织部长

2000.02-2000.09 山西省临汾地委副书记(1997.09-2000.07 中央党校在职研究生班法学专业学习)

2000.09-2001.01 山西省临汾市委副书记

2001.01-2003.02 山西省临汾市委副书记、市长

2003.02-2006.02 山西省临汾市委书记

2006.02-2008.02 山西省运城市委书记

2008.02-2012.01 山西省晋城市委书记

2012.01-2013.01 山西省政协副主席

2013.01-2018.01 山西省人大常委会副主任

2018.01 离职

中共十七大代表。

(注:2019年3月,因涉嫌严重违纪违法,接受中央纪委国家监委纪律审查和监察调查。2019年5月,被给予开除党籍处分;按规定取消其享受的待遇;收缴其违纪违法所得;将其涉嫌犯罪问题移送检察机关依法审查起诉。2019年7月,最高人民检察院以张茂才涉嫌受贿罪依法对其作出逮捕决定。)

田喜荣

田喜荣

田喜荣,男,汉族,1955年11月生,山西宁武人,1973年9月参加工作,1975年4月加入中国共产党,中央党校大学学历。

1973.09-1975.09 山西省宁武县东庄公社学校民办教师

1975.09-1978.08 山西财经学院会计系会计专业学习

1978.08-1987.03 山西财经学院会计系教师

1987.03-1989.12 山西经济报社记者、农财编辑部主任

1989.12-1992.05 山西经济报社副社长

1992.05-1992.12 山西经济报社常务副社长(正处级)

1992.12-1997.08 山西经济报社社长(1992.08-1994.12 中央党校领导干部函授本科班经济管理专业学习)

1997.08-2000.05 山西省经济研究中心副主任、党组成员

2000.05-2003.01 山西省委政策研究室副主任(其间:2002.03-2002.07 中央党校培训班学习)

2003.01-2006.02 山西省政协秘书长、党组成员

2006.02-2006.04 山西省朔州市委副书记、代市长

2006.04-2008.02 山西省朔州市委副书记、市长(2007.09-2007.11 上海浦东干部学院市长班学习)

2008.02-2011.01 山西省朔州市委书记(其间:2010.09-2011.01 中央党校中青班学习)

2011.01-2013.01 山西省长治市委书记

2013.01-2013.02 山西省人大常委会副主任,长治市委书记

2013.02-2013.03 山西省人大常委会副主任,省总工会党组书记

2013.03-2018.01 山西省人大常委会副主任,省总工会主席、党组书记

2018.01 离职

中共十八大代表,十一届全国人大代表。

刘　杰

刘　杰

刘杰，男，汉族，1956年10月生，山东高青人，1970年12月参加工作，1976年5月加入中国共产党，中央党校大学学历。

1970.12–1977.03　中国人民解放军81296部队服役

1977.03–1978.05　山东省章丘县邮电局职工

1978.05–1984.08　山东省章丘县公安局内勤、治安股股长

1984.08–1986.07　山东省济南市人民警察学校公安专业学习

1986.07–1988.06　山东省章丘县公安局秘书科科长

1988.06–1991.10　山东省章丘县公安局副政委

1991.10–1994.11　山东省章丘县公安局局长、党组书记（1990.10–1992.06 山东公安专科学校公安管理专业学习）

1994.11–1995.11　山东省章丘市公安局局长、党委书记

1995.11–1998.05　山东省章丘市委常委、政法委书记，市公安局局长、党委书记

1998.05–2001.07　山东省济南市公安局副局长、党委委员

2001.07–2003.06　山东省济南市公安局副局长、党委副书记、巡视员（1999.08–2001.12 中央党校经济管理专业学习）

2003.06–2003.10　山东省临沂市公安局局长（副厅级）、党委书记

2003.10–2008.02　山东省临沂市副市长，市公安局局长、党委书记

2008.02–2011.05　山东省济南市副市级干部，市公安局局长、党委书记

2011.05–2011.06　山东省济南市委常委，市公安局局长、党委书记

2011.06–2011.12　山东省济南市委常委、政法委书记，市公安局局长、党委书记

2011.12–2012.06　山东省济南市委常委、政法委书记

2012.06–2012.07　山西省省长助理、省政府党组成员，省公安厅党委书记

2012.07–2014.12　山西省省长助理、省政府党组成员，省公安厅厅长、党委书记

2014.12–2017.01　山西省副省长、省政府党组成员，省公安厅厅长、党委书记

2017.01– 2018.01　山西省人大常委会副主任、党组成员，省公安厅厅长、党委书记

2018.01　离职

十二届全国人大代表

朱先奇

朱先奇

朱先奇，男，汉族，1954年8月生，山西定襄人，1973年9月参加工作，1976年6月加入中国共产党，研究生学历，教育学博士学位，教授，博士生导师。

1973.09–1978.03　太原市北郊区插队，任大队团支部书记、民兵连指导员、企业队队长、革委会副主任、公社团委副书记

1978.03–1982.01　山西矿业学院机械系机械设计专业学习，获工学学士学位

1982.01–1984.03　山西矿业学院机械系教师

1984.03–1984.10　山西矿业学院团委副书记

1984.10–1988.03　山西矿业学院团委书记兼学生工作办公室副主任

1988.03–1989.02　团省委学校部副部长（主持工作）兼省学联秘书长

1989.02–1992.12　团省委宣传部部长

1992.12–1997.06　太原工业大学材料工程学院党委书记（副厅长级）

1997.06–1998.06　太原理工大学党委副书记兼材料工程学院党委书记（其间：1998.04–1998.06主持太原理工大学党委工作）

1998.06–2006.02　太原理工大学党委书记（1996.09–1999.07在山西师范大学经济研究所政治经济学专业硕士研究生学习，获经济学硕士学位）

2006.02–2009.03　省委组织部副部长（正厅长级）（2001.09–2008.06　在华中科技大学教育科学研究院高等教育管理专业在职博士研究生学习，获教育学博士学位）

2009.03–2013.01　山西省委组织部常务副部长

2013.01–2016.02　山西省政协副主席

2016.02–2018.01　山西省政协党组副书记、副主席

2018.01　离职

刘滇生

刘滇生

刘滇生，男，汉族，1953年5月生，山西夏县人，1971年11月参加工作，研究生学历，理学博士学位，教授，博士生导师，九三学社成员。

1971.11–1973.09 长治市卫星化工厂工人

1973.09–1976.07 山西大学化学系分析专业学习

1976.07–1978.09 运城地区肉联厂生化制药车间技术员

1978.09–1981.10 山西大学化学系物理化学专业硕士研究生

1981.10–1983.09 山西大学化学系助教

1983.09–1989.04 山西大学化学系讲师

1989.04–1993.05 英国萨塞克斯大学有机化学专业博士研究生

1993.05–1995.03 英国萨塞克斯大学博士后

1995.03–1995.11 香港中文大学访问学者

1995.11–1996.02 香港中文大学访问学者，山西大学化学系主任、教授

1996.02–1996.09 山西大学化学系主任

1996.09–1997.04 山西大学校长助理、化学系主任

1997.04–1998.06 山西大学校长助理

1998.06–2007.06 山西大学副校长

2007.06–2007.12 九三学社山西省委主委，山西大学副校长

2007.12–2008.01 九三学社中央常委、山西省委主委，山西大学副校长

2008.01–2013.07 山西省政协副主席，九三学社中央常委、山西省委主委，山西大学副校长

2013.07–2014.02 山西省政协副主席，九三学社中央常委、山西省委主委

2014.02–2017.07 山西省政协副主席，九三学社中央常委、山西省委主委，山西社会主义学院院长

2017.07–2017.12 山西省政协副主席，九三学社中央常委，山西社会主义学院院长

2017.12–2018.01 山西省政协副主席，山西社会主义学院院长

2018.01 离职

十一届、十二届全国政协委员。

王 宁

王 宁

王宁，男，汉族，1952年2月生，山西太原人，1969年2月参加工作，大专学历，民建成员。

1969.02–1970.06 解放军4756部队服役

1970.06–1987.01 山西机床厂、迎泽宾馆工人

1987.01–1988.05 迎泽宾馆机电工程部副主任

（1986.09–1989.07 在山西兵器工业职工大学机电专业学习）

1988.05–1997.01 迎泽宾馆总经理助理、接待部经理、前厅部经理

1997.01–2002.08 迎泽宾馆副总经理（其间：1999.10–2001.07 在山西行政学院省直分院、美国西北理工大学在职人员工商管理研究生EMBA学习）

2002.08–2004.09 民建山西省委副主委，迎泽宾馆副总经理

2004.09–2007.06 民建山西省委副主委，晋祠宾馆总经理

2007.06–2009.04 民建山西省委专职副主委，晋祠宾馆总经理

2009.04–2011.01 民建山西省委主委，晋祠宾馆总经理

2011.01–2012.12 山西省政协副主席，民建山西省委主委，晋祠宾馆总经理

2012.12–2018.01 山西省政协副主席，民建中央常委、山西省委主委

2018.01 离职

十一届全国人大代表，十二届全国政协常委。

张友君

张友君

张友君，男，汉族，1952年7月生，山西浑源人，1970年4月参加工作，在职大专学历，高级工程师，民革成员。

1970.04–1973.11 山西省太原市市政工程公司测绘工人

1973.11–1984.10 山西省太原市城市测量队工人、组长

1984.10–1987.07 华北测绘职工大学航空摄影测量专业学习

1987.07–1988.03 山西省太原市城市测量队技术干部

1988.03–1993.03 山西省太原市测绘处助理工程师

1993.03–1994.01 山西省太原市勘察测绘研究院航内负责人、助理工程师

1994.01–1996.11 山西省太原市勘察测绘研究院地理航测队队长、工程师

1996.11–1997.08 山西省太原市勘察测绘研究院地理信息中心主任

1997.08–2001.09 山西省太原市勘察测绘研究院副院长（其间：1998.09–2001.04 在东北财经大学企业管理专业硕士研究生课程班学习）

2001.09–2007.01 民革太原市委副主委，太原市勘察测绘研究院副院长

2007.01–2007.06 民革太原市委主委，太原市勘察测绘研究院副院长

2007.06–2011.01 山西省太原市政协副主席，民革太原市委主委，太原市勘察测绘研究院副院长

2011.01–2012.04 民革山西省委副主委、太原市委主委，太原市政协副主席，太原市勘察测绘研究院副院长

2012.04–2012.06 民革山西省委驻会副主委（主持工作）、太原市委主委，太原市勘察测绘研究院副院长

2012.06–2012.12 民革山西省委主委、太原市委主委，太原市勘察测绘研究院副院长

2012.12–2013.01 民革中央常委、山西省委主委、太原市委主委，太原市勘察测绘研究院副院长

2013.01–2018.01 山西省政协副主席，民革中央常委、山西省委主委、太原市委主委，太原市勘察测绘研究院副院长

2018.01 离职

张　璞

张　璞

张璞，男，汉族，1956年9月生，山西临汾人，1974年7月参加工作，1976年6月加入中国共产党，中央党校研究生学历，工学学士学位。

1974.07–1978.03 太原市北郊区小井峪公社后北屯大队知青

1978.03–1982.01 太原重型机械学院机械二系起重输送机械专业学习

1982.01–1984.08 山西机器厂设计科技术员，团委副书记、书记

1984.08–1990.01 共青团太原市委副书记（其间：1986.09–1989.07 中央党校培训部八六级培训班学习）

1990.01–1993.01 阳曲县委副书记

1993.01–1993.03 阳曲县委副书记、代县长

1993.03–1995.06 阳曲县委副书记、县长（1992.03–1995.06 山西省农业广播电视学校农学专业学习）

1995.06–1995.11 清徐县委副书记、代县长

1995.11–2000.09 清徐县委书记

2000.09–2003.03 太原市副市长

2003.03–2007.05 太原市委常委、副市长

2007.05–2007.06 晋中市委副书记、代市长

2007.06–2011.03 晋中市委副书记、市长

2011.03–2016.01 晋中市委书记

2016.01–2016.07 山西省政协副主席，晋中市委书记

2016.07–2018.01 山西省政协副主席

2018.01 离职

中共十八大代表。

姜新文

姜新文

姜新文，男，汉族，1956年11月生，山西忻州人，1976年12月参加工作，1983年4月加入中国共产党，中央党校大学学历。

1976.12–1977.04 忻县合作商店职工

1977.04–1983.09 忻县商业局团总支副书记、团委书记

1983.09–1985.08 忻州地委党校大专培训班学习

1985.08–1989.01 共青团忻州市委副书记

1989.01–1990.08 共青团忻州市委书记

1990.08–1991.04 忻州市委副秘书长

1991.04–1992.12 忻州地委、行署接待处副处长

1992.12–1995.03 忻州地委、行署接待处处长

1995.03–1997.03 忻州地委副秘书长，地委、行署接待处处长

1997.03–2000.09 忻州地委秘书长(其间：1997.8–1999.12 中央党校领导干部函授本科班经济管理专业学习)

2000.09–2001.01 忻州市委秘书长

2001.01–2003.03 忻州市委常委、秘书长

2003.03–2008.03 省委副秘书长

2008.03–2015.06 省委常务副秘书长(正厅级)

2015.06–2016.01 省委常务副秘书长、办公厅主任

2016.01–2016.09 山西省政协副主席，省委常务副秘书长、办公厅主任

2016.09–2018.01 山西省政协副主席

2018.01 离职

杨　司

杨　司

杨司，男，汉族，1956年5月生，河北藁城人，1976年12月参加工作，1981年8月加入中国共产党，中央党校研究生学历，二级大检察官。

1976.12–1984.02 新疆自治区石河子市公安局刑警队刑警、刑警大队组长，城区公安分局刑警队组长

1984.02–1990.09 新疆生产建设兵团公安局刑侦处干事、主任科员（其间：1984.09–1986.07 新疆政法管理干部学院公安专业学习）

1990.09–1992.04 新疆生产建设兵团公安局技侦处副处长

1992.04–1993.12 新疆生产建设兵团公安局政治部副主任(正处级)

1993.12–1996.04 新疆生产建设兵团公安局副局长

1996.04–1997.12 新疆生产建设兵团公安局党委书记(1995.08–1997.12 中央党校领导干部函授班经济管理专业学习)

1997.12–2006.11 新疆生产建设兵团公安局局长、党委书记(其间:1999.09–2002.07 中央党校在职研究生班经济管理专业学习)

2006.11–2010.04 新疆生产建设兵团党委政法委副书记，兵团公安局局长、党委书记

2010.04–2010.05 山西省公安厅党委书记

2010.05–2011.01 山西省公安厅厅长、党委书记

2011.01–2012.01 山西省政府党组成员，省公安厅厅长、党委书记

2012.01–2012.06 山西省人民检察院检察长、党组书记，省政府党组成员，省公安厅厅长、党委书记

2012.06–2018.01 山西省人民检察院检察长、党组书记

2018.01 离职

六、年度逝世的原省级领导生平

徐大毅

徐大毅

中国共产党优秀党员，九三学社优秀社员，政协第八届山西省委员会副主席徐大毅同志，因病于2018年7月15日15时10分在太原去世，享年89岁。徐大毅同志1930年5月生，山东济南人，1956年5月加入九三学社，1961年12月加入中国共产党。1954年大学毕业后参加工作，曾任山西医学院附属一院内科副主任、副院长，1987年11月任山西省卫生厅副厅长、山西医学院副院长，1996年8月任山西省卫生厅副厅长、山西医科大学副校长，1998年1月当选为政协第八届山西省委员会副主席。是中国共产党十二大、十三大、十五大代表。1989年国家人事部批准为有突出贡献中青年专家，1991年被评为山西省优秀青年专家，1991年享受国务院政府特殊津贴，1995年被省委授予优秀领导干部称号。是中华医学会第二十一届、第二十二届理事会常务理事，中华医学会临床药物评价专家委员会委员，中华医学会消化学会第五届委员。

徐大毅同志医德高尚，视病人如亲人，满腔热忱，认真负责；他技术精湛，攻克了许多疑难杂症，被评为国家级医学专家；他治学严谨，学而不厌，诲人不倦，言传身教，为我省培养出一批又一批品学兼优的医务人员；他科研成果卓著，编写、出版了一批医学专著，发表了数十篇学术论文，主编有《药物病的诊断与治疗》《动植矿物及食物中毒的诊治》《传染病防治手册》等专著。他是全省医务工作者的光辉榜样，是全省人民十分敬仰的好医生、好领导。

任省政协副主席期间，徐大毅同志坚持中国共产党领导的多党合作和政治协商制度，认真履行政治协商、民主监督、参政议政三项职能，积极推动完善对口联系工作制度，充分利用提案等多种形式，发挥民主监督作用，认真调查研究，为实施科教兴晋战略、优化非公经济人才政策、推动技术创新等方面提出了一系列高质量的建议，为我省政协工作做出了积极的贡献。

徐大毅同志退休后，一如既往地关心全省改革开放、建设发展，继续奉献余热，积极参加各项力所能及的工作。

徐大毅同志的一生，忠于党、忠于人民，对中国特色社会主义事业充满信心。他政治立场坚定，在大是大非面前态度坚决，旗帜鲜明，始终与党中央保持高度一致。他恪尽职守，作风扎实，坚持理论联系实际，经常深入基层调查研究，赢得了干部群众的尊敬和好评。他公道正派、胸怀坦荡，关心同志、爱护干部，具有较高的领导艺术和很强的亲和力。他廉洁奉公、严于律己，一身正气、两袖清风，始终保持了共产党员的政治本色。徐大毅同志把毕生的精力献给了医学研究和党的事业，他虽然离开了我们，但他的高尚品质和优良作风永存！

徐大毅同志永远活在我们心中！

七、年度逝世的山西知名人物生平

李双良

李双良

李双良同志生于1923年9月，山西省忻州市解原乡北赵村人。1947年在太钢参加工作，1955年加入中国共产党。50年代，是太钢、省市劳动模范和闻名全国冶金系统的“爆破能手”，曾担任过班组长、车间党支部书记、工段长、加工厂副厂长等职。后任太钢(集团)有限公司治渣顾问，太钢关心下一代工作委员会副主任，第八、九届全国人民代表大会代表。

李双良早在上世纪五十年代就是闻名全国冶金行业的“工业炉渣爆破能手”。1983年，年近花甲的李双良主动请战，不要国家一分钱投资，带领渣场职工发扬愚公移山的精神，把沉睡了半个多世纪的高23米、占地2.3平方公里、总量达1000万立方米的渣山搬掉，累计回收废钢铁130.9万吨，还自创设备，生产各种废渣延伸产品，创造经济价值3.3亿元。此后，他又带领职工在原地建成了绿树成荫、环境优美、景色宜人的大花园。他的贡献，不仅从根本上解决了太钢的倒渣难题，更走出了一条“以渣养渣、以渣治渣、自我积累、自我发展、综合治理、变废为宝”的治渣新路子，为治理污染、改善环境、循环经济、科学发展作出了贡献，被誉为“当代愚公”。1996年李双良档案馆建成。建馆13年来，接待国内外参观的各界人士35万余人次，发挥了档案保管基地、爱国主义教育基地和环保教育基地等多种作用。1988年，联合国环境规划署把他列入《保护及改善环境卓越成果全球500佳名录》，并颁发了“全球500佳”金质奖章。

李双良分别于1989年、1995年两次荣获全国劳模称号；1993年被全国关工委授予“先进工作者”称号；1994年，是全国"五一"劳动奖章获得者；1996年又被授予全国“优秀共产党员”光荣称号。

2018年12月16日19时29分，李双良因病在太原逝世，享年96岁。

八、中国“改革先锋”100人之山西人士简介

2018年12月18日上午，庆祝改革开放40周年大会在北京人民大会堂举行。大会对100名“改革先锋”称号获得者和10名“中国改革友谊奖章”获得者进行了表彰。其中，有5名“改革先锋”称号获得者是山西人，他们分别是：申纪兰、杜润生、李彦宏、陈日新、景海鹏。

申纪兰

初心不改的农村先进模范代表

申纪兰

申纪兰，女，汉族，中共党员，1929年12月出生，山西平顺人，山西省平顺县西沟村党总支副书记，山西省妇联原主任，长治市人大常委会原副主任，平顺县委原副书记。改革开放以来，她不断探索山区发展道路，全面发展农、林、牧、副生产，带领平顺县西沟村人治山治沟、兴企办厂，逐浪市场经济大潮，奋力建设小康新村，西沟村的发展始终走在山西前列。她是唯一连任十三届的全国人大代表，初心不改、矢志不渝。荣获“全国劳动模范”“全国优秀共产党员”“全国道德模范”等称号。

杜润生

农村改革的重要推动者

杜润生

杜润生，男，汉族，中共党员，1913年7月出生，2015年10月去世，山西太谷人，原中央农村政策研究室主任，原国务院农村发展研究中心主任。他长期从事我国农村改革与发展战略研究，重视调查研究，善于把群众实践经验上升到学术理论的高度。主持20世纪80年代5个中央“1号文件”的起草，对农村改革起到了强有力的推动作用。在实行家庭承包经营责任制、废除人民公社体制、改革农产品流通体制、调整农业产业结构、发展多种经营和乡镇企业、推行基层民主政治建设、鼓励农民进城务工经商、维护农民的物质利益和合法权益等一系列重大问题上积极探索，从理论到实践层面都作出了重要贡献。

李彦宏

李彦宏

海归创业报国推动科技创新的优秀代表

李彦宏，男，汉族，无党派人士，1968年11月出生，山西阳泉人，百度在线网络技术（北京）有限公司董事长、首席执行官。他秉持“用科技让复杂的世界更简单”的理念，20世纪90年代率先深入研究搜索引擎技术，拥有“超链分析”技术专利。2000年归国创业成立百度公司，发展成为全球第二大独立搜索引擎和最大的中文搜索引擎。注重人工智能前沿科技研究，推动人工智能、大数据等技术与制造、汽车、教育、金融、生活服务等领域的深度融合及在社会治理方面的应用，助力我国经济的高质量发展和智慧城市的构建。成立百度基金会，促进公益事业。荣获“首都杰出人才奖”等。

陈日新

中外合作“平朔模式”的创造者

陈日新

陈日新，男，汉族，中共党员，1932年6月出生，2007年12月去世，山西大同人，原平朔煤炭工业公司党委书记、总经理，曾任原大同矿务局局长，朔州市政协主席。他以敢闯敢试敢冒风险的精神，率先引进西方先进经验和设备，使我国改革开放初期首个最大的中外合作项目——平朔安太堡露天煤矿建设项目从开工建设到竣工投产，只用当时我国建设矿山周期的1/4时间，创造了“三高一快”的平朔模式，推动了我国煤炭工业露天开采水平一步跨越30年。探索中外合作经营企业模式，为大规模引进外资、合作创办企业发挥了示范引领作用。安太堡煤矿被誉为我国改革开放的“试验田”。

景海鹏

三巡苍穹的英雄航天员

景海鹏

景海鹏，男，汉族，中共党员，1966年10月出生，山西运城人，中国人民解放军航天员大队特级航天员。2008年执行神舟七号载人飞行任务，实现中国人首次太空行走。2012年执行载人飞行任务并担任指令长，圆满完成天宫一号与神舟九号载人交会对接任务。2016年担任指令长，执行天宫二号与神舟十一号载人飞行任务，圆满完成与天宫二号空间实验室交会对接，开展一批体现国际科学前沿和高新技术发展方向的空间科学与应用任务，首次实现我国航天员中期在轨驻留，成就了三巡苍穹的中国奇迹。荣获“八一勋章”和“英雄航天员”荣誉称号。

（根据《方志山西》微信公众号摘录）

九、人事变动

省　　委

1月11日　胡玉亭任省委常委
1月15日　免去王赋省委常委职务
1月17日　胡玉亭任省委秘书长
1月17日　免去王赋省委秘书长职务
2月8日　王成禹任省委副秘书长
2月8日　免去李体柱省委副秘书长职务
3月19日　免去黄晓薇省委副书记职务
3月29日　徐广国任省委委员、常委
5月28日　林武任省委委员、常委
5月28日　免去高建民省委常委、委员职务
8月15日　黄晓薇、王宇燕、江涛、许大纯辞去省委委员职务
8月15日　吴海平辞去省委候补委员职务
8月15日　递补符惠明、汪凡、张安顺、翟振新、霍红义、王震为省委委员
10月18日　宋伟任省委副秘书长
10月18日　免去毛益民省委副秘书长职务
10月18日　宋惠民、宋红波任省委副秘书长
12月10日　韩强任省委委员、常委

省人大常委会

1月31日　郭迎光任省人大常委会党组副书记
1月31日　李悦娥、岳普煜、李俊明任省人大常委会党组成员
1月31日　免去胡苏平、张建欣省人大常委会党组副书记职务
1月31日　免去张茂才、田喜荣、刘杰省人大常委会党组成员职务
2月1日　秦作栋、汤俊权、张世文、周世经任山西省人

大常委会副秘书长
2月8日 赵建平不再担任省人大常委会委员职务
3月29日 骆惠宁不再担任省人大常委会党组书记职务
3月29日 郭迎光任省人大常委会党组书记
7月16日 张茂才退休
8月27日 孙大军不再担任省人大常委会委员职务
10月18日 郭海刚任省人大常委会党组成员
11月9日 张建欣退休
11月30日 顾昭明任山西省人大常委会副秘书长
12月12日 田喜荣退休

省人大常委会工作机构

1月22日 免去杨文章省人大常委会农村工作委员会副主任职务
2月1日 蔡汾湘任省人大常委会法制工作委员会主任
2月1日 成斌任省人大常委会法制工作委员会副主任
2月1日 李福明任省人大常委会教育科学文化卫生工作委员会主任
2月1日 刘有智、王进喜、尹天五、冯睿、谭继海任省人大常委会教育科学文化卫生工作委员会副主任
2月1日 冯改朵任省人大常委会农村工作委员会主任
2月1日 李洪、刘钢、郭艳成任省人大常委会农村工作委员会副主任
2月1日 李栋梁任省人大常委会城乡建设环境保护工作委员会主任
2月1日 郭新民、乔锦瑞、高建平任省人大常委会城乡建设环境保护工作委员会副主任
2月1日 张高宏任省人大常委会人事代表工作委员会主任
2月1日 李高山、陈跃钢、张国富任省人大常委会人事代表工作委员会副主任
2月1日 王安庞任省人大常委会民族宗教侨务外事工作委员会主任
2月1日 贾雪峰、吕明任省人大常委会民族宗教侨务外事工作委员会副主任
2月1日 卢晓中任省人大常委会预算工作委员会主任
2月1日 董岩、刘晓东任省人大常委会预算工作委员会副主任
2月1日 梁若皓任省人大常委会研究室主任
2月1日 张拯瑜、秦钟、张晋仁任省人大常委会研究室副主任
2月1日 叶增强任省人大常委会信访局局长
2月1日 吴明禄任省人大常委会信访局副局长
3月21日 亢官文退休
8月14日 郭艳成试用期满，考核合格，正式任职
8月27日 李洪任省人大常委会农村工作委员会巡视员
9月30日 免去李洪省人大常委会农村工作委员会副主任职务
10月18日 秦作栋任省人大常委会办公厅巡视员
10月18日 郭海刚任省人大常委会机关党组书记
10月18日 顾昭明、王李平任省人大常委会机关党组成员
10月18日 免去李仁和省人大常委会机关党组书记职务
10月18日 免去袁振旭省人大常委会机关党组成员职务
11月3日 牛社威退休
11月3日 何涛退休
11月22日 汤俊权任省人大常委会研究室主任，免去省人大常委会副秘书长、机关党组成员职务
11月22日 邬敬文任省人大监察和司法委员会巡视员，原任职务随机构更名自然免除
11月30日 成斌任省人大法制委员会副主任委员
11月30日 闫默彧任省人大常委会法制工作委员会副主任
11月30日 王岳红任省人大常委会教育科学文化卫生工作委员会副主任
11月30日 王志刚任省人大常委会城乡建设环境保护工作委员会副主任
11月30日 秦钟任省人大常委会民族宗教侨务外事工作委员会副主任
11月30日 免去梁若皓省人大常委会研究室主任职务
11月30日 免去成斌省人大常委会法制工作委员会副主任职务
11月30日 免去秦钟省人大常委会研究室副主任职务
12月26日 李秋和任省人大常委会办公厅副巡视员
12月26日 免去李晋仁省人大常委会研究室副主任职务

省政府

1月12日 翟振新任省政府副秘书长（正厅长级）
1月12日 王延峰任省政府副秘书长
1月12日 免去闫晨曦省政府副秘书长职务
1月17日 刘新云、曲孝丽任省政府党组成员
1月22日 刘新云任副省长、省公安厅厅长
1月22日 曲孝丽任副省长
1月31日 陈永奇任省政府党组成员
1月31日 免去郭迎光省政府党组成员职务
2月1日 王纯任省政府秘书长
3月2日 丁纪岗任省政府副秘书长
5月28日 林武任省政府党组副书记
5月28日 免去高建民省政府党组副书记职务
5月31日 林武任副省长
5月31日 免去高建民副省长职务
10月23日 梁敬华任省政府副秘书长（正厅长级）
10月23日 免去王安禄省政府督查专员职务

11月9日　免去刘星省政府副秘书长职务

省政协

1月31日　黄晓薇任省政协党组书记
1月31日　李正印、李晓波、张瑞鹏、席小军任省政协党组成员
1月31日　免去薛延忠省政协党组书记职务
1月31日　免去王建明、朱先奇省政协党组副书记职务
1月31日　免去李悦娥、张璞、姜新文省政协党组成员职务
7月6日　朱先奇、王宁退休
8月15日　免去黄晓薇省政协党组书记职务，不再担任省政协主席职务
8月16日　张友君退休

省政协工作机构

3月21日　免去张建豪省政协办公厅巡视员职务，退休
3月21日　王建国、曹惠斌退休
8月14日　卢成试用期满，考核合格，正式任职
8月27日　张俊英任省政协社会法制委员会副巡视员
12月26日　任平龙任省政协办公厅副巡视员

省纪委监委

1月11日　曾庆勇任省纪委副书记
1月17日　免去韩向宇省纪委监委副厅长级干部职务
2月1日　陈学东、郝权、孟萧、曾庆勇任省监委副主任
2月1日　何青、王帅红、王成禹、孙京民、王海林、荣奋刚任省监委委员
2月8日　免去马葆华、石德轩省纪委副厅长级干部职务
3月21日　王晓鹏任省纪委常委
3月21日　刘东光任省纪委委员、常委
3月21日　免去李吉山省纪委常委职务
3月21日　免去王成禹省纪委常委、委员职务
5月31日　王晓鹏任省监委委员
5月31日　免去王成禹省监委委员职务
8月27日　牛建峰、程文俊、贾东光任省纪委监委副厅级纪检监察员
8月27日　免去张秀山省纪委监委副厅长级干部职务
9月18日　免去游炜省纪委正厅级检查员职务，退休
10月18日　免去柴文龙省纪委监委副厅级纪检监察员职务
11月21日　省纪委监委王领拽、王建业、李晓玲、李峰、董军民、张柏波、曹晓亮、韩向宇试用期满，考核合格，正式任职
12月26日　万勇、郭惠勇、胡伟、王震南任省纪委监委副厅长级干部（试用期一年）

省纪委监委派驻机构

1月17日　韩向宇任省纪委监委驻省水利厅纪检监察组组长（试用期一年）
1月17日　免去王玉明省纪委驻省水利厅纪检组组长职务
3月21日　免去刘茂林省纪委监委派驻机构副厅级检查员职务，退休
3月21日　贾新建、李存国、刘剑华任省纪委派驻机构副厅级检查员
5月28日　免去谷明省纪委监委驻省环境保护厅纪检监察组组长职务
8月3日　免去贾新建、李存国、刘剑华省纪委派驻机构副厅级检查员职务，退休
8月27日　免去贾文儒省纪委监委驻省委组织部纪检监察组组长职务
8月27日　免去郭英杰省纪委监委驻省国土资源厅纪检监察组组长职务
8月27日　卫爱平任省纪委监委驻省教育厅（省高校工委）纪检监察组组长
8月27日　免去王晓鹏省纪委监委驻省教育厅（省高校工委）纪检监察组组长职务
9月18日　免去张建华省纪委监委驻省委办公厅纪检监察组组长职务，退休
10月18日　柴文龙任省纪委监委驻省委办公厅纪检监察组组长（试用期一年）
10月18日　董晓平任省纪委监委驻省政府办公厅纪检监察组组长（试用期一年）
10月18日　王李平任省纪委监委驻省人大常委会机关纪检监察组组长（试用期一年）
10月18日　袁振旭任省纪委监委驻省委组织部纪检监察组组长，免去省纪委监委驻省人大常委会机关纪检监察组组长职务
10月18日　李政任省纪委监委驻省工业和信息化厅纪检监察组组长
10月18日　田永明任省纪委监委驻自然资源厅纪检监察组组长
10月18日　李方任省纪委监委驻生态环境厅纪检监察组组长
10月18日　穆晓彤任省纪委监委驻省农业农村厅纪检监察组组长
10月18日　王舒袖任省纪委监委驻省文化和旅游厅纪检监察组组长
10月18日　郭晋刚任省纪委监委驻省卫生健康委员会纪检监察组组长
10月18日　王岳红任省纪委监委驻省应急管理厅纪检监察组组长

10月18日 免去阎建科省纪委监委驻省审计厅纪检监察组组长职务

11月5日 免去高玉厚省纪委监委驻省民政厅纪检监察组组长职务，退休

11月5日 免去周培斌省纪委监委驻省公安厅纪检监察组组长职务，退休

11月21日 王斗留试用期满，考核合格，正式任职

11月21日 温波任省纪委监委驻省科学技术厅纪检监察组组长

11月22日 李国敏任省纪委监委驻省公安厅纪检监察组组长，免去省纪委监委驻省人民检察院纪检监察组组长职务

11月22日 曹天胜任省纪委监委驻省应急管理厅纪检监察组组长

11月22日 邢瑞峰任省纪委监委驻省市场监督管理局纪检监察组组长

11月22日 李峰任省纪委监委驻省行政审批服务管理局纪检监察组组长，免去省纪委监委副厅长级干部职务

11月22日 王红亚任省纪委监委驻省能源局纪检监察组组长

11月22日 免去王岳红省纪委监委驻省应急管理厅纪检监察组组长职务

12月26日 贾幕权任省纪委监委驻省民政厅纪检监察组组长（试用期一年）

12月26日 芮辰文任省纪委监委驻省审计厅纪检监察组组长（试用期一年）

省高级人民法院

1月16日 张嵩任太原铁路运输中级法院党组成员

1月16日 孙立杰任太原铁路运输中级法院政治部主任（正处长级，试用期一年）、党组成员

1月16日 何效忠、张军任太原铁路运输中级法院审判委员会专职委员（正处长级，试用期一年）

1月22日 王书红任省高级人民法院副院长、审判委员会委员、审判员

1月22日 免去姜翠艳大同铁路运输法院审判委员会委员、审判员职务

3月21日 免去郭翠萍省高级人民法院副巡视员职务，退休

3月30日 张嵩任太原铁路运输中级法院副院长、审判委员会委员、审判员

3月30日 孙立杰任太原铁路运输中级法院审判委员会委员、审判员

3月30日 免去郭民贞、袁慧兰省高级人民法院审判员职务

3月30日 免去原峰太原铁路运输法院审判监督庭庭长、审判员职务

3月30日 免去郎小云大同铁路运输法院立案庭庭长、审判员职务

5月31日 免去郭翠萍省高级人民法院审判委员会委员、审判员职务

5月31日 免去樊虹省高级人民法院审判员职务

8月3日 免去关中翔省高级人民法院审判委员会委员、审判员职务

9月30日 方建霞、张华任省高级人民法院审判委员会委员

9月30日 李智任省高级人民法院刑事审判第一庭庭长

9月30日 武全敬任省高级人民法院民事审判第一庭庭长

9月30日 赵斌任省高级人民法院民事审判第二庭庭长

9月30日 凌宇任省高级人民法院民事审判第三庭庭长

9月30日 牛向宏任省高级人民法院立案二庭庭长

9月30日 范丽娜任省高级人民法院立案庭副庭长

9月30日 李宛地任省高级人民法院民事审判第一庭副庭长、审判员

9月30日 程庆华任省高级人民法院民事审判第三庭副庭长

9月30日 王建兴任省高级人民法院行政审判庭副庭长

9月30日 王世明任省高级人民法院审判监督第二庭副庭长

9月30日 免去邓一峰省高级人民法院民事审判第二庭庭长职务

9月30日 免去武全敬省高级人民法院民事审判第三庭庭长职务

9月30日 免去牛向宏省高级人民法院民事审判第一庭副庭长职务

9月30日 免去凌宇省高级人民法院民事审判第三庭副庭长职务

9月30日 免去李智省高级人民法院审判监督第二庭副庭长职务

9月30日 免去梁爱珍省高级人民法院审判员职务；

9月30日 免去李铁钢临汾铁路运输法院审判员职务。

10月17日 省高级人民法院杨霄、魏晋忠试用期满，考核合格，正式任职

11月2日 邱水平不再担任省高级人民法院审判委员会委员职务

11月3日 孙洪山任省高级人民法院党组书记

11月3日 邱水平不再担任省高级人民法院院长职务，免去省高级人民法院党组书记职务

11月21日 省高级人民法院邓一峰试用期满，考核合格，正式任职

11月30日 孙洪山任省高级人民法院副院长、审判委员会委员、审判员，代理院长

12月6日 免去袁振民省高级人民法院巡视员职务，退休

12月26日 免去刘冀民省高级人民法院党组副书记职务

省人民检察院

1月17日 杨景海任省人民检察院党组书记

1月17日　免去杨司省人民检察院党组书记职务
1月22日　杨景海任省人民检察院副检察长、检察委员会委员
1月22日　张子军任大同铁路运输检察院检察长、检察委员会委员
1月22日　免去张志云、梁朝辉省人民检察院检察员职务
1月22日　免去张子军太原铁路运输检察院副检察长、检察委员会委员职务
1月22日　郭鸿任吕梁市人民检察院检察长
1月22日　马红彬任临汾市人民检察院检察长
1月22日　免去苑涛临汾市人民检察院检察长职务
2月8日　免去任保廷省人民检察院副厅级检察员职务，退休
3月21日　曹改莲退休
3月30日　免去任保廷省人民检察院检察员职务
5月31日　免去王海燕、黄生怀省人民检察院检察员职务
5月31日　免去耿欣平省人民检察院太原铁路运输分院检察员职务
6月28日　免去王守林省人民检察院太原铁路运输检察分院党组书记、检察长职务，退休
8月3日　免去郝跃伟省人民检察院检察委员会委员、检察员职务
8月3日　免去严奴国省人民检察院检察委员会委员职务
8月3日　免去王守林省人民检察院太原铁路运输分院检察长职务
8月3日　免去白立平省人民检察院检察员职务
8月27日　宿永旺任省人民检察院副巡视员
8月27日　王国宏任省人民检察院巡视员，免去省人民检察院党组成员职务
8月27日　免去王国宏省人民检察院检察委员会委员职务
9月10日　免去胡克勤省人民检察院检察委员会委员职务
9月18日　免去胡克勤省人民检察院巡视员职务，退休
9月18日　免去孙保平省人民检察院太原铁路运输检察分院副巡视员职务，退休
9月30日　免去尹桂珍省人民检察院检察员职务
9月30日　免去宋历然太原铁路运输检察院检察委员会委员、检察员职务
9月30日　免去李彪临汾铁路运输检察院检察员职务
10月17日　免去荣彰、周跃武、南世勤省人民检察院检察委员会委员职务
10月17日　省人民检察院李彦试用期满，考核合格，正式任职
10月18日　免去荣彰省人民检察院党组副书记职务
10月18日　免去南世勤省人民检察院公诉局局长职务
11月22日　免去李国敏省人民检察院党组成员职
11月30日　闫绪安任省人民检察院副检察长、检察委员会委员
11月30日　免去荣彰、王国宏省人民检察院副检察长、检察委员会委员职务
11月30日　免去胡克勤、周跃武省人民检察院检察委员会委员、检察员职务
11月30日　免去王海林、南世勤省人民检察院检察委员会委员职务
11月30日　免去耿强社省人民检察院检察员职务
11月30日　免去芦春贤太原西峪地区人民检察院副检察长、检察委员会委员职务
11月30日　免去高波太原铁路运输检察院检察委员会委员、检察员职务
11月30日　免去杜占华临汾铁路运输检察院检察委员会委员、检察员职务

省委工作部门和派出机构

1月16日　刘新云任省委政法委员会委员
1月17日　胡玉亭兼任省直属机关工作委员会书记
1月17日　免去王赋省直属机关工作委员会书记职务
1月31日　免去孙大军省委组织部常务副部长职务
1月31日　免去张志刚省委组织部部务委员、省非公经济组织和社会组织工作委员会专职副书记职务
2月8日　王利波任省委办公厅主任，免去省委政策研究室主任、省委全面深化改革领导小组办公室常务副主任、省国家资源型经济转型综合配套改革试验区工作领导组办公室主任职务
2月8日　免去张瑞鹏省委办公厅主任职务
2月8日　免去吕海燕省委巡视组副组长职务，退休
2月8日　免去侯文禄省宗教事务局（省民族事务委员会）党组成员职务，退休
2月8日　傅永国任省委政法委员会委员
2月8日　免去喻军省委政法委员会委员职务
2月8日　免去杨司省委政法委员会委员职务
2月8日　宋伟任省委政策研究室主任、省委全面深化改革领导小组办公室常务副主任、省国家资源型经济转型综合配套改革试验区工作领导组办公室主任
2月8日　省委政研室张荣章、任凯试用期满，考核合格，正式任职
2月8日　免去张晓光兼任的山西老年大学校长职务
2月8日　免去赵建平省委巡视工作办公室主任职务
2月8日　免去贺高明省委政研室副巡视员职务，退休
2月8日　何青任省委巡视工作办公室主任
2月8日　免去张晓光省委老干部局副局长职务
3月21日　免去高森省委办公厅副巡视员职务，退休
3月21日　免去李书生省委组织部副巡视员职务，退休
3月21日　丁耀武任省委人才工作领导小组办公室主任（副厅长级）
3月21日　省委统战部杨俊和、赵恒寿退休

3月21日　免去蔚新旺省委防范和处理邪教问题领导小组办公室副主任职务
3月21日　免去刘东光省委政研室（省委全面深化改革领导小组办公室、省国家资源型经济转型综合配套改革试验区工作领导小组办公室）副主任职务
3月29日　廉毅敏任省委宣传部部长，不再担任省委统战部部长职务
3月29日　徐广国任省委统战部部长
6月28日　王富强任省委政法委副书记（挂职，期限半年）
8月3日　省委办公厅张克强退休
8月3日　免去李苏娥省委老干部局副巡视员职务，退休
8月3日　免去刘跃省委巡视工作办公室副巡视员职务，退休
8月14日　省委统战部闫晓红试用期满，考核合格，正式任职
8月14日　张峻华任省委政法委员会委员
8月14日　免去王秀文省委政法委员会委员职务
8月27日　张华任省委办公厅巡视员
8月27日　于桂红、张忠华、薛德富任省委办公厅副巡视员
8月27日　齐海斌任省委组织部部务委员
8月27日　秦广胜任省委宣传部副巡视员
8月27日　省委宣传部张羽试用期满，考核合格，正式任职
8月27日　郭晋明任省机构编制委员会办公室巡视员，免去省机构编制委员会办公室副主任职务
8月27日　宋保平任省机构编制委员会办公室副巡视员
8月27日　王建成任省直属机关工作委员会巡视员，免去省直属机关工作委员会副书记职务
8月27日　郭宏魁任省直属机关工作委员会巡视员，免去省直属机关纪律检查工作委员会书记、省直属机关工作委员会委员职务
8月27日　宋文斌、刘精瑛任省委巡视机构副厅长级巡视专员
8月27日　免去孙兴武省委巡视组副组长（正厅长级）职务
8月27日　免去董赤凡、宋文斌、刘精瑛省委巡视组副组长职务
9月18日　免去王晓霞省委统战部副巡视员职务，退休
10月9日　省委办公厅李理退休
10月11日　免去尹桂郁省直属机关工作委员会委员职务
10月17日　省委办公厅宋红波试用期满，考核合格，正式任职
10月17日　省委统战部郭原林退休
10月17日　省委政法委王锁成试用期满,考核合格,正式任职
10月17日　安华任省委军民融合发展委员会办公室（省国防科学技术工业局）副主任（副局长）（保留副厅长级）
10月17日　史国兵、齐建伟、吴泽兵、张慧雄任省委军民融合发展委员会办公室（省国防科学技术工业局）副主任（副局长）
10月18日　免去宋惠民、曹荣湘省委办公厅副主任职务
10月18日　胡玉亭任省委国家安全委员会办公室主任
10月18日　王成禹任省委国家安全委员会办公室专职副主任（正厅长级）
10月18日　免去毛益民省委保密委员会常务副主任职务
10月18日　张峻任省委宣传部副部长（兼）
10月18日　夏祯任省委宣传部副部长、省新闻出版局（省版权局）局长（试用期到2018年12月）
10月18日　骞进任省委宣传部副部长（试用期一年）
10月18日　免去杨茂林省委宣传部副部长职务
10月18日　免去宋红波省委信息综合室（省委社情民意办公室）主任职务
10月18日　免去李福明省委宣传部常务副部长职务
10月18日　师帅任省委统战部主持日常工作的副部长（正厅长级）
10月18日　刘国庆任省委统战部副部长(正厅长级)、省宗教事务局局长(省民族事务委员会主任)
10月18日　刘海芸任省委统战部副部长（兼）
10月18日　滕德刚、白源任省委统战部副部长
10月18日　免去郭海刚省委统战部常务副部长职务
10月18日　免去杨临生省委统战部副部长职务
10月18日　梁克昌任省委政法委员会副书记（兼）、省信访局党组书记
10月18日　胡玉亭任省委全面深化改革委员会办公室主任
10月18日　宋伟任省委全面深化改革委员会办公室常务副主任
10月18日　加年丰、张荣章、任凯任省委全面深化改革委员会办公室副主任
10月18日　商黎光任省委全面依法治省委员会办公室主任
10月18日　薛永辉任省委全面依法治省委员会办公室副主任
10月18日　朱新才任省委网络安全和信息化委员会办公室（省互联网信息办公室）主任
10月18日　董晓林任省委网络安全和信息化委员会办公室（省互联网信息办公室）巡视员、副主任，免去省委宣传部副部长职务
10月18日　米杰任省委网络安全和信息化委员会办公室（省互联网信息办公室）副主任（试用期到2018年11月）
10月18日　李建刚任省委机构编制委员会办公室主任
10月18日　张丽煌任省委机构编制委员会办公室副主任
10月18日　郭晋明任省委机构编制委员会办公室巡视员
10月18日　吕双年、张吉祥、宋保平任省委机构编制委员会办公室副巡视员
10月18日　冯志君任省委军民融合发展委员会办公室（省国防科学技术工业局）主任（局长）
10月18日　李章贺、王树峰任省委军民融合发展委员会办公室（省国防科学技术工业局）副巡视员
10月18日　王亚任省委审计委员会办公室主任

10月18日 姜四清任省委财经委员会办公室主任

10月18日 郝文杰、吴伟任省委台湾工作办公室(省政府台湾事务办公室、省政府港澳事务办公室)副主任

10月18日 刘可宏任省委台湾工作办公室(省政府台湾事务办公室、省政府港澳事务办公室)副巡视员

10月18日 毛益民任省直属机关事务管理局局长

10月18日 李国睿、祁晓虎、闫宝明任省直属机关事务管理局副巡视员

10月18日 曹荣湘任省委台湾工作办公室(省政府台湾事务办公室、省政府港澳事务办公室)主任

10月18日 高晋红任省直属机关事务管理局副局长(试用期一年)

10月18日 闫建科任省直属机关纪检监察工作委员会书记、省直属机关工作委员会委员

10月18日 钟占荣任省委老干部局副局长,免去省委巡视组副厅长级巡视专员职务

10月26日 刘新云任省委政法委员会副书记(兼)

11月21日 省委办公厅宋燕卫试用期满,考核合格,正式任职

11月21日 省委组织部辛艾艾试用期满,考核合格,正式任职

11月21日 省委网络安全和信息化委员会办公室(省互联网信息办公室)米杰试用期满,考核合格,正式任职

11月21日 免去史国兵省军民融合发展委员会办公室(省国防科学技术工业局)副主任(副局长)职务

11月21日 省委巡视工作办公室贺宏试用期满,考核合格,正式任职

11月22日 任兔平任省委保密委员会常务副主任(正厅长级),省密码工作领导小组专职副组长职务随机构改革自然免除

11月22日 免去郝永明省委办公厅副厅级督查专员职务

11月22日 张晓永、齐海斌、辛艾艾任省委组织部副部长

11月22日 免去张晓永、齐海斌省委组织部部务委员职务

11月22日 张晓光任省委统战部副部长(兼)

11月22日 邓彩彪任省委政法委员会副书记,省委政法委员会秘书长职务随机构改革自然免除

11月22日 徐建国任省直属机关工作委员会副巡视员,省直机关党校(行政学院)副巡视员、副校长(副院长)职务随机构改革自然免除

11月22日 张吉祥任省委机构编制委员会办公室副主任(试用期一年)

11月22日 免去曹天胜省委巡视组副厅长级巡视专员职务

11月22日 张羽任省政府新闻办公室主任

12月4日 省委政法委员会杨有才退休

12月6日 免去荆青莲省委统战部巡视员职务,退休

12月25日 省委宣传部夏祯试用期满,考核合格,正式任职

12月25日 省委统战部白德恭、杜宏瑞、李润、米效东、马兢建试用期满,考核合格,正式任职

12月26日 史晨鸣任省委办公厅副主任(试用期一年)

12月26日 邱晚皓任省委信息综合室(省委社情民意办公室)主任(副厅长级,试用期一年)

12月26日 杨建军任省委宣传部副巡视员

12月26日 王瑞宝任省委统一战线工作部巡视员

12月26日 董晓林任省委网络安全和信息化委员会办公室(省互联网信息办公室)主任

12月26日 免去朱新才省委网络安全和信息化委员会办公室(省互联网信息办公室)主任职务

12月26日 任宏任省委机构编制委员会办公室副巡视员

12月26日 徐爽任省委台湾工作办公室(省政府台湾事务办公室、省政府港澳事务办公室)副巡视员

12月26日 王敏任省直属机关事务管理局副局长(试用期一年)

12月26日 李世军、刘学军任省直属机关事务管理局副巡视员

省委部门管理机构

6月28日 免去卫国省委防范和处理邪教问题领导小组办公室主任职务

8月27日 免去张华省委保密委员会办公室(省国家保密局)主任(局长)职务

8月27日 石昌龄任省委机要局(省国家密码管理局)副巡视员,免去省委机要局(省国家密码管理局)总工程师职务

10月18日 张峻任省委精神文明建设指导委员会办公室主任

11月21日 省委保密委员会办公室(省国家保密局)康焕玉试用期满,考核合格,正式任职

11月22日 郝永明任省委保密委员会办公室(省国家保密局)主任(局长)

12月25日 周峰任省精神文明建设指导委员会办公室副主任

省政府组成部门

1月12日 免去梁敬华省政府办公厅副主任职务

1月12日 免去曾宪琪省发展和改革委员会副巡视员职务

1月12日 翟新山任省司法厅副厅长

1月12日 陈向阳任省财政厅副厅长

1月12日 张煜任省人力资源和社会保障厅副巡视员

1月12日 段新源任省交通运输厅副厅长(兼省民航机场管理局局长)

1月12日 郭贵堂任省交通运输厅总会计师(试用期一年)

1月12日 免去张良玉省司法厅巡视员职务

1月12日 免去畅志仁省财政厅巡视员职务

1月12日 免去刘海芸省人力资源和社会保障厅副厅长职务

1月17日 刘新云任省公安厅党委书记

1月17日 韩向宇任省水利厅党组成员

1月17日　免去王玉明省水利厅党组成员职务
1月22日　免去杨景海省公安厅厅长职务
1月22日　免去潘军峰省水利厅厅长职务
1月31日　乔建军任省农业厅党组书记、省委农村工作领导小组办公室主任
1月31日　免去关建勋省农业厅党组书记、省委农村工作领导小组办公室主任职务
2月1日　姜四清任省发展和改革委员会主任
2月1日　李晓波任省经济和信息化委员会主任
2月1日　吴俊清任省教育厅厅长
2月1日　谢红任省科学技术厅厅长
2月1日　刘新云任省公安厅厅长
2月1日　薛维栋任省民政厅厅长
2月1日　薛永辉任省司法厅厅长
2月1日　武涛任省财政厅厅长
2月1日　卢建明任省人力资源和社会保障厅厅长
2月1日　周建春任省国土资源厅厅长
2月1日　董一兵任省环境保护厅厅长
2月1日　王立业任省住房和城乡建设厅厅长
2月1日　闫晨曦任省交通运输厅厅长
2月1日　常书铭任省水利厅厅长
2月1日　乔建军任省农业厅厅长
2月1日　任建中任省林业厅厅长
2月1日　韩春霖任省商务厅厅长
2月1日　刘润民任省文化厅厅长
2月1日　李凤岐任省卫生和计划生育委员会主任
2月1日　王亚任省审计厅厅长
2月1日　武绍忠任省政府外事侨务办公室主任
2月1日　向二牛任省煤炭工业厅厅长
2月1日　盛佃清任省旅游发展委员会主任
2月6日　刘新云任省公安厅督察长(兼)
2月6日　免去杨景海省公安厅督察长(兼)职务
2月6日　免去王化清省司法厅副厅长职务
2月6日　曾涛任省司法厅副厅长(试用期一年)
2月8日　省政府办公厅杨锦耀试用期满,考核合格,正式任职
2月8日　省教育厅李东福、王明光退休
2月8日　省公安厅权志高、刘芬萍退休
2月8日　戎劲光任省旅游发展委员会党组成员,免去省公安厅党委委员职务
2月8日　免去操学诚省旅游发展委员会党组成员职务
2月8日　省卫生和计划生育委员会郭跃铭、梅志强退休
3月2日　免去丁纪岗省政府办公厅副主任职务
3月2日　免去戎劲光省公安厅副厅长职务
3月2日　免去权志高、刘芬萍省公安厅副巡视员职务
3月2日　免去王明光省教育厅副巡视员职务
3月2日　免去郭跃铭省卫生和计划生育委员会副巡视员职务
3月2日　戎劲光任省旅游发展委员会副主任
3月2日　免去操学诚省旅游发展委员会副主任职务
3月21日　省司法厅刘占中退休
3月21日　省审计厅姚宪华退休
5月28日　免去谷明省环境保护厅党组成员职务
6月28日　省政府办公厅陈立科退休
6月28日　省发展和改革委员会王红亚试用期满,考核合格,正式任职
6月28日　省发展和改革委员会胡瑞文退休
6月28日　省经济和信息化委员会马运侠、李志松试用期满,考核合格,正式任职
6月28日　省经济和信息化委员会韩仲平退休
6月28日　省民政厅李太平退休
6月28日　省水利厅陈志平退休
6月28日　省农业厅赵安泽退休
6月28日　免去赵炜省林业厅党组成员职务
6月28日　张效生任省商务厅党组成员
6月28日　免去张文省商务厅党组成员职务
6月28日　省商务厅张跃建退休
6月28日　省卫生和计划生育委员会李跃珍退休
6月28日　省卫生和计划生育委员会梁有升退休
6月28日　省煤炭工业厅白淑艳退休
7月2日　省林业厅霍转业退休
7月4日　免去唐晋省交通运输厅党组副书记职务,退休
7月17日　免去陈立科省政府办公厅副巡视员职务
7月17日　免去胡瑞文省发展和改革委员会副巡视员职务
7月17日　免去韩仲平省经济和信息化委员会副巡视员职务
7月17日　免去李太平省民政厅巡视员职务
7月17日　免去陈志平省水利厅副巡视员职务
7月17日　免去赵安泽省农业厅助理巡视员职务
7月17日　免去张跃建省商务厅巡视员职务
7月17日　免去李跃珍省卫生和计划生育委员会巡视员职务
7月17日　免去梁有升省卫生和计划生育委员会副巡视员职务
7月17日　免去白淑艳煤炭工业厅副巡视员职务
7月17日　张文任省商务厅巡视员
7月17日　张效生任省商务厅副厅长(试用期一年)
7月17日　免去唐晋省交通运输厅副厅长,省交通战备办公室主任(正厅长级)职务
7月17日　免去张文省商务厅副厅长职务
8月3日　省司法厅陈廷刚退休
8月3日　省财政厅裴克存退休
8月3日　省林业厅李永林退休
8月14日　省煤炭工业厅闫文泉试用期满,考核合格,正式任职
8月14日　省政府外事侨务办公室张源试用期满,考核合格,正式任职
8月23日　免去陈廷刚省司法厅副巡视员职务;

8月23日　免去裴克存省财政厅副巡视员职务;
8月27日　免去常乃军省高等院校工作委员会副书记(正厅长级)、省教育厅党组成员职务
8月27日　卫爱平任省教育厅党组成员
8月27日　免去王晓鹏省教育厅党组成员职务
8月27日　免去王卫东省民政厅党组成员职务
8月27日　免去旬轶旺省司法厅党委委员职务
8月27日　免去王建文省人力资源和社会保障厅党组成员职务
8月27日　免去李锦生省住房和城乡建设厅党组成员职务
8月27日　李力任省水利厅巡视员,免去省水利厅党组成员职务
8月27日　免去吴志宏省委农工办副主任、省农业厅党组成员职务
8月27日　免去李志胜省商务厅党组成员职务
9月14日　马爱锋任省政府发展研究中心(省政府研究室)副主任
9月14日　戴子平任省煤炭工业厅副巡视员
9月18日　省发展和改革委员会程泽业退休
9月18日　省公安厅王站立退休
9月18日　省农业综合开发办公室赵建生退休
9月18日　省人力资源和社会保障厅张煜退休
9月18日　省住房和城乡建设厅郝耀平退休
9月25日　姜腾达任省政府办公厅副巡视员
9月25日　免去程泽业省发展和改革委员会巡视员职务
9月25日　免去王建文省人力资源和社会保障厅副厅长职务
9月25日　免去张煜省人力资源和社会保障厅副巡视员职务
9月25日　免去郝耀平省住房和城乡建设厅巡视员职务
9月25日　免去李锦生省住房和城乡建设厅副厅长职务
9月25日　免去王贵平、李力省水利厅副厅长职务
9月25日　免去吴志宏省农业厅副厅长职务
9月25日　免去李志胜省商务厅副厅长职务
9月25日　免去王站立省公安厅副巡视员职务
9月25日　免去王卫东省民政厅副厅长职务
9月25日　马向东任省发展和改革委员会副巡视员
9月25日　王怀荣任省经济和信息化委员会巡视员
9月25日　王为民、马玉玺任省教育厅副巡视员
9月25日　王卫东任省民政厅巡视员
9月25日　王建文任省人力资源和社会保障厅巡视员
9月25日　张永东、杜玉书任省人力资源和社会保障厅副巡视员
9月25日　李锦生任省住房和城乡建设厅巡视员
9月25日　胡孟卿任省住房和城乡建设厅副巡视员
9月25日　王贵平、李力任省水利厅巡视员
9月25日　吴志宏任省农业厅巡视员
9月25日　薛志省任省农业厅副巡视员
9月25日　陈俊飞任省林业厅副巡视员
9月25日　李志胜任省商务厅巡视员
9月25日　李汝德任省卫生和计划生育委员会巡视员
9月25日　章启虎任省卫生和计划生育委员会副巡视员
9月25日　檀吉忠任省审计厅副巡视员
10月9日　省发展和改革委员会康志杰退休
10月9日　省财政厅祝晋英退休
10月17日　免去旬轶旺省司法厅副厅长职务
10月17日　李淑芬、路颖任省民政厅副巡视员
10月17日　旬轶旺任省司法厅巡视员
10月17日　免去唐意杰的省发展和改革委员会巡视员职务
10月17日　免去祝晋英省财政厅副巡视员职务
10月17日　省环保厅杨凌昇试用期满,考核合格,正式任职
10月18日　梁敬华、胡安平任省政府办公厅党组成员
10月18日　董晓平任省政府办公厅党组成员
10月18日　免去刘星省政府办公厅党组成员职务
10月18日　王利波任省委财经委员会办公室主任
10月18日　姜四清任省委财经委员会办公室第一副主任
10月18日　免去李永平省发展和改革委员会党组副书记职务
10月18日　王云龙任省发展和改革委员会党组成员
10月18日　吴俊清任省委教育工作领导小组办公室主任、省委教育工作委员会书记
10月18日　张敬平任省委教育工作委员会主持日常工作的副书记(正厅长级)、省教育厅党组成员
10月18日　何林有任省委教育工作委员会副书记(试用期一年)、省教育厅党组成员
10月18日　免去赵丽华省教育厅党组成员职务
10月18日　李晓波任省工业和信息化厅党组书记
10月18日　张岐云任省工业和信息化厅党组副书记
10月18日　马运侠、李政、卢秋生、张占祥、阳军任省工业和信息化厅党组成员
10月18日　李东洪任省工业和信息化厅党组成员
10月18日　免去吴建强省民政厅党组成员职务
10月18日　免去路颖省民政厅副巡视员职务
10月18日　李云涛任省司法厅党委副书记
10月18日　周涛、张钧任省司法厅党委委员
10月18日　免去张峻省人力资源和社会保障厅党组成员职务
10月18日　周建春任省自然资源厅党组书记
10月18日　任建中任省自然资源厅党组副书记
10月18日　田永明、武耀文、袁同锁任省自然资源厅党组成员
10月18日　张云龙任省自然资源厅党组成员
10月18日　董一兵任省生态环境厅党组书记
10月18日　刘军、李方、王学东、刘大山、张继平任省生态环境厅党组成员
10月18日　免去武福玉省水利厅党组成员职务
10月18日　乔建军任省农业农村厅党组书记
10月18日　茹栋梅、张和平、郭建文、穆晓彤任省农业农村厅党组成员
10月18日　王宏晋任省商务厅党组成员
10月18日　刘润民任省文化和旅游厅党组书记

10 月18日 盛佃清任省文化和旅游厅党组副书记
10 月18日 张健、郑中夏、李贵、王舒袖、王琳、戎劲光任省文化和旅游厅党组成员
10 月18日 李凤岐任省卫生健康委员会党组书记
10 月18日 郭晋刚、武晋、冯立忠任省卫生健康委员会党组成员
10 月18日 冯征任省退役军人事务厅党组书记
10 月18日 薛建军、吴建强、范波涛任省退役军人事务厅党组成员
10 月18日 薛军正任省应急管理厅党组书记
10 月18日 彭建宏、王岳红、武福玉、王天庆、杨振中、邓维元任省应急管理厅党组成员
10 月18日 免去闫建科省审计厅党组成员职务
10 月18日 武绍忠任省委外事工作委员会办公室主任、省政府外事办公室党组书记
10 月18日 梁淑娟、张源、秦杰任省政府外事办公室党组成员
10 月23日 胡安平任省政府办公厅副主任
10 月23日 免去李永平省发展和改革委员会副主任职务
10 月23日 免去孙世新省教育厅副厅长级督学职务
10 月23日 李晓波任省工业和信息化厅厅长
10 月23日 薛永辉任省司法厅厅长
10 月23日 李云涛任省司法厅副厅长(正厅长级)
10 月23日 任建中任省绿化委员会主持日常工作的副主任(正厅长级),省自然资源厅副厅长
10 月23日 武耀文、袁同锁任省自然资源厅副厅长
10 月23日 王晓立任省自然资源厅巡视员
10 月23日 史月红、王晓艺、赵勤正、武国强任省自然资源厅副巡视员
10 月23日 翟新山、周涛、张钧、曾涛任省司法厅副厅长
10 月23日 免去吴建强省民政厅副厅长职务
10 月23日 免去路颖省民政厅副巡视员职务
10 月23日 免去张峻省人力资源和社会保障厅副厅长职务
10 月23日 免去赵贵全省商务厅总经济师职务
10 月23日 周建春任省自然资源厅厅长
10 月23日 董一兵任省生态环境厅厅长
10 月23日 乔建军任省农业农村厅厅长
10 月23日 盛佃清任省文化和旅游厅厅长
10 月23日 李凤岐任省卫生健康委员会主任
10 月23日 冯征任省退役军人事务厅厅长
10 月23日 薛军正任省应急管理厅厅长
10 月23日 武绍忠任省政府外事办公室主任
10 月23日 马珩任省发展和改革委员会巡视员
10 月23日 孙世新任省教育厅副厅长
10 月23日 张岐云任省工业和信息化厅副厅长(正厅长级)
10 月23日 马运侠、卢秋生、张占祥、阳军任省工业和信息化厅副厅长
10 月23日 王怀荣任省工业和信息化厅巡视员
10 月23日 叶茎、王黎红、李卫东为省工业和信息化厅副巡视员
10 月23日 刘军、王学东、刘大山、张继平任省生态环境厅副厅长
10 月23日 白振兴任省生态环境厅副巡视员
10 月23日 茹栋梅、张和平、郭建文任省农业农村厅副厅长
10 月23日 陈明昌、左义河、赵志杰、吴志宏为省农业农村厅巡视员
10 月23日 张红星、薛志省任省农业农村厅副巡视员
10 月23日 王宏晋、赵贵全任省商务厅副厅长
10 月23日 张健任省文化和旅游厅副厅长(正厅长级)
10 月23日 郑中夏、李贵、王琳、戎劲光任省文化和旅游厅副厅长
10 月23日 李刚、张卫东、陈燕萍任省文化和旅游厅副巡视员
10 月23日 武晋、冯立忠任省卫生健康委员会副主任
10 月23日 李汝德任省卫生健康委员会巡视员
10 月23日 翟根红、章启虎任省卫生健康委员会副巡视员
10 月23日 梁淑娟、张源、秦杰任省政府外事办公室副主任
10 月23日 田亦军任省政府外事办公室巡视员
10 月23日 张援豪任省政府外事办公室副巡视员
10 月23日 彭建宏、武福玉、王天庆、杨振中、邓维元任省应急管理厅副厅长
10 月23日 张震海、郭虎银任省应急管理厅副巡视员
10 月23日 薛建军、吴建强、范波涛任省退役军人事务厅副厅长
10 月23日 路颖为省退役军人事务厅副巡视员
11 月3日 省文化和旅游厅齐全山退休
11 月5日 免去周培斌省公安厅党委委员职务
11 月5日 免去高玉厚省民政厅党组成员职务
11 月5日 省自然资源厅王晓艺退休
11 月5日 省审计厅杜永杰退休
11 月9日 王克信任省政府办公厅巡视员
11 月9日 安栋岳任省政府办公厅副巡视员
11 月9日 安建平任省教育厅巡视员
11 月9日 免去王晓艺省自然资源厅副巡视员职务
11 月9日 李荣钢任省文化和旅游厅巡视员
11 月9日 田保民任省商务厅副巡视员
11 月9日 免去杜永杰省审计厅副巡视员职务
11 月9日 免去胡万升、王宇魁省煤炭工业厅副厅长职务
11 月21日 省发展和改革委员会李祥试用期满，考核合格，正式任职
11 月21日 省工业和信息化厅阳军、乔丽刚试用期满,考核合格,正式任职
11 月21日 省财政厅安晓飞、韩海峰试用期满,考核合格,正式任职
11 月21日 省卫生健康委员会廉月胜试用期满，考核合格，正式任职
11 月22日 免去武健鹏省政府办公厅党组成员职务
11 月22日 省发展和改革委员会赵友亭由正厅长级降为副

厅长级
11月22日 温波任省科学技术厅党组成员
11月22日 免去卢秋生省工业和信息化厅党组成员职务
11月22日 李国敏任省公安厅党委委员
11月22日 宋海兵任省民政厅党组成员
11月22日 王锁成任省司法厅党委委员
11月22日 免去张钧省司法厅党委委员职务
11月22日 安晓飞任省财政厅党组成员
11月22日 王兵任省水利厅党组成员
12月6日 免去武健鹏省政府办公厅副主任职务
12月6日 郇光明任省公安厅副巡视员
12月6日 免去卢秋生省工业和信息化厅副厅长职务
12月6日 免去王新民、范裕民省人力资源和社会保障厅副巡视员职务
12月6日 安晓飞任省财政厅副厅长
12月6日 贾明建任省财政厅副巡视员
12月6日 陆东、杨雨公、胡创业、武玉祥、李凌异任省生态环境厅生态环境保护监察专员(副厅长级)
12月6日 翟顺河任省住房和城乡建设厅副厅长
12月6日 符里刚任省住房和城乡建设厅副巡视员
12月6日 雷天才任省交通运输厅副厅长
12月6日 张建中、王兵任省水利厅副厅长
12月6日 范裕民任省退役军人事务厅副巡视员
12月6日 免去李柏省公安厅党委委员职务,退休
12月6日 省农业农村厅左义河、赵志杰退休
12月6日 省自然资源厅史月红退休
12月25日 省政府办公厅张红良试用期满,考核合格,正式任职
12月25日 免去李柏省公安厅国内安全保卫总队总队长职务
12月25日 免去史月红省自然资源厅副巡视员职务
12月25日 免去左义河、赵志杰省农业农村厅巡视员职务
12月25日 宋海兵任省民政厅副厅长
12月25日 任素芬任省商务厅副巡视员
12月25日 省文化和旅游厅陈少卿试用期满，考核合格,正式任职
12月25日 省卫生和健康委员会阴彦祥试用期满，考核合格,正式任职
12月25日 省应急管理厅贡凯青试用期满,考核合格,正式任职
12月25日 省政府外事办公室秦杰、靳云艳试用期满,考核合格,正式任职
12月26日 孙海潮任省政府办公厅党组副书记
12月26日 贾幕权任省民政厅党组成员
12月26日 张软斌任省委农村工作领导小组办公室专职副主任(副厅长级,试用期一年),省农业农村厅党组成员
12月26日 免去郭建文省农业农村厅党组成员职务
12月26日 张震海任省应急管理厅党组成员、政治部主任(试用期一年)
12月26日 芮辰文任省审计厅党组成员
12月26日 宋世华任省审计厅党组成员
12月26日 免去张红谱省审计厅党组成员职务

省政府直属特设机构

1月31日 郭保民任省政府国有资产监督管理委员会党委书记
1月31日 免去王一新省政府国有资产监督管理委员会党委书记职务
2月8日 负钊任省政府国有资产监督管理委员会党委委员
3月2日 负钊任省政府国有资产监督管理委员会副主任(试用期一年)
6月28日 省政府国有资产监督管理委员会韩珍堂试用期满,考核合格,正式任职
6月28日 省政府国有资产监督管理委员会李建民退休
7月17日 免去李建民省政府国有资产监督管理委员会副巡视员职务
10月18日 马进任省政府国有资产监督管理委员会党委副书记
10月23日 免去马进省国有资产监督管理委员会副主任职务
12月6日 省政府国有资产监督管理委员会弋小燕退休
12月26日 马进任省政府国有资产监督管理委员会主持日常工作的副书记(正厅长级)
12月26日 王志清任省政府国有资产监督管理委员会党委副书记
12月26日 高春毅任省政府国有资产监督管理委员会党委委员
12月26日 张红谱任省政府国有资产监督管理委员会党委委员
12月26日 免去宋世华省政府国有资产监督管理委员会党委委员职务
12月26日 免去曹慧昌省政府国有资产监督管理委员会党委常务副书记(正厅长级)职务

省政府直属机构

1月12日 司新山任省地方税务局副局长(试用期一年)
1月12日 张金强任省地方税务局副巡视员
1月12日 张九萍任省工商行政管理局局长
1月12日 赵晓春任省体育局局长
1月12日 张晓东任省统计局局长
1月12日 曹力民任省统计局副局长(试用期一年)
1月12日 薛军正任省安全生产监督管理局局长
1月12日 王云龙任省粮食局局长
1月12日 马珩任省粮食局巡视员
1月12日 张钧任省政府法制办公室副主任(试用期一年)

1月12日　冯征任省食品药品监督管理局局长
1月12日　梁敬华任省政府发展研究中心(省政府研究室)主任
1月12日　免去孙小红省煤炭工业厅副巡视员职务
1月12日　免去董岩省工商行政管理局局长职务
1月12日　免去苏亚君省体育局局长职务
1月12日　免去翟振新省统计局局长职务
1月12日　免去霍红义省安全生产监督管理局局长职务
1月12日　免去丁文禄省粮食局局长职务
1月12日　免去赵光国省食品药品监督管理局局长职务
1月12日　免去李劲民省政府发展研究中心(省政府研究室)主任职务
1月12日　免去祁晓虎省政府机关事务管理局副局长职务
2月6日　霍红义任省人民防空办公室主任
2月6日　免去孙群省人民防空办公室主任职务
2月8日　省工商行政管理局郭明生退休
3月2日　免去郭明生省工商行政管理局副巡视员职务
3月2日　免去侯文禄省宗教事务局(省民族事务委员会)副局长(副主任)职务
3月21日　免去张铭省人民防空办公室党组成员职务
3月21日　省地方税务局李晋峰退休
4月8日　李云涛任省政府法制办党组副书记
4月23日　张铭任省人民防空办公室巡视员
4月23日　免去张铭省人民防空办公室副主任职务
4月23日　李云涛任省政府法制办公室主任
4月23日　免去王卫星省政府法制办公室主任职务
6月28日　省工商行政管理局周明定退休
6月28日　省新闻出版广电局(省版权局)原杨退休
6月28日　袁乃平任省体育局党组成员
6月28日　省体育局李俊文试用期满,考核合格,正式任职
6月28日　省粮食局杨随亭退休
6月28日　省粮食局武京运退休
6月28日　免去刘涛省人民防空办公室党组成员职务
7月17日　免去原杨省新闻出版广电局(省版权局)副巡视员职务
7月17日　免去武京运省粮食局副巡视员职务
7月17日　袁乃平任省体育局副局长(试用期一年)
7月17日　程中平任省体育局副巡视员
8月3日　省政府法制办韩卫星退休
8月3日　省新闻出版广电局(省版权局)田奇越退休
8月3日　省人民防空办公室韩裕峰退休
8月23日　免去刘涛省人民防空办公室副主任职务
8月23日　免去田奇越省新闻出版广电局(省出版局)巡视员职务
8月23日　免去韩卫星省政府法制办公室副巡视员职务
9月18日　省质量技术监督局齐尚忠退休
8月27日　免去高航省质量技术监督局党组成员职务
9月25日　免去高航省质量技术监督局副局长职务
9月25日　免去齐尚忠省质量技术监督局副巡视员职务
9月25日　邢海英任省工商行政管理局副巡视员
9月25日　高航任省质量技术监督局巡视员
9月25日　何建中任省质量技术监督局副巡视员
9月25日　郭虎银任省安全生产监督管理局副巡视员
9月25日　侯晓远任省统计局副巡视员
9月25日　刘鹏任省粮食局副巡视员
9月25日　李成瑞任省食品药品监督管理局副巡视员
10月18日　张九萍任省市场监督管理局党组书记
10月18日　王国强、王亦兵、吕惠兰、刘建国、王德立、武小勤任省市场监督管理局党组成员
10月18日　乔宝贵、武剑锋、赵琪堂、邢海英、何建中、李成瑞任省市场监督管理局副巡视员
10月18日　贠亚明任省市场监督管理局党组成员
10月18日　李海渊任省广播电视局党组书记
10月18日　李和林、安洋、吕芮宏、邢瑞峰任省广播电视局党组成员
10月18日　薛荣任省政府研究室党组书记
10月18日　王炤坤任省政府研究室党组成员
10月18日　李秋柱任省行政审批服务管理局党组书记
10月18日　马爱锋、王拥军、卫继周、连建林任省行政审批服务管理局党组成员
10月18日　郝钦新、郭泽兵、姚云刚任省信访局党组成员
10月18日　竟晖任省地方金融监督管理局党组书记
10月18日　沈力、潘跃飞、王晓千任省地方金融监督管理局党组成员
10月18日　王启瑞任省能源局党组书记
10月18日　苗还利、闫文泉任省能源局党组成员
10月18日　刘中雨任省医疗保障局党组书记
10月23日　张九萍任省市场监督管理局局长
10月23日　刘蓉华、王国强、王亦兵、吕惠兰、李志强、刘建国、王德立、武小勤任省市场监督管理局副局长
10月23日　高航任省市场监督管理局巡视员
10月23日　乔宝贵、武剑锋、赵琪堂、邢海英、何建中、李成瑞任省市场监督管理局副巡视员
10月23日　李海渊任省广播电视局局长
10月23日　李和林、安洋、吕芮宏任省广播电视局副局长
10月23日　薛荣任省政府研究室主任
10月23日　焦斌龙、王熠坤任省政府研究室副主任
10月23日　温凤麟、邹彩莲任省政府研究室副巡视员
10月23日　李秋柱任省行政审批服务管理局局长
10月23日　马爱锋任省行政审批服务管理局副局长
10月23日　王沼、温国贵任省行政审批服务管理局巡视员
10月23日　穆恩科任省行政审批服务管理局副巡视员
10月23日　梁克昌任省信访局局长
10月23日　郝钦新、郭泽兵、姚云刚任省信访局副局长
10月23日　王玉、侯永霞任省信访局督查专员(副厅长级)
10月23日　侯明中任省信访局副巡视员

10月23日 竟晖任省地方金融监督管理局局长
10月23日 沈力任省地方金融监督管理局副局长(挂职)
10月23日 潘跃飞、王晓千任省地方金融监督管理局副局长
10月23日 王启瑞任省能源局局长
10月23日 苗还利任省能源局副局长
10月23日 戴子平任省能源局副巡视员
10月23日 刘中雨任省医疗保障局局长
11月9日 胡万升任省能源局巡视员
11月21日 连建林任省行政审批服务管理局副局长(试用期一年)
11月21日 省信访局侯永霞试用期满,考核合格,正式任职
11月21日 省地方金融监督管理局(省政府金融工作办公室)潘跃飞、王晓千试用期满,考核合格,正式任职
11月21日 省文物局程书林、张元成试用期满,考核合格,正式任职
11月22日 免去邢瑞峰省广播电视局党组成员职务
11月22日 张永胜任省地方金融监督管理局(省政府金融工作办公室)党组成员
11月22日 李峰任省行政审批服务管理局党组成员
11月22日 李波任省人民防空办公室党组成员
11月22日 赵曙光任省文物局副局长(试用期至2018年12月)
12月6日 张永胜任省地方金融监督管理局(省政府金融工作办公室)副局长副主任
12月6日 免去吕惠兰省市场监督管理局副局长职务
12月6日 赵曙光任省文物局副局长
12月6日 王新民任省医疗保障局副巡视员
12月25日 胡凤莲任省市场监督管理局巡视员
12月25日 省市场监督管理局王五一试用期满,考核合格,正式任职
12月25日 省统计局曹力民、卫永杰试用期满,考核合格,正式任职
12月25日 省文物局赵曙光试用期满,考核合格,正式任职
12月25日 李栋军、刘磊、冯智、康中南任省医疗保障局党组成员
12月26日 秦建华明确为省统计局副厅长级干部,试用期一年
12月26日 侯永霞任省信访局党组成员
12月26日 侯秉让任省能源局党组成员
12月26日 免去刘正辉省文物局党组成员职务

省政府派出机构

6月28日 免去尤天拴山西转型综合改革示范区党工委副书记职务,退休
6月28日 山西转型综合改革示范区管委会胡志峰退休
7月17日 免去尤天拴、胡志峰山西转型综合改革示范区管委会副主任职务

省政府部门管理机构

1月12日 祁晓虎任省政府机关事务管理局副巡视员
1月16日 李怀玉任省公安厅交通管理局(交通警察总队)党委委员
2月6日 李怀玉任省公安厅交通管理局(交通警察总队)副局长(副总队长)(试用期一年)
2月8日 省公安厅交通管理局(交通警察总队)郭丙福试用期满,考核合格,正式任职
5月14日 聘任李体柱为省政府参事
6月28日 免去白世禄省政府机关事务管理局党组成员职务,退休
7月17日 聘任乔雄梧为省政府参事
7月17日 免去高奇省监狱管理局副巡视员职务
7月17日 免去白世禄省政府机关事务管理局副局长(副厅长级)职务
8月14日 省国防科技工业党委吴泽兵、张慧雄试用期满,考核合格,正式任职
8月14日 省粮食局韩华雄试用期满,考核合格,正式任职
8月14日 免去武晨阳省中小企业局党组成员职务
8月14日 免去武晨阳省中小企业局副局长职务
9月25日 免去王怀荣省中小企业局副局长(保留副厅长级待遇)职务
10月11日 省公安厅交通管理局(交通警察总队)张亚云退休
10月17日 宋林根、韩华雄任省粮食和物资储备局党组成员
10月17日 冯志山任省小企业发展促进局党组成员
10月17日 尹福建、黄守孝任省林业和草原局党组成员
10月17日 张少杰任省药品监督管理局党组成员
10月17日 免去张亚云省公安厅交通管理局(交通警察总队)副巡视员职务
10月18日 王云龙任省粮食和物资储备局党组书记
10月18日 李东洪任省小企业发展促进局党组书记
10月18日 张云龙任省林业和草原局党组书记
10月18日 负亚明任省药品监督管理局党组书记
10月23日 王安禄任省政府参事室主任(副厅长级)
10月23日 免去胡安平省政府参事室主任职务
10月23日 宋林根、韩华雄任省粮食和物资储备局副局长(保留副厅长级待遇)
10月23日 王云龙任省粮食和物资储备局局长(保留正厅长级待遇)
10月23日 刘鹏任省粮食和物资储备局副巡视员
10月23日 李东洪任省小企业发展促进局局长
10月23日 王斌任省小企业发展促进局副巡视员
10月23日 冯志山任省小企业发展促进局副局长
10月23日 尹福建、黄守孝任省林业和草原局副局长(保留副厅长级待遇)

10月23日　张云龙任省林业和草原局局长
10月23日　李振龙、陈俊飞任省林业和草原局副巡视员
10月23日　贠亚明任省药品监督管理局局长。
10月23日　张少杰任省药品监督管理局副局长(保留副厅长级待遇)
11月9日　聘任张有喜为省政府参事
11月21日　史国兵任省小企业发展促进局党组成员
11月22日　王锁成任省监狱管理局党委书记
12月6日　史国兵任省小企业发展促进局副局长
12月25日　徐晓峰任省粮食和物资储备局党组成员
12月25日　岳奎庆任省林业和草原局党组成员
12月25日　杨俊志任省林业和草原局党组成员
12月25日　李庭芳任省药品监督管理局党组成员

省直属事业单位

1月12日　免去马正英省地方志办公室副巡视员职务
1月16日　赵玉生任省公路局党委副书记
1月16日　杨转科、郭晓军任省公路局党委委员
1月31日　卫小春任山西社会主义学院院长(兼)
1月31日　免去刘滇生山西社会主义学院院长职务
2月6日　杨转科任省公路局副局长
2月6日　郭晓军任省公路局副局长(试用期一年)
2月6日　免去赵玉生省公路局副局长职务
2月8日　省社会科学院马志超试用期满,考核合格,正式任职
2月8日　张晓光任山西社会主义学院党委书记、常务副院长(正厅长级)
2月8日　免去张云泽山西社会主义学院党委书记职务
2月8日　省公共资源交易中心(省政务服务中心)李秋柱试用期满,考核合格,正式任职
2月8日　省省级政府采购中心王跃进退休
2月8日　山西日报报业集团兰炎平退休
2月8日　省招生考试管理中心张亚平退休
2月8日　省人民医院杜永成退休
3月2日　免去张亚平省招生考试管理中心副巡视员职务
3月2日　免去王跃进省省级政府采购中心副巡视员职务
3月21日　刘建华任省委党校副巡视员
3月21日　免去任应红省招生考试管理中心党组成员职务
4月23日　任应红任省招生考试管理中心副巡视员
4月23日　免去任应红省招生考试管理中心副主任职务
4月23日　刘建华任山西行政学院副巡视员
6月15日　林武任山西行政学院院长(兼)
6月15日　免去高建民山西行政学院院长职务
6月28日　免去李志刚山西日报报业集团党委委员、副社级调研员职务,退休
6月28日　免去赵群虎省地方志办公室党组成员职务,退休
6月28日　省社会科学院侯广章试用期满,考核合格,正式任职
6月28日　赵春明任省农业科学院党委委员、副书记
6月28日　免去聂安全省农业科学院党委委员职务
6月28日　省煤炭地质局张学彦、张胤彬试用期满,考核合格,正式任职
6月28日　省地质勘查局江荣试用期满,考核合格,正式任职
6月28日　中国(太原)煤炭交易中心王渊试用期满,考核合格,正式任职
6月28日　中国煤炭博物馆张继宏试用期满,考核合格,正式任职
6月28日　免去蔡世军省省级政府采购中心党组成员职务
6月28日　山西医科大学第一医院韩清华、刘春、郭建昇试用期满,考核合格,正式任职
6月28日　山西医科大学第二医院赵斌试用期满,考核合格,正式任职
6月28日　山西大医院(山西医学科学院)李学文、张莉芸试用期满,考核合格,正式任职
7月4日　省地质勘查局马国兴退休
7月17日　蔡世军任省省级政府采购中心副巡视员
7月17日　免去马国兴省地质勘查局副巡视员职务
7月17日　免去赵群虎省地方志办公室副主任职务
8月3日　免去苏云星省人民医院党委委员职务
8月14日　中国(太原)煤炭交易中心陈贵柱试用期满,考核合格,正式任职
8月14日　省公路局马德文试用期满,考核合格,正式任职
8月14日　省煤炭基本建设局王振海试用期满,考核合格,正式任职
8月14日　省禹门口水利工程管理局常建忠试用期满,考核合格,正式任职
8月27日　候黎晓任省委党校副巡视员
8月27日　省农业科学院张强、李晋陵试用期满,考核合格,正式任职
8月27日　马爱锋任省政府发展研究中心(省政府研究室)党组成员
8月27日　免去王沼、温国贵省公共资源交易中心(省政务服务中心)党组成员职务
8月27日　免去孔令礼省测绘地理信息局党组成员职务
8月27日　闫宝明任省接待办公室副巡视员,免去省接待办公室副主任职务
8月27日　徐钧任山西大医院(山西医学科学院)党委委员、副书记
8月27日　免去徐钧山西医科大学第二医院党委书记、委员,山西医科大学党委常委、委员职务
8月27日　免去刘强山西大医院(山西医学科学院)党委副书记、委员职务
9月18日　省地质勘查局隋进才退休
9月18日　免去韩道亮省接待办公室主任职务,退休

9月25日　免去孔令礼省测绘地理信息局副局长职务
9月25日　免去隋进才省地质勘查局副巡视员职务
9月25日　免去王沼、温国贵省公共资源交易中心（省政务服务中心）副主任职务
9月25日　李新海任省地质勘查局副巡视员
9月25日　王沼、温国贵任省公共资源交易中心（省政务服务中心）巡视员
9月25日　孔令礼任省测绘地理信息局副巡视员
10月17日　申志纯、李雪燕任省公用资源交易中心（省省级政府采购中心）党组成员
10月17日　裴彦明任省测绘地理信息院党委委员
10月17日　侯振全、王五明、张建中任省农业机械发展中心党委委员
10月17日　王双虎、杨建民、韩中文任省招生考试管理中心党委委员
10月17日　免去尹桂郁省直机关行政学院院长职务
10月17日　侯黎晓任山西行政学院副巡视员
10月18日　张志仁任省委党史研究院（省地方志研究院）院长
10月18日　刘益令、钟启元、巨文辉任省委党史研究院（省地方志研究院）副院长
10月18日　焦玉强任山西日报报业集团党委副书记、总编辑（总编辑试用期一年）
10月18日　孟庆耀任山西日报报业集团党委委员、副社长（副社长试用期一年）
10月18日　免去丁伟跃山西日报报业集团党委副书记、委员、总编辑职务
10月18日　杨茂林任省社会科学院（省政府发展研究中心）党组书记
10月18日　宋建平、王凤鸿、侯广章任省社会科学院（省政府发展研究中心）党组成员
10月18日　韩红任省档案馆馆长
10月18日　樊秀清、孔凡春任省档案馆副馆长
10月18日　免去张晓峰省煤炭地质局党委委员职务
10月18日　王宇魁任中国（太原）煤炭交易中心党组书记
10月18日　免去曲剑午中国（太原）煤炭交易中心党组书记职务
10月18日　卫继周任省公共资源交易中心（省省级政府采购中心）党组书记
10月18日　蔡世军任省公共资源交易中心（省省级政府采购中心）副巡视员
10月18日　王拥军任政务服务中心党组书记、主任
10月18日　李德胜任省测绘地理信息院党委书记
10月18日　王进仁任省农业机械发展中心党委书记
10月18日　免去李荣钢省城镇集体工业联合社党组书记职务
10月18日　艾凌宇任省投资促进局党组书记
10月18日　免去焦育峰省投资促进局党组书记职务
10月18日　赵丽华任省招生考试管理中心党委书记
10月23日　免去张晓峰省煤炭地质局副局长职务
10月23日　宋建平、王凤鸿、侯广章任省社会科学院(省政府发展研究中心)副院长
10月23日　李德胜任省测绘地理信息院院长
10月23日　裴彦明任省测绘地理信息院副院长
10月23日　侯振全、王五明、张建中任省农业机械发展中心副主任
10月23日　申志纯、李雪燕任省公共资源交易中心（省省级政府采购中心）副主任
10月23日　王进仁任省农业机械发展中心主任
10月23日　卫继周任省公共资源交易中心(省省级政府采购中心)主任
10月23日　蔡世军任省公共资源交易中心(省省级政府采购中心)副巡视员
10月26日　吴汉圣任山西行政学院院长（兼）
10月26日　免去林武山西行政学院院长职务
11月5日　免去刘建华省委党校（山西行政学院）副巡视员职务，退休
11月9日　杨茂林任省社会科学院（省政府发展研究中心）院长（试用期一年）
11月9日　免去李荣钢省城镇集体工业联合社主任职务
11月9日　王宇魁任中国（太原）煤炭交易中心主任（试用期一年）
11月9日　艾凌宇任省投资促进局局长(试用期一年)
11月9日　免去曲剑午中国(太原)煤炭交易中心主任职务
11月9日　免去焦育峰省投资促进局局长职务
11月21日　韩秀云任省政务服务中心党组成员
11月21日　王秀珍、李晓红任省测绘地理信息院党委委员
11月21日　张本源任省农业机械发展中心党委委员
11月21日　省招生考试管理中心杨建民、韩中文试用期满，考核合格，正式任职
11月21日　山西医科大学第二医院张桓虎试用期满，考核合格，正式任职
11月22日　白晓军任省档案馆副馆长
11月22日　尹新平任省公路局党委书记
11月22日　免去雷天才省公路局党委书记职务
12月4日　免去王晋钢省投资咨询和发展规划院党组成员职务，退休
12月4日　免去杨晋才省城镇集体工业联合社党组成员职务，退休
12月6日　免去马志超省社会科学院国际学术交流中心主任职务
12月6日　免去尹新平省高速公路管理局局长（副厅长级）职务
12月6日　韩秀云任省政务服务中心副主任
12月6日　王秀珍、李晓红任省测绘地理信息院副院长
12月6日　张本源任省农业机构发展中心副主任
12月25日　免去任应红省招生考试管理中心副巡视员职务
12月25日　免去杨晋才省城镇集体工业联合社副主任职务

12月25日 省招生考试管理中心赵丽华试用期满，考核合格，正式任职
12月26日 免去刘明星省委党校（山西行政学院）副校长（副院长）、校务委员职务
12月26日 李占鳌任山西广播电视台党委副书记
12月26日 罗庆东任山西广播电视台党委委员
12月26日 免去成锡锋山西社会主义学院副院长职务
12月26日 刘明星任山西社会主义学院巡视员
12月26日 张涛任省城镇集体工业联合社党组书记

省政府驻外办事处

1月12日 刘亚林任省政府驻广州办事处主任
1月12日 曲志鹏任省政府驻天津办事处副主任（试用期一年）
1月12日 李亚军任省政府驻上海办事处副主任（试用期一年）
1月12日 杨晓珍、王红健任省政府驻广州办事处副主任（试用期一年）
2月6日 韩侠任省政府驻上海办事处主任（试用期一年）
2月8日 省政府驻广州办事处赵新林同志退休
6月28日 张明任省政府驻北京办事处党组成员
6月28日 免去张建平省政府驻北京办事处党组成员职务，退休
7月17日 免去张建平省政府驻北京办事处副主任职务
7月17日 张明任省政府驻北京办事处副主任（试用期一年）
10月18日 魏成生任省政府驻天津办事处党组书记
11月9日 魏成生任省政府驻天津办事处主任（试用期一年）

高等院校

1月16日 忻州师范学院张虎芳试用期满，考核合格，正式任职
1月16日 晋中学院孙西欢试用期满，考核合格，正式任职
1月16日 太原学院郑芳试用期满，考核合格，正式任职
1月16日 忻州职业技术学院梁志文试用期满，考核合格，正式任职
2月8日 免去沈兴全太原理工大学党委副书记、常委、委员职务
2月8日 太原科技大学郭勇义退休
2月8日 免去郭永山西大同大学党委副书记、常委、委员职务
2月8日 免去李玉冰长治医学院党委副书记、常委、委员职务
2月8日 吕梁教育学院李月勤退休
2月8日 山西广播电视大学刘祁杰退休
3月2日 沈兴全任中北大学校长（试用期一年）
3月2日 免去刘有智中北大学校长职务
3月21日 廖允成任山西农业大学党委委员、常委、书记
3月21日 免去陈利根山西农业大学党委书记、常委、委员职务
3月21日 吕梁学院闫保平退休
3月21日 免去丁耀武山西大学党委副书记、常委、委员职务
3月21日 免去李晋杰运城师范高等专科学校党委书记职务，退休
3月21日 免去朱光太原工业学院党委副书记、常委、委员职务，退休
6月28日 免去杨有振山西财经大学党委常委、委员职务，退休
6月28日 免去王军山西医科大学党委副书记、常委、委员职务
6月28日 卫英慧任太原科技大学党委委员、常委、副书记
6月28日 免去左良太原科技大学党委副书记、常委、委员职务
6月28日 免去白培康中北大学党委常委、委员职务
6月28日 王军任忻州师范学院党委委员、常委、书记
6月28日 免去王亦农忻州师范学院党委书记、常委、委员职务
6月28日 邓光辉任晋中学院党委委员、常委、副书记，免去山西财贸职业技术学院党委书记职务
6月28日 姚培林任山西传媒学院党委委员、纪委书记
6月28日 免去李少英山西传媒学院党委委员、纪委书记职务
6月28日 王亦农任山西传媒学院党委委员、书记
6月28日 免去张汉静山西传媒学院党委书记、委员职务
6月28日 白培康任山西工程技术学院党委委员、副书记
6月28日 免去卫英慧山西工程技术学院党委副书记、委员职务
6月28日 免去龚晋文山西职工医学院党委副书记、委员职务
6月28日 冯瑞明任山西财贸职业技术学院党委书记，免去运城学院党委副书记、常委、委员职务
6月28日 柴达任晋中师范高等专科学校党委书记，免去晋中学院党委常委、委员职务
6月28日 路胜利任运城师范高等专科学校党委书记
6月28日 李百选任运城护理职业学院党委书记
6月28日 免去岳建民山西艺术职业学院党委副书记、委员职务
6月28日 张文梅任山西体育职业学院党委委员
6月28日 曹景川任山西体育职业学院党委委员、副书记
6月28日 岳建民任山西体育职业学院党委委员、副书记
6月28日 免去曹跃民山西体育职业学院党委副书记、委员、纪委书记职务，退休
6月28日 吕梁学院熊继军试用期满，考核合格，正式任职
6月28日 长治医学院胡春香、王金胜试用期满，考核合格，正式任职

6月28日　山西工程技术学院王振林、郑捧柱试用期满,考核合格,正式任职
6月28日　山西能源学院孙光辉、孟文俊试用期满,考核合格,正式任职
6月28日　朔州师范高等专科学院邵福试用期满，考核合格,正式任职
6月28日　山西省政法管理干部学院杨军、王宝荷试用期满,考核合格,正式任职
6月28日　山西药科职业学院陕荣善、王仙芝、贾建斌试用期满,考核合格,正式任职
6月28日　山西艺术职业学院王菁华、武绍宏、康凤试用期满,考核合格,正式任职
6月28日　山西水利职业技术学院杨志辉、卢智峰试用期满,考核合格,正式任职
6月28日　山西管理职业学院郭敬仁、宋沧试用期满,考核合格,正式任职
6月28日　山西警官职业学院李麦样试用期满，考核合格,正式任职
6月28日　山西国际商务职业学院徐波试用期满，考核合格,正式任职
6月28日　山西煤炭职业技术学院王计堂试用期满,考核合格,正式任职
6月28日　山西运城农业职业技术学院张苏勤试用期满,考核合格,正式任职
6月28日　运城师范高等专科学校王卫国试用期满,考核合格,正式任职
6月28日　免去苏耀中晋中师范高等专科学院党委书记职务
6月28日　山西师范大学临汾学院梁崇太、孔康民退休
6月28日　免去王国兴运城护理职业学院党委书记职务,退休
7月2日　运城学院梁晋才退休
7月17日　赵春明任省农业科学院院长
7月17日　卫英慧任太原科技大学校长
7月17日　免去乔雄梧省农业科学院院长职务
7月17日　免去聂安全省农业科学院副院长职务
7月17日　免去杨有振山西财经大学副校长职务
7月17日　免去左良太原科技大学校长职务
7月17日　免去柴达晋中学院副院长职务
7月17日　免去卫英慧山西工程技术学院院长职务
7月17日　白培康任山西工程技术学院院长(试用期一年)
7月17日　曹景川任山西体育职业学院院长(试用期一年)
7月17日　免去白培康中北大学副校长职务
7月18日　张文梅任山西体育职业学院副院长(试用期一年)
8月3日　山西金融职业学院崔满红退休
8月23日　免去崔满红山西金融职业学院院长职务
8月27日　黄桂田任山西大学党委委员、常委、副书记
8月27日　免去贾锁堂山西大学党委副书记、常委、委员职务
8月27日　免去高策同志的山西大学党委常委、委员职务
8月27日　常乃军任山西财经大学党委委员、常委、书记
8月27日　免去尹天五山西财经大学党委书记、常委、委员职务
8月27日　山西医科大学李思进试用期满,考核合格,正式任职
8月27日　免去徐钧山西医科大学党委常委、委员职务
8月27日　运城学院薛耀文试用期满,考核合格,正式任职
8月27日　太原学院孙华东试用期满,考核合格,正式任职
8月27日　山西警察学院闫龙江、任向东、尉安俊试用期满,考核合格,正式任职
8月27日　李伟任山西传媒学院党委委员、副书记,免去山西青年职业学院党委书记、委员职务
8月27日　免去王建国山西传媒学院党委副书记、委员职务
8月27日　燕楠任山西艺术职业学院党委委员、副书记
8月27日　山西财贸职业技术学院段文美试用期满,考核合格,正式任职
8月27日　阳泉职业技术学院曹学仁试用期满，考核合格,正式任职
8月27日　晋城职业技术学院邱建国试用期满，考核合格,正式任职
8月27日　毛跟云任山西师范大学临汾学院党委书记
8月27日　免去张支平山西师范大学临汾学院党委书记职务
9月10日　长治医学院李玉冰退休
9月14日　杭侃任山西大学副校长(挂职,期限二年)
9月14日　免去高策山西大学副校长职务
9月25日　黄桂田任山西大学校长(试用期一年)
9月25日　李伟任山西传媒学院院长(试用期一年)
9月25日　田祥宇任山西金融职业学院院长(试用期一年)
9月25日　免去贾锁堂山西大学校长职务
9月25日　免去王建国山西传媒学院院长职务
10月9日　山西能源学院任月勤退休
10月17日　山西大学彭堃墀退休
10月17日　免去王超临汾职业技术学院院长职务
10月18日　符惠明任山西大学党委委员、常委、书记,免去山西师范大学党委书记、常委、委员职务
10月18日　免去师帅山西大学党委书记、常委、委员职务
10月18日　梁吉业任山西大学党委委员、常委,免去太原师范学院党委副书记、常委、委员职务
10月18日　韩勇鸿任山西大学纪委书记
10月18日　李富明任山西大学党委副书记,免去山西大学纪委书记职务
10月18日　李晋平任太原理工大学党委副书记
10月18日　免去顾昭明山西财经大学党委副书记、常委、委员职务
10月18日　卫建国任山西师范大学党委书记
10月18日　杨军任山西师范大学党委委员、常委、副书记
10月18日　免去杨军山西大学党委常委、委员职务
10月18日　张献明任山西师范大学党委常委
10月18日　免去安建平中北大学党委副书记、常委、委员职务

10月18日 刘星任山西中医药大学党委委员、副书记
10月18日 霍世平任太原师范学院党委委员、常委、副书记
10月18日 免去霍世平太原工业学院党委副书记、常委、委员职务
10月18日 刘洪任山西大同大学党委副书记,免去山西大同大学纪委书记职务
10月18日 张有苇任山西大同大学党委委员、常委、纪委书记
10月18日 杨述平任太原工业学院党委委员、常委、副书记
10月21日 省财政税务专科学校杨晓明、冯东元试用期满,考核合格,正式任职
10月23日 免去卫建国山西师范大学校长职务
10月23日 免去梁吉业太原师范学院院长职务
10月23日 免去霍世平太原工业学院院长职务
10月23日 免去韩勇鸿山西大学副校长职务
10月23日 免去李晋平太原理工大学副校长职务
10月23日 梁吉业任山西大学副校长(正校级)
10月23日 霍世平任太原师范学院院长
10月23日 杨述平任太原工业学院院长
11月9日 免去杨军山西大学副校长职务
11月9日 杨军任山西师范大学校长(试用期一年)
11月9日 免去李青山山西中医药大学校长职务
11月9日 刘星任山西中医药大学校长(试用期一年)
11月9日 张献明任山西师范大学副校长(试用期一年)
11月9日 段江燕任临汾职业技术学院院长(试用期一年)
11月22日 岳澎任运城学院党委委员、常委
11月22日 免去岳澎山西管理职业学院党委副书记、委员职务
11月22日 免去郑德明山西工程技术学院党委副书记、委员职务,退休
11月22日 免去贾明建省财政税务专科学校党委书记、委员职务
11月22日 免去符里刚山西建筑职业技术学院党委书记、委员职务
12月4日 山西水利职业技术学院张龙改退休
12月6日 岳澎任运城学院副院长
12月6日 免去岳澎山西管理职业学院院长职务
12月25日 太原科技大学靳秀荣试用期满,考核合格,正式任职
12月25日 长治医学院郑金平试用期满,考核合格,正式任职
12月25日 忻州师范学院李丹、张文玉、张爱龙试用期满,考核合格,正式任职
12月25日 晋中学院李山岗、张存伟试用期满,考核合格,正式任职
12月25日 山西广播电视大学吴斌试用期满,考核合格,正式任职
12月25日 赵建君任山西卫生健康职业学院党委委员、副书记
12月25日 李夏、梁三平任山西卫生健康职业学院党委委员
12月25日 免去杨优帅山西卫生健康职业学院党委委员职务
12月25日 楚龙芬、张越任山西青年职业学院党委委员
12月25日 山西艺术职业学院单红龙试用期满,考核合格,正式任职
12月25日 免去白雁鹏山西戏剧职业学院党委委员职务
12月25日 山西轻工职业技术学院任利成试用期满,考核合格,正式任职
12月26日 刘月社任山西财经大学党委委员、常委、纪委书记
12月26日 沈沛龙任山西财经大学党委常委
12月26日 王新淮任省财政税务专科学校党委委员、书记,免去山西财经大学党委常委、委员、纪委书记职务
12月26日 苏铁熊任中北大学党委常委
12月26日 薛光武任吕梁学院党委委员、常委
12月26日 马向东任吕梁学院党委副书记
12月26日 免去冀建峰吕梁学院党委常委、委员职务
12月26日 暴英杰任山西青年职业学院党委委员、书记
12月26日 冀建峰任省政法管理干部学院党委委员、副书记
12月26日 贺鑫任山西建筑职业技术学院党委委员、书记
12月26日 罗云龙任山西林业职业技术学院党委委员、书记
12月26日 免去宋河山山西林业职业技术学院党委书记、委员职务
12月26日 吴俊生任山西旅游职业学院党委委员、书记
12月26日 免去郑子全山西旅游职业学院党委书记、委员职务
12月26日 刘国垠任山西警官职业学院党委副书记
12月26日 张主社任山西煤炭职业技术学院党委委员、书记,免去山西机电职业技术学院党委书记职务
12月26日 邸峰任山西机电职业技术学院党委书记

群团组织

1月31日 免去田喜荣省总工会主席职务
2月8日 王蕾任省总工会党组书记
2月8日 免去王蕾省社会科学界联合会党组书记职务
2月8日 张云泽任省社会科学界联合会党组书记(正厅长级)
6月28日 温万一任省科学技术协会党组成员,免去省残疾人联合会党组成员职务
6月28日 卫国任省残疾人联合会党组书记
6月28日 免去李亚明省残疾人联合会党组书记职务
7月4日 免去王德贵省科学技术协会巡视员职务,退休
8月3日 免去吴鲁平省供销合作社联合社副巡视员职务,退休
8月14日 省妇女联合会郭凤莲同志退休
8月23日 卫国任山西省第七届联疾人联合会执行理事会理事长
8月23日 赵淑芊、刘晔、李俊温任山西省第七届联疾人联合会执行理事会副理事长
8月27日 张永莉任省妇女联合会党组成员
8月27日 焦惠生任中国国际贸易促进委员会山西省委员

会(中国国际商会山西商会)巡视员,免去中国国际贸易促进委员会山西省委员会(中国国际商会山西商会)副会长职务

9月18日　免去李俊德省供销合作社联合社党组成员、理事会副主任职务,退休

10月11日　免去石跃峰省文学艺术界联合会巡视员职务,退休

10月18日　焦育峰任中国国际贸易促进委员会山西省委员会党组成员

10月18日　刘海芸任省工商业联合会(总商会)党组书记

10月18日　免去杨临生省工商业联合会(总商会)党组书记职务

11月3日　省社科联侯秀娟退休

11月21日　共青团山西省委员会丁国栋试用期满,考核合格,正式任职

11月22日　吕惠兰任省妇女联合会党组成员

11月22日　李少英任省妇女联合会副巡视员

11月22日　武晓武任省工商业联合会(总商会)副巡视员

11月22日　吴波任省残疾人联合会党组成员,免去省妇女联合会党组成员职务

11月22日　免去宋海兵省总工会党组成员职务

11月22日　免去赵淑芊省残疾人联合会党组成员职务

12月4日　省工商业联合会(总商会)郎宝山退休

12月6日　免去尹惠民省残疾人联合会副巡视员职务,退休

12月26日　免去黄巍共青团山西省委党组书记、书记职务

12月26日　郃三亲任省妇女联合会副巡视员

12月26日　王招宇任省文学艺术界联合会党组成员

12月26日　罗向东、张锐锋任省作家协会党组成员,免去省作家协会党组副书记职务

12月26日　王纪山任省社会科学界联合会党组成员,免去省社会科学界联合会党组副书记职务

民主党派

11月5日　免去任衍钢民进山西省委会机关巡视员职务,退休

12月26日　成锡锋任民进山西省委会机关巡视员

省管国有企业

1月12日　高祥明任太原钢铁(集团)有限公司董事长

1月12日　郝孝义任山西航空产业集团有限公司董事长

1月12日　免去李晓波太原钢铁(集团)有限公司董事长职务

3月21日　山西国际能源集团有限公司郭明退休

6月15日　容常青任晋商银行股份有限公司党委委员

6月28日　太原钢铁(集团)有限公司杨海贵退休

6月28日　免去裴西平阳泉煤业(集团)有限责任公司党委常委职务

6月28日　免去琚林勇山西出版传媒集团有限责任公司党委委员职务

6月28日　免去崔明光山西演艺(集团)有限责任公司党委副书记、委员职务,退休

7月2日　免去武晋生阳泉煤业(集团)有限责任公司党委常委职务,退休

7月18日　免去裴西平阳泉煤业(集团)有限责任公司董事职务

7月18日　免去琚林勇山西出版传媒集团有限责任公司董事职务

7月18日　免去崔明光山西演艺(集团)有限责任公司董事长职务

8月14日　王敏任山西焦煤集团有限责任公司党委常委、纪委书记,免去太原重型机械集团有限公司纪委书记、党委常委职务

8月14日　免去王廉敏山西焦煤集团有限责任公司纪委书记职务

8月14日　免去王克军山西焦煤集团有限责任公司总经济师(副总经理待遇)职务

8月14日　王保玉、王锁奎、郑绍祖任山西晋城无烟煤矿业集团有限责任公司党委常委

8月14日　张秀山任山西能源交通投资有限公司党委委员、纪委书记

8月14日　免去张广明山西能源交通投资有限公司纪委书记职务

8月14日　孟俊国任省文化旅游投资控股集团有限公司党委常委,免去阳泉煤业(集团)有限责任公司党委副书记、常委职务

8月27日　大同煤矿集团有限责任公司王宏退休

8月27日　周刚任阳泉煤业(集团)有限责任公司党委常委、纪委书记

8月27日　姚志胜任山西潞安矿业(集团)有限责任公司党委常委、纪委书记

8月27日　赵玉宏任山西晋城无烟煤矿业集团有限责任公司党委常委、纪委书记

8月27日　山西能源交通投资有限公司赵敏崎退休

8月27日　梁军任山西演艺(集团)有限责任公司党委副书记

8月27日　高建兵任太原钢铁(集团)有限公司党委副书记

9月14日　免去王敏太原重型机械集团有限公司董事职务

9月25日　高建兵任太原钢铁(集团)有限公司副董事长

9月25日　梁军任山西演艺(集团)有限责任公司副董事长

10月9日　免去赵书槐省文化旅游投资控股集团有限公司专职党委副书记、党委常委职务,退休

10月9日　山西出版传媒集团有限责任公司王宇鸿退休

10月9日　免去成团生山西演艺(集团)有限责任公司党委委员职务,退休

10月17日　免去赵书槐省文化旅游投资控股集团有限公司副董事长、董事职务

10月17日　李华任太原钢铁(集团)有限公司党委常委

10月17日 崔建军任大同煤矿集团有限责任公司党委常委、副书记
10月17日 免去张有喜大同煤矿集团有限责任公司党委常委职务
10月17日 王永革任阳泉煤业(集团)有限责任公司党委常委、副书记
10月17日 史峰任太原重型机械集团有限公司党委常委、纪委书记
10月17日 陈旭忠任晋能集团有限公司党委常委、副书记
10月17日 免去陈旭忠大同煤矿集团有限责任公司党委常委职务
10月17日 免去王启瑞晋能集团有限公司党委常委职务
10月17日 免去栗建强晋商银行股份有限公司党委委员职务
10月17日 李文芳任山西出版传媒集团有限责任公司专职党委副书记,免去山西出版传媒集团有限公司纪委书记职务
10月17日 雷俊林任山西出版传媒集团有限责任公司党委委员
10月17日 赵东军任山西出版传媒集团有限责任公司党委委员、纪委书记
10月18日 郭金刚任大同煤矿集团有限责任公司党委书记
10月18日 免去张有喜大同煤矿集团有限责任公司党委书记职务
10月18日 李国彪任晋能集团有限公司党委书记
10月18日 免去王启瑞晋能集团有限公司党委书记职务
10月23日 李华任太原钢铁(集团)有限公司董事
10月23日 免去王启瑞晋能集团有限公司董事职务
10月23日 免去王启瑞晋能集团有限公司董事长职务
11月3日 太原钢铁(集团)有限公司周宜洲退休
11月9日 李国彪任晋能集团有限公司董事长
11月9日 陈旭忠任晋能集团有限公司董事、副董事长
11月9日 李文芳任山西出版传媒集团有限责任公司副董事长
11月21日 太原钢铁(集团)有限公司王一德退休
11月21日 杨乃时、高彦清任阳泉煤业(集团)有限责任公司党委常委
11月21日 郭守俊任省文化旅游投资控股集团有限公司党委常委
12月4日 大同煤矿集团有限责任公司卢国梁退休
12月4日 山西晋城无烟煤矿业集团有限责任公司都新建退休
12月25日 黄巍任山西焦煤集团有限责任公司党委常委、副书记
12月25日 白雁鹏任山西演艺(集团)有限责任公司党委委员
12月25日 免去张志方、谢力太原钢铁(集团)有限公司党委常委职务
12月25日 王茂盛任山西焦煤集团有限责任公司党委常委
12月25日 免去武华太山西焦煤集团有限责任公司党委常委职务
12月25日 免去金智新山西焦煤集团党委副书记、常委职务
12月25日 免去邓保平山西焦煤集团有限责任公司党委常委职务
12月25日 免去文生元、靳华大同煤矿集团有限责任公司党委常委职务
12月25日 刘俊义任山西潞安矿业(集团)有限责任公司党委常委、副书记
12月25日 免去游浩山西潞安矿业(集团)有限责任公司党委副书记、常委职务
12月25日 免去王志清山西潞安矿业(集团)有限责任公司党委专职副书记、常委职务
12月25日 免去王光彪山西潞安矿业(集团)有限责任公司党委常委职务
12月25日 免去孙玉福山西潞安矿业(集团)有限责任公司党委常委职务
12月25日 免去张丛林山西潞安矿业(集团)有限责任公司党委常委职务
12月25日 免去张虎龙山西晋城无烟煤矿业集团有限责任公司党委专职副书记职务
12月25日 免去丁永平太原重型机械集团有限公司专职党委副书记、常委职务
12月25日 免去张克斌太原重型机械集团有限公司党委常委职务
12月25日 免去韩振贵晋能集团有限公司党委常委职务
12月25日 免去邢海洋山西能源交通投资有限公司党委委员职务
12月25日 免去赵石岗山西能源交通投资有限公司党委委员职务
12月25日 免去刘顺平省文化旅游投资控股集团有限公司党委常委职务
12月25日 免去周存信山西交通控股集团有限公司党委委员职务
12月25日 免去赵队家山西交通控股集团有限公司党委委员职务
12月25日 邓保平任山西航空产业集团有限公司党委委员、专职副书记
12月25日 高天光任山西航空产业集团有限公司党委委员
12月25日 免去梁洪逵山西航空产业集团有限公司党委委员职务
12月25日 免去梁宝印山西出版传媒集团有限责任公司党委委员职务
12月25日 梅备荒、肖思任山西广电信息网络(集团)有限责任公司党委委员
12月25日 刘铁军任山西影视(集团)有限责任公司党委委员
12月25日 武立强任山西演艺(集团)有限责任公司党委委员
12月26日 王茂盛任山西焦煤集团有限责任公司党委书记
12月26日 免去武华太山西焦煤集团有限责任公司党委书记职务
12月26日 贾新田任山西出版传媒集团有限责任公司党委委员、书记,免去山西演艺(集团)有限责任公司党

委书记、委员职务
12月26日 免去梁宝印山西出版传媒集团有限责任公司党委书记职务
12月26日 贺建平任山西演艺(集团)有限责任公司党委委员、书记

各 市

太原市

1月16日 任书文退休
1月16日 马江不再担任清徐县人民检察院检察长职务
1月16日 张嵩不再担任太原市尖草坪区人民法院院长职务
2月8日 张政退休
3月21日 傅建荣退休
8月14日 周雪松不再担任太原市晋源区人民法院院长职务
8月14日 张建农不再担任太原市杏花岭区人民法院院长职务
8月14日 陈荣克不再担任太原市小店区人民法院院长职务
8月14日 刘三娃不再担任古交市人民法院院长职务
8月27日 免去李浓太原市委常委、委员职务
11月22日 卢秋生任太原市委委员
12月26日 李文权任太原市委委员、杏花岭区委书记
12月26日 卢俊峰任太原市委委员、尖草坪区委书记
12月26日 裴耀军任阳区县委书记
12月26日 翟永清任太原市委委员、古交市委书记
12月26日 免去贾慕权太原市委委员、古交市委书记职务
12月26日 免去刘晋萍太原市委委员、阳曲县委书记职务
12月26日 免去张文广太原市委常委、委员职务
12月26日 免去李贵增太原市委委员、尖草坪区委书记职务

大同市

2月8日 刘振国任大同市委副书记,不再担任大同市副市长职务
3月21日 赤建忠退休
5月24日 张韬任大同市平城区委书记
5月24日 任希杰任大同市云冈区委书记
5月24日 王凤瑞任大同市云州区委书记
6月28日 张小光退休
7月26日 赵宇任浑源县委书记
7月26日 免去张清河大同市委委员和浑源县委书记职务
10月9日 程廷龙退休
10月17日 免去张有弗大同市纪委副书记职务
11月3日 陈昌辉退休
11月22日 尉连生任大同市委常委,不再担任大同市副市长职务
12月4日 曹世平退休
12月26日 郝献民任大同市委委员
12月26日 任希杰任大同经济技术开发区党工委书记、管委会主任,免去大同市云冈区委书记职务
12月26日 苏智任大同市云冈区委书记,免去左云县委书记职务
12月26日 尹海斌任大同市委委员、左云县委书记
12月26日 免去荆虎大同经济技术开发区党工委书记、管委会主任职务
12月26日 武保洲不再担任大同市政协副主席职务

朔州市

2月8日 操学诚任朔州市委委员、常委、副书记(保留正厅长级)
2月8日 免去李根田朔州市委常委、委员职务
3月21日 温日平不再担任朔州市人大常委会副主任职务,退休
3月29日 武日强不再担任朔州市朔城区人民检察院检察长职务
5月24日 刘亮任怀仁市委书记
5月24日 免去句爱云朔州市纪委副书记职务
8月14日 张乐祥任朔州市纪委副书记
8月14日 免去胡伟朔州市纪委副书记职务
9月18日 侯元不再担任朔州市人大常委会副主任职务,退休
11月22日 免去王志刚朔州市委委员职务,不再担任朔州市副市长职务
11月22日 免去郛光明朔州市委委员职务,不再担任朔州市公安局局长职务
12月26日 吴秀玲任朔州市委常委
12月26日 武跃飞任朔州市委委员
12月26日 吴晓斌任朔州市朔城区委书记,免去朔州市平鲁区委书记职务
12月26日 刘旋任朔州市委委员、平鲁区委书记
12月26日 免去张立新朔州市朔城区委书记职务
12月26日 任平龙不再担任朔州市政协副主席职务
12月26日 免去兰成国朔州市委委员、应县县委书记职务

忻州市

8月3日 李永胜退休
8月27日 免去张钰祥忻州市忻府区委书记和忻州市委委员职务
10月18日 免去赵志坚忻州市委常委职务,免去杨述平同志的忻州市委委员和原平市委书记职务
11月22日 李效玲不再担任忻州市政协副主席职务
12月26日 李树东不再担任忻州市人大常委会副主任职务

12月26日 崔向松任忻州市委委员、忻府区委书记
12月26日 李贵增任忻州市委委员、原平市委书记

吕梁市

1月28日 李建国任交城县委书记
2月8日 免去郭长风吕梁市委党校常务副校长职务，退休
6月28日 李真任吕梁市委委员、孝义市委书记
6月28日 免去马文革吕梁市委委员、孝义市委书记职务
10月18日 免去张敬平吕梁市委常委、委员职务，不再担任吕梁市副市长职务
12月25日 免去张振明吕梁市纪委副书记和市监察委员会副主任职务
12月26日 任忠任吕梁市委委员、常委
12月26日 乔晓峰任吕梁市委常委
12月26日 刘晋萍任吕梁市委委员
12月26日 张振明任交城县委书记
12月26日 郭红波任汾阳市委书记
12月26日 赵建喜任吕梁市委委员、柳林县委书记
12月26日 免去武跃飞吕梁市委委员、汾阳市委书记职务
12月26日 免去李建国交城县委书记职务
12月26日 免去郝继平吕梁市委委员、柳林县委书记职务

晋中市

1月21日 王成任晋中市委书记
1月21日 免去胡玉亭晋中市委书记、常委、委员职务
1月31日 张志刚任晋中市委委员、常委
1月31日 免去唐立浩晋中市委常委、委员职务
2月8日 赵建平任晋中市委委员、常委、副书记
2月8日 王成不再担任晋中市市长职务
5月24日 干晋左不再担任晋中市榆次区人民检察院检察长职务
6月28日 张宝中退休
8月14日 樊利明不再担任榆社县人民法院院长职务
8月14日 宁尧不再担任灵石县人民法院院长职务
8月14日 梁守义不再担任灵石县人民检察院检察长职务
8月14日 魏智勇不再担任平遥县人民检察院检察长职务
8月14日 张军不再担任祁县人民法院院长职务
8月14日 赵建军不再担任太谷县人民法院院长职务
8月14日 高屹不再担任太谷县人民检察院检察长职务
8月14日 李道华不再担任介休市人民法院院长职务
8月14日 陈延廷不再担任介休市人民检察院检察长职务
8月14日 文建平不再担任晋中市榆次区人民法院院长职务
8月14日 尹教礼不再担任昔阳县人民检察院检察长职务
8月14日 张群星不再担任寿阳县人民检察院检察长职务
8月14日 张晓玲不再担任左权县人民检察院检察长职务
8月14日 冯耀环不再担任和顺县人民检察院检察长职务
8月27日 免去黄海涛晋中市委委员职务，不再担任晋中市副市长职务
10月18日 南世勤任晋中市委委员
10月18日 免去闫绪安晋中市委委员职务，不再担任晋中市人民检察院检察长职务
11月5日 王纪萍不再担任晋中市人大常委会副主任职务，退休
11月22日 文竑烜任晋中市委委员、常委
11月22日 免去许杰真晋中市委常委、委员职务
12月4日 黄耀春退休
12月26日 赵庆华不再担任晋中市政协主席职务
12月26日 免去王建林晋中市委常委职务
12月26日 免去王根元昔阳县委书记职务
12月26日 冯建平不再担任晋中市人大常委会主任职务
12月26日 陈定堂不再担任晋中市人大常委会副主任职务
12月26日 鹿建平任晋中市委常委，不再担任晋中市政协副主席职务
12月26日 许利伟任晋中市委委员、昔阳县委书记
12月26日 杨隽任晋中市委委员、寿阳县委书记
12月26日 刘伟任晋中市委委员、太谷县委书记
12月26日 免去郝鹏鸿寿阳县委书记职务
12月26日 郭建文任晋中市委委员
12月26日 免去任忠晋中市委委员职务，不再担任晋中市副市长职务
12月26日 免去王怀民晋中市委委员、太谷县委书记职务

阳泉市

1月16日 任美福退休
1月31日 关建勋任阳泉市委委员、常委、书记
1月31日 免去陈永奇阳泉市委书记、常委、委员职务
5月24日 免去谭伟中阳泉市纪委副书记职务
8月14日 郭彦云任阳泉市纪委副书记
8月27日 韩加政任阳泉市城区区委书记
8月27日 免去张晋阳泉市城区区委书记职务
8月27日 黄海涛任阳泉市委委员、常委
8月27日 免去马爱锋阳泉市委常委、委员职务，不再担任阳泉市副市长职务
11月22日 孙季鸿任阳泉市委委员、常委
11月22日 免去田桂明阳泉市委常委、委员职务
11月22日 潘海燕不再担任阳泉市副市长职务
12月4日 吴丽萍退休
12月26日 李文兵任阳泉市委委员
11月22日 刘志强不再担任阳泉市人大常委会副主任职务

长治市

1月31日 孙大军任长治市委委员、常委、书记

1月31日　唐立浩任长治市委委员、常委、副书记
1月31日　免去席小军长治市委书记、常委、委员职务
5月28日　谷明任长治市委委员、常委和市纪委书记
5月28日　免去马彪长治市委常委、委员和市纪委书记职务,不再担任长治市监察委员会主任职务
6月28日　王辅刚、郭健福退休
9月10日　王进军退休
10月18日　胡勇任长治市潞州区委书记
10月18日　王现敏任长治市上党区委书记
10月18日　李文兵任长治市潞城区委书记
10月18日　马先明任长治市屯留区委书记
11月22日　艾志军任长治市委委员、常委
11月22日　免去密国林长治市委常委、委员职务
12月26日　尚日红任长治市委委员
12月26日　李进军不再担任长治市人大常委会副主任职务
12月26日　秦苏良任长治市潞城区委书记
12月26日　免去李文兵长治市委委员、潞城区委书记职务
12月26日　石建旺不再担任长治市副市长职务

晋城市

2月8日　李根田任晋城市市委委员、常委、副书记
6月28日　杜培德退休
10月18日　范兆森任晋城市委常委,晋城经济技术开发区党工委书记、管委会主任,免去高平市委书记职务
10月18日　免去焦光善晋城市委常委职务
10月18日　免去程琳晋城经济技术开发区管委会主任职务
11月21日　免去卢平晋城市纪委副书记和市监察委员会副主任职务
11月22日　武健鹏任晋城市委委员
12月25日　李宏军任晋城市纪委副书记
12月25日　免去张军晋城市纪委副书记和市监察委员会副主任职务
12月26日　廖军、孔庆鹏不再担任晋城市人大常委会副主任职务
12月26日　陈建国不再担任晋城市政协副主席职务
12月26日　胡晓刚任高平市委书记,免去陵川县委书记职务
12月26日　王文全任晋城市委委员、城区区委书记
12月26日　侯贵宝任晋城市委委员、陵川县委书记
12月26日　免去王学忠晋城市委委员、城区区委书记职务

临汾市

1月16日　孙立杰不再担任乡宁县人民法院院长职务
1月31日　免去乔建军临汾市委委员职务,不再担任临汾市人大常委会主任职务
2月8日　张成梁退休
3月21日　陈小洪不再担任临汾市政协主席职务
3月21日　免去张建平临汾市委常委职务
3月21日　谢碧玲退休
6月28日　免去王天郎临汾市委党校常务副校长职务,退休
11月3日　毛克明退休
11月22日　潘海燕任临汾市委委员
11月22日　免去王兵临汾市委委员职务,不再担任临汾市副市长职务
12月26日　张勇任临汾市委委员
12月26日　马德荣不再担任临汾市副市长、市公安局局长职务,免去临汾市委委员职务
12月26日　郝忠祥任临汾市委常委
12月26日　杨保春任曲沃县委书记
12月26日　庞明明任临汾市委委员、古县县委书记
12月26日　乔飞鸿任浮山县委书记
12月26日　免去郭惠勇临汾市委委员、曲沃县委书记职务
12月26日　免去郝献民临汾市委委员、古县县委书记职务
12月26日　免去史全喜临汾市委委员、浮山县委书记职务

运城市

3月21日　肖暹东退休
6月28日　王健康、史海涌退休
8月3日　裴良杰退休
8月27日　免去李曾贵运城市委常委、委员和市纪委书记职务,不再担任运城市监察委员会主任职务
8月27日　李浓任运城市委委员、常委
8月27日　免去齐海斌运城市委常委、委员职务
9月18日　胡宝不再担任运城市政协副主席职务,退休
10月9日　王胜、孙涛锁退休
10月17日　鲁双良不再担任绛县人民检察院检察长职务
10月18日　周跃武任运城市委委员、常委和市纪委书记
12月26日　免去董旭光芮城县委书记职务
12月26日　免去王吉敏运城市盐湖区委书记职务
12月26日　侯伟建不再担任运城市人大常委会副主任职务
12月26日　李哲任运城市盐湖区委书记
12月26日　段慧刚任运城市委委员、闻喜县委书记
12月26日　张建军任芮城县委书记
12月26日　免去王瑞宝运城市委副书记、常委、委员职务
12月26日　免去张汪尤运城市委委员、闻喜县委书记职务

其　他

1月12日　李政文任山西省关心下一代工作委员会主任
1月12日　安焕晓任山西省关心下一代工作委员会执行主任
1月12日　武正国不再担任山西省关心下一代工作委员会主任
9月25日　免去赵建生省农业综合开发办公室主任(副厅长级)职务

9月25日 免去李汝德省计划生育协会专职副会长(副厅长级)职务

10月23日 免去米杰省无线电管理局局长职务

10月23日 陈永奇任省绿化委员会主任

11月9日 贺天才任省绿化委员会主任

11月9日 免去陈永奇省绿化委员会主任职务

(本栏目内容由省委组织部、省人大常委会办公厅、省人社厅提供)

大事记

中共山西2018年大事记

1 月

山西省委经济工作会议召开

2日—3日 山西省委经济工作会议在太原召开。省委书记骆惠宁作重要讲话。会议学习贯彻习近平新时代中国特色社会主义经济思想和中央经济工作会议精神，总结2017年全省经济工作，分析当前经济形势，部署2018年乃至今后一个时期的经济工作。省委副书记、省长楼阳生作具体安排，并作了总结讲话。会议深刻阐述以新发展理念为主要内容的习近平新时代中国特色社会主义经济思想的重大意义。

山西省企业家大会召开

3日 全省企业家大会在太原召开，省委书记骆惠宁出席并讲话，他强调，要深入贯彻落实党中央决策部署，在全省进一步营造企业家健康成长环境，弘扬优秀企业家精神，形成一支在国内外有重要影响力的三晋企业家队伍，共同为谱写好新时代中国特色社会主义山西篇章不懈奋斗。省委副书记、省长楼阳生主持会议并对贯彻落实大会精神提出要求。

大寨干部学院成立

5日 大寨干部学院揭牌仪式在昔阳县大寨村举行。大寨干部学院作为基地教学和开展全方位干部教育培训工作的重要载体，是省委确定并重点支持建设的4个省级党性教育基地之一。建设大寨干部学院，是深入贯彻落实中央"关于加强红色基因教育"部署要求的具体行动，也是进一步引深学习宣传贯彻习近平新时代中国特色社会主义思想的务实举措。

《关于全面贯彻落实国家机关"谁执法谁普法"普法责任制的实施意见》印发

同日 中共山西省委办公厅、山西省人民政府办公厅印发《关于全面贯彻落实国家机关"谁执法谁普法"普法责任制的实施意见》。

省委召开市委书记党(工)委书记履行责任制情况述职评议会

同日 省委召开市委书记党(工)委书记履行责任制情况述职评议会。省委书记骆惠宁主持并讲话。各市委书记、党(工)委书记围绕落实党风廉政建设、意识形态工作、维护稳定、抓基层党建、脱贫攻坚责任制情况进行了述职。5位省级领导按照工作分工进行了点评。骆惠宁从讲政治把方向、强本领提水平、勇开拓有作为、敢担当讲奉献四个方面，对市委书记和党(工)委书记提出要求，指出"一把手"居于班子中枢，肩负重大责任，起着关键作用。进入新时代，要自觉坚持以习近平新时代中国特色社会主义思想为指导，进一步提高政治站位，把坚定维护核心和党中央权威，体现在贯彻落实好党的大政方针、实在解决问题的行动中。要更好地观大势、谋全局、践使命，自觉确立新姿态、抓好硬任务、作出好样子，推动各项责任制落到实处，促进整体工作水平全面提升。中组部有关同志到会听取述职，并对述职同志进行了民主测评。

《山西省营造企业家健康成长环境弘扬优秀企业家精神更好发挥企业家作用的若干措施》出台

9日 中共山西省委、山西省人民政府出台《山西省营造企业家健康成长环境弘扬优秀企业家精神更好发挥企业家作用的若干措施》。

省委召开常委扩大会议

16日 省委召开常委扩大会议，传达习近平总书记在中央政治局民主生活会上的重要讲话和中央政治局民主生活会情况通报。省委书记骆惠宁主持会议，并就贯彻提出明确要求。

省军区召开党委十一届二次全体(扩大)会议

16日—18日 省军区党委十一届二次全体(扩大)会议在太原召开。会议传达中央军委扩大会议、军委国防动员部和中部战区党委扩大会议精神，省委书记、省军区党委第一书记骆惠宁出席并讲话。省军区党委书记、政治委员郭志刚作党委工作报告。省军区党委副书记、司令员邹小平讲话。省军区党委常委、副政委兼纪委书记傅永国作纪委工作报告。

骆惠宁对省军区2017年工作给予高度评价。会议对年度工作先进单位和个人进行了表彰。

省委召开常委扩大会议传达学习习近平总书记在党的十九届二中全会上的重要讲话精神

21日 省委书记骆惠宁主持召开省委常委扩大会议，传达学习习近平总书记在党的十九届二中全会上的重要讲话精神，就贯彻落实作出安排。

省委召开常委会议

同日 省委书记骆惠宁主持召开十一届省委第58次常委会议，学习贯彻习近平总书记在十九届中央纪委二次全会上的重要讲话和中纪委工作部署，传达全国组织部长会议、全国宣传部长会议精神，研究贯彻落实意见，举行省委常委班子民主生活会专题学习研讨。

刘新云任山西省副省长、公安厅厅长，曲孝丽任山西省副省长

22日 省十二届人大常委会第四十三次会议召开，决定任命刘新云为山西省副省长、省公安厅厅长，曲孝丽为山西省副省长。在省人大常委会主任会议的组织下，新任命人员进行了宪法宣誓。

省政协十二届一次会议召开

24日—30日 省政协十二届一次会议在太原召开。

省十三届人大一次会议召开

25日—31日 省十三届人大一次会议在太原召开。大会正式会期6天半，共安排十四项议程：一是听取和审议山西省人民政府工作报告；二是审查和批准省人民政府关于山西省2017年国民经济和社会发展计划执行情况与2018年国民经济和社会发展计划（草案）的报告，批准山西省2018年国民经济和社会发展计划；三是审查和批准省人民政府关于2017年全省和省本级预算执行情况与2018年全省和省本级预算（草案）的报告，批准山西省2018年省本级预算；四是听取和审议山西省人民代表大会常务委员会工作报告；五是听取和审议山西省高级人民法院工作报告；六是听取和审议山西省人民检察院工作报告；七是选举山西省第十三届人民代表大会常务委员会主任、副主任、秘书长、委员；八是选举山西省人民政府省长、副省长；九是选举山西省监察委员会主任；十是选举山西省高级人民法院院长；十一是选举山西省人民检察院检察长；十二是选举山西省出席第十三届全国人民代表大会代表；十三是通过山西省第十三届人民代表大会各专门委员会组成人员名单；十四是其他事项。

黄晓薇当选省政协主席

29日 省政协十二届一次会议举行了第四次全体会议。黄晓薇当选为十二届省政协主席。李正印、李晓波、张瑞鹏、席小军、李武章、李青山、谢红、李思进当选十二届省政协副主席。赵光国当选为十二届省政协秘书长。丁文禄、卫忠平等97人当选为十二届省政协常务委员。

骆惠宁当选省人大常委会主任，楼阳生当选省人民政府省长

30日 在省十三届人大一次会议第四次全体会议上，骆惠宁当选省十三届人大常委会主任，郭迎光、卫小春、李悦娥、高卫东、岳普煜、李俊明当选省十三届人大常委会副主任。楼阳生当选省人民政府省长。任建华当选省监察委员会主任。邱水平当选省高级人民法院院长。杨景海当选省人民检察院检察长。

2 月

省十三届人大常委会举行第一次会议

1日 省十三届人大常委会举行第一次会议，审议省人大常委会主任会议、省政府、省监察委员会提请审议的人事任命议案，书面征求对《省人大常委会2018年工作要点》的意见。大会共召开两次全体会议。第一次全体会议由省委书记骆惠宁主持。通过会议议程后，被提请任命人员作了供职发言。第二次全体会议由省人大常委会副主任郭迎光主持。会议表决通过了人事任命名单。骆惠宁向通过任命人员颁发任命书。新任命人员进行了宪法宣誓。骆惠宁指出，以这次会议为标志，省十三届人大常委会开始履行宪法和法律赋予的庄严职责。我们要坚持以习近平新时代中国特色社会主义思想为指引，在省委领导下，以对党和人民高度负责的精神，认真依法履职，勤勉扎实工作，不断推动全省人大工作与时俱进、完善发展，为把新时代中国特色社会主义在山西推向前进作出新的更大贡献。骆惠宁强调，省人大常委会今后工作，要注重把握好五个方面：一要坚持党的领导，把牢政治方向。二要服从服务大局，突出履职重点。三要把握特点规律，增强工作实效。四要密切联系群众，增进人民福祉。五要加强自身建设，提升工作本领。

骆惠宁主持召开省委国有企业改革发展和党建工作领导小组会议

2日 省委书记、省人大常委会主任骆惠宁主持召开省委国有企业改革发展和党建工作领导小组会议，分析国企国资改革形势，审议《2018年山西省深化国企国资改革行动方案》，研究部署重点工作。会议强调，做好今年的国企国资改革意义重大，一要瞄准改革目标。二要加强国企党建。三要注重统筹协调。

省委召开常委会议

8日 省委书记骆惠宁主持召开十一届省委第62次常委会议，传达十九届中央第一轮巡视工作动员部署会、中央政法工作会议、全国扫黑除恶专项斗争电视电话会议和全国统战部长会议精神，研究贯彻落实意见。审议通过《省委常委会2018年工作要点》、省纪委十一届三次全会文件和《关于推进乡村振兴战略的实施意见》。

《关于支持山西大学和太原理工大学率先发展的若干意见》印发

同日 中共山西省委办公厅、山西省人民政府办公厅印发《关于支持山西大学和太原理工大学率先发展的若干意见》。

中共山西省十一届纪委第三次全体会议召开

9日 中共山西省十一届纪委第三次全体会议在太原召

开,省委书记骆惠宁作重要讲话。

全省脱贫攻坚报告会召开

28日 省脱贫攻坚领导小组在太原召开全省脱贫攻坚报告会。省委常委、组织部长吴汉圣出席并讲话,副省长陈永奇主持。会议宣读了人力资源和社会保障部、国务院扶贫办关于授予代县峪口乡段家湾村党支部书记兼村委会主任刘桂珍同志"全国脱贫攻坚模范"称号的决定,通报了全省扶贫领域作风和腐败问题6起典型案件。脱贫攻坚先进事迹报告团刘桂珍、雷茂端、李飞、巨彦军4位同志分别作了报告。

3 月

省委召开常委扩大会议

1日 省委书记骆惠宁主持召开省委常委扩大会议,传达学习习近平总书记在十九届三中全会上受中央政治局委托作的工作报告、习近平总书记在十九届三中全会第二次全体会议上的讲话和《中共中央关于深化党和国家机构改革的决定》,结合山西实际提出贯彻落实意见。

山西代表团审议政府工作报告

5日 十三届全国人大一次会议山西代表团举行全体会议,审议李克强总理所作的政府工作报告。代表团团长骆惠宁主持并发言,代表团第一副团长楼阳生发言。骆惠宁说,李克强总理的报告具有以下鲜明特点与亮点:一是通篇体现了以习近平同志为核心的党中央对经济工作的重大决策部署,把党的全面领导贯穿到政府工作中。二是总结工作既指出了过去五年的重大成就,同时注重揭示五年来经济发生的重大结构性变化。三是直面制约发展的突出问题,回应了人民群众的现实关切。四是讲政府自身建设贯穿了全面从严治党的要求,强调为人民干事是天职,不干是失职。这是一个政治站位高、求真务实、改革创新、引领发展的好报告。我完全赞成。楼阳生在发言时说,我完全赞成和拥护李克强总理代表国务院作的政府工作报告。报告最大的亮点是政治站位高、"四个意识"强,高举习近平新时代中国特色社会主义思想伟大旗帜,全面贯彻了党的十九大和中央经济工作会议精神,通篇贯穿了新发展理念、稳中求进工作总基调、供给侧结构性改革主线和高质量发展要求,顺应了人民日益增长的美好生活需要。黄庆学、武宏文、邢利民等代表分别就以科技创新为引领、推动山西转型发展,加快转型升级、走出发展新路,加快乡村振兴等方面作了发言。中纪委副书记、监察部副部长陈小江,国家发展改革委、国家能源局、财政部及政府工作报告起草组等国家相关部委负责人到会听取审议意见。

十三届全国人大一次会议期间骆惠宁、楼阳生分别接受人民日报、新华社记者采访

9日 十三届全国人大一次会议山西代表团举行媒体开放日,全国人大代表、省委书记、省人大常委会主任骆惠宁就资源型经济转型发展接受了人民日报记者的采访。全国人大代表、省长楼阳生就加快发展文化旅游业接受新华社记者采访。

国务院批准山西省成为国家标准化综合改革试点省

12日 国务院已正式批准山西省开展国家标准化综合改革试点工作,标志着山西标准化综合改革翻开新的一页,为山西综改示范区先行先试又增加了新项目。

省委召开传达贯彻全国"两会"精神会议

22日 省委召开传达贯彻全国"两会"精神会议。省委书记骆惠宁主持会议并讲话,他强调,要以习近平新时代中国特色社会主义思想为指引,全面贯彻落实全国"两会"精神,锐意进取,扎实工作,按照省委安排部署,在贯彻落实党的十九大精神开局之年开好局、起好步,推动山西各项事业再上新台阶。

《关于推进乡村振兴战略的实施意见》印发

23日 中共山西省委、山西省人民政府印发《关于推进乡村振兴战略的实施意见》。

骆惠宁在朔州市调研

26日—28日 省委书记骆惠宁在朔州市调研。

省委召开常委会议

29日 省委书记骆惠宁主持召开十一届省委第68次常委会议,审议《关于开展民生领域腐败和不正之风专项整治的工作方案》,对引深全省扫黑除恶专项斗争作出部署,审议《2018年法治山西建设工作要点》《政协山西省委员会2018年度协商工作计划》《省委中心组2018年理论学习计划》,审定2017年度目标责任考核结果及2018年度考核指标设置的建议。

《中共山西省委关于贯彻中央巡视工作要求做到边巡边改的重点任务和责任清单》印发

30日 中共山西省委办公厅印发《中共山西省委关于贯彻中央巡视工作要求做到边巡边改的重点任务和责任清单》。

4 月

孙春兰在山西调研

8—10日 中共中央政治局委员、国务院副总理孙春兰深入吕梁市临县、兴县的医院、乡镇卫生院、村卫生室和贫困户,走访看望大病患者、因病致贫群众和医务人员,详细了解健康扶贫工作情况,并主持召开座谈会听取地方政府、医疗机构和基层干部群众的意见建议。孙春兰强调,要深入学习贯彻习近平新时代中国特色社会主义思想,认真落实党中央、国务院决策部署,扎实推进健康扶贫和教育扶贫工程,聚焦深度贫困地区和特殊贫困群体,采取精准有效帮扶措施,切实保障贫困人口基本医疗和受教育水平,为打好打赢脱贫攻坚战、决胜全面建成小康社会作出应有贡献。

省委选派40名优秀年轻干部赴东部发达地区挂职锻炼

9日 省委组织部召开选派优秀年轻干部到东部发达地区挂职锻炼座谈会,省委常委、组织部部长吴汉圣与挂职干部进行集体谈话。这次选派的干部来自全省11个市和省发改委、省转型综改示范区、省国有资本投资运营公司等11个单位。选派的40人中,副厅级干部4名、处级干部36名,副厅级干部一般挂任开发区班子成员或深圳市下辖区副区长，处级干部主要安排在开发区综合业务部门担任相应职务或深圳市下辖区街道班子成员。

骆惠宁在吕梁市、太原市调研

9日—10日　省委书记骆惠宁在吕梁市临县、方山、岚县和太原市娄烦等地调研。

骆惠宁参加省城义务植树活动

11日　省委书记骆惠宁等省领导集体在太原市阳兴大道滨河东路绿化带，与省城干部群众一起参加义务植树活动。骆惠宁听取省林业部门关于全省林业发展、国土绿化以及太行山、吕梁山生态建设情况的汇报后指出，要认真贯彻习近平总书记视察我省时关于扎实推进生态文明建设的指示精神，按照习近平总书记提出的“像对待生命一样对待生态环境，让祖国大地不断绿起来美起来”的要求，坚持以人民为中心的发展思想，广泛开展国土绿化行动，让三晋山川不断绿起来，生态环境美起来，人民生活好起来。

《2018年山西省深化国企国资改革行动方案》印发

同日　中共山西省委办公厅、山西省人民政府办公厅印发《2018年山西省深化国企国资改革行动方案》。

全省离退休干部暨老干部工作“双先”表彰大会召开

12日　全省离退休干部暨老干部工作“双先”表彰大会在太原召开。会前，省委书记骆惠宁接见受表彰的先进集体和先进个人代表。省委组织部部长吴汉圣出席表彰大会并讲话。会上，宣读了《关于表彰全省离退休干部暨老干部工作先进集体和先进个人的决定》，姜华文、田志勤、左云县委老干部局集体代表发言。大会共对省委办公厅离退休人员管理处党总支第一支部等97个全省离退休干部先进集体、姜华文等99名全省离退休干部先进个人、左云县委老干部局等98个全省老干部工作先进集体、白鹏伟等99名全省老干部工作先进个人进行了表彰。

省综改领导小组会议召开

17日　省委书记骆惠宁主持召开省综改领导小组会议，会议听取国发42号文件贯彻落实、开发区改革创新和转型项目建设、转型综改示范区招商引资和项目建设等情况汇报，同意三部门对有关工作态势的分析以及下一步工作意见。会议指出，2016年下半年以来，省委省政府推动转型综改试验区建设进入新的阶段，正在成为山西实现“两转”的重要动力和鲜明标志。一是体现了新理念新内涵。二是明确了新目标新任务。三是提供了新动力新环境。四是取得了新成效新突破。会议强调，要认真学习贯彻习近平总书记在博鳌亚洲论坛和在庆祝海南建省办经济特区30周年大会上的重要讲话精神，真正使改革开放成为山西转型发展的关键一招，真正使“以改革促转型”成为基本路径，使“以开放带转型”成为活力源泉。一是政策落实要再用力。二是重大改革要再深入。三是对外开放要再扩大。

省委召开常委会议

18日　省委书记骆惠宁主持召开十一届省委第69次常委会议，传达中共中央政治局委员、国务院副总理孙春兰在山西调研健康扶贫教育扶贫时的讲话精神，研究贯彻落实意见。分析一季度全省经济形势，研究部署下一步经济工作。听取2017年脱贫攻坚工作成效考核情况及整改方案的汇报。会议听取了省政府党组关于一季度经济形势汇报。

全省整治群众身边腐败问题推进会召开

19日　全省整治群众身边腐败问题推进会在太原召开。省委书记骆惠宁强调，要深入贯彻中央决策部署，提高政治站位，突出抓好整治民生领域腐败、扶贫领域腐败、涉黑涉恶腐败三项重点工作，着力推动整治群众身边腐败问题向纵深发展，着力推动全面从严治党向基层延伸，切实增强人民群众的获得感幸福感安全感。楼阳生主持会议。任建华通报剖析典型案例。省扶贫办、朔州市委、稷山县委负责人作大会发言。

省委召开常委会议

26日　省委书记骆惠宁主持召开十一届省委第70次常委会议，传达贯彻全国网络安全和信息化工作会议精神、中央巡视工作领导小组贯彻落实《中央巡视工作规划(2018—2022)》推进会精神，审议通过《十一届山西省委巡视工作规划》《2018年政党协商计划》，对贯彻落实《地方党政领导干部安全生产责任制规定》、在环保领域开展相关专项活动作出部署。

省委全面深化改革领导小组召开第十三次会议

同日　省委书记、省委全面深化改革领导小组组长骆惠宁主持召开十一届省委全面深化改革领导小组第十三次会议、山西省国家资源型经济转型综合配套改革试验区工作领导小组会议，听取关于创新造林绿化机制加快绿化山西步伐、关于进一步深化医改特别是加强县乡医联体建设的汇报，审议通过《太行山吕梁山生态系统保护和修复重大工程总体方案》《山西省科学技术奖励办法》《山西省农村人居环境整治三年行动实施方案》。楼阳生等出席会议。

省委中心组举行(扩大)学习报告会

27日　省委中心组举行(扩大)学习报告会。省委书记骆惠宁，省长楼阳生，省政协主席黄晓薇，省委常委，省人大、省政府、省政协负责同志，省检察院检察长出席会议。廉毅敏主持会议。中央网信办政策法规局局长、中国网络空间研究院院长杨树桢作了题为“学习习近平总书记网络强国战略思想”的专题报告。

骆惠宁在长治市调研

28日—29日　省委书记骆惠宁在长治市进行调研。

5　月

骆惠宁到生产建设一线慰问劳模职工青年工人并调研群团改革

1日　省委书记骆惠宁深入生产一线慰问劳模职工青年工人并调研群团改革。

山西省召开省属国有企业深化改革转型发展推进会

3日　山西省召开省属国企深化改革转型发展推进会，骆惠宁出席会议并讲话。楼阳生主持会议。骆惠宁在讲话中指出,省属国企在转型发展上必须带好头做表率。一要坚持登高望远、强化责任担当。二要突出目标导向、倒逼改革转型。三要创新体制机制、增强发展活力。四要着力招才引智,激活人才效应。五要强化班子建设,提升党建引领。会上,楼阳生就具体落实事项进行了部署,观看了省属企业主要指标分析与启示、山西国企改革转型再出发专题片,听取全省国企改革进展情况汇报。

山西多项工作成效突出受到国办督查激励

同日 国务院办公厅发布通报,对2017年落实有关重大政策措施真抓实干成效明显地方予以督查激励。山西省化解煤炭过剩产能、优化营商环境、深化创新驱动、易地扶贫搬迁等工作榜上有名。长治市老工业基地调整改造,阳曲县推广PPP模式、公立医院综合改革等工作同时受到督查激励。阳曲县受到国务院督查表扬,2018年国务院大督查实地督查中将对阳曲县"免督查"。

贺星龙获"中国青年五四奖章"

同日 第22届"中国青年五四奖章"评选揭晓,党的十九大代表、大宁县徐家垛乡乐堂村乡村医生贺星龙荣获"中国青年五四奖章"。

《关于开展打击破坏生态环境违法犯罪专项行动的工作方案》印发

同日 中共山西省委办公厅、山西省人民政府办公厅印发《关于开展打击破坏生态环境违法犯罪专项行动的工作方案》。

省委组织党员干部群众认真收听收看纪念马克思诞辰200周年大会

4日 纪念马克思诞辰200周年大会在人民大会堂举行。中共中央总书记、国家主席、中央军委主席习近平发表重要讲话,深情缅怀了马克思伟大光辉的一生,深刻阐释了马克思主义的科学体系、丰富内涵及其对人类社会发展的巨大作用,总结了我们党带领人民创造性推进马克思主义中国化的壮阔历程和丰硕成果,提出了新时代继续推进马克思主义中国化的要求。骆惠宁,楼阳生与党员干部一同聆听习近平总书记的重要讲话。省领导高建民、任建华、罗清宇、徐广国、廉毅敏、胡玉亭和王一新、贺天才、曲孝丽、李晓波一同收看。省委机关党员干部、高校师生、哲学社会科学界集中收看电视直播。

山西省举行纪念五四运动99周年各界青年座谈会

同日 全省纪念五四运动99周年各界青年座谈会在太原召开。受省委书记骆惠宁委托,省委常委、组织部长吴汉圣出席会议并讲话。吴汉圣指出,全省各级共青团组织要以强烈的事业心和责任感凝心聚力、开拓进取,推动共青团事业和青年工作迈上新台阶,一要政治坚定。二要心系青年。三要提升本领。

《关于进一步加强贫困村驻村工作队选派管理工作的实施意见》印发

5日 中共山西省委办公厅、山西省人民政府办公厅印发《关于进一步加强贫困村驻村工作队选派管理工作的实施意见》。

省委督导检查组对各市和部分省直部门贯彻落实习近平总书记视察山西重要讲话精神情况进行实地督导检查

5日—15日 省委派出的11个督导检查组,分别对各市和部分省直部门贯彻落实习近平总书记视察山西重要讲话精神情况进行了实地督导检查。骆惠宁任第一督导检查组组长,到太原市和省商务厅进行了督导检查。楼阳生,黄晓薇等省领导分别到其他市和省直部门进行了督导检查。这次督导检查共实地检查425个基层单位和建设项目,随机抽查或暗访189个单位,召开92次座谈会和专题研究分析会,个别谈话402人。同时,听取了汇报、查验了资料,与有关负责同志和离退休干部进行了个别谈话或座谈。督导检查过程中,协调解决具体问题197个,对各市提出的有关政策性问题带回交省直有关部门研究解决。

《各市和省直单位2018年度目标责任考核指标》印发

7日 中共山西省委办公厅、山西省人民政府办公厅印发《各市和省直单位2018年度目标责任考核指标》。

《山西省查处违法排污百日行动工作方案》印发

10日 中共山西省委办公厅、山西省人民政府办公厅印发《山西省查处违法排污百日行动工作方案》。

山西省23个单位28类200余件展品参展第十四届深圳文博会

10日—14日 第十四届中国(深圳)国际文化产业博览交易会在深圳会展中心召开。中共中央政治局委员、中央书记处书记、中宣部部长黄坤明参观山西展区。省委常委、宣传部长廉毅敏向黄坤明介绍了山西参加本届深圳文博会的情况。山西展区呈现三大亮点:一是展区功能划分更加清晰。二是参展结构更加优化。三是项目推介重点放在文旅产业。在此次文博会上,山西省委宣传部获优秀组织奖,山西省展团获优秀展示奖,山西展区的12件作品获优秀展品奖。

省委召开常委会议

11日 省委书记骆惠宁主持召开十一届省委第71次常委会议,审议通过《关于一县一策集中攻坚深度贫困县的意见》,听取关于2018年政府债券分配意见的汇报。

《山西省农村人居环境整治三年行动实施方案》印发

同日 中共山西省委办公厅、山西省人民政府办公厅印发《山西省农村人居环境整治三年行动实施方案》。

王晨率大气污染防治法执法检查组在山西检查

15日—17日 中共中央政治局委员、全国人大常委会副委员长王晨率全国人大常委会大气污染防治法执法检查组在山西开展执法检查。执法检查组先后到太原、晋中、阳泉等地进行检查,其间,听取了山西贯彻实施大气污染防治法的情况汇报。骆惠宁主持汇报会,就积极配合执法检查工作,并以此为契机进一步贯彻好党中央关于生态文明建设和环境保护的决策部署做了简要发言。

山西省出台"金融13条"扶持小微企业

17日 省政府办公厅印发《关于促进金融支持小微企业发展的实施意见》,具体内容主要包括四大方面,共提出了13

条具体措施,并明确具体责任分工。四大方面包括:1.完善小微企业融资担保体系。2.拓宽小微企业抵质押范围。3.强化征信体系建设。4.优化融资发展环境。13条措施包括:1.完善政银担合作机制。2.完善政策性农业信贷担保体系。3.健全政策性融资担保公司监督考核机制。4.不断增加抵质押业务品种。5.盘活小微企业应收账款。6.促进小微企业信用信息共享。7.健全小微企业失信惩戒机制。8.有效落实小微企业金融政策。9.加强小微企业上市培育工作。10.扩大小微企业信贷风险补偿金规模。11.大力处置小微企业不良贷款。12.建立市级小微企业协调服务机制。13.提高行政许可事项办理效率。

《太行山吕梁山生态系统保护和修复重大工程总体方案》印发

18日 中共山西省委办公厅、山西省人民政府办公厅印发《太行山吕梁山生态系统保护和修复重大工程总体方案》。

《关于"一县一策"集中攻坚深度贫困县的意见》印发

21日 中共山西省委办公厅、山西省人民政府办公厅印发《关于"一县一策"集中攻坚深度贫困县的意见》。

省委贯彻落实中央巡视工作规划推进会在太原召开

23日 省委贯彻落实中央巡视工作规划推进会在太原召开。省委书记骆惠宁强调,要坚定不移深化政治巡视自觉承担"两个维护"重大责任。骆惠宁指出,做好当前和今后巡视巡察工作,要把握以下三点:一是做到全覆盖与高质量的有机统一。二是加强巡视巡察的上下联动。三是坚持发现问题与整改落实并重。吴汉圣主持会议,并就贯彻落实工作提出具体要求。

省委召开常委会议

24日 省委书记骆惠宁主持召开十一届省委第72次常委会议。会议传达全国生态环境保护大会精神,研究贯彻落实意见。会议决定近期召开全省生态环境保护大会,对贯彻落实全国生态环境保护大会精神作出全面部署。会议听取了关于对各市和部分省直部门贯彻落实习近平总书记视察山西重要讲话精神督导检查情况的综合报告。会议审议通过《山西省党务公开实施细则(试行)》《省人大常委会2018年重点立法项目》。

省委全面深化改革领导小组召开第十四次会议

同日 省委书记、省委全面深化改革领导小组组长骆惠宁主持召开十一届省委全面深化改革领导小组第十四次会议、山西省国家资源型经济转型综合配套改革试验区工作领导小组会议。会议审议通过《关于深入推进经济发达镇行政管理体制改革的实施意见》。楼阳生等出席会议。

省委中心组举行(扩大)学习报告会

29日 省委中心组举行(扩大)学习报告会。骆惠宁,楼阳生,省委常委,省人大、省政府、省政协负责同志,省法检两长出席会议。廉毅敏主持会议。中央财经委员会办公室副主任、全国政协经济委员会副主任杨伟民作了题为"加快生态文明体制改革建设美丽中国"的专题报告。报告会上,杨伟民结合学习领会全国生态环境保护大会的主要精神,深刻阐释了当代中国生态文明观的产生背景、重大意义、核心内涵,介绍了生态文明建设和生态文明体制改革的任务,并联系山西实际提了很多建设性意见。

《山西省党务公开实施细则(试行)》印发

同日 中共山西省委印发《山西省党务公开实施细则(试行)》。

山西文旅集团8户子公司揭牌

30日 山西文旅集团8户子公司揭牌设立,分别是:山西省旅游投资控股集团有限公司以及山西文旅集团酒店管理有限公司、黄河旅游发展有限公司、长城旅游发展有限公司、太行旅游发展有限公司、股权投资基金管理有限公司、信息技术有限公司和山西省康养集团有限公司。新公司设立后,通过市场化运作全力打造"黄河、长城、太行"三大旅游板块,大力推进文化旅游业改革发展,着力打造旅游目的地,助推文化旅游业培育成山西省战略性支柱产业,建设文化旅游强省。

骆惠宁调研学前教育和义务教育均衡发展

同日 省委书记骆惠宁在晋中市榆社县调研学前教育和义务教育均衡发展。

林武任山西省副省长

31日 省十三届人大常委会第三次会议举行第三次全体会议,表决通过人事任免名单,决定免去高建民山西省副省长职务,决定任命林武为山西省副省长。骆惠宁颁发任命书。在省人大常委会主任会议的组织下,新任命人员进行了宪法宣誓。

6 月

《山西省党政机关办公用房管理办法》印发

6日 中共山西省委办公厅、山西省人民政府办公厅印发《山西省党政机关办公用房管理办法》。

关于认真学习贯彻中办印发的《关于进一步激励广大干部新时代新担当新作为的意见》的通知印发

同日 中共山西省委办公厅印发关于认真学习贯彻中办印发的《关于进一步激励广大干部新时代新担当新作为的意见》的通知。

骆惠宁在临县调研

7日—8日 省委书记骆惠宁在临县就发挥基层党组织在脱贫攻坚中的战斗堡垒作用进行调研。

《山西省环境空气质量改善量化问责办法(试行)》《山西省水污染防治量化问责办法(试行)》印发

11日 中共山西省委办公厅、山西省人民政府办公厅印发《山西省环境空气质量改善量化问责办法(试行)》《山西省水污染防治量化问责办法(试行)》。

省委召开常委会议

14日 省委书记骆惠宁主持召开十一届省委第75次常委会议,学习贯彻习近平总书记对打赢脱贫攻坚战三年行动的重要批示,听取全省脱贫成效考核发现问题整改工作情况汇报,传达全国省区市纪检监察工作座谈会、中组部新时代激励干部新担当新作为暨加强改进选调生工作座谈会精神,研究贯彻落实意见。

省委全面深化改革领导小组召开第十五次会议

同日 省委书记、省委全面深化改革领导小组组长骆惠宁主持召开十一届省委全面深化改革领导小组第十五次会议、山西省国家资源型经济转型综合配套改革试验区工作领导小组会议,审议通过《山西省参与"一带一路"建设三年(2018-2020年)滚动实施方案》《山西省建立现代医院管理制度实施方案》《山西省深化环境监测改革提高环境监测数据质量实施方案》和《关于开展质量提升行动的实施意见》。楼阳生等出席会议。

《关于在实施乡村振兴战略中加强乡镇(街道)村(社区)法治建设的指导意见》印发

15日 中共山西省委办公厅、山西省人民政府办公厅印发《关于在实施乡村振兴战略中加强乡镇(街道)村(社区)法治建设的指导意见》。

全省攻坚深度贫困现场推进会在忻州召开

19日 省委在忻州召开全省攻坚深度贫困现场推进会,也是省委中心组扩大的专题学习会。会议以习近平扶贫思想为指导,分析一年来全省攻坚深度贫困形势,坚持目标和问题导向,激励干部更好担当作为,强化精准用力举措,下足绣花功夫,为坚决打赢脱贫攻坚战奠定扎实基础。

省委召开常委会议

28日 省委书记骆惠宁主持召开十一届省委第76次常委会议,传达学习中央外事工作会议基本精神,研究山西省贯彻落实意见,听取全省转型项目建设年进展情况、整治非法违法采矿工作情况汇报,审议通过《关于深入贯彻落实党的十九届三中全会精神深化全省党政机构改革的实施意见》《关于深化全省群众性精神文明创建活动的实施意见》。

骆惠宁在太原看望慰问基层党员,检查和推进"三基建设"

29日 省委书记骆惠宁在太原市看望慰问老党员、生活困难党员,并检查"三基建设"情况,出席全省推进"三基建设"座谈会并讲话。

7 月

《山西省参与"一带一路"建设三年(2018—2020年)滚动实施方案》印发

4日 中共山西省委办公厅、山西省人民政府办公厅印发《山西省参与"一带一路"建设三年(2018—2020年)滚动实施方案》。

《关于开展质量提升行动的实施意见》印发

7日 中共山西省委、山西省人民政府印发《关于开展质量提升行动的实施意见》。

省委召开常委会议

9日 骆惠宁主持召开十一届省委第77次常委会议,学习习近平总书记在全国组织工作会议上的重要讲话精神、学习习近平总书记同团中央新一届领导班子成员集体谈话精神及共青团十八大精神,研究贯彻落实意见,听取军民融合、全省就业工作情况汇报,审议通过《关于坚决打赢全省脱贫攻坚战三年行动的实施意见》。会议指出,我们要全面学习贯彻习近平总书记关于党的建设和组织工作重要思想,具体落实全国会议对组织工作的安排部署。工作中要注重把握以下几点:一是加强理论武装。二是全面贯彻新时代党的组织路线。三是坚持增数量与得人心有机统一。四是着眼近期需求和长远战略需要。五是加强党对组织工作的领导。会议决定近期召开全省组织工作会议,对贯彻全国组织工作会议精神进一步做出具体部署。会议审议通过《山西省军民融合发展委员会2018年工作要点》。会议决定9月召开山西省军民融合推进会暨科技成果交易洽谈会。

山西召开开发区改革创新发展推进会

10日 山西省召开开发区改革创新发展推进会,骆惠宁出席会议并讲话,他强调,要用非常之力,下恒久之功,努力把开发区打造成引领转型发展的载体、创新体制机制的先锋、扩大招商引资的主体、培育现代产业的引擎、创优营商环境的窗口、激发干事创业的平台。楼阳生主持第一次全体会议并作总结讲话。

骆惠宁在防汛一线调研考察

13日 省委书记骆惠宁到晋中市寿阳县潇河流域防汛一线调研考察。

省委召开常委(扩大)会议

22日 省委书记骆惠宁主持召开十一届省委第78次常委(扩大)会议,学习贯彻习近平总书记关于巡视工作的重要讲话精神,审议《山西省关于中央第十五巡视组巡视反馈意见整改工作方案》,决定成立山西省整改工作领导小组。省委常委和省人大常委会、省政府、省政协党组班子成员,省法院院长、省检察院检察长出席会议并进行发言交流,骆惠宁就学习贯彻习近平总书记重要讲话精神作了讲话。会议还研究部署了强化打击文物犯罪等工作。会议决定将《山西省关于中央第十五巡视组巡视反馈意见整改工作方案》在一定范围征求意见,进一步修订后印发实施。

中央第十五巡视组向山西省委反馈巡视情况

23日 根据中央巡视工作领导小组的部署,中央第十五巡视组向山西省委反馈巡视情况。中央巡视工作领导小组成员杨晓超出席巡视山西省情况反馈会议,对抓好巡视整改工作提出要求。会议向骆惠宁传达了习近平总书记关于巡视工作的重要指示精神,中央第十五巡视组组长刘实代表中央巡视组反馈了巡视情况。骆惠宁主持反馈大会并就做好巡视整改工作作表态讲话。根据中央统一部署,2018年2月23日至5月23日,中央第十五巡视组对山西省进行了巡视。中央巡视工作领导小组听取了巡视组的巡视情况汇报,并向中央政治局常委会会议报告了有关情况。刘实指出,2014年9月中央对山西省委改组式调整后,省委不断增强"四个意识",推进全面从严治党和各项工作,取得了政治生态由"乱"转"治"、发展由"疲"转"兴"的初步成果,但仍处于爬坡过坎的关键阶段。刘实提出了七点整改意见:一是进一步深入学习贯彻习近平新时代中国特色社会主义思想和党的十九大精神。二是着力整治政治生态。三是高度重视"两个责任"的落实。四是认真贯彻落实新时代党的组织路线。五是强化作风建设。六是扎实推进脱贫攻坚。七是强化中央巡视成果运用。杨晓超强调,巡视整改是"四个意识"的试金石,也是检验"两个责任"的重要标尺。山西省委要自觉担起整改主体责任,把巡视整改作为全面从严治党的重要抓手,坚持全面整改和重点整改相结合,在整改落实上集中发力,扎实做好巡视"后半篇文章"。骆惠宁表示,习近平总书记关于巡视工作的重要指示,为进一步做好新时代巡视工作指明了方向,为省委履行政治责任、做好巡视"后半篇文章"提供了基本遵循。我们要悉心体会,全面贯彻。中央巡视组对山西省的巡视,是一次全面政治体检,是对山西党的建设和各项事业的有力促进。杨晓超同志代表中央巡视工作领导小组提出的要求,具有很强的指导性,我们认真落实,不打折扣。刘实同志代表中央巡视组反馈的意见,具有很强的针对性,我们诚恳接受、照单全收。骆惠宁表示,一要提高政治站位。二要抓住重点环节。三要强化责任担当。省委常委和其他省级干部要结合分工,主动认领问题,带头抓好整改。要层层传导压力、层层扛起责任,全省上下联动,共同抓好整改。纪检监察机关和组织部门要发挥好职能作用。

省委召开常委会议

26日 省委书记骆惠宁主持召开十一届省委第79次常委会议,分析上半年全省经济形势,部署下半年经济工作,研究乡村振兴、中央环保督察整改、扫黑除恶等工作。

省委中心组举行(扩大)学习报告会

同日 省委中心组举行(扩大)学习报告会。国务院应急管理专家组组长、国家减灾委专家委员会副主任闪淳昌作了题为"公共安全与应急管理"的报告。

省委召开议军议警会议

同日 省委召开议军议警会议。省委书记、省人大常委会主任、省军区党委第一书记骆惠宁主持会议。会议审定《关于推动完善国防动员体系的实施意见》,听取了有关工作情况报告。

骆惠宁等省领导走访慰问驻晋部队、武警官兵、退役军人

30日 省委书记、省军区党委第一书记、省国防动员委员会第一主任骆惠宁到省军区慰问部队官兵,走访看望部分退役军人。同日,省委副书记、省长、省国防动员委员会主任楼阳生,省委常委、常务副省长、省国防动员委员会副主任林武分别深入省武警总队、太原卫星发射中心雷达站进行慰问并看望部分退役军人。

《关于全面加强生态环境保护坚决打好污染防治攻坚战的实施意见》印发

同日 中共山西省委、山西省人民政府印发《关于全面加强生态环境保护坚决打好污染防治攻坚战的实施意见》。

全省生态环境保护大会在太原召开

31日 全省生态环境保护大会在太原召开。省委书记骆惠宁出席会议并讲话,他强调,要深入学习贯彻习近平总书记关于生态文明建设的重要思想和全国生态环境保护大会精神,准确把握大势,聚焦突出问题,结合抓好中央环保督察和巡视反馈整改,着力加强生态环境保护,坚决打好污染防治攻坚战,推动山西生态文明建设迈上新台阶。省长楼阳生主持第一次全体会议并作部署讲话。

8 月

骆惠宁在运城调研

1日—2日 省委书记骆惠宁到运城市企业和农村进行调研,检查省委转型发展决策部署落实情况。

骆惠宁调研指导扫黑除恶斗争

2日—3日 省委书记骆惠宁在运城市对扫黑除恶斗争开展情况进行调研,并主持召开全省扫黑除恶专项斗争推进会。

山西怀仁正式撤县设市

3日 2018年2月,经国务院批准,民政部以民函〔2018〕46号正式批复,撤销怀仁县,设立县级怀仁市。5月11日,省政府做出了《关于同意撤销怀仁县设立县级怀仁市的批复》。8月3日,省第十三届人民代表大会常务委员会第四次会议通过了《山西省人民代表大会常务委员会关于怀仁县撤县设市有关问题的决定》。8月8日,山西省怀仁市成立大会在怀仁市会展中心举行。大会宣读了《山西省人民政府关于同意撤销怀仁县设立县级怀仁市的批复》《山西省人民代表大会常务委员会关于怀仁县撤县设市有关问题的决定》《中共朔州市委关于怀仁县撤县设市有关工作的批复》和《中共山西省委关于刘亮同志任职的通知》;朔州市四大班子领导、纪委监委领导和怀仁市四大班子领导、纪委监委领导分别为中共怀仁市委、怀仁市人大、怀仁市人民政府、怀仁市政协、怀仁市纪委、怀仁市监委揭牌。

《关于深入推进审批服务便民化加快营造"六最"营商环境的实施方案》印发

7日 中共山西省委办公厅、山西省人民政府办公厅印发《关于深入推进审批服务便民化加快营造"六最"营商环境的实施方案》。

山西出台实施乡村振兴若干政策措施

10日 省政府印发《关于2018年实施乡村振兴若干政策措施的通知》,决定投入90.23亿元实施乡村振兴战略,并将2018年强农惠农富农政策纳入其中统筹实施。这些资金将紧紧围绕省委省政府确定的乡村振兴重点任务,支持产业兴旺、生态宜居、公共服务、农村改革等4大类23个重点方向。同时,为了确保山西连续9年累计出台的90项强农惠农富农政策不断档、不减力,本年也把这些政策措施纳入进来统筹实施,从而保持了政策的稳定性和连续性。省财政厅将进一步加强支农资金使用监管,建立以绩效评价结果为导向的资金分配制度,并加强绩效评价结果运用。

省委召开常委会议

15日 省委书记骆惠宁主持召开十一届省委第80次常委会议,传达中央领导同志关于宗教工作的重要批示精神,研究贯彻落实意见,审议通过《关于进一步加强全省网络安全和信息化工作的实施意见》,听取十一届省委第三轮巡视情况汇报,审定第四轮巡视方案,听取省委十一届六次全会方案、第二届全国青年运动会筹备情况汇报。

骆惠宁在山医大一院看望慰问医师代表

17日 省委书记骆惠宁到山西医科大学第一医院,亲切看望慰问医务人员,主持召开医师代表座谈会。

省委常委班子召开巡视整改专题民主生活会

18日 省委常委班子召开巡视整改专题民主生活会。省委书记骆惠宁主持会议并作总结讲话。中央纪委、中央组织部、中央巡视办派员全程指导。

山西省与C9高校战略合作座谈会在太原举行

19日 山西省与C9高校战略合作座谈会在太原举行,共商部省联手、政校合作大计。省委书记骆惠宁主持会议并讲话,楼阳生代表省委省政府致辞并签约。骆惠宁就进一步加强省校合作提出三点建议:一是希望C9高校积极来晋兴学办教,成为山西高等教育内涵式发展的“发动机”。二是希望C9高校为山西提供高水平智力支持,成为推动山西创新转型发展的“智慧库”。三是希望C9高校发挥人才富集的优势,成为山西引进高端领军人才的“活渠道”。楼阳生简要介绍了山西经济社会发展和高等教育有关情况,并对山西省与C9高校深化战略合作提出建议:一是诚邀C9高校专家学者加盟山西智库。二是共建技术开发研究院。三是联合建立高层次人才培养基地。四是实行“一校一策”。教育部副部长孙尧在讲话中充分肯定C9高校联盟与山西省的战略合作,对进一步深化省校合作提出指导性意见。北京大学校长林建华、清华大学校长邱勇、哈尔滨工业大学副校长丁雪梅、复旦大学常务副校长桂永浩等先后发言,充分肯定了山西省高等教育事业发展成就,对山西转型发展思路和前景充满信心,就进一步加强与山西的合作提出许多好的意见和建议。山西大学、太原理工大学负责人作了交流发言。座谈会后,楼阳生代表省政府同北京大学校长林建华共同签署了《山西省人民政府——北京大学战略合作协议》。随后还进行了《北京大学支持山西大学建设与发展实施方案》和《清华大学——太原理工大学深化合作协议》签约仪式。

全省网络安全和信息化工作会议在太原召开

20日 全省网络安全和信息化工作会议在太原召开,省委书记骆惠宁出席第一次全体会议并讲话,他强调,要坚持以习近平新时代中国特色社会主义思想为指导,深入学习贯彻全国网信工作会议精神和习近平总书记关于网络强国的重要论述,对标一流、抢抓机遇、攻坚克难,牢牢掌握网络意识形态工作主动权,筑牢网络安全屏障,发挥信息化驱动引领作用,奋力建设网络强省。

省委召开常委会议

22日 省委书记骆惠宁主持召开十一届省委第81次常委会议,审议通过《关于适应新时代要求大力发现培养选拔优秀年轻干部的实施意见》《关于贯彻〈中国共产党党内功勋荣誉表彰条例〉的实施办法》,听取《山西省十三届人大常委会五年立法规划(2018-2022年)》起草情况汇报,研究部署全省旅游业改革发展、高等教育改革发展、人才工作、扫黑除恶专项斗争等。

山西出台省属国企投资风险监督管理办法

23日 省政府新闻办召开新闻发布会,正式公布《山西省省属国有企业投资风险监督管理办法》,明确将建立投资决策终身责任追究及责任倒查机制。配套文件《山西省省属国有企业投资项目负面清单(2018版)》,规定了12项禁止类和4项限制类投资事项。作为对2007年开始实施的《山西省省属国有企业投资监督管理暂行办法》的修订和完善,《办法》突出风险监管、强调全过程监管、强化全方位监管、探索创新监管。通过《办法》的实施,将进一步规范企业投资行为、引导企业投资方向、加强国有资本管理、促进省属企业转型。

全省党委系统法律顾问和公职律师工作会议召开

同日 全省党委系统法律顾问和公职律师工作会议在太原召开。省委书记骆惠宁作出批示,对进一步做好党委系统法律顾问和公职律师工作提出要求。胡玉亭出席会议并讲话。骆惠宁强调,要加强组织领导,切实发挥法律顾问和公职律师咨政建言、合法审查、法律服务等作用,防止发生“不顾不问”“顾而不问”的现象。要及时总结推广各地在发挥法律顾问和公职律师作用中的好经验好做法,加大宣传力度,推动全省法律顾问和公职律师水平不断提升。要加强法律顾问和公职律师管理服务工作,努力为他们履职尽责创造良好条件,推动法律顾问和公职律师管理服务进一步走向制度化、规范化、科学化。胡玉亭在讲话中要求,全省各级党委办公厅(室)要深入学习贯彻骆惠宁同志重要批示精神,坚持服务依法治国和服务依规治党有机统一、推进法治山西建设和巩固“两转”成果协调统筹,把党委各项工作纳入法治化轨道。会上,省委法律顾问代表和省委组织部、朔州市委有关负责同志作交流发言。

中共山西省委十一届六次全体会议在太原召开

24日—25日 中国共产党山西省第十一届委员会第六次全体会议在太原召开。会议以习近平新时代中国特色社会主义思想和党的十九大精神为指导,总结一年多来学习贯彻习近平总书记视察山西重要讲话精神情况,结合分析上半年经济形势、抓好中央第十五巡视组反馈意见整改工作,就进一步贯彻落实习近平总书记视察山西重要讲话精神作出部署,推动全省各项工作沿着正确方向前进,全力争取“两转”基础上的更大进步。

《山西省开发区发展水平考核办法(试行)》印发

24日 中共山西省委办公厅、山西省人民政府办公厅印发《山西省开发区发展水平考核办法(试行)》。

《关于提高技术工人待遇的实施意见》印发

25日 中共山西省委办公厅、山西省人民政府办公厅印发《关于提高技术工人待遇的实施意见》。

省委召开常委会议

27日 省委书记骆惠宁主持召开十一届省委第82次常委会议,传达全国宣传思想工作会议和习近平总书记重要讲话精神,研究贯彻落实意见。审议通过《关于上半年落实意识形态工作责任制情况报告》《关于加快构建中国特色社会主义哲学社会科学的实施意见》《以汾河为重点的"七河"流域生态保护与修复总体方案》。

全省推进转型项目建设现场会在太原召开

同日 全省推进转型项目建设现场会在太原召开，省委书记骆惠宁出席会议并讲话。

全省组织工作会议在太原召开

28日 全省组织工作会议在太原召开，省委书记骆惠宁出席第一次全体会议并讲话，他强调，要坚持以习近平新时代中国特色社会主义思想为指导，深入贯彻全国组织工作会议精神，认真践行新时代党的组织路线，奋力开创新时代山西党的建设和组织工作新局面。省委常委、组织部长吴汉圣在总结讲话中指出，要按照全国组织工作会议精神和省委部署要求，全面落实党的建设和组织工作的各项任务，切实加强组工干部队伍建设。吴汉圣就组织工作任务做了具体安排。会议以电视电话会议形式开到市一级。

省委召开深改(综改)领导小组会议

29日 省委书记骆惠宁主持召开省委深改(综改)领导小组会议，传达贯彻全面深化司法体制改革推进会精神，研究贯彻落实意见，听取关于贯彻落实省属国企深化改革转型发展推进会精神情况汇报，审议通过《关于全面深化新时代教师队伍建设改革的实施意见》《山西省文联深化改革方案》和《山西省作协深化改革方案》。会议对贯彻落实省委十一届六次全会关于推动全面深化改革的部署、加强改革督察、推动重大改革任务落地等提出要求。

省委召开中央巡视反馈意见整改工作领导小组会议

同日 省委书记骆惠宁主持召开省委关于中央第十五巡视组巡视反馈意见整改工作领导小组会议，听取省委整改方案落实情况的汇报，对下一步工作提出要求。骆惠宁指出，全省整改工作已全面启动，初见成效。当前是抓紧抓实抓好整改工作的重要时期，各责任领导要进一步增强政治责任，按照省委整改方案的部署，坚持问题导向，加强工作研究，强化举措，加快推动，保证质量，加快进度。领导小组办公室要及时跟踪了解整改落实的进展情况，对工作不力、进展不快、效果不好的，要督促提醒，并向责任领导反馈，确保按时序取得明显阶段性成效。

黄晓薇辞去政协第十二届山西省委员会主席、委员

31日 省政协十二届三次常委会议在太原闭幕。会议依据政协章程和有关规定，接受黄晓薇同志因工作变动辞去政协第十二届山西省委员会主席、委员，尚朝辉同志因工作变动辞去政协第十二届山西省委员会委员。

9 月

骆惠宁主持召开省配合做好中央扫黑除恶专项斗争督导工作领导小组会议

2日 省委书记骆惠宁主持召开省配合做好中央扫黑除恶专项斗争督导工作领导小组会议，贯彻中央督导组督导山西省工作动员会精神，听取配合督导工作有关情况汇报，就进一步做好配合保障工作进行安排部署，楼阳生出席会议并讲话。骆惠宁指出，配合做好中央扫黑除恶专项斗争工作是严肃的政治任务。要深入贯彻习近平总书记重要指示精神和中央决策部署。要全省上下动员，层层压实责任；要坚持边督边改；要认真扎实做好应急处置、信访安保、保障服务等工作。要以中央督导为契机，切实把扫黑除恶专项斗争不断引向深入。要确保依法推进，使各项工作在法治轨道上运行；要确保补强短板，全面加强工作薄弱环节；要确保协同联动，坚决打好扫黑除恶专项斗争主动仗、攻坚仗、整体仗。省领导任建华、吴汉圣、廉毅敏、商黎光、胡玉亭、刘新云出席会议并发言。省配合做好中央扫黑除恶专项斗争督导工作领导小组成员参加会议。

国务院扶贫开发领导小组督查组向山西省反馈督查情况

2日—9日 国务院扶贫开发领导小组督查组对2017年山西扶贫开发工作成效考核发现问题整改情况进行督查。9日上午，在太原召开督查反馈会。督查组组长、科技部党组成员陆明反馈督查意见。楼阳生主持并作表态发言。副省长陈永奇汇报全省脱贫攻坚整改工作情况。陆明指出，在党中央、国务院坚强领导下，山西省委、省政府认真学习贯彻习近平总书记关于扶贫开发工作的重要论述和习近平总书记视察山西重要讲话精神，全省脱贫攻坚工作得到进一步提升，取得了重大阶段性成果。但在一些方面仍有进一步提升的空间。一是群众内生动力还有进一步提高的余地。二是产业带动还需进一步增强。三是易地扶贫搬迁一些后续工作还需进一步加强。陆明还从提升特色产业带动能力、加大深度贫困攻坚力度、激发贫困群众内生动力、推进脱贫攻坚与乡村振兴有机衔接等方面，提出下一步工作建议。受骆惠宁书记委托，楼阳生代表省委、省政府对督查组的指导帮助表示感谢。楼阳生说，这次督查是对山西深化问题整改、提高脱贫成效的有力指导和推动。我们一定以习近平新时代中国特色社会主义思想和习近平总书记视察山西重要讲话为根本遵循，以习近平总书记关于扶贫开发工作重要论述为指导，以这次督查整改为新的契机，进一步加大力度实施脱贫攻坚战三年行动方案，坚决打赢脱贫攻坚这场硬仗。一是责任再压实。二是问题再聚焦。三是工作再加力。实现今年连战连胜，明年决战决胜，2020年决战完胜。

全省实施乡村振兴战略暨改善农村人居环境现场推进会在晋中召开

3日 全省实施乡村振兴战略暨改善农村人居环境现场推进会在晋中介休市召开。楼阳生出席并讲话，他强调，要深入贯彻落实习近平总书记关于乡村振兴和改善农村人居环境的重要论述和重要指示，按照全国实施乡村振兴战略工作推进会议、全国改善农村人居环境工作会议和省委十一届六次全会部署，强化政策举措，深化改革创新，推动农业全面升级、农村全面进步、农民全面发展。现场推进会上，与会人员实地观摩了介休市龙凤镇、宋古乡、义棠镇5个村的人居环境整治情况，晋中市介绍了推进乡村振兴和改善农村人居环境工作经验,介休市、小店区、灵丘县、长治县、曲沃县、盐湖区作了交流发言。

骆惠宁率中共代表团访问德国

3日—6日 应德国社民党邀请,中共中央委员、山西省委书记骆惠宁率中国共产党代表团对德国进行友好访问。其间,骆惠宁与德国政党、政府和地方领导人进行会谈,就双方关心的问题取得高度共识,以务实合作促进两国政党和国家关系发展;出席中国·山西(德国)经贸人才合作恳谈会并致辞,考察德国企业和工商机构,推动双方经贸和智力合作取得丰硕成果。骆惠宁在柏林分别会见了德副总理兼财政部长肖尔茨、社民党总书记克林贝尔、财政部国务秘书施密特等。骆惠宁与德国政府负责人就能源革命、推动地方政府合作等问题交换了看法。当地时间9月3日上午,两列满载山西货品的中欧班列抵达杜伊斯堡,骆惠宁出席抵达仪式并致辞,表示山西将更积极地融入"一带一路"建设,更多地赋予山西中欧班列新的承载。访德期间,骆惠宁出席了在柏林举行的中国·山西(德国)经贸人才合作恳谈会。会上,山西潞安集团、阳煤集团、能投公司、太钢集团等分别与德国的莱茵RWE电力、西马克、布朗、多特机器人等公司签订了31个经贸合作项目。山西大学、太原理工大学、山西财经大学、山西传媒学院、太原旅游职业学院分别与亚琛工业大学、柏林斯坦拜因斯大学、埃森经济管理应用技术大学、北黑森应用技术大学等8所德国高校签约教育合作类项目,引进来自德国、希腊、瑞典等国知名高校和企业的18名外国专家。恳谈会上,骆惠宁为35名专家人才颁发了"山西特聘专家"或"山西外国高端人才"证书。恳谈会前,骆惠宁分别主持召开专家座谈会和企业座谈会,介绍山西转型发展战略,与大家交流互动。骆惠宁还会见了巴伐利亚州政府代表,访问了拜仁慕尼黑足球俱乐部,与鲁梅尼格主席就双方加强体育交流、共建太原足球学校达成高度共识,并见证合作项目签约。

省委召开全省电视电话会部署边督边改工作

7日 省委召开全省电视电话会议,贯彻落实中央扫黑除恶第2督导组与省委第一次工作对接会精神,就做好边督边改工作、推动扫黑除恶深入开展进行部署。省长楼阳生出席会议并讲话,强调全省各级各部门要立即行动起来,以中央督导组的要求为整改方向,坚持问题导向,聚焦关键环节,下力气彻底整改、下决心解决问题,推动扫黑除恶专项斗争取得实效。9月5日,中央督导组组长李学勇主持召开第一次工作对接会,通报进驻督导情况。在充分肯定工作成效的基础上,指出在"压力传导、发动群众、行业监管、深挖细查"四个方面存在的突出问题。对接会后,省委当晚召开专题会议,研究制定贯彻对接会精神的五个边督边改工作方案。楼阳生指出,全省各级各部门要把督导整改作为当前一项严肃的政治任务,认真落实五个方案要求,坚持精准发力,切实做到坚决整改、及时整改、彻底整改。一要开展逐级督导谈话,传导工作压力。二要深入宣传发动,打好人民战争。三要落实监管责任,推动综合治理。四要强化打伞破网,严惩黑恶腐败。五要加强线索核查,加快办案进度。

骆惠宁率中共代表团成功访问葡萄牙

7日—9日 应葡萄牙共产党邀请,中共中央委员、山西省委书记骆惠宁率中国共产党代表团对葡萄牙进行友好访问。访问期间,骆惠宁会见葡萄牙政党政府要员,参加葡萄牙共产党《前进报》节,出席中国山西旅游(葡萄牙)推介会并致辞,推动双方旅游和文化交流合作取得丰硕成果,为双方扩大经贸等各领域务实合作奠定良好基础。

《关于全面深化新时代教师队伍建设改革的实施意见》印发

9日 中共山西省委、山西省人民政府印发《关于全面深化新时代教师队伍建设改革的实施意见》。

骆惠宁率中共代表团成功访问毛里求斯

10日—11日 应毛里求斯社战党邀请,中共中央委员、山西省委书记骆惠宁率中国共产党代表团对毛里求斯进行友好访问。期间,骆惠宁会见毛里求斯社战党领袖、政府总理贾格纳特,社战党主席苏登、总书记博达等政要,出席2018中国·山西电影周开幕式,考察晋非经贸合作区并出席有关项目运营和基金揭牌仪式,积极推动中毛关系发展和务实合作。

全省深入推进改革督察工作会议召开

11日 全省深入推进改革督察工作会议在太原召开。会前,省委书记骆惠宁对贯彻中央改革办《关于贯彻落实中央全面深化改革委员会会议精神深入推进改革督察工作的通知》精神,提高督察实效,狠抓改革落实提出要求。省委常委、秘书长,省委改革办、省综改办主任胡玉亭出席会议并讲话。会议以电视电话会议形式开到市。省直改革任务牵头部门分管领导同志和相关负责人,省委改革办全体人员在主会场参加会议。各市委改革办主任及改革办全体人员,11个重点改革任务专项督察相关的市直牵头部门分管领导同志和相关负责人,县(市、区)分管改革的负责同志在分会场参加会议。

骆惠宁主持召开太原论坛圆桌会议

15日 省委书记骆惠宁主持召开圆桌会议,与前来参加2018年太原能源低碳发展论坛的外方嘉宾代表,就共同关心的重大问题进行探讨交流。会上,来自11个国家的20位嘉宾代表分别发言,高度评价中国在推进能源低碳发展、应对气候变化等方面的努力和成效,介绍各自能源发展情况,就共同关心的重大问题发表看法,表达了加强交流合作、推进能源革命的共同愿望。

2018年太原能源低碳发展论坛开幕式暨高峰论坛举行

16日 2018年太原能源低碳发展论坛开幕式暨高峰论坛在太原召开,全国人大常委会副委员长吉炳轩致辞并宣布"2018年太原能源低碳发展论坛"开幕。省委书记骆惠宁作题为《能源革命 造福人类》的主旨演讲,省长楼阳生主持。商务部党组成员、部长助理任鸿斌,科技部党组成员夏鸣九,国家能源局副局长刘宝华分别致辞。副省长王一新主持高峰论坛。

2018中国(太原)国际能源产业博览会开幕

同日 2018中国(太原)国际能源产业博览会在太原开幕。全国人大常委会副委员长吉炳轩出席开幕式,省委书记骆惠宁宣布开幕。省长楼阳生,国家商务部党组成员、部长助理任鸿斌，科技部党组成员夏鸣九出席。副省长王一新主持开幕仪式。本届能源博览会以"低碳引领、智慧能源、创新发展"为主题，以技术成果展示、项目合作为重点，旨在打造国际能源交流与合作的新平台。本届能源博览会参展企业和政府组团共289家。其中：世界500强企业33家，中央企业18家，科研院所21家。此次博览会共成功签约42个重大项目，总投资额达625.2亿元，拟引资额559.2亿元。签约项目中，投资类合作项目38个，总投资额592.2亿元；股权类合作项目3个，总投资额33亿元；合作框架协议1个。

省委召开常委会议

17日 省委书记骆惠宁主持召开十一届省委第83次常委会议，传达全国教育大会精神，研究贯彻落实意见，审议通过《党委（党组）意识形态工作责任制实施细则》《中共山西省委意识形态工作领导小组工作规则》《中共山西省委党内法规制定工作五年规划（2018-2022年》，听取配合保障中央扫黑除恶督导组工作情况汇报和全省边督边改情况汇报。

省委中心组举行《中国共产党纪律处分条例》专题学习会

同日 省委书记骆惠宁主持召开十一届省委中心组专题学习会，集中学习领会新修订的《中国共产党纪律处分条例》。

中央扫黑除恶第2督导组与山西省委召开第二次工作对接会

19日 中央扫黑除恶第2督导组与山西省委第二次工作对接会在太原市召开。中央扫黑除恶第2督导组组长李学勇主持会议并通报了下沉督导工作情况，骆惠宁作表态发言。李学勇指出，根据前一阶段督导组开展督导的情况，督导组指出8个方面的主要问题：一是思想认识仍不够到位。二是发动群众仍不够深入。三是依法严惩、精准打击还不够。四是一些重点领域、重点行业扫黑除恶推动不力。五是有的地区扫黑除恶工作进展缓慢。六是深挖彻查涉黑涉恶腐败问题和"保护伞"仍不够有力。七是基层基础建设还存在薄弱环节。八是统筹协调、齐抓共管解决重点难点问题的力度还不够。李学勇要求对以上问题予以高度重视，进一步强化责任担当，不折不扣落实好党中央决策部署，采取有力举措把整改落到实处，深入推动扫黑除恶专项斗争。一要在提高政治站位。二要在回应群众关切、深入发动群众上下更大功夫。三要在坚持依法严惩、办案攻坚上下更大功夫。四要在深挖彻查"保护伞"上下更大功夫。五要在推动重点行业、重点地区难点问题解决上下更大功夫。六要在抓基层、打基础上下更大功夫。七要在推动边督边改、抓落实见实效上下更大功夫。八要在加强组织领导和统筹协调上下更大功夫。骆惠宁代表省委省政府感谢中央督导组的指导和帮助，高度评价中央督导组进驻山西以来的工作，辩证分析第一次工作对接会以来全省扫黑除恶专项斗争形势，表示以诚恳的态度重视正视督导组指出的突出问题，照单全收。骆惠宁围绕深入贯彻以习近平同志为核心的党中央关于扫黑除恶专项斗争决策部署，进一步解决好督导组指出的突出问题，提出四点意见：一是强化思想认识，不断提升政治站位。二是强化法治意识，不断提升办案质效。三是强化立行立改，不断提升整改效能。四是强化组织领导，不断提升推进水平。

《山西省乡村振兴战略总体规划（2018-2022年）》印发

同日 中共山西省委、山西省人民政府印发《山西省乡村振兴战略总体规划（2018-2022年）》。

《山西省党政机关公务用车管理办法》印发

同日 中共山西省委办公厅、山西省人民政府办公厅印发《山西省党政机关公务用车管理办法》。

全省旅游工作会议在临汾召开

20日 全省旅游工作会议在临汾召开。骆惠宁出席工作会议并讲话。楼阳生主持会议。骆惠宁从六个方面对全域旅游工作作出部署：一要突出规划引领，打造整体发展格局。二要突出文旅融合，彰显山西灵魂特色。三要突出动能转换，完善体制政策体系。四要突出合作共赢，提升对外开放水平。五要突出项目与服务，发挥企业主体作用。六要突出领导能力，提供强劲有效支撑。楼阳生强调，各级各部门各单位要进一步提高政治站位，切实把思想和行动统一到骆惠宁书记重要讲话要求上来，深刻认识发展全域旅游的重要内涵和对高质量转型发展的重大意义，精准把握全省创建国家全域旅游示范区的工作思路和重点任务，加快编制我省全域旅游发展规划，制定完善市县规划方案及行动计划，明确时间表、路线图、任务书。省旅游改革发展领导小组要发挥牵头抓总作用，各成员单位要分工协作、密切配合，加大宣传力度，创造良好环境，充分激发市场主体活力，最大限度凝聚各方力量，形成全省上下齐抓共管、同心共建的工作局面。

骆惠宁在临汾调研

20日—21日 省委书记骆惠宁在临汾市浮山县、洪洞县、霍州市就扫黑除恶边督边改进行调研指导。

省委省政府召开全省深化扫黑除恶专项斗争边督边改工作会议

22日 省委省政府召开全省深化扫黑除恶专项斗争边督边改工作会议。省委书记骆惠宁出席会议，对贯彻中央扫黑除恶督导组与山西省委省政府第二次对接会精神，推动边督边改工作、深化扫黑除恶专项斗争进行安排部署。

《以汾河为重点的"七河"流域生态保护与修复总体方案》印发

25日 中共山西省委办公厅、山西省人民政府办公厅印发《以汾河为重点的"七河"流域生态保护与修复总体方案》。

省委召开常委会议

26日 省委书记骆惠宁主持召开十一届省委第84次常委会议，传达国家推进"一带一路"建设工作5周年座谈会精神和第十次全国归侨侨眷代表大会精神，研究贯彻落实意见，审议通过《关于进一步深化小微企业金融服务缓解融资难融资贵的意见》《山西省焦化产业打好污染防治攻坚战推动转型升级的实施方案》，听取调整优化区域经济转型升级考核评价指标体系汇报。会议听取缓解小微企业融资难融资贵情况汇报。

中国电科（山西）电子信息科技创新产业园项目奠基

27日 中国电科（山西）电子信息科技创新产业园项目

奠基仪式在山西转型综改示范区潇河产业园举行。省委书记骆惠宁,省长楼阳生,工业和信息化部副部长、国防科工局局长张克俭出席奠基仪式。项目以建设中国电科(山西)三代半导体技术创新中心、中国电科(山西)碳化硅材料产业基地、中国电科(山西)电子装备智能制造产业基地、中国电科(山西)光伏新能源产业基地,即以"一中心三基地"为蓝图,总投资预计50亿元,占地1000亩,全面投产达效后,预计年销售收入100 亿元。

山西省军民融合发展推进大会举行

同日 山西省军民融合发展推进大会在太原召开。省委书记骆惠宁代表省委省政府省军区致辞,省长楼阳生作主旨推介讲话,工信部副部长、国防科工局局长张克俭讲话。本次大会以"开放·融合·创新·发展"为主题,旨在聚合优势资源,在更高层次、更大范围、更深程度上开创山西军民融合发展新局面。

全省宣传思想工作会议在太原召开

29日 全省宣传思想工作会议在太原召开,省委书记骆惠宁出席第一次全体会议并讲话,强调,要以习近平新时代中国特色社会主义思想为指导,深入贯彻全国宣传思想工作会议精神,立足新方位,担负新使命,奋力推动全省宣传思想工作开创新局面、真正强起来。

10 月

省委召开常委会议

9日 省委书记骆惠宁主持召开十一届省委第85次常委会议,传达全国县域综合医改现场会精神,研究贯彻落实意见,审议通过《关于建立省人民政府向省人大常委会报告国有资产管理情况制度的意见》和《省管企业领导人员管理规定》,听取干部教育培训工作和省委党校工作情况汇报。会议决定适时召开全省干部教育培训工作会议。会议审议通过《关于推进政府性融资担保机构进一步发挥作用的意见》和《关于推进政府投资基金更好发挥作用的意见》。

山西省党政代表团在新疆学习考察

14日—16日 省委书记骆惠宁率山西省党政代表团赴新疆学习考察。

骆惠宁调研平遥国际电影展并与电影工作者座谈

15日 省委书记骆惠宁在平遥国际电影展展会现场调研,并与电影工作者座谈交流。

2018年全国脱贫攻坚奖揭晓

17日 2018年全国脱贫攻坚奖在京揭晓。山西的程玉珍、沙万里、杨良杰分别获得奋进奖、奉献奖、创新奖,吕梁市林业局获得组织创新奖。

省委召开常委会扩大会议

18日 山西省委召开常委会扩大会议,传达中共中央办公厅、国务院办公厅《关于印发〈山西省机构改革方案〉的通知》,审议《山西省机构改革实施方案(送审稿)》《山西省机构改革动员大会方案(送审稿)》和全省机构改革动员大会讲话。

省委召开常委会议

同日 省委书记骆惠宁主持召开十一届省委第87次常委会议,传达中央脱贫攻坚专项巡视工作动员部署会精神,研究贯彻落实意见,分析前三季度全省经济形势,研究部署下一步经济工作,听取省委常委会上半年经济分析中所涉重点工作任务落实情况汇报和关于贯彻落实国发〔2017〕42号文件情况汇报,审议通过《山西省生态环境损害赔偿制度改革实施方案》。

《山西省机构改革实施方案》印发

20日 中共山西省委办公厅、山西省人民政府办公厅印发《山西省机构改革实施方案》。

《省管企业领导人员管理规定》印发

同日 中共山西省委办公厅、山西省人民政府办公厅印发《省管企业领导人员管理规定》。

全省机构改革动员大会召开

22日 全省机构改革动员大会在太原召开。省委书记骆惠宁出席并讲话。省长楼阳生主持会议,并宣读《中共中央办公厅国务院办公厅关于印发〈山西省机构改革方案〉的通知》。

11 月

骆惠宁到忻州市调研

2日—3日 省委书记骆惠宁到神池、宁武和忻府区,就脱贫攻坚、转型发展、机构改革等进行调研,并听取了市委市政府工作汇报。

省委常委等省领导对全省贯彻落实省委十一届六次全会精神及系列专项部署情况进行实地督导检查

6日 省委督导检查组对全省11个市贯彻落实省委十一届六次全会精神及系列专项部署情况实地进行了集中全面督导。省委书记骆惠宁率领第一督导检查组对忻州市进行了集中全面督导。省长楼阳生等省委、省人大、省政府、省政协领导同志分别对其他市进行了集中全面督导。这次督导检查,围绕深入学习贯彻习近平总书记视察山西重要讲话精神,重点检查了贯彻落实省委十一届六次全会精神是否作出具体部署并取得初步成效,管党治党责任是否全面履行,推动转型发展是否取得重要进展,全面深化改革是否有新突破,本年5月省委督导检查反馈意见是否有效整改落实。同时,把中央巡视整改任务落实情况、中央环保督察整改落实情况以及党的宗教方针贯彻落实情况作为重要内容。各督导检查组采取谈心谈话、查验资料、现场查看、随机暗访等方式,掌握了大量第一手材料,协调解决了不少基层单位反映的问题,发现了一些好的典型,推动了各级各部门凝心聚力抓落实,并向省委报送了督导检查报告和协调解决问题清单、转省直有关部门研究解决问题清单。省委将专题研究督导检查情况,提出下一步工作举措,进一步推动省委十一届六次全会精神的落实,把学习贯彻习近平总书记视察山西重要讲话精神推向新高度,在"两转"基础上全面拓展党的建设和党的事业新局面。

中央第二生态环境保护督察组对山西开展“回头看”工作动员会在太原召开

同日 中央第二生态环境保护督察组对山西省开展“回头看”工作动员会在太原召开，督察组组长朱之鑫、副组长黄润秋就做好督察“回头看”工作分别作了讲话，省委书记骆惠宁作了动员讲话，会议由省长楼阳生主持。

省委中心组举行专题学习会

8日 十一届省委举行第27次中心组学习会，深刻学习领会习近平总书记在民营企业座谈会上的重要讲话精神，围绕大力支持民营经济发展壮大，对抓好贯彻落实作出安排。

省委召开常委会议

同日 省委书记骆惠宁主持召开十一届省委第90次常委会议，听取对各市贯彻落实省委十一届六次全会精神及系列专项部署督导检查情况的综合汇报，审定《中央扫黑除恶第2督导组督导山西省反馈意见整改工作方案》，研究《关于加强基层宗教工作三级网络和两级责任制建设的意见》。

骆惠宁在太原市检查环保整改事项

9日 省委书记骆惠宁对太原市小店区北张退水渠黑臭水体治理工程和群众反映的清徐潇河南侧生活垃圾及工业固废堆积问题，进行实地检查，对认真整改提出明确要求。

骆惠宁主持召开支持民营企业发展座谈会

15日 省委书记骆惠宁主持召开支持民营企业发展座谈会，学习贯彻习近平总书记在民营企业座谈会上的重要讲话精神，就支持民营企业发展听取意见建议。会上，骆惠宁与大家面对面交流，共商支持民营企业发展之策。大运九州集团董事长远勤山、山西潞宝集团董事长韩长安、大同华岳集团董事长昝宝石、山西水塔醋业董事长武峥兴等民营企业家代表作了发言，16位民营企业家代表作了书面发言。会上，省委有关部门、司法机关、省政府有关部门、部分中央驻晋金融机构负责人围绕贯彻落实习近平总书记重要讲话提出的6个方面政策举措，结合各自职责，就支持民营企业发展的具体措施作了发言。骆惠宁围绕深入学习贯彻习近平总书记重要讲话，起草好文件、开好会议，强调了三点意见，一要在学习领会上再深入。二要在解决问题上再给力。三要在联动支持上再齐心。

骆惠宁出席太原市城市规划与设计专家咨询座谈会

17日 省委书记骆惠宁出席太原市城市规划与设计专家咨询座谈会，与国内城市规划设计领域的著名专家深入交流，听取意见建议。骆惠宁强调，要把战略谋划与实战操作进一步统一起来，优化太原城市整体规划与设计，大力补齐短板，提升城市品质，大幅提升综合竞争力，充分彰显太原现代省会城市的功能和风貌。座谈会上，同济大学建筑与城市规划学院副院长张尚武，北京大学城市规划设计中心主任、博士生导师吕斌，清华大学交通研究所所长、博士生导师陆化普等8名专家先后发言。大家在先期实地调研踏勘的基础上，围绕太原城市规划与设计的重大问题深入研究探讨，分别从融入国家重大战略、优化城市空间布局、促进产业升级、改善交通设施、加强城市整体和局部设计、推动老城区更新改造、创新城市规划的手段、建立城市现代管理制度等方面提出意见建议。骆惠宁强调了三点意见。一要走以质取胜的路子。二要坚持“内”“外”互动。三要创新手段与制度。骆惠宁要求太原市和省直有关部门要进一步梳理吸收专家建议，建立联系专家工作机制，分专题深入研究重大问题，努力提高城市规划与设计水平。

《关于统筹规范全省督查检查考核工作的若干措施》印发

19日 山西省委办公厅、省政府办公厅印发《关于统筹规范全省督查检查考核工作的若干措施》的通知，认真贯彻落实中央有关要求，坚决克服形式主义、官僚主义，不断提高督查检查考核工作的科学性、针对性、实效性，让基层干部群众切实感受到贯彻落实中央精神带来的新变化新成效。通知对全省督查检查考核事项从严从紧把关，明确要求今年年底前，各市各部门计划开展的督查检查考核事项原则上暂停，确需开展的严格按规定程序报批。

省委全面深化改革委员会第一次会议

20日 省委书记、省人大常委会主任、省委全面深化改革委员会主任骆惠宁主持召开省委全面深化改革委员会第一次会议。骆惠宁强调，成立全面深化改革委员会，是健全党对重大工作领导体制机制，加强党对改革统一领导的一项重大举措。省委深改委要进一步发挥对全省改革科学谋划、统筹协调、推动落实的职能作用，压实省领导分工负责制。省委改革办作为“三合一”工作机构，要把重心压到改革上来，当好省委领导和推进改革的参谋助手。会议进一步学习了中央全面深化改革委员会第五次会议精神；审议通过了《中共山西省委全面深化改革委员会工作规则》《中共山西省委全面深化改革委员会办公室工作细则》《山西省关于深化司法体制综合配套改革的实施意见》《关于发展涉外法律服务业的实施意见》《关于建立城乡居民基本养老保险待遇确定和基础养老金正常调整机制的实施意见》，原则批准《关于开发区管理和运营分离改革的指导意见》。会议强调，围绕中央全面深化改革委员会部署要求，结合山西改革实际，当前要抓好两方面工作。一是狠抓已有改革部署落地见效。二是着手整体谋划明年改革工作。

省委召开常委会议

22日 省委书记骆惠宁主持召开十一届省委第92次常委会议，研究全面贯彻中国工会第十七次全国代表大会精神、中国妇女第十二次全国代表大会精神、全国干部教育培训工作会议精神、纪念毛泽东同志批示学习推广“枫桥经验”55周年暨习近平总书记指示坚持发展“枫桥经验”15周年大会精神的意见，听取秋冬季大气污染综合治理情况汇报，部署继续做好中央环保督察“回头看”整改工作，审议《关于支持民营经济发展的若干意见》和深入开展领导干部联系民营企业工作的实施意见等文件，决定近期召开山西省支持民营企业发展大会。

省委深化党政机构改革领导小组召开会议

24日 省委书记、省委深化党政机构改革领导小组组长、省委机构编制委员会主任骆惠宁主持召开省委深化党政机构改革领导小组会议暨省委机构编制委员会第一次会议，进一步学习习近平总书记有关机构和行政体制改革等重要论述，听取省级机构改革工作进展情况、省级涉改部门"三定"前期工作汇报，审议通过《中共山西省委机构编制委员会工作规则（试行）》《中共山西省委机构编制委员会办公室工作规则(试行)》，研究部署下一步重点任务。会议强调，当前机构改革推进到省级正在深化、市县准备开启的重要时段，要着力抓好三件事。一是把编制审核省级涉改部门"三定"规定摆到突出位置。二是加紧市县机构改革的准备工作。三是抓实人大政协机构改革和群团组织改革。

《关于支持民营经济发展的若干意见》印发

同日 中共山西省委、山西省人民政府印发《关于支持民营经济发展的若干意见》。

山西省支持民营企业发展大会在太原召开

26日 山西省支持民营企业发展大会在太原隆重召开。会议进一步深入学习贯彻落实习近平总书记重要讲话精神，对支持全省民营经济发展工作进行全面部署，宣布支持民营经济发展的若干意见，公布省领导联系民营企业制度和名单，对山西省第四届优秀中国特色社会主义事业建设者进行表彰。

省委召开常委(扩大)会议听取全省重大项目谋划情况汇报

27日 省委书记骆惠宁主持召开十一届省委第93次常委(扩大)会议，听取全省重大项目谋划情况汇报，对进一步做好项目谋划、加快项目建设作出部署。

山西省党政代表团赴广东学习考察

28日—12月1日 省委书记骆惠宁率山西省党政代表团赴广东学习考察。

12 月

骆惠宁率山西代表团在香港考察招商

2日—4日 省委书记骆惠宁率山西代表团在香港考察招商。

骆惠宁率山西省代表团赴澳门考察访问

4日—5日 省委书记骆惠宁率山西省代表团赴澳门考察访问，开展招商活动。

《关于全面实施预算绩效管理的实施意见》印发

6 日 中共山西省委、山西省人民政府印发《关于全面实施预算绩效管理的实施意见》。

省委召开常委会议

7日 省委书记骆惠宁主持召开十一届省委第95次常委会议，审议通过《关于人大预算审查监督重点向支出预算和政策拓展的实施意见》，听取人才工作情况汇报，部署实施"三晋英才"支持计划。

省委机构编制委员会召开第二次会议

同日 省委书记、省委深化党政机构改革领导小组组长、省委机构编制委员会主任骆惠宁主持召开省委深化党政机构改革领导小组会议暨省委机构编制委员会第二次会议，听取对省级涉改部门"三定"方案审核意见的汇报，审议通过省级涉改部门"三定"规定或调整通知，研究部署下一步重点任务。

省级机构改革工作会议召开

12日 省级机构改革工作会议在太原召开。会议认真学习贯彻骆惠宁书记在省委深化党政机构改革领导小组会议暨省委机构编制委员会第二次会议上的重要讲话精神，紧紧把握"优化'三定'方案，突出职能转变，高标准推进机构改革工作"要求，对省级涉改部门下一步重点工作进行安排部署。省委常委、秘书长胡玉亭出席会议并讲话。

中共山西省委办公厅集中印发69个省直单位职能配置、内设机构和人员编制规定或机构编制调整的通知

13 日 中共山西省委办公厅集中印发69个省直单位职能配置、内设机构和人员编制规定或机构编制调整的通知。

全国著名劳动模范李双良逝世

16日 第八届、第九届全国人大代表，全国著名劳动模范、全国优秀共产党员、联合国环境规划署"保护环境及改善环境卓越成果全球500佳金质奖章"获得者、原太钢冶渣顾问李双良同志，因病在太原逝世，享年96岁。

省委召开常委扩大会暨中心组学习会

24日 省委书记骆惠宁主持召开十一届省委第97次常委扩大会暨省委中心组学习会，传达习近平总书记、李克强总理在中央经济工作会议上的重要讲话精神，深入学习习近平总书记在庆祝改革开放40周年大会上的重要讲话精神，研究部署贯彻落实工作，听取省委十一届七次全会、省委经济工作会议方案汇报。省长楼阳生出席并作交流发言。

省委召开常委会议

26日 省委书记骆惠宁主持召开十一届省委第98次常委会议，研究《山西省"十三五"规划〈纲要〉实施情况中期评估报告》，审定《推荐奖励担当作为先进典型工作方案》《关于贯彻落实〈军民融合发展战略纲要〉的实施意见》《2018-2022年全省干部教育培训规划》，讨论拟提请省委十一届七次全会审议的省委常委会工作报告稿、《关于开展"改革创新、奋发有为"大讨论的实施方案》等文件。

中共山西省委十一届七次全体会议在太原召开

28日—29日 中国共产党山西省第十一届委员会第七次全体会议在太原召开。会议由省委常委会主持，骆惠宁讲话。会议深入学习贯彻习近平总书记在庆祝改革开放40周年大会重要讲话精神，动员全省党员干部群众把新时代改革开放大力推向前进。会议听取和讨论了骆惠宁受省委常委会委托作的工作报告。

《2018—2022年全省干部教育培训规划》印发

29 日 中共山西省委印发《2018—2022年全省干部教育培训规划》。

《关于深化扶贫扶志促进精准脱贫的实施意见》印发

同日 中共山西省委办公厅、山西省人民政府办公厅印发《关于深化扶贫扶志促进精准脱贫的实施意见》。

附 录

山西省2018年国民经济和社会发展情况

2018年,在省委、省政府的坚强领导下,全省上下坚持以习近平新时代中国特色社会主义思想为指导,深入贯彻党的十九大和习近平总书记视察山西重要讲话精神,坚持"一个指引、两手硬"思路和要求,以"三大目标"引领经济社会发展各项工作,全省经济稳中向好,各项社会事业发展成绩显著,继续向全面建成小康社会、实现振兴崛起的宏伟目标阔步前进。

一、综　　合

据2018年人口抽样调查,年末全省常住人口3718.34万人,比上年末增加15.99万人,其中,城镇常住人口2171.88万人,占总人口比重(常住人口城镇化率)为58.41%,比上年末提高1.07个百分点。户籍人口城镇化率为40.85%,比上年末提高0.79个百分点。全年全省出生人口35.73万人,人口出生率9.63‰;死亡人口19.74万人,死亡率5.32‰;自然增长率4.31‰。

初步核算,全年实现地区生产总值16818.1亿元,按不变价计算,比上年增长6.7%。其中,第一产业增加值740.6亿元,增长2.1%,占生产总值的比重4.4%;第二产业增加值7089.2亿元,增长4.5%,占生产总值的比重42.2%;第三产业增加值8988.3亿元,增长8.8%,占生产总值的比重53.4%。

人均地区生产总值45328元,按2018年平均汇率计算为6850美元。

全年全省一般公共预算收入完成2292.6亿元,增长22.8%。税收收入完成1645.6亿元,增长17.8%,其中,国内增值税、营业税、企业所得税、个人所得税、资源税和城市维护建设税共计完成税收1383.4亿元,增长16.5%。

全年全省一般公共预算支出4285.4亿元,增长14.1%。其中,教育、医疗卫生、社会保障和就业、住房保障、交通运输、节能环保、城乡社区等民生支出3423.8亿元,增长11.9%。

全省居民消费价格比上年上涨1.8%。商品零售价格上涨1.7%。固定资产投资价格上涨4.5%。工业生产者出厂价格上涨6.7%,其中,生产资料价格上涨4.8%,生活资料价格上涨0.6%。工业生产者购进价格上涨5.5%。农业生产资料价格上涨2.5%。

全年全省城镇新增就业55.7万人。转移农村劳动力40.9万人。年末城镇登记失业率3.26%。

二、农　　业

全年全省农作物种植面积3555.2千公顷,比上年减少22.5千公顷。其中,粮食种植面积3137.1千公顷,减少43.9千公顷;油料种植面积111.9千公顷,减少2.2千公顷;中草药材种植面积74.7千公顷,增加7.1千公顷;蔬菜种植面积176.9千公顷,增加7.1千公顷。在粮食种植面积中,玉米种植面积1747.7千公顷,减少59.2千公顷;小麦种植面积560.3千公顷,减少0.3千公顷。果园面积363.3千公顷,增加3.7千公顷。

全年全省粮食产量1380.4万吨,增加25.3万吨,增产1.9%。其中,夏粮229.9万吨,减产1.7%;秋粮1150.5万吨,增产2.6%。

全年全省完成造林面积340.1千公顷,增长9.0%。

全年全省猪牛羊肉总产量77.1万吨,下降0.1%。其中,猪肉产量62.5万吨,下降0.3%;牛肉产量6.5万吨,增长10.0%;羊肉产量8.1万吨,下降5.0%。牛奶产量81.1万吨,增长4.7%。禽蛋产量102.6万吨,增长0.7%。水产品产量4.8万吨,下降9.9%。年末生猪存栏549.5万头,生猪出栏814.6万头。

三、工业和建筑业

全年全省规模以上工业增加值比上年增长4.1%。其中,煤炭工业增加值增长0.3%,非煤工业增加值增长8.2%。规模以上工业中,战略性新兴产业增加值增长14.0%,占全部规模以上工业增加值的比重为9.8%,比上年提高0.8个百分点。在战略性新兴产业中,新能源汽车产业增长38.6%,高端装备制造业增长25.0%,新一代信息技术产业增长21.2%,新材料产业增长11.4%。

年末全省发电装机容量8757.7万千瓦,比上年末增长8.5%。其中,火电装机容量6627.7万千瓦,增长4.1%;并网风电装机容量1043.2万千瓦,增长19.7%;并网太阳能发电装机容量864.1万千瓦,增长46.4%;水电装机容量222.8万千瓦,下降8.8%。

全年全省规模以上工业企业实现主营业务收入19252.1亿元,增长11.4%。其中,能源工业实现主营业务收入11224.4亿元,增长11.2%;材料与化学工业4722.5亿元,增长13.8%;消费品工业900.4亿元,下降2.4%;装备制造业2297.3亿元,增长11.6%;其他工业107.5亿元,增长67.2%。

全年全省规模以上工业实现利税2657.3亿元,增长24.3%;实现利润1355.9亿元,增长34.0%,其中国有控股企业实现利润612亿元。规模以上工业企业每百元主营业务收入中的成本为79.18元,减少0.99元。

全年全省建筑业增加值1152.8亿元,按不变价增长6.1%。资质以上建筑业企业完成总产值4071.5亿元,增长14.2%,共签订合同额9049亿元,增长5.4%。房屋建筑施工面积16651.8万平方米,增长5.0%,竣工面积3692.5万平方米,增长3.9%。资质以上建筑业企业共2923家,增加114家,其中,特级企业12家,增加4家,一级企业185家,增加17家。

四、能　源

全年全省一次能源生产折标准煤7.1亿吨,增长7.4%;二次能源生产折标准煤5.1亿吨,增长2.0%。

全年向省外输送电力927.1亿千瓦小时,增长19.6%。

全年全省全社会用电总量2160.5亿千瓦小时。其中,第一产业用电16.7亿千瓦小时,占全社会用电量的比重0.8%;第二产业用电1690.1亿千瓦小时,占全社会用电量的比重78.2%,其中,工业用电1667.1亿千瓦小时;第三产业用电255.2亿千瓦小时,占全社会用电量的比重11.8%;城乡居民生活用电198.5亿千瓦小时,占全社会用电量的比重9.2%。

五、固定资产投资

全年全省固定资产投资(不含跨省、农户)增长5.7%。

在固定资产投资中,国有及国有控股投资增长22.3%,民间投资下降3.9%。

分登记注册类型看,内资企业投资增长5.8%;外商及港澳台商企业投资增长2.2%。

分构成看,建筑安装工程投资增长1.7%,设备工器具购置投资增长13.4%,其他投资增长20.4%。

分产业看,第一产业投资下降54.4%;第二产业投资增长8.2%,其中工业投资增长7.7%;第三产业投资增长14.0%,其中基础设施投资增长16.8%。

工业投资中,企业技改投资增长20.9%;制造业投资增长14.5%;煤炭工业投资增长6.3%,非煤产业投资增长7.9%。

全年全省在建固定资产投资项目(不含房地产开发项目)9561个。其中,亿元以上项目2732个,亿元以上项目完成投资增长20.2%。

全年全省房地产开发投资1376.6亿元,增长18.0%。其中,住宅投资1033.8亿元,增长22.1%;商业营业用房投资153.2亿元,增长3.6%。

六、国内贸易

全年全省社会消费品零售总额7338.5亿元,增长8.2%。按经营地统计,城镇消费品零售额5956.7亿元,增长8.2%;乡村消费品零售额1381.8亿元,增长8.4%。按消费形态统计,商品零售额6660.3亿元,增长8.2%;餐饮收入额678.2亿元,增长8.2%。

全年全省限额以上单位消费品零售额2296.4亿元,增长3.4%。其中,限额以上批发零售业单位网上零售额47.1亿元,增长27.6%,占限额以上零售额比重2.1%。

年末全省实有市场主体235.4万户,增长12.6%。全年全省新登记市场主体43.4万户,增长11.9%。

七、开发开放

年末全省纳入统计的省级及以上开发区40个,全年区内税收收入443亿元,比上年增长22.0%;“四上”企业主营业务收入9928.3亿元,比上年增长24.7%。

全年全省进出口总额1369.9亿元,增长17.8%。其中,进口额559.5亿元,增长18.4%;出口额810.4亿元,增长17.4%。

全年出口煤炭0.9万吨,下降70.2%;出口焦炭10万吨,下降51.2%;出口镁及其制品4.1万吨,下降4.5%;出口钢材129.8万吨,下降2.6%,其中不锈钢86.5万吨,下降9.9%。出口机电产品584.8亿元,增长24.8%;出口高新技术产品499.3亿元,增长24.6%。

全年进口铁矿砂881万吨,增长74.7%,进口金额37.7亿元,增长84.7%;进口机电产品314.3亿元,增长11.2%。

全年全省新设立外商直接投资企业47家;按全口径统计实际使用外商直接投资金额23.6亿美元,增长39.7%。

全年全省对外承包工程新签合同额10.2亿美元,下降2.8%,完成营业额14亿美元,增长97.0%。

八、交通、邮电和旅游

年末全省公路线路里程14.3万公里,其中高速公路5604.8公里。民用航空航线227条。

年末全省民用汽车保有量655.3万辆(包括三轮汽车和低速货车3.2万辆),比上年末增长10.1%,其中,私人汽车

591.4 万辆，增长 10.1%。本年新注册汽车 66.8 万辆，下降 9.6%。年末轿车保有量 407.1 万辆，增长 10.0%，其中，私人轿车 387.5 万辆，增长 10.3%。

全年全省完成邮政业务总量 94.1 亿元，增长 29.9%；电信业务总量 1370.1 亿元，增长 133.8%。年末移动电话用户 3961.5 万户，其中 4G 移动电话用户 2947.2 万户。

全省宽带接入用户 991 万户，增长 12.0%。

全年全省商业住宿设施接待入境过夜游客 71.3 万人次，接待国内旅游者 7 亿人次，分别增长 6.5%和 25.5%；旅游外汇收入 3.8 亿美元，增长 8.0%；国内旅游收入 6699.5 亿元，增长 25.5%；旅游总收入 6728.7 亿元，增长 25.5%。

九、金　　融

年末全省金融机构本外币各项存款余额 35340 亿元，比年初增加 2489.3 亿元，比年初增长 7.6%。各项贷款余额 25256.4 亿元，比年初增加 2668 亿元，增长 11.9%。

年末全省农村金融合作机构（农村信用社、农村合作银行、农村商业银行）人民币存款余额 7677.8 亿元，比年初增加 608.7 亿元，比年初增长 8.6%；人民币贷款余额 4765.4 亿元，比年初增加 641.6 亿元，增长 15.6%。

年末全省共有上市公司 38 家。全省辖区证券市场各类证券成交额 46159.8 亿元，增长 9.5%。其中股票成交额 14003.5 亿元，下降 24.6%；基金成交额 1439.8 亿元，增长 39.5%；债券成交额 30925.9 亿元，增长 47.7%。年末投资者资金账户累计开户数 251.2 万户，增长 7.2%。

全年全省保费收入 824.9 亿元，增长 0.1%。其中，寿险业务保费收入 487.2 亿元，减少 9.1%；健康险业务保费收入 108.3 亿元，增长 35.6%；意外险业务保费收入 16.5 亿元，增长 18.6%；财产险业务保费收入 212.9 亿元，增长 9.7%。全年支付各类赔款及给付 267.4 亿元，增长 2.4%。

十、教育和科学技术

年末全省共有幼儿园 6973 所，小学 5445 所，普通初中 1787 所，普通高中 512 所，中等职业教育学校 442 所，普通高等学校 83 所，成人高等学校 10 所。全省学前教育毛入园率 89.7%，小学学龄儿童净入学率 99.95%，高中阶段毛入学率 96.58%，高等教育毛入学率 48.5%。

全年全省专利申请量 27106 件，增长 31.0%。其中，发明专利申请量 9395 件，增长 27.3%。全省专利授权量 15060 件，增长 33.1%。其中，发明专利授权量 2284 件，下降 4.1%。国家级企业技术中心 28 家，省级企业技术中心 300 家。按照国家高新技术企业认定办法，年末累计高新技术企业 1630 家。

年末全省共有省、市、县产品质量监督检验和计量检定技术机构 126 个，国家检测中心 6 个。全年监督抽查了 7794 家企业 10 类 187 种 11170 批次的产品和商品。全年完成强制检定计量器具 140 万台件。

年末全省有气象台站 109 个，开展电话天气自动答询的台站 2 个。全省气象系统开展人工影响天气业务的单位 109 个，防雹、增雨累计受益面积为全省域内，增雨量 30.07 亿立方米。全省有天气预报服务 Intel 网站 1 个，卫星云图接收站 16 个。

年末全省有专业综合地震台站 10 个，省级地震台网中心 1 个，省级数字测震地震台网 1 个。全年全省发生 M3.0—M4.0 级地震 3 次，最大震级 M3.6 级。

十一、文化、卫生和体育

年末全省共有文化馆 129 个，文化站 1409 个（其中，乡镇综合文化站 1196 个），农村文化活动场所 2.8 万个。专业艺术表演团体 665 个。公共图书馆 127 个。出版报纸 60 种（不含高校校报）、18.9 亿份，各类杂志 201 种、2187.3 万册，各类图书 3238 种、9069 万册。广播电视台 117 座，电视台 2 座，中短波转播发射台 15 座，调频转播发射台 200 座，一百瓦以上电视转播发射台 174 座。广播人口覆盖率 98.8%，电视人口覆盖率 99.6%，有线电视用户 465.6 万户。

年末全省共有卫生机构(含诊所、村卫生室)4.2 万个，床位 20.8 万张。专业公共卫生机构 449 个，妇幼保健院（所、站）133 个。全省卫生机构共有卫生技术人员 24.6 万人。卫生院卫生技术人员 2.3 万人，其中，农村乡镇卫生院卫生技术人员 2.1 万人。社区卫生服务中心（站）卫生技术人员 1.2 万人，专业公共卫生机构技术人员 1.9 万人，妇幼保健（所、站）卫生技术人员 1.0 万人。

年末全省有体育场 101 个，体育馆 96 个。全年我省运动员在国内外重大比赛中获金、银、铜牌分别为 103 枚、104 枚和 122 枚（包括非奥运项目比赛）。全年全省经常参加体育锻炼人数 1100 万人，开展全民健身项目 99 项。全年全省销售中国体育彩票 42.84 亿元，增长 22.6%。

十二、人民生活和社会保障

全年全省城镇居民人均可支配收入 31035 元，增长 6.5%，城镇居民人均消费支出 19790 元，增长 7.5%；农村居民人均可支配收入 11750 元，增长 8.9%，农村居民人均消费支出 9172 元，增长 8.9%。按全省居民五等份收入分组，城镇低收入组人均可支配收入 12738 元，增长 7.2%；农村低收入组人均可支配收入 4383 元，增长 13.2%。

年末全省参加城镇职工基本养老保险 837.4 万人，比上年末增加 41.7 万人；参加城乡居民基本养老保险 1579.3 万人，增加 25.1 万人；参加城镇职工基本医疗保险 686.4 万人，增加 20.1 万人；参加城乡居民基本医疗保险 2573.5 万人，增加 20.9 万人；参加失业保险 431.1 万人，增加 10.6 万人；参加工伤保险 596.7 万人，增加 12.7 万人；参加生育保险 481.4 万人，增加 16.3 万人。

全年得到城市最低生活保障救济人数 35.8 万人，全年共发放城市最低保障资金 17.5 亿元。13.7 万人纳入农村五保供养。

年末全省城镇有各种社区服务设施 6355 个，其中，综合性社区服务中心 608 个。各类收养性单位床位数 56638 张，收养人数 31185 人。国家抚恤、补助各类优抚对象 18 万人。全年销售福利彩票 40.7 亿元，筹集社会福利资金 11.9 亿元，接受社会捐赠款 0.2 亿元。

十三、资源、环境和安全生产

年末全省大型水库蓄水量 13.3 亿立方米。

年末全省森林面积 321 万公顷，森林覆盖率 20.5%。

按《环境空气质量指数（AQI）技术规定（试行）(HJ633-2012)》评价，11 个地级城市环境空气达标天数范围在 138~288 天之间。

黄河、海河流域山西段共监测 100 个断面，达到Ⅲ类以上(包括Ⅰ、Ⅱ、Ⅲ类)水质标准的断面占 58%，达到Ⅳ类水质标准的断面占 13%，达到Ⅴ类水质标准的断面占 6%，劣Ⅴ类水质标准的断面占 23%。

全年全省各类自然灾害造成直接经济损失 109.2 亿元，增长 92.2%；农作物受灾面积 83.4 万公顷，减少 18.8%，其中，绝收面积 18.6 万公顷，减少 1.6%。

全年全省共发生各类生产安全亡人事故 954 起，下降 12.7%；死亡 1068 人，下降 12.4%。全年全省煤炭百万吨死亡率为 0.033。

太原市2018年国民经济和社会发展情况

2018 年，市委、市政府团结带领全市人民，坚持以习近平新时代中国特色社会主义思想为指导，深入学习贯彻党的十九大精神和习近平总书记视察山西重要讲话精神，按照省委"一个指引、两手硬"思路和要求，坚持稳中求进工作总基调，坚持新发展理念，坚持推动高质量发展，坚持推进创新驱动、转型升级，凝心聚力，攻坚克难，经济总体继续保持中高速发展，稳中有进的增长态势进一步巩固，转型升级的发展趋势进一步提升，谱写文明开放富裕美丽太原新篇章步伐更加坚实。

一、综　　合

人口：据 2018 年人口抽样调查，年末全市常住人口 442.15 万人，比上年末增加 4.18 万人。其中，城镇人口 375.27 万人，增加 4.31 万人；乡村人口 66.88 万人，减少 0.12 万人。城镇化率 84.88%，比上年提高 0.18 个百分点。男性人口 222.67 万人，女性人口 219.48 万人，性别比为 101.45：100。全年出生人口 4.58 万人，人口出生率 10.41‰。

经济增长：初步核算，全市实现地区生产总值(GDP) 3884.48 亿元，比上年增长 9.2%。其中，第一产业增加值 41.05 亿元，增长 0.7%；第二产业增加值 1439.13 亿元，增长 10.3%；第三产业增加值 2404.30 亿元，增长 8.8%。第三产业中，交通运输、仓储和邮政业增加值 191.57 亿元，增长 10.0%；批发零售和住宿餐饮业增加值 515.68 亿元，增长 5.4%；金融业增加值 522.52 亿元，增长 1.0%；房地产业增加值 210.99 亿元，增长 4.8%；营利性服务业增加值 576.94 亿元，增长 25.0%；非营利性服务业增加值 384.77 亿元，增长 5.0%。

人均地区生产总值 88272 元，比上年增长 8.2%，按 2018 年平均汇率计算达到 13339 美元。

产业结构：三次产业比重为 1.1%、37.0%、61.9%，分别拉动经济增长 0.01、3.83 和 5.36 个百分点。市场主体：新增市场主体 8.77 万户，增长 11.97%。财政：一般公共预算收入 373.23 亿元，比上年增长 19.7 %，其中，税收收入 296.93 亿元，增长 19.8%。

全年一般公共预算支出 542.53 亿元，比上年增长 13.2%。其中教育、医疗卫生、社会保障和就业、住房保障、交通运输、节能环保、城乡社区事务等民生支出 433.64 亿元，增长 11.2%。

物价：居民消费价格比上年上涨 1.8%。其中，居住类上涨 2.8%，教育文化和娱乐类上涨 2.2%，食品烟酒类上涨 2.0%，医疗保健类上涨 1.6%，交通和通信类上涨 1.5%，生活用品及服务类上涨 0.7%，其他用品和服务类上涨 0.4%，衣着类上涨 0.3%。工业生产者出厂价格上涨 1.0%。工业生产者购进价格上涨 8.2%。

就业：城镇新增就业 9.50 万人，其中创业带动就业 2.41 万人。4.53 万名城镇失业人员实现再就业，其中，就业困难人员再就业 1.15 万人。年末城镇登记失业率 3.33%。

二、农　　业

种植面积：全年农作物种植面积 82.53 千公顷。粮食种植面积 65.96 千公顷。其中，夏粮种植面积 0.07 千公顷，秋粮种植面积 65.89 千公顷。蔬菜种植面积 11.09 千公顷。药材种植面积 1.76 千公顷。

造林：全年造林面积 17.28 千公顷。零星植树 1259 万株。新增育苗面积 0.29 千公顷。

畜禽及水产品产量：年末大牲畜存栏 3.80 万头，猪出栏 32.29 万头。肉类产量 4.54 万吨，禽蛋产量 3.40 万吨，牛奶产量 9.43 万吨。水产品养殖面积 1.05 千公顷，水产品产量 2603 吨。

农机及化肥施用：年末全市农业机械总动力 46.21 万千瓦。全年农用化肥施用量(折纯)25527 吨。

三、工业和建筑业

工业：规模以上工业增加值比上年增长 10.8%。其中，中央企业增加值增长 9.9%；省属企业增加值增长 8.5%；市属及以下企业增加值增长 19.3%。从行业看，规模以上工业前 10 大行业增加值均实现增长。

规模以上工业主营业务收入 3075.81 亿元，增长 9.4%。利税总额 238.82 亿元，增长 8.5%。利润总额 94.08 亿元，增长 12.5%。规模以上工业企业每百元主营业务收入中的成本 84.65 元,下降 0.74 元。

建筑业:具有建筑业资质等级的总承包和专业承包建筑业企业总产值 2750.71 亿元,增长 12.7%。建筑业企业房屋建筑施工面积 11066.65 万平方米,竣工面积 1923.71 万平方米。

四、能 源

能源生产:全市一次能源生产折标准煤 2389.88 万吨,比上年增长 17.9%;二次能源生产折标准煤 4066.30 万吨,增长 8.8%。

用电:全年全社会用电量 291.50 亿千瓦时,增长 7.8%。其中,农业用电量 2.25 亿千瓦时,增长 8.6%;工业用电量(含电厂自用电)186.07 亿千瓦时,增长 7.5%,其中,占工业用电量 71.6%的煤炭、炼焦、化工、建材、冶金、电力等高耗能行业用电量 133.16 亿千瓦时,增长 7.1%;建筑业用电量 5.63 亿千瓦时,增长 31.3%;第三产业用电量 52.99 亿千瓦时,增长 8.4%;城乡居民生活用电量 40.31 亿千瓦时,增长 10.7%。

五、固定资产投资

固定资产投资:全年固定资产投资 1217.82 亿元,比上年增长 26.2%。其中,中央项目投资 64.04 亿元,下降 3.7%;省属项目投资 160.92 亿元,增长 36.6%;市属及以下项目投资 992.86 亿元,增长 27.2%。

分产业看,第一产业投资 9.04 亿元,增长 8.0%;第二产业投资 204.80 亿元,增长 50.9%,其中,工业投资增长 53.1%;第三产业投资 1003.98 亿元,增长 22.3%。三次产业投资比重为 0.8%、16.8%和 82.4%。

分经济类型看,国有投资 696.52 亿元,增长 33.2%;非国有投资 521.30 亿元,增长 17.9%,其中,民间投资增长 27.1%。

全年在建固定资产投资项目 849 个。其中,5 亿元以上项目 167 个,完成投资 441.90 亿元,占全市固定资产投资的比重为 36.3%;10 亿元以上项目 90 个,完成投资 338.55 亿元,占全市固定资产投资的比重为 27.8%。

转型项目建设:全年转型项目投资 772.61 亿元,占全市固定资产投资的比重为 63.4%;增长 23.7%,其中,新兴产业投资 752.76 亿元,增长 22.8%;传统产业升级改造投资 19.85 亿元,增长 70.1%。

房地产开发:全年房地产开发投资 531.76 亿元,增长 11.2%。住宅投资 399.24 亿元,增长 19.1%,其中,90 平方米以下住房投资 77.79 亿元,占住宅投资的比重为 19.5%。商业营业用房投资 38.81 亿元。全年商品房竣工面积 383.61 万平方米,商品房销售额 930.25 亿元。

六、国内贸易

消费品零售:全年社会消费品零售总额 1811.90 亿元,比上年增长 8.1%。其中,城镇消费品零售额 1737.90 亿元,增长 8.0%;乡村消费品零售额 74.00 亿元,增长 11.4%。限额以上贸易企业零售额 886.95 亿元,比上年增长 4.1%,占社会消费品零售总额的 49.0%。限额以上批发零售业企业通过互联网实现商品零售额 33.23 亿元,增长 30.9%。

七、对外经济

进出口贸易:全年外贸进出口总额 1086.29 亿元,比上年增长 18.7%。其中,出口额 663.25 亿元,增长 15.9%;进口额 423.04 亿元,增长 23.3%。

出口商品中,不锈钢材、机电产品分别为 121.68 亿元、512.61 亿元,占出口额的 95.6%。煤炭、焦炭、金属镁分别为 0.11 亿元、1.02 亿元、3.61 亿元,占出口额的 0.7%。

注:高新技术产品和机电产品分类有交叉。有贸易往来的国家和地区 161 个。年进出口额在千万美元以上的国家和地区 50 个,比上年增加 3 个。

招商引资:全年新设立外商投资企业 13 家。实际利用外商直接投资额 863.13 万美元。

八、交通、邮电和旅游

交通运输:年末全市公路线路里程累计达到 7517 公里,其中高速公路 287 公里。公路密度 107.6 公里 / 百平方公里。太原地区铁路客运量 2966.24 万人次,增长 7.6%;铁路货运量 3596.82 万吨,增长 5.3%。航空客运量 1358.84 万人次,增长 9.6%;航空货运量 5.34 万吨,增长 10.3%。

年末全市民用汽车保有量 155.30 万辆,比上年末增长 8.1%,其中,私人汽车 138.78 万辆,增长 7.2%。本年新注册汽车 14.63 万辆,下降 20.8%。年末轿车保有量 96.48 万辆,增长 7.2%,其中,私人轿车 89.72 万辆,增长 6.5%;本年新注册轿车 7.71 万辆,下降 23.2%。

邮电:全年邮电业务总量 160.46 亿元,比上年增长 12.2%,其中,邮政业务总量 8.00 亿元,下降 3.9%;电信业务总量 152.46 亿元,增长 13.2%。年末市话到达 77.25 万户。农话到达 1.85 万户。移动电话用户 737.32 万户,其中,4G 移动电话用户为 594.29 万户。每百人拥有电话 185 部,其中,移动电话普及率达到 167 部 / 百人。计算机互联网宽带用户 197.08 万户。

旅游:全市接待海内外游客 8126.19 万人次,比上年增长 19.8%。其中,国内游客 8102.32 万人次,增长 19.9 %;海外游客 23.88 万人次,增长 4.1%。海外游客中:外国人 16.88 万人次,香港同胞 3.89 万人次,澳门同胞 0.49 万人次,台湾同胞 2.62 万人次。全年旅游总收入 995.57 亿元,增长 21.1%。其中,国内旅游收入 985.30 亿元,增长 20.8%;旅游外汇收入 1.07 亿美元,增长 7.0 %。

九、金融和保险

金融:年末全市金融机构本外币各项存款余额 12317.27 亿元,比年初增长 3.3%;本外币各项贷款余额 12684.21 亿元,增长 10.7%。人民币各项存款余额 12019.50 亿元,增长 3.4%,其中,住户存款余额 4767.46 亿元,增长 8.7%。人民币各项贷款余额 12491.74 亿元,增长 10.1%,人民币贷款中,中长期贷款余额9106.93亿元，增长15.5%；短期贷款余额2673.87亿元，下降6.1%。

年末上市公司达到19家，其中，主板16家，中小板2家，创业板1家。“新三板”挂牌企业达到52家。

保险：全年原保险保费收入223.09亿元，下降4.7%。其中，寿险业务保费收入126.30亿元，下降17.2%；健康险业务保费收入24.65亿元，增长25.0%；意外伤害保险业务保费收入6.46亿元，增长19.7%；财产险业务保费收入65.67亿元，增长16.4%。

支付原保险赔款与给付63.63亿元，增长11.3%。其中，寿险业务给付27.72亿元，增长3.3%；健康险业务赔款及给付5.74亿元，增长18.9%；意外伤害保险业务赔款1.53亿元，下降0.6%；财产险业务赔款28.65亿元，增长19.5%。

十、城市建设

基础设施建设：全年完工41项道桥工程建设，完工里程达164.7公里。小店桥、十号线桥、迎宾桥三桥建设快速推进，“网红路”天龙山旅游通道建成通车，西中环南延绵延蓄势、新店街五层立交四通八达，108国道改造、滨河东路南延等道桥项目通车在即，轨道交通2号线一期工程有序推进。为了确保“二青会”胜利召开，太原学院足球场、旅游学院排球馆、国际体育交流中心、滨河体育中心、水上运动中心、沙滩排球场等新建场馆和旧馆改造项目紧抓有效工期，所有场馆全部建设完工。启动7个城中村改造，拆除旧村211万平方米。新开工棚户区安置房2.05万套，基本建成5.27万套。

2018年末全市城镇燃气供应量11.26亿立方米。集中供热面积扩网1089万平方米。年末城市公交运营车辆2521辆。公交运营线路网长度3376.8公里，年客运量36775.2亿人次。

城市绿化：迎泽公园提升改造、金桥公园、东篱公园、太山龙泉寺景区、和谐公园、小东流公园、桃杏园等22项新建、改造公园项目竣工并向社会开放；太原市植物园、动物园提质扩容、狄仁杰文化公园、牛驼寨景区、督军府景区建设加快推进，摄乐公园、太原海洋馆及游乐场、南寨公园、双塔景区4个公园项目前期工作顺利开展。创建省级园林单位3个，省级园林小区4个。全市共有综合性公园51个，专类公园11个，带状公园6个，街头游园253个，社区游园53个，街旁绿地194块。建成区绿化覆盖面积达到15186.9公顷，园林绿地面积13397.7公顷，公园绿地面积4492.8公顷。建成区绿化覆盖率42.78%，绿地率37.74 %，人均公园绿地面积12.48平方米。

十一、教育和科学技术

教育：年末共有普通高等院校46所(其中高职院校23所)，成人高等学校7所，中等职业教育学校48所，普通高中90所，普通初中137所，小学441所，幼儿园724所。全市学前三年毛入园率95.7%；小学学龄儿童入学率、巩固率均达到国家标准；2018年高考一本、二本达线率和录取率在全省继续名列前茅。

科学技术：全年技术市场登记技术合同1449项，成交金额143.22亿元。拥有国家级技术中心13家，省级技术中心108家。截止年末累计建成省级及以上重点实验室76个、省级工程技术研究中心75个、省级及以上科技企业孵化器27个、省级及以上众创空间105家，拥有院士工作站68个。年末累计认定高新技术企业966家，科技型中小企业1926家。1个技术项目荣获国家科技进步二等奖。全年发明专利申请量5087件、授权量1602件，有效发明专利拥有量8318件。

年末转型综改示范区共有入区企业11450家，营业收入3685亿元。

十二、文化、卫生和体育

文化：扎实开展“奋斗幸福观”“担复兴大任，做时代新人”等主题活动，与人民网共同制作和开设“百集微党课”。年末全市共有各类专业院团及具备规模的民营艺术表演团体21个。群艺文化馆12个，博物馆14个。公共图书馆12个，馆藏图书732.21万册。国家综合档案馆12个，馆藏档案资料210.51万卷(件、册)。在全国首创马克思书房。成功举办城市能源低碳与可持续发展论坛、人民网2018大学校长论坛。举办“紫禁风华——2018太原·故宫文物展”。广播人口覆盖率100%，电视人口覆盖率100%。新创晋剧剧本《公瑾祭》《使命》，首演历史题材晋剧《关公》，拍摄完成晋剧数字电影《于成龙》。市艺校《林冲夜奔》荣获第二十二届“中国少儿戏曲小梅花荟萃”地方戏专业组金花称号，晋剧《起凤街》入选2019年度国家艺术基金资助项目，剧本《泥火情》入选文化和旅游部2018年度剧本孵化计划，《晋剧剧本集萃》入选文化和旅游部数字化扶持工程。年末列入国家级非物质文化遗产保护项目17项、省级保护项目83项、市级保护项目195项。

卫生：年末共有卫生机构2748个(不含村卫生室)，医疗床位39917张。每千人拥有医疗床位9.0张。各类卫生技术人员61269人，其中，执业(包括执业助理)医师23018人，注册护士29489人。每千人拥有医生5.2人。推进医疗基础设施建设，市中心医院、人民医院、妇幼保健院等新院区基本完工。在全国率先引入“PBM”慢病管理项目并在尖草坪区、万柏林区试点，在中部地区率先将乡村医生纳入社保体系，在全省率先成立社会心理服务专家团队。县域综合医改“阳曲样板”在全国推广。

体育：成功承办第十五届省运会开闭幕式及11个竞技体育项目、2个群众体育项目的比赛，所获金牌数、奖牌数在11个参赛城市中位列第一。打造出“五张城市特色体育名片”，太原国际马拉松赛升级为国际田联银标赛事，荣获2018山西体坛风云年度十佳品牌赛事和十大体育新闻奖；龙城龙舟赛连续六年举办；成功申报环太原国际公路自行车赛；持续打造汾河体育健身长廊，汾河景区西岸中隔堤新建健身步道；作为全国十五个“篮球城市”之一，发挥CBA、WCBA联赛主场优势掀起全民篮球运动热潮。全年销售中国体育彩票10.33亿元，居全省第一。

十三、人民生活和社会保障

人民生活：全年居民人均可支配收入31031元，比上年增长7.2%。按常住地分，城镇居民人均可支配收入33672元，增长7.0%，城镇居民人均消费支出19912元，增长9.2%；农村居民人均可支配收入16860元，增长8.1%，农村居民人均消费支出12365元，增长7.1%。城乡居民收入比为2.00:1，比上年缩小0.02个百分点。

社会保障：全市企业职工参加养老保险（不含离退休人员）92.84万人，参加基本医疗保险359.54万人，参加失业保险97.62万人，参加工伤保险110.43万人，参加生育保险106.75万人。年末城市低保覆盖人口2.35万人，农村低保覆盖人口3.49万人，3753人纳入农村五保供养，全年发放最低保障资金3.46亿元。全市各类收养类单位29个，床位5745张，收养4240人。年内新建城乡日间照料中心94个。

十四、环境保护和安全生产

环境质量：市区全年空气质量二级以上天数170天，全年PM 2.5达标264天，空气质量综合指数7.07。全年PM 2.5浓度下降10.6%，市区空气质量综合指数下降9.2%。集中式饮用水水源地水质达标率保持100%，地表水国家和省考核断面水质优良比例55.56%。市区区域环境噪声年均值55.7分贝、交通噪声年均值69.7分贝。

气温降水：全年平均气温10.5℃，降水量450.9mm。地下水水位平均上升0.51米。全社会用水量7.82亿立方米，其中，生活用水2.98亿立方米，农业灌溉用水1.70亿立方米，工业生产用水2.73亿立方米，生态用水0.40亿立方米。

安全生产：推进平安省城建设，“扫黑除恶”专项斗争成果显著，在全国省会城市位列先进。坚守安全红线不动摇，全年各类安全生产事故发生数比上年下降31.6%，未发生较大及以上生产安全事故。

大同市2018年国民经济和社会发展情况

2018年，全市上下坚持以习近平新时代中国特色社会主义思想为指引，全面贯彻落实党的十九大及十九届二中、三中全会精神和习近平总书记视察山西重要讲话精神，主动作为，砥砺前行，全力破解发展难题，经济社会保持了平稳健康发展态势。经济发展方式发生变革，工业振兴强力推进，结构调整初见成效，文化旅游繁荣发展，生态环境显著改善，民生保障继续提高，城市形象全面提升，各项事业迈上新台阶。

一、综　　合

初步核算，全年全市地区生产总值实现1271.8亿元，按可比价格计算，比上年增长6.8%。其中，第一产业增加值64.5亿元，增长3.6%；第二产业增加值464.5亿元，增长5.4%；第三产业增加值742.8亿元，增长8.2%。第一产业增加值占地区生产总值的比重为5.1%，第二产业增加值比重为36.5%，第三产业增加值比重为58.4%。全市人均地区生产总值36874元，比上年增长6.0%。

全年居民消费价格比上年上涨1.7%。其中，食品烟酒类价格上涨1.7%；衣着类下降0.3%；居住类上涨0.6%；教育文化及娱乐类上涨1.5%；医疗保健类上涨10.6%；生活用品及服务类下降0.9%；交通通信类上涨0.4%；其他用品及服务类上涨1.2%。全年商品零售价格比上年上涨2.1%。工业生产者出厂价格比上年上涨5.4%。

全年全市城镇新增就业人员5.30万人。转移农村劳动力2.47万人。年末城镇登记失业率3.0%。

二、农　　业

全年全市农作物种植面积321.71千公顷，比上年减少5.09千公顷。其中，粮食种植面积266.53千公顷，减少4.15千公顷。在粮食种植面积中，秋粮种植面积266.53千公顷，减少4.15千公顷。全市油料作物种植面积14.78千公顷，比上年减少3.02千公顷；蔬菜面积19.53千公顷，比上年增加3.51千公顷；饲草作物种植面积6.09千公顷，比上年增加1.94千公顷。

全年全市粮食总产量123.29万吨，比上年增加8.67万吨，增长7.6%。其中，秋粮产量123.29万吨，增长7.6%。

全年全市生猪出栏102.9万头，比上年下降0.9%；牛出栏8.9万头，增长3.9%；羊出栏196.4万只，下降0.2%；家禽出栏399.1万只，增长1.0%。年末猪存栏60.3万头，比上年下降8.8%；牛存栏18.0万头，下降4.2%；羊存栏195.9万只，下降9.8%。全市肉类总产量14.6万吨，比上年下降1.3%。其中，猪羊肉产量12.6万吨，下降1.6%。牛奶产量27.8万吨，增长3.8%。禽蛋产量7.3万吨，增长7.9%。

三、工业、建筑业

初步统计，全年全市规模以上工业企业工业增加值比上年增长5.7%。

全年全市规模以上工业企业实现主营业务收入1860.0亿元，比上年增长10.8%。实现利税156.5亿元，比上年增长27.7%。其中，国有控股工业企业实现利税127.5亿元，增长25.3%。实现利润69.5亿元，比上年增长60.0%。其中，国有控股工业企业实现利润50.3亿元，增长69.9%。

全年全市建筑业增加值93.2亿元，比上年增长4.9%。全市具有建筑业资质等级的总承包和专业承包建筑业企业完成建筑业总产值184.5亿元，比上年增长14.0%。房屋建筑施工面积778.4万平方米，增长0.9%；房屋竣工面积318.8万平方米，增长10.6%。

四、能　源

全年全市一次能源生产折标准煤0.62亿吨，比上年增长2.6%；二次能源生产折标准煤0.47亿吨，增长16.4%。

全年外输电力306.7亿千瓦时，比上年增长5.9%，外输电量占发电量比重为66.5%。全社会用电量154.7亿千瓦时，比上年增长8.3%。其中，第一产业用电量1.2亿千瓦时，下降11.6%；第二产业用电量115.3亿千瓦时，增长8.2%；第三产业用电量21.5亿千瓦时，增长11.0%；居民生活用电量16.7亿千瓦时，增长5.4%。

五、固定资产投资

全年全市全社会固定资产投资完成549.2亿元，增长12.3%。其中，国有经济单位投资234.9亿元，增长32.1%；民间投资290.1亿元，下降6.9%。分产业看，第一产业投资18.5亿元，下降76.7%；第二产业投资203.8亿元，增长26.5%；第三产业投资327.0亿元，增长31.4%。在第二产业中，工业投资203.8亿元，增长25.6%。

全年全市房地产开发投资155.5亿元，比上年增长39.6%。其中，住宅投资120.4亿元，增长52.1%。全年全市房地产开发施工面积1391.9万平方米，比上年下降11.8%。其中，住宅施工面积869.6万平方米，下降8.0%。房屋竣工面积78.5万平方米，下降78.7%。其中，住宅竣工面积51.6万平方米，下降79.0%。商品房屋销售面积248.3万平方米，增长23.8%。

全年全市固定资产投资施工项目837个。其中，新开工616个。全部建成投产项目461个(不含房地产)。新增固定资产133.4亿元。永泰南广场建设主体完工；跨御河开源桥建成通车；同煤至云冈机场高架快线工程顺利推进。

六、国内贸易

全年全市社会消费品零售总额700.0亿元，比上年增长8.1%。按经营地统计，城镇消费品零售额597.1亿元，增长8.2%；乡村消费品零售额102.9亿元，增长7.6%。按行业统计，全年全市批发业零售额64.7亿元，增长9.7%；零售业零售额556.3亿元，增长8.0%；住宿和餐饮业零售额79.0亿元，增长7.8%。

在限额以上批发零售业中，石油及制品类增长22.5%；中西药品类增长28.0%；烟酒类增长24.3%；服装鞋帽、针、纺织品类下降0.7%；汽车类下降17.5%。

七、对外经济

全年全市海关进出口总额37.6亿元，比上年增长52.5%。其中，出口21.9亿元，增长20.2%；进口15.7亿元，增长144.2%。

全年全市新设立外商投资企业4家。实际利用外资18194万美元，比上年增长6.9%。大同国际陆港正式开关运营。

八、交通、邮电和旅游

全年全市公路通车里程12715公里。其中，高速公路560公里。全市公路密度90.2公里/百平方公里。民用航空航线19条。大同云冈机场旅客年吞吐量突破百万人次。成功争取大西、大乌高铁列入国家“八横八纵”交通网络。

年末全市民用车辆保有量68.9万辆，比上年增长2.4%。其中，新注册汽车5.4万辆，下降14.3%；个人汽车60.2万辆，增长7.9%。年末载客汽车保有量55.7万辆，比上年增长8.8%。其中，个人载客汽车53.2万辆，增长8.6%。年末轿车保有量37.6万辆，比上年增长9.6%。其中，个人轿车36.4万辆，增长9.3%。

全年全市完成邮电业务总量66.1亿元，比上年增长75.8%。其中，电信业务总量62.4亿元，增长85.2%；邮政业务总量3.7亿元，下降5.5%。年末全市固定及移动电话用户447.48万户。其中，固定电话用户30.46万户；移动电话用户417.02万户。在移动电话用户中，4G用户达到254.83万户，比上年增长34.5%。全市计算机互联网络用户78.27万户，比上年增长8.6%。全市邮政局所146个，邮路总长度3754公里。订销报纸3932万份，增长5.5%；订销杂志142万份，下降6.4%；国内函件48万件，下降24.2%。国内包裹137万件，增长52.2%。

全年全市旅游总收入620.9亿元，比上年增长28.5%。其中，国内旅游收入616.9亿元，增长28.4%。全年全市接待国内游客6911.2万人次，比上年增长28.4%；接待入境旅游者8.2万人次，比上年增长11.3%；旅游外汇收入4889万美元，比上年增长14.1%。

九、财政、金融和保险

全年全市一般公共财政预算收入119.7亿元，比上年增长10.5%。税收收入88.7亿元，增长21.7%，其中，国内增值税增长11.2%；企业所得税增长57.1%；个人所得税增长1.5%；资源税增长17.3%。

全年全市一般公共财政预算支出334.7亿元，比上年增长2.9%。其中，文化体育与传媒支出增长9.0%；社会保障与就业支出增长7.0%；医疗卫生支出增长4.9%；城乡社区事务支出增长5.5%；交通运输支出增长65.7%。

年末全市金融机构各项存款余额2879.5亿元，比年初增加183.5亿元，比年初增长6.8%。年末全市金融机构各项贷款余额1378.2亿元，比年初增加134.1亿元，比年初增长10.8%。

年末全市共有注册保险机构41家。全年全市保费收入65.0亿元，比上年下降2.1%。其中，寿险业务保费收入45.4亿元，下降4.5%；财产险业务保费收入19.6亿元，增长4.0%。全年全市累计支付各类保险赔款及给付20.3亿元，同比下降15.7%。其中，寿险业务给付10.0亿元，下降18.5%；财产险业务赔款10.3亿元，同比下降12.7%。

十、科学技术和教育

全年全市共完成国家申请专利 2235 件。其中，发明专利 843 件，实用新型专利 1290 件，外观设计专利 102 件。全市共获得国家授权专利 1181 件。其中，发明专利 119 件，实用新型专利 991 件，外观设计专利 71 件，有效发明专利拥有量 592 件。省级以上重点实验室和工程技术研究中心 10 家。年末高新技术企业总数达到 42 家。

全市中等职业教育招生人数 5909 人，在校生人数 19152 人。其中，职业高中招生 4075 人，在校生人数 13562 人。全市基础教育招生人数 11.09 万人，在校生人数 41.26 万人。其中，初中中学招生人数 3.18 万人，在校生人数 8.86 万人；普通高中招生数 1.84 万人，在校生数 5.95 万人。

年末全市获得资质认定证书的产品质量检验检测机构 20 家。全年监督抽查 194 家企业 74 种 230 批次的产品。全年完成强制检定计量器具检定 9.92 万台件。全市有气象台站 8 个。开展 121 电话天气自动答询的台站 1 个。开展人工影响天气业务的单位 7 个。防雹、增雨累计收益面积 1.5 万平方公里，增雨量 2.3 亿立方米。全市有卫星云图接收站 8 个。全年全市降水量 437 毫米，年平均气温 7.6 摄氏度，无霜期 148 天。

十一、文化、卫生和体育

全年全市共有文化艺术馆 11 个，艺术表演团体 10 个，公共图书馆 12 个。博物馆 12 个，档案馆 13 个。全市共有广播电视台 11 个，中波发射台 1 座，微波站 8 座，有线电视网 10 个。广播人口覆盖率 99.13%，电视人口覆盖率达 99.57%，有线电视用户 34.4 万户。古都灯会、第四届成龙国际动作电影周成功举办。

全年全市共有卫生机构（含诊所、村卫生室）3237 个，床位 21108 张。其中，医院 122 个，卫生院 146 个，社区卫生服务中心（站）125 个；疾病预防控制中心 13 个；妇幼保健院 14 个。年末，全市卫生机构共有卫生技术人员 22349 人。其中，执业医师和执业助理医师 9511 人，注册护士 9208 人；疾病预防控制中心卫生技术人员 318 人；妇幼保健卫生技术人员 273 人；农村乡镇卫生院卫生技术人员 1059 人。

全市在第十五届省运会中（竞技体育组）获得 88 枚金牌、87 枚银牌、99 枚铜牌；在群体项目比赛中，获得 14 个一等奖、12 个二等奖、15 个三等奖的好成绩。全市组织了全民健身活动 200 多项。在白登山万龙滑雪场启动了 2018-2019 年山西省群众冬季运动推广普及系列活动。成功承办了全国热气球锦标赛、全国百城健身气功交流展示活动。成功举行了摩天岭长城中国公路自行车联赛、中国青少年自行车 U 系列赛暨全国青少年冠军赛、第三届中国大同大型徒步“走长城”、全国徒步大会（大同站）5·19 全国联动日暨大同第二届环文瀛湖健步走活动、首届中国·大同 AMC 国际航空模型节等赛事。

十二、环境保护和安全生产

全年全市二级以上良好天数 288 天，全省排名第一。空气质量综合指数 5.18。

全年全市主城区新增供热面积 402 万平方米，实际集中供热面积 6663 万平方米，城市集中供热率达 100%。天然气用户 65 万户，城市气化率 98.7%。城市供水管网 889 公里，城市日供水能力 62 万立方米，城市供水普及率 99.7%，水质合格率 100%；市本级污水处理厂共处理生活污水 8300 万立方米，污水处理率 93%；中水回用 1800 万立方米，中水回用率 22%。市区日处理生活垃圾 1100 吨，城市生活垃圾无害化处理率 98%。

全年全市建成区新增绿化面积 134.9 万平方米。城市建成区绿化覆盖率、绿地率、人均公园绿地分别达到 42.87%、38.75% 和 15.88 平方米 / 人。

全年全市共完成造林面积 23.4 万亩。其中，人工造林完成 21.9 万亩。

全年全市发生各类生产经营性事故和死亡人数比上年同期分别上升 12.9% 和 8.11%。

十三、人口、人民生活和社会保障

据 2018 年人口抽样调查，年末全市常住人口为 345.60 万人，比上年末增加 1.36 万人。全年全市出生人口 3.48 万人，人口出生率为 10.09‰；死亡人口 2.11 万人，死亡率为 6.13‰；自然增长率为 3.96‰。

全年全市居民人均可支配收入 21590 元，增长 8.5%。按常住地分，城镇居民人均可支配收入 29911 元，增长 6.9%；城镇居民人均消费支出 13936 元，增长 9.1%。农村居民人均可支配收入 9710 元，增长 9.6%；农村居民人均消费支出 7623 元，增长 11.9%。

全年全市企业养老保险参保职工人数 59.9 万人。城乡居民基本养老保险参保人数 110.6 万人，城镇职工基本医疗保险参保人数 82.8 万人，失业保险参保人数 45.6 万人，工伤保险参保人数 43.3 万人，生育保险参保人数 44.3 万人。全年全市纳入城市最低生活保障的居民 7.3 万人，发放城市低保资金 3.6 亿元；纳入农村最低生活保障的居民 16.1 万人，发放农村低保资金 4.7 亿元。

年末提供住宿的社会服务机构 68 个，床位 9422 张，收养救助 5135 人。全市建立各种社区服务设施 795 个。其中，综合性社区服务中心 160 个。全年销售社会福利彩票 4.03 亿元，筹集社会福利资金 3396 万元。

朔州市2018年国民经济和社会发展情况

2018年,是全面贯彻党的十九大精神的开局之年,是我市全面拓展新局面的关键一年。一年来,在市委市政府的坚强领导下,面对错综复杂的国际国内经济环境和艰巨繁重的改革发展稳定任务,全市上下认真贯彻"生态立市、稳煤促新"发展战略,加快构建"2+7+N"现代产业体系,综合施策,攻坚克难,经济社会发展取得了显著成就。

一、综　　合

据2018年人口抽样调查,年末全市常住人口178.12万人,比上年末增加0.52万人。全年全市出生人口1.45万人,人口出生率8.15‰;死亡人口0.93万人,死亡率5.2‰;自然增长率2.95‰。

初步核算,全年全市生产总值1065.6亿元,按可比价格计算,比上年增长2.7%。其中,第一产业增加值57.9亿元,增长3.3%,占生产总值比重5.4%;第二产业增加值407.6亿元,下降3.5%,占生产总值比重38.3%;第三产业增加值600.2亿元,增长8.1%,占生产总值比重56.3%。

人均地区生产总值59914元,按2018年平均汇率计算为9054美元。

全年全市一般公共预算收入90.4亿元,增长23.5%。税收收入66.1亿元,增长17.9%,其中增值税、营业税、企业所得税、个人所得税、资源税和城建税共计完成税收55.6亿元,增长16.6%;一般公共预算支出173.9亿元,增长22.7%,其中,教育、医疗卫生、社会保障和就业、住房保障、公共交通运输、节能环保、城乡社区事务等13类民生支出137.1亿元,增长22.2%。

全年居民消费价格总水平比上年上涨1.4%。商品零售价格上涨1.6%。工业生产者出厂价格上涨11.4%,其中生产资料价格上涨12.1%,生活资料价格上涨2.6%。工业生产者购进价格下降0.4%。

二、农　　业

全年全市农作物种植面积329.3千公顷,比上年减少8.1千公顷,其中,粮食种植面积260.7千公顷,减少8.1千公顷;蔬菜及食用菌种植面积13.3千公顷,减少0.3千公顷;油料种植面积33.9千公顷,增加0.6千公顷。在粮食种植面积中,玉米种植面积157.6千公顷,减少0.2千公顷。

全年粮食产量141.4万吨,增加10.1万吨,增长7.7%,其中,夏粮1.1万吨,减产5.9%;秋粮140.3万吨,增产7.8%。

全年全市肉类总产量9.5万吨,增长2.0%,其中,猪肉产量2.9万吨,下降5.2%;羊肉产量5.3万吨,增长1.3%。牛奶产量41万吨,下降9.4%;禽蛋产量2.8万吨,下降7.1%。

全年生猪出栏30.1万头,存栏34.1万头;牛出栏6.6万头,存栏14.1万头;羊出栏301.9万只,存栏159.6万只。

年末全市农业机械总动力131.1万千瓦,比上年末增长4.7%;机械耕地面积27.7万公顷,机械播种面积25.6万公顷,机械收获面积17.5万公顷,分别比上年增长-1.5%、7.2%和4.7%。

三、工业和建筑业

全年全市规模以上工业增加值下降4.5%,其中,煤炭行业下降7.9%,非煤行业增长6.3%。规模以上工业中,战略性新兴产业增长12%,占全市规模以上工业增加值的比重为5.2%。

全年全市规模以上工业企业实现主营业务收入893.1亿元,比上年增长3.8%,其中,煤炭行业实现主营业务收入656.2亿元,增长4.6%;电力、热力生产和供应业实现121.2亿元,增长19%。

全年全市规模以上工业企业实现利税172.6亿元,比上年增长8.5%;实现利润83.2亿元,比上年增长11.7%。

全年全市建筑业实现增加值33.9亿元,增长9.1%。资质以上建筑企业总产值62.3亿元,增长4.2%,共签订合同额68.7亿元,下降0.4%。房屋建筑施工面积114.2万平方米,下降5.3%,竣工面积35.6万平方米,下降0.9%。资质以上建筑企业共142家,其中一级企业3家。

四、能　　源

全年全市原煤产量14934.3万吨,比上年下降2%。全市一次能源生产折标准煤1.13亿吨(原煤折标系数采用0.7143),增长1.1%;二次能源生产折标准煤0.76亿吨,下降15.5%。

全年全市全社会用电总量113.63亿千瓦时,比上年增长10.4%,其中,第一产业用电1.17亿千瓦时,比上年下降42.4%,占全社会用电量1.03%;第二产业用电92.19亿千瓦时,比上年增长10.8%,占81.13%,其中工业用电91.65亿千瓦时;第三产业用电10.76亿千瓦时,比上年增长22.7%,占全社会用电量9.47%;城乡居民生活用电4.85亿千瓦时,比上年增长7.1%,占全社会用电量4.27%。

五、固定资产投资

全年全市完成固定资产投资(新口径,下同)248.2亿元,增长15.8%。

在固定资产投资中,新型产业投资130.1亿元,增长36.1%;基础设施投资32.9亿元,增长15.5%;国有及国有控股投资111.7亿元,增长55.2%;民间投资139.7亿元,下降0.5%。

分产业看,第一产业投资19.1亿元,下降22.7%;第二产业投资133.4亿元,增长36.8%;第三产业投资95.7亿元,增长3.9%。

全市工业投资（含第三产业中开采辅助活动和金属制品、机械和设备修理业)133.5 亿元，增长 37.1%，其中，煤炭工业投资 31.9 亿元，增长 72.4%；非煤工业投资 47.1 亿元，下降 40.2%。

全年房地产开发投资 27.4 亿元，增长 27.4%，其中，住宅投资 23.1 亿元，增长 45.9%；商业营业用房投资 2.8 亿元，下降 79%。

六、贸　　易

全年全市社会消费品零售总额 338.0 亿元，增长 8.5%。按经营地统计，城镇消费品零售额 241.1 亿元，增长 8.6%；乡村消费品零售额 96.9 亿元，增长 8.2%。按消费形态统计，商品零售额 295.8 亿元，增长 8.6%；餐饮收入额 42.2 亿元，增长 7.6%。

2018 年全年全市海关进出口总额 55807 万元，增长 3.9%，其中，进口额 24699 万元，下降 7.4%；出口额 31108 万元，增长 15.1%。

七、交通、邮电和旅游

年末全市公路通车里程达到 10212 公里。其中，高速公路 389 公里，普通干线公路 812 公里，农村公路 9011 公里。

年末全市民用汽车保有量 23.4 万辆(包括三轮汽车和低速货车)，比上年末增长 5.5%，其中汽车 22.8 万辆，增长 15.5%。

全年全市完成邮电业务总量 36.8 亿元，比上年增长 90.3%，其中，邮政业务总量 1.2 亿元，增长 5%；电信业务总量 35.5 亿元，比上年增长 95.8%。年末移动电话用户 183.9 万户，比上年增加 11.5 万户。全市宽带接入用户 37.1 万户，比上年增加 5.7 万户。

全年全市接待国内旅游者 2912.8 万人次，增长 31.6%。国内旅游收入 261.1 亿元，增长 28.1%。旅游总收入 261.2 亿元，增长 28.1%。入境旅游者人数 7551 人次，同比增长 12.6%；旅游外汇收入 245.5 万美元，同比增长 7.3%。

八、金　　融

年末全市金融机构本外币各项存款余额 1531.5 亿元，比年初增加 147.5 亿元，增长 10.7%。各项贷款余额 738.4 亿元，比年初增加 114.6 亿元，增长 18.38%。

年末全市农村金融合作机构(农村信用社、农村合作银行、农村商业银行)人民币存款余额 377.34 亿元，比年初增加 35.17 亿元，增长 10.28%；人民币贷款余额 263.94 亿元，比年初增加 27.86 亿元，增长 11.8%。

全年全市保费收入 14.6 亿元，比上年下降 1.9%，其中，寿险业务保费收入 12.0 亿元，下降 9.9%；健康险业务保费收入 2.2 亿元，增长 70.8%；意外伤害险保费收入 0.5 亿元，增长 17.0%；财产险业务保费收入 9.9 亿元，增长 12.8%。全年保险业赔款和给付支出 3.2 亿元，下降 27.5%。其中，财产险业务赔款 4.5 亿元，增长 11.5%。

九、教育和科学技术

2018 全年全市中等职业教育学校共招生 0.64 万人，在校学生达到 2.17 万人；普通高中共招生 1.46 万人，在校学生达到 4.69 万人；初中共招生 2.73 万人，在校学生达到 7.81 万人。

全年全市共受理各项专利申请 104 件，比上年增长 22%。全市技术市场共签订技术合同 80 份，成交金额 30300 万元。全年全市共取得省级以上 2 项科技成果。

年末全市有气象台站 6 个。全市气象系统开展人工影响天气业务的单位 7 个，全市有卫星云图接收站 1 个。

年末全市有专业综合地震台站 1 个，全年小震活动 9 次，最大震级 2.1 级。

十、文化、卫生和体育

年末全市共有国有艺术表演团体 8 个，文化馆 7 个。广播电台 4 座，电视台 3 座。有线电视实际用户 8.32 万户。广播人口覆盖率 100%，电视人口覆盖率 100%。全市共有公共图书馆 7 个，馆藏图书 72.9 万册。

年末全市共有卫生机构(含乡村诊所)2230 个，其中妇幼保健院(所、站)7 个。全市卫生机构共有床位 8839 张，卫生技术人员 7421 人，社区卫生服务体系覆盖人口 44.74 万人。

年末全市拥有群众健身辅导中心、站点 615 个，体育指导员 3640 人，全年举办体育比赛活动 90 次。全年全市销售中国体育彩票 10095 万元。

十一、人民生活和社会保障

全年居民人均可支配收入 23204 元，增长 7.5%。按常住地分，城镇居民人均可支配收入 32849 元，增长 6.0%；农村居民人均可支配收入 13423 元，增长 9.1%。城镇占调查总户数 20%的低收入家庭人均可支配收入 12918 元，增长 6.4%；农村占人口 20%的低收入者收入 4957 元，增长 12.4%。

年末参加城镇职工基本养老保险人数达 28.2 万人，比上年增加 0.7 万人；参加城乡居民基本养老保险 91.5 万人，增加 1.3 万人；参加失业保险 18.5 万人，增加 0.3 万人；参加工伤保险 19.3 万人，比上年增加 0.4 万人；参加生育保险 18.9 万人，比上年增加 0.8 万人，基本医疗保险人数 138.9 万人，比上年增加 2.5 万人。

全年全市纳入城市最低生活保障的居民 4.0 万人，比上年减少 0.4 万人，发放城市低保资金 1.8 亿元，发放资金比上年减少 0.1 亿元；纳入农村最低生活保障的居民 8.4 万人，比上年增加 0.2 万人，发放农村低保资金 2.7 亿元，发放资金比上年增加 0.3 亿元。

十二、资源、环境和安全生产

全年市区(不包括平鲁区，下同)空气质量二级以上天数 237 天，比上年减少 5 天，大气综合污染指数为 5.62，比上年下降 4.7%。

全年市区城市生活垃圾无害化处理率达到100%；集中供热面积3042.9万平方米，比上年增加58.3万平方米。

全年全市共发生各类安全生产事故54起，比上年增加32起，上升145.5%；死亡59人，比上年增加17人，上升40.5%。其中，道路交通发生事故47起，比上年增加34起，上升261.5%;死亡52人，增加29人，上升126.1%。

忻州市2018年国民经济和社会发展情况

2018年，在市委、市政府的坚强领导下，全市上下坚持以习近平新时代中国特色社会主义思想为指导，深入贯彻党的十九大和习近平总书记视察山西重要讲话精神，坚持稳中求进，坚守转型为纲，聚焦“三大目标”和“四个重大突破”，深入实施“1661”发展战略，统筹推进稳增长、促改革、调结构、惠民生、防风险各项工作，全市经济稳中向好，各项社会事业发展成绩显著，全面脱贫、全面小康迈出了更加坚实的步伐。

一、综　　合

据2018年人口抽样调查，年末全市常住人口317.20万人，比上年末增加0.53万人。其中，城镇常住人口161.63万人，占总人口比重(常住人口城镇化率)为50.95%，比上年末提高1.51个百分点。全年全市出生人口30835人，人口出生率9.73‰；死亡人口21073人，死亡率6.65‰；自然增长率3.08‰。

初步核算，全年全市生产总值989.1亿元，按可比价格计算，比上年增长5.0%。其中，第一产业增加值69.6亿元，增长2.9%，占生产总值的比重7.1%；第二产业增加值477.1亿元，增长2.7%，占生产总值的比重48.2%；第三产业增加值442.4亿元，增长7.6%，占生产总值的比重44.7%。

人均地区生产总值31209元，按2018年平均汇率计算为4714美元。

全年全市一般公共预算收入81.5亿元，增长11.2%。税收收入54.5亿元，增长17.4%，其中，国内增值税、营业税、企业所得税、个人所得税、资源税和城市维护建设税共计完成税收45.2亿元，增长20.0%。

全年全市一般公共预算支出313.8亿元，增长8.0%。其中，教育、医疗卫生和计划生育事务、社会保障和就业、住房保障、交通运输、节能环保、城乡社区事务等民生支出258.7亿元，同口径增长10.0%。

全年全市居民消费价格比上年上涨2.1%，其中，食品烟酒价格上涨3.0%，商品零售价格上涨1.3%。工业生产者出厂价格上涨8.2%，其中，生产资料价格上涨8.2%，生活资料价格上涨8.1%。工业生产者购进价格上涨7.3%。

全年全市城镇新增就业4.5万人。转移农村劳动力4.6万人。年末城镇登记失业率2.2%。

二、农　　业

全年全市农作物种植面积446.0千公顷，比上年减少9.3千公顷。其中，粮食种植面积402.1千公顷，减少5.9千公顷；蔬菜种植面积16.1千公顷，减少1.2千公顷；油料种植面积16.7千公顷，减少2.8千公顷。在粮食种植面积中，玉米种植面积216.7千公顷，增加7.4千公顷；小麦种植面积0.4千公顷，减少0.1千公顷。果园面积16.9千公顷，减少0.3千公顷。

全年全市粮食产量194.1万吨，增加10.9万吨，增产6.0%。其中，秋粮193.8万吨，增产6.0%。

全年全市完成造林面积4.1万公顷，下降25.6%。

全年全市猪牛羊肉总产量12.3万吨，增长4.8%。其中，猪肉产量6.5万吨，增长6.7%；牛肉产量1.0万吨，增长10.0%；羊肉产量4.8万吨，增长1.5%。牛奶产量6.4万吨，增长2.1%。禽蛋产量9.0万吨，增长15.8%。水产品产量0.3万吨，下降13.0%。年末生猪存栏46.4万头，生猪出栏69.7万头。

年末全市农业机械总动力160.4万千瓦，增长7.6%。机械耕地面积332.9千公顷，下降1.6%；机械播种面积318.9千公顷，下降1.2%；机械收获面积188.9千公顷，增长3.1%。全年农机化经营总收入为10.6亿元。

三、工业和建筑业

全年全市规模以上工业增加值增长1.5%，其中，煤炭工业增加值下降1.4%，非煤工业增加值增长4.3%。规模以上工业中，战略性新兴产业增长16.0%，占规模以上工业增加值的比重为7.1%。其中，节能环保产业增长9.2%，高端装备制造业增长11.6%，新材料产业增长49.7%，新能源产业增长6.5%，生物产业下降40.7%。

年末全市发电装机容量1134.6万千瓦，比上年末(1076.2万千瓦)增长5.4%。其中，火电装机容量566万千瓦，与上年持平；并网风电装机容量221万千瓦，与上年持平；并网太阳能发电装机容量95.7万千瓦，比上年(37.3万千瓦)增长156.5%；水电装机容量228.8万千瓦，与上年持平。

全年全市规模以上工业企业实现主营业务收入701.5亿元，增长12.0%。其中，能源工业实现主营业务收入426.1亿元，增长19.0%；材料与化学工业实现197.1亿元，下降4.3%；消费品工业实现10.4亿元，下降5.4%；装备制造业实现67.3亿元，增长32.9%；其他工业实现0.5亿元，下降10.7%。

全年全市规模以上工业实现利税133.3亿元，增长43.1%；实现利润71.2亿元，增长81.9%，其中，国有控股企业实现利润46.3亿元。规模以上工业企业每百元主营业务收入中的成本74.6元，下降3.05元。

全年全市建筑业实现增加值56.9亿元，增长7.8%。具有建筑业资质等级的总承包和专业承包建筑业企业实现利润2.7亿元，增长30.7%。资质以上建筑业企业完成总产值94.6亿元，增长20.1%，共签订合同额118.4亿元，增长18.9%。房屋建筑施工面积 359.7 万平方米，增长 3.6%，竣工面积 233 万平方米，增长 14.8%。资质以上建筑业企业共 138 家。

四、能　　源

全年全市一次能源生产折标准煤 4995.3 万吨，下降 5.5%；二次能源生产折标准煤 2707.3 万吨，增长 27.7%。

全年全市全社会用电总量 117.5 亿千瓦小时。其中，第一产业用电 2.7 亿千瓦小时，占全社会用电量的比重 2.3%；第二产业用电 74.8 亿千瓦小时，占全社会用电量的比重 63.7%，其中工业用电 72.5 亿千瓦小时；第三产业用电 27.5 亿千瓦小时，占全社会用电量的比重 23.4%；城乡居民生活用电 12.43 亿千瓦小时，占全社会用电量的比重 10.6%。

五、固定资产投资

全年全市固定资产投资（不含跨市、农户）493.1 亿元，增长 9.6%。

在固定资产投资（不含跨市、农户）中，基础设施投资完成 91.1 亿元，增长 15.1%。

在固定资产投资（不含跨市、农户）中，国有及国有控股投资 233.8 亿元，增长 57.3%；民间投资 259.2 亿元，下降 13%。

分登记注册类型看，内资企业和个体经营投资 492.9 亿元，增长 10.6%；外商及港澳台商企业投资 90 万元，下降 98.8%。

分产业看，第一产业投资 39 亿元，下降 41.7%；第二产业投资 236.5 亿元，增长 23.4%；第三产业投资 217.5 亿元，增长 13.8%。

全市工业投资（含第三产业中开采辅助活动和金属制品、机械和设备修理业）236.6 亿元，增长 28.3%。其中，工业投资中，企业技改投资增长 23.8%；制造业投资增长 3.2%；煤炭工业投资 36.4 亿元，下降 3.8%，非煤产业投资 200.2 亿元，增长 36.6%；传统产业（煤炭、焦炭、冶金、电力）投资合计 136.6 亿元，增长 33.1%，非传统产业投资合计 100 亿元，增长 14.9%。

全年全市在建固定资产投资项目 1034 个。其中，亿元以上项目 389 个，计划总投资 1862.7 亿元，完成投资 340.6 亿元。

全年全市房地产开发投资 30.9 亿元，下降 6.8%。其中，住宅投资 21.2 亿元，下降 13.9%；商业营业用房投资 3.4 亿元，下降 19.4%。

六、国内贸易

全年全市社会消费品零售总额 390.2 亿元，增长 8.2%。按经营地统计，城镇消费品零售额 271.2 亿元，增长 7.9%；乡村消费品零售额 118.9 亿元，增长 8.8%。按消费形态统计，商品零售额 333.9 亿元，增长 6.9%；餐饮收入额 56.3 亿元，增长 16.2%。

全年全市限额以上单位消费品零售额 10.1 亿元，同比下降 0.1%。其中，限额以上批发零售业单位网上零售额 583.4 万元，增长 36.4%，占限额以上零售额比重 0.06%。

全年全市新登记市场主体同比增长 12.7%，其中服务业新登记市场主体增长 15.2%。全年全市市场主体数量同比增长 19.0%。

七、对外经济

全年全市海关进出口总额 172572 万元，增长 24.2%。其中，进口额 14517 万元，增长 210.4%；出口额 158055 万元，增长 17.7%。

全年全市出口钢材 90935 吨，增长 24.3%。出口机电产品 132254 万元，增长 20.9%；出口高新技术产品 1136 万元，增长 43.7%。进口机电产品 3554 亿元。

全年全市按全口径统计实际使用外商直接投资金额 5017.7 万美元，增长 15.5%。

全市 3 个经济开发区，全年区内税收收入 10.6 亿元，同比增长 17.5%；企业主营业务收入 232.6 亿元，增长 48%。

八、交通、邮电和旅游

2018 年末全市公路线路里程 17570 公里，其中高速公路 891 公里。

年末全市民用汽车保有量 36.6 万辆（包括三轮汽车和低速货车 0.14 万辆），比上年末增长 10.6%，其中私人汽车 32.3 万辆，增长 10.6%。本年新注册汽车 4.2 万辆，下降 1.2%。年末轿车保有量 20.9 万辆，增长 11.8%，其中私人轿车 20.1 万辆，增长 12.3%。

全年全市完成邮电业务总量 20.4 亿元。其中，邮政业务总量 4.2 亿元；电信业务总量 16.2 亿元。年末移动电话用户 350.8 万户，其中，3G 移动电话用户 31.6 万户，4G 移动电话用户 205.3 万户。全市宽带接入用户 55.6 万户。

全年全市商业住宿设施接待入境过夜游客 62171 人次，接待国内旅游者 5230.8 万人次，分别增长 6.6%和 24.1%；旅游外汇收入 2109.6 万美元，增长 7.4%；国内旅游收入 502.3 亿元，增长 23.4%；旅游总收入 503.7 亿元，增长 23.4%。

九、金　　融

年末全市金融机构本外币各项存款余额 2137.3 亿元，比年初增加 173.6 亿元，比年初增长 8.8%。各项贷款余额 918.9 亿元，比年初增加 92.5 亿元，增长 11.2%。

年末全市农村金融合作机构（农村信用社、农村合作银行、农村商业银行）人民币存款余额 650.1 亿元，比年初增加 48.0 亿元，比年初增长 8.0%；人民币贷款余额 393.3 亿元，比年初增加 62.5 亿元，增长 18.9%。

全年全市保费收入 43.7 亿元，同比下降 5.8%。其中，寿险业务保费收入 26.8 亿元，同比下降 15.1%；健康险业务保费收入 4.3 亿元，同比增长 21.5%；意外险业务保费收入 0.9 亿元，同比增长 32.7%；财产险业务保费收入 11.7 亿元，同比增长 10.3%。全年支付各类赔款及给付 14.0 亿元，同比下降 39.3%。

十、教育和科学技术

年末全市共有幼儿园442所，小学433所，普通初中199所，普通高中36所，中等职业教育学校33所，普通高等学校2所。全市学前教育毛入园率90%，小学学龄儿童净入学率99.9%，高中阶段毛入学率94%。

全年全市专利申请量806件，增长18.4%；其中发明专利申请量224件，增长7.7%。全市专利授权量479件，增长40.5%；其中发明专利授权量48件，下降2%。

全年全市科技型中小企业入库53家。国家级企业技术中心1家。按照国家高新技术企业认定办法，年末累计高新技术企业38家。全市省级科技型企业孵化器4家，省级工程技术研究中心4家。全市省级众创空间达到9家，认定1个省级双创示范基地。

全年全市共有市、县产品质量监督检验和计量检定技术机构14个，国家检测中心1个，全年监督抽查了81家企业1类1种150批次的产品和商品。全年完成强制检定计量器具2.5万台件。

全市有气象台、站16个，区域自动气象站199个；开展电话天气自动答询的台站16个。全市气象系统开展人工影响天气业务的单位16个，防雹、增雨累计受益面积为全市域内，增雨量1.2亿立方米。全省有天气预报服务Intel网站1个，卫星云图接收站16个。

年末全市有专业综合地震台站7个，市级地震台网中心1个。全年全市发生M1.0–M1.9级地震4次，最大震级1.4级。全年全市发生M2.0–M2.9级地震1次，最大震级2.2级。

十一、文化、卫生和体育

年末全市共有群众艺术馆1个，文化馆14个，(其中，乡镇综合文化站185个)，农村文化活动场所4893个。专业艺术表演团体110个。公共图书馆14个。出版报纸1种(不含高校校报)1472万份，杂志1种、3.6万册，广播电视台14座，调频电视转播发射台17座，一百瓦以上调频电视转播发射台17座。广播人口覆盖率98.98%，电视人口覆盖率99.1%，有线电视用户9.6万户(不包括忻府区)。

年末全市共有卫生机构(含诊所、村卫生室)4661个，实有床位13323张。卫生防疫、防治(疾病预防控制中心)机构15个，妇幼保健计划生育服务中心15个。全市卫生机构共有卫生技术人员14470人。乡镇卫生院卫生技术人员2046人；城市社区卫生服务中心(站)卫生技术人员283人；防疫、防治卫生技术人员316人，妇幼保健计划生育卫生技术人员702人。

全市有体育场13个，体育馆14个。全年我市运动员在国内外重大比赛中获金、银、铜牌分别为12枚、16枚和19枚(包括非奥运项目比赛)。全年全市销售中国体育彩票1.5亿元，下降3.3%。

十二、人民生活和社会保障

全年全市居民人均可支配收入15506元，增长9.0%。按常住地分，城镇居民人均可支配收入28341元，增长6.8%，城镇居民人均消费支出14595元，增长10.8%；农村居民人均可支配收入8302元，增长9.4%，农村居民人均消费支出7291元，增长5.9%。按全市居民五等份收入分组，城镇低收入组人均可支配收入10280元，增长7.9%；农村低收入组人均可支配收入2596元，增长14.0%。城镇居民家庭恩格尔系数（即居民家庭食品消费支出占家庭消费支出的比重）24.3%，农村居民家庭恩格尔系数35.4%。

年末参加城镇职工基本养老保险44.1万人；参加城乡居民基本养老保险165.6万人；全市参加城镇职工基本医疗保险41.0万人，较上年增加0.3万人；参加生育保险26.8万人，较上年增加1.1万人；参加失业保险21.4万人；参加工伤保险24.0万人；参加城乡居民基本医疗保险226.6万人。

全年得到城市最低生活保障救助人数55632人，全年共发放城市最低生活保障资金2.4亿元。24023人纳入农村五保供养。

年末全市综合性社区服务中心4个。各类收养性单位床位数4036张，收养人数1876人。国家抚恤、补助各类优抚对象17055人。全年销售福利彩票2.1亿元，筹集社会福利资金6141万元。

十三、资源、环境和安全生产

年末全市8座中型水库，蓄水总量2459.8万立方米。

年末全市森林面积47.4万公顷，森林覆盖率18.8%。

按《环境空气质量指数（AQI）技术规定（试行）(HJ633–2012)》评价，全市各县(市、区)环境空气达标天数范围在197~323天之间。

黄河、海河流域忻州段共监测14个断面，达到Ⅲ类以上(包括Ⅰ、Ⅱ、Ⅲ类)水质标准的断面占78.6%，达到Ⅳ类水质标准的断面占14.3%，达到Ⅴ类水质标准的断面占7.1%，劣Ⅴ类水质标准的断面占0%。

全年全市各类自然灾害造成直接经济损失7.2亿元，减少5.8%；农作物受灾面积7.7万公顷，减少46.4%，其中，绝收面积1.6万公顷，减少14.3%。

全年全市共发生各类生产经营性事故106起，下降27.9%；死亡67人，下降28.0%。

吕梁市2018年国民经济和社会发展情况

2018年，吕梁市委、市政府团结带领全市人民坚持以习近平新时代中国特色社会主义思想为指引，全面贯彻落实党的十九大和习近平总书记视察山西重要讲话精神，扎实抓好省委对吕梁提出的“四件大事”。深入实施市委“十大举措”，统筹做好稳增长、促改革、调结构、惠民生、防风险各项工作，全市经济社会发展稳定性持续性协调性明显增强，各项社会事业取得明显进步，全面建成小康社会步伐坚实。

一、综　　合

据2018年人口抽样调查，年末全市常住人口为388.56万人，比上年末增加0.67万人。全年全市出生人口3.8万人，人口出生率为9.8‰；死亡人口2.04万人，死亡率为5.25‰；自然增长率为4.55‰。

初步核算，全年全市生产总值1420.3亿元，按可比价计算，比上年增长5.2%。其中，第一产业增加值59.49亿元，增长1.6%，占生产总值的比重4.2%；第二产业增加值871.96亿元，增长1.7%，占生产总值的比重61.4%；第三产业增加值488.87亿元，增长11%，占生产总值的比重34.4%。

人均地区生产总值36585元，按2018年平均汇率计算为5529美元。

全年全市一般公共预算收入174.8亿元，增长26%。其中，税收收入138.2亿元，增收25.3亿元，增长22.4%。分税种看，增值税、企业所得税、资源税共完成107.2亿元，增长20.5%，增收18.2亿元，占全部税收增收额的72.2%。

全年全市一般公共预算支出409.8亿元，增长30.1%。其中，财政民生支出340.6亿元，增长31.0%，占一般公共预算支出比重达83.1%。其中，教育支出73.6亿元，增长14.8%；文化体育和传媒支出7.1亿元，增长27.1%；社会保障和就业支出45.8亿元，增长16.6%；医疗卫生支出40.8亿元，增长15.6%；节能环保支出26亿元，增长82.1%；住房保障支出12.7亿元，增长9.7%。

全市居民消费价格比上年上涨1.9%，其中，食品价格上涨2.4%。商品零售价格上涨0.8%。工业生产者出厂价格上涨3.9%，其中生产资料价格上涨3.8%，生活资料价格上涨5.0%。工业生产者购进价格上涨5.1%。农业生产资料价格上涨8.1%。

二、农　　业

全年全市农作物种植面积360.8千公顷，比上年减少11.5千公顷。其中，粮食种植面积331.8千公顷，减少8.8千公顷；油料种植面积12.0千公顷，减少3.3千公顷；棉花种植面积0.03千公顷，增加0.01千公顷。在粮食种植面积中，玉米种植面积172.0千公顷，减少2.6千公顷；小麦种植面积2.1千公顷，增长0.3千公顷。

全年粮食产量122.7万吨，增加23.3万吨，增产23.5%。其中，夏粮0.7万吨，增产57.1%；秋粮122.0万吨，增产23.3%。

全年完成造林107.5千公顷，增长35.4%。

全年全市猪牛羊禽肉类总产量20.6万吨，增长10.6%。其中，猪肉产量7.8万吨，增长21.1%；牛肉产量2.0万吨，增长15.7%；羊肉产量1.2万吨，增长1.7%。年末生猪存栏70.0万头，生猪出栏95.0万头。牛奶产量2.7万吨，减少1.5%。禽蛋产量9.2万吨，增长0.1%。水产品产量0.09万吨，减少49.9%。

年末全市农业机械总动力120.6万千瓦，增长4.8%。机械耕地面积266.2千公顷，增长1.0%；机械播种面积206.2千公顷，机械收获面积144.0千公顷，分别增长2.7%和12.5%。

三、工业和建筑业

年末全市规模以上工业企业453家，减少2家。全年全市规模以上工业增加值增长1.0%。其中，非煤工业增加值增长2.6%。

规模以上工业企业原煤产量11188.8万吨，增长10.4%；焦炭产量2255.6万吨，增长16.9%；氧化铝产量1200万吨，增长4.2%；氢氧化铝产量1969.4万吨，增长10.3%；钢材产量321.3万吨，增长11.8%；白酒产量14.1万千升，增长18.8%。发电量208.6亿千瓦时，增长13.1%。

规模以上工业企业实现主营业务收入2410.3亿元，增长8.3%。其中，装备制造和医药工业分别实现主营业务收入52.7亿元和4.1亿元，分别增长6.3%和17.9%；煤炭工业实现主营业务收入948.3亿元，下降0.1%；焦炭、冶金、电力、化学工业分别实现主营业务收入418.1亿元、549.9亿元、46.9亿元、94.2亿元，分别增长32.9%、15.3%、20.0%、24.0%；建材和食品工业分别实现主营业务收入45.4亿元和237.7亿元，分别下降1.4%、8.2%。

规模以上工业实现利税474.9亿元，增长23.7%；实现利润253.0亿元，增长27.1%。

四、能　　源

全年全市一次能源生产折标准煤8763.1万吨，增长5.5%；二次能源生产折标准煤3595.4万吨，上升26.9%。

全年全市全社会用电总量196.8亿千瓦小时。其中，第一产业用电量1.43亿千瓦小时，占全社会用电量的比重0.7%；第二产业用电量157.5亿千瓦小时，占全社会用电量的比重79.9%，其中工业用电量155.5亿千瓦小时；第三产业用电量20.3亿千瓦小时，占全社会用电量的比重10.3%；城乡居民生活用电量17.6亿千瓦小时，占全社会用电量的比重8.9%。

五、固定资产投资

全年全市固定资产投资（新口径）470.6亿元，增长10.3%。

在固定资产投资（不含跨市、农户）中，国有及国有控股投资199.0亿元，增长9.9%；民间投资264.6亿元，增长11.7%。

分登记注册类型看，内资企业和个体经营投资457.7亿元，增长9.9%；外商及港澳台商企业投资12.8亿元，增长24.3%。

分产业看,第一产业完成投资 18.9 亿元,下降 40.6%;第二产业完成投资 257.05 亿元,增长 14.8%;第三产业完成投资 194.62 亿元,增长 13.9%。

全市工业投资 258.7 亿元,增长 16.3%。其中,煤炭工业投资 48.5 亿元,增长 59.4%,非煤产业投资 210.2 亿元,增长 9.5%;传统产业(煤炭、焦炭、冶金、电力)投资合计 165.2 亿元,增长 8.7%,非传统产业投资合计 93.5 亿元,增长 32.9%。

全年全市在建固定资产投资项目 878 个。其中,10 亿元以上项目 43 个,计划总投资 1299.4 亿元,完成投资 131.6 亿元。

全年全市房地产开发投资 44.4 亿元,增长 14.3%。其中,住宅投资 35.8 亿元,增长 10.6%;商业营业用房投资 3.9 亿元,下降 15.8%。

六、国内贸易

全年全市社会消费品零售总额 498.6 亿元,增长 8.0%。按经营地统计,城镇消费品零售额 386.1 亿元,增长 8.8%;乡村消费品零售额 112.5 亿元,增长 5.5%。按消费形态统计,商品零售额 432.6 亿元,增长 7.9%;餐饮收入额 66.0 亿元,增长 8.2%。

七、对外经济

全年全市海关进出口总额 43.7 亿元,增长 155.2%。其中,进口额 19.2 亿元,增长 288.9%;出口额 24.5303 亿元,增长 101.1%。

全年出口机电产品 12.1 亿元,增长 1032.1%;出口高新技术产品 12.2 亿元,增长 1264.4%。进口机电产品 0.4 亿元,增长 94.2%。

八、交通、邮电和旅游

全年全市民航旅客运输量 36.7 万人,增长 33.2%,货物运输量 103.2 吨,增长 137.9%。全市公路线路里程 17347.5 公里。

年末全市民用汽车保有量 41.1 万辆(包括三轮汽车和低速货车 2282 辆),比上年末增长 16.2%,其中私人汽车 36.3 万辆,增长 16.7%。本年新注册汽车 5.7 万辆,增长 33%。年末轿车保有量 25.7 万辆,增长 15.1%,其中私人轿车 24.3 万辆,增长 16.1%。

全年全市完成邮政业务总量 2.86 亿元,增长 4.1%;电信业务总量 121.6 亿元,增长 145.9%。年末移动电话用户 341.4 万户,增长 9.8%,固定电话用户 16.6 万户,下降 16.3%,宽带接入用户 75.7 万户,增长 12.7%。

全市快递服务企业业务量 1554.8 万件,增长 37.7%;业务收入 2.1 亿元,增长 44.2%。其中,同城业务量累计完成 329.1 万件,增长 32.2%;异地业务量累计完成 1225.1 万件,增长 39.2%;国际 / 港澳台业务量累计完成 0.58 万件,增长 66.0%。

全年全市接待入境旅游者人数 6246 人次,接待国内旅游者 5848.5 万人次,分别增长 5.6%和 27.9%;旅游外汇收入 237.5 万美元,增长 4.5%;国内旅游收入 499.5 亿元,增长 28.4%;旅游总收入 499.6 亿元,增长 28.4%。

九、金融、保险

年末全市金融机构本外币各项存款余额 2285.1 亿元,比年初增加 266.6 亿元,比年初增长 13.2%。各项贷款余额 1142.9 亿元,比年初增加 107.1 亿元,比年初增长 10.3%。

全年全市保费收入 55.6 亿元,下降 1.9%。其中,财产险保费收入 12.6 亿元,增长 12.5%;寿险保费收入 33 亿元,下降 10.8%;意外险保费收入 9633.4 万元,增长 24.9%;健康险保费收入 8 亿元,增长 21.2%。

十、教育和科学技术

年末全市共有幼儿园 775 所,增加 48 所;小学 569 所,减少 6 所;普通初中 245 所,减少 2 所;普通高中 41 所;中等职业学校 9 所;普通高等学校 1 所。全市学前三年毛入园率为 92.6%,小学学龄儿童净入学率为 98.9%,高中阶段毛入学率为 95%。

年末全市有 8 个经济开发区,除 2018 年新批 3 户外(包括高新区)入区企业 566 户,其中 500 强投资企业 7 户。2018 年区内税收收入 86.34 亿元,增长 35%;2018 年企业主营业务收入 1033.75 亿元,增长 18%。

年末全市有气象台站 14 个,全市开展电话天气自动答询的台站 1 个。全市气象系统开展人工影响天气业务的单位 13 个,防雹、增雨累计受益面积全市域内,增雨量 0.7 亿立方米。全市卫星云图接收站 1 个。

年末全市有专业综合地震台站 2 个,市级地震台网中心 1 个。全年 M3.0—M3.9 级地震 0 次,M4.0—M4.9 级地震 0 次,最大震级 M2.6 级。

年末全市高新技术企业有 38 户。

十一、文化、卫生和体育

年末全市共有群众艺术馆 1 个,文化馆 14 个,乡镇综合文化站 148 个,农村文化活动场所 3114 个。全市有市级公共图书馆 1 个,县级公共图书馆 13 个。2018 年全市报纸共出版 1 种(不含高校校报)。年末全市共有广播电视台 13 座,广播电视无线发射台 16 座,广播人口覆盖率 95.59%,电视人口覆盖率 99.47%,有线电视用户 24.08 万户。

年末全市共有卫生机构(含诊所、村卫生室) 4690 个,床位 1.37 万张。卫生防疫、防治机构 14 个,妇幼保健院(所、站)14 个。全市卫生机构共有卫生技术人员 16956 人;卫生院卫生技术员 3260 人,社区卫生服务中心(站)卫生技术人员 852 人,其中,农村乡镇卫生院 3081 人;防疫、防治卫生技术员 332 人,妇幼保健(所、站)卫生技术人员 670 人。全市 13 个县(市、区)开展了新型农村合作医疗工作。

年末全市有体育场 7 个,体育馆 3 个。全年全市体彩销售 2.38 亿元,下降 29.3%。

十二、人民生活和社会保障

全年全市居民人均可支配收入16883元，增长8.5%。按常住地分，城镇居民人均可支配收入27323元，增长6.3%，城镇居民人均消费支出15921元，增长8.7%；农村居民人均可支配收入9034元，增长9.7%，农村居民人均消费支出7046元，增长10.6%。城镇占调查总户数20%的低收入家庭人均可支配收入9001元，增长7.2%；农村占调查总户数20%的低收入家庭人均可支配收入3230元，增长13.5%。

年末参加城镇职工基本养老保险43.79万人，增加4.49万人；参加城乡居民社会养老保险192万人，增加4.86万人；参加城镇职工基本医疗保险34.99万人，增加1.32万人；参加失业保险32.38万人，增加0.43万人；参加工伤保险37.95万人，增加0.06万人；参加生育保险34.09万人，增加0.49万人。

全年得到城市最低生活保障救济人数3.4万人，共发放城市最低保障资金1.4亿元。1.75万人纳入农村五保供养。

年末全市城镇有各种社区服务设施392个，其中综合性社区服务中心190个，各类收养性单位床位数1336张，收养人数846人，国家抚恤、补助各类优抚对象20596人。全年销售福利彩票3.38亿元，筹集社会福利资金0.93亿元，接受社会捐赠款0.25亿元。

十三、脱贫攻坚、环境和安全生产

全市深入实施“3545”年度行动计划，岚县、方山、交口、离石、交城5个县(区)、12.7万贫困人口可望如期脱贫摘帽。生态扶贫荣获全国脱贫攻坚组织创新奖，合作化造林模式被国家发改委等3部门联合发文在全国推广。

按《环境空气质量指数（AQI）技术规定（试行）(HJ633-2012)》评价，市区优良天气数达到250天，比上年增加5天，全省排名第二；环境空气质量综合指数6.26，全省排名第五。

全市未发生重大以上事故，安全生产形势总体平稳。

晋中市2018年国民经济和社会发展情况

2018年，全市上下认真贯彻党的十九大和习近平总书记视察山西重要讲话精神，始终坚持稳中求进工作总基调，全面落实新发展理念，以供给侧结构性改革和转型综改试验区建设相结合为主线，加快推动经济结构转型升级，积极培育创新动力，不断优化营商环境，协调推进绿色发展，着力增进民生福祉，全市经济持续健康发展，社会事业全面进步，人民生活水平不断提高。

一、综　　合

据2018年人口抽样调查，年末全市常住人口3381576人，比上年末增加15979人，其中，城镇常住人口1872495人，占总人口比重(常住人口城镇化率)为55.37%，比上年末提高1.23个百分点。户籍人口城镇化率为38.50%，比上年末提高0.91个百分点。全年全市出生人口33858人，人口出生率10.04‰；死亡人口17879人，死亡率5.30‰；自然增长率4.74‰。

初步核算，全年全市地区生产总值1447.6亿元，比上年增长7.1%。其中，第一产业增加值113.8亿元，下降2.3%，占生产总值的比重7.9%；第二产业增加值688.1亿元，增长7.6%，占生产总值的比重47.5%；第三产业增加值645.7亿元，增长8.5%，占生产总值的比重44.6%。

人均地区生产总值42910元，按2018年平均汇率计算为6406美元。

全年全市一般公共预算收入150.8亿元，比上年增长27.7%。税收收入99.1亿元，增长21.1%，其中国内增值税、资源税、企业所得税、个人所得税和城市维护建设税、房产税共计完成税收77.3亿元，增长19.6%。

全年全市一般公共预算支出322.8亿元，增长15.7%。其中，用于民生的支出265.9亿元，增长15.1%，占一般公共预算支出的82.4%。在民生支出中，节能环保支出增长54.0%、农林水支出增长10.5%、城乡社区事务支出增长40.9%、住房保障支出增长67.4%、医疗卫生与计划生育支出增长7.5%、教育支出增长8.5%。

全年市区居民消费价格比上年上涨1.4%，其中，食品烟酒类价格上涨1.7%。市区商品零售价格上涨1.0%。全市工业生产者出厂价格上涨8.8%，其中，生产资料价格上涨9.5%，生活资料价格下降1.2%。工业生产者购进价格上涨4.8%。农业生产资料价格上涨1.5%。

全年全市城镇新增就业5.06万人。年末城镇登记失业率2.3%。

二、农　　业

全年全市农作物种植面积283.2千公顷。其中，粮食种植面积249.2千公顷，减少3.0千公顷；蔬菜种植面积24.2千公顷，增加1.8千公顷；油料种植面积1.6千公顷；棉花种植面积6.8公顷。在粮食种植面积中，玉米种植面积208.2千公顷，减少2.9千公顷；小麦种植面积6.1千公顷，与上年持平。果园面积24.1千公顷，增加0.6千公顷。

全年粮食产量179.7万吨，增加3.7万吨，增产2.1%。其中，夏粮2.8万吨，减产0.1%；秋粮177.0万吨，增产2.1%。

全年全市完成造林面积24.1千公顷，增长92.8%。

全年全市肉类总产量23.6万吨，比上年增长4.4%。其中，猪肉产量12.4万吨，增长1.7%；牛肉产量2.3万吨，增长9.5%；羊肉产量2.1万吨，增长10.5%；禽肉产量6.8万吨，增长7.9%。牛奶产量16.4万吨，增长14.7%。禽蛋产量16.9万吨，增长1.2%。水产品产量3829吨，增长5.6%。

三、工业和建筑业

年末全市规模以上工业法人企业570家。全年规模以上工业增加值完成566.3亿元，增长8.0%。其中，战略性新兴产业增加值完成41.2亿元，增长56.4%，占比7.3%。在战略性新兴产业中，新能源产业增长151.8%，新能源汽车增长231.4%，新材料产业增长65.8%，生物产业增长6.7%。

全年全市规模以上工业企业原煤产量8840.8万吨，比上年增长7.4%；发电量221.8亿千瓦时，增长15.0%；焦炭产量1188.8万吨，增长4.2%；粗钢产量244.7万吨，增长13.8%；氧化铝167.9万吨，下降3.2%；汽车产量103471辆，增长19.9%，其中新能源汽车产量39891辆，增长261.7%；光伏电池51.7万千瓦，增长29.0倍。

全年全市规模以上工业企业实现主营业务收入1943.1亿元，比上年增长20.8%。其中，煤炭行业实现主营业务收入886.9亿元，增长16.3%；焦炭行业实现主营业务收入282.9亿元，增长26.3%；机械行业实现主营业务收入240.1亿元，增长39.6%；冶金行业实现主营业务收入160.7亿元，增长33.7%；化工行业实现主营业务收入88.7亿元，增长18.9%；非金属矿制品业实现主营业务收入79.6亿元，增长24.6%；食品行业实现主营业务收入76.7亿元，增长2.6%；电力行业实现主营业务收入65.8亿元，增长18.5%；医药行业实现主营业务收入30.3亿元，增长7.5%。

全年全市规模以上工业实现利税209.2亿元，增长33.7%；实现利润84.7亿元，比上年增加19.7亿元，增长30.4%。其中，国有控股企业实现利润11.4亿元。规模以上工业企业每百元主营业务收入中的成本82.92元，下降0.29元。

全年全市建筑业增加值91.3亿元，增长5.7%。资质以上建筑企业总产值273.8亿元，增长13.5%，共签订合同额687.4亿元，增长24.7%。房屋建筑施工面积892.0万平方米，增长40.7%，竣工面积154.9万平方米，增长7.5%。资质以上建筑企业共222家，其中，一级企业15家。

四、能　　源

全年全市全社会用电总量191.72亿千瓦小时。其中，第一产业用电2.33亿千瓦小时，占全社会用电量的比重1.21%；第二产业用电148.03亿千瓦小时，占全社会用电量的比重77.21%，其中工业用电145.41亿千瓦小时；第三产业用电22.83亿千瓦小时，占全社会用电量的比重11.91%；城乡居民生活用电18.53亿千瓦小时，占全社会用电量的比重9.67%。

五、固定资产投资

全年全市固定资产投资702.7亿元，增长9.6%。

在固定资产投资中，基础设施投资完成134.5亿元，增长3.7%。国有及国有控股投资249.5亿元，增长14.3%。民间投资391.1亿元，下降6.2%。

分产业看，第一产业投资36.9亿元，下降39.3%；第二产业投资248.6亿元，增长10.0 %；第三产业投资417.3亿元，增长17.7%。

全市工业投资247.7亿元，增长11.1%。其中，煤炭工业投资35.7亿元，下降30.5%，非煤产业投资211.9亿元，增长23.6 %；传统产业（煤炭、焦炭、冶金、电力）投资合计115.7亿元，下降4.2%，非传统产业投资合计131.9亿元，增长29.3%。

全年全市在建固定资产投资项目1409个。其中，亿元以上项目461个，计划总投资2875.4亿元，完成投资540.7亿元。

全年全市房地产开发投资160.9亿元，增长38.7%。其中，住宅投资115.3亿元，增长52.6%。

六、国内贸易

全年全市社会消费品零售总额656.3亿元，增长8.1%。按经营地统计，城镇消费品零售额548.8亿元，增长7.1%；乡村消费品零售额107.5亿元，增长13.3%。按消费形态统计，商品零售额611.2亿元，增长8.0%；餐饮收入额45.1亿元，增长8.2%。

全年全市限额以上单位消费品零售额182.4亿元，增长4.4%。其中，限额以上批发零售业单位网上零售额2.3亿元，增长71.1%，占限额以上零售额比重1.3%。

全年全市新登记市场主体44467户，增长7.9%。

七、对外经济

全年全市海关进出口总额220473万元，比上年增长25.2%。其中，出口额190400万元，增长37.1%；进口额30074万元，下降19.2%。

全年出口焦炭及半焦炭3.8万吨，比上年下降26.8%，出口金额6886万元，下降22.5%；出口钢材2.9万吨，下降51.7%，出口金额24183万元，下降27.1%；出口鲜、干水果及坚果1.2万吨，增长28.2%，出口金额7269万元，增长32.1%；出口玻璃制品7848吨，下降3.5%，出口金额19939万元，增长10.1%；出口农产品7831万元，增长32.8%；出口机电产品11.9亿元，增长73.5%；出口高新技术产品14617万元，增长20.0倍。

全年新签项目（合同）8个；合同利用外资项目投资总额30151.9万美元，增长143.2%；当年实际利用外资金额34881.9万美元，下降9.6%。

八、交通、邮电和旅游

年末全市公路通车里程16037.4公里，比上年增加12.7公里，增长0.08%；其中高速公路625.0公里。

年末全市民用汽车保有量63.0万辆（包括三轮汽车和低速货车4641辆），比上年末增长9.1%，其中私人汽车56.7万辆，增长9.1%。本年新注册汽车6.4万辆，下降5.5%。年末轿车保有量38.8万辆，增长9.4%，其中私人轿车37.5万辆，增长9.7%。

全年全市完成邮电业务总量 111.4 亿元。其中，邮政业务总量 5.6 亿元，电信业务总量 105.8 亿元。邮政业全年完成邮政函件业务 73.6 万件，包裹业务 2.38 万件，报纸业务 5065.76 万份，杂志业务 172.1 万份。全市规模以上快递服务企业业务量完成 1701.55 万件，同比增长 28.27%；快递业务收入完成 2.78 亿元，增长 38.2%。全年全市固定电话用户年末达到 21.4 万户。年末移动电话用户 362.3 万户。其中，3G 移动电话用户 24.9 万户，4G 移动电话用户 266.6 万户。年末全市固定及移动电话用户总数达到 383.7 万户。全市宽带接入用户 76.8 万户，手机互联网上网人数 319.8 万人。

全年全市接待入境旅游者 26.2 万人次，增长 7.1%。其中，外国人 16.9 万人次，增长 7.3%，港澳台 9.4 万人次，增长 6.8%；接待国内旅游者 9789.4 万人次，增长 23.5%。旅游外汇收入 14184.7 万美元，增长 8.0%，国内旅游收入 1004.3 亿元，增长 23.1%，旅游总收入 1013.9 亿元，增长 23.1%。

九、金　　融

年末全市金融机构本外币各项存款余额 2815.5 亿元，比年初增加 242.4 亿元，增长 9.4%。各项贷款余额 1845.7 亿元，比年初增加 265.8 亿元，增长 16.8%。

全年全市保费收入 78.5 亿元，比上年增长 8.5%。其中，财产险业务保费收入 18.4 亿元，增长 10.3%；寿险业务保费收入 60.1 亿元，增长 8.0%。全年支付各类赔款及给付 39.2 亿元，增长 44.3%。

十、教育和科学技术

年末全市普通高等学校 17 所，普通中学 234 所，小学 658 所，幼儿园 597 所。

全年全市专利申请受理量为 2584 件，其中发明专利申请受理量为 627 件。全年全市专利授权量为 1528 件，有效发明专利拥有量 580 件。按照国家高新技术企业认定办法，年末累计认定高新技术产业企业 141 家，比上年增加 49 家，高新技术企业销售额达 359.5 亿元。全市省级以上重点实验室和工程（技术）研究中心总数 24 家，省级众创空间 20 家。

十一、文化、卫生和体育

年末全市共有群众艺术馆、文化馆 12 个，文化系统艺术表演团 75 个，公共图书馆 12 个。年末全市公共图书馆图书总藏量达 2206.0 千册。文物保护单位 1054 个，剧场（影剧院）39 个。年末全市共有电视台 11 座，广播电台节目 11 套。有线电视用户 62.0 万户。广播节目综合人口覆盖率 98.54%，电视节目综合人口覆盖率 99.73%。

年末全市共有卫生机构（含诊所和村卫生室）3767 个。其中，医院 111 个，妇幼保健院（所、站）12 个，疾病预防控制中心 12 个。全市卫生机构共有床位 17129 张，其中，医院床位 12885 张，卫生院床位 3399 张。全市卫生机构共有卫生技术人员 19319 人，其中，执业（助理）医师 7427 人，注册护士 8287 人。

年末全市拥有各级体育机关 12 个，体育运动学校 1 个，体育场 2 个，体育馆 14 个。全市共有二级运动员 218 人，二级裁判员 134 人。全市体育电脑彩票销售点 161 个，全年销售中国体育彩票 20150 万元。

十二、人民生活和社会保障

全年居民人均可支配收入 22908 元，增长 8.4%。按常住地分，城镇常住居民人均可支配收入 32947 元，增长 6.5%；农村常住居民人均可支配收入 13394 元，增长 8.9%。按全市居民五等份收入分组，城镇低收入组人均可支配收入 13237 元，增长 6.6%；农村低收入组人均可支配收入 4179 元，增长 13.7%。全年居民人均消费支出 11930 元，增长 8.5%。按常住地分，城镇居民人均消费支出 16121 元，增长 7.1%；农村居民人均消费支出 8893 元，增长 9.8%。城镇居民家庭恩格尔系数（即居民家庭食品消费支出占家庭消费支出的比重）27.3%，农村居民家庭恩格尔系数 28.9%。

年末参加城镇职工基本养老保险 57.3 万人。参加城乡居民社会养老保险 154.8 万人，增加 0.26 万人。参加城镇职工医疗保险 57.4 万人，增加 2.7 万人。参加城乡居民基本医疗保险 253.6 万人，增加 1.7 万人。参加失业保险 33.0 万人，增加 0.8 万人。参加工伤保险 40.5 万人，增加 1.8 万人。参加生育保险 38.5 万人，增加 2.5 万人。

全年全市纳入城市最低生活保障的居民 10165 人；纳入农村最低生活保障的居民 64659 人；纳入农村五保供养 17123 人。全年共发放城乡最低保障资金 20381.8 万元。

年末全市共有提供住宿的各类社会服务机构 66 个。其中，养老服务业机构 53 个，提供住宿的社会服务机构床位数 4893 张。全年全市共有福利彩票销售点 298 个，福利彩票销售收入 27760.4 万元。

十三、资源、环境和安全生产

年末全市森林面积 253.6 千公顷。全市自然保护区总数 5 个，自然保护区面积 97.8 千公顷，占全市国土面积的 6.0%。

按照《环境空气质量标准》（GB3095-2012）中规定的六项污染物评价，2018 年全市环境空气优良天数范围在 139-252 天之间，其中市城区 210 天；环境空气综合污染指数范围在 5.44-9.13 之间，其中市城区为 6.52。

全年全市河流监测的 11 个断面中，达到Ⅲ类以上（包括Ⅰ、Ⅱ、Ⅲ类）水质标准的断面 7 个，占监测断面总数的 63.6%；劣Ⅴ类水质标准的断面 3 个，占监测断面总数的 27.3%。

全年全市安全生产事故死亡 95 人，较上年减少 97 人，煤炭生产安全事故死亡人数 3 人，减少 17 人。全市亿元 GDP 生产安全事故死亡率 0.07，下降 53.3%；煤炭生产百万吨死亡率为 0.04，下降 90.5%；特种设备万台死亡率为 0。

阳泉市2018年国民经济和社会发展情况

2018年,面对严峻复杂的国际国内形势和艰巨繁重的改革发展稳定任务,全市上下坚持以习近平新时代中国特色社会主义思想为指引,全面贯彻党的十九大和习近平总书记视察山西重要讲话精神,按照聚力六大突破,实现转型崛起的总体要求和"123335"工作部署,全力抓好稳增长、促改革、调结构、惠民生、防风险各项工作,经济总体呈现出稳中有进、稳中向好的发展态势,新旧动能加快转换,产业结构不断优化,企业效益逐步向好,基础设施、技改及制造业投资明显加快,消费新业态蓬勃发展,人民生活水平进一步提高,全市经济社会发展取得可喜成绩。

一、综　合

初步核算,全市全年实现地区生产总值733.7亿元,按可比价计算,增长6.7%。其中,第一产业完成增加值10.6亿元,增长3.0%;第二产业完成增加值345.1亿元,增长5.8%;第三产业完成增加值378.0亿元,增长7.7%;三次产业构成由2018年1.5:47.7:50.8调整为1.5:47.0:51.5。人均地区生产总值51976元,按2018年平均汇率计算为7854美元。

据2018年人口变动抽样调查,年末全市常住人口为141.44万人,比上年末增加0.55万人。全市全年出生人口1.29万人,人口出生率为9.16‰,比上年下降0.3个千分点;死亡人口0.74万人,死亡率为5.23‰,比上年下降0.51个千分点;自然增长率为3.93‰,比上年提高0.21个千分点。

从城乡结构看,全市城镇常住人口96.86万人,比上年末增加1.68万人,乡村常住人口44.57万人;城镇化率为68.49%,比上年提高0.93个百分点,居全省第二位。

公安部门数据显示,全市户籍人口城镇化率为54.52%,比上年末提高0.07个百分点。

全年居民消费价格同比上涨1.8%,其中食品烟酒价格上涨2.4%。商品零售价格上涨2.2%。工业生产者出厂价格上涨3.3%,其中生产资料价格上涨3.9%,生活资料价格上涨0.3%。工业生产者购进价格上涨6.3%。

全年全市城镇新增就业26264人。转移农村劳动力9321人。年末城镇登记失业率3.08%。

精准脱贫决战决胜,完成了最后32个贫困村、3300名贫困人口脱贫任务。

二、农　　业

全年农作物种植面积5.6万公顷,比上年增长1.8%。其中粮食种植面积5.4万公顷,增长2.5%;油料种植面积113.3公顷,下降28.8%;中草药种植面积0.05万公顷,下降37.5%;蔬菜及食用菌种植面积0.1万公顷,增长2.1%。在粮食种植面积中,玉米种植面积4.6万公顷,增长3.3%。

全年粮食总产量27.3万吨,增长4.8%。其中,夏粮0.1万吨,增长3.2%;秋粮27.2万吨,增长4.8%。

全年肉类总产量1.9万吨,下降7.5%。其中,猪肉产量1.5万吨,下降5.7%;牛肉产量0.04万吨,增长8.7%;羊肉产量0.1万吨,增长3.1%;禽肉产量0.3万吨,下降19.8%。牛奶产量0.5万吨,下降16.4%。禽蛋产量4.4万吨,增长32.6%。水产品产量728吨,增长3.9%。

全年完成造林面积4.2千公顷,增长13.4%;其中,人工造林面积3.9千公顷,增长19.4%。

年末全市农业机械总动力34.1万千瓦,比上年增长3.0%。机械耕地面积4.2万公顷,下降0.04%;机械播种面积4.3万公顷,下降1.6%;机械收获面积1.7万公顷,增长3.3%。

三、工业和建筑业

全市规模以上工业企业达到144个,全年规模以上工业增加值增长5%。其中,煤炭行业增加值增长7.6%,非煤工业增加值增长0.1%。规模以上工业中,战略性新兴产业工业增加值增长7.4%,占全市工业增加值比重6.0%。

全年全市规模以上工业企业原煤产量5373.3万吨,增长7.7%;洗煤产量1790.7万吨,下降19.1%;发电量131.5亿千瓦时,增长2.9%;煤层气产量11.9亿立方米,增长10.5%。

全年规模以上工业企业实现主营业务收入498.6亿元,下降4.6%;实现利税38.6亿元,增长39%;其中,实现利润总额-8.1亿元,同比少亏11.4亿元;实现税金46.7亿元,下降1.2%。亏损企业61家,亏损面为42.4%;亏损额30.3亿元,下降19.2%。

全年全市建筑业实现增加值57.5亿元,增长10.0%。资质以上建筑企业实现总产值95.6亿元,增长40.2%;签订合同额174.9亿元,增长34.2%。房屋建筑施工面积256.8万平方米,下降9.4%;竣工面积63.0万平方米,下降10.1%。

四、固定资产投资

全年完成固定资产投资214.9亿元,下降12.5%。其中,5000万元以上项目完成投资154.6亿元,下降13.3%,占全市投资的比重为72.0%;500-5000万元项目完成投资29.1亿元,下降21.6%,占全市投资的比重为13.5%;房地产开发投资31.2亿元,增长3.0%,占全市投资的比重为14.5%。

从产业看,第一产业完成投资4.0亿元,增长31.1%,占比1.9%;第二产业完成投资83.3亿元,下降31.9%,占比38.7%;第三产业完成投资127.6亿元,增长6.0%,占比59.4%。

按投资类别分,转型项目投资118.9亿元,占全部投资的55.3%;重点工程完成投资108.3亿元,占全部投资的50.4%。工业投资83.7亿元,下降43.9%;工业技改投资41.3亿元,增长25.4%;基础设施投资63.3亿元,增长71.3%;民间投资 86.2 亿元，下降 10.5%，占全部投资比重为 40.1%。

按投资构成分，建安工程 141.3 亿元，下降 6.0%，占全部投资的比重为 65.7%；设备工器具购置 51.1 亿元，下降 36.4%，占全部投资的比重为 23.8%；其他费用 22.5 亿元，增长 48.9%，占全部投资的比重为 10.5%。

按登记注册类型分，内资企业和个体经营投资 211.8 亿元，下降 13.0%；外商及港澳台商企业投资 3.1 亿元，增长 38.9%。

全年全市房地产开发投资 31.2 亿元，增长 3.0%。按工程用途分：住宅投资 24.4 亿元，增长 5.0%，其中，90–144 平方米完成投资 20.9 亿元，增长 50.2%，占比为 85.6%；90 平方米以下投资占比为 11.4%；144 平方米以上投资占比为 3.0%。商业营业用房投资 3.1 亿元，下降 10.8%。

全年保障性住房建设实际完成投资 25.9 亿元，开工新建各类保障性住房 5143 套，棚户区改造住房基本建成 9254 套，公租房基本建成 200 套。全年全市农村地区建档立卡贫困户危房改造 146 户。

五、能　　源

全年全市一次能源生产折标准煤 3973.68 万吨，增长 7.8%，二次能源生产折标准煤 297.82 万吨，增长 7.2%。

初步核算，全年全市全社会能源消费总量 887.78 万吨标准煤，比上年增长 3.3%。万元地区生产总值能耗 1.2707 吨标准煤 / 万元，下降 3.22%。全年规上工业综合能源消费量折标准煤 588.55 万吨，上升 3.8%。规上工业煤炭消费量（不含原煤入洗）865.9 万吨，增长 7.9%；天然气消费量 6.09 亿立方米，增长 12.9%。

主要耗能工业企业单位产品能源消耗有：吨原煤生产综合能耗 5.65 千克标准煤 / 吨，下降 7.7%；炼焦工序单位能耗 131.87 千克标准煤 / 吨，下降 10.7%；电厂火力发电标准煤耗 300.60 克标准煤 / 千瓦时，上升 0.04%；单位氧化铝综合能耗 361.11 千克标准煤 / 吨，下降 14.5%；吨水泥综合能耗 72.28 千克标准煤 / 吨，下降 35.8%。

全年全市全社会用电总量 83.25 亿千瓦时，增长 0.4%。其中，第一产业用电 0.40 亿千瓦时，增长 3.5%；第二产业用电 64.89 亿千瓦时，下降 3.1%，其中工业用电 64.36 亿千瓦时，下降 3.0%；第三产业用电 11.26 亿千瓦时，增长 18.0%；城乡居民生活用电 6.69 亿千瓦时，增长 10.4%。一、二、三产及城乡居民生活用电占全社会用电量比重分别为 0.5%、78.0%、13.5%、8.0%。

六、国内贸易

全年社会消费品零售总额完成 346.72 亿元，比上年增长 7.2%。其中，城镇消费品零售额 310.78 亿元，增长 6.5%；乡村消费品零售额 35.94 亿元，增长 13.0%。

七、对外经济

全年海关进出口总额 10739 万美元，比上年下降 12.9%，其中，出口额 6294 万美元，下降 27.1%；进口额 4446 万美元，增长 19.9%。

全年全市新设立外商直接投资企业 1 家；利用外商投资金额 437 万美元，较上年下降 96.2%。

八、交通、邮电和旅游

全年交通运输、仓储邮政业完成增加值 46.7 亿元，增长 3.7%。公路线路年末里程 5705.8 公里，比上年末增加 45.5 公里。全年铁路货运量 4548.0 万吨，增长 1.1%，铁路客运量 251 万人，下降 4.9%。

全市民用汽车保有量达到 23.7 万辆（包括三轮汽车和低速货车），增长 9.2%，其中私人汽车 20.9 万辆，增长 10%。轿车保有量 14.5 万辆，增长 8.6%，其中私人轿车 13.8 万辆，增长 9%。

全年完成邮电业务总量 42.4 亿元。其中，邮政业务总量 2.4 亿元，增长 1.9%；电信业务总量 40 亿元。移动电话用户达到 181.8 万户，其中 4G 移动电话用户年末达 115.9 万户。全市互联网接入用户达到 48.2 万户。

旅游统计口径显示，全年全市商业住宿设施共接待入境游客 6056 人次，增长 12.6%；旅游总收入 359.1 亿元，同比增长 26.5%。

星级宾馆 10 个，五星级 1 个，四星级 3 个，旅行社 32 个，出境 2 个。A 级景区 12 个，4A 级 4 个。

九、财政、金融和保险

一般公共预算收入完成 57.6 亿元，比上年增长 15.2%。其中，税收收入 42.1 亿元，增长 11.2%，国内增值税、企业所得税、个人所得税、资源税和城建税共计完成税收 34.67 亿元，分别较上年增长 12.0%、下降 3.1%、增长 24.9%、增长 26.0% 和增长 6.0%。

一般公共预算支出 123.54 亿元，比上年增长 16.7%。其中，农林水支出增长 38.9%，教育支出下降 5.9%，社会保障和就业支出增长 37.0%，医疗卫生与计划生育支出增长 10.6%，节能环保支出增长 82.8%，文化体育与传媒支出增长 52.0%，城乡社区支出增长 22.1%，公共安全支出下降 9.1%。

年末全市金融机构本外币各项存款余额 1578.52 亿元，比年初增长 6.3%。各项贷款余额 1033.27 亿元，比年初增长 16.8%。

全年保费收入 31.88 亿元，比上年增长 0.7%。其中，寿险业务保费收入 19.95 亿元，下降 1.6%；健康险和意外伤害险业务保费收入 3.85 亿元，增长 4.8%；财产险业务保费收入 8.07 亿元，与上年持平。支付各类赔款及给付 11.49 亿元，比上年下降 17.1%。其中，寿险业务给付 4.07 亿元，下降 43.1%；健康险和意外伤害险业务赔款及给付 1.82 亿元，增长 36.8%；财产险业务赔款 5.60 亿元，增长 4.3%。

十、教育和科学技术

年末全市普通高等学校 2 所，全年农民实用技术培训 6.6

万人次。

全年全市专利申请量为922件,下降16.7%,其中发明专利申请量为395件,下降10.0%;全市专利授权量为415件,增长15.3%,其中发明专利授权量为41件,增长1.3倍。

全年共签订各类技术合同262项,技术合同成交总额5.6亿元,增长1.2倍。获得省级科学技术奖2项。国家认定企业技术中心1家,省级企业技术中心11家,市级企业技术中心35家。高新技术企业数达到62家。

十一、文化、卫生和体育

全市共有群众艺术馆、文化馆6个、艺术表演团体6个、公共图书馆6个。年末有线电视用户21.4万户。全年共发行《阳泉日报》592万份。

年末全市共有卫生机构(含诊所、村卫生室)1587个,编制床位7302张。妇幼保健院(所、站)6个。全市卫生机构共有卫生技术人员10442人。

我市运动员在国内外重大比赛中获金、银、铜牌分别为28枚、34枚和53枚(包括非奥运项目比赛)。全市销售体育彩票1.59亿元,比上年增长0.41亿元。

十二、人民生活和社会保障

全市城镇常住居民人均可支配收入31474元,增长6.4%。农村常住居民人均可支配收入14078元,增长8.6%。

城镇占调查总户数20%的低收入户人均可支配收入10829元,增长7.7%;农村占调查总户数20%的低收入户收入6293元,增长13.3%。

年末参加城镇职工基本养老保险33.33万人,比上年增加2.24万人;参加城乡居民养老保险44.77万人,比上年增加0.68万人;城镇职工基本医疗保险参保38.6万人,与上年持平;城乡居民基本医疗保险参保82.7万人,比上年增加1.14万人;参加工伤保险26.18万人,比上年增加0.18万人;参加失业保险25.65万人,与上年增加0.53万人;参加生育保险25.11万人,比上年增加0.44万人。

全市三区两县的最低工资标准:城区、矿区、郊区为1700元,平定县、盂县为1500元。

全年全市共有城市最低生活保障对象3.12万人,比上年减少3173人,农村最低生活保障对象3.71万人,比上年减少3651人,0.62万人纳入农村五保供养,全年共发放最低保障资金2.58亿元,比上年增加0.13亿元。

年末全市共有救助站3个。共有各类提供住宿的社会服务机构26个,养老服务机构床位数1687张,各类福利院床位数350张,收养102人。城镇各种社区服务设施623个,其中综合性社区服务中心94个。全年销售福利彩票1.69亿元,筹集社会福利资金1331.26万元,接收社会捐赠款14.7万元。

十三、资源、环境和安全生产

2018年林地面积达13.0万公顷,全市森林覆盖率达28.5%。

2018年,市区大气环境质量达标天数203天,达标天数比例57.7%;PM2.5平均浓度59微克/立方米,同比下降3.3%;PM10平均浓度108微克/立方米,同比下降6.9%;空气质量综合指数6.58,同比下降9.6%,在全省11个地市中排名第8。全市二氧化硫、氮氧化物、化学需氧量、氨氮排放量分别下降11.29%、10.8%、0.18%、0.21%。

全年各类自然灾害造成直接经济损失2747.16万元;农作物受灾面积4423.1公顷,其中,绝收250.81公顷。

全年共发生各类安全事故40起,同比增加16起;死亡43人,增加17人,同比增长65.4%。全年全市煤炭百万吨死亡率为0.32。

长治市2018年国民经济和社会发展情况

2018年,全市上下在市委、市政府的坚强领导下,坚持以习近平新时代中国特色社会主义思想为指导,深入贯彻习近平总书记视察山西重要讲话精神,全面落实省委、省政府各项决策部署,坚持稳中求进工作总基调,坚持新发展理念,坚持推动高质量发展,紧紧围绕“三大目标”,全面深化供给侧结构性改革,统筹做好稳增长、促改革、调结构、惠民生、防风险各项工作,全市经济稳步向好,各项社会事业发展取得显着进步,开创了新时代长治转型发展的新局面。

一、综　　合

初步核算,全年全市地区生产总值1645.6亿元,比上年增长7.4%。其中,第一产业增加值63.9亿元,下降1.3%,占生产总值的比重为3.9%;第二产业增加值891.7亿元,增长7.8%,占生产总值的比重为54.2%;第三产业增加值690.0亿元,增长8.0%,占生产总值的比重为41.9%。第三产业中,金融保险业增加值104.3亿元,增长7.3%;交通运输、仓储和邮政业增加值90.9亿元,增长5.1%;房地产业增加值101.1亿元,下降0.1%。

人均地区生产总值47540元,按2018年平均汇率计算为7184美元。

全年全市一般公共预算收入150.7亿元,增长13.9%。税收收入115.1亿元,增长12.0%,其中国内增值税、营业税、企业所得税、个人所得税、资源税和城建税共计完成税收98.3亿元,增长11.7%。一般公共预算支出318.4亿元,增长18.6%。其中农林水事务支出增长25.9%,社会保障和就业支出增长12.2%,医疗卫生支出增长8.5%,文化体育与传媒支出下降8.9%,节能环保支出增长87.6%。

居民消费价格比上年上涨2.2%,其中,食品烟酒价格上涨 1.5%。商品零售价格上涨 1.4%。工业生产者出厂价格上涨 3.2%;工业生产者购进价格上涨 2.2%。

全年全市城镇新增就业 5.2 万人。转移农村劳动力 4.3 万人。

年末城镇登记失业率 1.92%。

二、农　　业

全年全市粮食种植面积 235.7 千公顷；油料种植面积 3.0 千公顷;棉花种植面积 0.02 千公顷。在粮食种植面积中，玉米种植面积 199.3 千公顷;小麦种植面积 4.7 千公顷。

全年粮食产量 150.2 万吨。其中，夏粮 2.4 万吨；秋粮 147.9 万吨。

全年全市猪牛羊肉总产量 9.3 万吨。其中,猪肉产量 8.0 万吨;牛肉产量 0.5 万吨;羊肉产量 0.8 万吨。年末生猪存栏 56.3 万头,生猪出栏 102.6 万头。牛奶产量 1.3 万吨。禽蛋产量 14 万吨。

全年全市农业机械总动力 115 万千瓦；机械耕地面积 244 千公顷；机械播种面积 233.6 千公顷；机械收获面积 124.6 千公顷。

三、工业和建筑业

年末全市规模以上工业企业 372 家。全年全市规模以上工业增加值增长 8.5%。

规模以上工业企业原煤产量 11282.6 万吨，增长 1.1%;发电量 321.9 亿千瓦时,增长 12.0%;焦炭产量 1463.6 万吨,增长 13.7%;钢材产量 480.1 万吨,增长 19.6%。

规模以上工业企业实现主营业务收入 1848.5 亿元,增长 14.7%。其中,煤炭、炼焦、钢铁和电力工业分别实现主营业务收入 870.4 亿元、272.1 亿元、242.4 亿元和 90.4 亿元,分别增长 9.4%、9.6%、39.3%和 17.7%;化学、建材、装备制造和食品工业分别实现主营业务收入 143.5 亿元、34.9 亿元、73.9 亿元、46.9 亿元,分别增长 37.2%、17.4%、0.4%和 5.3%。

规模以上工业实现利税 387.9 亿元,增长 15.7%;实现利润 216.5 亿元,增长 15.8%。

全年全市建筑业实现增加值 67.3 亿元，比上年增长 6.0%。

四、固定资产投资

全年全市固定资产投资 679.6 亿元,增长 10.7%。其中,国有及国有控股投资 301.9 亿元,增长 47.3%。

分产业看,第一产业投资 19.9 亿元,下降 69.2%;第二产业投资 297.9 亿元,增长 15.3%;第三产业投资 361.8 亿元,增长 24.2%。在第二产业中，工业投资 297.8 亿元，增长 15.4%。其中,煤炭工业投资 59.4 亿元,增长 4.5%。

全年全市在建固定资产投资项目 1100 个。其中,5 亿元以上项目 71 个,计划总投资 1497.1 亿元,完成投资 166.8 亿元。

全年房地产开发投资 103.3 亿元,增长 42.8%。其中,住宅投资 74.1 亿元,增长 44.4%;办公楼投资 3.0 亿元,增长 36.4%;商业营业用房投资 15.1 亿元,增长 43.8%。

五、国内贸易

全年全市社会消费品零售总额 664.6 亿元，增长 9.3%。其中,城镇消费品零售额 538.9 亿元,增长 9.3%;乡村消费品零售额 125.7 亿元,增长 9.4%。

六、对外经济

全年全市进出口总额 11230 万美元,增长 46.1%。其中,进口额 6710 万美元,增长 72.6%;出口额 4519 万美元,增长 19.0%。

全年全市新批三资企业项目 3 个；实际利用外资 39656.1 万美元,增长 3.0%。

七、交通、邮电和旅游

年末全市公路线路里程 11980.2 公里，其中高速公路 382.1 公里。

年末全市民用汽车保有量 52.8 万辆（包括三轮汽车和低速货车 0.2 万辆），比上年末增长 7.9%，其中私人汽车 48.1 万辆,增长 8.7%。本年新注册汽车 5.6 万辆,下降 2.3%。年末轿车保有量 32.7 万辆，比上年末增长 8.9%，其中私人轿车 31.1 万辆,增长 9.7%。

全年全市完成邮电业务总量 108.2 亿元。其中,邮政业务总量 6.0 亿元;电信业务总量 102.1 亿元。年末移动电话用户达到 341 万户，其中,3G 移动电话用户达到 25.7 万户,4G 移动电话用户达到 241.4 万户。全市互联网接入用户 89.9 万户,其中,新增互联网用户 23.8 万户。

全年全市商业住宿设施接待入境过夜游客 2.7 万人次,接待国内旅游者 6019.0 万人次,分别增长 2.7%和 25.2%;旅游外汇收入 1670.6 万美元,国内旅游收入 576.1 亿元,旅游总收入 577.3 亿元,分别增长 3.1%、25.2%和 25.2%。

八、金　　融

年末全市金融机构本外币各项存款余额 2683 亿元,比年初增加 293 亿元,比年初增长 12.2%。各项贷款余额 1550 亿元,比年初增加 193 亿元,比年初增长 14.2%。

全年全市保费收入 65.4 亿元,增长 0.7%。其中,寿险业务保费收入 39.5 亿元，下降 5.1%；健康和意外险业务保费收入 9.1 亿元,增长 21.6%;财产险业务保费收入 3.4 亿元,增长 25.2%;车险业务保费收入 13.3 亿元,增长 1.8%。全年支付各类赔款及给付 21.2 亿元,增长 5.3%。其中,寿险业务保费赔付 11.0 亿元，增长 1.4%；健康和意外险业务保费赔付 3.0 亿元,增长 68.7%;财产险业务保费赔付 0.9 亿元,增长 5.7%;车险业务保费赔付 6.4 亿元,下降 5.0%。

九、教育和科学技术

年末全市普通高等学校 5 所;中等职业学校 37 所;普通高中 52 所;初中 152 所,小学 507 所。

全年专利申请量与授权量分别为1173件和727件。全年全市共签订各类技术合同120项，技术合同成交总额4.9亿元。

年末全市共有产品质量检验机构1个。全年对71户企业实施了产品认证,对6种产品进行了监督抽查。全市共有法定计量技术机构19个，全年完成强制检定计量器具15.5万台件。

十、文化、卫生和体育

年末全市共有艺术表演团体20个,文化馆14个,公共图书馆14个。全市广播电台13座,电视台18座,广播、电视综合人口覆盖率均达到99.88%，年末全市有线电视用户达到45.7万户,其中接收数字信号用户33.7万户。

年末全市共有医疗卫生机构4704个,其中医院、卫生院269个,妇幼保健机构15个,疾病预防控制中心14个,卫生监督机构14个。病床位18628张,其中医院、卫生院18101张。卫生技术人员21864人，其中医生8696人，注册护士9283人,药剂人员1031人。乡镇卫生院132个,床位3258张,乡村医生和卫生技术人员7255人。

全年全市运动员在各类体育比赛中获得世界冠军1个,全国冠军9个,全省冠军66个。

十一、人口、人民生活和社会保障

年末全市总人口为346.8万人,比上年末增加1.3万人。全年全市出生人口3.3万人,人口出生率为9.46‰;死亡人口1.9万人,死亡率为5.63‰;自然增长率为3.83‰。性别比(女=100)为103.9。

全年城镇常住居民人均可支配收入32024元,比上年增长6.5%;农村常住居民人均可支配收入13818元,比上年增长8.8%。

城镇居民家庭恩格尔系数(即居民家庭食品消费支出占家庭消费支出的比重)25.36%，农村居民家庭恩格尔系数35.18%。

年末参加基本养老保险213.13万人，其中企业职工47.86万人,城乡居民151.36万人;参加城镇基本医疗保险318.78万人，其中参加城镇职工基本医疗保险60.74万人,参加城镇居民基本医疗保险258.04万人；参加失业保险42.62万人;参加工伤保险58.50万人,其中农民工25.48万人;参加生育保险44.36万人。

全年全市纳入城市最低生活保障的居民2.6万人,发放城市低保资金1.3亿元；纳入农村最低生活保障的居民9.9万人,发放农村低保资金3.0亿元。

年末全市各类福利院床位数5360张,收养2938人。城镇各种社区服务设施377个。全年销售社会福利彩票2.0亿元,接收社会捐赠款27.7万元。

十二、城市建设、资源

年末城市交通运营车辆1348辆，其中市区公共汽车528辆。

出租汽车3087辆,其中市区出租车1840辆。市区有公园4座,总面积127公顷。全年市区供水总量9101万吨,人均日生活用水量161.5升。全年液化气供气总量4085吨,天然气供应量12703万立方米，其中生活用天然气7180万立方米。燃气普及率99.2%。

市区集中供热面积4787万平方米，其中住宅供热面积3712万平方米。市区污水处理能力27.5万吨/日,全年污水处理量7587.2万吨。生活垃圾年清运量37.1万吨。

年末全市森林面积445.8千公顷,森林覆盖率31.9%。本年度检查验收合格造林面积14千公顷。全市有自然保护区2个,面积46.9千公顷,占全市总面积的3.4%。

年末全市大中型水库蓄水总量1.88亿立方米。全年总用水量5.59亿立方米。其中,生活用水1.18亿立方米。

晋城市2018年国民经济和社会发展情况

2018年，全市上下坚持以习近平新时代中国特色社会主义思想为指引,深入贯彻市委七届四次全会暨经济工作会议、市委七届五次全会精神,按照高质量发展要求,紧紧围绕建设“先行区”、“领跑者”、“桥头堡”三大目标,坚持稳中求进工作总基调,积极采取“三稳一加大”举措,深入实施创新驱动、转型升级战略,全市经济实现U型反转,经济运行低位开局、稳步回升、稳中向好,好中提质,新时代美丽晋城高质量转型发展实现良好开局。

一、综　　合

初步核算,全年全市生产总值1351.9亿元,按可比价格计算,比上年增长7.4%。其中,第一产业增加值49.2亿元,增长0.3%，占生产总值的比重为3.6%；第二产业增加值717.9亿元,增长7.2%,占生产总值的比重为53.1%;第三产业增加值584.8亿元，增长8.5%，占生产总值的比重为43.3%。第三产业中，金融保险业增加值86.8亿元，增长8.0%；交通运输、仓储和邮政业增加值100.9亿元，增长5.9%;批发和零售业增加值68.2亿元,增长3.2%;住宿和餐饮业增加值37.5亿元，增长6.7%；营利性服务业增加值82.6亿元,增长23.8%。人均地区生产总值57819元,按2018年平均汇率计算为8737美元。

全年全市财政总收入263.8亿元,增长22.1%。其中,增值税109.2亿元,增长10.7%;企业所得税45.6亿元,增长50.9%;个人所得税7.6亿元,增长10.6%;资源税43.1亿元,增长27.4%。一般公共预算收入125.3亿元,增长23.6%。其中，税收收入87.5亿元，增长16.7%。一般公共预算支出228.5亿元,增长28.1%。其中,科学技术支出增长13.2%,教育支出增长 5.0%,农林水事务支出增长 17.5%,社会保障和就业支出增长 5.6%,文化体育与传媒支出增长 16.0%,医疗卫生和计划生育支出增长 7.3%,节能保护支出增长 79.9%。

居民消费价格比上年上涨 2.2%。工业生产者出厂价格上涨 12.4%。

全年全市城镇新增就业 4.54 万人。年末城镇登记失业率 1.44%。

二、农　　业

全年全市农作物种植面积 169.4 千公顷，减少 4.1 千公顷。其中,粮食种植面积 156.7 千公顷,减少 5.9 千公顷;油料种植面积 2.8 千公顷,增加 0.5 千公顷;棉花种植面积 0.1 千公顷,减少 0.01 千公顷。在粮食种植面积中,玉米种植面积 85.9 千公顷,增加 0.3 千公顷;小麦种植面积 41.1 千公顷,减少 1.2 千公顷。

全年粮食产量 80.8 万吨,减少 2.8 万吨,下降 3.4%。其中,夏粮 16.4 万吨,下降 20.6%;秋粮 64.4 万吨,增长 2.3%。

全年完成造林面积 1.6 千公顷,增长 106.9%。其中,经济林面积 0.02 千公顷,下降 79.2%。全年木材产量 17060 立方米,增长 45.4%。

全年全市肉类总产量 16.5 万吨,增长 2.0%。全年猪牛羊肉总产量 14.1 万吨,增长 0.7%。其中,猪肉产量 13.4 万吨,增长 1.0%;牛肉产量 0.1 万吨,下降 0.9%;羊肉产量 0.6 万吨,下降 6.3%。年末生猪存栏 98.1 万头,增长 2.3%;生猪出栏 177.5 万头,下降 0.8%。牛奶产量 0.03 万吨,下降 34.2%;禽蛋产量 8.5 万吨,增长 0.4%;水产品产量 0.2 万吨,增长 1.4%。

全年全市设施蔬菜产量 8.5 万吨，下降 12.1%；食用菌 1.1 万吨,增长 1.9%;蚕茧 0.2 万吨,下降 14.7%;蜂蜜 0.2 万吨,增长 8.2%;药材 1.5 万吨,增长 83.9%。

年末全市农业机械总动力 59.9 万千瓦,增长 2.2%。机械耕地面积 135.2 千公顷,下降 4.2%;机械播种面积 123.4 千公顷,下降 0.6%;机械收获面积 90.8 千公顷,下降 2.3%。

三、工业和建筑业

年末全市规模以上工业企业 264 家。全年规模以上工业增加值比上年增长 7.0%。

全年全社会原煤产量 10370 万吨,增长 9.6%;规模以上工业发电 252 亿千瓦时,增长 5.5%;水泥 228 万吨,下降 4.5%;农用化肥（折纯)218 万吨，下降 6.7%；焦炭 58 万吨，增长 15.2%;钢材 345 万吨,下降 1.3%;生铁 403 万吨,下降 4.6%。

全年规模以上工业企业实现主营业务收入 1546.0 亿元,增长 13.3%。其中,煤炭、冶铸、装备制造、化工、电力和煤层气开采六大行业分别实现主营业务收入 848.9 亿元、153.5 亿元、179.1 亿元、111.7 亿元、75.0 亿元和 101.6 亿元，分别增长 12.3%、5.9%、12.6%、18.3%、6.4%和 31.1%；建材、医药、炼焦和食品制造工业分别实现主营业务收入 22.5 亿元、11.4 亿元、5.3 亿元和 13.3 亿元，分别增长 21.0%、54.1%、35.9%和 18.8%。

规模以上工业实现利税 338.7 亿元,增长 30.2%;实现利润 195.2 亿元,增长 45.3%。

年末全市具有资质等级的总承包和专业承包建筑业企业 120 家,完成总产值 75.5 亿元,增长 34.2%;房屋施工面积 385.2 万平方米,增长 9.2%;签订合同额为 147.5 亿元,增长 9.8%。

四、固定资产投资

全年全市固定资产投资完成 473.8 亿元,增长 10.0%。其中,国有及国有控股投资 214.8 亿元,增长 33.3%;港澳台及外商投资 30.9 亿元,增长 5.0%;民间投资 231.0 亿元,下降 5.1%。

在固定资产投资中，第一产业投资 15.6 亿元，下降 56.4%;第二产业投资 189.4 亿元,增长 10.9%;第三产业投资 268.9 亿元,增长 20.0%。在第二产业中,工业投资 189.4 亿元,增长 11.0%。

全年全市在库项目 1044 个。其中,5 亿元以上项目 96 个,计划总投资 1485.1 亿元,本年完成投资 164.2 亿元,占全市固定资产投资的比重为 34.7%。

全年房地产开发投资 72.6 亿元,增长 2.4%。其中,住宅投资 56.1 亿元，增长 0.6%；商业营业用房投资 5.9 亿元，下降 29.9%。

全年房屋新开工面积 171.3 万平方米,增长 7.8%。其中,住宅新开工面积 126.1 万平方米,增长 2.3%。商品房销售面积 88.5 万平方米,下降 36.9%。其中,住宅销售面积 80.8 万平方米,下降 40.1%。商品房销售额 45.9 亿元,下降 30.0%。其中,住宅销售额 41.1 亿元,下降 34.1%。房地产开发企业土地购置面积 30.5 万平方米,增长 45.4%。房地产开发企业本年实际到位资金 68.0 亿元,增长 4.7%。其中,国内贷款增长 141.2%;自筹资金下降 13.5%;定金及预售款下降 1.2%;个人按揭贷款增长 8.5%;其他到位资金增长 45.8%。

五、能　　源

全年全市一次能源生产折标准煤 7865.4 万吨，增长 9.8%;二次能源生产折标准煤 3813.8 万吨,增长 18.8%。

全年全市向省外运输煤炭 6297.5 万吨,增长 0.04%,外运煤炭占原煤产量 60.7%。向省外输送电力 181.7 亿千瓦小时,增长 3.4%,外输电量占发电量的 70.7%。

全年全市全社会用电总量 199.93 亿千瓦小时。其中,第一产业用电 1.1 亿千瓦小时,占全社会用电量的 0.6%;第二产业用电 176.26 亿千瓦小时，占全社会用电量的 88.1%,其中,工业用电 175.65 亿千瓦小时;第三产业用电 13.36 亿千瓦小时,占全社会用电量的 6.7%;城乡居民生活用电 9.3 亿千瓦小时,占全社会用电量的 4.6%。

六、国内贸易

全年全市社会消费品零售总额 452.8 亿元，增长 9.6%。

按经营地统计，城镇消费品零售额383.9亿元，增长9.1%；乡村消费品零售额68.9亿元，增长12.4%。

七、对外经济

全年全市海关进出口总额46.0亿元，下降1.9%。其中，进口额33.4亿元，下降2.7%；出口额12.6亿元，增长0.2%。

全年出口煤炭303万元，增长12.9倍；出口钢材2.6亿元，增长5.5%；出口机电产品10.1亿元，下降3.1%；出口高新技术产品3.3亿元，下降12.6%；出口电器及电子产品5.8亿元，下降9%；出口计算机及通信技术产品1.6亿元，下降35.3%。

全年进口铁矿砂15.3亿元，增长13.4%；进口机电产品15.7亿元，增长0.5%；进口集成电路6.5亿元，增长61%；进口机械设备2.5亿元，下降43.6%；进口电子技术产品7.8亿元，增长55.9%；进口计算机集成制造技术产品9725万元，下降72.2%。

全年全市按全口径统计实际使用外商直接投资金额28400万美元，增长42%。

八、交通、邮电和旅游

年末全市公路线路里程9506公里。其中，高速公路389公里。

年末全市民用汽车保有量43.5万辆（包括三轮汽车和低速货车0.2万辆），比上年末增长8.0%。其中，私人汽车40.0万辆，增长8.9%。本年新注册汽车3.9万辆，下降11.0%。年末轿车保有量29.4万辆，增长8.4%。其中，私人轿车28.2万辆，增长9.0%。

全年全市完成邮电业务总量68.8亿元。其中，邮政业务总量1.4亿元；电信业务总量67.4亿元。年末移动电话用户268万户，全市宽带接入用户55.2万户。

年末全市共有A级景区21个。其中，5A级景区1个，4A级景区6个，3A级景区13个，2A级景区1个。共有星级饭店17家。其中，五星级2家、四星级9家、三星级5家、二星级1家。全年全市接待海外旅游者16214人次，接待国内旅游者6079.7万人次，分别增长18.3%和25.4%；旅游外汇收入825.51万美元，国内旅游收入556.79亿元，旅游总收入557.29亿元，分别增长7.4%、25.38%和25.36%。

九、金融、证券和保险

年末全市金融机构本外币各项存款余额2318.9亿元，比年初增加250.8亿元，增长12.1%。各项贷款余额1379.2亿元，比年初增加156.5亿元，增长12.8%。

年末全市农村金融合作机构（农村信用社、农村合作银行、农村商业银行）人民币贷款余额230.0亿元，比年初增加29.4亿元，增长14.7%；人民币存款余额543.7亿元，比年初增加42.4亿元，增长8.4%。

年末全市共有证券营业部6家，从业人员82人。累计资金开户数166854户，银证转入资金44.8亿元，下降14.0%。全年营业收入0.3亿元，下降25.9%；利润总额0.04亿元，下降56.8%。

全年全市保费收入52.7亿元，增长9.5%。其中，寿险业务保费收入38.2亿元，增长9.2%；财产险业务保费收入14.5亿元，增长10.4%。

十、教育和科学技术

年末全市普通高等学校1所，独立设置的成人高等学校1所。高中阶段毛入学率96.2%。

2018年全市组织实施省级科技项目10项。其中，列入重点研发项目（农业领域）1项，人才专项（优秀人才科技创新）项目1项，平台基地专项项目2项，农村技术承包项目6项。全年全市技术合同交易265项，交易额13.8亿元；有效发明专利拥有量451件；新备案国家级星创天地1个，新认定国家高新技术企业13个，新认定省级众创空间2个，新认定省级科技企业孵化器1个，新认定省民营科技企业7家。截止2018年末，全市拥有高新技术企业49家，国家级星创天地3个，国家级众创空间1个，国家级重点实验室1个，省级众创空间10个，省级重点实验室和省级工程技术研究中心4个，省级科技企业孵化器2家，省级民营科技企业47家，省级科普基地11个。

十一、文化、卫生和体育

年末全市共有艺术表演团体10个，演出场次3302场，演出收入2088万元；全市共有艺术表演场馆4个，群众艺术馆1个，文化馆6个，美术馆2个，公共图书馆7个，总藏书136.4万册。

年末全市共有各级医疗卫生机构3155个，其中妇幼保健院（所、站）7个。医院和卫生院床位12.1千张，卫生专业技术人员1.39万人，每千人拥有病床5.5张，每千人拥有医生数2.5人。村卫生室覆盖率100%、县乡村三级医疗机构达标率均为100%。全年各县（市、区）的儿童“五苗”全程接种率以乡镇为单位均达到了90%以上。碘盐覆盖率达到99.28%，合格碘盐食用率达到95.22%，各种地方病得到了有效控制。全市乡镇卫生监督站覆盖率达到100%。

年末全市拥有各级各类体育场馆6217个，中小学体育锻炼标准达标人数达214163人。全年我市运动员在省级以上重大比赛中获金、银、铜牌分别为30枚、25枚和47枚（包括非奥运项目比赛）。全市销售中国体育彩票3.0亿元，增长7.3%。

十二、人口、人民生活和社会保障

据2018年人口抽样调查数据显示，年末全市常住总人口为234.31万人，比上年末增加1.01万人。全年全市出生人口2.25万人，人口出生率为9.63‰；死亡人口1.24万人，死亡率为5.32‰；自然增长率为4.31‰。常住总人口性别比为100.70（以女性人口为100）。

全年居民人均可支配收入23855元，增长8.2%。按常住地分，城镇居民人均可支配收入 32162 元，增长 6.7%，城镇居民人均消费支出 20139 元，增长 10.9%；农村居民人均可支配收入 13566 元，增长 8.4%，农村居民人均消费支出 10318 元，增长 11.2%。按全市居民五等份收入分组，城镇低收入组人均可支配收入 13069 元，增长 8.4%；农村低收入组人均可支配收入 6132 元，增长 13%。城镇居民家庭恩格尔系数（即居民家庭食品消费支出占家庭消费支出的比重）20.7%，农村居民家庭恩格尔系数 21.9%。

2018 年年末参加城镇职工基本养老保险 46.9 万人，比上年末增加 2.1 万人；参加城乡居民基本养老保险 110.7 万人，增加 0.2 万人；参加城镇职工基本医疗保险 43.4 万人，增加 2 万人；参加城乡居民基本医疗保险 167.1 万人，增加 1.1 万人；参加失业保险 31.6 万人，增加 1 万人；参加工伤保险 48.3 万人，与上年度持平，其中，农民工 18.1 万人，增加 0.1 万人；参加生育保险 35.1 万人，增加 2.1 万人。

年末城镇低保人数 10412 人，减少 861 人；农村低保人数 39329 人，减少 3144 人；农村特困人员救助供养 6963 人；民政部门资助参加基本医疗保险 46716 人。优抚对象 15475 人。全年共发放最低保障资金 2.6 亿元。全市提供住宿的社会服务机构 38 个，床位数 3087 张，年收养救助人数 1992 人。全市社区养老机构和设施 569 个。福利彩票发行单位 1 个。民政部门直接接收捐赠款 288.7 万元，受益 3650 人次。

十三、资源、环境和安全生产

全市有自然保护区 5 个，自然保护区面积达到 13.8 万公顷。

全年市区环境空气质量二级以上天数达到 161 天。其中，一级天数 12 天。空气综合污染指数为 6.88，较上年下降 11.6%。

城市污水处理率达到 95.0%；城市生活垃圾无害化处理率达到 100%。

全市共发生各类生产安全事故 170 起，事故死亡 102 人。亿元 GDP 生产安全事故死亡率 0.0754，煤矿百万吨死亡率 0.0391。

临汾市2018年国民经济和社会发展情况

2018 年，全市上下坚持以习近平新时代中国特色社会主义思想为指导，深入贯彻落实党的十九大、十九届二中、三中全会精神和习近平总书记视察山西重要讲话精神，紧紧围绕打造示范区、排头兵、新高地“三大目标”，聚焦“345”发展战略和“12345”工作思路，坚持稳中求进工作总基调，深入贯彻新发展理念，落实高质量发展要求，以供改和综改为主线，统筹推进稳增长、促改革、调结构、惠民生、防风险，着力做好“六稳”工作，全市经济运行稳中有进，各项社会事业发展取得新进步，全面建成小康社会迈出新步伐。

一、综　　合

初步核算，全年全市地区生产总值 1440.0 亿元，比上年增长 2.8%。其中，第一产业增加值 93.8 亿元，下降 3.5%，占生产总值的比重为 6.5%；第二产业增加值 660.8 亿元，下降 2.2%，占生产总值的比重为 45.9%；第三产业增加值 685.4 亿元，增长 8.8%，占生产总值的比重为 47.6%。第三产业中，金融业增加值 99.2 亿元，增长 8.2%；房地产业增加值 76.5 亿元，增长 8.0%；批发和零售业增加值 87.5 亿元，增长 6.6%。

人均地区生产总值 32066 元，按 2018 年平均汇率计算为 4846 美元。

据 2018 年人口抽样调查，年末全市常住人口 450.03 万人，比上年末增加 1.87 万人。全年全市出生人口 3.94 万人，人口出生率为 8.78‰；死亡人口 2.07 万人，死亡率为 4.61‰；自然增长率为 4.17‰。人口性别比为 102.75。

全年全市城镇新增就业 5.49 万人。转移农村劳动力 5.09 万人。年末城镇登记失业率 2.87%，控制在 4.2%的目标范围之内。

全市居民消费价格比上年上涨 2.0%，其中，食品价格上涨 2.0%。工业生产者出厂价格上涨 12.1%，其中，生产资料价格上涨 12.2%，生活资料价格上涨 3.1%。工业生产者购进价格上涨 10.9%。

供给侧结构性改革深入推进。全年全市压减煤炭产能 375 万吨，规模以上工业企业产成品库存比上年下降 5.6%；规模以上工业企业资产负债率比上年降低 1.6 个百分点；规模以上工业企业每百元主营业务收入成本比上年减少 1.3 元。全市一般公共预算支出中节能环保、交通运输和农林水事务支出分别比上年增长 28.6%、26.8%和 19.2%。

产业结构持续优化。2018 年，全市三次产业占比由 2017 年的 7.2:46.3:46.5 进一步优化为 6.5:45.9:47.6，第三产业占比提高了 1.1 个百分点，高于第二产业 1.7 个百分点，继 2017 年第三产业占比首超第二产业后，进一步巩固。符合产业升级、适应消费趋势的节能环保产业比上年增长 60.7%，新能源产业增长 28.1%；全市第三产业比上年增长 8.8%，拉动 GDP 增长 4.1 个百分点，高出第二产业 5.1 个百分点。

经济效益显著提高。2018 年，全市一般公共预算收入 126.0 亿元，比上年增长 29.8%。其中，税收收入 89.3 亿元，增长 24.3%，占一般公共预算收入的比重达到 70.8%。2018 年，全市规模以上工业企业实现利税 259.6 亿元，比上年增长 28.1%；主营业务收入利润率 9.1%，比上年提高 2.2 个百分点。

全年全市一般公共预算支出 385.9 亿元，增长 15.2%。其中，住房保障支出增长 61.4%，文化体育与传媒支出增长 47.1%，城乡社区事务支出增长 36.1%，商业服务业等事务支出增长35.6%,医疗卫生支出增长14.4%。

二、农　业

全年全市农作物种植面积533.87千公顷，比上年减少0.01千公顷,基本持平。其中,粮食种植面积498.70千公顷,减少1.50千公顷;油料种植面积7.64千公顷,增加1.27千公顷;棉花种植面积0.10千公顷,减少0.03千公顷。在粮食种植面积中，玉米种植面积254.75千公顷，减少4.25千公顷;小麦种植面积198.87千公顷,增加2.05千公顷。

全年全市粮食产量256.8万吨,比上年减产1.5%。其中,夏粮89.2万吨,减产10.2%;秋粮167.6万吨,增产4.0%。

全年全市完成造林34.07千公顷。其中，经济林面积14.28千公顷。全年木材产量53006立方米,增长93.8%。

全年全市猪牛羊肉总产量12.5万吨,比上年增长2.7%。其中,猪肉产量10.9万吨,增长2.7%;牛肉产量0.7万吨,增长5.9%;羊肉产量0.9万吨,增长1.3%。年末生猪存栏87.2万头,生猪出栏131.8万头。牛奶产量3.9万吨,下降0.6%。禽蛋产量13.1万吨,增长1.7%。水产品产量0.6万吨,下降12.1%。

年末全市农业机械总动力208.1万千瓦，比上年增长4.1%。机械耕地面积357.84千公顷,下降1.8%,机械播种面积426.87千公顷,下降0.1%,机械收获面积348.14千公顷,增长0.1%。全市农机化经营总收入达到9.15亿元，下降0.9%。

三、工业和建筑业

2018年末全市规模以上工业企业384家。全年全市规模以上工业增加值比上年下降4.0%。

全年全市规模以上工业企业原煤产量6006.1万吨,下降1.6%；发电量236.5亿千瓦时，增长16.1%；焦炭产量1616.7万吨,增长11.3%;钢材产量1118.9万吨,下降1.7%。

全年全市规模以上工业企业实现主营业务收入1618.3亿元,增长6.4%。其中,煤炭、钢铁、焦炭和电力工业分别实现主营业务收入565.9亿元、460.4亿元、362.5亿元和66.4亿元,分别增长1.6%、11.4%、22.6%和20.3%;建材和医药分别实现主营业务收入17.1亿元和7.1亿元,分别增长16.2%和2.5%;装备制造、化学和食品工业分别实现主营业务收入73.7亿元、24.2亿元和9.4亿元，分别下降5.1%、45.9%和9.3%。

全年全市规模以上工业企业实现利润147.6亿元,增长40.9%。

全年全市建筑业实现增加值92.6亿元，比上年增长1.9%。

四、固定资产投资

全年全市固定资产投资完成404.0亿元,下降30.2%。

从三次产业看，第一产业投资完成11.3亿元，下降74.8%;第二产业投资完成160.1亿元,下降30.9%;第三产业投资完成232.6亿元，下降23.0%。工业投资完成160.1亿元,工业技改投资完成82.5亿元,工业技改投资占工业投资比重由上年同期的45.3%提高到51.5%,提高了6.2个百分点。

全年全市在建固定资产投资项目809个。其中,亿元以上项目180个,计划总投资1028.90亿元,完成投资185.20亿元。

全年全市房地产开发投资114.8亿元，增长11.3%。其中,住宅投资81.8亿元,增长5.1%;商业营业用房投资25.6亿元,增长69.7%。

五、能　源

全年全市一次能源生产折标准煤4461.45万吨，下降1.3%,二次能源生产折标准煤5273.52万吨,下降4.6%。

全年全市向省外运输煤炭996.6万吨,下降8.4%,外运煤炭占煤炭产量的10.1%。

全年全市能源工业投资完成79.41亿元。其中,煤炭工业投资33.92亿元,下降15.7%;电力工业投资21.11亿元,下降47.5%;焦化工业投资10.90亿元,增长26.6%。

全年全市全社会用电总量195.23亿千瓦时。其中,第一产业用电1.79亿千瓦时,占全部用电量的0.92%;第二产业用电142亿千瓦时,占全部用电量的72.74%,其中,工业用电140.32亿千瓦时;第三产业用电27.38亿千瓦时,占全部用电量的14.02%;城乡居民用电24.06亿千瓦时,占全部用电量的12.32%。

六、国内贸易

全年全市社会消费品零售总额687.1亿元，增长7.5%。按经营地统计，城镇消费品零售额569.4亿元，增长7.4%;乡村消费品零售额117.6亿元，增长8.1%。按消费形态统计,商品零售额620.8亿元,增长7.3%;餐饮收入额66.2亿元,增长9.8%。

七、对外经济

全年全市海关进出口总额19.79亿元，增长20.1%。其中,进口额4.03亿元,下降25.7%;出口额15.76亿元,增长42.5%。

全年全市出口机电产品126938万元,增长41.0%。进口铁矿砂32264万元,下降36.5%。

全年全市新设立外商直接投资企业4家;实际使用外商直接投资金额18708万美元,比上年增长5%。

八、交通、邮电

年末全市公路通车里程18941公里，其中，高速公路663公里,比上年末增长28.0%。

年末全市民用汽车保有量66.5万辆，比上年末增长12.1%,其中,私人汽车60.4万辆,增长12.4%。本年新注册汽车7.4万辆,下降7.5%。年末轿车保有量42.8万辆,比上年末增长12.0%,其中,私人轿车41.2万辆,增长12.6%。

全年全市完成邮电业务总量132.4亿元,增长1.3倍。其中,邮政业务总量3.6亿元,增长5.9%;电信业务总量128.9亿元,增长1.3倍。年末全市固定电话24.6万部,增加0.9万部,增长3.9%;新增移动电话用户31.4万户,年末达到446.4万户,其中,4G移动电话用户达到331.4万户。移动电话普及率99.4部/百人。年末全市宽带接入用户100.58万户,增长7.3%。

全年全市接待海外旅游者4.2万人次,接待国内旅游者6876.42万人次,分别增长4.0%和31.0%;旅游外汇收入1790.73万美元,增长6.2%;国内旅游收入632.90亿元,增长31.1%。旅游总收入634.1亿元,增长31.0%。

九、金　融

年末全市金融机构本外币各项存款余额2501.61亿元,比年初增加187.89亿元,比年初增长8.1%。各项贷款余额1426.10亿元,比年初增加166.28亿元,比年初增长13.2%。

年末住户存款1763.4亿元,比年初增长8.2%。

年末全市农村合作金融机构(农村信用社、农村合作银行、农村商业银行)人民币贷款余额698.61亿元,比年初增加120.13亿元,比年初增长20.8%;人民币存款余额1010.40亿元,比年初增加69.28亿元,比年初增长7.4%。

年末全市共有上市公司2家。全市辖区证券市场各类证券成交额1004.6亿元,比上年增长0.7%。年末投资者资金账户累计开户数28.2万户,比上年末增长5.7%。

全年全市保费收入87.34亿元,增长2.8%。其中,寿险业务保费收入67.17亿元,增长0.7%;财产险业务保费收入20.17亿元,增长10.5%。健康险业务保费收入11.86亿元;意外险业务保费收入1.05亿元。

十、教育和科学技术

年末全市高等院校5所。新改建公办幼儿园19所,其中新建16所,改建3所。认定普惠性民办幼儿园68所,学前教育毛入园率达到92%。

全年全市发明专利拥有量552件,比上年增长10.4%。每万人发明专利拥有量达到1.2件。

配合省级完成监督抽查36种产品500个批次,市级监督抽查了9种产品276个批次。全市共有法定(授权)计量技术机构22个,全年完成强制检定计量器具28.27万台(件)。

全市有气象台(站)17个,开展12121电话天气自动答询台1个。气象系统开展人工影响天气业务的单位17个,防雹、增雨受益覆盖面积2万平方公里。卫星云图接收站17个。

全市有专业综合地震台站1个,市级地震台网中心1个,数字测震地震台网1个,数字测震子台7个。

十一、文化、卫生和体育

年末全市共有文化馆18个,博物馆14个,艺术表演团体16个。广播电视台20座。广播人口覆盖率98.21%,电视人口覆盖率99.44%。全市共有公共图书馆17个,档案馆24个。目前有11个县级图书馆和10个文化馆达到国家三级标准以上。

完善公共文化服务,丰富群众文化生活。大力实施重点文化设施项目建设,市图书馆、市射击飞碟靶场建设项目加快推进。积极推进县级"四馆一场一院"建设,在建场馆17个。全市确定23个乡镇(街道)500个建制村(社区)实施基层综合性文化服务中心试点工作,开通了10850户广播电视直播卫星户户通工程。"免费送戏下乡"累计演出2100场,参与演职人员9.6万人次,惠及群众202万人次,全市农村公益电影放映35836场,农村寄宿制学校爱国主义电影放映3891场,观影人数达410万人次;品牌活动"周末剧场"演出51场,"儿童剧场"演出20场,惠及群众6.1万人次。

年末全市共有卫生机构(含诊所、村卫生室)4904家,其中,妇幼保健院(所、站)18家。全市卫生机构共有床位2.22万张,其中,医院床位1.75万张,卫生院床位3914张。卫生技术人员3.68万人。

在山西省第十五届运动会2018年资格赛上,我市体育代表团共参加21个项目,获得金牌21枚、银牌34枚、铜牌46枚,总分1272分。全年销售体育彩票4.28亿元,比上年增长36.7%。

十二、人民生活和社会保障

全年全市居民人均可支配收入20192元,比上年增长7.6%。其中,城镇常住居民人均可支配收入30692元,增长6.3%;农村常住居民人均可支配收入11630元,增长8.3%。居民人均消费性支出11695元,比上年增长8.0%。其中,城镇居民人均消费性支出15759元,增长7.5%;农村居民人均生活消费支出8863元,增长8.7%。按全市居民五等份收入分组,城镇低收入组人均可支配收入14096元,增长6.8%;农村低收入组人均可支配收入4509元,增长12.8%。居民家庭恩格尔系数(即居民家庭食品消费支出占家庭消费支出的比重)25.6%。其中,城镇为24.5%,农村为26.9%。

年末全市参加基本养老保险的人数为260.21万人,比上年末增加4.53万人;参加城乡居民基本养老保险的人数为199.42万人,增加3.82万人;参加基本医疗保险的人数为397.37万人;参加失业保险的人数为35.87万人,增加1.17万人;参加工伤保险的人数为53.25万人,增加2.2万人,其中,农民工22.11万人;参加生育保险的人数为40.02万人,增加0.32万人。

2018年全市纳入城市最低生活保障的居民3.42万人,发放城市低保资金20157.7万元,比上年减少2569.8万元;纳入农村最低生活保障的居民6.63万人,发放农村低保资金26405.5万元,比上年增加606.1万元。

年末全市各类收养性单位床位数6632张,收养人2644人。城镇建立各种社区服务机构435个。全年销售社会福利彩票4.53亿元,直接接收社会捐赠款65.19万元。

年末市区建成区新增绿化面积17万平方米,绿化覆盖率到达到38.68%,人均公共绿地面积10.71平方米。全市建成区新增绿化面积 153.64 万平方米，绿化覆盖率达到 38.23%，人均公共绿地面积 10.10 平方米。人均道路面积达到 11.8 平方米。

十三、资源、环境和安全生产

年末耕地保有量 759.2 万亩。年末全市 7 座中型水库，蓄水总量 3973 万立方米。全市年平均降水量 452.3 毫米，较上年减少 114 毫米。

年末全市森林面积 968.03 万亩，森林覆盖率 31.4%；全市已建成自然保护区 3 个，自然保护区面积 62.66 万亩，占全市国土面积的 2.1%。

全年市区空气质量好于二级以上天数 137 天，比上年增加 9 天。地表水达到Ⅲ类水体的比例为 25%，劣Ⅴ类水体的比例为 37.5%。市区 PM2.5 浓度均值为 70 微克 / 立方米。

年末全市城市污水处理率 97.16%，比上年提高了 3.91 个百分点；市区城市生活垃圾无害化处理率连续 8 年达到 100%；全市清洁取暖率 96.18%，提高了 3.1 个百分点。

全年森林火灾受害率控制在 0.4‰以内，达到了国家和省要求的标准。林业有害生物成灾率 0.17‰，严格控制在省要求的 3.7‰以下。

全年共发生生产经营性安全事故 163 起，死亡 169 人，为省控制指标的 99.15%。亿元 GDP 生产安全事故死亡率为 0.117，比省下达年度控制指标(0.118)低 0.001。全市地方监管煤矿百万吨死亡率为 0.045。

运城市2018年国民经济和社会发展情况

2018 年，面对复杂多变的国内外环境和艰巨繁重的改革任务，全市上下坚持以习近平新时代中国特色社会主义思想为指导，以大运城建设为总抓手，对标对表长三角高质量发展先进经验，保持定力、迎难而上，扎实推进供给侧结构性改革，聚焦实体经济，深入实施“三大发展”计划，按照中央“六稳”政策要求，突出抓落实、全力保预期，全市经济社会发展稳定向好，高质量发展取得积极进展。

一、综　　合

经济增长：初步核算，全年全市生产总值 1509.6 亿元，按可比价格计算，比上年增长 7.0%。其中，第一产业增加值 225.7 亿元，增长 2.4%；第二产业增加值 556 亿元，增长 7.0%；第三产业增加值 727.9 亿元，增长 8.5%。第三产业中，交通运输、仓储和邮政业 111.1 亿元，增长 2.5%；批发和零售业 109.1 亿元，增长 4.2%；金融业 89.9 亿元，增长 5.2%；房地产业 57.8 亿元，增长 0.5%。三次产业构成由上年的 16.0∶36.4∶47.6，调整为 15.0∶36.8∶48.2。

人均地区生产总值 28229 元，比上年增长 6.5%，按 2018 年平均汇率计算为 4266 美元。

人口：据 2018 年人口抽样调查，年末全市常住人口为 535.97 万人，比上年末增加 2.36 万人。男女性别比为 102.57（女性为 100）。全年出生人口 5.19 万人，出生率为 9.70‰；死亡人口 2.83 万人，死亡率为 5.28‰；自然增长率为 4.42‰。常住人口城镇化率达到 50.20%，比上年提高 1.26 个百分点。

就业：全年全市城镇新增就业人员 66234 人，转移农村劳动力 86307 人，城镇失业人员再就业 13756 人，就业困难人员实现就业 3997 人。年末城镇登记失业率 2.31%。

价格：全年居民消费价格比上年上涨 1.5%。其中，食品烟酒价格上涨 0.5%，生活用品及服务价格上涨 2.6%。商品零售价格比上年上涨 2.4%。工业生产者出厂价格上涨 6.2%，其中，生产资料价格上涨 6.9%，生活资料价格上涨 1.0%。工业生产者购进价格上涨 5.5%。

供给侧结构性改革深入推进：年末商品房待售面积 128.4 万平方米，比上年末下降 28.6%，其中，商品住宅待售面积 80.8 万平方米，比上年末下降 28.4%。年末规模以上工业企业资产负债率为 68.5%，比上年末下降 1.3 个百分点。全年规上工业企业每百元主营业务收入中的成本为 84.8 元，比上年下降 1.6 元。全年生态保护和环境治理业投资比上年增长 19.8%。

新动能加快成长：全年规模以上工业中，战略性新兴产业增加值比上年增长 9%，占规上工业比重为 11.1%；装备制造业增加值增长 15.5%，占规上工业比重为 12.1%。全年工业技术改造投资 100.1 亿元，比上年增长 31.6%。全年限额以上企业网络商品零售额比上年增长 18.2%。

发展质量效益改善：全年全市财政总收入完成 158.9 亿元，比上年增长 22.7%。一般公共预算收入完成 80.7 亿元，增长 20.3%。其中，税收收入完成 58 亿元，增长 21.8%。全年一般公共预算支出 337.9 亿元，增长 11.5%。全年规模以上工业企业实现利润 119 亿元，比上年增长 69.4%。分门类看，采矿业实现利润 20.1 亿元，增长 82.6%；制造业 105 亿元，增长 53.6%；电力热力燃气及水生产和供应业亏损 6 亿元。

二、农　　业

农业产值：全年全市农林牧渔业总产值完成 457.2 亿元，按可比价格计算，同比增长 2.6%。农林牧渔业增加值完成 241.3 亿元，增长 2.4%。其中，农业 186.6 亿元，下降 0.1%；林业 2.6 亿元，增长 7.7%；牧业 35.5 亿元，增长 17.0%；渔业 1.2 亿元，下降 11.6%；农林牧渔服务业 15.4 亿元，增长 2.4%。

农作物种植面积：全年农作物种植面积 654.3 千公顷，比上年下降 4.4%。粮食种植面积 556.9 千公顷，下降 7.1%。其中，夏粮 276.0 千公顷，下降 6.2%；秋粮 280.9 千公顷，下降 8.0%（玉米 250.5 千公顷，下降 7.7%）；棉花种植面积 1.7 千公顷，下降 27.5%；油料种植面积 17.6 千公顷，增长 30.2%；蔬菜种植面积 46.1 千公顷，增长 7.6%；果园面积

191.4 千公顷，增长 1.7%，其中，苹果园面积 95.4 千公顷，下降 5.6%。

农产品产量：全年粮食总产量 28.7 亿公斤，比上年减少 2.3 亿公斤，下降 7.3%。其中，小麦 14.1 亿公斤，减产 1.1 亿公斤，下降 7.0 %；秋粮 14.6 亿公斤，减产 1.2 亿公斤，下降 7.5%。

畜禽及水产品产量：全年肉类总产量 21.9 万吨，增长 17.7%。其中，猪肉产量 15.9 万吨，增长 16.6%；牛肉产量 0.4 万吨，下降 7.5%；羊肉产量 1.1 万吨，增长 4.7%；禽肉产量 4.5 万吨，增长 10.4%。禽蛋产量 31.4 万吨，增长 15.0%；奶类产量 4.0 万吨，下降 9.2%。水产品产量 2.3 万吨，下降 11.6%。

林业生产：全市当年造林面积 11887 公顷。其中，荒山荒地造林面积 4220 公顷。年末全市拥有森林面积 46.8 万公顷，森林覆盖率 29.4%。

农业机械：年末全市农业机械总动力 297.0 万千瓦，比上年增长 20.5%。机械耕地面积 48.1 万公顷，机械播种面积 53.1 万公顷，机械收获面积 50.8 万公顷。

三、工业和建筑业

工业：全年全部工业增加值 437.7 亿元，比上年增长 7.1%。规模以上工业增加值比上年增长 7.0%，其中，节能环保产业增加值增长 15.5%，新材料产业增长 25.5%，新能源产业增长 32.8%，生物产业增长 0.8%。全年规模以上工业产品销售率为 99.5%。

全市规模以上工业中，七大传统行业增加值比上年增长 10.1%，26 个非传统行业增加值增长 1.5%。分三大门类看，全年全市采矿业增加值比上年下降 1.0%，占规上工业增加值比重 16.6%；制造业增加值增长 9%，占规上工业增加值比重 81.1%；电力、热力、燃气及水生产和供应业增加值增长 1.5%，占规上工业增加值比重 2.3%。分经济类型看，国有企业增加值比上年增长 39.0%，集体企业增长 47.7%，股份制企业增长 7.5%，外商及港澳台商投资企业下降 20.7%。分企业规模看，大型企业工业增加值增长 8.0%，中型企业增长 2.4%，小型企业增长 9.8%，微型企业增长 21.7%。

全年全市规模以上工业企业实现主营业务收入 1850.3 亿元，比上年增长 17.5%；实现利税 178.0 亿元，增长 52.6%；实现利润 119.0 亿元，增长 69.4%。其中，黑色金属冶炼和压延加工业实现利润 56.4 亿元，增长 106.8%；石油煤炭及其他燃料加工业 21.9 亿元，增长 53.4%；煤炭开采和洗选业 20.5 亿元，增长 84.8%；化学原料和化学制品制造业 5.4 亿元，增长 113.5%；汽车制造业 5.3 亿元，下降 7.2%。

建筑业：全年全市建筑业实现增加值 121.3 亿元，比上年增长 6.3%。资质以上建筑企业总产值 146.4 亿元，增长 5.4%，共签订合同额 202.8 亿元，增长 5.4%。资质以上建筑企业共 206 家，其中，一级企业 14 家。

四、固定资产投资

固定资产投资：全年全市固定资产投资比上年下降 12.9%。其中，民间投资下降 16.9%，占全市投资比重 71.7%。分产业看，第一产业投资下降 54.9%，第二产业投资下降 9.8%，第三产业投资下降 0.5%，其中基础设施投资下降 8.5%。社会领域投资中，文化体育娱乐业投资比上年增长 93.8%，教育投资增长 13.9%，卫生投资增长 16.4%。

房地产开发：全年全市房地产开发投资 103.9 亿元，比上年增长 14.7%。其中，住宅投资 82.3 亿元，增长 9.1%。年末商品房待售面积 128.4 万平方米，比上年末减少 51.4 万平方米。年末商品住宅待售面积 80.8 万平方米，比上年末减少 32.0 万平方米。

五、国内贸易

全年全市社会消费品零售总额 792.3 亿元，比上年增长 8.3%。按规模统计，限额以上消费品零售额 282.8 亿元，增长 4.3%；限额以下消费品零售额 509.5 亿元，增长 9.2%。按经营地统计，城镇消费品零售额 608.0 亿元，增长 7.2%；乡村消费品零售额 184.3 亿元，增长 12.0%。

在限额以上企业商品零售额中，粮油、食品类零售额比上年下降 8.4%，烟酒类增长 13.4%，服装、鞋帽、针纺织品类增长 6.5%，化妆品类增长 7.6%，金银珠宝类增长 12.2%，日用品类增长 7.3%，家用电器和音像器材类增长 12.0%，中西药品类增长 14.1%，家具类增长 22.5%，建筑及装潢材料类下降 5.3%，石油及制品类增长 18.4%，汽车类下降 13.7%。

六、对外经济

进出口贸易：全年全市进出口总额 77.1 亿元，比上年下降 16.3%(以美元计价为 11.7 亿美元，下降 14.1%)。其中，进口 49.8 亿元，下降 25.1%(以美元计价为 7.6 亿美元，下降 23%)；出口 27.3 亿元，增长 6.6%(以美元计价为 4.1 亿美元，增长 9%)。

全年进口锰矿砂 10.3 亿元，增长 35.3%；进口铜矿砂 29.4 亿元，下降 27.4%；进口铬矿砂 2.6 亿元，下降 30.7%。全年出口镁及镁制品 3.8 亿元，增长 52.2%；出口机电产品 7.6 亿元，增长 29.0%；出口农产品 2.0 亿元，增长 11.7%；出口纺织物 4.4 亿元，下降 19.4%。

从进出口国别和地区看，对智利实现进出口总额 20.3 亿元，增长 29.4%；南非 11.1 亿元，增长 143.2%；加拿大 5.4 亿元，增长 24.3%；美国 5.2 亿元，增长 16.5%；欧盟组织 4.2 亿元，下降 47%。

利用外资：全年全市合同利用外资总额 16858.7 万美元，实际利用外资 1687.7 万美元。当年新设立外商直接投资企业 8 家。

七、交通、邮电和旅游

交通运输：年末全市公路通车里程 15802 公里，其中，国道 1248 公里，省道 695 公里，县道 2611 公里，乡、村道及专用道 11248 公里；高速公路 603 公里。全市公路密度 111 公里 / 百平方公里。公路客运量 2668 万人，比上年下降 3.4%；

公路货运量 16076 万吨,比上年增长 3.3%。公路旅客运输周转量 13.8 亿人公里，比上年增长 0.3%；公路货物运输周转量 396 亿吨公里,比上年增长 4.8%。

截至年末运城机场共开通了运城—北京、上海、广州、深圳、成都、天津、昆明、海口、长沙、乌鲁木齐、杭州、南京、厦门、三亚、哈尔滨、大连、南昌、南宁、宁波、青岛、无锡、贵阳、合肥、福州、重庆、沈阳、银川、桂林、曼谷、芭提雅、香港、珠海、泉州、温州等 34 个国内外城市,共 33 条航线。全年民航旅客运输量 205.3 万人，比上年增长 42.1%；货运量 0.5 万吨,同比增长 59.4%。全年飞机起降总架次为 34630 架次,增长 7%;有航线架次为 18148 架次,增长 46%。

年末全市民用车辆拥有量 114.9 万辆，比上年末增加 6.4%。民用汽车保有量达到 83.6 万辆(包括三轮汽车和低速货车 559 辆),比上年末增长 10.9%。其中,私人汽车 76 万辆，增长 11.2%。本年新注册汽车 8.8 万辆，比上年下降 15.3%。年末轿车保有量 53.2 万辆,比上年增长 12.2%,其中私人轿车 51.4 万辆,增长 12.5%。年末摩托车保有量 20.7 万辆,比上年末下降 6%。年末拖拉机保有量 8 万辆,比上年末增长 2%。

邮电：全年全市邮电业务总量 139 亿元，比上年增长 30.3%。其中,邮政业务总量 11.5 亿元,增长 23.3%;电信业务总量 127.4 亿元，增长 30.9%。邮政业全年完成邮政函件业务 95.5 万件，包裹业务 2.8 万件，快递业务量 3651.1 万件。年末固定及移动电话用户总数达到 503.5 万户。其中,固定电话 28.7 万户,移动电话 474.8 万户。在移动电话用户中,4G 用户 376.7 万户。电话普及率达到 94.9 部 / 百人。其中,固定电话和移动电话普及率分别为 5.4 部 / 百人和 89.5 部 / 百人。全市宽带接入用户达到 137 万户,增长 15.7%。

旅游:全年接待国内游客 8355.5 万人次,增长 24.6%。接待入境游客 35494 人次,增长 5.5%。其中,外国人 9978 人次,增长 7.5%;香港同胞 9208 人次,增长 5.2%;澳门同胞 6048 人次,增长 4.4%;台湾同胞 10260 人次,增长 4.5%。全年旅游总收入 705.9 亿元,增长 26.9%。其中,国内旅游收入 705.2 亿元,增长 26.9%;旅游外汇收入 1041.1 万美元,增长 6.2%。

八、金融、证券和保险

金融：年末全部金融机构本外币各项存款余额 2283.6 亿元，比年初增长 12.6%, 其中人民币各项存款余额 2278.8 亿元,比年初增长 12.7%。全部金融机构本外币各项贷款余额 1158.7 亿元,比年初增长 5.7%,其中人民币各项贷款余额 1157.2 亿元,比年初增长 5.7%。

年末农村金融机构(农村信用社、农商银行、村镇银行)人民币贷款余额 500.6 亿元,比年初增长 12.1%。

证券：全年全市证券市场各类证券成交额 850 亿元,比上年下降 18.1%。其中股票成交额 591 亿元，基金成交额 227.5 亿元,债券成交额 1.6 亿元。年末投资者资金账户开户总数 22.4 万户。

保险：年末全市共有保险公司 43 家，全年保费收入 105.9 亿元,比上年增长 5.1%。其中,财产险保费收入 24.9 亿元,增长 8.9%;人身险保费收入 81 亿元,增长 4%。全年支付各类赔款及给付 32.8 亿元,增长 4.9%。

九、人民生活和社会保障

人民生活：全年全市居民人均可支配收入 18707 元,比上年增长 9.1%。居民人均消费支出 10708 元，比上年增长 12%。按常住地分,城镇居民人均可支配收入 29104 元,增长 6.6%,城镇居民人均消费支出 13641 元,增长 10.7%;农村居民人均可支配收入 10916 元,增长 9.2%,农村居民人均消费支出 8710 元,增长 12.7%。城镇占调查总户数 20%的低收入家庭人均可支配收入 9587 元,增长 8.1%;农村占调查总户数 20%的低收入家庭人均可支配收入 3558 元,增长 13.8%。

脱贫攻坚:截至 2018 年末,全市农村贫困人口由 2014 年 34.1 万人降为 2.3 万人,贫困发生率由 2014 年 8.1%降至 0.55%。

社会保障：年末全市参加城镇职工基本养老保险 61.1 万人,参加城乡居民社会养老保险 283.3 万人,参加城镇职工基本医疗保险 49.4 万人，参加城乡居民基本医疗保险 421.6 万人，参加失业保险 34.6 万人，参加工伤保险 67 万人,参加生育保险 40.6 万人。

社会服务:年末全市共有各类提供住宿的社会服务机构 94 个,床位 7852 张。其中,老年人与残疾人服务机构 89 个,床位 7569 张。年末共有社区服务中心 120 个，社区服务站 134 个。年末共有 2.1 万人纳入城市居民最低生活保障,发放城市低保资金 1.2 亿元;8 万人纳入农村居民最低生活保障,发放农村低保资金 2.9 亿元。0.9 万人享受农村特困人员救助供养。全年销售社会福利彩票 3.7 亿元。

十、教育和科学技术

教育：全年全市普通高等院校招生 15863 人，在校生 53351 人，毕业生 17327 人。各类中等职业学校招生 15853 人,在校生 44059 人,毕业生 16586 人。普通高中招生 28732 人,在校生 96439 人,毕业生 35931 人。初中招生 52612 人,在校生 156053 人，毕业生 47823 人。普通小学招生 56367 人,在校生 296293 人,毕业生 51400 人。特殊教育招生 297 人,在校生 1640 人,毕业生 159 人。在园幼儿数 173285 人。

科学技术:全年全市受理专利申请 2392 件,比上年增长 24.2%。其中,受理发明专利申请 689 件,比上年增长 40.9%。全市授予专利权 1425 件,增长 37.4%。其中,授予发明专利权 131 件。全年有 15 个项目列入国家、省各类科技计划,获得项目研究资金 1442 万元。

年末全市共有产品质量监督检验机构 2 个,法定计量检定技术机构 1 个,省授权行业建立的检验所(站)1 个。全年共监督抽查了 160 家企业 6 类、13 种、273 批次的产品和商品。完成强制检定计量器具 22368 台件。

全市有国家基本气象观测站 3 个,国家一般气象观测站

10个。气象咨询服务12121电话线路120路。全市气象系统开展人工影响天气业务单位13个，防雹、增雨受益覆盖面积0.7万平方公里，增雨量2.9亿立方米。全市有卫星云图接收站1个。全年全市平均气温14.3℃，平均年降水量469.7毫米，平均总日照时数2215小时。

全市有专业综合地震台(站)1个，市级地震台网中心1个，数字测震台网1个，数字测震子台4个，县级地震监测台(站)13个。全年全市最大震级1.9级。

十一、文化、卫生和体育

文化：年末全市共有艺术表演团体17个，群众艺术馆1个，文化馆13个。公共图书馆13个，馆藏图书150.5万册。博物馆23个，档案馆14个。市级以上重点文物保护单位272处，其中国家级90处，省级79处，市级103处。拥有广播电视台13座，有线电视用户43.3万户。广播人口覆盖率98.8%，电视人口覆盖率99.4%。全年送戏下乡演出2700余场，惠及基层群众200万人次，农村公益电影放映38352场，寄宿制学校公益电影放映3879场。全年组织参加省各类群文活动15项，获得奖项15个41人次，其中，荣获"三晋之春"比赛金奖，荣获山西省首届中部六省合唱展演一等奖黄河奖。开展"我有拿手戏"群众文艺大展演，全年展演各类节目8000余个，基层演出上万场，受益群众200余万人。

卫生：年末全市共有医疗卫生机构5438个。其中医院267个，卫生院190个，社区卫生服务中心(站)97个，诊所(卫生所、医务室)1261个，村卫生室3532个，疾病预防控制中心14个，卫生监督所(中心)14个。卫生技术人员30930人，其中执业医师和执业助理医师12495人，注册护士12425人。医疗卫生机构床位33454张，其中医院23779张，卫生院7947张。

体育：全年全市运动员在省级重大比赛项目中获得金牌36枚、银牌36枚、铜牌42枚。全年销售中国体育彩票5.3亿元，比上年增长36.4%。

十二、资源、环境和安全生产

资源：年末全市耕地保有量494326.7公顷。全年全市国有建设用地供应总量843公顷。其中，工矿仓储用地205.5公顷，房地产用地197.4公顷，商业服务用地27.9公顷，基础设施等其它用地412.2公顷。

全年总用水量15亿立方米，比上年下降7.9%，其中，农业用水11.9亿立方米，工业用水1.2亿立方米，生活用水1.9亿立方米。

全市拥有省级自然保护区1个，自然保护区面积达8.7万公顷。

环境：黄河、汾河流域运城段共监测11个断面。其中，达到Ⅲ类以上水质标准的断面6个。

全年中心城市空气质量二级以上(含二级)天数为176天，比上年增加15天。

年末全市中心城市公园面积440.4公顷，比上年增长1.4%。绿地面积2124.7公顷，增长1%。城市建成区绿化覆盖率达37.2%。

能耗：初步核算，全年全市规模以上工业能源消费2174.25万吨标准煤，比上年增长9.5%。原煤消费下降0.4%，洗精煤消费增长12.6%，焦炭消费增长28.4%，电力消费增长5.5%。全年全市万元地区生产总值能耗增长2.48%，规模以上工业增加值能耗增长2.35%。

全年全社会用电总量311.15亿千瓦时。其中，第一产业用电3.99亿千瓦时，占全部用电量1.2%；第二产业用电243.77亿千瓦时，占全部用电量78.34%，其中，工业用电240.75亿千瓦时；第三产业用电31.34亿千瓦时，占全部用电量10.07%；城乡居民用电32.05亿千瓦时，占全部用电量10.3%。

安全生产：全年全市共发生生产安全事故64起，比上年下降41.3%；死亡77人，下降33%。其中，道路运输发生事故46起，死亡54人；建筑施工发生事故5起，死亡5人。

图书在版编目（CIP）数据

中共山西年鉴.2019 / 中共山西省委主办，中共山西省委党史研究院编. --北京：中央文献出版社，2019.9

ISBN 978-7-5073-4662-6

Ⅰ.①中…　Ⅱ.①中…　②中…　Ⅲ.①中国共产党-工作-山西-2019-年鉴　Ⅳ.①D235.25-54

中国版本图书馆CIP数据核字（2019）第213316号

书　　名：中共山西年鉴（2019）

主　　办：中共山西省委
编　　者：中共山西省委党史研究院
责任编辑：韩　冰
出版发行：中央文献出版社
社　　址：北京市海淀区北四环西路69号
邮　　编：100080
网　　址：www.zywxpress.com
销售热线：83089313　83089394
经　　销：新华书店
印　　刷：山西省史志印刷厂
开　　本：889 × 1194 mm　1/16
字　　数：2392千字
印　　张：59.875
版　　次：2019年12月第1版
印　　次：2019年12月第1次印刷

ISBN 978-7-5073-4662-6
定　　价：362.00元